INCLUS : Profitez dès maintenant des versions numériques de votre Mémento

Sur tablette ou smartphone :
Téléchargez l'application «iMemento» sur l'Apple Store (iPhone & iPad) ou sur Google Play (Androïd)

Sur votre ordinateur :
RDV sur abonnes.efl.fr

Les avantages des versions numériques :

> Un contenu actualisé en permanence à chaque connexion.
> Des fonctionnalités pratiques : moteur de recherche, copier-coller, marque-page, notes, favoris...

?

COMMENT ÇA MARCHE

Vous disposez déjà de votre login et mot de passe ?

Votre login et votre mot de passe restent identiques.

Si vous avez perdu vos codes d'accès, vous pouvez contacter notre Service Relation Clients au **01 83 10 10 10** (du lundi au vendredi, de 9h à 18h).

W0409155

…ez-vous sur :
www.efl.fr/activation

Et utilisez le code personnel d'activation ci-dessous :

1636479Y990

MDI

Cet ouvrage a été conçu et réalisé par
la **Rédaction des Éditions Francis Lefebvre**
en collaboration avec :

Étienne Chantrel
Associé de Eight Advisory, ancien chef du service des concentrations
de l'Autorité de la concurrence
pour la rubrique « Concentrations économiques »

Marine Bonnier
Élisabeth Flaicher-Maneval
Amaury Le Bourdon
Vincent Lorieul
Camille Péraudeau
Nathalie Pétrignet
Denis Redon
Avocats, CMS Francis Lefebvre Avocats
pour la rubrique « Ententes et abus de domination »

Roland Vandermeeren
Conseiller d'État (h)
pour les rubriques « Affiches et enseignes », « Données personnelles et publiques », « Urbanisme commercial », « Ventes sur la voie publique » et les développements relatifs aux contrats de la commande publique dans les rubriques « Délais de paiement professionnels » et « Facturation »

ÉDITIONS FRANCIS LEFEBVRE
Tour Lefebvre Dalloz, 10 place des Vosges CS 80357, 92072 Paris La Défense Cedex

ISBN 978-2-36893-694-8

LA RÉDACTION DES ÉDITIONS FRANCIS LEFEBVRE

Responsabilité éditoriale

Dominique Loyer-Bouez

Rédacteurs

Laurianne Carrel

Pauline Fleury

Benjamin Joret

Marie-Anne Massiot

Laure Paudrat

Chrystel Quiney

Élodie Rançon

Claire Ribreau

Vanessa Vélin

MÉMENTO PRATIQUE

CONCURRENCE CONSOMMATION

24-25

À jour au 1er avril 2024

EDITIONS
FRANCIS LEFEBVRE

Présentation et mode d'emploi du Mémento

Les droits de la concurrence et de la consommation constituent le cœur du **droit économique.** Le premier régule les relations commerciales entre les entreprises afin de préserver les intérêts des plus faibles d'entre elles et, indirectement, ceux des consommateurs. Le second vise à protéger directement le consommateur de pratiques économiques abusives.

Le présent ouvrage ne se limite pas à ces deux thèmes. Il examine aussi des **réglementations adjacentes** qu'il est nécessaire de connaître pour l'exercice d'une activité commerciale, telles que la réglementation des affiches et enseignes ou celle de l'organisation des foires et salons, les règles applicables à la publicité de certains produits ou services, la protection des données personnelles et la réutilisation des données publiques ou encore l'urbanisme commercial.

La plupart de ces matières ont en commun d'être en constante évolution, sous l'impulsion notamment des textes européens. Or, ces derniers sont depuis quelques années souvent rédigés en des termes ésotériques qui rendent leur application délicate. De surcroît, le législateur ne fait pas œuvre de pédagogie lors de leur transposition en droit interne. Force est de constater que l'usager du droit se heurte à un véritable maquis ! Ce Mémento s'adresse aux **entreprises** et à leurs **conseils,** mais aussi plus largement à tous ceux qui sont à la recherche de réponses claires et pratiques.

L'ouvrage constitue un fonds documentaire **complet.** Il s'appuie sur de nombreuses sources législatives, réglementaires, administratives et jurisprudentielles.

La consultation du Mémento est facilitée par :

– un **plan général** au début de l'ouvrage, des **sommaires** placés en tête de chaque rubrique ainsi qu'une **table alphabétique** très détaillée ;

– l'emploi de **paragraphes numérotés** auxquels renvoient le plan général et la table alphabétique (la numérotation est discontinue, de manière à faciliter l'intégration de mesures nouvelles ou la création de nouveaux développements) ;

– un système de **mots repères** en caractères gras.

Plus qu'un ouvrage, un service ! À jour au 1er avril 2024, ce Mémento est assorti d'une **version numérique** (pour web, tablette, mobile) mise à jour en continu. Muni de votre code d'accès (directement transmis par e-mail ou après activation de ce code sur le site www.efl.fr), il vous suffit de télécharger l'application « iMémento » sur votre tablette/smartphone ou de vous rendre sur memento.efl.fr.

Plan général

Les chiffres renvoient aux paragraphes.

Affiches et enseignes

Associations de consommateurs

Commission d'examen des pratiques commerciales (CEPC)

Concentrations économiques

Concurrence déloyale

Délais de paiement professionnels

Démarchage, contrats à distance ou hors établissement

Données personnelles et publiques

Étiquetage des produits

Facturation

Foires et salons

Langue française (emploi obligatoire)

Litiges de consommation

Loteries commerciales à destination des consommateurs

Plateformes digitales : régulation concurrentielle

Pratiques commerciales déloyales à l'égard des consommateurs

Primes aux consommateurs

Prix (Réglementation)

Prix abusivement bas

Prix imposés ou conseillés

Publicité

Publicité des prix et conditions de vente

Refus de vente

Répression des pratiques économiques illicites

Revente à perte

Sécurité des produits et services

Soldes, Liquidations, Ventes au déballage et en magasins d'usine

Transparence dans la relation commerciale et pratiques abusives

Urbanisme commercial

Principales abréviations

aff. affaire
AJCA AJ Contrats d'affaires
al. alinéa
AN Assemblée nationale
ann. annexe
API Annales de la propriété industrielle, artistique et littéraire
art. article
Aut. conc. Autorité de la concurrence
Banque revue Banque
Banque et droit revue Banque et droit
BID Bulletin d'information et de documentation de la Direction générale de la concurrence, de la consommation et de la répression des fraudes
BOCCRF Bulletin officiel de la concurrence, de la consommation et de la répression des fraudes
BOSP Bulletin officiel des services des prix
BRDA Bulletin rapide de droit des affaires F. Lefebvre
Bull. civ. Bulletin des arrêts de la Cour de cassation (chambres civiles)
Bull. crim. Bulletin des arrêts de la Cour de cassation (chambre criminelle)
Bull. inf. C. cass. Bulletin d'information de la Cour de cassation
CA Cour d'appel
CAA Cour administrative d'appel
CASF Code de l'action sociale et des familles
Cass. 1e civ. 1e chambre civile de la Cour de cassation
Cass. 2e civ. 2e chambre civile de la Cour de cassation
Cass. ass. plén. assemblée plénière de la Cour de cassation
Cass. mixte chambre mixte de la Cour de cassation
Cass. ch. req. chambre des requêtes de la Cour de cassation
Cass. ch. réunies chambres réunies de la Cour de cassation
Cass. com. chambre commerciale de la Cour de cassation
Cass. crim. chambre criminelle de la Cour de cassation
Cass. soc. chambre sociale de la Cour de cassation
C. ass. Code des assurances
CCA Commission des clauses abusives
CCRF concurrence, consommation et répression des fraudes
C. civ. Code civil
C. com. Code de commerce
C. consom. Code de la consommation
CCH Code de la construction et de l'habitation
CGCT Code général des collectivités territoriales
CE Communauté européenne ou Conseil d'État
C. éduc. Code de l'éducation
C. élect. Code électoral
C. envir. Code de l'environnement
C. étrangers Code de l'entrée et du séjour des étrangers et du droit d'asile
C. exécution Code des procédures civiles d'exécution
CEPC Commission d'examen des pratiques commerciales
CGI Code général des impôts
CGPPP Code général de la propriété des personnes publiques
Ch. chambre
Ch. cor. chambre correctionnelle
Circ. circulaire
C. just. adm. Code de justice administrative
CJCE Cour de justice des Communautés européennes
CJUE Cour de justice de l'Union européenne
C. mon. fin. Code monétaire et financier
Cnil Commission nationale de l'informatique et des libertés
comm. commentaire
Cons. conc. Conseil de la concurrence
Consom. Act. Consommateurs Actualités

Contrats conc. consom. Revue Contrats, concurrence, consommation
C. pén. Code pénal
CPI Code de la propriété intellectuelle
CPP Code de procédure pénale
CPC Code de procédure civile
CPCE Code des postes et des communications électroniques
C. patr. Code du patrimoine
C. route Code de la route
CRPA Code des relations entre le public et l'administration
C. rur. Code rural et de la pêche maritime
CSP Code de la santé publique
CSS Code de la sécurité sociale
C. tourisme Code du tourisme
C. trav. Code du travail
C. urb. Code de l'urbanisme
C. voirie routière Code de la voirie routière
D. Recueil Dalloz
D. aff. Dalloz Affaires
DGCCRF Direction générale de la concurrence, de la consommation et de la répression des fraudes
Dir. directive
Doc. COM Doctrine de la Commission européenne
DP Dalloz périodique
Dr. pén. revue Droit pénal
éd. édition
FR Feuillet Rapide F. Lefebvre
Gaz. Pal. Gazette du Palais
INC Institut national de la consommation
Inpi Institut national de la propriété industrielle
JCP Jurisclasseur périodique ou Semaine juridique
JO Journal officiel
JOCE Journal officiel des Communautés européennes
JOUE Journal officiel de l'Union européenne
LD lignes directrices
Ord. ordonnance
Quot. jur. Quotidien juridique
RD bancaire et bourse Revue de droit bancaire et de la bourse
Règl. règlement
Rép. réponse ministérielle
Rev. conc. consom. Revue de la concurrence et de la consommation
RFD. adm. Revue française de droit administratif
RJDA Revue de jurisprudence de droit des affaires F. Lefebvre
RJF Revue de jurisprudence fiscale F. Lefebvre
RJS Revue de jurisprudence sociale F. Lefebvre
RTD civ. Revue trimestrielle de droit civil
RTD com. Revue trimestrielle de droit commercial
RTD eur. Revue trimestrielle de droit européen
Sén. Sénat
som. sommaire
T. com. tribunal de commerce
T. confl. Tribunal des conflits
T. corr. tribunal correctionnel
T. pol. tribunal de police
TA tribunal administratif
TFUE Traité sur le fonctionnement de l'Union européenne
TGI tribunal de grande instance
TI tribunal d'instance
TPICE Tribunal de 1e instance des Communautés européennes
Trib. UE Tribunal de l'Union européenne
UE Union européenne

AFFICHES ET ENSEIGNES

SOMMAIRE

EN BREF

La publicité extérieure, qui regroupe l'affichage publicitaire, les enseignes et les préenseignes, fait l'objet d'un encadrement assez strict, issu du Code de l'environnement et du Code de la route. Le premier de ces Codes s'efforce de limiter la « pollution visuelle » ; le second entend surtout préserver la sécurité routière. La réglementation s'attache ainsi à interdire la publicité extérieure dans certains lieux et, lorsque celle-ci est admise, à restreindre son emprise en fixant notamment des limites de densité et de surface et en subordonnant son implantation à une déclaration ou à une autorisation préalable. Les autorités publiques peuvent exiger la suppression ou la mise en conformité des dispositifs illicites, mais aussi prononcer des amendes. 100

OBJET DE LA RÉGLEMENTATION DE LA PUBLICITÉ EXTÉRIEURE

La réglementation de la publicité extérieure, qui s'étend également aux enseignes et les préenseignes, est codifiée sous les articles L 581-1 s. et R 581-1 s. du Code de l'environnement. 110

Cet ensemble de dispositions, qui régit tout le territoire, tente de concilier deux **objectifs contradictoires** : la protection du cadre de vie et la liberté d'expression. Il limite les atteintes que toute publicité peut porter à l'environnement, en raison notamment de sa forme et de son emplacement, tout en réaffirmant le principe selon lequel « chacun a le droit d'exprimer et de diffuser informations et idées, quelle qu'en soit la nature, par le moyen de la publicité, d'enseignes ou de préenseignes » (C. envir. art. L 581-1). Le juge veille au respect de ce principe. Ainsi, bien que l'article L 3513-4 du Code de la santé publique interdise la publicité en faveur des produits du vapotage, cette interdiction ne saurait, eu égard aux dispositions de l'article L 581-1 du Code de l'environnement, faire obstacle à ce que les établissements vendant de tels produits puissent signaler leur activité par une enseigne apposée sur la devanture du magasin (CE 10-5-2017 n° 401536).

Le régime applicable à l'affichage d'opinion, ainsi qu'à la publicité relative aux activités des associations sans but lucratif, n'est pas exposé dans les développements qui suivent.

> **Précisions** Si le contrôle de la publicité extérieure a pour finalité la protection du cadre de vie (C. envir. art. L 581-2), ce principe ne fait pas obstacle à ce que l'autorité compétente pour établir une réglementation en la matière prenne également en compte l'intérêt de la sécurité routière. Toutefois, cet intérêt ne saurait constituer le but déterminant d'une telle réglementation (CAA Bordeaux 4-12-2018 n° 16BX03856 : RJDA 5/19 n° 385).

RÉFORME ISSUE DE LA LOI « GRENELLE II »

120 La loi « Grenelle II » (Loi 2010-788 du 12-7-2010) et son décret d'application (Décret 2012-118 du 30-1-2012) ont sensiblement modifié les dispositions du Code de l'environnement relatives à la publicité extérieure, aux enseignes et aux préenseignes.

Le gouvernement a explicité cette réglementation, dense et technique, dans une instruction du 25 mars 2014 (NOR DEVL1401980J ; disponible sur le site http://circulaire.legifrance.gouv.fr), accompagnée d'une notice technique, ainsi que dans un guide pratique, mis en ligne le 9 mai 2014 sur le site internet du ministère de l'écologie et du développement durable (www.developpement-durable.gouv.fr ; onglet Ville durable, aménagement et construction).

N'est exposé ci-dessous que ce régime, pour l'essentiel entré **en vigueur le 1er juillet 2012** (sauf exceptions signalées dans les développements concernés) et modifié à plusieurs reprises depuis cette date. La jurisprudence antérieure à la réforme est analysée dans les développements ci-dessous chaque fois qu'elle est transposable au régime actuel. Il en est de même des précisions apportées par d'anciennes circulaires relatives à la loi 79-1150 du 29 décembre 1979.

> **Précisions** Sur le rejet d'une question prioritaire de constitutionnalité (QPC) contestant certaines dispositions de la loi 2010-788 du 12 juillet 2010, voir Cons. const. 23-11-2012 n° 2012-282 QPC : RJDA 3/13 n° 268.

DÉLAIS DE MISE EN CONFORMITÉ DES DISPOSITIFS

130 Le délai de mise en conformité des **dispositifs préexistants** à une évolution législative ou réglementaire, à l'adoption ou à la modification du règlement local de publicité ou d'un acte administratif posant indirectement de nouvelles contraintes en matière de publicité extérieure (par exemple, le classement d'un immeuble en monument historique ou la nouvelle délimitation d'une zone protégée) est variable.

> ATTENTION
>
> Les délais laissés aux professionnels du secteur pour mettre leurs dispositifs en conformité avec la **réforme issue de la loi de 2010 et du décret de 2012** (n° 120) sont aujourd'hui expirés (cf. C. envir. art. L 581-43, al. 3 et 4), sauf pour les enseignes conformes à un RLP préexistant (date limite fixée au 13-7-2026 ; cf. Guide pratique du 9-5-2014). Les dispositifs qui préexistaient à cette réforme doivent être aujourd'hui conformes aux exigences de ces textes.

132 **Évolution de la réglementation nationale** Lorsque le **régime** de la publicité extérieure est **modifié par une loi ou un règlement,** le texte modificateur précise généralement le délai durant lequel les publicités, enseignes ou préenseignes concernées préexistantes peuvent être maintenues sans risque ; passé ce délai, le défaut de mise en conformité des dispositifs existants avec les nouvelles prescriptions est sanctionnable.

Même si le texte modificateur ne le précise pas, le délai de mise en conformité qu'il consent ne vaut que pour les **dispositifs** préexistants **qui ne contrevenaient pas aux dispositions antérieurement applicables.** Telle est la position adoptée par la jurisprudence à propos des modifications apportées par la loi de 2010 et le décret 2012 (CE 29-12-2014 n° 374537 : AJDA 2015 p. 767 note J.-P. Strebler ; CAA Nantes 12-10-2018 n° 16NT03711). Pour les dispositifs **non conformes à la réglementation antérieure,** la mise en conformité avec les nouveaux textes doit être immédiate.

Adoption d'un RLP Les publicités et préenseignes mises en place avant l'entrée en vigueur d'un règlement local de publicité (RLP) peuvent être maintenues pendant deux ans à compter de la date d'entrée en vigueur du règlement (C. envir. art. R 581-88, I modifié par décret 2023-1409 du 29-12-2023). 134

Lorsque le RLP encadre les publicités et les enseignes lumineuses situées à l'intérieur des locaux commerciaux (n° 347), les dispositifs concernés préexistants peuvent être maintenus en l'état pendant deux ans à compter de l'entrée en vigueur du RLP, sous réserve de ne pas contrevenir aux dispositions antérieurement applicables (art. L 581-43, dernier al. issu de loi 2021-1104 du 22-8-2021).

Actes administratifs modifiant les zones autorisées ou protégées Sous réserve de ne pas contrevenir à la réglementation antérieure, les publicités, enseignes et préenseignes préexistantes peuvent être maintenues pendant 6 ans à compter de l'entrée en vigueur des actes pris en l'application des articles L 581-4, II, L 581-7, L 581-8, L 581-14 et L 581-18, al. 2 et 3 du Code de l'environnement et qui rendent ces dispositifs non conformes (C. envir. art. L 581-43, al. 1). Tel est aussi le cas, et sous la même réserve, des dispositifs situés dans des lieux entrés dans le champ d'application des articles L 581-4, L 581-8 et L 581-44 en vertu d'actes postérieurs à leur installation (art. L 581-43, al. 1). 136

Ce délai est réduit à deux ans pour les publicités et les préenseignes préexistantes dans un lieu où la publicité devient interdite à la suite d'un acte qui procède au classement d'un monument, d'un site ou d'un espace mentionné par l'article L 581-4, I ou qui fixe les limites d'une agglomération ou délimite l'un des espaces énumérés n° 620 (art. R 581-88, II modifié par décret 2023-1409 du 29-12-2023).

TAXE LOCALE SUR LA PUBLICITÉ EXTÉRIEURE

140 Dans certaines communes, les dispositifs publicitaires, les enseignes et préenseignes visibles d'une voie ouverte à la circulation publique (à l'exception de ceux placés à l'intérieur d'un local) sont soumis à la taxe locale de publicité extérieure (TLPE), qui est calculée en fonction de la surface du support. La TLPE, dont le montant est plafonné par la loi, est établie au vu d'une déclaration annuelle effectuée avant le 1er mars de l'année d'imposition pour les supports existants au 1er janvier ou, en l'absence de déclaration, d'office. Elle est acquittée par l'exploitant du support ou, à défaut, par le propriétaire, ou encore, à défaut, par celui dans l'intérêt duquel le support a été réalisé. Pour plus de détails, voir les articles L 2333-6 à L 2333-15 et R 2333-10 à R 2333-17 du Code général des collectivités territoriales, ainsi que les articles L 454-39 à L 454-77 du Code des impositions sur les biens et les services.

> **Précisions** Les communes qui souhaitent instaurer une TLPE doivent normalement prendre, à cet effet, une délibération avant le 1er juillet de l'année précédant celle de l'imposition (CGCT art. L 2333-6, al. 1). Cette taxe peut aussi être instituée par un établissement de coopération intercommunale à fiscalité propre compétent en matière de voirie, de zone d'aménagement concerté ou de zone d'activités économiques d'intérêt communautaire ou par la métropole de Lyon (art. précité, al. 2).

DÉROGATIONS POUR LES JEUX OLYMPIQUES DE PARIS

150 Plusieurs dérogations à la réglementation de la publicité extérieure sont admises à l'occasion des jeux olympiques d'été qui se dérouleront à Paris du 26 juillet au 11 août 2024. Mais elles sont **limitées** dans le temps et ne concernent que certaines opérations ou événements ou encore la publicité au profit des « partenaires de marketing olympiques » (Loi 2018-202 du 26-3-2018 art. 4 et 5 modifiés par loi 2023-380 du 19-5-2023). Cette dernière expression doit être entendue au sens du « contrat de ville hôte » conclu par le Comité international olympique, la Ville de Paris et le Comité national olympique et sportif français (Loi 2018-202 art. 6).

ATTENTION

Les Comités nationaux olympique et paralympique français sont propriétaires des emblèmes olympiques nationaux (emblèmes, drapeaux, hymne, logo, mascottes, termes « jeux olympiques », « olympiades », sigle JO...) (C. sport art. L 141-5 et L 141-7). Le fait de déposer à titre de marque, de reproduire, d'imiter, d'**apposer,** de supprimer ou de modifier ces **emblèmes, sans l'autorisation** du comité concerné, est puni d'amende et d'emprisonnement dans les conditions prévues aux articles L 716-9 à L 716-13 du Code de la propriété intellectuelle (art. précités).

155 Depuis le 28 mars 2018 jusqu'au quinzième jour suivant la date de la cérémonie de clôture des jeux paralympiques, l'affichage, qui comporte exclusivement des emblèmes olympiques (**pavoisement**) et qui se trouve installé sur le site d'une opération ou d'un événement liés à la promotion, à la préparation, à l'organisation ou au déroulement des jeux n'est pas soumis à certaines interdictions d'emplacement ni aux prescriptions en matière de densité, de surface ou de hauteur. Toutefois, l'installation des dispositifs, leur remplacement ou leur modification restent soumis à déclaration préalable auprès de l'autorité compétente en matière de police de la publicité (Loi 2018-202 du 26-3-2018 art. 4, I modifié par loi 2023-380 du 19-5-2023).

Le dépôt ou l'envoi de cette déclaration, dont le contenu est défini par le décret 2018-510 du 26 juin 2018 (art. 1 et 2), s'effectue selon les modalités fixées par les dispositions générales applicables aux déclarations préalables (C. envir. art. R 581-8 ; n° 2060). L'autorité compétente dispose d'un délai d'un mois pour s'opposer à l'installation des dispositifs, à leur remplacement ou à leur modification, ou encore pour imposer certaines conditions (Loi 2018-202 art. 4, I modifié par loi 2023-380 du 19-5-2023 ; Décret 2018-510 art. 4).

Les **enseignes** et **préenseignes** comportant des emblèmes olympiques relèvent de la réglementation relative aux dispositifs temporaires exposée n°s 1700 s. et 1890 s.

160 Du trentième jour précédant celui de la cérémonie d'ouverture des jeux olympiques jusqu'au quinzième jour suivant la date de la cérémonie de clôture des jeux paralympiques, la **publicité** faite **au profit des partenaires de marketing olympique** peut être autorisée dans un périmètre de 500 mètres de distance autour de chaque site lié à l'organisation et au déroulement des jeux. Cette possibilité fait échec à certaines interdictions d'affichage prévues par la loi ou les règlements locaux de publicité (Loi 2018-202 art. 5, I). Ainsi, l'affichage est-il, notamment, admis sur un immeuble classé ou inscrit au titre des monuments historiques s'il accueille une compétition.

Le contenu de la demande d'autorisation d'affichage sur un immeuble classé ou inscrit, la liste des pièces jointes à cette demande, ainsi que les modalités de son envoi, de son instruction et de sa délivrance sont fixés par le décret 2018-510 du 26 juin 2018 (art. 6). Sur le formulaire de demande, voir Arrêté MICC2123483A du 14 septembre 2021.

Dans les autres cas où la publicité en cause peut également être faite, selon les mêmes conditions, au profit des partenaires de marketing olympique, la demande d'autorisation relève des dispositions générales applicables aux autorisations préalables (C. envir. art. R 581-9, R 581-10 et R 581-13 ; n° 2060).

I. CHAMP D'APPLICATION DE LA RÉGLEMENTATION DE LA PUBLICITÉ EXTÉRIEURE

DÉFINITION DES DISPOSITIFS SOUMIS À LA RÉGLEMENTATION

300 **Publicité** Constitue une publicité soumise à la réglementation toute **inscription, forme** ou **image** destinée à informer le public ou à attirer son attention, les enseignes et préenseignes faisant l'objet d'une définition spécifique (C. envir. art. L 581-3, 1°). Ne peuvent ainsi être considérés comme constituant une publicité des panneaux surmontant la vitrine d'un magasin, dès lors que, compte tenu de leurs dimensions, de leur insertion dans le bâtiment et de leurs modalités d'éclairage par de simples spots en surplomb, ils ne sont pas susceptibles d'attirer l'attention du public (CAA Versailles 22-5-2014 n° 13VE02458).

Les dispositifs (panneaux, **supports** métalliques, etc.) dont le principal objet est de recevoir ces inscriptions, formes ou images sont assimilés à des publicités (art. précité). Cette assimilation a pour but de permettre l'enlèvement des dispositifs qui ne peuvent plus supporter de publicité dans les lieux où elle est interdite, mais que les exploitants seraient tentés d'abandonner purement et simplement sur place (Rapport Foyer à l'Assemblée nationale n° 929 p. 57 relatif à la loi 79-1150 du 29-12-1979).

305 Toutefois, certaines publicités entrant dans cette définition **échappent à la réglementation.** Tel est le cas, à condition qu'elles n'excèdent pas une surface unitaire de 1,50 m^2, des publicités effectuées en exécution d'une disposition législative ou réglementaire (par exemple, l'affichage électoral) ou d'une décision de justice ou destinées à informer le public sur des dangers qu'il encourt ou des obligations qui pèsent sur lui dans les lieux considérés (C. envir. art. L 581-17 et R 581-5).

Enseigne Une enseigne se définit comme toute inscription, forme ou image apposée sur un immeuble et relative à une activité qui s'exerce dans cet immeuble (C. envir. art. L 581-3, 2°), qu'il s'agisse d'un immeuble bâti ou non bâti (Circ. du 12-5-1981). L'enseigne doit être apposée sur la façade ou la devanture du lieu où l'activité est exercée et ne peut donc pas désigner l'ensemble de bâtiments, délimité par une ou plusieurs voies publiques, dans lequel est installé l'établissement (CE 4-3-2013 n° 353423 : RJDA 6/13 n° 557). Lorsqu'une société de promotion immobilière a implanté, à la limite des terrains d'un lotissement dont elle devait assurer la commercialisation, deux panneaux mentionnant sa raison sociale et son numéro de téléphone, ces panneaux, qui ne sont pas installés sur le bâtiment où elle exerce son activité, ne sauraient être qualifiés d'enseignes (Cass. com. 2-12-2020 n° 18-20.251 F-D : RJDA 2/21 n° 198). 310

Cependant, la circonstance que l'activité signalée ne s'exerce pas exclusivement dans l'immeuble sur lequel l'enseigne est apposée est sans incidence sur la qualification même d'enseigne (CE 1-4-2019 n° 416919 : RJDA 6/19 n° 465).

Préenseigne Une préenseigne se définit comme toute inscription, forme ou image indiquant la proximité d'un immeuble, bâti ou non bâti, où s'exerce une activité déterminée (C. envir. art. L 581-3, 2°). À la différence de l'enseigne, la préenseigne se dissocie matériellement du lieu de l'activité dont elle indique la proximité à l'intention du public (CE 4-3-2013 n° 353423 : RJDA 6/13 n° 557). 320

Illustrations En application des définitions précitées, il a été jugé que constituaient : 330

– une publicité, et non pas une enseigne, l'indication du **sigle** d'une compagnie d'assurance **au sommet d'un immeuble** de grande hauteur occupé par celle-ci, dès lors que ce dispositif ne précise que la raison sociale de la compagnie, et non son activité, et que son objectif apparaît comme publicitaire, et non purement indicatif, compte tenu de son emplacement, de ses dimensions et de son intensité lumineuse (TA Paris 21-10-1987 : Lebon p. 488 ; dans le même sens, voir CE 13-11-1992 n° 110604 : RJDA 4/93 n° 355) ;

– des publicités, et non pas des enseignes, des dispositifs principalement constitués de **bannières** installées **sur des équipements d'éclairage public** desservant la ville de Paris, alors que ces dispositifs, destinés à attirer l'attention du public sur le championnat d'Europe de football de 2016, n'étaient relatifs à l'exercice d'aucune activité dans un immeuble (CAA Paris 13-2-2020 n° 17PA02830) ;

– des enseignes, les dispositifs lumineux à **défilement** installés **sur la façade** d'un établissement et se rapportant à l'activité exercée dans celui-ci (CE 20-9-1993 n° 126691 : JCP éd. G 1993 IV n° 2645) ;

– une enseigne, et non pas une publicité, un **panneau** comportant diverses indications destinées à attirer l'attention du public sur les activités d'un parc de loisirs, bien qu'il soit installé sur la toiture d'un bungalow situé **à l'entrée du parc** (CE 1-4-2019 n° 416919 : RJDA 6/19 n° 465) ;

– des enseignes, et non pas des publicités, des **drapeaux** installés sur le parking desservant un magasin, alors que ce parking doit être considéré comme une partie de l'immeuble où s'exerce l'activité signalée (CE 28-2-2020 n° 419302 : RJDA 5/20 n° 293) ;

– des enseignes, et non pas des publicités, des **drapeaux** installés sur le terrain où une société ayant pour activité l'achat et la vente de véhicules les entrepose (CAA Bordeaux 19-5-2020 n° 18BX01958) ;

– des préenseignes, et non pas des enseignes, les **croix vertes** lumineuses installées sur plusieurs façades d'un ensemble de bâtiments abritant une **pharmacie,** à distance de la devanture de celle-ci (CE 4-3-2013 n° 353423 : RJDA 6/13 n° 557 ; dans le même sens, CAA Paris 19-11-2020 n° 19PA01120).

VISIBILITÉ DES DISPOSITIFS DEPUIS UNE VOIE DE CIRCULATION

Dispositifs extérieurs Ayant pour but d'assurer la protection du cadre de vie, la réglementation ne s'applique qu'à la publicité, aux enseignes et préenseignes visibles de toute voie ouverte à la circulation publique, c'est-à-dire des **voies publiques ou privées** qui peuvent être librement empruntées, à titre gratuit ou non, par toute personne circulant à pied ou par un moyen de transport individuel ou collectif (C. envir. art. L 581-2 et R 581-1). 340

Elle s'applique donc aux dispositifs implantés en bordure des rues, ainsi que des autoroutes, routes, rues, chemins ruraux, canaux, rivières, voies ferrées en plein air, chemins de grande randonnée (Notice technique en annexe de l'instruction du 25-3-2014). Il en va de même pour :

– les dispositifs visibles des pistes de ski, des remontées mécaniques et des télésièges dans les stations de sports d'hiver (CE 4-3-1994 n° 118233 : RJDA 6/94 n° 729) ;

– les dispositifs visibles de voies privées qui assurent la desserte des centres commerciaux et l'accès aux parcs de stationnement de ces établissements (CAA Marseille 21-4-2016 n° 14MA04893) ;

– les dispositifs implantés sur les parkings en plein air (Notice précitée).

Enfin, la publicité sur certains véhicules fait l'objet de dispositions spécifiques.

345 **Dispositifs à l'intérieur d'un local** **Échappent à la réglementation** la publicité, les enseignes et les préenseignes situées à l'intérieur d'un local, sauf si l'utilisation de celui-ci est principalement celle d'un support de publicité (C. envir. art. L 581-2).

ILLUSTRATIONS

Il a été jugé qu'était soumise à la réglementation l'installation d'un dispositif consistant en l'apposition du sigle d'une compagnie d'assurance au dernier étage d'un immeuble et situé dans un local de celui-ci (CE 13-11-1992 n° 110604 : RJDA 4/93 n° 355). En l'espèce, ce dispositif a été considéré comme une publicité et non comme une enseigne, en raison notamment de ses dimensions, de son emplacement et de son intensité lumineuse destinée à permettre qu'il soit vu à une grande distance.

À l'inverse, dans le cas où l'exploitant d'un magasin de vente de vêtements sous la marque Z a placé derrière les baies vitrées du premier étage de l'établissement des photographies de 2 mètres de long sur 2 mètres de large qui représentent des mannequins portant des vêtements de la marque et visibles depuis la voie publique, il a été jugé que ces photographies ne peuvent pas être considérées comme ayant le caractère d'une publicité ou d'une enseigne, dès lors qu'elles sont implantées dans un espace qui n'est pas séparé de l'espace réservé à la vente et que celui-ci n'est pas utilisé principalement comme support de publicité (CE 28-10-2009 n° 322758 : RJDA 6/10 n° 686).

Restent en dehors du champ d'application de la réglementation les dispositifs installés (Notice technique en annexe de l'instruction du 25-3-2014) :
- sur les **vitrines** à l'intérieur des magasins, sauf si ces magasins sont utilisés principalement comme support publicitaire (CE 28-10-2009 n° 322758 précité), tandis que le microaffichage sur les devantures commerciales, y compris sur les parties vitrées, est réglementé ;
- dans des locaux ou **lieux publics clos** : stades, grandes surfaces, installations souterraines du métropolitain à la condition que ces dispositifs soient destinés à l'attention des seuls utilisateurs de ces lieux.

> **Précisions** **a.** Jugé dans le même sens à propos des couloirs d'accès et des quais d'une station de RER (Cass. com. 30-6-1987 n° 86-11.335 : Bull. civ. IV n° 169). À la liste précitée, le guide pratique publié le 9 mai 2014 par le ministère de l'écologie ajoute les galeries marchandes et les parkings souterrains.
> **b.** Les dispositifs implantés à l'intérieur d'une enceinte sportive, mais visibles à l'extérieur depuis une voie ouverte à la circulation publique, tombent sous le coup de la réglementation tout en pouvant faire l'objet d'un régime dérogatoire (nos 580 et 640).

347 Le **règlement local de publicité** (RLP) peut déroger à la règle, rappelée ci-dessus, qui soustrait à la réglementation la publicité, les enseignes et les préenseignes situées à l'intérieur d'un local. En effet, il peut prévoir des prescriptions en matière d'horaires d'extinction, de surface, de consommation énergétique et de prévention des nuisances lumineuses pour les **publicités lumineuses** et **enseignes lumineuses** situées à l'intérieur des **vitrines** ou des **baies** d'un **local à usage commercial** qui n'est pas principalement utilisé comme support de publicité, à condition que ces publicités et enseignes soient destinées à être visibles d'une voie ouverte à la circulation publique (C. envir. art. L 581-14-4, al. 1).

Les publicités et enseignes concernées qui préexistaient peuvent être maintenues pendant deux ans à compter de l'entrée en vigueur du RLP, sous réserve de ne pas contrevenir aux dispositions qui leur étaient antérieurement applicables (art. L 581-43, al. 5).

> **Précisions** L'extinction ou la mise en veille des dispositifs lumineux situés à l'intérieur d'un local peut aussi être imposée par le gouvernement en cas de pic de consommation d'électricité (n° 1035).

NOTION D'AGGLOMÉRATION ET CALCUL DES SEUILS DE POPULATION

350 La réglementation sur les affiches, enseignes et préenseignes interdit ou encadre l'implantation de celles-ci à l'extérieur comme à l'intérieur des agglomérations. Elle prévoit des règles particulières en fonction de certains seuils de population pour les agglomérations ou pour les unités urbaines. Les précisions apportées ci-après sur ces notions et sur le calcul de ces seuils valent pour toute la réglementation.

360 **Agglomération** La notion d'agglomération, au sens de la réglementation sur les affiches, enseignes et préenseignes, est définie par le **Code de la route** (C. envir. art. L 581-7).

Constitue une agglomération tout espace sur lequel sont groupés des immeubles bâtis rapprochés et dont l'**entrée et** la **sortie** sont **signalées par des panneaux** placés à cet effet le long de la route qui le traverse ou qui le borde (C. route art. R 110-2). Ses limites sont fixées par arrêté du maire (C. route art. R 411-2) et représentées sur un document graphique annexé au règlement local de publicité (C. envir. art. R 581-78, al. 2).

La notion d'agglomération est donc définie en fonction d'un critère « géographique » (l'agglomération est un espace sur lequel sont groupés des immeubles bâtis rapprochés) et de deux critères « réglementaires » (l'agglomération est la partie du territoire communal délimitée par arrêté du maire et située entre les panneaux routiers indiquant les limites ainsi fixées).
Il résulte néanmoins de la jurisprudence que le **critère géographique** est essentiel pour déterminer la validité de l'installation d'un dispositif publicitaire. En effet, il a été jugé que :
– la seule présence dans un lieu-dit de panneaux en signalant l'entrée et la sortie ne saurait suffire à caractériser une agglomération, au sens de la réglementation des affiches et enseignes (Cass. crim. 9-6-1993 nº 92-85.050 : RJDA 11/93 nº 981) ;
– en l'absence d'arrêté de délimitation et de panneaux de signalisation, doivent être considérés comme se trouvant à l'intérieur de l'agglomération des matériels publicitaires situés dans un espace comportant des immeubles bâtis rapprochés (CE 28-9-1998 nº 161268 : RJDA 1/99 nº 103 ; CE 19-4-2000 nº 168167 : RJDA 3/01 nº 377) ;
– des dispositifs publicitaires installés à l'extérieur des limites fixées par arrêté municipal et localisées par des panneaux d'entrée et de sortie peuvent être considérés comme implantés à l'intérieur de l'agglomération s'il est démontré qu'à la suite d'une urbanisation récente, l'agglomération s'est étendue au-delà des limites fixées par l'arrêté (CE 2-3-1990 nº 68134 : Lebon p. 53 ; voir aussi CE 27-10-1999 nº 118819 : RJDA 5/00 nº 610 ; CE 28-7-2004 nº 260723 : RJ envir. 2005 nº 449 note Zavoli).

S'agissant de la présence d'**immeubles groupés et rapprochés,** ont été considérés comme situés en dehors d'une agglomération les panneaux publicitaires : **365**
– visibles d'un télésiège (assimilé à une voie ouverte à la circulation ; nº 340), dès lors que la plus grande partie de celui-ci est implantée dans une zone ne présentant pas le caractère d'un espace sur lequel sont groupés des immeubles bâtis rapprochés (CE 4-3-1994 nº 118233 : RJDA 6/94 nº 729) ;
– implantés dans des prairies bordées de bois, à 50 ou 100 mètres avant les premières constructions d'une commune, même si le panneau routier d'agglomération est placé avant ces panneaux, en venant de l'espace rural, dès lors que le lieu d'implantation de ces panneaux, où ne se trouve aucun immeuble bâti, est situé en dehors de l'agglomération et qu'il n'existe pas de zone de publicité autorisée englobant cet espace (CAA Lyon réf. 12-7-2001 nº 00LY00829 : RJ envir. 2002 nº 468 note Zavoli) ;
– implantés sur un terrain non contigu de parcelles supportant un ensemble de constructions rapprochées, dès lors que la proximité du marché d'intérêt national, composé de constructions et installations à vocation commerciale et industrielle, ne peut suffire à conférer au terrain concerné le caractère d'un espace aggloméré au sens de l'article R 110-2 du Code de la route (CAA Bordeaux 24-10-2006 nº 03BX01528 : RJ envir. 2007 nº 491 note Zavoli, la circonstance que le terrain était classé en zone constructible par le POS et soumis à des mesures de protection contre le bruit n'étant pas de nature à lui donner ce caractère) ;
– implantés sur un terrain inclus dans les limites administratives d'une commune et à proximité d'une zone commerciale, mais qui ne comporte qu'une construction et ne fait pas partie d'un groupe d'immeubles bâtis rapprochés (CAA Marseille 13-7-2017 nº 16MA01356) ;
– implantés le long de deux routes départementales, dans des secteurs comprenant quelques constructions éparses (CAA Bordeaux 19-5-2020 nº 18BX01969).

Unité urbaine La notion d'unité urbaine ne correspond pas à une structure juridique particulière, telle qu'une communauté de communes ou une communauté urbaine. Elle est essentiellement utilisée par l'Insee pour les besoins du recensement de la population. On appelle unité urbaine une commune ou un ensemble de communes présentant une zone de bâti continu (pas de coupure de plus de 200 mètres entre deux constructions) qui compte au moins 2 000 habitants. **370**
Pour l'application de la réglementation des affiches et enseignes, le seuil de référence est de 100 000 habitants. C'est donc le critère de la continuité du bâti qui doit être pris en compte.

Seuils de population Pour l'évaluation du nombre d'habitants d'une agglomération ou d'une unité urbaine, les juridictions ont apporté les précisions suivantes qui, bien que parfois retenues sous l'empire de l'ancienne réglementation, sont à notre avis applicables au régime actuel : **380**
– seul doit être pris en compte le chiffre de la population que comporte l'**agglomération** communale au sens du Code de la route (nº 360), et non pas le chiffre de la population totale de la **commune** (CE 8-4-1998 nº 159258 : RJDA 12/98 nº 1430, 1e esp. ; CE 26-11-2012 nº 352916 : RJDA 3/13 nº 267 ; CE 13-3-2020 nº 427207 : RJDA 7/20 nº 399) ;

– en l'absence d'authentification par décret du chiffre de la population de l'agglomération de la commune, tel qu'il résulterait d'un **recensement** général, il appartient au maire de déterminer, sous le contrôle du juge de l'excès de pouvoir, la population de cette agglomération (Avis CE 29-3-1993 n° 143774 : RJDA 10/93 n° 857 ; CE 29-6-1998 n° 151904 : RJDA 12/98 n° 1430, 2e esp. ; CE 13-3-2020 n° 427207 précité).

II. RÉGLEMENTATION DE LA PUBLICITÉ EXTÉRIEURE

CONTRÔLE ADMINISTRATIF DE LA PUBLICITÉ EXTÉRIEURE

500 L'**installation d'un dispositif** publicitaire est subordonnée soit à une déclaration préalable auprès de l'administration (nos 2000 s.) soit à l'obtention d'une autorisation préalable de la part de cette dernière (nos 2110 s.). Elle échappe aux autorisations requises en matière d'urbanisme (nos 2700 s.). Sur l'accord du propriétaire en cas d'installation sur un immeuble, voir nos 2800 s.

A. Règles applicables à toute publicité extérieure

1. EMPLACEMENT DE LA PUBLICITÉ EXTÉRIEURE

510 Les emplacements, dans ou sur lesquels toute publicité est exclue, sont essentiellement déterminés par le Code de l'environnement et le Code de la route. Ces textes énoncent des interdictions qui sont soit générales, soit ciblées (par exemple, sur certains espaces dans les agglomérations) et qui peuvent être assorties de dérogations.

Sont exposées ci-dessous les prescriptions d'ordre général. Certains dispositifs publicitaires font l'objet d'interdictions supplémentaires selon leur nature, par exemple les dispositifs non lumineux posés ou scellés au sol (n° 900), les dispositifs lumineux (n° 960), ceux de grande taille (n° 1240) ou les bâches supportant de la publicité (nos 1130 et 1160).

EMPLACEMENT SOUMIS À UNE INTERDICTION GÉNÉRALE DE LA PUBLICITÉ

520 **Interdictions résultant du Code de l'environnement** La publicité est interdite (C. envir. art. L 581-4, I) :

– sur les immeubles classés ou inscrits au titre des monuments historiques ;

– sur les immeubles présentant un caractère esthétique, historique ou pittoresque nommément désignés par arrêté du maire ou du préfet ;

– sur les monuments naturels (falaises, rochers, dunes, par exemple) et dans les sites classés ;

– dans les cœurs des parcs nationaux et les réserves naturelles ;

– sur les arbres.

> **Précisions** **a.** Des bâches de chantiers publicitaires peuvent être installées, sous certaines conditions, à l'occasion de travaux sur les immeubles inscrits ou classés (nos 2170 s.).
>
> **b.** Sur le délai pendant lequel une publicité préexistante au classement d'un immeuble, d'un site ou d'un espace peut être maintenue, voir n° 130.
>
> **c.** L'interdiction de la publicité sur les arbres ne peut pas être éludée au moyen de l'aménagement d'un dispositif publicitaire procédant lui-même d'une altération apportée à l'aspect d'un arbre ; est ainsi illicite le matériel publicitaire scellé au sol, mais dont l'installation n'a pu être réalisée qu'au prix d'un élagage sévère de certains arbres (CE 14-2-2001 n° 209103 : RJDA 10/01 n° 1043).

525 La publicité est aussi interdite (C. envir. art. R 581-22) :

– sur les plantations, les poteaux de transport et de distribution électrique, les poteaux de télécommunication, les installations d'éclairage public, ainsi que sur les équipements publics concernant la circulation routière, ferroviaire, fluviale, maritime ou aérienne ;

– sur les murs des bâtiments, quel que soit l'usage de ceux-ci, sauf lorsque les murs sont aveugles ou qu'ils ne comportent qu'une ou plusieurs ouvertures d'une surface unitaire inférieure à 0,50 m^2 ;

– sur les clôtures qui ne sont pas aveugles (par exemple, grille ou grillage) ;
– sur les murs de cimetière et de jardin public.

Ces dispositions ne s'appliquent pas (C. envir. art. R 581-23, I et II) :
– aux bâtiments ou parties de bâtiments dont la démolition est entreprise ou faisant l'objet d'un permis de démolir ;
– aux publicités installées sur l'emprise des équipements sportifs ayant une capacité d'accueil d'au moins 15 000 places.

› Précisions **a.** Le Code de la route interdit également la publicité sur les équipements de signalisation et de sécurité routière (n° 535).
b. Sur le caractère illicite d'une publicité placardée sur une pile de pont soutenant une voie ferrée, voir CAA Marseille 7-10-2004 n° 00MA00285.
c. L'utilisation à des fins publicitaires du mobilier urbain installé sur le domaine public s'effectue dans les conditions exposées n°s 1070 s.

Interdictions résultant du Code de la route Toute publicité est interdite sur l'**emprise des voies ouvertes à la circulation publique** – c'est-à-dire sur l'assiette de la voie et ses accotements – ainsi que sur les ouvrages surplombants celles-ci (C. route art. R 418-5). Toutefois, des dérogations peuvent être accordées par l'autorité investie du pouvoir de police sur les aires de stationnement et les aires de service des routes ou autoroutes s'il s'agit de publicité non visible de la route (art. précité). **530**

Le Code de la route prévoit, le long des voies de circulation, d'autres interdictions qui ne se limitent pas au domaine public routier (art. R 418-6 et R 418-7 ; n° 600).

Dans l'intérêt de la sécurité routière, aucune affiche, aucun placard, papillon ou marquage ne doit être placé **sur** les **signaux** réglementaires et leurs supports, ainsi que sur tous autres équipements **intéressant la circulation routière** tels que les dispositifs de dénomination des rues ou de numérotation des immeubles ; cette interdiction s'applique également sur les plantations, les trottoirs et les chaussées (C. route art. R 418-3, al. 1). **535**

Est interdite toute publicité de nature à **réduire la visibilité ou l'efficacité des signaux** réglementaires, à éblouir les usagers des voies publiques, ou à solliciter leur attention dans des conditions dangereuses pour la sécurité routière (C. route art. R 418-4). **540**

ILLUSTRATIONS

Un panneau publicitaire installé à un carrefour routier au-dessus de plusieurs appareils réglementaires de signalisation routière est de nature à solliciter l'attention des conducteurs dans des conditions dangereuses pour la sécurité routière (Cass. crim. 20-11-1979 n° 79-90.477 : Bull. crim. n° 327).

En revanche, un panneau publicitaire, installé à environ 300 mètres après l'entrée d'une agglomération et fixé sur un mur pignon quasiment dans l'axe de la route après des feux tricolores, n'est pas de nature à détourner et solliciter l'attention des conducteurs dans des conditions dangereuses pour la sécurité routière, dès lors que la limitation générale de vitesse à 50 km/h en agglomération est rappelée par des panneaux et qu'en outre, une chicane de ralentissement a été mise en place pour inciter les usagers à réduire suffisamment leur vitesse à l'approche des feux tricolores (CAA Lyon 27-5-1997 n° 97LY00012 : Gaz. Pal. 1998 pan. dr. adm. p. 129).

De même, un dispositif publicitaire lumineux, situé en retrait d'un carrefour, dont la dimension est de 8 m² et dont la luminosité est limitée à 4 000 candelas par m², n'est pas susceptible de solliciter l'attention des conducteurs dans des conditions dangereuses pour la sécurité routière (CAA Bordeaux 21-12-2021 n° 19BX04928).

Interdictions résultant d'autres textes L'affichage est également interdit dans les **lieux réservés** par arrêté municipal **aux** affiches des lois et autres **actes de l'autorité publique** sous peine d'une amende de 3 750 € (Loi du 29-7-1881 art. 15). Les emplacements ainsi réservés sont souvent des tableaux spéciaux apposés sur les murs de la mairie. **550**

L'affichage publicitaire est également interdit sur les panneaux réservés **à l'affichage électoral** (C. élect. art. L 90).

PUBLICITÉ HORS AGGLOMÉRATION

Toute **publicité** est **interdite** en dehors des agglomérations, **sauf,** d'une part, dans l'emprise des gares, des aéroports et de certains équipements sportifs et, d'autre part, si le règlement local de publicité le prévoit, à proximité de certains centres commerciaux (C. envir. art. L 581-7). **560**
Sur le délai de mise en conformité des publicités préexistantes à la réglementation, voir n° 130.

570 **Gares et aéroports** La publicité est autorisée à l'intérieur de l'emprise des aéroports, des gares ferroviaires et routières, **situés hors agglomération** (C. envir. art. L 581-7). En visant ces emprises, la loi autorise donc la publicité à l'extérieur des bâtiments d'accueil des passagers.

On peut s'interroger sur le **régime** qu'il convient d'appliquer. Selon les termes mêmes de l'article L 581-7, la publicité est autorisée « selon des prescriptions fixées par décret ». Doit-on considérer que ce renvoi est général ou qu'il ne concerne que les dispositions réglementaires visant expressément les gares et les aéroports, c'est-à-dire les articles R 581-26, I (dispositifs non lumineux ; n° 860), R 581-31 et R 581-32 (dispositifs non lumineux posés ou scellés au sol ; nos 900 et 910), R 581-34, R 581-35 et R 581-41 (dispositifs lumineux ; nos 970, 1030 et 1045), R 581-14 (déclaration préalable ; n° 2030) ? La rédaction de la notice annexée à l'instruction du 25 mars 2014 et celle du guide du ministère de l'écologie publié le 9 mai 2014 laissent à penser que la seule réglementation applicable aux gares et aéroports est celle qui les vise expressément.

Le règlement local de publicité ne peut pas, à notre avis, déroger à ces prescriptions, dans la mesure où, si cette faculté est expressément prévue pour la publicité à proximité des centres commerciaux, elle ne l'est nullement sur l'emprise des gares et aéroports.

> **Précisions** **a.** Les aéroports et les gares non ouverts à la circulation publique (n° 340) – par exemple, aéroports militaires, aérodromes de plaisance, gares de triages ou de marchandises – ne sont pas concernés par la réglementation sur la publicité (Notice pratique annexée à l'instruction du 25-3-2014).
> **b.** Au sujet de l'interdiction de la publicité sur tous les équipements publics concernant la circulation ferroviaire ou aérienne, voir n° 525.

580 **Équipements sportifs** La publicité extérieure est admise sur l'emprise des équipements sportifs situés **hors agglomération** et ayant une **capacité d'accueil** d'au moins 15 000 places (C. envir. art. L 581-7).

Le renvoi effectué par l'article L 581-7 aux « prescriptions fixées par décret » doit être considéré comme valant seulement pour les dispositions réglementaires propres aux équipements sportifs, c'est-à-dire les articles R 581-23, II (interdiction de la publicité sur les murs ou clôtures non aveugles ; n° 525), R 581-26, III (surface et hauteur de la publicité non lumineuse ; n° 870), R 581-31 (dispositifs non lumineux, scellés ou installés au sol ; n° 900), R 581-34 (surface et hauteur de la publicité lumineuse ; n° 970), R 581-36, II (limite au positionnement de la publicité lumineuse ; n° 1000) et R 581-41 (publicité numérique ; nos 1045 et 1050) du Code de l'environnement.

Pour les mêmes raisons que celles exposées n° 570, le règlement local de publicité ne peut pas déroger à ces prescriptions.

590 **Centres commerciaux** La publicité peut être autorisée par le règlement local de publicité à proximité immédiate des établissements de centres commerciaux **exclusifs de toute habitation** et situés hors agglomération, dans le respect de la qualité de vie et du paysage et des critères, en particulier relatifs à la densité, fixés par décret (C. envir. art. L 581-7).

À l'intérieur du périmètre délimité par le règlement local de publicité, les dispositifs publicitaires sont soumis aux prescriptions fixées par le règlement (art. L 581-14, al. 1 et R 581-77, al. 1).

Les dispositifs doivent respecter les **prescriptions** de surface et de hauteur applicables dans les agglomérations de plus de 10 000 habitants (n° 860 pour la publicité non lumineuse ; nos 900 et 910 pour la publicité non lumineuse posée ou scellée au sol ; n° 970 pour la publicité lumineuse) (art. R 581-77, al. 2).

Ils sont interdits si les affiches qu'ils supportent ne sont visibles que d'une autoroute, d'une bretelle de raccordement à une autoroute, d'une route express ou d'une déviation ou voie publique située hors agglomération (art. R 581-77, al. 3). Cette disposition tend à éviter les panneaux publicitaires qui, par exemple en raison de leur orientation ou leur hauteur, ne sont pas destinés à la clientèle du site commercial où ils sont implantés mais aux utilisateurs des voies de circulation proches, ce qui est contraire à l'interdiction de la publicité hors agglomération.

600 **Dispositions particulières du Code de la route** Outre les prohibitions générales exposées nos 530 s., le Code de la route interdit la publicité **de part et d'autre des voies de circulation hors agglomération** (C. route art. R 418-6 et R 418-7) :

– sur une largeur de 20 mètres mesurée à partir des bords extérieurs de la chaussée pour les routes nationales, les chemins départementaux et les voies communales ;

– sur une largeur de 200 mètres mesurée à partir du bord extérieur de chaque chaussée pour les autoroutes ou les routes express ;
– mais seulement si la publicité est visible de la voie de circulation concernée.
Les sanctions encourues sont exposées nos 2530 s.

PUBLICITÉ EN AGGLOMÉRATION

Dans les agglomérations, la **publicité** est **admise sous réserve** : 610
– des interdictions générales exposées nos 510 à 550 ;
– des interdictions relatives aux zones protégées (no 620), à l'obstruction des baies (no 630) et aux équipements sportifs (no 640) ;
– des interdictions relatives à certains types de dispositifs publicitaires (voir no 900 pour les dispositifs non lumineux scellés au sol et no 960 pour les dispositifs lumineux) ;
– du respect de la réglementation en matière notamment de densité, de surface, de hauteur et de luminosité (C. envir. art. L 581-9, al. 1).

Zones protégées À l'intérieur des agglomérations, la publicité est **interdite** « aux abords des monuments historiques mentionnés à l'article L 621-30 du Code du patrimoine » (C. envir. art. L 581-8, I-1°). L'entrée en vigueur de cette disposition a été progressive (Loi 2016-925 art. 112, I). Elle est intervenue : 620
– au 1er janvier 2020 dans les communes et les établissements publics de coopération intercommunale (EPCI) non dotés d'un règlement local de publicité (RLP) ;
– au plus tard, le 13 juillet 2020, dans les communes et les établissements publics de coopération intercommunale (EPCI) dotés d'un RLP adopté avant le 13 juillet 2010.
Dans les communes et les EPCI dotés d'un RLP adopté après le 13 juillet 2010, la même disposition entre en vigueur à compter de la prochaine révision ou modification du règlement.

La publicité est également interdite (art. L 581-8, I-2° à 8°) :
– dans les périmètres des sites patrimoniaux remarquables mentionnés à l'article L 631-1 du Code du patrimoine ;
– dans les parcs naturels régionaux ;
– dans les sites inscrits ;
– à moins de 100 mètres et dans le champ de visibilité des immeubles présentant un caractère esthétique, historique ou pittoresque et désignés par le maire ou le préfet ;
– dans l'aire d'adhésion des parcs nationaux ;
– dans les zones spéciales de conservation et dans les zones de protection spéciales mentionnées à l'article L 414-1 du Code de l'environnement, c'est-à-dire les zones Natura 2000.

Il ne peut être dérogé à ces interdictions que dans le cadre d'un **règlement local de publicité** (art. L 581-8, I).

› Précisions **a.** Pour être opposables aux tiers, les arrêtés ministériels ou les décrets portant inscription des sites à l'inventaire doivent être publiés au Journal officiel. Tel est le cas d'un arrêté interministériel publié sous la forme d'un tableau récapitulatif donnant la liste des sites inscrits au cours d'une année donnée (CE 3-11-1995 no 122794, 171257 : RJDA 2/96 no 287 som.). Mais la simple mention d'un arrêté portant inscription de sites à l'inventaire, en annexe d'un plan d'occupation des sols régulièrement publié, ne peut pas tenir lieu de publication régulière de cet arrêté au Journal officiel (CE 12-5-1989 no 86729 : Lebon p. 125).
b. Sur la durée pendant laquelle peut être maintenue une publicité préexistante à l'acte faisant entrer l'immeuble ou le site où elle est implantée dans le champ d'application de l'article L 581-8, I, voir no 130.

Interdiction de l'obstruction des baies La publicité ne peut pas recouvrir tout ou partie d'une baie (C. envir. art. L 581-8, III). Sous l'empire des anciens textes, la circulaire 81-53 du 12 mai 1981, aujourd'hui abrogée, précisait que devait être considérée comme une baie toute ouverture dans une partie construite, quelle que soit sa fonction, ainsi que son encadrement. À notre avis, cette définition demeure valable, même si elle n'a pas été reprise par l'instruction du 25 mars 2014 et le guide pratique publié par le ministère de l'écologie le 9 mai 2014. 630

Toutefois, sous réserve des interdictions générales exposées nos 520 et 620, cette **interdiction** est **levée** (art. L 581-8, III) :
– pour les dispositifs de petit format intégrés à des devantures commerciales et ne recouvrant que partiellement la baie (microaffichage ; nos 1290 s.) ;
– lorsqu'il s'agit de la devanture d'un établissement temporairement fermé pour réfection ou à la suite d'une procédure de règlement judiciaire.

> **Précisions** Cette référence à la procédure de règlement judiciaire (incongrue dans une législation refondue en 2010 alors que cette procédure a été depuis longtemps remplacée par celle de redressement judiciaire) doit être comprise, à notre avis, comme visant toute fermeture intervenant dans le cadre d'une procédure de sauvegarde, de redressement, de liquidation judiciaire ou d'une procédure de traitement de sortie de crise.

640 **Sur les équipements sportifs** La publicité extérieure sur l'emprise des équipements sportifs d'au moins 15 000 places assises et situés **en agglomération** peut **déroger,** qu'elle soit lumineuse ou non, **aux limites** qui s'appliquent en principe à la publicité en agglomération. Mais cette dérogation concerne seulement l'emplacement (sous réserve de respecter les interdictions exposées n°s 520 et 620), la surface, la hauteur des dispositifs publicitaires (C. envir. art. L 581-10).

De manière plus précise, les règles auxquelles il est possible de déroger sont les suivantes :
– l'interdiction de la publicité sur les murs ou clôtures non aveugles (C. envir. art. R 581-23, II ; n° 525) ;
– les limites de surface et de hauteur de la publicité non lumineuse (art. R 581-26, III ; n° 870), des dispositifs non lumineux scellés ou installés au sol (art. R 581-32, al. 3 ; n° 900), de la publicité lumineuse (art. R 581-34, II ; n° 970) ou numérique (art. R 581-41, II ; n°s 1045 et 1050), ainsi que les limites de positionnement de la publicité lumineuse (art. R 581-36, II ; n° 1000).

En outre, l'implantation des dispositifs dérogatoires est soumise à l'**autorisation** du conseil municipal ou de l'assemblée délibérante de l'établissement public de coopération intercommunale compétent ou du conseil de la métropole de Lyon (art. L 581-10).

Sur la demande de dérogation, voir le tableau de présentation n° 2190.

> **Précisions** Si le dispositif dérogatoire constitue une **bâche,** la date et le numéro de la décision accordant cette autorisation ainsi que l'indication des surfaces d'affichage publicitaire autorisé doivent être mentionnés sur la bâche de manière visible de la voie publique, pendant toute la durée de son utilisation (art. R 581-21-1, III).

2. DENSITÉ DE LA PUBLICITÉ EXTÉRIEURE

660 L'implantation des dispositifs publicitaires et des présenseignes est soumise à des règles de densité (C. envir. art. R 581-25 et L 581-19, al. 1), ayant pour objet de **réduire la pression publicitaire** à l'entrée des villes sur les axes routiers importants et d'éviter les « murs » publicitaires constatés aux abords de certaines voies.

DISPOSITIFS CONCERNÉS

670 Sont concernés par les règles de densité exposées ci-dessous les dispositifs publicitaires, ainsi que les préenseignes (C. envir. art. L 581-19, al. 1), situés **en bordure de route,** qu'ils soient lumineux ou non (art. R 581-25), situés dans une agglomération ou en dehors d'une agglomération (art. L 581-7 et L 581-9, al. 1). Sont assimilées à des dispositifs muraux les publicités implantées ou peintes sur les murs aveugles des immeubles et sur les murs de clôtures aveugles. Ces publicités sont donc à prendre en compte dans le calcul de la densité.

Échappent cependant aux règles de densité :
– les dispositifs apposés sur une palissade ou sur une toiture (art. R 581-25, al. 1) ;
– ceux apposés sur le mobilier urbain, les bâches ou encore les dispositifs de taille exceptionnelle autorisés ou de format réduit (microaffichage), l'article R 581-25 du Code de l'environnement précisant qu'il s'applique aux dispositifs publicitaires décrits dans « la présente sous-section » et les dispositifs précités n'apparaissant que dans les sous-sections suivantes (dans le même sens, voir Notice technique annexée à l'instruction du 25-3-2014) ;
– les préenseignes dérogatoires ou temporaires autorisées hors agglomération (n° 1690).

CALCUL DE LA DENSITÉ DES DISPOSITIFS

680 Le **nombre de dispositifs par unité foncière** est limité (n°s 690 s.). Une fois celui-ci atteint, aucun nouveau dispositif ne peut plus être implanté.

Selon la notice technique annexée à l'instruction du 25 mars 2014, est une unité foncière au sens de la réglementation un ensemble des parcelles cadastrales contiguës appartenant à un même propriétaire, plus précisément un « îlot de propriété d'un seul tenant, composé d'une parcelle ou d'un ensemble de parcelles appartenant à un même propriétaire ou à la même indivision ». Cette définition résulte de la jurisprudence (CE 27-6-2005 n° 264667 : Defrénois 2005 art. 38264 § 4 obs. Ph. Benoit-Cattin). La notice renvoie aux documents cadastraux (disponibles en mairie et à l'hôtel des impôts) définissant les limites des unités foncières. Elle ne reprend pas la précision qui figurait dans la circulaire du 26 mai 1997 selon laquelle toute division matérialisée (par exemple, clôture, chemin ou route) interrompant la continuité du terrain était considérée comme sa limite. Si la présence d'une route marque à l'évidence la division de l'unité foncière, telle ne devrait plus être le cas d'une simple clôture entre des terrains appartenant à la même personne.

Le nombre de dispositifs autorisés est déterminé en fonction de la **longueur de l'unité** foncière **bordant une voie** ouverte à la circulation **publique** (sur la notion de voie ouverte à la circulation, voir n° 340). 685
Selon l'administration, lorsque l'unité foncière est **bordée de plusieurs voies,** les longueurs ne peuvent être cumulées entre elles et seul le côté le plus long bordant une seule voie doit être pris en compte pour déterminer le nombre global de dispositifs autorisés (Notice technique annexée à l'instruction du 25-3-2014). Mais la jurisprudence a écarté cette interprétation en rappelant qu'elle était dépourvue de valeur réglementaire. Elle relève, au contraire, qu'il y a lieu de tenir compte de toute la longueur du ou des côtés de l'unité foncière bordant une ou plusieurs voies ouvertes à la circulation publique (CAA Nancy 18-5-2017 n° 14NC00986).

> **Précisions** Dans cette espèce, l'unité foncière était bordée par deux voies ouvertes à la circulation publique, l'une sur une longueur de 206 mètres, l'autre sur une longueur de 262 mètres. Il en résultait que la longueur à prendre en considération atteignait le total de ces deux longueurs, soit 468 mètres.

LIMITES DE DENSITÉ DES DISPOSITIFS

Cas général Il ne peut être installé qu'un seul dispositif publicitaire sur les **unités foncières** dont le côté **bordant la voie** ouverte à la circulation **publique** est d'une longueur au plus **égale à 80 mètres** linéaires (C. envir. art. R 581-25, I). 690
Par exception, il peut être installé :
– soit deux dispositifs publicitaires alignés horizontalement ou verticalement sur un mur support ;
– soit deux dispositifs publicitaires scellés au sol sur les unités foncières dont le côté bordant la voie ouverte à la circulation publique est d'une longueur supérieure à 40 mètres linéaires.

Sur les unités foncières dont le côté bordant la voie ouverte à la circulation publique est d'une longueur **supérieure à 80 mètres** linéaires, il peut être installé un dispositif publicitaire supplémentaire par tranche de 80 mètres au-delà de la première (art. R 581-25, I).

Les dispositifs autorisés peuvent être installés librement sur l'unité foncière (art. précité). Aucun **espacement** minimal ou maximal n'est donc requis **entre les dispositifs** implantés sur une même unité ou avec ceux implantés sur une unité foncière voisine. Mais doivent être respectées les distances minimales par rapport aux baies des habitations et aux limites de propriété (n° 920).

Domaine public Il ne peut être installé qu'un seul dispositif publicitaire sur le domaine public au droit des **unités foncières dont le côté** bordant la voie ouverte à la circulation publique est d'une longueur **au plus égale à 80 mètres** linéaires (C. envir. art. R 581-25, II). 700

Lorsque l'unité foncière dont le côté bordant la voie ouverte à la circulation publique est d'une longueur **supérieure à 80 mètres** linéaires, il peut être installé sur le domaine public un dispositif publicitaire supplémentaire par tranche de 80 mètres au-delà de la première.

Ces dispositifs peuvent être installés librement sur le domaine public au droit de l'unité foncière.

Réglementation locale Le règlement local de publicité peut prévoir des règles de densité **plus restrictives** que celles exposées ci-dessus tant en agglomération qu'à proximité des centres commerciaux situés hors agglomération (C. envir. art. L 581-7 et L 581-14). 710

3. FORME ET CONTENU DE LA PUBLICITÉ EXTÉRIEURE

MENTIONS À APPOSER SUR LA PUBLICITÉ

Sous peine des sanctions exposées n°s 2400 et 2470, toute publicité doit mentionner le nom ou la dénomination sociale et l'adresse de la personne physique ou morale qui l'a apposée ou fait apposer (C. envir. art. L 581-5). En pratique, un « buteau » indiquant les coordonnées de cette personne est apposé sur le pied ou le cadre du dispositif. En revanche, le nom et l'adresse de l'imprimeur ne sont pas obligatoires sur une affiche publicitaire (T. corr. Fontainebleau 19-4-1979 : Gaz. Pal. 1979.2 p. 354). 730

La personne mentionnée sur un dispositif publicitaire est présumée être celle qui a apposé ou fait apposer la publicité, mais elle peut rapporter la preuve contraire (CAA Lyon 2-7-2010 n° 09LY01146 : JCP E 2010 n° 1841 obs. F. Linditch).

COULEUR DE LA PUBLICITÉ

740 En principe, seules les affiches concernant des actes émanant de l'autorité publique peuvent être imprimées sur **papier blanc** (Loi du 29-7-1881 art. 15, al. 3). Ainsi, un maire ne pouvait-il annoncer la date d'une foire sur affiche blanche, car il agissait alors comme délégué du pouvoir exécutif (Cass. crim. 25-6-1910 : DP 1912 I p. 366).

Toutefois, l'usage du papier blanc pour des affiches publicitaires est licite lorsqu'elles sont recouvertes de caractères ou d'illustrations de couleur et que toute confusion, soit dans le texte, soit dans la présentation matérielle, est impossible avec les affiches administratives (Loi du 29-7-1881 art. 15).

Toute **infraction** par une personne physique est passible d'une amende de 3 750 € (Loi de 1881 art. 3 et 15). Une peine d'emprisonnement de six mois peut être prononcée si, dans les douze mois précédents, le prévenu a déjà été condamné pour une infraction de même nature (art. 15 précité). La personne morale déclarée pénalement responsable de l'infraction commise pour son compte par son organe ou représentant est passible d'une amende de 18 750 € (C. pén. art. 121-2 et 131-38).

Sur l'utilisation de certaines couleurs qui, alliées à certaines formes, peuvent porter atteinte à la visibilité de la signalisation routière, voir n° 770.

RESPECT DES BONNES MŒURS

750 **Interdiction de la diffusion de messages indécents** La diffusion, sur la **voie publique** ou dans des **lieux publics,** de messages contraires à la décence est interdite sous peine d'une amende de 750 € pour une personne physique et 3 750 € pour une personne morale déclarée pénalement responsable de l'infraction (C. pén. art. R 624-2). En outre, les auteurs de l'infraction encourent la confiscation de la chose qui a servi ou était destinée à commettre l'infraction, ou de la chose qui en est le produit (art. précité).

> **Précisions** Une association n'est pas fondée à demander au tribunal judiciaire d'ordonner à l'éditeur d'un **site de rencontres** qui procède à la publicité du site sur les autobus circulant en région parisienne de supprimer, dans cette publicité, toute référence à l'infidélité ou au caractère extraconjugal de son activité. En effet, l'adultère ne faisant l'objet d'aucune sanction civile, la promotion, à des fins commerciales, des rencontres extraconjugales n'est soumise à aucune interdiction légale. De plus, une interdiction de la campagne publicitaire en cause constituerait une ingérence dans l'exercice de la liberté d'expression, garantie notamment par l'article 10 de la convention européenne de sauvegarde des droits de l'Homme (Cass. 1e civ. 16-12-2020 n° 19-19.387 FS-PI : RJDA 6/21 n° 445).

755 **Pouvoir de police du maire** Les maires peuvent prendre certaines mesures de police générale en cas d'**atteinte à la moralité publique.** Cependant, ces mesures, qui trouvent leur fondement dans l'article L 2212-2 du Code général des collectivités territoriales, ne sont justifiées qu'en présence d'une menace de « **troubles** matériels **sérieux** », c'est-à-dire de risques de manifestations violentes contre les affiches publicitaires en cause, ou en cas d'atteinte à l'ordre public résultant du caractère immoral de l'objet de la publicité compte tenu des « circonstances locales » (CE 8-12-1997 n° 171134 et CE 8-4-1998 n° 165034 : RJDA 6/98 n° 805). Des préoccupations d'ordre exclusivement éthique ne suffisent donc pas à autoriser l'intervention de l'autorité municipale.

En conséquence, un maire ne peut pas interdire sur le territoire de la commune tout affichage publicitaire en faveur des messageries télématiques érotiques si les conditions énoncées ci-dessus (risque de troubles matériels sérieux et existence de circonstances locales particulières) ne sont pas réunies (arrêts précités).

PROTECTION DE LA SIGNALISATION ROUTIÈRE

760 Afin de préserver la clarté de la signalisation routière pour les usagers, toute **publicité sur** les **voies ouvertes à la circulation publique** et en bordure de celles-ci et **visible de celles-ci** doit respecter les prescriptions suivantes, sous peine des sanctions pénales exposées nos 2530 s. (C. route art. R 418-9).

765 La publicité ne doit comporter ni une **indication** de localité complétée par une flèche ou une distance kilométrique, ni la reproduction d'un signal routier réglementaire ou d'un schéma de présignalisation (C. route art. R 418-2, I). Par exemple, la mention « Magasin X, Paris,

10 km » est interdite. Mais il nous semble possible d'indiquer seulement un nom de localité ou le temps nécessaire pour effectuer une distance ; une affiche peut ainsi annoncer : « Magasin X à 15 min ».

La forme, la couleur, le texte, le symbole, la dimension ne doivent **pas prêter à confusion** avec les signaux réglementaires (C. route art. R 418-2, II). Sont notamment interdits les dispositifs et dessins publicitaires (art. R 418-2, III) : 770
- triangulaires à fond bleu ou jaune ;
- circulaires à fond rouge, bleu ou blanc ;
- octogonaux à fond rouge ;
- carrés à fond blanc ou jaune, s'ils sont disposés sur pointe.

Ces interdictions s'appliquent à tout dispositif, dessin, inscription ou marquage, quels que soient la nature des indications qu'il comporte, son objet commercial ou non, le procédé utilisé pour sa réalisation et la qualité de son auteur (art. R 418-2, IV).

L'arrêté du 30 août 1977 fixe des **normes de luminosité** pour les dispositifs publicitaires lumineux ou rétrofléchissants visibles des voies ouvertes à la circulation publique. 780

› Précisions Ces normes sont distinctes selon qu'il s'agit d'une zone à éclairage général intense (zone 1), de voies commerçantes très éclairées (zone 2), d'autres voies éclairées (zone 3) ; la zone 4 concerne les voies non éclairées. C'est l'autorité investie du pouvoir de police qui arrête les limites des zones 1 et 2. En l'absence d'une telle décision, les voies sont considérées comme appartenant à la zone 3 (ou à la zone 4 si elles ne sont pas éclairées).

4. ENTRETIEN DES PUBLICITÉS

Les publicités, ainsi que les dispositifs qui les supportent, doivent être maintenus en bon état d'entretien et, le cas échéant, de fonctionnement par les personnes ou les entreprises qui les exploitent (C. envir. art. R 581-24). 800

B. Règles propres à chaque type de dispositif publicitaire

CHAMP D'APPLICATION TERRITORIAL DE LA RÉGLEMENTATION

Les règles exposées ci-dessous s'appliquent à l'**intérieur des agglomérations. En dehors** des agglomérations, sont aussi concernées l'emprise des gares, ferroviaires ou routières, des aéroports et de certains équipements sportifs ainsi que la proximité de certains centres commerciaux. En dehors de ces zones, la publicité hors agglomération est en effet interdite (n° 560). 840

1. PUBLICITÉ NON LUMINEUSE

Le régime des dispositifs de publicité non lumineuse est fixé par les articles R 581-26 à R 581-33 du Code de l'environnement. Le **caractère non lumineux** d'une publicité est déterminé au regard de la définition légale de la publicité lumineuse (n° 950). 850

SURFACE ET HAUTEUR DE LA PUBLICITÉ NON LUMINEUSE

Dans les **agglomérations de plus de 10 000 habitants** et dans celles de moins de 10 000 habitants faisant partie d'une **unité urbaine de plus de 100 000 habitants,** ainsi qu'à l'intérieur de l'emprise des aéroports, des gares ferroviaires et des gares routières, la publicité non lumineuse apposée sur un mur ou une clôture ne peut avoir une surface unitaire excédant 10,50 m^2 (et non plus 12 m^2), ni s'élever à plus de 7,5 mètres au-dessus du niveau du sol (C. envir. art. R 581-26, I modifié par décret 2023-1007 du 30-10-2023). 860

Dans les **agglomérations de moins de 10 000 habitants** ne faisant pas partie d'une unité urbaine de plus de 100 000 habitants, la publicité non lumineuse apposée sur un mur ou une clôture ne peut avoir une surface unitaire excédant 4,70 m^2 (au lieu de 4 m^2 auparavant), ni s'élever à plus de 6 mètres au-dessus du niveau du sol (C. envir. art. R 581-26, II-al. 1 modifié par décret 2023-1007 du 30-10-2023). 865

Toutefois, cette surface peut être portée à 8 m² dans la traversée de ces agglomérations, lorsque la publicité est en bordure de routes à grande circulation (telles que définies par l'article L 110-3 du Code de la route) et à l'exception des parties de ces voies qui sont désignées par arrêté préfectoral comme restant soumises à la réglementation générale (art. R 581-26, II-al. 2). Cette augmentation de la surface unitaire est subordonnée à l'intervention d'un arrêté préfectoral, pris après l'avis de la commission départementale de la nature, des paysages et des sites, cet arrêté pouvant exclure du champ de la dérogation certaines parties de routes sur lesquelles les règles de principe demeurent applicables (CE 12-10-2016 nº 396433 : RJDA 2/17 nº 127 ; CAA Nancy 9-5-2017 nº 16NC02379).

870 La publicité non lumineuse apposée sur un mur, une façade ou une clôture, situés sur l'emprise des **équipements sportifs** ayant une capacité d'accueil d'au moins 15 000 places, implantés en dehors ou à l'intérieur des agglomérations, ne peut avoir une surface unitaire supérieure à 20 % de la surface totale du mur, de la façade ou de la clôture, ni s'élever à plus de 10 mètres au-dessus du sol (C. envir. art. R 581-26, III-al. 1).

Toutefois, une élévation supérieure à 10 mètres peut être autorisée compte tenu notamment de la durée d'installation de la publicité, de sa surface, des procédés utilisés, des caractéristiques des supports, de son insertion architecturale et paysagère, de son impact sur le cadre de vie environnant et de ses incidences éventuelles sur la sécurité routière (art. R 581-26, III-al. 2). Les modalités de cette **dérogation** varient selon le lieu d'implantation de l'équipement sportif.

Si l'équipement se trouve en dehors d'une agglomération, la dérogation est accordée par le maire. La demande de dérogation est instruite dans un délai de quinze jours à compter de la date de réception de la déclaration préalable prévue à l'article R 581-8 (nº 2000). La décision est notifiée au demandeur. À défaut de notification dans ce délai, la demande est réputée acceptée (art. R 581-26, III-a modifié par décret 2023-1409 du 29-12-2023).

Si l'équipement est situé en agglomération, la dérogation est accordée par le conseil municipal ou l'assemblée délibérante de l'établissement public de coopération intercommunale compétent ou le conseil de la métropole de Lyon (art. L 581-10). Il est, notamment, tenu compte de la durée d'installation de la publicité, de sa surface, des procédés utilisés, des caractéristiques des supports, de son insertion architecturale et paysagère, de son impact sur le cadre de vie environnant et de ses incidences éventuelles sur la sécurité routière (art. R 581-26, III-b et, sur renvoi, art. R 581-21-1).

880 **Calcul de la surface** Le calcul de la surface unitaire des publicités s'apprécie en prenant en compte le dispositif dont le principal objet est de recevoir la publicité (C. envir. art. R 581-24-1, issu décret 2023-1007 du 30-10-2023 ; auparavant, CE 6-10-1999 nº 169570 : RJDA 5/00 nº 612 ; CAA Bordeaux 28-4-2021 nº 19BX01464 : RJDA 1/22 nº 44). Il faut donc retenir la surface du **panneau tout entier** en y intégrant celle de son encadrement, et pas seulement la surface de l'affiche qu'il porte.

885 L'administration a précisé que les surfaces maximales prescrites pour les dispositifs s'entendent pour chaque publicité prise isolément. En conséquence, lorsque **deux publicités** placées côte à côte ne forment qu'**un seul** et même **message,** la surface à retenir est la surface totale des deux publicités (Notice technique annexée à l'instruction du 25-3-2014 et guide pratique publié le 9-5-2014).

POSITIONNEMENT DE LA PUBLICITÉ

890 La publicité non lumineuse ne peut pas être apposée à moins de 0,50 mètre du **niveau du sol** (C. envir. art. R 581-27, al. 1). Selon le guide pratique publié par le ministère, si la surface du sol est en pente, aucun point de la publicité ne peut se trouver à moins de 0,50 mètre du sol. Le calcul d'une hauteur moyenne n'est donc pas conforme à l'intention du législateur.

En outre, la publicité non lumineuse ne peut pas (art. R 581-27, al. 2 et R 581-28) :

– être apposée **sur** une **toiture** ou une **terrasse** en tenant lieu ;

– ni **dépasser** les limites du **mur** qui la supporte, ni, le cas échéant, dépasser les limites de l'égout du **toit.**

Elle doit être située sur le mur qui la supporte ou sur un plan parallèle à ce mur, sans pouvoir constituer par rapport à ce mur une **saillie** supérieure à 0,25 mètre (art. R 581-28).

Aucune publicité non lumineuse ne peut être apposée sur un mur sans que les **publicités anciennes** existant au même endroit aient été **supprimées,** sauf s'il s'agit de publicités peintes d'intérêt artistique, historique ou pittoresque (art. R 581-29).

› Précisions a. La limite de l'égout du toit, qui n'était pas envisagée par l'ancienne réglementation, s'applique notamment aux murs constituant les pignons d'un immeuble : le point le plus haut du dispositif doit se trouver en dessous de la ligne horizontale imaginaire prolongeant l'égout du toit (Guide pratique publié le 9-5-2014 par le ministère).

b. La réforme de 2012 a supprimé l'exception dont bénéficiaient auparavant les publicités sur clôtures aveugles qui pouvaient dépasser le bord supérieur de la clôture dans la limite d'un tiers de leur hauteur (ancien art. R 581-9).

DISPOSITIFS NON LUMINEUX SCELLÉS OU INSTALLÉS AU SOL

Emplacements interdits En agglomération, les dispositifs publicitaires non lumineux scellés au sol ou installés directement sur le sol sont interdits dans les lieux prévus par l'article L 581-4 du Code de l'environnement (n° 520) mais aussi (C. envir. art. R 581-30 et R 581-31, al. 1 et 2) : 900

– dans les espaces boisés classés en application de l'article L 113-1 du Code de l'urbanisme ;

– dans les **zones à protéger** en raison de la qualité des sites, des milieux naturels, des paysages et de leur intérêt notamment au point de vue esthétique ou écologique, et délimitées par un plan local d'urbanisme (PLU) ;

– dans les **agglomérations** de moins de 10 000 habitants ne faisant pas partie d'une unité urbaine de plus de 100 000 habitants ;

– dans les autres agglomérations si les affiches supportées par ces dispositifs sont visibles d'une autoroute ou d'une bretelle de raccordement à une autoroute, ainsi que d'une route express, déviation ou voie publique située hors agglomération.

Sur l'emprise des **aéroports** et des **gares** (ferroviaires ou routières) situés hors agglomération, ainsi que sur celle des **équipements sportifs** ayant une capacité d'accueil d'au moins 15 000 places, qu'ils soient situés en dehors ou à l'intérieur des agglomérations, les dispositifs publicitaires non lumineux, scellés au sol ou installés directement sur le sol sont interdits si les affiches qu'ils supportent (art. R 581-31, al. 3 s.) :

– ne sont visibles que d'une autoroute ou d'une bretelle de raccordement à une autoroute ainsi que d'une route express ;

– ne sont visibles que d'une déviation ou voie publique située hors agglomération et hors de l'emprise des aéroports, des gares ferroviaires ou routières, ainsi que des équipements sportifs concernés.

› Précisions a. Sous l'empire de l'ancienne réglementation, une affiche n'était plus considérée comme **visible** de tout point situé, par rapport à elle, à une distance supérieure à trente fois sa plus grande dimension (Circ. du 12-5-1981 aujourd'hui abrogée). Cette précision n'apparaît ni dans la notice technique jointe à l'instruction du 25 mars 2014, ni dans le guide pratique publié par le ministère le 9 mai 2014.

b. Les termes « située hors agglomération » désignent uniquement les déviations et **voies** publiques. Par suite, les dispositifs publicitaires non lumineux, scellés au sol ou implantés directement sur le sol, sont interdits s'ils sont visibles d'une autoroute, d'une bretelle de raccordement à une autoroute ou d'une route express, que celles-ci soient situées ou non hors agglomération (CE 10-12-2003 n° 257065 : RJDA 12/04 n° 1400 faisant application de l'article 9 du décret du 21-11-1980, mais transposable aux textes actuels par identité de rédaction). Pour d'autres exemples, voir CE 30-9-1998 n° 161200 et CE 29-6-1998 n° 159490 : RJDA 12/98 n° 1430.

Surface et hauteur Les dispositifs publicitaires non lumineux scellés au sol ou installés directement sur le sol ne peuvent ni s'élever à plus de 6 mètres au-dessus du niveau du sol ni avoir une surface supérieure à 10,50 m² (au lieu de 12 m² auparavant ; C. envir. art. R 581-32, al. 1 modifié par décret 2023-1007 du 30-10-2023) : 910

– dans les **agglomérations** de plus de 10 000 habitants ;

– dans celles de moins de 10 000 habitants faisant partie d'une unité urbaine de plus de 100 000 habitants ;

– sur l'emprise des **aéroports,** des **gares** ferroviaires ou routières, situés **hors agglomération.**

Toutefois, sur l'emprise des aéroports dont le flux annuel de passagers est supérieur à trois millions de personnes, ces dispositifs peuvent s'élever jusqu'à 10 mètres au-dessus du niveau du sol, et avoir une surface d'une limite maximale de 50 m² (art. précité, al. 2 modifié par décret 2023-1409 du 29-12-2023). Les aéroports dépassant le seuil précité de passagers (en 2022) sont : Paris-Charles-de-Gaulle, Paris-Orly, Nice-Côte-d'Azur, Marseille-Provence, Lyon-Saint-Exupéry, Bâle-Mulhouse, Toulouse-Blagnac, Bordeaux-Mérignac, Nantes-Atlantique et Paris-Beauvais.

Par ailleurs, sur l'emprise des **équipements sportifs** ayant une capacité d'accueil d'au moins 15 000 places, qu'ils soient ou non situés en agglomération, les mêmes dispositifs peuvent s'élever jusqu'à 10 mètres au-dessus du niveau du sol et avoir une surface unitaire d'une limite maximale de 50 m² (art. précité, al. 3).

920 **Distance** Un dispositif publicitaire non lumineux, scellé au sol ou installé directement sur le sol, ne peut pas être placé à moins de dix mètres d'une **baie d'un immeuble d'habitation** situé sur un fonds voisin lorsqu'il se trouve en avant du plan du mur contenant cette baie (C. envir. art. R 581-33, al. 1).

Cette distance minimale ne s'applique pas (Guide pratique du ministère de l'écologie du 9-5-2014) :
– aux immeubles à usage autre que d'habitation et aux immeubles d'habitation situés sur le fonds où est implanté le dispositif ;
– aux fonds qui ne sont pas contigus, autrement dit, lorsqu'un fonds sépare celui où est situé le dispositif et celui où est situé l'immeuble d'habitation ;
– lorsque le dispositif n'est pas visible de la baie, ce qui est le cas s'il est apposé dans le plan du mur contenant la baie ou en retrait de ce mur.

925 En outre, l'implantation d'un dispositif de cette nature ne peut être faite à une distance inférieure à la moitié de sa hauteur d'une **limite séparative de propriété** (art. R 581-33, al. 2).
Selon le guide pratique publié par le ministère de l'écologie le 9 mai 2014, cette règle s'applique entre deux unités foncières contiguës, mais pas entre une unité foncière et la voie publique.

930 **Autorisation préalable** Les dispositifs publicitaires non lumineux posés ou scellés au sol sont soumis à autorisation préalable s'ils sont de **dimensions exceptionnelles** et liés à une manifestation temporaire (n° 1280). Dans les autres cas, ils font l'objet d'une simple déclaration dans les conditions exposées n°s 2000 s.
Sur l'éventuelle nécessité d'un permis de construire ou d'une déclaration de travaux, voir n°s 2700 s.

2. PUBLICITÉ LUMINEUSE

DISPOSITIFS CONCERNÉS

950 La publicité lumineuse est la publicité à la réalisation de laquelle participe une **source de lumière spécialement prévue** à cet effet. Sont notamment visées les publicités réalisées directement par des dispositifs lumineux (tubes néons, diodes électroluminescentes, lettres découpées), ainsi que la publicité numérique (écrans).

ATTENTION

Ne sont pas concernés par les règles exposées ci-dessous, bien qu'ils comportent une source lumineuse, les dispositifs ne supportant que des **affiches éclairées par projection ou par transparence** (art. R 581-34, I, al. 4). Même s'ils sont en principe soumis au régime général de la publicité non lumineuse (n°s 850 s.), ces dispositifs doivent néanmoins respecter les seuils de luminance et d'efficacité lumineuse des sources (n° 1010) et les règles d'extinction exposées n°s 1035 s. (art. R 581-34, II).

ZONES PROTÉGÉES CONTRE LA PUBLICITÉ LUMINEUSE

960 Outre qu'elle fait l'objet des interdictions mentionnées n°s 510 s., la publicité lumineuse ne peut pas être autorisée à l'intérieur des agglomérations de moins de 10 000 habitants ne faisant pas partie d'une unité urbaine de plus de 100 000 habitants (C. envir. art. R 581-34, I-al. 2).
De plus, les dispositifs lumineux scellés au sol sont interdits dans les emplacements énumérés n° 900 (art. R 581-40 et, sur renvoi, art. R 581-30 et R 581-31).

SURFACE ET HAUTEUR DE LA PUBLICITÉ LUMINEUSE

970 À l'intérieur des **agglomérations de plus de 10 000 habitants** et dans celles de moins de 10 000 habitants faisant partie d'une **unité urbaine de plus de 100 000 habitants,** ainsi qu'à l'intérieur de l'emprise des aéroports, des gares ferroviaires ou routières situés hors agglomération, la publicité lumineuse apposée sur un mur, scellée au sol ou installée directement sur le sol ne peut avoir une surface unitaire excédant 8 m^2 ni s'élever à plus de 6 mètres au-dessus du niveau du sol (C. envir. art. R 581-34, I-al. 3).
Sur l'emprise des **équipements sportifs** ayant une capacité d'accueil d'au moins 15 000 places, situés en dehors ou à l'intérieur des agglomérations, la publicité lumineuse apposée sur un mur, une façade ou une clôture, scellée au sol ou installée directement sur le sol, peut s'élever jusqu'à 10 mètres au-dessus du niveau du sol et avoir une surface unitaire d'une limite maximale de 50 m^2 (art. R 581-34, II-al. 1). Toutefois, une élévation supérieure à 10 mètres peut être autorisée dans des conditions identiques à celles mentionnées n° 870 (art. R 581-34, II-al. 1).

Calcul de la surface Pour calculer la surface unitaire maximale d'une publicité lumineuse, il convient de prendre en considération non pas la seule surface de la **publicité** apposée sur le dispositif publicitaire, mais le dispositif lui-même dont le principal objet est de recevoir cette publicité, c'est-à-dire le **panneau** tout entier. Cette règle, antérieurement dégagée par la jurisprudence (CE 20-10-2016 n° 395494 : RJDA 2/17 n° 128), a été confirmée par une disposition applicable à la plupart des publicités (C. envir. art. R 581-24-1 modifié par décret 2023-1007 du 30-10-2023). 980

En revanche, il n'y a pas lieu de prendre en compte les **éléments auxquels est accroché** ou fixé **le panneau** constituant le dispositif publicitaire, dès lors que leur principal objet est de soutenir celui-ci et non de recevoir la publicité (CAA Nancy 18-5-2017 n° 16NC00986).

> Précisions **a.** Alors que des documents techniques, édités en 2012 et 2014 par le ministère chargé de l'environnement, ont pu laisser penser que le calcul de la surface maximale d'une publicité lumineuse pouvait n'être appliqué qu'aux écrans lumineux, sans inclure leur encadrement, les ambiguïtés qui ont affecté les positions de l'administration et qui n'ont été clairement levées que par l'arrêt précité du Conseil d'État (CE 20-10-2016 n° 395494) devaient conduire l'administration à n'engager des poursuites en vue de contraindre au respect de la réglementation qu'après avoir laissé aux opérateurs concernés un délai raisonnable qui ne saurait être inférieur à 18 mois à compter de cet arrêt (CE réf. 17-5-2017 n° 409386 : RJDA 11/17 n° 76).

b. Une « fiche relative aux modalités de calcul des formats de publicité » a été publiée en novembre 2019 sur le site du ministère de la transition écologique et solidaire (www.ecologique-solidaire.gouv.fr ; onglets Politiques publiques – Biodiversité et paysages). Elle comporte des recommandations destinées à tirer les conséquences de la jurisprudence précitée du Conseil d'État.

Dispositif sur toit ou terrasse Lorsqu'un dispositif supportant une publicité lumineuse est situé sur une toiture ou une terrasse en tenant lieu, sa **hauteur** ne peut pas excéder (C. envir. art. R 581-38) : 990

– un sixième de la hauteur de la façade du bâtiment et au maximum 2 mètres lorsque cette hauteur est inférieure ou égale à 20 mètres ;

– un dixième de la hauteur de la façade et au maximum à 6 mètres lorsque cette hauteur est supérieure à 20 mètres.

En outre, la publicité ne peut alors être réalisée qu'au moyen de **lettres ou signes découpés** dissimulant leur fixation sur le support et sans panneaux de fond autres que ceux qui sont strictement nécessaires à la dissimulation des supports de base, sur une toiture ou une terrasse (art. R 581-39). Dans tous les cas, la hauteur de ces panneaux ne peut excéder 0,50 mètre (art. précité).

POSITIONNEMENT DE LA PUBLICITÉ LUMINEUSE

La publicité lumineuse ne peut pas (C. envir. art. R 581-36, I) : 1000

– recouvrir tout ou partie d'une **baie** (sur le cas des dispositifs lumineux de format réduit, voir n°s 1290 s.) ;

– dépasser les limites du **mur** qui la supporte ;

– être apposée sur un garde-corps de **balcon** ou balconnet ;

– être apposée sur une **clôture.**

Toutefois, sur l'emprise des équipements sportifs ayant une capacité d'accueil d'au moins 15 000 places, qu'ils soient situés en dehors ou à l'intérieur d'une agglomération, la publicité peut recouvrir tout ou partie d'une baie et être apposée sur une clôture (art. R 581-36, II).

En outre, la publicité lumineuse doit être située dans un plan **parallèle** à celui du mur qui la supporte (art. R 581-37).

Un dispositif publicitaire lumineux, scellé au sol ou installé directement sur le sol, doit respecter la **distance** minimale mentionnée n° 920 par rapport aux baies des immeubles voisins et aux limites séparatives de propriété (art. R 581-40 et, sur renvoi, art. R 581-33).

LUMINOSITÉ ET CONSOMMATION ÉNERGÉTIQUE DE LA PUBLICITÉ

La publicité lumineuse doit respecter des normes techniques fixées par arrêté ministériel, portant notamment sur les **seuils de luminance moyenne** à ne pas dépasser, exprimés en candelas par mètre carré, ainsi que sur l'**efficacité lumineuse** des sources utilisées (C. envir. art. R 581-34, III modifié par décret 2023-1409 du 29-12-2023). 1010

Tant que ce nouvel arrêté n'a pas été publié (ce qui est le cas à la date de mise à jour des présents développements), il convient à notre avis de se référer aux normes de luminance prévues à l'arrêté du 30 août 1977 fixant les conditions et normes applicables aux dispositifs lumineux ou rétroréfléchissants visibles des voies ouvertes à la circulation publique.

AUTORISATION PRÉALABLE DE LA PUBLICITÉ LUMINEUSE

1020 L'installation des dispositifs de publicité lumineuse, autres que ceux qui supportent des affiches éclairées par projection ou par transparence, est soumise à l'autorisation du **maire** (C. envir. art. L 581-9, al. 3) selon les modalités exposées nos 2110 s.

> **Précisions** Cette autorisation peut aussi, sous certaines conditions, être délivrée par le président de l'établissement public intercommunal (EPCI) auquel appartiendrait éventuellement la commune (C. envir. art. L 581-3-1 et, sur renvoi, CGCT art. L 5211-9-2, I-A-al. 6). Pour plus de détails, voir no 2350.

EXTINCTION NOCTURNE DE LA PUBLICITÉ LUMINEUSE

1030 Les publicités lumineuses doivent être éteintes entre 1 heure et 6 heures, à l'exception (C. envir. art. R 581-35, al. 1 modifié par décrets 2022-1294 du 5-10-2022 et 2023-1409 du 29-10-2023) :
– de celles installées sur l'emprise des aéroports et des marchés d'intérêt national ;
– des publicités lumineuses que supporte le mobilier urbain affecté aux services de transport et durant les heures de fonctionnement de ces services, à condition, pour les publicités numériques, qu'elles soient à images fixes.

Il peut être **dérogé** à cette extinction lors d'événements exceptionnels définis par arrêté municipal ou préfectoral (art. précité, al. 2).

> **Précisions** **a.** Sur le **report** par le Conseil d'État de l'**entrée en vigueur** du décret 2022-1294 du 5 octobre 2022 qui a généralisé l'extinction nocturne à tout le territoire national, voir CE 24-2-2023 n° 468221 : RJDA 6/23 n° 347.
> **b.** Des horaires d'allumage et d'extinction des éclairages s'imposent aussi pour les vitrines de **magasins** de commerces et d'exposition quelle que soit la taille de l'agglomération (Arrêté TREP1831126A du 27-12-2018 art. 2, III).
> **c.** Le **RLP** peut aussi imposer des horaires d'extinction pour les dispositifs lumineux situés **à l'intérieur des locaux** commerciaux (n° 347).

1035

Extinction de la publicité lumineuse en cas de forte tension sur le réseau électrique

Depuis le 1er juin 2023, en cas de menace pour la sécurité d'approvisionnement en électricité, le ministre de l'énergie peut imposer l'extinction ou, à défaut, la mise en veille de toute publicité lumineuse, de toute publicité supportant des affiches éclairées par projection ou transparence ou de toute publicité numérique **en agglomération et hors agglomération,** sur les voies ouvertes à la circulation publique, ainsi que dans les aéroports, les gares ferroviaires et routières et les stations et arrêts de transports en commun de personnes (C. énergie art. L 143-6-2 issu de loi 2022-1158 du 16-8-2022 ; art. D 143-2 issu du décret 2022-1331 du 17-10-2022). Ces dispositions s'appliquent également aux **publicités** situées **à l'intérieur d'un local** si elles sont visibles depuis la voie publique (art. précités). En l'absence de précision sur ce point, l'extinction peut être imposée de jour comme de nuit.
Depuis le 6 novembre 2023, le non-respect de cette mesure est sanctionné d'une **amende** de 1 500 € (C. énergie art. R 143-3 issu du décret 2023-1021 du 3-11-2023), portée à 7 500 € lorsque le contrevenant est une personne morale (C. pén. art. 131-41). Il s'agit d'une amende pénale forfaitaire dont le paiement éteint l'action publique (CPC art. 48-1, II-5° issu du décret précité). À Paris, les agents municipaux sont habilités à verbaliser cette infraction (CPP art. R 15-33-29-3, dernier al. modifié par décret précité).

CAS PARTICULIER DES PUBLICITÉS NUMÉRIQUES

1040 Le Code de l'environnement ne donne aucune **définition** de la publicité numérique. Selon la notice technique annexée à l'instruction du 25 mars 2014, il s'agit d'une forme particulière de publicité lumineuse qui repose sur l'utilisation d'un écran. La notice identifie trois sortes de publicité numérique :
– à images animées : apparition d'un slogan, ou d'un prix, forme en évolution, tremblement d'un pictogramme, etc. ;
– à images fixes (défilement d'images fixes, également appelé déroulant numérique) ;
– de type vidéos.

La publicité numérique fait l'objet de prescriptions supplémentaires (C. envir. art. R 581-41) qui ne sont pas toutes entrées en vigueur à la date de mise à jour des présents développements, faute de publication de certains textes d'application.

Une publicité numérique ne peut avoir une **surface** unitaire supérieure à 8 m² ni s'élever à plus de 6 mètres **au-dessus du** niveau **du sol** (C. envir. art. R 581-41, I-al. 1 modifié par décret 2023-1409 du 29-12-2023). 1045

Par **dérogation** à cette règle :

– une publicité numérique installée sur l'emprise d'un **aéroport** dont le flux annuel de passagers dépasse trois millions de personnes (n° 910) peut avoir une surface unitaire maximale égale à 50 m² et s'élever jusqu'à 10 mètres au-dessus du niveau du sol ; le dispositif publicitaire numérique doit alors respecter les prescriptions de luminosité et d'extinction exposées n°s 1010 et 1030 s. (art. R 581-41, I-al. 2 modifié par décret précité) ;

– sur l'emprise des **équipements sportifs** ayant une capacité d'accueil d'au moins 15 000 places, qu'ils soient situés en dehors ou à l'intérieur d'une agglomération, la publicité numérique peut s'élever jusqu'à 10 mètres au-dessus du sol et avoir une surface unitaire d'une limite maximale de 50 m² (art. R 581-41, II-al. 1) ; une élévation supérieure à 10 mètres peut être autorisée pour la publicité numérique apposée sur un mur, une façade ou une clôture situés sur l'emprise de ces équipements ; l'autorisation est délivrée dans les conditions exposées n° 870 (art. R 581-41, II-al. 1 à 3).

Pour le mode de calcul de la surface unitaire maximale, voir n° 980.

Afin d'éviter les éblouissements, les dispositifs publicitaires numériques situés à l'intérieur des agglomérations et, en dehors des agglomérations, sur l'emprise des aéroports, des gares ferroviaires ou routières sont équipés d'un **système** de gradation **permettant** d'**adapter l'éclairage à la luminosité ambiante** (C. envir. art. R 581-41, III). 1050

3. PUBLICITÉ SUR LE MOBILIER URBAIN

En **agglomération,** le mobilier urbain installé sur le domaine public peut, à titre accessoire eu égard à sa fonction, supporter de la **publicité non lumineuse** ou de la publicité **éclairée** par projection ou par transparence ou encore de la publicité **numérique** (C. envir. art. L 581-9, al. 1 et R 581-42, al. 1). 1070

PRESCRIPTIONS GÉNÉRALES POUR LA PUBLICITÉ SUR LE MOBILIER URBAIN

Le mobilier urbain, en tant que dispositif posé ou scellé au sol, est soumis aux interdictions et limites d'**emplacement** mentionnées n°s 520 et 900 s'il supporte de la publicité non lumineuse, ainsi qu'à celles mentionnées n° 960 lorsqu'il porte de la publicité éclairée par projection ou transparence ou de la publicité numérique (C. envir. art. R 581-42, al. 3 et, sur renvoi, art. L 581-8, 3°, 7° et 8°, R 581-30, R 581-31, al. 2 à 5, et R 581-34). En principe, la publicité éclairée par projection ou par transparence n'est pas soumise au régime de la publicité lumineuse, mais à celui de la publicité non lumineuse (n° 950). Il faut comprendre, semble-t-il, que le renvoi opéré par l'article R 581-42, al. 3 à l'article R 581-34, qui régit la publicité lumineuse, a pour objet d'assimiler, dans le cas particulier du mobilier urbain, la publicité éclairée par projection ou par transparence à la publicité lumineuse. En effet, toute autre lecture serait contraire à l'économie des textes en cause, puisque l'alinéa 5 de l'article R 581-34, I précise que ses alinéas 2 et 3 ne s'appliquent pas à la publicité éclairée. 1080

Aucune limite de **densité** n'est prévue (n° 670).

La publicité éclairée sur le mobilier urbain est soumise aux normes de **luminance** et d'efficacité mentionnées n° 1010 (art. R 581-42, al. 3 et, sur renvoi, art. R 581-34, III), ainsi qu'à l'obligation d'**extinction** dans les conditions exposées n°s 1030 s. (art. R 581-42, al. 3 et, sur renvoi, art. R 581-35).

PRESCRIPTIONS POUR LA PUBLICITÉ NUMÉRIQUE SUR LE MOBILIER URBAIN

Outre les prohibitions exposées n° 1080, la publicité numérique sur le mobilier urbain est **interdite** (C. envir. art. R 581-42, al. 2 et, sur renvoi, art. L 581-8) : 1090

– dans les agglomérations de moins de 10 000 habitants ;

– dans les parcs naturels régionaux ;

– dans l'aire d'adhésion des parcs nationaux ;

– dans les **zones** spéciales de conservation et dans les zones de protection spéciales mentionnées à l'article L 414-1 du Code de l'environnement (zones Natura 2000).

Le mobilier urbain supportant de la publicité numérique est soumis aux prescriptions de **surface** et de **hauteur** mentionnées n° 1040 (art. R 581-42, al. 3 et, sur renvoi, art. R 581-41).

Il ne peut être placé à moins de 10 mètres d'une baie d'habitation située sur un fonds voisin lorsque la publicité numérique est visible de la baie et située parallèlement à celle-ci.

La **distance** se mesure de la partie inférieure de la baie jusqu'à la partie supérieure de l'écran numérique (art. R 581-42, al. 4).

Dans la mesure où la publicité numérique est une forme particulière de publicité lumineuse, le mobilier urbain est, en outre, soumis aux normes de **luminosité** et d'efficacité des sources lumineuses mentionnées n° 1010, ainsi qu'à l'exigence d'un système permettant d'adapter l'éclairage à la luminosité ambiante (n° 1040) (art. R 581-42, al. 3 et, sur renvoi, art. R 581-34, III, R 581-35 et R 581-41, al. 3). Il n'échappe pas totalement aux règles d'**extinction** exposées nos 1030 s.

> **Précisions** Alors que le mobilier urbain se différencie des autres dispositifs supportant de la publicité numérique en ce qu'il a seulement une vocation publicitaire accessoire et a pour objet principal de répondre aux besoins des administrés, un **règlement local de publicité** ne crée pas de discrimination irrégulière à son profit en autorisant principalement dans certaines zones l'apposition de la publicité numérique sur le mobilier urbain (CAA Nancy 19-10-2021 n° 19NC02575).

PRESCRIPTIONS POUR LA PUBLICITÉ SUR CERTAINS MOBILIERS URBAINS

1100 Les **abris destinés au public** peuvent supporter des publicités d'une surface unitaire maximale de 2 m², sans que la surface totale de ces publicités puisse excéder 2 m², surface à laquelle s'ajoutent 2 m² par tranche entière de 4,50 m² de surface abritée au sol. L'installation de dispositifs publicitaires surajoutés sur le toit de ces abris est interdite (C. envir. art. R 581-43).

Les **kiosques** à journaux et autres kiosques à usage commercial édifiés sur le domaine public peuvent supporter des publicités d'une surface unitaire maximale de 2 m², sans que la surface totale de la publicité puisse excéder 6 m². L'installation de dispositifs publicitaires surajoutés sur le toit de ces kiosques est interdite (art. R 581-44).

Les **colonnes** porte-affiches ne peuvent supporter que l'annonce de spectacles ou de manifestations culturelles (art. R 581-45).

Les **mâts** porte-affiches ne peuvent comporter plus de deux panneaux situés dos à dos et présentant une surface maximale unitaire de 2 m² utilisable exclusivement pour l'annonce de manifestations économiques, sociales, culturelles ou sportives (art. R 581-46).

Le **mobilier** urbain **destiné à recevoir des informations non publicitaires** à caractère général ou local, **ou des œuvres artistiques,** ne peut pas supporter une publicité commerciale excédant la surface totale réservée à ces informations et œuvres (art. R 581-47).

> **Précisions** Lorsque ce dernier type de mobilier urbain supporte une publicité d'une surface unitaire supérieure à 2 m² et qu'il s'élève à plus de 3 mètres au-dessus du sol, il est interdit (C. envir. art. R 581-47 et, sur renvoi, art. R 581-42, al. 3 et R 581-31, al. 1, 2 et 5) :
> – dans les agglomérations de moins de 10 000 habitants ne faisant pas partie d'une unité urbaine de plus de 100 000 habitants ;
> – dans les autres agglomérations, si les affiches qu'il supporte sont visibles d'une autoroute ou d'une bretelle de raccordement à une autoroute ainsi que d'une route express, déviation ou voie publique située hors agglomération mais aussi dans les espaces boisés classés et dans les zones protégées par le PLU ;
> – sur l'emprise des aéroports et des gares, ainsi que des équipements sportifs ayant une capacité d'accueil d'au moins 15 000 places, si les affiches qu'il supporte ne sont visibles que d'une route express ou d'une autoroute ou d'une bretelle de raccordement à une autoroute, ainsi que d'une déviation ou voie publique située hors agglomération et hors de l'emprise des aéroports, des gares ferroviaires ou routières et des équipements sportifs.
> Le mobilier concerné doit respecter les limites de hauteur et de surface mentionnées n° 910, la distance minimale par rapport aux baies voisines (n° 920 ; art. R 581-47 et, sur renvoi, art. R 581-32 et R 581-33, al. 1) et le cas échéant, les règles applicables à la publicité lumineuse (nos 950 s.) et à la publicité numérique (nos 1040 s.).

4. PUBLICITÉ SUR BÂCHES

BÂCHES CONCERNÉES

1120 Le Code de l'environnement réglemente l'utilisation des bâches à des fins publicitaires en distinguant (C. envir. art. R 581-53, I) :

– d'une part, les bâches de **chantier,** qui sont des bâches comportant de la publicité et installées sur des échafaudages nécessaires à la réalisation de travaux ;

– d'autre part, les bâches **publicitaires,** qui sont des bâches autres que celles de chantier et comportant de la publicité.

Sur le délai de mise en conformité des dispositifs préexistants à la réforme, voir n° 130.

RÈGLES COMMUNES AUX BÂCHES PUBLICITAIRES OU DE CHANTIER

Zones protégées Les bâches comportant de la publicité sont interdites dans les emplacements énumérés n°s 520 et 525 (C. envir. art. R 581-53, III et, sur renvoi, R 581-22 à R 581-23). Si, par ces renvois, le Code de l'environnement interdit l'affichage publicitaire pour les bâches de chantier apposées sur un monument historique, le Code du patrimoine l'autorise néanmoins mais sous des conditions particulières exposées n°s 2170 s. 1130

En outre, les bâches comportant de la publicité ne sont pas autorisées à l'intérieur des **agglomérations de moins de 10 000 habitants** (art. R 581-53, II-al. 1). Il en est ainsi que la publicité supportée par la bâche soit lumineuse ou pas. Certes, l'article R 581-53, III renvoie à l'article R 581-34, I qui, dans son alinéa 2, n'interdit la publicité lumineuse qu'à l'intérieur des agglomérations de moins de 10 000 habitants ne faisant pas partie d'une unité urbaine de plus de 100 000 habitants, ce qui est moins restrictif. Mais le II de l'article R 581-53 doit être considéré comme prévalant sur le III du même article.

Dans les **autres agglomérations,** les bâches comportant de la publicité sont interdites si la publicité est visible d'une autoroute, d'une bretelle de raccordement d'une autoroute, d'une route express, d'une déviation, d'une voie publique, situées hors agglomération (C. envir. art. R 581-53, II-al. 2). 1135

Elles sont également interdites (C. envir. art. R 581-53, II-al. 2 et, sur renvoi, C. route art. R 418-7) :
– en agglomération, si la publicité est visible d'une autoroute ou d'une route express, tout en étant installée sur une largeur de 40 mètres mesurée à partir du bord extérieur de chaque chaussée, et sauf autorisation donnée par l'autorité investie du pouvoir de police ;
– hors agglomération, si la publicité est visible d'une autoroute ou d'une route express, tout en étant installée sur une largeur de 200 mètres mesurée à partir du bord extérieur de chaque chaussée.

L'article R 581-53, III du Code de l'environnement exige que les bâches respectent certaines des **prescriptions visant les dispositifs publicitaires** non lumineux lorsqu'ils sont **scellés au sol** ou installés directement sur le sol (art. R 581-30 interdisant les dispositifs de ce type dans certains espaces naturels et R 581-33 imposant une distance minimum par rapport aux baies des habitations voisines et aux limites de propriété). Or, il résulte des autres prescriptions applicables aux bâches que celles-ci ne peuvent pas être scellées au sol puisqu'elles sont appliquées soit sur un échafaudage (bâche de chantier ; art. R 581-53, I-1°) soit sur un mur (bâche publicitaire ; art. R 581-55). 1140

La notice technique annexée à l'instruction du 25 mars 2014 relève cette incohérence et précise que ces prescriptions ne s'appliquent pas aux bâches mais que, « toutefois, il est fortement recommandé de ne pas placer les bâches publicitaires à moins de dix mètres d'une baie d'un immeuble d'habitation situé sur un fonds voisin ». De même, selon le guide pratique publié par le ministère le 9 mai 2014, « les principes de protection du voisinage édictés par l'article R 581-33 pourront être pris en compte lors de l'instruction de la demande d'autorisation ». Néanmoins, cette position de l'administration, qui ne repose pas sur un fondement légal, nous semble fragile.

En tout état de cause, le propriétaire ou l'occupant du fonds voisin peut, conformément au droit commun, demander en justice le retrait de la bâche si elle lui cause un trouble anormal de voisinage.

Bâches non lumineuses Les bâches comportant de la publicité non lumineuse ne peuvent pas être apposées (C. envir. art. R 581-53, III et, sur renvoi, art. R 581-27 et R 581-29) : 1150
– à moins de 0,50 mètre du **niveau du sol** ;
– sur une **toiture** ou une terrasse en tenant lieu, ni dépasser les limites du mur qui la supporte ou celles de l'égout de toit ;
– sur un **mur** sans que les publicités existant au même endroit aient été supprimées, sauf s'il s'agit de publicités peintes d'intérêt artistique, historique ou pittoresque.

Bâches lumineuses Une bâche comportant de la publicité lumineuse doit respecter (C. envir. art. R 581-53, III) : 1160
– les règles de **positionnement** exposées n° 1000 ;
– les seuils de **luminance** et d'efficacité lumineuse (n° 1010) ;
– les règles d'**extinction** exposées n°s 1030 s. ;
– les prescriptions mentionnées n°s 1040 s. si elle supporte une **publicité numérique.**

Autorisation préalable L'installation de bâches comportant de la publicité est autorisée au cas par cas par le maire (C. envir. art. L 581-9, al. 2) tandis que leur remplacement ou leur modification est seulement soumis à déclaration préalable (art. R 581-6). La publicité sur les 1170 bâches de chantier apposées sur un monument historique relève d'un régime spécifique exposé nos 2170 s.

Les bâches doivent être maintenues en bon état d'entretien et, le cas échéant, de fonctionnement par les personnes ou les entreprises qui les exploitent (art. R 581-53, III et, sur renvoi, art. R 581-24).

RÈGLES SPÉCIFIQUES AUX BÂCHES DE CHANTIER

1180 Une bâche de chantier comportant de la publicité ne peut constituer une **saillie** supérieure à 0,50 mètre par rapport à l'échafaudage nécessaire à la réalisation des travaux (C. envir. art. R 581-54, al. 1).

L'**affichage** publicitaire apposé sur une bâche de chantier ne peut excéder 50 % de la **surface** totale de la bâche (art. R 581-54, al. 3). Toutefois, lorsque les travaux de rénovation projetés doivent permettre à l'immeuble d'obtenir le label « haute performance énergétique rénovation » (BBC rénovation), le maire peut autoriser un affichage publicitaire d'une superficie supérieure à ce plafond (art. précité modifié par décret 20213-1409 du 29-12-2023). L'autorisation d'implantation précise les limites de la surface consacrée à l'affichage publicitaire et peut, pour les surfaces laissées libres, imposer la reproduction de l'image des bâtiments occultés (art. R 581-19, II-al. 2).

La **durée** de l'affichage publicitaire sur une bâche de chantier ne peut excéder l'utilisation effective des échafaudages pour les travaux (art. R 581-54, al. 2).

Doivent être **mentionnés** sur l'échafaudage, la bâche ou le dispositif, de manière visible de la voie publique et pendant toute la durée d'utilisation de la bâche à des fins d'affichage publicitaire, la date et le numéro de l'arrêté municipal accordant l'autorisation d'emplacement de la bâche, ainsi que la durée d'utilisation et les surfaces précitées (art. R 581-19, III).

RÈGLES SPÉCIFIQUES AUX BÂCHES PUBLICITAIRES

1190 Les bâches publicitaires peuvent être installées sur les seuls **murs aveugles** ou ceux comportant des ouvertures d'une surface unitaire inférieure à 0,50 mètre carré (C. envir. art. R 581-55, al. 1). Elles ne peuvent pas recouvrir tout ou partie d'une **baie** (même art.).

La bâche publicitaire doit être située sur le mur qui la supporte ou sur un plan parallèle à ce mur (art. R 581-55, al. 2). Elle ne peut constituer par rapport à ce mur une **saillie** supérieure à 0,50 mètre, à moins que celui-ci soit édifié en retrait des autres murs de l'immeuble et à condition qu'elle ne soit pas en saillie par rapport à ceux-ci.

La **distance entre deux bâches** publicitaires est d'au moins 100 mètres (art. précité, al. 3).

La date et le numéro de l'arrêté municipal accordant cette autorisation, ainsi que l'indication des surfaces d'affichage publicitaire autorisé doivent être mentionnés sur la bâche de manière visible de la voie publique, pendant toute la durée de son utilisation.

5. PUBLICITÉ SUR LES PALISSADES DE CHANTIER

1210 La publicité sur les palissades de chantier est soumise aux règles générales applicables à toute publicité (nos 510 s.), exception faite des règles de densité (no 670).

Elle peut être régie par le **règlement local de publicité** qui ne peut toutefois l'interdire qu'aux abords des monuments historiques mentionnés à l'article L 621-30 du Code du patrimoine et dans le périmètre des sites patrimoniaux remarquables mentionnés à l'article L 631-1 du même Code (C. envir. art. L 581-14, al. 4 et, sur renvoi, art. L 581-8, I-1° et 2°).

Les communes ont le droit d'utiliser à leur profit ces palissades, comme support de publicité commerciale ou d'affichage libre, lorsque leur installation a donné lieu à autorisation de voirie (art. L 581-16).

6. PUBLICITÉ DE TAILLE EXCEPTIONNELLE OU RÉDUITE

DISPOSITIF PUBLICITAIRE DE DIMENSIONS EXCEPTIONNELLES

1230 Le **maire** peut **autoriser** au cas par cas l'installation de dispositifs publicitaires de dimensions exceptionnelles liés à des **manifestations temporaires** sous réserve des prescriptions ci-dessous (C. envir. art. L 581-9, al. 2 et R 581-56).

Bien que la réglementation ne le précise pas, constituent des dispositifs de **dimensions** exceptionnelles ceux dont la surface ou la hauteur ou la largeur est supérieure à celle autorisée par la réglementation nationale ou le règlement local de publicité pour le support utilisé (lumineux ou pas, scellé ou posé au sol ou sur un mur, bâche).

Ces dispositifs sont soumis à un régime qui déroge partiellement au régime général, notamment aux règles de densité (nº 670).

Emplacements interdits Les dispositifs publicitaires de dimensions exceptionnelles ne sont pas autorisés dans les emplacements énumérés nºs 520 et 525 (C. envir. art. R 581-56, al. 5 et, sur renvoi, art. R 581-22 et R 581-23). 1240

Ils sont, en outre, interdits à l'intérieur des agglomérations de moins de 10 000 habitants (C. envir. art. R 581-56, al. 1). Pour les mêmes raisons que celles exposées nº 1130 à propos de l'interdiction des bâches comportant de la publicité dans ces agglomérations, il en est ainsi que le dispositif soit lumineux ou pas, peu important que l'article R 581-56, al. 5 renvoie pour la publicité lumineuse à l'article R 581-34, I-al. 2 qui est moins restrictif.

Ces dispositifs sont également interdits (C. envir. art. R 581-56, al. 2 et, sur renvoi, C. route art. R 418-7) :

– dans les autres agglomérations, si la publicité est visible d'une autoroute, d'une bretelle de raccordement d'une autoroute, d'une route express, d'une déviation, d'une voie publique, situées hors agglomération ;

– en agglomération, si la publicité est visible d'une autoroute ou d'une route express, tout en étant installée sur une largeur de 40 mètres mesurée à partir du bord extérieur de chaque chaussée, et sauf autorisation donnée par l'autorité investie du pouvoir de police ;

– hors agglomération, si la publicité est visible d'une autoroute ou d'une route express, tout en étant installée sur une largeur de 200 mètres mesurée à partir du bord extérieur de chaque chaussée.

Des interdictions supplémentaires sont prévues pour les dispositifs posés ou scellés au sol (nº 1250) ou lumineux (nº 1260).

Dispositif non lumineux Un dispositif non lumineux de dimensions exceptionnelles ne peut pas être apposé (C. envir. art. R 581-56, al. 5 et, sur renvoi, art. R 581-27, al. 1 et R 581-29) : 1250

– à moins de 0,50 mètre du niveau du sol ;

– sans que les publicités anciennes existant au même endroit aient été supprimées, sauf s'il s'agit de publicités peintes d'intérêt artistique, historique ou pittoresque.

Il ne peut pas être **scellé au sol** ou installé directement sur le sol dans les lieux exposés nº 900 et, en dehors de ces lieux, sans respecter une distance minimale (nº 920) par rapport aux baies des immeubles d'habitation voisins et des limites de propriété (art. R 581-56, al. 5 et, sur renvoi, art. R 581-30 et R 581-33).

Dispositif lumineux Un dispositif lumineux de dimensions exceptionnelles doit respecter (art. R 581-56, al. 5 et, sur renvoi, art. R 581-34, I al. 4, R 581-35, R 581-36, R 581-37) : 1260

– les règles de **positionnement** exposées nº 1000 ;

– les seuils de **luminance** et d'efficacité lumineuse exposés nº 1010 ;

– les règles d'**extinction** exposées nºs 1030 s.

Si le dispositif supporte de la **publicité numérique,** sa surface unitaire ne peut pas excéder 50 m^2 (art. R 581-56, al. 4). Si ce dispositif est installé à l'intérieur des agglomérations ou, hors agglomérations, sur l'emprise des aéroports et des gares ferroviaires, ainsi que des équipements sportifs ayant une capacité d'accueil d'au moins 15 000 places, il doit être équipé d'un système de gradation permettant d'adapter l'éclairage à la luminosité ambiante (art. précité, al. 5 et, sur renvoi, art. R 581-41, III).

Durée d'installation Les dispositifs de dimensions exceptionnelles peuvent installés, au plus tôt, un mois avant le début de la manifestation annoncée et ils doivent être retirés au plus tard quinze jours après cette manifestation (C. envir. art. R 581-56, al. 3). 1270

Autorisation préalable L'installation d'un dispositif de dimensions exceptionnelles est subordonnée à l'autorisation préalable du maire dans les conditions exposées nºs 2110 s. 1280

La date et le numéro de l'arrêté municipal accordant cette autorisation ainsi que l'indication des surfaces d'affichage publicitaire autorisé doivent être mentionnés sur la bâche de manière visible de la voie publique, pendant toute la durée de son utilisation (C. envir. art. R 581-21, IV).

DISPOSITIF PUBLICITAIRE DE FORMAT RÉDUIT

1290 **Régime du microaffichage** Les dispositifs publicitaires de petit format (ou micro-affichage) sont régis par des dispositions spécifiques du Code de l'environnement (C. envir. art. L 581-8, III et R 581-57). La **rédaction ambiguë** de l'article R 581-57 permet d'envisager deux interprétations différentes, qui comportent chacune des **incohérences.**

En effet, les articles L 581-8, III et R 581-57, al. 1 (par renvoi) du Code de l'environnement n'envisagent expressément les dispositifs de petit format que s'ils sont intégrés à une devanture commerciale ou d'un établissement ayant cessé temporairement ou définitivement son activité. À notre avis, la devanture désigne la façade (en mur plein) de la boutique, la vitrine et la porte ; les dispositifs visés sont ceux apposés sur ces éléments.

Mais l'alinéa 2 de l'article R 581-57, qui définit le régime de ces dispositifs, renvoie à l'article R 581-22, en vertu duquel la publicité est notamment interdite sur les murs de bâtiments sauf s'ils sont aveugles ou comportent de petites fenêtres. Une devanture commerciale répondant rarement à ces critères, ce renvoi revient donc à interdire en pratique l'apposition de petits dispositifs publicitaires sur les devantures, pourtant autorisée par l'article L 581-8, III. De même, l'article R 581-57, al. 2 renvoie aux articles R 581-30 et R 581-33 relatifs aux dispositifs installés ou posés au sol, ce qui n'est pas compatible avec la notion d'intégration des dispositifs à une devanture.

Doit-on, dès lors, considérer que les nouveaux textes ont créé deux régimes distincts pour les dispositifs de petit format, selon qu'ils sont ou non apposés sur des devantures commerciales ? À notre avis, la réponse est négative, dans la mesure où l'article R 581-57, al. 1 définit la taille maximale de ces dispositifs en visant expressément l'article L 581-8, III (dispositifs intégrés à une devanture) et limite leur surface cumulée par rapport à celle de la devanture.

Dans l'attente d'une clarification des textes, la première interprétation doit à notre avis primer, à savoir celle d'un régime spécifique pour le seul microaffichage sur les devantures commerciales.

C'est d'ailleurs l'interprétation que confirment la notice technique annexée à l'instruction du 25 mars 2014, le guide pratique publié par le ministère de l'écologie et du développement durable le 9 mai 2014 ainsi que le formulaire de déclaration des dispositifs publicitaires (Cerfa n° 14799 ; Arrêté du 31-8-2012 DEVL1233143A), en ne visant que le micro-affichage sur les devantures commerciales.

1300 **Microaffichage concerné** Selon l'administration, ce régime particulier vise le micro-affichage qui **ne se rapporte pas à l'activité exercée dans le local** sur la devanture duquel il est apposé (Notice technique annexée à l'instruction du 25-3-2014 ; Guide pratique publié le 9-5-2014). Si le microaffichage se rapporte à cette activité (par exemple, publicités pour des revues sur la devanture d'un distributeur de presse), il est assimilé à une enseigne et non à une publicité.

Par ailleurs, la publicité située à l'intérieur du local échappe à la réglementation (n° 345).

1310 **Prescriptions applicables** Les dispositifs de petit format peuvent être apposés sur une devanture commerciale dans la mesure où (C. envir. art. R 581-57, al. 1) :
- ils ont une **surface unitaire** inférieure à 1 m^2 ;
- leurs surfaces cumulées ne recouvrent pas plus du dixième de la surface d'une devanture commerciale et ne dépassent pas 2 m^2.

Les petits dispositifs **non lumineux** ne peuvent pas être apposés (art. R 581-57, al. 2 et, sur renvoi, art. R 581-27 et R 581-29) :
- à moins de 0,50 mètre du niveau du sol ;
- sur une toiture ou une terrasse en tenant lieu ;
- au-delà des limites du mur qui les supporte ou de celles de l'égout du toit ;
- sans que les dispositifs publicitaires préexistant sur le mur aient été retirés, à moins qu'il ne s'agisse de publicités peintes d'intérêt artistique, historique ou pittoresque.

L'article R 581-57 ne renvoyant pas à l'article R 581-28, le microaffichage peut être perpendiculaire au mur qui le supporte, même si la saillie excède 0,25 mètre.

À notre avis, les règles relatives aux dispositifs installés ou scellés au sol (art. R 581-30 et R 581-33) auxquelles renvoie l'article R 581-57 ne sont pas applicables au microaffichage (n° 1290).

1315 Le microaffichage **lumineux** doit respecter les prescriptions des articles R 581-34, R 581-35, R 581-36 et R 581-37 relatifs à la publicité lumineuse, ainsi que celles de l'article R 581-41 s'il est numérique (art. R 581-57, al. 2).

En vertu de ces renvois, les règles suivantes sont applicables :
- le microaffichage lumineux est interdit dans les agglomérations de moins de 10 000 habitants ne faisant pas partie d'une unité urbaine de plus de 100 000 habitants (art. R 581-34, I-al. 2) ;

– il est soumis aux normes de luminance et d'efficacité mentionnées n° 1010 (C. envir. art. R 581-34, III), ainsi qu'aux règles d'extinction (art. R 581-35 ; nos 1030 s.) ;
– il est interdit sur les baies et doit être positionné selon les prescriptions mentionnées n° 1000 (art. R 581-36 et R 581-27) ;
– le microaffichage numérique doit être équipé d'un système de gradation de la lumière (art. R 581-41, III ; n° 1050).

À notre avis, les prescriptions de surface et de hauteur prévues par l'alinéa 3 de l'article R 581-34, I (n° 970), ainsi que les alinéas 1 et 2 de l'article R 581-41, I (n° 1045) pour la publicité lumineuse, notamment numérique, sont sans objet pour le microaffichage qui est déjà soumis à des limites de surface spécifiques (bien moindres, n° 1310) et qui perdrait tout intérêt s'il était apposé à une hauteur élevée.

Le microaffichage est-il soumis à **déclaration** préalable dans les conditions exposées **1320** nos 2000 s. ? La déclaration ne s'impose que pour les dispositifs ou matériels supportant la publicité. À notre avis, elle n'est donc pas requise pour des affiches collées directement sur la vitrine.

7. PUBLICITÉ SUR LES VÉHICULES TERRESTRES, SUR L'EAU ET DANS LES AIRS

ENCADREMENT DE LA PUBLICITÉ SUR LES VÉHICULES

La publicité sur les véhicules terrestres, sur l'eau ou dans les airs peut être réglementée, **1340** subordonnée à autorisation ou interdite, dans des conditions qui sont fixées par décret en Conseil d'État, sauf en ce qui concerne la **publicité relative à l'activité exercée** par le propriétaire ou l'usager d'un véhicule, sous réserve que ce véhicule ne soit pas utilisé ou équipé à des fins essentiellement publicitaires (C. envir. art. L 581-15).

PUBLICITÉ SUR LES VÉHICULES TERRESTRES

Sont concernés tous les véhicules terrestres – y compris les cycles et les véhicules à traction **1350** animale – et pas seulement ceux qui sont motorisés. Les véhicules terrestres **utilisés ou équipés pour essentiellement servir de support** à de la publicité ou à des préenseignes sont soumis aux interdictions suivantes (C. envir. art. R 581-48, al. 1 à 3) :
– ils ne peuvent pas **stationner** ou séjourner en des lieux où celles-ci sont visibles d'une voie ouverte à la circulation publique ;
– ils ne peuvent **circuler** ni en convoi de deux ou plusieurs véhicules ni à vitesse anormalement réduite ;
– ils ne peuvent pas circuler dans les secteurs protégés mentionnés nos 520 et 620 ;
– la **surface** totale des **publicités** apposées sur chaque véhicule ne peut excéder 12 m².

Des dérogations à ces interdictions peuvent être accordées, à titre exceptionnel, par l'autorité de police de la circulation à l'occasion de manifestations particulières (art. précité, al. 4 modifié par décret 2023-1409 du 29-12-2023).

> **Précisions a.** La loi assimilant la publicité et son support (n° 300), la **limite de surface** s'applique aussi aux dispositifs ayant pour principal objet de recevoir la publicité et installés sur les véhicules (CE 18-1-1991 n° 104197 : Lebon p. 16 ; CE 27-5-1994 n° 121626 à 121631 : RJDA 10/94 n° 1080 som.).
> **b.** Une **entreprise** peut valablement demander au juge des référés qu'il soit **interdit à l'un de ses concurrents** d'utiliser des véhicules équipés d'affiches dont la surface est supérieure à celle autorisée par la réglementation, même en l'absence de mise en demeure administrative préalable (Cass. com. 9-2-1988 n° 86-16.603 : Bull. civ. IV n° 65).

Exceptions Les prescriptions ci-dessus ne sont pas applicables à la **publicité relative à** **1360** **l'activité exercée par le propriétaire ou l'usager d'un véhicule,** sous réserve que ce véhicule ne soit pas utilisé ou équipé à des fins essentiellement publicitaires (C. envir. art. L 581-15, al. 3).

Cette exception vise les véhicules utilitaires, mais l'utilisation d'un véhicule à des fins essentiellement publicitaires peut être constitutive d'une infraction à l'article R 581-48 du Code de l'environnement. Il en a été jugé ainsi, alors que le gérant d'une société exploitant un restaurant avait laissé en stationnement, à proximité d'une route nationale et à quelques kilomètres de l'agglomération où était situé le restaurant, un véhicule entièrement recouvert de publicité au profit de l'établissement (Cass. crim. 1-6-1999 n° 98-84.866 : BRDA 17/99 n° 18).

L'article R 581-48 ne s'applique pas aux véhicules utilisés comme bureaux de vente itinérants (Rép. Poudonson : Sén. 13-1-1983 p. 93), telle une camionnette portant le nom et l'adresse d'un cabinet d'assurances utilisée comme bureau mobile à l'occasion de foires commerciales (Rép. Bequet : AN 6-8-1990 p. 3794).

Échappent encore à ces dispositions les véhicules qui n'ont pas pour vocation essentielle de servir de support publicitaire, tels les taxis et les camions de livraison.

1370 **Sanctions** En cas d'infraction à l'article R 581-48 du Code de l'environnement, les sanctions prévues par l'article L 581-34 du Code de l'environnement (mentionnées n° 2460) sont applicables.

ATTENTION

Même si la partie réglementaire du Code de l'environnement ne prévoit pas de sanction spécifique pour les infractions à l'article R 581-48, alors qu'elle en prévoit pour les infractions à d'autres dispositions, il ne faut pas en déduire qu'aucune sanction ne serait applicable. En effet, l'article L 581-15 du même Code précise que la publicité sur les véhicules terrestres est réglementée dans les conditions fixées par un décret en Conseil d'État (l'actuel art. R 581-48), tandis que l'article L 581-34, I réprime la publicité apposée ou maintenue en violation de l'article L 581-15. La Cour de cassation s'est prononcée en ce sens sous l'empire des anciens textes dont l'économie était analogue (Cass. crim. 20-12-1990 n° 90-83.275 : Bull. crim. n° 445 ; Cass. crim. 20-1-1993 n° 92-80.011 : Bull. crim. n° 28 ; Cass. crim. 8-2-1995 n° 92-82.148 : RJDA 8-9/95 n° 1053, 1e esp., rendus en application de la loi du 29-12-1979 et des décrets du 6-9-1982 et du 27-6-1989). Cette jurisprudence est toujours valable.

Dans le cadre du **calcul du nombre d'infractions,** et donc du nombre d'amendes, sont pris en compte, pour chaque véhicule servant à l'affichage publicitaire, tous les manquements aux violations des interdictions édictées (Cass. crim. 8-2-1995 n° 92-82.148 et n° 92-81.143 : RJDA 8-9/95 n° 1053, 1e et 3e esp.). Par exemple, a été condamné à dix-sept peines d'amende l'auteur d'une publicité sur des véhicules dès lors qu'il a été constaté, à neuf reprises, que ces véhicules étaient équipés de supports publicitaires excédant la surface autorisée, à cinq reprises, que les véhicules stationnaient en des lieux où la publicité était visible d'une voie ouverte à la circulation publique et, à trois reprises, qu'ils circulaient en convoi (Cass. crim. 8-2-1995 n° 92-81.143 précité).

Par ailleurs, le nombre de publicités en infraction doit être fixé compte tenu, non seulement du nombre de véhicules servant de support à la publicité incriminée, mais aussi des différentes circonstances de temps et de lieu dans lesquelles ont été constatées les infractions (Cass. crim. 8-2-1995 n° 92-84.362 : RJDA 8-9/95 n° 1053, 2e esp. ; Cass. crim. 2-4-1997 n° 95-82.191 : RJDA 8-9/97 n° 1137). Ainsi, le délit de dépassement de la surface totale de publicité par véhicule se renouvelle chaque fois que le véhicule en mouvement, qui porte la publicité non conforme, se trouve à nouveau en situation d'infraction, la publicité ayant cessé dans un premier lieu pour se reproduire dans un autre endroit public (Cass. crim. 8-2-1995 n° 92-84.362, précité).

1380 **Interdiction de la publicité lumineuse** La publicité lumineuse est interdite sur les véhicules terrestres. C'est ce que prévoient l'article R 581-48, al. 5 du Code de l'environnement, mais aussi l'article R 418-1 du Code de la route, qui prohibe toute **publicité par appareil réfléchissant** sur les véhicules. Par la généralité de leurs termes, ces textes visent les véhicules motorisés ou non.

Sur le fondement du premier de ces textes, le contrevenant encourt les **sanctions** mentionnées n° 1370 ; sur le fondement du second, une amende de 450 € (véhicules à moteur) ou de 38 € (cycles).

PUBLICITÉ SUR LES EAUX INTÉRIEURES

1390 La publicité sur les **bateaux** naviguant dans les eaux intérieures est soumise au régime exposé ci-dessous, sous réserve de l'exception mentionnée n° 1340 (C. envir. art. R 581-49 et, sur renvoi, art. L 581-15, al. 3). Les notions de bateaux et d'eaux intérieures sont respectivement définies par les articles L 4000-3 et L 4001 du Code des transports.

Sur les eaux intérieures, la publicité n'est admise que sur les bateaux ni équipés ni utilisés à des fins essentiellement publicitaires (C. envir. art. R 581-50).

1395 Les seuls dispositifs publicitaires admis sur les bateaux sont constitués de **panneaux plats** qui ne peuvent (C. envir. art. R 581-51, II et IV) :

– ni excéder horizontalement 5 mètres (sans pouvoir dépasser un dixième de la longueur hors tout du bateau) et verticalement 0,75 mètre (sans pouvoir s'élever à plus d'un mètre au-dessus du niveau du point le plus bas du plat-bord ou, à défaut de plat-bord, du point le plus bas du bordé fixe) ;

– ni être lumineux, luminescents, réfléchissants ou éclairés.

Leur surface totale ne peut pas dépasser 8 m^2 (art. précité).

Les bateaux ne doivent pas **stationner ou séjourner** (C. envir. art. R 581-52 et, sur renvoi, art. L 581-4, 2° et 3° et L 581-8) : 1400
– dans les sites classés ou inscrits, les cœurs des parcs nationaux, les réserves naturelles (art. L 581-4, 2° et 3°), dans les lieux mentionnés à l'article L 581-8, I, ainsi que sur les plans d'eau ou parties de plan d'eau situés à moins de 100 mètres de l'ensemble de ces lieux ;
– à moins de 40 mètres du bord d'une route ouverte à la circulation publique s'ils sont visibles de cette voie.
Ils ne peuvent pas **circuler** à moins de 300 mètres les uns des autres ou à vitesse anormalement réduite.

PUBLICITÉ EN MER TERRITORIALE ET SUR LES EAUX INTÉRIEURES MARITIMES FRANÇAISES

La publicité en mer territoriale et sur les eaux intérieures maritimes françaises (telles que définies par l'ordonnance 2016-1687 du 8-12-2016) est encadrée depuis le 1er mars 2024 de la manière suivante (C. envir. art. R 581-52-1 s. nouveaux issus du décret 2023-1056 du 17-11-2023). 1410

Toute **publicité lumineuse** y est interdite (C. envir. art. R 581-52-2).

Quant à la publicité **non lumineuse,** elle n'est admise que sur les navires, au sens de l'article L 5000-2 du Code des transports, et à condition que ces navires ne soient ni équipés ni exploités à des fins essentiellement publicitaires (C. envir. art. R 581-52-3, al. 1). La surface totale des publicités non lumineuses apposées ou installées sur un navire ne peut excéder 4 m^2. Toutefois cette disposition ne s'applique pas aux marquages apposés sur la coque, les éléments de structure, la voile ou les marchandises des navires mentionnant leur marque, leur constructeur, leur exploitant ou leur parraineur. Il en va de même pour la publicité faite à l'occasion des navigations liées à des évènements nautiques, au profit des parraineurs de ces évènements (C. envir. art. R 581-52-3, al. 2).

À titre exceptionnel et à l'occasion de manifestations particulières, l'autorité de police peut accorder des **dérogations** aux différentes règles exposées ci-dessus (C. envir. art. R 581-52-4).

PUBLICITÉ DANS LES AIRS

La publicité dans les airs est susceptible d'être réglementée, soumise à autorisation ou interdite, dans des conditions fixées par décret (C. envir. art. L 581-15). Le décret annoncé n'est jamais intervenu. Mais depuis le 1er octobre 2022, la publicité diffusée au moyen d'une banderole tractée par un aéronef est interdite (C. envir. art. L 581-15, al. 2). 1420

C. Règlement local de publicité

ADAPTATION LOCALE DE LA RÉGLEMENTATION NATIONALE

Le règlement local de publicité (RLP) rend possible une adaptation territoriale de la réglementation nationale de la publicité extérieure, essentiellement en ce qui concerne la publicité à l'intérieur des agglomérations. Il peut prévoir des **règles plus restrictives** que celles du « règlement national », autrement dit les prescriptions applicables sur l'ensemble du territoire (C. envir. art. L 581-14 à L 581-14-3 et R 581-72 à R 581-80). 1440

> **› Précisions** Lorsqu'un plan de sauvegarde et de mise en valeur d'un **secteur sauvegardé** a été rendu public ou approuvé avant le 1er juillet 1983 et que le règlement annexé à ce plan comporte des prescriptions en matière de publicité, ces prescriptions demeurent applicables jusqu'au 31 janvier 2022, sauf si elles ont été modifiées par un règlement local de publicité (art. R 581-80).

ÉLABORATION DU RLP

La **personne** publique **habilitée** à élaborer le RLP est l'établissement public de coopération intercommunale (EPCI) compétent en matière d'urbanisme ou, à défaut, la commune (C. envir. art. L 581-14, al. 1). Même si la commune est dotée d'un RLP, la police de la publicité relève toujours de la compétence du maire (n° 2350). 1450

La métropole de Lyon ainsi que celle d'Aix-Marseille-Provence sont également compétentes pour élaborer un RLP (C. envir. art. L 581-14-1, al. 1).

La **procédure** d'élaboration, de modification ou de révision du RLP est, pour l'essentiel, calquée sur celle applicable au plan local d'urbanisme (PLU) auquel il est annexé (art. L 581-14-1). Ainsi, le RLP doit faire l'objet d'une enquête publique préalable, après avis de la commission départementale compétente en matière de nature, de paysages et de sites. Il peut être élaboré, révisé ou modifié en même temps que le PLU dans le cadre d'une procédure unique.

L'illégalité pour vice de forme ou de procédure commise à l'occasion de l'élaboration, de la révision ou de l'approbation d'un RLP ne peut être invoquée par voie d'exception que dans un délai de six mois à compter de l'entrée en vigueur de ce règlement. Cette règle ne s'applique pas lorsque le vice de procédure concerne la méconnaissance substantielle ou de violation manifeste des règles de l'enquête publique (art. L 581-14-1, al. 6).

1455 Le RLP est **publié** conformément aux dispositions qui concernent la publication des actes des autorités communales. Il s'agit, en général, d'une publication sur le site internet de la commune (C. envir. art. R 581-79 modifié par décret 2023-1409 du 29-12-2023 et, sur renvoi, CGCT art. L 2131-1 et R 2131-1).

Le règlement est tenu **à disposition du public** en mairie ou au siège de l'EPCI (C. envir. art. L 581-23).

STRUCTURE DU RLP

1460 Le règlement comprend au moins un rapport de présentation, une partie réglementaire et des annexes (C. envir. art. R 581-72).

Le **rapport de présentation s'appuie** sur un diagnostic, définit les orientations et objectifs de la commune ou de l'EPCI en matière de publicité extérieure, notamment de densité et d'harmonisation, et explique les choix retenus au regard de ces orientations et objectifs (art. R 581-73).

La **partie réglementaire** comporte (art. R 581-74, al. 1 modifié par décret 2023-1409 du 29-12-2023) les prescriptions adaptant certaines dispositions relatives à la publicité en agglomération (art. L 581-9 et L 581-10), ainsi que, le cas échéant, des prescriptions concernant les publicités et enseignes lumineuses situées à l'intérieur des vitrines ou des baies de certains locaux à usage commercial (C. envir. art. L 581-14-4), les préenseignes (art. R 581-66), les dispositifs situés à proximité des centres commerciaux (art. R 581-77) et les dérogations aux interdictions de publicité à l'intérieur des agglomérations (art. L 581-8, I).

Les **annexes** comprennent notamment des documents graphiques faisant apparaître, sur l'ensemble du territoire de la commune ou de l'intercommunalité, les zones et, le cas échéant, les périmètres identifiés par le RLP.

CONTENU DU RLP

1470 Sur tout ou partie du territoire de la commune ou de l'EPCI, le RLP peut adapter la réglementation nationale relative à la publicité en agglomération soit de manière générale, soit dans les seules zones qu'il identifie (C. envir. art. L 581-14, al. 1 et R 581-74, al. 2). Cette adaptation porte soit sur les dispositions de l'article L 581-9 (n° 610), soit sur celles de l'article L 581-10 (n° 640).

En outre, le RLP peut définir des zones dans lesquelles tout occupant d'un local commercial visible depuis la rue ou, à défaut d'occupant, tout propriétaire doit veiller à ce que l'aspect extérieur de ce local ne porte pas atteinte au caractère ou à l'intérêt des lieux avoisinants (art. L 581-14, al. 3).

De manière plus exceptionnelle, le RLP peut autoriser la publicité en dehors des agglomérations, mais seulement à proximité immédiate des centres commerciaux, dans les conditions exposées n° 590 (C. envir. art. L 581-7).

Sur la possibilité, pour le RLP, de soumettre à certaines prescriptions les publicités et enseignes lumineuses situées à l'intérieur d'un local visibles d'une voie ouverte à la circulation publique, voir n° 347.

Les **zones qui ne sont pas couvertes** par des dispositions spécifiques du RLP sont soumises aux prescriptions nationales (Notice pratique annexée à l'instruction du 25-3-2014).

1480 **Caractère éventuellement restrictif du RLP** Le RLP peut définir une ou plusieurs zones où s'appliquent des dispositions **plus** restrictives **que** celles de la **réglementation nationale** (C. envir. art. L 581-14, al. 2), y compris :
– pour des dispositifs publicitaires déjà subordonnés à une autorisation préalable du maire (art. R 581-76 modifié par décret 2023-1409 du 29-12-2023) ;
– en matière d'enseignes (art. L 581-18, al. 2).

ILLUSTRATIONS

N'est pas plus restrictif que la réglementation nationale le RLP précisant que « les **dispositifs** sur panneaux portatifs **scellés au sol ou installés directement sur le sol** ne peuvent s'élever à plus de 6 mètres au-dessus du niveau du sol » et que « la hauteur maximale du dispositif se calcule par rapport au niveau du sol de la voie de circulation d'où est visible le dispositif, et non pas la hauteur du sol où est installé le dispositif » (CE 11-4-2008 n° 300540 : RJDA 10/08 n° 1060, concernant la précédente réglementation mais transposable au régime actuel). En effet, l'application du RLP conduirait à fixer, contrairement à la réglementation (n° 910), à plus de 6 mètres la hauteur d'un panneau installé en contrebas de la chaussée.

Alors qu'un dispositif publicitaire non lumineux, scellé au sol ou installé directement au sol, ne peut être placé à moins de 10 mètres d'une baie d'un immeuble d'habitation situé sur un fonds voisin (n° 1090), un RLP établit légalement une règle plus restrictive que la réglementation nationale en imposant un recul d'au moins 10 mètres par rapport aux façades comportant des ouvertures, sans distinction entre les types de constructions (CAA Bordeaux 28-4-2021 n° 19BX01464 : RJDA 1/22 n° 44).

Un RLP peut, en vue d'assurer la protection d'un site présentant un intérêt particulier, instituer des zones de publicité restreinte correspondant aux entrées de ville, dans lesquelles est interdite toute **publicité lumineuse** (CE 2-3-2021 n° 437612).

Le RLP de Paris a été rédigé avant l'entrée en vigueur du décret 2012-118 du 30 janvier 2012 qui admet désormais que, dans les agglomérations d'au moins 10 000 habitants, le **mobilier urbain** puisse supporter de la **publicité numérique** (n° 1090). Si le RLP qui n'a pas ensuite été révisé continue ainsi à interdire cette forme de publicité dans la capitale, une telle disposition qui est plus restrictive que la réglementation nationale demeure encore applicable (CE 18-9-2017 n° 410336 : RJDA 1/18 n° 81).

Limites au caractère restrictif du RLP Sous l'empire des anciens textes, qui permettaient aussi au maire d'imposer des prescriptions plus restrictives que la réglementation nationale (zone de publicité restreinte), le Conseil d'État avait jugé que le maire ne pouvait pas pour autant soumettre l'implantation de dispositifs à des règles de procédure, telle une **déclaration** ou une **autorisation** préalable, **non prévue par les textes nationaux,** sauf pour certains dispositifs lumineux (CE 8-12-1999 n° 154395 : RJDA 5/00 n° 611). Cette jurisprudence a été confirmée sous l'empire des textes actuels : le RLP ne peut renforcer que les règles de fond et non celles de procédure (CAA Nancy 25-7-2014 n° 13NC02131 : AJDA 2014 p. 2373 note J.-P. Stebler ; CAA Paris 30-7-2019 n° 17PA23182). En outre, l'expression « règlement national » figurant à l'article L 581-14, al. 2 ne peut pas désigner la « législation nationale », laquelle est seule habilitée à organiser un système d'autorisation préalable. 1485

Le RLP ne peut pas **interdire de manière générale** la publicité sur tout le territoire communal ou intercommunal (Notice pratique annexée à l'instruction du 25-3-2014). Doit donc être considéré comme illégal un RLP qui interdit la publicité lumineuse sur l'ensemble du territoire de la commune (CAA Nancy 25-7-2014 n° 13NC02131 : AJDA 2014 p. 2373 note J.-P. Stebler). 1490

Le règlement ne peut pas non plus interdire totalement la publicité sur les palissades de chantier (n° 1210) ni sur les immeubles présentant un caractère esthétique, historique ou pittoresque. En effet, alors que seul le maire ou le préfet peuvent interdire la publicité sur ces immeubles par voie d'arrêté (art. L 581-4, II), l'article L 581-14, al. 2 leur attribue exclusivement ce pouvoir (« sous réserve des dispositions de l'article L 581-4 »).

Pour les raisons exposées n° 570, le RLP ne peut pas être plus restrictif sur l'emprise des **gares et aéroports** situés hors agglomérations, la publicité y étant soumise aux règles applicables aux agglomérations de plus de 10 000 habitants. De même, il ne peut pas restreindre la réglementation applicable à la publicité sur l'emprise des équipements sportifs d'une capacité d'accueil d'au moins 15 000 places, qu'ils soient situés à l'intérieur ou à l'extérieur d'une agglomération.

Le règlement peut **autoriser** la publicité :
- à proximité de certains centres commerciaux situés hors agglomération (n° 590) ;
- dans certaines zones protégées en agglomération (n° 620).

Si la réglementation locale de l'affichage a pour objectif la protection du cadre de vie, elle n'en est pas moins susceptible d'affecter des activités de production, de distribution ou de services, et en particulier l'activité économique de l'affichage. Les autorités compétentes doivent donc prendre en compte la **liberté du commerce** et de l'industrie ainsi que les règles de concurrence (CE 22-11-2000 n° 223465 : RJDA 4/01 n° 508, concl. S. Austry p. 377 ; CAA Paris 30-7-2019 n° 17PA23182 ; CAA Douai 18-1-2024 n° 22DA01434). 1495

En limitant le nombre des affichages, cette réglementation peut avoir pour effet de créer une position dominante. Mais elle n'est contraire au **droit de la concurrence,** et donc susceptible d'être censurée par le juge administratif, que si elle conduit à une exploitation abusive de cette position dominante (CE 22-11-2000 précité). Jusqu'ici, cette dernière hypothèse ne semble pas avoir été illustrée par des exemples pratiques.

III. RÉGLEMENTATION DES PRÉENSEIGNES

A. Régime général des préenseignes

ASSIMILATION DES PRÉENSEIGNES À LA PUBLICITÉ

1600 Les préenseignes, telles que définies nº 320, sont soumises à la **même réglementation** que la publicité aussi bien au titre de l'environnement (C. envir. art. L 581-19, al. 1) qu'au titre de la sécurité routière (C. route art. R 418-2 s.).

Toutefois, contrairement à ce qu'il en est pour les dispositifs publicitaires, le Code de l'environnement ne soumet pas l'installation, le remplacement ou la modification des préenseignes à une **déclaration** préalable, sauf si les dimensions des préenseignes excèdent 1 mètre en hauteur et 1,50 mètre en largeur (C. envir. art. L 581-19, al. 2 et R 581-6, al. 3 ; sur cette déclaration, voir nos 2000 s.). Les préenseignes lumineuses sont soumises à autorisation (nº 1020).

L'accord du propriétaire de l'immeuble sur lequel la présenseigne est apposée est nécessaire (nº 2800).

En outre, des régimes dérogatoires (notamment en matière de localisation et de taille) sont prévus pour certaines préenseignes en raison soit de leur objet particulier (nos 1660 s.), soit de leur caractère temporaire (nos 1700 s.).

INSTALLATION DE PRÉENSEIGNES EN BORD DE CHAUSSÉE

1610 Par ailleurs, le **Code de la route** régit l'installation de préenseignes au bord des voies de circulation lorsqu'elles sont visibles de celles-ci (C. route art. R 418-6 et R 418-7).

Ainsi, sous peine des sanctions pénales exposées nº 2530, les préenseignes sont interdites :

– si elles sont visibles d'une autoroute ou d'une route express et se trouvent installées, en agglomération, sur une largeur de 40 mètres mesurée à partir du bord extérieur de chaque chaussée, et hors agglomération, sur une largeur de 200 mètres mesurée à partir du bord extérieur de chaque chaussée ; toutefois ces règles ne s'appliquent pas aux préenseignes ayant pour objet de signaler, dans les conditions déterminées par les règlements sur la signalisation routière, la présence d'établissements répondant aux besoins des usagers (art. R 418-7) ;

– hors agglomération, si elles sont visibles des routes nationales, des chemins départementaux et des voies communales, tout en étant installées sur une largeur de 20 mètres mesurée à partir des bords extérieurs de la chaussée ; toutefois ces règles ne s'appliquent pas aux préenseignes qui ne gênent pas la perception de la signalisation routière, ne présentent aucun danger pour la sécurité de la circulation et satisfont aux conditions de surface et d'implantation fixées par arrêté ministériel (art. R 418-6).

Le Code de la route ne prévoit aucune interdiction similaire pour les préenseignes installées le long des voies nationales, des voies communales ou des chemins départementaux situés en agglomération (art. R 418-7).

> **Précisions a.** En agglomération, les préenseignes visibles des autoroutes et routes express peuvent **déroger** aux règles de recul mentionnées ci-dessus, après **autorisation** de l'autorité investie du pouvoir de police, dans les limites et aux conditions prescrites par cette autorité (C. route art. R 418-7, al. 1).
> **b.** La **signalisation d'information locale** (SIL), prévue dans le cadre de la réglementation de la signalisation routière, est conçue pour permettre une information la plus complète possible sur les activités et services locaux mais elle impose un regroupement des mentions concernées sur un nombre réduit de panneaux de petite taille et normalisés (cf. Arrêté du 24-11-1967 relatif à la signalisation des routes et des autoroutes).

B. Préenseignes dérogatoires

RÈGLES APPLICABLES EN DEHORS DES AGGLOMÉRATIONS

1650 Dès lors qu'elles sont soumises au régime de la publicité, les préenseignes sont, en principe, interdites en dehors des agglomérations (C. envir. art. L 581-19, al. 3 à 5). Toutefois, peuvent être autorisées celles qui signalent certaines activités ayant un objet particulier ou un caractère temporaire. Ces préenseignes sont dites « dérogatoires ».

PRÉENSEIGNES SIGNALANT CERTAINES ACTIVITÉS PARTICULIÈRES

Hors agglomération, des préenseignes soumises aux prescriptions exposées ci-dessous peuvent signaler les activités en relation avec (C. envir. art. L 581-19, al. 3 à 5) : 1660
– la fabrication ou la vente de **produits du terroir** par des entreprises locales ;
– les **activités culturelles** ;
– les **monuments** historiques, classés ou inscrits, ouverts à la visite.

› Précisions **a.** Selon l'administration, les **produits du terroir** sont des produits traditionnels liés à un savoir-faire et à une identité culturelle locaux, fabriqués dans un secteur géographique délimité et identifié ayant un rapport avec l'origine du produit (Notice pratique annexée à l'instruction du 25-3-2014). Les entreprises locales sont des entreprises dont l'activité principale concerne la fabrication ou la vente de produits du terroir local, ce qui justifie leur implantation dans l'espace rural (Notice précitée) mais ce qui exclut les commerces de distribution se prévalant de la vente, dans l'un quelconque de leurs rayons, de produits régionaux (Guide pratique publié par le ministère de l'écologie le 9-5-2014).

Ne constitue pas une activité en relation avec la fabrication ou la vente de produits du terroir par des entreprises locales, l'exploitation d'un restaurant spécialisé dans la préparation de tartes flambées, alors que celles-ci ne sauraient être assimilées à des produits dont les caractéristiques propres et le savoir-faire nécessaire à leur réalisation sont étroitement liés à un secteur géographique déterminé, sans pouvoir être reproduits à l'identique en dehors de ce secteur (CAA Nancy 16-12-2021 nº 19NC01852 : RJDA 8-9/22 nº 524).

b. La commercialisation de biens culturels ne peut pas être regardée comme une **activité culturelle** au sens de l'article L 581-19 du Code de l'environnement (C. envir. art. R 581-67, al. 2), de sorte qu'un magasin disposant, par exemple, d'un rayon livres ne peut pas bénéficier de cette dérogation.

Aux termes de la notice annexée à l'instruction précitée, ne sont visées que les activités culturelles et non les **établissements culturels,** à l'exception des monuments historiques. Faut-il en déduire que les préenseignes concernant un cinéma ou un théâtre ne sont pas soumises au régime dérogatoire ? Certes, le guide pratique du ministère retient, à titre d'activités culturelles, les spectacles cinématographiques, les spectacles vivants, ainsi que l'enseignement et l'exposition des arts plastiques. Mais cette liste correspond à celle prévue par l'arrêté du 2 avril 2014 (MCCE1206775A) pour l'application des articles R 581-62 et R 581-63 (dérogation à certaines des prescriptions applicables aux enseignes), dispositions qui ne visent pas les préenseignes.

Emplacement et taille Hors agglomération, les préenseignes mentionnées nº 1660 ne **peuvent pas** (C. envir. art. R 581-66, al. 1 et 3) : 1670
– être implantées à plus de 5 kilomètres de l'entrée de l'agglomération ou du lieu d'exercice de l'activité signalée, cette **distance** étant toutefois portée à 10 kilomètres pour les monuments historiques, classés ou inscrits, ouverts à la visite ; selon le guide publié par le ministère de l'écologie le 9 mai 2014, la distance à prendre en compte est la distance routière, tandis que la distance de 5 kilomètres doit être mesurée par rapport à l'entrée de l'agglomération de la commune où est exercée l'activité, que la commune soit ou non membre d'un établissement public de coopération intercommunale ;
– excéder 1 mètre en **hauteur** et 1,50 mètre en **largeur.**

Elles peuvent être **scellées au sol** ou installées directement sur le sol (art. précité, al. 2).

Densité Le nombre de préenseignes pour les activités précitées est limité à (C. envir. art. R 581-67) : 1680
– quatre préenseignes par monument, lorsque ces préenseignes signalent des monuments historiques, classés ou inscrits, ouverts à la visite, deux d'entre elles pouvant être installées à moins de cent mètres ou dans la zone de protection de ce monument ;
– deux par activité culturelle signalée ;
– deux préenseignes pour une entreprise locale que son activité principale conduit à fabriquer ou vendre des produits du terroir.

Harmonisation La **collectivité gestionnaire de la voirie** peut, le cas échéant après consultation des autres collectivités concernées, **fixer des prescriptions** d'harmonisation des préenseignes dérogatoires (taille, couleur, graphisme…), qui sont publiées au recueil administratif des actes de cette collectivité ou intégrées au règlement local de publicité (C. envir. art. L 581-19, al. 3 et R 581-66, al. 4). 1690

À défaut de prescriptions d'harmonisation, les préenseignes dérogatoires doivent respecter les prescriptions nationales suivantes (Arrêté DEVL1507007A du 23-3-2015). 1695

Ces préenseignes ne doivent **pas** pouvoir être **confondues** avec les dispositifs de **signalisation routière** (cf. C. route art. R 418-2, II), dont elles doivent se distinguer par leurs couleurs, leurs formes, leurs dimensions, leur contenu et leur emplacement. Toute indication de localité mentionnée sur une préenseigne dérogatoire ne peut pas être complétée par une flèche ou par une distance kilométrique (C. route art. R 418-2, I). Les préenseignes ne peuvent pas comporter de signes du type idéogrammes ou logotypes utilisés dans le cadre de la signalisation routière. Elles ne doivent pas être de nature soit à **réduire la visibilité** ou l'efficacité des signaux réglementaires, soit à éblouir les usagers des voies publiques, soit à solliciter leur attention dans des conditions dangereuses pour la sécurité routière (C. route art. R 418-4).

Les préenseignes visibles des routes nationales, départementales et communales n'ayant pas le caractère de routes express peuvent être installées à une **distance** inférieure à 20 mètres **du bord de la chaussée** (C. route art. R 418-6), sous réserve d'être implantées en dehors du domaine public et d'être situées à cinq mètres au moins du bord de la chaussée.

La **hauteur** des préenseignes dérogatoires, panneau inclus, ne peut pas excéder 2,20 mètres de haut **au-dessus** du niveau **du sol.**

Un mât ne peut comporter que deux **préenseignes** dérogatoires **juxtaposées** l'une sur l'autre et verticalement alignées ; seuls les mâts monopied sont autorisés, leur largeur ne pouvant excéder 15 centimètres.

Les préenseignes doivent être exclusivement constituées de **panneaux plats** de forme rectangulaire, en matériaux durables. Elles doivent être tenues en bon état de fonctionnement et d'entretien par les personnes ou les entreprises qui les exploitent.

PRÉENSEIGNES TEMPORAIRES

1700 **Définition** Constituent des préenseignes temporaires (C. envir. art. L 581-19, L 581-20 et, sur renvoi, art. R 581-68) :

- les préenseignes qui signalent des **manifestations exceptionnelles** à caractère culturel ou touristique ou des opérations exceptionnelles de moins de trois mois ;
- les préenseignes installées pour plus de trois mois lorsqu'elles signalent des **travaux publics** ou des **opérations immobilières** de lotissement, construction, réhabilitation, location et vente.

La notion d'opération exceptionnelle peut recouvrir toute opération de promotion commerciale, telle l'annonce de soldes ou d'une foire.

1710 **Prescriptions applicables** Outre les contraintes exposées ci-dessous, les préenseignes temporaires sont soumises aux prescriptions exposées n°s 1670 à 1695. En visant les préenseignes prévues par l'alinéa 3 de l'article L 581-19 du Code de l'environnement (alinéa qui apparaît indissociable des alinéas 4 et 5 qui suivent), l'article R 581-66 du même Code s'applique nécessairement aux activités temporaires.

Toutefois, les règles particulières de densité prévues par l'article R 581-67 (n° 1680) ne les concernent pas : la rédaction de ce texte ne permet pas d'en étendre l'application aux manifestations exceptionnelles et aux opérations immobilières susceptibles de faire l'objet d'une préenseigne temporaire. Mais le nombre de préenseignes posées ou scellées au sol est limité (n° 1720).

1715 Les préenseignes temporaires peuvent être **installées** trois semaines avant le début de la manifestation ou de l'opération qu'elles signalent. Elles doivent être **retirées** une semaine au plus tard après la fin de la manifestation ou de l'opération (C. envir. art. R 581-69).

1720 Elles peuvent être **scellées au sol** ou installées directement sur le sol hors agglomération et dans les agglomérations de moins de 10 000 habitants ne faisant pas partie d'une unité urbaine de plus de 100 000 habitants, du moins si leurs **dimensions** n'excèdent pas 1 mètre en hauteur et 1,50 mètre en largeur et si leur **nombre** est limité à quatre par opération ou manifestation (C. envir. art. R 581-71).

AUTRES PRÉENSEIGNES

1730 Les activités autres que celles exposées n°s 1660 et 1700 ne peuvent être signalées que dans des conditions définies par les règlements relatifs à la sécurité routière (C. envir. art. L 581-19, al. 6). Tel est notamment le cas des activités utiles pour les personnes en déplacement (hôtels, restaurants, station-essence…) ou liées à des services publics ou d'urgence.

Ces activités ne peuvent donc pas être signalées hors agglomération au moyen de préenseignes dérogatoires, mais seulement selon les prescriptions de la **signalisation d'information locale** (n° 1610), ce qui permet notamment un regroupement de la signalisation des activités.

IV. RÉGLEMENTATION DES ENSEIGNES

ENCADREMENT NATIONAL ET LOCAL DES ENSEIGNES

Les enseignes, telles que définies nos 310 s., sont régies par : 1800
– les articles R 581-58 s. du Code de l'environnement et, le cas échéant, par des règles plus restrictives fixées par le règlement local de publicité, y compris pour les enseignes soumises à une autorisation administrative préalable (C. envir. art. L 581-18, al. 1 et R 581-76) ;
– par les articles R 418-2 s. du Code de la route.

EMPLACEMENT DES ENSEIGNES

En bordure de voirie Le Code de la route régit l'installation des enseignes publici- 1810
taires au bord des voies de circulation, mais seulement lorsqu'elles sont visibles de celles-ci.

Ainsi, sous peine des sanctions pénales exposées n° 2530, les enseignes publicitaires sont interdites :
– si elles sont visibles d'une **autoroute** ou d'une **route express** et se trouvent installées, en agglomération, sur une largeur de 40 mètres mesurée à partir du bord extérieur de chaque chaussée, et hors agglomération, sur une largeur de 200 mètres mesurée à partir du bord extérieur de chaque chaussée ; toutefois ces règles ne s'appliquent pas aux enseignes ayant pour objet de signaler, dans les conditions déterminées par les règlements sur la signalisation routière, la présence d'établissements répondant aux besoins des usagers (C. route art. R 418-7) ;
– hors agglomération, si elles sont visibles des **routes nationales,** des **chemins départementaux** et des **voies communales,** tout en étant installées sur une largeur de 20 mètres mesurée à partir des bords extérieurs de la chaussée ; toutefois ces règles ne s'appliquent pas aux enseignes qui ne gênent pas la perception de la signalisation routière, ne présentent aucun danger pour la sécurité de la circulation et satisfont aux conditions de surface et d'implantation fixées par arrêté ministériel (C. route art. R 418-6).

Le Code de la route ne prévoit aucune interdiction similaire pour les enseignes installées le long des voies nationales, des voies communales ou des chemins départementaux situés en agglomération.

> **Précisions** **a.** Contrairement au Code de l'environnement, le Code de la route et ses arrêtés d'application distinguent entre, d'une part, les **enseignes** relatives à l'activité qui s'exerce dans un immeuble et, d'autre part, les enseignes publicitaires constituées par toute annonce complémentaire ayant un lien avec l'activité représentée par l'enseigne : ainsi, tandis que la pancarte d'une station-service annonçant « station X » représente l'enseigne de l'établissement, un panneau situé dans la station et portant la mention « Pneus Y » est une enseigne publicitaire.
> **b.** En **agglomération,** les enseignes publicitaires visibles des autoroutes et routes express peuvent déroger aux règles de recul mentionnées ci-dessus, après autorisation de l'autorité investie du pouvoir de police, dans les limites et aux conditions prescrites par cette autorité (C. route art. R 418-7, al. 1).
> **c.** Sur la **signalisation d'information locale** prévue dans le cadre de la réglementation de la signalisation routière, voir n° 1610.

Dans certains sites protégés Les enseignes peuvent être installées sur les 1820
immeubles et dans les lieux visés nos 520 et 620 où la publicité est prohibée, mais leur installation est alors subordonnée à autorisation (C. envir. art. L 581-18, al. 3).

ENTRETIEN ET RETRAIT DES ENSEIGNES

Une enseigne doit être constituée par des **matériaux durables** (C. envir. art. R 581-58, al. 1). 1830

Elle doit être maintenue en **bon état** de propreté, d'entretien et, le cas échéant, de fonctionnement, par la personne exerçant l'activité qu'elle signale, sous peine d'une amende (art. R 581-58, al. 2 et R 581-85 ; n° 2470).

L'enseigne est **supprimée** par la personne qui exerçait l'activité signalée et les lieux sont remis en état dans les trois mois de la cessation de cette activité, sauf lorsqu'elle présente un intérêt historique, artistique ou pittoresque (art. R 581-58, al. 3).

POSITIONNEMENT ET DIMENSIONS DES ENSEIGNES SUR LES IMMEUBLES

Enseigne installée sur un mur Les enseignes **apposées à plat** sur un mur **ou paral-** 1840
lèlement à un mur ne doivent pas dépasser les limites de ce mur ni constituer par rapport à lui une saillie de plus de 0,25 mètre ni, le cas échéant, dépasser les limites de l'égout de toit (C. envir. art. R 581-60, al. 1 tel que reformulé par CE 4-12-2013 n° 357839 : JCP G 2013 n° 1347 note F. Tesson).

Des enseignes peuvent être installées (art. précité, al. 2) :
– sur un auvent ou une marquise (auvent vitré) si leur hauteur ne dépasse pas un mètre ;

– devant un balconnet ou une baie si elles ne s'élèvent pas au-dessus du garde-corps ou de la barre d'appui du balconnet ou de la baie ;
– sur le garde-corps d'un balcon si elles ne dépassent pas les limites de ce garde-corps et si elles ne constituent pas une saillie de plus de 0,25 mètre par rapport à lui.

Les enseignes **perpendiculaires au mur** qui les supporte (enseigne en drapeau ou en potence) ne doivent pas (C. envir. art. R 581-61) :
– dépasser la limite supérieure de ce mur ;
– constituer, par rapport au mur, une saillie supérieure au dixième de la distance séparant les deux alignements de la voie publique, sauf si des règlements de voirie plus restrictifs en disposent autrement ; dans tous les cas, cette saillie ne peut pas excéder deux mètres ;
– être apposées devant une fenêtre ou un balcon.

Pour une application du RLP de Paris (art. E 2.3.1) qui reprend les dispositions de l'article R 581-60, al. 1, voir CAA Paris 30-12-2016 n° 14PA03574.

1845 Les enseignes apposées **sur une façade commerciale** d'un établissement ne peuvent avoir une **surface cumulée** excédant 15 % de la surface de cette façade. Toutefois, cette surface peut être portée à 25 % lorsque la façade commerciale de l'établissement est inférieure à 50 m^2 (C. envir. art. R 581-63, al. 1 et 2).

La surface de référence, c'est-à-dire celle de la façade commerciale, inclut celle des baies vitrées (art. précité, al. 3). La façade commerciale est constituée de l'ensemble des éléments architecturaux qui composent la façade d'un local d'activité, à savoir : l'ensemble des murs du local où s'exerce l'activité ainsi que les vitrines, leurs encadrements, le bandeau formant l'enseigne horizontale, le système de fermeture et l'éclairage (Notice technique annexée à instruction du 25-3-2014).

Les publicités qui sont apposées dans les baies commerciales, ainsi que sur les auvents et les marquises, ne sont pas décomptées dans le calcul de la surface autorisée (art. précité, al. 3). En revanche, les enseignes perpendiculaires sont prises en compte, le recto et le verso se cumulant (Guide pratique publié par le ministère de l'écologie le 9-5-2014).

La limite de surface fixée par l'article R 581-63 ne s'applique pas aux spectacles cinématographiques, aux spectacles vivants, à l'enseignement et à l'exposition des arts plastiques ainsi qu'aux établissements ou catégories d'établissements ayant ces activités culturelles (art. précité, al. 4 ; Arrêté du 2-4-2012 MCCE1206775A).

1850 **Enseigne installée sur un toit** L'installation d'une enseigne sur un toit d'un immeuble ou sur une terrasse en tenant lieu est soumise à des règles différentes selon que l'activité signalée est ou non l'activité principale de l'immeuble concerné.

Ainsi, lorsque l'**activité** signalée est exercée **dans moins de la moitié du bâtiment** ou dans la moitié de celui-ci, l'installation de l'enseigne est régie par les prescriptions applicables, dans les lieux considérés, aux dispositifs publicitaires sur toiture ou terrasse (C. envir. art. R 581-62, al. 2), c'est-à-dire aux règles exposées n° 890 (dispositif non lumineux) et n° 990 (dispositif lumineux).

Lorsque l'activité signalée est **exercée dans plus de la moitié du bâtiment,** l'enseigne peut être installée sur le toit ou sur la terrasse en tenant lieu mais (art. R 581-62, al. 1, 3 et 4) :
– elle doit être réalisée au moyen de lettres ou de signes découpés dissimulant leur fixation et sans panneaux de fond autres que ceux nécessaires à la dissimulation des supports de base, ces panneaux ne pouvant pas dépasser 0,50 mètre de haut ;
– elle ne peut pas excéder 3 mètres lorsque la hauteur de la façade qui la supporte est inférieure ou égale à 15 mètres ni le cinquième de la hauteur de la façade, dans la limite de 6 mètres, lorsque cette hauteur est supérieure à 15 mètres.

La **surface cumulée** des enseignes **sur toiture d'un même établissement** ne peut excéder 60 m^2, sauf pour certains établissements culturels (établissements de spectacles cinématographiques, de spectacles vivants, d'enseignement et d'exposition des arts plastiques ; art. R 581-62, al. 5 ; Arrêté du 2-4-2012 MCCE1206775A).

> **› Précisions** Selon l'administration, si l'enseigne comporte des lettres, formes ou logos découpés, c'est le rectangle dans lequel ils s'inscrivent qui est à prendre en compte pour la **mesure de la surface** cumulée, tandis que, pour les formes géométriques pleines, il faut considérer leur surface réelle (Notice technique annexée à l'instruction du 25-3-2014).

1860 **Enseigne installée au sol** Les **enseignes** de **plus de 1 m^2,** scellées au sol ou installées directement sur le sol, ne peuvent pas être (C. envir. art. R 581-64, al. 1 et 2) :
– placées à moins de 10 mètres d'une baie d'un immeuble situé sur un fonds voisin lorsqu'elles se trouvent en avant du plan du mur contenant cette baie ;

– implantées à une **distance** inférieure à la moitié de leur hauteur au-dessus du niveau du sol d'une limite séparative de propriété ; elles peuvent cependant être accolées dos à dos si elles signalent des activités s'exerçant sur deux fonds voisins et si elles sont de mêmes dimensions.

Il ne peut y avoir qu'un seul dispositif de ce type de plus de 1 m² le long de chacune des voies ouvertes à la circulation publique bordant l'immeuble où est exercée l'activité signalée (art. précité, al. 3). Il peut y avoir plusieurs dispositifs de taille inférieure.

La **surface** unitaire de ces enseignes est limitée à 12 m² dans les agglomérations de plus de 10 000 habitants et à 6 m² dans les autres cas (art. R 581-65, I). Le calcul de cette surface unitaire s'apprécie en tenant compte du dispositif dont le principal objet est de recevoir l'enseigne (art. R 581-65-1 issu du décret 2023-1007 du 30-10-2023).

Les enseignes en cause ne peuvent pas dépasser (art. R 581-65, II) :
– 6,50 mètres de haut lorsqu'elles ont 1 mètre ou plus de large ;
– 8 mètres de haut lorsqu'elles ont moins de 1 mètre de large.

FORME ET CONTENU DES ENSEIGNES

Les dispositions du Code de la route tendant à **préserver** la clarté de la **signalisation routière** sont applicables aux enseignes et aux enseignes publicitaires (telles que définies n° 1810) : interdiction de la reproduction d'un signal routier ou d'enseignes réduisant la visibilité des signaux routiers, etc. (nos 760 s.). 1870

Les enseignes contraires à la **décence** sont interdites (C. pén. art. R 624-2 ; nos 750 s.).

ENSEIGNES LUMINEUSES

Constituent des enseignes lumineuses celles à la réalisation desquelles participe une source lumineuse spécialement prévue à cet effet (C. envir. art. R 581-59, al 1). 1880

Les **enseignes clignotantes** sont interdites sauf pour signaler une pharmacie ou tout autre service d'urgence (art. R 581-59, al. 6).

Les enseignes lumineuses doivent être **éteintes** entre 1 heure et 6 heures du matin, lorsque l'activité signalée a cessé. Lorsqu'une activité cesse ou commence entre minuit et 7 heures du matin, les enseignes sont éteintes au plus tard une heure après la cessation d'activité de l'établissement et peuvent être allumées une heure avant la reprise de cette activité (art. R 581-59, al. 3 à 5). Il peut être dérogé à cette obligation d'extinction lors d'événements exceptionnels définis par arrêté municipal ou préfectoral.

Comme sous l'empire de l'ancienne réglementation, les enseignes lumineuses sont soumises aux normes de **luminance** prévues à l'arrêté du 30 août 1977 fixant les conditions et normes applicables aux dispositifs lumineux ou rétroréfléchissants visibles des voies ouvertes à la circulation publique. Un arrêté, non publié à la date de mise à jour des présents développements, doit fixer de nouvelles normes relatives, non seulement aux seuils de luminance moyenne à ne pas dépasser, mais aussi à l'efficacité lumineuse des sources utilisées (art. R 581-59, al. 2 modifié par décret 2023-1409 du 29-12-2023).

Le **règlement local de publicité** peut prévoir des règles plus restrictives que celles exposées ci-dessus, y compris pour les enseignes lumineuses soumises à autorisation préalable (art. R 581-76 ; sur ces enseignes, voir n° 1920). 1885

ENSEIGNES TEMPORAIRES

Sont considérées comme des enseignes temporaires (C. envir. art. R 581-68) : 1890
– celles qui signalent des **manifestations exceptionnelles** à caractère culturel ou touristique ou des opérations exceptionnelles de moins de trois mois ;
– celles qui sont installées pour plus de trois mois, lorsqu'elles signalent des **travaux publics** ou des **opérations immobilières** de lotissement, construction, réhabilitation, location et vente ou encore la location ou la vente de fonds de commerce.

La notion d'opération exceptionnelle peut recouvrir toute opération de promotion commerciale, telle l'annonce de soldes ou d'une foire.

Les enseignes temporaires sont partiellement soumises au régime général des enseignes et à des prescriptions spécifiques dérogeant à ce dernier (cf. art. R 581-70).

Les enseignes temporaires peuvent être **installées** trois semaines avant le début de la manifestation ou de l'opération qu'elles signalent. Elles doivent être **retirées** une semaine au plus tard après la fin de la manifestation ou de l'opération (C. envir. art. R 581-69). 1895

Contrairement à ce qu'il en est pour les enseignes permanentes, il n'est pas nécessaire que les enseignes temporaires soient constituées de matériaux durables, l'article R 581-70 ne renvoyant pas à l'article R 581-58, al. 1. Mais elles doivent être maintenues en bon état de propreté, d'**entretien** et, le cas échéant, de fonctionnement, par la personne exerçant l'activité signalée (art. R 581-70, al. 1 et, sur renvoi, art. R 581-58, al. 2) sous peine des sanctions exposées n° 2470 (art. R 581-85).

1900 Les enseignes temporaires apposées à plat **sur un mur,** ou parallèlement à un mur ne doivent pas dépasser les limites de ce mur ni constituer par rapport à lui une saillie de plus de 0,25 mètre ni, le cas échéant, dépasser les limites de l'égout du toit (art. R 581-70 et, sur renvoi, art. R 581-60, al. 1 tel que reformulé par CE 4-12-2013 n° 357839 : JCP G 2013 n° 1347 note F. Tesson).

Les enseignes perpendiculaires au mur qui les supporte ne doivent pas dépasser la limite supérieure de ce mur (art. R 581-70 et, sur renvoi, art. R 581-61, al. 1 et 2).

La surface cumulée des enseignes **sur toiture** d'un même établissement ne peut excéder 60 m², sauf pour certains établissements culturels (établissements de spectacles cinématographiques, de spectacles vivants, d'enseignement et d'exposition des arts plastiques ; C. envir. art. R 581-70, al. 1 et, sur renvoi, art. R 581-62, al. 5 ; Arrêté du 2-4-2012 MCCE1206775A).

1905 Les **enseignes** temporaires de plus d'un mètre carré installées ou **scellées au sol** doivent respecter les prescriptions exposées n° 1860 (C. envir. art. R 581-70, al. 1 et, sur renvoi, art. R 581-64).

En outre, leur surface unitaire est limitée à 10,50 m² (au lieu de 12 m² auparavant) lorsqu'elles signalent des travaux publics ou des opérations immobilières de lotissement, construction, réhabilitation, location et vente ainsi que la location ou la vente de fonds de commerce (art. R 581-70, al. 2 modifié par décret 2023-1007 du 30-10-2023).

1910 Les enseignes temporaires **lumineuses** sont soumises aux seuils de luminance et à l'obligation d'extinction nocturne exposés n° 1880 (C. envir. art. R 581-70, al. 1 et, sur renvoi, art. R 581-59, al. 2 à 5).

ENSEIGNES RELEVANT D'UNE AUTORISATION ADMINISTRATIVE

1920 L'installation d'une **enseigne permanente** est subordonnée à une autorisation préalable (C. envir. art. L 581-18, al. 3 et 4) :
– sur les immeubles et dans les lieux protégés mentionnés aux articles L 581-4 et L 581-8 du Code de l'environnement (nos 520 et 620) ;
– s'il s'agit d'une enseigne à faisceau de rayonnement laser.

Pour les **enseignes temporaires,** une autorisation n'est requise que si l'enseigne (C. envir. art. R 581-17) :
– est installée sur un immeuble ou dans un lieu mentionné à l'article L 581-4 (n° 520) ;
– est scellée ou installée au sol dans un lieu mentionné à l'article L 581-8 (n° 620).

En dehors des cas précités, les enseignes ne sont pas non plus soumises à déclaration préalable (cf. C. envir. art. R 581-6 qui réserve cette déclaration aux dispositifs publicitaires et à certaines préenseignes).

> **Précisions** **a.** Un système d'enseigne utilisant une **source** lumineuse **autre qu'un** rayonnement **laser** mais d'intensité et de portée comparables à celui-ci n'entre pas dans le champ d'application de l'article L 581-18 (Circ. du 26-5-1997 ; Guide pratique publié par le ministère de l'écologie le 9-5-2014).
> **b.** Sur la demande d'autorisation, voir nos 2110 s.

V. DÉCLARATIONS ET AUTORISATIONS EN MATIÈRE DE PUBLICITÉ EXTÉRIEURE

A. Déclaration préalable pour une publicité ou une préenseigne

PUBLICITÉS ET PRÉENSEIGNES SOUMISES À DÉCLARATION

2000 À moins que ces opérations ne soient soumises à autorisation préalable, doivent faire l'objet d'une déclaration préalable l'installation, le remplacement ou la modification (C. envir. art. R 581-6, al. 1 à 3) :
– d'un **dispositif** ou d'un matériel **qui supporte de la publicité** ;
– de **préenseignes** dont les dimensions excèdent 1 mètre en hauteur ou 1,50 mètre en largeur.

Compte tenu de la généralité des termes de l'article R 581-6, l'installation d'un dispositif publicitaire sur une voiture ou un bateau ou un navire paraît soumise à l'obligation de déclaration. Toutefois, cette hypothèse n'est pas envisagée dans le formulaire officiel de déclaration des dispositifs (nº 2020).

Le remplacement ou la modification des **bâches** comportant de la publicité (qu'il s'agisse ou non de bâches de chantier) doit aussi faire l'objet d'une déclaration préalable (art. précité, al. 4 modifié par décret 2023-1409 du 29-12-2023). L'installation initiale fait l'objet d'une autorisation.

La déclaration s'impose que l'opération intervienne sur le **domaine public** ou sur une **propriété privée.**

2010 **Précisions terminologiques** Les notions d'« installation », de « remplacement » et « modification » ont été précisées par la circulaire du 26 mai 1997 rédigée sous l'empire de la précédente réglementation. Cette circulaire n'a pas été abrogée par l'instruction du 25 mars 2014 et les définitions qu'elle donne sont reprises pour l'essentiel par le guide pratique publié le 9 mai 2014 par le ministère de l'écologie et du développement durable.

L'**installation** s'entend de celle de tout nouveau dispositif ou matériel, quel qu'il soit, mural ou portatif.

Le **remplacement** est défini comme la dépose d'une installation existante suivie du montage d'une installation nouvelle. Par exemple, ne constitue pas un remplacement le démontage d'une portion de panneau usagé et son remplacement par une nouvelle portion de même dimension. En revanche, le remplacement complet d'un portatif ou d'un support publicitaire sur mobilier urbain (remplacement de l'ensemble du mobilier urbain ou du seul caisson publicitaire) par un autre de même dimension ou, d'une manière plus générale, le démontage total d'un dispositif suivi d'un remontage, même à l'identique, est soumis à déclaration.

La **modification** vise toute transformation affectant l'aspect extérieur, l'orientation, les dimensions ou les caractéristiques de l'installation. Tel est le cas du remplacement d'un panneau monopied par un panneau bipied, de l'installation d'un caisson de dimensions différentes sur un dispositif existant ou de l'installation d'une passerelle métallique pour faciliter et sécuriser l'exploitation d'un panneau publicitaire (Cass. crim. 5-10-2004 nº 03-85.351 : RJDA 2/05 nº 204).

CONTENU DE LA DÉCLARATION D'UNE PUBLICITÉ OU PRÉENSEIGNE

2020 La déclaration (C. envir. art. R 581-7) comporte un dossier technique qui permet de **vérifier,** par un contrôle sur pièces, la conformité de l'installation projetée à la réglementation.

Un **formulaire** de déclaration (Cerfa nº 14799-01) est disponible auprès des mairies, des directions départementales des territoires ainsi que sur les sites internet www.service-public.fr et www.ecologique-solidaire.gouv.fr (Arrêté du 31-8-2012 DEVL1233143A). Le formulaire comporte un bordereau de dépôt qui énumère de manière exhaustive les pièces à joindre à la déclaration. Le dossier doit être déposé en deux exemplaires.

Les indications à fournir varient selon que le dispositif déclaré (dispositif ou matériel publicitaire, préenseigne ou bâche) est implanté sur une propriété privée ou sur le domaine public.

2030 **Indications communes aux dispositifs installés sur une propriété privée ou sur le domaine public** La déclaration préalable doit mentionner (C. envir. art. R 581-7, 1º et 2º) :

– l'identité et l'adresse du déclarant, celui-ci étant la personne ou l'entreprise de publicité qui projette d'exploiter (ou exploite déjà) le dispositif ;

– la nature du dispositif et une représentation graphique cotée en trois dimensions de celui-ci (c'est-à-dire la longueur, la largeur, la hauteur et l'épaisseur de l'installation).

La représentation graphique peut être extraite d'une documentation technique, à condition de mentionner les dimensions réelles de l'installation (Circ. du 26-5-1997).

Le déclarant n'a pas à produire l'autorisation du propriétaire (Circ. du 26-5-1997). Toutefois, la déclaration de l'installation d'une publicité sur l'emprise d'un aéroport doit être assortie de l'accord du gestionnaire de l'aéroport, ainsi que des documents établissant qu'elle respecte les règles de sécurité applicables sur ladite emprise (C. envir. art. R 581-14).

2040 **Indications spécifiques aux dispositifs installés sur une propriété privée**

Outre les indications exposées nº 2030, la déclaration préalable doit mentionner (C. envir. art. R 581-7, 1º) :

– la localisation et la superficie du terrain ;

– la distance de l'installation projetée par rapport aux limites séparatives et aux baies des immeubles situés sur des fonds voisins ;
– l'indication du nombre et de la nature des dispositifs déjà installés sur le terrain ;
– un plan de situation du terrain et un plan de masse coté.

> **Précisions** **a.** Le terme de **terrain** s'entend au sens de l'unité foncière (telle que définie n° 660) qui supporte le dispositif (Circ. du 26-5-1997).
> L'administration admet que la superficie du terrain soit évaluée de manière approximative, à condition que l'écart avec la superficie réelle soit léger.
> **b.** Les immeubles d'une propriété située de l'autre côté d'une voie longeant le terrain privé sur lequel un dispositif doit être installé ne sauraient être considérés comme situés sur un **fonds voisin.** La déclaration n'a donc pas à mentionner les distances par rapport à leurs baies (Circ. du 26-5-1997).
> **c.** Les **plans** peuvent être fournis sous forme de croquis, mais peuvent aussi être réalisés à partir de plans de villes ou de cartes ; cette seconde série de possibilités concerne notamment le plan de masse susceptible d'être produit sous la forme d'un agrandissement du cadastre ou du plan d'occupation des sols (Circ. du 26-5-1997).

2050 **Indications spécifiques aux dispositifs installés sur le domaine public**
Outre les indications exposées n° 2030, la déclaration doit comporter (C. envir. art. R 581-7, 2°) :
– l'emplacement du dispositif ou du matériel ;
– l'indication de la distance de l'installation projetée par rapport aux baies des immeubles situés sur les fonds voisins.

Si, contrairement à ce qu'il en est pour les dispositifs installés sur une propriété privée, la réglementation n'exige ni plan de situation ni plan de masse, l'indication de l'emplacement des dispositifs installés sur le domaine public doit être suffisamment précise pour identifier cet emplacement (Circ. du 26-5-1997).

L'indication de la distance par rapport aux limites séparatives des fonds voisins n'est pas requise.

DÉPÔT OU ENVOI DE LA DÉCLARATION D'UNE PUBLICITÉ OU PRÉENSEIGNE

2060 La déclaration est adressée en deux **exemplaires** par pli recommandé AR postal ou déposée contre décharge au **maire** (C. envir. art. R 581-8, al. 1 modifié par décret 2023-1409 du 29-12-2023). Elle peut aussi être adressée par voie électronique suivant les règles particulières relatives à la saisine de l'administration et aux échanges avec celle-ci (art. R 581-8, al. 3 modifié par décret précité et, sur renvoi, CRPA art. L 112-7 à R 112-20).

La déclaration doit être déposée avant l'installation du dispositif ; une déclaration postérieure est sans effet sur les sanctions encourues (CAA Marseille 21-4-2016 n° 14MA04893 : RJDA 11/16 n° 827).

> **Précisions** **Depuis le 1er janvier 2024,** la déclaration peut, sous certaines conditions, être adressée au président de l'établissement public de coopération intercommunale (EPCI) auquel appartient la commune sur le territoire de laquelle l'implantation du dispositif est prévue (C. envir. art. L 581-3-1 et, sur renvoi, CGCT art. L 5211-9-2, I-A-al. 6). Pour plus de détails, voir n° 2350.

EFFETS DE LA DÉCLARATION D'UNE PUBLICITÉ OU PRÉENSEIGNE

2070 À compter de la date de réception de la déclaration par l'autorité compétente :
– le déclarant peut procéder, sous sa responsabilité, à la réalisation du projet déclaré (C. envir. art. R 581-8, al. 4) ;
– l'autorité administrative compétente apprécie la régularité de l'installation projetée et, le cas échéant, met en œuvre la procédure de sanction particulière (n° 2395).

B. Autorisation préalable pour une publicité ou une enseigne

2110 **Avertissement** Les **cas** dans lesquels une autorisation administrative est requise pour l'installation d'une publicité ou d'une enseigne (C. envir. art. R 581-9 et, sur renvoi, art. L 581-9, L 581-10 et L 581-44) sont précisés sous chaque publicité ou enseigne concernée. Le tableau présenté ci-dessous (n° 2190) précise la **personne tenue de demander** cette autorisation, l'**autorité compétente** pour la donner, les **critères d'octroi** ou de refus, ainsi que la **durée** de l'autorisation.

ENVOI OU DÉPÔT DE LA DEMANDE D'AUTORISATION

2120 La demande d'autorisation et le dossier qui l'accompagne, établis en trois **exemplaires,** sont adressés par **lettre** recommandée AR ou déposés contre décharge au maire de la commune où est envisagée l'implantation du dispositif ou du matériel (C. envir. art. R 581-9, al. 3 modifié par décret 2023-1409 du 29-12-2023).

Elle peut aussi être adressée par voie électronique suivant les règles particulières relatives à la saisine de l'administration et aux échanges avec celle-ci (art. R 581-9, al. 5 modifié par décret précité et, sur renvoi, CRPA art. L 112-7 à R 112-20).

CONTENU DE LA DEMANDE D'AUTORISATION

La demande d'autorisation est accompagnée d'un **dossier technique** qui permet la vérification, par un contrôle sur pièces, de la conformité de l'installation projetée à la réglementation. **2130**

Un **formulaire** de demande d'autorisation (Cerfa n° 14798-01) est disponible auprès des mairies, des directions départementales des territoires ainsi que sur les sites internet www.service-public.fr et www.developpement-durable.gouv.fr (Arrêté du 31-8-2012 DEVL1233143A). Ce formulaire comporte un bordereau de dépôt indiquant la liste exhaustive des pièces à joindre à la demande d'autorisation, ainsi qu'un récépissé qui est rendu au pétitionnaire suite au dépôt de sa demande.

Toute demande d'autorisation doit comporter les **mentions** communes exposées nos 2030 à 2050 à propos de la déclaration, ainsi que, selon l'objet de la demande d'autorisation, les informations et **documents** exposés dans le tableau récapitulatif figurant au n° 2190 (C. envir. art. R 581-10, al. 1 et, sur renvoi, art. R 581-7 et R 581-14 à R 581-21-1).

RÉCEPTION DE LA DEMANDE D'AUTORISATION

Dans le mois suivant la réception de sa demande d'autorisation par l'administration, le demandeur reçoit (C. envir. art. R 581-10 modifié par décret 2023-1409 du 29-12-2023) : **2140**

– si la **demande** est **complète,** un récépissé indiquant la date à laquelle, en l'absence de décision expresse, une autorisation tacite sera acquise (n° 2155) ;

– si la demande est **incomplète,** un courrier postal ou électronique avec demande d'avis de réception qui indique la liste exhaustive des informations et documents manquants à produire en trois exemplaires dans un délai de deux mois suivant la réception de ce courrier, tout en précisant qu'à défaut la demande sera tacitement rejetée.

Lorsque le dossier est complété dans le délai imparti, l'autorité compétente adresse à l'intéressé le récépissé précité. Le délai à l'issue duquel une autorisation tacite est acquise est calculé à partir de la réception des informations et documents complémentaires (art. précité).

Une demande d'autorisation incomplète ne peut être rejetée sans que son auteur ait été préalablement informé des éléments manquants et mis en mesure de les produire (CAA Nancy 18-5-2017 n° 16NC00986).

DÉCISION DE L'ADMINISTRATION

La demande d'autorisation est instruite par l'administration selon des **critères** fixés par les articles R 581-11 et R 581-15 à R 581-21-1 du Code de l'environnement (distincts selon l'objet de la demande) et, dans la plupart des cas, **après avis ou accord** d'un service ou d'une autorité de l'État (commission départementale de la nature, des paysages et des sites, architecte des bâtiments de France, préfet…) précisée dans le tableau n° 2190 pour chaque dispositif soumis à autorisation. **2150**

Lorsque l'avis ou l'accord d'un service ou d'une autorité de l'État est requis, l'autorité compétente lui transmet le dossier de la demande au plus tard huit jours après la réception de ce dossier ou celle des pièces qui le complètent. Toutefois, la transmission du dossier est faite à la commission départementale de la nature, des paysages et des sites dans les quatre jours suivant cette réception (C. envir. art. R 581-12, al. 1). Sauf disposition contraire, les avis sont réputés favorables s'ils n'ont pas été communiqués à l'autorité compétente sept jours avant (commission départementale de la nature, des paysages et des sites) ou quinze jours avant (pour les autres services ou autorités consultés) l'expiration du délai de deux mois mentionné n° 2155 (art. précité, al. 2).

L'autorisation est délivrée ou refusée par le maire au nom de la commune (art. L 581-21, al. 1).

Depuis le 1er janvier 2024, elle peut aussi, sous certaines conditions, être délivrée par le président de l'établissement public de coopération intercommunale (EPCI) auquel appartient éventuellement la commune (C. envir. art. L 581-3-1 et, sur renvoi, CGCT art. L 5211-9-2, I-A-al. 6) ; pour plus de détails, voir n° 2350.

La décision de l'autorité compétente peut être **expresse** ou **tacite.** **2155**

Dans le premier cas, elle est notifiée au demandeur par lettre recommandée AR ou par voie électronique, au plus tard deux mois après la réception d'une demande complète ou des informations et documents qui complètent le dossier (C. envir. art. L 581-21, al. 2 et R 581-13, al. 1 modifié par décret 2023-1409 du 29-12-2023). À défaut de notification dans ce délai, l'autorisation est réputée accordée dans les termes où elle a été demandée (art. R 581-13, al. 2).

Le délai de réponse de l'administration est porté à quatre mois pour les demandes d'autorisation relatives aux enseignes apposées sur un immeuble protégé au titre des monuments historiques, ainsi que dans un site classé (art. L 581-21, al. 3).

À l'expiration du délai à l'issue duquel l'autorisation est réputée accordée, le maire est dessaisi et ne peut donc plus légalement revenir sur cette autorisation (CE 29-3-1996 n° 157678 : RJDA 3/97 n° 435 faisant application de la loi du 29-12-1979, mais transposable au régime actuel).

À notre avis, lorsque le demandeur, dont le dossier initial était incomplet, a adressé ultérieurement les documents manquants, le délai de deux mois court à compter de la réception du dernier des documents requis. S'il n'a pas complété son dossier dans le délai légal, la demande est tacitement rejetée (n° 2140).

2160 Le **refus** d'autorisation doit être motivé (C. envir. art. L 581-21, al. 1). Sous l'empire de la réglementation antérieure, il avait été jugé que le refus pouvait être justifié non seulement par la non-conformité du dispositif à la réglementation mais aussi par d'autres motifs tirés de la protection du cadre de vie (CE 7-11-2001 n° 221207 : RJDA 6/02 n° 702). Ce principe est désormais expressément affirmé par les textes actuels, qui retiennent le cadre de vie environnant comme un critère d'instruction de la demande d'autorisation (cf. tableau n° 2190). En revanche, l'autorité administrative ne pourrait exercer un contrôle préalable sur le contenu des messages publicitaires qu'il est envisagé d'afficher sans porter atteinte à la liberté d'expression garantie par la Déclaration des droits de l'Homme et du citoyen de 1789 (Cons. const. 23-11-2012 n° 2012-282 QPC : RJDA 3/13 n° 268).

L'autorisation destinée à l'installation d'une enseigne sur la façade d'un immeuble relevant du régime de la copropriété ne peut pas légalement être refusée, au motif que la majorité des copropriétaires n'a pas donné son accord au projet (CAA Marseille 18-4-2017 n° 15MA01864). L'autorisation ne peut pas davantage être refusée parce que la déclaration préalable de travaux déposée par le demandeur a fait l'objet d'une opposition de la part du maire (même arrêt).

BÂCHE DE CHANTIER PUBLICITAIRE SUR UN MONUMENT HISTORIQUE

2170 En cas de travaux extérieurs nécessitant la pose d'un échafaudage sur un **immeuble classé ou inscrit** comme monument historique, l'installation de bâches d'échafaudage comportant un espace dédié à l'affichage peut être autorisée dans le cadre de l'examen du dossier de travaux (C. patr. art. L 621-29-8, R 621-86 et R 621-88) ou ultérieurement.

Le maître d'ouvrage qui ne peut assurer lui-même la recherche des annonceurs peut faire appel à un opérateur publicitaire, celui-ci ayant pour mission de fournir un espace support afin qu'un annonceur puisse commercialiser cet espace et y apposer une publicité (Circ. 2008-8 du 26-9-2008).

Les recettes perçues par le propriétaire du monument pour cet affichage sont affectées par le maître d'ouvrage au financement des travaux (C. patr. art. L 621-29-8, al. 2).

2175 La **demande d'autorisation** d'affichage est présentée par le maître d'ouvrage, le cas échéant après accord du propriétaire (C. patr. art. R 621-86). Elle doit être adressée en deux exemplaires et en même temps que le dossier d'autorisation de travaux au service départemental de l'architecture et du patrimoine (immeuble classé) ou en même temps que le dossier d'accord des travaux à la mairie (immeuble inscrit) (C. patr. art. R 621-88). Lorsque la demande d'autorisation n'a pas pu être déposée en même temps que le dossier de travaux, ou lorsqu'il est envisagé de modifier l'affichage autorisé, la demande est adressée au service départemental de l'architecture et du patrimoine (art. R 621-88).

Le contenu de la demande, l'autorité compétente pour l'accorder, ainsi que les critères d'appréciation (art. R 621-87, R 621-89 et R 621-90, al. 1) sont mentionnés dans le tableau n° 2190.

2180 L'**autorisation** détermine les limites de la surface consacrée à l'affichage, laquelle ne peut pas excéder 50 % de la surface totale de la bâche de support, l'emplacement de l'affichage sur la bâche, ainsi que la durée de son utilisation, qui ne peut excéder l'utilisation effective des échafaudages. L'autorisation peut également prescrire que la bâche reproduise, sur les surfaces laissées libres, l'image du monument occulté par les travaux (C. patr. art. R 621-90, al. 2 et 3).

Doivent être mentionnées sur l'échafaudage, de manière visible de la voie publique, pendant toute la durée de son utilisation, les références de l'autorisation, les dates d'utilisation, la surface totale de bâches et celle consacrée à l'affichage (art. précité, al. 4).

Si la durée des travaux est plus longue que prévue et qu'un affichage est souhaité au-delà de la durée initialement autorisée, une nouvelle demande doit être déposée.

2185 Le fait de procéder à un **affichage non conforme** à l'autorisation accordée est passible d'une amende de 1 500 € (C. patr. art. R 624-2).

2190

PRÉSENTATION DES AUTORISATIONS SELON LE TYPE DE DISPOSITIF

Dispositif concerné	Autorité compétente et service consulté	Auteur de la demande	Documents spécifiques à joindre au dossier	Critères d'appréciation de la demande	Durée de l'autorisation
			Publicité		
Publicité lumineuse (y compris sur mobilier urbain) sauf celle supportant des affiches éclairées par projection ou transparence	Maire ou président de l'EPCI	Personne ou entreprise de publicité qui exploite le dispositif	– Analyse du cycle de vie du dispositif – Visibilité du dispositif depuis la voie publique la plus proche – Indication des valeurs moyennes et maximales de luminance telles que définies par arrêté ministériel (nº 1010)	– Cadre de vie environnant – Nécessité de limiter les nuisances visuelles (cf. C. envir. art. L 583-1) – Respect des prescriptions des articles R 581-34 à R 581-41 du C. envir. (nºs 950 s.) et R 418-4 du C. route (nº 540) et, le cas échéant, des prescriptions du RLP (cf. art. R 581-76)	8 ans maximum
Publicité sur l'emprise d'un **aéroport** situé hors agglomération	Maire ou président de l'EPCI	Personne ou entreprise de publicité qui exploite le dispositif	– Accord du gestionnaire de l'aéroport – Documents établissant que la publicité respecte les règles de sécurité applicables sur l'emprise de l'aéroport	Selon le dispositif objet de la demande	Selon autorisation
Dispositif publicitaire dérogatoire sur l'emprise de certains **équipements sportifs** situés en agglomération	Conseil municipal ou assemblée délibérante de l'établissement public de coopération intercommunale compétent ou conseil de la métropole de Lyon	Personne ou l'entreprise de publicité qui exploite le dispositif	– Informations et pièces énumérées nºs 2030 à 2050 ; – selon le type de dispositif, les documents requis pour la publicité lumineuse ou pour la publicité sur bâche	Selon notamment la durée d'installation de la publicité, sa surface, les procédés utilisés, les caractéristiques des supports, son insertion architecturale et paysagère, son impact sur le cadre de vie environnant et ses incidences éventuelles sur la sécurité routière	8 ans maximum

2190 (suite)

Dispositif concerné	Autorité compétente et service consulté	Auteur de la demande	Documents spécifiques à joindre au dossier	Critères d'appréciation de la demande	Durée de l'autorisation
Bâche de chantier (sauf sur un monument historique classé ou inscrit)	Maire ou président de l'EPCI	Personne ou entreprise de publicité qui exploite le dispositif	– Lieu, nature et durée des travaux – Emplacement de l'échafaudage, surface et durée d'installation de la bâche – Nom (dénomination ou raison sociale) et adresse des personnes ou entreprises désirant apposer ou faire apposer une bâche comportant de la publicité – Esquisses ou photos de la bâche et de l'emplacement envisagé – Le cas échéant, documents établissant que les travaux permettent au bâtiment concerné de prétendre au label haute performance énergétique rénovation	– Respect des art. R 581-53 et R 581-54 du C. envir. (n°s 1130 s.) – Durée d'installation, surface, procédé utilisé, insertion architecturale, impact sur le cadre de vie environnant – Incidence sur la sécurité routière	Durée effective du chantier
Bâche de chantier sur un **monument historique** classé ou inscrit	Préfet de région (ou le ministre de la culture en cas d'évocation du dossier) Consultation du préfet et, le cas échéant, accord de l'affectataire cultuel	Maître d'ouvrage avec accord du propriétaire	– Emplacement, surface et durée d'installation de l'échafaudage – Emplacement des bâches – Nom (dénomination ou raison sociale) et adresse des personnes désirant apposer ou faire apposer un message – Montant attendu des recettes de l'affichage – Esquisses ou photos des messages envisagés et indication de l'emplacement envisagé pour ceux-ci sur les bâches	– Compatibilité du contenu de l'affichage, de son volume et de son graphisme avec le caractère historique et artistique du monument et de son environnement, sa destination et son utilisation par le public, en tenant compte des contraintes de sécurité	Selon autorisation, sans pouvoir excéder la durée effective d'utilisation de l'échafaudage sur lequel est apposée la bâche
Bâche publicitaire	Maire ou président de l'EPCI	Personne ou entreprise de publicité qui exploite le dispositif	– Type de support de la bâche, surface de celle-ci et durée de son installation – Nom (dénomination ou raison sociale) et adresse des personnes ou entreprises désirant apposer ou faire apposer une bâche comportant de la publicité – Esquisses ou photos de la bâche et de l'emplacement envisagé	– Respect des art. R 581-53 et R 581-55 du C. envir. (n°s 1130 s.) – Durée d'installation, surface, procédé utilisé, insertion architecturale, impact sur le cadre de vie environnant – Incidence sur la sécurité routière	8 ans maximum

2190 (suite)

Dispositif concerné	Autorité compétente et service consulté	Auteur de la demande	Documents spécifiques à joindre au dossier	Critères d'appréciation de la demande	Durée de l'autorisation
Dispositif de taille exceptionnelle lié à des manifestations temporaires	Maire ou président de l'EPCI Avis de la commission départementale de la nature, des paysages et des sites	Personne ou entreprise de publicité qui exploite le dispositif	– Type de manifestation annoncée – Emplacement, surface et durée d'installation du dispositif – Nom (dénomination ou raison sociale) et adresse des personnes ou entreprises désirant apposer ou faire apposer le dispositif – Esquisses ou photos du dispositif, de la publicité et de l'emplacement envisagé	Respect de l'art. R 581-56 du C. envir. (nos 1230 s.) – Durée d'installation, surface, procédé utilisé, insertion architecturale, impact sur le cadre de vie environnant – Incidence sur la sécurité routière	Comprise entre un mois avant le début de la manifestation annoncée et quinze jours après cette manifestation
			Enseigne		
Enseigne permanente soumise à autorisation (n° 1920)	Maire ou président de l'EPCI Accord de l'architecte des bâtiments de France (installation sur un monument historique classé ou inscrit ou sur un immeuble protégé au titre des abords, ou sur un immeuble situé dans le périmètre d'un site patrimonial remarquable) Accord du préfet de région (installation sur un monument naturel ou un arbre, le cœur d'un parc naturel ou une réserve naturelle)	Personne ou entreprise qui exerce l'activité signalée	– Mise en situation de l'enseigne – Vue de l'immeuble ou du lieu concerné avec et sans l'enseigne – Appréciation sur son intégration dans l'environnement	Respect des prescriptions nationales et du RLP Cadre de vie environnant	Selon autorisation

2190 (suite)

Dispositif concerné	Autorité compétente et service consulté	Auteur de la demande	Documents spécifiques à joindre au dossier	Critères d'appréciation de la demande	Durée de l'autorisation
Enseigne temporaire soumise à autorisation (nº 1920)	Maire ou président de l'EPCI Avis de l'architecte des bâtiments de France (enseigne signalant des travaux publics ou d'une opération immobilière et située sur un immeuble ou un lieu protégé par l'art. L 581-4 du C. envir. ; nº 620)	Personne ou entreprise qui exerce l'activité signalée	– Mise en situation de l'enseigne – Vue de l'immeuble ou du lieu concerné avec et sans l'enseigne – Appréciation sur son intégration dans l'environnement	Respect des prescriptions nationales et du RLP Cadre de vie environnant	3 semaines avant le début de la manifestation ou de l'opération signalée jusqu'à 1 semaine au plus tard après la fin de celle-ci
Enseigne à faisceau **laser**	Maire ou président de l'EPCI Avis du service de l'État en charge de l'aviation civile	Personne ou entreprise qui exerce l'activité signalée	Notice descriptive mentionnant notamment la puissance de la source laser, les caractéristiques du ou des faisceaux et la description des effets produits	Respect des prescriptions nationales et du RLP Cadre de vie environnant	Selon autorisation

VI. RÉPRESSION DES INFRACTIONS EN MATIÈRE DE PUBLICITÉ EXTÉRIEURE

CONSTATATION DES INFRACTIONS

Sont notamment **habilités à constater** au moyen de procès-verbaux les infractions à la réglementation relative aux affiches, enseignes et préenseignes (C. envir. art. L 581-40, I) : 2300
– les officiers et agents de police judiciaire ;
– les fonctionnaires et agents habilités à constater les infractions aux articles L 621-1 s. du Code du patrimoine relatifs aux monuments historiques et aux articles L 341-1 s. du Code de l'environnement relatifs à la protection des monuments naturels et des sites inscrits et classés ;
– les fonctionnaires et agents habilités à constater les infractions aux dispositions du Code de la voirie routière ;
– les fonctionnaires et agents publics habilités à constater les infractions au Code de l'urbanisme ;
– les fonctionnaires et agents des services de l'État et de ses établissements publics commissionnés à cet effet et assermentés ;
– les agents habilités par les collectivités locales à constater les infractions au Code de la route en matière d'arrêt et de stationnement des véhicules automobiles en vertu de l'article L 130-4 de ce Code ;
– les agents des collectivités territoriales assermentés et commissionnés à cet effet par l'autorité compétente en matière de police (n° 2350) ;
– les inspecteurs de l'environnement ;
– les agents des services de l'État chargés des forêts, ainsi que ceux de l'Office national des forêts, les uns et les autres commissionnés et assermentés à cet effet ;
– les agents des réserves naturelles ;
– les gardes du littoral.

Les **procès-verbaux** font foi jusqu'à preuve contraire. Ils sont transmis au procureur de la République, au maire et au préfet (C. envir. art. L 172-16). 2305

En cas d'apposition d'un dispositif publicitaire sans déclaration préalable ou non conforme à cette déclaration, une copie du procès-verbal est adressée à la personne qui a commis cette infraction (art. L 581-26).

A. Mesures administratives en cas de publicité extérieure irrégulière

AUTORITÉ ADMINISTRATIVE COMPÉTENTE

Les compétences en matière de police de la publicité sont exercées par le **maire** au nom de la commune (C. envir. art. L 581-3-1, al. 1). 2350

Depuis le **1er janvier 2024,** lorsque la commune est membre d'un établissement public de coopération intercommunale (EPCI) compétent en matière de plan local d'urbanisme (PLU) ou de RLP, les attributions du maire peuvent être transférées au président de l'EPCI. Dans le cas des communes de moins de 3 500 habitants, ce transfert n'est pas subordonné à la condition que l'EPCI soit compétent en matière de PLU ou de RLP (C. envir. art. L 581-3-1, al. 2 et, sur renvoi, CGCT art. L 5211-9-2, I-A-al. 6).

SUPPRESSION OU MISE EN CONFORMITÉ DES DISPOSITIFS IRRÉGULIERS

Mise en demeure préalable Dès la constatation d'une publicité, d'une enseigne ou d'une préenseigne irrégulière au regard des dispositions législatives et réglementaires qui leur sont applicables, et nonobstant la prescription de l'infraction ou son amnistie, le maire prend un **arrêté ordonnant** au contrevenant **de supprimer ou de mettre en conformité** les installations en cause et, le cas échéant, de remettre en état les lieux, **dans un délai** de cinq jours à compter du jour de la notification de l'arrêté (C. envir. art. L 581-27, al. 1). La suppression d'office sans mise en demeure est possible pour certaines irrégularités (n° 2400). 2360

Le maire agit pour le compte de l'État (CE 9-12-2015 n° 386992 : RJDA 4/16 n° 488).

L'arrêté de mise en demeure ne doit intervenir qu'après l'établissement d'un procès-verbal constatant l'existence de l'infraction (CE 19-6-1981 n° 21257 : D. 1981 p. 476, décision faisant application de la loi du 12-4-1943 mais transposable au régime actuel). En revanche, il est légal même s'il ne mentionne pas le texte de ce procès-verbal (CE 15-6-1987 n° 68417 : JCP éd. G 1987 IV n° 353).

Le maire doit faire usage de son pouvoir de mise en demeure lorsqu'une association de protection de l'environnement ou le propriétaire de l'immeuble sur lequel des publicités ou préenseignes irrégulières ont été apposées sans leur accord, en font la demande (C. envir. art. L 581-32).

2365 L'**arrêté** est **notifié** par lettre recommandée AR à la **personne** qui a apposé, fait apposer ou maintenu après mise en demeure la publicité, l'enseigne ou la préenseigne irrégulière. Si cette personne n'est pas connue, l'arrêté est notifié à la personne pour le compte de laquelle elles ont été réalisées (C. envir. art. L 581-27, al. 2 et 3 et R 581-82, al. 4).

2370 L'arrêté ordonnant la suppression ou la mise en conformité d'un dispositif publicitaire doit, en principe, être **motivé** (en ce sens, CE 27-5-1998 n° 158618 : RJDA 12/98 n° 1429), c'est-à-dire énoncer les « considérations de droit et de fait qui constituent le fondement de la décision » (CRPA art. L 211-5). Cette injonction doit également être précédée d'un débat contradictoire (CRPA art. L 122-1).

> Précisions L'arrêté n'est suffisamment motivé que s'il permet à l'intéressé d'identifier la disposition législative ou réglementaire que celui-ci n'aurait pas respectée. Tel n'est pas le cas lorsque la disposition visée par l'arrêté énonce à la fois plusieurs interdictions (CE 27-5-1998 précité).
Le **défaut de motivation** de l'arrêté ou le non-respect de la procédure contradictoire n'entraîne pas l'annulation de la mesure si, d'une part, l'application des prescriptions méconnues entraîne une simple constatation de fait et ne laisse pas de place à un pouvoir d'appréciation du maire et si, d'autre part, l'intéressé ne conteste pas le délai imparti pour exécuter l'injonction (CE 3-2-1999 n°s 149722 et 152848 : RJDA 8-9/99 n° 1025 ; CE 9-6-1999 n° 148182 : RJDA 8-9/99 n° 1026 ; CE 6-10-1999 n° 169570 : RJDA 5/00 n° 612 ; voir aussi CAA Bordeaux 11-4-2011 n° 10-1517 : RJDA 4/12 n° 440, écartant la nécessité d'un débat contradictoire en raison du caractère lié de la compétence du maire pour prendre l'arrêté).

2380 **Inexécution** À défaut d'exécution de la mise en demeure dans le délai de cinq jours qui lui est imparti, la personne qui a reçu notification de l'arrêté (n° 2365) est redevable d'une **astreinte** de 200 € par jour et par publicité, enseigne ou préenseigne maintenue, ce montant étant réévalué chaque année, en fonction de l'évolution du coût de la vie (C. envir. art. L 581-30, al. 1 et R 581-83 ; variation, par rapport à l'indice de janvier 2012, de l'indice des prix à la consommation, hors tabac, de l'ensemble des ménages, calculé par l'Insee pour le mois de janvier de l'année considérée).

Le maire peut consentir une remise ou un reversement partiel du produit de l'astreinte lorsque les **travaux** prescrits ont été **exécutés hors délai** et que le contrevenant établit qu'il n'a pu observer ce délai qu'en raison de circonstances indépendantes de sa volonté (art. L 581-30, al. 4).

S'il n'a **pas** été procédé à l'**exécution des travaux** prescrits par l'arrêté dans le délai fixé par celui-ci, le maire doit, en quelque lieu que ce soit, les faire exécuter d'office (art. L 581-31, al. 1).

Le contrevenant encourt également une **amende pénale** (n° 2460).

> Précisions **a.** Le contrevenant n'est pas redevable de l'**astreinte** s'il a exécuté la mise en demeure dans le délai requis et n'en a informé le maire qu'après expiration de ce délai (CAA Versailles 8-11-2007 n° 05VE01806 : Rev. jur. envir. 2008 p. 450).
La suspension de l'astreinte doit être demandée au juge des référés du tribunal administratif suivant la procédure du référé-suspension prévue par l'article L 521-1 du Code de justice administrative (CE 26-9-2001 n° 231227 : RJDA 3/02 n° 324 ; CE 6-3-2002 n° 235577 : RJDA 6/02 n° 704). Le prononcé de la suspension suppose qu'il y ait urgence et que la légalité de la décision du maire soulève un doute sérieux.
b. Les frais afférents aux **travaux réalisés d'office** par l'autorité compétente sont supportés par la personne à qui l'arrêté a été notifié, sauf suspension de l'astreinte par le juge des référés (C. envir. art. L 581-31, al. 2).
La date de commencement des travaux est notifiée, huit jours à l'avance, au propriétaire ou à l'occupant des lieux (art. précité, al. 3).

DISPOSITIF PUBLICITAIRE SANS DÉCLARATION OU NON CONFORME À LA DÉCLARATION

2390 Outre les sanctions mentionnées précédemment (n°s 2360 s.), le fait d'avoir apposé ou fait apposer un **dispositif** ou un matériel qui supporte de la publicité **sans déclaration** préalable **ou non conforme à cette déclaration** est passible d'une amende de 1 500 € prononcée par le maire (C. envir. art. L 581-26, al. 1).

Cette amende est encourue du seul fait que le dispositif ou le matériel a été installé sans avoir fait l'objet d'une déclaration préalable. Par suite, l'envoi ultérieur d'une déclaration destinée à régulariser la situation ne fait pas disparaître l'infraction et ne permet donc pas de dispenser le contrevenant du paiement de l'amende (CAA Marseille 21-4-2016 n° 14MA04893).

L'auteur de l'infraction doit pouvoir accéder au dossier et être mis à même de présenter ses observations écrites, dans un délai d'un mois, sur le projet de sanction de l'administration.

La décision du préfet, qui doit être motivée, est susceptible d'un recours de pleine juridiction auprès du juge administratif.

Par ailleurs, dans le cas où la déclaration préalable fait apparaître que le **dispositif déclaré** n'est **pas conforme à la réglementation,** le maire enjoint par arrêté au déclarant de déposer ou de mettre en conformité le dispositif dans un délai de cinq jours à compter de la réception de l'arrêté (C. envir. art. L 581-28). En cas d'inexécution à l'issue du délai, le déclarant est redevable d'une astreinte dans les conditions exposées n° 2380 (art. précité). **2395**

Contrairement à l'article L 581-27 du Code de l'environnement qui prévoit également une procédure de mise en demeure (n° 2360), l'article L 581-28 ne mentionne pas l'obligation éventuelle de remise en état des lieux.

INFRACTIONS AUX ARTICLES L 581-4, L 581-5, L 581-15 ET L 581-24 DU CODE DE L'ENVIRONNEMENT

Certaines infractions à la réglementation sont considérées comme suffisamment graves pour justifier des mesures renforcées (C. envir. art. L 581-26, al. 2). **2400**

Il s'agit des infractions aux règles concernant :

– l'apposition de publicités sur les monuments historiques ou naturels, les arbres et les sites protégés (art. L 581-4) ;

– la mention sur toute publicité du nom et de l'adresse de la personne qui l'a apposée ou fait apposer (art. L 581-5) ;

– la nécessité de l'accord du propriétaire en cas d'installation d'une publicité ou d'une préenseigne sur un immeuble (art. L 581-24) ;

– les interdictions relatives à la publicité sur les véhicules terrestres, sur l'eau ou dans les airs, ainsi qu'à la publicité diffusée au moyen d'une banderole tractée par un aéronef (art. L 581-15).

Pour ces différentes infractions (art. L 581-29) :

– le maire peut prononcer une **amende** de 1 500 € dans des conditions identiques à celles exposées n° 2390 ;

– il peut aussi faire **procéder d'office à la suppression immédiate** de la publicité irrégulière et donc sans mise en demeure préalable.

Toutefois, si la publicité irrégulière a été apposée dans ou sur une propriété privée, l'exécution d'office est subordonnée à la demande du propriétaire ou à son information préalable par le maire. Les frais de l'exécution d'office sont supportés par la personne qui a apposé ou fait apposer cette publicité. Si cette personne n'est pas connue, les frais sont mis à la charge de celle pour laquelle la publicité a été réalisée (art. L 581-29, al. 1).

Le maire peut encore faire procéder d'office à la **suppression immédiate** de toute publicité implantée sur le domaine public et irrégulière au regard de l'article L 581-8 du Code de l'environnement concernant la publicité autour des sites classés et sur les baies (nos 620 et 630) (C. envir. art. L 581-29, al. 2). Dans ce cas, l'exécution d'office est subordonnée à l'information préalable, par le maire, du gestionnaire du domaine public. Les frais sont supportés comme indiqué ci-dessus. **2405**

B. Sanctions pénales en matière de publicité extérieure irrégulière

Avertissements 1° Les sanctions mentionnées ci-dessous sont celles prévues par le **Code de l'environnement** et le **Code de la route.** Celles fixées par d'autres textes sont analysées sous les infractions qui les concernent. **2450**

2° Le montant des **amendes** est celui applicable en cas d'infraction commise par une **personne physique.** Ce montant est porté au quintuple pour la **personne morale** déclarée pénalement responsable de l'infraction commise pour son compte par son organe ou représentant (C. pén. art. 121-2, 131-38 et 131-41).

INFRACTIONS AUX ARTICLES L 581-1 S. DU CODE DE L'ENVIRONNEMENT

2460 S'expose à une amende d'un montant total de 11 250 € toute personne physique qui aurait apposé, fait apposer ou maintenu après mise en demeure une publicité, une enseigne ou une préenseigne (C. envir. art. L 581-34, I) :
– sans avoir procédé à la déclaration préalable (nos 2070 s.) ou en ayant produit une fausse déclaration ;
– sans avoir obtenu les autorisations préalables exigées ou sans avoir observé les conditions posées par ces autorisations ;
– sur des emplacements ou selon des procédés interdits pour la publicité : dans des sites protégés (nos 520, 620 et 630), en dehors des agglomérations (nos 560 s.), sur les véhicules terrestres, sur l'eau ou dans les airs (nos 1340 s.), pour les enseignes (nos 1830 s.), pour les préenseignes (nos 1600 s.) ;
– sans avoir observé les dispositions particulières prévues par un règlement local de publicité.

ATTENTION
Si le maintien d'une publicité irrégulière ne peut être sanctionné qu'après un arrêté de mise en demeure, l'apposition d'une publicité sur un **emplacement interdit** est immédiatement punissable sans l'accomplissement de cette formalité préalable (Cass. crim. 12-11-1986 no 86-90.801 : Bull. crim. no 330 ; Cass. crim. 22-12-1987 no 86-92.463 : Bull. crim. no 482).

Est puni de la même amende (C. envir. art. L 581-34, II) :
– le fait de laisser subsister une publicité, une enseigne ou une préenseigne au-delà des délais de mise en conformité prévus à l'article L 581-43 (no 130) ;
– le fait de s'opposer à l'exécution des travaux d'office prévus par l'article L 581-31 du Code de l'environnement (no 2380).

L'article L 581-34 fixe le montant de l'amende à 7 500 €. Mais l'article L 581-41 indique que les amendes prononcées en application de ce texte sont majorées de 50 % au profit du département. En pratique, leur montant s'élève donc à 11 250 €.

INFRACTIONS AUX ARTICLES R 581-5 S. DU CODE DE L'ENVIRONNEMENT

2470 Est puni d'une amende contraventionnelle de 150 € le fait de ne pas maintenir une enseigne en bon état de propreté, d'entretien et de fonctionnement (C. envir. art. R 581-85).

Sont punis d'une amende contraventionnelle de 450 € (art. R 581-86) :
– le fait d'apposer ou faire apposer une publicité ou une préenseigne sans avoir obtenu l'autorisation du propriétaire ;
– le fait de ne pas maintenir une publicité ou son support en bon état de propreté, d'entretien et de fonctionnement ;
– le fait d'apposer une publicité non lumineuse sur un mur sans que les publicités anciennes existant au même endroit aient été supprimées.

Est passible d'une amende contraventionnelle de 750 € le fait d'avoir apposé, fait apposer ou maintenu après mise en demeure une publicité (art. R 581-87 modifié par décret 2023-1409 du 29-12-2023) :
– dans les lieux, sur des supports, à des emplacements, selon des procédés, à des périodes ou des heures interdits en application des dispositions des articles R 581-22 (no 525), R 581-25 (nos 660 s.), R 581-30 et R 581-31 (no 900), R 581-33 (no 920), R 581-34, III (no 1010), R 581-36 (no 1000), R 581-40 (nos 960 et 1000), R 581-41, III (no 1050), R 581-42 à R 581-46 (nos 1070 à 1100), R 581-54, al. 2 (no 1180) et R 581-56, al. 3 (no 1270) du Code de l'environnement ;
– sans avoir observé les dimensions maximales ou minimales et les conditions d'emplacement ou de réalisation sur le support définies par les articles R 581-26 (nos 860 et 865), R 581-27 et R 581-28 (no 890), R 581-32 (no 910), R 581-34, I, al. 3 et II, al. 1 (no 970), R 581-36 et R 581-37 (no 1000), R 581-38 et R 581-39 (no 990), R 581-41, I et II, al. 1 (no 1045), R 581-43, R 581-44, R 581-46 et R 581-47 (no 1100), R 581-54, al. 1 et 3 (no 1180), R 581-55 (no 1190), R 581-56, al. 4 et R 581-57 (no 1315) du Code de l'environnement ;
– sans avoir apposé, fait apposer ou maintenu après mise en demeure une publicité ne portant pas les mentions exigées par la réglementation (art. L 581-5 ; no 730).

PERSONNES PASSIBLES DES SANCTIONS

2480 Les sanctions sont applicables à ceux **qui apposent ou font apposer** les publicités, enseignes et préenseignes (nos 2460 et 2470).

Les sanctions s'appliquent également à toute **personne pour le compte de qui la publicité est réalisée,** lorsque la publicité ou le dispositif publicitaire ne comporte pas les mentions obligatoires (nom et adresse de l'afficheur, voir nº 730) ou lorsque celles-ci sont inexactes ou incomplètes (C. envir. art. L 581-35, al. 1). Selon le ministre de la justice, l'annonceur n'est pas présumé complice de l'auteur principal de l'infraction ; il a seulement l'obligation de veiller à ce que toute publicité faite pour son compte comporte les indications, de sorte qu'il répond de son seul fait personnel (Rép. Masson : AN 17-3-1980 p. 1092).

> Précisions Jugé qu'un annonceur, condamné à une amende pour avoir fait procéder à une publicité sur une palissade en saillie sur la voie publique sans respecter la réglementation en vigueur, peut réclamer des dommages-intérêts à l'**agence** chargée de cette publicité qui a manqué à son **devoir de conseil** en ne précisant pas à son client les démarches à effectuer avant l'édification d'une palissade de ce type (Cass. com. 16-6-1981 : BRDA 19/81 p. 15).

PRESCRIPTION DE L'ACTION PUBLIQUE

La prescription de l'action publique ne court qu'à partir du jour où la publicité, l'enseigne **2500**
ou la préenseigne irrégulière est supprimée ou mise en conformité avec les dispositions auxquelles il était contrevenu (C. envir. art. L 581-38).

SUPPRESSION DE LA PUBLICITÉ IRRÉGULIÈRE

En cas de condamnation, le tribunal ordonne la suppression ou la mise en conformité des **2510**
publicités, enseignes ou préenseignes en infraction et, le cas échéant, la remise en état des lieux, dans un **délai** qui ne peut excéder un mois et sous **astreinte** de 15 € à 150 € par jour de retard (C. envir. art. L 581-36). Le tribunal peut déclarer sa décision exécutoire par provision (art. précité).

L'enlèvement des panneaux ou la remise en état des lieux constituent des mesures à caractère réel destinées à faire cesser une situation illicite et non pas des sanctions pénales (Cass. crim. 21-11-1989 nº 89-83.142 : Bull. crim. nº 425).

ATTENTION

L'**astreinte** judiciaire prévue par l'article L 581-36 du Code de l'environnement et l'astreinte administrative prévue par l'article L 581-30 du même Code (nº 2380) ne se confondent pas (Cass. crim. 20-7-1993 nº 92-85.951 : RJDA 1/94 nº 116). Il en résulte que le juge judiciaire peut valablement fixer une astreinte sans prendre en considération le montant de celle déjà infligée par l'autorité administrative.

CONSTITUTION DE PARTIE CIVILE

Les **associations** agréées **de protection de l'environnement** mentionnées à l'article L 141-2 **2520**
du Code de l'environnement peuvent exercer les droits reconnus à la partie civile en ce qui concerne les faits constituant une infraction aux articles L 581-1 s. du Code de l'environnement, ou aux textes réglementaires pris pour leur application, et causant un préjudice direct ou indirect aux intérêts collectifs qu'elles ont pour objet de défendre (C. envir. art. L 142-2).

La possibilité pour ces associations d'exercer les droits de la partie civile n'exclut pas le droit pour un **syndicat professionnel** de se constituer partie civile en cas d'atteinte à l'intérêt collectif de la profession (Cass. crim. 25-5-1993 nº 92-81.603 : RJDA 12/93 nº 1098).

INFRACTIONS À LA SÉCURITÉ ROUTIÈRE

Toute infraction commise par une personne physique aux dispositions des articles R 418-2 **2530**
à R 418-7 du Code de la route (nºs 530 à 540, 600, 760 à 770) est punie d'une **amende** de 1 500 €. En cas de récidive, la peine d'amende peut être doublée (C. route art. R 418-9, I). La personne morale reconnue pénalement responsable de l'infraction commise pour son compte par son organe ou représentant est passible d'une amende de 7 500 € (nº 2450).

Sur l'amende encourue pour publicité lumineuse ou réfléchissante apposée sur un véhicule, voir nº 1380.

En cas d'urgence, l'autorité de police peut (C. route art. R 418-9, II) : **2535**
- dès la constatation d'une infraction, ordonner la **suppression** ou la **mise en conformité** des dispositifs installés en violation de la réglementation et, le cas échéant, la remise en état des lieux ;
- si l'injonction demeure sans effet, faire procéder d'office à la suppression des dispositifs et à la remise en état des lieux aux frais de l'intéressé, c'est-à-dire soit le responsable de la mise en place du dispositif, soit le propriétaire de celui-ci ou de l'emplacement où il se trouve, soit la personne pour le compte de laquelle la publicité a été réalisée ;
- faire **masquer** le dispositif en infraction ou, s'il s'agit d'une publicité lumineuse, procéder à son extinction totale ou partiellement.

La condition d'**urgence** posée par l'article R 418-9 du Code de la route ne peut être considérée comme satisfaite que si, eu égard à leur emplacement et à leur taille, les dispositifs en cause sont de nature à créer un danger pour les usagers de la voie publique (CAA Marseille 19-5-2016 nº 14MA04451 ; CAA Marseille 12-7-2016 nº 15MA00660).

> **Précisions** L'autorité administrative investie du pouvoir d'injonction est celle qui détient les pouvoirs de police générale au lieu de l'infraction. En agglomération, il s'agit donc du maire et ce, même si l'infraction est commise sur une route nationale ou départementale ; le maire exerce alors ses prérogatives au nom de la commune et non de l'État (CE 8-12-1997 nº 151708 : RJDA 6/98 nº 806 ; CE 23-6-1999 nºs 148671, 148672 : RJDA 8-9/99 nº 1024). Hors agglomération, il s'agit du préfet, du président du conseil général ou du maire, selon que la voie concernée est une route nationale, départementale ou communale.

C. Sanctions civiles en matière de publicité extérieure irrégulière

2580 Le régime spécifique de sanctions établi par les articles L 581-1 s. du Code de l'environnement ne fait pas échec à la mise en jeu des principes généraux de la responsabilité civile (Cass. 2e civ. 7-10-1992 nº 91-10.440 : Bull. civ. II nº 234). Ainsi, celui au profit duquel l'affichage a été réalisé peut être condamné à verser des dommages-intérêts pour réparer le préjudice causé par l'infraction ; le cas échéant, il peut se retourner contre l'afficheur.

Par ailleurs, conformément au droit commun, le juge des référés peut ordonner la suppression d'une publicité illicite. Cette possibilité est ouverte même en l'absence de mise en demeure administrative préalable (nº 2360) (Cass. com. 9-2-1988 nº 86-16.603 : Bull. civ. IV nº 65).

Le fait de masquer les affiches d'une autre société n'est pas sanctionné pénalement mais peut donner lieu à des dommages-intérêts au titre de la responsabilité civile (nº 2850).

VII. AUTORISATION D'URBANISME EN MATIÈRE DE PUBLICITÉ EXTÉRIEURE

DISPENSE DE FORMALITÉS D'URBANISME

2700 Dès lors qu'elle est régie par le Code de l'environnement, l'installation de publicités, d'enseignes ou de préenseignes est dispensée de tout contrôle au titre du Code de l'urbanisme : **déclaration préalable de travaux** ou **permis de construire** (C. urb. art. R 425-29).

L'implantation de mobilier urbain (abris destinés au public, kiosques à journaux, colonnes…) est dispensée de permis et de déclaration à condition d'être située en dehors du périmètre d'un site patrimonial remarquable, des abords des monuments historiques ou d'un site classé ou en instance de classement (C. urb. art. R 421-2, h). Ce mobilier peut supporter de la publicité dans les conditions exposées nºs 1070 s.

2705 La question se pose de savoir si le régime dérogatoire, propre aux publicités, enseignes et préenseignes exclut nécessairement l'application de certaines **dispositions particulières** du Code de l'urbanisme. Il s'agit notamment des dispositions qui, sans viser ces publicités, enseignes et préenseignes, seraient susceptibles de les concerner :

– soit en raison de leurs dimensions (C. urb. art. R 421-2, a : constructions situées en dehors d'un site patrimonial remarquable, des abords des monuments historiques ou d'un site classé ou en instance de classement, dont la hauteur au-dessus du sol est inférieure à 12 mètres, dont l'emprise au sol est inférieure ou égale à 5 mètres et qui ne créent pas de surface de plancher inférieure ou égale à 5 m^2) ;

– soit en raison de leur caractère temporaire (C. urb. art. R 421-5).

Il semble que le principe selon lequel les règles spéciales dérogent aux règles générales doit conduire à répondre par l'affirmative à cette question.

RESPECT DES RÈGLES D'URBANISME

La dispense de déclaration préalable de travaux ou de permis de construire n'exonère pas nécessairement les publicités, enseignes et préenseignes de l'obligation de respecter les dispositions législatives et réglementaires d'urbanisme relatives à l'utilisation des sols, à l'**implantation,** la destination, la nature, l'architecture, les **dimensions,** et à l'aménagement de leurs abords (C. urb. art. L 421-8 et, sur renvoi, art. L 421-6). **2710**

Il en résulte, en pratique, que la méconnaissance de ces dispositions est susceptible de constituer une infraction pénale (C. urb. art. L 480-1 s.).

VIII. CONTRAT DE LOUAGE D'EMPLACEMENT PUBLICITAIRE

AUTORISATION DU PROPRIÉTAIRE

Nul ne peut apposer de **publicité** ni installer une **préenseigne** sur un immeuble sans l'autorisation écrite du propriétaire (C. envir. art. L 581-24). Cette autorisation est exigée non seulement pour les biens des personnes privées mais aussi pour ceux relevant du domaine public, quelle que soit la taille du dispositif publicitaire ou de la préenseigne dérogatoire ou temporaire (Guide pratique publié par le ministère de l'environnement le 9-5-2014). **2800**

ILLUSTRATIONS

Un maire a pu valablement ordonner la suppression de panneaux publicitaires qui avaient été implantés sur une fraction de trottoir faisant partie du domaine public de la ville sans l'autorisation de cette dernière (CE 26-7-1996 n° 127565 : RJDA 3/97 n° 437).

L'**absence d'autorisation** du propriétaire n'entraîne toutefois pas la nullité du contrat de louage d'emplacement (Cass. 3e civ. 6-12-1977 n° 76-12.822 : Bull. civ. III n° 427, solution retenue sous l'empire de la loi du 12-4-1943 qui prévoyait déjà cette autorisation et à notre avis transposable au régime actuel) mais peut donner lieu à indemnisation du propriétaire. Il a été jugé que les propriétaires d'un mur utilisé sans leur autorisation subissent, outre le manque à gagner consécutif à l'absence de paiement des loyers, un préjudice moral pour atteinte à leur droit de propriété du fait de la dégradation de ce mur due à l'apposition des panneaux de publicité (TGI Angoulême 14-12-1989 : Bull. inf. C. cass. 1990/302 p. 34). **2805**

Le fait d'avoir apposé ou fait apposer une publicité sans avoir obtenu l'autorisation du propriétaire est passible d'une **amende** administrative de 1 500 € (C. envir. art. L 581-26, al. 2 et, sur renvoi, art. L 581-24) et d'une amende contraventionnelle de 450 € (2 250 € en cas de responsabilité pénale de la personne morale) (C. envir. art. R 581-86, 1° ; C. pén. art. 121-2 et 131-41).

Par ailleurs, les publicités ou préenseignes apposées sans l'accord du propriétaire peuvent être supprimées par le maire sur demande, notamment, du propriétaire (n° 2400).

Le droit d'enlever les affiches apposées sur ses murs, sans son autorisation, a toujours été reconnu au propriétaire d'un immeuble et à ses ayants droit (Cass. civ. 15-2-1909 : D. 1909.1 p. 479).

RÉGIME DU CONTRAT DE LOUAGE D'EMPLACEMENT PUBLICITAIRE

Les **contrats** de louage d'emplacement **privé** aux fins d'apposer de la publicité ou d'installer une préenseigne sont soumis aux règles d'**ordre public** prévues par l'article L 581-25 du Code de l'environnement (nos 2820 à 2830) afin de protéger le bailleur, présumé être en situation de faiblesse par rapport aux professionnels de l'affichage. **2810**

Conclusion du contrat Le contrat de louage d'emplacement doit être conclu (C. envir. art. L 581-25, al. 1 et 5) : **2820**

- par **écrit** et doit reproduire les alinéas 1 à 4 de l'article précité ;
- pour une **durée** qui ne peut excéder six ans à compter de sa signature.

Lorsqu'elle est supérieure à six ans, la durée est soumise à réduction (Cass. 1e civ. 13-11-2002 n° 99-21.816 : RJDA 2/03 n° 200). Mais l'article L 581-25 précité n'interdit pas aux mêmes parties, à l'expiration d'un premier contrat de location, de conclure un nouveau contrat portant sur le même emplacement publicitaire, dès lors que ce contrat respecte, notamment dans sa durée, les règles d'ordre public fixées par ce texte (Cass. com. 20-3-2019 n° 17-27.802 : RJDA 6/19 n° 466). Il est donc possible de conclure plusieurs contrats successifs ayant chacun une durée de six ans.

Le contrat peut être **renouvelé** par tacite reconduction par périodes maximales d'un an, sauf dénonciation par l'une des parties trois mois au moins avant son expiration (art. L 581-25, al. 1).

Lorsque le contrat de location est conclu à distance ou hors établissement entre un professionnel et un consommateur, la réglementation exposée nos 30000 s. est applicable (Cass. crim. 16-6-1993 n° 92-84.422 : RJDA 8-9/93 n° 751).

La Commission des **clauses abusives** a recommandé la suppression de certaines clauses défavorables au bailleur dans les contrats de location d'emplacements destinés à l'affichage publicitaire (Recommandation n° 80-01 : BOSP du 15-5-1980).

> **Précisions** Le juge peut se référer à cette recommandation en cas de contentieux portant sur le caractère abusif d'une ou plusieurs clauses d'un contrat (sur cette question, voir nos 16950 s.). Par exemple, il a été jugé que devaient être réputées non écrites, mais n'entachaient pas de nullité l'ensemble de la convention, les clauses contraires à la recommandation de la Commission des **clauses abusives** qui prévoyaient l'interdiction faite au propriétaire de relouer, après l'expiration du contrat, le même emplacement au locataire de son choix, ainsi que l'attribution de compétence aux seuls tribunaux du ressort dont dépendait le siège social de la société locataire (CA Lyon 28-11-1991 n° 90-1154 : Contrats conc. consom. 1992 comm. n° 240 note G. Raymond).
> La Commission a également examiné pour simple avis un projet de contrat type de louage d'emplacement publicitaire établi par la Chambre syndicale française de l'affichage (Rapport CCA pour l'année 1979 : BOSP du 11-6-1980 p. 139).

2830 **Obligations du preneur** Le preneur doit maintenir en permanence l'emplacement loué en bon état d'**entretien.** Faute d'exécution de cette obligation et après mise en demeure, le bailleur peut, à l'expiration d'un délai d'un mois, obtenir du juge des référés, à son choix, soit l'exécution des travaux nécessaires, soit la résolution du contrat et la remise des lieux en bon état aux frais du preneur (C. envir. art. L 581-25, al. 2).

Le preneur doit évidemment payer le **loyer.** À défaut, le contrat est résilié de plein droit au bénéfice du bailleur après mise en demeure de payer restée sans effet durant un mois (art. précité, al. 3).

Le preneur doit remettre l'emplacement loué dans son état antérieur dans les trois mois suivant l'**expiration** du contrat (art. précité, al. 4).

> **Précisions** **a.** Jugé qu'en **rompant** unilatéralement le **contrat** de louage **pour un motif personnel,** après avoir perçu une année de loyer d'avance et en acceptant de louer le même emplacement à une autre société d'affichage, un **bailleur** avait commis une faute contractuelle autorisant le locataire à poursuivre l'exécution forcée du contrat (CA Paris 20-9-1989 : D. 1989 IR p. 255).
> **b.** Un **professionnel de l'affichage** publicitaire qui ne fait pas partie de la Chambre syndicale de la publicité extérieure ne peut se voir imposer une obligation issue du « Code de pratiques loyales en matière d'exploitation d'emplacements publicitaires » édité par cet organisme, une telle obligation lui étant contractuellement étrangère (Cass. com. 29-6-1993 n° 91-21.962 : RJDA 1/94 n° 115).

2840 **Contentieux** Tout litige afférent à un contrat de louage d'emplacement privé aux fins d'apposer de la publicité ou d'installer une préenseigne est porté, nonobstant toute disposition contraire, devant le **tribunal judiciaire** dans le ressort duquel se trouve le dispositif concerné (C. envir. art. R 581-81).

MASQUAGE DES PANNEAUX

2850 Constitue un acte de **concurrence déloyale,** entraînant la responsabilité civile de son auteur le fait de masquer des panneaux publicitaires déjà implantés par d'autres panneaux, qu'ils soient publicitaires (Cass. 3e civ. 13-1-1981 : Gaz. Pal. 1981 pan. p. 178 ; Cass. com. 22-3-1982 n° 81-11.072 : Bull. civ. IV n° 114 ; CA Paris 18-3-1993 : RJDA 12/93 n° 1097) ou non (Cass. 1e civ. 21-3-2000 n° 98-14.246 : RJDA 9-10/00 n° 931).

ASSOCIATIONS DE CONSOMMATEURS

SOMMAIRE

ÉVOLUTION DE LA RÉGLEMENTATION

Au début des années 1970, la variété de plus en plus grande de produits et services, l'essor de techniques de marketing élaborées et l'allongement des circuits de distribution ont conduit, d'une part, à rendre plus complexes les choix des consommateurs et, d'autre part, à déséquilibrer les rapports de force en faveur des producteurs et distributeurs. Les associations de consommateurs se sont en conséquence développées. **5000**

Le législateur a progressivement renforcé leurs moyens d'action : tout d'abord, à travers l'**action civile** qui permet aux associations de consommateurs de défendre l'intérêt collectif de leurs adhérents (C. consom. art. L 621-1 s.) puis à travers la mission préventive de lutte contre les clauses abusives qui leur a été attribuée (C. consom. art. L 621-7 s.) et enfin à travers l'**action en représentation conjointe** lorsque plusieurs consommateurs ont subi des préjudices individuels causés par le fait d'un même professionnel (C. consom. art. L 622-1 s.).

L'action en représentation conjointe n'ayant pas rencontré un vif succès en raison des contraintes liées à sa mise en œuvre, l'**action de groupe** a été instaurée permettant aux associations de consommateurs de défendre les intérêts individuels de ceux-ci dans des conditions différentes mais qui restent complexes (C. consom. art. L 623-1 s.).

> **Précisions** Une **proposition de loi réformant le régime juridique des actions de groupe** est en cours de discussion au Parlement. Au 1er avril 2024, date de mise à jour des présents développements, l'Assemblée nationale et le Sénat ne s'étant pas accordés sur le texte, celui-ci doit encore être soumis à une commission mixte paritaire (no 5570).

I. STRUCTURE DES GROUPEMENTS DE CONSOMMATEURS

ASSOCIATIONS DE CONSOMMATEURS

5100 Il existe actuellement une multiplicité d'associations de consommateurs en raison, notamment, de la diversité de leurs origines et de leurs tendances. Dix-sept associations sont **agréées pour agir en justice** sur l'ensemble du territoire national (www.inc-conso.fr). En outre, certaines associations bénéficient d'un agrément départemental.

Ces associations, régies par la loi du 1er juillet 1901, poursuivent un but non lucratif. Elles bénéficient de subventions de l'État qui sont versées par la Direction générale de la concurrence, de la consommation et de la répression des fraudes (DGCCRF).

Traditionnellement, on distingue parmi les associations de consommateurs trois grands courants : familial, syndical et « consumériste ».

1° Courant familial. Initialement consacrées au secours des familles les plus démunies lors de la reconstruction, ces associations ont étendu leur activité aux questions de budget, de logement, de qualité et de sécurité des produits, d'éducation, de crédit, de démarchage et de vente à domicile. Leur action est essentiellement préventive (réalisation d'études, d'enquêtes, de budgets types, de relevés de prix, etc.).

Font partie de cette catégorie le Conseil national des associations familiales laïques (Cnafal), la Confédération nationale des associations familiales catholiques (CNAFC), la Confédération syndicale des familles (CSF), Familles de France (FF) et Familles rurales (FR).

L'Union nationale des associations familiales (Unaf) représente l'ensemble des associations familiales existant en France auprès des pouvoirs publics (notamment, le Conseil économique, social et environnemental ou le Conseil national de la consommation).

2° Courant syndical. Les syndicats ouvriers, dont la mission est limitée à la défense des intérêts des salariés, ne bénéficient pas des droits reconnus aux associations de consommateurs et ne peuvent pas siéger dans les organismes où elles sont représentées. C'est pourquoi certains syndicats ont constitué une association de consommateurs juridiquement indépendante, mais qui leur est plus ou moins étroitement liée.

Font partie de cette catégorie l'Association Force ouvrière-consommateurs (Afoc), l'Association pour l'information et la défense des consommateurs CGT (Indecosa-CGT), l'Association de défense, d'éducation et d'information du consommateur (Adeic).

3° Courant consumériste. Cette tendance est principalement représentée par l'Union fédérale des consommateurs (UFC-Que Choisir) qui regroupe 138 associations locales. L'UFC constitue un groupe de pression important vis-à-vis des divers partenaires économiques pour la défense, la promotion et la représentation des intérêts des consommateurs. Elle représente les consommateurs dans une quarantaine d'instances nationales et dans de nombreuses instances régionales et départementales. Elle est membre fondateur du Bureau européen des unions de consommateurs (Beuc) et de Consumers International (CI), organisation internationale de consommateurs.

Sont également des associations consuméristes la Confédération générale du logement (CGL), la Confédération nationale du logement (CNL), Consommation, logement et cadre de vie (CLCV), la Fédération nationale des associations d'usagers des transports (Fnaut), l'Association Léo-Lagrange pour la défense des consommateurs (ALLDC) et Foodwatch qui lutte en faveur d'une alimentation saine.

Pour mutualiser leurs moyens d'action, l'Adeic, l'ALLDC et la Cnafal se sont regroupées au sein de l'Union laïque et citoyenne des consommateurs (ULCC) qui, elle aussi, est agréée comme association de consommateurs.

CENTRES TECHNIQUES RÉGIONAUX DE LA CONSOMMATION

5110 Les centres techniques régionaux de la consommation (CTRC), régis par la loi sur les associations de 1901, regroupent des associations de consommateurs à caractère local ou départemental, affiliées ou non à une organisation de consommateurs nationale. Ils ont pour objet d'offrir à leurs membres des moyens susceptibles de les aider à développer leurs activités, notamment en améliorant leur documentation technique et juridique, en centralisant et diffusant les adresses des associations locales de consommateurs, en réalisant des stages de formation. Le portail internet des CTRC présente l'ensemble des structures et permet d'accéder à leur site (www.conso-ctrc-sra.org).

BUREAU EUROPÉEN DES UNIONS DE CONSOMMATEURS

Créé en 1962, le Bureau européen des unions de consommateurs (Beuc) représente auprès des institutions européennes une quarantaine d'associations de consommateurs des pays membres (pour la France, l'UFC-Que Choisir et la CLCV). 5120

Le Beuc est membre du Groupe consultatif européen des consommateurs qui donne son avis à la Commission européenne sur tous les problèmes relatifs à la protection des intérêts des consommateurs au sein de l'Union européenne. Le Beuc défend aussi les intérêts des consommateurs auprès du Parlement européen et au niveau international en tant que membre de l'organisation Consumers International. Par ailleurs, le Beuc procède à des enquêtes et publie divers travaux de recherche qui servent de base à ses campagnes (www.beuc.eu).

II. ACTIONS EN JUSTICE DES ASSOCIATIONS DE CONSOMMATEURS

ACTIONS DES ASSOCIATIONS DE CONSOMMATEURS SOUMISES À AGRÉMENT

En principe, ne peuvent agir en justice que les seules **associations de consommateurs** qui, compte tenu de leur représentativité sur le plan national ou local, ont été **agréées** à cette fin dans les conditions fixées par les articles R 811-1 s. du Code de la consommation. 5200

L'agrément ne peut être accordé qu'aux associations « indépendantes de toutes formes d'activités professionnelles ». La loi admet cependant l'agrément des associations émanant de sociétés coopératives de consommation régies par la loi du 7 mai 1917 (C. consom. art. L 811-2 et R 811-7).

> **Précisions** **a.** Les unions départementales et l'Union nationale des **associations familiales** sont dispensées d'obtenir l'agrément car l'article L 211-3 du Code de l'action sociale et des familles les autorise à agir en justice pour les faits de nature à nuire aux intérêts moraux et matériels des familles (C. consom. art. L 621-1, al. 2).
> **b.** Les **associations nationales de consommateurs agréées** sont présentées sur le site de l'Institut national de la consommation (www.inc-conso.fr/content/les-associations-de-consommateurs).

ACTIONS DES ASSOCIATIONS DE CONSOMMATEURS NON SOUMISES À AGRÉMENT

Il résulte de la jurisprudence que toute **association loi de 1901** peut agir en justice en défense d'un **intérêt collectif** devant les juridictions civiles ou pénales dès lors que cet intérêt entre dans son objet social (Cass. 2e civ. 5-10-2006 n° 05-17.602 : Bull. civ. II n° 255 ; Cass. 3e civ. 26-9-2007 n° 04-20.636 : Bull. civ. III n° 155 ; Cass. 1e civ. 18-9-2008 n° 06-22.038 : RJDA 2/09 n° 120), peu important qu'elle y soit ou non habilitée par la loi (Cass. 2e civ. 27-5-2004 n° 02-15.700 : Bull. civ. II n° 232 ; Cass. 1e civ. 18-9-2008 précité). Peu importe aussi que l'exercice d'une action en justice pour la défense d'intérêts collectifs figure ou non parmi les buts ou moyens d'action prévus par les statuts de l'association (Cass. 1e civ. 18-9-2008 précité). 5210

Cette jurisprudence, élaborée à propos d'associations ayant les objets les plus divers (défense de l'environnement, personnes atteintes de myopathie…), est applicable aux associations de défense des consommateurs. Si l'action en réparation d'une infraction pénale ou en cessation d'agissements illicites ne relève pas de la compétence exclusive des associations agréées, celles-ci sont les seules à pouvoir saisir l'Autorité de la concurrence et à agir au profit de plusieurs consommateurs ayant subi des préjudices individuels.

ASSOCIATIONS DE CONSOMMATEURS DEVANT AVOIR UN OBJET CONFORME

Si la défense des consommateurs ne figure **pas dans son objet,** l'action en justice engagée par l'association est irrecevable. Ainsi a-t-il été jugé qu'une association dont l'objet était la protection de l'environnement ne pouvait pas demander l'interdiction d'une publicité prétendue trompeuse, cette demande étant fondée sur le droit de la consommation (Cass. 1e civ. 21-11-2006 n° 04-18.392 : BAF 1/07 inf. 7). 5220

En revanche, une association poursuivant **divers objets** peut agir en justice dès lors que la défense du consommateur figure parmi ceux-ci.

> **Précisions** **a.** La Cour de cassation a aussi estimé qu'une association départementale de consommateurs agréée qui avait changé sa dénomination, rompu ses liens avec l'association nationale à laquelle elle était jusque-là affiliée et **élargi son objet social** ainsi que son champ d'action géographique pouvait continuer de se prévaloir de cette habilitation pour intenter une

action en réparation d'un préjudice causé par une entreprise à l'intérêt collectif des consommateurs dès lors que les modifications statutaires n'avaient pas affecté les éléments constitutifs de l'objet social en considération desquels l'agrément avait été accordé (Cass. 1e civ. 20-10-2011 no 10-25.402 : RJDA 2/12 no 213).

b. Lorsqu'aucune stipulation des statuts de l'association ne prévoit une restriction du **champ d'action géographique de l'association,** l'action formée par elle peut être introduite devant toute juridiction territorialement compétente (Cass. 1e civ. 30-3-2022 no 21-13.970 FS-B : RJDA 8-9/22 no 522 censurant une cour d'appel qui avait dénié la possibilité pour une association déclarée dans un département d'agir en dehors de celui-ci).

RECONNAISSANCE SPÉCIFIQUE DES ASSOCIATIONS DE CONSOMMATEURS

5230 Les associations de consommateurs agréées qui satisfont à des critères démontrant leur représentativité peuvent se voir accorder par arrêté une « reconnaissance spécifique » (C. consom. art. R 812-1 s.). Cette reconnaissance leur permet de bénéficier d'un siège au bureau du Conseil national de la consommation.

A. Action exercée par une association agréée dans l'intérêt collectif des consommateurs

1. ACTION D'UNE ASSOCIATION DE CONSOMMATEURS EN RÉPARATION D'UNE INFRACTION PÉNALE

5270 Les associations de défense des consommateurs agréées remplissant les conditions énoncées (no 5200) peuvent agir en justice pour demander la réparation du préjudice causé par une infraction pénale à l'intérêt collectif des consommateurs (C. consom. art. L 621-1).

ATTEINTE À L'INTÉRÊT COLLECTIF DES CONSOMMATEURS

5280 Le préjudice dont l'association demande réparation doit être causé à l'« intérêt collectif des consommateurs ». Cette notion ne se confond pas avec :

– l'**intérêt général** dont la défense est assurée par le ministère public (Cass. crim. 16-12-1992 : Bull. crim. no 426) ;

– le **préjudice subi personnellement** par les victimes directes de l'infraction (Cass. crim. 22-8-1990 : Bull. crim. no 306).

Elle recouvre les intérêts que les associations de défense des consommateurs ont **vocation à défendre.** Tel est le cas, par **exemple** :

– d'une concurrence saine et loyale (Cass. crim. 10-10-1996 : RJDA 1/97 no 74) ;

– de la santé et de la sécurité des consommateurs (Cass. crim. 24-6-1997 : RJDA 5/98 no 653).

Le préjudice peut être **direct ou indirect** (C. consom. art. L 621-1 ; Cass. crim. 30-1-1995 : Bull. crim. no 37) ; il peut même être **éventuel** (Cass. crim. 7-1-1987 : BRDA 11/87 p. 8). En l'espèce, il a été jugé qu'une association peut valablement exercer les droits reconnus à la partie civile dès la commercialisation d'un produit entre professionnels, avant même sa mise en vente aux consommateurs.

INFRACTIONS PORTANT ATTEINTE À L'INTÉRÊT COLLECTIF DES CONSOMMATEURS

5290 Les infractions causant un préjudice dont l'association peut demander réparation sont notamment celles qui portent atteinte à la **liberté des prix et de la concurrence.** Ainsi jugé en cas de publicité trompeuse (Cass. crim. 15-10-1997 : Bull. crim. no 337), de loteries illicites (Cass. crim. 22-8-1990 : Bull. crim. no 306 ; Cass. crim. 18-2-1998 : Dr. pén. 1998 comm. no 88 note A. Maron) ou de revente à perte (Cass. crim. 10-10-1996 : RJDA 1/97 no 74).

Plus généralement, sont visées toutes les infractions qui peuvent porter atteinte à l'**intérêt collectif des personnes considérées comme des consommateurs** (Cass. crim. 27-10-1997 : RJDA 2/98 no 231).

ILLUSTRATIONS

Des associations de consommateurs ont pu agir dans le cadre des **infractions suivantes** :

– corruption active et passive (Cass. crim. 27-10-1997 : RJDA 2/98 no 231 ; en l'espèce, les dirigeants de sociétés faisant partie d'un groupe avaient fait obtenir à des tiers des avantages matériels considérables de la part de ces sociétés en contrepartie de l'attribution de la concession du service des eaux d'une grande ville à une filiale de ce groupe) ;

– homicides et blessures involontaires (Cass. crim. 24-6-1997 : RJDA 5/98 n° 653 ; Cass. crim. 1-4-2008 n° 06-88.948 : RJDA 10/08 n° 1058) ; en effet, aux termes de l'article L 421-3 du Code de la consommation, les produits doivent, dans des conditions normales d'utilisation, présenter la sécurité à laquelle on peut légitimement s'attendre et ne pas porter atteinte à la santé des personnes ;
– commercialisation dans une officine de pharmacie de marchandises autres que celles figurant dans l'arrêté « fixant la liste des marchandises dont les pharmaciens peuvent faire le commerce dans leur officine » (Cass. crim. 4-1-1984 : Bull. crim. n° 4) ;
– prescription par un médecin de préparations contenant des substances vénéneuses non autorisées (Cass. crim. 15-5-1984 : Bull. crim. n° 178) ;
– extorsion de fonds à l'occasion de services fournis dans l'accomplissement d'un contrat médical (Cass. crim. 6-7-1994 : Bull. crim. n° 267) ;
– escroquerie par emploi de publicités mensongères (Cass. crim. 30-1-1995 : RJDA 4/95 n° 511).

Lorsque l'association intervient, par constitution de partie civile incidente, dans une **information ouverte à l'initiative du ministère public,** elle ne peut pas exiger l'extension des poursuites à d'**autres infractions,** fussent-elles connexes à celles dont est saisi le juge d'instruction ; elle doit donc provoquer l'ouverture d'une autre information (Cass. crim. 15-1-1991 : Bull. crim. n° 24). 5295

OBJET DE L'ACTION EXERCÉE DANS L'INTÉRÊT COLLECTIF DES CONSOMMATEURS

Les associations de défense des consommateurs peuvent, tant devant les **juridictions civiles** que **répressives,** demander des dommages-intérêts et la cessation d'agissements illicites. 5300

Demande de dommages-intérêts Les associations de consommateurs agréées peuvent demander des dommages-intérêts en réparation du préjudice direct ou indirect porté à l'intérêt collectif des **consommateurs** (C. consom. art. L 621-1). 5310

Elles ne peuvent toutefois obtenir réparation sur ce fondement que si elles sont encore titulaires de leur agrément le jour où le juge statue (Cass. crim. 6-9-2022 n° 20-86.225 FS-B : RJDA 2/23 n° 116).

Par ailleurs, si elles justifient **avoir souffert elles-mêmes** du dommage directement causé par une infraction, elles peuvent également exercer l'action civile, qui appartient à tous ceux ayant personnellement souffert du dommage causé par une infraction, conformément à l'article 2 du Code de procédure pénale (Cass. crim. 3-5-2006 n° 05-85.715 : RJDA 10/06 n° 1078). La reconnaissance d'un tel préjudice devrait être assez exceptionnelle en pratique. Dans cette affaire, une association de consommateurs s'était portée partie civile pour tromperie à l'encontre d'un garagiste ayant vendu des véhicules d'occasion sans préciser qu'il s'agissait de véhicules de location de courte durée et avait demandé, outre la réparation de son préjudice collectif, la réparation de son **préjudice** « **associatif** ». La Cour de cassation a jugé que la réparation de ce dernier préjudice, qui ne trouvait son origine ni dans une atteinte à l'intérêt collectif des consommateurs ni dans un dommage personnellement et directement causé à l'association, n'était pas justifiée. En l'espèce, l'association de consommateurs n'aurait à notre avis pu se prévaloir d'un préjudice personnel que si elle avait elle-même acheté l'un des véhicules concernés.

Les juges du fond apprécient souverainement le **montant du préjudice** résultant de l'atteinte portée à l'intérêt collectif des consommateurs dont ils justifient l'existence par l'évaluation qu'ils en font (Cass. ch. mixte 6-9-2002 : Bull. civ. p. 9). Ils peuvent adosser leur appréciation sur des éléments tels que les frais engagés par l'association pour mener son action (CA Paris 4-7-1977 : JCP G 1979 II n° 19015 : prise en compte des frais engagés « pour assainir la publicité et préserver la loyauté du commerce », ainsi que des « conséquences pécuniaires qu'entraîne parfois son action lorsqu'elle commet des erreurs involontaires » ; CA Paris 25-2-1999, 13e ch. B, n° 97-5055 : prise en compte, notamment, des frais engagés par l'association pour continuer à traiter des dossiers identiques opposant des consommateurs à la société condamnée et des frais de campagne d'information pour contrebalancer « les effets de la publicité ou du démarchage particulièrement agressifs » effectués par celle-ci). 5315

En cas d'**absence ou d'insuffisance de justification,** les tribunaux doivent évaluer le préjudice d'après les éléments dont ils disposent, au besoin en ordonnant des mesures d'instruction, sans pouvoir se borner à allouer une indemnité symbolique en raison du montant incertain du dommage (Cass. crim. 22-7-1986 : BRDA 21/86 p. 9). 5320

Demande en cessation d'agissements illicites et suppression de clauses illicites Les associations de consommateurs agréées peuvent demander au juge statuant sur l'action civile d'ordonner au défendeur ou au prévenu, le cas échéant sous astreinte, toute mesure destinée à faire cesser des **agissements illicites** (C. consom. art. L 621-2, al. 1). 5330

L'agissement illicite au sens du texte précité doit être constitutif d'une **infraction pénale** (Cass. 1e civ. 30-3-2022 nº 21-13.970 FS-B : RJDA 8-9/22 nº 522), contrairement à ce que la Cour de cassation avait précédemment jugé (Cass. 1e civ. 25-3-2010 nº 09-12.678 : RJDA 8-9/10 nº 882). L'association de consommateurs peut ainsi demander le retrait d'un produit non conforme ou celui d'une publicité trompeuse.

ILLUSTRATIONS

Dans un cas où une société britannique avait ouvert sur internet un site payant de téléchargement de musique en ligne qui ne pouvait être lue que sur des baladeurs numériques dédiés et où, parallèlement, une société française du même groupe avait vendu des baladeurs numériques qui ne pouvaient lire que les seuls fichiers musicaux téléchargés sur le site de la première société, un tribunal, saisi par une association de consommateurs, a jugé que ces deux sociétés s'étaient rendues coupables de vente jumelée illicite et a enjoint sous astreinte à la société française de porter sur l'emballage de ses baladeurs une mention indiquant que ceux-ci ne permettaient que l'écoute de fichiers musicaux téléchargés sur le site du groupe (TGI Nanterre 15-12-2006 nº 05-3574 : RJDA 5/07 nº 568).

5335 Les associations de consommateurs agréées peuvent aussi demander au juge statuant sur l'action civile, le cas échéant sous astreinte, de **supprimer,** dans le contrat ou le type de contrat proposé aux consommateurs ou dans tout contrat en cours d'exécution, une **clause illicite** (C. consom. art. L 621-2, al. 1), c'est-à-dire contraire à une disposition d'ordre public. Même les contrats qui ne sont plus proposés aux consommateurs au moment de l'action de l'association de consommateurs sont visés, dès lors qu'ils sont en cours d'exécution.

ILLUSTRATIONS

Des associations ont obtenu la suppression, dans un contrat type de construction, de clauses contraires à des dispositions d'ordre public, du Code de la construction et du Code civil concernant la réception, la responsabilité du constructeur, l'existence d'un terrain, la notice descriptive et l'indice de révision (CA Orléans 21-6-1984 : D. 1985 p. 98 note J. Calais-Auloy ; dans le même sens, sous astreinte de 10 000 F (environ 1 520 €) par conclusion ou offre de contrat non conforme, T. corr. Coutances 2-5-1985 : Gaz. Pal. 1985 som. p. 233).

Elles peuvent également demander au juge de déclarer que cette clause est réputée non écrite **dans tous les contrats identiques** en cours d'exécution conclus par le défendeur ou le prévenu avec des consommateurs et de lui ordonner d'en informer à ses frais les consommateurs concernés par tous moyens appropriés (C. consom. art. L 621-2, al. 2).

5340 Les mesures de cessation d'agissements illicites et de suppression de clauses illicites peuvent être ordonnées par le **juge des référés** (Cass. 1e civ. 1-12-1987 : Bull. civ. I nº 320 ; Cass. 1e civ. 9-3-2004 nº 438 : RJDA 7/04 nº 909).

Le **ministère public** peut produire devant la juridiction civile ou pénale les procès-verbaux ou rapports d'enquête qu'il détient et dont la production est utile à la solution du litige (C. consom. art. L 621-10).

AJOURNEMENT DE LA PEINE EN CAS D'ACTION CIVILE D'UNE ASSOCIATION DE CONSOMMATEURS

5350 Lorsqu'elle est saisie par une association de consommateurs se constituant partie civile, la **juridiction répressive** peut, après avoir déclaré le prévenu coupable, ajourner le prononcé de la peine en lui enjoignant, le cas échéant sous astreinte, de se conformer, dans un délai fixé, aux prescriptions qu'elle détermine et qui ont pour objet de faire cesser l'agissement illicite ou de supprimer une clause illicite dans le contrat ou le type de contrat proposé aux consommateurs (C. consom. art. L 621-3).

Lorsqu'il prononce une **astreinte,** le juge doit indiquer le taux et la date à compter de laquelle celle-ci commence à courir. Par dérogation aux règles du droit commun, l'ajournement peut être décidé même si le prévenu ne comparaît pas en personne et ne peut intervenir qu'une seule fois. En outre, le juge peut ordonner l'exécution provisoire de la décision d'injonction (art. L 621-4).

5355 À l'**audience de renvoi,** qui doit intervenir au plus tard dans le délai d'un an à compter de la décision d'ajournement, la juridiction statue sur la peine et, s'il y a lieu, liquide l'**astreinte.** Le juge peut, le cas échéant, la supprimer ou en réduire le montant (C. consom. art. L 621-5, al. 1 et 2).

L'astreinte est recouvrée par le comptable public compétent comme une amende pénale ; elle ne peut pas donner lieu à contrainte judiciaire (art. L 621-6).

L'astreinte est de plein droit supprimée à chaque fois qu'il est établi que la personne concernée s'est conformée à une injonction sous astreinte prononcée par un autre juge répressif ayant ordonné de faire cesser une infraction identique à celle qui fonde les poursuites (art. L 621-5, al. 3).

> **Précisions** Lorsque **deux juridictions répressives différentes ont à connaître d'une même infraction** commise dans un contrat type proposé aux consommateurs, la première juridiction saisie peut avoir enjoint avec astreinte au coupable de supprimer la clause illicite dans un certain délai : s'il s'est conformé à cette injonction, il serait choquant qu'il puisse être condamné au paiement d'une astreinte par une autre juridiction saisie entre-temps.

PUBLICITÉ DE LA DÉCISION RENDUE APRÈS L'ACTION D'UNE ASSOCIATION DE CONSOMMATEURS

Le juge civil ou répressif peut ordonner la diffusion « par tous **moyens** appropriés » de **5360**
l'information au public du jugement rendu (C. consom. art. L 621-11, al. 1). Cette publicité peut donc être indifféremment ordonnée par voie de presse, d'affichage ou tout autre support d'information, tel que le portail d'un site internet (Cass. 1e civ. 9-3-2004 nº 438 : RJDA 7/04 nº 909).

À noter :

1º Lorsqu'il s'agit d'un jugement pénal, la publicité peut avoir lieu même si elle n'est pas expressément prévue par la loi.

2º La diffusion peut être prononcée non seulement par le juge du fond, mais aussi par le juge des référés (Cass. 1e civ. 9-3-2004 nº 438 précité).

3º L'affichage est réalisé dans les conditions et sous les peines prévues par l'article 131-35 du Code pénal (affichage de l'intégralité ou d'une partie de la décision, ou d'un communiqué informant le public des motifs et du dispositif de celle-ci, la durée de l'affichage ne pouvant excéder deux mois).

4º Le juge du fond ne peut pas ordonner une mesure de publicité d'une décision portant sur des clauses jugées abusives qui ne sont plus proposées, sans vérifier si ces mesures ne sont pas susceptibles d'induire en erreur le consommateur (Cass. 1e civ. 26-4-2017 nº 15-18.970 F-PB : RJDA 10/17 nº 671).

La diffusion a lieu aux **frais** de la partie qui succombe ou du condamné, ou de l'association **5365**
qui s'est constituée partie civile lorsque les poursuites engagées à son initiative ont donné lieu à une décision de relaxe (C. consom. art. L 621-11, al. 2).

> **Précisions** La limitation par le juge du coût de chaque publicité dans la presse qu'il ordonne ne fait pas obstacle à ce que l'association de consommateurs expose des **dépenses supérieures** dès lors qu'elle ne demande pas à la partie condamnée un montant plus élevé que celui fixé par le juge (CA Paris 18-2-2011 nº 11-15 : BAF 3/11 nº 106). L'association n'est donc en principe pas limitée par le juge dans la taille des insertions qu'elle fait paraître.

2. ACTION D'UNE ASSOCIATION DE CONSOMMATEURS EN CESSATION D'AGISSEMENTS ILLICITES HORS INSTANCE PÉNALE

CONTEXTE

Les associations de consommateurs peuvent agir pour faire cesser tout agissement illicite au **5390**
regard des dispositions nationales transposant certaines **directives européennes.** Lorsqu'il est saisi à ce titre, le juge peut aussi ordonner la suppression d'une clause illicite ou abusive (C. consom. art. L 621-7 et L 621-8).

> **Précisions** Les associations agréées de défense des consommateurs peuvent aussi demander la cessation d'agissements illicites dans le cadre d'une **action civile** en réparation d'une infraction pénale (nº 5330), ou à l'occasion d'une **action conjointe** ou d'une **intervention** devant une juridiction civile, en réparation de faits qui ne constituent pas une infraction pénale.

AGISSEMENTS ILLICITES CONCERNÉS PAR L'ACTION DE L'ASSOCIATION

Les associations de consommateurs peuvent agir devant la **juridiction civile** pour faire cesser **5400**
ou interdire tout agissement illicite au regard des dispositions nationales transposant **notamment** les **directives** suivantes (C. consom. art. L 621-7 et, sur renvoi, Dir. 2009/22/CE du 23-4-2009 art. 1 et ann. I, abrogée et remplacée par Dir. (UE) 2020/1828 du 25-11-2020 art. 2 et ann. I) :

– directive 93/13/CEE relative aux clauses abusives modifiée par la directive 2019/2161 du 27 novembre 2019 : C. consom. art. L 212-1 s. ;

– directive 1999/44/CE relative à certains aspects de la vente et des garanties des biens de consommation, abrogée et remplacée par la directive 2019/771/UE du 20 mai 2019 : C. consom. art. L 217-1 s. ;
– directive 2000/31/CE sur le commerce électronique : loi 2004-575 du 21 juin 2004 ;
– directive 2002/65/CE concernant la commercialisation à distance de services financiers auprès des consommateurs : C. consom. art. L 222-1 ;
– directive 2005/29/CE relative aux pratiques commerciales déloyales vis-à-vis des consommateurs : C. consom. art. L 121-1 s. ;
– directive 2008/48/CE relative aux contrats de crédit aux consommateurs : C. consom. art. L 311-1 s. ;
– directive 2008/122/CE relative à certains aspects des contrats d'utilisation de biens à temps partagé, des contrats de produits de vacances à long terme et des contrats de revente et d'échange : C. consom. art. L 224-69 s. ;
– directive 2011/83/UE relative aux droits des consommateurs (qui a remplacé la directive 85/577/CEE concernant la protection des consommateurs dans le cas de contrats négociés en dehors des établissements commerciaux et la directive 97/7/CE concernant la protection des consommateurs en matière de contrats à distance) et modifiée par la directive 2019/2161 du 27 novembre 2019 : C. consom. art. L 221-1 s. ;
– directive 2013/11/UE relative au règlement extrajudiciaire des litiges de consommation (art. 13) : C. consom. art. L 611-1 s. ;
– directive (UE) 2015/2302 relative aux voyages à forfait et aux prestations de voyage liées : C. tourisme art. L 211-1 s. ;
– directive (UE) 2019/770 du 20 mai 2019 relative à certains aspects concernant les contrats de fourniture de contenus numériques et de services numériques, transposée en droit interne par l'ordonnance 2021-1247 du 29 septembre 2021 : notamment C. consom. art. L 217-1 s.

Bien que l'article L 621-7 du Code de la consommation ne le prévoie pas expressément, les associations de consommateurs devraient, à notre avis, pouvoir agir pour faire cesser ou interdire tout agissement illicite au regard des **règlements européens** suivants, énumérés à l'annexe I de la directive 2009/22/CE et repris à l'annexe I de la directive (UE) 2020/1828 :
– règlement (UE) 524/2013 du 21 mai 2013 relatif au règlement en ligne des litiges de consommation art. 14 (n° 63070) ;
– règlement (UE) 2018/302 du 28 février 2018 visant à contrer le blocage géographique injustifié et d'autres formes de discrimination fondée sur la nationalité, le lieu de résidence ou le lieu d'établissement des clients dans le marché intérieur (nos 31200 s.).

> **Précisions** L'article L 621-7 du Code de la consommation continue de renvoyer à la directive 2009/22/CE du 23 avril 2009 qui a pourtant été abrogée et remplacée par la directive (UE) 2020/1828 du 25 novembre 2020. Cette dernière devait être transposée au plus tard le 25 décembre 2022, ce qui n'était pas encore le cas au 1er avril 2024, date de mise à jour des présents développements. Une **proposition de loi réformant le régime juridique des actions de groupe** est en cours de discussion au Parlement. Elle a notamment pour objectif de transposer la directive (UE) 2020/1828. L'Assemblée nationale et le Sénat ne s'étant toutefois pas accordés à ce jour sur le texte, celui-ci doit être soumis à une commission mixte paritaire (n° 5570).

5405 L'**agissement illicite** au sens de l'article L 421-6 du Code de la consommation (devenu art. L 621-7) n'est pas nécessairement constitutif d'une infraction pénale (Cass. 1e civ. 25-3-2010 n° 09-12.678 : RJDA 8-9/10 n° 882). Certes, la directive 2009/22 du 23 avril 2009, et la directive (UE) 2020/1828 du 25 novembre 2020 qui la remplace, utilisent le terme d'« infraction », mais cela recouvre tout acte qui est contraire aux dispositions du droit de l'Union européenne énumérées en annexe, le cas échéant, telles qu'elles ont été transposées dans l'ordre juridique interne des États membres, et qui porte atteinte aux intérêts collectifs des consommateurs, ce qui ne vise pas seulement un acte pénalement sanctionné.

> **Précisions** Est recevable l'action d'une association de consommateurs visant à faire supprimer des clauses des conditions générales d'une plateforme de téléchargement de musique pouvant porter **atteinte aux règles sur la protection des données personnelles ou sur le droit d'auteur,** ces atteintes contrevenant aux dispositions transposées des **directives** 97/7 du 20 mai 1995 et 2011/83 du 25 octobre 2011 sur les **contrats à distance** et 2000/31 du 8 juin 2000 sur le **commerce électronique** ainsi qu'au **RGPD** (TJ Paris 9-6-2020 n° 16-09799 : RJDA 11/20 n° 599). En revanche, ne l'est pas celle invoquant la méconnaissance de dispositions du Code des assurances relatives à l'obligation des maîtres d'ouvrage, ayant la qualité de consommateurs, de souscrire une assurance de dommages-ouvrage dès lors qu'elle n'invoque ni une infraction pénale ni la méconnaissance d'une disposition issue de la transposition d'une directive du droit de l'Union (Cass. 1e civ. 30-3-2022 n° 21-13.970 FSB : RJDA 8-9/22 n° 522).

DEMANDE PAR UNE ASSOCIATION DE SUPPRESSION DE CLAUSES ILLICITES OU ABUSIVES

Dans le cadre d'une demande de cessation d'un agissement illicite sur le fondement de l'article L 621-7 du Code de la consommation (n° 5400), une association de consommateurs agréée peut demander à la juridiction civile d'ordonner, le cas échéant sous astreinte, la suppression d'une clause illicite ou abusive dans tout contrat ou type de **contrat proposé ou destiné** au consommateur ou dans tout **contrat en cours d'exécution** (C. consom. art. L 621-8, al. 1). **5410**

Le juge peut supprimer les clauses abusives ou illicites dans les contrats qui ne sont plus proposés aux consommateurs, à condition qu'ils soient encore en cours d'exécution (Cass. 1e civ. 26-9-2019 nos 18-10.890 et 18-10.891 FS-PB : RJDA 7/20 n° 396 ; TJ Paris 9-6-2020 n° 16-09799 : RJDA 11/20 n° 599).

Les associations agréées peuvent également demander au juge de déclarer que cette **clause est réputée non écrite** dans tous les contrats identiques conclus par le même professionnel avec des consommateurs et de lui ordonner d'en informer à ses frais les consommateurs concernés par tous moyens appropriés (art. L 621-8, al. 2).

Cette action appelle les **observations** suivantes : **5415**

– Il résulte de l'article L 621-7 du Code de la consommation que l'action en suppression des clauses illicites ou abusives des associations de consommateurs agréées est limitée aux contrats destinés ou proposés aux **consommateurs.** Ainsi, une association de consommateurs ne peut pas agir en suppression de clauses illicites ou abusives contenues dans le contrat de syndic qu'un agent immobilier propose aux **syndicats de copropriétaires,** personnes morales non professionnelles (Cass. 1e civ. 4-6-2014 n° 13-13.779 : RJDA 11/14 n° 870). En revanche, dès lors que le contrat est proposé aux consommateurs, une association peut agir pour défendre l'intérêt collectif des utilisateurs d'une plateforme de musique en ligne, non seulement en leur qualité de consommateurs, mais aussi en celle d'**auteurs** ou de **personnes concernées par des données personnelles** (TJ Paris 9-6-2020 n° 16-09799 : RJDA 11/20 n° 599).

– L'action en suppression de clauses abusives ouverte aux associations de consommateurs a vocation à s'appliquer aux **modèles types** de contrats destinés aux consommateurs et rédigés par des professionnels en vue d'une utilisation généralisée. Ainsi, une association de consommateurs a obtenu la suppression d'une clause illicite d'un modèle de contrat de location saisonnière édité par une association professionnelle et utilisé entre des propriétaires non professionnels et des consommateurs (Cass. 1e civ. 3-2-2011 n° 08-14.402 : RJDA 5/11 n° 468).

– Le cadre de l'action en suppression d'une clause illicite ou abusive ne permet pas l'examen d'une demande en suppression et en réputé non écrit de l'**intégralité d'un document contractuel,** telles des conditions générales de vente, la demande devant être formulée **clause par clause** (TJ Paris 9-6-2020 n° 16-09799 : RJDA 11/20 n° 599).

– Rien n'impose à une association agréée de **négocier les conditions de suppression** des clauses estimées abusives avant de saisir la juridiction civile (CA Paris 7-5-1998 : RJDA 8-9/98 n° 1058).

– Il s'agit d'une action pouvant être introduite en l'**absence de tout dommage** subi par des consommateurs **ou de réclamation** de leur part (CA Paris 2-10-1998 : D. aff. 1998 p. 1851).

– Cette action peut être exercée par voie de **demande initiale** (CPC art. 53) **ou par intervention** à titre principal (CPC art. 329), non pour appuyer les prétentions d'un consommateur, mais pour obtenir la suppression de clauses abusives dans un modèle de contrat (Cass. 1e civ. 6-1-1994 : RJDA 5/94 n° 595).

– Une association qui obtient devant une juridiction civile la suppression de clauses abusives dans l'exercice de son **action préventive en suppression** de ces clauses peut obtenir auprès de cette juridiction des **dommages-intérêts** en réparation du préjudice causé à l'**intérêt collectif** des consommateurs (Cass. 1e civ. 5-10-1999 : RJDA 11/99 n° 1255 ; Cass. 1e civ. 26-4-2017 n° 15-18.970 F-PB : RJDA 10/17 n° 671).

– Même lorsque **la demande de suppression de clauses abusives ou illicites a été rejetée,** aucun contrat en cours ne contenant plus ces clauses, l'association peut demander des **dommages-intérêts** en réparation du préjudice causé à l'intérêt collectif des consommateurs, cette action étant distincte de celle en suppression des clauses litigieuses (Cass. 1e civ. 26-9-2019 nos 18-10.890 et 18-10.891 FS-PB : RJDA 7/20 n° 396).

> **› Précisions** Les associations de consommateurs peuvent également agir en suppression de clauses illicites sur le fondement de l'article L 621-2 du Code de la consommation, dans le cadre d'une **action civile** devant les juridictions pénales (n° 5335), ou sur le fondement de l'article L 621-9, au titre d'une **action en réparation conjointe ou en intervention** (n° 5440).

PUBLICITÉ DE LA DÉCISION RENDUE SUR UNE ACTION EN CESSATION D'AGISSEMENTS ILLICITES

5420 La juridiction saisie d'une action en cessation d'agissements illicites peut ordonner, dans les conditions exposées nº 5360, la diffusion du jugement rendu.

3. ACTION CONJOINTE D'UNE ASSOCIATION DE CONSOMMATEURS EN RÉPARATION ET DROIT D'INTERVENTION

ACTION CONJOINTE OU INTERVENTION DANS UNE INSTANCE EN COURS

5440 Les associations de consommateurs agréées peuvent agir conjointement ou intervenir devant une juridiction civile pour obtenir réparation de tout fait portant un préjudice direct ou indirect à l'intérêt collectif des consommateurs, lors d'une action en réparation d'un préjudice subi par un ou plusieurs consommateurs à raison de **faits non constitutifs d'une infraction pénale** (C. consom. art. L 621-9). L'association peut donc initier l'action conjointement avec le consommateur ou intervenir au cours de l'instance initiée par lui.

Sur la notion d'intérêt collectif des consommateurs, voir nº 5280.

ILLUSTRATIONS

Une association de consommateurs est intervenue à l'instance introduite par un consommateur à l'encontre d'un fournisseur d'accès à internet en raison de la mauvaise exécution du contrat le liant à ce dernier pour demander des dommages-intérêts, dès lors qu'il résultait de la recrudescence du nombre de dossiers relatifs aux dysfonctionnements de l'accès à internet proposé par cet opérateur que l'intérêt collectif des consommateurs ayant contracté avec cette société se trouvait lésé (Cass. 1e civ. 13-11-2008 nº 07-15.000 : RJDA 7/09 nº 682).

A aussi été jugée recevable l'intervention d'une association de consommateurs à l'instance introduite contre une banque par un client qui avait acheté des actions par son intermédiaire, la banque prétendant à tort que seules pouvaient agir les associations ayant pour objet l'intérêt collectif des investisseurs (Cass. com. 18-10.2017 nº 16-10.271 FS-PBI : RJDA 1/18 nº 79).

Par ailleurs, ont été obtenus dans le cadre de telles actions les dommages-intérêts suivants :
– 100 000 F (environ 15 200 €) d'une banque ayant unilatéralement décidé de facturer des frais de gestion de compte à certains de ses clients sans leur accord (TGI Paris 25-10-1989 : BRDA 6/90 p. 6) ;
– 10 000 F (environ 1 520 €) de la SNCF du fait de nombreux retards de trains de banlieue pendant un mois (CA Paris 4-10-1996 : RJDA 3/97 nº 431).

Dans le cadre de cette action, les associations de consommateurs peuvent aussi demander à la juridiction saisie l'application, le cas échéant, des mesures prévues à l'article L 621-2 du Code de la consommation, c'est-à-dire toute mesure destinée à **faire cesser des agissements illicites** ou à supprimer une **clause illicite** (C. consom. art. L 621-9). Sur ces mesures, voir nºs 5330 s.

ILLUSTRATIONS

Ont ainsi été obtenues :
– la suppression de clauses illicites dans des contrats de vente d'immeubles (TGI Paris 21-2-1989 : BRDA 1/90 p. 4) ou de compte courant (CA Paris 17-12-1990 : D. 1991 p. 350 note D. R. Martin) ;
– la condamnation d'un imprimeur à supprimer certaines clauses dans les modèles de promesse de vente qu'il éditait et commercialisait (TGI Créteil 20-9-1989 : BRDA 7/90 p. 5).

PUBLICITÉ DE LA DÉCISION RENDUE SUR L'ACTION CONJOINTE OU APRÈS INTERVENTION

5450 La juridiction saisie d'une action conjointe ou d'une action au cours de laquelle une association de consommateurs est intervenue peut ordonner, dans les conditions exposées nº 5360, la diffusion du jugement rendu.

4. TABLEAU RÉCAPITULATIF DES ACTIONS EXERCÉES DANS L'INTÉRÊT COLLECTIF DES CONSOMMATEURS

Actions pouvant être exercées par une association de consommateurs dans l'intérêt collectif des consommateurs			
Fondement	**Objet de l'action**	**Juridiction**	**Conditions**
Actions en réparation d'un préjudice à l'intérêt collectif des consommateurs			
C. consom. art. L 621-1, al. 1	Dommages-intérêts	Juridiction pénale ou civile statuant sur l'action civile	Infraction pénale portant un préjudice direct ou indirect à l'intérêt collectif des consommateurs
C. consom. art. L 621-9	Dommages-intérêts	Juridiction civile	Action conjointe ou en intervention pour la réparation d'un préjudice direct ou indirect à l'intérêt collectif des consommateurs, en cas de demande en réparation d'un préjudice par un ou plusieurs consommateurs à raison d'un fait non constitutif d'une infraction pénale
Actions en cessation d'agissements illicites			
C. consom. art. L 621-2	– Cessation d'agissements illicites – Suppression d'une clause illicite dans tout contrat ou type de contrat proposé aux consommateurs ou dans tout contrat en cours d'exécution et demande que cette clause soit réputée non écrite dans tous les contrats identiques en cours d'exécution conclus avec des consommateurs	Juridiction civile, ou pénale statuant sur l'action civile	Agissement ou clause entrant dans la réalisation d'une infraction pénale causant un préjudice à l'intérêt collectif des consommateurs
C. consom. art. L 621-7 et L 621-8	– Cessation ou interdiction d'agissements illicites – Suppression d'une clause illicite ou abusive dans tout contrat ou type de contrat proposé ou destiné au consommateur ou dans tout contrat en cours d'exécution, demande que cette clause soit réputée non écrite dans tous les contrats identiques conclus par le même professionnel avec des consommateurs et qu'il soit ordonné à ce professionnel d'en informer à ses frais les consommateurs concernés par tous moyens appropriés	Juridiction civile	Agissement ou clause illicite au regard des dispositions transposant certaines directives européennes

Actions pouvant être exercées par une association de consommateurs dans l'intérêt collectif des consommateurs			
Fondement	Objet de l'action	Juridiction	Conditions
	– Dommages-intérêts (Cass. 1e civ. 26-4-2017 n° 15-18.970 F-PB : RJDA 10/17 n° 671 ; Cass. 1e civ. 26-9-2019 nos 18-10.890 F-PB et 18-10.891 F-PB : RJDA 7/20 n° 396)		
C. consom. art. L 621-9	– Cessation d'agissements illicites – Suppression d'une clause illicite dans tout contrat ou type de contrat proposé aux consommateurs ou dans tout contrat en cours d'exécution, demande que cette clause soit réputée non écrite dans tous les contrats identiques en cours d'exécution conclus avec des consommateurs	Juridiction civile	Action conjointe ou en intervention pour la réparation d'un préjudice direct ou indirect à l'intérêt collectif des consommateurs, en cas de demande en réparation d'un préjudice par un ou plusieurs consommateurs à raison d'un fait non constitutif d'une infraction pénale

B. Action en représentation conjointe d'une association de consommateurs

CONDITIONS DE L'ACTION EN REPRÉSENTATION CONJOINTE

5500 Une association de défense des consommateurs peut agir en justice au nom de plusieurs consommateurs en réparation des **préjudices individuels** qu'ils ont subis, au moyen de l'action en représentation conjointe (C. consom. art. L 622-1), dès lors que :
– elle est agréée et reconnue **représentative** au niveau national (n° 5200) ;
– les préjudices individuels ont été causés par le **fait d'un même professionnel** et ont une **origine commune** ;
– les **victimes** sont des personnes physiques identifiées ayant, pour au moins deux d'entre elles, donné un **mandat écrit** à l'association.

L'action en représentation conjointe est différente de l'**action de groupe** qui permet à l'association de consommateurs d'agir sans mandat pour la défense des intérêts particuliers des consommateurs (nos 5570 s.).

> **Précisions a.** L'action d'une association de consommateurs en représentation conjointe a été jugée recevable dans un **cas** où plusieurs personnes avaient été victimes d'un démarchage téléphonique de la part d'un même magasin de meubles (TI Rennes 17-4-1997 : Contrats conc. consom. 1997 comm. n° 168 note G. Raymond).
> **b.** Le **mandat** de l'association ne peut être sollicité ni par voie d'appel public télévisé ou radiophonique ni par voie d'affichage, de tract ou de lettre personnalisée (C. consom. art. L 622-2, al. 1). L'association ne peut donc informer les consommateurs de son intention d'engager une action en justice que par voie de presse écrite. Ainsi, une association de consommateurs ne peut pas proposer de souscrire sur son site internet un contrat d'engagement la mandatant pour agir en justice à l'encontre d'opérateurs de téléphonie mobile qui se seraient livrés à une entente illicite (Cass. 1e civ. 26-5-2011 n° 10-15.676 : RJDA 8-9/11 n° 739).

CONTENU DU MANDAT DE REPRÉSENTATION CONJOINTE

Le mandat de représentation conjointe doit **mentionner expressément** son objet et conférer à l'association le pouvoir d'accomplir au nom du consommateur tous les actes de procédure. Il **peut prévoir** en outre (C. consom. art. R 622-2) : 5510
- l'avance par l'association de tout ou partie des dépenses liées à la procédure ;
- le versement par le consommateur de provisions ;
- la renonciation de l'association à l'exercice du mandat après mise en demeure au consommateur par lettre recommandée avec demande d'avis de réception, dans le cas où l'inertie de celui-ci est susceptible de ralentir le déroulement de l'instance ;
- la représentation du consommateur par l'association lors du déroulement de mesures d'instruction ;
- la possibilité pour l'association d'exercer au nom du consommateur les voies de recours, à l'exception du pourvoi en cassation, sans nouveau mandat.

Le mandat ne comporte pas devoir d'**assistance,** sauf convention contraire (C. consom. art. R 622-1).

La mission d'assistance emporte pouvoir et devoir de conseiller le consommateur et de présenter sa défense sans l'obliger (CPC art. 412).

MODALITÉS DE L'ACTION EN REPRÉSENTATION CONJOINTE

L'action en représentation conjointe peut être exercée devant toute **juridiction,** répressive ou non, judiciaire ou administrative (C. consom. art. L 622-1). 5520

Si le fait incriminé est une infraction pénale, l'association peut se constituer partie civile, les consommateurs ayant donné leur accord étant considérés en ce cas comme exerçant les droits reconnus à la partie civile. Toutefois, les significations et notifications les concernant sont adressées à l'association (art. L 622-3).

La **compétence en raison du montant** de la demande et le taux de compétence en dernier ressort sont déterminés, pour l'ensemble des prétentions, par la plus élevée d'entre elles (art. R 622-3).

Les **convocations** et notifications destinées au consommateur pour le déroulement de l'instance sont adressées à l'association qui agit pour son compte (art. R 622-4).

L'association est tenue de faire connaître à ses mandants, par tous moyens appropriés, la juridiction devant laquelle l'affaire est portée et, le cas échéant, celle devant laquelle elle a été renvoyée, la date de l'audience et la date à laquelle le jugement doit être rendu. Sur la demande d'un de ses mandants, l'association doit délivrer, aux frais de celui-ci, copie de l'acte introductif d'instance et, le cas échéant, des conclusions écrites (art. R 622-6).

Le contenu de l'acte introductif d'instance, de l'acte d'appel et de la déclaration de pourvoi figure aux articles R 622-8 et R 622-9 du Code de la consommation.

La décision est notifiée à l'association qui doit en informer sans délai, et en tout état de cause dans les délais des voies de recours, ses mandants. Le délai pour exercer une voie de recours part de la notification à l'association (art. R 622-10).

En cas de **dissolution de l'association,** de changement d'objet social ou de retrait d'agrément, les consommateurs peuvent toujours donner mandat à une autre organisation nationale agréée de consommateurs de poursuivre l'instance (C. consom. art. R 622-7). 5525

RÉVOCATION DU MANDAT DE REPRÉSENTATION CONJOINTE

En application du droit commun (C. civ. art. 2003 s.), la révocation du mandat de représentation conjointe est possible à tout moment. Dans ce cas : 5530
- le consommateur qui l'avait donné peut poursuivre l'instance engagée comme s'il l'avait introduite directement ; il doit en aviser aussitôt le juge et la partie adverse (C. consom. art. R 622-5) ;
- s'il reste au moins deux mandants, l'action en représentation conjointe se poursuit ; s'il n'en reste plus qu'un, elle n'est plus possible.

C. Action de groupe

PRÉSENTATION DE L'ACTION DE GROUPE

L'action de groupe permet aux associations de consommateurs agréées d'agir au nom d'un groupe de consommateurs pour obtenir réparation de leurs **préjudices individuels** 5570

matériels résultant du manquement d'un même professionnel (C. consom. art. L 623-1 à L 623-32 et R 623-1 à R 623-33).

Les préjudices dont il peut être demandé réparation ne peuvent résulter que (C. consom. art. L 623-1, 1° et 2°) :

– d'un manquement commis à l'occasion de la vente de biens ou de la fourniture de services ainsi que dans le cadre de la location d'un bien immobilier (action de groupe « **consommation** ») ;

– ou d'une pratique anticoncurrentielle (action de groupe « **concurrence** »).

Toutefois, les **associations** de consommateurs **n'ont pas beaucoup utilisé** cette action. Seules 35 actions de groupe ont été intentées, entre leur création en 2014 et janvier 2024 (Rapport Sénat n° 271 p. 6 : www.senat.fr/rap/l23-271/l23-2711.pdf) et peu ont donné des résultats positifs.

Les actions de groupe ne doivent pas être confondues avec :

– les « **actions groupées** » de consommateurs qui se sont développées, à l'initiative d'avocats ou de plateformes en ligne suggérant aux consommateurs s'estimant lésés par les agissements d'un même professionnel d'intervenir comme partie à un procès dirigé contre lui. Il s'agit là d'actions en justice de droit commun qui, contrairement à l'action de groupe, supposent que le consommateur soit partie au procès et peuvent éventuellement être portées devant la juridiction pénale ;

– l'**action en représentation conjointe,** qui permet aussi aux associations de consommateurs agréées d'agir pour la réparation de préjudices personnels des consommateurs et n'a pas non plus été beaucoup utilisée (nos 5500 s.).

> **Précisions a.** La loi 2016-41 du 26 janvier 2016 a en outre créé une action de groupe ouverte aux associations agréées d'usagers visant à la réparation des préjudices corporels causés par des **produits de santé** (nos 83830 s.).
La loi 2016-1547 du 18 novembre 2016 a ensuite ajouté la possibilité d'actions de groupe en matière de **discriminations,** d'**environnement** et de **protection des données à caractère personnel.** L'action de groupe « environnement » peut être exercée par une association de consommateurs agréée (C. envir. art. R 142-10), de même que l'action de groupe « protection des données », lorsque le traitement de données litigieux affecte des consommateurs (n° 37900).
b. Une **proposition de loi réformant le régime juridique des actions de groupe** est en cours de discussion au Parlement. Cette réforme a pour objectif de créer un régime unifié des actions de groupe et de transposer la directive (UE) 2020/1828 du 25 novembre 2020, qui organise une action de groupe transfrontière (la transposition de cette dernière devait intervenir au plus tard le 25 décembre 2022). Au 1er avril 2024, date de mise à jour des présents développements, l'Assemblée nationale et le Sénat ne s'étant pas accordés sur le texte, celui-ci doit encore être soumis à une commission mixte paritaire. Parmi les points de désaccord, l'Assemblée nationale souhaite élargir le champ d'application des actions de groupe pour que celles-ci puissent être exercées en toutes matières et viser tout type de préjudice, un régime procédural unique devant alors s'appliquer. La qualité pour agir serait notamment ouverte aux associations déclarées depuis deux ans, aux associations agissant pour le compte d'au moins 50 personnes physiques ou au moins cinq personnes morales de droit privé ou cinq collectivités territoriales. L'Assemblée nationale prévoit en outre que la loi nouvelle serait applicable aux actions intentées après sa publication (Texte AN n° 87 adopté le 8-3-2023). Si le Sénat est favorable à un élargissement du champ d'application du nouveau régime unifié, il souhaite toutefois circonscrire celui-ci, en préservant la spécificité des actions de groupe en matière de santé et de droit du travail. Le Sénat prévoit d'instaurer également une obligation d'agrément des associations ayant qualité pour agir, dont les conditions seraient alignées sur celles de l'action de groupe transfrontière prévue par la directive précitée. Enfin, selon le texte adopté par le Sénat, la loi nouvelle ne s'appliquerait qu'aux actions dont le fait générateur ou le manquement est postérieur à son entrée en vigueur (Texte Sénat n° 64 adopté le 6-2-2024).

1. RÈGLES COMMUNES AUX ACTIONS DE GROUPE

SCHÉMA RÉCAPITULATIF DE L'ACTION DE GROUPE

5580 Nous présentons ci-dessous un schéma récapitulatif de la procédure assez complexe de l'action de groupe, qui peut être divisée en six grandes étapes. La particularité de cette procédure est de reposer sur un jugement qui fixe de manière très précise la responsabilité du professionnel, les préjudices et les modalités d'indemnisation des consommateurs alors que ceux-ci ne sont ni partie à la procédure ni précisément connus (sauf procédure simplifiée : nos 5850 s.).

Grandes étapes de la procédure

1. Assignation par une ou des associations de consommateurs agréées (C. consom. art. L 623-1, al. 1, R 623-3, al. 1 et R 623-18).

L'association doit présenter au tribunal des « cas individuels » lui permettant de statuer sur la responsabilité du professionnel et sur les préjudices (cf. art. L 623-4 et R 623-3, al. 1).

2. Le tribunal rend un jugement sur (art. L 623-4) :

– la responsabilité du professionnel ;

et, **si la responsabilité est retenue sur** :

– la définition du **groupe** et les critères de rattachement à celui-ci (art. L 623-4) ;

– les **préjudices** susceptibles d'être réparés pour chaque consommateur ou catégorie de consommateurs constituant le groupe (art. L 623-5) ;

– le montant des préjudices ou tous éléments permettant leur évaluation (art. L 623-5) ;

– les mesures d'**information** des consommateurs susceptibles d'appartenir au groupe (art. L 623-7) ;

– le délai et les modalités d'**adhésion** au groupe (art. L 623-8 et L 623-9) ;

– les conditions, limites et délais dans lesquels doit intervenir l'**indemnisation** des consommateurs (art. L 623-11 et L 623-18) ;

– le délai dans lequel **saisir le tribunal** des demandes d'indemnisation auxquelles le professionnel n'aura pas fait droit dans les délais (art. L 623-11) ;

– le renvoi de l'affaire à la **mise en état** et la date de l'**audience du tribunal** à laquelle seront examinées les demandes d'indemnisation insatisfaites (art. R 623-8).

Éventuellement, le tribunal rend un jugement sur :

– la nomination d'un avocat ou d'un huissier de justice (ou commissaire de justice) pour assister l'association de consommateurs, notamment pour recevoir les demandes d'indemnisation (art. L 623-13 et R 623-5) ;

– les conditions de mise en œuvre d'une réparation en nature si le tribunal l'estime plus adaptée qu'une réparation pécuniaire (art. L 623-6) ;

– la consignation d'une partie des sommes dues par le professionnel (art. L 623-12).

3. Information des consommateurs sur les possibilités d'adhésion au groupe (art. L 623 7, al. 1).

4. Adhésion des consommateurs au groupe entre 2 et 6 mois après l'achèvement des mesures d'information (suivant le délai fixé dans le jugement : art. L 623-8, al. 1).

5. Indemnisation des consommateurs dans les délais fixés par le jugement.

En cas de **difficulté** et avant expiration du délai d'indemnisation fixé par le jugement, compétence du juge de la **mise en état** qui rend des ordonnances insusceptibles d'appel (art. R 623-25).

Le délai d'indemnisation est suspendu jusqu'à la décision de ce juge (art. R 623-25).

6. Après écoulement du délai d'indemnisation, le tribunal rend un **nouveau jugement** pour (art. L 623-19, R 623-26 et R 623-27) :

– statuer sur les demandes d'indemnisation insatisfaites ;

– ou constater l'extinction de l'instance en l'absence de demandes d'indemnisation insatisfaites.

APPLICATION DU CODE DE PROCÉDURE CIVILE À L'ACTION DE GROUPE

Sous réserve des particularités énoncées au fil des développements, l'action de groupe doit être exercée conformément aux dispositions du Code de procédure civile (C. consom. art. R 623-1). **5590**

La demande est formée, instruite et jugée selon les règles applicables à la procédure écrite ordinaire devant le tribunal judiciaire (art. R 623-4, al. 1).

a. Introduction de l'action de groupe

QUALITÉ POUR AGIR À UNE ACTION DE GROUPE

Seules les **associations** de consommateurs peuvent engager l'action et à condition d'être **représentatives** au niveau national et **agréées** par les pouvoirs publics (C. consom. art. L 623-1, al. 1). **5600**

Pour pouvoir être agréée au niveau national, une association de consommateurs doit notamment réunir au moins 10 000 membres (art. R 811-1). Dix-sept associations sont actuellement agréées (www.inc-conso.fr).

L'article L 623-1, al. 1 du Code de la consommation dispose qu'« une » association de consommateurs peut agir. On aurait pu penser que cela signifiait qu'une seule association agréée pouvait initier une action visant la réparation des mêmes préjudices pour les mêmes manquements d'un professionnel. Il résulte au contraire des dispositions du décret que **plusieurs associations** peuvent initier la même action de groupe (notamment, art. R 623-7 et R 623-18).

L'action de groupe fait exception au principe selon lequel « **nul ne plaide par procureur** ». En effet, au stade de l'introduction de l'action, seule l'association a la qualité de demandeur, sans avoir reçu mandat des consommateurs puisque le groupe dont celle-ci défend les intérêts n'est pas encore constitué.

5605 En cas de **défaillance d'une association** initiatrice d'une action de groupe, toute autre association de consommateurs agréée peut demander au juge, à compter de sa saisine et à tout moment, à se substituer dans les droits de la première association (C. consom. art. L 623-31).

Cette substitution est organisée de la manière suivante :
- la demande doit être faite par voie de demande incidente (art. R 623-30) ;
- le juge doit statuer, à la demande de l'association qui l'en saisit, sur le transfert de tout ou partie de la provision qui aura pu être allouée à la première association (art. R 623-31) ;
- la décision qui rejette la demande de substitution n'est pas susceptible de recours (art. R 623-32) ;
- la substitution emporte transfert à l'association substituée du mandat donné par les consommateurs à la première association (art. R 623-33, al. 1) ;
- l'association défaillante est tenue de remettre les pièces ainsi que les fonds détenus, le cas échéant pour le compte de consommateurs, à l'association substituée qui doit en accuser réception. Tant que cette remise n'a pas lieu, l'association défaillante n'est pas déchargée de ses obligations (art. R 623-33, al. 2).

RECEVABILITÉ DE L'ACTION DE GROUPE

5610 L'action d'une association de consommateurs fondée sur les mêmes faits, les mêmes manquements et la réparation des mêmes préjudices que ceux ayant déjà fait l'objet d'un jugement ou d'un accord de médiation homologué sur une action de groupe est irrecevable (C. consom. art. L 623-30).

TRIBUNAL COMPÉTENT POUR CONNAÎTRE D'UNE ACTION DE GROUPE

5620 La **compétence matérielle** pour connaître de l'action de groupe est dévolue aux tribunaux judiciaires (C. org. jud. art. L 211-9-2). La règle s'applique quel que soit le montant du litige.

La **juridiction territorialement compétente** est celle du lieu où demeure le défendeur (C. consom. art. R 623-2, al. 1). En cas de pluralité de défendeurs, l'association de consommateurs peut saisir à son choix le tribunal du lieu où demeure l'un d'eux (CPC art. 42, al. 2).

Le tribunal judiciaire de Paris est compétent lorsque le défendeur demeure à l'étranger ou n'a ni domicile ni résidence connus (C. consom. art. R 623-2, al. 2).

REPRÉSENTATION ET ASSISTANCE DES PARTIES À UNE ACTION DE GROUPE

5630 L'action de groupe étant soumise à la procédure écrite ordinaire du tribunal judiciaire (C. consom. art. R 623-4, al. 1), la représentation par **avocat** est obligatoire. L'association de consommateurs demanderesse et le professionnel défendeur doivent donc constituer un avocat (CPC art. 760).

En outre, après autorisation du juge, l'association peut se faire assister par des **membres de certaines professions judiciaires réglementées** (n° 5750).

OBJET DE L'ACTION DE GROUPE

5640 L'action de groupe est ouverte pour la réparation des préjudices individuels subis par des consommateurs placés dans une situation similaire ou identique et ayant pour cause commune un manquement d'un ou des mêmes professionnels à leurs obligations légales, relevant ou non du Code de la consommation, ou contractuelles (C. consom. art. L 623-1, al. 1).

L'exigence d'une action en **réparation** du préjudice exclut de pouvoir demander au moyen de l'action de groupe l'arrêt du trouble ayant donné lieu à ce préjudice (par exemple, retirer du marché un produit défectueux). L'action sera le plus souvent une demande en paiement de dommages-intérêts, même si la réparation en nature n'est pas exclue (n° 5695).

L'action ne peut pas tendre à la réparation de préjudices subis par des **personnes morales** puisque la notion de consommateur les exclut (nos 16120 s.). Sur la définition du professionnel, voir nos 16140 s. et sur la possibilité de fonder l'action de groupe « consommation » sur la violation d'une obligation résultant d'un autre texte que le Code de la consommation, no 5960.

L'action de groupe devant avoir pour objet la réparation de **préjudices individuels,** l'association ne peut pas défendre, au travers de cette action, un intérêt collectif qui dépasserait celui des consommateurs concernés. **5645**

Le législateur n'a émis aucune restriction quant au **nombre** de consommateurs susceptibles de constituer le groupe. Le préjudice subi par deux consommateurs peut en théorie suffire.

L'exigence de consommateurs placés dans une **situation similaire** ou identique ayant pour cause un même manquement peut poser difficulté. Dans certains cas, la détermination de la catégorie de consommateurs concernée est facile (par exemple, souscription d'un même contrat d'adhésion désavantageux) ; dans d'autres cas, cette détermination peut s'avérer complexe. C'est en tout état de cause au juge de fixer le périmètre (C. consom. art. L 623-4).

Le groupe peut être valablement composé de membres se trouvant dans une **situation simplement similaire et non identique** et il n'est pas nécessaire que les **préjudices** subis soient rigoureusement identiques (TJ Versailles 4-6-2020 no 15/10221 : RJDA 11/20 no 600).

L'action de groupe ne peut porter que sur la réparation des **préjudices patrimoniaux** résultant des **dommages matériels** subis par les consommateurs (C. consom. art. L 623-2), quel qu'en soit le montant. La réparation d'un préjudice moral ou l'indemnisation d'un dommage corporel sont donc exclues. **5650**

MODALITÉS D'INTRODUCTION DE L'ACTION DE GROUPE

L'action de groupe est introduite par une **assignation** qui doit contenir les **mentions** de toute assignation relative à une procédure avec représentation obligatoire devant le tribunal judiciaire (CPC art. 54, 56 et 752) ainsi que l'exposé exprès, à peine de nullité, des cas individuels (no 5690), présentés par l'association au soutien de son action (C. consom. art. R 623-3, al. 1). **5660**

Une **copie** de l'arrêté d'**agrément** de l'association de consommateurs qui introduit la demande doit être jointe à l'assignation (C. consom. art. R 623-3, al. 2).

> **Précisions** L'**assignation** est un acte d'huissier ou de commissaire de justice aux termes duquel l'association cite le ou les professionnels à comparaître devant le tribunal (CPC art. 55). L'**enrôlement** de l'affaire résulte ensuite de la remise au greffe d'une copie de l'assignation (CPC art. 754, al. 1).

EFFETS DE L'INTRODUCTION DE L'ACTION DE GROUPE

L'introduction de l'action de groupe suspend la **prescription des actions individuelles** des consommateurs en réparation des mêmes préjudices. Le délai de prescription recommence à courir, pour une durée qui ne peut pas être inférieure à six mois, à compter du jugement ou de l'homologation d'un accord issu d'une médiation (C. consom. art. L 623-27). **5670**

Les consommateurs peuvent donc, une fois le jugement rendu, choisir de ne pas adhérer au groupe et exercer une action individuelle en réparation de leur préjudice.

b. Premier jugement sur l'action de groupe

RESPONSABILITÉ DU PROFESSIONNEL

Le juge doit statuer sur la responsabilité du professionnel, au vu des cas individuels qui lui sont présentés par l'association menant l'action. Il doit **définir** le **groupe** des consommateurs à l'égard desquels la responsabilité du professionnel est engagée et en fixer les critères de rattachement (C. consom. art. L 623-4). **5680**

L'obligation pour le juge de statuer au vu de **cas individuels** impose que, avant de lancer l'action de groupe, l'association ait été alertée sur des situations précises. Le texte n'exige pas de nombre minimal de cas individuels.

Le juge de la mise en état n'a pas le pouvoir d'apprécier la pertinence des cas individuels exposés dans l'assignation (Cass. 1e civ. 27-6-2018 no 17-10.891 F-PBI : Bull. civ. I no 118).

> **Précisions** **a.** L'examen des **premières actions de groupe** révèle que les associations de consommateurs ont le plus souvent invoqué des cas individuels ayant déjà fait l'objet de jugements de condamnation du professionnel concerné.
> **b.** Sauf action de groupe simplifiée (nos 5850 s.), les membres du groupe ne sont pas encore connus. **Définir le groupe** ne signifie donc pas désigner les membres de celui-ci. Le groupe peut par exemple être défini comme celui des consommateurs ayant acheté tel produit portant tel numéro de lot ou celui des consommateurs ayant signé avec le professionnel tel contrat type.

PRÉJUDICE ET RÉPARATION FIXÉS PAR LE JUGEMENT SUR L'ACTION DE GROUPE

5690 Lorsque le tribunal retient la responsabilité du professionnel, il doit aussi déterminer les préjudices susceptibles d'être réparés pour chaque consommateur ou chacune des catégories de consommateurs constituant le groupe qu'il a défini ainsi que leur montant ou tous les éléments permettant l'évaluation de ces préjudices (C. consom. art. L 623-5). Le juge prononce donc en principe une **condamnation pécuniaire.**

5695 Lorsqu'une **réparation en nature** du préjudice lui paraît plus adaptée, le juge doit préciser les conditions de sa mise en œuvre par le professionnel (C. consom. art. L 623-6). Au titre de la réparation en nature, on peut par exemple imaginer le remplacement de produits non conformes ou la réalisation de travaux.

5700 Pour déterminer les préjudices et leur montant, le juge peut ordonner à tout moment de la procédure toute mesure d'**instruction** légalement admissible nécessaire à la conservation des preuves et la **production de pièces,** y compris celles détenues par le professionnel (C. consom. art. R 623-9).

> **Précisions** Les **mesures d'instruction légales** sont la vérification personnelle du juge (CPC art. 179 s.), la comparution personnelle des parties (art. 184 s.), la déclaration d'un tiers, notamment l'enquête et le témoignage (art. 199 s.), et la mesure d'instruction exécutée par un technicien, notamment l'expertise (art. 232 s.).

PROVISION ET CONSIGNATION FIXÉES PAR LE JUGEMENT SUR L'ACTION DE GROUPE

5710 Le juge peut condamner le professionnel au paiement d'une provision à valoir sur les **frais** non compris dans les dépens **exposés par l'association,** y compris ceux occasionnés par le mandataire qui assistera éventuellement celle-ci (C. consom. art. L 623-12, al. 1). Sur l'assistance de l'association par un mandataire, voir n° 5750.

Il peut aussi ordonner, lorsqu'il la juge nécessaire et compatible avec la nature de l'affaire, la consignation à la Caisse des dépôts et consignations d'une partie des **sommes dues par le professionnel** (art. L 623-12, al. 2).

> **Précisions** Même si le juge ne prononce pas la consignation d'une partie des dommages-intérêts, le professionnel risque de devoir faire l'**avance de frais importants** : provision sur les honoraires de l'avocat de l'association, sur ceux du mandataire éventuellement désigné pour assister celle-ci, provision sur honoraires de l'expert si une expertise est ordonnée, etc.

INFORMATION SUR LE JUGEMENT RENDU EN CAS D'ACTION DE GROUPE

5720 Quand il retient la responsabilité du professionnel, le juge doit ordonner, dans la même décision, les **mesures adaptées pour** en **informer** les **consommateurs** susceptibles d'appartenir au groupe (C. consom. art. L 623-7, al. 1). Le jugement doit fixer le **délai** dans lequel les mesures de publicité doivent être mises en œuvre par le ou les professionnels concernés à leurs frais et à l'expiration duquel elles le seront par la ou les associations, également aux frais de ce ou de ces professionnels (art. L 623-7, al. 2 et R 623-7).

Aucune restriction n'est prévue quant au mode d'information des consommateurs. Le juge peut choisir plusieurs modes de diffusion nationaux ou régionaux et plusieurs médias (presse écrite ou audiovisuelle, site internet du professionnel et/ou de l'association de consommateurs, réseaux sociaux, etc.). L'envoi de courriels ou de SMS peut aussi être ordonné.

Ces mesures de publicité ne peuvent être **mises en œuvre** qu'une fois que la décision sur la responsabilité n'est plus susceptible de recours ordinaires (appel ou opposition) ni de pourvoi en cassation (art. L 623-7, al. 2). Cette dernière règle ne s'applique pas quand l'action de groupe résulte d'un manquement aux règles de la concurrence (art. L 623-26).

5725 La **publicité** destinée à informer les consommateurs susceptibles d'appartenir au groupe doit comporter, outre les **mentions** éventuellement prescrites par le jugement (C. consom. art. R 623-16, 1° à 3°) :

– la reproduction du dispositif de la décision ;

– les coordonnées de la personne auprès de laquelle chaque consommateur doit manifester son adhésion au groupe – professionnel, association, avocat ou huissier de justice (ou commissaire de justice) assistant l'association (art. L 623-8 et, sur renvoi, art. L 623-13 et art. R 623-8) – et éventuellement de l'association qui doit en être informée ;

– la forme, le contenu et le délai de cette adhésion ;

– l'indication que l'adhésion vaut mandat aux fins d'indemnisation au profit de l'association auprès de laquelle le consommateur a manifesté son adhésion ou qu'il a informée de celle-ci, ou, en cas de défaillance de l'association, au profit de celle qui lui aura été substituée.

Cette publicité doit aussi indiquer que (art. R 623-16, 4° à 6°) :
– à défaut d'adhésion reçue selon les modalités et dans le délai prévus par le jugement, le consommateur défaillant ne sera plus recevable à obtenir une indemnisation dans le cadre de l'action de groupe ;
– le consommateur ne pourra plus agir individuellement à l'encontre du professionnel concerné en réparation du préjudice déjà indemnisé dans le cadre de l'action de groupe mais qu'il pourra toujours agir en indemnisation de ses autres préjudices ;
– les consommateurs doivent produire tout document utile au soutien de leur demande.

CONDITIONS DE L'ADHÉSION AU GROUPE DE CONSOMMATEURS

Le juge doit fixer dans le jugement le **délai** dont disposent les consommateurs pour adhérer 5730
au groupe afin d'obtenir la réparation de leur préjudice. Ce délai ne peut pas être inférieur à deux mois ni supérieur à six mois après l'achèvement des mesures de publicité ordonnées (C. consom. art. L 623-8, al. 1).

Le juge doit aussi déterminer les **modalités** de l'adhésion et préciser si les consommateurs doivent s'adresser au professionnel, à l'association ou encore au tiers assistant éventuellement l'association (art. L 623-8, al. 2).

Tout consommateur ayant subi le préjudice déterminé par le juge doit pouvoir rejoindre le groupe. En effet, toute clause d'une convention qui aurait pour objet ou pour effet d'**interdire à un consommateur de participer** à une action de groupe est réputée non écrite (art. L 623-32).

> **Précisions** L'obligation pour le consommateur d'adhérer expressément au groupe (système dit « de l'opt-in ») distingue l'action de groupe de la « **class action** » américaine, qui est applicable à toutes les victimes, même si elles ont gardé le silence, à l'exception de celles qui ont expressément dit ne pas vouloir agir (système dit « de l'opt-out »).

CONDITIONS DE L'INDEMNISATION DES CONSOMMATEURS MEMBRES DU GROUPE

Le professionnel doit indemniser chaque consommateur ayant adhéré à l'action de groupe 5740
des préjudices subis par lui, dans les conditions, **limites et délais** qui sont fixés par le tribunal lors du jugement sur la responsabilité (C. consom. art. L 623-18). Ce tribunal doit en effet fixer (art. L 623-11 et R 623-8) :
le délai dans lequel la réparation des préjudices des consommateurs lésés doit intervenir ;
– le délai ouvert, à cette échéance, pour le saisir des demandes d'indemnisation auxquelles le professionnel n'aurait pas fait droit ;
– la date de l'audience à laquelle seront examinées ces demandes d'indemnisation insatisfaites.

ASSISTANCE DE L'ASSOCIATION DANS LE CADRE DE L'ACTION DE GROUPE

Avec l'autorisation du juge, l'association peut se faire assister par un avocat ou par un huis- 5750
sier de justice (ou commissaire de justice), notamment pour recevoir les demandes d'**indemnisation** des membres du groupe et plus généralement pour représenter les consommateurs lésés auprès du professionnel, en vue de leur indemnisation (C. consom. art. L 623-13 et R 623-5).

> **Précisions** Les **tâches** liées à l'indemnisation des membres du groupe (réception des demandes, transmission au professionnel, gestion des contestations, etc.) peuvent être extrêmement **lourdes** dans un contentieux de masse et excéder les ressources dont disposent habituellement les associations de consommateurs (Travaux préparatoires à l'adoption de la loi du 17-3-2014, avis AN 1 n° 1123).

AUTORITÉ DE CHOSE JUGÉE DU JUGEMENT SUR L'ACTION DE GROUPE

Le jugement sur la responsabilité du professionnel a autorité de la chose jugée à l'égard de 5760
chacun des **membres du groupe** dont le préjudice a été réparé à l'issue de la procédure (C. consom. art. L 623-28). Cette particularité tient au fait que le consommateur n'est pas partie au jugement et n'adhère au groupe défini par le juge qu'après le prononcé de la décision. À l'égard du **professionnel** et de l'association de consommateurs, le jugement a autorité de chose jugée dès son prononcé (cf. CPC art. 480).

Quand un jugement est intervenu, une **association de consommateurs** ne peut plus mener une autre action de groupe fondée sur les mêmes faits, les mêmes manquements et la réparation des mêmes préjudices, cette action étant irrecevable (C. consom. art. L 623-30).

Il n'est pas prévu que le **jugement qui rejette la responsabilité** du professionnel a autorité de chose jugée sur les consommateurs ; ceux-ci pourront donc mener des actions individuelles malgré la décision.

> **Précisions** Plusieurs auteurs ont relevé la **dissymétrie de traitement entre consommateur et professionnel** : ce dernier est soumis à l'autorité du jugement alors qu'il ignore combien de victimes devront être indemnisées ; le consommateur est quant à lui libre de refuser d'adhérer à l'action et de préférer exercer une action individuelle (notamment, N. Molfessis, « L'exhorbitance de l'action de groupe à la française » : D. 2014 p. 947). Un consommateur membre du groupe dont le préjudice n'a pas été réparé dans le cadre de l'action de groupe peut aussi exercer une action individuelle puisque l'autorité de chose jugée ne vaut que pour les consommateurs dont le préjudice a été réparé.

APPEL DU JUGEMENT SUR L'ACTION DE GROUPE

5770 L'appel doit être jugé selon la procédure de la **fixation à bref délai** (C. consom. art. R 623-4).

Cette procédure qui fait exception au principe de l'instruction par un conseiller de la mise en état permet au président de la chambre de la cour d'appel saisie de l'affaire de fixer rapidement la date à laquelle celle-ci sera appelée à l'audience (CPC art. 905).

> **Précisions** La publication du jugement qui retient la responsabilité du professionnel ne peut intervenir qu'après épuisement des voies de recours (C. consom. art. L 623-7). L'appel jugé à **bref délai** a donc pour **but** d'éviter que la procédure ne s'étale trop dans le temps.

c. Adhésion au groupe de consommateurs

MODALITÉS DE L'ADHÉSION AU GROUPE DE CONSOMMATEURS

5780 L'adhésion au groupe peut être faite par tout moyen permettant d'en **accuser la réception,** selon les modalités déterminées par le juge. Elle doit **contenir** notamment les nom, prénoms, domicile du consommateur ainsi que, le cas échéant, une adresse électronique à laquelle il accepte de recevoir les informations relatives à la procédure. Elle doit préciser le montant demandé en réparation du préjudice invoqué, eu égard aux dispositions du jugement (C. consom. art. R 623-17).

En cas de **pluralité d'associations,** le consommateur doit manifester son adhésion auprès de l'association de son choix ou l'en informer en cas d'adhésion auprès du professionnel. L'association concernée reçoit ainsi mandat aux fins d'indemnisation (art. R 623-18, al. 1).

Lorsque l'**adhésion** est faite **auprès du professionnel,** le consommateur doit en informer l'association ou, en cas de pluralité d'associations, celle qu'il a choisie (art. R 623-18, al. 2).

EFFETS DE L'ADHÉSION AU GROUPE DE CONSOMMATEURS

5790 L'adhésion au groupe vaut **mandat** aux fins d'indemnisation au profit de l'association mais elle ne vaut ni n'implique adhésion à celle-ci (C. consom. art. L 623-9).

Le mandat donné par le consommateur à l'association vaut pouvoir d'accomplir au nom de celui-ci tous actes de procédure et diligences en vue d'obtenir la réparation du préjudice individuel subi par lui et entrant dans le champ de l'action de groupe, notamment pour l'exercice des voies de recours (art. R 623-20, al. 1).

Ce mandat emporte avance par l'association de toutes les dépenses et frais liés à la procédure et représentation des consommateurs lors du déroulement d'éventuelles mesures d'instruction (art. R 623-20, al. 2).

Le consommateur peut **mettre un terme au mandat** à tout moment. Il doit en informer l'association par tout moyen permettant d'en accuser la réception et celle-ci doit en aviser le professionnel sans délais. La révocation du mandat emporte renonciation à l'adhésion au groupe (art. R 623-21).

5795 L'adhésion au groupe ne fait pas obstacle au droit d'agir selon les voies de droit commun pour obtenir la réparation des **préjudices qui n'entrent pas dans le champ** défini par la décision du juge de l'action de groupe (C. consom. art. L 623-29). Un membre du groupe peut ainsi exercer une action individuelle en réparation d'un préjudice moral ou corporel.

d. Mise en état dans le cadre d'une action de groupe

Le juge qui a statué sur la responsabilité du professionnel est compétent pour trancher toutes les **difficultés** qui pourraient s'élever à l'occasion de la mise en œuvre du jugement (C. consom. art. L 623-19). 5810

Le jugement qui retient la responsabilité du professionnel doit renvoyer l'affaire à la mise en état pour la suite de la procédure (art. R 623-8).

Les difficultés de mise en œuvre du jugement doivent être soumises au juge de la mise en état avant l'expiration du délai pour indemniser les consommateurs ; ce délai est suspendu jusqu'à l'ordonnance du juge de la mise en état qui n'est pas susceptible d'appel (art. R 623-25).

Le juge de la mise en état pourrait ainsi être amené à juger, par exemple, de l'opportunité d'une mesure d'instruction en raison d'une contestation sur la légitimité de l'adhésion de certains consommateurs, d'une demande de provision ou de difficultés de transmission de pièces et de conclusions.

> **Précisions** Dans les procédures classiques, la mise en état ne concerne que l'instruction de l'affaire jusqu'à l'ordonnance de clôture, avant l'audience de plaidoirie et le jugement ; celui-ci dessaisit le juge dès son prononcé (CPC art. 481, al. 1). La **particularité** tient ici au fait que le jugement qui retient la responsabilité du professionnel dans le cadre de l'action de groupe ne dessaisit pas le tribunal puisqu'il rend un second jugement sur les demandes auxquelles le professionnel n'a pas fait droit dans les délais (C. consom. art. L 623-19 et R 623-10).

e. Deuxième jugement sur l'action de groupe

Le juge doit statuer, par une même décision, sur toutes les **demandes d'indemnisation auxquelles le professionnel n'a pas fait droit** dans le délai fixé par le premier jugement (C. consom. art. R 623-10). 5820

En vue de l'audience où elles doivent être examinées, ces demandes d'indemnisation insatisfaites doivent être portées devant le tribunal dans les formes prévues pour les demandes incidentes (c'est-à-dire par conclusions écrites, signifiées entre avocats et déposées au greffe) et dans le délai fixé par le juge pour le saisir (art. R 623-26).

Lorsque le tribunal n'a été saisi d'aucune demande d'indemnisation insatisfaite, il doit constater l'**extinction de l'instance** (art. R 623-27).

Bien que le décret ne le précise pas, dans le cas inverse, le jugement qui statue sur les demandes d'indemnisation insatisfaites est, à notre avis, susceptible d'appel suivant la procédure de la fixation à bref délai.

Si **le professionnel n'a pas exécuté spontanément** le deuxième jugement, l'association représente les consommateurs qui n'auraient pas été indemnisés aux fins de l'exécution forcée de cette décision (C. consom. art. L 623-20). 5825

L'**association** est réputée **créancière** au sens des articles L 111-1 et L 111-2 du Code des procédures civiles d'exécution (C. consom. art. R 623-28). Dans tous les actes relatifs à la liquidation judiciaire des préjudices et à l'exécution forcée du jugement, l'association doit préciser, outre les mentions prévues par la loi, l'identité des consommateurs pour le compte de qui elle agit, à peine de nullité (C. consom. art. R 623-29).

L'intégralité des **frais** et droits de recouvrement liés à l'exécution forcée sont à la **charge** du professionnel (C. consom. art. L 623-21).

f. Sommes reçues par l'association pour les consommateurs en cas d'action de groupe

Toute **somme reçue par l'association** au titre de l'indemnisation des consommateurs lésés doit être immédiatement versée en compte de dépôt à la Caisse des dépôts et consignations (ou, si la somme est reçue par un avocat chargé d'assister l'association, auprès de la caisse des règlements pécuniaires des avocats). Ce compte ne peut faire l'objet de mouvements en débit que pour le versement des sommes dues aux consommateurs (C. consom. art. L 623-10). 5840

Chaque association qui participe à une action de groupe doit ouvrir auprès de la Caisse des dépôts et consignations un **compte spécifique** au groupe des consommateurs défini par le jugement. Toute somme reçue du professionnel est immédiatement déposée par l'association sur ce compte. L'association titulaire est seule habilitée, sous sa responsabilité, à procéder aux mouvements du compte et à le clôturer. La tenue de comptes peut donner lieu à des frais de gestion perçus par la Caisse des dépôts et consignations (art. R 623-23 et R 623-24).

g. Action de groupe simplifiée

5850 Lorsque l'identité et le nombre de **consommateurs** lésés sont **connus** et que ces consommateurs ont subi un préjudice d'un même montant, d'un montant identique par prestation rendue ou d'un montant identique par référence à une période ou à une durée donnée, le juge, après avoir statué sur la responsabilité du **professionnel,** peut le condamner à les **indemniser directement** et individuellement, dans un délai et selon des modalités qu'il doit fixer (C. consom. art. L 623-14).

5855 En cas d'**appel,** la procédure de la **fixation à bref délai** s'applique (C. consom. art. R 623-4).

INFORMATION D'UN JUGEMENT RENDU EN CAS D'ACTION DE GROUPE SIMPLIFIÉE

5860 Préalablement à son exécution par le professionnel et selon des modalités et dans le délai fixé par le juge, la décision du juge, lorsqu'elle n'est plus susceptible de recours ordinaire (appel ou opposition) ni de pourvoi en cassation, doit faire l'objet de mesures d'**information individuelle des consommateurs** concernés, aux frais du professionnel, afin de leur permettre d'accepter d'être indemnisés dans les termes de la décision (C. consom. art. L 623-15).

5865 L'information individuelle doit comporter, outre les **mentions** éventuellement prescrites par le jugement (C. consom. art. R 623-12, 1° à 3°) :

- la reproduction du dispositif de la décision ;
- les coordonnées du professionnel auprès duquel chaque consommateur peut accepter l'indemnisation et de l'association qui doit en être informée ;
- la forme, le contenu et le délai de l'acceptation de l'indemnisation dans les termes du jugement ;
- l'indication que l'acceptation vaut mandat aux fins d'indemnisation au profit de l'association auprès de laquelle le consommateur a manifesté cette acceptation ou qu'il a informée de celle-ci ou, en cas de défaillance, au profit de l'association qui lui aura été substituée.

Cette information doit aussi préciser que (art. R 623-12, 4° à 5°) :

- le consommateur qui a accepté l'indemnisation dans les termes du jugement ne pourra plus agir individuellement à l'encontre du professionnel concerné en réparation du préjudice indemnisé dans le cadre de l'action de groupe mais qu'il pourra toujours agir en indemnisation de ses autres préjudices ;
- à défaut d'acceptation selon les modalités et délai requis le consommateur ne sera plus recevable à obtenir une indemnisation dans le cadre de l'action de groupe.

ACCEPTATION DE L'INDEMNISATION EN CAS D'ACTION DE GROUPE SIMPLIFIÉE

5870 L'acceptation du consommateur de l'indemnisation proposée doit être **adressée** par tout moyen permettant d'en accuser la réception, au professionnel et à l'association ou, en cas de pluralité d'associations, à l'une d'elles, selon le délai et les modalités déterminés par le juge. Elle doit **contenir** les nom, prénoms, domicile du consommateur ainsi que, le cas échéant, une adresse électronique à laquelle les informations relatives à la procédure peuvent lui être envoyées. Elle doit mentionner expressément le montant de l'indemnisation acceptée, eu égard aux termes du jugement (C. consom. art. R 623-13).

Les consommateurs **membres du groupe qui n'expriment pas leur acceptation** dans le délai et selon les modalités prévus ne sont plus recevables à demander leur indemnisation dans le cadre de l'action de groupe et ne sont pas représentés par l'association requérante (art. R 623-14).

Les dispositions concernant le **mandat** donné par le consommateur (art. R 623-20 à R 623-22 : n°s 5790 s.) sont applicables en cas d'action de groupe simplifiée (art. R 623-15).

NON-EXÉCUTION DU JUGEMENT EN CAS D'ACTION DE GROUPE SIMPLIFIÉE

5880 Si le professionnel n'exécute pas dans les délais la décision à l'égard des consommateurs ayant accepté l'indemnisation, le tribunal qui a statué sur la responsabilité tranche la difficulté (C. consom. art. L 623-16 et, sur renvoi, art. L 623-19). Il doit statuer dans un **même jugement** sur toutes les demandes d'indemnisation auxquelles le professionnel n'a pas fait droit (art. R 623-10).

Si le professionnel n'exécute pas spontanément ce second jugement, l'association représente les consommateurs membres du groupe aux fins d'**exécution forcée,** le mandat donné par ces derniers à l'association étant déduit de leur acceptation de l'indemnisation (art. L 623-16 et, sur renvoi, art. L 623-20).

h. Médiation dans le cadre d'une action de groupe

RÈGLES GÉNÉRALES SUR LA MÉDIATION EN CAS D'ACTION DE GROUPE

À tous les **stades** de la procédure d'action de groupe, les parties peuvent opter pour une résolution amiable du litige avec l'aide d'un médiateur. Les parties peuvent en prendre l'initiative mais le juge peut aussi proposer la médiation aux parties. 5890

Seule l'association initiatrice de l'action de groupe et le professionnel peuvent participer à une médiation qui doit avoir pour **objectif** d'obtenir la réparation des préjudices individuels des consommateurs (C. consom. art. L 623-22). Ceux-ci ne peuvent donc pas participer à la médiation, même si elle est envisagée alors que le groupe des consommateurs a déjà été constitué, par exemple parce qu'un litige survient sur l'exécution de la condamnation.

Avant le lancement de l'action de groupe, l'association de consommateurs et les professionnels ont bien entendu aussi la possibilité de rechercher des solutions transactionnelles comme une médiation conventionnelle. Celle-ci pourra rester confidentielle, sauf si les parties en conviennent autrement, contrairement à la médiation en cours d'action de groupe qui est soumise à publicité. Le professionnel risquera toutefois de devoir renoncer à la confidentialité de l'accord intervenu quand les victimes ne seront pas toutes connues, afin qu'elles puissent être informées et bénéficier de cet accord.

La médiation doit être organisée dans les **conditions** fixées par la loi 95-125 du 8 février 1995 (C. consom. art. L 623-22). Notamment, le médiateur doit être choisi par le juge saisi du litige, avec l'accord des parties (Loi du 8-2-1995 art. 22). Le juge doit fixer le montant de la provision à valoir sur la rémunération du médiateur et désigner la ou les parties qui doivent la verser (Loi du 8-2-1995 art. 22-2, al. 4). 5895

L'accord de toutes les parties à la procédure est nécessaire pour que la médiation soit ordonnée.

ACCORD DE MÉDIATION EN CAS D'ACTION DE GROUPE

Contenu de l'accord En cas d'accord à l'issue de la médiation, celui-ci doit préciser les mesures de **publicité** nécessaires pour informer les consommateurs concernés de la possibilité d'y adhérer, ainsi que les **délais et modalités** de cette **adhésion** (C. consom. art. L 623-23, al. 2). 5900

> **Précisions** La publicité donnée à la médiation et l'impossibilité pour le professionnel de connaître avant la fin de cette phase de publicité le nombre de consommateurs à indemniser risquent d'être des **freins au recours à la médiation** en cours d'action de groupe. L'article 21-3 de la loi 95-125 du 8 février 1995 à laquelle est en principe soumise la médiation intervenant dans le cadre de l'action de groupe (C. consom. art. L 623-22) dispose clairement que « sauf accord contraire des parties, la médiation est soumise au principe de confidentialité ». La confidentialité est l'un des principes majeurs applicables à la médiation. Elle en est même l'essence. Cette confidentialité semble remise partiellement en question par la mesure de publicité prévue à l'article L 623-23 du Code de la consommation. Il faut relever toutefois que le texte ne précise pas si la publicité doit détailler les modalités de l'accord ou seulement son existence. Il ne dit pas si le contenu de l'accord doit être révélé et, dans l'affirmative, à quel stade ? Cela étant, dans la pratique, on imagine mal une association informer ses membres de l'existence d'un accord sans en préciser le contenu et les bases.

Homologation de l'accord Tout accord négocié au nom du groupe est soumis à l'homologation du juge, qui doit vérifier s'il est conforme aux intérêts de ceux auxquels il a vocation à s'appliquer et lui donner force exécutoire (C. consom. art. L 623-23, al. 2). 5910

EFFETS DE L'ACCORD DE MÉDIATION EN CAS D'ACTION DE GROUPE

L'accord de médiation homologué a **autorité de la chose jugée** à l'égard de chacun des membres du groupe dont le préjudice a été réparé à l'issue de la procédure (C. consom. art. L 623-28). 5920

Quand un accord de médiation homologué est intervenu, une association de consommateurs ne peut plus mener une action de groupe fondée sur les mêmes faits, les mêmes manquements et la réparation des mêmes préjudices, cette action étant irrecevable (art. L 623-30).

SORT DES CONSOMMATEURS OPPOSÉS À L'ACCORD DE MÉDIATION

Les consommateurs qui ne veulent pas adhérer à l'accord de médiation peuvent mettre fin au **mandat** donné à l'association requérante. Si le consommateur qui conteste l'accord révoque son mandat, il est considéré comme étant sorti de l'action de groupe (C. consom. art. R 623-21). En conséquence, les éventuelles décisions judiciaires ultérieures menées par l'association ne pourront plus lui bénéficier. 5930

Mais la question se pose de savoir si, sans révoquer le mandat, les consommateurs déçus par l'accord peuvent néanmoins demander à l'**association** de **poursuivre l'action judiciaire.** La réponse à cette question est incertaine. En l'absence de révocation du mandat, l'association de consommateurs doit en principe mener à terme sa mission. En effet, le refus d'adhérer à l'accord de médiation n'emporte pas renonciation tacite au mandat. C'est la solution qui ressort de l'article R 623-22 du Code de la consommation qui prévoit un unique cas de renonciation implicite dans l'hypothèse où le consommateur n'a pas été indemnisé par le professionnel et n'a pas fourni les documents utiles au soutien de sa demande avant l'expiration du délai fixé par le juge. Dès lors, le consommateur refusant l'accord intervenu dans le cadre d'une médiation négociée par l'association pourra exiger de cette dernière qu'elle continue à défendre ses intérêts à l'encontre des professionnels.

Cette solution apparaît peu favorable au développement de la médiation comme mode de règlement amiable dans les actions de groupe dans la mesure où elle risque de décourager les professionnels concernés de s'engager dans cette voie. En effet, l'association avec qui un accord aura été négocié dans le cadre d'une médiation pourra, nonobstant cet accord, continuer la procédure contre le professionnel pour le compte des consommateurs qui auront refusé l'accord négocié.

2. RÈGLES PARTICULIÈRES À L'ACTION DE GROUPE « CONSOMMATION »

DOMAINES DE L'ACTION DE GROUPE « CONSOMMATION »

5950 L'action de groupe en matière de consommation est ouverte en cas de manquement d'un ou plusieurs professionnels à leurs obligations légales, relevant ou non du Code de la consommation, ou contractuelles, commis à l'occasion de la **vente de biens** ou de la **fourniture de services** ainsi que dans le cadre de la **location d'un bien immobilier** (C. consom. art. L 623-1, 1°).

Cette formulation large vise toutes sortes de contrats pouvant être conclus entre un consommateur et un professionnel et dans de nombreux domaines (vente sur place, à distance, à domicile, en grande ou en petite surface, abonnements téléphoniques, à internet, contrat d'assurance, de crédit, etc.) et tout manquement (défaut d'information, de conformité, retard de livraison, clause abusive, etc.).

Le texte n'exige par ailleurs qu'un manquement et non une faute intentionnelle.

> **Précisions** La **location d'un bien immobilier** a été ajoutée par la loi « Élan » du 23 novembre 2018. Avant cette loi, il avait été jugé qu'une association de consommateurs ne pouvait pas lancer une action de groupe pour un litige entre locataires et bailleur professionnel car le contrat de bail est un contrat de **louage de chose** (C. civ. art. 1708 et 1709) et non un contrat de prestation de services (CA Paris 9-11-2017 n° 16/5321 : RJDA 2/18 n° 191 et, sur pourvoi, Cass. 1e civ. 19-6-2019 n° 18-10.424 FS-PB). Les tribunaux risquent donc de juger irrecevable une action de groupe fondée sur un contrat de **location de biens meubles,** bien qu'il résulte des travaux préparatoires à la loi « Hamon » que le législateur a voulu inclure tous les litiges nés d'un contrat de location ou de crédit-bail dans le champ de l'action de groupe, la location d'un bien y étant envisagée comme une fourniture de services (Rapport AN n° 1574 relatif à la loi du 17-3-2014 p. 40).

FONDEMENT DE L'ACTION DE GROUPE « CONSOMMATION »

5960 L'action de groupe « consommation » est ouverte en cas de manquement d'un professionnel à ses obligations contractuelles ou à ses **obligations légales « relevant ou non du Code de la consommation »** (C. consom. art. L 623-1, 1°). Ainsi, une action de groupe peut être menée sur le fondement des articles 1245 s. du Code civil sur la responsabilité du fait des produits défectueux, si la défectuosité a entraîné un préjudice de plus de 500 € aux biens d'un groupe de consommateurs (C. civ. art. 1245-1, al. 2 ; Décret 2005-113 du 11-2-2005, art. 1). L'action peut aussi être fondée sur la garantie des vices cachés prévue aux articles 1641 et suivants du Code civil (TJ Versailles 4-6-2020 n° 15/10221 : RJDA 11/20 n° 600).

Le texte ne précise pas si le **fondement** de l'action doit être **contractuel.** À notre avis, l'exigence d'un manquement commis « à l'occasion » d'une vente ou d'une fourniture de service ne signifie pas que seuls les consommateurs en relation contractuelle avec le professionnel peuvent adhérer au groupe. Par exemple, devrait pouvoir adhérer un consommateur qui, à la suite de l'utilisation d'un produit défectueux prêté par l'acheteur, demanderait réparation du préjudice causé à ses biens par ce produit. En effet, Il devrait pouvoir être fait application du principe selon lequel une personne non liée par un contrat mais qui a subi un dommage du fait de l'exécution défectueuse de celui-ci peut en demander réparation sur le fondement de la **responsabilité extracontractuelle** (Cass. ass. plén. 6-10-2006 nº 541 : RJDA 1/07 nº 18 ; Cass. ass. plén. 13-1-2020 nº 17-19.963 FS-PBI : RJDA 4/20 nº 198). Dans le même sens, V. Rebeyrol, « La nouvelle action de groupe » : D. 2014 p. 940.

3. RÈGLES PARTICULIÈRES À L'ACTION DE GROUPE « CONCURRENCE »

PRATIQUE ANTICONCURRENTIELLE ÉTABLIE

Lorsque l'action de groupe est motivée par des préjudices résultant d'une pratique anticon- **5980**
currentielle, le juge ne peut retenir la responsabilité du professionnel que sur le fondement d'une **décision des autorités** ou **juridictions** françaises ou de l'Union européenne compétentes constatant cette pratique. Cette décision ne doit **plus** être **susceptible de recours** pour la partie relative à l'établissement de la pratique (C. consom. art. L 623-24), qui est alors réputée établie de manière irréfragable (C. com. art. L 481-2). Pour plus de détails sur les décisions concernées, voir nos 54620 s.

FONDEMENT DE L'ACTION DE GROUPE « CONCURRENCE »

Les **pratiques anticoncurrentielles concernées** sont celles énoncées au titre II du livre IV du **5990**
Code de commerce et aux articles 101 et 102 du traité sur le fonctionnement de l'Union européenne (C. consom. art. L 623-24, al. 1). Il s'agit en conséquence essentiellement des ententes illicites (C. com. art. L 420-1 et TFUE art. 101), des abus de position dominante (C. com. art. L 420-2 et TFUE art. 102) et de la pratique de prix abusivement bas (C. com. art. L 420-5).

Il n'est en revanche pas possible d'exercer une action de groupe sur le fondement d'un préjudice causé par une opération de concentration (C. com. art. L 430-1 s.).

L'**épuisement des voies de recours** contre une décision de l'Autorité de la concurrence ou **5995**
de la Commission européenne peut, dans certaines affaires, atteindre une dizaine d'années. Néanmoins, il arrive souvent que le recours ne porte pas sur l'établissement de la pratique mais sur la détermination de la sanction pécuniaire ou sur toute question de procédure. Dans un tel cas, l'action de groupe peut être menée parallèlement au recours.

> **Précisions** La **mise en œuvre** de cette faculté pose toutefois **difficulté** car les moyens avancés à l'appui du recours ne sont pas publics. Comment l'association de consommateurs saitelle si le recours porte ou non sur l'établissement de la pratique ? On peut aussi se demander si la menace de l'action de groupe n'est pas de nature à inciter les entreprises à exercer systématiquement un recours général sur la décision initiale. De la même façon, les entreprises pourraient être tentées de renoncer au bénéfice de la procédure de transaction (C. com. art. L 464-2, III ; Règl. 622/2008 du 30-6-2008) qui les empêche de contester les faits qui leur sont reprochés. On peut enfin se demander si le risque de l'action de groupe ne dissuade pas les entreprises de recourir à la procédure de clémence, qui permet l'obtention d'une immunité ou d'une réduction de la sanction en cas de révélation d'ententes illicites aux autorités par un membre de l'entente (C. com. art. L 464-2, IV ; Communication Commission européenne du 8-12-2006), car la loi 2014-344 du 17 mars 2014 n'interdit pas l'exercice d'une action de groupe contre les entreprises bénéficiaires de cette procédure.

DÉLAI POUR ENGAGER L'ACTION DE GROUPE « CONCURRENCE »

L'action de groupe « concurrence » doit être engagée dans un délai de cinq ans à compter **6000**
de la date à laquelle la décision de l'autorité de concurrence ou de la juridiction n'est plus susceptible de recours (C. consom. art. L 623-25).

Le juge de l'action de groupe peut ordonner l'**exécution provisoire des mesures de publicité** destinées à informer les consommateurs de la possibilité de rejoindre le groupe (nº 5720) avant que sa décision ne puisse plus faire l'objet d'un recours (art. L 623-26).

> **Précisions a.** Une action de groupe ne peut toutefois pas être introduite pour la réparation de préjudices causés par des pratiques anticoncurrentielles qui ont fait l'objet d'une décision les constatant si cette **décision n'était plus susceptible de recours le 18 mars 2014,** date de publication de la loi Hamon (Loi 2014-344 du 17-3-2014 art. 2, III).
> **b.** Pour tenir compte d'une éventuelle action de groupe, les dispositions du Code de commerce sur la procédure devant l'Autorité de la concurrence ont été complétées : l'ouverture d'une procédure devant cette Autorité, une autorité nationale de concurrence d'un autre État membre de l'Union européenne ou la Commission européenne interrompt la **prescription de l'action civile.** L'interruption résultant de l'ouverture de cette procédure produit ses effets jusqu'à la date à laquelle la décision de ces autorités ou, en cas de recours, de la juridiction compétente est définitive (C. com. art. L 462-7,1-al. 3).

III. SAISINE DE L'AUTORITÉ DE LA CONCURRENCE PAR UNE ASSOCIATION DE CONSOMMATEURS

6100 Les associations de consommateurs agréées peuvent saisir l'Autorité de la concurrence de **pratiques anticoncurrentielles** prohibées par les articles L 420-1 (ententes illicites), L 420-2 (abus de position dominante ou d'un état de dépendance économique) et L 420-5 (prix abusivement bas) du Code de commerce (C. com. art. L 462-5, II).

Elles peuvent aussi demander à l'Autorité de la concurrence un **avis** sur toute question de concurrence (C. com. art. L 462-1, al. 2).

Les associations locales, affiliées à une association nationale agréée, ne peuvent saisir l'Autorité que si elles ont été mandatées à cette fin par l'association nationale (Cons. conc. n° 91-D-42 du 22-10-1991 : BOCCRF du 26-11 p. 318).

COMMISSION D'EXAMEN DES PRATIQUES COMMERCIALES (CEPC)

SOMMAIRE

A. Missions de la CEPC

RÔLE CONSULTATIF

La Commission d'examen des pratiques commerciales (CEPC), créée par la loi 2001-420 du 15 mai 2001 relative aux nouvelles régulations économiques, dite « loi NRE », a pour mission de donner des **avis** ou formuler des recommandations sur les questions, les documents commerciaux ou publicitaires, y compris les factures et contrats couverts par un secret des affaires, et les pratiques concernant les relations commerciales entre producteurs, fournisseurs et revendeurs qui lui sont soumis (C. com. art. L 440-1, V-al. 1). Ces pratiques peuvent concerner tout autant les relations commerciales « verticales » entre ces différents opérateurs économiques que les relations « horizontales » au sein de chaque catégorie d'opérateurs. **7000**

L'avis rendu par la CEPC porte notamment sur la « conformité au droit » de la pratique ou du document dont elle est saisie (C. com. art. L 440-1, V-al. 2). L'avis peut donc porter sur la conformité d'une pratique aux règles de concurrence prévues au titre IV du livre IV du Code de commerce relatif à la transparence dans la relation commerciale, aux pratiques restrictives de concurrence et autres pratiques prohibées, mais aussi à d'autres règles de droit. C'est ainsi que la Commission a eu à examiner la pratique des enchères électroniques inversées au regard notamment du droit commun des contrats (Avis CEPC n° 04-08 du 15-12-2004) ou la validité de la publication de comparatifs de performances de produits concurrents au regard de la réglementation de la publicité comparative prévue par le Code de la consommation (Avis CEPC n° 09-14 du 9-12-2009). La CEPC n'est pas compétente pour juger du caractère abusif d'une clause au regard des dispositions du Code de la consommation ; néanmoins, elle s'assure que les professionnels contractants ne relèvent pas des notions de consommateur ou de non-professionnel pour pouvoir écarter l'application de ces dispositions (Avis CEPC n° 15-03 du 22-1-2015).

La CEPC peut décider de **publier** sur son site internet (www.economie.gouv.fr/cepc) les **avis** qu'elle adopte (C. com. art. D 440-8). Cette publication ne nécessite pas l'accord de l'auteur de la demande.

La CEPC entend, à sa demande, les personnes et fonctionnaires qu'elle juge utiles à l'accomplissement de sa mission. Son président peut demander qu'une **enquête** soit effectuée, selon les procédures prévues, par les agents habilités à cet effet par l'article L 450-1 du Code de commerce (les agents de la concurrence, de la consommation et de la répression des fraudes et ceux des services d'instruction de l'Autorité de la concurrence) et les **7005** articles L 511-3, L 511-21 et L 511-22 du Code de la consommation (outre les agents de la concurrence, de la consommation et de la répression des fraudes, les agents d'autres administrations habilités à constater les infractions en matière de conformité et sécurité des produits et services). Le compte rendu de l'enquête doit préserver l'anonymat des personnes concernées (C. com. art. L 440-1, III).

Les **séances de la Commission** ne sont pas publiques. Néanmoins, les enquêteurs peuvent y assister lorsque sont examinées les questions à l'instruction desquelles ils ont, à la demande de la Commission, apporté leur concours (C. com. art. D 440-9).

7010 Le rôle de la CEPC est purement consultatif, elle ne peut pas intervenir en tant que **médiatrice** (Rapport d'activité de la CEPC pour l'année 2002-2003 : BOCCRF du 28-10-2003).

PUBLICATION DE RECOMMANDATIONS PAR LA CEPC

7020 La CEPC peut décider d'adopter une recommandation sur les questions dont elle est saisie et sur toutes celles entrant dans ses compétences, notamment celles portant sur le « développement de bonnes pratiques » (C. com. art. L 440-1, V-al. 3).

Lorsqu'elle fait suite à une saisine pour avis (nº 7000), cette recommandation ne doit contenir aucune indication de nature à permettre l'identification des personnes concernées.

La recommandation est communiquée au ministre de l'économie et publiée sur décision de la Commission.

RÔLE D'OBSERVATOIRE DE LA CEPC

7030 La Commission exerce, en outre, un rôle d'observatoire régulier des pratiques commerciales, des facturations et des contrats conclus entre producteurs, fournisseurs, revendeurs qui lui sont soumis (C. com. art. L 440-1, V-al. 4).

Elle doit établir chaque année un **rapport d'activité,** qu'elle transmet au Gouvernement et aux assemblées parlementaires. Ce rapport est rendu public.

B. Saisine de la CEPC

MODALITÉS DE LA SAISINE

7070 La CEPC peut se saisir **d'office ou** être saisie **par** (C. com. art. L 440-1, IV-al. 1) :

- le ministre chargé de l'économie ;
- le ministre chargé du secteur économique concerné ;
- le président de l'Autorité de la concurrence ;
- tout producteur, fournisseur et revendeur s'estimant lésé par une pratique commerciale ;
- toute personne morale (organisations professionnelles ou syndicales, associations de consommateurs agréées, chambres consulaires ou d'agriculture, etc.).

Les saisines anonymes, directes ou par l'intermédiaire d'un avocat, ne sont pas recevables.

La **saisine** doit être **effectuée** par lettre simple, adressée au président de la Commission, dans laquelle seront mentionnés les coordonnées de l'auteur de la saisine, l'objet de la demande d'avis, les textes dont la violation est alléguée, ainsi que, le cas échéant, tous les documents nécessaires à la compréhension de l'objet de la demande (Rapport d'activité de la CEPC pour 2002-2003 : BOCC du 28-10-2003).

Le président et le vice-président veillent à assurer l'**anonymat** de tous les documents, rapports d'enquête et informations recueillis avant leur communication à la Commission. À cette fin, le secrétariat de la Commission doit supprimer toute mention nominative ou, le cas échéant, retirer les pièces rendant identifiable une personne ou une entreprise (C. com. art. D 440-11).

> **Précisions** Bien qu'installée dans les locaux de la DGCCRF, la CEPC dispose d'un secrétariat particulier, ce qui garantit l'**anonymat** des saisines.
> **Adresse** à laquelle la Commission peut être saisie :
> 59, boulevard Vincent-Auriol
> Bât. Condorcet – Télédoc 252
> 75703 Paris Cedex 13
> Mél : cepc@finances.gouv.fr

CONSULTATION DE LA CEPC PAR LES JURIDICTIONS

La CEPC peut également être consultée par les juridictions sur les pratiques, définies au titre IV du livre IV du Code de commerce (nº 7000), relevées dans les affaires dont celles-ci sont saisies (C. com. art. L 440-1, IV-al. 2). La faculté de saisir la Commission est laissée à l'appréciation discrétionnaire des juges du fond (Cass. com. 15-11-2023 nº 22-10.818 F-B : RJDA 2/24 nº 133), sans que leur décision ait à être motivée. **7080**

La décision de consulter la CEPC n'est pas susceptible de recours (C. com. art. L 440-1, IV-al. 3).

Celle-ci doit communiquer son avis dans un délai de quatre mois à compter de sa saisine. Il est sursis à toute décision sur le fond de l'affaire jusqu'à réception de l'avis ou, à défaut, jusqu'à l'expiration du délai de quatre mois. Toutefois, des mesures urgentes ou conservatoires nécessaires peuvent être prises.

L'avis ne lie pas la juridiction. Il est publié après la décision rendue par la juridiction l'ayant saisie pour avis (C. com. art. L 440-1, IV-al. 3 et 4).

C. Composition de la CEPC

QUALITÉ DES MEMBRES

La composition de la CEPC est la suivante (C. com. art. L 440-1, al. 1 et art. D 440-2) : **7120**

– un député et un sénateur désignés par les commissions permanentes de leur assemblée compétentes en matière de relations commerciales entre fournisseurs et revendeurs ;

– un magistrat honoraire de l'ordre administratif, un magistrat honoraire de l'ordre judiciaire et un juge de tribunal de commerce, parmi lesquels est nommé le vice-président de la CEPC si le président n'est pas membre d'une juridiction ; le vice-président supplée le président dans toutes ses fonctions ;

– huit membres représentant des secteurs de la production et de la transformation agricole et halieutique, ainsi qu'industrielle et artisanale, et des transformateurs, ou leurs suppléants ;

– huit membres représentant les grossistes et distributeurs, choisis au sein des organisations professionnelles ou des entreprises, ou leurs suppléants ;

– trois personnalités qualifiées en matière de problèmes relatifs aux relations industrie-commerce ;

– deux représentants de l'administration : le directeur général de la concurrence, de la consommation et de la répression des fraudes, le directeur général de la performance économique et environnementale des entreprises, ou leurs représentants.

Hormis les élus et représentants de l'administration, les membres de la CEPC sont nommés pour trois ans par arrêté ministériel (C. com. art. D 440-2, dernier al.).

Comme tous les autres membres de la Commission, le directeur général de la concurrence, de la consommation et de la répression des fraudes assure sa mission à titre personnel et est tenu au secret professionnel (nº 7130).

OBLIGATION AU SECRET PROFESSIONNEL DES MEMBRES DE LA CEPC

Les membres de la CEPC sont tenus au secret professionnel pour les faits, actes et renseignements dont ils ont pu avoir connaissance en raison de leurs fonctions (C. com. art. L 440-1, I-al. 3). **7130**

La violation du secret professionnel est passible d'un an d'emprisonnement et de 15 000 € d'amende (C. pén. art. 226-13).

CONCENTRATIONS ÉCONOMIQUES

SOMMAIRE

RÉGLEMENTATION DU CONTRÔLE DES CONCENTRATIONS

8000 Le contrôle des concentrations en **France** est réglementé par les articles L 430-1 s. et R 430-2 s. du livre IV du Code de commerce. Ces dispositions sont liées aux autres règles du livre IV destinées à protéger la concurrence, notamment celles réprimant les ententes et abus de domination (n°s 41000 s.).

L'Autorité de la concurrence, compétente pour contrôler les opérations de concentration de dimension nationale, a publié le 23 juillet 2020 une version révisée de ses « Lignes Directrices relatives au contrôle des concentrations » (ci-après « LD-AdlC », voir n° 8010), dont la précédente mise à jour remontait au 10 juillet 2013.

Enfin, le règlement intérieur de l'Autorité, mis à jour le 23 janvier 2023, précise quelques modalités procédurales (LD-AdlC § 6).

Parallèlement, pour les opérations relevant de la compétence de l'**Union européenne,** le contrôle des concentrations est institué par le règlement 139/2004 du 20 janvier 2004.

Le **but du contrôle** des concentrations n'est pas d'interdire ni même de décourager, par principe, des opérations de concentration dont beaucoup demeurent nécessaires au renforcement de la capacité concurrentielle des entreprises, mais de faire obstacle à celles dont les inconvénients sur le plan de la concurrence excéderaient les avantages économiques et sociaux.

Les **champs d'application** des deux réglementations, nationale et européenne, sont exclusifs l'un de l'autre, ce qui évite les doubles contrôles, et l'une comme l'autre reposent sur un système d'autorisation préalable.

8010 **Portée des lignes directrices de l'Autorité de la concurrence** Les lignes directrices s'appuient sur plus de dix ans de pratique du contrôle des concentrations par l'Autorité. Dépourvu en lui-même de toute portée normative, ce document est présenté comme visant à « fournir aux entreprises et à leurs conseils une présentation pédagogique sur le champ d'application du contrôle » (LD-AdlC § 1). Il s'agit en réalité d'une **directive opposable aux entreprises et invocable par elles,** que l'Autorité s'engage à appliquer dans un souci de sécurité juridique chaque fois qu'une opération est examinée, sous réserve qu'aucune circonstance particulière à cette opération ou aucune considération d'intérêt général ne justifie qu'il y soit dérogé (LD-AdlC § 2).

> **Précisions** Un rapport de l'Assemblée nationale recommande de mieux **encadrer l'élaboration des lignes directrices** en assurant notamment, outre une nécessaire concertation présidant à leur adoption, « que ces lignes directrices ne soient pas créatrices de règles empiétant sur le domaine de la loi et du règlement » (Rapport d'information n° 4020 du 1-12-2011 du Comité d'évaluation et de contrôle des politiques publiques de l'Assemblée nationale sur la mise en œuvre des conclusions du rapport d'information n° 2925 du 28-10-2010 sur les autorités administratives indépendantes). Les auteurs du rapport semblent soucieux d'éviter la confusion engendrée par la coexistence d'instruments de « droit souple » et de normes de portée législative ou réglementaire. Si l'objectif des autorités administratives indépendantes d'améliorer la prévisibilité de leurs actions en publiant leur « doctrine » sous différentes formes apparaît légitime, il est également nécessaire que la portée de ces documents moins contraignants soit appréciée convenablement par les personnes auxquelles ils s'adressent.

SECTION 1

CONTRÔLE DES CONCENTRATIONS NATIONALES

A. Champ d'application du contrôle des concentrations

1. NOTION DE CONCENTRATION

8100 Une **opération de concentration** est réalisée dans les **cas** suivants : deux ou plusieurs entreprises antérieurement indépendantes fusionnent ; une ou plusieurs personnes, détenant déjà le contrôle d'une entreprise au moins ou de plusieurs entreprises acquièrent le contrôle de l'ensemble ou de parties d'une ou plusieurs autres entreprises. Constitue également une concentration la création d'une entreprise commune accomplissant de manière durable toutes les fonctions d'une entité économique autonome (C. com. art. L 430-1).

> **Précisions** Comme toutes les règles visant à protéger la concurrence, le contrôle des concentrations s'applique à l'ensemble des **activités** de production, de distribution et de services, y compris celles des entreprises publiques (C. com. art. L 410-1).
> Certains secteurs (banque, assurances, grande distribution, etc.) sont soumis à des règles particulières (n°s 9660 s.), mais ils n'échappent pas pour autant au champ d'application du contrôle.

a. Notions d'entreprise et de personne

La notion d'**entreprise** est désormais définie par la loi : elle doit être entendue comme l'entité qui exerce une activité de production, de distribution ou de services, quelle que soit sa forme juridique et son mode de financement (C. com. art. L 410-1). Cette définition est issue de la jurisprudence (voir LD-AdlC § 17, citant CJCE 23-4-1991 aff. 41/90 ; CJCE 16-6-1987 aff. 118/85). **8110**

La concentration peut porter sur tout ou partie d'une ou plusieurs entreprises, voire sur des éléments d'actifs tels que des marques ou des brevets, dès l'instant où ils constituent une activité se traduisant par une présence sur un marché à laquelle un chiffre d'affaires peut être rattaché sans ambiguïté (LD-AdlC § 18 citant Comm. Europ. 22-12-2005, COMP/M. 3867, Vattenfall/Elsam and E2 Assets).

Par **personne,** il convient d'entendre « les personnes morales de droit privé, les organismes de droit public, y compris l'État lui-même, lorsqu'ils agissent par l'intermédiaire d'une entreprise, et les personnes physiques » (LD-AdlC § 21 citant Comm. Europ. 5-10-1992, IV/M.157, Air France/Sabena, en ce qui concerne l'État belge, et Aut. conc. 5-9-2012 n° 12-DCC-129 SNCF Participations/Keodis). Voir également : Comm. Europ. 14-12-1993, IV/M.308, Kali et Salz/MDK/Treuhand. **8111**

b. Notion de fusion

Une opération de concentration est réalisée lorsque deux ou plusieurs entreprises antérieurement indépendantes fusionnent (C. com. art. L 430-1, I-1° ; LD-AdlC § 22-29). **8150**

La fusion est la **réunion des activités** d'entreprises antérieurement indépendantes. Il peut s'agir de la création d'une nouvelle entreprise par apports d'actifs (disparition éventuelle de la personnalité morale des entreprises qui fusionnent) ou de l'absorption d'une entreprise par une autre (disparition de la personnalité morale de l'entreprise absorbée).

La **fusion** peut être **de droit** mais aussi **de fait.** Pour l'établir, l'Autorité de la concurrence peut tenir compte de facteurs tels que l'existence de participations croisées, la consolidation de leurs comptes, la compensation des profits et des pertes entre les entreprises réunies par l'opération, l'existence de dirigeants communs, la responsabilité solidaire des différentes entités, ainsi qu'une politique de communication commune. Tel peut notamment être le cas en cas d'adhésion à une association sommitale ou à un groupement d'intérêt économique.

Les **exemples** de fusion de fait concernent essentiellement les institutions de prévoyance : Aut. conc. 30-6-2009 n° 09-DCC-15, aff. « AG2R – Prémalliance » ; Aut. conc. 27-1-2011 n° 11-DCC-11, aff. « Aprionis – Vauban Humanis » ; Aut. conc. 29-6-2011 n° 11-DCC-97, aff. « Covéa – Apgis » ; Aut. conc. 29-12-2011 n° 11-DCC-215, aff. « Humanis – Novalis Taitbout ».

c. Notion de contrôle

Il y a concentration en cas de **prise de contrôle,** c'est-à-dire lorsque soit une ou plusieurs personnes détenant déjà le contrôle d'au moins une entreprise, soit une ou plusieurs entreprises, acquièrent directement ou indirectement, que ce soit par prise de participation au capital ou achat d'éléments d'actifs, contrat ou tout autre moyen, le contrôle de l'ensemble ou de parties d'une ou de plusieurs autres entreprises (C. com. art. L 430-1, I-2°). **8160**

La détermination de l'indépendance antérieure (LD-AdlC § 31 s.) repose sur la notion de contrôle et d'influence déterminante (voir n° 8165).

Pour des exemples de reprise d'actifs de sociétés en difficulté dans le cadre d'une procédure de redressement judiciaire, voir Aut. conc. 9-12-2011 n° 11-DCC-189, aff. « DFDS – SeaFrance et LD Lines » ; Aut. conc. 20-04-2012 n° 12-DCC-51, aff. « EDF Énergies Nouvelles Réparties – Photowatt International ».

ÉLÉMENTS CONSTITUTIFS DU CONTRÔLE

Une **entreprise contrôle une autre entreprise** dès lors qu'elle peut exercer une influence déterminante sur ses activités (LD-AdlC § 33). **8165**

Comme en matière européenne, le contrôle résulte, aux termes de l'article L 430-1, III du Code de commerce, des droits, contrats ou autres moyens qui confèrent, seuls ou conjointement et compte tenu des circonstances de fait ou de droit, la possibilité d'exercer une influence déterminante sur l'activité d'une entreprise, et notamment :
– des droits de propriété ou de jouissance sur tout ou partie des biens d'une entreprise ;
– des droits ou des contrats qui confèrent une influence déterminante sur la composition, les délibérations ou les décisions des organes d'une entreprise.

La notion d'**influence déterminante** n'est pas définie par la loi. Il paraît possible, compte tenu de l'uniformisation des définitions européenne et française, de se référer à l'interprétation de la Commission européenne selon laquelle une telle influence réside dans le pouvoir d'adopter et/ou de bloquer les décisions qui déterminent la stratégie commerciale d'une entreprise. Il n'est pas requis que l'exercice de ce pouvoir soit effectif pour caractériser le contrôle ; il suffit que cette influence soit possible. La possibilité d'exercer cette influence doit cependant être réelle (TPICE 23-2-2006, Cementbouw c/ Commission, aff. 282/02, in Communication juridictionnelle consolidée du 10-7-2007).

DIFFÉRENTS TYPES DE CONTRÔLE

8180 Il y a contrôle **exclusif** (LD-AdlC § 51 s.) lorsqu'une entreprise peut exercer seule une influence déterminante sur l'activité d'une autre entreprise.

Il convient de distinguer le contrôle exclusif « **positif** » (le contrôlant détient seul le pouvoir de prendre les décisions stratégiques) du contrôle exclusif « **négatif** » (le contrôlant dispose seul de la faculté de bloquer les décisions stratégiques). Le passage d'un contrôle exclusif négatif à un contrôle exclusif positif ne modifie pas la nature du contrôle et ne constitue donc pas une concentration.

ILLUSTRATIONS

Pour un exemple de prise de contrôle exclusif négatif, voir Aut. conc. 13-11-2014 n° 14-DCC-167, aff. « Total – SPSE » : La diminution de 12 à 11 du nombre d'administrateurs de SPSE permettait à Total, qui conservait 4 administrateurs, de bloquer seul les décisions stratégiques (adoptées à la majorité des deux tiers).

8185 Il y a contrôle **conjoint** (ou en commun) (LD-AdlC § 57 s.) lorsque au moins deux entreprises peuvent exercer une influence déterminante sur l'activité d'une autre entreprise.

Les entreprises contrôlantes doivent s'entendre pour adopter les décisions stratégiques de l'entreprise contrôlée. En revanche, l'acquisition commune d'une entreprise dont les actifs sont immédiatement répartis entre deux ou plusieurs acquéreurs ne constitue pas une prise de contrôle conjoint, mais deux ou plusieurs prises de contrôle exclusif.

8190 Il y a **absence de contrôle** (LD-AdlC § 61-62) lorsque aucune entreprise ne dispose d'une influence déterminante. Ce peut être le cas notamment en cas de « majorité fluctuante » lorsque capital et droits de vote sont répartis entre actionnaires minoritaires : aucun élément de droit ou de fait n'impose de majorité stable dans le processus de prise de décision et les différentes combinaisons possibles des voix des actionnaires minoritaires permettent de dégager des majorités au coup par coup.

CRITÈRES D'APPRÉCIATION DE L'INFLUENCE DÉTERMINANTE

8200 L'influence déterminante s'apprécie au regard du **pouvoir** dont dispose une entreprise sur la prise des **décisions stratégiques** d'une autre entreprise, concernant notamment son budget, ses investissements d'un montant important ou la nomination et la révocation de ses dirigeants (LD-AdlC § 35 s.).

Lorsqu'elle permet d'exercer un tel contrôle sur l'activité de l'entreprise, la **détention** d'une majorité de **droits de vote** suffit généralement à établir l'influence déterminante. Cependant, dans certaines circonstances de droit ou de fait, un ou plusieurs actionnaires minoritaires peuvent disposer d'une telle influence déterminante. La démonstration se fait par application de la « méthode du faisceau d'indices convergents de nature juridique et économique » (LD-AdlC § 36-41).

Des **relations contractuelles** sont également susceptibles de conférer une influence déterminante dans des cas très particuliers (LD-AdlC § 45 s.), par exemple lorsqu'elles permettent un contrôle de la gestion et des ressources de l'entreprise équivalant à une acquisition et se caractérisent par une durée extrêmement longue sans pouvoir être dénoncées de façon anticipée (LD-AdlC § 45 citant Communication consolidée de la Commission, § 18). Tel peut être le cas d'un contrat de location-gérance, par exemple (Aut. conc. 28-9-2009 n° 09-DCC-46, « Distribution Casino France / prise en location-gérance d'un hypermarché détenu par la Doremi » ; Aut. conc. 27-4-2018 n° 18-DCC-65, aff. « Carrefour Supermarchés France – Zormat, Les Chênes et Puech Eco »).

Éléments de droit conduisant à reconnaître l'influence déterminante d'actionnaires minoritaires 8210 Il y a influence déterminante lorsque les actionnaires minoritaires jouissent de droits qui excèdent ce qui leur est normalement consenti afin de protéger leurs intérêts financiers. Il peut s'agir des éléments suivants (LD-AdlC § 42) :
- droits de veto, en particulier ceux portant sur le plan stratégique, la nomination des principaux dirigeants, les investissements et le budget ;
- possibilité de bénéficier de droits particuliers conférant immédiatement ou dans le futur une part dans les décisions supérieure à la part dans le capital ;
- possibilité de nommer certains responsables au sein des organes dirigeants de l'entreprise ;
- possibilité de monter dans le capital ultérieurement, soit du fait d'accords particuliers, soit par la détention de titres convertibles en actions, ou encore de l'existence d'options d'achat ;
- droits de préemption ou de préférence ;
- possibilité d'obtenir des informations détaillées sur les activités de l'entreprise (en particulier celles généralement réservées au management ou aux entreprises mères) (pour un contre-exemple, voir avis Cons. conc. 18-5-2004 n° 04-A-08) ;
- réalisation de nantissements portant sur la totalité des actions. L'exercice de ces sûretés confère la propriété de l'intégralité des actions et permet donc l'exercice d'une influence déterminante (voir Aut. conc. 5-5-2015 n° 15-DCC-47, aff. « ICG / GPA Courtepaille »).

> **Précisions** **a.** L'acquisition de seulement 17,9 % d'une société a été qualifiée de prise de contrôle conjoint car un pacte d'actionnaires octroyait aux acquéreurs un **droit de veto** sur le plan d'affaires et le budget annuel de la cible, si bien que ces droits excédaient ceux « normalement consentis aux actionnaires minoritaires pour protéger leurs intérêts financiers » (Aut. conc. 27-7-2011 n° 11-DCC-119, aff. « CDC & GEG – GEG ENR »).
> **b.** Une **option d'achat ou de conversion d'actions** ne peut pas en soi conférer un contrôle exclusif, à moins que cette option ne s'exerce dans un proche avenir conformément à des accords juridiquement contraignants (pour un exemple, voir Aut. conc. 25-5-2011 n° 11-DCC-75, aff. « Continental et SNDF – Alençon Pneus »).

Éléments de fait conduisant à reconnaître l'influence déterminante d'actionnaires minoritaires 8215 Caractérise une influence déterminante le fait de disposer, en raison de l'**éparpillement des droits de vote,** d'un impact plus important dans les délibérations permettant par exemple à un actionnaire minoritaire d'avoir la certitude de disposer d'une majorité aux assemblées générales (LD-AdlC § 43). L'Autorité de la concurrence procède alors à un examen des procès-verbaux des conseils d'administration ou des assemblées générales (Min. éco. 28-1-2008, arrêté de sanction SNCF Participations – Novatrans ; Aut. conc. 30-7-2009 n° 09-DCC-28, aff. « Poweo »).

ILLUSTRATIONS

Dans la décision n° 12-DCC-18 du 13-2-2012 (aff. « Icade – Silic »), l'Autorité de la concurrence a considéré que l'analyse de l'historique des assemblées générales ordinaires d'une société dont 43,95 % du capital (représentant 44,03 % des droits de vote) étaient cédés montrait que le cédant disposait, avec sa participation minoritaire, de la majorité des votes exprimés, si bien que l'opération constituait une concentration.

De même, il y a influence déterminante lorsque certains actionnaires minoritaires coordonnent l'exercice de leurs droits de vote pour les décisions stratégiques, que cette **action de concert** (sur cette notion, voir Mémento Sociétés commerciales n°s 64160 s.) résulte d'un pacte d'actionnaires ou de la convergence d'intérêts communs suffisamment puissants (LD-AdlC § 44).

L'Autorité de la concurrence a notamment étudié les liens entre influence déterminante et existence d'un **pacte familial** (Aut. conc. 9-6-2009 n° 09-DCC-12, aff. « Surcouf ») : lorsqu'un tel pacte vise à garantir une communauté d'intérêts entre les membres d'une même famille, en définissant une stratégie commune d'actionnaires pour les entreprises dans lesquelles ils sont investisseurs, faut-il considérer que l'association familiale qui les rassemble constitue une entité économique à part entière susceptible d'exercer une influence déterminante sur les entreprises contrôlées par les membres de cette famille ? En l'espèce, l'Autorité a analysé mais n'a étonnamment pas tranché la question de savoir si les entreprises dirigées étaient sous le contrôle exclusif de leur dirigeant ou sous celui de l'association familiale, alors que la réponse semblait pourtant cruciale pour délimiter le périmètre exact de l'opération, identifier les parties concernées et calculer les chiffres d'affaires rattachables à leurs activités respectives.

8220 **Autres éléments conduisant à reconnaître l'influence déterminante d'actionnaires minoritaires** L'influence déterminante peut enfin résulter du fait, pour un ou plusieurs actionnaires, d'avoir des liens économiques particuliers avec l'entreprise (LD-AdlC § 48 s.) :
– le fait d'être le principal actionnaire industriel, actif dans le même secteur ou un secteur connexe, alors que les autres actionnaires sont des investisseurs financiers ou des actionnaires disposant d'une part faible des droits de vote ;
– l'existence d'importants contrats de livraison à long terme avec la nouvelle entité ;
– la constatation de relations commerciales très privilégiées (contrats commerciaux exclusifs, droits d'usage ou de partage de marques, de brevets, de réseaux de distribution, d'unités de production) ;
– le fait de représenter une part très élevée du chiffre d'affaires de l'entreprise au point qu'une rupture des relations commerciales mettrait en péril, à court terme, sa survie ;
– le fait d'intervenir de manière significative en tant que prêteur auprès de l'entreprise (pour une illustration, CE 31-1-2007 n° 294896 : RJDA 4/07 n° 408 concl. E. Glaser p. 307).

> Précisions Dans des cas très rares, des **contrats de distribution** peuvent conférer une influence déterminante (LD-AdlC § 804, citant la Communication juridictionnelle consolidée du 10-7-2007 § 18 ; LD-AdlC § annexe B). Pour des exemples de contrats de franchise, voir les décisions de l'Autorité de la concurrence n° 09-DCC-06 du 20-5-2009 et n° 10-DCC-01 du 12-1-2010. Pour un exemple où la prise en location-gérance d'un hypermarché pour cinq ans tacitement renouvelables annuellement a été considérée comme induisant un contrôle de la gestion et des ressources de la cible équivalant à une acquisition d'actions ou d'éléments d'actifs, voir la décision n° 09-DCC-46 du 28-9-2009. Pour une prise de contrôle résultant d'un contrat de distribution exclusive entre deux coopératives laitières, voir Aut. conc. 17-4-2014 n° 14-DCC-57, aff. « Orlait – Terra Lacta ».
Voir également les décisions n° 12-DCC-125 du 27-8-2012 (aff. « Union des Coopérateurs d'Alsace – Association des Centres Distributeurs E. Leclerc (ACDLec) ») et n° 13-DCC-12 du 28-1-2013 (aff. « Groupe Cornac – ACDLec – Nobladis et Sodirev JV »), ainsi que toutes les décisions ultérieures impliquant l'enseigne Leclerc, dans lesquelles l'Autorité a identifié une influence déterminante sans que la tête de réseau E. Leclerc ne détienne aucune participation au capital des sociétés d'exploitation, en raison de statuts types très spécifiques imposés aux adhérents de l'ACDLec et de stipulations du contrat d'enseigne (voir également n°s 9550 s.). À noter que le Conseil d'État a rejeté la requête de l'ACDLec demandant l'annulation pour excès de pouvoir d'une telle appréciation de l'Autorité de la concurrence dès lors que celle-ci ne constituait pas une décision distincte de celle ayant autorisé l'opération (CE 9-4-2014 n° 364192 : RJDA 10/14 n° 798). Voir enfin la décision Aut. conc. 28-8-2020 n° 20-DCC-116 (aff. « Soditroy »). Le Conseil d'État a validé l'analyse de l'Autorité selon laquelle l'ACDLec exerçait sur la société Soditroy, détenue majoritairement par un de ses adhérents, une influence déterminante au regard des obligations que l'ACDLec fait peser sur les sociétés d'exploitation des magasins E. Leclerc (CE 14-10-2022 n° 445680).

d. Notion d'entreprise commune de plein exercice

8250 La **création d'une entreprise commune** accomplissant de manière durable toutes les fonctions d'une entité économique autonome constitue une concentration (C. com. art. L 430-1, II).
La notion d'entreprise commune soumise au contrôle des concentrations fait l'objet d'une définition précise qui s'inspire du droit européen (Communication juridictionnelle consolidée du 10-7-2007) : pour entrer dans le champ d'application du contrôle, la filiale doit être contrôlée conjointement (voir n° 8185) par au moins deux entreprises et opérer sur un marché en y accomplissant les fonctions qui sont normalement exercées par les autres entreprises présentes sur ce marché (une telle filiale est désignée sous l'expression **« entreprise commune de plein exercice »**). Elle doit notamment disposer de toutes les ressources humaines et financières pour exercer son activité de manière durable (LD-AdlC § 68-69). Pour un exemple, voir Aut. conc. 28-1-2011 n° 11-DCC-07, aff. « La Poste – SFR ».
En revanche, une filiale commune n'entre pas dans le champ d'application du contrôle des concentrations lorsqu'elle ne joue qu'un rôle d'auxiliaire à l'égard des activités économiques de ses fondatrices (cas, par exemple, d'une filiale dont l'objet est limité à la recherche et au développement ou à la production).

ILLUSTRATIONS

La création par trois coopératives agricoles d'une entreprise commune pour l'achat-vente d'engrais en vue d'une revente à ses fondatrices ne relève pas du contrôle des concentrations, car l'entreprise commune n'est pas appelée à jouer un rôle actif sur le marché indépendamment de ces ventes et ne peut être considérée comme économiquement autonome d'un point de vue fonctionnel (Aut. conc. 1-2-2012 n° 12-DCC-13, aff. « Axso »).

De même, jugé que ne pouvait pas être regardée comme une concentration économique la création par deux sociétés de distribution d'une filiale commune dont le rôle était le suivant : elle effectuait le référencement des fournisseurs et négociait les conditions d'achat, mais les décisions d'achat étaient prises par les deux sociétés qui restaient ainsi présentes sur le marché de l'approvisionnement en produits de grande distribution ; elle négociait les délais de règlement par référence aux pratiques antérieures des deux sociétés et ne pouvait accorder d'escomptes de paiement qu'avec leur accord ; elle était certes chargée d'acheter pour son compte certains produits qu'elle revendait aux deux sociétés, mais pour des quantités très faibles par rapport à l'ensemble des achats effectués par celles-ci (CE 31-5-2000 : RJDA 12/00 n° 1177, 1e espèce).

Dès lors, l'acquisition du caractère de plein exercice par une entreprise commune déjà existante doit être notifiée. Pour un exemple, dans un cas de transfert d'actifs (personnel, machines, contrats de fourniture et listing de clients) à une filiale commune, voir Aut. conc. 2-2-2011 n° 11-DCC-03, aff. « Alfa Laval Holding AB – Haldex AB ».

En revanche, les opérations de restructuration interne d'un groupe ne constituent pas une concentration (LD-AdlC § 31).

e. Cas particuliers

OPÉRATIONS INTERDÉPENDANTES

Pour les mêmes entreprises concernées, des opérations de concentration multiples peuvent constituer une seule et même opération lorsqu'elles sont interdépendantes (Communication consolidée 38 s. ; LD-AdlC § 77 s.). **8260**

Sont interdépendantes les opérations faisant l'objet d'un **lien conditionnel,** établi soit en droit (conditionnalité réciproque dans les accords), soit en fait (éléments économiques démontrant que l'une des opérations ne peut être réalisée sans l'autre). Pour un exemple, voir la décision n° 09-DCC-4 du 9-9-2009.

La **concomitance** est un élément essentiel de l'interdépendance (Min. éco. 31-5-2006, aff. C2006-11 et Min. éco. 17-11-2007, aff. C2007-14). En cas de concomitance, et même en l'absence de lien conditionnel entre deux opérations de concentration distinctes, l'Autorité ne s'interdit pas d'en examiner les effets dans une seule et même décision (Aut. conc. 4-11-2009 n° 09-DCC-61, aff. « Altéis – Prévadiès »).

OPÉRATIONS SUCCESSIVES

Lorsque deux ou plusieurs opérations ont lieu au cours d'une **période** de deux années entre les mêmes personnes ou entreprises, ces opérations sont considérées comme une seule concentration intervenue à la date de la dernière opération (Règl. 139/2004 du 20-1-2004 art. 5, 2-al. 2, sur renvoi de C. com. art. L 430-2, V ; LD-AdlC § 85 s.). **8270**

Dans ce cas, la première opération, bien que réalisée en deçà des seuils de contrôle (n° 8330), peut finalement être remise en cause par l'Autorité de la concurrence lorsque celle-ci l'examine en même temps que la seconde opération.

ILLUSTRATIONS

Dans l'affaire « Agrial – Elle-et-Vire » (Aut. conc. 10-10-2011 n° 11-DCC-150), la cession en 2009 à Agrial des activités cidricoles d'Elle-et-Vire (chiffre d'affaires inférieur au seuil de contrôle) a été examinée 18 mois plus tard, lorsque les deux coopératives ont fusionné. Rétrospectivement, il est apparu que les effets de cette première opération avaient été néfastes à la concurrence sur le marché du cidre. Pour l'établir, l'Autorité de la concurrence a disposé – ce qui est tout à fait exceptionnel – de données sur l'évolution des prix au cours des 18 mois précédents. Même si ce délai était insuffisant pour apprécier l'intégralité des effets possibles, l'Autorité a conclu qu'une concentration excessive du marché (position de plus de 80 %) expliquait l'inflation importante constatée sur le marché du cidre. Agrial a donc dû céder les sites de production acquis en 2009, ainsi que l'ensemble des immobilisations liées à ces cidreries (marque, contrats d'approvisionnement, etc.) et prendre l'engagement de ne pas les acquérir à nouveau pendant 10 ans.

Pour d'autres exemples : Aut. conc. 13-12-2011 n° 11-DCC-200, aff. « Findis – Dubost Holding » ; Aut. conc. 24-12-2012 n° 12-DCC-26, aff. « Bavaria France Holding – divisions Trelleborg Fluid Solutions et Carbody ».

OPÉRATIONS TRANSITOIRES

La prise de contrôle temporaire d'actifs destinés à être revendus à brève échéance ne constitue généralement pas une opération de concentration (LD-AdlC § 89 s.). **8280**

L'Autorité de la concurrence s'inspire des dispositions du droit européen en la matière. L'article 3, 5 du règlement 139/2004 exclut du champ du contrôle la détention provisoire de participations si elle est réalisée par un établissement spécialisé dans la négociation de titres (établissement de crédit, financier ou d'assurances) qui s'abstient d'exercer les droits de vote attachés à sa participation et prévoit de revendre les titres à l'horizon d'un an à compter de leur acquisition (délai éventuellement prorogeable sur demande motivée). Un accord juridiquement contraignant doit encadrer l'opération de façon à ne faire peser aucun doute sur la rapidité de la revente.

Une opération de portage peut constituer un exemple d'opération transitoire : un actionnaire apparent (le plus souvent une banque) se substitue temporairement – mais sans exercer les droits de vote – à un actionnaire effectif, jusque-là détenteur du contrôle. Ce dernier s'engage de façon juridiquement contraignante à racheter la participation du porteur des parts, à un prix et à une date définis par avance dans un délai d'un an. Pour un exemple, voir la lettre de l'Autorité de la concurrence du 9 décembre 2009, nº 09-DCC-73, aff. « Ormoison SAS – ITM Alimentaire Est ».

2. SEUILS DE CONTRÔLE

a. Seuils applicables en France

SEUILS DE DROIT COMMUN D'APPLICATION DU CONTRÔLE

8300 En principe, le contrôle est applicable si les seuils suivants sont atteints (C. com. art. L 430-2, I ; LD-AdlC § 97 s.) :

– l'opération ne relève pas de la compétence de l'Union européenne en application du règlement (CE) 139/2004 (voir nos 9910 s.) ; ainsi, le contrôle national est **inapplicable** lorsque les opérations entrent dans le champ d'application du contrôle des concentrations européennes (voir nos 9760 s.), à moins, bien entendu, que la Commission européenne n'ait décidé d'accepter le renvoi du contrôle de cette opération à l'Autorité de la concurrence (nº 10810) (C. com. art. L 430-2, IV) ;

– le chiffre d'affaires total mondial hors taxe des parties à la concentration est supérieur à 150 M€ ;

– le chiffre d'affaires total hors taxe réalisé individuellement en France par deux au moins des parties à la concentration est supérieur à 50 M€.

SEUILS PARTICULIERS D'APPLICATION DU CONTRÔLE

8310 Les seuils d'application du contrôle sont abaissés dans deux cas.

1. Opérations relevant du secteur du **commerce de détail** (C. com. art. L 430-2, II ; LD-AdlC § 99-107). Dans ce cas, le contrôle s'applique lorsque deux au moins des parties à la concentration « exploitent un ou plusieurs magasins de commerce de détail », lorsque le chiffre d'affaires total mondial hors taxe des parties à la concentration est supérieur à 75 M€ et lorsque le chiffre d'affaires total hors taxe réalisé en France dans le secteur du commerce de détail par deux au moins des entreprises concernées est supérieur à 15 M€ ou, dans les départements et collectivités d'outre-mer, à 5 M€ (C. com. art. L 430-2, III-al. 3).

La notion de commerce de détail est définie par référence aux règles applicables en matière d'équipement commercial. Plus de la moitié du chiffre d'affaires doit être issue de « la vente de marchandises à des consommateurs pour un usage domestique », y compris les objets d'occasion (brocante, dépôts-vente).

Les prestations de services ne constituent pas une vente de marchandises. Néanmoins, celles à caractère artisanal sont assimilées à du commerce (pressing, coiffure et esthétique, cordonnerie, photographie, entretien de véhicules et montage de pneus). En revanche, celles à caractère immatériel ou intellectuel sont toujours exclues du commerce de détail (banques, assurances, agences de voyages), de même que les établissements de services ou de location de matériel (laveries automatiques, salles de sport) et les restaurants.

Cette disposition relative au commerce de détail ne s'applique qu'aux entreprises exploitant au moins un magasin en France : sont donc exclues les entreprises réalisant la totalité de leurs ventes en ligne et les entreprises qui, bien qu'exploitant de tels magasins à l'étranger, n'en exploitent pas en France.

2. Opération réalisée dans les départements d'**outre-mer** (« DOM »), dans le département de Mayotte, dans les îles Wallis-et-Futuna ou dans les collectivités d'outre-mer (« COM ») Saint-Pierre-et-Miquelon, Saint-Martin et Saint-Barthélemy (C. com. art. L 430-2, III ; LD-AdlC § 108-109). L'opération est contrôlable lorsque le chiffre d'affaires total mondial hors taxe des parties à la concentration est supérieur à 75 M€ et lorsque le chiffre d'affaires total hors taxe réalisé individuellement dans au moins un des DOM ou COM concernés par deux au moins des entreprises concernées est supérieur à 15 M€ (ou à 5 M€ dans le secteur du commerce de détail). Il n'est pas nécessaire que ce second seuil (respectivement 15 ou 5 M€) soit atteint par l'ensemble des entreprises concernées dans le même DOM ou la même COM.

L'activité réalisée doit être prise en compte isolément pour chaque DOM-COM : par exemple, une entreprise opérant en dehors du secteur du commerce de détail qui réalise 8 M€ de chiffre d'affaires à La Réunion et 8 M€ à Saint-Barthélemy ne dépasse pas le seuil de 15 M€.

PERTINENCE DES SEUILS DU CONTRÔLE

Dans un communiqué du 7 juin 2018, l'Autorité de la concurrence relève que, dans certains **secteurs innovants** notamment (numérique, biotechnologies, médicaments), des opérations suscitant des préoccupations de concurrence échappent au contrôle des concentrations. Bien que fortement valorisées par les marchés financiers (par exemple, rachat de WhatsApp par Facebook pour 19 milliards de dollars), elles concernent des entreprises « sans chiffres d'affaires » et se situent par conséquent en deçà des seuils de contrôle. Plutôt que de prévoir, comme en Allemagne et en Autriche, un nouveau seuil fondé sur la valeur de transaction, elle recommande, à l'instar de la Suède, du Royaume-Uni ou des États-Unis, l'introduction dans le droit français de la possibilité pour l'Autorité de contrôler, à son initiative, un nombre très limité d'opérations même si elles n'atteignent pas les seuils en chiffres d'affaires. L'Autorité semble avoir cessé de pousser cette réforme depuis la modification de la pratique de la Commission en matière de renvois « sous les seuils » (n° 10855). **8320**

Dans son avis relatif au niveau de concentration des marchés en Corse et son impact sur la concurrence locale, l'Autorité recommande au législateur de la doter de nouveaux instruments juridiques pour répondre plus efficacement aux difficultés de **territoires métropolitains qui,** comme la Corse, **souffrent d'un déficit structurel de concurrence** en raison de spécificités géographiques et économiques (liées par exemple à l'insularité ou à la présence de massifs montagneux ou à la prépondérance des activités touristiques dans l'économie locale). En lui permettant de se saisir d'office de l'examen d'opérations de concentration qui, tout en restant en-deçà des seuils actuels de contrôlabilité fixés en chiffres d'affaires, suscitent des préoccupations substantielles de concurrence (par exemple parce qu'elles conduisent à la constitution de positions dominantes ou à la prise de contrôle d'infrastructures essentielles), l'Autorité pourrait cibler spécifiquement ces concentrations qui échappent actuellement à son contrôle en dépit de leur fort impact local (Avis Aut. conc. 17-11-2020 n° 20-A-11).

Le 18 janvier 2024, à l'occasion de ses vœux pour l'année 2024 à l'ensemble des partenaires de l'Autorité, le président de l'Autorité de la concurrence a indiqué que l'Autorité examine l'opportunité d'une **mise à jour des seuils de notification** pour qu'ils intègrent les évolutions économiques depuis 2004 (pour les seuils principaux) et 2008 (pour le commerce de détail) et contribuent ainsi à la simplification de l'environnement des entreprises souhaitée, tout en assurant la pertinence du contrôle des concentrations.

b. Modalités de calcul du chiffre d'affaires

Le calcul du chiffre d'affaires (LD-AdlC § 110 s.) est effectué selon les mêmes modalités que pour le contrôle des concentrations européennes (Règl. 139/2004 du 20-1-2004 art. 5, sur renvoi C. com. art. L 430-2, V ; LD-AdlC § 110 s.) : voir n°s 9920 et 9930 s. Il doit permettre d'apprécier la force économique du groupe concerné dans son ensemble, et pas seulement celle des entités juridiques impliquées dans le montage de l'opération. **8330**

AJUSTEMENTS DU CHIFFRE D'AFFAIRES

Le chiffre d'affaires est celui du **dernier exercice comptable** précédant l'opération de concentration, corrigé le cas échéant pour tenir compte des modifications permanentes de périmètre intervenues depuis la clôture de l'exercice, même s'il n'est pas encore certifié (LD-AdlC § 128 ; Min. éco. 27-12-2004, aff. C 2004-17). La cession d'une filiale peut ainsi réduire le chiffre d'affaires (Lettre Aut. conc. 1-2-2011 n° 11-DCC-17, aff. « Ulysse Investissements – Urbania »). La résiliation d'un contrat avec un client important et constituant une condition suspensive à l'opération peut également jouer dans l'appréciation du chiffre d'affaires d'une société cible (Aut. conc. 24-2-2011 n° 11-DCC-33, aff. « Transports Gautier – Transports Renaud »). **8335**

Si une entreprise n'a **pas** réalisé un **exercice comptable complet,** l'Autorité de la concurrence peut procéder à une extrapolation du chiffre d'affaires sur 12 mois. Cette opération est susceptible d'entraîner le franchissement des seuils de contrôle. Ainsi, dans la décision n° 09-DCC-45 du 28 septembre 2009 (aff. « TEXELIX – REEL »), l'extrapolation sur 12 mois opérée par l'Autorité a porté le chiffre d'affaires de 32,4 M€ réalisé sur 7 mois de 2008 à 51,8 M€ estimés sur l'année entière, soit au-dessus du seuil de 50 M€.

En revanche, lorsque des accords de **vente d'actifs** de l'entreprise ont été signés mais que la vente n'a **pas** encore été **réalisée,** ils ne sont pas pris en compte, à moins que la vente ne soit une condition préalable à l'opération notifiée (Communication consolidée § 172 ; LD-AdlC § 130).

TRAITEMENT DU CHIFFRE D'AFFAIRES « INTERNE »

8340 Il résulte de la combinaison des paragraphes 1 et 4 de l'article 5 du règlement 139/2004 qu'il n'y a en principe pas lieu de prendre en compte le chiffre d'affaires résultant des transactions intervenues entre une société mère et ses filiales. L'exclusion des **activités intragroupe** prévue par l'article 5, 1 a pour objet d'éviter de compter deux fois le chiffre d'affaires concerné lorsque l'ensemble des activités du groupe doit être pris en considération.

En revanche, lorsqu'une partie seulement d'une entité économique est vendue (LD-AdlC § 124), l'exclusion du chiffre d'affaires interne entre la partie cédée et la partie cédante empêcherait la prise en compte d'une fraction, voire de la quasi-totalité de l'activité économique de la partie vendue, ce qui est contraire au principe selon lequel le calcul du chiffre d'affaires est destiné à mesurer le poids économique réel de chaque entreprise impliquée dans l'opération. En effet, le règlement précise que si la concentration consiste en l'acquisition de branches d'activité formant ou non une entité juridique, d'une ou de plusieurs entreprises, seul le chiffre d'affaires se rapportant aux branches qui sont l'objet de la transaction est pris en considération pour la détermination du chiffre d'affaires du ou des cédants (art. 5, 2).

ILLUSTRATIONS

Dans un cas où une société réalisait plus des deux tiers de son chiffre d'affaires avec sa société mère, l'Autorité de la concurrence a considéré que l'exclusion du chiffre d'affaires interne entre la partie cédée et la partie cédante aurait empêché la prise en compte de la quasi-totalité de l'activité économique de la partie cédée et donc de mesurer le poids économique réel de celle-ci (Aut. conc. 29-12-2011 n° 11-DCC-214, aff. « G3S/Alyzia »).

En cas d'externalisation à un tiers d'activités auparavant réalisées en interne, la même règle s'applique (LD-AdlC § 125).

RÈGLES D'AFFECTATION GÉOGRAPHIQUE DU CHIFFRE D'AFFAIRES

8350 Les dispositions relatives au contrôle des concentrations s'appliquent aux entreprises réalisant, sur le **territoire national** (métropole, départements et collectivités d'outre-mer), un chiffre d'affaires supérieur aux seuils mentionnés précédemment (n°s 8300 s.).

Le chiffre d'affaires doit être affecté là où la concurrence s'exerce, le plus souvent généralement là où se trouve le client : lieu de fourniture du service ou lieu de livraison du bien vendu (voire lieu de conclusion du contrat), plutôt que l'adresse de facturation (LD-AdlC § 131 s.).

Le fait qu'une opération soit réalisée en dehors du territoire national ou que les entreprises ne possèdent aucun actif en France est donc sans incidence sur l'applicabilité du contrôle : il suffit que les entreprises réalisent un chiffre d'affaires en France, même en l'absence de toute structure, et dépassent les seuils mentionnés ci-dessus (LD-AdlC § 132).

ILLUSTRATIONS

Dans la décision n° 12-DCC-83 du 13-6-2012 (aff. « Nordmilch eG – Humana Milchunion eG – Molkereigenossenschaft Bad Bibra eG), l'Autorité de la concurrence a estimé que la fusion de trois coopératives laitières allemandes dépassait bien les seuils de contrôle en raison du chiffre d'affaires supérieur à 50 M€ réalisé en France en 2011 par deux d'entre elles qui détenaient conjointement une filiale opérationnelle spécialisée dans les produits laitiers active en France.

Dans de rares cas, une opération, bien que contrôlable par l'Autorité de la concurrence, peut ne concerner aucun marché en France. Pour un exemple, voir Aut. conc. 29-10-2010 n° 10-DCC-146, aff. « Mondadori Electa – Réunion des Musées Nationaux/JV » : dans cette affaire, une entreprise commune visait à répondre à des appels d'offres pour des concessions de boutiques de musées en Italie, ainsi que la conception, la production et la vente de livres et produits culturels destinés au marché italien ; aucun marché français n'était donc concerné par l'opération.

8355 Par **exception,** les chiffres d'affaires réalisés en Nouvelle-Calédonie et en Polynésie française ne sont pas pris en compte (C. com. art. L 930-1 et L 940-1). En revanche, ces deux territoires disposent de régimes propres de contrôle des concentrations, régis par des lois du pays relatives à la concurrence :

– Nouvelle-Calédonie : loi du pays 2013-2 du 24-10-2013 ;
– Polynésie française : loi du pays 2014-15 du 25-6-2014.

Les compétences en matière de concurrence ont été transférées le 1er mars 2018 du Gouvernement à l'Autorité de la concurrence de la Nouvelle-Calédonie. Cette dernière a notamment publié une brochure de présentation du contrôle des concentrations (https://autorite-concurrence.nc).

L'Autorité polynésienne de la concurrence a publié ses lignes directrices relatives au champ d'application et à la procédure de contrôle des concentrations le 28 août 2017 (www.autorite-concurrence.pf).

CAS DES ENTREPRISES PUBLIQUES

Les États membres de l'UE (et autres autorités publiques) détiennent parfois des intérêts dans plusieurs entreprises. Cependant, pour le calcul du chiffre d'affaires, seules sont prises en considération les entreprises appartenant à un ensemble économique doté du même pouvoir de décision autonome (Règl. 139/2004, art. 5, 4 ; LD-AdlC § 137 s.). Il convient de : **8360**
- vérifier que l'entreprise cible n'aura pas de pouvoir autonome de décision à l'issue de l'opération ;
- identifier l'entité appelée à constituer un ensemble économique doté d'un pouvoir de décision autonome ;
- déterminer les entreprises détenues par cette entité pour le calcul du chiffre d'affaires.

Si l'entreprise cible a un pouvoir autonome de décision, il ne s'agit pas d'une concentration. Pour un exemple, voir Aut. conc. 22-2-2011 n° 11-DCC-32, aff. « Caisse des Dépôts et Consignations (CDC) – État français – groupe La Poste » : l'opération était contrôlable en tant que passage d'un contrôle exclusif de l'État à un contrôle conjoint de la CDC et de l'État. Le mode de gouvernance spécifique de la CDC assure son autonomie : elle est placée « sous la surveillance et la garantie de l'autorité législative » (C. mon. fin. art. L 518-2).

Le pouvoir de décision autonome est identifié par la **méthode du faisceau d'indices** (Commission européenne 12-11-2009, aff. M.5449 « EDF/Segebel » § 174) : **8365**
- mode de gouvernance,
- pactes d'actionnaires,
- administrateurs communs aux entreprises,
- mode de gestion des participations par l'État,
- communication d'informations et de documents stratégiques,
- historique du comportement concurrentiel des entreprises concernées.

> **Précisions** En France, l'ordonnance 2014-948 du 20 août 2014 organise la **composition des conseils d'administration des entreprises dont l'État détient la majorité du capital** ; dans les établissements publics de l'État, 1/3 de représentants de l'État, 1/3 de représentants des salariés et 1/3 d'administrateurs indépendants (personnalités qualifiées). Ce type de gouvernance ne permet pas à l'État, sauf pactes d'actionnaires, d'exercer une influence significative sur l'entreprise.
> Pour un exemple, voir Aut. conc. 10-12-2013 n° 13-DCC-181, aff. « Giat Industries – SNPE » (opérateurs actifs dans le secteur de l'armement, tous deux contrôlés à 100 % par l'Agence des Participations de l'État, mais dotés d'un pouvoir de décision autonome).

B. Procédure de contrôle des concentrations

1. OBLIGATION DE NOTIFIER L'OPÉRATION

L'opération de concentration contrôlable doit être **notifiée à** l'Autorité de la concurrence (C. com. art. L 430-3, al. 1 ; LD-AdlC § 141) dans les conditions présentées nos 8510 s. **8400**

L'opération de concentration doit être notifiée à l'Autorité de la concurrence avant sa réalisation ; la notification peut intervenir dès lors que la ou les parties concernées sont en mesure de présenter un **projet** suffisamment abouti pour permettre l'instruction du dossier et notamment lorsqu'elles ont conclu un accord de principe, signé une lettre d'intention ou dès l'annonce d'une offre publique (C. com. art. L 430-3, al. 1 ; LD-AdlC § 143). **8405**

Les entreprises peuvent donc notifier des projets, à condition qu'ils soient suffisamment aboutis, ce qui permet de débuter la procédure de contrôle des concentrations parallèlement aux autres étapes de l'opération (finalisation du montage juridique et fiscal, consultation des instances représentatives du personnel, etc.).

Le caractère « suffisamment abouti » d'un projet d'opération s'apprécie au cas par cas. Généralement, peut être notifié un projet pour lequel des parties identifiées apportent la preuve de leur intention de conclure un engagement ferme, d'en indiquer l'objet, les modalités et le périmètre, et d'en préciser le calendrier prévisionnel (LD-AdlC § 143).

La loi ne fixe aucun **délai** pour notifier l'opération. Néanmoins, la suspension de l'opération (nº 8420) incite fortement les parties à y procéder le plus rapidement possible.

Les opérations de concentration autorisées doivent être réalisées dans un délai raisonnable et, en toute hypothèse, à circonstances de droit et de fait inchangées (LD-AdlC § 144).

Le **renvoi par la Commission européenne** à l'Autorité de la concurrence (nº 10810) vaut notification (C. com. art. L 430-3, al. 1 ; LD-AdlC § 142). Dans ce cas, les entreprises concernées doivent communiquer sans délai à l'Autorité un exemplaire du dossier de notification qu'elles ont adressé à la Commission (C. com. art. R 430-3).

2. OBLIGATION DE SUSPENDRE L'OPÉRATION

8420 Comme en matière européenne, la réalisation effective de l'opération est suspendue jusqu'à l'obtention de l'accord de l'Autorité de la concurrence ou, lorsqu'il a évoqué l'affaire (nº 8750), de celui du ministre de l'économie (C. com. art. L 430-4, al. 1).

DÉROGATION À LA SUSPENSION DÉLIVRÉE AU CAS PAR CAS PAR L'AUTORITÉ

8425 « En cas de **nécessité** particulière dûment **motivée** », les parties peuvent demander à l'Autorité de la concurrence une dérogation pour procéder à la réalisation effective de tout ou partie de la concentration. L'**octroi de la dérogation** peut être assorti de conditions et celle-ci cesse d'être valable si, dans un délai de trois mois à compter de la réalisation effective de l'opération, l'Autorité de la concurrence n'a pas reçu la notification complète de l'opération (C. com. art. L 430-4, al. 2 et 3). Depuis quelques années, les lettres de dérogation indiquent que la dérogation cesse également d'être valable si la décision finale de l'Autorité n'est pas rendue dans un délai de neuf mois à compter de la notification de la dérogation.

La dérogation peut être notamment octroyée lors de la reprise d'une entreprise faisant l'objet d'une procédure collective (LD-AdlC § 150).

Les entreprises souhaitant bénéficier d'une telle dérogation doivent en faire la **demande** dans un délai suffisant, par exemple au moins cinq jours ouvrés avant la prise de décision du tribunal, en transmettant un dossier aussi complet que possible (au minimum : présentation des parties et de l'opération, justification de la demande de dérogation, analyse concurrentielle préliminaire) (LD-AdlC § 149).

L'octroi d'une dérogation ne préjuge en rien de la décision qui sera finalement adoptée à l'issue de l'instruction. Les parties doivent donc s'abstenir de prendre des **mesures irréversibles** susceptibles de modifier la structure de l'opération (LD-AdlC § 152).

ILLUSTRATIONS

L'Autorité de la concurrence avait accordé au groupe Parfait le 10 avril 2020 une dérogation pour acquérir l'hypermarché La Batelière. Dans la décision Aut. conc. 22-12-2022 nº 22-DCC-254, aff. « Parfait – La Batelière », l'Autorité de la concurrence a finalement autorisé l'opération compte tenu d'un engagement de céder le fonds de commerce de l'hypermarché, ce qui revient de fait à interdire l'opération (une interdiction n'étant pas possible dans le cadre d'une décision de phase 1 : voir nº 8610).

DÉROGATION À LA SUSPENSION POUR LES OFFRES PUBLIQUES D'ACHAT

8430 Lorsqu'une concentration est réalisée par **achat ou échange de titres sur un marché réglementé,** sa réalisation effective intervient lorsque sont exercés les droits attachés aux titres (C. com. art. R 430-5). Il s'ensuit que ce n'est qu'après l'accord de l'Autorité de la concurrence ou, lorsqu'il a évoqué l'affaire (nº 8750), de celui du ministre de l'économie que le droit de vote peut être exercé (et donc, notamment, qu'une opération de fusion-absorption peut être réalisée) ou que des dividendes peuvent être perçus.

En revanche, l'acquisition d'un **bloc de contrôle** peut valablement être réalisée avant la décision de l'Autorité. Il en va de même pour une **offre publique d'achat ou d'échange,** mais en pratique il est peu vraisemblable qu'une offre publique d'acquisition soit initiée sans la condition suspensive d'un accord au titre du contrôle des concentrations, laquelle est d'ailleurs autorisée par le règlement général de l'Autorité des marchés financiers (nº 8660). Pour un exemple, voir Aut. conc. 3-11-2010 nº 10-DCC-152 (acquisition par Axel Springer AG du contrôle exclusif de la société SeLoger.com, par le biais d'une offre publique d'achat).

Les opérations réalisées sur les autres marchés boursiers (marché libre ou hors cote), qui ne sont pas soumises aux règles d'OPA, ne bénéficient pas de ce mécanisme (LD-AdlC § 161).

3. SANCTIONS DU DÉFAUT DE NOTIFICATION OU DE SUSPENSION

SANCTIONS DE LA RÉALISATION DE L'OPÉRATION SANS NOTIFICATION

Lors de la réalisation d'une opération de concentration sans notification (LD-AdlC § 163 s.), l'Autorité de la concurrence **enjoint** aux parties, sous astreinte d'un montant maximal limité à 5 % du chiffre d'affaires journalier moyen par jour de retard (C. com. art. L 464-2, II), de notifier l'opération, à moins de revenir à l'état antérieur à la concentration (C. com. art. L 430-8, I-al. 1). La procédure de contrôle (nº 8600) est alors applicable. **8450**

En outre, l'Autorité peut infliger une **sanction pécuniaire** d'un montant maximal de 5 % du chiffre d'affaires hors taxe réalisé en France lors du dernier exercice clos, augmenté le cas échéant de celui réalisé en France durant la même période par la partie acquise, pour les personnes morales, et de 1,5 M€, pour les personnes physiques (C. com. art. L 430-8, I-al. 2).

La **procédure** est contradictoire. Sur proposition du rapporteur général (C. com. art. L 462-5, III), l'Autorité peut se saisir d'office. Le cas échéant, un rapport est communiqué à l'entreprise concernée, qui dispose de deux mois pour présenter ses observations. Elle est ensuite entendue en séance par le collège de l'Autorité. La décision, qui est publiée sur le site de l'Autorité, lui est également notifiée.

Le **défaut** de notification d'une opération de concentration doit être **imputé** aux personnes physiques ou morales sur lesquelles pèse l'obligation de notification (nº 8510), c'est-à-dire à celles acquérant de façon ultime le contrôle de la cible, et non à la seule personne signataire de l'accord d'acquisition.

Dans le cas d'un **groupe de sociétés,** lorsqu'une filiale notifie une opération de concentration, celle-ci est réputée le faire pour la personne qui en détient ultimement le contrôle, c'est-à-dire la société mère. Dans la plupart des cas, cette règle augmente le montant maximal de la sanction pécuniaire encourue.

Le Conseil constitutionnel a confirmé la conformité de cette procédure « aux principes d'indépendance et d'impartialité indissociables de l'exercice de pouvoirs de sanction par une autorité administrative indépendante » (Cons. const. 12-10-2012 nº 2012-280 QPC, Groupe Canal Plus).

Pour des exemples, voir Aut. conc. 11-5-2012 nº 12-D-12, aff. « Colruyt » et, sur pourvoi, CE 24-6-2013 nº 360949 : RJDA 6/14 nº 568 (sanction de 392 000 €) ; Aut. conc. 31-1-2014 nº 13-D-01, aff. « Réunica-Arpège » (sanction de 400 000 €) ; Aut. conc. 20-12-2013 nº 13-D-22, aff. « Groupe Castel » (sanction de 4 M€, réduite à 3 M€ par CE 15-4-2016 nº 375658 : RJDA 10/16 nº 737).

Le Code de commerce ne contient aucune disposition expresse sur la **prescription** applicable aux faits visés à l'article L 430-8, I du Code de commerce. C'est pourquoi l'Autorité de la concurrence fait application de la prescription quinquennale prévue à l'article L 462-7, I qui vise, sans distinction, l'ensemble des « faits » qu'elle peut être conduite à sanctionner (LD-AdlC § 170-171). **8455**

ILLUSTRATIONS

Dans l'affaire « Colruyt » (Aut. conc. 11-5-2012 nº 12-D-12), la société a informé l'Autorité de la réalisation de trois opérations de concentration non notifiées (respectivement en 2003, 2004 et 2009). Seule la dernière infraction (celle de 2009) a été sanctionnée par l'Autorité en 2012, les précédentes étant toutes deux frappées par la prescription quinquennale.

La prescription commence à courir au jour où se matérialise le changement de contrôle. Les actes tendant à la recherche, la constatation ou la sanction des faits en cause interrompent le délai.

L'Autorité considère que l'absence de notification constitue une « **infraction permanente** » (Aut. conc. 12-4-2022 nº 22-D-10, aff. « COFEPP-MBWS »), ce qui a des conséquences sur la durée de l'infraction. Une infraction instantanée se définit comme une infraction dont l'acte matériel s'accomplit en un trait de temps. Une infraction permanente est une sous-catégorie des infractions instantanées : l'acte matériel s'exécute en un trait de temps, mais les effets se prolongent dans la durée, sans nouvelle intervention de l'auteur des faits. Par contraste, la réalisation anticipée est considérée comme une « infraction continue » (nº 8470).

Déterminants de la sanction Sont notamment prises en compte (LD-AdlC § 172) : la gravité des faits, les circonstances de l'espèce et la situation individuelle du contrevenant. **8460**

Par nature, le défaut de notification constitue une **infraction grave** à l'ordre public économique, puisqu'il prive l'Autorité de la possibilité d'exercer sa mission de contrôle. Le

montant de la sanction est fixé au regard de circonstances concrètes, qui peuvent être « aggravantes ou atténuantes », par exemple :
– le caractère plus ou moins évident de la contrôlabilité de l'opération ;
– la taille de l'entreprise et les moyens, notamment juridiques, dont elle dispose ;
– le fait que l'entreprise a spontanément porté l'absence de notification à l'attention de l'Autorité ;
– l'éventuelle volonté de ses responsables de contourner l'obligation légale de notification, en particulier lorsque l'opération était susceptible de porter une atteinte substantielle à la concurrence ;
– la coopération apportée par l'entreprise au cours de la procédure.

ILLUSTRATIONS

Dans l'affaire « Colruyt » (Aut. conc. 11-5-2012 n° 12-D-12), l'Autorité a considéré que l'acquéreur a « délibérément » ignoré son obligation de notification pour réaliser plus rapidement l'opération (circonstance aggravante). Au contraire, dans l'affaire du « groupe Castel » (CE 15-4-2016 n° 375658 : RJDA 10/16 n° 737), pour réduire le montant de la sanction infligée par l'Autorité de 4 à 3 M€, le Conseil d'État a relevé que l'entreprise avait notifié l'opération peu de temps après les premières questions posées par les services d'instruction (circonstance atténuante).

SANCTIONS DE LA MISE EN ŒUVRE ANTICIPÉE D'UNE CONCENTRATION

8470 Les parties qui réalisent l'opération au mépris de l'obligation de suspension (« gun jumping », LD-AdlC § 173 s.) (n° 8420) s'exposent aux mêmes **sanctions pécuniaires** qu'en cas de défaut de notification (n° 8450) (C. com. art. L 430-8, II).

Cette disposition vise à garantir l'exercice effectif de son pouvoir de contrôle par l'Autorité de la concurrence et à s'assurer que, avant son autorisation, les parties ne se comporteront pas comme une entité économique unique sur le marché de façon anticipée. Elles doivent au contraire continuer d'y agir comme des concurrents. L'acquéreur doit s'abstenir de réduire l'autonomie de la cible ou d'interférer dans la gestion, par exemple en désignant ses nouveaux responsables ou en concluant des accords commerciaux qui dérogeraient à la pratique normale de marché.

L'Autorité analyse le **comportement** concret **des entreprises** en cause en s'appuyant « sur une grille d'analyse analogue à celle qui est utilisée pour apprécier le caractère concentratif d'une opération » (LD-AdlC § 176). Une vigilance toute particulière est portée aux informations sensibles échangées entre l'acquéreur et la cible, ainsi qu'aux protocoles d'accord régissant leurs relations pendant la période suspensive. S'ils ne caractérisent pas en soi un « gun-jumping », ces accords peuvent en effet permettre à l'acquéreur de prendre de fait le contrôle de la cible de façon anticipée. Aussi l'Autorité examine-t-elle non seulement « la lettre du contrat – sa portée, son objet – mais également les modalités concrètes de son application » (Ld-AdlC § 178).

L'Autorité considère que la mise en œuvre anticipée d'une concentration constitue une « **infraction continue** » (Aut. conc. 12-4-2022 n° 22-D-10, aff. « COFEPP-MBWS »), qui dure aussi longtemps que l'Autorité n'autorise pas l'opération, et non une « infraction permanente » soumise au régime des infractions instantanées comme l'absence de notification (n° 8455).

ILLUSTRATIONS

L'Autorité de la concurrence a appliqué cette disposition pour la première fois dans la décision n° 16-D-24 du 8-11-2016, où le groupe Altice a été sanctionné à hauteur de 80 M€ pour avoir réalisé, avant autorisation, la prise de contrôle de SFR (Aut. conc. 30-10-2014 n° 14-DCC-160) et d'OTL (Aut. conc. 27-11-2014 n° 14-DCC-179). Les comportements mis en œuvre avant l'autorisation avaient permis à Altice d'exercer une influence déterminante sur les entreprises acquises et d'accéder à de nombreuses informations stratégiques.

En 2022, l'Autorité a infligé une sanction de 7 M€ à la Cofepp (Aut. conc. 12-4-2022 n° 22-D-10) pour avoir pris le contrôle de Marie Brizard Wine & Spirits sans notification ni autorisation préalables. L'entreprise mise en cause, qui n'a pas contesté les pratiques, a bénéficié de la procédure de transaction (C. com. L 464-2, III ; n°s 53940 s.). Le montant d'amende est global, sans distinguer le grief lié au non-respect de l'obligation de notification (n° 8450 ; C. com. art. L 430-8, I) de celui lié au non-respect de l'obligation de suspension (C. com. art. L 430-8, II). L'opération, autorisée en 2019, n'avait en effet été notifiée par les parties que postérieurement à sa réalisation (Aut. conc. 28-2-2019 n° 19-DCC-36).

4. DIFFÉRENTES PHASES DE LA PROCÉDURE DE CONTRÔLE

Pour un **tableau récapitulatif de la procédure** de contrôle des concentrations nationales, voir nº 9160. 8490

a. Désignation d'un rapporteur

Innovation procédurale introduite par les lignes directrices révisées le 23 juillet 2020 (LD-AdlC § 188-190), les **parties** peuvent désormais **demander** la désignation d'un rapporteur chargé de l'examen du dossier par courrier électronique à l'adresse suivante : controle.concentrations@autoritedelaconcurrence.fr. 8500

Cette étape facultative, qui intervient en amont de la prénotification ou de la notification, est soumise à des exigences formelles. Les parties et leurs conseils doivent fournir leurs coordonnées et les informations suivantes :
- le type de dossier concerné (demande de confort, notification d'une opération avec ou sans phase de prénotification, en procédure normale ou simplifiée, à la suite d'un renvoi de la Commission européenne) ;
- les entreprises concernées et leurs chiffres d'affaires respectifs ;
- la description précise de l'opération envisagée (nature de l'opération, activité des parties, marchés concernés et, le cas échéant, affectés, présentation des effets concurrentiels résultant de l'opération) ;
- le cas échéant, les autres États membres dans lesquels l'opération doit également être notifiée ;
- la date prévisible d'envoi du projet de prénotification ou de notification.

Dans un délai de cinq jours ouvrés, le nom de l'adjoint au chef de service chargé du dossier leur est communiqué.

b. Prénotification

Les parties peuvent soumettre leur projet de notification à l'Autorité de la concurrence au cours d'une **phase** de prénotification, qui est **facultative,** informelle et confidentielle (LD-AdlC § 191-200). Elle permet de présenter l'opération (le cas échéant, de vérifier si elle doit bien être notifiée et si les chiffres d'affaires ont été correctement calculés), de préparer le dossier de notification, d'examiner les risques qu'elle est susceptible de faire peser sur la concurrence et, le cas échéant, d'envisager les remèdes de nature à corriger les éventuelles atteintes à la concurrence. Ces contacts préalables permettent en particulier de réduire le risque que le dossier de notification (nº 8515) ne soit déclaré incomplet. 8505

Pour déclencher une prénotification, les **parties** peuvent **adresser** une présentation de leur opération par courriel à l'adresse suivante : controle.concentrations@autoritedelaconcurrence.fr (LD-AdlC § 195). Dans un délai de cinq jours ouvrés, si elles n'ont pas déjà fait usage du mécanisme de demande de désignation d'un rapporteur (nº 8500), elles sont informées du nom des rapporteurs chargés de l'examen de l'opération et de l'état de complétude du dossier.

En cas de soumission d'études économiques (voir nº 8530), des réunions informelles peuvent être organisées en tant que de besoin, notamment « pour s'assurer que la méthodologie proposée est suffisamment robuste pour que les résultats des études puissent être admis dans le cadre de l'instruction » (LD-AdlC § 199).

Si les parties doutent de la **contrôlabilité** de leur **opération,** elles peuvent solliciter l'expertise du service des concentrations. S'il apparaît que l'opération en cause n'est pas contrôlable, ce dernier délivre une confirmation sous la forme d'une lettre de confort (LD-AdlC § 197).

Par exception au principe de confidentialité de la prénotification, et sous réserve de l'accord préalable écrit des parties, un test de marché peut être organisé en amont de la notification officielle (LD-AdlC § 200).

> **Précisions** En avril 2022, le Conseil d'État a jugé que la décision de l'Autorité de la concurrence d'ouvrir, à la demande des parties, une phase de prénotification est insusceptible de faire l'objet d'un recours pour excès de pouvoir. En effet, cette décision « constitue un élément de la procédure pouvant conduire l'Autorité à se prononcer sur l'opération de concentration en cause. Elle revêt, dès lors, un caractère purement préparatoire » (CE 7-4-2022 nº 458272, pt 5). Est sans incidence le fait qu'au cours de cette prénotification, les services d'instruction puissent, sous peine de sanctions, demander la communication d'informations ou de documents auprès de tiers à l'opération. Le Conseil d'État avait rejeté quelques semaines auparavant (CE 1-3-2022 nº 458272) une QPC soulevée par les mêmes requérantes : il n'y avait pas lieu de renvoyer au Conseil constitutionnel la question de la conformité aux droits et libertés garantis par la Constitution des dispositions encadrant cette procédure de sanction (C. com. art. L 450-8 et L 464-2, V).

c. Phase 1 d'examen de l'opération

NOTIFICATION DE L'OPÉRATION À L'AUTORITÉ

8510 **Personnes tenues de notifier** L'obligation de notification incombe aux personnes morales et aux personnes physiques qui acquièrent le contrôle de tout ou partie d'une entreprise ou, dans le cas d'une fusion ou de la création d'une entreprise commune, à toutes les parties concernées qui doivent alors notifier conjointement (C. com. art. L 430-3, al. 2 ; LD-AdlC § 142).

8515 **Dépôt du dossier de notification** Le dossier de notification doit être adressé soit en un exemplaire à l'adresse suivante : Autorité de la concurrence – à l'attention du Chef du service des concentrations – 11, rue de l'Échelle 75001 Paris, soit par l'intermédiaire de la plateforme d'échanges sécurisés de documents électroniques dénommée Hermès (C. com. art. R 430-2, al. 1), soit par la procédure de notification en ligne sur le site internet « demarches-simplifiees.fr » pour les opérations qui y sont éligibles (LD-AdlC § 234 s.).

Le dossier peut aussi être déposé à la réception de l'Autorité de la concurrence, de 9 h à 19 h les jours ouvrés. Il est alors marqué d'un timbre indiquant sa date d'arrivée (LD-AdlC § 202). Un exemplaire doit par ailleurs être fourni en version numérique au format PDF (Règlement intérieur de l'Autorité art. 2), soit joint à l'exemplaire papier sur un support matériel (par exemple : clé USB), soit par courrier électronique à l'adresse : controle.concentrations@autoritedelaconcurrence.fr.

8520 **Contenu du dossier de notification** Le dossier doit contenir les éléments énumérés aux annexes 4-3 à 4-5 du Code de commerce. Un **formulaire type** de notification est disponible sur le site internet de l'Autorité (LD-AdlC § 208). Il comprend **cinq parties** :
– la description de l'opération, qui doit inclure un résumé non confidentiel de l'opération (maximum 500 mots), destiné à être publié sur le site internet de l'Autorité (voir n° 8540 s.) ;
– la présentation des entreprises concernées et des groupes auxquelles elles appartiennent ;
– la présentation des marchés concernés (délimitation, parts de marché des parties) ;
– le cas échéant, une description détaillée des marchés affectés ;
– une déclaration sur l'exactitude et la complétude des informations fournies.

Lorsque certains documents sont rédigés dans une **langue étrangère,** il convient d'en fournir une traduction, qui « peut se limiter aux passages nécessaires pour permettre à l'Autorité d'exercer son office en matière de contrôle des opérations de concentrations » (LD-AdlC § 206).

Lorsque l'Autorité constate que le **dossier** est **incomplet** ou comporte des informations inexactes, notamment en ce qui concerne la délimitation des marchés concernés, elle peut demander qu'il soit complété ou rectifié (LD-AdlC § 207).

La définition du marché et des parts de marché représente le motif le plus fréquent d'insuffisance des dossiers. C'est pourquoi il est recommandé aux parties de présenter leurs parts de marché et celles des concurrents en considérant l'ensemble des segmentations possibles, y compris la plus étroite (LD-AdlC § 225).

Si l'**opération** est **notifiée dans plusieurs États** membres de l'UE, les parties sont invitées à communiquer la liste de ces États, pour permettre à l'Autorité de la concurrence d'informer ses homologues et la Commission européenne et, le cas échéant, d'envisager un renvoi vers cette dernière (LD-AdlC § 210).

Comme tous les « documents élaborés ou détenus par l'Autorité de la concurrence dans le cadre de l'exercice de ses pouvoirs d'enquête, d'instruction et de décision » (CRPA art. L 311-5 ; n° 9065), le dossier de notification des tiers n'est pas communicable aux tiers. Il est strictement **confidentiel** (LD-AdlC § 217).

> Précisions a. Si les **marchés pertinents** sont **de dimension locale,** des cartes géographiques délimitant les zones de chalandise avec des courbes isochrones doivent être fournies (LD-AdlC § 212). Pour un exemple, voir la décision n° 09-DCC-01 du 8 avril 2009 (carte de la Lorraine pour la visualisation des zones de chalandise).

b. Un **marché** est réputé **« affecté »** lorsque (Annexe 4-3 du Code de commerce, point 4) :
– deux ou plusieurs entreprises concernées ou des groupes auxquels ces entreprises appartiennent exercent des activités sur ce marché et que leurs parts cumulées atteignent au moins 25 % (concentration horizontale) ;
– une au moins desdites entreprises exerce des activités sur ce marché alors qu'une autre de ces entreprises ou groupe exerce des activités sur un marché situé en amont ou en aval ou connexe, qu'il y ait ou non des relations de fournisseur à client entre ces entités, dès lors que sur l'un ou l'autre de ces marchés l'ensemble des entreprises ou groupes concernés atteignent 30 % au moins (concentration verticale) ;
– l'opération conduit à la disparition d'un

concurrent potentiel sur l'un des marchés où les parties sont actives.

c. Les **indications relatives aux principaux concurrents,** clients et fournisseurs doivent être les plus précises possible pour permettre la réalisation d'un test de marché (LD-AdlC § 213).

En cas d'**omission ou** de **déclaration inexacte** dans une notification, l'Autorité de la concurrence peut infliger aux personnes ayant procédé à la notification une sanction pécuniaire qui ne peut pas dépasser les montants indiqués n° 8450 (C. com. art. L 430-8, III ; LD-AdlC § 184 s.). **8525**

Les circonstances ayant abouti à l'omission ou à la déclaration inexacte, ainsi que le comportement des entreprises en cause vis-à-vis de l'Autorité de concurrence sont pris en compte pour fixer le montant de l'amende. La procédure est contradictoire.

Cette sanction peut s'accompagner du retrait de la décision ayant autorisé la réalisation de l'opération. À moins de revenir à l'état antérieur à la concentration, les parties sont alors tenues de notifier de nouveau l'opération dans un délai d'un mois à compter du retrait de la décision, sauf à encourir les sanctions applicables en cas de réalisation d'une opération de concentration sans notification énoncées précédemment.

ILLUSTRATIONS

Dans l'ancien régime de contrôle, le ministre de l'économie a fait usage de ces dispositions à l'encontre de la société Vico qui avait omis de signaler qu'elle était active sur certains segments de marché lors du rachat de la société Lorenz France (Min. éco. 13-11-2006, Lettre de sanction, aff. C 2006-96 : BOCCRF 1 bis du 25-1-2007).

Soumission d'études économiques Les études économiques, qui reposent sur l'analyse de données statistiques, doivent être rédigées clairement et de façon transparente, en explicitant les hypothèses et les méthodologies, et en fournissant les données utilisées et les références utiles (articles académiques, bibliographie, programmes informatiques). **8530**

Les méthodologies doivent être adaptées au fonctionnement des marchés étudiés. Les études économétriques, les sondages et le recours à la modélisation économique font l'objet d'exigences particulières (LD-AdlC § 199 ; Recommandations pour la soumission d'études économiques à l'Autorité de la concurrence, disponibles en ligne : www.autoritedelaconcurrence.fr/sites/default/files/etudes_eco_juill13.pdf).

RÉCEPTION DE LA NOTIFICATION PAR L'AUTORITÉ

La notification complète fait l'objet d'un accusé de réception (C. com. art. R 430-2). La comptabilisation des délais d'instruction démarre à 0 heure du jour ouvré suivant celui mentionné sur l'accusé de réception (LD-AdlC § 207). **8540**

Dès réception du dossier de notification, l'Autorité de la concurrence en adresse un exemplaire numérique au ministre chargé de l'économie (LD-AdlC § 204).

La réception de la notification d'une opération, ou le renvoi aux autorités françaises d'une opération relevant de la compétence de l'Union européenne, fait l'objet d'un **communiqué** publié **par l'Autorité de la concurrence** contenant notamment les éléments suivants (C. com. art. L 430-3, al. 3 ; art. R 430-4 ; LD-AdlC § 241 s.) :

– les noms des entreprises concernées et des groupes auxquels elles appartiennent ;
– la nature de l'opération ;
– les secteurs économiques concernés ;
– le délai dans lequel les tiers intéressés sont invités à faire connaître leurs observations ;
– le résumé non confidentiel de l'opération fourni par les parties. Ce résumé doit expliciter le périmètre de l'opération et ne pas contenir d'éléments préliminaires d'appréciation des effets de l'opération (maximum 500 mots) (LD-AdlC § 209, voir n° 8515) ;
– une mention spécifique, s'il s'agit d'un renvoi d'une opération de concentration de dimension européenne.

Le communiqué est publié dans les cinq jours ouvrés suivant la date de réception du dossier de notification (ou la date à laquelle l'Autorité est informée de la décision de renvoi de la Commission européenne) sur le site internet de l'Autorité de la concurrence (www.autoritedelaconcurrence.fr).

À compter de la publication de ce communiqué, les **tiers intéressés** peuvent transmettre leurs observations sur l'opération projetée soit par courrier électronique soit en contactant le service des concentrations par téléphone (+ 33 1 55 04 01 72) dans un délai non-impératif de 15 jours ouvrés, réduit à 10 jours ouvrés dans la procédure simplifiée. Toutes les observations parvenues à l'Autorité avant l'adoption de sa décision sont susceptibles d'être prises en compte, mais elles risquent de ne pas l'être en cas de transmission tardive (LD-AdlC § 243-245).

OBLIGATION D'INFORMATION DES SALARIÉS

8545 Les entreprises sont invitées à anticiper les conséquences de la publication du communiqué de l'Autorité de la concurrence en termes de communication, en particulier à l'égard des représentants du personnel (LD-AdlC § 246).

Lorsqu'une entreprise d'au moins 50 salariés est partie à une opération de concentration, l'employeur doit réunir le comité social et économique (CSE) au plus tard dans un délai de trois jours à compter de la publication du communiqué relatif à la notification du projet de concentration, émanant soit de l'autorité administrative française en application de l'article L 430-3 du Code de commerce, soit de la Commission européenne en application du règlement 139/2004 du 20 janvier 2004 sur les concentrations (sur cette publication, voir nº 9040) (C. trav. art. L 2312-41, al. 1).

Au cours de cette réunion, le CSE (ou, le cas échéant, la commission économique) peut proposer le recours à un expert-comptable ; dans ce cas, le CSE (ou la commission économique) tient une deuxième réunion afin d'entendre les résultats des travaux de l'expert (C. trav. art. L 2315-93, al. 2). En cas de nomination d'un expert, celui-ci a accès aux « documents de toutes les sociétés intéressées par l'opération » (C. trav. art. L 2312-41, al. 2).

> **Précisions** Pour l'application de l'ancien article L 2323-20 du Code du travail (devenu l'art. L 2312-41), sont **parties à une opération de concentration** l'ensemble des entités économiques affectées directement ou indirectement par la prise de contrôle (Cass. soc. 26-10-2010 nº 09-65.565 : RJDA 2/11 nº 186 ; Cass. soc. 2-7-2014 nº 13-17.357 : RJS 10/14 nº 704). Ainsi, dans le cas de sociétés françaises, filiales d'une société de droit néerlandais et formant une unité économique et sociale, le comité central d'entreprise est fondé à recourir à l'assistance d'un expert-comptable chargé d'analyser le projet d'offre publique d'achat formé contre la mère et notifié à la Commission européenne au titre du contrôle des concentrations (Cass. soc. 26-10-2010, précité). En revanche, n'est pas partie à une opération de concentration une filiale qui n'est pas en concurrence avec le groupe acquis par sa société mère ou dont l'activité ou l'emploi ne sont pas affectés, de manière certaine ou prévisible, par cette acquisition (Cass. soc. 2-7-2014, précité).
> Compte tenu des effets de la décision de concentration sur l'entreprise concernée, son comité social et économique peut, au regard des missions que la loi lui confie (C. trav. art. L 2312-8), justifier « d'un intérêt lui donnant qualité pour demander l'annulation de la décision litigieuse » (CE 9-3-2021 nº 433214 : RJDA 6/21 nº 426).

8550 **Tableau récapitulatif**

Il résulte de la combinaison des textes que la chronologie de l'information du CSE d'une entreprise (d'au moins 50 salariés) partie à une opération de concentration est la suivante :

Étapes	Délais maximaux	Textes
Information du CSE par l'employeur	Diffusion communiqué ADLC ou publication du fait de la notification au JOUE + 3 jours	C. trav. art. L 2312-41, al. 1
Si expert-comptable désigné par le CSE : demande par l'expert à l'employeur de toutes les informations qu'il juge nécessaires à la réalisation de sa mission	Information du CSE + 3 jours, sauf accord employeur-CSE	C. trav. art. R 2315-45
Délivrance par l'employeur des informations demandées par l'expert	Demande de l'expert + 5 jours, sauf accord employeur-CSE	C. trav. art. R 2315-45
Décision de l'ADLC (non-applicabilité du contrôle, autorisation de l'opération ou ouverture d'une procédure d'examen approfondi) ou de la Commission européenne	Notification de l'opération + 25 jours	C. com. art. L 430-5 ; Régl. 139/2004 du 20-1-2004 art. 10, 1
Remise du rapport de l'expert au CSE	Décision de l'ADLC ou de la Commission + 8 jours, sauf accord employeur-CSE	C. trav. art. R 2315-47
Présentation du rapport de l'expert au CSE		C. trav. art. L 2312-41, al. 2

DOSSIERS SIMPLIFIÉS

Allègement du dossier de notification L'Autorité de la concurrence permet d'alléger le contenu des dossiers de notification pour certaines **opérations** (LD-AdlC § 230 s.) : 8570
- lorsque la part de marché cumulée des entreprises concernées est inférieure à 25 % sur des marchés définis de manière constante par la pratique décisionnelle ;
- en cas de chevauchement d'activité entre les parties, lorsque la part de marché cumulée des entreprises concernées est inférieure à 50 % et l'addition de parts de marché résultant de l'opération inférieure à 2 points sur des marchés définis de manière constante par la pratique décisionnelle ;
- en cas de présence sur des marchés liés verticalement, lorsque la part de marché cumulée des entreprises concernées sur ces marchés est inférieure à 30 % sur des marchés définis de manière constante par la pratique décisionnelle ;
- en cas de présence sur des marchés connexes, lorsque les parts de marché des entreprises concernées sur les marchés liés sont inférieures à 30 % sur des marchés définis de manière constante par la pratique décisionnelle ;
- en cas d'acquisition de contrôle exclusif d'entreprises, lorsque l'acquéreur exerçait un contrôle conjoint de la cible préalablement à l'opération ;
- lorsque l'opération porte sur la création d'une entreprise commune de plein exercice exclusivement active en dehors du territoire national ;
- lorsque l'opération concerne la prise de contrôle conjoint d'un actif immobilier en vente en l'état futur d'achèvement (Vefa).

Certaines opérations, outre qu'elles sont éligibles à l'allègement du dossier de notification, peuvent être notifiées de manière dématérialisée par la procédure de notification en ligne sur le site internet « demarches-simplifiees.fr » (LD-AdlC § 234 s.). Il s'agit de :
- toute opération notifiée en application de l'article L 430-2, II (n° 8310), sous réserve qu'elle n'entraîne pas un changement d'enseigne du ou des magasins de commerce de détail concernés ;
- toute opération qui ne se traduit pas par un chevauchement d'activités entre les parties, qu'il soit de nature horizontale, verticale ou conglomérale.

Pour toutes ces opérations, qui sont éligibles à la procédure simplifiée (n° 8580), les **informations requises** sont allégées (LD-AdlC § 230 s. et 820 s.) : ainsi, le tableau récapitulatif des données financières (C. com. Annexe 4-3, point 2c) n'est exigé que pour le dernier exercice clos, il n'est plus demandé de fournir « la liste et la description de l'activité des entreprises avec lesquelles les entreprises ou groupes concernés et les groupes auxquels elles appartiennent entretiennent des liens contractuels significatifs et durables sur les marchés concernés par l'opération, la nature et la description de ces liens » (Annexe 4-3, point 2e) et la liste des activités est limitée aux seules parties (Annexe 4-3, point 3).

> **Précisions** Les lignes directrices révisées en juillet 2020 ont ainsi sensiblement élargi le **champ d'application de la procédure simplifiée.** Cette évolution avait été proposée par l'Autorité de la concurrence dans un communiqué du 7 juin 2018. Les nouveaux types d'opérations éligibles ne suscitent pas de risque majeur pour la concurrence, par exemple, en cas de chevauchement horizontal d'activité, lorsque la part de marché cumulée des entreprises concernées est inférieure à 25 %, voire à 50 %, sous réserve, le cas échéant, que l'incrément de part de marché n'excède pas 2 points. L'Autorité estime que 70 % des contrôles opérés annuellement sont concernés.

Tronc commun aux dossiers de notification Pour les entreprises réalisant un grand nombre d'opérations au cours de l'année (fonds d'investissement, acteurs importants du commerce de détail), il est possible de fournir, après clôture des comptes annuels, un « tronc commun » d'informations générales utilisables pour toutes les notifications à venir, puis de limiter leurs notifications aux informations spécifiques à chaque opération (LD-AdlC § 299). 8575

Procédure simplifiée L'Autorité de la concurrence peut rendre des « décisions simplifiées » qui permettent à l'entreprise de bénéficier de délais plus rapides. 8580

ATTENTION
L'application de la procédure ne constitue qu'une **faculté et non une obligation** pour l'Autorité de la concurrence. Même lorsque les conditions d'application de la procédure simplifiée sont remplies, l'Autorité peut, si elle l'estime nécessaire, suivre la procédure « normale » (délais prévus à l'art. L 430-5, II du Code de commerce) (LD-AdlC § 233).

Le **champ d'application** de la procédure simplifiée se confond avec celui des dossiers simplifiés (LD-AdlC § 230 ; n° 8570).

8590 Les principales **caractéristiques** de cette procédure sont les suivantes (LD-AdlC § 249) :
– délai raccourci pour rendre une décision : 15 jours ouvrés en moyenne (contre 25 normalement) ;
– forme simplifiée de la décision d'autorisation (C. com. art. L 430-5, III).
L'Autorité de la concurrence utilise la formule suivante : « L'opération notifiée consiste en la prise de contrôle de la société X par la société Y. Elle constitue une opération de concentration au sens de l'article L 430-1 du Code de commerce. Compte tenu des chiffres d'affaires réalisés par les entreprises concernées, l'opération ne revêt pas de dimension communautaire. En revanche, les seuils de contrôle relatifs au commerce de détail mentionnés au point [...] de l'article L 430-2 du Code de commerce sont franchis. La présente opération est donc soumise aux dispositions des articles L 430-3 et suivants du Code de commerce relatifs à la concentration économique. Au vu des éléments du dossier, l'opération n'est pas de nature à porter atteinte à la concurrence sur les marchés concernés ».

DÉLAIS DE LA PHASE 1 D'EXAMEN

8600 L'Autorité de la concurrence doit en principe se prononcer sur l'opération de concentration dans un **délai maximal** de 25 jours ouvrés à compter de la date de réception de la notification complète (C. com. art. L 430-5, I, LD-AdlC § 248).
Compte tenu des règles de décompte des délais applicables en droit administratif, ce délai débute le lendemain à 0 heure du jour mentionné sur l'accusé de réception de la notification (LD-AdlC § 207). Il s'agit soit du jour du dépôt, si le dossier était initialement complet, soit du jour de la réception des derniers éléments ayant permis de constater le caractère complet du dossier. Le délai est calculé en « jours ouvrés » : les samedis, dimanches et jours fériés légaux énumérés à l'article L 3133-1 du Code du travail ne sont donc plus inclus dans la computation des délais (LD-AdlC § 247).
Ce délai peut être **réduit,** mais il ne peut jamais être inférieur à celui dans lequel les tiers sont invités à faire connaître leurs observations, délai qui est précisé dans le communiqué de l'Autorité de la concurrence (voir nº 8540) (LD-AdlC § 248).
Si des engagements sont reçus par l'Autorité de la concurrence, ce délai est automatiquement prolongé de 15 jours ouvrés (C. com. art. L 430-5, II-al. 2 ; LD-AdlC § 277).

8605 **Suspension des délais de phase 1** L'Autorité de la concurrence peut suspendre les délais au cours de la phase « courte » d'examen soit :
– à l'initiative des parties, dans la limite de 15 jours ouvrés, en cas de nécessité particulière (par exemple la finalisation des engagements) (C. com. art. L 430-5, I-al. 4) ;
– de sa propre initiative, lorsque les parties ont manqué de l'informer d'un fait nouveau dès sa survenance ou de lui communiquer, en tout ou partie, les informations demandées (C. com. art. L 430-5, II-al. 3 ; LD-AdlC § 251 s.). Le cas échéant, les parties sont informées de la suspension par une lettre du chef du service des concentrations.
Le délai reprend son cours dès la disparition de la cause ayant justifié la suspension.

DÉCISION DE PHASE 1

8610 **Les différentes décisions** L'Autorité de la concurrence peut (C. com. art. L 430-5, III ; LD-AdlC § 283 s.) :
– soit prendre une décision constatant que l'opération n'entre pas dans le champ d'application du contrôle des concentrations ;
– soit décider d'autoriser l'opération, en subordonnant éventuellement cette autorisation à la réalisation effective des engagements pris par les parties (sur ces engagements, voir nos 8770 s.) ;
– soit, si elle estime qu'il subsiste un doute sérieux d'atteinte à la concurrence, engager un examen approfondi (nos 8650 s.).

8615 **Organes compétents pour adopter la décision de phase 1** Le président de l'Autorité de la concurrence, ou un vice-président désigné par lui, peut adopter seul les décisions prévues à l'issue d'une procédure courte (C. com. art. L 461-3, al. 4 ; LD-AdlC § 262). Parmi les vice-présidents ou membres du collège, il peut désigner un ou plusieurs référents pour l'éclairer par un avis informel.

8620 **Notification de la décision** La décision de l'Autorité de la concurrence est notifiée à l'auteur ou aux auteurs de la notification de l'opération de concentration, ainsi qu'au ministre de l'économie (C. com. art. R 430-7).

Accord tacite Si, dans le délai de 25 jours ouvrés fixé par l'article L 430-5, I du Code de commerce (éventuellement prolongé de 15 jours ouvrés en raison des engagements des parties ; voir n° 8850), l'Autorité de la concurrence n'a pris aucune décision, elle en informe le ministre de l'économie (C. com. art. L 430-5, IV). L'opération est réputée avoir fait l'objet d'une décision d'autorisation au terme du délai ouvert au ministre de l'économie (C. com. art. L 430-7-1, I ; voir n° 8650) pour demander à l'Autorité de la concurrence un examen approfondi. **8625**

d. Phase 2 d'examen de l'opération

DÉCLENCHEMENT DE LA PHASE 2 D'EXAMEN

Cas de déclenchement de la phase 2 L'examen approfondi peut être fait (LD-AdlC § 296) : **8650**

– à l'initiative de l'**Autorité de la concurrence,** lorsqu'elle estime, à l'issue de la première phase d'instruction, qu'il subsiste un doute sérieux d'atteinte à la concurrence, elle engage un examen approfondi de l'opération de concentration (C. com. art. L 430-5, III-al. 3) ;

ILLUSTRATIONS

Dans le secteur de la télévision, l'Autorité de la concurrence a annoncé qu'elle ouvrait une phase d'examen approfondi du rapprochement entre les groupes Bouygues (TF1) et Métropole Télévision (M6). Après une longue phase de prénotification marquée par une vaste consultation du secteur, elle poursuivra plus particulièrement, en phase 2, son analyse des effets de l'opération sur les marchés i) de l'acquisition de droits de diffusion de contenus audiovisuels, ii) de l'édition et la commercialisation de chaînes de télévision, iii) de la distribution de services de télévision et iv) de la publicité. Les parts de marché de la nouvelle entité pourraient en effet y être importantes. L'Autorité annonce également qu'elle tiendra compte de la présence d'opérateurs digitaux et de nouveaux modes de consommation de services audiovisuels, et qu'elle poursuivra ses échanges avec l'Arcom (régulateur sectoriel, voir n° 9660) et les acteurs des différents marchés concernés (Communiqué du 18-3-2022).

– sur demande du **ministre de l'économie** dans un délai de cinq jours ouvrés à compter de la date à laquelle il a reçu la décision de l'Autorité de la concurrence prise dans le cadre de la procédure courte ou en a été informé (C. com. art. L 430-7-1, I).

› Précisions En l'absence de disposition législative expresse, l'**Autorité de la concurrence** considère que son statut d'autorité administrative indépendante l'autorise à ne pas donner **suite** à la **demande du ministre de l'économie** (LD-AdlC § 297). Elle se prononce sur cette demande dans un délai de cinq jours ouvrés à compter de sa réception. Elle informe les parties de l'existence d'une demande dès sa réception et leur communique sa décision en même temps qu'au ministre. L'Autorité n'indique pas sur le fondement de quel article du Code de commerce sa décision de ne pas donner suite à la demande ministérielle d'ouvrir un examen approfondi pourrait être prise.

D'autres interprétations existent, selon lesquelles l'Autorité serait au contraire tenue de déférer à cette demande.

D'une part, une autorité administrative indépendante peut être contrainte par la loi à répondre favorablement à des demandes de l'administration. Tel est par exemple le cas de l'Autorité de régulation des jeux en ligne qui est tenue de déférer aux demandes d'information de l'administration fiscale (LPF art. L 84 B).

D'autre part, il ressort des débats parlementaires lors de l'adoption de la loi de modernisation de l'économie du 4 août 2008, notamment de la séance du 7 juillet 2008 au Sénat, qu'avec le pouvoir d'évocation (n° 8750), le législateur a souhaité conférer au ministre de l'économie le pouvoir de statuer sur une opération de concentration lorsqu'il estime que des intérêts généraux autres que concurrentiels sont en jeu, soit « en autorisant une opération de concentration que l'Autorité de la concurrence aurait interdite ou en interdisant une opération qu'elle aurait autorisée » (intervention du sénateur B. Retailleau). Cette compétence confère au ministre un moyen d'intervention pour des raisons tenant à la politique économique au sens large (développement industriel, aménagement du territoire, emploi, etc.), « la concurrence n'[étant] pas l'alpha et l'oméga de l'intérêt général ». Or, selon l'article L 430-7-1, II du Code de commerce, cette clause de sauvegarde n'est prévue que pour les décisions de phase 2, prises par l'Autorité sur le fondement de l'article L 430-7 à l'issue d'un examen approfondi. S'il était permis à l'Autorité de ne pas déférer aux demandes ministérielles d'ouverture d'examens approfondis (C. com. art. L 430-7-1, I), elle serait en mesure d'empêcher le ministre d'évoquer certaines affaires (celles ayant fait l'objet d'une décision positive de phase 1), et donc d'entraver la mission qui lui a été confiée par le législateur de sauvegarde de l'intérêt général économique autre que concurrentiel.

8660 **Existence d'un doute sérieux d'atteinte à la concurrence** En pratique, il y a un doute sérieux d'atteinte à la concurrence nécessitant d'ouvrir un examen approfondi lorsque (LD-AdlC § 298) :
– la pratique décisionnelle n'est pas suffisamment établie sur les marchés concernés ou lorsque des évolutions importantes et récentes sur les marchés concernés sont susceptibles de justifier une modification significative de la pratique décisionnelle ;
– l'analyse concurrentielle doit être approfondie en raison d'enjeux particulièrement complexes, notamment sur la définition des marchés pertinents, l'importance des barrières à l'entrée, l'existence d'une atteinte à la concurrence ou de gains d'efficacité ;
– malgré les atteintes à la concurrence identifiées, les parties n'ont pas proposé d'engagement ou lorsqu'il existe des doutes sur le caractère suffisant d'engagements proposés, sur leur adéquation ou sur les possibilités de mise en œuvre de ces remèdes.

> **Précisions** En cas d'**offre publique d'acquisition,** l'initiateur peut soumettre son offre à la condition suspensive de l'autorisation de l'Autorité dans le cadre de la procédure courte ; l'offre devient caduque en cas d'ouverture d'un examen approfondi par l'Autorité, mais l'instruction de la concentration suit son cours dès lors que l'offreur fait connaître à l'administration son intention de poursuivre son projet (Règl. gén. AMF art. 231-11 ; LD-AdlC § 299).

CONDUITE DE LA PHASE 2 D'EXAMEN

8670 La procédure applicable à l'examen approfondi est la suivante (C. com. art. L 430-6, al. 2 et 3, L 463-2, al. 2, L 463-4, L 463-6 et L 463-7 sur renvoi de l'art. L 430-6, al. 2) :
– les services d'instruction transmettent aux parties un **calendrier** prévisionnel des principales étapes de l'examen approfondi (LD-AdlC § 300) ;
– le rapporteur approfondit l'**instruction** sur les points laissés en suspens à l'issue de la phase 1, par exemple la définition des marchés pertinents ou l'analyse concurrentielle (LD-AdlC § 301) ;
– les parties peuvent proposer des **engagements** (C. com. art. L 430-7 ; voir nos 8770 s.) qui, le cas échéant, font l'objet d'un test de marché ;
– l'Autorité de la concurrence peut éventuellement recueillir l'**avis de l'autorité de régulation sectorielle** compétente (LD-AdlC § 308 s.), afin de clarifier certains aspects du fonctionnement des marchés soumis à des réglementations particulières : par exemple, l'Autorité de régulation de la communication audiovisuelle et numérique (Arcom, anciennement « Conseil supérieur de l'audiovisuel » avant sa fusion avec l'Hadopi) (Loi 86-1067 du 30-9-1986 art. 41-4) ou l'Autorité de contrôle prudentiel et de résolution (ACPR) (C. mon. fin. art. L 612-22) ;
– un **rapport** est établi « qui présente les parties, l'opération, les marchés pertinents, l'analyse concurrentielle de l'opération et, le cas échéant, ses gains d'efficacité économique et une analyse des engagements proposés par la partie notifiante et des mesures correctives envisagées par l'Autorité » (LD-ADLC § 311). Il est notifié aux parties, au commissaire du Gouvernement et aux ministres intéressés. Ce rapport est accompagné des documents sur lesquels se fonde le rapporteur et des observations faites, le cas échéant, par les intéressés. Les parties et le commissaire du gouvernement disposent d'un délai de 15 jours ouvrés pour présenter leurs observations en réponse (LD-AdlC § 312) ;
– le président de l'Autorité attribue le dossier à une des **formations du collège** ;
– une **séance** est organisée (C. com. art. L 463-7 ; Règl. intérieur de l'Autorité, titre III), qui n'est pas publique, seuls les parties et le commissaire du Gouvernement pouvant y assister. Au cours de cette séance, le rapporteur présente son instruction. Le rapporteur général, le ou les rapporteurs généraux adjoints et le commissaire du gouvernement peuvent présenter des observations. Les parties peuvent demander à être entendues par l'Autorité et se faire représenter ou assister. Le collège peut entendre toute personne dont l'**audition** lui paraît susceptible de contribuer à son information. Elle peut entendre les **tiers** en l'absence des parties qui ont procédé à la notification. Les comités d'entreprise des parties à l'opération de concentration peuvent demander à être entendus (C. com. art. L 430-6, al. 3, texte qui n'a pas été actualisé pour tenir compte du remplacement du comité d'entreprise par le comité social et économique mais transposable à ce dernier dans les entreprises d'au moins 50 salariés).

Le président de l'Autorité de la concurrence peut refuser la communication de pièces mettant en jeu le **secret des affaires,** sauf dans les cas où la communication ou la consultation de ces documents est nécessaire à la procédure ou à l'exercice des droits des parties. Les pièces considérées sont retirées du dossier ou certaines de leurs mentions sont occultées.

> **Précisions** La **divulgation** par l'une des parties des **informations** concernant une autre partie ou un tiers et dont elle n'a pu avoir connaissance qu'à la suite des communications ou consultations auxquelles il a été procédé est punie d'une amende de 15 000 € (C. pén. art. 226-13 sur renvoi de C. com. art. L 463-6).

DÉLAIS DE LA PHASE 2

La **décision** de l'Autorité de la concurrence doit intervenir dans un délai de 65 jours ouvrés à compter de l'ouverture de l'examen approfondi (C. com. art. L 430-7, I). 8680

Ce **délai** peut éventuellement être **prolongé** en raison d'une suspension des délais (voir n° 8690) ou d'un dépôt ou de la modification d'engagements par les parties (voir n°s 8770 s.).

Si **aucune décision** n'a été prise dans ce délai, l'opération est réputée avoir fait l'objet d'une décision d'autorisation au terme du délai de 25 jours ouvrés (C. com. art. L 430-7-1, II ; voir n° 8750) dont dispose le ministre de l'économie pour évoquer l'affaire et statuer sur l'opération en cause (C. com. art. L 430-7, V).

La loi prévoit un dispositif d'**arrêt des pendules** (« stop the clock ») comparable au droit européen. La suspension peut être à l'initiative (C. com. art. L 430-7, II) : 8690

– des parties (LD-AdlC § 254) : en cas de nécessité particulière, telle que la finalisation de leurs engagements, les parties peuvent demander à l'Autorité de la concurrence de suspendre les délais d'examen de l'opération dans la limite de 20 jours ouvrés ;

– de l'Autorité de la concurrence (LD-AdlC § 251 s.) : lorsque les parties ayant procédé à la notification ont manqué de l'informer d'un fait nouveau dès sa survenance ou de lui communiquer, en tout ou partie, les informations demandées dans le délai imparti, ou que des tiers ont manqué de lui communiquer, pour des raisons imputables aux parties ayant procédé à la notification, les informations demandées. Dans ce second cas, le délai reprend son cours dès la disparition de la cause ayant justifié sa suspension.

DÉCISION DE LA PHASE 2

Les différentes décisions de phase 2 L'Autorité de la concurrence peut, par décision motivée (C. com. art. L 430-7, III-al. 1 à 3) : 8700

– soit interdire l'opération et enjoindre, le cas échéant, aux parties de prendre toute mesure propre à rétablir une concurrence suffisante ;

– soit autoriser l'opération en enjoignant aux parties de prendre toute mesure propre à assurer une concurrence suffisante ou en les obligeant à observer des prescriptions de nature à apporter au progrès économique une contribution suffisante pour compenser les atteintes à la concurrence.

Ces injonctions et prescriptions s'imposent quelles que soient les clauses contractuelles éventuellement conclues par les parties (C. com. art. L 430-7, III-al. 4).

Le **projet de décision** motivée doit être transmis aux parties intéressées, auxquelles un délai raisonnable est imparti pour présenter leurs observations (C. com. art. L 430-7, III-al. 5).

À défaut d'interdiction ou d'injonctions, l'Autorité peut prendre une décision motivée d'autorisation, éventuellement subordonnée à la réalisation effective des engagements pris par les parties (sur ces engagements, voir n°s 8770 s.) (C. com. art. L 430-7, IV).

> **Précisions** En pratique, les **interdictions** sont rarissimes. La première décision a été relative à la prise de contrôle conjoint d'un fonds de commerce de détail à dominante alimentaire situé dans l'agglomération de Troyes par la société Soditroy aux côtés de l'Association des Centres Distributeurs E. Leclerc (Aut. conc. 28-8-2020 n° 20-DCC-116, confirmée par CE 14-10-2022 n° 445680). La seconde a concerné l'acquisition, par le groupe Ardian, de la Société du Pipeline Méditerranée-Rhône, active dans le transport d'hydrocarbures par oléoduc, ce qui lui aurait permis d'être l'unique décisionnaire de la politique commerciale de l'oléoduc Pipeline Méditerranée-Rhône, infrastructure jusqu'alors contrôlée par plusieurs opérateurs (Aut. conc. 12-5-2021 n° 21-DCC-79, confirmée par CE 15-2-2024 n° 454475). Dans les deux cas, devant l'insuffisance des engagements proposés par les parties et l'impossibilité de prendre des injonctions, l'Autorité a interdit l'opération. À l'occasion de ce dernier arrêt, le Conseil d'État a également précisé l'articulation entre injonctions et interdiction : lorsque les engagements proposés ne sont pas propres à remédier aux effets anticoncurrentiels de l'opération, l'Autorité n'est pas tenue « d'y substituer ou d'y ajouter » ses propres injonctions.

Notification et publication de la décision de phase 2 L'Autorité notifie sa décision aux parties et au ministre de l'économie (LD-AdlC § 316). Elle en rend public le sens dans un délai de 5 jours ouvrés suivant la décision (C. com. art. R 430-6 ; LD-AdlC § 319). Enfin, une fois expurgée des secrets d'affaires, la décision de l'Autorité est mise en ligne sur son site internet (LD-AdlC § 320). 8705

Organes compétents pour adopter la décision de phase 2 À l'issue d'un examen approfondi (C. com. art. L 430-7), la décision doit être adoptée collégialement par les membres de l'Autorité de la concurrence siégeant soit en formation plénière, soit en 8710 sections, soit en commission permanente (voir CE 23-12-2013 n°s 363702 et 363719, aff. « Métropole Télévision – Télévision Française 1 » : RJDA 11/14 n° 869 ; au cas d'espèce, la décision de phase 2 a été annulée par le Conseil d'État, car elle intégrait la version finale d'engagements négociés à la dernière minute avec les parties sur laquelle la formation de l'Autorité n'avait pas délibéré collégialement).

En revanche, le président (ou un vice-président désigné par lui) a la faculté de prendre seul les décisions de révision ou de mise en œuvre des injonctions, prescriptions ou engagements contenues dans ces décisions (C. com. art. L 461-3, al. 4 ; la constitutionnalité de cette disposition, issue de la loi 2015-990 du 6-8-2015, a été confirmée par Cons. const. 20-4-2018 n° 2018-702 QPC : RJDA 7/18 n° 605). Les mesures de révision concernent le plus souvent la prolongation des délais. Celles de mise en œuvre l'agrément du mandataire ou des repreneurs.

e. Pouvoir d'évocation du ministre de l'économie

8750 Après avoir reçu la décision de l'Autorité de la concurrence ou avoir été informé de l'existence d'une autorisation tacite à la suite d'un examen approfondi, le ministre de l'économie dispose d'un délai de 25 jours ouvrés pour évoquer l'affaire et statuer sur l'opération en cause pour des motifs d'intérêt général autres que le maintien de la concurrence et, le cas échéant, compensant l'atteinte portée à cette dernière par l'opération (C. com. art. L 430-7-1, II-al. 1). Le pouvoir d'évocation du ministre de l'économie concerne aussi bien les interdictions que les autorisations, éventuellement assorties d'engagements ou d'injonctions.

Lorsqu'il évoque une décision de l'Autorité, après avoir entendu les observations des parties, le ministre de l'économie prend une décision motivée (éventuellement conditionnée à la mise en œuvre effective d'engagements, voir n°s 8770 s.), qui est transmise sans délai à l'Autorité de la concurrence (C. com. art. L 430-7-1, II-al. 3 et 4).

Le développement industriel, la compétitivité des entreprises en cause au regard de la concurrence internationale ou la création ou le maintien de l'emploi constituent, notamment, des motifs d'intérêt général pouvant conduire le ministre de l'économie à évoquer l'affaire (C. com. art. L 430-7-1, II-al. 2). Ces motifs doivent être différents du simple objectif de maintien de la concurrence.

En cas d'évocation, les éléments de progrès économique pris en compte par l'Autorité dans son bilan concurrentiel (n°s 9500 s.), qui concernent directement le maintien de la concurrence, ne font pas l'objet d'un second examen par le ministre. En dehors de cette restriction, les motifs d'intérêt général sur lesquels la décision du ministre peut se fonder ne sont pas limités. Faute de pratique étayée, cette notion n'est pour l'heure pas clairement définie.

Le pouvoir d'évocation a été exercé pour la première fois par le ministre de l'économie le 19 juillet 2018 dans l'affaire « Agripole – Cofigéo » (Min. éco. 19-7-2018, NOR : ECOC1822241S). Dans cette affaire, le ministre de l'économie a, en vue de préserver l'emploi, écarté deux cessions d'actifs imposées par l'Autorité de la concurrence (LD-AdlC § 325).

f. Retrait de dossier

8760 À tout moment de la procédure, les parties peuvent retirer le dossier, en transmettant le cas échéant un document attestant de l'abandon du projet (LD-AdlC § 327). Ainsi, le 24 juillet 2020, l'Autorité de la concurrence a pris acte du retrait de l'opération de prise de contrôle exclusif de Trapil par Pisto, intervenu en fin de phase 2 et après la séance.

5. MESURES CORRECTIVES

a. Différentes mesures correctives

NOTIONS D'ENGAGEMENTS ET D'INJONCTIONS

8770 Lorsque l'**atteinte** portée **à la concurrence** par une opération n'est pas contrebalancée par sa contribution au progrès économique et que l'exception de l'entreprise défaillante ne trouve pas à s'appliquer, des mesures correctives doivent être envisagées pour **remédier** ou compenser cette atteinte (LD-AdlC § 351). Il peut alors s'agir soit d'engagements proposés par les parties (C. com. art. L 430-5, II ou art. L 430-7, II), soit d'injonctions ou de prescriptions imposées par l'Autorité de la concurrence (art. L 430-7, III).

Les injonctions ou prescriptions sont rares en pratique : elles ne sont envisagées que si les parties refusent de proposer des engagements ou si ces derniers sont insuffisants (LD-AdlC § 355). Les parties sont donc invitées à proposer des engagements visant à pallier les effets anticoncurrentiels de l'opération et à fournir les informations nécessaires à leur évaluation (LD-AdlC § 353).

La **nature** des engagements ou injonctions peut être très variée (cession ou rétrocession d'actifs, maintien de contrats, aménagement des relations tarifaires, encadrement de l'accès à des infrastructures ou des droits de propriété industrielle, etc.).

Pour être acceptés, les **engagements** doivent être nécessaires, efficaces et proportionnés, ne pas soulever de doute quant à leur exécution (absence d'ambiguïté dans la rédaction, notamment sur le périmètre de cession ou les modalités pratiques de mise en œuvre), être réalisés rapidement et être aisément contrôlables par l'Autorité (LD-AdlC § 354). L'Autorité s'assure de leur nécessité, de leur proportionnalité et de leur neutralité : en tant qu'exception au principe de liberté du commerce et de l'industrie, ils doivent être strictement nécessaires au maintien de la concurrence et non pas des outils de protection de certains concurrents (LD-AdlC § 356). Lors de l'analyse de proportionnalité des engagements, l'Autorité n'a pas à tenir compte des éventuels gains d'efficacité liés à la concentration. Les mesures correctives permettant de remédier aux effets anticoncurrentiels tout en préservant ces gains d'efficience auront néanmoins sa préférence (LD-AdlC § 357).

ILLUSTRATIONS

Dans l'affaire « Société Métropole Télévision », le Conseil d'État a jugé que les effets concurrentiels du rachat par la société TF1 du groupe AB n'étaient pas d'une importance telle que l'interdiction de l'opération était la seule mesure proportionnée possible ; après avoir étudié ces engagements sur chacun des deux marchés pertinents, et en avoir apprécié l'efficacité de façon globale, le Conseil d'État a conclu qu'ils étaient de nature à prévenir les effets anticoncurrentiels de l'opération et à justifier l'autorisation délivrée par l'Autorité de la concurrence (CE 30-12-2010 n° 338197).

MESURES CORRECTIVES STRUCTURELLES

Les **mesures structurelles** visent à garantir des structures de marché compétitives et sont particulièrement adaptées pour remédier à des problèmes de concurrence horizontaux (LD-AdlC § 371 s.). **8780**

Elles peuvent consister en des cessions d'actifs matériels (filiales, magasins, usines, dépôts, agences) ou immatériels (contrats, marques, autorisations d'exploitation), ruptures de contrats de franchise, non-acquisitions d'actifs dans un périmètre donné, modifications de clauses statutaires ou contractuelles, etc. (liste non exhaustive).

Cession d'actifs En cas de cession d'actifs, l'activité cédée doit être viable et compétitive. **8790**
Le **périmètre de la cession,** que les parties doivent décrire avec précision et sans ambiguïté, doit inclure les actifs nécessaires au développement de l'activité cédée (LD-AdlC § 376), notamment :
- les immobilisations corporelles et incorporelles cédées (marques, droits de propriété intellectuelle, savoir-faire et fonds de commerce) ;
- les licences, permis et autorisations délivrés par les organismes publics ;
- les contrats transmis ;
- le personnel transféré, y compris celui détaché, en mentionnant « les équipes ou les membres essentiels à la viabilité et la compétitivité de l'activité qu'elle s'engage à transférer avec la propriété de l'activité et à ne pas débaucher postérieurement à la réalisation de la cession, cette mesure étant généralement prise pour une période de deux ans » ;
- les droits détenus par des tiers leur permettant de s'opposer à la cession ou d'en contraindre les termes ;
- tout risque, avéré ou potentiel, de nature à mettre en cause la viabilité, la compétitivité ou la cessibilité des actifs (contentieux en cours, changements de réglementation, mise aux normes, etc.).

Pour s'en assurer, les rapporteurs de l'Autorité de la concurrence peuvent demander la communication de tous documents professionnels (C. com. art. L 450-3 ; n° 9010).

Les cédants doivent s'engager à préserver la viabilité des actifs cédés (LD-AdlC § 379), en s'abstenant de toute mesure pouvant l'impacter négativement (par exemple, ne pas empêcher le repreneur de souscrire un contrat de franchise).

S'il existe des **incertitudes sur la cessibilité,** la viabilité ou la compétitivité des actifs proposés, l'Autorité peut demander aux parties de s'engager à en céder d'autres alternativement (« joyaux de la couronne ») (LD-AdlC § 383). Lorsque l'Autorité accepte un tel engagement alternatif, celui-ci constitue un élément de sa décision d'autorisation, qui ne saurait, sans qu'il soit porté atteinte à la possibilité de contester la légalité de celle-ci devant le juge de l'excès de pouvoir, rester confidentiel (CE 15-4-2016 n° 390457 et 390774 : RJDA 10/16 n° 736). Ce défaut de confidentialité pose toutefois la question de l'attractivité des premiers actifs proposés, dès lors que les acquéreurs potentiels auront une forte incitation à attendre la mise en vente des actifs alternatifs qui sont a priori plus attractifs.

Par ailleurs, le **candidat repreneur** doit être indépendant des parties, posséder les compétences et la capacité financière nécessaire à la reprise, et son acquisition ne doit pas créer de nouvelles atteintes à la concurrence (LD-AdlC § 387 s.). L'Autorité doit apprécier si le candidat repreneur répond bien à ces conditions. Le cas échéant, elle lui délivre un agrément : ce dernier peut être délivré préalablement, concomitamment ou postérieurement à la décision de concentration.

Si la réalisation de l'engagement présente de fortes incertitudes, l'identification d'un repreneur peut conditionner la réalisation effective de la concentration, avant la réalisation effective de l'opération (« up-front buyer », LD-AdlC § 393 s.), et parfois même avant l'adoption de la décision (« fix-it-first ») (LD-AdlC § 390).

La décision n° 15-DCC-53 du 15-5-2015, aff. « Antargaz – Totalgaz », a été le premier cas d'application de « fix-it-first » par l'Autorité. Cette décision a été partiellement annulée par le Conseil d'État car elle ne comportait pas d'analyse des effets de l'opération sur un des marchés concernés (distribution de GPL combustible en petit vrac), ni d'engagements suffisants pour prévenir les atteintes à la concurrence sur ce marché (CE 6-7-2016 n°s 390457 et 390774). L'Autorité a procédé au réexamen de cette opération dans sa décision complémentaire n° 17-DCC-103 du 3-7-2017 (autorisation sous réserve d'engagements additionnels).

La décision n° 19-DCC-180 du 27-9-2019, aff. « SAFO – NDIS », constitue un exemple d'engagement « up-front buyer » : la société SAFO s'est engagée à ne racheter la société NDIS qu'après avoir cédé son activité de grossiste-importateur à un repreneur agréé par l'Autorité, permettant ainsi à celle-ci de s'assurer que le repreneur pressenti et les conditions de la reprise présenteraient toutes les garanties requises (indépendance, poursuite de l'activité, etc.).

Les annexes F et G des Lignes directrices fournissent des **modèles d'engagements** de cession et de contrat de mission pour les mandataires (suivi des cessions ou maintien de la viabilité des actifs à céder).

8800 **Suppression de liens structurels entre concurrents** Dans certains cas, pour trancher le lien avec un concurrent important, les parties peuvent proposer la cession de participations minoritaires chez ce concurrent ou dans une entreprise détenue en commun, afin de réduire ou supprimer les effets d'un chevauchement de parts de marché ou les effets de la présence des parties sur un marché verticalement relié ou connexe (voir LD-AdlC § 400 s.). À titre exceptionnel, ces mesures peuvent aussi consister en un renoncement permanent à des droits liés à des parts minoritaires (représentation au conseil d'administration, droits de veto, droits à l'information, etc.), sans céder ces parts.

ILLUSTRATIONS

Dans sa décision 12-DCC-100 du 23-7-2012, l'Autorité a enjoint le groupe Canal Plus, non pas à céder sa participation minoritaire, mais à remplacer ses représentants au sein de l'organe de direction de la société Orange Cinéma Séries par le mandataire ou des personnes indépendantes désignées par ce dernier et agréées par l'Autorité.

8810 **Résiliation de contrats de franchise** Un engagement structurel peut également porter sur les relations contractuelles entre franchiseur et franchisés (LD-AdlC § 403 s.).

La résiliation unilatérale par le franchiseur, dans un délai fixé, du contrat de franchise pour un point de vente donné peut ainsi être proposée. Présentant des incertitudes de mise en œuvre, ce type d'engagement n'est toutefois envisageable que si des cessions d'actifs sont impossibles. Le cas échéant, les parties doivent rechercher, aux côtés de l'entité qui exploite le ou les magasins concernés, une solution de remplacement auprès d'un franchiseur concurrent, actif sur le même marché que celui affecté par l'opération.

MESURES CORRECTIVES COMPORTEMENTALES

8830 Les mesures correctives peuvent aussi être comportementales. Elles ont alors généralement pour **objectif** de préserver ou de favoriser l'accès des concurrents actuels ou potentiels au marché, qui est menacé par un risque de verrouillage à l'amont ou à l'aval en raison des effets verticaux de l'opération, ou par l'exercice d'un effet de levier lié à ses effets congloméraux. Plus rarement, elles peuvent viser à abaisser les barrières à l'entrée (LD-AdlC § 405 s.). En 2020, l'Autorité a mis en ligne une étude sur les engagements comportementaux (www.autoritedelaconcurrence.fr/fr/publications), qui fait le point sur la pratique décisionnelle et nourrit la réflexion à ce sujet (LD-AdlC § 351).

Ces mesures peuvent avoir des conséquences sur la **structure du marché.**

ILLUSTRATIONS

Dans le secteur des **transports** urbains et interurbains **de voyageurs,** l'Autorité a accepté un engagement visant à abaisser les barrières à l'entrée pour les concurrents potentiels : les parties à la concentration se sont engagées à créer et à financer un « fonds d'animation de la concurrence » (environ 6,5 M€ de budget) pour permettre aux autorités organisatrices de transport urbain de financer l'indemnisation des candidats non retenus aux appels d'offres et pour faciliter le recours par les collectivités de petite taille à des prestations d'assistance à maîtrise d'ouvrage (Aut. conc. 30-12-2010 n° 10-DCC-198, aff. « CDC – Veolia Environnement/JV »).

Par ailleurs, dans le secteur du **commerce de détail,** l'Autorité a accepté un engagement à renoncer à un projet d'ouverture d'un magasin et à s'interdire pendant dix ans de racheter tout fonds de commerce et d'ouvrir ou d'exploiter de nouveaux magasins à l'intérieur d'une zone de chalandise trop concentrée (Aut. conc. 10-6-2011 n° 11-DCC-87, aff. « HTM – Media Concorde »).

Les lignes directrices donnent plusieurs **exemples** d'engagements comportementaux :
– octroi de l'accès à des réseaux ou des infrastructures de manière non discriminatoire et transparente (Aut. conc. 13-5-2015 n° 15-DCC-54, Rubis – SARA ; Aut. conc. 30-7-2015 n° 15-DCC-104, Rubis – SRPP) ;
– interdiction de ventes couplées (Aut. conc. 31-7-2017 n° 17-DCC-12, Ecolab – Anios) ; octroi de l'accès à des licences, brevets, marques ou technologies (Comm. Europ. 6-12-2016 M. 8124, Microsoft – LinkedIn) ;
– modification de clauses statutaires ou contractuelles pour une durée déterminée (Aut. conc. 13-12-201 n° 17-DCC-210, Terrena – Agriculteurs de la Mayenne) ;
– aménagement des conditions de distribution, ou d'approvisionnement d'un produit (Aut. conc. 26-7-2013 n° 13-DCC-101, Bouyer-Leroux – actifs d'Imerys) ;
– encadrement de comportements commerciaux (Aut. conc. 23-8-2018 n° 18-DCC-142, Groupe Bernard Hayot – SDRO et Robert II) ;
– encadrement de l'organisation d'appels d'offres privés (Aut. conc. 31-10-2016 n° 16-DCC-167, Vinci – Aéroport de Lyon) ;
– non-divulgation d'informations sensibles (Aut. conc. 22-9-2009 n° 09-DCC-16, Caisse d'Épargne – Banque Populaire – JV) ;
– divulgation d'informations sur une base non exclusive ;
– séparation juridique, commerciale ou comptable des entités concernées (Aut. conc. 23-7-2012 n° 12-DCC-100, Vivendi-Canal Plus – TPS).

Sauf circonstances exceptionnelles, les engagements comportementaux sont souscrits pour une **durée** minimale de 5 ans, éventuellement renouvelable à l'issue d'une nouvelle analyse concurrentielle (LD-AdlC § 413).

ILLUSTRATIONS

Dans certains **cas exceptionnels,** les engagements comportementaux peuvent être très longs. Ainsi, l'Autorité a autorisé en 2016 le groupe Vinci à acheter l'aéroport de Lyon (ADL) en acceptant un engagement portant sur la composition et le suivi des actions du comité des achats institué par ADL et que Vinci Airports s'engageait à maintenir. Cet engagement est souscrit pour la durée de la concession, qui s'achève le 31 décembre 2047 (Aut. conc. 31-10-2016 n° 16-DCC-167). En 2023, l'Autorité a autorisé la prise de contrôle exclusif du groupe ZEturf par La Française des jeux (FDJ) en acceptant notamment des engagements concernant la séparation des activités de jeux en monopole de celles qui sont en concurrence. Ces engagements visaient à répondre au risque d'un effet de levier depuis les marchés sur lesquels FDJ est en monopole. Ils s'appliqueront donc pendant toute la durée pendant laquelle FDJ serait susceptible de mettre en œuvre le levier, soit pendant la durée pendant laquelle FDJ détiendra un monopole : jusqu'au 23 mai 2044 selon l'état actuel de la législation (Aut. conc. 15-9-2023 n° 23-DCC-191).

ARTICULATION ENTRE LES DEUX TYPES DE MESURES

L'Autorité recherche, en **priorité,** des mesures structurelles (LD-AdlC § 414 s.). **8840**

Le choix du type de mesure le plus adapté procède d'une analyse au cas par cas. En cas de chevauchement horizontal d'activité, les cessions d'actifs sont les mesures les plus efficaces. En revanche, pour remédier à un risque de verrouillage de marchés, des mesures comportementales peuvent être suffisantes pour garantir l'accès des concurrents aux intrants (amont) ou aux débouchés (aval).

Les mesures comportementales peuvent être envisagées comme complément ou substitut, temporaire ou permanent (LD-AdlC § 417 s.). Dans l'hypothèse où un engagement comportemental initial ne permettrait pas d'obtenir le résultat voulu, il peut être prévu qu'un engagement structurel se **substitue** à lui. Par ailleurs, des mesures comportementales peuvent constituer un préalable à des mesures structurelles, en particulier lorsqu'une cession n'est pas envisageable à court terme après la réalisation de l'opération. Les mesures comportementales peuvent être envisagées en **complément** des mesures structurelles. Par exemple, lorsque l'opération emporte un risque de disparition d'un concurrent potentiel, des engagements combinant cessions d'actifs et obligations de conférer l'accès à des infrastructures essentielles peuvent renforcer la crédibilité des concurrents restant sur le marché.

b. Étapes procédurales de la prise des mesures correctives

DÉPÔT D'ENGAGEMENTS

8850 **Calendrier du dépôt des engagements** Les engagements peuvent être pris à différents **moments** (LD-AdlC § 358) :

1° dès la phase de prénotification ;

2° à l'occasion de la notification ;

3° à tout moment avant l'expiration du délai de 25 jours ouvrés de la procédure « courte » (n° 8600), tant que la décision de l'Autorité de la concurrence n'est pas intervenue. Si les engagements sont reçus par l'Autorité, le délai de la procédure courte est prolongé de 15 jours ouvrés. Pour finaliser leurs engagements, les parties peuvent également demander à l'Autorité de suspendre les délais d'examen de l'opération dans la limite de 15 jours ouvrés (C. com. art. L 430-5, I-al. 3) ;

4° en cas de procédure « longue » (n°s 8650 s.), après avoir pris connaissance de l'ouverture d'un examen approfondi. Lorsque des engagements ou des modifications apportées à des engagements déjà proposés sont transmis à l'Autorité de la concurrence moins de 20 jours ouvrés avant la fin du délai de 65 jours initialement prévu, le délai dans lequel elle doit prendre sa décision (n° 8850) expire 20 jours ouvrés après la date de leur réception, dans la limite de 85 jours ouvrés à compter de l'ouverture de l'examen approfondi (C. com. art. L 430-7, II-al. 1) ;

5° en cas d'évocation de l'affaire par le ministre de l'économie (voir n° 8750), dont la décision peut être conditionnée à la mise en œuvre effective d'engagements (C. com. art. L 430-7-1, II). L'objet des engagements acceptés dans ce cadre peut être élargi aux motifs d'intérêt général (autres que le maintien de la concurrence) sur la base desquels le ministre statue sur l'opération en cause (C. com. art. L 430-7, II-al. 1), et se substituer aux remèdes éventuellement destinés à maintenir la concurrence.

ILLUSTRATIONS

Dans sa décision du 19-7-2018, le ministre de l'économie a autorisé la concentration « Agripole-Cofigéo » sous réserve d'un engagement relatif au maintien de l'emploi se substituant aux injonctions prononcées par l'Autorité de la concurrence.

8855 **Teneur des engagements** La teneur des engagements dépend de la phase à laquelle ils sont proposés. En phase 1, ils visent à dissiper les doutes ; en phase 2, ils visent à empêcher la réalisation d'une atteinte à la concurrence (voir, en droit européen, Trib. UE 4-6-2006 aff. 177/04, EasyJet Airline Co. Ltd. ; Trib. UE 7-6-2013 aff. 405/08, Spar Österreichische Warenhandels ; LD-AdlC § 359).

8860 **Test des engagements** Un **test de marché** peut être organisé pour consulter les acteurs du marché sur les engagements proposés (LD-AdlC § 360). Il s'agit d'une faculté et non d'une obligation.

PRONONCÉ D'INJONCTIONS PAR L'AUTORITÉ

8870 Lorsque les **engagements** sont **insuffisants** et qu'une décision d'interdiction de l'opération apparaît disproportionnée, l'Autorité de la concurrence peut, à l'issue de la phase d'examen approfondi, imposer des mesures ciblées permettant de compenser les effets anticoncurrentiels de l'opération.

Ces **injonctions** doivent être proportionnées : elles ne peuvent excéder ce qui est nécessaire au rétablissement d'une concurrence suffisante (CE 21-12-2012 n° 353856).

Comme les engagements, les injonctions peuvent faire l'objet d'un **test de marché.**

8875 En cas d'**inexécution d'un engagement,** l'Autorité peut enjoindre, sous astreinte limitée à 5 % du chiffre d'affaires journalier moyen par jour de retard, aux parties auxquelles incombait l'obligation d'exécuter dans un délai qu'elle fixe des injonctions ou des prescriptions en substitution de l'obligation non exécutée (C. com. art. L 430-8, IV, al. 3).

L'Autorité fixe alors un nouveau calendrier d'exécution de ces injonctions, auxquelles elle peut adjoindre une sanction financière (LD-AdlC § 366 ; voir n° 8975).

PUBLICITÉ DES MESURES CORRECTIVES

La publicité donnée aux mesures correctives diffère selon leur type. Certains éléments des mesures structurelles sont soumis au secret (le calendrier des cessions, par exemple), alors que les mesures comportementales sont rendues publiques, ce qui contribue à la surveillance de leur respect par les autres acteurs du marché (LD-AdlC § 369). 8880

c. Suivi des mesures correctives

Les **délais** de mise en œuvre des mesures correctives doivent être les plus brefs possible. En ce qui concerne les engagements de cession, l'Autorité de la concurrence tient compte des circonstances de chaque espèce et de l'intérêt légitime des parties à protéger la valeur des actifs cédés mais, en général, cette durée est inférieure à un an (LD-AdlC § 398 s.). 8900

Pour garantir l'efficacité du contrôle des concentrations, l'Autorité assure un **suivi** rigoureux de la mise en œuvre des engagements, injonctions et prescriptions (LD-AdlC § 420 s.). Les **modalités** de suivi doivent être précisées dans la lettre d'engagement. Celles-ci incluent, si nécessaire, la désignation d'un mandataire (voir n°s 8910 s.).

Dans cette mission de suivi, les services d'instruction de l'Autorité peuvent s'appuyer sur toute information fournie spontanément par des tiers ou par le mandataire, et, en cas de doute sur l'exécution des engagements ou injonctions, adresser des demandes d'information aux parties et au tiers pour en vérifier le bien-fondé.

Si le doute est sérieux, la procédure prévue à l'article L 430-8 du Code de commerce peut alors être engagée (voir n° 8970).

ILLUSTRATIONS

L'opération Fnac-Darty a été autorisée par l'Autorité sous réserve d'un engagement de cession de six magasins en région parisienne (Aut. conc. 27-7-2016 n° 16-DCC-111). L'Autorité n'a pas agréé le repreneur proposé pour trois de ces magasins, estimant qu'il ne serait pas en mesure de rétablir une concurrence effective dans les zones de chalandise concernées. Elle s'est autosaisie pour examiner les conditions d'exécution de ses engagements par le groupe Fnac-Darty (Communiqué de presse du 11-9-2017).

SUIVI DES MESURES CORRECTIVES PAR UN MANDATAIRE

Les parties peuvent prévoir le recours à un mandataire chargé de surveiller la bonne exécution des engagements et d'en rendre compte à l'Autorité de la concurrence, ou même de réaliser la vente de certains actifs. 8910

Nomination et révocation du mandataire Le **mandataire** doit répondre à trois conditions pour être **agréé par l'Autorité** : être indépendant des parties, avoir les compétences requises et les moyens suffisants pour mener à bien sa mission et ne pas faire ou devenir l'objet d'un conflit d'intérêts (LD-AdlC § 424 s.). 8915

Dans un délai d'un mois (en général), les parties doivent proposer une liste de trois mandataires à l'Autorité. Parmi ceux agréés par celle-ci, elles en désignent un. Si aucun de ceux proposés n'est agréé, elles doivent soumettre une nouvelle liste à l'Autorité dans un délai d'une semaine. En cas de nouveau refus, l'Autorité désigne elle-même le mandataire de son choix, aux frais des parties.

L'Autorité approuve également le **contrat de mandat** proposé par les parties, sous réserve des modifications qu'elle estime nécessaires.

Ce **mandat prend fin** lorsque toutes les mesures correctrices ont été réalisées. Il peut également être révoqué par le mandataire, pour une cause justifiée, après un préavis d'un mois, ou par les parties après autorisation de l'Autorité, ou par cette dernière, de sa propre initiative, si elle estime que le mandataire n'exerce pas sa mission de façon adéquate.

Missions du mandataire Pour le compte de l'Autorité de la concurrence et dans le cadre de son mandat, le mandataire s'assure du **respect des mesures correctrices** par les parties (LD-AdlC § 431 s.). 8920

Dans le cas d'engagements structurels, ce mandataire peut être chargé de réaliser la cession, soit d'emblée, soit à l'issue d'un délai fixé à l'avance, si aucun repreneur n'a été présenté dans l'intervalle (LD-AdlC § 436 s.). Le cas échéant, le « mandataire chargé du contrôle » veille, dans un premier temps, à minimiser le risque de perte de compétitivité des actifs. Il s'assure également de l'état d'avancement du processus de cession et de recherche d'acquéreurs potentiels. Dans un second temps, un « mandataire chargé de la cession » peut être agréé, auquel tous les pouvoirs sont accordés par les parties pour formaliser contractuellement les cessions qu'elles se sont engagées à réaliser.

Les remèdes comportementaux sont généralement limités dans le temps. Pendant cette période, les parties rendent compte régulièrement de la bonne exécution de la mesure. Un mandataire ad hoc peut être agréé par l'Autorité pour l'assister dans sa **mission de surveillance.** Les rapports établis par le mandataire peuvent aider l'Autorité à surveiller la réalisation des engagements en éclairant utilement son analyse. En revanche, l'Autorité n'est pas liée par les appréciations portées par le mandataire dans le cadre de l'exercice de sa mission de suivi des engagements (voir décision n° 11-D-12 du 20-7-2011, aff. « TPS et CanalSatellite – Vivendi Universal et Groupe Canal Plus », pt 30).

› **Précisions** Sur la question de l'**indépendance du mandataire,** il n'est pas précisé si les « parties » incluent ou non les activités à céder. Sur ce point, la conclusion définitive des juridictions européennes (voir n° 10360) n'est d'ailleurs pas forcément éclairante pour l'interprétation du droit français, le « mandataire » dans l'affaire « Odile Jacob » étant un concept de droit européen, la condition de son indépendance devant, selon l'avocat général Mazák, « être interprétée et évaluée de la même façon dans toute l'Union européenne ». Or, les lignes directrices et modèles pertinents pour les engagements de cession et les mandats (voir nos 10340 s.) souscrits devant la Commission n'exigent pas d'indépendance du mandataire **vis-à-vis de** l'entreprise **cible** : le modèle de mandat admet expressément que le mandataire « puisse être un membre du directoire de l'entreprise cible, s'il le faut pour accomplir sa mission » ; les lignes directrices autorisant le cumul d'un mandat de contrôle et d'un mandat de cession, « ce qui peut souvent être une bonne solution, notamment en raison des connaissances du mandataire de contrôle ». L'Autorité propose un modèle type de mandat en annexe à ses lignes directrices.

d. Réexamen des mesures correctives

8950 Dans des circonstances exceptionnelles, les parties peuvent demander dans un courrier motivé un réexamen de leurs engagements, et solliciter notamment une prolongation du délai imparti pour procéder à une cession d'actifs ou une révision des mesures comportementales de façon à mieux tenir compte de nouvelles conditions concurrentielles sur les marchés en cause. Cette faculté est offerte tant pour les engagements souscrits devant l'Autorité de la concurrence que pour ceux souscrits devant le ministre de l'économie avant le transfert de compétences (LD-AdlC § 442 s.).

ILLUSTRATIONS

Par lettre du 23-5-2011 (aff. « Groupe Bigard – Socopa Viandes), le président de l'Autorité de la concurrence a autorisé une entreprise à remplacer un engagement initial de licence de marque par une cession de marque et a agréé le repreneur proposé par l'entreprise. Cette révision s'inscrit toutefois dans le contexte particulier d'un non-respect d'engagement par l'entreprise (voir nos 8975 s.).

De même, par lettre du 19-7-2012 (aff. « LVMH – Les Échos »), le président de l'Autorité a accepté de mettre un terme aux engagements initialement souscrits devant le ministre de l'économie en raison de profonds bouleversements constatés sur le marché de la presse quotidienne économique et financière (disparition de la version imprimée quotidienne de La Tribune).

De même encore, pour vérifier s'il y a lieu de lever, d'adapter ou de renouveler les obligations pesant sur Canal Plus depuis le rachat de TPS (Décisions n° 11-D-12 du 20-11-2011 et n° 12-DCC-100 du 23-7-2012), puis des chaînes D8 et D173 (Décision n° 14-DCC-50 du 2-4-2014), l'Autorité a conduit une nouvelle analyse concurrentielle des marchés concernés (nouveaux concurrents, offres de télévision payante des fournisseurs d'accès à internet, achats de contenus, notamment « premium », etc.) et réexaminé les injonctions précédemment prononcées (Décisions n° 17-DCC-92 et décision n° 17-DCC-93 du 22-6-2017 et, s'agissant de l'agrément d'une nouvelle offre de référence, décision n° 17-DAG-01 du 18-12-2017).

De même, c'est sur la base d'une nouvelle analyse concurrentielle que l'Autorité a décidé de ne pas renouveler l'essentiel des engagements souscrits par Altice lors du rachat de SFR en 2014 (Décision n° 19-DCC-199 du 28-10-2019).

L'exécution de certains engagements peut également être temporairement suspendue. Par exemple, le président de l'Autorité a autorisé la suspension jusqu'au 30 juin 2012, puis jusqu'au 31 décembre 2012, de l'engagement souscrit par la SNCF lors de la prise de contrôle de Novatrans (Aut. conc. 16-10-2009 n° 09-DCC-54, aff. « SNCF – Novatrans »).

e. Non-respect des mesures correctives

SANCTIONS DU NON-RESPECT DES MESURES CORRECTIVES

Lorsqu'un engagement n'est pas respecté, l'Autorité de la concurrence applique le même **régime de sanctions** qu'en cas de violation d'une injonction ou d'une prescription (n° 8975). 8970

ATTENTION

L'Autorité relève cependant une différence : la **responsabilité des entreprises** est **plus grande** lorsqu'elles proposent des engagements plutôt que lorsque des injonctions leur sont imposées. Au moment même où elles souscrivent des engagements pour remédier aux problèmes de concurrence identifiés, les parties à la concentration doivent s'assurer qu'elles seront en mesure de les exécuter. Dès lors, elles ne sauraient invoquer, au stade du contrôle de l'exécution de ces engagements, l'impossibilité ou la difficulté de s'y conformer, car elles en ont elles-mêmes approuvé le contenu et le délai de mise en œuvre (voir décision du 20-11-2011 n° 11-D-12, pt 30).

Le ministre de l'économie met en œuvre ces sanctions (C. com. art. L 430-7-1, II-al. 5 ; n° 8975) en cas de non-respect d'un engagement souscrit dans le cadre d'une décision prise en application de son pouvoir d'évocation (n° 8750).

Si l'**Autorité** de la concurrence estime que les parties n'ont pas exécuté dans les délais fixés une injonction, une prescription ou un engagement figurant dans sa décision, elle constate l'inexécution (C. com. art. L 430-8, IV-al. 1 ; LD-AdlC § 456 s.). 8975

Dès lors, elle peut prendre l'une des mesures suivantes (C. com. art. L 430-8, IV-al. 2 à 4) :

1° **Retirer la décision ayant autorisé l'opération.** À moins de revenir à l'état antérieur à la concentration, les parties sont alors tenues de notifier de nouveau l'opération dans un délai d'un mois à compter du retrait de la décision, sauf à encourir les sanctions applicables en cas de réalisation d'une opération sans notification (n° 8450). La faculté pour l'Autorité de la concurrence de retirer une autorisation de concentration en cas de non-respect par les parties de leurs engagements est conforme à la liberté d'entreprendre, protégée par la Constitution (Cons. const. 12-10-2012 n° 2012-280 QPC : RJDA 12/12 n° 1107).

2° **Enjoindre** aux parties auxquelles incombait l'obligation non exécutée de se conformer, sous astreinte d'un montant maximal limité à 5 % du chiffre d'affaires journalier moyen par jour de retard (C. com. art. L 464-2, II), aux injonctions, prescriptions ou engagements dans un délai qu'elle fixe.

3° Enjoindre sous astreinte aux parties, dans les mêmes limites qu'au 2°, d'exécuter dans un délai qu'elle fixe des injonctions ou des prescriptions en substitution de l'obligation non exécutée.

En outre, l'Autorité de la concurrence peut infliger une **sanction pécuniaire** du même montant que celle applicable en cas de réalisation d'une opération de concentration sans notification (n° 8450) (C. com. art. L 430-8, V-al. 2).

Les sanctions pécuniaires prononcées en application de l'article L 430-8, ainsi que les astreintes prononcées par l'Autorité de la concurrence, sont recouvrées comme les créances de l'État étrangères à l'impôt et au domaine (C. com. art. R 430-10).

ILLUSTRATIONS

Voir Aut. conc. 20-9-2011 n° 11-D-12, aff. « TPS et CanalSatellite – Vivendi Universal et Canal Plus » : l'Autorité a infligé une sanction pécuniaire de 30 M€ ; Aut. conc. 9-7-2012 n° 12-D-15, aff. « Groupe Bigard – Socopa Viandes » : l'Autorité a prononcé une amende de 1 M€ pour le non-respect d'un engagement de licence de marque ; Aut. conc. 8-3-2017 n° 17-D-04, aff. « Altice – SFR Group » : l'Autorité a infligé une amende de 40 M€ à Altice (sanction confirmée par CE 28-9-2017 n° 409770 : RJDA 2/18 n° 185) pour n'avoir pas respecté certains engagements liés à la mise en œuvre d'un contrat conclu avec Bouygues Télécom, souscrits lors du rachat de SFR par Numericable, et a imposé plusieurs injonctions, certaines assorties d'astreintes, afin de s'assurer qu'Altice s'abstienne de poursuivre ces comportements (Aut. conc. 30-10-2014 n° 14-DCC-160) – ces astreintes ont été liquidées en 2022, et Altice a été sanctionnée à hauteur de 75 M€, dans le cadre d'une transaction, pour ne pas avoir correctement exécuté les injonctions de l'Autorité dans les délais impartis (Aut. conc. 29-09-2022 n° 22-D-15) ; Aut. conc. 19-4-2016 n° 16-D-07 : l'Autorité a infligé une sanction de 15 M€ (sanction confirmée par CE 31-3-2017 n° 401059) aux mêmes entreprises pour ne pas avoir respecté leur engagement de cession d'Outremer Telecom à La Réunion et Mayotte, souscrit lors de la même opération ; Aut. conc. 27-7-2018 n° 18-D-16, aff. « Fnac – Darty » : une sanction de 20 M€ a été infligée à Fnac Darty pour ne pas avoir cédé trois des six magasins dont la cession était prévue par la décision n° 16-DCC-111 du 27-7-2016 (voir n° 8900 ; sanction confirmée par CE 7-11-2019 n° 424702 : RJDA 2/20 n° 110). Pour un contre-exemple, voir Aut. conc. 14-6-2018 n° 18-D-08 : il n'était pas établi que les engagements pris à l'occasion de l'opération Boiron – Dolisos n'avaient pas été respectés.

En cas d'**évocation par le ministre de l'économie,** si celui-ci estime que les parties n'ont pas exécuté dans les délais fixés un engagement figurant dans sa décision, il peut prendre des décisions analogues de retrait ou d'injonction sous astreinte (C. com. art. L 430-7-1, II-al. 5).

APPRÉCIATION DE LA SANCTION PAR L'AUTORITÉ

8980 Lorsqu'elle contrôle l'exécution d'engagements en application de l'article L 430-8, IV du Code de commerce, l'Autorité de la concurrence tient compte de l'ensemble des **circonstances** particulières à l'opération de concentration, notamment de la nature des engagements souscrits et du diagnostic qui a conduit les autorités de contrôle à y conditionner leur autorisation (LD-AdlC § 466 s.).

La place des remèdes dans l'économie générale de la décision joue dans l'appréciation de l'Autorité. Dans le cas d'un engagement comportemental, qui vise à réguler de manière continue le comportement concurrentiel de l'entreprise pendant une durée déterminée, l'injonction sous astreinte de se conformer à l'engagement semble moins adaptée qu'un retrait pur et simple de l'autorisation initiale. L'injonction ne peut en effet compenser l'absence de correction effective aux atteintes à la concurrence identifiée sur la période du non-respect constaté, et peut être dépourvue d'efficacité en raison d'une application trop brève (limitée à la durée restant à courir pour l'engagement) (voir décision n° 11-D-12 du 20-7-2011, aff. « TPS et CanalSatellite – Vivendi Universal et Groupe Canal Plus », pts 223 s.).

Le contrôle ne relève pas d'une appréciation globale mais porte sur le respect des engagements pris un par un, dont chacun a valeur obligatoire. Le respect formel de la lettre d'un engagement ne peut être satisfaisant s'il aboutit à vider l'engagement de sa portée.

Même si une partie des engagements a été respectée, il peut y avoir constat d'inexécution des autres (voir décision n° 11-D-12 précitée, pt 29). L'Autorité a par exemple rejeté l'argument invoqué par une entreprise selon lequel elle aurait « respecté plus de 80 % des engagements souscrits ». L'autorisation est conditionnée au respect de tous les engagements, chacun d'entre eux « ayant été souscrit individuellement et rendu obligatoire parce qu'il était considéré comme nécessaire à la résolution des atteintes à la concurrence identifiées par les autorités de contrôle » (voir décision n° 11-D-12 précitée, pt 229). Cette approche a été confirmée par le Conseil d'État (CE 21-12-2012 n° 353856 : RJDA 10/13 n° 841).

Pour un exemple de pratiques conduisant à vider l'engagement de sa portée, voir la décision de l'Autorité de la concurrence du 9-7-2012 n° 12-D-15, aff. « Groupe Bigard – Socopa Viandes ». En reportant la notoriété de la marque Valtero sur la marque Socopa, le Groupe Bigard a mis en œuvre des pratiques tendant « par leur nature même, à vider de sa portée l'engagement pris » qui consistait à licencier la marque Valtero.

NOUVEL EXAMEN DE L'OPÉRATION DE CONCENTRATION

8990 Lorsque les parties notifient à nouveau l'opération, l'Autorité de la concurrence place son analyse dans la situation présente du marché et non dans la situation qui prévalait au jour de la notification initiale (pour un rare exemple, voir Aut. conc. 23-7-2012 n° 12-DCC-100, aff. « TPS et CanalSatellite »).

6. DROITS GARANTIS AUX ENTREPRISES

POUVOIRS D'ENQUÊTE DES RAPPORTEURS L'AUTORITÉ DE LA CONCURRENCE

9010 L'examen de l'opération est conduit par le service des concentrations, avec l'appui du service économique et de la direction juridique de l'Autorité de la concurrence (LD-AdlC § 255). Un ou plusieurs rapporteurs sont désignés pour y procéder. Ils peuvent demander communication de tous documents professionnels aussi bien auprès des parties que des tiers (LD-AdlC § 257).

Les **agents** des services d'instruction **de l'Autorité,** s'ils sont **habilités** à cet effet par le rapporteur général, peuvent procéder à toute enquête nécessaire à l'application des dispositions du titre III du livre IV du Code de commerce (« concentration économique ») (C. com. art. L 450-1, I) sur l'ensemble du territoire national (C. com. art. L 450-1, III). Ils peuvent opérer sur la voie publique, pénétrer dans tous lieux utilisés à des fins professionnelles et dans les lieux d'exécution d'une prestation de services, et accéder à tous moyens de transport à usage professionnel ; ils peuvent exiger la communication des livres, factures et tous autres documents professionnels et en obtenir ou prendre copie par tous moyens et sur tous supports et, le cas échéant, de leurs moyens de déchiffrement susceptibles d'être détenus ou d'être accessibles ou disponibles, entre quelques mains qu'ils se trouvent, propres à faciliter l'accomplissement de leur mission ; ils peuvent exiger la mise à leur disposition des moyens indispensables pour effectuer leurs vérifications ; ils peuvent également recueillir sur convocation ou sur place les renseignements et justifications (C. com. art. L 450-3). Ils peuvent, sans se voir opposer le secret professionnel, accéder à tout document ou élément d'information détenu par les services et établissements de l'État, les autorités administratives indépendantes et autorités publiques indépendantes mentionnées à l'annexe de la loi 2017-55 du 20 janvier 2017, et des autres collectivités publiques (C. com. art. L 450-7).

Si une **entreprise refuse de se soumettre à une visite ou ne défère pas à une convocation** 9015
ou ne répond pas dans le délai prescrit à une demande de renseignements ou une communication de pièces, elle s'expose à une injonction assortie d'une astreinte (C. com. art. L 464-2, V-al. 1 ; LD-AdlC § 259).

Si une **entreprise** a **fait obstruction** à l'investigation ou l'instruction menée par un agent de 9020
l'Autorité, elle s'expose à une sanction pécuniaire (C. com. art. L 464-2, V-al. 2). Constituent des cas d'obstruction la fourniture de renseignements incomplets ou inexacts et la communication de pièces dénaturées. Dans ce cas, sur demande du rapporteur général, après avoir entendu l'entreprise en cause et le commissaire du gouvernement, l'Autorité de la concurrence peut infliger une amende qui ne peut excéder 1 % du chiffre d'affaires mondial hors taxe.

Le **fait** pour une **personne physique de s'opposer,** de quelque façon que ce soit, à l'exer- 9025
cice des **pouvoirs d'enquête** des rapporteurs de l'Autorité de la concurrence est puni d'un emprisonnement de deux ans et d'une amende de 300 000 € (C. com. art. L 450-8).

› Précisions a. Le **Conseil constitutionnel** avait déclaré l'article L 464-2, V-al. 2 du Code de commerce contraire à la Constitution (Cons. const. 26-3-2021 n° 2021-892 QPC) : dans la mesure où elles permettaient de sanctionner des entraves au contrôle de l'Autorité commises par des entreprises de manière intentionnelle, la « répression administrative » prévue par la procédure d'obstruction (n° 9020) et la « répression pénale » prévue par la procédure d'opposition à fonctions « relèvent de corps de règles identiques protégeant les mêmes intérêts sociaux aux fins de sanctions de même nature ». Par conséquent, le principe de nécessité et de proportionnalité des peines avait été méconnu. Pour rétablir ce principe, le **législateur** a préféré, plutôt que de modifier la procédure d'obstruction, rendre la procédure pénale d'opposition aux fonctions des agents de l'Autorité inapplicable aux personnes morales, en la réservant aux seules personnes physiques.

b. En matière d'opposition à fonctions, les **agents de la DGCCRF** relèvent, lorsqu'ils sont mis à disposition du rapporteur général (C. com. art. L 450-6), du même régime juridique que les agents de l'Autorité de la concurrence (C. com. art. L 450-8, II).

c. Les dispositions prévoyant que les **personnes morales** sont **responsables pénalement** des infractions commises par leurs représentants (C. pénal art. 121-2) ne s'appliquent pas à l'opposition à fonctions d'un agent de l'Autorité ou, dans le cadre de sa mise à disposition du rapporteur général, d'un agent de la DGCCRF (C. com. art. L 450-10).

TRANSPARENCE DES DÉCISIONS DE L'AUTORITÉ DE LA CONCURRENCE

Le sens des décisions de l'Autorité de la concurrence ou, le cas échéant, du ministre chargé 9040
de l'économie, est rendu public dans les cinq jours ouvrables suivant la décision (C. com. art. R 430-6). Cette publicité est effectuée sur les sites internet de l'Autorité de la concurrence et du ministre de l'économie, respectivement (C. com. art. R 430-6).

Les décisions de l'Autorité de la concurrence et du ministre chargé de l'économie relatives aux opérations de concentration sont rendues publiques (C. com. art. D 430-8) :

– l'Autorité de la concurrence publie ses décisions sur son site internet (www.autoritedelaconcurrence.fr) après traitement des demandes de protection du secret des affaires ; la liste des opérations réputées avoir fait l'objet d'une décision d'autorisation est également diffusée sur ce site ;

– les décisions motivées du ministre chargé de l'économie sont publiées au Bulletin officiel de la concurrence, de la consommation et de la répression des fraudes (BOCCRF) (LD-AdlC § 323-324).

PROTECTION DU SECRET D'AFFAIRES

Lorsqu'ils interrogent des tiers au sujet de l'opération, de ses effets et des engagements pro- 9050
posés par les parties et rendent publique leur décision, l'Autorité de la concurrence et le ministre chargé de l'économie tiennent compte de l'intérêt légitime des parties qui procèdent à la notification ou des personnes citées à ce que leurs secrets d'affaires ne soient pas divulgués (C. com. art. L 430-10, II).

Les décisions de l'Autorité de la concurrence et du ministre sont publiées (n° 9040) dans le respect de l'intérêt légitime des parties qui procèdent à la notification et de celui des personnes citées à ce que leurs secrets d'affaires ne soient pas divulgués (C. com. art. D 430-8).

Lorsqu'elles reçoivent notification des décisions de l'Autorité de la concurrence ou, le cas échéant, du ministre de l'économie, les entreprises concernées disposent d'un délai de 15 jours pour indiquer à l'Autorité ou au ministre les mentions qu'elles considèrent comme relevant du secret des affaires (C. com. art. R 430-7).

La détermination de ce qui relève ou non du secret des affaires est toujours appréciée au cas par cas (LD-AdlC § 288 s.).

9055 Néanmoins, les éléments suivants **ne peuvent pas,** en principe, **être occultés** (LD-AdlC § 289) :
– les informations dont la publication est obligatoire en application de la réglementation en vigueur en France ou dans un autre pays de l'Union européenne. Si une obligation de publicité pèse sur les entreprises en vertu de la réglementation mais qu'elles n'ont pas déféré à cette obligation (par exemple, dépôt annuel des comptes au RCS), elles ne peuvent pas alléguer leur manquement pour justifier du caractère confidentiel d'une donnée ;
– les informations divulguées par l'entreprise elle-même, par exemple sur son site internet ;
– les informations aisément accessibles : informations issues d'un retraitement des données publiques (informations figurant sur des banques de données internet, informations accessibles par le biais d'instituts chargés d'études, etc.) ;
– les informations ayant perdu leur importance commerciale (par l'écoulement du temps ou pour toute autre raison). En principe, les données datant de 5 ans et plus ne sont pas occultées ;
– les informations faisant partie de l'analyse concurrentielle ou permettant de définir le périmètre des engagements consentis par les parties. En particulier, la publication des engagements comportementaux (description et délais) constitue une garantie de bonne exécution, en favorisant, en complément des vérifications effectuées par l'Autorité, une surveillance par le marché.

9060 En revanche, les **demandes d'occultation** peuvent porter sur :
– les informations non chiffrées qui auraient par exemple trait à des secrets de fabrication, des secrets industriels, à l'organisation interne ou à la stratégie commerciale de l'entreprise ;
– les données chiffrées : chiffre d'affaires qui ne sont pas publics, parts de marché (habituellement remplacées par des fourchettes indicatives), nombre de salariés, informations financières (coût de production, prix de revient, marges, projets d'investissement, etc.) et délais de réalisation des engagements structurels.

ATTENTION
Le chiffre d'affaires en France et mondial des parties ne peut généralement pas être occulté, car il est public, sauf lorsque la société n'a pas d'établissement en France ou lorsqu'elle revêt une forme juridique particulière.

ACCÈS AUX DOCUMENTS ADMINISTRATIFS

9065 Les documents élaborés ou détenus par l'Autorité de la concurrence dans le cadre de l'exercice de ses pouvoirs d'enquête, d'instruction et de décision ne sont pas communicables (CRPA art. L 311-5 ; LD-AdlC § 469 s.).

7. RECOURS

RECOURS DEVANT LE CONSEIL D'ÉTAT

9100 Les décisions de l'Autorité de la concurrence en matière de concentration peuvent faire l'objet d'un recours devant le Conseil d'État statuant en premier et dernier ressort (C. just. adm. art. R 311-1, 4° ; LD-AdlC § 471 s.).

Le délai de recours est de deux mois (délai franc), à compter, pour les parties à la concentration, de la notification de la décision ou, pour les tiers, de la publication de la version publique de la décision (C. com. art. R 464-28) réalisée par mise en ligne sur le site internet de l'Autorité (C. com. art. D 430-8).

Le Conseil d'État est aussi compétent pour connaître des décisions ministérielles prises dans le cadre du pouvoir d'évocation.

> **Précisions a.** Les décisions de l'Autorité en matière de concentrations ne constituant pas des sanctions, elles n'entrent pas dans le champ d'application de l'article 6 de la **convention européenne des droits de l'Homme** (CE 21-12-2012 n° 362347, aff. « Groupe Canal Plus » : RJDA 10/13 n° 843 ; LD-AdlC § 12).
b. Dans l'affaire « Groupe Canal Plus » précitée, le Conseil d'État a confirmé que le **ministre de l'économie** peut valablement décider de ne pas

faire usage de son pouvoir d'évocation (C. com. art. L 430-7-1) si la décision de l'Autorité de la concurrence ne préjudicie pas à l'intérêt général lié au maintien de l'emploi ou à un intérêt général autre que le maintien de la concurrence (LD-AdlC § 326).

c. L'Autorité de la concurrence propose une page sur son site **internet** spécialement dédiée au suivi des recours formés devant le Conseil d'État contre ses décisions en matière de contrôle des concentrations.

d. La phase de **prénotification** (n° 8505) revêtant un caractère purement préparatoire, son ouverture par l'Autorité est insusceptible de faire l'objet d'un recours pour excès de pouvoir (CE 7-4-2022 n° 458272).

RECOURS EN ANNULATION D'UNE DÉCISION DE CONCENTRATION

Le Conseil d'État examine à la fois la légalité externe (compétence, respect de certaines garanties de forme ou de procédure) et la légalité interne (contrôle de la violation de la loi ou de l'erreur de droit ou de fait, avec examen de la qualification juridique des faits) des décisions (LD-AdlC § 483 s.). **9110**

Il en va ainsi de :

– la régularité de la procédure : CE 6-2-2004 n° 249267, aff. « Seb – Moulinex » : RJDA 6/04 n° 760 concl. E. Glaser p. 607 ; CE 27-6-2007 n° 278652, aff. « TF1 – AB – TMC » : RJDA 12/07 n° 1285 ; CE 23-12-2013 n° 363702, aff. « Métropole Télévision – Télévision Française 1 » : RJDA 11/14 n° 869 ;

– la contrôlabilité de l'opération : CE 9-4-1999 n° 201853, aff. « Coca-Cola » : RJDA 10/99 n° 1141 ; CE 31-1-2007 n° 294896, aff. « Ebra – Delaroche » : RJDA 4/07 n° 408 concl. E. Glaser p. 307 ;

– la délimitation des marchés pertinents : arrêts « Seb – Moulinex » et « TF1 – AB – TMC » précités ; CE 30-6-2006 n° 283479, aff. « Fiducial » : RJDA 4/07 n° 409 ;

– les effets concurrentiels de l'opération : arrêts « Coca-Cola », « Seb – Moulinex », « Fiducial » et « TF1 – AB – TMC » précités ;

– les contributions au progrès économique : arrêt « Coca-Cola » précité ;

– la notion d'entreprise défaillante : arrêt « Seb – Moulinex » précité ;

– le caractère suffisant des engagements : arrêts « Coca-Cola » et « TF1 – AB – TMC » précités ; CE 30-12-2010 n° 338197, aff. « TF1 – TMC – NT1 » : RJDA 4/11 n° 352 ;

– l'intention de contourner les règles de concurrence dans l'hypothèse d'un défaut de notification : CE 15-4-2016 n° 375658, aff. « COPAGEF ».

Pour vérifier la licéité de la décision, le Conseil d'État adopte une **approche économique** (examen des parts de marché et des obstacles au pouvoir de marché, vérification du bilan concurrentiel et des gains d'efficacité), non seulement à la date de la décision mais aussi de façon prospective en tenant compte le cas échéant de faits nouveaux tels que l'arrivée d'un nouvel opérateur (LD-AdlC § 487).

Il contrôle également le **respect des droits des tiers** (LD-AdlC § 490).

ILLUSTRATIONS

Le Conseil d'État a annulé une décision d'autorisation car les droits d'une société tierce à l'opération, qui n'avait pas pu présenter ses observations, n'avaient pas été respectés (CE 9-4-1999 n° 191654, aff. « Heineken – Fischer » : RJDA 10/99 n° 1140).

En cas d'**annulation** d'une décision, l'Autorité ou le ministre peuvent valablement adopter une **nouvelle décision** allant dans le même sens que la première, pourvu qu'ils se fondent sur la situation de fait existant à la date de cette seconde décision (CE 13-2-2006 n° 278796 : RJDA 12/06 n° 1270).

RÉFÉRÉS

Deux procédures permettent d'obtenir la suspension d'une décision de concentration devant le Conseil d'État (LD-AdlC § 480 s.) : **9120**

1° Le **référé « suspension »** (C. just. adm. art. L 521-1). La recevabilité de la demande de référé (formée parallèlement au recours au principal visant à l'annulation de la décision) doit satisfaire aux trois conditions suivantes :

a. Condition d'**urgence.** Cette condition peut être remplie en raison du caractère irréversible des effets de la décision contestée tant sur l'intérêt public (maintien de la concurrence) que sur les intérêts privés des concurrents (CE Ord. 19-5-2005 n° 279697, aff. « CEGID – CCMX »). Inversement, des parts relativement peu élevées ou une incidence progressive de la concentration sur les marchés concernés peuvent conduire à écarter l'urgence (CE Ord. 22-4-2010 n° 338198, aff. « Métropole Télévision »). Voir également CE Ord. 27-11-2013 n° 373066, aff. « Société Wienerberger » : RJDA 2/14 n° 171 ; CE Ord. 24-6-2015 n° 390640, aff. « Société NC Numéricable » ; CE Ord. 30-10-2017 n° 414655, aff. « Société FNAC Darty ».

b. Condition d'existence « d'un **doute** sérieux quant à la **légalité de la décision** ». Dans l'affaire « CEGID – CCMX » précitée, le juge des référés a estimé que la faiblesse de la démonstration du « caractère probable, suffisamment rapide et durable, et suffisant, de l'entrée de nouveaux concurrents » emportait un doute sérieux quant à la légalité de la décision. Pour un exemple où cette condition a été écartée : CE Ord. 17-10-2016 n° 403730, aff. « Société Soufflet Agriculture ».

c. Condition de **non-exécution** totale **de la décision.** Pour pouvoir être suspendue, la décision ne doit pas avoir épuisé tous ses effets juridiques (voir CE Ord. 1-6-2006 n° 293198, aff. « Fromaget Vins – Société Centrale Européenne de Distribution Groupe C10 » : la demande en référé-suspension a été jugée irrecevable car la décision d'autorisation de la concentration était entièrement exécutée à la date de la requête ; CE Ord. 25-7-2006 n° 294897, aff. « Société France Antilles » : la requête n'était pas recevable car la décision d'autorisation « Est Républicain – Delaroche » était entièrement exécutée à la date de la requête ; CE Ord. 27-11-2013, n° 373066, aff. « Société Wienerberger » : le juge des référés du Conseil d'État a estimé que la prise de contrôle exclusif des actifs « matériaux de structure » de la société Imerys TC par la société Bouyer Leroux étant pleinement réalisée, les conclusions tendant à la suspension de l'exécution de la décision de l'Autorité étaient devenues sans objet).

2° Le **référé « conservatoire »** ou **« mesures utiles »** prévu par l'article L 521-3 du Code de justice administrative, selon lequel « en cas d'urgence et sur simple requête qui sera recevable même en l'absence de décision administrative préalable, le juge des référés peut ordonner toutes autres mesures utiles sans faire obstacle à l'exécution d'aucune décision administrative ». Par exemple, cette procédure peut s'appliquer lorsque, une opération de concentration ayant été réalisée sans être notifiée, l'Autorité de la concurrence (à l'époque des faits, le ministre de l'économie) enjoint la notification de l'opération (CE Ord. 18-2-2008 n° 312534, aff. « Fédération Nationale des Transporteurs Routiers » : RJDA 8-9/08 n° 952).

8. DÉCONCENTRATION EN CAS D'ABUS DE POSITION DOMINANTE

9150 En cas d'exploitation abusive d'une position dominante ou d'un état de dépendance économique, l'Autorité de la concurrence peut enjoindre, par décision motivée, à l'entreprise ou au groupe d'entreprises en cause, de modifier, de compléter ou de résilier, dans un délai déterminé, tous accords et tous actes par lesquels s'est réalisée la concentration de la puissance économique qui a permis les abus, même si ces actes ont fait l'objet d'une procédure de contrôle des concentrations (C. com. art. L 430-9 ; LD-AdlC § 500 s.).

Cette procédure n'a été mise en œuvre qu'une seule fois (Cons. conc. 11-7-2002, n° 02-D-44, aff. Secteurs de l'eau potable et de l'assainissement). Après quelques péripéties, et notamment un arrêt de la Cour de cassation prononçant l'incompétence de la cour d'appel de Paris pour connaître d'une décision du Conseil de la concurrence demandant la mise en œuvre de l'article L 430-9 du Code de commerce (Cass. com. 12-7-2004 n° 03-12.409 : RJDA 11/04 n° 1270 chron. S. Destours p. 1059), cette procédure n'a connu de dénouement qu'en 2009, avec l'autorisation par la Commission européenne – toujours au titre du contrôle des concentrations, mais européen, cette fois – du décroisement de certaines filiales communes aux groupes Veolia et Lyonnaise des Eaux (Décision du 30-7-2009, COMP/M.5464, Veolia Eau – Société des Eaux de Marseille – Société des Eaux d'Arles – Société Stéphanoise des Eaux ; décision du 5-8-2009, COMP/M.5461, aff. Lyonnaise des Eaux – Sociétés de Distribution d'Eau et d'Assainissement).

TABLEAU RÉCAPITULATIF DE LA PROCÉDURE DE CONTRÔLE DES CONCENTRATIONS 9160

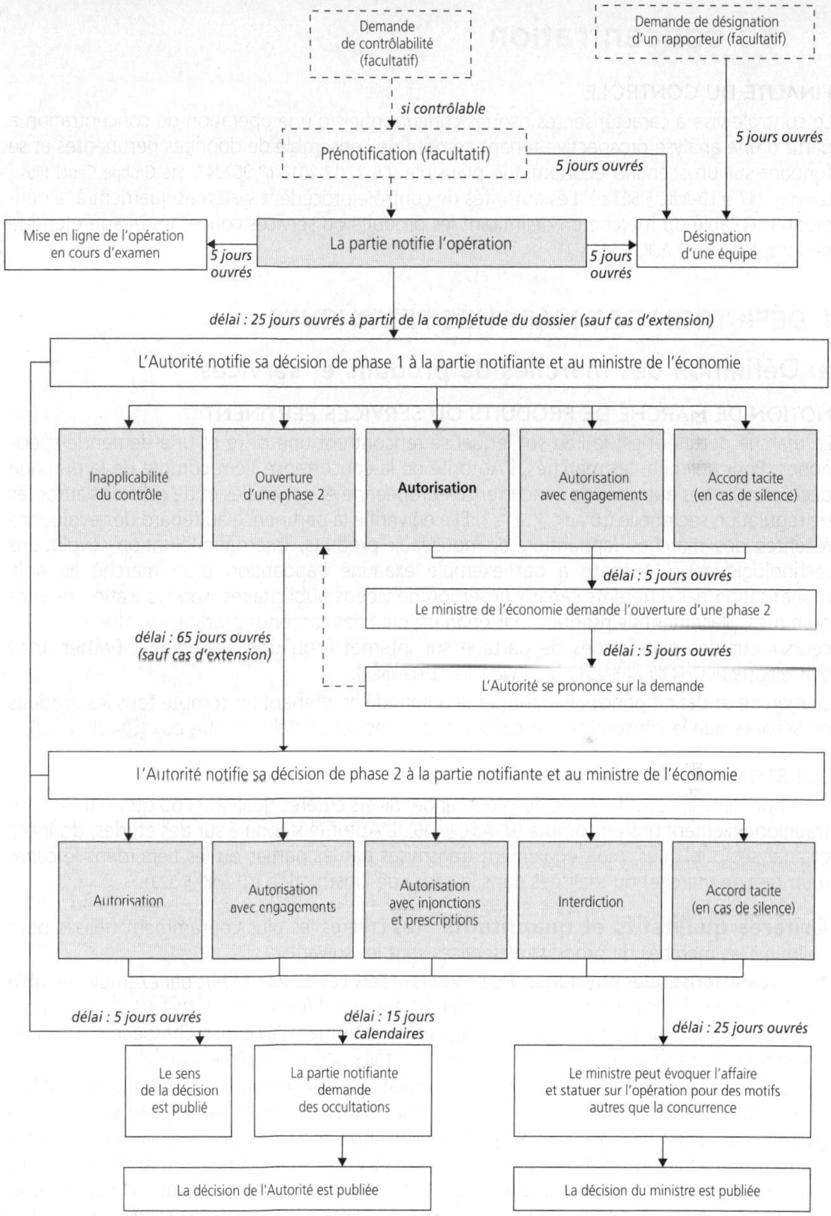

C. Examen au fond de l'opération de concentration

FINALITÉ DU CONTRÔLE

9200 Le contrôle vise à caractériser les risques concurrentiels d'une opération de concentration à partir d'une analyse prospective tenant compte de l'ensemble de données pertinentes et se fondant sur un scénario économique plausible (CE 21-12-2012 n° 362347, Sté Groupe Canal Plus : Lebon p. 447 et LD-AdlC § 503 s.). Les autorités de contrôle procèdent systématiquement à la définition préalable du marché en délimitant les produits ou services concernés et son étendue géographique (LD-AdlC § 511 s.).

1. DÉFINITION DES MARCHÉS PERTINENTS

a. Définition des marchés de produits et services

NOTION DE MARCHÉ DE PRODUITS OU SERVICES PERTINENT

9210 Le marché pertinent est le lieu sur lequel se rencontrent une offre et une demande spécifiques. Pour délimiter les marchés, l'Autorité de la concurrence tient compte de la pratique décisionnelle des autorités de concurrence européenne et nationales et de celle des autorités de régulation sectorielle (LD-AdlC § 521 s.). Elle en vérifie la pertinence au regard des évolutions récentes des marchés (apparition de nouveaux produits, internationalisation, évolutions technologiques). L'Autorité a par exemple examiné l'apparition d'un marché lié à la monétisation par différents canaux (insertion de vidéos publicitaires, sponsorisation de programmes, placement de produits, partenariats, etc.) des contenus produits par des « influenceurs » sur des plateformes de partage sur internet (YouTube, Instagram, Twitter, etc.) (Aut. conc. 19-DCC-94 du 24-5-2019, aff. « Webedia – Elephant »).

Le marché se définit principalement par la demande en prenant en compte tous les produits ou services que le consommateur considère comme substituables entre eux (LD-AdlC § 512).

SUBSTITUABILITÉ DE LA DEMANDE

9220 Pour apprécier la substituabilité de la demande, divers critères qualitatifs ou quantitatifs sont traditionnellement pris en compte (LD-AdlC § 519). L'Autorité s'appuie sur des études, données et analyses publiques, mais également transmises par les parties ou les tiers (dans le cadre d'un test de marché) ou réalisées dans le cadre de l'instruction (LD-AdlC § 523).

9225 **Critères qualitatifs et quantitatifs** Les critères les plus couramment utilisés pour délimiter les marchés de produits et services sont les suivants :

1. Les **caractéristiques physiques** des produits et services (LD-AdlC § 525) : par exemple, le câble et l'ADSL considérés comme modalités d'accès à internet (Cons. conc. 15-10-2007 n° 07-D-33) ou, inversement, les instruments à écrire jetables et les instruments à écrire rechargeables considérés comme non suffisamment substituables pour faire partie du même marché.

2. Les **caractéristiques techniques** : des produits physiquement ou techniquement différents peuvent avoir la même fonction (Aut. conc. 20-8-2010 n° 10-DCC-98 aff. « Eurovia – actifs du groupe Tarmac », pts 8 à 19 : même usage pour les granulats alluvionnaires et issus de roches massives). Inversement, des produits ayant des similitudes physiques ou techniques peuvent appartenir à des marchés distincts en raison d'usages différents (Aut. conc. 1-9-2000 n° 10-DCC-110 aff. « Sodiaal – Entremont », pts 19 à 25 : marché du fromage à raclette distinct de celui des autres pâtes pressées non cuites).

3. Les **stratégies de commercialisation** : elles peuvent influer sur la substituabilité du point de vue des clients (LD-AdlC § 528), telles les différences de prix (LD-AdlC § 529) ou d'image de marque, de canal de distribution (LD-AdlC § 532) (par exemple, distinction entre le marché des herbicides pour jardins et celui des herbicides agricoles) ou de positionnement commercial (LD-AdlC § 533 s.) : marque de fabricant (MDF), marque de distributeurs (MDD), marque de hard discounters (MHD) et marque de premier prix (MPP) ; en fonction de leurs besoins respectifs.

4. L'**environnement juridique** (LD-AdlC § 535) : une norme légale ou réglementaire spécifique peut influencer le comportement de la demande (prix, qualité ou perception des demandeurs). Pour des exemples, voir Aut. conc. 30-12-2010 n° 10-DCC-198, aff. « Veolia Environnement – Caisse des Dépôts et Consignations », pts 9 à 37 ; Aut. conc. 28-5-2010 n° 10-DCC-51 « Tereos – Groupe Quartier », pts 7 à 16.

> **Précisions** En matière de **commerce,** six catégories sont usuellement identifiées en fonction de la taille des magasins, leurs techniques de vente, leur accessibilité, la nature du service rendu et l'ampleur des gammes de produits proposés : les hypermarchés, les supermarchés, le commerce spécialisé, le petit commerce de détail, les maxi discompteurs et la vente par correspondance.
> Pour un exemple de segmentation par canaux (professionnels / particuliers), voir la décision n° 17-DCC-40 du 28-4-2017, aff. « Paprec Groupe – Coved » : dans le secteur de la collecte des déchets d'équipements électriques et électroniques (« D3E »), les déchets ménagers (par exemple, machine à laver, téléphone portable ou télévision) forment un marché distinct des déchets professionnels. Leurs collectes respectives ne sont pas identiques du point de vue de la demande, les besoins, cahiers des charges, tonnages et flux étant différents (par exemple, enlèvements rapides à la demande, sur site, de volumes importants pour les professionnels, nécessitant une logistique particulière).

Méthodes quantitatives La délimitation des marchés pertinents peut s'appuyer sur des méthodes quantitatives permettant de mesurer le degré de substituabilité entre différents produits ou services (LD-AdlC § 552 s.) : **9230**

Le **test du monopoleur hypothétique** (LD-AdlC § 553) consiste à vérifier, à partir de l'élasticité-prix de la demande, si sur un marché de produits donnés, en cas de hausse des prix, les consommateurs resteraient captifs ou se reporteraient vers d'autres produits. Dans le second cas, si les produits extérieurs au marché sont considérés comme suffisamment substituables par les clients pour reporter leur consommation vers ces produits plutôt que de subir la hausse de prix, alors le marché pertinent doit être élargi pour intégrer ces substituts les plus proches. En procédant par itération, en comparant à chaque fois les ratios de diversion, on parvient à délimiter le marché de produits « pertinent ».

L'un des inconvénients de ce test est d'abord qu'il nécessite la collecte d'une grande quantité de données. Ensuite, il n'est valable que si les prix observés, à partir desquels sont réalisées les simulations de hausses des prix, sont suffisamment concurrentiels. Dans le cas contraire, l'estimation est biaisée. L'exemple typique de biais d'estimation (« cellophane fallacy ») est celui d'un monopole ou d'un oligopole parfaitement collusif sur le produit dont on cherche à vérifier s'il constitue ou non un marché pertinent distinct. Le prix pratiqué sur ce marché étant déjà celui d'un monopole (c'est-à-dire le prix qui maximise son profit), toute augmentation de prix est susceptible de réduire le profit. Le test conduit alors automatiquement à élargir le marché au-delà de sa véritable dimension et donc à sous-estimer le pouvoir de marché de la nouvelle entité et les effets d'une concentration (LD-AdlC § 556).

À défaut de pouvoir mettre en œuvre rigoureusement le test du monopoleur hypothétique, d'**autres méthodes** quantitatives peuvent être utilisées, par exemple l'évaluation directe du degré de substituabilité ou de la proximité des produits à partir du calcul de ratios de diversion ou l'observation des évolutions des prix (par exemple, évolution similaire dans le temps des écarts de prix). Le cas échéant, les données utilisées dans ces études de corrélation doivent s'étendre sur une période suffisamment longue (par exemple, au moins deux ans pour des données mensuelles). Elles doivent être corrigées des variations saisonnières, ainsi que des évolutions des facteurs de coûts communs.

L'analyse des ratios de diversion résultant de chocs ayant affecté le marché peut également être éclairante (par exemple : entrée d'un nouveau concurrent, lancement d'un nouveau produit, évolution des taux de change ou variation soudaine de la capacité de production d'une entreprise sur le marché). Toutefois, elle présente également des biais d'estimation (LD-AdlC § 561).

SUBSTITUABILITÉ DE L'OFFRE

L'Autorité de la concurrence peut retenir la substituabilité de l'offre pour élargir un marché défini du point de vue de la demande, lorsque les concurrents peuvent entrer rapidement et facilement sur le marché (LD-AdlC § 519). **9235**

La substituabilité de l'offre peut parfois être suffisante pour regrouper deux segments dans un seul et même marché pertinent :

– lorsque les offreurs sont simultanément présents sur les deux segments : Aut. conc. 21-9-2011 n° 11-DCC-141, aff. « groupe 3M – actifs du groupe Gergonne », pt 21. Pour un contre-exemple : Aut. conc. 15-3-2010 n° 10-DCC-21, aff. « Bonduelle – Champiloire », pt 8 (la plupart des producteurs de champignons en conserves ne fabriquent aucune autre conserve de légumes) ;

– lorsque les offreurs sur un segment peuvent rapidement et facilement adapter leur offre sur l'autre segment : Aut. conc. 23-11-2009 n° 09-DCC-67, aff. « LDC – Arrivé » (substituabilité de l'offre entre divers canaux de distribution de produits panés à base de volaille). La prise en compte de la substituabilité du côté de l'offre intervient soit au stade de la délimitation des marchés, soit au stade de l'analyse de la concurrence potentielle (voir n° 8830).

b. Définition des marchés géographiques

NOTION DE MARCHÉ GÉOGRAPHIQUE PERTINENT

9300 S'il peut arriver que le marché d'un produit soit spécifique à une zone géographique, le cas le plus fréquent est celui dans lequel la délimitation géographique des marchés porte sur des produits identiques, mais pour lesquels l'offre et la demande ne peuvent en pratique se rencontrer dans les limites de zones restreintes. Cette restriction peut être due aux critères qui suivent.

PÉRIMÈTRE DES ZONES DE CHALANDISE

9310 En matière de **commerce de détail,** les zones de chalandise sont limitées géographiquement en fonction de la distance ou du temps de déplacement des clients (LD-AdlC § 542, voir n°s 9605 et 9606).

Un raisonnement similaire a été mené dans le cadre de l'analyse de la zone de chalandise d'un **casino,** définie en termes de « bassins ludiques » d'une heure de voiture autour des casinos (Min. éco. 28-7-2004, aff. C 2004-117, Accor – Barrière Desseigne – Lucien Barrière ; Min. éco. 28-9-2005, aff. C 2005-95, Partouche/Divonne), ou de la dimension géographique des marchés de l'offre de diagnostics et de soins hospitaliers (Aut. conc. 11-6-2014 n° 14-DCC-79, aff. « Bridgepoint – Médi-Partenaires »).

› Précisions a. Dans le secteur de la **distribution automobile,** l'Autorité de la concurrence a substitué une délimitation géographique traditionnelle des marchés fondée sur les limites administratives départementales par une zone de chalandise définie par 30 à 60 minutes de trajet (Aut. conc. 12-3-2019 n° 19-DCC-42).
b. Pour une analyse spécifique à la **Ville de Paris,** voir l'avis de l'Autorité de la concurrence n° 12-A-01 du 11-1-2012 relatif à la situation concurrentielle dans le secteur de la distribution alimentaire à Paris (sur saisine de la Ville de Paris qui s'est inquiétée des risques d'augmentation des prix alimentaires à Paris en raison de la forte concentration du marché parisien).

CATÉGORIES DE DEMANDEURS

9320 La spécificité de certains demandeurs sur un même marché de produits ou de services peut conduire à délimiter un marché géographique différencié. Ainsi, dans le secteur des voyages d'affaires, si le marché géographique est national pour les PME/PMI, il pourrait être de dimension plus large pour les entreprises multinationales dans la mesure où elles cherchent à avoir un fournisseur unique pour l'ensemble de leur groupe, capable de couvrir, par sa prestation, plusieurs pays européens (LD-AdlC § 368).

CONTRAINTES TECHNIQUES

9330 Des contraintes techniques peuvent être prises en compte. Par exemple, en matière de transport routier de produits pétroliers, le ministre de l'économie a considéré qu'il convenait de prendre en compte la nécessité pour les transporteurs d'être implantés non loin des points de chargement (Min. éco. 12-8-2004, aff. C 2004-85, GCA/Citaix).

CONTRAINTES LÉGALES ET RÉGLEMENTAIRES

9340 Certains marchés sont géographiquement limités par des contraintes légales ou réglementaires (LD-AdlC § 369).

ILLUSTRATIONS

En matière de services d'audit et d'**expertise comptable,** bien que les grandes entreprises aient systématiquement recours à des grands cabinets intégrés dans un réseau international, le ministre a estimé que le marché est de dimension géographique nationale compte tenu des prescriptions réglementaires nationales et de la nécessité que les prestataires soient implantés dans un pays pour y offrir leurs services (Min. éco. 19-11-2004, aff. C 2004-157, KPMG – SRA).

Pour définir certains **marchés agricoles,** l'Autorité de la concurrence tient compte des dispositions de la politique agricole commune et de ses évolutions récentes. Elle a notamment considéré que les spécificités du marché français du sucre justifiaient encore une analyse au niveau national, malgré la réforme du marché opérée par le règlement 1234/2007 du 22 octobre 2007 (« OCM unique » : maîtrise de la production par un système de quotas nationaux et outils de stabilisation des prix), malgré la pression concurrentielle des producteurs situés aux frontières du nord et de l'est de la France (Aut. conc. 20-1-2012 n° 12-DCC-06, aff. « Cristal Union – Vermandoise »).

ÉTENDUE DE L'OFFRE

La dimension des marchés peut se définir à partir de l'offre globale proposée. Ainsi, dans le secteur des instruments de pesage, la dimension des marchés est nationale car les opérateurs doivent proposer une offre globale de pesage auprès de la clientèle et maintenir sur le territoire français un réseau de maintenance du matériel qu'ils fabriquent (Min. éco. 22-4-1999, aff. C 1999-23, Mettler Toledo – Testut). 9350

COÛT DU TRANSPORT

Un coût de transport **élevé** tend à limiter l'étendue géographique du marché (LD-AdlC § 541). Dans le secteur des matériaux de construction, le ministre a retenu un marché de dimension locale notamment parce que le prix « rendu » (prix au départ de la carrière et prix du transport) du granulat transporté par route double au-delà d'une quarantaine de kilomètres et incite les professionnels à s'approvisionner dans une zone géographique proche (Min. éco. 18-5-2004, aff. C 2004-66, Lafarge Granulats – Hupfer). En revanche, dès lors que le coût de transport est **faible,** la dimension des marchés peut être plus étendue. Ainsi, en matière d'équipements de détecteurs d'explosifs, la dimension du marché est considérée comme européenne car les coûts de transport de ces équipements sont relativement faibles par rapport à leur coût de fabrication et les attentes des clients sont proches d'un pays à l'autre (Min. éco. 23-7-2004, aff. C 2004-98, General Electric – Invision). 9360

PRÉFÉRENCES SUBJECTIVES DES CLIENTS

En raison d'habitudes locales ou nationales, la substituabilité entre produits et services peut être différente d'une zone géographique à l'autre (LD-AdlC § 551). Par exemple, dans le domaine des produits alimentaires, la dimension géographique à retenir est nationale, principalement en raison des préférences, des goûts et des habitudes alimentaires des consommateurs qui varient d'un pays à un autre (Min. éco. 15-7-2004, aff. C 2004-112, Smithfield – Jean Caby). 9370

2. ANALYSE CONCURRENTIELLE

EXAMEN DES RISQUES D'ATTEINTE À LA CONCURRENCE

L'Autorité de la concurrence examine si l'opération est de nature à porter atteinte à la concurrence, notamment par création ou renforcement d'une position dominante ou par création ou renforcement d'une puissance d'achat qui place les fournisseurs en situation de dépendance économique (C. com. art. L 430-6, al. 1 ; sur ces notions, voir n°s 45100 s.). Même si ce critère ne s'applique formellement qu'aux décisions de phase 2 (n° 8700), le critère imposé par le Code de commerce pour les décisions de phase 1 (ne pas laisser subsister un « doute sérieux d'atteinte à la concurrence ») (C. com. art. L 430-5, III-al. 4) n'étant pas défini explicitement, on peut considérer que l'appréciation de ce critère se fonde sur les mêmes notions que celles prévues pour les décisions de phase 2. 9400

Le législateur considère en effet qu'au-delà d'un certain seuil de concentration il peut y avoir un problème pour la concurrence en raison non d'un abus correspondant à un comportement anticoncurrentiel (sanctionné par la répression des ententes illicites et des abus de position dominante), mais d'une situation structurellement nocive pour l'économie.

a. Identification des caractéristiques des marchés concernés

Après avoir défini les marchés pertinents (voir n°s 9210 et 9300 s.), l'Autorité de la concurrence conduit une première analyse du **degré de concentration du marché.** Les indices utilisés sont alors identiques à ceux retenus par la Commission européenne (voir n°s 10060 et 10070). 9410

Cette analyse est distincte de l'appréciation de l'existence d'une influence déterminante (voir n°s 8165 s.) aux fins d'identifier une opération de concentration (CE 23-12-2010 n° 337533 et 338594 : RJDA 4/11 n° 350).

ATTENTION

En matière de **commerce de détail,** l'Autorité apprécie le pouvoir de marché des groupes de distribution parties à l'opération en tenant non seulement compte des magasins qu'ils détiennent en propre mais également de magasins exploités en franchise, quel que soit leur statut juridique, dès lors que la politique commerciale des franchisés n'est pas suffisamment autonome par rapport au franchiseur.

Les **parts de marché** des parties et de leurs concurrents (LD-AdlC § 565 s.) donnent une première indication du pouvoir de marché de l'entité fusionnée. Celles-ci sont analysées, en valeur (euros) ou en volume (par exemple : surfaces ou nombre de points de vente), à partir des données les plus récentes disponibles. À l'instar de la Commission européenne, le degré de concentration est parfois mesuré à partir de l'indice IHH.

9420 L'Autorité de la concurrence apprécie ensuite si des pressions concurrentielles (présence de barrières à l'entrée, existence de concurrents potentiels, contre-pouvoir de la demande) sont susceptibles d'influer sur le **fonctionnement du marché** (LD-AdlC § 574 s.).

En effet, outre les parts de marché détenues par les parties à la concentration, sont également pris en compte les **facteurs internes au fonctionnement des marchés,** susceptibles d'atténuer ou d'accroître les effets négatifs de la concentration sur le jeu de la concurrence et permettant un rééquilibrage partiel du marché :
– caractéristiques des entreprises : taille et étendue des activités sur le marché concerné et les marchés connexes, structures des coûts et niveaux de marge, capacités de production, comportement, liens entre elles, capacités d'expansion ou risque de déclin ;
– caractéristiques des produits et services : place occupée dans la chaîne de production, contraintes logistiques, degré de différenciation ;
– caractéristiques des acheteurs et des fournisseurs : nombre et degré de concentration, pouvoir de négociation, etc. ;
– caractéristiques et modalités de fonctionnement du marché : cadre réglementaire, stabilité et degré de transparence pour apprécier le risque de coordination, nature des relations entre offreurs et demandeurs (nombre de transactions, modalités de négociation, durée et fréquence de renouvellement des contrats, caractère exclusif ou sélectif des réseaux de distribution, importance des coûts de changement des fournisseurs ou « switching costs »), nature biface du marché, etc.

De même, l'Autorité examine les **sources de concurrence potentielle.** Pour évaluer le degré de concurrence sur un marché, il convient de tenir compte des **barrières à l'entrée** : un marché sur lequel il n'existe pas ou peu de barrières à l'entrée peut souvent être considéré comme ouvert à l'arrivée de concurrents potentiels, ce qui diminue la probabilité d'apparition d'une atteinte à la concurrence (Min. éco. 5-3-2007, aff. C 2006-107, Bénéteau – IRM) ; au contraire, un marché présentant de fortes barrières à l'entrée, qu'elles soient le fait des parties à la concentration ou non, est peu sensible à la possibilité d'entrée de nouveaux concurrents. Parmi ces barrières, on relève notamment les réglementations soumettant à autorisation administrative l'entrée de nouveaux entrants sur le marché, la détention de brevets, les effets de gamme, la notoriété des marques, la disponibilité des linéaires dans la grande distribution et l'existence de capacités de production ou de stockage inutilisées par les entreprises présentes sur le marché qui leur permettraient de réagir instantanément en cas d'entrée d'un nouveau concurrent.

b. Effets de l'opération

9440 L'analyse concurrentielle de l'opération distingue différents effets anticoncurrentiels possibles de la concentration.

De ce point de vue, la réorganisation du plan opérée en juillet 2020, sans présenter d'innovation fondamentale, rend cette partie plus didactique que dans la version précédente des Lignes directrices de l'Autorité de la concurrence.

EFFETS HORIZONTAUX D'UNE CONCENTRATION

9445 Les effets horizontaux (LD-AdlC § 614 s.) sur les marchés conduisant à un chevauchement d'activité (ou une addition de parts de marché) entre les parties, autrement appelés « effets unilatéraux », peuvent se manifester lorsque l'opération de concentration permet à la nouvelle entité d'agir indépendamment de la concurrence. Par exemple, il est possible qu'à la suite de la concentration la nouvelle entité puisse juger profitable de relever une partie ou l'ensemble de ses prix (ou de réduire le volume, la qualité ou la variété de sa production), alors qu'avant la concentration un tel comportement aurait conduit à une réduction trop importante des ventes au profit d'autres opérateurs. La forme la plus grave d'effets horizontaux est la création ou le renforcement d'une position dominante au profit de l'entité issue de la concentration.

Pour apprécier le risque que des effets horizontaux se produisent, tous les **facteurs susceptibles d'accroître le pouvoir de marché** de la nouvelle entité sont pris en compte, notamment les parts de marché des parties et le degré de concentration du marché à l'issue de l'opération (LD-AdlC § 621 s.), la pression concurrentielle que les concurrents actuels sont en mesure d'exercer (LD-AdlC § 630 s.), la probabilité que de nouveaux acteurs, les concurrents « potentiels », viennent concurrencer les acteurs actuels (LD-AdlC § 637 s.), le niveau de différenciation des produits (LD-AdlC § 641 s.) ou la puissance d'achat des clients (LD-AdlC § 661 s.).

Enfin, les marchés bifaces et les marchés d'appels d'offres présentent des particularités d'analyse (LD-AdlC § 664-667).

Un **test quantitatif,** tel le test GUPPI (« gross upward pricing pressure index ») ou le test UPP (« upward pricing pressure », LD-AdlC § 648 s.), peut fournir une estimation chiffrée des incitations des acteurs à augmenter leurs prix (Aut. conc. 17-4-2014 n° 14-DCC-57, aff. « Orlait/Terra Lacta »).

L'Autorité semble toutefois écarter un risque de renforcement d'une position dominante si l'opération examinée n'a pas pour effet de renforcer significativement la nouvelle entité sur le marché considéré. En dépit de parts de marché initiales très élevées (jusqu'à 70-80 %), une opération se traduisant par une faible augmentation de part de marché (moins de 1 %), ne constituerait **pas** un **renforcement « significatif » de position dominante** et ne porterait dès lors pas atteinte à la concurrence (Aut. conc. 12-1-2012 n° 12-DCC-02, aff. « Unéal – Hubau – Sicapa »). L'utilisation de ce terme « significatif » participe peut-être d'un rapprochement entre les critères d'analyse du contrôle national des concentrations et ceux prévus en droit européen (qui sanctionne les « entraves significatives » à la concurrence effective ; voir n° 9980). Une telle approche surprend néanmoins, l'Autorité étant, d'une part, censée veiller à l'absence de toute « atteinte à la concurrence » (et non pas seulement celles jugées « significatives ») et n'ayant, d'autre part, pas encore précisé si elle apprécie l'effet cumulé dans le temps de renforcements successifs de position dominante « non significatifs », lesquels pouvant aboutir en principe à une situation de monopole absolu sur le marché.

Pour des exemples d'effets horizontaux sous forme de détérioration de la variété de l'offre (plutôt qu'une hausse du prix), voir Aut. conc. 12-7-2011 n° 11-DCC-114, aff. « BFCM – L'Est Républicain » dans le secteur de la presse et Aut. conc. 12-1-2024 n° 24-DCC-04, aff. « GCP – OCS » dans le secteur audiovisuel.

Autres effets horizontaux, une opération de concentration peut, sans conduire pour autant à une position dominante, **atténuer l'intensité concurrentielle sur un marché** : en l'absence de toute coordination tacite ou explicite, la disparition d'un concurrent (LD-AdlC § 618) peut déplacer l'équilibre concurrentiel du marché vers des tarifs plus élevés (ou une moindre qualité). C'est en particulier le cas pour la disparition d'un « franc-tireur » (ou « maverick » en anglais), dont la politique commerciale agressive ou la stratégie d'innovation ambitieuse permettait d'animer la concurrence. Pour un exemple, voir Cons. conc. n° 06-A-20 du 20-10-2006, aff. « Pan Fish – Marine Harvest » : bien que ne conduisant pas à une position dominante, la concentration était susceptible d'influer négativement sur les prix et quantités de saumon produit en Écosse.

Il peut également s'agir de la **disparition d'un concurrent potentiel.** Par exemple, dans l'affaire « Éco-emballages – Écofolio » (Décision n° 17-DCC-42 du 3-4-2017), l'Autorité de la concurrence a estimé, en l'absence de chevauchement d'activités des parties (celles-ci étant chacune le seul éco-organisme agréé par les pouvoirs publics dans sa filière, respectivement les emballages ménagers et le papier), qu'il y avait un risque de disparition d'un concurrent potentiel : sans l'opération, chaque entreprise aurait été en mesure d'entrer sur le marché de l'autre (Écofolio en se diversifiant vers la filière « emballages ménagers » et inversement, pour Éco-emballages, vers la filière « papier »).

EFFETS VERTICAUX D'UNE CONCENTRATION

Les effets verticaux d'une concentration sont étudiés lorsque l'opération réunit des acteurs présents à différents niveaux de la chaîne de valeur (LD-AdlC § 668 s.). Même en l'absence de toute addition de parts de marché, les concentrations verticales peuvent notamment susciter des questions de concurrence si elles réunissent dans une même entreprise des activités situées à des stades différents de la chaîne de valeur (par exemple, achat par un fabricant d'un réseau de distribution de son produit). L'acquisition d'un fournisseur ou d'un distributeur, si elle ne se traduit pas par des augmentations de parts de marché, peut aussi tarir une source d'approvisionnement ou fermer les débouchés des concurrents. **9450**

Des effets positifs peuvent toutefois résulter de ce type de concentrations, notamment la suppression du phénomène de double marge (LD-AdlC § 669).

Pour analyser le risque de verrouillage ou de forclusion des marchés, l'Autorité examine successivement le pouvoir de marché de la nouvelle entité (LD-AdlC § 677 s.), les capacités de réaction de ses concurrents (LD-AdlC § 688 s.), la concurrence potentielle (LD-AdlC § 695 s.) et le contre-pouvoir des acheteurs (LD-AdlC § 698 s.). Elle examine ensuite les probabilités respectives des différents scénarios de verrouillage (LD-AdlC § 700 s.).

Pour un exemple, voir Aut. conc. 30-7-2015 n° 15-DCC-104, aff. « Rubis – Sté Réunionnaise de Produits Pétroliers ».

EFFETS CONGLOMÉRAUX D'UNE CONCENTRATION

9455 Une concentration produit des effets conglomératx sur les marchés de biens et services « complémentaires » lorsqu'elle permet à la nouvelle entité de restreindre ou d'empêcher l'accès à un ou plusieurs marchés (LD-AdlC § 711 s.). Les concentrations conglomérales ont en général des effets positifs puisqu'elles sont sources de synergies pouvant profiter aux consommateurs dans un premier temps (LD-AdlC § 714). Cependant les conséquences à moyen terme deviennent négatives si l'entreprise utilise ce biais pour évincer progressivement ses concurrents. L'atteinte à la concurrence peut résulter d'une vente liée, techniquement ou commercialement, de façon à verrouiller le marché et à évincer les concurrents (LD-AdlC § 715).

Pour analyser ce risque, l'Autorité s'appuie sur les facteurs évoqués précédemment, en les adaptant aux effets conglomératx (pouvoir de marché de la nouvelle entité, capacités de réaction des concurrents, barrières à l'entrée sur le marché et contre-pouvoir des acheteurs, puis étudie alors la crédibilité d'une stratégie de ventes liées (LD-AdlC § 719-730).

CRÉATION OU RENFORCEMENT D'UNE PUISSANCE D'ACHAT

9460 Une concentration peut renforcer la puissance d'achat (LD-AdlC § 731 s.) de la nouvelle entité au point de mettre ses fournisseurs en situation de dépendance économique (C. com. art. L 430-6).

Ces analyses sont généralement menées dans le secteur de la **grande distribution.**

ILLUSTRATIONS

L'Autorité de la concurrence a examiné, pour finalement l'écarter, le risque qu'une concentration entre deux grossistes en produits alimentaires crée ou renforce la puissance d'achat des parties sur les marchés amont de l'approvisionnement en produits alimentaires et place les fournisseurs en situation de dépendance économique (Aut. conc. 30-1-2017 n° 17-DCC-11, aff. « Metro AG – Colruyt France SAS »). Elle a également autorisé une opération dans le secteur de la distribution à dominante alimentaire à La Réunion sous condition d'engagements visant notamment à préserver les fournisseurs de risques liés à la dépendance économique (Aut. conc. 26-5-2020 n° 20-DCC-72, aff. « GBH – Vindémia »).

EFFETS COORDONNÉS

9465 Les effets coordonnés (LD-AdlC § 737 s.) concernent au premier chef les marchés oligopolistiques ou fortement concentrés.

1. Nature des effets coordonnés. Une concentration peut avoir pour conséquence que des entreprises qui, jusque-là, ne coordonnaient pas leur comportement, soient beaucoup plus susceptibles de le faire ou, si elles coordonnaient déjà leurs comportements, puissent le faire plus facilement. Les effets anticoncurrentiels qui en résultent peuvent être de nature horizontale, verticale ou conglomérale.

Ce risque de création ou de renforcement d'une **position dominante collective** (PDC) accroît ainsi les incitations et la capacité des entreprises de l'oligopole à maintenir tacitement un équilibre collusif. Il s'agit en effet d'une coordination « tacite » et non pas « expresse » (ce qui relèverait du droit des ententes).

2. Critères d'analyse. Trois conditions, définies par la jurisprudence européenne (TPICE 6-6-2002 aff. 342/99, Airtours c/ Commission : RJDA 8-9/02 n° 946, cité par LD-AdlC § 739 s.) et consacrées par le Conseil d'État (CE 31-7-2009 n° 305903 : RJDA 7/10 n° 785), doivent être réunies pour pouvoir qualifier la création ou le renforcement d'une PDC lors d'une opération de concentration : la connaissance par chaque membre de l'oligopole du comportement des autres membres par un degré de transparence du marché suffisant ; une pérennisation de la coordination par une incitation à ne pas s'écarter de la ligne de conduite commune ; enfin, une absence de remise en cause efficace de la coordination par des concurrents actuels et potentiels et par les consommateurs.

ILLUSTRATIONS

Alors que le nombre des membres de l'oligopole était réduit par l'opération, l'Autorité a écarté d'éventuels effets coordonnés sur le marché du transport de passagers transmanche de courte distance, en raison de larges capacités excédentaires (qui ne favorisent pas la coordination du comportement) et de l'importance de l'asymétrie des coûts des différents opérateurs (les coûts des opérateurs maritimes étant fonction des cours du pétrole, contrairement à ceux d'Eurotunnel, qui leur sont indifférents). (Aut. conc. 9-12-2011 n° 11-DCC-189, aff. « DFDS – actifs de SeaFrance – actifs de LD Lines »). Elle les a en revanche retenus dans la décision Aut. conc. 28-8-2020 n° 20-DCC-116, aff. « Soditroy », confirmée par le Conseil d'État (CE 14-10-2022 n° 445680), ce qui a justifié l'interdiction de l'opération.

3. Effets coordonnés spécifiques aux **concentrations verticales et conglomérales.** Le verrouillage du marché causé par des concentrations verticales et conglomérales peut favoriser la coordination des comportements concurrentiels. Ces effets sont cependant ambigus (LD-AdlC § 752 s.).

4. Effets liés à la **création d'entreprises communes de plein exercice.** En cas de création d'une entreprise commune de plein exercice ou de prise de contrôle conjoint d'une société préexistante, l'analyse concurrentielle intègre le risque de coordination sur les marchés où les sociétés mères sont en concurrence sans que l'entreprise commune n'y soit active (LD-AdlC § 755). Ce **risque** est double :
– risque de **coordination explicite** : examen des nouvelles incitations des sociétés mères à nouer un accord de volontés susceptible d'affecter la concurrence sur ces marchés (analyse cohérente avec la pratique européenne : voir n° 9985) (Règl. 139/2004 art. 2.4 et 2.5) ;
– risque de **coordination tacite** : analyse du risque de création ou de renforcement d'une position dominante collective entre les sociétés mères sur ces mêmes marchés (CE 31-1-2007 n° 294896 : RJDA 4/07 n° 408 ; Avis Cons. conc. 2-8-2007 n° 07-A-09 ; Min. éco. 28-8-2007, aff. C 2007-27 : BOCCRF n° 7 bis du 14-9-2007).

Selon la pratique décisionnelle de l'Autorité de la concurrence en matière de **risque de coordination des sociétés mères,** le test concurrentiel est identique que la coordination soit explicite ou tacite et se fonde sur trois critères cumulatifs : le risque de coordination est-il directement lié à la concentration examinée ? Est-il vraisemblable ? Produit-il des effets sensibles sur la concurrence ? **9470**
Pour le **risque de coordination tacite,** il convient cependant de se référer aux trois critères cumulatifs de transparence, menace crédible et non-contestation posés par la jurisprudence européenne. Pour des exemples, voir Aut. conc. 17-9-2010 n° 10-DCC-119, aff. « Maïsadour – Terrena/JV » ; Aut. conc. 28-1-2011 n° 11-DCC-07, aff. « La Poste – SFR/JV » ; Aut. conc. 22-12-2011 n° 11-DCC-207, aff. « Nexity – UFG-LFP/JV ».

ILLUSTRATIONS

Dans l'affaire « Salto » (Aut. conc. 12-8-2019 n° 19-DCC-157), l'Autorité a considéré que la création d'une entreprise commune créait des liens entre France Télévisions, TF1 et M6 de nature à renforcer la transparence, et donc à faciliter la coordination entre les sociétés mères et/ou leur filiale commune, sur les marchés de l'acquisition de droits de diffusion de contenus audiovisuels et de l'édition et la commercialisation de chaînes de la TNT en clair, et dans une moindre mesure, de chaînes payantes.

Afin de répondre à ce risque pour la concurrence, les parties se sont engagées à mettre en place une « muraille de Chine », c'est-à-dire un ensemble de garanties, individuelles et collectives, destinées à limiter précisément, au strict nécessaire, les échanges d'informations entre Salto et ses sociétés mères. Statuant au contentieux, le Conseil d'État a jugé que ces engagements, « dont la pertinence et l'efficacité doivent être appréciées globalement en prenant en compte l'ensemble des autres engagements, suffisaient à prévenir les risques de coordination identifiés » (CE 8-11-2021 n° 435984, Sté Free et CE 8-11-2021 n° 439527, Sté Iliad, pts 30 à 32).

c. Contributions au progrès économique

L'Autorité de la concurrence apprécie également, en phase d'examen approfondi, si l'opération apporte au progrès économique une contribution suffisante pour **compenser les atteintes à la concurrence** (C. com. art. L 430-6, al. 1, LD-AdlC § 767 s.). L'examen de l'Autorité se concentre donc sur ce qui est directement lié au maintien de la concurrence : risques d'atteinte à la concurrence (voir n°s 9400 s.) et contribution au progrès économique. **9500**
Constituent des gains d'efficacité ou des éléments de **progrès** économique :
– les gains de coût (gains par effet d'échelle ou gains de productivité) (LD-AdlC § 777 s. ; Min. éco. 28-10-2005, aff. C 2005-18, Ouest France – Socpresse ; Aut. conc. 12-7-2011 n° 11-DCC-114, aff. « BFCM – L'Est Républicain ») ;
– les retombées économiques pour la collectivité (LD-AdlC § 779 s. ; Min. éco. 13-11-2007, aff. C 2007-14, CCIP – Unibail/JV) ;
– l'amélioration des capacités d'innovation et le renforcement des moyens de recherche et développement (LD-AdlC § 781 s.) ;
– l'amélioration de la compétitivité internationale (LD-AdlC § 781 ; CE 6-10-2000 n° 216645) ;
– les gains spécifiques aux opérations verticales (suppression des phénomènes de double marge et de parasitisme commercial) ou conglomérales (effets de gamme) (LD-AdlC § 782 s.).

Les lignes directrices de l'Autorité n'ont pas repris deux exemples précédemment cités dans les Lignes directrices de la DGCCRF :
– la protection et le développement de l'approvisionnement international (Min. éco. 10-5-1991, Elf – Bianco Tardy-Cie Commerciale et Pétrolière de l'Ouest : dans son avis, le Conseil de la concurrence avait précisé qu'il n'était « pas exclu que l'approvisionnement de la France puisse être considéré comme une contribution au progrès économique » ; Min. éco. 26-6-1991, CGE – Blanzy Ouest-Esys : maintien sur le territoire national d'une source d'approvisionnement en poudre d'asphalte) ;
– la protection de l'environnement (Min. éco. 14-6-1994, Metaleurop – Heubach & Lindgens : le Conseil de la concurrence a mentionné dans son avis que « le développement du progrès économique peut s'entendre également d'une contribution à la lutte contre la pollution de l'environnement »).

9505 **En pratique,** très rares sont les affaires qui ont pu conduire par le passé à l'établissement d'un bilan économique. En effet, la plupart du temps, soit le bilan concurrentiel est positif (n°s 9400 s.), soit les risques pour la concurrence peuvent être levés par des engagements des parties (n°s 8770 s.) ou prescriptions fixées par l'Autorité de la concurrence (n°s 8700 s.), soit l'atteinte à la concurrence est telle qu'elle ne peut guère être compensée.

En outre, la charge de la preuve repose sur les parties qui notifient : il leur incombe de construire un argumentaire étayé et quantifié démontrant que les gains d'efficacité économique de l'opération sont susceptibles de contrebalancer ses effets anticoncurrentiels. Elles doivent fournir tous les éléments de preuve utiles (LD-AdlC § 767).

9510 Le **bilan** est **positif** lorsque les conditions suivantes sont réunies (LD-AdlC § 770) :
– les éléments de gains d'efficacité ou de progrès économique sont quantifiables et vérifiables ;
– ils doivent être spécifiques à la concentration (il ne doit donc pas y avoir d'autres moyens de les obtenir moins dommageables pour la concurrence que la concentration envisagée) ;
– une part de ces gains doit être transférée à la collectivité dans son ensemble, et notamment aux consommateurs, ce qui exclut les avantages qui ne bénéficient qu'aux seules entreprises parties à la concentration ;
– enfin, les gains doivent être de nature à contrebalancer les pertes économiques et sociales qui résultent de l'atteinte à la concurrence portée par la concentration : plus l'atteinte à la concurrence est importante, plus la contribution au progrès économique doit être forte pour offrir un contrepoids suffisant.

Par ailleurs, la vitesse de réalisation des gains d'efficacité influe sur leur prise en compte, les gains se voyant accorder moins de poids s'ils sont plus éloignés dans le temps (LD-AdlC § 774 s.).

d. Exception de l'entreprise défaillante

9520 En cas de **reprise d'une entreprise en difficulté,** qui disparaîtrait à brève échéance si l'opération n'était pas réalisée, l'Autorité de la concurrence peut envisager d'autoriser l'opération même si elle porte atteinte à la concurrence (LD-AdlC § 785 s.).

Le bilan est considéré comme neutre (« exception de l'entreprise défaillante ») si les trois **conditions** suivantes (LD-AdlC § 786) sont réunies (CJCE 31-3-1998 aff. 68/94 et 30/95, repris par CE 6-2-2004 : RJDA 6/04 n° 760, concl. E. Glaser p. 607) :

1° Les difficultés que connaît l'entreprise doivent être de nature, en l'absence de reprise, à entraîner sa disparition rapide. Tel peut être le cas pour les sociétés en cessation de paiements qui font l'objet d'une procédure collective.

2° Il ne doit pas exister d'autre offre de reprise moins dommageable pour la concurrence. L'absence d'offres alternatives sérieuses peut être établie dans la décision du tribunal de commerce (LD-AdlC § 793). Autrement, il appartient aux parties de démontrer, par tous moyens, l'absence d'alternative (Min. éco. 21-2-2005 n° C2004-114 et Cons. conc. 7-1-2005 n° 05-A-01, aff. « Boiron – Dolisos »). La manifestation d'intérêt d'entreprises étrangères pour le marché français peut constituer une preuve contraire.

3° La disparition de l'entreprise en difficulté ne doit pas être moins dommageable pour les consommateurs que la reprise projetée. Différents scénarios contrefactuels sont établis selon que la cible disparaît ou est reprise totalement (Min. éco. 20-1-2003 n° C2002-21 et Cons. conc. 23-12-2002 n° 02-A-15, aff. « ORP – ASD ») ou en partie (Min. éco. 6-2-2004 n° C2004-40 ; Cons. conc. 28-7-2004 n° 04-A-16 ; CE 6-2-2004 n° 249267 : RJDA 6/04 n° 760 concl. E. Glaser p. 607 ; CE 13-2-2006 n° 278796, aff. « Seb – Moulinex » : RJDA 12/06 n° 1270 : dans cette affaire, seules les marques commerciales ont été rachetées, sans reprise des actifs industriels).

ILLUSTRATIONS

Dans l'affaire « Mobilux – actifs de Conforama » (Aut. conc. 28-4-2022 n° 22-DCC-78), la société mère du groupe But (Mobilux) a été autorisée à acquérir les actifs de Conforama dans le secteur de la distribution au détail de produits d'ameublement, de produits électrodomestiques et de décoration et bazar en France, et ce, bien que l'opération emporte des risques d'atteinte à la concurrence non compensés par des gains d'efficience.

La cible connaissant de graves difficultés financières, l'opération a été autorisée sans engagement. L'Autorité a estimé que la disparition des 165 points de vente de Conforama en France métropolitaine aurait eu des effets plus dommageables pour la concurrence que leur reprise par Mobilux. Pour l'établir, elle a notamment mené une large consultation publique pour s'assurer de l'absence de manifestation d'intérêt d'autres candidats repreneurs, que ce soit pour tout ou partie de ces actifs de Conforama. Ainsi, les conditions étaient réunies pour faire application – pour la première fois depuis 2009, année où l'Autorité s'est vu transférer la compétence en matière de contrôle des concentrations – de l'exception de l'entreprise défaillante.

e. Restrictions accessoires

Par analogie avec le traitement réservé aux concentrations relevant de la compétence de l'Union européenne (voir nos 9870 s. ; Règl. 139/2004 art. 6-1-b, art. 8-1, al. 2 et art. 8-2, al. 3 ; Communication du 5-3-2008), l'Autorité de la concurrence considère que sa double compétence en matière de droit des pratiques anticoncurrentielles et de droit des concentrations lui permet d'effectuer un **examen des restrictions accessoires dans le cadre des décisions rendues au titre du contrôle des concentrations** (LD-AdlC § 799). **9530**

Seules les restrictions considérées comme directement liées et nécessaires à l'opération, c'est-à-dire sans lesquelles la concentration ne pourrait pas être réalisée, peuvent alors être validées. S'il apparaît en revanche qu'elles excèdent ce qui est directement lié et nécessaire, la légalité de ces restrictions peut être remise en cause. L'article L 462-5, III du Code de commerce permet alors au rapporteur général de proposer à l'Autorité de se saisir d'office des pratiques anticoncurrentielles mentionnées à l'article L 420-1 (voir n° 50020).

Les entreprises n'ont pas l'obligation de porter l'existence de telles restrictions à la connaissance de l'Autorité. Elles peuvent néanmoins y avoir intérêt pour vérifier a priori la compatibilité de ces clauses avec le droit de la concurrence.

ILLUSTRATIONS

Voir Aut. conc. 14-12-2009 n° 09-DCC-74, aff. « Lovefrance – Berto » (une clause de non-concurrence et de non-débauchage ne constitue une restriction directement liée et nécessaire que dans la limite d'une durée de 3 ans) et Aut. conc. 8-2-2012 n° 12-DCC-12, aff. « Sagemcom – JCA » (un contrat d'approvisionnement contenant une clause d'exclusivité et ne portant pas sur des quantités déterminées ne peut être considéré comme directement lié et nécessaire à l'opération ; limitation de la durée des clauses de non-concurrence au périmètre des activités cibles et dans le temps).

D. Réglementations particulières

1. RÉSEAUX DE DISTRIBUTION

L'Autorité de la concurrence consacre l'annexe B de ses Lignes directrices (§ 802 s.) aux réseaux de distribution. Ces derniers concernent un nombre croissant de concentrations depuis l'abaissement des seuils de contrôlabilité dans le commerce de détail en 2008 (voir n° 8310). Organisés autour de liens contractuels complexes entre une « tête de réseau » (concédant, franchiseur ou coopérative de commerçants) et des « adhérents » (concessionnaires, franchisés, ou coopérateurs), ils requièrent une analyse spécifique sur les points suivants. **9550**

INFLUENCE DÉTERMINANTE

1. **Contrats de distribution, de franchise ou d'enseigne** : ces contrats ne suffisent généralement pas à conférer une influence déterminante (sur cette notion, voir nos 8200 s.) (Communication juridictionnelle consolidée du 10-7-2007 § 18 ; LD-AdlC § 804). **9560**

Toutefois, un faisceau d'indices (éléments de droit ou de fait) peut conduire à conclure que la tête de réseau exerce une influence déterminante sur ses adhérents (LD-AdlC § 806).

La conclusion des contrats, qui conduit à exploiter des magasins indépendants sous une même enseigne, ne constitue généralement pas une opération de concentration (pour la franchise : Comm. europ. 9-7-1997 M. 940, aff. « UBS – Mister Minit » et LD-AdlC § 805 ; pour un changement d'enseigne : Aut. conc. 23-7-2009 n° 09-DCC-23, aff. « Changement d'enseigne Vêti – Kiabi »).

2. **Sociétés d'exploitation** : lorsque la tête de réseau prend une participation (LD-AdlC § 808), certains droits conférés à l'actionnaire minoritaire peuvent lui permettre d'exercer une influence déterminante sur la société d'exploitation de son adhérent (surtout en présence de statuts types imposés par la tête de réseau).

ILLUSTRATIONS

Les statuts peuvent notamment prévoir : l'accord obligatoire de l'actionnaire minoritaire pour tout changement d'enseigne (Aut. conc. 20-5-2009 n° 09-DCC-06, aff. « ITM – Evolis ») ; une durée très longue d'interdiction de sortie du réseau (Aut. conc. 17-11-2009 n° 09-DCC-64, aff. « ITM – Mikery ») ; la nomination, parmi les associés, de membres d'un « conseil de parrainage » ayant pouvoir pour nommer et révoquer le président de la société d'exploitation (Aut. conc. 27-8-2012 n° 12-DCC-125, aff. « Union des Coopérateurs d'Alsace – Association des Centres Distributeurs E. Leclerc »).

3. **Prise de contrôle exclusif ou conjoint** : voir nos 8165 s.

4. **Opération transitoire** (voir n° 8280) : il arrive qu'une tête de réseau prenne le contrôle d'une société d'exploitation afin d'en céder tout ou partie à un repreneur à brève échéance. L'acquisition du contrôle par la tête de réseau et sa rétrocession au repreneur sont considérées comme une opération unique si des actes juridiques contraignants ont été signés entre le repreneur et la tête de réseau et si la revente intervient moins d'un an après. Dans ce cas, la première opération, qualifiée de « transitoire », est réputée sans effet sur la concurrence ; seule la seconde fait l'objet d'une analyse concurrentielle. Dans le cas contraire, les deux opérations sont examinées par l'Autorité de la concurrence (LD-AdlC § 814).

CALCUL DU CHIFFRE D'AFFAIRES

9570 Pour la **tête de réseau,** le chiffre d'affaires n'inclut pas le chiffre d'affaires des adhérents, sauf dans les cas où la tête de réseau dispose d'une influence déterminante qui fonde un contrôle conjoint (Règl. CE 139/2004 art. 5 sur renvoi de C. com. art. L 430-2, V). Voir n° 8220.

Le chiffre d'affaires de la tête de réseau comprend les ventes de ses succursales, les ventes de marchandises aux adhérents pour approvisionner leurs points de vente, les redevances perçues pour les prestations de services rendues aux adhérents (savoir-faire, marque, assistance, études de marché, etc.) (LD-AdlC § 815).

POUVOIR DE MARCHÉ

9580 En fonction du degré d'autonomie de la politique commerciale menée par les adhérents indépendants du réseau, la part de marché de la tête de réseau agrège les ventes de l'ensemble des points de vente : magasins exploités en propre ou par l'intermédiaire des adhérents (bien qu'indépendants).

Influence déterminante (calcul du chiffre d'affaires) et pouvoir de marché (calcul de la part de marché) constituent donc des notions distinctes (LD-AdlC § 817). Pour des exemples : Comm. europ. 28-9-1998 M. 1221, aff. « Rewe – Meinl » et 25-1-2000 M. 1684, aff. « Carrefour – Promodes » ; Cons. conc. 3-5-2000 n° 00-A-06 et Min. éco. 5-7-2000 C2000-03, aff. « Carrefour – Promodes ».

L'Autorité de la concurrence analyse au cas par cas si, dans une même zone de chalandise, les magasins exploités sous une même enseigne exercent une pression concurrentielle les uns sur les autres (selon qu'ils sont contrôlés par la tête de réseau ou un adhérent indépendant). Pour des exemples, voir CE 23-12-2010 n° 337533 : Lebon p. 516 ; Aut. conc. 12-1-2010 n° 10-DCC-01, aff. « Mr Bricolage / Passerelle ».

2. SECTEUR DU COMMERCE DE DÉTAIL

9600 L'Autorité de la concurrence consacre l'annexe C de ses Lignes directrices (§ 820 s.) à la méthodologie qu'elle a élaborée pour procéder à des **analyses locales,** c'est-à-dire par point de vente, dans le cadre de l'examen de concentrations dans le secteur du commerce de détail, qui représentent une part significative de son activité.

DÉLIMITATION DE LA ZONE LOCALE CONCERNÉE

Cas général : zones isochrones. Le plus souvent, cette zone est centrée sur le point de vente cible, autour duquel une courbe isochrone est tracée, dont la taille varie en fonction du secteur et qui est calculée le plus souvent en distance ou en temps de déplacement en voiture (LD-AdlC § 825 s.). Sont également prises en compte la taille du point de vente, les infrastructures commerciales, les voies de communication et la qualité de leur desserte. Les zones de chalandise ainsi définies constituent des marchés pertinents (pour des exemples, voir Aut. conc. 28-1-2011 n° 11-DCC-04, aff. « ITM Alimentaire Région parisienne – Mafical » ; Aut. conc. 17-1-2011 n° 11-DCC-05, aff. « Retail Leader Price Investissement – Distri Sud-Ouest » ; Aut. conc. 18-3-2011 n° 11-DCC-45, aff. « Sodex Desmarais – Cora Desmarais »). Les caractéristiques socio-économiques de la zone concernée (densité de la population, activité économique, géographie, état du réseau routier) peuvent conduire à affiner ces délimitations usuelles (Aut. conc. 6-4-2012 n° 12-DCC-48, aff. « ITM Entreprises – Sofides »). Par exemple, pour la vente au détail de produits de décoration et de bazar, l'Autorité de la concurrence retient des zones locales autour du point de vente cible de 1 à 2 km à Paris intra-muros, de 20 minutes de trajet en voiture ailleurs en métropole et de 20 à 45 minutes de trajet en voiture dans les DROM. 9605

Cas particulier : empreintes réelles. Lorsque les données sont disponibles (et suffisamment fiables), l'Autorité peut s'appuyer sur des « empreintes réelles » en lieu et place des zones « isochrones » (LD-AdlC § 835 s.). 9606

Il est généralement considéré que la zone de chalandise réelle d'un point de vente peut être limitée à celle qui regroupe les clients représentant 80 % du chiffre d'affaires du point de vente ou 80 % des clients en fonction des données disponibles (pour des exemples : Aut. conc. 24-11-2011 n° 11-DCC-157, aff. « Chausson Matériaux – Guillemet » ; Aut. conc. 23-7-2009 n° 09-DCC-21, aff. « BUT – DVMM » ; Aut. conc. 2-11-2009 n° 09-DCC-62, aff. « But – Modera » ; Aut. conc. 18-5-2011 n° 11-DCC-78, aff. « Conforama – Titouan » ; Aut. conc. 10-6-2011 n° 11-DCC-87, aff. « High Tech Multicanal Group – Media Concorde SNC »). L'empreinte réelle donne ainsi une photographie précise des clients qui fréquentent habituellement le magasin concerné, et donc de sa zone exacte de chalandise.

L'Autorité se réserve le droit de refuser les données transmises par les parties pour mesurer l'empreinte réelle si elle estime qu'elles ne correspondent pas à la réalité du marché concerné. En effet, la fiabilité de ces données peut être influencée, à dessein, par les parties avant la notification de l'opération, en orientant par exemple leurs efforts publicitaires dans une zone donnée.

IDENTIFICATION DES OPÉRATEURS ACTIFS DANS LA ZONE

Au sein de la zone locale, les parties doivent identifier l'ensemble des points de vente exerçant une pression concurrentielle sur les leurs, en distinguant ceux de l'acquéreur, de la cible et de chaque concurrent, et en fournissant des données de localisation précises (LD-AdlC § 826-827). 9610

ANALYSE DE LA SITUATION CONCURRENTIELLE

Analyse dans la zone concertée Les deux étapes préalables permettent de procéder au calcul des parts de marché des parties (acquéreur et cible) et de leurs concurrents dans la zone identifiée (LD-AdlC § 828 s.), généralement à partir des surfaces de vente, plus rarement du nombre des points de vente ou du chiffre d'affaires. 9615

Analyse qualitative dans les zones potentiellement problématiques 9620
Lorsque la part de marché des parties excède 50 % (LD-AdlC § 832 s.), ou lorsque l'Autorité de la concurrence l'estime nécessaire, les spécificités locales de la zone concernées sont examinées.

Peuvent, par exemple, être pris en compte : la présence de concurrents locaux significatifs susceptible d'exercer une pression concurrentielle sur la nouvelle entité, la proximité géographique entre les différents magasins de la cible, la prise en compte de magasins situés en bordure de zone, susceptibles d'exercer également une pression concurrentielle, etc.

L'Autorité tient également compte de la concurrentielle potentielle dans la zone (entrées de nouveaux opérateurs et projets d'agrandissement de surface de ventes existantes) à partir, notamment, des décisions définitives des commissions départementales d'aménagement du territoire.

3. VENTES EN LIGNE

ÉVOLUTION DE LA PRATIQUE DÉCISIONNELLE

9625 L'Autorité de la concurrence a introduit une nouvelle annexe D dans ses Lignes directrices (§ 838 s.) révisées en juillet 2020 dédiée à la question de la **substituabilité** entre les ventes en ligne et les ventes physiques sur certains marchés de grande consommation.

Dans le secteur de la distribution au détail, les marchés pertinents étaient traditionnellement distingués par canal de distribution, en séparant les ventes à distance, d'une part, et les ventes physiques, d'autre part.

Ces dernières années, cette approche a évolué, l'Autorité tenant compte de différents indices pour inclure l'ensemble de ces ventes dans un même **marché pertinent.**

> **Précisions** Pendant un temps, l'Autorité a confirmé la segmentation du commerce dans des points de vente physiques et de la vente à distance, notamment sur internet, ces deux canaux étant plus complémentaires que substituables (Aut. conc. 10-6-2011 n° 11-DCC-87, aff. « HTM – Media Concorde »). En 2016, pour la première fois, un marché incluant les canaux de distribution en ligne et en magasins a été défini (Aut. conc. n° 16-DCC-111 du 27-7-2016, aff. « FNAC – Darty »). L'Autorité a estimé que la pression concurrentielle de la vente en ligne était suffisamment importante sur la distribution au détail de produits bruns (télévision, photographie, son) et gris (communication et multimédia) pour l'intégrer au marché pertinent. Selon les produits, une analyse au cas par cas reste toutefois nécessaire, comme en témoignent plusieurs opérations ultérieures dans les secteurs de la vente au détail de produits non alimentaires (Aut. conc. 10-1-2018 n° 18-DCC-01, aff. « La Redoute – Motier ») et des chaussures (Aut. conc. 20-4-2018 n° 18-DCC-50, aff. « Monoprix – Sarenza » et 20-4-2018 n° 18-DCC-53, aff. « Spartoo – André »), où malgré la convergence constatée entre ventes en magasin et vente à distance, l'Autorité a procédé à deux analyses, l'une « tous canaux de distribution confondus », l'autre sur le seul canal de la vente à distance. Au 1er avril 2024, date de mise à jour des présents développements, six décisions au total ont intégré les ventes en ligne et les ventes en magasin physique sur un marché unique tous canaux confondus : outre la décision Aut. conc. 27-7-2016 n° 16-DCC-111, aff. « FNAC – Darty » précitée, il s'agit de Aut. conc. 17-4-2019 n° 19-DCC-65, aff. « Jellej Jouets – Succession Mulliez / Luderix International JV » (jouets) ; Aut. conc. 16-7-2019 n° 19-DCC-132, aff. « Fnac Darty – Nature & Découvertes ») (livres) ; Aut. conc. 27-3-2020 n° 20-DCC-49, aff. « LDLC – Top Achat » (produits informatiques et électroniques) ; Aut. conc. 12-8-2021 n° 21-DCC-144, aff. « Fijace – Maxi Toys » (jouets) et Aut. conc. 28-4-2022 n° 22-DCC-78, aff. « But – Conforama » (meubles).

INDICES DE SUBSTITUABILITÉ

9630 Les indices de la substituabilité **entre ventes physiques et en ligne** identifiés par l'Autorité de la concurrence sont notamment les suivants (liste non exhaustive) :
– taux de pénétration des ventes en ligne, notamment s'il est « important et pérenne » ;
– organisation interne des opérateurs du secteur, notamment l'adoption d'une stratégie « omnicanale » ;
– intégration du comportement des opérateurs en ligne dans la détermination de la stratégie commerciale et tarifaire des opérateurs traditionnels ;
– spécificités propres aux gammes de produits et aux services offerts en magasin par rapport à ceux présents en ligne, au regard notamment du « taux de produits communs » (c'est-à-dire commercialisés par les opérateurs à la fois en ligne et en magasin) ;
– uniformisation tarifaire entre les différents canaux, au regard notamment des écarts de prix pratiqués par les opérateurs en ligne et par les points de vente physique ou de politiques de retour des produits et de remboursement de la différence tarifaire si le consommateur trouve le même produit moins cher chez un concurrent, physique ou en ligne ;
– développement d'un modèle de distribution « omnicanal », au regard notamment des comportements des consommateurs (les questions posées étant alors, par exemple : ces consommateurs naviguent-ils entre les deux canaux de vente lorsqu'ils réalisent leurs achats ? Comparent-ils les prix en ligne et en magasin ? Ont-ils recours à des achats hybrides, alliant achat en ligne et retrait en magasin ?
– taux de report entre les points de vente en ligne et les magasins physiques.

9635 **Incidence sur l'analyse concurrentielle** Si les ventes en magasin sont substituables aux ventes en ligne au point d'appartenir au même marché, les parts de marché des opérateurs sont calculées en intégrant l'ensemble des ventes réalisées, tous canaux confondus.

Jusqu'ici, l'Autorité a retenu l'hypothèse que la pression concurrentielle exercée par les ventes en ligne est homogène dans l'ensemble des zones de chalandise concernées par l'opération. Elle a ainsi attribué à chaque opérateur effectuant des ventes en ligne un chiffre d'affaires des ventes en ligne au niveau local, calculé au prorata de ses parts de marché en vente en ligne au niveau national (LD-AdlC § 841).

E. Dispositions diverses

1. DEMANDES DE DOCUMENTS INTERNES

L'Autorité de la concurrence consacre une annexe spécifique, dans ses Lignes directrices révisées en juillet 2020 (LD-AdlC, Annexe E, § 842 s.), aux demandes de documents internes, qui visent à compléter et étayer les éléments déjà fournis par les parties dans le cadre d'une prénotification ou d'une notification. **9640**

Les éléments sollicités sont **internes à l'entreprise.** Ils renseignent l'Autorité sur le mode de fonctionnement et de prise de décision des parties, leur perception de l'environnement concurrentiel, leur analyse de l'opération. Ils peuvent lui permettre de corroborer la délimitation des marchés pertinents et l'analyse concurrentielle de l'opération.

Selon le secteur d'activité, les entreprises concernées, la nature et le périmètre de l'opération, les **documents concernés** peuvent être, la liste n'étant pas exhaustive, des présentations, des documents de travail, des notes internes, des tableurs et autres recueils de données, des études (réalisées en interne ou confiées à un prestataire externe) ou des courriels (LD-AdlC § 844 s.). **9645**

En veillant à leur proportionnalité, l'Autorité peut formuler des demandes plus ou moins larges, en ciblant des documents (généraux ou spécifiques) produits par l'entreprise sur une période donnée.

Ces **demandes** peuvent **intervenir,** à la discrétion de l'Autorité, à tout moment de l'instruction (prénotification, phase 1 ou phase 2) et être, le cas échéant, intégrées à la procédure d'arrêt des pendules. Les documents transmis sont exclusivement réservés à l'instruction du dossier. Ils bénéficient des mêmes **protections** que les autres pièces d'instruction (secret des affaires, correspondance avocat-client).

2. CONCENTRATIONS ET PROCÉDURES COLLECTIVES

L'obligation de saisir l'autorité de contrôle – nationale ou européenne – compétente au titre des concentrations demeure dans le cadre d'une procédure collective (sauvegarde, redressement ou liquidation judiciaire). Le jugement du tribunal de commerce pouvant entraîner l'exécution immédiate de la reprise, il est conseillé aux candidats de demander une dérogation à l'effet suspensif du contrôle (C. com. art. L 430-4). L'offre de reprise peut également être communiquée à l'Autorité de la concurrence dans le cadre d'une prénotification (voir n° 8505). **9650**

3. SPÉCIFICITÉS SECTORIELLES

COMMUNICATION AUDIOVISUELLE

Les concentrations dans les secteurs de la radio et de la télévision font l'objet de dispositions particulières prévues par les articles 39 s. de la loi 86-1067 du 30 septembre 1986, relative à la liberté de communication, dite « loi Léotard ». **9660**

Le contrôle des concentrations dans ces secteurs relève de la compétence de l'Autorité de la concurrence. Lorsqu'une opération de concentration concernant, directement ou indirectement, un éditeur ou un distributeur de services de radio et de télévision fait l'objet d'un examen approfondi (C. com. art. L 430-5, III), l'Autorité de la concurrence recueille l'avis de l'Arcom avant de se prononcer (Loi 86-1067 art. 41-4). L'Arcom transmet ses observations à l'Autorité de la concurrence dans le délai d'un mois suivant la réception des pièces du dossier. L'avis du comité est rendu public sous réserve du respect du secret des affaires (voir nos 9050 s.).

Dans ce cadre, les deux autorités peuvent librement se communiquer les informations dont elles disposent, sans que le secret des affaires puisse y faire obstacle (Loi 86-1067 art. 41-4 modifié par loi 2021-1382 du 25-10-2021).

PRESSE

9665 Est interdite à peine de nullité, l'acquisition, la prise de contrôle ou la prise en location-gérance d'une **publication quotidienne** imprimée d'**information politique et générale** lorsque cette opération a pour effet de permettre à une personne physique ou morale ou à un groupement de personnes physiques ou morales de posséder, de contrôler, directement ou indirectement, ou d'éditer en location-gérance des publications quotidiennes imprimées d'information politique et générale dont le total de la diffusion excède 30 % de la diffusion sur le territoire national de toutes les publications quotidiennes imprimées de même nature (Loi 86-897 du 1-8-1986 art. 11).

Ces dispositions, qui ont pour objet de garantir le pluralisme des courants de pensée et d'opinion (une des composantes de la liberté de la presse) sont sans préjudice du contrôle des concentrations, qui concerne toutes les activités de production, de distribution et de services. Ainsi, une opération de concentration dans le domaine de la presse, qui obéit aux prescriptions de la loi du 1er août 1986, entre aussi dans le champ d'application de l'article L 430-4 du Code de commerce (CE 31-1-2007 no 294896 : Lebon p. 29).

BANQUE ET ASSURANCE

9670 Lorsqu'une opération de concentration concernant, directement ou indirectement, une personne soumise au contrôle de l'Autorité de contrôle prudentiel et de résolution (ACPR) fait l'objet d'un examen approfondi (C. com. art. L 430-5, III), l'Autorité de la concurrence recueille, avant de se prononcer, l'avis de l'ACPR (C. mon. fin. art. L 612-22). L'ACPR transmet un avis à l'Autorité de la concurrence dans un délai d'un mois qui est rendu public sous réserve du respect du secret des affaires (nos 9050 s.).

SECTION 2 CONTRÔLE DES CONCENTRATIONS EUROPÉENNES

RÉGLEMENTATION APPLICABLE AUX CONCENTRATIONS EUROPÉENNES

9700 Le contrôle des opérations de concentration dans l'Union européenne est institué par le **règlement** du Conseil (CE) **139/2004 du 20 janvier 2004.**

Le règlement 139/2004 est complété par :

– le **règlement d'exécution** (UE) 2023/914 de la Commission du 20 avril 2023 concernant la **mise en œuvre** du règlement (CE) 139/2004 du Conseil relatif au contrôle des concentrations entre entreprises et abrogeant le règlement (CE) 802/2004 de la Commission (JOUE 2023 L 119 p. 22), précisant les règles de procédure ;

– la **communication** consolidée sur la **compétence de la Commission** en vertu du règlement (CE) 139/2004 (JOUE 2009 C 43 p. 10) ;

– la **communication** du 8 février 2024 sur la définition du marché en cause aux fins du droit de la concurrence de l'Union (JOUE 2024 C 1645) ;

– deux **communications** du 20 avril 2023 relatives à la **transmission de documents** (instaurant la transmission électronique) (JOUE 2023 C 160 p. 11) et à un **traitement simplifié** de certaines opérations de concentration (JOUE 2023 C 160 p. 1), cette dernière remplaçant une communication du 14 décembre 2013 sur le même sujet (JOUE 2013 C 366 p. 5) ;

– deux **communications** du 5 mars 2005, l'une relative aux **restrictions accessoires** aux opérations de concentration (JOUE 2005 C 56 p. 24) et l'autre à la procédure de **renvoi des affaires** de concentrations entre la Commission et les autorités nationales (JOUE 2005 C 56 p. 2), cette dernière étant complétée par des « Orientations de la Commission sur l'application du mécanisme de renvoi établi à l'article 22 du règlement sur les concentrations à certaines catégories d'affaires » du 26 mars 2021 (JOUE 2021 C 113) et des informations pratiques sur ces orientations du 20 décembre 2022 ;

– la **communication** du 22 décembre 2005 relative aux règles d'**accès au dossier** de la Commission (JOUE 2005 C 325 p. 7) ;

– la **communication** du 22 octobre 2008 concernant les **mesures correctives** recevables (JOUE 2008 C 267 p. 1) ;
– les **lignes directrices** « sur l'appréciation des concentrations horizontales » (JOUE 2004 C 31 p. 5) et « sur l'appréciation des concentrations non horizontales » (JOUE 2008 C 265 p. 6).

Enfin, en juin 2015, la Commission a publié un « **Code de bonnes pratiques** » en matière de divulgation d'informations confidentielles dans les salles de documentation (« data rooms »). Ces règles s'appliquent à la fois aux pratiques anticoncurrentielles (TFUE art. 101 et 102) et aux concentrations (Règl. 139/2004). Elles sont disponibles en ligne (en anglais) : competition-policy.ec.europa.eu/document/download/4997fca8-af9e-4f7f-919f-e2bf5521a5df_en?filename=bp_disclosure_information_data_rooms_en.pdf.

Dans les développements qui suivent, les dispositions du règlement 139/2004 sont désignées par la lettre « **R** », les « Lignes directrices sur l'appréciation des concentrations horizontales » par l'expression « **LDH** » et les « Lignes directrices sur l'appréciation des concentrations non horizontales » par l'expression « **LDNH** ».

L'**objectif du 139/2004** n'est pas d'interdire par principe les opérations de concentration dont beaucoup sont nécessaires au renforcement de la compétitivité des entreprises européennes, mais de faire obstacle à celles dont résulterait un pouvoir de marché jugé incompatible avec le Marché intérieur. **9705**

> **Précisions** En août 2016, la Commission a lancé un processus de réexamen approfondi des règles procédurales et juridictionnelles en matière de concentrations. Le but de ce processus était de cibler et de simplifier la procédure d'examen des concentrations de la Commission pour les affaires peu susceptibles de poser des problèmes de concurrence qui sont traitées selon la procédure simplifiée, ainsi que de concentrer les ressources sur les affaires les plus complexes et les plus pertinentes.
> Dans ce cadre :
> – le 7 octobre 2016, la Commission européenne a lancé une consultation sur la **révision du règlement** soulevant, notamment, la question de l'efficacité des seuils de notification uniquement fondés sur le chiffre d'affaires, qui n'a abouti à aucune réforme ;
> – le 6 mai 2022, elle a également lancé une consultation publique sur un projet de **révision du règlement d'application et de la communication relative à la procédure simplifiée,** qui prévoit notamment d'élargir les catégories d'affaires éligibles à ladite procédure simplifiée, de permettre des notifications et des échanges d'informations par voie électronique, et de rendre les collectes d'informations plus efficaces et proportionnées. Le 20 avril 2023, la Commission a publié trois documents : un règlement d'application révisé du règlement sur les concentrations, une communication relative à la procédure simplifiée et une communication sur la transmission de documents.

A. Champ d'application de la réglementation européenne

EN BREF

Le contrôle européen des concentrations s'applique aux entreprises de tous les secteurs économiques. **9750**

Les entreprises du secteur privé et du secteur public sont indistinctement concernées. Peu importe que les entreprises soient situées à l'intérieur ou à l'extérieur de l'Union européenne.

Les concentrations sont soumises au contrôle européen lorsqu'elles remplissent les deux conditions suivantes : elles constituent une « concentration » au sens du règlement et elles réunissent des entreprises dont le chiffre d'affaires dépasse certains seuils. Ce n'est qu'ensuite que la Commission européenne examine si l'opération notifiée est ou non compatible avec le Marché intérieur.

1. OPÉRATIONS DE CONCENTRATION VISÉES

Une opération de concentration est réputée exister lorsqu'un changement durable du contrôle résulte : **9760**
– de la fusion de deux ou de plusieurs entreprises ou parties de telles entreprises,
– ou de l'acquisition, par une ou plusieurs personnes détenant déjà le contrôle d'une entreprise au moins ou par une ou plusieurs entreprises, du contrôle direct ou indirect de l'ensemble ou de parties d'une ou de plusieurs autres entreprises, que ce soit par prise de participations au capital ou achat d'éléments d'actifs, contrat ou tout autre moyen (art. R 3, 1).

a. Fusion

9770 La fusion entre entreprises indépendantes constitue l'illustration la plus classique du phénomène de concentration. Sont ainsi visées (Communication consolidée du 10-7-2007) :
– la fusion par **création de société nouvelle** : lorsque deux ou plusieurs entreprises indépendantes fusionnent en créant une nouvelle entreprise et disparaissent en tant que personnes morales distinctes ;
– la **fusion-absorption** : lorsqu'une entreprise est absorbée par une autre, perdant ainsi la personnalité morale ;
– la **fusion de fait** : lorsque, même en l'absence de concentration au sens juridique, des entreprises conservant leur personnalité juridique propre établissent sur une base contractuelle une gestion économique en commun (ex. : GIE), caractérisée par une direction économique unique et permanente, une compensation des profits et des pertes entre les différentes entreprises du groupe, une répartition des recettes entre les différentes entités à l'intérieur d'un groupe, leur responsabilité solidaire ou le partage des risques externes. La fusion de fait peut également être renforcée par des participations croisées entre les entreprises qui constituent l'ensemble économique.

b. Prise de contrôle

DÉFINITION DE LA PRISE DE CONTRÔLE D'UNE ENTREPRISE

9780 Le contrôle résulte des droits, contrats ou autres moyens qui confèrent, seuls ou conjointement et compte tenu des circonstances de fait ou de droit, la possibilité d'exercer une influence déterminante sur l'activité d'une entreprise ; il s'agit notamment :
– des droits de propriété ou de jouissance sur tout ou partie des biens d'une entreprise ;
– des droits et contrats qui confèrent une influence déterminante sur la composition, les délibérations ou les décisions des organes d'une entreprise (art. R 3, 2).
Le contrôle est acquis par la ou les personnes ou entreprises qui sont titulaires de ces droits ou bénéficiaires de ces contrats, mais aussi par celles qui, n'étant pas titulaires de ces droits ou bénéficiaires de ces contrats, ont le pouvoir d'exercer les droits qui en découlent (art. R 3, 3).

9790 **Notion d'influence déterminante** La notion d'influence déterminante n'est pas définie par le règlement 139/2004. La Commission européenne la caractérise comme le pouvoir d'adopter ou de bloquer les décisions qui déterminent la stratégie commerciale d'une entreprise et souligne qu'il n'est pas nécessaire de démontrer que l'influence déterminante est ou sera effectivement exercée. La possibilité d'exercer cette influence doit cependant être réelle (Communication consolidée du 10-7-2007).

Dans cette même communication, il est indiqué que la notion de concentration ne recouvre que les changements intervenant dans la structure du contrôle d'une entreprise autonome, de telle sorte que ne serait pas visée la restructuration interne d'un groupe d'entreprises. En outre, la Commission précise que certains éléments de fait et/ou de droit, autres que l'acquisition de droits de propriété et l'existence de pactes d'actionnaires, sont caractéristiques d'une prise de contrôle, tels que la nature des relations économiques entre les entreprises concernées. Ainsi, une situation de dépendance économique peut exceptionnellement aboutir à un contrôle de fait, notamment lorsque des accords de fourniture à long terme ou des crédits à long terme, octroyés par des fournisseurs ou des clients couplés avec d'autres liens, permettent d'exercer une influence déterminante.

En revanche, les accords de franchise ne sont pas considérés, en principe, comme des concentrations : le plus souvent, ils ne permettent pas au franchiseur de contrôler les activités du franchisé, qui exploite généralement les ressources de l'entreprise pour son compte propre, même lorsque l'essentiel des éléments d'actifs appartiennent au franchiseur. De plus, les accords purement financiers, tels que les opérations de cession-bail prévoyant une possibilité de rachat des éléments d'actifs à l'expiration du contrat, ne constituent normalement pas une concentration, étant donné qu'ils ne modifient pas le contrôle de la gestion et des ressources.

MODALITÉS DE DÉTENTION DU CONTRÔLE D'UNE ENTREPRISE

9800 La Communication consolidée du 10 juillet 2007 distingue le contrôle exclusif du contrôle en commun.

Contrôle exclusif Il y a contrôle exclusif lorsqu'une entreprise peut exercer, seule, une influence déterminante sur une autre entreprise. 9810

Une entreprise peut exercer un contrôle exclusif lorsqu'elle est en mesure d'arrêter les décisions commerciales stratégiques d'une autre entreprise (tel est notamment le cas lorsqu'elle détient la majorité des droits de vote). Mais un seul actionnaire peut bloquer les décisions stratégiques d'une entreprise sans pouvoir, à lui seul, imposer ces décisions (il exerce alors un contrôle exclusif négatif).

Le contrôle exclusif **de droit** est normalement conféré par la majorité des droits de vote d'une société ou via une participation minoritaire assortie de droits spécifiques (telle la nomination de plus de la moitié des membres du conseil de surveillance ou d'administration). 9815

Si une majorité qualifiée est requise, la majorité simple des droits de vote peut ne pas suffire pour déterminer seule les décisions stratégiques d'une entreprise, mais conférer un droit de veto à l'acquéreur et donc un contrôle négatif.

Le contrôle exclusif **de fait** est conféré par la quasi-certitude d'obtenir une majorité stable à l'assemblée générale, compte tenu du niveau de participation et de la présence des actionnaires à l'assemblée générale au cours des années antérieures. 9820

L'évaluation de la Commission européenne au cas par cas repose notamment sur les critères suivants : large dispersion des actions restantes, liens structurels, économiques ou familiaux des autres actionnaires importants avec l'actionnaire minoritaire principal ou encore, intérêt stratégique ou purement financier des autres actionnaires dans la société visée.

Un actionnaire minoritaire peut donc disposer du contrôle d'une société lorsque la participation des autres actionnaires est atomisée.

ILLUSTRATIONS

Lors de la prise de participation de 39 % par la société Arjomari dans le capital de la société WTA, la Commission a estimé qu'il y avait contrôle exclusif car le reste du capital de WTA était réparti entre 107 000 actionnaires dont seulement trois disposaient d'une participation de plus de 3 % (Décision IV/M.0025 du 10-12-1990).

Dans l'affaire « Société Générale de Belgique – Générale de Banque », la Commission a ainsi estimé que l'augmentation de 20,94 % à 25,96 % de la participation que la Société Générale de Belgique détenait dans la Générale de Banque conférait à la première le contrôle exclusif sur la seconde. Pour ce faire, la Commission a procédé à une projection des présences à la future assemblée générale de la Générale de Banque fondée sur une participation de tous les actionnaires détenant plus de 0,06 % du capital. Elle en a déduit que la participation de la Société Générale de Belgique dans la Générale de Banque lui conférerait à l'assemblée générale, selon toute vraisemblance, la majorité des voix parmi les présents et représentés et que, compte tenu de la dispersion du capital, cette majorité de fait perdurerait (Décision IV/M.343 du 3-8-1993).

Contrôle en commun Il y a contrôle en commun lorsque deux ou plusieurs entreprises ou personnes ont la possibilité d'exercer une influence déterminante sur une autre entreprise et qu'elles sont dans l'obligation de s'entendre sur les grandes décisions concernant l'entreprise contrôlée. 9830

Même si la forme la plus évidente du contrôle en commun est celle de la parité entre les entreprises fondatrices concernant les droits de vote ou la représentation dans les organes de décision, l'absence de parité ne saurait exclure le contrôle en commun, notamment lorsque des actionnaires minoritaires disposent de droits de veto leur permettant de s'opposer à des décisions capitales pour la stratégie commerciale de l'entreprise commune.

Pour déterminer l'existence d'un contrôle en commun, il n'est donc pas nécessaire que chacun des partenaires ait la même participation au capital ou les mêmes pouvoirs, dès lors que toutes les décisions importantes requièrent l'unanimité. Le critère important est que les décisions stratégiques et commerciales de l'entreprise commune ainsi que la nomination des dirigeants soient arrêtées d'un commun accord.

MODIFICATIONS DE LA QUALITÉ DU CONTRÔLE D'UNE ENTREPRISE

Le **passage d'un contrôle exclusif à un contrôle en commun** constitue une concentration (Communication consolidée du 10-7-2007), sans même qu'il soit nécessaire que la société bénéficiaire du contrôle exclusif augmente sa participation. L'explication de cette solution surprenante à première vue « tient au fait qu'il y aurait augmentation de la qualité du contrôle. Une opération permettant à un actionnaire partageant le contrôle d'une société avec un autre actionnaire de se passer des contraintes de la codécision pour les choix stratégiques de l'entreprise permettrait un contrôle plus entier dans une entreprise » (J.-M. Cot et J.-P. de La Laurencie, 9840

Le contrôle français des concentrations : LGDJ 2003 nº 126). Il a été fait application de cette règle lors de l'autorisation accordée à RTL de prendre le contrôle exclusif de M6 (Comm. europ. 12-3-2004, aff. IV/M.3330, RTL/M6).

De même, bien que l'entreprise continue d'être cocontrôlée, une opération ayant pour effet de modifier l'identité de tout ou partie des actionnaires disposant d'une influence déterminante, ou d'en augmenter le nombre, est une concentration.

En revanche, la qualité du contrôle n'est pas modifiée en cas de passage d'un contrôle exclusif négatif à un contrôle exclusif positif.

c. Filiale commune

9850 Relève du contrôle des concentrations la **création d'une filiale commune** accomplissant de manière durable toutes les fonctions d'une entité économique autonome (art. R 3, 4).

La filiale commune doit donc opérer sur un marché en y accomplissant les fonctions qui sont normalement exercées par les autres entreprises présentes sur ce marché (une telle filiale est désignée sous l'expression « filiale commune de plein exercice »). Elle doit notamment disposer de toutes les ressources humaines et financières pour exercer son activité de manière durable.

En revanche, une filiale commune n'entre pas dans le champ d'application du contrôle des concentrations lorsqu'elle ne joue qu'un rôle d'auxiliaire à l'égard des activités économiques de ses fondatrices (cas, par exemple, d'une filiale dont l'objet est limité à la recherche et au développement ou à la production).

9855 Le **passage d'une filiale sous contrôle exclusif au contrôle conjoint** ne constitue une opération de concentration que si cette filiale accomplit de manière durable toutes les fonctions d'une entité économique autonome (CJUE 7-9-2017 aff. 248/16, « Austria Asphalt » : RJDA 1/18 nº 72).

Une lecture littérale de l'article R 3, 4 permettait de soutenir que les filiales communes nouvellement créées ne sont soumises au contrôle des concentrations que si elles sont de plein exercice, alors que les filiales existantes qui deviennent communes entrent dans le champ d'application du contrôle, qu'elles soient ou non de plein exercice. Mais la Cour de justice a écarté cette distinction : le règlement de 2004 vise les filiales communes dans la mesure où leur création produit un effet durable sur la structure du marché ; distinguer entre les filiales nouvellement créées et les filiales préexistantes aboutirait à une différence de traitement injustifiée qui n'entre pas dans les objectifs du règlement européen. Celui-ci ne couvre en effet que les opérations entraînant un changement durable du contrôle des entreprises, et donc de la structure du marché.

d. Restrictions de concurrence accessoires aux opérations de concentration

9870 La décision par laquelle la concentration est déclarée compatible couvre également les restrictions directement liées et nécessaires à la réalisation de la concentration (art. R 6, 1-b-al. 2 ; art. R 8, 2). En revanche, si ces restrictions de concurrence sont dissociables, elles seront le cas échéant examinées au regard de l'article 101 du TFUE.

Sont notamment visés en cas de cession d'entreprise ou de création d'une entreprise commune :

– les engagements de non-concurrence ;
– les licences de droit de propriété industrielle et commerciale ou de savoir-faire ;
– les engagements de livraison et d'achat.

Une clause de non-concurrence conclue par deux opérateurs téléphoniques, l'un portugais, l'autre espagnol, à l'occasion du rachat par le second d'une filiale commune active au Brésil n'a cependant pas été considérée comme accessoire et a été qualifiée de restriction de concurrence par objet car elle aboutissait à une répartition des marchés sur la péninsule ibérique (Trib. UE 28-6-2016 aff. 16/13 et CJUE 13-12-2017 aff. 487/16, « Telefónica c/ Commission »).

9875 Il appartient aux entreprises de déterminer elles-mêmes si leurs accords sont couverts par la décision de la Commission en raison de leur caractère accessoire ou si, relevant de l'interdiction des ententes, ils bénéficient de l'exemption prévue par l'article 101, 3 du TFUE.

Néanmoins, à la demande des entreprises concernées, la Commission doit, dans les cas suscitant des questions inédites ou non résolues donnant lieu à une véritable insécurité, déterminer expressément si une restriction est ou non accessoire (Règl. 139/2004 considérant 21).

Pour des **précisions** sur les conditions auxquelles les restrictions doivent satisfaire pour être considérées comme accessoires, voir la communication de la Commission du 5 mars 2005 (JOUE 2005 C 56 p. 24). 9880

e. Cas particuliers

Une opération de concentration n'est pas réalisée dans les cas suivants (art. R 3, 5) : 9890

1° Détention, à titre temporaire, de titres, par des **établissements de crédit** ou des **sociétés d'assurances,** dont l'activité normale inclut la transaction et la négociation de titres pour leur propre compte ou pour le compte d'autrui, pour autant que les conditions suivantes soient remplies :

– les titres doivent être acquis en vue de leur revente ;

– l'entreprise qui acquiert les titres ne doit pas exercer les droits de vote attachés à cette acquisition en vue de déterminer la stratégie commerciale de l'entreprise cible, ou bien elle n'exerce ses droits de vote qu'en vue de préparer la vente de tout ou partie de cette entreprise, ou en vue de la réalisation de ses actifs ou de ces participations ;

– l'entreprise doit réaliser sa participation de contrôle dans le délai d'un an à compter de la date d'acquisition des titres (c'est-à-dire ramener dans ce délai le nombre de ses actions à un niveau inférieur ou égal à celui qui confère le contrôle), ce délai pouvant être prorogé par la Commission, lorsque l'entreprise justifie que la réalisation n'a pas été raisonnablement possible dans le délai imparti.

2° Acquisition du contrôle par une personne mandatée par l'autorité publique dans le cadre d'une **procédure collective.**

3° Prise de contrôle réalisée par des **sociétés de participation financière** (sociétés de portefeuille) visées à l'article 5, 3 de la directive 78/660 du 25 juillet 1978 concernant les comptes annuels de certaines formes de sociétés, à condition néanmoins que les droits de vote attachés aux participations détenues ne soient exercés, notamment par la voie de la nomination des membres des organes de direction et de surveillance des entreprises dont elles détiennent des participations, que pour sauvegarder la pleine valeur de ces investissements et non pour déterminer directement ou indirectement le comportement concurrentiel de ces entreprises.

2. COMPÉTENCE DE L'UNION EUROPÉENNE

SEUILS D'APPLICATION DU CONTRÔLE DES CONCENTRATIONS

Le contrôle des concentrations n'est applicable qu'aux opérations de « dimension communautaire [européenne] », c'est-à-dire lorsque les **deux seuils** suivants sont atteints (art. R 1, 2) : 9910

1° Le **chiffre d'affaires** total réalisé sur le plan **mondial** par **toutes** les **entreprises concernées** représente un montant supérieur à 5 milliards d'euros.

2° Le **chiffre d'affaires** total **réalisé individuellement dans l'Union** européenne par au moins deux des entreprises concernées représente un montant supérieur à 250 M€.

Toutefois, le **contrôle** est **écarté,** même si les deux montants ci-dessus sont atteints, lorsque chacune des entreprises concernées réalise plus des deux tiers de son chiffre d'affaires total dans l'Union européenne à l'intérieur d'un seul et même État membre.

Aucune disposition ne fait obstacle à ce que le règlement s'applique à des entreprises dont le siège social est situé en dehors de l'Union européenne.

Par ailleurs, afin d'éviter que des **concentrations qui n'atteignent pas ces seuils** mais ont un impact significatif dans plusieurs États membres soient appréciées de manière divergente par les autorités chargées du contrôle de la concurrence dans ces États, la Commission est également compétente pour contrôler les opérations dépassant les **quatre seuils** cumulatifs suivants (art. R 1, 3) : 9915

1° Chiffre d'affaires total réalisé sur le plan mondial par l'ensemble des entreprises concernées : 2,5 milliards d'euros.

2° Chiffre d'affaires total réalisé dans chacun d'au moins trois États membres par toutes les entreprises concernées : 100 M€.

3° Chiffre d'affaires total réalisé individuellement dans chacun des États ci-dessus par au moins deux des entreprises concernées : 25 M€.

4° Chiffre d'affaires total réalisé individuellement dans l'Union européenne par au moins deux des entreprises concernées : 100 M€.

Le contrôle est en revanche écarté en cas d'application de la règle des deux tiers énoncée ci-dessus.

DÉTERMINATION DU CHIFFRE D'AFFAIRES

9920 **Chiffre d'affaires total** Le chiffre d'affaires total comprend les montants résultant des ventes de produits et des prestations de services réalisées par les entreprises concernées au cours du dernier exercice et correspondant à leurs activités ordinaires, déduction faite des réductions sur ventes ainsi que de la TVA et des autres impôts directement liés au chiffre d'affaires (art. R 5, 1).

Le chiffre d'affaires **réalisé,** soit dans l'Union, soit dans un État membre, comprend les produits vendus et les services fournis à des entreprises ou des consommateurs, soit dans l'Union, soit dans cet État membre.

Lorsque la concentration consiste en l'**acquisition de branches d'activité** formant ou non une entité juridique, d'**une** ou de **plusieurs entreprises,** seul le chiffre d'affaires se rapportant aux branches qui sont l'objet de la transaction est pris en considération pour la détermination du chiffre d'affaires du ou des cédants. Toutefois, lorsque deux ou plusieurs opérations ont lieu au cours d'une période de **deux années** entre les mêmes personnes ou entreprises, celles-ci sont considérées comme une seule opération de concentration intervenant à la date de la dernière opération (art. R 5, 2).

Sur les dispositions particulières pour le calcul du chiffre d'affaires des établissements de crédit et des entreprises d'assurances, voir l'article R 5, 3.

9930 **Chiffre d'affaires des entreprises concernées** Le chiffre d'affaires des entreprises concernées résulte de la somme des chiffres d'affaires (art. R 5, 4) :

a. De l'entreprise concernée ;

b. Des entreprises dans lesquelles cette dernière dispose directement ou indirectement :

– soit de plus de la moitié du capital ou du capital d'exploitation ;
– soit du pouvoir d'exercer plus de la moitié des droits de vote ;
– soit du pouvoir de désigner plus de la moitié des membres du conseil de surveillance ou d'administration ou des organes représentant légalement l'entreprise ;
– soit du droit de gérer les affaires de l'entreprise ;

c. Des entreprises qui disposent, dans une entreprise concernée, des droits ou pouvoirs énumérés au point b. ;

d. Des entreprises dans lesquelles une entreprise visée au point c. dispose des droits ou pouvoirs énumérés au point b. ;

e. Des entreprises dans lesquelles plusieurs entreprises visées aux points a. à d. disposent conjointement des droits ou pouvoirs énumérés au point b.

Pour le calcul du chiffre d'affaires total, il convient de ne pas tenir compte des opérations réalisées entre ces diverses entreprises (art. R 5, 1).

9935 Lorsque des entreprises concernées par l'opération de concentration disposent conjointement des droits ou pouvoirs énumérés au point b. ci-dessus n° 9930, il y a lieu (art. R 5, 5) :

a. De ne pas tenir compte du chiffre d'affaires résultant de la vente de produits et de la prestation de services réalisées entre l'entreprise commune et chacune des entreprises concernées ou toute autre entreprise liée à l'une d'entre elles au sens du paragraphe 4 des points b. à e. ci-dessus n° 9930 ;

b. De tenir compte du chiffre d'affaires résultant de la vente de produits et de la prestation de services réalisées entre l'entreprise commune et toute entreprise tierce. Ce chiffre d'affaires est imputé à parts égales aux entreprises concernées.

> **Précisions** En ce qui concerne le calcul du chiffre d'affaires d'une **entreprise du secteur public,** il convient de tenir compte « des entreprises qui constituent un ensemble économique doté d'un pouvoir de décision autonome, indépendamment de la détention de leur capital ou des règles de tutelle administrative qui leur sont applicables » (Règl. 139/2004 considérant 22).

B. Appréciation de la compatibilité avec le Marché intérieur

1. CRITÈRES D'APPRÉCIATION

Sont incompatibles « les concentrations qui entraveraient de manière significative une **concurrence effective** dans le Marché commun [Marché intérieur] ou une partie substantielle de celui-ci, notamment du fait de la création ou du renforcement d'une position dominante » (art. R 2, 3). 9980

Les concentrations conduisant à une position dominante qui n'entraîne qu'un affaiblissement de la concurrence ne peuvent donc pas être déclarées incompatibles avec le Marché intérieur, à la différence des abus de position dominante interdits par l'article 102 du TFUE (CJCE 13-2-1979, aff. « Hoffmann-La Roche » ; CJCE 11-12-1980, aff. « L'Oréal » ; CJCE 9-11-1983, aff. « Michelin »).

Pour apprécier s'il y a entrave significative à la concurrence effective, la Commission européenne tient compte, comme en matière d'application des règles de concurrence, « de la structure de tous les marchés en cause », mais également « de la concurrence réelle ou potentielle d'entreprises situées à l'intérieur ou à l'extérieur de la Communauté [l'Union européenne] » (art. R 2, 1-a).

L'examen de l'opération notifiée se fait selon une **méthode** d'analyse économique qui peut évoluer dans le temps, comme le démontrent les décisions de la Commission. Dans cette appréciation, celle-ci tient compte « de la position sur le marché des entreprises concernées et de leur puissance économique et financière, des possibilités de choix des fournisseurs et des utilisateurs, de leur accès aux sources d'approvisionnement ou aux débouchés, de l'existence en droit ou en fait de barrières à l'entrée, de l'évolution de l'offre et de la demande des produits et services concernés, des intérêts des consommateurs intermédiaires et finals ainsi que de l'évolution du progrès technique et économique pour autant que celle-ci soit à l'avantage des consommateurs et ne constitue pas un obstacle à la concurrence » (art. R 2, 1-b).

Sur le fond, la Commission définit, comme nous le verrons ci-dessous, le **marché pertinent** des produits et des services en cause. Elle délimite également le territoire sur lequel est susceptible de s'exercer la concurrence pour les produits et pour les services concernés, c'est-à-dire le marché géographique. Elle vérifie ensuite si l'opération qui lui a été notifiée au titre du contrôle européen des concentrations est de nature à entraver de manière significative une concurrence effective dans le Marché intérieur ou dans une partie substantielle de celui-ci et s'il existe ou non des facteurs de compensation à cette entrave.

Lorsque la création d'une **filiale commune** soumise au contrôle a pour objet ou pour effet la coordination du comportement concurrentiel d'entreprises qui demeurent indépendantes, cette coordination est appréciée selon les critères de l'article 101, 1 et 3 du TFUE en vue d'établir si la concentration est compatible ou non avec le Marché intérieur (art. R 2, 4). 9985

À cette fin, la Commission tient compte notamment (art. R 2, 5) :

– de la présence éventuelle des entreprises fondatrices sur le marché de l'entreprise commune ou sur un marché voisin ;

– de la possibilité donnée aux entreprises membres de l'entente considérée d'éliminer la concurrence pour une partie substantielle des produits et services en cause.

Pour être déclarée compatible avec le Marché intérieur, la filiale commune doit donc passer le double contrôle de l'entrave à la concurrence (n°s 10050 s.) et de l'article 101, 1 et 3 du TFUE (n° 43470) : si l'opération affecte le jeu de la concurrence, il faut vérifier si elle contribue à améliorer la production ou la distribution des produits ou à promouvoir le progrès technique ou économique, tout en réservant aux utilisateurs une partie équitable du profit qui en résulte, sans imposer aux entreprises intéressées des restrictions qui ne sont pas indispensables pour atteindre ces objectifs et sans donner à des entreprises la possibilité, pour une partie substantielle des produits en cause, d'éliminer la concurrence.

2. DÉLIMITATION DES MARCHÉS PERTINENTS

MARCHÉ DE PRODUITS ET/OU DE SERVICES

Il appartient aux entreprises notifiantes de proposer à la Commission européenne une définition des produits et/ou des services afin d'apprécier sur ce marché une éventuelle entrave à la concurrence. La Commission se réserve la possibilité de définir plus étroitement un tel 10010 marché en fonction d'une méthode d'analyse qui évolue en pratique dans les décisions qu'elle est amenée à prendre dans le cadre du contrôle européen des concentrations.

Elle recherche dans quelles conditions les produits et/ou les services offerts par les participants à l'opération de concentration sont substituables avec ceux que proposent d'autres entreprises. Ce n'est qu'en fonction de cette substituabilité que les entreprises pourront apparaître comme des concurrents.

Aux termes du formulaire CO, « un marché de produits en cause comprend tous les produits et/ou services que le consommateur considère comme interchangeables ou substituables en raison de leurs caractéristiques, de leurs prix et de l'usage auquel ils sont destinés ».

Pour des détails, voir la communication de la Commission du 8 février 2024 sur la définition du marché en cause aux fins du droit de la concurrence de l'Union (JOUE 2024 C 1645 p. 1), qui s'est substituée, au terme d'un long processus de révision, à la communication du 9 décembre 1997 sur le même sujet.

10015 Parmi les critères utilisés par la Commission, figurent les **caractéristiques techniques** d'un produit (ou d'un service) ainsi que **l'usage** auquel il est destiné. La concurrence varie selon l'interchangeabilité des produits et/ou des services en fonction de leurs caractéristiques objectives, mais également de l'usage qu'en font effectivement les consommateurs. Il en va de même pour les services qui lui sont rendus.

Un autre élément essentiel pour apprécier la concurrence d'autres produits ou d'autres services est leur **prix.** Le coût des produits ou des services pour les entreprises elles-mêmes est également un facteur de concurrence effective possible de la part d'autres opérateurs.

D'une manière plus générale, la Commission examine quelles sont les conditions dans lesquelles la concurrence est susceptible de s'exercer. Il importe en effet de vérifier quelle est la **structure de la demande** (nombre d'acheteurs ainsi que leur puissance sur le marché) **et** quelle est celle **de l'offre** (par exemple, ventes directes aux consommateurs ou au contraire existence d'entreprises intermédiaires sur le marché entre les fournisseurs et le consommateur final).

On doit tenir compte, dans un marché aussi complexe que l'Union européenne, des préférences et des goûts des consommateurs dans la mesure où les habitudes sont encore très diverses comme en particulier dans les marchés des produits alimentaires (voir, par exemple, la décision « Nestlé-Perrier » du 22-7-1992 : JOCE 1992 L 356).

Certaines opérations de concentration affectent parfois de nombreux marchés à la fois. Afin d'apprécier pleinement la possibilité de substituer ou non certains produits ou services, la Commission va rechercher, à la frontière du marché pertinent des produits et/ou des services, quels sont, le cas échéant, les **marchés voisins** pouvant être pris en compte (il peut s'agir de la télévision à péage par rapport à la télévision en général, du train à l'égard du transport aérien, etc.).

ILLUSTRATIONS

Dans l'affaire « Crown Cork – Carnaud Metalbox », la Commission a-t-elle défini plusieurs marchés : celui des bombes en aérosol en fer blanc et celui des bombes en aérosol en aluminium (Décision du 14-11-1995 : JOCE 1996 L 75).

Dans l'affaire « Ciba-Geigy – Sandoz », chaque médicament a été considéré comme constituant un marché compte tenu de leur caractéristique et particulièrement de leur très faible degré de substituabilité (Décision du 17-7-1996 : JOCE 1997 L 201).

Dans l'affaire « Coca-Cola – Amalgamated beverages », le marché spécifique de la boisson gazeuse à base de cola a été retenu (Décision du 22-1-1997 : JOCE 1997 L 218).

MARCHÉ GÉOGRAPHIQUE

10020 Une fois défini le marché pertinent des produits et/ou des services, la Commission européenne délimite le territoire sur lequel la concurrence peut effectivement s'exercer entre les entreprises. Il peut s'agir d'un cadre local où la définition du marché tient compte de la zone relativement étroite à l'intérieur de laquelle s'exerce le commerce (Décision « Wolseley – Pinault Bois et Matériaux » du 3-7-2003). Il peut s'agir d'une zone de chalandise plus large, d'un marché national (Décision « Coca-Cola – Amalgamated beverages » du 22-1-1997 : JOCE 1997 L 218 ; décision « TPS » du 30-4-2002 : JOCE 2002 C 137), européen, voire mondial (pour un marché mondial du platine, voir la décision « Gencor – Lonrho » du 24-4-1996 : JOCE 1997 L 11).

10025 Pour apprécier l'étendue géographique d'un tel marché, la Commission utilise des **critères** comme la nature et la caractéristique des produits et/ou des services. Elle recherche s'il s'agit par exemple de produits homogènes ou au contraire de produits différenciés. Lorsque les normes nationales applicables exigent une différenciation des produits sur le marché local, c'est ce marché qui doit être pris en considération.

Cette différenciation tend à s'estomper avec l'intégration du Marché intérieur, mais elle continue de jouer son rôle en fonction de l'existence de marques différentes selon les pays, des goûts des consommateurs, des cultures, mais également des coûts liés au transport et, d'une manière plus générale, des barrières à l'entrée d'un marché géographique.

L'autre critère pris en considération par la Commission a trait aux caractéristiques de l'offre et de la demande. **10030**

En ce qui concerne l'**offre,** elle tient compte notamment :
– des contraintes légales ou réglementaires qui pèsent sur l'offre des produits et/ou des services ;
– de la répartition géographique des entreprises concurrentes par rapport à celles qui participent à l'opération de concentration ;
– du taux de concentration de l'offre (offre monopolistique, oligopolistique ou au contraire atomisée entre de nombreuses entreprises).

Afin de tenir compte de la réalité des marchés, la Commission apprécie le niveau de développement économique, ainsi que la réalité des échanges de produits et/ou des services concernés, certains marchés étant fortement internationaux, d'autres purement locaux.

La **demande** des produits et/ou des services est variable selon les caractéristiques de tel ou tel pays. Dans l'affaire « Nestlé – Perrier », les différences de consommation étaient considérables au sein même du Marché intérieur, comme les préférences et les goûts des consommateurs (Décision du 22-7-1992 : JOCE 1992 L 356). On doit également tenir compte de la manière dont ces produits et/ou ces services sont offerts sur le marché géographique en fonction des stratégies des entreprises.

D'une manière générale, la Commission accorde la plus grande importance à l'existence ou non de barrières à l'entrée d'un marché donné. Il peut s'agir de barrières tarifaires, mais également de mesures non tarifaires tout aussi dissuasives pour le commerce international (cas, notamment, des barrières résultant de normes techniques ou du conditionnement des produits).

ILLUSTRATIONS

Dans l'affaire « Kesko – Tuko », la Commission a retenu trois marchés différents pour les biens de consommation courante, à l'achat, à la vente en gros et à la vente au détail.

Dans l'affaire « Orkla – Volvo », elle a retenu un marché très étroit, à savoir le marché norvégien de l'offre de la bière.

Dans l'affaire « Crown Cork », elle a considéré que les boîtes de conserve étaient des produits peu transportables et qu'il s'agissait de marchés nationaux, voire régionaux transfrontaliers.

3. ATTEINTE SIGNIFICATIVE À LA CONCURRENCE

Nous l'avons vu (n° 9980), la Commission européenne doit déterminer si l'opération entrave de manière significative la concurrence effective, notamment du fait de la création ou du renforcement d'une position dominante, dans le Marché intérieur ou une partie substantielle de celui-ci. Dans la très grande majorité des cas, les entraves significatives résultent de la création ou du renforcement d'une **position dominante.** **10050**

On rappelle que la position dominante d'une entreprise sur un marché se définit comme une position de puissance économique détenue par une entreprise qui lui donne le pouvoir de faire obstacle au maintien d'une concurrence effective sur le marché en cause en lui fournissant la possibilité de comportements indépendants dans une mesure appréciable à l'égard de ses concurrents, de ses clients et finalement des consommateurs. Bien que le règlement ne le précise pas expressément, ces dispositions sont applicables aux cas de **position dominante collective** (CJCE 31-3-1998 aff. 68/94 : RJDA 8-9/98 n° 1052). L'existence d'une telle position dominante est subordonnée à la réunion des trois conditions suivantes (TPICE 6-6-2002 aff. 342/99 : RJDA 8-9/02 n° 946) :
– la transparence sur le marché doit être suffisante pour permettre à chaque membre de l'oligopole dominant de connaître, de manière suffisamment précise et immédiate, le comportement des autres membres, afin de vérifier s'ils adoptent ou non la même ligne d'action (voir en particulier : CJCE 10-7-2008 aff. 413/06P, Bertelsmann AG et Sony corp. c/ Impala) ;
– les membres de l'oligopole dominant doivent être dissuadés de s'écarter de la ligne de conduite commune sur le marché. Il faut donc que chaque membre sache que toute action

fortement concurrentielle qu'il engagerait afin d'accroître sa part de marché, par exemple une réduction de prix, provoquerait une action identique des autres membres, de sorte qu'il ne retirerait aucun avantage de son initiative ;
– la réaction prévisible des concurrents actuels et potentiels, ainsi que celle des consommateurs, ne doit pas remettre en cause la ligne d'action commune.

CALCUL DES PARTS DE MARCHÉ

10060 Afin de déterminer le pouvoir de marché, la Commission européenne se réfère à certains critères dont le principal reste la part de marché des entreprises concernées par l'opération de concentration. Ce n'est qu'un indicateur qui dépend en fait du marché pertinent, tant au regard des produits et/ou des services que d'un point de vue géographique.

En règle générale, la Commission prend comme référence les parts de marché existantes. Mais il lui arrive de les adapter en intégrant des évolutions futures telles que l'entrée de nouveaux concurrents ou une expansion d'activité.
Les parts de marché postérieures à l'opération de concentration sont calculées en partant de l'hypothèse que la part de marché cumulée des parties à la concentration, telle qu'elle résultera de l'opération, est égale à la somme de leurs parts de marché antérieures à celle-ci (LDH § 15).
Lorsque la part de marché ne dépasse **25 %** ni dans le Marché intérieur ni dans une partie substantielle de celui-ci, l'opération est présumée compatible avec le Marché intérieur (Règl. 139/2004 considérant 32 ; LDH § 18).

Au-delà de 25 % de parts de marché, la Commission procède à un examen plus détaillé de l'opération. Lorsque l'opération se situe entre 25 % et 40 %, elle est a priori en dessous du seuil critique, mais tout dépend de la réalité des marchés pertinents. Au-delà de **40 %,** de telles parts de marché constituent un indice de position dominante (CJCE 3-7-1991 aff. 62/86). Celle-ci peut être établie en fonction de divers facteurs tels que la puissance des concurrents, leur nombre ou du fait que les produits des parties sont des substituts proches.

Une part de marché de **50 %** et plus suffit en elle-même pour établir l'existence d'une position dominante.

Dans le cas de concentrations **non horizontales,** par analogie à la pratique en matière d'accords verticaux (cf. Règl. 2790/1999 du 22-12-1999 : JOUE L 336 p. 21), lorsque la part de marché de la nouvelle entité à l'issue de l'opération de concentration sur chacun des marchés concernés est inférieure à 30 %, il est peu probable que la Commission conclue à l'existence de problèmes, tant en termes d'effets coordonnés que non coordonnés (LDNH § 25).

DEGRÉ DE CONCENTRATION DU MARCHÉ

10070 Le degré de concentration global d'un marché peut aussi constituer une donnée sur les conditions de concurrence. À cette fin, la Commission européenne utilise l'Indice de Herfindahl-Hirschmann (**IHH**) qui est égal à la somme des carrés des parts de marché de chacune des entreprises présentes sur le marché exprimées en pourcentages (LDH § 16). Lorsque, par exemple, sur un marché comptant cinq entreprises, chacune d'elles détient une part de marché de 20 %, l'IHH est alors égal à : 400 + 400 + 400 + 400 + 400 = 2 000.

Son niveau donne une indication des pressions concurrentielles qui s'exerceront sur le marché à l'issue de la concentration. Plus l'IHH d'un marché est élevé, plus la production est concentrée entre un petit nombre d'entreprises. Pour les **concentrations horizontales,** la Commission estime qu'il est peu probable qu'une opération soulève des problèmes de concurrence sur un marché dont l'IHH à l'issue de la concentration sera inférieur à 1 000 (LDH § 19). Pour les **concentrations non horizontales,** ce seuil doit être inférieur à 2 000 d'IHH à l'issue de l'opération (LDNH § 25).

APPLICATION AUX CONCENTRATIONS HORIZONTALES ET NON HORIZONTALES

10080 Le critère de l'entrave significative à la concurrence est précisé pour les **concentrations horizontales** par les LDH de la Commission européenne. Celle-ci distingue les effets non coordonnés (renforcement de la position dominante d'une seule entreprise ou effets unilatéraux d'un oligopole) des effets coordonnés (positions dominantes collectives).

Les LDH exposent en outre les conditions dans lesquelles une concentration avec un concurrent potentiel peut produire des effets anticoncurrentiels significatifs (LDH § 58 à 60) et les cas d'entrave à la concurrence par création ou renforcement d'une puissance d'achat sur les marchés en amont (LDH § 61 à 63).

Les LDNH donnent des orientations sur la manière dont la Commission apprécie les concentrations dans lesquelles les entreprises concernées sont actives sur différents marchés, connues sous le vocable « **concentrations non horizontales** ». Elles regroupent en fait deux grandes catégories : les concentrations verticales (entre entreprises opérant à différents niveaux de la chaîne d'approvisionnement) et les concentrations conglomérales (entre entreprises entretenant des relations sur des marchés étroitement liés entre eux : produits complémentaires ou appartenant à la même gamme). **10085**

Les concentrations non horizontales sont généralement moins susceptibles de créer des problèmes de concurrence que les concentrations horizontales (LDNH § 11). En effet, contrairement aux concentrations horizontales, les concentrations verticales ou conglomérales n'entraînent pas l'élimination de la concurrence directe entre les parties à la concentration sur le même marché. Par conséquent, la principale source d'effets anticoncurrentiels que l'on retrouve dans les concentrations horizontales est absente des concentrations verticales et conglomérales (LDNH § 12). En outre, les concentrations verticales et conglomérales permettent des gains d'efficacité substantiels (réduction de la double marge, réduction des coûts de transaction et de coordination, etc.) (LDNH § 13).

Effets non coordonnés Pour les **concentrations horizontales,** la concurrence peut être entravée par la suppression d'importantes pressions concurrentielles qui pèsent sur une ou plusieurs entreprises, lesquelles auraient alors un pouvoir de marché accru, sans recourir à une coordination de comportements (LDH § 22). **10090**

Par augmentation du pouvoir de marché, il faut entendre la capacité des entreprises d'augmenter les prix de façon profitable, ou de réduire la production, le choix ou la qualité des biens et des services, de diminuer l'innovation ou d'exercer, d'une autre manière, une influence sur les facteurs de la concurrence (LDH § 8).

Pour la Commission, la combinaison des facteurs suivants – dont la liste n'est pas exhaustive – peut influer sur la probabilité qu'une concentration entraîne des effets non coordonnés significatifs (LDH § 27 à 38) :
– les parties à la concentration détiennent des parts de marché élevées ;
– il s'agit de concurrents proches ;
– les clients ont peu de possibilités de changer de fournisseur ;
– les concurrents sont peu susceptibles d'augmenter leur production si les prix augmentent ;
– l'entité issue de la concentration peut freiner l'expansion des concurrents ;
– l'opération de concentration élimine un important moteur de la concurrence.

Une **concentration verticale** peut entraver de manière significative la concurrence effective par un verrouillage du marché qui crée des effets anticoncurrentiels. Le verrouillage du marché peut dissuader les entreprises rivales d'entrer ou de se développer sur le marché, ou les inciter à en sortir et permettre aux parties à la concentration – ainsi que, le cas échéant, à certains de leurs concurrents – d'augmenter leurs prix de façon profitable. On en distingue deux formes : **10095**
– le verrouillage du marché des intrants qui consiste à accroître les coûts des concurrents situés en aval en restreignant leur accès à un intrant important (LDNH § 31 à 57) ;
– le verrouillage de la clientèle qui consiste à exclure des concurrents situés en amont en restreignant leur accès à des débouchés suffisants (LDNH § 58 à 77).

Par ailleurs, par intégration verticale, la nouvelle entité peut accéder à des informations commercialement sensibles concernant les activités situées en amont et en aval des concurrents, et adapter son comportement commercial en fonction (LDNH § 78).

ILLUSTRATIONS

Dans une décision du 27-3-2019 (aff. COMP/M.9276 Sika – Parex), la Commission a examiné, pour l'écarter, le risque que le groupe Saint-Gobain octroie à la société Sika, dont il détenait une participation non contrôlante de 10,75 %, des conditions préférentielles dans l'accès à son réseau de distribution. En présence de concurrents, les gains indirects générés par la participation minoritaire de Saint-Gobain dans Sika, dont il aurait mis les produits en avant, n'auraient pas suffi à compenser les pertes directes liées à la baisse des ventes de ses propres produits. Saint-Gobain n'était donc pas incité à mener une telle stratégie.

De même, le verrouillage du marché est le principal motif de préoccupation lié aux **concentrations conglomérales** : la combinaison de produits sur des marchés liés peut conférer à l'entité issue de la concentration la capacité et la motivation d'exploiter, par un effet de **10100** levier, la forte position qu'elle occupe sur un marché en recourant à des ventes liées ou groupées ou encore à d'autres pratiques d'exclusion.

Lors de l'évaluation de la probabilité de tels verrouillages (verticaux ou congloméraux), la Commission examine, premièrement, si la nouvelle entité aurait la capacité d'évincer ses concurrents, deuxièmement, si elle aurait un intérêt économique à le faire et, troisièmement, si une stratégie de verrouillage du marché aurait une incidence négative significative sur la concurrence, portant ainsi préjudice aux consommateurs. Dans la pratique, ces facteurs sont souvent examinés ensemble car ils sont étroitement imbriqués.

10110 **Effets coordonnés** Une entrave à la concurrence peut résulter de la création ou du renforcement d'une position dominante collective incitant les entreprises à coordonner leur comportement ou augmenter les prix, sans pour autant recourir à une entente illicite. Une opération de concentration peut également faciliter, stabiliser ou rendre plus efficace la concertation entre entreprises qui coordonnaient déjà leur comportement avant l'opération.

Les paramètres susceptibles d'être pris en considération pour l'évaluation de la probabilité d'effets coordonnés sont les suivants (LDH § 39 à 60) : perception commune des modalités de la coordination par les entreprises ; transparence du marché ; mécanismes de dissuasion et menaces de représailles ; réactions des entreprises extérieures à la coordination.

Une concentration **verticale** peut également permettre aux entreprises opérant sur les marchés situés en amont ou en aval de parvenir plus facilement à une compréhension mutuelle des modalités de la coordination (LDNH § 82 à 90), en réduisant le nombre de concurrents par un verrouillage du marché, en accroissant le degré de symétrie entre les entreprises, en rehaussant le degré de transparence du marché ou en éliminant un franc-tireur.

Enfin, une concentration **conglomérale** peut influencer la probabilité d'un comportement coordonné en réduisant les possibilités de contestation des concurrents potentiels (LDNH § 119 à 121).

ÉLÉMENTS DE COMPENSATION D'UNE ATTEINTE À LA CONCURRENCE

10120 À la différence du contrôle des concentrations nationales (nos 9400 s.), la réglementation européenne n'établit pas à proprement parler de « bilan économique » de l'opération permettant de conclure qu'une opération qui porte atteinte à la concurrence apporte au progrès économique une contribution suffisante pour compenser les atteintes à la concurrence. Le règlement indique simplement, parmi les éléments dont la Commission doit tenir compte, « l'évolution du progrès technique et économique pour autant que celle-ci soit à l'avantage des consommateurs et ne constitue pas un obstacle à la concurrence » (no 9980). C'est au niveau des lignes directrices qu'est introduite la possibilité de prendre en compte les gains probables d'efficacité (no 10130) en tant que contrepoids des effets de l'opération sur la concurrence, que ce soit dans les LDH (§ 77), qui indiquent que la Commission ne déclarera par la concentration incompatible avec le Marché intérieur si les gains d'efficacité générés par l'opération sont à même d'accroître la capacité et l'incitation de l'entité issue de l'opération à adopter un comportement favorable à la concurrence au bénéfice des consommateurs et, par là même, de contrer les effets anticoncurrentiels que la concentration risquerait, dans le cas contraire, de produire, ou dans les LDNH, qui précisent que l'impact sur la concurrence doit aussi être apprécié à la lumière des gains d'efficacité démontrés par les parties à la concentration (§ 52). La Commission européenne peut donc décider qu'au vu des gains d'efficacité générés par l'opération de concentration il n'y a aucune raison de déclarer l'opération en question incompatible avec le Marché intérieur.

10130 **Prise en compte des gains probables d'efficacité** Le considérant 29 du règlement 139/2004 dispose que « pour déterminer l'effet d'une concentration sur la structure de la concurrence dans le Marché commun [Marché intérieur], il convient de tenir compte des gains d'efficacité probables démontrés par les entreprises concernées. Il est possible que les gains d'efficacité résultant de la concentration contrebalancent les effets sur la concurrence, et notamment le préjudice potentiel pour les consommateurs, qu'elle aurait sinon pu avoir et que, de ce fait, celle-ci n'entrave pas de manière significative une concurrence effective dans le Marché commun [Marché intérieur] ».

Cette solution n'est pas reprise dans les articles du règlement, mais la Commission a précisé dans ses lignes directrices sur l'appréciation des concentrations horizontales (§ 76 s.) que les

gains d'efficacité peuvent rendre une opération compatible avec le Marché intérieur si les trois **conditions** suivantes sont réunies :
– ils doivent être à l'avantage du consommateur (par exemple, réduction des coûts susceptible d'entraîner une baisse des prix ou développement de la recherche conduisant à la mise au point de nouveaux produits) ;
– ils doivent être propres à la concentration (il incombe donc aux parties de prouver qu'il n'y a pas d'alternative moins anticoncurrentielle que l'opération projetée) ;
– enfin, ils doivent être vérifiables, ce qui implique que les parties quantifient les gains d'efficacité et le bénéfice qui en résulte pour les consommateurs.

Plus spécifiquement, les concentrations verticales et conglomérales permettent des gains d'efficacité substantiels (LDNH § 13). En particulier, elles peuvent permettre à l'entité issue de la concentration de diminuer ses prix et d'accroître la production ou de mieux coordonner le processus de production et de distribution (et ainsi de réaliser des économies sur les coûts de stockage).

Puissance d'achat compensatrice Le pouvoir de négociation qu'un acheteur détient à l'égard d'un vendeur dans ses pourparlers commerciaux, en raison de sa taille, de son importance commerciale et de sa capacité à s'approvisionner auprès d'autres fournisseurs, peut empêcher le vendeur, après une concentration, d'entraver de manière significative la concurrence. Bien entendu, il ne suffit pas que cette puissance d'achat compensatrice préexiste à l'opération ; il faut qu'elle subsiste à l'issue de celle-ci (pour plus de détails, voir LDH § 64 s.). **10140**

Entrée de nouveaux concurrents sur un marché Cette éventualité peut constituer une contrainte concurrentielle suffisante sur les parties à la concentration pour conclure que l'opération n'entrave pas la concurrence de manière significative. Encore faut-il que les trois conditions suivantes soient réunies (LDH § 68 à 75) : **10150**
– l'entrée de nouveaux concurrents doit être suffisamment probable ;
– elle doit intervenir en temps utile, c'est-à-dire dans un délai suffisamment bref et de manière suffisamment durable pour contrecarrer l'exercice d'un pouvoir de marché ;
– elle doit être d'une ampleur suffisante pour neutraliser les effets concurrentiels de l'opération.

CAS PARTICULIER DE L'ENTREPRISE EN DIFFICULTÉ

La Commission peut conclure qu'une opération de concentration, qui pose par ailleurs des problèmes de concurrence, est néanmoins compatible avec le Marché intérieur si l'une des parties à l'opération est une entreprise en difficulté. **10160**

Trois conditions doivent à cette fin être réunies (CJCE 31-3-1998 aff. 68/94 ; décision « BASF » du 11-7-2001 : JOUE 2002 L 132 p. 45) :
– l'entreprise acquise disparaîtrait rapidement du marché si elle n'était pas reprise par une autre ;
– il n'y a pas d'alternative de reprise moins dommageable pour la concurrence ;
– l'entreprise acheteuse reprendrait en grande partie la part de marché de l'entreprise acquise si celle-ci venait à disparaître du marché (critère applicable en cas de duopole) ou la disparition pure et simple de l'entreprise aurait des conséquences moins néfastes pour la concurrence que la concentration (critère applicable en cas d'oligopole).

C. Modalités du contrôle des concentrations européennes

1. NOTIFICATION PAR LES ENTREPRISES DU PROJET DE CONCENTRATION

OBLIGATION DE NOTIFIER UNE CONCENTRATION AVANT SA RÉALISATION

Les concentrations doivent être notifiées à la Commission européenne « avant leur réalisation et après la conclusion de l'accord, la publication de l'offre publique d'achat ou d'échange ou l'acquisition d'une participation de contrôle » (art. R 4, 1). **10200**

Malgré la rédaction maladroite de cette disposition, la notification doit être faite **préalablement** à la réalisation de l'opération. En effet, les parties ne peuvent pas mettre en œuvre l'opération avant la notification et l'opération doit être suspendue jusqu'à la décision finale sous peine de lourdes sanctions pécuniaires (voir n° 10310 s.).

À noter que le règlement 139/2004 ne prévoit pas la possibilité pour la Commission de se saisir d'office.

POSSIBILITÉ DE NOTIFIER UN PROJET DE CONCENTRATION EUROPÉENNE

10210 Les entreprises concernées peuvent notifier un projet d'accord ou d'offre publique si (art. R 4, 1-al. 2) :

– elles démontrent leur intention de conclure un accord ou, dans le cas d'une offre publique d'achat ou d'échange, elles ont annoncé publiquement leur intention de faire une telle offre ; à cette fin, elles peuvent par exemple produire un accord de principe, un protocole d'accord ou une lettre d'intention signée par toutes les entreprises concernées (Règl. 139/2004 considérant 34) ;

– l'accord ou l'offre envisagé aboutit à une concentration relevant de la compétence de l'Union européenne (c'est-à-dire dépassant les seuils de chiffre d'affaires précisés aux n°s 9910 s.).

PERSONNES TENUES DE NOTIFIER UNE CONCENTRATION

10220 Les opérations de fusion et de prise de contrôle en commun (n°s 9770 s.) doivent être notifiées conjointement par les parties (art. R 4, 2).

La notification doit être présentée par la personne ou l'entreprise qui acquiert le contrôle de tout ou partie d'une ou plusieurs entreprises (art. R 4, 2 ; Règl. 2023/914 art. 2, 1). Par exemple, en cas d'OPA, c'est l'entreprise qui fait l'offre qui doit remplir la notification.

Lorsque la notification est signée par des représentants extérieurs mandatés de personnes ou d'entreprises, ces représentants doivent prouver par un écrit leur pouvoir de représentation (Règl. 2023/914 art. 2, 2).

DÉPÔT DE LA NOTIFICATION D'UNE CONCENTRATION

10230 **Notification normale** La notification doit être présentée conformément au **formulaire CO** dont le modèle figure à l'annexe I du règlement (UE) 2023/914. En cas de notification conjointe, il y a lieu de n'utiliser qu'un seul formulaire (Règl. 2023/914 art. 3, 1).

Le formulaire CO et les documents annexes doivent être transmis à la Commission européenne par voie numérique, sauf lorsque la Commission autorise à titre exceptionnel le recours à un envoi recommandé ou à une remise en main propre (Règl. 2023/914 art. 22).

Les notifications sont rédigées dans une des langues officielles de l'Union. Pour les parties notifiantes, cette langue est dès lors la langue de procédure ainsi que de toute procédure ultérieure relative à la même opération de concentration. Les documents annexes sont déposés dans la langue originale. Si celle-ci n'est pas une des langues officielles de l'Union, une traduction dans la langue de procédure est jointe au document. (Règl. 2023/914 art. 3, 3).

10235 **Notification simplifiée** L'annexe II du règlement 2023/914 donne un modèle de **formulaire de notification simplifiée** pour les opérations qui sont peu susceptibles de soulever des problèmes de concurrence. Dans ce cas, la Commission prend une décision abrégée déclarant la concentration compatible dans les 25 jours ouvrables à compter de la notification.

La communication du 20 avril 2023 précitée (n° 9700) étend le champ des dossiers éligibles à une procédure simplifiée par rapport à celle de 2013. Elle crée également une **procédure dite « super simplifiée »** dans laquelle l'opération peut être examinée dans un délai inférieur au délai de rigueur de 25 jours ouvrables et les parties sont invitées à notifier la concentration directement sans prénotification.

Les **cas** potentiellement éligibles à la **procédure « super simplifiée »** sont les suivants :

– deux ou plusieurs entreprises acquièrent le contrôle en commun d'une entreprise commune, pour autant que celle-ci ne réalise pas de chiffre d'affaires actuel ou prévu sur le territoire de l'Espace économique européen (EEE), et que les entreprises concernées n'aient pas prévu de céder des actifs dans l'EEE à l'entreprise commune à la date de notification ;

– deux ou plusieurs entreprises fusionnent, ou une ou plusieurs entreprises acquièrent le contrôle exclusif ou le contrôle en commun d'une autre entreprise, pour autant qu'aucune des parties à la concentration n'exerce d'activités commerciales sur le même marché de produits et le même marché géographique ou sur un marché de produits en cause qui se situe en amont ou en aval d'un marché de produits sur lequel opère une autre partie à la concentration.

Les autres **cas** éligibles à la **procédure simplifiée** sont les suivants :
– deux ou plusieurs entreprises acquièrent le contrôle en commun d'une entreprise commune, pour autant que celle-ci n'exerce que des activités négligeables dans l'EEE (CA de l'entreprise commune ou des activités transférées inférieur à 100 M€ et valeur totale des cessions d'actifs à l'entreprise commune inférieure à 100 M€) ;
– deux entreprises ou plus fusionnent, ou une ou plusieurs entreprises acquièrent le contrôle exclusif ou le contrôle en commun d'une autre entreprise et :
(i) la part de marché cumulée de l'ensemble des parties à la concentration exerçant des activités commerciales sur le même marché de produits et le même marché géographique est inférieure à 20 % ou inférieure à 50 % avec un accroissement de l'IHH résultant de la concentration sur ce marché inférieur à 150 ; et
(ii) les parts de marché individuelles et cumulées de l'ensemble des parties à la concentration exerçant des activités commerciales sur un marché de produits en amont ou en aval d'un marché de produits sur lequel opère toute autre partie à la concentration (relation verticale) (a) sont inférieures à 30 % sur les marchés en amont et en aval ou (b) sont inférieures à 30 % sur le marché en amont et les parties à la concentration qui opèrent sur le marché en aval détiennent une part d'achats inférieure à 30 % des intrants en amont ou (c) sont inférieures à 50 % sur les marchés en amont et en aval, l'accroissement de l'IHH résultant de la concentration est inférieur à 150 sur les marchés en amont et en aval et la plus petite entreprise en termes de part de marché est la même sur les marchés en amont et en aval ;
– une partie acquiert le contrôle exclusif d'une entreprise dont elle possède déjà le contrôle en commun.

En outre, en application d'une clause dite « de flexibilité », la Commission européenne peut envisager d'appliquer la procédure simplifiée, de manière discrétionnaire, dans les cas suivants :
– dans une situation de chevauchement horizontal des activités, lorsque la part de marché cumulée des parties à la concentration reste inférieure à 25 % ;
– lorsque les parties à la concentration sont concernées par une relation verticale et que leurs parts de marché individuelles ou cumulées sont soit inférieures à 35 % sur les marchés en amont et en aval, soit inférieures à 50 % sur un marché et à 10 % sur tous les autres marchés liés verticalement ;
– en cas d'acquisition d'une entreprise commune dont le chiffre d'affaires et les actifs se situent entre 100 et 150 M€ dans l'EEE.

La Commission peut toujours revenir à la procédure normale lorsque les conditions de la procédure simplifiée sont remplies mais qu'elle estime néanmoins que la procédure normale est nécessaire pour apprécier les problèmes de concurrence potentiellement posés par l'opération.

Pour plus de précisions, voir la communication de la Commission du 20 avril 2023 précitée.

PRISE D'EFFET DE LA NOTIFICATION D'UNE CONCENTRATION

La notification prend effet à la **date** à laquelle elle est reçue par la Commission européenne (Règl. 2023/914 art. 5, 1). **10240**

Si la Commission constate que les **indications** figurant dans la notification sont **incomplètes,** elle en informe sans délai par écrit les parties notifiantes ou le représentant commun et fixe un délai pour qu'il puisse les compléter. Dans ce cas, la notification prend effet à la date où la Commission reçoit les informations complètes (Règl. 2023/914 art. 5, 2). Cela est important car la prise d'effet de la notification fait courir le délai maximal (de 115 à 160 jours ouvrables selon le cas) dont dispose la Commission pour examiner l'opération de concentration et se prononcer sur sa compatibilité avec le Marché intérieur. La Commission est en droit de suspendre l'examen d'une procédure de concentration jusqu'à réception de tous les renseignements complets et exacts requis si ces informations s'avèrent susceptibles d'avoir un impact significatif sur l'analyse concurrentielle et sous réserve du respect du principe de proportionnalité entre les actes des institutions européennes et le but poursuivi (TPICE 4-2-2009 aff. 145/06, Omya AG c/ Commission).

Si les faits rapportés dans la notification subissent, après la notification, des **modifications** essentielles dont les parties notifiantes ont connaissance ou s'ils font l'objet d'informations nouvelles dont les parties notifiantes ont connaissance et qui auraient dû être notifiées, ces modifications ou informations doivent être communiquées à la Commission sans délai ; dans ce cas, lorsque ces modifications essentielles ou informations nouvelles peuvent influer de manière significative sur son appréciation de l'opération, la Commission peut considérer que la notification prend effet à la date de la réception des informations en question (Règl. 2023/914 art. 5, 3).

INFORMATION DES TIERS D'UN PROJET DE CONCENTRATION

10250 **Publicité** Lorsque la Commission européenne constate qu'une opération de concentration notifiée relève du règlement, elle publie au JOUE le fait de la notification, en indiquant les noms des entreprises concernées, leur pays d'origine, la nature de l'opération de concentration ainsi que les secteurs économiques concernés (art. R 4, 3). Elle invite toute personne intéressée à formuler des observations, en général dans un délai très bref (une dizaine de jours).

La Commission tient compte de l'intérêt légitime des entreprises à ce que leurs secrets d'affaires ne soient pas divulgués.

10260 **Enquête de marché** Pour améliorer sa connaissance des marchés, la Commission réalise également des enquêtes auprès des concurrents, clients, et fournisseurs des parties à une concentration. En décembre 2009, elle a mis en place une plateforme informatique accessible sur internet – e-Questionnaire – pour automatiser le recueil des informations transmises par les tiers intéressés.

Les entreprises sollicitées pour répondre à une enquête de marché reçoivent par e-mail une invitation à se connecter sur la plateforme e-Questionnaire. Grâce à un code sécurisé, elles accèdent au questionnaire, qu'elles peuvent soit compléter directement en ligne, soit importer dans un éditeur de texte, à charge pour elles de le retourner via l'application une fois complété. E-Questionnaire est progressivement appelée à être également utilisée dans le cadre des procédures antitrust.

10270 **Data room** Exceptionnellement, la Commission peut considérer que la divulgation d'informations confidentielles recueillies dans ce cadre est « nécessaire pour les besoins de la procédure » (Règl. 2023/914 art. 18, 1).

Elle organise alors l'accès aux salles de documentation (« data rooms ») selon les dispositions de son Code de bonnes pratiques. Compte tenu de la nature purement administrative et des délais contraints qui caractérisent le contrôle des concentrations, la mise en place d'une telle procédure n'est toutefois qu'exceptionnelle (s'agissant, par exemple, d'objections formulées par la Commission dans le cadre du débat contradictoire préalable à une interdiction ou une injonction) (Code de bonnes pratiques « data rooms » 3 et 8).

2. SUSPENSION DE L'OPÉRATION DE CONCENTRATION

10290 En **principe,** une concentration ne peut être réalisée ni avant d'être notifiée ni avant d'avoir été déclarée compatible avec le Marché intérieur (art. R 7, 1).

10295 La Commission peut néanmoins, sur demande motivée, octroyer à tout moment une **dérogation** à cette interdiction (art. R 7, 3).

Lorsqu'elle se prononce sur la demande, la Commission doit prendre en compte notamment les effets que la suspension peut produire sur une ou plusieurs entreprises concernées par une opération de concentration ou sur une tierce partie, et la menace que la concentration peut présenter pour la concurrence. La dérogation peut être assortie de conditions et de charges destinées à assurer des conditions de concurrence effective.

L'exécution de ces charges peut être ordonnée sous astreinte d'un montant maximal de 5 % du chiffre d'affaires total journalier par jour ouvrable de retard (art. R 15, 1-c).

10300 L'interdiction n'empêche pas la réalisation d'une **offre publique** d'achat ou d'échange ou d'une prise de contrôle notifiée, à condition que l'acquéreur n'exerce pas les droits de vote attachés aux participations en cause ou ne les exerce sur dérogation octroyée par la Commission qu'en vue de sauvegarder la pleine valeur de son investissement (art. R 7, 2).

3. SANCTIONS DU DÉFAUT DE NOTIFICATION OU DE SUSPENSION

SANCTIONS DE LA RÉALISATION DE L'OPÉRATION SANS NOTIFICATION

10310 Les entreprises qui omettent de notifier une opération de concentration s'exposent à une **amende** pouvant aller jusqu'à 10 % de leur chiffre d'affaires (art. R 14, 2-a).

La Commission européenne a rendu peu de décisions de sanctions pour défaut de notification, mais ces décisions sont sévères, prenant notamment en compte le fait que les entreprises disposent de services juridiques nécessairement compétents. En revanche, semble être une circonstance atténuante le fait que l'opération non notifiée ne porte pas atteinte à la concurrence (voir la décision « Møller » du 10-2-1999 : JOCE 1999 L 183).

SANCTIONS DE LA MISE EN ŒUVRE ANTICIPÉE D'UNE CONCENTRATION

Les personnes ou entreprises qui réalisent l'opération de concentration sans respecter l'interdiction (« **gun jumping** ») ou qui contreviennent à une charge imposée par la Commission européenne en cas de dérogation s'exposent à une **amende** plafonnée à 10 % de leur chiffre d'affaires total (art. R 14, 2-b et d). **10312**

La Commission peut par ailleurs prendre des **mesures provisoires** appropriées pour rétablir ou maintenir les conditions d'une concurrence effective lorsqu'une concentration a été réalisée pendant la période de suspension alors qu'aucune décision n'a encore été prise concernant sa compatibilité avec le Marché intérieur (art. R 8, 5). **10315**

ILLUSTRATIONS

Alors que la Commission venait d'ouvrir, le 22 juillet 2021, un examen approfondi de l'opération, Illumina a annoncé publiquement, le 18 août, avoir réalisé l'acquisition de Grail (voir n° 10855 : il s'agit par ailleurs de la première application de l'article R 22 relatif au renvoi « sous les seuils »). Ainsi, après leur avoir notifié des griefs et les avoir entendues, la Commission a adopté le 29 octobre 2021 des mesures provisoires en réponse à la violation par ces deux entreprises de leur obligation de suspension. Il s'agit de la première décision prise sur ce fondement.
Sous le contrôle d'un mandataire agréé par la Commission, Illumina et Grail se sont vu imposer des mesures contraignantes jusqu'à l'issue de l'enquête approfondie. Elles devaient ainsi demeurer « distinctes ». Ces mesures prévoyaient que Grail soit dirigée par des gestionnaires indépendants chargés de garantir exclusivement ses intérêts (et non ceux d'Illumina), que les entreprises s'interdisent d'échanger des informations commerciales confidentielles (sauf obligation légale ou nécessités liées à leurs relations fournisseur-client), qu'Illumina apporte les fonds nécessaires à l'exploitation et au développement de Grail, que les deux entreprises opèrent dans des « conditions normales de concurrence » (c'est-à-dire sans favoriser indûment Grail sur le plan commercial au détriment de ses concurrents) et, enfin, que Grail recherche activement d'autres solutions, dans l'hypothèse où la concentration serait finalement déclarée incompatible avec le marché intérieur.

L'opération a finalement été déclarée incompatible avec le marché intérieur le 6 septembre 2022 et, le 12 octobre 2023, la Commission a imposé aux parties des mesures pour restaurer la situation concurrentielle. Le 12 juillet 2023, elle a infligé à Illumina une amende de 432 M€ et à Grail une amende de 1 000 euros pour non-respect de l'effet suspensif du contrôle des concentrations. C'est la première fois qu'une cible est sanctionnée pour avoir joué un rôle actif dans l'infraction.

Les personnes ou entreprises qui se refuseraient à prendre les mesures ordonnées par la Commission s'exposent à une **amende** plafonnée à 10 % de leur chiffre d'affaires total (art. R 14, 2-c) et la Commission peut leur imposer une **astreinte** d'un montant maximal de 5 % de leur chiffre d'affaires total journalier moyen par jour de retard (art. R 15, 2-d).

> **Précisions** **a.** Une entreprise peut valablement se voir infliger **deux amendes** pour s'être abstenue de notifier une opération de concentration (art. R 4, 1 et R 14, 2, a) et l'avoir réalisée sans l'autorisation (art. R 7, 1 et R 14, 2, b) de la Commission (CJUE 4-3-2020 aff. 10/18, Sté Mowi c/ Commission). Pour la CJUE, ces dispositions ne sont pas « redondantes » mais, au contraire, poursuivent des objectifs autonomes, les premières prévoyant une obligation de faire (le non-respect de l'obligation de notification constitue une infraction instantanée), les secondes une obligation de ne pas faire (le non-respect de l'obligation de suspension constitue une infraction continue). Ces différentes dispositions ne violent donc ni le principe de proportionnalité ni l'interdiction de la double sanction. La Commission doit pouvoir distinguer, dans ses amendes, la situation où l'entreprise respecte l'obligation de notification mais viole l'obligation de suspension de celle où elle viole les deux obligations (CJUE 9-11-2023, aff. 746/21 P, Altice Group Lux).
b. La **résiliation d'un accord** de coopération avec un tiers par l'une des entreprises parties à un projet de concentration ne tombe pas sous le coup de cette interdiction, quand bien même s'agirait-il d'une **opération accessoire** ou préparatoire à la concentration (CJUE 31-5-2018 aff. 633/16, Ernst & Young c/ Konkurrenceràdet).
Selon le Tribunal de l'Union, il résulte de cet arrêt que la Cour a opéré une distinction entre les notions de « concentration » et de « réalisation d'une concentration » : si une concentration est réputée réalisée lorsqu'un changement durable du contrôle a lieu, la réalisation d'une concentration peut avoir lieu dès que les parties mettent en œuvre des opérations contribuant à changer durablement le contrôle sur l'entreprise cible, éventuellement avant l'acquisition de ce contrôle. Le critère ainsi retenu pour déterminer si l'obligation de suspension (art. R 7, 1) a été violée n'est pas celui de savoir s'il y a eu acquisition du contrôle de l'entreprise cible, mais si l'opération en cause a contribué, en tout ou en partie, en fait ou en droit, au changement de contrôle de ladite entreprise. Un tel critère est applicable, par analogie, à l'obligation de notification (art. R 4, 1) (Trib. UE 18-5-2022 aff. 609/19, Canon, pts 67 à 70 : BRDA 12/20 inf. 16).
c. La **validité des contrats conclus au mépris de l'interdiction** est subordonnée à la décision

finale de la Commission. Toutefois, cet effet suspensif ne s'applique pas aux transactions sur des titres, y compris ceux convertibles en d'autres titres, qui sont admis à être négociés sur un marché réglementé, sauf si les acheteurs et les vendeurs savent ou devraient savoir que la transaction est réalisée au mépris de l'interdiction (art. R 7, 4).

EXEMPLES D'APPLICATION DES SANCTIONS

10320 En juin 2009, la Commission a infligé une amende de 20 M€ à Electrabel pour avoir réalisé l'acquisition du contrôle de la Compagnie nationale du Rhône (CNR) sans notification ni autorisation préalables (sanction confirmée par Trib. UE 12-12-2012 aff. 332/09 et, sur pourvoi, CJUE 3-7-2014 aff. 84/13).

Pour les mêmes raisons, la Commission a infligé en 2014 une amende totale de 20 M€ à Marine Harvest (éleveur et transformateur norvégien de saumon) lors du rachat de son concurrent Morpol (sanction confirmée par Trib. UE 26-10-2017 aff. 704/14) : 10 M€ pour ne pas l'avoir notifiée et 10 M€ pour l'avoir réalisée avant son autorisation (nos 10310 s.).

En 2018, elle a infligé une amende de 124,5 M€ à Altice pour avoir procédé à l'acquisition de l'opérateur de télécommunications PT Portugal avant sa notification et son autorisation (Communiqué de presse du 24-4-2018), chaque infraction comptant pour moitié. Exerçant sa compétence de pleine juridiction, le Tribunal de l'Union a laissé inchangée l'amende infligée au titre de la violation de l'obligation de suspension (art. R 7,1) mais a réduit de 10 % (56 au lieu de 62,25 M€) celle sanctionnant le non-respect de l'obligation de notification (art. R 4,1). Le Tribunal a relevé qu'avant la réalisation de l'opération, Altice avait averti la Commission de ses intentions et, immédiatement après, l'entreprise avait sollicité de sa part qu'elle désigne une équipe pour instruire le dossier (Trib. UE 22-9-2021 aff. 425/18, Altice, pts 350 à 369).

En 2019, la Commission a sanctionné Canon à hauteur de 28 M€, lors du rachat de TMSC (Communiqué de presse du 27-6-2019), à hauteur de 14 M€ pour ne pas l'avoir notifié et de 14 M€ également pour l'avoir réalisé sans autorisation préalable (sanction confirmée par Trib. UE 18-5-2022 aff. 609/19 : BRDA 12/22 inf. 16).

Enfin, en 2023, la Commission a sanctionné Illumina à hauteur de 432 M€ et Grail à hauteur de 1 000 € pour non-respect de l'effet suspensif du contrôle des concentrations (sur cette affaire, voir no 10315).

4. EXAMEN DE LA NOTIFICATION ET ENGAGEMENT DE LA PROCÉDURE DE CONTRÔLE DES CONCENTRATIONS EUROPÉENNES

PHASES ET DÉLAIS DE PROCÉDURE DE CONTRÔLE DES CONCENTRATIONS

10330 La procédure se déroule en deux **étapes** :

1° « **Phase 1** » (de la notification à la décision d'engager ou non la procédure) : 25 jours ouvrables à partir du jour suivant la réception de la notification, ce délai étant porté à 35 jours ouvrables si des engagements sont proposés par les parties (nos 10340 s.) ou si une demande de renvoi est présentée (no 10810).

2° « **Phase 2** » (de l'engagement de la procédure d'examen approfondi à la décision finale) : 90 jours ouvrables à partir du jour suivant la décision d'ouvrir la procédure d'examen approfondi, auxquels s'ajoutent 20 jours ouvrables si la demande en est faite par les parties ou la Commission avec l'accord des parties et/ou 15 jours ouvrables si les entreprises ont proposé des engagements (nos 10340 s.) après le 54e jour ouvrable suivant l'ouverture de l'examen approfondi.

La phase 2 est clôturée par la décision de la Commission d'autoriser (nos 10600 s.) ou d'interdire (no 10630) l'opération, à moins que les parties ne lui démontrent qu'elles ont abandonné l'opération (art. R 6, 1-c).

Les modalités de computation des délais sont fixées au chapitre III du règlement (UE) 2023/914.

10335 **Dès réception** de la **notification,** la Commission doit procéder à l'examen de l'opération qui lui est notifiée (art. R 6, 1).

S'il lui apparaît que l'opération de **concentration n'entre pas dans le champ d'application du règlement,** elle le constate par voie de décision (art. R 6, 1-a).

Si elle estime que l'opération notifiée, bien que relevant du champ d'application du règlement, ne soulève **pas de « doutes sérieux »** quant à sa **compatibilité avec le Marché intérieur,** elle la déclare compatible avec celui-ci (art. R 6, 1-b). Cette décision peut intervenir, le cas échéant, après la prise d'engagements par les parties (nos 10340 s.) et elle peut être assortie de conditions et charges destinées à assurer que ces engagements seront respectés (art. R 6, 2).

En revanche, si elle constate que l'opération de concentration entre dans le champ d'application du règlement et soulève des **doutes sérieux** quant à sa **compatibilité avec le Marché intérieur,** la Commission décide d'engager la « phase 2 » de la procédure (art. R 6, 1-c).

> **Précisions** **a.** La violation d'une **condition** peut conduire la Commission à prendre des mesures provisoires appropriées pour rétablir ou maintenir les conditions d'une concurrence effective (art. R 8, 5) ; les personnes ou entreprises qui se refuseraient à prendre les mesures ainsi ordonnées s'exposent à une amende plafonnée à 10 % de leur chiffre d'affaires total (art. R 14, 2-c) et la Commission peut leur imposer une astreinte d'un montant maximal de 5 % de leur chiffre d'affaires total journalier moyen par jour de retard (art. R 15, 2-d). La Commission peut aussi déclarer l'opération incompatible avec le Marché intérieur (no 10630) sans être tenue par le délai applicable aux décisions d'interdiction (art. R 8, 7-a-i).
> **b.** Si les entreprises concernées contreviennent à l'une des **charges,** la Commission peut leur imposer une astreinte d'un montant maximal de 5 % de leur chiffre d'affaires total journalier moyen par jour de retard (art. R 15, 2-c). Elle peut aussi révoquer sa décision de compatibilité (art. R 6, 3-b).
> **c.** Les décisions prévues à l'article R 6, 1-a et b peuvent être révoquées lorsque la déclaration de compatibilité a été obtenue par tromperie ou repose sur des **indications inexactes** dont l'une des entreprises concernées est responsable (art. R 6, 3).
> **d.** Si, à l'**expiration** des délais prévus par le règlement 139/2004 pour la « **phase 1** » de la procédure, la Commission n'a **pas** pris soit la **décision** de déclarer l'opération compatible en application de l'article R 6, 2-b, soit la décision d'engager la « phase 2 » de la procédure, l'opération est réputée compatible avec le Marché intérieur (art. R 10, 6).

ENGAGEMENTS DES PARTIES

Il est de pratique courante que les parties modifient leur projet au cours de la procédure, le plus souvent à l'instigation de la Commission européenne. Les principaux aménagements apportés dans ce cas sont de deux ordres : **10340**
– cession d'actifs afin de réduire la part de marché de l'entité fusionnée et de faciliter l'entrée de nouveaux concurrents sur le marché ;
– suppression des barrières à l'entrée sur le marché concerné (notamment, révocation d'accords exclusifs et engagement d'accès à une infrastructure ou à une technologie essentielle).

La Commission a produit un **guide de bonnes pratiques** relatif aux engagements de cession dans les affaires de concentration (Note de presse de la Commission du 2-5-2003). Il vise à renforcer l'efficacité et la transparence de la procédure en la matière, notamment en simplifiant la négociation des termes et conditions des engagements qui intervient généralement dans des délais serrés. **10345**

Les parties peuvent par ailleurs se procurer auprès de la Commission un **modèle type d'engagement de cession** qui permet, d'une part, de décrire la procédure de cession, l'activité à céder et les obligations des parties à l'égard de cette activité pour la période intermédiaire jusqu'à la réalisation de la cession et, d'autre part, de fixer les qualifications que la Commission exige d'un candidat acquéreur. Il décrit les conditions à remplir pour assurer le respect des engagements et en particulier :
– la description de la procédure de cession, de l'activité à céder et des obligations des parties à l'égard de cette activité pour la période intermédiaire jusqu'à la réalisation de la cession ;
– les qualifications exigées d'un candidat acquéreur pour l'activité en cause.

Ce modèle n'est pas destiné à couvrir l'ensemble des questions qui peuvent intervenir, mais contient un certain nombre de « clauses types » pouvant faire l'objet d'adaptations nécessaires à l'affaire en cause. La Commission continue à exercer son pouvoir d'appréciation en examinant si d'autres formes d'engagements sont admissibles dans certaines circonstances.

En définitive, ce modèle type permet d'accélérer la procédure en permettant aux parties d'accorder plus d'attention au fond qu'à la forme des engagements.

> **Précisions** **a.** Les **délais** et **modalités de présentation des engagements** sont fixés au chapitre VI du règlement (UE) 2023/914.
> **b.** Les parties ne peuvent pas valablement prétendre que les **engagements** qu'elles proposent ou prennent au cours de la procédure pour rendre la concentration compatible avec le Marché intérieur (des cessions d'actifs, par exemple) ont pour **effet de priver la Commission de sa compétence** : seul l'abandon total du projet par les parties peut produire un tel effet (CJCE 18-12-2007 aff. 202/06 P : RJDA 4/08 no 457).

RÉVISION DES ENGAGEMENTS

10350 À la demande des parties, les engagements peuvent faire l'objet d'un réexamen et, si les conditions le permettent, d'une révision ou d'une levée par la Commission. Celle-ci dispose d'un certain pouvoir d'appréciation en la matière, mais elle est tenue à une obligation de diligence et de moyens. Si nécessaire, elle doit procéder à une enquête et à des mesures d'instruction appropriées. Elle doit tenir compte de l'ensemble des données pertinentes pour se prononcer (Trib. UE 16-5-2018 aff. 712/16, « Deutsche Lufthansa »).

ILLUSTRATIONS

Dans l'affaire « Deutsche Lufthansa » précitée, la Commission avait autorisé en 2005 l'opération Lufthansa/Swiss, sous réserve du respect d'engagements tarifaires sur les lignes « Zurich-Stockholm » et « Zurich-Varsovie ». Souscrits par les parties jusqu'à l'arrivée d'un nouvel entrant sur les lignes concernées, ces engagements étaient justifiés par l'exclusivité de fait dont bénéficiaient les compagnies adhérentes du programme « Star Alliance » de Lufthansa sur ces liaisons aériennes dans un contexte de saturation des aéroports de Zurich et de Stockholm. Estimant que l'analyse économique avait changé, Lufthansa et Swiss ont sollicité la levée de ces engagements en 2013, ce à quoi la Commission s'est opposée par décision du 25 juillet 2016. À la suite du recours introduit par Lufthansa, le Tribunal a annulé cette décision pour ce qui concerne la ligne aérienne « Zurich-Stockholm » au motif que la Commission avait commis une erreur manifeste d'appréciation et n'avait pas satisfait à ses obligations en n'examinant pas certains éléments nouveaux du dossier (résiliation d'un accord de coentreprise de 1995 entre Lufthansa et SAS, modification par la Commission de sa doctrine en matière de traitement des partenaires d'alliance dans l'examen des opérations de concentration, examen de la nature exacte du rapport de concurrence entre Swiss et SAS).

MANDATAIRE

10360 Pour aider les parties à réaliser leurs engagements de cession, l'implication d'un ou plusieurs mandataire(s) peut parfois constituer une solution appropriée.

Le guide de bonnes pratiques (n° 10345) contient un modèle de mandat avec des clauses types. Ce modèle type définit le rôle et la fonction de deux différents types de mandataires : un mandataire chargé de la surveillance et un mandataire chargé de la cession.

L'absence d'indépendance du mandataire suffit à vicier la légalité de la décision d'agrément (Trib. UE 13-9-2010 aff. 452/04, « Odile Jacob c/ Commission » et, sur pourvoi, CJUE 6-11-2012 aff. 553/10 P et 554/10 P).

ILLUSTRATIONS

Dans l'affaire « Odile Jacob c/ Commission », le Tribunal a annulé la décision de la Commission du 30-7-2004 agréant Wendel comme acquéreur des actifs cibles rétrocédés par Lagardère lors de l'acquisition de Vivendi Universal Publishing, au motif que le mandataire qui avait élaboré le rapport d'évaluation de la candidature de Wendel ne répondait pas à la condition d'indépendance car il était membre du directoire de la filiale Editis (Comm. europ. 7-1-2004, Lagardère – Natexis – VUP, aff. COMP/M.2978 : JOUE 2004 L 125 p. 54).

5. ENQUÊTE SUR LE PROJET DE CONCENTRATION

DEMANDE DE RENSEIGNEMENTS SUR LES PROJETS DE CONCENTRATION

10380 La Commission peut, par simple demande ou par voie de décision, recueillir tous les renseignements nécessaires auprès des gouvernements, des autorités compétentes des États membres, des personnes détenant le contrôle d'une entreprise, ainsi que des entreprises et associations d'entreprises (art. R 11).

Elle doit notamment indiquer la base juridique et l'objet de sa demande, le délai dans lequel les renseignements doivent être fournis, ainsi que les sanctions applicables au cas où un renseignement inexact lui serait adressé (art. R 11, 2 et 3 ; sur ces sanctions, voir nos 10430 s.).

L'obligation de fournir à la Commission les renseignements qu'elle demande incombe aux propriétaires des entreprises ou à leurs représentants et, dans le cas de personnes morales, ou de groupements n'ayant pas la personnalité morale, aux personnes chargées de les représenter selon la loi ou les statuts (art. R 11, 4).

VÉRIFICATIONS DES PROJETS DE CONCENTRATIONS PAR LA COMMISSION

10390 La Commission peut procéder à toutes les vérifications nécessaires auprès des entreprises et associations d'entreprises (art. R 13, 1).

À cet effet, les **agents** et autres personnes mandatés par la Commission **peuvent** (art. R 13, 2) :
– accéder à tous les locaux, terrains et moyens de transport des entreprises et associations d'entreprises ;

– contrôler les livres et autres documents en rapport avec l'activité, quel qu'en soit le support ;
– prendre ou obtenir sous quelque forme que ce soit copie ou extrait des livres et documents ;
– apposer des scellés sur tous les locaux commerciaux et livres ou documents pendant la durée de l'inspection et dans la mesure où cela est nécessaire aux fins de celle-ci ;
– demander à tout représentant ou membre du personnel de l'entreprise ou de l'association d'entreprises des explications sur des faits ou documents en rapport avec l'objet et le but de l'inspection et enregistrer ses réponses.

Les personnes mandatées par la Commission pour ces vérifications exercent leurs pouvoirs sur production d'un **mandat** écrit indiquant l'objet et le but de la vérification, ainsi que la sanction applicable au cas où les documents requis seraient présentés de façon incomplète et où les réponses aux demandes seraient inexactes ou dénaturées (n°s 10430 s.) (art. R 13, 3). **10395**

Les entreprises et associations d'entreprises sont tenues de se soumettre aux vérifications que la Commission a ordonnées par voie de **décision.** Cette décision doit indiquer l'objet et le but de la vérification, la date à laquelle elle commencera et les sanctions applicables en cas d'entrave à ces vérifications (n°s 10430 s.) ainsi que la possibilité de recours contre la décision (art. R 13, 4). **10400**

La Commission ne peut prendre une décision de vérification qu'après avoir entendu l'autorité compétente de l'État membre sur le territoire duquel cette vérification doit être effectuée (art. R 13, 4).

Les agents de l'**autorité** compétente de l'**État membre** sur le territoire duquel la vérification doit être effectuée peuvent, sur la demande de cette autorité ou sur celle de la Commission, prêter assistance aux agents de la Commission dans l'accomplissement de leur mission ; ils disposent à cette fin des pouvoirs de contrôle prévus par l'article R 13, 2 indiqués ci-dessus (art. R 13, 5). **10405**

Lorsque les agents mandatés par la Commission constatent qu'une **entreprise s'oppose à une inspection,** et notamment à l'apposition de scellés sur des locaux commerciaux, des livres ou des documents, l'État membre concerné doit leur porter l'assistance nécessaire, en requérant au besoin la force publique pour leur permettre d'exécuter leur mission d'inspection (art. R 13, 6). **10410**

> **Précisions** Si, en vertu du droit national, l'assistance prévue ci-dessus requiert l'**autorisation d'une autorité judiciaire** (ce qui est le cas en France, n°s 77330 s.), cette autorisation doit être sollicitée. Le juge national doit alors contrôler que la décision de la Commission est authentique et que les mesures coercitives envisagées ne sont ni arbitraires ni excessives par rapport à l'objet de l'inspection. Lorsqu'il contrôle la proportionnalité des mesures coercitives, il peut demander à la Commission, directement ou par l'intermédiaire de l'autorité compétente de l'État membre, des explications détaillées concernant l'objet de l'inspection. Cependant, le juge ne peut ni remettre en cause la nécessité de l'inspection ni exiger la communication des informations figurant dans le dossier de la Commission. Le contrôle de la légalité de la décision de la Commission est réservé à la Cour de justice (art. R 13, 7 et 8).

VÉRIFICATIONS DES PROJETS DE CONCENTRATIONS PAR LES AUTORITÉS DES ÉTATS MEMBRES

Sur demande de la Commission, les autorités compétentes des États membres doivent procéder aux vérifications demandées par la Commission (n° 10405). Les agents des autorités compétentes des États membres chargés de procéder aux vérifications exercent leurs pouvoirs conformément à leur législation nationale (art. R 12, 1). **10420**

SANCTIONS RELATIVES AUX INFORMATIONS SUR LES PROJETS DE CONCENTRATIONS

La Commission peut, par voie de décision, infliger aux personnes détenant le contrôle d'une entreprise, aux entreprises ou aux associations d'entreprises des **amendes** d'un montant maximal de 1 % de leur chiffre d'affaires total notamment lorsque, de propos délibéré ou par négligence (art. R 14, 1) : **10430**
– elles fournissent un renseignement inexact ou dénaturé à l'occasion d'une notification (n° 10230) ou en réponse à une demande de renseignement (n° 10380) ;
– elles présentent de façon incomplète, lors des vérifications effectuées, les livres ou autres documents requis, ou ne se soumettent pas aux vérifications ordonnées par voie de décision, ou encore brisent les scellés apposés par les agents de la Commission (n°s 10390 s.).

ILLUSTRATIONS

En 2017, la Commission a infligé une amende de 110 M€ à la société Facebook qui avait indiqué faussement qu'elle n'était pas en mesure d'établir d'une manière fiable la mise en correspondance automatisée entre les comptes d'utilisateurs de Facebook et ceux de WhatsApp (Communiqué de presse du 18-5-2017).

De même, en 2019, elle a sanctionné General Electric à hauteur de 52 M€ pour avoir fourni des renseignements inexacts lors du rachat de LM Wind (Communiqué de presse du 8-4-2019). L'entreprise avait indiqué dans sa notification qu'elle ne développait pas d'éolienne marine de puissance supérieure à 6 mégawatts. Or la Commission a découvert qu'elle proposait à des clients potentiels une éolienne de 12 mégawatts. L'entreprise a invoqué une négligence.

10435 La Commission peut aussi infliger des **astreintes** pouvant aller jusqu'à 5 % du chiffre d'affaires total journalier moyen de l'entreprise par jour de retard pour contraindre les intéressés à fournir de manière complète et exacte un renseignement qu'elle a demandé par voie de décision (n° 10380) ou à se soumettre à une vérification qu'elle a ordonnée par voie de décision (n°s 10390 s.) (art. R 15, 1-a et b).

6. DROIT D'ÊTRE ENTENDU PAR LA COMMISSION

10460 Avant de prendre une décision, la Commission européenne doit donner aux personnes, entreprises et associations d'entreprises intéressées l'occasion de faire connaître à tous les stades de la procédure leur point de vue au sujet des objections retenues à leur encontre (art. R 18, 1).

Les **bénéficiaires** du droit à être entendu sont, aux termes de l'article 11 du règlement (UE) 2023/914, les parties notifiantes (personnes ou entreprises ayant déposé une notification auprès de la Commission), les autres parties intéressées (par exemple, vendeur ou entreprise cible) ainsi que les tiers, pourvu que ces derniers justifient d'un intérêt suffisant (clients, fournisseurs, concurrents, membres des organes d'administration, de direction ou de représentation des travailleurs des entreprises concernées, associations de consommateurs, etc.).

10465 Par **dérogation** et à titre provisoire, les décisions de prorogation de sursis et de dérogation au sursis (n° 10295) et les mesures provisoires (n°s 10315, 10335, 10605 et 10630) peuvent être prises sans donner aux personnes, entreprises et associations d'entreprises intéressées l'occasion de faire connaître préalablement leur point de vue, à condition que la Commission leur en fournisse l'occasion le plus rapidement possible après avoir pris sa décision (art. R 18, 2). Lorsque la Commission prend une telle décision, elle doit en communiquer sans délai le texte complet aux intéressés et leur fixer un délai pour présenter leurs observations. Lorsque les parties notifiantes ont fait connaître leur point de vue, la Commission prend une décision définitive qui abroge, modifie ou confirme la décision provisoire (Règl. 2023/914 art. 12, 2).

10470 La Commission ne peut fonder ses décisions que sur les objections au sujet desquelles les intéressés ont pu faire valoir leurs observations. Les **droits de la défense** des intéressés doivent être pleinement assurés dans le déroulement de la procédure. L'accès au dossier est ouvert au moins aux parties directement intéressées tout en respectant l'intérêt légitime des entreprises à ce que leurs secrets d'affaires ne soient pas divulgués (art. R 18, 3).

> **Précisions a.** En cas de **méconnaissance des droits de la défense,** la décision de la Commission peut être annulée. Tel a été le cas de la décision du 30-1-2013 interdisant le rachat de TNT Express par UPS (aff. M.6570). En effet, cette décision reposait sur un modèle économétrique différent de celui débattu contradictoirement durant la phase administrative. Modifié substantiellement avant l'adoption de la décision, le nouveau modèle aurait dû être préalablement communiqué à UPS pour lui permettre de faire valoir ses observations (Trib. UE 7-3-2017 aff. 194/13 et, sur pourvoi, CJUE 16-1-2019 aff. 265/17).
>
> **b.** Les **conditions d'accès au dossier** et d'utilisation des documents sont **précisées** au chapitre V du règlement (UE) 2023/914 et par une communication de la Commission du 22 décembre 2005 (JOUE C 325 p. 7).

AUDITIONS

10480 La Commission européenne doit permettre aux **parties** qui en font la demande par écrit de **présenter** leurs **arguments** dans le cadre d'une audition si elle envisage de prendre les **décisions suivantes** (Règl. 2023/914 art. 14) :

– révocation de la décision par laquelle elle constate que l'opération n'entre pas dans le champ d'application du règlement (n° 10335) ;

– autorisation de concentration (nos 10600 s.), interdiction de concentration (no 10630), rétablissement de la situation antérieure (no 10640) et mesures provisoires (nos 10315, 10335, 10605 et 10630) ;
– toute décision d'infliger des amendes ou des astreintes.
Elle peut également, à d'autres stades de la procédure, leur donner l'occasion de lui faire connaître leur point de vue verbalement.

La **tenue des auditions** est soumise aux règles suivantes (Règl. 2023/914 art. 15) : **10485**

1° Les auditions sont conduites en toute indépendance par le conseiller-auditeur. Le conseiller-auditeur a pour mission d'assurer le bon déroulement de l'audition et de contribuer au caractère objectif tant de l'audition elle-même que de toute décision ultérieure. Il veille, notamment, à ce que tous les éléments de fait pertinents, qu'ils soient favorables ou défavorables aux intéressés, ainsi que les éléments de fait relatifs à la gravité de l'infraction, soient dûment pris en considération dans l'élaboration des projets de décision de la Commission (Décision de la Commission du 23-5-2001 précisant le rôle du conseiller-auditeur, art. 5 : JOCE 2001 L 162).

2° La Commission invite les personnes qui doivent être entendues à assister à l'audition à la date qu'elle fixe.

3° Elle invite les autorités compétentes des États membres à participer à l'audition.

4° Les personnes invitées à se présenter comparaissent elles-mêmes ou sont représentées, selon le cas, par des représentants légaux ou statutaires. Les entreprises et les associations d'entreprises peuvent aussi être représentées par une personne dûment mandatée, choisie parmi les membres de leur personnel permanent.

5° Les personnes que la Commission entend peuvent être assistées par leur conseiller juridique ou par d'autres personnes qualifiées et dûment autorisées admises par le conseiller-auditeur.

6° Les auditions ne sont pas publiques. Chaque personne peut être entendue séparément ou en présence d'autres personnes invitées, en tenant compte de l'intérêt légitime des entreprises à ce que leurs secrets d'affaires et autres informations confidentielles soient protégés.

7° Le conseiller-auditeur peut autoriser toutes les parties, les services de la Commission et les autorités compétentes des États membres à poser des questions pendant l'audition.

8° Le conseiller-auditeur peut organiser une réunion préparatoire avec les parties et les services de la Commission afin de faciliter l'organisation de l'audition.

9° Les déclarations de chaque personne entendue sont enregistrées. Sur demande, l'enregistrement de l'audition est mis à la disposition des personnes qui y ont assisté. Il est tenu compte de l'intérêt légitime des entreprises à ce que leurs secrets d'affaires et autres informations confidentielles soient protégés.

7. SECRET PROFESSIONNEL

OBLIGATION AU SECRET PROFESSIONNEL

Les informations recueillies par la Commission européenne au cours de ses enquêtes et des débats ne peuvent être utilisées que dans le but pour lequel elles ont été demandées (art. R 17). **10510**

En outre, la Commission et les autorités compétentes des États membres, ainsi que leurs fonctionnaires et autres agents, sont tenus de ne pas divulguer les informations qu'ils ont recueillies à l'occasion de leurs enquêtes.

Toutefois, les renseignements généraux ou les études ne comportant pas d'indications individuelles sur les entreprises ou associations d'entreprises peuvent être publiés.

› Précisions En présence de **liens de connexité entre deux procédures de contrôle,** respectivement au titre des aides d'État (TFUE art. 107 s.) et des concentrations (Règlement 139/2004), la Commission doit tenir compte des conséquences possibles de la concentration sur la compatibilité de l'aide dans la mesure où les conditions de cette concentration sont de nature à influencer l'appréciation de l'affectation de la concurrence susceptible d'être induite par l'aide d'État. Aussi la Commission pourrait-elle être tenue de solliciter la transmission par l'État concerné, dans le cadre de la procédure d'aides d'État, d'informations déjà recueillies lors du contrôle des concentrations ; en effet, il convient d'éviter par principe les incohérences dans la mise en œuvre des différentes dispositions du droit de l'Union, en particulier lorsque ces dispositions poursuivent le même objectif d'une concurrence non faussée dans le marché intérieur (Trib. UE 1-3-2016 aff. 79/14, « Secop c/ Commission »).

VIOLATION DU SECRET PROFESSIONNEL

10520 La violation du secret professionnel peut engager la responsabilité extracontractuelle de la Commission (nº 10680).

ILLUSTRATIONS

Dans l'affaire (d'aide d'État) « Idromacchine e.a. – Commission », le Tribunal a considéré que la présentation d'une entreprise dans la décision de la Commission était de nature à déprécier l'image et la réputation de cette entreprise (dommages-intérêts évalués à 20 000 €) (TPICE 8-11-2011 aff. 88/09).

8. ACCÈS AUX DOCUMENTS ADMINISTRATIFS

10540 Comme pour les autres domaines d'activité de l'Union européenne, les documents relatifs au contrôle des concentrations détenus par la Commission entrent dans le champ d'application du règlement 1049/2001 du 30 mai 2001 relatif à l'accès du public aux documents du Parlement européen, du Conseil et de la Commission.

Les citoyens de l'Union européenne, de même que les personnes physiques ou morales résidant ou ayant leur siège dans un État membre, peuvent normalement accéder aux **documents des institutions européennes.** Par « document », il convient d'entendre tout contenu quel que soit son support (écrit sur support papier ou stocké sous forme électronique, enregistrement sonore, visuel ou audiovisuel) concernant une matière relative aux politiques, activités et décisions relevant de la compétence de l'institution.

10545 L'**accès** est **refusé** dans les cas où la divulgation de ces documents porterait atteinte à la protection (Règl. 1049/2001 art. 4, 1 et 2) :
– de l'intérêt public, en ce qui concerne la sécurité publique, la défense et les affaires militaires, les relations internationales et la politique financière, monétaire ou économique de l'Union ou d'un État membre ;
– de la vie privée et de l'intégrité de l'individu ;
– à moins qu'un intérêt public supérieur ne le justifie, des intérêts commerciaux d'une personne physique ou morale déterminée (y compris en ce qui concerne la propriété intellectuelle), des procédures juridictionnelles et des avis juridiques, ainsi que des objectifs des activités d'inspection, d'enquête et d'audit.

Il est également refusé dans le cas où la divulgation porterait gravement atteinte au processus décisionnel de l'institution et à moins qu'un intérêt public supérieur ne le justifie : pour tout document établi par une institution pour son usage interne ou reçu par une institution et qui a trait à une question sur laquelle celle-ci n'a pas encore pris de décision ; pour tout document contenant des avis destinés à l'utilisation interne dans le cadre de délibérations et de consultations préliminaires au sein de l'institution concernée, même après que la décision a été prise (Règl. 1049/2001 art. 4, 3).

ILLUSTRATIONS

Dans une affaire relative au refus de la Commission d'accorder l'accès à certaines pièces d'un dossier de concentration, la Cour de justice a (CJUE 21-7-2011 aff. 506/08 P, Suède c/ Commission : RJDA 11/11 nº 984) :
– considéré qu'il était nécessaire de tenir compte de la circonstance qu'une procédure administrative avait été clôturée pour autoriser la transmission éventuelle du rapport du conseiller-auditeur sur la concentration ;
– confirmé que des documents tels que des notes au Commissaire chargé de la concurrence, consultations interservices, notamment avec le Service Juridique, note au Comité consultatif, etc., constituaient des avis destinés à l'utilisation interne dans le cadre de délibérations et de consultations préliminaires au sein de la Commission. Cependant, la Commission devait avancer des raisons spécifiques pour conclure que leur divulgation porte gravement atteinte à son processus de décision.

10550 La **divulgation des documents** échangés au cours d'une procédure de contrôle des opérations de concentration est présumée porter atteinte tant à la protection des objectifs des activités d'enquête qu'à celle des intérêts commerciaux des entreprises impliquées dans une telle procédure ; cette présomption n'est pas irréfragable : elle n'exclut par exemple pas la possibilité de démontrer qu'un document n'est pas couvert par cette présomption ou qu'il existe un intérêt public supérieur justifiant sa divulgation (CJUE 28-6-2012 aff. 404/10 P, Commission c/ Éd. O. Jacob).

Voir les spécificités d'accès aux salles de documentation (« data rooms ») dans certains cas particuliers (nº 10270).

D. Mesures ordonnées à la suite du contrôle des concentrations

DÉCISIONS DE LA COMMISSION EUROPÉENNE

10590 À l'issue de la « phase 2 » de la procédure de contrôle, la Commission peut prendre une décision déclarant le **projet** de concentration **compatible ou incompatible** avec le Marché intérieur ou, lorsque celle-ci a déjà été réalisée, ordonner le **rétablissement** de la situation de droit antérieure. La plupart du temps, la Commission n'accepte de déclarer compatible une opération de concentration qu'en raison des charges et des conditions que les entreprises ont acceptées.

Ces décisions sont **publiées** au Journal officiel de l'Union européenne (art. R 20, 1), de même que l'avis du comité consultatif (voir n° 10820).

10600 **Autorisation de la concentration** Lorsque la Commission constate qu'une opération de concentration notifiée, le cas échéant après modifications apportées par les entreprises concernées, n'entrave pas de manière significative la concurrence (ou, s'agissant de la création d'une filiale commune, entraîne la création d'une entente qui peut être exemptée ; voir n° 9985), elle prend une décision déclarant la **concentration compatible** avec le Marché intérieur (art. R 8, 1 et 2).

10605 La Commission peut assortir sa décision de conditions et charges destinées à assurer que les entreprises concernées respectent les **engagements** qu'elles ont pris à son égard en vue de rendre la concentration compatible avec le Marché intérieur (voir nos 10340 s.).

Les personnes ou entreprises qui ne respecteraient pas l'une de ces **conditions** s'exposent à une amende plafonnée à 10 % de leur chiffre d'affaires total (art. R 14, 2-d). En outre, la Commission peut prendre des mesures provisoires appropriées pour rétablir ou maintenir les conditions d'une concurrence effective lorsqu'une concentration a été réalisée en violation de l'une de ces conditions (art. R 8, 5) ; les personnes ou entreprises qui se refuseraient à prendre les mesures ainsi ordonnées s'exposent à une amende plafonnée à 10 % de leur chiffre d'affaires total (art. R 14, 2-c) et la Commission peut leur imposer une astreinte d'un montant maximal de 5 % de leur chiffre d'affaires total journalier moyen par jour de retard (art. R 15, 2-d). La Commission peut par ailleurs déclarer l'opération incompatible avec le Marché intérieur (n° 10630) sans être tenue par le délai applicable aux décisions d'interdiction (art. R 8, 7-a-ii).

L'exécution de ces **charges** peut être ordonnée sous astreinte d'un montant maximal de 5 % du chiffre d'affaires total journalier moyen par jour de retard (art. R 10, 2-c).

10610 La **décision de la Commission doit intervenir** dès qu'elle n'a plus de « doutes sérieux » sur la validité de l'opération, notamment en raison des modifications apportées par les entreprises concernées et dans les délais de la phase 2 mentionnés au n° 10330 (art. R 10, 2).

10615 Si, à l'**expiration des délais** prévus par le règlement 139/2004 pour la « phase 2 » de la procédure (n° 10330), la Commission n'a **pas** pris de **décision,** l'opération est réputée compatible avec le Marché intérieur (art. R 10, 6).

La décision déclarant la concentration compatible couvre également les **restrictions accessoires** (voir nos 9870 s.).

10620 La Commission peut **révoquer** sa **décision** lorsque (art. R 8, 6) :

1° La déclaration de compatibilité a été obtenue frauduleusement ou repose sur des indications inexactes dont l'une des entreprises concernées est responsable.

2° Les entreprises concernées contreviennent à une charge dont est assortie sa décision.

Dans ces deux cas, la Commission peut déclarer la concentration incompatible avec le Marché intérieur sans être tenue par le délai applicable à une telle décision (art. R 8, 7-b).

10630 **Interdiction de la concentration** Lorsque la Commission constate qu'une opération de concentration entrave de manière significative la concurrence (ou, s'agissant de la création d'une filiale commune, entraîne la création d'une entente qui ne peut pas être exemptée ; voir n° 9985), elle prend une décision déclarant la **concentration incompatible** avec le Marché intérieur (art. R 8, 3).

Cette décision doit intervenir dans le **délai** de la phase 2 mentionné n° 10330. Si, à l'issue de ce délai, la Commission n'a pas pris de décision, l'opération est réputée compatible avec le

Marché intérieur (art. R 10, 6). Ce délai peut être suspendu lorsque la Commission est contrainte, par voie de décision, de demander un renseignement (nº 10380) ou d'ordonner une vérification (nºs 10390 s.) (art. R 10, 4).

Les **décisions d'incompatibilité** sont peu nombreuses, notamment en raison des engagements pris par les parties au cours de la procédure (voir nºs 10340 s.). Tel a été le cas dans les affaires « Ryanair – Aer Lingus » (Décision du 27-6-2007 : JOUE 2008 C 47, puis Décision du 27-2-2013 : JOUE 2013 C 216) ; « Olympic – Aegean Airlines » (Décision du 26-1-2011 : JOUE 2012 C 195) ; « Deutsche Börse – Nyse Euronext » (Décision du 1-2-2012) ; « Hutchison 3G UK – Telefonica UK » (Décision du 11-5-2016) ; « Deutsche Börse – London Stock Exchange Group » (Décision du 29-3-2017) ; « Wieland – Aurubis Rolled Products – Schwermetall » (Décision du 5-2-2019) ; « Siemens – Alstom » (Décision du 6-2-2019) ; « Tata Steel – Thyssenkrupp JV » (Décision du 11-6-2019) ; « Hyundai Heavy Industries Holdings – Daewoo Shipbuilding & Marine Engineering » (Décision du 13-1-2022) ; « Illumina – Grail » (Décision du 6-9-2022) ; « Flugo Group Holdings AB (« eTraveli ») – Booking Holdings » (Décision du 25-9-2023).

Les personnes ou **entreprises qui contreviennent à l'interdiction** d'opérer la concentration s'exposent à une amende pouvant aller jusqu'à 10 % de leur chiffre d'affaires total (art. R 14, 2-c). En outre, la Commission peut prendre des mesures provisoires appropriées pour rétablir ou maintenir les conditions d'une concurrence effective (art. R 8, 5). Les personnes ou entreprises qui se refuseraient à prendre les mesures ainsi ordonnées par la Commission s'exposent à une amende plafonnée à 10 % de leur chiffre d'affaires total (art. R 14, 2-c) et la Commission peut leur imposer une astreinte d'un montant maximal de 5 % de leur chiffre d'affaires total journalier moyen par jour de retard (art. R 15, 2-d).

10640 **Rétablissement de la situation de droit antérieure** Lorsqu'une opération de concentration a déjà été réalisée et qu'elle a été déclarée incompatible avec le Marché intérieur, la Commission peut ordonner la **séparation** des entreprises, la **cession des actifs** acquis ou toute autre mesure appropriée afin de rétablir, dans la mesure du possible, la situation antérieure à la réalisation de la concentration (art. R 8, 4-a).

En revanche la Commission n'est pas en droit d'ordonner à un acquéreur de se défaire d'une **participation minoritaire** qui ne lui confère pas le contrôle d'une société ; en effet, cette prise de participation ne donnant pas la possibilité d'exercer une influence déterminante (voir nº 9790), elle ne constitue pas une concentration visée par le règlement 139/2004 (TPICE 6-7-2010 aff. 342/07 et 411/07, Ryanair Holdings plc et Aer Lingus Group plc).

RECOURS CONTRE LES DÉCISIONS DE CONCENTRATION

10650 **Tribunal de l'Union européenne** **Recours en annulation.** Un recours en annulation peut être formé contre toute décision par toute personne physique ou morale qui en est le destinataire ou qui est directement et individuellement concernée par elle (art. 263 du TFUE). Pour qu'un tel recours soit recevable, il faut, d'une part, que la décision de la Commission adoptée dans le cadre du règlement sur les concentrations soit considérée comme un acte attaquable et, d'autre part, que les requérants aient un intérêt à agir.

Il n'est pas nécessaire que la décision de la Commission remplisse des conditions de forme pour que soit intenté un recours contre elle. Ainsi le Tribunal de première instance (devenu le Tribunal de l'Union européenne) a-t-il jugé que la déclaration du porte-parole du commissaire en charge des questions de concurrence, s'exprimant au nom de la Commission, selon laquelle une opération de concentration (rachat de Dan Air par la British Airways) échappe à l'application du règlement 4064/89, faute de relever de la compétence de l'Union européenne, est une décision produisant des effets juridiques susceptible de faire l'objet d'un recours en annulation (TPICE 24-3-1994 aff. 3/93 : RJDA 7/94 nº 900).

Les cas d'annulation d'une décision de la Commission sont rares. Par exemple, l'autorisation sous condition d'une opération de concentration dans le secteur de la télévision payante aux Pays-Bas a été annulée pour défaut de motivation (Trib. UE 26-10-2017 aff. 394/15, « KPN BV c/ Commission » ; pour d'autres exemples, voir TPICE 6-6-2002 aff. 342/99 : RJDA 8-9/02 nº 946 ; TPICE 22-10-2002 aff. 310/01 ; TPICE 25-10-2002 aff. 5/02).

> **Précisions** Dans l'affaire « Nestlé – Perrier », le Tribunal a rejeté deux **recours intentés par les institutions représentatives du personnel,** au motif que les requérants n'étaient pas directement concernés par la décision attaquée. Le Tribunal a considéré que l'acquisition de Perrier par Nestlé, assortie de la cession par cette entreprise à un tiers de certaines marques et sources du groupe Perrier, n'entraînait en elle-même aucune conséquence sur les droits résultant pour les salariés de leur contrat ou de leur relation de travail (TPICE 27-4-1995 aff. 12/93 : RJDA 11/95 nº 1251).

Recours en pleine juridiction. Un tel recours peut être formé contre les décisions par lesquelles la Commission inflige des amendes ou des astreintes (art. R 16). Le Tribunal peut alors supprimer, réduire ou majorer l'amende ou l'astreinte infligée. 10655

Référé. Il est toujours possible d'assortir un recours au fond d'une demande de référé, fondée sur les articles 278 et 279 du TFUE, devant le président du Tribunal afin d'obtenir le sursis à exécution de la décision. Le juge des référés examine l'absence de caractère manifestement irrecevable du recours au fond, puis procède à une mise en balance de l'ensemble des intérêts en présence et de la portée des mesures demandées (principe de nécessité), de façon à éviter à la fois la création d'une situation irréversible et la survenance d'un préjudice grave et irréparable pour l'une des parties au litige ou un tiers. C'est à la partie qui sollicite le sursis à exécution qu'il appartient d'apporter la preuve qu'elle ne saurait attendre l'issue de la procédure au principal sans avoir à subir un préjudice qui entraînerait des conséquences graves et irréparables pour elle (pour des exemples, voir Ord. Prés. TPICE 15-12-1992 aff. 96/92 R : RJDA 2/93 n° 193 ; 2-4-1993 aff. 12/93 R : RJDA 6/93 n° 596 et 6-7-1993 aff. 12/93 R : RJDA 1/94 n° 136). 10660

Cour de justice La décision du Tribunal peut faire l'objet d'un pourvoi devant la Cour de justice de l'Union européenne (pour des exemples, voir CJCE 25-9-2003 aff. 170/02 ; CJCE 15-2-2005 aff. 13/03). 10670

RESPONSABILITÉ EXTRACONTRACTUELLE DE LA COMMISSION EUROPÉENNE

La responsabilité de la Commission peut être engagée du fait d'un acte illégal si trois **conditions** sont remplies : il s'agit d'une violation suffisamment caractérisée d'une règle de droit ayant pour objet de conférer des droits aux particuliers ; le dommage est réel, certain et évaluable ; il existe un lien de causalité entre le comportement allégué et le préjudice invoqué. 10680

ILLUSTRATIONS

La société Schneider a obtenu une indemnisation du préjudice subi en raison des frais exposés du fait du prolongement de la procédure de contrôle liée à l'acquisition de la société Legrand (CJCE 16-7-2009 aff. 440-07 P, Commission c/ Schneider Electric SA).

La Commission avait constaté en octobre 2001 l'incompatibilité de l'acquisition de Legrand par Schneider (notifiée sous l'empire du règlement 4064/89), puis, en janvier 2002, elle lui avait imposé de céder cette participation. Schneider ayant fait appel, le Tribunal de première instance des Communautés européennes avait annulé. Schneider avait alors introduit un recours en indemnisation contre la Commission, estimant que les actes illégaux de l'autorité européenne de concurrence lui avaient causé un préjudice d'environ 1,7 milliard d'euros. Le Tribunal de première instance des Communautés européennes avait donné partiellement raison à Schneider (TPICE 11-7-2007 aff. 351/03). La décision d'interdiction ayant été annulée, les frais encourus pour l'examen par la Commission d'une seconde notification de l'opération ont été jugés indemnisables, de même que les deux tiers de la perte subie par Schneider lors de la revente à un prix réduit de sa participation dans Legrand. Cependant, la Cour a adopté une approche légèrement différente du Tribunal sur la question de l'existence d'un lien de causalité entre les décisions de la Commission et les préjudices allégués par Schneider. Si elle a confirmé le caractère indemnisable du premier préjudice (frais encourus lors du réexamen de l'opération par la Commission), la Cour a remis en cause l'existence du second, niant l'existence d'un lien de causalité entre les décisions de la Commission et la perte liée à la cession de Legrand. La Cour a constaté en particulier qu'à la suite de l'arrêt du Tribunal, Schneider n'était plus juridiquement contraint de céder sa participation. Dans ces conditions, l'entreprise aurait pu y renoncer, d'autant que le contrat de cession le liant à l'acquéreur comportait une clause de résiliation en sa faveur (moyennant – il est vrai – une indemnité de rupture de 180 M€). Dès lors, c'est bien la décision prise de façon autonome par Schneider de procéder à la cession de Legrand qui a directement causé le préjudice : la responsabilité extracontractuelle de la Commission n'était donc pas engagée sur ce point.

E. Liens avec le règlement européen relatif aux subventions étrangères

Le règlement (UE) 2022/2560 du 14 décembre 2022 (JOUE 2022 L 330 p. 1) introduit un contrôle des distorsions de concurrence qui ont pour origine des **subventions accordées par des pays non membres de l'UE** à des entreprises exerçant une activité économique dans le Marché intérieur. Les modalités de sa mise en œuvre sont précisées par le règlement d'exécution 2023/1441 du 10 juillet 2023 (JOUE 2023 L 177 p. 1). Ce nouveau régime de contrôle couvre notamment les concentrations (mais aussi d'autres situations comme les procédures 10700 de passation de marchés publics). Il donne à la Commission le pouvoir d'enquêter sur ces subventions et de remédier, si nécessaire, à leurs effets de distorsion.

Depuis le 12 octobre 2023, les entreprises doivent **notifier à la Commission** les grandes **concentrations** faisant intervenir des contributions financières de pouvoirs publics de pays tiers dépassant un certain seuil.

Si la Commission constate qu'une subvention étrangère génère des distorsions sur le Marché unique, elle peut, pour y remédier, imposer des mesures réparatrices structurelles ou non structurelles aux entreprises, ou les accepter comme engagements. Elle peut également interdire la réalisation d'une concentration impliquant de telles subventions.

Même s'il est exercé par la DG Comp, ce contrôle est indépendant du contrôle des concentrations et s'y ajoute.

Pour plus de détails sur le contenu du règlement 2022/2560, voir M. Ponsard et B. De Sevin, Règlement relatif aux subventions étrangères faussant le marché intérieur : BRDA 20/23 inf. 23.

SECTION 3

LIENS ENTRE LES RÉGLEMENTATIONS EUROPÉENNE ET NATIONALE

A. Application des réglementations relatives aux concentrations

CONCENTRATIONS RELEVANT DE LA COMPÉTENCE DE L'UNION EUROPÉENNE

10800 Le contrôle des opérations entrant dans le champ d'application du règlement 139/2004 (nos 9760 s.) relève de la compétence exclusive de la Commission européenne. Les États membres ne peuvent donc pas appliquer parallèlement leurs **législations nationales** à de telles opérations (art. R 21, 2 et 3 ; C. com. art. L 430-2, I-dernier al.).

Ces **États** peuvent cependant prendre des « **mesures appropriées** » pour assurer la protection d'intérêts légitimes (sécurité publique, pluralité des médias et règles prudentielles) autres que ceux qui sont pris en considération par le règlement et compatibles avec les principes généraux et les autres dispositions du droit européen (art. R 21, 4).

ILLUSTRATIONS

Dans le secteur de l'énergie, la Commission a adopté le 25 avril 2006 une décision autorisant le rachat de l'Espagnol Endesa par l'Allemand E.ON (aff. COMP M.4110). Cette même opération a, par la suite, été autorisée par le régulateur national espagnol, la commission nationale de l'énergie (CNE), sous réserve du respect de 19 conditions. Par voie de décision, la Commission a constaté que la plupart de ces conditions étaient incompatibles avec le droit européen et devaient être supprimées. Malgré quelques amendements apportés par l'autorité de tutelle de la CNE – le ministre de l'industrie – la Commission a finalement adopté une décision imposant la suppression de ces conditions. L'Espagne ne s'étant pas conformée à cette décision, à l'issue d'un recours en manquement, la Cour de justice des Communautés européennes a rappelé quelles étaient les obligations des États membres en matière d'exécution des décisions de concurrence et considéré qu'en l'espèce l'Espagne avait manqué à ses obligations (CJCE 6-3-2008 aff. 196/07, Commission – Espagne).

On peut mentionner également la possibilité pour un État membre d'invoquer la **protection des « intérêts essentiels de la sécurité »** qui se rapportent à la production ou au commerce d'armes, de munitions et de matériels de guerre au titre de l'article 346 du TFUE. Les conditions d'application de cet article sont très strictes (la jurisprudence impose en particulier de concilier cette clause de sauvegarde avec les objectifs généraux du traité) et les exemples sont rarissimes.

En tout état de cause, si les États peuvent être conduits à interdire l'opération de concentration ou à subordonner sa réalisation à des charges particulières, ils ne peuvent pas, nous semble-t-il, autoriser une concentration interdite par la Commission, sauf pour une éventuelle évocation au titre de l'article 346 du TFUE.

Renvoi aux autorités nationales **Avant** la **notification** d'une concentration, lorsque l'opération risque d'affecter la concurrence sur un marché à l'intérieur d'un État membre qui présente toutes les caractéristiques d'un marché distinct, les **entreprises** peuvent demander à la **Commission** que cette opération soit examinée, en tout ou en partie, par cet État membre. Informé par la Commission, celui-ci dispose d'un délai de 15 jours pour exprimer son accord ou son désaccord sur la demande de renvoi de l'affaire. La Commission peut, de son côté, décider de renvoyer ou ne pas renvoyer l'affaire dans un délai de 25 jours à compter du moment où les entreprises ont formulé leur demande de renvoi (art. R 4, 4). 10810

Par ailleurs, **une fois l'opération notifiée,** si celle-ci est susceptible d'affecter de manière significative la concurrence dans un marché à l'intérieur d'un État membre qui présente toutes les caractéristiques d'un marché distinct, cet **État** peut demander à la Commission de lui renvoyer l'opération en tout ou partie ; si la Commission considère que cette menace est réelle, elle peut soit traiter elle-même le dossier, soit le renvoyer aux autorités compétentes de l'État membre en vue de l'application de la législation de cet État (art. R 9, 2 et 3).

En cas de renvoi, les autorités nationales doivent statuer dans les meilleurs délais et, dans un délai de 45 jours après le renvoi, informer les entreprises concernées des résultats de l'analyse concurrentielle préliminaire et des mesures supplémentaires qu'elles proposent de prendre le cas échéant (art. R 9, 6).

Pour des précisions, voir la communication de la Commission du 5 mars 2005 (JOUE 2005 C 56 p. 2).

Pour un exemple de rejet d'une demande de renvoi : Comm. europ. 23-9-2009, aff. COMP/M.5549 EDF – Segebel (concernant l'Autorité de la concurrence belge).

Pour un exemple d'acceptation d'une telle demande : Comm. europ. 18-3-2019, aff. COMP/M.9040 France Télévisions/M6/TF1 – Salto JV (renvoi à la France de l'examen de la création d'une entreprise commune).

Liaison entre la Commission et les autorités nationales Lors de la procédure de contrôle, la Commission transmet aux autorités compétentes des États membres une copie de la notification (dans un délai de trois jours ouvrables) et des pièces les plus importantes (dans les meilleurs délais), notamment les engagements proposés par les parties (art. R 19,1). La procédure est ainsi menée « en liaison étroite et constante » avec ces autorités, qui disposent d'un accès au dossier et sont habilitées à formuler toutes observations sur ces procédures (art. R 19, 2). 10820

Le règlement 139/2004 a institué un **comité consultatif** en matière de concentrations (art. R 19,1), qui doit être consulté préalablement à toute décision de concentration (art. R 8, 1 à 6), d'amende (art. R 14) ou d'astreinte (art. R 15), sauf décision provisoire (art. R 18, 2). En pratique, ce comité ne se réunit que pour les cas de phases 2. Il est composé d'un ou deux représentants par État membre, dont l'un au moins doit être compétent en matière de pratiques restrictives de concurrence et de positions dominantes (art. R 19, 4). Ce comité se réunit sur invitation de la Commission, qui en assume la présidence, au plus tôt 10 jours ouvrables après l'envoi de la convocation, à laquelle sont annexes un exposé de chaque affaire à examiner et un avant-projet de décision. En cas d'urgence, la Commission peut exceptionnellement abréger ce délai de 10 jours (art. R 19, 5).

Le comité consultatif émet, à l'issue d'un vote, un avis consigné par écrit sur chaque projet de décision, auquel il est joint (art. R 19, 6). La Commission en tient « le plus grand compte ». Elle le communique aux destinataires de la décision et le rend public en même temps que la décision, veillant à la protection des secrets d'affaires (art. R 19, 7).

CONCENTRATIONS NE RELEVANT PAS DE LA COMPÉTENCE DE L'UNION EUROPÉENNE

Le contrôle des opérations qui n'entrent pas dans le champ d'application du règlement relève de la compétence des États membres. Toutefois, deux procédures de **renvoi à la Commission** européenne sont possibles. 10830

10840 **Principe du « guichet unique »** Lorsqu'une opération de concentration est susceptible d'être examinée en vertu du droit national de la concurrence d'au moins trois États membres – et alors même qu'elle ne relève pas de la compétence de l'Union européenne – les **entreprises** peuvent demander à la Commission, **avant** toute **notification aux autorités des États membres,** d'examiner l'opération (art. R 4, 5). Informés par la Commission, les États membres disposent alors d'un délai de 15 jours pour exprimer leur désaccord et il suffit de l'opposition d'un seul d'entre eux pour que l'opération ne soit pas examinée par elle. Si aucun désaccord n'est exprimé, la concentration relève de la compétence de l'Union européenne ; elle doit alors être notifiée à la Commission et aucun État membre ne peut plus lui appliquer son droit national de la concurrence.

10850 **Renvoi par un État membre** Un ou plusieurs États membres peuvent demander à la Commission d'examiner toute concentration qui ne relève pas de la compétence de l'Union européenne mais qui affecte le commerce entre États membres et menace d'affecter de manière significative la concurrence sur le territoire du ou des États membres qui formulent cette demande (art. R 22, 1).

ILLUSTRATIONS

Le 6 février 2018, la Commission a annoncé que l'acquisition de Shazam (entreprise britannique spécialisée dans les applications pour smartphones) par Apple (multinationale du secteur numérique) avait fait l'objet d'une demande de renvoi de l'Autriche en application de l'article R 22, 1, à laquelle se sont jointes la France, l'Islande, l'Italie, la Norvège, l'Espagne et la Suède. Au vu des risques de concurrence au sein de l'EEE, la Commission s'est saisie de l'affaire, estimant être la mieux placée pour examiner les possibles effets transfrontaliers de l'opération. Elle a demandé à Apple de la lui notifier, bien que celle-ci ne franchisse pas les seuils de chiffre d'affaires prévus. Une enquête approfondie (phase 2) a été ouverte le 23 avril 2018.

Cette demande doit être présentée au plus tard dans un délai de 15 jours ouvrables à compter de la date de notification de la concentration (ou si celle-ci n'est pas requise, de sa communication à l'État membre intéressé) (art. R 22, 2).

La Commission informe chacun des États membres, ainsi que les entreprises concernées, de toute demande reçue, ce qui entraîne la suspension des délais nationaux relatifs à la concentration. Les États membres disposent alors d'un délai de 15 jours pour se joindre à la demande initiale ou informer la Commission et les entreprises qu'ils ne souhaitent pas le faire, la suspension de leurs délais nationaux prenant fin dans ce cas (art. R 22, 2).

La Commission doit ensuite se prononcer dans les 10 jours sur le renvoi, son silence valant acceptation du renvoi. La décision de renvoi ne produit ses effets qu'à l'égard du ou des États membres demandeurs qui ne peuvent alors plus appliquer leur législation de la concurrence à l'opération concernée (art. R 22, 3).

10855 Jusqu'à peu, la Commission européenne recommandait aux États membres de ne pas formuler de demande de renvoi fondée sur l'article R 22 dans l'**hypothèse où l'opération ne franchirait pas les seuils nationaux de notification** (renvoi « sous les seuils »). Le 11 septembre 2020, la vice-présidente exécutive de la Commission européenne, Margrethe Vestager, a annoncé une modification de la pratique de la Commission en la matière. Désormais, les renvois par les autorités nationales au titre de l'article R 22 peuvent être acceptés pour les opérations « sous les seuils » de notification au niveau national (« Orientations de la Commission sur l'application du mécanisme de renvoi établi à l'article 22 du règlement sur les concentrations à certaines catégories d'affaires » : JOUE 2021 C 113, complété par des informations pratiques sur ces orientations du 20-12-2022).

En France, l'Autorité de la concurrence avait appelé de ses vœux une telle évolution (Communiqué de presse du 15-9-2020). La première application de ce dispositif concerne l'opération Illumina/Grail. Le 19 février 2021, la Commission a invité les États membres à lui présenter une demande d'examen de cette opération (cf. art. R 22, 5), ce qu'a fait l'autorité française le 9 mars 2021, à laquelle se sont par la suite joints la Belgique, la Grèce, l'Islande, les Pays-Bas et la Norvège. Le 20 avril 2021, la Commission a accepté le renvoi. Le 13 juillet 2022, cette décision a été confirmée par le Tribunal de l'Union européenne (aff. 227/21). Au 1er avril 2024, date de mise à jour des présents développements, un appel était en cours devant la Cour de justice de l'Union européenne.

Deux autres renvois « sous les seuils » ont été acceptés par la Commission par la suite : « Qualcomm – Autotalks » (17-8-2023, aff. COMP/ M.11212) et « EEX – Nasdaq Power » (18-8-2023, aff. COMP/M.11241).

› Précisions Le juge des référés du Conseil d'État n'est pas compétent pour connaître d'une demande tendant à la **suspension de l'exécution d'une demande** de renvoi par l'Autorité de la concurrence (CE réf. 1-4-2021 n° 450878 : RJDA 7/21 n° 522) et le juge administratif n'est pas compétent pour statuer sur un **recours en annulation** contre une telle demande (CE 10-2-2023 n° 450877 : RJDA 5/23 n° 280). En effet, ces demandes ne sont pas détachables de la procédure d'examen menée par la Commission sous le contrôle de la Cour de justice de l'Union européenne.

COOPÉRATION ENTRE AUTORITÉS EUROPÉENNES DE CONCURRENCE

Les autorités nationales de concurrence (« ANC ») et la Commission sont convenues d'un ensemble de bonnes pratiques en matière de coopération et de partage d'informations pour les concentrations ne pouvant pas faire l'objet d'un examen par la Commission (« guichet unique ») (n° 10840) mais nécessitant une autorisation dans plusieurs États membres (« notifications multiples ») (n° 10850). Le guide des bonnes pratiques, adopté le 8 novembre 2011, est disponible à l'adresse suivante : http://ec.europa.eu/competition/ecn/nca_best_practices_merger_review_en.pdf. **10910**

En avril 2016, un rapport sur le fonctionnement du Réseau européen de la concurrence (« REC ») a été mis en ligne par le Parlement européen. Intitulé « A Practitioner's View on the Role and Powers of National Competition Authorities », ce rapport commandé par la Commission des affaires économiques et monétaires conclut à la nécessité d'un renforcement et d'une clarification du rôle du Réseau pour assurer des conditions de concurrence homogènes sur le marché intérieur (« level playing field »). Il est disponible en ligne à l'adresse suivante : www.europarl.europa.eu/RegData/etudes/STUD/2016/578972/IPOL_STU(2016)578972_EN.pdf.

Dans le domaine plus spécifique des concentrations, un état des lieux complet a été réalisé en mai 2016 sur les informations demandées par les différentes ANC lors d'une notification. Cet état des lieux accroît la transparence pour les entreprises notifiant simultanément dans plusieurs États membres. Il constitue aussi une première étape vers une éventuelle convergence des réglementations nationales. Le rapport, ainsi que ses annexes, sont disponibles en ligne à l'adresse suivante : http://ec.europa.eu/competition/ecn/mir_report_en.pdf.

COOPÉRATION AVEC LES AUTORITÉS ÉTRANGÈRES DE CONCURRENCE

L'Union européenne a déjà conclu différents accords avec certains États tiers en vue d'une meilleure coopération entre leurs autorités respectives de concurrence, notamment en matière d'échange d'informations. **10920**

De tels accords ont notamment été conclus avec les États-Unis (JOCE 1995 L 132 et JOCE 1998 L 173), le Canada (JOCE 1999 L 175) et le Japon (JOUE 2003 L 183).

› Précisions a. En ce qui concerne les **États-Unis,** la décision d'incompatibilité de l'acquisition de Honeywell par GE en date du 3 juillet 2001 constitue le premier cas de contradiction entre la décision de la Commission et celle de l'autorité américaine, en l'espèce, le Département américain de la justice qui avait, de son côté, autorisé l'opération. Le 14 octobre 2011, le groupe de travail américano-européen sur les concentrations (« US-EU Merger Working Group ») a publié un guide de bonnes pratiques de coopération en matière de concentrations (« Best Practices On Cooperation In Merger Investigations »). Vingt ans après le premier accord du 23 septembre 1991, qui a consacré le principe d'une collaboration entre les institutions européennes et le gouvernement des États-Unis, les trois autorités de concurrence, l'européenne (DG COMP) et les deux américaines (FTC et DoJ), ont réaffirmé leur engagement à poursuivre et à approfondir cette coopération, en assurant notamment la meilleure cohérence possible lorsqu'elles sont appelées à examiner la même opération de concentration (« trans-Atlantic inter-agency cooperation in merger investigations »). Chacune d'entre elles conserve néanmoins sa marge de discrétion quant à la mise en œuvre du guide de bonnes pratiques. Le guide de bonnes pratiques est disponible à l'adresse suivante : http://ec.europa.eu/competition/mergers/legislation/best_practices_2011_en.pdf.

b. En octobre 2015, la DG COMP et le ministère du commerce de **Chine** ont annoncé avoir adopté « un cadre de bonnes pratiques portant sur la coopération en matière de contrôle des concentrations ». Le document vise à faciliter les échanges sur les opérations faisant l'objet d'un double contrôle, de façon à harmoniser le traitement des questions de procédure et de fond (définition des marchés en cause, risques d'atteinte à la concurrence, mesures correctives). Il est accessible en ligne : http://ec.europa.eu/competition/international/bilateral/practical_guidance_mofcom_en.pdf.

c. Les actes de la table ronde sur les opérations transnationales dans le cadre du Forum mondial sur la concurrence de février 2011 (sous l'égide de l'OCDE) abordent notamment les difficultés rencontrées par certains **pays en développement et économies émergentes** pour se doter d'un véritable régime de contrôle des concentrations, les liens avec la question des investissements directs étrangers, les échanges d'informations confidentielles, les avantages d'un contrôle multijuridictionnel, la coopération entre autorités de la concurrence pour concevoir des mesures correctives adaptées. Ce document est disponible en anglais (synthèse en français) à l'adresse suivante : www.oecd.org/dataoecd/14/55/50114086.pdf.

B. Application des règles relatives au contrôle des ententes et abus de position dominante

10960 C'est parce que les règles de concurrence du traité CE relatives aux ententes (ex-art. 85) et abus de position dominante (ex-art. 86) ne suffisaient pas pour saisir toutes les opérations qui risquaient de se révéler incompatibles avec le régime de concurrence non faussée visé par le traité que l'ancien règlement du Conseil européen relatif au contrôle des opérations de concentration a confié à la Commission le contrôle des opérations de concentration relevant de la compétence de l'Union européenne (Règl. 4064/89 considérant 6). Mais le Conseil n'est pas en mesure de modifier le Traité et s'est donc borné à exclure la possibilité pour la Commission d'appliquer les articles 85 et 86 du Traité, devenus les articles 101 et 102 du TFUE, au moyen de leurs règlements d'application, c'est-à-dire, sous l'empire de l'actuel règlement de 2004 (art. R 21, 1) :
– le règlement 1/2003 relatif à l'application des articles 101 et 102 du TFUE ;
– les règlements 1017/68, 4056/86 et 3975/87 relatifs aux transports terrestres, fluviaux, maritimes et aériens.

Or la Cour de justice des Communautés européennes ayant admis précédemment l'applicabilité des dispositions relatives aux ententes et abus de position à des opérations de concentration (pour l'ex-art. 85 : CJCE 17-11-1987 aff. 142 et 156/84 ; pour l'ex-art. CJCE 21-2-1973 aff. 6/72, « Continental Can »), la question s'est posée de savoir dans quelle mesure les articles 101 et 102 du TFUE peuvent être appliqués, parallèlement au contrôle des concentrations, par la Commission, les autorités des États membres chargées de la concurrence et les juridictions nationales.

Interrogée par voie de question préjudicielle, la Cour de justice de l'Union européenne a maintenu la jurisprudence Continental Can de 1973 précitée et jugé que l'article 102 du TFUE est susceptible de s'appliquer à une concentration non notifiable car sous les seuils (CJUE 16-3-2023 aff. 449/21, Towercast : RJDA 8-9/23 n° 463). Dans cette affaire, l'Autorité de la concurrence, saisie par Towercast d'une plainte contre TDF au motif que l'acquisition par TDF d'Itas constituait un abus de position dominante, avait rejeté cette plainte en arguant qu'une concentration ne pouvait plus constituer un abus de position dominante depuis l'instauration d'un règlement relatif au contrôle des opérations de concentration en 1989 (Aut. conc. 16-1-2020 n° 20-D-01). Towercast avait fait appel de cette décision devant la cour d'appel de Paris, qui avait transmis une question préjudicielle sur ce point à la CJUE.

Il est probable à notre avis que le contrôle des opérations relevant de la compétence de l'Union européenne, voire de la compétence nationale, puisse être effectué sur la base de l'article 102 du TFUE, en vertu de cette jurisprudence, mais aussi de l'article 101.

CONCURRENCE DÉLOYALE

SOMMAIRE

I. PRINCIPES GÉNÉRAUX

Du principe de la liberté du commerce et de l'industrie (Loi des 2 et 17-3-1791) résulte celui de la liberté de concurrence. Cependant, cette liberté n'autorise pas les entreprises à user de **procédés contraires aux usages loyaux du commerce** pour nuire à un concurrent afin de détourner sa clientèle. Ces procédés, extrêmement variés, peuvent être regroupés sous diverses formes : dénigrement, utilisation des signes distinctifs d'une entreprise concurrente ou imitation de ses produits, appropriation de clientèle, embauche fautive de personnel, etc. En l'absence de textes particuliers, ils sont sanctionnés sur le fondement de la responsabilité civile de droit commun. 12000

A. Fondements de l'action en concurrence déloyale

ACTION EN RESPONSABILITÉ CIVILE EXTRACONTRACTUELLE

12010 L'action en concurrence déloyale est fondée sur la responsabilité civile extracontractuelle (C. civ. art. 1240 et 1241).

Si la **victime** est **liée** à l'auteur du dommage **par** un **contrat,** elle ne peut engager une action en concurrence déloyale que si elle se prévaut d'un **préjudice distinct** de l'inexécution ou de la mauvaise exécution du contrat (Cass. com. 1-12-2021 nº 19-26.181 F-D : RJDA 3/22 nº 179). En effet, selon une jurisprudence constante, les responsabilités contractuelle et extracontractuelle ne se cumulent pas et la victime ne peut faire appel à l'une ou à l'autre selon son intérêt (notamment, Cass. com. 3-10-1978 nº 77-10.915 P : Bull. civ. IV nº 208 ; Cass. com. 10-3-2015 nº 13-10.003 F-D : RJDA 6/15 nº 465 ; Cass. com. 10-4-2019 nº 18-12.882 F-D).

En revanche, lorsque le dommage résulte de la violation d'une **convention** qui a été **annulée,** l'action en concurrence déloyale est, bien entendu, recevable (Cass. com. 22-3-1982 nº 81-10.604 P : Bull. civ. IV nº 115).

De même, l'action est recevable lorsque les actes déloyaux ont été commis à l'occasion du contrat, dès lors qu'ils **ne constituent pas l'inexécution** de ce sur quoi les parties ont, dans leur commune intention, accepté de s'engager. Ainsi, dans un cas où un fournisseur avait, sans motif justifié, refusé de livrer le distributeur auquel le liait un contrat de distribution exclusive, le mettant dans l'impossibilité de satisfaire ses propres clients, alors que, dans le même temps, il faisait avertir ceux-ci qu'une autre société, liée à lui, vendrait prochainement les mêmes produits dans le cadre d'un nouveau circuit de distribution, il a été jugé que ce fournisseur avait commis une faute de concurrence déloyale à l'égard de son cocontractant (Cass. com. 16-6-1998 nº 96-22.469 D : RJDA 12/98 nº 1435). Il a également été jugé qu'une société qui avait agi contre son ancien dirigeant-associé pour violation de la clause de non-concurrence souscrite dans l'acte de cession de ses parts sociales, pouvait agir en concurrence déloyale pour des fautes reposant sur des faits distincts de la seule violation de cette clause, sans avoir à en faire constater au préalable la nullité (Cass. com. 1-12-2021 nº 19-26.181 F-D précité).

12015 La violation d'une obligation contractuelle peut constituer un acte de concurrence déloyale à l'égard d'un **tiers au contrat.**

ILLUSTRATIONS

Une société qui, au mépris de son bail, offre à sa clientèle des produits dont la vente est réservée à un magasin adjacent se livre par la violation de cette obligation contractuelle à un acte de concurrence déloyale à l'égard de son voisin, tiers étranger au contrat (Cass. com. 12-3-1991 nº 89-10.982 D : RTD civ. 1992 p. 567 obs. P. Jourdain, Contr. concurr. consom. 1991 comm. nº 135 obs. L. Leveneur).

Commet également un acte de concurrence déloyale à l'égard d'un franchiseur une société qui, à l'occasion d'une augmentation de capital réalisée à son profit, est devenue l'associé majoritaire d'une société franchisée, alors que le contrat de franchise prévoyait un droit de préemption au profit du franchiseur au cas où l'associé majoritaire de la société franchisée désirerait en céder le contrôle (Cass. com. 19-12-2000 nº 98-20.515 F-D : RJDA 6/01 nº 739).

De même, le non-respect par un distributeur agréé des obligations que lui impose le contrat de distribution peut constituer un acte de concurrence déloyale à l'encontre d'un distributeur indépendant, dès lors que la violation de ces obligations lui a permis de réduire de manière déloyale le prix de vente des produits distribués dans le cadre du réseau de distribution (Cass. com. 1-7-2003 nº 99-17.183 FS-P : RJDA 11/03 nº 1138).

Jugé également que, l'acquéreur d'un fonds de station de lavage anciennement sous franchise qui, contrairement à l'engagement qu'il a contracté envers le vendeur, n'a pas fait disparaître les signes distinctifs rappelant la charte graphique de la franchise, a commis une faute causant un préjudice au franchiseur, dès lors que celui-ci est fondé à protéger son réseau contre toute banalisation ou altération (Cass. com. 20-2-2019 nº 17-20.652 F-D : RJDA 7/19 nº 535).

12020 Une victime peut valablement **demander réparation à deux personnes distinctes** en raison de préjudices séparés : celui causé par son cocontractant pour avoir manqué à ses obligations contractuelles et celui causé par un tiers pour avoir contribué à la violation d'un contrat auquel il est étranger.

ILLUSTRATIONS

Un employeur dont un salarié avait été embauché en violation d'une clause de non-concurrence par un autre employeur a pu valablement engager une action en concurrence déloyale contre celui-ci, parallèlement à l'action en responsabilité contractuelle qu'il avait engagée contre son salarié, car ces deux actions, la première de nature extracontractuelle et la seconde de nature contractuelle, tendaient à la réparation d'un préjudice différent et pouvaient donc se cumuler (Cass. com. 24-3-1998 nº 96-15.694 P : RJDA 8-9/98 nº 1063 ; Cass. soc. 28-1-2005 nº 02-47.527 F-PB : RJDA 5/05 nº 635).

ACTION EN CONCURRENCE DÉLOYALE ET ACTION EN CONTREFAÇON

L'action pénale en contrefaçon condamne l'**atteinte** portée **à un droit privatif**, c'est-à-dire un droit portant sur des biens incorporels (brevets, marques, dessins et modèles, droits d'auteur). Le titulaire d'un droit privatif dispose d'une action civile en contrefaçon destinée à réparer le préjudice subi en raison de l'infraction. La question se pose alors de l'articulation entre une telle action et l'action en concurrence déloyale qui vise à réparer le préjudice subi du fait d'un non-respect des usages loyaux du commerce, en particulier en cas d'imitation ou de copie servile de produits ou de signes distinctifs ou encore en cas de parasitisme. 12022

Lorsqu'un **produit** est **protégé par un droit de propriété intellectuelle,** l'action en concurrence déloyale n'est recevable que si des **faits distincts** de ceux accusés de constituer une contrefaçon sont invoqués (notamment, Cass. com. 19-1-2010 nº 08-15.338 F-D : RJDA 4/10 nº 446). Pour des illustrations de l'existence ou non de faits distincts de la contrefaçon, voir nº 12505.

Ces faits distincts sont exigés même si l'action en contrefaçon a été rejetée (Cass. com. 6-9-2011 nº 10-18.299 F-D : RJDA 11/11 nº 971).

Les **préjudices** résultant d'une contrefaçon, d'une part, et de faits distincts de concurrence déloyale, d'autre part, fussent-ils de même nature, ne constituent pas un même préjudice ; la victime peut donc valablement obtenir une indemnité au titre de la contrefaçon et une autre au titre de la concurrence déloyale (Cass. com. 28-11-2006 nº 04-20.555 F-PB : RJDA 4/07 nº 423).

L'action en concurrence déloyale et l'action en contrefaçon procédant de causes différentes et ne tendant pas aux mêmes fins, l'**échec de l'action en contrefaçon** n'entraîne pas celui de l'action en concurrence déloyale. Pour des exemples, voir nº 12510.

Toutefois, la cassation d'un arrêt d'appel ayant retenu l'existence d'actes de contrefaçon et condamné son auteur à des dommages-intérêts entraîne aussi la cassation de cet arrêt en tant qu'il a sanctionné des actes de concurrence déloyale commis par le même auteur ; en effet, dans la mesure où la cour d'appel de renvoi est susceptible de fonder une éventuelle condamnation pour contrefaçon sur des faits sanctionnés par l'arrêt au titre de la concurrence déloyale, la condamnation pour concurrence déloyale, qui repose sur le constat que ces faits étaient distincts de ceux retenus au titre de la contrefaçon, se trouve nécessairement atteinte par la cassation (Cass. com. 23-6-2021 nº 19-18.111 FS-B : RJDA 11/21 nº 744).

Si **le droit privatif n'existe pas** (par exemple, parce que les conditions d'un dépôt valable n'ont pas été réunies) ou a disparu (par exemple, brevet tombé dans le domaine public), l'action en concurrence déloyale est recevable même si les éléments sur lesquels l'auteur de l'action fonde sa demande sont les mêmes que ceux qui auraient été opposés au titre d'une action en contrefaçon (Cass. com. 13-12-2005 nº 04-10.775 F-D : RJDA 4/06 nº 473 ; Cass. 1e civ. 20-3-2007 nº 06-11.522 F-PB : RJDA 10/07 nº 1024 ; Cass. com. 14-11-2018 nº 16-25.692 F-D : RJDA 3/19 nº 229). Les critères, tels que l'originalité, servant à apprécier l'existence de la contrefaçon ne doivent pas être pris en compte par les juges du fond pour apprécier la recevabilité de l'action en concurrence déloyale (Cass. com. 10-5-2006 nº 05-15.832 F-D : RJDA 10/06 nº 1024, rendu à propos de l'imitation d'une dénomination sociale ; Cass. com. 12-6-2007 nº 05-17.349 FS-PBIR : RJDA 4/08 nº 466, rendu à propos de l'imitation de modèles de lunettes ; Cass. com. 6-12-2016 nº 15-18.470 F-D : RJDA 4/17 nº 297, rendu à propos de l'imitation d'un nom de domaine). En revanche, pour apprécier si une imitation est fautive ou non, les juges ne peuvent pas se fonder exclusivement sur une comparaison objective ; ils doivent préciser en quoi les circonstances concrètes caractérisent une faute découlant de la reproduction des produits (Cass. com. 7-3-2018 nº 16-18.279 F-D : RJDA 8-9/18 nº 690). Ils doivent rechercher l'existence d'un risque de confusion ou de captation parasitaire en tenant compte de facteurs « tels que l'ancienneté d'usage de l'objet copié, la réalité du public concerné, l'intensité de la reconnaissance acquise auprès de ce public, le caractère plus ou moins arbitraire, original, distinctif ou fonctionnel de cet objet, le caractère systématique ou répétitif de la copie » (Communiqué de la Cour de cassation relatif à l'arrêt du 12-6-2007 précité). Indépendamment de tout risque de confusion, les juges peuvent retenir que l'imitation d'un produit est fautive 12025 lorsqu'elle risque de porter atteinte à l'image et à la notoriété de ce produit (Cass. com. 22-10-2002 n° 00-12.914 FS-P : RJDA 2/03 n° 210 ; Cass. com. 15-11-2011 n° 10-25.473 F-D : RJDA 3/12 n° 354). Pour plus de détails sur les critères d'appréciation de la similitude de produits, voir n° 12540.

B. Loi applicable à l'action en concurrence déloyale

12030 En cas de **litige international,** la loi applicable à l'action en concurrence déloyale est déterminée par le règlement européen « Rome II » (Règl. 864/2007 du 11-7-2007) : est applicable la loi de l'État sur le territoire duquel les relations de concurrence ou les intérêts collectifs des consommateurs sont affectés ou susceptibles de l'être (art. 6, 1). Lorsqu'un acte de concurrence déloyale affecte exclusivement les intérêts d'un concurrent déterminé, la loi applicable est celle du pays où le dommage survient, sauf si l'auteur de l'acte et la victime ont leur résidence habituelle dans le même pays au moment de la survenance du dommage, auquel cas la loi de ce pays s'applique. S'il résulte de l'ensemble des circonstances que le fait dommageable présente des liens manifestement plus étroits avec un autre pays (notamment dans le cas d'une relation préexistante entre les parties, telle qu'un contrat, présentant un lien étroit avec le fait dommageable), la loi de cet autre pays s'applique (art. 4 sur renvoi de l'art. 6, 2).

Les dispositions de l'article 6 précité étant d'ordre public, le juge doit appliquer d'office les règles de conflit qui y sont énoncées (Cass. 1e civ. 26-5-2021 n° 19-15.102 FS-P : RJDA 8-9/21 n° 627).

C. Conditions de l'action en concurrence déloyale

12070 Conformément au droit commun, la responsabilité de l'auteur du dommage n'est engagée que si les trois conditions que nous examinerons ci-dessous sont réunies :
- l'auteur doit avoir commis une faute ;
- la victime doit avoir subi un préjudice ;
- il doit y avoir un lien de causalité entre la faute et le préjudice.

EXISTENCE D'UNE FAUTE DE CONCURRENCE DÉLOYALE

12080 La faute constitutive de concurrence déloyale consiste en l'un des moyens examinés ci-dessous (nos 12300 s.) : dénigrement, utilisation des signes distinctifs ou imitation des produits d'un concurrent, embauchage fautif de salariés, appropriation de clientèle, etc.

12085 La faute doit être établie et ne peut pas être déduite d'un **faisceau de présomptions** car l'action en concurrence déloyale ne repose pas sur une présomption de responsabilité (notamment, Cass. com. 30-11-1983 n° 82-11.099 P : Bull. civ. IV n° 331 ; Cass. soc. 31-10-2012 n° 11-16.988 F-D : RJDA 2/13 n° 177 ; Cass. com. 29-1-2013 n° 11-26.957 F-D : RJDA 4/13 n° 368).

ILLUSTRATIONS

L'embauche par un employeur d'un salarié ayant appartenu récemment à une entreprise exerçant une activité dans le même secteur ne fait pas présumer, par elle-même, de l'existence d'un acte de concurrence déloyale (Cass. com. 19-10-1999 n° 97-15.795 D : RJDA 12/99 n° 1407). De même, ne caractérise pas une faute la création d'une entreprise concurrente d'une société de travail temporaire par un ancien salarié de celle-ci, ni le fait que l'intéressé ait avisé la clientèle de son départ et de la création d'une nouvelle société (Cass. com. 13-5-1997 n° 95-12.578 D : RJDA 12/97 n° 1568). Jugé également que, l'ancien salarié d'un cabinet comptable ne peut pas être condamné pour concurrence déloyale en raison du départ groupé et précipité de clients du cabinet au profit du cabinet qu'il a créé, dès lors que la preuve d'actes effectifs de concurrence déloyale n'est pas rapportée (Cass. soc. 31-10-2012 n° 11-16.988 F-D précité).

12090 Pour juger un agissement fautif, les tribunaux ont pendant longtemps exigé que soit démontrée une **situation de concurrence** entre l'auteur et la victime. L'exigence d'une situation de concurrence directe et effective n'est plus nécessaire à la recevabilité de l'action, la Cour de cassation fondant sa position sur le fait que l'action en concurrence déloyale n'est qu'une application du droit commun de la responsabilité extracontractuelle. L'existence de faits fautifs générateurs d'un préjudice est donc suffisante pour engager la responsabilité de son auteur (Cass. 1e civ. 11-7-2018 n° 17-21.457 FS-PB : RJDA 10/18 n° 783 ; Cass. com. 4-3-2020 n° 18-15.651 FS-PB : RJDA 6/20 n° 337 ; Cass. com. 10-11-2021 n° 19-25.873 F-D : RJDA 7/21 n° 444).

Conformément à l'article 1241 du Code civil, un acte de concurrence déloyale ouvre droit à réparation même si ce **fait dommageable** n'est **pas intentionnel** (Cass. 1e civ. 14-11-2013 n° 12-20.687 F-D : RJDA 2/14 n° 183 ; Cass. com. 8-7-2020 n° 18-17.169 F-D : RJDA 12/20 n° 670 ; Cass. com. 7-9-2022 n° 21-12.602 F-D : RJDA 12/22 n° 721). Tel est le cas, par exemple, d'une société qui étend ses activités dans une région où une autre entreprise exerçait antérieurement, sous une raison sociale identique, un commerce similaire (Cass. com. 19-7-1971 n° 70-12.159 P : Bull. civ. IV n° 212). 12095

EXISTENCE D'UN PRÉJUDICE CAUSÉ PAR LA CONCURRENCE DÉLOYALE

Le préjudice causé à la victime n'est que le reflet de la faute. C'est pourquoi, si une faute a été constatée, il en résulte **nécessairement** un préjudice pour la victime (Cass. com. 9-2-1993 n° 91-12.258 P : RJDA 5/93 n° 469 ; Cass. com. 12-1-2022 n° 20-11.139 FS-B : RJDA 04/22 n° 233 ; Cass. com. 15-1-2020 n° 17-27.778 FS-PB : RJDA 6/20 n° 338), même si les actes fautifs ont été limités dans le temps (Cass. com. 17-3-2021 n° 19-10.414 F-D : RJDA 7/21 n° 532). 12100

A ainsi été censurée la décision d'une cour d'appel qui, pour écarter l'action en concurrence déloyale engagée par une société pour utilisation abusive d'un nom commercial lui ayant été cédé, avait retenu que cette société devait s'attendre à ce qu'une partie des clients du cédant lui échappe, alors que le trouble commercial résultant de la confusion créée entre deux sociétés concurrentes constitue un préjudice (Cass. com. 18-10-1994 n° 92-18.114 D : RJDA 2/95 n° 237).

Cependant, a été écartée l'action en concurrence déloyale d'une société, tête d'un réseau de magasins exploités par des commerçants indépendants, qui ne démontrait pas avoir subi personnellement une perte de clientèle du fait des agissements de certains membres d'un réseau concurrent (Cass. com. 27-1-2021 n° 18-14.774 F-D : RJDA 11/21 n° 748).

La présomption de préjudice est une **présomption simple** : l'auteur du dommage, une fois celui-ci constaté, peut prouver que ses agissements n'ont pas causé de préjudice à la victime (Cass. com. 8-7-1997 n° 95-16.984 D : RJDA 12/97 n° 1572). 12105

De même, la responsabilité de l'auteur de l'acte déloyal est écartée s'il est établi que le préjudice allégué s'explique par d'autres faits que ceux caractérisant la faute (Cass. com. 18-10-1994 n° 92-19.124 D : BRDA 21/94 p. 12).

ILLUSTRATIONS

Un fabricant de « camping-cars » avait confié à l'éditeur d'une revue le soin de publier une publicité dans un numéro spécial qui devait être diffusé à l'occasion d'un salon consacré à ces véhicules. La publicité comportait plusieurs anomalies malgré les défauts signalés par l'annonceur à l'éditeur sur les bons à tirer. Une cour d'appel, approuvée par la Cour de cassation, a jugé qu'en publiant une publicité défectueuse l'éditeur avait eu une attitude discriminatoire ayant avantagé sans raison les concurrents du fabricant. Elle a néanmoins refusé de le condamner à payer des dommages-intérêts car l'annonceur n'avait pas subi de préjudice, une expertise ayant révélé que la diminution du chiffre d'affaires de ce dernier s'expliquait par la circonstance que le marché des fourgons aménagés s'était effondré au profit de formules nouvelles (Cass. com. 18-10-1994 n° 92-19.124 D précité).

Le préjudice est le plus souvent **matériel.** Il consiste dans la majorité des cas en une perte d'exploitation, mais il peut aussi s'agir de la perte d'une chance. Lorsque les conséquences économiques négatives sont difficiles à quantifier (par exemple en cas de parasitisme ou de violation d'une réglementation), le préjudice peut correspondre à l'économie que l'auteur des actes de concurrence déloyale a injustement réalisée, modulée à proportion des volumes d'affaires respectifs des parties affectés par ces actes (Cass. com. 12-2-2020 n° 17-31.614 FS-PBRI : RJDA 4/20 n° 249). 12110

ILLUSTRATIONS

Dans un cas où un concessionnaire s'était fait dérober son fichier de clientèle par un ancien salarié, il a été jugé que le préjudice subi par ce concessionnaire consistait en la perte de la chance de persuader sa clientèle d'abandonner, après la rupture du contrat de concession, les produits du concédant au profit de ceux d'un autre fabricant (Cass. com. 30-1-2001 n° 98-20.621 F-D : RJDA 6/01 n° 738). Il peut également s'agir de la perte de chance pour une entreprise de conclure un marché (Cass. com. 3-5-1979 n° 78-10.781 P : Bull. civ. IV n° 137) ou de rentabiliser un investissement aussi rapidement que prévu (Cass. com. 20-10-1998 n° 96-21.859 D : RJDA 1/99 n° 109).

Le préjudice peut être seulement **moral** (Cass. com. 9-2-1993 n° 91-12.258 P : RJDA 5/93 n° 469 ; Cass. com. 17-3-2021 n° 19-10.414 F-D : RJDA 7/21 n° 532 ; Cass. com. 16-3-2022 n° 20-14.916 F-D : RJDA 7/22 n° 445).

Ce préjudice doit être **subi personnellement** par le plaignant. 12115

ILLUSTRATIONS

N'apporte pas la preuve d'un préjudice personnel distinct un boulanger qui poursuit pour concurrence déloyale un concurrent qui refuse de respecter une obligation préfectorale de fermeture hebdomadaire alors que ce préjudice a déjà été réparé par l'allocation, au pénal, de dommages-intérêts au profit d'un syndicat patronal qui s'est constitué partie civile (Cass. com. 22-1-1974 n° 72-12.814 : Gaz. Pal. 1974 som. p. 104).

En revanche, en se prévalant de la notoriété des produits qu'il vend, le distributeur exclusif d'un fabricant de montres établit l'existence d'un préjudice distinct que lui occasionnent les agissements de sociétés s'approvisionnant sur le marché parallèle et vendant les mêmes produits dans des magasins proposant au public des articles « bas de gamme » (Cass. com. 18-10-1994 nos 92-21.187 P et 93-10.219 P : RJDA 2/95 n° 235).

LIEN DE CAUSALITÉ ENTRE ACTE DE CONCURRENCE DÉLOYALE ET PRÉJUDICE

12120 Un lien de causalité doit exister entre le préjudice subi par la victime et la faute commise par son concurrent. Ce lien est notamment établi en démontrant la corrélation entre les agissements fautifs et l'**évolution du chiffre d'affaires** de l'auteur de ces agissements et de celui de la victime (en ce sens, Cass. com. 4-7-1973 n° 72-11.237 P : Bull. civ. IV n° 236 ; Cass. com. 29-11-1976 n° 75-12.431 P : Bull. civ. IV n° 300 et Cass. com. 11-2-1992 n° 88-17.546 P : RJDA 6/92 n° 665).

ILLUSTRATIONS

Jugé que le lien de causalité n'avait pas été établi dans un cas où, pour condamner une société coupable de parasitisme à réparer le préjudice subi par la société victime de ces agissements, qui avait été mise en liquidation judiciaire, une cour d'appel s'était bornée à relever que la société auteur des faits connaissait, par l'intermédiaire d'un salarié qu'elle avait embauché, les difficultés financières de sa concurrente et lui avait causé un préjudice très important (Cass. com. 30-1-2001 n° 99-10.654 FS-P : RJDA 5/01 n° 647).

De même, n'est pas démontré le lien de causalité entre la baisse du chiffre d'affaires d'une société et le démarchage fautif par une société nouvellement créée de deux clients de celle-ci, la perte de marché liée au démarchage de l'un des deux clients ayant été indemnisée par ailleurs (Cass. com. 6-4-2022 n° 21-11.403 F-D : RJDA 7/22 n° 448).

II. ACTES DE CONCURRENCE DÉLOYALE

A. Atteintes à la réputation d'une entreprise

1. DÉNIGREMENT

NOTION DE DÉNIGREMENT

12300 La divulgation d'une information de nature à jeter le discrédit sur les produits commercialisés par un concurrent constitue un dénigrement (Cass. com. 24-9-2013 n° 12-19.790 FS-PB : RJDA 12/13 n° 1060), même en l'absence de situation de concurrence directe et effective entre les personnes concernées (Cass. com. 9-1-2019 n° 17-18.350 FS-PB : RJDA 4/19 n° 303).

ILLUSTRATIONS

Le fait pour une entreprise de contester la validité des titres de propriété intellectuelle d'un concurrent ne constitue pas en soi un acte de dénigrement car ne sont mises en cause ni la qualité des produits et des services ni la capacité productive du concurrent (Cass. com. 9-7-2013 n° 12-15.841 F-D : RJDA 1/14 n° 63).

12310 **Distinction avec la diffamation** Il convient de distinguer le dénigrement de la diffamation. Les abus de la liberté d'expression, notamment la diffamation, prévus et réprimés par la loi du 29 juillet 1881 ne peuvent pas être réparés sur le fondement de l'article 1240 du Code civil (Cass. ass. plén. 12-7-2000 n° 452 P : RJDA 4/01 n° 526 ; Cass. com. 22-3-2023 n° 21-20.331 F-D : RJDA 8-9/23 n° 477).

Est définie comme une diffamation toute allégation ou imputation d'un fait qui porte atteinte à l'honneur ou à la considération d'une **personne** (Loi du 29-7-1881 art. 29). Ainsi, des propos critiques sur une société publiés dans un article de presse relèvent de la diffamation dès lors qu'ils visent la société elle-même et non ses services ou ses produits (Cass. com. 26-9-2018 n° 17-15.502 F-D : RJDA 12/18 n° 964). Des propos qui atteignent une profession considérée dans son ensemble ne peuvent donc pas être qualifiés de diffamatoires (Cass. crim. 16-9-2003 n° 02-85.113 P : Bull. crim. n° 161). Dans le même sens, la divulgation par une société de propos qui ne comportent aucune dépréciation des services ou produits de ses concurrents mais qui impute à ses salariés des pratiques illicites ne peut pas être qualifiée d'actes de dénigrement (Cass. com. 22-3-2023 n° 21-20.331 F-D : RJDA 8-9/23 n° 477).

ILLUSTRATIONS

La divulgation par une société à ses clients que son concurrent est poursuivi pour malversations judiciaires relève de la diffamation (Cass. com. 28-6-2024 n° 21-15.862 F-D : RJDA 3/24 n° 194). Il en est de même de la divulgation par une société de propos qui ne comportent aucune dépréciation des services ou produits de ses concurrents mais qui impute à ses salariés des pratiques illicites (Cass. com. 22-3-2023 n° 21-20.331 F-D précité).

Jugé également que la publication de propos sur le site internet d'une société accusant un concurrent d'avoir commis une escroquerie à un jugement et menti aux juridictions françaises et aux investisseurs, sans viser ses produits ou services, est constitutif d'une diffamation et non d'un dénigrement (Cass. 1e civ. 18-10-2023 n° 22-20.428 F-D : RJDA 4/24 n° 255).

Il n'y a pas diffamation lorsque ce sont uniquement des **produits ou services** qui sont en cause (Cass. crim. 8-2-1994 n° 90-85.699 P-F : RJDA 10/94 n° 1077 ; Cass. 2e civ. 5-7-2000 n° 98-14.255 FS-PB : RJDA 2/01 n° 239 ; Cass. crim. 10-9-2013 n° 11-86.311 FS-PB : RJDA 2/14 n° 195). **12315**

ILLUSTRATIONS

Dans un cas où un article de presse s'était livré à une critique sévère de produits pharmaceutiques, il a été jugé qu'il y avait dénigrement et non diffamation (Cass. 2e civ. 8-4-2004 n° 02-17.588 P : RJDA 7/04 n° 914 ; voir également Cass. 1e civ. 30-5-2006 n° 05-16.437 FS-PB : RJDA 12/06 n° 1286). Jugé de même à propos de commentaires négatifs, publiés sur un réseau social, faisant état de l'incompétence des moniteurs d'une auto-école, d'un défaut de pédagogie et d'une recherche de profit au détriment des besoins et de l'intérêt des clients, car ces propos ne portaient pas atteinte à l'honneur ou à la considération de l'exploitant de l'auto-école mais mettaient en cause la qualité des services proposés dans le but d'inciter une partie de la clientèle à s'en détourner (TGI Nanterre 21-11-2019 : RJDA 10/20 n° 540).

De même, des propos malveillants tenus à l'encontre du gérant d'une société dont l'activité était concurrente ont été jugés constitutifs d'un dénigrement et non d'une diffamation car ces propos n'avaient pour objet que de mettre en cause la qualité des prestations fournies par cette société et de détourner sa clientèle (Cass. 1e civ. 5-12-2006 n° 05-17.710 FS-PB : RJDA 4/07 n° 422, au cas particulier, il avait été soutenu que le gérant d'une société exerçant une activité de prestataire de services auprès des professionnels de l'immobilier établissait de faux certificats et rapports).

Jugé également que les propos tenus par une société à l'encontre d'un de ses concurrents étaient constitutifs de dénigrement dès lors qu'ils portaient sur la façon dont les services étaient rendus par ce concurrent, la qualité de ses produits et services, les pratiques prétendument illicites qu'il mettait en œuvre et les diverses collusions que lui imputait cette société (Cass. com. 15-1-2020 n° 17-27.778 FS-PB : RJDA 6/20 n° 338).

De même encore, jugé que le fait, pour une entreprise en relation d'affaires avec une autre, d'avoir divulgué aux clients de celle-ci les difficultés de paiement qu'elle rencontrait avec elle et d'avoir laissé entendre que, par la faute de cette entreprise, les prestations dues aux clients ne seraient pas exécutées, était constitutif de dénigrement et non de diffamation car cette communication jetait le discrédit sur les services rendus par l'entreprise (Cass. com. 30-9-2020 n° 18-25.204 F-D : RJDA 3/21 n° 200).

En revanche, lorsque la critique de produits ou services contient des imputations diffamatoires, c'est l'action en diffamation qui doit être exercée (Cass. crim. 3-7-1996 n° 94-82.647 P : Bull. crim. n° 283, la diffamation a été retenue à l'égard des personnes publiques à la suite de la mise en cause par un journal des services d'urgence de nombreux hôpitaux).

Distinction avec la critique Il convient également de distinguer le dénigrement de la simple critique qui relève de la **liberté d'expression.** Toute critique doit pouvoir être librement exprimée dès lors qu'elle ne cherche pas à nuire. De même, la critique n'est pas fautive lorsque les appréciations qui sont portées concernent un sujet d'intérêt général et reposent sur une base factuelle suffisante, sous réserve d'être exprimée avec une certaine mesure (Cass. 1e civ. 11-7-2018 n° 17-21.457 FS-PB : RJDA 10/18 n° 783 ; Cass. 1e civ. 12-12-2018 n° 17-31.758 FS-PB : RJDA 4/19 n° 304 ; CA Paris 7-9-2023 n° 23-00540 : RJDA 4/24 n° 254). **12320**

ILLUSTRATIONS

Dans un cas où une société, dont les modèles de bijoux avaient été contrefaits, avait envoyé une lettre circulaire à ses clients, revendeurs détaillants, leur signalant la copie du modèle et, disait-elle, la distribution de celui-ci par une forme de vente pratiquée par une société concurrente « que nous réprouvons totalement dans l'intérêt de notre réseau de distribution de bijoutiers-joailliers spécialistes », il a été jugé que le fait de critiquer les méthodes commerciales d'une société concurrente ne saurait, à défaut de circonstances particulières constitutives du dénigrement, s'analyser en agissements de concurrence déloyale (CA Paris 15-6-1981 : D. 1983 IR p. 99 note C. Colombet).

Ne caractérise pas non plus un dénigrement à l'égard du café le fait d'indiquer sur l'emballage d'un dentifrice que le produit a la propriété d'enlever les taches laissées par cette boisson sur l'émail des dents, dès lors que l'information dont le caractère mensonger n'a pas été soulevé a été donnée en termes mesurés (Cass. com. 15-1-2002 n° 00-13.107 FS-P : RJDA 6/02 n° 709).

Jugé que n'était pas fautive la campagne de communication sur le prix des médicaments non remboursés, qui utilisait le dessin d'un verre d'eau dans lequel se dissout une pièce d'un euro à l'image d'un comprimé effervescent, accompagné du slogan « En France, le prix d'un même médicament peut varier du simple au triple : il faut changer de traitement ! ». En effet, cette campagne, exprimée en termes mesurés, visait seulement à remettre en cause le monopole des pharmaciens sans chercher à nuire à leur réputation (Cass. com. 21-6-2016 n° 14-22.710 F-D : RJDA 10/16 n° 747).

De même, n'a pas dépassé les limites admissibles de la liberté d'expression la société éditrice de publications à caractère médical qui a publié un article critiquant sévèrement un complément en vitamines destiné aux nourrissons, dès lors que cette publication s'inscrivait dans un débat d'intérêt général sur la santé publique et que l'Agence française de sécurité sanitaire avait suspendu la commercialisation de ces vitamines après des malaises de nourrissons (Cass. 1e civ. 11-7-2018 n° 17-21.457 FS-PB : RJDA 10/18 n° 783).

En revanche, une entreprise excède les limites de la libre critique en laissant croire que les professionnels de l'immobilier en général, dont les agents immobiliers, réalisent des profits excessifs sur le dos des particuliers et usent de procédés délictueux dans l'exercice de leurs activités (CA Paris 9-12-1992 n° 90-22437 : D. 1994 som. p. 223 note Y. Serra).

De la même façon, la publication de messages par le dirigeant d'une société sur un forum de discussion d'un site internet ouvert au public, rédigés en des termes outranciers et dépourvus de toute mesure sur la qualité du service après-vente et la communication d'une autre société, qui ne constituent pas la délivrance d'une information générale en l'absence de tout élément objectif, excèdent les limites admissibles à la liberté d'expression (Cass. com. 1-12-2021 n° 20-17.309 F-D : RJDA 3/22 n° 180).

Ont commis également une faute ouvrant droit à réparation l'éditeur et le directeur de la rédaction d'une revue qui ont publié un article critiquant d'une manière virulente la qualité des pneumatiques distribués par une entreprise sans aucune référence à des études sérieuses et sans que les griefs indiqués soient établis (CA Versailles 28-6-1993 : RJDA 12/93 n° 1109). De même, l'éditeur d'un guide commercial outrepasse son droit de libre critique et se rend coupable de dénigrement en mettant en cause implicitement l'honnêteté de l'exploitant d'un magasin (CA Paris 14-4-1995 : RJDA 10/95 n° 1184).

12325 La **critique** exercée de façon **humoristique ou caricaturale** n'est pas répréhensible. Il a ainsi été jugé que n'étaient pas dénigrants les propos mettant en cause les véhicules d'une marque automobile tenus dans le cadre d'une émission satirique diffusée par une entreprise de communication audiovisuelle et qui ne pouvaient être dissociés de la caricature du président-directeur général, de sorte que ces propos relevaient de la liberté d'expression sans créer aucun risque de confusion entre la réalité et l'œuvre satirique (Cass. ass. plén. 12-7-2000 nos 99-19.004 P et 99-19.005 P : RJDA 3/01 n° 387).

Toutefois, même humoristique, la critique peut devenir fautive lorsqu'elle outrepasse certaines limites. Ainsi, était constitutive d'un dénigrement la diffusion d'un spot publicitaire destiné à promouvoir une boisson gazeuse à l'orange et sans sucre, présentant le sucre sous la forme d'un personnage ridicule et donnant du produit une image dévalorisante, dès lors qu'à travers cette image il était porté une appréciation péjorative sur le sucre et que le message contribuait à la dégradation, dans l'esprit des consommateurs, de l'image de ce produit (Cass. com. 30-1-2007 n° 04-17.203 F-D : RJDA 5/07 n° 576).

12330 **Exactitude des allégations** Des allégations peuvent être constitutives d'un dénigrement même si l'**information** est **de notoriété publique** (Cass. com. 29-5-1978 n° 76-14.793 P : Bull. civ. IV n° 151). Peu importe également que celle-ci soit ou non **exacte** (Cass. com. 19-7-1973 n° 72-11.736 P : D. 1973 p. 587 ; Cass. com. 23-3-1999 n° 96-22.334 D : RJDA 6/99 n° 742 ; Cass. com. 24-9-2013 n° 12-19.790 FS-PB : RJDA 12/13 n° 1060). Il a ainsi été jugé que constitue un acte de dénigrement la diffusion d'une brochure critiquant le produit d'un concurrent même si le procédé de fabrication a été remis en question ultérieurement par celui-ci (Cass. com. 5-10-1982 n° 80-12.819 P : Bull. civ. IV n° 296).

La Cour de cassation a récemment apporté un bémol à cette solution : lorsque les informations divulguées en termes mesurés se rapportent à un sujet d'**intérêt général,** il n'y a pas dénigrement si elles reposent sur une base factuelle suffisante (Cass. 1e civ. 11-7-2018 n° 17-21.457 FS-PB : RJDA 10/18 n° 783 ; Cass. com. 9-1-2019 n° 17-18.350 FS-PB : RJDA 4/19 n° 303 ; Cass. com. 4-3-2020 n° 18-15.651 FS-PB : RJDA 6/20 n° 337).

En outre, depuis le 1er septembre 2022, un **lanceur d'alerte,** c'est-à-dire une personne physique qui signale ou divulgue publiquement, sans contrepartie financière directe et de bonne foi, certaines informations d'intérêt général, n'est pas civilement responsable des dommages causés du fait de ce signalement ou de cette divulgation dès lors qu'elle a eu des motifs raisonnables de croire, au moment où elle y a procédé, que le signalement ou la divulgation publique de l'intégralité de ces informations était nécessaire à la sauvegarde des intérêts en cause (Loi 2016-1691 du 9-12-2016 art. 10-1, I issus de loi 2022-401 du 21-3-2022). À notre avis, de tels signalements ou divulgations, qui concerneraient une entreprise et seraient effectués par un concurrent, pourraient échapper à des poursuites pour concurrence déloyale, à condition que ce concurrent soit de bonne foi, c'est-à-dire, qu'il n'ait pas cherché à jeter le discrédit sur l'entreprise visée, en répandant des informations malveillantes sur ses produits ou ses services, pour en tirer profit. En cas de litige, il appartiendra au juge d'apprécier la bonne foi du concurrent, ce qui pourrait être délicat en pratique.

Diffusion des allégations dans le public Pour constituer un dénigrement, il faut 12340
que la critique malveillante soit diffusée dans le public. Il importe peu qu'elle soit adressée à un **client** ou à un **fournisseur** de la personne dont les produits ou services sont mis en cause (Cass. com. 12-5-2021 n° 19-17.714 F-D : RJDA 10/21 n° 692 ; Cass. com. 16-3-2022 n° 21-10.239 F-D : RJDA 6/22 n° 373). Il n'est pas nécessaire que cette **diffusion** présente une certaine **ampleur.** Par exemple, sont répréhensibles les propos tenus par un dirigeant à l'égard d'une autre société et figurant dans le rapport de gestion déposé au registre du commerce, compte tenu de la violence des termes employés et de la publicité, si réduite soit-elle, dont bénéficie ce rapport (Cass. com. 3-7-2001 n° 98-18.352 F-D : RJDA 11/01 n° 1162). Constitue également un dénigrement le fait d'adresser, sous couvert de demande de renseignements, des informations malveillantes à un seul client du concurrent (Cass. com. 20-6-1972 n° 71-10.207 P : Bull. civ. IV n° 197).

En revanche, ne constituent pas un dénigrement fautif des propos diffusés dans un **document à usage interne,** par exemple un bulletin destiné exclusivement aux services commerciaux d'une entreprise (CA Paris 21-1-1959 n° 2635, 4e ch. : JCP G 1959 II n° 11334 note A. Chavanne) ou une lettre circulaire adressée par une entreprise à son réseau de distributeurs (CA Paris 3-7-1991 : RJDA 10/91 n° 863). Mais il peut y avoir abus de langage : des « notes internes » peuvent en fait avoir pour objet la diffusion à l'extérieur des informations qu'elles contiennent ; elles sont alors constitutives de concurrence déloyale. Il en a été jugé ainsi dans un cas où les destinataires d'une note interne avaient été invités à en répercuter le contenu auprès de la clientèle, consigne qui avait été respectée (CA Versailles 17-10-1996 : RJDA 1/97 n° 158 et, sur pourvoi, Cass. com. 17-11-1998 n° 96-22.225 D : RJDA 3/99 n° 358).

En cas d'élaboration de documents commerciaux internes, il convient donc d'attirer clairement l'attention des utilisateurs sur la stricte confidentialité de ces documents.

VICTIMES DU DÉNIGREMENT

La victime du dénigrement est le plus souvent un concurrent de l'auteur du dénigrement. 12350

Mais le dénigrement peut également exister entre des parties qui ne sont pas en **situation de concurrence** (Cass. com. 21-10-1997 n° 95-20.233 D : RJDA 2/98 n° 237). Sur cette dernière question, voir n° 12090.

La **victime** du dénigrement doit être **identifiée ou identifiable** par sa clientèle (Cass. com. 12355
19-6-2001 n° 99-13.870 P : RJDA 12/01 n° 1282). Il n'est pas exigé qu'elle soit nommément visée dès lors que les termes de la communication litigieuse emportent implicitement mais nécessairement sa désignation (Cass. com. 27-1-2021 n° 18-14.774 F-D : RJDA 11/21 n° 748).

Des propos dénigrants visant la filiale d'une société d'un groupe peuvent être constitutifs de dénigrement à l'égard de la société mère (Cass. com. 16-3-2022 n° 20-14.916 F-D : RJDA 7/22 n° 445).

Circonstances du dénigrement	Victime identifiable ou non
Affichage par un restaurateur, dans son établissement, d'une « addition » avec une pancarte portant la mention « ce que vous ne verrez pas ici ».	**Victime identifiable,** dès lors que la proximité d'un seul restaurant de la même nature dans la localité permettait à la clientèle de conclure que cette addition provenait de l'établissement concurrent (Cass. com. 15-7-1970 n° 69-12.080 P : Bull. civ. IV n° 243).
Diffusion d'un spot publicitaire en faveur de services de réparation et d'entretien des véhicules représentant un véhicule automobile dont le pot d'échappement explose en provoquant une vive émotion chez son conducteur.	**Victime identifiable,** dès lors que ce scénario jette le doute dans l'esprit du public sur les qualités d'une voiture qui, bien que maquillée, est reconnaissable (CA Paris 25-9-1991 : RJDA 7/92 n° 793).
Diffusion d'un spot publicitaire dans lequel une voiture perd certains de ses éléments essentiels en roulant.	**Victime non identifiable,** dès lors que la visualisation de ce spot, de très courte durée, ne permet pas d'identifier la marque du véhicule utilisé (CA Paris 14-3-1996 : RJDA 6/96 n° 849).
Diffusion par un fabricant auprès de centrales d'achat d'un argumentaire présentant faussement son produit comme la « première compote fraîche du marché » et précisant que la seule « compote fraîche » jusqu'à présent proposée dans le commerce restait une « conserve ».	**Victime** visée aisément **identifiable** par les destinataires de l'argumentaire (CA Versailles 30-1-1997 : RJDA 5/97 n° 737).
Diffusion d'un film publicitaire opposant l'utilisateur visiblement satisfait d'un rasoir mécanique rechargeable à celui, grimaçant, d'un rasoir jetable.	**Victime non identifiable** : le fabricant concurrent était certes le premier à avoir introduit sur le marché des rasoirs jetables, mais sans que cette antériorité entraîne une assimilation par le public des rasoirs jetables aux produits portant sa marque ; la forme et la couleur du rasoir représenté dans le film ne permettaient pas au public, même intéressé, d'identifier le produit du fabricant qui se disait victime d'un dénigrement (CA Versailles 12-6-1998 : RJDA 11/98 n° 1310).

12360 Le **dénigrement** peut être individuel ou **collectif.** Dans ce second cas, il vise un ensemble de concurrents ou une catégorie professionnelle déterminée. Par exemple, ont été jugés répréhensibles :

– le fait pour une grande surface d'avoir critiqué de façon injurieuse les méthodes de l'épicerie traditionnelle en les qualifiant « d'attrape-nigaud » (CA Bordeaux 3-3-1971 : Gaz. Pal. 1971.2 p. 398 note J.-C. Fourgoux) ;

– le fait pour une entreprise de presse de dénigrer la profession des agents immobiliers en faisant croire qu'ils réalisaient des profits excessifs sur le dos des particuliers et usaient de procédés délictueux dans l'exercice de leurs activités (CA Paris 9-12-1992 n° 90-22437 : D. 1994 som. p. 223 note Y. Serra) ;

– l'emploi du slogan « en pharmacie on achète des cosmétiques sûrs » car il constituait un dénigrement par omission à l'encontre de l'ensemble des fabricants de cosmétiques (CA Versailles 10-5-1995 : RJDA 11/95 n° 1311) ;

– la diffusion d'un film publicitaire réalisé par une société de vente de vêtements par correspondance présentant un mannequin dont le manteau de fourrure se transformait en une quinzaine de visons qui sautaient à terre pour entourer le catalogue de vente de la société, dès lors que ce film jetait le discrédit sur les manteaux de fourrure (CA Paris 28-10-1996 : RJDA 5/97 n° 739).

MOYENS DU DÉNIGREMENT

12370

Supports	Objet du dénigrement
Publicité	– Affiches affirmant de manière péremptoire que les produits contenus dans les **lessives sans phosphates empoisonnent** les rivières, cette affirmation visant à ruiner ces produits dans l'esprit du consommateur (CA Versailles 12-2-1990 n° 90-466 : BRDA 10/90 p. 5, D. 1990 p. 264 note Y. Serra). – Campagne de presse d'un groupe de distribution qui, souhaitant étendre son activité commerciale au marché des appareils audiovisuels, fait une **interprétation polémique et dénaturée** des résultats d'une **enquête** publiée plusieurs mois auparavant par un magazine spécialisé et mettant en cause le comportement concurrentiel des grandes entreprises de distribution du secteur concerné (CA Paris 29-3-1993 : RJDA 11/93 n° 990 et, sur pourvoi, Cass. com. 21-2-1995 n° 93-16.027 D : RJDA 7/95 n° 925). – Emploi du slogan « en **pharmacie** on achète des **cosmétiques sûrs** » qui implique à l'évidence pour un consommateur moyen que les cosmétiques acquis autrement peuvent ne pas être sûrs, alors que le circuit de distribution n'a pas d'incidence sur la qualité de ces produits (CA Versailles 10-5-1995 : RJDA 11/95 n° 1311). – Message publicitaire d'un laboratoire pharmaceutique affirmant que l'aérosol d'eau de mer qu'il commercialise est « le **seul spray** marin garanti **stérilisé sans** recours aux **rayonnements** gamma **d'ions** actifs », ce qui laisse faussement supposer que les produits de ses concurrents font l'objet d'une stérilisation par irradiation (TGI Paris 6-12-1996 : RJDA 8-9/97 n° 1155). – **Publicité comparative** qui jette le discrédit sur le concurrent (pour des exemples voir n°s 73040 s.).
Lettre circulaire	– Envoi par une société d'une lettre aux concessionnaires d'un fabricant d'automobiles les invitant à violer leurs engagements contractuels en adhérant à son système de distribution et à son service télématique de centralisation des commandes, lettre qui dénigre les **constructeurs d'automobiles qualifiés de « requins »** à l'égard de leurs distributeurs (Cass. com. 24-6-1997 n° 95-12.154 D : PIBD 1997 n° 641 III p. 562). – Envoi, par le titulaire d'un brevet, d'une lettre aux clients d'un ancien licencié les **informant,** de manière comminatoire, du **risque de contrefaçon** en cas de poursuite de la commercialisation des produits protégés, dès lors qu'une telle lettre ne se limite pas à une simple information sur un risque de contrefaçon mais met en cause, sans justification, la loyauté de l'ancien licencié (Cass. com. 27-5-2015 n° 14-10.800 FS-PB : RJDA 1/16 n° 67). – Envoi d'une lettre à la clientèle d'un concurrent dénonçant l'implication de celui-ci dans une **action en justice** qui n'a pas encore donné lieu à une décision de justice (Cass. com. 12-5-2004 n° 02-16.623 FS-PBI : RJDA 11/04 n° 1279, 1e espèce. ; Cass. com. 22-10-2013 n° 11-28.711 F-D ; Cass. com. 9-1-2019 n° 17-18.350 FS-PB : RJDA 4/19 n° 303). – Envoi par une société d'une lettre au président du directoire d'un groupe automobile et à un membre du réseau pour les informer que son concurrent a fait l'objet d'une **condamnation judiciaire pour concurrence déloyale,** alors qu'il a été en réalité condamné pour violation d'une clause de non-concurrence (Cass. com. 13-3-2019 n° 18-11.046 F-D : RJDA 6/19 n° 468). – Envoi par une entreprise, en relation d'affaires avec une autre, d'une lettre circulaire divulguant aux clients de celle-ci les **difficultés de paiement** qu'elle rencontre avec elle et laissant entendre que, par la faute de cette entreprise, les prestations dues aux clients ne seront pas exécutées, dès lors que cette communication qui excède l'information nécessaire des clients jette le discrédit sur les services rendus par l'entreprise (Cass. com. 30-9-2020 n° 18-25.204 F-D : RJDA 3/21 n° 200).

Supports	Objet du dénigrement
Réseau internet	– Messages électroniques envoyés par un salarié licencié à d'anciens collègues sur leur messagerie professionnelle afin de les **inciter** à **consulter** le **site internet** qu'il a créé et dans lequel il tient des propos **dénigrants** à l'égard de son ancien employeur (TGI Paris 9-5-2001 : RJDA 1/02 n° 112). – Publication, sur le site internet du revendeur de produits de différentes marques, d'**avis de consommateurs exclusivement négatifs** sur les produits d'un fournisseur, suivi de leur remplacement par une mention indiquant que ce fournisseur n'ayant pas souhaité que les avis dénigrants figurent dans la rubrique, le revendeur n'avait d'autre choix que de supprimer tous les avis positifs et négatifs pour tous les produits de ce fournisseur (Cass. com. 24-11-2009 n° 08-15.002 FS-PB : RJDA 4/10 n° 447). – Publication, sur le compte « **Twitter** » du dirigeant d'une société, de commentaires dénigrant la qualité des prestations fournies par une entreprise avec laquelle la société était en relation (T. com. Paris 26-7-2011 n° 2009/8327). – Publication, sur le **site internet** d'une victime de contrefaçon, du **jugement de condamnation du contrefacteur,** dès lors que la victime y a ajouté une mention qui augmente l'impact de la publicité donnée au jugement (Cass. com. 18-10-2017 n° 15-27.136 F-PB : RJDA 1/18 n° 84). – Publication, sur un **réseau social,** de **commentaires négatifs** faisant état de l'incompétence des moniteurs d'une auto-école, d'un défaut de pédagogie et d'une recherche de profit au détriment des besoins et de l'intérêt des clients car ces propos mettent en cause la qualité des services proposés dans le but d'inciter une partie de la clientèle à s'en détourner (TGI Nanterre 21-11-2019 : RJDA 10/20 n° 540).
Media / presse	– Envoi par un fabricant de produits cosmétiques d'un exemplaire d'une grande **revue** hebdomadaire à 5 500 pharmaciens d'officine en attirant leur attention sur un article très critique à l'égard des produits d'un concurrent (Cass. com. 23-3-1999 n° 96-22.334 D : RJDA 6/99 n° 742). – **Interview** donnée par le fondateur d'un nouvel opérateur de téléphonie mobile à un magazine économique à large diffusion, dans laquelle il critique un concurrent dans des termes démesurés marquant la volonté de nuire (CA Paris 9-3-2016 n° 13/01884 : RJDA 6/16 n° 491).
Divers	– **Reprise,** par un fabricant de parfums, **des produits d'un concurrent** chez les distributeurs au motif que ces produits sont « peu vendables » et que cette reprise a pour objet « d'assainir les stocks », ce retrait massif laissant penser aux détaillants et aux clients que les produits sont de mauvaise qualité (Cass. com. 5-10-1976 n° 75-12.029 P : Bull. civ. IV p. 212). – **Propos** tenus auprès des clients par des **vendeurs** affirmant qu'un concurrent fixait ses prix « à la tête du client » (CA Paris 5-11-1981 : Gaz. Pal. 1982 som. p. 82), qu'il « ne tournait pas rond » et vendait des produits « plus chers et moins bons » (Cass. com. 23-10-1984 n° 83-11.506 P : Gaz. Pal. 1985 som. p. 22) ou qu'il était incapable de suivre les dossiers car il était « au bord de la faillite » (Cass. com. 9-11-1987 n° 86-10.543 P : BRDA 24/87 p. 22).

2. AUTRES PRATIQUES DÉPRÉCIANT LA RÉPUTATION D'UNE ENTREPRISE

12390 L'atteinte à la réputation d'une entreprise peut résulter d'une **simple dévalorisation de son image,** sans qu'il y ait pour autant dénigrement. Commet ainsi une telle atteinte la « grande surface » dont le vendeur du rayon horlogerie n'est capable ni d'expliquer le fonctionnement des montres d'un fabricant renommé ni d'en adapter le bracelet (CA Paris 11-9-2000 : RJDA 5/01 n° 645). Il en va de même du distributeur discount qui présente des chaussures de marque sur des tracts publicitaires de qualité médiocre, aux côtés de produits alimentaires ou bas de gamme (Cass. com. 18-11-2020 n° 19-13.479 F-D : RJDA 6/21 n° 436).

B. Imitations constitutives de concurrence déloyale

1. IMITATION DES SIGNES DE RALLIEMENT DE LA CLIENTÈLE

a. Imitation de signes distinctifs de l'entreprise

Les signes distinctifs qui permettent de désigner l'entreprise sont multiples : **enseigne, nom commercial, raison ou dénomination sociale** ou encore **nom de domaine.** Ils permettent à une entreprise de rallier une clientèle et leur imitation, destinée à créer une confusion, constitue un acte de concurrence déloyale. Encore faut-il que certaines conditions soient réunies. 12430

ATTENTION
Même si, prises isolément, l'imitation des signes distinctifs d'une entreprise et celle de ses modes de communication publicitaire ne sont pas de nature à susciter la confusion dans l'esprit du public, le juge doit rechercher si, **considérés dans leur ensemble,** ces **griefs** sont de nature à créer un tel risque de confusion (Cass. com. 12-5-2021 n° 19-17.942 F-D : RJDA 8-9/21 n° 618).

IMITATION DE DÉNOMINATIONS

L'entreprise qui agit en concurrence déloyale doit justifier d'une **antériorité d'utilisation** de la dénomination (Cass. com. 16-2-1977 n° 75-14.678 P : Bull. civ. IV n° 51 ; Cass. com. 3-3-1981 n° 79-14.704 P : Bull. civ. IV n° 119). 12440

La ressemblance entre les deux dénominations doit être suffisante pour entraîner une **confusion** dans l'esprit d'un client d'attention moyenne et normale (Cass. com. 27-11-1972 n° 71-12.639 P : Bull. civ. IV n° 307 ; Cass. com. 22-4-1980 n° 78-14.030 P : Bull. civ. IV n° 164). 12445

Outre la similitude des signes distinctifs, le risque de confusion s'apprécie au regard de l'activité exercée par les entreprises dont les noms ou dénominations sont similaires (voir, en ce qui concerne le nom commercial, Cass. com. 23-3-1993 n° 90-20.759 D : RJDA 1/94 n° 120).

Il convient aussi de prendre en considération la **zone géographique** où cette activité est exercée et où l'entreprise est connue du public. Ainsi, il a été jugé qu'il n'existait pas de risque de confusion entre deux dénominations sociales dans des cas où les sociétés que ces dénominations désignaient étaient éloignées géographiquement et où leur notoriété ne dépassait pas leur zone d'implantation (Cass. com. 29-6-1999 n° 97-11.940 P : RJDA 11/99 n° 1211 ; CA Paris 13-3-1991 : RJDA 6/91 n° 496 et, en matière de nom commercial, Cass. com. 7-2-1995 n° 93-11.464 D : RJDA 6/95 n° 782).

Cette zone peut être extrêmement variable selon la nature de l'activité et la notoriété du signe distinctif. Elle peut donc être locale, régionale, nationale ou même internationale ; par exemple, jugé qu'un restaurant à Nice s'était rendu coupable de concurrence déloyale en usurpant le nom « Maxim's » du célèbre restaurant parisien de renommée internationale (Cass. com. 2-11-1966 n° 64-12.758 P : Gaz. Pal. 1967 p. 45).

Le **caractère original ou distinctif** d'une dénomination sociale, d'une enseigne, d'un nom commercial ou d'un nom de domaine n'est pas une condition du succès de l'action en concurrence déloyale de la société dont la dénomination, l'enseigne ou le nom est usurpé mais seulement un critère éventuel d'appréciation de la faute et du risque de confusion (Cass. com. 10-5-2006 n° 05-15.832 F-D : RJDA 10/06 n° 1024 ; Cass. com. 6-12-2016 n° 15-18.470 F-D : RJDA 4/17 n° 297, Cass com. 7-7-2021 n° 19-16.028 F-D : RJDA 11/21 n° 741). Ainsi l'utilisation d'un signe présentant un **caractère générique** peut être constitutif de concurrence déloyale s'il est de nature à créer une confusion dans l'esprit du public avec la marque du concurrent (Cass. com. 7-9-2022 n° 21-14.495 F-D : RJDA 2/23 n° 118). Sur cette question, voir aussi n° 12025. 12450

12455

Signes	Imitation fautive ou non
Dénominations sociales « Technobel » et « Nobel-Bozel »	Reprise dans la dénomination sociale « Technobel » du vocable « Nobel » alors que celui-ci constitue l'élément essentiel, dominant et caractéristique du groupe de deux mots employés par une autre société pour son appellation (« Nobel-Bozel ») et qu'il existe une parenté entre les produits industriels fabriqués par chacune de ces sociétés (Cass. com. 6-1-1969 n° 67-12.657 P : D. 1969 p. 454) : **imitation fautive.**

12455 (suite)

Signes	Imitation fautive ou non
Raisons sociales « Approvisionnement général électrique » et « Approvisionnement électrique »	Emploi par une société de la raison sociale « Approvisionnement général électrique » alors que cela entraîne une confusion avec un commerce similaire déjà exploité dans cette ville, sous un nom sensiblement identique, par la société « Approvisionnement électrique » (Cass. com. 19-7-1971 n° 70-12.159 P : D. 1971 p. 691) : **imitation fautive.**
Enseigne « Mobidécors » et dénomination sociale « Meubles décors »	Utilisation de la dénomination « Mobidécors » pour l'enseigne d'un magasin de meubles alors que la société « Meubles décors » exploite dans la même rue un magasin ayant une activité identique (CA Rouen 28-9-1976 : Gaz. Pal. 1978 som. p. 45) : **imitation fautive.**
Dénomination sociale « Créations Bob » et raison sociale « Bob-Furs »	Utilisation de la dénomination « Créations Bob » par une société exerçant un commerce d'articles en cuir et similicuir dont l'élément essentiel et caractéristique est le mot « Bob », dès lors qu'il existe un risque certain de confusion avec une entreprise exerçant le commerce de fourrures et pelleterie sous la raison sociale « Bob-Furs », ce commerce se situant dans un secteur, sinon limitrophe, du moins suffisamment voisin (CA Paris 14-1-1977 : JCP G 1978 IV n° 318) : **imitation fautive.**
Noms commerciaux « Le doyen chinois » et « Ledoyen »	Utilisation par un restaurant chinois de l'appellation « Le doyen chinois » à titre de nom commercial, d'enseigne et de marque alors qu'elle porte atteinte aux droits privatifs d'une société de restauration concurrente qui emploie comme dénomination sociale, comme enseigne et comme nom commercial, la dénomination « Ledoyen » et ce, même si l'un des restaurants sert de la cuisine chinoise alors que l'autre sert de la cuisine européenne (CA Paris 20-3-1978 : JCP G 1979 IV n° 346) : **imitation fautive.**
Noms commerciaux « Bureau Moderne » et « Hall du Bureau moderne »	Bien que les deux entreprises exercent dans la même ville une activité identique, la dénomination « Hall du bureau moderne » est suffisamment différenciée de celle de « Bureau moderne » pour qu'un client un minimum attentif ne soit pas victime d'une confusion (Cass. com. 22-4-1980 n° 78-14.030 P : Bull. civ. IV n° 164) : **imitation non fautive.**
Enseignes « Café Belge Jeanne d'Arc » et « Au roi Albert café belge »	Adjonction du terme « belge » à l'enseigne « Café Jeanne d'Arc » d'un établissement situé à Lourdes alors qu'un café d'un immeuble voisin porte l'enseigne « Au roi Albert café belge », cet ajout visant à créer une confusion entre les deux enseignes afin de détourner la clientèle belge (Cass. com. 8-2-1982 n° 80-15.938 : Gaz. Pal. 1982 pan. p. 234) : **imitation fautive.**
Enseignes « Old England » et « Madam Old England »	Utilisation de l'enseigne « Old England » pour un commerce de vêtements ouvert dans un centre commercial se trouvant à la limite de la commune de Nice, dès lors qu'elle entraîne la confusion avec un magasin exploité à Nice par un tiers sous l'enseigne « Madam Old England » et que ces deux magasins s'adressent tous deux à la même clientèle féminine (Cass. com. 25-10-1982 n° 81-13.043 D : Gaz. Pal. 1983 pan. p. 75) : **imitation fautive.**
Nom commercial « Euroconfort » et dénomination sociale « Euroconfort »	Emploi par une société du nom commercial « Euroconfort » pour la commercialisation de nombreux produits dont des articles de radio, télévision et d'électroménager, alors qu'une autre société ayant la même dénomination sociale exploite un fonds de commerce pour la vente de produits similaires à vingt-cinq kilomètres de la première (Cass. com. 14-5-1985 n° 83-13.737 P : Bull. civ. IV n° 148) : **imitation fautive.**

12455 (suite)

Signes	Imitation fautive ou non
Noms commerciaux « Campanile » et « Le Campanile »	Pas de risque de confusion faute d'activité identique ou similaire entre le nom commercial « Campanile » utilisé par une société spécialisée dans l'hôtellerie et le vocable « Le Campanile » choisi par un viticulteur (Cass. com. 23-3-1993 n° 90-20.759 D : RJDA 1/94 n° 120) : **imitation non fautive.**
Dénominations sociales « NRJ » et « Énergie intérim »	Pas de risque de confusion blâmable entre les dénominations « NRJ » et « Énergie intérim », malgré une possible confusion phonétique, dès lors que la société « NRJ » est une société de transport routier et de location de véhicules alors que la société « Énergie intérim » met à la disposition de sa clientèle du personnel intérimaire dans le domaine des transports (CA Paris 16-3-1995 : RJDA 8-9/95 n° 985 et, sur pourvoi, Cass. com. 10-6-1997 n° 95-16.932 D : RJDA 10/97 n° 1204) : **imitation non fautive.**
Noms commerciaux « Auto 76 » et « Auto 80 »	Bien qu'elles aient le même objet et qu'elles soient installées dans la même ville, pas de risque de confusion entre les sociétés exerçant sous les noms commerciaux « Auto 76 » et « Auto 80 », en raison de l'habitude prise pendant douze ans par la clientèle de s'adresser de façon distincte à l'une et à l'autre (CA Rouen 4-9-1997 : RJDA 4/98 n° 538) : **imitation non fautive.**
Dénominations sociales « Cauchoise Tour d'Argent » et « La Tour d'Argent »	Pas de risque d'assimilation entre les deux dénominations dans l'esprit du public car les activités des deux sociétés sont totalement différentes : la société « Cauchoise Tour d'Argent » est une société civile immobilière constituée en vue de l'acquisition de trois studios situés à Rouen à proximité de l'impasse de la Tour d'Argent, alors que la société « La Tour d'Argent » exploite un restaurant à Paris (CA Paris 5-6-1998 : RJDA 12/98 n° 1436) : **imitation non fautive.**
Enseignes « La maison autour du monde » et « Autour du monde »	Utilisation de l'enseigne « La maison autour du monde » pour plusieurs boutiques de meubles et articles de décoration alors qu'une autre société exploite déjà depuis plusieurs années, pour la même activité, des magasins à l'enseigne « Autour du monde » dont certains sont dans un quartier proche de l'une des boutiques concurrentes (CA Paris 17-3-1999 : PIBD 1999 n° 680 III p. 308) : **imitation fautive.**
Dénominations sociales « RTI Voyages » et « CRTI »	Dénomination sociale « RTI Voyages » pour une société exerçant une activité d'organisation de voyages et de loisirs, dès lors les trois lettres « RTI » sont dépourvues de signification propre et créent un risque de confusion manifeste avec la société dénommée « CRTI » qui exerce la même activité (CA Paris 9-2-2000 : PIBD 2000 n° 700 III p. 326) : **imitation fautive.**
Noms commerciaux « Café Van Gogh » et « Maison de Van Gogh »	Emploi de la dénomination « Café Van Gogh » pour un restaurant alors qu'une auberge située à 15 km à Auvers-sur-Oise a pour nom commercial « Maison de Van Gogh », ce qui entraîne un risque de confusion dans l'esprit de la clientèle, notamment étrangère, en lui faisant croire à l'existence d'un lien entre son établissement et l'auberge dans laquelle le peintre était décédé, dès lors que les deux entreprises exploitent deux restaurants de catégorie équivalente, même si l'un est une auberge traditionnelle et l'autre un restaurant d'hôtel, qu'ils se situent dans des rues portant le même nom quoique dans deux communes différentes et qu'une brochure du restaurant se prévaut de la proximité de son établissement avec Auvers-sur-Oise « situé à 15 minutes » (CA Versailles 29-6-2000 : RJDA 4/01 n° 527) : **imitation fautive.**

Signes	Imitation fautive ou non
Nom de domaine « rennesimmo.com » et nom commercial « Rennesimmo »	Utilisation du nom de domaine « rennesimmo.com » alors que le vocable « Rennesimmo » sert de désignation habituelle à une agence immobilière concurrente de la société exploitant le site internet et dont l'agence est située dans le même secteur géographique (Cass. com. 7-7-2004 n° 02-17.416 FS-PBI : RJDA 11/04 n° 1274) : **imitation fautive.**
Dénomination sociale « Rhod Imprim » et nom commercial « Imprimerie Rhodanienne »	Bien que les deux dénominations soient utilisées par des entreprises ayant des activités similaires et qu'elles aient des syllabes essentielles identiques, pas de confusion possible dans l'esprit de la clientèle, qui est nécessairement attentive à ceux auxquels elle passe commande et qui est habituée à distinguer une dénomination commerciale d'une autre (CA Lyon 26-4-2012 n° 10/01017 : RJDA 10/12 n° 856) : **imitation non fautive.**
Dénomination sociale « Cœur de princesse » et appellation « cœur de princesse »	Absence de risque de confusion entre la dénomination sociale « Cœur de princesse » sous laquelle une société commercialise des déguisements et l'appellation « cœur de princesse » utilisée par un fabricant de jouets pour désigner des poupées représentant des héroïnes d'un film d'animation dont le titre comporte l'appellation litigieuse (Cass. com. 10-7-2012 n° 08-12.010 F-PB : RJDA 12/12 n° 1111) : **imitation non fautive.**
Dénomination sociale « Centre optique » et nom commercial « Optical Center »	Pas de confusion entre la dénomination sociale « Centre optique » et le nom commercial « Optical Center » utilisés par deux entreprises ayant une activité d'opticien, même si la dénomination « Centre optique » correspond à la traduction des termes « Optical Center », dès lors que l'association des termes banals « centre » et « optique », correspond à l'activité de la société qui utilise cette dénomination et que les consommateurs, habitués à l'utilisation de termes anglo-saxons, sont en mesure de rattacher ces deux dénominations, de perception euphonique différente, à des opérateurs distincts (CA Paris 14-11-2013 n° 11/20542 : RJDA 2/14 n° 184) : **imitation non fautive.**
Enseignes « Optical Center » et « Optical Centre »	Le signe verbal « Optical Center » n'est pas distinctif car il décrit un centre optique, pour tout consommateur, même ne maîtrisant pas l'anglais, de sorte que sa reprise par un concurrent ne peut pas créer un risque de confusion (CA Paris 24-5-2016 n° 15/06153 : RJDA 10/16 n° 748) : **imitation non fautive.**
Nom commercial « Gerinter, l'intérim régional » et dénomination sociale « Régional interim »	Pas de confusion entre la dénomination sociale « Régional interim » et le nom commercial « Gerinter, l'intérim régional » dès lors que celui-ci n'est que l'adaptation de l'ancien nom commercial « Gerinter interim, votre partenaire régional » utilisé de façon habituelle avant la création de la société « Régional intérim » et qu'il conserve en accroche l'appellation « Gerinter », élément identifiant par sa position et la taille plus importante de ses caractères (Cass. com. 16-9-2014 n° 13-19.572 F-D : RJDA 12/14 n° 903) : **imitation non fautive.**

UTILISATION DE NOMS DE FAMILLE

12460 Il ne peut être interdit à une personne physique d'user de son nom patronymique pour exercer une activité commerciale sous prétexte qu'une autre personne exerce déjà une activité similaire sous ce nom. En effet, l'**homonymie** existant **entre** deux **entreprises** ne suffit pas, à elle seule, à caractériser un acte de concurrence déloyale (Cass. com. 12-1-1999 n° 95-19.578 D : RJDA 4/99 n° 494).

ATTENTION

Le droit à l'usage du nom ne concerne **que les personnes physiques.** Il ne peut donc pas être invoqué par une société pour justifier l'utilisation d'un nom patronymique dans sa dénomination sociale lorsqu'une autre société possède une dénomination très voisine ayant acquis une renommée indiscutable pour un commerce similaire (Cass. com. 15-6-1993 n° 91-16.925 P : RJDA 8-9/93 n° 698 ; CA Dijon 28-2-2002 : RJDA 3/03 n° 261).

Mais le nom patronymique doit être utilisé de manière loyale. Ainsi, il y a un agissement fautif lorsque la personne qui a permis l'utilisation de son nom patronymique à des fins industrielles ou commerciales n'est qu'un **prête-nom,** par exemple un associé ne détenant qu'une faible participation et ne fournissant aucun concours technique ou commercial à la société portant son nom (Cass. com. 10-5-1948 n° 36.930 : RTD com. 1949 p. 100 ; CA Paris 26-6-1951 : Gaz. Pal. 1951 p. 318). Il en est de même lorsqu'une personne utilise délibérément son nom dans une intention de **fraude,** par exemple, vente d'un apéritif « Francine Ricard » dans des bouteilles dont la présentation est sensiblement identique à celle du pastis du même nom (Cass. com. 28-6-1971 n° 70-11.732 P : Bull. civ. IV n° 181) ou utilisation dans la publicité d'une société de sa raison sociale accompagnée du nom « Michel Leclerc » en l'associant au terme « supermarché » ce qui était manifestement de nature à entraîner une confusion dans l'esprit du public avec le réseau des Centres Leclerc auquel elle était totalement étrangère (Cass. com. 5-7-1994 n° 92-21.478 D : RJDA 12/94 n° 1402).

De même, un **dirigeant** qui quitte une société dont la dénomination comporte son nom patronymique commet un acte de concurrence déloyale s'il utilise son nom dans le cadre de la **société concurrente qu'il crée,** par exemple dans des documents publicitaires (Cass. com. 21-4-1992 n° 90-16.365 D : BRDA 17/92 p. 12, Bull. Joly 1992 p. 621 ; Cass. com. 12-2-2002 n° 00-11.602 FS-P : RJDA 6/02 n° 708).

Le **risque de confusion** peut être **évité** par l'adoption de certaines mesures de précaution, 12465
telles que l'ajout d'un prénom et d'un sigle particulier (Cass. com. 2-6-1992 n° 90-17.777 D : RJDA 8-9/92 n° 825) ou l'ajout d'un prénom et l'usage d'un graphisme différent (Cass. com. 12-11-1992 n° 90-22.079 D : RJDA 4/93 n° 320).

b. Imitation d'autres signes de ralliement de la clientèle

La **décoration** extérieure ou intérieure **des magasins** d'une entreprise peut être un signe de 12480
ralliement déterminant dans le choix de la clientèle. Dès lors, l'entreprise qui les imite peut provoquer un risque de confusion dans l'esprit de la clientèle justifiant une action en concurrence déloyale. Il en a été jugé ainsi dans le cas de :
– l'imitation de la décoration intérieure d'un restaurant concurrent (CA Paris 24-10-1964 : D. 1965 p. 248) ;
– l'utilisation par un ancien franchisé, après l'expiration du contrat de franchise, du décor du franchiseur, entraînant ainsi une confusion entre ses magasins et ceux du franchiseur (CA Paris 30-11-1983 : Ann. propr. ind. 1983 p. 162) ;
– la conservation, par une société ayant fait partie d'un GIE, de certains éléments du décor habituel des magasins appartenant à ce GIE alors que cette société exerçait une activité concurrente sous une dénomination semblable (Cass. com. 17-1-1989 n° 87-12.876 D) ;
– la conservation, par l'acquéreur du fonds de commerce d'un ancien franchisé, des couleurs propres au réseau de franchise (Cass. com. 20-2-2019 n° 17-20.652 F-D : RJDA 7/19 n° 535).

L'acquéreur d'un fonds de commerce, qui est le fruit d'une **histoire familiale,** ne commet 12490
pas un acte de concurrence déloyale en se prévalant de cette histoire dans ses communications commerciales, sous réserve de ne pas créer de risque de confusion entre son activité et celles des membres de la famille cédante, restés actifs dans le domaine (Cass. com. 13-10-2021 n° 19-20.504 FS-B : RJDA 8-9/22 n° 525).

2. IMITATION DES PRODUITS D'UN CONCURRENT

a. Imitation de produits protégés par un droit de propriété intellectuelle

Le plus souvent, les caractéristiques et les signes distinctifs d'un produit sont déposés à titre 12500
de marque, de brevet, de dessin ou modèle ou protégés au titre du droit d'auteur.

En cas de copie servile de son produit par un tiers ou d'imitation de nature à entraîner une confusion, le titulaire d'un droit de propriété intellectuelle peut agir en **contrefaçon.** Il peut également engager une action en concurrence déloyale mais à la condition d'invoquer des **faits distincts** de ceux accusés de constituer une contrefaçon (n° 12022).

12505

Objet de l'imitation	Existence ou non de faits distincts
Luminaire	Surmoulage d'un modèle de luminaire déposé permettant au contrefacteur d'**économiser** les **frais de recherche** et de mise au point de ce produit et de réduire son **prix** de revient à un prix **inférieur** à celui de ses concurrents (Cass. com. 25-10-1977 n° 76-11.669 P : D. 1978 IR p. 164) : **faits distincts.**
Tableau aide-mémoire	Surmoulage d'un tableau aide-mémoire, vendu à un **prix** nettement **inférieur** et résultant de la volonté de s'inscrire dans le sillage d'une entreprise relativement modeste qui a cherché à se faire connaître par des réalisations originales et de qualité (CA Paris 19-2-1997 : PIBD 1997 n° 634 III p. 344) : **faits distincts.**
Emballage d'un produit	Utilisation, pour l'emballage d'un produit contrefaisant un modèle déposé, de graphismes directement inspirés de ceux de l'emballage du modèle contrefait, ces ressemblances révélant une intention de copier ce dernier emballage et entraînant un **risque de confusion** (Cass. com. 19-1-1982 n° 80-14.228 P : Bull. civ. IV n° 23) : **faits distincts.**
Appareils électroménagers	– **Vente à bas prix** de produits contrefaisant ceux d'un fabricant d'appareils électroménagers (Cass. com. 21-4-1992 n° 90-15.113 D : RJDA 10/92 n° 971) : **faits distincts.** – Vente à un **prix inférieur** à celui du modèle contrefait, grâce aux économies de frais de recherche ou à l'absence de redevances de licence (CA Paris 23-11-1989 : D. 1990 som. p. 188 note J.-J. Burst) : **faits distincts.**
Modèle de vêtement	– Commercialisation d'un modèle de vêtement servilement copié sur un modèle protégé, à des **prix** très **inférieurs** aux produits conformes à ce modèle et comportant des finitions de moins bonne qualité, ce qui porte atteinte à l'image du produit original (Cass. com. 4-7-1995 n° 93-16.145 D : RJDA 1/96 n° 165 ; dans le même sens, TGI Saint-Brieuc 14-5-1996 : RJDA 2/97 n° 297) : **faits distincts.** – Risque de confusion entre le modèle d'origine d'un chemisier appartenant à une société et les copies de ce modèle commercialisées par un concurrent, dès lors que les **copies** sont **présentées selon** les **mêmes modalités** que les modèles d'origine (chemisiers exposés sur les mêmes bustes, dans des magasins dont l'aménagement imite ceux de la société) et que le concurrent a exposé dans ses boutiques les panneaux publicitaires de la société en prenant soin de dissimuler à l'aide d'un crayon feutre la dénomination de celle-ci (Cass. com. 28-11-2006 n° 04-20.555 F-PB : RJDA 4/07 n° 423, 3e espèce) : **faits distincts.** – Commercialisation d'articles de prêt-à-porter féminin sous la marque « Free girl » dès lors que celle-ci constitue non seulement une contrefaçon de la marque « Free » appartenant à une société concurrente du même nom, mais est également une **imitation de la dénomination sociale** de cette société, ce qui crée une confusion dans l'esprit du public entre les deux entreprises se livrant à la même activité (Cass. com. 15-6-2010 n° 08-18.279 FS-D : RJDA 4/11 n° 363) : **faits distincts.**
Flotteur d'hivernage pour piscine	**Vente** d'un flotteur contrefaisant à un **prix inférieur** à celui pratiqué par le propriétaire du modèle (Cass. com. 26-2-2008 n° 05-13.860 F-D : RJDA 7/08 n° 729) : **faits non distincts.**
Logiciel	Administration qui, alors qu'elle a contrefait un logiciel de rédaction de documents liés aux marchés publics, **fait** largement **état de la qualité** du logiciel contrefaisant dans les documents publicitaires qu'elle diffuse (CA Paris 31-5-1995 : RJDA 11/95 n° 1313) : **faits distincts.**
Pinces à cheveux	Commercialisation d'un modèle de pince à cheveux dans la **même gamme de tailles** et de coloris que celle utilisée par le titulaire d'un modèle contrefait (CA Paris 22-1-1999 : PIBD 1999 n° 681 III p. 334) : **faits distincts.**

Objet de l'imitation	Existence ou non de faits distincts
Articles de vaisselle	Commercialisation d'assiettes et de soucoupes contrefaisantes dans la **même gamme de formats** que celle de la société titulaire des droits d'auteur (Cass. 1e civ. 24-10-2018 nº 16-23.214 F-D : Contrats conc. consom. 2019 comm. nº 5) : **faits non distincts.**
Œuvre musicale	Commercialisation d'une **compilation** d'œuvres musicales ne comportant, au recto du disque, que son titre et, au verso, des mentions peu lisibles et insuffisamment explicites, ainsi que la liste des morceaux choisis, présentation conduisant le consommateur à penser que ce disque regroupe des enregistrements originaux alors qu'il s'agit d'**interprétations nouvelles** (CA Paris 21-6-2000 : RJDA 2/01 nº 249) : **faits distincts.**
Sac à main	– Commercialisation de sacs copiant la forme et utilisant la même matière qu'un modèle déposé, dès lors que l'imitateur a également utilisé la **même couleur, non décrite au dépôt du modèle** (Cass. com. 28-11-2006 nº 04-18.154 F-D : RJDA 4/07 nº 423, 2e espèce) : **faits distincts.** – **Commande** de sacs contrefaisants en vue de leur **revente,** même si les produits litigieux ont été retenus en douane en vue de leur destruction (Cass. com. 10-2-2009 nº 07-21.912 FS-PBR : RJDA 5/09 nº 482) : **faits distincts.**
Couverture de magazine	Reprise par un éditeur, pour la couverture de son magazine, de l'encart de couleur rose dans la « cheminée » de couverture, pour l'annonce du sujet « sexy hot », ainsi que du petit signe bonus noir et jaune pantone 109, dès lors que ce sont les **couleurs caractéristiques** d'un **magazine concurrent,** ce qui crée un risque de confusion (Cass. com. 1-7-2008 nº 07-14.741 F-D : RJDA 12/08 nº 1325) : **faits distincts.**
Chaussures	Fait pour une société d'**apposer sa marque** sur des **chaussures** qui sont la copie servile du modèle d'une entreprise concurrente, ce qui jette le discrédit sur la collection de celle-ci auprès des clients et consommateurs et porte atteinte à l'image de sa marque (Cass. com. 3-5-2016 nº 13-23.416 F-D : RJDA 8-9/16 nº 653) : **faits distincts.**
Bijoux	Commercialisation par une société d'une **gamme entière** de **copies** de **bijoux** d'une marque de luxe, ce qui créé un risque de confusion dans l'esprit de la clientèle, le motif iconique repris étant reconnu par les professionnels comme l'emblème de la société copiée (Cass. com. 25-5-2023 nº 22-14.651 F-D : RJDA 1/24 nº 56) : **faits distincts.**

Les actions en contrefaçon et en concurrence déloyale ayant des fondements différents, il n'est pas possible de déduire de l'**absence de contrefaçon** l'absence de concurrence déloyale (Cass. com. 14-11-1995 nº 93-16.187 D : RJDA 2/96 nº 297, 1e espèce). 12510

ILLUSTRATIONS

Une action en concurrence déloyale fondée sur la diffusion de modèles de vêtements argués de contrefaçon n'a pas pu être écartée au prétexte que la contrefaçon n'était pas établie (Cass. com. 14-11-1995 nº 93-16.187 D précité).

Dans un cas où un industriel avait commercialisé un flacon de sirop présentant certaines similitudes avec celui d'un concurrent et où la contrefaçon de marque avait été écartée en raison de l'absence de confusion, il a été jugé que cet industriel s'était livré à un acte de concurrence déloyale car il avait exploité la campagne publicitaire de son concurrent et les renseignements fournis par un ancien salarié de celui-ci pour concevoir son produit (CA Paris 26-2-1985 : D. 1986 IR p. 91 obs. J.-J. Burst).

Dans un cas où un éditeur avait diffusé des disques de musique classique semblables à ceux d'un concurrent, il a été jugé qu'il n'y avait pas contrefaçon de la marque de ce dernier mais que la similitude de présentation des disques constituait un risque de confusion pour le public (CA Rouen 18-9-1997 : PIBD 1997 nº 643 III p. 613).

b. Imitation de produits non protégés par un droit de propriété intellectuelle

Celui qui ne dispose d'aucun droit de propriété intellectuelle sur un produit peut agir en concurrence déloyale contre celui qui imite ce produit. Ainsi la Cour de cassation a-t-elle affirmé que « l'action en concurrence déloyale a pour objet d'assurer la protection de celui qui ne peut pas se prévaloir d'un **droit privatif** » (Cass. com. 4-7-1978 nº 77-10.035 P : Bull. civ. IV nº 188 ; Cass. com. 18-1-1982 nº 81-10.013 P : Bull. civ. IV nº 19). En ce qui concerne les conditions de l'action, voir nº 12025. 12520

REPRODUCTION SERVILE D'UN PRODUIT

12530 En l'absence de droit privatif, le **seul fait de commercialiser** des produits identiques à ceux distribués par un concurrent n'est pas fautif (Cass. com. 9-6-2004 n° 03-10.136 F-D : Propr. intell. oct. 2004 chron. J. Passa p. 964 ; Cass. com. 27-1-2009 n° 08-10.991 F-D : Contrats, conc., consom. 2009 comm. n° 79 note M. Malaurie-Vignal ; Cass. com. 27-9-2017 n° 16-10.962 F-D : RJDA 2/18 n° 196 ; Cass. com. 7-3-2018 n° 16-18.279 F-D : RJDA 8-9/18 n° 690).

En revanche, la **reproduction servile dans le but de créer une confusion** (ou de porter atteinte à l'image ou à la notoriété du produit concurrent) constitue un acte de concurrence déloyale.

Ne constitue pas un acte de concurrence déloyale la reprise sur des articles de vaisselle d'éléments décoratifs d'une toile imprimée, dès lors qu'il n'y a pas eu de copie servile de la toile et qu'aucun risque de confusion n'est caractérisé, aux yeux d'un consommateur moyen, entre des produits différents, commercialisés selon des circuits de distribution différents (Cass. com. 5-1-2022 n° 19-23.701 F-D : RJDA 6/22 n° 374).

Le tableau ci-dessous donne des exemples de reproduction servile dans le but de créer une confusion.

Produit copié	Description des faits
Articles de vaisselle	Copie servile d'articles de vaisselle en métal par un industriel qui leur a donné exactement les mêmes dimensions que les **articles d'origine**, ce qui les a rendus **indiscernables** même pour un professionnel et pour les représentants de l'entreprise victime (Cass. com. 2-1-1968 n° 66-11.434 P : Bull. civ. III n° 2).
Textile	– Modèle de **manteau** mis en vente à un prix de moitié inférieur à celui du modèle d'un concurrent dont il est la **reproduction presque complète**, ce qui crée une confusion de nature à égarer la clientèle, peu important que les effets et la coupe du manteau ne soient ni nouveaux ni originaux (Cass. com. 16-2-1971 n° 69-14.336 P : Bull. civ. IV n° 48). – **Dessin cachemire** imprimé sur des tissus qui reproduit dans ses moindres détails, par un **décalque exact**, le dessin qu'une autre société commercialise sur ses tissus depuis plusieurs années, cette reproduction servile étant faite de surcroît sur des tissus de même coloris (CA Paris 20-12-1989 n° 88-8041 : D. 1990 IR p. 32).
Matériel d'outillage industriel	– Commercialisation de **fraises rotatives** qui constituent la copie quasi servile de l'appareil fabriqué par un concurrent : la plupart des **similitudes** ne sont **pas** la conséquence de nécessités fonctionnelles ; elles ne peuvent pas être **fortuites** compte tenu de leur nombre et de leur concordance ; elles provoquent auprès de la clientèle une confusion recherchée et permettent de capter la clientèle de l'appareil concurrent très connu (Cass. com. 24-5-1976 n° 75-11.674 P : Bull. civ. IV n° 172). – **Copie** d'une **machine** fabriquée par un concurrent, l'adjonction d'un fourreau lui donnant un aspect extérieur différent ne permettant pas d'éviter le risque de confusion de la clientèle professionnelle (Cass. com. 4-7-1978 n° 77-10.035 P : Bull. civ. IV n° 188).
Catalogue de vente	Catalogue d'une société **reproduisant** servilement certains **extraits du catalogue** d'un concurrent ce qui, en dépit de différences, entraînait une confusion pour la clientèle (Cass. com. 15-6-1983 n° 81-15.936 P : Bull. civ. IV n° 174).
Œuvre musicale	– Commercialisation de deux **disques** constituant des **copies serviles** de deux enregistrements de chansons édités et commercialisés antérieurement par une autre société, le risque de confusion résultant de ce caractère servile, aggravé par les références mensongères figurant sur les pochettes contenant les disques (Cass. com. 6-5-1981 n° 79-14.822 P : Bull. civ. IV n° 211). – **Imitation** d'un **thème musical** dépourvu d'originalité, dès lors que la copie est à ce point servile qu'elle est en tous points assimilable à un surmoulage (Cass. 1e civ. 23-3-1983 n° 82-10.506 P : Bull. civ. I n° 108).
Emballage d'un produit	**Emballages** de tielles sétoises rigoureusement **identiques** à ceux d'un concurrent, tant en ce qui concerne les formes que les dimensions, sur lesquels est apposée, au même endroit que le concurrent, une étiquette de même dimension (Cass. com. 21-2-2012 n° 10-27.966 F-D : RJDA 7/12 n° 727).

Produit copié	Description des faits
Sac à main	**Imitation** de piètre qualité d'un **sac à main notoire** et de marque : pas de risque de confusion pour le public sur l'origine des produits du fait des différences de qualité et de prix des sacs, mais atteinte à l'image de marque et à la notoriété de la société victime (Cass. com. 15-11-2011 nº 10-25.473 F-D : RJDA 3/12 nº 354).
Biberon	Biberons qui sont la **copie servile de biberons** commercialisés par un concurrent, dès lors qu'il n'existe entre les deux objets que des différences mineures et portant sur des points accessoires alors que les similitudes, beaucoup plus nombreuses, portent sur des caractéristiques essentielles, entraînant un risque de confusion dans l'esprit du consommateur (T. com. Nanterre 9-3-1990 : Gaz. Pal. 1990. som. p. 308).
Cordon conducteur électrique	Modèle de **cordon torsadé** conducteur qui mêle un cordon bleu et un cordon blanc, **reproduisant de manière quasi servile** le modèle d'un concurrent dès lors que, malgré certaines différences de packaging et de ton entre les couleurs, les produits destinés à une clientèle spécialisée commune génèrent une impression d'ensemble extrêmement proche et que la couleur bleue, non imposée par l'usage du produit, est un axe de communication de la victime (Cass. com. 14-10-2020 nº 18-19.287 F-D : RJDA 8-9/21 nº 613).

SIMILITUDE ENTRE DEUX PRODUITS

Une action en concurrence déloyale peut être engagée lorsque la **similitude** qui **existe** entre deux produits est suffisante pour entraîner un risque de confusion dans l'esprit de la clientèle. **12540**

L'**appréciation de la similitude** du conditionnement de produits concurrents se fait d'après les ressemblances et non d'après les différences, le juge devant rechercher si l'impression d'ensemble est de nature à établir une confusion dans l'esprit de la clientèle (Cass. com. 21-6-1994 nº 92-17.666 D : RJDA 12/94 nº 1401 ; Cass. com. 19-10-2022 nº 21-10.973 F-D : RJDA 2/23 nº 119).

Ce risque de confusion doit être apprécié pour un **consommateur d'attention moyenne** qui ne dispose pas en même temps des produits litigieux (Cass. com. 3-7-2001 nº 99-19.632 : RJDA 10/02 nº 113). Lorsque les produits sont destinés à une clientèle déterminée, l'appréciation se fait par rapport à la clientèle visée (Cass. com. 24-5-1994 nº 92-21.966 D : RJDA 8-9/94 nº 988 ; Cass. com. 8-10-2002 nº 00-14.948 F-D : RJDA 4/03 nº 451).

12545

Produit copié	Similitude fautive ou non
Bouteille d'apéritif	– Pas de confusion entre un apéritif avec alcool vendu sous la marque « bitter campari » et un apéritif commercialisé sous l'appellation « bitter sans alcool », accompagné de l'indication « se boit sec ou en long drink », dès lors que la précision de l'étiquette sur le caractère non alcoolisé de l'apéritif élimine toute possibilité de confusion dans l'esprit du consommateur (Cass. com. 29-5-1973 nº 72-10.910 P : Bull. civ. IV nº 188) : **similitude non fautive.** – Présentation d'un apéritif dans un coffret qui reproduit l'image de la bouteille avec comme seules mentions « Old Tawny » et « Vintage », termes habituellement réservés aux vins de Porto : en dépit de l'absence du mot « Porto », l'emploi de ces expressions appelle indirectement l'attention de l'acheteur vers ce qu'il peut être tenté de prendre, de prime abord, pour une bouteille de Porto, et finalement de le détourner de cet achat au profit de l'apéritif incriminé (Cass. com. 14-1-1974 nº 72-14.054 P : Bull. civ. IV nº 17) : **similitude fautive.** – Les mots « Captain Thomas » qui figurent sur l'étiquetage d'une boisson ne sont pas de nature à suggérer que ce produit est d'origine écossaise ou est un whisky, la confusion avec le whisky étant exclue grâce à la mention clairement apparente sur l'étiquette qu'il s'agissait d'un « apéritif au whisky » (Cass. com. 5-3-1991 nº 89-12.671 D : RJDA 7/91 nº 673) : **similitude non fautive.** – Confusion sur l'origine d'un whisky résultant de l'utilisation par un fabricant français de la marque « Loch Glaner » à consonance britannique et de la représentation sur l'étiquette des bouteilles d'un lion presque identique à celui figurant sur les emblèmes écossais (CA Versailles 4-11-1993 : RJDA 6/94 nº 752) : **similitude fautive.**

12545 (suite)

Produit copié	Similitude fautive ou non
Répartiteur téléphonique	Commercialisation de composants de répartiteurs téléphoniques destinés à une clientèle de techniciens avertis qui ne peut manquer de déceler les différences de conception de produits concurrents, lesquels sont en outre individualisés par l'indication parfaitement lisible du nom de chacun des fabricants (Cass. com. 24-5-1994 n° 92-21.966 D : RJDA 8-9/94 n° 988) : **similitude non fautive.**
Modèle de gouttière	– Existence d'un risque de confusion dans l'esprit de la clientèle entre deux modèles de gouttières dès lors que : la couleur et l'aspect général des produits sont identiques ; les modèles de l'entreprise poursuivie ont été conçus pour s'adapter à ceux de l'entreprise plaignante ; seules les étiquettes placées par les fabricants sur leurs produits respectifs permettent de les distinguer (Cass. com. 29-11-1994 n° 92-19.918 D : RJDA 6/95 n° 791) : **similitude fautive.** – Pas de risque de confusion entre des gouttières, dès lors que le concurrent a apposé sa marque sur ses produits et que la forme des gouttières est caractérisée par des angles adoucis et des lignes fluides s'opposant aux lignes géométriques des produits du plaignant (CA Paris 15-1-1997 : RJDA 7/97 n° 982) : **similitude non fautive.**
Panneau de basket	Panneaux de basket très ressemblants dans leurs forme et contour, mais qui peuvent parfaitement être distingués par leur couleur et l'inscription de la marque, la tranche plastifiée de l'un d'eux conférant au second un caractère bas de gamme, d'une qualité très inférieure au premier (CA Versailles 27-6-1996 : RJDA 11/96 n° 1421) : **similitude non fautive.**
Méthode d'apprentissage	Commercialisation d'une collection d'ouvrages destinés à faciliter l'apprentissage du dessin aux enfants portant le même titre qu'une collection éditée par un concurrent, le risque de confusion résultant de la similitude des titres, du choix de la même méthode d'apprentissage du dessin et du fait que les produits sont diffusés dans les mêmes points de vente (Cass. com. 28-11-2006 n° 03-19.498 F-D : RJDA 4/07 n° 423) : **similitude fautive.**
Modèle de vêtements	Commercialisation de dix-huit modèles de vêtements imitant ceux commercialisés par un concurrent, ces produits ayant été proposés à la vente durant une période concomitante dans les magasins du concurrent et dans ceux, situés à proximité, du vendeur, de sorte que, malgré les différences entre les marques revêtant les produits en cause, le risque de confusion existe (Cass. com. 12-12-2006 n° 05-18.988 F-D : RJDA 6/07 n° 670) : **similitude fautive.**
Chaussures	Commercialisation de modèles de chaussures identiques dans la forme, le matériau, le dessin et la dimension à ceux commercialisés par un concurrent, les différences étant limitées à la couleur des losanges et aux marques intérieures peu visibles, constatations dont il peut être déduit une volonté de la société imitatrice d'entretenir dans l'esprit du public une confusion entre les produits en cause (Cass. com. 20-3-2007 n° 04-19.679 F-PB : RJDA 10/07 n° 1045) : **similitude fautive.**
Conserves alimentaires	Vente de conserves de langues de bœuf sur lesquelles sont apposées des étiquettes prêtant à confusion avec celles utilisées par la société leader sur le marché (CA Poitiers 4-10-2011 n° 10/02787 : RJDA 5/12 n° 542) : **similitude fautive.**
Fromage	Imitation des caractéristiques fortement évocatrices d'un fromage à pâte molle en petit format : même type, même apparence, même poids et vendu en nombre identique, par lot de trois, ce qui produit une impression d'ensemble semblable et donc un risque de confusion dans l'esprit du consommateur sur l'origine du produit (CA Versailles 5-1-2016 n° 14/03339 : RJDA 5/16 n° 406) : **similitude fautive.**

Produit copié	Similitude fautive ou non
Antennes de camping-car	Commercialisation par un concurrent d'antennes de camping-car similaires dans leur architecture et caractéristiques techniques mais l'examen de l'impression d'ensemble dégagée par les produits et les communications commerciales du concurrent ne créent pas de risque de confusion (Cass. com. 19-10-2022 n° 21-10.973 F-D : RJDA 02/23 n° 119) : **similitude non fautive.**

FAITS JUSTIFICATIFS DE L'IMITATION

Il n'y a pas concurrence déloyale lorsque l'**imitation résulte de** la **nature des produits** ou d'une **nécessité technique,** ou lorsqu'elle répond à une politique commerciale de **normalisation des produits.** 12550

Faits justificatifs	Imitation fautive ou non
Nature des produits	– Utilisation d'un emballage « blister » pour la vente de mini-spots concurrents de ceux d'un autre fabricant dès lors que ce mode de présentation est courant pour la vente de ces articles (CA Paris 10-12-1980 : D. 1981 p. 517 note P. Greffe) : **imitation non fautive.** – Présentation d'un magazine de télévision, la ressemblance avec d'autres revues résultant de l'identité des informations présentées (titre des émissions, horaires, nombre de chaînes, etc.) (T. com. Paris 1-3-1988 : Les Petites Affiches 25 mai 1988 p. 28) : **imitation non fautive.** – Vente de plats cuisinés surgelés en portions individuelles avec, sur l'emballage, l'indication du nom du produit au-dessus de sa photographie, dès lors que cette présentation est banale et usuelle, et même nécessaire pour permettre leur commercialisation (CA Paris 24 5 1988 : Lettre distrib. octobre 1988 p. 2) : **imitation non fautive.** – Similitude entre des « boîtes à meuh » résultant d'un courant de mode éphémère dont chaque commerçant essaie de bénéficier (Cass. com. 7-6-2011 n° 10-19.742 F-PB : RJDA 10/11 n° 858) : **imitation non fautive.** – Commercialisation de produits antiseptiques à usage hospitalier dans des conditionnements de couleurs identiques à celles adoptées par un concurrent, dès lors qu'elles correspondent au « code couleur » utilisé par la pharmacie hospitalière pour permettre au personnel d'identifier aisément les différentes catégories de produits afin d'éviter les erreurs d'utilisation (CA Versailles 29-3-2001 : RJDA 10/01 n° 1052) : **imitation non fautive.**
Nécessité technique ou fonctionnelle	– Copie servile des parties fonctionnelles d'un appareil rendue nécessaire par l'adoption de normes standard (CA Paris 13-2-1984 : RTD com. 1985 p. 757) : **imitation non fautive.** – Reproduction à l'identique du format d'étiquettes d'un concurrent résultant de la combinaison de leur forme et de leurs dimensions, alors que cette reproduction n'est imposée ni par des considérations techniques ni par des normes (Cass. com. 19-5-1992 n° 90-14.170 D ; CA Poitiers 4-10-2011 n° 10/02787 : RJDA 5/12 n° 542) : **imitation fautive.** – Société de courtage d'assurance qui emploie, dans ses relations avec la clientèle, des contrats d'assurance similaires à ceux d'un concurrent, dès lors que de tels documents peuvent, eu égard à leur caractère technique, être rédigés en des termes similaires car ils expriment nécessairement les mêmes fondements et obligations juridiques (CA Paris 27-3-1996 : RJDA 7/96 n° 999) : **imitation non fautive.**

Faits justificatifs	Imitation fautive ou non
Normalisation des produits	– Fabrication de bacs en matière plastique destinés à la manutention de denrées alimentaires pouvant s'emboîter dans ceux d'un concurrent afin de permettre une utilisation indifférenciée des bacs de l'une ou l'autre fabrication (Cass. com. 7-3-1989 n° 87-18.941 P : D. 1990 p. 76 note Y. Serra ; Bull. civ. IV n° 77) : **imitation non fautive.** – Mise en vente de pièces de rechange (lanterne arrière pour poids lourds) conçues de telle sorte qu'elles s'adaptent sur le boîtier fabriqué par un concurrent, mais non l'inverse (CA Versailles 4-2-1994 : RJDA 4/94 n° 472) : **imitation fautive.** – Vente de jeux compatibles avec ceux d'un concurrent bien connus du public dès lors qu'il n'est fait aucune référence susceptible de créer une confusion dans l'esprit de l'acheteur moyen sur l'origine des produits respectifs (Cass. com. 29-3-1994 n° 92-12.210 P : RJDA 8-9/94 n° 985) : **imitation non fautive.** – Vente d'un jeu de construction compatible avec celui, composé de briques emboîtables, d'un concurrent célèbre, dès lors que les briques ont un aspect extérieur si semblable que seul un œil exercé peut les distinguer et que ce n'est qu'à l'ouverture de l'emballage que les acheteurs peuvent constater que les briques sont de qualité nettement inférieure à celles du concurrent (CA Paris 7-11-1994 : RJDA 6/95 n° 793) : **imitation fautive.** – Commercialisation de pièces mécaniques de rechange adaptables aux pompes centrifuges d'un concurrent : répliques exactes de celles du concurrent, ces pièces ne sont pas le résultat d'un surmoulage des pièces originales mais sont réalisées sur la base de plans fournis par le client lui-même ; la correspondance entre les références des deux produits se justifie par le caractère interchangeable de la production (Cass. com. 16-5-2000 n° 98-10.230 FS-P : RJDA 12/00 n° 1193) : **imitation non fautive.**

12552 Le fait qu'un **autre concurrent** ait également **commercialisé** un produit reprenant les caractéristiques du **produit copié** est sans incidence sur le caractère fautif des actes commis par l'entreprise poursuivie en concurrence déloyale (Cass. com. 14-10-2020 n° 18-19.287 F-D : RJDA 8-9/21 n° 613).

3. IMITATION DE PUBLICITÉ

12570 L'imitation des moyens de publicité d'autrui est répréhensible lorsqu'elle est susceptible de créer, dans l'esprit de la clientèle, une confusion avec les produits de l'entreprise concurrente.

a. Imitation de supports publicitaires

12580 L'imitation d'un support publicitaire constitue un acte de concurrence déloyale dès lors qu'il existe un risque de confusion dans l'esprit de la clientèle.

Pour des exemples concernant :

– des prospectus (T. com. Dunkerque 3-6-1957 : D. 1957 som. p. 138 ; TGI Paris 12-3-1982 : Lettre distrib. octobre 1982 p. 2 ; Cass. com. 5-4-2018 n° 16-17.294 F-D : RJDA 6/18 n° 543) ;

– une brochure (Cass. com. 19-7-1965 : D. 1965 p. 763 ; Cass. com. 15-6-1983 n° 81-15.936 P : Bull. civ. IV n° 174 ; CA Paris 26-10-1987 : D. 1987 IR p. 229) ;

– des graphiques (Cass. com. 27-11-1972 n° 71-11.754 P : Bull. civ. IV n° 301) ;

– des documents commerciaux (T. com. Lyon 5-7-1977 : D. 1978 IR p. 78) ;

– des étiquettes (Cass. com. 7-10-1980 n° 79-10.093 P : Bull. civ. IV n° 327) ;

– la reproduction d'une photographie (CA Paris 25-10-1989 : D. 1989 IR p. 300 ; CA Versailles 26-9-1991 : RJDA 7/92 n° 771) ;

– un film publicitaire reprenant une situation mise en scène dans une photographie publiée dans la presse écrite (CA Paris 24-3-1999 : RJDA 11/99 n° 1271).

b. Imitation de slogans publicitaires

L'imitation servile ou quasi servile d'un slogan publicitaire constitue un acte de concurrence déloyale dès lors qu'il existe un risque de confusion dans l'esprit de la clientèle. Il en est ainsi : 12590

– du slogan utilisé pour la promotion de fromages portant la marque « La vache sérieuse » « Le rire est le propre de l'homme… le sérieux celui de la vache » reprenant le slogan « Le rire est le propre de l'homme… c'est aussi celui de La vache qui rit » utilisé pour la promotion des fromages de marque « La vache qui rit » (CA Paris 4-3-1959 : D. 1960 p. 26 note H. Desbois) ;

– du slogan « Les 25 jours Super But. Les jours les moins chers de France chez But » alors qu'un distributeur, qui était concurrent de l'annonceur pour nombre des produits concernés par l'opération mise en œuvre, utilisait depuis plusieurs années le slogan « Les 25 jours Auchan. Les jours les moins chers de France » pour son opération promotionnelle annuelle (TGI Meaux 16-9-1995 : Contrats, conc., consom. 1995 comm. n° 184 note L. Vogel).

En revanche, l'utilisation du slogan « seul Lava lave aussi blanc sans bouillir » n'est pas une imitation déloyale du slogan « Persil lave plus blanc » dès lors que le premier n'a ni la brièveté, ni l'euphonie, ni l'impact du second (CA Paris 22-4-1969 : D. 1970 p. 214 note J.-M. Mousseron).

Un slogan publicitaire déposé comme marque peut faire conjointement l'objet d'une action en contrefaçon de la marque déposée et d'une action en concurrence déloyale si le comportement de l'imitateur est frauduleux. Sur les conditions de mise en œuvre parallèle des deux actions, voir n° 12022.

c. Imitation d'idées publicitaires

Une idée publicitaire est non protégeable, quand bien même elle serait originale, et elle ne peut pas faire l'objet d'une appropriation (CA Versailles 24-11-1994 : RJDA 3/95 n° 386). 12600

En revanche, la reprise d'une idée publicitaire d'un concurrent peut être constitutive d'un acte de concurrence déloyale en cas de comportement fautif caractérisé par la création d'un **risque de confusion** dans l'esprit de la clientèle sur l'origine des produits (CA Versailles 24-11-1994 précité ; CA Versailles 18-2-2014 n° 12/07318 : RJDA 6/14 n° 579, confirmé par Cass. com. 24-11-2015 n° 14-16.806 F-D : RJDA 3/16 n° 238).

ILLUSTRATIONS

Ne constitue pas un acte de concurrence déloyale l'utilisation par une agence de publicité du principe consistant à demander aux consommateurs de téléphoner au cours d'une période déterminée de la journée afin d'être éventuellement tirés au sort pour recevoir un lot (CA Versailles 24-11-1994 précité). En revanche, dans un cas où un fabricant de jus de fruits assurait la promotion de ses produits grâce à un visuel publicitaire représentant un fruit en gros plan sur lequel était apposée une étiquette comportant sa marque, jugé qu'avait commis une faute un concurrent titulaire d'une autre marque qui avait fait diffuser à la télévision un film publicitaire représentant un homme en train de servir du jus de fruits portant cette marque après avoir ramassé des oranges dans une plantation, le dernier plan du film montrant une orange sur laquelle était apposée la marque (CA Versailles 18-2-2014 précité).

d. Reprise de termes utilisés dans une publicité

L'existence dans une publicité de termes identiques ou similaires à ceux employés dans une autre n'est pas toujours répréhensible. 12610

En effet, l'emploi de **mots d'usage courant** ou de termes techniques nécessaires pour l'information du public ne constitue pas un acte de concurrence déloyale.

Il en est de même de l'utilisation dans une publicité de **termes** qui sont **nécessaires** pour définir les produits ou leur mode d'utilisation.

ILLUSTRATIONS

Les mots « massage » et « électricité statique » employés à propos de sous-vêtements sont des mots du **langage courant** dont l'emploi ne constitue pas un usage déloyal de formules semblables (Cass. com. 13-5-1970 n° 69-10.908 P : Bull. civ. IV n° 160) ; il en va de même pour l'utilisation des mots d'usage courant « on est tous », « nous sommes tous » (T. com. Paris 28-5-1990 : Lettre distrib. juillet-août 1990 p. 4).

Le slogan « Seul Lava lave aussi blanc sans bouillir » n'est pas une imitation déloyale du slogan « Persil lave plus blanc » dès lors que l'emploi des deux mots « lave » et « blanc » est **nécessaire** et descriptif pour exprimer l'action du produit et le résultat qu'on en attend (CA Paris 22-4-1969 : D. 1970 p. 214 note J.-M. Mousseron). De même, l'utilisation du slogan « l'antivirus absolu » à propos d'un logiciel est licite (CA Paris 24-5-1995 n° 93-17935, 4e ch. A).

C. Actes désorganisant l'entreprise concurrente

1. EXPLOITATION DES CONNAISSANCES TECHNIQUES OU DU SAVOIR-FAIRE

12650 La **révélation d'un secret de fabrique** par le directeur ou le salarié d'une entreprise à des tiers est sanctionnée pénalement : deux ans d'emprisonnement et 30 000 € d'amende (CPI art. L 621-1). Le titulaire des connaissances frauduleusement divulguées peut ainsi obtenir réparation de son dommage en se constituant partie civile à l'encontre de l'auteur de ce délit (pour une application, voir Cass. crim. 7-11-1974 nº 72-93.034 P : Bull. crim. nº 323).

Lorsque les conditions de l'article L 621-1 précité ne sont pas remplies, il peut également avoir droit à réparation en cas d'exploitation des connaissances techniques ou du savoir-faire commercial sans son autorisation. Bien entendu, une telle exploitation n'est fautive que si ces connaissances ont un caractère inédit et secret. Il a été jugé que l'appropriation, par des procédés déloyaux, d'informations confidentielles relatives à l'activité d'un concurrent constitue un acte de concurrence déloyale (Cass. com. 8-2-2017 nº 15-14.846 F-D : RJDA 7/17 nº 516 ; Cass. com. 18-11-2020 nº 18-19.012 F-D : RJDA 8-9/21 nº 614) ; le titulaire de ces informations peut obtenir réparation même si les informations n'ont pas été utilisées (Cass. com. 8-2-2017 nº 15-14.846 F-D précité). Ainsi, la **conservation** d'informations confidentielles appartenant à une société par un de ses anciens salariés et leur appropriation par la société qu'il a créée constitue un acte de concurrence déloyale (Cass. com. 1-6-2022 nº 21-11.921 F-D : RJDA 3/23 nº 171). Il en est ainsi même si l'ancien salarié n'est pas tenu par une **clause de non-concurrence** (Cass. com. 7-9-2022 nº 21-13.505 F-D : RJDA 12/22 nº 723 ; Cass. com. 1-06-2022 nº 21-11.921 précité).

12655

	Exploitation fautive	
	Oui	Non
Entreprise industrielle qui, en embauchant un employé d'une société concurrente, acquiert toutes précisions sur les techniques de fabrication et les résultats des recherches effectuées par celle-ci (Cass. com. 18-12-1957 nº 1223 P : Bull. civ. III nº 305).	X	
Exploitation par une entreprise industrielle, à l'instigation de l'ancien directeur technique d'une société concurrente, d'un procédé de moulage de fonte largement connu qui ne constitue donc pas un secret de fabrication (Cass. com. 22-3-1971 nº 69-12.975 P : Bull. civ. IV nº 84).		X
Société qui, après s'être procuré l'ensemble de la documentation technique et commerciale d'un concurrent grâce à sa filiale qui a eu, pour un temps, l'exploitation du fonds de commerce de celui-ci en location-gérance, indique aux clients de ce concurrent qu'elle a repris la fabrication des produits de celui-ci, créant ainsi une confusion dans l'esprit des clients sur l'origine des produits (Cass. com. 29-4-1975 nº 73-14.098 P : Bull. civ. IV nº 117).	X	
Utilisation par l'ancien salarié d'un salon de coiffure d'une technique de coupe dite « sur cheveux secs », dès lors que celle-ci ne constitue pas une œuvre originale et n'apparaît, pour un spécialiste, que comme un habile moyen publicitaire (Cass. soc. 18-12-1978 nº 77-41.502 P : Bull. civ. V nº 877).		X
Entreprise de construction qui, à l'occasion de pourparlers avec un concurrent, s'empare des procédés techniques utilisés par celui-ci et les met en œuvre sur l'un de ses chantiers (Cass. com. 3-10-1978 nº 77-10.915 : D. 1980 p. 55 note J. Schmidt-Szalewski).	X	
Utilisation, par l'ancien salarié d'une entreprise, de la seule expérience acquise auprès de celle-ci (CA Paris 23-3-1982 : D. 1982 IR p. 369).		X
Diffusion par une société d'un désinfectant des voies respiratoires à base d'essences aromatiques naturelles, après l'échec de pourparlers avec une autre société en vue de distribuer un produit similaire fabriqué par celle-ci : l'inhalation d'essences aromatiques pour la prévention des infections respiratoires étant un procédé ancien qui relève du domaine public et la présentation sous forme de vaporisateur étant banale en pharmacie, il était aisé pour un professionnel de ce secteur de réaliser un tel produit (Cass. com. 21-11-2000 nº 98-17.783 F-D : RJDA 2/01 nº 252).		X

	Exploitation fautive	
	Oui	Non
Ancien licencié d'un réseau de commercialisation de produits de boulangerie qui exerce une activité de boulangerie sous une autre enseigne, sans qu'il soit démontré que ses pains sont fabriqués selon les recettes et modes opératoires contenus dans la « bible » qui lui avait été remise lors de la conclusion de licence (Cass. com. 8-12-2015 n° 14-19.487 : RJDA 4/16 n° 334).		X

2. EMBAUCHE FAUTIVE DE PERSONNEL

La simple embauche, dans des **conditions régulières,** d'anciens salariés d'une entreprise concurrente n'est pas en elle-même fautive (Cass. com. 5-2-1991 n° 88-16.214 D : RJDA 4/91 n° 361 ; Cass. com. 28-9-2022 n° 21-15.892 F-D : RJDA 1/23 n° 59). Ainsi, le fait de recruter du personnel d'un concurrent à la suite de petites annonces parues dans la presse locale ou de candidatures spontanées n'est pas en soi constitutif de concurrence déloyale (Cass. com. 13-5-1975 n° 74-12.007 P : Bull. civ. IV n° 132). 12680

En revanche, l'embauche devient déloyale si elle est intervenue dans des **circonstances particulières** caractérisant la faute du nouvel employeur et causant un préjudice à l'employeur précédent.

> **Précisions** Des **dommages-intérêts** peuvent aussi être obtenus en application de l'article L 1237-3 du **Code du travail** selon lequel, en cas de débauchage d'un salarié qui a rompu abusivement son contrat de travail, le nouvel employeur est solidairement responsable du dommage causé à l'employeur précédent lorsqu'il est intervenu dans la rupture ou lorsqu'il a eu connaissance du contrat de travail qui liait le salarié à son ancien employeur.

a. Embauche d'un salarié libre de tout engagement de non-concurrence

L'**embauche** de salariés d'une entreprise concurrente est fautive si elle s'accompagne de **manœuvres déloyales** et entraîne la **désorganisation** de cette entreprise (Cass. com. 9-3-1999 n° 97-12.009 F-D : RJDA 5/99 n° 620 ; Cass. com. 16-12-2008 n° 07-19.848 F-D : RJDA 4/09 n° 395 ; Cass. com. 8-7-2020 n° 18-17.169 F-D : RJDA 12/20 n° 670), peu important que cette entreprise ait reconstitué rapidement ses effectifs (Cass. com. 23-6-2021 n° 19-21.911 F-D : RJDA 12/21 n° 802). La preuve concrète de la désorganisation est exigée (Cass. com. 20-9-2016 n° 15-13.263 F-D : RJDA 12/16 n° 845). Ainsi, le seul fait que les salariés débauchés occupaient un poste stratégique ne suffit pas à démontrer que leur départ désorganise l'entreprise de leur ancien employeur : il faut préciser concrètement en quoi leur départ entraîne une telle désorganisation (même arrêt). 12690

Le nombre de salariés concernés n'est pas un critère à lui seul déterminant car le débauchage d'un seul salarié peut suffire à désorganiser une entreprise (CA Versailles 25-6-2009 n° 08-3959 : RJDA 1/10 n° 94). L'embauche n'est pas fautive lorsque l'ancien employeur est à l'origine du départ des salariés et donc indirectement de la désorganisation de l'entreprise.

12695

Circonstances du recrutement	Conséquences pour l'entreprise victime
Sur les seize salariés d'une société, trois l'avaient quittée pour entrer au service d'une autre entreprise et deux autres avaient donné leur démission à la suite d'offres d'engagement de cette dernière (Cass. com. 5-11-1991 n° 89-13.506 D : RJDA 2/92 n° 214).	Désorganisation de la société qui a perdu une équipe de travail complète représentant le tiers de son personnel : **recrutement fautif.**
Embauche de salariés ayant décidé de quitter leur entreprise dans laquelle ils se sentaient mal considérés (CA Paris 21-1-1993 : RJDA 6/94 n° 754).	Pas de désorganisation de l'entreprise car elle a pu intégrer et former de nouveaux salariés au fur et à mesure des départs qui se sont échelonnés sur neuf mois : **recrutement non fautif.**
Embauche simultanée de la moitié du personnel d'une société, dont la totalité du service technico-commercial (CA Rouen 24-6-1993 : RJDA 8-9/93 n° 765).	Désorganisation de la société résultant de la décapitation complète d'un service essentiel, ce qui l'a empêché de faire face à l'arrivée du concurrent par une présence accrue sur le terrain, faute de technico-commerciaux disponibles : **recrutement fautif.**

12695 (suite)

Circonstances du recrutement	Conséquences pour l'entreprise victime
Départ pour une entreprise concurrente de trois salariés d'une société, le premier pour rejoindre, à un salaire moindre, son beau-père, gérant de l'entreprise concurrente, le deuxième pour mésentente avec l'équipe dirigeante, et le troisième par volonté de quitter son emploi (Cass. com. 17-10-1995 n° 93-21.470 D : RJDA 2/96 n° 300).	Absence de preuve de manœuvres déloyales de la part de l'entreprise concurrente et absence de désorganisation du fonctionnement de la société qui comptait plus de 300 salariés : **recrutement non fautif.**
En trois ans, embauche de 22 des 350 représentants d'une société dans des conditions régulières, la meilleure rémunération obtenue chez leur nouvel employeur correspondant à leur réelle qualification (Cass. com. 21-1-1997 n° 94-17.800 D : RJDA 5/97 n° 738).	Pas de désorganisation de l'entreprise de l'ancien employeur : **recrutement non fautif.**
Embauche de trois agents de marché interbancaire d'une même entreprise à des conditions de rémunération particulièrement élevées (Cass. com. 21-10-1997 n° 95-17.926 F-D : RJDA 2/98 n° 238).	Perturbation du service auquel appartenaient les salariés mais pas de véritable désorganisation : **recrutement non fautif.**
Départ de 11 des 22 salariés d'une société en un temps réduit pour une autre société, avec des augmentations de traitement non négligeables ; ces salariés qualifiés constituaient des équipes en charge de dossiers importants générant l'essentiel du chiffre d'affaires de leur ancienne société (Cass. com. 24-10-2000 n° 97-12.330 FS-D : RJDA 2/01 n° 251).	Grave désorganisation de la société, ce que le nouvel employeur ne pouvait pas ignorer : **recrutement fautif.**
Les quatre salariés du même bureau d'un centre de gestion assurant des prestations de comptabilité pour artisans et commerçants ainsi que deux salariés sur cinq d'un autre bureau avaient démissionné en même temps pour entrer au service d'un autre centre de gestion ouvert dans la même commune et qui s'était doté d'un logiciel informatique compatible avec celui du concurrent, permettant d'en exploiter les données ; dès le lendemain des démissions, le centre de gestion avait constaté la disparition matérielle d'un grand nombre de dossiers et de supports de travaux en cours (Cass. com. 18-12-2001 n° 99-17.553 F-D : RJDA 5/02 n° 578).	Désorganisation des services du centre gestion attestée par les commerçants qui l'ont quitté parce qu'à l'époque leurs prestations de comptabilité ont été soit mal faites soit faites avec retard : **recrutement fautif.**
Départ chez un concurrent de 8 des 12 membres de l'équipe commerciale à la suite d'une restructuration du réseau de vente de la société qui était défavorable aux salariés démissionnaires (Cass. com. 2-7-2002 n° 00-14.886 F-D : RJDA 11/02 n° 1210).	Désorganisation de la société résultant, non pas de manœuvres déloyales du nouvel employeur, mais d'un conflit du travail lié à la réorganisation du réseau de vente de la société : **recrutement non fautif.**
Embauche d'un salarié de la société avec laquelle le nouvel employeur avait conclu un contrat de partenariat avant de décider de développer une activité concurrente, ce qui lui avait permis de s'approprier le bénéfice de la politique d'implantation mise en œuvre par le partenariat (Cass. com. 31-10-2006 n° 05-12.064 F-D : RJDA 3/07 n° 303).	Perte pour la société de 8 % de son chiffre d'affaires, circonstance insuffisante à démontrer une désorganisation de la société : **recrutement non fautif.**
Départ massif des salariés d'une entreprise embauchés par une société créée par un ancien salarié (Cass. com. 22-5-2007 n° 06-13.421 F-D : RJDA 10/07 n° 1028).	Absence de manœuvres de la part du nouvel employeur, la démission des salariés étant liée aux difficultés réelles de la société et à leurs inquiétudes légitimes en termes d'emploi : **recrutement non fautif.**

12695 (suite)

Circonstances du recrutement	Conséquences pour l'entreprise victime
Embauche simultanée par un nouveau concurrent de la totalité de l'équipe commerciale d'une société à des salaires équivalant à ceux dont ces salariés, tous d'une grande ancienneté, bénéficiaient chez leur employeur précédent, alors que leur nouvelle mission comportait des tâches plus limitées et que leur départ n'était ni prévisible ni justifié par des modifications dans leurs conditions de travail (Cass. com. 3-6-2008 n° 07-12.437 F-D : RJDA 12/08 n° 1326).	Grave désorganisation de la société qui l'a privée de ses chances de résister à l'offensive du nouvel arrivant puisqu'elle a été empêchée de prospecter efficacement sa clientèle traditionnelle pour tenter de la fidéliser et d'en développer une nouvelle : **recrutement fautif.**
Embauche par une société, créée par deux anciens courtiers d'une entreprise, du dernier courtier du service Matif de celle-ci, alors qu'il était seul à même de conserver et transmettre le savoir-faire de l'entreprise dans ce domaine et que la déstabilisation opérée constituait un avantage décisif pour la nouvelle société qui pouvait démarcher la clientèle avec une facilité accrue (CA Versailles 25-6-2009 n° 08-3959 : RJDA 1/10 n° 94).	Désorganisation du service Matif de la société qui a perdu tous ses courtiers, alors que de tels professionnels sont rares sur le marché de l'emploi du fait de la spécificité du métier de courtier en céréales : **recrutement fautif.**
Départ presque concomitant de neuf salariés chez un concurrent (Cass. com. 29-3-2011 n° 10-17.647 F-D : RJDA 6/11 n° 589).	Départ lié au climat social dégradé régnant dans la société et non à des manœuvres déloyales du concurrent : **recrutement non fautif.**
Démission simultanée de tous les salariés d'une entreprise, spécialisée dans les transports exceptionnels, qui disposaient d'un savoir-faire spécialisé et d'une expérience dans le transport de catamarans et embauche immédiate par une société qui entendait développer cette activité dans la même commune (Cass. com. 29-11-2011 n° 10-25.027 F-D : RJDA 3/12 n° 356).	Désorganisation de l'activité de transport de catamarans de l'entreprise qui s'est accompagnée d'une captation de clientèle (le principal client étant parti chez le concurrent) et a exposé l'entreprise à une perte de chiffre d'affaires et à des coûts de recrutement et de formation : **recrutement fautif.**
Démission quasi concomitante des quatre salariés les plus qualifiés et les plus expérimentés d'une société alors qu'ils n'avaient jamais émis la moindre réserve sur leurs conditions de travail et qu'ils représentaient ensemble une fraction notable de l'équipe d'encadrement de la société, composée de quatorze personnes ; les intéressés avaient intégré l'entreprise nouvellement créée par un ancien salarié de la société, en avaient constitué une partie de l'équipe dirigeante et avaient fait bénéficier l'entreprise de leur savoir-faire (Cass. com. 14-4-2015 n° 13-27.093 F-D : RJDA 7/15 n° 536, 1e espèce).	Désorganisation de la société qui a dû pourvoir ces postes : **recrutement fautif.**
Recrutement simultané et planifié, par une entreprise concurrente, de vingt-sept des trente membres de l'équipe en charge de l'activité d'actuariat au sein d'une société de conseil, constituée de salariés d'un niveau de qualification élevé et très spécialisés incluant les deux associés la dirigeant (Cass. com. 14-4-2015 n° 13-26.527 F-D : RJDA 7/15 n° 536, 2e espèce).	Désorganisation complète du département d'actuariat conseil de la société, dont l'activité a été brutalement et durablement anéantie : **recrutement fautif.**
Démission de deux collaborateurs comptables d'une société d'expertise comptable suivie de leur embauche par une société concurrente qui leur a proposé une augmentation de 5 % de leur rémunération (Cass. com. 18-11-2020 n° 18-19.012 F-D : RJDA 8-9/21 n° 614).	Absence d'incitation au départ des salariés, qui n'étaient pas liés par une clause de non-concurrence, et proposition de rémunération plus élevée non constitutive d'un procédé déloyal : **recrutement non fautif.**

Circonstances du recrutement	Conséquences pour l'entreprise victime
Embauche par une société de treize salariés, dont le chef d'équipe et son adjoint, sur les vingt-cinq du service « catalyseur » d'une société concurrente spécialisée dans la maintenance industrielle (Cass. com. 23-6-2021 n° 19-21.911 F-D : RJDA 12/21 n° 802).	Rôle actif de la société dans le débauchage d'une grande partie de l'équipe de la société concurrente, qui s'est appropriée l'essentiel de son savoir-faire et de sa clientèle, ce qui a causé la désorganisation du service, peu important que ses effectifs aient été reconstitués en une année : **recrutement fautif.**
Embauche de 16 salariés d'une société, dont 3 cadres dirigeants, sur 400 par l'ancien directeur général qui a créé un groupe de sociétés concurrentes (Cass. com. 22-6-2022 n° 20-20.768 F-D : RJDA 10/22 n° 594).	Désorganisation effective de la société dans l'exercice concret de son activité du fait du niveau de responsabilité et de qualification des salariés débauchés, même si les effets de la désorganisation étaient plus limités que ce qui était allégué : **recrutement fautif.**
Embauche de 4 salariés d'une société sur 22 qui ne sont pas soumis à une clause de non-concurrence (Cass. com. 13-4-2023 n° 22-12.808 F-D : RJS 11/23 n° 573).	Désorganisation de la société qui a perdu quatre salariés clés composant la totalité de son service qualité : **recrutement fautif.**

12700 Est également constitutive de concurrence déloyale l'**embauche en vue de détourner la clientèle** d'une entreprise en exploitant les connaissances acquises par le salarié dans son emploi précédent (Cass. com. 7-5-1980 n° 78-14.831 P : JCP G 1980 IV n° 267 ; Cass. com. 26-2-1985 n° 83-12.466 P : JCP éd. G 1985 IV n° 169 ; Cass. com. 4-5-1993 n° 91-16.548 D).

b. Embauche d'un salarié soumis à une clause de non-concurrence

12710 L'embauche d'un salarié est répréhensible lorsque l'employeur sait que celui-ci est lié par un contrat de travail à un autre employeur ou par une clause de non-concurrence (Cass. com. 5-2-1991 n° 88-18.400 P : RJDA 6/91 n° 552), peu important le **faible degré de concurrence** existant entre les ancien et nouvel employeurs (Cass. com. 1-6-2022 n° 21-11.921 F-D : RJDA 3/23 n° 171), même en l'absence de manœuvres dolosives (Cass. com. 22-2-2000 n° 97-18.728 D : RJDA 9-10/00 n° 929) ou déloyales (Cass. com. 16-10-2019 n° 18-15.418 F-D : RJDA 1/20 n° 52). C'est à celui qui demande réparation du dommage que lui a causé l'embauche d'un salarié lié par une clause de non-concurrence de rapporter la **preuve** que le nouvel employeur connaissait l'existence de cette clause (Cass. com. 19-10-1999 n° 97-15.795 D : RJDA 12/99 n° 1407 ; Cass. com. 18-12-2001 n° 00-10.978 FS-P : RJDA 5/02 n° 577).

ILLUSTRATIONS

Cette preuve est rapportée lorsque la clause de non-concurrence figure sur le certificat de travail du salarié (CA Paris 22-9-1982 : D. 1983 IR p. 421 obs. Y. Serra) ou, bien entendu, lorsque l'employeur précédent a averti le nouvel employeur par écrit (Cass. com. 19-10-1983 n° 82-12.841 P : Bull. civ. IV n° 192).

Dans certains cas, le nouvel employeur a l'obligation de prendre l'initiative de **vérifier** si le salarié n'était pas **lié** par une **clause de non-concurrence** et son abstention constitue une faute à l'égard de l'ancien employeur. Il en va ainsi lorsqu'il engage un salarié d'une entreprise concurrente doté d'une expérience professionnelle confirmée (Cass. com. 11-7-2000 n° 95-21.888 FS-D : RJDA 2/01 n° 250). Il en va de même dans les secteurs où une clause de non-concurrence est habituelle (Cass. com. 7-2-1995 n° 93-14.569 D : RJDA 6/95 n° 789, à propos de l'embauche d'animateurs de télévision ; Cass. com. 27-1-1982 n° 80-14.175 P : Bull. civ. IV n° 35, à propos de la faute commise par l'employeur de représentants de commerce qui s'était abstenu de vérifier si ceux-ci avaient informé leurs autres employeurs de leur acceptation d'une nouvelle carte ; Cass. com. 14-10-2020 n° 18-20.922 F-D : RJDA 3/21 n° 201, concernant le secteur du conseil en informatique et en ingénierie).

Jugé également que le nouvel employeur ne peut pas prétendre ignorer l'existence de la clause du seul fait que celle-ci ne figure pas sur le certificat de travail du salarié (CA Paris 20-2-1984 : D. 1984 IR p. 444 obs. Y. Serra).

12715 La faute de l'employeur est établie même si la **validité de la clause** est litigieuse (Cass. soc. 10-5-1983 n° 81-41.844 P : D. 1984 IR p. 140 obs. Y. Serra ; CA Paris 20-2-1984 : D. 1984 IR p. 444 obs. Y. Serra). À l'inverse, sa responsabilité ne peut pas être engagée lorsque la clause est nulle (Cass. com. 29-1-2008 n° 06-18.654 F-PB : RJDA 6/08 n° 605).

> **Précisions** La nullité de la clause de non-concurrence ne fait pas obstacle à l'**action** en responsabilité engagée par l'**employeur contre** son **ancien salarié,** dès lors que l'employeur démontre que ce dernier s'est livré à des actes de concurrence déloyale à son égard (Cass. soc. 28-1-2005 nº 02-47.527 F-PB : RJDA 5/05 nº 635 ; Cass. soc. 14-12-2005 nº 04-40.561 F-PB : RJDA 5/06 nº 502 ; Cass. soc. 31-10-2012 nº 11-16.945 F-D : RJDA 1/13 nº 76).
> Sur les conditions de validité des clauses de non-concurrence, voir Mémento Social nºs 69625 s.

La participation fautive à la violation d'une clause de non-concurrence d'un salarié d'un concurrent cause un **préjudice à ce concurrent,** fût-il seulement **moral** (Cass. com. 22-3-2023 nº 21-24.974 F-D : RJDA 11/23 nº 622). **12716**

3. CRÉATION D'UNE ENTREPRISE CONCURRENTE PAR D'ANCIENS SALARIÉS

Pendant la durée de son contrat de travail, le salarié est de plein droit tenu d'une **obligation de non-concurrence** à l'égard de son employeur. Il en est ainsi même en l'absence de clause expresse le précisant (Cass. soc. 5-5-1971 nº 70-40.021 P : Bull. civ. V nº 327). **12740**

Cette obligation n'interdit pas au **salarié** de **préparer** une **future activité** concurrente de celle de son employeur, à condition que cette concurrence ne devienne effective qu'après la rupture du contrat de travail. Le salarié peut ainsi participer à la création d'une société concurrente de l'entreprise de son employeur si cette société n'a eu aucun commencement d'activité au jour de la cessation du contrat de travail (Cass. soc. 5-12-1973 nº 72-40.381 P : Bull. civ. V nº 624 ; Cass. com. 13-3-2001 nº 99-11.178 P : RJDA 7/01 nº 824 ; Cass. soc. 5-5-2009 nº 07-45.331 F-D : RJDA 10/09 nº 909). Par exemple, le salarié peut effectuer des actes juridiques et des démarches administratives en vue de la constitution de la future société (CA Versailles 25-6-2009 nº 08-3959 : RJDA 1/10 nº 94) ; il peut donc immatriculer la société (Cass. soc. 23-9-2020 nº 19-15.313 FS-PB : RJDA 3/21 nº 167). **12745**

L'obligation de non-concurrence pendant le contrat de travail n'interdit pas au salarié d'une société de créer et diriger une société qui a une activité complémentaire, et non pas concurrente, de celle de la première (Cass. soc. 19-11-2008 nº 07-41.487 F-D : RJDA 3/09 nº 282).

Rien n'empêche non plus le salarié d'être associé d'une société concurrente ; en effet, sauf rôle actif de l'associé dans l'activité commerciale de la société, la détention de parts ou d'actions constitue un placement patrimonial n'ayant pour cause que l'espoir du gain inhérent à l'investissement ou un simple soutien moral à l'entreprise (CA Versailles 22-3-2001 : BRDA 9/01 inf. 12).

Constitue une **concurrence illicite** le fait pour les employés d'une entreprise de créer une société concurrente qui exerce une activité alors que leurs contrats de travail ne sont pas encore expirés (Cass. com. 4-6-1973 nº 72-11.737 : Bull. civ. IV nº 192 ; Cass. com. 2-5-2007 nº 05-16.626 F-D : RJDA 10/07 nº 1029 ; Cass. com. 7-12-2022 nº 21-19.860 F-B : RJDA 3/23 nº 170), cette activité débuterait-elle seulement pendant l'exécution du préavis (Cass. com. 2-3-1982 nº 80.12.232 P : D. 1983 IR p. 53 obs. Y. Serra ; Cass. com. 9-11-1987 nº 86-10.543 D : BRDA 24/87 p. 22). **12750**

Il a été jugé que le client d'une société créée dans ces circonstances pouvait lui-même être condamné pour concurrence déloyale à l'égard de l'ancien employeur dès lors qu'il savait que les salariés démissionnaires avaient commencé leur activité concurrente avant la date d'expiration de leur préavis (Cass. com. 26-3-2002 nº 00-10.528 FS-P : RJDA 8-9/02 nº 961).

Commencer à travailler pour la nouvelle entreprise avant la fin du préavis est fautif même en cas de modification substantielle par l'employeur des conditions d'exécution du contrat de travail pendant ce préavis, car une telle modification ne rend pas la rupture immédiate : si le salarié ne prend pas acte de la rupture immédiate du contrat du fait des modifications unilatérales imposées dans le préavis, celui-ci se poursuit (Cass. com. 24-9-2013 nº 12-22.525 F-D : RJDA 12/13 nº 1061).

De même, engage sa responsabilité extracontractuelle une société nouvelle constituée notamment par des salariés ayant signé une clause de non-concurrence à l'égard de leur ancien employeur dès lors qu'elle utilise les services de ces personnes en qualité de cogérants (Cass. com. 5-2-1991 nº 88-18.400 P : RJDA 4/91 nº 300).

La **création** d'une **entreprise concurrente** est également **répréhensible** lorsque l'ancien salarié se livre à l'un des actes déloyaux décrits précédemment ou ci-après, notamment l'exploitation du savoir-faire de son ancien employeur (nº 12650), le démarchage de la **12755** clientèle (n° 12780), l'embauche fautive de personnel (nos 12680 s.) ou l'utilisation de signes distinctifs (nos 12430 s.).

Ont ainsi été condamnés à verser des dommages-intérêts à leur ancien employeur :

– les créateurs de mode qui avaient quitté celui-ci et tenu une conférence de presse en annonçant la fondation de leur propre maison le lendemain de la présentation de la collection de leur employeur, dont le succès leur avait été largement attribué (CA Paris 26-9-1994 : RJDA 6/95 n° 792) ;

– l'ancien salarié d'une société de spectacles qui avait quitté son employeur en emportant avec lui le répertoire des artistes et les agendas des rendez-vous des clients, ce qui lui avait permis de démarcher la clientèle de son ancien employeur en proposant, en connaissance de cause, des prix inférieurs à ceux pratiqués par ce dernier (Cass. com. 21-2-1995 n° 93-10.754 D : RJDA 7/95 n° 924) ;

– l'ancien salarié qui, après s'être procuré au cours de l'exécution de son contrat de travail, par des moyens frauduleux, le fichier des fournisseurs de son employeur, avait quitté ce dernier et créé une société concurrente utilisatrice de ce fichier (Cass. soc. 22-5-1995 n° 91-45.675 D : RJDA 8-9/95 n° 1066) ;

– l'ancien salarié d'un restaurant qui avait ouvert, à proximité, un fonds de commerce similaire sous l'enseigne utilisée antérieurement par l'exploitant du restaurant (Cass. com. 21-6-1994 n° 91-21.425 P : RJDA 1/95 n° 84).

En revanche, une société créée par d'anciens salariés d'une société concurrente quelques semaines après leur départ de cette dernière ne peut pas être déclarée coupable de débauchage de personnel dès lors qu'au moment du départ des salariés elle n'avait pas encore d'existence légale (Cass. com. 10-1-1978 n° 76-11.405 P : Bull. civ. IV n° 18 ; Cass. com. 7-3-1995 n° 93-12.265 D : RJDA 5/95 n° 578).

Cas particulier du dirigeant

L'**obligation de loyauté** du dirigeant à l'égard de la société lui interdit d'exploiter une entreprise concurrente tant qu'il est en fonction (notamment, Cass. com. 15-11-2011 n° 10-15.049 F-PB : RJDA 2/12 n° 164), sauf s'il a reçu l'accord unanime des associés (Cass. com. 18-3-2020 n° 18-17.010 F-D : RJDA 6/20 n° 314). Si le dirigeant démissionne de ses fonctions, il ne peut pas exploiter une activité concurrente avant l'expiration de son préavis (Cass. com. 12-2-2002 n° 00-11.602 FS-P : RJDA 6/02 n° 708). Le dirigeant qui a conservé une participation importante dans le capital social après avoir quitté ses fonctions reste tenu d'une obligation de loyauté à l'égard de la société en tant qu'associé (Cass. com. 17-1-2006 n° 04-14.108 F-D : RJDA 7/06 n° 774). Dans cette affaire, aucun manquement n'a été retenu à l'encontre du dirigeant révoqué qui avait créé une société concurrente de celle dont il détenait 50 % du capital, dès lors que son attitude s'expliquait par le besoin de retrouver une activité professionnelle et ne constituait pas un acte de concurrence déloyale.

4. DÉTOURNEMENT DE LA CLIENTÈLE

a. Démarchage de la clientèle

12780 Une entreprise commerciale ne peut se prévaloir d'aucun droit privatif sur ses clients. Le démarchage de la clientèle d'un concurrent est donc licite dès lors qu'il n'est pas accompagné de procédés déloyaux (Cass. com. 24-10-2000 n° 98-19.774 FS-D : RJDA 1/01 n° 97 ; Cass. com. 19-3-2013 n° 12-16.936 F-D : RJDA 6/13 n° 561 ; Cass. com. 28-9-2022 n° 21-15.892 F-D : RJDA 1/23 n° 59).

En tout état de cause, il n'y a pas démarchage lorsqu'il est établi que le déplacement de clientèle n'est pas la conséquence de manœuvres déloyales mais procède d'initiatives spontanées de cette clientèle (Cass. soc. 12-4-1995 n° 89-44.088 D : RJDA 8-9/95 n° 1068 ; CA Versailles 11-9-1997 : RJDA 3/98 n° 368 ; Cass. com. 2-12-2020 n° 18-23.725 F-D : RJDA 8-9/21 n° 615).

12785

Circonstances du démarchage	Démarchage fautif ou non
Ancien salarié ayant utilisé systématiquement et dans un laps de temps très court, sous couvert de la société concurrente qu'il a créée, les travaux et l'expérience technique de son ancien employeur, en reproduisant les produits de celui-ci presque à l'identique sans nécessité technique et en prospectant ses clients (Cass. com. 13-2-1990 n° 88-13.828 P : BRDA 7/90 p. 7).	**Démarchage illicite,** dès lors qu'une action concertée a été menée pour s'approprier la clientèle de l'ancien employeur.
Agent d'assurances ayant, plus de deux ans après sa démission, démarché avec succès le principal client de son ancienne agence (Cass. com. 18-6-1991 n° 89-15.629 P : RJDA 11/91 n° 987).	**Démarchage illicite** résultant d'un manquement à son obligation de réserve et de loyauté qui s'imposait à lui bien qu'il fût dégagé de toute obligation contractuelle de non-concurrence.
Éditeur d'un journal de « petites annonces » ayant démarché les annonceurs d'un concurrent en se présentant faussement comme envoyé par celui-ci pour leur proposer un nouveau passage de leur annonce dans ce journal (CA Rouen 13-2-1992 : RJDA 3/92 n° 307).	**Démarchage illicite,** dès lors que le démarchage s'est accompagné de manœuvres visant à semer la confusion dans l'esprit des clients.
Cédant d'un salon de coiffure ayant envoyé à ses anciens clients un message publicitaire au dos duquel figurait un plan détaillé et précis de l'itinéraire à suivre pour se rendre du salon cédé au nouveau salon qu'il avait créé (CA Paris 18-10-1994 n° 92-19219, 3e ch. A).	**Démarchage illicite,** dès lors que les termes du message ont créé une confusion possible entre les deux salons, l'expression « nouveau salon » laissant penser que les deux établissements sont liés, et que le plan détaillé démontre l'intention délibérée du cédant de conserver son ancienne clientèle et donc de la détourner.
Diffusion d'un document publicitaire annonçant mensongèrement qu'un concurrent a cessé ses activités et informant la clientèle de l'ouverture d'un nouveau magasin tenu par un ancien salarié (CA Paris 17-10-2007 : RJDA 8-9/08 n° 965).	**Démarchage illicite,** dès lors que l'annonce manifestement mensongère a été faite dans l'intention évidente de récupérer la clientèle du concurrent, ce qui caractérise une manœuvre déloyale.
Réalisation d'une opération de promotion du chauffage au gaz par GDF auprès des seuls utilisateurs du fioul, à l'exclusion des utilisateurs de l'électricité (Cass. com. 24-10-2000 n° 98-19.774 FS-D : RJDA 1/01 n° 97).	**Démarchage licite,** dès lors que la campagne publicitaire repose sur un critère de sélection objectif de la clientèle.
Société de location d'espaces publicitaires démarchant des bailleurs d'un concurrent en leur proposant un meilleur prix (+ 40 %) ainsi qu'un modèle de lettre de dénonciation du contrat conclu avec le concurrent (CA Versailles 21-9-2000 : RJDA 4/01 n° 528).	**Démarchage licite,** dès lors que le démarchage n'est pas intervenu dans des conditions déloyales dans le cadre d'une stratégie globale de dénonciation des contrats en cours et qu'il n'est pas établi que le prix offert n'était pas celui du marché.
Utilisation par un salarié des informations relatives à la clientèle de son ancien employeur (Cass. com. 11-2-2003 n° 00-15.149 FS-P : RJDA 7/03 n° 722)	**Démarchage licite,** dès lors que ces informations ne sont pas confidentielles et ne relèvent pas d'un savoir-faire propre à celui-ci.
Utilisation par l'ancien salarié d'une société des contacts qu'il a précédemment tissés avec la clientèle de celle-ci (Cass. com. 23-10-2007 n° 05-17.155 F-D : RJDA 2/08 n° 205).	**Démarchage licite,** dès lors que l'existence de manœuvres déloyales n'est pas démontrée.
Détournement, par un ancien salarié embauché par un concurrent, des correspondances électroniques de son ancien employeur, lequel utilisait principalement ce mode de communication pour correspondre avec sa clientèle (CA Versailles 8-10-2008 n° 08-5483 : RJDA 3/09 n° 281).	**Démarchage illicite** résultant d'une atteinte aux règles normales de la concurrence.

Circonstances du démarchage	Démarchage fautif ou non
Ancien salarié d'une agence immobilière qui contracte avec certains clients de son ex-employeur dont il connaît les noms et adresses et qui les aide à résilier leur mandat de gestion (CA Versailles 26-11-2009 n° 08-3261 : RJDA 5/10 n° 570).	**Démarchage licite,** en l'absence de preuve d'un démarchage systématique de la clientèle.
Création, par une société exerçant une activité de vente en ligne de bières, de plusieurs sites dotés de noms de domaine comportant le terme « biere » et renvoyant tous sur son site principal « selection-biere.com » sans offrir aucun service (CA Douai 5-10-2011 n° 10-03751 : RJDA 3/12 n° 355).	**Démarchage illicite,** dès lors que les agissements de la société ont placé son site internet en tête des résultats des moteurs de recherche, privant le site appartenant à son concurrent d'être normalement visité.
Société, créée par un ancien salarié d'un concurrent, qui adresse une lettre circulaire aux clients du concurrent dans laquelle elle leur propose une certaine continuité dans la livraison des produits et qui, trois mois après son début d'activité, s'est attachée la grande partie des clients du concurrent (Cass. com. 9-6-2015 n° 14-13.263 F-D : RJDA 12/15 n° 877).	**Démarchage licite,** en l'absence de preuve de procédés déloyaux à l'origine du déplacement de clientèle.
Avocat qui, avant de rejoindre un autre cabinet, en a informé les clients dont il suivait personnellement les dossiers (Cass. 1re civ. 6-6-2018 n° 17-13.101 F-D : RJDA 8-9/18 n° 691).	**Démarchage licite,** dès lors que l'associé n'a pas incité ces clients à transférer leurs dossiers, ce qu'ils ont fait d'eux-mêmes en raison des liens de confiance noués avec lui.
Associé qui a conservé les dossiers de certains clients après son départ, les négociations antérieures en vue d'une cession d'une partie de la clientèle ayant échoué (Cass. com. 2-12-2020 n° 18-23.725 F-D : RJDA 8-9/21 n° 615).	**Démarchage licite,** dès lors que l'associé n'a pas incité les clients à le suivre, mais qu'ils en ont librement décidé en raison du fort intuitu personae caractérisant leur relation.
Ancien salarié ayant créé une société concurrente quelques jours après son départ, la société ayant ensuite en 10 mois noués des partenariats avec presque tous les clients et fournisseurs de son ancien employeur, engendrant une baisse brutale d'activité de ce dernier (Cass. com. 28-9-2022 n° 21-15.892 F-D : RJDA 1/23 n° 59).	**Démarchage licite,** dès lors que des manœuvres positives et déloyales de détournement des clients et des fournisseurs ne sont pas caractérisées.

b. Détournement de fichiers clients

12800 Le détournement du fichier clientèle d'un concurrent pour démarcher sa clientèle constitue un procédé déloyal, peu important que le démarchage soit, ou non, massif ou systématique (Cass. com. 12-5-2021 n° 19-17.714 F-D : RJDA 10/21 n° 692). Le fait que le détournement de fichiers n'ait conduit au départ que d'un seul client est donc sans incidence sur le caractère fautif des détournements (CA Versailles 26-11-2009 n° 07-2336 : RJDA 8-9/10 n° 892).

12805

	Détournement de fichiers	
	Oui	Non
Directeur de journal qui envoie sa publication à tous les abonnés d'un concurrent après s'être procuré leurs adresses (T. com. Rouen 3-7-1950 : D. 1951 som. p. 2).	X	
Salariés démissionnaires ayant créé une société concurrente de travail temporaire qui utilisent le fichier de leur entreprise d'origine afin de débaucher le personnel que celle-ci avait mis à la disposition des différents utilisateurs (Cass. com. 6-12-1977 n° 76-11.735 P : Bull. civ. IV n° 290).	X	

12805 (suite)

	Détournement de fichiers	
	Oui	Non
Agent général d'assurances qui, après sa révocation par une compagnie, se livre à un pillage systématique du portefeuille de celle-ci au profit de compagnies concurrentes (Cass. 1e civ. 27-9-1984 nº 83-10.730 : D. 1986 IR p. 93 obs. Berr et Groutel).	X	
Esthéticienne qui utilise, au moins intellectuellement, le fichier clients de son ancien employeur pour envoyer une lettre circulaire proposant ses services aux anciens clients dont elle s'était occupée (CA Pau 28-3-1990 : Bull. inf. C. Cass. 15-9-1990 nº 1106).	X	
Salarié qui, après s'être frauduleusement procuré le fichier des fournisseurs de la société qui l'employait, quitte brusquement celle-ci pour créer une société concurrente qui utilise alors ce fichier (Cass. soc. 22-5-1995 nº 91-45.675 D : RJDA 8-9/95 nº 1066).	X	
Société nouvellement créée qui, après avoir embauché deux salariés démissionnaires d'une entreprise concurrente, utilise frauduleusement le fichier clients de celle-ci, soit par un système de photocopie, soit par l'entremise des deux salariés, cette utilisation ne faisant aucun doute dès lors que la lettre circulaire envoyée par la société à la même clientèle que celle figurant sur le listing pour proposer ses services reproduit les erreurs figurant dans le fichier (CA Versailles 19-2-1998 : RJDA 6/98 nº 811).	X	
Fondateurs d'une société qui utilisent une copie du fichier clients d'une autre société dont ils étaient auparavant associés (Cass. com. 20-10-1998 nº 96-21.859 D : RJDA 1/99 nº 109).	X	
Ancien salarié d'une société spécialisée dans l'administration de biens immobiliers qui a conservé un carnet d'adresses sur lequel sont consignés les noms des clients avec lesquels il a entretenu des relations professionnelles, dès lors que, assurant depuis dix ans la gestion de copropriétés, ce salarié connaît à l'évidence les coordonnées des responsables (CA Paris 9-6-1999 : RJDA 10/99 nº 1150).		X
Concédant qui, après rupture du contrat de concession, utilise le fichier clientèle dérobé à son concessionnaire par un ancien salarié (Cass. com. 30-1-2001 nº 98-20.621 F-D : RJDA 6/01 nº 738).	X	
Société qui, à son grand profit, laisse son salarié se servir de deux disquettes contenant le fichier clientèle de son ancien employeur qui comprend 11 000 noms et adresses (CA Paris 24-10-2002 : RJDA 5/03 nº 555).	X	
Anciens directeurs d'une société qui ont créé une entreprise concurrente et ont emporté plusieurs centaines de fichiers relatifs notamment aux projets de formation de la société, à sa stratégie commerciale, à ses grilles de tarifs et à des notes internes « confidentiel » (Cass. com. 13-9-2017 nº 15-24.705 F-D : RJDA 12/17 nº 845).	X	
Ancienne associée d'une société d'expertise comptable qui a créé un cabinet concurrent et a conservé une clé USB dont elle se servait pour travailler à domicile et contenant une partie de la comptabilité des clients qu'elle suivait au sein de son ancienne société, dès lors que les fichiers relatifs aux données comptables des clients appartenaient à ces derniers et non à la société et que rien n'établissait qu'ils étaient suffisants pour établir les comptes de fin d'année ni que leur conservation par l'ancienne associée était à l'origine du départ des clients (Cass. com. 2-12-2020 nº 18-23.725 F-D : RJDA 8-9/21 nº 615).		X
Entreprise de travail temporaire qui détourne des informations confidentielles sur la clientèle et les intérimaires de son concurrent, transmises par des anciens salariés de ce dernier, peu important l'existence ou non d'une clause de confidentialité les liant à leur ancien employeur (Cass. com. 6-4-2022 nº 21-11.434 F-D : RJDA 7/22 nº 446).	X	

c. Détournement de commandes

12820 Tel est le cas :
– d'un constructeur qui, s'étant engagé à fabriquer des ventilateurs pour le compte d'une firme, livre une partie de cette production à des tiers (T. com. Seine 26-11-1952 : JCP éd. G 1953 IV p. 47) ;
– du salarié qui, alors qu'il était encore lié à son employeur par son contrat de travail, ne lui avait pas transmis une demande de devis et, à l'expiration de son contrat de travail, avait présenté au client le devis réclamé et exécuté lui-même la commande (Cass. com. 16-6-1965 n° 62-10.823 P : Bull. civ. III n° 378) ;
– d'un salarié qui, ayant donné sa démission, utilise sa période de préavis pour geler et retarder les commandes reçues par son employeur et les reporter ensuite à son profit (Cass. com. 2-3-1982 n° 80-12.232 P : D. 1982 IR p. 281) ;
– d'un concédant qui, interrogé par son concessionnaire sur la conduite à tenir pour une commande importante, détourne cette commande à son profit (Cass. com. 12-5-1992 n° 90-16.838 D : BRDA 12/92 p. 7).

Le détournement de commandes peut aussi résulter de **pratiques** visant à **créer** une **confusion** avec les produits d'un concurrent (n°s 12500 s.).

d. Couponnage croisé électronique

12830 Le couponnage croisé électronique est une technique de promotion des ventes qui consiste à délivrer au consommateur, lors du passage en caisse enregistreuse, un coupon de réduction à valoir sur le prix d'un produit différent. C'est la lecture optique du code-barres d'un produit qui déclenche l'émission du coupon de réduction.

Cette opération est **licite** si les **deux produits** proviennent du **même fabricant.** En revanche, si l'offre de réduction est déclenchée par un produit proposé à la vente dans le même magasin par un concurrent, l'opération constitue un acte de concurrence déloyale (Cass. com. 18-11-1997 n° 95-17.445 P : RJDA 3/98 n° 366 et, sur renvoi, CA Lyon 5-11-2001 : RJDA 3/02 n° 329).

e. Autres modes de détournement de la clientèle

12840

Moyens utilisés	Détournement fautif
Emballages trompeurs sur la quantité de produits vendue	Commercialisation de boîtes de pastilles de gouache fermées par un couvercle transparent, semblables à celles d'un concurrent, dès lors que les pastilles sont posées sur des supports rehaussés de telle sorte que la quantité de peinture paraît plus importante qu'en réalité ; la mention du volume du produit, moulée dans la matière même du couvercle transparent des boîtes litigieuses, bien que conforme aux exigences de la réglementation, n'est pas suffisamment claire et lisible pour écarter l'apparence trompeuse du contenu des boîtes (CA Paris 15-10-1992 : RJDA 3/93 n° 289, confirmé par Cass. com. 8-11-1994 n° 93-10.066 D : RJDA 2/95 n° 233).
Utilisation du réseau internet	– Création par une société d'un lien internet pour promouvoir ses produits, en utilisant le nom du gérant d'une société concurrente, ce qui a entraîné une confusion dans l'esprit des internautes (CA Paris 17-10-2007 n° 05-20173 : RJDA 8-9/08 n° 965). – Obtention par le titulaire d'une marque du déréférencement Google d'un nom de domaine, ce qui a indûment privé son propriétaire du moyen d'accéder à une clientèle pour lui proposer un service (Cass. com. 14-5-2013 n° 12-15.534 F-D : RJDA 10/13 n° 852). – Rachat par un concurrent du nom de domaine d'une société, dès le lendemain du jour où il est tombé dans le domaine public, ce qui a créé une confusion dans l'esprit du public entre les deux entreprises (Cass. com. 2-2-2016 n° 14-20.486 F-D : RJDA 5/16 n° 403).

Moyens utilisés	Détournement fautif
Modification des modalités de paiement des factures	Captation du marché français par un fournisseur allemand de matériel informatique qui a écarté la société française avec qui il était en relation depuis plusieurs années, en modifiant les conditions de paiement de ses factures réglées jusqu'alors à 30 jours et devenues payables par avance, au faux prétexte qu'il détenait des informations mettant en cause la solvabilité de la société (CA Paris 11-3-2009 n° 06-14616 : RJDA 10/09 n° 910).
Contenu d'un contrat d'assurance	Insertion dans un contrat d'assurance d'une clause limitant l'indemnisation versée aux assurés en cas de résiliation du contrat car une telle restriction est de nature à dissuader les assurés de résilier le contrat et de faire jouer librement le jeu de la concurrence (CA Paris 23-1-2014 n° 12/02577 : RJDA 5/14 n° 490).

En revanche, il a été jugé que le maintien sur le site internet d'une société du nom de salariés peu de temps après leur départ n'a pas causé de préjudice à l'entreprise que ces salariés ont ensuite créée dès lors que celle-ci n'avait pas encore de clientèle propre (Cass. com. 9-9-2020 n° 18-18.251 F-D : RJDA 3/21 n° 202). **12845**

5. DÉSORGANISATION DE L'ACTIVITÉ COMMERCIALE

a. Désorganisation d'un réseau de distributeurs

Ne constitue pas, en lui-même, un acte de concurrence déloyale le fait pour un revendeur de satisfaire des commandes avec des produits acquis régulièrement, en dépit des droits d'exclusivité dont bénéficie à sa connaissance un **concessionnaire exclusif** (Cass. com. 1-3-1994 n° 92-11.364 P : RJDA 7/94 n° 897 ; Cass. com. 6-5-2003 n° 01-11.323 F-D : RJDA 2/05 n° 211 ; Cass. com. 8-11-2016 n° 15-15.072 F-D : RJDA 2/17 n° 131). En revanche, est fautif le fait pour un distributeur non agréé de montres de remettre à ses acheteurs des bons de garantie du fabricant de ces produits alors que cette garantie ne s'exerce qu'avec le concours de distributeurs appartenant au réseau régulièrement mis en place par le fabricant (Cass. com. 18-10-1994 n° 92-21.187 P : RJDA 2/95 n° 235). De même, caractérisent des agissements constitutifs de concurrence déloyale à l'égard du concessionnaire exclusif d'une marque de motos les diverses annonces publicitaires effectuées par l'ancien concessionnaire, avec l'utilisation, sans autorisation, de la marque et de son logo, ainsi que le fait par ce dernier de se présenter comme « agent agréé » ou « spécialiste » de la marque (Cass. com. 15-12-1998 n° 96-21.675 D : RJDA 3/99 n° 357). **12860**

De même, la commercialisation par un distributeur non agréé de produits relevant d'un système de **distribution sélective** n'est pas fautive en soi (CA Paris 1-10-1997 : D. 1998 p. 445 note M. Malaurie-Vignal). Mais elle le devient lorsque le vendeur non agréé s'approvisionne auprès d'un distributeur agréé auquel il est fait interdiction de fournir un distributeur non agréé. Le refus du vendeur non agréé de révéler ses sources d'approvisionnement est de nature à faire présumer qu'il s'est fourni dans des conditions illicites (Cass. com. 27-10-1992 n° 90-15.831 P : RJDA 1/93 n° 19 et concl. Raynaud p. 17 II B 2° ; Cass. com. 15-3-1994 n° 91-13.523 P : RJDA 7/94 n° 794 ; CA Paris 7-11-2001 n° 01-13151 : Lettre distrib. décembre 2001 p. 1). Le fabricant peut, en vue d'établir la preuve de l'origine du produit, et donc la faute du revendeur non agréé dans son approvisionnement, demander au tribunal qu'il soit enjoint à ce dernier de lui communiquer les factures correspondant à ses livraisons (Cass. com. 7-3-1989 n° 86-16.964 D : BRDA 7/89 p. 7 ; Cass. com. 25-4-2001 n° 98-21.559 FS-P : Bull. civ. IV n° 77). **12865**

La responsabilité du revendeur non agréé est engagée si la commercialisation des produits porte préjudice au réseau. Tel est le cas de la vente à bas prix de produits porteurs d'une marque par un distributeur non agréé (CA Paris 5-9-2003 : RJDA 5/04 n° 646, pour des ventes sur internet ; Cass. com. 21-6-1994 n° 92-12.584 P : RJDA 12/94 n° 1276, 2e espèce, pour des ventes en boutique). Commet également une faute le distributeur non agréé qui commercialise des produits relevant d'un réseau de distribution et dont le conditionnement porte la mention « Ne peut être vendu que par des distributeurs agréés » car cette mention usurpée est de nature à favoriser la vente de ces produits (Cass. com. 27-10-1992 n° 90-18.943 P : RJDA 1/93 n° 20, 1e espèce ; Cass. com. 10-1-1995 n° 92-17.738 D : RJDA 4/95 n° 424).

12870 Commet également un acte de concurrence déloyale l'ancien concessionnaire d'une brasserie qui approvisionne des détaillants qu'il savait liés à la brasserie par un contrat d'**approvisionnement exclusif** (Cass. com. 11-10-1971 n° 70-11.892 P : Bull. civ. IV n° 237).

Engage sa responsabilité le concurrent d'un franchiseur qui se rend **complice** de la rupture anticipée du contrat de **franchise** par le franchisé en signant avec celui-ci un contrat qui stipule que ce dernier doit se libérer lui-même de tout engagement antérieur dans un autre groupe et ce, alors qu'il connaît les engagements antérieurement pris par le franchisé envers le franchiseur (Cass. com. 23-1-2007 n° 05-10.422 F-D : RJDA 5/07 n° 574, 2e espèce).

Pour des exemples où la complicité du concurrent du franchiseur dans la rupture anticipée du contrat de franchise n'avait pas été démontrée, voir Cass. com. 23-1-2007 n° 05-19.001 F-D : RJDA 5/07 n° 574, 1e espèce et Cass. com. 23-1-2007 n° 05-11.919 F-D : RJDA 5/07 n° 574, 3e espèce.

b. Vente à prix bas

12880 Le seul fait de pratiquer des prix très largement inférieurs à ceux d'un concurrent n'est pas, en lui-même, répréhensible (Cass. 1e civ. 10-7-1979 n° 77-15.637 P : Bull. civ. I n° 203 ; Cass. 1e civ. 3-4-2001 n° 99-15.767 FS-P : Bull. civ. I n° 95 ; Cass. com. 8-11-2016 n° 15-15.072 F-D : RJDA 2/17 n° 131).

Une telle pratique n'ouvre droit à réparation au titre de la concurrence déloyale que si elle résulte d'une entente illicite (C. com. art. L 420-1) ou si elle constitue un abus de domination (C. com. art. L 420-2), une pratique de prix « abusivement » bas (C. com. art. L 420-5) ou une revente à perte (C. com. art. L 442-5). La Cour de cassation refuse en effet de sanctionner, outre les pratiques susceptibles de donner lieu à l'application des articles précités du Code de commerce, la pratique de prix « anormalement bas » dont la seule constatation suffirait, hors toute autre circonstance, à caractériser une concurrence déloyale (Cass. com. 6-12-2005 n° 05-10.929 F-PB : RJDA 5/06 n° 599).

c. Prix d'appel et marque d'appel

12890 Les pratiques du prix d'appel et de la marque d'appel consistent pour un distributeur à annoncer la vente dans ses locaux de produits notoirement connus (marque d'appel) et/ou à un prix avantageux (prix d'appel) alors que ces produits sont disponibles en quantité insuffisante et ne servent que d'appâts pour vendre d'autres produits plus rémunérateurs pour le commerçant. La disponibilité peut ne pas être immédiate dès lors que le distributeur détient ces produits dans des lieux et conditions permettant de les remettre à l'acheteur dans des délais adéquats compte tenu de leur nature (Cass. com. 30-1-2001 n° 98-21.359 FS-P : RJDA 5/01 n° 646).

Ces pratiques sont sanctionnées, sur le **plan civil,** par une action en concurrence déloyale.
Par exemple, ont été condamnés :
– un commerçant qui, pour l'ouverture d'un magasin de chaussures, avait fait paraître dans la presse une annonce tendant à faire croire à l'existence d'un grand choix d'articles d'une marque mondialement connue, vendus à des prix attractifs, alors qu'il n'en possédait qu'un nombre très limité (TGI Saint-Dié 29-2-1980) ;
– un opticien qui avait fait paraître un article publicitaire annonçant la vente de lunettes portant la marque d'un grand couturier pour un prix forfaitaire avantageux, alors que cette publicité était en faveur de la vente tant des produits de cette marque que de divers produits similaires et directement concurrents (Cass. com. 9-2-1982 n° 80-13.564 P : Bull. civ. IV n° 56) ;
– l'exploitant d'un magasin à grande surface qui avait diffusé une publicité annonçant la vente de chaussures d'une marque célèbre à un prix avantageux et prétendait satisfaire à la demande de ses clients en allant s'approvisionner à un autre magasin de la même enseigne effectuant la même opération promotionnelle et distant de quelques kilomètres (CA Paris 3-9-1999 n° 97-13841 : RJDA 12/99 n° 1405) ;
– un distributeur qui avait diffusé sur internet des invitations faisant croire que des vêtements d'une célèbre marque de luxe seraient offerts à la vente, alors qu'il ne détenait qu'un seul tee-shirt de cette marque (CA Paris 10-9-2008 n° 07-1592 : RJDA 4/09 n° 392) ;
– la place de marché en ligne qui avait mis en avant des produits de marque majoritairement indisponibles, afin d'attirer la clientèle et de lui proposer des articles d'autres marques (CA Paris 20-11-2020 n° 19/10188 : RJDA 8-9/21 n° 616).

Sur le **plan pénal,** ces pratiques sont susceptibles de constituer des pratiques commerciales trompeuses (cf. C. consom. art. L 121-2 à L 121-5).

d. Suppression ou dégradation de la publicité d'autrui

Le fait de désorganiser une entreprise concurrente, en supprimant ou en masquant sa publicité est également un acte de concurrence déloyale. 12900
Tel est le cas lorsqu'une personne :
– appose, sur des affiches publicitaires d'un concurrent, des papillons mentionnant son adresse et recouvrant celle de l'entreprise concurrente (T. com. Seine 26-4-1954 : D. 1954 p. 395) ;
– masque en totalité ou en partie la publicité d'une autre entreprise (T. com. Paris 11-2-1991 : RJDA 11/91 n° 988 ; CA Paris 18-3-1993 : RJDA 12/93 n° 1108 ; CA Versailles 12-3-1998 : JCP éd. E 1998 pan. p. 970) ;
– installe un panneau d'affichage à proximité de celui du concurrent, dès lors qu'une telle juxtaposition nuit à la publicité existante en dispersant l'attention des passants et en diminuant ainsi la valeur de cette publicité (Cass. com. 22-7-1986 n° 85-13.001 : Gaz. Pal. 1986 pan. p. 278) ; une telle installation n'est en revanche pas répréhensible lorsque les affiches des deux sociétés ne concernent pas des produits analogues (CA Versailles 13-10-1988 : D. 1988 IR p. 278) ;
– lacère les affiches d'un concurrent (CA Paris 6-10-1954 : D. 1954 p. 793).

D. Actes désorganisant le marché

Certains comportements déloyaux n'affectent pas une entreprise concurrente déterminée mais l'ensemble d'une profession. Souvent ces agissements déloyaux font l'objet de textes particuliers qui les interdisent, sous la menace de sanctions pénales. La victime de tels agissements peut alors en obtenir la réparation en engageant une action en concurrence déloyale. Mais, de façon plus générale, l'action en concurrence déloyale se justifie chaque fois que le **non-respect de la réglementation** conduit à une rupture dans l'égalité des moyens de la lutte concurrentielle et met celui qui a enfreint cette réglementation dans une situation anormalement favorable par rapport à ses concurrents. 12940

1. ACTES DÉSORGANISANT LE MARCHÉ CONSTITUTIFS D'INFRACTIONS PÉNALES

12950

Type d'infraction	Description de faits
Pratique commerciale trompeuse (C. consom. art. L 121-2 s.)	Les juges du fond doivent vérifier si les allégations, indications ou présentations fausses ou de nature à induire en erreur ont été susceptibles d'altérer de manière substantielle le comportement économique du consommateur (Cass. com. 1-3-2017 n° 15-15.448 FS-PBI : RJDA 5/17 n° 379).
Revente à perte (C. com. art. L 442-5)	Auto-entrepreneur qui vend sur internet, de façon courante, des produits à des prix inférieurs au seuil de revente à perte (T. com. Béziers 19-7-2010 n° 10-4215 : RJDA 12/10 n° 1189).
Infractions à la réglementation des **soldes, liquidations et ventes au déballage** (C. com. art. L 310-1 s.)	Organisation d'une opération de liquidation sans l'autorisation administrative requise, ce qui porte préjudice à ceux qui, exerçant la même activité, respectent les dispositions réglementaires (Cass. com. 8-7-1997 n° 94-20.701 D : RJDA 12/97 n° 1569).
Infractions aux règles de l'**urbanisme commercial** (C. com. art. L 750-1 s.)	– Société qui, alors qu'elle est en situation irrégulière au regard des règles régissant le permis de construire, commence à exploiter commercialement ses locaux, ce qui constitue une faute génératrice de trouble commercial pour ses concurrents (Cass. com. 28-11-1995 n° 94-13.045 D : RJDA 2/96 n° 298). – Entreprise qui regroupe deux magasins sans autorisation administrative et exploite une surface supérieure à celle autorisée, ce qui constitue, pour des commerces concurrents, un acte de concurrence déloyal (Cass. 1e civ. 6-7-2011 n° 10-20.588 F-D : RJDA 1/12 n° 98).

Type d'infraction	Description de faits
Infractions aux règles d'**ouverture dominicale des magasins** (C. trav. art. L 3132-1 s.)	– Commerçant qui ouvre irrégulièrement son établissement le dimanche, ce qui lui permet de drainer une partie de la clientèle vers son magasin (CA Rennes 28-9-1988 : Gaz. Pal. 1989 p. 567). – Société qui ouvre ses magasins le dimanche en contravention de la réglementation et rompt ainsi l'égalité au détriment des autres entreprises du même secteur dont les magasins ont été fermés sur décision de justice (CA Paris 25-3-2015 nº 14/05292 : RJDA 8-9/15 nº 611).
Infractions à la réglementation du **prix du livre** (Loi 81-766 du 10-8-1981)	– Compagnie pétrolière qui offre aux clients qui lui achètent une certaine quantité de carburant la possibilité d'obtenir dans ses stations-service des albums de bandes dessinées à un prix réduit, inférieur au prix minimal autorisé (Cass. com. 29-1-2002 nº 99-16.053 FS-P : RJDA 6/02 nº 696). – Société qui édite et diffuse, sous l'appellation de « dictionnaires anonymes », sans fixer le prix de vente des ouvrages diffusés ou sans respecter le prix de vente figurant sur la jaquette de l'ouvrage, des exemplaires d'un dictionnaire édité par un tiers à un prix donné (Cass. com. 1-4-1997 nº 94-22.129 P : RJDA 6/97 nº 862).
Tromperie sur la marchandise (C. consom. art. L 441-1)	Industriel qui met sur le marché, sous la dénomination « emmental », un fromage obtenu par une méthode d'affinage sous film qui, si elle réduit considérablement les coûts de revient, ne permet pas l'obtention de la croûte réglementaire (Cass. com. 3-5-2006 nº 03-14.171 FS-PB : RJDA 11/06 nº 1186).
Délit d'apposition d'une **fausse appellation d'origine** ou une **indication géographique** inexacte (C. consom. art. L 431-2, 4º et L 432-4)	Commercialisation de vins sous l'appellation « château » en violation de la réglementation (Cass. com. 30-5-2007 nº 06-14.783 FS-PB : RJDA 1/08 nº 95).
Défaut de publicité des comptes annuels d'une société par actions (C. com. art. L 232-23, I)	Société par actions qui exploite un réseau de franchisés alors qu'elle n'a pas publié ses comptes, empêchant ainsi les candidats à la franchise d'apprécier les résultats financiers de son réseau et de les comparer à ceux de la concurrence (CA Versailles 18-3-2014 nº 12/07662 : RJDA 7/14 nº 644).
Proposition de services **utilisant irrégulièrement le domaine public** (C. com. art. L 442-11)	Société de location de véhicules qui, en contravention avec un arrêté du préfet de police de Paris, stationne sur la voie publique ses véhicules en attente de clients (Cass. com. 18-11-2020 nº 19-14.831 F-D : RJDA 6/21 nº 437).
Violation de la réglementation sur les **plaques d'immatriculation des véhicules à moteur** (C. route art. 317-8)	Entreprise commercialisant des « stickers » qui reproduisent le logo des départements et des régions et sont destinés à être apposés sur les plaques d'immatriculation automobiles, alors que la réglementation française interdit de modifier les plaques sans intervention de leur fabricant homologué (Cass. com. 16-12-2020 nº 18-25.196 F-D : RJDA 10/21 nº 693).

2. VIOLATION D'UNE RÉGLEMENTATION PROFESSIONNELLE DÉSORGANISANT LE MARCHÉ

12970 Constitue une faute la méconnaissance par un professionnel de la réglementation qui lui est applicable car, en se dispensant des contraintes imposées par les textes, il s'octroie un avantage concurrentiel indu (Cass. com. 17-3-2021 nº 19-10.414 F-D : RJDA 7/21 nº 532 ; Cass. com. 27-9-2023 nº 21-21.995 F-B : RJDA 1/24 nº 58).

S'agissant de la **violation** d'une **règle déontologique,** elle ne constitue un acte de concurrence déloyale que s'il est prouvé qu'elle est à l'origine du détournement de clientèle (Cass. com. 10-9-2013 nº 12-19.356 FS-PBR : RJDA 11/13 nº 962 ; Cass. com. 7-7-2015 nº 14-16.307 F-D : Cont. conc. consom. 2015 comm. nº 226 ; Cass. com. 10-2-2021 nº 19-10.919 F-D : RJDA 8-9/21 nº 617 rendus à propos des règles déontologiques applicables aux experts-comptables).

12975

Profession	Violation de la réglementation
Pharmacien	Pharmacien qui continue d'exercer son activité après l'annulation par le tribunal administratif de l'arrêté préfectoral qui l'avait autorisé à ouvrir une officine (Cass. com. 1-12-1987 n° 86-14.164 P : Bull. civ. IV n° 252) : **agissement fautif.**
Exploitant de parapharmacie	Exploitation, dans la galerie marchande d'un hypermarché, d'un espace de vente de produits cosmétiques, d'hygiène et diététiques délimité et identifié par l'enseigne « parapharmacie » et à l'entrée duquel est apposée l'inscription « pharmacien conseil » : (Cass. com. 16-1-2001 n° 99-11.045 FS-P : RJDA 4/01 n° 529, 1e espèce) : **agissement non fautif,** dès lors qu'il n'existe aucune réglementation du titre de pharmacien et que ce terme, utilisé pour indiquer le diplôme de la personne qui renseigne les clients, n'induit aucun risque de confusion.
Chirurgien-dentiste	Fabrication et commercialisation de prothèses dentaires par un chirurgien-dentiste agissant sous le couvert d'une société de façade (T. com. Paris 8-6-1984 : Gaz. Pal. 1985 p. 77) : **agissement fautif,** dès lors que sa profession lui interdit les actes de commerce.
Exploitant de taxi	– Titulaire d'une licence de taxi délivrée pour le territoire d'une commune qui exerce son activité dans une autre commune (Cass. com. 16-5-1984 n° 83-11.678 P : Bull. civ. IV n° 167) : **agissement fautif.** – Épouse d'un chauffeur de taxi qui double l'activité de son mari en effectuant des transports avec une voiture de location pendant que son mari utilise sa voiture de grande remise (Cass. com. 5-1-1981 n° 79-13.348 P : Bull. civ. IV n° 1) : **agissement fautif,** dès lors que l'arrêté préfectoral autorise seulement l'épouse à suppléer son conjoint lorsque celui-ci est empêché d'exercer sa profession. – Société de taxi qui diffuse, sur son site internet et les annuaires téléphoniques, une publicité laissant croire au public que ses véhicules stationnent à Carcassonne, ceci au détriment de ses concurrents tenus d'acquitter, pour acquérir une licence de stationnement dans cette ville, des droits beaucoup plus onéreux (Cass. com. 11-3-2014 n° 13-13.304 F-D : RJDA 6/14 n° 578) : **agissement fautif.**
Exploitant de voitures de transport avec chauffeur (VTC)	Société de VTC qui ne respecte pas le droit du travail ainsi que les règles propres à l'activité de VTC et au droit de la consommation (Cass. com. 12-1-2022 n° 20-11.139 FS-B : RJDA 4/22 n° 233) : **agissement fautif.**
Restaurateur	Restaurateur qui, au mépris de sa licence administrative ne l'autorisant à débiter des boissons alcoolisées qu'à l'occasion des repas, sert en terrasse des boissons alcooliques provenant d'une brasserie voisine (Cass. com. 9-4-1991 n° 88-15.437 D) : **agissement fautif.**
Exploitant d'une installation classée	– Société qui, en violation de la réglementation en vigueur, exploite sans autorisation préfectorale une installation de broyage et entreposage de véhicules hors d'usage (Cass. com. 21-1-2014 n° 12-25.443 F-D : RJDA 4/14 n° 392) : **agissement fautif.** – Société qui exerce une activité de démantèlement d'épaves d'automobiles jusqu'à l'annulation de l'agrément provisoire qui lui a été délivré : **agissement non fautif,** dès lors qu'entre la délivrance de l'agrément et son annulation, l'activité n'a pas été exercée en violation de la réglementation (Cass. com. 31-1-2018 n° 16-27.647 F-D : RJDA 5/18 n° 475).
Agent immobilier	Agent immobilier qui, en violation de la loi Hoguet, propose sur internet un bien à la vente à un prix inférieur à celui figurant sur son mandat : **agissement fautif,** dès lors que ce bien était également proposé par un autre agent immobilier et que ce procédé lui a permis de détourner la clientèle à son profit (Cass. com. 7-7-2015 n° 14-19.304 F-D : RJDA 12/15 n° 878).

Profession	Violation de la réglementation
Centre de santé	Association qui effectue des actes de promotion de l'activité des centres de soins dentaires qu'elle gère : **agissement fautif,** dès lors que le Code de la santé publique auquel l'association est soumise autorise seulement la délivrance d'informations objectives sur les prestations de soins dentaires offertes au public (Cass. com. 26-4-2017 n° 16-14.036 FS-PB : RJDA 7/17 n° 515).
Titulaire d'un marché public	Titulaire d'un marché public de collecte de déchets soumis à renouvellement avec reprise du personnel qui consent une augmentation de salaires à tous ses employés après l'attribution du marché à l'un de ses concurrents : **agissement non fautif** dès lors qu'aucune réglementation ne l'interdisait (Cass. com. 11-1-2023 n° 20-13.967 F-B : RJDA 3/23 n° 171).

12980 Bien entendu, le non-respect des obligations légales réglementant une profession n'est pas constitutif d'une faute de concurrence déloyale lorsque l'activité incriminée n'entre pas dans le **champ d'application** de cette **réglementation.** Ainsi, il ne saurait être reproché à une société ayant pour objet le transport, l'accompagnement et l'assistance de personnes d'avoir exercé irrégulièrement l'activité de taxi, faute pour elle d'avoir obtenu une licence, dès lors que son activité ne pouvait pas être réduite au transport de personnes mais était orientée vers l'aide aux personnes âgées ou handicapées, à mobilité réduite, sa vocation première étant sociale, et le transport n'étant qu'une des modalités de l'aide apportée (Cass. com. 19-11-2002 n° 00-13.154 FS-P : RJDA 2/03 n° 211). Jugé également que ne commet pas d'acte de concurrence déloyale à l'égard d'un transporteur public le salarié qui organise le covoiturage de collègues, dès lors que cette pratique est bénévole et que le conducteur n'est indemnisé que de ses frais d'essence du trajet et de ceux induits par l'utilisation du véhicule, de sorte que la réglementation sur les transports publics lui est inapplicable (Cass. com. 12-3-2013 n° 11-21.908 FS-PB : RJDA 7/13 n° 676).

De même, le seul fait de ne pas se conformer à une **norme** que certains professionnels ont **librement décidé** d'instaurer entre eux sans qu'elle s'impose en droit à tous les opérateurs du marché ne constitue pas un acte de concurrence déloyale. Il a ainsi été jugé que l'utilisation d'un signe symbolisant l'aptitude d'un produit à une certaine utilisation n'est pas fautive si ce signe n'est pas attaché à une norme professionnelle, dès lors que le produit est apte à l'usage représenté par ce signe (Cass. com. 23-4-2003 n° 01-10.623 F-D : RJDA 11/03 n° 1137).

3. ACTES NE DÉSORGANISANT PAS LE MARCHÉ

13000 Tel est le cas, par exemple :

– de la distribution gratuite par un supermarché de 5 000 baguettes de pain, sans obligation d'achat, dès lors que la remise de ce pain ne pouvait, en raison de son caractère unique, constituer une faute de nature à désorganiser le marché du pain et n'avait pour but que d'attirer la clientèle vers d'autres marchandises que ne vendaient pas les boulangers (CA Riom 6-6-1990 : JCP E 1990 I n° 20228, confirmé par Cass. com. 25-2-1992 n° 90-17.937 D) ;

– du prêt gratuit de matériel médical par une caisse primaire d'assurance maladie, organisme privé chargé de la gestion d'un service public, dès lors que ce prêt était conforme à son objet social et que cette activité était donc exercée en dehors de tout agissement déloyal (Cass. soc. 13-1-1994 n° 91-14.758 P : RJS 3/94 n° 296).

E. Parasitisme

1. NOTION DE PARASITISME

13040 Le parasitisme est l'ensemble des comportements par lesquels un agent économique s'immisce dans le **sillage d'un autre** afin de tirer profit, sans rien dépenser, de ses efforts et de son savoir-faire, de la notoriété acquise ou des investissements consentis (notamment, Cass. com. 26-1-1999 n° 96-22.457 D : RJDA 4/99 n° 491 ; Cass. com. 4-2-2014 n° 13-11.044 F-D : RJDA 5/14 n° 491, 1e espèce ; Cass. com. 10-7-2018 n° 16-23.694 FS-PB : RJDA 12/18 n° 956). Ainsi l'utilisation d'un signe désignant de façon usuelle l'activité exercée (PAO pour une activité de publicité) peut être constitutif de parasitisme s'il est destiné à tirer profit sans rien dépenser de la notoriété de la marque (PANO) du concurrent (Cass. com. 7-9-2022 n° 21-14.495 F-D : RJDA 2/23 n° 118). Le parasitisme ne peut pas se déduire du seul fait qu'une entreprise vend un produit imité ou identique à celui commercialisé depuis longtemps et avec succès par une autre entreprise (Cass. com. 5-7-2016 n° 14-10.108 FS-PB : RJDA 10/16 n° 749 ; Cass. com. 11-1-2017 n° 15-18.669 F-D : RJDA 7/17 n° 517).

À la différence de la concurrence déloyale, le parasitisme résulte d'un ensemble d'**éléments appréhendés dans leur globalité** (Cass. com. 12-6-2012 n° 11-19.373 F-D : RJDA 10/12 n° 908 ; Cass. com. 4-2-2014 précité). La **notoriété** du produit prétendument copié n'est pas une condition nécessaire du parasitisme, qui peut être constitué par la reprise des investissements allégués, indépendamment des frais exposés par l'auteur du parasitisme (Cass. com. 5-1-2022 n° 19-23.701 F-D : RJDA 6/22 n° 374).

Le parasitisme peut être établi même en l'absence de toute **situation de concurrence** (Cass. com. 30-1-1996 n° 94-15.725 P : RJDA 4/96 n° 579 ; Cass. com. 7-4-2009 n° 07-17.529 F-D : RJDA 10/09 n° 908). À l'inverse, l'absence de concurrence n'est pas une condition du succès de l'action (Cass. com. 18-12-2012 n° 11-24.798 F-D : RJDA 4/13 n° 369). L'action en parasitisme peut être mise en œuvre quels que soient le **statut juridique** ou l'**activité** des parties (Cass. 1e civ. 16-2-2022 n° 20-13.542 FS-B : RJDA 6/22 n° 375).

Pour prouver la faute, il n'est pas non plus nécessaire d'établir le **risque de confusion** traditionnellement requis dans le cadre d'une action en concurrence déloyale (Cass. com. 27-6-1995 n° 93-18.601 P : RJDA 12/95 n° 1478, 3e espèce ; Cass. com. 30-1-2001 n° 99-10.654 FS-P : RJDA 5/01 n° 647 ; Cass. com. 9-6-2015 n° 14-11.242 F-D : RJDA 8-9/15 n° 612).

Il importe peu également que les produits d'origine aient ou non été mis sur le **marché géographique** concerné avant que les copies y aient été commercialisées (Cass. com. 7-4-2009 n° 07-17.529 F-D précité ; Cass. com. 17-3-2021 n° 18-19.774 F-D : RJDA 11/21 n° 742). Il suffit, par exemple, qu'ils aient figuré au catalogue de la victime (Cass. com. 7-4-2009 n° 07-17.529 F-D précité).

L'action en parasitisme peut être intentée même par celui qui ne peut pas, ou ne peut plus, se prévaloir d'un **droit privatif** (Cass. com. 22-10-2002 n° 00-14.849 FS P : RJDA 2/03 n° 209 ; Cass. com. 22-10-2002 n° 00-12.914 FS-P : RJDA 2/03 n° 210 ; Cass. com. 14-2-2012 n° 10-27.873 F-D précité).

Les agissements parasitaires peuvent être accomplis pour le compte d'un **mandant.** Ainsi, une société qui embauche un agent commercial d'une société concurrente, qui n'a pas d'interdiction de représenter d'autres sociétés et qui, à l'issue de son contrat, n'est pas tenu par une clause de non-concurrence, commet des actes relevant du parasitisme par l'intermédiaire de ce commercial (Cass. com. 27-5-2021 n° 18-23.261 FS-P : RJDA 2/22 n° 60). 13042

Bien entendu, le parasitisme suppose une **diffusion** des agissements fautifs auprès de personnes autres que la victime ; tel est le cas même si le « **public** » s'avère être les seuls salariés de la victime (Cass. com. 12-2-2013 n° 12-14 045 F-D : RJDA 6/13 n° 562).

Des actes qualifiés de **caricature,** de **pastiche** ou de **parodie** ne peuvent pas être sanctionnés au titre du parasitisme (CA Paris 25-1-2012 n° 10/09512).

2. ACTES DE PARASITISME

13050

Agissements	Acte parasitaire ou non
Utilisation de la notoriété d'un nom commercial ou d'une marque	
*** Spécialiste d'une marque**	
Ancien agent « Citroën » qui se présente comme « citroëniste indépendant » sur ses **documents publicitaires** et appose sur le toit de son **garage** une enseigne « Citroëniste » avec les lettres « iste » écrites en plus petit corps (Cass. com. 29-6-1993 n° 91-21.764 D : D. 1995. somm. 211 obs. Y. Picod, Contrats conc. consom. 1993 comm. n° 193 note L. Leveneur).	**Acte parasitaire,** dès lors que l'utilisation publicitaire du nom commercial est faite par un ancien concessionnaire de la marque.
Ancien concessionnaire « Volvo » qui persiste à prendre des initiatives et à se présenter comme **spécialiste** Volvo dans des opérations publicitaires aboutissant à la vente de **véhicules** de la marque Volvo (Cass. com. 4-1-1994 n° 92-12.476 D).	**Acte parasitaire,** dès lors que ces agissements interviennent après la cessation du contrat de concession.

13050 (suite)

Agissements	Acte parasitaire ou non
*** Imitation du produit ou du conditionnement**	
Commercialisation d'un **parfum** dont le **conditionnement** ressemble de façon frappante à celui d'une grande marque, de telle sorte qu'un air de famille existe entre les deux parfums (Cass. com. 6-5-1991 n° 89-16.048 D : RJDA 7/91 n° 672 ; Cass. com. 4-2-2014 n° 13-11.044 F-D : RJDA 5/14 n° 491, 1e espèce).	**Acte parasitaire,** dès lors que cette ressemblance n'est pas le fruit du hasard mais résulte de la volonté de reproduire les caractéristiques du parfum de prestige et d'exploiter sa notoriété.
Fabrication et commercialisation par une société de **flacons** de **désodorisant** ménager similaires à ceux d'un concurrent mais auxquels elle a apporté une amélioration d'importance dans leur mode d'utilisation (CA Versailles 20-10-1993 : RJDA 6/94 n° 751).	**Acte non parasitaire,** dès lors que la société a ajouté à un produit devenu banal (liquide désodorisant) un procédé d'utilisation jusque-là non pratiqué, de sorte que, pour ce faire, elle a dû procéder à des investissements et à des recherches techniques.
Vente par un fabricant de boissons à l'orange de **bouteilles** comportant des **étiquettes** présentant des similitudes avec celles d'un concurrent dont la notoriété est incontestable (CA Colmar 13-5-1994 : RJDA 11/94 n° 1249).	**Acte parasitaire,** dès lors que le fabricant a profité du courant d'achats établi en faveur d'articles commercialisés par le concurrent et a évité une initiative commerciale impliquant diverses dépenses et la prise d'un risque.
Producteur de bananes qui, pour la commercialisation de ses fruits, se met à utiliser des **bacs en plastique** prêts à être mis en rayon alors qu'un concurrent a déjà adopté ce mode de conditionnement sur lequel il appose le dessin du fruit, sa marque et un slogan (Cass. com. 26-1-1999 n° 96-22.457 D : RJDA 4/99 n° 491).	**Acte non parasitaire,** dès lors que le bac en plastique, utilisé depuis longtemps comme mode de conditionnement dans ce secteur, constitue le seul point commun avec le mode de présentation des produits du concurrent, les autres éléments du concept n'ayant pas été repris.
Vente, par un distributeur, de **vêtements** qu'il a fait produire à l'étranger et qui sont très similaires à ceux d'un fabricant dont il avait auparavant obtenu des échantillons en vue de leur distribution (CA Paris 15-3-2000 n° 98-1684 : PIBD 2000 n° 702 III p. 375).	**Acte parasitaire,** dès lors que le distributeur s'est ainsi approprié à moindre frais les efforts commerciaux entrepris par le fournisseur.
Substitution, par un producteur de lait, de la **couleur** rose fuchsia à la couleur bleue pour les **emballages** de ses produits, alors que le rose fuchsia est une couleur utilisée depuis plusieurs années par un concurrent bien implanté (Cass. com. 30-1-2001 n° 99-10.399 F-D : RJDA 6/01 n° 735).	**Acte parasitaire,** dès lors que le producteur a cherché à se placer dans le sillage du concurrent et à tirer profit des investissements réalisés.
Commercialisation par une société d'un **parfum** dont la **fragrance** et la couleur du jus sont perçues par les consommateurs comme identiques à celle d'un parfum notoire (CA Versailles 15-3-2001 n° 98-2435 : RJDA 10/01 n° 1045).	**Acte parasitaire,** dès lors que la société a profité de l'ensemble des frais d'investissements et de recherche du parfum imité et a ainsi pu vendre son parfum à un prix inférieur.
Commercialisation par une société spécialisée dans la vente de **conserves** de qualité supérieure de produits « cœur de marché » dont l'**habillage** reprend les caractéristiques fortement évocatrices des produits d'un concurrent notoire, leader sur ce segment (CA Paris 18-5-2005 n° 04-9008 : RJDA 11/05 n° 1296).	**Acte parasitaire,** dès lors que la reprise des caractéristiques ne saurait être fortuite mais procède de la volonté de la société de se placer dans le sillage de son concurrent.
Commercialisation par une société de dix-huit **modèles de vêtements** imitant ceux commercialisés par un concurrent (Cass. com. 12-12-2006 n° 05-18.988 F-D : RJDA 6/07 n° 670).	**Acte parasitaire** dès lors que la société a profité des frais de prospection et de référencement engagés par celui-ci et que le choix de ces vêtements, dont le succès commercial n'était pas démenti, procède de la volonté délibérée de se placer dans le sillage d'une société concurrente sur le même segment de marché.

13050 (suite)

Agissements	Acte parasitaire ou non
Publication du **journal** « La Centrale Autocar » dont le titre et la présentation en première page sont similaires à la revue « La Centrale des particuliers », publiée par un autre éditeur depuis 70 ans (CA Paris 21-3-2008 n° 06-20647 : RJDA 11/08 n° 1197).	**Acte parasitaire,** dès lors que cette présentation a manifestement pour origine la volonté de se placer dans le sillage de l'éditeur dont la revue est notoirement connue pour être consacrée à la vente de véhicules automobiles.
Publication en 2011 du **magazine** mensuel « Jour de France » dont le titre, les codes couleurs, la mise en page et le graphisme sont quasiment identiques à celui du magazine hebdomadaire concurrent « Jours de France » publié pendant 20 ans, jusqu'en 1989, par un autre éditeur (Cass. com. 6-12-2017 n° 16-10.859 F-D : RJDA 4/18 n° 374).	**Acte parasitaire,** dès lors que la présentation du magazine mensuel, qui crée un risque de confusion dans l'esprit du public, permet de tirer profit de la valeur économique créée par l'exploitation ininterrompue pendant 20 ans du magazine hebdomadaire.
Commercialisation par une société d'éléments modulaires d'ameublement reprenant la forme et les proportions de briques de jeux de construction pour enfants, dites « **briques Lego** », qui ne sont plus protégées par un droit exclusif (Cass. com. 3-5-2012 n° 11-18.077 F-D : RJDA 10/12 n° 909).	**Acte non parasitaire,** dès lors que si la société Lunatic s'est incontestablement inspirée des « briques Lego », c'est pour créer un produit qui lui est propre, en le finançant par des investissements particuliers compte tenu des contraintes spécifiques en matière d'ameublement.
Commercialisation d'un **fromage** dans un **filet** auquel est fixée une étiquette (Cass. com. 18-12-2012 n° 11-24.798 F-D : RJDA 4/13 n° 369).	**Acte non parasitaire,** dès lors que ce conditionnement, d'un usage ancien et banal dans ce secteur, ne saurait caractériser l'existence d'un savoir-faire, ni celle d'un travail intellectuel.
Mise sur le marché d'un **fromage** imitant les caractéristiques fortement évocatrices d'un fromage à pâte molle en **petit format** commercialisé par un concurrent : même type, même apparence, même poids et vendu en nombre identique, par lot de trois (CA Versailles 5-1-2016 n° 14/03339 : RJDA 5/16 n° 406).	**Acte parasitaire,** dès lors que cette commercialisation procède de la volonté délibérée, d'une part, de profiter indûment du fruit des investissements de la société victime (2,4 millions d'euros de frais de fabrication et de publicité) et de la notoriété acquise par le fromage imité (produit reconnu « saveur de l'année ») et, d'autre part, de se placer dans le sillage de la société victime.
Actes de promotion de **produits dermatologiques** à travers un site internet accessible au consommateur français et présentation de ces produits sous un conditionnement reprenant les **codes couleur** du produit du concurrent (Cass. com. 17-3-2021 n° 18-19.774 F-D : RJDA 11/21 n° 742).	**Acte parasitaire,** dès lors que la société mise en cause a tiré profit de la valeur économique créée par le concurrent au fil d'une exploitation de plusieurs années et a fait obstacle à sa progression en s'assurant une mainmise sur le marché français.
Exposition, sur un stand d'un salon international, de **barres chocolatées** dont la forme et la présentation imitent les produits d'un concurrent (Cass. com. 3-3-2021 n° 18-22.804 F-D : RJDA 6/21 n° 438).	**Acte parasitaire,** dès lors que, malgré l'absence de commercialisation des barres chocolatées, celles-ci reprennent les éléments de présentation caractéristiques des produits notoires du concurrent.
Commercialisation par une enseigne de vêtements et d'accessoires à bas prix de **boucles d'oreilles** « earcuff » reproduisant les modèles d'un bijoutier de luxe (Cass. com. 13-4-2023 n° 21-23.524 F-D : RJDA 8-9/23 n° 480).	**Acte parasitaire,** dès lors que les photographies promotionnelles des boucles d'oreilles imitées établissent la notoriété acquise des bijoux et que ceux-ci présentent des caractères distinctifs par rapport aux autres modèles du marché.
*** Commercialisation de produits compatibles**	
Fabricant ayant commercialisé des **jeux de construction** pour un prix sensiblement moins élevé que ceux d'un concurrent célèbre et sur lesquels est apposée une mention indiquant que les pièces sont compatibles avec celles de ce concurrent (CA Versailles 14-1-1999 : RJDA 4/99 n° 492).	**Acte parasitaire,** dès lors que le fabricant a utilisé la notoriété et les efforts techniques et commerciaux de son concurrent et s'est accaparé sa clientèle en pratiquant des prix moins élevés.

13050 (suite)

Agissements	Acte parasitaire ou non
*** Divers**	
Société de grande distribution qui, dans le cadre d'une **vente promotionnelle,** place un panneau publicitaire reproduisant la marque d'un fabricant de vêtements au-dessus d'un rayonnage comportant les produits de ce dernier mais aussi ceux qu'elle commercialise sous sa propre marque (Cass. com. 15-3-1994 n° 92-10.791 D : RJDA 5/94 n° 613).	**Acte non parasitaire,** dès lors que le prix de vente des produits du fabricant est suffisamment élevé pour que leur exposition dans le même rayon que ceux du distributeur ne constitue pas une tentative, de la part de ce dernier, de profiter des efforts entrepris par le fabricant pour la promotion de ses produits.
Titulaire d'une **licence** de la **marque** « Orient-express » déposée pour désigner les transports, l'hôtellerie et la restauration qui dépose la même marque pour des services et produits non protégés (Cass. com. 4-7-1995 n° 93-16.355 P : RJDA 12/95 n° 1478, 4e espèce).	**Acte parasitaire,** dès lors qu'il profite ainsi de la renommée du titre.
Opérations consistant en la diffusion, par une société de vente par correspondance, d'une publicité proposant à ses clients de participer à une loterie dont les **lots** sont des foulards portant une **marque prestigieuse** qu'elle cite sans y avoir été autorisée par le titulaire de celle-ci (CA Versailles 19-11-1998 : RJDA 6/99 n° 740).	**Acte parasitaire,** dès lors qu'une telle opération vise à tirer profit de la renommée des produits offerts et à se dispenser d'un effort pour la promotion de ses propres produits.
Campagne de **publicité** pour laquelle l'agence et l'annonceur se sont efforcés constamment d'établir une filiation entre le service de téléphonie mobile, objet de la campagne, et une œuvre cinématographique culte (CA Paris 8-9-2004 n° 04-9673 : RJDA 4/05 n° 475).	**Acte parasitaire,** malgré des investissements importants de la part de l'annonceur et de l'agence, dès lors que le choix délibéré de chercher l'identification avec ce film leur a permis de s'affranchir de l'aléa lié à l'échec possible auprès du cœur de cible du nouveau service de téléphonie mobile promu.
Reproduction sur divers supports, par une entreprise spécialisée dans les articles de souvenirs, de l'**image** et du nom du navire de commerce le « Belem », classé monument historique (CA Orléans 10-11-2005 : RJDA 3/06 n° 349).	**Acte parasitaire,** dès lors que l'entreprise profite ainsi sans bourse délier des efforts de la fondation Belem pour maintenir et valoriser l'image du navire aux yeux du public.
Vente sur internet, par une société s'adressant à un public de professionnels de l'information, de **photographies d'emballages** de produits alimentaires et diététiques sur lesquels figurent des marques enregistrées pour désigner de tels produits (Cass. com. 25-9-2012 n° 11-22.685 F-D : RJDA 1/13 n° 73).	**Acte non parasitaire,** dès lors que les clichés sont reproduits au milieu d'autres photographies de produits agroalimentaires et il n'est pas possible d'accéder au site de la société en entrant les marques dans un moteur de recherche, de sorte que la société n'a pas cherché à tirer profit, sans contrepartie financière, de l'activité et de la notoriété des marques sur le marché alimentaire et diététique.
Négociant en vins qui adresse aux cinquante établissements d'une société renommée un prospectus publicitaire proposant la vente de **bouteilles** de vin revêtues d'**étiquettes** portant le nom de la société et de son dirigeant (Cass. com. 12-2-2013 n° 12-14.045 F-D : RJDA 6/13 n° 562).	**Acte parasitaire,** dès lors que le négociant a ainsi cherché à tirer profit de la renommée de la société.
Exploitation artistique de **carrières** de pierres similaire à celle réalisée pendant 30 ans par le précédent exploitant (Cass. 1e civ. 31-1-2018 n° 15-28.352 F-D : RJDA 5/18 n° 476).	**Acte parasitaire,** dès lors que la reprise du concept de spectacle a laissé croire au public qu'il s'agissait de l'œuvre antérieure simplement rebaptisée, ce qui a permis au nouvel exploitant de tirer profit du succès et de la notoriété de la précédente exploitation.
Membre d'une famille qui, après avoir cédé tous ses droits sur une célèbre marque de champagne, continue à faire **usage de son patronyme** pour vendre un autre champagne (Cass. com. 10-7-2018 n° 16-23.694 FS-PB : RJDA 12/18 n° 956).	**Acte parasitaire,** compte tenu du prestige et de la notoriété acquise de la dénomination et du nom commercial de la société cédée qui traduisent à eux seuls les efforts et les investissements consentis.

13050 (suite)

Agissements	Acte parasitaire ou non
Revendeur d'occasion qui envoie ses clients potentiels chez un revendeur agréé situé dans la même galerie pour essayer des **parfums** ou **produits cosmétiques** d'une marque et revenir ensuite les acheter moins cher dans sa boutique (Cass. com. 6-12-2023 n° 20-18.653 F-B : RJDA 3/24 n° 192).	**Acte parasitaire,** dès lors que le revendeur d'occasion s'appuie sur la renommée de la marque des produits qu'il revend et sur le travail fourni par les membres du réseau de distribution sélective pour favoriser ses propres ventes.
Utilisation de la publicité d'autrui	
Utilisation dans une campagne publicitaire pour un lave-vaisselle d'une **image** utilisée précédemment pour le lancement d'un nouveau parfum (CA Paris 29-9-1995 n°s 92-15709 et 93-3752).	**Acte parasitaire,** dès lors que la connotation évocatrice de la première publicité a permis d'utiliser sans bourse délier l'impact visuel créé par cette publicité dans le public féminin et a amenuisé l'identité de l'image emblème du parfum.
Utilisation de **slogans** commerciaux similaires à ceux, bien connus du public, qu'un concurrent utilise depuis 25 ans et sur lesquels il a réalisé des investissements (Cass. com. 9-6-2015 n° 14-11.242 F-D : RJDA 8-9/15 n° 612).	**Acte parasitaire,** dès lors que la formule lapidaire et percutante de la première société avait fait l'objet d'efforts de promotion et de publicité, que la formule du concurrent avait une consonance et une résonance équivalentes et était identique syntaxiquement, la reprise plagiaire du slogan ne pouvant pas être fortuite.
Utilisation du travail d'autrui	
Publication dans une revue, sans aucune contrepartie, des **tableaux comparatifs** d'audience des stations de radio et chaînes de télévision que Médiamétrie a élaborés à l'usage exclusif de ses abonnés (CA Paris 22-5-1990 n° 89-15883 : D. 1990 IR p. 175).	**Acte parasitaire,** dès lors que de telles études, d'un coût élevé, sont le fruit d'un savoir-faire dans la conception des méthodes de sondage et d'un travail intellectuel pour leur exploitation.
Diffusion, par une société de **télévision,** de **séries** fondées sur un concept identique à celui d'émissions antérieures d'une société concurrente (Cass. com. 7-2-1995 n° 93-14.569 D : RJDA 6/95 n° 789).	**Acte parasitaire,** dès lors que la construction des séries est similaire, que le découpage a sensiblement la même structure, avec la même durée des séquences, que les genres musicaux sont proches et que la partie dite « plateau » est comparable.
Diffusion, par une entreprise spécialisée dans la préparation aux épreuves de mathématiques des concours d'entrée aux écoles de commerce, d'une **brochure** de présentation reprenant à son compte la structure et la formulation de celle d'une autre entreprise de préparation à ces épreuves (CA Paris 29-11-1996 : RJDA 2/97 n° 296).	**Acte parasitaire,** dès lors que l'entreprise s'est placée dans le sillage de l'autre société pour profiter, sans bourse délier, des efforts d'innovation de celle-ci.
Similitude de présentation de **catalogues** de deux sociétés de distribution de meubles et équipements de décoration (CA Versailles 16-1-1997 : RJDA 7/97 n° 981).	**Acte non parasitaire,** dès lors que les catalogues sont inspirés des tendances du moment, que les slogans voisins sont communément utilisés dans ce secteur de distribution et que la sélection de quelques articles identiques sur des milliers de références résulte de la méthode commune aux deux distributeurs de prospecter les fournisseurs pour choisir leurs articles en fonction de la mode.
Adoption, par un distributeur de produits cosmétiques, d'un agencement et d'une **décoration** dans ses **magasins** faisant naître la même ambiance que dans ceux de l'un de ses concurrents (combinaison des couleurs, présentation de la caisse centrale, disposition des produits, etc.) (CA Paris 25-6-1997 : RJDA 12/97 n° 1570).	**Acte parasitaire,** dès lors que cela traduit sa volonté de bénéficier à moindre frais des études et des travaux réalisés par l'autre entreprise pour offrir à la clientèle un lieu de présentation et de vente fonctionnel et attrayant.

13050 (suite)

Agissements	Acte parasitaire ou non
Diffusion d'une affiche reprenant le **concept** choisi par l'auteur d'autres **affiches** consistant à évoquer les conséquences dramatiques des accidents de la circulation par des images sobres, caractérisées par la seule présence d'un fauteuil pour handicapé vide ou d'un ours en peluche abandonné au milieu de la chaussée (CA Paris 3-5-2000 nº 98-6443 : RJDA 12/00 nº 1191).	**Acte parasitaire,** dès lors que ce concept témoigne d'un réel travail intellectuel et présente une valeur économique indéniable.
Copie servile du **catalogue** de vente d'une entreprise (Cass. com. 30-1-2001 nº 99-10.654 FS-P : RJDA 5/01 nº 647).	**Acte parasitaire,** dès lors qu'il s'agit d'une reprise plagiaire qui se nourrit de la substance et de la forme du catalogue copié.
Publication d'un **ouvrage** pour enfants dont la présentation intérieure et extérieure est similaire, voire identique, à celle d'un ouvrage publié par un concurrent (CA Paris 19-12-2007 nº 07-20851 : RJDA 10/08 nº 1067).	**Acte parasitaire,** dès lors que la ressemblance frappante du livre imitant ne peut être que volontaire, de telle sorte qu'un air de famille situe le livre imitant au niveau du livre imité dont la notoriété est ainsi exploitée fautivement.
Reproduction et utilisation des **conditions générales de vente** de l'entreprise Vente-privee.com par une société de conseil en publicité souhaitant se diversifier dans la vente en ligne de vêtements pour enfants (CA Paris 24-9-2008 nº 07-3336 : RJDA 3/09 nº 278).	**Acte parasitaire,** dès lors qu'en s'appropriant ces conditions générales sans la moindre contrepartie financière, la société a fait l'économie des services d'un conseil juridique et a profité de l'investissement de l'entreprise Vente-privee.com dans l'élaboration des conditions générales de vente qui avaient vocation à garantir à la clientèle une sécurité juridique et à participer au succès de la relation commerciale proposée.
Réalisation d'un **stand** en dur pour un salon professionnel, cette réalisation étant la reproduction servile d'un précédent projet d'une entreprise concurrente (CA Paris 10-12-2009 nº 07-7101 : RJDA 4/10 nº 445).	**Acte parasitaire,** dès lors qu'il en résulte une appropriation du travail original effectué par cette entreprise à laquelle aucune contrepartie n'a été versée.
Commercialisation par une banque du **concept** innovant qu'un **étudiant** lui avait présenté dans le cadre d'un mémoire de fin d'études (Cass. com. 31-3-2015 nº 14-12.391 F-D : RJDA 6/15 nº 466).	**Acte parasitaire,** dès lors que l'étudiant n'a pas pu tirer profit du produit de ses recherches dont l'intérêt économique était réel.
Reprise, en le déclinant, du **concept** d'un concurrent consistant à apposer des dessins stylisés sur des bouteilles de vin, identifiant des mets par référence aux vins auxquels ils sont associés (Cass. com. 22-6-2017 nº 14-20.310 FS-PB : RJDA 10/17 nº 675).	**Acte non parasitaire,** dès lors que les idées sont de libre parcours.
Développement d'un nouveau **produit** par une société seule après l'échec d'un partenariat avec une société concurrente qui commercialisait son propre produit avant leurs échanges (Cass. com. 16-3-2022 nº 20-23.676 F-D : RJDA 7/22 nº 447).	**Acte non parasitaire,** dès lors que la société a fait ses propres efforts en matière de recherche et de développement pour commercialiser le nouveau produit.
Divers	
Création de **liens hypertextes** profonds sur le réseau internet sans autorisation du propriétaire du site cible et sans signaler à l'internaute qu'il est dirigé vers un site extérieur au premier site connecté (T. com. Paris 26-12-2000 : RJDA 7/01 nº 823).	**Acte parasitaire,** dès lors que la création d'hyperliens a pour conséquence de détourner ou de dénaturer le contenu ou l'image du site cible et de le faire apparaître comme étant celui du site extérieur sans mentionner la source.
Enregistrement par une entreprise du **nom de domaine** « Argus.fr », alors qu'une autre société est éditrice d'une revue intitulée « l'Argus de l'automobile et des locomotions » qui est également son nom commercial (Cass. com. 23-1-2007 nº 05-13.352 F-D : RJDA 4/07 nº 421).	**Acte non parasitaire** : le site internet ne concerne pas l'automobile mais l'achat et la vente de matériel informatique ; le terme « argus » employé isolément ne sert à la société éditrice qu'à un accès simplifié à un serveur Minitel ; ce même terme est passé dans le langage courant et est aussi utilisé dans d'autres domaines, tels ceux des assurances ou de la presse.

Agissements	Acte parasitaire ou non
Offre promotionnelle d'un **restaurant** promettant « 10 % de réduction sur l'addition en cas de présentation de votre carte de chambre ou de la facture d'hôtel », souhaitant ainsi attirer des clients des hôtels voisins nombreux dans cette zone (CA Versailles 14-9-2011 n° 10-06586 : RJDA 3/12 n° 359).	**Acte parasitaire,** dès lors que le restaurant ne supporte pas les charges de fonctionnement des hôtels, troublant ainsi les hôtels qui offrent également des prestations de restauration et des promotions combinées sur les deux prestations offertes.
Distribution par un garagiste de **prospectus publicitaires** reproduisant les caractéristiques du document publicitaire qu'un concurrent a distribué pour une opération promotionnelle un mois auparavant (Cass. com. 5-4-2018 n° 16-17.294 F-D : RJDA 6/18 n° 543).	**Acte non parasitaire,** dès lors que l'offre de prestations identiques ou similaires, déterminées par l'entretien et la réparation des mêmes véhicules selon les prescriptions des constructeurs, à un prix identique n'est que la traduction du jeu de la concurrence.
Embauche massive par une société concurrente de membres de l'équipe en charge de l'activité d'actuariat au sein d'une société de conseil, soit vingt-sept personnes sur trente (Cass. com. 14-4-2015 n° 13-26.527 F-D : RJDA 7/15 n° 536, 2e espèce).	**Acte parasitaire,** dès lors que cela a permis l'économie des efforts financiers importants nécessaires pour créer une telle activité et l'obtention d'une rentabilité quasi immédiate.
Embauche de plusieurs **salariés** d'un **concurrent** connaissant le savoir-faire de celui-ci (Cass. com. 8-11-2016 n° 15-14.437 F-D : RJDA 2/17 n° 132).	**Acte parasitaire,** dès lors que ce recrutement ciblé a pour but l'acquisition à coût réduit des procédés de réglage de l'outil de fabrication d'un produit susceptible de concurrencer celui issu des investissements de recherche et de développement antérieurement réalisés par le concurrent.

III. EXERCICE DE L'ACTION EN CONCURRENCE DÉLOYALE

A. Mise en œuvre de l'action

1. PARTIES À L'ACTION

a. Demandeur à l'action

INTÉRÊT À AGIR EN CONCURRENCE DÉLOYALE

Conformément au droit commun, l'action en concurrence déloyale est ouverte « à tous ceux qui ont un **intérêt légitime** au succès ou au rejet d'une prétention » (CPC art. 31). En conséquence, elle n'est pas ouverte à la personne qui cherche à protéger l'activité commerciale qu'elle exerce en violation de la réglementation (Cass. com. 8-7-2003 n° 99-10.181 FS-P : RJDA 2/04 n° 253). De même, le déposant de marques ou d'enseignes contraires à l'ordre public ne peut pas agir en concurrence déloyale contre l'imitateur de ces marques (Cass. com. 28-6-1976 n° 75-10.193 P : Bull. civ. IV n° 217). **13200**

QUALITÉ POUR AGIR EN CONCURRENCE DÉLOYALE

L'action en responsabilité peut être mise en œuvre quel que soit le **statut juridique** de la victime (Cass. com. 18-12-2001 n° 99-17.553 F-D : RJDA 5/02 n° 578 ; Cass. com. 12-5-2021 n° 19-17.942 F-D : RJDA 8-9/21 n° 618). **13210**

Bien entendu, l'action en concurrence déloyale peut être engagée par l'entreprise victime d'un trouble commercial. Ont également été jugés comme ayant qualité pour agir :
– un syndicat professionnel (Cass. com. 8-7-1997 n° 94-20.701 D : RJDA 12/97 n° 1569), à condition toutefois qu'il agisse pour obtenir la réparation de l'atteinte portée à l'intérêt collectif de la profession qu'il représente (Cass. com. 24-11-2009 n° 08-13.052 F-D : RJDA 2/10 n° 186) ;
– une fédération professionnelle (Cass. com. 1-12-1998 n° 96-22.465 D : RJDA 1/99 n° 112) ;
– le Conseil national de l'ordre des médecins (Cass. 1e civ. 12-12-2018 n° 17-27.415 F-PB : RJDA 3/19 n° 231) ;

– un organisme interprofessionnel (Cass. com. 30-1-2007 nº 04-17.203 F-D : RJDA 5/07 nº 576) ;
– un GIE chargé de la promotion commerciale de ses membres (CA Paris 22-4-1980 : Gaz. Pal. TT 1980-1982 vº Concurrence déloyale nº 90) ;
– une association loi de 1901 (Cass. com. 18-12-2001 nº 99-17.553 F-D et Cass. com. 12-5-2021 nº 19-17.942 F-D précités).

En revanche, le principal fournisseur d'une société n'a pas qualité pour agir en concurrence déloyale pour des actes commis à l'encontre de la société seulement (Cass. com. 17-3-2015 nº 14-12.087 F-D : RJDA 6/15 nº 467). De même, il a été jugé que la société mère d'un groupe n'a pas qualité pour agir contre une société concurrente d'une de ses filiales, dès lors qu'elle n'est susceptible de subir qu'un préjudice par ricochet (CA Versailles 19-2-1998 : RJDA 6/98 nº 811).

b. Défendeur à l'action

AUTEUR OU COAUTEURS DE L'ACTE DÉLOYAL

13220 L'action pour concurrence déloyale ne peut être dirigée que contre la personne ayant commis les actes fautifs (Cass. com. 16-3-2022 nº 21-10.239 F-D : RJDA 6/22 nº 373). Elle est exercée contre la personne physique ou morale auteur du dommage. Peu importe que cette personne soit ou non le **bénéficiaire** des actes fautifs (Cass. com. 21-3-2000 nº 98-11.098 F-D : RJDA 7-8/00 nº 813 ; Cass. com. 21-1-2014 nº 12-25.443 F-D : RJDA 4/14 nº 392).

ATTENTION

S'agissant de **sociétés appartenant à un groupe** et par application du principe d'indépendance des personnalités morales, est irrecevable l'action qui est engagée contre une société holding sans activité opérationnelle pour des agissements commis par une filiale (Cass. com. 7-7-2009 nº 08-17.099 F-D : RJDA 10/09 nº 850).

La notion d'**entité économique,** propre au droit de la concurrence, ne trouve pas application en matière de responsabilité civile extracontractuelle de droit commun ; la responsabilité d'une personne juridique ne peut donc pas être retenue, sur la base de l'existence d'une entité économique, pour des actes de concurrence déloyale commis par d'autres personnes (Cass. com. 14-2-2018 nº 16-24.619 F-D : RJDA 7/18 nº 613 ; Cass. com. 27-1-2021 nº 18-14.774 F-D : RJDA 11/21 nº 748).

Elle peut être mise en œuvre quel que soit le **statut juridique** de l'auteur de la faute (Cass. com. 30-5-2000 nº 98-15.549 F-D : RJDA 12/00 nº 1197, à propos d'une association ; Cass. com. 17-1-2018 nº 16-12.735 F-D : RJDA 5/18 nº 474).

Si l'acte déloyal a été commis par un **salarié** à l'occasion de ses fonctions, son employeur en est responsable (application de la règle suivant laquelle les commettants sont responsables du dommage causé par leurs préposés dans les fonctions auxquelles ils les ont employés) (C. civ. art. 1242, al. 5). Par exemple, a été condamnée pour concurrence déloyale une société qui avait laissé son salarié se servir de renseignements qu'il détenait sur son ancien employeur pour entrer de manière déloyale en concurrence avec lui (CA Paris 24-10-2002 nº 00-21752 : RJDA 5/03 nº 555). En conséquence, aucune faute personnelle ne peut être retenue contre un salarié qui a commis un acte de concurrence déloyale dès lors que celui-ci a agi dans le cadre de la mission impartie par son employeur et n'en a pas outrepassé les limites (Cass. com. 12-10-1993 nº 91-10.864 P : RJDA 2/94 nº 239).

Le détournement de documents commerciaux d'une entreprise concurrente par le futur dirigeant d'une **société** commerciale alors qu'elle n'est **pas** encore **immatriculée** n'engage pas la responsabilité de la société (Cass. com. 17-5-2023 nº 22-16.031 F-B : RJDA 8-9/23 nº 478).

13225 L'action peut également être exercée contre des **coauteurs.** Par exemple, ont été sanctionnés :
– une chambre syndicale et ses adhérents pour avoir publié une brochure qui constituait un acte de dénigrement (Cass. com. 6-3-1978 nº 76-13.306 P : JCP G 1978 II nº 19001 obs. J. Azéma) ;
– l'ancien salarié d'une entreprise et la société constituée par celui-ci pour avoir détourné la clientèle de cette entreprise (Cass. com. 28-4-1980 nº 78-15.051 P : JCP éd. G 1982 II.19791 obs. J. Azéma ; Cass. com. 7-5-1980 nº 78-14.831 P : Bull. civ. IV nº 179 ; CA Versailles 25-11-2010 nº 90-6500 : RJDA 8-9/11 nº 747) ;
– le vendeur et l'importateur de vêtements portant une marque imitant celle apposée sur les vêtements d'un fabricant concurrent (Cass. com. 23-11-1993 nº 91-17.725 P : RJDA 5/94 nº 614) ;
– une société et son représentant légal qui avait démarché la clientèle d'une autre société (Cass. com. 4-5-1999 nº 97-11.925 D : RJDA 7/99 nº 784).

En revanche, devait supporter seule la responsabilité de ses actes une société qui, immédiatement après sa constitution, avait traité des affaires avec les clients d'une société concurrente qui était l'ancien employeur de ses fondateurs, son fichier clients étant en outre incontestablement une copie de celui de ce concurrent, dès lors que la preuve de la participation personnelle des fondateurs aux actes répréhensibles n'était pas rapportée (CA Paris 24-2-1994 : RJDA 5/94 n° 612).

> **Précisions** Rien n'empêche l'ancien employeur d'agir en concurrence déloyale, d'une part, contre le nouvel employeur du salarié devant la **juridiction commerciale** et, d'autre part, contre l'ancien salarié devant la **juridiction prud'homale,** dès lors que les deux actions n'ont ni le même objet ni la même cause et n'opposent pas les mêmes parties (Cass. soc. 28-1-2005 n° 02-47.527 F-PB : RJDA 5/05 n° 635).

COMPLICES DE LA CONCURRENCE DÉLOYALE

Les complices qui ont participé en connaissance de cause à la réalisation de l'acte déloyal peuvent être également poursuivis. Ont ainsi été sanctionnés : **13230**

– un distributeur de produits alimentaires, dès lors qu'il ne pouvait pas ignorer qu'un fabricant avait reproduit l'étiquette d'un concurrent (Cass. com. 10-2-1987 n° 85-13.692 P : Bull. civ. IV n° 35) ;

– le producteur et le diffuseur d'un film publicitaire dont ils n'ignoraient pas le caractère dénigrant (CA Paris 14-2-1958 : JCP G 1958 II n° 10535 note P. Esmein).

En revanche, l'ancienne société de conseil juridique d'une entreprise victime d'un détournement de clientèle et d'un débauchage de personnel commis par l'un des anciens salariés de cette entreprise ne peut pas être déclarée complice de ces agissements du seul fait qu'elle avait rédigé les statuts de la société constituée par l'intéressé et que son dirigeant avait assisté à une réunion de formation du personnel de celle-ci (Cass. com. 13-6-1995 n° 93-15.573 D : RJDA 1/96 n° 166).

2. JURIDICTIONS COMPÉTENTES EN MATIÈRE DE CONCURRENCE DÉLOYALE

a. Compétence d'attribution

L'action en concurrence déloyale obéit aux règles de **droit commun.** **13250**

COMPÉTENCE DU TRIBUNAL DE COMMERCE

Le tribunal de commerce est seul compétent pour juger des litiges **entre commerçants,** entre **artisans,** des litiges relatifs aux **sociétés commerciales** et de ceux relatifs aux actes de commerce (C. com. art. L 721-3). **13260**

ILLUSTRATIONS

Le tribunal de commerce s'est déclaré compétent pour connaître d'une action en concurrence déloyale dirigée contre un établissement public industriel et commercial qui exerçait de manière habituelle des actes de commerce (T. com. Paris 6-5-1991 : RJDA 10/91 n° 823).

Jugé aussi qu'en cas de litige opposant deux sociétés commerciales dont la responsabilité de l'une pour complicité de violation d'une clause de non-concurrence par l'un de ses salariés est recherchée, il appartient à la juridiction commerciale de trancher la contestation relative à l'applicabilité de la clause figurant au contrat de travail, dès lors que la juridiction prud'homale n'a pas été saisie (Cass. com. 14-5-2013 n° 12-19.351 FS-PB : RJDA 8-9/13 n° 756). En cas de saisine de la juridiction prud'homale en parallèle, voir n° 13280.

Jugé également que relève de la compétence du tribunal de commerce l'action en concurrence déloyale engagée contre un créateur de bijoux, par ailleurs dirigeant de la société commerciale qui distribue ses créations, dès lors que les actes litigieux (création de bijoux s'inspirant des créations d'un concurrent) se rattachent par un lien direct à la gestion de la société (Cass. com. 18-12-2019 n° 18-17.364 F-D : RJDA 3/20 n° 154).

Lorsque l'action en concurrence déloyale oppose un **commerçant et** un **non-commerçant,** la compétence du tribunal suit les règles suivantes : **13265**

– si le non-commerçant est le défendeur à l'action, seules les juridictions civiles sont compétentes ;

– si le non-commerçant est celui qui engage l'action, il peut choisir de saisir soit le tribunal de commerce, soit le tribunal civil compétent.

ATTENTION

Lorsque le **défendeur** est une **société commerciale,** le fait que le tribunal de commerce soit compétent en application de l'article L 721-3, 2° du Code de commerce, car il s'agit d'une contestation relative aux sociétés commerciales, ne prive pas le demandeur non-commerçant de son option de compétence (Cass. com. 18-11-2020 n° 19-19.463 FS-PB : RJDA 2/21 n° 101).

COMPÉTENCE DU TRIBUNAL JUDICIAIRE

13270 Le tribunal judiciaire est seul compétent si le litige oppose des **non-commerçants** ou, des personnes n'ayant **pas** la qualité d'**artisans,** par exemple des membres de professions libérales.

Ce tribunal a compétence exclusive s'il s'agit d'un acte de concurrence déloyale **connexe à** une **action en contrefaçon de marque** (CPI art. L 716-5 ; pour des applications, voir Cass. com. 6-3-1978 n° 76-13.938 P : Bull. civ. IV n° 83 ; Cass. com. 16-5-2000 n° 98-11.722 F-D : RJDA 12/00 n° 1187, 1e espèce ; Cass. com. 14-6-2000 n° 97-16.644 FS-P : RJDA 12/00 n° 1187, 1e espèce), à une action en contrefaçon **de brevet** (CPI art. L 615-17 ; pour une application, voir CA Paris 19-1-1981 : JCP E 1983 n° 13934 obs. M. Vivant), à une action en contrefaçon **de dessins ou modèles** (CPI art. L 521-3-1) ou à une action en contrefaçon **de droits d'auteur** (CPI art. L 331-1).

> **› Précisions** S'agissant des **mesures d'instruction** de l'article 145 du Code de procédure civile destinées à établir des actes de concurrence déloyale, seul le président du tribunal judiciaire (ancien tribunal de grande instance) est compétent pour les ordonner dès lors que les mesures sollicitées sont liées à des actes de contrefaçon de marque (Cass. com. 20-11-2012 n° 11-23.216 F-PB : RJDA 7/13 n° 673).

COMPÉTENCE DU CONSEIL DE PRUD'HOMMES

13280 Le conseil de prud'hommes est seul compétent en cas de manquement commis par un **salarié** avant la rupture du contrat de travail (pendant la période de préavis, par exemple) ou, après l'expiration de celui-ci, en cas de violation d'une clause de non-concurrence (Cass. soc. 16-1-2008 n° 05-21.757 F-D : RJS 6/08 n° 669 ; Cass. soc. 30-6-2010 n° 09-67.496 D). Il en est ainsi même si la clause de non-concurrence figure dans la transaction conclue lors de la rupture du contrat de travail (Cass. com. 15-11-2011 n° 10-26.028 FS-PB : RJDA 2/12 n° 221).

Si la nullité de la clause de non-concurrence est prononcée, cette nullité ne fait pas obstacle à l'action en responsabilité engagée par l'employeur contre son ancien salarié dès lors qu'il démontre que ce dernier s'est livré à des actes de concurrence déloyale à son égard (Cass. soc. 28-1-2005 n° 02-47.527 F-PB : RJDA 5/05 n° 635 ; Cass. soc. 14-12-2005 n° 04-40.561 F-PB : RJDA 5/06 n° 502 ; Cass. soc. 31-10-2012 n° 11-16.945 F-D : RJDA 1/13 n° 76).

En raison de l'exclusivité de compétence du conseil de prud'hommes, le tribunal de commerce ou le tribunal judiciaire (ancien tribunal de grande instance) n'est pas compétent pour statuer sur l'**action intentée par** un **employeur** à la fois **contre** un **ancien salarié** pour violation d'une clause de non-concurrence **et contre** la **société** concurrente **qui l'a embauché** pour complicité dans la violation de cette clause (Cass. soc. 15-5-1974 n° 72-13.582 P : D. 1974 p. 702 note Y. Serra ; Cass. soc. 21-4-1977 n° 75-12.345 P : D. 1978 p. 9 note Y. Serra). Dans ce cas, l'employeur doit engager l'action contre le salarié devant le conseil de prud'hommes et l'action contre la société concurrente devant le tribunal de commerce ou le tribunal judiciaire. Cependant, afin d'éviter des solutions contradictoires (éviter que le nouvel employeur soit condamné pour complicité dans la violation de la clause de non-concurrence, alors que le conseil de prud'hommes jugerait que l'ancien salarié n'a pas transgressé cette clause), le tribunal de commerce ou le tribunal judiciaire doit surseoir à statuer jusqu'à ce que le conseil de prud'hommes se soit prononcé (Cass. com. 6-5-2003 n° 01-15.268 P : RJDA 11/03 n° 1145). En revanche, lorsque le juge commercial statue en référé, il n'a pas besoin de surseoir à statuer car sa décision présente un caractère provisoire et ne tranche pas le fond du litige (Cass. com. 9-6-2021 n° 19-14.485 F-P : RJDA 10/21 n° 694).

b. Compétence territoriale en matière de concurrence déloyale

13290 Conformément au **droit commun** (CPC art. 46), le demandeur peut saisir à son choix soit la juridiction du lieu où demeure le défendeur, soit la juridiction du lieu du fait dommageable ou celle dans le ressort de laquelle le dommage a été subi.

Lorsqu'un acte de concurrence déloyale a été commis par la diffusion d'un document publicitaire, le lieu du fait dommageable correspond au lieu de cette diffusion et le fait dommageable se produit en tous lieux où les informations litigieuses ont été mises à la disposition de la clientèle potentielle. Par suite, est territorialement compétent le tribunal du lieu où a été établi un constat ayant révélé l'existence d'une telle diffusion (Cass. com. 16-1-2001 n° 98-20.810 F-D : RJDA 5/01 n° 651).

En **matière internationale,** la victime d'un délit peut agir soit devant les juridictions de l'État membre de l'Union européenne sur le territoire duquel le défendeur est domicilié (Règl. 1215/2012 du 12-12-2012 art. 4), soit devant le tribunal du lieu où le fait dommageable s'est produit ou risque de se produire (art. 7, 2), c'est-à-dire devant le tribunal du lieu où le fait dommageable est survenu ou du lieu de l'événement à l'origine du dommage (CJCE 30-11-1976 aff. 21/76 ; Cass. 1e civ. 1-2-2012 nº 10-24.843 FS-PBI : RJDA 5/12 nº 552). Pour plus de détails, voir Mémento Procédure civile nos 63050 s.

ILLUSTRATIONS

La compétence des juridictions françaises a été retenue pour connaître de la répression des dommages résultant d'actes de concurrence déloyale commis à l'encontre d'une société française sur un site **internet** allemand, dès lors que celui-ci était accessible aux internautes français et que les produits étaient disponibles en France (Cass. com. 9-3-2010 nº 08-16.752 FS- PB : RJDA 6/10 nº 691).

La victime de propos dénigrants publiés sur internet peut agir devant les tribunaux de chaque État membre de l'Union européenne, dans lesquels ces propos sont accessibles pour demander la réparation du préjudice subi dans cet État. Il en est ainsi même si ces juridictions ne sont pas compétentes pour connaître de sa demande de rectification et de suppression de ces propos (CJUE 21-12-2021 aff. 251/20 : RJDA 3/22 nº 184 ; Cass. 1e civ. 15-6-2022 nº 18-24.850 FS-B : RJDA 10/22 nº 604).

Lorsque le **litige** porte sur un acte de concurrence déloyale **connexe à une action en contrefaçon de marque,** l'action doit être portée devant l'un des tribunaux judiciaires spécialisés dont la liste a été fixée par voie réglementaire (CPI art. L 716-5 et R 716-21 ; C. org. jud. art. D 211-6-1). 13295

Il en est de même lorsque le litige porte sur un acte de concurrence déloyale connexe à une action en contrefaçon de **dessins ou modèles** (CPI art. L 521-3-1 et D 521-6 ; C. org. jud. art. D 211-6-1) ou à une action en contrefaçon de **droits d'auteur** (CPI art. L 331-1 et D 331-1-1 ; C. org. jud. art. D 211-6-1).

S'il s'agit d'une marque de l'Union européenne ou d'un dessin ou modèle communautaire, le tribunal compétent est le tribunal judiciaire de Paris (CPI art. L 717-4 et R 717-11 ; C. org. jud. art. R 211-7 pour une marque de l'UE ; CPI art. L 522-2 et R 522-1 et C. org. jud. art. R 211-7 pour un dessin ou modèle communautaire).

Lorsque le litige porte sur un acte de concurrence déloyale connexe à une action en contrefaçon de **brevet,** l'action doit être exclusivement portée devant le tribunal judiciaire de Paris (CPI art. L 615-17 et D 631-2 ; C. org. jud. art. D 211-6).

3. PRESCRIPTION DE L'ACTION EN CONCURRENCE DÉLOYALE

S'agissant d'une action en responsabilité civile extracontractuelle de droit commun, l'action en concurrence déloyale doit être exercée dans un **délai** de cinq ans à compter du jour où le titulaire du droit a connu ou aurait dû connaître les faits lui permettant d'exercer son droit (C. civ. art. 2224), peu important que les agissements déloyaux se soient inscrits dans la durée (Cass. com. 26-2-2020 nº 18-19.153 F-D : RJDA 11/20 nº 608 ; Cass. com. 15-11-2023 nº 22-21.878 F-D : RJDA 4/24 nº 256). 13320

B. Sanctions de la concurrence déloyale

1. ACTION EN RÉFÉRÉ

La victime des agissements déloyaux peut tenter d'obtenir rapidement la **cessation** de ces **agissements** par la voie du référé. Celle-ci est en effet ouverte s'il s'agit de « prévenir un dommage imminent » ou de « faire cesser un trouble manifestement illicite » (CPC art. 835 et 873). 13360

Le juge des référés peut ordonner de telles mesures conservatoires même si les agissements dont il est saisi sont, par ailleurs, pénalement répréhensibles (Cass. com. 19-10-1999 nº 97-18.490 P : RJDA 11/99 nº 1277).

13360 (suite)

Actes fautifs	Mesures conservatoires
– **Affiches** apposées par un distributeur sur la vitrine de son magasin qui faisaient état de la **condamnation** de l'un de ses **concurrents** (Cass. com. 9-3-1982 nº 80-15.598) ; – **Affiches dénigrant** la profession de pharmacien (TGI Paris réf. 16-6-1987 : JCP G 1987 II nº 20900 note A. Viandier) ; – **Affiches** par lesquelles une société de vente par correspondance souligne les mérites de son nouveau service de livraison en lui attribuant, sous couvert de **publicité comparative,** des vertus supérieures à celui de son concurrent (CA Douai 2-10-1995 : RJDA 2/96 nº 301).	Retrait des affiches
Vente de **produits concurrents** en violation d'une clause de non-concurrence (CA Paris 23-10-1986 : D. 1988 som. p. 178 obs. Y. Serra).	Interdiction de vendre ces produits
Produits présentant des **ressemblances** évidentes avec des produits commercialisés à un prix supérieur et sous une autre marque (CA Versailles 1-3-1990 : Bull. inf. C. cass. 15 septembre 1990 nº 1107).	Saisie conservatoire des produits
Spot publicitaire jetant le doute sur les qualités d'une voiture (CA Paris 25-9-1991 : RJDA 7/92 nº 793), ou discréditant le produit sucre (Cass. com. 30-1-2007 nº 04-17.203 F-D : RJDA 5/07 nº 576), ou les manteaux en fourrure animale (Cass. com. 1-12-1998 nº 96-22.465 D : RJDA 1/99 nº 112).	Cessation de la diffusion de la publicité
Vente de **paquets de chips** contenant des **« pin's » offerts** en violation de la réglementation des ventes avec primes (T. com. Nanterre 10-4-1992 : RJDA 3/93 nº 212).	Retrait des produits
Embauche d'un salarié dans des **conditions fautives** (Cass. com. 26-10-1993 nº 91-21.044 D : RJDA 2/94 nº 240).	Cessation du contrat de travail(1)
Vente sur internet par un **distributeur non agréé** de produits d'une marque vendue en France par le canal de la distribution sélective (CA Paris 5-9-2003 : RJDA 5/04 nº 646).	Suppression sur le site internet de toute référence à ces produits
Commercialisation sur internet à un prix inférieur au **seuil de revente à perte** de produits identiques à ceux vendus en ligne par une autre société (T. com. Béziers 19-7-2010 nº 10-4215 : RJDA 12/10 nº 1189).	Interdiction de vendre les produits sur tout site comparateur de prix ou plateforme de mise en relation
Dénigrement d'un titulaire de brevet auprès des clients de son **ancien licencié** (Cass. com. 27-5-2015 nº 14-10.800 FS-PB : RJDA 1/16 nº 67).	Interdiction de faire quelque commentaire que ce soit à propos des produits commercialisés par l'ancien licencié et ce, jusqu'à ce que les droits revendiqués par le titulaire du brevet soient reconnus par l'ancien licencié ou par une décision judiciaire irrévocable
Utilisation et exploitation par une société d'une **dénomination sociale** trop proche de la dénomination et de la **marque antérieure** d'une autre société (CA Lyon 15-12-2021 nº 21/02667 : RJDA 7/22 nº 451).	Interdiction d'utiliser et d'exploiter la dénomination sociale

(1) De son côté, la chambre sociale de la Cour de cassation ne reconnaît pas ce pouvoir au juge des référés (Cass. soc. 13-5-2003 nº 01-17.452 FS-PB : RJS 7/03 nº 878).

En revanche, il n'y a pas de **trouble manifestement illicite** permettant au juge des référés d'intervenir lorsqu'une société qui a fait publier dans une brochure publicitaire la même photographie qu'un concurrent sur la page de couverture a immédiatement remédié à cette situation (CA Versailles 22-2-1991 : RJDA 5/91 n° 452). 13365

2. ACTION EN RESPONSABILITÉ POUR CONCURRENCE DÉLOYALE

DOMMAGES-INTÉRÊTS

Le préjudice causé par un acte déloyal est réparé par des dommages-intérêts. Le droit à réparation naît au jour de la **survenance du dommage,** de sorte que la disparition de celui-ci ne prive pas la victime de son action (Cass. com. 20-2-2019 n° 17-20.652 F-D : RJDA 7/19 n° 535). 13390

Le régime de la responsabilité civile étant d'ordre public, toute convention prévoyant l'irresponsabilité ou la **limitation de responsabilité** de l'auteur du dommage est nulle (Cass. 1e civ. 5-7-2017 n° 16-13.407 FS-D : RJDA 11/17 n° 768).

Le **montant** des dommages-intérêts ne peut pas être forfaitaire (Cass. com. 23-11-2010 n° 09-71.665 F-D : RJDA 4/11 n° 364). Il est apprécié souverainement par les juges du fond (Cass. com. 15-7-1970 n° 69-12.080 P : Bull. civ IV n° 243), la Cour de cassation se bornant souvent à relever que la cour d'appel « a souverainement justifié tant l'existence que l'importance du préjudice » (Cass. com. 7-2-1995 n° 93-14.569 D : RJDA 6/95 n° 795).

ILLUSTRATIONS

Dans un cas où un distributeur avait revendu à bas prix des produits faisant l'objet d'un réseau de distribution sélective et porteurs de la marque sans l'autorisation du titulaire de celle-ci, le préjudice subi par le titulaire de la marque a été évalué en prenant en compte le **manque à gagner** résultant des actes de concurrence déloyale, l'**atteinte à l'image de marque** du produit, la **désorganisation** de son réseau et le **discrédit** auprès de ses détaillants, mais aussi le **nombre restreint de produits** mis **en vente** (Cass. com. 21-6-1994 n° 92-17.361 P : RJDA 12/94 n° 1276, 2e espèce).

Jugé pour un projet de stand en dur pour un salon professionnel, proposé par une entreprise spécialisée dans la conception et l'organisation de communication événementielle, qui avait été reproduit servilement par un concurrent, que le préjudice subi par l'entreprise résultait de la **privation de la rémunération de son travail** de conception, de la **perte de chance** de réaliser l'ouvrage et de la **contrariété** engendrée par de telles pratiques (CA Paris 10-12-2009 n° 07-7101 : RJDA 4/10 n° 445).

Dans une situation où le produit d'une société leader sur son marché avait été imité, jugé que la société devait être indemnisée non seulement de son **préjudice financier** mais également de son **trouble commercial,** préjudice constitué par la rupture de l'équilibre de la compétition entre deux sociétés concurrentes, et que ce trouble était en l'espèce d'autant plus important que l'activité concurrentielle s'était déroulée sur un secteur professionnel très spécialisé, par une société employant des moyens susceptibles d'entretenir une confusion durable entre elle-même et la société concurrencée de façon déloyale (CA Poitiers 4-10-2011 n° 10/02787 : RJDA 5/12 n° 542).

Par ailleurs, dans un cas où une société avait été victime du débauchage d'une partie de son personnel, jugé qu'il y avait lieu de tenir compte du **manque de dynamisme** de cette société, lequel avait entraîné une baisse de son chiffre d'affaires et n'avait pas été étranger à l'acceptation par ses salariés d'un changement d'employeur (CA Rouen 24-6-1993 : RJDA 8-9/93 n° 765).

De même, pour une société, qui avait cédé son fonds de commerce avec le nom commercial et l'enseigne comme éléments incorporels du fonds, s'était rétablie dans un fonds de même nature en utilisant le nom et l'enseigne cédés, jugé que le **préjudice** subi par la société cessionnaire devait être fortement **relativisé** (2 500 €), compte tenu du changement rapide de nom commercial et d'enseigne, de la localisation des deux fonds dans des quartiers différents et de l'absence de perte de clientèle (CA Orléans 14-6-2007 : RJDA 6/08 n° 736).

Dans un cas de **tromperie,** en particulier sur la taille « made in France » de produits des arts de la table, qui avait permis à une société d'obtenir des prix de revient beaucoup plus bas et de n'employer qu'un tailleur pour six mois, là où la société concurrente en employait huit, la taille représentant en outre 10 % de son chiffre d'affaires, alors qu'elle représentait 25 % du chiffre d'affaires de la société concurrente, jugé que les conséquences économiques négatives étant **difficiles à quantifier,** le préjudice avait pu être évalué en déduisant de la charge d'emploi de tailleurs de la société victime de la tromperie, rapportée à son chiffre d'affaires, le montant correspondant à la charge de ces emplois pour la société auteur de la tromperie, rapportée au chiffre d'affaires de celle-ci (Cass. com. 12-2-2020 n° 17-31.614 FS-PBRI : RJDA 4/20 n° 249).

Jugé pour une société qui avait embauché un salarié au mépris d'une **clause de non-concurrence** et qu'elle l'avait placé de façon déloyale auprès d'un des clients de son ancien employeur, que le préjudice subi par celui-ci résulte non seulement de la perte du contrat conclu avec le client et géré par le salarié, mais aussi de la perte totale de la relation d'affaires avec ce client (Cass. com. 14-10-2020 n° 18-20.922 F-D : RJDA 3/21 n° 201).

CESSATION DES AGISSEMENTS

13400 Les juges peuvent ordonner la cessation des agissements déloyaux. Cette décision peut être assortie d'une **astreinte** (par exemple, CA Versailles 5-2-1991 : RJDA 4/91 n° 363 ; CA Paris 24-10-2002 n° 00-21752 : RJDA 5/03 n° 555).

Par exemple, ont été ordonnés :

– la **fermeture** d'un **fonds** de commerce pour un certain délai et l'interdiction de se rétablir pour une durée donnée (Cass. com. 28-4-1980 n° 78-15.051 P : JCP G 1982 II n° 19791 obs. J. Azéma ; Cass. com. 17-10-1984 n° 82-15.408 : D. 1985 p. 396 note Y. Serra) ;

– l'**interdiction** de faire **usage** d'un **nom** patronymique homonymique (CA Dijon 28-2-2002 n° 00-85 : RJDA 3/03 n° 261) et l'obligation d'y adjoindre un prénom (Cass. com. 5-11-1985 n° 83-15.017 P : D. 1987 p. 22 note J.-J. Burst) ou la date de fondation de l'entreprise (Cass. com. 7-12-1954 : JCP G 1955 II n° 8696 note B. Plaisant) ;

– la **destruction** de flacons de parfum et de boîtes imitant ceux d'une grande marque (Cass. com. 6-5-1991 n° 89-16.048 D : RJDA 7/91 n° 672) ou la destruction d'ouvrages imitant ceux publiés par un éditeur concurrent (CA Paris 19-12-2007 n° 07-20851 : RJDA 10/08 n° 1067) ;

– la **saisie** de parfums de grandes marques aux mains d'une société condamnée pour concurrence déloyale (CA Versailles 5-2-1991 précité) ;

– la **cessation** de l'**utilisation** du fichier clientèle dérobé par un salarié à son ancien employeur au profit de la nouvelle société pour qui il travaillait et l'obligation de remettre à l'ex-employeur les disquettes ou copies contenant ce fichier (CA Paris 24-10-2002 précité) ;

– le **retrait** des linéaires des grandes surfaces des conserves de langues de bœuf commercialisées par la société condamnée pour concurrence déloyale (CA Poitiers 4-10-2011 n° 10/02787 : RJDA 5/12 n° 542) ;

– la **modification** d'une **clause** d'un contrat d'assurance qui limitait l'indemnisation des assurés en cas de résiliation du contrat (CA Paris 23-1-2014 n° 12/02577 : RJDA 5/14 n° 490).

PUBLICATION DE LA DÉCISION DE CONDAMNATION

13410 Outre l'allocation de dommages-intérêts et/ou la cessation des agissements, le juge peut ordonner la publication de la décision aux **frais** du défendeur (Cass. com. 8-5-1979 n° 77-15.294 P : Bull. civ. IV n° 148 ; Cass. com. 5-3-1991 n° 89-12.671 D : RJDA 7/91 n° 673 ; CA Poitiers 4-10-2011 n° 10/02787 : RJDA 5/12 n° 542 ; CA Paris 23-1-2014 n° 12/02577 : RJDA 5/14 n° 490), ainsi que :

– la **diffusion** d'extraits à la radio (CA Paris 17-11-1970 : D. 1972 p. 78 note S. Guinchard) ;

– la **communication** d'une copie de la décision à des personnes désignées (CA Paris 9-2-1989 : D. 1989 IR p. 86) ;

– ou l'**affichage** du dispositif du jugement sur la page d'accueil du site internet de l'auteur des agissements déloyaux pendant un certain temps (un mois en l'espèce) (TGI Paris 9-5-2001 : RJDA 1/02 n° 112).

En revanche, le juge ne peut pas ordonner la **confiscation** d'ouvrages constitutifs de concurrence déloyale car une telle mesure ne pourrait être ordonnée que dans les cas prévus par la loi (Cass. civ. 3-11-1988 n° 86-16.538 P : Bull. civ. I n° 297).

CONFORMITÉ DES PRODUITS ET SERVICES À LA RÉGLEMENTATION

SOMMAIRE

MULTIPLICITÉ DES TEXTES RÉPRESSIFS

Dès leur première mise sur le marché, les produits et services doivent être conformes à la réglementation qui leur est applicable. Ce principe emporte une obligation d'autocontrôle dont le non-respect peut être sévèrement sanctionné au titre du délit de tromperie. 14000

Sur le fondement de cette obligation de conformité, de multiples décrets fixent des mesures spécifiques à certains produits ou services, dont le non-respect est passible de peines contraventionnelles.

Le délit de tromperie, dont le champ d'investigation est beaucoup plus large que la non-conformité à la réglementation, peut résulter de multiples agissements. Leur auteur est passible d'une peine d'emprisonnement et d'une amende d'un montant élevé. Ces mêmes sanctions sont applicables en cas de falsification de denrées alimentaires ou de produits agricoles.

D'autres délits sont plus spécifiques. Il en est ainsi du délit d'obsolescence programmée ou encore du délit d'altération des signes servant à identifier les marchandises.

Nous exposons ci-dessous l'ensemble de ces dispositions. Sont exclues de cette étude celles relatives à la garantie légale de conformité, qui relèvent du domaine contractuel (C. consom. art. L 217-3 s.).

I. OBLIGATION GÉNÉRALE DE CONFORMITÉ À LA RÉGLEMENTATION

MISE SUR LE MARCHÉ DE PRODUITS CONFORMES À LA RÉGLEMENTATION ET OBLIGATION D'AUTOCONTRÔLE

14100 Dès la **première mise sur le marché,** les produits et les services doivent répondre aux prescriptions en vigueur relatives à la sécurité et à la santé des personnes, à la loyauté des transactions commerciales et à la protection des consommateurs. Le responsable de la première mise sur le marché d'un produit ou d'un service doit **vérifier** que celui-ci est conforme aux prescriptions en vigueur. À la demande des agents habilités, il doit justifier des vérifications et contrôles effectués (C. consom. art. L 411-1).

14110 **Responsable de la première mise sur le marché** L'obligation d'autocontrôle des produits s'impose à tous les **stades de la commercialisation** (Cass. crim. 11-6-2003 n° 2812 : RJDA 10/03 n° 1025) et donc, par exemple :
– aux importateurs, que les produits soient en provenance d'un État de l'Union européenne (Cass. crim. 9-3-1999 n° 5413 : RJDA 7/99 n° 854 ; Cass. crim. 20-11-2001 n° 7328 : RJDA 3/02 n° 322 ; Cass. crim. 19-10-2004 n° 5857 : RJDA 2/05 n° 203) ou d'un État tiers (Cass. crim. 6-4-2004 n° 2210 : RJDA 8-9/04 n° 1056 ; Cass. crim. 20-9-2011 n° 11-81.326 : RJDA 12/11 n° 1076) ;
– aux grossistes (Cass. crim. 20-11-2001 n° 7327 : RJDA 3/02 n° 321) ;
– aux détaillants.

14120 **Étendue de l'obligation d'autocontrôle** Un **importateur** de produits en provenance de l'Union européenne satisfait à son obligation de vérification s'il produit un **certificat** délivré par les autorités de l'État membre de production ou par un laboratoire reconnu à cet effet par ces autorités, à condition que la législation de cet État impose la production de certificats officiels relatifs au produit (CJCE 11-5-1989 aff. 25/88, Wurmser : Rec. p. 1105). En dehors de cette hypothèse particulière, l'importateur peut se dégager de sa responsabilité en produisant d'autres attestations comportant un degré de garantie analogue ; cependant, il appartient aux juges du fond d'apprécier si ces attestations suffisent pour établir que l'importateur a satisfait à son obligation de vérification (CJCE 11-5-1989 aff. 25/88 précitée). De même, lorsque les produits sont fabriqués dans des États tiers, la valeur des certificats produits, quelle qu'en soit l'origine, est une question de fait qui ne peut qu'être laissée à l'appréciation souveraine des juges du fond (Cass. crim. 6-4-2004 n° 03-83.902 : RJDA 8-9/04 n° 1056). En effet, lorsque les certificats sont établis à la demande de fabricants établis dans un État tiers, ces certificats ne sont pas toujours mérités, alors même qu'ils ont été délivrés par les filiales locales de laboratoires européens munis de toutes les accréditations requises (Cass. crim. 5-10-2010 n° 09-87.548 : Bull. crim. n° 150, jouet présentant un risque d'empoisonnement pour les enfants, pourtant dûment certifié conforme par un tel laboratoire, à la demande de son fabricant chinois ; Cass. crim. 6-4-2004 n° 2210 : RJDA 8-9/04 n° 1056, ours en peluche fabriqués en Chine présentant des risques d'arrachement de petits éléments pouvant être avalés ou inhalés, alors qu'un certificat de conformité de ces produits aux normes européennes avait été délivré par un laboratoire chinois accrédité ; Cass. crim. 20-9-2011 n° 11-81.326 : RJDA 12/11 n° 1076, luminaires fabriqués en Chine présentant un risque d'explosion pour lesquels l'importateur s'était prévalu de deux certificats de conformité délivrés, à la demande des fabricants, par deux laboratoires européens implantés en Chine).

A fortiori, les analyses effectuées par le laboratoire d'un fabricant étranger ne dispensent pas l'importateur de tout contrôle de conformité (Cass. crim. 17-10-1991 : RJDA 6/92 n° 646).

Le fait qu'une marchandise soit revêtue du **marquage « CE »** ne dispense pas son importateur, responsable de la première mise sur le marché national, de vérifier la conformité de cette marchandise aux prescriptions réglementaires qui lui sont applicables (Cass. crim. 7-4-1999 : Bull. crim. p. 200 n° 72).

Un simple contrôle d'échantillons de la marchandise avant l'importation ne suffit pas (Cass. crim. 10-4-1997 n° 2017 : RJDA 8-9/97 n° 1133).

Si le contrôle peut être visuel, par **sondage,** lorsque, par exemple, il s'agit de vérifier la conformité du calibre ou de l'aspect de fruits et légumes, il doit prendre la forme d'**analyses** lorsqu'il s'agit de vérifier la composition des produits, le professionnel devant alors recourir à tous les moyens mis à sa disposition, même non obligatoires (Cass. crim. 17-9-2002 n° 5064 : RJDA 1/03 n° 288).

OBLIGATION D'INFORMATION EN CAS DE NON-CONFORMITÉ DES PRODUITS À LA RÉGLEMENTATION

Tout opérateur ayant connaissance, après avoir acquis ou cédé des produits, d'une non-conformité à la réglementation portant sur une **qualité substantielle** de tout ou partie de ces produits, doit en informer sans délai, par tous moyens dont il peut justifier, celui qui lui a fourni ces produits et ceux à qui il les a cédés (C. consom. art. L 411-2). 14130

RÉPRESSION DES INFRACTIONS ET SANCTIONS

La répression des infractions s'effectue dans les conditions fixées aux articles L 511-1 et suivants du Code de la consommation (voir nos 78600 s.). 14140

L'obligation d'autocontrôle (no 14100) n'est assortie d'aucune sanction pénale spécifique, mais sa violation concourt à caractériser l'élément intentionnel du délit de tromperie (no 14705).

Le non-respect de l'obligation d'information indiquée no 14130 est passible d'une peine d'emprisonnement d'un an et d'une amende de 150 000 € pour une personne physique (C. consom. art. L 451-1) et 750 000 € pour une personne morale (cf. C. pén. art. 131-38).

II. MESURES RÉGLEMENTAIRES RELATIVES À LA CONFORMITÉ DES PRODUITS ET SERVICES

MESURES NATIONALES

Règles auxquelles doivent satisfaire les marchandises et les prestations de services L'administration peut définir par décrets les règles auxquelles doivent satisfaire les produits et les services pour mettre en application l'obligation générale de conformité (no 14100). Ces décrets déterminent notamment (C. consom. art. L 412-1, I) : 14300

1° Les conditions dans lesquelles l'**exportation,** l'offre, la **vente,** la distribution à titre gratuit, la détention, l'**étiquetage,** le conditionnement ou le mode d'utilisation des marchandises sont interdits ou réglementés ;

2° Les conditions dans lesquelles la **fabrication** et l'**importation** des marchandises autres que les produits d'origine animale et les denrées alimentaires en contenant, les aliments pour animaux d'origine animale et les aliments pour animaux contenant des produits d'origine animale sont interdites ou réglementées ;

3° Les modes de **présentation** ou les **inscriptions** de toute nature sur les marchandises elles-mêmes, les emballages, les factures, les documents commerciaux ou documents de promotion, en ce qui concerne notamment le mode de production, la nature, les qualités substantielles, la composition (y compris, pour les denrées alimentaires, la composition nutritionnelle), la teneur en principes utiles, l'espèce, l'origine, l'identité, la quantité, l'aptitude à l'emploi, les modes d'emploi des produits ainsi que les marques spéciales facultatives ou obligatoires apposées sur les marchandises françaises exportées à l'étranger ;

4° S'agissant des inscriptions de toute nature relatives aux **denrées alimentaires préemballées,** les modalités de **mise à la disposition du public en ligne des informations** correspondantes par le responsable de la première mise sur le marché, dans les conditions prévues au livre III du Code des relations entre le public et l'administration ; ces décrets déterminent notamment le lieu de mise à disposition et le format des données de façon à constituer une base ouverte accessible à tous les utilisateurs et à permettre la réutilisation libre de ces données ;

5° La définition, la composition et la **dénomination** des marchandises de toute nature, les traitements licites dont elles peuvent être l'objet, les caractéristiques qui les rendent impropres à la consommation ;

6° La définition et les conditions d'emploi des **termes** et expressions **publicitaires** dans le but d'éviter une confusion ;

7° Les **règles d'hygiène** que doivent respecter les exploitants du **secteur alimentaire** et du secteur de l'alimentation animale à toutes les étapes de la production, de la transformation et de la distribution, y compris lors des importations et des exportations, de produits et denrées alimentaires autres que les produits d'origine animale et les denrées en contenant, et d'aliments pour animaux autres que ceux d'origine animale ou contenant des produits d'origine animale ;

8° La détermination des **conditions dans lesquelles sont préparés,** conservés, détenus en vue de la vente ou de la distribution à titre gratuit, **mis en vente,** vendus, servis **et transportés les produits destinés à l'alimentation humaine ou animale** autres que les produits d'origine animale, les denrées en contenant et les aliments pour animaux d'origine animale et aliments pour animaux contenant des produits d'origine animale, ainsi que la détermination des caractéristiques auxquelles doivent répondre les équipements nécessaires à leur préparation, leur conservation, leur détention en vue de leur vente ou en vue de leur distribution à titre gratuit, leur mise en vente, et leur transport ;

9° Les conditions dans lesquelles sont déterminées les **caractéristiques microbiologiques et hygiéniques des produits destinés à l'alimentation humaine ou animale** autres que les produits d'origine animale et les denrées alimentaires en contenant, les aliments pour animaux d'origine animale et les aliments pour animaux contenant des produits d'origine animale ;

10° Les modalités de **traçabilité** des marchandises ;

11° Les exigences de précision, de vérification et de prise en compte des éléments significatifs du cycle de vie des produits dans l'élaboration des **allégations à caractère environnemental** ou utilisant les termes de **développement durable** ou ses synonymes, lorsque ces allégations sont présentées sur les produits destinés à la vente aux consommateurs ou accompagnent leur commercialisation sous forme de mentions sur les emballages, les publications, la publicité, la télémercatique ou d'insertions sur supports numériques ou électroniques ;

12° Les conditions d'**hygiène** et de **salubrité** que doivent observer les **personnes** qui participent à la fabrication, à la transformation, au transport, à l'entreposage ou à la vente des produits.

> Précisions La possibilité pour l'administration d'encadrer la **mise en ligne en open data des informations relatives aux denrées alimentaires préemballées** a été introduite par la loi 2020-699 du 10 juin 2020. Sauf accords des professionnels, les termes « inscriptions de toute nature » relatifs aux denrées alimentaires préemballées ne peuvent désigner que les inscriptions prévues par le règlement UE 1169/2011 du 25 octobre 2011 relatif à l'information du consommateur sur les denrées alimentaires, dit « règlement Inco » (Rapport Sén. n° 341 relatif à la loi du 10-6-2020). À la date de publication de la loi, de telles solutions de données ouvertes (open data) faisaient déjà l'objet d'initiatives privées. Tel est le cas de la plateforme CodeOnline Food, créée en octobre 2019, qui permet aux entreprises de l'agroalimentaire de partager les informations sur leurs produits (liste des ingrédients, pays d'origine, Nutri-Score, labels, etc.) pour assurer une transparence à l'égard des consommateurs. Le décret envisagé ne devra pas être incompatible avec ces initiatives (Rapport précité).

14310 **Retraits ou rappels de produits** Les décrets mentionnés au n° 14300 peuvent ordonner que des **produits** soient **retirés** du marché ou **rappelés** en vue de leur modification, de leur remboursement total ou partiel ou de leur échange, et prévoir des obligations relatives à l'**information des consommateurs.** Ils peuvent également ordonner la **destruction** de ces produits lorsque celle-ci constitue le seul moyen de faire cesser un danger (C. consom. art. L 412-1, II-al. 1).

Ils précisent les conditions dans lesquelles sont mis à la charge des fabricants, importateurs, distributeurs ou prestataires de services, les **frais** afférents aux dispositions à prendre (art. L 412-1, II-al. 2).

Bien entendu, les mesures prises doivent être proportionnées au danger présenté par les produits et les services.

> Précisions Le juge administratif, saisi d'un **recours pour excès de pouvoir** contre de telles mesures, vérifie d'abord la réalité du danger allégué par l'administration, puis recherche si celle-ci a commis une erreur manifeste d'appréciation de la gravité de ce danger et, enfin, se livre à un contrôle approfondi pour rechercher si les mesures édictées sont bien proportionnées au risque d'atteinte à la santé ou à la sécurité (pour un exemple, voir CE 15-5-2009 n° 312449, 213454, 312485 : RJDA 6/10 n° 684).

RÉGLEMENTATION EUROPÉENNE RELATIVE À LA CONFORMITÉ DES PRODUITS ET SERVICES

14320 Lorsqu'un règlement européen contient des dispositions en matière de conformité des produits et services, un **décret** doit constater que ces dispositions, ainsi que celles des règlements européens qui les modifieraient ou qui seraient pris pour leur application, constituent les « **mesures d'exécution** prévues à l'article L 412-1 » du Code de la consommation (n° 14300) (C. consom. art. L 412-2). Ces décrets sont codifiés aux articles R 412-17 à R 412-43-2 du Code de la consommation.

Cependant, en l'absence même d'un tel décret, le non-respect des dispositions prévues par le règlement européen est punissable pour délit de tromperie (cf. Cass. crim. 6-2-2001 n° 40 : Bull. crim. n° 37 ; Cass. crim. 19-10-2004 n° 5857 : RJDA 2/05 n° 203 ; Cass. crim. 5-10-2004 n° 5475 : RJDA 10/05 n° 1161 ; Cass. crim. 10-10-2006 n° 5916 : RJDA 2/07 n° 201).

RÉPRESSION DES INFRACTIONS

La répression des infractions s'effectue dans les conditions fixées aux articles L 511-1 et suivants du Code de la consommation (voir n°s 78600 s.). **14330**

SANCTIONS

Sanctions pénales Les infractions aux décrets pris en application de l'article L 412-1 du Code de la consommation sont punies d'une **amende contraventionnelle** d'un montant maximal de 1 500 € pour une personne physique (C. consom. art. R 451-1, al. 1). **14340**

En cas de récidive dans le délai d'un an, le montant maximal de l'amende contraventionnelle encourue est porté, pour une personne physique, à 3 000 € (C. pén. art. 132-11, sur renvoi de l'art. R 451-1, al. 2).

S'agissant d'une amende contraventionnelle, celle-ci s'applique autant de fois que le prévenu a commis d'infractions.

ILLUSTRATIONS

Le directeur d'exploitation d'une société de produits laitiers a été condamné à 2 150 amendes de 3 F (0,46 €) pour vente et mise en vente de bouteilles de lait dont l'étiquetage prévu par le décret du 12 octobre 1972 était incomplet (CA Riom 23-6-1977 : D. 1977 p. 643 note Almairac). De même, a été condamné à 30 amendes de 500 F (76,22 €) un grossiste qui avait irrégulièrement modifié l'étiquetage de 36 caisses de viande parvenues à la date limite de consommation bien que cette viande constituât un lot unique destiné à un seul et même client (Cass. crim. 3-9-1986 : Bull. crim. p. 646 ; pour d'autres exemples, voir Cass. crim. 3-1-1979 : Bull. crim. p. 5 ; Cass. crim. 13-2-1979 : Bull. crim. p. 179 ; CA Riom 13-3-1985 : BRDA 12/85 p. 10 ; CA Paris 11-5-1988 : BID 1989/12 p. 49).

En revanche, dans un cas où une société avait commercialisé 120 bouteilles et 600 boîtes métalliques de saké dont les volumes nets n'étaient pas admis par la réglementation française (72 cl et 18 cl), le gérant de la société a été condamné à 2 amendes de 700 F (106,71 €) – et non à 720 amendes – correspondant aux deux catégories d'emballage ne présentant pas le volume net requis (T. pol. Paris 20-4-1989 : BID 1990/2 p. 17).

Lorsque l'infraction a été commise par le représentant d'une personne morale pour le compte de celle-ci, la personne morale peut être reconnue pénalement responsable de l'infraction ; l'amende s'élève alors à 7 500 € (C. pén. art. 121-2 et 131-41). En cas de récidive dans le délai d'un an, le montant maximal de l'amende encourue est porté à 15 000 € (C. pén. art. 132-15, sur renvoi de l'art. R 451-1, al. 2).

ATTENTION

Le non-respect de ces décrets est punissable même si ces derniers ont été adoptés sur le fondement de l'article 11 de l'ancienne loi du 1er août 1905 relative à la répression des fraudes ou de l'ex-article L 214-2, devenu L 412-1, du Code de la consommation ; en effet, l'abrogation d'une loi à la suite de sa **codification à droit constant** ne modifie ni la teneur des dispositions transférées, ni leur portée (Cass. crim. 4-5-1995 : RJDA 8-9/95 n° 1049).

Les infractions aux décrets pris en application de l'article L 412-1 du Code de la consommation (n° 14300) servent également à caractériser le **délit de tromperie** lorsque les éléments matériel et intentionnel en sont réunis ; elles sont alors sanctionnées à ce titre (n° 14680). Par exemple, le vendeur d'un produit dont l'étiquetage est réglementé par un tel décret peut être poursuivi pour tromperie lorsque le produit n'est pas conforme aux qualités substantielles indiquées sur l'étiquetage, l'élément intentionnel de ce délit étant caractérisé par le seul fait d'avoir négligé de procéder au contrôle de conformité du produit aux prescriptions réglementaires (Cass. crim. 9-3-1999 : RJDA 7/99 n° 854). **14345**

Sanction civile Le non-respect des prescriptions prévues par un décret pris en application de l'article L 412-1 du Code de la consommation entraîne la **nullité du contrat** conclu dans des conditions non conformes (Cass. 1e civ. 7-12-2004 n° 1786 : RJDA 4/05 n° 23). **14350**

III. FRAUDES SUR LES PRODUITS ET SERVICES

A. Délit de tromperie sur la marchandise ou la prestation de services

1. CHAMP D'APPLICATION

TROMPERIE OU TENTATIVE DE TROMPERIE SUR LA MARCHANDISE OU LA PRESTATION DE SERVICES

14500 Il est **interdit** pour toute personne, partie ou non au contrat, de tromper ou de tenter de tromper un contractant, par quelque moyen ou procédé que ce soit, sur certaines caractéristiques du produit ou du service, objet du contrat (C. consom. art. L 441-1).

ILLUSTRATIONS

Par exemple, constituent une **tentative de tromperie** :
– l'adjonction de charges végétales dans des épices et le stockage des produits ainsi préparés (CA Colmar 18-11-1988 : BID 1989/7-8 p. 76) ;
– le fait, pour un concessionnaire automobile, d'exposer dans son garage des véhicules neufs dont le compteur kilométrique a été remis à zéro alors qu'ils avaient déjà circulé (T. corr. Quimper 28-7-1992 : RJDA 10/92 n° 960) ;
– la fausse déclaration sous l'appellation d'origine contrôlée « champagne » de l'intégralité de moûts de raisins dont une partie avait déjà été en partie livrée car cela impliquait l'intention de vendre la récolte sous cette appellation (Cass. crim. 29-6-1994 : RJDA 11/94 n° 1219) ;
– le stockage par un importateur de boîtes de potages sur lesquelles figuraient des dates limites d'utilisation optimales surchargées, effacées ou altérées (Cass. crim. 25-10-1995 : Bull. crim. p. 894 n° 321).

PERSONNES PROTÉGÉES EN CAS DE DÉLIT DE TROMPERIE

14510 L'article L 441-1 du Code de la consommation relatif au délit de tromperie a pour principal objectif d'assurer la loyauté des transactions en réprimant pénalement l'information déloyale donnée à un **contractant,** qu'il soit **consommateur ou professionnel.**

Il est donc applicable notamment aux relations entre professionnels (Cass. crim. 4-11-2008 n° 07-88.007 : RJDA 3/09 n° 277).

DÉLIT DE TROMPERIE À L'OCCASION D'UN CONTRAT

14520 **Contrat à titre onéreux** La tromperie ou la tentative de tromperie ne sont punissables que si elles sont réalisées à l'occasion d'un contrat ou d'un acte à titre onéreux.

ILLUSTRATIONS

C'est pourquoi ont été relaxés les dirigeants d'une entreprise de vente à distance qui avaient organisé une loterie avec prétirage où il était annoncé que l'un des gros lots consistait en une bague ornée d'un diamant alors qu'il s'agissait d'une pierre en plastique (Cass. crim. 8-3-1990 : Bull. crim. p. 286 ; en revanche, ces dirigeants ont été condamnés pour délit de publicité trompeuse, devenu le délit de pratique commerciale trompeuse). De même, n'a pas été condamné le directeur du Service central de protection contre les rayonnements ionisants à qui l'on reprochait d'avoir, après la catastrophe de Tchernobyl, diffusé des informations fausses sur les qualités substantielles et les contrôles des produits alimentaires commercialisés en France car il s'agissait là d'informations générales délivrées en dehors de tout lien contractuel et ne se rapportant à aucun produit particulier (Cass. crim. 20-11-2012 n° 11-87.531 : RJDA 2/13 n° 169).

En revanche, a été condamné un garagiste qui, dans le cadre d'un contrat de dépôt-vente, avait vendu à un particulier un véhicule qui s'était révélé impropre à la circulation au motif qu'il importait peu que le contrat de dépôt-vente au titre duquel était intervenu le garagiste n'ait pas été lucratif, dès lors que ce contrat s'insérait dans une perspective commerciale plus vaste, incluant, en contrepartie du service ainsi rendu à son client, la vente d'un véhicule neuf à ce dernier (Cass. crim. 14-2-1996 : Contrats conc. consom. 1996 comm. n° 132).

14530 **Nature et forme du contrat** Tout contrat, quelle que soit sa nature (vente, échange, location, crédit-bail, etc.), entre dans le champ d'application de la loi.

Tel est le cas des marchés publics, qui prennent nécessairement la forme juridique d'un contrat (Avis DGCCRF n° 97-203 du 11-4-1997 : BID 1997/6 p. 2).

La forme du contrat, écrite ou verbale (cf. pour ce dernier cas CA Lyon 2-3-1988 : Gaz. Pal. 1989 som. p. 16), est indifférente. 14535

Le fait que des pourparlers soient ou non engagés avec des contractants éventuels importe peu. Ainsi, le seul fait d'exposer des véhicules dont le kilométrage est frauduleusement minoré est punissable en tant que tentative de tromperie (Cass. crim. 5-6-1984 : Bull. crim. p. 558 ; voir aussi T. corr. Quimper 28-7-1992 : RJDA 10/92 n° 960).

Objet du contrat Seuls les **contrats relatifs à des marchandises,** c'est-à-dire à des « choses mobilières qui se comptent, se pèsent ou se mesurent », sont concernés (Cass. crim. 5-12-1977 : Gaz. Pal. 1978.1 p. 127) et non ceux relatifs à des biens incorporels (droits d'auteur, droits sociaux, créances, etc.) ou des immeubles. 14540

L'article L 441-1 du Code de la consommation est donc inapplicable à la vente d'un **bien immobilier** (CA Paris 24-5-1982 : D. 1983 p. 11 note Pradel et Praire : majoration, en vue de la vente, de la superficie d'un appartement) ou à la location d'un immeuble, fût-il meublé (Cass. crim. 24-1-1991 : RJDA 4/91 n° 341 ; en l'espèce, il s'agissait d'une location saisonnière meublée mais la Cour de cassation a jugé que cette location ne pouvait être considérée comme une prestation de services susceptible de tomber sous le coup des dispositions de la loi ; Cass. crim. 13-1-2009 n° 08-84.069 : RJDA 8-9/09 n° 787, location par une agence immobilière d'un logement annoncé comme ayant une surface supérieure à la surface réelle). En revanche, a été condamné pour tromperie sur une prestation de services un agent de voyages qui avait loué à des clients une villa dont l'ameublement ne correspondait pas à ce qui leur avait été promis ; en effet, « si la location d'un immeuble, fût-il meublé, n'entre pas dans le champ d'application de la loi (...), celle-ci s'applique en revanche à l'obligation d'un agent de voyages quand cette obligation consiste en une prestation de services dont la location d'un immeuble n'est qu'un élément » (Cass. crim. 17-3-1993 : RJDA 7/93 n° 662).

Les contrats de **prestations de services** sont également visés (C. consom. art. L 441-1, dernier al.). 14545

ILLUSTRATIONS

Ainsi, ont été **condamnés** pour tromperie :
– un garagiste qui avait donné une information erronée sur l'état technique d'un véhicule en occultant, dans le certificat de contrôle, un défaut pourtant décelable sans démontage (Cass. crim. 10-8-1993 : RJDA 11/93 n° 969) ;
– le dirigeant d'une société d'agencement de cuisines qui avait livré des éléments qui n'étaient pas aux mesures de l'emplacement où ils devaient être installés (CA Colmar 7-3-1985, confirmé par Cass. crim. 9-1-1986 : BID 1986/4 p. 34) ;
– un professionnel qui avait loué à des particuliers des caravanes vétustes et peu entretenues alors qu'au moment de la conclusion des contrats la présentation de ces caravanes était de nature à faire croire qu'elles étaient confortables et propres (CA Colmar 22-5-1987 : Gaz. Pal. 1988 p. 570 note Bihl) ;
– un artisan du bâtiment qui s'était engagé par devis à effectuer diverses prestations alors que les travaux n'avaient pas été effectués dans les règles de l'art et conformément à ses engagements (CA Douai 18-6-1991 : BID 1991/12 p. 43) ;
– un plombier qui avait facturé des pièces et appareils non fournis (Cass. crim. 25-10-1990 : RJDA 2/91 n° 160) ;
– un agent de voyages qui avait loué à des clients une villa dont l'ameublement ne correspondait pas à ce qui leur avait été promis (Cass. crim. 17-3-1993 : RJDA 7/93 n° 662) ;
– le dirigeant d'une société spécialisée dans la vente de séjours linguistiques qui n'avait pas fourni toutes les prestations offertes dans la brochure (CA Montpellier 24-11-1993 : BID 1994/10 p. 15) ;
– le responsable d'un établissement d'enseignement privé qui délivrait des diplômes d'ingénieur alors qu'il n'en avait pas le pouvoir (T. corr. Paris 16-5-1995 : BID 1997/4 flash p. 19) ;
– le directeur commercial d'une société qui avait fourni à l'un de ses clients un logiciel de gestion de commandes qui, selon les stipulations contractuelles, devait permettre le calcul d'une facturation comportant cinq niveaux de remises en cascade, alors que le programme livré n'intégrait pas cette fonction (Cass. crim. 2-11-2005 n° 5945 : RJDA 3/06 n° 339).

En revanche, ont été **relaxés** les dirigeants d'une société qui avaient mis à la disposition de particuliers une équipe de surveillance qui n'avait pu empêcher un vol de bijoux car cet incident ne démontrait pas que l'équipe était pour autant dépourvue des qualités requises pour assurer sa mission (Cass. crim. 3-7-1989 : Gaz. Pal. 1990 p. 135 note Doucet).

Le délit de tromperie est applicable même si la prestation est effectuée dans le cadre d'une mission de **service public.** Ainsi, a été condamné pour tromperie l'exploitant d'une entreprise habilitée par le ministère de l'intérieur, en application d'un arrêté du 23 janvier 1985, à contrôler des structures et équipements accueillant du public (chapiteaux, tentes, etc.), dès lors que des anomalies avaient été constatées sur des installations vérifiées par l'entreprise (Cass. crim. 9-9-2020 n° 18-82.746 F-PBI : RJDA 1/21 n° 18).

2. NATURE DE LA TROMPERIE SUR LA MARCHANDISE OU LE SERVICE

14570 La tromperie doit porter sur une ou plusieurs des caractéristiques de la marchandise ou du service énumérées par l'article L 441-1 du Code de la consommation. Ces caractéristiques sont décrites ci-après.

TROMPERIE SUR LA NATURE OU L'ESPÈCE DE LA MARCHANDISE OU DU SERVICE

14580 Par exemple, constituent une tromperie le service dans un restaurant d'un « vin de pays » alors qu'il ne s'agit que d'un vin de table (T. corr. Paris 25-11-1983, inédit), la vente de pommes « Granny Smith » alors qu'il s'agit de pommes d'une variété moins réputée (CA Rennes 18-12-1986 : BID 1988/5 p. 63), la vente d'eau du robinet sous la dénomination « eau de Vittel » (T. corr. Paris 19-3-1987 : BID 1988/1 p. 70), la vente de conserves d'escargots de la catégorie « belle grosseur » dont le poids est en réalité insuffisant pour bénéficier de cette qualification (Cass. crim. 14-10-1987 : BID 1988/4 p. 60), la commercialisation d'un tissu dont l'étiquetage mentionne une proportion de 40 % de cachemire alors qu'il en comporte moins de 20 % (CA Paris 30-9-1987 : BID 1989/2 p. 45), la délivrance par un établissement d'enseignement privé d'un diplôme d'ingénieur alors qu'il n'en a pas le pouvoir (T. corr. Paris 16-5-1995 : BID 1997/4 flash p. 19) ou la mise sur le marché de semences d'oignon désignées dans le catalogue commercial du vendeur sous le nom de variété « cévenol » alors qu'aucune variété n'est inscrite sous ce nom sur le catalogue officiel des plantes cultivées prévu par le décret en vigueur (Cass. crim. 24-2-2004 n° 1393 : RJDA 7/04 n° 910).

Jugé que si une marchandise se voit expressément réserver une appellation, le vendeur se rend coupable de tromperie en désignant une autre marchandise, fût-elle voisine, par cette appellation, même avec l'adjonction d'un autre terme ou d'un qualificatif. Ainsi, l'appellation « cèpes » étant réservée aux seules espèces « boletus edulis » et « boletus æreus », des champignons de l'espèce « boletus badius » ne sauraient être commercialisés sous la dénomination « cèpes des châtaigniers » (Cass. crim. 3-5-1990 : Bull. crim. p. 442 n° 173).

En revanche, n'est pas constitutive du délit de tromperie la commercialisation d'une boisson à base de vin désalcoolisé sous la dénomination « vin sans alcool » dès lors que les mentions descriptives apposées sur le produit, en caractères identiques à ceux du mot « vin », excluent toute confusion entre cette boisson et le vin, tel que défini par la réglementation européenne (Cass. crim. 10-5-1993 : RJDA 8-9/93 n° 748).

TROMPERIE SUR LA COMPOSITION OU LA TENEUR EN PRINCIPES UTILES DE LA MARCHANDISE

14590 Constituent le délit de tromperie, par exemple, la vente de vases importés de Chine portant la mention « métal argenté » alors que ces objets étaient recouverts de métal précieux titrant moins de 500 millièmes et qu'ils étaient dépourvus du poinçon, contrairement aux prescriptions du Code général des impôts (TGI Lille 18-11-1988, inédit), ou celle de boissons titrant 30 degrés d'alcool sous la dénomination « gin » ou « vodka » alors que ces appellations ne peuvent être utilisées que pour des boissons ayant un titre en alcool de 37,5 degrés (CA Rennes 28-11-1996, inédit).

TROMPERIE SUR LES QUALITÉS SUBSTANTIELLES DE LA MARCHANDISE OU DU SERVICE

14600 **Produit ou service réglementé** La mise sur le marché d'un **produit** non conforme ou dans des conditions non conformes à la réglementation à laquelle il est soumis constitue une tromperie sur les qualités substantielles (en ce sens, Cass. crim. 30-3-1994 : RJDA 6/94 n° 721).

Par exemple, ont été condamnés :

– un producteur de foie gras qui avait vendu des foies dont la teneur en eau, graisse et saccharose excédait les seuils tolérés par la réglementation (Cass. crim. 30-3-1994 précité) ;

– des commerçants qui avaient vendu des jouets portant l'indication qu'ils étaient conformes aux normes obligatoires alors qu'il n'en était rien (CA Paris 18-3-1992 : Contrats conc. consom. 1992 comm. n° 212 note G. Raymond ; CA Paris 5-1-1993 : BID 1993/6 p. 17) ;

– un viticulteur qui détenait en vue de la vente, comme « vin de pays d'Allobrogie », un vin obtenu par coupage de vins de provenances différentes, dont notamment des vins d'appellation « Savoie » ou des vins récoltés les années précédentes, alors qu'en ce qui concerne les vins de pays la réglementation impose l'utilisation de certains cépages et des modalités de production particulières (Cass. crim. 6-2-1997 n° 777, inédit) ;

– un viticulteur qui avait commercialisé des vins avec l'étiquette « vendange tardive » alors que ces vins ne satisfaisaient pas aux conditions voulues (Cass. crim. 14-3-1994 : RJDA 5/94 n° 591) ;
– un garagiste qui avait vendu comme neuf un véhicule automobile sans avoir informé l'acquéreur que ce véhicule avait fait l'objet d'une première immatriculation au nom de son garage, alors que, hormis le cas d'une immatriculation réalisée pour les besoins d'une importation, l'immatriculation d'un véhicule préalablement à sa vente implique nécessairement, selon la réglementation applicable, une première mise en circulation (Cass. crim. 24-1-1996 : Bull. crim. p. 108 n° 44) ;
– un exploitant agricole qui avait vendu, en connaissance de cause, du blé comme étant issu de l'agriculture biologique, alors que ce blé était récolté sur des parcelles traitées avec une substance active de désherbage interdite en agriculture biologique par le règlement européen relatif à la production biologique et l'étiquetage des produits biologiques (Cass. crim. 5-10-2004 n° 5475 : RJDA 10/05 n° 1161) ;
– un négociant en eaux-de-vie qui avait diffusé une publicité sous forme de « fiche de dégustation » alléguant que quatre cognacs et eaux-de-vie qu'il commercialisait « goûtaient » entre dix et trente-cinq ans d'âge, alors qu'un règlement européen prévoyait que l'étiquetage, la présentation ou la publicité des boissons spiritueuses ne pouvaient indiquer une durée de vieillissement qu'à condition que le produit ait été vieilli sous contrôle fiscal ou sous un contrôle présentant des garanties équivalentes et qu'un tel contrôle n'était organisé, pour le cognac, que pour une durée de vieillissement n'excédant pas neuf ans (Cass. crim. 6-9-2005 n° 4693 : RJDA 12/05 n° 1391).

De même, la **prestation d'un service** dans des conditions non conformes à la réglementation qui lui est applicable peut être constitutive de tromperie sur les qualités substantielles de la prestation. Par exemple, constitue une tromperie le fait pour des médecins de réutiliser, même après restérilisation, un dispositif médical présenté par le fabricant, pour satisfaire à la réglementation, comme étant destiné à un usage unique (Cass. crim. 29-6-1999 : Bull. crim. p. 441 n° 160).

Produit ou service non réglementé L'existence d'une tromperie sur un produit non réglementé est établie s'il est constaté que les caractéristiques de ce produit ne sont pas conformes à celles définies par les **usages professionnels,** les juges du fond ayant tout pouvoir pour reconnaître ou dénoncer l'existence d'un usage (Cass. crim. 15-1-1985 : Bull. crim. p. 66 n° 26 ; Cass. crim. 17-1-1996 : RJDA 6/96 n° 839 ; Cass. crim. 7-10-1998 : RJDA 2/99 n° 234 ; Cass. crim. 15-5-2001 n° 3562 : RJDA 5/02 n° 567). 14610

Par exemple, constitue une tromperie :
– le fait, de la part d'un restaurateur, de servir un poulet sous la dénomination « poularde rôtie » alors que les usages culinaires réservent l'emploi de cette appellation aux volailles soumises à une alimentation particulière et d'un poids supérieur à 1,8 kg (CA Paris 20-6-1986 : BRDA 5/87 p. 7) ;
– la vente d'oignons sous l'appellation « échalotes rouges d'Italie » alors qu'à la date des faits, les usages commerciaux n'admettaient comme échalotes que les variétés à multiplication par bulbes, à l'exclusion de celles se reproduisant par semis (Cass. crim. 17-1-1996 : RJDA 6/96 n° 839) ;
– la production d'eau-de-vie sous l'appellation « cognac » sans respecter le seul procédé d'aromatisation traditionnellement admis pour cette appellation (Cass. crim. 18-1-2014 n° 13-86.660 : RJDA 4/15 n° 313).

En revanche, la vente de « désodorisant antimites lavande » ne contenant qu'un parfum synthétique n'est pas une tromperie alors qu'aucune réglementation n'existe en la matière et qu'il est de pratique commerciale courante de désigner le parfum utilisé par le nom de la fleur dont il a l'odeur (Cass. crim. 6-2-1974 : D. 1974 p. 493 note Fourgoux).

À défaut de réglementation spécifique, certaines professions ont élaboré des **codes d'usages** (par exemple, Code des usages de la charcuterie, de la salaison et des conserves de viandes ou Code des pratiques loyales concernant les câpres). Le non-respect des usages répertoriés par ces Codes peut servir de fondement à des poursuites pour délit de tromperie lorsque ces usages sont reconnus comme tels par les juges (Cass. crim. 28-5-1986 : BID 1987/2 p. 45 ; Cass. crim. 12-12-1991 n° 90-86.496, inédit ; Cass. crim. 15-5-2001 n° 3562 : RJDA 5/02 n° 567). 14615

Ont ainsi été condamnés un restaurateur qui avait servi sous la dénomination « pizza au jambon » des mets préparés avec de l'épaule de porc alors qu'il résulte de la définition donnée par le Code des usages de la charcuterie et de l'acception courante que le terme « jambon » ne s'applique qu'aux membres postérieurs du porc (Cass. crim. 28-5-1986 précité) et un producteur de charcuteries qui avait commercialisé sous la dénomination « andouille de

Vire » des andouilles fabriquées selon un procédé ne correspondant pas à celui reconnu par le Code des usages de la charcuterie pour l'utilisation de cette dénomination (Cass. crim. 12-12-1991 précité).

14620 En l'**absence d'usages professionnels,** la notion de qualité substantielle est appréciée au cas par cas par les tribunaux. Il résulte de la jurisprudence qu'elle correspond aux qualités de la marchandise en raison desquelles le contrat a été conclu et sans lesquelles il ne l'aurait pas été.

Tel est le cas :
– du millésime d'une récolte de vin (Cass. crim. 7-6-1977 : Bull. crim. p. 512) ;
– de l'absence d'accident antérieur ayant gravement endommagé un véhicule d'occasion (Cass. crim. 25-6-1997 : RJDA 12/97 n° 1552) ;
– du caractère neutre ou orienté d'un enseignement en raison de son influence déterminante sur la nature de la formation dispensée et de la destination des fonds réclamés (Cass. crim. 15-11-1990 : Bull. crim. p. 976 n° 386 ; en l'espèce, la société exploitant un centre de formation aux métiers de la vente était sous l'obédience de l'Église de scientologie) ;
– du millésime de l'année modèle d'une voiture, et ce, même si le véhicule est neuf et sans qu'il soit besoin de vérifier que d'un millésime à l'autre il y a un écart technique appréciable (Cass. crim. 18-5-1994 : RJDA 1/95 n° 74).

De même, constitue le délit de **tromperie** :
– la vente de denrées périssables dont la date limite de vente est dépassée (CA Angers 24-3-1983 : BID 1984/1 p. 25 ; CA Pau 10-12-1986 : BID 1988/6 p. 79) ;
– la substitution sur un véhicule, à l'insu de l'acheteur, d'un moteur d'une puissance supérieure à celle du moteur d'origine (CA Angers 2-6-1983 : Gaz. Pal. 1984 p. 115 note G. Daverat) ;
– la vente d'œufs dont le calibrage annonce un poids unitaire de 70 à 75 grammes alors que la majorité de ces œufs sont d'un poids inférieur à 70 grammes (Cass. crim. 22-2-1989 n° 85-91.943, inédit) ;
– la vente de vêtements portant une marque contrefaite (T. corr. Bastia 9-3-1990 : Lettre distrib. mai 1990 p. 3) ;
– la vente de semences non certifiées alors que les acheteurs sont amenés à le croire par le prix pratiqué et l'indication du terme « semence » porté sur les factures (Cass. crim. 4-12-1989 : BID 1990/9 p. 13) ;
– le fait de facturer une pièce ou un appareil qui en réalité n'est pas fourni (Cass. crim. 15-11-1990 : RJDA 2/91 n° 160) ;
– le fait de mettre en vente, sous une présentation ou un étiquetage évoquant un objectif diététique ou nutritionnel, un produit qui ne relève, par sa fonction ou sa composition, d'aucune des classes de produits diététiques ou de régime fixées par la réglementation en vigueur (Cass. crim. 29-1-1997 : RJDA 10/97 n° 1280) ;
– le fait de facturer comme neuves des pièces d'occasion (Cass. crim. 3-12-1997 : RJDA 4/98 n° 525) ;
– le fait pour un magasin de mettre en vente des viandes « retravaillées » puis réemballées dans de nouvelles barquettes sur lesquelles ont été apposées des étiquettes portant la date d'emballage du jour du reconditionnement et une date limite de consommation postérieure à celle précédemment indiquée, une telle pratique ayant pour effet de tromper les consommateurs sur la fraîcheur du produit alors que celle-ci constitue une qualité substantielle de la marchandise, distincte de son caractère consommable (CA Toulouse 24-9-1998 : RJDA 7/99 n° 855) ;
– le fait, pour une société britannique, d'ouvrir sur Internet un site payant de téléchargement de musique en ligne qui ne peut être lue que sur des baladeurs numériques dédiés et, parallèlement, le fait, pour une société française du même groupe, de vendre des baladeurs numériques qui ne peuvent lire que les seuls fichiers musicaux téléchargés sur le site de la première société, dès lors que ni le contrat mis en ligne sur le site internet ni le mode d'emploi des baladeurs ne mentionnent les restrictions d'usage dont les uns et les autres font l'objet (TGI Nanterre 15-12-2006 n° 05-3574 : RJDA 5/07 n° 568).

En revanche, ne constitue **pas une tromperie** :
– le fait de vendre une marchandise à un prix supérieur à sa valeur réelle (Cass. crim. 25-10-1990 : RJDA 2/91 n° 160 ; Cass. crim. 3-12-1997 : RJDA 4/98 n° 525) ;
– le fait de livrer des marchandises dont la qualité est inférieure à celle prévue au contrat de vente dès lors qu'il n'est pas prouvé que le vendeur a employé un procédé ou moyen pour tromper l'acheteur (CA Bourges 18-1-1990 : BID 1990/10 p. 27 ; en l'espèce, des fruits et légumes d'une qualité inférieure à celle prévue avaient été livrés, mais l'acquéreur en avait été averti par des étiquettes attachées à la marchandise).

TROMPERIE SUR L'ORIGINE DE LA MARCHANDISE

L'origine de la marchandise signifie sa provenance, géographique ou autre. **14630**

Constituent ainsi des tromperies la vente de « jeans » portant une étiquette extérieure entièrement rédigée en langue anglaise, alors que ces pantalons sont fabriqués en France et que l'étiquette mentionnant la véritable origine est d'une dimension réduite et cousue à l'intérieur du vêtement (Cass. crim. 28-6-1983 : BID 1984/1 p. 29), celle de piscines gonflables portant la mention « première marque d'Europe » alors qu'elles proviennent du Japon (CA Colmar 12-1-1984, inédit), celle d'objets portant la mention « Art en Périgord », alors que ceux-ci sont importés de Belgique (T. corr. Périgueux 18-9-1985, inédit), celle de « toasts de Roquefort » alors que le fromage utilisé est du bleu danois (T. corr. Le Mans 22-9-1986, inédit), celle d'huiles d'importation dont l'étiquetage laisse croire qu'il s'agit d'huiles locales (CA Aix-en-Provence 13-1-1987 : BID 1989/6 p. 48), celle de fromages sous l'appellation « Crottin de Chavignol » alors que le lait nécessaire à leur fabrication ne provient pas de l'aire géographique d'appellation (TGI Bourges 12-4-1989 : BID 1989/6 p. 63), celle de bouteilles de rhum « agricole » sans indiquer le lieu de production à côté de la mention du lieu de la mise en bouteilles alors que le rhum provient exceptionnellement d'un territoire différent de celui de son conditionnement (CA Fort-de-France 9-1-1990 : Bull. inf. C. cass. 1990/307 p. 33), celle de miel dont une partie est de provenance extérieure au département indiqué, alors même que la qualité du produit n'en est pas affectée (CA Grenoble 23-5-1990 : Contrats conc. consom. 1991 comm. n° 27 note G. Raymond), celle d'un vin sous une dénomination comprenant le terme « château » alors que les raisins dont ce vin est issu sont vinifiés dans les chais du domaine vinicole portant le nom de ce château mais récoltés dans les vignes d'autres exploitations (Cass. crim. 4-5-2004 n° 2660 : RJDA 10/04 n° 1168) ou, encore, celle de viande bovine présentée comme étant de race limousine alors qu'elle provient de Belgique (Cass. crim. 7-11-2006 n° 06-81.087 : RJDA 4/07 n° 413).

TROMPERIE SUR LA QUANTITÉ DES CHOSES LIVRÉES OU SUR LEUR IDENTITÉ

Quantité des choses livrées Par exemple, constitue une tromperie l'extraction du sable d'une carrière en plus grande quantité que celle déclarée au propriétaire de la carrière (Cass. crim. 18-7-1971 : Bull. crim. p. 661), la vente de denrées alimentaires dont le poids est inférieur à celui qui est indiqué (Cass. crim. 8-3-1983 : BID 1984/4 p. 29 ; CA Pau 13-11-1985, inédit ; CA Reims 13-6-1986 : BID 1987/10 p. 42 ; T. corr. Nantes 9-10-1986 : BID 1988/5 p. 62), la vente par un boucher de pièces de viande présentant un pourcentage de barde et de ficelle supérieur au maximum admis par l'usage (Cass. crim. 22-12-1987 n° 87-81.943, inédit), la vente dans un supermarché de jambons dont le poids net total annoncé équivaut au poids brut total, la tare correspondant à l'emballage n'étant pas déduite (Cass. crim. 17-5-1989 : BID 1990/7-8 p. 48), la facturation d'une pièce ou d'un appareil qui, en réalité, n'est pas fourni (Cass. crim. 25-10-1990 : RJDA 2/91 n° 160) ou le fait pour un garagiste d'appliquer systématiquement, pour les réparations de courte durée, un tarif forfaitaire équivalent, compte tenu du taux horaire de l'entreprise, à deux heures et demie de travail (CA Versailles 5-6-1996 : BID 1997/2 flash p. 45). **14640**

De même, en l'absence d'indication de poids, l'utilisation d'un emballage d'une dimension exagérée par rapport à son contenu est illicite. Tel est le cas de flacons de fruits confits présentés dans des étuis d'une dimension très supérieure au flacon lui-même (T. corr. Avignon 1-6-1976 : BID 1977/6-7 p. 25 ; pour une solution identique, mais concernant la vente de crayons ou de chocolats, voir T. corr. Paris 13-12-1977 : BID 1978/12 p. 23 et T. corr. Paris 29-10-1996 : BID 1997/12 flash p. 31) ou de boîtes de peinture pour enfants renfermant des pastilles de faible épaisseur qui reposaient sur des supports rehaussés (T. corr. Paris 15-1-1982 : BID 1983/5 p. 26). Lorsque le poids est clairement indiqué sur l'emballage, une telle présentation ne constitue pas une tromperie ; elle peut en revanche constituer une pratique commerciale trompeuse répréhensible sur le fondement de l'article L 121-2 du Code de la consommation (en ce sens, Rép. Fuzier : Sén. 30-8-1984 p. 1354) ou un acte de concurrence déloyale (Cass. com. 8-11-1994 : RJDA 2/95 n° 233).

Identité des choses livrées Le délit est constitué par la livraison d'une marchandise autre que celle qui a fait l'objet du contrat. **14650**

Par exemple, a été condamné pour tromperie sur l'identité de la marchandise vendue un commerçant qui avait livré des haricots importés des États-Unis en remplacement de « flageolets chevriers de France » (T. corr. Le Puy en Velay 14-12-1993 : BID 1995/1 p. 12).

TROMPERIE SUR L'APTITUDE À L'EMPLOI DU PRODUIT

Le délit peut également être constitué en cas de tromperie sur l'aptitude à l'emploi, les **risques** inhérents à l'utilisation du produit, les **contrôles** effectués, les **modes d'emploi** ou les précautions à prendre. **14660**

Par exemple, constituent des tromperies la vente d'autocuiseurs électriques importés munis d'une prise inutilisable en France (T. corr. Paris 30-4-1986 : BID 1987/1 p. 50), celle d'un produit d'isolation thermique inefficace (Cass. crim. 26-10-1987 : BID 1988/4 p. 71) ou celle de poêles électriques à vapeur faisant courir un risque de choc électrique à l'utilisateur (T. corr. Paris 7-12-1993 : BID 1994/6 p. 26). De même, sont répréhensibles l'ouverture sur Internet d'un site payant de téléchargement de musique en ligne qui ne peut être lue que sur des baladeurs numériques dédiés et, parallèlement, la vente de baladeurs numériques qui ne peuvent lire que les seuls fichiers musicaux téléchargés sur ce site, dès lors que ni le contrat mis en ligne sur le site internet ni le mode d'emploi des baladeurs ne mentionnent les restrictions d'usage dont les uns et les autres font l'objet (TGI Nanterre 15-12-2006 n° 05-3574 : RJDA 5/07 n° 568).

De même encore, la vente de produits non conformes aux **normes** auxquelles ils sont soumis constitue le délit de tromperie (Cass. crim. 10-4-1997 : RJDA 8-9/97 n° 1133 ; Cass. crim. 10-6-1998 : RJDA 12/98 n° 1428).

3. ÉTABLISSEMENT DU DÉLIT DE TROMPERIE

ÉLÉMENT MATÉRIEL DU DÉLIT DU TROMPERIE

14680 L'élément matériel du délit de tromperie est constitué dans chacun des cas suivants :

– lorsqu'il y a tromperie sur l'une des caractéristiques énumérées ci-dessus (n°s 14580 à 14660) du produit ou du service ;

– lorsque l'une ou plusieurs de ces caractéristiques ne sont pas conformes à celles définies par les **décrets** pris en application de l'article L 412-1 du Code de la consommation (n° 14300) ;

– lorsque l'une ou plusieurs de ces caractéristiques ne sont pas conformes à celles définies par un **règlement européen,** dans le cas où celui-ci contient des dispositions constitutives de mesures réglementaires pouvant être prises en application de l'article L 412-2 du Code de la consommation (mesures dites « d'exécution ») (n° 14320) ;

– lorsque l'une ou plusieurs de ces caractéristiques ne sont pas conformes à celles définies par les **usages,** que ceux-ci soient répertoriés dans des codes professionnels ou non, les juges du fond ayant tout pouvoir pour reconnaître ou dénoncer l'existence d'un tel usage (n° 14610).

> **› Précisions** En principe, les tribunaux ne sont pas tenus par les **avis de la DGCCRF** sur l'existence ou non de la tromperie (Cass. crim. 6-2-1974 : D. 1974 p. 493 note Fourgoux). Il arrive cependant, en pratique, qu'ils se réfèrent à ces avis. Par exemple, la Cour de cassation a jugé que la vente de truites d'élevage sous la dénomination « truites saumonées » constituait une tromperie car, « selon les usages loyaux du commerce consacrés notamment par un avis du service de la répression des fraudes et le consensus de la profession », cette dénomination était réservée aux truites sauvages se nourrissant de crevettes (Cass. crim. 10-3-1987 : Gaz. Pal. 1987 p. 490).

ÉLÉMENT INTENTIONNEL DU DÉLIT DE TROMPERIE

14690 La loi n'édicte pas de présomption de **mauvaise foi** de la part de l'auteur de la tromperie (Cass. crim. 12-4-1976 : D. 1977 p. 239 note Fourgoux ; Cass. crim. 4-1-1977 : D. 1977 p. 336 note Fourgoux ; Cass. crim. 13-1-1981 : JCP éd. G 1981 IV n° 111 ; Cass. crim. 4-11-1993 : RJDA 1/94 n° 103). Pour que le délit soit retenu, il faut donc que les juges constatent cette mauvaise foi.

Celle-ci est établie notamment lorsque le vendeur sait que l'indication sous laquelle il présente sa marchandise est de nature à tromper l'acheteur, par exemple en lui faisant croire que cette marchandise a une origine différente de son origine réelle (Cass. crim. 1-12-1981 : D. 1982 IR p. 160) ou lorsque le responsable d'un supermarché vend à un restaurateur, client habituel, une centaine de soles à la limite de la fraîcheur alors qu'il devait être conscient que, compte tenu du débit du restaurant, elles ne pouvaient être servies fraîches (Cass. crim. 6-12-1990 : Gaz. Pal. 1991 som. p. 363).

14695 La mauvaise foi peut également résulter de l'**abstention volontaire** par le professionnel **de renseigner** le client sur une qualité substantielle de la marchandise vendue.

Par exemple, se rend coupable de tromperie :

– le garagiste qui livre un véhicule de démonstration à la place d'un véhicule neuf (Cass. crim. 29-10-1989 : Bull. crim. p. 730 n° 286) ;

– celui qui vend une voiture automobile de démonstration sans indiquer à l'acquéreur que ce véhicule a été endommagé à la suite d'un accident alors que chacune des parties avait reconnu que l'absence d'accident était un élément essentiel du contrat (Cass. crim. 10-5-1995 : RJDA 2/96 n° 280 ; voir aussi Cass. crim. 25-6-1997 : RJDA 12/97 n° 1552) ;

– celui qui indique sur le certificat de vente d'un véhicule d'occasion un kilométrage « non garanti » inférieur à la réalité alors que les professionnels qui connaissent le kilométrage réel d'un véhicule automobile vendu par eux sont tenus d'indiquer au client, lors de la signature du contrat, cet élément substantiel (Cass. crim. 13-12-1993 : RJDA 3/94 n° 338) ;
– le distributeur qui vend des oignons traités à l'hydrozyde maléique sans informer les acheteurs de cette particularité alors que l'absence de tout traitement chimique constitue en l'espèce une qualité substantielle de la marchandise (Cass. crim. 20-12-1988 : Bull. crim. p. 1165 n° 440).

La mauvaise foi peut se déduire de la **qualité professionnelle de l'auteur de la tromperie.** 14700
Ainsi a été condamné un garagiste qui avait vendu un véhicule importé qui n'avait pas été réceptionné par le service des mines et ne pouvait donc pas être immatriculé au motif que ce garagiste ne pouvait pas, en sa qualité de professionnel expérimenté dans la vente d'automobiles étrangères, ignorer que le défaut de réception du véhicule ferait obstacle à la délivrance de la « carte grise » (Cass. crim. 23-5-1995 : RJDA 10/95 n° 1171). De même, la mauvaise foi a été considérée comme établie dans un cas où un poissonnier avait vendu une caisse de filets de poisson sous la dénomination « filets de dorade », le mot « rascasse » étant par ailleurs inscrit sur une étiquette de manière illisible, dès lors que, par sa profession, ce poissonnier ne pouvait ignorer la différence de qualité entre ces poissons, sa volonté d'informer le client par la mention presque illisible « rascasse » ne pouvant à elle seule ôter le caractère frauduleux de la tromperie (T. corr. Montpellier 20-3-1989, inédit).

Enfin, l'élément intentionnel du délit de tromperie peut se déduire du simple **défaut de vérification de la marchandise** avant sa première mise sur le marché (Cass. crim. 4-11-1993 : RJDA 1/94 n° 103 ; Cass. crim. 19-10-2004 n° 5857 : RJDA 2/05 n° 203 ; Cass. crim. 20-9-2011 n° 11-81.326 : RJDA 12/11 n° 1076), le responsable de cette première mise sur le marché étant tenu à une obligation d'autocontrôle de cette marchandise (nos 14100 s.). 14705

Un **prestataire de services** doit également procéder à toutes les **vérifications** utiles avant de livrer le fruit de son travail afin d'ôter tout soupçon de mauvaise foi. 14710
Ainsi a été condamné un garagiste qui avait délivré au propriétaire d'un véhicule automobile un rapport de contrôle qui donnait une idée fausse de l'état réel de la voiture. Sa mauvaise foi a été déduite des éléments suivants : en permettant à son préposé de délivrer un rapport d'examen sans contrôler lui-même la fiabilité du document remis, il avait accepté l'idée que ses clients pourraient être trompés sur l'état véritable du véhicule ; par ailleurs, contrairement aux obligations qui lui incombaient en sa qualité de chef d'entreprise, il n'avait pas pris les mesures nécessaires pour prévenir le risque de tromperie (Cass. crim. 11-10-1989 : Bull. crim. p. 860 ; voir aussi Cass. crim. 10-8-1993 : RJDA 11/93 n° 969). De même, a été condamné un agent de voyages qui avait loué à des clients une villa dont l'ameublement ne correspondait pas à ce qui leur avait été promis, la mauvaise foi de l'agent ayant été déduite de l'absence de vérification de la réalité de ces prestations (Cass. crim. 17-3-1993 : RJDA 10/93 n° 847).

4. PERSONNES PUNISSABLES EN CAS DE DÉLIT DE TROMPERIE

AUTEUR DU DÉLIT

L'auteur du délit de tromperie peut aussi bien être un particulier qu'un professionnel, vendeur ou prestataire de services. 14730
Qu'il soit ou non partie au contrat, il peut commettre l'infraction par l'**intermédiaire d'un tiers** (C. consom. art. L 441-1).

ILLUSTRATIONS

Se rend coupable de tromperie sur les qualités substantielles de la marchandise le viticulteur qui vend du vin sous un faux millésime par l'intermédiaire d'un courtier (Cass. crim. 7-1-1998 : RJDA 5/98 n° 656).

Se rend également coupable de tromperie le directeur d'un magasin à grande surface qui commercialise de la viande reconditionnée avec report de la date limite de consommation, la tromperie étant commise par l'intermédiaire du responsable du rayon boucherie (Cass. crim. 22-3-2016 n° 15-82.677 FS-PB : RJDA 12/16 n° 860, 2e espèce).

En cas de revente de la marchandise, la tromperie est donc punissable même si elle est invoquée par l'un quelconque des **acquéreurs successifs.** Dans un cas où un producteur de lait avait vendu à un distributeur des bouteilles de lait cru devant être consommées dans les vingt-quatre heures mais sur lesquelles avaient été apposées des capsules portant une date limite de vente au public postérieure, il a été jugé que le producteur devait être condamné pour tromperie car ces agissements, s'ils ne pouvaient tromper le distributeur à qui la marchandise avait bien été livrée dans les vingt-quatre heures, avaient pour effet de tromper les consommateurs clients du magasin (Cass. crim. 1-12-1981 : Bull. crim. p. 839 n° 319).

Le vendeur initial peut être condamné même si le premier acheteur a été informé de la tromperie ou l'a sollicitée, dès lors que ce dernier, tiers intermédiaire, a lui-même acheté pour revendre et que ses propres acheteurs sont susceptibles d'être trompés (Cass. crim. 12-11-1985 : BRDA 8/86 p. 10 ; Cass. crim. 10-1-1991 : RJDA 4/91 n° 342). Par exemple, il a été jugé qu'un viticulteur qui avait cédé du vin sous une fausse dénomination à des grossistes qui, eux-mêmes, l'avaient revendu à des détaillants, pouvait être directement poursuivi sur plainte de ces derniers (Cass. crim. 12-11-1985 précité).

PERSONNE RESPONSABLE DU DÉLIT DE TROMPERIE EN CAS DE DÉLÉGATION DE POUVOIRS

14740 Le chef d'entreprise qui n'a pas personnellement pris part à la réalisation de la tromperie peut être exonéré de la responsabilité pénale qu'il encourt à raison de ses fonctions s'il rapporte la preuve qu'il a délégué ses pouvoirs à une personne pourvue de la compétence, de l'autorité et des moyens nécessaires pour faire assurer le respect des mesures réglementaires (Cass. crim. 11-3-1993 : RJDA 5/93 n° 470).

Il ne peut pas, pour être exonéré de sa responsabilité pénale, invoquer une délégation de pouvoirs qu'il n'a pas lui-même consentie (Cass. crim. 26-6-2001 n° 4701 : RJDA 1/02 n° 107).

Il doit prouver la réalité et l'étendue de la délégation dont l'effet reste soumis à l'appréciation des juges du fond. Cette preuve peut se faire par tous moyens. Il n'est pas nécessaire que cette délégation soit écrite, mais elle doit être certaine et exempte d'ambiguïté.

ILLUSTRATIONS

L'imprécision du contrat de travail du directeur d'un supermarché ne permettait pas de retenir l'existence à son profit d'une délégation de pouvoirs portant sur le respect des règles d'hygiène pour la protection des consommateurs et d'engager sa responsabilité pénale pour détention et exposition à la vente de produits non conformes aux règles sanitaires à la place du président du conseil d'administration de la société exploitant le supermarché (Cass. crim. 22-5-2002 n° 3066 : RJDA 10/02 n° 1032).

En revanche, jugé que le directeur salarié d'une société coopérative agricole, poursuivi pour falsification de boissons, ne pouvait pas soutenir, pour être exonéré de sa responsabilité pénale, qu'il exerçait ses fonctions sous la direction, le contrôle et la surveillance du conseil d'administration de la société dont il n'avait reçu aucune délégation de pouvoirs, alors qu'investi des pouvoirs inhérents à ses fonctions, à l'exception de la gestion du personnel et de la négociation salariale, il avait reçu de la société une délégation générale en matière technique et commerciale et était pourvu de l'autorité, de la compétence et des moyens nécessaires à l'exercice de ses fonctions, ce dont il résultait qu'il avait participé personnellement à la tromperie (Cass. crim. 4-3-2003 n° 1328 : RJDA 7/03 n° 726 ; voir aussi Cass. crim. 19-9-2007 n° 06-85.899 : RJDA 2/08 n° 167).

5. RÉPRESSION DU DÉLIT DE TROMPERIE ET SANCTIONS

RECHERCHE ET CONSTATATION DU DÉLIT

14760 La recherche et la constatation du délit de tromperie s'effectue dans les conditions fixées aux articles L 511-1 et suivants du Code de la consommation (voir nos 78600 s.).

APPLICATION DE LA LOI PÉNALE FRANÇAISE

14770 Conformément au droit commun (C. pén. art. 113-2), le délit de tromperie est réputé commis sur le territoire de la République dès lors qu'un de ses faits constitutifs a eu lieu sur ce territoire.

Ainsi, un exportateur français qui se procure en France un vin de qualité inférieure à celui commandé pour le livrer à un acheteur étranger peut être poursuivi en France (Cass. crim. 7-6-1967 : D. 1967 som. p. 119). De même, l'expédition en France d'une lettre adressée à une personne résidant aux États-Unis et proposant la vente d'objets anciens qui, en réalité, ne sont que des copies est un élément suffisant pour justifier la condamnation de l'expéditeur par les tribunaux français (Cass. crim. 19-4-1983 : Bull. crim. p. 247). De même encore, un tribunal français peut condamner un fabricant étranger lorsque la marchandise a été vendue en France (T. corr. Nice 5-6-1962 : D. 1964 p. 441 note Fourgoux).

PRESCRIPTION DU DÉLIT DE TROMPERIE

Comme pour tout délit (CPP art. 8), la prescription de l'action publique en cas de délit de tromperie est de six ans révolus. 14780

Ce délai de prescription court à compter du jour où le délit est apparu et a pu être constaté dans des conditions permettant l'exercice de cette action (Cass. crim. 7-7-2005 n° 3800 : RJDA 10/05 n° 1162 ; Cass. crim. 2-2-2016 n° 15-84.356).

SANCTIONS PÉNALES EN CAS DE DÉLIT DE TROMPERIE

Peines principales applicables aux personnes physiques Le délit de tromperie est puni d'un emprisonnement de trois ans et d'une amende de 300 000 € (C. consom. art. L 454-1 modifié par loi 2022-1158 du 16-8-2022). 14790

Cette peine d'amende peut être portée, de manière proportionnée aux avantages tirés du délit, à 10 % du chiffre d'affaires moyen annuel, calculé sur les trois derniers chiffres d'affaires annuels connus à la date des faits (art. L 454-4).

L'existence de **circonstances aggravantes** entraîne un alourdissement des sanctions. 14795

Ces peines sont ainsi portées à cinq ans d'emprisonnement et à une amende de 600 000 € si la tromperie ou la tentative de tromperie a été commise (art. L 454-2) :

1° soit à l'aide de poids ou d'instruments faux ou inexacts ;

2° soit à l'aide de manœuvres ou procédés tendant à fausser les opérations de l'analyse ou du dosage, du pesage ou du mesurage, ou tendant à modifier frauduleusement la composition, le poids ou le volume des marchandises même avant ces opérations ;

3° soit à l'aide d'indications frauduleuses tendant à faire croire à une opération antérieure et exacte (par exemple, à un contrôle du caractère neuf ou usagé des marchandises livrées : Cass. crim. 25-10-1972 : Bull. crim. p. 801).

Les peines s'élèvent à sept ans d'emprisonnement et à 750 000 € d'amende si la tromperie ou la tentative de tromperie a été commise en bande organisée ou a eu pour conséquence de rendre l'utilisation de la marchandise dangereuse pour la santé de l'homme ou de l'animal (art. L 454-3).

Les deux peines d'amendes indiquées ci-dessus peuvent être portées, de manière proportionnée aux avantages tirés du délit, à 10 % du chiffre d'affaires moyen annuel, calculé sur les trois derniers chiffres d'affaires annuels connus à la date des faits (art. L 454-4).

> **Précisions** Les juges qui ont constaté l'administration de **substances anabolisantes** à des animaux destinés à la consommation humaine n'ont pas à s'expliquer sur l'existence de la circonstance aggravante prévue par l'article L 454-3 du Code de la consommation, dès lors que l'administration desdites substances est interdite tant par la loi interne que par le droit européen en raison même du danger qu'elle présente pour la santé humaine (Cass. crim. 10-12-1996 : RJDA 6/97 n° 848).

Peines complémentaires applicables aux personnes physiques Les personnes physiques coupables du délit de tromperie, avec circonstances aggravantes ou non, encourent également à titre de peines complémentaires l'interdiction, suivant les modalités prévues par l'article 131-27 du Code pénal, soit d'exercer une fonction publique ou d'exercer l'activité professionnelle ou sociale dans l'exercice ou à l'occasion de l'exercice de laquelle l'infraction a été commise, soit d'exercer une profession commerciale ou industrielle, de diriger, d'administrer, de gérer ou de contrôler à un titre quelconque, directement ou indirectement, pour leur propre compte ou pour le compte d'autrui, une entreprise commerciale ou industrielle ou une société commerciale. Ces interdictions d'exercice peuvent être prononcées cumulativement (art. L 454-5, al. 1). 14800

Sanctions pénales applicables aux personnes morales Les personnes morales déclarées responsables pénalement des infractions commises pour leur compte par leurs organes ou représentants encourent (C. consom. art. L 454-5, al. 2 et 3) : 14810

– une amende de 1,5 M€ pouvant être portée à 10 % du chiffre d'affaires moyen annuel, calculé sur les trois derniers chiffres d'affaires annuels connus à la date des faits ;

– en cas de circonstances aggravantes, une amende de 3 M€ ou 3,75 M€, selon la gravité des circonstances (voir n° 14795), ce montant pouvant être porté à 10 % du chiffre d'affaires réalisé lors de l'exercice précédent ;

– les peines complémentaires mentionnées à l'article 131-39, 2° à 9° du Code pénal (notamment interdiction, provisoire ou non, d'exercer l'activité à l'occasion de laquelle l'infraction a été commise, confiscation de la chose qui a servi ou était destinée à commettre l'infraction ou de la chose qui en est le produit, affichage de la décision prononcée ou diffusion de celle-ci soit par la presse écrite, soit par tout moyen de communication audiovisuelle).

14820 **Sanctions pénales communes** En cas de condamnation pour délit de tromperie, avec circonstances aggravées ou non, le tribunal peut prononcer en outre (C. consom. art. L 454-7) :

1° L'affichage et la diffusion de la décision dans les conditions à l'article 131-35 du Code pénal ;

2° La diffusion d'un ou plusieurs messages. Le jugement fixe les termes de ces messages et les modalités de leur diffusion et impartit à la personne condamnée un délai pour y faire procéder ; en cas de carence, il est procédé à cette diffusion à la diligence du ministère public aux frais de la personne condamnée ;

3° Le retrait des produits sur lesquels a porté l'infraction et, dans les mêmes conditions, l'interdiction de la prestation de services.

Lorsque l'affichage est ordonné à la porte des magasins de la personne condamnée, l'exécution du jugement ne peut pas être entravée par la vente du fonds de commerce réalisée postérieurement à la première décision qui a ordonné l'affichage.

SANCTIONS CIVILES EN CAS DE DÉLIT DE TROMPERIE

14830 **Action civile** Une action civile en réparation du dommage causé par une tromperie peut être exercée devant les juridictions pénales par celui qui a subi un **préjudice personnel prenant directement sa source dans l'infraction** (cf. CPP art. 2). Cependant, compte tenu de la nécessité de rapporter la preuve d'une atteinte directe et personnelle causée par la tromperie, cette action reste fréquemment infructueuse.

ILLUSTRATIONS

A été jugée irrecevable l'action civile :

– d'une association consistoriale dans un cas où un commerçant avait été condamné pour avoir vendu à des particuliers de la viande « cachère » qui n'avait pas droit à cette dénomination, dès lors que l'association n'avait pas subi un préjudice direct du fait de cette infraction (Cass. crim. 13-12-1988 : Bull. crim. p. 1124 n° 424) ;

– du concurrent d'un producteur qui proposait des prix de vente inférieurs aux siens car ce dernier avait limité son coût de production grâce à une tromperie, dès lors que le préjudice subi par ce concurrent ne prenait pas directement sa source dans l'infraction retenue (Cass. crim. 17-12-1990 : RJDA 3/91 n° 249) ;

– d'une coopérative de distribution d'oignons, dans un cas où un producteur avait commercialisé des semences d'oignons sous un nom de variété non autorisé, dès lors qu'elle n'avait pas démontré le lien direct entre le délit de tromperie et le dommage allégué (Cass. crim. 24-2-2004 n° 1393 : RJDA 7/04 n° 910).

La constitution de partie civile de l'actionnaire d'une société n'est recevable que s'il démontre qu'il est susceptible d'avoir subi un préjudice personnel découlant directement des infractions poursuivies et distinct du préjudice qu'aurait supporté ladite société. Une cour d'appel ne pouvait donc pas déclarer recevable la constitution de partie civile de l'actionnaire d'une société après avoir retenu que les faits de tromperie dénoncés avaient gravement obéré la réputation économique et commerciale de celle-ci et l'avaient vraisemblablement conduite à son état de cessation des paiements, et que la disparition ou la diminution de l'actif de la société, détenu à 99 % par l'actionnaire concerné, avaient nécessairement causé à ce dernier un préjudice financier en lien direct avec l'infraction reprochée (Cass. crim. 24-11-2015 n° 14-86.302 : RJDA 2/16 n° 126).

14835 En pratique, l'action civile en cas de tromperie n'a de chances certaines de prospérer que si elle est engagée par le **consommateur** abusé par la tromperie ou, dans des situations de préjudice indirect, en raison de la **qualité reconnue par la loi à la personne morale qui se porte partie civile.** Les **syndicats** formés, conformément à la loi du 21 mars 1884, pour la défense des intérêts généraux de l'agriculture ou de la viticulture ou du commerce des boissons, eaux-de-vie naturelles, alcools de fruits, denrées alimentaires, produits agricoles, engrais, produits médicamenteux ou marchandises quelconques peuvent exercer l'action civile (Loi du 5-8-1908 art. 2).

Par exemple, les auteurs d'une tromperie sur l'origine du lait utilisé pour la fabrication du comté ont pu être condamnés à réparer le préjudice de la Fédération des coopératives laitières du Jura car celle-ci était habilitée à se constituer partie civile contre eux pour l'usurpation d'appellation d'origine contrôlée qu'ils avaient commise en concours avec la tromperie (Cass. crim. 7-12-1999 : Bull. crim. n° 293). En revanche, une association interprofessionnelle ayant pour objet la défense et la promotion de vins de pays a été jugée irrecevable à se constituer partie civile pour tromperie sur la marchandise commise par des viticulteurs qui avaient vendu du vin sous de faux noms de cépage, car l'association ne figurait pas parmi celles habilitées à exercer les droits reconnus à la partie civile et elle ne justifiait pas d'un préjudice résultant directement de la tromperie (Cass. crim. 29-10-2013 nº 12-84.108 : RJDA 2/14 nº 179).

> **Précisions** Lorsque le **délit** a été **commis par un salarié** titulaire d'une délégation de pouvoirs, dans le cadre de ses fonctions, l'action civile doit être exercée à l'encontre de l'employeur et non du salarié (Cass. crim. 23-1-2001 nº 00-82.826 : RJDA 8-9/01 nº 918). Cependant, lorsqu'un salarié a été condamné pénalement pour avoir commis intentionnellement l'infraction et que celle-ci a porté préjudice à un tiers, il engage sa responsabilité civile à l'égard de ce tiers même s'il a commis l'infraction sur l'ordre de son employeur (Cass. ass. plén. 14-12-2001 nº 487 : RJDA 3/02 nº 330).

Action par une association de consommateurs Les associations de consommateurs peuvent demander également réparation du préjudice causé à l'intérêt collectif des consommateurs par une tromperie (Cass. crim. 20-12-1988 : Bull. crim. nº 440). **14840**

Action en concurrence déloyale Dans certains cas, un concurrent de l'auteur de la tromperie peut engager à l'encontre de celui-ci une action pour concurrence déloyale pour obtenir la réparation de son préjudice. **14850**

Il en est ainsi notamment lorsque la tromperie résulte du non-respect d'obligations légales ou d'usages professionnels car, en se dispensant des contraintes imposées par les textes ou les usages, le professionnel s'octroie un avantage par rapport à ses concurrents. Par exemple, a été déclarée constitutive de concurrence déloyale la commercialisation sous l'appellation « emmenthal » d'un fromage obtenu par une méthode d'affinage sous film qui, si elle réduisait considérablement les coûts de revient, ne permettait pas l'obtention de la croûte réglementaire (Cass. com. 3-5-2006 nº 03-14.171 : RJDA 11/06 nº 1186).

B. Pratiques visant à réduire la durée de vie d'un produit

1. PRATIQUES INTERDITES

OBSOLESCENCE PROGRAMMÉE

14890 La pratique de l'obsolescence programmée est interdite ; elle se définit par le « recours à des techniques, y compris logicielles, par lesquelles le responsable de la mise sur le marché d'un produit vise à en réduire délibérément la durée de vie » (C. consom. art. L 441-2).

L'incrimination est très large. Sont visés, par exemple, le fait de créer volontairement une fragilité ou les pratiques consistant à empêcher, directement ou indirectement, la réparation d'un bien.

PRATIQUES VISANT À RENDRE IMPOSSIBLE LA RÉPARATION OU LE RECONDITIONNEMENT D'UN APPAREIL

14900 Toute technique, y compris logicielle, par laquelle un metteur sur le marché vise à rendre impossible la réparation ou le reconditionnement d'un appareil ou à limiter la restauration de l'ensemble des fonctionnalités d'un tel appareil hors de ses circuits agréés est interdite (C. consom. art. L 441-3, al. 1). Cette disposition permet, par exemple, d'interdire le couplage entre la carte mère et le système d'exploitation d'un ordinateur qui empêche la réutilisation de celui-ci par des systèmes d'exploitation tiers.

Le délit d'obsolescence programmée (nº 14890) vise également une telle interdiction, mais sa constatation suppose la preuve que le fabricant a intentionnellement rendu son produit irréparable ou impossible à reconditionner (Rapport AN nº 2454 relatif à la loi 2020-105 du 10-2-2020).

Un arrêté définira la liste des produits et les motifs légitimes, notamment la sécurité ou la santé des utilisateurs, pour lesquels le professionnel ne sera pas tenu par cette interdiction (art. L 441-3, al. 2). Au 15 mars 2024, cet arrêté n'était toujours pas publié.

À noter que la réparabilité d'un produit est considérée comme l'une de ses caractéristiques essentielles au sens des articles L 111-1 à L 111-7 du Code de la consommation relatifs à l'obligation générale d'information précontractuelle du consommateur (art. L 441-3, al. 3).

14905 Est également interdit tout accord ou pratique ayant pour objet de limiter l'accès d'un professionnel de la réparation, du réemploi ou de la réutilisation aux pièces détachées, modes d'emploi, informations techniques ou à tout autre instrument, équipement ou logiciel permettant la réparation des produits (C. consom. art. L 441-4).

2. RÉPRESSION DES PRATIQUES VISANT À RÉDUIRE LA DURÉE DE VIE D'UN PRODUIT

RECHERCHE ET CONSTATATION DES INFRACTIONS

14930 Le délit d'obsolescence programmée et les pratiques visant à rendre impossible la réparation ou le reconditionnement d'un appareil sont recherchés et constatés dans les conditions fixées aux articles L 511-1 et suivants du Code de la consommation (voir nos 78600 s.).

SANCTIONS

14940 Le délit d'obsolescence programmée et les pratiques visant à rendre impossible la réparation ou le reconditionnement d'un appareil sont punis d'une peine de deux ans d'emprisonnement et, pour une personne physique, de 300 000 € d'amende, montant pouvant être porté, de manière proportionnée aux avantages tirés du délit, à 5 % du chiffre d'affaires moyen annuel, calculé sur les trois derniers chiffres d'affaires annuels connus à la date des faits (C. consom. art. L 454-6, al. 1 et 2).

Les personnes physiques encourent également à titre de peines complémentaires l'interdiction, suivant les modalités prévues par l'article 131-27 du Code pénal, soit d'exercer une fonction publique ou d'exercer l'activité professionnelle ou sociale dans l'exercice ou à l'occasion de l'exercice de laquelle l'infraction a été commise, soit d'exercer une profession commerciale ou industrielle, de diriger, d'administrer, de gérer ou de contrôler à un titre quelconque, directement ou indirectement, pour leur propre compte ou pour le compte d'autrui, une entreprise commerciale ou industrielle ou une société commerciale. Ces interdictions d'exercice peuvent être prononcées cumulativement (C. consom. art. L 454-6, al. 3).

Les personnes morales reconnues pénalement responsables de l'infraction encourent une amende de 1,5 M€, montant pouvant être porté, de manière proportionnée aux avantages tirés du délit, à 5 % du chiffre d'affaires moyen annuel, calculé sur les trois derniers chiffres d'affaires annuels connus à la date des faits (C. pén. art. 131-38).

IV. DÉLIT DE FALSIFICATION ET DÉLITS ASSIMILÉS

A. Délit de falsification

PRINCIPE D'INTERDICTION DES FALSIFICATIONS DES PRODUITS ALIMENTAIRES OU AGRICOLES

15100 Il est interdit de falsifier des **produits servant à l'alimentation de l'homme ou des animaux,** des boissons et des **produits agricoles** ou naturels destinés à être vendus (C. consom. art. L 413-1, 1o).

Les fruits frais et les légumes frais, fermentés ou corrompus ne sont pas visés par l'article L 413-1 (art. L 413-3). Ils sont soumis à une réglementation particulière : le décret 55-1126 du 19 août 1955 portant application de l'article L 412-1 du Code de la consommation en ce qui concerne le commerce des fruits et légumes. Par « fruits et légumes frais », il faut entendre les produits consommés en l'état par opposition aux produits surgelés, en conserve, etc.

ÉLÉMENT MATÉRIEL DU DÉLIT DE FALSIFICATION

15110 La falsification consiste en la **fabrication** de produits dans des **conditions** qui ne sont **pas conformes à la réglementation** (Cass. crim. 3-10-1991 : RJDA 12/91 no 1084). Ainsi, constitue une falsification la fabrication d'anabolisants de synthèse sans autorisation administrative (Cass. crim. 3-10-1991 précité).

Elle implique le recours à une **manipulation** ou à un **traitement** illicite ou non conforme à la réglementation en vigueur, **de nature à** en **altérer** la **constitution physique** (Cass. crim. 15-12-1993 : RJDA 6/94 n° 722 ; Cass. crim. 6-2-2001 n° 40 : Bull. crim. n° 37 ; Cass. crim. 10-10-2006 n° 5916 : RJDA 2/07 n° 201 ; Cass. crim. 10-10-2006 n° 06-80.170 : RJDA 2/07 n° 201).

Par exemple, constituent le délit de falsification :

– l'adjonction d'une substance de même nature que certains composants naturels du produit dès lors qu'elle n'est permise par aucun texte, par exemple, de la glycérine dans du vin (Cass. crim. 12-2-1964 : D. 1965 p. 808 note Fourgoux) ou de l'eau dans du lait (technique du « mouillage ») (Cass. crim. 4-12-1979 : JCP éd. G 1980 IV n° 73) ;

– l'administration à des veaux d'implants contenant des substances à action œstrogène dont l'emploi est interdit, sauf s'il s'agit d'un traitement thérapeutique sur prescription d'un vétérinaire (CA Agen 23-1-1975 : D. 1975 p. 748 note Fourgoux ; Cass. crim. 6-10-1976 : Gaz. Pal. 1976.2 p. 800) ;

– l'adjonction dans la nourriture de poulets, jusqu'à la date de leur abattage, d'un médicament qui, conformément à la réglementation, ne devait plus leur être donné au moins cinq jours avant cet abattage (CA Rennes 4-4-1990 : BID 1991/2 p. 17) ;

– l'incorporation de douelles de chêne dans des cuves de vin pour donner à celui-ci un goût boisé, alors que ce traitement était interdit par un règlement européen (Cass. crim. 6-2-2001 n° 40 : Bull. crim. n° 37) ;

– le coupage de vin d'appellation d'origine contrôlée avec du vin de table, procédé interdit par la réglementation européenne (Cass. crim. 10-10-2006 n° 06-80.170 : RJDA 2/07 n° 201).

La falsification peut également consister en une manipulation contraire aux **traditions,** lesquelles relèvent de l'appréciation souveraine des juges du fond. Par exemple, a été condamné pour délit de falsification l'exploitant d'une distillerie qui produisait sous l'appellation « cognac » de l'eau-de-vie dont le procédé d'aromatisation ne respectait pas la méthode traditionnellement admise (Cass. crim. 18-11-2014 n° 13-86.660 : RJDA 4/15 n° 313).

ÉLÉMENT INTENTIONNEL DU DÉLIT DE FALSIFICATION

La falsification n'est répréhensible que si elle est faite dans le but de tromper. **15120**

Le délit de falsification supposant la commission d'actes positifs, l'élément intentionnel du délit existe en principe nécessairement. La seule constatation des faits délictueux semble dès lors suffire à qualifier le délit dans tous ses éléments, tant matériel qu'intentionnel (voir, par exemple, Cass. crim. 3-10-1991 : RJDA 12/91 n° 1084).

B. Délits assimilés au délit de falsification

EXPOSITION ET VENTE DE PRODUITS FALSIFIÉS, CORROMPUS OU TOXIQUES OU SERVANT À FALSIFIER

Il est interdit d'exposer, de mettre en vente ou de vendre des produits servant à l'alimentation de l'homme ou des animaux, des boissons et des **produits** agricoles ou naturels en sachant qu'ils sont **falsifiés, corrompus** ou **toxiques** (C. consom. art. L 413-1, 2°). **15160**

Les fruits frais et légumes frais, fermentés ou corrompus ne sont pas concernés par cette interdiction mais sont soumis à une réglementation spécifique (n° 15100).

Peu importe que des faits aient été qualifiés à tort par les juges de vente de denrées falsifiées alors qu'ils constituaient une tromperie sur les qualités substantielles de la marchandise vendue, dès lors que l'erreur dans la qualification du délit n'a pas entraîné d'erreur dans l'application de la peine, les sanctions applicables à ces délits étant les mêmes (Cass. crim. 19-1-1982 n° 81-90.808, inédit).

ILLUSTRATIONS

Constitue le délit de mise en vente de denrées falsifiées :

– la commercialisation de gélules contenant une dose de carnitine excédant celle autorisée par l'arrêté du 4 août 1984 relatif à l'emploi de substances d'addition dans la fabrication des aliments destinés à une alimentation particulière (Cass. crim. 29-1-1997 : RJDA 10/97 n° 1280) ;

– la commercialisation d'animaux destinés à la boucherie auxquels ont été administrées, de façon illicite, des substances anabolisantes (Cass. crim. 18-6-1997 : RJDA 11/97 n° 1421).

Pour des décisions de relaxe concernant la mise en vente de compléments alimentaires, voir Cass. crim. 27-2-1995 n° 93-82.808 : RJDA 5/95 n° 653 et Cass. crim. 27-3-2007 n° 06-82.257 : RJDA 8-9/07 n° 925.

15165 Il est également interdit d'exposer, de mettre en vente ou de **vendre,** en connaissant leur destination, des **produits,** objets ou appareils **propres à effectuer la falsification** des produits servant à l'alimentation humaine ou animale, des boissons ou des produits agricoles ou naturels (C. consom. art. L 413-1, 3°).

Les fruits frais et légumes frais, fermentés ou corrompus ne sont pas concernés par cette interdiction mais sont soumis à une réglementation spécifique (n° 15100).

ILLUSTRATIONS

Dans un cas où une société avait vendu un additif non autorisé à un fabricant d'arômes et où ce fabricant avait vendu l'arôme – produit ne constituant pas une denrée alimentaire – à un producteur de sirops, le vendeur de l'additif a été jugé coupable d'avoir facilité la falsification d'une denrée alimentaire par adjonction d'un additif non autorisé pour avoir vendu en connaissance de cause le produit prohibé, peu important à cet égard l'auteur de la falsification constatée « in fine » et qu'il n'ait pas eu connaissance de la destination finale de la denrée alimentaire falsifiée, c'est-à-dire le marché de l'Union européenne où l'additif litigieux était interdit (Cass. crim. 31-5-2016 n° 15-83.046 F-PB : RJDA 4/17 n° 291).

15170 Enfin, il est interdit d'**inciter à l'emploi** des **produits,** objets ou appareils **mentionnés ci-dessus** par le moyen de brochures, circulaires, prospectus, affiches, annonces ou instructions quelconques (C. consom. art. L 413-1, 4°).

L'infraction est constituée même si ces instructions sont données verbalement. C'est ainsi qu'a été condamné le responsable du personnel d'une société pratiquant l'élevage en batterie de veaux qui avait oralement donné pour instructions aux salariés d'injecter un anabolisant à ces animaux (Cass. crim. 22-3-1990 : Bull. crim. p. 341 n° 128).

Les fruits frais et légumes frais, fermentés ou corrompus ne sont pas concernés par cette interdiction mais sont soumis à une réglementation spécifique (n° 15100).

DÉTENTION DE PRODUITS FALSIFIÉS, CORROMPUS OU TOXIQUES OU D'OBJETS PERMETTANT UNE TROMPERIE OU UNE FALSIFICATION

15180 Il est interdit de détenir, sans motifs légitimes, dans tous les lieux de fabrication, de production, de conditionnement, de stockage, de dépôt ou de vente, dans les véhicules utilisés pour le transport des marchandises, ainsi que dans les lieux où sont hébergés ou abattus les animaux dont la viande ou les produits sont destinés à l'alimentation humaine ou animale (C. consom. art. L 413-2 et L 451-3) :

– des **poids** ou instruments de mesures **faux** ou d'autres appareils inexacts servant au pesage ou au mesurage des marchandises ;

– des **produits** servant à l'alimentation de l'homme ou des animaux, des boissons, des produits agricoles ou naturels dont le détenteur sait qu'ils sont **falsifiés, corrompus** ou **toxiques** (pour des exemples, voir Cass. crim. 17-6-1981 : Bull. crim. p. 566 ; Cass. crim. 13-10-1981 : Bull. crim. p. 713) ;

– des produits, objets ou **appareils propres à** effectuer **la falsification** des produits servant à l'alimentation de l'homme ou des animaux, des boissons ou des produits agricoles ou naturels.

Ces dispositions ne sont pas applicables aux fruits frais et légumes frais, fermentés ou corrompus (art. L 413-3), ces produits étant soumis à une réglementation spécifique (n° 15100).

Le délit de détention de produits falsifiés, corrompus ou toxiques est constitué même si les produits sont détenus par personne interposée. Ainsi, le délit de détention de boissons falsifiées a été jugé constitué dans un cas où un négociant en vins avait fait dédouaner et entreposer dans les cuves d'un tiers un lot de vin de table en provenance d'Italie qui s'était avéré mouillé à plus de 20 % (Cass. crim. 22-8-1995 : RJDA 11/95 n° 1299).

C. Répression du délit de falsification et des délits assimilés

RECHERCHE ET CONSTATATION DES INFRACTIONS

15220 La recherche et la constatation du délit de falsification et des délits assimilés s'effectuent dans les conditions fixées aux articles L 511-1 et suivants du Code de la consommation (voir nos 78600 s.).

SANCTIONS

Peines principales applicables aux personnes physiques La violation des interdictions prévues à l'article L 413-1 du Code de la consommation (nos 15100 et 15160 à 15170) est punie des peines suivantes : emprisonnement de deux ans au maximum et amende de 300 000 €, montant pouvant être porté, de manière proportionnée aux avantages tirés du manquement, à 10 % du chiffre d'affaires moyen annuel, calculé sur les trois derniers chiffres d'affaires annuels connus à la date des faits (C. consom. art. L 451-1-1 et L 451-5). 15230

Ces peines sont portées à sept ans d'emprisonnement et à 750 000 € d'amende (montant pouvant être porté à 10 % du chiffre d'affaires moyen annuel, calculé sur les trois derniers chiffres d'affaires annuels connus à la date des faits) si le délit a été commis en bande organisée ou si la substance falsifiée ou corrompue est nuisible à la santé de l'homme ou de l'animal (art. L 451-2 et L 451-5).

Elles sont applicables même au cas où la falsification nuisible serait connue de l'acheteur ou du consommateur (art. L 413-1, dernier al.).

La violation des interdictions prévues à l'article L 413-2 du Code de la consommation (n° 15180) est punie d'un emprisonnement d'un an et d'une amende de 150 000 €, montant pouvant être porté, de manière proportionnée aux avantages tirés du manquement, à 10 % du chiffre d'affaires moyen annuel, calculé sur les trois derniers chiffres d'affaires annuels connus à la date des faits (C. consom. art. L 451-3 et L 451-5). 15235

Ces peines sont portées à deux ans d'emprisonnement et à 300 000 € d'amende (montant pouvant être porté à 10 % du chiffre d'affaires moyen annuel, calculé sur les trois derniers chiffres d'affaires annuels connus à la date des faits) si la substance alimentaire falsifiée ou corrompue est nuisible à la santé humaine ou animale (art. L 451-4 et L 451-5). Cette aggravation de peine n'est cependant pas applicable à la détention de produits, objets ou appareils propres à effectuer la falsification (Cass. crim. 21-1-2003 n° 419 : RJDA 6/03 n° 659).

Peines complémentaires applicables aux personnes physiques Les personnes physiques reconnues coupables des délits mentionnés aux nos 15230 et 15235 encourent également à titre de peines complémentaires l'interdiction, suivant les modalités prévues par l'article 131-27 du Code pénal, soit d'exercer une fonction publique ou d'exercer l'activité professionnelle ou sociale dans l'exercice ou à l'occasion de l'exercice de laquelle l'infraction a été commise, soit d'exercer une profession commerciale ou industrielle, de diriger, d'administrer, de gérer ou de contrôler à un titre quelconque, directement ou indirectement, pour leur propre compte ou pour le compte d'autrui, une entreprise commerciale ou industrielle ou une société commerciale. Ces interdictions d'exercice peuvent être prononcées cumulativement (C. consom. art. L 451-6, al. 1). 15240

> **Précisions** Il résulte de l'article 131-27 du Code pénal que l'**interdiction** peut être soit **définitive,** soit **temporaire** : dans ce dernier cas, sa durée maximale est de cinq ans pour l'interdiction d'exercer une fonction publique et de quinze ans pour les autres interdictions.

En cas de condamnation pour falsification nuisible à la santé humaine ou animale, le tribunal peut ordonner (C. consom. art. L 451-7) : 15245

– l'affichage et la diffusion de la décision dans les conditions prévues à l'article 131-35 du Code pénal ;

– la diffusion d'un ou plusieurs messages informant le public de cette condamnation ;

– le retrait des produits et l'interdiction de la prestation de services sur lesquels a porté la falsification.

Lorsque l'affichage est ordonné à la porte des magasins de la personne condamnée, l'exécution du jugement ne peut être entravée par la vente du fonds de commerce réalisée postérieurement à la première décision qui a ordonné l'affichage.

Le contenu des messages informant le public de la condamnation est fixé par le jugement. Celui-ci fixe également les modalités de leur diffusion et impartit à la personne condamnée un délai pour y faire procéder ; en cas de carence, il est procédé à cette diffusion à la diligence du ministère public aux frais de la personne condamnée. L'inexécution de l'obligation de diffusion des messages dans le délai imparti expose le contrevenant à une peine d'emprisonnement de deux ans et à une amende de 300 000 € (art. L 451-8).

Sanctions applicables aux personnes morales Les personnes morales peuvent être déclarées pénalement responsables des infractions commises pour leur compte par leurs organes ou représentants. 15250

Les peines encourues sont (C. consom. art. L 451-6, al. 2 et 3) :
– une amende égale au quintuple du plafond de l'amende fixé pour les personnes physiques, ce montant pouvant être porté de manière proportionnée aux avantages du manquement, à 10 % du chiffre d'affaires moyen annuel calculé sur les trois derniers chiffres d'affaires annuels connus à la date des faits ;
– les peines mentionnées à l'article 131-39, 2° à 9° du Code pénal (notamment interdiction, provisoire ou non, d'exercer l'activité à l'occasion de laquelle l'infraction a été commise, confiscation de la chose qui a servi ou était destinée à commettre l'infraction ou de la chose qui en est le produit, affichage de la décision prononcée ou diffusion de celle-ci soit par la presse écrite, soit par tout moyen de communication audiovisuelle).

V. INFRACTIONS PARTICULIÈRES EN MATIÈRE DE TROMPERIE OU DE FALSIFICATION

15400 Les articles L 413-4 à L 413-9 du Code de la consommation, qui reprennent des dispositions issues de lois anciennes, énumèrent un certain nombre d'infractions particulières dont le champ d'application est plus restreint que les délits de tromperie ou de falsification. Nous ne présentons ci-dessous que certains de ces délits.

ALTÉRATION DES SIGNES SERVANT À IDENTIFIER LES MARCHANDISES

15410 **Contenu des interdictions** Il est interdit de **supprimer, masquer, altérer** ou modifier frauduleusement, de quelque façon que ce soit, les noms, signatures, monogrammes, lettres, chiffres, numéros de série, emblèmes, signes de toute nature apposés ou intégrés sur ou dans les marchandises et servant à les identifier de manière physique ou électronique (C. consom. art. L 413-6).

ILLUSTRATIONS

Se sont rendus coupables de ce délit :
– le revendeur de matériel d'équipement automobile qui a remplacé le « blister » de certains articles par un conditionnement nouveau et personnalisé, faisant ainsi disparaître les signes d'identification des produits (Cass. com. 6-5-1991 : Bull. civ. IV p. 112 n° 156) ;
– le dirigeant d'une société qui, après avoir acheté à un fabricant des bouteilles de sirop confectionnées pour le compte d'une société concurrente en mentionnant le nom de celle-ci, a enlevé les étiquettes apposées par ce fabricant et les a remplacées par d'autres, réalisées par lui et désignant la société qu'il dirigeait comme distributeur du produit (Cass. crim. 29-9-1993 : RJDA 1/94 n° 104) ;
– l'éleveur qui, pour éviter l'extension de l'abattage d'une vache atteinte d'encéphalopathie spongiforme à l'ensemble de son troupeau, a changé les marques auriculaires de plusieurs animaux dans le but de persuader l'administration qu'une erreur s'était produite au laboratoire et que les résultats d'analyse qui lui avaient été présentés concernaient une vache provenant d'un autre élevage (Cass. crim. 18-11-2003 n° 5858 : RJDA 4/04 n° 484).

En revanche, un exportateur ne pouvait pas être condamné sur le fondement de l'article L 413-6 du Code de la consommation pour être convenu avec son fournisseur de modifier la date limite d'utilisation optimale (DLUO, désormais remplacée par la « date de durabilité minimale ») figurant sur des marchandises avant leur exportation car la DLUO ne constitue pas un signe distinctif de la marchandise au sens de ce texte (Cass. crim. 25-10-1995 : Bull. crim. p. 894 n° 321, en revanche, cet exportateur a été condamné pour tentative de tromperie sur les qualités substantielles).

15415 Il est également interdit d'**exposer,** mettre en vente, **vendre** ou **détenir** dans des locaux utilisés à des fins professionnelles des marchandises dont les signes d'identification ont été altérés (C. consom. art. L 413-7).

ILLUSTRATIONS

Constitue le délit de mise en vente de marchandises dont l'identification a été altérée le fait de commercialiser des bouteilles de champagne dont le code d'identification a été altéré par meulage (Cass. crim. 17-10-2000 n° 99-86.916 : RJDA 2/01 n° 240) ou la détention dans des locaux commerciaux de bouteilles de champagne dont le code d'identification a été masqué par un trait noir (Cass. crim. 19-1-2010 n° 08-70.036 : RJDA 5/10 n° 568).

15420 **Peines principales** Le délit prévu à l'article L 413-6 du Code de la consommation (n° 15410) est puni, pour les personnes physiques, d'un emprisonnement de deux ans et d'une amende de 300 000 € (C. consom. art. L 451-11) et, pour les personnes morales, d'une amende de 1,5 M€ (art. L 451-15, al. 3).

Le délit prévu à l'article L 413-7 du Code de la consommation (nº 15415) est puni, pour les personnes physiques, d'un emprisonnement d'un an et d'une amende de 150 000 € (C. consom. art. L 451-12) et, pour les personnes morales, d'une amende de 750 000 € (art. L 451-15, al. 3).

Peines complémentaires Les **personnes physiques** encourent à titre de peine complémentaire l'interdiction, suivant les modalités prévues par l'article 131-27 du Code pénal, soit d'exercer une fonction publique ou d'exercer l'activité professionnelle ou sociale dans l'exercice ou à l'occasion de l'exercice de laquelle l'infraction a été commise, soit d'exercer une profession commerciale ou industrielle, de diriger, d'administrer, de gérer ou de contrôler à un titre quelconque, directement ou indirectement, pour leur propre compte ou pour le compte d'autrui, une entreprise commerciale ou industrielle ou une société commerciale ; ces interdictions d'exercice ne peuvent pas excéder une durée de cinq ans mais elles peuvent être prononcées cumulativement (art. L 451-15, al. 1 et 2). **15430**

Les **personnes morales** peuvent être condamnées aux peines mentionnées à l'article 131-39, 2° à 9° du Code pénal (notamment, interdiction pour une durée maximale de cinq ans d'exercer l'activité à l'occasion de laquelle l'infraction a été commise, publication de la décision par affichage ou diffusion) (art. L 451-15, al. 3).

FAUSSES INDICATIONS D'ORIGINE

Contenu des interdictions Il est interdit, sur des produits naturels ou fabriqués, détenus ou transportés en vue de la vente, mis en vente ou vendus, d'apposer ou d'utiliser une marque de produits ou de services, un nom, un signe ou une **indication quelconque** de nature à faire croire, s'ils sont étrangers, qu'ils ont été fabriqués en France ou qu'ils sont d'origine française et, dans tous les cas, qu'ils ont une **origine différente de leur véritable origine** française ou étrangère (C. consom. art. L 413-8, al. 1). **15440**

Toutefois, sauf pour les vins, ces dispositions ne sont pas applicables lorsque le produit porte, en caractères manifestement apparents, l'indication de la véritable origine (art. L 413-8, al. 2).

En ce qui concerne les produits français, la raison sociale, le nom et l'adresse du vendeur ne constituent pas nécessairement une indication d'origine (art. L 413-8, al. 3).

Il est interdit de faire croire à l'origine française de produits étrangers ou, pour tous produits, à une origine différente de leur véritable origine, par addition, retranchement ou par une **altération quelconque des mentions** primitivement portées sur le produit, par des annonces, brochures, circulaires, prospectus ou affiches, par la production de factures ou de certificats d'origine mensongers, par une affirmation verbale ou par tout autre moyen (C. consom. art. L 413-9). **15445**

Peines principales Les délits prévus aux articles L 413-8 et L 413-9 du Code de la consommation (nos 15440 et 15445) sont punis, pour les personnes physiques, d'un emprisonnement de deux ans et d'une amende de 300 000 € (C. consom. art. L 451-13 et L 451-14) et, pour les personnes morales, d'une amende de 1,5 M€ (art. L 451-15, al. 3). **15450**

Peines complémentaires Les **personnes physiques** encourent à titre de peine complémentaire l'interdiction, suivant les modalités prévues par l'article 131-27 du Code pénal, soit d'exercer une fonction publique ou d'exercer l'activité professionnelle ou sociale dans l'exercice ou à l'occasion de l'exercice de laquelle l'infraction a été commise, soit d'exercer une profession commerciale ou industrielle, de diriger, d'administrer, de gérer ou de contrôler à un titre quelconque, directement ou indirectement, pour leur propre compte ou pour le compte d'autrui, une entreprise commerciale ou industrielle ou une société commerciale ; ces interdictions d'exercice ne peuvent pas excéder une durée de cinq ans mais elles peuvent être prononcées cumulativement (art. L 451-15, al. 1 et 2). **15460**

Les **personnes morales** peuvent être condamnées aux peines mentionnées à l'article 131-39, 2° à 9° du Code pénal (notamment, interdiction pour une durée maximale de cinq ans d'exercer l'activité à l'occasion de laquelle l'infraction a été commise, publication de la décision par affichage ou diffusion) (art. L 451-15, al. 3).

CONTRAT AVEC UN CONSOMMATEUR : RÈGLES COMMUNES

SOMMAIRE

GÉNÉRALITÉS

Dans les structures économiques actuelles fondées sur la commercialisation de masse, le consommateur, lorsqu'il signe un contrat (achat, prêt, assurance, etc.), est souvent conduit à adhérer à des conditions préétablies par son cocontractant sans être en mesure de les modifier ni même de les discuter. **16000**

Pour assurer la protection des consommateurs, le législateur a élaboré des règles applicables aux contrats conclus entre un professionnel et un consommateur et insérées dans le Code de la consommation.

> **Précisions** Le **Code civil** contient également des dispositions destinées à protéger les parties à un **contrat d'adhésion,** quelle que soit leur qualité, et donc peu important qu'elles ne soient pas des consommateurs (C. civ. art. 1171, par exemple). Le contrat d'adhésion est défini dans le Code civil comme celui qui comporte un ensemble de clauses non négociables, déterminées à l'avance par l'une des parties (C. civ. art. 1110).

ARTICULATION DES RÈGLES APPLICABLES AUX CONTRATS DE CONSOMMATION

Les contrats conclus entre un professionnel et un consommateur sont soumis à au moins quatre **corps de règles différentes.** **16010**

Des **règles édictées spécifiquement pour protéger le consommateur,** parmi lesquelles on trouve :

– les règles particulières, qui ne s'appliquent qu'à certains types de contrats (notamment, déménagement, crédit à la consommation – nos 19000 s.), ou dans certains contextes (par exemple, contrats conclus à distance ou en dehors des établissements commerciaux – nos 30000 s. – ou encore contrats de fourniture de contenus ou de services

numériques – nos 18300 s.), issues la plupart du temps du Code de la consommation, mais pas toujours (les règles sur le contrat d'assurance figurent ainsi dans le Code des assurances) ;
– les règles générales issues du Code de la consommation, qui ont une vocation subsidiaire à s'appliquer, en l'absence de disposition contraire, à tous les contrats conclus avec un consommateur ; certains contrats y échappent pour partie en raison de leur objet (par exemple l'obligation d'information sur les délais de livraison ne concerne pas les prestations de services). Dans un cas où se posait la question de la prescription applicable à l'action en paiement de loyers d'habitation, la Cour de cassation a jugé que les règles spécifiques régissant le bail d'habitation étaient exclusives du Code de la consommation, de sorte que c'était la prescription de trois ans de la loi du 6 juillet 1989 qui devait s'appliquer et non la prescription biennale de l'article L 218-2 de ce Code (Cass. 3e civ. 26-1-2017 no 15-27.580 FS-PBRI : RJDA 5/17 no 320). De même, les règles du Code de la consommation protectrices de la caution ne s'appliquent pas au cautionnement du bail d'habitation (Cass. 3e civ. 17-2-2022 no 21-12.934 FS-B : RJDA 5/22 no 255). La réglementation générale sur les clauses abusives s'applique, en revanche, à ce même contrat (Cass. 3e civ. 12-1-2017 no 16-10.324 FS-PBI : RJDA 5/17 no 318).

À ce corps de règles se superposent des **règles de droit commun,** applicables quelle que soit la qualité des parties, et notamment :
– les dispositions du Code civil relatives au contrat spécial auquel le contrat de consommation se rattache en raison de son objet (par exemple Cass. 1e civ. 3-3-2011 no 10-14.096 : nullité d'une vente conclue entre un professionnel et un consommateur pour défaut d'accord sur le prix) ;
– les dispositions de droit commun des contrats.

Ces dernières règles générales s'appliquent sous réserve des règles particulières (C. civ. art. 1105) : les hypothèses dans lesquelles le droit civil s'applique à un contrat de consommation sont donc réduites en raison de l'existence de nombreuses règles dérogatoires issues du droit de la consommation.

16015 Les règles générales issues du Code de la consommation constituent ainsi un **droit commun des contrats de consommation,** assurant une protection d'un niveau en principe plus élevé que celle offerte par le Code civil.

Cette protection est encadrée en grande partie par les **directives européennes suivantes** :
– la directive 93/13/CEE du 5 avril 1993 relative aux clauses abusives, transposée en droit français par la loi 95-96 du 1er février 1995 (les règles dégagées dans le cadre de la prohibition des clauses abusives constituent également une véritable source du droit applicable aux contrats de consommation) ;
– la directive 2011/83/UE du 25 octobre 2011 relative aux droits des consommateurs, transposée en droit interne par la loi « Hamon » 2014-344 du 17 mars 2014 ; ce texte a été modifié par la directive 2019/2161 du 27 novembre 2019 ;
– la directive 2019/771/UE du 20 mai 2019 relative à certains aspects concernant la vente de biens et la directive 2019/770/UE du 20 mai 2019 relative à certains aspects concernant les contrats de fourniture de contenus et de services numériques ; ces deux directives ont été transposées en droit interne par l'ordonnance 2021-1247 du 29 septembre 2021 relative à la garantie légale de conformité pour les biens, les contenus numériques et les services numériques ;
– la directive 2019/2161/UE du 24 novembre 2019, relative à une meilleure application et modernisation des règles de l'Union en matière de protection des consommateurs, dite « directive omnibus », laquelle renforce notamment les sanctions en cas de violation de la réglementation consumériste (par exemple, en matière de clauses abusives) et l'obligation de transparence mise à la charge des plateformes en ligne. Cette directive a été transposée en droit français par l'ordonnance 2021-1734 du 22 décembre 2021 relative à une meilleure application et une modernisation des règles de l'Union en matière de protection des consommateurs.

I. CHAMP D'APPLICATION DES DISPOSITIONS DU CODE DE LA CONSOMMATION

CONTRACTANTS AUXQUELS LE CODE DE LA CONSOMMATION S'APPLIQUE

16100 Le droit contractuel de la consommation s'applique au contrat conclu **entre un professionnel et un consommateur.**

La réglementation est donc inapplicable lorsque le contrat a été conclu entre des non-professionnels ou, au contraire, entre des professionnels (Cass. 1e civ. 17-11-1998 : RJDA 1/99 no 100).

ATTENTION

Le droit de la consommation est toutefois applicable, à l'occasion de la souscription d'un crédit par un consommateur, à l'adhésion de celui-ci au **contrat d'assurance-groupe** conclu par la société de crédit avec une compagnie d'assurance. En effet, l'adhésion à un tel contrat, bien que conséquence d'une stipulation pour autrui, n'en crée pas moins, entre l'emprunteur adhérent et l'assureur qui l'agrée, un lien contractuel direct, de nature synallagmatique (Cass. 1e civ. 22-5-2008 nº 05-21.822 : RJDA 6/09 nº 579).

Le bénéfice de certaines règles protectrices est étendu aux **non-professionnels.** C'est le cas, notamment, de la réglementation :
– contre les clauses abusives (C. consom. art. L 212-1 et L 212-2, nº 16850) ;
– sur la présentation des écrits (C. consom. art. L 211-1 et L 211-4, nºs 16730 s.) ;
– sur l'interprétation des clauses (C. consom. art. L 211-1, al. 2 et L 211-4, nº 17200) ;
– sur les conditions de renouvellement des contrats de services tacitement reconductibles fixées par les articles L 215-1 à L 215-4 du Code de la consommation ;
– sur la délivrance, la livraison, la fourniture et le transfert des risques (C. consom. art. L 216-1 à L 216-8) ;
– sur la garantie légale de conformité des biens (C. consom. art. L 217-1 s. et L 217-32) ;
– applicable aux contrats de fourniture d'électricité ou de gaz naturel, à la condition qu'ils n'excèdent pas le seuil de consommation fixé par la loi (C. consom. art. L 224-1) ;
– relative aux contrats de fourniture de contenus numériques et de services numériques (C. consom. art. L 224-25-2 s. et L 224-25-31) ;
– relative aux contrats de services de communications électroniques (C. consom. art. L 224-27 et L 224-55) ;
– interdisant les pratiques commerciales trompeuses (C. consom. L 121-2 à L 121-5).

Les articles L 121-2 à L 121-4 du Code de la consommation, interdisant les pratiques commerciales trompeuses, s'appliquent par ailleurs aux pratiques commises à l'encontre de **professionnels** (C. consom. art. L 121-5). Certaines dispositions du Code de la consommation, par exemple l'exercice du droit de rétractation d'un contrat conclu à distance ou hors établissement, sont, à certaines conditions, applicables aux contrats conclus entre deux professionnels (C. consom. art. L 221-3 ; voir nº 30105).

Faute de disposition en ce sens, le bénéfice de la **prescription biennale** de l'article L 218-2 du Code de la consommation n'est pas étendu aux non-professionnels. Saisie d'une QPC sur ce texte, la Cour de cassation a jugé qu'il ne méconnaissait pas le principe d'égalité devant la loi et devant la justice, la différence de traitement étant justifiée par la différence objective de situation (Cass. 3e civ. QPC 17-2-2022 nº 21-19.829 FS-B : RJDA 8-9/22 nº 532).

Les **parties** sont en principe libres de **soumettre volontairement** aux dispositions du Code 16105
de la consommation des opérations qui n'en relèvent pas. Cette soumission doit résulter d'une manifestation de volonté claire et dépourvue d'équivoque. En revanche, la seule référence dans le contrat à des dispositions du Code de la consommation ne suffit pas à caractériser la volonté non équivoque des parties de placer leur contrat dans le champ d'application de ce code (Cass. 1e civ. 9-3-2022 nº 20-20.390 F-PB : RJDA 8-9/22 nº 517).

Critères généraux d'appréciation de la qualité des contractants La **qualité** 16110
de consommateur, de non-professionnel ou de professionnel du contractant est **appréciée** en la personne de celui qui s'engage, et non pas de son représentant. Ainsi la représentation d'un syndicat de copropriétaires par un syndic professionnel qui intervient en vertu d'un contrat de mandat ne fait pas perdre au syndicat la qualité de non-professionnel (Cass. 1e civ. 25-11-2015 nºs 14-20.760 et 14-21.873 : RJDA 2/16 nº 107 ; Cass. 1e civ. 1-3-2017 nº 16-14.157 F-D).

La circonstance que le consommateur bénéficie de l'assistance d'un avocat ne l'empêche pas non plus de se prévaloir des règles qui le protègent (CJUE 4-6-2015 aff. 497/13 : BRDA 14/15 inf. 19).

Les notions de consommateur, de professionnel et de non-professionnel sont des notions 16115
fonctionnelles : c'est le **rôle des contractants vis-à-vis** d'un contrat déterminé, et non pas la situation subjective de ceux-ci, qui détermine l'application des règles protectrices du Code de la consommation (par exemple, en ce qui concerne l'application de ces notions dans le domaine des clauses abusives : CJUE 17-5-2018 aff. 147/16 : RJDA 1/19 nº 50 ; Communication de la Commission européenne du 22-7-2019 : « Orientations relatives à l'interprétation et à l'application de la directive 93/13/CEE du 5-4-1993 »). Ainsi, une même personne peut être considérée comme un consommateur dans le cadre de certaines opérations et comme un opérateur économique dans le cadre d'autres opérations.

CONSEIL

La **qualification** de professionnel, de consommateur ou de non-professionnel doit être **appréciée au cas par cas,** eu égard au contrat spécifique en cause, en tenant compte de la nature et de l'objet du contrat en question et du fait que le droit de la consommation vise la protection du consommateur ou du non-professionnel en tant que partie généralement plus faible.

16120 **Consommateur** Le consommateur est défini comme « toute personne physique qui agit à des fins qui n'entrent pas dans le cadre de son activité commerciale, industrielle, artisanale, libérale ou agricole » (C. consom. art. liminaire). Cette définition, calquée sur celle de la directive 2011/83/UE du 23 octobre 2011, exclut très clairement les **personnes morales** de la protection réservée aux consommateurs.

ILLUSTRATIONS

Jugé que devaient être **considérés comme des consommateurs** :
– une personne physique ayant accordé une garantie hypothécaire et un cautionnement à une banque pour garantir le remboursement d'un prêt souscrit par une société commerciale, dès lors que le garant, parent de l'associé gérant de la société, avait agi à des fins qui n'entraient pas dans le cadre de son activité professionnelle et n'avait pas de lien de nature fonctionnelle avec la société (CJUE ord. 19-11-2015 aff. 74/15 : RJDA 3/16 n° 233) ;
– l'avocat, qui conclut un contrat de crédit avec une banque, sans que le but du crédit soit précisé dans le contrat, dès lors que ce contrat n'est pas lié à l'activité professionnelle de l'auxiliaire de justice, peu important que le prêt soit garanti par un cautionnement hypothécaire contracté par cette personne en qualité de représentant de son cabinet d'avocat et que ce cautionnement porte sur des biens destinés à l'exercice de son activité professionnelle (CJUE 3-9-2015 aff. 110/14 : RJDA 12/15 n° 872) ;
– la personne physique qui souscrit un prêt à taux variable pour financer un placement spéculatif, dès lors qu'elle agit en dehors de son activité professionnelle (Cass. 1e civ. 22-9-2016 n° 15-18.858 F-PB : RJDA 3/17 n° 207) ;
– le titulaire d'un compte Facebook privé, ayant ensuite créé une page Facebook afin d'informer les internautes de son action contre Facebook Ireland, de ses conférences, de ses participations à des débats et de ses interventions dans les médias, ainsi que pour lancer des appels aux dons et faire de la publicité pour ses livres, l'utilisateur d'un compte Facebook ne perdant pas la qualité de consommateur, au sens du règlement 44/2001 du 22 décembre 2000, dit Bruxelles I, concernant la compétence judiciaire (devenu Règl. 2015-2012 Bruxelles I bis), lorsqu'il se livre à de telles activités (CJUE 25-1-2018 aff. 498/16 : BRDA 5/18 inf. 25) ;
– le salarié d'une entreprise et son conjoint qui concluent avec cette entreprise un contrat de prêt relevant du dispositif d'aide à l'accession à la propriété, réservé aux membres du personnel de cette entreprise et destiné à financer l'acquisition d'un bien immobilier à des fins privées (CJUE 23-3-2019 aff. 590/17) ;
– un investisseur personne physique qui conclut des contrats sur un marché international des changes, en vue de procéder à des arbitrages sur l'évolution des taux, dès lors que la conclusion de ces contrats ne relève pas de son activité professionnelle, peu important la valeur des opérations effectuées, l'importance des risques ou les connaissances et l'expertise de l'emprunteur (CJUE 3-10-2019 aff. 208/18 ; voir également Cass. 1e civ. 22-9-2016 n° 15-18.858 F-PB : RJDA 3/17 n° 207) ;
– la personne physique qui souscrit un prêt destiné à financer l'acquisition de parts sociales dès lors qu'elle n'agit pas à des fins qui entrent dans le cadre de son activité professionnelle (Cass. 1e civ. 20-4-2022 n° 20-19.043 : RJDA 11/22 n° 663) ;
– le médecin neurologue qui réserve une chambre d'hôtel pour participer à un congrès médical, dès lors qu'en souscrivant le contrat d'hébergement, il n'agissait pas à des fins entrant dans le cadre de son activité professionnelle (Cass. 1e civ. 31-8-2022 n° 21-11.097 FS-B : RJDA 12/22 n° 718) ;
– la personne physique propriétaire d'un appartement en copropriété lorsqu'elle conclut un contrat avec un syndic aux fins de l'administration et de l'entretien des parties communes, pour autant qu'elle n'utilise pas cet appartement à des fins qui relèvent exclusivement de son activité professionnelle (CJUE 27-10-2022 aff. 485/21 : RJDA 1/23 n° 57) ;
– le trustee d'une personne physique ayant eu recours aux services d'un avocat, dès lors qu'il a agi à des fins non professionnelles (Cass. 1e civ. 21-10-2020 n° 19-16.300 FS-PB : RJDA 2/21 n° 133).

Jugé à l'inverse que n'avait **pas la qualité de consommateur** :
– l'emprunteur qui souscrit un prêt immobilier à vocation professionnelle et le soumet volontairement à la réglementation protectrice du Code de la consommation, cette circonstance ne lui conférant pas la qualité de consommateur (Cass. 1e civ. 14-1-2016 n° 14-28.034 F-D : RJDA 4/16 n° 336) ;
– un demandeur d'emploi qui conclut un contrat de formation professionnelle en partie financé par Pôle emploi, en raison de la finalité professionnelle de ce contrat (Cass. 1e civ. 9-3-2022 n° 21-10.487 FS-B : RJDA 8-9/22 n° 518) ;
– le particulier qui achète un véhicule à un professionnel afin de le louer, parfois avec chauffeur, pour des cérémonies (Cass. 1e civ. 28-6-2023 n° 22-12.738 : RJDA 12/23 n° 691).

Il a été jugé que la **notion d'activité professionnelle** peut viser une **activité secondaire, accessoire** à l'activité principale du contractant. Ainsi, n'est pas un consommateur le médecin qui, dans le cadre d'une opération de défiscalisation, souscrit un crédit pour acheter des lots de copropriété au sein d'une résidence hôtelière et s'inscrit à cet effet au registre du commerce et des sociétés en qualité de loueur en meublé professionnel (Cass. 1e civ. 25-1-2017 n° 16-10.105 F-PB : BRDA 6/17 inf. 18 ; Cass. 1e civ. 6-12-2017 n° 16-10.341 F-D : RJDA 4/18 n° 369). Mais l'inscription au registre du commerce n'est qu'un indice de l'exercice d'une telle activité professionnelle, et son absence ne suffit pas à caractériser la qualité de consommateur (Cass. 1e civ. 6-6-2018 n° 17-16.519 FS-PB : RJDA 10/18 n° 779). 16125

À notre avis, ces décisions ne sont pas incompatibles avec celle ayant considéré que le **caractère spéculatif d'un prêt** ne suffit pas à conférer la qualité de professionnel à son souscripteur (Cass. 1e civ. 22-9-2016 n° 15-18.858 F-PB : RJDA 3/17 n° 207) : c'est l'exercice d'une activité habituelle et rémunérée, même accessoire, qui l'exclut du bénéfice du droit de la consommation.

Lorsque le contrat est **conclu à des fins** qui n'entrent qu'**en partie** dans le cadre de l'**activité professionnelle** de l'intéressé et lorsque la finalité professionnelle est si limitée qu'elle n'est pas prédominante dans le contexte global du contrat, le cocontractant devrait aussi être considéré comme un consommateur (Dir. 2011/83/UE considérant n° 17). 16130

À l'inverse, il a été jugé, pour un crédit souscrit pour les besoins professionnels de l'un des coemprunteurs, que la circonstance que l'autre coemprunteur soit étranger à cette activité est sans influence sur la **qualification professionnelle du contrat,** de sorte que ce dernier ne peut pas se prévaloir de sa qualité de consommateur (Cass. 1e civ. 20-5-2020 n° 19-13.461 F-PB).

Professionnel Est un professionnel « toute personne physique ou morale, publique ou privée, qui agit, y compris par l'intermédiaire d'une autre personne agissant en son nom ou pour son compte, à des fins entrant dans le cadre de son activité commerciale, industrielle, artisanale, libérale ou agricole » (C. consom. art. liminaire). Cette **définition** est celle retenue par la directive 2011/83/UE. La notion est en principe appréciée de la même manière par les juridictions européenne et française. 16140

Pour déterminer si le contractant a agi ou non dans le cadre de son activité professionnelle, les tribunaux se fondent sur un faisceau d'indices : notamment, finalité de l'opération, recherche de bénéfice ou accroissement du potentiel commercial permis par le contrat, le critère du but lucratif n'étant pas toujours jugé pertinent (CJUE 17-5-2018 aff. 147/16 : RJDA 1/19 n° 50) ; importance de l'inégalité entre les cocontractants : par exemple, un établissement d'enseignement est qualifié de professionnel lorsqu'il consent à une élève une facilité de paiement, considérée comme une prestation de crédit accessoire à son activité d'enseignement, car il dispose d'une organisation pérenne et de compétences techniques dont ne dispose pas nécessairement l'étudiant, agissant à des fins privées (CJUE 17-5-2018 précité, point 59).

ILLUSTRATIONS

Il a été jugé qu'avaient la **qualité de professionnels** :

– une association ayant pour objet principal de conseiller ses adhérents pour l'acquisition de biens de consommation, pour l'**exercice de son activité d'édition,** dès lors qu'elle tirait une partie de ses ressources des sommes perçues en contrepartie des abonnements à une revue (CA Paris 22-3-1990 : D. 1990 IR p. 98) ; à l'inverse, n'a pas la qualité de professionnel une association sportive n'ayant pas d'autres ressources que les cotisations de ses membres (Cass. 1e civ. 10-10-2019 n° 18-15.851 F-D) ;

– la société Facebook, dès lors que, si le service de **réseau social** qu'elle propose est gratuit pour l'utilisateur, cette société retire des bénéfices importants de l'exploitation de son activité, grâce notamment aux applications payantes, aux ressources publicitaires (CA Paris 12-2-2016 n° 15/08624 : RJDA 7/16 n° 570) ou encore grâce à la collecte de données pour les revendre (TGI Paris 9-4-2019 n° 14/07298) ; de même pour la société Google, qui exploite et valorise les données déposées gratuitement par ses utilisateurs auprès de tiers pour bénéficier de recettes publicitaires (TGI Paris 12-2-2019 n° 14/07224 ; voir également, s'agissant de Twitter, désormais X : TGI Paris 7-8-2018 n° 14/07300) ;

– une personne publiant sur **internet** simultanément plusieurs **annonces de vente de biens,** le fait qu'elle agisse à des fins qui entrent dans le cadre de son activité commerciale pouvant être déduit des éléments suivants : la vente en ligne a été réalisée de manière organisée ; elle a un but lucratif ; le vendeur dispose d'informations et de compétences techniques en ce qui concerne les produits vendus dont le consommateur ne dispose pas ; le vendeur est assujetti à la TVA ; il achète des biens en vue de les revendre, conférant ainsi à cette activité un caractère de régularité, une fréquence et/ou une simultanéité par rapport à son activité commerciale ou professionnelle ; les produits en vente sont tous du même type ou de la même valeur, en particulier si l'offre est concentrée sur un nombre restreint de produits (CJUE 4-10-2018 aff. 105/17 : RJDA 1/19 n° 49) ;

– l'**entreprise** qui consent à son **salarié** un contrat de prêt relevant du dispositif d'aide à l'accession à la propriété, même si son activité principale est de fournir de l'énergie et non pas des instruments financiers (CJUE 23-3-2019 aff. 590/17 ; Cass. 1e civ. 5-6-2019 no 16-12.519 FS-PBI).

À l'inverse, un éleveur n'a **pas** été tenu pour **un professionnel** dès lors que l'élevage constituait pour lui une passion et qu'il exerçait par ailleurs une activité professionnelle d'artiste (CA Versailles 4-10-2002 no 00-8016 : RJDA 5/04 no 637). De même, la SPA n'agit pas en qualité de professionnelle lorsqu'elle donne des animaux (Cass. 1e civ. 1-6-2016 no 15-13.236 FS-PB : BRDA 7/16 inf. 20).

16145 Sont considérées comme des professionnels les **personnes publiques ou privées assurant une mission de service public industriel et commercial.** Les contrats de droit privé avec l'usager d'un service public industriel et commercial sont donc soumis aux règles communes applicables aux contrats de consommation.

ILLUSTRATIONS

La Cour de cassation a jugé que La Poste était soumise à l'obligation précontractuelle d'information de l'article L 111-1 du Code de la consommation et à la responsabilité de plein droit prévue au profit du consommateur, dans le cadre de l'exécution d'un contrat conclu à distance (Cass. 1e civ. 13-11-2008 no 07-14.856, rendu à une date à laquelle La Poste était encore un Epic). La commission des clauses abusives a par ailleurs publié deux recommandations concernant les services publics industriels et commerciaux, la première sur les contrats de distribution d'eau et rappelant que le service des eaux est, quelle que soit sa qualification juridique, un professionnel (Recommandation no 85-01 : BOCCRF du 17-1-1985), la seconde relative aux contrats de transports terrestres collectifs de voyageurs qui préconise la suppression de clauses qui entravent l'accès des consommateurs à la prise de connaissance effective de leurs droits (Recommandation no 08-03 : BOCCRF du 14-11-2008). De son côté, la CJUE a décidé que devait être considéré comme un professionnel un établissement d'enseignement libre belge, financé pour l'essentiel par des fonds publics, lorsqu'il fournit une prestation complémentaire et accessoire de son activité d'enseignement consistant à offrir, au moyen d'un contrat, un apurement sans intérêts de sommes qui lui dont dues par un étudiant (CJUE 17-5-2018 aff. 147/16 : RJDA 1/19 no 50).

Lorsque ces contrats comportent des **clauses réglementaires,** ce qui est le cas dans le cadre de certains modes de gestion du service public industriel et commercial (par exemple, contrat de concession), le juge judiciaire, compétent pour juger des litiges entre le service public industriel et commercial et l'usager, doit renvoyer au juge administratif la question relevant de la légalité de la clause. Il a été jugé, dans ce cas, que les clauses d'origine réglementaire étaient soumises à la législation sur les clauses abusives (CE 11-7-2001 no 221458 : RJDA 12/01 no 1272, ayant jugé abusive une clause du règlement du service de distribution d'eau d'une communauté urbaine qui conduisait à faire supporter à l'abonné les conséquences de dommages qui ne lui auraient pas été imputables, sans pour autant qu'il fût possible d'établir une faute de l'exploitant).

L'application du droit de la consommation par le juge administratif est cependant restée limitée :

– d'une part, le contentieux est essentiellement cantonné au droit des clauses abusives et il n'est pas certain, d'ailleurs, que toutes les règles applicables aux contrats de consommation soient compatibles avec les exigences liées au service public ;

– d'autre part, en jugeant que le caractère abusif d'une clause d'un contrat ayant pour objet l'exécution d'un service public s'apprécie en tenant compte des caractéristiques particulières de ce service (CE 11-7-2001 précité), le Conseil d'État valide le plus souvent des clauses qui auraient été jugées abusives par le juge judiciaire.

Ne sont en revanche jamais considérées comme des professionnels les personnes publiques assurant des **services publics administratifs** (ministère, maintien de l'ordre public, etc.). Ne le sont pas non plus en principe les services sociaux et les services assurant des soins de santé.

En **droit interne,** cependant, certaines prestations de services publics également fournies par le secteur privé sont parfois soumises aux règles issues du droit de la consommation : ainsi, les établissements hébergeant des personnes âgées, qui font partie du secteur hospitalier public, ont fait l'objet d'une recommandation de la Commission des clauses abusives (Recommandation no 85-03 : BOCCRF du 4-11-1985). Les établissements exploitant des crèches pourraient également, à notre avis, être considérés comme des professionnels.

16150 **Non-professionnel** Le non-professionnel s'entend de « toute personne morale qui n'agit pas à des fins professionnelles » (C. consom. art. liminaire). **Sont** ainsi **visées** toutes les personnes morales, y compris celles sans activité lucrative, telles que les syndicats de copropriétaires, les associations régies par la loi de 1901 ou les comités sociaux et économiques. Cette **définition exclut** en revanche toutes les personnes physiques, de sorte qu'un artisan, un commerçant, un agriculteur ou un professionnel libéral ne peut pas être considéré comme un non-professionnel. Ces derniers peuvent toutefois, à notre avis, revendiquer la qualité de consommateur dès lors qu'ils agissent en dehors de toute activité professionnelle.

Quel que soit le contrat conclu, une **société commerciale** devrait toujours être considérée comme un professionnel (Cass. com. 6-11-2011 n° 10-21.583 ; Cass. com. 3-12-2013 n° 12-26.416 : RJDA 4/14 n° 388, rendu sous l'empire du droit antérieur à l'entrée en vigueur de l'art. liminaire du Code de la consommation, mais à notre avis transposable au droit positif). Cette solution repose en effet sur l'idée qu'une société commerciale n'agit jamais en dehors de son activité professionnelle. Jugé également qu'une commune, qui est réputée agir pour régler les affaires de sa compétence, ne peut pas être qualifiée de non-professionnelle (Cass. com. 4-11-2021 n° 20-11-099 FS-B : RJDA 3/22 n° 175).

En revanche, entrent en principe dans la catégorie des non-professionnels les personnes qui agissent **en dehors** de toute **activité lucrative** (Cass. 1e civ. 1-6-2016 n° 15-13.236 FS-PB : BRDA 17/16 inf. 20).

> **Précisions** Les **textes européens** n'envisagent le consommateur qu'en tant que personne physique. En faisant bénéficier des personnes morales, en tant que non-professionnelles, de la protection accordée par le droit de la consommation, les **textes français de transposition divergent** donc des textes européens. La régularité de cette divergence dépend du degré d'harmonisation exigé par les directives transposées. En matière de clauses abusives, la directive 93/13 laisse la possibilité aux États, lors de la transposition en droit interne, d'adopter ou de maintenir des dispositions plus strictes. Pour la Cour de cassation, l'harmonisation n'est donc que minimale. Les directives 2011/83/UE, 2019/770 et 2019/771, bien que d'harmonisation maximale, permettent aux États membres d'étendre le régime de la directive « à des personnes morales ou physiques qui ne sont pas des consommateurs ».

ILLUSTRATIONS 16155

Il a été jugé qu'avaient la **qualité de non-professionnels** :

– un syndicat de copropriétaires souscrivant un contrat auprès d'un prestataire de service, même s'il a été représenté par un syndic professionnel, lui même également intervenu au contrat en son autre qualité de copropriétaire majoritaire, et donc de partie (Cass. 3e civ. 12-7-2018 n° 17-21.561 F D : RJDA 1/19 n° 48) ;

– un comité d'entreprise lorsqu'il contracte avec un prestataire dans le cadre de sa mission légale de gestion des activités culturelles de l'entreprise (Cass. 1e civ. 5-7-2017 n° 16-20.748 F-PB : RJDA 1/18 n° 19 ; Cass. 1e civ. 15-6-2016 n° 15-17.369 : RJDA 11/16 n° 824, rendu sous l'empire du droit antérieur, mais retenant par anticipation la définition du Code de la consommation pour l'application de l'art. L 215-1 ; voir cependant, en sens inverse : Cass. com. 16-2-2016 n° 14-25.146 F-PB : Bull. civ. IV n° 32) ;

– un syndicat professionnel ayant conclu un contrat de location de matériel informatique avec option d'achat (Cass. 1e civ. 15-3-2005 n° 02-13.285 : RJDA 1/06 n° 70 : protection contre les clauses abusives, arrêt rendu sous l'empire du droit antérieur mais à notre avis transposable).

En revanche, ne sont **pas des non-professionnels** (décisions rendues pour la plupart en matière de clauses abusives, et par application du droit antérieur, mais à notre avis transposables) :

– une société de verrerie ayant conclu avec une commune un contrat d'alimentation en eau pour les besoins de sa fabrication (Cass. 1e civ. 3-1-1996 : RJDA 11/96 n° 1406, 1e esp.) ;

– un groupement agricole d'exploitation en commun ayant acheté un matériel d'arrosage (Cass. 1e civ. 10-7-1996 : RJDA 12/96 n° 1549) ;

– une société de fabrication de bracelets en cuir ayant souscrit un contrat de location de matériel téléphonique (Cass. 1e civ. 5-11-1996 : RJDA 3/97 n° 433) ;

– une société exploitant un garage, ayant conclu un contrat de location d'un appareil distribuant des boissons pour l'agrément de son personnel et de sa clientèle (CA Versailles 10-11-2005 n° 05-49 : RJDA 4/06 n° 468) ;

– une société coopérative de consommation gérant la restauration d'une résidence pour seniors ayant conclu un contrat de prestation de services avec une société spécialisée dans la restauration collective (CA Paris 5-9-2019 n° 17/02353) ;

– une société qui exploite un hôtel ayant confié à un architecte la maîtrise d'œuvre des travaux d'extension de l'hôtel (Cass. 3e civ. 25-5-2023 n° 21-20.643 FS-B : RJDA 10/23 n° 551).

CONTRATS SOUMIS AU CODE DE LA CONSOMMATION

Le Code de la consommation vise, dans certaines de ses dispositions, les « **contrats de consommation** », sans définir cette notion. Par prudence, il convient de considérer que, toutes les fois où elle est employée, la notion vise les contrats conclus non seulement avec un consommateur mais également avec un non-professionnel. La notion de **contrat d'adhésion** (C. civ. art. 1110) n'est en revanche pas utilisée comme critère d'application du droit de la consommation. 16160

16162 Les règles communes aux contrats conclus avec un consommateur ont vocation à s'appliquer à tous les **contrats** et à porter sur tous les **biens** (meuble ou immeuble, corporel ou incorporel), **contenu ou service,** en l'absence de dispositions spécifiques contraires.

16165 Le droit de la consommation n'est pas toujours réservé à la fourniture d'un bien ou d'un service en **contrepartie** d'une somme d'argent. À noter que l'existence d'un prix est parfois considéré comme un élément constitutif de la notion de **contrat de vente** (Dir. 2019/771 du 22-5-2019 art. 2, 1°) parfois non (Dir. 2011/83 art. 2, 5°). Sur la contrepartie en matière de contrats de fourniture de contenus ou de services numériques, voir n° 18310.

ATTENTION

L'article L 217-1, al. 2 du Code de la consommation, tel qu'issu de l'**ordonnance 2021-1247 du 29 septembre 2021** assimile à un contrat de vente, pour l'application des règles sur la garantie de conformité des biens, les contrats en vertu desquels le professionnel délivre un bien et en transfère la propriété à un consommateur et ce dernier procure tout autre avantage, au lieu ou en complément du paiement d'un prix. Cette assimilation nous paraît cependant contraire aux dispositions de la directive 2019/771, qui semble faire du prix un élément déterminant de la qualification du contrat de vente.

16167 Certaines des dispositions protectrices des consommateurs ne sont, cependant, applicables qu'à certains **types de contrats** ou qu'à des contrats portant sur **certains types de biens** : par exemple, l'obligation d'information mise à la charge des professionnels n'est pas strictement identique selon que ceux-ci sont des vendeurs ou des prestataires de services.

16170 Au sens de la directive 2011/83/UE (considérant n° 19), l'**eau,** le **gaz** et le **chauffage urbain** sont considérés comme des biens lorsqu'ils sont conditionnés dans un volume délimité ou en quantité déterminée ; lorsqu'ils sont fournis via le raccordement à un réseau, les contrats portant sur la fourniture d'eau ou de gaz et de chauffage urbain ne sont considérés par le texte européen ni comme des contrats de vente ni comme des prestations de services. Ces contrats sont soumis aux règles communes applicables aux contrats de consommation dans la mesure où ces règles ne sont pas expressément réservées aux ventes ou aux prestations de services. Ils sont en outre soumis à une réglementation spécifique (C. consom. art. L 224-1 s.).

16175 **Contrat de vente incluant un élément numérique** Le Code de la consommation fait une distinction entre les biens comportant des éléments numériques (smartphones, PC, etc.) et les contenus ou services numériques « autonomes », que le consommateur a acquis en dehors de l'achat d'un bien : abonnements, service de vidéo à la demande, stockage en nuage (« cloud »), par exemple. La **qualification du contrat** et le texte applicable dépendent ainsi en grande partie du bien en cause et, notamment, du degré d'imbrication existant entre le bien corporel éventuellement objet du contrat et les éléments numériques qu'il embarque.

Ainsi, les contrats portant sur des biens mobiliers corporels, y compris lorsqu'ils comportent des éléments numériques, relèvent en principe des règles communes aux contrats conclus avec un consommateur. En revanche, les contrats relatifs à la fourniture de contenu numérique ou de service numérique, en ce compris la fourniture d'un contenu numérique sur un support matériel servant exclusivement à le transporter – comme une clé USB, un CD ou un DVD –, relèvent pour l'essentiel des dispositions spécifiques relatives aux contrats de fourniture de contenus et de services numériques (n°s 18300 s.).

Certaines règles s'appliquent indépendamment de cette distinction : ainsi, certaines dispositions régissant la fourniture de contenus et de services numériques « autonomes » s'appliquent aux éléments numériques intégrés au bien vendu, ou interconnectés avec ce bien.

Enfin, si le consommateur conclut un contrat de fourniture de contenus ou de services numériques qui ne fait pas partie d'un contrat de vente portant sur des biens comportant des éléments numériques, ce **contrat** sera considéré comme **distinct du contrat de vente de biens** (par exemple, si le consommateur télécharge une application de jeu sur un téléphone mobile multifonctions à partir d'une boutique d'applications) : les règles communes aux contrats conclus avec un consommateur et celles sur le contrat de fourniture de contenu numérique s'appliquent de manière distributive à chacun des deux contrats.

16180 **Contrat portant sur une prestation libérale** Certains contrats, par nature étrangers à l'acte de consommation entrent, ponctuellement, dans le champ d'application du droit contractuel de la consommation.

Par exemple, la réglementation relative aux clauses abusives a été appliquée au **contrat conclu avec un avocat** (CJUE 15-1-2013 n° 537/13 : RJDA 4/15 n° 311 ; CA Paris 17-10-2006 n° 05-23835 : RJDA 4/07 n° 411).

De même, la commission des clauses abusives a édicté une recommandation relative aux contrats proposés par certains établissements hébergeant des personnes âgées, qui a vocation à s'appliquer aux **établissements proposant des soins** aux personnes âgées même si ceux-ci sont accessoires (Recommandation n° 85-03 : BOCCRF du 4-11-1985).

En matière d'information, l'obligation générale d'information sur les prix, prévue à l'article L 112-1 du Code de la consommation a été étendue à l'**acte médical** (CE 27-4-1998 n° 184473 : Lebon p. 177 ; Cass. crim. 15-10-2002 n° 01-88.172) ; à l'inverse, en ce qui concerne le contrat conclu entre un avocat et son client, la Cour de cassation rattache cette information sur les prix aux articles 1231-1 du Code civil et 10 de la loi du 31 décembre 1971 et non pas à l'article L 112-1 du Code de la consommation (Cass. 1e civ. 18-7-2000 n° 97-14.713) ; en matière de démarchage, l'avocat ne peut agir que dans des conditions réglementées.

La prescription abrégée du droit de la consommation (n° 63200) est applicable à la demande d'un avocat contre une personne physique ayant eu recours à ses services à des fins non professionnelles, tendant aussi bien à la **fixation** de ses **honoraires** (Cass. 2e civ. 26-3-2015 n° 14-15.013 : RJDA 6/15 n° 472) qu'à la fixation de ses **frais tarifés** (Cass. 2e civ. 18-4-2019 n° 18-14.202 F-PBI : RJDA 8-9/19 n° 598, en l'espèce, il s'agissait de la demande d'un ancien avoué ayant représenté son client dans une procédure de divorce ; la décision est à notre avis transposable aux demandes de tous les professionnels libéraux et auxiliaires de justice concernant des droits et émoluments tarifés, sauf éventuellement texte particulier).

Les règles communes du droit de la consommation sont ainsi utilisées, ponctuellement, pour pallier l'absence de protection spécifique du client du professionnel libéral ; ces contrats ne peuvent pas être assimilés pour autant aux contrats de consommation et sont avant tout soumis aux règles déontologiques.

LOI APPLICABLE AU CONTRAT CONCLU AVEC UN CONSOMMATEUR

Contrats conclus au sein de l'Union européenne **En principe,** la loi applicable à un contrat transfrontière est la loi choisie par les parties (Règl. 593/2008 du 17-6-2008, dit Rome I, art. 3) ou, à défaut, la loi du pays dans lequel le vendeur ou le prestataire a sa résidence habituelle (Règl. 593/2008 art. 4-1-a et b). Si cette règle était appliquée dans tous les cas aux contrats de consommation, la loi applicable serait toujours celle du pays où est établi le professionnel. **16190**

L'article 6 du règlement Rome I prévoit donc une **dérogation.** La loi du pays où réside habituellement le consommateur est applicable dans l'une ou l'autre des situations suivantes :
– lorsque le professionnel exerce son activité professionnelle dans le pays dans lequel le consommateur a sa résidence habituelle ;
– ou lorsque le professionnel, par tout moyen, dirige cette activité vers le pays où le consommateur a sa résidence habituelle, ou vers plusieurs pays, dont celui-ci (sur cette notion voir n° 63155).

Dans les deux cas **la dérogation n'est applicable que** si le contrat entre dans le cadre de l'activité du professionnel en lien avec le pays de résidence du consommateur.

ATTENTION

Plusieurs **types de contrats,** listés par l'article 4, 4-a, b, c et d du règlement Rome I, ne sont pas **soumis à ces dispositions,** et **notamment** : les contrats de fourniture de services, lorsque les services dus au consommateur doivent être fournis exclusivement dans un pays autre que celui dans lequel il a sa résidence habituelle ; le contrat de transport autre qu'un contrat portant sur un voyage à forfait ; les contrats ayant pour objet un droit réel immobilier ou un bail d'immeuble, à l'exception de ceux qui portent sur un droit d'utilisation à temps partagé. Nous n'entrerons pas ici dans le détail de ces dispositions.

Contrats soumis à un droit étranger hors de l'Union européenne L'article 6 du règlement Rome I n'interdit pas aux parties de choisir la loi applicable. Néanmoins, ce choix ne peut pas avoir pour résultat de priver le consommateur de la protection que lui assurent les dispositions d'ordre public en vertu de la loi qui aurait été applicable, en l'absence de choix (CJUE 28-7-2016 aff. 191/15 : RJDA 11/16 n° 909). **16200**

Par ailleurs, et dans certains domaines (clauses abusives, C. consom. art. L 232-1 ; obligation légale de conformité, art. L 232-2 ; contrats à distance ou hors établissement, art. L 232-3 ; commercialisation à distance de services financiers, art. L 232-4), la loi prévoit expressément que le choix de soumettre le contrat à la loi d'un État non membre de l'Union européenne ne doit pas priver le consommateur de la protection accordée par les règles impératives du droit communautaire transposées en

droit interne lorsque ce contrat présente un lien étroit avec le territoire d'un État membre. Pour l'application de ces dispositions, un **lien étroit avec le territoire d'un État membre** est réputé établi notamment si (C. consom. art. L 231-1) :
– le contrat a été conclu dans l'État membre du lieu de résidence habituelle du consommateur ;
– le professionnel dirige son activité vers le territoire de l'État membre où réside le consommateur, sous réserve que le contrat entre dans le cadre de cette activité (TGI Paris 9-4-2019 nº 14/07298 écartant la compétence des juridictions californiennes pour connaître du contrat Facebook, qui conduirait à l'inapplication à ce contrat des dispositions sur les clauses abusives) ;
– le contrat a été précédé dans cet État membre d'une offre spécialement faite ou d'une publicité et des actes accomplis par le consommateur nécessaires à la conclusion de ce contrat ;
– le contrat a été conclu dans un État membre où le consommateur s'est rendu à la suite d'une proposition de voyage ou de séjour faite, directement ou indirectement, par le vendeur pour l'inciter à conclure ce contrat.

II. FORMATION DU CONTRAT DE CONSOMMATION

A. Information du consommateur

1. OBLIGATION D'INFORMATION PRÉCONTRACTUELLE

LES DIFFÉRENTES OBLIGATIONS D'INFORMATION DU CONSOMMATEUR

16300 **Deux obligations** générales d'information précontractuelle **pèsent sur le professionnel.** La première résulte de l'article 1112-1 du **Code civil** qui prévoit que la partie qui connaît une information dont l'importance est déterminante pour le consentement de l'autre doit l'en informer dès lors que, légitimement, cette dernière l'ignore ou fait confiance à son cocontractant. Le texte précise que sont concernées les informations qui ont un lien direct et nécessaire avec le contenu du contrat. L'estimation de la valeur de la prestation est exclue du devoir d'information.

Le devoir précontractuel d'information de droit commun ne pèse, si l'on s'en tient à la lettre du texte, que sur la partie qui connaît une information déterminante pour l'autre et non pas sur celle qui devrait la connaître ou ne pouvait pas l'ignorer. Mais la qualité de professionnel de la partie mise en cause permet de déduire que cette partie sait nécessairement.

Par ailleurs, à la différence du Code de la consommation, qui ne prévoit une obligation d'information qu'à la charge du professionnel, le texte de droit commun ne distingue pas suivant les parties, qui sont toutes débitrices de cette même obligation d'information.

À cette obligation générale de droit commun se superpose une obligation générale d'information prévue par le **Code de la consommation** et uniquement applicable dans les relations entre professionnels et consommateurs. Cette obligation est régie par les articles L 111-1 à L 111-5 du Code de la consommation, dont les dispositions sont d'ordre public (C. consom. art. L 111-8). Elle recoupe pour partie l'obligation de droit commun. Elle a le mérite d'être écrite, plus précise et vise à protéger le consentement du consommateur en instaurant des pratiques contractuelles standardisées. Elle est due par le professionnel au consommateur même si ce dernier a des connaissances pertinentes dans le domaine du contrat (CJUE 21-9-2023 aff. 139/22 : RJDA 3/24 nº 187).

Seule cette obligation d'information spécifique est étudiée aux nºs 16320 s. consacrés aux contrats de consommation. La jurisprudence abondante dégagée à propos de l'obligation du droit commun sera cependant citée toutes les fois où elle peut être transposée sous l'angle du droit de la consommation.

16305 Cette information générale doit être **combinée** avec les règles particulières propres à certaines **activités, produits ou services** (C. consom. art. L 111-3 ; par exemple, en matière de crédit à la consommation : nº 21430) ou à certains **contextes** (sur les informations supplémentaires exigées en cas de contrats de fourniture de contenus et de services numériques : voir nºs 18300 s. ; sur les informations supplémentaires exigées en cas de contrats conclus à distance ou hors établissement : voir nºs 30300 s.).

a. Contenu de l'information due au consommateur

INFORMATIONS COMMUNES À TOUS LES CONTRATS DE CONSOMMATION

L'**obligation d'information précontractuelle s'applique à** tous les contrats de vente et de prestation de services, y compris les contrats portant sur du contenu ou du service numérique. **16320**

Elle s'applique également aux contrats portant sur la fourniture d'eau, de gaz ou d'électricité non conditionnés dans un volume délimité ou en quantité déterminée, ainsi que de chauffage urbain (C. consom. art. L 111-1, al. 9). Ces contrats doivent faire référence à la nécessité d'une consommation sobre et respectueuse de l'environnement (même art.).

Caractéristiques essentielles du bien ou du service L'information précontractuelle doit porter sur les caractéristiques essentielles du bien ou du service, compte tenu de leur nature et du support de communication utilisé et notamment, pour le bien comportant des éléments numériques, les fonctionnalités, la compatibilité et l'interopérabilité de ce bien, ainsi que l'existence de toute restriction d'installation de logiciel. Le professionnel doit également informer le consommateur de l'existence d'éventuelles mesures de protection technique (C. consom. art. L 111-1, 1°). En cas de bien comportant des éléments numériques, le professionnel doit, en particulier, informer le consommateur des fonctionnalités du contenu numérique, y compris les mesures de protection technique applicables, ainsi que de toute compatibilité et interopérabilité pertinentes avec certains biens, contenus ou services numériques ainsi qu'avec certains matériels ou logiciels, dont le professionnel a ou devrait raisonnablement avoir connaissance (C. consom. art. R 111-1, 6°). **16330**

Les caractéristiques essentielles sont les éléments dont le consommateur a besoin pour conclure en connaissance de cause et utiliser le produit correctement, envisagés de façon abstraite.

La Cour de cassation considère **par exemple** que parmi les caractéristiques essentielles figurent les risques encourus par le consommateur dans l'utilisation du produit (Cass. 1e civ. 1-3-2005 n° 04-10.063 ; Cass. 1e civ. 11-6-2009 n° 08-17.313 F-D : BRDA 15-16/09 inf. 13). Entre également dans les caractéristiques essentielles d'un meuble l'essence des bois qui le composent (CA Paris 4-10-1996 : RJDA 5/97 n° 629) ou encore la marque d'un panneau photovoltaïque lorsqu'elle figure au contrat (Cass. 1e civ. 24-1-2024 n° 21-20.691 FS-B : BRDA 5/24 inf. 17). En revanche, le vendeur-installateur d'un abri de piscine n'est pas tenu, sur ce fondement, d'informer l'acheteur des conséquences de cette installation sur la surface constructible dont il dispose (Cass. 1e civ. 30-9-2015 n° 14-11.761 : RJDA 2/16 n° 97). La réparabilité du produit est expressément considérée comme une de ses caractéristiques essentielles au sens des dispositions sur l'information précontractuelle (C. consom. art. L 441-3, al. 3).

Il peut également s'agir des caractéristiques du bien ou du service que les parties ont fait entrer dans le **champ contractuel.** Jugé par exemple qu'engage sa responsabilité une entreprise spécialisée dans la vente et l'installation de panneaux solaires qui avait délivré une information inexacte sur l'existence d'un crédit d'impôt afférent à la réalisation des travaux, le montant de ce crédit d'impôt représentant une part importante du coût d'acquisition et d'installation du matériel et ayant ainsi été déterminant du consentement de l'acquéreur (Cass. 1e civ. 8-3-2012 n° 10-21.239 : RJDA 6/12 n° 656). À l'inverse, la rentabilité économique d'une installation photovoltaïque ne constitue pas une caractéristique essentielle de ce produit lorsqu'elle n'a pas été intégrée aux prévisions contractuelles des parties (Cass. 1e civ. 21-10-2020 n° 18-26.761 FS-PB : RJDA 2/21 n° 83).

> **Précisions** **a.** L'article L 121-2, 2°-b du Code de la consommation qui, au titre des **pratiques commerciales trompeuses,** sanctionne la pratique qui repose sur des allégations, indications, ou présentations fausses ou de nature à induire en erreur sur les caractéristiques essentielles du bien ou du service **définit** ces **caractéristiques** comme « ses qualités substantielles, sa composition, ses accessoires, son origine, sa quantité, son mode et sa date de fabrication, les conditions de son utilisation et son aptitude à l'usage, ses propriétés et les résultats attendus de son utilisation, ainsi que les résultats et les principales caractéristiques des tests et contrôles effectués sur le bien ou le service ». Il est possible, à notre avis, de se référer à cette liste pour déterminer les caractéristiques essentielles visées par l'article L 111-1.
> **b.** Le Code de la consommation précise les définitions suivantes :
> – **fonctionnalité** : capacité d'un bien, d'un contenu numérique ou d'un service numérique à remplir ses fonctions eu égard à sa finalité (C. consom. art. liminaire, 9°) ;
> – **compatibilité** : capacité d'un bien, d'un contenu numérique ou d'un service numérique à fonctionner avec du matériel informatique ou des logiciels, avec lesquels des biens, des contenus numériques ou des services numériques de même type sont normalement utilisés, sans qu'il soit nécessaire de convertir lesdits biens,

matériels, logiciels, contenus numériques ou services numériques (C. consom. art. liminaire, 10° i) ;
– **interopérabilité** : capacité d'un bien, d'un contenu numérique ou d'un service numérique à fonctionner avec du matériel informatique ou des logiciels différents de ceux avec lesquels des biens, des contenus numériques ou des services numériques de même type sont normalement utilisés (C. consom. art. liminaire, 11°).

c. Sur les caractéristiques essentielles en matière de **contenu numérique** ou d'un **service numérique,** voir n° 18405.

16340 **Prix du bien ou du service** Sur l'information relative au prix du bien ou du service, ou à l'avantage procuré au lieu ou en complément du paiement du prix, voir n°s 75000 s.

16350 **Délai de livraison** Doivent être communiqués la date ou le délai auquel le professionnel s'engage à livrer le **bien** ou à exécuter le **service,** en l'absence d'exécution immédiate du contrat (C. consom. art. L 111-1, 3°). Une clause qui a pour objet ou pour effet de stipuler une date indicative d'exécution du contrat, hors les cas où la loi l'autorise, est présumée abusive (C. consom. art. R 212-2, 7°).

La mention du délai de livraison n'est pas prescrite à peine de nullité du contrat (Cass. 1e civ. 28-5-2009 n° 08-16.263 F-D). Si aucun délai ni date n'a été fixé par les parties, le professionnel doit s'exécuter sans retard injustifié et au plus tard trente jours après la conclusion du contrat (C. consom. art. L 216-1, al. 3).

> **Précisions** **a.** Il a été jugé que les **mentions « fin juillet »** et **« début septembre »** satisfaisaient aux prescriptions de l'article L 114-1 ancien (art. L 111-1) car elles étaient suffisamment précises pour assurer la protection du consommateur, les juges estimant qu'elles devaient se comprendre comme une livraison au plus tard le 31 juillet et le 15 septembre (CA Paris 3-7-2001 n° 00-5592). De même l'indication « au plus tard **deuxième quinzaine du mois** de mars » a-t-elle été admise (CA Paris 2-10-2003 n° 02-13000 : RJDA 2/04 n° 152, solution implicite).
> En revanche, la mention préimprimée au verso du bon de commande d'une installation de panneaux photovoltaïques indiquant un délai maximal de pose est insuffisante dès lors qu'il n'est pas distingué entre ce délai et le délai d'exécution des démarches administratives (Cass. 1e civ. 15-6-2022 n° 21-11.747 F-B : RJDA 10/22 n° 588 ; dans le même sens à propos d'une commande d'une installation aérovoltaïque, voir Cass. 1e civ. 20-12-2023 n° 22-13.014 : RJDA 2/24 n° 189).
> **b.** Sur la **sanction** prévue en cas de **retard** de livraison, voir n°s 17270 s.

16360 **Identité du professionnel** Le professionnel doit fournir les informations relatives à son identité, ses coordonnées postales, téléphoniques et électroniques, et à ses activités, si elles ne ressortent pas du contexte (C. consom. art. L 111-1, 4° et R 111-1, 1°) : son nom ou sa dénomination sociale, l'adresse géographique de son établissement et, si elle est différente, celle du siège social, son numéro de téléphone et son adresse électronique.

16362 **Information sur les garanties légales et sur les conditions contractuelles** Le professionnel doit informer le consommateur sur l'existence et les modalités de mise en œuvre des droits aux garanties suivantes (C. consom. art. L 111-1, 5° et R 111-1, 3°) : la garantie légale de conformité du Code de la consommation (n°s 17430 s.) ; la garantie des vices cachés du Code civil ; toute autre garantie légale applicable (et notamment la garantie commerciale – n°s 17610 s. – et le service après-vente – n°s 17660 s.).

Il doit également l'informer sur les autres conditions contractuelles suivantes (C. consom. art. L 111-1, 5° et R 111-1) :
– les modalités de paiement, de livraison et d'exécution du contrat, ainsi que les modalités prévues par le professionnel pour le traitement des réclamations ;
– la durée du contrat, lorsqu'il est conclu à durée déterminée, ou les conditions de sa résiliation en cas de contrat à durée indéterminée ;
– toute interopérabilité pertinente du contenu numérique avec certains matériels ou logiciels dont le professionnel a ou devrait raisonnablement avoir connaissance ainsi que les fonctionnalités du contenu numérique, y compris les mesures de protection technique applicables.

> **Précisions** Le professionnel doit utiliser, respectivement, les termes de « garantie légale » et les termes de « garantie commerciale » lorsqu'il propose cette dernière en plus des garanties légales (cf. C. consom. art. R 111-1, 3° et 4°), ce qui devrait permettre au consommateur de mieux distinguer les deux types de garantie.

16363 **Information sur la médiation** Le professionnel doit informer le consommateur sur la possibilité de recourir à un médiateur de la consommation (voir n° 63020) et les coordonnées du ou des médiateurs dont il relève (C. consom. art. L 616-1 et R 111-1, 7°).

INFORMATIONS SUPPLÉMENTAIRES POUR LES PRESTATIONS DE SERVICES

Avant la conclusion du contrat ou, en l'absence de contrat écrit, avant l'exécution de la prestation, le prestataire doit de surcroît fournir des informations relatives à ses coordonnées, à son activité de prestation de services et aux autres conditions contractuelles (C. consom. art. L 111-2). **16370**

Le prestataire de services doit ainsi, outre les informations prévues aux articles L 111-1 et R 111-1, communiquer au consommateur, ou mettre à sa disposition, les informations suivantes (art. R 111-2) :
– statut et forme juridique, **coordonnées** permettant d'entrer en contact rapidement et de communiquer directement avec lui ;
– le cas échéant, le **numéro d'inscription au registre du commerce et des sociétés** ou au registre national des entreprises en tant qu'entreprise du secteur des métiers et de l'artisanat ;
– pour les activités soumises à un régime d'autorisation, le nom et l'adresse de l'autorité l'ayant délivrée ;
– pour le prestataire assujetti à la taxe sur la valeur ajoutée et identifié par un numéro individuel en application de l'article 286 ter du Code général des impôts, son **numéro individuel d'identification** ;
– pour le prestataire membre d'une profession réglementée, son **titre professionnel,** l'État membre de l'Union européenne dans lequel il a été octroyé ainsi que le nom de l'ordre ou de l'organisme professionnel auprès duquel il est inscrit ;
– les conditions générales s'il en utilise ;
– le cas échéant, les clauses contractuelles relatives à la législation applicable et à la juridiction compétente ;
– l'éventuelle **garantie financière** ou assurance de responsabilité professionnelle souscrite par lui, les coordonnées de l'assureur ou du garant ainsi que la couverture géographique du contrat ou de l'engagement.

Les informations devant être communiquées à la demande sont par ailleurs les suivantes (C. consom. art. R 111-3) : **16375**
– en ce qui concerne les professions réglementées, une référence aux **règles professionnelles** applicables dans l'État membre de l'Union européenne sur le territoire duquel ce professionnel est établi et aux moyens d'y avoir accès ;
– des informations sur leurs activités pluridisciplinaires et leurs **partenariats** directement liés au service concerné et sur les mesures prises pour éviter les conflits d'intérêts ; ces informations doivent figurer dans tout document d'information dans lequel le prestataire présente de manière détaillée ses services ;
– les éventuels **codes de conduite** auxquels est soumis le prestataire, l'adresse électronique à laquelle ces codes peuvent être consultés ainsi que les versions linguistiques disponibles ;
– lorsque le prix n'est pas déterminé au préalable par le prestataire pour un type de service donné, le prix du service ou, lorsqu'un prix exact ne peut pas être indiqué, la méthode de calcul permettant au destinataire de vérifier ce dernier, ou un devis suffisamment détaillé.

Sont **exclus** du champ d'application de ces dispositions un certain nombre de services financiers (mentionnés aux livres I à III et au titre V du livre V du Code monétaire et financier) ainsi que les opérations pratiquées par les entreprises d'assurance, les mutuelles et unions, les institutions de prévoyance et les institutions de retraite professionnelle supplémentaire (C. consom. art. L 111-3). **16380**

INFORMATIONS SUPPLÉMENTAIRES RELATIVES AUX PIÈCES DÉTACHÉES

Le fabricant ou importateur de biens meubles doit informer le vendeur professionnel de la disponibilité ou de la non-disponibilité des pièces détachées indispensables à l'utilisation des biens concernés et, le cas échéant, de la période pendant laquelle ou de la date jusqu'à laquelle ces pièces sont disponibles sur le marché (C. consom. art. L 111-4). L'information doit figurer sur tout document commercial ou sur tout support durable accompagnant la vente. Le vendeur est de son côté tenu de transmettre cette information au consommateur de manière lisible, sur tout support adapté, avant la conclusion du contrat ; il doit par ailleurs l'indiquer sur le bon de commande, s'il existe, ou sur tout support durable constatant ou accompagnant la vente, par exemple sur le ticket de caisse (C. consom. art. L 111-4 et D 111-4). **16390**

Le **support durable** est **défini** comme tout instrument permettant au consommateur ou au professionnel de stocker des informations qui lui sont adressées personnellement afin de pouvoir s'y reporter ultérieurement pendant un laps de temps adapté aux fins auxquelles les informations sont destinées et qui permet la reproduction à l'identique des informations stockées (C. consom. art. liminaire 8°). Le vendeur peut donc choisir de transmettre l'écrit soit physiquement, soit par voie électronique. Pour ce dernier mode de transmission, il faut que le consommateur dispose d'un ordinateur et d'une connexion et que la transmission s'effectue dans un format standard. En revanche, le seul droit d'accès à un site internet ne suffit pas, pas plus que la mise à disposition d'un lien hypertexte (CJUE 5-7-2012 aff. 49/11 : RJDA 10/12 n° 843).

16395 Cette information a de lourdes **conséquences,** puisqu'elle met à la charge du fabricant ou de l'importateur une obligation de fournir aux vendeurs et réparateurs, agréés ou non, les pièces détachées indispensables à l'utilisation des biens vendus pendant toute la durée de disponibilité indiquée. Il doit fournir ces pièces dans un délai de quinze jours ouvrables suivant la demande (C. consom. art. L 111-4, al. 2). Il appartient donc aux fabricants et importateurs de biens meubles de faire preuve de prudence avant de délivrer cette information.

> **Précisions** L'obligation d'information sur les pièces détachées est mise en œuvre sans préjudice de l'application des **règles de concurrence** relatives aux réseaux et accords de distribution sélective et exclusive (C. consom. art. D 111-5). Le fournisseur à la tête d'un tel réseau de distribution peut donc continuer de refuser les demandes des vendeurs et réparateurs non agréés, à condition que l'accord de distribution sélective ou exclusive remplisse les conditions d'exemption prévues en matière de concurrence.

16396 Pour **certains types d'équipements** (par exemple, **équipements électriques et électroniques**), les pièces détachées indispensables à l'utilisation du bien sont réputées non disponibles si le fabricant ou l'importateur ne fournit pas l'information au vendeur professionnel (C. consom. art. L 111-4, al. 1).

> **Précisions** Pour certains **produits** (par exemple, équipements électroménagers, petits équipements informatiques : C. consom. art. L 111-4 ; bicyclette, outils de bricolage et de jardinage : C. consom. art. L 111-4-1, etc.), l'**obligation du professionnel** dépasse le cadre de l'information et inclut l'obligation, pour le fabricant ou l'importateur d'équipements d'assurer la disponibilité des pièces détachées pendant la période de commercialisation du modèle concerné ainsi que pendant une période minimale complémentaire après la date de mise sur le marché de la dernière unité de ce modèle, cette période complémentaire ne pouvant pas être inférieure à 5 ans (même art.).
> Ces informations sont délivrées obligatoirement au consommateur par le vendeur de manière lisible avant la conclusion du contrat et confirmées par écrit lors de l'achat du bien.
> Les **modalités d'application** de cette obligation de disponibilité des pièces détachées, notamment la liste des produits et pièces concernés et les échéances à partir desquelles les pièces détachées sont disponibles pendant la commercialisation des produits sont précisées par l'article R 111-4-4 du Code de la consommation pour les pièces détachées dans les secteurs des outils de bricolage et de jardinage motorisés, par l'article R 111-4-5 pour les articles de sport et de loisirs et par l'article R 111-4-6 pour les engins de déplacement personnel motorisés.

INFORMATIONS SUPPLÉMENTAIRES CONCERNANT LES BIENS INCLUANT DES ÉLÉMENTS NUMÉRIQUES

16400 Outre l'obligation générale d'information précontractuelle (n° 16320), des obligations d'information et de garantie sont mises à la charge des professionnels fournissant des biens comportant des éléments numériques en vue de lutter contre l'**obsolescence logicielle.**

Ainsi, le **fabricant** ou l'importateur **de biens** comportant des éléments numériques doit informer le vendeur professionnel de la durée au cours de laquelle les mises à jour des logiciels fournis lors de l'achat du bien restent compatibles avec les fonctionnalités de l'appareil (C. consom. art. L 111-6, al. 1). Le **vendeur** doit de son côté transmettre ces informations au consommateur (même art.).

Ainsi, le producteur doit communiquer au vendeur les informations suivantes :
– les logiciels du bien faisant l'objet des mises à jour, y compris les mises à jour de sécurité ;
– la durée de fourniture de ces mises à jour ou la date à laquelle cette fourniture prend fin.

Le producteur doit informer le vendeur, sans retard injustifié et sur support durable, de toute évolution des informations mentionnées ci-dessus. À ce titre, il doit l'informer des conséquences possibles, en l'état de ses connaissances, des mises à jour fournies au-delà de la durée ou de la date indiquée sur les performances du bien et notamment (C. consom. D 111-5-1) :
– l'espace de stockage disponible ;
– la disponibilité de la mémoire vive ;
– la durée de vie de la batterie.

Le vendeur doit mettre ces informations à la disposition du consommateur, sans frais, de manière lisible et compréhensible, sur un support durable accompagnant la vente. Il peut également indiquer au consommateur la référence du site internet ou de l'application mobile fournie, le cas échéant, par le producteur où les informations sur les mises à jour sont plus amplement détaillées (C. consom. art. D 111-5-2).

Par ailleurs, ce fabricant ou cet importateur doit informer le consommateur, de façon lisible et compréhensible, des caractéristiques essentielles de chaque mise à jour des éléments numériques du bien, notamment de l'espace de stockage qu'elle requiert, de son impact sur les performances du bien et de l'évolution des fonctionnalités qu'elle comporte (C. consom. art. L 111-6, al. 2).

L'information sur les caractéristiques essentielles de la mise à jour doit être réalisée avant que le consommateur ne l'installe. Ces caractéristiques portent sur (C. consom. art. D 111-5-3) :
– l'objet de la mise à jour, notamment si elle répond à une exigence de sécurité ou si elle tend à faire évoluer les fonctionnalités du bien ;
– les versions du système d'exploitation, du logiciel ou du pilote informatique concerné par la mise à jour avec lesquels celle-ci est compatible ;
– l'espace de stockage que la mise à jour requiert ;
– les conséquences possibles de la mise à jour sur les performances du bien, notamment sur l'espace de stockage disponible, la disponibilité de la mémoire vive ou la durée de vie de la batterie.

Le producteur peut, par ailleurs, indiquer au consommateur le site internet ou l'application mobile où les informations relatives aux mises à jour restent disponibles après l'installation de celle-ci (C. consom. art. D 111-5-3, dernier al.).

› Précisions Le vendeur de biens contenant des éléments numériques doit également délivrer des informations concernant ces mises à jour **au cours de l'exécution du contrat.** Ces obligations figurent dans la partie du Code de la consommation concernant l'obligation de conformité et sont traitées aux n°s 17500 s.

b. Modalités de délivrance de l'information au consommateur

Les informations doivent être communiquées au consommateur **de manière** « lisible et compréhensible » (C. consom. art. L 111-1 et L 111-2), ce qui suppose une communication écrite (Déb. AN du 10-12-2013 p. 12930). **16420**

› Précisions Aucune disposition du Code de la consommation n'indique comment les **informations supplémentaires prévues en matière de prestation de services,** par les articles L 111-2 et R 111-3, doivent être mises à disposition ou communiquées. La directive 2006/123 précise que ces informations doivent, selon le choix du prestataire :
– être communiquées par celui-ci de sa propre initiative ;
– être facilement accessibles au destinataire sur le lieu de la prestation ou de la conclusion du contrat ;
– être facilement accessibles au destinataire par voie électronique, au moyen d'une adresse communiquée par le prestataire ;
– figurer dans tout document d'information du prestataire et être fournies au destinataire.

c. Devoir du professionnel de s'informer

Comme dans le cadre de l'information de droit commun, le vendeur professionnel est tenu, avant la vente, d'une obligation de conseil qui lui impose de **se renseigner sur les besoins de l'acheteur** afin d'être en mesure de l'informer sur l'adéquation entre le bien qui est proposé et l'usage qui en est prévu (Cass. 1e civ. 11-5-2022 n° 20-22.210 : RJDA 11/22 n° 620, pour la vente d'un camping car ne supportant pas la charge prévue par le client ; Cass. com. 20-6-2018 n° 17-14.742 : RJDA 11/18 n° 819, à propos de la vente d'un logiciel qui ne présentait pas les spécificités requises par le client ; CA Versailles 25-10-2005 n° 04-3494 : RJDA 2/06 n° 125, pour la vente d'une cheminée ne fonctionnant qu'en mode intermittent alors que l'acheteur voulait assurer un chauffage continu de son logement). **16430**

Le contentieux relatif à l'obligation de conseil du professionnel est peu nourri en droit de la consommation, mais la plupart des décisions rendues sur le terrain du droit commun sont à notre avis transposables.

d. Sanctions du manquement à l'obligation d'informer le consommateur

PREUVE DE L'EXÉCUTION DE L'OBLIGATION D'INFORMATION

Le professionnel doit prouver qu'il s'est acquitté de son obligation d'information (C. consom. art. L 111-5). Il incombe au vendeur d'établir qu'il s'est renseigné sur les besoins de l'acquéreur afin d'être en mesure de l'informer quant à l'adéquation de la chose proposée à l'utilisation qui en est prévue (Cass. 1e civ. 28-10-2010 n° 09-16.913). **16440**

SANCTIONS CIVILES

16450 Si le consommateur prouve que le défaut d'information a vicié son consentement, il peut obtenir la **nullité du contrat** (Cass. 1e civ. 28-10-2009 no 08-19.303 F-D : RJDA 3/10 no 231 ; Cass. 1e civ. 20-12-2023 no 22-18.928 : RJDA 3/24 no 190). Le vice du consentement ne peut, en principe, pas résulter du seul manquement à l'obligation d'information précontractuelle (Cass. 1e civ. 15-12-1998 no 96-19.898 P : RJDA 8-9/99 no 1021 ; Cass. com. 28-6-2005 no 03-16.794 F-PB : RJDA 12/05 no 1314, rendus à propos de l'ex-article L 113-3 du Code de la consommation). Toutefois, le défaut d'information précontractuelle sur des éléments essentiels du contrat vicie nécessairement le consentement du consommateur (Cass. 1e civ. 20-12-2023 no 22-18.928 : RJDA 3/24 no 190).

L'acheteur ou le bénéficiaire de la prestation de services peut par ailleurs, conformément au droit commun, rechercher la **responsabilité** du vendeur ou du prestataire si le défaut d'information lui a causé un préjudice (C. civ. art. 1112-1, al. 6 ; pour un exemple rendu sous l'empire de la jurisprudence antérieure, voir Cass. 1e civ. 30-4-2014 no 13-10.582 : RJDA 2/15 no 133).

RÉPRESSION DES MANQUEMENTS À LA RÉGLEMENTATION

16460 La répression des manquements à la réglementation s'effectue dans les conditions fixées par les articles L 511-1 et suivants du Code de la consommation (voir nos 78600 s.).

SANCTIONS ADMINISTRATIVES

16470 Le non-respect des articles L 111-1 à L 111-4 du Code de la consommation est sanctionné par une **amende administrative** d'un montant maximal de 3 000 € ou 15 000 € selon que le professionnel est une personne physique ou morale (C. consom. art. L 131-1 et L 131-2). Par ailleurs, en cas de manquement aux obligations d'information précontractuelle relatives aux garanties légales (garantie des vices cachés, garantie de conformité ou encore les garanties commerciales) le montant maximal de l'amende est de 15 000 € ou 75 000 € selon que le professionnel est une personne physique ou morale (C. consom. art. L 131-1-1). Cette amende est prononcée par la DGCCRF suivant la procédure décrite nos 79630 s.

SANCTIONS PÉNALES

16480 Le défaut d'information fait l'objet de sanctions pénales lorsqu'il est constitutif d'une tromperie sur certaines caractéristiques du produit (C. consom. art. L 454-1 et L 441-1). Des sanctions pénales peuvent également être prononcées contre le professionnel qui omet une information considérée comme substantielle dans une communication commerciale constituant une invitation à l'achat, si les conditions du délit de pratique commerciale trompeuse par omission sont réunies (C. consom. art. L 121-3, L 132-2 et L 132-3 : no 67260).

2. COMMUNICATION DU CONTRAT PROPOSÉ PAR LE PROFESSIONNEL

16500 Les professionnels vendeurs ou prestataires de services doivent remettre « à toute personne intéressée qui en fait la demande un exemplaire des conventions qu'ils proposent habituellement » (C. consom. art. L 114-1).

Cette disposition appelle les observations suivantes :

– Tous les **vendeurs ou prestataires** de services, quels que soient leur activité ou leur statut (y compris, à notre avis, les personnes publiques), sont soumis à cette obligation, sauf s'ils accomplissent une opération occasionnelle de vente ou de prestation de services.

– Par « **personne intéressée** » il convient d'entendre non seulement les clients potentiels (consommateur final ou professionnel), mais aussi les associations de consommateurs et les agents de la concurrence, de la consommation et de la répression des fraudes, qui disposent ainsi d'un moyen efficace d'obtenir communication du texte des contrats préétablis et de déceler d'éventuelles clauses abusives (Note de service DGCCRF du 7-7-1989). En revanche, la notion de « personne intéressée » permet d'exclure les demandes abusives telles que des demandes répétitives (cf. JO Déb. Sén. 13-4-1989 p. 230).

– Les professionnels doivent répondre aux demandes portant sur leurs **contrats** prérédigés (contrats d'assurance, par exemple), ou sur leurs conditions générales de vente. En revanche, ils peuvent, à notre avis, refuser de communiquer les contrats qu'ils établissent au cas par cas, même si ceux-ci présentent un caractère habituel.

Le **refus de communication** d'une convention est puni d'une **amende** contraventionnelle de 1 500 € (3 000 € en cas de récidive) (C. consom. art. R 131-1). La personne morale déclarée pénalement responsable de l'infraction commise pour son compte par son organe ou représentant est passible d'une amende de 7 500 € (15 000 € en cas de récidive) (C. pén. art. 121-2 et 131-41).

Tant que l'action publique n'a pas été mise en mouvement, l'administration peut, après accord du procureur de la République, proposer une transaction à l'auteur de l'infraction (C. consom. art. L 523-1). Pour plus de détails sur cette procédure, voir nos 79780 s.

3. INFORMATION DU CONSOMMATEUR SUR LE RÈGLEMENT DES DIFFÉRENDS

Lors de la conclusion d'un contrat écrit, le consommateur doit être informé par le professionnel qu'il peut recourir à la procédure de **médiation** de la consommation prévue aux articles L 611-1 et suivants du Code de la consommation (C. consom. art. L 211-3). Le choix du **mode d'information** est laissé au professionnel. **16520**

Ce texte n'impose pas au consommateur de recourir préalablement à une médiation ou à une conciliation.

Mais le consommateur est parfois obligé de procéder à une tentative de règlement amiable avant tout recours en justice par application des règles de droit commun (n° 63090).

B. Conclusion du contrat de consommation

1. ENGAGEMENT DU CONSOMMATEUR

RÉCIPROCITÉ DE L'ENGAGEMENT DU PROFESSIONNEL

Les clauses ayant pour objet ou pour effet de prévoir un engagement ferme du non-professionnel ou du consommateur, alors que l'exécution des prestations du professionnel est assujettie à une condition dont la réalisation dépend de sa seule volonté, sont présumées abusives (C. consom. art. R 212-2, 1°). Il s'agit par exemple de la **clause** prévoyant que « **toute commande ne devient définitive** qu'après **accord de la direction** ». La validité d'une telle clause est donc subordonnée à la preuve qu'elle ne crée pas un déséquilibre significatif entre les parties. **16650**

PRÉCOCHAGE

Avant la conclusion d'un contrat de vente ou de fourniture de services, le professionnel doit s'assurer du consentement exprès du consommateur pour tout **paiement supplémentaire** venant s'ajouter au prix de l'objet principal du contrat (C. consom. art. L 121-17). Le professionnel ne peut ainsi pas faire souscrire au consommateur des **options payantes** « précochées », c'est-à-dire incluses par défaut dans la commande d'un bien ou d'un service (par exemple, une assurance annulation lors de l'achat d'un billet de train), à charge pour le consommateur de les refuser ou de les sortir de son « panier » d'achat avant la validation finale de sa commande. **16660**

L'interdiction s'applique à tous les contrats conclus entre un professionnel et un consommateur y compris ceux portant sur la fourniture d'eau, de gaz ou d'électricité (s'ils ne sont pas conditionnés dans un volume délimité ou en quantité déterminée), ainsi que sur la fourniture de chauffage urbain et de contenu numérique non fourni sur un support matériel (C. consom. art. L 121-17, al. 3).

Ces dispositions sont d'ordre public (C. consom. art. L 121-18), de sorte qu'il n'est pas possible d'y **déroger** conventionnellement. **16665**

En cas de **manquement,** le consommateur pourra demander le remboursement du paiement supplémentaire résultant d'un consentement par défaut. Le professionnel s'expose, en outre, à une amende administrative de 3 000 € s'il est une personne physique ou de 15 000 € s'il est une personne morale (C. consom. art. L 132-22). Cette amende est prononcée dans les conditions exposées nos 79630 s.

ARRHES ET ACOMPTES VERSÉS PAR UN CONSOMMATEUR

Très souvent, lorsque la marchandise doit être livrée ultérieurement, un **versement** est **effectué à la commande,** le solde étant dû à la livraison. Il est alors important que les parties s'entendent sur la définition de ce premier versement : arrhes ou acomptes. **16670**

Les **arrhes** représentent une faculté de dédit. L'acheteur peut librement renoncer à son achat en abandonnant la somme versée ; le vendeur, s'il renonce à livrer la marchandise, doit verser à l'acheteur le double de ce qu'il a reçu (C. civ. art. 1590). Toutefois, ces dispositions ne sont pas d'ordre public et les parties peuvent les aménager dans le contrat.

S'ils n'ont pas le caractère d'arrhes, les versements faits par l'acheteur avant paiement complet sont des **acomptes.** La vente est définitive dès le premier acompte et ni l'acheteur ni le vendeur ne peuvent se dédire sans s'exposer à se voir réclamer des dommages-intérêts. Le contrat peut d'ailleurs prévoir que le montant de l'acompte restera acquis au vendeur si l'acheteur renonce à la vente.

16675 Sauf clause contraire, les sommes versées d'avance sont des arrhes, au sens de l'article 1590 du Code civil (C. consom. art. L 214-1). Chacun des contractants peut revenir sur son engagement, le consommateur en perdant les arrhes, le professionnel en les restituant au double (art. précité).

Même si les parties prévoient que le montant versé constitue un acompte, les tribunaux peuvent écarter la **qualification mentionnée au contrat** s'ils estiment, en fonction des circonstances de l'espèce, qu'elle ne correspond pas à l'intention des parties.

16678 La **clause** ayant pour objet ou pour effet d'autoriser le professionnel à conserver des sommes versées par le non-professionnel ou le consommateur lorsque celui-ci renonce à conclure ou à exécuter le contrat, sans prévoir réciproquement le droit pour le non-professionnel ou le consommateur de percevoir une indemnité d'un montant équivalent, ou égale au double en cas de versement d'arrhes au sens de l'article L 214-1, si c'est le professionnel qui renonce, est présumée abusive (C. consom. art. R 212-2, 2°). Une telle clause ne peut donc être efficace que si le professionnel est en mesure d'établir qu'elle n'a ni pour objet ni pour effet de créer un déséquilibre significatif au détriment du consommateur ou du non-professionnel. Pour une illustration, voir n° 18210.

16680 En cas de vente d'objets mobiliers et de prestation de services, les sommes versées d'avance sur le prix, quelle que soit la nature de ce versement, sont productives d'**intérêts** au taux légal à l'expiration d'un délai de trois mois à compter du versement jusqu'à la date de livraison du bien vendu ou d'exécution de la prestation (C. consom. art. L 214-2, al. 1 et 2). Les intérêts sont déduits du solde à verser au moment de la réalisation (art. L 214-2, al. 3).

ATTENTION

L'article L 214-2 ne vise que l'hypothèse de la restitution des sommes versées d'avance. En conséquence, un consommateur qui demande la **résolution du contrat** doit, à notre avis, pouvoir obtenir des dommages-intérêts moratoires au taux légal à compter de la demande en résolution et non pas seulement à partir du quatrième mois suivant le versement, et ce, jusqu'à la restitution effective.

Ces dispositions étant d'ordre public, le vendeur ou prestataire de services ne peut pas s'y soustraire en prévoyant une **stipulation contractuelle contraire** dans le contrat (C. consom. art. L 219-1).

16685 Les **dispositions** spécifiques du Code de la consommation en matière d'arrhes et d'acompte ne sont **pas applicables** aux commandes spéciales sur devis, ni aux ventes de produits dont la fabrication est entreprise sur commande spéciale de l'acheteur (art. L 214-3).

RÉPRESSION DES MANQUEMENTS À LA RÉGLEMENTATION

16690 La répression des manquements à la réglementation sur le précochage, sur les arrhes et acomptes et sur la durée minimale d'engagement (si les dispositions qui la prévoient sont reprises dans le texte définitif) s'effectue dans les conditions fixées par les articles L 511-1 et suivants du Code de la consommation (voir nos 78600 s.).

2. ENGAGEMENT DU PROFESSIONNEL

16710 Sont interdites, en vertu de la réglementation sur les clauses abusives, les clauses ayant pour objet ou pour effet de restreindre l'obligation pour le professionnel de respecter les **engagements pris par ses préposés ou ses mandataires** (C. consom. art. R 212-1, 2°).

3. PRÉSENTATION DES CONTRATS DE CONSOMMATION

RÉDACTION DES CLAUSES

16730 Les clauses des contrats proposés par les professionnels aux consommateurs ou aux non-professionnels doivent être rédigées de façon **claire et compréhensible** (C. consom. art. L 211-1).

Au stade de la rédaction du contrat, cette exigence complète celle relative à l'information précontractuelle, qui doit être lisible et compréhensible mais, à la différence de cette dernière, elle ne bénéficie pas exclusivement au consommateur.

Elle vise la présentation matérielle du contrat et sa rédaction.

Le manque de **clarté formelle** d'une clause peut, par exemple, résulter des éléments suivants :
- clause rédigée en petits caractères difficilement lisibles, localisée dans le contrat d'une manière peu apparente et dont le contenu et la portée ne sont pas clairs (CA Orléans 12-1-2012 n° 11/00419) ;
- impression de contrats types de vente en petits caractères, inférieurs au corps 8, qui rend la lecture difficile (TGI Grenoble 31-1-2002 n° 200002123) ;
- clause rédigée en petits caractères dont la taille est inférieure à celle des autres clauses voisines et qui, dès lors, n'avait pu attirer l'attention du client (Cass. 1e civ. 14-11-2006 04-17.578 : RJDA 1/08 n° 87).

Le **caractère inintelligible** d'une clause peut résulter de l'emploi d'abréviations, de signes ou de formules elliptiques. Une clause peut aussi être obscure en raison des renvois opérés entre les différentes clauses d'un contrat.

Cette obligation générale doit être **combinée** avec les textes spéciaux qui édictent une obligation de lisibilité plus précise (par exemple, l'article R 312-10, al. 1 du Code de la consommation, qui spécifie que l'offre préalable de crédit doit être imprimée en caractères non inférieurs au corps 8).

Sanctions Le **non-respect de l'exigence de clarté et de compréhensibilité** peut être retenu par les tribunaux pour qualifier les clauses d'abusives et, par suite, les déclarer non écrites (TJ Paris 9-6-2020 n° 16/09799 : RDJA 11/20 n° 599), ou pour faire droit à une demande de suppression formulée par une association de consommateurs. 16740

Les professionnels doivent apporter le plus grand soin à la rédaction des clauses qu'ils proposent aux consommateurs ou aux non-professionnels car elles s'interprètent en cas de **doute** dans le sens le plus favorable à ces derniers (C. consom. art. L 211-1, al. 2 : voir n° 17200). 16745

ÉCRIT SOUS FORME ÉLECTRONIQUE

L'article 1176 du Code civil prévoit que lorsque l'écrit sur papier est soumis à des **conditions** particulières de **lisibilité** ou de présentation, l'écrit sous forme électronique doit répondre à des exigences équivalentes. 16750

CONTRATS TYPES

La clarté de chacune des clauses ne suffit pas toujours à assurer la clarté d'un contrat : un contrat trop complet peut être illisible. Les modalités de **présentation des contrats** proposés aux consommateurs par des professionnels sont précisées à l'article D 211-1 du Code de la consommation. 16760

MENTIONS OBLIGATOIRES DANS LES CONTRATS DE CONSOMMATION

Des dispositions ponctuelles du Code de la consommation imposent au professionnel l'inscription de mentions obligatoires dans certains contrats. Ces mentions viennent s'ajouter aux indications rendues obligatoires par le droit commun des contrats. Il n'est pas possible d'en dresser l'inventaire, de sorte que nous nous contentons d'évoquer aux nos 16772 s. les mentions obligatoires prévues par les dispositions générales sur la présentation des contrats de consommation (C. consom. art. L 211-2). Ces dispositions concernent aussi bien les consommateurs que les non-professionnels (art. L 211-4). 16770

Mention de l'avantage procuré par le consommateur au lieu du prix 16772

Lorsque le contrat ne prévoit pas le paiement d'un prix, le professionnel doit préciser la nature de l'avantage procuré par le consommateur. Cet avantage peut, **par exemple,** consister dans les données personnelles que le consommateur fournit en contrepartie d'un bien ou d'un service (C. consom. art. L 211-2).

Le professionnel doit expliciter la nature de cet avantage en présentant dans ses conditions générales, dans des termes clairs et compréhensibles, le modèle économique faisant apparaître l'incidence pour lui de cet avantage sur ses revenus ou son bénéfice économique. Par ailleurs, lorsque cet avantage conduit le professionnel à des traitements des données personnelles fondés sur le consentement (RGPD art. 6, 1-a) ou sur l'intérêt légitime (RGPD art. 6, 1-f), le professionnel doit préciser, dans les conditions générales, les modalités d'exploitation du traitement des données à des fins publicitaires ou commerciales (C. consom. art. R 211-5).

16780 **Mention des garanties dans les contrats de consommation** Les **conditions générales de vente** (CGV) applicables aux contrats de consommation doivent mentionner (C. consom. art. L 211-2) :
– l'existence, les conditions de mise en œuvre et le contenu de la **garantie légale** de conformité et de la garantie relative aux défauts de la chose vendue dues par le vendeur ;
– le cas échéant, l'existence d'une **garantie commerciale** (laquelle doit également contenir un certain nombre d'informations relatives à la garantie légale : n° 17625) ou d'un service après-vente.

16785 Les conditions générales doivent comporter le nom du professionnel répondant des garanties légales et commerciales ainsi que ses coordonnées postales et téléphoniques, son adresse électronique ou tout moyen de contrat numérique pertinent permettant au consommateur de solliciter la mise en œuvre des garanties précitées (C. consom. art. D 211-1).

Elles doivent, par ailleurs, comporter un encadré informant le consommateur des modalités de mise en œuvre des garanties légales, conformément à des modèles figurant en annexe du décret 2022-946 du 29 juin 2022 et distincts selon qu'il s'agit : d'un contrat de vente, portant ou non sur un animal domestique ; d'une opération de fourniture ponctuelle d'un contenu numérique ou d'un service numérique ou d'une série d'opérations de fourniture distinctes ; d'un contrat de fourniture continue de contenu numérique ou de service numérique (art. D 211-2).

› Précisions a. Pour les contrats conclus **avant le 1er octobre 2022,** les modalités de délivrance des informations sur les garanties étaient fixées par un arrêté pris en application de l'article L 211-2 dans sa rédaction antérieure à l'ordonnance 2021-1247 du 29 septembre 2021 (Arrêté du 18-12-2014 art. 1 et 2). Ce texte renvoie désormais au décret 2022-946 du 29 juin 2022, qui a remplacé l'arrêté antérieur. Une **incertitude** demeure pour les obligations des professionnels au regard de la présentation des contrats conclus entre le 1er octobre 2021 (date d'entrée en vigueur de l'article L 211-2 dans sa nouvelle rédaction, renvoyant au décret non encore publié) et le 1er octobre 2022.

b. L'arrêté du 18 décembre 2014 imposait les mentions suivantes dans les CGV (art. 1 et 2) :
– les nom et adresse du vendeur garant de la conformité des biens au contrat, permettant au consommateur de formuler une demande au titre de la garantie légale de conformité prévue aux articles L 217-3 s. du Code de la consommation ou de la garantie des défauts du bien vendu au sens des articles 1641 s. du Code civil ;
– la mention que le vendeur est tenu des défauts de conformité du bien au contrat et des défauts cachés de la chose vendue dans les conditions prévues par ces textes.

Devaient aussi figurer dans un encadré, les mentions suivantes (Arrêté précité art. 3) :
– Lorsqu'il agit en garantie légale de conformité, le consommateur bénéficie d'un délai de deux ans à compter de la délivrance du bien pour agir ; il peut choisir entre la réparation ou le remplacement du bien, sous réserve des conditions de coût prévues par l'article L 217-12 du Code de la consommation ; il est dispensé de prouver l'existence du défaut de conformité du bien durant les deux ans suivant la délivrance du bien, sauf pour les biens d'occasion pour lesquels ce délai est de six mois.
– La garantie légale de conformité s'applique indépendamment de la garantie commerciale éventuellement consentie.
– Le consommateur peut décider de mettre en œuvre la garantie contre les défauts cachés de la chose vendue au sens de l'article 1641 du Code civil ; dans cette hypothèse, il peut choisir entre la résolution de la vente ou une réduction du prix de vente conformément à l'article 1644 du Code civil.

c. Depuis l'entrée en vigueur de ces mesures de transposition, la **présomption d'antériorité** pour les biens d'occasion est passée de six mois à un an.

16790 **Mentions obligatoires dans les documents de facturation** Une information complémentaire sur l'existence et la durée de la garantie légale de conformité est prévue dans le document de facturation remis au consommateur (C. consom. art. L 211-2, II) pour les **catégories de biens** suivantes (art. D 211-6) : les appareils électroménagers ; les équipements informatiques ; les produits électroniques grand public ; les appareils de téléphonie ; les appareils photographiques ; les appareils, dotés d'un moteur électrique ou thermique, destinés au bricolage ou au jardinage ; les jeux et jouets, y compris les consoles de jeux vidéo ; les articles de sport ; les montres et produits d'horlogerie ; les articles d'éclairage et luminaires ; les lunettes de protection solaire ; les éléments d'ameublement.

Tout document de facturation (**facture, ticket de caisse,** etc.) remis au consommateur lors de l'achat d'un bien appartenant à l'une de ces catégories comporte une **mention** selon laquelle ce bien bénéficie auprès du vendeur d'une garantie légale de conformité d'une durée minimale de deux ans à compter de sa remise au consommateur (art. D 211-7).

Ces **dispositions** ne sont **pas applicables** aux contrats de vente hors établissement ou à distance.

Sanction en cas d'absence des mentions obligatoires Le non-respect de l'obligation de mentionner la garantie légale dans les conditions générales de vente ou, pour les secteurs concernés, dans les factures est sanctionné par une amende administrative dont le montant ne peut pas excéder 3 000 € pour une personne physique et 15 000 € pour une personne morale (C. consom. art. L 241-2-1). 16800

INTERDICTION DES CLAUSES D'ADHÉSION

Sont interdites, au titre de la réglementation sur les clauses abusives, les clauses ayant pour objet ou pour effet de constater l'**adhésion** du non-professionnel ou **du consommateur à des clauses** qui ne figurent pas dans l'écrit qu'il accepte ou qui sont reprises dans un autre document auquel il n'est pas fait expressément référence lors de la conclusion du contrat et **dont il n'a pas eu connaissance** avant sa conclusion (C. consom. art. R 212-1, 1°). 16810

En effet, le contrat signé par le non-professionnel ou le consommateur peut faire référence à des stipulations figurant sur une facture, un bon de garantie ou des conditions générales.

ILLUSTRATIONS

Dans un contrat d'abonnement à un accès à internet a été jugée abusive la clause qui stipule que la signature du formulaire d'inscription ou la validation en ligne des identifiants fournis lors de l'enregistrement en ligne entraîne l'acceptation de l'ensemble des conditions générales et particulières, dès lors qu'elle sous-entend une **acceptation implicite** des conditions du contrat avant même que l'intéressé en ait eu connaissance ; de même a été jugée abusive la clause prévoyant que les tarifs en vigueur sont disponibles sur le site et sur demande chez le professionnel ou sont consultables sur le site et modifiables à tout moment dès lors qu'elle ne garantit pas que le client a nécessairement eu connaissance des tarifs applicables lors de son engagement (TGI Nanterre 9-2-2006 n° 04-2838 et TGI Paris 21-2-2006 n° 04-2910 : RJDA 8-9/06 n° 965).

CONSERVATION ET REMISE DES CONTRATS CONCLUS PAR VOIE ÉLECTRONIQUE

Lorsque le contrat est conclu par voie électronique et qu'il porte sur une somme égale ou supérieure à 120 €, le contractant professionnel assure la **conservation** de l'écrit qui le constate pendant dix ans et en garantit à tout moment l'**accès** à son cocontractant si celui-ci en fait la demande (C. consom. art. L 213-1 et D 213-1). Cet archivage peut être électronique. 16820

Le **délai** de dix ans court à compter de la conclusion du contrat « lorsque la livraison du bien ou l'exécution de la prestation est immédiate » et, dans le cas contraire, « à compter de la conclusion du contrat jusqu'à la date de livraison du bien ou de l'exécution de la prestation et pendant une durée de dix ans à compter de celle-ci » (C. consom. art. D 213-2).

› Précisions a. La rédaction de ce texte suscite quelques interrogations. Ainsi, comment déterminer le caractère immédiat de la livraison d'un bien ou de l'exécution d'une prestation de services commandés par voie électronique ? Compte tenu du mode de conclusion du contrat, il existe nécessairement un décalage, plus ou moins important, entre le moment de cette conclusion et celui de la livraison du bien ou de l'exécution de la prestation de services. Eu égard au mode de **computation des délais** prévu par le Code de procédure civile (calcul en jours), on peut néanmoins raisonnablement considérer qu'en deçà de vingt-quatre heures la livraison ou l'exécution de la prestation de services sont immédiates. Dans le cas contraire, il résulte des dispositions ci-dessus que le délai court à compter de la conclusion du contrat et se poursuit pendant dix ans au-delà de la date de livraison du bien ou de l'exécution de la prestation (par exemple, si un contrat est conclu le 1-6-2024 et le bien livré le 1er août suivant, l'écrit doit être conservé jusqu'au 1-8-2034).

b. La question se pose de l'**application du seuil de 120 € aux contrats à exécution successive,** tels que les contrats de téléphonie mobile, d'accès à internet ou de télévision à péage, qui prévoient un paiement mensuel. À notre avis, dès lors que ces contrats comportent une durée minimale d'abonnement et que la somme due durant cette période est supérieure au seuil de 120 €, le professionnel est soumis à l'obligation de conservation du contrat.

Sanctions Alors que le refus, par un vendeur ou prestataire de services, de communiquer à toute personne qui en fait la demande un exemplaire des conventions qu'il propose habituellement est pénalement sanctionné (n° 16500), le non-respect des dispositions prévues par l'article L 213-1 du Code de la consommation ne l'est pas. La **répression des manquements** à cette réglementation s'effectue dans les conditions fixées par les articles L 511-1 et suivants du Code de la consommation (voir nos 78600 s.). 16830

4. CLAUSES ABUSIVES

16850 Pour assurer une protection générale des consommateurs, l'article L 212-1 du Code de la consommation a défini comme abusives les clauses « qui ont pour objet ou pour effet de créer, au détriment du non-professionnel ou du consommateur, un déséquilibre significatif entre les droits et obligations des parties au contrat ».

Le droit français est issu de la transposition de la directive 93/13/CEE du 5 avril 1993. La Commission européenne a publié en 2019 un bilan concernant l'application de ce texte par la CJUE et son interprétation (« Orientations relatives à l'interprétation et à l'application de la directive 93/13/CEE », Communication du 22-7-2019).

16855 L'article R 212-1 du **Code** de la consommation comporte une liste de types de clauses interdites (« clauses noires »). L'article R 212-2 contient une liste de types de clauses présumées abusives (« clauses grises »), le professionnel qui les utilise devant apporter la preuve contraire en cas de litige. Les articles R 212-3 et R 212-4 prévoient quant à eux des exceptions à la classification en clauses noires et grises.

Par ailleurs, un **juge** peut déclarer abusive une clause non prévue par les dispositions par la réglementation (n° 16910).

Enfin, la **Commission des clauses abusives** a émis sept recommandations d'intérêt général et plus de 70 recommandations relatives aux contrats conclus dans des secteurs d'activité spécifiques, invitant les professionnels de ces secteurs à ne plus insérer certaines clauses dans leurs contrats (n° 16950).

a. Champ d'application de la réglementation sur les clauses abusives

16870 La protection contre les clauses abusives s'applique aux **contrats conclus entre** professionnels et consommateur (C. consom. art. L 212-1) ou non-professionnels (art. L 212-2).

Seules les clauses **sont visées,** et non l'objet du contrat lui-même.

ILLUSTRATIONS

Un compromis d'**arbitrage** signé entre un assureur et un assuré après la naissance d'un litige n'est pas susceptible de présenter un caractère abusif (Cass. 1e civ. 25-2-2010 n° 09-12.126 : RJDA 5/10 n° 563). Dans ce cas, seule une clause d'arbitrage, par laquelle les parties s'engagent à soumettre à l'arbitrage les litiges qui pourraient naître à propos de ce contrat, insérée à la police d'assurance, aurait pu être réputée abusive.

16875 La réglementation sur les clauses abusives s'applique quels que soient la **nature du contrat** (vente, location, crédit-bail, etc.), les **produits** concernés (meubles, immeubles, prestations de services, contenu ou service numérique), la **forme** ou le support du contrat (bon de commande, facture, bon de garantie, bordereau ou bon de livraison, billet, ticket contenant des stipulations négociées ou non ou des références à des conditions générales préétablies, etc.) (C. consom. art. L 212-1, al. 6 ; voir également la communication établie par la Commission européenne « Orientations relatives à l'interprétation et à l'application de la directive 93/13/CEE » du 22-7-2019 p. 11).

La réglementation des clauses abusives a ainsi été appliquée au règlement d'une loterie publicitaire précisant que le renvoi du bon de participation emportait acceptation de ce règlement (CA Paris 19-12-2003 n° 02-4822 : RJDA 5/04 n° 639).

En outre, la réglementation est applicable aux contrats conclus entre les **services publics** industriels et commerciaux et leurs usagers (CE 11-7-2001 n° 221458 : RJDA 12/01 n° 1272).

Enfin, les **contrats réglementés,** ou dont la rédaction est conforme à des modèles types homologués par les pouvoirs publics, sont aussi soumis à la loi (Rapport de la Commission pour l'année 1978 : BOSP du 13-6-1979 p. 172). On a cependant tout lieu de penser que, sauf accident, de tels contrats ne contiennent aucune clause susceptible d'être considérée comme abusive.

CLAUSES ABUSIVES DANS LES CONTRATS SOUMIS À UN DROIT ÉTRANGER

16880 Les contrats soumis au droit d'un autre **pays de l'Union européenne** sont soumis aux dispositions relatives aux clauses abusives issues de la transposition en droit interne de la directive 93/13/CEE du 5 avril 1993.

Les dispositions relatives aux clauses abusives sont applicables, même dans le cas où la loi qui régit le contrat est celle d'un État **n'appartenant pas à l'Union européenne,** lorsque ce contrat présente un lien étroit avec le territoire d'un État membre (C. consom. art. L 232-1). Sur la notion de lien étroit voir n° 16200.

b. Mise en œuvre de la réglementation sur les clauses abusives

CLAUSES RÉGLEMENTÉES

Clauses présumées abusives En cas de litige sur un contrat comportant une clause présumée abusive, le professionnel doit apporter la preuve du caractère non abusif de la clause litigieuse (C. consom. art. L 212-1, al. 5). **16890**

L'article R 212-2 du Code de la consommation édicte une **liste de types de clauses** présumées abusives tandis que les articles R 212-3 et R 212-4 fixent quelques **exceptions.** L'étude de chacune de ces clauses est intégrée aux développements relatifs à la phase contractuelle qu'elles concernent.

Clauses interdites Un décret détermine des types de clauses qui, eu égard à la **gravité des atteintes** qu'elles portent à l'équilibre du contrat, doivent être regardées comme abusives de manière irréfragable (C. consom. art. L 212-1, al. 4). **16900**

En application de cette disposition, l'article R 212-1 du Code de la consommation édicte une **liste de types de clauses interdites** car abusives, tandis que les articles R 212-3 et R 212-4 énoncent quelques **exceptions.** L'étude de chacune de ces clauses est intégrée aux développements relatifs à la phase contractuelle qu'elles concernent.

MISE EN ŒUVRE PAR LES TRIBUNAUX DES RÈGLES SUR LES CLAUSES ABUSIVES

Critères d'appréciation Une clause peut être déclarée abusive par le juge, même en l'absence de décret la considérant comme telle, dès lors qu'elle crée un **déséquilibre significatif** entre les droits et les obligations des parties au contrat (Cass. 1e civ. 14-5-1991 : RJDA 11/91 n° 914 ; Cass. 1e civ. 3-12-1991 : RJDA 2/92 n° 203 ; Cass. 1e civ. 26-5-1993 : RJDA 1/94 n° 105). On peut dégager plusieurs **critères** permettant aux tribunaux d'apprécier s'il existe, ou non, un tel déséquilibre. L'un d'entre eux consiste à apprécier la notion à travers une analyse des règles nationales applicables en l'absence d'accord entre les parties, afin d'évaluer si, et dans quelle mesure, le contrat place le consommateur dans une situation juridique moins favorable par rapport à celle prévue par le droit national en vigueur (CJUE 14-03-2013 aff. 415/11, cons. 76 ; Cass. 1e civ. 20-1-2021 n° 18-24.297 FS-PBI : RJDA 4/21 n° 272). Par exemple, est abusive la clause d'un bail qui fait peser sur le locataire la quasi-totalité des dépenses incombant normalement au bailleur qui en est ainsi dispensé sans contrepartie (Cass. 3e civ. 17-12-2015 n° 14-25.523 FS-PB : RJDA 3/16 n° 234). L'absence de transparence de la clause ne suffit pas en principe à caractériser son caractère abusif (CJUE ord. 17-11-2021 aff. 655/20 : BRDA 3/22 inf. 23) mais il en constitue un critère et permet également souvent de caractériser le déséquilibre significatif, en ce qu'elle induit le consommateur en erreur sur ses droits (par exemple, Cass. 1e civ. 10-10-2018 n° 17-20.441 F-PB : RJDA 1/19 n° 51 ; CJUE 10-6-2021 aff. 776/19, 782/19, 609/19 ; TJ Paris 9-6-2020 n° 16/09799 : RJDA 11/20 n° 599). **16910**

D'autres éléments constituent des **indices de l'abus,** tels que le défaut de réciprocité (Cass. 1e civ 3-5-2018 n° 17-13.593 FS-PB : RJDA 8-9/18 n° 683 : risque de change pesant exclusivement sur l'emprunteur dans un prêt en francs suisse), le pouvoir unilatéral reconnu au professionnel d'intervenir sur le contrat ou encore le caractère automatique de certaines clauses (Cass. com. 19-1-2022 n° 20-13.719 : RJDA 5/22 n° 272 : clause permettant à la banque de prouver l'exécution de son obligation annuelle d'information à l'égard de la caution en produisant un listing informatique élaboré unilatéralement). À l'inverse, l'existence d'une contrepartie plaide en faveur du caractère non abusif de la clause (Cass. 3e civ. 12-1-2017 n° 16-10.324 FS-PBI : RJDA 5/17 n° 374).

Le caractère abusif des clauses insérées dans un contrat peut s'apprécier conformément aux règles de droit commun des articles 1188, 1189, 1191 et 1192 du Code civil (C. consom. art. L 212-1, al. 2).

L'appréciation du caractère abusif d'une clause s'apprécie également en se référant, au moment de la conclusion du contrat, à toutes les circonstances qui entourent sa conclusion, de même qu'à toutes les autres clauses du contrat (C. consom. art. L 212-1, al. 2). Ainsi, il doit être tenu compte de l'ensemble des circonstances dont le professionnel pouvait avoir connaissance à cette date et qui étaient de nature à influer sur l'exécution ultérieure du contrat (CJUE ord. 3-3-2021 aff. 13/19 : RJDA 8-9/21 n° 609).

Il s'apprécie en outre au regard des clauses contenues dans un autre contrat lorsque la conclusion ou l'exécution de ces deux contrats dépendent juridiquement l'une de l'autre (C. consom. art. L 212-1, al. 2 et 3).

ILLUSTRATIONS

La constatation du caractère déloyal d'une pratique commerciale au sens de l'article 6, 1 de la directive 2005/29/CE du 11 mai 2005 relative aux pratiques commerciales déloyales des entreprises vis-à-vis des consommateurs constitue un élément parmi d'autres sur lequel le juge peut fonder son appréciation du caractère abusif des clauses d'un contrat (CJUE 15-3-2012 aff. 453/10 : RJDA 5/12 n° 535).

Le juge devant apprécier le caractère abusif de la clause au moment de la conclusion du contrat et non au moment où il statue, il ne peut pas se fonder sur la durée réelle d'exécution d'un contrat et ne doit prendre en compte que la durée prévue (Cass. 1e civ. 26-2-2002 n° 365 : RJDA 5/02 n° 565).

16915 Le **droit européen** des clauses abusives exclut de son champ d'application les **clauses reflétant des dispositions légales impératives** : de telles clauses ne peuvent pas revêtir un caractère abusif même si elles créent un déséquilibre significatif au détriment du consommateur (Dir. 93/13 art. 1). Cette **exclusion** n'a pas été intégrée dans le **Code de la consommation français.** La Cour de cassation semble cependant refuser de soumettre de telles clauses au contrôle de l'abus, au moins lorsque la clause en question ne modifie pas la portée ou le champ d'application des dispositions qu'elle prétend reproduire (Cass. 1e civ. 3-11-2016 n° 15-20.621 : RJDA 3/17 n° 208 ; Cass. 1e civ. 10-4-2013 n° 12-18.169 F-PBI : RJDA 7/13 n° 667). La Commission des clauses abusives relève également que ces clauses sortent du champ d'application des dispositions sur les clauses abusives (Recommandation CCA n° 21-01 du 10-5-2021 relative aux contrats de crédit à la consommation : BOCC 17-5-2021). Mais le contraire a été soutenu et un auteur estime que du fait de la non-transposition de l'exclusion, le régime de la directive aurait été étendu en France aux dispositions reflétant des dispositions impératives (C. Aubert de Vincelles, « Contentieux Helvet Immo : la Cour de justice de l'Union européenne vient au secours des emprunteurs » : D. 2021 p. 2288 ; cette interprétation semble contredite, en ce qui concerne la portée de cette non-transposition, par la jurisprudence européenne : CJUE 21-12-2021 aff. 243/20 : RJDA 10/22 n° 589).

ILLUSTRATIONS

Ne peuvent pas être déclarées abusives les clauses suivantes : la clause d'un contrat type proposé par une société aux syndicats de copropriétaires mettant à la charge des copropriétaires des frais de recouvrement, alors que cette clause est conforme à l'article 10-1 de la loi du 10 juillet 1965 (Cass. 1e civ. 1-2-2005 n° 245 : Bull. civ. I n° 64) ; la clause d'un contrat de prêt immobilier fixant le montant de la pénalité due au prêteur par l'emprunteur dont la défaillance a entraîné la résolution du contrat, dès lors qu'elle a été stipulée en application des articles L 313-51 et R 313-28 du Code de la consommation (Cass. com. 3-5-2006 n° 02-11.211 : RJDA 11/06 n° 1159). Jugé également, dans une affaire impliquant la législation belge, mais dont la solution est transposable, que ne peuvent pas être déclarées abusives les conditions figurant dans un contrat de bail social conclu entre une société de logement social agréée et un locataire, qui sont déterminées par une réglementation nationale (CJUE ord. 7-12-2017 aff. 446/17).

En revanche, a été jugée abusive la clause d'un contrat de location assorti d'une promesse de vente d'un véhicule qui, reprenant les dispositions d'ordre public du Code de la consommation (art. L 312-40 et D 312-18 s.), prévoyait qu'en cas de résiliation du contrat le locataire devrait verser une indemnité et aurait la faculté de présenter un acquéreur au bailleur dans le mois de la résiliation, dès lors que cette clause précisait que le locataire devait restituer le véhicule loué dans les plus brefs délais à compter de la résiliation, ce qui contredisait la faculté offerte au locataire de présenter un acquéreur au bailleur (Cass. 1e civ. 10-4-2013 n° 12-18.169 F-PBI : RJDA 7/13 n° 667).

Lorsque de telles clauses sont **intégrées dans d'autres contrats que ceux visés par la réglementation,** elles restent soumises au contrôle de leur caractère abusif (CJUE 21-3-2013 aff. 92/11).

S'il s'agit de clauses stipulées en conformité à un **texte réglementaire,** l'appréciation de leur caractère abusif appartient au seul juge administratif et constitue une condition préalable à l'appréciation par le juge judiciaire qui doit renvoyer les parties devant le juge administratif. Tel a été le cas pour une clause reproduisant les modèles types d'offre préalable de crédit nos 4 et 5 annexés à l'ancien article R 311-6 du Code de la consommation (TI Bourganeuf 8-12-2004 nos 11-04-15 et 11-04-10 : D. 2005 AJ p. 277).

16920 Le **maintien d'une clause illicite dans un contrat** doit conduire à retenir son caractère abusif (Cass. 1e civ. 3-11-2016 n° 15-20.621 : RJDA 3/17 n° 208).

16930 **Clauses portant sur l'objet du contrat ou sur le prix** L'appréciation du caractère abusif des clauses ne doit porter ni sur la définition de l'objet principal du contrat ni sur l'adéquation du prix ou de la rémunération au bien vendu ou au service offert, du moins pour autant que les **clauses** soient rédigées de façon **claire et compréhensible** (C. consom.

art. L 212-1, al. 4). En effet, l'objet principal du contrat ou le prix ont été librement acceptés par le consommateur. Celui-ci peut en revanche invoquer la nullité du contrat sur le fondement d'autres textes. Par exemple, pour vices du consentement (erreur, contrainte, dol, cf. C. civ. art. 1130 ou, dans de rares cas, lésion, cf. C. civ. art. 1674) ou pour abus de faiblesse (C. consom. art. L 121-8).

Lorsque la clause porte sur l'objet du contrat ou son prix, le débat se déplace généralement sur le terrain de son caractère compréhensible.

ILLUSTRATIONS

L'**appréciation du caractère abusif ne peut pas porter sur** les clauses suivantes :

– clause d'un **contrat d'assurance « fuite d'eau après compteur »** qui prévoit que l'assureur prend à sa charge le montant des factures d'eau en cas de fuites accidentelles après compteur sur l'installation privative de l'assuré, sous déduction d'une franchise égale à la somme des deux consommations semestrielles précédant la date du relevé faisant apparaître une surconsommation et à concurrence d'un plafond de garantie de 15 245 €. En effet, cette clause, relative au montant de la garantie due par l'assureur, porte sur l'objet principal du contrat (Avis Commission des clauses abusives 09-01 du 11-1-2010 : BRDA 2/10 n° 28) ;

– clause d'un **contrat d'assurance prévoyance santé,** relative à la garantie de l'incapacité temporaire totale de travail (ITT), si cette clause est rédigée de façon claire et compréhensible (Cass. 1e civ. 13-12-2012 n° 11-27.631 ; Cass. 1e civ. 10-9-2014 n° 12-20.931) ;

– clause limitant la durée de validité d'un crédit de communication et de la ligne dédiée des cartes prépayées commercialisées par un **opérateur téléphonique,** dès lors que l'offre prépayée avait pour caractéristique de mettre à la disposition du consommateur une ligne téléphonique pendant une durée limitée, moyennant le règlement par avance d'un crédit de consommation, lui-même limité dans le temps en fonction du montant acquitté par le client (Cass. 1e civ. 3-6-2015 nos 14-13.193 et 14-13.194 : RJDA 10/15 n° 710) ;

– clause d'un **contrat de prêt libellé en devises étrangères,** stipulant que le prêt doit être remboursé dans cette même devise, pour autant qu'elle soit rédigée de manière claire et compréhensible (CJUE 20-9-2017 aff. 186/16 : RJDA 4/18 n° 370). La Commission européenne et la CJUE soulignent la différence entre ces clauses et celles en vertu desquelles des prêts, quoique libellés en devise étrangère, doivent être remboursés dans la devise nationale au cours de la vente de la devise étrangère pratiquée par l'établissement bancaire : ainsi, une clause définissant le mécanisme de conversion monétaire revêtirait un caractère accessoire (Communication de la Commission européenne du 22-7-2019 : « Orientations relatives à l'interprétation et à l'application de la directive 93/13/CEE du 5-4-1993 » ; CJUE 10-6-2021 aff. 776/19, 782/19, 609/19 : RJDA 12/21 n° 798).

Lorsque la **clause** portant sur l'objet du contrat ou sur le prix est **ambiguë,** le juge vérifie qu'elle ne crée pas un déséquilibre significatif entre les parties et éventuellement, la déclare non écrite. Il peut aussi l'interpréter dans le sens le plus favorable au consommateur (C. consom. art. L 211-1, al. 2 ; n° 17200). **16935**

La CJUE a posé en principe, en matière de prêts consentis en devises étrangères, que l'exigence de **clarté et d'intelligibilité** doit être **interprétée** de manière extensive et suppose que le consommateur ait bénéficié d'informations suffisantes pour prendre une décision en connaissance de cause, c'est-à-dire que la clause puisse être comprise par un consommateur moyen non seulement sur le plan formel et grammatical mais également quant à sa portée concrète, afin qu'il ait conscience de la possibilité de dépréciation de la monnaie nationale par rapport à la devise étrangère et qu'il puisse en évaluer les conséquences économiques (CJUE 20-9-2018 aff. C 51/17 ; voir également, Cass. 1e civ. 12-7-2023 n° 22-17.030 FS-D : RJDA 12/23 n° 681) et notamment le coût total de l'emprunt (CJUE 5-6-2019 aff. 38/17, dans un cas où la détermination du taux dépendait du taux de change en vigueur à la date du déblocage des fonds tel que fixé par le prêteur après la conclusion du contrat). Le « consommateur moyen » est apprécié de manière objective et indépendamment des connaissances concrètes que la personne concernée peut avoir ou des informations dont cette personne dispose réellement (CJUE 21-9-2023 aff. 139/22 : RJDA 3/24 n° 187). **16940**

Complétant et interprétant la jurisprudence de la Cour de justice, la Commission européenne a dressé une liste de **facteurs pertinents** pour apprécier si une clause contractuelle est rédigée en termes clairs et compréhensibles (Communication de la Commission européenne du 22-7-2019 : « Orientations relatives à l'interprétation et à l'application de la directive 93/13/CEE du 5-4-1993 ») : la possibilité effective pour le consommateur de prendre connaissance de la clause avant la conclusion du contrat ; l'intelligibilité des différentes clauses, compte tenu de la clarté de leur libellé et de la spécificité de la terminologie utilisée, ainsi que le cas échéant, d'autres clauses contractuelles à considérer conjointement ; la manière dont les clauses sont présentées.

16940 (suite)

ILLUSTRATIONS

Clause d'indexation insérée dans des prêts en devises étrangères

Est satisfaite l'exigence de transparence des clauses du contrat de prêt libellé en devise étrangère, qui prévoient que la devise étrangère est la monnaie de compte et que l'euro est la monnaie de paiement et qui ont pour effet de faire porter le **risque de change** sur l'emprunteur, lorsque le professionnel a fourni au consommateur des informations suffisantes et exactes permettant à un consommateur moyen, normalement informé et raisonnablement attentif et avisé, de comprendre le fonctionnement concret du mécanisme financier en cause et d'évaluer ainsi le risque des **conséquences économiques négatives,** potentiellement significatives, de telles clauses sur ses obligations financières pendant toute la durée de ce même contrat (CJUE 10-6-2021 aff. 776/19, 782/19, 609/19 : RJDA 12/21 n° 798).

L'exigence de transparence des clauses du contrat de prêt, qui prévoient que la devise étrangère est la monnaie de compte et que l'euro est la monnaie de paiement et qui ont pour effet de faire peser le risque de change sur l'emprunteur, est satisfaite lorsque le professionnel a fourni au consommateur des **informations** suffisantes et exactes permettant à un consommateur moyen, normalement informé et raisonnablement attentif et avisé, de comprendre le fonctionnement concret du mécanisme financier en cause et d'évaluer ainsi le risque des **conséquences économiques** négatives, potentiellement significatives, de telles clauses sur ses obligations financières, pendant toute la durée de ce même contrat dans l'hypothèse d'une dépréciation importante de la monnaie dans laquelle il percevrait ses revenus par rapport à la monnaie de compte (Cass. 1e civ. 7-9-2022 n° 20-20.826 F-B : RJDA 2/23 n° 114).

Ne satisfait pas à l'exigence de transparence à l'égard du consommateur la banque qui propose un contrat de prêt autorisant le tirage du prêt dans une devise étrangère et qui a pour effet de faire peser le risque de change sur l'emprunteur dès lors que les documents remis au consommateur ne lui permettent pas d'évaluer les **conséquences économiques** potentiellement significatives de la clause sur ses obligations financières, en l'absence de tout exemple chiffré, de toute simulation et de toute explication sur la distinction entre la monnaie de compte et la devise initiale (Cass. 1e civ. 20-4-2022 n° 20-16.316 FS-B : RJDA 7/22 n° 440).

La clause de remboursement et de change d'un contrat de prêt en devises étrangères ne satisfaisait pas à l'exigence de clarté et d'intelligibilité dès lors que :
– elle comportait des **informations contradictoires** sur la devise de remboursement du prêt ;
– le contrat ne comportait aucune information sur la manière selon laquelle la clause était mise en œuvre et sur les **modalités de remboursements** en francs suisses, alors que l'emprunteur percevait ses revenus en francs français puis en euros ;
– les autres clauses du contrat ne permettaient pas de **déterminer le taux de change applicable** pour le paiement des intérêts et le remboursement du capital payable in fine ;
– il n'était justifié d'aucune information délivrée à l'emprunteur sur les éléments fondamentaux tenant au **risque de change** susceptibles d'avoir une incidence sur la portée de son engagement ;
– l'emprunteur n'avait pas pu évaluer les **conséquences économiques** de la clause sur ses obligations financières et prendre conscience des difficultés auxquelles il serait confronté en cas de dévaluation de la monnaie dans laquelle il percevait ses revenus (Cass. 1e civ. 12-7-2023 n° 22-17.030 FS-D : RJDA 12/23 n° 681).

Clause d'un contrat d'assurance

La clause d'un contrat d'assurance de groupe prévoyant la cessation de la **garantie « incapacité** temporaire totale » à la mise à la retraite de l'assuré définit clairement l'objet principal du contrat et ne peut pas donner lieu à l'appréciation d'un éventuel caractère abusif (Cass. 1e civ. 21-3-2018 n° 16-26.320 F-D : RJDA 7/18 n° 608).

Est ambiguë la clause comportant une **définition de l'ITT** (entendue comme l'impossibilité d'exercer une activité professionnelle quelle qu'elle soit) ne correspondant pas à l'acception commune de ce risque (défini en principe comme l'impossibilité pour l'assuré d'exercer son activité professionnelle), dès lors que le caractère inhabituel de cette définition n'était pas mis en évidence par les autres clauses du contrat (Cass. 1e civ. 14-4-2016 n° 15-19.107 : RJDA 11/16 n° 825).

Est ambiguë la clause d'un **contrat d'assurance-vie** qui, pour déterminer les modalités de transformation en rente de l'épargne constituée par l'adhérent, renvoie au « tarif en vigueur » sans autre précision, si elle n'est pas rédigée de façon claire et compréhensible et permettant à l'adhérent d'évaluer, sur le fondement de critères précis et intelligibles, les conséquences économiques et financières qui en découlent pour lui (Cass. 2e civ. 14-10-2021 n° 19-11.758 FS-BR : RJDA 7/22 n° 439).

Clause d'un contrat de vente

Est ambiguë la clause d'un contrat de **mandat de vente d'un mobil-home,** permettant au mandataire de conserver la part du prix de vente excédant 10 500 €, faute pour le contrat de préciser la **rémunération du mandataire** (lequel avait perçu une commission de 7 000 €) ; les juges ont ainsi pu procéder à l'appréciation du caractère abusif de la clause, peu important qu'elle ait porté sur l'adéquation de la rémunération au service offert (Cass. 1e civ. 27-11-2019 n° 18-14.575 F-D).

L'appréciation du caractère abusif d'une clause ne dépend pas du **caractère principal ou accessoire de l'obligation contractuelle** concernée. 16945

ILLUSTRATIONS

Jugé que la clause du règlement d'un rallye automobile excluant la responsabilité de l'organisateur en cas d'accident causé par les pilotes ne peut pas être déclarée non abusive au prétexte qu'elle ne porte pas sur les obligations essentielles du contrat conclu par l'organisateur avec ces derniers (Cass. 1e civ. 3-5-2006 nº 743 : RJDA 10/06 nº 1079).

Recommandations de la Commission des clauses abusives Pour apprécier le caractère abusif d'une clause le juge peut également se référer aux recommandations émises par la Commission des clauses abusives. 16950

La **commission** peut être **saisie** soit par le ministre chargé de la consommation, soit par les associations agréées de défense des consommateurs, soit par les professionnels intéressés, soit d'office (C. consom. art. L 822-5). Elle peut se faire communiquer toutes les informations nécessaires auprès des entreprises et procéder à des vérifications sur place et convoquer toute personne susceptible de lui fournir des informations concernant les affaires dont elle est saisie (C. consom. art. L 822-10). Les recommandations de la Commission ne sont pas toutes diffusées au public ; les recommandations publiées, consultables sur son site internet (www.clauses-abusives.fr), ne doivent contenir aucune indication de nature à permettre l'identification de situations individuelles (C. consom. art. L 822-9).

La Commission recommande la suppression ou la modification des clauses qui présentent un caractère abusif (C. consom. art. L 822-6).

Ces recommandations, même publiées, n'ont aucun **caractère impératif** (CA Paris 11-2-2009 nº 07-9951 : RJDA 7/09 nº 683). N'étant pas génératrices de règles de droit, un pourvoi auprès de la Cour de cassation fondé sur la méconnaissance de l'une d'elles est irrecevable (Cass. 1e civ. 13-11-1996 : RJDA 4/97 nº 591). Elles ne constituent pas des décisions administratives susceptibles de faire l'objet d'un **recours pour excès de pouvoir** (CE 16-1-2006 nos 274721 et 274722 : RJDA 11/06 nº 1175). Elles ont pour but d'inciter les professionnels à modifier ou à supprimer les clauses abusives de leurs contrats et d'informer les consommateurs sur les dangers de ces clauses. Le juge peut s'y référer en cas de contentieux pour déclarer abusives une ou plusieurs clauses d'un contrat.

Depuis sa création, la Commission a émis sept **recommandations d'intérêt général** qui concernent les domaines suivants : 16955
– garantie des vices cachés (Recommandation 79-01 : BOSP du 24-2-1979) ;
– recours en justice (Recommandation 79-02 : BOSP du 24-2-1979) ;
– formation des contrats (Recommandation 80-03 : BOSP du 8-8-1980) ;
– délais de livraison (Recommandation 80-06 : BOSP du 26-11-1980) ;
– inexécution du contrat (Recommandation 81-01 : BOSP du 16-1-1981) ;
– consentement implicite (Recommandation 94-01 : BOCCRF du 27-9-1994) ;
– durée des contrats (Recommandation 01-02 : BOCCRF du 23-5-2001).

Elle a par ailleurs émis plus de 70 **recommandations** relatives aux contrats conclus dans des **secteurs d'activité** spécifiques (pour des exemples, voir nos 18020 s.). Les dernières recommandations de la Commission concernent notamment les places de marché en ligne de vente de biens (Recommandation nº 23-01 : BOCCRF du 7-12-2023), le crédit à la consommation (Recommandation nº 21-01 : BOCCRF du 17-5-2021), les contrats de locations de moyens de transports individuels en libre service (Recommandation nº 20-01 : BOCCRF du 28-09-2020), les services de médias audiovisuels à la demande (Smad) (Recommandation nº 17-02 : BOCCRF du 19-2-2018) et les contrats d'assurance complémentaire santé (Recommandation nº 17-01 : BOCCRF du 19-2-2018).

Saisine pour avis de la commission des clauses abusives Lorsque le caractère abusif d'une clause contractuelle est invoqué **au cours d'une instance,** le juge peut demander à la Commission des clauses abusives son avis sur le sujet. La demande du juge n'est pas susceptible de recours et la Commission dispose de trois mois à compter de sa saisine pour donner son avis. Celui-ci ne lie pas le juge (C. consom. art. R 822-21, al. 1 à 3). 16960

Il est sursis à toute décision sur le fond de l'affaire jusqu'à réception de l'avis de la Commission ou, à défaut, jusqu'à l'expiration du délai de trois mois mentionné ci-dessus. Toutefois, les mesures urgentes ou conservatoires nécessaires peuvent être prises (C. consom. art. R 822-21, al. 4 à 6). Pour des exemples d'avis par secteur d'activité, voir nos 18030 s.

Les avis de la Commission peuvent être consultés sur son site internet : www.clauses-abusives.fr.

SANCTIONS CIVILES EN MATIÈRE DE CLAUSES ABUSIVES

16970 Les **clauses** abusives sont **réputées non écrites** (C. consom. art. L 241-1, al. 1) quelque soit le document dans lequel elles sont introduites. Elles ne sont donc pas opposables au non-professionnel ou au consommateur et leur éradication doit produire ses effets rétroactivement (CJUE 21-12-2016 aff. 154/15). Le juge qui constate le caractère abusif d'une clause ne peut ni compléter le contrat en révisant le contenu de cette clause (CJUE 14-6-2012 aff. 618/10 : RJDA 8-9/12 n° 807), ni éliminer la partie illicite de la clause lorsqu'une telle suppression reviendrait à réviser le contenu du contrat en affectant sa substance (CJUE 16-3-2019 aff. 70/17 et 179/17 : RJDA 10/19 n° 660). En revanche, il peut maintenir en partie une clause en expurgeant des éléments la rendant abusive si cela n'en altère pas la substance (Cass. 1e civ. 2-6-2021 n° 19-22.455 FS-P : RJDA 12/21 n° 789).

ILLUSTRATIONS

Dans un cas où une clause de déchéance du terme d'un prêt pouvait être mise en œuvre par la banque en cas de défaut de paiement de plusieurs mensualités dans certaines hypothèses, et dans d'autres hypothèses en cas de défaut de paiement de n'importe quelle échéance du prêt, le juge ne peut pas déclarer abusive la seule partie de la clause prévoyant la déchéance du terme en cas de non-paiement d'une seule mensualité et sauver le reste de la clause (CJUE 16-3-2019 aff. 70/17 et 179/17 précité).

Peut être maintenue en partie une clause de déchéance du terme d'un prêt dont seules certaines des causes sont abusives dès lors qu'en raison de sa divisibilité la suppression des éléments qui la rendent abusive n'affecte pas sa substance (Cass. 1e civ. 2-6-2021 n° 19-22.455 précité).

16975 La demande tendant à voir la clause du prêt réputée non écrite ne s'analyse pas en une demande en nullité et n'est donc pas soumise à la **prescription** (Cass. 1e civ. 13-3-2019 n° 17-23.169 F-PB : RJDA 11/19 n° 716 ; Cass. 1e civ. 30-3-2022 n° 19-17.996 FS-B : RJDA 7/22 n° 429).

16980 L'inefficacité de ces clauses n'a, en principe, pas d'**incidence sur le contrat** dans lequel elles figurent. En effet, le contrat reste applicable dans toutes ses dispositions autres que celles jugées abusives s'il peut subsister sans celles-ci (C. consom. art. L 241-1, al. 2). Pour **apprécier** si un contrat contenant une ou plusieurs clauses abusives peut subsister sans ces clauses, le **juge** ne saurait se fonder uniquement sur le caractère éventuellement avantageux pour le consommateur de l'annulation du contrat dans son ensemble (CJUE 15-3-2012 aff. 453/10 : RJDA 5/12 n° 535). Pour un cas où le juge a considéré que, compte tenu du nombre et de l'importance des clauses abusives, il y avait lieu de prononcer l'annulation du contrat, voir CA Aix-en-Provence 25-6-2008 n° 05-21733 : RJDA 2/09 n° 143.

Si le **contrat ne peut pas subsister sans la clause réputée non écrite,** il est nul. Lorsque cette annulation expose le consommateur à des **conséquences** particulièrement préjudiciables (par exemple, dans le cas d'un prêt, dès lors que l'annulation emporte obligation de restituer la totalité du capital), le juge national peut remédier à cette nullité et substituer à la clause réputée non écrite une **disposition** de droit interne **à caractère supplétif** (CJUE 30-4-2014 aff. 26/13 : RJDA 7/14 n° 676 ; Cass. 1e civ. 13-3-2019 n° 17-23.169 F-PB : RJDA 11/19 n° 716), mais pas en réviser le contenu (CJUE 14-6-2012 aff. 618/10 : RJDA 8-9/12 n° 807). Notamment, il ne peut pas remédier aux lacunes d'un contrat en substituant à la clause abusive réputée non écrite des dispositions nationales prévoyant que les effets exprimés dans un acte juridique sont complétés par des effets découlant des principes d'équité (principes de vie en société) ou des usages (CJUE 3-10-2019 aff. 260/18 : RJDA 3/20 n° 182), car cela constituerait une modification « créative » qui pourrait affecter l'équilibre des intérêts voulu par les parties (Concl. Pitruzzella n° 74).

Lorsque **aucune disposition supplétive** ne peut être substituée à la clause déclarée abusive, que le contrat ne peut pas subsister sans cette clause, et que son annulation expose le consommateur à des conséquences particulièrement préjudiciables, le juge doit prendre toutes les mesures nécessaires afin de protéger le consommateur de ces conséquences. Il peut ainsi inviter les parties à négocier une solution, pourvu qu'il fixe le cadre de ces négociations et que celles-ci visent à établir entre les droits et les obligations des parties un équilibre réel (CJUE 25-11-2020 aff. 269/19 : RJDA 6/21 n° 429, solution posée dans une affaire de droit roumain en l'absence d'existence d'un taux d'intérêt légal national et dans une hypothèse où la clause d'intérêt était nulle, la CJUE ayant jugé que le juge roumain pouvait inviter les parties à négocier en vue de fixer les modalités de calcul de ce taux).

16985 Par ailleurs, les **associations de consommateurs** agréées peuvent demander à la juridiction civile d'ordonner, le cas échéant sous astreinte, la **suppression** des **clauses abusives** dans tout contrat ou type de contrat, en cours ou non, proposé ou destiné au consommateur (n° 5410), cette action ne pouvant toutefois pas concerner un contrat destiné aux non-professionnels (Cass. 1e civ. 4-6-2014 n° 13-13.779 : RJDA 11/14 n° 870).

Elles peuvent aussi demander au juge statuant sur l'action civile la suppression des clauses abusives dans les contrats ou les types de contrats, en cours ou non, proposés aux consommateurs (nos 5335 s.).

Enfin, elles peuvent demander au juge de déclarer que ces clauses soient réputées non écrites dans tous les contrats identiques conclus par le professionnel avec des consommateurs et de lui ordonner d'en informer à ses frais les consommateurs concernés par tous moyens appropriés (art. L 621-2 et L 621-8, al. 2).

Relevé d'office par le juge Le juge doit écarter d'office, après avoir recueilli les observations des parties, l'application d'une clause dont le caractère abusif ressort des éléments du débat (C. consom. art. R 632-1, al. 2). 16990

Par ailleurs, le juge doit relever d'office le caractère abusif d'une clause au regard d'un autre fondement que celui invoqué par le consommateur (Cass. 1e civ. 3-11-2016 no 15-20.621 F-PB : RJDA 3/17 no 208 ; Cass. 2e civ. 14-10-2021 no 19-11.758 FS-BR : RJDA 7/22 no 439). Il doit, en outre, examiner d'office le caractère abusif des clauses invoquées au regard des éléments de droit et de fait dont il dispose ; ainsi, une cour d'appel ne peut pas rejeter la demande d'une partie au motif que cette demande aurait dû être présentée dès le premier jeu de conclusions (Cass. 1e civ. 2-2-2022 no 19-20.640).

La mission reconnue au juge d'assurer la pleine efficacité du droit communautaire de protection des consommateurs justifie par ailleurs que le juge étatique puisse déclarer abusive une clause d'arbitrage en dépit du principe selon lequel il appartient à l'arbitre de statuer sur sa propre compétence (principe « compétence-compétence ») (Cass. 1e civ. 30-9-2020 no 18-19.241 FS-PB : RJDA 3/21 no 205).

ILLUSTRATIONS

Le juge doit rechercher d'office :

– si la clause qui renverse la charge de la preuve dans un contrat d'assurance automobile souscrit par un particulier n'est pas abusive, et si tel est le cas, il doit refuser de l'appliquer, sauf si le consommateur s'y oppose (Cass. 1e civ. 12-5-2016 no 14-24.698 : RJDA 11/16 no 826) ;

– le caractère éventuellement abusif de la clause d'un contrat d'assurance-vie qui renvoie, sans autre précision, au « tarif en vigueur » pour déterminer les modalités de transformation en rente de l'épargne constituée par l'adhérent (Cass. 2e civ. 14-10-2021, précité) ;

– le caractère éventuellement abusif d'une clause d'un contrat de maîtrise d'œuvre pour l'aménagement d'une grange imposant, avant toute procédure judiciaire, de saisir pour avis le conseil régional de l'ordre des architectes dont relève l'architecte intervenu au contrat (Cass. 3e civ. 11-5-2022 no 21-15.420 FS-B) ;

– le caractère éventuellement abusif de la clause d'un contrat de prêt immobilier qui autorise la banque à exiger immédiatement la totalité des sommes dues au titre du prêt en cas de défaut de paiement d'une échéance à sa date, sans mise en demeure ou sommation préalable, ni préavis d'une durée raisonnable (Cass. 1e civ. 22-3-2023 no 21-16.044 FS-B : RJDA 7/23 no 403).

Concernant une clause attributive de compétence exclusive, la Cour de justice a jugé que le juge était également tenu d'une obligation d'ordonner d'office les mesures d'instructions nécessaires pour déterminer le caractère éventuellement abusif d'une clause (CJUE 9-11-2010 aff. 137/08 : RJDA 1/11 no 88). La généralisation d'une telle obligation à toutes les clauses se heurterait à de nombreuses règles de droit interne, et notamment à l'article 7 du Code de procédure civile en vertu duquel le juge ne peut se fonder que sur des faits qui sont dans le débat ou à l'article 146 du même Code qui prévoit qu'une mesure d'instruction ne peut être ordonnée sur un fait que si la partie qui l'allègue ne dispose pas d'élément pour le prouver, et interdit au juge d'ordonner une mesure d'instruction en vue de suppléer la carence d'une partie dans l'administration de la preuve.

L'obligation de relever d'office le caractère abusif des clauses d'un contrat peut également trouver à s'appliquer au **juge de l'exécution** saisi dans le cadre d'une procédure de saisie-attribution, et ce alors même que la créance contestée a déjà donné lieu à un **jugement d'orientation revêtu de l'autorité de la chose jugée,** dans le cadre de la procédure de saisie immobilière ayant précédé la saisie-attribution (Cass. 1e civ. 13-4-2023 no 21-14.540 FS-BR : RJDA 8-9/23 no 468 ; dans le même sens, Cass. com. 8-2-2023 no 21-17.763 FS-B : RJDA 5/23 no 269). 16992

Maintien de la clause abusive par le professionnel Le professionnel encourt une amende si, dans les contrats proposés ou conclus avec des consommateurs ou des non-professionnels, il continue de recourir, dans des contrats identiques, à des clauses qui ont été jugées abusives par une décision de justice devenue définitive. Cette **amende civile** est 16995 d'un montant maximum de 15 000 € ou de 75 000 € selon qu'elle vise une personne physique ou une personne morale (C. consom. art. L 241-1-1, al. 1 et 2).

Le montant de l'amende peut être porté à 4 % du chiffre d'affaires de manière proportionnée aux avantages tirés des pratiques en cause – ce montant pouvant être porté à 2 millions d'euros en l'absence d'information disponible pour calculer l'amende sur le fondement du chiffre d'affaires – s'il s'agit d'une infraction de grande ampleur faisant l'objet d'une demande d'assistance mutuelle (C. consom. art. L 241-1-1, al. 3).

Enfin, le **juge** peut ordonner **la publication, la diffusion ou l'affichage de sa décision ou d'un extrait** de celle-ci ainsi que son insertion dans le rapport de gestion (C. consom. art. L 241-1-1, al. 4).

16998 **Renonciation à la protection par le consommateur** Si le consommateur ne peut pas **renoncer,** pour l'**avenir,** à la protection juridictionnelle et aux droits qu'il tient de la réglementation sur les clauses abusives, il peut renoncer à se prévaloir du caractère abusif d'une clause et donc renoncer aux **effets** qu'entraînerait la déclaration du caractère abusif de cette clause (CJUE ord. 3-3-2021 aff. 13/19 : RJDA 8-9/21 n° 609). Ainsi, le juge n'est pas tenu d'écarter l'application d'une clause dont le consommateur entend sciemment ne pas faire valoir le caractère abusif (CJCE 4-6-2009 aff. 243/08 : RJDA 10/09 n° 899 ; Cass. 1e civ. 1-10-2014 n° 13-21.801 : RJDA 7/15 n° 533). Le consommateur peut, par ailleurs, renégocier la clause abusive d'un contrat de prêt dans le cadre d'un contrat de novation de ce prêt, renonçant ainsi à se prévaloir du caractère abusif de cette clause, à la **condition** que cette renonciation procède d'un consentement libre et éclairé, ce qui implique qu'il soit conscient du caractère non contraignant (car abusif) de la clause en question et des conséquences qui en découlent (CJUE ord. 3-3-2021 précité).

Lorsque le consommateur demande la modification de la clause abusive, le juge national ne peut pas maintenir le contrat en modifiant la clause sans avoir examiné au préalable si l'annulation du contrat entraîne des conséquences particulièrement préjudiciables pour le consommateur (CJUE 12-10-2023 aff. 645/22 : RJDA 3/24 n° 188).

SANCTIONS ADMINISTRATIVES EN MATIÈRE DE CLAUSES ABUSIVES

17000 Le professionnel partie à un contrat comportant une ou plusieurs clauses figurant sur la liste des clauses interdites (voir n° 16900) encourt une **amende** administrative d'un montant maximum de 15 000 € s'il s'agit d'une personne physique et de 75 000 € s'il s'agit d'une personne morale (C. consom. art. L 241-2, al. 1).

Lorsque l'amende est prononcée à la suite d'une demande d'assistance mutuelle dans le cadre du dispositif prévu pour les infractions de grande ampleur, son montant peut être porté à 4 % du chiffre d'affaires moyen annuel. Il est plafonné à 2 millions d'euros en l'absence d'information disponible pour calculer l'amende sur ce fondement (C. consom. art. L 241-2, al. 2).

Cette amende est prononcée dans les conditions exposées aux nos 79640 s.

SANCTIONS PÉNALES EN MATIÈRE DE CLAUSES ABUSIVES

17010 Les articles L 212-1 s. du Code de la consommation ne prévoient aucune sanction pénale générale.

RÉPRESSION DES MANQUEMENTS À LA RÉGLEMENTATION

17020 La répression des manquements à la réglementation s'effectue dans les conditions fixées par les articles L 511-1 et suivants du Code de la consommation (voir nos 78600 s.).

ARTICULATION DE LA RÉGLEMENTATION SUR LES CLAUSES ABUSIVES AVEC LE DÉSÉQUILIBRE SIGNIFICATIF DU DROIT COMMUN

17030 L'article 1171 du Code civil permet au juge de déclarer non écrite toute clause non négociable, déterminée à l'avance par l'une des parties, d'un contrat d'adhésion, qui crée un déséquilibre significatif entre les droits et obligations des parties au contrat.

Quelle que soit sa rédaction, cette **disposition de droit commun** est en principe applicable indépendamment de la **qualité des parties** au contrat. Elle ne s'applique néanmoins pas aux contrats conclus entre un professionnel et un consommateur ou un non-professionnel, dont les rapports restent soumis à la **réglementation spéciale** du Code de la consommation sur les clauses abusives. En revanche, dès lors que les parties ne se verront pas reconnaître cette qualité, elles pourront invoquer le texte de droit commun.

CONSEIL

Les **personnes morales** auxquelles la qualité de non-professionnel n'est reconnue que restrictivement par la Cour de cassation auront intérêt à **invoquer** systématiquement l'**article 1171 du Code civil** à titre subsidiaire. De la même manière, le consommateur qui contracte avec une personne dont la qualité de professionnel est susceptible d'être écartée par les tribunaux pourra invoquer les dispositions du droit commun à titre subsidiaire.

Les **critères** et les **modalités d'appréciation** du **déséquilibre** visé par le texte de droit commun sont similaires à ceux du droit de la consommation : **17035**
– l'appréciation du déséquilibre ne doit porter ni sur l'objet principal du contrat ni sur l'adéquation du prix à sa prestation (mais le texte de droit commun ne réserve pas le cas des clauses qui ne sont pas claires ou compréhensibles ; à moins que les juges ne s'inspirent du droit de la consommation, l'article 1171 du Code civil est donc plus restrictif que l'article L 212-2 du Code de la consommation sous cet angle) ;
– le Code civil ne définit pas le déséquilibre significatif, et il n'y a pas de liste de clauses interdites ou présumées abusives, mais on peut penser que les critères seront sensiblement les mêmes que ceux retenus en droit de la consommation ;
– par application du droit commun, et même si aucun texte ne le précise expressément s'agissant du déséquilibre significatif, chaque clause devra, à notre avis, être interprétée par le juge à l'aune des autres clauses du contrat (C. civ. art. 1189) ;
– la clause créant un déséquilibre significatif est réputée non écrite, le contrat étant maintenu.

III. EFFETS DU CONTRAT DE CONSOMMATION

A. Détermination du contenu du contrat

INTERPRÉTATION DU CONTRAT DE CONSOMMATION

L'interprétation d'une clause en vue de déterminer si, indépendamment de toute ambiguïté, elle crée un **déséquilibre significatif** entre les parties s'opère en combinant les règles d'interprétation prévues par les articles 1188, 1189 et 1190 du Code civil et les règles dégagées par les tribunaux en matière de clauses abusives (voir n° 16910). **17200**

L'**interprétation d'une clause ambiguë** insérée dans un contrat entre professionnels et consommateurs doit en revanche conduire le juge à lui donner le sens le plus favorable au consommateur (C. consom. art. L 211-1, al. 2). Cette règle de droit spécial s'applique à l'exclusion de la règle d'interprétation de droit commun posée par l'article 1190 du Code civil suivant laquelle les contrats de gré à gré s'interprètent contre le créancier et en faveur du débiteur. Elle aboutit cependant au même résultat lorsque le contrat est un contrat d'adhésion, ce qui est presque toujours le cas des contrats de consommation, puisque dans ce cas l'article 1190 du Code civil prévoit que le contrat s'interprète contre celui qui l'a proposé. **17203**

De même, à la différence des règles d'interprétation du Code civil, le principe posé à l'article L 211-1, al. 2 s'impose au juge : lorsque l'ambiguïté de la clause est caractérisée, les juges du fond sont tenus de lui donner le sens le plus favorable au consommateur, la Cour de cassation exerçant son contrôle sur ce point (Cass. 1e civ. 21-1-2003 n° 00-13.342 : Bull. civ. I n° 19).

ILLUSTRATIONS

Dans un cas où un contrat d'assurance de groupe conclu par une société, afin de garantir à son dirigeant le versement d'un capital en cas de décès et d'invalidité, prévoyait un doublement de ce capital « si le décès ou l'invalidité permanente et totale de la personne assurée résulte d'un accident et s'il survient immédiatement ou dans les douze mois suivant le jour de l'accident », il a été jugé que le pronom « il » dans l'expression « s'il survient » visait seulement le cas du décès, l'interprétation de la clause dans le sens le plus favorable à l'assuré excluant l'application du délai de douze mois à l'invalidité (Cass. 2e civ. 13-7-2006 n° 1231 : RJDA 12/06 n° 1196).

La règle d'interprétation prévue par le Code de la consommation n'est cependant pas applicable aux procédures engagées sur le fondement de l'article L 621-8 du Code de la consommation par les associations de consommateurs agréées pour obtenir la suppression de clauses abusives dans les modèles de conventions habituellement proposés par les professionnels aux consommateurs (C. consom. art. L 211-1, al. 2). Le législateur a en effet estimé que les actions des associations reposent sur une appréciation abstraite du caractère abusif d'une clause contenue dans un modèle de convention, alors que la règle d'interprétation prévue à l'article L 211-1, al. 2 porte sur une appréciation concrète d'une stipulation d'un contrat auquel le consommateur a souscrit. Si les associations pouvaient invoquer cette règle d'interprétation dans le cadre de leur action préventive, les situations des parties pourraient être déséquilibrées au détriment des professionnels (Rapport AN n° 1775 p. 21 relatif à la loi 95-96 du 1-2-1995).

17205 Le **professionnel** ne peut pas se réserver le **droit** exclusif **d'interpréter le contrat** : toute clause qui lui ouvrirait un tel pouvoir est interdite, en vertu de la réglementation sur les clauses abusives (C. consom. art. R 212-1, 4°).

RÉVISION DU CONTRAT DE CONSOMMATION

17210 Les possibilités pour un professionnel de se réserver le droit de modifier unilatéralement le contrat sont limitées. En effet, sont abusives et donc réputées non écrites les clauses ayant pour objet ou pour effet de réserver au professionnel le droit de modifier unilatéralement les clauses du contrat relatives à sa **durée,** aux **caractéristiques** ou au **prix** du bien à livrer ou du service à rendre (C. consom. art. R 212-1, 3°). Sont présumées abusives les clauses ayant pour objet ou pour effet de lui réserver le droit de modifier unilatéralement les autres droits et obligations (art. R 212-2, 6°) ; il en résulte que ces clauses ne sont efficaces que si le professionnel prouve qu'elles n'entraînent pas un déséquilibre significatif entre les droits et les obligations des parties.
Ces dispositions ne sont toutefois pas applicables :
– aux transactions concernant les valeurs mobilières, les instruments financiers, et les autres produits ou services dont le prix est lié aux fluctuations d'un cours, d'un indice ou d'un taux que le professionnel ne contrôle pas (art. R 212-3, 1°-c) ;
– aux contrats d'achat ou de vente de devises, de chèques de voyage ou de mandats internationaux émis en bureau de poste et libellés en devises (art. R 212-3, 2°) ;
– aux clauses d'un contrats par lesquelles le fournisseur de services financiers se réserve le droit de modifier le taux d'intérêt dû par le non-professionnel ou le consommateur ou dû à celui-ci, ou le montant de toutes charges afférentes à des services financiers, sans aucun préavis en cas de motif légitime, pourvu qu'il ait l'obligation d'en informer l'autre partie contractante dans les meilleurs délais et que celle-ci soit libre de résilier immédiatement le contrat (art. R 212-4, al. 1).

17215 Lorsque le **contrat** est **à durée indéterminée,** il peut néanmoins être stipulé que le professionnel peut apporter unilatéralement des modifications liées au prix du bien à livrer ou du service à rendre à la condition que le consommateur en ait été averti dans un délai raisonnable pour être en mesure, le cas échéant, de résilier le contrat (C. consom. art. R 212-4, al. 3).
Le contrat peut également stipuler que le professionnel peut y apporter unilatéralement des modifications liées à l'**évolution technique,** dès lors qu'il n'en résulte ni augmentation de prix ni altération de la qualité et que les caractéristiques auxquelles le non-professionnel ou le consommateur a subordonné son engagement ont pu figurer au contrat (C. consom. art. R 212-4, al. 4).

B. Délivrance d'un bien ou fourniture d'un service dans un contrat de consommation

17240 La délivrance d'un bien, contenant des éléments numériques ou non, vendu par un professionnel à un consommateur ou un non-professionnel et l'exécution d'un contrat de prestation de services conclu entre ces mêmes personnes sont **régies** par les articles L 216-1 s. du Code de la consommation.

17245 La délivrance d'un bien est **définie** comme le transfert au consommateur de la possession physique ou du contrôle du bien. Dans le cas d'un bien comportant des éléments numériques, la délivrance inclut également la fourniture de ces éléments (C. consom. art. L 216-1, al. 2).
Lorsqu'il s'agit d'une prestation de services, l'exécution s'entend de la réalisation de la prestation conformément aux règles de l'art de la profession.

OBLIGATIONS DU PROFESSIONNEL

Au moment de la délivrance ou de la mise en service du bien, le professionnel doit fournir au consommateur la **notice d'emploi** et les **instructions d'installation** ainsi que, s'il y a lieu, le contrat de garantie commerciale (C. consom. art. L 216-4). En outre, il doit indiquer par écrit au consommateur lors de son achat, s'il y a lieu, le **coût de la livraison** et de la **mise en service** du bien. Enfin, un écrit doit être laissé au consommateur lors de l'entrée en possession du bien mentionnant la possibilité de formuler des réserves, notamment en cas de défaut du bien ou de défaut de remise de la notice ou des instructions d'installation (C. consom. art. L 216-5). 17250

DÉLAI DE LIVRAISON OU D'EXÉCUTION DU CONTRAT

Fixation du délai Le professionnel doit livrer le bien ou fournir le service à la **date** ou dans le **délai indiqué** au consommateur, sauf si les parties en sont convenues autrement (C. consom. art. L 216-1, al. 1). 17260

Lorsqu'**aucun délai n'a été fixé** dans le contrat, le professionnel doit s'exécuter sans retard injustifié et au plus tard trente jours après la conclusion du contrat (C. consom. art. L 216-1, al. 3).

> **Précisions** Les **hypothèses d'application** de cette **règle supplétive,** issue de la transposition de la directive 2011/83/UE du 25 octobre 2011, devraient être rares : en effet, la loi impose au professionnel d'indiquer le délai de livraison ou d'exécution dans tous les cas où elle n'est pas immédiate (nº 16350). En pratique, un délai devra donc être systématiquement indiqué. Cette mention n'est cependant pas prescrite à peine de nullité du contrat (Cass. 1e civ. 28-5-2009 nº 08-16.263 : Contrats, conc., consom. 2009 comm. nº 256 note G. Raymond). Le consommateur aura donc intérêt à invoquer ce délai fixé par défaut en l'absence de mention du délai dans le contrat.

Résolution du contrat en cas de non-respect du délai par le professionnel 17270

En cas de non-respect du délai de livraison du bien ou d'exécution du service prévu par le contrat, le consommateur peut mettre en œuvre les **sanctions de droit commun** : exécution forcée, exception d'inexécution, demande de dommages-intérêts et résolution du contrat. Les trois premières de ces sanctions ne présentent pas de particularité majeure en droit de la consommation (l'art. L 216-6, 1º du Code de la consommation, qui introduit un rappel de l'exception d'inexécution dont peut se prévaloir le consommateur, fait d'ailleurs expressément référence aux dispositions de droit commun). En outre, ces sanctions ne sont pas d'une grande efficacité en cas de retard d'exécution (voir pour une étude générale de ces sanctions, Mémento Droit commercial nºs 14400 s.).

Le droit de résolution unilatérale du consommateur en cas de non-respect du délai de livraison ou d'exécution est en revanche spécialement envisagé par le **Code de la consommation** (C. consom. art. L 216-6, 2º). Il concerne tous les contrats, quel que soit leur montant.

Procédure de la demande en résolution. Lorsque le professionnel n'a pas respecté la date ou le délai convenu ou, si une telle date n'a pas été fixée, au plus tard dans les trente jours de la conclusion du contrat, le consommateur peut choisir de résoudre le contrat après avoir respecté la procédure suivante (C. consom. art. L 216-6, I-2º, al. 1) : 17280

– Il doit d'abord mettre en demeure le professionnel de délivrer le bien ou de fournir le service dans un **délai supplémentaire** raisonnable. La loi ne définit pas la notion de délai supplémentaire raisonnable. La directive 2011/83/UE mentionne un délai « adapté aux circonstances » (art. 18, 2) qui sera fonction, notamment, de la nature du bien et du type de contrat.

– Si le professionnel ne s'est pas exécuté dans ce délai supplémentaire le consommateur peut alors librement constater la résolution du contrat.

Date de la résolution. Le contrat est considéré comme résolu à la réception, par le professionnel, de la lettre ou de l'écrit l'informant de cette résolution, sauf si le professionnel s'est exécuté entre-temps (C. consom. art. L 216-6, I-2º, al. 2). 17290

Par exception, la résolution sera immédiate lorsque (C. consom. art. L 216-6, II) :

– le professionnel refuse de livrer le bien ou de fournir le service ou lorsqu'il est manifeste qu'il ne livrera pas le bien ou ne fournira pas le service ;

– la date ou le délai contractuel méconnu constitue pour le consommateur une condition essentielle du contrat, ce caractère pouvant être déduit des circonstances qui entourent la conclusion du contrat (par exemple, achat d'une robe de mariée, ou de la totalité du mobilier nécessaire à l'emménagement dans un appartement vide) ou résulter d'une demande expresse du consommateur avant la conclusion du contrat.

Effets de la résolution. Lorsque le contrat est résolu en application de l'article L 216-6, le professionnel doit rembourser au consommateur la totalité des sommes versées, au plus tard dans les quatorze jours qui suivent la date de dénonciation du contrat (C. consom. art. L 216-7). En cas de retard de remboursement, des majorations sont appliquées : 10 % si 17300 le remboursement intervient dans les quatorze jours au-delà de ce terme, 20 % jusqu'à trente jours et 50 % au-delà (C. consom. art. L 241-4).

La mise en œuvre de cette procédure n'interdit pas au consommateur d'obtenir également des dommages-intérêts (C. consom. art. L 216-6, dernier al.).

RÉPRESSION DES MANQUEMENTS AUX RÈGLES SUR LES DÉLAIS DE LIVRAISON OU D'EXÉCUTION

17310 La répression des manquements à la réglementation prévue en matière de délais de livraison ou d'exécution du contrat s'effectue dans les conditions fixées par les articles L 511-1 et suivants du Code de la consommation (voir n°s 78600 s.). Une association de consommateurs agréée peut également engager, devant la juridiction civile, une action en cessation de la pratique (C. consom. art. L 621-7).

C. Transfert des risques en cas de vente à un consommateur

17350 Sauf stipulation contraire, les risques (par exemple, perte ou bien endommagé en cours de transport) pèsent en droit commun sur le propriétaire de la chose (C. civ. art. 1196, 1344-1 et 1624 ; C. com. art. L 132-7, voir Mémento Droit commercial n° 27100). Pour protéger le consommateur, le droit de la consommation prévoit des règles particulières. Ainsi, si le **vendeur se charge de l'acheminement du bien vendu,** le risque de perte ou de détérioration de ce bien n'est transféré au consommateur qu'au moment où ce dernier en prend physiquement possession (C. consom. art. L 216-2 et L 216-8). La responsabilité du vendeur ne peut pas être écartée au motif que le transporteur a offert une indemnisation forfaitaire au consommateur, admettant ainsi une défaillance de ses services à l'origine de la perte du colis (Cass. 1e civ. 3-2-3031 n° 10-21.046 F-P : RJDA 7/21 n° 528). Si le consommateur se charge lui-même du transport et choisi lui-même le transporteur, sans demander son avis au professionnel, le risque leur est transféré dès que la marchandise est remise au transporteur choisi (art. L 216-3 et L 216-8). Ces règles sont d'ordre public (art. L 219-1).

La répression des manquements à la réglementation prévue en matière de transfert de risques s'effectue dans les conditions fixées par les articles L 511-1 et suivants du Code de la consommation (voir n°s 78600 s.). Une association de consommateurs agréée peut également engager, devant la juridiction civile, une action en cessation de la pratique (C. consom. art. L 621-7).

D. Inexécution du contrat de consommation

17390 En cas d'inexécution du contrat, le consommateur peut recourir à toutes les actions que lui ouvre le droit commun des contrats : exécution forcée, exception d'inexécution, résolution, demande de réparation. En ce qui concerne l'étude générale de ces sanctions voir Mémento Droit commercial n°s 14400 s.

En matière de vente, le droit commun reconnaît en outre à l'acquéreur plusieurs actions en garantie à l'encontre du vendeur : garantie des vices cachés (Mémento Droit commercial n°s 27200 s.), garantie de conformité (Mémento Droit commercial n°s 26952 s.), garantie d'éviction (Mémento Droit commercial n° 27300). Enfin, lorsqu'un produit défectueux est à l'origine d'un dommage corporel, ou d'un dommage matériel supérieur à un montant de 500 €, le consommateur dispose d'une action en réparation fondée sur la responsabilité des produits défectueux (n°s 83310 s.).

Certains de ces remèdes ou actions font l'objet d'un aménagement particulier par le droit de la consommation. Nous précisons aux n°s 17400 s., toutes les fois où cela est possible, l'articulation entre les règles issues du Code de la consommation et celles du Code civil.

1. EXCEPTION D'INEXÉCUTION EN MATIÈRE DE CONTRAT DE CONSOMMATION

17400 L'exception d'inexécution, fondée sur l'interdépendance des obligations réciproques résultant d'un contrat synallagmatique, autorise l'une des parties à ne pas exécuter son obligation lorsque l'autre n'exécute pas la sienne (C. civ. art. 1219 ; Cass. req. 17-5-1938 : DH 1938 p. 419).

Le professionnel ne peut pas en priver le consommateur ou le non-professionnel : la clause ayant pour objet ou pour effet de **contraindre** ces derniers à exécuter leurs obligations alors que, réciproquement, le professionnel n'exécuterait pas ses obligations de délivrance ou de garantie d'un bien ou son obligation de fourniture d'un service est en effet irréfragablement présumée abusive et est donc réputée non écrite (C. consom. art. R 212-1, 5°).

2. GARANTIES DUES AU CONSOMMATEUR

a. Garantie légale de conformité

La garantie de conformité prévue par le Code de la consommation est d'ordre public (C. consom. art. L 219-1). Le consommateur ne peut donc pas **renoncer** à l'invoquer. Les conventions qui écartent ou limitent directement ou indirectement ses droits à ce titre, avant qu'il n'ait formulé de réclamation, sont donc réputées non écrites. Consommateur et professionnel peuvent cependant régler par convention les conséquences du défaut après la découverte de celui-ci (Cass. 1e civ. 17-03-1998 n° 96-13.972 : Bull. civ. I n° 120). 17430

CHAMP D'APPLICATION DE LA GARANTIE LÉGALE DE CONFORMITÉ

Cocontractants concernés La garantie de conformité peut être invoquée par le consommateur à l'encontre du vendeur professionnel ou de toute personne se présentant ou se comportant comme tel (C. consom. art. L 217-1, I), étant néanmoins précisé que le consommateur ne peut agir qu'à l'égard de ces derniers dans la mesure où il ne dispose pas d'une action directe contre le fabricant (Cass. 1e civ. 6-6-2018 n° 17-10.553 FS-PB : RJDA 10/18 n° 720). 17440

Les dispositions relatives à la garantie de conformité peuvent également être invoquées par un non-professionnel (C. consom. art. L 217-32). Ainsi, certaines **personnes morales** peuvent bénéficier de la garantie du droit de la consommation sans nécessairement avoir à agir suivant les règles du droit commun.

Contrats concernés La **garantie** légale de conformité **couvre** les contrats de vente de biens meubles corporels, ceci incluant certains biens intégrant des éléments numériques, ou certains éléments numériques fournis sur un support matériel (C. consom. art. L 217-1), qu'ils soient vendus neufs ou d'occasion, qu'ils soient consomptibles (carburant, aliments) ou non (véhicules automobiles, matériels de jardinage ou de bricolage). Sont assimilés à la vente le contrat en vertu duquel le professionnel délivre un bien et en transfère la propriété à un consommateur, lequel procure tout autre avantage, au lieu ou en complément du paiement d'un prix (C. consom. art. L 217-1, I-al. 2) et le contrat de fourniture de biens meubles à fabriquer ou à produire (C. consom. art. L 217-1, I-al. 3). Sont également couverts par la garantie de conformité les contrats portant sur la fourniture d'eau, d'électricité ou de gaz s'ils font l'objet d'un conditionnement limitant leur volume ou quantité, par exemple s'ils sont vendus en bouteilles (C. consom. art. L 217-1, I-al. 4). 17443

Il résulte de l'article L 217-1, I-al. 2 du Code de la consommation que sont exclus du domaine de la conformité du droit de la consommation le louage d'ouvrage (Cass. 3e civ. 12-10-2022 n° 20-17.335 FS-B : RJDA 1/23 n° 23), les ventes d'immeubles, mais également les cessions de créances, valeurs mobilières, marques, le louage d'ouvrage, etc. 17450

Sont également exclus de ce domaine (C. consom. art. L 217-2) :
- les ventes par saisie ou par autorité de justice ;
- les ventes aux enchères publiques au sens des articles L 320-1 s. du Code de commerce dès lors que les consommateurs ont la faculté d'y assister en personne ;
- les ventes d'animaux domestiques ;
- les ventes de contenus numériques et de services numériques ne relevant pas d'un contrat de vente de bien comportant des éléments numériques et les ventes de contenus numériques fournis sur un support matériel servant exclusivement à leur transport ; sur la garantie légale de conformité applicable à ces ventes, voir nos 18600 s. ;
- les contrats portant sur certains contenus et services numériques limitativement énumérés par le Code de la consommation (n° 18315).

> **Précisions** L'exclusion visant les **ventes aux enchères publiques** ne concerne que les vraies enchères, c'est-à-dire celles qui se concluent par une adjudication prononcée par un tiers. Les enchères visées par l'article L 321-3, al. 2 du Code de commerce, réalisées à distance et par voie électronique, n'entrent pas dans cette catégorie (Cass. 1e civ. 19-2-2013 n° 11-23.287) et ne sont donc pas concernées par l'exclusion. La garantie des vices cachés de droit commun s'applique aux ventes sur enchères publiques, de sorte que le consommateur privé de la protection du droit de la consommation pourra agir sur ce fondement.

17460 **Contrat soumis à un droit étranger hors de l'Union européenne** Les dispositions relatives à la garantie de conformité sont applicables, même dans le cas où la loi qui régit le contrat est celle d'un État n'appartenant pas à l'Union européenne, lorsque ce contrat présente un lien étroit avec le territoire d'un État membre (C. consom. art. L 232-2). Sur la notion de lien étroit, voir n° 16200.

NOTION DE CONFORMITÉ

17470 Le succès de l'**action en garantie** de conformité est subordonné aux **conditions** suivantes : il faut qu'un défaut de conformité existe, qu'il ait affecté le bien au moment de la délivrance et que le consommateur l'ait ignoré.

La notion de conformité doit s'entendre, d'une part, comme désignant la conformité des biens au contrat de vente selon des critères subjectifs – le bien doit notamment correspondre à la description prévue au contrat et être livré avec tous les accessoires ou mises à jour prévus au contrat (C. consom. art. L 217-4) –, d'autre part, elle doit être examinée sur la base de critères objectifs : le bien doit, par exemple, être adapté aux finalités auxquelles servirait normalement un bien de même type (C. consom. art. L 217-5).

17480 **Existence du défaut : critères subjectifs d'appréciation** Pour être **présumé conforme** au contrat le bien doit (C. consom. art. L 217-4) :

1° correspondre à la description, au type, à la quantité et à la qualité, notamment en ce qui concerne la fonctionnalité, la compatibilité, l'interopérabilité, ou toute autre caractéristique prévues au contrat ;

2° être propre à tout usage spécial recherché par le consommateur, porté à la connaissance du vendeur au plus tard au moment de la conclusion du contrat et que ce dernier a accepté ;

3° être délivré avec tous les accessoires et les instructions d'installation, devant être fournis conformément au contrat ;

4° être mis à jour conformément au contrat.

Le défaut de conformité est donc caractérisé lorsque la chose ne correspond pas à la **description** qu'en a donnée le vendeur et qui est entrée dans le champ contractuel (par exemple la couleur d'un bien, le caractère silencieux d'une hotte aspirante, le fait qu'un appareil doive être branché alors qu'il était vendu comme « sans fil »), ce en quoi elle recoupe la conformité de droit commun. Lorsque le vendeur connaissait la destination du bien, encore que celle-ci ne fût pas celle à laquelle ce bien était destiné, l'inaptitude du bien peut lui être reprochée.

Pour déterminer les **caractéristiques entrées dans le champ contractuel,** on peut notamment examiner les informations fournies au consommateur avant la conclusion du contrat sur les caractéristiques essentielles du bien. Les déclarations publiques du vendeur ou du producteur permettent également d'apprécier la légitimité des attentes du consommateur, étant précisé que le vendeur n'est pas tenu par les déclarations publiques qu'il ou que toute personne en amont de la chaîne de production aurait faite s'il démontre que (C. consom. art. L 217-5, II) :

– il ne les connaissait pas et n'était légitimement pas en mesure de les connaître ;

– au moment de la conclusion du contrat, les déclarations publiques avaient été rectifiées dans des conditions comparables aux déclarations initiales ;

– les déclarations publiques n'ont pas pu avoir d'influence sur la décision d'achat.

Tout défaut de concordance entre la chose livrée et la commande constitue un défaut de conformité, même si le produit est conforme à la norme NF (CA Paris 21-10-2004 n° 02-12001 : RJDA 2/02 n° 96).

17485 **Existence du défaut : critères objectifs d'appréciation** En plus des critères subjectifs de conformité au contrat (n° 17480), le bien est présumé conforme si (C. consom. art. L 217-5, I) :

1° il est propre à l'**usage habituellement attendu** d'un bien de même type, compte tenu, s'il y a lieu, de toute disposition du droit de l'Union européenne et du droit national ainsi que de toutes les normes techniques ou, en l'absence de telles normes techniques, des codes de conduite spécifiques applicables au secteur concerné ;

2° il possède les qualités que le vendeur a présentées au consommateur sous forme d'**échantillon** ou de modèle, avant la conclusion du contrat ;

3° en cas de bien comportant des éléments numériques, ceux-ci sont fournis selon la version la plus récente qui est disponible au moment de la conclusion du contrat, sauf si les parties en conviennent autrement ;

4° il est délivré avec tous les **accessoires,** y compris l'emballage, **et les instructions d'installation** que le consommateur peut légitimement attendre ;

5° il est fourni avec les mises à jour que le consommateur peut légitimement attendre ;

6° il correspond à la quantité, à la qualité et aux autres caractéristiques, y compris en termes de **durabilité,** de fonctionnalité, de compatibilité et de sécurité, que le consommateur peut légitimement attendre pour des biens de même type, eu égard à la nature du bien ainsi qu'aux déclarations publiques faites par le vendeur, par toute personne en amont dans la chaîne de transactions, ou par une personne agissant pour leur compte, y compris dans la publicité ou sur l'étiquetage.

Le défaut de conformité peut donc résulter de l'inaptitude du bien à l'**usage** auquel il est **normalement destiné,** ce qui correspond à la définition du vice caché du Code civil.

Le défaut peut également résulter de l'installation, lorsque celle-ci a été mise à la charge du vendeur par le contrat ou a été réalisée sous sa responsabilité.

Le Code de la consommation englobe donc dans une même notion les défauts de confor- **17486**
mité et les vices cachés du droit commun ; on peut se référer à la **jurisprudence** rendue sur le fondement du Code civil pour en préciser les contours.

ILLUSTRATIONS

Jugé que (jurisprudence rendue sur le fondement des règles du droit commun mais transposable) :
– constituent un **défaut de conformité** le fait pour un ordinateur de ne pas disposer de la capacité mémoire spécifiée (Cass. 1e civ. 13-10-1993 n° 91-16.344) ou pour une voiture de comptabiliser un kilométrage erroné et d'avoir fait l'objet d'une falsification du numéro de série (Cass. 1e civ. 15-3-2005 n° 02-12.497 : RJDA 11/05 n° 1202), ou encore, pour une éolienne, de ne pas permettre à l'acheteur de réaliser une économie d'énergie (Cass. 1e civ. 6-4-2016 n° 15-16.448 : BRDA 9/16 inf. 9), ainsi que la moindre dégradation subie par la chose, dès lors que la commande porte sur une chose neuve (Cass. 1e civ. 3-5-2006 n° 04-20.432 : RJDA 11/06 n° 1123) ;
– constitue un **vice caché** le défaut d'étanchéité d'une toiture (Cass. 1e civ. 5-5-1993 n° 90-18.331) ou de flottabilité de flotteurs (Cass. 3 e civ. 14-1-2009 n° 07-18.810 : RJDA 7/09 n° 620).

Jugé également que (jurisprudence rendue sur le fondement des articles L 217-1 s. du Code de la consommation) ne présentent **pas** les **qualités qu'un acheteur peut attendre** d'un bien semblable :
– le véhicule acquis d'occasion sur lequel sont apparus les défauts suivants : fissure ou cassure de la barre de torsion, usure prononcée des plaquettes de frein, jeu anormal de la crémaillère du boîtier de direction, défaut d'étanchéité du moteur et de la boîte de vitesse (CA Nancy 7-6-2012 n° 1519/12) ; mais le défaut de conformité aux stipulations contractuelles du vendeur d'un véhicule d'occasion présentant des défauts n'est pas établi, dès lors que la vente est intervenue sur la foi d'un procès-verbal de contrôle technique faisant état de ces défauts, même si l'annonce indiquait « contrôle technique, pas de réparation à prévoir, voiture roule parfaitement toutes distances » (Cass. 1e civ. 6-12-2017 n° 16-24.614 F-D) ;
– le canapé dont les coussins s'affaissent de sorte qu'il ne présente pas le confort attendu (CA Metz 13-1-2011 n° 09/03670) ;
– le chiot atteint d'hémophilie (Cass. 1e civ. 19-2-2014 n° 12-23.519).

Existence du défaut : autres critères d'appréciation Tout **défaut de sécurité** **17490**
étant un défaut de conformité, le consommateur peut agir sur le fondement des articles L 217-1 et suivants du Code de la consommation en l'absence de tout dommage.

Le bien doit être libre de tout droit de tiers, en particulier de droits de **propriété intellectuelle** ; cette exigence de la directive (Dir. 2019/771 art. 9) est reprise à l'article L 217-30 du Code de la consommation, semblant ainsi la détacher de l'obligation de conformité.

Lorsque les contrats comportent un traitement de données personnelles, le manquement aux obligations incombant au professionnel en vertu du **RGPD** (règlement général sur la protection des données personnelles) est assimilé à un défaut de conformité, dès lors que ce manquement entraîne le non-respect d'un ou de plusieurs critères de conformité (C. consom. art. L 217-6).

Obligations particulières concernant les mises à jour **Notion de mise à jour.** **17498**
Le Code de la consommation définit les mises à jour comme « les mises à jour ou les modifications visant à maintenir, adapter ou faire évoluer les fonctionnalités du bien, y compris les mises à jour de sécurité, que ces mises à jour soient nécessaires ou non au maintien de la conformité du bien » (C. consom. art. L 217-18).

17500 **Mises à jour nécessaires à la conformité du bien.** Le fabricant et le vendeur de biens comportant des éléments numériques sont tenus d'une **obligation d'information** particulière **en ce qui concerne** les mises à jour des logiciels fournis lors de **l'achat d'un bien contenant du matériel numérique** (nos 16400 s.).

Le vendeur supporte par ailleurs certaines **obligations visant directement ou indirectement à assurer la conformité** du produit, en évitant son obsolescence logicielle.

Il doit ainsi veiller à ce que le consommateur soit informé et reçoive les mises à jour qui sont nécessaires au maintien de la conformité des biens (C. consom. art. L 217-19, I) :
– durant une période à laquelle le consommateur peut légitimement s'attendre, eu égard au type et à la finalité des biens et éléments numériques et compte tenu des circonstances et de la nature du contrat, dans le cas d'une opération de fourniture unique du contenu numérique ou du service numérique ;
– durant une période de deux ans à compter du moment où les biens comportant des éléments numériques ont été délivrés, lorsque le contrat de vente prévoit la fourniture continue du contenu numérique ou du service numérique pendant une certaine période ;
– durant la période pendant laquelle le contenu numérique ou le service numérique est fourni en vertu du contrat lorsque celui-ci en prévoit la fourniture continue pendant une durée supérieure à deux ans.

Le consommateur – qui doit être informé par le vendeur des conséquences de son choix – a le droit de **refuser l'installation** de mises à jour. Dans ce cas, le vendeur n'est pas responsable d'un éventuel défaut de conformité qui résulterait de la non-installation de la mise à jour concernée (C. consom. art. L 217-19, II).

La responsabilité du vendeur est toutefois rétablie, même en cas de refus d'installation par le consommateur, dans le cas où la non-installation ou l'installation incorrecte des mises à jour par le consommateur est due à des lacunes dans les instructions d'installation qui lui ont été fournies (même art.).

17502 **Mises à jour non nécessaires au maintien de la conformité du bien.** La modification du contenu ou du service numérique, qui est inclus dans le bien et correspond à une mise à jour qui n'est pas nécessaire pour maintenir la conformité du contrat, est notamment **possible si** (C. consom. art. L 217-20) :
– le contrat autorise une telle mise à jour et en fournit une raison valable ;
– le vendeur informe le consommateur, de manière claire et compréhensible, raisonnablement en avance et sur un support durable, de la mise à jour envisagée en lui précisant à la date à laquelle elle intervient ;
– la mise à jour est fournie sans coût supplémentaire pour le consommateur ;
– le vendeur informe le consommateur de son droit à refuser la mise à jour ou, le cas échéant, de la désinstaller, si elle a une incidence négative sur son accès ou son utilisation du contenu numérique ou du service numérique.

Dans ce dernier cas, la **résolution** est de droit et sans frais pour le consommateur, dans un délai maximal de trente jours, à moins que la mise à jour n'ait qu'une incidence mineure pour lui. Le consommateur ne peut toutefois pas résoudre le contrat si le vendeur lui a proposé de conserver le contenu ou le service numérique sans modification, y compris au moyen d'un désinstallation de la mise à jour, et si le contenu ou le service demeure conforme.

Ces dispositions ne pas sont applicables en cas d'offres groupées (C. consom. art. L 217-20, dernier al.).

17510 **Défaut existant lors de la délivrance** La garantie couvre les défauts qui existent lors de la délivrance du bien (C. consom. art. L 217-3, al. 2), ainsi que ceux qui résultent de l'emballage, des instructions de montage ou de l'installation, lorsque celle-ci a été mise à la charge du vendeur par le contrat ou a été effectuée sous sa responsabilité ou encore lorsque l'installation incorrecte, effectuée par le consommateur comme prévu au contrat, est due à des lacunes ou des erreurs dans les instructions d'installation fournies par le vendeur (C. consom. art. L 217-3, al. 7).

La loi compense la **difficulté liée à la charge de la preuve** en instaurant une présomption d'antériorité du défaut qui n'existe pas dans les garanties de droit commun : le défaut de conformité constaté dans les 24 mois qui suivent la délivrance est ainsi présumé exister au moment de celle-ci. Pour les biens vendus d'occasion cette durée est réduite à 12 mois (C. consom. art. L 217-7, al. 1).

Lorsque le bien vendu inclut la fourniture d'un contenu ou d'un service numérique, les défauts de conformité sont présumés exister au moment de la délivrance s'ils apparaissent (C. consom. art. L 217-7, al. 3 à 5) :
– dans un délai de deux ans à compter de la délivrance du bien, lorsque le contrat prévoit cette fourniture pendant une durée inférieure ou égale à deux ans ou lorsque le contrat ne détermine pas la durée de fourniture ;
– durant la période durant laquelle le contenu numérique ou le service numérique est fourni en vertu du contrat, lorsque celui-ci prévoit cette fourniture pendant une durée supérieure à deux ans.

Le vendeur ne peut **échapper à cette présomption** que de deux façons (C. consom. art. L 217-7, al. 1) :
– soit en apportant la preuve contraire, c'est-à-dire en démontrant que le défaut n'existait pas lors de la délivrance mais résulte, par exemple, d'une utilisation inappropriée par le consommateur ;
– soit en démontrant que cette présomption n'est pas compatible avec la nature du bien ou du défaut invoqué, par exemple parce qu'il s'agit d'un produit devant être consommé avant une date limite proche de la vente.

La Cour de justice a jugé que l'article 5-3 de la directive 1999/44/CE du 25 mai 1999, mettant en place la présomption d'antériorité pour une période de six mois, avait un caractère contraignant tant pour les parties que pour les États membres et que cette règle devait s'appliquer même si elle n'avait pas été expressément invoquée par le consommateur susceptible d'en bénéficier (CJUE 4-6-2015 aff. 497/13 : BRDA 14/15 inf. 19, décision rendue sur le fondement de la directive 1999/44 mais transposable sous l'empire de la directive 2019/771 du 20-5-2019). Elle paraît ainsi mettre à la charge des juges nationaux une obligation de **relever d'office cette présomption,** tandis que le droit français lui en réserve seulement la faculté (C. consom. art. R 632-1).

Clause laissant au seul professionnel le droit d'apprécier la non-conformité Est interdite, en vertu de la réglementation sur les clauses abusives, toute clause ayant pour objet ou pour effet d'accorder au seul professionnel le droit de **déterminer si la chose** livrée **ou les services** fournis sont **conformes** ou non aux stipulations du contrat (C. consom. art. R 212-1, 4°). 17515

ILLUSTRATIONS

Est abusive la clause d'un contrat de prêt finançant des travaux de construction d'une maison, devant être débloqué au fur et à mesure de l'état d'avancement de ces travaux et sur présentation de factures validées par l'emprunteur, qui prévoyait l'exigibilité anticipée en cas de déclaration inexacte de l'emprunteur dès lors qu'elle est de nature à laisser croire que la banque dispose d'un pouvoir discrétionnaire pour apprécier l'importance de l'inexactitude de cette déclaration (Cass. 1e civ. 10-10-2018 n° 17-20.441 F-PB : RJDA 1/19 n° 51, non expressément rendu par application de l'art. R 212-1 mais pouvant y être rattaché).

Ignorance du défaut par le consommateur Le consommateur ne peut pas contester la conformité en invoquant un défaut concernant une ou plusieurs **caractéristiques particulières** du bien dont il a été spécifiquement informé qu'elles s'écartaient des **critères de conformité** énoncés par la réglementation, **écart** auquel il a expressément et séparément consenti lors de la conclusion du contrat (C. consom. art. L 217-5, III). 17520

Il ne suffit donc pas que le **défaut** soit **apparent** à la réception pour écarter la garantie de conformité. Par ailleurs, l'**absence de réserves** formulées par le consommateur lors de la réception du bien n'exonère pas le professionnel de la garantie de conformité qu'il doit au consommateur (C. consom. art. L 216-4).

MISE EN ŒUVRE DE LA GARANTIE LÉGALE DE CONFORMITÉ

L'article L 217-3 du Code de la consommation distingue : 17530
– un **délai de responsabilité** de deux ans, débutant à compter de la délivrance du bien et couvrant la période pendant laquelle le vendeur doit répondre du défaut et à l'issue duquel, corrélativement, le consommateur ne pourra plus rien lui reprocher. Lorsque le contrat prévoit la fourniture continue d'un **contenu ou d'un service numérique** pendant une durée inférieure ou égale à deux ans, ou lorsque le contrat ne détermine pas la durée de fourniture, le vendeur répond également des défauts de conformité apparus dans un délai de deux ans suivant le délivrance du bien. Ce délai est allongé pour couvrir les défauts apparus pendant toute la période de fourniture du contenu ou du service numérique, lorsque le contrat prévoit que ceux-ci seront fournis pendant plus de deux ans ;

– un **délai de prescription** de cinq ans, correspondant à la période pendant laquelle le consommateur peut invoquer les sanctions qui lui sont offertes. Ce délai court à compter du jour de la connaissance du défaut de conformité par le consommateur.

> **Précisions** Le délai de deux ans est plus sévère que celui de la garantie des vices cachés de droit commun, qui ne court qu'à compter de la découverte du défaut (par exemple, Cass. 1e civ. 17-2-2015 n° 15-12.741 F-D : RJDA 5/16 n° 430). Le consommateur dont l'action fondée sur les articles L 217-1 et suivants du Code de la consommation est prescrite aura donc intérêt à engager son action sur le fondement des actions en garantie du Code civil (voir n° 17600).
> En ce qui concerne la **nature de ce délai,** le Code de la consommation fait référence à un délai de prescription, de sorte que le délai de deux ans est en principe soumis à toutes les **causes d'interruption et de suspension** prévues par les articles 2233 à 2239 du Code civil. Notamment, le délai de prescription est suspendu, à certaines conditions, pendant la recherche d'un règlement par une méthode alternative au procès, médiation ou conciliation (C. civ. art. 2238). Cette cause de suspension est cependant soumise à des conditions strictes, puisqu'une médiation formalisée est nécessaire à la suspension du délai. Des démarches amiables isolées ne permettront donc pas au consommateur de se prévaloir de ces dispositions.
> Les pourparlers engagés entre le vendeur et le consommateur ne caractérisent pas non plus une reconnaissance non équivoque de la non-conformité du bien, susceptible d'entraîner une interruption de la prescription (Cass. 1e civ. 5-11-2009 n° 08-14.106).

EFFETS DE LA GARANTIE LÉGALE DE CONFORMITÉ

17540 **Hiérarchie des remèdes** En cas de défaut de conformité **le consommateur dispose** de **quatre droits** : le droit d'exiger la réparation du bien, son remplacement, une réduction adéquate du prix et la résolution du contrat.

Mais l'exercice de ces droits est hiérarchisé (C. consom. art. L 217-8 et L 217-12) : le consommateur est en effet obligé dans un **premier temps** de demander la réparation ou le remplacement du bien. Ce n'est que si la réparation ou le remplacement sont impossibles que l'acheteur peut demander la résolution du contrat ou la réduction du prix. La mise en conformité apparaît ainsi comme le remède prioritaire attaché à l'action de conformité.

> **Précisions a.** La **hiérarchie** des remèdes est issue de la directive 1999/44, dont la vision de la garantie de conformité était avant tout extra-judiciaire, et qui visait à reconnaître au consommateur des droits qu'il pourrait mettre en œuvre lui-même.
> Elle n'existe pas en droit commun (Cass. 3e civ. 20-10-2010 n° 09-16.788) : l'acheteur peut librement demander au juge de prononcer l'une des sanctions de droit commun sans avoir à respecter aucun ordre de priorité (la demande tendant à l'exécution forcée ne se conçoit cependant pas vraiment sur le terrain des vices cachés du Code civil). Selon le **but qu'il poursuit,** il peut donc être plus favorable, pour l'acheteur consommateur, d'agir sur le **fondement du Code civil.** Il en est d'autant plus ainsi que, le vendeur professionnel étant présumé de mauvaise foi, la mise en œuvre de la garantie des vices cachés sur le fondement de l'article 1645 du Code civil est facilitée (mais l'acheteur ne pourra pas dans ce cas se prévaloir de la présomption d'antériorité du Code de la consommation, Cass. 1e civ. 11-4-2019 n° 18-13.747 F-D : BRDA 12/19 inf. 19).
> **b.** Il est **conseillé** à l'acheteur de choisir avec soin le fondement de sa demande avant d'agir contre son vendeur : il a ainsi été jugé que le consommateur qui refuse une offre de réparation du vendeur et demande la résolution de la vente agit sur le fondement du Code civil et doit prouver l'antériorité du vice ; s'il échoue à apporter cette preuve, il ne peut donc pas invoquer le bénéfice des règles du Code de la consommation (Cass. 1e civ. 11-4-2019 n° 18-13.747 F-D, précité).

17550 **Mise en conformité du bien** L'**acheteur** qui constate un défaut de conformité **doit choisir** entre les deux solutions suivantes (C. consom. art. L 217-8, al. 1) :
– soit il demande la réparation du bien ;
– soit il demande son remplacement.

Il est en principe libre de son choix. Toutefois, le vendeur peut ne pas procéder selon le choix opéré par l'acheteur s'il établit que la solution choisie par le consommateur est impossible ou qu'elle entraîne des coûts disproportionnés (C. consom. art. L 217-12). Le vendeur retrouve donc la maîtrise du choix : il peut procéder au remplacement du bien si la réparation en était demandée, et vice versa.

Le vendeur peut également **refuser la mise en conformité** du bien si celle-ci est impossible ou entraîne des coûts disproportionnés (C. consom. art. L 217-12, al. 5). L'impossibilité vise à notre avis une impossibilité matérielle : par exemple, un bien n'est plus fabriqué, de sorte que le bien non conforme ne peut pas être remplacé ; ou encore l'absence de pièces détachées rend la réparation impossible.

En ce qui concerne la **disproportion,** elle doit être appréciée au regard de trois **critères,** vraisemblablement cumulatif : la valeur qu'aurait le bien en l'absence de ce défaut, l'importance du défaut, la possibilité éventuelle d'opter pour l'autre choix sans inconvénient majeur pour l'acheteur (C. consom. art. L 217-12, al. 1 à 4). Précisons toutefois que lorsque le vendeur ne procède pas selon le choix opéré par le consommateur, sans respecter les conditions que lui imposent la loi, l'acheteur peut, après mise en demeure, poursuivre l'exécution forcée en nature de la solution qu'il avait initialement sollicitée (C. consom. art. L 217-12, al. 6).

La mise en conformité doit avoir lieu dans un **délai raisonnable,** qui ne peut pas être supérieur à trente jours suivant la demande de l'acheteur et sans inconvénient majeur pour lui, compte tenu du bien et de l'usage qu'il en recherche (C. consom. art. L 217-10). Le vendeur doit, en outre, indiquer au consommateur les modalités pratiques de renvoi du bien si sa mise en conformité ne peut intervenir sur le lieu où le bien se trouve. Si le bien peut faire l'objet d'un renvoi par voie postale, sans entraîner pour le consommateur d'inconvénient majeur ou des frais disproportionnés au regard de sa valeur, le consommateur expédie ce bien au vendeur par cette voie. En tout état de cause, le consommateur ne peut être tenu d'assurer, ni de prendre en charge le transport du bien hors envoi postal (C. consom. art. D 217-1).

Le vendeur est tenu de motiver, par écrit ou sur support durable, son refus de procéder selon le choix du consommateur ou de mettre le bien en conformité (C. consom. art. L 217-12, dernier al.).

> **Précisions** Il été jugé par la CJUE que, dans l'hypothèse où l'un seul des deux modes de dédommagement s'avère possible, le vendeur ne peut pas le refuser, même s'il est disproportionné (CJUE 16-6-2011 aff. 65/09). Cette solution n'est, à notre avis, plus valable depuis le 1er janvier 2022, date d'entrée en vigueur de l'article L 217-12 du Code de la consommation ; cet article prévoit, en effet, que le **professionnel peut refuser la mise en conformité** si elle est impossible ou entraîne des coûts disproportionnés, au regard notamment de l'importance du défaut de conformité et de la valeur du contenu numérique ou du service numérique en l'absence de défaut.

Réduction du prix ou résolution du contrat **Cas d'ouverture de ces remèdes.** 17560
En cas de défaut, l'acheteur a le droit à la mise en conformité du bien (n° 17550), à défaut il peut solliciter la réduction du prix ou la résolution du contrat (C. consom. art. L 217-8, al. 1).

La résolution du contrat ou la réduction du prix sont ouvertes au consommateur dans les **cas suivants** (C. consom. art. L 217-14) :
- lorsque le professionnel refuse toute mise en conformité ;
- lorsque la mise en conformité intervient au-delà d'un délai de trente jours suivant la demande de l'acheteur ou si elle lui occasionne un inconvénient majeur ;
- si l'acheteur supporte définitivement les frais de reprise ou d'enlèvement du bien non conforme ou s'il supporte les frais d'installation du bien réparé ou du remplacement, ou les frais liés ;
- lorsque la non-conformité du bien persiste en dépit de la tentative de mise en conformité du vendeur restée infructueuse.

Par ailleurs, le consommateur peut **demander directement la résolution ou la réduction du prix** lorsque le défaut de conformité est si grave qu'il justifie que la réduction du prix ou la résolution du contrat soit immédiate.

Lorsque le **défaut de conformité est mineur,** le consommateur ne peut pas demander la résolution : dans ce cas, la seule option dont il dispose est la réduction du prix. Cette réserve n'est cependant pas applicable lorsque le contrat n'implique pas le paiement d'un prix.

Modalités de la résolution du contrat ou de la réduction du prix. Quelle que soit sa décision, l'acheteur doit en **informer le vendeur** (C. consom. art. L 217-15, al. 1 et L 217-16, al. 1). 17565

S'agissant de la résolution du contrat, la loi semble avoir consacré le principe d'une **résiliation unilatérale non judiciaire.** En effet, si l'acheteur informe le vendeur de sa décision de résoudre le contrat, il doit restituer les biens au vendeur aux frais de ce dernier. Le vendeur doit alors lui rembourser le prix payé et restituer tout autre avantage reçu au titre du contrat (C. consom. art. L 217-16).

Si l'acheteur souhaite obtenir une **réduction du prix,** il doit en informer le vendeur et la réduction du prix sera alors proportionnelle à la différence entre la valeur du bien délivré et la valeur de ce bien en l'absence du défaut de conformité (C. consom. art. L 217-15, al. 2). Il appartient au consommateur d'apprécier la quote-part du prix retenu, au moins avant tout conflit.

Frais liés à la mise en œuvre de la garantie L'article L 217-11, al. 1 du Code 17570
de la consommation prévoit que la mise en conformité du bien a lieu sans aucuns frais pour l'acheteur. Il n'est pas tenu de payer pour l'utilisation normale qu'il a faite du bien remplacé pendant la période antérieure à son remplacement (C. consom. art. L 217-11, al. 2).

Les éventuels **frais de renvoi du bien** avancé par le consommateur en vue d'obtenir sa mise en conformité doivent être remboursés dans un délai de quatorze jours au plus tard à compter du jour où l'acheteur est informé de la prise en charge du bien au titre de la garantie légale (C. consom. art. L 241-6). Le montant dû est de plein droit majoré de 10 % si le remboursement intervient au plus tard quatorze jours au-delà de ce terme, de 20 % jusqu'à trente jours et de 50 % ultérieurement (même art.).

17572 **Effets de la résolution du contrat** **Vente de biens.** Les effets de la résolution du contrat en cas de mise en œuvre de la garantie de conformité s'organisent de la manière suivante (C. consom. art. L 217-16) :
– le **consommateur** doit restituer les biens au vendeur aux frais de ce dernier ; le **vendeur** doit rembourser au consommateur le prix payé et restituer tout autre avantage reçu au titre du contrat ;
– lorsque le **défaut de conformité** ne **porte** que **sur** certains biens délivrés en vertu du contrat de vente, la résolution du contrat affecte l'ensemble des biens, même ceux non couverts par les dispositions sur la garantie légale de conformité des biens, si l'on ne peut pas raisonnablement attendre du consommateur qu'il accepte de garder les seuls biens conformes ;
– pour les **contrats prévoyant** la vente de biens et, **à titre accessoire,** la fourniture de services numériques ou de contenus numériques non couverts par les dispositions sur la garantie légale de conformité des biens, le consommateur a droit à la résolution de l'ensemble du contrat ;
– les obligations respectives des parties au contrat relatives aux conséquences de la résolution pour les contenus numériques et les services numériques (n°s 18655 s.) sont applicables à la résolution du contrat de vente d'un bien comportant des éléments numériques.

17574 Le **remboursement** des sommes doit être **effectué** par le professionnel dès réception du bien ou de la preuve de son renvoi par le consommateur et au plus tard dans les quatorze jours suivants (C. consom. art. L 217-17, al. 1).

Il doit rembourser ces sommes en recourant au même **moyen de paiement** que celui utilisé par le consommateur lors de la conclusion du contrat, sauf accord exprès de ce dernier et, en tout état de cause, sans frais supplémentaire (L 217-17, al. 2).

Lorsque le professionnel n'a **pas remboursé** les sommes versées par le consommateur dans ce délai, le montant total restant dû sera de plein droit majoré de 10 % si le remboursement intervient au plus tard quatorze jours au-delà de ce terme, de 20 % jusqu'à trente jours et de 50 % ultérieurement (C. consom. art. L 241-7).

17580 **Recours de droit commun** En plus de ses demandes tendant soit à la mise en conformité, soit à la résolution ou à la réduction du prix, le consommateur peut toujours solliciter le paiement de **dommages-intérêts** sur le fondement du droit commun (C. consom. art. L 217-8, al. 3).

Le consommateur peut également **suspendre le paiement** de tout ou partie du prix ou la remise de l'avantage prévu au contrat jusqu'à ce que le professionnel ait satisfait à ses obligations au titre de la garantie de conformité (C. consom. art. L 217-8, al. 2). Si le vendeur refuse la mise en conformité en méconnaissance des conditions auxquelles cette faculté est subordonnée, la consommateur a le droit, après mise en demeure, de poursuivre l'**exécution forcée** de la mise en conformité (C. consom. art. L 217-12, al. 6).

DÉFENDEUR À L'ACTION EN GARANTIE DE CONFORMITÉ

17590 Le consommateur doit **agir contre** le vendeur (C. consom. art. L 217-1).

L'acquéreur bénéficie également, en principe, de tous les droits et actions attachés à la chose et qui appartenaient au vendeur (Cass. 1e civ. 9-10-1979 : Bull. civ. 1979 I n° 241). En vertu de cette règle, le consommateur acheteur devrait donc pouvoir remonter la chaîne des ventes successives pour agir contre le fabricant.

ATTENTION

Pour pouvoir être transmis tout au long de la **chaîne de ventes successives,** le droit tiré de la garantie légale de conformité doit au préalable être né : or cette garantie ne peut apparaître qu'à l'occasion d'une vente entre un professionnel et un consommateur. Conclue entre un fabricant et un vendeur professionnel, la garantie légale de conformité n'existe pas et ne peut donc pas être transmise aux vendeurs successifs. Les hypothèses dans lesquels l'acheteur final pourra poursuivre le fabricant sur ce fondement sont donc en pratique inexistantes. Sous cet angle encore, le droit commun peut être un fondement de l'action plus favorable au consommateur.

Le vendeur final peut exercer une **action récursoire** contre les vendeurs ou intermédiaires successifs, ou contre le fabricant du bien, cette action étant soumise au droit commun (C. consom. art. L 217-31). Le vendeur exerce alors contre son propre vendeur une action en garantie des vices cachés, dont le succès est soumis à la preuve qu'il ignorait lui-même le défaut de la chose qu'il a revendue. 17595

CUMUL DE LA GARANTIE DE CONFORMITÉ AVEC LES ACTIONS DE DROIT COMMUN

Il résulte de l'article L 217-30 du Code de la consommation que les dispositions relatives à la garantie légale de conformité ne privent pas l'acquéreur du **droit d'exercer l'action résultant des vices rédhibitoires** telle qu'elle résulte des articles 1641 à 1649 du Code civil. À chaque fois que le défaut est aussi constitutif d'un vice caché, le consommateur dispose d'une option entre la protection du Code de la consommation ou celle du Code civil. Cette possibilité est très utile, dans de nombreuses hypothèses, et notamment lorsque le vendeur final ne peut plus être poursuivi, auquel cas la garantie des vices cachés peut être exercée directement par le consommateur contre le fabricant. Elle permet également au consommateur d'agir plus de deux ans après la vente, puisque le point de départ du délai de deux ans pour exercer l'action rédhibitoire est la découverte du vice (C. civ. art. 1648) et non pas la délivrance. 17600

L'action du consommateur est par ailleurs facilitée par la présomption jurisprudentielle de connaissance du vice caché par le vendeur professionnel (Cass. 1e civ. 19-1-1965 : Bull. civ. I n° 52).

L'article L 217-30 du Code de la consommation réserve également au consommateur le droit d'exercer toute **autre action de nature contractuelle ou extracontractuelle** qui lui est reconnue par la loi. Il peut donc, si cela lui est plus favorable, agir en résolution du contrat pour manquement à l'obligation de **délivrance conforme** de l'article 1604 du Code civil. Cette possibilité lui est utile lorsqu'il veut échapper au régime procédural strict de la garantie légale de conformité du droit de la consommation en ce qui concerne la hiérarchie des remèdes.

Prolongation de la garantie Tout bien réparé dans le cadre de la garantie légale de conformité bénéficie d'une extension de garantie de six mois. Lorsque le consommateur a choisi la réparation et que ce choix n'est pas mis en œuvre par le vendeur, le remplacement du bien fait courir au bénéfice du consommateur un **nouveau délai de garantie légale** de conformité attaché au bien remplacé, à compter du jour où le bien de remplacement est délivré au consommateur (C. consom. art. L 217-13). 17606

Sanctions Une amende civile peut être prononcée à l'encontre du vendeur qui fait obstacle, de manière dilatoire ou abusive, à la mise en œuvre de la garantie légale de conformité (C. consom. art. L 241-5 s.). 17607

Les manquements aux dispositions de l'article L 217-12 du Code de la consommation (n° 17550) expose le vendeur à une amende administrative dont le montant ne peut excéder 15 000 € pour une personne physique et 75 000 € pour une personne morale (C. consom. art. L 241-10). Cette amende est prononcée suivant les modalités exposées nos 79630 s.

b. Garantie commerciale

DÉFINITION ET INTÉRÊTS DE LA GARANTIE COMMERCIALE

La garantie commerciale est **définie** comme tout engagement contractuel d'un professionnel, qu'il s'agisse du vendeur ou du producteur, y compris par l'intermédiaire de toute autre personne agissant en leur nom ou pour leur compte, à l'égard du consommateur (C. consom. art. L 217-21, al. 1). Cet engagement a pour objet le remboursement du prix d'achat, le remplacement, la réparation du bien ou toute autre prestation de services en relation avec le bien, ou encore toute exigence éventuelle non liée à la conformité et énoncée dans la garantie commerciale, en sus des obligations légales du vendeur visant à garantir la conformité du bien (même art.). La garantie commerciale peut, par exemple, consister en un engagement du professionnel portant sur la satisfaction du consommateur à l'égard du produit acheté et laissant cette satisfaction à l'appréciation du consommateur (CJUE 28-9-2023 aff. 133/22 : RJDA 1/24 n° 53). 17610

ATTENTION

La **définition** de la garantie a été **légèrement remaniée** par l'ordonnance 2021-1247 du 29 septembre 2021 : le texte fait désormais référence au « garant » plutôt qu'au vendeur, pour tenir compte de l'application de ses dispositions aux services et contenus numériques. Ces modifications n'entraînent, à notre avis, aucun changement substantiel.

La garantie commerciale est souvent présentée comme un argument de vente par le professionnel et parfois conclue moyennant un **supplément de prix** : par exemple, les vendeurs d'appareils électroménagers offrent souvent une « extension de garantie » pendant trois, quatre ou cinq ans moyennant le paiement d'une somme à ajouter au prix de base. Mais les prestations réalisées dans le cadre de cette garantie commerciale sont réalisées sans frais supplémentaire, à la différence des prestations proposées dans le cadre du service après-vente et donc hors garantie.

La garantie commerciale résulte du seul accord de volonté de l'acheteur et du vendeur. Le caractère automatique de sa mise en œuvre peut présenter un **intérêt,** notamment lorsque le défaut apparaît après l'expiration du délai de deux ans pendant lequel le consommateur peut mettre en œuvre la garantie légale de conformité en se prévalant de la présomption d'antériorité du défaut. Autrement dit, l'intérêt des garanties commerciales d'une durée inférieure à deux ans est discutable.

STIPULATION DE LA GARANTIE COMMERCIALE

17615 Seul le consommateur parfaitement informé du périmètre et du régime des garanties légales est en mesure d'apprécier l'**avantage réellement procuré par une garantie commerciale.** En effet, certains professionnels n'hésitent pas à faire passer les garanties légales pour des garanties commerciales généreusement consenties à leurs clients.

C'est la raison pour laquelle le législateur a encadré la garantie commerciale par un certain nombre de règles destinées à protéger le consommateur, notamment en assurant sa parfaite information.

17620 La garantie commerciale doit être fournie au consommateur de manière lisible et compréhensible sur tout support durable, et au plus tard au moment de la délivrance du bien (C. consom. art. L 217-22, al. 1). La **garantie** doit **comporter** les indications suivantes (même art.) : le contenu de la garantie commerciale, sa durée, son prix, les modalités de sa mise en œuvre, son étendue territoriale ainsi que le nom, l'adresse et le numéro de téléphone du garant.

Outre les coordonnées du garant, la garantie commerciale doit inclure son adresse électronique ou tout autre moyen numérique pertinent. Par ailleurs, le contrat doit mentionner les exclusions ou tout facteur d'exclusion de la garantie commerciale (C. consom. art. D 217-2, I).

17625 Le **contrat** de garantie commerciale doit **mentionner** de façon « claire et précise » qu'indépendamment de la garantie commerciale le vendeur reste tenu de la garantie légale de conformité des biens (n° 17430) et des garanties légales relatives aux vices cachés (C. civ. art. 1641 et 1648, al. 1) (C. consom. art. L 217-22). Les modalités d'application de cette obligation d'information ont été précisées par décret. Ainsi, la garantie commerciale doit être intitulée « contrat de garantie commerciale » et son contenu doit préciser en quoi elle s'applique en plus des droits dont bénéficie le consommateur au titre de la garantie légale de conformité pendant toute la durée de celle-ci (C. consom. art. D 217-2, II). Enfin, le garant doit insérer dans le contrat de garantie commerciale l'encadré relatif à la mise en œuvre de la garantie légale de conformité devant figurer dans les conditions générales de vente (n° 16785).

PROLONGEMENT DE LA GARANTIE COMMERCIALE

17630 La réparation d'un bien peut entraîner son immobilisation prolongée qui réduit d'autant la durée de la garantie commerciale. L'article L 217-28 du Code de la consommation prévoit que toute **période d'immobilisation ou d'indisponibilité** du bien s'ajoute à la durée de la garantie qui restait à courir à la date de la demande d'intervention du consommateur ou à la date de mise à disposition du bien pour réparation ou remplacement si ce point de départ est plus favorable au consommateur. Le délai est également suspendu lorsque le consommateur et le professionnel entrent en négociation en vue d'un règlement amiable.

Ces dispositions étant d'ordre public (C. consom. art. L 219-1), il ne peut pas y être dérogé. En outre, elles s'appliquent, que la garantie ait été accordée lors de l'acquisition du bien ou lors de sa réparation.

Bien entendu, le professionnel est libre d'augmenter la durée de la prolongation imposée par la loi ou de proposer un produit ou un service de remplacement pendant la durée de l'immobilisation. Le professionnel peut consentir au consommateur une garantie commerciale l'engageant pendant une période donnée, supérieure à deux ans, dénommée « **garantie commerciale de durabilité** ». S'il propose une telle garantie, le professionnel est directement tenu, à l'égard du consommateur, de réparer ou de remplacer le bien, pendant la période indiquée dans l'offre de garantie commerciale de durabilité ; il est également tenu de mettre celle-ci en œuvre dans des conditions identiques à la garantie légale (C. consom. art. L 217-23).

SANCTIONS EN MATIÈRE DE GARANTIE COMMERCIALE

Le **non-respect des dispositions relatives à la garantie commerciale** n'entraîne pas la nullité de la garantie et ne prive donc pas l'acheteur du droit de se prévaloir de la garantie. **17640**

La méconnaissance des articles L 217-21 et L 217-23 est sanctionnée par le paiement d'une amende administrative d'un montant maximum de 15 000 € s'il s'agit d'une personne physique, et de 75 000 € s'il s'agit d'une personne morale (C. consom. art. L 241-13). Cette amende est prononcée suivant les modalités exposées nos 79630 s.

Par ailleurs, le fait de présenter la garantie légale comme un avantage spécifique constitue une pratique commerciale trompeuse (voir n° 67530).

17645

Appareils électroménagers : rescrit en matière de garantie commerciale

Tout professionnel du commerce de détail d'appareils électroménagers en magasins spécialisés peut demander à l'administration de prendre formellement position sur la conformité aux articles L 217-21 à L 217-23 du Code de la consommation du contrat de garantie commerciale qu'il envisage de mettre en place (C. consom. art. L 217-24, I-al. 1). La prise de position formelle de l'administration a pour objet de **prémunir le professionnel d'un changement d'appréciation** qui l'exposerait à une sanction administrative (C. consom. art. L 217-24, I-al. 2).
Cette **demande doit être présentée** à la Direccte (Direction régionale des entreprises, de la concurrence, de la consommation, du travail et de l'emploi) de la région où le demandeur a son siège social ou son établissement. Elle doit être effectuée **au moyen** d'un formulaire qui devrait être téléchargeable soit sur le site internet www.economie.gouv.fr/dgccrf, soit sur le site www.service-public.fr. Elle doit être **accompagnée** de tout document, notamment tout support contractuel à destination des consommateurs, permettant à l'autorité administrative de prendre position sur la question (Arrêté ECOC1906400A du 13-5-2019).
L'administration doit prendre formellement position dans un **délai** de deux mois à compter de la date de réception de la demande ou des éléments complémentaires nécessaires si la demande était incomplète. Sa décision est notifiée au demandeur (C. consom. art. R 217-9 s.).

RÉPRESSION DES MANQUEMENTS À LA RÉGLEMENTATION

La répression des manquements à la réglementation sur la garantie commerciale s'effectue dans les conditions fixées par les articles L 511-1 et suivants du Code de la consommation (voir nos 78600 s.). **17650**

Une association de consommateurs agréée peut également engager, devant la juridiction civile, une action en cessation de la pratique (C. consom. art. L 621-7).

c. Service après-vente

Le professionnel n'est pas obligé de fournir des prestations après-vente. Lorsque celles-ci existent, la loi prévoit un certain nombre de formalités destinées à permettre au consommateur de les distinguer de celles qui sont incluses dans la garantie. **17660**

Ainsi, non seulement le **contrat** portant sur un service après-vente est **soumis** aux règles communes applicables aux contrats conclus avec un consommateur, mais il est en outre soumis aux **exigences** suivantes, qui n'existent cependant qu'en cas de vente de biens (et non pas de fourniture de contenu numérique ou de service numérique) :
– il doit faire l'objet d'un contrat écrit dont un exemplaire est remis à l'acheteur (C. consom. art. L 217-25) ;
– il doit donner lieu à une obligation spéciale d'information pesant sur le vendeur qui propose une telle prestation, portant, s'il y a lieu, sur le coût de la livraison et de la mise en service du bien et sur la possibilité pour l'acheteur de formuler des réserves, notamment en cas de défauts de l'appareil ou de défaut de remise de la notice d'emploi ou des instructions d'installation (C. consom. art. L 216-5).
Cette obligation recoupe l'obligation générale d'information de l'article L 111-1 en ce qui concerne l'information sur les coûts d'installation. Elle s'en distingue cependant en ce qu'elle doit être délivrée non pas avant la conclusion du contrat, mais lors de l'achat, c'est-à-dire, vraisemblablement, dans le contrat remis au consommateur.

La mention relative à la faculté de formuler des réserves surprend, puisque la garantie de conformité couvre les défauts apparents au jour de la livraison (n° 17520). Par ailleurs, elle peut à notre avis induire le consommateur en erreur, en lui laissant penser qu'il n'est protégé que s'il formule de telles réserves.

Enfin, lorsque le vendeur facture des prestations de réparations forfaitaires, il doit informer l'acheteur par écrit ou sur un support durable, au plus tard lors de la conclusion du contrat, de l'origine de la panne, de la nature de l'intervention et des pièces ou fournitures remplacées (C. consom. art. L 217-26). Le vendeur doit également informer le consommateur qu'il ne bénéficie pas de la garantie légale de conformité pour les pièces ou fournitures fournies à titre accessoire dans le cadre de la prestation effectuée, à moins que celles-ci constituent l'objet principal du contrat conclu ou qu'elles n'aient été acquises par le consommateur dans le cadre d'un contrat de vente distinct (même art.).

17665 Lorsque le **vendeur** effectue la **mise en service** du bien, il doit non seulement installer celui-ci mais également vérifier son fonctionnement. La délivrance ou la mise en service s'accompagne de la remise de la notice d'emploi et des instructions d'installation et, s'il y a lieu, du certificat de garantie de l'appareil (C. consom. art. L 216-4).

17670 Le professionnel qui ne respecte pas les dispositions relatives au service après-vente encourt une **amende administrative** d'un montant de 3 000 € maximum s'il s'agit d'une personne physique et de 15 000 € si c'est une personne morale (C. consom. art. L 241-14). Cette amende est prononcée dans les conditions exposées n° 79640.

La répression des manquements à la réglementation s'effectue dans les **conditions** fixées par les articles L 511-1 et suivants du Code de la consommation (voir n°s 78600 s.).

Une association de consommateurs agréée peut également engager, devant la juridiction civile, une **action en cessation de la pratique** (C. consom. art. L 621-7).

3. CONVENTIONS AMÉNAGEANT LA RESPONSABILITÉ DES PARTIES

CLAUSES LIMITANT LA RESPONSABILITÉ DU PROFESSIONNEL

17690 La réglementation sur les clauses abusives protège le consommateur contre les clauses qui le priveraient de son droit à réparation : est ainsi interdite toute clause ayant pour objet ou pour effet de supprimer ou réduire le droit à réparation du préjudice subi par le non-professionnel ou le consommateur en cas de manquement par le professionnel à l'une quelconque de ses obligations (C. consom. art. R 212-1, 6°). L'interdiction s'applique à tous les contrats et vise toutes les limitations, sans distinction selon leur intensité. Sont ainsi visées non seulement les clauses qui excluent toute responsabilité, mais également celles qui se bornent à fixer un plafond d'indemnisation.

ILLUSTRATIONS

Ont été déclarées abusives :

– la clause limitant la responsabilité de la société EDF en cas d'interruption de la fourniture d'électricité, même si les clients étaient des horticulteurs connaissant le caractère aléatoire de la distribution de courant tout comme la vulnérabilité de leurs serres pour lesquelles aucun chauffage de secours n'avait été prévu (CA Angers 16-12-1987, annexé à chron. G. Paisant, « Les nouveaux aspects de la lutte contre les clauses abusives » : D. 1988 chron. p. 253) ;

– la clause figurant dans le contrat de vente d'un véhicule automobile limitant la garantie du constructeur au cas où une pièce serait reconnue défectueuse par celui-ci (CA Colmar 8-11-1996 : Gaz. Pal. 1997 som. p. 337 note H. Vray) ;

– la clause d'un contrat de déménagement limitant le montant de la réparation, même si le consommateur avait lui-même fixé le plafond de réparation (Cass. 1e civ. 11-12-2019 n° 18-21.164 F-PBI : RJDA 3/20 n° 181).

Est également interdite toute clause qui a pour objet ou pour effet d'interdire au non-professionnel ou au consommateur le **droit de demander** la résolution ou la résiliation du contrat en cas d'inexécution par le professionnel de ses obligations de délivrance ou de garantie d'un bien ou de son obligation de fourniture d'un service (C. consom. art. R 212-1, 7°). En matière de vente, ces dispositions font partiellement double emploi avec celles relatives à la garantie légale de conformité, qui sont d'ordre public (C. consom. art. L 219-1). Par ailleurs, la garantie des vices cachés du Code civil ne peut en principe pas être écartée par le vendeur professionnel qui est présumé connaître le vice (Cass. com. 18-2-1997 n° 94-20.609 : RJDA 6/97 n° 767).

CLAUSE METTANT UNE PÉNALITÉ À LA CHARGE DU CONSOMMATEUR

17700 Est présumée abusive toute clause qui a pour objet ou pour effet d'imposer au non-professionnel ou au consommateur qui n'exécute pas ses obligations une **indemnité** d'un montant manifestement disproportionné (C. consom. art. R 212-2, 3°). S'il veut se prévaloir d'une telle clause, le professionnel doit donc prouver qu'elle n'a ni pour objet ni pour effet de créer un déséquilibre significatif entre les parties.

E. Fin du contrat de consommation

PRÉSENTATION

Le contrat conclu avec un consommateur prend fin, comme n'importe quel contrat, à l'arrivée de son terme. Conformément au droit commun des contrats, chacune des parties peut aussi y mettre fin à tout moment lorsqu'il a été conclu sans durée déterminée. Afin de protéger le consommateur, la fin du contrat de consommation fait néanmoins l'objet d'un certain nombre de règles particulières, relatives, d'une part, à l'information du consommateur sur la tacite reconduction, d'autre part, aux conditions de résiliation ou de résolution, et enfin à la cession du contrat. 17740

1. INFORMATION LORS DE LA RECONDUCTION OU LA PROLONGATION DU CONTRAT

CONTRATS DE SERVICE SOUMIS À TACITE RECONDUCTION

La plupart des **contrats de services proposés aux consommateurs** prévoient, lorsqu'ils ne sont pas fixés pour une durée déterminée non renouvelable, leur tacite reconduction au-delà de la période initiale, égale en général à douze, dix-huit ou vingt-quatre mois. Passée cette durée initiale, le consommateur ou le non-professionnel ne peut mettre fin au contrat, hors circonstances spécifiques légales ou prévues par celui-ci, qu'à la date anniversaire de sa signature, après en avoir informé son cocontractant en respectant un délai de préavis généralement fixé à deux mois. À défaut d'avoir respecté ce préavis, le contrat est automatiquement reconduit pour la durée qu'il a fixée, en général annuelle. 17750

Afin de faciliter la rupture des contrats à tacite reconduction, le professionnel prestataire de services doit **informer le consommateur ou le non-professionnel par écrit,** « au plus tôt trois mois et au plus tard un mois avant le terme de la période autorisant le rejet de la reconduction », de la possibilité de ne pas reconduire le contrat (C. consom. art. L 215-1, al. 1 et L 215-3). Par exemple, dans le cas d'un contrat reconductible à compter du 1er janvier et résiliable moyennant un préavis de deux mois, le consommateur doit avoir été informé de la faculté de ne pas reconduire le contrat entre le 1er août et le 30 septembre. 17755

Champ d'application de l'obligation d'information L'obligation d'informer le consommateur de la possibilité de non-reconduction du contrat est applicable à tous les contrats de prestation de services tacitement reconductibles, à l'**exception** de ceux qui sont soumis à des dispositions législatives particulières en ce qui concerne l'information du consommateur (C. consom. art. L 215-1, al. 4), tels que les contrats relevant du Code des assurances, du Code de la mutualité et du Code de la sécurité sociale (cf. C. ass. art. L 113-15-1, C. mut. art. L 221-10-1 et CSS art. L 932-21-1), ainsi que les contrats proposés par les exploitants des services d'eau potable et d'assainissement (C. consom. art. L 215-2). Elle est applicable, par exemple, aux contrats de carte bancaire de paiement. Les contrats d'abonnement constituent cependant l'essentiel du contentieux relatif à la reconduction. 17760

> **Précisions** En ce qui concerne les **contrats transformés en contrats à durée indéterminée** (par exemple, contrats de téléphonie mobile), ces dispositions ne sont applicables qu'une seule fois, à l'échéance de la période initiale. Les travaux parlementaires relatifs à la loi 2005-67 du 28 janvier 2005, ayant créé l'obligation d'information sur la tacite reconduction, envisageaient l'exclusion des contrats dont la **reconduction** est effectuée **de mois en mois** (par exemple, contrats de télévision à péage) du champ d'application de l'article L 215-1, et ce pour des raisons pratiques (Rapport Sén. n° 286 relatif à la loi 2005-67 du 28-1-2005). Cette exclusion n'a pas été reprise dans la loi, de sorte qu'il faut sans doute considérer que tous les contrats tacitement reconductibles sont concernés par l'obligation d'information préalable. Reste que pour les contrats renouvelables mensuellement, la règle a peu d'intérêt puisque, précisément, le consommateur est libre de les résilier à tout moment.

Modalités de délivrance de l'information En principe, l'information concernant la décision de non-reconduction du contrat doit être délivrée par **lettre nominative ou courrier électronique dédiés** (C. consom. art. L 215-1, al. 1). Le législateur n'a pas souhaité imposer au professionnel l'envoi d'une lettre recommandée AR en raison des coûts qu'aurait engendrés une telle obligation. 17770

L'information ne peut donc pas être délivrée au consommateur à l'occasion des multiples envois que les professionnels adressent régulièrement à leurs clients (relevés de prestation, relevé de compte, facture, supports publicitaires, brochures tarifaires, etc.).

En cas de contestation, il appartient au professionnel de prouver que l'envoi écrit a bien été fait : le législateur estime, à cet égard, que la résiliation d'un contrat par un ou plusieurs clients soumis aux mêmes dates d'échéance que le réclamant pourra constituer une telle preuve (Rapport Sén. n° 286 relatif à la loi 2005-67 du 28-1-2005).

17775 L'information doit être délivrée dans des termes clairs et compréhensibles et la **date limite de non-reconduction** doit être mentionnée dans un encadré apparent (C. consom. art. L 215-1, al. 1).
Les articles L 215-1 à L 215-3 et L 241-3 doivent être reproduits intégralement dans le contrat de prestation de services (C. consom. art. L 215-4).

17778 La **résiliation** du contrat devant pouvoir se faire **par voie électronique** lorsque le contrat a été conclu selon cette modalité ou lorsqu'il a été conclu par un autre moyen et qu'au jour de la résiliation le professionnel offre au consommateur ou au non-professionnel la possibilité de conclure des contrats par voie électronique (C. consom. art. L 215-1-1, al. 1 issu de loi 2022-1158 du 16-8-2022 ; art. L 215-3), le professionnel doit mettre à la disposition du consommateur ou du non-professionnel une **fonctionnalité gratuite** permettant d'accomplir, par voie électronique, la notification et les démarches nécessaires à la résiliation du contrat (C. consom. art. L 215-1-1, al. 2 issu de loi 2022-1158).
La faculté de résiliation du contrat doit être présentée sous la mention « Résilier votre contrat » ou une formule analogue dénuée d'ambiguïté, affichée en caractères lisibles (C. consom. art. D 215-1, al. 1 issu du décret 2023-417 du 31-5-2023). Cette fonctionnalité doit être directement et facilement accessible à partir de l'interface en ligne depuis laquelle le consommateur ou le non-professionnel peut conclure des contrats par voie électronique (C. consom. art. D 215-1, al. 2 issu du décret 2023-417).

› Précisions a. Les dispositions relatives à la résiliation des contrats conclus par voie électronique sont **applicables depuis le 1er juin 2023,** y compris pour les contrats qui étaient en cours d'exécution à cette date (Loi 2022-1158 du 16-8-2022 art. 15, II).
b. Contrairement aux dispositions générales sur la résiliation des contrats de consommation, les dispositions relatives à la résiliation des contrats par voie électronique sont également applicables aux **contrats de fourniture d'eau potable** et d'assainissement (C. consom. art. L 215-2 modifié par loi 2022-1158).

17780 **Sanction du défaut d'information** Lorsque l'information n'a pas été adressée au consommateur conformément aux prescriptions énoncées ci-dessus, le client peut mettre gratuitement un **terme au contrat,** à tout moment à compter de la date de reconduction (C. consom. art. L 215-1, al. 2). La résiliation prend effet au jour où le consommateur l'exerce (Cass. 1e civ. 10-4-2013 n° 12-18.556).

ILLUSTRATIONS

Lorsqu'un contrat annuel de prestations comptables, reconduit tacitement sans que l'obligation d'information ait été satisfaite, a été résilié par le consommateur trois semaines après sa date anniversaire, la résiliation du contrat n'a pas pris effet à la date où le contrat a été reconduit et les prestations accomplies durant cette période de trois semaines ouvrent donc droit à rémunération (Cass. 1e civ. 10-4-2013 n° 12-18.556 précité).

Les **avances** effectuées après la dernière date de reconduction ou, s'agissant des contrats à durée indéterminée, après la date de transformation du contrat initial à durée déterminée, doivent être remboursées dans un délai de trente jours à compter de la date de résiliation, déduction faite des sommes correspondant, jusqu'à celle-ci, à l'exécution du contrat (C. consom. art. L 215-1, al. 3). À défaut de remboursement dans ces conditions, les sommes dues sont productives d'intérêts au taux légal (C. consom. art. L 241-3).

17785 Le non-respect des dispositions relatives aux modalités de **résiliation** des contrats conclus **par voie électronique** est sanctionné par une amende administrative dont le montant ne peut pas excéder 15 000 € pour une personne physique et 75 000 € pour une personne morale (C. consom. art. L 241-3-1 issu de loi 2022-1158 du 16-8-2022).
La **répression** des manquements à cette réglementation s'effectue dans les conditions fixées par les articles L 511-1 et suivants du Code de la consommation (voir nos 78600 s.).

2. CLAUSES RELATIVES À LA CESSION OU À LA CESSATION DU CONTRAT

CLAUSES SUR LA CESSION DU CONTRAT

17800 Est présumée abusive toute clause qui a pour objet ou pour effet de permettre au professionnel de procéder à la cession de son contrat **sans l'accord du non-professionnel ou du**

consommateur et lorsque cette cession est susceptible d'engendrer une **diminution des droits** de ces derniers (C. consom. art. R 212-2, 5°).
L'intérêt de cette interdiction n'est pas évident : la substitution de cocontractant est en effet, en principe, déjà soumise à l'accord du cédé par le Code civil (C. civ. art. 1216).

ILLUSTRATIONS

A été déclarée abusive la clause d'un contrat de télésurveillance qui prévoyait que « la société ou toute autre société que celle-ci pourra se substituer est expressément habilitée à émettre des avis de prélèvement payables par le débit du compte bancaire ou postal du client », les juges ayant relevé que le consommateur se voyait imposer des prélèvements par une autre société que celle avec laquelle il avait contracté sans obtenir son accord préalable, ce qui porte atteinte au principe du libre choix du cocontractant (CA Aix-en-Provence 25-6-2008 n° 05-21733).

CLAUSE RELATIVE AU PRÉAVIS DE RÉSILIATION

Est présumée abusive toute clause qui a pour objet ou pour effet de reconnaître au profes- **17810**
sionnel la faculté de résilier le contrat sans **préavis** d'une **durée raisonnable** (C. consom. art. R 212-2, 4°).

Par **exception,** cette disposition n'est pas applicable : **17815**
– aux transactions concernant les valeurs mobilières, les instruments financiers et les autres produits ou services dont le prix est lié aux fluctuations d'un cours, d'un indice ou d'un taux que le professionnel ne contrôle pas (C. consom. art. R 212-3, 1°) ;
– aux contrats d'achat ou de vente de devises, de chèques de voyage ou de mandats internationaux émis en bureau de poste et libellés en devises (C. consom. art. R 212-3, 2°) ;
– au fournisseur de services financiers qui peut se réserver le droit de mettre fin au contrat à durée indéterminée unilatéralement et sans préavis en cas de motif légitime, à condition qu'il ait l'obligation d'en informer l'autre partie contractante immédiatement (C. consom. art. R 212-4, al. 2).

CLAUSES DÉFINISSANT LES CONDITIONS DE LA RÉSILIATION

Est présumée abusive toute clause qui a pour objet ou pour effet de soumettre la résolution **17820**
ou la résiliation du contrat à des conditions ou modalités **plus rigoureuses pour le non-professionnel ou le consommateur** que pour le professionnel (C. consom. art. R 212-2, 8°).

Est interdite, en vertu de la réglementation sur les clauses abusives, toute clause qui a pour objet ou pour effet d'interdire au non-professionnel ou au consommateur le droit de demander la résolution ou la résiliation du contrat en cas d'inexécution par le professionnel de ses obligations de délivrance ou de garantie d'un bien ou de son obligation de fourniture d'un service (art. R 212-1, 7°).

Est interdite, en vertu de la réglementation sur les clauses abusives, toute clause qui a pour **17825**
objet ou pour effet de reconnaître au professionnel le droit de **résilier discrétionnairement le contrat,** sans reconnaître le même droit au non-professionnel ou au consommateur (C. consom. art. R 212-1, 8°).

Toutefois, le **fournisseur de services financiers** peut se réserver le droit de mettre fin au contrat à durée indéterminée unilatéralement, et sans préavis en cas de motif légitime, à condition d'avoir l'obligation d'en informer l'autre partie contractante immédiatement (art. R 212-4, al. 2).

Lorsque le professionnel résilie lui-même discrétionnairement le contrat, est interdite toute **17830**
clause qui a pour objet ou pour effet de lui permettre de retenir les **sommes versées** au titre de prestations non réalisées par lui (C. consom. art. R 212-1, 9°). Les consommateurs comme les non-professionnels peuvent se prévaloir de ces dispositions.

CLAUSES FIGURANT DANS LES CONTRATS À DURÉE INDÉTERMINÉE

Dans un contrat à durée indéterminée, sont interdites les clauses qui ont pour objet ou pour **17840**
effet de soumettre la résiliation de celui-ci à un délai de **préavis** plus long pour le non-professionnel ou le consommateur que pour le professionnel (C. consom. art. R 212-1, 10°).

Est abusive et donc interdite, dans les contrats à durée indéterminée, toute clause qui a pour **17845**
objet ou pour effet de subordonner la résiliation par le non-professionnel ou par le consommateur au versement d'une **indemnité** au profit du professionnel (C. consom. art. R 212-1, 11°).

Annexe

Clauses abusives

18000 Le caractère abusif ou non de clauses qui ont été soumises aux **tribunaux** est présenté dans le tableau – non exhaustif – ci-dessous **par secteur d'activité,** sans distinguer entre les clauses soumises au juge à la demande d'un consommateur ou d'un non-professionnel partie au contrat et les clauses dont la suppression a été ordonnée par le juge à la demande d'une association de consommateurs. Pour chaque secteur concerné, sont également mentionnés les **recommandations** émises par la **Commission des clauses abusives** et les **avis** qu'elle a éventuellement rendus à la demande des tribunaux.

La jurisprudence rendue avant l'entrée en vigueur de la loi 95-96 du 1er février 1995, qui a notamment modifié la définition des clauses abusives (nº 16850), est transposable à la réglementation actuelle.

ACTION EN JUSTICE

18010 **1. Règles générales**

Contenu de la clause	Clause abusive	Clause non abusive
Clause d'un contrat d'assurance automobile prévoyant une exclusion de garantie en cas d'alcoolémie du conducteur sauf si l'assuré apportait la **preuve** que l'accident était sans relation avec cet état.	Elle renverse la charge de la preuve et le juge doit la relever d'office (Cass. 1e civ. 12-5-2016 nº 14-24.698 : RJDA 11/16 nº 826).	
Clause d'un contrat d'assurance automobile prévoyant, s'agissant de la garantie contre le vol avec effraction, que si le véhicule est retrouvé la mise en œuvre de la garantie est subordonnée à la preuve d'un forcement de la direction, de la détérioration des contacts électriques permettant la mise en route ou de tout système de protection antivol en phase de fonctionnement.	Au motif de définir l'effraction (forcement de la direction, etc.), l'assureur limite à des indices prédéterminés la preuve du sinistre alors qu'en application de l'article 1315 du Code civil (devenu art. 1353) cette preuve est libre ; outre son caractère restrictif, ce mode de preuve ne correspond plus à la réalité des techniques modernes mises en œuvre pour le vol des véhicules (TGI Paris 5-1-2017 nº 15/06093 : www.clauses-abusives.fr).	
Clause attribuant compétence aux juridictions californiennes, en cas de litiges entre la société Facebook et l'utilisateur du réseau social.	Elle oblige le consommateur à saisir une juridiction particulièrement lointaine de son domicile et à engager des frais sans proportion avec l'enjeu économique du contrat souscrit pour des besoins personnels et familiaux, de sorte qu'elle est de nature à l'empêcher d'agir en justice (CA Paris 12-2-2016 nº 15/08624 : RJDA 7/16 nº 570).	

18010 (suite)

Contenu de la clause	Clause abusive	Clause non abusive
Clause des conditions générales de vente d'un contrat conclu par voie électronique selon laquelle le **contrat** est **régi par la loi** de l'État membre du siège du professionnel, différente de celle du consommateur.	Si elle induit le consommateur en erreur en lui donnant l'impression que seule la loi de cet État membre s'applique au contrat, sans l'informer du fait qu'il bénéficie également de la protection que lui assurent les dispositions impératives du droit qui serait applicable en l'absence de cette clause (CJUE 28-7-2016 aff. 191/15 : RJDA 11/16 n° 909).	
Clause insérée dans un contrat de réservation de voyage qui contraint le consommateur, en cas de litige, à recourir obligatoirement à une **médiation** avant la saisine du juge.	Clause présumée abusive, son caractère explicite, le fait qu'elle ne prive pas le consommateur de la possibilité de saisir la justice, que la médiation préalable n'impose pas au consommateur de charge financière supplémentaire, que l'instance de médiation soit neutre et compétente, et que sa mise en œuvre ait été indiquée avec précision au contrat ne constituant pas une preuve contraire (Cass. 1e civ. 16-5-2018 n° 17-16.197 F-D). Arrêt rendu par application du droit antérieur à l'ordonnance 2016-301. Les clauses de médiation préalable obligatoire sont désormais interdites dans les contrats avec un consommateur (C. consom. art. L 612-4).	
Clause d'un contrat de prestation de services conclu entre le gérant du restaurant d'une résidence pour seniors et une société spécialisée dans la restauration collective, **subordonnant la contestation** des factures mises à la charge du gérant au paiement préalable de 90 % de leur montant et au respect d'un délai de 30 jours à compter de l'établissement des factures.	Clause ayant pour objet ou pour effet de supprimer ou d'entraver l'exercice d'actions en justice ou des voies de recours : d'une part, le paiement préalable est rédhibitoire pour l'exercice de toute contestation ; d'autre part, en prévoyant un délai de contestation courant à compter de la date de la facture, et non de celle de son envoi ou de sa réception, le prestataire pouvait priver son cocontractant de la possibilité de contester la facture en l'adressant après l'expiration du délai imparti (CA Paris 5-9-2019 n° 17/02353).	

Contenu de la clause	Clause abusive	Clause non abusive
Clause d'arbitrage introduite dans un contrat liant un particulier français et un cabinet d'avocat espagnol	Clause pouvant être déclarée abusive par le juge étatique français en dépit du principe compétence-compétence (Cass. 1e civ. 30-9-2020 nº 18-19.241 FS-PB : RJDA 3/21 nº 205).	
Clause d'un contrat de maîtrise d'œuvre pour l'aménagement d'une grange imposant, **avant toute procédure judiciaire, de saisir pour avis le conseil régional de l'ordre des architectes** dont relève l'architecte intervenu au contrat.	Clause présumée abusive dès lors qu'elle institue une procédure obligatoire et préalable à la saisine du juge par le recours à un tiers (Cass. 3e civ. 11-5-2022 nº 21-15.420)	

18015 **2. Inscription à une action judiciaire collective**

Contenu de la clause	Clause abusive	Clause non abusive
Clause selon laquelle les consommateurs adhérents acceptent que l'**avocat intervenant choisisse seul** la juridiction, le fondement juridique de l'action et la manière de l'exercer et renoncent à se désister en cours d'instance.	Elle dépouille le client de la défense de ses intérêts et affranchit l'avocat de ses devoirs notamment de conseil et d'assistance (CA Paris 17-10-2006 nº 05-23835 : RJDA 4/07 nº 411).	
Clause imposant au consommateur adhérent des **honoraires** au profit de l'avocat intervenant supérieurs à ceux initialement convenus en cas de retrait de son action après six mois et des honoraires pleins s'il se retire dans les trois mois précédant la fin de l'action.	Elle confère aux honoraires un caractère purement forfaitaire les dissociant des diligences effectivement accomplies (CA Paris 17-10-2006 nº 05-23835 précité).	

ASSURANCES

18020 – Recommandation nº 90-02 : assurances « dommages-ouvrage » (BOCCRF du 28-8-1990).

– Recommandation nº 89-01 : assurance des véhicules automobiles de tourisme (BOCCRF du 14-7-1989).

– Recommandation nº 02-03 : assurance de protection juridique (BOCCRF du 30-5-2002).

– Recommandation nº 17-01 : contrat d'assurance complémentaire santé (BOCCRF du 19-2-2018).

Contenu de la clause	Clause abusive	Clause non abusive
Clauses figurant dans les **conditions générales** d'une police d'assurances qui n'apparaissent pas clairement dans le contrat spécifique de l'assuré.		Dans les conditions particulières, l'assuré reconnaît avoir reçu un exemplaire des conditions générales (Cass. 1e civ. 10-4-1996 : RJDA 3/97 nº 434).

1. Contrat d'assurance « accident de la vie » 18025

Contenu de la clause	Clause abusive	Clause non abusive
Clause permettant à l'assuré de recourir à son propre médecin en cas de désaccord sur les **conclusions** de l'**expert mandaté par la compagnie d'assurance** sur son état d'invalidité mais qui prévoit que, en ce cas, il doit régler lui-même les frais afférents à la **rémunération** de ce **second médecin.**	Dès lors qu'elle réduit la probabilité pour l'assureur d'être confronté à une critique professionnelle de l'évaluation faite par son médecin-expert (CA Caen 27-9-2018).	
Clause qui, pour déterminer les modalités de transformation en rente de l'épargne constituée par l'adhérent, renvoie au « **tarif en vigueur** » sans autre précision.	Dès lors qu'elle n'est pas rédigée de façon claire et compréhensible et permettant à l'adhérent d'évaluer, sur le fondement de critères précis et intelligibles, les conséquences économiques et financières qui en découlent pour lui (Cass. 2e civ. 14-10-2021 nº 19-11.758 FS-BR : RJDA 7/22 nº 439).	

2. Contrat d'assurance-groupe complémentaire à un contrat de crédit 18030

Recommandation nº 90-01 : contrats d'assurance complémentaires à un contrat de crédit à la consommation ou immobilier ou à un contrat de location avec option d'achat (BOCCRF du 28-8-1990).

– Avis nos 06-01, 06-02 (Rapport d'activité de la Commission pour 2006 : BOCCRF du 31-7-2007), 03-01, 03-02 (Rapport d'activité de la Commission pour 2003 : BOCCRF du 7-4-2004), 01-01 (Rapport d'activité de la Commission pour 2001 : BOCCRF du 30-5-2002) : assurance complémentaire à un prêt.

Contenu de la clause	Clause abusive	Clause non abusive
Clause excluant le **bénéfice de la garantie** dans le cas où la maladie de l'assuré résulte des « suites, conséquences, rechutes ou récidives de maladie ou d'accident antérieurs à la date d'adhésion à l'assurance ».		(TI Senlis 21-4-2004 nº 02-172 : Rapport d'activité de la CCA pour 2004).
Clause prévoyant la nullité de l'adhésion faute de modification des réponses portées sur le questionnaire de santé en cas d'**évolution de l'état de santé** de l'emprunteur dans le délai de trois mois et avant la prise d'effet des garanties.	Dès lors qu'elle ne mentionne pas expressément la mauvaise foi, dont la preuve par l'assureur est exigée par l'article L 113-8 du Code des assurances pour le prononcé de la nullité de l'adhésion (CA Grenoble 20-1-2015 nº 12/02971 : www.clauses-abusives.fr).	
Clause qui édicte que les garanties n'interviennent pas lorsqu'elles résultent de maladies ou d'accidents frappant un assuré ne résidant pas sur le sol français ou séjournant temporairement **hors de France** en cours de contrats.	Alors que l'assuré règle ses primes (CA Grenoble 20-1-2015 nº 12/02971 précité).	

18030 (suite)

Contenu de la clause	Clause abusive	Clause non abusive
Clause qui, s'agissant du risque d'**incapacité temporaire totale** de travail, subordonne la mise en œuvre et le maintien de la garantie à l'incapacité de l'adhérent « d'exercer une activité quelconque, professionnelle ou non » ou « d'exercer une activité professionnelle à temps plein ou à temps partiel » ou encore « de reprendre une quelconque activité rémunérée ou non ».	Dès lors que l'incapacité temporaire totale, selon l'acception commune, est définie comme l'impossibilité complète et continue de se livrer à « son » activité professionnelle et que cette définition est avalisée par d'autres clauses du contrat (Cass. 1e civ. 14-4-2016 nº 15-19.107 : RJDA 11/16 nº 825).	Dès lors que cette clause, rédigée de façon claire et compréhensible, définit l'objet principal du contrat (Cass. 1e civ. 13-12-2012 nº 11-27631 : www.clauses-abusives.fr ; Cass. 1e civ. 10-9-2014 nº 12-20931 : www.clauses-abusives.fr). Si la clause porte sur l'objet principal du contrat et si elle est claire et compréhensible, c'est-à-dire qu'elle est non seulement intelligible pour le consommateur sur un plan grammatical, mais également qu'elle expose de manière transparente le fonctionnement concret du mécanisme d'assurance, de sorte que le consommateur soit mis en mesure d'évaluer les conséquences économiques qui en découlent pour lui (CJUE 23-4-2015 aff. 96/14 : BRDA 9/15 inf. 23).
Clause qui stipule que, pour bénéficier de la **garantie invalidité** totale et définitive, l'adhérent doit être dans l'impossibilité définitive de se livrer à toute occupation et/ou toute activité rémunérée ou lui donnant gain ou profit.		Dès lors que cette clause ne donne pas toute latitude à l'assureur pour décider si l'état du souscripteur correspond ou non à la garantie (Cass. 2e civ. 2-4-2009 nº 07-14.900 : www.clauses-abusives.fr).
Clause qui, s'agissant du **risque d'invalidité permanente et absolue,** subordonne la mise en œuvre de la garantie aux trois conditions suivantes : l'état d'invalidité doit survenir en cours d'assurance et avant le 65e anniversaire de l'assuré ; il doit mettre l'assuré dans l'impossibilité totale et définitive de se livrer au moindre travail pouvant lui procurer gain ou profit ; il doit l'obliger à recourir pendant toute son existence à l'assistance permanente d'une tierce personne pour accomplir les actes ordinaires de la vie.		Dès lors que cette clause définit l'objet principal du contrat et qu'elle est claire et compréhensible, les juges du fond ayant vérifié qu'elle ne privait pas d'effet la garantie (Cass. 1e civ. 25-1-2017 nº 15-24.216 F-D : www.clauses-abusives.fr).

Contenu de la clause	Clause abusive	Clause non abusive
Clause instituant une **période d'attente** reportant dans le temps la prise d'effet des garanties.		Dès lors qu'elle répond à la volonté de l'assureur de se prémunir contre des déclarations d'adhérents fausses ou incomplètes et qu'elle est destinée à préserver le caractère aléatoire du contrat d'assurance (Cass. 1e civ. 20-3-2013 nº 12-15314 : www.clauses-abusives.fr).
Clause prévoyant qu'en cas de sinistre l'assuré doit se prêter à toute **expertise** ou examen que les assureurs jugeront utile de lui demander.		(TGI Paris 1-3-1995 : RJDA 6/95 nº 772, 2e esp.).
Clause indiquant que toute fausse déclaration de la part de l'adhérent entraînerait la **nullité de l'assurance** conformément à l'article L 113-8 du Code des assurances.	Elle tend à dissuader le consommateur d'entamer toute discussion avec l'assureur (TGI Paris 1-3-1995 : RJDA 6/95 nº 772, 2e esp.).	
Clause prévoyant qu'en cas de désaccord entre le médecin de l'assuré et celui de l'assureur les parties devaient choisir, à leurs frais, un troisième médecin pour les départager avant d'avoir **recours à la voie judiciaire** pour le règlement des indemnités.	Elle fait obstacle au libre accès au tribunal (TGI Paris 18-10-1995 : RJDA 2/96 nº 282).	
Clause de cessation des garanties « toutes causes » en cas de **renégociation** amiable du contrat de prêt entre le prêteur et l'emprunteur.	S'il n'est pas démontré par l'assureur que la renégociation a pour effet global un alourdissement pour lui du risque assuré, la privation des garanties attachées à l'assurance constituant en revanche pour l'assuré-emprunteur un risque très important (CA Grenoble 20-1-2015 nº 12/02971 précité).	

3. Contrat d'assurance « multirisque habitation » 18035

Recommandation nº 85-04 : assurances « multirisque habitation » (BOSP du 6-12-1985).

Contenu de la clause	Clause abusive	Clause non abusive
Clause **subordonnant la garantie** pour vol en cas d'absence d'effraction à la preuve par l'assuré que ce vol a été commis par escalade, usage de fausses clés ou introduction clandestine.		(Cass. 1e civ. 7-7-1998 : RJDA 12/98 nº 1425).

AUTO-ÉCOLE

18040 Recommandation n° 05-03 : auto-école (BOCCRF du 16-12-2005).

Contenu de la clause	Clause abusive	Clause non abusive
Clause stipulant que les **leçons non décommandées** 48 heures à l'avance ne seront pas reportées et ne donneront lieu à aucun remboursement, sauf cas de force majeure.	Elle s'analyse en une clause pénale sans que le contrat prévoie en contrepartie à la charge du professionnel une clause identique en cas d'annulation d'une leçon dans le même délai à son initiative sans justifier d'un cas de force majeure (TGI Grenoble 7-6-2010 n° 08-3679 : www.clauses-abusives.fr).	
Clause stipulant que les **présentations aux examens** théoriques ne se feront qu'après l'accord du formateur.	Elle confère à l'établissement d'enseignement un pouvoir d'appréciation arbitraire de l'aptitude de l'élève à être présenté aux examens du permis de conduire sans motivation écrite ni possibilité de contestation (TGI Grenoble 1-3-2010 n° 08-2845 : www.clauses-abusives.fr).	
Clause prévoyant que le **contrat** pourra être **suspendu** pour motif légitime avancé par l'élève ou d'un commun accord pour une durée de X mois et qu'au-delà il devra être renégocié.		La possibilité pour le professionnel de renégocier le contrat constitue une juste contrepartie de la suspension et ce, d'autant que l'élève peut, en cas de persistance du motif légitime, solliciter la résiliation du contrat (TGI Grenoble 7-6-2010 n° 08-3679 : www.clauses-abusives.fr).
Clause qui stipule que, en cas de **résiliation d'un forfait,** la somme due sera calculée à partir des tarifs unitaires en vigueur de chaque prestation.	Elle est susceptible de s'appliquer en cas de résiliation par le consommateur pour motif légitime ou par le professionnel pour tout motif, pas nécessairement légitime. Or, la facturation des prestations effectuées avant la rupture sur la base des tarifs unitaires de chaque prestation et non au prorata du forfait procure au professionnel un avantage injustifié dans l'hypothèse probable d'un prix unitaire des prestations supérieur à celui appliqué (TGI Grenoble 1-3-2010 n° 08-2845 : www.clauses-abusives.fr).	

Contenu de la clause	Clause abusive	Clause non abusive
Clause qui stipule que toute **résiliation** du contrat par l'élève entraînera la facturation d'une somme complémentaire de 150 €.	D'une part, elle s'applique à tous les cas de résiliation par l'élève, y compris pour motif légitime et, d'autre part, s'agissant d'une clause pénale, le contrat ne prévoit aucune sanction du même type à l'égard du professionnel qui procéderait à une résiliation du contrat sans motif sérieux (TGI Grenoble 7-6-2010 n° 08-3679 : www.clauses-abusives.fr).	
Clause qui stipule que les **tarifs** s'entendent toutes taxes comprises et sont susceptibles de modification en cours d'année.	Elle ne permet pas de savoir si elle concerne les contrats en cours ou les contrats à venir (TGI Grenoble 1-3-2010 n° 08-2845 : www.clauses-abusives.fr).	

BANQUE

1. Convention de compte bancaire 18050

– Recommandation n° 05-02 : conventions de comptes bancaires (BOCCRF du 20-9-2005).
– Recommandation n° 94-02 : contrat porteur de carte de paiement (BOCCRF du 27-9-1994).
– Avis n° 98-01 : convention de compensation stipulée dans des conditions générales de banque (Rapport d'activité de la Commission pour 1997 : BOCCRF du 14-5-1998).

Contenu de la clause	Clause abusive	Clause non abusive
Clause stipulant que les relations entre la banque et son client sont établies « dans le cadre d'un **compte courant** dans lequel entreront, sauf convention contraire, toutes leurs créances réciproques résultant de l'ensemble des opérations traitées entre eux ».	Il ressort des articles L 312-1 et L 312-1-1 du Code monétaire et financier qu'il existe un droit pour tout consommateur de disposer d'un compte de dépôt (CA Paris 3-4-2008 n° 06-18279 : RJDA 7/08 n° 859).	
Clause prévoyant que le compte de dépôt fonctionne comme un **compte courant** par lequel les créances et les dettes forment un solde de compte seul exigible.	Elle permet à la banque d'éluder les obligations posées par l'article L 312-1 du Code monétaire et financier, concernant les services liés à l'ouverture d'un compte de dépôt et la notification par écrit de la décision motivée de clore un tel compte (Cass. 1e civ. 8-1-2009 n° 06-17.630 : RJDA 8-9/09 n° 783).	

18050 (suite)

Contenu de la clause	Clause abusive	Clause non abusive
Clauses relatives aux **dates de valeur** figurant dans une convention de compte de dépôt.	Pour les opérations autres que l'encaissement des chèques déposés ou le paiement de chèques étrangers, l'institution des dates de valeur est dénuée de cause (TGI Paris 18-5-2004 n°s 02-18937 et 03-510 : RJDA 12/04 n° 1365).	Pour l'encaissement des chèques déposés ou le paiement de chèques étrangers, compte tenu de la subsistance des délais nécessaires pour effectuer ces opérations (TGI Paris 18-5-2004 n°s 02-18937 et 03-510 précités ; Cass. 1e civ. 23-1-2013 n° 10-21.177 : RJDA 6/13 n° 554 ; sur la justification des dates de valeur, voir aussi Cass. com. 11-12-2007 n°s 06-12582 et 06-12583 : RJDA 3/08 n° 316).
Clause stipulant que la banque avertira les titulaires des comptes des **modifications de la convention** par tous moyens, chaque titulaire disposant d'un délai d'un mois à compter de l'envoi de cette information pour contester le cas échéant ces modifications et demander la résiliation de son adhésion au service ou au produit auquel une modification est apportée ou demander la clôture de son compte de dépôt par lettre recommandée, l'absence de contestation dans ce délai valant acceptation des modifications.	Elle est contraire aux dispositions d'ordre public de l'article L 312-1-1 du Code monétaire et financier desquelles il résulte que tout projet de modification doit être communiqué au plus tard deux mois avant la date d'application, le client disposant de ce délai pour le contester (Cass. 1e civ. 23-1-2013 n° 10-21.177 : RJDA 6/13 n° 554).	Lorsqu'une telle clause prévoit un délai de deux mois, elle est conforme à l'article L 312-1-1 du Code monétaire et financier (Cass. 1e civ. 23-1-2013 n° 10-28.397 : RJDA 6/13 n° 554).
Clause mettant à la charge du consommateur l'obligation de verser une **commission** en cas d'opération entraînant une irrégularité de fonctionnement du compte.		(CA Paris 12-10-2001 n° 99-5721 : RJDA 3/02 n° 318 ; CA Paris 15-10-2010 n° 07/21494 : www.clauses-abusives.fr).
Clause stipulant que des formules de chèques peuvent être délivrées par la banque au client qui ne fait pas l'objet d'une interdiction bancaire et/ou judiciaire, étant toutefois précisé que la loi autorise la banque à ne pas délivrer de formules de **chèques** sur décision motivée.		Dès lors que les motifs de refus de délivrance d'un chéquier pouvant être très divers, il doit exister une marge nécessaire, donc légitime, d'appréciation de la banque en fonction d'un cas particulier (CA Paris 15-10-2010 n° 07/21494 précité ; Cass. 1e civ. 23-1-2013 n° 10-21.177 précité).
Clause prévoyant que la banque peut à tout moment demander au titulaire du compte la restitution des **chéquiers** en sa possession.		Si elle prévoit la motivation de la demande de restitution du chéquier justifiant les raisons et l'urgence de cette mesure et met ainsi le consommateur en mesure d'en contester le bien-fondé (Cass. 1e civ. 28-5-2009 n° 08-15.802 : RJDA 8-9/09 n° 783).

18050 (suite)

Contenu de la clause	Clause abusive	Clause non abusive
Clause prévoyant que les **carnets de chèques** sont retirés au guichet de l'agence ou envoyés par courrier recommandé aux frais du client dans deux cas : sur instruction du client, ou en l'absence de retrait dans un délai de six semaines.		(Cass. 1e civ. 8-1-2009 n° 06-17.630 : RJDA 8-9/09 n° 783).
Clause indiquant que **l'opposition au** paiement d'un **chèque** doit permettre d'identifier suffisamment ce chèque.	Elle est de nature à laisser penser au client qu'à défaut son opposition ne pourra pas être prise en compte (TGI Paris 9-11-2005 n° 04-15796 : RJDA 4/06 n° 469 ; CA Paris 3-4-2008 n° 06-18279 : RJDA 7/08 n° 859).	Si elle indique les conséquences d'un défaut d'identification du chèque, à savoir le rejet de tous les chèques présentés à compter de l'enregistrement de l'opposition (CA Paris 3-4-2008 n° 06-18279 précité).
Clause selon laquelle toute demande d'**opposition à un chèque** que le client transmet par téléphone doit être impérativement confirmée par écrit adressé à son agence à bref délai, au risque d'être privée d'effet.		Elle est conforme aux dispositions de l'article L 131-35 du Code monétaire et financier (Cass. 1e civ. 23-1-2013 n° 10-28.397 : RJDA 6/13 n° 554).
Clause selon laquelle **la carte de paiement** est délivrée par la banque « à la demande et sous réserve d'acceptation de la demande ».	Elle institue un pouvoir discrétionnaire au profit de la banque qui lui permet, sans motiver son refus, de ne pas délivrer de carte de paiement (Cass. 1e civ. 23-1-2013 n° 10-21.177 précité ; voir aussi CA Paris 9-2-2019 n° 16/03064).	
Clause d'une convention de compte de dépôt qui stipule que la banque peut, à tout moment, retirer ou **bloquer** l'usage de la **carte** de paiement ou ne pas la renouveler, le titulaire de la carte devant restituer celle-ci à première demande de la banque.	Elle réserve au professionnel le droit de modifier unilatéralement, sans préavis, les conditions d'utilisation de la carte, et contrevient aux dispositions de l'article R 132-2 du Code de la consommation (Cass. 1e civ. 28-5-2009 n° 08-15.802 : RJDA 8-9/09 n° 783 ; Cass. 1e civ. 23-1-2013 n° 10-21.177 précité).	
Clause stipulant que la banque n'est pas responsable en cas d'usage abusif ou frauduleux du **code confidentiel** qui permet l'accès aux services de banque à distance.		Elle concerne l'utilisation abusive ou frauduleuse par un tiers en possession du code personnel du consommateur du fait de sa négligence ou par ce dernier et n'exonère pas la banque de sa responsabilité en cas de faute de sa part (Cass. 1e civ. 8-1-2009 n° 06-17.630 : RJDA 8-9/09 n° 783).

18050 (suite)

Contenu de la clause	Clause abusive	Clause non abusive
Clause stipulant que les **relevés de compte** remis ou transmis par voie informatique font preuve des écritures qu'ils comportent et que la preuve de la **remise** d'espèces ou de chèques **dans les automates,** qui ne vérifient pas le montant du dépôt mentionné par le client, résulte d'un inventaire ultérieur effectué par la banque.		Si elle réserve la possibilité pour le titulaire du compte d'apporter, sans en inverser la charge, la preuve de la réalité des opérations, des ordres ou des dépôts (Cass. 1e civ. 8-1-2009 n° 06-17.630 : RJDA 8-9/09 n° 783 ; Cass. 1e civ. 23-1-2013 nos 10-21.177 et 10-28.397 précités).
Clause réputant approuvé le **relevé de compte** non contesté par écrit dans un délai déterminé.	Elle laisse à penser au client qu'aucune contestation ne peut plus être reçue (Cass. 1e civ. 8-1-2009 n° 06-17.630 : RJDA 8-9/09 n° 783 ; Cass. 1e civ. 23-1-2013 n° 10-21.177 précité).	
Clause disposant que le client autorise la banque à partager les **données** le concernant.		Si le client conserve la faculté de ne pas donner son autorisation (Cass. 1e civ. 8-1-2009 n° 06-17.630 : RJDA 8-9/09 n° 783 ; Cass. 1e civ. 23-1-2013 n° 10-28.397 précité).
Clause selon laquelle « la banque est autorisée à diffuser les **informations** recueillies dans le cadre du contrat, les informations figurant sur la carte et celles relatives aux opérations effectuées au moyen de celle-ci ».	Elle inverse le mécanisme du secret professionnel dont l'objectif est la protection du client (CA Paris 3-4-2008 n° 06-18279 : RJDA 7/08 n° 859).	Si elle précise que le client peut s'opposer, d'une part pour des motifs légitimes, à ce que les informations le concernant fassent l'objet de tels traitements et, d'autre part, sans frais et sans motifs, à ce que ces informations soient utilisées à des fins de prospection commerciale (CA Paris 3-4-2008 n° 06-18279 : RJDA 7/08 n° 859).
Clause selon laquelle, après **clôture du compte** courant, la banque peut compenser toute créance qu'elle détient sur le client avec sa dette en restitution du solde créditeur du compte courant.		La banque ne peut pas déroger aux règles de la compensation légale selon lesquelles la créance doit être certaine, liquide et exigible (CA Paris 3-4-2008 n° 06/00402 : www.clauses-abusives.fr).
Clause prévoyant que la **responsabilité** de la banque pour l'exécution erronée d'une opération « sera limitée au montant principal débité du compte du titulaire de la carte ainsi qu'aux intérêts sur ce montant au taux légal ».	Le banquier étant tenu à une obligation de résultat et devant réparation de l'entier préjudice (Cass. 1e civ. 23-1-2013 n° 10-21.177 précité).	

2. Contrat de crédit à la consommation 18053

Recommandation 21-01 : crédit à la consommation (BOCCRF du 17-5-2021)

Contenu de la clause	Clause abusive	Clause non abusive
Clause d'un contrat de crédit consenti à une société, et pour lequel une personne physique s'était portée caution, prévoyant que compte tenu du **système de gestion automatisée** mis au point par la banque, la production d'un listing informatique ferait preuve de l'exécution par la banque de son **obligation annuelle d'information à l'égard de la caution.**	Clause permettant à la banque de rapporter irréfragablement la preuve de l'exécution de son obligation légale par des documents élaborés unilatéralement (Cass. com. 19-1-2022 n° 20-13.719 : BRDA 5/22 inf. 15).	
Clauses de **coût du crédit** d'un contrat de **crédit de faible montant** qui prévoit des frais et des commissions d'un montant élevé.	Clause prévoyant un montant disproportionné par rapport au service fourni en contrepartie par le professionnel (CJUE 23-11-2023 aff. 321/22 : RJDA 4/24 n° 249).	

3. Contrat de crédit immobilier 18055

Contenu de la clause	Clause abusive	Clause non abusive
Clause stipulant que les sommes dues seront de plein droit exigibles si bon semble à la banque sans formalité ni mise en demeure en cas d'**exigibilité** anticipée **de tout autre concours financier** consenti à l'emprunteur et, d'une manière générale, en cas d'inexécution par lui de l'un de ses engagements ou d'inexactitude de ses déclarations.	En prévoyant la résiliation du contrat de prêt pour une défaillance de l'emprunteur extérieure au contrat, elle expose le consommateur par une décision unilatérale du prêteur à une aggravation soudaine des conditions de remboursement et à une modification majeure de l'économie du contrat de prêt (Cass. 1e civ. 27-11-2008 n° 07-15.226 : RJDA 7/09 n° 685).	
Clause autorisant la banque à prononcer l'**exigibilité anticipée** des sommes dues en cas de **déclaration inexacte de l'emprunteur,** introduite dans un prêt consenti en vue de la construction d'une maison et prévoyant le déblocage des fonds au fur et à mesure de l'avancement des travaux, sur présentation de factures validées par l'emprunteur.	Elle est de nature à laisser croire que la banque dispose d'un pouvoir discrétionnaire pour apprécier l'importance de l'inexactitude de cette déclaration et que l'emprunteur ne peut pas recourir au juge pour contester le bien-fondé de la déchéance du terme (Cass. 1e civ. 10-10-2018 n° 17-20.441 F-PB : RJDA 1/19 n° 51).	
Clause prévoyant l'**exigibilité anticipée** des sommes en cas de **déclaration inexacte** de l'emprunteur sur des **éléments essentiels** ayant déterminé l'accord de la banque ou de nature à compromettre le remboursement du prêt.		La clause ne prévoit la déchéance du terme que dans les cas visés sans exclure le recours au juge, de sorte qu'elle vise à prévenir un défaut d'exécution de ses engagements par l'emprunteur ayant manqué à l'obligation de loyauté lors de la formation du contrat (Cass. 1e civ. 28-11-2018 n° 17-21.625 F-D : RJDA 3/19 n° 225).

18055 (suite)

Contenu de la clause	Clause abusive	Clause non abusive
Clause d'un prêt immobilier prévoyant l'**exigibilité anticipée du prêt** sans que la banque ait à remplir de formalité judiciaire, en cas de fourniture de renseignements inexacts sur la situation de l'emprunteur, dès lors que ces renseignements étaient nécessaires à la prise de décision du prêteur	Clause limitant la faculté de prononcer l'exigibilité anticipée au cas de fourniture de renseignements inexacts portant des éléments déterminants du consentement du prêteur dans l'octroi du prêt, ne privant pas l'emprunteur de la faculté de recourir à un juge pour contester l'application de la cause à son égard, et sanctionnant la méconnaissance de l'obligation de contracter de bonne foi au moment de la conclusion du contrat (Cass. 1e civ. 20-1-2021 nº 18-24.297 FS-PBI : RJDA 4/21 nº 272)	
Clause d'un prêt immobilier prévoyant que les sommes dues seraient de plein droit et immédiatement exigibles, sans formalité ni mise en demeure dans le cas d'un retard de plus de trente jours dans le paiement d'une échéance	Transmission de questions préjudicielles à la CJUE portant notamment sur le caractère abusif ou non de la dispense conventionnelle de mise en demeure et sur les conditions d'appréciation du caractère abusif d'une clause de déchéance du terme (Cass. 1e civ. 16-6-2021 nº 20-12.154 FS-B)	
Clause d'un prêt immobilier sanctionnant par l'exigibilité immédiate des fonds le fait, pour l'emprunteur, de ne pas affecter les fonds à l'opération pour laquelle le crédit lui a été octroyé.		La clause limite la faculté, pour la banque, de prononcer l'exigibilité immédiate du prêt à l'inobservation par l'emprunteur obligation d'employer les fonds à l'opération désignée au contrat. Or, l'affectation des fonds constituait une condition déterminante du consentement de la banque prêteuse (Cass. 1e civ. 24-1-2024 nº 22-12.222 F-D : BRDA 6/24 inf. 20).
Clause d'un **prêt consenti par une entreprise à l'un de ses salariés** et à son épouse en vue de financer l'acquisition de leur habitation, prévoyant la résiliation de plein droit du prêt en cas de départ du salarié de l'entreprise.	Clause prévoyant la résiliation de plein droit du prêt pour une cause extérieure au contrat, afférente à l'exécution d'une convention distincte, exposant l'emprunteur à une aggravation soudaine des conditions de remboursement et à une modification substantielle de l'économie du contrat de prêt (Cass. 1e civ. 5-6-2019 nº 16-12.519 FS-PBI).	

18055 (suite)

Contenu de la clause	Clause abusive	Clause non abusive
Clause d'un **prêt libellé en francs** suisses prévoyant notamment que le franc suisse est la monnaie de compte et l'euro la monnaie de paiement, ayant pour effet de faire porter le risque de change sur l'emprunteur (**« prêt Helvet Immo »**)	Clause ne pouvant être jugée claire si les informations communiquées au consommateur, même nombreuses, sont fondées sur l'hypothèse que la parité entre la monnaie de compte et la monnaie de paiement restera stable tout au long de la durée de ce contrat. Il en est notamment ainsi lorsque le consommateur n'a pas été averti par le professionnel du contexte économique susceptible d'avoir des répercussions sur les variations des taux de change, de sorte que le consommateur n'a pas été mis en mesure de comprendre concrètement les conséquences potentiellement lourdes, qui peuvent découler de la souscription d'un prêt libellé en devise étrangère, sur sa situation financière (CJUE 10-6-2021 aff. 776/19, 782/19, 609/19 : RJDA 12/21 n° 798).	
Clause d'un contrat de prêt immobilier prévoyant le **calcul des intérêts** sur 360 jours (année lombarde)		Clause ne pouvant être déclarée abusive que si le mode de calcul qu'elle prévoit a une incidence significative sur le coût du crédit (Cass. 1e civ. 9-9-2020 n° 19-14.934 F-PBI : RJDA 2/21 n° 46 ; Cass. 1e civ. 2-2-2022 n° 20-10.036 F-D).
Clause d'un **prêt libellé en francs suisses** et remboursable en euros (**« prêt Helvet Immo »**), prévoyant la conversion en francs suisses du solde des règlements mensuels après paiement des charges annexes du crédit.	Clause ne pouvant jugée être claire si le consommateur n'a pas reçu d'informations suffisantes et exactes lui permettant de comprendre le fonctionnement concret du mécanisme financier en cause et d'évaluer ainsi le risque des conséquences économiques négatives, potentiellement significatives, de telles clauses sur ses obligations financières pendant toute la durée du contrat, dans l'hypothèse d'une dépréciation importante de la monnaie dans laquelle il percevait ses revenus par rapport à la monnaie de compte (Cass. 1e civ. 30-3-2022 n° 19-20.717).	

18055 (suite)

Contenu de la clause	Clause abusive	Clause non abusive
Clause d'un prêt français autorisant le **tirage en francs suisses.**	Clause susceptible de créer un déséquilibre significatif dès lors que les documents remis au consommateur ne lui permettent pas d'évaluer les conséquences économiques, potentiellement significatives, de la clause, sur ses obligations financières, en l'absence de tout exemple chiffré, de toute simulation et de toute explication sur la distinction entre la monnaie de compte et la devise initiale (Cass. 1e civ. 20-4-2022 nº 20-13.316).	
Clause d'un contrat de prêt prévoyant de manière expresse et non équivoque que la déchéance du terme de ce contrat peut être prononcée de plein droit en cas de retard de paiement d'une échéance dépassant un certain délai.	Clause n'ayant pas fait l'objet d'une négociation individuelle et créant au détriment du consommateur un déséquilibre significatif entre les droits et les obligations des parties découlant du contrat (CJUE 5-12-2022 aff. 600/21 : RJDA 7/23 nº 225).	
Clauses « montant du prêt » et « modalités de paiement des échéances » d'un **prêt libellé en francs suisses** et remboursable dans la même devise consenti par une banque suisse à des résidents français.		Clauses ne pouvant pas être déclarées abusives dès lors qu'elles sont parfaitement claires concernant des prêts consentis en francs suisses, remboursables dans la même devise, que les emprunteurs percevaient leurs revenus en francs suisses au temps de la conclusion du contrat et qu'il n'existait aucun risque de change (Cass. 1e civ. 1-3-2023 nº 21-20.260 F-B : RJDA 7/23 nº 404).
Clause d'un contrat de prêt prévoyant la résiliation de plein droit du contrat huit jours après une simple mise en demeure adressée à l'emprunteur par lettre recommandée avec demande d'avis de réception ou par acte extrajudiciaire, en cas de défaut de paiement de tout ou partie des échéances à leur date ou de toute somme avancée par le prêteur.	Clause prévoyant la résiliation de plein droit du contrat de prêt après une mise en demeure de régler une ou plusieurs échéances impayées sans préavis d'une durée raisonnable (Cass. 1e civ. 22-3-2023 nº 21-16.044 : RJDA 7/23 nº 403).	

3. Crédit permanent 18060

Avis n°s 04-02 et 04-03 : compte permanent (Rapport d'activité de la Commission pour 2004 : BOCCRF du 27-5-2005).

Contenu de la clause	Clause abusive	Clause non abusive
Clause autorisant le prêteur à résilier le contrat de crédit dans le cas de deux mensualités impayées sur l'un quelconque des crédits de l'emprunteur auprès du prêteur et prévoyant que cette résiliation entraîne l'application d'une clause intitulée « exécution du contrat », laquelle renvoie à une autre clause stipulant notamment le paiement d'une **indemnité de résiliation** égale au plus à 8 % du capital dû.	Elle prévoit l'application d'une clause pénale à une défaillance extra-contractuelle (Cass. 1e civ. 1-2-2005 n° 241 : Bull. civ. I n° 60).	
Clause qui prévoit que le prêteur peut suspendre ou résilier unilatéralement le contrat en cas de **décès** ou de **perte** totale et irrémédiable **d'autonomie** de l'un des deux emprunteurs.	Elle prive l'autre emprunteur de la faculté d'utiliser le découvert autorisé alors même qu'il respecterait ses obligations (TI Rennes 7-5-2007 n° 11-07-345 : RJDA 12/07 n° 1289).	
Clause d'un contrat de crédit renouvelable selon laquelle le **remboursement partiel anticipé** ne modifie pas le montant des mensualités mais réduit la durée de remboursement.		Dès lors que l'emprunteur n'a aucune obligation d'effectuer un remboursement anticipé et que la diminution de la durée du remboursement se traduit par une réduction du coût du crédit (Cass. 1e civ. 6-12-2017 n° 16-14.974 F-D).
Clause d'un contrat de crédit renouvelable relative à la **tarification,** qui prévoit que les taux de cotisation initiaux sont susceptibles de révision.	Elle ne permet pas d'identifier les éléments dont le tarif est susceptible d'être révisé, ce qui la rend imprécise, donc abusive (Cass. 1e civ. 6-12-2017 n° 16-14.974 F-D).	

18065 **4. Contrat de crédit affecté à l'achat d'un véhicule automobile**

Contenu de la clause	Clause abusive	Clause non abusive
Clause prévoyant la **subrogation** du prêteur dans la **réserve de propriété** du vendeur, par application de l'ancien article 1250, 1° du Code civil (devenu C. civ. art. 1346-1).	La subrogation ne se conçoit qu'au bénéfice d'un tiers qui paye le créancier, de sorte que le paiement fait par le débiteur devenu propriétaire des fonds dès la conclusion du contrat de crédit ne peut pas emporter subrogation. La clause litigieuse s'apparente donc à une clause de « laisser croire », donnant au consommateur l'impression que la réserve de propriété a été transmise à la banque alors qu'il n'en est rien. Le consommateur est ainsi trompé sur l'étendue de ses droits et se trouve entravé dans l'exercice de son droit de propriété (Cass. avis 28-11-2016 n° 16011 P).	
Clause qui prévoit la **faculté** pour le prêteur de renoncer au bénéfice de la **réserve de propriété** grevant le bien financé et d'y **substituer unilatéralement** un gage sans dépossession portant sur le même bien.	Une telle modification unilatérale est réputée abusive, sauf preuve contraire. La clause est également abusive en ce qu'elle ne prévoit pas d'informer l'emprunteur d'une telle renonciation, celui-ci demeurant ainsi dans l'ignorance de ses droits sur le bien financé, ce qui est de nature à entraver l'exercice de son droit de propriété (Cass. avis 28-11-2016 n° 16011 P).	
Clause qui ne prévoit pas, en cas de **revente par le prêteur du bien financé grevé d'une réserve de propriété,** la possibilité pour l'emprunteur de présenter lui-même un acheteur faisant une offre.	Le prix obtenu par le prêteur à l'occasion de la revente étant généralement inférieur à celui qui pouvait être escompté, le fait de l'autoriser à réaliser le bien repris sans permettre à l'emprunteur de présenter lui-même un acheteur a pour effet d'aggraver la situation financière de ce dernier et de créer un déséquilibre significatif (Cass. avis 28-11-2016 n° 16011 P).	

BOURSE

18070

Contenu de la clause	Clause abusive	Clause non abusive
Dans une **convention** d'ouverture **de compte** signée entre une société habilitée à recevoir et transmettre des ordres de bourse pour compte de tiers et un client effectuant des opérations à effet de levier, clause prévoyant qu'aucune **réclamation** ne sera prise en compte par la société prestataire si elle n'est pas formulée dans les 72 heures suivant la réception de l'avis d'opéré.		Ce délai est justifié par la spécificité du marché boursier, le caractère très spéculatif des opérations à terme, et la nécessité de garantir la sécurité des transactions sur ce marché (CA Versailles 17-11-2005 n° 04-8408 : RJDA 3/06 n° 288).
Clause exclusive de **responsabilité** figurant dans un contrat de mandat de **gestion de portefeuille.**		Il est normal que les sociétés de gestion se prémunissent contre les aléas des marchés financiers, si la clause a été librement acceptée par le client (CA Paris 23-9-1993 : D. 1993 IR p. 226).

CAMPING

Recommandation n° 05-01 : hôtellerie de plein air et locations d'emplacements de résidence mobile (BOCCRF du 23 6 2005). 18080

Contenu de la clause	Clause abusive	Clause non abusive
Clause suivant laquelle le preneur devra souffrir, sans indemnité, les travaux nécessités par les **entretiens des installations en sous-sol** passant sur son emplacement.	Elle exonère, de manière générale, le professionnel de toute responsabilité, quels que soient l'urgence, l'importance, la durée et les troubles que les travaux occasionnent (Cass. 3e civ. 10-6-2009 n° 08-13797 : RJDA 8-9/09 n° 784).	
Clause selon laquelle le preneur assure à ses frais le mobil-home et l'abri de jardin qu'il aura installés sur sa parcelle et leur contenu, le bailleur n'étant tenu à aucune **indemnité en cas d'incendie ou de vol.**	Elle prive le preneur de façon inappropriée de ses droits légaux à l'égard du professionnel en cas d'exécution défectueuse par celui-ci de ses obligations contractuelles (Cass. 3e civ. 10-6-2009 n° 08-13797 : RJDA 8-9/09 n° 784).	
Clause prévoyant que la **mise en place des installations** devra être faite obligatoirement par le bailleur et sous son pilotage, de même que tout échange ou remplacement de matériel implanté.		Il est légitime pour le bailleur, propriétaire des lieux et responsable de l'ensemble des installations et de la sécurité des personnes à l'intérieur du camp, d'exiger que la mise en place des installations soit faite avec son agrément et ce, afin notamment d'assurer le respect des normes compatibles avec le maintien du classement de son camping (Cass. 3e civ. 10-6-2009 n° 08-13797 : RJDA 8-9/09 n° 784).

DÉMÉNAGEMENT

18090 – Recommandation CCA n° 82-02 : déménageurs (BOCC du 27-3-1982).
– Recommandation CCA n° 16-01 : contrats de déménagement, garde-meubles et stockage en libre service.
– Avis CCA n° 07-01 : déménagement.

Contenu de la clause	Clause abusive	Clause non abusive
Clause d'un contrat de déménagement par laquelle le consommateur a lui-même fixé le **montant maximum de la réparation** à 152 € en cas d'avarie portant sur un meuble non listé.	Sont interdites toutes les clauses limitant ou excluant la réparation, quelle que soit leur intensité ; peu importe dès lors que le consommateur ait lui-même fixé le plafond de réparation (Cass. 1e civ. 11-12-2019 n° 18-21.164 F-PBI : RJDA 3/20 n° 181).	
Clause d'un contrat de transport de déménagement qui prévoit une **franchise** de 390 € **devant rester à la charge du client.**	Clause présumée abusive dès lors qu'elle a pour effet de supprimer ou de réduire le droit à réparation du préjudice subi par le consommateur en cas de manquement du professionnel à l'une de ses obligations (Cass. com. 13-4-2022 n° 20-17.128 : BRDA 11/22 inf. 20).	

EAU

18100 – Recommandation n° 01-01 : distribution d'eau (BOCCRF du 23-5-2001).
– Recommandation n° 85-01 : distribution d'eau (BOSP du 17-1-1985).

Contenu de la clause	Clause abusive	Clause non abusive
Clause du règlement d'un service de distribution d'eau prévoyant que l'abonné aura à sa charge toutes les conséquences dommageables pouvant résulter de l'existence et du fonctionnement de la partie du branchement située après le point d'entrée dans sa propriété, « sauf s'il apparaissait une faute du service des eaux ».	D'une part, elle peut conduire à **faire supporter par un usager** les conséquences de **dommages** qui ne lui seraient pas imputables sans qu'il lui soit possible d'établir une faute de l'exploitant et, d'autre part, elle n'est pas justifiée par les caractéristiques particulières du service public (CE 11-7-2001 n° 221458 : RJDA 12/01 n° 1272).	

ENSEIGNEMENT

Recommandation n° 91-01 : établissements d'enseignement (BOCCRF du 6-9-1991). 18110

Contenu de la clause	Clause abusive	Clause non abusive
Clause insérée dans un contrat de formation prévoyant que le **montant** du contrat est dû en totalité.	Aucun motif n'est retenu pour une éventuelle annulation (Cass. 1e civ. 10-2-1998 : RJDA 6/98 n° 803).	
Clause d'un contrat d'inscription à une école privée prévoyant qu'à compter du huitième jour de la signature et après la date de la rentrée scolaire tout désistement entraîne le **paiement** immédiat du **solde de la scolarité** annuelle, aucun remboursement ni aucune réduction des frais de scolarité ne pouvant être consentis en cas de départ volontaire.	Eu égard au montant élevé des frais de scolarité laissés à leur charge, les parents sont empêchés de se dégager du contrat, même pour un motif légitime et impérieux, alors que le contrat réserve la possibilité pour le professionnel d'annuler celui-ci en cas d'effectif insuffisant, sans autre précision (Cass. 1e civ. 2-4-2009 n° 08-11.596 : RJDA 1/10 n° 85) ou que le professionnel a la faculté d'annuler l'inscription en cours d'année scolaire en ne remboursant qu'une partie des sommes qu'il a reçues (Cass. 1e civ. 12-5-2011 n° 10-15.786 : RJDA 2/12 n° 214).	
Clause d'un contrat proposé par un établissement d'enseignement qui fait du **prix total de la scolarité** un forfait intégralement acquis à l'école dès la signature du contrat et ne permet une dispense partielle du règlement de la formation qu'en cas de force majeure.	Dès lors qu'elle ne réserve pas le cas d'une résiliation pour un motif légitime et impérieux (Cass. 1e civ. 13-12-2012 n° 11-27.766 : RJDA 3/13 n° 211 ; CA Colmar 5-1-2015 n° 13/04226 : www.clauses-abusives.fr).	
Clause d'un contrat d'inscription à une école privée prévoyant que les élèves ne peuvent **résilier le contrat** qu'en cas de force majeur ou de circonstances exceptionnelles et graves (l'**appréciation** du motif étant laissé à **la discrétion de l'école**) et prévoyant que l'école peut procéder à la résiliation du contrat en cas d'incident suscité par l'étudiant, tel que l'absentéisme et un comportement contraire au règlement intérieur et, mais seulement avant le début des cours, en cas d'effectif insuffisant ou de raison pédagogique et d'organisation majeure.	Dès lors qu'elle soumet la résiliation du contrat à des modalités plus rigoureuses pour l'élève que pour la société et qu'elle créé ainsi un déséquilibre significatif au détriment de l'étudiant (Cass. 1e civ. 19-1-2022 n° 20-14.717 : RJDA 8-9/22 n° 519).	
Clause d'un contrat d'enseignement de préparation annuelle aux concours d'entrée aux écoles de commerce prévoyant que le prix de la préparation est dû par le participant dans son intégralité sans possibilité de remboursement.	Dès lors qu'elle prévoit un paiement intégral du prix de la préparation, sans aucune résiliation possible pour un motif légitime ou impérieux et créée donc un déséquilibre significatif du détriment du consommateur (Cass. 1e civ. 11-1-2023 n° 21-16.859 F-D : BRDA 3/23 inf. 15).	

GAZ ET ÉLECTRICITÉ

18120 **Jugement recensant un certain nombre de clauses abusives dans le contrat EDF** (TGI Paris du 30-10-2018 n° 13/03227).

Contenu de la clause	Clause abusive	Clause non abusive
Clauses des conditions générales d'un contrat de fourniture de propane en vrac à usage domestique proposé par la société Antargaz, par laquelle le client « s'engage à confier l'**exclusivité de son approvi-sionnement** en propane à Antargaz, qui accepte de satisfaire dans le cadre du présent contrat [...] l'ensemble de ses besoins en propane [...] ».		Dès lors qu'elle ne subordonne pas l'approvisionnement en propane à la maintenance de la citerne (Cass. 1e civ. 6-9-2017 n° 16-13.242 F-D : RJDA 3/18 n° 287).
Clause des conditions générales d'un contrat de fourniture de propane en vrac à usage domestique proposé par la société Antargaz, qui prévoit que le client qui choisit la formule de **livraison à l'initiative d'Antargaz** « accepte expressément que l'approvisionnement soit effectué uniquement à l'initiative d'Antargaz sans notification préalable » et qu'il « accepte d'être livré dans le cadre des tournées mises en place par Antargaz sur la zone géographique le concernant [...] ».		Dès lors que la livraison à l'initiative du fournisseur, qui n'est pas imposée au consommateur, s'accompagne d'un tarif préférentiel et d'un service optionnel sur la communication préalable de la date de livraison et qu'en cas de désaccord sur le prix pratiqué à l'occasion d'une telle livraison, le consommateur peut résilier son contrat et se voir appliquer le dernier tarif en vigueur avant la hausse contestée (Cass. 1e civ. 6-9-2017 n° 16-13.242 F-D : RJDA 3/18 n° 287).
Clause des conditions générales d'un contrat de fourniture d'électricité et de gaz prévoyant une **pénalité** à la charge du consommateur en cas de **retard de paiement.**	Dès lors que le contrat ne prévoit pas de pénalité réciproque en cas de manquement du professionnel à son obligation principale de fourniture d'énergie, peu important son défaut de maîtrise du réseau de distribution, l'ampleur de ses contraintes techniques et la modicité de la pénalité (Cass. 1e civ. 26-9-2010 n° 18-10.891 FS-PB).	
Clause des conditions générales d'un contrat de fourniture d'électricité et de gaz prévoyant une pénalité à la charge du consommateur en cas de retard de paiement.		Dès lors que le contrat prévoit une pénalité réciproque au profit du consommateur en cas de manquement du fournisseur à ses propres obligations, même si la mise en œuvre de cette pénalité est subordonnée à la preuve que l'interruption de service est imputable au fournisseur et non pas au gestionnaire du réseau de distribution, preuve très difficile à apporter pour le consommateur (Cass. 1e civ. 26-9-2010 n° 18-10.890 FS-PB).

IMMOBILIER

1. Bail d'habitation 18130

Recommandations n° 80-03 (BOSP du 17-10-1980) et n° 2000-01 (BOCCRF du 22-6-2000) : location de locaux à usage d'habitation.

Contenu de la clause	Clause abusive	Clause non abusive
Clause selon laquelle la **solidarité des colocataires** au paiement des loyers demeurera après la délivrance d'un congé de l'un d'entre eux pendant une durée minimum de trois années à compter de ce congé.		Dès lors que la stipulation de solidarité n'est pas illimitée dans le temps, et a une contrepartie puisque le bailleur est tenu de laisser le local à la disposition du colocataire restant dans les lieux jusqu'à l'expiration du bail (Cass. 3e civ. 12-1-2017 n° 16-10.324 FS-PBI : RJDA 5/17 n° 374).

2. Contrat de construction de maison individuelle 18135

Recommandation n° 94-04 : location saisonnière (BOCCRF du 27-10-1994).

Contenu de la clause	Clause abusive	Clause non abusive
Clause dans l'acte de cautionnement du garant de la livraison stipulant que « les **pénalités de retard** cesseront de courir à la réception de la maison faite avec ou sans réserves, ou à la livraison ou la prise de possession de celle-ci par le maître de l'ouvrage ».	Les pénalités de retard ont pour terme la livraison de l'ouvrage et non sa réception avec ou sans réserve (CCH art. L 231-6 et L 231-2 ; Cass. 3e civ. 25-1-2018 n° 16-27.905 F-PBI).	

3. Contrats types de location saisonnière d'agence immobilière 18140

Recommandation n° 94-04 : location saisonnière (BOCCRF du 27-10-1994)

Contenu de la clause	Clause abusive	Clause non abusive
Mention selon laquelle le dépôt de garantie « sera remboursé après restitution des clés et après déduction, s'il y a lieu, des **réparations locatives,** au départ du locataire, ou au plus tard dans les 60 jours de son départ ».	La constatation d'éventuelles dégradations est opérée par l'état des lieux dressé au départ du locataire (TGI Grenoble 22-5-1997 : RJDA 12/97 n° 1553).	
Clause prévoyant que, « si les parties s'entendent pour ne pas faire l'**état des lieux,** le locataire est présumé avoir reçu les lieux loués en bon état de réparation locative ».	(TGI Grenoble 22-5-1997 précité).	
Clause prévoyant que, « dans le cas où un séjour réservé par le client devrait être modifié par le prestataire du fait de circonstances extérieures, ce dernier s'efforcera de proposer au client un **séjour de remplacement** présentant les caractéristiques les plus semblables possible au séjour initialement prévu », le client pouvant alors annuler sa réservation dans le délai de sept jours.	Cette clause étant vague et générale et ne se limitant pas aux seuls cas de la force majeure (CA Paris 7-5-1998 : RJDA 8-9/98 n° 1058).	
Clause indiquant que le locataire « dispose de vingt-quatre heures pour dénoncer les **anomalies** constatées, à l'exception de l'état de propreté qui, lui, doit être signalé et constaté sur-le-champ ».	La faible durée prévue pour dénoncer les anomalies apparaît excessive (CA Paris 7-5-1998 précité).	

18145 **4. Mandat de syndic de copropriété**

Recommandation n° 11-01 : syndics de copropriété (BOCCRF du 26-4-2012).

Contenu de la clause	Clause abusive	Clause non abusive
Clause stipulant que si les fonds du syndicat des copropriétaires sont versés au **compte courant du syndic,** les charges et les produits provenant de la gestion du compte sont à la charge et/ou au bénéfice du syndic.	Elle est contraire aux dispositions de l'article 35-1 du décret 67-223 du 17 mars 1967 qui impose une délibération de l'assemblée générale des copropriétaires pour décider du placement des fonds recueillis et de l'affectation des intérêts produits (CA Grenoble 5-3-2012 n° 10/00215 : RJDA 7/12 n° 722).	
Clause qui classe en prestation variable la rémunération des **relances** pour charges impayées.		Dès lors que l'arrêté du 19 mars 2010 ne classe pas dans les prestations de gestion courante le recouvrement des charges impayées (CA Grenoble 5-3-2012 n° 10/00215 précité).
Clause imputant aux copropriétaires pris individuellement, sans décision judiciaire, des **frais de recouvrement.**		Clause en conformité à l'article 10.1 de la loi du 10 juillet 1965 dans sa rédaction issue de la loi du 13 décembre 2000 (Cass. 1e civ. 1-2-2005 n° 03-19692 : Bull. civ. I n° 64 ; transposable à la rédaction issue de la loi du 12-7-2010).
Clause qui classe en prestations variables la gestion des consommations et forfaits sur **compteurs.**	Dès lors qu'il n'est pas précisé qu'elle s'applique à la situation d'une copropriété où les compteurs n'ont pas encore été installés lors de la désignation du syndic (CA Grenoble 5-3-2012 n° 10/00215 précité).	
Clause qui classe en prestation variable les **travaux urgents.**	Elle permet au syndic de se faire rémunérer pour une prestation déjà rémunérée. En effet, les travaux urgents sont soit des travaux de maintenance définis à l'article 45 du décret du 17 mars 1967 classés en gestion courante, soit visés à l'article 14-2 de la loi du 18 juillet 1965 votés par l'assemblée générale et faisant l'objet d'honoraires spécifiques votés lors de cette même assemblée (CA Grenoble 5-3-2012 n° 10/00215 précité).	

18145 (suite)

Contenu de la clause	Clause abusive	Clause non abusive
Clause qui classe en prestation particulière la publication des avis de travaux nécessitant un **accès aux parties privatives.**	Dès lors que cette tâche fait partie de la gestion des travaux dévolue au syndic, cette clause permet de facturer deux fois la même prestation (CA Grenoble 5-3-2012 nº 10/00215 précité).	
Clause stipulant la rémunération du syndic à l'occasion de la préparation de l'**assemblée générale** annuelle nécessitant recherches et études.	Elle stipule une rémunération particulière pour des motifs généraux et imprécis, alors que la tenue de l'assemblée générale et sa préparation relèvent de la gestion courante du syndic (CA Grenoble 5-3-2012 nº 10/00215 précité).	
Clause prévoyant la rémunération de la **présence** exceptionnelle d'un **collaborateur du syndic** lors de la tenue de l'assemblée générale annuelle ou lors de la réunion du conseil syndical précédant l'assemblée générale annuelle.	Une telle prestation relève de la gestion courante du syndic, alors que l'organisation interne du syndic, seul titulaire du contrat de mandat, n'est pas opposable au syndicat (CA Grenoble 5-3-2012 nº 10/00215 précité).	
Clause prévoyant la rémunération en prestation variable de la **reprise de comptabilité** sur exercices antérieurs non approuvés, en cas de changement de syndic.		Dès lors que l'arrêté du 19 mars 2010 ne vise pas une telle prestation dans la liste des prestations de gestion courante (CA Grenoble 5-3-2012 nº 10/00215 précité).
Clause d'un contrat de syndic qui prévoit, en cas de cessation du mandat du syndic, le paiement à son profit d'un **honoraire complémentaire** pour la période d'interim.		Dès lors que la mise en œuvre de la clause ne dépend pas exclusivement du syndic en exercice, puisqu'elle s'applique aussi bien en cas de démission que de cessation à l'initiative du syndicat des copropriétaires, qu'elle n'est pas sans fondement ni contrepartie, qu'elle ne rend pas plus difficile une révocation du mandat du syndic à l'initiative du syndicat et ne constitue pas une rémunération particulière de prestations exceptionnelles non définies dans le contrat de syndic (CA Paris 19-12-2018 nº 16-18928).

18150 **5. Mandat de vente immobilière**

Recommandation n° 03-02 : relative aux mandats de vente, de location ou de recherche d'un bien immobilier (BOCCRF du 12-3-2004).

Contenu de la clause	Clause abusive	Clause non abusive
Clause donnant à l'agent mandataire le pouvoir d'engager des **frais administratifs** pour réclamer toutes pièces, actes et certificats nécessaires au dossier et effectuer, le cas échéant, toutes démarches administratives (division, déclaration d'intention d'aliéner, etc.).	Le propriétaire ne peut pas autoriser a priori l'agent à engager des frais qui peuvent s'avérer importants sans en être informé préalablement et une telle autorisation repose sur la notion très variable de « nécessité ou d'utilité » (Cass. 1e civ. 2-10-2007 n° 06-14.238 : RJDA 2/08 n° 196).	
Clause selon laquelle le particulier mandant s'interdit pendant la durée du mandat et dans les 24 mois suivant son expiration de traiter directement ou indirectement avec un **acquéreur** ayant été **présenté par l'agent** et s'engage à informer ce dernier de toute transaction conclue en lui notifiant par lettre recommandée les nom et adresse de l'acquéreur et du notaire chargé d'authentifier la vente.		Les droits du propriétaire ne sont limités qu'à l'égard des personnes qui ont été présentées par le mandataire et une telle restriction est justifiée par le risque de fraude très important (Cass. 1e civ. 2-10-2007 n° 06-14.238 précité).
Clause selon laquelle les mandants se sont engagés « à ratifier la vente à tout preneur que vous [l'agent] nous présenterez, acceptant les prix et conditions des présentes » et qui sanctionne le non-respect de cette obligation par une indemnité compensatrice forfaitaire d'un montant égal à la rémunération convenue.		Aucun déséquilibre significatif entre les droits et obligations des parties n'ayant été créé dès lors que l'agent immobilier a accompli totalement sa mission (CA Paris 16-4-2015 n° 14/08358 : www.clauses-abusives.fr).

18155 **6. Vente en l'état futur d'achèvement (Véfa)**

Avis de la commission des clauses abusives n° 16-01 du 29-9-2016 : clause de report de livraison.

Contenu de la clause	Clause abusive	Clause non abusive
Clause mettant à la charge de l'acquéreur l'obligation de rembourser au vendeur les **taxes.**		(CA Paris 23-10-2001 n° 99-14007, inédit).
Clause stipulant que le **délai d'achèvement** sera le cas échéant **majoré** : – des jours d'intempéries au sens de la réglementation du travail sur les chantiers du bâtiment et que ces jours seront constatés par une attestation de l'architecte ou du bureau d'études auquel les parties conviennent de se rapporter ; – des jours de retard consécutifs à la grève et au dépôt de bilan d'une entreprise et, de manière générale, en cas de force majeure.		(Cass. 3e civ. 24-10-2012 n° 11-17.800 : RJDA 1/13 n° 71).

Contenu de la clause	Clause abusive	Clause non abusive
Clause stipulant qu'en cas de cause légitime de suspension du délai de livraison du bien vendu, justifiée par le vendeur à l'acquéreur par une lettre du maître d'œuvre, la **livraison du bien** vendu sera **retardée** d'un temps égal au double de celui effectivement enregistré en raison de la répercussion de l'événement sur l'orga-nisation générale du chantier.		(Cass. 3e civ. 23-5-2019 no 18-14.212 FS-PBI : BRDA 12/19 inf. 20).

7. Contrat de vente de liste dans le secteur immobilier 18160

– Recommandation no 02-01 : vente de liste en matière immobilière (BOCCRF du 26-2-2002).

– Avis no 02-01 : vente de liste dans le secteur immobilier (Rapport d'activité de la Commission pour 2002 : BOCCRF du 26-5-2003).

Contenu de la clause	Clause abusive	Clause non abusive
Clause prévoyant qu'est remise aux clients une liste d'immeubles « parmi lesquels figurent des immeubles de la nature de ceux recherchés », tout en précisant que le client « reconnaît avoir reçu un **fichier conforme** à son attente et que la prestation a été fournie »	En l'absence de toute mention de durée de la convention, censée être immédiatement et pleinement exécutée, ces stipulations ont pour effet d'obliger le client au paiement de la rémunération convenue sans que le professionnel ait fourni une liste appropriée à ses desiderata (Cass. 1e civ. 30-10-2007 no 06-11.032 : RJDA 3/08 no 334).	
Clause stipulant que « l'exactitude des informations concernant le bien proposé à la location et notamment le descriptif et la date de disponibilité sont transmis au client sous la seule **responsabilité des propriétaires,** qui en ont informé l'agent immobilier diffuseur ».	Elle a pour but d'exonérer le professionnel de son obligation de présenter à son client une liste de biens correspondant à celui recherché et d'exclure la possibilité pour ce client de faire valoir son droit à son encontre en cas de non-exécution de son engagement (Cass. 1e civ. 30-10-2007 no 06-11.032 précité).	

INTERNET

1. Vente de produits ou de services par internet 18170

Voir vente à distance, no 18290.

2. Contrat de fourniture d'accès 18175

– Recommandation no 07-01 : fourniture de services groupés de l'Internet, du téléphone et de la télévision (offre multiservice dite « triple play ») (BOCCRF du 31-7-2007).

– Recommandation no 03-01 : accès à l'Internet (BOCCRF 31-1-2003).

– Avis no 05-05 : télévision par câble et accès internet (Rapport d'activité de la Commission pour 2005 : BOCCRF du 4-3-2006).

18175 (suite)

Contenu de la clause	Clause abusive	Clause non abusive
Clause indiquant que la signature du formulaire d'inscription ou la validation des identifiants fournis lors de l'enregistrement en ligne entraîne l'acceptation de l'ensemble des **conditions générales.**	Elle sous-entend une acceptation implicite des conditions du contrat avant même que l'intéressé en ait eu connaissance (TGI Nanterre 9-2-2006 n° 04-2838 : RJDA 8-9/06 n° 965).	
Clause prévoyant que le **contrat prend effet** à compter de l'envoi de la lettre de confirmation par voie postale, sous réserve de la faisabilité technique et en particulier de la bonne exécution par France Telecom de la prestation de câblage de la ligne.		En se bornant à retarder la prise d'effet du contrat, elle ne constitue pas une clause exonératoire de responsabilité (Cass. 1e civ. 31-3-2011 n° 10-11.831 : RJDA 6/11 n° 580).
Clause prévoyant que l'opérateur peut modifier de plein droit son service sans autre formalité que de porter ces **modifications** dans les conditions générales et particulières en ligne, en communiquant le projet de modifications au moins un mois avant son entrée en vigueur au consommateur qui a la possibilité de résilier le contrat sans pénalité pendant 4 mois après l'entrée en vigueur de la modification.		Conforme à l'article L 121-84 du Code de la consommation (TGI Nanterre 9-2-2006 n° 04-2838 précité).
Clause stipulant que **l'accès au service** est possible 24 h sur 24, 7 jours sur 7, sauf en cas d'un événement hors du contrôle du professionnel.	Elle dispense le professionnel d'exécuter ses obligations, sans que le consommateur puisse prétendre à une indemnité (TGI Nanterre 9-2-2006 n° 04-2838 précité).	
Clause stipulant qu'un abonnement « forfait illimité » est conclu pour une **durée minimale** d'un an à compter de la mise en service du forfait.	(TGI Paris 5-4-2005 n° 04-2911 : Rapport d'activité de la CCA pour 2005).	
Clause prévoyant « des **frais d'activation** à perception différée », qui ne sont dus que pour une durée d'abonnement inférieure à 32 mois en proportion de la durée d'abonnement.	Ces frais sont en réalité des frais de résiliation (TGI Paris 22-3-2011 n° 09-18791 : RJDA 6/11 n° 580).	
Clause réservant au professionnel le droit de **supprimer** la boîte aux lettres et son contenu en cas d'inactivité prolongée de l'abonnement.	Elle permet, d'office, de modifier unilatéralement les caractéristiques du service à rendre (TGI Paris 5-4-2005 n° 04-2911 précité).	
Clause prévoyant que toute connexion au service d'accès sera **interrompue** au bout de 17 heures et que toute connexion non active sera interrompue au bout d'une heure.	L'usage prolongé que l'abonné effectue des services ne constitue pas une faute susceptible d'autoriser une exception d'inexécution (TGI Nanterre 9-2-2006 n° 04-2838 précité).	

18175 (suite)

Contenu de la clause	Clause abusive	Clause non abusive
Clause stipulant que le service n'autorise **qu'une connexion à la fois** par identifiant et que toute tentative de connexion simultanée avec le même identifiant pourra faire l'objet d'une suspension sans préavis du service.		La connexion simultanée de deux personnes au moyen du même identifiant ne pouvant résulter que d'un dysfonctionnement contre lequel le professionnel doit pouvoir agir immédiatement dans l'intérêt même de son abonné (TGI Nanterre 9-2-2006 n° 04-2838 précité).
Clause stipulant que toute consultation effectuée à partir de **l'identifiant du client** sera réputée faite par le client lui-même.		(TGI Nanterre 9-2-2006 n° 04-2838 précité).
Clause prévoyant qu'en cas de **perte ou de vol des identifiants** le professionnel suspendra immédiatement l'accès et précisant que les nouveaux éléments d'identification seront transmis au client par un appel téléphonique confirmé par courrier.	Elle n'enserre pas l'obligation du professionnel dans un délai déterminé (TGI Nanterre 9-2-2006 n° 04-2838 précité).	
Clause prévoyant que les **tarifs** en vigueur sont disponibles sur le site et sur demande chez le professionnel.	Elle ne garantit pas que le client a eu connaissance des tarifs applicables lors de son engagement (TGI Nanterre 9-2-2006 n° 04-2838 précité).	
Clause prévoyant lors de la souscription, comme seul moyen de **paiement,** le prélèvement automatique mensuel ou que l'abonné ne pourra opter qu'ultérieurement et moyennant des frais supplémentaires pour un autre mode de paiement, carte bancaire ou chèque.	(TGI Paris 5-4-2005 n° 04-2911 précité ; CA Paris 13-2-2009 n° 06-6059 : RJDA 7/09 n° 684 ; TGI Paris 22-3-2011 n° 09-18791 précité).	
Clause imposant le versement d'un **dépôt de garantie** par l'abonné qui n'opte pas pour un paiement par prélèvement automatique sur un compte bancaire.		Elle est destinée à garantir la restitution du matériel laissé en dépôt chez l'abonné (CA Caen 26-6-2014 n° 13/00891 : RJDA 11/14 n° 871).
Clause stipulant que tout mois commencé restera **intégralement dû** au professionnel.	(TGI Paris 5-4-2005 n° 04-2911 précité).	
Clause indiquant que le **décompte** des sommes impayées effectué par le professionnel fait preuve des opérations ou achats réalisés par le client via le service.		Elle n'a pas pour effet de priver le consommateur de la possibilité de contester la facture par tous moyens (TGI Nanterre 9-2-2006 n° 04-2838 précité).
Clause aux termes de laquelle « l'utilisation par l'abonné de la **messagerie** électronique à des fins frauduleuses ou nuisibles, telles que notamment l'envoi en nombre de messages non sollicités et autre fait de type « spamming », est formellement interdite ».	Elle laisse au professionnel un pouvoir discrétionnaire d'apprécier si l'envoi en nombre de messages non sollicités relève du « spamming » alors que cet envoi peut avoir une raison légitime (TGI Paris 5-4-2005 n° 04-2911 précité).	

18175 (suite)

Contenu de la clause	Clause abusive	Clause non abusive
Clause selon laquelle « compte tenu de la nature de l'activité [du fournisseur d'accès] et du contenu, nécessairement tributaires des évolutions techniques, [le fournisseur] et les tiers fournisseurs de services seront amenés à procéder à des mises à jour du contenu ainsi qu'à des **modifications** ou interruptions du contenu ».	Elle réserve au professionnel le droit de modifier unilatéralement les caractéristiques du service à rendre, y compris celles non concernées par l'évolution technique (Cass. 1e civ. 8-11-2007 n° 05-20.637 : RJDA 3/08 n° 333).	
Clause selon laquelle le consommateur reconnaît qu'« aucune **garantie** quelle qu'elle soit, expresse ou implicite, notamment quant à l'absence d'interruption ou d'erreur du service [du professionnel] ou aux performances et aux résultats découlant de l'utilisation de celui-ci » ne lui est donnée par ce dernier.	Elle exonère le fournisseur de ses propres carences et le dégage de son obligation essentielle de résultat d'assurer l'accès au service promis (Cass. 1e civ. 8-11-2007 n° 05-20.637 précité).	
Clause prévoyant que, si la responsabilité du professionnel était retenue, le client abonné ne pourrait prétendre à d'autres **indemnités** que le remboursement des frais d'abonnement au cours des six derniers mois.	L'indemnisation ainsi définie est déterminée sans aucune référence au préjudice subi (TGI Nanterre 9-2-2006 n° 04-2838 précité).	
Clause qui stipule qu'en cas de **retard de paiement** excédant dix jours le professionnel peut, sans préavis, de plein droit interrompre l'accès au service.	L'interruption des prestations ne peut intervenir qu'après une mise en demeure et un délai suffisant afin que l'intéressé puisse régulariser sa situation (TGI Nanterre 9-2-2006 n° 04-2838 précité).	
Clause selon laquelle « chacune des parties peut **résilier l'abonnement** à tout moment et pour quelque raison que ce soit, par notification écrite adressée à l'autre partie ».		Elle confère à chacune des parties le même droit de mettre fin au contrat, dans les mêmes conditions (Cass. 1e civ. 8-11-2007 n° 05-20.637 précité).
Clause selon laquelle la **résiliation** de l'abonné devra se faire par l'envoi du **formulaire** prévu à cet effet par le professionnel.	(CA Paris 13-2-2009 n° 06-6059 précité).	
Clause selon laquelle « il peut être mis fin à l'abonnement, de plein droit, sans préavis ni mise en demeure préalable, en cas de **manquement grave** de l'une des parties aux obligations essentielles découlant des documents contractuels ».		La faculté de résiliation est réciproque (Cass. 1e civ. 8-11-2007 n° 05-20.637 précité).
Clause stipulant que toute **résiliation** à l'initiative du client reçue le 20 du mois ou après produira ses **effets** à la fin du mois suivant ou que la résiliation est effective au choix de l'abonné, soit dès la réception du formulaire de résiliation, soit le dernier jour du mois de réception du formulaire de résiliation lorsque cette dernière est reçue avant le 20 du mois.	Elle ne prévoit aucun parallélisme pour la résiliation faite par le professionnel qui a un effet immédiat (TGI Nanterre 9-2-2006 n° 04-2838 ; CA Paris 13-2-2009 n° 06-6059 ; TGI Paris 22-3-2011 n° 09-18791).	

3. Plateforme collaborative 18180

Contenu de la clause	Clause abusive	Clause non abusive
Clause des conditions générales d'utilisation du site internet Ebay permettant la **résiliation** du contrat et la **suspension du compte de l'utilisateur.**	Obligation pour le juge de vérifier le caractère abusif de cette clause au regard de l'absence de préavis, même dans le cas où la faculté de résiliation est subordonnée à des éléments objectifs (Cass. 1e civ. 15-3-2017 n° 15-28.224 F-D).	

4. Télévision à la demande (service de médias audiovisuels à la demande : SMAD) 18185

Recommandation n° 17-02 : service de médias audiviovisuels à la demande (BOCCRF du 19-2-2018).

5. Plateforme de téléchargement de musique 18187

Jugement recensant un grand nombre de clauses abusives dans les conditions générales d'Apple Music (TJ Paris du 9-6-2020 n° 16/09799 : RJDA 11/20 n° 599).

MAISON DE RETRAITE

18190 – Recommandation n° 08-02 : établissements hébergeant des personnes âgées et non habilités à recevoir des bénéficiaires de l'aide sociale (BOCCRF du 23-4-2008).
– Recommandation n° 85-03 : établissements hébergeant des personnes âgées (BOSP du 9-11-1985).

Contenu de la clause	Clause abusive	Clause non abusive
Clause qui stipule que le contrat de séjour se fonde sur le projet de vie de l'établissement et s'appuie sur un **règlement intérieur** joint au contrat. Durant son séjour, le résident ou son représentant légal s'engage à se conformer au contrat de séjour et au règlement intérieur en vigueur dans l'établissement.	Cette clause est illicite dès lors qu'elle méconnaît les dispositions combinées des articles L 311-4 et L 311-7 du Code de l'action sociale et des familles en ce que le contrat fait référence à un règlement intérieur dont il n'est pas établi qu'il a effectivement été communiqué au résident lors de la signature du contrat de séjour (TGI Grenoble 28-9-2009 n° 08-5529 : www.clauses-abusives.fr).	
Clause contenue dans le règlement intérieur d'une maison de retraite prévoyant l'exclusion de **responsabilité** de l'établissement en cas de vol du linge des pensionnaires et en cas de chutes et accidents survenus à l'intérieur ou à l'extérieur de l'établissement.	(CA Aix-en-Provence 18-9-1995 : RJDA 12/95 n° 1451).	
Clause stipulant que l'établissement a fait le choix d'être un lieu ouvert, que cette option de maintenir les personnes présentant des **risques de fugue** dans un cadre de vie ordinaire est un choix de vie pour les personnes accueillies et que les familles qui souhaitent que leurs parents soient accueillis dans l'établissement le font en toute connaissance de cause.	Au vu de l'article R 132-1, 6° du Code de la consommation, la stipulation de l'acceptation des risques par la famille a pour effet d'exonérer la responsabilité de l'établissement (TGI Grenoble 28-9-2009 n° 08-5529 : www.clauses-abusives.fr).	

18190 (suite)

Contenu de la clause	Clause abusive	Clause non abusive
Clause permettant à une maison de retraite de demander, en cas d'hospitalisation d'un pensionnaire suivie d'une réoccupation de sa chambre, 90 % du **prix** de pension pendant les journées d'absence.		(CA Aix-en-Provence 18-9-1995 : RJDA 12/95 nº 1451).
Clause stipulant que le résident dispose d'un droit d'**absence** de cinq semaines par 12 mois de séjour. La réservation de la chambre est de droit. Le prix de journée est réduit du forfait hospitalier.	S'il peut être admis le maintien de la facturation des frais afférents au logement lorsqu'il est laissé à la disposition du résident, le maintien de la facturation des prestations (dépendance, soins, etc.) n'est pas justifié compte tenu du défaut de délivrance de ces prestations (TGI Grenoble 28-9-2009 nº 08-5529 : www.clauses-abusives.fr).	
Clause du contrat de séjour d'une maison de retraite ne prévoyant pas de **réduction pour les prestations non servies en cas d'absence** pendant 72 heures.		D'une part, conformément à l'article L 342-2 du Code de l'action sociale et des familles, les établissements sont libres de fixer le montant des déductions qu'ils accordent aux résidents hospitaliers ou absents sur le tarif d'hébergement ; d'autre part, le coût des prestations d'entretien et d'animation est forfaitisé et calculé sur un nombre de journées prévisionnel et l'absence de déduction de la prestation de restauration pour une période inférieure à 72 heures relève de l'intérêt général (Cass. 1e civ. 3-11-2016 nº 15-20.621 F-PB : clause-abusives.fr).
Clause du contrat de séjour d'une maison de retraite prévoyant un **prix d'hébergement forfaitaire,** sans distinguer entre les prestations de gîte, couvert et entretien.		Dès lors que le contenu du forfait d'hébergement est défini par l'article R 314-159 du Code de l'action sociale et des familles, la légalité de ce texte n'étant pas contestée, et ce même si les dispositions de ce Code, relatives aux droits des usagers, imposent à l'établissement d'accueil de détailler le coût des prestations offertes au titre de l'hébergement (Cass. 1e civ. 3-11-2016 nº 15-20.621 F-PB : RJDA 3/17 nº 208).

Contenu de la clause	Clause abusive	Clause non abusive
Clause du contrat de séjour d'une maison de retraite prévoyant, lorsqu'un résident part volontairement, un **délai de préavis** pendant lequel il est tenu de régler les frais d'hébergement, sous déduction du coût alimentaire, et sauf occupation de sa chambre par un nouveau résident dans ce délai.		Dans un contrat à durée indéterminée, cette clause est légitime, même si elle impose au résident de payer des prestations qui ne lui sont plus fournies, un délai de préavis d'un mois étant réciproquement prévu à la charge de l'établissement (Cass. 1e civ. 3-11-2016 n° 15-20.621 F-PB : RJDA 3/17 n° 208).
Clause d'un contrat de séjour d'une maison de retraite prévoyant que le **dépôt de garantie** versé par le résident à son arrivée et correspondant à 30 jours d'hébergement lui sera restitué dans sa totalité ou partiellement dans les deux mois suivant son départ.	Clause illicite, dès lors que l'article R 314-149 du Code de l'action sociale et des familles prévoit une restitution dans les trente jours du départ du résident ; maintenue dans le contrat elle est donc abusive (Cass. 1e civ. 3-11-2016 n° 15-20.621 F-PB : RJDA 3/17 n° 208).	

RÉSEAUX SOCIAUX

– Recommandation n° 14-02 : contrats de fournitures de services de réseaux sociaux (BOCCRF du 19-12-2014). 18200

Jugements recensant un certain nombre de clauses abusives dans les contrats Facebook (TGI Paris 9-4-2019 n° 14/07298), Twitter (TGI Paris 7-8-2018) et Google (TGI Paris 12-2-2019 n° 14/07224).

Contenu de la clause	Clause abusive	Clause non abusive
Clause attribuant compétence aux juridictions californiennes en cas de litiges entre la société Facebook et l'utilisateur du réseau social.	Elle oblige le consommateur à saisir une juridiction particulièrement lointaine de son domicile et à engager des frais sans proportion avec l'enjeu économique du contrat souscrit pour des besoins personnels et familiaux, de sorte qu'elle est de nature à l'empêcher d'agir en justice (CA Paris 12-2-2016 n° 15/08624 : RJDA 7/16 n° 570).	

SPORT

18210 Recommandation n° 87-03 : club de sport à caractère lucratif (BOCCRF du 16-12-1987).

Contenu de la clause	Clause abusive	Clause non abusive
Clause d'un **contrat d'abonnement à un club sportif** prévoyant l'absence de **remboursement,** d'interruption des mensualités ou de prorogation du contrat en cas de non-utilisation par l'abonné des installations.	(CA Rennes 30-3-2001 n° 00-1559 : RJDA 7/01 n° 818, cassé mais pour un autre motif par Cass. 1e civ. 21-10-2003 n° 01-13239).	
Clause prévoyant la prise d'effet de l'assurance **interruption** subordonnée à la production d'un certificat médical.	(CA Rennes 30-3-2001 précité).	
Clause prévoyant l'utilisation des installations du club dans le cadre des **horaires** d'ouverture affichés et en fonction des formules d'abonnement, ou la possibilité pour le club de modifier les horaires de cours à sa convenance.	(CA Rennes 30-3-2001 précité ; voir aussi CA Rennes 26-9-2002 n° 01-3783 : RJDA 1/03 n° 77).	
Fait de subordonner l'**accès** du centre à la présentation de la carte d'adhérent.		(CA Rennes 26-9-2002 n° 01-3783 précité).
Absence de remboursement des **acomptes versés.**	Le consommateur doit, quoi qu'il arrive, exécuter son obligation de payer le prix alors même que la prestation qui en constitue la contrepartie ne lui est pas fournie (CA Rennes 30-3-2001 précité).	
Absence de report ou de **remboursement** de tout ou partie de l'abonnement en cas d'inaptitude à la pratique sportive déclarée postérieurement à la conclusion du contrat.	(CA Rennes 30-3-2001 précité).	
Clause prévoyant la **prorogation** non gratuite du contrat en cas de suspension de celui-ci.	(CA Rennes 26-9-2002 n° 01-3783 précité).	
Clauses excluant la **responsabilité du club** en cas de vol dans l'utilisation des casiers servant aux effets personnels ou en cas d'accident survenu aux enfants dans le lieu d'accueil prévu à cet effet.	(CA Rennes 30-3-2001 précité).	

TÉLÉPHONIE MOBILE

– Recommandation n° 99-02 : téléphonie mobile (BOCCRF du 27-7-1999). 18220

– Avis n°s 08-01 (Rapport d'activité de la Commission pour 2008 : BOCCRF du 5-3-2009) et 07-02 (Rapport d'activité de la Commission pour 2007 : BOCCRF du 9-5-2008) : téléphonie mobile.

1. Contrat d'abonnement au téléphone mobile proposé par une société commercialisant les services d'un opérateur 18225

Contenu de la clause	Clause abusive	Clause non abusive
Clause réservant au professionnel le droit de demander à l'abonné, à la signature du contrat ou à tout moment pendant la durée du contrat, le versement d'un **dépôt de garantie** et précisant que, si ce dépôt de garantie n'est pas effectué à la date fixée par le professionnel, le contrat prend fin sans indemnités à cette même date.	Elle permet au professionnel de modifier discrétionnairement les conditions du contrat au cours de son exécution, la demande de versement d'un dépôt de garantie ne pouvant se concevoir qu'à la signature du contrat ou en cas de modification de celui-ci à la demande de l'abonné (TGI Paris 16-3-1999 : RJDA 6/99 n° 729).	
Clause contraignant l'abonné à respecter les prescriptions données par l'opérateur concernant les **modifications techniques** éventuelles à apporter à son mobile et nécessitées par l'organisation et l'utilisation du service radiotéléphonie publique numérique GSM, notamment lorsqu'elles résultent de contraintes ou de normes techniques imposées à l'opérateur par les autorités réglementaires.	Elle permet d'imposer à l'abonné des modifications de son téléphone pour des raisons autres que des normes techniques imposées par les autorités compétentes en la matière (TGI Paris 16-3-1999 précité).	
Clause précisant que la carte de **couverture du réseau** utilisée n'a qu'une valeur indicative sur la précision des limites représentées.	Elle prémunit d'emblée le professionnel contre toute réclamation en cas de non-fonctionnement du système (TGI Paris 16-3-1999 précité).	
Assimilation à la **force majeure** de tout dysfonctionnement dans la fourniture ou l'exploitation des moyens de télécommunication fournis.	Ce dysfonctionnement ne permet la résiliation de l'abonnement qu'au bout de trois mois, sans indemnisation pour l'abonné (TGI Paris 20-10-1998 : RJDA 6/99 n° 729).	
Exonération de la **responsabilité** de la société au titre des informations et documents communiqués à l'abonné dès lors que ces informations n'ont qu'une valeur indicative et ne présentent pas de valeur contractuelle.	Elle est source de confusion pour le consommateur sur l'objet et l'étendue des prestations qui lui sont dues (TGI Paris 20-10-1998 précité).	
Clause permettant au professionnel de suspendre immédiatement, voire de **résilier,** l'accès au service souscrit par l'abonné en cas d'inexécution par lui de l'une quelconque de ses obligations.	Elle permet au professionnel de sanctionner le moindre manquement de l'abonné à l'une quelconque de ses obligations par la privation immédiate et sans information préalable de tout le service fourni (TGI Paris 16-3-1999 précité).	

18230 **2. Contrat d'abonnement au téléphone mobile proposé par un opérateur**

Contenu de la clause	Clause abusive	Clause non abusive
Clause prévoyant que les **factures** sont bimestrielles et que, si l'importance du montant des factures le justifie, des factures intermédiaires peuvent être émises.	Le critère de l'importance du montant des factures est laissé à la libre appréciation de l'opérateur et la possibilité d'émettre une facture supplémentaire sans avis préalable du consommateur peut entraîner des difficultés financières pour celui-ci (TGI Nanterre 3-3-1999 : RJDA 6/99 n° 729).	
Clause prévoyant le maintien de la facturation en cas de **suspension des services.**		Le maintien de la facturation a pour contrepartie le maintien du contrat d'abonnement et de certaines prestations et n'est donc pas sans cause (CA Paris 30-3-2018 n° 15/08688).
Clause prévoyant une **période minimale d'abonnement** de douze mois.	Si l'abonné n'est libéré que par le paiement d'une pénalité de rupture égale au montant des abonnements restant dus pour les douze premiers mois du contrat, le montant très élevé de cette pénalité ayant pour objet de dissuader le consommateur de rompre le contrat (TGI Nanterre 3-3-1999 précité).	Dès lors qu'est prévue une faculté de résiliation pour des motifs qui ne sont pas limités et définis par le seul professionnel (TGI Paris 30-9-2008 n° 06-17792 : RJDA 1/09 n° 56).
Clause écartant toute **compensation** entre les dettes de l'abonné et le dépôt de garantie.	Ne contenant aucune précision quant aux modalités de restitution du dépôt de garantie, elle permet un enrichissement sans cause du professionnel (TGI Nanterre 10-9-2003 n° 02-3296 : Rapport d'activité de la CCA pour 2003, confirmé sur d'autres points par CA Versailles 4-2-2004 n° 03-7368 : RJDA 8-9/04 n° 1055).	
Clause permettant à l'opérateur de demander en cours de contrat la constitution d'un **dépôt de garantie.**	Elle est contraire aux dispositions de l'article R 132-2 du Code de la consommation et crée un déséquilibre significatif au profit du professionnel qui peut arbitrairement imposer au consommateur une obligation non justifiée par la survenance d'un fait nouveau (CA Versailles 4-2-2004 n° 03-7368 : RJDA 8-9/04 n° 1055).	Si elle est limitée au cas de survenance d'événements nouveaux depuis la souscription du contrat, limitativement et précisément déterminés (TGI Paris 30-9-2008 n° 06-17792 précité).

18230 (suite)

Contenu de la clause	Clause abusive	Clause non abusive
Clause imposant une déclaration écrite en cas de perte ou de vol de la **carte SIM.**	Si elle fait supporter à l'abonné toute communication passée après déclaration téléphonique de la perte ou du vol (TGI Nanterre 10-9-2003 n° 02-3296 précité) ; si elle prévoit en cas de contestation le report de la mise hors service à la date de réception de la lettre recommandée (TGI Paris 30-9-2008 n° 06-17792 précité).	
Clause faisant peser sur l'abonné la **responsabilité** de l'utilisation et de la conservation de sa **carte** SIM en l'absence de faute de l'opérateur.		Elle n'emporte aucune dispense de l'obligation de garantie au bénéfice du professionnel qui reste responsable des conséquences de sa propre faute (CA Versailles 4-2-2004 n° 03-7368 précité ; TGI Paris 30-9-2008 n° 06-17792 précité).
Clause permettant à l'opérateur, suite à des contraintes techniques, de modifier le **numéro d'appel,** après en avoir avisé l'abonné.	Elle ne définit pas le motif du changement de numéro d'appel et laisse le professionnel libre d'agir arbitrairement (TGI Nanterre 10-9-2003 n° 02-3296 précité ; TGI Paris 30-9-2008 n° 06-17792 précité).	
Clause écartant toute responsabilité de l'opérateur en cas d'utilisation du **code confidentiel** permettant d'accéder à la messagerie par un tiers.		Le professionnel reste responsable des conséquences de sa propre faute (CA Versailles 4-2-2004 n° 03-7368 précité).
Clause donnant la possibilité à l'opérateur de transférer des **données nominatives** relatives à l'abonné, sans son accord préalable, à d'autres sociétés pour des opérations commerciales et de marketing.	Elle n'assure pas une protection suffisante de l'abonné et crée au profit du professionnel un avantage sans aucune contrepartie pour le consommateur (TGI Paris 30-9-2008 n° 06-17792 précité).	
Clause qui stipule que le mode de **paiement** initial est le prélèvement automatique sur compte bancaire et que le client a la possibilité de changer le mode de paiement moyennant des frais de gestion de 3 € par mois.	Elle a pour objet d'imposer le règlement par prélèvement lors de la souscription et de modifier le tarif de l'abonnement en cas de règlement par un moyen légal tel que le chèque (J. prox. Mantes-la-Jolie 14-1-2008 n° 91-07-219).	

18230
(suite)

Contenu de la clause	Clause abusive	Clause non abusive
Clause prévoyant qu'en cas de **défaillance du tiers payeur** l'abonné n'est pas exonéré de son obligation de paiement.		Elle prévoit que le débiteur doit payer sa dette (CA Versailles 4-2-2004 nº 03-7368 précité).
Clause écartant toute **responsabilité** de l'opérateur en cas de perturbations causées par des interventions sur le réseau, sans prévoir une indemnisation de l'abonné.	En sa qualité de prestataire de services, le professionnel est tenu à une obligation de résultat envers l'abonné et est présumé responsable de tout dysfonctionnement sauf à rapporter la preuve d'une cause étrangère (CA Versailles 4-2-2004 nº 03-7368 précité ; voir aussi CA Paris 30-3-2018 nº 15/08688).	
Clause prévoyant l'indemnisation de l'abonné dans le cas d'une **interruption des services** dans la zone de couverture d'une durée de plus de 48 heures et consécutive à une faute imputable à l'opérateur.	Elle limite la responsabilité de l'opérateur à des cas de fautes établies (TGI Paris 30-9-2008 nº 06-17792 précité).	
Clause prévoyant l'indemnisation de l'abonné s'il est établi que la durée de **non-disponibilité de l'accès au réseau** a, soit excédé en durée cumulée 10 % durant un mois calendaire, soit excédé 48 heures consécutives et que l'abonné, compte tenu de sa localisation géographique et des moments (date et heure) auxquels il a souhaité avoir accès au réseau a effectivement dû supporter cette indisponibilité.	Elle fait porter la charge de la preuve de la non-disponibilité de l'accès au réseau sur l'abonné, alors que l'obligation de fourniture du service est une obligation de résultat, et elle accorde à l'opérateur un pouvoir discrétionnaire d'apprécier la recevabilité de la demande de compensation (CA Paris 30-3-2018 nº 15/08688).	
Clause prévoyant que la **résiliation** à l'initiative de l'abonné prend effet un mois après la date de la première facture qui suit la réception de sa demande par le professionnel.	Elle crée un avantage en faveur du professionnel puisque, en fonction de la date de la facture, le délai de préavis peut en fait passer à deux mois et le consommateur se trouve contraint à une prestation forcée donnant lieu à redevance ; il convient de simplifier les conditions de résiliation à l'initiative du consommateur de façon à ce que le délai de préavis soit un terme fixe de un mois à compter de la réception de la demande (TGI Nanterre 10-9-2003 nº 02-3296 précité).	

Contenu de la clause	Clause abusive	Clause non abusive
Clause prévoyant que le contrat peut être **résilié** à tout moment par l'abonné mais que si la résiliation intervient pendant la période initiale d'un an les redevances restant à courir seront immédiatement exigibles sauf si la résiliation est motivée par l'un des **cas limitativement énoncés** au contrat.	Elle prive l'abonné de la possibilité de mettre fin au contrat pour d'autres motifs que ceux énoncés et qui pourraient être considérés comme légitimes par une juridiction (CA Versailles 4-2-2004 n° 03-7368 précité).	Dès lors que le membre de phrase « dans les cas limitatifs suivants » est remplacé par « pour des motifs légitimes », quitte à énoncer un certain nombre de cas à titre d'exemples (CA Versailles 4-2-2004 n° 03-7368 précité).
Clause prévoyant que l'abonné dispose d'un délai de 7 jours à compter de la souscription de l'abonnement pour **résilier** son contrat lorsque le **service** principal est totalement **inaccessible.**	Elle empêche l'abonné de résilier son contrat en cas d'inaccessibilité des services complémentaires ou optionnels (CA Paris 30-3-2018 n° 1508688).	

3. Carte prépayée 18235

Contenu de la clause	Clause abusive	Clause non abusive
Clause limitant la durée de validité du crédit de communication et de la ligne dédiée des cartes prépayées.		Dès lors que la durée de validité du crédit de communication et celle de la ligne dédiée participent de la définition de l'objet principal du contrat (Cass. 1e civ. 3-6-2015 nos 14-13.193 et 14-13.194 : RJDA 10/15 n° 710).

TÉLÉSURVEILLANCE

Recommandation n° 97-01 : télésurveillance (BOCCRF du 11-6-1997). 18240

Contenu de la clause	Clause abusive	Clause non abusive
Clause d'un contrat de télésurveillance et de location de matériel par abonnement prévoyant une **durée du contrat** de 48 mois (ou de 60 mois) sans possibilité de résiliation avant terme.	Si le contrat de location de matériel de télésurveillance prévoit une indépendance entre ce contrat et celui relatif à la prestation de télésurveillance elle-même, une telle clause contraint le locataire à payer au titre du contrat de location, malgré la résiliation ou la suspension du contrat de prestation de télésurveillance pour une cause légitime, des loyers pour un matériel de télésurveillance dont il ne bénéficie plus (CA Amiens 6-4-2006 n° 05-92). Si elle empêche le client de se prévaloir d'événements imprévus pouvant survenir pendant cette période (chômage, diminution de ressources) alors que le prestataire peut de son côté résilier le contrat sans formalité (CA Aix-en-Provence 25-6-2008 n° 05-21733 : RJDA 2/09 n° 143 ;	S'agissant d'un contrat unique de location de matériel aulant que de prestation de services, la durée du contrat et la faculté de résiliation doivent être appréciées au regard du mode de financement du matériel et de la faculté de le céder à un tiers en cas de résiliation anticipée (CA Paris 30-5-2007 n° 04-2679 : RJDA 11/07 n° 1158).

18240 (suite)

Contenu de la clause	Clause abusive	Clause non abusive
	pour une durée irrévocable de 60 mois, voir CA Versailles 27-10-2011 nº 10/00266 : RJDA 3/12 nº 340).	
Clause prévoyant que la mensualisation du **paiement** n'est possible que si celui-ci est effectué par prélèvement automatique, le paiement par chèque étant limité au règlement du prix total annuel.	Elle porte atteinte à la liberté de choix du consommateur (TGI Grenoble 27-4-2015 nº 12/04079 : www.clauses-abusives.fr).	
Clause stipulant que tout **mois commencé** est dû dans son intégralité.	Dès lors qu'elle impose au consommateur de payer une prestation qui ne lui est pas fournie (TGI Grenoble 27-4-2015 nº 12/04079 précité).	
Clause mettant une indemnité à la charge du client en **cas d'impayé.**	Dès lors qu'il n'existe pas réciproquement de clause pénale sanctionnant le non-respect par le prestataire d'une de ses obligations contractuelles (CA Aix-en-Provence 25-6-2008 nº 05-21733 précité).	
Clause stipulant que le paiement des mensualités sera effectué par **prélèvements** sur un compte bancaire du client, celui-ci s'engageant irrévocablement à maintenir cet ordre de paiement pendant toute la durée du contrat.	Dans la mesure où elle ne permet pas au client d'interrompre le paiement du mois concerné en cas de manquement du prestataire à ses obligations (CA Aix-en-Provence 25-6-2008 nº 05-21733 précité).	
Clause d'un contrat de location de matériel de télésurveillance prévoyant une majoration de 10 % de l'indemnité de **résiliation** en cas de non-paiement des loyers.		Elle ne présente pas un caractère exorbitant (CA Paris 11-2-2009 nº 07-9951 : RJDA 7/09 nº 683).
Clause prévoyant un **délai de résiliation** d'un mois en cas de décès ou de force majeure.	Dès lors que la résiliation n'est pas fautive (décès ou force majeure), le délai d'un mois n'est pas justifié (TGI Grenoble 27-4-2015 nº 12/04079 précité).	
Clause prévoyant qu'en cas de **résiliation** du contrat le locataire devra payer une somme égale au montant des loyers dus jusqu'au terme du contrat.	Dans la mesure où une résiliation anticipée du contrat n'est pas nécessairement fautive et ne justifie pas alors l'acquittement d'une somme correspondant à une prestation qui n'est plus fournie (CA Versailles 27-10-2011 nº 10/00266 précité).	Elle s'analyse en une clause pénale qui n'est pas d'un montant abusif (CA Paris 30-5-2007 nº 04-2679 précité), ou en une faculté de dédit (CA Paris 11-2-2009 nº 07-9951 : RJDA 7/09 nº 683).
Clause faisant supporter au client en cas de résiliation du contrat les frais et risques de **restitution du matériel** et le contraignant à restituer celui-ci en un lieu choisi par la société.	Alors qu'elle ne distingue pas selon que cette résiliation est ou non imputable au consommateur (CA Aix-en-Provence 25-6-2008 nº 05-21733 précité).	

TRANSPORT AÉRIEN

18250

Contenu de la clause	Clause abusive	Clause non abusive
Clause prévoyant qu'en cas de contradiction entre les conditions générales de transport et toute **condition particulière** à une réservation, les conditions générales prévaudront.	Elle permet de restreindre l'obligation pour le professionnel de respecter les engagements pris par ses préposés ou ses mandataires (TGI Paris 31-1-2012 nº 09/08186 : RJDA 6/12 nº 624).	
Clause stipulant que les **conditions générales** de transport sont applicables dans la mesure où elles ne sont pas contraires au droit en vigueur ou à des tarifs déposés, auxquels cas ce droit ou ces tarifs prévaudraient.		Dès lors qu'elle a pour seul objet de signifier au consommateur que les conditions générales de transport, qui lui sont opposables dans le cadre de ce contrat d'adhésion, ne peuvent être contraires au droit en vigueur ou à des tarifs déposés et qu'il s'agit d'un simple rappel de la hiérarchie des règles (TGI Bobigny 26-4-2013 nº 09/06829 : www.clauses-abusives.fr).
Clause qui permet au transporteur de prélever les **taxes ou redevances** imposées par un gouvernement ou un aéroport par débit de la carte bancaire du consommateur.	Dès lors qu'elle ne prévoit pas le remboursement automatique au client de la diminution de ces taxes, mais lui impose d'en solliciter le remboursement (TGI Paris 31-1-2012 nº 09/08186 précité).	
Clause qui prévoit le remboursement du passager en cas de suppression de **taxes ou de redevances** imposés par un gouvernement ou un aéroport.	Dès lors qu'elle ne prévoit pas le remboursement automatique de ces taxes et n'informe pas le consommateur sur la procédure permettant d'obtenir ce remboursement (Cass. 1e civ. 26-4-2017 nº 15-18.970 F-PB : BRDA 11/17 inf. 20).	
Clause selon laquelle si le consommateur est en **retard** pour son vol ou ne se présente pas du tout à l'embarquement ou à l'hôtel, il sera redevable des frais d'annulation équivalant à 100 % de la somme payée.		Dès lors qu'aucun texte ne prévoit le droit pour le consommateur d'obtenir le remboursement de son voyage lorsqu'il ne se présente pas au départ de son vol ou à l'hôtel pour un motif légitime ou en cas de force majeure et que la souscription d'une assurance, préconisée par la compagnie en option à l'achat du voyage, permet de pallier ce risque (TGI Paris 31-1-2012 nº 09/08186 précité).

18250 (suite)

Contenu de la clause	Clause abusive	Clause non abusive
Clause prévoyant que, si le consommateur est dans l'impossibilité de voyager pour des raisons de **force majeure,** le transporteur créditera au passager le montant de son billet non remboursable, sous réserve de **frais** administratifs raisonnables.	Dès lors que cette formulation laisse à la compagnie aérienne le pouvoir de déterminer les frais librement sans que le consommateur ait eu connaissance de règles de principe permettant leur détermination (TGI Bobigny 26-4-2013 n° 09/06829 précité).	
Clause refusant tout **remboursement du billet** au consommateur qui n'est pas en mesure de prendre son vol, même en raison d'un cas de **force majeure** tandis que le transporteur peut lui-même s'exonérer de sa responsabilité en cas d'annulation d'un vol pour cette raison.		Dès lors que l'hypothèse envisagée par la clause est celle dans laquelle la force majeure empêche le passager de voyager et non pas d'exécuter sa propre obligation qui est de payer le billet (Cass. 1e civ. 26-4-2017 n° 15-18.970 F-PB : BRDA 11/17 inf. 20).
Clause faisant référence à la facturation de « **frais de service** » si la compagnie doit émettre un nouveau billet en **remplacement d'un billet** perdu ou détérioré.	La référence à des frais de service sans précision laisse au professionnel le pouvoir de déterminer librement les frais en cause, sans que le consommateur ait eu connaissance de règles de principe préalablement fixées et permettant leur fixation. Est sans incidence le fait que le consommateur soit informé du montant des frais de service qui seront appliqués à son propre billet au moment de la conclusion de chaque vente (Cass. 1e civ. 26-4-2017 n° 15-18.970 F-PB : BRDA 11/17 inf. 20).	
Clause qui prévoit la **mise à disposition des bagages** à l'arrivée ou à l'escale, à charge pour le voyageur de les retirer dans un délai raisonnable, sauf à se voir facturer des frais d'entreposage.	Dès lors que ces frais ne sont pas fixés et que le professionnel a la faculté de les déterminer unilatéralement (TGI Paris 31-1-2012 n° 09/08186 précité).	
Clause qui indique que la compagnie aérienne s'efforcera de transporter ses passagers en respectant les **horaires** de vol mais que les vols mentionnés dans les horaires ou ailleurs ne sont pas garantis.	La formulation ambiguë permet au transporteur de s'exonérer de sa responsabilité (TGI Paris 31-1-2012 n° 09/08186 précité).	
Clause permettant à la compagnie aérienne de modifier unilatéralement le prix d'un **billet** déjà acheté comportant **plusieurs coupons de vol** si le passager n'utilise pas l'un d'entre eux.		Dès lors qu'elle se borne à obliger le consommateur à respecter le contrat de transport déjà conclu, dont les obligations réciproques ont été évaluées en fonction d'une politique tarifaire applicable à la seule condition que les coupons de vols soient utilisés dans un certain ordre (Cass. 1e civ. 26-4-2017 n° 15-18.970 F-PB : BRDA 11/17 inf. 20).

18250 (suite)

Contenu de la clause	Clause abusive	Clause non abusive
Clause prévoyant qu'après la conclusion du contrat de transport un **autre transporteur** que celui désigné sur le billet peut opérer le transport aérien concerné.		Dès lors qu'une information du voyageur est prévue dès que l'identité du transporteur effectif est connue et que, dans le cas d'un changement de transporteur après la réservation, le contractant du transport aérien prend immédiatement toutes les mesures appropriées pour que le passager soit informé de ce changement dans les meilleurs délais, et ce, quelle qu'en soit la raison (TGI Bobigny 26-4-2013 nº 09/06829 précité).
Clause prévoyant l'**incessibilité du billet.**		Dès lors que, d'une part, cette clause répond à des impératifs de sécurité et, d'autre part, est justifiée par le fait que les compagnies aériennes ne peuvent embarquer que les personnes autorisées à débarquer au point de destination et que certains tarifs sont effectivement attachés à la personne du consommateur (Cass. 1e civ. 26-4-2017 nº 15-18.970 F-PB : BRDA 11/17 inf. 20).
Clause qui limite ou exclut la responsabilité du transporteur lorsqu'il propose sur son site les prestations de ses partenaires (hôtels, voiture) autres que celle de billets d'avion.		Dès lors que la responsabilité de plein droit des vendeurs de voyages et de séjour (C. tourisme art. L 211-16 et L 211-17) ne s'applique pas pour les opérations relatives à des titres de transport n'entrant pas dans un forfait touristique, le consommateur payant les autres prestations directement sur le site internet du partenaire du transporteur, connaissance prise des conditions générales de vente de ce partenaire (Cass. 1e civ. 26-4-2017 nº 15-18.970 F-PB : BRDA 11/17 inf. 20).
Clause selon laquelle le consommateur qui achète un **forfait** est soumis aux conditions du transporteur mais aussi aux conditions du fournisseur (par exemple le prestataire de séjour à l'hôtel).	Dès lors que le consommateur n'a pas eu connaissance des conditions du fournisseur (TGI Paris 31-1-2012 nº 09/08186 précité).	

Contenu de la clause	Clause abusive	Clause non abusive
Clause stipulant que toute limitation de la **responsabilité du transporteur** s'applique à ses agents et représentants.	Elle ne précise pas que la limitation s'applique seulement lorsque le préposé ou le mandataire prouve qu'il a agi dans l'exercice de ses fonctions (TGI Paris 31-1-2012 n° 09/08186 précité).	
Clause par laquelle le transporteur qui propose, sous la rubrique « **services à la carte** », la possibilité de commander un repas à la carte ou encore un menu spécial s'exonère de toute **responsabilité** « lorsque des impératifs liés à l'exploitation, à la sécurité et à la sûreté ne lui permettent pas de fournir les prestations adaptées ».	Le consommateur qui a pu contracter en raison de l'existence de ce service ne peut pas en être privé pour des motifs tenant à de simples considérations d'exploitation pour le transporteur, l'imprécision de ce motif caractérisant l'existence d'une faculté de modifier unilatéralement les clauses du contrat relatives aux caractéristiques du service à rendre (Cass. 1e civ. 26-4-2017 n° 15-18.970 F-PB : BRDA 11/17 inf. 20).	
Clause qui prévoit des frais supplémentaires en cas de **paiement** avec certaines **cartes** de crédit.	Elle est contraire à l'article L 112-12 du Code monétaire et financier (TGI Paris 31-1-2012 n° 09/08186 précité).	
Clause prévoyant qu'en cas d'**annulation de vol** dans des cas extraordinaires qui ne pouvaient pas être évités la compagnie offrira des options de réacheminement et de remboursement.	Elle laisse croire au consommateur que le transporteur peut s'exonérer de sa responsabilité, alors qu'il doit prouver que ces situations ne pouvaient être évitées malgré les mesures prises (TGI Paris 31-1-2012 n° 09/08186 précité).	

TRANSPORTS TERRESTRES

18252

Contenu de la clause	Clause abusive	Clause non abusive
Clauses d'un contrat de transport routier fixant des plafonds d'indemnisation en cas de perte ou d'avarie des marchandises.		Dès lors que les clauses fixent des plafonds d'indemnisation inférieurs aux plafonds réglementaires, dont elles ne rappellent pas l'existence, et qu'ainsi elles n'accordent pas une indemnisation conforme ou supérieure aux dispositions supplétives qu'elles évincent (Cass. 1e civ. 8-11-2023 n° 21-22.655 FS-D : RJDA 4/24 n° 248).

TRANSPORTS INDIVIDUELS EN LIBRE-SERVICE

Recommandation 20-01 relative aux contrats de location de moyens de transports individuels en libre service (BOCCRF du 28-9-2020). 18255

VÉHICULES AUTOMOBILES

Avis n° 06-03 : assurance-garantie automobile (Rapport d'activité de la Commission pour 2006 : BOCCRF du 31-7-2007). 18260

1. Vente de véhicules neufs (bons de commande) 18265

– Recommandation n° 04-02 : achat de véhicules automobiles de tourisme (BOCCRF du 6-9-2004).
– Recommandation n° 85-02 : achat de véhicules automobiles de tourisme (BOSP du 4-9-1985).
– Recommandation n° 79-01 : contrats de garantie (BOSP du 24-2-1979).

Contenu de la clause	Clause abusive	Clause non abusive
Clause prévoyant que les **pièces défectueuses** remplacées au titre de la garantie contractuelle deviennent la propriété du vendeur.		Dès lors que n'est pas rapportée la preuve de l'intérêt du consommateur à conserver la pièce défectueuse (Cass. 1e civ. 14-11-2006 nos 04-15.645, 04-15.890 et 04-17.578 : RJDA 1/08 n° 87).
Clause stipulant que le constructeur se réserve la possibilité d'apporter à ses modèles les modifications liées à l'évolution technique sans préciser que ces modifications ne peuvent entraîner aucune **augmentation de prix.**	(Cass. 1e civ. 14-11-2006 nos 04-15.646 et 04-17.578 : RJDA 1/08 n° 87).	
Clause excluant la possibilité pour le consommateur de résilier la commande en cas d'augmentation du prix résultant d'une modification des règles fiscales ou de modifications techniques imposées par les pouvoirs publics.	(Cass. 1e civ. 14-11-2006 n° 04-17.578 précité).	
Clause excluant pour le consommateur le droit de résilier la commande, sauf à perdre l'acompte versé, en cas d'augmentation de prix sans distinguer entre les causes d'augmentation.	(Cass. 1e civ. 14-11-2006 n° 04-17.578 précité).	
Clause prévoyant que le client s'oblige, en cas de règlement au moyen d'un crédit, à confier au vendeur l'**immatriculation du véhicule,** car le vendeur peut ainsi faire inscrire son gage.		Le fait d'accomplir personnellement cette démarche administrative ne peut pas être considéré comme un droit pour le consommateur (Cass. 1e civ. 14-11-2006 n° 04-15.890 : RJDA 1/08 n° 87).
En cas de reprise de l'ancien véhicule contre l'achat d'un véhicule neuf, clause prévoyant que si la **commande** est **résiliée** et si, entre-temps, le véhicule a été revendu, le montant de la valeur de reprise indiqué sur le bon de commande sera restitué au client.		(Cass. 1e civ. 14-11-2006 nos 04-15.646 et 04-15.890 précités).

18265 (suite)

Contenu de la clause	Clause abusive	Clause non abusive
Clause stipulant que la **garantie contractuelle** ne s'applique pas lorsque les dommages ont pour origine une cause extérieure à la chose garantie (telle que jets de gravillons ou intempéries) ou que le défaut résulte de ce que le véhicule a été réparé par un tiers au réseau du constructeur.		(Cass. 1e civ. 14-11-2006 nos 04-15.645, 04-15.890 et 04-17.578 précités).
Clause selon laquelle les travaux de **réparation** doivent être effectués par un concessionnaire ou un agent du constructeur.		Dès lors qu'elle concerne uniquement les travaux de réparation effectués en exécution de la garantie conventionnelle, le constructeur qui en assure gratuitement la prise en charge peut exiger la certification et l'agrément préalable du réparateur (Cass. 1e civ. 20-3-2013 no 12-14.432 : RJDA 6/13 no 555).
Clause insérée sous la rubrique « **Garantie contractuelle** » et rédigée ainsi : « Interventions non couvertes par la garantie : les interventions exécutées par des **réparateurs** qui ne sont pas des concessionnaires ou agents du constructeur ».	Dès lors que le caractère ambigu de la clause, né du rapprochement de l'intitulé de la rubrique sous laquelle elle figure et de sa propre teneur, a pour effet de laisser croire au consommateur qu'il est tenu, pour bénéficier de la garantie contractuelle, de faire effectuer par un concessionnaire ou agent du constructeur toutes les interventions exécutées sur son véhicule, même si la garantie sollicitée est sans lien avec ces travaux (Cass. 1e civ. 20-3-2013 no 12-14.432 précité).	
Clause insérée sous la rubrique « **Garantie contractuelle** » prévoyant que l'utilisation de **pièces** qui ne sont **pas d'origine** n'est pas couverte par la garantie contractuelle.	Dès lors que le caractère ambigu de la clause, né du rapprochement de l'intitulé de la rubrique sous laquelle elle figure et de sa propre teneur, a pour effet de laisser croire au consommateur que l'utilisation de pièces autres que d'origine emporte en toute hypothèse exclusion de la garantie conventionnelle (Cass. 1e civ. 20-3-2013 no 12-14.432 précité).	

Contenu de la clause	Clause abusive	Clause non abusive
Clause prévoyant qu'au cas où la fabrication du modèle commandé a cessé le **concessionnaire** pourra **annuler la commande** et rembourser l'acheteur de l'acompte reçu.	Elle laisse penser à l'acheteur qu'il n'a pas la possibilité d'agir en justice pour obtenir l'indemnisation du préjudice subi (Cass. 1e civ. 14-11-2006 nº 04-15.645 : RJDA 1/08 nº 87).	
Clause prévoyant que le **vendeur** peut **annuler la commande** et conserver l'acompte versé si l'acheteur n'a pas pris livraison dans un certain délai du véhicule commandé (ou se dédit dans le cas d'une vente à crédit).	Le contrat ne prévoit aucune indemnisation équivalente au profit de l'acheteur lorsque c'est le vendeur qui renonce à l'exécution de ses obligations (Cass. 1e civ. 14-11-2006 nºs 04-15.646, 04-15.890 et 04-17.578 : RJDA 1/08 nº 87).	
Clause stipulant que le concessionnaire est seul **responsable** de tous ses engagements envers l'acheteur.	Elle laisse croire au consommateur qu'il n'a aucun recours contre le fabricant, alors que celui-ci est tenu à la garantie légale des vices cachés (Cass. 1e civ. 14-11-2006 nºs 04-15.645 et 04-17.578 précités).	
Clause selon laquelle le client déclare avoir pris connaissance des conditions particulières en cas de **vente à domicile.**	Rédigée en caractères plus petits que les clauses voisines (Cass. 1e civ. 14-11-2006 nº 04-17.578 précité).	

2. Location de véhicules 18270

– Recommandation nº 96-02 : locations de véhicules automobiles (BOCCRF du 3-9-1996).

– Avis nº 00-02 : responsabilité du preneur dans un contrat de location de véhicule automobile (Rapport d'activité de la Commission pour 2000 : BOCCRF du 23-5-2001).

– Avis nº 12-02 : relatif à un contrat de location de véhicule automobile (www.clauses-abusives.fr).

Contenu de la clause	Clause abusive	Clause non abusive
Clause attribuant compétence au **tribunal de commerce,** même pour des litiges entre particuliers et commerçants.	(CA Versailles 2-6-1994 : RJDA 11/94 nº 1220).	
Clause faisant supporter au locataire la totalité des risques de **perte** ou de détérioration **de la chose louée** même lorsqu'ils sont dus à un événement imprévisible et qu'aucune faute ne peut être imputée au locataire.	Elle confère au bailleur un avantage excessif (Cass. 1e civ. 6-1-1994 : RJDA 5/94 nº 595).	
Clause de déchéance d'une garantie en cas de non-restitution des clefs et des documents du véhicule dans les 48 heures du vol de ce véhicule.		Dès lors qu'elle réserve au locataire la faculté d'opposer la force majeure pour échapper à la déchéance de la garantie (Cass. 1e civ. 4-6-2014 nº 13-14.717 : RJDA 10/14 nº 804).

18270 (suite)

Contenu de la clause	Clause abusive	Clause non abusive
Clause prévoyant le paiement d'une indemnité en cas de **résiliation** du contrat par suite de défaillance du locataire, et définissant cette indemnité comme la différence entre, d'une part, la somme des loyers encore dus et la valeur résiduelle du véhicule et, d'autre part, le prix de revente de celui-ci.	Elle prive le preneur, tenu de restituer d'abord le véhicule, de toute possibilité de rechercher lui-même un acquéreur ou d'exercer un contrôle sur les conditions de la revente (Cass. 1e civ. 6-1-1994 précité).	Si elle laisse la possibilité au locataire de présenter un acquéreur faisant une offre écrite d'achat et d'obtenir ainsi un prix de revente du véhicule le satisfaisant (CA Versailles 12-1-2001 nº 98-7806).
Clause figurant dans un contrat de **location** de véhicule de **longue durée** prévoyant qu'en cas de résiliation anticipée pour défaut de paiement des loyers le locataire est néanmoins tenu de verser le montant des échéances jusqu'à la fin du contrat.		Une location de véhicule de longue durée est un contrat dont les droits et obligations des parties sont équilibrés puisqu'il permet au locataire de disposer immédiatement d'un véhicule neuf sans immobilisation financière, moyennant un loyer qui ne peut rester à un prix modique qu'à condition que le contrat soit exécuté jusqu'à son terme (CA Versailles 9-6-2000 : RJDA 11/00 nº 1053).
Clause exclusive de **responsabilité** en cas de dommages concernant le locataire et en cas de préjudice indirect consécutif à des retards de livraison, à des défauts mécaniques ou à « toute autre cause ».	(CA Versailles 2-6-1994 précité).	
Clause excluant de l'assurance les **dommages causés au véhicule en cas de mauvaise appréciation du gabarit** quelle que soit la nature, intentionnelle ou non, de la faute commise.		Dès lors que la clause litigieuse informait clairement le consommateur de l'exclusion de garantie (Cass. 1e civ. 12-12-2018 nº 17-15.427 F-D).
Clause d'un contrat de location de véhicule avec option d'achat, qui impose au preneur de **restituer le véhicule** loué dans les plus brefs délais à compter de la résiliation du contrat.	La clause prive le preneur de la possibilité de présenter un acquéreur dans le délai de 30 jours et a ainsi pour effet de créer un déséquilibre significatif au détriment du consommateur (CA Amiens 4-4-2019 nº 17/03679)	

3. Contrats d'assurance automobile 18275

Contenu de la clause	Clause abusive	Clause non abusive
Clause d'un contrat d'assurance automobile prévoyant, s'agissant de la **garantie avec effraction contre le vol,** que, si le véhicule est retrouvé, la mise en œuvre de la garantie est subordonnée à la preuve d'un forcement de la direction, de la détérioration des contacts électriques permettant la mise en route ou de tout système de protection antivol en phase de fonctionnement.	Au motif de définir l'effraction (forcement de la direction, etc.) l'assureur limite à des indices prédéterminés la preuve du sinistre alors qu'en application de l'article 1315 du Code civil (devenu C. civ. art. 1353), cette preuve est libre ; outre son caractère restrictif, ce mode de preuve ne correspond plus à la réalité des techniques modernes mises en œuvre pour le vol des véhicules (TGI Paris 5-1-2017 n° 15/06093 : www.clauses-abusives.fr).	
Clause du contrat d'assurance qui prive l'assuré du bénéfice de la **garantie vol** lorsque le vol a été commis hors d'un garage individuel clos alors que les clés de contact ou de fermeture du véhicule assuré se trouvaient à l'intérieur ou sur le véhicule, ou ont été volées sans effraction ni agression.	Clause privant l'assuré du bénéfice de la garantie vol en considération de **circonstances** particulières de **réalisation du risque,** dont la **preuve** est à la charge de l'assureur, de sorte qu'elle ne formule pas des exigences générales et précises auxquelles la garantie est subordonnée et n'ajoute pas une condition supplémentaire de mise en œuvre de la garantie dont il appartiendrait à l'assuré d'apporter la preuve. Cette clause n'inverse donc pas la charge de la preuve au détriment de l'assuré (CA Douai 14-2-2019 n° 18/01127)	

4. Contrat de crédit affecté à l'acquisition d'un véhicule automobile 18280

Contenu de la clause	Clause abusive	Clause non abusive
Clause prévoyant la **subrogation** du prêteur dans la **réserve de propriété** du vendeur, par application de l'ancien article 1250, 1° du Code civil (devenu C. civ. art. 1346-1).	La subrogation ne se conçoit qu'au bénéfice d'un tiers qui paye le créancier, de sorte que le paiement fait par le débiteur ne peut pas emporter subrogation. Il s'ensuit que la clause litigieuse s'apparente à une clause de « laisser croire », donnant au consommateur l'impression que la réserve de propriété a été transmise à la banque alors qu'il n'en est rien. Le consommateur est ainsi trompé sur l'étendue de ses droits et se trouve entravé dans l'exercice de son droit de propriété (Cass. avis 28-11-2016 n° 16-70.009 P).	

Contenu de la clause	Clause abusive	Clause non abusive
Clause qui prévoit la **faculté** pour le prêteur de renoncer au bénéfice de la **réserve de propriété** grevant le bien financé et d'y **substituer unilatéralement** un gage sans dépossession portant sur le même bien.	Une telle modification unilatérale est réputée abusive, sauf preuve contraire. La clause est également abusive en ce qu'elle ne prévoit pas d'informer l'emprunteur d'une telle renonciation, celui-ci demeurant ainsi dans l'ignorance de ses droits sur le bien financé, ce qui est de nature à entraver l'exercice de son droit de propriété (Cass. avis 28-11-2016 n° 16-70.009 P).	
Clause qui ne prévoit pas, en cas de **revente** par le prêteur du **bien** financé **grevé d'une réserve de propriété,** la possibilité pour l'emprunteur de présenter lui-même un acheteur faisant une offre.	Le prix obtenu par le prêteur à l'occasion de la revente étant généralement inférieur à celui qui pouvait être escompté, le fait de l'autoriser à réaliser le bien repris sans permettre à l'emprunteur de présenter lui-même un acheteur a pour effet d'aggraver sa situation financière et de créer un déséquilibre significatif (Cass. avis 28-11-2016 n° 16-70.009 P).	

VENTE À DISTANCE

18290 – Recommandation n° 08-01 : fourniture de voyages proposés sur Internet (BOCCRF 23-4-2008).
– Recommandation n° 07-02 : vente d'objets mobiliers par Internet (BOCCRF du 24-12-2007).

Contenu de la clause	Clause abusive	Clause non abusive
Clause faisant référence à l'acceptation par l'acheteur « de l'intégralité des **conditions générales** de vente exposées ci-après ».		Si le consommateur est invité à prendre connaissance desdites conditions générales avant de valider sa commande et d'effectuer le paiement (TGI Paris 4-2-2003 n° 02-11174 : Rapport d'activité de la CCA pour 2003).
Clause prévoyant que les photos de **présentation** des produits proposés dans le catalogue électronique reproduisent fidèlement les produits proposés à l'acheteur mais que les variations minimes dans la représentation des articles n'engagent pas la responsabilité du professionnel et n'affectent pas la validité de la vente.		Si elle ne libère pas le vendeur de son obligation de délivrance conforme du produit vendu, sa portée se limitant à l'existence de « variations minimes dans la représentation des articles » et l'acquéreur non satisfait disposant d'un droit de rétractation en retournant le produit non conforme (TGI Paris 4-2-2003 n° 02-11174 précité).

18290 (suite)

Contenu de la clause	Clause abusive	Clause non abusive
Clause qui stipule que le dépassement du **délai d'expédition** peut donner lieu à une annulation de la commande lorsque celle-ci n'est pas expédiée des entrepôts du vendeur.	Elle permet au vendeur d'imposer une livraison tardive contraire à l'article L 114-1 désormais L 138-1 du Code de la consommation (TGI Bordeaux 11-3-2008 n° 3703-2006 : RJDA 11/08 n° 1190).	
Clause prévoyant qu'en cas d'**indisponibilité d'un produit** dont le prix est inférieur à 500 € le remboursement se fait par bon d'achat.		Dans la mesure où le contrat offre au client la faculté de refuser le bon et de demander un remboursement par chèque selon une procédure très simple (TGI Bordeaux 11-3-2008 n° 3703-2006 précité).
Clause prévoyant que les modes et conseils d'**utilisation** sont indiqués pour chacun des produits proposés lors de la livraison du produit concerné.	Elle permet au professionnel de s'affranchir de son obligation précontractuelle d'information prévue à l'article L 111-1 du Code de la consommation (TGI Paris 4-2-2003 n° 02-11174 précité).	
Clause qui rappelle que le consommateur doit indiquer sur le bon de livraison tous les **dommages** constatés sur le produit et qu'il doit confirmer par courrier recommandé ces réserves au transporteur au plus tard dans les 48 heures suivant la réception des articles.	Elle impose à l'acquéreur des diligences particulières à accomplir dans un délai très court alors qu'il appartient au vendeur d'assumer les risques du transport (TGI Bordeaux 11-3-2008 n° 3703-2006 précité).	
Clause qui impose au consommateur de faire une demande avant de **retourner un produit** livré.	Elle est contraire à l'article L 121-20 du Code de la consommation qui organise les modalités de rétractation en cas de vente à distance (désormais C. consom. art. L 121-21) (TGI Bordeaux 11-3-2008 n° 3703-2006 précité).	
Clause prévoyant que la faculté légale de **rétractation** « ne peut jamais jouer (...) si les produits livrés ont manifestement fait l'objet d'un usage durable (au-delà de quelques minutes) ».	Elle exclut ou limite les droits du consommateur vis-à-vis du professionnel en cas d'inexécution totale ou partielle par le professionnel de l'une quelconque de ses obligations (TGI Paris 4-2-2003 n° 02-11174 précité).	

18290 (suite)

Contenu de la clause	Clause abusive	Clause non abusive
Clause qui énumère les cas de force majeure, tels qu'une **grève de La Poste,** exonérant le vendeur de sa responsabilité.	Elle laisse croire au consommateur qu'aucune contestation n'est possible alors que les tribunaux vérifient cas par cas les éléments de force majeure invoqués (TGI Bordeaux 11-3-2008 nº 3703-2006 précité).	
Clause qui prévoit en cas de rétractation que le produit devra obligatoirement être **retourné** en parfait état **dans son emballage d'origine** non ouvert et non descellé.	S'il est valable d'exiger que le produit retourné soit propre à une nouvelle commercialisation, l'emballage doit nécessairement être ouvert pour vérification (TGI Bordeaux 11-3-2008 nº 3703-2006 précité).	
Clause d'exonération de **responsabilité** du professionnel relative aux difficultés techniques que les clients pourront rencontrer sur le site.		Lorsqu'elle est circonscrite à des hypothèses déterminées (TGI Paris 4-2-2003 nº 02-11174 précité).
Clause stipulant qu'en cas de **vice caché** une expertise du produit doit être demandée par le client auprès d'un expert mandaté pour certifier le vice caché.	La preuve de l'existence d'un vice caché peut être rapportée par tout moyen (TGI Bordeaux 11-3-2008 nº 3703-2006 précité).	

CONTRATS DE FOURNITURE DE CONTENUS ET DE SERVICES NUMÉRIQUES

SOMMAIRE

RÉGLEMENTATION APPLICABLE

Les contrats de fourniture de contenus et de services numériques entre un professionnel et un consommateur sont réglementés par les **articles L 224-25-1 et suivants du Code de la consommation.** Ces articles sont issus de l'ordonnance 2021-1247 du 29 septembre 2021 qui a transposé la directive 2019/771/UE du 20 mai 2019 relative à certains aspects concernant la vente de biens et la directive 2019/770/UE du 20 mai 2019 relative à certains aspects concernant les contrats de fourniture de contenus et de services numériques. 18300

Les dispositions du Code de la consommation en matière de contrats de fourniture de contenus et de services numériques sont applicables aux contrats conclus entre un professionnel et un non-professionnel (C. consom. art. L 224-25-31). En outre, elles sont d'**ordre public** (C. consom. art. L 224-25-32). En conséquence, les personnes qui en bénéficient ne peuvent pas renoncer par avance à s'en prévaloir.

Sous réserve des dispositions spécifiques qui sont étudiées nos 18305 s., les **dispositions générales** relatives aux contrats conclus avec un consommateur (nos 16000 s.) sont applicables à ces contrats.

I. CHAMP D'APPLICATION DE LA RÉGLEMENTATION SUR LES CONTENUS ET SERVICES NUMÉRIQUES

DÉFINITION ET NOTION DE CONTENUS ET DE SERVICES NUMÉRIQUES

Le **contenu numérique** est **défini** comme « les données produites et fournies sous une forme numérique » (C. consom. art. liminaire 6°) ; il s'agit par exemple des programmes informatiques, des applications, des jeux, de la musique, des vidéos ou des textes, que l'accès à ces 18305 données ait lieu au moyen du téléchargement ou du streaming, depuis un support matériel ou par tout autre moyen (Dir. 2019/770 et 2019/771 art. 2).

Le **service numérique** vise « un service permettant au consommateur de créer, de traiter ou de stocker des données sous forme numérique ou d'y accéder, ou un service permettant le partage ou toute autre interaction avec des données sous forme numérique qui sont chargées, téléchargées, téléversées ou créées par le consommateur ou d'autres utilisateurs de ce service » (C. consom. art. liminaire 7°) ; sont par exemple visés les traitements de texte ou les jeux proposés dans l'environnement informatique en nuage, les services d'hébergement de fichiers, les médias sociaux.

Outre les contenus et services numériques, la réglementation fait référence à d'autres notions.

Sont notamment visés les **biens comportant des éléments numériques,** ce qui vise « tout bien meuble corporel qui intègre un contenu numérique ou un service numérique ou qui est interconnecté avec un tel contenu ou un tel service, que ceux-ci soient fournis par le vendeur ou par un tiers, de manière telle que l'absence de ce contenu numérique ou de ce service numérique empêcherait le bien de remplir ses fonctions » (art. liminaire 5°).

L'**intégration** vise le fait de relier et d'intégrer un contenu ou un service numérique aux composantes de l'environnement numérique du consommateur ou du non-professionnel afin de permettre que ce contenu ou ce service soit utilisé conformément aux critères de conformité légaux (C. consom. art. L 224-25-1, 2°).

Enfin, la notion d'**environnement numérique** s'entend de tout matériel informatique, logiciel et connexion réseau utilisés par le consommateur ou par le non-professionnel pour accéder à un contenu ou à un service numérique ou en faire usage (C. consom. art. L 224-25-1, 1°).

CONTRAT SOUMIS À LA RÉGLEMENTATION SUR LES CONTENUS ET SERVICES NUMÉRIQUES

18310 Les dispositions relatives aux contrats de fourniture de contenus et de services numériques s'appliquent à tout contrat par lequel un professionnel, ou toute personne se présentant ou se comportant comme tel, fournit un contenu ou un service numérique au consommateur ou au non-professionnel, et ce dernier s'acquitte d'un prix ou procure tout autre avantage au lieu ou en complément du paiement d'un prix (C. consom. art. L 224-25-2, al. 1).

La **contrepartie** de la fourniture du contenu ou du service numérique n'est donc pas nécessairement une somme d'argent. Il peut par exemple s'agir de la fourniture de données personnelles.

18312 Les dispositions relatives aux contrats de fourniture de contenus et de services numériques s'appliquent (C. consom. art. L 224-25-2, al. 2 et 3) :
– aux contrats de fourniture de contenus et de services numériques à élaborer conformément aux spécifications du consommateur ;
– à la fourniture d'un contenu numérique sur un support matériel servant exclusivement à son transport, sous réserve des règles relatives à la délivrance (n° 18500).

Sur la distinction entre un contrat de fourniture de contenus et de services numériques et un contrat portant sur des biens incluant des éléments numériques, voir n° 16175.

CONTRATS EXCLUS DE LA RÉGLEMENTATION SUR LES CONTENUS ET SERVICES NUMÉRIQUES

18315 Certains contenus et services numériques sont **hors du champ d'application des dispositions du Code de la consommation**. Il s'agit (C. consom. art. L 224-25-3, II) :
– des contenus numériques mis à la disposition du grand public autrement que par la transmission de signaux, dans le cadre de spectacles ou d'évènements (des projections cinématographiques numériques par exemple) ;
– des contenus numériques fournis par des organismes du secteur public ;
– des services autres que les services numériques, même si le professionnel utilise des formats ou des moyens numériques pour créer le produit ou service, le fournir ou le transmettre au consommateur ou au non-professionnel ;
– des services de communications électroniques autres que les services de communications interpersonnelles non fondés sur la numérotation qui, eux, sont couverts par le Code de la consommation (WhatsApp par exemple) ;
– des soins de santé ;
– des services de jeux d'argent et de hasard ;
– des services financiers ;

– des logiciels sous licence libre et ouverte lorsque le consommateur ou le non-professionnel ne s'acquitte pas d'un prix et que les données à caractère personnel fournies par celui-ci sont exclusivement traitées par le professionnel pour améliorer la sécurité, la compatibilité ou l'interopérabilité de ces logiciels spécifiques.

Ces dispositions ne sont pas applicables aux contenus et services numériques qui sont intégrés ou interconnectés à des biens et qui sont fournis dans le cadre de la vente de ces biens, que ces contenus numériques soient fournis par le vendeur ou par un tiers (art. L 224-25-3, I).

Les contrats portant sur des services et des contenus numériques étant, par hypothèse, souvent des contrats à distance, la réglementation applicable à ces derniers aurait souvent vocation à se superposer à la réglementation applicable aux contenus et services numériques (même art.).

APPLICATION CONVENTIONNELLE DE LA RÉGLEMENTATION

Sauf disposition contraire de la loi, les parties à un contrat sont libres de le soumettre volontairement aux régimes de protection définis par le Code de la consommation alors qu'il n'en relève pas, mais l'exercice de cette faculté doit résulter d'une **manifestation de volonté** claire et dépourvue d'équivoque (Cass. 1e civ. 19-1-2022 n° 20-14.241 F-D : RJDA 4/22 n° 231). La seule mention, dans les conditions générales de vente, des articles L 121-20 et suivants du Code de la consommation relatifs aux contrats conclus à distance est à cet égard insuffisante (arrêt précité). **18320**

ATTENTION

Lorsqu'il est établi que les parties sont convenues d'appliquer une réglementation, cette **réglementation s'applique** alors **en son ensemble,** même si le contrat ne fait référence qu'à certaines dispositions de celle-ci (Cass. ass. plén. 17-5-2002 n° 00-11.664 P : RJDA 8-9/02 n° 861 ; Cass. 1e civ. 28-3-2008 n° 04-18.724 F D).

II. PROTECTION DU CONSOMMATEUR DU CONTRAT DE FOURNITURE DE CONTENUS ET DE SERVICES NUMÉRIQUES

A. Information précontractuelle du consommateur concernant les services et contenus numériques

Comme pour tous les contrats de consommation, le professionnel qui conclut un contrat portant sur du contenu ou du service numérique est tenu d'une **obligation d'information précontractuelle.** **18400**

CARACTÉRISTIQUES ESSENTIELLES DU CONTENU OU DU SERVICE

L'information précontractuelle due au consommateur doit porter sur les caractéristiques essentielles du bien ou du service, compte tenu de sa nature et du support de communication utilisé (C. consom. art. L 111-1, 1°). S'agissant des contenus et services numériques, le professionnel doit, en particulier, informer le consommateur des fonctionnalités du contenu numérique, y compris les mesures de protection technique applicables, ainsi que de toute compatibilité et interopérabilité pertinentes avec certains biens, contenus ou services numériques ainsi qu'avec certains matériels ou logiciels, dont le professionnel a ou devrait raisonnablement avoir connaissance (C. consom. art. R 111-1, 6°). **18405**

L'information recouvre les éléments dont le consommateur a besoin pour conclure le contrat en connaissance de cause et utiliser le produit correctement, ces éléments étant appréciés de façon abstraite. La Cour de cassation considère **par exemple** que parmi les caractéristiques essentielles figurent les risques encourus par le consommateur dans l'utilisation du produit (Cass. 1e civ. 1-3-2005 n° 04-10.063 ; Cass. 1e civ. 11-6-2009 n° 08-17.313 F-D : BRDA 15-16/09 inf. 13).

En outre, l'information du consommateur sur les caractéristiques essentielles de la mise à jour doit être réalisée avant qu'il ne l'installe. Ces caractéristiques portent sur (C. consom. art. D 111-5-3) :
– l'objet de la mise à jour, notamment si elle répond à une exigence de sécurité ou si elle tend à faire évoluer les fonctionnalités du bien ;
– les versions du système d'exploitation, du logiciel ou du pilote informatique concerné par la mise à jour avec lesquels celle-ci est compatible ;
– l'espace de stockage que la mise à jour requiert ;
– les conséquences possibles de la mise à jour sur les performances du bien, notamment sur l'espace de stockage disponible, la disponibilité de la mémoire vive ou la durée de vie de la batterie.

› Précisions **a.** Sur la définition des notions de fonctionnalité, de compatibilité et d'interopérabilité, voir n° 16330.
b. Même en l'absence de texte spécifique, le professionnel est soumis, en l'absence d'exécution immédiate du contrat, à une obligation d'informer le consommateur sur la date ou le délai auquel il s'engage à livrer le bien ou à exécuter le service, et cette obligation s'applique aux contenus et services numériques (n° 16350).

INFORMATION SUR LES GARANTIES LÉGALES ET LES CONDITIONS CONTRACTUELLES

18410 Le professionnel qui fournit un contenu ou un service numérique doit informer le consommateur sur l'existence et les modalités de mise en œuvre des droits aux garanties suivantes (C. consom. art. L 111-1, 5°, sur renvoi de C. consom. art. L 224-25-5) : la garantie légale de conformité du Code de la consommation (nos 18600 s.) ; la garantie des vices cachés du Code civil ; les éventuelles garanties commerciales et le service après-vente (nos 18710 s.).

Il doit également informer le consommateur sur les autres conditions contractuelles dont notamment (C. consom. art. L 111-1, 5° et R 111-1) :
– les modalités de paiement, de livraison et d'exécution du contrat, ainsi que les modalités prévues par le professionnel pour le traitement des réclamations ;
– la durée du contrat, lorsqu'il est conclu à durée déterminée, ou les conditions de sa résiliation en cas de contrat à durée indéterminée.

18415 Le professionnel fournissant un contenu ou un service numérique a intérêt à informer à l'avance le consommateur de l'**exigence de coopération** qui pèse sur lui afin de permettre au professionnel de vérifier la cause d'un défaut de conformité éventuel (n° 18630).

SANCTION EN CAS DE NON-RESPECT DE L'INFORMATION PRÉCONTRACTUELLE

18417 Les sanctions encourues en cas de non-respect de l'information précontractuelle sont les mêmes que pour tout contrat conclu avec un consommateur. Sur ces sanctions, voir nos 16450 s.

B. Contenu du contrat de fourniture de contenus ou de services numériques

MENTIONS OBLIGATOIRES DANS LES CONTRATS DE CONTENUS OU DE SERVICES NUMÉRIQUES

18420 Tout contrat souscrit par un consommateur pour la fourniture de contenus ou de services numériques comporte au moins les informations suivantes (C. consom. art. L 224-25-5) :
– l'identité et les coordonnées du professionnel ;
– les informations liées à l'obligation d'**information précontractuelle** du professionnel et en particulier : la nature de l'avantage consenti par le consommateur au lieu ou en complément du prix et l'information selon laquelle le consommateur a droit ou non à la rétractation pour les contenus numériques fournis ;
– pour chaque service fourni, les éventuels niveaux minimaux de qualité de service pour autant qu'il en soit proposé (lorsqu'aucun niveau minimal de qualité de service n'est proposé, mention en est faite) ;
– la durée du contrat, les conditions de renouvellement et d'interruption des services et du contrat, ainsi que toute utilisation ou durée minimale requise pour pouvoir bénéficier de promotions ;

– dans le cadre des **informations sur les prix,** outre les montants dus au titre de tout coût récurrent ou lié à la consommation, les informations suivantes pour autant qu'elles soient applicables : pour une offre groupée, le prix des différents éléments de l'offre groupée dans la mesure où ils sont également commercialisés séparément ; des précisions sur les frais relatifs au **service après-vente, à la maintenance et à l'assistance à la clientèle,** le cas échéant, ainsi que les conditions y afférentes, y compris les redevances ; les moyens par lesquels des informations actualisées sur l'ensemble des tarifs applicables et des frais de maintenance peuvent être obtenues ; les frais éventuels en cas de résiliation anticipée du contrat ;
– dans le cadre des informations sur la durée du contrat portant sur des offres groupées et les conditions de renouvellement et de résiliation de celui-ci : s'il y a lieu, les conditions de résiliation de l'offre groupée ou d'éléments de celle-ci ;
– les informations relatives aux données à caractère personnel nécessaires pour la fourniture des contenus ou des services numériques ou recueillies dans le cadre de cette fourniture ;
– le type de mesure qu'est susceptible de prendre le professionnel pour réagir à un **incident de sécurité** ou pour faire face à des menaces ou à des situations de vulnérabilité ;
– des précisions sur les produits et services conçus pour les personnes handicapées et sur les modalités d'actualisation de ces informations.

Les informations dues au consommateur en application des **mentions obligatoires** dans le contrat de fourniture de contenus ou de services numériques doivent lui être **communiquées** d'une manière claire et compréhensible, sur un support durable ou, lorsqu'il n'est pas possible de communiquer ces informations sur un support durable, dans un document facilement téléchargeable mis à disposition par le professionnel. Le professionnel doit attirer expressément l'attention du consommateur sur la disponibilité de ce document et sur le fait qu'il est important de le télécharger à des fins de documentation, de référence future et de reproduction à l'identique. Ces informations doivent être fournies, sur demande, dans un format accessible aux personnes handicapées. **18425**

DURÉE MINIMALE D'ENGAGEMENT

Les professionnels proposant, directement ou par l'intermédiaire d'un tiers, une offre de fourniture de contenus ou de services numériques ont interdiction de subordonner la conclusion ou la modification des termes du contrat à l'acceptation par le consommateur d'une clause imposant le respect d'une **durée** minimale de contrat **supérieure à 24 mois** à compter de la date de sa conclusion ou de sa modification (C. consom. art. L 224-25-6). **18430**

Dans le cas où une durée minimale d'exécution a été fixée dans un contrat de fourniture de contenus ou de services numériques, les **factures** doivent également mentionner la durée d'engagement restant à courir ou la date de fin de l'engagement ou, le cas échéant, indiquer que cette durée minimale est échue (C. consom. art. L 224-25-7).

NON-RESPECT DES RÈGLES SUR LA FORMATION DU CONTRAT

Tout manquement aux dispositions relatives à la formation, à la modification et à la durée du contrat de fourniture de contenu ou de service numérique est passible d'une amende administrative dont le montant ne peut excéder 3 000 € pour une personne physique et 15 000 € pour une personne morale (C. consom. art. L 242-18-4). Cette amende est prononcée dans les conditions exposées nos 79630 s. **18450**

C. Effet du contrat de contenus ou de services numériques

1. FOURNITURE DE CONTENUS OU DE SERVICES NUMÉRIQUES

Lorsque la fourniture de contenus ou de services numériques intervient dans le cadre de contrats de contenus ou de services numériques, le professionnel doit fournir le contenu ou le service numérique sans retard injustifié après la conclusion du contrat, sauf si les parties ont expressément convenu d'une date ou d'un délai spécifique (C. consom. art. 224-25-10). **18500**

Les obligations de délivrance et de livraison traditionnelles ont été adaptées aux contrats portant sur du contenu ou un service numérique. Ainsi, le professionnel est présumé avoir satisfait à son obligation de fourniture lorsque le contenu ou le service numérique, ou tout moyen approprié pour y accéder ou le télécharger, sont rendus disponibles ou accessibles pour le consommateur en tout lieu physique ou virtuel que ce dernier a choisi. Il appartient au professionnel de prouver qu'il a fourni le contenu ou le service numérique (même art.).

ATTENTION

La fourniture d'un contenu numérique sur un support matériel servant exclusivement à son transport est soumise aux règles générales applicables aux contrats conclus avec un consommateur pour les questions de délivrance (C. consom. art. L 224-25-10, al. 4 ; n°s 17240 s.).

18510 Outre la possibilité d'obtenir des dommages-intérêts lorsque le **professionnel n'a pas fourni le service** dans les délais, le consommateur peut (C. consom. art. L 224-25-11) :
– notifier au professionnel la suspension du paiement de tout ou partie du prix jusqu'à ce que le professionnel s'exécute, dans les conditions de droit commun de l'exception d'inexécution (C. civ. art. 1219 et 1220) ;
– résoudre le contrat, après avoir mis le professionnel en demeure de fournir le contenu ou le service. Ce n'est que si celui-ci n'exécute son obligation qu'avec un retard injustifié après cette mise en demeure ou dans un délai supplémentaire ayant fait l'objet d'un accord exprès entre les parties que le consommateur peut mettre fin au contrat.

Le contrat est considéré comme résolu à la réception, par le professionnel, de la lettre ou de l'écrit l'informant de cette résolution, à moins que le professionnel ne se soit exécuté entre-temps.

Par exception, la résolution est immédiate (C. consom. art. L 224-25-11, al. 5 à 7) :
– lorsque le professionnel refuse de fournir le contenu ou lorsqu'il est manifeste qu'il ne le fera pas ;
– lorsque la date ou le délai contractuel méconnu constituait pour le consommateur une condition essentielle du contrat. Cette condition essentielle résulte des circonstances qui entourent la conclusion du contrat ou d'un accord exprès entre le consommateur et le professionnel.

Les conséquences de la résolution sont adaptées aux caractéristiques spécifiques des contenus et des services numériques, voir n° 18650 s.

2. GARANTIE LÉGALE DE CONFORMITÉ

18600 À l'image de ce qui est prévu pour le contrat de consommation portant sur des biens meubles corporels ou des services non numériques (n°s 17430 s.), le professionnel fournissant un contrat de fourniture de contenus ou de services numériques est tenu d'une obligation légale de conformité dont le **régime** est analogue à celui prévu pour la vente de biens de consommation.

Sur la question du **cumul** d'une action en garantie de conformité issue du Code de la consommation avec d'autres actions du droit commun, voir n° 17600.

NOTION DE CONFORMITÉ

18605 Les contrats de contenus ou de services numériques sont soumis aux mêmes **critères de conformité** que les biens (C. consom. art. L 224-25-14, al. 1 ; n°s 17470 s.). La notion de conformité doit ainsi s'entendre comme désignant la conformité des contenus ou des services numériques au contrat de vente, notamment selon les critères suivants (C. consom. art. L 224-25-13) :
– le contenu ou le service doit correspondre à la description, au type, à la quantité et à la qualité prévus au contrat, notamment en ce qui concerne la fonctionnalité, la compatibilité, l'interopérabilité, ou toute autre caractéristique prévues ;
– le contenu doit être propre à tout usage spécial recherché par le consommateur, porté à la connaissance du professionnel au plus tard au moment de la conclusion du contrat que ce dernier a accepté ;
– le contenu ou le service numérique est fourni avec tous les accessoires, y compris l'emballage, les instructions d'installation ainsi que l'assistance à la clientèle, devant être fournis conformément au contrat ;
– le contenu ou service numérique est mis à jour conformément au contrat.

18610 Outre les critères de conformité prévus au contrat, le contenu ou le service numérique doit, pour être jugé conforme (C. consom. art. L 224-25-14) :

1° être propre à l'usage habituellement attendu d'un contenu ou d'un service numérique de même type, compte tenu, s'il y a lieu, de toute disposition du droit de l'Union européenne et du droit national ainsi que de toutes les normes techniques, ou en l'absence de telles normes techniques, des codes de conduite spécifiques applicables au secteur concerné ;

2° posséder les qualités que le professionnel a présentées au consommateur sous forme de version d'essai ou d'aperçu, avant la conclusion du contrat ;

3° être fourni selon la version la plus récente qui est disponible au moment de la conclusion du contrat, sauf si les parties en conviennent autrement ;

4° en cas de fourniture continue d'un contenu ou d'un service numérique pendant une période donnée, être fourni sans interruption tout au long de cette période ;

5° être fourni avec tous les accessoires et les instructions d'installation ainsi que l'assistance à la clientèle, auxquels le consommateur peut légitimement s'attendre ;

6° être fourni avec les mises à jour que le consommateur peut légitimement attendre (n°s 18630 s.) ;

7° correspondre à la quantité, à la qualité et aux autres caractéristiques, y compris en termes de fonctionnalité, de compatibilité, d'accessibilité, de continuité et de sécurité, que le consommateur peut légitimement attendre pour des contenus ou des services numériques de même type, eu égard à la nature de ces contenus ou services ainsi qu'aux déclarations publiques faites par le professionnel, par toute personne en amont dans la chaîne de transactions, ou par une personne agissant pour leur compte, y compris dans la publicité ou sur l'étiquetage.

ATTENTION

Le professionnel n'est pas tenu par toutes déclarations publiques mentionnées s'il démontre : qu'il ne les connaissait pas et n'était légitimement pas en mesure de les connaître ; qu'au moment de la conclusion du contrat, les déclarations avaient été rectifiées dans des conditions comparables aux déclarations initiales et, enfin, que les **déclarations publiques** n'ont pas pu avoir d'influence sur la décision de contracter du consommateur (C. consom. art. L 224-25-14, II).

Le défaut de conformité est ainsi caractérisé lorsque la chose ne correspond pas à la **description** qu'en a donnée le professionnel et qui est entrée dans le champ contractuel, ce en quoi elle recoupe la conformité de droit commun. Lorsque le professionnel connaissait la destination du bien, encore que celle-ci ne fût pas celle à laquelle ce bien était destiné, l'inaptitude du bien peut lui être reprochée. **18615**

En outre, le consommateur ne peut pas contester la conformité en invoquant un défaut concernant une ou plusieurs caractéristiques particulières du contenu ou du service numérique, dont il a été spécifiquement informé qu'elles s'écartaient des critères de conformité énoncés au présent article, écart auquel il a expressément et séparément consenti lors de la conclusion du contrat (C. consom. art. L 224-25-14, III).

Précisons, enfin, que pour satisfaire à l'obligation de conformité, les obligations relatives aux **données à caractère personnel** incombant au professionnel en vertu du règlement 2016/679 du 27 avril 2016 (RGPD) doivent être respectées (C. consom. art. L 224-25-15).

CONSTATATION DU DÉFAUT DE CONFORMITÉ

Défaut existant lors de la délivrance La garantie couvre les défauts qui existent lors de la fourniture du contenu ou du service numérique. La loi compense la difficulté liée à la **charge de la preuve** en instaurant une présomption d'antériorité : ainsi le défaut de conformité constaté dans les 12 mois qui suivent la fourniture du contenu ou du service numérique est présumé exister au moment de celle-ci, sauf preuve contraire (C. consom. art. L 224-25-16, I-al. 1). **18630**

Lorsque le contrat prévoit la fourniture continue d'un contenu ou d'un service numérique pendant une période donnée, et qu'un défaut apparaît au cours de cette période, la charge de la preuve de la conformité du contenu ou du service pendant la période contractuelle de fourniture pèse sur le professionnel (C. consom. art. L 224-25-16, I-al. 2).

Le professionnel peut s'**exonérer de sa responsabilité** s'il démontre que le défaut est directement imputable à l'incompatibilité entre le contenu ou le service numérique et l'environnement numérique du consommateur et que le consommateur avait été informé des exigences en cette matière avant la conclusion du contrat (C. consom. art. L 224-25-16, II-al. 1).

Afin de déterminer si le défaut est causé par cette incompatibilité, le consommateur est tenu de **coopérer avec le professionnel,** dans la mesure de ce qui est raisonnablement possible, nécessaire et le moins intrusif pour lui ; s'il refuse, alors qu'il a été informé de son obligation de coopérer avant la conclusion du contrat, la charge de la preuve de la non-conformité pèse sur lui (C. consom. art. L 224-25-16, II-al. 2).

18632 **Délai de responsabilité et délai de prescription** Pour la mise en œuvre de l'action en garantie de conformité de contenus ou de services numériques, il convient de distinguer (C. consom. art. L 224-25-12) :

– un **délai de responsabilité** de deux ans, couvrant la période pendant laquelle le professionnel doit répondre du défaut et à l'issue duquel, corrélativement, le consommateur ne peut plus rien lui reprocher. Lorsque le contrat prévoit une opération de fourniture ponctuelle du contenu ou du service numérique, ou une série d'opérations de fourniture distinctes, le professionnel répond des défauts de conformité apparus dans un délai de deux ans suivant la fourniture du bien. En outre, lorsque le contrat prévoit que le contenu ou le service numérique est fourni de manière continue, le professionnel répond des défauts de conformité qui apparaissent au cours de la période durant laquelle celui-ci est fourni en vertu du contrat ;

– un **délai de prescription** de cinq ans, correspondant à la période pendant laquelle le consommateur peut invoquer les sanctions qui lui sont offertes. Ce délai court à compter du jour de la connaissance du défaut de conformité par le consommateur.

Le professionnel répond également, dans les mêmes délais, des défauts de conformité résultant de l'intégration incorrecte du contenu ou du service numérique dans l'environnement numérique du consommateur lorsque celle-ci a été réalisée par le professionnel ou sous sa responsabilité, ou encore lorsque l'intégration incorrecte réalisée par le consommateur résulte de lacunes dans les instructions que le professionnel a fournies (C. consom. art. L 224-25-12, al. 5).

MISE EN ŒUVRE DE LA GARANTIE DE CONFORMITÉ

18634 **Hiérarchie des remèdes** En cas de défaut de conformité, le consommateur dispose de trois **options** : demander la mise en conformité ou, à défaut, la réduction du prix ou la résolution du contrat (C. consom. art. L 224-25-17, al. 1).

La mise en conformité apparaît comme le remède prioritaire attaché à l'action de conformité. En effet, l'exercice des droits du consommateur est hiérarchisé : il est obligé dans un **premier temps** de demander la mise en conformité du contenu ou du service et ce n'est que si cette mise en conformité est impossible que l'acheteur peut demander la résolution du contrat ou la réduction du prix.

Le consommateur peut, par ailleurs, faire jouer l'exception d'inexécution de droit commun. Il peut ainsi suspendre le paiement de tout ou partie du prix ou de la remise de l'avantage prévu au contrat jusqu'à ce que le professionnel ait satisfait à ses obligations (art. L 224-25-17, al. 2).

18640 **Mise en conformité du bien** L'acheteur qui constate un défaut de conformité peut exiger la mise en conformité du contenu ou du service numérique (C. consom. art. L 224-25-18, al. 1).

Le professionnel peut toutefois **refuser la mise en conformité** du contenu ou du service si celle-ci est impossible ou entraîne des coûts disproportionnés (art. L 224-25-19).

La disproportion doit être appréciée au regard de deux **critères** vraisemblablement cumulatifs : l'importance du défaut et la valeur qu'aurait le contenu ou le service numérique en l'absence de ce défaut (art. L 224-25-19, al. 2). Précisons que lorsque le professionnel ne procède pas à la mise en conformité, sans respecter les conditions que lui imposent la loi, le consommateur peut, après mise en demeure, poursuivre l'exécution forcée en nature de la mise en conformité qu'il avait initialement sollicitée (art. L 224-25-19, al. 2).

Le professionnel est tenu de motiver, par écrit ou sur support durable, son refus de procéder à la mise en conformité du bien ou du contenu numérique (art. L 224-25-19, al. 3).

Contrairement à ce qui est prévu pour la mise en conformité des biens (nº 17550), aucune disposition légale ne prévoit de délai précis pour la mise en conformité du contenu ou du service numérique, qui doit cependant avoir lieu sans retard injustifié suivant la demande du consommateur (C. consom. art. L 224-25-19 précité).

18645 **Frais liés à la mise en œuvre de la garantie** La mise en conformité du bien doit avoir lieu **sans frais pour le consommateur,** sans retard injustifié suivant la demande de ce dernier et sans inconvénient majeur pour lui, compte tenu de la nature du contenu ou du service numérique concerné et de l'usage qu'il recherche (C. consom. art. L 224-25-18, al. 2). En outre, le consommateur n'est pas tenu de payer pour l'utilisation qu'il a faite du contenu ou du service numérique pendant la période, antérieure à la résolution du contrat, au cours de laquelle ce contenu ou ce service n'était pas conforme.

Cependant, si une action en justice est nécessaire et justifie le recours à un avocat, des frais pourront rester à la charge du consommateur.

Les éventuels **frais de renvoi du bien** (ou du support matériel servant exclusivement à transporter le contenu ou le service numérique) avancés par le consommateur en vue d'obtenir sa mise en conformité doivent être remboursés au plus tard 14 jours à compter du jour où le consommateur est informé de la prise en charge du bien au titre de la garantie légale. Un système de pénalités graduées est mis en place en cas de non-remboursement dans le délai (art. L 242-18-2).

Réduction du prix ou résolution du contrat Le consommateur peut demander une réduction du prix ou résoudre le contrat si (C. consom. art. L 224-25-20) : 18650
– le professionnel refuse toute mise en conformité du contenu ou du service numérique ;
– la mise en conformité du contenu ou du service numérique est retardée de manière injustifiée ou si elle occasionne des frais ou un inconvénient majeur pour le consommateur ;
– la non-conformité du contenu ou du service numérique persiste en dépit de la tentative de mise en conformité du professionnel restée infructueuse.

Il peut également faire la même demande lorsque le **défaut de conformité** est si **grave** qu'il justifie que la réduction du prix ou la résolution du contrat soit immédiate. Dans ce cas, le consommateur n'est pas tenu d'avoir au préalable mis le professionnel en demeure de mettre en conformité le contenu ou le service numérique (art. L 224-25-20, al. 5).

Enfin, la résolution du contrat ne peut pas être demandée si le **défaut** est **mineur,** à charge pour le professionnel de le démontrer (art. L 224-25-20, al. 6).

Qu'il s'agisse d'obtenir une réduction du prix ou une résolution du contrat, le consommateur doit **informer** le professionnel de son **choix** (art. L 224-25-21, al. 1 et art. L 224-25-22, I-al. 1). S'il opte pour la réduction du prix, elle sera proportionnelle à la différence entre la valeur du contenu ou du service numérique fourni, et la valeur de ce contenu ou de ce service numérique en l'absence du défaut de conformité (art. L 224-25-21).

En cas de **résolution** du contenu ou du service numérique à la suite d'un défaut de conformité, le **professionnel** doit (C. consom. art. L 224-25-22, III) : 18655
– rembourser au consommateur le **prix** payé et restituer tout autre **avantage** reçu au titre du contrat ;
– lorsque le contrat prévoit la fourniture du contenu ou du service numérique pendant une période donnée, rembourser ou restituer la portion proportionnelle du prix et de tous les avantages correspondant à la période durant laquelle le contenu ou le service numérique n'était pas conforme, et ce, y compris lorsque le consommateur a utilisé le contenu ou le service numérique non conforme pendant cette période ;
– mettre à disposition du consommateur, sans frais et dans un délai raisonnable, tout contenu, autre que les données à caractère personnel, qui a été fourni ou créé par ce dernier lors de l'utilisation du contenu ou du service numérique fourni par le professionnel, et ce dans un format couramment utilisé et lisible par machine ;
– s'abstenir d'utiliser tout contenu, autre que les données à caractère personnel, qui a été fourni ou créé par le consommateur dans le contexte de l'utilisation du contenu ou du service numérique fourni par le professionnel, sauf si ce **contenu** a été généré conjointement par le consommateur et d'autres personnes, et si d'autres consommateurs peuvent continuer à en faire usage.

Ces deux dernières obligations ne sont pas applicables lorsque ledit **contenu** n'est d'aucune **utilité** en dehors du contexte de son utilisation ou s'il n'a trait qu'à l'activité du consommateur lorsqu'il utilise le contenu ou le service numérique fourni par le professionnel, ou encore si ce contenu a été agrégé par le professionnel à d'autres données et ne peut être désagrégé, ou ne peut l'être que moyennant des efforts disproportionnés, par le professionnel.

Le professionnel peut empêcher toute **utilisation ultérieure** du contenu ou du service numérique en le rendant inaccessible au consommateur ou en désactivant son compte utilisateur. Cette faculté ne doit néanmoins pas remettre en cause les droits du consommateur à la récupération du contenu ou à la consultation de ses factures (art. L 224-25-22, III-al. 7).

S'agissant des **données à caractère personnel,** le professionnel doit respecter les obligations lui incombant en vertu du règlement 2016/679 du 27 avril 2016 (RGPD).

De son côté, en cas de résolution, le **consommateur doit** s'abstenir d'utiliser le contenu ou le service numérique ou de le rendre accessible à des tiers. S'il a été fourni sur un support matériel, il doit le restituer sans retard injustifié et aux frais du professionnel si celui-ci formule une demande de restitution, au plus tard dans les quatorze jours suivant la date à laquelle le consommateur informe le professionnel de sa décision de résoudre le contrat (C. consom. art. L 224-25-22). 18657

En cas d'**offre groupée,** la résolution concernera tous les contrats (art. L 224-25-22, I-al. 2).

18659 Le **remboursement au consommateur** des sommes dues par le professionnel, ou de tout autre avantage reçu au titre du contrat, doit être **effectué** sans retard injustifié et au plus tard dans un **délai** de quatorze jours à compter du jour où le professionnel a été informé par le consommateur de sa décision de faire valoir son droit à la réduction du prix ou à la résolution du contrat. Le professionnel doit rembourser ces sommes en recourant au même **moyen de paiement** que celui utilisé par le consommateur lors de la conclusion du contrat sauf accord exprès de ce dernier et, en tout état de cause, sans frais supplémentaire (C. consom. art. L 224-25-23).

Lorsque le professionnel n'a **pas remboursé** la totalité des sommes versées par le consommateur dans les conditions exposées ci-avant, le montant total restant dû est, de plein droit, majoré de 10 % si le remboursement intervient au plus tard quatorze jours au-delà de ce terme, de 20 % jusqu'à trente jours et de 50 % ultérieurement (art. L 242-18-3).

18670 **Recours de droit commun** En plus de ses demandes tendant soit à la mise en conformité, soit à la résolution ou à la réduction du prix, le consommateur peut toujours solliciter le paiement de **dommages-intérêts** sur le fondement du droit commun (C. consom. art. L 224-25-17, al. 3). Il peut également **suspendre le paiement** de tout ou partie du prix ou la remise de l'avantage prévu au contrat jusqu'à ce que le professionnel ait satisfait à ses obligations au titre de la garantie de conformité (art. L 224-25-17, al. 2). Si le professionnel refuse la mise en conformité en méconnaissance des conditions auxquelles cette faculté est subordonnée, le consommateur a le droit de poursuivre l'**exécution forcée** de la mise en conformité (art. L 224-25-19, al. 2).

Le consommateur peut, enfin, exercer une action en garantie des vices cachés de droit commun (art. L 224-25-29).

SANCTION DU NON-RESPECT DE LA GARANTIE DE CONFORMITÉ

18700 Une **amende civile** peut être prononcée à l'encontre du professionnel qui fait obstacle de mauvaise foi à la mise en œuvre de la garantie de conformité des contrats de contenus ou de services numériques (C. consom. art. L 242-18-1, al. 1). Le montant de cette amende ne peut pas excéder 300 000 €. Il peut être porté, de manière proportionnée aux avantages tirés des pratiques en cause, à 10 % du chiffre d'affaires moyen annuel, calculé sur les trois derniers chiffres d'affaires annuels connus à la date de la décision (art. L 242-18-1, al. 2).

La juridiction prononçant l'amende civile peut ordonner la publication, la diffusion ou l'affichage de sa décision ou d'un extrait de celle-ci selon les modalités qu'elle précise. Elle peut ordonner l'insertion de la décision ou de l'extrait de celle-ci dans le rapport établi sur les opérations de l'exercice par les gérants, le conseil d'administration ou le directoire de l'entreprise. Les frais sont supportés par la personne condamnée (art. L 242-18-1, al. 4).

Tout manquement aux dispositions relatives aux modalités de la mise en conformité est également passible d'une **amende administrative** dont le montant ne peut pas excéder 15 000 € pour une personne physique et 75 000 € pour une personne morale (art. L 242-18-6). Cette amende est prononcée suivant les modalités exposées n°s 79630 s.

3. GARANTIE COMMERCIALE ET SERVICE APRÈS-VENTE

18710 Les obligations applicables à la garantie commerciale en matière de vente, exposées n°s 17610 s., s'appliquent aux contrats de contenus ou de services numériques (C. consom. art. L 224-25-27).

La mise en conformité d'un contenu ou d'un service numérique peut entraîner son **immobilisation ou** son **indisponibilité prolongée** qui suspend d'autant la durée de la garantie commerciale qui avait été consentie ou la durée de la garantie légale.

Cette période d'immobilisation ou d'indisponibilité court à compter de la demande d'intervention du consommateur ou, si ce point de départ s'avère plus favorable au consommateur, de la mise à disposition du contenu ou du service numérique en cause (art. L 224-25-28). Le délai de garantie est également suspendu lorsque le consommateur et le professionnel négocient en vue d'un accord amiable (même art.).

18720 Il n'existe pas de section spécifique consacrée au **service après-vente** en matière de contrat de fourniture de contenu et de service numériques. Toutefois, au titre des critères de conformité pour ces contrats figure l'« **assistance à la clientèle** » auquel le consommateur peut légitimement s'attendre, de sorte que, bien que non obligatoire par principe, l'existence d'un service « après-vente » doit pouvoir le devenir dans certains cas (C. consom. art. L 224-25-14, 5°).

En outre, le professionnel est tenu de fournir dans le **contrat** des **précisions** sur les frais relatifs au service après-vente, à la maintenance et à l'assistance à la clientèle, le cas échéant, ainsi que les conditions y afférentes, y compris les redevances (C. consom. art. L 224-25-5, 5°-b), en plus de l'obligation générale d'information précontractuelle des articles L 111-1 à L 111-5 du Code de la consommation.

Par ailleurs, lorsqu'un professionnel fournissant des contenus ou des services numériques propose au consommateur, directement ou par l'intermédiaire d'un tiers, un **service** après-vente, un service d'assistance technique ou tout autre service chargé du traitement des réclamations, **accessible par un service de communications vocales,** ce service est soumis aux règles suivantes : il doit être accessible depuis le territoire métropolitain, les départements et régions d'outre-mer et les collectivités territoriales de Saint-Barthélemy, Saint-Martin et Saint-Pierre-et-Miquelon, par un numéro d'appel non géographique, fixe et non surtaxé ; aucun coût complémentaire autre que celui de la communication téléphonique ne peut être facturé pour ces services au titre de cette communication téléphonique ; lorsque le consommateur appelle ces services depuis les territoires précités, aucune somme ne peut lui être facturée à aucun titre que ce soit tant qu'il n'a pas été mis en relation avec un interlocuteur prenant en charge le traitement effectif de sa demande (C. consom. art. L 224-25-8).

4. MISES À JOUR

MISE À JOUR DU CONTENU OU DU SERVICE NUMÉRIQUE

Sont visées les mises à jour ou les modifications visant à **maintenir, adapter ou faire évoluer** 18740
les fonctionnalités du contenu ou du service numérique, y compris les mises à jour de sécurité, que ces mises à jour soient nécessaires ou non au maintien de la conformité du contenu ou du service numérique (C. consom. art. L 224-25-24).

Mises à jour nécessaires à la conformité du contenu ou du service 18742
Le professionnel supporte des **obligations visant directement ou indirectement à assurer la conformité** du produit, en évitant son obsolescence logicielle. Il doit ainsi veiller à ce que le consommateur soit informé des mises à jour qui sont nécessaires au maintien de la conformité du contenu ou du service numérique et à ce qu'il les reçoive (C. consom. art. L 224-25-25, I) :
– durant une période à laquelle le consommateur peut légitimement s'attendre, eu égard au type et à la finalité du contenu ou du service numérique et compte tenu des circonstances et de la nature du contrat, dans le cas d'une opération de fourniture ponctuelle ou d'une série d'opérations de fourniture distinctes ;
– durant la période pendant laquelle le contenu ou le service numérique est fourni en vertu du contrat, lorsque celui-ci en prévoit la fourniture continue pendant une période donnée.

Le consommateur – qui doit être informé par le professionnel des conséquences de son choix – a le droit de **refuser l'installation** de mises à jour. Dans ce cas, le professionnel n'est pas responsable d'un éventuel défaut de conformité qui résulterait de la non-installation de la mise à jour concernée (art. L 224-25-25, II). La responsabilité du professionnel est toutefois rétablie, même en cas de refus d'installation par le consommateur, dans le cas où la non-installation ou l'installation incorrecte des mises à jour par le consommateur est due à des lacunes dans les instructions d'installation qui lui ont été fournies (même art.).

Mises à jour non nécessaires au maintien de la conformité du contenu 18745
ou du service La modification du contenu ou du service numérique, correspondant à une mise à jour qui n'est pas nécessaire pour maintenir sa conformité, est notamment **possible si** (C. consom. art. L 224-25-26) :
– le contrat autorise une telle mise à jour et en fournit une raison valable ;
– le professionnel informe le consommateur, de manière claire et compréhensible, raisonnablement en avance et sur un support durable, de la mise à jour envisagée en lui précisant à la date à laquelle elle intervient ;
– la mise à jour est fournie sans coût supplémentaire pour le consommateur ;
– le professionnel informe le consommateur de son droit à refuser la mise à jour ou, le cas échéant, de la désinstaller, si elle a une incidence négative sur son accès ou son utilisation du contenu ou du service numérique.

Dans ce dernier cas, la **résolution** est de droit et sans frais pour le consommateur, dans un délai maximal de 30 jours, à moins que la mise à jour n'ait qu'une incidence mineure pour

lui. Le consommateur ne peut toutefois pas résoudre le contrat si le professionnel lui a proposé de conserver le contenu ou le service numérique sans modification, y compris au moyen d'une désinstallation de la mise à jour, et si le contenu ou le service demeure conforme.
Ces dispositions ne sont pas applicables en cas d'offres groupées (art. L 224-25-26, dernier al.).

D. Fin du contrat de contenus ou de services numériques

18800 En l'absence ou au-delà d'une durée minimale d'exécution imposée par le contrat, le consommateur peut demander la résiliation du contrat. La **durée de préavis** de résiliation ne peut pas dépasser dix jours, ce délai débutant au jour où le professionnel reçoit la demande de résiliation. Le consommateur peut toutefois demander que cette résiliation prenne fin plus de dix jours après la réception de sa demande de résiliation par le professionnel (C. consom. art. L 224-25-9). Ces dispositions étant d'ordre public (art. L 224-25-32), aucune clause ne peut y déroger.

CRÉDIT À UN CONSOMMATEUR

SOMMAIRE

SECTION 1

CRÉDIT À LA CONSOMMATION

RÉGLEMENTATION DU CRÉDIT À LA CONSOMMATION

19000 La réglementation sur le crédit à la consommation vise à **protéger le consommateur emprunteur** en lui accordant une information complète avant la souscription du crédit et en lui donnant, d'une part, un temps de réflexion, d'autre part, une possibilité de rétractation avant de s'engager définitivement à l'égard de l'organisme financier ; par ailleurs, elle lie le sort du contrat de vente ou de prestation de services à celui du contrat de crédit, toute inexécution de l'un entraînant la suspension ou l'annulation de l'autre ; enfin, elle limite les pénalités pouvant être mises à la charge de l'emprunteur défaillant ou de celui qui effectue un remboursement par anticipation.

Cette réglementation figure aux **articles L 311-1 et suivants du Code de la consommation.**

> **Précisions** La **directive 2023/2225** du 18 octobre 2023 **relative aux contrats de crédit aux consommateurs** abroge, avec effet au 20 novembre 2026, la directive 2008/48 du 23 avril 2008 qui a fixé le cadre applicable aux contrats de crédit à la consommation. La nouvelle directive, comme celle de 2008, ne concerne pas les contrats de crédit immobilier. Elle vise à protéger davantage l'emprunteur, notamment en étendant le champ des opérations couvertes et en renforçant et clarifiant les informations devant être transmises à l'emprunteur avant et pendant l'exécution du contrat. La **transposition** de la directive devra intervenir au plus tard le 20 novembre 2025 et les nouvelles mesures seront applicables à partir du 20 novembre 2026 (Directive art. 48). Mais les crédits en cours au 20 novembre 2026 resteront soumis à l'ancienne législation jusqu'à leur terme (art. 47).

19010 Les dispositions du Code de la consommation relatives au crédit à la consommation sont d'**ordre public** (C. consom. art. L 314-26).

Leur méconnaissance peut être relevée d'office par le juge (C. consom. art. R 632-1 ; Cass. 1e civ. 22-1-2009 no 05-20.176 : RJDA 4/09 no 382 ; déjà en ce sens CJCE 4-10-2007 aff. 429/05 : RJDA 2/08 no 184 s'agissant de la résolution ou l'annulation de plein droit du contrat de crédit en cas de résolution ou d'annulation du contrat principal) mais il n'y est pas tenu.

Par ailleurs, les parties ne peuvent pas renoncer à l'avance au bénéfice de ces dispositions protectrices (Cass. 1e civ. 17-3-1993 no 502 : RJDA 11/93 no 930 ; Cass. 1e civ. 27-6-1995 no 1190 : RJDA 12/95 no 1412 ; Cass. 1e civ. 26-1-1999 no 171 : RJDA 4/99 no 461). En revanche, elles peuvent renoncer à leurs effets acquis (Cass. 1e civ. 17-3-1998 no 530 : RJDA 7/98 no 904) mais cette renonciation ne doit pas être équivoque (Cass. 1e civ. 15-12-2011 no 10-10.996 : RJDA 5/12 no 527).

CONTRAT DE CRÉDIT À LA CONSOMMATION CONCLU À DISTANCE

19020 Les dispositions du Code de la consommation relatives au crédit à la consommation ont été pour l'essentiel élaborées en considération d'un contrat de crédit conclu sous la forme d'un écrit papier. L'évolution de la réglementation relative aux **actes électroniques,** notamment la reconnaissance de ces derniers pour rapporter la preuve d'un engagement (C. civ. art. 1365 s.) ou pour en assurer la validité (C. civ. art. 1174 et 1175), autorise la conclusion d'un crédit à la consommation sous forme électronique.

Le Code de la consommation envisage d'ailleurs la fourniture à distance de produits financiers et donc de crédit à distance (C. consom. art. L 222-1). Dans ce cas, le crédit est soumis non seulement à la réglementation développée nos 19025 s. mais aussi aux règles exposées nos 31900 s. relatives au contrat conclu exclusivement par une ou plusieurs techniques de communication à distance.

19025 Afin de s'assurer notamment que l'emprunteur puisse conserver une trace des échanges intervenus avec le prêteur ou son intermédiaire, le Code de la consommation impose, tant au stade précontractuel qu'au moment de la conclusion de l'opération de crédit, que des **informations** ou des documents soient transmis à l'emprunteur par écrit ou sur un **support durable.** Constitue un tel support tout instrument permettant à l'emprunteur de conserver les informations qui lui sont adressées personnellement, d'une manière qui permet de s'y reporter aisément à l'avenir pendant un laps de temps adapté aux fins auxquelles les informations sont destinées et qui permet la reproduction identique des informations stockées (C. consom. art. L 311-1, 14o).

La transmission électronique des documents est donc possible et équivaut à la transmission papier. Mais deux **conditions** doivent être remplies (Rapp. Sén. n° 447 relatif au projet de loi portant réforme du crédit à la consommation p. 172) :
– le consommateur doit disposer d'un ordinateur et d'une connexion permettant de recevoir l'information sur « support durable » ; le passage au support dématérialisé n'est donc possible en pratique que si le consommateur accepte ce mode de transmission d'information ;
– la transmission doit s'effectuer dans un format standard, afin que l'information dématérialisée soit consultable dans le temps et puisse être reproduite.

En cas de **crédit affecté à un achat ou à une prestation de service** déterminé, l'article L 312-47 du Code de la consommation impose à l'emprunteur qui désire une livraison ou une exécution anticipée d'en faire la demande « expresse, rédigée, datée et signée de sa main même » (n° 20310). Mais là encore la voie électronique est ouverte puisque, aux termes de l'article 1174 du Code civil, lorsqu'est exigée une mention manuscrite de la part de celui qui s'oblige, ce dernier peut l'apposer sous forme électronique si les conditions de cette apposition sont de nature à garantir qu'elle ne peut être effectuée que par lui-même. **19030**

I. CHAMP D'APPLICATION DE LA RÉGLEMENTATION SUR LE CRÉDIT À LA CONSOMMATION

A. Intervenants concernés

PRÊTEUR

Au sens de la réglementation sur le crédit à la consommation, est un prêteur toute personne qui consent ou s'engage à consentir un crédit mentionné n°s 19180 s. **dans le cadre de l'exercice de ses activités commerciales ou professionnelles** (C. consom. art. L 311-1, 1°). **19100**

Tel est le cas des dispensateurs traditionnels de crédit : les **banques** et les établissements financiers. Les établissements de paiement peuvent accorder des crédits soumis aux dispositions du Code de la consommation sous certaines réserves, notamment que le crédit ne soit pas consenti sous forme de découvert et que le délai de remboursement n'excède pas douze mois (C. mon. fin. art. L 522-2).

Pour les prêts sur gage qu'elles consentent, le prêt permettant à toute personne de déposer en gage un objet de valeur contre un prêt immédiat représentant 50 à 70 % de la valeur de l'objet sur le marché des enchères publiques, les **caisses de crédit municipal** sont soumises aux règles relatives à la publicité des crédits à la consommation et, pour le reste, à un régime spécifique concernant l'information préalable de la clientèle et le contenu des contrats de crédit (C. consom. art. L 312-3 ; C. mon. fin. art. D 514-8-1 et D 514-9). Les spécificités de ce type de prêt justifient un régime distinct de celui du crédit à la consommation : d'une part, la vérification de solvabilité de l'emprunteur (n°s 20100 s.) n'est pas effectuée puisque le prêt est accordé en fonction de la valeur du gage, d'autre part, un délai de rétractation (n°s 20290 s.) est dépourvu de portée puisque, par principe, les emprunteurs sont en mesure, à tout moment, de reprendre leur gage (Rapp. Sén. n° 447 relatif au projet de loi portant réforme du crédit à la consommation p. 176).

En application de l'article L 311-1 du Code de la consommation, doit aussi être considérée comme un prêteur au sens de la réglementation toute **personne** y compris **physique** qui consent un crédit accessoirement à son activité commerciale ou professionnelle (vendeur, prestataire de services ou, en cas de location-vente, le bailleur). **19105**

En revanche, les prêts consentis par un particulier à ses proches échappent nécessairement à la réglementation sans qu'il soit nécessaire de rechercher si cette pratique est habituelle ou non.

Sont expressément exclus de la réglementation les avances sur salaires ou les **prêts** de caractère exceptionnel consentis par **des entreprises** pour des motifs d'ordre social **à leurs salariés** (C. consom. art. L 312-4, 6°). Toutefois, la loi n'excluant que les prêts exceptionnels à caractère social, le prêt consenti par une banque à un de ses salariés en qualité de client relève à notre avis de la réglementation, même s'il est consenti à un taux d'intérêt préférentiel. **19110**

Échappent aussi à la réglementation les aides consenties par les **caisses d'allocations familiales** dans le cadre de leur action sociale (Cass. 1e civ. 10-7-2001 n° 99-14.344 : Bull. civ. I n° 21).

EMPRUNTEUR

19120 Est un emprunteur ou consommateur, au sens de la réglementation sur le crédit à la consommation, toute **personne physique** qui est en relation avec un prêteur ou un intermédiaire de crédit, dans le cadre d'une opération de crédit réalisée ou envisagée dans un but étranger à son activité commerciale ou professionnelle (C. consom. art. L 311-1, 2° ; sur le but de l'opération, voir n°s 19340 s.).

Les opérations de location-vente ou de location avec promesse d'achat étant assimilées à des opérations de crédit (n° 19270), le **locataire** bénéficie également d'une protection particulière. Il en est de même de la **caution** qui garantit une opération relevant de la réglementation sur le crédit à la consommation (n°s 26100 s.).

19125 La notion d'emprunteur étant réservée par l'article L 311-1 du Code de la consommation aux seules personnes physiques, la réglementation ne saurait être invoquée, exception faite d'une application conventionnelle de celle-ci (n°s 19400 s.), par une **personne morale,** qu'elle soit de droit privé ou public et quel que soit son objet social.

INTERMÉDIAIRE DE CRÉDIT

19130 Est considérée comme un intermédiaire de crédit, au sens de la réglementation sur le crédit à la consommation, toute personne qui, dans le cadre de ses activités commerciales ou professionnelles habituelles et contre une rémunération ou un avantage économique, apporte son concours à la réalisation d'une opération visée au présent chapitre, sans agir en qualité de prêteur (C. consom. art. L 311-1, 5°).

B. Caractéristiques de l'opération de crédit à la consommation

1. FORME DU CRÉDIT À LA CONSOMMATION

DÉFINITION DU CRÉDIT À LA CONSOMMATION

19180 Constitue une opération ou un contrat de crédit, au sens de la réglementation sur le crédit à la consommation, l'opération ou le contrat par lequel un prêteur (n° 19100) consent ou s'engage à consentir à l'emprunteur (n° 19120) un crédit sous la forme d'un délai de paiement, d'un prêt, y compris sous forme de découvert ou de toute autre facilité de paiement similaire (C. consom. art. L 311-1, 6°).

Sur les prêts sur gage, voir n° 19100 et sur les prêts-relais, n° 22700.

19185 La réglementation est applicable que le crédit soit in fine, amortissable ou renouvelable.

Dans le **prêt in fine** seuls les intérêts constituent les mensualités tout au long du crédit, le capital étant remboursé en une seule fois à l'échéance.

Dans le **crédit amortissable,** le plus couramment pratiqué, les mensualités sont en principe constantes, se composant d'une fraction des intérêts calculés sur la base du montant restant dû et d'une part de capital ; au fur et à mesure de l'avancement du prêt les parts respectives varient : les intérêts, importants au début, vont en diminuant et le capital, minoritaire au début, va en augmentant.

Un **crédit renouvelable** est une ouverture de crédit qui, assortie ou non de l'usage d'une carte de crédit, offre à son bénéficiaire la possibilité de disposer de façon fractionnée, aux dates de son choix, du montant du crédit consenti (C. consom. art. L 312-57).

19190 La réglementation s'applique que l'opération de crédit soit conclue à titre **onéreux ou** à titre **gratuit** (C. consom. art. L 312-1) sauf, dans ce dernier cas, si l'opération est d'une durée inférieure à trois mois (n° 19320). Elle s'applique également au cautionnement de l'opération dès lors que le montant total du crédit est égal ou supérieur à 200 € et inférieur ou égal à 75 000 € (art. précité).

19195 Le fait que l'opération de crédit ait été conclue par **acte notarié** n'est pas une cause d'exclusion du champ d'application de la réglementation sur le crédit à la consommation (C. consom. art. L 312-4).

La **nature de la garantie** (personnelle ou réelle) consentie pour assurer le remboursement de l'opération de crédit peut avoir une incidence sur l'application de la réglementation à l'opération de crédit. En effet, sont exclues de la réglementation sur le crédit à la consommation les opérations de crédit garanties par une **hypothèque,** par une autre sûreté comparable sur les biens immobiliers à usage d'habitation ou par un droit lié à un bien immobilier à usage d'habitation (C. consom. art. L 312-4, 2°). 19200

DÉCOUVERT EN COMPTE

Les découverts en compte entrent dans le champ d'application de la réglementation sur le crédit à la consommation (C. consom. art. L 311-1, 6° et L 312-1), mais celle-ci distingue plusieurs catégories de découverts avec des régimes distincts. 19210

Sont concernés les découverts sur des **comptes de dépôt** (art. L 311-1, 12° et 13°), à l'exclusion donc de ceux intervenant sur des **comptes courants** (sur les spécificités du compte courant, voir Mémento Droit commercial n°s 40500 s.). Le montant du découvert doit en outre s'inscrire dans les seuils exposés n°s 19300 s.

Autorisation expresse de découvert L'autorisation expresse de découvert, ou facilité de découvert, est définie comme le **contrat** de crédit en vertu duquel le prêteur autorise expressément l'emprunteur à disposer de fonds qui dépassent le solde du compte de dépôt de ce dernier (C. consom. art. L 311-1, 12°). Elle relève d'un **régime différent selon** sa **durée** de remboursement : 19220

– cette autorisation est soumise à l'ensemble de la réglementation sur le crédit à la consommation si elle est remboursable dans un délai supérieur à trois mois (art. L 312-84, al. 2 ; n°s 21500 s.) ;
– elle n'est soumise que partiellement à la réglementation si elle est remboursable dans un délai supérieur à un mois mais inférieur ou égal à trois mois (art. L 312-84 ; n°s 21420 s.) ;
– elle échappe totalement à la réglementation si elle est d'une durée inférieure à un mois ou si elle est consentie pour moins de trois mois et sans intérêt ou frais ou avec des intérêts ou frais d'un montant négligeable (art. L 312-4, 4° et 5° ; n°s 19320 s.).

Autorisation tacite de découvert L'autorisation tacite de découvert, appelée **dépassement,** est définie comme un découvert tacitement accepté en vertu duquel un prêteur autorise l'emprunteur à disposer de fonds qui dépassent le solde de son compte de dépôt ou de l'autorisation de découvert convenue (C. consom. art. L 311-1, 13°). Elle fait l'objet d'un régime spécifique (n°s 21550 s.). 19230

DÉLAIS DE PAIEMENT

La réglementation sur le crédit à la consommation est applicable à l'opération ou au contrat par lequel le prêteur (n° 19100) consent ou s'engage à consentir des délais de paiement, à l'exception des contrats conclus en vue de la fourniture d'une prestation continue ou à exécution successive de services ou de biens de même nature et aux termes desquels l'emprunteur en règle le coût par **paiements échelonnés pendant** toute la **durée de la fourniture** (C. consom. art. L 311-1, 6°). 19240

Les ventes et les prestations de services dont le paiement est échelonné, différé ou fractionné ne peuvent donc être qualifiées d'opérations de crédit que si le prêteur consent un délai pour payer le prix de la vente ou de la prestation de services **après livraison du bien ou exécution de la prestation** (Cass. 1e civ. 15-12-1993 n° 92-10.591 : RJDA 3/94 n° 312 ; Cass. 1e civ. 26-5-1994 n° 92-14.851 : RJDA 10/94 n° 1053 rendu sous l'empire de l'ancienne réglementation mais transposable).

ILLUSTRATIONS

La réglementation sur le crédit à la consommation n'est pas applicable :
– au contrat conclu entre un établissement d'enseignement et un particulier prévoyant le paiement d'une partie des frais de scolarité à l'inscription et du solde en trois versements par trimestre et d'avance, car aucun crédit n'est dans un tel cas consenti, même si les prestations sont payables par versements échelonnés (Cass. 1e civ. 15-12-1993 précité) ;
– au contrat de vente d'un meuble prévoyant le paiement du prix par fractions, la dernière au moment de la livraison ou de l'installation (Cass. 1e civ. 26-5-1994 précité ; Cass. 1e civ. 7-7-1998 n° 96-16.809).
En revanche, la réglementation est applicable au contrat par lequel un opérateur téléphonique propose un forfait associé à l'achat d'un téléphone, moyennant un prix attractif pour le téléphone et un abonnement pour une durée déterminée plus cher que celui offert par ailleurs (Cass. com. 7-3-2018 n° 16-16645 FS-PB : RJDA 7/18 n° 598).

19245 Ne relèvent pas de la réglementation sur le crédit à la consommation (C. consom. art. L 312-4, 8°, 9° et 10°) :
– les contrats qui sont l'expression d'un **accord intervenu devant le juge** ;
– les mesures de report ou de rééchelonnement des paiements résultant d'un **plan conventionnel** de redressement conclu devant la commission **de surendettement** ;
– les accords portant sur des **délais de paiement** accordés pour le règlement amiable d'une **dette existante,** à condition qu'aucuns frais supplémentaires à ceux stipulés dans le contrat ne soient mis à la charge du consommateur.

19250 Sont également exclues de la réglementation les **rentes viagères** (CA Paris 24-2-1983 : JCP éd. G 1984 II n° 20282 note Warembourg-Auque) ; en effet, les dispositions destinées à l'information de l'emprunteur sont inapplicables à un contrat dont le montant total et le taux du crédit dépendent d'un événement incertain.

CARTE À DÉBIT DIFFÉRÉ

19260 Les cartes proposant un débit différé n'excédant pas une **durée** de quarante jours et n'occasionnant aucuns autres **frais** que la cotisation liée au bénéfice de ce moyen de paiement sont exclues de la réglementation (C. consom. art. L 312-4, 11°). Ces cartes sont en effet un produit n'emportant pas d'intérêts et le différé, qui est avant tout technique, ne répond pas à la volonté des parties de contracter un crédit (Rapp. Sén. n° 538 relatif au projet de loi de réforme du crédit à la consommation p. 23).

Si le différé est supérieur à quarante jours ou s'il occasionne le prélèvement d'intérêts, la carte est considérée comme un instrument de crédit soumis à la réglementation. Sur l'apposition de la mention « carte de crédit », voir n° 21810.

LOCATION-VENTE ET LOCATION AVEC OPTION D'ACHAT

19270 La location-vente et la location avec option d'achat sont assimilées à des opérations de crédit et relèvent donc de la réglementation (C. consom. art. L 312-2), sous réserve toutefois de ne pas porter sur un immeuble (n°s 19340 s.) et de ne pas avoir été contractées par le locataire pour ses besoins professionnels (n°s 19350 s.). Elles doivent, en outre, entrer dans les seuils exposés n° 19300.

Même assimilé à un crédit, ce type de location fait l'objet d'un régime dérogatoire sur certains points : publicité (n°s 19780 s.), fiche d'information standardisée (n° 19970), contenu du contrat (n°s 20420 s.), information en cours de contrat (n° 20600), indemnité en cas de défaillance du locataire (n° 20870).

REGROUPEMENT DE CRÉDITS

19280 Le prêt issu du regroupement de plusieurs crédits antérieurs relève de la réglementation sur le crédit à la consommation si le regroupement porte seulement sur des crédits à la consommation ou, en présence de crédits immobiliers, si la part de ces derniers est inférieure à 60 % du montant total de l'opération de regroupement (C. consom. art. L 314-10 à L 314-12 et art. R 314-18). Pour plus de détails, voir n°s 25100 s.

2. SEUILS D'APPLICATION DE LA RÉGLEMENTATION DU CRÉDIT À LA CONSOMMATION

MONTANT DU PRÊT À LA CONSOMMATION

19300 Relèvent de la réglementation sur le crédit à la consommation les opérations dont le montant total du crédit est égal ou supérieur à **200 €** et inférieur ou égal à **75 000 €** (C. consom. art. L 312-1).
Par exception, ces seuils ne sont pas applicables (C. consom. art. L 312-4, 3°) :
– aux opérations ayant pour objet le regroupement de crédits ;
– aux opérations destinées à financer les dépenses relatives à la réparation, l'amélioration ou l'entretien d'un immeuble d'habitation ou à usage professionnel et d'habitation, lorsque le crédit n'est pas garanti par une hypothèque ou par une autre sûreté comparable sur de tels biens immobiliers.

Ces seuils concernent le montant total du crédit, c'est-à-dire le plafond ou le total des **sommes rendues disponibles** en vertu du contrat ou de l'opération de crédit (C. consom. art. L 311-1, 10°). Ne sont donc pris en compte pour l'appréciation de ces seuils ni les sommes versées au comptant ni le coût du crédit (intérêts, commissions, taxes, assurances et autres).

19305 Les seuils d'exclusions sont applicables à la **location-vente** ou à la **location avec promesse d'achat** (Cass. 1e civ. 30-3-1994 n° 557 : RJDA 11/94 n° 1171 ; Cass. 1e civ. 28-4-1998 n° 96-11.114 : RJDA 12/98 n° 1402, rendus sous l'empire de la réglementation antérieure à la loi 2010-737 du 1-7-2010 mais transposables). Il a été jugé que le plafond alors applicable devait être calculé en prenant en considération le montant total des loyers augmenté du prix proposé en cas de levée de l'option d'achat (cf. CA Nancy 16-6-1988 n° 88-1352 : BRDA 4/89 p. 8 estimant, à propos d'un contrat de crédit-bail, que l'opération forme « un tout indivisible » et qu'il n'y avait pas lieu de dissocier ces différents éléments), ce qui revient à prendre en compte le coût total de l'opération hors versement initial au comptant.

Les seuils prévus par l'article L 312-1 du Code de la consommation doivent être appréciés **pour chaque opération** de crédit. Il s'ensuit que si l'emprunteur s'adresse à plusieurs établissements de crédit pour financer une même opération, la réglementation est applicable à tous les prêts compris entre 200 € et 75 000 €, sous les réserves précitées, et ce, même si le financement total obtenu excède ce dernier seuil. **19310**

> **Précisions** La **directive 2023/2225** du 18 octobre 2023, qui doit être transposée au plus tard le 20 novembre 2025 (n° 19000), prévoit que doivent être couverts par la réglementation sur le crédit à la consommation tous les crédits d'un montant inférieur ou égal à 100 000 € (Directive art. 2).

DURÉE DU PRÊT À LA CONSOMMATION

N'entrent pas dans le champ d'application de la réglementation sur le crédit à la consommation : **19320**
– Les autorisations de découvert d'une durée inférieure à **un mois** (C. consom. art. L 312-4, 4°) ; ces autorisations doivent néanmoins faire l'objet d'une convention, distincte de la convention de compte, qui fixe ses conditions d'utilisation (Arrêté ECET0917389A du 29-7-2009). En outre, si le relevé de compte indique, à titre d'information, qu'un montant de découvert est autorisé, il doit mentionner immédiatement après, dans les mêmes caractères, le taux annuel effectif global (n° 96300), quelle que soit la durée du découvert autorisé considéré (C. mon. fin. art. L 312-1-1, III).
– Les opérations de crédit qui, d'une part, comportent un délai de remboursement inférieur ou égal à **trois mois** et, d'autre part, ne sont assorties d'aucun intérêt ni d'aucuns frais ou seulement d'intérêts et de frais d'un montant négligeable (C. consom. art. L 312-4, 5°).
– Les délais de paiement ne dépassant pas la durée de fourniture continue ou échelonnée d'un bien ou d'une prestation de services (n° 19240).
– Le paiement réalisé par une carte de paiement ou de crédit avec un débit qui est différé de moins de quarante jours (n° 19260).

3. DESTINATION DU CRÉDIT À LA CONSOMMATION

CRÉDIT DESTINÉ À UNE OPÉRATION IMMOBILIÈRE

Ne constituent pas des opérations de crédit à la consommation celles destinées à permettre l'acquisition ou le maintien de **droits de propriété ou de jouissance d'un terrain ou d'un immeuble** existant ou à construire, y compris lorsque ces opérations visent également à permettre la réalisation de travaux de réparation, d'amélioration ou d'entretien du terrain ou de l'immeuble ainsi acquis (C. consom. art. L 312-4, 1°). **19340**

Sont ici visés l'achat ou la location-vente (ou location avec option d'achat) d'un immeuble mais aussi la souscription et l'achat de parts sociales conférant des droits à caractère immobilier.

Sur le regroupement de crédits portant notamment sur des crédits immobiliers antérieurs, voir n°s 25100 s.

Les **financements** exclusivement destinés au paiement de **travaux** de réparation, d'amélioration ou d'entretien immobiliers sont exclus du champ d'application de la réglementation si : **19345**
– le montant du crédit sollicité ou accordé est garanti par une hypothèque ou par une autre sûreté comparable (C. consom. art. L 312-4, 3°) ;
– l'emprunteur effectue ou fait réaliser ces travaux pour les besoins de son activité commerciale ou professionnelle (n° 19350) ;
– s'agissant des délais de paiement accordés par les entrepreneurs chargés des travaux, ces délais ne dépassent pas la durée d'exécution des travaux (n° 19240).

CRÉDIT DESTINÉ À UNE FIN PRIVÉE OU PROFESSIONNELLE

L'opération de crédit n'entre dans le champ d'application de la réglementation sur le crédit à la consommation que si l'emprunteur l'envisage ou la réalise dans un but étranger à son activité commerciale ou professionnelle (C. consom. art. L 311-1, 2°). Il en est ainsi quelle que soit la nature de cette activité (industrielle, artisanale, agricole ou libérale). **19350**

Seules les opérations envisagées ou réalisées à des fins strictement privées relèvent donc de la réglementation sous réserve de satisfaire aux autres conditions (montant, durée, forme du financement).

Le fait qu'un professionnel bénéficie d'un financement n'est pas en soi exclusif de la réglementation sur le crédit à la consommation, la **personnalité de celui qui s'engage** étant sans incidence à cet égard (Cass. 1e civ. 8-7-1997 nº 95-11.500 : RJDA 10/97 nº 1232, rendu sous l'empire de la réglementation antérieure à la loi 2010-737 du 1-7-2010 mais transposable ; Cass. 1e civ. 18-2-2003 nº 99-13.454 : RJDA 3/04 nº 357). Seule la **destination de l'opération** doit être prise en compte.

ILLUSTRATIONS

Lorsqu'un prêt a été consenti à une commerçante pour les besoins exclusifs de son activité professionnelle, le conjoint de celle-ci, poursuivi en tant que coemprunteur en remboursement du prêt, ne peut pas utilement invoquer sa qualité de non-commerçant pour prétendre que ce prêt est soumis à la réglementation sur le crédit à la consommation (Cass. 1e civ. 8-7-1997 précité).

19355 Sous l'empire de la réglementation antérieure à la loi 2010-737 du 1er juillet 2010 portant réforme du crédit à la consommation (qui excluait déjà les prêts à destination professionnelle), il y avait une divergence entre la première chambre civile et la chambre commerciale de la Cour de cassation sur les critères permettant de déterminer si le prêt ou le contrat était destiné à financer un besoin personnel ou professionnel.

La première chambre civile prenait en considération la **destination** du crédit telle que **fixée par** une clause expresse du **contrat,** peu important l'usage réel du bien financé (Cass. 1e civ. 4-5-1999 nº 846 : RJDA 7/99 nº 826 ; Cass. 1e civ. 20-12-2007 nº 06-16.543 : RJDA 4/08 nº 448 ; Cass. 1e civ. 3-6-2015 nº 14-11.518 : RJDA 11/15 nº 777), sauf pour les découverts en compte courant (Cass. 1e civ. 6-1-2011 nº 09-70.651 : RJDA 4/11 nº 345 ; Cass. 1e civ. 14-10-2015 nº 14-21.894 : RJDA12/15 nº 859). L'affectation professionnelle, dès lors qu'elle ne résultait pas de la convention des parties, ne pouvait donc pas être déduite de la volonté des parties ou d'éléments extrinsèques au contrat.

De son côté, la chambre commerciale s'attachait à la **destination réelle** de l'opération de crédit pour déterminer si elle entrait ou non dans le champ d'application de la réglementation ; elle excluait en conséquence les opérations destinées à financer les besoins d'une activité professionnelle ou en rapport direct avec celle-ci (Cass. com. 10-5-1989 : Bull. civ. IV p. 99 ; Cass. com. 20-11-1990 : RJDA 2/91 nº 139 ; Cass. com. 28-2-2006 nº 263 : RJDA 5/06 nº 570 ; Cass. com. 5-11-2013 nº 12-18.047 : RJDA 2/14 nº 156).

À notre avis, l'article L 311-1, 2° dans sa rédaction issue de la réforme de 2010 ne tranche pas ce débat. En renvoyant au but envisagé ou réalisé par l'emprunteur, ce texte laisse à penser que le critère de la destination réelle du prêt devrait primer. En tout état de cause, c'est à l'emprunteur qui entend bénéficier de la réglementation sur le crédit à la consommation d'apporter la preuve de la destination du financement.

CRÉDIT DESTINÉ À UNE TRANSACTION SUR INSTRUMENTS FINANCIERS

19360 Sont exclus du champ de la réglementation sur le crédit à la consommation les prêts consentis par un prestataire de services d'investissement à un investisseur pour lui permettre d'effectuer une transaction qui porte sur un instrument financier et dans laquelle intervient le prestataire qui octroie le crédit ou le prêt (C. consom. art. L 312-4, 7°).

Sur la notion d'instrument financier, voir Mémento Sociétés commerciales nos 62000 s.

C. Application conventionnelle de la réglementation sur le crédit à la consommation

19400 Les parties **à une opération** de crédit **exclue du champ d'application de la réglementation** peuvent valablement convenir que leur contrat sera néanmoins soumis aux dispositions de celle-ci (Cass. 1e civ. 6-7-1988 nº 87-10.577 : Bull. civ. I nº 229 ; Cass. 1e civ. 30-3-1994 nº 560 : RJDA 7/94 nº 821 ; Cass. 1e civ. 9-12-1997 nº 1944 : RJDA 4/98 nº 491 ; solutions rendues sous l'empire de la réglementation antérieure à la loi 2010-737 du 1-7-2010 mais transposables).

L'intention des parties de soumettre l'opération projetée à la réglementation peut par exemple résulter du fait que l'offre ou le contrat de prêt fait expressément référence aux textes régissant le crédit à la consommation (Cass. 1e civ. 6-7-1988 : Bull. civ. I nº 229 ; Cass. 1e civ. 3-1-1996 nº 16 : RJDA 5/96 nº 660 ; Cass. com. 5-11-2013 nº 12-18.047 : RJDA 2/14 nº 156) ou du fait que l'opération conclue a été qualifiée de « prêt personnel » par les parties (Cass. 1e civ. 30-3-1994 nº 560 : RJDA 7/94 nº 821).

Les parties ne peuvent pas **opter partiellement** pour ce régime. Lorsque les parties ont fait clairement référence dans le contrat à la réglementation sur le crédit à la consommation, cette dernière est applicable en toutes ses dispositions (Cass. 1e civ. 9-12-1997 n° 1944 : RJDA 4/98 n° 491 ; Cass. com. 5-11-2013 n° 12-18.047 précité). 19405

Elles ne peuvent pas non plus ultérieurement **déroger** à cette réglementation, qui est d'ordre public (n° 19010), sauf à renouveler le crédit par un nouveau contrat car elles peuvent alors modifier les conditions contractuelles initiales ou les conditions impératives auxquelles elles s'étaient auparavant soumises volontairement et exclure l'application de la réglementation pour le nouveau contrat (Cass. com. 18-5-2005 n° 749 : RJDA 8-9/05 n° 1029).

Sur le cas particulier du regroupement de crédits, voir nos 25100 s.

D. Application territoriale de la réglementation sur le crédit à la consommation

Le Code de la consommation est muet sur le domaine d'application de la réglementation dans l'espace. Il convient donc d'appliquer le droit commun des obligations. 19450

Au sein de l'Union européenne, la loi qui régit le crédit à la consommation est déterminée par un **règlement européen** dit **« Rome I »** (Règl. 593/2008 du 17-6-2008 sur la loi applicable aux obligations contractuelles : JOUE 2008 L 177).

Les parties sont **libres de choisir** le droit applicable à condition toutefois que ce choix n'ait pas pour résultat de priver le consommateur de la protection que lui assurent les dispositions impératives de la loi qui aurait été applicable en l'absence de choix (Règl. 593/2008 du 17-6-2008 art. 6, 2). 19455

ILLUSTRATIONS

Même si le contrat de crédit est régi par la loi allemande, le tribunal compétent pour connaître du litige opposant un emprunteur français à une banque allemande est déterminé par l'ancien article L 311-37 du Code de la consommation (désormais art. R 312-35), donnant compétence exclusive au tribunal d'instance (remplacé par le juge des contentieux de la protection du tribunal judiciaire depuis le 1-1-2020 ; C. org. jud. art. L 213-4-5) pour connaître des litiges nés de l'application de la réglementation sur le crédit à la consommation, car il est d'application impérative au sens du droit européen (Cass. 1e civ. 23-5-2006 n° 855 : RJDA 11/06 n° 1166).

À **défaut de choix,** la loi applicable à tout contrat conclu par un consommateur, pour un usage pouvant être considéré comme étranger à son activité professionnelle, avec un professionnel est la loi du pays où le consommateur a sa résidence habituelle, à condition que le professionnel exerce son activité professionnelle dans le pays dans lequel le consommateur a sa résidence habituelle ou dirige cette activité vers ce pays, et que le contrat entre dans le cadre de cette activité (Règl. 593/2008 du 17-6-2008 art. 6, 1). 19460

ILLUSTRATIONS

La seule utilisation d'un site internet par un commerçant ne suffit pas pour considérer que celui-ci dirige son activité vers l'État membre du consommateur qui effectue un achat par l'intermédiaire de ce site ; il faut en outre que le commerçant ait manifesté sa volonté d'établir des relations commerciales avec les consommateurs d'un ou plusieurs autres États membres (CJUE 7-12-2010 aff. 144/09 et 585/08 : RJDA 2/11 n° 205). En revanche, la diffusion par un prêteur établi dans un État membre d'une publicité dans un autre ou plusieurs autres États membres caractérise cette volonté.

Ces dispositions ne s'appliquent pas à certains contrats, notamment aux contrats de fourniture de services lorsque les services dus au consommateur doivent être fournis exclusivement dans un pays autre que celui dans lequel il a sa résidence habituelle.

II. CODE DE BONNE CONDUITE À LA CHARGE DES PRÊTEURS

RÈGLES DE CONDUITE À LA CHARGE DES PRÊTEURS

Dès lors qu'il agit dans le cadre de l'élaboration, de l'octroi ou de l'exécution du contrat de crédit, le prêteur doit agir d'une manière **honnête, équitable, transparente** et professionnelle, 19600 au mieux des droits et des intérêts de l'emprunteur. En outre, l'octroi de crédit doit s'appuyer sur des informations relatives à la situation de l'emprunteur et sur toute demande spécifique formulée par celui-ci, ainsi que sur des hypothèses raisonnables quant aux **risques** que la **durée du contrat** de crédit lui fait courir (C. consom. art. L 314-22).

Aucune **sanction** spécifique n'est prévue en cas de **non-respect** de cette disposition ; on peut néanmoins penser que tout manquement à ces règles de bonne conduite engage la responsabilité des prêteurs envers le bénéficiaire de la prestation.

RÉMUNÉRATION DES PRÊTEURS

19610 La rémunération des personnels du prêteur et des intermédiaires ne doit pas porter atteinte aux règles de bonne conduite (nº 19600). Il est notamment **interdit** de rémunérer tout vendeur, personne physique, qu'il soit ou non salarié d'un établissement de crédit, en fonction du taux de crédit ou du type de crédit qu'il a fait contracter à l'acheteur d'un bien mobilier (C. consom. art. L 314-23, al. 1 et 3).

En cas d'infraction, celui qui a rémunéré ou fait rémunérer le vendeur ainsi que ce dernier sont passibles d'une amende de 1 500 €, portée à 3 000 € en cas de récidive (art. R 341-24). S'agissant d'une amende de nature contraventionnelle, l'administration peut, tant que l'action publique n'a pas été mise en mouvement, proposer une transaction (C. consom. art. L 523-1 et R 523-2 ; voir nos 77940 s.).

19615 Le prêteur doit veiller à ce que la **politique de rémunération** permette et promeuve une **gestion du risque** saine **et** comporte des mesures visant à **éviter les conflits d'intérêts.** Cette politique de rémunération ne doit pas dépendre du nombre ou de la proportion des demandes de crédit acceptées (C. consom. art. L 314-23, al. 5 et 6).

FORMATION DES INTERVENANTS EN MATIÈRE DE CRÉDIT À LA CONSOMMATION

19620 Les personnes chargées de fournir à l'emprunteur des explications sur les prêts à la consommation et de recueillir les informations liées à l'établissement de la fiche d'information doivent être formées en matière de **distribution du crédit** à la consommation **et** de **prévention du surendettement** (C. consom. art. L 314-25). Cette obligation vise tous les employeurs de **vendeurs de crédit** : vendeurs professionnels, salariés des établissements de crédit, comme vendeurs de crédit à titre accessoire, salariés des enseignes qui offrent, pour le compte d'un ou plusieurs prêteurs, des crédits destinés à financer l'achat des biens qu'ils proposent.

> **Précisions** L'existence de cette formation et son niveau sont susceptibles d'être **contrôlés par l'administration.** L'employeur des personnes précitées doit donc tenir à disposition une attestation de formation établie par un des prêteurs dont les crédits sont proposés sur le lieu de vente ou par un organisme de formation enregistré (art. L 314-25). Cette formation doit permettre de connaître notamment les principaux types de crédit et des modalités de garantie ainsi que l'analyse des caractéristiques financières d'un crédit (TAEG), les droits et obligations de l'emprunteur lors de la conclusion et de l'exécution d'un contrat, les diligences à accomplir et les explications à fournir pour assurer une bonne information de l'emprunteur et les infractions aux règles sur le crédit à la consommation et leurs sanctions (art. D 314-27).

III. INFORMATION DE L'EMPRUNTEUR

A. Publicité en matière de crédit à la consommation

1. PRESCRIPTIONS GÉNÉRALES

PORTÉE DES RÈGLES DE LA PUBLICITÉ DU CRÉDIT À LA CONSOMMATION

19700 Les règles qui suivent sont d'une portée quasi générale : elles visent toutes les formes de crédit à la consommation, exception faite des autorisations expresses de découvert d'une durée supérieure à un mois et inférieure à trois mois qui font l'objet d'un régime particulier (nº 19840) et toutes les formes de publicité (sauf précision contraire).

MENTION OBLIGATOIRE DANS LA PUBLICITÉ DU CRÉDIT À LA CONSOMMATION

Toute publicité, à l'exception des publicités radiodiffusées, doit contenir, quel que soit le support utilisé, la mention suivante : « **Un crédit vous engage** et doit être remboursé. Vérifiez vos capacités de remboursement avant de vous engager » (C. consom. art. L 312-5). 19710

Cas particulier de la publicité faite par un intermédiaire de crédit Toute publicité et tout document destinés aux emprunteurs et diffusés par **ou pour le compte** d'un intermédiaire de crédit (nº 19130) doivent indiquer, de manière apparente, l'étendue des pouvoirs de l'intermédiaire, et notamment s'il travaille à titre exclusif avec un ou plusieurs prêteurs ou en qualité de courtier indépendant (C. consom. art. L 322-3). 19720

MENTIONS INTERDITES DANS LA PUBLICITÉ DU CRÉDIT À LA CONSOMMATION

Il est interdit dans toute publicité d'indiquer qu'une opération ou un contrat de crédit ou une opération de crédit consistant à regrouper des crédits antérieurs peut être consenti sans élément d'information permettant d'apprécier la **situation financière de l'emprunteur,** ou de laisser entendre que le prêt améliore la situation financière ou le budget de l'emprunteur, entraîne une augmentation de ressources, constitue un substitut d'épargne ou accorde une réserve automatique d'argent immédiatement disponible sans contrepartie financière identifiable. Par ailleurs, lorsqu'une publicité compare le montant des échéances d'un ou plusieurs crédits antérieurs, et le cas échéant d'autres dettes, à celui d'une échéance résultant d'une opération de **regroupement de crédits,** elle doit mentionner de manière claire et apparente, d'une part, la somme des coûts totaux des crédits antérieurs et, d'autre part, le coût total du crédit postérieur au regroupement (C. consom. art. L 312-10, al. 1 et 2). 19730

Il est également interdit dans toute publicité de mentionner l'existence d'une **période de franchise de paiement** de loyers ou de remboursement des échéances du crédit supérieure à trois mois (C. consom. art. L 312-10, al. 3). 19735

Cette interdiction est générale. Seuls y échappent les prêts aidés par l'État destinés au financement d'une formation à la conduite et à la sécurité routière et les prêts garantis par l'État destinés au financement de leurs études par les étudiants (art. précité).

Il est enfin interdit dans toute publicité de proposer sous quelque forme que ce soit des **lots promotionnels liés à l'acceptation d'une offre** préalable de crédit (C. consom. art. L 312-11). Sont visées les primes en nature auxquelles la conclusion de l'opération de crédit donne ou peut donner droit à titre gratuit, immédiatement ou à terme (art. D 312-1). 19740

2. PUBLICITÉ « CHIFFRÉE » EN MATIÈRE DE CRÉDIT À LA CONSOMMATION

a. Notion de publicité chiffrée

Le Code de la consommation prévoit un contenu et une forme impérative pour toute publicité, quel qu'en soit le support (prospectus, téléphone, télévision, internet, presse ou radio ; pour les publicités écrites, voir nᵒˢ 19800 s.), dès lors qu'elle porte sur l'une des **opérations entrant dans le champ d'application de la réglementation** sur le crédit à la consommation et qu'elle **indique un taux d'intérêt ou des informations chiffrées** liées au coût du crédit (C. consom. art. L 312-6, al. 1). 19760

La publicité n'est toutefois visée que si elle satisfait aux deux critères précités. Tel n'est pas le cas des **publicités de notoriété** (par exemple : « l'établissement X peut vous prêter »).

ILLUSTRATIONS

Dans un cas où une publicité pour un établissement de crédit représentait des coureurs cyclistes à l'arrêt, regardant vers le sol l'inscription suivante « Où ça un chèque de 10 000 F ? » suivie du slogan « le crédit par téléphone » et du numéro de téléphone de l'établissement de crédit, doit être censurée la cour d'appel qui a relevé que cette publicité, qui vantait la spécialité de crédit par téléphone de l'établissement de crédit, comportait une offre de fournir un crédit au sens des dispositions de l'article L 311-2 du Code de la consommation (désormais C. consom. art. L 312-2) et que, n'étant pas conforme à cette réglementation édictée en faveur des consommateurs, elle constituait une publicité interdite légalement alors que cette publicité ne portait pas sur l'une des opérations de crédit visées à l'article L 311-2 (Cass. 1ᵉ civ. 21-11-2006 nº 1644 : RJDA 3/09 nº 259).

La publicité relative à une carte de fidélité, qui n'est ni une carte de crédit ni une carte de paiement, n'est pas assujettie aux dispositions de l'article L 311-4 (désormais art. L 312-6) du Code de la consommation (CA Rennes 11-3-2005 : Contrats conc. consom. 2005 nº 210 note G. Raymond).

19765 L'article L 312-6 du Code de la consommation ne fait aucune distinction selon la qualité de l'**annonceur** ; ce dernier est donc soumis à l'encadrement de la publicité qu'il soit une banque ou non.

> **Précisions** Cet encadrement vise la publicité émise par un annonceur d'un État membre de l'Union européenne vers la France (ou par un annonceur français vers un État membre). En effet, la directive européenne 2008/48 du 23 avril 2008 concernant les contrats de crédit aux consommateurs interdit aux États membres de maintenir ou d'introduire dans leur droit national d'autres dispositions que celles qu'elle fixe (Dir. art. 22 et 27).

b. Contenu et forme de la publicité chiffrée en matière de crédit à la consommation

RÈGLES GÉNÉRALES

19780 **Mentions de toute publicité chiffrée** La publicité chiffrée doit mentionner de façon claire, précise et visible les **informations** suivantes à l'aide d'un exemple représentatif (C. consom. art. L 312-6) :

– le taux débiteur et la nature fixe, variable ou révisable du taux, sauf pour les opérations de location-vente ou de location avec option d'achat ;
– les informations relatives à tous les frais compris dans le coût total du crédit pour l'emprunteur ;
– le montant total du crédit, c'est-à-dire le plafond ou le total des sommes rendues disponibles en vertu d'un contrat ou d'une opération de crédit (art. L 311-1, 10°) ;
– le taux annuel effectif global (TAEG ; n° 96300), sauf pour les opérations de location-vente ou de location avec option d'achat ;
– s'il y a lieu, la durée du contrat de crédit ;
– s'il s'agit d'un crédit accordé sous la forme d'un délai de paiement pour un bien ou un service donné, le prix au comptant et le montant de tout acompte ;
– le montant total dû par l'emprunteur, c'est-à-dire la somme du montant total du crédit et du coût total du crédit dû par l'emprunteur (art. L 311-1, 9°) et le montant des échéances.

L'exemple représentatif doit aussi indiquer que le montant des échéances est donné « hors assurance facultative » et mentionner le coût de l'assurance facultative, exprimé soit en euros par mois, soit en montant total sur la durée du prêt, soit en taux annuel effectif global (TAEG) sur la base de la cotisation mensuelle la plus élevée prévue par l'offre (C. consom. art. D 312-24).

Sur l'exemple représentatif devant figurer dans une publicité relative au **crédit renouvelable ou au découvert en compte,** voir n°s 19830 s.

> **Précisions** **a.** Le **taux débiteur** est le taux d'intérêt exprimé en pourcentage fixe ou variable, appliqué au capital emprunté ou au montant de crédit utilisé, sur une base annuelle (art. L 311-1, 8°). Il est fixe lorsque le contrat de crédit prévoit soit un taux débiteur constant sur toute la durée du contrat de crédit, soit plusieurs taux débiteurs constants appliqués à des périodes partielles prédéterminées ; dans ce dernier cas, le taux est fixe uniquement pour ces périodes partielles, dans les autres cas, le taux débiteur est variable ou révisable (art. précité).
> **b.** Le **coût total du crédit** comprend tous les coûts, y compris les intérêts, frais, taxes, commissions ou rémunérations de toute nature, directs ou indirects supportés par l'emprunteur et connus du prêteur à la date d'émission de l'offre de crédit ou de l'avenant au contrat de crédit, ou dont le montant peut être déterminé à ces mêmes dates, et qui constituent une condition pour obtenir le crédit ou pour l'obtenir aux conditions annoncées. Il exclut, en revanche, les frais liés à l'acquisition des immeubles à usage d'habitation ou à usage professionnel et d'habitation tels que les taxes y afférentes, les frais d'acte notarié et les frais à la charge de l'emprunteur en cas de non-respect de l'une de ses obligations prévues dans le contrat de crédit (art. L 311-1, 7°).

19790 **Mentions de la publicité chiffrée en cas de services accessoires** Si le prêteur exige qu'un service accessoire soit fourni pour l'obtention du crédit, notamment une **assurance,** la publicité chiffrée doit mentionner de façon claire, précise et visible la **nécessité** de contracter ce service (C. consom. art. L 312-6, al. 8). Lorsqu'un prêteur propose habituellement des contrats de crédit assortis d'une proposition d'assurance ayant pour objet la garantie de remboursement du crédit, toute publicité, quel qu'en soit le support, doit mentionner le **coût** de l'assurance, à l'aide de l'exemple représentatif (n° 19780). À l'exception des opérations de location-vente et de location avec option d'achat (art. R 314-14), ce coût doit être exprimé, à l'exclusion de tout autre taux, en **taux annuel effectif de l'assurance** (TAEA), qui permette la comparaison par l'emprunteur de ce taux avec le taux annuel effectif global du crédit, en montant total dû en euros par l'emprunteur au titre de l'assurance sur la durée totale du prêt et en euros par mois, en précisant si ce montant s'ajoute ou non à l'échéance de remboursement du crédit (art. L 312-7).

Les modalités de calcul du TAEA sont fixées par l'article R 314-11 ; il s'agit de la différence entre le taux effectif global du crédit incluant l'assurance et le taux effectif global hors assurance. Par ailleurs, le TAEA doit être accompagné de la mention des garanties dont il doit intégrer le coût (art. R 314-13).

> **Précisions** La **violation de l'article L 312-7** n'est pas sanctionnée ; en effet, l'article R 341-1 qui prévoit une amende de 1 500 €, pouvant être portée à 3 000 € en cas de récidive, pour toute diffusion d'une publicité non conforme à la réglementation sur le crédit à la consommation ne vise pas ce texte.

PRESCRIPTIONS PARTICULIÈRES POUR LA PUBLICITÉ CHIFFRÉE ÉCRITE

Prescriptions pour tous les supports Dans toute publicité écrite, quel que soit le support utilisé, les informations relatives au taux annuel effectif global, à sa nature (fixe, variable ou révisable), au montant total dû par l'emprunteur et au montant des échéances, ainsi que la mention visée nº 19710, doivent figurer dans une **taille de caractère** plus importante que celle utilisée pour indiquer toute autre information relative aux caractéristiques du financement, notamment le taux promotionnel, et s'inscrire dans le **corps principal du texte** publicitaire (C. consom. art. L 312-8). 19800

> **Précisions** Est visée la publicité diffusée par voie de courrier, de prospectus, d'affichage, de presse ou encore par internet ou la télévision.
> Sont ainsi **proscrites** les **pratiques** consistant à reléguer des informations essentielles sur le coût du crédit en caractères minuscules au bas d'une publicité statique ou dans une bande de défilement pour les publicités animées.

Prescriptions pour la publicité distribuée La publicité adressée par voie **postale** ou par courrier **électronique,** distribuée directement à domicile ou sur la **voie publique,** doit rappeler de façon claire, précise et visible le droit du consommateur de s'opposer sans frais à l'utilisation de ses **données personnelles** à des fins de prospection ainsi que les modalités d'exercice de ce droit (C. consom. art. L 312-9). 19810

Lorsque cette publicité indique un taux d'intérêt ou des informations chiffrées liées au coût du crédit, les informations relatives au taux annuel effectif global, à sa nature fixe, variable ou révisable, au montant total dû par l'emprunteur et au montant des échéances, ainsi que la mention visée nº 19710 doivent figurer **en en-tête** du texte publicitaire, sous forme d'**encadré** (art. précité).

PRESCRIPTIONS PARTICULIÈRES À LA PUBLICITÉ DE CERTAINES OPÉRATIONS DE CRÉDIT

Publicité relative à un crédit gratuit Toute publicité, quel qu'en soit le support, qui porte sur une opération de crédit dont la durée est supérieure à trois mois et pour laquelle ne sont pas requis d'intérêts ou d'autres frais, doit indiquer le montant de l'escompte sur le prix d'achat éventuellement consenti en cas de **paiement comptant** et préciser qui prend en charge le coût du crédit consenti gratuitement (C. consom. art. L 312-41). 19820

Publicité relative à un crédit renouvelable Dans tout document publicitaire relatif à un crédit renouvelable, seul le **terme** « crédit renouvelable » doit être utilisé à l'exclusion de tout autre (C. consom. art. L 312-58). Les mentions crédit « permanent », « revolving » ou « utilisable par fractions » sont donc prohibées. 19830

L'**exemple représentatif,** à l'aide duquel doivent être fournies les informations chiffrées sur le coût du crédit (nº 19780), doit (art. L 312-59 ; D 312-21) :

- porter sur un montant de 500, 1 000 ou 3 000 € et sur la durée de remboursement maximale prévue par l'offre commerciale sur laquelle porte la publicité (art. L 312-59 et D 312-21), le prêteur devant choisir parmi les montants précités celui ou ceux qui correspondent le mieux à la nature des crédits dont il fait la publicité ;
- indiquer sa nature d'exemple et le nombre d'échéances pour chacune des échéances d'un même montant en caractères de même taille que ceux utilisés pour indiquer le TAEG (nº 96300), la nature du taux (fixe, variable, révisable), le montant total dû et le montant des échéances (art. D 312-23) ;
- si le crédit comporte une proposition d'assurance facultative de remboursement, indiquer, en plus des mentions prévues en la matière et dans la même taille de caractère, que le montant des échéances est donné « hors assurance facultative » et le coût en euros et par mois

de l'assurance sur la base de la cotisation mensuelle la plus élevée prévue par l'offre commerciale sur laquelle porte la publicité (art. D 312-24).

Si la publicité mentionne un taux promotionnel ou des modalités spéciales d'utilisation qui dérogent au fonctionnement normal du crédit concerné, l'exemple représentatif illustre les conditions normales d'exécution du contrat de crédit (art. D 312-22).

19835 La publicité portant sur les avantages commerciaux et promotionnels ouverts par la **carte de crédit** assortissant un crédit renouvelable indique à l'emprunteur les modalités selon lesquelles cette carte permet de payer au comptant ou à crédit et l'informe des modalités d'utilisation du crédit (C. consom. art. L 312-60).

Lorsqu'une **carte de paiement** est assortie d'un crédit renouvelable, la publicité portant sur cette carte informe le consommateur des modalités d'utilisation du crédit (art. L 312-61).

19840 **Publicité relative à un découvert en compte** La publicité chiffrée relative aux autorisations de découvert remboursable dans un délai supérieur à un mois et inférieur ou égal à trois mois doit, quel qu'en soit le support, mentionner de façon claire, précise et visible les **informations** suivantes à l'aide d'un **exemple représentatif** (C. consom. art. L 312-84, al. 1 et, sur renvoi partiel, art. L 312-6) :

– le taux débiteur (n° 19780) et sa nature (fixe, variable ou révisable), sauf pour les opérations de location-vente ou de location avec option d'achat, ainsi que les informations relatives à tous les frais compris dans le coût total du crédit pour l'emprunteur ;

– le montant total du crédit (n° 19780) ;

– le taux annuel effectif global (TAEG ; n° 96300).

Les autres mentions exigées par l'article L 312-6 pour la publicité chiffrée ne sont pas ici requises.

3. PUBLICITÉ NON CHIFFRÉE EN MATIÈRE DE CRÉDIT À LA CONSOMMATION

19860 En l'absence de dispositions particulières la régissant, la publicité non chiffrée (au sens de l'article L 312-6 du Code de la consommation ; nos 19760 s.) doit contenir l'avertissement exposé n° 19710 et doit mentionner le droit de s'opposer à l'utilisation des données personnelles dans les conditions visées n° 19810. Elle doit enfin respecter les interdictions générales (nos 19730 s.).

4. SANCTIONS DU NON-RESPECT DES RÈGLES DE PUBLICITÉ DU CRÉDIT À LA CONSOMMATION

19880 L'**annonceur** pour le compte duquel est diffusée une publicité non conforme aux prescriptions exposées nos 19700 s. s'expose à une amende de 1 500 €, pouvant être portée à 3 000 € en cas de récidive (C. consom. art. R 341-1). Le tribunal peut également ordonner la publication du jugement et/ou la rectification de la publicité aux frais du condamné (même art.).

S'agissant d'une amende de nature contraventionnelle, l'administration peut, tant que l'action publique n'a pas été mise en mouvement, proposer une transaction (C. consom. art. L 523-1 et R 523-2 ; voir nos 77940 s.).

19885 Les **intermédiaires de crédit** sont passibles d'une amende de 150 000 € et de peines complémentaires si les publicités qu'ils diffusent ou font diffuser n'indiquent pas, de manière apparente, l'étendue de leurs pouvoirs (n° 19720 ; C. consom. art. L 342-2 et L 342-6).

B. Information précontractuelle en matière de crédit à la consommation

PRÉSENTATION DE L'INFORMATION PRÉCONTRACTUELLE

19930 Que ce soit au stade précontractuel ou au moment de la conclusion de l'opération de crédit, le Code de la consommation exige que des **informations** ou des documents soient transmis à l'emprunteur **par écrit ou sur un support durable** (sur cette notion, voir n° 19025). En outre, comme toute partie à un contrat, le prêteur qui connaît une information dont l'importance est déterminante pour le consentement de l'emprunteur doit l'en informer dès lors que légitimement ce dernier ignore cette information ou fait confiance au prêteur (C. civ. art. 1112-1).

Outre les obligations exposées ci-dessous, le Code de la consommation sanctionne certaines **pratiques commerciales** qui peuvent donner lieu à abus (n°s 20510 s.).

ABSENCE D'INFORMATION PRÉCONTRACTUELLE PAR LE PRÊTEUR

Il n'incombe pas au consommateur de **prouver** que le prêteur n'a pas exécuté ses obliga- **19940** tions précontractuelles (remise de fiches d'information standardisées, fourniture d'informations personnalisées et évaluation de la solvabilité de l'emprunteur) (CJUE 18-12-2014 aff. 449/13 : RJDA 7/15 n° 520). Le juge n'a pas à tenir compte d'une clause type par laquelle le consommateur a reconnu la pleine et correcte exécution des obligations précontractuelles incombant au prêteur car cette clause entraîne un renversement de la **charge de la preuve** de l'exécution de ces obligations de nature à compromettre l'effectivité des droits reconnus à l'emprunteur (même arrêt). La signature d'une telle clause par le consommateur ne peut être considérée que comme un simple indice non susceptible, en l'absence d'élément complémentaire, de prouver l'exécution par le prêteur de son obligation d'information (Cass. 1e civ. 5-6-2019 n° 17-27.066 FS-PB : RJDA 11/19 n° 709). La production par le prêteur d'un document émanant de lui seul ne peut pas utilement corroborer cette clause (Cass. 1e civ. 7-6-2023 n° 22-15.552 F-B : RJDA 10/23 n° 538).

Par ailleurs, sont réputées abusives de manière irréfragable et donc interdites les clauses qui, dans un contrat conclu entre un professionnel et un non-professionnel ou un consommateur, ont pour objet ou pour effet d'imposer au non-professionnel ou au consommateur la charge de la preuve, laquelle, en vertu du droit applicable, devrait incomber normalement à l'autre partie au contrat (C. consom. art. R 212-1, 12°). En 2013, la Commission des **clauses abusives** a considéré comme abusive la clause par laquelle l'emprunteur reconnaît avoir obtenu les explications nécessaires sur les caractéristiques du crédit et que celui-ci correspond à ses besoins car cette clause permet au prêteur de se préconstituer la preuve de la bonne exécution de son devoir d'explication, y compris s'il y a manqué (Avis n° 13-01).

1. INFORMATION STANDARDISÉE EN MATIÈRE DE CRÉDIT À LA CONSOMMATION

FOURNITURE D'UNE FICHE D'INFORMATION À L'EMPRUNTEUR

Avant la conclusion du contrat de **crédit,** le prêteur ou l'intermédiaire de crédit donne à **19960** l'emprunteur, sur support papier ou sur un autre support durable (n° 19025), une fiche d'information pour chacun des types de crédits présentés.

Pour certaines opérations de découvert en compte, cette fiche est facultative mais l'emprunteur doit néanmoins recevoir un certain nombre d'informations (n° 21430).

> **Précisions a.** Cette **fiche,** dont le contenu est fixé par la loi, ne constitue pas une préoffre de crédit puisqu'elle est standardisée et donc non **personnalisable** (P. Bouteiller, La réforme du crédit à la consommation instituée par la loi du 1er juillet 2010 : Rev. Lamy Droit des affaires 8-9/10 n° 51 p. 36).
> **b.** Pour les crédits consentis après le 28 juin 2025, le prêteur devra s'assurer que la fiche remise à l'emprunteur répond aux exigences d'**accessibilité aux personnes handicapées** fixées à l'article L 412-13 du Code de la consommation (C. consom. art. L 314-32 issu de loi 2023-171 du 9-3-2023 ; Loi 2023-171 art. 16, I-2° et VIII).

Contenu de la fiche d'information La fiche d'information doit comporter les **19970** **informations nécessaires à la comparaison** de différentes offres et permettant à l'emprunteur, compte tenu de ses préférences, d'appréhender clairement l'étendue de son engagement (C. consom. art. L 312-12, al. 1). La liste de ces informations est fixée par l'article R 312-2 du Code de la consommation qui comporte en annexe des explications sur le contenu et la présentation des mentions requises, y compris en cas de fourniture de crédit à distance.

Doivent ainsi figurer dans la fiche (art. R 312-2) :

1° L'identité et l'adresse du prêteur ainsi que, le cas échéant, l'identité et l'adresse de l'intermédiaire de crédit concerné ;

2° Le type de crédit, étant précisé que s'il s'agit d'un crédit renouvelable, celui-ci ne peut pas être désigné sous un autre vocable (n° 19830) ;

3° Le montant total du crédit et les conditions de mise à disposition des fonds ;

4° La durée du contrat de crédit ;

5° Le montant, le nombre et la périodicité des échéances que l'emprunteur doit verser et, le cas échéant, l'ordre dans lequel les échéances seront affectées aux différents soldes dus fixés à des taux débiteurs différents aux fins du remboursement ;

6° Le montant total dû par l'emprunteur ;

7° En cas de crédit servant à financer l'acquisition de bien ou service déterminé, ce bien ou service et son prix au comptant ;

8° En cas de location avec option d'achat, la description du bien loué et le prix à acquitter en cas d'achat ;

9° Le cas échéant, les sûretés exigées ;

10° Sauf en cas de location avec option d'achat, le taux débiteur, les conditions applicables à ce taux et, le cas échéant, tout indice ou taux de référence qui se rapporte au taux initial débiteur, ainsi que les périodes, conditions et procédures d'adaptation du taux ; si différents taux débiteurs s'appliquent en fonction des circonstances, ces informations portent sur tous les taux applicables ;

11° Sauf en cas de location avec option d'achat, le taux annuel effectif global (nos 96300 s.), à l'aide d'un exemple représentatif mentionnant toutes les hypothèses utilisées pour le calcul de ce taux ; le prêteur tient compte du ou des éléments du crédit que l'emprunteur lui a indiqué privilégier le cas échéant, tels que la durée du contrat de crédit et le montant total du crédit ;

12° Le cas échéant, l'obligation, pour l'obtention même du crédit ou en application des clauses et conditions commerciales, de contracter un service accessoire lié au contrat de crédit, notamment une assurance ;

13° Tous les frais liés à l'exécution du contrat de crédit, et les conditions dans lesquelles ces frais peuvent être modifiés ;

14° Le cas échéant, l'existence de frais de notaire dus par l'emprunteur à la conclusion du contrat de crédit ;

15° Les indemnités en cas de retard de paiement et, le cas échéant, les frais d'inexécution que le prêteur peut demander à l'emprunteur en cas de défaillance, ainsi que les modalités d'adaptation et de calcul de ces indemnités et de ces frais ;

16° Un avertissement relatif aux conséquences d'une défaillance de l'emprunteur ;

17° L'existence du droit de rétractation ;

18° Le droit au remboursement anticipé et, le cas échéant, le droit du prêteur à une indemnité ainsi que le mode de calcul de cette indemnité ;

19° Le droit de l'emprunteur à se voir remettre, sur demande et sans frais, un exemplaire de l'offre de contrat de crédit si, au moment de la demande, le prêteur est disposé à conclure le contrat de crédit ;

20° La mention que le prêteur doit, dans le cadre de la procédure d'octroi du crédit, consulter le fichier national des incidents de remboursement des crédits aux particuliers ;

21° Le délai pendant lequel le prêteur est engagé par les informations précontractuelles.

La fiche doit en outre porter, en caractères lisibles, la **mention** « **Un crédit vous engage** et doit être remboursé. Vérifiez vos capacités de remboursement avant de vous engager » (C. consom. art. L 312-5).

Enfin, si une **assurance** est exigée par le prêteur pour obtenir le financement, elle rappelle que l'emprunteur peut souscrire une assurance équivalente auprès de l'assureur de son choix (art. L 312-29, al. 2).

19975 Dans le cas d'un contrat de crédit en vertu duquel les **échéances n'entraînent pas immédiatement un amortissement correspondant du montant total du crédit,** mais servent à reconstituer le capital aux périodes et dans les conditions prévues par le contrat de crédit ou par un contrat accessoire, l'information précontractuelle indique que cette modalité d'exécution ne garantit pas le remboursement du montant total du crédit consenti, sauf si une telle garantie est donnée (C. consom. art. R 312-4).

19980 Toute **information complémentaire** donnée à l'emprunteur, y compris en application de la réglementation sur le démarchage, doit figurer sur un autre document annexé à la fiche d'information (C. consom. art. L 312-13, al. 2 et R 312-6).

19990 **Remise de la fiche d'information** La fiche d'information doit être fournie sans **frais** concomitamment à l'offre de contrat, si l'emprunteur le demande et si le prêteur est disposé à lui consentir un crédit (C. consom. art. L 312-13, al. 1).

Lorsque le consommateur sollicite la conclusion du contrat de crédit sur le **lieu** de vente, le prêteur doit veiller à ce que la fiche d'information lui soit remise sur le lieu de la vente (Rapp. Sén. n° 538 relatif au projet de loi portant réforme du crédit à la consommation).

INFORMATION SUR LE COÛT DE L'ASSURANCE DU CRÉDIT À LA CONSOMMATION

Si le prêteur offre à l'emprunteur ou exige de lui la souscription d'une assurance, le prêteur **20000**
ou l'intermédiaire de crédit informe l'emprunteur du coût de l'assurance en portant à sa connaissance différents éléments comme le taux annuel effectif de l'assurance, le montant total dû en euros par l'emprunteur au titre de l'assurance sur la durée totale du prêt et le coût mensuel de l'assurance en euros (C. consom. art. L 312-12, al. 5).

COMMUNICATION DE L'OFFRE DE CRÉDIT À LA CONSOMMATION

À sa demande, l'emprunteur reçoit sans frais, si le prêteur est disposé à lui consentir un **20010**
crédit, outre la fiche d'information (nos 19960 s.) et le coût standard de l'assurance (n° 20000), un exemplaire de l'offre de contrat sur support papier ou sur tout autre support durable (nos 20230 s.) (C. consom. art. L 312-13, al. 1).

> **Précisions** Il résulte de cette disposition, qui reprend la formulation de la directive 2008/48 du 23 avril 2008, que le **prêteur** n'est pas **tenu de proposer une offre de contrat** à chaque fois qu'il est sollicité par un consommateur (Rapport AN n° 2150 relatif au projet de loi de réforme du crédit à la consommation).

SANCTION DE LA NON-COMMUNICATION DES INFORMATIONS PRÉCONTRACTUELLES

Le prêteur qui accorde un crédit sans communiquer à l'emprunteur les informations pré- **20020**
contractuelles dans les conditions fixées par l'article L 312-12 du Code de la consommation est déchu du droit aux **intérêts** (C. consom. art. L 341-1, al. 1). Ce texte ne prévoyant pas la faculté pour le juge de moduler l'étendue de la déchéance du droit aux intérêts, celui-ci ne peut, à notre avis, prononcer que la déchéance totale du prêteur de son droit aux intérêts.

Toutefois, en cas de défaut de mention ou de mention erronée du taux annuel effectif global, le juge a la faculté de moduler l'étendue de la déchéance du droit aux intérêts, au regard notamment du préjudice pour l'emprunteur (art. L 341-1, al. 2).

Sur les conséquences de la déchéance pour l'emprunteur, voir n° 20460.

ATTENTION

La déchéance ne vise que les intérêts conventionnels et ne dispense pas l'emprunteur du paiement des intérêts au taux légal (par exemple, Cass. 1e civ. 18-3-2003 n° 00-17.761 F-PB : RJDA 7/03 n° 764) ; toutefois, après avoir prononcé la déchéance, le juge doit d'office réduire le **taux d'intérêt légal** majoré (applicable en cas d'exécution tardive de la condamnation en paiement : C. mon. fin. art. L 313-3) auquel le prêteur a droit, dans une proportion constituant une sanction effective et dissuasive du manquement de ce dernier à son obligation, si ce taux est supérieur ou équivalent au taux conventionnel (Cass. 1e civ. 28-6-2023 n° 22-10.560 FS-B : RJDA 12/23 n° 676).

Le prêteur qui accorde un crédit sans communiquer à l'emprunteur les informations précon- **20025**
tractuelles dans les conditions fixées par l'article L 312-12 du Code de la consommation s'expose également à une **amende** de 1 500 €, pouvant être portée à 3 000 € en cas de récidive (C. consom. art. R 341-2). Il encourt aussi cette amende s'il remet à l'emprunteur une fiche d'informations comportant des éléments autres que ceux requis par la loi (même art.).

Toutefois, l'administration peut, tant que l'action publique n'a pas été mise en mouvement, proposer une transaction (art. L 523-1 et R 523-2 ; nos 77940 s.).

ATTENTION

Le prêteur ne peut pas exiger de l'emprunteur le **paiement des frais, commissions** et autres accessoires inscrits au débit du compte (Cass. 1e civ. 31-3-2011 n° 09-69.963 : RJDA 6/11 n° 570, décision rendue pour un découvert en compte mais transposable à tout crédit à la consommation).

Sur la nécessité du caractère dissuasif de la sanction, voir n° 20110.

Le **prêteur** est **responsable** de plein droit **à l'égard de l'emprunteur** de la bonne exécution **20030**
des obligations relatives à la formation du contrat de crédit, que ces **obligations** soient **à exécuter** par le prêteur qui a conclu ce contrat ou **par des intermédiaires** de crédit intervenant dans le processus de formation du contrat de crédit, sans préjudice de son droit de recours contre ceux-ci (C. consom. art. L 312-27).

Cette responsabilité vise toutes les obligations mises à la charge du prêteur en ce qui concerne la formation du contrat de crédit (nos 20200 s.), et non pas seulement celles liées à l'information précontractuelle de l'emprunteur.

2. EXPLICATIONS PERSONNALISÉES EN MATIÈRE DE CRÉDIT À LA CONSOMMATION

CONTENU DES EXPLICATIONS PERSONNALISÉES

20050 Le prêteur ou l'intermédiaire de crédit doit fournir à l'emprunteur les explications lui permettant de déterminer si le contrat de **crédit** proposé est **adapté à ses besoins** et **à sa situation** financière, notamment à partir de la fiche d'informations mentionnée nos 19960 s. (C. consom. art. L 312-14).

Il doit également attirer l'attention de l'emprunteur sur les **caractéristiques essentielles** du ou des crédits proposés et sur les conséquences que ces crédits peuvent avoir sur sa situation financière, y compris en cas de défaut de paiement (frais, inscription au FICP, etc.) (même art.).

› **Précisions** **a.** L'obligation de fournir à l'emprunteur des explications lui permettant de déterminer si le contrat de crédit proposé est adapté se rapproche de l'**obligation de conseil et de mise en garde** que la Cour de cassation fait peser sur le prêteur depuis plusieurs années : il doit en effet mettre en garde l'emprunteur profane sur le caractère excessif de la charge du crédit par rapport à ses ressources (Cass. ch. mixte 29-6-2007 nos 05-21.104 et 06-11.673 : RJDA 11/07 no 1142 ; Cass. 1e civ. 6-1-2011 no 09-70.651 : RJDA 4/11 no 345 ; pour plus de détails, voir Mémento Droit commercial nos 40113 s.).

b. Les informations sur les caractéristiques essentielles du crédit sont données, le cas échéant, sur la base des **préférences exprimées par l'emprunteur.** Ces caractéristiques visent aussi bien des éléments généraux d'ordre financier (taux, durée, coût) que des éléments spécifiques à chaque type de produit (par exemple, le mode de fonctionnement du crédit s'agissant du crédit renouvelable) (Rapp. AN no 2150 relatif au projet de loi portant réforme du crédit à la consommation p. 91).

c. Sur la charge de la **preuve** de l'inexécution de cette obligation, voir no 19940.

MOMENT AUQUEL DOIVENT ÊTRE FOURNIES LES EXPLICATIONS PERSONNALISÉES

20060 Le prêteur doit communiquer les explications personnalisées au consommateur en temps utile, **avant la signature du contrat** de crédit (CJUE 18-12-2014 aff. 449/13 : RJDA 7/15 no 520 rendu à propos de la directive 2008/48 du 23-4-2008 mais transposable à la réglementation française). Il peut le faire **avant d'avoir évalué la situation financière** de l'emprunteur mais, au vu de l'évaluation, il doit le cas échéant adapter les explications fournies ; il n'est alors pas tenu d'établir un document spécifique mais il doit garder trace des nouvelles explications afin de prouver qu'il a fourni l'information requise (décision précitée).

CONFIDENTIALITÉ DES INFORMATIONS PERSONNALISÉES

20070 Si le crédit est proposé **sur un lieu de vente,** le prêteur veille à ce que l'emprunteur reçoive ces explications de manière complète et appropriée sur le lieu même de la vente, dans des conditions garantissant la confidentialité des échanges (C. consom. art. L 312-14, al. 2).

SANCTION DE L'ABSENCE D'INFORMATIONS PERSONNALISÉES

20080 Le prêteur qui ne respecte pas les obligations fixées à l'article L 312-14 du Code de la consommation (dont notamment la fourniture d'explications personnalisées) est déchu du droit aux intérêts en totalité ou dans la proportion fixée par le juge (C. consom. art. L 341-2), y compris si le manquement est imputable à son intermédiaire (no 20030). Sur la nécessité du caractère dissuasif de la sanction, voir no 20110.

3. CONTRÔLE DE LA SOLVABILITÉ DE L'EMPRUNTEUR

OBLIGATION GÉNÉRALE DE CONTRÔLER LA SOLVABILITÉ DE L'EMPRUNTEUR

20100 **Avant de conclure** le contrat de crédit, le prêteur vérifie la solvabilité de l'emprunteur à partir d'un nombre suffisant d'informations, y compris des **informations fournies par l'emprunteur** à la demande du prêteur (C. consom. art. L 312-16) qui doivent être accompagnées de pièces justificatives (CJUE 18-12-2014 aff. 449/13 : RJDA 7/15 no 520 rendu à propos de la directive 2008/48 du 23-4-2008 mais transposable à la réglementation française).

Sont exonérés de cette obligation : les organismes à but non lucratif qui, dans le cadre de leur mission et pour des motifs d'ordre social, accordent, sur leurs ressources propres, des prêts à conditions préférentielles à certains de leurs ressortissants, ou encore les entreprises dont l'activité professionnelle consiste à consentir à leurs contractants des délais ou avances de paiement. (C. mon. fin. art. L 511-6, al. 2-1 et L 511-7, I-1 sur renvoi de C. consom. art. L 312-16).

Dans le cadre de cette vérification, la consultation du fichier national des incidents de remboursement des crédits aux particuliers (**FICP** ; n°s 26900 s.) est obligatoire (C. consom. art. L 312-16). Cette obligation est respectée dès lors que le prêteur effectue la consultation avant la mise à disposition des fonds, par laquelle il agrée l'emprunteur (Cass. 1e civ. 23-11-2022 n° 21-15.435 FS-B : RJDA 4/23 n° 217). **20105**

L'inscription d'une personne physique au sein du fichier n'emporte pas interdiction de délivrer un crédit (C. consom. art. L 751-2, al. 1). Elle constitue seulement un élément d'appréciation de l'octroi ou du refus du crédit.

Le prêteur doit conserver des preuves de la consultation du fichier, de son motif et de son résultat, sur un support durable (C. consom. art. L 751-6, al. 2 ; Arrêté ECET1024001A du 26-10-2010 art. 13).

Le contrôle de la solvabilité de l'emprunteur doit être renouvelé lors de la reconduction d'un crédit renouvelable (n°s 21840 s.).

Le **prêteur** qui **ne respecte pas** les obligations fixées à l'article L 312-16 du Code de la consommation est déchu du droit aux intérêts en totalité ou dans la proportion fixée par le juge (C. consom. art. L 341-2), y compris si le manquement est imputable à son intermédiaire (n° 20030). **20110**

ATTENTION

L'article 23 de la directive européenne 2008/48 du 23 avril 2008 impose aux États membres de définir des **sanctions effectives,** proportionnées et **dissuasives** en cas de violation de ses obligations par le prêteur. La **Cour de justice de l'Union européenne** a jugé que cet article s'opposait à l'application du régime de sanctions prévu par le droit français en vertu duquel, en cas de violation par le prêteur de son obligation précontractuelle d'évaluer la solvabilité de l'emprunteur en consultant une base de données appropriée, le prêteur était déchu de son droit aux intérêts conventionnels, mais bénéficiait de plein droit des intérêts au taux légal, exigibles à compter du prononcé d'une décision de justice condamnant cet emprunteur au versement des sommes restant dues, lesquels étaient en outre majorés de cinq points si, à l'expiration d'un délai de deux mois qui suivait ce prononcé, celui-ci ne s'était pas acquitté de sa dette, lorsque le juge national constate que les montants susceptibles d'être effectivement perçus par le prêteur à la suite de l'application de la déchéance des intérêts ne sont pas significativement inférieurs à ceux dont celui-ci aurait pu bénéficier s'il avait respecté son obligation (CJUE 27-3-2014 aff. 565/12 : RJDA 7/14 n° 665).

Prenant acte de cette jurisprudence, la **Cour de cassation** a autorisé le juge à réduire d'office le taux légal s'il s'avère, après majoration en application de l'article L 313-3 du Code monétaire et financier, qu'il est supérieur ou équivalent au taux conventionnel (Cass. 1e civ. 28-6-2023 n° 22-10.560 FS-B : RJDA 12/23 n° 676). Cette solution, rendue en cas de manquement par le prêteur à son obligation précontractuelle d'information, est à notre avis transposable à tous les cas de déchéance du droit aux intérêts conventionnels prévus en matière de crédit à la consommation, et notamment à celui prévu en cas de non-vérification par le prêteur de la solvabilité de l'emprunteur.

FOURNITURE D'UNE FICHE DE DIALOGUE À L'EMPRUNTEUR

Lorsque l'opération de **crédit** est conclue **sur le lieu de vente ou** au moyen d'une technique de communication **à distance,** une fiche d'informations distincte de celle exposée n°s 19960 s. est fournie par le prêteur ou par l'intermédiaire de crédit à l'emprunteur (C. consom. art. L 312-17). **20120**

Cette fiche, établie sur support papier ou sur un autre support durable (n° 19025), comporte notamment les éléments relatifs aux **ressources et charges de l'emprunteur** ainsi que, le cas échéant, aux prêts en cours contractés par ce dernier. Elle est signée ou son contenu confirmé par voie électronique par l'emprunteur et contribue à l'évaluation de sa solvabilité par le prêteur (art. précité).

Les informations figurant dans la fiche doivent faire l'objet d'une déclaration certifiant sur l'honneur leur exactitude. Si le montant du crédit accordé est supérieur à 3 000 €, la fiche doit être corroborée par des **justificatifs** à jour du domicile, du revenu et de l'identité de l'emprunteur (C. consom. art. L 312-17, D 312-7 et D 312-8).

Le prêteur qui accorde un crédit **sans remettre et faire signer** ou valider par voie électronique **la fiche** de dialogue est déchu du droit aux intérêts (C. consom. art. L 341-3), y compris si le manquement est imputable à son intermédiaire (n° 20030). **20125**

L'article L 341-3 ne prévoyant pas la faculté pour le juge de moduler l'étendue de la déchéance du droit aux intérêts, celui-ci ne peut, à notre avis, prononcer que la déchéance totale du prêteur de son droit aux intérêts.

Sur la sanction civile applicable, voir nos 20020 et 20025 ; sur la nécessité du caractère dissuasif de la sanction, voir no 20110.

IV. CONTRAT DE CRÉDIT À LA CONSOMMATION

A. Conclusion du contrat de crédit à la consommation

CONDITIONS DE FORMATION DU CONTRAT DE CRÉDIT À LA CONSOMMATION

20200 Le contrat de crédit ne devient parfait que si les conditions suivantes sont **cumulativement remplies** (C. consom. art. L 312-24) :
– le contrat a été accepté par l'emprunteur et ce dernier n'a pas usé de sa faculté de rétractation ;
– le prêteur a agréé l'emprunteur, c'est-à-dire qu'il lui a fait connaître sa décision d'accorder le crédit dans un certain délai.

20205 La seule **mise à disposition des fonds** par le prêteur à l'emprunteur peut valoir agrément (no 20375) mais elle est insuffisante pour emporter formation du contrat de crédit (Cass. 1e civ. 7-11-2006 no 1562 : RJDA 8-9/07 no 882, rendu sous l'empire de l'ancienne réglementation mais transposable). Il faut en outre que l'emprunteur ait accepté le contrat, ce qui peut se déduire du fait qu'il a utilisé les fonds et a remboursé le prêt pendant plusieurs mois (Cass. 1e civ. 9-12-1997 no 1941 : RJDA 3/98 no 329 ; Cass. 1e civ. 4-6-2002 no 803 : RJDA 10/02 no 1073).

20210 Il résulte du mécanisme prévu par l'article L 312-24 du Code de la consommation, que le contrat de crédit à la consommation se forme par la **rencontre du consentement des parties** (contrat dit consensuel). En conséquence, une fois le contrat définitivement formé, si l'emprunteur décède avant la remise des fonds, le prêteur est tenu de les verser aux héritiers (Cass. 1e civ. 28-3-2000 no 723 : RJDA 5/00 no 583).

De même, dès lors que le contrat de crédit s'est formé avant l'ouverture de la procédure collective de l'emprunteur (sauvegarde, redressement ou liquidation judiciaire), le prêteur doit déclarer sa créance de remboursement au passif de l'emprunteur, peu important que les fonds aient été mis à la disposition de l'emprunteur après (Cass. com. 11-2-2004 no 308 : RJDA 7/04 no 860, rendu à propos d'un crédit immobilier mais transposable au crédit à la consommation).

1. OFFRE DE CONTRAT DE CRÉDIT À LA CONSOMMATION

FORME DE L'OFFRE DE CONTRAT DE CRÉDIT À LA CONSOMMATION

20230 L'offre de contrat de crédit est établie sur **support papier** ou sur un autre support durable (C. consom. art. L 312-18, al. 1).

Elle est fournie en autant **d'exemplaires** que de parties et, le cas échéant, à chacune des cautions (art. L 312-18, al. 1), mais seulement si le prêteur est disposé à consentir un crédit à l'intéressé (art. L 312-13).

CONTENU DE L'OFFRE DE CONTRAT DE CRÉDIT À LA CONSOMMATION

20240 L'article L 312-18 du Code de la consommation ne fixe pas le contenu de l'offre de contrat qui doit être communiquée à l'emprunteur et aux cautions. Toutefois, l'article L 312-19 précise que le délai de rétractation de l'emprunteur court « du jour de l'acceptation de l'offre de contrat de crédit comprenant les informations prévues à l'article L 312-28 », texte relatif au contenu du contrat de crédit (nos 20410 s.).

L'offre de contrat doit donc, à notre avis, comporter les **mentions** prévues à l'article R 312-10 sur renvoi de l'article L 312-28 (dans le même sens, à propos de l'ancien art. L 311-18 mais transposable en raison de la similitude des textes, A. Gourio, La réforme du crédit à la consommation : JCP E 2010 no 1675 § 61 et 63 relevant qu'une fois acceptée par l'emprunteur, l'offre constitue le contrat lui-même).

Sur les mentions relatives à l'assurance, voir nos 20260 s.

> Précisions Pour les offres consenties après le 28 juin 2025, le prêteur devra s'assurer que les informations transmises à l'emprunteur répondent aux exigences d'**accessibilité aux personnes handicapées** fixées à l'article L 412-13 du Code de la consommation (C. consom. art. L 314-32 issu de loi 2023-171 du 9-3-2023 ; Loi 2023-171 art. 16, I-2° et VIII).

DURÉE DE L'OFFRE DE CONTRAT DE CRÉDIT À LA CONSOMMATION

La remise ou l'envoi de l'offre de contrat de crédit à l'emprunteur oblige le prêteur à en maintenir les conditions pendant une durée minimale de quinze jours à compter de cette remise ou de cet envoi (C. consom. art. L 312-18, al. 2). Ce délai étant un minimum, il peut être augmenté à l'initiative du prêteur. **20250**

L'**emprunteur** peut **accepter l'offre** à tout moment **pendant ce délai,** y compris le jour où elle est émise (CA Versailles 22-4-1988 : Gaz. Pal. 1989 som. p. 31 ; CA Versailles 10-3-1995 n° 93-7477 : RJDA 7/95 n° 871). Toutefois, les fonds prêtés ne peuvent pas être mis à la disposition de l'emprunteur avant un délai de sept jours à compter de l'acceptation du contrat de crédit par l'emprunteur (C. consom. art. L 312-25 ; n° 20480).

> Précisions En l'absence de précision contraire, le **délai** de remise ou d'envoi de l'offre doit être **calculé** selon les règles du Code de procédure civile :
– s'agissant d'un délai en jour, l'événement qui le fait courir (la remise ou l'envoi de l'offre) ne compte pas (cf. CPC art. 641, al. 1),
– il expire le dernier jour à vingt-quatre heures et, s'il expire un samedi, un dimanche ou un jour férié ou chômé, il est prorogé jusqu'au premier jour ouvrable suivant (cf. CPC art. 642).
Par exemple, si l'offre est remise ou envoyée le 5 novembre, l'obligation du prêteur de maintenir cette offre expire le 20 novembre à minuit, sauf si ce jour est un samedi, un dimanche ou un jour férié ou chômé.

ASSURANCE LIÉE À L'OFFRE DE CONTRAT DE CRÉDIT À LA CONSOMMATION

Lorsque l'offre de contrat de crédit est assortie d'une proposition d'assurance, une **notice** doit être fournie à l'emprunteur sur support papier ou sur tout autre support durable ; cette notice comporte les extraits des conditions générales de l'assurance le concernant, notamment les nom et adresse de l'assureur, la durée, les risques couverts et les risques exclus (C. consom. art. L 312-29, al. 1). **20260**

ATTENTION

Le prêteur, souscripteur d'une **assurance de groupe,** ne s'acquitte de son obligation d'information à l'égard de l'emprunteur qu'en annexant au contrat de prêt une notice spécifique, distincte de tous autres documents contractuels ou précontractuels ; la fourniture des conditions générales et particulières du contrat ne peut donc pas suppléer le défaut de remise de la notice (Cass. 1e civ. 5-4-2018 n° 13-27.063 FS-PB : RJDA 8-9/18 n° 674).

Pour satisfaire à son obligation d'information, le prêteur ne doit pas se contenter de remettre la notice. Il est également tenu d'éclairer l'emprunteur sur l'**adéquation entre** les risques couverts par **l'assurance** de groupe **et** sa **situation personnelle d'emprunteur** (Cass. ass. plén. 2-3-2007 n° 06-15.267 : RJDA 7/07 n° 766 ; Cass. 2e civ. 3-9-2009 n° 08-13.952 : RJDA 12/09 n° 1111 ; Cass. com. 15-2-2011 n° 10-10.677 : RJDA 6/11 n° 569 rendus sous l'empire de l'ancien art. L 311-12 mais transposables sous l'actuel art. L 312-29 par identité de texte ; Cass. com. 16-6-2021 n° 19-20.838 F-D : RJDA 10/21 n° 683). Il ne doit pas limiter l'information de l'emprunteur aux risques faisant l'objet d'une assurance obligatoire mais il doit l'informer de tous les risques pouvant être garantis (Cass. com. 31-1-2012 n° 11-11.700 : RJDA 4/12 n° 429).

Si l'**assurance** est **exigée** par le prêteur pour obtenir le financement, l'offre de contrat de crédit rappelle que l'emprunteur peut souscrire une assurance équivalente auprès de l'assureur de son choix (C. consom. art. L 312-29, al. 2). **20265**

Si l'assurance est **facultative,** l'offre de contrat de crédit rappelle les modalités suivant lesquelles l'emprunteur peut ne pas y adhérer (art. précité).

Le prêteur qui accorde un crédit sans remettre à l'emprunteur un contrat satisfaisant aux conditions fixées par l'article L 312-29 du Code de la consommation est déchu de son droit aux intérêts et il encourt une amende de 1 500 €, pouvant être portée à 3 000 € en cas de récidive (C. consom. art. L 341-4 et R 341-5). L'article L 341-4 ne prévoyant pas la faculté pour le juge de moduler l'étendue de la déchéance du droit aux intérêts, celui-ci ne peut, à notre avis, prononcer que la déchéance totale du prêteur de son droit aux intérêts. **20270**

Ces **sanctions** sont encourues y compris en cas de manquement imputable à un intermédiaire du prêteur (n° 20030) ou si l'emprunteur déclare avoir été informé des conditions générales du contrat d'assurance (Cass. 1e civ. 10-12-2014 n° 13-23.522 : RJDA 3/15 n° 214). Sur la nécessité du caractère dissuasif de la sanction, voir n° 20110.

2. DROIT DE RÉTRACTATION DE L'EMPRUNTEUR

20290 L'**exécution du contrat** de crédit à la consommation n'est pas subordonnée à l'expiration du délai de rétractation : les fonds peuvent être mis à la disposition de l'emprunteur dans un délai de sept jours à compter de l'acceptation du contrat (n° 20480), sans que l'emprunteur perde son droit de rétractation. S'il l'exerce, il devra rembourser le prêteur dans les conditions exposées n° 20335.

Sur la faculté pour la caution de renoncer à son engagement, voir n° 26460.

DÉLAI DU DROIT DE RÉTRACTATION DE L'EMPRUNTEUR

20300 L'emprunteur peut se rétracter sans motif dans un délai de quatorze jours calendaires révolus **à compter** du jour de l'acceptation de l'offre de contrat de crédit à la consommation comprenant les informations prévues à l'article L 312-28 du Code de la consommation (C. consom. art. L 312-19). Le même délai s'applique pour un crédit consenti à distance (n° 32080).

En faisant partir le délai de rétractation à compter de l'acceptation d'une offre de crédit dont le contenu est conforme à la réglementation, la loi refuse implicitement mais nécessairement d'enfermer la rétractation dans un quelconque délai **si l'offre n'est pas conforme.**

Le délai étant fixé en jours calendaires révolus, il doit être **calculé** en englobant le dernier jour même si ce dernier est un samedi, un dimanche, un jour férié ou chômé.

20310 **Cas particulier du crédit affecté** Si, par une demande expresse rédigée, datée et signée de sa main, l'**acheteur sollicite la livraison** ou la fourniture **immédiate** du bien ou de la prestation de services financée, le délai dont il dispose pour se rétracter du contrat de crédit expire à la date de la livraison ou de la fourniture, sans pouvoir ni excéder quatorze jours ni être inférieur à trois jours (C. consom. art. L 312-47, al. 2).

Cette demande doit être rédigée dans les termes suivants : « Je demande à être livré immédiatement (ou à bénéficier immédiatement de la prestation de services). Le délai légal de rétractation de mon contrat de crédit arrive dès lors à échéance à la date de la livraison (ou de l'exécution de la prestation), sans pouvoir être inférieur à trois jours ni supérieur à quatorze jours suivant sa signature. Je suis tenu par mon contrat de vente principal dès le quatrième jour suivant sa signature. » (art. R 312-20).

Le vendeur ou le prestataire de services qui fait souscrire lui-même ou par un préposé agissant pour son compte une demande de livraison ou de fourniture immédiate par l'acheteur, en méconnaissance des dispositions qui précèdent, est puni d'une d'amende de 450 € (art. R 341-11).

20315 En cas de **vente** ou de **démarchage à domicile,** le délai de rétractation est irréductiblement fixé à quatorze jours calendaires, quelle que soit la date de livraison du bien ou de fourniture de la prestation de services (C. consom. art. L 312-51). Aucun paiement comptant ne peut intervenir avant l'expiration de ce délai (art. précité).

Sur la réglementation applicable en cas de contrats conclus à distance ou hors établissement, voir n°s 30000 s.

FORMULAIRE DE RÉTRACTATION DE L'EMPRUNTEUR

20320 Afin de permettre à l'emprunteur d'exercer son droit de rétractation, un formulaire détachable est joint à l'exemplaire du contrat de crédit à la consommation qui lui est destiné (C. consom. art. L 312-21). Il doit être établi selon le **modèle** prévu par l'annexe de l'article R 312-9 du Code de la consommation.

Le prêteur qui accorde un crédit sans remettre le formulaire détachable de rétractation est déchu du droit aux intérêts sur le crédit (art. L 341-4) et passible d'une amende de 1 500 €, pouvant être portée à 3 000 € en cas de récidive (art. R 341-4). Le juge peut prononcer la déchéance du droit aux intérêts en totalité ou dans la proportion qu'il détermine (Cass. 1e civ. 21-10-2020 n° 19-18.971 FS-PBI : RJDA 2/21 n° 113). Sur la nécessité du caractère dissuasif de la sanction, voir n° 20110.

Sur la remise d'un bordereau à la caution, voir n° 26460.

L'utilisation par l'emprunteur du bordereau détachable, quoique souhaitable, n'est pas impérative ; la renonciation au crédit peut donc être valablement exprimée par d'**autres moyens** (Cass. 1e civ. 12-2-1991 n° 256 : RJDA 4/91 n° 328) (lettre ordinaire ou recommandée, acte extrajudiciaire, etc.). L'annexe à l'article R 312-9 fixant le modèle de bordereau prévoit, mais seulement à titre de mention facultative, l'indication d'un renvoi par lettre recommandée

AR. Toutefois, qu'il utilise ou non le bordereau pour exprimer sa rétractation, l'emprunteur agira prudemment en procédant par lettre recommandée AR.

L'emprunteur n'a pas à justifier sa décision de rétractation, l'article L 312-19 précisant qu'elle peut s'effectuer sans **motif.**

> **Précisions** La signature par l'emprunteur d'une offre préalable de crédit comportant une **clause** selon laquelle il reconnaît que le **prêteur** lui **a remis le bordereau** de rétractation constitue seulement un **indice** de la remise du formulaire et il appartient au prêteur de le corroborer par un ou plusieurs éléments complémentaires (Cass. 1e civ. 21-10-2020 précité ; CA Orléans 7-9-2023 nº 21/01775 : RJDA 2/24 nº 127). Ne suffit pas à corroborer la remise du formulaire la production par le prêteur de liasses de contrats dotées d'un formulaire détachable de rétractation sur l'exemplaire destiné à être conservé par l'emprunteur, non identiques à celles envoyées à ce dernier (CA Orléans 7-9-2023 nº 21/01775 précité).

EFFET DE LA RÉTRACTATION DE L'EMPRUNTEUR

L'exercice du droit de rétractation par l'emprunteur fait obstacle à la formation du **contrat de crédit** (C. consom. art. L 312-24). En outre, l'emprunteur qui exerce son droit de rétractation n'est plus tenu par le contrat de **service accessoire** (telle une assurance) au contrat de crédit (art. L 312-23). **20330**

Si le crédit était affecté à une vente ou une prestation de services déterminée, le contrat afférent à cette **vente ou** à cette **prestation** n'est résolu de plein droit et sans indemnité à la charge du rétractant que si la rétractation intervient dans un délai de quatorze jours – ou de trois jours en cas de demande de livraison immédiate – à compter de l'acceptation de l'offre de crédit (art. L 312-52).

Les **fonds** prêtés ayant pu être **mis à la disposition** de l'emprunteur avant qu'il ne se rétracte, le Code de la consommation organise leur restitution au prêteur. **20335**

L'emprunteur doit **rembourser** au prêteur le capital versé et payer les **intérêts** cumulés sur ce capital, au taux débiteur figurant au contrat, depuis la date à laquelle le crédit lui a été versé jusqu'à la date à laquelle le capital est remboursé (C. consom. art. L 312-26). En dehors de ces intérêts, le prêteur ne peut lui réclamer aucune indemnisation (par exemple pénalité, indemnisation de remboursement anticipé, frais de dossier) (art. précité).

L'emprunteur doit s'exécuter sans retard indu et **au plus tard** trente jours après avoir envoyé la notification de la rétractation au prêteur (art. précité). Bien que le texte ne fasse pas mention de jours « calendaires », à notre avis, le délai de trente jours est calculé en comptant les week-ends et les jours fériés ou chômés.

L'exercice par l'emprunteur de son droit de rétractation ne peut pas donner lieu à **enregistrement sur un fichier,** sous peine d'une amende de 300 000 € pour le contrevenant (C. consom. art. L 312-22 et L 341-15) et de peines complémentaires (art. L 341-18). Cette mesure vise à éviter que le consommateur n'éprouve des difficultés à obtenir ensuite un prêt. **20340**

3. AGRÉMENT DE L'EMPRUNTEUR

L'agrément de l'emprunteur par le prêteur est requis pour **tous** les **crédits** (cf. C. consom. art. L 312-24), le prêteur ayant l'obligation de vérifier la solvabilité de l'emprunteur (nos 20100 s.). **20360**

MODALITÉS DE L'AGRÉMENT DE L'EMPRUNTEUR

Le prêteur doit faire connaître à l'emprunteur sa décision d'accorder le crédit, dans un **délai** de sept jours (C. consom. art. L 312-24) à compter de l'acceptation du crédit par l'emprunteur. **20370**

> ATTENTION
>
> Le prêteur qui entend communiquer sa décision **par voie postale** doit tenir compte des délais d'acheminement. En effet, c'est la date à laquelle l'emprunteur a eu connaissance de l'agrément et non pas celle à laquelle cet agrément a été donné qui doit être prise en considération pour déterminer si le prêteur est ou non hors délai.

L'agrément est réputé refusé si, **à l'expiration** de ce **délai,** la décision d'accorder le crédit n'a pas été portée à la connaissance de l'emprunteur (C. consom. art. L 312-24). L'agrément parvenu à la connaissance de celui-ci après l'expiration de ce délai reste néanmoins valable s'il entend toujours bénéficier du crédit. **20375**

La mise à disposition des fonds au-delà du délai de sept jours vaut agrément de l'emprunteur par le prêteur (art. précité).

20380 En dehors de la mise à disposition des fonds, l'agrément de la personne de l'emprunteur doit être notifié à celui-ci sous une **forme** quelconque, mais de manière expresse, par le prêteur qui doit pouvoir en justifier pour que le contrat de crédit soit valablement formé (Cass. 1e civ. 7-2-1995 no 252 : RJDA 6/95 no 745). L'agrément ne peut pas être déduit du fait que l'emprunteur n'aurait pas donné son accord à l'exécution des travaux par le vendeur s'il n'avait pas eu l'agrément du prêteur (arrêt précité).

CONSÉQUENCES DE L'AGRÉMENT OU DU REFUS D'AGRÉMENT DE L'EMPRUNTEUR

20390 L'**agrément** donné par le prêteur emporte la formation du contrat de prêt à condition que l'emprunteur n'ait pas exercé son droit de rétractation dans le délai prescrit (no 20200).

Toutefois, si le crédit est affecté à un achat ou à une prestation de services mentionnés sur l'offre préalable, l'emprunteur n'est tenu de respecter ses obligations à l'égard du prêteur qu'après livraison du bien ou fourniture de la prestation (C. consom. art. L 312-48 ; no 21010).

En cas de **refus** d'agrément ou d'agrément tardif non suivi de maintien par l'emprunteur de sa demande de crédit, le contrat de prêt devient caduc sans indemnité de part ni d'autre.

4. FORME ET CONTENU DU CONTRAT DE CRÉDIT À LA CONSOMMATION

FORME DU CONTRAT DE CRÉDIT À LA CONSOMMATION

20410 Le contrat de crédit est établi sur **support papier** ou sur un autre support durable (sur cette notion, voir no 19025) (C. consom. art. L 312-28).

Il constitue un **document distinct** de tout support ou document publicitaire, ainsi que de la fiche d'information exposée no 19960 (art. précité).

Par ailleurs, toute opération de crédit à titre onéreux proposée concomitamment à un crédit gratuit ou promotionnel doit être conclue dans un contrat de crédit distinct sur support papier ou tout autre support durable (art. L 312-43).

20415 Le contrat de crédit est soumis à un formalisme rigoureux (C. consom. art. L 312-28). Il doit être rédigé en **caractères** dont la hauteur ne peut être inférieure à celle du corps huit (art. R 312-10, al. 1).

Pour les prescriptions applicables à la forme et au contenu d'un contrat de location avec option d'achat, voir l'article R 312-14 et son annexe. Pour le contrat portant autorisation de découvert, voir no 21450.

> **Précisions** **a.** Pour s'assurer que la **condition** tenant à la hauteur des caractères est **respectée,** il faut diviser la hauteur en millimètres d'un paragraphe par le nombre de lignes qu'il contient et vérifier que le quotient obtenu est au moins égal à trois millimètres, chiffre correspondant au corps huit (CA Orléans 7-9-2023 no 21/01775 : RJDA 2/24 no 127).
> **b.** Pour les contrats conclus après le 28 juin 2025, le prêteur devra s'assurer que les informations transmises à l'emprunteur répondent aux exigences d'**accessibilité aux personnes handicapées** fixées à l'article L 412-13 du Code de la consommation (C. consom. art. L 314-32 issu de loi 2023-171 du 9-3-2023 ; Loi 2023-171 art. 16, I-2° et VIII).

CONTENU DU CONTRAT DE CRÉDIT À LA CONSOMMATION

20420 Le contrat de crédit **comporte** de manière claire et lisible, **dans l'ordre** précisé ci-dessous (C. consom. art. R 312-10, al. 2).

1° L'**identité** et l'**adresse** géographique des parties contractantes ainsi que, le cas échéant, l'identité et l'adresse de l'intermédiaire de crédit concerné.

20425 2° Un **encadré,** inséré **au début du contrat,** indiquant en caractères plus apparents que le reste du contrat, dans l'ordre choisi par le prêteur et à l'exclusion de toute autre information :
– le type de crédit ;
– le montant total du crédit et les conditions de mise à disposition des fonds ;
– la durée du contrat de crédit ;
– le montant, le nombre et la périodicité des échéances que l'emprunteur doit verser et, le cas échéant, l'ordre dans lequel les échéances seront affectées aux différents soldes dus fixés à des taux débiteurs différents aux fins du remboursement. Pour les découverts, il est indiqué le montant et la durée de l'autorisation que l'emprunteur doit rembourser ;
– le taux débiteur, les conditions applicables à ce taux, le cas échéant tout indice ou taux de référence qui se rapporte au taux débiteur initial, ainsi que les périodes, conditions et

procédures d'adaptation du taux. Si différents taux débiteurs s'appliquent en fonction des circonstances, ces informations portent sur tous les taux applicables ;
– le taux annuel effectif global (nos 96300 s.) et le montant total dû par l'emprunteur, calculés au moment de la conclusion du contrat de crédit. Toutes les hypothèses utilisées pour calculer ce taux sont mentionnées ;
– tous les frais liés à l'exécution du contrat de crédit, dont, le cas échéant, les frais de tenue d'un ou plusieurs comptes destinés à la mise à disposition des fonds ou au paiement des échéances de crédit et les frais liés à l'utilisation d'un instrument de paiement déterminé, ainsi que les conditions dans lesquelles ces frais peuvent être modifiés ;
– les sûretés et les assurances exigées, le cas échéant ;
– le cas échéant, l'existence de frais de notaire ;
– en cas de crédit servant à financer l'acquisition de bien ou service déterminé, ce bien ou ce service et son prix au comptant.

ATTENTION

Le **montant de l'échéance n'inclut pas** le coût mensuel de l'assurance souscrite par l'emprunteur accessoirement à ce contrat (Cass. 1e civ. 8-4-2021 n° 19-25.236 FS-P : RJDA 8-9/21 n° 597).

3° Les **modalités de remboursement** par l'emprunteur. **20430**

4° L'**identité** et l'**adresse** des **cautions** éventuelles. **20435**

5° Une rubrique sur les **conditions d'acceptation ou de rétractation** du contrat de crédit **20440**
qui mentionne notamment, dans l'ordre choisi par le prêteur :
– les informations relatives aux conditions de conclusion du contrat, dont l'existence et les modalités d'expression de l'agrément de l'emprunteur ;
– l'existence du droit de rétractation, le délai et les conditions d'exercice de ce droit, l'obligation incombant à l'emprunteur rétractant de rembourser les sommes mises à disposition et les intérêts jusqu'au remboursement, le montant de l'intérêt journalier servant au calcul des intérêts ;
– les dispositions de l'article L 312-25 (concernant l'interdiction des paiements anticipés) ;
– le cas échéant, les droits de l'emprunteur d'un crédit affecté ainsi que leurs conditions d'exercice.

6° Une rubrique sur les **informations relatives à l'exécution du contrat** qui mentionne **20445**
notamment, dans l'ordre choisi par le prêteur :
– les conditions et modalités selon lesquelles l'emprunteur peut rembourser le crédit par anticipation, ainsi que les conditions et le mode de calcul de l'indemnité de remboursement anticipé que le prêteur peut réclamer ;
– les conditions et modalités selon lesquelles l'emprunteur peut résilier le contrat ;
– un avertissement relatif aux conséquences d'une défaillance de l'emprunteur ;
– les indemnités en cas de retard de paiement et, le cas échéant, les frais d'inexécution que le prêteur peut demander à l'emprunteur en cas de défaillance, ainsi que les modalités d'adaptation et de calcul de ces indemnités et de ces frais ;
– pour les opérations de crédit amortissable à durée déterminée, lesquelles excluent la location-vente et la location avec option d'achat, le droit de l'emprunteur de recevoir un relevé sous la forme d'un tableau d'amortissement, à sa demande et sans frais, à tout moment durant toute la durée du contrat.
Ce tableau indique les montants, périodes et conditions des échéances ainsi que la ventilation de chaque échéance entre l'amortissement du capital, les intérêts calculés sur la base du taux débiteur et, le cas échéant, les coûts additionnels. Si le taux d'intérêt n'est pas fixe ou si les coûts additionnels peuvent être modifiés en vertu du contrat de crédit, le tableau indique de manière claire et concise que les données mentionnées dans le tableau ne seront valables que jusqu'à la modification suivante du taux débiteur ou des coûts additionnels (C. consom. art. R 312-13).

7° Une rubrique sur les informations relatives au **traitement des litiges,** qui mentionne **20450**
notamment, dans l'ordre choisi par le prêteur :
– la procédure de la médiation bancaire (C. mon. fin. art. L 316-1) et ses modalités d'accès ;
– les dispositions de l'article R 312-35 relatives au contentieux judiciaire du crédit à la consommation (nos 22200 s.) ;
– l'adresse de l'Autorité de contrôle prudentiel et de résolution (C. mon. fin. art. L 612-1) et celle de l'autorité administrative chargée de la concurrence et de la consommation.

20455 S'il y a **paiement de frais et d'intérêts sans amortissement du capital,** le contrat comprend un relevé des périodes et conditions de paiement des intérêts débiteurs et des frais annexes récurrents et non récurrents (C. consom. art. R 312-11).

Lorsque les échéances versées par l'emprunteur n'entraînent **pas immédiatement un amortissement** correspondant du montant total du crédit, mais servent à reconstituer le capital aux périodes et dans les conditions prévues par le contrat de crédit ou par un contrat accessoire, et que cette modalité d'exécution ne garantit pas le remboursement du montant total du crédit consenti, le contrat le précise expressément (art. R 312-12).

NON-RESPECT DU FORMALISME DU CONTRAT DE CRÉDIT À LA CONSOMMATION

20460 Le non-respect du formalisme édicté par l'article L 312-28 est **sanctionné,** pour le prêteur, par la **déchéance** du droit aux intérêts et par une **amende** de 1 500 €, pouvant être portée à 3 000 € en cas de récidive (C. consom. art. L 341-4, al. 1 et R 341-5), y compris si le manquement est imputable à son intermédiaire (n° 20030). L'article L 341-4 ne prévoyant pas la faculté pour le juge de moduler l'étendue de la déchéance du droit aux intérêts, celui-ci ne peut, à notre avis, prononcer que la déchéance totale du prêteur de son droit aux intérêts.

Toutefois, en cas de défaut de mention ou de **mention erronée du taux annuel effectif global,** le juge a la faculté de moduler l'étendue de la déchéance du droit aux intérêts, au regard notamment du préjudice pour l'emprunteur (C. consom. art. L 341-4, al. 2 ; n°s 96370 s.). L'emprunteur n'est alors tenu qu'au seul remboursement du capital suivant l'échéancier prévu et, le cas échéant, au paiement des intérêts dont le prêteur n'a pas été déchu. En outre, les sommes perçues au titre des intérêts conventionnels sont productives d'intérêts au taux de l'intérêt légal à compter du jour de leur versement et sont restituées par le prêteur ou imputées sur le capital restant dû (C. consom. art. L 341-48-1).

Sur la nécessité du caractère dissuasif de la sanction, voir n° 20110.

5. INTERDICTION DES PAIEMENTS ANTICIPÉS

20480 Pendant un **délai** de sept jours à compter de l'acceptation du contrat de crédit à la consommation par l'emprunteur, aucun **paiement,** sous quelque forme et à quelque titre que ce soit, ne peut être fait **par le prêteur** à l'emprunteur ou pour le compte de celui-ci, ni **par l'emprunteur** au prêteur (C. consom. art. L 312-25, al. 1).

Le prêteur ne peut ainsi mettre les fonds à disposition ni de l'emprunteur ni du vendeur ou du prestataire de services choisi par ce dernier.

Dans la mesure où ce délai d'indisponibilité des fonds est plus court que celui pendant lequel l'emprunteur peut rétracter son acceptation, la loi organise les conditions de restitution des fonds si ceux-ci ont été versés plus de sept jours après l'acceptation mais avant la rétractation (n° 20335).

20485 Le prêteur ne peut pas non plus exiger que l'emprunteur règle les frais de dossier ou d'assurance ou encore qu'il commence à rembourser le crédit. Il ne peut pas passer outre ces interdictions en faisant souscrire un effet de commerce à l'emprunteur (n°s 26200 s.) ou en lui réclamant la remise d'un chèque (Cass. crim. 12-12-1991 n° 90-87.170 : RJDA 5/92 n° 487 som.). Il ne peut pas plus faire usage de l'**autorisation de prélèvement** sur son compte bancaire signée par l'emprunteur, la validité et la prise d'effet de cette autorisation étant subordonnées à celles du contrat de crédit (C. consom. art. L 312-25, al. 3). Dans les sept jours qui suivent son acceptation, l'**emprunteur** ne peut faire, au titre de l'opération en cause, aucun **dépôt** au profit du prêteur ou pour le compte de celui-ci (art. L 312-25, al. 2).

Si le crédit est lié à l'achat d'un bien ou à la fourniture d'une prestation de services, l'acheteur-emprunteur peut verser la fraction du prix payable au comptant dans les conditions exposées n° 21220.

20490 Est passible d'une **amende** de 300 000 € le prêteur ou le vendeur qui, en infraction de l'article L 312-25, réclame ou reçoit de l'emprunteur ou de l'acheteur un paiement sous quelque forme que ce soit ainsi que celui qui fait signer des formules de prélèvements sur comptes bancaires contenant des clauses contraires à ces dispositions (C. consom. art. L 341-12 et L 341-13). Par ailleurs, une peine d'interdiction d'exercice d'une fonction publique ou d'une activité professionnelle ou sociale dans l'exercice ou à l'occasion de l'exercice de laquelle l'infraction a été commise, ou d'une fonction de direction, de gestion ou de contrôle d'une entreprise ou d'une société peut être prononcée par le juge pour une durée maximale de cinq ans (art. L 341-18).

Le non-respect de ces dispositions n'est pas sanctionné par la **déchéance** du droit aux intérêts pour le prêteur (Cass. 1e civ. 10-5-2000 n° 832 : RJDA 12/00 n° 1152).

6. ENCADREMENT DES PRATIQUES COMMERCIALES EN CAS DE CRÉDIT À LA CONSOMMATION

Les pratiques commerciales liées au **crédit gratuit** sont exposées nos 22010 s. 20510

CRÉDIT D'UN MONTANT SUPÉRIEUR AU PRIX DU BIEN OU DE LA PRESTATION DE SERVICE

Sous peine d'une amende de 300 000 € et de peines complémentaires, aucun vendeur ni 20520
prestataire de services ne peut, pour un même bien ou une même prestation de services, faire signer par un même client **un ou plusieurs contrats de crédit,** d'un montant total en capital **supérieur à la valeur** payable à crédit **du bien acheté** ou de la prestation de services fournie (C. consom. art. L 312-30 et L 341-16).

Cette disposition n'interdit pas au vendeur ou au prestataire de faire signer à son client plusieurs contrats de crédit dont le montant total n'excède pas la quotité du prix devant être payée à terme.

L'article L 312-30 ne visant que les vendeurs et les prestataires de services, il n'empêche pas l'emprunteur de s'adresser directement à plusieurs établissements de crédit sans passer par son vendeur et d'encaisser ainsi plusieurs prêts d'un montant total supérieur à la valeur du bien acheté à crédit.

> **Précisions** L'interdiction visée par l'article L 312-30 ne s'applique pas aux **contrats de crédit renouvelable** (art. L 312-30, al. 2). En revanche, elle vise l'offre de crédit destinée à l'acquisition d'un nouveau véhicule et au remboursement d'un précédent prêt octroyé à l'occasion de l'achat de l'ancien véhicule (Cass. 1e civ. 13-3-2008 n° 06-19.599 : RJDA 10/08 n° 1047).

CADEAU ASSORTISSANT LE CRÉDIT À LA CONSOMMATION

Lorsque la conclusion d'une opération de crédit à la consommation donne droit, ou peut 20530
donner droit, à titre gratuit, immédiatement ou à terme, à une prime en nature de produits ou biens, la **valeur** de cette prime ne peut pas être supérieure à 80 € (C. consom. art. L 312-15 ; arrêté EFIT1027551A du 30-11-2010 : JO du 2-12), sous peine d'une amende de 1 500 €, pouvant être portée à 3 000 € en cas de récidive, pour le prêteur ou pour l'intermédiaire de crédit contrevenant (art. R 341-3).

S'agissant d'une amende de nature contraventionnelle, l'administration peut, tant que l'action publique n'a pas été mise en mouvement, proposer une transaction (C. consom. art. L 523-1 et R 523-2 ; voir nos 77940 s.).

FACULTÉ D'OPTION POUR UN CRÉDIT AMORTISSABLE

Lorsqu'un consommateur se voit proposer, sur le lieu de vente ou par un moyen de vente 20540
de biens ou de services à distance, un contrat de crédit renouvelable pour financer l'achat de biens ou de prestations de services particuliers pour un montant supérieur à 1 000 €, le prêteur ou l'intermédiaire de crédit doit accompagner l'offre de **crédit renouvelable** d'une proposition de **crédit amortissable.** Cette **proposition** doit comporter les **informations** permettant au consommateur de comparer de façon claire le fonctionnement, le coût et les modalités d'amortissement des deux crédits proposés selon au moins deux hypothèses de délai de remboursement. Si le consommateur opte pour le crédit amortissable qui lui est proposé, le prêteur ou l'intermédiaire de crédit doit lui fournir l'**offre de crédit** correspondant à la proposition (C. consom. art. L 312-62 et D 312-25).

L'annexe à l'article D 312-26 du Code de la consommation précise les modalités de l'information du consommateur, afin qu'il puisse comparer avec une offre de crédit amortissable (exigence notamment d'un tableau comparatif).

Le prêteur ou l'intermédiaire de crédit qui ne respecte pas cette obligation est passible d'une amende de 1 500 €, pouvant être portée à 3 000 € en cas de récidive (art. R 341-13).

COMMISSIONNEMENT DU VENDEUR

Il est interdit de rémunérer tout vendeur, personne physique, qu'il soit ou non salarié d'un éta- 20550
blissement de crédit, **en fonction du taux** de crédit **ou du type de crédit** qu'il a fait contracter

à l'acheteur d'un bien mobilier (C. consom. art. L 314-23, al. 3) sous peine d'une amende contraventionnelle de 1 500 €, pouvant être portée à 3 000 € en cas de récidive (art. R 341-24). Le vendeur qui s'est ainsi fait rémunérer encourt la même sanction (art. R 341-25).

B. Exécution du crédit à la consommation

POINT DE DÉPART DES OBLIGATIONS DE L'EMPRUNTEUR

20590 À compter de la conclusion définitive du contrat de crédit (nos 20200 s.), les obligations de l'emprunteur, notamment celle de rembourser le crédit, doivent être exécutées selon les modalités convenues dans le contrat (date et montant des échéances).

Toutefois, en cas de crédit affecté à l'achat d'un bien ou d'une prestation de services, l'emprunteur n'est tenu de commencer à rembourser qu'à compter de la livraison du bien ou de la fourniture de la prestation (no 21010).

NOUVELLES OBLIGATIONS À LA CHARGE DU PRÊTEUR

20595 L'**ordonnance 2023-1139 du 6 décembre 2023** relative aux gestionnaires et aux acheteurs de crédits, prise sur le fondement de l'article 17 de la loi 2023-171 du 9 mars 2023 (dite loi « DDADUE ») habilitant le Gouvernement à prendre les mesures permettant de transposer la directive (UE) 2021/2167 du 24 novembre 2021, a créé deux nouvelles obligations à la charge du prêteur : une obligation d'information lorsque ce dernier souhaite, pendant l'exécution du crédit, en modifier les conditions (no 20620) ; une obligation de mettre en place des mesures pour pallier les difficultés de remboursement rencontrées par l'emprunteur (no 20720).

Elle est **entrée en vigueur** le 30 décembre 2023 (Ord. 2023-1139 art. 8, I).

1. INFORMATION DUE PAR LE PRÊTEUR PENDANT L'EXÉCUTION DU CRÉDIT

OBLIGATION GÉNÉRALE D'INFORMATION DU PRÊTEUR

20600 Pour toutes les opérations de crédit relevant de la réglementation sur le crédit à la consommation, exception faite de la location-vente et de la location avec option d'achat, le prêteur doit fournir, au moins une fois par an, à l'**emprunteur,** une information relative au montant du capital restant à rembourser, sur support papier ou tout autre support durable (C. consom. art. L 312-32). Cette information doit figurer, en caractères lisibles, sur la première page du document fourni à l'emprunteur (même art.).

La périodicité et le contenu de cette information constituent un minimum ; rien n'interdit au prêteur de prévoir une information plus fréquente ou plus étendue. En revanche, une communication seulement orale est exclue.

Le **prêteur** qui **ne respecte pas** les obligations d'information prévues par l'article L 312-32 du Code de la consommation s'expose à une amende de 1 500 €, pouvant être portée à 3 000 € en cas de récidive (C. consom. art. R 341-6). L'amende étant de nature contraventionnelle, elle peut être prononcée autant de fois qu'il y a eu infraction. Tant que l'action publique n'a pas été mise en mouvement, l'administration peut proposer à l'auteur de l'infraction une transaction (C. consom. art. L 523-1 et R 523-2 ; voir nos 77940 s.).

20605 Le prêteur doit également informer tous les ans la **caution** garantissant le remboursement du prêt selon les modalités exposées Mémento Droit commercial nos 55400 s.

OBLIGATIONS PARTICULIÈRES D'INFORMATION DU PRÊTEUR

20610 La loi met à la charge du prêteur des obligations spécifiques d'information :
- lorsqu'il envisage de modifier les conditions du contrat de crédit (no 20620) ;
- pour les crédits à taux révisables, lorsque le taux débiteur est modifié (nos 20640 s.) ;
- en cas d'incident de paiement (nos 20730 s.) ;
- sur l'état d'exécution des contrats de crédit renouvelable (no 21750).

2. MODIFICATION DES CONDITIONS DU CRÉDIT

20620 **Avant de modifier les conditions du contrat** de crédit, le prêteur doit communiquer à l'emprunteur les informations relatives aux modifications envisagées, en précisant celles qui nécessitent son consentement, ainsi que les informations relatives au calendrier de mise en œuvre de ces modifications et aux modalités de réclamation et de médiation (C. consom. art. L 312-31-1 issu de ord. 2023-1139 du 6-12-2023).

Ces **informations comportent** : une description claire des modifications proposées (en précisant si elles résultent d'un changement de la réglementation en vigueur) et, le cas échéant, de la nécessité d'obtenir le consentement de l'emprunteur ; le calendrier de mise en œuvre des modifications ; les moyens et le délai dont dispose l'emprunteur pour adresser une réclamation ; le nom et l'adresse du ou des médiateurs compétents et les modalités pratiques pour les saisir (C. consom. art. R 312-14-1 issu du décret 2023-1211 du 20-12-2023).

> **Précisions** Aucune **sanction** n'est prévue en cas de **non-respect de cette nouvelle obligation** d'information par le prêteur. On rappelle que les autres obligations d'information sont sanctionnées soit par la déchéance du droit aux intérêts, soit par une amende pénale.

3. MODIFICATION DU TAUX D'INTÉRÊT DU CRÉDIT

L'article L 312-31 du Code de la consommation organise les modalités selon lesquelles la modification du **taux débiteur** est portée à la connaissance de l'emprunteur. **20630**

Au cours de l'exécution du contrat de crédit, ce taux ne peut être modifié que si le contrat prévoit qu'il est **variable ou révisable.** Le prêteur ne peut pas modifier unilatéralement le taux d'intérêt **fixe** après la conclusion du contrat et pendant la durée de celui-ci (application de l'art. 1193 du Code civil), sauf si le contrat prévoit des périodes de remboursement à taux fixe et d'autres à taux variable ou révisable.

> **Précisions** **En pratique,** les prêts affectés sont le plus souvent des prêts à taux fixe ; à l'inverse les prêts personnels consentis sous forme de crédit renouvelable ou sous forme de découvert en compte sont généralement des prêts à taux variable ou à taux révisable.

INFORMATION PRÉALABLE DE L'EMPRUNTEUR EN CAS DE MODIFICATION DU TAUX D'INTÉRÊT

L'emprunteur est informé de la modification du taux débiteur sur support papier ou sur un autre **support** durable (n° 19025), avant que la modification n'entre en vigueur (C. consom. art. L 312-31, al. 1). **20640**

Cette information **indique** le montant des échéances après l'entrée en vigueur du nouveau taux débiteur ainsi que, le cas échéant, toute modification du nombre ou de la périodicité des échéances (art. précité). Elle est due que le taux d'intérêt augmente ou baisse, l'article L 312-31, al. 1, ne faisant pas de distinction sur ce point.

EXCEPTION CONVENTIONNELLE À L'INFORMATION PRÉALABLE DE L'EMPRUNTEUR

Le contrat de crédit peut prévoir que l'information de l'emprunteur en cas de variation du taux débiteur lui sera communiquée **périodiquement,** et donc éventuellement après l'entrée en vigueur du nouveau taux, par exemple sur son relevé mensuel. Mais cette dérogation à l'information préalable exposée n° 20640 n'est possible que sous certaines **conditions** cumulatives (C. consom. art. L 312-31, al. 2) : **20650**

– la modification du taux débiteur doit résulter d'une variation du taux de référence ;
– le nouveau taux de référence doit être rendu public par des moyens appropriés et l'information relative au nouveau taux de référence doit être également disponible dans les locaux du prêteur.

Pour les prêts de droit commun, la Cour de cassation a jugé qu'en cas de stipulation de révision du taux d'intérêt originel selon l'évolution d'un indice objectif, le prêteur n'est pas tenu d'informer l'emprunteur de la modification du TEG résultant d'une telle révision (Cass. 1e civ. 20-12-2007 n° 06-14.690 : RJDA 5/08 n° 566) tandis qu'il y est tenu si la révision du TEG résulte de la révision du taux de base qu'il a lui-même décidée (Cass. 1e civ. 19-10-2004 n° 01-17.091 : RJDA 2/05 n° 187 ; Cass. 1e civ. 1-7-2015 n° 14-23.483 : RJDA 11/15 n° 775). Ce critère de distinction est à notre avis transposable à l'application de l'article L 312-31.

> **Précisions** La loi ne **définit** pas le **taux de référence** visé par l'article L 312-31, al. 2. Selon les travaux parlementaires, est ici notamment envisagée l'hypothèse du prêt dont le taux débiteur est calé sur l'un des taux de référence du marché monétaire de la zone euro, tel Euribor ou Eonia (Rapp. Sén. n° 447 relatif au projet de loi de réforme du crédit à la consommation art. 7).

DÉFAUT D'INFORMATION PRÉALABLE

20660 Le prêteur qui n'a pas respecté l'obligation d'information prévue par l'article L 312-31 du Code de la consommation, est déchu du droit aux intérêts en totalité ou dans la proportion fixée par le juge (C. consom. art. L 341-6). Sur la nécessité du caractère dissuasif de la sanction, voir n° 20110.

4. REMBOURSEMENT ANTICIPÉ DU CRÉDIT À LA CONSOMMATION

FACULTÉ DE REMBOURSEMENT ANTICIPÉ DU CRÉDIT À LA CONSOMMATION

20680 L'emprunteur peut, à son initiative, rembourser par anticipation, en **partie ou** en **totalité,** le crédit qui lui a été consenti (C. consom. art. L 312-34), sauf s'il s'agit d'une opération de location avec option d'achat (art. L 312-35) ; dans ce dernier cas, le locataire n'a pas de capital à rembourser.

ILLUSTRATIONS

Est nulle la clause d'un contrat de crédit imposant à l'emprunteur un préavis de deux mois pour rembourser par anticipation, car l'emprunteur doit pouvoir toujours rembourser par anticipation et sans indemnité le crédit consenti (Cass. 1e civ. 30-4-2014 n° 13-13.641 : RJDA 8-9/14 n° 722).

EFFET DU REMBOURSEMENT ANTICIPÉ DU CRÉDIT À LA CONSOMMATION

20690 En cas de remboursement anticipé du crédit, les **intérêts et frais** afférents à la durée résiduelle du contrat de crédit ne sont pas dus au prêteur (C. consom. art. L 312-34, al. 1) mais ce dernier a droit à une **indemnité** sous certaines conditions.

En effet, imposer à l'emprunteur de payer l'intégralité du coût du crédit sur la durée restant à courir priverait largement d'intérêt les opérations de remboursement anticipé, de renégociation ou de regroupement de crédits.

20700 **Octroi d'une indemnité de remboursement anticipé** En dehors des exceptions exposées n° 20710, le prêteur peut réclamer à l'emprunteur une indemnité de remboursement anticipé à **condition** que le montant du remboursement soit supérieur à 10 000 € au cours d'une période de douze mois (C. consom. art. L 312-34, al. 6 ; D 312-15).

Le **montant** de l'indemnité ne peut pas dépasser (art. L 312-34, al. 6) :

– 1 % du montant du crédit faisant l'objet du remboursement anticipé si le délai entre le remboursement anticipé et la date de fin du contrat de crédit est supérieur à un an ;

– 0,5 % du montant du crédit faisant l'objet d'un remboursement anticipé si le délai restant à courir ne dépasse pas un an ;

– dans tous les cas, le montant des intérêts que l'emprunteur aurait payés durant la période comprise entre le remboursement anticipé et la date de fin du contrat de crédit convenue initialement.

L'indemnité de remboursement anticipé ne constitue pas une pénalité et ne peut pas être **réduite par le juge** en application de l'article 1152 du Code civil – devenu l'article 1231-5 (Cass. 1e civ. 24-11-1993 : RJDA 2/94 n° 140).

Aucune **indemnité autre** que celle-ci ni aucuns frais ne peuvent être mis à la charge de l'emprunteur qui rembourse par anticipation (art. L 312-34, al. 7). Le prêteur ne peut pas non plus demander la capitalisation des intérêts (Cass. 1e civ. 9-2-2012 n° 11-14.605 : RJDA 7/12 n° 710). Il en est de même pour la caution du prêt qui a remboursé le prêteur puis a agi en paiement contre l'emprunteur (Cass. 1e civ. 20-4-2022 n° 20-23.617 FS-B : RJDA 8-9/22 n° 506, décision rendue en matière de crédit immobilier mais transposable).

20710 **Exceptions à l'octroi d'une indemnité de remboursement anticipé** L'indemnité de remboursement anticipé ne peut pas être réclamée à l'emprunteur (C. consom. art. L 312-34, al. 2 à 5) :

– en cas de remboursement total ou partiel inférieur aux seuils exposés n° 20700 ;

– en cas d'autorisation de découvert ;

– si le remboursement anticipé a été effectué en exécution d'un contrat d'assurance destiné à garantir le remboursement du crédit ;

– si le remboursement anticipé intervient dans une période où le taux débiteur n'est pas fixe.

5. MESURES DE REMÉDIATION AU PROFIT DE L'EMPRUNTEUR

Les prêteurs doivent disposer de politiques et de procédures adéquates les incitant à faire preuve d'une tolérance raisonnable **avant d'engager une procédure d'exécution** à l'encontre d'un emprunteur en difficulté et à lui proposer, s'il y a lieu, des mesures de renégociation tenant notamment compte de sa situation personnelle (C. consom. art. L 312-35-1 issu de ord. 2023-1139 du 6-12-2023). Il peut s'agir du **refinancement total ou partiel** du contrat de crédit, ou encore de la **modification des conditions existantes** du contrat, laquelle peut consister en (même art.) : **20720**

– la prolongation de la durée du contrat ;
– la suspension de tout ou partie des versements du remboursement pendant une période donnée ;
– la modification du taux d'intérêt ;
– le réaménagement de l'échéancier, notamment la réduction du montant des versements du remboursement ;
– une remise de dette partielle et la consolidation de la dette.

> **Précisions** Aucune **sanction** n'est prévue en **cas de non-respect de cette obligation** par le prêteur. À notre avis, il engage sa responsabilité s'il poursuit l'emprunteur sans lui avoir proposé préalablement des mesures de renégociation.

6. INCIDENT DE PAIEMENT EN MATIÈRE DE CRÉDIT À LA CONSOMMATION

INFORMATION LIÉE À L'INCIDENT DE PAIEMENT

Dès le premier manquement de l'**emprunteur** à son obligation de rembourser le crédit, le prêteur est tenu d'informer celui-ci des risques qu'il encourt (C. consom. art. L 312-36, al. 1), à savoir : **20730**

– le remboursement immédiat du capital restant dû et des intérêts non payés et le paiement d'une indemnité (art. L 312-39 ; n°s 20840 s.) ;
– en cas de location assortie d'une promesse de vente ou de location-vente, la restitution du bien et le paiement des loyers non réglés et d'une indemnité (art. L 312-40 ; n° 20870) ;
– la résiliation du contrat d'assurance de groupe faute de règlement des primes dans les quarante jours suivant la mise en demeure de l'assureur de les payer (C. ass. art. L 141-3).

Le prêteur est aussi tenu d'informer les **cautions,** personnes physiques, de la défaillance du débiteur principal dès le premier incident de paiement (Mémento Droit commercial n° 55421). **20735**

Lorsque la souscription d'une assurance a été exigée par le prêteur et que l'emprunteur a souscrit une assurance auprès de l'**assureur** de son choix, ce dernier informe le **prêteur** du non-paiement par l'emprunteur de sa prime d'assurance (C. consom. art. L 312-37). **20740**

RÈGLEMENT DE L'ASSURANCE PAR LE PRÊTEUR EN CAS D'IMPAYÉS

Que l'assurance souscrite par l'emprunteur l'ait été auprès du prêteur (assurance groupe) ou d'un autre assureur (assurance individuelle), le **prêteur** peut, si les difficultés de remboursement de l'emprunteur ne sont pas rapidement résolues, **régler** de manière temporaire et pour une durée fixée par lui la **cotisation d'assurance** du crédit pour lequel des impayés ont été constatés, afin de permettre le maintien de l'assurance (C. consom. art. L 312-36, al. 2). Le prêteur pourra ensuite en réclamer le remboursement à l'emprunteur (n° 20860). **20750**

Le prêteur peut suppléer la carence de l'emprunteur même s'il a informé celui-ci des risques de résiliation de l'assurance pour non-paiement des primes (art. précité).

INSCRIPTION DE L'INCIDENT DE PAIEMENT AU FICP

Si la défaillance du débiteur constitue un incident de paiement caractérisé, elle donne lieu à déclaration au fichier national des incidents de remboursement des crédits aux particuliers (FICP ; n°s 26920 s.). **20760**

7. DÉLAIS DE GRÂCE SOLLICITÉS PAR L'EMPRUNTEUR

CONDITIONS DE L'OCTROI À L'EMPRUNTEUR D'UN DÉLAI DE GRÂCE

L'emprunteur qui éprouve des difficultés à rembourser le prêteur peut demander au juge de suspendre ses obligations en application de l'article 1343-5 du Code civil (C. consom. **20780** art. L 314-20, al. 1), même si une clause prévoit l'exigibilité immédiate des échéances restant dues en cas de défaillance de sa part (Cass. 1e civ. 24-2-1987 : Bull. civ. I n° 71).

Le juge peut accorder un délai de grâce au regard de la **situation du débiteur** et des besoins du créancier (C. civ. art. 1343-5, al. 1).

Un délai peut ainsi être accordé à l'emprunteur :

– en cas de licenciement (C. consom. art. L 314-20, al. 1) à moins, par exemple, qu'il ne dispose d'une fortune personnelle suffisante pour pouvoir respecter ses engagements ;

– en cas de difficultés financières liées à son état de santé (TI Saint-Avold 21-11-1984 : Consom. Act. n° 526 du 7-11-1986) ;

– en cas d'interruption des travaux de construction d'une maison individuelle à la suite de la liquidation judiciaire de l'entrepreneur, cette interruption ayant compromis la situation de l'emprunteur qui, empêché d'habiter sa maison, ne bénéficiait pas de l'aide personnalisée au logement et devait payer un loyer (TGI Marmande 10-5-1985 : JCP N 1986 II p. 129 note Cornille et Raffray).

> **Précisions** Le juge peut **refuser** un délai **discrétionnairement** et sans avoir à motiver sa décision (Cass. 1e civ. 29-10-2002 n° 00-12.703 : Bull. civ. I n° 257 ; Cass. 1e civ. 24-10-2006 n° 1475 : RJDA 3/07 n° 288). En revanche, si la décision d'octroyer un délai est souveraine (Cass. 3e civ. 12-2-1970 n° 69-10.397 : Bull. civ. III n° 100 ; Cass. 3e civ. 27-10-1993 n° 1542 : RJDA 12/93 n° 1006, 2e esp.) et échappe ainsi dans une large mesure au contrôle de la Cour de cassation, elle doit être motivée puisque fondée sur la situation du débiteur et les besoins du créancier.

EFFETS DU DÉLAI DE GRÂCE OCTROYÉ À L'EMPRUNTEUR

20790 Le délai de grâce, même prorogé, ne peut pas être d'une **durée** supérieure à deux ans (C. civ. art. 1343-5, al. 1).

Ce délai ne court qu'à compter de la date à laquelle la demande est présentée au juge. Celui-ci peut donc accorder un délai de deux ans à un débiteur qui n'a pas honoré ses échéances depuis plusieurs mois mais sans que le dernier versement puisse être postérieur de plus de deux ans au terme initial (n° 20800).

20795 **Pendant le délai** de grâce, les procédures d'exécution engagées par le prêteur et le cours des pénalités ou majorations d'intérêts dues en cas de retard sont suspendus (C. civ. art. 1343-5, al. 4). Il en est de même des effets de l'éventuelle déchéance du terme du prêt (Cass. 1e civ. 7-1-1997 n° 11 : RJDA 5/97 n° 677 ; Cass. 1e civ. 2-6-2004 n° 888 : RJDA 10/04 n° 1156).

Le juge peut en outre décider que, pendant cette durée, les échéances reportées ne produiront pas intérêt (C. consom. art. L 314-20, al. 1), ou en produiront à un taux réduit, et que les paiements effectués s'imputeront d'abord sur le capital (C. civ. art. 1343-5, al. 2). Il peut subordonner ces mesures à l'accomplissement par le débiteur d'actes propres à faciliter ou garantir le paiement de la dette (C. civ. art. 1343-5, al. 3).

20800 **À l'expiration du délai de grâce,** les échéances reportées sont payées selon les modalités fixées par le juge (taux d'intérêt réduit ou nul, imputation des paiements sur le capital, échelonnement), sans que le dernier versement puisse excéder de plus de deux ans le terme initialement prévu pour le remboursement du prêt (C. consom. art. L 314-20, al. 2).

Ces modalités sont fixées soit lors du jugement accordant le délai de grâce, soit à l'expiration de celui-ci (C. consom. art. L 314-20, al. 2). Cette dernière solution est la plus fréquemment retenue car ce n'est qu'au vu de la situation financière du débiteur à l'issue de ce délai que le juge peut opportunément décider soit de reporter le terme du contrat, soit de cumuler en partie ou en totalité les échéances à échoir et celles qui ont été suspendues.

Si l'octroi d'un délai de grâce ne suffit pas compte tenu de la situation du débiteur, celui-ci peut demander à bénéficier d'une procédure de **surendettement** (C. consom. art. L 712-1 s.).

C. Résiliation du crédit à la consommation

DÉCISION DU PRÊTEUR DE RÉSILIER LE CRÉDIT À LA CONSOMMATION

20840 En cas de défaillance de l'emprunteur, le prêteur peut **résilier** le prêt et exiger le **remboursement** immédiat du capital restant dû, majoré des **intérêts** échus mais **non payés** (C. consom. art. L 312-39). La sanction de la résiliation du prêt est facultative pour le prêteur. Il peut choisir de ne pas demander le remboursement et **rééchelonner ou reporter** les sommes restant dues, avec l'accord de l'emprunteur. Dans ce cas, il n'est pas tenu, à notre avis, d'établir une nouvelle offre de contrat.

ATTENTION

La résiliation étant une faculté pour le prêteur, est nulle la clause du contrat de crédit prévoyant la **résiliation du contrat de prêt de plein droit** et sans aucune formalité à l'échéance impayée (Cass. 1e civ. 7-7-1998 n° 1267 : RJDA 10/98 n° 1147). De même, est nulle la clause qui permet au prêteur d'exiger un remboursement anticipé, **hors hypothèse de la défaillance** de l'emprunteur, en l'occurrence en cas d'inexactitude des renseignements confidentiels fournis par l'emprunteur au prêteur (Cass. 1e civ. 30-4-2014 n° 13-13.641 : RJDA 8-9/14 n° 722).

La demande en remboursement n'empêche pas l'emprunteur de demander des délais de paiement (n° 20780).

Le prêteur ne peut plus rééchelonner le prêt s'il s'est déjà prévalu de la déchéance du terme et a ainsi rendu exigible l'intégralité de sa créance (Cass. 1e civ. 26-1-1999 n° 150 : RJDA 5/99 n° 593).

Le prêteur qui met **fin au prêt** ne peut pas exiger le remboursement des intérêts à échoir. **20845**
En outre, jusqu'à la date du règlement effectif, les sommes restant dues produisent les **intérêts de retard** à un taux égal à celui du prêt (C. consom. art. L 312-39).

> Précisions Lorsque le prêteur exige le remboursement du capital restant dû en application de l'article L 312-39, le juge ne peut pas valablement fixer le taux des intérêts de retard selon des modalités différentes de celles prévues par ce texte et, notamment, appliquer la règle générale de l'article 1153 du Code civil (désormais art. 1231-6) prévoyant l'octroi d'**intérêts au taux légal** (Cass. 1e civ. 10-1-1995 n° 95 : RJDA 4/95 n° 469).

INDEMNITÉ DE RÉSILIATION DU CRÉDIT À LA CONSOMMATION

Le prêteur peut demander à l'emprunteur défaillant une indemnité qui, dépendant de la durée restant à courir du contrat, est fixée selon le **barème** suivant (C. consom. art. L 312-39, D 312-16 et D 312-17) : **20850**

– si le **prêteur exige le remboursement immédiat du capital** restant dû, l'indemnité est égale à 8 % de ce capital à la date de la défaillance ;

– si le **prêteur n'exige** pas le remboursement immédiat du capital restant dû, le prêteur peut demander une indemnité égale à 8 % des échéances échues et non payées. Aucune indemnité ne peut être exigée pour les échéances à venir si elles doivent être réglées aux dates initialement convenues. En revanche, si le prêteur accepte un report de ces échéances, il peut demander une indemnité complémentaire mais le taux de celle-ci est limité à 4 % des échéances reportées.

ILLUSTRATIONS

Est abusive, et doit donc être réputée non écrite, la clause d'un contrat de crédit permanent autorisant le prêteur à résilier le contrat en cas de non-paiement de deux mensualités de l'un quelconque des crédits de l'emprunteur auprès du prêteur et prévoyant que cette résiliation entraînait l'application d'une indemnité de résiliation égale au plus à 8 % du capital dû car cette clause prévoyait ainsi l'application d'une clause pénale à une défaillance extracontractuelle (Cass. 1e civ. 1-2-2005 n° 241 : Bull. civ. I n° 60).

L'indemnité fixée dans les conditions ci-dessus constitue un plafond. Elle peut être **réduite par le tribunal,** sur demande de l'emprunteur, si elle est « manifestement excessive » (C. consom. art. L 312-39 et, sur renvoi, C. civ. art. 1231-5, al. 2). À notre avis, le prêteur ne peut pas invoquer les autres dispositions de l'article 1231-5 du Code civil précité permettant au juge de majorer toute pénalité qui serait « manifestement dérisoire », pour obtenir une indemnisation supérieure au plafond. Une telle demande serait contraire à l'esprit de la loi qui est de protéger l'emprunteur. **20855**

En cas d'exécution partielle du contrat de prêt, le juge peut aussi diminuer le montant de l'indemnité à proportion de l'intérêt que cette exécution partielle a procuré au créancier (art. L 312-39 et, sur renvoi, C. civ. art. 1231-5, al. 3). Cette réduction est possible en dépit de toute clause contraire.

AUTRES FRAIS DUS EN CAS DE RÉSILIATION DU CRÉDIT À LA CONSOMMATION

Le prêteur ne peut réclamer aucune indemnité ni aucuns **frais** autres que ceux exposés nos 20840 s. en cas de défaillance de l'emprunteur (C. consom. art. L 312-38, al. 1). En outre, il ne peut pas demander la capitalisation des intérêts (Cass. 1e civ. 9-2-2012 n° 11-14.605 : RJDA 7/12 n° 710). La caution du prêt, qui a remboursé le prêteur puis a agi en paiement contre l'emprunteur, ne le peut pas non plus (Cass. 1e civ. 20-4-2022 n° 20-23.617 FS-B : RJDA 8-9/22 n° 506, décision rendue en matière de crédit immobilier mais transposable). **20860**

La loi autorise néanmoins le prêteur à obtenir le remboursement des frais taxables occasionnés par cette défaillance, à l'exclusion de tout remboursement forfaitaire de frais de recouvrement (art. L 312-38, al. 2). Par « frais taxables », il faut entendre les frais de justice (cf. CPC art. 695) ainsi que les sommes mises à la charge de l'emprunteur par le juge en application de l'article 700 du Code de procédure civile ; en revanche, en sont exclus : les frais d'envoi de lettres recommandées ou de sommation d'huissier (CA Nîmes 19-2-1987 : Gaz. Pal. 1987 p. 506 note Bey) ou de commissaire de justice ; les frais de vente aux enchères (Cass. 1e civ. 9-3-1999 no 523 : RJDA 5/99 no 594).

Le prêteur enfin peut réclamer à l'emprunteur le paiement de la créance qu'il détient sur lui à un autre titre, par exemple le paiement des **primes d'assurance-vie** que le prêteur est chargé de recouvrer pour le compte de l'assureur (Cass. 1e civ. 20-10-1998 no 1639 : RJDA 2/99 no 212). Il peut aussi demander le remboursement des primes qu'il a payées pour pallier la carence de l'emprunteur (no 20750).

CAS DE LA RÉSILIATION D'UNE LOCATION-VENTE OU AVEC PROMESSE D'ACHAT

20870 En cas de défaillance de l'emprunteur dans l'exécution d'un contrat de location assorti d'une promesse de vente ou d'un contrat de location-vente, le **bailleur** est en **droit d'exiger** (C. consom. art. L 312-40) :
– la restitution du bien loué ;
– le paiement des loyers échus et non réglés ;
– le paiement d'une indemnité.

Le paiement de cette indemnité suppose une défaillance du locataire dans l'exécution de ses obligations ; tel n'est pas le cas lorsqu'il y a vol du véhicule loué (Cass. 1e civ. 16-7-1998 : Bull. civ. I no 257).

Le bailleur ne peut réclamer aucune **autre somme** au locataire défaillant (art. L 312-38, al. 1). Il ne peut donc pas obtenir remboursement des frais de récupération, de gardiennage, d'expertise et de duplicata de carte grise du véhicule loué (Cass. 1e civ. 12-11-1987 no 84-11.867 : Bull. civ. I no 289 ; CA Versailles 10-10-1997 : RJDA 2/98 no 205).

Il ne peut pas non plus exiger du locataire en cas de résiliation du contrat de **restituer** le bien loué **dans les plus brefs délais** à compter de la résiliation ; une clause qui l'imposerait serait jugée abusive, car elle empêcherait le locataire de mettre en œuvre la faculté de présentation d'un acquéreur impérativement ouverte par les articles L 311-25 et D 311-8 du Code de la consommation – devenus art. L 312-40 et D 312-18 (Cass. 1e civ. 10-4-2013 no 12-18.169 : RJDA 7/13 no 667).

20875 L'**indemnité** est égale à la **différence entre,** d'une part, la **valeur résiduelle** hors taxe du bien stipulée au contrat augmentée de la valeur actualisée, à la date de la résiliation du contrat, de la somme hors taxe des loyers non encore échus et, d'autre part, la **valeur vénale** hors taxe du bien restitué (C. consom. art. D 312-18 ; Cass. 1e civ. 17-2-1993 : RJDA 11/93 no 931).

La valeur actualisée des loyers non encore échus est calculée selon la méthode des intérêts composés en prenant comme taux annuel de référence le taux moyen de rendement des obligations émises au cours du semestre civil précédant la date de conclusion du contrat majoré de la moitié (art. D 312-18, al. 2). Pour ce calcul, il convient de faire la somme des loyers actualisés un à un et non d'appliquer le taux d'actualisation à la somme des loyers (Cass. 1e civ. 6-6-2001 : RJDA 5/02 no 544).

La valeur vénale est celle obtenue par le bailleur s'il vend le bien restitué ou repris. Toutefois, le locataire a la faculté, dans le délai de trente jours à compter de la résiliation du contrat, de présenter au bailleur un acquéreur faisant une offre écrite d'achat. Si le bailleur n'accepte pas cette offre et s'il vend ultérieurement à un prix inférieur, la valeur à déduire doit être celle de l'offre refusée par lui (art. D 312-18, al. 2).

Si le bien loué est hors d'usage, la valeur vénale est obtenue en ajoutant le prix de vente et le montant du capital versé par la compagnie d'assurance (art. D 312-18, al. 3).

À défaut de vente ou à la demande du locataire, la valeur vénale peut être fixée par un expert. Le locataire doit être informé de cette faculté (art. D 312-18, al. 4).

20880 Si le **bailleur n'exige pas la résiliation du contrat,** il peut demander au locataire défaillant une indemnité égale à 8 % des échéances échues impayées. Toutefois, s'il accepte des reports d'échéances à venir, le montant de l'indemnité est ramené à 4 % des échéances reportées (C. consom. art. D 312-19).

20885 Les **indemnités** ci-dessus constituent des plafonds et peuvent être **réduites par le juge** si elles sont manifestement excessives (C. consom. art. L 312-40 et, sur renvoi, C. civ. art. 1231-5 ; pour une application, CA Paris 17-4-1992 : RJDA 7/92 no 728, rendu sous l'empire des anciens art. L 311-25 du Code de la consommation et 1152 du Code civil mais transposable en raison de la similitude des textes) ; en revanche, elles ne peuvent, à notre avis, pas être majorées par le juge lorsqu'elles sont manifestement dérisoires (n° 20855).

V. CRÉDIT AFFECTÉ

DÉFINITION DU CRÉDIT AFFECTÉ

Constitue un contrat de crédit affecté ou contrat de crédit lié, au sens de la réglementation sur le crédit à la consommation, le **crédit servant exclusivement** à financer un contrat relatif à la fourniture de biens particuliers ou la prestation de services particuliers ; ces deux contrats constituent une opération commerciale unique (C. consom. art. L 311-1, 11°). Il n'est pas exigé que la personne qui a souscrit le contrat de crédit soit nécessairement celle qui a conclu le contrat à financer (Cass. 1e civ. 22-5-2019 n° 17-28.418 F-PB : RJDA 10/19 n° 653). 21000

Une **opération commerciale unique** est réputée exister lorsque (art. L 311-1, 11°) :

– le vendeur ou le prestataire de services finance lui-même le crédit ;

– en cas de financement par un tiers, le prêteur recourt aux services du vendeur ou du prestataire pour la conclusion ou la préparation du contrat de crédit ;

– le contrat de crédit mentionne spécifiquement les biens ou les services concernés.

La mention, dans le contrat de crédit, des biens ou services concernés n'est pas une condition de l'existence d'une opération commerciale unique mais seulement une présomption de celle-ci (Cass. 1e civ. 22-5-2019 n° 17-28.418 précité).

> **Précisions** **a.** Le crédit devant servir « exclusivement » à financer l'achat ou la prestation de services, un **crédit renouvelable** ne peut pas être un crédit affecté : même si le crédit est dans un premier temps utilisé à l'achat d'un bien déterminé, la réserve peut être à nouveau utilisée pour des achats ultérieurs (Rapp. AN n° 2150 relatif au projet de loi portant réforme du crédit à la consommation art. 1).

b. Il résulte de la définition du crédit affecté que le seul fait que le **contrat principal indique un financement à crédit** (comme la loi l'impose : n° 21150) ne suffit pas à faire des deux contrats une opération commerciale unique.

c. Le vendeur ou le prestataire de services doit conserver une **copie du contrat de crédit** et le présenter sur leur demande aux agents chargés du contrôle (C. consom. art. L 312-49).

A. Point de départ des obligations de l'emprunteur en matière de crédit affecté

En cas de crédit affecté, les obligations de l'emprunteur, et notamment l'obligation de rembourser le crédit, ne prennent effet qu'à compter de la **livraison** du bien ou de la **fourniture** de la prestation ainsi financée ou, en cas de contrat de vente ou de prestation de services à exécution successive, qu'à compter du début de la livraison ou de la fourniture (C. consom. art. L 312-48). Sur la date à laquelle peut intervenir la livraison ou la fourniture, voir nos 21200 s. 21010

En conséquence, quand le bien financé n'a pas été livré par la faute du vendeur, le prêteur ne peut pas réclamer à l'emprunteur, dont les obligations à son égard n'ont pas pris effet, la restitution des sommes versées au vendeur (Cass. 1e civ. 7-2-1995 n° 301 : RJDA 7/95 n° 872). De même, en cas d'exécution partielle de la prestation, l'emprunteur n'a pas à restituer le capital prêté (Cass. 1e civ. 23-1-2019 n° 17-21.055 F-D : RJDA 4/19 n° 290). Toutefois, l'emprunteur ne peut pas invoquer le bénéfice de cette disposition si le défaut de livraison ou d'exécution de la prestation lui est imputable (Cass. 1e civ. 16-4-1991 n° 88-19.333 : Bull. civ. I n° 140) et la simple négligence de la banque lors du déblocage du crédit ne le dispense pas de son obligation de remboursement dès lors que la vente a été correctement exécutée (Cass. 1e civ. 22-5-2019 n° 18-16.150 FS-PB : RJDA 11/19 n° 707).

La livraison doit porter non seulement sur le **bien** lui-même, mais aussi sur ses **accessoires** et tout ce qui est destiné à son usage. L'emprunteur qui achète un véhicule automobile n'est donc pas tenu de rembourser le prêteur tant qu'il n'a pas obtenu du vendeur la carte grise de ce véhicule (Cass. 1e civ. 4-2-1997 n° 208 : RJDA 10/97 n° 1233, 2e esp.). 21015

B. Suspension des obligations de l'emprunteur en matière de crédit affecté

21060 En dehors du droit commun qui permet à l'emprunteur de demander en justice un **délai de grâce** pour rembourser (n°s 20780 s.), le Code de la consommation prévoit des causes particulières de suspension du remboursement d'un crédit affecté.

CRÉDIT AFFECTÉ À UNE VENTE OU UNE PRESTATION DE SERVICES À EXÉCUTION SUCCESSIVE

21070 En cas de crédit affecté à un contrat de vente ou de prestation de services à exécution successive, les obligations de l'emprunteur, notamment celle de rembourser le crédit, cessent en cas d'**interruption de la livraison** ou de la prestation (C. consom. art. L 312-48, al. 2).

L'emprunteur ne peut pas se prévaloir de cette disposition si l'interruption résulte de son propre fait (Cass. 1e civ. 15-5-1990 n° 88-18.360 : Bull. civ. I n° 108) et il lui incombe de rapporter la preuve de l'interruption (Cass. 1e civ. 31-3-1998 n° 96-14.534 : Contrats conc. consom. 1998 comm. n° 93 note G. Raymond ; en sens contraire CA Saint-Denis-de-la-Réunion 28-5-2010 : Contrats conc. consom. 2011 comm. n° 18 note G. Raymond).

Le prêteur ne peut pas obtenir de l'emprunteur la restitution des sommes versées au prestataire en règlement de la part de prestation non fournie (CA Rennes 4-2-1999 n° 97-7247 : Contrats conc. consom. 1999 comm. n° 136 note G. Raymond).

21075 Bien que le Code de la consommation ne le précise pas, la **reprise** des livraisons ou des fournitures doit entraîner parallèlement celle des obligations de l'emprunteur à l'égard du prêteur. Le contrat de crédit, momentanément « gelé », reprend toute sa force et l'emprunteur ne peut pas, à notre avis, en l'absence d'une disposition légale l'y autorisant, imposer au prêteur un **report des échéances** d'une période égale à celle de la suspension ni un arrêt du cours des intérêts. Il s'ensuit notamment que les remboursements de capital et les intérêts échus pendant la période de suspension sont exigibles dès que celle-ci prend fin.

CONTESTATION SUR L'EXÉCUTION DE LA VENTE OU DE LA PRESTATION DE SERVICES

21080 **Suspension judiciaire du crédit affecté** En cas de contestation sur l'exécution du contrat principal, le tribunal peut suspendre l'exécution du contrat de crédit jusqu'à la solution du litige (C. consom. art. L 312-55, al. 1) mais à la **condition** que le prêteur soit intervenu à l'instance ou qu'il ait été mis en cause par le vendeur ou l'emprunteur (art. L 312-55, al. 2).

La seule existence d'un litige l'opposant au vendeur (ou au prestataire de services) ne permet pas à l'emprunteur de suspendre ses remboursements (sauf si ce litige a entraîné une interruption des livraisons ou des fournitures dans un contrat à exécution successive, n° 21070). Seul le tribunal saisi de la contestation sur l'exécution du contrat principal a le pouvoir de lui accorder cette autorisation (Cass. 1e civ. 9-12-2015 n° 14-23.272 : RJDA 4/16 n° 316), ce tribunal disposant d'un **pouvoir souverain** d'appréciation quant à l'opportunité de cette suspension.

La **suspension** du contrat de crédit **prend fin** lorsque le litige a trouvé une solution. Celle-ci peut être soit la continuation du contrat principal, soit la résolution ou l'annulation de celui-ci.

21090 **Continuation du contrat principal** Si le juge ordonne la continuation du contrat de vente ou de prestation de services, le contrat de crédit reprend ses effets sans que, à notre avis, l'emprunteur puisse prétendre bénéficier d'un allongement des délais de remboursement correspondant à la durée de l'instance (n° 21075).

21100 **Résolution ou annulation judiciaire du contrat principal** Le contrat de crédit est résolu ou annulé de plein droit si la résolution ou l'annulation du contrat principal a été prononcée par le juge et si le prêteur est intervenu à l'instance concernant le contrat principal ou s'il a été mis en cause par le vendeur ou l'emprunteur (C. consom. art. L 312-55 ; Cass. 1e civ. 31-1-1995 n° 245 : RJDA 6/95 n° 744 ; CA Versailles 1-3-2002 n° 01-1256 : RJDA 7/02 n° 797 déclarant une résiliation conventionnelle du prêt sans incidence sur le contrat financé).

L'emprunteur est alors tenu de **restituer** au prêteur l'intégralité de la **somme prêtée** (Cass. 1e civ. 2-5-1989 n° 87-18.059 : Bull. civ. I n° 181 ; Cass. 1e civ. 13-3-1990 n° 88-16.358 : BRDA 11/90 p. 7), sauf en cas d'absence de livraison ou de livraison partielle du bien, car les obligations de l'emprunteur à l'égard du prêteur n'ont jamais pris effet (n° 21010), ou en cas de faute du prêteur dans la remise des fonds prêtés (Cass. 1e civ. 9-11-2004 n° 02-20.999 : RJDA 3/05 n° 316 ; Cass. 1e civ. 16-1-2013 n° 12-13.022 : RJDA 5/13 n° 449 ; Cass. 1e civ. 5-4-2018 n° 17-13.528 F-D : RJDA 7/18 n° 600), à condition que cette faute ait causé un préjudice à l'emprunteur (Cass. 1e civ. 25-11-2020 n° 19-14.908 FS-PBI : RJDA 4/21 n° 258 ; Cass. 1e civ. 27-9-2023 n° 22-15.575 F-D : RJDA 2/24 n° 128).

De son côté le prêteur doit rendre à l'emprunteur toutes les sommes versées par celui-ci au titre des remboursements, intérêts, dépôts et frais accessoires.

ILLUSTRATIONS

A commis une **faute dans la remise des fonds prêtés** lui faisant perdre son droit à restitution du capital emprunté, la banque qui a **payé directement le vendeur,** au vu d'un bon de commande, sans effectuer les vérifications qui lui auraient permis de constater que le contrat principal conclu à l'issue d'un démarchage à domicile était affecté d'une cause de nullité (CA Toulouse 3-11-2009 n° 08-4099 : RJDA 4/10 n° 426 ; Cass. 1e civ. 26-9-2018 n° 17-18.083 F-D : RJDA 12/18 n° 936).

En revanche, n'a **pas commis de faute dans la remise des fonds prêtés** la banque qui, ayant consenti à deux emprunteurs solidaires un prêt destiné à financer l'achat et l'installation d'une éolienne, a libéré les fonds au vu d'une **attestation de livraison et de réception** du chantier **sans réserve,** signée par un seul des coemprunteurs, faisant ainsi ressortir que les coobligés solidaires se représentaient mutuellement (Cass. 1e civ. 26-9-2018 n° 17-15.019 F-D : RJDA 1/19 n° 38). De même, n'a pas commis une telle faute la banque qui, ayant consenti un prêt pour financer l'achat d'une éolienne, a libéré les fonds sans avoir vérifié la régularité formelle du contrat principal car l'emprunteur avait **reçu sans émettre de réserve** une éolienne en bon état de fonctionnement, il avait adressé à la banque un certificat attestant de la livraison et les fonds avaient été débloqués à la demande de l'emprunteur (Cass. 1e civ. 25-11-2020 n° 19-14.908 précité).

Si la **résolution** ou l'annulation judiciaire du contrat principal survient **du fait du vendeur,** celui-ci peut être condamné, à la demande du prêteur, à garantir l'emprunteur du remboursement du prêt ; en outre, le prêteur et l'emprunteur peuvent réclamer au vendeur fautif des dommages-intérêts en réparation du préjudice qu'ils ont subi (C. consom. art. L 312-56). **21105**

SORT DU CRÉDIT AFFECTÉ EN CAS DE NON-FORMATION DU CONTRAT PRINCIPAL

Lorsque le consommateur exerce son droit de **rétractation du contrat de vente** ou de fourniture de prestation de services, le contrat de crédit destiné à en assurer le financement est résilié de plein droit sans frais ni indemnité, à l'exception éventuellement des frais engagés pour l'ouverture du dossier de crédit (C. consom. art. L 312-54). **21110**

C. Incidence du contrat de crédit à la consommation sur le contrat principal

1. CONCLUSION DU CONTRAT PRINCIPAL

MENTION DU CONTRAT PRINCIPAL

Chaque fois que le paiement du prix du bien vendu ou de la prestation fournie est acquitté, en tout ou partie, à l'aide d'un crédit, le **contrat de vente ou de prestation** de services doit le préciser, quelle que soit l'identité du prêteur (C. consom. art. L 312-45). **21150**

Le respect de cette exigence ne fait pas de difficulté lorsque le vendeur ou le prestataire octroie lui-même le crédit ou lorsqu'il sert d'intermédiaire entre l'acheteur-emprunteur et l'organisme financier. Dans les autres cas, il doit interroger chacun de ses clients sur leurs intentions quant aux modalités de paiement (au comptant ou à crédit) de leur achat et noter leur réponse sur le bon de commande ou le contrat soumis à leur signature.

À **défaut,** le vendeur ou le prestataire encourt une amende de 1 500 € pouvant être portée à 3 000 € en cas de récidive (C. consom. art. R 341-10). S'agissant d'une amende de nature contraventionnelle, l'administration peut, tant que l'action publique n'a pas été mise en mouvement, proposer une transaction (C. consom. art. L 523-1 et R 523-2 ; voir nos 77940 s.).

DATE DE CONCLUSION DU CONTRAT PRINCIPAL

Aucun engagement ne peut **valablement** être **contracté** par l'acheteur à l'égard du vendeur **avant** qu'il ait accepté le contrat de crédit (C. consom. art. L 312-46). Il en résulte que le contrat **21160** principal peut être valablement conclu même si le contrat de crédit n'est pas encore définitif. En effet, la formation définitive du contrat de crédit suppose cumulativement que l'emprunteur ait accepté le contrat de crédit et n'ait pas exercé sa faculté de rétractation et que le prêteur l'ait agréé (nº 20200). Or ici seule la première condition est requise.

Dès que l'acheteur a accepté le contrat de crédit, le contrat de vente ou de prestation de services est conclu et les deux parties sont engagées. Mais ni l'une ni l'autre ne peut en exiger l'exécution et le contrat peut être résolu si l'opération de crédit ne se réalise pas.

PRATIQUES COMMERCIALES INTERDITES AU VENDEUR

21170 L'**engagement** préalable de l'acheteur **de payer comptant** en cas de refus de prêt est nul de plein droit (C. consom. art. L 341-11). Si ce texte interdit à l'acheteur de renoncer par avance au bénéfice de la réglementation, il ne l'empêche nullement d'y renoncer après le refus du prêt et d'accepter le maintien du contrat principal moyennant un paiement comptant.

21175 Le vendeur ou le prestataire de services ne peut pas :
– **faire souscrire** à l'acheteur un ou plusieurs **crédits** pour un montant **supérieur à la valeur du bien** ou du service (C. consom. art. L 312-30 ; nº 20520) ;
– pratiquer un **prix au comptant supérieur à celui payable à l'aide d'un crédit** gratuit (art. L 312-42 ; nº 22010) mais si l'acheteur opte pour un paiement comptant, il n'a pas nécessairement droit à un escompte (art. L 312-41 ; nº 22020) ;
– **se faire rémunérer** par le prêteur en fonction du taux ou du type de crédit qu'il fait souscrire à ses clients (art. L 314-23, al. 3 ; nº 20550).

2. EXÉCUTION DU CONTRAT PRINCIPAL

LIVRAISON DU BIEN OU FOURNITURE DE LA PRESTATION

21200 **Époque de la livraison du bien ou de la fourniture de la prestation**
Le vendeur n'est pas tenu d'accomplir son obligation de livraison ou de fourniture tant que le prêteur ne l'a pas avisé de l'**octroi du crédit** et tant que l'emprunteur peut exercer sa faculté de **rétractation** (C. consom. art. L 312-47). Sur les effets de la rétractation, voir nºs 20330 s.

L'emprunteur dispose d'un délai de quatorze jours calendaires révolus à compter de son acceptation du contrat de crédit pour rétracter celle-ci mais ce délai est réduit si l'acheteur sollicite la livraison ou la fourniture immédiate du bien ou de la prestation de services, sauf en cas de vente ou de démarchage à domicile (art. L 312-47 et L 312-51 ; nº 20315).

Le vendeur ou le prestataire peut s'abstenir d'exécuter le contrat de vente ou de prestation pendant cette durée.

21210 **Sort des livraisons anticipées** Toute livraison ou fourniture anticipée, soit avant que le prêteur ait notifié au vendeur l'octroi du crédit, soit avant l'expiration du délai de rétractation de l'emprunteur (nºs 20310 s.), est à la charge du vendeur qui en supporte tous les **frais et risques** (C. consom. art. L 312-47, al. 3).

En conséquence, si après la livraison, la vente est résolue par suite du non-octroi du crédit (nº 21240), le vendeur doit prendre à sa charge les frais de retour de la marchandise (coût du transport, assurances, etc.) et supporte les risques de détérioration ou de perte de cette marchandise sans pouvoir se retourner contre l'acheteur.

PAIEMENT DU VENDEUR OU DU PRESTATAIRE

21220 **Tant que l'acheteur n'a pas accepté le contrat de crédit,** le vendeur ou prestataire ne peut recevoir aucun paiement, sous quelque forme que ce soit, ni aucun dépôt (C. consom. art. L 312-46). Par sa généralité, l'interdiction vise les paiements faits tant par l'acheteur – le vendeur ne peut pas réclamer la partie du prix qui serait payable au comptant – que par le prêteur qui ne peut pas débloquer les fonds avant un délai de sept jours à compter de l'acceptation du crédit (nº 20480).

21225 **Entre l'acceptation du contrat de crédit par l'acheteur et la formation définitive du crédit,** le vendeur ou le prestataire ne peut recevoir, de la part de l'acheteur, aucun paiement sous quelque forme que ce soit, ni aucun dépôt, en sus de la partie du prix que l'acheteur a accepté de payer au comptant (C. consom. art. 312-50, al. 1).

La fraction du prix payable au comptant n'est soumise à aucun minimum. Il s'agit de celle que l'acheteur « a accepté de payer » (art. L 312-50, al. 1). En contrepartie, le vendeur ou prestataire de services doit remettre à l'acheteur un récépissé valant reçu et comportant la reproduction intégrale des articles L 312-52, L 312-53 et L 341-10 du Code de la consommation (art. L 312-50, al. 3) qui précisent le sort du contrat principal si le prêt est refusé ou si l'acheteur exerce son droit de rétractation ainsi que les conditions de restitution des sommes déjà versées au vendeur (n° 20335).

Si le **contrat de vente** ou de prestation financé par le crédit fait **suite à un démarchage** à domicile, le vendeur ou le prestataire ne peut recevoir aucun paiement comptant avant l'expiration du délai de rétractation, fixé à quatorze jours calendaires révolus quelle que soit la date de la livraison ou de la prestation de service (art. L 312-51).

Si une **autorisation de prélèvement** sur compte bancaire est signée par l'acquéreur, sa validité et sa prise d'effet sont subordonnées à celles du contrat de vente (C. consom. art. L 312-50, al. 2). 21230

Le vendeur qui réclame ou reçoit de l'acheteur un paiement en **violation** de l'article L 312-50 du Code de la consommation est passible d'une amende de 300 000 € et de peines complémentaires (C. consom. art. L 341-12 et L 341-18). Tel est le cas du vendeur de camping-car qui, à l'occasion d'un achat à crédit par un consommateur, se fait remettre un chèque, fût-il non encaissé, avant l'expiration du délai de rétractation (Cass. crim 24-11-2020 n° 19-85.829 F-PBI : RJDA 3/21 n° 187). 21235

SORT DU CONTRAT PRINCIPAL EN CAS DE NON-FORMATION DU CONTRAT DE CRÉDIT

Le contrat de vente ou de prestation de services est **résolu** de plein droit, sans indemnité (C. consom. art. L 312-52) : 21240

- si le prêteur n'a pas, dans un délai de sept jours à compter de l'acceptation du contrat de crédit par l'emprunteur, informé le vendeur de l'attribution du crédit ;
- ou si l'emprunteur a, dans un délai de quatorze jours, exercé son droit de rétractation.

Toutefois, lorsque l'emprunteur, par une demande expresse, sollicite la livraison ou la fourniture immédiate du bien ou de la prestation de services, l'exercice du droit de rétractation du contrat de crédit n'emporte résolution de plein droit du contrat de vente ou de prestation de services que s'il intervient dans un délai de trois jours à compter de l'acceptation du contrat de crédit par l'emprunteur (art. précité).

C'est au vendeur qu'il appartient de prouver que l'emprunteur, dûment informé de l'obtention du crédit, a laissé passer le délai qui lui est imparti sans exercer son droit de rétractation (CA Paris 30-1-1981 : D. 1981 IR p. 346).

Le contrat principal n'est en revanche **pas résolu** si (C. consom. art. L 312-52) : 21245

- avant l'expiration des délais mentionnés n° 21240, l'acheteur paie comptant ;
- l'acheteur exerce son droit de rétractation après l'expiration desdits délais.

En cas de résolution de plein droit du contrat principal, le **vendeur** ou le prestataire doit **rembourser,** sur simple demande, toute somme que l'acheteur aurait versée d'avance sur le prix (C. consom. art. L 312-53). À compter du huitième jour suivant la demande de remboursement, cette somme est productive d'intérêts, de plein droit, au taux de l'intérêt légal majoré de moitié (art. L 341-10), soit 7,605 % pour le premier semestre 2024. 21250

Le vendeur ou le prestataire qui refuserait indûment de payer les sommes dues en application de ces dispositions s'expose à une amende de 300 000 € et à des peines complémentaires (art. L 341-17 et L 341-18).

VI. DÉCOUVERT EN COMPTE

La réglementation du crédit à la consommation distingue **plusieurs catégories** de découverts en compte – ceux résultant d'une autorisation expresse, qui se sous-divisent selon leur durée de remboursement, et ceux résultant d'une autorisation tacite – et les soumet à des régimes distincts. 21400

Certains découverts en compte sont **exclus** de la réglementation compte tenu de la nature du compte concerné (n° 19210), de la durée très courte de remboursement ou de l'absence de coût pour l'emprunteur (n° 19320).

A. Autorisation expresse de découvert en compte

21410 La loi prévoit des **régimes distincts selon la durée de remboursement** de l'autorisation expresse de découvert. Dans la mesure où l'article L 312-84 du Code de la consommation fait expressément référence aux « opérations de crédit **consenties** sous la forme d'une autorisation de découvert remboursable dans un délai » de un à trois mois ou de plus de trois mois, l'**appréciation** de la **durée** de remboursement s'effectue, à notre avis, au regard des clauses du contrat et non au regard de la durée effective de remboursement.

1. DÉCOUVERT REMBOURSABLE EN PLUS D'UN MOIS MAIS EN MOINS DE TROIS MOIS

21420 L'autorisation expresse de découvert dont le délai de remboursement est supérieur à un mois mais inférieur ou égal à trois mois est soumise partiellement au régime général du crédit à la consommation.

Ainsi, en matière de **publicité,** l'autorisation expresse d'un tel découvert est soumise aux seules dispositions de l'article L 312-6, 1° à 3° du Code de la consommation (C. consom. art. L 312-84, al. 1), exposées n° 19840.

21425 D'autres prescriptions du régime général du crédit à la consommation sont applicables à ces autorisations de découvert (C. consom. art. L 312-84, al. 1 et L 341-19) :

– art. L 312-16 et L 312-17 qui imposent le contrôle de la **solvabilité** de l'emprunteur dans les conditions exposées nos 20100 s. ;

– art. L 312-27 qui porte sur la **responsabilité** de plein droit du **prêteur** à l'égard de l'emprunteur ;

– art. L 312-38 et L 312-39 déterminant les sommes que le prêteur peut réclamer en cas de **défaillance de l'emprunteur** (nos 20840 s.) ;

– art. L 312-44, L 312-48, L 312-49, L 312-54, L 312-55 et L 312-56 relatifs au **crédit affecté** et qui fixent la date de prise d'effet des obligations de l'emprunteur (n° 21010), leur sort en cas de contestation de l'exécution du contrat principal (n° 21080) ou en cas d'annulation ou de résiliation de celui-ci (n° 21100) et l'impact de la rétractation du contrat principal (n° 21110) ;

– art. L 312-85 à L 312-91 qui portent sur l'**opération de découvert en compte** et en particulier sur les informations dues à l'emprunteur, les modalités de communication de ces informations et les modalités de résiliation de l'opération ;

– art. L 341-1 à L 341-9 et L 341-12 à L 341-18 fixant les **sanctions** civiles ou pénales en cas de non-respect de la réglementation (celles-ci sont exposées sous chacune des obligations concernées) ;

– art. R 312-35 précisant les règles applicables au **contentieux** du crédit à la consommation (nos 22200 s.).

Il résulte de cette liste limitative que l'emprunteur ne bénéficie notamment pas des **explications personnalisées** fournies avant la conclusion d'un autre type de crédit ni d'un droit à **rétractation.** En outre l'emprunteur ne doit aucune indemnité au prêteur s'il rembourse le découvert avant la date convenue.

INFORMATION PRÉCONTRACTUELLE EN MATIÈRE DE DÉCOUVERT EN COMPTE

21430 En cas de crédit accordé sous forme de découvert en compte remboursable dans un délai supérieur à un mois et inférieur ou égal à trois mois, le prêteur ou l'intermédiaire de crédit doit donner à l'emprunteur, sur support papier ou sur un autre **support** durable, mais pas nécessairement sous la forme d'une fiche standardisée, les informations lui permettant d'appréhender clairement l'étendue de son engagement, c'est-à-dire (C. consom. art. L 312-85 et R 312-32) :

– l'identité et l'adresse du prêteur ainsi que, le cas échéant, l'identité et l'adresse de l'intermédiaire de crédit concerné ;

– le type de crédit ;

– le montant de l'autorisation ;

– la durée du contrat de crédit ;

– le taux débiteur, les conditions applicables à ce taux, tout indice ou taux de référence qui se rapporte au taux débiteur initial ;

– les frais applicables dès la conclusion du contrat de crédit et, le cas échéant, les conditions dans lesquelles ces frais pourront être modifiés ;
– le taux annuel effectif global (TAEG ; nº 96300) à l'aide d'un exemple représentatif mentionnant toutes les hypothèses utilisées pour calculer ce taux ;
– les conditions et les modalités selon lesquelles le contrat peut être résilié ;
– le cas échéant, une indication selon laquelle il peut être demandé à tout moment à l'emprunteur de rembourser le montant total du crédit ;
– les frais et les modalités de calcul des frais que le prêteur peut demander à l'emprunteur en cas de défaillance ;
– le délai pendant lequel le prêteur est lié par les informations précontractuelles.

L'article R 312-32 comporte en annexe les « informations précontractuelles européennes en matière de crédit aux consommateurs relatives aux découverts remboursables dans un délai supérieur à un mois et inférieur ou égal à trois mois », qui explicitent le contenu et la présentation des mentions requises, y compris si le découvert est consenti à distance.

ATTENTION

Pour les crédits accordés après le 28 juin 2025, le prêteur devra s'assurer que les informations transmises à l'emprunteur répondent aux exigences d'**accessibilité aux personnes handicapées** fixées à l'article L 412-13 du Code de la consommation (Loi 2023-171 du 9-3-2023 art. 16, I-2° et VIII).

Si le **prêteur** est **disposé à** lui **consentir un crédit** sous forme de découvert en compte, l'emprunteur reçoit sans frais, à sa demande, sur support papier ou tout autre support durable, les informations qui doivent figurer dans le contrat définitif (C. consom. art. L 312-86) et qui sont exposées nº 21450. Il résulte de cette disposition, qui reprend la formulation de la directive 2008-48 du 23 avril 2008, que le prêteur n'est pas tenu de proposer une offre de contrat à chaque fois qu'il est sollicité par un consommateur (Rapport AN nº 2150 relatif au projet de loi de réforme du crédit à la consommation). **21435**

Le prêteur qui accorde un crédit sous forme de découvert en compte sans communiquer à l'emprunteur les informations contractuelles dans les conditions fixées par l'article L 312-85 du Code de la consommation (nº 21430) est déchu du droit aux intérêts (C. consom. art. L 341-4). **21440**

L'article L 341-4 ne prévoyant pas la faculté pour le juge de moduler l'étendue de la déchéance du droit aux intérêts, celui-ci ne peut, à notre avis, prononcer que la déchéance totale du prêteur de son droit aux intérêts. Toutefois, en cas de défaut de mention ou de mention erronée du taux annuel effectif global, le juge a la faculté de moduler l'étendue de la **déchéance du droit aux intérêts,** au regard notamment du préjudice pour l'emprunteur (C. consom. art. L 341-1, al. 2).

Sur les conséquences de la déchéance pour l'emprunteur, voir nº 20460 ; sur la nécessité du caractère dissuasif de la sanction, voir nº 20110.

> **Précisions** Si la Cour de cassation a jugé que les dispositions de l'article L 341-34, al. 2 du Code de la consommation dans leur rédaction issue de l'**ordonnance 2019-740** du 17 juillet 2019 ne sont pas applicables aux **contrats de crédit conclus avant** le 19 juillet 2019, date de son **entrée en vigueur** (Avis Cass. 1e civ. 10-6-2020 nº 15004), elle a néanmoins jugé que l'omission ou l'erreur du taux effectif global dans un contrat de prêt conclu avant cette date devait être sanctionnée par la déchéance du droit aux intérêts du prêteur dans la proportion fixée par le juge (Cass. 1e civ. 10-6-2020 nº 18-24.287 FS-PBRI : RJDA 10/20 nº 524 ; Cass. com. 24-3-2021 nº 19-14.307 : RJDA 7/21 nº 506).

CONTRAT DE CRÉDIT SOUS FORME DE DÉCOUVERT EN COMPTE

Le contrat de crédit octroyé sous forme de découvert en compte remboursable dans un délai supérieur à un mois et inférieur ou égal à trois mois est établi sur support papier ou sur un autre **support** durable, en **caractères** dont la hauteur ne peut être inférieure à celle du corps huit (C. consom. art. L 312-87 et R 312-33 ; sur cette dernière condition, voir nº 20415). Il constitue un document distinct de tout support ou document publicitaire. **21450**

Le contrat **mentionne** de manière claire et lisible (art. précités) :
– le type de crédit ;
– l'identité et l'adresse des parties contractantes, le cas échéant l'identité et l'adresse de l'intermédiaire de crédit concerné ;
– la durée du contrat de crédit ;
– le montant de l'autorisation et les conditions de mise à disposition ;
– le taux débiteur, les conditions applicables à ce taux et, le cas échéant, tout indice ou taux de référence qui se rapporte au taux débiteur initial, ainsi que les périodes, conditions et

procédures d'adaptation du taux ; si différents taux débiteurs s'appliquent en fonction des circonstances, ces informations portent sur tous les taux applicables ;
– le taux annuel effectif global (nº 96300) et le montant total du crédit dû par l'emprunteur, calculés au moment de la conclusion du contrat de crédit ; toutes les hypothèses utilisées pour calculer le taux annuel effectif global sont mentionnées ;
– une indication selon laquelle il peut être demandé à tout moment à l'emprunteur de rembourser le montant total du crédit ;
– les conditions et les modalités selon lesquelles l'emprunteur peut résilier le contrat ;
– les informations relatives aux frais applicables dès la conclusion du contrat et les conditions dans lesquelles ces frais peuvent être modifiés le cas échéant.

ATTENTION

Pour les crédits accordés après le 28 juin 2025, le prêteur devra s'assurer que les informations transmises à l'emprunteur répondent aux exigences d'**accessibilité aux personnes handicapées** fixées à l'article L 412-13 du Code de la consommation (C. consom. art. L 312-95 issu de loi 2023-171 du 9-3-2023 ; Loi 2023-171 art. 16, I-2º et VIII).

21455 Le prêteur qui accorde un crédit sous forme de découvert en compte sans remettre à l'emprunteur un contrat de crédit satisfaisant aux conditions posées par l'article L 312-87 du Code de la consommation (nº 21450) est déchu du droit aux intérêts (C. consom. art. L 341-4).
L'article L 341-4 ne prévoyant pas la faculté pour le juge de moduler l'étendue de la déchéance du droit aux intérêts, celui-ci ne peut, à notre avis, prononcer que la déchéance totale du prêteur de son droit aux intérêts. Toutefois, en cas de défaut de mention ou de mention erronée du taux annuel effectif global, le juge a la faculté de moduler l'étendue de la **déchéance du droit aux intérêts,** au regard notamment du préjudice pour l'emprunteur (C. consom. art. L 341-1, al. 2).

Sur la nécessité du caractère dissuasif de la sanction, voir nº 20110.

INFORMATION EN COURS DE CRÉDIT SOUS FORME DE DÉCOUVERT EN COMPTE

21460 Le prêteur qui a accordé un crédit sous forme de découvert en compte remboursable dans un délai supérieur à un mois et inférieur ou égal à trois mois est tenu d'adresser régulièrement à l'emprunteur, sur support papier ou sur un autre support durable, un **relevé de compte** mentionnant (C. consom. art. L 312-88 et R 312-34) :
– la période précise sur laquelle porte le relevé de compte ;
– la date et le solde du relevé précédent ;
– la date et le montant des utilisations et des remboursements depuis le relevé précédent ;
– le nouveau solde ;
– le taux débiteur appliqué depuis le relevé précédent (l'art. R 312-34 ne prévoit pas l'indication du TAEG, celle-ci étant requise sur le relevé de compte bancaire quelle que soit la durée de l'autorisation en application de l'art. L 312-1-1 du Code monétaire et financier) ;
– tous les frais ayant été perçus depuis le relevé précédent ;
– le cas échéant, le montant minimal à payer pour la prochaine échéance.

MODIFICATION DU TAUX DÉBITEUR DU DÉCOUVERT EN COMPTE

21470 En cas d'augmentation du taux débiteur du découvert en compte **ou des frais** dont il est redevable, l'emprunteur est informé sur support papier ou sur un autre support durable avant que ces modifications n'entrent en vigueur (C. consom. art. L 312-89, al. 1).
Toutefois, le prêteur et l'emprunteur peuvent déroger à cette **information spécifique** et convenir que la modification du taux débiteur sera communiquée seulement dans le relevé de compte adressé à l'emprunteur. Mais cet aménagement conventionnel n'est possible que si (art. L 312-89, al. 2) :
– la modification du taux débiteur résulte d'une variation du taux de référence ;
– le nouveau taux de référence est rendu public par des moyens appropriés ;
– l'information relative au nouveau taux de référence est également disponible dans les locaux du prêteur.

Sur la notion de taux de référence, voir nos observations au nº 20650.

21475 En cas de **non-respect** des dispositions de l'article L 312-89 du Code de la consommation, le prêteur est déchu du droit aux intérêts en totalité ou dans la proportion fixée par le juge (C. consom. art. L 341-6). Sur la nécessité du caractère dissuasif de la sanction, voir nº 20110.

2. DÉCOUVERT EN COMPTE REMBOURSABLE EN PLUS DE TROIS MOIS

APPLICATION DU RÉGIME GÉNÉRAL DU CRÉDIT À LA CONSOMMATION

L'autorisation expresse de découvert qui prévoit un délai de remboursement supérieur à trois mois est soumise à l'intégralité du régime général du crédit à la consommation (C. consom. art. L 312-84, al. 2). L'information de l'emprunteur en cours de contrat est également soumise aux dispositions de l'article L 312-88 du Code de la consommation (n° 21460) qui est applicable aux autorisations expresses de découvert remboursables dans un délai supérieur à un mois. **21500**

Par ailleurs, s'appliquent aux autorisations de **découvert à durée indéterminée** en cours au 1er mai 2011 certaines des prescriptions issues de la loi 2010-737 du 1er juillet 2010 et relatives (Loi art. 61, III) :
– à l'information due à l'emprunteur (en dehors de celle figurant dans la convention de compte) sur le taux débiteur, l'indice ou le taux de référence, les frais applicables (nos 21560 et 21575 s.) ;
– à la modification du taux débiteur (nos 20630 et 21470) ;
– à l'obligation d'adresser régulièrement un relevé de compte à l'emprunteur (n° 21460) ;
– à la résiliation de l'autorisation par le prêteur ou l'emprunteur (n° 21510).

RÉSILIATION D'UNE AUTORISATION DE DÉCOUVERT À DURÉE INDÉTERMINÉE

L'**emprunteur** peut procéder à tout moment et sans frais à la résiliation d'une autorisation de découvert à durée indéterminée, à moins que les parties n'aient convenu d'un délai de préavis. Ce délai ne doit pas excéder un mois (C. consom. art. L 312-90). **21510**

Si le contrat de crédit le prévoit, le **prêteur** a la faculté de résilier l'autorisation de découvert à durée indéterminée moyennant un préavis d'au moins deux mois fourni à l'emprunteur sur support papier ou sur un autre support durable (C. consom. art. L 312-91). En cas de motif légitime, cette résiliation peut intervenir sans préavis et, dans ce cas, le prêteur en fournit les motifs à l'emprunteur, si possible avant la résiliation (art. précité).

B. Dépassement ou découvert tacitement autorisé

DÉFINITION DU DÉPASSEMENT ET RÉGIME

Le dépassement est un découvert en compte tacitement accepté en vertu duquel un prêteur autorise l'emprunteur à disposer de fonds qui dépassent le solde de son compte de dépôt ou de l'autorisation de découvert convenue (C. consom. art. L 311-1, 13°). **21550**

Ce dépassement n'est soumis au régime général du crédit à la consommation que pour les règles régissant le contentieux (nos 22200 s.). Il est soumis à un régime spécifique exposé ci-dessous si le dépassement perdure (art. L 312-94).

Compte tenu de ce régime spécifique, le prêteur n'est pas tenu de contrôler préalablement la solvabilité du titulaire du compte ; la consultation du FICP (fichier des incidents de remboursement des crédits aux particuliers) est alors facultative (Arrêté du 26-10-2010 art. 2).

INFORMATION DE L'EMPRUNTEUR EN CAS DE DÉPASSEMENT

Lorsque la **convention de compte** de dépôt prévoit la possibilité d'un dépassement, la convention mentionne le taux débiteur, les conditions applicables à ce taux, tout indice ou taux de référence qui se rapporte au taux débiteur initial, les frais applicables et, le cas échéant, les conditions dans lesquelles ces frais peuvent être modifiés (C. consom. art. L 312-92, al. 1). **21560**

Dans tous les cas, le prêteur fournit ces informations sur support papier ou sur un autre support durable à intervalles réguliers (art. précité), c'est-à-dire en pratique sur les **relevés de compte.**

Si le relevé de compte indique, à titre d'information, qu'un montant de découvert est autorisé, il mentionne immédiatement après, dans les mêmes caractères, le taux annuel effectif global (n° 96300), quelle que soit la durée du découvert autorisé considéré (C. mon. fin. art. L 312-1-1, III-al. 2).

DÉPASSEMENT SUPÉRIEUR À UN MOIS

21570 Le dépassement de découvert en compte faisant l'objet, par définition (n° 21550), d'une autorisation tacite, sa **durée** n'est donc pas fixée contractuellement. Elle correspond à la durée pendant laquelle l'emprunteur ne rembourse pas le solde débiteur de son compte (ou les sommes prélevées au-delà de son autorisation expresse de découvert) et le prêteur n'exige pas ce remboursement.

21575 En cas de **dépassement significatif** se prolongeant **au-delà d'un mois,** le prêteur informe l'emprunteur, sans délai, sur support papier ou sur un autre support durable, du montant du dépassement, du taux débiteur et de tous frais ou intérêts sur arriérés qui sont applicables (C. consom. art. L 312-92, al. 2). Selon les travaux parlementaires, il appartient au prêteur d'apprécier le niveau du dépassement en fonction des ressources du consommateur afin de déterminer si celui-ci est significatif ou non (Rapport AN n° 2150 relatif au projet de loi de réforme du crédit à la consommation art. 12).

21580 Si le dépassement se prolonge **au-delà de trois mois,** le prêteur propose sans délai à l'emprunteur un autre type d'opération de crédit au sens de la réglementation du crédit à la consommation et dans les conditions prévues par celle-ci (C. consom. art. L 312-93). L'offre doit être immédiatement faite au bout de 90 jours et conformément aux prescriptions du Code de la consommation en matière de publicité, d'information précontractuelle, de formalisme et d'exécution. Elle ne s'impose que si le prêteur entend continuer à faire bénéficier l'emprunteur d'un crédit. Le prêteur étant toujours libre de consentir ou non un crédit (Cass. ass. plén. 9-10-2006 n° 542 : RJDA 1/07 n° 50), il peut exiger le remboursement du découvert.

21585 En cas de **non-respect** de ces formalités, le prêteur ne peut pas réclamer à l'emprunteur les sommes correspondant aux intérêts et frais de toute nature applicables au titre du dépassement (C. consom. art. L 341-9). Sur la nécessité du caractère dissuasif de la sanction, voir n° 20110.

VII. CRÉDIT RENOUVELABLE

DÉFINITION DU CRÉDIT RENOUVELABLE

21700 Le Code de la consommation définit le crédit renouvelable comme l'**ouverture de crédit** qui, assortie ou non de l'usage d'une carte de crédit, offre à son bénéficiaire la possibilité de disposer de façon **fractionnée,** aux dates de son choix, du montant du crédit consenti (C. consom. art. L 312-57).

ILLUSTRATIONS

Ne constitue pas un crédit renouvelable par fractions un contrat qui, s'il définit un montant maximal d'emprunts accordés à un consommateur, suppose lors de chacun des emprunts successifs, remboursable indépendamment des autres, à un taux fixe qui lui est propre, une négociation quant à ses clauses essentielles, de durée de remboursement, et du taux d'intérêts conventionnels fixe spécifique. Chacun des emprunts doit donc s'analyser en un prêt, personnel ou affecté, justifiant de l'acceptation d'une offre préalable, ouvrant notamment droit à rétractation (Cass. avis 6-4-2018 n° 18-70.001 PB : RJDA 7/18 n° 599).

Outre le fractionnement de la mise à disposition du crédit, le qualificatif de « renouvelable » se justifie par la reconstitution de la réserve d'argent au fur et à mesure des remboursements de l'emprunteur.

Un crédit renouvelable ne peut pas, par définition, être considéré comme un crédit affecté au sens de la réglementation sur le crédit à la consommation (n° 21000).

1. ÉTABLISSEMENT DU CONTRAT DE CRÉDIT RENOUVELABLE

21710 L'établissement d'un contrat est obligatoire pour la **conclusion** du contrat initial de crédit renouvelable et, dans les mêmes conditions, pour toute **augmentation** de ce crédit consentie ultérieurement (C. consom. art. L 312-64).

ILLUSTRATIONS

Est non écrite car abusive la clause dite « de variabilité du montant emprunté » figurant dans un crédit à la consommation, selon laquelle, sur demande de l'emprunteur, le découvert utile pourra être augmenté en une fois ou par fractions successives jusqu'au montant du découvert maximal autorisé dès lors que cette clause, qui permet l'augmentation du montant emprunté sans délivrance d'une nouvelle offre et par conséquent sans nécessité d'une acceptation formelle de l'emprunteur, sans information sur l'ensemble des caractéristiques du crédit et corrélativement sans possibilité de rétractation, crée au détriment de l'emprunteur un déséquilibre entre les droits et obligations des parties (CA Paris 14-5-2009 n° 07-13024 et CA Paris 4-6-2009 n° 06-17099 : RJDA 12/09 n° 1113).

Comme pour tout crédit, le contrat peut être établi sur un support papier ou sur tout support durable (n° 19025).

CONTENU DU CONTRAT DE CRÉDIT RENOUVELABLE

Outre les **mentions** exposées n° 20420, le contrat de crédit renouvelable doit indiquer que : **21720**
– chaque échéance comprend un remboursement minimal du capital emprunté, qui varie selon le montant total du crédit consenti et dont les modalités sont définies par décret (C. consom. art. L 312-65, al. 1 ; art. D 312-27 à D 312-29) ;
– la durée du contrat est limitée à un an renouvelable et que le prêteur devra indiquer, trois mois avant l'échéance, les conditions de reconduction du contrat (art. L 312-65, al. 2).

Le contrat fixe également les modalités du remboursement, qui doit être échelonné, sauf volonté contraire du débiteur, des sommes restant dues dans le cas où le débiteur demande à ne plus bénéficier de son ouverture de crédit (art. L 312-65, al. 3). Il peut aussi comporter, mais ce n'est pas une obligation, une clause prévoyant la capitalisation des intérêts dus (n° 21770).

Si le crédit est assorti de l'usage d'une **carte ouvrant droit à** des **avantages de toute nature,** le contrat de crédit indique à l'emprunteur les modalités selon lesquelles cette carte offre la possibilité de payer au comptant ou à crédit et l'informe des modalités d'utilisation du crédit (C. consom. art. L 312-66).

Le prêteur qui consent un crédit renouvelable sans remettre à l'emprunteur un contrat satisfaisant aux conditions fixées par les articles L 312-64 à L 312-66 du Code de la consommation encourt, à titre de **sanction,** la déchéance du droit aux intérêts (C. consom. art. L 341-5). Ce texte ne prévoyant pas la faculté pour le juge de moduler l'étendue de la déchéance du droit aux intérêts, celui-ci ne peut, à notre avis, prononcer que la déchéance totale du prêteur de son droit aux intérêts. Sur la nécessité du caractère dissuasif de la sanction, voir n° 20110. **21725**

En cas de non-respect des articles L 312-64 et L 312-65, le prêteur peut également être condamné à une amende de 1 500 € pouvant être portée à 3 000 € en cas de récidive (C. consom. art. R 341-14).

2. EXÉCUTION DU CONTRAT DE CRÉDIT RENOUVELABLE

INFORMATION DUE AU COURS DU CONTRAT DE CRÉDIT RENOUVELABLE

Outre les obligations d'information prévues en cas de modification du taux débiteur (nos 20630 s.) ou de survenance d'un incident de paiement (n° 20730), le prêteur qui a consenti un crédit renouvelable doit fournir à l'emprunteur, mensuellement et dans un **délai** raisonnable avant la date de paiement, un **état** actualisé de **l'exécution du contrat** de crédit renouvelable (C. consom. art. L 312-71, al. 1). **21750**

L'état actualisé doit être fourni à l'emprunteur par tout **moyen** (art. L 312-71, al. 1), notamment sous forme papier ou sous forme électronique si l'emprunteur a donné son accord à l'utilisation de ce procédé. Toutefois, cette communication ne peut être réalisée que sous forme d'un **écrit** et non oralement. En effet, l'article L 312-71, dernier al., précise que les informations que doit contenir l'état actualisé figurent obligatoirement, en caractères lisibles, sur la première page du document adressé à l'emprunteur.

L'état actualisé de l'exécution du contrat de crédit doit faire clairement référence à l'état précédent et **préciser** (C. consom. art. L 312-71) : **21755**
– la date d'arrêté du relevé et la date du paiement ;
– la fraction du capital disponible ;
– le montant de l'échéance, dont la part correspondant aux intérêts ;
– le taux de la période et le taux effectif global ;
– le cas échéant, le coût de l'assurance ;
– la totalité des sommes exigibles ;
– le montant des remboursements déjà effectués depuis le dernier renouvellement, en faisant ressortir la part respective versée au titre du capital emprunté et celle versée au titre des intérêts et frais divers liés à l'opération de crédit ;

– la possibilité pour l'emprunteur de demander à tout moment la réduction de sa réserve de crédit, la suspension de son droit à l'utiliser ou la résiliation de son contrat ;
– le fait qu'à tout moment l'emprunteur peut payer comptant tout ou partie du montant restant dû, sans se limiter au montant de la seule dernière échéance ;
– l'estimation du nombre de mensualités restant dues pour parvenir au remboursement intégral du montant effectivement emprunté, établie en fonction des conditions de remboursement convenues.

21760 En cas de **non-respect** des obligations fixées par l'article L 312-71 du Code de la consommation, le prêteur encourt une amende de 1 500 € pouvant être portée à 3 000 € en cas de récidive (C. consom. art. R 341-17).

Par ailleurs, une **erreur** de taux effectif global sur les relevés mensuels de compte entraîne la déchéance du prêteur du droit aux intérêts (Cass. 1e civ. 9-4-2015 no 13-28.058 : RJDA 7/15 no 521).

CAPITALISATION DES INTÉRÊTS D'UN CRÉDIT RENOUVELABLE

21770 La capitalisation des intérêts (ou anatocisme) consiste à faire produire des intérêts aux intérêts échus des capitaux. La capitalisation des intérêts d'un crédit renouvelable est soumise aux dispositions de l'article 1343-2 du Code civil (C. consom. art. L 312-74).

Elle ne peut intervenir que dans les **conditions** suivantes (C. civ. art. 1343-2) :
– elle doit soit résulter d'une demande en justice soit être prévue par le contrat ;
– elle est limitée aux intérêts dus au moins pour une année entière.

Aucune disposition n'imposant le calcul des intérêts capitalisés selon le **taux** légal, ce calcul peut être réalisé selon le taux conventionnel (Cass. 1e civ. 14-5-1991 no 739 : RJDA 10/91 no 826).

> **Précisions** Lorsque le créancier et le débiteur sont convenus que les **intérêts** à échoir de la dette **se capitaliseront** à la fin de chaque année pour **produire** eux-mêmes des **intérêts,** ils constituent non plus des intérêts mais un nouveau capital qui s'ajoute au premier (Cass. com. 20-1-1998 no 232 : RJDA 5/98 no 867).
> Pour plus de détails sur la capitalisation en application de l'article 1343-2 précité, voir notre Mémento Droit commercial no 53824.

REPORT D'ÉCHÉANCES DU CRÉDIT RENOUVELABLE

21780 Le prêteur est tenu d'exiger une échéance mensuelle d'un montant minimal et assurant un certain pourcentage de remboursement du capital (no 21720) mais cela ne lui interdit pas d'accorder à l'emprunteur des reports d'échéances sous certaines **conditions.**

Il peut ainsi lui consentir, sans autres frais que les intérêts débiteurs et le coût de l'assurance éventuelle (C. consom. art. D 312-30) :
– un report d'échéance, deux fois par an au plus ;
– en cas de difficulté financière temporaire ou de dégradation de sa solvabilité, un report d'une partie ou de la totalité d'une ou plusieurs échéances à condition que le droit d'utilisation du crédit par l'emprunteur soit suspendu jusqu'à ce que l'emprunteur ait acquitté la totalité du remboursement en capital contenu dans les échéances reportées.

RÉDUCTION OU SUSPENSION DU CRÉDIT RENOUVELABLE

21790 Le **prêteur** peut réduire le montant total du crédit ou suspendre le droit d'utilisation du crédit à tout moment s'il dispose d'informations démontrant une diminution de la solvabilité de l'emprunteur telle qu'elle a pu être appréciée lors de la conclusion du contrat (C. consom. art. L 312-76, al. 1 ; sur l'appréciation de la solvabilité de l'emprunteur lors de la conclusion du contrat voir nos 20100 s.). Il en informe préalablement l'emprunteur sur support papier ou sur un autre support durable (même art.).

La diminution de la solvabilité permet aussi au prêteur de refuser la reconduction du contrat au bout d'un an (no 21840 s.) mais pas de résilier le crédit avant son terme, la résiliation ne pouvant intervenir qu'à la suite d'un défaut de paiement.

En cas de non-respect des obligations fixées par l'article L 312-76, le prêteur encourt une amende de 1 500 € pouvant être portée à 3 000 € en cas de récidive (art. R 341-18).

21795 L'**emprunteur** peut également demander à tout moment la réduction de sa réserve de crédit, la suspension de son droit à l'utiliser ou la résiliation de son contrat (C. consom. art. L 312-79). Cette faculté doit figurer sur l'état actualisé de l'exécution du crédit transmis mensuellement par le prêteur (art. L 312-71 ; no 21755).

Pendant la période de suspension du droit d'utilisation du crédit, l'emprunteur est donc tenu de rembourser, aux conditions fixées par le contrat, le montant du crédit utilisé ; il en est de même si le crédit est résilié à sa demande (C. consom. art. L 312-76, al. 3 et L 312-79, al. 2). La durée de remboursement initialement convenue n'est donc pas affectée. 21800

À tout moment, à l'initiative du prêteur ou à la demande de l'emprunteur, le **montant** total du crédit peut être **rétabli** et la **suspension** du droit d'utilisation **levée,** après vérification de la solvabilité de l'emprunteur dans les conditions exposées n°s 20100 s. (C. consom. art. L 312-76, al. 2). 21805

CRÉDIT RENOUVELABLE ASSORTI D'UNE CARTE

Il est possible d'associer une carte de crédit à un crédit renouvelable. Toutefois, une telle carte de crédit doit comporter au recto et en caractères lisibles la **mention** « carte de crédit », sous peine pour le prêteur d'une amende de 1 500 €, pouvant être portée à 3 000 € en cas de récidive (C. consom. art. L 312-67 et R 341-15). 21810

Si le crédit renouvelable est assorti de l'usage d'une carte donnant droit à des avantages de toute nature (carte de fidélité), le bénéfice de ces avantages ne peut pas être subordonné à l'**utilisation à crédit** de la carte (C. consom. art. L 312-68). Le prêteur ou l'intermédiaire de crédit doit donc proposer au consommateur la possibilité de payer au comptant avec cette carte (art. précité). Sur l'indication de ces informations dans la publicité et dans le contrat de crédit, voir respectivement n°s 19835 et 21720. 21815

Par ailleurs, les **enseignes de distribution** qui proposent un programme comportant des avantages de toute nature et incluant un crédit renouvelable doivent également proposer au consommateur un **autre programme** comportant des avantages de toute nature non liés à un crédit (C. consom. art. L 312-63).

L'utilisation du crédit doit résulter de l'**accord** exprès **du consommateur** exprimé lors du paiement avec la carte ou dans un délai raisonnable à réception de l'état actualisé de l'exécution du contrat de crédit (art. L 312-69). L'accord exprès du consommateur est requis dans les mêmes conditions pour l'usage d'une **carte de paiement** émise par un établissement de crédit et qui est associée à la fois à un compte de dépôt ou de paiement et à un crédit renouvelable (art. L 312-70).

Le prêteur est déchu du droit aux intérêts en totalité ou dans la proportion fixée par le juge, s'il n'a pas respecté les modalités d'utilisation du crédit renouvelable (C. consom. art. L 341-7). Sur la nécessité du caractère dissuasif de la **sanction,** voir n° 20110. Par ailleurs, le vendeur qui soumet le bénéfice d'avantages commerciaux à l'utilisation à crédit de la carte s'expose à une amende de 1 500 €, pouvant être portée à 3 000 € en cas de récidive (art. R 341-16). 21820

3. RECONDUCTION DU CONTRAT DE CRÉDIT RENOUVELABLE

CAS GÉNÉRAL DE RECONDUCTION DU CONTRAT DE CRÉDIT RENOUVELABLE

Le crédit renouvelable est conclu pour une durée d'un an et peut être renouvelé chaque année (n° 21720). Chaque année, avant de proposer à l'emprunteur la reconduction du contrat, le prêteur doit consulter le fichier national des incidents de remboursement des crédits aux particuliers (FICP ; n°s 26900 s.) ; il doit en outre, tous les trois ans, **vérifier** la **solvabilité** de l'emprunteur en lui demandant des informations sur ce point (C. consom. art. L 312-75). Le prêteur doit conserver sur un support durable des preuves de la consultation du fichier, de son motif et de son résultat (C. consom. art. L 751-6, al. 2 ; Arrêté ECET1024001A du 26-10-2010 art. 13). 21840

Au vu des informations ainsi recueillies, le prêteur peut **proposer** la **reconduction** du contrat sans **modification,** avec modification (notamment une suspension du droit d'utilisation du crédit ou une réduction du montant total du crédit) ou encore **refuser** la reconduction (art. L 312-76, al. 1). L'augmentation du montant total du crédit suppose l'établissement d'un nouveau contrat (n° 21710).

Les articles du Code de la consommation relatifs à la reconduction du crédit renouvelable ne sont pas très clairs sur les modalités selon lesquelles la **décision du prêteur** est **portée à la connaissance de l'emprunteur.** Ainsi, l'article L 312-65, al. 2 prévoit que le prêteur doit indiquer à l'emprunteur les conditions de reconduction du contrat trois mois avant le terme de celui-ci tandis que l'article L 312-76, al. 1 précise, mais sans imposer de délai minimal, 21845 que l'emprunteur doit être informé par support papier ou autre support durable de la réduction du montant du crédit, de la suspension du droit d'utilisation ou de la non-reconduction du contrat avant la prise d'effet de ces mesures.

En lisant isolément ces deux alinéas, on peut en déduire que le prêteur entendant reconduire à l'identique le crédit est tenu d'en informer l'emprunteur trois mois avant tandis que ce délai ne s'applique pas si le prêteur ne désire pas proposer la reconduction, auquel cas une information préalable, même proche du terme du contrat, est satisfaisante au regard de la loi. Si ces dispositions doivent être interprétées comme étant cumulatives, le prêteur non désireux de reconduire le contrat dans ses termes initiaux (refus total de reconduction ou modification du crédit) doit en informer l'emprunteur trois mois avant le terme du contrat. Cette dernière interprétation est, à notre avis, plus proche de la volonté du législateur.

21850 C'est au prêteur de **prouver** qu'il a informé l'emprunteur sur les conditions de reconduction du contrat (Cass. 1e civ. 28-9-2004 nº 02-20.515 : RJDA 1/05 nº 70). Si une cour d'appel a jugé que la production d'un listing informatique valait preuve de l'envoi de l'information (CA Versailles 1-12-2000 : RJDA 4/01 nº 496), la Cour de cassation a considéré comme abusive la clause prévoyant que la preuve de la délivrance de l'information prévue par l'ancien article L 311-9 (désormais prévue par l'art. L 312-65) serait établie par la production de l'enregistrement informatique de l'envoi au motif que cette clause, qui exonérait le prêteur de la preuve lui incombant du contenu de l'information et excluait ainsi toute contestation ultérieure, inversait la charge de la preuve, au détriment de l'emprunteur (Cass. 1e civ. 1-2-2005 nº 01-16.733 : Bull. civ. I nº 60).

Lorsque l'**emprunteur** est mis sous **curatelle** en cours d'exécution du contrat, le prêteur doit informer le curateur des conditions de reconduction du contrat (Cass. 1e civ. 9-11-2011 nº 10-14.375 : RJDA 2/12 nº 198, solution transposable en cas de tutelle pour l'information du tuteur).

21855 Le prêteur doit joindre aux conditions de reconduction du crédit un **bordereau-réponse** permettant à l'emprunteur de refuser le maintien du crédit en cas de **modification** de ses **conditions initiales** (C. consom. art. L 312-77).

L'emprunteur peut **refuser** les **modifications** jusqu'à vingt jours avant qu'elles ne deviennent effectives (art. L 312-77). En cas de refus des nouvelles conditions de taux ou de remboursement proposées, l'emprunteur est tenu de rembourser aux conditions initiales le montant de la réserve d'argent déjà utilisé et ne peut plus utiliser la réserve disponible (art. L 312-78).

INUTILISATION DU CRÉDIT RENOUVELABLE

21860 Si, pendant un an, le contrat d'ouverture de crédit ou tout moyen de paiement associé n'a fait l'objet d'aucune utilisation, le prêteur qui entend proposer la reconduction du contrat adresse à l'emprunteur, à l'échéance de l'année écoulée, un document annexé aux conditions de cette reconduction qui indique l'identité des parties, la nature de l'opération, le montant du crédit disponible, le taux annuel effectif global (nº 96300) ainsi que le montant des remboursements par échéance et par fractions de crédit utilisées (C. consom. art. L 312-80).

La **période d'inactivité** d'un an est **calculée** à compter de la date de souscription du contrat de crédit ou de la dernière reconduction ; le document annexé doit être envoyé au plus tard trois mois avant la date d'expiration du délai d'un an (art. D 312-31).

21865 À défaut pour l'emprunteur de retourner ce document, signé et daté, au plus tard vingt jours avant la date d'échéance du contrat, le prêteur **suspend** à cette date le droit d'utilisation du crédit par l'emprunteur. Cette suspension ne peut être levée qu'à la demande de l'emprunteur (C. consom. art. L 312-81). Dans le cas où l'emprunteur n'a pas demandé la levée de la suspension à l'expiration du délai d'un an suivant la date de la suspension de son contrat de crédit, le contrat est **résilié** de plein droit (art. L 312-82), nonobstant l'éventuel prélèvement de la cotisation liée à l'utilisation de la carte de crédit assortissant le crédit renouvelable (art. L 312-83).

SANCTION DU NON-RESPECT DES FORMALITÉS LIÉES AU CRÉDIT RENOUVELABLE

21870 Le prêteur qui ne respecte pas les obligations relatives à la reconduction du contrat de crédit renouvelable exposées nºs 21840 s. est passible d'une amende de 1 500 €, pouvant être portée à 3 000 € en cas de récidive (C. consom. art. R 341-18).

VIII. CRÉDIT GRATUIT

OPÉRATIONS OBJET DU CRÉDIT GRATUIT

Les opérations de crédit qui comportent un **délai de remboursement inférieur ou égal à trois mois** et qui ne sont assorties d'**aucun intérêt** ou d'aucuns frais ou seulement de frais d'un montant négligeable sont exclues du champ d'application de la réglementation sur le crédit à la consommation (C. consom. art. L 312-4, 5°). 22000

Le crédit gratuit ne relève donc de la réglementation que s'il satisfait aux critères exposés nos 19100 s. et donc notamment : **durée** de remboursement **supérieure à trois mois** et **coût** total supérieur à 200 € (mais inférieur à 75 000 € ; n° 19310). Enfin, le terme « gratuit » suppose une prise en charge totale ou partielle des frais de crédit qui incombent normalement à l'emprunteur.

> **Précisions** À défaut d'être exclus par les dispositions relatives au crédit gratuit, les **prêts aidés** par l'État destinés au financement d'une formation à la conduite et à la sécurité routière (dispositif du **permis « à un euro par jour »** pour les 15-25 ans) n'échappent pas à la réglementation.

INTERDICTION D'AUGMENTER LE PRIX AU COMPTANT

Lorsqu'une opération de financement comporte une prise en charge totale ou partielle des frais, le vendeur ne peut pas demander à l'acheteur à crédit ou au locataire une somme d'argent supérieure au **prix le plus bas effectivement pratiqué** pour l'achat au comptant d'un article ou d'une prestation similaire, dans le même établissement de vente au détail, au cours des trente derniers jours précédant le début de la publicité ou de l'offre (C. consom. art. L 312-42). 22010

En conséquence, un distributeur ne peut pas proposer un crédit gratuit pour la vente d'un nouveau produit qu'il n'a jamais eu en magasin et pour lequel il ne dispose d'aucun prix de référence.

REMISE POUR PAIEMENT COMPTANT

S'il le souhaite, le vendeur peut **consentir un escompte** sur le prix d'achat mais il doit toujours en mentionner le montant dans toute publicité et indiquer qui prend en charge le coût du crédit (C. consom. art. L 312-41 ; n° 19820). 22020

Si la prise en charge des frais de crédit par le vendeur ne **concerne qu'une partie de la clientèle,** les acheteurs doivent être informés, de façon claire et précise, des conditions à remplir pour bénéficier des avantages consentis, et ces conditions doivent être identiques pour tous (justification d'un revenu minimum par exemple) (Rép. Bois : AN 24-6-1985 p. 2922).

CUMUL DE CRÉDITS

Toute opération de **crédit** à titre **onéreux proposée concomitamment à un crédit gratuit** ou promotionnel doit être conclue dans un contrat de crédit distinct, conforme aux dispositions des articles L 312-18 à L 312-29 du Code de la consommation (C. consom. art. L 312-43), c'est-à-dire répondant aux exigences exposées nos 20230 s. 22030

SANCTIONS DU NON-RESPECT DE LA RÉGLEMENTATION SUR LE CRÉDIT GRATUIT

Le vendeur qui pratique un prix au comptant plus élevé que celui à crédit et le prêteur qui n'établit pas de contrats distincts en cas de concomitance entre un crédit gratuit et un crédit à titre onéreux s'exposent à une **amende** de 1 500 €, pouvant être portée à 3 000 € en cas de récidive (C. consom. art. R 341-8 et R 341-9). 22040

S'agissant d'une amende de nature contraventionnelle, l'administration peut, tant que l'action publique n'a pas été mise en mouvement, proposer une **transaction** (C. consom. art. L 523-1 et R 523-2 ; voir nos 77940 s.).

IX. CONTENTIEUX DU CRÉDIT À LA CONSOMMATION

A. Tribunal compétent en matière de crédit à la consommation

22200 Le **juge des contentieux de la protection** du **tribunal judiciaire** (ex-tribunal d'instance) connaît des litiges nés de l'application de la réglementation sur le crédit à la consommation (C. consom. art. R 312-35, al. 1 et C. org. jud. art. L 213-4-5).

Ces règles de compétence sont impératives mais elles n'interdisent pas aux parties au crédit de recourir à la procédure de **médiation bancaire** prévue par l'article L 316-1 du Code monétaire et financier.

22205 Les **litiges visés** par l'article R 312-35 du Code de la consommation sont tous ceux concernant les contrats de prêt soumis à la réglementation sur le crédit à la consommation, même si leur résolution ne suppose pas l'application d'une disposition du Code de la consommation, et non les seuls litiges portant sur l'application des dispositions dudit Code (Cass. 1e civ. 11-6-1985 : Bull. civ. I n° 184 ; Cass. 1e civ. 8-7-1997 : Bull. civ. I n° 235).

ILLUSTRATIONS

Constituent des litiges soumis à la réglementation sur le crédit à la consommation :
– le contentieux né de la défaillance de l'emprunteur (Cass. 1e civ. 11-6-1985 : Bull. civ. I n° 184) ;
– la demande en validité d'une saisie-arrêt (devenue la saisie-attribution) pratiquée par le prêteur au préjudice de l'emprunteur (Cass. 1e civ. 8-7-1997 : Bull. civ. I n° 235) ;
– la demande de nullité relative à une lettre de change souscrite dans le cadre d'un crédit à la consommation (Cass. 1e civ. 30-9-1997 n° 1422 : RJDA 2/98 n° 204) ;
– le litige portant à la fois sur l'exécution du contrat de vente et sur la suspension du contrat de crédit (TGI Limoges 12-7-1991 : Bull. inf. C. cass. 1991/337 p. 41 n° 1889) ;
– l'action d'une association de consommateurs tendant à faire supprimer une clause figurant dans un modèle d'offre de crédit proposé par une banque au motif que la clause est abusive ou illicite en raison de sa non-conformité à la réglementation du crédit à la consommation (Cass. 2e civ. 12-10-2006 n° 1536 : RJDA 3/07 n° 283) ;
– l'action d'une association de consommateurs tendant à faire cesser la diffusion de documents publicitaires par une banque dès lors qu'il est soutenu que ces publicités sont de nature à induire en erreur et donc illicites en raison de leur irrégularité au regard de la réglementation du crédit à la consommation (Cass. 2e civ. 12-10-2006 n° 1536 précité).

Les règles relatives au contentieux du crédit à la consommation s'appliquent également aux litiges nés de l'application de la réglementation aux crédits consentis sous la forme d'une **autorisation expresse de découvert** remboursable dans un délai supérieur à un mois et inférieur ou égal à trois mois (C. consom. art. L 312-84) ou d'un **dépassement** tacitement autorisé **de découvert** en compte (art. L 312-94).

L'**action en responsabilité que le prêteur peut engager contre l'intermédiaire** qui n'a pas respecté les obligations relatives à la formation du contrat de crédit (C. consom. art. L 312-27 ; n° 20030) entre-t-elle dans le champ d'application de l'article R 312-35 ? La réponse n'est pas tranchée. En faveur d'une réponse favorable, on peut relever que cette action récursoire est fondée sur une violation de la réglementation sur le crédit à la consommation. Une réponse négative peut s'imposer si on considère que le litige oppose deux professionnels commerçants.

22210 La **compétence** du juge des contentieux de la protection du tribunal judiciaire (ex-tribunal d'instance) est exclusive, quel que soit le **montant du litige.** Cette règle de compétence rend les clauses attributives de juridiction sans valeur.

L'incompétence du tribunal saisi du litige peut être invoquée par l'une des parties au litige ou **relevée d'office par le juge** (C. consom. art. R 632-1).

22215 Le juge des contentieux de la protection du tribunal judiciaire (ex-tribunal d'instance) **statue en dernier ressort** pour les litiges inférieurs ou égaux à 5 000 € et à charge d'appel lorsque la demande excède cette somme ou est indéterminée (C. org. jud. art. R 213-9-4).

En application des règles de droit commun, le tribunal **territorialement compétent** est celui du domicile du défendeur (CPC art. 42). Le consommateur peut également choisir le tribunal du lieu où il demeurait au moment de la conclusion du contrat ou de la survenance du fait dommageable (C. consom. art. R 631-3). 22220

> **Précisions** **a.** L'article 46 du Code de procédure civile, qui donne la possibilité de saisir le **tribunal du lieu de l'exécution de la prestation de service,** n'est pas applicable car la délivrance d'une somme d'argent en exécution d'un contrat de prêt ne peut pas être tenue pour une prestation de service (Cass. com. 9-3-1999 : RJDA 5/99 n° 625).
> **b.** Sur la compétence exclusive du juge des contentieux de la protection du tribunal judiciaire pour connaître d'un litige opposant des emprunteurs français à une **banque étrangère,** voir n° 19455.

B. Délai pour agir en cas de défaillance de l'emprunteur

PRINCIPE

Les actions en paiement engagées à l'occasion de la défaillance de l'emprunteur doivent être engagées dans les deux ans de l'événement qui leur a donné naissance à peine de forclusion (C. consom. art. R 312-35, al. 1). 22260

1. ACTIONS EXERCÉES EN CAS DE DÉFAILLANCE DE L'EMPRUNTEUR

Relèvent des dispositions de l'article R 312-35, al. 1 du Code de la consommation : les actions en paiement liées à la **défaillance de l'emprunteur à l'occasion d'un crédit** qui relève de la réglementation du crédit à la consommation, y compris s'il s'agit d'une autorisation expresse de découvert remboursable dans un délai supérieur à un mois et inférieur ou égal à trois mois (art. L 312-84) ou d'un dépassement tacitement autorisé de découvert en compte (art. L 312-94) ; les **actions** en paiement formées par le prêteur **contre l'emprunteur** et, même si la loi ne le précise pas, celles formées **contre la caution.** 22270

À notre avis, ces dispositions sont également applicables à la **caution** qui exerce son recours personnel **contre l'emprunteur** après avoir désintéressé le prêteur (en sens contraire, Ph. Flores et G. Biardeaud, « Réforme du délai de forclusion : vers une restauration du régime de protection de l'emprunteur » ; D. 2002 p. 876 à propos de l'action caution/emprunteur et des actions entre coobligés).

En revanche, le délai n'est pas applicable aux **actions en responsabilité engagées par l'emprunteur** pour non-respect par le prêteur de son devoir de mise en garde (Cass. 1e civ. 30-5-2012 n° 11-14.728 : RJDA 10/12 n° 891).

2. INTERRUPTION DU DÉLAI POUR AGIR EN CAS DE DÉFAILLANCE DE L'EMPRUNTEUR

Le délai de deux ans prévu par l'article R 312-35, al. 1 du Code de la consommation pour agir en paiement contre l'emprunteur défaillant est un **délai préfix** qui ne peut être **interrompu** que par : une demande en justice, même en référé ; un acte d'exécution forcée (commandement ou saisie par exemple) signifié à celui qu'on veut empêcher de prescrire (C. civ. art. 2241, al. 1 et 2244) ; une demande formée par l'emprunteur auprès d'une commission de surendettement tendant à la recommandation par celle-ci de mesures de redressement (C. consom. art. L 721-5 ; pour une application, Cass. 1e civ. 19-5-1999 : RJDA 10/99 n° 1116). 22290

ILLUSTRATIONS

Interrompent le délai de deux ans :
– une demande reconventionnelle en paiement formée par voie de conclusions (Cass. 1e civ. 25-10-1994 : RJDA 3/95 n° 315), à condition qu'elle ait été signifiée ou présentée à l'audience avant l'expiration du délai (Cass. 1e civ. 22-5-2001 : RJDA 11/01 n° 1139) ;
– une ordonnance d'injonction de payer signifiée à l'emprunteur défaillant (Cass. 1e civ. 3-10-1995 : RJDA 6/96 n° 813 ; Cass. 1e civ. 9-3-1999 : RJDA 5/99 n° 596) ;
– une assignation en référé-provision (Cass. 1e civ. 1-6-1999 : RJDA 8-9/99 n° 990) ;

– la déclaration de créances effectuée dans le cadre d'une procédure de surendettement (Cass. 1e civ. 28-11-1995 : RJDA 6/96 nº 812 ; Cass. 1e civ. 23-3-1999 : RJDA 7/99 nº 828) ;
– une assignation délivrée au défendeur, indépendamment de la mise au rôle du tribunal (Cass. 1e civ. 20-10-1998 : RJDA 12/98 nº 1404 ; Cass. 1e civ. 23-3-1999, inédit).

Mais n'**interrompent pas** le délai :
– la présentation d'une requête en injonction de payer (Cass. 1e civ. 3-10-1995 : RJDA 6/96 nº 813 ; Cass. 1e civ. 9-3-1999 : RJDA 5/99 nº 596) ;
– une reconnaissance de dette (Cass. 1e civ. 13-11-1996 : RJDA 2/97 nº 239 ; Cass. 1e civ. 18-12-1997 nº 2005, inédit).

Lorsque l'**action est engagée,** l'interruption du délai de forclusion subsiste après le jugement tant que celui-ci n'est pas devenu définitif, le délai d'appel et l'appel produisant un effet suspensif (en ce sens, C. civ. art. 2242).

Le délai de deux ans est interrompu même si la **demande** en justice est **portée devant un tribunal incompétent** ou si l'acte de saisine de la juridiction est annulé par l'effet d'un vice de procédure (C. civ. art. 2241, al. 2).

3. POINT DE DÉPART DU DÉLAI POUR AGIR EN CAS DE DÉFAILLANCE DE L'EMPRUNTEUR

POINT DE DÉPART DE L'ACTION CONTRE L'EMPRUNTEUR

22310 Le délai de deux ans pour agir contre l'emprunteur défaillant court à compter de l'**événement qui a donné naissance à l'action en paiement** (C. consom. art. R 312-35, al. 1).

Cet événement est caractérisé par (art. précité) :
– le non-paiement des sommes dues à la suite de la résiliation du contrat ou de son terme ;
– le premier incident de paiement non régularisé ;
– le dépassement non régularisé du montant total du crédit consenti dans le cadre d'un contrat de crédit renouvelable ;
– le dépassement du solde du compte ou de l'autorisation conventionnelle de découvert non régularisé dans un délai de trois mois.

> Précisions En cas de **décès de l'emprunteur,** le délai de prescription de l'action en paiement du capital restant dû exercée par le prêteur contre les héritiers court à compter du jour où le prêteur prononce la déchéance du terme (Cass. 1e civ. 20-10-2021 nº 20-13.661 F-B : RJDA 3/22 nº 163, solution rendue à propos d'un crédit immobilier mais transposable). Le point de départ peut toutefois être retardé au jour où le prêteur a eu connaissance de l'identité des héritiers (Cass. 1e civ. 15-3-2017 nº 15-27.574 : RJDA 7/17 nº 522, solution rendue à propos d'un prêt viager hypothécaire mais, à notre avis, transposable au crédit à la consommation).

22320 **Non-paiement des sommes dues en cas de résiliation du crédit ou au terme de celui-ci** Le délai de forclusion commence à courir à compter du non-paiement des sommes à la suite de la résiliation du crédit ou de l'arrivée de son terme (C. consom. art. R 312-35). Ces événements emportent en effet l'**exigibilité des sommes** dues.

Sur les sommes dues au prêteur en cas de résiliation du crédit à la suite de la défaillance de l'emprunteur, voir nos 20840 s.

22325 L'article R 312-35 du Code de la consommation vise toute **résiliation,** quel qu'en soit la **cause** ou l'auteur. À notre avis, il englobe donc l'hypothèse du non-paiement de l'indemnité éventuellement due au prêteur en cas de remboursement anticipé du prêt par l'emprunteur (nº 20700), ce remboursement étant assimilable à une résiliation.

> Précisions L'ouverture du **redressement judiciaire de l'emprunteur** ou d'un coemprunteur n'emporte pas résiliation du concours bancaire (Cass. 1e civ. 6-1-1998 : RJDA 4/98 nº 459, solution transposable à la procédure de sauvegarde). Il en est de même si l'intéressé fait l'objet d'une procédure de surendettement (C. consom. art. L 722-11). Mais dans tous les cas, l'action du prêteur sera paralysée (C. com. art. L 622-21 et L 631-14 pour les procédures de sauvegarde et de redressement judiciaire ; C. consom. art. L 722-2 s. pour le surendettement).

22330 **Premier incident de paiement non régularisé** Le délai de forclusion court à compter du premier incident de paiement non régularisé (C. consom. art. R 312-35). La date de la plus ancienne échéance impayée est déterminée par application des règles du Code civil concernant l'**imputation des paiements** (C. civ. art. 1342-10 s. ; Cass. 1e civ. 17-3-1993 : RJDA 6/93 nº 540).

Lorsque les modalités de règlement des **échéances impayées** ont fait l'objet d'un réaménagement ou d'un **rééchelonnement,** le point de départ du délai de forclusion est le premier incident non régularisé intervenu après le premier aménagement ou rééchelonnement conclu entre les intéressés (C. consom. art. R 312-35, al. 2). Ce report est applicable que l'aménagement des échéances soit conventionnel ou judiciaire (Cass. 1e civ. 4-4-1995 : RJDA 8-9/95 nº 1010). 22335

Toutefois lorsqu'une ordonnance de référé a accordé des délais de paiement à l'emprunteur, le point de départ du délai de forclusion est reporté à la date de cessation des effets de l'ordonnance (Cass. 1e civ. 4-4-1995 précité).

Pour des exemples d'appréciation de l'existence d'un accord entre les parties pour rééchelonner la dette, voir Cass. 1e civ. 27-10-1993 : RJDA 3/94 nº 315 ; Cass. 1e civ. 13-11-1996 : RJDA 2/97 nº 239 ; Cass. 1e civ. 31-3-2011 nº 09-70.247 : RJDA 6/11 nº 571.

Si l'emprunteur a obtenu un **rééchelonnement dans le cadre d'une procédure de surendettement,** le point de départ du délai de forclusion est reporté au premier incident de paiement non régularisé intervenu après ce rééchelonnement (C. consom. art. R 312-35, al. 2). Dans le cas où deux plans conventionnels de redressement successifs ont été adoptés, il convient de tenir compte du moratoire accordé par le second plan pour déterminer le point du départ de délai de forclusion de l'action du créancier (Cass. 1e civ. 6-2-2019 nº 17-28.467 : RJDA 6/19 nº 455). 22340

En cas de crédit consenti à **plusieurs emprunteurs,** le report du point de départ du délai de forclusion consécutif au rééchelonnement consenti à l'un des emprunteurs, n'est pas opposable aux autres emprunteurs, même **tenus solidairement,** qui n'ont pas souscrit l'acte de réaménagement ou de **rééchelonnement,** à moins qu'ils n'aient manifesté la volonté d'en bénéficier (Cass. 1e civ. 11-2-2010 nº 08-20.800 : RJDA 10/10 nº 996). 22345

La solution est fondée, d'une part, sur l'effet relatif des contrats (C. civ. art. 1199) et, d'autre part, sur l'inopposabilité des exceptions purement personnelles à un codébiteur solidaire (C. civ. art. 1315). Elle est favorable au codébiteur solidaire qui n'a pas signé l'avenant de réaménagement du prêt ni manifesté sa volonté d'en bénéficier, puisque sa dette sera prescrite plus tôt.

Découvert en compte Pour les découverts en compte, le point de départ du délai de forclusion est le **dépassement du solde** du compte de dépôt **ou de l'autorisation** de découvert convenue qui n'a pas été régularisé à l'issue d'un **délai** de trois mois (C. consom. art. R 312-35, al. 1). 22350

Comme sous l'empire des textes antérieurs à la réforme du 1er juillet 2010, en cas de convention expresse de découvert d'un montant déterminé, tout dépassement du découvert convenu caractérise la défaillance de l'emprunteur et marque le point de départ du délai (Cass. 1e civ. 23-5-2000 nº 951 : RJDA 11/00 nº 1030 ; Cass. 1e civ. 7-12-2004 nº 1793 : RJDA 10/05 nº 1140 ; Cass. 1e civ. 16-10-2008 nº 06-19.206 : RJDA 2/09 nº 133), sauf si le découvert a été restauré peu après sa défaillance (Cass. 1e civ. 4-06-2014 nº 13-10.975 : RJDA 10/14 nº 793). En revanche, est à notre avis devenue obsolète la jurisprudence antérieure selon laquelle, dans les autres cas et notamment en cas de découverts tacitement autorisés (Cass. 1e civ. 23-5-2000 nº 941 : RJDA 11/00 nº 1029), le délai courait à compter de la date à laquelle le solde débiteur du compte devenait exigible (Cass. 1e civ. 9-6-1998 : RJDA 11/98 nº 1281 ; Cass. 1e civ. 10-12-2002 nº 1770 : RJDA 4/03 nº 427), c'est-à-dire à compter du terme de la convention d'ouverture de crédit, ou de sa résiliation à l'initiative de l'une des parties ou encore de la clôture du compte.

Désormais, le délai de deux ans commence à courir 90 jours après la constatation du débit excédant le solde du compte ou le montant de l'autorisation de découvert, si aucune régularisation n'est intervenue entre-temps. Cette solution est plus favorable à l'emprunteur et exige une réaction plus rapide du prêteur.

Crédit renouvelable En cas de crédit renouvelable, le point de départ du délai de forclusion est le **dépassement** non régularisé **du montant total** du crédit consenti (C. consom. art. R 312-35, al. 1). 22360

Sous l'empire de la réglementation antérieure à la loi du 1er juillet 2010, la Cour de cassation avait estimé que :

– pour les crédits renouvelables consentis pour un montant déterminé mais sans échéances de remboursement convenues, le point de départ était le premier dépassement du plafond (Cass. 1e civ. 17-12-2004 nº 1793 : RJDA 10/05 nº 1140) ;

– pour les crédits renouvelables assortis d'une obligation de remboursement à échéances convenues, le point de départ était la première échéance impayée et non régularisée

(Cass. ass. plén. 6-6-2003 n° 502 : RJDA 10/03 n° 1002 ; Cass. 1e civ. 12-10-2004 n° 1403 : RJDA 8-9/05 n° 1028).

La rédaction de l'article R 312-35 du Code de la consommation ne remet pas en cause cette distinction puisqu'il prévoit, comme alternative au dépassement du montant du crédit, le premier incident de paiement non régularisé, c'est-à-dire le non-paiement d'une échéance convenue.

> **Précisions** Le **montant total du crédit** consenti correspond au découvert autorisé initialement (CA Rouen 12-1-2012 n° 11/00883 : RJDA 8-9/12 n° 794). Par ailleurs, le **dépassement** du montant du crédit **s'apprécie** non au regard de l'enveloppe globale du crédit mais de la fraction disponible ou autorisée (Cass. 1e civ. 15-12-2011 n° 10-25.598 : RJDA 5/12 n° 527 ; Cass. 1e civ. 22-3-2012 n° 10-17.079 : RJDA 11/12 n° 994).

POINT DE DÉPART DU RECOURS DE LA CAUTION CONTRE L'EMPRUNTEUR

22370 Le point de départ du délai de forclusion pour le **recours personnel de la caution** qui a garanti le crédit contre le débiteur est la date du paiement fait au créancier par la caution (Cass. 1e civ. 9-12-1997 : RJDA 4/98 n° 493 ; Cass. 1e civ. 17-7-2001 n° 1409 : RJDA 12/01 n° 1247).

POINT DE DÉPART DU RECOURS DU CRÉANCIER CONTRE LA CAUTION

22380 En cas d'**action** en paiement du créancier **contre** la **caution** ayant garanti le crédit, il a été jugé que le point de départ du délai est la date d'exigibilité de l'obligation de la caution (CA Toulouse 18-10-1994 : RJDA 10/95 n° 1128).

4. EFFETS DE LA FORCLUSION

22400 À l'expiration du délai de deux ans prévu par l'article R 312-35 du Code de la consommation, le prêteur qui n'a pas agi contre l'emprunteur (ou la caution) ou interrompu ce délai dans les conditions exposées n° 22290 ne peut plus réclamer le paiement des sommes dues à la suite de la défaillance de l'emprunteur car il a perdu le **droit à agir en justice** à ce titre. Ainsi, la compensation entre la créance du prêteur déclarée forclose et celle de l'emprunteur sur la banque pour des intérêts indûment perçus ne peut pas être ordonnée (Cass. 1e civ. 11-7-2018 n° 17-17.683 F-D : RJDA 12/18 n° 937).

Le prêteur ne peut pas non plus réclamer le paiement **par voie d'exception,** la règle selon laquelle « l'exception survit à l'action » n'étant pas applicable à ce délai de forclusion (Avis C. cass. 9-10-1992 : RJDA 1/93 n° 53 ; Cass. 1e civ. 30-10-1995 : Contrats conc. consom. 1995 comm. n° 209 note G. Raymond ; Cass. 1e civ. 7-1-1997 : RJDA 10/97 n° 1233). Il ne peut pas non plus procéder par voie de saisie.

La cour d'appel de Paris a estimé que la sanction que constitue la forclusion biennale ne peut être assimilée à une confiscation prohibée par l'article 1er du protocole additionnel n° 1 à la convention européenne de sauvegarde des droits de l'Homme (CA Paris 14-5-2009 n° 07-13024 : RJDA 12/09 n° 1113).

22405 La **fin de non-recevoir** tirée de la forclusion peut être **invoquée par l'une des parties** au litige – elle doit alors en justifier (Cass. 1e civ. 9-12-1997 : Bull. civ. I n° 365) – ou **relevée d'office** par le juge (C. consom. art. R 632-1).

C. Délais pour exercer les actions non liées à la défaillance de l'emprunteur

22450 Les actions relatives aux opérations de crédit relevant du crédit à la consommation et qui ne sont pas liées à la défaillance de l'emprunteur sont soumises aux délais de **prescription de droit commun.**

22455 Se prescrivent ainsi par cinq ans :

– toute **action** de l'emprunteur ou de la caution **en annulation** du prêt ou du cautionnement (C. civ. art. 2224) ;

– les **autres actions** contre le prêteur (par exemple, demande en déchéance du droit aux intérêts ou action en responsabilité) (C. com. art. L 110-4, I ; Cass. 1e civ. 30-5-2012 n° 11-14.728 : RJDA 10/12 n° 891, pour une action en responsabilité contre le prêteur).

D. Aménagements contractuels de la prescription

L'article L 218-1 du Code de la consommation interdit tout aménagement contractuel de la prescription dans les **contrats conclus entre un professionnel et un consommateur,** par dérogation à l'article 2254 du Code civil (nº 63240). 22500

Il en résulte que les règles relatives à la détermination du point de départ du délai de forclusion, propres au crédit à la consommation, sont d'ordre public et qu'il ne peut pas y être dérogé (Cass. 1e civ. 22-1-2009 nº 06-15.370 : BRDA 5/09 inf. 22 ; Cass. 1e civ. 25-1-2017 nº 15-21.453 : RJDA 4/17 nº 274 ; Cass. 1e civ. 5-2-2020 nº 18-17.133 : RJDA 5/20 nº 287).

ILLUSTRATIONS

Une convention de compte courant **ne peut pas prévoir que la dette** ne devient **exigible qu'à la clôture du compte,** de telle sorte que le dépassement du découvert autorisé ainsi que le prélèvement des échéances de remboursement d'un prêt sur ce compte courant, non immédiatement couvert par des remises de fonds, ne constituent pas le point de départ du délai biennal de forclusion (Cass. 1e civ. 22-1-2009 précité ; nos 22310 s.). De même, une banque **ne peut pas,** pour retarder le point de départ du délai de forclusion, **inscrire l'échéance d'un prêt au débit d'un compte courant dont le solde est insuffisant** pour en couvrir le montant, alors qu'aucune convention de découvert n'a été conclue (Cass. 1e civ. 25-1-2017 précité).

SECTION 2

CRÉDIT IMMOBILIER

RÉGLEMENTATION DU CRÉDIT IMMOBILIER

Lorsqu'ils envisagent d'acquérir un appartement ou une maison individuelle, la quasi-totalité des particuliers recourent au crédit pour financer leur achat. 22600

Indépendamment de l'interdiction des taux usuraires (nos 96000 s.) et de la réglementation de certains mécanismes d'accession à la propriété, il est apparu nécessaire de renforcer l'information et la protection des emprunteurs. Tel est l'objet des **articles L 313-1 et suivants du Code de la consommation** ainsi que des **articles R 313-1 et suivants** du même Code.

Les dispositions du Code de la consommation relatives au crédit immobilier sont d'**ordre public** (C. consom. art. L 314-26). Leur méconnaissance peut être relevée d'office par le juge (C. consom. art. R 632-1 ; Cass. 1e civ. 22-1-2009 nº 05-20.176 : RJDA 4/09 nº 382 ; déjà en ce sens, CJCE 4-10-2007 aff. 429/05 : RJDA 2/08 nº 184 s'agissant de la résolution ou l'annulation de plein droit du contrat de crédit à la consommation en cas de résolution ou d'annulation du contrat principal). Par ailleurs, les parties ne peuvent pas **renoncer** à l'avance **au bénéfice de ces dispositions** protectrices (Cass. 1e civ. 17-3-1993 : RJDA 11/93 nº 930 ; Cass. 1e civ. 27-6-1995 : RJDA 12/95 nº 1412 ; Cass. 1e civ. 26-1-1999 : RJDA 4/99 nº 461), mais elles peuvent renoncer à leurs effets acquis à condition de l'exprimer sans équivoque (Cass. 1e civ. 17-3-1998 : RJDA 7/98 nº 904). 22610

CONTRAT DE CRÉDIT IMMOBILIER CONCLU À DISTANCE

Les dispositions du Code de la consommation relatives au crédit immobilier ont été pour l'essentiel élaborées en considération d'un **contrat** de crédit conclu sous la forme d'un écrit **papier.** Mais les actes électroniques peuvent aujourd'hui faire la preuve d'un engagement (C. civ. art. 1366 s.) et en assurer la validité (C. civ. art. 1174 et 1175). 22620

La réglementation relative au crédit immobilier exige la formulation de l'offre de crédit sur papier ou sur un autre support durable et son acceptation par lettre, ou selon tout autre moyen convenu entre les parties de nature à rendre certaine la date de l'acceptation par l'emprunteur (C. consom. art. L 313-24 et L 313-34). Ces exigences ont un équivalent électronique en vertu de l'article L 100 du Code des postes et des communications électroniques qui prévoit l'envoi d'une **lettre recommandée par courrier électronique.**

Le crédit immobilier conclu à distance tombe sous le coup du dispositif de protection du consommateur applicable en cas de commercialisation à distance de services financiers (nos 31900 s.).

Sur la souscription sous forme électronique des garanties du crédit, voir nº 26110.

I. CHAMP D'APPLICATION DE LA RÉGLEMENTATION SUR LE CRÉDIT IMMOBILIER

A. Nature du prêt soumis à la réglementation sur le crédit immobilier

22700 Dès lors qu'il répond aux caractéristiques exposées nos 22760 s., le contrat de prêt relève de la réglementation du crédit immobilier quelle que soit sa nature : prêt amortissable, prêt remboursable à l'échéance, appelé également « prêt in fine », découvert en compte, crédit relais ou encore prêts aidés par l'État (prêt d'accession sociale ; prêt à taux zéro : CA Agen 4-6-1998 : RJDA 7/99 no 831). Ainsi, un prêt-relais consenti sous forme de découvert en compte est soumis à la réglementation du crédit immobilier et non à celle du crédit à la consommation, dès lors que les sommes remises à l'emprunteur ont été versées à titre de prêt immobilier, peu important leur utilisation (Cass. 1e civ. 26-1-1999 : Contrat conc. consom. 1999 no 63).

Les **délais de paiement** consentis par le vendeur moyennant intérêts (« crédit-vendeur ») sont considérés comme un prêt (Cass. 1e civ. 10-6-1987 : Bull. civ. I no 190). Il semble en revanche que les délais de paiement accordés par les entreprises du bâtiment dans des conditions conformes aux usages ne constituent pas des prêts (cf. Rép. Briane : AN 22-3-1982 p. 1167).

Sur les cas particuliers, voir no 22910 (prêts locatifs aidés), nos 22900 et 24600 s. (location-vente ou location assortie d'une promesse de vente), nos 25100 s. (regroupements de crédits).

22705 Sont **exclus** de la réglementation sur le crédit immobilier (C. consom. art. L 313-2, 3o et 5o à 10o) :
- les opérations de **crédit différé** régies par la loi 52-332 du 24 mars 1952, sauf celles qui sont associées à un crédit d'anticipation ;
- les opérations de crédit qui ne sont assorties d'**aucun intérêt** ni d'aucuns frais autres que les frais couvrant les coûts liés à la garantie du crédit ;
- les opérations consenties sous la forme d'une **autorisation de découvert** remboursable dans un délai d'un mois ;
- les contrats qui sont l'expression d'un **accord intervenu devant le juge** ;
- les mesures de report ou de rééchelonnement des paiements résultant d'un **plan conventionnel** de redressement conclu devant la commission **de surendettement** ;
- les contrats de crédit conclus à l'occasion d'un **délai de paiement** accordé, sans frais, pour le règlement d'une **dette existante** qui ne sont pas garantis par une hypothèque ou une sûreté réelle comparable ;
- le **prêt viager hypothécaire** (no 25300).

22710 Le **montant du prêt** sollicité n'a pas d'incidence sur le régime applicable.

22715 Les emprunteurs ne peuvent contracter de prêts libellés dans une **devise autre que l'euro,** remboursables en euros ou dans la devise concernée, que s'ils déclarent percevoir principalement leurs revenus ou détenir un patrimoine dans cette devise au moment de la signature du contrat de prêt, excepté si le risque de change n'est pas supporté par l'emprunteur (C. consom. art. L 313-64, al. 1). Le fait pour le prêteur de contrevenir à cette disposition est puni d'une amende de 300 000 euros (C. consom. art. L 341-32).

Par ailleurs, au plus tard à l'émission de l'offre de prêt, le prêteur doit informer l'emprunteur des risques inhérents à un tel contrat de prêt et les possibilités éventuelles de **conversion** des remboursements en euros en cours de prêts doivent lui être précisées (art. L 313-64, al. 2).

B. Intervenants à l'opération de crédit immobilier

PRÊTEUR DANS LE CADRE D'UN CRÉDIT IMMOBILIER

22760 Est un prêteur, au sens de la réglementation du crédit immobilier, toute personne qui consent ou s'engage à consentir un crédit mentionné nos 22885 s. **dans le cadre de l'exercice de ses activités commerciales ou professionnelles** (C. consom. art. L 311-1, 1o). Tel est non seulement le cas des dispensateurs traditionnels de crédit (banques et établissements financiers) mais encore de toute personne physique ou morale qui consent ou s'engage à consentir un prêt tel que défini au n° 22885. Ce peut également être le cas des prêts accordés par les promoteurs ou vendeurs professionnels, par les caisses de prévoyance et de retraite et par les caisses d'allocations familiales ainsi que des prêts aidés par l'État pour l'accession à la propriété et pour l'amélioration de l'habitat.

En revanche, ne peut être considérée comme « prêteur » une société d'éditions musicales qui consent une avance sur droits d'auteur à un musicien pour lui permettre de financer l'achat d'un immeuble (CA Paris 4-6-1985, inédit) ou la personne qui prête ponctuellement de l'argent à un proche ou encore celle qui, à l'occasion de la vente d'un immeuble, consent pour cette opération un crédit-vendeur.

Les prêts consentis par les **employeurs** à leurs salariés, notamment dans le cadre de la participation obligatoire des employeurs à l'effort de construction, devraient, à notre avis, être soumis à la réglementation, sauf si l'employeur consent ces prêts à titre exceptionnel (cf. Rapport Richomme AN n° 1015 p. 25 ; Rép. Mesmin : AN 28-12-1981 p. 3846).

EMPRUNTEUR DANS LE CADRE D'UN CRÉDIT IMMOBILIER

L'emprunteur, au sens de la réglementation du crédit immobilier, est en premier lieu **22770** l'emprunteur, **personne physique,** désireux de financer l'une des opérations exposées nos 22885 s., mais seulement si l'opération ne s'inscrit pas dans le cadre d'une activité professionnelle (C. consom. art. L 313-2, 2°). Sont donc visés les particuliers qui achètent un logement pour l'habiter ou pour le louer. De même, un professionnel de l'immobilier, tel un marchand de biens, peut invoquer cette réglementation si l'opération concerne exclusivement son patrimoine privé, à moins qu'il se soit présenté comme un professionnel.

La réglementation n'est pas applicable aux prêts consentis à des **personnes morales** de droit public (C. consom. art. L 313-2, 1°), c'est à dire à l'État, aux collectivités locales (communes, départements et régions) et aux établissements publics (communautés urbaines, communautés d'agglomération...). A contrario, elle peut bénéficier aux personnes morales de droit privé (sociétés, associations, fondations, syndicats...), sous réserve là encore que l'opération ne soit pas destinée à financer une activité professionnelle, ce qui en pratique est rarement le cas (n° 22910).

INTERMÉDIAIRE DE CRÉDIT DANS LE CADRE D'UN CRÉDIT IMMOBILIER

Est considérée comme un intermédiaire de crédit, au sens de la réglementation sur le crédit **22780** immobilier, toute personne qui, dans le cadre de ses activités commerciales ou professionnelles habituelles et contre une rémunération ou un avantage économique, apporte son concours à la réalisation d'une opération visée aux nos 22885 s., sans agir en qualité de prêteur (C. consom. art. L 311-1, 5°). Entrent dans cette définition les intermédiaires en opérations de banque et en services de paiement qui fournissent à leurs clients un service de conseil spécifique pour l'une de ces opérations (C. mon. fin. art. L 519-1 et L 519-1-1).

Sur les **cautions** susceptibles de bénéficier de la réglementation du crédit immobilier et sur **22785** les autres garanties pouvant couvrir un tel crédit, voir nos 26200 s.

C. Immeubles visés par la réglementation sur le crédit immobilier

Un financement relève de la réglementation sur le crédit immobilier si l'opération financée **22830** porte sur un immeuble à **usage d'habitation** (C. consom. art. L 313-1, 1°-a.). Il peut s'agir d'une maison ou d'un appartement, d'une résidence principale ou secondaire, d'un logement destiné à l'occupation personnelle ou à la location.

Peu importe que le local ne soit pas, au moment de la vente, à usage d'habitation ; il suffit que l'acquéreur le destine à cet usage. L'esprit de la loi commande cette solution : dans ce cas, l'emprunteur est tout aussi digne de protection que si le bien était, au moment de l'achat, à usage d'habitation.

La réglementation s'applique également si l'opération porte sur un immeuble **à usage pro- 22835 fessionnel et d'habitation** (C. consom. art. L 313-1, 1°-a.). Entre dans cette catégorie l'immeuble réservant à l'usage d'habitation au moins la surface nécessaire au logement de celui ou de ceux dont l'activité professionnelle s'exerce dans les autres parties de l'immeuble, sans qu'il soit besoin d'établir un rapport entre la surface réservée à l'habitation et la surface affectée à l'exercice de la profession (Rép. Branger : AN 24-11-1980 p. 4924).

ILLUSTRATIONS

La réglementation sur le crédit immobilier ne s'applique pas :
– en cas d'achat d'un domaine agricole ou vinicole dès lors que les bâtiments d'habitation n'en constituent que l'accessoire (Cass. 3e civ. 25-4-1984 : Bull. civ. III p. 72 no 91) ou que l'achat a été effectué en vue de l'exploitation du domaine par l'acheteur (Cass. 1e civ. 7-10-1992 : Bull. civ. I p. 161 no 244) ;
– en cas d'acquisition d'un local aménagé en totalité pour la pratique d'activités sportives et faisant l'objet d'un bail commercial consenti à une société ayant cette activité, sans que l'emprunteur ait entendu, par cet achat, satisfaire un besoin personnel ou familial (Cass. 1e civ. 29-10-2002 no 1539, inédit) ;
– en cas d'acquisition de parts d'une société dont l'objet est la construction et l'aménagement d'un hôtel, cet immeuble ayant une vocation commerciale (Cass. 1e civ. 20-3-2007 no 06-13.884 : RJDA 7/07 no 768).

22840 L'opération peut porter sur un immeuble **bâti** ou sur un **terrain** à bâtir (no 22885).

ILLUSTRATIONS

Ne peut pas être qualifiée d'immeuble, et ne relève donc pas de la réglementation sur le crédit immobilier, une construction reposant sur des poutrelles métalliques posées sur des parpaings et non incorporée au sol (CA Aix-en-Provence 3-5-2005 : Contrats conc. consom. 2005 comm. no 211 obs. G. Raymond).

D. Opérations financées par le crédit immobilier

OPÉRATIONS RELEVANT DE LA RÉGLEMENTATION SUR LE CRÉDIT IMMOBILIER

22885 Pour relever de la réglementation sur le crédit immobilier, le prêt doit être consenti par des personnes physiques ou morales en vue de financer l'une des opérations ci-après portant sur des immeubles à usage d'habitation ou à usage professionnel et d'habitation (C. consom. art. L 313-1, 1o).

1o Acquisition en propriété ou en jouissance de ces immeubles, y compris si l'opération vise également à permettre la réalisation de travaux de réparation, d'amélioration ou d'entretien de l'immeuble acquis. Entrent dans cette liste la vente par adjudication, le contrat de vente d'immeuble à construire (CCH art. L 261-1 s.) et les contrats de construction de maison individuelle (CCH art. L 231-1 s.).

ILLUSTRATIONS

Le prêt consenti après la vente de l'immeuble pour apurer le solde restant dû sur le prêt immobilier initial accordé pour l'achat de cet immeuble s'inscrit dans l'opération d'acquisition du bien et est donc soumis à la réglementation (Avis C. cass. 20-6-1997 : Bull. civ. no 4). De même, le prêt destiné à financer l'achat et l'installation de panneaux photovoltaïques permettant à un particulier de produire sa propre électricité relève de la réglementation sur le crédit immobilier, peu important la revente d'une partie de l'électricité à un fournisseur d'énergie (Cass. 1e civ. 27-6-2018 no 17-16.352 F-D : RJDA 10/18 no 761).

Sur les regroupements de crédit, voir no 25100.

2o Souscription ou achat de **parts ou d'actions** de sociétés donnant vocation à attribution en propriété ou en jouissance de ces immeubles (Cass. 1e civ. 27-6-1995 : RJDA 12/95 no 1412), y compris si l'opération vise également à permettre la réalisation de travaux de réparation, d'amélioration ou d'entretien de l'immeuble acquis.

Le prêt destiné à l'achat de parts de SCPI (société civile de placement immobilier) n'est pas soumis à la réglementation sur le crédit immobilier car la détention de ces parts ne donne pas vocation à l'attribution en propriété ou en jouissance d'un local à usage d'habitation ou à usage professionnel et d'habitation, mais seulement à la perception des revenus locatifs encaissés par la SCPI dans le cadre de la gestion des immeubles dont elle est propriétaire (Cass. 1e civ. 14-6-2007 no 05-12.048 : Bull. civ. I no 235). La solution vaut aussi, à notre avis, pour l'achat de parts d'OPCI (organisme de placement collectif immobilier).

3° Dépenses relatives à la construction de ces immeubles.

4° Achat de terrains destinés à la construction de ces immeubles. L'acquisition doit être réalisée dans l'intention de construire ; tel n'est pas le cas lorsque le terrain est destiné à être revendu aussitôt sans construction (Cass. com. 18-5-2005 n° 749 : RJDA 8-9/05 n° 1029).

Relèvent également de la réglementation sur le crédit immobilier (C. consom. art. L 313-1, 2° et 3°) : **22890**
– le prêt accordé à un emprunteur au sens de la réglementation sur le crédit immobilier (n° 22770), garanti par une **hypothèque,** par une autre sûreté comparable sur les biens immobiliers à usage d'habitation, ou par un droit lié à un tel bien immobilier et destiné notamment à financer les dépenses relatives à leur réparation, leur amélioration ou leur entretien ;
– le prêt consenti en vue de financer l'une des opérations listées ci-avant (n° 22885) et souscrit par une **personne morale de droit privé,** lorsque le crédit accordé n'est pas destiné à financer une activité professionnelle.

Le **contrat conclu entre l'emprunteur et un architecte** dans le cadre de l'une des opérations **22895**
ci-dessus n'est pas à proprement parler un contrat « immobilier », mais la jurisprudence le fait néanmoins relever de la réglementation sur le crédit immobilier (Cass. crim. 9-11-1993 n° 92-86.598 : Bull. crim. n° 331 ; Cass. 1e civ. 3-1-1996 n° 93-19.128 : RJDA 4/96 n° 525 ; Cass. 3e civ. 28-3-2007 n° 06-11.280 : RJDA 7/07 n° 769, assimilant les honoraires de l'architecte à des dépenses de construction, rendus sous l'empire de l'ancienne législation mais transposables).

Sont visés par la réglementation sur le crédit immobilier, mais avec un régime particulier **22900**
(nos 24600 s.), les contrats de **location-vente** ou de location assortie d'une promesse de vente portant sur ces immeubles (C. consom. art. L 313-53). Les baux à construction assortis d'une clause prévoyant le transfert de propriété d'un terrain au locataire moyennant un supplément de loyer, qui constituent en fait une location-vente (cf. Rép. Peretti : AN 24-7-1965 p. 2953), sont donc soumis à la réglementation s'ils portent sur des immeubles à usage d'habitation ou à usage professionnel et d'habitation.

La doctrine est divisée sur l'application de la réglementation au **partage avec soulte** lorsque **22905**
la soulte doit être financée par un prêt (en faveur de l'application, J.-M. Olivier : Petites Affiches du 29-4-1998 p. 13 n° 52 ; en sens contraire, B. Nuytten et J.-F. Sagaut, De quelques cas encore (!) incertains de l'application de la loi Scrivener : RDC 2009 p. 251). La Cour de cassation ne s'est, à notre connaissance, jamais prononcée expressément sur cette question. En effet, la Cour a certes refusé d'appliquer la réglementation du crédit immobilier à un prêt-relais destiné à régler une soulte au titre d'un terrain reçu en donation-partage mais cette décision ne saurait être interprétée comme une réponse négative à l'application de la réglementation au partage avec soulte car elle s'est fondée sur le fait que l'opération financée ne constituait pas un achat de terrain en vue de la construction (C. consom. art. L 313-1, 1°-b), celui-ci ayant été aussitôt revendu, et n'entrait donc pas dans le champ de la réglementation (Cass. com. 18-5-2005 n° 749 : RJDA 8-9/05 n° 1029).

OPÉRATIONS EXCLUES DE LA RÉGLEMENTATION SUR LE CRÉDIT IMMOBILIER

La loi exclut expressément du champ d'application de la réglementation sur le crédit immo- **22910**
bilier les prêts destinés, sous quelque forme que ce soit, à financer une **activité professionnelle** (activité des professionnels de l'immobilier en pratique) et notamment celle des personnes physiques ou morales qui, à titre habituel, même accessoire à une autre activité, ou en vertu de leur objet social, procurent, sous quelque forme que ce soit, des immeubles ou fractions d'immeubles, bâtis ou non, achevés ou non, collectifs ou individuels, en propriété ou en jouissance (C. consom. art. L 313-2, 2°). Cette précision vise essentiellement les opérations réalisées par les sociétés civiles immobilières (Rapport de M. Pillet au Sénat n° 376 p. 13).

La Cour de cassation a précisé que, pour l'application de ce texte, peu importe le nombre d'immeubles sur lesquels s'exerce l'activité professionnelle de la personne physique ou morale (Cass. 1e civ. 10-2-1993 : RJDA 6/93 n° 541 ; Cass. 1e civ. 11-10-1994 : RJDA 6/95 n° 747 ; Cass. 1e civ. 18-1-2005 n° 03-16.603). Par suite, une société civile immobilière dont l'objet social porte sur l'acquisition et la mise en vente d'un seul appartement ne peut pas se prévaloir du bénéfice de la réglementation (Cass. 1e civ. 10-2-1993 précité).

ILLUSTRATIONS

Le bénéficiaire d'une promesse de vente ne peut pas invoquer la réglementation sur le crédit immobilier dès lors qu'il a pris l'apparence d'un marchand de biens auprès de son cocontractant, en déclarant dans la promesse vouloir faire l'acquisition du bien dans le cadre de son activité de marchand de biens et en s'adressant à des organismes de prêt spécialisés dans les opérations de crédit aux professionnels de l'immobilier (Cass. com. 3-5-1994 : RJDA 10/94 n° 1091).

22915 Sont aussi écartés le financement des achats d'**immeubles à usage commercial** ou à usage exclusif de bureaux ou encore à usage commercial et d'habitation (C. consom. art. L 313-2 a contrario), et l'emprunt qui n'est qu'accessoirement affecté au **remboursement d'un précédent crédit** immobilier (Cass. 1e civ. 1-3-2023 nº 21-17.018 FS-B : RJDA 8-9/23 nº 454).

Enfin, la réglementation ne s'applique pas non plus aux **prêts locatifs aidés** qui, même dans les cas très rares où ils sont contractés par des personnes physiques, ont toujours le caractère d'endettement professionnel (Rép. Masson : AN 12-12-1988 p. 3646).

E. Application conventionnelle de la réglementation sur le crédit immobilier

22960 Lorsque l'**opération n'entre pas dans le champ d'application de la réglementation sur le crédit immobilier,** les parties peuvent néanmoins y soumettre le contrat de prêt (cf. Cass. 1e civ. 7-4-1992 : Contrats conc. consom. 1992 nº 144 note G. Raymond ; Cass. 1e civ. 23-3-1999 : RJDA 5/99 nº 597, 1e esp.). Encore faut-il que cette soumission résulte d'une manifestation de **volonté dépourvue d'équivoque** (Cass. 1e civ. 1-6-1999 : RJDA 8-9/99 nº 991 ; Cass. 1e civ. 26-4-2000 : RJDA 12/00 nº 1153 ; Cass. 1e civ. 2-10-2002 : RJDA 1/03 nº 56).

ILLUSTRATIONS

Si le prêt est destiné à financer un besoin de trésorerie et que la banque a, par **erreur,** utilisé un formulaire d'offre de prêt visant la loi du 13 juillet 1979 (désormais C. consom. art. L 313-1 s.), l'intention de la banque n'a pas été de soumettre ce prêt aux dispositions de cette loi (Cass. com. 26-4-1994 nº 996).

La commune intention des parties de se soumettre à la réglementation du crédit immobilier n'est pas établie dès lors que l'acte authentique mentionnait que l'offre avait été émise et acceptée dans les conditions de cette réglementation mais que les **conditions générales** du prêt précédemment conclu par les parties et annexé à cet acte rappelaient que cette réglementation n'était pas applicable au financement d'une activité professionnelle, ce qui était le cas en l'espèce (Cass. 1e civ. 2-10-2002 : RJDA 1/03 nº 56).

22965 Lorsque les parties ont opté pour la réglementation sur le crédit immobilier, cette dernière est **impérativement applicable** et les parties ne peuvent plus y déroger (Cass. 1e civ. 23-3-1999 : RJDA 5/99 nº 597, 1e esp.), même partiellement.

Toutefois, en renouvelant le crédit par un **nouveau contrat,** les parties peuvent en modifier les conditions contractuelles initiales ou les conditions impératives auxquelles elles s'étaient auparavant soumises volontairement et exclure l'application de la réglementation pour le nouveau contrat (Cass. com. 18-5-2005 nº 749 : RJDA 8-9/05 nº 1029).

F. Application territoriale de la réglementation sur le crédit immobilier

23010 Le Code de la consommation est muet sur le domaine d'application de la réglementation dans l'espace.

En application des **règles générales de conflit de lois,** selon l'administration, trois situations sont possibles (Rép. Poudonson : Sén. 5-2-1981 p. 182 ; Rép. Briane : AN 9-3-1981 p. 1031) :

a) si les parties décident de soumettre le contrat au droit français, la réglementation sur le crédit immobilier qui est d'ordre public s'applique dans sa totalité, sans dérogation conventionnelle possible ;

b) si les parties décident de choisir une loi étrangère, la réglementation sur le crédit immobilier, qui est une loi de police contractuelle, doit être respectée lorsque les opérations de prêt sont liées à l'ordre économique français. Il en est ainsi lorsque l'immeuble est situé en France et que l'établissement du prêteur ou la résidence de l'emprunteur se trouve en France. Un contrat de prêt conclu à Genève et prévoyant l'application du droit suisse doit être soumis à la loi d'autonomie, dès lors que l'acte notarié établi en France avait juste pour objet de constituer des hypothèques sur des immeubles situés en France (Cass. 1e civ. 19-1-1999 : RJDA 4/99 n° 380) ;

c) en l'absence de désignation expresse de la loi (française ou étrangère) s'appliquant au contrat, les dispositions de la réglementation sur le crédit immobilier doivent être respectées, si l'immeuble est situé en France, d'une part, et si le prêteur ou l'emprunteur est établi en France, d'autre part.

Le règlement 593/2008 du 17 juin 2008 sur la loi applicable aux obligations contractuelles, **23015**
appelé « Rome I » et auquel ont adhéré les États membres de l'**Union européenne,** contient des dispositions visant les contrats conclus par un consommateur, pour un usage pouvant être considéré comme étranger à son activité professionnelle, avec un professionnel.

Ainsi, les contrats conclus après le 17 décembre 2009 (date d'entrée en vigueur du règlement) sont régis par la **loi choisie par les parties** à condition que ce choix n'ait pas pour résultat de priver le consommateur de la protection que lui assurent les dispositions impératives de la loi qui aurait été applicable en l'absence de choix (art. 6, 2).

ILLUSTRATIONS

Un prêt conclu entre un emprunteur français et une banque allemande, destiné à financer l'acquisition d'un immeuble situé en France, pour lequel les démarches afférentes à sa conclusion et l'offre ont été faites en France, est soumis aux dispositions d'ordre public de la réglementation française sur le crédit immobilier, d'autant que les parties, en reproduisant une des dispositions de cette réglementation, se sont soumises volontairement à l'ensemble des dispositions sur le crédit immobilier (TI Niort 1-7-1998 : RJDA 5/99 n° 598).

À **défaut de choix,** la loi applicable est la loi du pays où le consommateur a sa résidence habituelle, à condition que le professionnel exerce son activité professionnelle dans le pays dans lequel le consommateur a sa résidence habituelle ou dirige cette activité vers ce pays, et que le contrat rentre dans le cadre de cette activité (art. 6, 1).

II. CODE DE BONNE CONDUITE À LA CHARGE DES PRÊTEURS

RÈGLES DE CONDUITE À LA CHARGE DES PRÊTEURS

Dès lors qu'il agit dans le cadre de l'élaboration, de l'octroi ou encore de l'exécution du **23100**
contrat de crédit immobilier, le prêteur doit agir d'une manière **honnête, équitable, transparente** et professionnelle, au mieux des droits et des intérêts de l'emprunteur. En outre, l'octroi de crédit doit s'appuyer sur les informations relatives à la situation de l'emprunteur et sur toute demande spécifique formulée par celui-ci, ainsi que sur les hypothèses raisonnables quant aux **risques** que la **durée du contrat** de crédit fait courir à l'emprunteur (C. consom. art. L 314-22).

Aucune **sanction spécifique** n'étant prévue en cas de **manquement à cette disposition,** on peut penser que tout manquement à ces règles de bonne conduite engagera la responsabilité des prêteurs envers le bénéficiaire de la prestation.

RÉMUNÉRATION DES PRÊTEURS

La rémunération des personnels du prêteur et des intermédiaires ne doit pas porter atteinte **23110**
aux règles de bonne conduite exposées n° 23100. Il est notamment **interdit** de rémunérer tout vendeur, personne physique, qu'il soit ou non salarié d'un établissement de crédit, **en fonction du taux** de crédit **ou du type de crédit** qu'il a fait contracter à l'acheteur d'un bien immobilier (C. consom. art. L 314-23, al. 3).

En cas d'infraction, celui qui a rémunéré, ou fait rémunérer, le vendeur ainsi que ce dernier sont passibles d'une amende de 1 500 €, portée à 3 000 € en cas de récidive (C. consom. art. R 341-24). S'agissant d'une amende de nature contraventionnelle, l'administration peut, tant que l'action publique n'a pas été mise en mouvement, proposer une transaction (C. consom. art. L 523-1 et R 523-2 ; voir n°s 77940 s.).

De façon plus générale, le prêteur doit veiller à ce que la **politique de rémunération** permette et promeuve une **gestion du risque** saine **et** comporte des mesures visant à **éviter les conflits d'intérêts.** En outre, elle ne doit pas dépendre du nombre ou de la proportion des demandes de crédit acceptées (art. L 314-23, al. 5 et 6).

FORMATION DU PERSONNEL DES PRÊTEURS

23120 Les prêteurs et les intermédiaires de crédit doivent également veiller à ce que leur personnel possède et maintienne à jour des connaissances et compétences appropriées concernant l'élaboration, la proposition et l'octroi des contrats de crédit immobilier. Par ailleurs, lorsque la conclusion d'un contrat de crédit implique la souscription de services accessoires, un niveau suffisant de connaissance de ces services et de compétence pour leur fourniture est exigé (C. consom. art. L 314-24).

III. INFORMATION DE L'EMPRUNTEUR IMMOBILIER

A. Publicité du crédit immobilier

MENTIONS REQUISES POUR LA PUBLICITÉ DU CRÉDIT IMMOBILIER

23200 Toute publicité portant sur un prêt réglementé (nos 22830 s.) doit contenir les **indications** suivantes (C. consom. art. L 313-4 et R 313-1 et R 313-2) :
- l'identité du prêteur ou de l'intermédiaire de crédit ;
- la nature et l'objet du prêt.

Par « nature du prêt » il faut entendre les modalités du financement offert qui peut consister soit en un véritable prêt, dont les deniers sont intégralement versés lors de la signature du contrat de prêt, soit en une ouverture de crédit réalisable par fractions échelonnées ; la désignation de l'objet est celle du bien immobilier à acquérir. Toutefois, le sens des termes « nature et objet du prêt » dépend de chaque cas d'espèce et les précisions à apporter seront plus ou moins importantes selon la spécificité de l'opération immobilière envisagée (Rép. Poudonson : Sén. 5-3-1981 p. 303 ; Rép. Briane : AN 9-3-1981 p. 1031).

23205 Lorsque la publicité comporte un taux d'intérêt ou des chiffres relatifs au coût du crédit pour l'emprunteur, elle précise également de façon claire, concise et visible les **informations complémentaires** sur les caractéristiques du crédit qui portent notamment sur le taux débiteur et sa nature fixe, variable ou révisable, le montant total du crédit, le TAEG et la durée du contrat de crédit, le montant total dû par l'emprunteur et le montant et le nombre total des échéances (C. consom. art. R 313-1).

Ces informations sont accompagnées, le cas échéant, d'un **exemple représentatif** présentant les caractéristiques suivantes (art. R 313-2) :
- un montant total du crédit accordé égal à 50 000 € ou à un multiple de cette somme qui ne peut excéder 500 000 € ;
- une durée de remboursement égale à 5 ans ou à un multiple de cette durée qui ne peut excéder 30 ans.

Le montant total du crédit et la durée de remboursement choisis par le prêteur correspondent au mieux aux caractéristiques du contrat de crédit dont il fait la publicité.
Par ailleurs, lorsque la publicité mentionne un taux promotionnel ou des modalités spéciales d'utilisation qui dérogent au fonctionnement normal du crédit concerné, applicables à titre temporaire, l'exemple représentatif illustre les conditions normales d'exécution du contrat de crédit. En cas de taux variable, l'exemple représentatif indique, en plus des indications listées ci-dessus, si le taux débiteur est ou non plafonné. La publicité indique que l'exemple représentatif a une valeur d'exemple.
Cet exemple est présenté dans une taille de caractère au moins aussi importante que celle utilisée pour les informations mentionnées ci-dessus.

23210 Toutes ces mentions sont obligatoires, quel que soit le **support utilisé** (affiches, journaux, prospectus, radio, télévision, internet) et le lieu d'émission de la publicité (France ou étranger) : il suffit que cette publicité soit « faite, reçue ou perçue en France » (C. consom. art. L 313-4, al. 1). Ces dispositions ne s'appliquent donc pas à la publicité effectuée exclusivement à l'étranger, ni, semble-t-il, à la publicité reçue en France par des résidents abonnés à des revues étrangères qui ne sont pas destinées au marché français. Mais, compte tenu du domaine d'application de la réglementation (nos 22830 s.), la publicité réalisée à l'étranger pour le compte d'un établissement français doit respecter ces dispositions si elle est dirigée vers la France pour y être reçue ou perçue et si les immeubles dont le financement est l'objet de la publicité sont situés en France (Rép. Poudonson : Sén. 5-2-1981 p. 182 ; Rép. Briane : AN 9-3-1981 p. 1031).

Par ailleurs, tout **document** publicitaire **mis à disposition de l'emprunteur** portant sur une opération réglementée doit mentionner que l'emprunteur dispose d'un délai de réflexion de dix jours, que la vente est subordonnée à l'obtention du prêt et que, si celui-ci n'est pas obtenu, le vendeur doit lui rembourser les sommes versées (C. consom. art. L 313-3).

Enfin, il est **interdit** dans toute communication publicitaire et commerciale (art. L 313-5) :
– d'assimiler les mensualités de remboursement à des loyers ou de faire référence, pour le calcul des échéances, à des prestations sociales (allocations familiales par exemple) qui ne sont pas forcément versées pendant toute la durée du contrat ;
– de faire figurer toute formulation susceptible de faire naître chez le consommateur de fausses attentes concernant la disponibilité ou le coût d'un crédit.

Les dispositions sur la publicité s'appliquent quel que soit l'**annonceur** (Cass. crim. 3-5-1988 : BID 1988/7 p. 56 ; pour un constructeur de maisons individuelles, CA Agen 4-6-1998 : RJDA 7/99 n° 831) et à toutes les **publicités** impliquant le recours à un crédit immobilier, même lorsqu'elles ont un **objet autre qu'un prêt** (Cass. crim. 3-10-1991 : RJDA 2/92 n° 178). **23215**
Peu importe que la publicité soit destinée aux clients seulement désireux de réaliser un placement (Cass. crim. 7-8-1990 : Bull. crim. p. 759 n° 300).

Sur les difficultés d'application de la réglementation en matière de publicité, voir note de service DGCCRF du 13 novembre 1991 : BRDA 23/91 p. 2.

Toute publicité diffusée par ou pour le compte d'un **intermédiaire de crédit** doit comporter, de manière apparente, la mention suivante : « Aucun versement, de quelque nature que ce soit, ne peut être exigé d'un particulier, avant l'obtention d'un ou plusieurs prêts d'argent. » **23220**
La publicité doit indiquer le nom et l'adresse de l'établissement de crédit ou des établissements de crédit pour le compte duquel ou desquels l'intermédiaire exerce son activité (C. consom. art. L 322-2).

> **Précisions** L'intermédiaire de crédit est entendu ici comme la personne physique ou morale qui apporte son **concours,** à quelque titre que ce soit et de quelque manière que ce soit, directement ou indirectement, **à l'obtention d'un ou plusieurs prêts** d'argent par un particulier, à l'**exception** des opérations relevant du crédit à la consommation.

SANCTIONS EN MATIÈRE DE PUBLICITÉ DU CRÉDIT IMMOBILIER

L'annonceur pour le compte duquel serait diffusée une publicité ne comportant pas les mentions exigées (nos 23200 s.) s'expose à une **amende** de 30 000 € (C. consom. art. L 341-21 et L 341-23). **23230**
L'intermédiaire de crédit qui diffuse ou fait diffuser une publicité ne respectant pas les prescriptions exposées n° 23220 encourt une amende de 150 000 € (art. L 342-2). Par ailleurs, une **peine d'interdiction** d'exercice d'une fonction publique ou d'une activité professionnelle ou sociale dans l'exercice ou à l'occasion de l'exercice de laquelle l'infraction a été commise, ou d'une fonction de direction, de gestion ou de contrôle d'une entreprise ou d'une société peut être prononcée par le juge pour une durée maximale de cinq ans (art. L 342-6).

Les infractions sont constatées et poursuivies dans les conditions fixées par les articles L 132-1 à L 132-9 du Code de la consommation en matière de **pratique commerciale trompeuse** (notamment possibilité pour le juge de faire cesser la publicité dès la phase d'instruction et d'imposer la publication d'annonces rectificatives ; nos 67880 et 68010).

B. Informations générales fournies à l'emprunteur immobilier

Le prêteur doit assurer la disponibilité permanente des **informations générales,** claires et compréhensibles, sur le contrat de crédit immobilier (C. consom. art. L 313-6). Ces informations générales **portent** notamment sur : l'identité du prêteur ; la nature, la destination et la durée possibles des crédits proposés ; les types de taux débiteur proposés et leur nature fixe, variable ou révisable ; les formes de sûretés possibles pour garantir le crédit ; l'indication d'autres coûts éventuels supportés par l'emprunteur en lien avec le contrat et qui ne sont pas compris dans le coût total du crédit (C. consom. art. R 313-3). Elles sont délivrées sur papier, sur tout autre support durable ou sous forme électronique, et doivent être facilement accessibles et fournies gratuitement à l'emprunteur (art. L 313-6). **23270**

23275 Le **prêteur** ou l'intermédiaire de crédit qui **ne respecte pas les obligations en matière d'informations générales** (nº 23270) s'expose à une amende de 30 000 € (C. consom. art. L 341-23).

C. Information précontractuelle de l'emprunteur immobilier

MODALITÉS DE L'INFORMATION PRÉCONTRACTUELLE DE L'EMPRUNTEUR

23320 Le prêteur et l'intermédiaire de crédit doivent assurer la **disponibilité** permanente des informations générales, claires et compréhensibles, sur le contrat de crédit immobilier (C. consom. art. L 313-6). Les **informations** doivent être délivrées **sur papier, sur tout autre support durable ou sous forme électronique** ; elles doivent également être facilement accessibles et être fournies gratuitement à l'emprunteur (même art.).

1. INFORMATION PRÉCONTRACTUELLE STANDARDISÉE

FICHE D'INFORMATION

23330 Au plus tard lors de l'émission de l'offre de crédit, le prêteur ou l'intermédiaire de crédit doit fournir gratuitement à l'emprunteur, sur support papier ou sur un autre support durable, un document unique appelé **fiche d'information standardisée européenne (Fise),** afin de permettre à l'emprunteur de comparer les différentes offres de crédit disponibles sur le marché, d'évaluer leurs implications et de se déterminer en toute connaissance de cause sur l'opportunité de conclure un contrat de crédit (C. consom. art. L 313-7 et R 313-5). La Fise accompagne également l'offre de crédit lorsque les caractéristiques de celle-ci sont différentes des informations contenues dans la fiche précédemment fournie (art. L 313-24, al. 2).

> **Précisions** Pour les crédits consentis après le 28 juin 2025, le prêteur devra s'assurer que la fiche fournie à l'emprunteur répond aux exigences d'**accessibilité aux personnes handicapées** fixées à l'article L 412-13 du Code de la consommation (C. consom. art. L 314-32 issu de loi 2023-171 du 9-3-2023 ; Loi 2023-171 art. 16, I-2° et VIII).

23340 **Contenu de la fiche d'information** La Fise contient des **informations personnalisées** portant notamment sur les éléments suivants (C. consom. art. R 313-4) :
- les principales caractéristiques du prêt ;
- le taux d'intérêt et les autres frais ;
- le nombre et la périodicité de chaque versement ;
- le montant de chaque versement ;
- le cas échéant, l'échéancier indicatif ;
- les obligations supplémentaires ;
- le remboursement anticipé ;
- les caractéristiques variables ;
- les conséquences pour l'emprunteur du non-respect de ses engagements ;
- les autorités habilitées à assurer le contrôle du respect de la réglementation applicable.

Si différents contrats de crédit composent l'opération de financement, la Fise peut le mentionner. Elle doit également faire figurer des avertissements sur les risques de change encourus pour tout prêt souscrit dans une devise autre que l'euro et, pour les prêts à taux variable, des mentions particulières notamment sur les possibilités d'évolution du coût total du crédit.

Lorsque le contrat de crédit permet des adaptations du taux débiteur, cette possibilité et ses effets possibles sur les montants dus et sur le taux annuel effectif global sont mentionnés dans la Fise (art. R 313-6).

23345 Toutes **informations complémentaires** que le prêteur souhaite donner à l'emprunteur doivent être fournies gratuitement dans un document distinct de la Fise (C. consom. art. L 313-7, al. 3 et 4).

23350 **Forme de la fiche d'information** Les informations contenues dans la Fise doivent être présentées, sur un **support** papier ou sur un autre support durable, sous la forme d'un document unique, conformément au modèle figurant en annexe à l'article R 313-4 du Code de la consommation (C. consom. art. R 313-5).

SANCTIONS EN L'ABSENCE DE FICHE D'INFORMATION

La Fise étant nécessaire pour garantir l'information précontractuelle de l'emprunteur, le prêteur qui accorde un crédit sans l'établir est **déchu du droit aux intérêts,** dans la proportion fixée par le juge, jusqu'à un montant ne pouvant pas excéder 30 % des intérêts, plafonné à 30 000 € (C. consom. art. L 341-25, al. 1) ; il encourt également une **amende** de 1 500 €, pouvant être portée à 3 000 € en cas de récidive (art. R 341-20). En outre, le fait, pour le prêteur, de ne pas communiquer la Fise est sanctionné par la déchéance du droit aux intérêts, en totalité ou dans la proportion fixée par le juge (C. consom. art. L 341-26, al. 1). **23360**

Par ailleurs, en cas de défaut de mention ou de mention erronée du taux annuel effectif global dans la Fise, le prêteur peut être déchu du droit aux intérêts dans la proportion fixée par le juge au regard notamment du préjudice pour l'emprunteur (C. consom. art. L 341-25, al. 2 et L 341-26, al. 2).

Sur les conséquences de la déchéance pour l'emprunteur, voir n° 20460.

2. INFORMATION PRÉCONTRACTUELLE RELATIVE À L'ASSURANCE-EMPRUNTEUR

DOCUMENT D'INFORMATION SUR LE COÛT DE L'ASSURANCE

Lorsqu'un document est fourni à l'emprunteur préalablement à la formulation de l'offre de contrat et qu'il comporte des éléments chiffrés sur l'assurance proposée par le prêteur, ce document doit nécessairement mentionner le **coût de l'assurance** et ce coût est exprimé (C. consom. art. L 313-8) : **23380**

– à l'exclusion de tout autre taux, en taux annuel effectif de l'assurance (TAEA), pour permettre à l'emprunteur de comparer ce taux avec le TAEG du crédit ;

– en montant total en euros dû par l'emprunteur au titre de l'assurance, sur une durée de huit ans et sur la durée totale du prêt ;

– en euros et par période, selon la périodicité de paiement. Il est précisé si ce montant s'ajoute ou non à l'échéance de remboursement du crédit.

Simultanément à la remise de ce document, une **fiche standardisée d'information** (n°s 23385 s.) et une **notice** (n° 23395) doivent être remises à l'emprunteur.

FICHE STANDARDISÉE D'INFORMATION

Une fiche standardisée d'information doit être fournie, lors de la première simulation, à **toute personne qui se voit proposer ou qui sollicite une assurance** ayant pour objet de garantir le remboursement d'un crédit immobilier ou d'un crédit destiné à financer une opération relative à la réparation, l'amélioration ou l'entretien d'immeubles à usage d'habitation ou à usage professionnel et d'habitation, lorsque le crédit est supérieur à 75 000 euros et est garanti par une hypothèque, par une autre sûreté comparable sur les biens immobiliers à usage d'habitation, ou par un droit lié à un bien immobilier à usage d'habitation (C. consom. art. L 313-10, al. 1). **23385**

La **fiche mentionne** la possibilité pour l'emprunteur de souscrire auprès de l'assureur de son choix une assurance et précise les types de garanties proposées (art. L 313-10, al. 2). Elle doit, en outre, énoncer de manière claire et lisible les principales caractéristiques de l'assurance ayant pour objet de garantir le remboursement d'un crédit immobilier (C. consom. art. R 313-8).

La **fiche** contenant les **informations relatives à l'assurance** précise notamment (C. consom. art. R 313-9) : **23390**

– la définition et la description des types de garanties proposées au titre de l'assurance-emprunteur ;

– le cas échéant, les caractéristiques des garanties minimales exigées par le prêteur pour l'octroi du prêt immobilier ;

– les types de garanties que l'emprunteur envisage de choisir parmi les garanties proposées et la part du capital emprunté à couvrir ;

– une estimation personnalisée du coût de la solution d'assurance envisagée, sur la base des éléments connus lors de la fourniture de la fiche, portant sur les éléments suivants : coût en euros et par période selon la périodicité de paiement ; coût total de l'assurance en euros sur la durée envisagée du prêt ; TAEA relatif à la totalité du prêt ;

– la possibilité pour l'emprunteur de souscrire une assurance ayant pour objet de garantir le remboursement d'un prêt auprès de l'assureur de son choix et les conditions et délais dans lesquels cette option peut s'exercer.

NOTICE

23395 Outre la fiche standardisée d'information, une **notice énumérant** les risques garantis et précisant toutes les modalités de la mise en jeu de l'assurance doit être fournie à l'emprunteur ; elle doit également indiquer la possibilité pour l'emprunteur de résilier le contrat d'assurance à tout moment à compter de la signature de l'offre de prêt (C. consom. art. L 313-8, al. 6).

SANCTION

23400 Le défaut de communication de la **fiche standardisée d'information** ou de la **notice** expose le prêteur à une amende administrative maximale de 3 000 € s'il est une personne physique et 15 000 € s'il est une personne morale (C. consom. art. L 341-26-1).

3. EXPLICATIONS PRÉCONTRACTUELLES PERSONNALISÉES

CONTENU DES EXPLICATIONS PRÉCONTRACTUELLES PERSONNALISÉES

23410 **Mise en garde** Le prêteur ou l'intermédiaire de crédit doit fournir gratuitement à l'emprunteur les **explications adéquates** lui permettant de déterminer si le contrat de crédit proposé et les éventuels services accessoires sont **adaptés à ses besoins et à sa situation financière.** Ces explications comprennent notamment (C. consom. art. L 313-11) :

– les informations contenues dans la Fise ;

– les principales caractéristiques du crédit et des services accessoires proposés ;

– les effets spécifiques que le crédit et les services accessoires proposés peuvent avoir sur l'emprunteur, y compris les conséquences d'un **défaut de paiement** de l'emprunteur, notamment en cas de réalisation des garanties ; lorsque la garantie est constituée par un cautionnement accordé par un organisme de cautionnement professionnel, le prêteur informe l'emprunteur de la nature, des bénéficiaires et des conditions dans lesquelles celle-ci peut être actionnée et des conséquences pour l'emprunteur ;

– s'agissant des éventuels services accessoires liés au contrat de crédit, l'indication de la possibilité ou non de **résilier chaque composante séparément** et les implications d'une telle procédure pour l'emprunteur.

Par ailleurs, sans préjudice de l'examen de solvabilité prévu par les textes (n°s 23450 s.), le prêteur ou l'intermédiaire de crédit doit mettre en garde gratuitement l'emprunteur lorsque, compte tenu de sa situation financière, un contrat de crédit pourra induire des **risques spécifiques** pour lui (art. L 313-12). Cette obligation de mise en garde s'applique quel que soit le caractère, averti ou non, de l'emprunteur.

23420 **Service de conseil** Le prêteur ou l'intermédiaire peuvent assurer un service de conseil distinct de l'octroi du crédit et de l'activité d'intermédiaire. Il doit alors s'agir de la fourniture de **recommandations personnalisées** qui portent sur un ou plusieurs contrats de crédits adaptés aux besoins et à la situation financière de l'emprunteur et se basent sur la prise en considération d'un nombre suffisamment important de contrats de crédit de la gamme de produits du prêteur ou disponibles sur le marché (C. consom. art. L 313-13).

Le prêteur, ou l'intermédiaire, qui souhaite proposer ce service de conseil doit l'indiquer explicitement à l'emprunteur. Il doit préciser, en outre, avant la conclusion du contrat portant sur ce service, sur support papier ou tout autre support durable (art. R 313-11) :

– s'il s'agit d'un conseil indépendant ;

– si la recommandation faite dans le cadre de ce service porte sur sa propre gamme de produits ou sur une large gamme de contrats de crédit disponibles sur le marché ;

– si l'emprunteur devra acquitter des frais en rémunération de ce service et, le cas échéant, le montant de ces frais ou, si ce montant ne peut être déterminé avec certitude au moment de la communication des informations, son mode de détermination.

Le **conseil** est qualifié d'**indépendant** dès lors qu'il est rendu à partir d'un nombre suffisamment important de contrats de crédit disponibles sur le marché et que sa fourniture ne donne lieu à aucune rémunération autre que celle versée, le cas échéant, par l'emprunteur (art. L 313-14). Afin de pouvoir recommander à l'emprunteur les contrats de crédit appropriés, le prêteur ou l'intermédiaire de crédit doit recueillir les informations nécessaires sur l'emprunteur, sur sa situation personnelle et financière ainsi que sur ses préférences et ses objectifs (art. R 313-12). La recommandation doit être fondée sur des informations actualisées et sur des hypothèses raisonnables quant aux risques encourus par l'emprunteur pendant la durée du contrat ; elle doit, en outre, être établie au regard d'une gamme de produits comportant au moins trois contrats distincts de crédit (même art.).

Sous peine d'une amende de 300 000 €, le service de conseil indépendant ne peut en aucun cas donner lieu à une **rémunération,** sous quelque forme que ce soit, de la part d'un prêteur ou d'un intermédiaire de crédit (C. consom. art. L 313-14 et L 341-30) ; la rémunération ne peut émaner que de l'emprunteur (C. consom. art. L 313-15). 23425

SANCTIONS DE L'ABSENCE D'INFORMATION PERSONNALISÉE

Le prêteur qui accorde un crédit sans avoir fourni à l'emprunteur les explications adéquates ou sans avoir mis en garde l'emprunteur sur les risques spécifiques, lorsqu'un tel risque a été identifié, est **déchu du droit aux intérêts** dans la proportion fixée par le juge, jusqu'à un montant ne pouvant excéder, pour chacun des manquements, 30 % des intérêts et plafonné à 30 000 € (C. consom. art. L 341-27). Le prêteur encourt également une **amende** de 30 000 € (art. L 341-31). 23430

De plus, le fait pour le prêteur ou l'intermédiaire de crédit qui fournit un service de conseil de ne pas remettre à l'emprunteur une recommandation personnalisée ou de lui remettre une recommandation ne répondant pas aux exigences de l'article L 313-13 est puni d'une amende de 30 000 € (art. L 341-29).

4. CONTRÔLE DE LA SOLVABILITÉ DE L'EMPRUNTEUR IMMOBILIER

Le crédit immobilier n'est accordé que si le prêteur a pu vérifier que les obligations découlant du contrat de crédit seront vraisemblablement respectées par l'emprunteur conformément à ce qui est prévu par ce contrat (C. consom. art. L 313-16, al. 1). 23450

Modalités du contrôle Avant de conclure le contrat de crédit immobilier, le prêteur doit procéder à une évaluation rigoureuse de la solvabilité de l'emprunteur en s'appuyant sur des informations relatives aux **revenus et dépenses** de l'emprunteur ainsi que sur d'autres **critères économiques et financiers** (C. consom. art. L 313-16, al. 2 et 3). Sont ainsi pris en compte l'épargne et l'actif de l'emprunteur mais également ses dettes et autres engagements financiers (art. R 313-14). En outre, dans la mesure du possible, le prêteur tient compte des évènements pouvant survenir pendant la durée du contrat de crédit proposé, tel qu'une augmentation possible du taux débiteur par exemple (même art.). Le prêteur doit également avertir l'emprunteur de la nécessité de fournir des éléments exacts et complets afin qu'il puisse être procédé à une évaluation appropriée et l'informer que le crédit ne pourra pas être accordé en cas d'impossibilité d'effectuer l'évaluation du fait de son refus de communiquer ces informations (art. R 313-15). 23460

Par ailleurs, au stade précontractuel, l'emprunteur doit être informé par le prêteur des informations nécessaires à la conduite de l'évaluation de solvabilité et des délais dans lesquels celles-ci doivent lui être fournies (art. L 313-16, al. 5).

Enfin, le prêteur doit consulter le **fichier national des incidents de paiement** (FICP) (art. L 313-16, al. 7).

À l'**issue de la vérification** de la solvabilité, si la demande de crédit est rejetée, l'emprunteur doit en être informé dans les meilleurs délais. Lorsque la décision de rejet est fondée sur le résultat de la consultation du FICP, le prêteur en informe l'emprunteur et lui communique le résultat ainsi que les renseignements issus de cette consultation (C. consom. art. L 313-16, al. 8 et 9). 23465

Le prêteur ne peut **ni résilier ni modifier** ultérieurement le contrat de crédit conclu avec l'emprunteur au motif que les informations fournies étaient incomplètes ou qu'il a vérifié la solvabilité de manière incorrecte, sauf si des informations essentielles à la conclusion du contrat ont été sciemment dissimulées ou falsifiées par l'emprunteur (C. consom. art. L 313-17). 23470

Par ailleurs, le prêteur doit **réévaluer la solvabilité** de l'emprunteur, sur la base d'informations mises à jour, avant d'accorder une **augmentation significative** du montant total du crédit après la conclusion du contrat, à moins que ce crédit supplémentaire n'ait été prévu et intégré dans l'évaluation initiale de la solvabilité (art. L 313-18).

Sanctions de l'absence de contrôle Le fait, pour le prêteur, de ne pas réaliser l'étude de solvabilité est sanctionné par la **déchéance du droit aux intérêts,** en totalité ou dans la proportion fixée par le juge (C. consom. art. L 341-28) et par une **amende** de 30 000 € (art. L 341-31, 3°). En outre, le prêteur qui accorde un crédit sans respecter les conditions 23480 applicables en matière d'évaluation de la solvabilité de l'emprunteur est déchu du droit aux intérêts dans la proportion fixée par le juge, jusqu'à un montant ne pouvant excéder 30 % des intérêts et plafonné à 30 000 € (art. L 341-27).

5. ÉVALUATION DU BIEN IMMOBILIER

23500 Le prêteur n'est pas tenu de faire évaluer le bien immobilier qu'il finance à l'aide du prêt. S'il décide de le faire, il doit veiller à ce que l'évaluation soit réalisée par un **expert** en évaluation immobilière **indépendant** du processus de décision d'octroi du prêt afin de fournir une évaluation impartiale et objective (C. consom. art. L 313-20, 1°).

Le prêteur doit également veiller à ce qu'il soit fait application de **normes d'évaluation fiables,** tenant compte des normes reconnues au niveau international (art. L 313-20, 2°).

L'évaluation consiste à déterminer la valeur du bien immobilier après analyse de toutes les pièces communiquées par le prêteur et qui sont utiles à la réalisation de l'évaluation selon les normes en vigueur (art. L 313-21). Elle donne lieu à la rédaction d'un **document d'expertise** prenant en compte les facteurs juridiques, économiques, techniques et fiscaux permettant d'établir la valeur du bien immobilier et est consignée sur un support durable (art. L 313-22).

Le prêteur doit, en outre, tenir des **archives** appropriées concernant les types de biens immobiliers acceptés comme garantie ainsi que les procédures s'y rapportant (art. L 313-23).

Le prêteur qui ne respecte pas l'obligation de nommer un expert indépendant pour évaluer le bien immobilier est puni d'une amende de 1 500 €, pouvant être portée à 3 000 € en cas de récidive ; il encourt les mêmes **sanctions** s'il ne fait pas établir de document d'expertise suite à l'évaluation du bien (C. consom. art. R 341-22).

IV. CONTRAT DE PRÊT IMMOBILIER

A. Conclusion du contrat de prêt immobilier

CONDITIONS DE FORMATION DU CONTRAT DE PRÊT IMMOBILIER

23600 Le contrat de crédit devient parfait dès l'acceptation par l'emprunteur de l'offre de contrat. Toutefois, cette acceptation ne peut intervenir qu'après un **délai de réflexion** de dix jours ; en outre, le contrat de prêt est réputé conclu sous la double condition :
- de la **conclusion du contrat principal,**
- de l'octroi des **autres prêts** si l'emprunteur recourt à plusieurs prêts pour la même opération.

Jusqu'à l'acceptation de l'offre, il ne peut être fait aucun paiement par le prêteur à l'emprunteur ou par l'emprunteur au prêteur.

Le prêteur qui accorde un crédit dont les **conditions d'attribution** sont fixées par la loi doit **vérifier** que ces conditions sont remplies par l'emprunteur au moment où il accepte l'offre préalable de crédit, mais il n'est pas tenu de contrôler ensuite que les fonds ont été employés conformément aux documents fournis par l'emprunteur lors de la demande de prêt (Cass. 1e civ. 30-1-1996 : RJDA 4/96 n° 526).

> **Précisions** Depuis la loi 2019-486 du 22 mai 2019 relative à la croissance et la transformation des entreprises, dite « **loi Pacte** », les offres de prêt ne peuvent plus être conditionnées à la domiciliation par l'emprunteur de ses salaires ou revenus assimilés sur un compte de paiement.

1. OFFRE DE PRÊT IMMOBILIER

FORME DE L'OFFRE DE PRÊT IMMOBILIER

23610 L'**offre** de contrat doit être établie **par écrit.** Elle doit être **fournie** gratuitement sur papier ou sur un autre support durable à l'emprunteur, ainsi qu'aux cautions, personnes physiques, déclarées par l'emprunteur (C. consom. art. L 313-24).

L'offre de contrat ne peut pas être adressée au mandataire auquel l'emprunteur a confié le soin de rechercher un prêteur (Cass. 1e civ. 16-1-2013 n° 05-12.081 : RJDA 8-9/13 n° 746).

Par ailleurs, lorsque les caractéristiques de l'offre sont différentes des informations contenues dans la fiche d'information fournie précédemment, elle est accompagnée de la **Fise** (nos 23330 s.).

Avant la fourniture de l'offre, sauf s'il apparaît que ce n'est manifestement pas le cas, le prêteur ou l'intermédiaire de crédit demande à l'emprunteur si l'opération de crédit a pour objet le remboursement d'au moins deux créances antérieures dont un crédit en cours ; en cas de réponse positive, l'emprunteur bénéficie de l'information prévue pour les regroupements de crédits (C. consom. art. R 313-21 ; n° 25120).

> **Précisions** Pour les contrats conclus après le 28 juin 2025, le prêteur devra s'assurer que les informations transmises à l'emprunteur répondent aux exigences d'**accessibilité aux personnes handicapées** fixées à l'article L 412-13 du Code de la consommation (C. consom. art. L 314-32 issu de loi 2023-171 du 9-3-2023 ; Loi 2023-171 art. 16, I-2° et VIII).

CONTENU DE L'OFFRE DE PRÊT IMMOBILIER

L'offre de contrat doit comporter toutes les caractéristiques du crédit (C. consom. art. L 313-25). **23620**

1° L'**identité des parties** et, le cas échéant, des cautions déclarées.

2° La nature, l'objet et les **modalités du prêt,** notamment celles relatives aux dates et conditions de mise à disposition des fonds.

Les dates de mise à disposition des fonds peuvent être fixées par référence à un événement, par exemple à la signature de l'acte ou à la constatation de l'exécution des tranches de travaux. En effet, au moment de l'offre préalable, la date précise ne sera pas connue puisqu'il y aura alors incertitude quant à la réalisation même de l'opération et aux délais de cette réalisation (Rapport de Richomme à l'AN n° 1015 p. 31 ; Rép. Poudonson : Sén. 25-9-1981 p. 1643 ; Rép. Briane : AN 8-3-1982 p. 950).

3° Pour les offres de prêt à taux fixe, un **échéancier** des amortissements détaillant pour chaque échéance la répartition du remboursement entre le capital et les intérêts. Il n'est pas nécessaire de joindre un échéancier aux offres de prêt-relais remboursables en une seule annuité (Cass. 1e civ. 15-1-2002 : RJDA 4/02 n° 423).

ILLUSTRATIONS

N'est pas conforme aux exigences légales le tableau d'amortissement distinguant, dans le montant de l'annuité, le capital remboursé, les intérêts et le capital restant dû, dès lors que ce tableau est établi pour un montant de 1 500 € et impose ainsi à l'emprunteur d'une somme plus importante un calcul pour mesurer l'étendue et les modalités de son engagement éventuel (Cass. 1e civ. 2-7-1996 : RJDA 3/97 n° 386).

4° Pour les offres de prêts dont le **taux d'intérêt** est **variable ou révisable,** une notice présentant les conditions et modalités de variation du taux d'intérêt ainsi qu'un document d'information contenant une simulation de l'impact d'une variation de ce taux sur les mensualités, la durée du prêt et le coût total du crédit ; ce document doit mentionner le caractère indicatif de la simulation et l'absence de responsabilité du prêteur quant à l'évolution effective du taux et son impact sur les mensualités, la durée du prêt et le coût total du crédit.

5° Le **montant du crédit** susceptible d'être consenti, le cas échéant le montant de ses fractions périodiquement disponibles, son **coût total,** son **taux effectif global** (sous les réserves visées nos 96400 s.) ainsi que, s'il y a lieu, les modalités de l'**indexation** (indice retenu notamment).

6° Les stipulations particulières, les **assurances** et les **sûretés** réelles, telles que l'hypothèque, ou personnelles (cautionnement) qui conditionnent la conclusion du prêt, ainsi qu'une évaluation de leur coût. L'évaluation de ces frais pourrait, semble-t-il, être exprimée en pourcentage du montant du crédit et s'établir à l'intérieur d'une fourchette (cf. Rapport de M. Richomme à l'Assemblée nationale n° 1015 p. 32).

Sur l'absence d'indication du coût exact du privilège de prêteur de deniers, voir Cass. 1e civ. 9-4-2014 n° 12-28.914 : RJDA 7/14 n° 666.

Sur les règles applicables en matière d'assurance garantissant le prêt, voir n° 23780.

7° La possibilité pour l'emprunteur de souscrire auprès de l'assureur de son choix une **assurance** équivalente à celle proposée par le prêteur (n° 23385) et une mention précisant les documents que doit contenir la demande de substitution.

8° Les conditions requises pour un **transfert** éventuel **du prêt** à une tierce personne (notamment celles concernant la solvabilité de ce cessionnaire) ; en revanche, le prix de cession n'a pas à être mentionné (Cass. 1e civ. 18-1-2000 : RJDA 3/00 n° 328).

9° Un rappel des dispositions de l'article L 313-34 du Code de la consommation relatif aux **délais de réflexion et d'acceptation** devant être accordés à l'emprunteur (nos 23650 et 23705).

En outre, l'offre préalable doit :
– préciser le montant des **frais** qui peuvent être retenus **en cas de non-conclusion** du contrat principal ainsi que les conditions dans lesquelles ils sont perçus (nº 23750) ;
– mentionner les modalités de calcul des intérêts compensatoires de l'indemnité dus par l'emprunteur en cas de remboursement anticipé du prêt (nº 24055).

23625 Ces indications constituent le minimum de ce que doivent contenir les offres de contrat. Ainsi, il n'est pas nécessaire de faire mention des clauses sanctionnant l'inexécution du contrat (Cass. 1e civ. 20-6-2000 : RJDA 2/01 nº 214). Mais il n'est pas interdit d'y ajouter des **mentions complémentaires,** telles qu'une autorisation de prélèvement sur compte bancaire donnée par l'emprunteur.

Certaines des clauses ajoutées par les prêteurs peuvent constituer des **clauses abusives** (sur cette notion et les sanctions encourues, voir nºs 16850 s.). La Commission des clauses abusives a émis deux recommandations tendant à la suppression ou à la modification de certaines clauses dans les contrats de prêts pour l'accession à la propriété immobilière (Recommandation 88-01 : BOCCRF du 30-6-1988 ; Recommandation 04-3 : BOCCRF du 30-9-2004 p. 629).

Par ailleurs, a été déclarée contraire à l'ordre public la clause d'un prêt immobilier interdisant à l'emprunteur de louer, en tout ou en partie, l'immeuble acquis sans l'accord du prêteur sous peine d'exigibilité anticipée du prêt car cette clause, qui ne procurait aucun avantage particulier à l'une des parties, portait atteinte au principe reconnu par la Constitution et le Code civil de disposer de son bien de la manière la plus absolue (Cass. 1e civ. 13-12-2005 nº 1749 : RJDA 5/06 nº 498).

23630 La présentation d'une offre de contrat conforme aux exigences légales ne dispense pas l'établissement de crédit de son **devoir de conseil et de mise en garde** à l'égard de l'**emprunteur** (Cass. 1e civ. 27-6-1995 : RJDA 12/95 nº 1400).

Par ailleurs, comme toute partie à un contrat, le prêteur qui connaît une information dont l'importance est déterminante pour le consentement de l'emprunteur doit l'en informer dès lors que, légitimement, ce dernier ignore cette information ou fait confiance au prêteur (C. civ. art. 1112-1).

23635 Le prêteur est tenu à l'égard d'un **emprunteur non averti** d'un devoir de mise en garde lors de la conclusion du contrat de prêt et doit vérifier si l'engagement de l'emprunteur est adapté à ses capacités financières ou s'il n'existe pas un risque d'endettement né de l'octroi du prêt, lequel résulte de l'inadaptation du prêt aux capacités financières de l'emprunteur (notamment, Cass. 1e civ. 19-11-2009 nº 08-13.601 FS-PBI : RJDA 10/10 nº 995 ; Cass. com. 1-7-2020 nº 18-21.739 F-D : RJDA 10/20 nº 521). Il y est tenu que le prêt soit remboursable par échéances successives ou in fine (Cass. com. 8-11-2023 nº 22-13.750 F-B : RJDA 2/24 nº 125).

A par exemple été considéré non averti l'ancien gérant d'une société ayant pour objet les transactions immobilières et la gestion immobilière (Cass. com. 25-10-2011 nº 10-20.250 : RJDA 2/12 nº 193).

La banque, à laquelle il incombe de prouver qu'elle a correctement mis en garde son client (Cass. com. 11-12-2007 nº 03-20.747 : RJDA 4/08 nº 447 ; Cass. com. 22-3-2016 nº 14-20.216 : RJDA 6/16 nº 472), n'est pas dispensée de son obligation par la présence au côté de celui-ci d'une personne avertie, peu important qu'elle soit tiers ou partie (Cass. 1e civ. 24-9-2009 nº 08-16.404 : RJDA 3/10 nº 282 ; déjà en ce sens Cass. ch. mixte 29-6-2007 nº 06-11.673 précité).

Si le prêt est adapté aux capacités financières de l'emprunteur, la banque n'est pas tenue à mise en garde (Cass. 1e civ. 19-11-2009 nºs 08-13.601, 07-21.382, 08-11.866 : RJDA 10/10 nº 995 ; Cass. com. 5-11-2013 nº 12-24.520 : RJDA 4/14 nº 373 ; Cass. com. 29-5-2019 nº 18-11.335 F-D : RJDA 12/19 nº 778), peu important l'existence de risques affectant l'opération (Cass. com. 23-9-2014 nº 13-22.475 : RJDA 1/15 nº 38 ; Cass. com. 1-3-2016 nº 14-22.582 : RJDA 7/16 nº 562 ; Cass. com. 20-4-2017 nº 15-16.316 : RJDA 7/17 nº 491).

ILLUSTRATIONS

S'agissant du financement d'un investissement locatif, la banque n'a pas à avertir son client du caractère aléatoire de l'investissement choisi (Cass. com. 3-5-2006 nº 04-12.517 précité). De même, la banque n'a pas à mettre en garde l'emprunteur sur les risques d'un taux d'intérêt variable dès lors qu'il n'apparaît pas que les conditions initiales du prêt exposent l'emprunteur à un risque d'insolvabilité (Cass. com. 20-4-2017 nº 15-16.316 précité). La banque n'a pas non plus à attirer l'attention des emprunteurs sur le risque d'endettement résultant de la charge constituée par le remboursement d'un prêt-relais (Cass. com. 1-7-2020 nº 18-19.139 F-D : RJDA 11/20 nº 591).

Pour apprécier la capacité contributive de l'emprunteur, doivent être pris en considération son patrimoine (Cass. com. 31-5-2011 nº 09-71.509 : RJDA 10/11 nº 837 ; Cass. com. 6-12-2011 nº 10-24.268 : RJDA 3/12 nº 328), incluant la valeur de l'immeuble financé par le prêt (Cass. 1e civ.

9-11-2022 n° 21-16.846 FS-B : RJDA 3/23 n° 160), et ses revenus existant à la date de l'octroi de crédit ou ceux devant « raisonnablement » échoir (Cass. 1e civ. 12-7-2005 nos 1265 et 1266 : RJDA 3/06 n° 319 ; Cass. com. 3-5-2006 n° 04-15.517 : RJDA 11/06 n° 1159). Si le prêt a été consenti à plusieurs emprunteurs, l'existence d'un risque d'endettement excessif résultant de celui-ci doit s'apprécier au regard des capacités financières globales des coemprunteurs (Cass. 1e civ. 29-6-2022 n° 21-11.690 F-B : RJDA 10/22 n° 580).

L'emprunteur non averti ne peut pas imputer à la banque un manquement à son obligation de mise en garde pour lui avoir octroyé, sans vérification, un prêt disproportionné à ses revenus dès lors qu'il lui a sciemment fourni des informations erronées, en lui dissimulant par exemple l'existence de prêts en cours ou en majorant ses ressources réelles (Cass. 1e civ. 30-10-2007 n° 06-17.003 : RJDA 5/08 n° 565 ; Cass. 1e civ. 25-6-2009 n° 08-16.434 : RJDA 4/10 n° 422 ; Cass. 1e civ. 25-2-2010 n° 08-70.072 : RJDA 5/10 n° 548 ; Cass. com. 23-9-2014 n° 13-20.874 : RJDA 12/14 n° 931). Semble toutefois réservé le cas où la banque aurait normalement pu déceler la déloyauté (cf. Cass. 1e civ. 30-10-2007 n° 06-17.003 précité), par exemple en présence d'informations comportant des contradictions ou d'omissions laissant suspecter une fausse déclaration.

À l'égard d'un **emprunteur averti,** la banque n'est tenue d'un devoir de mise en garde que dans le cas exceptionnel où elle possède sur les facultés contributives de l'emprunteur des informations que lui-même ignore (Cass. 1e civ. 12-7-2005 n° 1264 : RJDA 3/06 n° 319, 1e esp. ; Cass. com. 27-1-2015 n° 13-16.971 F-D : RJDA 7/15 n° 518 ; Cass. com. 11-4-2018 n° 15-27.133 FS-PB : RJDA 6/18 n° 524). **23640**

ILLUSTRATIONS

Sont emprunteurs **avertis** :
– des époux, cadres supérieurs ayant créé une société qui a pour objet la réalisation d'opérations immobilières (Cass. 1e civ. 11-7-2005 n° 1266 : RJDA 4/06 n° 453) ;
– des époux, l'un avocat, l'autre clerc comptable, qui ont demandé un prêt de restructuration (Cass. com. 27-9-2011 n° 10-23.390 : RJDA 1/12 n° 83) ;
– le fondateur et associé majoritaire d'une société ayant pour objet la transaction immobilière qui est également gérant d'une SCI ayant pour objet la location de terrains et autres biens immobiliers (Cass. 1e civ. 5-1-2022 n° 19-24.436 FS-B : RJDA 5/22 n° 300).

DURÉE DE L'OFFRE DE PRÊT IMMOBILIER

L'envoi de l'offre oblige le prêteur à maintenir les conditions qu'elle indique pendant une **durée minimale** de trente jours à compter de sa réception par l'emprunteur (C. consom. art. L 313-34, al. 1). Ce délai étant un minimum, il peut être **augmenté** à l'initiative du prêteur. **23650**

ATTENTION

L'**indexation** éventuelle du **prêt** ne peut s'appliquer qu'au contrat définitivement conclu et ne peut donc, en aucun cas, faire varier les conditions de prêt pendant le délai de trente jours (Rép. Cauchon : Sén. 25-9-1981 p. 1644 ; Rép. Briane : AN 22-3-1982 p. 1167).

Ce délai ne doit pas être considéré comme un délai franc (Rép. Poudonson : Sén. 25-9-1981 p. 1643 ; Rép. Briane : 8-3-1982 p. 950). Il expire donc le dernier jour à minuit (application de l'art. 642 du Code de procédure civile) et non le lendemain.

Sur la durée de validité de l'offre une fois acceptée, voir n° 23750.

SANCTIONS EN CAS D'OFFRE DE PRÊT IRRÉGULIÈRE

Sanction pénale Le prêteur qui ne respecte pas l'une des obligations prévues aux articles L 313-24 et L 313-25 du Code de la consommation, relatives à la remise de l'offre préalable et au contenu obligatoire de celle-ci, s'expose à une **amende** de 150 000 € (C. consom. art. L 341-37) ainsi qu'à une amende de 1 500 €, pouvant être portée à 3 000 € en cas de récidive (art. R 341-26). En outre, le fait pour le prêteur de faire souscrire par l'emprunteur ou de recevoir de sa part l'acceptation d'une offre non datée ou une offre comportant une date fausse de nature à faire croire qu'elle a été donnée après l'expiration du délai de dix jours (n° 23650) est puni d'une amende de 300 000 € (art. L 341-40). **23660**

Une **peine complémentaire** d'interdiction d'exercice d'une fonction publique ou d'une activité professionnelle ou sociale dans l'exercice ou à l'occasion de l'exercice de laquelle l'infraction a été commise, ou d'une fonction de direction, de gestion ou de contrôle d'une entreprise ou d'une société peut être prononcée par le juge pour une durée maximale de cinq ans (art. L 341-44).

Sanction civile Sauf en cas d'absence de mention ou de mention erronée du taux annuel effectif global dans l'offre de prêt (n° 23675), le prêteur peut, en outre, être **déchu du droit aux intérêts** en totalité ou dans la proportion fixée par le juge (C. consom. art. L 341-34, al. 1). **23670**

Il s'agit de la seule sanction civile possible (Cass.1e civ. 23-1-2019 no 17-22.420 F-D : RJDA 5/19 no 369, rendu à propos de l'ex-art. L 312-8, 3o mais transposable). Ainsi, la nullité du prêt n'est pas encourue en cas de non-respect de ces obligations (Cass. 1e civ. 9-3-1999 et Cass. 1e civ. 23-3-1999 : RJDA 5/99 no 597).

La **déchéance** du droit aux intérêts peut être relevée d'office par le **juge** (no 22610) et relève de son pouvoir discrétionnaire (Cass. 1e civ. 2-7-1996 : RJDA 3/97 no 386 ; Cass. 1e civ. 2-7-2002 : RJDA 11/02 no 1181).

Cette sanction encourue par le prêteur ne s'étend pas aux intérêts au taux légal dus à compter de la mise en demeure de payer (Cass. 1e civ. 18-3-2003 no 414 : RJDA 7/03 no 764), ni aux frais et commissions dus au prêteur (Cass. 1e civ. 18-3-2003 no 00-17.761 précité ; Cass. 1e civ. 5-2-2009 no 07-11.119 : RJDA 5/09 no 472).

ATTENTION

Les **intérêts** au taux conventionnel **déjà versés** par l'emprunteur au moment de la déchéance du droit aux intérêts sont imputés sur le capital restant dû et non sur les intérêts au taux légal (Cass. 1e civ. 18-2-2009 no 08-12.584 : RJDA 7/09 no 668).

23675 En cas de défaut de mention ou de mention erronée du taux effectif global dans l'offre de prêt, le prêteur encourt également la **déchéance** du droit aux intérêts mais **dans la proportion fixée par le juge** au regard notamment du préjudice pour l'emprunteur (C. consom. art. L 341-34, al. 2).

L'emprunteur n'est alors tenu qu'au seul remboursement du capital suivant l'échéancier prévu et, le cas échéant, au paiement des intérêts dont le prêteur n'a pas été déchu. En outre, les sommes perçues au titre des intérêts conventionnels sont productives d'intérêts au taux de l'intérêt légal à compter du jour de leur versement et sont restituées par le prêteur ou imputées sur le capital restant dû (art. L 341-48-1).

Sur le défaut de mention ou la mention erronée du taux effectif global dans le contrat écrit de prêt, voir nos 96370 s.

> **Précisions Sous l'empire des textes antérieurs à l'ordonnance 2019-740 du 17 juillet 2019,** la Cour de cassation avait déjà admis que la seule sanction encourue était la déchéance totale ou partielle du droit aux intérêts du prêteur et que la demande de l'emprunteur en annulation de la stipulation d'intérêts, avec substitution de l'intérêt au taux légal devait être rejetée (Cass. 1e civ. 6-6-2018 no 17-16.300 F-D : RJDA 2/19 no 127 ; Cass. 1e civ. 23-1-2019 no 17-22.420 F-D : RJDA 5/19 no 369 ; Cass. 1e civ. 12-6-2020 no 19-16.401 FS-PBI ; RJDA 10/20 no 527). Conformément au droit commun, l'ordonnance, entrée en vigueur le 19 juillet 2019, est inapplicable aux prêts en cours à cette date (Avis Cass. 1e civ. 10-6-2020 no 15004).

23680 L'**action en déchéance** relève de la **prescription** quinquennale de l'article L 110-4, I du Code de commerce pour les obligations nées entre commerçants et non-commerçants (Cass. 1e civ. 30-9-1997 : RJDA 4/98 no 495 ; Cass. 1e civ. 15-2-2005 no 381 : RJDA 6/05 no 753 ; Cass. 1e civ. 7-10-2020 no 18-23.576 F-D : RJDA 3/21 no 186). Le délai court à compter du jour où l'emprunteur a connu ou aurait dû connaître les faits lui permettant d'exercer son droit (C. civ. art. 2224).

Pour plus de détails sur la prescription de l'action en déchéance, voir no 96374.

2. ACCEPTATION DE L'OFFRE DE PRÊT IMMOBILIER

FORME ET DÉLAI DE L'ACCEPTATION DE L'OFFRE DE PRÊT IMMOBILIER

23700 L'offre de contrat est soumise à l'acceptation de l'emprunteur et des cautions personnes physiques déclarées par l'emprunteur.

Cette acceptation doit être donnée par **lettre,** le cachet de l'opérateur postal faisant foi, ou selon **tout autre moyen** convenu entre les parties de nature à rendre certaine la date de l'acceptation par l'emprunteur (C. consom. art. L 313-34). Aucun autre formalisme n'est imposé ; ainsi, ni l'envoi d'une lettre recommandée pour prouver le contenu de l'enveloppe ni la rédaction de l'adresse d'expédition de la main de l'emprunteur ne sont nécessaires (Cass. 1e civ. 1-6-2016 no 15-15.051 : RJDA 2/17 no 110).

23705 L'emprunteur et les cautions ne peuvent accepter l'offre préalable que dix jours au moins après réception de celle-ci (C. consom. art. L 313-34).

Le jour de la remise de l'offre doit être exclu dans la computation du **délai** ; ainsi une offre de prêt remise le premier jour d'un mois donné ne peut pas être acceptée avant le onzième jour de ce mois (Rép. Poudonson no 876 : Sén. 5-3-1981 p. 302 ; Rép. Briane no 40841 : AN 9-3-1981 p. 1031 ; Cass. 1e civ. 16-5-2013 no 12-19.207 : RJDA 11/13 no 932). Compte tenu de l'obligation faite au prêteur de maintenir son offre aux mêmes conditions pendant trente jours au moins (no 23650), l'emprunteur dispose d'un délai de vingt jours (ou plus si l'offre l'y autorise) pour accepter l'offre.

L'emprunteur, qui a accepté l'offre préalable avant l'expiration du délai de réflexion, peut valablement **renouveler** son acceptation **après** l'expiration du délai de réflexion ; le renouvellement peut être formalisé lors de la signature de l'acte authentique de vente, à condition que les énonciations en fassent explicitement mention (Cass. 1e civ. 16-5-2013 n° 12-19.207 précité).

Le prêteur qui imposerait à l'emprunteur ou aux cautions d'accepter une offre préalable **sans** indication de **date ou** avec l'indication d'une **date fausse** de nature à faire croire que l'acceptation a été donnée après l'expiration du délai de dix jours à compter de la réception de l'offre (en pratique acceptation postdatée), ou qui recevrait de leur part une telle offre, s'exposerait à une amende de 300 000 €, et pourrait en outre être déchu du droit aux intérêts en totalité ou dans la proportion fixée par le juge (C. consom. art. L 341-34 et L 341-40). Par ailleurs, une peine d'interdiction d'exercice d'une fonction publique ou d'une activité professionnelle ou sociale dans l'exercice ou à l'occasion de l'exercice de laquelle l'infraction a été commise, ou d'une fonction de direction, de gestion ou de contrôle d'une entreprise ou d'une société peut être prononcée par le juge pour une durée maximale de cinq ans (art. L 341-44). **23710**

La Cour de cassation a jugé que l'**inobservation** des dispositions relatives au **délai de réflexion** est sanctionnée par la nullité du contrat (Cass. 1e civ. 12-7-2005 n° 02-13.614 : Contrats conc. consom. 2005 comm. n° 212 ; Cass. 1e civ. 6-1-2021 n° 19-11.694 F-D : RJDA 3/21 n° 188 ; Cass. 1e civ. 8-4-2021 n° 19-11.630 F-D : RJDA 7/21 n° 507), celle-ci pouvant être demandée seulement par la personne que la loi a vocation à protéger, à savoir l'emprunteur et la caution (Cass. 1e civ. 27-2-2001 n° 335 : RJDA 5/01 n° 626 ; Cass. 1e civ. 9-7-2003 n° 1043 : RJDA 11/03 n° 1114). Toutefois, le **non-respect des règles de forme** imposées par l'article L 312-10 du Code de la consommation (devenu art. L 313-34) pour l'acceptation de l'offre n'emporte pas la nullité mais la seule déchéance du droit aux intérêts (Cass. 1e civ. 29-10-2002 n° 1513 : RJDA 2/03 n° 180 ; décisions rendues à propos de l'ancien art. L 312-10 mais transposables en raison de la similitude des textes).

Ces sanctions ne peuvent pas se cumuler avec une action en responsabilité civile de droit commun qui serait fondée sur le même acte fautif du prêteur (Cass. 1e civ. 4-12-2001 n° 1899 : RJDA 6/02 n° 683).

EFFET DE L'ACCEPTATION DE L'OFFRE DE CRÉDIT IMMOBILIER

Dès lors que l'offre de prêt a été régulièrement acceptée par l'emprunteur, le contrat de **prêt** est **définitivement formé** même si les fonds ne lui ont pas été remis (cf. Cass. 1e civ. 27-5-1998 : RJDA 1/99 n° 87, ayant précisé qu'un crédit immobilier n'est pas un contrat réel). **23720**

En conséquence, une fois le contrat définitivement formé, si l'**emprunteur décède** avant la remise des fonds, le prêteur est tenu de les verser aux héritiers (Cass. 1e civ. 28-3-2000 : RJDA 5/00 n° 583). De même, si l'emprunteur fait l'objet d'une **procédure collective,** le prêteur doit déclarer sa créance de remboursement au passif de l'emprunteur dès lors que ce dernier a accepté l'offre de prêt avant sa mise en redressement judiciaire, peu important que les fonds aient été mis à sa disposition après (Cass. com. 11-2-2004 n° 308 : RJDA 7/04 n° 860).

Par ailleurs, le prêteur ne peut plus **modifier** les termes d'une **offre** acceptée (CA Paris 28-6-1990 : JCP N 1990 II p. 241 note Salats, prononçant à l'égard du prêteur, qui avait imposé à l'emprunteur des conditions supplémentaires, la déchéance du droit aux intérêts ; CA Paris 13-10-1998 : RJDA 2/99 n° 214 et, sur pourvoi, Cass. com. 9-10-2001 n° 99-11.373). **23725**

ILLUSTRATIONS

Le prêteur ne peut pas utilement se prévaloir d'une erreur de calcul pour modifier, malgré le refus de l'emprunteur, le montant des échéances dues dès lors qu'il a formulé par écrit et adressé à l'emprunteur une offre précisant notamment le nombre de mensualités de remboursement et leur montant, que l'emprunteur a accepté cette offre dans les termes proposés et qu'il en résultait que le caractère déterminant, dans la conclusion du contrat, de ce montant, entré dans le champ contractuel à compter de l'acceptation de l'offre et réitéré par acte authentique, interdisait que la somme ainsi fixée pût être unilatéralement modifiée par le prêteur, sous la qualification d'erreur matérielle ou de calcul, en cours d'exécution de la convention (Cass. 1e civ. 16-1-1996 : RJDA 5/96 n° 663).

MODIFICATIONS DE L'OFFRE DE PRÊT IMMOBILIER

Toute **modification des « conditions d'obtention »** d'un prêt immobilier, notamment le montant ou le taux du crédit, doit faire l'objet d'une nouvelle offre préalable sur support papier ou sur un autre support durable (C. consom. art. L 313-27). **23730**

Sur l'impossibilité pour le prêteur de modifier le taux d'intérêt si l'emprunteur n'opte pas pour l'assurance groupe proposée par celui-ci, voir nos 23820 s.

L'obligation d'émettre une nouvelle offre n'est cependant pas applicable :
– aux prêts dont le taux d'intérêt est variable (en ce sens, C. consom. art. L 313-27, qui ne vise que les prêts dont le taux d'intérêt est fixe) ;
– en cas de substitution d'un taux d'intérêt fixe au taux variable initial si cette substitution n'est que l'application d'une option prévue par le contrat de prêt (Cass. 1e civ. 15-2-2005 no 381 : RJDA 6/05 no 753) ;
– en cas de prolongation de la durée du prêt dès lors que celui-ci porte sur la même somme et que ses conditions sont inchangées (Cass. 1e civ. 8-10-1996 : RJDA 3/97 no 387) ;
– en cas de transfert d'un prêt aidé par l'État (PAP) lors de la revente de l'immeuble (Cass. 1e civ. 13-11-1996 : RJDA 6/97 no 804) ;
– en cas de reprise, à l'occasion de la vente de l'immeuble financé, du prêt par l'acquéreur dès lors que sa nature, son objet et ses conditions de remboursement sont demeurés inchangés et ont été portés à la connaissance de l'acquéreur lors de la vente (Cass. 1e civ. 28-9-2004 no 1283 : RJDA 3/05 no 317) ;
– en cas de modification des conditions du prêt prévue dans le plan conventionnel de redressement de la situation de surendettement de l'emprunteur (Cass. 1e civ. 4-10-2000 : RJDA 1/01 no 74) ou résultant d'une décision judiciaire prononçant la déchéance du droit aux intérêts (Cass. com. 9-7-2013 no 12-24.191 : RJDA 11/13 no 933).

Par ailleurs, si l'emprunteur présente un autre **contrat d'assurance** que celui proposé par le prêteur, ce dernier peut émettre une offre modifiée, sur support papier ou sur un autre support durable, sans que soient pour autant modifiés ou prorogés le délai de maintien de l'offre par le prêteur (trente jours) et le délai pendant lequel ni l'emprunteur ni la caution ne peuvent accepter l'offre (dix jours) ; ces délais courent à compter de la réception de l'offre initiale (C. consom. art. L 313-28).

Sur la **renégociation** d'un contrat de prêt, voir no 24090.

3. CONDITIONS AFFECTANT LE CONTRAT DE PRÊT IMMOBILIER

NON-CONCLUSION DU CONTRAT PRINCIPAL

23750 L'**offre** est réputée **acceptée sous** la **condition résolutoire** de la non-conclusion, dans un **délai** de quatre mois à compter de son acceptation, du contrat pour lequel le prêt est demandé, les parties pouvant convenir d'un délai plus long (C. consom. art. L 313-36). Ce délai est destiné à permettre à l'emprunteur d'accomplir les diverses formalités préalables à la conclusion de l'opération immobilière envisagée.

ATTENTION

En cas de **crédit** immobilier **consenti à deux personnes,** la condition résolutoire de non-conclusion du contrat principal n'est pas réalisée si un seul coemprunteur a acheté (Cass. 1e civ. 29-6-2022 no 21-11.690 F-B : RJDA 10/22 no 580).

Pendant ce délai, rien n'interdit au prêteur de verser des fonds à l'emprunteur ou à un tiers pour le compte de celui-ci (art. L 313-35, arg. a contrario, voir no 23870). Il peut en être ainsi, par exemple, lorsque le prêteur accorde à l'emprunteur une avance de fonds au moment de la conclusion d'une promesse de vente assortie d'une clause de dédit ou d'une indemnité d'immobilisation.

23755 Si le **contrat principal** n'est **pas conclu dans le délai** visé no 23750, le contrat de prêt se trouve de ce fait résolu. L'emprunteur doit alors rembourser la totalité des sommes que le prêteur lui a déjà versées ou qu'il a versées pour son compte et payer les intérêts y afférents. Le prêteur, quant à lui, ne peut retenir ou demander que des frais d'études dont le montant est limité à 0,75 % du montant du prêt, sans pouvoir excéder 150 €, à l'exclusion de toute autre indemnité (C. consom. art. L 313-38, al. 1 et R 313-22). Le montant de ces frais ainsi que les conditions dans lesquelles ils sont perçus doivent figurer distinctement dans l'offre préalable (art. L 313-38, al. 2).

Le prêteur qui, ayant perçu des sommes d'avance, ne restituerait pas ces sommes, sous déduction bien entendu des frais visés ci-dessus, s'exposerait à une amende pouvant atteindre 300 000 € (C. consom. art. L 341-43). Par ailleurs, une peine d'interdiction d'exercice d'une fonction publique ou d'une activité professionnelle ou sociale dans l'exercice ou à l'occasion de l'exercice de laquelle l'infraction a été commise, ou d'une fonction de direction, de gestion ou de contrôle d'une entreprise ou d'une société pourrait être prononcée par le juge pour une durée maximale de cinq ans (art. L 341-44).

PLURALITÉ DE CONTRATS DE PRÊT

Lorsque l'emprunteur a recours à plusieurs prêts pour financer une même opération (cas fréquent en pratique) et qu'il en informe ses prêteurs, chaque prêt est conclu sous la condition suspensive de l'octroi de chacun des autres prêts. Toutefois, cette disposition ne s'applique qu'aux prêts dont le montant est supérieur à 10 % du crédit total (C. consom. art. L 313-37). **23760**

4. ASSURANCE GARANTISSANT LE REMBOURSEMENT DU PRÊT IMMOBILIER

ASSURANCE DE GROUPE GARANTISSANT LE PRÊT IMMOBILIER

Le prêteur exige généralement que l'emprunteur souscrive une assurance destinée à garantir, en cas notamment de décès, d'invalidité ou de chômage, soit le remboursement total ou partiel du montant du prêt immobilier restant dû, soit le paiement de tout ou partie des échéances du prêt. À cette fin, le **prêteur** peut lui **proposer l'adhésion** à un contrat d'assurance de groupe dans les **conditions** suivantes, qui sont impératives. **23780**

Sur les clauses abusives susceptibles de figurer dans le contrat d'assurance, voir n° 18030.

Information de l'emprunteur Une **notice** énumérant les risques garantis et précisant toutes les modalités de la mise en jeu de l'assurance doit être annexée au contrat de prêt immobilier (C. consom. art. L 313-29, al. 2). Le prêteur, souscripteur d'une assurance de groupe, ne s'acquitte de son obligation d'information à l'égard de l'emprunteur qu'en annexant au contrat de prêt une notice spécifique, distincte de tous autres documents contractuels ou précontractuels ; la fourniture des conditions générales et particulières du contrat ne peut donc pas suppléer le défaut de remise de la notice (Cass. 1e civ. 5-4-2018 n° 13-27.063 FS-PB : RJDA 8-9/18 n° 674). **23790**

> **Précisions** Il n'est pas nécessaire que la notice soit remise au **moment** de l'offre de prêt (Cass. 1e civ. 20-1-1998 n° 123 : RJDA 4/98 n° 496).
> Pour **satisfaire à son obligation** d'information, le prêteur ne doit pas se contenter de remettre la notice. Il est également tenu d'éclairer l'emprunteur sur l'adéquation entre les risques couverts par l'assurance de groupe et sa situation personnelle (Cass. ass. plén. 2-3-2007 n° 06-15.267 : RJDA 7/07 n° 766 ; Cass. 1e civ. 22-1-2009 n° 07-19.867 : RJDA 6/09 n° 573 ; Cass. com. 16-6-2021 n° 19-20.838 F-D : RJDA 10/21 n° 683). Il doit l'informer aussi de l'existence, de la durée et du point de départ du délai de prescription prévu à l'article L 114-1 du Code des assurances (Cass. 1e civ. 17-6-2015 n° 14-20.257 : RJDA 10/15 n° 697).

Acceptation des modifications Toute modification apportée ultérieurement à la définition des risques garantis ou aux modalités de la mise en jeu de l'assurance est inopposable à l'emprunteur immobilier s'il ne l'a pas acceptée (pour une application, Cass. 1e civ. 20-6-2000 : RJDA 9-10/00 n° 902). Il en va de même pour toute modification de tarification (C. consom. art. L 313-29, al. 3). **23800**

Cette disposition ayant été édictée dans l'intérêt exclusif de l'assuré, l'assureur ne peut pas invoquer l'absence d'acceptation de l'assuré pour un avenant introduisant une garantie supplémentaire (Cass. 1e civ. 11-6-2003 n° 760 : RJDA 11/03 n° 1116).

Agrément de l'emprunteur Lorsque l'assureur a subordonné sa garantie à l'**agrément** de la personne de l'assuré et que cet agrément n'a **pas** été **donné,** le contrat de prêt immobilier peut être résolu de plein droit à la demande de l'emprunteur sans frais ni pénalité d'aucune sorte ; cette demande doit être présentée dans le délai d'un mois à compter de la notification du refus de l'agrément. (C. consom. art. L 313-29, al. 4). **23810**

Le prêteur qui omet d'informer l'emprunteur de cette faculté de résolution engage sa responsabilité (Cass. 1e civ. 8-6-1994 : Bull. civ. I n° 207).

Résiliation de l'emprunteur L'emprunteur peut résilier l'assurance à tout moment après la signature de l'offre de prêt immobilier afin d'y **substituer un autre contrat** (C. ass. art. L 113-12-2, al. 1). **23820**

> **ATTENTION**
> L'**assureur** doit **informer** chaque année **l'emprunteur,** sur support papier ou tout autre support durable, du droit qu'il a de résilier le contrat d'assurance à tout moment, des modalités de résiliation et des différents délais de notification et d'information qu'il doit respecter (C. ass. art. L 113-15-3, al. 1). À défaut, il s'expose à une amende administrative maximale de 3 000 € s'il est une personne physique et 15 000 € s'il est une personne morale (art. L 113-15-3, al. 4).

23823 L'emprunteur peut **notifier** à l'assureur sa demande de résiliation, par lettre ou tout autre support durable, par déclaration faite au siège social ou chez le représentant de l'assureur, par acte extrajudiciaire, par un mode de communication à distance si l'assureur a proposé la conclusion du contrat via ce mode ou par tout autre moyen prévu au contrat (C. ass. art. L 113-12-2, al. 1 et, sur renvoi, art. L 113-14).

23825 Le **prêteur** est contraint d'**accepter** le changement d'assurance si le contrat choisi par l'emprunteur présente un niveau de garantie équivalent au contrat initial (C. consom. art. L 313-30). Si tel n'est pas le cas, le prêteur peut opposer à l'emprunteur un **refus** qui doit être explicite et comporter l'intégralité des motifs de refus et, le cas échéant, les informations et garanties manquantes (même art.).

Le **prêteur** doit **informer l'emprunteur** sur support papier ou tout autre support durable de sa **décision** d'acceptation ou de refus dans un délai de dix jours ouvrés à compter de la réception d'un autre contrat d'assurance (art. L 313-31, al. 2).

En cas d'**acceptation** de l'assurance choisie par l'emprunteur, le prêteur doit, dans le même délai, modifier par voie d'**avenant** le contrat de crédit immobilier en y mentionnant, notamment, le nouveau taux annuel effectif global (art. L 313-31, al. 3). Il ne peut pas exiger des **frais** supplémentaires pour l'émission de cet avenant (art. L 313-31, al. 5). En contrepartie de cette acceptation, le prêteur ne peut pas modifier les conditions de l'octroi du crédit, y compris son mode d'amortissement (art. L 313-32).

Le **non-respect par le prêteur** de l'une des obligations lui incombant au titre des articles L 313-30 à L 313-32 est **sanctionné** par une amende administrative dont le montant ne peut pas excéder 3 000 € pour une personne physique et 15 000 € pour une personne morale (C. consom. art. L 341-44-1).

23828 Certaines **informations** spécifiques doivent être **échangées entre le prêteur et l'assureur substitué** quand l'emprunteur choisit une autre assurance que celle déjà souscrite auprès de lui.

Ainsi, lorsque l'emprunteur fait usage de la faculté de substitution, l'emprunteur doit transmettre à l'assureur de son choix, sur support papier ou sur un autre support durable, cette offre de prêt ou le contrat de crédit. Si l'assureur délégué s'engage à accorder sa garantie, le contrat d'assurance doit mentionner notamment, pour chaque prêt, les garanties exigées par le prêteur au titre de l'assurance, le montant du capital assuré par type de garanties, le coût définitif des garanties exigées par le prêteur au titre de l'assurance et les dates d'effet et de cessation des garanties. En cas d'acceptation par le prêteur, celui-ci doit notifier à l'emprunteur, selon les cas, l'offre de crédit modifiée ou l'avenant au contrat de crédit (C. consom. art. R 313-24).

23830 En cas d'acceptation de la substitution d'assurance par le prêteur, la **résiliation du contrat** d'assurance précédent prend **effet** dix jours après la réception par l'assureur de la décision du prêteur ou à la date de prise d'effet du contrat accepté en substitution par le prêteur si celle-ci est postérieure. En cas de **refus de la substitution** par le prêteur, le contrat d'assurance initial n'est pas résilié (C. ass. art. L 113-12-2, al. 1).

23840 **Résiliation par l'assureur** L'assureur ne peut résilier le contrat d'assurance en cours d'exécution pour **cause d'aggravation du risque** que si les conditions suivantes sont réunies (C. ass. art. L 113-12-2, al. 3 et R 113-13) :

– l'assuré pratique régulièrement une nouvelle activité sportive présentant un risque particulier pour sa santé ou sa sécurité, et figurant sur une liste fixée par arrêté du ministre chargé de l'économie ;

– l'exercice de cette nouvelle activité conduit à rendre inexactes ou caduques les réponses faites par l'assuré en réponse aux questions relatives à sa pratique sportive posées par l'assureur, dans le formulaire de déclaration du risque, lors de la conclusion du contrat ;

– l'assuré n'a pas déclaré cette nouvelle activité à l'assureur par lettre recommandée ou envoi recommandé électronique et dans les quinze jours à partir du moment où il en a eu connaissance.

ASSURANCE INDIVIDUELLE GARANTISSANT LE PRÊT IMMOBILIER

23850 L'emprunteur peut souscrire auprès de l'assureur de son choix, et dans les mêmes conditions que celles exposées n° 23780, une assurance équivalente à celle proposée par le prêteur (cf. C. consom. art. L 313-25, 7°).

Jusqu'à la signature de l'offre de prêt, le prêteur ne peut pas imposer à l'emprunteur l'adhésion à un contrat d'assurance de groupe ni refuser le contrat d'assurance individuel **choisi par l'emprunteur** dès lors qu'il présente un niveau de garantie équivalent au contrat d'assurance groupe qu'il propose. La décision du **prêteur** de **refuser** le contrat d'assurance individuel doit être explicite et comporter l'intégralité des motifs de refus ; elle doit également préciser, le cas échéant, les informations et garanties manquantes (art. L 313-30).

En contrepartie de son acceptation, le prêteur ne peut pas modifier le taux, qu'il soit fixe ou variable, ou les conditions d'octroi du crédit, y compris son mode d'amortissement, ni exiger des frais supplémentaires, y compris les frais d'analyse du contrat d'assurance individuelle (art. L 313-32). L'assureur choisi par l'emprunteur doit informer le prêteur du non-paiement par l'emprunteur de sa prime d'assurance ou de toute modification substantielle du contrat d'assurance (art. L 313-33).

L'emprunteur et l'assureur peuvent résilier le contrat d'assurance individuelle dans les mêmes conditions que pour l'assurance groupe (respectivement n°s 23820 s. et 23840).

5. INTERDICTION DES PAIEMENTS ANTICIPÉS

Jusqu'à l'acceptation de l'offre de crédit immobilier par l'emprunteur, aucun versement, sous 23870
quelque forme que ce soit, ne peut, au titre de l'opération en cause, être fait par le prêteur à l'emprunteur ou à une autre personne (par exemple le vendeur, l'entrepreneur ou le promoteur) pour le compte de celui-ci, ni par l'emprunteur au prêteur. Jusqu'à cette acceptation, l'emprunteur ne peut, au même titre, faire aucun dépôt, souscrire ou avaliser aucun effet de commerce, ni signer aucun chèque (C. consom. art. L 313-35). Cette interdiction vise tous les paiements, même ceux correspondant aux frais de dossier ou aux primes d'assurance.

En outre, si une **autorisation de prélèvement** sur compte bancaire ou postal a été signée par l'emprunteur, sa validité et sa **prise d'effet** sont subordonnées à celles du contrat de crédit (même art.).

Le prêteur qui, en infraction aux dispositions qui précèdent (n° 23870), accepterait de recevoir 23875
de l'emprunteur, ou pour le compte de celui-ci, un versement ou un dépôt, un chèque ou un effet de commerce souscrit, endossé ou avalisé à son profit, ou utiliserait une autorisation de prélèvement sur compte bancaire, s'exposerait à une **amende** de 300 000 € (C. consom. art. L 341-42 ; pour une application, voir CA Besançon 6-11-1986 : INC Hebdo n° 588 p. 12). Par ailleurs, une peine d'interdiction d'exercice d'une fonction publique ou d'une activité professionnelle ou sociale dans l'exercice ou à l'occasion de l'exercice de laquelle l'infraction a été commise, ou d'une fonction de direction, de gestion ou de contrôle d'une entreprise ou d'une société peut être prononcée par le juge pour une durée maximale de cinq ans (art. L 341-44).

B. Exécution du contrat de prêt immobilier

1. INFORMATION DE L'EMPRUNTEUR IMMOBILIER

Pour les **prêts à taux variable ou révisable,** le prêteur doit informer l'emprunteur en cours 23920
d'exécution du prêt : il doit lui fournir, une fois par an, le montant du capital restant à rembourser (C. consom. art. L 313-46, al. 1).

En cas de **modification du taux débiteur,** le prêteur doit fournir cette information à l'emprunteur, sur support papier ou sur un autre support durable, avant que la modification n'entre en vigueur. Il doit être informé du montant des échéances après l'application du nouveau taux débiteur ainsi que, le cas échéant, de toute modification du nombre ou de la périodicité des échéances (art. L 313-46, al. 2).

Lorsque la modification du taux débiteur résulte d'une variation du taux de référence, que le nouveau taux de référence est rendu public par des moyens appropriés et que l'information relative au nouveau taux de référence est également disponible dans les locaux du prêteur, les parties peuvent convenir dans le contrat de crédit que cette information est fournie périodiquement à l'emprunteur avec le montant des nouveaux paiements périodiques. Lorsque le contrat de crédit est un crédit à taux variable ou révisable, le prêteur doit veiller à utiliser un indice ou taux de référence clair, accessible, objectif et vérifiable et il conserve des archives des indices utilisés pour calculer les taux débiteurs. Ces informations doivent être fournies gratuitement à l'emprunteur (art. L 313-46, al. 3, 4 et 5).

Le **prêteur** qui **ne respecte pas l'obligation d'information** de l'emprunteur en cas de modification du taux débiteur peut être déchu du droit aux intérêts, en totalité ou dans la proportion fixée par le juge (art. L 341-45).

Aucune sanction n'est prévue par les textes à l'encontre du prêteur qui n'informe pas l'emprunteur du montant du capital restant à payer ; à notre avis, le prêteur peut être sanctionné sur le terrain de la responsabilité contractuelle, à condition que l'emprunteur prouve qu'il a subi un préjudice dû à ce défaut d'information (en ce sens, Cass. 1e civ. 1-6-2016 nº 15-15.051 : RJDA 2/17 nº 110).

23925 **Avant de modifier les conditions du contrat** de crédit, le prêteur doit communiquer à l'emprunteur les informations relatives aux modifications envisagées, en précisant celles qui nécessitent son consentement, ainsi que les informations relatives au calendrier de mise en œuvre de ces modifications et aux modalités de réclamation et de médiation (C. consom. art. L 313-46-1 issu de ord. 2023-1139 du 6-12-2023).

Ces **informations comportent** : une description claire des modifications proposées (en précisant si elles résultent d'un changement de la réglementation en vigueur) et, le cas échéant, de la nécessité d'obtenir le consentement de l'emprunteur ; le calendrier de mise en œuvre des modifications ; les moyens et le délai dont dispose l'emprunteur pour adresser une réclamation ; le nom et l'adresse du ou des médiateurs compétents et les modalités pratiques pour les saisir (C. consom. art. R 313-24-1 issu du décret 2023-1211 du 20-12-2023).

> **Précisions** **a.** Ces nouvelles dispositions sont **entrées en vigueur** le 30 décembre 2023 (Ord. 2023-1139 art. 8, I ; Décret 2023-1211 art. 8).
> **b.** Aucune **sanction** n'est prévue en cas de **non-respect de cette nouvelle obligation** d'information par le prêteur. On rappelle que les autres obligations d'information sont sanctionnées soit par la déchéance du droit aux intérêts, soit par une amende pénale.

2. SUSPENSION DES OBLIGATIONS DE L'EMPRUNTEUR IMMOBILIER

CONTESTATION SUR L'EXÉCUTION DU CONTRAT PRINCIPAL

23930 Lorsqu'il a été déclaré dans l'acte constatant le prêt que celui-ci est destiné à financer des ouvrages ou des travaux immobiliers au moyen d'un contrat de promotion, de construction, de maîtrise d'œuvre ou d'entreprise (donc à l'exclusion, notamment, des contrats de vente), le tribunal peut, en cas de contestation ou d'accident affectant l'exécution du contrat principal, **suspendre** l'exécution du contrat de **prêt jusqu'à la solution du litige.** Toutefois, cette suspension n'est possible que si le prêteur est intervenu à l'instance ou s'il a été mis en cause par l'une des parties (C. consom. art. L 313-44).

ILLUSTRATIONS

L'exécution du contrat de prêt peut être suspendue en raison de malfaçons affectant la construction d'une maison (TGI Rouen 21-4-1983 : Consom. Act. nº 393 p. 10) ou de l'ouverture d'une procédure collective à l'encontre de l'entreprise de construction (CA Douai 30-6-1983 : Consom. Act. nº 393 p. 9).

La seule existence d'un litige l'opposant au « constructeur » ne permet donc pas à l'emprunteur de suspendre ses remboursements. Il ne peut le faire que sur **autorisation du tribunal** saisi du litige, ce tribunal disposant d'un pouvoir souverain d'appréciation quant à l'opportunité de cette suspension. La demande de suspension doit intervenir pendant la période d'exécution du contrat principal (Cass. 1e civ. 26-5-1994 : RJDA 1/95 nº 53). Par suite, est irrecevable la demande de suspension d'un contrat de prêt destiné à financer la construction d'une maison individuelle dès lors que les malfaçons sont apparues après la prise de possession des lieux par l'emprunteur et le paiement intégral du prix des travaux (arrêt précité).

Le prêteur peut obtenir une indemnisation du préjudice qu'il aurait subi du fait de cette suspension (C. consom. art. L 313-44).

La **suspension** du contrat de prêt **prend fin** lorsque le litige a trouvé une solution.

Les dispositions de l'article L 313-44 ne sont pas applicables aux **ventes par adjudication** (art. L 313-45).

23940 **Continuation du contrat principal** Si le contrat principal continue, le contrat de prêt reprend ses effets. En l'absence d'une disposition légale l'y autorisant, l'emprunteur ne peut pas, à notre avis, imposer alors au prêteur un **décalage des échéances** d'une période égale à celle de la suspension, ni un arrêt du cours des intérêts. Il s'ensuit notamment que les remboursements de capital et les intérêts échus pendant la période de suspension sont, nous semble-t-il, exigibles dès que celle-ci prend fin.

Résolution ou annulation du contrat principal Le contrat de prêt se trouve résolu de plein droit en cas de résolution ou d'annulation du contrat principal, qui ont un **effet rétroactif** (Cass. 1e civ. 16-12-1992 : Bull. civ. I no 316 ; Cass. 1e civ. 21-10-2003 no 1281 : RJDA 5/04 no 610 ; Cass. 1e civ. 3-5-2006 no 05-16.169 : RJDA 8-9/06 no 944). 23950

ILLUSTRATIONS

Dans un cas où un **prêt** avait été consenti **pour financer** l'achat d'un terrain et **la construction d'une villa** et où le contrat de construction avait été annulé après l'expiration du délai de quatre mois, ce contrat est censé n'avoir jamais été conclu dans le délai fixé par la loi, de sorte que le prêt, souscrit pour assurer globalement le financement de l'opération, se trouve annulé de plein droit (Cass. 1e civ. 18-6-1996 : RJDA 11/96 no 1365 ; Cass. 1e civ. 7-7-1998 : RJDA 10/98 no 1148 ; dans le même sens à propos d'une vente immobilière financée par un prêt, Cass. 1e civ. 10-5-2005 no 790 : RJDA 10/05 no 1139).

La **résolution** du contrat de prêt consécutive à l'annulation (ou à la résolution) du contrat principal **entraîne** la remise des parties dans le même état où elles se trouvaient avant la conclusion du prêt. Le prêteur ne peut donc pas prétendre aux intérêts au taux conventionnel (Cass. 1e civ. 7-4-1999 : RJDA 4/00 no 467) et il n'a droit à des intérêts au taux légal qu'à compter d'une mise en demeure délivrée à l'emprunteur d'avoir à lui restituer le capital (Cass. 1e civ. 26-11-2002 no 1694 : RJDA 3/03 no 303). S'il a été payé par la caution avant la résolution du prêt garanti, le prêteur n'a plus d'intérêt à agir contre l'emprunteur en restitution du capital prêté (Cass. 1e civ. 9-3-2022 no 19-19.392 F-PB : RJDA 6/22 no 363). Le vendeur doit restituer les sommes déjà versées par l'emprunteur, sans que ce dernier puisse prétendre à la majoration prévue par l'article L 341-35 du Code de la consommation (no 24360) (Cass. 3e civ. 20-3-2002 no 00-17.637 : RJDA 7/02 no 751 rendu sous l'empire de l'ancien art. L 312-16, al. 2 mais transposable en raison de la similitude des textes).

La Cour de cassation n'a pas encore eu l'occasion de préciser l'étendue de la résolution du prêt et notamment si, comme en matière de crédit-bail, les clauses du prêt ayant pour effet de régler les conséquences de la résolution peuvent être appliquées. À notre avis, le prêteur peut dans un tel cas demander le remboursement des frais d'études visés au no 23750.

ATTENTION

La **prescription** de l'**action en annulation du prêt** ne commence à courir que du jour de l'annulation de la vente et non du jour de la connaissance du vice (en l'espèce, dol du vendeur) ayant donné lieu à cette annulation, dès lors que l'annulation du prêt a pour origine non pas le vice affectant la vente mais l'annulation de celle-ci (Cass. 1e civ. 10-5-2005 no 790 : RJDA 10/05 no 1139).

L'**emprunteur** peut **renoncer à se prévaloir** de l'interdépendance du prêt et du contrat principal et de la résolution du contrat de prêt à condition que cette volonté soit exprimée sans équivoque (sur la possibilité de renoncer aux dispositions régissant le crédit immobilier, voir no 22610). 23955

ILLUSTRATIONS

Renonce à se prévaloir de l'interdépendance du prêt et du contrat principal, et de la résolution du contrat de prêt l'emprunteur qui, après la résolution de la vente immobilière, a disposé des fonds prêtés à d'autres fins que le remboursement du prêt et n'a pas appelé le prêteur à l'instance en résolution de la vente (Cass. 1e civ. 6-1-1998 no 95-21.205 : Bull. civ. I no 6 ; dans le même sens, Cass. 3e civ. 1-3-2005 no 299 : RJDA 8-9/05 no 1030).

Mais **ne manifeste pas une telle volonté** de renonciation l'emprunteur qui n'a pas utilisé les sommes empruntées à une fin autre que le paiement de l'immeuble, n'a accompli aucun acte positif dépourvu d'équivoque à l'égard du prêteur manifestant une volonté claire de poursuivre le contrat de prêt, le fait qu'il n'ait pas mis en cause le prêteur lors de l'instance en résolution du contrat de vente ne suffisant pas à faire preuve de la renonciation (CA Paris 28-1-2003 no 02-1103 : RJDA 10/03 no 1004). Cette renonciation ne peut pas non plus être déduite du fait que l'emprunteur n'a pas appelé le prêteur en la cause lors de l'instance en annulation de la vente, n'a fait aucune demande en vue d'obtenir du vendeur la restitution du prix suite à l'annulation de la vente, ni effectué de démarche afin de restituer au prêteur les sommes prêtées et n'a demandé l'annulation du prêt que tardivement, deux ans après l'annulation de la vente (Cass. 1e civ. 1-3-2005 no 420 : RJDA 7/05 no 880).

DÉLAI DE GRÂCE ACCORDÉ À L'EMPRUNTEUR IMMOBILIER

L'emprunteur immobilier de bonne foi qui éprouve des difficultés à rembourser son prêteur peut demander au **juge** de suspendre ses obligations dans les conditions exposées nos 20780 s. Si l'octroi d'un délai de grâce ne suffit pas compte tenu de la situation de l'emprunteur, celui-ci peut demander à bénéficier d'une procédure de traitement des situations de surendettement. 23960

› Précisions Certains contrat de crédit immobilier, dits « prêts modulables », prévoient des **clauses de report ou de suspension des échéances** de l'emprunt en cas de difficultés de l'emprunteur. En règle générale, ces clauses ne jouent que pour six à douze mois au maximum et ne visent que le report ou la suspension de la somme en capital ; les intérêts du prêt continuent donc à courir et l'assurance reste due. Il demeure que, lorsque l'emprunteur fait face à des difficultés inattendues, il peut faire jouer cette clause contractuelle afin de surmonter la situation.

MESURES DE REMÉDIATION AU PROFIT DE L'EMPRUNTEUR

23970 Les prêteurs doivent disposer de politiques et de procédures adéquates les incitant à faire preuve d'une tolérance raisonnable **avant d'engager une procédure d'exécution** à l'encontre d'un emprunteur en difficulté et à lui proposer, s'il y a lieu, des mesures de renégociation tenant notamment compte de sa situation personnelle (C. consom. art. L 313-49-1 issu de ord. 2023-1139 du 6-12-2023). Il peut s'agir du **refinancement total ou partiel** du contrat de crédit, ou encore de la **modification des conditions existantes** du contrat, laquelle peut consister en (même art.) :

– la prolongation de la durée du contrat ;

– la suspension de tout ou partie des versements du remboursement pendant une période donnée ;

– la modification du taux d'intérêt ;

– le réaménagement de l'échéancier, notamment la réduction du montant des versements du remboursement ;

– une remise de dette partielle et la consolidation de la dette.

› Précisions **a.** Cette nouvelle disposition est **entrée en vigueur** le 30 décembre 2023 (Ord. 2023-1139 art. 8, I).

b. Aucune **sanction** n'est prévue en **cas de non-respect de cette obligation** par le prêteur. À notre avis, il engage sa responsabilité s'il poursuit l'emprunteur sans lui avoir proposé préalablement des mesures de renégociation.

3. DÉFAILLANCE DE L'EMPRUNTEUR

23980 En cas de **défaillance** de l'emprunteur **non justifiée** par une suspension de ses obligations (nos 23930 s.), le prêteur peut soit accorder des délais de paiement à l'emprunteur, soit exiger le remboursement immédiat du prêt, dans les conditions fixées par les articles L 313-50 et L 313-51 du Code de la consommation.

Le prêteur est libre de choisir entre ces deux solutions. La poursuite de l'exécution du prêt, qui profite à l'emprunteur défaillant, n'est pas en soi constitutive d'une faute (Cass. 1e civ. 6-11-2001 : RJDA 3/02 no 298).

Sur l'obligation pour les établissements de crédit de déclarer les incidents de paiement caractérisés à un fichier national tenu par la Banque de France et de les porter à la connaissance de la caution garantissant le crédit, voir respectivement nos 26900 s. et Mémento Droit commercial no 55421.

OCTROI DE DÉLAIS DE PAIEMENT À L'EMPRUNTEUR IMMOBILIER

23990 Si le prêteur accorde des délais de paiement à l'emprunteur immobilier, il peut **majorer le taux d'intérêt** que ce dernier aura à payer jusqu'à ce qu'il ait repris le cours normal des échéances contractuelles. Cette majoration ne peut pas excéder trois points (C. consom. art. R 313-26).

ATTENTION

Selon le ministre chargé de l'économie, la **majoration** du taux d'intérêt ne devrait **s'appliquer** qu'au montant des échéances impayées et non à la totalité du capital restant dû à la date de la défaillance (Rép. Caillaud, Warsmann et Michel : AN 9-11-1998 p. 6130).

Pour les **prêts à taux zéro,** l'intérêt ne peut pas excéder le plus élevé des taux maximaux des prêts conventionnés garantis par l'État applicable au moment de l'offre de prêt (art. R 313-27).

RÉSOLUTION DU CONTRAT DE CRÉDIT IMMOBILIER

24000 Le prêteur peut demander la résolution du prêt immobilier même si le contrat ne contient pas de **clause résolutoire,** ce qui est rare en pratique. La clause résolutoire prévoit généralement que la résolution interviendra de plein droit si le prêteur l'invoque, sans formalité.

Pour des cas où la clause résolutoire du contrat de crédit immobilier a été jugée abusive, voir no 18055.

Si le prêteur opte pour la résolution du contrat, il peut exiger le **remboursement** immédiat du **capital** restant dû, ainsi que le paiement des **intérêts échus** (à l'exclusion des intérêts à échoir) (C. consom. art. L 313-51, al. 1). Jusqu'à la date de leur règlement effectif, les sommes dues (capital et intérêts) produisent des **intérêts de retard** à un taux égal à celui du prêt (art. précité). Le juge n'a donc pas à rechercher s'il existe un éventuel accord des parties sur le taux applicable en cas de défaillance de l'emprunteur (Cass. 1e civ. 27-11-1990 : Bull. civ. I n° 268). **24005**
Sur le régime de la **prescription** de l'**action en paiement** voir n° 24955 s.

Outre ces intérêts de retard, le prêteur peut demander le versement d'une **indemnité** qui ne doit pas dépasser 7 % des sommes dues au titre du capital restant dû ainsi que des intérêts échus et non versés (C. consom. art. L 313-51, al. 2 et R 313-28). **24010**
Cette indemnité ne peut être obtenue que si le prêteur a demandé la résolution du contrat (Cass. 1e civ. 3-7-1996 : Bull. civ. I n° 295 ; Cass. 1e civ. 5-3-2009 n° 08-11.539 : RJDA 7/09 n° 669). Elle est donc exclue lorsque le prêteur a prononcé la déchéance du terme après la dernière échéance du prêt (Cass. 1e civ. 5-3-2009 n° 08-11.539 : RJDA 7/09 n° 669).
Cette indemnité peut être **réduite** par le tribunal, sur demande de l'emprunteur, si elle est « manifestement excessive » (C. consom. art. L 313-51 et, sur renvoi, C. civ. art. 1231-5). Nous ne pensons pas que le prêteur puisse utilement invoquer l'autre disposition de l'article 1231-5, al. 1 du Code civil qui permet au juge de majorer toute pénalité qui serait « manifestement dérisoire », pour obtenir une indemnisation supérieure aux limites fixées par la loi. Une telle demande serait contraire à l'esprit de la réglementation qui tend notamment à limiter les pénalités figurant dans les contrats de crédit.

ILLUSTRATIONS

La clause d'un contrat de prêt immobilier fixant le montant de l'indemnité due au prêteur en cas de défaillance de l'emprunteur ayant entraîné la résolution du contrat n'est pas abusive dès lors qu'elle a été stipulée en application des articles L 312-22 et R 312-3 du Code de la consommation (désormais C. consom. art. L 313-51 et R 313-28), que son montant est inférieur au plafond fixé par ce dernier texte et que l'emprunteur n'établit pas que la clause lui a été imposée par un abus de puissance économique de la part du prêteur ou qu'elle a conféré à ce dernier un avantage excessif (Cass. com. 3-5-2006 n° 02-11.211 : RJDA 11/06 n° 1159).

En cas d'**exécution partielle** du contrat de prêt, le juge peut aussi, en application de l'article 1231-5, al. 3 du Code civil, diminuer le montant de l'indemnité à proportion de l'intérêt que cette exécution partielle a procuré au créancier (C. consom. art. L 313-51).
La réduction de la pénalité par le juge est possible en dépit de toute clause contraire.

Aucun **versement autre** que ceux énumérés ci-dessus ne peut, sous peine d'une amende pouvant atteindre 300 000 € et de peines complémentaires, être **mis à la charge de l'emprunteur** (C. consom. art. L 313-52, al. 1 et L 341-46). Notamment, le prêteur ne peut pas demander la capitalisation des intérêts (Cass. 1e civ. 9-2-2012 n° 11-14.605 : RJDA 7/12 n° 710 ; Cass. 1e civ. 20-4-2022 n° 20-23.617 FS-B : RJDA 8-9/22 n° 506). La caution du prêt, qui a remboursé le prêteur puis a agi en paiement contre l'emprunteur, ne le peut pas non plus (Cass. 1e civ. 20-4-2022 précité). **24015**
Toutefois, le prêteur peut réclamer le remboursement sur justification des « **frais taxables** » que lui a occasionnés la défaillance de l'emprunteur, à l'exclusion de tout remboursement forfaitaire de frais de recouvrement (art. L 313-52, al. 2). Ces « frais taxables » incluent les frais de justice (CPC art. 695) ainsi que les sommes mises à la charge de l'emprunteur par le juge en application de l'article 700 du Code de procédure civile. La Commission des clauses abusives recommande que soit supprimée la clause du contrat de prêt laissant croire que le prêteur peut réclamer le remboursement des frais taxables sans produire de justificatifs (Recommandation CCA 2004-3 : BOCCRF du 30-9-2004 p. 629).

ILLUSTRATIONS

Ne constituent pas des frais taxables :
– les frais d'envoi de lettres recommandées ou de sommation d'huissier (CA Nîmes 19-2-1987 : Gaz. Pal. 1987 p. 506 note E.-M. Bey, solution rendue en matière de crédit à la consommation mais transposable) ou de commissaire de justice ;
– les frais de vente aux enchères (Cass. 1e civ. 9-3-1999 : RJDA 5/99 n° 594, solution rendue en matière de crédit à la consommation mais transposable).

En outre, le prêteur peut réclamer à l'emprunteur le paiement de la **créance** qu'il détient sur lui **à un autre titre,** par exemple le paiement des primes d'assurance-vie (Cass. 1e civ. 20-10-1998 : RJDA 2/99 n° 212, solution rendue en matière de crédit à la consommation mais transposable). La

Commission des clauses abusives a recommandé que soient supprimées des contrats de prêt immobilier les clauses autorisant le prêteur à procéder à la compensation entre les créances dues au titre du prêt et tous les comptes de son client, alors même que les conditions de la compensation légale ne seraient pas réunies (Recommandation n° 04-3 : BOCCRF du 30-9-2004 p. 62).

4. REMBOURSEMENT DU PRÊT IMMOBILIER PAR ANTICIPATION

MONTANT MINIMAL DE REMBOURSEMENT ANTICIPÉ

24040 L'emprunteur peut toujours, à son initiative, rembourser par anticipation son prêt, en tout ou en partie. Toutefois, afin d'éviter un alourdissement trop important des frais de gestion des établissements financiers, il est prévu que le contrat de prêt peut **interdire** les **remboursements** égaux ou **inférieurs** à 10 % du montant initial du prêt, sauf s'il s'agit du remboursement du solde (C. consom. art. L 313-47, al. 1) qui doit être accepté quel qu'en soit son montant.

INDEMNITÉ DE REMBOURSEMENT ANTICIPÉ DUE AU PRÊTEUR

24050 Le contrat de prêt peut comporter une clause aux termes de laquelle, en cas de remboursement par anticipation, le prêteur est en droit d'exiger une indemnité au titre des intérêts non encore échus (C. consom. art. L 313-47, al. 2). La clause doit être expresse (Cass. 1e civ. 24-4-2013 n° 12-19.070 : RJDA 10/13 n° 835, décision rendue sous l'empire de l'ancien art. L 312-21, al. 2 mais transposable en raison de la similitude des textes). Aucune somme autre que l'indemnité prévue ci-dessus ne peut, sous peine d'une amende de 300 000 € et de peines complémentaires, être mise à la charge de l'emprunteur qui se libérerait par anticipation (art. L 313-49 et L 341-46).

Le **montant** de cette indemnité ne peut excéder la valeur d'un semestre d'intérêts sur le capital remboursé au taux moyen du prêt, sans pouvoir dépasser 3 % du capital restant dû avant le remboursement (art. R 313-25). Si elle apparaît manifestement excessive, l'indemnité peut être réduite par le juge (art. L 313-47, al. 2 et, sur renvoi, C. civ. art. 1231-5).

24055 Lorsque le contrat de prêt est assorti de taux d'intérêts différents selon les périodes de remboursement, l'indemnité peut être **majorée** de la somme permettant d'assurer au prêteur, sur la durée courue depuis l'origine, le taux moyen prévu lors de l'octroi du prêt (C. consom. art. R 313-25, al. 2). Cette disposition vise seulement les crédits à taux variable ; elle n'est pas applicable aux crédits à taux fixe, même assortis d'un paiement différé des intérêts entraînant des taux différents selon les périodes de remboursement (Cass. 1e civ. 5-5-2004 n° 691 : RJDA 8-9/04 n° 1032).

Les modalités de calcul des intérêts compensatoires de l'indemnité dus par l'emprunteur doivent être mentionnées dans l'offre préalable de prêt ; à défaut, le prêteur n'est pas en droit de les exiger (Cass. 1e civ. 21-2-1995 : RJDA 6/95 n° 748). Dans un cas où la clause fixant le montant de l'indemnité n'était que la reproduction littérale des dispositions de l'article R 312-2 (devenu art. R 313-25) du Code de la consommation, la Cour de cassation a jugé que cette stipulation était licite car elle permettait à l'emprunteur de connaître à tout instant le maximum de ce qui pourrait lui être réclamé en cas de remboursement anticipé (Cass. 1e civ. 20-3-1989 : Bull. civ. I n° 138).

À la différence de l'indemnité elle-même, ces intérêts compensatoires, qui visent à porter la rémunération du prêteur à un montant conforme au taux d'intérêt convenu, ne constituent pas une pénalité ; ils ne peuvent donc pas être réduits par le juge en application de l'article 1231-5, al. 1 du Code civil (Cass. 1e civ. 7-10-1992 et 2-12-1992 : RJDA 2/93 n° 144 ; Cass. 1e civ. 30-3-1994 : RJDA 1/95 n° 54, décisions rendues sous l'empire de l'ancien art. 1152 mais transposables en raison de la similitude des textes).

24060 L'**indemnité** de remboursement anticipé n'est **pas due** lorsque le remboursement est motivé par la vente du bien immobilier acquis à l'aide du prêt faisant suite au changement du lieu d'activité professionnelle de l'emprunteur ou de son conjoint, ou lorsqu'il est motivé par le décès ou par la cessation forcée de l'activité professionnelle de ces derniers (C. consom. art. L 313-48 ; pour une application, Cass. 1e civ. 17-6-2015 n° 14-14.444 : RJDA 1/16 n° 54).

INFORMATION DUE À L'EMPRUNTEUR EN CAS DE REMBOURSEMENT ANTICIPÉ

24070 Après réception de la demande de remboursement par anticipation, le prêteur doit fournir gratuitement et sans tarder à l'emprunteur, sur support papier ou sur un autre support durable, les informations nécessaires à l'examen de cette faculté. Ces informations doivent chiffrer au moins les conséquences qui s'imposeront à l'emprunteur s'il s'acquitte de ses obligations avant l'expiration du contrat de crédit et formuler clairement les hypothèses utilisées (C. consom. art. L 313-47, al. 3).

5. MODIFICATION D'UN CONTRAT DE PRÊT IMMOBILIER EN COURS

En cas de renégociation du prêt, les modifications du contrat doivent être apportées sous la seule forme d'un **avenant** établi sur papier ou sur un autre support durable (C. consom. art. L 313-39, al. 1) ; elles ne nécessitent donc pas une nouvelle offre de contrat. **24090**

Sur l'**obligation d'information** pesant sur le prêteur qui envisage de modifier les conditions du prêt en cours d'exécution, voir n° 23925.

> **Précisions** Depuis la loi 2019-486 du 22 mai 2019 relative à la croissance et la transformation des entreprises, dite « loi Pacte », le prêteur ne peut plus conditionner l'émission de l'avenant à la **domiciliation des salaires** ou revenus assimilés de l'emprunteur sur un compte de paiement.

CONTENU DE L'AVENANT AU CONTRAT DE PRÊT IMMOBILIER

L'**avenant** au contrat de prêt immobilier doit **comprendre,** d'une part, un échéancier des amortissements détaillant pour chaque échéance le capital restant dû en cas de remboursement anticipé et, d'autre part, le taux annuel effectif global (TAEG ; nos 96300 s.) et le coût du crédit calculés sur la base des seuls échéances et frais à venir (C. consom. art. L 313-39, al. 2). **24100**

Pour les prêts à taux variable ou révisable, l'avenant doit comprendre le TAEG et le coût du crédit calculés sur la base des seuls échéances et frais à venir jusqu'à la date de la révision du taux, ainsi que les conditions et modalités de variation du taux (art. L 313-39, al. 2).

> **Précisions** À notre connaissance, la Cour de cassation n'a pas encore eu l'occasion de se prononcer sur la **sanction** applicable en cas de non-respect de l'article L 313-39, al. 2. À notre avis, la déchéance du droit aux intérêts n'est pas encourue, car l'article L 313-39 n'est pas visé par l'article L 341-34. Toutefois, la nullité de la stipulation d'intérêts ne paraît pas constituer non plus une sanction adaptée, puisque le défaut de mention ou l'irrégularité dans la mention du TEG dans l'offre entraîne la déchéance du droit aux intérêts dans la proportion fixée par le juge et au regard notamment du préjudice subi par l'emprunteur. La mise en œuvre de la responsabilité de l'établissement de crédit pourrait offrir une solution intermédiaire (en ce sens, CA Paris 17-4-2019 n° 17/04785).

ACCEPTATION DE L'AVENANT AU CONTRAT DE PRÊT IMMOBILIER

À compter de la réception des informations mentionnées n° 24100, l'**emprunteur** dispose d'un **délai de réflexion** de dix jours (C. consom. art. L 313-39, al. 3). L'acceptation doit être donnée par lettre, le cachet de la poste faisant foi, ou selon tout autre moyen convenu entre les parties de nature à rendre certaine la date de l'acceptation par l'emprunteur (art. L 313-39, al. 4). **24110**

L'emprunteur qui n'a indiqué ni la date à laquelle il a signé l'avenant ni celle à laquelle il l'a renvoyé au prêteur ne peut pas invoquer le non-respect du délai de réflexion (Cass. 1e civ. 8-11-2007 n° 04-18.668 : RJDA 2/08 n° 186).

V. INCIDENCE DU CONTRAT DE PRÊT IMMOBILIER SUR LE CONTRAT PRINCIPAL

Dans les développements qui suivent, nous n'examinons que les aspects de l'interdépendance instituée par la réglementation entre le contrat de crédit et le contrat principal concernant les **rapports entre** l'**emprunteur et** le **vendeur** ou le « constructeur ». **24200**

> **Précisions** Les **dispositions** des articles L 313-40 à L 313-45 du Code de la consommation relatives au contrat principal ne sont **pas applicables** :
> – aux ventes par adjudication (C. consom. art. L 313-45) car le mécanisme de la condition suspensive de l'obtention des prêts paraît difficilement compatible en pratique avec la technique de ce type de ventes ;
> – à l'achat par un locataire de l'appartement qu'il occupe après division ou subdivision de l'immeuble par lots (Loi 75-1351 du 31-12-1975 art. 10), car ces dispositions particulières dérogent à la réglementation sur le crédit immobilier (Rép. Daillet : AN 11-10-1982 p. 4075 ; Rép. Fosset : Sén. 27-10-1982 p. 4828).

A. Mention du crédit immobilier dans le contrat principal

24210 Pour assurer l'information du vendeur et permettre l'application du principe d'interdépendance, l'acte **écrit constatant une opération immobilière** entrant dans le champ d'application de la réglementation (nos 22830 s.) doit indiquer si le prix doit être payé directement ou indirectement, même en partie, avec ou sans l'aide d'un ou plusieurs prêts (C. consom. art. L 313-40).

Cette obligation s'applique aux **promesses unilatérales de vente** acceptées (art. précité), étant rappelé qu'une promesse unilatérale de vente est acceptée lorsque le bénéficiaire a pris acte de l'offre qui lui est faite tout en réservant sa décision. L'acceptation de la promesse ne se confond pas avec l'acceptation de l'offre elle-même, appelée « levée d'option » qui transforme la promesse en une vente parfaite. C'est l'acceptation de la promesse qui entraîne application de la réglementation et non la levée de l'option.

Elle s'applique aussi au **contrat préliminaire** prévu à l'article L 261-15 du Code de la construction et de l'habitation (C. consom. art. L 313-40).

24215 Lorsque l'acte indique que le **prix est payé sans** l'aide d'un ou plusieurs **prêts** constatant l'opération immobilière, cet acte doit porter de la main de l'acquéreur une mention par laquelle celui-ci reconnaît avoir été informé que, s'il recourt néanmoins à un prêt, il ne pourra pas se prévaloir des dispositions de la réglementation (C. consom. art. L 313-42, al. 1). La **sincérité** de la mention est nécessaire pour écarter le bénéfice de la protection légale.

ILLUSTRATIONS

Ne sont pas conformes à la réglementation la mention indiquant que l'acquéreur déclare disposer du financement nécessaire et ne pas soumettre l'opération à la condition suspensive de ce dernier et celle portée de sa main par laquelle il renonce au statut protecteur de la loi du 13 juillet 1979 dès lors qu'elles ne permettent pas de savoir si l'acquéreur avait été ou non informé des conséquences de sa renonciation et plus particulièrement du fait que, s'il recourt néanmoins à un prêt, il ne peut pas se prévaloir de la réglementation sur le crédit immobilier, ce qui équivaut à une absence de mention (CA Paris 13-5-1992 : RJDA 10/92 n° 936).

Est contraire à la réalité la mention manuscrite insérée dans une promesse de vente dès lors que, le jour même, l'intermédiaire ayant négocié la transaction établit une attestation dans laquelle il fait état de prêts sollicités par les acquéreurs. Par suite, la promesse est considérée comme ayant été conclue sous condition suspensive du prêt sollicité (Cass. 1e civ. 10-3-1987 : Bull. civ. I n° 90).

La mention peut être écrite dans une **langue étrangère** s'il est établi que l'acheteur a eu une parfaite connaissance du texte français qu'il devait signer et qu'il a eu le temps et les moyens de s'entourer de tous les renseignements nécessaires (Cass. 3e civ. 18-12-2012 n° 11-25.055 : RJDA 4/13 n° 358).

Les personnes **ne sachant pas écrire** ne peuvent pas recourir à l'acte sous signature privée, mais seulement à l'acte authentique, reçu en ce cas avec l'assistance d'un second notaire ou de deux témoins, avec déclaration, à la fin de l'acte, de l'impossibilité rencontrée. Les personnes **non francophones** doivent faire appel à un interprète.

En cas d'acte conclu par un **mandataire,** c'est l'acquéreur-mandant qui doit, de sa main, porter la mention manuscrite dans la procuration, laquelle demeurera annexée à l'acte d'acquisition.

En cas de **pluralité d'emprunteurs,** les mentions doivent être portées par chacun d'eux, même si un emprunteur représente les autres (CA Paris 15-3-1994 : RJDA 10/95 n° 1129).

24220 Cette mention manuscrite doit figurer dans l'acte constatant l'engagement des parties ou dans un **document séparé** mais auquel cet acte se réfère (Cass. 1e civ. 16-2-1994 : RJDA 8-9/94 n° 951). Lorsqu'une vente est précédée d'un **avant-contrat,** ces deux mentions (indication que le prix est payé sans l'aide d'un prêt et mention manuscrite de l'acquéreur) doivent être insérées dans l'avant-contrat. Mais elles n'ont pas à être reprises dans l'acte de vente définitif puisque celui-ci constate un paiement intégral comptant (Rép. Hage : AN 2-2-1981 p. 488).

Sur le cas particulier des prêts destinés au financement de dépenses de réparation, d'amélioration ou d'entretien de l'immeuble, voir n° 24395.

La mention manuscrite n'est toutefois pas exigée **en cas d'acte authentique** (C. civ. art. 1369 ; Cass. 3e civ.18-3-2021 n° 20-16.354 FS-P : RJDA 8-9/21 n° 598) ou **d'acte sous signature privée**

contresigné par avocat (C. civ. art. 1374). En pratique, seules les promesses unilatérales de vente passées par acte sous signature privée doivent donc contenir cette mention.

S'il **recourt néanmoins à un prêt,** l'auteur de la mention prescrite par l'article L 313-42 ne peut pas se prévaloir de la non-obtention de celui-ci, sauf cas de fraude à la loi (Cass. 1e civ. 16-5-1995 : RJDA 3/96 n° 373 ; Cass. 3e civ. 29-1-2014 n° 12-28.836 : RJDA 5/14 n° 471, décisions rendues sous l'empire de l'ancien art. L 312-17 mais transposables en raison de la similitude des textes). Constitue par exemple une fraude à la loi la connaissance du vendeur, dès l'origine, de l'intention de l'acheteur de recourir à un prêt (Cass. 3e civ. 29-1-2014 n° 12-28.836 précité).

Les conséquences de l'**indication que le prix sera payé à l'aide d'un prêt** sont exposées aux nos 24270 s. et celles de l'**absence de mention** aux nos 24390 s. **24225**

B. Condition suspensive de l'obtention des prêts immobiliers

PRINCIPE

Lorsqu'il indique que le prix doit être payé avec l'aide d'un ou plusieurs prêts immobiliers (n° 24210), le contrat constatant l'opération immobilière est réputé conclu sous la condition suspensive de l'obtention de ce ou ces prêts (C. consom. art. L 313-41, al. 1). **24270**

> **Précisions** Dans le cas de l'**achat d'un terrain destiné à la construction d'un immeuble** à usage d'habitation ou à usage professionnel et d'habitation, les pouvoirs publics considèrent que si le financement global de l'opération peut se traduire du point de vue de la technique bancaire par **deux prêts distincts,** l'un finançant l'**achat** du terrain et l'autre la **construction,** l'acquisition du terrain ne doit pas être suspendue à l'obtention du prêt destiné à la construction. Toutefois, lorsque le terrain et l'immeuble à construire font l'objet d'un financement unique (ou lié par des lois particulières ou par la volonté de l'acquéreur et du vendeur), la condition suspensive de l'obtention de l'ensemble du financement nécessaire joue pour le contrat d'achat du terrain (Rép. de Gastines : AN 15-12-1980 p. 5241 ; Rép. Houteer : AN 2-2-1981 p. 488 ; Rép. Hage : AN 9-3-1981 p. 1032, 23-3-1981 p. 1278 et 30-3-1981 p. 1401).

1. DURÉE ET CONTENU DE LA CONDITION SUSPENSIVE

La **durée de validité** de la condition suspensive d'obtention du prêt immobilier ne peut pas être inférieure à un mois à compter de la date de la signature de l'acte ou, s'il s'agit d'un acte sous signature privée soumis à peine de nullité à la formalité de l'enregistrement (cas, par exemple, des promesses unilatérales de vente d'immeuble, cf. C. civ. art. 1589-2), à compter de la date de l'enregistrement (C. consom. art. L 313-41, al. 1). Autrement dit, sauf convention contraire des parties prévoyant une durée plus longue, la condition est considérée comme « défaillie » et le contrat principal comme n'ayant jamais existé si l'acheteur-emprunteur n'a pas obtenu ses prêts dans le mois de la signature (ou de l'enregistrement) du contrat. **24280**

Le législateur a fixé une durée minimale à la condition suspensive pour éviter que le vendeur ne puisse « réduire la durée de la condition suspensive à onze jours seulement – l'offre préalable ne peut pas, en application de l'article L 313-34 du Code de la consommation, être acceptée avant dix jours (n° 23705) –, car cela ôterait toute signification à la condition suspensive » (Sén. 13-6-1978 p. 1315). C'est pourquoi lorsque la promesse prévoit une durée de validité de la condition suspensive inférieure à un mois, la promesse n'est pas nulle mais le bénéficiaire dispose du délai légal pour obtenir un financement (CA Paris 19-5-1995, G. c/ Sté Simmo).

Hormis la durée, les parties fixent elles-mêmes le **contenu de la condition** suspensive : par exemple, montant des prêts nécessaires, taux maxima des prêts, conditions du crédit susceptibles d'être acceptées par l'emprunteur, etc. (Rapport AN n° 1015 p. 43). Mais l'absence d'indication des caractéristiques du prêt n'entraîne pas la nullité de la condition suspensive (Avis C. cass. 18-5-1998 : RJDA 8-9/98 n° 1033). **24285**

L'article L 313-41 du Code de la consommation étant d'ordre public, les clauses qui imposent des **obligations** contractuelles **plus strictes** à l'emprunteur de nature à accroître les exigences résultant de ce texte sont privées d'effet (Cass. 3e civ. 18-7-1986 : Bull. civ. III n° 126 ; Cass. 1e civ. 7-7-1993 : RJDA 2/94 n° 186 ; Cass. 3e civ. 7-11-2007 n° 06-17.867 : RJDA 3/08 n° 321).

ILLUSTRATIONS

Est privée d'effet, car de nature à accroître les obligations contractuelles de l'emprunteur, la clause :
– prévoyant que la condition suspensive est réputée réalisée à défaut de notification au vendeur de la décision du prêteur dans un certain délai (Cass. 3e civ. 18-7-1986 précité ; Cass. 1e civ. 11-7-1988 : Bull. civ. I n° 239) ;
– obligeant l'acheteur à déposer les demandes de crédit dans les dix jours de l'acte sous signature privée et à en justifier auprès du rédacteur de cet acte dans les quarante-huit heures (Cass. 1e civ. 28-1-1992 : RJDA 3/92 n° 267 ; dans le même sens, Cass. 3e civ. 7-4-2009 n° 08-15.896 : RJDA 11/09 n° 998) ;
– imposant au bénéficiaire de la promesse de vente l'obligation de déposer la demande de prêt auprès d'un organisme déterminé dans un certain délai et à en justifier auprès du promettant (Cass. 1e civ. 7-7-1993 précité ; Cass. 3e civ. 12-2-2014 n° 12-27.182 : RJDA 11/14 n° 861) ;
– obligeant l'acheteur à informer le vendeur (et l'agent immobilier ou le notaire rédacteur de l'acte) de la réalisation de la condition dans un certain délai à compter de celle-ci (Cass. 3e civ. 7-11-2007 n° 06-17.867 précité).

En revanche est licite la clause :
– prévoyant la déchéance du bénéfice de la condition suspensive en cas de non-présentation de la demande de prêt dans un délai d'un mois (Cass. 1e civ. 4-6-1996 : RJDA 3/97 n° 388) ;
– précisant que la condition est réalisée dès l'acceptation par l'acquéreur de l'offre préalable de prêt, cette offre devant intervenir dans le délai d'un mois et l'acceptation entre le dixième et le quinzième jour après réception de l'offre (Cass. 3e civ. 30-4-1997 : RJDA 7/97 n° 922) ;
– imposant à l'acquéreur de justifier du refus du prêt au moyen d'une lettre de la banque (Cass. 1e civ. 7-1-1997 : RJDA 7/97 n° 923).

Lorsque la clause met à la charge de l'emprunteur des obligations excédant celles prévues par l'article L 313-41, le prêteur ne peut pas utilement prétendre que, faute d'en respecter les termes, l'emprunteur a empêché l'accomplissement de la condition et que celle-ci doit être réputée accomplie en application de l'article 1178 du Code civil (désormais art. 1304-3 ; n° 24320) dès lors que l'emprunteur a déposé une demande de prêt dans le mois de la signature de la promesse et que celle-ci a été rejetée par la banque en raison d'une mauvaise estimation faite par l'agence immobilière (Cass. 3e civ. 6-7-2005 n° 859 : RJDA 2/06 n° 180).

2. RÉALISATION DE LA CONDITION SUSPENSIVE

OBTENTION DU PRÊT IMMOBILIER

24310 La condition est réalisée et l'opération immobilière conclue à compter de l'obtention du prêt (C. consom. art. L 313-41). La Cour de cassation a précisé que constitue l'« **obtention** » visée par la loi la présentation par un organisme de crédit d'une offre régulière de prêt conforme aux caractéristiques prévues dans l'acte constatant l'opération immobilière (Cass. 1e civ. 9-12-1992 : RJDA 3/93 n° 239, 2e esp. ; Cass. 1e civ. 16-2-1994 : Contrats conc. consom. 1994 comm. n° 88 note G. Raymond). L'**offre** doit être **ferme et sans réserve** (Cass. 3e civ. 7-11-2007 n° 06-17.413 : RJDA 3/08 n° 245 ; Cass. 3e civ. 7-11-2007 n° 06-19.148 : BRDA 23/07 inf. 29).

ILLUSTRATIONS

La condition est réalisée lorsque :
– l'acheteur produit un tirage d'un courrier électronique par lequel une banque indique son intention d'accorder un prêt conforme aux montant et conditions prévus à la promesse et une lettre ultérieure par laquelle la banque notifie son accord sur ce prêt (Cass. 3e civ. 7-11-2007 n° 06-11.750 : RJDA 3/08 n° 244) ;
– l'emprunteur produit une lettre de la banque l'informant de l'octroi du crédit, la formule d'usage « sous réserve de prise de garanties et des assurances » ne rendant pas cet accord conditionnel et ne portant pas atteinte à son caractère ferme (Cass. 1e civ. 14-1-2010 n° 08-21.520 : RJDA 7/10 n° 779 ; Cass. 3e civ. 23-6-2010 n° 09-15.963 : RJDA 11/10 n° 1100).

En revanche, la condition est défaillie en cas de :
– délivrance d'une attestation par laquelle une banque donne un accord de principe à l'acquéreur pour un prêt d'un montant déterminé (Cass. 3e civ. 7-11-2007 n° 06-17.413 précité ; Cass. 1e civ. 16-10-2013 n° 12-24.509 : RJDA 2/14 n° 94) ;
– notification d'un accord de prêt dont la mise en place est subordonnée à la réalisation des formalités contractuelles et à la prise de garanties stipulées dans l'offre de prêt à venir (Cass. 3e civ. 7-11-2007 n° 06-19.148 précité ; en sens contraire à propos des garanties, voir Cass. 1e civ. 14-1-2010 n° 08-21.520 précité).

En principe, il n'est pas nécessaire que l'**offre de prêt** soit **conforme** à la **réglementation** sur le **crédit immobilier** pour que le prêt soit considéré comme obtenu. 24315

La notification par la banque de l'octroi du prêt dans le délai de la condition suffit, peu important que l'offre de prêt soit formalisée après (Cass. 3e civ. 24-9-2003 no 1005 : RJDA 1/04 no 89 ; Cass. 1e civ. 14-1-2010 no 08-21.520 : RJDA 7/10 no 779). En effet, les exigences formelles posées par le Code de la consommation en matière d'offre de prêt immobilier ne sont édictées que dans un souci de protection de l'emprunteur (Cass. 3e civ. 7-11-2007 no 06-11.750 : RJDA 3/08 no 244).

ILLUSTRATIONS

A été jugée valable la clause précisant que l'obtention du prêt interviendrait au moment de l'acceptation de l'offre par l'emprunteur, l'offre devant elle-même intervenir dans le délai d'un mois, conforme à la loi (Cass. 3e civ. 30-4-1997 : RJDA 7/97 no 922).

De même, dans un cas où une personne avait sollicité deux prêts, l'un pour l'achat d'un immeuble, l'autre pour les travaux d'amélioration de celui-ci, et où seul le premier prêt avait été accordé, jugé que l'emprunteur ne pouvait pas prétendre renoncer à l'ensemble de l'opération pour cause de non-réalisation de la condition dès lors que la vente de l'immeuble était parfaite depuis l'obtention du premier prêt : l'acte dont l'article L 313-41 (ex-art. L 312-16) subordonne la validité à l'obtention d'un prêt est celui en vue duquel ce prêt a été demandé ; la non-obtention du second crédit était donc sans influence sur la vente de l'immeuble, à moins que celle-ci n'ait été conventionnellement subordonnée à l'acceptation de crédits ultérieurs destinés à des améliorations, ce qui n'était pas le cas en l'espèce (Cass. 1e civ. 21-2-1989 : Bull. civ. I no 91).

Toutefois, lorsque les parties à la promesse de vente ont pris soin de préciser les circonstances de la réalisation de la condition en se référant expressément au Code de la consommation, l'acheteur est tenu d'obtenir une offre de prêt remise par écrit par l'établissement prêteur (Cass. 3e civ. 7-11-2007 no 06-17.589 : BRDA 23/07 inf. 29). Dans ce cas, un courrier manuscrit de la banque attestant que le prêt demandé est accordé mais que les offres sont en cours d'édition ne constitue pas une offre de prêt (Cass. 3e civ. 7-11-2007 no 06 17.589 précité).

Si le contrat principal ne contient aucune indication ou des indications imprécises sur les caractéristiques de son financement, la condition suspensive d'obtention du prêt est subordonnée à l'acceptation effective de l'offre préalable de crédit (Rép. Migaud : AN 31-10-1994 p. 5428).

Une fois le prêt « obtenu », la condition est alors réalisée même si l'**emprunteur décline l'offre** faite par l'établissement de crédit (Cass. 1e civ. 2-6-1993 : Bull. civ. I no 198 ; Cass. 3e civ. 27-4-1994 : Contrats conc. consom. 1994 comm. no 148 note G. Raymond).

EMPRUNTEUR AYANT EMPÊCHÉ LA RÉALISATION DE LA CONDITION SUSPENSIVE

La **condition est réputée accomplie** lorsque l'emprunteur en a empêché l'accomplissement (C. civ. art. 1304-3). 24320

ILLUSTRATIONS

Est considéré comme ayant empêché l'accomplissement de la condition l'acquéreur qui :

– s'abstient de déposer le dossier de demande de prêt auprès des organismes de crédit (Cass. 3e civ. 11-1-1989 : BRDA 7/89 p. 6) ou ne le dépose pas en temps utile (Cass. 1e civ. 19-6-1990 : Bull. civ. I no 175, au cas d'espèce, l'emprunteur s'était borné à solliciter un crédit auprès d'une banque le jour de l'expiration de la promesse) ;

– présente une demande dans une seule banque alors que la promesse prévoit l'obligation de rechercher éventuellement plusieurs prêts auprès de tout organisme bancaire de son choix (CA Versailles 19-10-2001 : RJDA 3/02 no 237) ;

– indique, dans sa demande, des revenus mensuels de 18 000 F (2 740 € environ) puis de 15 000 F (2 290 € environ), alors que le prêt sollicité entraînerait des remboursements de plus de 14 000 F (soit 2 130 € environ), omet d'indiquer ses revenus fonciers et l'augmentation à venir de ses honoraires, s'abstient de remplir la case « rapport charges/ressources » et commet des erreurs sur la date de réalisation de la vente, alors qu'il était en mesure, au moment où il signait la promesse de vente, de calculer le montant approximatif des échéances (Cass. 1e civ. 25-10-1994 : RJDA 2/95 no 179) ;

– retire les pièces déposées à l'appui de sa demande sans attendre la décision de l'organisme de crédit (Cass. civ. 4-2-1987 : JCP N 1988 p. 142) ;

– renonce à l'opération, faute d'avoir obtenu un prêt complémentaire, avant que le vendeur n'ait terminé les recherches qu'il s'était engagé à effectuer en vue de trouver un financement aux mêmes conditions (Cass. 1e civ. 6-1-1993 : Bull. civ. I no 3) ;

– refuse l'offre de prêt sans motif sérieux (CA Bordeaux 1-3-1984 : JCP N 1984 II p. 153 obs. Raffray) ou sans attendre la présentation par l'établissement de crédit d'une offre régulière et pour des

motifs autres que la non-conformité des caractéristiques du crédit proposées avec celles stipulées au contrat (Cass. 1e civ. 4-4-1995 : RJDA 6/95 n° 749) ;
– sollicite un prêt non conforme aux caractéristiques de la promesse (Cass. 3e civ. 13-1-1999 : RJDA 3/99 n° 254 ; Cass. 1e civ. 7-5-2002 : RJDA 10/02 n° 976), par exemple d'un montant plus élevé que celui prévu (Cass. 3e civ. 19-5-1999 : RJDA 8-9/99 n° 905 ; Cass. 3e civ. 6-5-2008 n° 07-13.300 : RJDA 11/08 n° 1104 ; Cass. 3e civ. 16-1-2013 n° 11-26.557 : RJDA 5/13 n° 381) ou à un taux légèrement inférieur au taux prévu (Cass. 3e civ. 20-11-2013 n° 12-29.021 : RJDA 2/14 n° 93).

En revanche, n'est pas considéré comme ayant empêché la réalisation de la condition suspensive l'emprunteur qui :
– ne peut pas obtenir de prêt en raison de l'insuffisance de ses ressources (CA Paris 19-11-1986 : Gaz. Pal. 1987 som. p. 143 ; CA Paris 18-12-1987 : D. 1988 p. 237 concl. Paire), même si la demande de prêt n'était pas exactement conforme à ce que prévoyait l'acte de vente (Cass. 3e civ. 12-9-2007 n° 06-15.640 : RJDA 1/08 n° 20, au cas d'espèce, l'emprunteur avait demandé un prêt sur douze ans au lieu de quinze mais les calculs de la banque démontraient qu'en tout état cause le prêt aurait été refusé faute de capacités financières suffisantes) ;
– se voit refuser un prêt du fait de la loi en vigueur interdisant l'octroi d'un prêt au titre de l'épargne-logement pour l'achat d'une résidence secondaire (CA Paris 25-11-1992 n° 91-18990, Scemama c/ Bourdier) ;
– refuse de satisfaire à des conditions exorbitantes imposées par la banque (CA Aix-en-Provence 6-10-1987 : RTD civ. 1988 p. 544 obs. J. Mestre) ;
– refuse une offre de prêt d'un montant inférieur au montant maximal prévu dans la promesse de vente dès lors qu'il avait demandé le montant maximal convenu sans lequel il lui était impossible de financer l'achat (Cass. 3e civ. 14-12-2022 n° 21-24.539 FS-B : RJDA 3/23 n° 135) ;
– présente une seule demande d'emprunt conforme aux caractéristiques prévues dans la promesse (Cass. 3e civ. 8-12-1999 : RJDA 2/00 n° 140), sauf si la promesse lui impose de contacter plusieurs établissements (CA Versailles 19-10-2001 : RJDA 3/02 n° 237) ;
– demande à la banque, le dernier jour du délai accordé pour la réalisation de la condition suspensive, une modification du plan initial de financement dès lors que cette demande, destinée à pallier l'insuffisance de son financement personnel, manifeste sa volonté de réaliser la vente et ne correspond pas à une attitude déloyale de sa part (CA Rouen 30-10-1996 : RJDA 7/97 n° 924) ;
– sollicite un prêt treize jours avant la date d'échéance de la condition (Cass. 3e civ. 7-11-2007 n° 06-14.227 : BRDA 23/07 inf. 29 ; dans le même sens, Cass. 3e civ. 17-3-2004 n° 02-17.984 : RJDA 10/04 n° 1106) ou, en l'absence de toute stipulation contractuelle, effectue une demande de prêt supérieure au prix de vente (Cass. 3e civ. 14-3-2007 n° 06-11.152 : RJDA 7/07 n° 770), dès lors qu'il n'est pas établi que le retard mis par l'acquéreur dans la constitution de sa demande ou le montant sollicité est à l'origine du refus de la banque ;
– s'adresse à un courtier en prêts immobiliers, dès lors qu'une banque avait opposé un refus (Cass. 3e civ. 12-2-2014 n° 12-27.182 : RJDA 11/14 n° 861) ;
– sollicite un prêt à un taux de 1,80 % alors que la promesse de vente était conclue sous la condition suspensive de l'obtention d'un prêt au taux de 2,30 %, dès lors que la banque avait précisé que la demande de prêt aurait également été rejetée si le taux de la demande avait été de 2,30 % (Cass. 3e civ. 1-4-2021 n° 19-25.180 F-D : RJDA 6/21 n° 376).

24325 Il incombe à l'emprunteur de prouver qu'il a sollicité un prêt conforme aux caractéristiques définies dans la promesse, faute de quoi la condition est réputée accomplie (Cass. 3e civ. 13-1-1999 n° 60 : RJDA 3/99 n° 254 ; Cass. 1e civ. 7-5-2002 n° 642 : RJDA 10/02 n° 976 ; Cass. 3e civ. 30-1-2008 n° 06-21.117 : RJDA 7/08 n° 775), mais pas de prouver que le défaut d'obtention du prêt ne lui est pas imputable (Cass. 3e civ. 26-5-2010 n° 09-15.317 : RJDA 11/10 n° 1052). C'est en effet le créancier de l'obligation sous condition suspensive qui doit prouver que l'emprunteur a empêché la réalisation de celle-ci (Cass. com. 15-12-1992 n° 90-14.196 : Bull. civ. IV n° 410 ; Cass. 3e civ. 24-3-2004 n° 02-15.689 : RJDA 7/04 n° 795 ; Cass. 3e civ. 26-5-2010 n° 09-15.317 précité).

EFFETS DE LA RÉALISATION DE LA CONDITION SUSPENSIVE

24330 Une fois la condition suspensive réalisée, le **contrat principal** est conclu. L'emprunteur ne peut pas y renoncer sauf à perdre l'indemnité d'immobilisation ou l'acompte qu'il a éventuellement versé.

Le fait que le **prix de vente** soit **révisable** ne modifie pas les modalités de réalisation de la condition suspensive. Il suffit que le notaire constate que le ou les prêts visés au contrat ont bien été obtenus. Si le prix de vente effectif, après révision, ne peut pas être couvert dans la proportion prévue à l'origine par les emprunts déjà obtenus, l'acquéreur doit faire son affaire du complément de financement nécessaire ou renoncer à son acquisition en perdant éventuellement l'indemnité d'immobilisation qu'il a versée (Rép. Briane : AN 8-3-1982 p. 950).

3. NON-RÉALISATION DE LA CONDITION SUSPENSIVE

Si le prêt immobilier n'est pas obtenu dans le délai fixé au contrat principal pour la durée de la condition suspensive, le **contrat principal** est caduc (Cass. 3e civ. 10-9-2013 n° 12-22.163 : RJDA 2/14 n° 78). **24350**

ATTENTION

Selon le ministre de la justice, la **non-obtention** d'un **prêt,** même **inférieur** ou égal **à 10 % du crédit total,** suffit à faire défaillir la condition suspensive et le contrat de vente est censé n'avoir jamais été conclu. Dès lors, par application de l'article L 313-36 du Code de la consommation, se trouve accomplie la condition résolutoire qui a pour effet de rendre caduques toutes les autres offres de prêt acceptées (Rép. Briane : AN 13-4-1981 p. 1679). Cette interprétation nous semble discutable dans la mesure où elle prive d'effet la dérogation prévue à l'article L 313-37 qui exclut de l'interdépendance des prêts les crédits n'excédant pas 10 % du crédit total (n° 23760).

Sauf stipulation contraire, le fait pour le bénéficiaire d'une promesse de vente sous condition suspensive de l'obtention d'un prêt de **ne pas informer** le promettant **du refus de la demande de prêt** avant l'expiration du délai de validité de la promesse ne constitue pas, à lui seul, une faute contractuelle justifiant le versement de dommages-intérêts au promettant pour l'immobilisation du bien (Cass. 3e civ. 11-5-2006 n° 05-12.629 : RJDA 11/06 n° 1120).

Si le prêt n'est pas obtenu dans le délai fixé au contrat pour la durée de la condition suspen- **24355**
sive, toute **somme versée d'avance** (y compris le dépôt de garantie versé lors du contrat de réservation précédant la vente d'immeuble à construire) par l'acquéreur au vendeur (ou constructeur), ou pour son compte, doit être immédiatement et intégralement remboursée sans retenue ni indemnité à quelque titre que ce soit (C. consom. art. L 313-41, al. 2).

Depuis que ce mécanisme de protection s'applique au contrat de réservation qui précède la vente d'immeuble à construire (n° 24210), l'acheteur qui n'a pas obtenu son financement peut réclamer la restitution du dépôt de garantie versé lors de la réservation alors que cela ne lui était pas permis sous le précédent régime (Cass. 3e civ. 20-12-1994 n° 92-18.794 : RJDA 3/95 n° 317 ; Cass. 3e civ. 6-2-2002 n° 00-12.675 : RJDA 10/02 n° 1003).

Pour que le vendeur soit obligé de restituer les sommes perçues d'avance, l'acquéreur doit établir qu'il a effectué une demande de prêt n'ayant pas abouti (CA Rouen 22-4-1986 : BRDA 22/86 p. 7) et qu'il a accompli toutes les démarches nécessaires pour obtenir le prêt (Cass. 3e civ. 23-5-1995 : RJDA 8-9/95 n° 1011). Le vendeur peut obtenir réparation de son préjudice si la demande de prêt a été rejetée en raison d'une faute extérieure à l'application du contrat commise par l'acquéreur. Pour une application, voir CA Versailles 13 octobre 1989 : BRDA 23/89 p. 5.

Lorsque les parties ne sont pas convenues d'un autre mode de financement susceptible de se substituer au prêt refusé, les sommes versées d'avance doivent être restituées à l'acquéreur quand bien même le vendeur lui offrirait de remplacer à des conditions identiques le prêteur défaillant (Cass. 3e civ. 9-11-1988 : Bull. civ. III n° 159).

À compter du quinzième jour suivant la demande de remboursement, la somme versée **24360**
d'avance par l'acquéreur est productive d'**intérêts** au taux légal majoré de moitié (C. consom. art. L 341-35), soit 7,605 % pour le premier semestre 2024. Cette majoration n'est applicable qu'en cas de non-réalisation de la condition suspensive et non lorsque le vendeur est tenu de restituer la somme en raison de l'annulation de la vente (Cass. 3e civ. 20-3-2002 : RJDA 7/02 n° 751).

Le vendeur qui ne restituerait pas ces sommes s'exposerait à une amende de 300 000 € et à des peines complémentaires (art. L 341-43 et L 341-44).

N'étant pas expressément visé par l'article L 341-43, le constructeur de maisons individuelles n'est pas passible de cette amende (Cass. crim. 4-11-2014 n° 13-88.408 : RJDA 4/15 n° 302, décision rendue sous l'empire de l'ancien art. L 312-35 mais transposable en raison de la similitude des textes).

Par ailleurs, les **agents immobiliers** ne peuvent réclamer aucun bien, effet, valeur, somme **24365**
d'argent, représentatifs de **commissions,** de frais de recherche, de démarche ou d'entremise quelconque tant que la condition suspensive n'est pas réalisée (Loi 70-9 du 2-1-1970 art. 6 et décret 72-678 du 20-7-1972 art. 74 ; pour des applications, voir Cass. 1e civ. 10-3-1987 : JCP N 1987 II p. 191 ; Cass. 3e civ. 19-5-1999 n° 97-14.529 : RJDA 8-9/99 n° 905).

4. CAS PARTICULIER : DÉFAUT DE MENTION EXPRESSE DE RECOURS AU CRÉDIT IMMOBILIER

En l'absence de mention relative à un recours au crédit immobilier, ou si la mention par **24390**
laquelle l'acquéreur qui ne recourt pas à un prêt reconnaît avoir été informé des dispositions

de la loi n'est pas de la main de celui-ci (nos 24210 s.) et si un prêt est néanmoins demandé, le contrat est considéré comme conclu sous la condition suspensive visée no 24270 (C. consom. art. L 313-42, al. 2). Il s'ensuit notamment qu'en cas de **non-obtention du prêt** sollicité, le contrat principal sera résolu rétroactivement.

La loi ne faisant aucune distinction selon la date de la demande de ce prêt par rapport à celle du contrat, le refus du prêt entraîne la restitution à l'acquéreur de l'acompte versé, que le prêt ait été sollicité avant la signature de l'acte de vente (Cass. 3e civ. 24-6-1987 : Bull. civ. III no 132) ou après (Cass. 1e civ. 3-7-1990 : Bull. civ. I no 190).

La **preuve** de la **demande de prêt** peut être apportée par tous moyens (Cass. 3e civ. 10-12-1986 : Bull. civ. III no 181, en l'espèce, des attestations délivrées par les organismes bancaires ont été jugées satisfaisantes).

24395 Pour les **dépenses de réparation,** d'amélioration ou d'entretien de l'immeuble, lorsque le crédit est garanti par une hypothèque, par une autre sûreté comparable sur les biens immobiliers à usage d'habitation ou par un droit lié à un bien immobilier à usage d'habitation, c'est la solution inverse qui est retenue : en l'absence de contrat signé des deux parties (ce qui est fréquemment le cas pour les contrats d'entreprise), la condition suspensive de l'obtention des prêts ne joue que si le maître de l'ouvrage indique dans un avis donné par écrit avant tout commencement d'exécution des travaux qu'il entend en payer le prix directement ou indirectement, même en partie, avec l'aide d'un ou plusieurs prêts (C. consom. art. L 313-43). Si les parties ont signé un contrat, la simple référence dans celui-ci au recours par le maître d'ouvrage à un prêt suffit à ériger l'obtention de celui-ci en condition suspensive (Cass. 3e civ. 28-3-2007 no 06-11.280 : RJDA 7/07 no 769 rendu à propos d'un contrat de maîtrise d'œuvre passé avec un architecte).

C. Commission des vendeurs de biens immobiliers

24440 Il est **interdit de rémunérer** tout vendeur, qu'il soit ou non salarié d'un établissement de crédit, **en fonction du taux de crédit** qu'il a fait contracter à l'acheteur d'un bien immobilier (C. consom. art. L 314-23, al. 3), sous peine d'une amende contraventionnelle de 1 500 €, pouvant être portée à 3 000 € en cas de récidive (C. consom. art. R 341-24). Le vendeur qui s'est ainsi fait rémunérer encourt la même sanction (art. R 341-25).

VI. LOCATION-VENTE OU LOCATION ASSORTIE D'UNE PROMESSE DE VENTE

RÈGLES GÉNÉRALES

24600 Afin de tenir compte de la spécificité des opérations de location-vente ou de location assortie d'une promesse de vente, les articles L 313-53 à L 313-63 du Code de la consommation instituent une **réglementation particulière** adaptant à ce type d'opération les procédures prévues pour les opérations immobilières en général. Toutefois, ces dispositions ne sont pas applicables aux contrats de **location-accession** à la propriété immobilière régis par la loi 84-595 du 12 juillet 1984 (nos 24720 s.).

24605 L'article L 313-53 du Code de la consommation vise les contrats de location-vente ou de location assortie d'une promesse de vente relatifs aux immeubles mentionnés au 1° de l'article L 313-1, c'est-à-dire aux **immeubles** à usage d'habitation ou à usage professionnel et d'habitation (nos 22830 s.).

24610 La loi ne fait pas référence à la notion d'opérations habituelles pour le loueur et, à s'en tenir à la lettre du texte, on pourrait considérer que même les contrats entre **particuliers** sont assujettis à la réglementation. Toutefois, l'intention du législateur était de ne viser que les opérations effectuées à titre habituel, et on peut penser que seuls les contrats de location-vente ou de location assortie d'une promesse de vente consentis par des **professionnels** doivent en pratique être conformes à la réglementation.

Il n'existe aucune **définition** précise des notions d'opération de **location-vente** et de **location assortie d'une promesse de vente.** En raison de la généralité des termes de l'article L 313-53 du Code de la consommation, semblent entrer dans le champ d'application de la réglementation les baux prévoyant, selon quelque modalité que ce soit (paiement d'une redevance constituant à la fois un loyer et une partie du prix, location simple avec promesse de vente au locataire au terme du contrat, etc.), que le locataire acquerra la propriété de l'immeuble ou, s'agissant d'une location assortie d'une promesse de vente, pourra l'acquérir s'il le désire, c'est-à-dire s'il lève l'option au terme convenu. 24615

Sur l'application de la loi aux baux à construction ou assortis d'une promesse de vente, voir n° 22900.

1. INFORMATION DU PRENEUR

PUBLICITÉ DE LA LOCATION-VENTE OU ASSORTIE D'UNE PROMESSE DE VENTE

Toute publicité faite, reçue ou perçue en France qui porte sur un contrat de location-vente ou assortie d'une promesse de vente doit préciser l'identité du bailleur ainsi que la nature et l'objet du contrat. En outre, si cette publicité comporte un ou plusieurs éléments chiffrés, elle doit mentionner la durée du bail ainsi que le coût annuel et le coût total de l'opération (C. consom. art. L 313-54). L'annonceur pour le compte duquel serait diffusée une publicité ne comportant pas les mentions exigées par la loi s'exposerait à une amende de 30 000 € (C. consom. art. L 341-21). 24640

> **Précisions** La **mention** du **taux d'intérêt,** obligatoire pour les opérations immobilières en général (n° 23205), n'a pas de raison d'être en matière de location-vente ou de location assortie d'une promesse de vente ; elle est remplacée par celle du coût annuel de l'opération.

OFFRE DE LOCATION-VENTE OU ASSORTIE D'UNE PROMESSE DE VENTE

La **procédure** de l'offre de contrat résultant de la réglementation générale (nos 23610 s.) ainsi que les **sanctions** prévues en cas d'inobservation de cette procédure (nos 23660 s.) sont applicables en cas de location-vente ou de location assortie d'une promesse de vente (C. consom. art. L 313-55, L 313-56, L 313-58 et L 341-37). 24650

Toutefois le **contenu** obligatoire de l'offre de contrat est différent de celui du droit commun (n° 23620). Doivent être précisés (art. L 313-55, al. 2) :

- l'identité des parties ;
- la nature et l'objet du contrat ainsi que ses modalités, notamment les dates et conditions de mise du bien à la disposition du locataire, le montant des versements initiaux que celui-ci doit effectuer, le montant des loyers ainsi que, le cas échéant, les modalités d'indexation ;
- les dispositions de l'article L 313-58 relatif au délai de réflexion (n° 24670) qui doit obligatoirement être accordé au preneur.

En outre, pour les contrats de location assortis d'une promesse de vente, l'offre doit également fixer :

- les conditions de levée d'option (sur cette notion, voir n° 24210) et son coût décomposé entre, d'une part, la fraction des versements initiaux et des loyers prise en compte pour le paiement du prix de vente et, d'autre part, la valeur résiduelle du bien, compte tenu de l'incidence des clauses de révision éventuellement prévues au contrat (art. L 313-56, 1°) ; il est donc nécessaire de préciser clairement dans l'offre de contrat comment est calculée la valeur résiduelle qui constitue en fait le « prix de vente » à payer ;
- les conditions et le coût de la non-réalisation de la vente (art. L 313-56, 2°).

S'agissant de cette dernière mention, les parties peuvent, par exemple, prévoir que, faute pour le locataire de lever l'option à une date déterminée ou à l'intérieur d'une certaine fourchette, la vente ne sera pas réalisée et que la location prendra (ou non) fin à cette date. Elles peuvent également, semble-t-il, fixer librement le coût de cette non-réalisation, notamment l'indemnité que pourra exiger le bailleur à raison de « l'immobilisation » de son bien.

Comme dans le régime de droit commun (n° 23650), l'envoi de l'offre oblige le bailleur à **maintenir** les conditions qu'elle indique **pendant une durée minimale** de trente jours à compter de sa réception par le preneur (C. consom. art. L 313-58, al. 1).

2. CONCLUSION DE LA LOCATION-VENTE OU ASSORTIE D'UNE PROMESSE DE VENTE

24670 Comme dans le régime de droit commun (n° 23700), l'offre de contrat de location-vente ou assortie d'une promesse de vente doit être formulée par écrit sur support papier ou tout autre support durable et adressée gratuitement par voie postale au preneur (C. consom. art. L 313-55, al. 1). L'**acceptation** doit être donnée par lettre, le cachet de l'opérateur postal faisant foi, ou selon tout autre moyen dématérialisé convenu entre les parties de nature à rendre certaine la date de l'acceptation par l'emprunteur (C. consom. art. L 313-58). Aucun autre formalisme n'est imposé ; ainsi, ni l'envoi d'une lettre recommandée pour prouver le contenu de l'enveloppe ni la rédaction de l'adresse d'expédition de la main de l'emprunteur ne sont nécessaires (Cass. 1e civ. 1-6-2016 n° 15-15.051 : RJDA 2/17 n° 110).

L'acceptation ne peut intervenir que dix jours au moins après réception de l'offre (art. L 313-58, al. 2). Le bailleur qui imposerait au preneur d'accepter l'offre sans indication de date sur cette offre ou avec l'indication d'une **date** fausse de nature à faire croire qu'elle a été donnée après l'expiration du délai de dix jours, ou qui recevrait de sa part une telle acceptation, s'exposerait à une amende de 300 000 € et à des peines complémentaires et pourrait en outre être déchu du droit aux intérêts, en totalité ou dans la proportion fixée par le juge (art. L 341-41, L 341-44 et L 341-34, al. 1).

Jusqu'à l'acceptation de l'offre, le preneur ne peut faire aucun dépôt, souscrire ou avaliser aucun effet de commerce, signer aucun chèque ou autorisation de prélèvement sur compte bancaire au profit du bailleur ou pour le compte de celui-ci (C. consom. art. L 313-59). Le bailleur qui accepterait un **paiement anticipé** s'exposerait à une amende de 300 000 € et à des peines complémentaires (art. L 341-42 et L 341-44).

24675 En cas de **location assortie d'une promesse de vente,** le preneur bénéficie en outre d'une protection supplémentaire. En effet, l'article L 313-62 du Code de la consommation prévoit que, dans cette hypothèse, l'acte constatant la levée de l'option est conclu « sous la condition suspensive prévue à l'article L 313-41 » (voir n° 24270), c'est-à-dire sous la **condition suspensive de l'obtention du financement** nécessaire au paiement du prix de vente. Si les prêts ne sont pas obtenus, le bailleur est tenu, sous peine d'une amende pouvant atteindre 300 000 € et de peines complémentaires (C. consom. art. L 341-43 et L 341-44), de restituer toutes les sommes versées par le preneur à l'exception des loyers et des frais de remise en état du bien. Ces sommes sont en outre productives d'intérêts au taux légal majoré de moitié (soit 7,605 % pour le premier semestre 2024) à compter du quinzième jour suivant la demande de remboursement (art. L 341-36).

> **Précisions** Le **droit d'entrée,** généralement perçu en début de location, et qui correspond à une indemnité d'immobilisation pour le cas de non-réalisation de la vente, doit être restitué par le bailleur alors que la fraction des loyers correspondant au risque de non-vente lui est définitivement acquise (cf. notamment Rapports AN n° 1015 p. 49 et Sénat n° 402 p. 13 relatifs à la loi 84-595 du 12-7-1984 ; voir aussi Sénat 30-6-1979 p. 2544).

3. EXÉCUTION DE LA LOCATION-VENTE OU ASSORTIE D'UNE PROMESSE DE VENTE

24700 Le preneur qui éprouve des difficultés de paiement peut demander au juge des contentieux de la protection du tribunal judiciaire un **délai de grâce** dans les conditions de droit commun (C. consom. art. L 314-20 ; voir nos 20780 s.). Concernant le tribunal compétent, voir n° 24905.

Par ailleurs, en cas de **défaillance** du **preneur** dans l'exécution du contrat (en pratique, en cas de non-paiement des loyers ou redevances), le bailleur peut exiger (C. consom. art. L 313-60, al. 1) :
– le paiement des loyers échus et non réglés (mais non les loyers à échoir) ;
– le versement d'une indemnité dont le montant ne peut excéder 2 % de la part des versements correspondant à la valeur du bien en capital qui restent à effectuer jusqu'à la date prévue du transfert de propriété (C. consom. art. D 313-29). Cette indemnité peut toutefois être réduite en justice si elle est manifestement excessive (n° 24010).

En cas de location-vente, le bailleur ne peut exiger la remise du bien qu'après remboursement de la part des sommes versées correspondant à la valeur en capital du bien (art. L 313-60, al. 2).

Aucune indemnité ni aucun coût autres que ceux visés ci-dessus ne peuvent être mis à la charge du preneur (art. L 313-61) ; toutefois, le bailleur peut réclamer, sur justification, le remboursement des frais taxables (sur cette notion, voir n° 24015) que lui a occasionnés la défaillance du preneur, à l'exclusion de tout remboursement forfaitaire de frais de recouvrement (art. L 313-61).

4. LOCATION-ACCESSION À LA PROPRIÉTÉ IMMOBILIÈRE

La loi 84-595 du 12 juillet 1984 a doté d'un statut spécifique « le contrat par lequel un vendeur s'engage envers un accédant à lui transférer (...), après une période de jouissance à titre onéreux, la propriété de tout ou partie d'un immeuble moyennant le paiement fractionné ou différé du prix de vente et le versement d'une redevance jusqu'à la date de la levée de l'option » (art. 1er). Les opérations du type location-vente, location avec promesse de vente ou location avec option d'achat sont donc soumises à cette réglementation. 24720

Afin de protéger les accédants, les articles 21 et suivants de la loi 84-595 ont institué un **régime particulier** étroitement inspiré des articles L 313-53 à L 313-63 du Code de la consommation (nos 24600 s.).

› Précisions Compte tenu du champ d'application de la loi 84-595, ces dispositions sont appelées à se substituer dans la majorité des cas à celles de la **réglementation sur le crédit immobilier.** Il a toutefois été précisé lors des débats parlementaires que les articles L 312-24 à L 312-31 du Code de la consommation (désormais L 313-53 à L 313-63) n'étaient pas abrogés car la location-accession n'est pas assimilable à tous les contrats régis par ce chapitre de la loi, notamment à ceux dans lesquels la vente est décidée dès l'origine (par exemple, ventes à terme) (cf. Rapport Sén. n° 244 p. 36).

INFORMATION DE L'ACCÉDANT

Toute **publicité** faite, reçue ou perçue en France qui porte sur un contrat de location-accession à la propriété immobilière doit préciser l'identité du vendeur, la nature et l'objet du contrat (Loi 84-595 du 12-7-1984 art. 43). 24730

Par ailleurs, le vendeur doit **notifier** à l'accédant, par lettre recommandée avec demande d'avis de réception, le **projet de contrat** de location-accession un mois au moins avant la date de sa signature. La notification oblige le vendeur à maintenir les conditions du projet de contrat jusqu'à cette date (Loi 84-595 art. 23).

Enfin, le contrat doit préciser si l'accédant a ou non l'intention de recourir à des prêts régis par les articles L 313-1 et suivants du Code de la consommation. Lorsqu'il est indiqué que le **prix** sera **payé sans** l'aide de **prêts,** l'accédant (ou son mandataire) doit apposer dans l'acte une **mention manuscrite** par laquelle il reconnaît avoir été informé que s'il recourt néanmoins à un prêt il ne pourra pas se prévaloir du bénéfice de la condition suspensive prévue par la loi (n° 24750) (Loi 84-595 art. 25, al. 1). Cette mention n'est toutefois pas exigée lorsque le contrat est passé par acte authentique (C. civ. art. 1369, al. 3) ou par acte sous signature privée contresigné par avocat (C. civ. art. 1374, al. 3).

INTERDICTION DES PAIEMENTS ANTICIPÉS

Le vendeur ne peut exiger ni accepter de l'accédant aucun versement, aucun dépôt, aucune souscription ou acceptation d'effets de commerce, aucun chèque ou autre autorisation de prélèvement sur compte bancaire avant la signature du contrat (Loi 84-595 du 12-7-1984 art. 22). Seul le règlement du dépôt de garantie autorisé dans le cadre d'un contrat préliminaire de réservation échappe à cette prohibition (art. précité). 24740

CONDITION SUSPENSIVE DE L'OBTENTION DES PRÊTS

Lorsque le contrat de location-accession indique que l'accédant entend recourir à un ou plusieurs prêts régis par la réglementation sur le crédit immobilier, le transfert de propriété est subordonné à la condition suspensive de l'obtention de ce ou ces prêts. Cette condition doit être réalisée à la date d'exigibilité du paiement (Loi 84-595 art. 24, al. 1). À la différence de l'article L 313-62 du Code de la consommation qui dispose que l'acte constatant la levée de l'option est conclu sous la condition suspensive de l'obtention du prêt (n° 24675), la loi 84-595 impose que l'accédant ait indiqué son intention de recourir à un prêt au moment de la conclusion du contrat de location-accession ; il en résulte une réduction du délai s'écoulant entre la signature du contrat et la date prévue pour la levée de l'option (cf. Rapport Sén. n° 244 p. 38). 24750

En l'absence de mention relative à un recours au crédit, ou si la mention par laquelle l'accédant qui ne recourt pas à un prêt reconnaît avoir été informé des dispositions de la loi n'est pas de la main de celui-ci ou de son mandataire (voir n° 24730) et si un prêt est néanmoins demandé, le transfert de propriété est considéré comme conclu sous la condition suspensive visée ci-dessus (Loi 84-595 art. 25, al. 2).

VII. CONTENTIEUX DU CRÉDIT IMMOBILIER

A. Tribunal compétent en matière de crédit immobilier

24900 Aucun privilège de juridiction n'ayant été établi en la matière, les règles de **compétence d'attribution** fixées par le Code de l'organisation judiciaire s'appliquent pour les litiges en matière de crédit immobilier.

En conséquence, le **tribunal judiciaire,** juridiction de droit commun de première instance compétente pour toutes les affaires civiles et commerciales pour lesquelles la compétence n'est pas attribuée, en raison de la nature de la demande, à une autre juridiction, est compétent pour connaître des litiges en matière de crédit immobilier (C. org. jud. art. L 211-3).

24905 La compétence exclusive du tribunal judiciaire est prévue pour toutes les actions relatives à la **location-vente** et pour celles relatives à l'examen des demandes de **délais de grâce** (C. consom. art. R 313-33). Le tribunal est compétent quel que soit le montant du litige, les clauses attributives de juridiction sont donc sans valeur.

24910 Pouvant être déterminé selon les règles de droit commun, le **tribunal territorialement compétent** est le tribunal du domicile du défendeur (CPC art. 42). L'emprunteur peut également choisir le tribunal du lieu où il demeurait au moment de la conclusion du contrat ou celui de la survenance du fait dommageable (C. consom. art. R 631-3).

Sur la compétence pour connaître d'un litige opposant des emprunteurs français à une banque étrangère, voir nº 23015.

B. Prescription de l'action en matière de crédit immobilier

1. ACTION DU PRÊTEUR

24950 L'action des professionnels pour les biens et les services qu'ils fournissent aux consommateurs se prescrit par deux ans (C. consom. art. L 218-2). Cet article édicte une règle de portée générale ayant vocation à s'appliquer à tous les services financiers consentis par des professionnels à des particuliers (Cass. 1e civ. 11-2-2016 nº 14-22.938 : RJDA 6/16 nº 473, 4e esp. ; Cass. 1e civ. 2-6-2021 nº 20-10.023 F-D : RJDA 10/21 nº 686).

Ainsi, ce **délai** de deux ans est applicable :

– à l'action en remboursement d'un crédit immobilier exercée par un établissement bancaire à l'encontre de l'emprunteur (Cass. 1e civ. 28-11-2012 nº 11-26.508 : RJDA 2/13 nº 153 ; Cass. 1e civ. 11-2-2016 nº 14-22.938 précité) ;

– à l'action exercée par la société de cautionnement contre l'emprunteur qui avait souscrit un crédit immobilier (Cass. 1e civ. 17-3-2016 nº 15-12.494 F-PB : RJDA 12/16 nº 896).

24955 En matière de crédit immobilier, le **point de départ** du délai de prescription se situe au jour d'exigibilité de l'échéance impayée (Cass. 1e civ. 11-2-2016 nos 14-27.143, 14-28.383, 14-29.539 et 14-22.938 : RJDA 6/16 nº 473 ; Cass. 1e civ. 11-7-2018 nº 17-11.425 F-D : RJDA 10/18 nº 763 ; Cass. 1e civ. 20-10-2021 nº 20-13.661 F-B : RJDA 3/22 nº 163). Ainsi :

– en cas d'action en paiement des mensualités impayées, il se situe aux dates d'échéance successives des mensualités ;

– en cas d'action en paiement du capital restant dû, il se situe à la date de la déchéance du terme qui emporte son exigibilité, y compris en cas de décès de l'emprunteur (Cass. 1e civ. 20-10-2021 précité).

Dans certaines situations, le point de départ du délai de prescription est repoussé. Ainsi :

– en cas de renonciation à la déchéance du terme, le capital cesse d'être exigible (Cass. 1e civ. 11-7-2018 nº 17-11.425 F-D précité) ; il ne devient donc exigible qu'à la date d'expiration du prêt et la prescription ne peut pas courir avant l'arrivée de ce terme ;

– en cas de décès de l'emprunteur, le point de départ du délai de prescription peut être retardé au jour où le prêteur a eu connaissance de l'identité des héritiers (Cass. 1e civ. 15-3-2017 nº 15-27.574 F-PB : RJDA 7/17 nº 522, rendu à propos d'un prêt viager hypothécaire mais transposable au crédit immobilier). Toutefois la prescription ne court pas contre celui qui est dans l'impossibilité d'agir ; tel est le cas du créancier qui ignore l'identité des héritiers de celui de ses codébiteurs solidaires qu'il a choisi de poursuivre, et ce même s'il avait la faculté d'agir contre l'autre codébiteur (Cass. 1e civ. 23-1-2019 nº 17-18.219 FS-PBI : RJDA 4/19 nº 289).

N'**interrompent** pas le délai de **prescription** une simple demande en paiement, même par lettre recommandée AR (Cass. 2e civ. 10-12-2015 nº 14-25.892 : RJDA 3/16 nº 244, rendu en matière de crédit à la consommation mais transposable) ou le paiement partiel du prêt (Cass. 1e civ. 9-1-2019 nº 17-22.819 F-D : RJDA 4/19 nº 292). En revanche, le délai de prescription est interrompu en cas de demande en justice (C. civ. art. 2241), de reconnaissance par le débiteur du droit de son créancier (art. 2240) ou encore de mesure conservatoire ou d'acte d'exécution forcée (Cass. 1e civ. 16-10-2013 nº 12-21.917 : RJDA 2/14 nº 157).

2. ACTION DE L'EMPRUNTEUR

L'action de l'emprunteur contre le prêteur est soumise au **délai** de **prescription** de droit commun de cinq ans (C. civ. art. 2224). Pour plus de précisions sur le régime applicable à ce délai, voir Mémento Droit Commercial nºs 71700 s. 24980

Si une **action de groupe** est **exercée,** la prescription de l'action individuelle de l'emprunteur en réparation des mêmes préjudices est suspendue. Le délai de prescription recommence à courir, pour une durée qui ne peut être inférieure à six mois, à compter de la date à laquelle le jugement n'est plus susceptible de recours ordinaire ou de pourvoi en cassation, ou de l'homologation d'un accord issu d'une médiation (C. consom. art. L 623-27).

3. AMÉNAGEMENTS CONVENTIONNELS DE LA PRESCRIPTION

L'article L 218-1 du Code de la consommation, par dérogation à l'article 2254 du Code civil, interdit tout aménagement contractuel de la prescription dans les contrats conclus entre un professionnel et un consommateur. Il est ainsi interdit aux parties d'en modifier la durée ou d'ajouter aux causes de suspension ou d'interruption de la prescription. 25000

SECTION 3 REGROUPEMENT DE CRÉDITS

PRÉSENTATION DU REGROUPEMENT DE CRÉDITS

Le regroupement de crédits est prévu par les articles L 314-10 à L 314-14 et R 314-18 à R 314-21 du Code de la consommation. Cette opération consiste à substituer un contrat de crédit unique à plusieurs contrats de crédit préexistants présentant des caractéristiques différentes, qui font alors l'objet d'un remboursement anticipé (Rapp. AN nº 2150 p. 164, relatif à la loi 84-595 du 12-7-1984). 25100

Le régime ainsi défini est **impératif** (art. L 314-26), de sorte que l'emprunteur et le prêteur ne peuvent pas y déroger.

DÉTERMINATION DU RÉGIME APPLICABLE AU NOUVEAU CRÉDIT

Le prêt issu du regroupement de plusieurs crédits antérieurs relève de la réglementation sur le **crédit à la consommation** si le regroupement porte seulement sur des crédits à la consommation ou si la part des crédits immobiliers concernés représente moins de 60 % du montant total de l'opération de regroupement (C. consom. art. L 314-10, L 314-11 et R 314-18, al. 1). 25110

En revanche, ce prêt relève de la réglementation sur le **crédit immobilier** dans les cas suivants (C. consom. art. L 314-11, L 314-12 et R 314-18, al. 1) :

– le regroupement concerne exclusivement des crédits immobiliers ;
– la part des crédits immobiliers représente 60 % ou plus du montant total de l'opération de regroupement ;
– le regroupement porte sur des crédits garantis par une hypothèque, par une autre sûreté comparable sur les biens immobiliers à usage d'habitation ou par un droit lié à un bien immobilier à usage d'habitation, quel que soit l'objet des crédits.

Doivent être pris en compte dans le montant des crédits immobiliers tous les coûts, les intérêts, les commissions, les taxes, les pénalités et autres frais que l'emprunteur est tenu de payer pour le remboursement de ces crédits, à condition que ces frais figurent dans le montant total de l'opération de regroupement de crédits (art. R 314-18, al. 2).

INFORMATION DE L'EMPRUNTEUR EN CAS DE CRÉDITS REGROUPÉS

25120 En cas de crédits regroupés, le prêteur doit respecter certaines prescriptions destinées à garantir la bonne information de l'emprunteur (C. consom. art. L 314-14). Toutefois, le **défaut d'information** de l'emprunteur n'est pas **sanctionné** par la déchéance du droit aux intérêts contractuels pour le prêteur (Cass. 1e civ. 9-1-2019 nº 17-20.565 FS-PB : RJDA 4/19 nº 291).

Lorsque l'opération de crédit a pour objet le remboursement d'au moins deux créances antérieures dont un crédit en cours, le prêteur (ou l'intermédiaire de crédit) doit établir, après dialogue avec l'emprunteur, un document qu'il lui fournit afin de garantir sa bonne information (C. consom. art. R 314-19). Ce document d'information doit être établi sur un **support** durable et comporter, présentées de manière claire et lisible en caractères dont la hauteur ne peut être inférieure à celle du corps huit (sur cette dernière condition, voir nº 20415), les informations et mentions suivantes (art. R 314-20) :

1º Pour **chaque contrat de crédit dont le regroupement est envisagé,** des informations relatives à ce contrat ainsi qu'aux conditions et modalités de son remboursement :
– la nature du crédit, le montant des échéances, le montant du capital restant dû et la durée prévue au contrat pour le remboursement de ce montant à la date de l'établissement du document ;
– la date envisagée pour le remboursement anticipé ;
– l'estimation du montant nécessaire à ce remboursement, déterminé en fonction de la date prévue pour le remboursement anticipé ;
– une estimation de l'indemnité de remboursement anticipé, déterminée en fonction du montant mentionné ci-dessus, si le contrat prévoit une telle indemnité ;
– les modalités prévues pour le remboursement anticipé, notamment, le cas échéant, son délai de préavis contractuel ;
– le cas échéant, la date à laquelle doit être notifié le préavis, en fonction de la date envisagée pour le remboursement anticipé ;
– une estimation des frais de mainlevée d'hypothèque dont l'emprunteur devra s'acquitter si une mainlevée est nécessaire du fait de l'opération ;

2º Dans le cas où l'opération de regroupement a également pour objet le **remboursement de dettes autres que des crédits,** la liste de ces dettes ainsi que, pour chacune d'elles, son montant et la date à laquelle elle est exigible ;

3º Un **avertissement adressé à l'emprunteur,** adapté à sa situation et portant sur les points suivants :
– l'emprunteur doit continuer à s'acquitter des mensualités dues au titre des crédits dont le regroupement est envisagé, jusqu'à leur remboursement effectif ;
– il doit continuer à s'acquitter des cotisations dues au titre des assurances garantissant le remboursement des crédits dont le regroupement est envisagé, jusqu'à leur remboursement effectif, s'il a souscrit de telles assurances ;
– après remboursement anticipé, il ne bénéficiera plus des cautionnements garantissant, le cas échéant, un ou plusieurs des crédits sur lesquels porte l'opération de regroupement ;
– après remboursement anticipé, il perdra le bénéfice des assurances garantissant, le cas échéant, le remboursement d'un ou plusieurs crédits dont le regroupement est envisagé ainsi que des prises en charge éventuellement en cours à ce titre ;
– s'il souscrit une nouvelle assurance garantissant le remboursement de l'opération de regroupement envisagée, l'emprunteur pourrait bénéficier de moindres garanties contractuelles, notamment en raison de changements éventuels de sa situation personnelle ou de l'existence de nouveaux délais de carence et de nouvelles franchises ;
– dans le cas d'un crédit renouvelable, le prêteur qui consent l'opération de regroupement sera tenu de rembourser directement le prêteur initial et, lorsque l'opération de regroupement porte sur la totalité du montant restant dû au titre de ce crédit, l'emprunteur peut en demander la résiliation à l'aide d'une lettre signée de sa main, que le nouveau prêteur adressera sans frais au prêteur initial ;
– dans le cas où il existe un coemprunteur au titre d'un ou plusieurs crédits dont le regroupement est envisagé, l'emprunteur doit l'informer de son intention de procéder au regroupement de ce crédit ;

– dans le cas où le regroupement envisagé comprend un ou des crédits affectés, il entraînera la perte du droit pour l'emprunteur d'obtenir du vendeur la garantie de leur remboursement dans le cas où une résolution judiciaire ou une annulation du contrat principal survenait du fait de ce dernier ;
– dans le cas où il comprend un ou des crédits garantis par un contrat de cautionnement, leur remboursement anticipé pourra entraîner une moins-value sur les sommes qui doivent être restituées à l'emprunteur au titre de ce contrat, lorsque ce dernier le prévoit ;
– il ne bénéficiera plus des services accessoires ou avantages commerciaux éventuellement liés à un ou plusieurs crédits qui font l'objet du regroupement envisagé ;

4° Les informations concernant les **modalités** de mise en œuvre et de prise d'effet de l'**opération de regroupement** envisagée :
– les démarches que le prêteur qui consent le regroupement accomplira ;
– les démarches qui seront à la charge de l'emprunteur ;
– la date à laquelle doivent être interrompus les versements ou prélèvements réalisés pour le paiement des échéances des crédits dont le regroupement est envisagé ainsi que les modalités d'interruption de ces versements ou prélèvements ;

5° Les éléments permettant à l'emprunteur de procéder à l'évaluation du **bilan économique du regroupement** envisagé. Si le regroupement se traduit par un allongement de la durée de remboursement ou par une augmentation du coût total du crédit, le prêteur l'indiquera à l'emprunteur.

Pour établir le document d'information sur le fondement d'éléments exacts, le prêteur (ou 25125
l'intermédiaire) doit demander à l'**emprunteur communication des pièces,** notamment contractuelles, fournies par les prêteurs initiaux ou tout autre créancier pour chaque crédit ou créance dont le regroupement est envisagé. Si l'emprunteur ne dispose pas de ces pièces, le prêteur (ou l'intermédiaire) doit l'inviter à demander à ses créanciers et prêteurs initiaux les informations nécessaires. Si ces pièces n'ont pu être réunies, le prêteur (ou l'intermédiaire) peut établir tout ou partie du document d'information sur le fondement d'éléments déclaratifs fournis par l'emprunteur. Dans ce cas, le prêteur (ou l'intermédiaire) l'indique clairement sur le document remis à l'emprunteur. Si l'emprunteur n'est pas non plus en mesure de fournir ces éléments déclaratifs, le prêteur (ou l'intermédiaire) indique sur le document les mentions qui n'ont pu être complétées et avertit l'emprunteur des difficultés financières et pratiques qu'il pourrait rencontrer s'il souhaitait néanmoins poursuivre l'opération sans en connaître tous les paramètres (C. consom. art. R 314-21).

REGROUPEMENT COMPORTANT DES CRÉDITS RENOUVELABLES

Le prêteur qui consent une opération de regroupement de crédits comprenant un ou plu- 25130
sieurs contrats de crédits renouvelables effectue le **remboursement** du montant dû au titre de ces crédits directement auprès du prêteur initial (C. consom. art. L 314-13).

Lorsque l'opération porte sur la totalité du montant restant dû au titre d'un crédit renouvelable, le prêteur rappelle à l'emprunteur la possibilité de **résilier** le contrat afférent et lui propose d'adresser sans frais la lettre de résiliation signée par l'emprunteur (art. précité).

À la différence d'un crédit « classique », le remboursement par anticipation de la dette contractée dans le cadre d'un crédit renouvelable n'emporte pas résiliation du contrat mais reconstitue au contraire la réserve d'argent disponible.

SECTION 4

PRÊT VIAGER HYPOTHÉCAIRE

DÉFINITION DU PRÊT VIAGER HYPOTHÉCAIRE

Le prêt viager hypothécaire, encore appelé « hypothèque inversée », est le prêt consenti par 25300
un établissement de crédit ou un établissement financier à une personne physique, sous forme de capital ou de versements périodiques, et garanti par une hypothèque constituée sur un immeuble à usage d'habitation appartenant à l'emprunteur. En principe, le remboursement de ce prêt (principal et intérêts capitalisés annuellement) ne peut être exigé qu'au décès de l'emprunteur ou en cas de vente ou de démembrement de l'immeuble hypothéqué

survenant avant le décès (C. consom. art. L 315-1, al. 1). Cependant, le contrat peut prévoir un remboursement des seuls intérêts pendant la durée du prêt (art. L 315-1, al. 2).

L'**objectif** de ce prêt est de permettre aux personnes âgées de compléter leur retraite en mobilisant la valeur de leur logement et, par voie de conséquence, d'augmenter leur consommation, voire de diminuer le recours à l'aide sociale.

Afin d'encourager une clientèle plus jeune à souscrire ce type de prêt, une variante a été créée : le prêt « avance mutation » pour le financement de travaux de rénovation (n° 26000).

I. PUBLICITÉ SUR UNE OPÉRATION DE PRÊT VIAGER HYPOTHÉCAIRE

25400 Toute publicité faite, **reçue ou perçue en France,** quel que soit son support, qui porte sur une opération de prêt viager hypothécaire doit être loyale et informative (C. consom. art. L 315-4, al. 1).

À ce titre, elle doit (art. L 315-4, al. 2 à 5) :

– **mentionner** l'identité du prêteur, la nature de l'opération proposée, son coût total et le taux effectif global, à l'exclusion de tout autre taux, calculé par tranches de cinq ans, ainsi que les perceptions forfaitaires ;

– mentionner les modalités du terme de l'opération proposée ;

– reproduire les dispositions des articles L 315-11 et L 341-43 du Code de la consommation.

25405 Lorsque la **publicité** est **écrite** et quel qu'en soit le support, les informations relatives à la nature de l'opération, aux conditions de détermination du taux effectif global et, s'il s'agit d'un taux promotionnel, à la période durant laquelle ce taux s'applique doivent figurer dans une **taille de caractères** au moins aussi importante que celle utilisée pour indiquer toute autre information relative aux caractéristiques du financement et s'inscrire dans le corps principal du texte publicitaire (C. consom. art. L 315-5).

25410 Sont **interdites** dans toute publicité (C. consom. art. L 315-6) :

– la **mention** qu'un prêt peut être octroyé sans élément d'information permettant d'apprécier la situation financière et patrimoniale de l'emprunteur ;

– l'indication de la ressource supplémentaire qu'offre le prêt si elle n'est pas suivie d'une information sur les modalités du terme de l'opération telles que prévues par les articles L 315-20 et L 315-21 du Code de la consommation.

Enfin, aucune publicité ne peut figurer **dans** l'**offre préalable de crédit** (art. L 315-7).

25415 L'annonceur pour le compte duquel est diffusée une **publicité non conforme** aux dispositions des articles L 315-4 à L 315-7 du Code de la consommation est passible d'une amende de 150 000 € (C. consom. art. L 341-56). Par ailleurs, une peine d'interdiction d'exercice d'une fonction publique ou d'une activité professionnelle ou sociale dans l'exercice ou à l'occasion de l'exercice de laquelle l'infraction a été commise, d'une profession commerciale ou industrielle ou d'une fonction de direction, d'administration, de gestion ou de contrôle d'une entreprise ou d'une société peut être prononcée par le juge pour une durée maximale de cinq ans (art. L 341-60).

25420 Sur la question de savoir si une opération de prêt hypothécaire peut faire l'objet d'un **démarchage,** voir n° 32500.

II. CONCLUSION DU CONTRAT DE PRÊT VIAGER HYPOTHÉCAIRE

A. Parties au contrat de prêt viager hypothécaire

25500 Le prêt viager hypothécaire est nécessairement consenti par un professionnel, établissement de crédit ou établissement financier, à un particulier, **personne physique** (C. consom. art. L 315-1, al. 1).

Il ne peut pas être consenti à ce dernier pour le financement des besoins d'une **activité professionnelle,** sous peine de nullité (art. L 315-3 et L 341-53).

B. Bien donné en garantie d'un prêt viager hypothécaire

Le prêt doit être garanti par une hypothèque constituée sur un **bien immobilier de l'emprunteur à usage exclusif d'habitation** (C. consom. art. L 315-1). Cette formulation exclut expressément l'affectation d'un immeuble en hypothèque par un tiers, distinct de l'emprunteur (opération qui, parfois appelée cautionnement hypothécaire ou réel, constitue néanmoins une sûreté réelle ; n° 26415). 25510

Si l'immeuble doit être à **usage** exclusif d'habitation, il n'est pas, à notre avis, indispensable qu'il s'agisse du logement de l'emprunteur ; ce peut être un immeuble à usage locatif.

Enfin, l'usage exclusif d'habitation écarte manifestement dans l'esprit des rédacteurs du texte non seulement l'immeuble à usage commercial ou professionnel, mais également l'immeuble à usage mixte. Dans ce dernier cas, et si l'immeuble est divisible, l'emprunteur a toujours la ressource d'effectuer une division cadastrale au sol, ou d'établir un état descriptif de division pour individualiser, en vue de son affectation en garantie, la partie à usage d'habitation.

L'article L 315-1 du Code de la consommation n'exclut pas la remise en garantie d'un **immeuble démembré.** Néanmoins, on imagine mal un établissement financier ou de crédit accepter l'hypothèque d'un usufruit viager, appelé à s'éteindre avant la date fixée pour le remboursement. Quant à l'hypothèque de la nue-propriété, elle est également source de difficulté pratique si, lors du décès de l'emprunteur nu-propriétaire, l'usufruitier est encore en vie. L'hypothèque d'un immeuble démembré ne peut se concevoir en pratique que si usufruitier et nu-propriétaire sont coemprunteurs. 25515

L'emprunteur doit apporter à l'immeuble hypothéqué tous les soins raisonnables (C. consom. art. L 315-12). La diminution de valeur de l'immeuble du fait de l'emprunteur peut entraîner la perte du bénéfice du terme. Il en est de même du **changement d'affectation** de l'immeuble, du refus de laisser le créancier y accéder pour s'assurer de son bon état d'**entretien** et de conservation ou, en cas de prêt viager hypothécaire à versement périodique d'intérêts, de la **défaillance** de l'**emprunteur** dans le versement d'une ou de plusieurs échéances d'intérêts (art. L 315-14, al. 1). 25520

C. Contenu du contrat de prêt viager hypothécaire

Aux termes de l'article L 315-1 du Code de la consommation, le prêt viager hypothécaire doit être consenti sous forme d'un **capital** ou de **versements périodiques.** 25560

Si le versement d'un capital en une seule fois n'appelle pas de commentaire particulier, il n'en va pas de même des versements périodiques. Lorsqu'ils sont destinés à compléter les ressources de l'emprunteur et qu'il en aura besoin toute sa vie durant, les versements périodiques peuvent-ils alors prendre la forme d'une **rente viagère,** versée pendant toute la durée de vie de l'emprunteur ? Cette possibilité avait été envisagée lors de la présentation à la presse par le ministère de la justice de l'ordonnance 2006-346 du 23 mars 2006 portant réforme des sûretés, mais elle avait suscité des opinions divergentes des commentateurs (pour une opinion positive, E. Frémeaux, Le regard du notaire sur le projet de réforme des sûretés : Dr. et patrimoine 2005 n° 7 p. 92 ; pour une opinion plus réservée, M. Grimaldi, L'hypothèque rechargeable et le prêt viager hypothécaire : D. 2006 p. 1294, spéc. n° 12 p. 1297).

À supposer que le prêt viager hypothécaire constitué sous forme de rente viagère se heurte à une difficulté liée à la définition des opérations de crédit, à l'objet social de l'établissement prêteur, voire à la rigidité de l'offre de prêt qui ne semble pas permettre une telle éventualité (n° 25610), il reste possible de scinder l'opération en deux **opérations successives** et de recourir à un **prêt viager hypothécaire** dont le capital est payable en une seule fois, et à la **constitution, au moyen de ce capital, d'une rente viagère,** selon les règles applicables en matière de constitution de rente. Un tel montage rendrait l'opération en pratique très proche de la vente en viager dit « occupé » selon laquelle le vendeur, tout en se réservant un droit d'usufruit ou un droit d'usage et d'habitation, vend la propriété démembrée de son habitation moyennant la constitution d'une rente viagère. 25565

ATTENTION
Le prêt viager hypothécaire constitué sous forme de rente viagère cumulerait **deux risques** : le risque lié au plafonnement du remboursement (nº 25810) et le risque lié à la durée de versement de la rente. Mais, s'agissant de deux risques liés au même événement, à savoir la durée de vie de l'emprunteur, il est permis de penser que leur prise en compte ne devrait pas susciter de difficultés particulières pour un établissement dont l'objet est de consentir des opérations de crédit.

Cette constitution de rente pourrait ne porter que sur une partie du montant du prêt, le surplus étant conservé par l'emprunteur, selon la pratique du « bouquet » en matière de vente d'immeuble en viager ; bien évidemment, une indexation de la rente pourrait être prévue comme cela est d'usage dans ce domaine.

D. Offre préalable de prêt viager hypothécaire

CONTENU DE L'OFFRE DE PRÊT VIAGER HYPOTHÉCAIRE

25610 L'offre préalable de prêt viager hypothécaire doit comporter les **mentions** suivantes (C. consom. art. L 315-9) :
– l'identité des parties et la date d'acceptation de l'offre ;
– la désignation exacte du bien hypothéqué, conforme aux exigences de la publicité foncière ;
– la valeur du bien hypothéqué estimée par un expert choisi par les parties et les frais afférents à l'expertise mis à la charge de l'emprunteur ;
– la nature du prêt ;
– les modalités du prêt et, notamment, les dates et les conditions de mise à disposition des fonds ;
– en cas de versements échelonnés du capital, l'échéancier des versements périodiques distinguant la part du capital de celle des intérêts accumulés sur ces sommes durant la durée prévisionnelle du prêt et permettant à l'emprunteur de connaître le moment où il aura épuisé l'actif net de son logement ;
– lorsque le capital est versé en une seule fois, un état des intérêts accumulés sur ces sommes durant la durée prévisionnelle du prêt, permettant à l'emprunteur de connaître le moment où il aura épuisé l'actif net de son logement ;
– à partir d'exemples représentatifs établis en fonction d'hypothèses relatives, notamment, à la durée du prêt, le coût global du crédit, le taux effectif global défini conformément aux articles L 314-1 à L 314-4 du Code de la consommation ainsi que, s'il y a lieu, les modalités de l'indexation ;
– la durée de validité de l'offre ;
– en cas de remboursement périodique des intérêts, l'échéancier des versements périodiques d'intérêts pour les prêts dont le taux d'intérêt est fixe, ou la simulation de l'impact d'une variation du taux sur les mensualités d'intérêts pour les prêts dont le taux d'intérêt est variable. Mais cette simulation ne constitue pas un engagement du prêteur à l'égard de l'emprunteur quant à l'évolution effective des taux d'intérêt pendant le prêt et à son impact sur les mensualités.

L'offre doit également **reproduire les dispositions** des articles L 315-10 à L 315-15 (durée minimale de l'offre, délai d'acceptation, conservation et affectation d'immeubles hypothéqués, montant du remboursement), L 315-20 (dénouement de l'opération) et L 341-55 (sanction civile) du Code de la consommation.

DURÉE ET ACCEPTATION DE L'OFFRE DE PRÊT VIAGER HYPOTHÉCAIRE

25620 La remise de l'offre oblige le **prêteur** à en **maintenir** les conditions pendant une durée minimale de 30 jours à compter de son émission (C. consom. art. L 315-10).

Sous peine de nullité du contrat de prêt, l'**acceptation de l'offre** ne peut intervenir que 10 jours au moins après sa réception par l'emprunteur ; elle doit alors faire l'objet d'un acte notarié (art. L 315-11, al. 1 et L 341-55). Pendant ce délai, aucun **versement** sous quelque forme que ce soit ne peut être fait au titre de l'opération de prêt et l'emprunteur ne peut faire aucun dépôt à ce titre ni souscrire ou avaliser aucun effet de commerce ou signer aucun chèque. La validité et la prise d'effet de toute autorisation de prélèvement sur compte bancaire signée par l'emprunteur sont subordonnées à celles du contrat de crédit (art. L 315-11, al. 2 et 3).

Le délai de réflexion de 10 jours entre l'offre et l'acceptation de l'offre s'applique même si le **contrat** est **conclu à distance.** En effet, l'emprunteur ne bénéficie pas du délai de rétractation de 14 jours prévu par l'article L 222-7 du Code de la consommation pour les contrats conclus à distance (art. L 222-9, 4°).

SANCTIONS DU NON-RESPECT DE LA RÉGLEMENTATION DU PRÊT VIAGER HYPOTHÉCAIRE

Sanctions civiles Le non-respect par le prêteur des dispositions relatives à l'offre de prêt et aux délais d'acceptation (nos 25610 à 25620) est sanctionné par la **déchéance du droit aux intérêts,** en totalité ou dans la proportion fixée par le juge (C. consom. art. L 341-54, al. 1). 25640

En cas de défaut de mention ou de mention erronée du taux annuel effectif global, la déchéance du prêteur dans son droit aux intérêts est encourue dans la proportion fixée par le juge, au regard notamment du préjudice pour l'emprunteur (art. L 341-54, al. 2). Il en résulte que le juge peut refuser de prononcer une telle sanction lorsqu'aucun préjudice n'a été causé à l'emprunteur parce que le taux réel est inférieur à celui stipulé ou parce que la différence est infime (nos 96370 s.).

Sanctions pénales Le non-respect par le prêteur des dispositions relatives à l'offre de prêt et aux délais d'acceptation (nos 25610 à 25620) est sanctionné par une amende de 150 000 € (C. consom. art. L 341-57) et des peines complémentaires (art. L 341-60). 25650

III. REMBOURSEMENT DU PRÊT VIAGER HYPOTHÉCAIRE

A. Remboursement du prêt viager hypothécaire à son terme

TERME DU PRÊT VIAGER HYPOTHÉCAIRE

Le terme normal du prêt viager hypothécaire est le décès de l'emprunteur, ou du dernier des coemprunteurs ; mais ce terme peut également être l'aliénation de l'immeuble (vente, donation, etc.) ou le démembrement du droit de propriété, si ces événements surviennent avant le décès (C. consom. art. L 315-1). 25800

La loi prévoit également la possibilité de remboursement anticipé (nos 25870 s.), la déchéance du terme si l'emprunteur ne satisfait pas à ses obligations (n° 25520), ainsi que la résolution du contrat quand le remboursement périodique des intérêts, prévu dans le contrat, n'a pas eu lieu (n° 25930).

PLAFONNEMENT DE LA DETTE AU TERME D'UN PRÊT VIAGER HYPOTHÉCAIRE

Le prêt viager hypothécaire pouvant avoir effet sur la transmission aux héritiers du remboursement du capital et des intérêts, la loi prévoit un plafonnement de ce remboursement à la valeur de l'immeuble, de sorte que le prêt ne peut pas avoir pour effet, par lui-même, de rendre la succession de l'emprunteur débitrice. 25810

Ainsi, la dette de l'emprunteur ou de ses ayants droit ne peut jamais excéder la **valeur de l'immeuble hypothéqué** appréciée lors de l'échéance du terme (C. consom. art. L 315-15, al. 1).

Lorsque le prêteur met en jeu sa garantie à l'échéance du terme, si la dette est alors inférieure à la valeur de l'immeuble, la **différence** entre cette valeur et le **montant de la créance** est versée, selon le cas, à l'emprunteur ou à ses héritiers (art. L 315-15, al. 2). Le prêteur qui ne restituerait pas cette différence s'exposerait à une amende de 300 000 € et à des peines complémentaires (art. L 341-58 et L 341-60).

REMBOURSEMENT DU PRÊT EN CAS DE DÉCÈS DE L'EMPRUNTEUR

En cas de décès de l'emprunteur ou du dernier vivant des coemprunteurs, les **héritiers** peuvent **payer la dette** plafonnée à la valeur de l'immeuble estimée au jour de l'ouverture de la succession ; il est procédé à cette estimation en tant que de besoin par un expert choisi 25820 d'un commun accord par le prêteur et l'emprunteur ou désigné sur requête (C. consom. art. L 315-20, al. 1).

À défaut d'un tel paiement, le prêteur peut, à son choix, et même si la succession a été acceptée à concurrence de l'actif net (art. L 315-20, al. 2) :

– soit poursuivre la saisie et la vente de l'immeuble dans les conditions de droit commun ;

– soit se voir attribuer la propriété de l'immeuble par décision judiciaire ou en vertu d'un pacte commissoire alors même que l'immeuble constituait la résidence principale de l'emprunteur.

Cette option est également ouverte au prêteur en cas de **succession vacante** (art. L 315-20, dernier al.).

> **Précisions** Certains auteurs se sont interrogés sur l'**articulation** entre le droit du créancier de faire vendre l'immeuble ou de s'en faire attribuer la propriété et le **droit** viager **sur le logement dont dispose le conjoint survivant** qui a accepté la succession (C. civ. art. 763, 764 et 766 ; N. Randoux, L'avenir du prêt viager hypothécaire : faut-il l'aménager ou le supprimer ? : Defrénois 2009 art. 39036 et 39044).

REMBOURSEMENT DU PRÊT EN CAS D'ALIÉNATION DU BIEN

25830 En cas d'aliénation de l'immeuble hypothéqué (vente, donation ou autre), par l'emprunteur ou ses héritiers, le **projet de cession** doit être **notifié** au prêteur (C. consom. art. L 315-21, al. 1).

La **valeur de l'immeuble** est en principe celle **indiquée dans l'acte de cession** (art. L 315-15, al. 3). En cas de contestation de cette dernière par le prêteur, il est procédé à l'estimation du bien par un expert choisi d'un commun accord ou désigné sur requête (art. L 315-21, al. 2).

Si la **valeur** de l'immeuble retenue dans l'acte de cession est inférieure à l'**estimation** faite **par l'expert,** et sauf accord des parties sur une nouvelle valeur, la créance du prêteur est alors plafonnée, comme en cas de décès de l'emprunteur, soit au prix d'adjudication de l'immeuble, soit à la valeur d'expertise retenue pour son attribution judiciaire ou par le pacte commissoire lorsqu'il est autorisé (art. L 315-21, al. 3).

Ces dispositions s'appliquent également en cas de démembrement de la propriété de l'immeuble hypothéqué (art. L 315-21, dernier al.).

B. Remboursement anticipé du prêt viager hypothécaire

MONTANT DU REMBOURSEMENT ANTICIPÉ DU PRÊT VIAGER HYPOTHÉCAIRE

25870 L'emprunteur peut toujours, à son initiative, mettre un terme au contrat de prêt qui lui a été consenti en **remboursant la totalité** des sommes déjà versées en principal et intérêts (C. consom. art. L 315-16, al. 1). Dans cette hypothèse, le plafonnement ne joue pas, sauf bien sûr si l'emprunteur recourt à la vente ou au démembrement de propriété de l'immeuble hypothéqué pour provoquer ce remboursement anticipé.

25875 Lorsque le prêt a été constitué par le versement d'un capital en une seule fois, l'emprunteur peut **rembourser une partie** des sommes versées sans que le prêteur soit tenu d'accepter un remboursement partiel inférieur à 10 % du capital versé (C. consom. art. L 315-16, al. 2 et R 315-1). Bien que les textes ne le précisent pas, le prêteur ne peut pas, à notre avis, refuser le remboursement du solde du prêt même s'il est inférieur à ce montant minimal.

INDEMNITÉ DE REMBOURSEMENT ANTICIPÉ DU PRÊT VIAGER HYPOTHÉCAIRE

25880 En cas de remboursement anticipé, total ou partiel, le prêteur peut exiger une indemnité qui ne peut pas excéder un **montant** dépendant de la durée du contrat déjà réalisée (C. consom. art. L 315-17). Le prêteur ne peut prétendre à aucune autre indemnité ni mettre aucun autre coût à la charge de l'emprunteur (art. L 315-18).

Lorsque le montant en **capital** du prêt est **versé en une seule fois,** l'indemnité ne peut pas être supérieure à (art. R 315-2, 1°) :

– quatre mois d'intérêts sur le capital à rembourser, au taux d'intérêt du prêt figurant dans le contrat de prêt, si la demande de remboursement par anticipation intervient entre la première année du prêt et la fin de la quatrième année ;

– deux mois d'intérêts sur le capital à rembourser, au taux d'intérêt du prêt figurant dans le contrat de prêt, si la demande de remboursement par anticipation intervient entre la cinquième année du prêt et jusqu'à la fin de la neuvième année ;

– un mois d'intérêts sur le capital à rembourser, au taux d'intérêt du prêt figurant dans le contrat de prêt, si la demande de remboursement intervient à partir de la dixième année.

Lorsque le montant en **capital** du prêt est **versé périodiquement,** l'indemnité ne peut pas excéder (art. R 315-2, 2°) :

– 5/12e des versements dus au titre de la première année, si la demande de remboursement par anticipation intervient entre la date du premier versement du prêt et la fin de la quatrième année ;

– 3/12e de la totalité des versements effectués la première année, si la demande de remboursement par anticipation intervient entre la cinquième année du prêt et jusqu'à la fin de la neuvième année ;

– 2/12e de la totalité des versements effectués la première année, si la demande de remboursement intervient à partir de la dixième année.

L'**année de référence** correspond à une période de douze mois à compter du versement ou du premier versement en capital du contrat de prêt (art. R 315-2, dernier al.).

> **Précisions** Le **montant de l'indemnité** prévu par les articles L 315-17 et R 315-2 constitue un plafond qui **peut être réduit par le juge,** sur demande de l'emprunteur, s'il est manifestement excessif (C. civ. art. 1231-5, al. 2, sur renvoi de C. consom. art. L 315-17). Nous ne pensons pas que le prêteur puisse utilement invoquer l'autre disposition de l'article 1231-5, al. 2 du Code civil, qui permet au juge de majorer toute pénalité qui serait « manifestement dérisoire », pour obtenir une indemnisation supérieure aux limites fixées par la loi. Une telle demande serait contraire à l'esprit de la loi qui est notamment de limiter les pénalités figurant dans les contrats de crédit.

RÉÉCHELONNEMENT DU PRÊT VIAGER HYPOTHÉCAIRE

En cas de versements périodiques du capital, l'emprunteur peut demander une suspension ou une modification de l'échéancier des versements : ces aménagements se font au taux conventionnel défini au contrat principal et donnent lieu à l'établissement d'un nouvel état des versements périodiques et des intérêts accumulés sur ces sommes pour la durée prévisionnelle du prêt restant à courir. La part du capital et celle des intérêts doivent apparaître de manière distincte. Les modifications visant à accélérer les versements peuvent intervenir conformément aux stipulations contractuelles (C. consom. art. L 315-19). **25890**

C. Remboursement du prêt viager hypothécaire en cas de remboursement périodique des intérêts

En cas de **défaillance de l'emprunteur** sur le remboursement périodique des intérêts d'un prêt viager hypothécaire, le prêteur peut exiger le remboursement immédiat des intérêts échus mais non payés (C. consom. art. L 315-22). **25930**

Lorsque le prêteur est amené à demander la **résolution** du contrat, il peut exiger le remboursement immédiat du capital versé, ainsi que le paiement des intérêts échus. Jusqu'au règlement effectif, les sommes restant dues produisent des intérêts de retard à un taux égal au taux du prêt (art. L 315-23, al. 1 et 2).

En outre, le prêteur peut demander à l'emprunteur défaillant une **indemnité** qui, sans préjudice de l'application de l'article 1231-5 du Code civil, ne peut pas excéder un montant qui, dépendant de la durée restant à courir du contrat, est fixé conformément au barème suivant (art. L 315-23, al. 2 ; Décret 2015-1849 du 29-12-2015 art. 2) :

– un mois d'intérêts sur le capital à rembourser, si la durée résiduelle du prêt est inférieure à cinq ans ou si elle est négative ;

– deux mois d'intérêts sur le capital à rembourser, si la durée résiduelle du prêt est comprise entre cinq ans et moins de dix ans ;

– trois mois d'intérêts sur le capital à rembourser, si la durée résiduelle du prêt est comprise entre dix ans et moins de quinze ans ;

– quatre mois d'intérêts sur le capital à rembourser, si la durée résiduelle du prêt est égale ou supérieure à quinze ans.

Les intérêts sont calculés au taux d'intérêt figurant dans le contrat de prêt.

> **Précisions** La **durée résiduelle** du prêt s'entend de la différence entre la durée théorique de celui-ci établie conformément à la table de mortalité homologuée par un arrêté ministériel en vigueur à la date de l'émission de l'offre de prêt par l'établissement prêteur et la durée écoulée pendant laquelle l'emprunteur a régulièrement versé les intérêts dus au titre de son prêt. Lorsque plusieurs emprunteurs sont solidairement débiteurs, la durée théorique du prêt est la plus longue des durées ainsi calculées pour chacun d'entre eux (Décret 2015-1849 du 29-12-2015 art. 1).

IV. PRÊT AVANCE MUTATION

CHAMP D'APPLICATION DU PRÊT AVANCE MUTATION

26000 Un établissement de crédit, un établissement financier ou une société de tiers-financement peuvent financer des **travaux de rénovation** (travaux d'économie d'énergie, d'accessibilité ou de confort) au moyen d'un prêt avance mutation garanti par une hypothèque constituée à hauteur du montant initial du prêt augmenté des intérêts capitalisés annuellement et dont le remboursement ne peut être exigé que lors de la mutation du bien (C. consom. art. L 315-2, al. 1).

Pour les offres de prêt émises depuis le 1er janvier 2024 (Loi 2023-1322 du 29-12-2023 art. 71, X-A), le prêt avance mutation peut également financer les **frais liés à l'inscription d'une hypothèque** et les **frais notariés** (C. consom. art. L 315-2, al. 1 modifié par loi 2023-1322).

Du 1er septembre 2024 au 31 décembre 2027, des offres de **prêt avance mutation** pourront, dans certaines conditions, être consenties **sans intérêt** pour financer des travaux d'amélioration de la performance énergétique de logements achevés depuis plus de deux ans et occupés à titre de résidence principale (C. consom. art. L 315-2, al. 3 et CGI art. 244 quater T issus de loi 2023-1322 ; Loi 2023-1322 art. 71, X-B).

ATTENTION

Le prêt avance mutation ne peut **pas** être utilisé **pour** financer **les besoins d'une activité professionnelle** (art. L 315-3). S'agissant de la sanction applicable en cas de non-respect de cette interdiction, l'article L 341-53 du Code de la consommation, selon lequel les dispositions de l'article L 315-3 sont prévues « à peine de nullité du prêt viager hypothécaire », n'a pas été modifié pour ajouter le cas du prêt avance mutation ; à notre avis, cela semble être un oubli du législateur.

PARTICULARITÉS DU PRÊT AVANCE MUTATION

26005 Comme le prêt viager hypothécaire, le prêt avance mutation ne peut pas faire l'objet d'un **démarchage** (nos 32500 s. ; C. consom. art. L 315-8) ; sa **publicité** est encadrée dans les mêmes conditions que celles exposées no 25400 (art. L 315-4).

Le contenu de l'**offre préalable de prêt** est identique (no 25610), à la différence que l'estimation du bien peut être effectuée par l'établissement prêteur et non pas nécessairement par un expert indépendant (art. L 315-9). En outre, un différé d'amortissement peut être proposé (no 26010).

26010 La principale caractéristique du prêt avance mutation est d'être **remboursable** « in fine ». Son remboursement n'intervient en effet que **lorsque le bien immobilier change de propriétaire** (à l'occasion d'une vente, d'une donation ou encore d'une succession) (C. consom. art. L 315-2, al. 1), étant précisé que le remboursement des intérêts peut faire l'objet d'un remboursement progressif, selon une périodicité convenue (C. consom. art. L 315-2, al. 2).

Toutefois, l'établissement prêteur peut, pour toute offre de prêt émise depuis le 20 décembre 2021 (Décret 2021-1700 du 17-12-2021 art. 3), prévoir, soit au moment de la conclusion du contrat de prêt initial, soit ultérieurement avec le consentement de l'emprunteur, une durée d'au minimum dix ans, à l'issue de laquelle l'amortissement du prêt avance mutation est initié si la **mutation du bien** n'est **pas intervenue** avant cette date (art. L 315-2, dernier al. et art. R 315-3).

> **Précisions** **a.** En cas de **défaillance de l'emprunteur** ayant initialement opté pour le remboursement périodique des intérêts, l'établissement prêteur peut lui proposer d'opter pour la capitalisation annuelle des intérêts futurs (art. L 315-14, al. 2).
> **b.** Le **fonds de garantie pour la rénovation énergétique** peut garantir, en partie et sous certaines conditions, un prêt avance mutation destiné à la réalisation de travaux permettant d'améliorer la performance énergétique du logement occupé à titre de résidence principale (CCH art. L 312-7, I-4° et R 312-7-3). Pour les offres émises jusqu'au 31 décembre 2023, seuls les prêts avance mutation accordés aux ménages respectant des plafonds de ressources pouvaient être garantis par ce fonds ; cette condition est supprimée pour les offres émises depuis le 1er janvier 2024 (CCH art. L 312-7 modifié par loi 2023-1322 du 29-12-2023 ; Loi 2023-1322 art. 71, X-A).

SECTION 5

GARANTIES DU CRÉDIT À UN CONSOMMATEUR

GÉNÉRALITÉS

Lorsqu'il accorde un crédit à un consommateur, le prêteur exige souvent qu'une garantie lui soit consentie afin de limiter, voire d'éluder, les conséquences d'une éventuelle défaillance de l'emprunteur. Cette garantie peut prendre des formes diverses selon la nature du crédit, sa durée ou encore la solvabilité de l'emprunteur. La garantie peut être donnée par un tiers ou par l'emprunteur lui-même. **26100**

Il ne s'agit pas ici de présenter toutes les garanties, légales (telle l'hypothèque légale du prêteur de deniers) ou conventionnelles, dont le prêteur peut bénéficier ou d'exposer l'ensemble du régime juridique de chacune d'elles mais de préciser dans quelle mesure le régime de la garantie est affecté lorsque celle-ci couvre le remboursement d'un crédit consenti à un consommateur.

Le régime de la répression des infractions à la réglementation est exposé n°s 27100 s. mais les sanctions encourues par le prêteur sont mentionnées sous chacune des obligations qui lui incombent.

> **Précisions** La loi 2014-344 du 17 mars 2014 a supprimé l'**hypothèque rechargeable** dans le cadre d'un crédit à la consommation ou d'un crédit immobilier (art. 46) mais le régime subsiste pour les contrats conclus avant le 1er juillet 2014. Pour ceux-ci, le lecteur est invité à se reporter à l'édition 2013-2014 du Mémento Concurrence Consommation n°s 14530 s.

ACTE DE GARANTIE DÉMATÉRIALISÉ

Lorsqu'un écrit est requis pour la validité d'un acte, il peut être établi et conservé sous **forme électronique** (C. civ. art. 1174, al. 1). **26110**

De même, si une **mention écrite** de la main de la personne qui s'oblige est exigée, il est possible de l'apposer sous forme électronique dès lors que les conditions de cette apposition sont de nature à garantir qu'elle n'est effectuée que par cette personne (art. 1174, al. 2).

Ces dispositions s'appliquent aux **actes sous signature privée relatifs** à des sûretés personnelles (cautionnement, garantie autonome) ou réelles (hypothèque, gage, nantissement, etc.), y compris s'ils sont passés depuis le 1er janvier 2022 pour des besoins non professionnels (cf. abrogation de l'art. 1175, al. 2 du Code civil qui en réservait l'application aux sûretés souscrites pour des besoins professionnels ; Ord. 2021-1192 du 15-9-2021 art. 26 et 37, I).

I. GARANTIES INTERDITES OU LIMITÉES EN MATIÈRE DE CRÉDIT À UN CONSOMMATEUR

A. Souscription ou aval d'un effet de commerce en garantie d'un crédit à un consommateur

ENCADREMENT DE L'UTILISATION DES EFFETS DE COMMERCE

Les lettres de change et les billets à ordre souscrits ou avalisés par un emprunteur, même majeur, **à l'occasion des opérations relevant de la réglementation** sur le crédit à la consommation ou le crédit immobilier sont nuls et l'emprunteur ne peut être tenu de restituer au prêteur les sommes perçues que dans la limite de l'enrichissement qu'il en a tiré (C. consom. art. L 314-21 et, sur renvoi, C. com. art. L 511-5, al. 1). **26200**

L'effet de commerce est nul même s'il a été souscrit après la conclusion du crédit (Cass. 1e civ. 30-9-1997 P : RJDA 2/98 n° 204). Mais la nullité ne concerne pas les effets souscrits ou avalisés **à l'occasion du contrat principal financé par le crédit** (Cass. 1e civ. 4-2-2003 n° 168 FS-D : RJDA 11/03 n° 1115).

Toutefois, l'émission et l'aval d'effets de commerce est valable pour les **locations-ventes,** les locations assorties d'une promesse de vente portant sur des immeubles à usage d'habitation ou à usage professionnel et d'habitation (n°s 24600 s.) et les **regroupements de crédits** (art. L 314-21).

SANCTIONS

26205 Est passible d'une **amende** de 300 000 € :

– en matière de crédit à la consommation, celui qui fait souscrire, ou accepter, ou avaliser par l'emprunteur ou l'acheteur des lettres de change ou des billets à ordre (C. consom. art. L 341-14) ;

– en matière de crédit immobilier, le prêteur ou le bailleur qui, en infraction aux dispositions de l'article L 313-35 ou de l'article L 313-59, accepte de recevoir de l'emprunteur ou du preneur, ou pour le compte d'un de ces derniers, un effet de commerce souscrit, endossé ou avalisé à son profit (art. L 341-42).

Dans ces deux cas, une peine d'**interdiction d'exercice** d'une fonction publique ou d'une activité professionnelle ou sociale dans l'exercice ou à l'occasion de l'exercice de laquelle l'infraction a été commise, d'une profession commerciale ou industrielle ou d'une fonction de direction, d'administration, de gestion ou de contrôle d'une entreprise ou d'une société peut être prononcée par le juge pour une durée maximale de cinq ans (art. L 341-18 et L 341-44).

B. Souscription d'une garantie autonome en garantie d'un crédit à un consommateur

26250 Une garantie autonome ne peut pas être souscrite à l'occasion d'un crédit relevant de la réglementation sur le crédit à la consommation ou sur le crédit immobilier (C. consom. art. L 314-19).

Cette garantie, parfois appelée à première demande, est l'engagement par lequel le garant s'oblige, en considération d'une obligation souscrite par un tiers, à verser une somme soit à première demande, soit suivant des modalités convenues (C. civ. art. 2321, al. 1). Elle se distingue du cautionnement dans la mesure où le garant s'engage à payer une somme et non, comme dans le cautionnement, à exécuter l'obligation du débiteur principal. En outre, le garant est moins bien protégé par la loi dans ses rapports avec le créancier garanti que ne l'est la caution.

C. Souscription d'un gage ou d'un nantissement en garantie d'un crédit à un consommateur

26290 Le remboursement d'un prêt relevant de la réglementation sur le crédit à la consommation ou sur le crédit immobilier peut être valablement garanti par le gage d'un bien corporel ou par le nantissement d'un bien incorporel.

Toutefois, lorsque le gage ou le nantissement est donné en garantie du remboursement d'un **crédit à la consommation,** il est interdit aux parties (constituant du gage, qui peut être l'emprunteur ou un tiers, et le prêteur) de convenir qu'à défaut de paiement de la dette garantie, le prêteur deviendra propriétaire de plein droit du bien gagé (pacte dit « commissoire »). En effet, les **pactes commissoires,** en principe licites (C. civ. art. 2348), sont ici réputés non écrits (C. consom. art. L 312-38, al. 3).

Par suite, en cas de défaillance de l'emprunteur, le créancier peut soit poursuivre la vente forcée du bien gagé soit demander en justice l'attribution du bien gagé à son profit (C. civ. art. 2346 et 2347).

II. CAUTIONNEMENT D'UN CRÉDIT À UN CONSOMMATEUR

A. Application du droit commun du cautionnement

Les **cautionnements donnés, depuis le 1er janvier 2022** (Ord. 2021-1192 du 15-9-2021 art. 37, I), en garantie d'un crédit à la consommation ou immobilier régi par le Code de la consommation relèvent pour l'essentiel du droit commun du cautionnement. En effet, l'ordonnance 2021-1192 du 15 septembre 2021 portant **réforme** du droit **des sûretés** a abrogé la plupart des **dispositions du Code de la consommation** relative au cautionnement et leur a substitué un régime unique désormais intégré dans le Code civil. Ce régime, qui comporte des points communs avec l'ancien mais aussi de fortes différences, n'est pas exposé dans cet ouvrage ; le lecteur peut en prendre connaissance en consultant le Mémento Droit commercial (MDC). 26400
Les cautionnements conclus avant cette date restent soumis à la loi ancienne, y compris « pour les effets légaux et pour les dispositions d'ordre public » ; il est toutefois dérogé à ce principe pour les dispositions relatives à l'information de la caution (Ord. 2021-1192 art. 37, II et III) qui s'appliquent donc aux cautionnements en cours à cette date. Pour l'ancienne réglementation, voir l'édition 2022 du Mémento Concurrence Consommation sous réserve de l'exception précitée.

Le **tableau** ci-dessous **récapitule,** selon la date de souscription du cautionnement, les **textes applicables** et le mémento à consulter pour les principales règles protégeant la caution.

	Cautionnement souscrit depuis le 1-1-2022	Cautionnement souscrit avant le 1-1-2022 (en cours à cette date)
Mentions que la caution doit porter sur l'**acte de cautionnement**	C. civ. art. 2297 (MDC n° 55255)	C. consom. ex-art. L 314-15, L 314-16 et L 341-51-1 (MCC 2022 nos 26480 s.)
Mise en garde de la caution par le prêteur	C. civ. art. 2299 (MDC n° 55109)	MCC 2022 n° 26560
Protection de la caution en cas de **cautionnement disproportionné**	C. civ. art. 2300 (MDC nos 55100)	C. consom. ex-art. L 314-18 (MCC 2022 nos 26560 s.)
Information due par le prêteur à la caution en cours de crédit	C. civ. art. 2302 et 2303 (MDC nos 55400 s. et 55421)	C. consom. ex-art. L 314-17, L 333-1, L 333-2, L 343-5 et L 343-6 (MCC 2022 nos 26650 s.)
Protection de la **caution « réelle »**	C. civ. art. 2325 (MDC nos 55910 s.)	MCC 2022 n° 26415

B. Particularités du cautionnement d'un crédit à la consommation ou immobilier

CAUTIONNEMENTS VISÉS

Cautionnement personnel Les règles exposées nos 26420 s. visent le **cautionnement personnel,** c'est-à-dire l'acte par lequel une personne s'engage envers un créancier à payer la dette du débiteur en cas de défaillance de celui-ci (C. civ. art. 2288). 26415

À notre avis, ce régime ne s'applique pas à la garantie, souvent appelée « **cautionnement réel ou hypothécaire** », par laquelle une personne donne un ou plusieurs de ses biens en garantie de sa dette ou de la dette d'un tiers. En effet, une telle garantie n'est pas un cautionnement mais une sûreté réelle (C. civ. art. 2323 et 2325 ; Cass. ch. mixte 2-12-2005 n° 235 F-PB : RJDA 2/06 n° 197 ; Cass. 1e civ. 25-11-2015 n° 14-21.332 F-PB : RJDA 3/16 n° 226 ; Cass. com. 5-4-2023 n° 21-18.531 et n° 21-14.166 FS-B : RJDA 10/23 n° 547).

> **Précisions** Un cautionnement personnel, solidaire et indivisible avec, à titre **accessoire,** une **affectation hypothécaire** demeure un cautionnement personnel (Cass. 1e civ. 9-1-2019 nº 17-19.570 F-D : RJDA 4/19 nº 296). Même s'il porte la mention « **cautionnement solidaire hypothécaire** », l'engagement est un cautionnement personnel dès lors que la caution s'oblige, sur tous ses biens, à payer ce que devra le débiteur au créancier (Cass. com. 20-6-2018 nº 16-23.199 F-D : RJDA 10/18 nº 773). Ces deux décisions ont été rendues sous l'empire du droit antérieur à l'ordonnance 2021-1192 mais demeurent valables.

26420 **Opérations garanties par le cautionnement** La caution bénéficie du régime protecteur prévu par la réglementation sur le crédit à la consommation et sur le crédit immobilier seulement si le **crédit** qu'elle garantit **entre lui-même dans le champ d'application de ladite réglementation** (respectivement nos 19100 s. et nos 22760 s.). Si elle garantit un autre type de financement, elle est soumise au droit commun du cautionnement (Cass. com. 4-2-1992 nº 249 P : RJDA 3/92 nº 264 ; Cass. 1e civ. 23-5-2000 nos 931 F-D et 939 P-F : RJDA 9-10/00 nº 899 ; sur ce régime, Mémento Droit commercial nos 55009 s.).

ATTENTION

Ces arrêts affirment ce principe à propos du **cautionnement d'un crédit à la consommation,** l'article L 312-1 du Code de la consommation précisant expressément que la réglementation s'applique au crédit et à son cautionnement éventuel. Il n'existe pas de disposition similaire en matière de **crédit immobilier,** le sort du cautionnement étant abordé au cas par cas et non d'une manière générale. Néanmoins, le raisonnement s'applique également au cautionnement d'un crédit immobilier.

Pour déterminer si le **cautionnement** donné pour un montant global et **couvrant des opérations de crédit distinctes** relève de la réglementation, il convient de rechercher si chaque opération de crédit en relève elle-même (Cass. 1e civ. 13-11-1996 nº 1852 PB : RJDA 6/97 nº 800).

26425 En cas d'**application conventionnelle de la réglementation** sur le crédit à la consommation ou sur le crédit immobilier **à un crédit qui n'en relevait pas,** le cautionnement suit le régime du crédit, les parties à ce dernier ne pouvant pas écarter partiellement le statut choisi (nos 19405 et 22965).

COMMUNICATION À LA CAUTION DE L'OFFRE DE CONTRAT DE CRÉDIT

26450 L'offre de crédit proposée par le prêteur à l'emprunteur doit être communiquée aux cautions, que le crédit relève de la réglementation sur le **crédit à la consommation** (C. consom. art. L 312-18) ou de celle sur le **crédit immobilier** (art. L 313-24). L'article L 312-18 exige la remise ou l'envoi de l'offre sans en préciser les modalités tandis que l'article L 313-24 prévoit la fourniture gratuite de l'offre sur papier ou sur un autre support durable, mais exclusivement si la caution est une personne physique.

En cas de défaut d'envoi ou de fourniture d'une offre non conforme à la réglementation, le **prêteur** est **passible** d'une amende de 1 500 €, pouvant être portée à 3 000 € en cas de récidive (art. R 341-4, pour le crédit à la consommation ; art. R 341-20, pour le crédit immobilier). Il encourt également, s'agissant d'un crédit à la consommation, la déchéance de son droit à intérêts (art. L 341-4) ou, s'agissant du crédit immobilier, une amende de 150 000 € (art. L 341-37).

Sur la nécessité en cas de crédit à la consommation de joindre un bordereau de rétractation au contrat de crédit adressé à la caution, voir nº 26460.

DÉLAI DE RÉTRACTATION OU DE RÉFLEXION DE LA CAUTION

26460 **Crédit à la consommation** En matière de crédit à la consommation, l'article L 312-1 du Code de la consommation précise que la réglementation s'applique à toute opération de crédit ainsi qu'à son cautionnement éventuel.

Sous l'empire de la réglementation antérieure à la loi 2010-737 du 1er juillet 2010 ayant réformé le crédit à la consommation, il en avait parfois été déduit que la caution bénéficiait de la même protection que l'emprunteur et donc du même **droit de rétractation** (dans ce même sens, Rép. min. Colette : Sén. 21-9-1989 p. 1546 nº 5274 ; note DGCCRF 5766 du 13-11-1991 prévoyant qu'un bordereau de rétractation doit être joint à l'offre préalable de crédit adressée à la caution ; en sens contraire, CA Douai 15-9-1994 : Gaz. Pal. 1996 som. p. 150).

La loi du 1er juillet 2010 a maintenu l'obligation d'adresser à la caution l'offre de contrat de crédit, offre qui indique la faculté de rétractation (nos 20240 et 20440), mais l'article L 312-21 précise désormais que le formulaire de rétractation est joint à l'exemplaire du contrat de crédit destiné à l'emprunteur et donc pas à l'exemplaire destiné à la caution. On peut y voir une exclusion implicite du droit pour la caution de se rétracter de son propre engagement.

Crédit immobilier Contrairement au crédit à la consommation, la réglementation sur le crédit immobilier ne lie pas expressément le sort de la caution à celui de l'emprunteur mais comporte des dispositions éparses sur le cautionnement, proches de celles prévues en matière de crédit à la consommation. Ainsi, l'offre de contrat doit être adressée à l'emprunteur et aux cautions déclarées par l'emprunteur lorsqu'il s'agit de personnes physiques (C. consom. art. L 313-24, al. 1) et la caution dispose du même **délai de réflexion** de 10 jours que l'emprunteur (art. L 313-34, al. 2 ; n°s 23610 s.). 26470

SECTION 6

FICHIER NATIONAL DES INCIDENTS DE PAIEMENT

GÉNÉRALITÉS

La Banque de France gère un fichier national recensant deux types d'informations : les incidents de remboursement des crédits accordés aux personnes physiques pour des besoins non professionnels ainsi que les situations de surendettement (C. consom. art. L 751-1 s.). Il s'agit du fichier national des incidents de remboursement des crédits aux particuliers (**FICP**) qui est alimenté par : les établissements de crédit, de monnaie électronique ou de paiement, les associations sans but lucratif et les fondations reconnues d'utilité publique accordant sur ressources propres et sur ressources empruntées des prêts pour la création, le développement et la reprise d'entreprises, les sociétés de tiers-financement définies à l'article L 381-2 du Code de la construction et de l'habitation, les commissions de surendettement et les greffes des tribunaux (C. consom. art. L 752-1 s. ; Arrêté ECET1024001A du 26-10-2010 art. 1). 26900

Pour plus de détails sur les inscriptions relatives à une **procédure de surendettement,** voir les articles L 752-2 et L 752-3 du Code de la consommation et les articles 9 à 11 de l'arrêté du 26 octobre 2010.

INCIDENTS DE PAIEMENT DONNANT LIEU À INSCRIPTION

Est considéré comme pouvant faire l'objet d'un incident de paiement déclarable au FICP tout acte par lequel un établissement de crédit ou de paiement met des fonds à la disposition d'une personne physique pour le **financement** de ses besoins non professionnels ou prend, dans l'intérêt de celle-ci, un engagement par signature, quelle que soit la qualification ou la technique utilisée (Arrêté ECET1024001A du 26-10-2010 art. 3). Il s'agit notamment des crédits affectés, des prêts personnels, des crédits renouvelables, des autorisations de découvert et des découverts tacitement acceptés, des crédits accordés pour l'acquisition, la construction, l'aménagement ou l'entretien d'un immeuble à usage d'habitation, des regroupements de crédits et des opérations de location-vente et de location avec option d'achat (art. précité). Est visé le prêt régi expressément par le Code de la consommation même s'il a en réalité une finalité professionnelle (Cass. com. 5-11-2013 n° 12-18.047 F-D : RJDA 2/14 n° 156). 26910

L'**incident** de paiement est **caractérisé** et doit être déclaré au FICP dans les cas suivants (Arrêté ECET1024001A du 26-10-2010 art. 4). 26915

1° Pour un même crédit comportant des **échéances,** les défauts de paiement atteignant un montant cumulé au moins égal :

– pour les crédits remboursables mensuellement, à la somme du montant des deux dernières échéances dues ;

– pour les crédits qui ont des échéances autres que mensuelles, à l'équivalent d'une échéance, lorsque ce montant demeure impayé pendant plus de 60 jours.

2° Pour un même crédit ne comportant **pas d'échéance,** le défaut de paiement des sommes exigibles plus de 60 jours après la date de mise en demeure du débiteur, notifiée de manière formelle, d'avoir à régulariser sa situation, dès lors que le montant des sommes impayées est au moins égal à 500 €.

3° Pour **tous** les **types de crédit,** les défauts de paiement pour lesquels l'établissement prêteur engage une procédure judiciaire ou prononce la déchéance du terme après mise en demeure du débiteur restée sans effet. L'établissement peut ne pas inscrire les retards de paiement d'un montant inférieur à 150 € pour lesquels la déchéance du terme n'a pas été prononcée.

ILLUSTRATIONS

Constitue un incident de paiement caractérisé le défaut de paiement du solde d'un prêt par l'emprunteur après la déchéance du terme prononcée en raison de la communication par ce dernier de renseignements inexacts lors de la souscription du prêt (Cass. 1e civ. 25-5-2022 n° 21-14.713 F-B : RJDA 8-9/22 n° 510).

Lorsqu'un incident caractérisé ayant affecté le remboursement d'un crédit donné est enregistré dans le fichier, il n'est procédé à aucune **nouvelle déclaration au titre du même crédit** en cas de survenance d'autres incidents ou de prononcé de la déchéance du terme ou d'engagement d'une procédure judiciaire, sauf en cas d'incident de paiement survenu sur le même crédit dans le cadre d'un plan de surendettement (Arrêté du 26-10-2010 art. 7).

PROCÉDURE D'INSCRIPTION DES INCIDENTS DE PAIEMENT

26920 **Information de l'emprunteur** L'établissement ou l'organisme qui constate un incident de paiement doit informer l'emprunteur défaillant par écrit que l'incident sera déclaré à la Banque de France à l'issue d'un délai de 30 jours calendaires révolus à compter de la date d'envoi de cette information, à défaut de paiement ou de solution amiable intervenue entre-temps (Arrêté ECET1024001A du 26-10-2010 art. 5), même si des délais de paiement ont par ailleurs été accordés par un juge sur le fondement de l'article 1343-5 du Code civil (Cass. 1e civ. 23-11-2004 n° 1704 : RJDA 5/05 n° 621, rendu sous l'empire de l'ex-art. 1244-1 mais transposable).

Ce délai permet notamment à la personne concernée de régulariser sa situation ou de contester auprès de l'établissement le constat d'incident caractérisé.

Le **courrier** d'information doit mentionner (Arrêté précité art. 5, I) :

– les caractéristiques de l'incident pouvant donner lieu à inscription au FICP, notamment le montant des sommes dues au titre de l'impayé, la référence et le montant du crédit ;
– les modalités de régularisation de l'incident avant le délai ;
– les modalités d'exercice des droits d'accès et de rectification des données personnelles détenues par l'établissement.

L'établissement doit aussi en informer, mais selon d'autres modalités, la **caution** qui garantit le remboursement du prêt (voir Mémento Droit commercial n° 55421).

26925 **Déclaration de l'incident de paiement** À l'issue du délai de 30 jours et si l'incident n'a pas donné lieu à un paiement ou à une solution amiable, l'**incident** devient **déclarable.** L'établissement procède alors à sa déclaration auprès de la Banque de France et informe l'emprunteur des informations transmises à cette dernière (nom, prénoms, date de naissance, sexe, code géographique du lieu de naissance, nature du crédit : Arrêté du 26-10-2010 art. 5, II).

Ces informations sont conservées pendant cinq ans maximum à compter de la date à laquelle l'incident est devenu déclarable (C. consom. art. L 752-1, al. 3 ; Arrêté précité art. 8).

Les frais afférents à la déclaration d'un incident de paiement ne peuvent pas être facturés aux personnes physiques concernées (art. L 752-1, al. 2).

26930 **Radiation de l'inscription** L'**inscription** est **radiée** (Arrêté ECET1024001A du 26-10-2010 art. 8) :

– à l'issue du délai de cinq ans exposé n° 26925 ;
– dès la déclaration par l'établissement du paiement intégral des sommes dues, que celui-ci ait été effectué par le débiteur principal ou par une caution autre qu'un établissement spécialisé, à leur initiative ou après engagement d'une procédure judiciaire ;
– dès réception de l'indication fournie par l'établissement du caractère erroné de la déclaration.

> **Précisions** La **transmission de la demande de radiation** à la Banque de France incombe au prêteur dès la régularisation de l'incident de paiement, indépendamment de toute demande du client (Délibération Cnil n° 2013-173 du 19-6-2013 ayant en conséquence prononcé un avertissement rendu public à l'encontre d'un établissement de crédit qui avait maintenu dans le fichier l'inscription de particuliers qui avaient régularisé leur dette).

ACCÈS AU FICP

26940 Afin d'éclairer la décision finale du prêteur avec les données les plus à jour, le FICP doit obligatoirement être consulté avant toute décision effective d'accorder un crédit à la consommation ou un crédit immobilier et avant tout octroi d'une autorisation de découvert remboursable dans un délai supérieur à un mois (Arrêté ECET1024001A du 26-10-2010 art. 2, II). Toutefois, l'inscription d'une personne physique au sein du fichier n'interdit pas au prêteur de délivrer un crédit (Arrêté précité art. 2, I).

ILLUSTRATIONS

Dans un cas où il était reproché au prêteur de ne pas avoir consulté le FICP dans le délai de sept jours qui lui était imparti pour faire connaître sa décision d'accorder un crédit à la consommation, après l'acceptation de celui-ci par les emprunteurs (nos 20370 s.), il a été jugé que la banque pouvait effectuer cette consultation jusqu'à la mise à disposition des fonds par laquelle le prêteur avait agréé les emprunteurs, le contrat étant devenu parfait à cette date (Cass. 1e civ. 23-11-2022 no 21-15.435 FS-B : RJDA 4/23 no 217).

Le FICP est accessible aux **établissements de crédit,** aux établissements de paiement et aux personnes morales mentionnées no 26900, comme élément d'appréciation (C. consom. art. L 751-2 ; Arrêté précité art. 2) :

– de la solvabilité des personnes qui sollicitent un crédit ;
– dans la décision d'attribuer des moyens de paiement, en particulier avant la délivrance des premières formules de chèques et au moment de l'attribution ou du renouvellement d'une carte de paiement ;
– pour la gestion des risques liés aux crédits souscrits par leurs clients.

Il ne peut pas être consulté à d'autres fins (Arrêté précité art. 2, I).

ATTENTION

Il est interdit à la Banque de France et aux établissements ayant accès au FICP de **remettre à quiconque copie des informations** contenues dans le fichier, sous peine de cinq ans de prison et 300 000 € d'amende (C. consom. art. L 751-5, al. 1 et L 762-1). Cette interdiction ne s'applique pas aux personnes qui exercent leur droit d'accès aux informations les concernant contenues dans le fichier (art. L 751-5, al. 2).

Le FICP est aussi accessible aux **commissions de surendettement** afin de vérifier la situation d'un particulier demandant l'ouverture d'une procédure de surendettement (art. L 712-6).

Les **particuliers** peuvent aussi accéder aux informations les concernant qui figurent dans le **26945** FICP, conformément aux dispositions de la loi 78-17 du 6 janvier 1978 et du règlement (UE) 2016/679 du 27 avril 2016 sur la protection des données (RGPD). Ils peuvent donc consulter le fichier sur place (en pratique auprès d'un guichet de la Banque de France). Dans la mesure où les informations concernant les particuliers constituent des données personnelles, les intéressés disposent aussi des différents droits qui assurent la protection de ces données (droit à l'information, droits d'accès, de rectification, d'opposition, etc. ; nos 34100 s.).

SECTION 7

RÉPRESSION DES INFRACTIONS À LA RÉGLEMENTATION DU CRÉDIT À LA CONSOMMATION

SANCTIONS DES INFRACTIONS

Les peines d'**amende** ont été indiquées au fur et à mesure de l'exposé des règles dont elles **27100** sanctionnent la violation. Nous indiquons ci-dessous les modalités communes de répression des infractions.

RÉPRESSION DES INFRACTIONS

Les infractions à la réglementation du crédit à la consommation, du crédit immobilier, du **27110** prêt viager hypothécaire et en matière de garanties du crédit sont recherchées et poursuivies dans les conditions fixées par les articles L 511-1 et suivants du Code de la consommation.

En particulier, les agents de la **CCRF** peuvent enjoindre au professionnel de se conformer aux obligations résultant de la réglementation, de cesser tout agissement illicite ou de supprimer toute clause illicite ou interdite. L'autorité administrative de la concurrence peut demander à la juridiction civile ou, s'il y a lieu, à la juridiction administrative, d'ordonner la suppression d'une clause illicite, interdite ou abusive insérée par un professionnel dans tout contrat ou type de contrat, en cours ou non, proposé ou destiné au consommateur ou au non-professionnel, de déclarer que cette clause est réputée non écrite dans tous les contrats identiques conclus par le même professionnel avec des consommateurs ou des non-professionnels et de lui ordonner d'en informer à ses frais les consommateurs ou les non-professionnels concernés par tous moyens appropriés (C. consom. art. L 524-1). Elle peut aussi agir devant la juridiction civile pour demander au juge d'ordonner toute mesure de nature à mettre un terme aux manquements aux obligations contractuelles ou aux agissements illicites (art. L 524-2). Pour plus de détails, voir nos 78600 s.

27115 Les **associations de consommateurs** peuvent également agir devant la juridiction civile pour faire cesser certains agissements illicites ou demander la suppression d'une clause illicite ou abusive dans tout contrat ou type de contrat proposé ou destiné au consommateur (nos 5390 s.).

DÉLAIS DE PAIEMENT PROFESSIONNELS

SOMMAIRE

DUALITÉ DE RÉGLEMENTATIONS

La question de la longueur des délais de paiement est une préoccupation majeure de l'Union européenne et, en France, des pouvoirs publics car elle pèse sur la compétitivité des entreprises, notamment des PME. 28000

L'essentiel de la réglementation actuelle applicable aux **délais de paiement interentreprises** constitue la transposition de la directive 2011/7/UE du 16 février 2011 concernant la lutte contre le paiement dans les transactions commerciales. Cette réglementation est cependant plus contraignante que la directive : elle prévoit un plafonnement des délais de paiement conventionnels et supplétif, et fixe des délais de paiement spéciaux pour certains produits et services.

Les délais de paiement dans les **contrats de la commande publique** font l'objet de dispositions distinctes qui assurent la transposition de la directive 2011/7/UE dans sa partie relative aux transactions entre entreprises et pouvoirs publics. Ces dispositions figurent dans le Code de la commande publique issu de l'ordonnance 2018-1074 du 26 novembre 2018 et du décret 2018-1075 du 3 décembre 2018.

I. DÉLAIS DE PAIEMENT ENTRE ENTREPRISES

A. Champ d'application de la réglementation

1. CHAMP D'APPLICATION MATÉRIEL

OPÉRATIONS CONCERNÉES

28100 La réglementation sur les délais de paiement interentreprises, prévue par les articles L 441-10 s. du Code de commerce, s'applique aux relations entre toute personne exerçant des **activités de production, de distribution ou de services** et tout **acheteur** ou demandeur de prestations de services qui contracte pour son **activité professionnelle** (C. com. art. L 441-1, II-al. 1 et Cass. com. 21-10-2020 n° 18-25.749 F-PB : RJDA 12/20 n° 664).

ILLUSTRATIONS

La réglementation est applicable :
– dans les rapports entre un avocat et son client professionnel (Cass. 2e civ. 3-5-2018 n° 17-13.167 F-PB : Bull. civ. II n° 88) ;
– à un mandat de gestion, dès lors qu'il s'agit de « prestations de services » au sens de la réglementation (Cass. com. 25-9-2019 n° 18-11.464 F-D) ;
– à un contrat dont la prestation principale consiste en la remise, à titre onéreux, d'un bien immobilier pour un usage temporaire, tel qu'un contrat de location d'un local professionnel (CJUE 9-7-2020 aff. 199/19 : RJDA 12/20 n° 663).

En revanche, elle ne s'applique pas à un contrat de cession de fonds de commerce (Cass. com. 3-3-2015 n° 14-11.414 : RJDA 5/15 n° 390) ou lorsque celui qui revendique l'application de la réglementation n'exerce plus d'activité (Cass. com. 28-11-2018 n° 15-17.578 F-D).

La réglementation des délais de paiement s'applique aux **transactions** commerciales effectuées **entre sociétés appartenant à un même groupe** (Cass. crim. 24-3-1999 : RJDA 6/99 n° 732, rendu sur le fondement des dispositions relatives aux délais de paiement dans le secteur des denrées alimentaires mais à notre avis transposable ; en ce sens, note d'information DGCCRF n° 2009-28 du 2-3-2009 non publiée, considérant que la loi ne distingue pas selon la situation juridique et économique des parties, pas plus que selon la nature des flux financiers, qu'ils soient internes ou externes au groupe).

> **Précisions** Le **champ d'application de la réglementation** des délais de paiement est défini par l'article L 441-1, II du Code de commerce et non par l'article L 410-1 du même Code, qui détermine le champ d'application du livre IV du Code de commerce. Cette solution, énoncée par la Cour de cassation (Cass. com. 21-10-2020 n° 18-25.749 F-PB précité), résulte de l'ex-article L 441-6 du Code de commerce dont les dispositions relatives aux pénalités de retard étaient issues de la loi du 15 mai 2001 relative aux nouvelles régulations économiques, qui a transposé l'article 3 de l'ancienne directive 2000/35 du 29 juin 2000 concernant la lutte contre le retard de paiement dans les transactions commerciales. Depuis l'ordonnance 2019-359 du 24 avril 2019, ces dispositions de l'article L 441-6 sont « éclatées » entre les nouveaux articles L 441-1 et L 441-10 du Code de commerce.

OPÉRATIONS EXCLUES DE LA RÉGLEMENTATION DES DÉLAIS DE PAIEMENT INTERENTREPRISES

28110 **Opérations de banque** La réglementation des délais de paiement n'est applicable ni aux établissements de crédit pour leurs opérations de banque ou opérations connexes, ni aux établissements de paiement pour leurs services de paiement et leurs services connexes. En effet, seules s'appliquent au secteur bancaire les dispositions du Code de commerce visées par l'article L 511-4 du Code monétaire et financier, parmi lesquelles ne figure pas cette réglementation.

28120 **Ventes d'immeubles entre entreprises** Les ventes d'immeubles entre entreprises ne sont pas non plus soumises aux délais de paiement réglementés. Cette exclusion, bien que non prévue par la loi ou par la jurisprudence, est communément admise car les immeubles ne constituent pas à proprement parler des marchandises et leur vente est soumise à des règles et à un formalisme spécifiques.

En revanche, les professionnels opérant dans le secteur des marchés de travaux privés sont soumis aux plafonds légaux fixés pour les délais de paiement conventionnels (CCH art. L 124-2, al. 2, renvoyant à l'ex-art. L 441-6, I-al. 9, devenu L 441-10, I-al. 2 et 3).

Filière du livre Pour les opérations d'achat, de vente, de livraison, de commission ou de façon concourant à la fabrication de livres, ainsi que pour la fourniture de papier et autres consommables dédiés à une activité d'impression, de brochage, de reliure ou d'édition de livres, le délai de paiement est librement défini par les parties, sans que les plafonds fixés par les articles L 441-10, I (nos 28260 s.) et L 441-11, II-5° (n° 28330) du Code de commerce soient applicables (Loi 2010-97 du 27-1-2010). 28130

Le non-respect de ce délai peut entraîner une action en responsabilité contractuelle par le créancier (Note d'information DGCCRF n° 2014-185 du 22-10-2014 réputée abrogée mais conservant selon nous une valeur indicative).

DÉLAIS DE PAIEMENT ACCORDÉS AUX ENTREPRISES EN DIFFICULTÉ

Bien que la réglementation des délais de paiement interentreprises ne prévoie pas d'exception à son application dans le cas des entreprises en difficulté, celles-ci peuvent bénéficier de délais de paiement excédant les plafonds prévus par la réglementation. 28140

Un **moratoire** peut leur être accordé soit par le créancier, soit par le juge, dans les conditions suivantes (Avis CEPC n° 09-11 du 8-10-2009) :

– Le **créancier** peut reporter ou échelonner le paiement des sommes dues à la demande du débiteur. Encore faut-il que le créancier ne soit pas en situation de faiblesse économique par rapport au débiteur ou qu'il n'ait pas été soumis à des pressions abusives. Dans un tel cas, le débiteur engagerait sa responsabilité civile pour pratique commerciale abusive (cf. C. com. art. L 442-1).

– Le **juge** peut également reporter ou échelonner le paiement des sommes dues, et ce dans la limite de deux ans (C. civ. art. 1343-5).

Par ailleurs, dans le cadre d'une **procédure de conciliation** engagée devant le tribunal de commerce ou judiciaire (cf. C. com. art. L 611-4 s.), une entreprise en difficulté peut obtenir un moratoire de ses principaux créanciers et de ses cocontractants habituels. Au cours de la procédure, l'entreprise mise en demeure ou poursuivie par un créancier peut demander au président du tribunal qui a ouvert la procédure le report ou l'échelonnement des sommes dues dans la limite de deux ans ; les délais accordés suspendent les procédures d'exécution qui ont été engagées par le créancier (C. com. art. L 611-7, al. 5 et, sur renvoi, C. civ. art. 1343-5). Elle peut également solliciter des délais, avant toute mise en demeure ou poursuite, à l'égard d'un créancier qui n'a pas accepté, dans le temps imparti par le conciliateur, la demande faite par ce dernier de suspendre l'exigibilité de la créance (C. com. art. L 611-7, al. 5) ; dans ce cas, le juge peut reporter ou échelonner le règlement des créances non échues dans la limite de la durée de la mission du conciliateur (art. L 611-7, al. 5), et donc pour cinq mois au plus (art. L 611-6, al. 2). 28145

Lorsque, à l'issue de la procédure, l'accord amiable négocié avec les créanciers a été constaté ou homologué par le tribunal, ces derniers ne peuvent plus, pendant la durée d'exécution de l'accord, ni agir en justice ni engager une procédure d'exécution pour réclamer le paiement des créances visées par l'accord (C. com. art. L 611-10-1, al. 1). Si l'un d'eux met en demeure ou poursuit l'entreprise pour une créance qui ne relève pas de cet accord, l'entreprise peut demander des délais de paiement (toujours dans la limite de deux ans) au président du tribunal qui se prononcera en tenant compte des conditions d'exécution de l'accord (art. L 611-10-1, al. 2).

L'entreprise qui fait l'objet d'une procédure de **sauvegarde, de redressement ou de liquidation judiciaire** bénéficie aussi de délais de paiement qui peuvent être très longs. D'une part, l'ouverture de la procédure interdit le paiement des créances nées antérieurement (C. com. art. L 622-7) et suspend leur recouvrement (interdiction ou suspension des actions en justice et des procédures d'exécution tendant à leur paiement : art. L 622-21). Mais pour les contrats en cours lors de l'ouverture du redressement ou de la liquidation judiciaire et qui sont poursuivis, les paiements dus par l'entreprise doivent être faits au comptant, sauf si le cocontractant accepte de consentir des délais de paiement (art. L 631-14, al. 4 et L 641-11-1, II, al. 2). Les délais contractuels de paiement ne survivent pas (Cass. com. 20-9-2017 n° 14-17.225 FS-PBI : RJDA 1/18 n° 45) alors qu'ils doivent être respectés en cas de sauvegarde. 28150

D'autre part, dans le cadre du plan de sauvegarde ou de redressement, des délais de paiement peuvent être consentis par les créanciers ou leur être imposés par le tribunal pour une durée de dix ans (C. com. art. L 626-5, L 626-12, L 626-18 s. et L 626-30-2). Enfin, si la liquidation judiciaire rend les créances antérieures de l'entreprise exigibles (déchéance du terme : art. L 643-1), celles-ci restent soumises à l'interdiction des paiements et à la suspension des poursuites. Les créanciers sont payés, souvent partiellement, après la vente des biens de l'entreprise en fonction des sommes obtenues et selon un ordre fixé par la loi.

2. CHAMP D'APPLICATION TERRITORIAL

28160 La réglementation des délais de paiement entre entreprises (C. com. art. L 441-10 s.) s'applique à toute convention entre un fournisseur et un acheteur portant sur des produits ou des services commercialisés sur le territoire français (C. com. art. L 444-1 A issu de loi 2023-221 du 30-3-2023). Elle est d'ordre public (même art.). Pour plus de détails, voir n° 86010.

B. Caractéristiques des délais de paiement entre entreprises

1. DÉLAI DE PAIEMENT APPLICABLE À DÉFAUT DE CONVENTION ENTRE LES PARTIES

28200 Sauf dispositions contraires figurant aux conditions de vente ou convenues entre les parties, le délai de règlement des sommes dues ne peut pas dépasser **30 jours** après la date de réception de la marchandise ou d'exécution de la prestation demandée (C. com. art. L 441-10, I-al. 1).

28205 Pour les livraisons de marchandises qui font l'objet d'une importation dans le territoire fiscal de certains **DOM** (Guadeloupe, Martinique, Guyane, La Réunion, Mayotte) et **COM** (Saint-Pierre-et-Miquelon, Saint-Martin, Saint-Barthélemy, Wallis-et-Futuna), le délai de 30 jours n'est décompté qu'à partir de la date de dédouanement de la marchandise au port de destination finale ; lorsque la marchandise est mise à la disposition de l'acheteur, ou de son représentant, en métropole, le délai n'est décompté qu'à partir du 21e jour suivant la date de cette mise à disposition ou à partir de la date du dédouanement si celle-ci est antérieure (C. com. art. L 441-13).

2. DÉLAIS DE PAIEMENT CONVENTIONNELS

a. Plafond des délais de paiement conventionnels

28230 Les parties à un contrat peuvent convenir d'un délai supérieur au délai supplétif (n° 28200), tout en respectant le plafond fixé par la loi.

DURÉE MAXIMALE DU DÉLAI DE PAIEMENT

28240 **Principe et dérogation** En **principe,** le délai convenu entre les parties pour régler les sommes dues ne doit pas dépasser **60 jours** après la date d'émission de la facture ; par **dérogation,** il est cependant possible de convenir d'un délai maximal de **45 jours fin de mois** après la date d'émission de la facture, à condition que ce délai soit expressément stipulé par contrat et qu'il ne constitue pas un abus manifeste à l'égard du créancier (C. com. art. L 441-10, I-al. 2 et 3).

Pour déterminer s'il y a un **abus manifeste à l'égard du créancier** il convient de prendre en considération notamment (Dir. 2011/7/UE art. 7, 1) :

– tout écart manifeste par rapport aux bonnes pratiques et usages commerciaux, contraire à la bonne foi et à un usage loyal ;
– la nature du produit ou du service ;
– et une quelconque raison objective du débiteur de déroger au plafond de 60 jours.

En pratique, le **choix** entre les deux délais est libre. Une option pour le délai de 45 jours fin de mois peut cependant constituer un abus manifeste à l'égard du créancier s'il s'avère qu'elle vise à dépasser le délai de 60 jours.

Le **délai** maximal de 60 jours peut être **fixé** par contrat ou indiqué dans les conditions générales de vente acceptées ou encore, de manière supplétive, sur la facture non contestée (Avis CEPC n° 17-5 du 2-3-2017). En cas d'option pour le délai dérogatoire de 45 jours, la condition de la mention expresse au contrat est satisfaite dès lors que le délai est indiqué dans les conditions générales de vente acceptées.

28250 **Plafond en cas de facture périodique (ou « récapitulative »)** En cas de facture périodique au sens de l'article 289, I-3 du CGI, le délai est limité à **45 jours** à compter de la date d'émission de la facture (C. com. art. L 441-10, I-al. 4). Par exemple, pour une première livraison réalisée le 1er janvier et une dernière livraison effectuée le 20 janvier, la facture sera émise le 31 janvier au plus tard, ce qui porte le délai maximal de paiement au 15 mars.

Sur les conditions de délivrance d'une facture périodique, voir nº 59155.

> **Précisions** L'administration a précisé que cette disposition n'est applicable qu'aux délais de paiement convenus (nº 28240) ; ainsi, le délai plafond de règlement des factures récapitulatives ne s'appliquerait pas aux délais spéciaux en matière de **transport routier de marchandises** (nº 28330) et de **produits alimentaires périssables** (nos 28340 s.) (Note d'information DGCCRF nº 2014-185 du 22-10-2014 précitée).

MODE DE COMPUTATION DU DÉLAI DE PAIEMENT

Règle générale Quel que soit le plafond choisi (60 jours ou 45 jours fin de mois) ou imposé (45 jours pour les factures périodiques), le point de départ du délai correspond à la date d'**émission** de la **facture.** 28260

Pour **calculer** le **délai dérogatoire de 45 jours fin de mois,** la pratique la plus usuelle consiste à partir de la date d'émission de la facture, la limite de paiement intervenant à la fin du mois au cours duquel expirent ces 45 jours ; toutefois, il est également envisageable de comptabiliser le délai en ajoutant 45 jours à la fin du mois d'émission de la facture (Note d'information DGCCRF nº 2009-28 du 2-3-2009 réputée abrogée mais conservant selon nous une valeur indicative).

Le résultat est le même pour les factures datées du 15 du mois. En revanche, il est différent pour les factures de début ou de fin de mois. Par exemple, selon la méthode retenue, une facture émise le 10 du mois de mars devra être payée au plus tard soit le 30 avril (fin du mois au cours duquel expirent les 45 jours), soit le 15 mai (45 jours à la fin du mois de l'émission de la facture).

Le mode de computation du délai doit être expressément prévu au **contrat.** Cette obligation résulte de l'article L 441-16, d du Code de commerce qui prévoit une amende administrative en cas de non-respect des modalités de computation des délais convenues par les parties.

Sur la possibilité de demande de **rescrit** dans certains secteurs économiques, voir nos 28590 s.

> **Précisions a.** Le **point de départ du délai de paiement** ne peut être que la date d'émission de la facture ou, dans certains cas (nº 28290), la date de réception des marchandises ou d'exécution de la prestation de services ; il ne peut pas être la date de réception de la facture (Avis CEPC nº 17-5 du 2-3-2017).
> **b.** L'obligation d'**indiquer le mode de computation** du délai vise à éviter que le débiteur ne change de mode de décompte en cours de contrat, choisissant ainsi le mode de calcul qui lui est le plus favorable selon la date de passation de sa commande. En pratique, il est préférable que le vendeur indique dans ses conditions générales de vente le mode de calcul qu'il entend appliquer.

Livraisons dans les DOM-COM Pour les livraisons de marchandises qui font l'objet d'une importation dans le territoire fiscal de certains DOM (Guadeloupe, Martinique, Guyane, Réunion, Mayotte) et COM (Saint-Pierre-et-Miquelon, Saint-Martin, Saint-Barthélemy, îles Wallis-et-Futuna), les délais indiqués ci-dessus (nos 28240 et 28250) ne sont décomptés qu'à partir de la **date de dédouanement de la marchandise** au port de destination finale ; lorsque la marchandise est mise à la disposition de l'acheteur, ou de son représentant, en métropole, le délai n'est décompté qu'à partir du 21e jour suivant la date de cette mise à disposition ou à partir de la date du dédouanement si celle-ci est antérieure (C. com. art. L 441-13). 28270

b. Dérogations au plafond des délais de paiement conventionnels

Certains professionnels peuvent convenir de réduire ou, au contraire, d'augmenter le plafond légal fixé pour les délais de paiement conventionnels. 28280

POSSIBILITÉ DE RÉDUIRE LE PLAFOND LÉGAL OU DE MODIFIER LE POINT DE DÉPART DU DÉLAI

Les professionnels d'un secteur, clients et fournisseurs, peuvent décider conjointement de **réduire** le délai maximal de paiement fixé par la loi pour les délais de paiement conventionnels (plafond général ou en cas de facture périodique). 28290

Ils peuvent également proposer de retenir, comme **point de départ** de ce **délai maximal,** non pas la date d'émission de la facture mais la date de réception des marchandises ou d'exécution de la prestation de services demandée (C. com. art. L 441-11, I-al. 1). Ce mode de décompte ne doit cependant pas conduire à un délai de paiement effectif supérieur aux plafonds légaux (nos 28240 et 28250) (Avis CEPC nº 17-5 du 2-3-2017).

Ces dérogations peuvent aussi résulter d'un accord conclu par les organisations professionnelles. Un décret peut étendre le nouveau délai maximal de paiement à tous les opérateurs du secteur ou, le cas échéant, valider le nouveau mode de calcul et l'étendre à ces mêmes opérateurs (C. com. art. L 441-11, I-al. 1).

> **Précisions** Les parties ne peuvent convenir de retenir, comme **point de départ du décompte** du délai de paiement, la date de réception de la marchandise ou de l'exécution de la prestation de service demandée que si la réception de marchandise ou l'exécution de la prestation est antérieure à la date d'émission de la facture. Si la réception de la marchandise ou l'exécution de la prestation est postérieure à cette date, la dérogation n'est pas possible car le délai effectif de paiement serait supérieur au délai légal de principe (Avis CEPC n° 17-5 précité).

POSSIBILITÉ D'AUGMENTER LE PLAFOND LÉGAL POUR LES ENTREPRISES DE « GRAND EXPORT »

28300 Les entreprises de négoce implantées en France et tournées vers la « grande exportation » sont sujettes, pour leur trésorerie, à un effet de ciseau résultant d'un décalage significatif entre les délais dans lesquels elles doivent payer leurs fournisseurs français et ceux dans lesquels elles sont rémunérées par leurs clients installés hors de l'Union européenne. C'est pourquoi la réglementation prévoit que les parties peuvent convenir d'un délai pouvant aller jusqu'à 90 jours à compter de la date d'émission de la facture pour le paiement des achats effectués en franchise de la taxe sur la valeur ajoutée, en application de l'article 275 du CGI, de biens destinés à faire l'objet d'une **livraison en l'état hors de l'Union européenne** (C. com. art. L 441-12, al. 1), sauf pour les achats de **produits agroalimentaires** visés à l'article L 441-11, II-1° à 3° du Code de commerce, c'est-à-dire pour les achats de produits agricoles et alimentaires périssables, de viandes congelées ou surgelées, de poissons surgelés, de plats cuisinés et de conserves fabriqués à partir de produits alimentaires périssables (Ord. 2121-859 du 30-6-2021 art. 1, 3° et 4).

Le délai convenu entre les parties doit être expressément indiqué dans le contrat et, conformément à la directive 2011/7/UE du 16 février 2011 relative aux délais de paiement, ne doit pas constituer un **abus manifeste à l'égard du créancier** (même art.).

À défaut de stipulation expresse, ou si la condition d'exportation des biens hors de l'Union européenne n'est pas respectée, des **pénalités de retard** sont exigibles (sur ces pénalités, n°s 28460 s.) (C. com. art. L 441-12, al. 2).

L'augmentation du plafond n'est cependant pas autorisée pour les achats effectués par les **grandes entreprises** (C. com. art. L 441-12, al. 3), c'est-à-dire celles qui, d'une part, emploient au moins 5 000 salariés et, d'autre part, ont un chiffre d'affaires d'au moins 1,5 milliard d'euros ou un total de bilan d'au moins 2 milliards d'euros (cf. Décret 2008-1354 du 18-12-2008).

EXISTENCE D'UNE PROCÉDURE D'ACCEPTATION OU DE VÉRIFICATION DES MARCHANDISES

28310 Sous réserve de dispositions spécifiques plus favorables au créancier, lorsqu'une procédure d'acceptation ou de vérification de la conformité des marchandises ou des services au contrat est prévue, la **durée de cette procédure** doit être fixée conformément aux bonnes pratiques et usages commerciaux et, en tout état de cause, ne doit pas excéder 30 jours à compter de la date de réception des marchandises ou de réalisation de la prestation des services, à moins qu'il en soit expressément stipulé autrement par contrat et pourvu que cela ne constitue pas une clause ou pratique abusive au sens des articles L 441-16, al. 6 (pratique des « délais cachés » : n° 28680) ou L 442-1 du Code de commerce relatif aux pratiques commerciales abusives, telles que la soumission à des obligations créant un déséquilibre significatif entre les parties.

La durée de la procédure ne peut avoir pour effet ni d'**augmenter la durée** ni de **décaler le point de départ** du délai légal de paiement prévu pour les délais de paiement conventionnels (60 jours ou 45 jours fin de mois à compter de la date d'émission de la facture), à moins qu'il en soit expressément stipulé autrement par contrat et pourvu que cela ne constitue pas une pratique abusive au sens des deux articles du Code de commerce précités (C. com. art. L 441-10, III).

> **Précisions** Les parties (en particulier le débiteur se trouvant en situation de force dans la relation contractuelle) devront être en mesure de **justifier le bien-fondé de la dérogation** contractuelle, dont l'éventuel caractère abusif fera l'objet d'une appréciation au cas par cas, en fonction des circonstances de chaque espèce. Pourront ainsi notamment être pris en compte les caractéristiques des produits ou services concernés, les usages commerciaux ou encore le caractère récent de l'exigence de cette procédure par l'acheteur (Note d'information DGCCRF n° 2014-185 du 22-10-2014 précitée).

3. DÉLAIS DE PAIEMENT INTERENTREPRISES SPÉCIAUX

DÉLAIS DE PAIEMENT DANS LE SECTEUR DES TRANSPORTS

Pour le transport routier de marchandises, pour la location de véhicules avec ou sans conducteur, pour la commission de transport, ainsi que pour les activités de transitaire, d'agent maritime et de fret aérien, de courtier de fret et de commissionnaire en douane, le délai de paiement ne peut pas dépasser 30 jours après la date d'émission de la facture (C. com. art. L 441-11, II-5°). 28330

DÉLAIS DE PAIEMENT DANS LE SECTEUR AGROALIMENTAIRE

Des délais de paiement spéciaux sont fixés pour le secteur agroalimentaire (C. com. art. L 441-11, II-1° à 4°). 28340

Sont soumis à ces délais les producteurs, revendeurs ou prestataires de services. Aucune dérogation n'est prévue au sein de chacune de ces catégories d'acheteurs. En particulier, les acheteurs doivent payer leurs fournisseurs dans les délais prévus, qu'ils revendent les produits en l'état ou après transformation (par exemple, charcuteries ou entreprises de conserverie) ou qu'ils destinent ces produits à l'exportation (Note d'information DGCCRF n° 2010-18 du 26-2-2010, rendue sous l'empire de la réglementation antérieure mais transposable pour partie à celle issue de l'ord. 2019-359 du 24-4-2019).

Ces délais sont d'ordre public, « c'est-à-dire que toutes dispositions contraires dans les contrats sont réputées ne pas exister » (Note d'information DGCCRF n° 2010-18 précitée).

Durée maximale des délais La durée des délais de paiement varie en fonction de la nature des produits concernés. 28350

1° Pour les achats de **produits agricoles et alimentaires périssables,** de **viandes congelées** ou **surgelées,** de **poissons surgelés,** de **plats cuisinés et conserves** fabriqués à partir de produits alimentaires périssables, le délai de paiement ne peut pas dépasser 30 jours après la date de livraison ou, en cas de facture périodique, au sens de l'article 289, I-3 du CGI, 30 jours après la fin de la décade de livraison (C. com. art. L 441-11, II-1°, a et b).

La notion de « produit alimentaire périssable » englobe toutes les denrées alimentaires qui, en raison de leurs teneur et composition, sont soumises à une dégradation rapide, à l'exception de celles qui font l'objet d'un mode de conservation particulier (produits lyophilisés, congelés ou surgelés ou encore les conserves et semi-conserves) (CA Paris 4-2-1992 : RJDA 8-9/92 n° 858).

L'administration a établi une liste détaillée des produits alimentaires qu'elle considère comme périssables, sous réserve de l'appréciation souveraine des tribunaux : voir le tableau récapitulatif au n° 28400. Elle a également précisé les points suivants (Note d'information DGCCRF n° 2010-18 précitée) :

– ne sont pas considérés comme des produits alimentaires périssables les plantes vivantes et produits de la floriculture, fleurs et boutons de fleurs coupés frais, ainsi que les glaces, sorbets et crèmes glacées ;

– toutes les viandes congelées ou surgelées sont concernées, quelles que soient les espèces d'animaux concernées (y compris les volailles, lapins et gibiers), mais le délai ne s'applique pas aux préparations de viande, qui contiennent d'autres ingrédients que la viande ;

– la loi ne mentionnant que les poissons surgelés, les poissons congelés sont exclus de son champ d'application ; de même, ne sont pas concernés les mollusques et crustacés, ni les préparations à base de poisson contenant d'autres ingrédients que le poisson (par exemple, bâtonnets de poisson pané) ;

– est définie comme un plat cuisiné « toute préparation culinaire pouvant constituer une entrée ou un plat principal, associant des produits périssables représentant au moins 50 % du coût d'achat des intrants » ;

– l'expression « plats cuisinés », sans autre précision sur leur état ou leur mode de conservation, comprend les plats cuisinés surgelés ;

– contrairement aux conserves (autres que les conserves de plats cuisinés) qui, par définition, comportent essentiellement un produit principal périssable ayant subi un traitement de conservation, les plats cuisinés peuvent faire appel à certains produits périssables qui, préalablement à leur mise en œuvre, se présentent dans des conditionnements garantissant une durée longue de conservation ;

– le terme « conserves » désigne les conserves et semi-conserves, telles que définies à l'article 2 du décret 55-241 du 10 février 1955. Néanmoins, les semi-conserves qui ont une date limite de consommation de moins de trente jours sont considérées comme des produits alimentaires périssables.

28351 Le délai de 30 jours après la fin de la décade de livraison applicable en cas de facture périodique, mentionné n° 28350, s'applique en l'absence d'une disposition dérogatoire figurant dans les contrats types pluriannuels liant les fournisseurs de **raisins** ou de **moûts destinés à l'élaboration** de produits relevant des catégories fiscales des **vins tranquilles et mousseux** en application des articles L 313-15 et L 313-16 du Code des impositions sur les biens et services (CIBS) et leurs acheteurs directs, sous réserve que ces contrats aient été rendus obligatoires conformément à l'article 164 du règlement (UE) 1308/2013 du 17 décembre 2013 avant le 1er janvier 2019 et que leur extension soit renouvelée à compter de cette date sans modification significative des conditions de paiement au détriment des fournisseurs de raisins et de moûts (C. com. art. L 441-11, II-1°, b modifié par ord. 2023-1210 du 20-12-2023).

28352 Les achats de produits saisonniers effectués dans le cadre de **contrats d'intégration dans le secteur des fruits et légumes** restent soumis au droit commun (60 jours après la date d'émission de la facture ou 45 jours fin de mois). En effet, ces contrats résultent d'accords interprofessionnels entre producteurs et industries de transformation (essentiellement, conserveries et entreprises de surgélation) au sein de certaines filières agroalimentaires ; conclus avant l'ensemencement, ils fixent les prix et les délais de paiement de la récolte, avec un échelonnement du paiement. Cependant, en cas de facture périodique, le délai est réduit à 30 jours à compter de la fin du mois au cours duquel la livraison des produits est effectuée (C. com. art. L 441-11, II-1°, c).

28355 **2°** Pour les achats de **bétail sur pied** destiné à la consommation et les **viandes fraîches dérivées,** le délai de paiement ne peut pas être supérieur à 20 jours après le jour de livraison (C. com. art. L 441-11, II-2°). Voir la liste de ces produits dans le tableau figurant au n° 28400.

Les préparations de viande, notamment de viande hachée accompagnée de produits alimentaires tels que des légumes, les viandes cuites, saumurées ou marinées, sont des produits alimentaires périssables soumis aux délais de paiement applicables à ces produits. Il en va de même pour la charcuterie (Note d'information DGCCRF n° 2010-18 précitée).

La loi n'opère pas de distinction entre le bétail et les viandes fraîches dérivées destinées à la consommation humaine ou à la consommation animale (Note n° 2010-18 précitée).

28370 **3°** Pour les **boissons alcooliques** soumises au droit d'accise prévu à l'article L 313-15 du Code des impositions sur les biens et services (CIBS), le délai ne peut pas être supérieur à 30 jours après la fin du mois de livraison (C. com. art. L 441-11, II-3° modifié par ord. 2023-1210 du 20-12-2023).

28375 **4°** Pour les **produits agricoles et alimentaires non périssables,** le délai maximal de paiement est de 60 jours après la date d'émission de la facture ; lorsque la facture est établie par l'acheteur, le délai commence à courir à compter de la date de livraison (C. com. art. L 441-11, II-4°).

28390 **Calcul du délai de paiement** Pour les produits soumis, en cas de facture périodique, au **délai maximal de 30 jours après la fin de la décade de livraison** (n° 28350), la volonté du législateur est d'instaurer un rythme de trois paiements mensuels. Les fins de décade doivent donc être fixées au 10, au 20 et au dernier jour du mois, quelle que soit la durée de ce mois (Note d'information DGCCRF n° 2010-18 précitée). Dès lors, si l'on excepte le mois de février, le délai de paiement doit expirer le 9, le 19 ou le 30 du mois suivant lorsque la fin de la décade intervient dans un mois de 31 jours ; si la fin de la décade est située dans un mois de 30 jours, la date limite de paiement est le 10, le 20 ou le 30 du mois suivant.

28395 Pour les livraisons de marchandises qui font l'objet d'une **importation dans le territoire fiscal de certains DOM** (Guadeloupe, Martinique, Guyane, La Réunion, Mayotte) **et COM** (Saint-Pierre-et-Miquelon, Saint-Martin, Saint-Barthélemy, îles Wallis-et-Futuna), les délais énoncés nos 28350 à 28375 ne sont décomptés qu'à partir de la date de dédouanement de la marchandise au port de destination finale ; lorsque la marchandise est mise à la disposition de l'acheteur, ou de son représentant, en métropole, le délai n'est décompté qu'à partir du 21e jour suivant la date de cette mise à disposition ou à partir de la date du dédouanement si celle-ci est antérieure (C. com. art. L 441-13)

Tableau récapitulatif des délais de paiement dans le secteur agroalimentaire 28400

Délais de paiement	Produits
20 jours après le jour de livraison	BÉTAIL SUR PIED DESTINÉ À LA CONSOMMATION (équidés, bovidés, ovidés, suidés, macropodidés, cervidés, caprins). VIANDES FRAÎCHES DÉRIVÉES : – viandes fraîches en carcasse et en pièces, ainsi que celles qui sont réfrigérées, conditionnées sous vide, sous atmosphère ou sous film ; – viande hachée pure viande, y compris celle réfrigérée ; – abats frais, rouges ou blancs, os à moelle ; – viande tranchée et viande prédécoupée destinée, notamment, à la préparation de brochettes 100 % viande ; – saucisserie fraîche, dès lors que le taux de salage du produit fini est inférieur à 15 g/kg et, par extension, toute viande fraîche dérivée des catégories énumérées ci-dessus, dont le taux de salage ne dépasse pas cette proportion ; – gibier d'élevage ; – sang de porc ; – boyaux naturels frais (assimilés à des abats).
30 jours après la date de livraison ou, en cas de facture périodique, 30 jours après la fin de la décade de livraison	PRODUITS ALIMENTAIRES PÉRISSABLES : – viandes cuites, saumurées ou marinées ; – préparations de viandes, y compris à 51 % de viande minimum ; – jambon et épaule cuits, produits de charcuterie fraîche ; – charcuterie, fraîche et sèche, prétranchée ou non ; – volailles et leurs abats comestibles, lapins domestiques et gibier sauvage, réfrigérés ou frais ; – volaille abattue fraîche ; – gibier sauvage ; – sang d'animaux de boucherie ; – plasma et cruor (produits liquides frais) ; – boyaux naturels salés ou saumurés (V^{e} quartier) ; – matières premières fondues (suif, saindoux, cretons) à usage alimentaire ; poissons, coquillages, crustacés et mollusques, frais ou réfrigérés ; – ostréiculture : coquillages ; – saumon fumé commercialisé avec une date limite de consommation (DLC) égale à 30 jours ; – saurisserie commercialisée en frais (DLC égale à 30 jours), y compris tarama et poissons fumés frais ; – laits crus et pasteurisés ; – produits laitiers frais, tels que yaourts, desserts (laits gélifiés), crème fraîche, fromage frais, fromages à pâte molle ou à pâte pressée, cuite ou non, fromages à pâte persillée, beurre frais ; – lait et crème UHT ; – laits stérilisés ; – lactosérum liquide ; – fromages affinés (et leurs matières premières) ; – fromages à pâte filée ; – œufs frais ou réfrigérés ; – ovo produits pasteurisés liquides (œufs entiers, blancs ou jaunes d'œufs) ; – légumes et plantes potagères à l'état frais ou réfrigérés, dont pommes de terre destinées à la consommation en l'état ;

Délais de paiement	Produits
	– produits de la 4e gamme (végétaux crus, conditionnés, prêts à l'emploi et conservés par réfrigération) et 5e gamme (végétaux cuits sous vide ou non, conditionnés et conservés par réfrigération) ; – fruits frais ou réfrigérés ; – pain frais, produits frais de boulangerie, viennoiserie et pâtisserie fraîche ; – levure de panification ; – pâtes feuilletées et brisées fraîches ; – plats cuisinés frais sous vide ; – produits périssables car soumis à une dégradation rapide : préemballés dont la DLC ne dépasse pas 4 semaines, les semi-conserves avec DLC inférieure à 30 jours, salaison sèche en totalité.
30 jours après la date de livraison ou, en cas de facture périodique, 30 jours après la fin de la décade de livraison	VIANDES CONGELÉES OU SURGELÉES POISSONS SURGELÉS PLATS CUISINÉS ET CONSERVES FABRIQUÉS À PARTIR DE PRODUITS ALIMENTAIRES PÉRISSABLES
30 jours après la fin du mois de livraison	BOISSONS ALCOOLIQUES SOUMISES À UN DROIT D'ACCISE
60 jours après la date d'émission de la facture ou, si la facture est émise par l'acheteur, à compter de la date de livraison	PRODUITS AGRICOLES ET ALIMENTAIRES NON PÉRISSABLES

Source : Note d'information DGCCRF no 2010-18 du 26 février 2010 mise à jour par nos soins.

DÉLAIS DE PAIEMENT DANS LES SECTEURS PRÉSENTANT UN CARACTÈRE SAISONNIER MARQUÉ

28410 **Durée maximale des délais** Les entreprises de cinq secteurs économiques présentant un caractère saisonnier particulièrement marqué peuvent pratiquer des délais de paiement plus longs que le plafond légal fixé pour les délais de paiement conventionnels (C. com. art. L 441-11, II-6o à 10o).

Secteurs d'activité	Délai maximal pouvant être convenu par les parties
Dans le secteur de l'**agroéquipement,** ventes entre, d'une part, les industriels de l'agroéquipement, constructeurs et importateurs, et, d'autre part, les entreprises de distribution spécialisées et de réparation	– 55 jours fin de mois après la date d'émission de la facture, pour les matériels d'entretien d'espaces verts – 110 jours fin de mois après la date d'émission de la facture, pour les matériels agricoles, à l'exception des tracteurs, matériels de transport et d'élevage
Secteur des articles de sport, pour les ventes d'équipements nécessaires à la pratique des **sports de glisse sur neige** entre les fournisseurs et les entreprises dont l'activité est exclusivement ou quasi exclusivement saisonnière	90 jours après la date d'émission de la facture pour le règlement du solde des factures relatives à des livraisons effectuées avant l'ouverture de la saison d'activité
Secteur de la filière du **cuir,** pour les ventes entre les fournisseurs et les distributeurs spécialisés	54 jours fin de mois après la date d'émission de la facture

Secteurs d'activité	Délai maximal pouvant être convenu par les parties
Secteur de l'**horlogerie,** de la **bijouterie,** de la **joaillerie** et de l'**orfèvrerie** pour les ventes entre, d'une part, les fournisseurs, fabricants, importateurs ou grossistes et, d'autre part, les distributeurs spécialisés, au titre de leur activité au sein d'un point de vente ou dans le cadre de leur activité de vente à distance ou les centrales d'achat dont l'activité principale est de revendre des produits de l'horlogerie, de la bijouterie, de la joaillerie et de l'orfèvrerie à des distributeurs spécialisés	59 jours fin de mois ou 74 jours nets après la date d'émission de la facture
Secteur du commerce du **jouet,** pour les ventes entre les fabricants et les distributeurs spécialisés	– 95 jours nets après la date d'émission de la facture pour la période « du permanent » s'étendant du mois de janvier au mois de septembre inclus – 75 jours nets après la date d'émission de la facture pour la période de fin d'année, s'étendant du mois d'octobre au mois de décembre inclus

Mention obligatoire dans le contrat Le délai maximal indiqué ci-dessus n° 28410 doit être expressément stipulé par **contrat** et ne doit pas constituer un **abus** manifeste à l'égard du créancier (C. com. art. L 441-11, III). Sur la notion d'abus manifeste, voir n° 28240. 28420

C. Pénalités en cas de retard de paiement par une entreprise

EXIGIBILITÉ DES PÉNALITÉS DE RETARD

Des **pénalités** de retard sont **exigibles** le jour suivant la date de règlement figurant sur la facture dans le cas où les sommes dues sont réglées après cette date (C. com. art. L 441-10, II). Le terme « exigibles » signifie non pas que le fournisseur soit dans l'obligation de réclamer les pénalités, mais qu'il a la possibilité de les réclamer lui-même ou d'en obtenir le versement par le biais d'une action en justice. 28460

Les pénalités ne sont pas dues si l'acheteur a la qualité de **non-professionnel** (Cass. 1e civ. 5-2-2020 n° 18-18-854 F-PBI : RJDA 4/20 n° 236 ; Cass. com. 21-10-2020 n° 18-25.749 F-PB : RJDA 12/20 n° 664).

Elles doivent figurer dans les conditions de règlement incluses dans les conditions générales de vente (cf. C. com. art. L 441-1, I) et sont exigibles **sans** qu'un **rappel** soit nécessaire (C. com. art. L 441-10, II). Une mise en demeure préalable de procéder au règlement du prix n'est donc pas obligatoire.

Les pénalités sont également dues **de plein droit,** sans qu'un rappel soit nécessaire, même si elles n'ont pas été indiquées dans les conditions générales des contrats (Cass. com. 3-3-2009 n° 07-16.527 FP-PBIR : RJDA 6/09 n° 578 ; Cass. com. 22-11-2017 n° 16-19.739 F-D : RJDA 2/18 n° 186). Ce principe a été appliqué en particulier au solde d'un marché de travaux (Cass. 3e civ. 30-9-2015 n° 14-19.249 FS-PB : Bull. civ. III n° 85).

> Précisions a. En pratique, les fournisseurs réclament peu fréquemment le paiement des pénalités de retard par souci de préserver la qualité de leurs relations commerciales avec leurs clients. Pour tenir compte de cette situation particulière, l'article 237 sexies du Code général des impôts prévoit pour le traitement de ces pénalités un **régime fiscal** exorbitant du droit commun : les produits et les charges correspondant aux pénalités de retard sont respectivement rattachés, pour la détermination du résultat imposable à l'impôt sur le revenu ou à l'impôt sur les sociétés, à l'exercice de leur encaissement et de leur paiement. Cette règle présente l'avantage d'éviter aux fournisseurs qui ne réclameront pas effectivement ces pénalités d'être taxés sur des produits non perçus.

b. Même si elle est fortement recommandée, la

rédaction de **conditions générales de vente** n'est, en principe (sauf nécessité de conclure une convention unique : n° 86110), pas obligatoire. Mais le débiteur ne peut pas arguer de l'absence de conditions de règlement pour échapper à l'application des intérêts de retard au taux supplétif (sur ce taux, voir n° 28480).

c. Pour définir la notion de **non-professionnel,** il convient, à notre avis, de se référer à la définition du non-professionnel prévue par le Code de la consommation (art. liminaire).

TAUX DES PÉNALITÉS DE RETARD

28470 **Taux conventionnel minimal** Les parties à un contrat ne peuvent pas fixer un taux de pénalités de retard inférieur à trois fois le taux d'intérêt légal (C. com. art. L 441-10, II).

28480 **Taux supplétif** Si les parties à un contrat ne sont pas convenues du taux des pénalités de retard, celui-ci est égal au taux d'intérêt appliqué par la Banque centrale européenne (BCE) à son opération de refinancement la plus récente majoré de 10 points de pourcentage (C. com. art. L 441-10, II). Ce taux d'intérêt est applicable de plein droit (Cass. 3e civ. 30-9-2015 n° 14-19.249 FS-PB : Bull. civ. III n° 85).

Le taux applicable pendant le premier semestre de l'année concernée est le taux de la BCE en vigueur au 1er janvier de l'année en question et, pour le second semestre, celui en vigueur au 1er juillet (art. 441-10, II).

> **Précisions** Il est fort rare que les parties n'aient pas déterminé le taux des pénalités de retard, car un fournisseur est légalement contraint de préciser les conditions d'application et le taux des pénalités de retard dans ses **conditions générales de vente** (C. com. L 441-10, II) et de les mentionner sur ses **factures** (C. com. art. L 441-9, I-al. 5).

ASSIETTE DE CALCUL DES PÉNALITÉS DE RETARD

28490 L'assiette de calcul des pénalités de retard est le montant toutes taxes comprises (TTC) dû par l'acheteur et inscrit sur la facture (Note d'information DGCCRF n° 2009-28 du 2-3-2009).

La formule de calcul des pénalités est la suivante :

Pénalités de retard = [(taux) × montant TTC] × [nombre de jours de retard / 365].

NATURE DES PÉNALITÉS DE RETARD

28500 Les pénalités de retard constituent des **intérêts moratoires.** Elles peuvent donc être capitalisées dans les conditions prévues par l'article 1343-2 du Code civil (Cass. com. 10-11-2015 n° 14-15.968 : RJDA 2/16 n° 153).

Ne constituant pas une clause pénale, elles ne peuvent pas être réduites en raison de leur caractère abusif (Cass. com. 2-11-2011 n° 10-14.677 F-PB : RJDA 2/12 n° 209).

D. Indemnités pour frais de recouvrement des sommes dues

OBLIGATION DE VERSER DES INDEMNITÉS POUR FRAIS DE RECOUVREMENT

28540 En plus des pénalités de retard, tout professionnel en situation de retard de paiement doit verser à son créancier une **indemnité forfaitaire** pour frais de recouvrement (C. com. art. L 441-10, II).

Le montant de cette indemnité est de 40 € (C. com. art. D 441-5). Il doit figurer dans les **conditions de règlement** (C. com. art. L 441-10, II) et sur la **facture** (C. com. art. L 441-9, I-al. 5).

L'indemnité est due quel que soit le **délai applicable à la transaction** : délai supplétif (n° 28200), convenu (nos 28230 s.) ou impératif (nos 28330 s.) (Note d'information DGCCRF n° 2013-26 : www.economie.gouv.fr/dgccrf/nouvelle-indemnite-forfaitaire-pour-frais-recouvrement).

Elle est due **de plein droit,** sans qu'un rappel soit nécessaire (C. com. art. L 441-10, II), dès le premier jour de retard de paiement, même lorsque la facture prévoit un paiement à réception ; elle est également due quelle que soit la durée du retard et même en cas de paiement partiel de la facture à l'échéance (Liste de questions/réponses de juillet 2013 : www.economie.gouv.fr/dgccrf/nouvelle-indemnite-forfaitaire-pour-frais-recouvrement).

Lorsque les frais de recouvrement exposés sont supérieurs à l'indemnité forfaitaire, le créancier peut demander une **indemnisation complémentaire,** sur justification (C. com. art. L 441-10, II), par exemple pour la rémunération d'un avocat ou d'une société de recouvrement de créance.

› Précisions Le **régime fiscal** applicable à l'indemnité forfaitaire est identique à celui applicable aux pénalités de retard (cf. CGI art. 237 sexies) : pour la détermination du résultat imposable à l'impôt sur le revenu ou à l'impôt sur les sociétés, les produits et charges correspondant à l'indemnité sont respectivement rattachés à l'exercice de leur encaissement ou de leur paiement. En revanche, l'indemnisation complémentaire susceptible d'être demandée au juge par le créancier doit être rattachée aux résultats de l'exercice en cours duquel la décision de justice octroyant cette indemnisation est devenue définitive (BOI-BIC-BASE-20-10 n° 230).

EXCEPTION AU PRINCIPE DU VERSEMENT D'INDEMNITÉS POUR FRAIS DE RECOUVREMENT

Le créancier ne peut pas réclamer les indemnités pour frais de recouvrement lorsque l'ouverture d'une **procédure de sauvegarde, de redressement ou de liquidation judiciaire** interdit le paiement à l'échéance de la créance qui lui est due (C. com. art. L 441-10, II). **28550**

E. Demande de rescrit dans certains secteurs économiques

POSSIBILITÉ D'UNE DEMANDE DE RESCRIT POUR LES MODALITÉS DE COMPUTATION DES DÉLAIS DE PAIEMENT INTERENTREPRISES

Dans certains secteurs économiques déterminés par décret, tout professionnel peut demander à l'**administration** de prendre formellement position sur la conformité à l'article L 441-10, I-al. 2 à 4 du Code de commerce (n°s 28240 et 28250) des modalités de computation des délais de paiement contractuels qu'il envisage de mettre en place. Cette **prise de position formelle** a pour objet de prémunir le professionnel d'un changement d'appréciation de l'administration qui serait de nature à l'exposer à la sanction administrative prévue par la réglementation (n° 28680) (C. com. art. L 441-15, I). **28590**

SECTEURS ÉCONOMIQUES CONCERNÉS PAR LA POSSIBILITÉ D'UNE DEMANDE DE RESCRIT

Les secteurs économiques susceptibles d'être concernés sont ceux dans lesquels se posent des difficultés particulières en matière de délais de paiement, appréciées en fonction du nombre et de la gravité des incidents de paiement qui y sont constatés et de leur impact économique sur les secteurs concernés ou de la nature et de la récurrence des difficultés d'interprétation qu'y font naître les règles relatives aux délais de paiement (C. com. art. L 441-15, III). **28595**

Actuellement, la demande de rescrit peut être effectuée par tout professionnel appartenant aux secteurs économiques suivants (C. com. art. R 441-7) :

– le secteur de l'**industrie automobile** répertorié sous la division 29 de la section C de la nomenclature des activités françaises ;

– le secteur de la **construction** répertorié sous la section F de cette nomenclature.

MODALITÉS DE LA DEMANDE DE RESCRIT

La demande de rescrit doit être présentée à l'autorité administrative suivante (C. com. art. R 441-8) : **28600**

– le directeur régional de l'économie, de l'emploi, du travail et des solidarités ou son représentant nommément désigné ;

– le directeur de l'économie, de l'emploi, du travail et des solidarités ou son représentant nommément désigné ;

– en Guyane, le directeur général de la cohésion et des populations ou son représentant nommément désigné.

Lorsque le siège social du demandeur est établi en dehors du territoire national, la demande doit être adressée au directeur général de la concurrence, de la consommation et de la répression des fraudes ou son représentant nommément désigné.

La demande doit être effectuée au moyen du formulaire téléchargeable soit sur le site internet www.economie.gouv.fr/dgccrf, soit sur le site www.service-public.fr. Elle doit être accompagnée de tout document, notamment comptable et contractuel, relatif aux délais de paiement convenus, permettant à l'administration de prendre position sur la question (Arrêté ECOC1906400A du 13-5-2019 modifié).

PRISE DE POSITION DE L'ADMINISTRATION ET DURÉE DE VALIDITÉ

28610 L'administration prend formellement position dans un **délai** de deux mois à compter de la date de réception de la demande ou des éléments complémentaires nécessaires. Sa décision est notifiée au demandeur (C. com. art. R 441-10).

La **validité de la prise de position** de l'administration prend fin à compter de la date à laquelle (C. com. art. L 441-15, II) :
– la situation du professionnel n'est plus identique à celle présentée dans sa demande ;
– est entrée en vigueur une modification de dispositions législatives ou réglementaires de nature à affecter cette validité ;
– l'administration notifie au professionnel, après l'avoir préalablement informé, la modification de son appréciation.

F. Contrôles et sanctions en cas de non-respect de la réglementation des délais de paiement interentreprises

RECHERCHE ET CONSTATATION DES MANQUEMENTS

28660 Les manquements à la réglementation des délais de paiement interentreprises sont recherchés et constatés dans les **conditions** fixées aux articles L 450-1 s. du Code de commerce (notamment, compétence des agents de la CCRF, pouvoir de visiter les locaux professionnels, d'obtenir la communication de documents et, sur autorisation judiciaire, de procéder à des opérations de visite et saisie) (n°s 77100 s.).

28665 La **DGCCRF** a communiqué quelques informations sur le déroulement de l'enquête dans des **lignes directrices** relatives à la détermination des sanctions pour dépassement des délais de paiement interprofessionnels, diffusées le 2 décembre 2021 sur son site internet.

Elle précise notamment que les contrôles portent sur une période d'un an correspondant au dernier exercice comptable clos et fournit une liste non exhaustive des documents pouvant être demandés : balance fournisseurs, grand-livre fournisseurs et grand-livre clients du dernier exercice comptable clos, liasses fiscales du dernier exercice comptable clos et de l'exercice comptable précédent, etc.

La lettre d'intention de sanction indique notamment les manquements constatés et la sanction envisagée ; elle notifie également l'ouverture de la phase contradictoire. La DGCCRF précise qu'une décision de sanction est possible même en l'absence d'antécédents car le droit à l'erreur prévu à l'article L 123-1 du Code des relations entre le public et l'administration n'est pas applicable à ce type de manquements.

Au cours de la phase contradictoire, certains arguments ne seront pas recevables (par exemple, ceux liés au formalisme des factures).

La lettre de décision de sanction doit répondre aux observations formulées par l'entreprise. Un communiqué est, le cas échéant, publié sur le site internet de la DGCCRF dans le mois qui suit la réception de cette lettre par l'entreprise concernée, et ce pour la durée qui est indiquée dans celle-ci. La DGCCRF rappelle que cette publication est systématique pour les décisions prononcées sur le fondement du Code de commerce (n° 28690).

Les différents recours administratifs possibles sont indiqués, ainsi que leurs modalités : recours gracieux auprès de la direction régionale de l'économie, de l'emploi, du travail et des solidarités (DREETS) qui a effectué le contrôle ; recours hiérarchique auprès du ministre de l'économie ; recours contentieux devant le tribunal administratif, accompagné, le cas échéant, d'une action en référé-suspension. En particulier, l'introduction d'un recours gracieux ou hiérarchique n'est pas un préalable obligatoire à un éventuel recours contentieux.

POUVOIR D'INJONCTION DE L'ADMINISTRATION EN CAS DE MANQUEMENT À LA RÉGLEMENTATION DES DÉLAIS DE PAIEMENT INTERENTREPRISES

28670 En cas de manquement à la réglementation des délais de paiement interentreprises, les agents de la CCRF peuvent enjoindre au professionnel de se conformer à ses obligations, de cesser tout agissement illicite ou de supprimer toute cause illicite. Sur les modalités de procédure et la sanction applicable en cas de non-respect de l'injonction, voir n°s 77800 s.

SANCTION DES MANQUEMENTS

Montant maximal de l'amende administrative Est passible d'une amende administrative d'un montant maximal de 75 000 € pour une personne physique et 2 millions d'euros pour une personne morale (C. com. art. L 441-16, al. 1 à 6) : 28680

1° le fait de ne pas respecter les **plafonds fixés par la loi** pour les délais de paiement applicable à défaut de convention entre les parties (nos 28200 et 28205) et les délais de paiement conventionnels (nos 28240, 28250 et 28300) ;

2° le fait de ne pas respecter les **délais de paiement spéciaux** (nos 28330 s.) ;

3° le fait de fixer un taux ou des conditions d'exigibilité des **pénalités de retard** selon des modalités non conformes à la réglementation (nos 28460 s.) ;

4° le fait de ne pas respecter les modalités de **computation des délais** de paiement convenues entre les parties (no 28260) ;

5° toute clause ou pratique ayant pour effet de **retarder** abusivement le **point de départ** des délais de paiement conventionnels (pratique des « délais cachés »).

Le maximum de l'amende encourue est de 4 millions d'euros en cas de **réitération du manquement** dans un délai de deux ans à compter de la date à laquelle la première décision de sanction est devenue définitive (C. com. art. L 441-16, dernier al.).

ILLUSTRATIONS

Jugé qu'en infligeant une amende de 375 000 € à une entreprise qui avait, en 2013, dépassé de plus de 16 jours en moyenne les délais de paiement prescrits, portant préjudice ainsi à 78 de ses fournisseurs, pour un montant total de factures de plus de 17 millions d'euros, l'administration a prononcé une sanction qui, eu égard à l'ampleur des manquements constatés, au volume des affaires concernées et à la position de force de l'entreprise dans les relations commerciales, ne peut pas être considérée comme hors de proportion avec les manquements en cause (CE 3-2-2021 no 430130 : RJDA 10/21 no 687).

Méthodologie de la DGCCRF pour déterminer le montant de l'amende 28685

Le 2 décembre 2021, la DGCCRF a publié sur son site internet des **lignes directrices** relatives à la détermination des sanctions pour dépassement des délais de paiement interprofessionnels, diffusées le 2 décembre 2021 sur son site internet. La méthodologie suivie pour la détermination du montant de l'amende procède à la fois d'une méthodologie harmonisée entre les différentes directions régionales de l'économie, de l'emploi, du travail et des solidarités (DREETS) et, conformément aux principes de proportionnalité et de personnalité des peines, d'une analyse au cas par cas tenant compte des circonstances particulières au manquement constaté.

1° Quand **plusieurs types de délais légaux** sont applicables, les amendes correspondantes sont calculées séparément, de sorte que l'entreprise connaît le détail des montants pour chacune d'entre elles et pas uniquement le montant total de la sanction.

2° Le critère principal de détermination de l'amende est le **montant de la rétention de trésorerie** générée par les manquements. Ce montant se calcule en additionnant les gains en besoin de fonds de roulement (BFR) générés par les retards de paiement des factures concernées. Le gain en BFR est calculé en appliquant la formule suivante :

Gain en BFR = (montant de la facture × nombre de jours de retard) / nombre de jours de la période contrôlée.

Le résultat de ce calcul est ensuite ajusté en tenant notamment compte de la taille de l'entreprise (en fonction de l'importance de son chiffre d'affaires) et de l'importance relative du retard par rapport au délai maximal prévu par la réglementation (plus le délai est court, plus le retard est grave).

En cas de réitération des manquements dans un délai de deux ans à compter de la date à laquelle la première décision de sanction est devenue définitive (c'est-à-dire lorsque toutes les voies de recours ont été épuisées), le montant de base de l'amende ainsi calculé est doublé.

3° Afin de ne pas pénaliser une entreprise soumise à **plusieurs délais légaux** de paiement de ses factures, le plafond de l'amende de 2 millions d'euros (ou de 4 millions en cas de réitération) est, en principe, appliqué non à chaque amende par type de délais mais au montant total de la sanction, c'est-à-dire à la somme de ces amendes. Le **montant total de l'amende** ne peut donc pas, en principe, excéder 2 (ou 4) millions d'euros.

4° La **situation financière de l'entreprise contrôlée** peut avoir une incidence sur le montant de l'amende ou sur son paiement.

L'administration peut tenir compte des éléments financiers transmis par l'entreprise lors du contrôle (à savoir les liasses fiscales correspondant au dernier exercice clos et à l'exercice comptable précédent) pour réduire le montant de l'amende envisagée. Par ailleurs, lors de la phase contradictoire, l'entreprise peut demander une réduction de l'amende envisagée par la DGCCRF si elle prouve l'existence de difficultés réelles et actuelles l'empêchant de s'acquitter, en tout ou en partie, de cette amende. Enfin, les entreprises peuvent solliciter un étalement du paiement de l'amende auprès de la Direction des créances spéciales du Trésor, qui assure le recouvrement des sanctions prononcées pour manquements aux délais de paiement légaux.

28690 **Prononciation de l'amende et publication** L'**amende** est prononcée selon les modalités indiquées n°s 77860 s.

Elle doit être **publiée,** ce qui entraîne la divulgation au public du **nom des entreprises** contrevenantes (nº 77890).

G. Information sur les délais de paiement par les sociétés et rôle du commissaire aux comptes

INFORMATIONS DANS LE RAPPORT DE GESTION DE CERTAINES SOCIÉTÉS

28730 Les sociétés dont les comptes annuels sont certifiés par un commissaire aux comptes doivent communiquer « des informations sur les délais de paiement de leurs fournisseurs et de leurs clients » (C. com. art. L 441-14, al. 1).

Les sociétés doivent présenter dans le rapport de gestion, selon un modèle de tableau (C. com. art. D 441-6, I et IV-al. 3 et A 441-2 pris pour l'application de l'ex-art. D 441-4 devenu D 441-6) :

– pour les fournisseurs, le nombre et le montant total des **factures reçues non réglées** à la date de clôture de l'exercice dont le terme est échu ; ce montant est ventilé par tranches de retard et rapporté en pourcentage au montant total des achats de l'exercice ;

– pour les clients, le nombre et le montant total des **factures émises non réglées** à la date de clôture de l'exercice dont le terme est échu ; ce montant sera ventilé par tranches de retard et rapporté en pourcentage au chiffre d'affaires de l'exercice.

Par dérogation à ces dispositions, les sociétés peuvent présenter, selon un autre modèle de tableau, le nombre et le montant cumulés des factures reçues et émises ayant connu un retard de paiement au cours de l'exercice et la ventilation de ce montant par tranche de retard. Elles doivent les rapporter aux nombre et montant total des factures, respectivement reçues et émises dans l'année (art. D 441-6, II et A 441-2).

Les **montants** peuvent être présentés hors taxe ou toute taxe comprise (C. com. art. D 441-6, III). Les **retards** sont déterminés à partir des délais de paiement contractuels ou, en l'absence de délais contractuels spécifiques, des délais légaux applicables (C. com. art. D 441-6, IV-al. 1). Les retards devant donner lieu aux informations portées dans le rapport de gestion ne sont donc pas les mêmes que ceux contrôlés par l'administration puisque celle-ci ne sanctionne que les dépassements des délais légaux (nº 28680).

Si les sociétés excluent les factures relatives à des **dettes et créances litigieuses ou non comptabilisées,** elles doivent l'indiquer en commentaire et mentionner le nombre et le montant total des factures concernées (C. com. art. D 441-6, IV-al. 2).

RÔLE DU COMMISSAIRE AUX COMPTES AU REGARD DES DÉLAIS DE PAIEMENT INTERENTREPRISES

28740 Les informations portées dans le rapport de gestion doivent faire l'objet d'une **attestation** du commissaire aux comptes (C. com. art. L 441-14, al. 2).

Celui-ci doit attester de la sincérité des informations présentées dans le rapport de gestion et de leur concordance avec les comptes annuels et ne présenter ses observations que le cas échéant (C. com. art. D 823-7-1).

Si la société concernée est une grande entreprise (GE) ou une entreprise de taille intermédiaire (ETI), et si l'attestation démontre, de façon répetée, des **manquements significatifs** de la société aux dispositions relatives au délai supplétif (n°s 28200 s.), aux délais de paiement conventionnels (nos 28240 s.) ou au délai fixé pour le secteur des transports (n° 28330), le commissaire aux comptes doit transmettre cette attestation au **ministre de l'économie** (C. com. art. L 441-14, al. 2).

> **Précisions a.** La catégorie des **ETI** est constituée des entreprises qui occupent entre 250 et 5 000 personnes, dont le chiffre d'affaires est compris entre 50 et 1 500 millions d'euros ou le total de bilan est compris entre 43 et 2 000 millions d'euros ; la catégorie des **GE** est constituée des entreprises qui se classent hors de la catégorie des ETI (Décret 2008-1354 du 18-12-2008 art. 3).
> **b.** Curieusement, ne sont pas concernés par le **signalement au ministre de l'économie** le non-respect des autres plafonds légaux ou des délais contractuels. Or les informations devant être indiquées par la société dans les rapports de gestion doivent porter sur les retards de paiement par rapport aux échéances contractuelles ou, à défaut, par rapport aux échéances légales, quelles qu'elles soient.

II. DÉLAIS DE PAIEMENT DANS LES CONTRATS DE LA COMMANDE PUBLIQUE

ORIGINE DE LA RÉGLEMENTATION

Les délais de paiement dans les contrats de la commande publique ont initialement fait l'objet de la loi 2013-100 du 28 janvier 2013, qui transposait la directive 2011/7/UE du 16 février 2011 concernant la lutte contre le retard de paiement dans les transactions commerciales à l'égard des transactions entre entreprises et pouvoirs publics. Les modalités d'application de la loi avaient été précisées par le décret 2013-269 du 29 mars 2013. **28900**

Les dispositions de la loi de 2013 relatives aux contrats de la commande publique sont aujourd'hui entièrement intégrées dans la partie législative du **Code de la commande publique** (CCP). Certaines dispositions correspondantes du décret de 2013 ont été également reprises dans la partie réglementaire de ce Code.

A. Champ d'application des règles relatives aux délais de paiement dans les contrats de la commande publique

CONTRATS CONCERNÉS

Sont soumis aux dispositions relatives aux délais de paiement, les contrats de la commande publique, c'est-à-dire les contrats conclus à titre onéreux par un acheteur ou une autorité concédante, pour répondre à ses besoins en matière de travaux, de fournitures ou de services, avec un ou plusieurs opérateurs économiques (CCP art. L 2). **28910**

Ces contrats se répartissent en deux ensembles : les **marchés publics** et les **concessions.**

Dans l'un et l'autre cas, les règles applicables portent sur le paiement des sommes dues en principal au titre de l'exécution du contrat (CCP art. L 2192-10, al. 1, pour les marchés ; art. L 3133-10, al. 1, pour les concessions).

La loi du 28 janvier 2013 précitée (n° 28900) mentionnait spécialement les délégations de service public. Celles-ci appartiennent aujourd'hui à l'ensemble plus vaste des contrats de concession.

Alors que le régime juridique des marchés et des concessions obéit à des règles sensiblement différentes, les dispositions relatives aux délais de paiement sont pratiquement identiques pour les deux ensembles de contrats.

> **Précisions a.** Certaines **catégories particulières de marchés publics** font l'objet de règles qui dérogent au régime général des marchés. Mais les entreprises titulaires de ces marchés ou leurs sous-traitants n'en bénéficient pas moins des dispositions applicables en matière de délais de paiement. Ce sont, notamment, les marchés de défense et de sécurité (CCP art. L 2392-10 et R 2392-10 à R 2392-12), ainsi que les marchés de services portant sur l'acquisition ou la location de biens immobiliers, sur des prestations d'arbitrage ou sur le recours à l'emprunt (art. L 2521-1 et R 2521-2).
> **b.** Un **marché de partenariat** peut prévoir la

part minimale de l'exécution du contrat que le titulaire s'engage à confier à des PME ou à des artisans (CCP art. L 2213-14). Lorsque le titulaire d'un marché de partenariat fait ainsi appel à une PME ou à un artisan, le délai de paiement des prestations qui lui sont procurées est, par dérogation aux articles L 441-10 à L 441-13 du Code de commerce, le délai qui s'impose au titulaire lui-même en application des règles de la commande publique (CCP art. L 2232-7 et R 2232-1).

PERSONNES CONCERNÉES

28920 S'agissant des marchés publics comme des concessions, relèvent des obligations en matière de délais de paiement :
– les pouvoirs adjudicateurs, y compris lorsqu'ils agissent en tant qu'entités adjudicatrices (CCP art. L 2192-10, al. 1 et L 3133-10, al. 1) ;
– certaines entités adjudicatrices (CCP art. L 2192-11, pour les marchés ; art. L 3133-11, pour les concessions).

28925 Doivent être qualifiées de **pouvoirs adjudicateurs** (CCP art. L 1211-1) :
– soit des personnes morales de droit public (État, collectivités territoriales, établissements publics) ;
– soit des personnes morales de droit privé créées pour satisfaire spécifiquement des besoins d'intérêt général autres qu'industriels ou commerciaux et qui se trouvent, vis-à-vis d'un pouvoir adjudicateur, dans une situation de dépendance en raison du mode de financement de leur activité, du contrôle exercé sur leur gestion ou de la composition de leurs organes d'administration, de direction ou de surveillance ;
– soit des organismes de droit privé dotés de la personnalité juridique et constitués par des pouvoirs adjudicateurs en vue de réaliser certaines activités en commun.
Relèvent aussi de la réglementation les pouvoirs adjudicateurs qui agissent en qualité d'entités adjudicatrices. Il en va ainsi lorsqu'un pouvoir adjudicateur exerce une activité d'opérateur de réseau : production, transport, distribution de gaz ou de chaleur, d'électricité ou d'eau potable, activité de transports par chemin de fer, tramway, etc. (CCP art. L 1212-3).

28930 La réglementation s'applique également à certaines **entités adjudicatrices.** Il s'agit (CCP art. L 1212-1, 2° et 3°) :
– des entreprises publiques exerçant des activités d'opérateurs de réseaux ;
– des organismes de droit privé bénéficiant, en vertu d'une disposition légalement prise, de droits spéciaux ou exclusifs ayant pour effet de leur réserver l'exercice d'activités d'opérateurs de réseau et d'affecter substantiellement la capacité des autres opérateurs économique à exercer de telles activités.
Pour ces entités adjudicatrices, le Code de la commande publique (art. L 2192-11) renvoie à certaines dispositions du Code de commerce relatives aux délais de paiement (C. com. art. L 441-10, L 441-11, II-5° et L 441-13, pour les marchés ; art. L 441-10, I et L 441-11, II-5°, pour les concessions).

28935 Au même titre que l'entreprise titulaire d'un contrat de la commande publique conclu par un pouvoir adjudicateur (nos 28910 s.), le **sous-traitant** de cette entreprise peut également se prévaloir des dispositions relatives aux délais de paiement dans ces contrats (CCP art. L 2193-13, R 2192-22 et R 2192-23).

Mais il est nécessaire que ce sous-traitant bénéficie du **paiement direct** de ses prestations par le pouvoir adjudicateur avec lequel a été conclu le contrat principal dont l'exécution a été sous-traitée. Le droit au paiement direct est principalement subordonné à la condition que le sous-traitant ait été accepté par le pouvoir adjudicateur et que ses conditions de paiement aient été agréées par lui. Ce mécanisme est organisé par le Code de la commande publique lorsque le montant du marché dépasse un certain seuil : 600 € en règle générale (CCP art. L 2193-10 et L 2193-11).

B. Caractéristiques des délais de paiement dans les contrats de la commande publique

DURÉE DU DÉLAI DE PAIEMENT

28980 Dans le cas des marchés publics comme dans celui des concessions, le délai de paiement est, en principe, celui que prévoit le contrat. À défaut de clause contractuelle, le délai est celui qui est fixé par voie réglementaire.

S'il existe un délai contractuel, celui-ci ne peut pas excéder le délai fixé par voie réglementaire (CCP art. L 2192-10, al. 2 et L 3133-10, al. 2).

Le délai de paiement du sous-traitant est identique à celui qui s'applique à l'entreprise titulaire du contrat principal (CCP art. R 2192-22, al. 1).

La durée du délai de paiement, fixé par voie réglementaire, est analogue pour les marchés **28985**
publics (CCP art. R 2192-10 et R 2192-11) et les concessions (art. R 3133-10 et R 3133-11). Elle est de :
– 30 jours pour les pouvoirs adjudicateurs, y compris lorsqu'ils agissent en qualité d'entité adjudicatrice (n° 28925) ;
– 50 jours pour les établissements publics de santé et les établissements du service de santé des armées ;
– 60 jours pour les entreprises publiques au sens de l'article 1, II de l'ordonnance 2004-503 du 7 juin 2004 portant transposition de la directive 80/723/CE, à l'exception de celles qui sont des établissements publics locaux.

POINT DE DÉPART DU DÉLAI DE PAIEMENT

Principe En principe, le délai de paiement court à compter de la **date de réception de** **28990**
la demande de paiement par le pouvoir adjudicateur ou, si le contrat le prévoit, par toute autre personne habilitée à cet effet. Ces dispositions sont pratiquement analogues pour les marchés publics (CCP art. R 2192-12) et les concessions (art. R 3133-2). Toutefois, dans le cas des marchés, le maître d'œuvre peut aussi être habilité à recevoir la demande de paiement.

La « date de réception de la demande de paiement » mentionnée ci-dessus ne peut pas faire l'objet d'un accord contractuel entre le pouvoir adjudicateur et son créancier. Cette date et la date d'exécution des prestations sont constatées par les services du pouvoir adjudicateur ou, le cas échéant, le maître d'œuvre ou la personne habilitée à cet effet. À défaut, c'est la date de la demande de paiement, augmentée de deux jours, qui fait foi. En cas de litige, il appartient au créancier d'apporter la preuve de cette date (CCP art. R 2192-14 et R 3133-14).

ATTENTION

Les cahiers des clauses administratives générales (**CCAG**) applicables aux marchés publics comportent des dispositions détaillées fixant les conditions dans lesquelles le titulaire du marché doit remettre au pouvoir adjudicateur sa demande de paiement. C'est par exemple le cas pour le CCAG régissant respectivement les marchés de travaux, de maîtrise d'œuvre, de fournitures courantes et de services (CCAG-Travaux approuvé par arrêté ECOM2106871A du 30-3-2021 art. 12.1 ; CCAG-Maîtrise d'œuvre approuvé par arrêté ECOM2106877A du 30-3-2021 art. 11.5 ; CCAG-FCS approuvé par arrêté ECOM2106868A du 30-3-2021 art. 11.5).

Des dispositions particulières précisent ce qu'il faut entendre par « **date de réception de la** **28995**
demande » dans le cadre du régime de la **facturation électronique.** Celle-ci est obligatoire pour le paiement des prestations fournies par les titulaires de marchés publics et de concessions conclus avec l'État, les collectivités territoriales et les établissements publics, ainsi que par les sous-traitants admis au paiement direct.

La facturation électronique fait l'objet de règles issues de la loi 2019-486 du 22 mai 2019 relative à la croissance et la transformation des entreprises, dite **loi Pacte.** Entrées en vigueur le 22 juillet 2019, ces règles sont reprises dans le Code de la commande publique (CCP art. L 2192-1 à L 2192-7, pour les marchés ; art. L 3133-1 à L 3133-8, pour les concessions). Elles s'accompagnent également de dispositions réglementaires résultant du décret 2019-748 du 18 juillet 2019.

Les dispositions concernant la date de réception de la demande de paiement par le pouvoir adjudicateur se rattachent à celles qui organisent le portail public de facturation (« plateforme « **Chorus Pro** »). Ainsi, cette date correspond (CCP art. R 2192-15, pour les marchés ; art. R 3133-15, pour les concessions) :
– lorsque les factures sont transmises par échange de données informatisé (EDI), à la date à laquelle le système d'information budgétaire et comptable de l'État horodate l'arrivée de la facture et, pour les autres pouvoirs adjudicateurs, à la date de notification du message électronique l'informant de la mise à disposition de la facture sur le portail Chorus Pro ;
– lorsque les factures sont transmises par le mode « portail » ou le mode « service », à la date de notification au pouvoir adjudicateur du message électronique l'informant de la mise à disposition de la facture sur le portail Chorus Pro.

› Précisions Le **mode « portail »** impose à l'entreprise émettrice soit la saisie manuelle des éléments de la facturation, soit le dépôt d'un document PDF, tandis que le **mode « service »** impose la mise en œuvre, dans son système d'information, des services mis à disposition par Chorus Pro.

29000 **Dérogations** Dans quatre **cas,** des règles identiques pour les **marchés publics** et les **concessions** dérogent au principe qui détermine le point de départ du délai de paiement.

1° Le délai court à compter de la date d'exécution des prestations lorsque la date de réception de la demande de paiement est incertaine ou antérieure à cette date (CCP art. R 2192-13 et R 3133-12).

2° Lorsque le marché ou la concession organise une procédure permettant de vérifier la conformité des prestations aux stipulations contractuelles, le contrat peut prévoir que le délai de paiement court à compter de la date à laquelle cette conformité est constatée, si cette date est postérieure à la date de réception de la demande de paiement.

La durée de la procédure de vérification ne peut excéder 30 jours. Toutefois, une durée plus longue peut être prévue par le contrat, à condition qu'il n'en résulte pas un abus manifeste à l'égard du créancier, notamment au regard de l'usage ou des bonnes pratiques. À défaut de décision expresse dans ce délai, les prestations sont réputées conformes (CCP art. R 2192-17 et R 3133-16).

3° En cas de versement d'une avance, le délai de paiement de celle-ci court soit à compter de la date de notification du contrat, soit, si le contrat le prévoit, à compter de la date de notification de l'acte qui emporte commencement d'exécution des prestations correspondant à l'avance. Dans les autres cas, le délai de paiement court à compter de la date à laquelle les conditions prévues au contrat pour le versement de l'avance sont remplies ou, dans le silence du contrat, à compter de la date de sa notification (CCP art. R 2192-24 et R 3133-18).

Lorsque la constitution d'une garantie à première demande ou d'une caution personnelle et solidaire est exigée, le délai de paiement de l'avance ne peut courir avant la réception de cette garantie ou de cette caution (CCP art. R 2192-25 et R 3133-19).

4° En cas de versement d'une indemnité de résiliation, le délai de paiement de cette indemnité court à compter de la date à laquelle, la décision de résiliation étant notifiée, le montant de l'indemnité est arrêté (CCP art. R 2192-26 et R 3133-20).

29005 Deux autres dérogations sont propres aux **marchés publics.**

1° Pour le paiement du solde des marchés de travaux ou de maîtrise d'œuvre conclus avec l'État, ses établissements publics autres qu'industriels et commerciaux, ainsi qu'avec les collectivités territoriales et leurs établissements publics, le délai de paiement court à compter de la date de réception par le maître d'ouvrage du décompte général et définitif (DGD) établi dans les conditions fixées par les cahiers des clauses administratives générales (CCAG) applicables aux marchés publics de travaux et aux marchés de maîtrise d'œuvre (CCP art. R 2192-16).

2° Lorsqu'un marché a été sous-traité, le délai de paiement du sous-traitant court, en principe, à compter de la date à laquelle le pouvoir adjudicateur a connaissance de l'acceptation expresse ou implicite, par l'entreprise principale titulaire du marché, des pièces justificatives servant de base au paiement direct (CCP art. R 2192-22, al. 2).

Toutefois, pour les marchés conclus avec l'État, ses établissements publics autres qu'industriels et commerciaux, ainsi qu'avec les collectivités territoriales et leurs établissements publics, le délai de paiement du sous-traitant court à compter de la réception, par le pouvoir adjudicateur, de l'accord que le titulaire du marché donne au sujet du paiement direct.

À défaut de notification d'un accord ou d'un refus dans un délai de 15 jours, le délai de paiement court soit à l'issue de cette période de 15 jours, soit à compter de la réception, par le pouvoir adjudicateur, d'un avis postal attestant que le pli contenant la demande de paiement a été refusé ou n'a pas été réclamé (CCP art. R 2192-23 et, sur renvoi, art. R 2193-12 et R 2193-14).

> **Précisions** Lorsque le **DGD du marché,** qui permet de dégager le solde de celui-ci, fait l'objet d'une réclamation de la part de l'entreprise titulaire, le délai de paiement ne peut courir qu'à compter de la réception de cette réclamation par le maître d'ouvrage (CE 13-4-2018 n° 406691 : RJDA 11/18 n° 828, arrêt faisant application de dispositions antérieures mais dont la solution est toujours d'actualité).

INTERVENTION D'UN TIERS HABILITÉ À RECEVOIR LES DEMANDES DE PAIEMENT

29010 Lorsque, dans le cas d'un marché public, le pouvoir adjudicateur recourt à un maître d'œuvre, ou à tout autre prestataire, dont l'intervention conditionne le paiement des sommes dues, l'intervention de ce maître d'œuvre ou de ce prestataire ne modifie pas le délai de paiement qui s'impose au pouvoir adjudicateur (CCP art. R 2192-18). Il en va de même pour l'intervention d'un prestataire dans le cas d'un contrat de concession (art. R 3133-17).

> **Précisions a.** Le marché conclu avec le maître d'œuvre ou tout autre prestataire, par l'État, ses établissements publics autres qu'industriels et commerciaux, ainsi que par les collectivités territoriales et leurs établissements publics, indique le **délai d'intervention du maître d'œuvre ou du prestataire.** Si les interventions sont postérieures à la date à laquelle le délai de paiement a commencé à courir, le délai d'intervention ne peut excéder 15 jours (CCP art. R 2192-19).
> **b.** Quand il s'agit d'un marché public, le **tiers habilité** doit faire figurer dans le document qu'il transmet au pouvoir adjudicateur en vue du paiement, la date de réception ou de remise de la demande de paiement du créancier (CCP art. R 2192-20).

INTERRUPTION DU DÉLAI DE PAIEMENT DANS LES CONTRATS DE LA COMMANDE PUBLIQUE

Le délai de paiement peut être interrompu par le pouvoir adjudicateur lorsque celui-ci constate que la demande de paiement ne comporte pas l'ensemble des pièces et des mentions prévues par la loi ou par le contrat, ou encore que ces pièces ou mentions sont erronées ou incohérentes. Cette interruption ne peut intervenir qu'une seule fois (CCP art. R 2192-27, pour les marchés publics ; art. R 3133-21, pour les concessions). **29020**

L'interruption du délai de paiement est notifiée au créancier par tout moyen permettant d'attester une date certaine de réception. Elle précise les raisons qui s'opposent au paiement, ainsi que les pièces à fournir ou à compléter (CCP art. R 2192-28 et R 3133-22).

À compter de la réception de l'ensemble des pièces et mentions exigées, un nouveau délai de paiement est ouvert. Il est de 30 jours ou égal au solde restant à courir à la date de réception par le créancier de la notification mentionnée ci-dessus si ce solde est supérieur à 30 jours (CCP art. R 2192-29 et R 3133-23).

C. Retard de paiement dans l'exécution d'un contrat de la commande publique

DÉFINITION DU RETARD DE PAIEMENT

Le retard de paiement est constitué lorsque les sommes dues au créancier qui a rempli ses obligations légales et contractuelles ne sont pas versées par le pouvoir adjudicateur à l'échéance prévue au contrat ou à l'expiration du délai de paiement. Cette règle est identique pour les marchés publics (CCP art. L 2192-12) et les concessions (art. L 3133-12). **29060**

INTÉRÊTS MORATOIRES

Dès le lendemain du jour de l'expiration du délai de paiement ou de l'échéance prévue au contrat, le retard de paiement fait courir, de plein droit et sans autre formalité, des intérêts moratoires. Ces intérêts sont versés au créancier par le pouvoir adjudicateur (CCP art. L 2192-13, al. 1 et 2, pour les marchés ; art. L 3133-13, al. 1 et 2, pour les concessions). **29070**

Le **taux** des intérêts est égal au taux d'intérêt appliqué par la Banque centrale européenne (BCE) à ses opérations principales de refinancement les plus récentes, en vigueur au premier jour du semestre de l'année civile au cours duquel les intérêts moratoires ont commencé à courir, majoré de huit points de pourcentage (CCP art. R 2192-31 et R 3133-25).

Les intérêts moratoires **courent à compter** du lendemain de l'expiration du délai de paiement, ou à compter de l'échéance prévue par le contrat, jusqu'à la date de mise en paiement du principal incluse (CCP art. R 2192-32 et R 3133-26). Encore que ces dispositions ne le spécifient pas, ils courent dans les mêmes conditions à compter du lendemain de l'échéance contractuelle. Ils doivent être payés dans les 45 jours suivant la mise en paiement du principal (art. R 2192-36 et R 3133-28).

Un **simulateur de calcul** mis en ligne permet aux entreprises d'évaluer le montant des intérêts moratoires qui leur sont éventuellement dus par le pouvoir adjudicateur : www.entreprendre.service-public.fr/simulateur/calcul/interets-moratoires.

> **Précisions a.** Le **comptable** du pouvoir adjudicateur s'acquitte de son obligation de respecter le délai de paiement à la date de « mise en paiement » des sommes en cause, c'est-à-dire lorsqu'il en **ordonne le paiement** (CCP art. R 2192-33). Peu importe donc la date à laquelle est crédité le compte bancaire du créancier car les délais bancaires ne sont pas imputables au comptable.
> **b.** Les intérêts moratoires appliqués aux **acomptes** ou au **solde d'un marché public** sont calculés sur le montant total de l'acompte ou du solde toutes taxes comprises (TTC), diminué de la retenue de garantie et après mise en œuvre des clauses d'actualisation, de révision et de pénalisation (CCP art. R 2192-33).
> **c.** En cas de **désaccord** sur le montant d'un

acompte ou du solde, le paiement est effectué dans les délais fixés par voie réglementaire (n° 28985), sur la base provisoire des sommes admises par le pouvoir adjudicateur. Lorsque les sommes ainsi payées sont inférieures à celles qui sont finalement dues au créancier, celui-ci a droit à des intérêts moratoires calculés sur la différence (CCP art. R 2192-34).

29075 Toute **renonciation au paiement des intérêts moratoires** exigibles dans le cadre d'un marché public « est réputée non écrite ».

Ce principe, antérieurement énoncé par l'article 67 de la loi 94-679 du 8 août 1994 portant diverses dispositions d'ordre économique et financier, a été repris sous l'article L 2192-14 du Code de la commande publique.

Le Conseil d'État considère que ce principe interdit « de façon absolue » toute renonciation aux intérêts moratoires, que celle-ci intervienne au moment de la passation du marché ou encore ultérieurement après son exécution, à l'occasion d'une transaction entre les parties (CE 17-10-2003 n° 249822 : RJDA 10/04 n° 1115 ; CE 10-11-2004 n° 256031 : RJDA 2/05 n° 127 ; CE 18-5-2021 n° 443153 : RJDA 11/21 n° 716).

INDEMNITÉ FORFAITAIRE POUR FRAIS DE RECOUVREMENT EN CAS DE RETARD DE PAIEMENT DANS L'EXÉCUTION D'UN CONTRAT DE LA COMMANDE PUBLIQUE

29080 Le retard de paiement donne lieu, de plein droit et sans autre formalité, au versement d'une **indemnité forfaitaire** pour frais de recouvrement (CCP art. L 2192-13, al. 2 et 3, pour les marchés ; art. L 3133-13, al. 2 et 3, pour les concessions). Le montant de cette indemnité est fixé à 40 € (CCP art. D 2192-35 et D 3133-27).

Lorsque les frais de recouvrement exposés sont supérieurs au montant de cette indemnité forfaitaire, le créancier peut demander une **indemnisation complémentaire,** sur justification (CCP art. L 2192-13, al. 4, pour les marchés ; art. L 3133-13, al. 4, pour les concessions).

L'indemnité forfaitaire et l'indemnisation complémentaire sont versées au créancier par le pouvoir adjudicateur.

L'indemnité forfaitaire doit être payée dans les 45 jours suivant la mise en paiement du principal (CCP art. R 2192-36 et R 3133-28).

POSSIBILITÉ POUR LE TITULAIRE D'UN MARCHÉ PUBLIC D'INTERROMPRE SES PRESTATIONS EN CAS DE RETARD DE PAIEMENT

29085 Les cahiers des clauses administratives générales (CCAG) applicables aux marchés publics de **travaux,** ainsi qu'aux marchés publics de **maîtrise d'œuvre,** autorisent le titulaire du marché à interrompre la réalisation de ses prestations si le maître d'ouvrage ne lui verse pas en temps utile les acomptes auxquels il a droit (CCAG-Travaux approuvé par arrêté ECOM2106871A du 30-3-2021 art. 53.2 ; CCAG-Maîtrise d'œuvre approuvé par arrêté ECOM2106877A du 30-3-2021 art. 25.1).

Dans les deux cas, le titulaire du marché peut notifier au maître d'ouvrage son intention d'interrompre ses prestations au terme d'un délai de 30 jours. Les délais d'exécution des prestations sont prolongés du nombre de jours compris entre la date d'interruption des prestations et celle du paiement des acomptes en retard. Si le paiement attendu n'est pas intervenu dans les six mois suivant l'interruption effective des prestations, le titulaire est en droit de ne pas les reprendre et de demander la résiliation du marché.

D. Contrôles et sanctions en matière de délais de paiement dans les contrats de la commande publique

POUVOIRS ADJUDICATEURS DOTÉS D'UN COMPTABLE PUBLIC

29120 Des dispositions spécifiques s'appliquent aux conditions de paiement par les pouvoirs adjudicateurs dotés d'un comptable public. Elles figurent aux articles 12 et 16 du décret 2013-269 du 29 mars 2013.

Les ordonnateurs, qui prescrivent aux comptables d'effectuer le paiement des dépenses, et les comptables eux-mêmes sont assujettis à certains contrôles qui permettent de vérifier que la réglementation des délais de paiement a été respectée (voir notamment le décret 2012-1246 du 7 novembre 2012 relatif à la gestion budgétaire et comptable publique).

ENTREPRISES PUBLIQUES ET ENTITÉS ADJUDICATRICES

D'autres dispositions particulières s'appliquent (CCP art. L 2192-15, al. 1, pour les marchés publics ; art. L 3133-14, al. 1, pour les concessions) : **29130**
– aux entreprises publiques qui répondent à la définition donnée par l'article 1, II de l'ordonnance 2004-503 du 7 juin 2004 ; il doit donc s'agir d'organismes exerçant des activités de production ou de commercialisation de biens ou de services marchands, sur lesquels une ou plusieurs personnes publiques exercent une influence, directement ou indirectement et de manière dominante, en raison de la propriété, de la participation financière ou de règles qui les régissent ;
– aux entités adjudicatrices qui sont soumises aux règles relatives aux délais de paiement (n° 28930).

Dans ces deux cas, les **agents de la CCRF** sont habilités à rechercher et constater les manquements à la réglementation dans les conditions fixées aux articles L 450-1 à L 450-4, L 450-7 et L 450-8 du Code de commerce (notamment, pouvoir de procéder à des opérations de visite et saisie) (CCP art. L 2195-1, al. 1 et L 3133-14, al. 1). Pour plus de détails, voir nos 77100 s.

Le non-respect de la réglementation par les entreprises publiques est passible d'une **amende administrative** dont le montant ne peut pas être supérieur à deux millions d'euros. Cette amende est prononcée dans les conditions prévues à l'article L 470-2 du Code de commerce (CCP art. L 2192-15, al. 2 et L 3133-14, al. 2) (voir nos 77860 s.). **29135**

Le montant de l'amende est doublé en cas de réitération du manquement dans un délai de deux ans à compter de la date à laquelle la première décision de sanction est devenue définitive (CCP art. L 2192-15, al. 3 et L 3133-14, al. 3).

DÉMARCHAGE, CONTRATS À DISTANCE OU HORS ÉTABLISSEMENT

SOMMAIRE

SECTION 1

CONTRATS CONCLUS À DISTANCE OU HORS ÉTABLISSEMENT (RÉGLEMENTATION GÉNÉRALE)

RÉGLEMENTATION APPLICABLE

30000 Les contrats conclus à distance ou hors établissement entre un professionnel et un consommateur sont réglementés par les **articles L 221-1 et suivants du Code de la consommation,** issus de la loi « Hamon » 2014-344 du 17 mars 2014 transposant la directive 2011/83/UE du 25 octobre 2011 relative aux droits des consommateurs. Cette directive a été modifiée par la directive 2019/2161 du 27 novembre 2019 (directive dite « omnibus »), qui a été à son tour transposée en droit interne avec une entrée en vigueur le 28 mai 2022 (Ord. 2021-1734 du 22-12-2021).

Les dispositions du Code de la consommation en matière de contrats conclus à distance ou hors établissement, qui prévoient notamment un droit de rétractation au profit du consommateur, sont d'**ordre public** (C. consom. art. L 221-29). En conséquence, les personnes qui en bénéficient ne peuvent pas renoncer par avance à s'en prévaloir.

I. CHAMP D'APPLICATION DE LA RÉGLEMENTATION

COCONTRACTANTS PROTÉGÉS

30100 En principe, seuls les **consommateurs** sont protégés par la réglementation des contrats conclus à distance ou hors établissement. Sur la notion de consommateur, voir n°s 16120 s.

30105 Cependant, le législateur a étendu l'application de la réglementation aux **contrats** conclus **hors établissement entre** deux **professionnels,** dès lors que l'objet de la convention n'entre pas dans le champ de l'activité principale du professionnel sollicité et que le nombre de salariés employés par celui-ci est inférieur ou égal à cinq (C. consom. art. L 221-3).

La question de savoir si le contrat en cause entre dans le champ de l'activité principale du professionnel sollicité relève du pouvoir souverain d'appréciation du juge du fond (Cass. 1e civ. 12-9-2018 no 17-17.319 FS-PB : RJDA 2/19 no 143 ; Cass. 1e civ. 27-11-2019 no 18-22.525 FS-PBI : Petites affiches 6-2-2020 p. 15 note V. Legrand). Il résulte de la jurisprudence exposée ci-dessous qu'il ne suffit pas que le contrat (ou le bien sur lequel le contrat porte) soit utile à l'activité de l'intéressé.

ILLUSTRATIONS

Jugé que n'entraient **pas dans le champ de l'activité principale** du professionnel concerné :
– un contrat d'insertion publicitaire pour le professionnel exerçant une activité de production et de fourniture de bois de chauffage (Cass. 1e civ. 27-11-2019 précité) ;
– l'achat d'un chariot élévateur par une société de commerce de gros d'alcool, même si le chariot constitue un équipement nécessaire à l'activité professionnelle du grossiste (CA Versailles 28-10-2021 no 20/02145 : RJDA 3/22 no 176) ;
– pour un architecte, un contrat de création et de licence d'exploitation d'un site internet dédié à son activité professionnelle (Cass. 1e civ. 12-9-2018 précité).

Le seul fait que le contrat a été passé entre deux sociétés commerciales (Cass. 1e civ. 13-4-2023 no 21-23.312 F-D : RJDA 8-9/23 no 469), que le matériel objet du contrat est destiné à des fins exclusivement professionnelles (Cass. 1e civ. 20-12-2023 no 22-18.025 F-D : BRDA 3/24 inf. 21) ou que le professionnel sollicité a toutes les compétences pour apprécier la portée du contrat (Cass. 1e civ. 31-8-2022 no 21-11.455 F-B : RJDA 11/22 no 664) ne sont pas des critères permettant d'écarter l'application de la réglementation des contrats conclus hors établissement.

CONTRATS CONCERNÉS

Contrat à distance La réglementation est applicable à « tout contrat conclu entre un professionnel et un consommateur, dans le cadre d'un système organisé de vente ou de prestation de services à distance, sans la présence physique simultanée du professionnel et du consommateur, par le recours exclusif à une ou plusieurs techniques de communication à distance jusqu'à la conclusion du contrat » (C. consom. art. L 221-1, 1°). 30110

Constitue une technique de communication à distance la **voie postale, internet,** le **téléphone** ou le **fax** (Dir. 2011/83 considérant 20).

Seule la conclusion du contrat doit intervenir à distance. En revanche, peu importe que l'exécution du contrat ait lieu en la présence physique du consommateur. Ainsi la « **vente en drive** » ou service au volant, qui combine la technique de la vente à distance, car le client passe commande de ses produits en ligne, et le commerce traditionnel puisque le client procède lui-même au retrait de la marchandise soit sur un site mitoyen de la grande surface, soit dans un entrepôt indépendant, est soumise aux règles de la vente à distance (Avis DGCCRF du 22-7-2014).

La réglementation est applicable au cas où le consommateur visite l'établissement commercial uniquement pour collecter des informations sur les biens ou services, puis négocie et conclut le contrat à distance ; en revanche, un **contrat négocié dans l'établissement commercial du professionnel** et finalement conclu en recourant à une technique de communication à distance n'est pas considéré comme un contrat à distance (Dir. 2011/83 considérant 20).

Il appartient au consommateur qui invoque la réglementation de prouver l'existence d'un système organisé de vente ou prestation de services à distance (Cass. 1e civ. 31-8-2022 n° 21-13.080 F-B : RJDA 11/22 n° 665). Cette notion de système organisé vise notamment les sites de vente en ligne mis en place par des professionnels. Elle inclut aussi les systèmes proposés par un tiers autre que le professionnel mais utilisé par ce dernier, par exemple une **plateforme en ligne** (Dir. 2011/83 considérant 20).

Contrat hors établissement Le contrat hors établissement vise les trois situations suivantes (C. consom. art. L 221-1, 2°). 30120

1° Le contrat a été conclu en la présence physique simultanée du professionnel et du consommateur dans un **lieu qui n'est pas celui où le professionnel exerce son activité** en permanence ou de manière habituelle, y compris à la suite d'une sollicitation ou d'une offre faite par le consommateur.

Par exemple, la réglementation s'applique au contrat conclu au domicile du consommateur ou sur son lieu de travail, mais à la condition que le professionnel ait été présent au moment de la signature du contrat (Cass. 1e civ. 9-12-2020 n° 19-18.391 F-P : RJDA 4/21 n° 273, rendu à propos de l'ancienne réglementation du démarchage à domicile mais transposable au régime actuel).

Elle est également applicable au contrat conclu au cours d'une vente au déballage, que le consommateur ait été invité à s'y rendre par un courrier publicitaire ou pas.

2° Le contrat a été conclu dans le **lieu où le professionnel exerce son activité** en permanence ou de manière habituelle ou au moyen d'une technique de communication à distance, immédiatement après que le **consommateur** a été **sollicité** personnellement et individuellement **dans un lieu différent** de celui où le professionnel exerce en permanence ou de manière habituelle son activité et où les parties étaient, physiquement et simultanément, présentes.

Ce cas ne recouvre pas la situation dans laquelle le professionnel vient tout d'abord au domicile du consommateur, uniquement pour prendre des mesures ou donner une estimation sans engagement de la part du consommateur, le contrat n'étant conclu que plus tard, dans l'établissement commercial du professionnel ou au moyen de la communication à distance, sur la base de l'estimation du professionnel ; dans ce cas, le contrat n'est pas considéré comme ayant été conclu immédiatement après que le professionnel a sollicité le consommateur, puisque ce dernier a eu le temps de réfléchir à l'estimation du professionnel avant de conclure le contrat (Dir. 2011/83 considérant 21).

3° Le contrat a été conclu pendant une **excursion** organisée par le professionnel ayant pour but ou pour effet de promouvoir et de vendre des biens ou des services au consommateur.

> **Précisions** Un consommateur qui conclut un contrat à l'occasion d'une **foire,** d'un **salon** ou de toute **manifestation commerciale soumise à déclaration** ne bénéficie pas d'un droit de rétractation et doit en être informé (C. consom. art. L 224-59 s.). Le législateur a en effet considéré que ces contrats ne devaient pas être assimilés à des contrats hors établissement. La position de la Cour de justice de l'Union européenne est plus nuancée : elle a jugé qu'un stand tenu par un professionnel sur une foire commerciale, sur lequel il exerce ses activités quelques jours par an, est un « établissement commercial » au sens de la directive 2011/83 si, au regard de l'ensemble des circonstances de fait qui entourent ces activités, et notamment de l'apparence de ce stand et des informations relayées dans les locaux de la foire elle-même, un consommateur normalement informé et raisonnablement attentif et avisé pouvait s'attendre à ce que ce professionnel y exerce ses activités et le sollicite afin de conclure un contrat (CJUE 7-8-2018 aff. 485/17 : RJDA 2/19 nº 144). Se fondant ainsi sur les circonstances de fait, la CJUE a jugé qu'un contrat conclu entre un professionnel et un consommateur dans un stand tenu par un professionnel à l'occasion d'une foire commerciale, immédiatement après que ce consommateur, qui se trouvait dans l'allée commune aux différents stands présents dans un hall d'exposition de la foire, a été sollicité par ce professionnel, est un « contrat hors établissement », au sens de la directive, et que le consommateur bénéficiait donc du droit de rétractation prévu par ce texte (CJUE 17-12-2019, ord., aff. 465/19 : RJDA 5/20 nº 292). Il faut s'attendre à ce que le droit français soit modifié.

30125 **Objet du contrat** La réglementation des contrats conclus à distance ou hors établissement s'applique (C. consom. art. L 221-1, II et III) :
– aux contrats portant sur la **vente** d'un ou plusieurs biens meubles (sur l'exclusion des opérations immobilières, voir nº 30150) et aux contrats en vertu desquels le professionnel fournit ou s'engage à fournir un **service** au consommateur **en contrepartie** duquel le consommateur en paie ou s'engage à en payer le **prix.** Le contrat ayant pour objet à la fois la fourniture de prestation de services et la livraison de biens est assimilé à un contrat de vente ; le contrat ayant pour objet à la fois le transfert de propriété d'un bien et la fourniture d'une prestation de services, y compris la prestation de livraison de biens, est assimilé à un contrat de vente ;
– aux contrats par lesquels le professionnel fournit ou s'engage à fournir au consommateur un **contenu** numérique sans support matériel **ou** un **service numérique** et **pour lesquels le consommateur** lui **fournit** ou s'engage à lui fournir des **données à caractère personnel,** sauf lorsque ces données sont exclusivement traitées par lui pour fournir le contenu numérique sans support matériel ou le service numérique, ou lui permettre de remplir les obligations légales qui lui incombent.

30130 La loi s'applique aux contrats portant sur la fourniture d'**eau,** de **gaz** ou d'**électricité** lorsqu'ils ne sont pas conditionnés dans un volume délimité ou en quantité déterminée (C. consom. art. L 221-4, al. 1), ainsi que sur la fourniture de **chauffage urbain** et de contenu **numérique** sans support matériel (art. L 221-4, al. 2).

> **Précisions** S'agissant de la fourniture d'un **contenu numérique** sans support matériel, le texte précité ne distingue pas selon la nature de la contrepartie due par le consommateur – paiement d'un prix ou fourniture de données personnelles – comme le fait désormais l'article L 221-1 exposé au paragraphe précédent, mais s'agit bien d'englober les deux hypothèses (en ce sens, Dir. 2019/2161 considérant 31). On ne voit guère l'intérêt de maintenir la référence à la fourniture d'un contenu numérique sans support matériel à l'article L 221-4.

30140 **Contrats internationaux** Si un contrat conclu hors établissement présente un **lien étroit** avec le territoire d'un État membre, le consommateur partie à ce contrat ne peut pas être privé des mesures de protection que lui assure, en application de la directive 2011/83, la réglementation nationale de l'État dont il est résident (C. consom. art. L 232-3). Sur la définition du lien étroit, voir nº 16200.

CONTRATS EXCLUS

30150 Certains contrats sont exclus du champ d'application de la réglementation des contrats conclus à distance ou hors établissement parce qu'ils font déjà l'objet de dispositions particulières (services financiers, par exemple) ou parce que la réglementation ne leur est pas adaptée (fourniture de produits de consommation courante lors de tournées fréquentes au domicile ou sur le lieu de travail, par exemple) ou encore en raison de leur mode d'établissement (utilisation de distributeurs automatiques, par exemple).

Ainsi, ne sont pas soumis à la réglementation les contrats (C. consom. art. L 221-2 et L 221-3) :
– portant sur les **services sociaux,** y compris le logement social, l'aide à l'enfance et aux familles, à l'exception de certains services à la personne ;

– portant sur les **services de santé** fournis par des professionnels de la santé aux patients pour évaluer, maintenir ou rétablir leur état de santé, y compris la prescription, la délivrance et la fourniture de médicaments et de dispositifs médicaux ;
– portant sur les **jeux** d'argent et de hasard mentionnés à l'article L 320-6 du Code de la sécurité intérieure et les transactions portant sur des paris ;
– portant sur les services financiers (sur la réglementation qui leur est applicable, voir n°s 31900 s.) ;
– portant sur un **forfait touristique** ;
– portant sur les contrats d'**utilisation de biens à temps partagé,** les contrats de produits de vacances à long terme et les contrats de revente et d'échange mentionnés aux articles L 224-69 et L 224-70 du Code de la consommation ;
– rédigés par un **officier public** ;
– portant sur la fourniture de denrées alimentaires, de boissons ou d'autres biens ménagers de consommation courante, qui sont livrés physiquement par un professionnel lors de **tournées fréquentes** et régulières **au domicile** ou au lieu de résidence ou de travail du consommateur ;
– portant sur les services de **transport** de passagers, à l'exception des dispositions de l'article L 221-14 du Code de la consommation qui impose au professionnel, lorsque le contrat est conclu par voie électronique, de fournir au consommateur, avant la conclusion du contrat, les informations relatives aux caractéristiques essentielles du service, au prix et à la durée du contrat (n° 30360) ;
– conclus au moyen de **distributeurs automatiques** ou de sites commerciaux automatisés ;
– conclus avec des **opérateurs de télécommunications** pour l'utilisation des cabines téléphoniques publiques ou aux fins d'une connexion unique par téléphone, internet ou télécopie, notamment les services et produits à valeur ajoutée accessibles par voie téléphonique ou par message textuel ;
– portant sur la création, l'acquisition ou le transfert de **biens immobiliers** ou de droits sur des biens immobiliers, la construction d'immeubles neufs, la transformation importante d'immeubles existants ou la location d'un logement à des fins résidentielles ;
– portant sur des **biens vendus sur saisie** ou par autorité de justice.

> **Précisions a.** La réglementation s'applique aux **contrats portant sur les services à la personne** mentionnés à l'article L 7231-1 du Code du travail, c'est-à-dire la garde d'enfants, l'assistance aux personnes âgées, aux personnes handicapées ou aux autres personnes qui ont besoin d'une aide personnelle à leur domicile ou d'une aide à la mobilité dans l'environnement de proximité favorisant leur maintien à domicile et les services aux personnes à leur domicile relatifs aux tâches ménagères ou familiales.
b. L'exclusion relative aux achats réalisés lors de **tournées fréquentes au domicile** vise essentiellement les tournées réalisées par des professionnels tels que les boulangers ou épiciers qui se déplacent auprès des personnes éloignées des centres urbains pour leur permettre d'acquérir des produits de consommation courante sans qu'elles aient à se déplacer. De telles pratiques ne donnant généralement pas lieu à des abus, il était logique que le législateur les exclue du champ d'application de la réglementation.
c. L'expression « **services de transport** » vise, d'une façon générale, les services dans le secteur des transports, et non seulement les « contrats de transport », qui portent uniquement sur le transport de passagers ou de marchandises exécuté par un transporteur. Elle inclut donc les contrats de fourniture de services de location de voitures (CJCE 10-3-2005 aff. 336/03 : RJDA 7/05 n° 800, décision rendue sur le fondement de l'ancienne directive 97/7 relative aux contrats à distance mais transposable).

APPLICATION CONVENTIONNELLE DE LA RÉGLEMENTATION

Sauf disposition contraire de la loi, les parties **à un contrat** sont libres de le soumettre volontairement aux régimes de protection définis par le Code de la consommation **alors qu'il n'en relève pas,** mais l'exercice de cette faculté doit résulter d'une manifestation de volonté claire et dépourvue d'équivoque (Cass. 1e civ. 19-1-2022 n° 20-14.241 F-D : RJDA 4/22 n° 231). La seule mention, dans les conditions générales de vente, des articles L 121-20 et suivants du Code de la consommation relatifs aux contrats conclus à distance est à cet égard insuffisante (arrêt précité). 30155

> ATTENTION
> Lorsqu'il est établi que les parties sont convenues d'appliquer une réglementation, cette **réglementation s'applique** alors **en son ensemble,** même si le contrat ne fait référence qu'à certaines dispositions de celle-ci (Cass. ass. plén. 17-5-2002 n° 00-11.664 P : RJDA 8-9/02 n° 861 ; Cass. 1e civ. 28-3-2008 n° 04-18.724 F-D).

II. PROTECTION DU CONSOMMATEUR EN MATIÈRE DE CONTRAT À DISTANCE OU HORS ÉTABLISSEMENT

A. Information précontractuelle du consommateur

1. DISPOSITIONS COMMUNES AUX CONTRATS CONCLUS À DISTANCE OU HORS ÉTABLISSEMENT

CONTENU DE L'INFORMATION DUE AU CONSOMMATEUR

30300 Préalablement à la conclusion, à distance ou hors établissement, d'un contrat de vente ou de fourniture de services, de contenu numérique ou de services numériques, le professionnel doit communiquer au consommateur, de manière lisible et compréhensible, les informations suivantes (C. consom. art. L 221-5 et R 221-2) :

1° Les **caractéristiques essentielles** du bien, du service, du service numérique ou du contenu numérique.

2° Le **prix** du bien, du service, du service numérique ou du contenu numérique (C. consom. art. L 112-1 à L 112-4 ; n°s 75100 s.).

3° La **date** à laquelle ou le délai dans lequel le professionnel s'engage à **livrer le bien** ou à fournir le service, le service numérique ou le contenu numérique.

4° Les informations relatives à son **identité,** à ses coordonnées postales, téléphoniques et électroniques, aux modalités de **résiliation,** aux modes de **règlement des litiges,** aux autres conditions contractuelles et, le cas échéant, aux coûts de l'utilisation de la technique de communication à distance, à l'existence de codes de bonne conduite et aux cautions et garanties financières.

5° S'il y a lieu, les informations relatives aux **garanties** légales (notamment, la garantie légale de conformité et la garantie des vices cachés), aux fonctionnalités, à la **compatibilité** et à l'interopérabilité du contenu numérique, du service numérique ou du bien comportant des éléments numériques (dont le professionnel a ou devrait raisonnablement avoir connaissance), aux autres conditions contractuelles et, le cas échéant, à l'existence de toute **restriction** d'installation de logiciel.

6° La possibilité de recourir à un **médiateur** de la consommation et les coordonnées de celui-ci.

7° Lorsque le **droit de rétractation** existe, les conditions, le délai et les modalités d'exercice de ce droit ainsi que le formulaire type de rétractation dont les conditions de présentation et les mentions sont fixées en annexe à l'article R 221-1 du Code de la consommation.

8° Le cas échéant, le fait que le consommateur supporte les **frais de renvoi** du bien en cas de rétractation et, pour les contrats à distance, le coût de renvoi du bien lorsque celui-ci, en raison de sa nature, ne peut normalement être renvoyé par La Poste.

9° L'information sur l'obligation du consommateur de payer des **frais** lorsque celui-ci exerce son droit de **rétractation** d'un contrat de prestation de services, de distribution d'eau, de fourniture de gaz ou d'électricité et d'abonnement à un réseau de chauffage urbain dont il a demandé expressément l'exécution avant la fin du délai de rétractation.

10° Lorsque le **droit de rétractation ne peut pas être exercé,** l'information selon laquelle le consommateur ne bénéficie pas de ce droit ou, le cas échéant, les circonstances dans lesquelles le consommateur perd son droit de rétractation.

11° L'application d'un **prix personnalisé** sur la base d'une prise de décision automatisée, s'il y a lieu.

L'article R 221-2 modifié du Code de la consommation exige **en outre** la communication des modalités de paiement, de livraison et d'exécution prévues dans le contrat ; du coût de l'utilisation de la technique de communication à distance pour la conclusion du contrat lorsque ce coût est calculé sur une base autre que le tarif de base ; s'il y a lieu, des modalités de traitement prévues pour le traitement des réclamations, de la durée du contrat ou, s'il s'agit d'un contrat à durée indéterminée ou à tacite reconduction, des conditions de résiliation, de la durée minimale des obligations contractuelles du consommateur, de l'existence de codes de conduite applicables au contrat et les modalités pour en obtenir une copie. 30300 (suite)

Avant la conclusion d'un contrat de **fourniture de services** et, lorsqu'il n'y a pas de contrat, avant l'exécution de la prestation de services, tout professionnel fournit les informations complémentaires prévues par l'article L 111-2 du Code de la consommation (art. L 221-5, II ; nos 16370 s.).

Les informations relatives au droit de rétractation figurant aux 7°, 8° et 9° ci-dessus peuvent être fournies au moyen de l'avis d'information type figurant en annexe à l'article R 221-3 du Code de la consommation (art. R 221-3).

› Précisions **a.** S'agissant de l'indication des **coordonnées du professionnel,** l'article R 221-2 du Code de la consommation impose à ce dernier de communiquer au consommateur son nom ou sa dénomination sociale, l'adresse géographique où il est établi, son numéro de téléphone et son adresse électronique ainsi que, le cas échéant, l'adresse géographique et l'identité du professionnel pour le compte duquel il agit ; si elle diffère de l'adresse géographique précitée, doit être communiquée l'adresse géographique du siège commercial à laquelle le consommateur peut adresser une éventuelle réclamation. Le professionnel indique aussi, s'il y a lieu, les moyens de communication en ligne complémentaires à ceux précités ; ces moyens doivent garantir au consommateur d'être en mesure de conserver tous les échanges écrits avec le professionnel sur un support durable, y compris la date et l'heure de ces échanges.

Le droit français est ici plus exigeant que la directive 2011/83 du 25 octobre 2011 dont l'article 6 n'impose la communication d'un numéro de téléphone et d'une adresse électronique que s'ils sont disponibles ; la CJUE en a déduit que la directive n'impose pas au professionnel de mettre en place une ligne téléphonique ou de créer une nouvelle adresse électronique et que ce n'est que si le professionnel dispose déjà de l'un de ces moyens de communication que la directive impose de le communiquer (CJUE 10-7-2019 aff. 649/17 : RJDA 11/19 n° 717). L'article R 221-2 du Code de la consommation prend le contre-pied de cette jurisprudence.

Dans le cas d'une vente aux **enchères publiques à distance par voie électronique** (cf. C. com. art. L 321-3), les informations relatives à l'identité et aux coordonnées du professionnel peuvent être remplacées par celles du commissaire-priseur (C. consom. art. L 221-5, I-dernier al. et R 221-4) ou du commissaire judiciaire.

b. Un commerçant qui propose, sur des sites tels qu'Amazon, un bien qu'il n'a pas lui-même produit doit informer le consommateur de la **garantie du producteur** s'il en fait un élément central ou décisif de son offre ; l'information due englobe tout élément d'information qui concerne les conditions d'application et de mise en œuvre de cette garantie, permettant au consommateur de prendre sa décision de se lier contractuellement ou non avec le professionnel (CJUE 5-5-2022 aff. 179/21).

c. L'exigence d'informer le consommateur sur le prix pose question lorsque le **contrat** porte sur un contenu numérique (sans support matériel) ou un service numérique **sans stipulation d'un prix,** le consommateur fournissant en contrepartie des données personnelles. D'autant plus que l'article L 221-5 renvoie aux seuls articles L 112-1 à L 112-4 relatifs au prix, ce qui exclut de fait l'article L 112-4-1 selon lequel, si le contrat de vente de biens ou le contrat de fourniture de contenus numériques ou de services numériques ne prévoit pas le paiement d'un prix, le professionnel précise la nature de l'avantage procuré par le consommateur. Selon la DGCCRF, la rédaction de l'article L 221-5 répond au principe d'harmonisation maximale de l'article 6 de la directive 2011/83, tel que modifié par la directive 2019/2161 ; en conséquence, avant la conclusion d'un contrat à distance et hors établissement, l'obligation d'information du professionnel ne porte que sur les éléments repris par cet article, quand bien même le champ d'application de la directive a été élargi aux contrats de fourniture de contenu numérique sans support matériel ou de service numérique pour lesquels le consommateur fournit ou s'engage à fournir des données à caractère personnel. En effet, le professionnel reste soumis, dans cette hypothèse, aux obligations d'information prescrites par d'autres textes, notamment, le règlement 2016/679 relatif à la protection des personnes physiques à l'égard du traitement des données à caractère personnel et à la libre circulation de ces données.

d. Si le professionnel n'a pas respecté ses obligations d'information concernant les **frais de renvoi** de la marchandise et les frais supplémentaires de transport, de livraison ou d'affranchissement mentionnés à l'article L 112-3 du Code de la consommation (n° 75170), le consommateur n'est pas tenu au paiement de ces frais (C. consom. art. L 221-6).

e. Lorsque le professionnel est tenu à des obligations distinctes, notamment lorsqu'il s'est engagé à fournir plusieurs prestations, il ne peut pas se contenter d'indiquer un **délai global** d'exécution car cela ne permet pas au consommateur de déterminer de manière suffisamment précise quand le professionnel aura exécuté ses différentes obligations (Cass. 1e civ. 15-6-2022 n° 21-11.747 F-B : RJDA 10/22 n° 588 ; Cass. 1e civ. 1-3-2023 n° 22-10.361 F-D + B : RJDA 8-9/23 n° 470, rendus à propos de l'ancienne réglementation du démarchage à domicile mais transposables au régime actuel). L'absence de mention d'un délai précis ne peut pas être suppléée par l'indication d'un délai maximal dans les conditions générales du contrat (Cass. 1e civ. 24-1-2024 n° 21-20.693 FS-B : BRDA 5/24 inf. 18).

PREUVE DE L'EXÉCUTION DE L'OBLIGATION D'INFORMATION

30310 La preuve de la communication de ces informations est à la **charge** du professionnel (art. L 221-7 ; pour une application, Cass. 1e civ. 1-2-2023 nº 20-22.176 F-B : RJDA 6/23 nº 345).

2. DISPOSITIONS PARTICULIÈRES AUX CONTRATS CONCLUS À DISTANCE

INFORMATION PRÉCONTRACTUELLE DU CONSOMMATEUR

30340 Avant de conclure un contrat à distance, le professionnel doit fournir au consommateur, de manière lisible et compréhensible, les **informations de l'article L 221-5 du Code de la consommation** (nº 30300) ou les mettre à sa disposition par tout moyen adapté à la technique de communication à distance utilisée (C. consom. art. L 221-11).

Si la technique de communication à distance utilisée impose des **limites d'espace** (limitation du nombre de caractères sur certains écrans de téléphones portables, par exemple) **ou de temps** (spots de téléachat, par exemple) pour la présentation des documents comportant les informations précontractuelles, le professionnel peut se contenter de ne fournir que certaines d'entre elles (caractéristiques essentielles des biens ou services, prix, identité du professionnel, durée du contrat et droit de rétractation) par le **moyen de communication** utilisé par le consommateur et communiquer les autres par tout autre moyen (art. L 221-12). Ainsi, le professionnel peut fournir au consommateur le formulaire de rétractation par une autre source (CJUE 23-1-2019 aff. 430/17 : RJDA 4/19 nº 300).

Les informations requises peuvent être portées à la connaissance du consommateur dans les conditions générales de la prestation de services sur le site de l'intermédiaire professionnel, approuvées par ce consommateur en cochant la case prévue à cet effet (CJUE 24-2-2022 aff. 536/20 rendu en application de la directive 2011/83). Des tribunaux administratifs ont admis la possibilité de communiquer les informations précontractuelles par un hyperlien sur lequel le client doit cliquer (TA Versailles 22-11-2021 nº 2006365 et TA Bordeaux 23-11-2021 nº 1906171 : RJDA 8-9/22 nº 521).

30345 Le professionnel qui conclut à distance un contrat de vente prévoyant l'**envoi transfrontière de colis au sein de l'Union européenne** doit informer le consommateur sur les options de livraison et les frais de livraison liés à ce contrat (Régl. 2018/644 du 18-4-2018 art. 7). Cette disposition est destinée à permettre à l'acheteur de comparer les services de livraison de colis proposés par différents prestataires, tant sur le plan de la qualité que sur celui du prix (Régl. 2018/644 considérant 8).

Les sanctions applicables en cas de non-respect de cette obligation, qui devaient être fixées par les États membres de l'Union avant le 24 novembre 2019 (Régl. 2018/644 art. 8), ne l'ont pas encore été à notre connaissance.

SUPPORT ET CONTENU DU CONTRAT CONCLU À DISTANCE

30350 Après la conclusion du contrat à distance et au plus tard au moment de la livraison ou avant le début de l'exécution du service ou du contrat de fourniture de contenu numérique fourni sans support matériel ou de services numériques, les informations précontractuelles de l'article L 221-5 du Code de la consommation (nº 30300) doivent être confirmées sur un support durable (C. consom. art. L 221-13, al. 1). Le support durable est défini comme tout instrument permettant au consommateur ou au professionnel de stocker des informations qui lui sont adressées personnellement afin de pouvoir s'y reporter ultérieurement pendant un laps de temps adapté aux fins auxquelles les informations sont destinées et qui permet la reproduction à l'identique des informations stockées (art. liminaire, 8º).

Le contrat doit être accompagné du formulaire type de rétractation (art. L 221-13, al. 1).

Le cas échéant, le professionnel fournit au consommateur, dans les mêmes conditions et avant l'expiration du délai de rétractation, la confirmation de son accord exprès pour la fourniture d'un contenu numérique non présenté sur un support matériel (application d'un smartphone, téléchargement d'un film ou d'une musique) et de la reconnaissance de la perte de son droit de rétractation (art. L 221-13, al. 2).

> **Précisions** Le fait que les **informations** requises figurent **dans les conditions générales** sur le site de l'intermédiaire professionnel, même si elles ont été approuvées par ce consommateur en cochant la case prévue à cet effet, ne vaut pas confirmation sur un support durable ; en effet, il n'en résulte pas que ces informations sont adressées personnellement à ce consommateur, ni garantie quant à leur absence d'altération et à leur accessibilité pendant une durée appropriée, ni possibilité pour le consommateur de stocker ou de reproduire ces informations (CJUE 24-2-2022 aff. 536/20 rendu en application des art. 6, 7 et 8 de la directive 2011/83).

DISPOSITIONS SPÉCIFIQUES AU CONTRAT CONCLU PAR VOIE ÉLECTRONIQUE

L'obligation d'information est renforcée en cas de contrat conclu par voie électronique. **30360**

Le professionnel doit **rappeler** au consommateur, avant qu'il ne passe sa commande, de manière lisible et compréhensible, les **informations** relatives aux caractéristiques essentielles des biens ou des services qui font l'objet de la commande, à leur prix, à la durée du contrat et, s'il y a lieu, à la durée minimale des obligations contractuelles du consommateur (C. consom. art. L 221-14, al. 1).

Le professionnel doit également veiller à ce que le consommateur, lors de sa commande, reconnaisse explicitement son **obligation de paiement.** À cette fin, la fonction utilisée par le consommateur pour valider sa commande doit comporter, à peine de nullité du contrat conclu (art. L 242-2), la mention claire et lisible « commande avec obligation de paiement » ou une formule analogue, dénuée de toute ambiguïté, indiquant que la passation d'une commande oblige à son paiement (art. L 221-14, al. 2).

Par ailleurs, le site de commerce en ligne doit indiquer, au plus tard au début du processus du bon de commande, les **moyens de paiement** acceptés et les éventuelles restrictions de **livraison** (art. L 221-14, al. 3).

RESPONSABILITÉ DU PROFESSIONNEL DANS L'EXÉCUTION DU CONTRAT

Le professionnel est responsable de plein droit à l'égard du consommateur de la bonne exécution des obligations résultant du contrat conclu à distance, que ces **obligations** soient **exécutées par le professionnel** qui a conclu ce contrat ou par d'autres prestataires de services, sans préjudice de son droit de recours contre ceux-ci. Toutefois, il peut être exonéré de tout ou partie de sa responsabilité s'il apporte la preuve que l'inexécution ou la mauvaise exécution du contrat est imputable soit au consommateur, soit au fait, imprévisible et insurmontable, d'un tiers au contrat, soit à un cas de force majeure (C. consom. art. L 221-15). **30370**

> **› Précisions** Sous l'empire de la réglementation antérieure, la Cour de cassation avait jugé que la **responsabilité** de plein droit du professionnel était **d'ordre public,** de sorte que celui-ci ne pouvait pas conventionnellement exclure ni limiter, en dehors des prévisions de la loi, la réparation due au consommateur en cas d'inexécution ou de mauvaise exécution du contrat (Cass. 1e civ. 13-11-2008 nº 07-14.856 : RJDA 10/09 nº 838). Cette solution est à notre avis transposable.

3. DISPOSITIONS PARTICULIÈRES AUX CONTRATS CONCLUS HORS ÉTABLISSEMENT

INFORMATION PRÉCONTRACTUELLE DU CONSOMMATEUR

Avant la conclusion d'un contrat hors établissement, les informations de l'article L 221-5 (nº 30300) doivent être fournies sur papier ou, avec l'accord du consommateur, sur un autre support durable, et ce, de manière claire et compréhensible (C. consom. art. L 221-8). Sur la définition du support durable, voir nº 30350. **30390**

REMISE D'UN CONTRAT

Le professionnel doit fournir au consommateur un exemplaire daté du contrat conclu hors établissement, sur papier signé par les parties ou, avec l'accord du consommateur, sur un autre **support** durable, confirmant l'engagement exprès des parties ; ce contrat doit comporter toutes les informations précontractuelles qui ont été communiquées (C. consom. art. L 221-9, al. 1 et 2). Il mentionne, le cas échéant, l'accord exprès du consommateur pour la fourniture d'un **contenu** numérique sans support matériel avant l'expiration du délai de rétractation et, dans cette hypothèse, le renoncement de ce dernier à l'exercice de son droit de rétractation (art. L 221-9, al. 3). **30400**

Le contrat doit être accompagné du **formulaire type de rétractation** (art. L 221-9, al. 4). Ce formulaire ne doit pas comporter sur son verso certaines mentions du contrat car l'envoi du formulaire en cas de rétractation aurait pour effet de porter atteinte à l'intégrité du contrat alors que le consommateur doit pouvoir conserver un contrat complet (Cass. 1e civ. 20-12-2023 nº 21-16.491 FS-B : RJDA 4/24 nº 252).

INTERDICTION DE TOUT PAIEMENT OU CONTREPARTIE

Le professionnel ne peut recevoir aucun **paiement** ou aucune contrepartie, sous quelque forme que ce soit, de la part du consommateur avant l'expiration du **délai** de 7 jours à compter de la conclusion du contrat hors établissement (C. consom. art. L 221-10). **30410**

Il y a cependant des **exceptions** ; le professionnel peut donc exiger un paiement immédiat pour les contrats suivants (art. L 221-10, al. 2 à 6) :
– la souscription à domicile d'un abonnement à une publication quotidienne et assimilée, au sens de l'article 39 bis du Code général des impôts (revue mensuelle ou bimensuelle consacrée pour une large part à l'information politique) ;
– les contrats de service d'aide à la personne mentionnés à l'article L 7231-1 du Code du travail ;
– les contrats conclus au cours de réunions organisées par le vendeur à son domicile ou au domicile d'un consommateur ayant préalablement et expressément accepté que cette opération se déroule à son domicile ;
– les contrats ayant pour objet des travaux d'entretien ou de réparation à réaliser en urgence au domicile du consommateur et expressément sollicités par lui, dans la limite des pièces de rechange et travaux strictement nécessaires pour répondre à l'urgence.

REFUS DES VISITES À DOMICILE

30415 Est interdite toute visite non sollicitée d'un professionnel au domicile d'un consommateur en vue de vendre des produits ou de fournir des services lorsque le **consommateur** a **manifesté** de manière claire et non ambiguë **ne pas vouloir** faire l'objet d'une telle visite (C. consom. art. L 221-10-1).

Le texte ne précisant pas les moyens par lesquels le consommateur doit manifester sa volonté de ne pas faire l'objet de visites non sollicitées à son domicile, il peut utiliser tout moyen à cette fin. Interrogée par nos soins, la DGCCRF a précisé qu'il peut par exemple s'agir d'un panneau ou de tout message visible par le professionnel depuis l'extérieur du domicile du consommateur. Il n'a pas été prévu de constituer de fichier recensant les consommateurs qui ne voudraient pas faire l'objet de visites non sollicitées chez eux.

RÉSILIATION DU CONTRAT

30420 Pour les souscriptions à domicile d'un **abonnement** à une publication quotidienne, et pour les contrats de service d'**aide à la personne,** le consommateur dispose d'un droit de résiliation du contrat à tout moment et sans préavis, frais ou indemnité et d'un droit au remboursement, dans un délai de 15 jours, des sommes versées au prorata de la durée du contrat restant à courir (C. consom. art. L 221-10, dernier al.).

B. Droit de rétractation dans les contrats conclus à distance ou hors établissement

1. MODALITÉS D'EXERCICE DU DROIT DE RÉTRACTATION

DÉLAI DE RÉTRACTATION

30460 **Durée** Le consommateur dispose d'un délai de 14 jours pour exercer son droit de rétractation d'un contrat conclu à distance, à la suite d'un démarchage téléphonique ou hors établissement, sans avoir à motiver sa décision (C. consom. art. L 221-18, al. 1).
Ce délai est prorogé de douze mois à compter de l'expiration du délai de rétractation initial lorsque les informations précontractuelles relatives au droit de rétractation (nº 30300) n'ont pas été fournies au consommateur. Toutefois, lorsque la fourniture de ces informations intervient pendant cette prolongation, le délai de rétractation expire au terme d'une période de 14 jours à compter du jour où le consommateur a reçu ces informations (art. L 221-20).

ATTENTION
Lorsque le consommateur a conclu un contrat hors établissement avec un professionnel sans avoir été informé sur son droit de rétractation, il dispose d'une prolongation de 12 mois du délai de rétractation mais il peut aussi invoquer la **nullité du contrat** prévue par l'article L 242-1 (Cass. 1e civ. 31-8-2022 nº 21-10.075 F-B : RJDA 12/22 nº 719 ; Cass. 1e civ. 20-12-2023 nº 19-22.551 F-D : RJDA 4/24 nº 251).

S'agissant d'un **contrat** conclu à distance comportant une **période d'essai gratuite transformable en abonnement payant reconductible,** le droit de rétractation ne joue qu'une fois et ne renaît pas à chaque reconduction, à condition que le consommateur ait été clairement informé que la prestation deviendrait payante après la période initiale gratuite (CJUE 5-10-2023 aff. 565/22 : RJDA 4/24 nº 250).

Décompte Bien que la loi ne le précise pas, le **délai** de rétractation est **calendaire,** c'est-à-dire que tous les jours comptent, y compris les samedis, dimanches et jours fériés. Si le dernier jour tombe un samedi, un dimanche ou un jour férié, le délai est prorogé jusqu'au lendemain. **30470**

Le délai de 14 jours **court à compter** du jour (C. consom. art. L 221-18, al. 2 à 4) :
– de la conclusion du contrat, pour les prestations de services et les contrats portant sur la fourniture d'eau, de gaz ou d'électricité ainsi que sur la fourniture de chauffage urbain et de contenu numérique énumérés à l'article L 221-4 du Code de la consommation (nº 30130) ;
– de la réception du bien par le consommateur ou un tiers, autre que le transporteur, désigné par lui, pour les contrats de vente de biens. Cependant, pour les contrats conclus hors établissement, le consommateur peut exercer son droit de rétractation dès la conclusion du contrat.

Dans le cas d'une **commande portant sur plusieurs biens** livrés séparément ou dans le cas d'une commande d'un bien composé de lots ou de pièces multiples dont la livraison est échelonnée sur une période définie, le délai court à compter de la réception du dernier bien ou lot ou de la dernière pièce ; pour les contrats prévoyant la livraison régulière de biens pendant une période définie, le délai court à compter de la réception du premier bien (art. L 221-18, al. 5 et 6).

> **Précisions** Le contrat de fourniture, d'installation et de mise en service de panneaux photovoltaïques et d'un chauffe-eau est un **contrat mixte,** portant à la fois sur la livraison de biens et sur une prestation de services, et doit être qualifié de contrat de vente (Cass. 1e civ. 17-5-2023 nº 21-25.670 FS-B : RJDA 10/23 nº 507).

MODALITÉS D'EXERCICE DU DROIT DE RÉTRACTATION

Le consommateur doit informer le professionnel de sa décision de se rétracter en lui adressant, avant l'expiration du délai de 14 jours (nº 30460), soit le **formulaire** de rétractation (nº 30300), soit une **déclaration,** dénuée d'ambiguïté, exprimant sa volonté de se rétracter (C. consom. art. L 221-21, al. 1). **30480**

Ces documents peuvent être transmis en ligne, à partir du site internet du professionnel ; dans ce cas, celui-ci doit communiquer au consommateur un accusé de réception sur un support durable (art. L 221-21, al. 2).

Lorsque le consommateur exerce son droit de rétractation en envoyant une lettre recommandée AR, c'est la **date** d'envoi de la lettre, et non pas celle de sa réception, qu'il faut retenir pour apprécier si le droit de rétractation a été exercé dans le délai légal (Cass. 1e civ. 12-7-2023 nº 22-10.778 F-D : RJDA 12/23 nº 682).

La charge de la **preuve** de l'exercice du droit de rétractation pèse sur le consommateur (art. L 221-22).

RENONCIATION AU DROIT DE RÉTRACTATION

Toute clause par laquelle le consommateur abandonne son droit de rétractation est nulle (C. consom. art. L 242-3). Cette disposition n'empêche pas que le consommateur puisse expressément renoncer à son droit de rétractation, par exemple lorsqu'il souhaite qu'une prestation de services soit immédiatement exécutée. **30490**

2. EFFETS DE LA RÉTRACTATION

FIN DE L'OBLIGATION D'EXÉCUTER LE CONTRAT APRÈS LA RÉTRACTATION

L'exercice du droit de rétractation met fin à l'obligation des parties soit d'exécuter le contrat à distance ou le contrat hors établissement, soit de le conclure lorsque le consommateur a fait une offre. Il met aussi automatiquement fin à tout contrat accessoire au contrat principal, sans frais particuliers (C. consom. art. L 221-27). **30510**

OBLIGATIONS DU CONSOMMATEUR QUI S'EST RÉTRACTÉ

Contrat de vente Le consommateur qui exerce son droit de rétractation doit **restituer le bien** au professionnel ou à une personne désignée par ce dernier, sans retard excessif et, au plus tard, dans les 14 jours suivant la communication de sa décision de se rétracter, à moins que le professionnel ne propose de récupérer lui-même ce bien (C. consom. art. L 221-23, al. 1). **30520**

Le consommateur ne doit supporter que les **coûts** directs de renvoi du bien, sauf si le professionnel accepte de les prendre à sa charge ou s'il a omis d'informer le consommateur que ces coûts sont à sa charge. Néanmoins, pour les contrats conclus hors établissement, lorsque le bien est livré au domicile du consommateur au moment de la conclusion du contrat, le professionnel récupère le bien à ses frais s'il ne peut pas être renvoyé normalement par voie postale en raison de sa nature (art. L 221-23, al. 2).

La responsabilité du consommateur ne peut être engagée qu'en cas de **dépréciation du bien** résultant de manipulations autres que celles nécessaires pour établir la nature, les caractéristiques et le bon fonctionnement du bien, sous réserve que le professionnel ait informé le consommateur de son droit de rétractation (art. L 221-23, al. 3).

> Précisions L'administration considère qu'en cas de réception d'un **bien atteint d'un défaut de conformité,** le droit de rétractation ne permet pas au consommateur de retourner ce bien car ce droit n'est admis que si le bien est retourné en parfait état. Dans de telles circonstances, ce sont les règles relatives à la garantie légale de conformité permettant au consommateur d'obtenir le remplacement du bien (C. consom. art. L 217-4 s.) qui doivent être appliquées. Cette action en garantie est une cause d'interruption du délai de rétractation, lequel pourra à nouveau courir à compter de la délivrance d'un bien conforme (Avis DGCCRF du 10-7-2015 : www.economie.gouv.fr/dgccrf).

30530 **Prestation de services** Si le contrat soumet le consommateur à une obligation de payer et si celui-ci souhaite que l'**exécution** d'une prestation de services – ou d'un contrat mentionné à l'article L 221-4, al. 1 (nº 30130) – commence **avant la fin du délai de rétractation** de 14 jours, le professionnel doit recueillir sa demande expresse, par tout moyen pour les contrats conclus à distance et sur papier ou sur support durable pour les contrats conclus hors établissement (C. consom. art. L 221-25, al. 1). Le professionnel doit demander au consommateur de reconnaître qu'il ne disposera plus du droit de rétractation après entière exécution du contrat (art. précité).

Le consommateur qui a exercé son droit de rétractation d'un contrat dont l'exécution a commencé, à sa demande expresse, avant la fin du délai de rétractation doit verser au professionnel un montant correspondant au service fourni jusqu'à la communication de sa décision de se rétracter ; ce montant est proportionné au prix total de la prestation convenu dans le contrat. Si le prix total est excessif, le montant approprié est calculé sur la base de la valeur marchande de ce qui a été fourni (art. précité, al. 2).

En revanche, le consommateur n'est redevable d'aucune somme si sa demande expresse n'a pas été recueillie dans les conditions indiquées ci-dessus ou si le professionnel n'a pas respecté l'obligation d'information prévue à l'article L 221-5, 9° du Code de la consommation, c'est-à-dire n'a pas informé le consommateur sur son obligation de payer des frais lorsque celui-ci exerce son droit de rétractation d'un contrat de prestation de services, de distribution d'eau, de fourniture de gaz ou d'électricité et d'abonnement à un réseau de chauffage urbain dont il a demandé expressément l'exécution avant la fin du délai de rétractation (art. L 221-25, al. 3). Il en est de même lorsque le professionnel n'a pas transmis au consommateur les informations relatives à l'existence et aux modalités du droit de rétractation (CJUE 17-5-2023 aff. 97/22 : RJDA 11/23 nº 619).

> Précisions a. Les obligations ci-dessus pesant sur le professionnel ne s'appliquent pas lorsque le **contrat a pour contrepartie** la seule communication par le consommateur de **données personnelles.**

b. Pour déterminer le **prix** dû par le consommateur lorsque la **prestation a commencé à être exécutée** avant qu'il ne se rétracte, il convient, en principe, de tenir compte du prix convenu dans le contrat pour l'ensemble des prestations faisant l'objet du même contrat et de calculer le montant dû prorata temporis ; toutefois, si le contrat conclu prévoit expressément qu'une ou plusieurs des prestations sont fournies intégralement dès le début de l'exécution du contrat, de manière distincte, à un prix devant être acquitté séparément, il convient de tenir compte de l'intégralité du prix prévu pour une telle prestation dans le calcul du montant dû au professionnel (CJUE 8-10-2020 aff. 641/19 : RJDA 4/21 nº 274). Pour apprécier si le prix total est excessif, est tenu compte du prix du service offert par le professionnel concerné à d'autres consommateurs dans les mêmes conditions ainsi que de celui du service équivalent fourni par d'autres professionnels au moment de la conclusion du contrat (arrêt précité).

30540 **Fourniture de contenu numérique** Le consommateur qui a exercé son droit de rétractation d'un contrat de fourniture de contenu numérique sans support matériel (application pour un smartphone, téléchargement de musique ou de film) n'est redevable d'aucune somme dans l'un des deux cas suivants (C. consom. art. L 221-26) :

– le professionnel n'a pas recueilli son accord préalable exprès pour l'exécution du contrat avant la fin du délai de rétractation, ainsi que la preuve que le consommateur a reconnu perdre son droit de rétractation après pleine exécution du contrat à sa demande expresse ;

– le contrat ne mentionne pas l'accord exprès du consommateur pour la fourniture du contenu numérique avant l'expiration du délai de rétractation et, dans cette hypothèse, le renoncement de ce dernier à l'exercice de son droit de rétractation (contrat conclu hors établissement) ou la confirmation de son accord exprès pour la fourniture d'un contenu numérique non présenté sur un support matériel et de la reconnaissance de la perte de son droit de rétractation (contrat conclu à distance).

OBLIGATIONS DU PROFESSIONNEL APRÈS LA RÉTRACTATION DU CONSOMMATEUR

Remboursement des sommes versées Le professionnel doit rembourser le consommateur de la totalité des sommes versées, y compris les frais de livraison, dans les meilleurs **délais** et au plus tard dans les 14 jours suivant la date à laquelle il a été informé de la décision du consommateur de se rétracter (C. consom. art. L 221-24, al. 1). 30550

Pour un contrat de vente d'un bien, à moins qu'il ne propose de récupérer lui-même le bien, le professionnel peut différer le remboursement jusqu'à récupération du bien ou jusqu'à ce que le consommateur ait fourni une preuve de l'expédition de ce bien, la date retenue étant celle du premier de ces faits (art. L 221-24, al. 2).

Le professionnel n'est pas tenu de rembourser les **frais supplémentaires** si le consommateur a expressément choisi un mode de livraison plus coûteux que le mode de livraison standard proposé par le professionnel (livraison en 48 h ou par Chronopost, par exemple) (art. L 221-24, al. 4).

L'administration a précisé les conditions de remboursement des frais de livraison lorsque le consommateur exerce son droit de **rétractation sur une partie seulement des produits** achetés à distance (Avis DGCCRF novembre 2008 : Rev. conc. consom. 2009 n° 163 p. 35, rendu sous l'empire de la réglementation antérieure mais transposable) :

– si les frais de livraison dépendent du nombre d'articles commandés (par exemple, frais variant par tranches de prix de la commande), ils doivent être remboursés au prorata des articles renvoyés par le client ;

– si les frais de livraison sont forfaitaires, ils ne doivent pas être remboursés.

À noter que la réglementation prévoit le seul remboursement des sommes versées, mais rien n'interdit au vendeur de proposer l'**échange du produit** dès lors que le consommateur conserve la possibilité d'exiger son remboursement.

Le professionnel doit effectuer le remboursement en utilisant le même **moyen de paiement** que celui utilisé par le consommateur pour la transaction initiale, sauf accord exprès du consommateur pour qu'il utilise un autre moyen de paiement (avoir ou bon d'achat, par exemple) et dans la mesure où le remboursement n'occasionne pas de frais pour le consommateur (C. consom. art. L 221-24, al. 3). 30560

Lorsque le **professionnel n'a pas remboursé** les sommes versées par le consommateur, les sommes dues sont de plein droit majorées d'un **taux d'intérêt** qui augmente avec l'allongement du retard : taux d'intérêt légal si le remboursement intervient au plus tard 10 jours après l'expiration des délais fixés n° 30550, 5 % si le retard est compris entre 10 et 20 jours, 10 % si le retard est compris entre 20 et 30 jours, 20 % si le retard est compris entre 30 et 60 jours, 50 % entre 60 et 90 jours et cinq points supplémentaires par nouveau mois de retard jusqu'au prix du produit, puis du taux d'intérêt légal (C. consom. art. L 242-4). 30570

> **› Précisions** Jugé que cette sanction n'est pas contraire à la convention européenne de sauvegarde des droits de l'Homme : elle ne prive pas le professionnel du droit à un procès équitable, ne porte pas atteinte au droit de propriété et est proportionnée à l'objectif poursuivi (Cass. 1e civ. 17-1-2018 n° 17-10.255 FS-PB : RJDA 7/18 n° 565).

Sort du contenu fourni ou créé par le consommateur Le professionnel doit s'abstenir d'utiliser tout contenu, autre que les données à caractère personnel, qui a été fourni ou créé par le consommateur **lors de l'utilisation du contenu numérique ou du service numérique fourni par le professionnel,** sauf lorsque ce contenu (C. consom. art. L 221-26-1, I) : 30580

1° n'est d'aucune utilité pour le consommateur dès lors qu'il ne l'utilise plus ;

2° n'a trait qu'à l'activité du consommateur lorsqu'il utilise le contenu numérique ou le service numérique fourni par le professionnel ;

3° a été agrégé avec d'autres données par le professionnel et ne peut être désagrégé ou ne peut l'être que moyennant des efforts disproportionnés ;

4° a été généré conjointement par le consommateur et d'autres personnes, et d'autres consommateurs peuvent continuer à en faire usage ;

Sauf dans les cas visés aux 1° à 3° ci-dessus, le professionnel met à la disposition du consommateur, à la demande de ce dernier, tout contenu (autre que les données à caractère personnel) qui a été fourni ou créé par le consommateur lors de l'utilisation du contenu ou du service numérique ou du service numérique fourni par le professionnel ; le consommateur a le droit de récupérer ce contenu numérique sans frais, sans que le professionnel y fasse obstacle, dans un délai raisonnable et dans un format couramment utilisé et compatible avec une lecture par machine (art. précité, II et III).

En cas de rétractation du contrat, le professionnel peut empêcher toute utilisation ultérieure du contenu ou du service numérique par le consommateur, notamment en faisant en sorte que celui-ci soit inaccessible au consommateur ou en désactivant le compte d'utilisateur du consommateur, ce dernier conservant la faculté de récupération précitée (art. précité, IV). Lorsque le consommateur a exercé son droit de rétractation, il s'abstient d'utiliser le contenu numérique et de le rendre accessible à des tiers (art. précité, IV).

Pour les **données à caractère personnel** fournies par le consommateur, le professionnel est tenu de respecter les obligations résultant du règlement européen 2016/679 du 27 avril 2016 (RGPD). Sur cette question, voir n°s 34100 s.

3. CONTRATS CONCLUS À DISTANCE OU HORS ÉTABLISSEMENT ÉCHAPPANT AU DROIT DE RÉTRACTATION

30590 Sauf si les parties en sont convenues autrement, le droit de rétractation ne peut pas être exercé pour les contrats suivants conclus à distance ou hors établissement (C. consom. art. L 221-28) :

– fourniture de services pleinement exécutés avant la fin du délai de rétractation et, si le contrat soumet le consommateur à une obligation de payer, dont l'exécution a commencé avec son accord préalable et exprès et avec la reconnaissance par lui de la perte de son droit de rétractation, lorsque la prestation aura été pleinement exécutée par le professionnel ;

– fourniture de biens ou de services dont le prix est fonction de fluctuations des taux du marché financier échappant au contrôle du professionnel et susceptibles de se produire pendant le délai de rétractation ;

– fourniture de biens confectionnés selon les spécifications du consommateur ou nettement personnalisés ;

– fourniture de biens susceptibles de se détériorer ou de se périmer rapidement ;

– fourniture de biens qui ont été descellés par le consommateur après la livraison et qui ne peuvent être renvoyés pour des raisons d'hygiène ou de protection de la santé ;

– fourniture de biens qui, après avoir été livrés et de par leur nature, sont mélangés de manière indissociable avec d'autres articles ;

– fourniture de boissons alcoolisées dont la livraison est différée au-delà de 30 jours et dont la valeur convenue à la conclusion du contrat dépend de fluctuations sur le marché échappant au contrôle du professionnel ;

– travaux d'entretien ou de réparation à réaliser en urgence au domicile du consommateur et expressément sollicités par lui, dans la limite des pièces de rechange et travaux strictement nécessaires pour répondre à l'urgence ;

– fourniture d'enregistrements audio ou vidéo ou de logiciels informatiques lorsqu'ils ont été descellés par le consommateur après livraison ;

– fourniture de journaux, de périodiques ou de magazines, sauf pour les contrats d'abonnement à ces publications ;

– contrats conclus lors d'une enchère publique ;

– prestations de services d'hébergement, autres que d'hébergement résidentiel, de services de transport de biens, de locations de voitures, de restauration ou d'activités de loisirs qui doivent être fournis à une date ou à une période déterminée ;

– fourniture d'un contenu numérique sans support matériel dont l'exécution a commencé après accord préalable exprès du consommateur et, si le contrat soumet le consommateur à une obligation de payer, lorsque : a) il a donné préalablement son consentement exprès pour que l'exécution du contrat commence avant l'expiration du délai de rétractation ; b) il a reconnu qu'il perdra son droit de rétractation ; et c) pour un contrat conclu à distance, le professionnel a fourni une confirmation de l'accord du consommateur et de la reconnaissance de la perte de son droit de rétractation (cf. art. L 221-13, al. 2), confirmation qui n'est pas requise pour les contrats conclus hors établissement.

ILLUSTRATIONS

Ne constituent **pas un bien nettement personnalisé** :
– une motocyclette immatriculée, dès lors que cette immatriculation n'a pas pu modifier sa nature ou sa destination (Cass. 1e civ. 20-3-2013 n° 12-15.052 : RJDA 7/13 n° 598) ;
– une voiture assortie d'options relatives à la couleur de la carrosserie et à l'installation d'une alerte de distance de sécurité (Cass. 1e civ. 17-1-2018 n° 17-10.255 FS-PB : RJDA 7/18 n° 565).

L'exception au droit de rétractation pour la fourniture de biens confectionnés selon les spécifications du consommateur est inhérente à l'objet même du contrat ; elle s'impose d'emblée au consommateur, sans être subordonnée à la survenance d'un événement postérieur à la conclusion du contrat et indépendamment du point de savoir si le contrat est exécuté ou s'il est en train d'être exécuté par le professionnel (CJUE 21-10-2020 aff. 529/19 : RJDA 1/21 n° 54).

Ne relève pas de la notion de « biens descellés par le consommateur après la livraison et qui ne peuvent être renvoyés pour des raisons d'hygiène ou de protection de la santé » un bien tel qu'un matelas, dont la protection a été retirée par le consommateur après la livraison de celui-ci (CJUE 27-3-2019 aff. 681/17 : RJDA 8-9/19 n° 590).

Il n'y a pas fourniture d'un **contenu numérique** lorsqu'un site de rencontres propose un service permettant au consommateur de créer, de traiter ou de stocker des données sous forme numérique, ou d'y accéder, et permettant le partage ou toute autre interaction avec des données sous forme numérique qui sont téléversées ou créées par le consommateur ou par d'autres utilisateurs de ce service ; cette qualification est aussi exclue s'agissant du rapport d'évaluation fourni au consommateur sur la base d'un test de personnalité réalisé par ce site (CJUE 8-10-2020 aff. 641/19 : RJDA 4/21 n° 274).

S'agissant des **activités de loisirs** fournies **à une date ou à une période déterminée** (par exemple, des billets d'événements culturels ou sportifs), le droit de rétractation n'existe ni en cas d'achat auprès de l'organisateur de l'événement, ni également en cas d'achat auprès d'un intermédiaire pour autant que le risque économique lié à l'exercice du droit de rétractation pèse sur l'organisateur (CJUE 31-3-2022 aff. 96/21).

III. CONTRÔLES ET SANCTIONS EN MATIÈRE DE CONTRATS CONCLUS À DISTANCE OU HORS ÉTABLISSEMENT

A. Répression des infractions et manquements à la réglementation

La répression des infractions ou des manquements à la réglementation relative aux contrats conclus à distance ou hors établissement s'effectue dans les conditions fixées aux articles L 511-1 et suivants du Code de la consommation (nos 78600 s.). **30700**
Les associations de défense des consommateurs peuvent également agir devant la juridiction civile pour faire cesser les agissements illicites (C. consom. art. L 621-7).

B. Sanctions encourues par les professionnels

SANCTIONS ADMINISTRATIVES

Est passible d'une amende administrative d'un montant maximal de 15 000 € pour une personne physique et 75 000 € pour une personne morale : **30710**
– tout manquement aux obligations d'information prévues aux articles L 221-5 (n° 30300) et L 221-6, L 221-8 (n° 30390), L 221-11 à L 221-14 (nos 30340 s.) du Code de la consommation (C. consom. art. L 242-10) ;
– tout manquement aux obligations de confirmation du contrat et, le cas échéant, du support choisi par le consommateur, définies à l'article L 221-13 du même Code (n° 30350) (art. L 242-11) ;
– tout manquement aux dispositions encadrant les conditions d'exercice du droit de rétractation, ainsi que ses effets (nos 30460 s.) (art. L 242-13).

En cas d'**infraction de grande ampleur,** y compris au niveau de l'Union européenne, le montant de l'amende précitée peut être porté à 4 % du chiffre d'affaires moyen annuel, calculé sur les trois derniers chiffres d'affaires annuels connus à la date des faits (C. consom. art. L 242-14-1).

Sur les modalités de mise en œuvre des amendes administratives, voir nos 79630 s.

SANCTIONS PÉNALES

30720 Certaines dispositions relatives aux **contrats conclus hors établissement** sont assorties de sanctions pénales.

Est passible, pour une **personne physique,** d'un emprisonnement de 2 ans et d'une amende de 150 000 € (C. consom. art. L 242-5, L 242-6 et L 242-7) :
– le fait de ne pas remettre au consommateur un exemplaire du contrat ou de remettre un contrat non conforme à la réglementation (n° 30400) ;
– l'absence du formulaire de rétractation détachable (n° 30400) ou la remise d'un formulaire non conforme au modèle prévu par la réglementation (n° 30300) ;
– le fait d'exiger ou d'obtenir du client un paiement ou une contrepartie avant l'expiration du délai de sept jours à compter de la conclusion du contrat hors établissement (n° 30410).

Est puni d'un an de prison et de 150 000 € d'amende le fait de passer outre le refus du consommateur de recevoir des visites non sollicitées (art. L 242-7-1).

Les personnes physiques déclarées coupables encourent également à titre de peines complémentaires l'interdiction, suivant les modalités prévues par l'article 131-27 du Code pénal, soit d'exercer une fonction publique ou d'exercer l'activité professionnelle ou sociale dans l'exercice ou à l'occasion de l'exercice de laquelle l'infraction a été commise, soit d'exercer une profession commerciale ou industrielle, de diriger, d'administrer, de gérer ou de contrôler à un titre quelconque, directement ou indirectement, pour leur propre compte ou pour le compte d'autrui, une entreprise commerciale ou industrielle ou une société commerciale. Ces interdictions d'exercice peuvent être prononcées cumulativement ; elles ne peuvent excéder une durée de 5 ans (art. L 242-8, al. 1 et 2).

30725 Les **personnes morales** encourent pour les mêmes faits une amende de 750 000 € (C. pén. art. 131-38).

Elles encourent également des peines complémentaires, pour une durée maximale de 5 ans, comme l'interdiction d'exercer directement ou indirectement une ou plusieurs activités professionnelles ou sociales, la fermeture des établissements ou de l'un ou de plusieurs des établissements de l'entreprise ayant servi à commettre les faits incriminés, l'exclusion des marchés publics ou l'affichage de la décision prononcée ou la diffusion de celle-ci soit par la presse écrite, soit par tout moyen de communication au public par voie électronique (C. consom. art. L 242-8, al. 3 et 4).

30727 Lorsque le fait de ne pas remettre au consommateur un exemplaire du contrat ou de remettre un contrat non conforme à la réglementation (n° 30400) ou de ne pas lui remettre un formulaire de rétractation détachable (n° 30400) ou de lui remettre un formulaire non conforme (n° 30300) est constitutif d'une **infraction de grande ampleur,** y compris au niveau de l'Union européenne, l'amende peut être portée à 4 % du chiffre d'affaires moyen annuel, calculé sur les trois derniers chiffres d'affaires annuels connus à la date des faits (C. consom. art. L 242-7-2).

SANCTIONS CIVILES

30730 **Nullité du contrat** Le **contrat conclu hors établissement** est nul en cas de défaut de fourniture d'un exemplaire du contrat contenant les informations précontractuelles et en cas de perception d'un paiement ou d'une contrepartie de la part du consommateur avant l'expiration du délai de 7 jours à compter de la conclusion d'un tel contrat (C. consom. art. L 242-1). La nullité est relative (Cass. 1e civ. 2-10-2007 n° 05-17.691 : RJDA 2/08 n° 198, solution rendue sous l'empire de la réglementation antérieure mais transposable), de sorte qu'elle ne peut être invoquée que par la personne protégée par la réglementation.

Par ailleurs, toute **clause** par laquelle le client abandonne son droit de rétractation est également nulle (n° 30490), mais cette nullité n'atteint pas le reste du contrat.

ATTENTION

Le professionnel peut échapper à l'annulation du contrat conclu hors établissement s'il prouve que le consommateur a **confirmé le contrat** en l'exécutant en connaissance du vice l'affectant. Dans un premier temps, la Cour de cassation a considéré que cette preuve était rapportée en cas de reproduction lisible, dans le contrat, des dispositions du Code de la consommation prescrivant le formalisme applicable à ce type de contrat (Cass. 1e civ. 31-8-2022 n° 21-12.968 F-B : RJDA 12/22 n° 720 ; Cass. 1e civ. 1-3-2023 n° 22-10.361 F-DB : RJDA 8-9/23 n° 470). Opérant un revirement de jurisprudence, elle juge désormais qu'une telle reproduction ne permet pas au consommateur d'avoir une connaissance effective du vice résultant de l'inobservation de ces dispositions et de caractériser la confirmation tacite du contrat, en l'absence de circonstances permettant de justifier d'une telle connaissance ; la Cour a précisé que ces circonstances peuvent résulter de l'envoi par le professionnel d'une demande de confirmation (Cass. 3e civ. 24-1-2024 n° 22-16.115 FS-B : RJDA 5/24 n° 314).

Responsabilité du professionnel Le client qui s'est constitué partie civile pour les infractions exposées nos 30720 s. est recevable à demander devant la juridiction répressive, à l'occasion des poursuites pénales exercées contre le vendeur, le prestataire de services ou le démarcheur, une somme égale au montant des paiements effectués ou des effets souscrits, sans préjudice de tous dommages-intérêts (C. consom. art. L 242-9), ce qui lui évite d'engager une procédure spéciale pour obtenir le remboursement des sommes qui lui sont dues. 30740

> **Précisions** Cette disposition permet donc au juge pénal statuant sur l'action civile d'aller au-delà de la seule réparation du dommage causé par l'infraction, puisque la partie civile peut, en plus de l'action civile ordinaire, exercer l'**action contractuelle en remboursement** des sommes versées en exécution d'un contrat nul pour infraction à la réglementation (pour des exemples, voir Cass. crim. 23-9-2003 n° 4480 : RJDA 2/04 n° 248 ; Cass. crim. 4-4-2006 n° 2061 : RJDA 10/06 n° 1080).

SECTION 2

DISPOSITIONS PARTICULIÈRES AU COMMERCE ÉLECTRONIQUE

I. OBLIGATIONS D'INFORMATION ET RESPONSABILITÉ DU COMMERÇANT EN LIGNE

CUMUL DES RÉGLEMENTATIONS POUR LE COMMERCE EN LIGNE

La loi 2004-575 du 21 juin 2004 pour la confiance dans l'économie numérique transposant la directive 2000/31 du 8 juin 2000 sur le commerce électronique prévoit diverses dispositions concernant le commerce électronique. Celles-ci, qui visent à protéger tant les consommateurs que les personnes morales, se superposent à la réglementation générale des contrats conclus à distance ou hors établissement avec un consommateur (nos 30000 s.) et à la réglementation de la fourniture à distance de services financiers à un consommateur (nos 31900 s.). 30900

A. Définition du commerce électronique

Le commerce électronique est défini comme « l'activité économique par laquelle une personne propose ou assure à distance et par voie électronique la **fourniture de biens ou de services** » (Loi 2004-575 du 21-6-2004 art. 14, al. 1). 30910

Entrent également dans le champ du commerce électronique les services tels que ceux consistant à fournir des **informations en ligne,** des **communications commerciales** et des outils de recherche, d'accès et de récupération de données, d'accès à un réseau de communication ou d'hébergement d'informations, y compris lorsqu'ils ne sont pas rémunérés par ceux qui les reçoivent (art. 14, al. 2).

L'expression « par **voie électronique** » vise tout autant internet que les autres modes de transmission électronique, tels que l'EDI (Electronic Data Interchange) et le téléphone interactif, fixe ou mobile (Rapport AN n° 612 relatif à la loi 2004-575 du 21-6-2004).

> **Précisions** Une **vente en ligne** entre dans le champ d'application de la loi même si elle ne relève pas d'une activité exclusive du fournisseur ou prestataire en question, et même si le paiement ne s'effectue pas par voie électronique (Rapport AN n° 612 relatif à la loi 2004-575).

B. Loi applicable au commerce électronique

LOI DU PAYS OÙ LE COMMERÇANT EXERCE SON ACTIVITÉ

30950 L'activité de commerce électronique est, sauf convention contraire des parties, soumise à la loi de l'État membre sur le territoire duquel la personne qui l'exerce est établie (Loi du 21-6-2004 art. 17, al. 1). Une personne est considérée comme étant établie **en France** lorsqu'elle s'y est installée d'une manière stable et durable pour exercer effectivement son activité, quel que soit, s'agissant d'une personne morale, le lieu d'implantation de son siège social (Loi de 2004 art. 14, al. 3).

> **Précisions** Ce principe de l'application de la loi du pays d'origine, à défaut de choix de la loi applicable par les parties, vise à éviter la multiplicité des régimes juridiques applicables qu'aurait entraîné un principe d'application de la loi du destinataire de la prestation de commerce électronique, principe qui aurait pu conduire les prestataires à se délocaliser hors du périmètre de l'Union européenne, afin d'éviter d'avoir à gérer la complexité d'un tel dispositif.

LOI DE PROTECTION DU CONSOMMATEUR

30960 Le principe énoncé ci-dessus (n° 30950) ne peut pas avoir pour effet de priver un **consommateur ayant sa résidence habituelle en France** de la protection que lui assurent les dispositions impératives de la loi française relatives aux obligations contractuelles, conformément aux engagements internationaux souscrits par la France, c'est-à-dire celles qui sont applicables aux éléments du contrat, y compris celles qui définissent les droits du consommateur, et qui ont une influence déterminante sur la décision de contracter (Loi 2004-575 du 21-6-2004 art. 17, al. 3).

Cette limite résulte de l'article 3, 3 de la directive 2000/31 du 8 juin 2000 prévoyant que le principe selon lequel le commerce électronique est soumis à la loi du pays d'établissement du prestataire de commerce électronique – sous réserve de la volonté des parties de faire prévaloir une autre loi – ne s'applique pas aux obligations contractuelles concernant les contrats conclus par les consommateurs.

Dans ces conditions, la détermination de la loi applicable à ces obligations relève du **droit commun,** c'est-à-dire du règlement 593/2008 du 17 juin 2008 relatif à la loi applicable aux obligations contractuelles, dit « règlement Rome I ».

Le règlement prévoit des règles spécifiques pour les **contrats conclus par un consommateur** (Règl. 593/2008 art. 6). Sont considérés comme tels ceux qui remplissent les conditions suivantes (art. 6, 1) :

– le contrat a été conclu avec une personne (le professionnel) agissant dans l'exercice de son activité professionnelle et il rentre dans le cadre de cette activité ;

– le professionnel exerce son activité professionnelle dans le pays dans lequel le consommateur a sa résidence habituelle ou dirige cette activité vers ce pays ou vers plusieurs pays, dont celui-ci.

Les parties à un contrat remplissant les conditions définies ci-dessus peuvent **choisir la loi applicable,** mais ce choix ne peut pas priver le consommateur de la protection que lui assurent les dispositions « impératives » de la loi du pays dans lequel il a sa résidence habituelle, une disposition impérative étant celle à laquelle il ne peut pas être dérogé par accord (art. 6, 2).

En cas d'**absence de choix par les parties** de la loi applicable au contrat, le contrat conclu par un consommateur est régi par la loi du pays dans lequel le consommateur a sa résidence habituelle (art. 6, 1).

> Précisions La **notion d'« activité dirigée vers »** pour définir un contrat conclu avec un consommateur a été précisée par la Cour de justice de l'Union européenne (CJUE 7-12-2010 aff. 585/08 et 144/09 : RJDA 2/11 n° 205). Saisie par deux juridictions d'une question préjudicielle sur cette notion, elle a jugé que la seule utilisation d'un site internet par un commerçant ne suffit pas pour considérer que celui-ci dirige son activité vers l'État membre du consommateur qui effectue un achat par l'intermédiaire de ce site. Pour que s'appliquent les règles de compétence dérogatoires en matière de contrat conclu avec un consommateur, le commerçant doit avoir manifesté sa volonté d'établir des relations commerciales avec les consommateurs d'un ou plusieurs autres États membres. Les juges doivent rechercher s'il existe des indices permettant d'établir une telle volonté. Constituent de tels indices, par exemple, les expressions manifestes de la volonté du commerçant, telles que l'offre de services ou de biens dans un ou plusieurs États membres nommément désignés ou l'engagement de dépenses dans un service de référencement sur internet auprès de l'exploitant d'un moteur de recherche afin de faciliter aux consommateurs domiciliés dans d'autres États membres l'accès au site du commerçant. D'autres indices, éventuellement combinés les uns aux autres, peuvent également être pris en compte : nature internationale de l'activité du commerçant (certaines activités touristiques, par exemple), mention de coordonnées téléphoniques avec l'indication du préfixe international, nom de domaine choisi («.com » ou «.eu » notamment), descriptions d'itinéraires à partir d'autres États membres vers le lieu où le commerçant est établi, mention d'une clientèle internationale, possibilité offerte au consommateur d'utiliser une autre langue ou une autre monnaie que celle habituellement utilisée dans l'État membre où le commerçant exerce son activité. En revanche, on ne peut pas déduire du seul fait que le consommateur puisse conclure le contrat en ligne sur le site internet ou contacter le commerçant par voie électronique que ce dernier dirige ses activités vers l'étranger.

C. Obligations d'information du commerçant en ligne

IDENTIFICATION DU COMMERÇANT

Toute personne qui exerce une activité de commerce électronique est tenue d'assurer aux destinataires un accès facile, direct et permanent, utilisant un « standard ouvert », aux informations suivantes (Loi 2004-575 du 21-6-2004 art. 19, al. 1) : **31000**
– s'il s'agit d'une personne physique, ses nom et prénoms et, s'il s'agit d'une personne morale, sa raison sociale ;
– l'adresse où cette personne est établie, son adresse de courrier électronique, ainsi que des coordonnées téléphoniques permettant d'entrer effectivement en contact avec elle ;
– dans le cas où elle est inscrite au registre du commerce et des sociétés ou au registre national des entreprises, le numéro de son inscription, son capital social et l'adresse de son siège social ;
– dans le cas où elle exerce une activité soumise à la TVA, son numéro individuel d'identification ;
– dans le cas où son activité est soumise à un régime d'autorisation, le nom et l'adresse de l'autorité ayant délivré celle-ci ;
– si elle est membre d'une profession réglementée, la référence aux règles professionnelles applicables, son titre professionnel, l'État membre dans lequel il a été octroyé ainsi que le nom de l'ordre ou de l'organisme professionnel auprès duquel elle est inscrite.

L'expression « standard ouvert » vise les logiciels « libres » – par opposition aux logiciels « propriétaires » –, tels que le système d'exploitation Linux dont l'accès est libre. L'exigence d'un standard ouvert a été considérée comme nécessaire pour permettre un accès libre à ces informations dès lors que celles-ci sont obligatoires (JO Déb. Sénat du 26-6-2003 p. 4649).

Les informations listées ci-dessus s'ajoutent à celles prévues par les textes législatifs et réglementaires en vigueur (Loi 2004-575 art. 19). Elles se cumulent donc en particulier avec les informations que tout vendeur ou prestataire de services doit indiquer dans une offre de contrat faite à distance à un consommateur (n° 30300).

INFORMATION SUR LES PRIX DES BIENS OU SERVICES FOURNIS

Toute personne qui exerce une activité de commerce électronique doit, même en l'absence d'offre de contrat, dès lors qu'elle mentionne un prix, indiquer celui-ci de manière claire et non ambiguë, et notamment si les taxes et les frais de livraison sont inclus. Cette obligation s'ajoute aux autres obligations d'information sur les prix prévues par les textes législatifs et réglementaires en vigueur (Loi 2004-575 du 21-6-2004 art. 19, al. 8). **31010**

> **Précisions** L'expression « **même en l'absence d'offre de contrat** » vise, à notre avis, notamment les sites commerciaux qui présentent des produits et prestations de services sans que l'internaute ait la possibilité d'effectuer une commande en ligne de ces produits et services.

RÉPRESSION DES INFRACTIONS EN MATIÈRE D'INFORMATION

31020 Les infractions à ces obligations d'information sont recherchées et constatées essentiellement par les agents de la DGCCRF dans les conditions prévues à l'article L 511-7 du Code de la consommation (Loi 2004-575 du 21-6-2004 art. 19). Les agents disposent de pouvoirs d'enquête ordinaires, mais peuvent aussi procéder à des opérations de visite et saisie (sur les modalités de ces deux types d'enquête, voir nos 78790 s.). Ils peuvent également enjoindre au professionnel de respecter la réglementation (nos 79400 s.).

D. Responsabilité du commerçant en ligne

31060 L'achat en ligne implique une multitude d'intermédiaires qui pourraient être amenés à se renvoyer la responsabilité en cas de défaillance dans la fourniture du bien ou du service. Afin de pallier ces inconvénients, la loi 2004-575 du 21 juin 2004 prévoit le dispositif suivant (art. 15, I) :
– le prestataire de commerce électronique, personne physique ou morale, est **responsable de plein droit** à l'égard de l'acheteur de la bonne exécution des obligations résultant du contrat, que ces obligations soient à exécuter par lui-même ou par d'autres prestataires de services (par exemple, entreprise de transport ou de livraison), cette responsabilité ne privant pas le prestataire de son droit de recours contre ceux-ci ;
– toutefois, ce prestataire peut être **exonéré** de tout ou partie **de sa responsabilité** s'il apporte la preuve que l'inexécution ou la mauvaise exécution du contrat est imputable soit à l'acheteur, soit au fait imprévisible et insurmontable d'un tiers étranger à la fourniture des prestations prévues au contrat, soit à un cas de force majeure.

> **Précisions** **a.** Ce **régime de responsabilité** est identique à celui applicable à tout contrat de vente ou de prestation de services conclu à distance ou hors établissement entre un professionnel et un consommateur, quelle que soit la **technique de communication à distance utilisée** (voir n° 30740).
> **b.** Les dispositions de l'article 15 sont applicables aux **influenceurs** qui ont recours au « dropshipping » ou livraison directe qui est une vente sur internet dans laquelle le vendeur ne se charge que de la commercialisation et de la vente du produit, celui-ci étant expédié par le fournisseur bien souvent inconnu du consommateur (Loi 2023-451 du 9-6-2023 art. 6).

II. OBLIGATIONS D'INFORMATION DES PLATEFORMES NUMÉRIQUES

DÉFINITION DES PLATEFORMES NUMÉRIQUES

31090 Les opérateurs de plateforme en ligne sont définis par la loi (C. consom. art. L 111-7, I) comme les personnes physiques ou morales proposant, à titre professionnel, de manière rémunérée ou non, un service de communication au public reposant sur :
– le classement ou le référencement, au moyen d'algorithmes informatiques, de contenus, de biens, ou de services proposés ou mis en ligne par des tiers ;
– ou la mise en relation de plusieurs parties en vue de la vente d'un bien, de la fourniture d'un service ou de l'échange ou du partage d'un contenu, d'un bien ou d'un service.

Sont visés notamment les moteurs de recherche (Google, Bing, etc.), les agrégateurs ou comparateurs de prix, ainsi que les places de marché mettant en relation des vendeurs et des acheteurs (Amazon, Le Bon Coin, par exemple) ou, dans une logique collaborative, des personnes souhaitant échanger un bien ou un service, les magasins d'applications tels que l'Apple store ou Google play, voire les sites de partage de contenu tels que les réseaux sociaux.

ATTENTION

Afin de se mettre en conformité avec le règlement 2022/2065 du 19 octobre 2022, dit « DSA » (pour « Digital Services Act »), le **projet de loi « Sécuriser et réguler l'espace numérique »** prévoit de supprimer l'article L 111-7, I qui, contrairement au règlement, englobe dans sa définition les moteurs de recherche. Ne seraient soumis aux obligations de l'article L 111-7 que les fournisseurs de place de marché en ligne ou de comparateur.

Le Code de la consommation prévoit une obligation générale d'information des consommateurs à la charge des opérateurs de plateforme en ligne, dont les conditions d'application diffèrent en fonction de la nature ou de l'importance de l'activité de ces plateformes.

CONTENU DE L'OBLIGATION GÉNÉRALE D'INFORMATION DES PLATEFORMES

Tout opérateur de plateforme en ligne doit délivrer au consommateur une information loyale, claire et transparente sur (C. consom. art. L 111-7, II, D 111-7 et D 111-8) : **31095**
– les conditions générales d'utilisation du service d'intermédiation qu'il propose et les modalités de référencement, de classement et de déréférencement des contenus, des biens ou des services auxquels ce service permet d'accéder ;
– l'existence d'une relation contractuelle, d'un lien capitalistique ou d'une rémunération à son profit, dès lors qu'ils influencent le classement ou le référencement des contenus, des biens ou des services proposés ou mis en ligne ;
– la qualité de l'annonceur et les droits et obligations des parties en matière civile et fiscale, lorsque des consommateurs sont mis en relation avec des professionnels ou des non-professionnels.

› Précisions a. Les fournisseurs de **plateformes en ligne** permettant aux consommateurs de conclure des **contrats à distance avec des professionnels** doivent préciser, sur l'interface qui propose les produits ou services, les informations suivantes : le nom et les coordonnées du professionnel ; le numéro du registre auquel il est inscrit ; l'autocertification du professionnel par laquelle il s'engage à ne fournir que des produits ou services conformes aux règles applicables du droit de l'Union (Règl. 2022/2065 du 19-10-2022 art. 30, 7).

b. Les fournisseurs de **très grandes plateformes en ligne** (utilisées par plus de 45 millions d'européens par mois) doivent fournir un résumé de leurs conditions générales dans un langage clair et dépourvu dambiguïté (Règl. 2022/2065 du 19-10-2022 art. 14, 5).

MODALITÉS DE RÉFÉRENCEMENT, DE DÉRÉFÉRENCEMENT ET DE CLASSEMENT

L'opérateur de plateforme en ligne doit préciser les modalités de référencement, de déréférencement et de classement dans une **rubrique spécifique,** directement et aisément **accessible à partir de toutes les pages du site.** Cette rubrique doit comporter les informations suivantes (C. consom. art. D 111-7, I) : **31100**
– les conditions de référencement et de déréférencement des contenus et des offres de biens et services, notamment les règles applicables pour être référencé et les obligations dont le non-respect conduit à être déréférencé ;
– les critères de classement par défaut des contenus et des offres de biens et services, ainsi que leurs principaux paramètres ;
– le cas échéant, l'existence d'un lien capitalistique ou d'une rémunération entre l'opérateur de plateforme et les offreurs référencés, dès lors que ce lien ou que cette rémunération exercent une influence sur le référencement ou le classement des contenus, des biens ou des services proposés ou mis en ligne.

En outre, pour chaque **résultat de classement,** l'opérateur doit faire apparaître (art. D 111-7, II) :
– à proximité de l'offre ou du contenu classé, et par tout moyen distinguant ce résultat, l'information selon laquelle son classement a été influencé par l'existence d'un lien entre l'opérateur de plateforme et l'offreur référencé, y compris sur ce qui relève de la publicité au sens de l'article 20 de la loi 2004-575 du 21 juin 2004 pour la confiance en l'économie numérique ;
– sur chaque page de résultats, le critère de classement utilisé, ainsi que la définition de ce critère, y compris par renvoi à la rubrique spécifique.

OBLIGATION D'INFORMATION DES PLATEFORMES DE MISE EN RELATION

Les plateformes numériques fournissant un service de mise en relation de plusieurs parties en vue de la vente d'un bien, de la fourniture d'un service ou de l'échange ou du partage d'un contenu, d'un bien ou d'un service (plateformes collaboratives, places de marché) doivent préciser, dans une **rubrique** directement et aisément **accessible à partir de toutes les pages du site** pour tous les utilisateurs, même non identifiés, les informations suivantes (C. consom. art. D 111-8, I) : **31110**
– la qualité des personnes autorisées à déposer une offre de biens et de services et notamment leur statut de professionnel ou de consommateur ;
– le descriptif du service de mise en relation, ainsi que la nature et l'objet des contrats dont il permet la conclusion ;

– le cas échéant, le prix du service de mise en relation, ou le mode de calcul de ce prix, ainsi que le prix de tout service additionnel payant, lorsqu'il est mis à la charge du consommateur ;
– le cas échéant, les modalités de paiement et le mode de gestion, opéré directement ou par un tiers, de la transaction financière ;
– le cas échéant, les assurances et garanties proposées par l'opérateur de plateforme ;
– les modalités de règlement des litiges et, le cas échéant, le rôle de l'opérateur de plateforme dans ce règlement.

Par ailleurs, les **plateformes mettant en relation des consommateurs ou des non-professionnels entre eux,** à titre principal ou accessoire, doivent indiquer également, de manière lisible et compréhensible (art. D 111-8, II modifié par décret 2022-946 du 29-6-2022) :
1° la qualité de l'offreur, selon que l'offre est proposée par un consommateur ou un non-professionnel ;
2° si l'**offre** est **proposée par un consommateur ou un non-professionnel** :
– préalablement au dépôt de l'offre, les sanctions encourues par l'offreur s'il agit à titre professionnel alors qu'il se présente comme un consommateur ou un non-professionnel, en application de l'article L 132-2 du Code de la consommation relatif aux pratiques commerciales trompeuses,
– pour chaque offre : le prix total des biens ou des services proposés, y compris les éventuels frais de mise en relation et tous les frais supplémentaires exigibles, sur la base du prix déclaré par l'offreur ; le droit de rétractation lorsque les parties au contrat l'ont prévu ou, à défaut, l'absence de droit de rétractation pour l'acheteur au sens de l'article L 221-18 ; l'absence de garantie légale de conformité mentionnée aux articles L 217-3 et suivants du Code de la consommation ou celle des contenus numériques et des services numériques mentionnée à l'article L 224-25-12, et l'application de la garantie des vices cachés du droit commun (C. civ. art. 1641 à 1649) ; les dispositions du Code civil relatives au droit des obligations et de la responsabilité civile applicables à la relation contractuelle par l'affichage d'un lien hypertexte.

Les opérateurs de plateforme de mise en relation sont également tenus, en vertu du Code général des impôts, d'une obligation d'**information sur les obligations fiscales et sociales** qui incombent aux personnes réalisant des transactions commerciales par leur intermédiaire ; ils doivent également mettre à leur disposition un lien électronique vers les sites des administrations permettant de se conformer à ces obligations ; enfin ils doivent adresser par voie électronique à leurs utilisateurs, au plus tard le 31 janvier de chaque année, un document récapitulatif faisant apparaître un certain nombre d'informations (Mémento fiscal n° 78414).

31115 Lorsque l'opérateur de plateforme met en **relation des professionnels avec des consommateurs** et permet la conclusion d'un contrat de vente ou de prestation de services, il doit mettre à la disposition de ces professionnels l'**espace** nécessaire pour la **communication des informations** prévues aux articles L 221-5 et L 221-6 du Code de la consommation relatifs à l'obligation d'information précontractuelle en matière de contrat à distance ou hors établissement (C. consom. art. D 111-9 ; n° 30300).

OBLIGATION D'INFORMATION DES COMPARATEURS EN LIGNE

31120 Les comparateurs régis par l'article L 111-7, al. 9 du Code de la consommation s'entendent de sites comparant des biens et des services et permettant, le cas échéant, l'accès aux sites de vente de ces biens ou de fourniture de ces services ; relèvent également de la réglementation sur les comparateurs les sites de vente à distance qui proposent, à titre principal, la comparaison de biens ou de services, vendus par eux-mêmes ou par des tiers ; enfin, toute personne qui, pour son activité commerciale par voie électronique, utilise les termes « comparateur » ou de « comparaison » exerce une activité de comparaison au sens de ces dispositions (C. consom. art. D 111-10).

Sans préjudice des informations mentionnées aux n°s 31095 à 31110, les sites comparateurs doivent, dans une **rubrique spécifique** directement et aisément accessible sur toutes les pages du site et matérialisée par une mention ou un signe distinctif mentionner les informations suivantes (art. D 111-11) :
– les différents critères de classement des offres de biens et services ainsi que leur définition ;
– l'existence ou non d'une relation contractuelle ou de liens capitalistiques entre le site de comparaison et les professionnels référencés ;

– l'existence ou non d'une rémunération du site par les professionnels référencés et, le cas échéant, l'effet de celle-ci sur le classement des offres ;
– le détail des éléments constitutifs du prix et la possibilité que des frais supplémentaires y soient ajoutés ;
– le cas échéant, la variation des garanties commerciales selon les produits comparés ;
– le caractère exhaustif ou non des offres de biens ou de services comparées et du nombre de sites ou d'entreprises référencés ;
– la périodicité et la méthode d'actualisation des offres comparées.

Ils doivent faire apparaître de manière lisible et compréhensible (art. D 111-12 et D 111-13) :
– **en haut de chaque page de résultats** de comparaison, et avant le classement des offres, les informations suivantes : critère de classement des offres utilisé par défaut ainsi que la définition de ce critère, sauf si c'est le prix (la définition doit être indiquée à proximité du critère) ; le caractère exhaustif ou non des offres comparées et du nombre de sites ou d'entreprises référencés ; le caractère payant ou non du référencement ;
– à **proximité de chaque offre** de produit ou de services dont elle propose la comparaison, les informations suivantes : les caractéristiques essentielles du bien ou du service ; le prix total à payer par le consommateur ; les éventuelles garanties commerciales comprises dans le prix. Ces obligations s'appliquent sans préjudice des obligations propres à l'obligation d'information précontractuelle en matière de vente à distance (art. L 221-5 et L 222-5).

OBLIGATION D'INFORMATION DES PLATEFORMES DIFFUSANT DES AVIS EN LIGNE

Les personnes physique ou morale dont l'activité consiste, à titre principal ou accessoire, à **collecter,** à **modérer** ou à **diffuser des avis en ligne** provenant de consommateurs sont soumises à une obligation d'information spécifique (C. consom. art. L 111-7-2). Un avis en ligne s'entend de l'expression de l'opinion d'un consommateur sur son expérience de consommateur grâce à tout élément d'appréciation, qu'il soit qualitatif ou quantitatif, que le consommateur ait ou non acheté le bien ou le service pour lequel il dépose un avis. Sont en revanche exclus de la notion d'avis en ligne les parrainages d'utilisateurs, les recommandations par des utilisateurs d'avis en ligne, ainsi que les avis d'experts (art. D 111-16). 31130

Outre les informations mentionnées aux n°s 31095 s., ainsi que celles devant être fournies par toute personne exerçant une activité de commerce électronique (Loi 2004-575 art. 19 ; n° 31000), les plateformes diffusant des avis en ligne doivent délivrer aux utilisateurs une **information** loyale, claire et transparente **sur les modalités de publication et de traitement des avis** mis en ligne (art. L 111-7-2).

L'éditeur de la plateforme doit indiquer, de manière claire et visible (art. D 111-17) :
– à proximité des avis, l'existence ou non d'une procédure de contrôle des avis, la date de publication de chaque avis ainsi que celle de l'expérience de consommation concernée par l'avis et les critères de classement des avis, parmi lesquels figure le critère chronologique ;
– dans une rubrique facilement accessible, l'existence ou non de contrepartie fournie en échange du dépôt d'avis et le délai maximum de publication et de conservation d'un avis.

Lorsqu'un contrôle est exercé sur ces avis, les traitements de données à caractères personnel réalisés dans ce cadre doivent être conformes à la réglementation applicable en la matière ; la plateforme précise, dans ce cas (art. D 111-18 et D 111-19) :
– les caractéristiques principales du contrôle des avis au moment de leur collecte, de leur modération ou de leur diffusion ;
– la possibilité, le cas échéant, de contacter le consommateur auteur de l'avis ;
– la possibilité ou non de modifier un avis et, le cas échéant, les modalités de modification de l'avis ;
– les motifs justifiant un refus de publication de l'avis ; lorsque la plateforme fait usage de cette possibilité, elle informe l'auteur de l'avis des motifs justifiant le refus de sa publication.

Enfin, les plateformes ayant recours aux avis en ligne doivent mettre en place une fonctionnalité gratuite permettant aux responsables des produits et services faisant l'objet d'un avis en ligne de leur **signaler** un **doute sur l'authenticité** de cet avis, à condition que ce signalement soit motivé (art. L 111-7-2, al. 5).

OBLIGATION D'INFORMATION DES PLATEFORMES DE TAILLE IMPORTANTE

Les opérateurs de plateforme en ligne dont l'activité dépasse cinq millions de visiteurs uniques par mois, ce seuil étant calculé sur la base de la dernière année civile, doivent élaborer et diffuser aux consommateurs des **bonnes pratiques** visant à renforcer les obligations de clarté, de transparence et de loyauté imposées à toute plateforme. Un opérateur de 31140 plateforme en ligne dont le nombre de connexions dépasse ce seuil dispose d'un délai de 6 mois pour se mettre en conformité avec ces dispositions. En ce qui concerne les plateformes de mise en relation, le nombre de connexions est déterminé au regard de cette seule activité (C. consom. art. L 111-7-1 et D 111-15).

ATTENTION

Le **projet de loi « Sécuriser et réguler l'espace numérique »** prévoit de supprimer l'article L 111-7-1 car les obligations qu'il impose ne sont pas conformes au règlement 2022/2065 du 19 octobre 2022, ce dernier n'instaurant d'obligations supplémentaires qu'aux plateformes dont le nombre mensuel moyen de visiteurs est au moins égal à 45 millions (Règl. art. 33).

Depuis le 1er octobre 2023, les opérateurs de plateformes numériques doivent réaliser un **audit de cybersécurité** dont les résultats doivent être présentés aux consommateurs de façon lisible et compréhensible, accompagnés d'un « cyberscore » coloriel (C. consom. art. L 111-7-3). Un décret et un arrêté, non encore publiés au 1er avril 2024, date de mise à jour des présents développements, préciseront les modalités de cette obligation. Le non-respect de ces obligations sera sanctionné comme indiqué n° 31150 (art. L 131-4).

SANCTIONS DES MANQUEMENTS DES PLATEFORMES À LEURS OBLIGATIONS D'INFORMATION

31150 Tout **manquement** aux obligations d'information mentionnées aux articles L 111-7 et L 111-7-2 du Code de la consommation est passible d'une amende administrative dont le montant ne peut excéder 75 000 € pour une personne physique et 375 000 € pour une personne morale (C. consom. art. L 131-4).

Cette amende est prononcée dans les conditions prévues aux articles L 522-1 et suivants du Code de la consommation (voir nos 79630 s.).

ATTENTION

Les informations relatives à la qualité de professionnel ou non des personnes déposant des offres sur la plateforme, aux paramètres de classement des offres, ainsi que celles permettant d'établir si et comment le professionnel garantit que les avis publiés émanent de consommateurs ayant effectivement utilisé ou acheté le produit sont des informations substantielles si elles ne ressortent pas déjà du contexte, de sorte que leur omission ou leur présentation ambiguë ou à contretemps peut constituer une **pratique commerciale trompeuse** (C. consom. art. L 121-3, 6° et L 121-4).

Le **projet de loi « Sécuriser et réguler l'espace numérique »** prévoit notamment une peine d'emprisonnement pouvant aller jusqu'à deux ans et une amende de 300 000 €, dont le montant pourrait être porté à 6 % du chiffre d'affaires mondial pour une personne morale en cas de manquement aux obligations de traçabilité des professionnels prévue par l'article 30 du règlement 2022/2065 du 19 octobre 2022.

III. INTERDICTION DU GÉOBLOCAGE DU COMMERCE EN LIGNE

A. Interdiction du géoblocage du commerce en ligne au sein de l'Union européenne

FAVORISER LE COMMERCE ÉLECTRONIQUE INTRAEUROPÉEN

31200 Le règlement européen 2018/302 du 28 février 2018 prévoit des mesures destinées à favoriser le commerce électronique entre un **professionnel** vendeur ou prestataire de services **implanté dans un État** membre **de l'Union européenne** et des **clients originaires d'autres États membres.**

Ce dispositif pallie les insuffisances de la directive 2006/123 du 12 décembre 2006 relative aux services dans le marché intérieur. En application de l'article 20 de ce texte, les États membres doivent veiller à ce que les prestataires de services établis dans l'Union n'appliquent pas aux destinataires des services un traitement différent en fonction de leur nationalité ou de leur lieu de résidence. Mais cette disposition n'a pas suffi à faire cesser les discriminations et n'a pas permis de réduire suffisamment l'insécurité juridique. Le règlement de 2018 clarifie le texte précité en définissant certaines situations dans lesquelles les différences de traitement fondées sur la nationalité, le lieu de résidence ou le lieu d'établissement ne peuvent pas se justifier (Considérant 4).

Le règlement, d'application directe et en vigueur le 3 décembre 2018, renvoyait toutefois aux États membres de l'UE le soin de prendre un certain nombre de mesures garantissant son effectivité, notamment de désigner un ou plusieurs organismes chargés du contrôle de son application et de déterminer les règles applicables aux manquements à ses dispositions (art. 7). Après mise en demeure de la Commission européenne, la France a pris les mesures requises à la fin de l'année 2020, en introduisant dans le Code de la consommation les sanctions applicables et des habilitations pour les agents de la concurrence, de la consommation et de la répression des fraudes afin de procéder aux contrôles.

> **Précisions** Le règlement 2018/302 du 28 février 2018 ne s'applique pas aux **situations purement internes** (Règl. 2018/302 art. 1, 2) qui relèvent du droit national (n°s 31290 s.).
> La **Commission européenne** doit évaluer l'incidence du règlement sur le marché intérieur tous les cinq ans et peut, à cette occasion, proposer des **modifications du règlement** pour l'adapter à l'évolution juridique, technique et économique (Règl. art. 9).

ACTIVITÉS EXCLUES DE L'INTERDICTION DU GÉOBLOCAGE AU SEIN DE L'UE

Par cohérence avec la directive de 2006 citée ci-dessus, l'interdiction du géoblocage du commerce en ligne prévue par le règlement 2018/302 ne concerne pas les services exclus du champ d'application de la directive, tels que les **services financiers** (banque, crédit, assurance, etc.), de **transport, audiovisuels** (y compris les services cinématographiques) ou les soins de **santé** (Règl. 2018/302 art. 1, 3 et, sur renvoi, Dir. 2006/123 du 12-12-2006). **31210**

Les services non audiovisuels fournis par voie électronique, dont la principale caractéristique est de fournir un **accès à des œuvres protégées par le droit d'auteur** (services d'écoute en ligne, livres électroniques, logiciels et jeux en ligne) sont également exclus (art. 1, 5).

PROTECTION DU « CLIENT »

Les dispositions du règlement 2018/302 du 28 février 2018 tendent à la protection du « client », qu'il définit comme un **consommateur** (personne physique agissant à des fins qui n'entrent pas dans le cadre de son activité commerciale, industrielle, artisanale ou libérale) qui possède la nationalité d'un État membre ou y a son lieu de résidence, ou une entreprise qui a son lieu d'établissement dans un État membre, et qui reçoit un service ou achète un bien, ou tente de le faire, dans l'Union, dans le but unique de son utilisation finale (Règl. art. 2). La protection doit aussi bénéficier aux **entreprises** qui achètent des biens ou des services pour leurs besoins propres (en tant qu'utilisateurs finaux) et non en vue d'une revente, d'une transformation, d'un traitement, d'une location ou d'une sous-traitance ultérieurs (considérant 16). **31215**

Le « **professionnel** » visé par les interdictions exposées ci-dessous est toute personne physique ou toute personne morale, qu'elle soit publique ou privée, qui agit, y compris par l'intermédiaire d'une autre personne agissant au nom ou pour le compte du professionnel, aux fins qui entrent dans le cadre de l'activité commerciale, industrielle, artisanale ou libérale du professionnel (art. 12). Sont concernés tous les professionnels, qu'ils soient ou non établis dans un État membre, y compris les marchés en ligne actifs sur le territoire de l'UE (considérant 17).

INTERDICTION DES DISCRIMINATIONS À L'ACCÈS AU COMMERCE EN LIGNE

Le règlement 2018/302 du 28 février 2018 vise à interdire, au sein du marché européen, aux professionnels de restreindre l'accès aux biens et aux services en procédant à des **discriminations** entre les acheteurs fondées sur leur nationalité ou le lieu de leur résidence ou de leur établissement. **31220**

Il interdit les discriminations tant **directes** qu'**indirectes,** c'est-à-dire reposant sur des informations permettant la localisation physique des clients, telles que l'adresse IP utilisée pour accéder à une interface en ligne (site internet ou application mobile), l'adresse fournie pour la livraison de biens, la langue choisie ou l'État membre dans lequel l'instrument de paiement du client a été émis (Règl. 2018/302 du 28-2-2018 considérant 6).

Interdiction de bloquer l'accès aux interfaces en ligne Au sein de l'Union européenne, un professionnel ne peut **ni bloquer ni limiter,** par l'utilisation de mesures technologiques ou autres, l'accès d'un client à ses interfaces en ligne (pratique dite « blocage géographique » ou « géoblocage ») pour des motifs liés à la nationalité, au lieu de résidence ou au lieu d'établissement du client (Règl. 2018/302 art. 3, 1). Les « mesures technologiques » **31230**

visent notamment les technologies permettant la localisation physique du client, y compris le repérage du lieu où il se trouve au moyen d'une adresse IP ou de coordonnées obtenues grâce à un système mondial de navigation par satellite (Considérant 18).

Le professionnel ne peut **pas** non plus **rediriger automatiquement un client vers une autre interface,** pour ces mêmes motifs, sans l'accord exprès de celui-ci. Lorsqu'un client a accepté d'être redirigé, il doit pouvoir accéder facilement à la version de l'interface en ligne du professionnel à laquelle il a voulu initialement accéder (art. 3, 2). Les professionnels ne sont cependant pas tenus de demander le consentement exprès d'un client à chaque fois que ce dernier se rend sur une même interface en ligne. Dès lors que ce consentement a été donné, notamment à travers l'expression d'une préférence qui s'applique à un compte personnel, il doit être réputé valable pour toutes les visites ultérieures du même client sur la même interface en ligne. Le client doit pouvoir retirer ce consentement à tout moment. Toutes les versions de l'interface en ligne doivent rester facilement accessibles au client à tout moment (Considérant 20).

Par **exception,** le géoblocage est possible s'il est nécessaire pour satisfaire à une obligation légale (par exemple, lorsque l'affichage d'un contenu est interdit par un État membre) et à condition que le professionnel l'explique clairement au client (art. 3, 3).

31240 **Non-discrimination pour l'accès aux biens ou aux services** Au sein de l'Union européenne, le professionnel ne peut pas opérer de **discrimination entre ses clients** au travers des **conditions générales d'accès** à ses biens ou services (qui comprennent notamment les prix, les conditions de paiement et de livraison) lorsque le client cherche à (Règl. 2018/302 art. 4, 1) :

– acheter des biens qui sont soit livrés dans un État membre vers lequel la livraison est proposée par le professionnel, soit récupérés en un lieu défini d'un commun accord avec le client ;

– obtenir des services fournis par voie électronique ne portant pas sur des contenus protégés par le droit d'auteur (i-cloud, stockage de données en ligne, hébergement de sites, pare-feu) ;

– obtenir des services en un lieu situé sur le territoire dans lequel le professionnel exerce son activité (par exemple, hébergement hôtelier, location de voiture, billetterie de spectacles ou de manifestations sportives).

Cette interdiction n'empêche pas le professionnel de pouvoir proposer des **conditions de vente, y compris des prix, différentes** selon les États membres ou à certains groupes de clients, dès lors qu'il n'y a pas de discrimination pour l'accès à ces conditions (art. 4, 2 et considérant 27).

En outre, cette interdiction n'empêche pas le professionnel de restreindre son « service après-vente » à un territoire. Il peut donc refuser d'assurer la **livraison** d'un bien en dehors de l'État membre pour lequel il propose une livraison (Considérant 28).

Ces deux libertés laissées au professionnel réduisent, à notre avis, la portée pratique du règlement car elles constituent un véritable frein aux achats de biens transfrontaliers.

31250 **Non-discrimination pour les moyens de paiement** Un professionnel ne peut pas appliquer, au sein de l'Union européenne, des conditions différentes en matière de moyens de paiement pour des motifs liés à la nationalité, au lieu de résidence ou au lieu d'établissement d'un client, à la localisation du compte de paiement, au lieu d'établissement du prestataire de services de paiement ou au lieu d'émission de l'instrument de paiement dans l'Union, lorsque (Règl. 2018/302 art. 5, 1) :

– l'opération de paiement est effectuée moyennant une opération électronique, par virement, prélèvement ou utilisation d'un instrument de paiement lié à une carte au sein de la même marque et catégorie de paiement ;

– les exigences en matière d'authentification de l'acheteur sont remplies, conformément à la directive européenne 2015/2366 concernant les services de paiement dans le marché intérieur ;

– les opérations de paiement sont effectuées dans une devise que le professionnel accepte.

Lorsque des « raisons objectives » le justifieront, l'interdiction énoncée ci-dessus n'empêche pas le professionnel de suspendre la livraison des biens ou la prestation du service jusqu'à ce qu'il reçoive la confirmation que l'opération de paiement a été dûment engagée (art. 5, 2). Il peut en être ainsi lorsque le professionnel n'est pas certain de la solvabilité du client (Considérant 33).

> Précisions La directive 2015/2366 du 25 novembre 2015 a introduit des exigences de sécurité strictes pour le traitement des paiements électroniques. Les prestataires de services de paiement doivent appliquer une procédure d'authentification du client qui confirme l'identité de l'utilisateur du service de paiement.

ACCORDS EN MATIÈRE DE VENTES PASSIVES

Des clauses contractuelles obligeant les professionnels à s'abstenir de réaliser des ventes passives, c'est-à-dire non sollicitées, à l'égard de certains clients ou groupes de clients situés sur certains territoires sont généralement considérées comme constituant des **ententes illicites** au sens de l'article 101, 1 du TFUE et ne peuvent normalement pas être exemptées sur le fondement de l'article 101, 3. Si toutefois elles le sont ou si l'interdiction ne relève pas de l'article 101 du TFUE, il existe un risque qu'elles soient utilisées pour contourner les dispositions du règlement. C'est pourquoi celui-ci prévoit que sont nulles de plein droit les clauses qui imposent aux professionnels d'agir en violation des interdictions de discrimination prévues par le règlement (Règl. 2018/302 art. 6). Cette disposition est applicable aux contrats conclus avant le 2 mars 2018 et conformes à l'article 101. Elle l'est aussi aux contrats conclus depuis le 23 mars 2020 et conformes aux articles L 420-1 et L 420-4 du Code de commerce relatifs aux ententes. 31260

RECHERCHE ET CONSTATATION DES MANQUEMENTS À LA RÉGLEMENTATION

Les agents de la concurrence, de la consommation et de la répression des fraudes sont habilités à rechercher et à constater les manquements au règlement 2018/302 du 28 février 2018 (C. consom. art. L 511-7, 25°). À cet effet, ils peuvent notamment procéder à des opérations de visite et saisie (nos 79180 s.). Ils peuvent aussi enjoindre au professionnel de se mettre en conformité avec la réglementation (nos 79400 s. ; C. consom. art. L 511-7, dernier al.). 31265

SANCTIONS DU GÉOBLOCAGE INJUSTIFIÉ AU SEIN DE L'UE

Est passible d'une amende administrative d'un montant maximal de 15 000 € pour une personne physique et 75 000 € pour une personne morale tout manquement aux dispositions du règlement 2018/302 du 28 février 2018 constitué par le fait (C. consom. art. L 132-24-1) : 31270
– de bloquer ou de limiter l'accès d'un client à une interface en ligne ou de le rediriger sans son consentement vers une version différente de l'interface à laquelle il a initialement voulu accéder en violation des interdictions prévues à l'article 3 du même règlement (n° 31230) ;
– d'appliquer des conditions générales d'accès aux biens et aux services en méconnaissance de l'article 4 du règlement (n° 31240) ;
– d'appliquer des conditions de paiement discriminatoires en violation de l'article 5 du règlement (n° 31250).

Cette amende est prononcée dans les conditions prévues aux articles L 522-1 et suivants du Code de la consommation (nos 79630 s.).

B. Interdiction du géoblocage du commerce en ligne sur le territoire français

INTERDICTIONS NATIONALES

Le droit français interdit certaines pratiques de **géoblocage** du commerce en ligne se déroulant **exclusivement sur le territoire français** (C. consom. art. L 121-23 et L 132-24-2) dans des termes similaires à ceux du règlement 2018/302 du 28 février 2018 qui interdit de telles pratiques au niveau européen. Mais là où le règlement protège « client », consommateur ou professionnel (n° 31215), la protection prévue par les textes nationaux vise exclusivement les **consommateurs.** 31290

Les nouvelles dispositions du Code de la consommation tendent notamment à protéger les consommateurs ultramarins, qui pourraient être victimes de pratiques discriminatoires de la part de professionnels installés en métropole, et font suite à un avis de l'Autorité de la concurrence (Avis n° 19-A-12 du 4-7-2019 concernant le fonctionnement de la concurrence en outre-mer), mais elles sont applicables sur tout le territoire français.

La coexistence des **réglementations européenne et nationale** en matière de géoblocage du commerce en ligne pose la question de leur **articulation.** L'article L 121-23 du Code de la consommation, qui définit les géoblocages illicites sur le territoire national, s'applique 31295

« sous réserve des dispositions de l'article L 132-24-1 » du même Code, texte qui fixe les sanctions applicables en cas de manquement en France aux interdictions de géoblocage édictées par le règlement 2018/302 du 28 février 2018. Ce règlement ne s'applique pas aux **situations purement internes,** à savoir lorsque tous les éléments pertinents de la transaction (notamment, la nationalité, le lieu de résidence ou le lieu d'établissement du client ou du professionnel, le lieu d'exécution, les moyens de paiement utilisés dans le cadre de la transaction ou de l'offre, ainsi que l'utilisation d'une interface en ligne) sont cantonnés à l'intérieur d'un seul État membre (Règl. 2018/302 art. 1, 2 et considérant 7). Dès lors qu'un seul élément de la transaction parmi ceux ainsi visés n'est pas rattachable au territoire national, c'est le règlement européen qui s'applique (Avis Sén. n° 548 relatif à la loi 2020-1508 du 3-12-2020) et, avec lui, l'article L 132-24-1 du Code de la consommation qui en sanctionne la violation en France. Si tous les éléments sont rattachables au territoire français, il y a lieu de faire application de l'article L 121-23 et des sanctions prévues par l'article L 132-24-2 ; selon les travaux parlementaires, ces textes s'appliquent uniquement aux résidents de nationalité française sur le territoire national (Étude d'impact relative à la loi précitée § 4.1.2).

INTERDICTION DE BLOQUER L'ACCÈS AUX INTERFACES EN LIGNE

31300 Il est interdit à un professionnel (C. consom. art. L 121-23, 1°) :

– de **bloquer ou** de **limiter** l'accès d'un consommateur à son interface en ligne, par l'utilisation de mesures technologiques ou autres, pour des motifs liés au lieu de résidence sur le territoire national de ce consommateur ;

– de **rediriger,** pour des motifs liés à son lieu de résidence, un consommateur vers une version de son interface en ligne qui est différente de celle à laquelle il a initialement voulu accéder, sauf s'il a expressément donné son consentement à cet effet ; lorsque le consommateur est redirigé après avoir donné son consentement, il doit pouvoir continuer à accéder facilement à la version de l'interface en ligne du professionnel à laquelle il a initialement voulu accéder.

Ces interdictions ne sont pas applicables lorsque le blocage, la limitation de l'accès ou la redirection sont nécessaires en vue de satisfaire une exigence légale applicable aux activités du professionnel ; le professionnel doit alors fournir une explication claire et précise au consommateur sur les raisons pour lesquelles ces restrictions sont nécessaires à des fins de mise en conformité (art. précité).

NON-DISCRIMINATION POUR L'ACCÈS AUX BIENS OU AUX SERVICES

31310 Il est interdit à un professionnel d'appliquer, pour des motifs liés au lieu de résidence sur le territoire national du consommateur, des **conditions générales de vente de biens ou de fourniture** de services **différentes** dans les cas où ce consommateur cherche à (C. consom. art. L 121-23, 2°) :

– acheter des biens auprès d'un professionnel et que ces biens sont soit livrés en un lieu vers lequel la livraison est proposée dans les conditions générales de vente du professionnel, soit retirés en un lieu défini d'un commun accord entre le professionnel et le consommateur et pour lequel le professionnel propose une telle option dans ses conditions générales de vente ;

– obtenir des services fournis par un professionnel par voie électronique ;

– obtenir des services d'un professionnel autres que des services fournis par voie électronique, en un lieu situé dans la zone géographique où le professionnel exerce son activité.

Le professionnel peut néanmoins proposer des conditions générales de vente, notamment des prix de vente nets, qui varient d'un endroit à l'autre et qui sont proposées, de manière non discriminatoire, à des clients résidant dans une zone géographique spécifique ou à certains groupes de clients (art. précité).

> **Précisions** Ces dispositions confortent le **recours à un service de réexpédition,** recommandé par l'Autorité de la concurrence aux consommateurs ultramarins qui commandent sur un site ne proposant pas de livraison outre-mer : lors de la prise de commande sur le site, le consommateur indique comme lieu de livraison l'adresse d'un prestataire de réexpédition généralement situé en métropole ; ce prestataire lui réexpédie le produit, le cas échéant en groupage pour limiter les frais et après avoir vérifié que le produit correspond à la commande et n'est pas abîmé (Avis n° 19-A-12 du 4-7-2019). Selon l'Autorité de la concurrence, le recours à la réexpédition – peu connu et source de difficultés (notamment, risque d'application de la TVA métropolitaine et non locale) – reste marginal.

NON-DISCRIMINATION POUR LES MOYENS DE PAIEMENT

Il est interdit à un professionnel d'appliquer, pour des motifs liés à la localisation, sur le territoire national, de la résidence du consommateur, de son compte de paiement, du prestataire de services de paiement ou de l'émission de l'instrument de paiement, des conditions différentes aux opérations de paiement réalisées par les consommateurs à l'aide des moyens de paiement acceptés par ce professionnel, lorsque (C. consom. art. L 121-23, 3°) : **31320**

– l'opération de paiement est effectuée au moyen d'un service de paiement mentionné à l'article L 314-1, II-1 à 7 du Code monétaire et financier (prélèvement, virement, paiement par carte ou dispositif similaire...) ;

– les exigences d'authentification en matière de paiement (C. mon. fin. art. L 133-4) sont remplies ;

– l'opération de paiement est effectuée dans une devise que le professionnel accepte.

Lorsque des raisons objectives le justifient (par exemple, le risque d'insolvabilité du consommateur), le professionnel peut toutefois suspendre la livraison des biens ou la prestation du service jusqu'à ce qu'il reçoive la confirmation que l'opération de paiement a été dûment engagée (art. précité).

SANCTIONS ENCOURUES POUR GÉOBLOCAGE ILLICITE SUR LE TERRITOIRE FRANÇAIS

En cas de non-respect des interdictions exposées ci-dessus, le professionnel est passible d'une amende administrative dont le montant ne peut excéder 15 000 € pour une personne physique et 75 000 € pour une personne morale (C. consom. art. L 132-24-2, al. 1). **31330**

Cette amende est prononcée dans les conditions prévues aux articles L 522-1 et suivants du Code de la consommation (n°s 79630 s.).

SECTION 3

DÉMARCHAGE À DISTANCE

I. DÉMARCHAGE PAR TÉLÉPHONE

A. Cas d'interdiction du démarchage téléphonique

INTERDICTION DE DÉMARCHER LES CONSOMMATEURS INSCRITS SUR BLOCTEL

Inscription du consommateur sur la liste Bloctel Le consommateur qui ne souhaite pas faire l'objet de prospections commerciales par téléphone peut s'inscrire **gratuitement** sur la liste nationale d'opposition, dénommée « Bloctel » (www.bloctel.gouv.fr) (C. consom. art. L 223-1, al. 1 et R 223-1). **31400**

Les **informations** nominatives qui peuvent être portées sur cette liste sont exclusivement le ou les numéros de téléphone désignés par le consommateur (téléphone fixe et/ou portable), la date et l'heure de l'inscription (art. R 223-3, al. 1).

Le consommateur peut procéder à son inscription par voie électronique ou par tout autre **moyen.** Il doit recevoir un récépissé de son inscription dans les mêmes formes que celles de l'inscription. Ce récépissé précise la durée de l'inscription ainsi que la date à laquelle elle devient effective, au plus tard dans les 30 jours de la délivrance du récépissé (art. R 223-3, al. 2).

Cette inscription est valable pour une **durée** de 3 ans ; l'inscription est tacitement reconductible par période de trois ans, le consommateur devant être informé lors de son inscription et au moins 3 mois avant l'échéance de son inscription des modalités lui permettant de se **désinscrire** (art. R 223-3, al. 3).

Le consommateur peut se désinscrire à tout moment de la liste par voie électronique ou par tout autre moyen. Une confirmation de sa désinscription indiquant sa date de prise d'effet doit lui être délivrée dans les mêmes formes que celles de sa désinscription (art. R 223-3, al. 4).

> **Précisions** La société **gestionnaire de la liste** Bloctel est seule habilitée à collecter, enregistrer, conserver, modifier ou traiter les informations portées sur la liste d'opposition. Elle est également seule habilitée à mettre à jour cette liste en fonction des inscriptions, des désinscriptions et des changements de coordonnées que les consommateurs lui communiquent, à recevoir de la part des professionnels leurs fichiers de prospection commerciale et à procéder aux opérations de mise en conformité de ces fichiers avec la liste. Il lui est interdit de communiquer les informations nominatives portées sur la liste d'opposition et d'utiliser celle-ci à des fins commerciales (art. R 223-4). Sauf si le consommateur s'est désinscrit, les données contenues dans la liste d'opposition sont conservées par le gestionnaire pendant une durée de trois ans à compter de l'expiration de la période d'inscription (art. R 223-7).

31420 **Étendue de l'interdiction de démarchage** Il est interdit à un professionnel, directement ou par l'intermédiaire d'un tiers agissant pour son compte, de démarcher par téléphone un consommateur inscrit sur la liste d'opposition, en dehors des **exceptions** suivantes :
– s'il s'agit de prospecter en vue de la fourniture de journaux, de périodiques ou de magazines (C. consom. art. L 223-5, al. 1) ;
– pour les sollicitations intervenant dans le cadre de l'exécution d'un contrat en cours et ayant un rapport avec l'objet de ce contrat, y compris lorsqu'il s'agit de proposer au consommateur des produits ou des services afférents ou complémentaires à l'objet du contrat en cours ou de nature à améliorer ses performances ou sa qualité (art. L 223-1, al. 2).

La seule qualité d'ancien client de la personne démarchée ne légitime pas l'appel. Le contrat n'est plus en cours d'exécution dès lors que le produit a été livré ou le service fourni, sans qu'il y ait lieu de tenir compte, à notre avis, de la durée de la garantie dont le produit ou le service est éventuellement assorti. Le client redevient un « prospect » et bénéficie à nouveau de la protection liée à son inscription sur Bloctel à l'égard du professionnel concerné.

31425 **Information du consommateur sur Bloctel** Lorsqu'un professionnel est amené à recueillir auprès d'un consommateur des données téléphoniques, il doit l'informer de son **droit à s'inscrire sur la liste d'opposition** au démarchage téléphonique. Lorsque ce recueil d'information se fait à l'occasion de la conclusion d'un contrat, le contrat doit mentionner, de manière claire et compréhensible, l'existence de ce droit pour le consommateur (C. consom. art. L 223-2). L'obligation est reprise à l'article L 221-16 du Code de la consommation qui impose la communication de cette information au cours d'un démarchage téléphonique (n° 31510).

Cette faculté doit en outre être mentionnée dans tout contrat souscrit par un consommateur avec un fournisseur de services de communications électroniques (art. L 224-30, 10 bis).

INTERDICTION DU DÉMARCHAGE TÉLÉPHONIQUE EN MATIÈRE D'ÉCONOMIES D'ÉNERGIE

31430 Toute prospection commerciale de consommateurs par des professionnels, par voie téléphonique, ayant pour objet la vente d'**équipements** ou la réalisation de **travaux** pour des **logements** en vue de la réalisation d'économies d'énergie ou de la **production d'énergies renouvelables** est interdite, à l'exception des sollicitations intervenant dans le cadre de l'exécution d'un contrat en cours et ayant un rapport avec l'objet de ce contrat, y compris lorsqu'il s'agit de proposer au consommateur des produits ou des services afférents ou complémentaires à l'objet du contrat en cours ou de nature à améliorer ses performances ou sa qualité (C. consom. art. L 223-1, al. 3). L'interdiction est générale et n'est pas limitée aux seuls consommateurs inscrits sur la liste Bloctel.

La notion de contrat en cours appelle les mêmes remarques que celles exposées n° 31420.

B. Encadrement du démarchage téléphonique autorisé

GESTION DES FICHIERS DE PROSPECTION TÉLÉPHONIQUE

31450 Le professionnel qui exerce à titre habituel une activité de démarchage téléphonique doit saisir, directement ou par le biais d'un tiers agissant pour son compte, au moins une fois par mois, le gestionnaire de Bloctel afin que celui-ci **mette en conformité** ses **fichiers** de prospection commerciale **avec la liste des oppositions au démarchage.** Le professionnel qui a accessoirement recours au démarchage téléphonique doit consulter cet organisme avant toute campagne de démarchage téléphonique (C. consom. art. L 223-1, al. 4 à 6). Ces obligations sont soumises aux sanctions exposées nos 31570 s.

Sur les tarifs applicables à cette mise en conformité depuis le 1er octobre 2021 (professionnels non revendeurs) ou le 10 janvier 2021 (professionnels revendeurs), voir Arrêté ECOC2126707A du 29-9-2021 : JO 3-10 texte no 5.

Il est interdit au professionnel de **louer ou vendre des fichiers** contenant des données téléphoniques et comportant les coordonnées d'un ou de plusieurs consommateurs inscrits sur la liste d'opposition au démarchage téléphonique (C. consom. art. L 223-3). **31455**

DÉONTOLOGIE DU DÉMARCHAGE TÉLÉPHONIQUE

La sollicitation d'un consommateur à des fins de prospection commerciale par voie téléphonique non sollicitée n'est autorisée que du lundi au vendredi, sauf lorsque ces jours sont fériés, et seulement de 10 heures à 13 heures et de 14 heures à 20 heures (C. consom. art. D 223-9, al. 1 issu de décret 2022-1313 du 13-10-2022). Il est interdit à un même professionnel, directement ou par l'intermédiaire d'un tiers agissant pour son compte, de solliciter un consommateur plus de quatre fois au cours d'une période de trente jours calendaires (60 jours si, lors de la conversation, le consommateur a exprimé son refus d'être contacté) (C. consom. art. D 223-9, al. 3 issu de décret 2022-1313 du 13-10-2022). **31460**

Le professionnel doit respecter un code de bonnes pratiques, élaboré par les professionnels opérant dans le secteur de la prospection commerciale par voie téléphonique et qui détermine les règles déontologiques applicables au démarchage téléphonique (C. consom. art. L 223-1, al. 7). Ce code de bonnes pratiques, rendu public en février 2022 et mis à jour en mars 2023, est disponible sur le site du Medef.

INTERDICTION DES APPELS TÉLÉPHONIQUES MASQUÉS

Lorsqu'un professionnel contacte un consommateur par téléphone en vue de conclure ou de modifier un contrat portant sur la vente d'un bien ou sur la fourniture d'un service, il ne peut pas utiliser un numéro masqué (C. consom. art. L 221-17, al. 1). **31470**

Le **numéro affiché** avant l'établissement de l'appel doit être affecté au professionnel pour le compte duquel l'appel est effectué ; il ne peut donc pas être celui d'un centre d'appels.

En cas de rappel du consommateur à ce numéro, le professionnel doit s'identifier préalablement à la facturation de toute prestation de services autre que le prix de la communication (art. L 221-17, al. 2).

Le professionnel ne peut pas utiliser comme identifiant d'appel les tranches de **numéros à valeur ajoutée** telles que définies par arrêté (par exemple, la tranche des numéros spéciaux à tarification majorée commençant par 089) (Arrêté EINC1522537A du 5-7-2016).

> **Précisions** **a.** L'arrêté définit les tranches de numéros qui ne doivent pas être utilisées comme identifiants d'appel « en tenant compte du plafond de tarification et du format de ces numéros » (art. L 221-17, al. 3). L'objectif du législateur est d'éviter que l'obligation d'afficher le numéro ne soit détournée par des professionnels cherchant à inciter les consommateurs à rappeler des numéros fortement surtaxés.
> **b.** L'arrêté est pris conjointement par les ministres chargés de la consommation et de l'économie numérique, après avis de l'Autorité de régulation des communications électroniques et des postes (Arcep), mais cette dernière n'est pas compétente pour fixer les tranches de numéros précités (CE 12-12-2021 no 434538 : RJDA 6/21 no 430 enjoignant à l'Arcep d'abroger certaines dispositions de sa décision 2018-0881 du 24-7-2018).

CONTENU DU DÉMARCHAGE TÉLÉPHONIQUE

Le professionnel qui contacte un consommateur par téléphone en vue de conclure ou de modifier un contrat portant sur la vente d'un bien ou sur la fourniture d'un service doit indiquer au début de la conversation, de manière claire, précise et compréhensible, son **identité,** le cas échéant l'identité de la personne pour le compte de laquelle il effectue cet appel et le **caractère commercial de l'appel** (C. consom. art. L 221-16, al. 1). **31510**

Il doit également communiquer les informations relatives aux caractéristiques essentielles des biens et services, à leur prix, à la durée du contrat et au droit de rétractation (art. L 221-12, sur renvoi de l'art. L 221-16, al. 1). Le professionnel doit en outre indiquer au consommateur qu'il peut s'inscrire gratuitement sur la liste d'opposition au démarchage téléphonique (no 31400) s'il ne souhaite pas faire l'objet de prospection commerciale par téléphone (art. L 221-16, al. 1).

31515 Le professionnel doit adresser au consommateur, sur papier ou sur support durable, une **confirmation de l'offre** qu'il a faite et reprenant toutes les informations précontractuelles obligatoires prévues en cas de vente à distance ou hors établissement (n° 30300). Le consommateur n'est engagé par cette offre qu'après l'avoir signée et acceptée sur un support durable (art. L 221-16, al. 2 et 3).

RÉGIME PARTICULIER DE LA PROSPECTION POUR DES JOURNAUX

31520 La prospection en vue de la fourniture de **journaux,** de **périodiques** ou de **magazines** n'est pas soumise aux contraintes posées par l'article L 223-1 du Code de la consommation, à savoir à l'interdiction de démarcher les personnes inscrites sur Bloctel, l'obligation de mettre les fichiers de prospection en conformité avec la liste d'opposition au démarchage par téléphone, et ne relève pas des sanctions prévues par ce texte (C. consom. art. L 223-5, al. 1). Mais les autres obligations prévues en matière de démarchage téléphonique lui sont applicables.

C. Contrôles et sanctions du démarchage téléphonique illicite

RÉPRESSION DES PRATIQUES ILLICITES

31560 La répression des pratiques illicites en matière de démarchage téléphonique s'effectue dans les conditions fixées aux articles L 511-1 et suivants du Code de la consommation (nos 78600 s.).

Les associations de défense des consommateurs peuvent également agir devant la juridiction civile pour faire cesser les agissements illicites (C. consom. art. L 621-7).

SANCTIONS ENCOURUES PAR LES PROFESSIONNELS

31570 Est passible d'une amende administrative d'un montant maximal de 75 000 € pour une personne physique et 375 000 € pour une personne morale tout manquement :
– aux interdictions du démarchage téléphonique (nos 31420 et 31430), à l'obligation d'actualiser les fichiers de prospection au regard de la liste Bloctel et de ne pas louer ou vendre des fichiers non actualisés (nos 31450 s.) et aux règles de déontologie du démarchage par téléphone (n° 31460) (C. consom. art. L 242-16, al. 1) ;
– aux obligations relatives au contenu du démarchage téléphonique (nos 31510 s.) (art. L 242-12) ;
– aux dispositions relatives à l'interdiction des numéros masqués (n° 31470) (art. L 242-14).

Lorsque les deux dernières **infractions** sont de **grande ampleur,** y compris au niveau de l'Union européenne, l'amende peut être portée à 4 % du chiffre d'affaires moyen annuel, calculé sur les trois derniers chiffres d'affaires annuels connus à la date des faits (C. consom. art L 242-14-1).

Les amendes administratives sont prononcées dans les conditions exposées nos 79630 s. Toutefois, par dérogation, lorsque la sanction est publiée (n° 79670), elle l'est aux frais de la personne sanctionnée mais l'administration peut opter pour une publication anonymisée ou renoncer à la publication si celle-ci est susceptible de causer à la personne un préjudice grave et disproportionné ou si la publication est de nature à perturber gravement le déroulement d'une enquête ou d'un contrôle en cours (art. L 242-16, al. 2 à 5).

ATTENTION

Tout **professionnel ayant tiré profit** de sollicitations commerciales de consommateurs réalisées par voie téléphonique en violation de l'article L 223-1 du Code de la consommation (nos 31420, 31430, 31450 et 31460) est **présumé responsable** du non-respect de ces dispositions, sauf s'il démontre qu'il n'est pas à l'origine de leur violation (C. consom. art. L 223-1, al. 9).

ANNULATION DU CONTRAT CONCLU À LA SUITE D'UN DÉMARCHAGE TÉLÉPHONIQUE ILLICITE

31575 Est nul tout contrat conclu avec un consommateur à la suite d'un démarchage téléphonique réalisé en violation des dispositions de l'article L 223-1 du Code de la consommation (C. consom. art. L 223-1, al. 10). Tel est donc le cas lorsque n'ont pas été respectées l'interdiction de démarcher un consommateur inscrit sur Bloctel (n° 31420), celle de proposer des équipements ou des travaux relatifs aux économies d'énergie ou à la production d'énergie renouvelable (n° 31430), l'obligation pour le professionnel d'actualiser ses fichiers de prospection au regard de la liste d'opposition au démarchage téléphonique (n° 31450) ou de respecter ses obligations déontologiques (n° 31460).

II. DÉMARCHAGE PAR AUTOMATE D'APPEL, TÉLÉCOPIE OU COURRIER ÉLECTRONIQUE

A. Modalités du démarchage

CONSENTEMENT PRÉALABLE DE LA PERSONNE DÉMARCHÉE

Les conditions de la prospection directe au moyen d'un automate d'appel, d'un télécopieur ou d'un courrier électronique sont régies par l'article L 34-5 du Code des postes et des communications électroniques (C. consom. art. L 223-7). 31700

Sauf exception (nº 31740), la prospection commerciale directe au moyen d'un système automatisé de communications électroniques, au sens de l'article L 32, 6º du Code des postes et des communications électroniques (par exemple, automate d'appel), d'un télécopieur ou d'un courrier électronique (e-mail, SMS ou MMS) utilisant les coordonnées d'une personne physique, qu'il s'agisse d'un abonné ou d'un utilisateur, nécessite le consentement préalable de celle-ci (CPCE art. L 34-5, al. 1).

À noter que l'interdiction des appels masqués (nº 31470) n'est pas applicable au démarchage par automate d'appel (C. consom. art. L 221-17, al. 1, solution implicite).

Notion de prospection directe Constitue une prospection directe l'envoi de tout message destiné à promouvoir, directement ou indirectement, des biens, des services ou l'image d'une personne vendant des biens ou fournissant des services. Les appels et messages ayant pour objet d'inciter l'utilisateur ou l'abonné à appeler un numéro surtaxé ou à envoyer un message textuel surtaxé relèvent également de la prospection directe (CPCE art. L 34-5, al. 3). 31710

Notion de consentement On entend par « consentement » toute manifestation de volonté **libre,** spécifique et informée par laquelle une personne accepte que des données à caractère personnel la concernant soient utilisées à fin de prospection directe (CPCE art. L 34-5, al. 2). Ce consentement spécifique ne peut résulter que du consentement **exprès** de l'utilisateur, donné en toute connaissance de cause et après une information adéquate sur l'usage qui sera fait de ses données personnelles (CE 11-3-2015 nº 368624 : RJDA 8-9/15 nº 606). 31720

Tel n'est pas le cas, par exemple, du consentement global donné à des conditions générales d'utilisation d'un logiciel gratuit qui prévoyaient, notamment, l'usage par l'éditeur des données personnelles de l'utilisateur pour l'envoi de publicités récurrentes, adaptées en fonction du suivi des connexions de l'utilisateur, et la cession de données à des tiers (CE 11-3-2015 nº 368624 précité).

Sur la nécessité de recueillir le consentement de la personne concernée par le traitement de ses données, voir nº 34780.

ATTENTION

La prospection commerciale par courrier électronique sans le consentement préalable de la personne concernée (« **spam** ») implique nécessairement que son adresse électronique a été collectée de manière déloyale, par exemple sur internet. Une telle infraction est donc passible de l'amende délictuelle prévue à l'article 226-18 du Code pénal relatif à la collecte déloyale de données à caractère personnel (Cass. crim. 14-3-2006 nº 1670 : RJDA 8-9/06 nº 982) et de l'amende administrative prévue à l'article L 34-5 du Code des postes et des communications électroniques (nº 31795).

Personne démarchée L'interdiction de prospection sans consentement préalable est applicable, que le destinataire soit un **particulier** ou un **professionnel, personne physique.** 31730

La Cnil considère cependant que l'esprit de la loi est de protéger la vie privée des consommateurs et non de freiner les échanges électroniques entre professionnels ; elle admet donc que ceux-ci puissent être prospectés à leur adresse électronique professionnelle, au titre de la fonction qu'ils exercent, sans leur accord préalable (par exemple, dans le cas de l'envoi d'un message présentant les mérites d'un logiciel au directeur informatique d'une entreprise). Cependant, dans la mesure où une adresse de courrier électronique professionnelle permettant d'identifier directement ou indirectement une personne physique constitue une donnée personnelle au sens de la loi « Informatique et libertés » du 6 janvier 1978, les titulaires de ces adresses doivent notamment avoir été en mesure, au moment de la collecte de leur adresse électronique, de s'opposer à l'utilisation commerciale de leurs coordonnées (cf. Loi de 1978 art. 32, I-6° et 38, al. 2) (Communiqué Cnil du 2-3-2005). Cette position conserve sa valeur après le 25 mai 2018, date de mise en application du règlement général européen sur la protection des données personnelles (Règl. 2016/679 du 27-4-2016 [RGPD] art. 13, 2-b et 21, 2).

31735 Le démarchage d'une **personne morale** n'est pas soumis à son consentement préalable. Celui-ci n'est donc pas requis pour l'envoi de messages électroniques à des adresses impersonnelles telles que « info@nomsociete.fr », « contact@nomsociete.fr », « commande@nomsociete.fr », « service-clientèle@nomsociete.fr », qui sont manifestement les coordonnées de personnes morales. Par ailleurs, les personnes morales ne bénéficiant pas des dispositions relatives à la protection des données personnelles (n° 34520), elles ne disposent pas du droit d'opposition à l'utilisation de leur adresse électronique, numéro de fax ou de téléphone.

EXCEPTION AU RECUEIL DU CONSENTEMENT DU DÉMARCHÉ

31740 La prospection directe par **courrier électronique** est autorisée sans consentement préalable si la **personne** prospectée est **déjà cliente** du démarcheur. En effet, la loi exige que les **conditions** suivantes soient réunies (CPCE art. L 34-5, al. 4) :
– les coordonnées du destinataire ont été recueillies directement auprès de lui, dans le respect de la réglementation relative à la protection des données personnelles (nos 34300 s.), à l'occasion d'une vente ou d'une prestation de services ;
– la prospection directe concerne des produits ou services analogues fournis par la même personne physique ou morale ;
– le destinataire se voit offrir, de manière expresse et dénuée d'ambiguïté, la possibilité de s'opposer, sans frais, hormis ceux liés à la transmission du refus, et de manière simple, à l'utilisation de ses coordonnées lorsque celles-ci sont recueillies et chaque fois qu'un courrier électronique de prospection lui est adressé, au cas où il n'aurait pas refusé d'emblée une telle exploitation.

> **Précisions** **a.** Le législateur a laissé aux tribunaux le soin de définir ce que sont des **produits ou services « analogues ».** Il a néanmoins précisé que l'on peut considérer comme tels ceux qui appartiennent à une même grande famille de produits : biens culturels, services financiers, produits touristiques, etc. (JO Déb. AN du 9-1-2004 p. 198).
> **b.** Les **frais liés à la transmission du refus** visent ceux entraînés par une communication par téléphone mobile.

CONDITIONS DU DÉMARCHAGE

31750 Dans tous les cas, les messages de prospection directe au moyen de systèmes automatisés de communication électroniques, télécopieurs et courriers électroniques ne peuvent être émis qu'aux conditions suivantes (CPCE art. L 34-5, al. 5) :
– ils doivent indiquer les coordonnées auxquelles le destinataire peut utilement transmettre une **demande** tendant à obtenir que ces **communications cessent** sans frais autres que ceux liés à la transmission de celle-ci ;
– ils ne doivent pas dissimuler l'**identité** de la personne pour le compte de laquelle la communication est émise et mentionner un **objet** sans rapport avec la prestation ou le service proposé.

L'expression « dans tous les cas » signifie que sont concernés par cette disposition tant les messages adressés après consentement préalable du destinataire que ceux adressés sans que ce consentement fût nécessaire.

B. Contrôles et sanctions en matière de démarchage par automate d'appel, télécopie ou courrier électronique

CONTRÔLES ET SANCTIONS PAR LA DGCCRF

31790 Les **manquements** à l'article L 34-5 du Code des postes et des communications électroniques sont recherchés et **constatés** par les agents de la concurrence, de la consommation et de la répression des fraudes dans les conditions fixées à l'article L 511-5 du Code de la consommation (notamment, possibilité de procéder à des opérations de visite et saisie et de prononcer des injonctions de mise en conformité) (CPCE art. L 34-5, al. 7). Pour plus de détails, voir nos 78600 s.

Ces manquements sont passibles d'une amende administrative d'un montant maximal de 75 000 € pour une personne physique et 375 000 € pour une personne morale, prononcée par l'autorité administrative chargée de la concurrence et de la consommation, sauf si l'Autorité de régulation des communications électroniques et des poste (Arcep) a déjà prononcé une **sanction pécuniaire** sur le fondement de l'article L 36-11 du Code des postes et communications électroniques (CPCE art. L 34-5, al. 8). 31795

En revanche, l'Arcep peut prononcer une sanction pécuniaire même si une amende administrative a déjà été prononcée par l'autorité chargée de la concurrence et de la consommation, à condition que le montant global des sanctions prononcées n'excède pas le maximum légal le plus élevé (soit 3 % du chiffre d'affaires hors taxe du dernier exercice clos ; taux porté à 5 % en cas de nouvelle violation de l'obligation) (art. L 34-5, al. 9 et L 36-11).

CONTRÔLES ET SANCTIONS PAR LA CNIL

La Commission nationale de l'informatique et des libertés (Cnil) veille au respect des dispositions de l'article L 34-5 du CPCE en utilisant les compétences qui lui sont reconnues pour la protection des données personnelles par la loi « Informatique et libertés » du 6 janvier 1978. À cette fin, elle peut notamment recevoir, par tous moyens, les plaintes relatives aux manquements à cet article (CPCE art. L 34-5, al. 6). Sur les pouvoirs de la Cnil, voir n°s 36800 s. 31800

ILLUSTRATIONS

Sur le fondement de la réglementation antérieure au régime issu de la loi du 20 juin 2018 ayant modifié la loi Informatique et libertés, la Cnil a prononcé à l'encontre d'une société de commerce de détail d'habillement une sanction pécuniaire de 5 000 € pour avoir notamment, malgré un premier avertissement et une mise en demeure, continué à envoyer à des particuliers des télécopies publicitaires non sollicitées et négligé de prendre en compte les demandes d'opposition qui lui avaient été adressées (Délib. Cnil n° 2007-352 du 22-11-2007 : RJDA 8-9/08 n° 956). Cette société ayant continué d'envoyer des télécopies publicitaires sans le consentement des personnes démarchées et n'ayant toujours pas effectué de formalité préalable auprès de la Cnil (ce qui lui avait été également reproché), celle-ci a condamné la société à une sanction pécuniaire de 15 000 € et à la publication de la décision sur son site internet et celui de Légifrance (Délib. Cnil n° 2010-232 du 17-6-2010 : RJDA 1/11 n° 89).

La Cnil a également prononcé à l'encontre d'une société de diagnostics immobiliers une sanction pécuniaire de 20 000 € pour avoir continué, malgré une mise en demeure, à envoyer des SMS aux propriétaires de biens immobiliers les ayant mis en vente, sans leur consentement et sans mettre en œuvre un dispositif permettant de prendre en compte, de manière efficace et gratuite, les demandes d'opposition (Délib. Cnil n° 2011-384 du 12-1-2012 : RJDA 4/12 n° 437).

SECTION 4 CONTRATS EN MATIÈRE BANCAIRE OU FINANCIÈRE

I. FOURNITURE À DISTANCE DE SERVICES FINANCIERS

RÉGLEMENTATION APPLICABLE

La fourniture à distance de services financiers est réglementée par les **articles L 222-1 s. du Code de la consommation,** issus de l'ordonnance 2005-648 du 6 juin 2005 qui a transposé la directive 2002/65/CE du 23 décembre 2002 concernant la commercialisation à distance de services financiers auprès des consommateurs. Le dispositif de protection du consommateur fixé par ces dispositions est similaire à celui prévu par la réglementation générale de la vente et prestation de services à distance ou hors établissement, puisque essentiellement fondé sur une information préalable du consommateur et un droit de rétractation. 31900

CONTRATS INTERNATIONAUX

Lorsque les parties ont choisi la loi d'un État non membre de l'Union européenne pour régir le contrat, le juge devant lequel est invoquée cette loi doit en écarter l'application au profit des dispositions plus protectrices de la loi de la résidence habituelle du consommateur 31910 assurant la transposition de la directive 2002/65 du 23 septembre 2002 relative à la commercialisation à distance de services financiers auprès des consommateurs, lorsque le contrat présente un **lien étroit** avec le territoire d'un ou plusieurs États membres de l'Union européenne (C. consom. art. L 232-4).

Sur la définition du lien étroit, voir n° 16200.

A. Services financiers à distance soumis à la réglementation

SERVICE À DISTANCE

31950 La réglementation est applicable à la fourniture de services financiers à un consommateur dans le cadre d'un système organisé de vente à distance, **sans** la **présence physique** simultanée du professionnel et du consommateur, par le recours exclusif à une ou plusieurs techniques de communication à distance jusqu'à la conclusion du contrat (C. consom. art. L 221-1, I-1° et L 222-2).

QUALITÉ DES CONTRACTANTS

31960 Les obligations prévues par la réglementation s'imposent aux **fournisseurs** et aux **intermédiaires** de services financiers (C. consom. art. L 222-2).

Seuls les **consommateurs,** tels que définis n°s 16120 s., sont protégés par la réglementation.

SERVICES FINANCIERS CONCERNÉS

31970 Les **services financiers** visés sont ceux ayant trait à la banque, au crédit, à l'assurance, aux retraites individuelles, aux investissements et aux paiements.

En effet, la réglementation s'applique « aux services mentionnés aux livres Ier à III et au titre V du livre V du Code monétaire et financier, ainsi qu'aux opérations pratiquées par les entreprises régies par le Code des assurances, par les mutuelles et unions régies par le livre II du Code de la mutualité et par les institutions de prévoyance et unions régies par le titre 3 du livre 9 du Code de la sécurité sociale sans préjudice des dispositions spécifiques prévues par ces Codes » (C. consom. art. L 222-1). Ces dispositions spécifiques sont les suivantes : pour les assureurs, l'article L 112-2-1 du Code des assurances ; pour les mutuelles, l'article L 221-18 du Code de la mutualité ; pour les institutions de prévoyance, l'article L 932-15-1 du Code de la sécurité sociale.

> **Précisions** La réglementation ne s'appliquant qu'aux contrats conclus dans le cadre de systèmes de ventes ou de prestations de services à distance « organisés », au sens de la directive 2002/65 précitée, ne sont pas visés par la réglementation les **services** financiers **fournis à titre occasionnel** en dehors d'une structure commerciale destinée à permettre la conclusion de tels contrats (cf. Dir. 2002/65 du 23-9-2002 considérant 18).

FOURNITURES SUCCESSIVES DE SERVICES FINANCIERS

31980 Lorsque les contrats portent sur des services financiers comportant une **première convention de service suivie d'opérations successives** ou d'une série d'opérations distinctes de même nature, échelonnées dans le temps, la réglementation ne s'applique qu'à la première convention ; pour les **contrats renouvelables par tacite reconduction,** la réglementation ne s'applique qu'au contrat initial (C. consom. art. L 222-3, al. 1). Une « première convention de service » peut être constituée, par exemple, par l'ouverture d'un compte bancaire, l'acquisition d'une carte de crédit ou la conclusion d'un contrat de gestion de portefeuille, tandis que les « opérations successives » sont constituées par le dépôt ou le retrait de fonds sur ou à partir du compte, le paiement au moyen de la carte de crédit ou les opérations effectuées dans le cadre du contrat de gestion de portefeuille ; en revanche, le fait d'ajouter de nouveaux éléments à une première convention, comme la possibilité d'utiliser un instrument de paiement électronique en liaison avec son compte bancaire, ne constitue pas une « opération », mais une convention complémentaire à laquelle s'applique la réglementation (cf. Dir. 2002/65 du 23-9-2002 considérant 17).

En l'absence de première convention de service, lorsque des opérations successives ou distinctes, de même nature, échelonnées dans le temps, sont exécutées entre les mêmes parties, les dispositions relatives à l'obligation d'information précontractuelle (n°s 32020 s.) ne sont applicables qu'à la première opération ; cependant, lorsqu'aucune opération de même nature n'est effectuée pendant plus d'un an, ces dispositions s'appliquent à l'opération suivante, considérée comme une première opération (C. consom. art. L 222-3, al. 2).

B. Information du consommateur en cas de contrat à distance de services financiers

INFORMATIONS PRÉALABLES À LA CONCLUSION DU CONTRAT

Communication par tout moyen (hors téléphone) En temps utile et, en tout état de cause, avant la conclusion à distance du contrat portant sur des services financiers, le fournisseur doit communiquer au consommateur des **informations concernant** (C. consom. art. L 222-5, 1° à 5° et R 222-1) : 32020

1° Son **identité** : son nom, l'activité principale, l'adresse géographique à laquelle le fournisseur de services financiers est établi, ainsi que toute autre adresse nécessaire au suivi des relations entre le consommateur et le fournisseur. Lorsque le fournisseur utilise les services d'un représentant ou d'un intermédiaire, il communique également au consommateur l'identité de ce dernier ainsi que celle de ses adresses devant être prise en compte pour les relations avec le consommateur.

2° Le **service financier** : le fournisseur doit communiquer les documents d'information particuliers relatifs aux produits, instruments financiers et services proposés requis par les dispositions législatives et réglementaires en vigueur ou, en l'absence de tels documents, une note d'information sur chacun des produits, instruments financiers et services proposés.

Le fournisseur doit informer le consommateur du prix total dû, y compris l'ensemble des commissions, charges et dépenses y afférentes et toutes les taxes acquittées par l'intermédiaire du fournisseur. Le fournisseur informe également le consommateur de l'existence de toute autre taxe ou frais qui ne sont pas acquittés ou facturés par lui.

Le cas échéant, le fournisseur doit préciser au consommateur, d'une part, que le service financier est lié à des instruments qui impliquent des risques particuliers du fait de leurs spécificités ou des opérations à exécuter ou dont le prix dépend de fluctuations des marchés financiers sur lesquelles le fournisseur n'a aucune influence et, d'autre part, que les performances passées ne laissent pas présager des performances futures.

Enfin, il doit informer le consommateur de toute limitation de la durée pendant laquelle les informations fournies sont valables, des modes de paiement et d'exécution et enfin, s'il y a lieu, de l'existence de tout coût supplémentaire spécifique pour le consommateur afférent à l'utilisation de la technique de communication à distance.

3° Le **contrat à distance** : le fournisseur doit informer le consommateur de l'existence du droit de rétractation (n°s 32080 s.), de sa durée, des conséquences pécuniaires éventuelles de sa mise en œuvre, ainsi que de l'adresse à laquelle le consommateur doit notifier sa décision. En cas d'absence d'un tel droit, le fournisseur en informe le consommateur ainsi que des conséquences de cette absence.

Pour les contrats pour lesquels s'applique le délai de rétractation, le fournisseur doit informer le consommateur du fait que, sauf accord exprès de ce dernier, le contrat ne peut commencer à être exécuté qu'à l'expiration du délai de rétractation. Pour les contrats de crédit à la consommation, le fournisseur informe le consommateur du fait que, même avec son accord, le contrat ne peut commencer à être exécuté durant les 7 premiers jours, sauf s'agissant des contrats de crédit affecté, qui ne peuvent commencer à être exécutés durant les trois premiers jours. Pour les contrats de crédit immobilier, le fournisseur informe le consommateur du fait que, même avec son accord, le contrat ne peut être conclu durant les 10 premiers jours suivant la réception par le consommateur de l'offre de crédit.

Le fournisseur doit informer le consommateur des cas dans lesquels les parties peuvent résilier le contrat, sans omettre les éventuelles pénalités applicables.

Lorsque le contrat est à exécution successive, le fournisseur doit indiquer sa durée minimale.

Le consommateur est également informé de la langue ou des langues qui sont utilisées entre les parties durant la relation précontractuelle, ainsi que de la langue ou des langues dans lesquelles le contrat sera rédigé. La langue utilisée durant la relation contractuelle est choisie en accord avec le consommateur.

4° Les **recours** : le fournisseur informe le consommateur de la loi applicable aux relations précontractuelles et au contrat ainsi que de l'existence de toute clause concernant le choix d'une juridiction. Il l'informe de l'existence ou de l'absence de procédures extrajudiciaires de réclamation et de recours accessibles et, si de telles procédures existent, de leurs modalités d'exercice. Le consommateur est également informé de l'existence de fonds de garantie ou d'autres mécanismes d'indemnisation, tels que les mécanismes d'indemnisation des déposants, des investisseurs et des cautions, respectivement mentionnés aux articles L 312-4, L 313-50 et L 322-1 du Code monétaire et financier.

> **Précisions** **a.** Les **informations** communiquées par le fournisseur au consommateur sur les obligations contractuelles doivent être **conformes à la loi applicable** au contrat en cas de conclusion de celui-ci (C. consom. art. L 222-5, al. 7).
> **b.** Ces informations, dont le caractère commercial doit apparaître sans équivoque, doivent être **fournies de manière claire et compréhensible** par tout moyen adapté à la technique de communication à distance utilisée (art. L 222-5, al. 8).
> **c.** Ces dispositions exposées ci-dessus n'empêchent pas l'application des **obligations** législatives et réglementaires **spécifiques** à chaque produit, instrument financier ou service proposé (art. L 222-5, al. 9), telles que celles relatives au crédit à la consommation ou au crédit immobilier.

32030 **Communication par téléphone** En cas de communication par téléphonie vocale relative à la fourniture de services financiers, l'identité du fournisseur et le caractère commercial de l'appel dont le fournisseur a pris l'initiative sont indiqués sans équivoque au début de toute conversation avec le consommateur (C. consom. art. R 222-2).

Sous réserve de l'accord formel du consommateur, seules les informations suivantes doivent être fournies :
- l'identité de la personne en contact avec le consommateur et le lien de cette personne avec le fournisseur ;
- une description des principales caractéristiques du service financier ;
- le prix total dû par le consommateur au fournisseur pour le service financier, qui comprend toutes les taxes acquittées par l'intermédiaire du fournisseur ou, lorsqu'un prix exact ne peut être indiqué, la base de calcul du prix permettant au consommateur de vérifier ce dernier ;
- l'indication de l'existence éventuelle d'autres taxes ou frais qui ne sont pas acquittés par l'intermédiaire du fournisseur ou facturés par lui ;
- l'existence ou l'absence du droit de rétractation (n°s 32080 s.) et, si ce droit existe, sa durée et les modalités de son exercice, y compris des informations sur le montant que le consommateur peut être tenu de payer en vertu de l'article L 222-13 du Code de la consommation (n° 32110).

En outre, le fournisseur informe le consommateur sur, d'une part, le fait que d'autres informations peuvent être fournies sur demande et, d'autre part, la nature de ces informations.

CONFIRMATION DES INFORMATIONS PRÉCONTRACTUELLES

32040 Le consommateur doit recevoir, par **écrit** ou sur un **autre support durable** à sa disposition et auquel il aura accès en temps utile et avant tout engagement, les informations préalables exposées ci-dessus (nos 32020 s.) et les conditions contractuelles. Pour une définition du support durable, voir n° 30350.

Ces informations sont fournies au consommateur conformément aux dispositions législatives et réglementaires spécifiques à chaque produit, instrument financier ou service proposé.

Lorsque le contrat a été conclu, à la demande du consommateur, en utilisant une technique de communication à distance ne permettant pas la transmission des informations précontractuelles et contractuelles sur un support papier ou sur un autre support durable, le fournisseur doit exécuter ses obligations de communication immédiatement après la conclusion du contrat.

À tout moment au cours de la relation contractuelle, le consommateur a le droit, s'il en fait la demande, de recevoir les conditions contractuelles sur un support papier ; en outre, il a le droit de changer les techniques de communication à distance utilisées, à moins que cela ne soit incompatible avec le contrat à distance conclu ou avec la nature du service financier fourni (C. consom. art. L 222-6).

C. Droit de rétractation en cas de contrat à distance de services financiers

DÉLAI DE RÉTRACTATION

32080 Le consommateur dispose d'un délai de **14 jours** calendaires révolus pour exercer son droit de rétractation, sans avoir à justifier de motif ni à supporter de pénalités (C. consom. art. L 222-7).

Ce délai est de 30 jours calendaires révolus pour les contrats d'assurance-vie (C. ass. art. L 112-2-1, II-2°).

Le **point de départ** du délai est soit le jour où le contrat à distance est conclu, soit le jour où le consommateur reçoit les informations préalables et les conditions contractuelles si ce jour est postérieur au premier (C. consom. art. L 222-7, al. 2 à 4).

Lorsque l'acte par lequel le consommateur a communiqué au fournisseur sa volonté de se rétracter a été envoyé sur un support papier ou sur un autre support durable avant l'expiration du délai de 14 jours, le consommateur est réputé avoir respecté ce délai (C. consom. art. R 222-4).

SERVICES FINANCIERS NE DONNANT PAS LIEU À RÉTRACTATION

Le droit de rétractation exposé au paragraphe précédent ne s'applique pas (C. consom. art. L 222-9 et L 222-10) : **32090**

1° À la fourniture d'instruments financiers mentionnés à l'article L 211-1 du Code monétaire et financier ainsi qu'aux services de réception-transmission et exécution d'ordres pour le compte de tiers mentionnés à l'article L 321-1 du même Code ;

2° Aux contrats exécutés intégralement par les deux parties à la demande expresse du consommateur avant que ce dernier n'exerce son droit de rétractation, c'est-à-dire avant l'expiration du délai de 14 jours ;

3° Aux contrats de crédit immobilier définis à l'article L 313-1 du Code de la consommation ;

4° Aux contrats de prêts viagers hypothécaires définis à l'article L 315-1 du Code de la consommation ;

5° Aux contrats de jouissance d'immeuble à temps partagé, aux contrats de produit de vacances à long terme, aux contrats de revente et contrats d'échange définis à l'article L 224-69 du même Code.

> **Précisions** **a.** L'exception relative à la **fourniture des instruments financiers** précités et aux **services de réception-transmission et exécution d'ordres pour le compte de tiers** est la transposition de l'article 6, 2 de la directive 2002/65, qui prévoit que le droit de rétractation ne s'applique pas aux « services financiers dont le prix dépend des fluctuations du marché financier sur lesquelles le fournisseur n'a aucune influence et qui sont susceptibles de se produire pendant le délai de rétractation », tels que les opérations de change, les instruments du marché monétaire ou les titres négociables.
> **b.** S'agissant des exceptions relatives aux contrats de **crédit immobilier** et aux **prêts viagers hypothécaires,** le délai de réflexion de 10 jours prévu respectivement aux articles L 313-34 et L 315-11 du Code de la consommation est donc applicable même si le contrat est conclu à distance.

CAS PARTICULIER DE LA RÉTRACTATION D'UN CRÉDIT AFFECTÉ

En cas de **crédit à la consommation,** le consommateur dispose d'un délai de rétractation de 14 jours calendaires révolus à compter de la date d'acceptation de l'offre préalable (C. consom. art. L 312-19). Toutefois, ce délai peut être réduit en cas de crédit affecté ou lié à un achat ou à une prestation de services lorsque, par une demande expresse, l'acheteur sollicite la livraison immédiate du bien ou la fourniture immédiate de la prestation ; dans ce cas, le délai de rétractation expire à la date de livraison ou de la fourniture sans pouvoir ni excéder 14 jours ni être inférieur à 3 jours (art. L 312-47, al. 2). Par dérogation à cette dernière disposition, dans le cas où les contrats de crédit affecté sont conclus par une technique de communication à distance, le **délai** de rétractation de 14 jours applicable en cas de contrat de crédit à la consommation conclu à distance ne peut pas être **réduit** (art. L 222-11). **32100**

L'exercice du droit de rétractation emporte **résolution** de plein droit du **contrat** de vente ou de prestation de services auquel le crédit est affecté (C. consom. art. L 222-12, al. 1). La solution est conforme à celle de la réglementation générale du crédit à la consommation qui prévoit que si l'emprunteur a, dans les délais qui lui sont impartis, exercé son droit de rétractation, le contrat de vente ou de prestation de services est résolu de plein droit, sans indemnité (art. L 312-52). **32105**

Cependant, si le bien ou la prestation de services à financer ne sont pas vendus à distance et que le consommateur, par une demande expresse, sollicite la livraison ou la fourniture immédiate du bien ou de la prestation de services, l'exercice du droit de rétractation n'emporte résolution de plein droit du contrat de vente ou de prestation de services que s'il intervient dans un délai de 3 jours à compter de la conclusion du contrat de crédit (art. L 222-12, al. 2).

Toute livraison ou fourniture anticipée est à la charge du vendeur qui en supporte tous les **risques** (art. L 222-12, al. 3).

ATTENTION

Si, après la livraison, la **vente** est résolue par suite du non-octroi du crédit (cf. art. L 312-52), le vendeur doit prendre à sa charge les frais de retour de la marchandise (coût du transport, assurances, etc.) et supporter les risques de détérioration ou de perte de cette marchandise sans pouvoir se retourner contre l'acheteur (cf. art. L 312-47, al. 3).

EFFETS DE LA RÉTRACTATION

32110 **En cas de commencement d'exécution avant la rétractation** Avec l'accord du consommateur, les contrats de services financiers conclus à distance pour lesquels s'applique le délai de rétractation peuvent valablement recevoir un commencement d'exécution par les parties avant le terme de ce délai (C. consom. art. L 222-13, al. 1). Cette possibilité se révèle particulièrement utile en matière d'assurances : à défaut de cette faculté, les sinistres intervenant durant la période de 14 jours ne pourraient pas être pris en charge.

Lorsque le consommateur exerce son droit de rétractation, il ne peut être tenu qu'au **paiement proportionnel** du service financier effectivement fourni, à l'exclusion de toute pénalité (art. L 222-13, al. 1).

Le fournisseur ne peut exiger du consommateur le paiement de ce service que s'il peut prouver que le consommateur a été informé du montant dû, conformément à l'article L 222-5 du Code de la consommation (nº 32020). Toutefois, il ne peut pas exiger ce paiement s'il a commencé à exécuter le contrat avant l'expiration du délai de rétractation sans demande préalable du consommateur (art. L 222-13, al. 2).

32115 Même avec l'accord du consommateur, les contrats de **crédit à la consommation** ne peuvent pas recevoir de commencement d'exécution durant les 7 premiers jours ; pour les contrats de crédit affecté, ce délai correspond aux 3 premiers jours (C. consom. art. L 222-14).

32120 **En l'absence de commencement d'exécution avant la rétractation** Le fournisseur doit **rembourser** au consommateur, dans les meilleurs délais et au plus tard dans les 30 jours, toutes les sommes qu'il a perçues de celui-ci en application du contrat, à l'exception du montant versé en cas de service fourni avant la rétractation (nº 32110). Le délai de 30 jours commence à courir à compter du jour où le fournisseur reçoit notification par le consommateur de sa volonté de se rétracter (C. consom. art. L 222-15, al. 1). Au-delà du délai de 30 jours, la somme due est, de plein droit, productive d'intérêts au taux légal en vigueur (art. L 242-15).

À l'inverse, le consommateur doit **restituer au fournisseur,** dans les meilleurs délais et au plus tard dans les 30 jours, toute somme et tout bien qu'il a reçus de ce dernier ; ce délai commence à courir à compter du jour où le consommateur communique au fournisseur sa volonté de se rétracter (art. L 222-15, al. 2).

D. Contrôles et sanctions en matière de contrats de services financiers conclus à distance

RÉPRESSION DES INFRACTIONS

32160 La répression des infractions en matière de contrats de services financiers conclus à distance s'effectue dans les conditions fixées aux articles L 511-1 et suivants du Code de la consommation (nºs 78600 s.).

Les associations de consommateurs peuvent également agir devant la juridiction civile pour faire cesser les agissements illicites (C. consom. art. L 621-7).

SANCTIONS

32170 **Sanctions pénales** Est passible d'une amende contraventionnelle de 1 500 € pour une personne physique et 7 500 € pour une personne morale (C. pén. art. 131-41) le fait (C. consom. art. R 242-1 à R 242-3) :

– de ne pas communiquer au consommateur les informations mentionnées aux 1°, 2°, 3° et 5° de l'article R 222-1 et celles mentionnées au 5° de l'article L 222-5 (nºs 32020 s.) ;

– de communiquer ces informations sans faire apparaître de manière claire le caractère commercial de sa démarche (nºs 32020 et 32030) ;

– de ne pas communiquer au consommateur les informations relatives à la confirmation de l'offre (nº 32040) ;

– de ne pas rembourser le consommateur dans les conditions fixées à l'article L 222-15 (nº 32120).

ATTENTION

À noter que seule la non-communication de certaines des informations mentionnées aux articles L 222-5 et R 222-1 du Code de la consommation est pénalement sanctionnée. Tel n'est pas le cas, par exemple, du non-respect de l'obligation d'informer le consommateur sur l'existence éventuelle de procédures extrajudiciaires de recours et de mécanismes d'indemnisation.

Sanctions civiles Les dispositions des articles L 222-1 s. du Code de la consommation relatifs à la commercialisation à distance des services financiers sont d'ordre public (C. consom. art. L 222-18). Il en résulte que les contrats conclus en violation de la réglementation sont nuls. 32180

E. Démarchage à distance pour la fourniture de services financiers

CONSENTEMENT AU DÉMARCHAGE

Lorsque la fourniture à distance de services financiers est précédée d'un démarchage au moyen d'un **automate d'appel,** d'un **télécopieur** ou d'un **courrier électronique,** les dispositions de l'article L 34-5 du Code des postes et communications électroniques qui imposent le consentement préalable de la personne physique démarchée sont applicables (C. consom. art. L 222-16, al. 1). Sur cette réglementation, voir n°s 31700 s. 32220

Les autres techniques de communication à distance (**téléphone,** publipostage, par exemple) peuvent être utilisées si le consommateur n'a pas manifesté son opposition (art. L 222-16, al. 2).

Ces mesures ne doivent pas entraîner de frais pour le consommateur (art. L 222-16, al. 3).

CUMUL DE RÉGLEMENTATIONS APPLICABLES

Lorsque la fourniture à distance de services financiers à un consommateur est précédée d'un démarchage, la **réglementation du démarchage bancaire ou financier** prévue aux articles L 341-1 s. du Code monétaire et financier (n°s 32300 s.) et celle relative à la réglementation de la fourniture à distance des services financiers sont cumulativement applicables, à l'exception de l'article L 222-5 relatif à l'obligation d'information préalable (n°s 32020 s.), ses dispositions étant remplacées par celles de l'article L 341-12 du Code monétaire et financier établissant la liste des informations devant être communiquées en cas de démarchage bancaire ou financier (C. mon. fin. art. L 343-2). 32230

II. DÉMARCHAGE BANCAIRE OU FINANCIER

DÉFINITION DU DÉMARCHAGE BANCAIRE OU FINANCIER

Constitue un acte de démarchage toute **prise de contact non sollicitée,** par quelque moyen que ce soit, avec une personne physique ou morale déterminée, en vue d'obtenir, de sa part, un accord sur la fourniture ou la réalisation, par une personne habilitée à le faire, d'une opération sur instruments financiers, d'une opération de banque ou d'une opération connexe, d'un service d'investissement ou d'un service connexe, d'une opération sur biens divers, d'une prestation de conseil en investissement, d'un service de paiement, d'un service de financement, d'une opération sur des actifs numériques (notamment dans le cadre d'une offre au public de jetons), ou encore d'un service sur actifs numériques (C. mon. fin. art. L 341-1, al. 1 à 8). 32300

Cette définition appelle les précisions suivantes :

– la prise de contact est un contact direct et personnalisé, par opposition à la publicité qui s'adresse indistinctement à une cible de population ; aucune habitude, fréquence ou répétition d'actes n'est requise, le démarchage peut exister dès la première prise de contact ;

– dès lors que l'initiative de la prise de contact procède du démarcheur, le démarchage peut être caractérisé non seulement par déplacement physique (au domicile, sur le lieu de travail ou dans des lieux non destinés à la commercialisation de produits bancaires ou financiers), mais également à distance (par appel téléphonique, par envoi de courrier papier ou électronique, y compris des documents comportant un coupon-réponse de souscription, de réservation ou de demande d'information) ;

– il n'est pas nécessaire que l'acte de démarchage se conclue par un accord, il suffit que l'intention du démarcheur de recueillir un accord ait existé.

Constitue également un acte de démarchage le fait de **se rendre physiquement** au domicile des personnes, sur leur lieu de travail ou dans les lieux non destinés à la commercialisation de produits, instruments et services financiers, en vue des mêmes fins et ce, même si c'est la personne démarchée qui est à l'initiative de la démarche (art. L 341-1, al. 11).

Sont concernées les opérations qui ont pour objet un placement spéculatif d'argent, mais aussi celles qui tendent à une restructuration économique par prise de participation dans une entreprise (Cass. crim. 14-12-1981 n° 80-92.726 : D. 1982 p. 174 note Cosson).

> Précisions **a.** Les **intermédiaires en opérations de banque et en services de paiement,** qui exercent à titre habituel, contre une rémunération ou toute autre forme d'avantage économique, l'intermédiation en opérations de banque et en services de paiement, sans se porter ducroire ou qui fournissent un service de conseil en matière d'opérations relatives à des contrats de crédit immobilier (C. mon. fin. art. L 519-1), peuvent également dans cet objectif être conduits à réaliser des actes de démarchage, par exemple proposer la réalisation d'une opération de banque. Ils doivent alors se soumettre aux articles L 341-10, L 341-12, 5° à 7°, L 341-13, L 341-16, L 341-17 et L 353-1 à L 353-5 du Code monétaire et financier relatifs au démarchage bancaire et financier (C. mon. fin. art. L 519-5).

b. Suivant le même raisonnement, les **conseillers en investissement financier** définis à l'article L 541-1, I du Code monétaire et financier qui réalisent un acte de démarchage à l'occasion d'une prestation de conseil en investissement se trouvent soumis aux règles du démarchage bancaire et financier (C. mon. fin. art. L 341-1, 5°).

c. Les règles encadrant le démarchage bancaire et financier sont applicables à l'activité d'**influence commerciale** par voie électronique (Loi 2023-451 du 9-6-2023 art. 3).

AGISSEMENTS EXCLUS DU DÉMARCHAGE BANCAIRE OU FINANCIER

32310 Les règles concernant le démarchage bancaire ou financier ne s'appliquent pas (C. mon. fin. art. L 341-2) :

1. Aux prises de contact avec des investisseurs qualifiés (C. mon. fin. art. L 411-2, 1° et, sur renvoi, Règl. UE 2017/1129 du 14-6-2017 art. 2, e) et avec les personnes morales dont le total du bilan, le chiffre d'affaires, le montant des actifs gérés, les recettes ou les effectifs sont supérieurs à l'un des seuils suivants (C. mon. fin. art. D 341-1) :
- 5 millions d'euros pour le total du bilan ;
- 5 millions d'euros pour le chiffre d'affaires ou, à défaut, pour le montant de recettes ;
- 5 millions d'euros pour le montant des actifs gérés ;
- 50 personnes pour les effectifs annuels moyens.

Ces seuils ne sont pas cumulatifs. Ils sont appréciés au vu des derniers comptes consolidés ou, à défaut, des comptes sociaux, tels que publiés et, le cas échéant, certifiés par les commissaires aux comptes.

2. Aux prises de contact dans les locaux des personnes habilitées à procéder au démarchage bancaire ou financier (cf. C. mon. fin. art. L 341-3), sauf lorsque ces personnes sont contractuellement liées, en vue de la commercialisation d'instruments financiers et de produits d'épargne, aux sociétés exploitant des magasins à grande surface, et que leurs locaux sont implantés dans les locaux de ces magasins.

Les lieux dont la vocation commerciale temporaire ne souffre pas d'une réelle ambiguïté, tels les salons de l'investissement et de l'épargne, doivent être assimilés aux locaux professionnels (P. Marini, Rapp. Sén. n° 431, 2003-2004).

3. Aux démarches dans les locaux professionnels d'une personne morale à la demande de cette dernière.

4. Aux prises de contact avec des personnes morales, lorsqu'elles portent exclusivement sur la fourniture de conseils aux entreprises en matière de structure du capital, de stratégie industrielle et de questions connexes, ainsi que de services concernant les fusions et le rachat d'entreprises (activité dite de « corporate finance »).

5. Aux cas où la personne visée est déjà cliente de la personne pour le compte de laquelle la prise de contact a lieu, dès lors que l'opération proposée correspond, à raison de ses caractéristiques, des risques ou des montants en cause, à des opérations habituellement réalisées par cette personne. Ces critères (caractéristiques, risques et montants) sont alternatifs et non cumulatifs. En outre, il n'est pas exigé que l'habitude soit née de relations exclusivement nouées entre la personne démarchée et la personne pour le compte de laquelle la prise de contact a lieu.

6. Aux démarches effectuées, pour le compte d'un établissement de crédit ou d'une société de financement, en vue de proposer un contrat de financement de biens ou de prestations de services ou constituant une location-vente ou une location avec option d'achat. Il en va de même lorsque ces contrats sont destinés aux besoins d'une activité professionnelle.

7. Aux démarches effectuées pour le compte d'un établissement de crédit ou d'une société de financement en vue de proposer des contrats de financement de ventes à tempérament ou de location aux personnes, physiques ou morales, autres que celles visées au 1., à la condition que le nom de l'établissement prêteur et le coût du crédit ou de la location soient mentionnés, sous peine de nullité.

8. Aux démarches effectuées sur le lieu de vente, pour le compte d'un établissement de crédit, d'une société de financement, d'un établissement de monnaie électronique fournissant des services de paiement permettant l'octroi de crédit ou d'un établissement de paiement, en vue de proposer des crédits à la consommation, des crédits immobiliers ou des prêts viagers hypothécaires.

9. Aux conventions conclues entre les professionnels visés à l'article L 341-3, 1° du Code monétaire et financier, tels les établissements de crédit, les sociétés de financement, les établissements de monnaie électronique, les établissements de paiement, les prestataires de services d'investissement et les sociétés d'assurance, à l'exception des sociétés de capital-risque, pour la distribution de produits, la réalisation d'une opération ou la fourniture d'un service, mentionnés à l'article L 341-1 (n° 32300), à l'exception des dispositions mentionnées à l'article L 341-6. Ainsi échappent au démarchage les conventions de distribution conclues entre les établissements de crédit, les sociétés de financement, les établissements de monnaie électronique, les établissements de paiement, les entreprises d'investissement et les compagnies d'assurance aux fins de commercialisation de leurs produits ou services envers des tiers.

10. Aux démarches effectuées pour le compte d'un établissement de paiement ou d'un établissement de monnaie électronique fournissant des services de paiement permettant l'octroi de crédit en vue de proposer un contrat de financement de biens ou de prestations de services répondant aux conditions prévues à la section 5 du chapitre 2 du titre I du livre III du Code de la consommation.

11. À la diffusion auprès des personnes physiques ou morales d'une simple information publicitaire, à l'exclusion de tout document contractuel ou précontractuel, quel que soit le support.

PRODUITS INTERDITS DE DÉMARCHAGE

Sont interdits les démarchages portant sur les produits suivants (C. mon. fin. art. L 341-10) : **32320**

1. Les produits dont le risque maximal n'est pas connu au moment de la souscription ou pour lesquels le risque de perte est supérieur au montant de l'apport financier initial (pour un exemple, voir les contrats financiers par paiement d'un différentiel ou « contracts for difference » ou encore CFD, instruments financiers à terme par lesquels l'investisseur acquiert le droit de percevoir l'écart entre le prix du sous-jacent à la date de conclusion du contrat et le prix à la date d'exercice), à l'exception :
– des parts de sociétés civiles de placement immobilier (SCPI) dont les statuts prévoient la limitation de la responsabilité de chaque associé au montant de sa part dans le capital ;
– des produits entrant dans le cadre d'une opération normale de couverture, sous réserve que ces produits soient proposés exclusivement à des personnes morales.

2. Les produits non autorisés à la commercialisation sur le territoire français (C. mon. fin. art. L 151-2).

3. Les parts de fonds communs d'intervention sur les marchés à terme (C. mon. fin. art. L 214-42, dans sa rédaction antérieure à ord. 2011-915 du 1-8-2011) et les parts émises par les organismes de titrisation (fonds communs de titrisation ou sociétés de titrisation) (C. mon. fin. art. L 214-169).

4. Les instruments financiers qui ne sont pas admis aux négociations sur les marchés réglementés ou sur les marchés étrangers reconnus ou encore sur un SMNO (Euronext Growth), à l'exception des parts ou actions d'OPCVM ou de certains FIA, des titres financiers offerts au public après établissement du prospectus, des titres émis par les sociétés de capital-risque et des produits proposés dans le cadre d'un dispositif relevant de l'épargne salariale (intéressement, participation et plan d'épargne salariale).

5. Les bons de caisse.

6. Les actifs numériques, sauf lorsque l'activité de démarchage porte sur la fourniture d'un service sur actifs numériques par un prestataire agréé ou sur des jetons proposés dans le cadre d'une offre au public ayant obtenu le visa de l'Autorité des marchés financiers.

De même, les opérations de viager hypothécaire ne peuvent pas faire l'objet de démarchage (n° 32500).

RÉGLEMENTATION DU DÉMARCHAGE BANCAIRE ET FINANCIER

32330 Le **droit commun** du démarchage effectué en vue d'opérations sur instruments financiers est énoncé aux articles L 341-1 s. et D 341-1 s. du Code monétaire et financier.

Le non-respect de la réglementation sur le démarchage est **pénalement sanctionné** (C. mon. fin. art. L 353-1 à L 353-4 et R 353-1 ; C. pén. art. 131-13).

En outre, toutes les conventions conclues à la suite de démarchages prohibés sont nulles comme contraires à l'ordre public (Cass. 1e civ. 20-7-1994 no 92-12.431 : RJDA 3/95 no 366 et Cass. 1e civ. 4-2-1997 no 94-19.059 D : D. aff. 1997 p. 308, à notre avis, applicables à toutes sortes de démarchage en raison des termes généraux employés par la Cour). Cette nullité est opposable aux tiers (Cass. com. 5-10-1999 no 96-20.939 P : RJDA 1/00 no 33, à propos d'un démarchage en vue de la souscription de parts d'une société civile immobilière, mais transposable).

SECTION 5

AUTRES DÉMARCHAGES RÉGLEMENTÉS

A. Prêt viager hypothécaire

INTERDICTION DU DÉMARCHAGE

32500 Les opérations de prêt viager hypothécaire ou de prêt **avance mutation** (C. consom. art. L 315-1 s.) ne peuvent pas faire l'objet de démarchage (art. L 315-8).

Constitue un acte de démarchage, quelle que soit la personne à l'initiative de la démarche, le fait de se rendre physiquement au domicile des personnes, sur leur lieu de travail ou dans les lieux non destinés à la commercialisation de produits, instruments et services financiers (C. mon. fin. art. L 341-1, al. 9, sur renvoi de C. consom. art. L 315-8).

SANCTIONS

32510 Le non-respect de l'interdiction ci-dessus est puni d'une peine d'emprisonnement de cinq ans et d'une peine d'amende de 375 000 € (C. consom. art. L 341-61, al. 1). Les personnes physiques qui se rendraient coupables de ce délit encourent également diverses peines complémentaires : interdiction des droits civiques, civils et de famille, interdiction d'exercer une fonction publique ou d'exercer une activité professionnelle ou commerciale dans l'exercice ou à l'occasion de laquelle l'infraction a été commise, et affichage ou diffusion de la décision prononcée (art. L 341-61, al. 2 à 5).

Les personnes morales reconnues coupables des infractions commises pour leur compte par leurs organes ou représentants s'exposent à une amende de 1 875 000 € (C. pén. art. 121-2 et 131-38).

B. Vente, achat ou échange d'or ou de billets de banque étrangers

INTERDICTION DU DÉMARCHAGE

32550 Les articles L 342-1 et L 342-2 du Code monétaire et financier interdisent de se rendre au domicile des particuliers, autres que les banquiers, les agents de change et les négociants en métaux précieux, ou dans les lieux publics non réservés à cet effet :

– pour offrir ou se procurer de l'or en lingots, barres, monnaies étrangères et pièces d'or démonétisées, avec livraison et paiement immédiats, en totalité ou en partie, soit en numéraire, soit en valeurs ;

– pour conseiller l'achat, la vente ou l'échange de ces matières, ou pour offrir de participer à des opérations à terme ou à des syndicats ayant pour objet des opérations fondées sur des différences de cours et portant sur ces mêmes matières ;

– pour offrir ses services de façon habituelle (par lettres, circulaires, communications téléphoniques ou tout autre moyen) en vue de telles opérations.

Ces mêmes opérations, lorsqu'elles portent sur des billets de banque étrangers, sont également interdites lorsqu'elles sont effectuées au domicile des particuliers autres que les banquiers et agents de change ou dans les lieux publics (C. mon. fin. art. L 342-3).

SANCTIONS

Toute infraction aux dispositions qui précèdent expose leurs auteurs personnes physiques à une amende de 9 000 € et/ou à un emprisonnement de 6 mois (C. mon. fin. art. L 353-6, al. 1). La personne morale reconnue pénalement responsable de l'infraction commise pour son compte par son organe ou représentant est passible d'une amende de 45 000 € (C. pén. art. 121-2 et 131-38). **32560**

En outre, l'or et les billets de banque étrangers sont obligatoirement saisis et confisqués (C. mon. fin. art. L 353-6, al. 2).

C. Placements en biens divers

Le démarchage destiné à proposer de souscrire des **rentes viagères** ou d'acquérir des **droits sur des biens mobiliers ou immobiliers** lorsque les acquéreurs n'en assurent pas eux-mêmes la gestion, ou lorsque le contrat offre une faculté de reprise ou d'échange et la revalorisation du capital investi, est réglementé par les articles L 551-1 et suivants du Code monétaire et financier : préalablement à tout démarchage, un document destiné à donner toutes informations utiles sur l'opération proposée, sur la personne qui en a pris l'initiative et sur le gestionnaire doit être établi conformément à l'article R 551-1 du même Code (notamment, indication de la nature et de l'objet de l'opération, du montant des frais supportés par l'épargnant, des modalités de revente des droits et des biens acquis) ; le projet de document d'information et le projet de contrat type doivent être déposés auprès de l'Autorité des marchés financiers afin que celle-ci exerce son contrôle et détermine si l'opération présente le minimum de garanties exigé d'un placement destiné au public ; le document d'information doit être remis à l'épargnant préalablement à la conclusion du contrat ; celui-ci doit être conforme au contenu de ce document (C. mon. fin. art. L 551-3). **32600**

La réglementation s'applique aussi lorsque la faculté de reprise du bien n'est pas mentionnée dans le contrat mais est en fait proposée aux clients démarchés (Cass. crim. 25-10-2006 n° 6288 : RJDA 5/07 n° 565).

Toute infraction à cette réglementation est passible d'un emprisonnement de 5 ans et d'une amende de 18 000 € (C. mon. fin. art. L 573-8, al. 1). La personne morale déclarée pénalement responsable de l'infraction commise pour son compte par son organe ou représentant est passible d'une amende de 90 000 € (C. pén. art. 121-2 et 131-38).

D. Contrats d'assurance

CONTRATS D'ASSURANCE POUR LESQUELS LE DÉMARCHAGE EST RÉGLEMENTÉ

Le Code des assurances réglemente le démarchage au domicile, à la résidence ou sur le lieu de travail de toute personne physique, même à sa demande, pour lui faire souscrire une proposition ou un contrat d'assurance à des fins qui n'entrent pas dans le cadre de son activité commerciale ou professionnelle (C. ass. art. L 112-9, I). **32640**

Cette réglementation n'est pas applicable aux contrats d'assurance sur la vie ou de capitalisation ni aux contrats d'assurance de voyages ou de bagages ni, de manière plus générale, aux contrats d'assurance d'une durée maximale d'un mois.

> **Précisions** Toute personne physique qui a signé une proposition ou un contrat d'assurance sur la vie ou de capitalisation bénéficie d'un délai de rétractation de 30 jours ; elle doit en outre être informée avant de conclure le contrat (C. ass. art. L 132-5-1 et L 132-5-2).

DROIT DE RÉTRACTATION DE L'ASSURÉ

La personne démarchée qui a signé une proposition ou un contrat d'assurance dans le cadre du démarchage a la faculté d'y renoncer par lettre recommandée ou par envoi recommandé électronique avec demande d'avis de réception pendant le **délai** de 14 jours calendaires révolus à compter du jour de la conclusion du contrat, sans avoir à justifier de **motifs** ni à supporter de **pénalités** (C. ass. art. L 112-9, I-al. 1). Mais elle ne peut plus exercer ce droit de **32650** renonciation dès lors qu'elle a connaissance d'un sinistre mettant en jeu la garantie du contrat (art. L 112-9, I-al. 3).

La proposition ou le **contrat** d'assurance doit reproduire, à peine de nullité, l'article L 112-9, I-al. 1 relatif à la faculté de rétractation et doit comprendre un modèle de rédaction destiné à faciliter l'exercice de la faculté de renonciation (art. L 112-9, I-al. 2).

L'**exercice** du droit de renonciation dans le délai imparti entraîne la **résiliation du contrat** à compter de la date de réception de la lettre recommandée ou de l'envoi recommandé électronique et le souscripteur ne peut être tenu qu'au paiement de la partie de prime ou de cotisation correspondant à la période pendant laquelle le risque a couru, cette période étant calculée jusqu'à la date de la résiliation. L'entreprise d'assurance doit rembourser au souscripteur le solde au plus tard dans les 30 jours suivant la date de résiliation. Au-delà de ce délai, les sommes non versées produisent de plein droit intérêt au taux légal. Toutefois, l'intégralité de la prime reste due si le souscripteur exerce son droit de renonciation alors qu'un sinistre mettant en jeu la garantie du contrat et dont il n'a pas eu connaissance est intervenu pendant le délai de renonciation (art. L 112-9, I-al. 3, 4 et 5).

RÉPRESSION DES INFRACTIONS

32660 Les infractions aux dispositions exposées n°s 32640 s. sont constatées par l'**Autorité de contrôle prudentiel et de résolution** (C. ass. art. L 112-9, I-al. 7), autorité administrative indépendante qui exerce le rôle de régulateur du secteur, dans les conditions définies aux articles L 310-13 et suivants du Code des assurances.

Les infractions en matière d'information du consommateur et relatives à l'obligation de rembourser au souscripteur le solde de la prime ou de la cotisation dans les 30 jours suivant la date de résiliation sont recherchées et constatées par les agents de la CCRF dans les conditions prévues à l'article L 511-5 du Code de la consommation (notamment, pouvoir de procéder à des enquêtes ordinaires ou à des opérations de visite et saisie, possibilité de prononcer des injonctions de mise en conformité avec la réglementation) (C. ass. art. L 112-9, II).

SANCTIONS

32670 L'Autorité de contrôle prudentiel et de résolution peut infliger à toute personne physique ou morale n'ayant pas respecté la réglementation sur le démarchage une **sanction disciplinaire** (blâme, avertissement, radiation, etc.) ainsi qu'une sanction **pécuniaire** (C. mon. fin. art. L 612-1, IV).

Par ailleurs, le fait de ne pas rembourser le souscripteur dans les 30 jours suivant la date de résiliation du contrat d'assurance peut faire l'objet d'une amende de 15 000 € (C. ass. art. L 112-9, II).

E. Enseignement

INTERDICTION DU DÉMARCHAGE

32710 Il est interdit à toute personne de se rendre au domicile des particuliers ou sur les lieux de travail pour provoquer la **souscription** d'un **contrat d'enseignement** ou de mandater des démarcheurs à cet effet (C. éduc. art. L 471-4).

La loi ne distingue pas selon que le démarchage est spontané ou non (T. corr. Paris 25-10-1979 : Gaz. Pal. 1980.1 p. 236 note Bruntz et Marchi).

L'interdiction s'applique même si le contrat d'enseignement n'est pas signé au moment même du démarchage (Cass. crim. 8-2-1995 : RJDA 5/95 n° 654). L'information ou la publicité faite au domicile d'un client potentiel, qui ne peuvent avoir pour objectif que la souscription d'un contrat d'enseignement, sont donc interdites.

ILLUSTRATIONS

> Se rend coupable du délit de mandatement de démarcheurs pour le compte d'un organisme d'enseignement la personne qui, dans un premier temps, fait distribuer aux particuliers un document comportant un « bon pour une documentation gratuite » et qui, à ceux qui le lui renvoient, adresse non la documentation demandée, mais une lettre annonçant la prochaine visite d'un conseiller de cours « chargé de fournir gratuitement tous renseignements utiles », lequel « conseiller de cours » se rend alors au domicile de l'intéressé, fait sa démonstration et lui remet le matériel pédagogique (T. corr. Paris 25-10-1979 précité).

SANCTIONS

Ce délit est passible d'un an d'emprisonnement et de 15 000 € d'amende. Le tribunal peut, en outre, prononcer, pour une durée de 5 ans au plus, l'interdiction de diriger ou d'enseigner ainsi que, éventuellement, la fermeture de l'établissement (C. éduc. art. L 471-5). 32720

La personne morale déclarée pénalement responsable de l'infraction commise par son organe ou représentant est passible d'une amende de 75 000 € (C. pén. art. 121-2 et 131-38).

F. Consultations ou rédaction d'actes en matière juridique

PRINCIPE D'INTERDICTION DU DÉMARCHAGE

Sauf exceptions (nos 32770 s.), il est interdit à quiconque de se livrer au démarchage en vue de **donner des consultations ou** de **rédiger des actes en matière juridique,** sous peine d'une amende d'un montant de 150 000 € et/ou d'un emprisonnement de 2 ans et de sanctions complémentaires (Loi 71-1130 du 31-12-1971 art. 66-4). Le montant de l'amende encourue par une personne morale s'élève à 750 000 € (cf. C. pén. art. 121-2 et 131-38). 32760

L'activité de recouvrement de créances n'est pas visée par la loi du 31 décembre 1971 (CA Paris 15-3-1996 : RJDA 7/96 n° 980).

Sur la définition d'une **consultation juridique,** voir Cass. 1e civ. 15-11-2010 n° 09-66.319 : RJDA 5/11 n° 379 ; Cass. 1e civ. 20-12-2012 n° 11-28.292 : RJDA 4/13 n° 292 ; Cass. 1e civ. 5-6-2019 n° 17-24.281 FS-D : RJDA 10/19 n° 606.

Constitue un **démarchage,** au sens de ce texte, le fait d'offrir ses services, en vue de donner des consultations ou de rédiger des actes en matière juridique, ou de provoquer à la souscription d'un contrat aux mêmes fins, notamment en se rendant personnellement ou en envoyant un mandataire soit au domicile ou à la résidence d'une personne, soit sur les lieux de travail, de repos, de traitement ou dans un lieu public (Décret 72-785 du 25-8-1972 art. 1). Cette définition générale implique que soit retenue comme fait de démarchage toute offre de service en vue de donner des consultations juridiques, quel qu'en soit le procédé.

EXCEPTIONS À L'INTERDICTION DU DÉMARCHARGE

L'interdiction exposée ci-dessus ne s'applique pas aux professionnels suivants : avocats (y compris, les professionnels ressortissant des États membres de l'Union européenne ayant acquis leur qualification dans un autre État membre et autorisés à exercer partiellement l'activité d'avocat) , les conseils en propriété industrielle ; les notaires ; les commissaires de justice, les huissiers de justice et les commissaires-priseurs judiciaires ; les commissaires aux comptes et les experts-comptables. Ces professionnels sont en effet autorisés à recourir à la « **sollicitation personnalisée** », qui est encadrée de manière similaire (Loi 71-1130 du 31-12-1971 art. 66-4, al. 3 et Décret 2023-552 du 30-6-2023 art. 15 pour les avocats ; CPI art. L 423-1 et R 423-2 pour les conseils en propriété industrielle ; Décret 73-1202 du 28-12-1973 art. 43 pour les notaires, commissaires de justice, huissiers et commissaires-priseurs judiciaires ; Code de déontologie art. 16 pour les commissaires aux comptes ; Décret 2012-432 du 30-3-2012 art. 152 pour les experts-comptables). 32770

La sollicitation doit notamment :

– procurer une information sincère sur la nature des prestations de services proposées et sa mise en œuvre doit respecter, selon le cas, les principes essentiels de la profession ou les règles déontologiques applicables à la profession ;

– exclure tout élément comparatif ou dénigrant ;

– prendre la forme d'un envoi postal ou celle d'un courrier électronique adressé au destinataire de l'offre de service, et elle ne peut pas être faite au moyen de SMS ; toutefois, le démarchage téléphonique est autorisé pour les conseils en propriété industrielle et le Code de déontologie des experts-comptables ne comporte pas de restriction sur la forme de la sollicitation ;

– préciser les modalités de détermination des honoraires du professionnel ou le tarif réglementé applicable.

> **› Précisions** La réglementation du démarchage par les avocats n'est pas incompatible avec la **directive 2006/123 du 12 décembre 2006 relative aux services dans le marché intérieur,** dès lors que, par principe, les avocats sont autorisés à recourir à un tel démarchage (CE 9-11-2015 n° 386296 : RJDA 4/16 n° 329). En revanche, ont été déclarés incompatibles avec cette directive les dispositions du Code de déontologie des experts-comptables qui leur interdisaient tout recours au démarchage (CJUE 5-4-2011 aff. 119/09 : RJDA 10/11 n° 851) et qui ont été modifiées depuis.

G. Commande de fournitures ou de prestations liées à un décès

INTERDICTION DU DÉMARCHAGE

32820 Sont interdites les démarches à domicile ainsi que toutes les **démarches effectuées** sur la voie publique ou dans un lieu ou édifice public ou ouvert au public, faites **en prévision d'obsèques ou pendant un délai de 2 mois à compter du décès,** en vue d'obtenir ou de faire obtenir soit directement, soit à titre d'intermédiaire, la commande de fournitures ou de prestations liées à un décès (CGCT art. L 2223-33, al. 1). Est visée la visite effectuée spontanément par le démarcheur ou à la demande du client éventuel (Cass. crim. 13-2-2007 n° 06-85.076 : RJDA 6/07 n° 666).

L'interdiction s'applique tout autant aux prestations et fournitures relevant du service extérieur des pompes funèbres, telles qu'énumérées à l'article L 2223-19 du Code général des collectivités territoriales (organisation des obsèques, soins de conservation, fourniture des corbillards, par exemple), qu'aux prestations annexes, telles que les plaques funéraires, les emblèmes religieux, les fleurs, les travaux divers d'imprimerie et la marbrerie funéraire (Cass. crim. 29-6-2004 n° 4161 : RJDA 12/04 n° 1397).

Par **dérogation** et dans le seul cas d'un **décès à domicile,** sont autorisées, les dimanches, jours fériés et aux heures de nuit, les démarches à domicile des personnels des régies, entreprises ou associations habilitées quand elles sont sollicitées par la personne ayant qualité pour pourvoir aux funérailles et à condition que les démarches ne concernent que la commande de prestations de transport ou de dépôt de corps avant mise en bière et de soins de conservation à domicile (CGCT art. L 2223-33, al. 2).

S'il n'est pas effectué à l'occasion ou en prévision d'obsèques, le démarchage doit respecter la réglementation générale des contrats conclus hors établissement (n°s 30000 s.).

SANCTIONS

32830 Toute infraction à l'article L 2223-33 du Code général des collectivités territoriales est punie d'une amende de 75 000 €, ainsi que de peines complémentaires (interdiction des droits civiques, civils et de famille, interdiction, pour une durée maximale de 5 ans, d'exercer l'activité professionnelle à l'occasion de laquelle l'infraction a été commise, publication de la décision par affichage ou diffusion) (CGCT art. L 2223-35).

Les personnes morales peuvent être déclarées pénalement responsables de l'infraction, dans les conditions prévues par l'article 121-2 du Code pénal. Les peines encourues sont alors (art. L 2223-36) :

– une amende de 375 000 € ;

– les peines mentionnées à l'article 131-39, 2° à 9° du Code pénal (notamment, interdiction, à titre définitif ou pour une durée maximale de 5 ans, d'exercer l'activité à l'occasion de laquelle l'infraction a été commise, publication de la décision par affichage ou diffusion).

SECTION 6 DÉLIT D'ABUS DE FAIBLESSE

CIRCONSTANCES DU DÉLIT D'ABUS DE FAIBLESSE

33000 **Visites à domicile** Il est interdit d'abuser de la faiblesse ou de l'ignorance d'une personne pour lui faire souscrire, par le moyen de visites à domicile, des engagements au comptant ou à crédit sous quelque forme que ce soit (C. consom. art. L 121-8).

Malgré les termes de la loi (« par le moyen de visites à domicile »), plusieurs visites au domicile d'une même personne ne sont pas nécessaires pour constituer le délit (Cass. crim. 8-3-2016 n° 14-88.347 : RJDA 8-9/16 n° 651).

33010 **Autres circonstances** Le délit d'abus de faiblesse peut être commis non seulement à l'occasion d'un démarchage à domicile mais aussi lorsqu'il tend à obtenir des engagements (C. consom. art. L 121-9) :

1° À la suite d'un **démarchage par téléphone** ou par télécopie.

2° À la suite d'une **sollicitation personnalisée,** sans que cette sollicitation soit nécessairement nominative, à se rendre sur un lieu de vente, effectuée à domicile et assortie de l'offre d'avantages particuliers.

Ainsi, la loi sanctionne, lorsqu'elle entraîne un abus de faiblesse, la pratique consistant à effectuer des démarchages à domicile ou à envoyer des courriers personnalisés dans le but d'inviter le consommateur à se rendre sur les lieux de vente. Un courrier non nominatif est considéré comme personnalisé lorsqu'il est remis sous enveloppe et déposé dans la boîte aux lettres du consommateur. Par ailleurs, le terme « domicile » désigne l'endroit où le consommateur a été sollicité (résidence principale, secondaire ou location de vacances), les personnes concernées pouvant être simplement de passage en ce lieu (JO Déb. Sén. du 16-10-1991 p. 2877). Enfin, la sollicitation doit être assortie d'avantages particuliers tels que, par exemple, des cadeaux, bons d'achat ou remises.

3° À l'occasion de **réunions** ou d'excursions organisées par l'auteur de l'infraction ou à son profit.

Sont visés les voyages publicitaires au cours desquels est proposée la vente de biens ou de services et les « cercles de vente » animés par un consommateur à son domicile qui, on le rappelle, sont également soumis à la réglementation des contrats conclus hors établissement (n° 30120).

En cas d'abus de faiblesse commis par un préposé ou agent commercial, le dirigeant de la société organisatrice de la réunion ou de l'excursion est considéré comme étant l'auteur de l'infraction (pour un exemple, voir Cass. crim. 1-2-2000 : RJDA 7-8/00 n° 807).

4° Lorsque la transaction a été faite dans des **lieux non destinés à la commercialisation** du bien ou du service proposé (par exemple, dans les salons d'un hôtel ou sur la voie publique) ;

Le délit d'abus de faiblesse s'applique donc aux engagements souscrits dans le cadre de ventes au déballage.

5° Lorsque le contrat a été conclu dans le cadre de **foires** ou de **salons** (considérés comme propices à des achats précipités).

6° Lorsque la transaction a été conclue dans une **situation d'urgence** ayant mis la victime de l'infraction dans l'impossibilité de consulter un ou plusieurs professionnels qualifiés, tiers au contrat.

Tel peut être le cas notamment de dépannages de véhicules effectués sur la route.

OBJET DE L'ABUS DE FAIBLESSE

L'abus de faiblesse est sanctionné lorsqu'il tend à obtenir des **engagements au comptant ou à crédit** (C. consom. art. L 121-8). **33020**

Est également interdit le fait d'abuser de la faiblesse ou de l'ignorance d'une personne pour **se faire remettre, sans contreparties réelles, des sommes** en numéraire ou par virement, des chèques bancaires ou postaux, des ordres de paiement par carte de paiement ou carte de crédit, ou bien des valeurs mobilières, au sens de l'article 529 du Code civil (C. consom. art. L 121-10). La réalité des contreparties s'apprécie au moment même de la remise. Ainsi, il a été jugé que la contrepartie était incertaine dans un cas où, en échange de la promesse d'un placement, des démarcheurs s'étaient fait remettre diverses valeurs sans en préciser le nombre ni le montant et sans délivrer un reçu (Cass. crim. 26-10-1999 : RJDA 4/00 n° 488).

ÉTAT DE FAIBLESSE OU D'IGNORANCE

L'abus de faiblesse ou d'ignorance n'est caractérisé que si les circonstances montrent que la victime n'était pas en mesure d'apprécier la **portée** des **engagements** qu'elle prenait ou de déceler les **ruses** ou **artifices** déployés pour la convaincre à y souscrire ou font apparaître qu'elle a été soumise à une **contrainte** (C. consom. art. L 121-8). **33030**

Tel peut être le cas lorsque la victime est une **personne âgée** (voir par exemple, CA Toulouse 26-9-1991 : BID 1991/12 p. 23 ; T. corr. Paris 27-9-1991 : BID 1991/12 p. 32 ; CA Paris 22-5-1991 : BID 1991/12 p. 20 ; TGI Poitiers 24-6-1992 : Contrats conc. consom. 1992 comm. n° 193 note G. Raymond ; CA Grenoble 2-11-1995 : Contrats conc. consom. 1996 comm. n° 74 note G. Raymond ; Cass. crim. 29-4-2003 n° 2188 : RJDA 8-9/03 n° 887), sans toutefois que l'âge puisse faire présumer d'un état de faiblesse ou d'ignorance de la personne (CA Paris 17-1-1992 : Contrats conc. consom. 1992 comm. n° 170 note G. Raymond). Son état de **santé** peut également être retenu (CA Paris 22-5-1991 précité), de même que sa **faiblesse intellectuelle** (CA Lyon 19-9-1990 : D. 1991 p. 250 note Ruellan, confirmé par Cass. crim. 3-7-1991 : Dr. pén. 1992 comm. n° 12 note Robert ; Cass. crim. 29-4-2003 n° 2188, précité) ou son manque de maîtrise de la **langue française** (Cass. crim. 5-8-1997 : Dr. pén. 1998 comm. n° 37 note J.-H. Robert ; CA Paris 13-5-1996 : Contrats conc. consom. 1996 comm. n° 178 note G. Raymond). La faiblesse de la victime peut être passagère et due à un état de **fatigue** (CA Paris 15-6-1999 : RJDA 11/99 n° 1260).

33035 L'**état de faiblesse ou d'ignorance** de la victime est indispensable à la constitution du délit. Il doit être **préalable** à la sollicitation et **indépendant** des circonstances dans lesquelles la victime a été placée pour souscrire l'engagement (Cass. crim. 19-2-1997 : Bull. crim. p. 230 n° 70 ; Cass. crim. 18-5-1999 : BID 2000/2 p. 44). Le caractère préalable de l'état de faiblesse de la victime peut néanmoins être révélé par ces circonstances elles-mêmes. Il en a été jugé ainsi dans un cas où une personne âgée, ayant un cadre de vie modeste, avait été exposée à l'action commerciale de deux individus pressants (Cass. crim. 19-4-2005 n° 2375 : RJDA 10/05 n° 1160).

ILLUSTRATIONS

Dans un cas où une société commercialisant de la porcelaine de Limoges avait organisé, notamment dans des hôtels, des expositions au cours desquelles des « animateurs » avaient recueilli, auprès de personnes présentes sur invitation, des commandes de services de table pour un prix de 12800 F (environ 1950 €), il a été jugé que **l'état de faiblesse** ou d'ignorance que présentaient les personnes sollicitées n'était **pas caractérisé** par la seule constatation que cette technique de vente consistait à sélectionner des acquéreurs potentiels d'après leurs capacités financières, puis à les convaincre, par la remise de cadeaux d'une certaine valeur, qu'ils constituaient une clientèle privilégiée, dans le seul but de les amener à effectuer un achat d'un prix élevé auquel, sans cette mise en scène, ils n'auraient pas consenti (Cass. crim. 19-2-1997 précité).

En revanche, un tel **abus** a été retenu dans le cas de pressions exercées par un prestataire sur une personne âgée qui souffrait depuis plusieurs mois d'une dégradation de ses fonctions cognitives, perturbant son analyse des événements et la rendant vulnérable (Cass. crim. 12-6-2019 n° 18-83.396 F-PBI : RJDA 12/19 n° 790).

RÉPRESSION DES INFRACTIONS ET SANCTIONS EN MATIÈRE D'ABUS DE FAIBLESSE

33040 **Répression des infractions** La répression des infractions en matière d'abus de faiblesse s'effectue dans les conditions fixées par les articles L 511-1 et suivants du Code de la consommation. Pour plus de détails, voir n°s 78600 s.

ATTENTION

L'infraction d'**abus de faiblesse et** les **infractions** résultant du non-respect de la **réglementation des contrats conclus hors établissement** (n°s 30000 s.) peuvent être sanctionnées concurremment car ces réglementations défendent des intérêts distincts tenant respectivement à la protection des personnes vulnérables et à celle des consommateurs (Cass. crim. 8-3-2016 n° 14-88.347 F-PB : RJDA 8-9/16 n° 651).

33050 **Sanctions pénales** Les **personnes physiques** coupables d'un abus de faiblesse encourent une amende de 375 000 € et un emprisonnement de 3 ans. Le montant de l'amende peut être porté, de manière proportionnée aux avantages tirés du manquement, à 10 % du chiffre d'affaires moyen annuel, calculé sur les trois derniers chiffres d'affaires annuels connus à la date des faits (C. consom. art. L 132-14).

Elles encourent également à titre de peines complémentaires, pour une durée maximale de 3 ans, l'interdiction soit d'exercer une fonction publique ou d'exercer l'activité professionnelle ou sociale dans l'exercice ou à l'occasion de l'exercice de laquelle l'infraction a été commise, soit d'exercer une profession commerciale ou industrielle, de diriger, d'administrer, de gérer ou de contrôler à un titre quelconque, directement ou indirectement, pour leur propre compte ou pour le compte d'autrui, une entreprise commerciale ou industrielle ou une société commerciale. Ces interdictions d'exercice peuvent être prononcées cumulativement (C. consom. art. L 132-15, al. 1 et 2).

Les **personnes morales** reconnues responsables de l'infraction commise pour leur compte par leur organe ou représentant sont passibles d'une amende de 1 875 000 € (C. pén. art. 121-2 et 131-38) et de peines complémentaires, pour une durée maximale de 5 ans, comme l'interdiction d'exercer directement ou indirectement une ou plusieurs activités professionnelles ou sociales, la fermeture des établissements ou de l'un ou de plusieurs des établissements de l'entreprise ayant servi à commettre les faits incriminés, l'exclusion des marchés publics ou l'affichage de la décision prononcée ou la diffusion de celle-ci soit par la presse écrite, soit par tout moyen de communication au public par voie électronique (C. consom. art. L 132-15, al. 3 et 4).

33060 **Sanction civile** Lorsqu'un contrat est conclu à la suite d'un abus de faiblesse, celui-ci est nul et de nul effet (C. consom. art. L 132-13).

Délit d'abus de faiblesse prévu par le Code pénal

33065

L'article 223-15-2 du Code pénal punit de 3 ans d'emprisonnement et de 375 000 € d'amende l'**abus frauduleux de l'état d'ignorance ou de la situation de faiblesse** soit d'un **mineur,** soit d'une **personne** dont la **particulière vulnérabilité,** due à son âge, à une maladie, à une infirmité, à une déficience physique ou psychique ou à un état de grossesse, est apparente ou connue de son auteur, soit d'une personne en état de sujétion psychologique ou physique résultant de l'exercice de pressions graves ou réitérées ou de techniques propres à altérer son jugement, pour conduire ce mineur ou cette personne à un acte ou à une abstention qui lui sont gravement préjudiciables.

Cette disposition présente à l'évidence des similitudes avec le délit d'abus de faiblesse prévu par le Code de la consommation. Toutefois, le champ d'application de l'infraction prévue par l'article 223-15-2 du Code pénal est plus large dans la mesure où, d'une part, il s'applique en toutes circonstances, et non uniquement dans le cadre de certaines situations commerciales, et, d'autre part, il vise aussi l'« abstention » de la victime. En revanche, le délit prévu par le Code de la consommation n'exige pas l'existence d'un préjudice grave. Il appartient aux juridictions du fond d'apprécier au cas par cas la qualification pénale la plus adaptée aux faits en cause.

DONNÉES PERSONNELLES ET PUBLIQUES

SOMMAIRE

VUE D'ENSEMBLE

34000 La « révolution numérique » comporte pour les entreprises deux enjeux juridiques essentiels.

Le premier concerne la **protection des données personnelles.** Alors que leur volume atteint des proportions considérables (phénomène du « Big Data »), que leur exploitation économique ne cesse de se développer et que les évolutions technologiques exposent la vie privée des personnes et leur sécurité à diverses menaces, il est devenu nécessaire de renforcer les mécanismes permettant de réguler la collecte, le traitement et la diffusion de ces données.

Le second enjeu est relatif à la **réutilisation de données publiques.** Alors que celles-ci ont également acquis une valeur économique importante (« Open Data »), leur « ouverture » à des fins commerciales constitue un progrès de la transparence administrative qui mérite d'être encouragé.

SECTION 1

PROTECTION DES DONNÉES PERSONNELLES

ÉVOLUTION DES DISPOSITIONS SUR LA PROTECTION DES DONNÉES PERSONNELLES

34100 La réglementation applicable depuis le 1er juin 2019 trouve son origine dans une double évolution : celle du droit européen et celle du droit national. Elle se caractérise aujourd'hui par le fait qu'elle regroupe à la fois des dispositions relevant de chacun de ces deux systèmes juridiques.

34110 **Évolution du droit européen** Afin que soient assurées la protection et la libre circulation des données à caractère personnel au sein de la Communauté européenne, la directive 95/46/CE du 24 octobre 1995 avait cherché à harmoniser en la matière les législations des États membres.

Mais le caractère insuffisamment contraignant de cette directive n'a pas permis d'atteindre dans tous les États membres les objectifs poursuivis par les autorités européennes. Les systèmes juridiques nationaux comportaient des différences importantes qui manifestaient l'**insuffisance de certains mécanismes de protection** et empêchaient le libre **flux des données.** En outre, alors que la directive remonte au début de l'internet, les innovations technologiques de ces vingt dernières années et la croissance de l'économie numérique ont rendu indispensable une mise à jour du texte européen.

34115 Aussi, par la suite, le Parlement européen a entendu prendre en compte ces évolutions et imposer aux États membres de l'Union un **cadre juridique plus strict** que ne le faisait la directive. Il a, ainsi, adopté le **règlement (UE) 2016/679 du 27 avril 2016** relatif à la protection des personnes physiques à l'égard des données à caractère personnel et à la libre circulation de ces données (JOUE 2016 L 119, rectificatif JOUE 2018 L 127), habituellement dénommé « règlement général sur la protection des données » ou **RGPD** (« general data protection regulation » ou GDPR). Tandis que la directive nécessitait seulement des mesures nationales de transposition, le règlement est, en vertu du traité sur le fonctionnement de l'Union européenne (TFUE), obligatoire dans tous ses éléments et directement applicable au sein des États.

34120 Le **règlement** est entré en vigueur le 24 mai 2016 (RGPD art. 99, 1). Depuis cette date, les autorités nationales ne pouvaient plus adopter des dispositions qui lui soient contraires. Mais il n'est devenu **applicable** que deux ans plus tard, c'est-à-dire à partir du 25 mai 2018 (art. 99, 2). À compter de la même date, la directive 95/46 a été abrogée (art. 94, 2).

Le règlement européen a aussitôt commencé à produire, de manière simultanée et uniforme, ses effets dans les ordres juridiques nationaux. Il n'est pas seulement opposable aux États, comme l'était la directive 95/46. De la même façon qu'une loi, il crée des droits au profit des particuliers, tout en mettant également des obligations à leur charge.

Il est important de savoir que le RGPD devrait encore être suivi d'un second texte européen : le futur « règlement concernant le respect de la vie privée et la protection des données à caractère personnel dans les communications électroniques », également dénommé « règlement vie privée et communications électroniques », ou « **règlement ePrivacy** ». 34125

Ce règlement compléterait le RGPD en ce qui concerne les données de communications électroniques pouvant être considérées comme des données personnelles. Il aurait notamment pour objet de modifier les règles applicables aux « traceurs », tels que les « cookies » (n°s 36050 s.). Il remplacerait la directive 2002/58/CE du 12 juillet 2002 (traitement des données personnelles et protection de la vie privée dans le secteur des communications électroniques), dite « directive Cookies ».

La Commission européenne a rendu publique, le 10 janvier 2017, une proposition de « règlement ePrivacy » destinée à être adoptée par le Parlement et le Conseil européens [COM/2017/0010-2017/003(COD)]. Ce règlement aurait dû entrer en application le même jour que le RGPD. Il a fait l'objet de discussions au sein des institutions européennes et suscité d'importants désaccords entre les États membres. Finalement, le Conseil a fait connaître, le 10 février 2021, qu'il avait adopté sa propre version du règlement. Cette version constitue la base de la discussion qui a été engagée avec le Parlement de Bruxelles. Mais cette discussion n'a toujours pas abouti.

Au 1er avril 2024, date de mise à jour des présents développements, il était impossible de préciser à quel moment le règlement sera publié.

On notera d'ailleurs que le Comité européen de protection des données (CEPD) a adopté le 15 novembre 2023 des lignes directrices sur l'article 5, 3 de la directive 2002/58/CE dont les dispositions traitent des outils de « traçage » permettant de stocker des informations déjà stockées dans le terminal d'un utilisateur ou d'accéder à de telles informations (« Guidelines 2/2023 on Technical Scope of Art. 5(3) of ePrivacy Directive »). Ces lignes directrices ont été soumises à une consultation qui a pris fin le 28 décembre 2023.

Dans un domaine distinct de celui de la protection des données personnelles, le règlement (UE) 2022/2065 du 19 octobre 2022 sur les services numériques, couramment dénommé **« Digital Services Act » (DSA),** a pour objet de protéger les internautes contre les contenus illicites ou dangereux. 34130

Il s'applique aux fournisseurs de services, tels que les fournisseurs d'accès à internet, les réseaux sociaux, les places de marché en ligne, les hébergeurs et les plateformes. Ces différents acteurs sont soumis à des obligations qui varient suivant leurs tailles et leurs audiences. Des obligations renforcées incombent aux plateformes et aux « très grandes plateformes ». Ces dernières, au nombre de 20, figurent sur une liste établie le 25 avril et le 20 décembre 2023 par la Commission européenne.

Les **plateformes** sont, en particulier, tenues de proposer aux utilisateurs un outil leur permettant de signaler facilement les contenus illicites, ainsi que les produits présentant un caractère illégal. Elles sont, en outre, soumises à une obligation de transparence qui doit les conduire, par exemple, à expliquer le fonctionnement de leurs algorithmes. Par ailleurs, il est interdit aux plateformes de « cibler » des personnes au moyen de publicités en ligne et sur la base de données sensibles (religion, opinions politiques, orientation sexuelle). Une interdiction frappe également la publicité « ciblée » destinée aux mineurs.

Un projet de loi visant à « sécuriser et réguler l'espace numérique » (SREN) était en cours de discussion le 1er avril 2024, date de mise à jour des présents développements. Il devrait contribuer à assurer la mise en application du DSA.

Évolution du droit national En adoptant la **loi « Informatique et libertés »** du 6 janvier 1978, la France avait été l'un des premiers États européens à se doter d'une législation globale de protection des données à caractère personnel. Cette loi a été modifiée à de nombreuses reprises, notamment pour assurer la transposition dans le droit national de la directive 95/46 du 24 octobre 1995. Une autre modification de la loi de 1978 a résulté de la loi 2016-1321 du 7 octobre 2016 (**Loi pour une République numérique**). Celle-ci a renforcé les droits des personnes, ainsi que les pouvoirs de sanctions attribués à la Cnil (Commission nationale de l'informatique et des libertés). 34140

Une nouvelle étape a été franchie avec l'obligation européenne de rendre applicables dans l'ordre juridique français les dispositions du RGPD. La loi du 6 janvier 1978 n'a pas pour autant été abrogée. Mais deux textes successifs ont contribué à une totale refonte de la législation nationale. 34145

34150 La **loi 2018-493 du 20 juin 2018 relative à la protection des données personnelles** a d'abord adapté au RGPD de nombreux articles de la loi du 6 janvier 1978. Grâce à ses dispositions rétroactives, elle a permis d'assurer l'entrée en application du règlement européen à compter de la date du 25 mai 2018.

Elle a également transposé la directive (UE) 2016/680 du 27 avril 2016 « relative à la protection des personnes physiques à l'égard du traitement des données à caractère personnel par les autorités compétentes à des fins de prévention et de détection des infractions pénales, d'enquêtes et de poursuites en la matière ou d'exécution de sanctions pénales, et à la libre circulation de ces données ». Cette directive, dite « directive police-justice » constitue, avec le RGPD, le « paquet européen de protection de données ».

34155 Par la suite, ainsi que l'avait prévu la loi du 20 juin 2018 (art. 32), une **ordonnance 2018-1125 du 12 décembre 2018** a **entièrement réécrit la loi du 6 janvier 1978.** Elle n'a pas véritablement réalisé une réforme du droit de la protection des données personnelles, car, en général, elle a repris les éléments essentiels de la législation précédente sans bouleversement sur le fond. Mais elle a complètement réorganisé la loi de 1978 en lui donnant une structure et un contenu différents.

Dans sa nouvelle version, la loi du 6 janvier 1978 est **entrée en vigueur** le 1er juin 2019. Le décret 2019-536 du 29 mai 2019 a fixé les conditions d'application de cette nouvelle version.

Plus récemment, la loi 2022-52 du 24 janvier 2022 relative à la responsabilité pénale et à la sécurité intérieure est venue modifier les dispositions de la loi de 1978 portant sur la procédure selon laquelle la Cnil prononce des mesures correctrices en cas de manquements aux règles applicables (nos 37200 s.)

I. PRÉSENTATION DES DISPOSITIONS RELATIVES À LA PROTECTION DES DONNÉES PERSONNELLES

ARTICULATION DES DISPOSITIONS

34300 Si les principes du droit européen se trouvaient strictement respectés, la réglementation correspondrait aux dispositions du **RGPD,** sans qu'il soit nécessaire que soient adoptés des textes nationaux. Mais il n'en va pas ainsi. Le règlement européen, applicable depuis le 25 mai 2018, coexiste avec la **loi** du 6 janvier **1978,** telle que réécrite par l'ordonnance du 12 décembre 2018, et elle-même en vigueur depuis le 1er juin 2019. S'y ajoutent les décrets d'application déjà pris ou à intervenir.

34305 Ce maintien de la loi Informatique et libertés s'explique par l'utilisation des « **marges de manœuvre** » qu'autorise le règlement. Pour des raisons liées à la nécessité de trouver certains compromis entre les États membres de l'Union, le RGPD comporte, en effet, près de 60 **renvois au « droit des États membres »** qui permettent aux autorités nationales d'ajouter des éléments complémentaires aux règles européennes ou, au contraire, de s'en écarter. Le chapitre IX du RGPD (« Dispositions relatives à des situations particulières de traitement ») est même consacré tout entier aux divers domaines dans lesquels les États ont la possibilité de « préciser » les dispositions européennes, de prévoir des « règles spécifiques » ou de déroger au règlement (RGPD art. 85 à 91).

Se rattachent notamment à ces « marges de manœuvre » les dispositions actuelles de la loi de 1978 portant sur :
– la définition des traitements concernés (art. 2) ;
– le champ d'application territorial de la réglementation (art. 3) ;
– les traitements impliquant l'utilisation du NIR (art. 30) ;
– les formalités préalables à la mise en œuvre de certains traitements (art. 31 à 36) ;
– l'action de groupe (art. 37 et 38) ;
– le traitement des données relatives aux infractions, condamnations et mesures de sûreté (art. 46) ;
– le profilage (art. 47) ;
– le droit à l'information des personnes concernées par la collecte de données (art. 48) ;
– le traitement de données personnelles dans le domaine de la santé (art. 64 à 77).

Les règles portant sur la protection des données personnelles seraient évidemment plus lisibles si un seul texte regroupait les dispositions du RGPD et celles figurant dans la loi de 1978. Mais la Cour de justice de l'Union européenne interdit l'adoption de mesures nationales qui se bornent à recopier un règlement directement applicable en droit interne. 34310

Or, la nouvelle version de la loi Informatique et libertés comporte peu de dispositions susceptibles d'être lues sans une consultation simultanée du RGPD. Il faut donc le plus souvent **combiner** le texte national avec le règlement européen, le second devant toujours prévaloir sur le premier. Il arrive même que la loi passe sous silence certaines innovations issues du RGPD. On ne doit pas pour autant les oublier.

PLURALITÉ DES RÉGIMES DE PROTECTION DES DONNÉES PERSONNELLES

Aux difficultés liées à l'organisation des textes s'ajoute un autre facteur de complexité. Depuis le 1er juin 2019, il y a lieu de distinguer **quatre séries de situations juridiques** qui correspondent respectivement aux traitements de données personnelles : 34320
- relevant du régime général issu de la loi du 6 janvier 1978 et du RGPD ;
- relevant du régime particulier de la directive 2016/680 « police-justice » transposée par la loi du 6 janvier 1978 (n° 34140) ;
- relevant du régime particulier des traitements intéressant la sûreté de l'État et la défense ;
- ne relevant d'aucun de ces trois régimes.

Les trois premières catégories de traitements sont soumises à des **règles communes** fixées par le titre I de la loi de 1978 refondue par l'ordonnance du 12 décembre 2018. Ces règles s'appliquent donc aux traitements régis par le RGPD comme aux autres.

Traitements de données relevant du régime général de protection C'est l'hypothèse la plus fréquente et la plus importante. Elle concerne les traitements qui entrent dans le champ d'application du règlement européen, tout en étant également soumis aux dispositions de la loi du 6 janvier 1978. 34330

La loi leur consacre ses deux premiers titres : outre le titre I (Dispositions communes), un titre II qui porte spécifiquement sur les règles issues du RGPD.

Dans trois séries d'**hypothèses particulières,** les traitements de données personnelles relevant du régime général de protection sont également soumis aux dispositions de la directive 2002/58/CE du 12 juillet 2002 qui est appelée à être remplacée par le futur « règlement ePrivacy » (n° 34125). Il s'agit des dispositions applicables : 34332
- aux fournisseurs de services de communications électroniques (SCE) accessibles au public (nos 35880 s.) ;
- aux données de connexion (nos 35920 s.) ;
- à la pratique des « cookies » (nos 36050 s.).

Traitements de données relevant de la directive 2016/680 Alors que le RGPD ne porte que très partiellement sur le domaine pénal (nos 34960 s.), c'est la **directive « police-justice »** qui encadre le régime particulier des traitements de données personnelles ayant pour objet la prévention et la détection des infractions pénales, les enquêtes et les poursuites, ainsi que l'exécution des sanctions pénales. 34340

Afin d'assurer la transposition de la directive 2016/680, la loi du 20 juin 2018 avait complété celle du 6 janvier 1978 par un nouveau chapitre XIII. Les dispositions correspondantes ont été reprises dans le titre III de la loi de 1978 réécrite par l'ordonnance 2018-1125 (Loi de 1978 art. 87 à 114).

La loi Informatique et libertés soumet les autorités compétentes à des obligations voisines de celles issues du RGPD, tout en ouvrant des droits comparables aux personnes concernées. Les règles relatives aux traitements relevant de la directive n'en dérogent pas moins à celles qui résultent du RGPD. Mais l'étendue des dérogations est limitée par l'application des dispositions communes figurant au titre I de la loi.

Traitements de données intéressant la sûreté de l'État et la défense 34350

La loi du 6 janvier 1978 comporte un titre IV (art. 115 à 124), qui regroupe toutes les dispositions relatives aux traitements de données mis en œuvre pour le compte de l'État en matière de sûreté et de défense. Ces dispositions, sensiblement plus développées que dans la version précédente de la loi, sont destinées à régir de manière exhaustive les traitements en question.

Autres traitements Cette catégorie résiduelle se répartit en deux ensembles distincts. 34360

Le premier inclut certains traitements de données qui échappent à toute réglementation, tant en vertu de la loi de 1978 (Loi de 1978 art. 2, al. 1) que du RGPD (RGPD art. 2, 2-c). Il s'agit des traitements effectués par une personne physique dans le cadre d'une activité strictement personnelle ou domestique (n° 34530).

Le second comprend des traitements qui ne relèvent pas du RGPD, ni d'ailleurs de la directive 2016/680. Ce sont les traitements de données personnelles mis en œuvre (Loi du 6-1-1978 art. 42, I-1° et 2 ; RGPD art. 2, 2) :

– dans le cadre d'une activité qui ne relève pas du droit de l'Union ;

– par les États membres dans le cadre d'activités qui relèvent de la politique étrangère et de la sécurité commune de l'Union.

Mais les traitements en question sont soumis aux dispositions communes figurant sous le titre I de la loi s'ils satisfont aux critères généraux permettant de définir le champ d'application matériel et territorial de la législation nationale (Loi art. 2 et 3) (nos 34500 s.).

> **Précisions** Doit être considérée comme ne relevant pas du droit de l'Union (RGPD art. 2, a) toute activité qui vise à préserver la sécurité nationale d'un État. Toutefois, dès lors que les activités portant sur la sécurité routière ne poursuivent pas un tel objectif, relève du droit de l'Union un traitement de données personnelles relatives aux « **points de pénalités** » imposés aux conducteurs de véhicules ayant commis des infractions routières (CJUE 22-6-2021 aff. 439/19 : RJDA 12/21 n° 57).

AVERTISSEMENT

34370 La présente rubrique a pour objet d'exposer le **régime général de protection des données personnelles,** tel qu'il résulte de la loi du 6 janvier 1978 et du RGPD (n° 34330). Les dispositions en cause étant particulièrement longues, détaillées et complexes, il est indispensable d'en donner une présentation suffisamment intelligible.

On insistera sur les règles relatives aux **traitements du secteur privé.** Les règles applicables aux traitements publics ne seront donc que succinctement évoquées. On n'analysera pas de façon exhaustive les règles particulières propres à certains domaines d'activité (notamment celles qui concernent les traitements dans le domaine de la santé et en matière pénale).

Le régime des **sanctions pénales** encourues par les personnes physiques qui ont méconnu la réglementation est indiqué à l'occasion de l'étude des dispositions correspondantes. En ce qui concerne les peines complémentaires encourues par les personnes physiques et les sanctions applicables aux personnes morales, voir nos 38200 s.

Toutes les **solutions jurisprudentielles** mentionnées ci-dessous conservent leur valeur pour l'application de la réglementation actuelle.

II. CHAMP D'APPLICATION DE LA RÉGLEMENTATION

A. Champ d'application matériel de la réglementation

TRAITEMENTS DE DONNÉES PERSONNELLES RELEVANT DE LA RÉGLEMENTATION

34500 Le régime général issu de la loi du 6 janvier 1978 et du règlement 2016/679 s'applique aux (RGPD art. 2, 1 ; Loi de 1978 art. 2, al. 1) :

– **traitements** automatisés **de données à caractère personnel,** qu'ils soient automatisés en tout ou partie ;

– aux traitements non automatisés de données à caractère personnel contenues ou appelées à figurer dans un fichier.

34510 **Traitement de données** La loi de 1978 ne définit pas la **notion** de traitement de données personnelles. Elle se borne à renvoyer au règlement européen (Loi art. 2, al. 3). Selon celui-ci, un traitement est « toute opération ou tout ensemble d'opérations effectuées ou non à l'aide de procédés automatisés et appliquées à des données ou des ensembles de données à caractère personnel, telles que la collecte, l'enregistrement, l'organisation, la structuration, la conservation, l'adaptation ou la modification, l'extraction, la consultation, l'utilisation, la communication par transmission, la diffusion ou toute autre forme de mise à disposition, le rapprochement ou l'interconnexion, la limitation, l'effacement ou la destruction » (RGPD art. 4, 2).

ILLUSTRATIONS

Selon des solutions jurisprudentielles, dont les plus anciennes conservent tout leur intérêt, constitue un traitement de données à caractère personnel :
– l'opération consistant à faire référence, sur une page internet, à diverses personnes et à les identifier soit par leur nom, soit par d'autres moyens, tels que leur numéro de téléphone ou des informations relatives à leurs conditions de travail et à leurs passe-temps (CJCE 6-11-2003 aff. 101/01 : RJDA 1/04 n° 121) ;
– l'activité d'un moteur de recherche consistant à trouver des informations publiées ou placées sur internet par des tiers, à les indexer de manière automatique, à les stocker temporairement et à les mettre à la disposition des internautes selon un ordre de préférence déterminé (CJUE 13-5-2014 aff. 131/12, Google Spain : RJDA 10/14 n° 816 ; CJUE 24-9-2019 aff. 136/17 : RJDA 1/20 n° 59 ; CJUE 8-12-2022 aff. 460/20 : RJDA 5/23 n° 295) ;
– la mise en ligne d'une base de données de jurisprudence non totalement anonymisée (CE 23-3-2015 n°s 353717 et 362944 : RJDA 12/15 n° 891) ;
– le rapprochement effectué par un employeur entre le contenu de chaque poste informatique de ses salariés et l'identité de l'utilisateur habituel du poste (CE 11-5-2015 n° 375669 : RJDA 1/16 n° 79) ;
– l'utilisation de « cookies » (CE 6-6-2018 n° 412589 : RJDA 10/18 n° 793) ; sur cette notion, voir n°s 36050 s. ;
– l'opération consistant à extraire des données personnelles d'un système d'information et à les transmettre à un correspondant au moyen d'un « conteneur de fichiers compressés » (CE 6-11-2019 n° 434376 : RJDA 2/20 n° 126) ;
– la mise en relation de deux traitements existants qui permet de rapprocher des données conservées dans l'un et l'autre des traitements en vue de leur utilisation au regard de la finalité poursuivie par l'un d'entre eux ou encore d'une finalité propre (CE 27-3-2020 n° 431350) ;
– un système de collecte, par l'administration fiscale, auprès d'un opérateur économique, d'informations publiées sur internet (CJUE 24-2-2022 aff. 175/20 : RJDA 8-9/22 n° 540).

Le RGPD et la loi de 1978 s'appliquent à toutes les **formes de traitements** automatisés, qu'ils se rapportent ou non à l'exploitation de fichiers ou de bases de données, quelle que soit la technologie utilisée ou l'organisation particulière des données. 34515

Sont également soumis aux dispositions de ces textes les **fichiers** que la loi de 1978 et le RGPD définissent, de façon identique, comme étant « tout ensemble structuré de données à caractère personnel accessibles selon des critères déterminés, que cet ensemble soit centralisé, décentralisé ou réparti de manière fonctionnelle ou géographique » (Loi du 6-1-1978 art. 2, al. 2 ; RGPD art. 4, 6).

Données à caractère personnel Pour relever de la réglementation, les traitements, automatisés ou non, doivent être relatifs à des données personnelles. La loi de 1978 renvoie au RGPD le soin d'en fournir la définition (Loi art. 2, al. 3). 34520

Le règlement européen qualifie de données personnelles toutes informations « se rapportant à une **personne physique** identifiée ou identifiable », laquelle est dénommée « personne concernée ».

Est considérée comme « **identifiable** » une personne physique qui peut être identifiée, directement ou indirectement, notamment par référence à un identifiant, tel qu'un nom, un numéro d'identification, des données de localisation, un identifiant en ligne, ou encore par référence à un ou plusieurs éléments spécifiques propres à l'identité physique, physiologique, génétique, psychique, économique, culturelle ou sociale (RGPD art. 4, 1).

Le **nom** et les **coordonnées** des personnes physiques, telles que leurs adresses et numéros de téléphone, constituent des informations relatives à une personne physique identifiée et, par suite, des données personnelles. Il en va ainsi même dans le cas de coordonnées professionnelles, éventuellement rendues publiques (CE 30-12-2015 n° 376845).

Le « G29 », qui regroupait les autorités nationales de contrôle appartenant à l'Union européenne et qui a été remplacé par le Comité européen de protection des données (CEPD), a adopté, le 20 juin 2007, un avis 4/2007 (wp 136) qui fournit de nombreux **exemples** destinés à éclairer le « concept de données à caractère personnel ». Ces exemples sont toujours d'actualité.

Au nombre des **identifiants** retenus par la Cnil et susceptibles de l'être pour l'application du RGPD figurent notamment : les numéros de téléphone, les plaques d'immatriculation des véhicules, les numéros de badges et autres cartes, les adresses électroniques. 34525

Le règlement européen vise aussi les témoins de connexion (« cookies ») et les adresses IP (RGPD considérant 30).

> Précisions a. La question de savoir si une **adresse IP** (« Internet Protocol ») constitue une donnée personnelle a fait l'objet de plusieurs solutions jurisprudentielles.

La Cour de justice de l'Union européenne a d'abord jugé que ces adresses, qui permettaient l'identification précise des utilisateurs du réseau internet, constituaient des données personnelles protégées (CJUE 24-11-2011 aff. 70/10 : RJDA 4/12 n° 445).

Elle a ensuite précisé qu'une adresse IP dynamique (c'est-à-dire attribuée provisoirement lors de chaque connexion) enregistrée par l'exploitant d'un site internet à l'occasion de la consultation de ce site devait être qualifiée de donnée personnelle si cet exploitant dispose des moyens légaux lui permettant de faire identifier la personne concernée grâce aux informations supplémentaires dont dispose le fournisseur d'accès à internet (FAI) de cette personne (CJUE 19-10-2016 aff. 582/14 : RJDA 3/17 n° 221, 1e espèce). Cette solution ne remet pas en cause le fondement même de la position précédemment adoptée par la Cour. Elle a été confirmée par un arrêt récent (CJUE 17-6-2021 aff. 597/19 : RJDA 4/22 n° 240).

De son côté, la Cour de cassation a affirmé que les adresses IP constituent des données personnelles dès lors qu'elles permettent d'identifier indirectement une personne physique et qu'elles répondent, ainsi, à la définition de la loi de 1978 (Cass. 1e civ. 3-11-2016 n° 15-22.595 : RJDA 3/17 n° 221, 2e espèce ; Cass. soc. 25-11-2020 n° 17-19.523 FP-PBRI : RJDA 6/21 n° 448). Sur la question, voir aussi RJDA 3/17 chronique A. Vichnievsky, p. 187.

b. Ont encore le caractère de données personnelles les « **adresses MAC** » (ou adresses physiques) qui se rattachent à un téléphone mobile. Il en va ainsi bien qu'elles ne soient pas attribuées à une personne déterminée (CE 8-2-2017 n° 393714 : RJDA 5/17 n° 386).

c. La qualification de données personnelles s'applique également aux données de **géolocalisation** issues des dispositifs embarqués dans des véhicules (Délib. Cnil 8-4-2010 n° 2010-096).

TRAITEMENTS DE DONNÉES PERSONNELLES NE RELEVANT PAS DE LA RÉGLEMENTATION

34530 Ne relèvent pas du régime général de protection des données personnelles, ni d'aucune autre réglementation, les traitements effectués pour l'exercice d'**activités personnelles.**

La loi du 6 janvier 1978 ne fournit aucune précision au sujet de ces traitements. Mais certaines indications ressortent du règlement européen.

Les activités ainsi visées comprennent, en particulier, l'échange de correspondances, la tenue d'un carnet d'adresses, l'utilisation de réseaux sociaux et les activités en ligne (RGPD considérant 18).

ATTENTION

La réglementation peut toutefois s'appliquer aux responsables de traitement ou aux sous-traitants qui fournissent les moyens de traiter des données personnelles pour l'exercice d'activités personnelles et domestiques (RGPD considérant 18).

34535 Font l'objet de règles particulières les « **copies temporaires** » (« caching ») qui sont « faites dans le cadre des activités techniques de transmission et de fourniture d'accès à un réseau numérique, en vue du stockage automatique, intermédiaire et transitoire des données, et à seule fin de permettre à d'autres destinataires du service le meilleur accès possible aux informations transmises » (Loi de 1978 art. 42, I-4°). En principe, elles ne sont pas totalement exclues du champ d'application de la loi de 1978. Mais elles ne sont pas soumises à son titre II relatif aux traitements de données régis par le RGPD. Cette dérogation vise notamment le recours, par les fournisseurs d'accès, aux serveurs « proxys », également qualifiés de serveurs « mandataires ». En revanche, contrairement à la législation nationale, le RGPD ne prévoit pas expressément de dérogation en cas de recours aux « serveurs proxys ». Tandis que le « stockage automatique, intermédiaire et transitoire des informations » relève des dispositions de la directive 2000/31/CE du 8 juin 2000 sur le commerce électronique (responsabilité des prestataires intermédiaires : RGPD art. 12), le règlement spécifie qu'il s'applique « sans préjudice » de ces dispositions (RGPD art. 2, 4).

> Précisions Les **serveurs « proxys »** ont pour **fonction** d'économiser des capacités de communication sur le réseau, en mémorisant temporairement les adresses des internautes et les sites web consultés afin qu'il ne soit pas nécessaire d'accéder au serveur initial, parfois éloigné et distant, en cas de nouvelle requête. Ces opérations d'optimisation et de régulation du trafic comportent le stockage temporaire de données à caractère personnel, lesquelles sont susceptibles d'être rapidement effacées par les serveurs proxys. L'exception prévue par la loi se justifie pleinement puisqu'un tel stockage ne comporte aucun danger pour les droits des internautes.

RESPONSABLES DE TRAITEMENT DE DONNÉES

34540 Il appartient au seul RGPD de définir la notion de responsable de traitement (Loi de 1978 art. 2). Selon le règlement européen, le responsable d'un traitement est la personne (physique ou morale), l'autorité publique, le service ou l'organisme qui, seul ou conjointement avec d'autres, **détermine les finalités et les moyens du traitement** (RGPD art. 4, 7).

Ces dispositions doivent être interprétées de manière autonome, au regard du seul droit européen et de manière fonctionnelle. La responsabilité d'un traitement n'implique pas nécessairement l'attribution d'une compétence juridique. Elle peut résulter de simples éléments de fait qui permettent à l'entité en cause de décider avec une précision suffisante des finalités et des moyens du traitement (CEPD lignes directrices 07/2020 du 7-7-2021 concernant les notions de responsable de traitement et de sous-traitant dans le RGPD). Les juridictions adoptent des solutions analogues.

ILLUSTRATIONS

Si la société B est une filiale de la société A et si elle exerce son activité sous la marque dont la société A est titulaire, elle exploite directement les traitements concernés pour l'exercice de sa propre activité commerciale et détermine effectivement le champ des données renseignées. Elle est donc responsable de ces traitements (CE 27-7-2012 n° 340026 : Lebon T. p. 767).

Une société holding, spécialisée dans l'administration des biens immobiliers, mettait en œuvre un traitement destiné à recenser les biens disponibles pour la vente ou la location. Ce traitement était utilisé par les sociétés filiales ou franchisées du groupe, exploitant des agences immobilières. Cette holding, qui décidait de la nature des données collectées, de leur durée de conservation, ainsi que des conditions dans lesquelles les agences pouvaient y accéder, devait être considérée comme responsable du traitement en cause. Elle déterminait, en effet, les finalités et les moyens de celui-ci (CE 12-3-2014 n° 354629 : RJDA 10/14 n° 817).

Doit également être considéré comme un responsable de traitement l'exploitant d'un moteur de recherche (CJUE 13-5-2014 aff. 131/12, Google Spain : RJDA 10/14 n° 816 ; CJUE 24-9-2019 aff. 136/17 : RJDA 1/20 n° 59 ; CE 24-2-2017 n° 391000 : RJDA 8-9/17 n° 602 ; CJUE 8-12-2022 aff. 460/20 : RJDA 5/23 n° 295).

Dans le cas où une société détenait un fichier comportant les données de personnalités susceptibles de représenter ses intérêts (fichier de « lobbying ») et où ce fichier avait été créé pour son compte par une entreprise spécialisée dans les activités de relations publiques, cette société a la qualité de responsable du traitement. En atteste, notamment, le fait que la société en cause exerçait un pouvoir de direction sur l'élaboration du fichier (Délib. Cnil 26-7-2021 n° SAN-2021-012).

Est encore un responsable de traitement une entité qui a chargé une entreprise de développer une application informatique mobile tout en participant à la détermination des finalités et des moyens du traitement de données personnelles réalisé au moyen de cette application. Il en va ainsi bien que cette entité n'a pas procédé elle-même à des opérations de traitement, qu'elle n'a pas donné explicitement son accord pour la réalisation de telles opérations ou pour la mise à disposition du public de l'application mobile et qu'elle n'a pas non plus acquis cette application (CJUE 5-12-2023 aff. 683/21 : BRDA 6/24 inf. 22).

Le règlement européen admet que plusieurs entités puissent être **conjointement responsables** d'un même traitement (RGPD art. 4, 7). Leur participation à la détermination des finalités et des moyens du traitement, qui doit être appréciée de façon concrète, peut revêtir différentes formes. Elle n'est pas nécessairement partagée de façon égale (« G29 » avis 1/2010 du 16-2-2010). **34545**

La qualification de deux entités comme étant responsables conjoints d'un traitement n'implique ni l'existence d'un accord entre ces entités sur la détermination des finalités et des moyens du traitement ni l'existence d'un accord fixant les conditions de la responsabilité conjointe (CJUE 5-12-2023 aff. 683/21 : BRDA 6/24 inf. 22). Voir aussi sur les responsables conjoints n° 35415.

Plusieurs décisions illustrent cette hypothèse de responsabilité conjointe, marquant ainsi une **application extensive de la notion** de responsable de traitement.

ILLUSTRATIONS

L'**auteur** (ou « administrateur ») **d'une « page fan »,** hébergée sur Facebook, peut se servir de la plateforme aménagée par le réseau social pour se présenter aux utilisateurs de ce dernier et aux personnes visitant la page, ainsi que pour diffuser certaines communications. L'auteur de la page fan peut obtenir des statistiques d'audience grâce à un outil mis à sa disposition par Facebook. Ces statistiques, qu'il peut personnaliser au moyen de différents critères, lui fournissent des informations sur les caractéristiques et les habitudes des personnes ayant visité la page. Ces données sont collectées et exploitées au moyen de « cookies » (nos 36050 s.) stockés sur l'ordinateur ou un autre terminal, de ces personnes. En conséquence, l'intéressé a, au même titre que Facebook, la qualité de responsable du « traitement des données personnelles des visiteurs » (CJUE 5-6-2018 aff. 210/16 : RJDA 10/18 n° 792).

L'éditeur d'un site qui dépose des **cookies** est assimilable à un responsable de traitement ; il est également responsable du traitement de données lorsqu'il sous-traite à des tiers la gestion de cookies mis en place pour son compte ; les autres tiers qui déposent des cookies à l'occasion de la visite du site d'un éditeur doivent être considérés comme des responsables de traitement, sauf lorsque c'est l'éditeur du site qui a autorisé le dépôt et l'utilisation de tels cookies (CE 6-6-2018 n° 412589 : RJDA 10/18 n° 793 ; CE 19-6-2020 n° 434684 : RJDA 11/20 n° 619).

Une société ayant son siège aux États-Unis et plusieurs filiales en Europe, a été victime d'un vol de données concernant 57 millions d'utilisateurs. Dès lors qu'elle est à l'origine de la solution technique ayant permis ce vol et qu'elle a entièrement géré les conséquences de la violation des données, cette société a la qualité de responsable du traitement en cause, conjointement avec l'une de ses filiales (Délib. Cnil 19-12-2018 nº SAN-2018-011).

B. Champ d'application territorial de la réglementation

LIEU D'ÉTABLISSEMENT DU RESPONSABLE DU TRAITEMENT

34590 **Loi de 1978** La loi du 6 janvier 1978 prévoit que l'ensemble de ses dispositions s'appliquent aux traitements de données personnelles effectués dans le cadre des activités **de l'établissement d'un responsable** de traitement, ou du sous-traitant de ce dernier, lorsque l'établissement est situé **en France.** Peu importe le lieu où le traitement est effectué, que ce soit ou non sur le territoire national (Loi de 1978 art. 3, I). Cette règle s'étend notamment aux dispositions de l'article 82 de la loi de 1978, relatif aux droits des utilisateurs d'un service de communications électroniques (CE 27-6-2022 nº 451423 : RJDA 10/22 nº 608 et, dans la même affaire, Délib. Cnil 7-12-2020 nº SAN-2020-013).

Un traitement de données personnelles peut être regardé comme effectué « dans le cadre des activités » d'un établissement national, non seulement si cet établissement intervient dans la mise en œuvre du traitement, mais aussi lorsqu'il se borne à assurer sur le territoire d'un État membre, la promotion et la vente d'espaces publicitaires permettant de rentabiliser les services offerts par le responsable du traitement (CE 27-6-2022 nº 451423 : RJDA 10/22 nº 608 et, dans la même affaire, Délib. Cnil 7-12-2020 nº SAN-2020-013).

Pour les traitements relevant du droit européen, ces dispositions se combinent avec celles du RGPD qui ont également retenu un critère relatif au lieu d'établissement du responsable du traitement (RGPD art. 3, 1) (nº 34600).

La législation nationale en vigueur depuis le 1er juin 2019 a supprimé l'ancienne disposition de la loi de 1978 qui visait également les traitements dont le responsable, sans être établi sur le territoire français, ou sur celui d'un autre État membre de l'Union européenne, recourt à des moyens de traitement situés en France.

ATTENTION

Les dispositions de la loi de 1978 ne sont pas applicables à des traitements de données exploités par des banques situées en Suisse. Il en va ainsi bien que certaines d'entre elles soient les filiales de sociétés françaises (CE 5-7-2021 nº 447088 : RJDA 1/22 nº 56).

34595 Afin de résoudre les difficultés qui résulteraient éventuellement des divergences entre les législations des États membres, la loi de 1978 prévoit que les règles nationales prises sur le fondement du RGPD, dans le cadre des « marges de manœuvre » autorisées par celui-ci, s'appliquent, dès lors que la personne concernée par le traitement des données réside en France. Il en va ainsi même lorsque le responsable du traitement n'est pas établi sur le territoire national (Loi de 1978 art. 3, II-al. 1).

Cette règle s'écarte donc du critère principal adopté par la loi.

> **Précisions** Une exception particulière concerne les traitements mentionnés à l'article 85, 2 du RGPD, c'est-à-dire des **traitements** effectués à des fins **journalistiques** ou à des fins d'expression **universitaire, artistique ou littéraire.** Les règles nationales prises sur le fondement du RGPD sont celles dont relève le responsable de traitement lorsqu'il est établi sur le territoire de l'Union européenne (Loi de 1978 art. 3, II-al. 2).

34600 **RGPD** Le champ d'application géographique du règlement européen inclut les traitements de données personnelles effectués **dans le cadre des activités de l'établissement d'un responsable** de traitement, ou du sous-traitant de ce dernier, à condition que l'établissement soit situé **sur le territoire de l'Union** (RGPD art. 3, 1). Il n'y a donc pas à tenir compte du lieu où le traitement est effectué.

Il n'est pas nécessaire non plus que le traitement soit réalisé « par » l'établissement lui-même. Seul compte le fait qu'il soit effectué « dans le cadre des activités » de l'établissement (CJUE 13-5-2014 aff. 131/12).

L'« établissement » du responsable du traitement ou du sous-traitant suppose l'exercice effectif et réel d'une activité au moyen d'un dispositif stable (RGPD considérant 22). Voir également n°s 37300 s. en ce qui concerne le champ d'action territorial de la Cnil.

Un arrêt rendu pour l'application de la directive 95/46 du 24 octobre 1995, et dont la solution conserve sur ce point toute sa valeur, précisait déjà que la notion d'« établissement » suppose une installation stable sur le territoire de l'État membre, une activité effective et réelle, même minime, dans le cadre de laquelle le traitement de données est effectué (CJUE 1-10-2015 aff. 230/14 : RJDA 12/15 n° 826 ; voir aussi dans le même sens CJUE 28-7-2016 aff. 191/15 : RJDA 12/16 n° 909).

Ces règles s'appliquent aux traitements qui relèvent du RGPD et sont soumis au titre II de la loi du 6 janvier 1978.

Voir aussi les lignes directrices 3/2018 relatives au champ d'application territorial du RGPD qui ont été adoptées, le 16 novembre 2018, par le CEPD, et révisées le 12 novembre 2019.

Le règlement s'applique également aux traitements de données personnelles dans le cas où le **responsable** du traitement, ou le sous-traitant, n'est **pas établi dans l'Union,** mais alors que les personnes concernées sont des résidents européens « ciblés » en vue d'une offre de biens ou de services (RGPD art. 3, 2-a). Il en va de même si le traitement est lié au « suivi du comportement » de ces résidents, dès lors que le comportement « a lieu au sein de l'Union » (RGPD art. 3, 2-b). Cette seconde disposition vise l'hypothèse particulière où la personne concernée est « suivie » sur internet dans le but de réaliser ultérieurement un profilage (RGPD considérant 24). 34605

Voir aussi les lignes directrices précitées du CEPD.

ILLUSTRATIONS

Le RGPD s'applique à un fichier comportant les données de personnalité qui sont susceptibles de représenter les intérêts d'une société américaine (fichier de « lobbying ») et dont le comportement est « suivi » au sens des dispositions du RGPD. En effet, même si le responsable du traitement n'est pas établi dans l'Union européenne, les personnalités concernées résident en France (Délib. Cnil 26-7-2021 n° SAN-2021-012).

DÉSIGNATION D'UN REPRÉSENTANT DU RESPONSABLE DE TRAITEMENT

Dans les deux cas mentionnés au n° 34605, le responsable du traitement ou le sous-traitant, qui n'est pas établi dans l'Union européenne, désigne un représentant dans l'Union (RGPD art. 27, 1). Celui ci est établi sur le territoire de l'État membre où se trouvent les personnes « ciblées » (art. 27, 3). Il est mandaté par le responsable du traitement ou le sous-traitant pour être l'interlocuteur des autorités nationales de contrôle, ainsi que des personnes concernées (art. 27, 4). 34610

Néanmoins, l'obligation de désigner un représentant ne s'applique pas (art. 27, 2) :
- à un traitement occasionnel ou à un traitement de données sensibles qui n'est pas « à grande échelle » ;
- à une autorité publique ou à un organisme public.

À noter que la version actuelle de la loi de 1978 n'impose plus au responsable d'un traitement qui n'est pas établi en France ou dans un autre État membre de désigner un représentant sur le territoire français.

III. CONDITIONS DE VALIDITÉ DES TRAITEMENTS DE DONNÉES PERSONNELLES

A. Principes généraux relatifs au traitement des données personnelles

LISTE DES PRINCIPES GÉNÉRAUX

La loi du 6 janvier 1978 (art. 4) et le RGPD (art. 5, 1-a à f) énoncent dans des termes analogues une série de six principes. Les données personnelles doivent être : 34700
- traitées de manière licite et loyale au regard de la personne concernée, ainsi que de manière transparente si le traitement relève du RGPD (« **licéité, loyauté, transparence** ») ;
- collectées à des fins déterminées, explicites et légitimes, sans qu'elles puissent faire ultérieurement l'objet d'un traitement incompatible avec ces finalités (« **limitation des finalités** ») ;

– adéquates, pertinentes et limitées à ce qui est nécessaire au regard des finalités du traitement (« **minimisation des données** ») ;
– exactes et, si nécessaires, tenues à jour (« **exactitude** ») ;
– conservées sous une forme permettant l'identification des personnes concernées pendant une durée n'excédant pas celle qui est nécessaire au regard des finalités du traitement (« **limitation de la conservation** ») ;
– traitées de façon à garantir une sécurité appropriée, en assurant notamment leur protection contre les traitements non autorisés ou illicites, ainsi que contre la perte, la destruction ou les dégâts d'origine accidentelle, à l'aide de mesures techniques et organisationnelles appropriées (« **intégrité et confidentialité** »).

De façon comparable, la Charte des droits fondamentaux de l'UE exige que les données personnelles soient « traitées loyalement, à des fins déterminées et sur la base du consentement de la personne concernée ou en vertu d'un autre fondement légitime prévu par la loi » (Charte art. 8, 2).

Doit encore être mentionnée la Convention « 108 » qui a été adoptée le 28 janvier 1981 par le Conseil de l'Europe. Son article 5 affirme des principes analogues à ceux qui résultent de la loi du 6 janvier 1978 et du RGPD. Cette convention a fait l'objet en 2018 d'un « protocole d'amendement » destiné à la moderniser, dénommé Convention « 108+ », qui était en cours de ratification le 1er avril 2024, date de mise à jour des présents développements.

> **Précisions a.** Toutes les mesures « raisonnables » doivent être prises pour que des **données** personnelles **inexactes,** eu égard aux finalités pour lesquelles elles sont traitées, soient effacées ou **rectifiées** sans tarder (Loi de 1978 art. 4, 4° ; RGPD art. 5, 1-d).
> **b.** Selon la législation nationale, la sécurité des données doit aussi être garantie contre l'accès à des **personnes non autorisées** (Loi de 1978 art. 4, 6°). Ne peut pas être considérée comme une personne non autorisée le titulaire d'un droit d'accès exercé conformément aux réglementations sur l'accès aux documents administratifs et aux archives publiques (Loi de 1978 art. 7).

EXCEPTIONS À L'APPLICATION DES PRINCIPES

34710 **Exceptions autorisées par une mesure législative** Le droit de l'Union, ou celui de l'État membre dont relève le responsable de traitement ou le sous-traitant, peut, par la voie de mesures législatives, limiter la portée des droits reconnus aux personnes concernées. Une telle limitation s'applique, en particulier, aux principes généraux énoncés par l'article 5, 1 du RGPD. Elle doit respecter « l'essence des libertés et droits fondamentaux » tout en constituant une « mesure nécessaire et proportionnée » pour garantir diverses exigences : par exemple, la sécurité nationale, la prévention et la détection d'infractions pénales, ou « un intérêt économique ou financier important » (RGPD art. 23, 1).

Les mesures législatives ainsi prévues doivent comporter des dispositions spécifiques. Celles-ci sont notamment relatives aux finalités du traitement, aux catégories de données personnelles, à l'étendue des limitations, ou aux garanties destinées à prévenir les « abus » (art. 23, 2).

Il résulte des règles qui viennent d'être rappelées que, même afin de poursuivre un objectif légitime, l'administration fiscale d'un État membre ne peut déroger aux dispositions de l'article 5, 1 du RGPD, dès lors qu'une telle possibilité ne lui a pas été accordée par une mesure législative, au sens de l'article 23, 1 (CJUE 24-2-2022 aff. 175/20 : RJDA 8-9/22 n° 540).

À noter que le CEPD a adopté, le 13 octobre 2021, des lignes directrices consacrées à ce système d'exceptions (« Guidelines 10/2020 on restrictions under Article 23 GDPR »).

34715 **Autres exceptions** Certains des principes généraux mentionnés ci-dessus ne s'appliquent pas aux traitements de données personnelles mis en œuvre à des **fins archivistiques** dans l'intérêt public, à des **fins de recherche scientifique ou historique,** ou encore à des **fins statistiques.**

Ces traitements échappent au principe de limitation des données (Loi de 1978 art. 4, 2° ; RGPD art. 5, 1-b). Mais ils doivent être effectués dans des conditions régulières et ne pas être utilisés pour prendre des décisions à l'égard des personnes concernées.

De même, l'obligation de conservation des données personnelles subit une exception lorsque les données sont traitées à des fins identiques à celles mentionnées ci-dessus (Loi de 1978 art. 4, 5° ; RGPD art. 5, 1-e). Il est alors nécessaire que des mesures techniques et organisationnelles appropriées soient mises en œuvre afin de garantir les droits et libertés de la personne concernée. Le choix des données conservées à des fins archivistiques est opéré dans les conditions prévues à l'article L 212-3 du Code du patrimoine, c'est-à-dire par accord entre l'autorité qui les a produites ou reçues et l'administration des archives.

APPLICATION DES PRINCIPES

Les principes généraux relatifs au traitement de données personnelles ont fait l'objet de diverses interprétations émanant des juridictions ou de la Cnil. Les unes, bien que dégagées sur la base de la loi du 6 janvier 1978 dans ses versions antérieures à l'**ordonnance 2018-1125 du 12 décembre 2018,** sont transposables pour l'application des dispositions actuelles. D'autres interprétations portent sur les dispositions du RGPD. Il s'agit de : 34720

– l'obligation de collecter et traiter les données de manière loyale et licite (Loi de 1978 art. 4, 1° ; RGPD art. 5, 1-a) ;

– l'obligation de traiter les données personnelles pour des finalités déterminées, explicites et légitimes (Loi de 1978 art. 4, 2° ; RGPD art. 5, 1-b) ;

– l'obligation de préserver le caractère adéquat, pertinent et non excessif des données au regard des finalités pour lesquelles elles sont collectées et de leurs traitements ultérieurs (Loi de 1978 art. 4, 3° ; RGPD art. 5, 1-c) ;

– l'obligation de conserver pendant une durée limitée au regard des finalités du traitement les données permettant d'identifier les personnes concernées (Loi de 1978 art. 4, 5° ; RGPD art. 5, 1-e).

ILLUSTRATIONS

• Obligation de collecter et traiter les données de manière loyale et licite.

Le fait d'identifier des adresses électroniques et de les utiliser, même sans les enregistrer dans un fichier, pour adresser à leurs titulaires des messages électroniques, constitue une collecte de données nominatives, tandis que le fait de recueillir, à leur insu, des adresses électroniques personnelles de personnes physiques sur internet est déloyal, ce procédé faisant obstacle à leur droit d'opposition (Cass. crim. 14-3-2006 n° 1670 : RJDA 8-9/06 n° 982).

De même, est déloyal le fait pour une société de collecter et de communiquer à des tiers des annonces immobilières publiées sur internet par des particuliers, dès lors que cette collecte a eu lieu à l'insu de ces derniers (CE 5-9-2008 n° 319071 : RJDA 3/09 n° 298 ; CE 9-11-2015 n° 384673 : RJDA 5/16 n° 416).

Pour un exemple de collecte illicite dans le cadre de la mise en œuvre d'une « centrale de crédit » par plusieurs établissements bancaires, voir CE 30-12-2009 n° 306173 : RJDA 10/10 n° 1025. S'agissant du cas où les données personnelles concernant les membres de réseaux sociaux ont fait l'objet d'une extraction vers un service d'annuaire sans qu'ils en aient été informés, voir CE 12-3-2014 n° 353193 : RJDA 10/14 n° 819.

• Obligation de traiter les données pour des finalités déterminées, explicites et légitimes.

Cette condition ne s'oppose pas à l'enregistrement et à la conservation par le responsable du traitement, dans une base de données créée en vue de procéder à des tests et de corriger des erreurs, de données personnelles préalablement collectées et conservées dans une autre base de données, lorsqu'un tel traitement ultérieur est compatible avec les finalités spécifiques pour lesquelles ces données ont été initialement collectées (CJUE 20-10-2022 aff. 77/21 : RJDA 4/23 n° 236).

Pour des exemples de traitements qui, en revanche, ne satisfont pas à cette même condition, voir CE 30-12 2009 n° 306173 : RJDA 10/10 n° 1025, 1e espèce, concernant la mise en œuvre d'une « centrale de crédit » par plusieurs établissements bancaires, et CE 7-4-2010 n° 309547 : RJDA 10/10 n° 1025, 2e espèce, concernant la tenue d'un « fichier des impayés locatifs ».

• Obligation de préserver le caractère adéquat, pertinent et non excessif des données au regard des finalités pour lesquelles elles sont collectées.

Les données pertinentes au regard de la finalité d'un traitement sont celles qui sont en adéquation avec la finalité du traitement et qui sont proportionnées à cette finalité (CE 30-10-2001 n° 204909 : RJDA 4/02 n° 463 ; CE 19-7-2010 n° 317182 : Lebon p. 320).

Pour un exemple de données qui ne satisfont pas à cette condition dans le cadre de la mise en œuvre d'une « centrale de crédit », voir CE 30-12-2009 n° 306173 : RJDA 10/10 n° 1025.

L'utilisation par un employeur d'un système de géolocalisation pour assurer le contrôle de la durée du travail de ses salariés n'est licite que si ce contrôle ne peut pas être effectué par un autre moyen, fût-il moins efficace que la géolocalisation. En dehors de cette hypothèse, la collecte et le traitement de telles données à des fins de contrôle du temps de travail doivent être considérés comme excessifs (CE 15-12-2017 n° 403776 : RJS 3/18 n° 158).

Manque également à l'obligation de minimisation des données une société de prospection commerciale qui collecte, sans les utiliser, les numéros de téléphone des personnes qu'elle prospecte (Délib. Cnil 7-12-2020 n° SAN-2020-016).

La même obligation est méconnue par un employeur qui collecte un grand nombre d'informations sur les membres de la famille des salariés (Délib. Cnil 18-9-2023 n° SAN-2023-013).

• Obligation de conserver, pendant une durée limitée au regard des finalités du traitement, les données permettant d'identifier les personnes concernées.

Lorsque la finalité poursuivie par le traitement est atteinte, les données doivent soit être supprimées, soit faire l'objet d'un archivage intermédiaire dès lors que leur conservation est indispensable au respect d'obligations légales ou à des fins contentieuses ou précontentieuses. Dans cette seconde hypothèse, le responsable de traitement est tenu de prévoir une base d'archives dédiée ou encore une séparation logique dans la base de données active (Délib. Cnil 28-5-2019 n° SAN-2019-005 : RJDA 11/19 n° 729).

L'obligation de limiter la conservation des données est également méconnue par une société exerçant son activité dans le domaine de la grande distribution, qui conserve les données concernant des clients inactifs depuis plus de quatre ans (Délib. Cnil 18-11-2020 nº SAN-2020-008). Les clients de la grande distribution sont, en effet, des clients d'habitude qui retournent de façon régulière dans les mêmes magasins.
Un manquement doit encore être retenu à l'encontre d'une société de prospection commerciale qui conserve pendant plus de trois ans les coordonnées d'environ 5 millions de prospects, alors que ceux-ci se sont bornés à ouvrir les courriels reçus, sans aucune autre action de leur part (Délib. Cnil 7-12-2020 nº SAN-2020-016).
Une compagnie d'assurance méconnaît la même obligation lorsque ses systèmes d'information ne mettent pas en œuvre les durées de conservation des données relatives à ses prospects et à ses clients, telles que ces durées sont fixées par un référentiel conformément aux recommandations de la Cnil. De plus les durées de conservation des données relatives aux clients excèdent celles qui sont autorisées par le Code des assurances et le Code de commerce (Délib. Cnil 20-7-2021 nº SAN-2021-010).

SANCTIONS EN CAS DE NON-RESPECT DE LA RÉGLEMENTATION

34730 Les dispositions du Code **pénal** qui répriment les « atteintes aux droits de la personne résultant des fichiers ou des traitements informatiques » (C. pén. art. 226-16 s.) visent les infractions aux principes généraux relatifs au traitement des données personnelles.
Sont, notamment, punis de cinq ans d'emprisonnement et de 300 000 € d'amende :
– le fait de procéder à un traitement de données personnelles sans qu'aient été respectées les **formalités préalables** à leur mise en œuvre (C. pén. art. 226-16) ;
– le fait de procéder à un traitement de données personnelles sans mettre en œuvre des mesures techniques et organisationnelles appropriées afin de garantir la **sécurité** du traitement (C. pén. art. 226-17) ;
– le fait de **collecter** des données personnelles par un moyen frauduleux, déloyal ou illicite (C. pén. art. 226-18) ;
– le fait de procéder à un traitement de données concernant une personne physique malgré l'**opposition** de celle-ci, lorsque le traitement répond à des fins de prospection, notamment commerciale, ou lorsque cette opposition est fondée sur des motifs légitimes (C. pén. art. 226-18-1) ;
– le fait de mettre ou de conserver en mémoire informatisée, sans le consentement exprès de l'intéressé, certaines données personnelles « **sensibles** » ou des données personnelles concernant des **infractions,** des **condamnations** ou des **mesures de sûreté** (C. pén. art. 226-19) ;
– le fait de **conserver** des données personnelles au-delà de la durée prévue par la loi, exception faite du cas où la conservation est effectuée à des fins historiques, statistiques ou scientifiques (C. pén. art. 226-20) ;
– le fait, pour toute personne détentrice de données personnelles à l'occasion de leur enregistrement, de leur classement, de leur transmission ou de toute autre forme de traitement, de **détourner la finalité** de ces informations (C. pén. art. 226-21) ;
– le fait, pour une personne ayant recueilli, à l'occasion de leur enregistrement, de leur classement, de leur transmission ou de toute autre forme de traitement, des données personnelles dont la **divulgation** aurait pour effet de porter atteinte à la considération de l'intéressé ou à l'intimité de sa vie privée, de communiquer, sans autorisation de l'intéressé, ces données à un tiers qui n'a pas qualité pour les recevoir (C. pén. art. 226-22).
Dans ce dernier cas, si la divulgation a été commise par imprudence ou négligence, les sanctions sont réduites à trois ans d'emprisonnement et 100 000 € d'amende.
Le juge peut également ordonner l'effacement de tout ou partie des données faisant l'objet du traitement qui est à l'origine de l'infraction (C. pén. art. 226-23). Sur les peines complémentaires et les sanctions applicables en cas de responsabilité pénale des personnes morales, voir nos 38200 s.

B. Licéité du traitement des données personnelles

PRÉSENTATION GÉNÉRALE

34770 La loi du 6 janvier 1978 subordonne la licéité d'un traitement de données personnelles à **l'une des six conditions** qu'elle énumère (Loi art. 5). La principale de ces conditions est relative au consentement de la personne concernée par les données.
Les conditions de licéité des traitements sont formulées en des termes analogues à ceux qu'utilise le règlement européen (RGPD art. 6, 1).

CONSENTEMENT DE LA PERSONNE CONCERNÉE AU TRAITEMENT DES DONNÉES

Le consentement de la personne concernée représente la principale condition de licéité d'un traitement de données personnelles. La loi de 1978 inscrit cette condition au titre I relatif aux dispositions communes (Loi art. 5, 1°). Mais elle spécifie que, si le traitement relève du titre II, c'est-à-dire du RGPD, le consentement doit être reçu « dans les conditions mentionnées » aux dispositions correspondantes du règlement. Celui-ci assortit effectivement la législation nationale d'éléments complémentaires. **34780**

CARACTÉRISTIQUES DU CONSENTEMENT DE LA PERSONNE CONCERNÉE

Le règlement européen définit la notion de consentement comme une manifestation de volonté « libre, spécifique, éclairée et univoque ». Il exige que l'acceptation de l'intéressé fasse l'objet d'une « déclaration » ou d'un « acte positif clair » (RGPD art. 4, 11). Il ajoute que le consentement au traitement doit être fourni « pour une ou plusieurs finalités spécifiques » (art. 6, 1-a). **34790**

Le CEPD a adopté, le 4 mai 2020, des **lignes directrices 5/2020 sur le consentement** au sens du règlement (UE) 2016/679. Celles-ci précisent le sens de la notion de consentement, telle que définie par le RGPD :
– le consentement ne peut être considéré comme « libre » que si la personne concernée est en mesure de refuser ou de retirer son consentement sans subir de pression ni de préjudice ;
– le consentement n'est « spécifique » que s'il répond à une demande suffisamment détaillée permettant à la personne concernée de donner un consentement distinct pour chacune des finalités du traitement ;
– le consentement n'est « éclairé » que si la personne concernée reçoit certaines informations essentielles : par exemple, identité du responsable de traitement, finalité de chacune des opérations de traitement, données collectées et utilisées ;
– le consentement n'est « univoque » que s'il résulte d'une déclaration ou d'un « geste actif » de la personne concernée. La pratique de l'« opt-in actif », c'est-à-dire de la case à cocher, devrait satisfaire à cette condition. En revanche, celle de la case cochée par défaut est à prohiber.

ILLUSTRATIONS

La formation restreinte de la Cnil avait sanctionné le responsable d'un traitement de données personnelles à des fins de **ciblage publicitaire,** car le consentement des utilisateurs n'était pas recueilli de manière conforme aux dispositions du RGPD (Délib. Cnil 21-1-2019 n° SAN-2019-001 : RJDA 6/19 n° 477).

Tout en jugeant que cette délibération était fondée, le Conseil d'État a précisé qu'un consentement n'est valide qu'à condition d'être exprès, donné en toute connaissance de cause et après une information adéquate sur l'usage qui sera fait des données personnelles de l'utilisateur. En outre, il a souligné que n'était pas spécifique un consentement recueilli dans le cadre de l'acceptation globale de conditions générales d'utilisation d'un service (CE 19-6-2020 n° 430810 : RJDA 11/20 n° 620).

S'agissant d'un contrat relatif à la fourniture de **services de télécommunications,** stipulant que la personne concernée a été informée et a consenti à la collecte, ainsi qu'à la conservation, d'une copie de son titre d'identité, l'intéressé ne saurait être considéré comme ayant valablement donné son consentement à cette collecte et à cette conservation, lorsque les manquements suivants ont été constatés : la case du contrat se référant à cette clause a été cochée avant la signature du contrat ; la personne concernée est induite en erreur quant à la possibilité de conclure le contrat, même si elle refuse de consentir au traitement de ses données ; le libre choix de s'opposer à la collecte et à la conservation du titre d'identité de la personne concernée est affecté indûment par l'attitude du responsable du traitement qui exige de l'intéressé qu'il remplisse un formulaire supplémentaire faisant état de son refus (CJUE 11-11-2020 aff. 61/19 : RJDA 4/21 n° 285).

Garanties relatives au consentement Le principe du consentement de la personne concernée est entouré de diverses **garanties** (RGPD art. 7) : **34800**
– le responsable du traitement doit être en mesure de démontrer que le consentement a été effectivement donné ;
– si la déclaration écrite de consentement porte également sur d'autres questions que celle du consentement et si elle est consécutive à une demande préalablement adressée à la personne concernée, cette demande doit être présentée sous une forme compréhensible et aisément accessible ; elle doit aussi être formulée en des termes clairs et simples ;
– la personne concernée a le droit de retirer son consentement à tout moment ; ce retrait ne remet pas pour autant en cause la licéité du traitement fondé sur le consentement initial ;
– au moment de déterminer si le consentement est donné librement, il convient, éventuellement, de s'assurer que l'exécution d'un contrat n'est pas subordonnée à un consentement non nécessaire à cette exécution (pratique du « couplage »).

EXEMPLE

Lorsqu'une banque demande le consentement de ses clients pour permettre à des tiers d'utiliser leurs informations de paiement à des fins de marketing, ce traitement n'est pas nécessaire à l'exécution du contrat entre le client et la banque, ni à la fourniture de services bancaires. Si le refus du client de donner son consentement entraîne la fermeture du compte bancaire ou une augmentation des frais bancaires, le consentement n'est pas donné librement.

34805 La loi 2018-493 du 20 juin 2018 comporte des dispositions relatives au consentement des utilisateurs de **smartphones.** Celles-ci visent spécialement les éditeurs d'applications préinstallées sur les terminaux. Elles n'ont pas été intégrées dans la loi de 1978. Elles imposent au responsable du traitement de démontrer que les contrats qu'il conclut et qui portent sur « des équipements ou services incluant le traitement de données à caractère personnel » ne font pas obstacle à ce que l'utilisateur final accorde son consentement dans les conditions prévues par le RGPD (Loi 2018-493 art. 28, al. 1). Peut constituer un tel obstacle le fait de restreindre indûment, sans justification d'ordre technique ou de sécurité, les possibilités de choix de l'utilisateur, notamment lors de la configuration initiale du terminal. Il s'agit, en particulier, des possibilités de choix en matière de services de communication en ligne ou d'applications alternatives accessibles sur un terminal (Loi art. 28, al. 2).

VALIDITÉ DU TRAITEMENT DES DONNÉES EN L'ABSENCE DE CONSENTEMENT

34810 À défaut de consentement de la personne concernée, le traitement n'est licite que s'il remplit l'une des cinq **conditions** énumérées, dans les mêmes termes par la loi du 6 janvier 1978 (art. 5, 2° à 6°) et le RGPD (art. 6, 1-b à f). Selon les cas, il doit être nécessaire :
- à l'exécution d'un contrat auquel est partie la personne concernée ;
- au respect d'une obligation légale incombant au responsable du traitement ;
- à la sauvegarde des intérêts vitaux de la personne concernée ou d'une autre personne physique ;
- à l'exécution d'une mission d'intérêt public, ou relevant de l'exercice de l'autorité publique, dont est investi le responsable du traitement ;
- aux fins des intérêts légitimes poursuivis par le responsable du traitement ou par un tiers, à moins que les intérêts et droits fondamentaux de la personne concernée ne prévalent sur les intérêts du responsable du traitement.

Le « G29 » a adopté, le 9 avril 2014, un avis 06/2014 (wp 217) sur la notion d'« intérêt légitime », au sens de la directive 95/46 qui comportait déjà une disposition similaire. Il relève notamment que la notion d'« intérêt », qui est distincte de celle de « finalité », désigne le « bénéfice » que le responsable de traitement peut tirer de celui-ci. En outre, l'« intérêt » n'est « légitime » que s'il est poursuivi dans le respect de la réglementation sur la protection des données ou d'autres réglementations.

ILLUSTRATIONS

La condition relative à l'**exécution d'un contrat** auquel la personne concernée est partie n'est pas satisfaite lorsqu'une société spécialisée dans la vente en ligne conserve, sans leur consentement, les coordonnées bancaires de ses clients au-delà de l'exécution de la vente qui avait justifié la collecte de ces coordonnées (Délib. Cnil 19-7-2012 n° 2012-214).

Dans le cas où une législation nationale prévoit qu'un organisme public inscrit dans un registre les « points de pénalités » imposés aux conducteurs de véhicules pour des infractions routières, la condition relative à l'exécution d'une **mission d'intérêt public,** ou relevant de l'exercice de l'**autorité publique,** ne permet pas à cette législation de faire obligation à cet organisme de rendre accessibles au public les données relatives à ces « points de pénalités », sans que les personnes demandant l'accès à de telles données aient à justifier d'un intérêt spécifique à les obtenir (CJUE 22-6-2021 aff. 439/19 : RJDA 1/22 n° 57).

Constitue un **intérêt légitime** l'intérêt d'un tiers à obtenir la communication de données personnelles qui concernent l'auteur d'un dommage causé à ce tiers et qui sont nécessaires à l'introduction d'une action en réparation (CJUE 4-5-2017 aff. 13/16 ; CJUE 17-6-2021 aff. 597/19 : RJDA 4/22 n° 240), ou celui des copropriétaires d'un immeuble d'habitation à mettre en place un système de vidéosurveillance (CJUE 11-12-2019 aff. 708/18).

L'intérêt légitime poursuivi par le responsable de traitement doit être **mis en balance** avec l'intérêt ou les libertés et droits fondamentaux de la personne concernée, compte tenu notamment de la nature des données traitées, de la finalité et des modalités du traitement, ainsi que des attentes que ces personnes peuvent raisonnablement avoir quant à l'absence de traitement ultérieur des données (CE 10-12-2020 n° 429571 : RJDA 5/21 n° 356).

Si une société, dont l'objet principal est la fourniture d'un réseau social, poursuit un intérêt économique légitime en combinant à des fins de ciblage publicitaire les données des utilisateurs, cet intérêt ne **compense** pas suffisamment l'atteinte portée au droit au respect de la vie privée des intéressés dont le consentement n'a pas été recueilli (Délib. Cnil 27-4-2017 n° SAN-2017-006).

POSSIBILITÉ DE DISPOSITIONS NATIONALES SPÉCIFIQUES

Les États membres de l'Union sont admis à retenir des « dispositions plus spécifiques » en vue d'adapter l'application du RGPD s'il s'agit de satisfaire à l'une des deux conditions suivantes de licéité du traitement (RGPD art. 6, 2) : **34820**
– la condition tirée du respect d'une obligation légale incombant au responsable du traitement ;
– la condition relative à l'exécution d'une mission d'intérêt public, ou relevant de l'exercice d'une autorité publique, dont est investi le responsable du traitement.

Dans ces deux hypothèses le traitement peut être régi par le droit de l'Union ou celui de l'État membre (RGPD art. 6, 3).

LICÉITÉ DU TRAITEMENT DES DONNÉES RELATIVES AUX ENFANTS

Des dispositions particulières du règlement européen s'appliquent à « l'offre directe de service de la société d'information » lorsqu'elle est destinée aux enfants (RGPD art. 8, 1-al. 1). Par « service de la société d'information », il faut entendre « tout service presté normalement contre rémunération, à distance, par voie électronique et à la demande individuelle d'un destinataire de services » (Dir. 2015/1535 du 9-9-2015 art. 1, 1-b sur renvoi de RGPD art. 4, 25). **34830**

Le traitement n'est licite que si l'enfant est âgé d'au moins 16 ans. Toutefois, les États membres sont admis à ramener à 13 ans cette limite d'âge (RGPD art. 8, 1-al. 2). La législation nationale fixe cette limite à **15 ans** (Loi de 1978 art. 45, al. 1).

Lorsque l'enfant est âgé de **moins de 15 ans,** il est nécessaire que le consentement soit donné conjointement par le mineur concerné et le ou les titulaires de l'autorité parentale (Loi de 1978 art. 45, al. 2). On voit mal comment cette disposition peut s'appliquer en pratique. Le RGPD exige seulement que le consentement soit « donné ou autorisé par le titulaire de la responsabilité parentale à l'égard de l'enfant » (RGPD art. 8, 1).

Le responsable du traitement doit rédiger en des termes clairs et simples, aisément compréhensibles par l'enfant, les informations et communications relatives au traitement qui le concerne (Loi de 1978 art. 45, al. 3). **34835**
Cette obligation rejoint celle que formule, par ailleurs, le règlement européen (RGPD art. 12, 1). Voir aussi n° 36650.
La loi ne reprend cependant pas deux autres dispositions du règlement :
– l'obligation qui est faite au responsable du traitement de s'efforcer « raisonnablement de vérifier » que le consentement est donné ou autorisé par le titulaire de la responsabilité parentale à l'égard de l'enfant, compte tenu des moyens technologiques disponibles (RGPD art. 8, 2) ;
– le principe selon lequel le régime particulier du consentement des enfants ne peut pas être considéré comme dérogeant au « droit général » des contrats des États et, notamment, aux règles concernant la validité, la formation ou les effets d'un contrat à l'égard d'un enfant (RGPD art. 8, 3).

Ces dispositions qui ne relèvent pas des « marges de manœuvre » accordées aux États membres sont, à notre avis, applicables.

> **Précisions** En vue de renforcer la « **protection des mineurs en ligne** », la Cnil a rendu publiques, le 9 juin 2021, huit recommandations de caractère pratique et juridique destinées aux mineurs eux-mêmes, à leurs parents et aux acteurs du numérique. Elle a également adopté, le 20 janvier 2022, un référentiel relatif aux traitements de données personnelles dans le cadre de la protection de l'enfance et des jeunes majeurs de moins de 21 ans.

CONSENTEMENT À LA PROSPECTION COMMERCIALE PAR VOIE ÉLECTRONIQUE

Le Code des postes et des communications électroniques (art. L 34-5) interdit la prospection directe au moyen d'un système automatisé de communications électroniques ou de courriers électroniques, utilisant les coordonnées d'une personne physique qui n'a pas exprimé préalablement son consentement à recevoir des **messages publicitaires.** Il reprend ainsi une interdiction formulée par l'article 15 de la directive 2002/58/CE du 12 juillet 2002, dite « directive vie privée et communications électroniques », modifiée par la directive 2009/136/CE du 25 novembre 2009. **34850**

Si ces dispositions ne figurent ni dans la loi du 6 janvier 1978, ni dans le RGPD, elles n'en doivent pas moins être mentionnées ici. En effet, le consentement d'une personne à ce que des données la concernant soient utilisées à des fins de prospection directe est défini comme « toute manifestation de volonté, libre, spécifique et informée » (CPCE art. L 34-5, al. 2). Cette définition est analogue à celle que retient le RGPD (n° 34790). Sur le droit d'opposition aux traitements de prospection commerciale, voir n° 36540.

ILLUSTRATIONS

Le consentement spécifique exigé par l'article L 34-5 du CPCE ne peut résulter que du consentement exprès de l'utilisateur, donné en toute connaissance de cause et après une information adéquate sur l'usage qui sera fait de ses données personnelles (CE 11-3-2015 n° 368624 : RJDA 8-9/15 n° 606).

Pour d'autres exemples de manquements à ces dispositions : Délib. Cnil 8-12-2020 n° SAN-2020-018 ; Délib. Cnil 14-6-2021 n° SAN-2021-008 ; Délib. Cnil 12-10-2023 n° SAN-2023-015.

Les dispositions de l'article L 34-5 du CPCE sont méconnues lorsque l'utilisateur d'un site web, doit, au moment où il souscrit un contrat d'achat d'électricité, donner son accord à la collecte de ses données personnelles par l'opérateur concerné, afin que celui-ci puisse ultérieurement lui présenter certaines offres (Délib. Cnil 23-6-2022 n° SAN-2022-011).

C. Traitement des données « sensibles »

INTERDICTION DE TRAITEMENT DES DONNÉES SENSIBLES

34880 Le règlement européen interdit (RGPD art. 9, 1) :
– le traitement des données personnelles qui révèle l'**origine** raciale ou ethnique des personnes, leurs **opinions** politiques, leurs **convictions** religieuses ou philosophiques, ou leur **appartenance syndicale** ;
– le traitement des « **données génétiques** », ainsi que des « données biométriques aux fins d'identifier une personne physique de manière unique » ;
– le traitement des données concernant la santé, la vie ou l'orientation sexuelles des personnes physiques.

La loi de 1978 reproduit presque littéralement ces dispositions, exception faite d'adaptations purement sémantiques relatives à la première série d'interdictions : celles-ci portent sur « les données à caractère personnel qui révèlent la prétendue origine raciale ou l'origine ethnique, les opinions politiques, les convictions religieuses ou l'appartenance syndicale d'une personne physique (…) » (Loi de 1978 art. 6, I).

› Précisions a. Les **données génétiques** sont définies comme étant des données personnelles « relatives aux caractéristiques génétiques héréditaires ou acquises d'une personne physique qui donnent des informations uniques sur la physiologie ou l'état de santé de cette personne physique et qui résultent, notamment, d'une analyse d'un échantillon biologique de la personne en question » (RGPD art. 4, 13).

b. Les **données biométriques** sont des données personnelles « résultant d'un traitement technique spécifique, relatives aux caractéristiques physiques, physiologiques ou comportementales d'une personne physique, qui permettent ou confirment son identification unique, telles que des images faciales ou des données dactyloscopiques » (RGPD art. 4, 14).

DÉROGATIONS À L'INTERDICTION DE TRAITEMENT DES DONNÉES SENSIBLES

34890 L'interdiction de traiter des données sensibles est cependant assortie de nombreuses dérogations. Les unes sont énoncées par le règlement européen (RGPD art 9, 2-a à j). La loi du 6 janvier 1978 renvoie expressément à l'ensemble de ces dispositions (Loi de 1978 art. 6, II).

D'autres dérogations résultent directement de la loi Informatique et libertés elle-même. Tantôt elles ont une portée générale (Loi de 1978 art. 6, III). Tantôt elles concernent seulement les traitements qui relèvent du RGPD (Loi de 1978 art. 44). Cette seconde catégorie de dérogations ne diffère qu'en partie des exceptions prévues par le règlement.

34900 **Dérogations prévues par le RGPD** Le règlement européen (art. 9, 2-a à j) prévoit plusieurs dérogations au principe d'interdiction.

Certaines d'entre elles font l'objet d'une **définition « autonome »,** sans aucun renvoi à une autre réglementation, européenne ou nationale. Ces dérogations portent sur les cas énumérés ci-après.

1. Le traitement est nécessaire à la sauvegarde des **intérêts vitaux** de la personne concernée ou d'une autre personne physique, alors que la personne concernée se trouve dans l'incapacité physique ou juridique de donner son consentement (RGPD art. 9, 2-c).

2. Le traitement est effectué, dans le cadre de leurs activités légitimes et moyennant des garanties appropriées, par une **fondation,** une **association,** ou tout autre organisme à but non lucratif qui poursuit une finalité politique, philosophique, religieuse ou syndicale.

Mais la dérogation implique que le traitement se rapporte exclusivement aux membres ou anciens membres de l'organisme, ou encore aux personnes qui entretiennent avec lui des contacts réguliers en liaison avec ses finalités. Il faut aussi que les données ne soient pas communiquées en dehors de l'organisme sans le consentement des personnes concernées (RGPD art. 9, 2-d).

3. Le traitement porte sur des **données** personnelles qui sont manifestement **rendues publiques** par la personne concernée (RGPD art. 9, 2-e). Le bénéfice de cette dérogation suppose, notamment, que l'utilisateur d'un réseau social en ligne ait exprimé son choix de rendre publiquement accessibles à un nombre illimité de personnes les données le concernant (CJUE 4-7-2023 aff. 252/21 : RJDA 2/24 n° 146).

4. Le traitement est nécessaire à la constatation, à l'exercice ou à la défense d'un **droit en justice** ou encore chaque fois que des juridictions agissent dans le cadre de leurs fonctions juridictionnelles (RGPD art. 9, 2-f).

Cette dérogation bénéficie notamment aux membres des professions juridiques, chaque fois qu'ils traitent des données sensibles concernant leurs clients ou les adversaires de ceux-ci.

5. Le traitement est nécessaire à des **fins archivistiques** dans l'intérêt public, à des **fins de recherche** scientifique ou historique, ou encore à des **fins statistiques** (RGPD art. 9, 2-j).

Des dispositions du RGPD applicables à d'autres dérogations doivent, en revanche, être **combinées** avec des **actes juridiques distincts** du règlement. Elles sont relatives aux cas suivants. **34905**

1. La personne concernée a donné son **consentement** explicite au traitement de ces données, pour une ou plusieurs finalités spécifiques, sauf si le droit de l'Union ou le droit national prévoit que l'interdiction ne peut pas être levée par la personne concernée.

L'exception à la dérogation, relative à la levée de l'interdiction, est destinée à éviter que des organismes, tels que les compagnies d'assurance ou les employeurs, ne procèdent au traitement de données sensibles grâce au consentement des personnes concernées, alors qu'ils seraient en mesure d'exercer une certaine pression sur elles en vue d'obtenir ce consentement (RGPD art. 9, 2-a).

2. Le traitement est nécessaire à l'exécution des obligations et à l'exercice des droits propres au responsable du traitement ou à la personne concernée en matière de **droit du travail,** de la sécurité sociale et de la protection sociale.

Encore faut-il que le traitement soit autorisé par le droit de l'Union ou celui d'un État membre, ou encore par une convention collective conclue en vertu du droit d'un État membre qui prévoit des garanties appropriées pour les droits fondamentaux et les intérêts de la personne concernée (RGPD art. 9, 2-b).

3. Le traitement est nécessaire pour des motifs « d'**intérêt public important** ». Ces motifs peuvent relever du droit européen ou du droit national. Les dispositions qui s'y rapportent doivent être proportionnées à l'objectif poursuivi et assurer la protection des droits et intérêts de la personne concernée (RGPD art. 9, 2-g).

4. Le traitement est nécessaire aux fins de **médecine** préventive ou de médecine du travail, de diagnostics médicaux, de prise en charge sanitaire et sociale, ou encore de gestion de systèmes de soins et de protection sociale.

Ces différentes hypothèses peuvent avoir pour « base » le droit de l'Union ou celui d'un État membre ou encore un contrat conclu avec un professionnel de santé, à condition que ce dernier soit soumis à une obligation de secret professionnel (RGPD art. 9, 2-h et 3).

5. Le traitement est nécessaire pour des motifs d'intérêt public dans le domaine de la **santé publique,** tels que la protection contre les menaces transfrontalières, ou encore aux fins de garantir des normes élevées de qualité et de sécurité des soins et des médicaments ou des dispositifs médicaux. Ces hypothèses peuvent être régies par le droit de l'Union ou celui d'un État membre, à condition que soient prévues des « mesures appropriées et spécifiques pour la sauvegarde des droits et des libertés de la personne concernée, notamment le secret professionnel » (RGPD art. 9, 2-i).

› Précisions Le règlement laisse aux États membres la faculté de « maintenir ou introduire des conditions supplémentaires, y compris des limitations », à l'égard des traitements des **données génétiques,** des données biométriques ou des données concernant la **santé** (RGPD art. 9, 4). Au titre des règlements types qu'elle est chargée d'établir, la Cnil peut effectivement prescrire « des mesures, notamment techniques et organisationnelles, supplémentaires pour le traitement des données biométriques, génétiques et de santé » (Loi de 1978 art. 8, I-2°-c).

34910 **Dérogations prévues par la loi du 6 janvier 1978** Les dérogations définies par le RGPD sont complétées par celles qu'énumère la loi du 6 janvier 1978.

L'une d'entre elles s'applique à certains traitements de données personnelles, qu'ils soient soumis au règlement européen ou à la législation nationale. Elle porte sur les **traitements,** automatisés ou non, « **justifiés par l'intérêt public** » et autorisés par décret en Conseil d'État, celui-ci étant pris après un avis de la Cnil, motivé et publié (Loi de 1978 art. 6, III et, sur renvoi, art. 31, II et 32) (n°s 35210 s.).

34915 La loi de 1978 (art. 44) introduit, en outre, des dérogations propres aux traitements qui relèvent du RGPD. Ainsi, l'interdiction de traiter des données sensibles se trouve encore écartée dans les différents cas ci-après.

1. Le traitement est nécessaire aux fins de **médecine** préventive, des diagnostics médicaux, de l'administration de soins ou de traitements, ou de la gestion de services de santé.

Ces dispositions reprennent en partie l'une des dérogations prévues par le RGPD (art. 9, 2-h ; n° 34905). Conformément aux exigences du règlement, le traitement doit être mis en œuvre par un membre d'une profession de santé ou par une autre personne tenue, en raison de ses fonctions, à l'obligation de secret professionnel dont l'atteinte est réprimée par l'article 226-13 du Code pénal (Loi de 1978 art. 44, 1°).

2. Le traitement, relatif à des **données statistiques,** est réalisé par l'Insee ou un service statistique ministériel (Loi de 1978 art. 44, 2°).

Cette disposition est plus restrictive que la dérogation correspondante introduite par le RGPD (art. 9, 2-j ; n° 34900).

3. Le traitement comporte des données « concernant la **santé** », tout en étant justifié par l'intérêt public et conforme aux dispositions de la loi de 1978 relatives aux traitements de données personnelles dans le domaine de la santé (Loi de 1978 art. 44, 3° et, sur renvoi, art. 64 à 77).

Cette disposition est à rapprocher de la dérogation prévue par le RGPD en faveur des traitements dans le domaine de la santé publique (art. 9, 2-i ; n° 34905).

4. Le traitement, mis en œuvre par un employeur ou une administration, porte sur des **données biométriques** strictement nécessaires « au contrôle de l'accès aux lieux de travail ainsi qu'aux appareils et aux applications utilisés dans le cadre des missions confiées aux salariés, aux agents, aux stagiaires ou aux prestataires » (Loi de 1978 art. 44, 4°).

Cette catégorie de traitements doit être conforme aux règlements types établis par la Cnil (Loi de 1978 art. 8, I-2°-c).

5. Le traitement porte sur la réutilisation des « **informations publiques** » figurant dans les décisions rendues par les juridictions administratives et judiciaires. Mais il ne doit avoir « ni pour objet ni pour effet de permettre la réidentification des personnes concernées » (Loi de 1978 art. 44, 5°) (sur la réutilisation des décisions juridictionnelles, voir n° 38710).

6. Le traitement est nécessaire à la **recherche publique** et rendu indispensable par des **motifs d'intérêt public important** dans les conditions prévues par l'article 9, 2 du RGPD, après un avis motivé et publié de la Cnil. Cet avis doit être émis selon les modalités fixées par les dispositions applicables aux traitements mis en œuvre pour le compte de l'État (Loi de 1978 art. 44, 6° et, sur renvoi, art 34).

Sur la notion de « recherche publique », voir C. recherche art. L 112-1.

SANCTIONS EN CAS DE NON-RESPECT DES DISPOSITIONS APPLICABLES

34920 Le fait, hors les cas prévus par la loi, de mettre ou de conserver en mémoire informatisée, sans le consentement exprès de l'intéressé, des données à caractère personnel qui, directement ou indirectement, font apparaître les origines raciales ou ethniques, les opinions politiques, philosophiques ou religieuses, ou les appartenances syndicales des personnes, ou qui sont relatives à la santé ou à l'orientation ou identité sexuelle de celles-ci, est puni de cinq ans d'emprisonnement et de 300 000 € d'amende (C. pén. art. 226-19, al. 1).

Les mêmes dispositions sont applicables aux traitements non automatisés de données personnelles dont la mise en œuvre ne se limite pas à l'exercice d'activités exclusivement personnelles (art. 226-19, al. 3).

D. Traitement des données relatives aux condamnations pénales et infractions

Réglementation européenne du traitement des données pénales Le règlement européen soumet à des dispositions particulières le traitement de données à caractère personnel relatives aux condamnations pénales et aux infractions, ou encore aux mesures de sûreté connexes (RGPD art. 10). 34960

Ce traitement ne peut être effectué que :

– sous le contrôle de l'autorité publique ;

– ou à condition d'être autorisé par le droit de l'Union ou celui d'un État membre, lequel doit prévoir des garanties appropriées pour les droits des personnes concernées.

De plus, tout registre complet de condamnations pénales ne peut être tenu que sous le contrôle de l'autorité publique.

> **Précisions** **a.** La Cour de justice de l'Union européenne considère que des informations relatant une **procédure judiciaire** constituent des données relatives aux condamnations pénales et aux infractions relevant des dispositions mentionnées ci-dessus (CJUE 24-9-2019 aff. 136/17 : RJDA 1/20 n° 59).
> **b.** Elle a adopté la même solution en ce qui concerne les données relatives aux « **points de pénalités** » imposés par une législation nationale aux conducteurs de véhicules ayant commis des infractions routières (CJUE 22-6-2021 aff. 439/19 : RJDA 1/22 n° 57).

Réglementation nationale du traitement des données pénales Les dispositions de la loi du 6 janvier 1978 relatives aux données pénales reprennent la définition du règlement européen en spécifiant qu'il s'agit des traitements de données personnelles relatives aux condamnations pénales, aux infractions ou aux mesures de sûreté connexes (Loi de 1978 art. 46, al. 1). Elles ont pour objet de fixer la liste des institutions et personnes autorisées à effectuer le traitement de ce type de données (art. 46, 1° à 5°). 34970

À l'époque où, dans une version antérieure, la loi de 1978 visait, de façon comparable, les données relatives aux infractions, condamnations et mesures de sûreté, il a été jugé que cette disposition concernait également les données qui, en raison des finalités du traitement, n'étaient collectées que dans le but d'établir l'existence ou de prévenir la commission d'infractions, y compris par les tiers (CE 11-5-2015 n° 375669 : RJDA 1/16 n° 79). Cette solution est, à notre avis, transposable au régime actuel.

Les traitements de données pénales mis en œuvre pour le compte de l'État doivent être préalablement autorisés (n° 35220).

La Cnil peut établir et publier des règlements types prescrivant des mesures complémentaires en matière de traitement de données pénales (Loi de 1978 art. 8, I-2°-c).

On rappellera que les traitements relevant de la directive « police-justice » (traitements relatifs à la prévention et à la détection des infractions, aux enquêtes et poursuites, ainsi qu'à l'exécution des sanctions) font l'objet d'un régime spécifique (n° 34340).

> **Précisions** Tel qu'il avait été voté le 14 mai 2018, le texte qui allait devenir la loi du 20 juin 2018 avait, conformément aux dispositions du RGPD, énoncé que le traitement des données pénales devait être effectué « sous le contrôle de l'autorité publique », ou encore par les soins de certaines institutions ou certaines personnes. Le **Conseil constitutionnel** a censuré les mots « sous le contrôle de l'autorité publique » en leur reprochant leur imprécision (Cons. const. 12-6-2018 n° 2018-765 DC). La suppression de ces mots n'entraîne pas de conséquences pratiques.

INSTITUTIONS ET PERSONNES AUTORISÉES À TRAITER LES DONNÉES PÉNALES

Sont habilités à traiter des données relatives aux condamnations pénales, aux infractions ou aux mesures de sûreté connexes : 34980

– les juridictions, les autorités publiques et les personnes morales gérant un service public, agissant dans le cadre de leurs attributions légales (Loi de 1978 art. 46, 1°) ;

– les personnes morales de droit privé collaborant au service public de la justice, dans la mesure strictement nécessaire à leur mission (art. 46, 1°) ;

– les auxiliaires de justice, pour les stricts besoins de l'exercice des missions qui leur sont confiées par la loi (art. 46, 2°) ; sont notamment concernés les avocats, les commissaires de justice, les experts judiciaires, les notaires, les syndics et administrateurs judiciaires ;

– les personnes physiques ou morales agissant comme victime ou mise en cause, ou encore les personnes agissant pour le compte de celles-ci, si le traitement leur permet de préparer et, le cas échéant, d'exercer et de suivre une action en justice et de faire exécuter la décision

rendue ; la mise en œuvre du traitement est limitée à une durée strictement proportionnée aux finalités ainsi définies ; la communication à un tiers n'est possible que sous les mêmes conditions et dans la mesure strictement nécessaire à la poursuite des mêmes finalités (art. 46, 3°) ;
– les sociétés de perception et de gestion des droits d'auteur et de droits voisins mentionnées à l'article L 321-1 du Code de la propriété intellectuelle (par exemple, la Sacem, la Société civile des producteurs phonographiques ou la Société civile des auteurs multimédia), ainsi que les organismes de défense professionnelle mentionnés à l'article L 331-1 du même Code, agissant afin de défendre les droits dont ils assurent la gestion ou pour le compte des victimes d'atteintes aux droits de propriété littéraire et artistique (par exemple, l'Association de lutte contre la piraterie audiovisuelle ou l'Agence des droits d'auteur et de la propriété intellectuelle) (art. 46, 4°) ;
– les réutilisateurs d'informations publiques figurant dans les décisions rendues par les juridictions administratives et judiciaires, à condition que les traitements mis en œuvre n'aient ni pour objet ni pour effet de permettre la réidentification des personnes concernées (art. 46, 5°) (sur la réutilisation des décisions juridictionnelles, voir n° 38710).

Le fait, hors les cas prévus par la loi, de mettre ou de conserver en mémoire informatisée des données à caractère personnel concernant des infractions, des condamnations ou des mesures de sûreté est puni de cinq ans d'emprisonnement et de 300 000 € d'amende (C. pén. art. 226-19, al. 2).

> **Précisions a.** Le décret 2019-536 du 29 mai 2019 (art. 76) fixe la liste des **personnes** morales **de droit privé** collaborant au service public de la justice **autorisées à traiter des données pénales** (Loi de 1978 art. 46, 1°). Il s'agit notamment des associations d'aide aux victimes, des associations d'aide à la réinsertion des personnes placées sous-main de justice, des établissements et services médico-sociaux.
> **b.** Les dispositions de l'article 46, 4° de la loi de 1978 permettent aux organismes de défense professionnelle d'effectuer des traitements destinés à lutter contre les pratiques de contrefaçon qui se développent sur internet, telles que le **téléchargement de fichiers musicaux.** Pour une application, voir CE 23-5-2007 n° 288149 : RJDA 11/07 n° 1186.

E. Interdiction du profilage

PRINCIPES

35020 Toute personne a le droit de ne pas faire l'objet d'une **décision fondée exclusivement sur un traitement automatisé,** alors que celui-ci produit des effets juridiques à l'égard de l'intéressé ou l'affecte de manière significative (RGPD art. 22, 1). La loi du 6 janvier 1978 reprend expressément cette disposition du règlement européen (Loi de 1978 art. 47, al. 2).

Selon le RGPD, les **traitements visés** sont ceux qui utilisent des données personnelles afin d'évaluer certains aspects de la personnalité de l'intéressé et d'analyser ou de prédire des « éléments » tels que le rendement de la personne concernée, sa situation économique, sa santé, ses préférences, ses intérêts, sa fiabilité, son comportement, sa localisation ou ses déplacements (RGPD art. 4, 4). Ces dispositions qui n'ont pas été intégrées dans la loi de 1978 n'en sont pas moins applicables.

Il s'agit notamment d'éviter que des groupements professionnels ou des sociétés privées parviennent à repérer et recenser des clients dits « à risque » (pratique du « **scoring** »). Ce regroupement d'informations permet à des professionnels, tels que les employeurs, les établissements de crédit ou les compagnies d'assurance, de connaître le profil de certaines personnes et de décider, en toute connaissance de cause, de conclure ou non un contrat, et, le cas échéant, d'imposer des conditions particulières aux intéressés. Un arrêt récent de la Cour de justice de l'Union européenne met en évidence les conditions d'application de l'article 22, 1 du RGPD à l'égard d'une telle pratique (CJUE 7-12-2023 aff. 634/21 : RJDA 2/24 n° 145). Sur la pratique du « scoring » par les établissements de crédit, voir Délib. Cnil 2-2-2006 n° 2006-019.

La question se pose de savoir si la **publicité ciblée** en ligne entre dans le champ d'application de ces dispositions. Lorsqu'elle n'est pas suivie d'un acte d'achat direct, la publicité ciblée ne semble pas produire des effets juridiques directs sur les droits et obligations des personnes concernées. Reste à savoir si elle peut éventuellement affecter l'intéressé de manière significative.

> **Précisions** Le « G29 » (désormais le CEPD) a adopté, le 3 octobre 2017, et révisé, le 6 février 2018, des **lignes directrices** relatives à la prise de décision individuelle automatisée et au profilage (wp251 rev.01). Il n'exclut pas que la publicité ciblée puisse, dans certaines hypothèses, affecter de manière significative une personne. Il donne comme exemple le cas d'une personne confrontée à des difficultés financières et dont les actions pourraient être influencées par l'exposition répétée à des publicités sur les paris en ligne.

TRAITEMENT DES DÉCISIONS DE JUSTICE

Des dispositions particulières s'appliquent aux décisions de justice. Dès lors que ces décisions impliquent une appréciation sur le comportement d'une personne, elles ne peuvent avoir pour fondement un **traitement automatisé** destiné à évaluer certains aspects de la personnalité de l'intéressé (Loi de 1978 art. 47, al. 1). **35030**

Cette règle, qui est propre à la législation nationale, ne subit aucune exception.

DÉROGATIONS À L'INTERDICTION DU PROFILAGE

Les règles exposées n° 35020 subissent, à titre principal, des dérogations qui résultent du RGPD, ainsi que de la loi de 1978. Elles ne s'appliquent pas lorsque la décision est nécessaire à la **conclusion** ou à l'**exécution d'un contrat** entre la personne concernée et le responsable du traitement, ou encore lorsqu'elle est fondée sur le **consentement explicite** de la personne concernée (Loi de 1978 art. 47, 1° et, sur renvoi, RGPD art. 22, 2-a et c). Encore faut-il que, dans chacune de ces deux hypothèses, les trois conditions suivantes soient réunies : **35040**

– le responsable du traitement doit recourir à des mesures appropriées pour sauvegarder les droits et intérêts légitimes de la personne concernée, et, notamment, le droit reconnu à celle-ci d'obtenir une « intervention humaine », d'exprimer son point de vue et de contester la décision ;
– les règles qui définissent le traitement, ainsi que ses principales caractéristiques, doivent, à l'exception des secrets protégés par la loi, être communiquées par le responsable du traitement à l'intéressé si celui-ci en fait la demande ;
– les décisions en cause ne doivent pas être fondées sur des données sensibles (nos 34880 s.).

La première condition relève à la fois de la loi (Loi de 1978 art. 47, 1°) et du règlement européen (RGPD art. 22, 3), la deuxième, exclusivement de la loi (Loi de 1978 art. 47, 1°) et la troisième, exclusivement du règlement (RGPD art. 22, 4).

Une autre dérogation particulière s'ajoute aux précédentes. Elle est propre aux **décisions administratives** individuelles prises sur le fondement d'un **traitement algorithmique** (Loi de 1978 art. 47, 2° et, sur renvoi, CRPA art. L 311-3-1). **35045**

Deux séries de conditions sont cependant requises.

Il faut que les décisions en cause comportent une mention explicite informant les intéressés de l'utilisation d'un traitement algorithmique. Cette obligation s'impose à peine de nullité de la décision. En outre, les règles définissant le traitement, ainsi que les principales caractéristiques de sa mise en œuvre sont communiquées par l'administration aux intéressés s'ils en font la demande (voir aussi CRPA art. R 311-3-1-1 et R 311-3-1-2).

Il est également nécessaire que le traitement ne porte pas sur des données sensibles (nos 34880 s.).

Le responsable du traitement algorithmique a encore l'obligation de s'assurer de la maîtrise de celui-ci et de ses évolutions afin de pouvoir expliquer « en détail et sous une forme intelligible » à la personne concernée la manière dont le traitement a été mis en œuvre à son égard.

L'encadrement des décisions administratives fondées sur un algorithme se trouve renforcé dans le cas des décisions statuant sur des recours administratifs. Ces décisions ne peuvent pas être prises « sur le seul fondement d'un traitement automatisé de données à caractère personnel ».

IV. FORMALITÉS PRÉALABLES À LA MISE EN ŒUVRE DES TRAITEMENTS DE DONNÉES

A. Présentation générale

Avant l'entrée en application du RGPD, les traitements de données personnelles ne pouvaient être effectués sans l'accomplissement de certaines formalités : en règle générale, une déclaration auprès de la Cnil ; plus exceptionnellement, la délivrance d'une autorisation dans le cas des traitements présentant des risques importants pour les libertés individuelles. **35200**

L'une des innovations essentielles du RGPD est d'avoir privilégié l'« **autocontrôle** » de l'entreprise responsable du traitement, tout en laissant subsister certains contrôles préalables (nos 35400 s.).

La législation nationale a été remaniée en conséquence. Toute obligation de déclaration préalable a été supprimée. Il a été mis fin aux hypothèses les plus courantes d'autorisation préalable, seuls deux dispositifs d'autorisation étant maintenus. Enfin, un régime particulier de contrôle a été créé pour les traitements de données comportant le numéro d'inscription des personnes au répertoire national d'identification des personnes physiques (NIR).

B. Traitements de données mis en œuvre pour le compte de l'État

TRAITEMENTS DE DONNÉES CONCERNÉS

35210 L'ancienne obligation de l'autorisation préalable a aujourd'hui disparu à l'égard de la plupart des traitements de données personnelles. Peuvent donc, par exemple, être mis en œuvre sans autorisation les traitements portant sur des données de caractère pénal (nos 34960 s.), exception faite des traitements relevant de l'État, ou encore les traitements permettant l'interconnexion des fichiers.

Toutefois, en vertu du règlement européen, les États membres ont la faculté d'exiger des responsables de traitement que ceux-ci obtiennent une **autorisation** de l'autorité de contrôle si le traitement est effectué dans le cadre d'une mission d'intérêt public, notamment dans le cadre de la protection sociale et de la santé publique (RGPD art. 36, 5 et 58, 3-c). Sans reprendre exactement ces dispositions, la loi du 6 janvier 1978, dans sa rédaction actuelle, soumet à une autorisation administrative deux sortes de traitements qui sont, l'un et l'autre, mis en œuvre pour le compte de l'État.

35220 **Traitements de données relatives à la sûreté de l'État, à la défense, à la sécurité publique, aux infractions et condamnations pénales** Comme c'était déjà le cas avant la mise en application du RGPD, doivent faire l'objet d'une autorisation accordée soit par **arrêté** du ou des ministres compétents, soit par **décret** en Conseil d'État (Loi de 1978 art. 31, I), les traitements de données personnelles mis en œuvre pour le compte de l'État et :

– qui intéressent la sûreté de l'État, la défense ou la sécurité publique ;
– ou qui ont pour objet la prévention, la recherche, la constatation ou la poursuite des infractions pénales ou l'exécution des condamnations pénales ou des mesures de sûreté.

Un arrêté ministériel suffit en règle générale. Mais un décret en Conseil d'État devient nécessaire si le traitement porte sur des données sensibles (no 34910). L'arrêté ou le décret doit être pris après un avis de la Cnil, motivé et publié.

Les traitements qui répondent à une même finalité, qui portent sur des catégories de données identiques et qui ont les mêmes destinataires ou catégories de destinataires peuvent être autorisés par un acte réglementaire unique. Dans ce cas, le responsable de chaque traitement adresse à la Cnil un engagement de conformité de celui-ci à la description figurant dans l'autorisation (Loi de 1978 art. 31, IV).

35230 **Traitements de données génétiques ou biométriques** Un **décret** en Conseil d'État est également exigé s'il s'agit d'autoriser les traitements qui sont mis en œuvre pour le compte de l'État « agissant dans l'exercice de ses prérogatives de puissance publique » et qui portent sur des données génétiques ou des données biométriques « nécessaires à l'authentification ou au contrôle de l'identité des personnes » (Loi de 1978 art. 32). Le décret d'autorisation doit faire l'objet d'un avis de la Cnil, motivé et publié.

MODALITÉS DE L'AUTORISATION POUR LES TRAITEMENTS CONCERNÉS

35240 Des dispositions particulières déterminent les modalités de consultation de la Cnil, les mentions devant figurer dans la décision d'autorisation, ainsi que les conditions de publication de cette décision.

La **Cnil** doit se prononcer dans un délai de huit semaines à compter de la réception de la demande. Toutefois, ce délai peut être prolongé de six semaines sur décision motivée du président de la Commission. L'avis qui n'est pas rendu à l'expiration de délai est réputé favorable (Loi de 1978 art. 34).

Le **décret** ou l'**arrêté** d'autorisation doit contenir certaines mentions obligatoires telles que (Loi de 1978 art. 35) :
- la finalité du traitement et, le cas échéant, sa dénomination ;
- le service auprès duquel s'exerce le droit d'accès (nos 36140 s.) ;
- les catégories de données à caractère personnel enregistrées ;
- les destinataires ou catégories de destinataires habilités à recevoir communication de ces données.

Un décret peut éventuellement prévoir, pour certains traitements, que la décision d'autorisation ne sera pas publiée. Si c'est le cas, seuls sont rendus publics ce décret et le sens de l'avis de la Cnil (Loi de 1978 art. 31, III).

> **Précisions** **a.** En vue de faciliter l'accomplissement des formalités préalables à la mise en œuvre des traitements concernés, la Cnil définit des **modèles de demandes d'autorisation** et fixe la liste des annexes qui doivent, éventuellement, être jointes (Décret 2019-536 du 29-5-2019 art. 61).
> **b.** La **demande** est **présentée par** le responsable du traitement ou par la personne ayant qualité pour la représenter. Si le responsable du traitement est une personne physique ou un service, la personne morale ou l'autorité publique dont il relève doit être mentionnée. La demande est adressée à la Cnil par voie électronique (art. 62, al. 1 et 2).

SANCTIONS EN CAS DE TRAITEMENT IRRÉGULIER

Le fait de procéder ou de faire procéder à un traitement de données à caractère personnel sans qu'aient été respectées les formalités préalables à sa mise en œuvre est puni de cinq ans d'emprisonnement et de 300 000 € d'amende et ce, même si l'infraction a été commise par négligence (C. pén. art. 226-16). Le juge peut également ordonner l'effacement de tout ou partie des données faisant l'objet du traitement qui est à l'origine de l'infraction (C. pén. art. 226-23). Sur les peines complémentaires et les sanctions applicables en cas de responsabilité pénale des personnes morales, voir nos 38200 s. **35250**

INFORMATION DU PUBLIC SUR LES TRAITEMENTS CONCERNÉS

La Cnil doit mettre à la disposition du public, dans un format ouvert et aisément réutilisable, la liste des traitements autorisés (Loi de 1978 art. 36, I). **35260**

Cette liste doit préciser pour chacun de ces traitements :
- l'acte décidant la création du traitement ;
- la finalité du traitement et, le cas échéant, sa dénomination ;
- l'identité et l'adresse du responsable du traitement ;
- la fonction de la personne ou le service auprès duquel s'exerce le droit d'accès (nos 36140 s.) ;
- les catégories de données personnelles faisant l'objet du traitement, ainsi que les destinataires et catégories de destinataires habilités à en recevoir communication ;
- le cas échéant, les transferts de données personnelles envisagés en dehors de l'Union européenne.

Pour les traitements ayant fait l'objet de formalités antérieurement au 25 mai 2018, la liste, telle qu'arrêtée à cette date, doit être mise à la disposition du public pour une durée de dix ans (Loi 2018-493 art. 35, I).

C. Traitements de données comportant l'utilisation du NIR

PRINCIPES

La loi du 6 janvier 1978 soumet à deux séries de dispositions distinctes les traitements portant sur des données parmi lesquelles figure le **numéro d'inscription des personnes au répertoire national d'identification des personnes physiques** (NIR), autrement dit le numéro de sécurité sociale des personnes physiques (Loi de 1978 art. 30). En effet, le caractère très signifiant du NIR justifie que son utilisation soit strictement encadrée. **35300**

En règle générale, il est nécessaire que la mise en œuvre des traitements portant sur le NIR soit autorisée par un **décret** en Conseil d'État qui détermine les catégories de responsables et les finalités de ces traitements. Le décret fait l'objet d'un avis de la Cnil, motivé et publié (Loi art. 30, al. 1).

Toutefois, certaines catégories particulières de traitements portant sur le NIR sont **directement régies** par des dispositions de la **loi de 1978** (art. 30, al. 2 à 11).

AUTORISATION PAR DÉCRET DES « TRAITEMENTS NIR »

35310 Le texte réglementaire annoncé par la loi de 1978 est le décret 2019-341 du 19 avril 2019 qui a été modifié à plusieurs reprises et, en dernier lieu, par le décret 2024-272 du 26 mars 2024.

Conformément aux dispositions de la loi, celles du décret s'appliquent principalement aux traitements nécessitant l'utilisation du NIR. Mais elles concernent également les traitements qui exigent une consultation du Répertoire national d'identité des personnes physiques (RNIPP), tout en n'incluant pas pour autant le NIR (Décret 2019-341 art. 1).

L'ensemble des traitements relevant du décret 2019-341 sont répartis entre différents domaines : protection sociale, santé, travail et emploi, « champs financier, fiscal et douanier », justice, etc. (Décret 2019-341 art. 2, A à J). Dans chacun de ces domaines figure la liste des finalités que poursuivent les traitements du NIR, ainsi que les catégories de responsables de ces traitements.

Leur mise en œuvre intervient sans préjudice des obligations qui incombent au responsable de traitement ou à son sous-traitant en matière d'étude d'impact (Loi de 1978 art. 30, al. 1 ; nos 35580 s.).

› Précisions En **matière financière, fiscale et douanière,** sont autorisés 22 traitements. Il s'agit, par exemple, des traitements permettant :
– d'accomplir les missions de la Banque de France en ce qui concerne la gestion du fichier bancaire des entreprises (Fiben), du fichier central des chèques impayés (FCC) et du fichier national des incidents de remboursement des crédits aux particuliers (FICP), ainsi que pour la centralisation des retraits des cartes de paiement délivrées à leurs clients par les banques ;
– d'accomplir les missions de la cellule de renseignement financier nationale (« Tracfin ») en ce qui concerne la lutte contre la fraude en matière sociale, fiscale et douanière, contre le blanchiment des capitaux et contre le financement du terrorisme ;
– de communiquer diverses informations à l'administration fiscale.
Sont respectivement responsables de ces traitements la Banque de France, la cellule « Tracfin », ainsi que l'URSSAF en métropole.

AUTORISATION PAR LA LOI DE 1978 DE « TRAITEMENTS NIR »

35320 Trois catégories particulières de traitements comportant le NIR ou nécessitant la consultation du RNIPP ne relèvent pas du décret 2019-341, mais des dispositions de la loi. Sont concernés les traitements (Loi de 1978 art. 30, al. 2 à 5) :
– qui ont exclusivement des finalités de statistique publique, à condition d'être mis en œuvre par le « service statistique public » (l'Insee et les services statistiques ministériels) et de ne pas comporter de données sensibles (nos 34880 s.) ou de données pénales (nos 34960 s.) ;
– qui ont exclusivement des finalités de recherche scientifique ou historique ;
– qui ont pour objet de mettre à la disposition des usagers de l'administration un ou plusieurs téléservices électroniques.

› Précisions Diverses **garanties** entourent l'utilisation du NIR, ou la consultation du RNIPP, par les deux premières catégories de traitements. Il faut ainsi que le NIR fasse au préalable l'objet d'une opération cryptographique permettant de lui substituer un code statistique non signifiant. En outre, s'agissant de la première catégorie, ce code ne peut être employé qu'au sein du service statistique public. S'agissant de la deuxième, l'opération cryptographique ne peut être assurée par la même personne ni par le responsable de traitement (Loi de 1978 art. 30, al. 6 à 8).

V. « RESPONSABILITÉ » DU RESPONSABLE DU TRAITEMENT DE DONNÉES

A. Principe de responsabilité (« accountability »)

IMPLICATIONS DU PRINCIPE

35400 Le règlement européen accorde une place essentielle au principe de **responsabilité** de l'entreprise responsable du traitement. Cette responsabilité porte sur le respect des principes généraux relatifs à la collecte et au traitement des données personnelles (RGPD art. 5, 2).

Cependant, le terme français « responsabilité » ne rend qu'imparfaitement compte du sens exact de l'obligation qui incombe à l'entreprise. On le perçoit mieux en se référant à la notion anglo-saxonne d'« **accountability** », qui signifie plutôt « obligation de rendre compte » : il appartient à l'entreprise, non seulement de prendre les dispositions propres à la mise en œuvre des principes généraux énoncés par le RGPD, mais aussi de pouvoir démontrer que ces principes ont été effectivement respectés (RGPD art. 5, 2). Voir aussi l'avis nº 3/2010 (wp 173), sur le principe de responsabilité, adopté, le 13 juillet 2010, par le « G29 » (désormais le CEPD).

Le responsable du traitement doit donc adopter les **mesures techniques et organisationnelles** appropriées pour s'assurer et avoir la possibilité de démontrer que le traitement est effectué conformément à la réglementation (RGPD art. 24, 1). Cette obligation est réaffirmée par la législation nationale (Loi de 1978 art. 57, al. 1). **35405**

L'identification des mesures techniques et organisationnelles dépend de la nature, de la portée, du contexte et des finalités du traitement, ainsi que du niveau de risque qu'il présente pour les personnes concernées. Ces mesures doivent, si nécessaire, être réexaminées et actualisées. Elles peuvent, à condition que cette exigence soit « proportionnée au regard des activités du traitement », comporter la mise en œuvre de « politiques appropriées en matière de protection des données » (RGPD art. 24, 2).

Le Code pénal punit de cinq ans d'emprisonnement et de 300 000 € d'amende le fait de procéder ou de faire procéder à un traitement de données à caractère personnel sans mettre en œuvre les mesures prescrites à l'article 24 du RGPD (C. pén. art. 226-17).

> Précisions **a.** En pratique, les entreprises doivent procéder à une **auto-évaluation** de leurs traitements de données avant de définir les mesures techniques et organisationnelles qui s'avèrent nécessaires. La Cnil propose une méthode permettant de « cartographier » les traitements de données personnelles : www.cnil.fr/fr/cartographier-vos-traitements-de-donnees-personnelles.

b. La Cnil a aussi élaboré des « **packs de conformité** » destinés à définir et à diffuser les bonnes pratiques pour certains secteurs d'activité. Ces « packs » permettent de faciliter les démarches des entreprises : www.cnil.fr/fr/packs-de-conformite. Ils sont actuellement au nombre de quatre : ce sont les « packs » relatifs aux secteurs « Compteurs communicants », « Assurance », « Véhicule connecté » et « Silver économie et données personnelles ».

DISPOSITIONS APPLICABLES AU RESPONSABLE DE TRAITEMENT

L'entrée en vigueur du principe de responsabilité entraîne de nouvelles et importantes conséquences pour les entreprises. Elle met, notamment, à leur charge des obligations portant sur la réalisation d'une analyse d'impact, la désignation d'un délégué à la protection des données (DPO) ou encore la tenue d'un registre des activités de traitement. Or, il faut savoir que la loi de 1978 se borne, pour l'essentiel, à mentionner ces trois obligations (art. 57, al. 2 et 62), sans préciser les règles applicables. Elle renvoie simplement au **règlement européen.** Celui-ci constitue donc la source juridique principale des obligations incombant aux entreprises en vertu du principe de responsabilité (RGPD art. 24 s.). **35410**

Le CEPD a adopté, le 7 juillet 2021, de nouvelles lignes directrices 07/2020 sur les notions de responsable de traitement et de sous-traitant dans le RGPD. Elles remplacent l'avis 1/2010 du 16 février 2010, rendu par l'ancien « G29 ».

Le RGPD envisage le cas où deux responsables d'un traitement, ou davantage, déterminent conjointement les finalités et les moyens de ce traitement. Ils sont alors « **responsables conjoints du traitement** ». Ceux-ci sont tenus de définir de manière transparente, et par voie d'accord, leurs obligations respectives, notamment quant à l'exercice des droits des personnes concernées et la communication des informations qui doivent leur être fournies (RGPD art. 26, 1). **35415**

L'accord doit refléter les rôles respectifs des responsables conjoints et leurs relations vis-à-vis des personnes concernées. Les « grandes lignes » de l'accord sont mises à la disposition de ces personnes (art. 26, 2). Néanmoins, indépendamment des termes de l'accord, la personne concernée a toujours la possibilité d'exercer ses droits à l'égard de chacun des responsables du traitement (art. 26, 3).

Les obligations respectives des responsables conjoints peuvent aussi être définies par le droit de l'Union ou celui d'un État membre.

Sur ce point encore, la loi de 1978 (art. 59) renvoie au RGPD.

B. Sous-traitance du traitement de données

PRINCIPES

35460 Le responsable du traitement peut éventuellement recourir à la sous-traitance. Dans sa version actuelle, la loi du 6 janvier 1978 comporte peu de dispositions relatives à la sous-traitance (art. 60 et 61). Elle se réfère principalement au RGPD, tout en soulignant que la qualité de sous-traitant « n'exonère en rien » de l'obligation de respecter les règles de protection des données personnelles (Loi de 1978 art. 60, al. 1).

Le règlement européen définit le sous-traitant comme étant « la personne physique ou morale, l'autorité publique, le service ou un autre organisme qui traite des données personnelles pour le compte du responsable du traitement » (RGPD art. 4, 8). Voir aussi, sur ce point, les lignes directrices 07/2020 du 7 juillet 2021 concernant les notions de responsable de traitement et de sous-traitant dans le RGPD.

Il impose au sous-traitant de présenter des **garanties** suffisantes quant à la mise en œuvre des mesures techniques et organisationnelles permettant de répondre aux exigences du règlement et d'assurer la protection des droits de la personne concernée (art. 28, 1).

À moins d'y être obligé par le droit de l'Union ou le droit d'un État membre, le sous-traitant qui a accès à des données personnelles ne peut pas traiter ces données sans « instruction » du responsable de traitement (RGPD art. 29). La loi de 1978 (art. 61) reprend en partie la même disposition. Pour un exemple de manquement à cette règle, voir Délib. Cnil 15-4-2022 n° SAN-2022-009.

CONTRAT DE SOUS-TRAITANCE DE TRAITEMENT DE DONNÉES

35470 Un contrat, ou un autre acte juridique, doit lier le sous-traitant au responsable du traitement (Loi de 1978 art. 60, al. 2 ; RGPD art. 28, 3-al. 1).

Il peut éventuellement être fondé, en tout ou partie, sur des clauses contractuelles types élaborées par la Commission européenne ou la Cnil (RGPD art. 28, 6 à 8). De telles clauses figurent en annexe d'une décision d'exécution (UE) 2021/915 adoptée, le 4 juin 2021, par la Commission européenne.

Le contrat, ou l'autre acte juridique, « se présente sous une forme écrite, y compris en format électronique » (Loi de 1978 art. 60, al. 2 ; RGPD art. 28, 9).

À titre principal, il définit (art. 28, 3-al. 1) :
- l'objet, la durée, la nature et la finalité du traitement sur lequel il porte ;
- le type de données personnelles et les catégories de personnes concernées ;
- les obligations et les droits du responsable du traitement.

35475 À ces éléments principaux doivent s'ajouter des clauses qui prévoient, notamment, que le sous-traitant (RGPD art. 28, 3-a à h) :
- ne traite les données personnelles que sur « instruction documentée » du responsable du traitement ;
- veille à ce que les agents autorisés à traiter des données personnelles s'engagent à respecter une obligation de confidentialité ou soient soumis à une telle obligation ;
- prend toutes les mesures destinées à assurer la sécurité des données personnelles ;
- aide le responsable du traitement à s'acquitter de ses obligations dans le cadre de l'exercice des droits ouverts à la personne concernée (nos 36000 s.), ainsi que dans le domaine de la sécurité des données (nos 35850 s.) et de la réalisation de l'analyse d'impact (nos 35580 s.) ;
- met à la disposition du responsable du traitement toutes les informations propres à démontrer qu'il a respecté ses obligations et permettant d'effectuer des audits.

Le sous-traitant doit également faire connaître « immédiatement » au responsable du traitement si une instruction reçue de ce dernier constitue, selon lui, une violation de la réglementation. D'une manière générale, le RGPD étend au sous-traitant l'application du nouveau principe de responsabilité qu'il consacre à l'égard du responsable du traitement.

Une fois que la « prestation de services » relative au traitement est arrivée à son terme, le sous-traitant doit, si le responsable du traitement le demande, lui renvoyer toutes les données personnelles, ou encore les supprimer, tout en détruisant les copies existantes. Cette exigence ne s'impose cependant pas si le droit de l'Union ou le droit national impose la conservation des données.

ILLUSTRATIONS

Il est nécessaire qu'un contrat de sous-traitance comporte toutes les clauses exigées par l'article 28, 3-a à h du RGPD. L'absence de certaines clauses suffit à caractériser un manquement à ces dispositions (Délib. Cnil 7-12-2020 n° SAN-2020-016 ; Délib. Cnil 28-12-2021 n° SAN-2021-020 ; Délib. Cnil 15-4-2022 n° SAN-2022-009).

SOUS-TRAITANCE DE LA SOUS-TRAITANCE DU TRAITEMENT DE DONNÉES

Le sous-traitant chargé du traitement de données personnelles peut recruter un autre sous-traitant pour exercer des activités de traitement spécifiques (RGPD art. 28, 4). Mais il doit obtenir préalablement du responsable du traitement une **autorisation** spécifique ou générale. 35480

Dans le cas d'une autorisation générale, le sous-traitant principal doit informer le responsable du traitement de tout changement prévu qui porterait sur l'ajout ou le remplacement d'autres sous-traitants de second rang (art. 28, 2).

Un **contrat,** ou un autre acte juridique, conclu entre le sous-traitant principal et son propre sous-traitant (contrat « miroir » ou « back to back ») impose à ce dernier les mêmes obligations que celles définies en matière de protection des données par le contrat, ou l'acte, liant le sous-traitant principal au responsable du traitement. L'article 60, al. 4 de la loi de 1978 mentionne l'existence d'un tel contrat.

Lorsque le sous-traitant de second rang ne remplit pas ses obligations, le sous-traitant principal demeure pleinement responsable de l'exécution des obligations incombant au sous-traitant de second rang (art. 28, 4).

L'application de ces dispositions a pour effet de créer des chaînes de sous-traitance, plus ou moins complexes, qui peuvent rendre difficiles l'identification des responsables et la localisation des données.

C. Protection des données « dès la conception » et protection « par défaut »

CONTENU DES OBLIGATIONS

Le principe de responsabilité se trouve renforcé par deux obligations nouvelles (RGPD art. 25, 1 et 2). 35520
D'une part, les mesures techniques et organisationnelles doivent être mises en œuvre tant au moment de la détermination des moyens du traitement qu'au moment du traitement lui-même, c'est-à-dire dès la conception (« **Privacy by design** »).

D'autre part, ces mesures doivent garantir que, « par défaut », seules les données personnelles nécessaires au regard de chaque finalité spécifique du traitement sont traitées (« **Privacy by default** »). Cette seconde disposition s'applique à la quantité de données personnelles collectées, à l'étendue de leur traitement, à leur durée de conservation et à leur accessibilité aux particuliers. En particulier, les mesures en question doivent garantir que, « par défaut », les données personnelles ne soient pas rendues accessibles à un nombre indéterminé de personnes sans l'intervention de la personne concernée. Cette dernière obligation se rattache au principe de « minimisation des données » (n° 34700).

Sur ces dispositions, voir les lignes directrices 4/2019, adoptées le 20 octobre 2020 par le CEPD.

Le Code pénal **punit** de cinq ans d'emprisonnement et de 300 000 € d'amende le fait de procéder ou de faire procéder à un traitement de données à caractère personnel sans mettre en œuvre les mesures prescrites à l'article 25 du RGPD (C. pén. art. 226-17).

ILLUSTRATIONS

Un opérateur de téléphonie mobile méconnaît la règle de protection des données dès la conception (« Privacy by design ») lorsqu'il ne prévoit pas, dès la conception du traitement, les mesures permettant d'effacer les données qui se rapportent à une ligne mobile résiliée par l'abonné et qui ne sont plus nécessaires à la facturation (Délib. Cnil 28-12-2021 n° SAN-2021-021 : RJDA 4/22 n° 241).

ANONYMISATION DES DONNÉES PERSONNELLES

Parmi les techniques destinées à assurer le respect de ces dispositions, figure l'anonymisation des données personnelles. Elle permet de supprimer toutes les informations identifiantes et de rendre pratiquement impossible la réidentification de la personne concernée. Ce résultat présente, en principe, un caractère irréversible. 35530

La loi du 6 janvier 1978 consacrait autrefois le procédé de l'anonymisation en autorisant le traitement de données sensibles si elles étaient appelées à faire l'objet, à bref délai, de ce procédé. Mais, dans sa version actuelle, elle ne prévoit plus cette possibilité.

> Précisions a. Le « G29 » (désormais le CEPD) a adopté, le 10 avril 2014, un avis n° 05/2014 (wp216) sur les **techniques d'anonymisation.** Il indique, notamment, que ces techniques sont de deux sortes. Les unes, qui relèvent de la « randomisation », sont destinées à transformer les données en cause afin qu'elles ne se réfèrent plus à une personne réelle. Les autres ont pour objet de généraliser les données de façon à ce qu'elles ne soient plus spécifiques à une personne, mais communes à un ensemble de personnes.

b. La jurisprudence nationale a eu l'occasion de préciser qu'une **donnée** est **anonymisée** lorsque l'identification de la personne concernée, « directement ou indirectement, devient impossible, que ce soit par le responsable du traitement ou par un tiers » (CE 8-2-2017 nº 393174 : RJDA 5/17 nº 386).

PSEUDONYMISATION DES DONNÉES PERSONNELLES

35540 Contrairement à la technique de l'anonymisation, la « pseudonymisation » des données ne produit pas des effets irréversibles. Elle consiste à remplacer un identifiant par un pseudonyme. Elle permet d'empêcher que des données personnelles puissent être attribuées à une personne déterminée sans qu'il faille recourir à des informations supplémentaires.

La mise en œuvre du procédé suppose que deux **conditions** soient réunies : les données personnelles doivent être conservées séparément des clés de réidentification et soumises à des mesures garantissant leur confidentialité (RGPD art. 4, 5).

ATTENTION

La **législation française** ne consacre pas expressément le procédé de pseudonymisation des données personnelles. Mais celui-ci n'est pas pour autant ignoré des praticiens. Il consiste à remplacer l'identifiant initial par un autre identifiant, arbitraire celui-là. Le procédé repose, notamment, sur l'utilisation d'une table de correspondance secrète ou sur un algorithme de chiffrement ou, encore, sur le recours à la fonction dite de « hachage » des données. Le procédé de « masquage » des données se rapproche du précédent.

D. Analyse d'impact des traitements envisagés

OBLIGATION D'EFFECTUER UNE ANALYSE D'IMPACT

35580 Le responsable du traitement est tenu, dans certains cas, de réaliser, avant la mise en œuvre d'un traitement de données personnelles, une analyse de l'**impact des opérations** envisagées sur la protection de ces données. On la dénomme « analyse d'impact sur la vie privée » (« Privacy Impact Assessment » ou PIA) ou encore « analyse d'impact relative à la protection des données » (AIPD ; « Data Protection Impact Assessment » ou DPIA).

Cette obligation, qui résulte du RGPD (art. 35, 1), est rappelée par la loi du 6 janvier 1978 (art. 62). Mais c'est le règlement européen qui fixe l'ensemble des dispositions applicables sur ce point.

L'analyse d'impact est obligatoire lorsqu'en raison du type de traitement ou, notamment du recours à de nouvelles technologies, les droits et libertés des personnes sont exposés à un risque élevé.

Une seule et même analyse d'impact suffit s'il s'agit d'un ensemble d'opérations de traitement similaires qui présentent des risques élevés similaires (RGPD art. 35, 1).

35585 Le « G29 » (désormais le CEPD) a adopté, le 4 avril 2017, et révisé, le 4 octobre 2017, des lignes directrices relatives aux analyses d'impact (wp 248 rév.01). Selon les lignes directrices, neuf **critères** peuvent contribuer à déterminer si un traitement nécessite une analyse d'impact :

– un système d'évaluation ou de notation ;
– une prise de décision automatisée ;
– une « surveillance systématique » de personnes ;
– le traitement de données sensibles ou à caractère « hautement personnel » ;
– le traitement de données « à grande échelle » ;
– le croisement ou la combinaison d'ensembles de données ;
– le traitement de données concernant des personnes vulnérables ;
– l'utilisation de nouvelles solutions technologiques ou organisationnelles ;
– les traitements empêchant les personnes concernées d'exercer un droit ou de bénéficier d'un service ou d'un contrat.

Dans la plupart des cas, une analyse d'impact s'impose si deux de ces critères, au moins, sont réunis.

Par une délibération 2018-326 du 11 octobre 2018, la Cnil a également adopté ses propres lignes directrices sur l'analyse d'impact. Elle se réfère, pour l'essentiel, aux lignes directrices du « G29 ».

Le règlement européen désigne, par ailleurs, trois catégories de **traitements** qui sont plus particulièrement **soumis à l'obligation** de réaliser une analyse d'impact (RGPD art. 35, 3-a, b et c). 35590

Il s'agit :

– des traitements destinés au profilage des personnes (nos 35020 s.) ;

– des traitement « à grande échelle » de données sensibles (nos 34880 s.) ;

– de la surveillance systématique d'une zone accessible au public (voie publique, gare, centre commercial).

Mais cette liste n'est pas exhaustive. Un traitement peut être qualifié à risque en fonction d'autres critères, tels que ceux identifiés par le « G29 ».

Les **lignes directrices** spécifient que, pour déterminer si un **traitement** est effectué « **à grande échelle** », il convient de prendre en compte :

– le nombre de personnes concernées ;

– le volume des données et/ou « l'éventail des différents éléments de données traitées » ;

– la durée ou la permanence de l'activité de traitement ;

– l'étendue géographique de l'activité.

Le RGPD a chargé les autorités de contrôle nationales de faciliter l'application de ces règles en publiant une **liste d'opérations** soumises à l'analyse d'impact, ainsi qu'une liste de celles qui en sont dispensées (RGPD art. 35, 4 et 5). 35595

Sur le fondement de ces dispositions, la Cnil a, par une délibération 2018-327 du 11 octobre 2018, adopté une liste de traitements relevant de l'analyse d'impact. Puis, par une délibération 2019-118 du 12 septembre 2019, elle a arrêté une seconde liste de traitements pour lesquels une analyse d'impact n'est pas requise.

> **Précisions** **a.** Au nombre des **traitements soumis à l'analyse d'impact** figurent, notamment :
>
> – les traitements établissant des profils de personnes physiques à des fins de gestion des ressources humaines ;
>
> – les traitements ayant pour finalité de surveiller de manière constante l'activité des employés concernés ;
>
> – les traitements qui reposent sur le profilage des personnes et qui peuvent aboutir à l'exclusion des intéressés du bénéfice d'un contrat, ou à la suspension de celui-ci, ou encore à la rupture du contrat ;
>
> – les traitements mutualisés de manquements contractuels, s'ils sont susceptibles d'aboutir à une décision d'exclusion ou de suspension du bénéfice du contrat ;
>
> – les traitements de profilage qui font appel à des données provenant de sources externes ;
>
> – les traitements de données de localisation à large échelle.
>
> **b.** Au nombre des **traitements dispensés de l'analyse d'impact** figurent, notamment :
>
> – les traitements mis en œuvre uniquement à des fins de ressources humaines, dans les conditions prévues par les textes applicables et pour la seule gestion du personnel des organismes qui emploient moins de 250 personnes, exception faite du recours au profilage ;
>
> – les traitements de gestion de la relation fournisseurs ;
>
> – les traitements mis en œuvre par les avocats dans l'exercice de leur profession à titre individuel ;
>
> – les traitements mis en œuvre par les notaires aux fins d'exercice de leur activité notariale et de rédaction des documents des offices notariaux ;
>
> – les traitements exclusivement destinés à la gestion des contrôles d'accès physique et des horaires pour le calcul du temps de travail, en dehors de tout dispositif biométrique et à l'exclusion des traitements révélant des données sensibles ou à caractère hautement personnel.

CONTENU DE L'ANALYSE D'IMPACT

L'analyse d'impact comporte au moins (RGPD art. 35, 7) : 35600

– une description systématique des opérations de traitement envisagées et des finalités du traitement, y compris, le cas échéant, l'intérêt légitime poursuivi par le responsable du traitement ;

– une évaluation de la nécessité et de la proportionnalité des opérations au regard de ces finalités ;

– une évaluation des risques créés par le traitement ;

– les mesures envisagées pour faire face à ces risques, y compris les garanties, mesures et mécanismes de sécurité permettant d'assurer la protection des données personnelles et d'apporter la preuve que le règlement est respecté.

> **Précisions** La **Cnil** a, notamment, publié quatre « **guides PIA** », respectivement consacrés à la « méthode », aux « modèles », aux « bases de connaissance » et à l'« étude de cas Captoo ». L'utilisation du logiciel PIA facilite la démarche que les responsables de traitement sont tenus de suivre : www.cnil.fr/fr/outil-pia-telechargez-et-installez-le-logiciel-de-la-cnil.
>
> Les lignes directrices du « G29 » et celles de la Cnil (no 35585) fournissent également quelques **indications méthodologiques.**

AUTRES OBLIGATIONS INCOMBANT AU RESPONSABLE DU TRAITEMENT

35610 Il appartient au responsable du traitement de solliciter, le cas échéant, l'**avis** des personnes concernées, ou de leurs représentants, au sujet du traitement (RGPD art. 35, 9).

Lorsque l'analyse d'impact est relative à la protection des données, le responsable du traitement doit demander « conseil » au délégué à la protection des données (DPO) (art. 35, 2 et 39, 1-c).

Par ailleurs, le responsable du traitement procède éventuellement à un **examen** afin d'évaluer si le traitement est effectué conformément à l'analyse d'impact. Cet examen s'impose « au moins » lorsque le risque créé par le traitement subit des modifications (art. 35, 11).

Bien que le RGPD ne l'ait pas prévu, la jurisprudence administrative souligne la nécessité d'une actualisation permanente de l'analyse d'impact afin d'en adapter le contenu à l'évolution des risques éventuellement créés par le traitement (CE 6-11-2019 n° 434376 : RJDA 2/20 n° 126). Cette exigence figure dans les lignes directrices du « G29 » (wp 248 rév.01). Celles-ci fournissent comme exemple d'une telle évolution le recours à de nouvelles technologies ou l'utilisation des données à des fins différentes.

35615 Le responsable du traitement a l'obligation de **consulter** l'autorité nationale de contrôle, c'est-à-dire la **Cnil,** dans l'hypothèse où l'analyse d'impact indique que le traitement présenterait un risque élevé si les mesures destinées à atténuer le risque n'étaient pas prises (RGPD art. 36, 1). Cette obligation a été confirmée par la loi du 6 janvier 1978 (art. 63).

Le responsable de traitement doit alors communiquer à la Cnil (RGPD art. 36, 3-a à f) :
- le cas échéant, les « responsabilités respectives » du responsable du traitement, des responsables conjoints et des sous-traitants participant au traitement, en particulier si celui-ci est effectué au sein d'un groupe d'entreprises ;
- les finalités et les moyens du traitement envisagé ;
- les mesures et les garanties prévues afin de protéger les droits des personnes concernées ;
- le cas échéant, les coordonnées du DPO ;
- l'analyse d'impact elle-même ;
- toute autre information demandée par la Cnil.

Lorsque la Cnil estime que le traitement envisagé constituerait une « violation » des dispositions du règlement, notamment parce que le risque en question n'a pas été suffisamment identifié ou atténué, elle adresse à l'entreprise un « avis » écrit. Elle peut aussi faire usage de ses pouvoirs d'injonction et de sanction (n°s 37100 s.) (RGPD art. 36, 2).

E. Délégué à la protection des données

OBLIGATION DE DÉSIGNER UN DPO

35660 L'institution d'un délégué à la protection des données (« Data Protection Officer » ou DPO) constitue une innovation essentielle du règlement européen (RGPD art. 37 à 39). La loi du 6 janvier 1978 se borne à mentionner ces dispositions (art. 57, al. 2).

Chaque responsable de traitement est tenu, dans certains cas, de désigner un délégué à la protection des données. La même obligation incombe au sous-traitant.

Le DPO (selon l'acronyme usité) prend la place du correspondant à la protection des données personnelles (dit « correspondant informatique et libertés » ou « CIL ») dont les administrations et les entreprises avaient la faculté de se doter afin de pouvoir être dispensées de déclarer certains traitements à la Cnil. Le CIL disparaît en même temps que le régime de déclaration (n°s 35200 s.).

Le « G29 » (désormais le CEPD) a adopté, le 13 décembre 2016, et révisé, le 5 avril 2017, des lignes directrices consacrées au DPO (wp 243 rev.01).

35665 L'obligation de désigner un DPO s'impose dans l'un des trois **cas** suivants (RGPD art. 37, 1-a, b etc) :
- le traitement est effectué par une autorité publique ou un organisme public, à l'exception des juridictions agissant dans l'exercice de leurs fonctions juridictionnelles ;
- les « activités de base » exercées par le responsable du traitement ou le sous-traitant consistent en des opérations de traitement qui exigent un suivi régulier et systématique à grande échelle des personnes concernées, dont le « G29 » donne des **exemples** : la fourniture de services de télécommunication ; le « reciblage » par courrier électronique ; le profilage ; la géolocalisation ; les véhicules connectés, etc. ;

– les mêmes « activités de base » consistent en un traitement à grande échelle de données sensibles (nos 34880 s.) ou de données relatives aux condamnations pénales et aux infractions (nos 34960 s.). Sur la notion de traitement à grande échelle, voir no 35590.

Cependant, le règlement ajoute que, même si la désignation d'un DPO n'est pas obligatoire, le responsable du traitement ou le sous-traitant, ou encore des associations ou organismes qui les représentent, ont toujours la **possibilité** de procéder à une telle désignation. 35670

Par ailleurs, en dehors des trois cas prévus à titre principal par le règlement, la désignation d'un DPO peut être rendue obligatoire par le droit de l'Union ou celui d'un État membre (RGPD art. 37, 4). La législation française n'a rien prévu de tel.

À noter aussi qu'un **groupe d'entreprises** peut désigner un seul délégué à condition qu'il soit « facilement joignable à partir de chaque lieu d'établissement » (RGPD art. 37, 2). Le décret 2019-536 du 29 mai 2019 art. 84 prévoit, de son côté, que les responsables de traitement ou les sous-traitants peuvent désigner un seul DPO qui exerce sa mission pour le compte de plusieurs d'entre eux.

CONDITIONS DE DÉSIGNATION DU DPO

Le DPO est désigné sur la base de ses qualités professionnelles et, en particulier, de ses connaissances spécialisées du droit et des pratiques en matière de protection des données, ainsi que de sa capacité à exercer les missions qui lui sont confiées (RGPD art. 37, 5). 35680

Il peut appartenir au personnel de l'entreprise responsable du traitement ou de l'entreprise sous-traitante. Il peut aussi être recruté à l'extérieur par la voie d'un contrat de service (RGPD art. 37, 6). Il est soumis au secret professionnel ou à une obligation de confidentialité (RGPD art. 38, 5).

L'ancien « G29 » fournit diverses précisions complémentaires. Il insiste notamment sur le « niveau d'expertise » que doit posséder le DPO et juge nécessaires des qualités d'« intégrité », ainsi qu'un « haut niveau de déontologie ».

Les coordonnées du DPO doivent être publiées et communiquées à la Cnil (RGPD art. 37, 7). Le décret 2019-536 du 29 mai 2019 fixe la liste des éléments qui doivent, ainsi, être communiqués (art. 83, al. 2 et 3).

Ceux-ci doivent porter sur le nom, le prénom et les coordonnées professionnelles du DPO, ainsi que sur ceux du responsable du traitement ou du sous-traitant et, le cas échéant, de la personne qui représente le responsable de traitement. Si le DPO est une personne morale, les mêmes renseignements doivent concerner le « préposé » que cette personne morale a « désigné pour exercer les missions de délégué ».

Ces divers éléments, ainsi que toute modification éventuelle de ceux-ci, doivent être communiqués « sans délai » à la Cnil (art. 83, al. 4). La dénomination et les coordonnées du DPO doivent faire l'objet d'une diffusion dans un format ouvert et aisément réutilisable par la Cnil (art. 83, al. 5).

> **Précisions** **a.** Il n'est pas nécessaire qu'une personne appelée à exercer les fonctions de DPO justifie à cet effet d'une **certification.** La Cnil a cependant adopté, le 20 septembre 2018, deux délibérations relatives à la certification des compétences du DPO. L'une (Délib. 2018-317 modifiée par Délib. 6-10-2022 no 2022-128 et Délib. 13-4-2023 no 2023-062) porte sur les critères du référentiel pour l'agrément des organismes de certification. L'autre (Délib. 2018-318 modifiée par Délib. 13-4-2023 no 2023-062), sur les critères du référentiel pour la certification proprement dite. La Cnil a également rappelé qu'un organisme certificateur peut, même s'il n'est pas agréé par elle, délivrer une certification DPO, mais sur la base de son propre référentiel (sur le mécanisme de certification, voir no 35810).
> **b.** La Cnil a décidé en 2019 et 2020 d'agréer plusieurs organismes pour la certification des compétences du DPO. Leur liste figure sur le site www.cnil/fr/fr/organismes-agrees-certification.
> **c.** Grâce au téléservice créé par la Cnil, les entreprises peuvent **désigner en ligne** leur DPO auprès de la Cnil : https://designations.cnil.fr/dpo/designation/organisme.designant.delegue.action.

AUTRES OBLIGATIONS DE L'ENTREPRISE RELATIVES AU DPO

Le responsable du traitement ou le sous-traitant se voit imposer diverses obligations destinées à **faciliter l'activité** du DPO et à garantir son **indépendance.** Il doit (RGPD art. 38, 1, 2, 3, 6) : 35690
– associer le DPO, d'une manière appropriée et en temps utile, à toutes les questions relatives à la protection des données personnelles ;
– lui fournir les ressources nécessaires pour exercer ses missions ;
– lui ouvrir l'accès aux données personnelles et aux opérations de traitement ;
– lui permettre d'entretenir ses connaissances spécialisées ;

– veiller à ce que le DPO ne reçoive aucune instruction en ce qui concerne l'exercice de ses missions ;
– s'abstenir de relever le délégué de ses fonctions ou de le pénaliser pour des raisons liées à l'exercice de ses missions ;
– si le DPO exécute d'autres tâches, comme il en a la possibilité, veiller à ce qu'il n'en résulte aucun conflit d'intérêts.

Il est aussi spécifié que le DPO « fait directement rapport au niveau le plus élevé de la direction de [l'entreprise] » (RGPD art. 38, 3).

Selon l'ancien « G29 », il est indispensable que la participation du DPO intervienne au « stade le plus précoce possible ». Par ailleurs, le « G29 » souligne que le DPO doit disposer d'un temps suffisant pour exercer sa mission, en particulier s'il a été désigné à temps partiel.

> **Précisions** La disposition de l'article 38, 3 du RGPD, selon laquelle le DPO ne peut pas être relevé de ses fonctions pour l'exercice de ses missions, doit être interprétée en ce sens qu'elle ne s'oppose pas à une réglementation nationale exigeant d'un responsable de traitement ou d'un sous-traitant qu'il ne licencie un DPO que pour motif grave. Il en va ainsi même lorsque le licenciement n'est pas lié à l'exercice des missions du délégué, pour autant qu'une telle réglementation ne compromette pas la réalisation des objectifs du RGPD (CJUE 22-6-2022 aff. 534/20 : RJDA 10/22 n° 607 ; CE 21-10-2022 n° 459254 : RJDA 3/23 n° 177).

MISSIONS DU DPO

35700 Le DPO a « au moins » pour **mission** (RGPD art. 39, 1-a à e) :
– de fournir au responsable du traitement ou au sous-traitant, ainsi qu'aux agents chargés des opérations de traitement, des **informations** et des **conseils** au sujet de leurs différentes obligations en matière de protection des données ;
– de **contrôler** le respect de la réglementation européenne et nationale, ainsi que des règles internes de l'entreprise, notamment celles qui concernent la répartition des responsabilités, la sensibilisation du personnel, sa formation et les audits s'y rapportant ;
– de conseiller l'entreprise, à la demande de celle-ci, au sujet de l'**analyse d'impact,** tout en veillant à l'exécution de cette analyse ;
– de coopérer avec l'**autorité de contrôle** (la Cnil) ;
– de faire office de « **point de contact** » avec cette autorité.

Même si le RGPD ne le prévoit pas, le « G29 » admet que le DPO puisse être chargé de tenir le **registre des activités de traitement** (n°s 35740 s.).

Les personnes concernées peuvent saisir le DPO de toutes les questions relatives au traitement de leurs données personnelles et à l'exercice des droits que leur ouvre le règlement (RGPD art. 38, 4). Les coordonnées du DPO sont au nombre des informations que le responsable d'un traitement doit fournir à la personne concernée (RGPD art. 13, 1-b et 14, 1-b).

Il est important de rappeler que l'exercice de ses missions par le DPO ne décharge nullement l'entreprise de sa responsabilité au titre du respect de la réglementation.

ILLUSTRATIONS

Si les conditions générales d'utilisation d'un service de streaming comportaient une clause faisant connaître aux utilisateurs qu'ils pouvaient, en cas de besoin, contacter le DPO, les intéressés devaient, afin d'y parvenir, prendre l'initiative de cliquer sur des liens hypertextes non explicites. Cette clause n'était donc pas conforme aux dispositions du RGPD qui exigent que l'information relative aux coordonnées du DPO soit fournie spontanément par le responsable de traitement à la personne concernée et qui ouvrent à celle-ci la possibilité de saisir le DPO de toutes les questions relatives au traitement (TJ Paris 9-6-2020 n° 16/09799 : RJDA 11/20 n° 599).

F. Registre des activités de traitement de données

TENUE DU REGISTRE PAR LE RESPONSABLE DE TRAITEMENT

35740 Chaque responsable de traitement a, en principe, l'obligation de tenir un registre des activités exercées sous sa responsabilité (RGPD art. 30, 1-al. 1). Cette obligation est confirmée par la loi du 6 janvier 1978 (art. 57, al. 2).

Selon la logique du principe de responsabilité, la tenue du registre est destinée à inciter l'entreprise à réaliser une « **autoévaluation** » des traitements utilisés.

Le registre doit comporter les **informations** suivantes (RGPD art. 30, 1-a à g) :
– le nom et les coordonnées du responsable du traitement, ainsi que, le cas échéant, du responsable conjoint et du DPO ;
– les finalités du traitement ;
– une description des catégories de personnes concernées et des catégories de données personnelles ;
– les catégories de destinataires auxquels les données personnelles ont été, ou seront, communiquées ;
– le cas échéant, les transferts de données vers les pays tiers.

D'autres informations doivent figurer dans le registre, mais seulement « dans la mesure du possible ». Il s'agit (RGPD art. 30, 1-f et 2-d) :
– des délais prévus pour l'effacement des données (nos 36250 s.) ;
– d'une description générale des mesures de sécurité techniques et organisationnelles (nos 35850 s.).

TENUE DU REGISTRE PAR LE SOUS-TRAITANT

Une obligation comparable est mise à la charge de chaque sous-traitant en ce qui concerne les activités de traitement exercées pour le compte de l'entreprise principale (RGPD art. 30, 2-al. 1). **35750**

Dans ce cas, le registre comprend un nombre plus limité d'**informations** que s'il est tenu par le responsable de traitement. Ce sont (RGPD art. 30, 2-a à d) :
– le nom et les coordonnées du ou des sous-traitants, ainsi que du responsable du traitement et du DPO ;
– les catégories de traitements effectués ;
– le cas échéant, les transferts de données vers les pays tiers ;
– dans la mesure du possible, une description des mesures de sécurité techniques et organisationnelles.

RÈGLES COMMUNES À LA TENUE DU REGISTRE

Qu'elle incombe au responsable du traitement ou à un sous-traitant, la tenue du registre des activités de traitement est soumise à certaines **règles** communes (RGPD art. 30, 3 et 4) : **35760**
– le registre doit se présenter sous une forme écrite, y compris électronique ;
– l'entreprise principale ou sous-traitante a l'obligation de mettre le registre à la disposition de l'autorité de contrôle (la Cnil) si cette dernière le demande.

Par ailleurs, l'**obligation** de tenue du registre **ne s'applique pas** lorsque l'entreprise compte moins de 250 « employés » (RGPD art. 30, 5). Mais cette dérogation subit elle-même des **exceptions** dans les cas suivants :
– le traitement comporte un risque pour les droits de la personne concernée ;
– il ne présente pas un caractère « occasionnel » ;
– il porte sur des données sensibles (nos 34880 s.) ou des données relatives aux condamnations pénales et aux infractions (nos 34960 s.).

Est **puni** de cinq ans d'emprisonnement et de 300 000 € d'amende le fait de procéder ou de faire procéder à un traitement de données à caractère personnel sans mettre en œuvre les mesures prescrites à l'article 30 du RGPD (C. pén. art. 226-17).

> **Précisions** La Cnil a publié une série d'**informations relatives au registre** des activités de traitement. Elle met également à la disposition des opérateurs un modèle de registre simplifié : www.cnil.fr/fr/RGPD-le-registre-des-activites-de-traitement.

G. Codes de conduite et certification

CODES DE CONDUITE

De longues dispositions du RGPD ont pour objet de définir et de préciser différentes sortes de moyens destinés à faciliter l'application du principe de responsabilité. **35800**

Les États, leurs autorités de contrôle, ainsi que les instances européennes, doivent encourager l'élaboration de codes de conduite par les associations, et autres organismes, représentant les responsables de traitement et les sous-traitants. Ces codes doivent recenser les bonnes pratiques que les professionnels auront à suivre (RGPD art. 40).

Des organismes agréés par l'autorité nationale de contrôle peuvent être chargés de veiller au respect des codes de conduite (RGPD art. 41).

La loi de 1978 prévoit que la Cnil encourage l'élaboration de codes de conduite définissant les obligations qui incombent aux responsables de traitement et à leurs sous-traitants. Ces obligations doivent être déterminées en fonction du risque inhérent aux traitements de données personnelles, notamment à l'égard des mineurs. Elles doivent également tenir compte de certains besoins spécifiques : ceux des collectivités territoriales et de leurs groupements ainsi que des micro-entreprises, petites entreprises et moyennes entreprises (Loi de 1978 art. 8, I-2°-b).

› Précisions a. Le décret 2019-536 du 29 mai 2019 (art. 72) rappelle qu'en application de l'article 40 du RGPD les associations et autres **organismes représentant les responsables de traitement** doivent soumettre la Cnil un projet de code de conduite, une modification ou la prorogation d'un code existant. Il fixe également les délais dans lesquels la Commission doit approuver un tel projet.
b. La **Cnil** a publié, le 7 février 2020, de nouvelles indications au sujet de l'élaboration et du contenu des codes de conduite : www.cnil.fr/fr/ce-quil-faut-savoir-sur-le-code-de-conduite.
c. Le **CEPD** a adopté, le 12 février 2019, et révisé, le 4 juin suivant, des lignes directrices 1/2019 relatives aux codes de conduite.
d. La Cnil a approuvé, par une délibération n° 2021-065 du 3 juin 2021, un code de conduite élaboré par une association européenne regroupant des fournisseurs de **services d'infrastructures,** eux-mêmes destinés aux services de **cloud** computing (« Infrastructure as-a-Service » ou « IaaS »).

CERTIFICATION

35810 La mise en place de mécanismes de certification, de labels ou de marques doit à son tour concourir à la mise en œuvre du principe de responsabilité. Les entreprises sont incitées à soumettre leurs traitements à ces mécanismes (RGPD art. 42 et 43).

La Cnil est, à cet égard, susceptible d'exercer trois séries d'attributions (Loi de 1978 art. 8, I-2°-h ; décret du 29-5-2019 art. 74, I).

1° Elle peut décider de certifier des personnes, des produits, des systèmes de données ou de procédures aux fins de reconnaître leur conformité au RGPD. Elle prend alors en considération les besoins spécifiques des micro-entreprises, petites entreprises et moyennes entreprises. Mais elle peut aussi laisser à des organismes tiers le soin de délivrer les certifications.

2° Dans cette dernière hypothèse, la Cnil peut agréer des organismes certificateurs sur la base de leur accréditation par l'organisme national compétent à cet effet. Elle peut également demander à l'organisme national de procéder directement à cet agrément.

3° Enfin, il appartient à la Commission d'élaborer ou d'approuver les critères des référentiels de certification et d'agrément (voir n° 35680, s'agissant des référentiels relatifs à la compétence du DPO).

› Précisions a. L'organisme national d'accréditation est le Comité français d'accréditation (**Cofrac**) (Décret n° 2008-1401 du 19-12-2008).
b. Le décret du 29 mai 2019 (art. 74, II et III) apporte diverses précisions sur le contenu des demandes d'**agrément** et de **certification,** les délais dans lesquels la Cnil se prononce sur ces demandes, ainsi que sur la durée de validité des agréments et certifications.
c. La **Cnil** a fourni, le 19 décembre 2018, un ensemble d'indications sur le mécanisme de certification : www.cnil.fr/fr/la-certification.
d. Elle a également pris plusieurs délibérations adoptant des **référentiels** relatifs à des traitements de données personnelles : traitements ayant pour finalité la gestion des vigilances sanitaires (Délib. Cnil 9-5-2019 n° 2019-057), la mise en œuvre d'un dispositif d'alertes professionnelles (Délib. Cnil 6-7-2023 n° 2023-064) et la gestion du personnel dans les organismes privés ou publics (Délib. Cnil 21-11-2019 n° 2019-160 modifiée par Délib. 23-6-2022 n° 2022-126) ; traitements ayant pour finalité la gestion des impayés dans une transaction commerciale (Délib. Cnil 23-9-2021 n° 2021-130), ainsi que la gestion des activités commerciales (Délib. Cnil 23-9-2021 n° 2021-131).
e. Le **CEPD** a adopté, le 25 mai 2018, deux lignes directrices portant respectivement, d'une part, sur la certification et la définition des critères de certification (Lignes directrices 1/2018) et, d'autre part, sur l'agrément des organismes de certification (Lignes directrices 2/2018). L'une et l'autre ont été révisées le 4 juin 2019 (version 3.0). Elles ont été complétées par des annexes adoptées le 6 avril 2021 (« Annex to Guidelines 1/2018 on certification and identifying certification criteria in accordance with Articles 42 and 43 of the Regulation »).

H. Sécurité des données personnelles

OBLIGATION DE SÉCURITÉ RELATIVE AUX DONNÉES PERSONNELLES

35850 Le responsable du traitement et le sous-traitant sont tenus de mettre en œuvre les mesures techniques et organisationnelles appropriées afin de garantir un **niveau de sécurité** adapté

au risque encouru (RGPD art. 32, 1-al. 1). Ce niveau de sécurité est évalué en fonction de critères tels que (RGPD art. 32, 2) :
– le risque de destruction, de perte, d'altération, ou de divulgation non autorisée de données personnelles ;
– le risque d'un accès non autorisé, accidentel ou illicite, à ces données.

Les **mesures de sécurité** consistent dans (RGPD art. 32, 1-a à d) :
– la pseudonymisation et le chiffrement des données personnelles ;
– l'existence de moyens permettant de garantir la confidentialité, l'intégrité, la disponibilité et la « résilience » constante des systèmes et des services de traitement ;
– l'existence des moyens permettant de rétablir, en cas d'incident et dans des délais appropriés, la disponibilité des données personnelles et l'accès à celles-ci ;
– une procédure permettant de tester, d'analyser et d'évaluer régulièrement les mesures en cause.

Toutefois, une divulgation non autorisée de données personnelles ou un accès non autorisé à de telles données par des tiers ne suffisent pas, à eux seuls, pour considérer que les mesures techniques et organisationnelles mises en œuvre par le responsable du traitement n'étaient pas appropriées (CJUE 14-12-2023 aff. 340/21 : RJDA 3/24 n° 204).

ILLUSTRATIONS

Alors qu'une société spécialisée dans la location immobilière éditait un site permettant aux candidats à la location de télécharger les pièces justificatives qui étaient nécessaires à la constitution de leur dossier (copies de cartes d'identité, de cartes Vitale, d'avis d'imposition, de relevés de compte, etc.), un contrôle effectué par les agents de la Cnil a révélé que ces pièces étaient librement accessibles à des tiers non autorisés. En s'abstenant d'organiser une procédure destinée à authentifier les utilisateurs de son site et, ainsi, de s'assurer que les personnes accédant aux documents téléchargés étaient bien celles à l'origine de leur téléchargement, la société n'a pas mis en œuvre les mesures techniques et organisationnelles appropriées afin de garantir la sécurité des données personnelles qu'elle traitait (Délib. Cnil 28-5-2019 n° SAN-2019-005 : RJDA 11/19 n° 729).

Pour d'autres exemples récents de manquements à l'obligation de sécurité qui ont permis à des tiers non autorisés l'accès à des données personnelles, voir Délib. Cnil 14-6-2021 n° SAN-2021-008 ; Délib. Cnil 28-12-2021 n° SAN-2021-020 ; Délib. Cnil 15-4-2022 n° SAN-2022-009).

Méconnaît également son obligation de sécurité une société qui accepte que le mot de passe permettant la connexion de ses clients à leur espace personnel depuis une application mobile ne soit composé que d'un seul caractère (Délib. Cnil 8-12-2020 n° SAN-2020-018).

Des mesures doivent également être prises afin de garantir que toute personne agissant sous **35855**
l'autorité du responsable du traitement, ou celle du sous-traitant, ne traite pas des données personnelles auxquelles il a accès, excepté sur instruction du responsable (RGPD art. 32, 4).

Selon une solution jurisprudentielle qui conserve toute sa valeur dans le cadre des nouvelles dispositions applicables, la circonstance que des opérations de traitement de données soient confiées à des sous-traitants ne décharge pas le responsable du traitement des obligations qui lui incombent au titre de la sécurité des données (CE 11-3-2015 n° 368748 : RJDA 8-9/15 n° 622 ; CE 30-12-2015 n° 385019 : RJDA 8-9/16 n° 666).

Le Code pénal punit de cinq ans d'emprisonnement et de 300 000 € d'amende le fait de procéder ou de faire procéder à un traitement de données à caractère personnel sans mettre en œuvre les mesures de sécurité prescrites à l'article 32 du RGPD (C. pén. art. 226-17).

> **Précisions** Une délibération de la Cnil qui n'a pas été publiée, mais dont la Commission a rendu compte le 27 janvier 2021, a sanctionné, non seulement un responsable de traitement, mais aussi son sous-traitant, qui, l'un et l'autre, n'avaient pas pris des mesures suffisantes pour faire face à des attaques par bourrages d'identifiants (« credential stuffing ») sur le site du responsable.

VIOLATION DES DONNÉES PERSONNELLES

Règles générales Le règlement européen (RGPD art. 33 et 34) a étendu à tous les respon- **35860**
sables de traitement les règles de sécurité qui devaient déjà être observées, selon la loi de 1978, par les fournisseurs des services de communications électroniques accessibles du public (SCE) en cas de violation des données personnelles.

La violation des données personnelles est **définie** comme étant une « violation de sécurité » qui entraîne, de manière accidentelle ou illicite, la destruction, la perte, l'altération, la divulgation non autorisée de données personnelles ou l'accès non autorisé à de telles données (RGPD art. 4, 12).

Le CEPD a adopté, le 14 décembre 2021, des lignes directrices 01/2021 qui analysent 18 cas pratiques correspondant aux principaux types de violations de données personnelles (« rançongiciel », attaques d'exfiltration de données, etc.). Le document précise les obligations qui incombent dans chaque cas au responsable de traitement.

35865 Le responsable du traitement « notifie » la violation à l'autorité nationale de contrôle (RGPD art. 33, 1). Cette obligation est rappelée par la loi du 6 janvier 1978 (art. 58, I).

La **notification** ainsi exigée, qui est adressée à la Cnil, doit intervenir dans les « meilleurs délais » et, au plus tard, 72 heures après que le responsable du traitement a pris connaissance de la violation (RGPD art. 33, 1). Toutefois, cette obligation de notification ne s'impose pas au responsable de traitement lorsque la Cnil l'a elle-même informé de la violation (CE 22-7-2022 nº 449694 : RJDA 2/23 nº 133).

La notification doit (art. 33, 3-a à d) :
– décrire la nature de la violation, y compris, si possible, les catégories et le nombre de personnes affectées, ainsi que le nombre approximatif d'enregistrements de données concernés ;
– communiquer le nom et les coordonnées du DPO ou d'un autre « point de contact » auprès duquel des informations complémentaires peuvent être obtenues ;
– décrire les conséquences probables de la violation ;
– décrire les mesures prises par le responsable du traitement, ou que ce dernier se propose de prendre, en vue de remédier à la violation.

Afin de permettre à l'autorité de contrôle de veiller au respect de ces différentes règles, le responsable du traitement « documente » toute violation (RGPD art. 33, 5). De son côté, le sous-traitant notifie au responsable du traitement toute violation de données personnelles dont il a connaissance (art. 33, 2).

ILLUSTRATIONS

Méconnaît ces dispositions une société qui s'est abstenue de notifier à la Cnil les violations de données personnelles résultant d'une attaque informatique ayant pris la forme de 800 000 tentatives de connexion à partir d'adresses IP et ayant abouti à 4 000 authentifications réussies, ainsi qu'à 275 accès effectifs (Délib. Cnil 18-11-2020 nº SAN-2020-008).

35870 Si la violation de données personnelles peut engendrer un **risque élevé** pour les **droits d'une personne,** le responsable du traitement doit, par ailleurs, « communiquer », dans les « meilleurs délais », cette violation à la personne concernée (RGPD art. 34, 1). La **communication** adressée à l'intéressé (art. 34, 2) :
– décrit, en des termes clairs et simples, la nature de la violation ;
– contient les autres informations dont la notification à l'autorité de contrôle est obligatoire : nom et coordonnées du DPO ou d'un autre « point de contact », conséquences probables de la violation, remèdes à celle-ci.

Toutefois, le responsable du traitement se trouve **dispensé** de cette obligation de communication si l'une des trois conditions suivantes est remplie (art. 34, 3-a à c) :
– le responsable a mis en œuvre des mesures de protection techniques et organisationnelles appropriées et en a fait application aux données affectées par la violation ;
– il a pris des mesures ultérieures qui garantissent que le risque élevé pour la personne concernée n'est plus susceptible de se matérialiser ;
– la communication exigerait des efforts disproportionnés.

Lorsque la personne concernée n'a pas déjà reçu communication de la violation, l'**autorité de contrôle** peut, si elle estime que les droits de l'intéressé sont exposés à un risque élevé, exiger du responsable du traitement qu'il procède à la communication. Mais elle peut, au contraire, décider que l'une des conditions de dispense de l'obligation est réalisée (art. 34, 4).

À noter que le CEPD a adopté, le 28 mars 2023, de nouvelles **lignes directrices 9/2022** portant sur la notification d'une violation de données personnelles (Guidelines « on personal data breach notification under GDPR »). Ces lignes directrices remplacent celles que l'ancien « G29 » avait adoptées le 3 octobre 2017.

35875 L'obligation de communication subit une **dérogation** lorsque la notification d'une divulgation, ou d'un accès non autorisé aux données relevant de cette obligation, est susceptible de représenter un risque pour la sécurité nationale, la défense nationale ou la sécurité publique.

Cette dérogation n'est applicable qu'aux seuls traitements de données personnelles nécessaires au respect d'une obligation légale qui requiert le traitement de ces données ou à l'exercice d'une mission d'intérêt public dont est investi le responsable de traitement (Loi de 1978 art. 58, II).

> **Précisions** Ne sont pas soumis à l'obligation de communication (Décret du 29-5-2019 art. 85) :
> – les traitements comportant des données personnelles susceptibles de permettre, directement ou indirectement, d'identifier les **personnes dont l'anonymat est protégé** au titre de l'article 39 sexies de la loi du 29 juillet 1881 sur la liberté de la presse (fonctionnaires de la police nationale, militaires, etc. dont les missions exigent, pour des raisons de sécurité, le respect de l'anonymat) ;
> – les traitements de données de gestion administrative, financière et opérationnelle, ainsi que les traitements de données de santé, pour lesquels la notification d'une divulgation ou d'un accès non autorisé représente un risque pour la **sécurité** nationale, la défense nationale ou la sécurité publique au regard du volume des données concernées par la violation et des informations relatives à la vie privée qu'elles comportent.

Règles applicables aux fournisseurs de SCE Des mesures spécifiques sont prévues à l'égard des **fournisseurs de services de communications électroniques** accessibles au public (SCE) en cas de violation de données personnelles. Elles résultent de la directive « vie privée et communications électroniques » (Dir. 2002/58/CE modifiée par Dir. 2009/136) et figurent dans la loi du 6 janvier 1978 (art. 83), ainsi que le décret 2019-536 du 29 mai 2019 (art. 117 à 122). 35880

Elles s'appliquent aux traitements de données personnelles mis en œuvre dans le cadre de la fourniture au public de SCE sur les réseaux de communication électronique ouverts au public, y compris ceux prenant en charge les dispositifs de collecte de données et d'identification.

Constitue une violation de données personnelles « toute violation de la sécurité entraînant accidentellement ou de manière illicite la destruction, la perte, l'altération, la divulgation ou l'accès non autorisé » à des données personnelles faisant l'objet d'un traitement (Loi de 1978 art. 83, I).

Envoi d'un avertissement à la Cnil. Le fournisseur de SCE doit sans délai avertir la Cnil (Loi de 1978 art. 83, II-al. 1). 35885

Cette notification est adressée à la commission par lettre remise contre signature ou par voie électronique. Elle précise (Décret 2019-536 art. 118) :
– la nature et les conséquences de la violation des données personnelles ;
– les mesures déjà prises ou proposées par le fournisseur en vue d'y remédier ;
– les personnes auprès desquelles des informations supplémentaires peuvent être obtenues ;
– dans la mesure du possible, une estimation du nombre de personnes susceptibles d'être impactées par la violation en cause.

> **Précisions** **a.** Les **modalités** de l'obligation de **notification** sont également précisées par le règlement UE 611/2013 du 24 juin 2013 (art. 2).
> Celui-ci admet que les notifications puissent être réalisées en deux temps si les informations à communiquer ne sont pas toutes disponibles et si la violation exige une enquête plus approfondie (art. 2, 3). Cette possibilité n'a pas été reprise par la réglementation nationale, mais elle peut être mise en œuvre par application du règlement 611/2013.
> **b.** Lorsque la violation est susceptible de porter atteinte aux données personnelles d'abonnés ou de particuliers d'**États membres autres** que celui de l'autorité nationale compétente, celle-ci doit en informer les autres autorités nationales (Règl. 611/2013 art. 2, 5).

Envoi d'un avertissement à la personne concernée. Lorsque la violation peut porter atteinte aux données à caractère personnel, ou à la vie privée, d'un **abonné** ou d'une autre personne physique, le fournisseur de SCE avertit également, sans délai, l'intéressé (Règl. 611/2013 art. 3, 1 ; Loi de 1978 art. 83, II-al. 2). 35890

La notification lui est adressée par tout moyen permettant au fournisseur d'apporter la preuve de l'accomplissement de cette formalité. Elle précise (Décret 2019-536 art. 119, al. 1) :
– la nature et les conséquences de la violation des données personnelles ;
– les personnes auprès desquelles des informations supplémentaires peuvent être obtenues ;
– les mesures que le fournisseur recommande à la personne intéressée de prendre pour atténuer les conséquences négatives de la violation.

Le règlement de 2013 définit les critères permettant d'apprécier si une violation de données personnelles est susceptible de porter atteinte aux données ou à la vie privée d'un abonné ou d'un particulier (Règl. 611/2013 art. 3, 2).

Mise en œuvre des mesures de protection. La notification à l'intéressé n'est pas nécessaire si la **Cnil** a **constaté** que des mesures techniques de protection appropriées et efficaces ont été mises en œuvre par le fournisseur de SCE afin de rendre les données incompréhensibles à toute personne non autorisée à y avoir accès, et qu'elles ont été appliquées aux données concernées par cette violation (Loi de 1978 art. 83, II-al. 3 ; Décret 2019-536 art. 119, al. 2 et 120). 35895

Pour **informer la Cnil** des mesures de protection qu'il met en œuvre et qu'il a appliquées au cas particulier, le fournisseur lui communique, par tout moyen permettant d'apporter la preuve de cette notification, les informations suivantes (Décret 2019-536 art. 121) :
– les nom, prénom, adresse et coordonnées téléphoniques du responsable du traitement ;
– la description des mesures de protection ;
– les dispositions prévues et appliquées pour conférer une pleine efficacité à ces mesures ;
– éventuellement, les références du dossier des formalités accomplies auprès de la Cnil avant la mise en œuvre du traitement ;
– l'accomplissement, ou non, de la formalité de notification à la personne intéressée et, dans la négative, les raisons justifiant l'absence de notification.

35900 La **Cnil vérifie** dans un délai de deux mois si les mesures de protection appropriées ont été mises en œuvre et appliquées. Elle apprécie également la gravité au cas particulier de la violation des données personnelles (Décret 2019-536 art. 122, al. 1).

Ce délai ne court qu'à compter de la date de réception par la commission des informations énumérées ci-dessus.

Lorsque la Cnil ne s'est pas prononcée au terme des deux mois, son silence vaut « constat de non-application au cas particulier des mesures de protection appropriées ». Il en résulte l'obligation, pour le fournisseur, d'effectuer la notification à la personne intéressée, à moins que celle-ci ait déjà été avertie (art. 122, al. 2).

Si le fournisseur de SCE n'a pas déjà averti l'abonné ou l'autre personne physique et si la Cnil estime qu'il s'agit d'une **violation grave,** l'intéressé peut être mis en demeure d'exécuter son obligation d'information. Le délai qui lui est imparti à cet effet ne peut pas excéder un mois (Loi de 1978 art. 83, II-al. 4 ; Décret 2019-536 art. 122, al. 3).

35905 **Inventaire des violations** Chaque fournisseur de SCE doit tenir à jour un inventaire des violations de données à caractère personnel, notamment de leurs modalités, de leur effet et des mesures prises pour y remédier. Il doit conserver cet inventaire à la disposition de la Cnil (Loi de 1978 art. 83, III).

I. Données de connexion

35920 **Définition** On dénomme « données de connexion » des données relatives aux conditions dans lesquelles les messages sont consultés et échangés sur les **réseaux de communications électroniques** (identité de l'auteur et du destinataire de la communication, localisation des intéressés, date, horaire et durée de la communication, équipements mis en œuvre, numéros de téléphone, adresses IP, etc.).

Ce sont des « métadonnées » (données sur les données) qui offrent aux autorités administratives, policières et pénales le moyen de connaître les habitudes des utilisateurs concernés, leurs lieux de séjour, leurs activités ou leurs relations sociales.

35925 **Dispositions applicables** Le droit européen a entendu limiter les risques auxquels les données de connexion exposent la vie privée des personnes (Dir. 2002/58/CE du 12-7-2002, dite « directive vie privée et communications électroniques », modifiée par Dir. 2009/136/CE du 25-11-2009).

Sont concernées les « données relatives au trafic » (celles qui sont traitées en vue de l'acheminement d'une communication par un réseau) et les « données de localisation » (celles qui indiquent la position géographique de l'équipement terminal utilisé) (Dir. 2002/58/CE art. 2, b et c). Les unes et les autres sont soumises à un principe de confidentialité des communications (art. 5). Doivent être effacées ou anonymisées les données de trafic qui ne sont plus nécessaires à la transmission d'une communication (art. 6). Les données de localisation ne peuvent être traitées qu'après avoir été anonymisées ou à la condition que l'utilisateur y ait consenti (art. 9).

Ces garanties peuvent cependant subir des dérogations afin de sauvegarder la sûreté de l'État, la défense et la sécurité publique ou encore en vue d'assurer la prévention, la recherche et la poursuite de certaines infractions. Encore faut-il que les mesures prises à cet effet par les autorités nationales soient nécessaires, appropriées et proportionnées (Dir. 2002/58/CE art. 15, 1).

35930 Selon la Cour de justice de l'Union européenne, l'article 15, 1 de la directive 2002/58 s'oppose à une réglementation nationale prévoyant une « conservation généralisée et indifférenciée » des données de trafic et de localisation, qu'il s'agisse de sauvegarder la sûreté de l'État et la sécurité publique ou de lutter contre la criminalité. Une conservation des données de connexion peut cependant être autorisée dans certaines hypothèses particulières (CJUE 6-10-2020 aff. 511/18 : RJDA 4/21 n° 286 ; CJUE 17-6-2021 aff. 597/19 : RJDA 4/22 n° 240 ; CJUE 5-4-2022 aff. 140/20).

Le premier des arrêts précités statue sur des questions préjudicielles transmises à la Cour de Luxembourg par le Conseil d'État. Celui-ci avait été saisi de recours contre des dispositions mettant à la charge de divers prestataires et opérateurs une obligation de conservation des données de connexion nécessaires à la répression pénale et à la sécurité publique. Le Conseil d'État a tiré les conséquences de la jurisprudence européenne en annulant certaines de ces dispositions (CE 21-4-2021 n° 393099 : Lebon p. 62).

VI. DROITS OUVERTS À LA PERSONNE CONCERNÉE PAR LE TRAITEMENT DE DONNÉES

A. Droit à l'information de la personne concernée

PRINCIPES

Le règlement européen prévoit que le responsable d'un traitement doit, de sa propre initiative, fournir à la personne concernée diverses informations. Il distingue selon que les données se rapportant à cette personne sont, ou non, directement collectées auprès d'elle (RGPD art. 13 et 14). La loi du 6 janvier 1978 ne fait que renvoyer à ces dispositions (art. 48, al. 1). **36000**

ILLUSTRATIONS

Pour des exemples, toujours valables, de traitements n'ayant pas fait l'objet d'une information des personnes concernées, voir CE 5-9-2008 n° 319071 : RJDA 3/09 n° 298 ; CE 23-3-2015 n° 357556 : RJDA 12/15 n° 890, confirmant Délib. Cnil 12-1-2012 n° 2011-384 : RJDA 4/12 n° 137. Pour des exemples plus récents, voir Délib. Cnil 13-6-2019 n° SAN-2019-006 (dispositif de vidéosurveillance installé dans un bureau occupé par des salariés d'une entreprise, sans que les intéressés en aient été informés) ; Délib. Cnil 21-11-2019 n° SAN-2019-010 (démarchage téléphonique effectué à des fins commerciales auprès de particuliers, alors que ceux-ci ne reçoivent aucune information sur le traitement de leurs données personnelles) ; Délib. Cnil 26-7-2021 n° SAN-2021-012 (traitement de données concernant des personnalités susceptibles de représenter les intérêts d'une société, dénommé fichier de « lobbying », sans que ces personnalités aient reçu une quelconque information).

TRANSMISSION DES INFORMATIONS À LA PERSONNE CONCERNÉE

Lorsque les **données** personnelles sont **directement collectées** auprès de la personne concernée, les informations doivent être fournies au moment où les données sont « obtenues » (RGPD art. 13, 1-al. 1). **36010**

Lorsque la **collecte** est **indirecte,** les informations doivent être transmises à la personne concernée (RGPD art. 14, 3-a à c) :

– dans un « délai raisonnable », ne dépassant pas un mois, après l'obtention des données ;

– si les données doivent être utilisées aux fins de communication avec la personne concernée, au moment de la première communication ;

– s'il est envisagé de communiquer les données personnelles à un autre destinataire, au plus tard lorsque ces données sont communiquées pour la première fois.

CONTENU DES INFORMATIONS TRANSMISES À LA PERSONNE CONCERNÉE

Qu'il s'agisse d'une **collecte directe ou indirecte,** les informations portent, pour leur plus grande part, sur les mêmes éléments communs (RGPD art. 13, 1-a à f ; art. 13, 2-a à d et f ; art. 14, 1-a à c, e et f ; art. 14, 2-a à e et g). Ces informations ont pour objet : **36020**

– l'identité et les coordonnées du responsable du traitement ;

– le cas échéant, les coordonnées du DPO ;

– les finalités du traitement, ainsi que sa base juridique ;

– si le traitement n'a pas fait l'objet du consentement de la personne concernée, les intérêts légitimes poursuivis par le responsable du traitement ou un tiers ;

– le cas échéant, les destinataires ou catégories de destinataires des données personnelles ;
– le fait que le responsable du traitement envisage un transfert de données vers un pays tiers, ainsi que les conditions de ce transfert (nos 37500 s.) ;
– la durée de conservation des données ou, à défaut, les critères utilisés pour déterminer cette durée ;
– l'existence des différents droits ouverts à la personne concernée (nos 36000 s.) ;
– l'existence du droit au retrait d'un consentement ;
– le droit d'introduire une réclamation auprès de l'autorité de contrôle ;
– l'existence d'une prise de décision automatisée, « y compris le profilage », élément auquel s'ajoutent des informations relatives à la logique sous-jacente du traitement (c'est-à-dire aux algorithmes sur lesquels il est fondé), ainsi qu'à son importance et à ses conséquences pour la personne concernée.

Afin que soit facilitée leur lisibilité, toutes ces informations peuvent être accompagnées d'icônes normalisés (RGPD art. 12, 7).

ILLUSTRATIONS

Pour des exemples récents de manquements à l'obligation de transmettre à la personne concernée toutes les informations exigées : Délib. Cnil 8-12-2020 n° SAN-2020-018 ; Délib. Cnil 20-7-2021 n° SAN-2021-010 ; Délib. Cnil 15-6-2023 n° SAN-2023-009.

36025 Lorsque les **données** personnelles ont été **collectées auprès de la personne concernée,** celle-ci doit également recevoir, en plus des éléments qui viennent d'être mentionnés (n° 36020), des informations portant sur l'« exigence » du responsable du traitement quant à la fourniture de ces données (RGPD art. 13, 2-e). L'intéressé doit savoir si cette exigence présente un caractère réglementaire ou contractuel, ou encore si elle conditionne la conclusion d'un contrat. Il doit aussi être informé du caractère obligatoire, ou non, de l'exigence, ainsi que des conséquences éventuelles de la « non-fourniture » de données exigées.

Lorsque la **collecte** est **indirecte,** l'information de la personne concernée porte non seulement sur les éléments précédemment mentionnés, mais aussi sur :
– les catégories de données personnelles concernées (RGPD art. 14, 1-d) ;
– les sources d'où proviennent les données personnelles et, le cas échéant, une mention indiquant si elles sont ou non accessibles au public (RGPD art. 14, 2-f).

36030 Si le responsable du traitement a l'intention d'effectuer un **traitement ultérieur** de données personnelles pour une **finalité différente** de celle qui a justifié la collecte, directe ou indirecte, il lui appartient d'en informer préalablement la personne concernée. L'information doit porter sur cette nouvelle finalité et d'autres éléments utiles (RGPD art. 13, 3 et 14, 4).

DÉROGATIONS À L'OBLIGATION D'INFORMATION DE LA PERSONNE CONCERNÉE

36040 L'ensemble des règles exposées ci-dessus subissent certaines dérogations.

L'une d'entre elles s'applique dans le cas d'une collecte directe comme d'une collecte indirecte. Elle se rapporte à l'hypothèse où la personne concernée **dispose déjà des informations** dont le RGPD prescrit la transmission (RGPD art. 13, 4 et 14, 5-a).

Les autres dérogations sont propres au cas d'une **collecte indirecte.** Elles sont au nombre de trois (RGPD art. 14, 5-b, c, d) :
– la fourniture des informations prévues par le RGPD se révèle impossible ou exigerait des efforts disproportionnés ;
– l'obtention ou la communication des informations sont expressément prévues par le droit de l'Union ou celui d'un État membre ;
– les données personnelles doivent rester confidentielles en vertu d'une obligation de secret professionnel.

> **Précisions a.** Conformément à l'article 14, 5-b du RGPD, le droit à l'information ne s'applique pas, en cas de collecte indirecte aux **traitements** de données personnelles mis en œuvre à des **fins archivistiques** dans l'intérêt public, à des fins de **recherche scientifique ou historique,** ou encore à des fins **statistiques** (Loi de 1978 art. 79).
> **b.** Le droit à l'information ne s'applique pas non plus aux données qui, après avoir été collectées, sont ensuite utilisées dans le cadre d'un traitement mis en œuvre **pour le compte de l'État** et intéressant la sécurité publique. Mais cette dérogation ne peut être mise en œuvre que si elle est nécessaire au respect des fins poursuivies par le traitement et à condition d'être prévue par l'acte instaurant celui-ci.
> Sont concernés les traitements mis en œuvre par les administrations publiques chargées soit de contrôler ou de recouvrer des impositions, soit d'effectuer des contrôles pouvant donner lieu à la constatation d'une infraction ou d'un manquement, ainsi qu'à des amendes administratives ou à des pénalités (Loi de 1978 art. 48, al. 4 et 5 et, sur renvoi, RGPD art. 23).

« COOKIES » (TÉMOINS DE CONNEXION)

On dénomme « cookies » des fichiers témoins qui sont enregistrés sur un ordinateur ou un autre terminal (smartphone, tablette, objet connecté) et qui contiennent des informations recueillies, notamment, à l'occasion de la consultation par l'utilisateur d'un site internet. De telles informations sont, par la suite, accessibles à l'éditeur du site lors de connexions ultérieures de l'utilisateur au moyen du même terminal. Elles sont destinées à mesurer l'audience d'un site. Mais, en permettant d'identifier les utilisateurs, ainsi que de mémoriser leurs habitudes, les cookies répondent également à un objectif de ciblage publicitaire. 36050

Dispositions applicables Le droit européen s'est efforcé d'encadrer ces pratiques (Dir. 2002/58/CE du 12-7-2002, dite « directive vie privée et communications électroniques », art. 5, 3 modifié par Dir. 2009/136/CE du 25-11-2009). Ses dispositions ont été transposées dans la législation française et figurent dans la loi de 1978 (art. 82). Elles devraient être ultérieurement reprises dans le futur règlement « ePrivacy » (n° 34125). 36060

Dans la mesure où ces dispositions ont pour objet de régir les communications électroniques, leur champ d'application ne coïncide pas exactement avec celui du RGPD. Ainsi visent-elles toutes les informations stockées ou consultées dans l'équipement terminal de l'utilisateur, qu'elles constituent ou non des données personnelles (CJUE 1-10-2019 aff. 673/17 : RJDA 1/20 n° 57).

Droits de l'utilisateur Tout abonné ou utilisateur d'un service de communications électroniques doit être **informé** de manière claire et complète – sauf s'il l'a été préalablement – par le responsable du traitement ou son représentant (Loi de 1978 art. 82, al. 1 à 3) : 36070

– de la finalité de toute action tendant à accéder, par voie de transmission électronique, à des informations stockées dans son équipement terminal de connexion, ou à inscrire, par la même voie, des informations dans cet équipement ;
– des moyens dont il dispose pour s'y opposer.

ILLUSTRATIONS

Dans un cas où l'éditeur d'un site avait proposé aux personnes concernées le paramétrage de leur navigateur afin qu'elles puissent s'opposer au dépôt des « cookies », il a été considéré que les éléments portés à leur connaissance ne permettaient pas de satisfaire aux obligations d'information et de mise en œuvre d'un mécanisme d'opposition. En effet, les intéressés ne pouvaient ni différencier clairement les catégories de « cookies » susceptibles d'être déposés sur leur terminal, ni s'opposer seulement à ceux dont le dépôt était soumis à leur consentement préalable, ni connaître les conséquences, en termes de navigation sur le site, attachées à leur éventuelle opposition (CE 6-6-2018 n° 412589 : RJDA 10/18 n° 793). Par ailleurs, l'information donnée à l'utilisateur n'est ni claire, ni complète si elle n'indique pas la durée de fonctionnement des cookies, ainsi que la possibilité offerte, ou non, aux tiers d'y avoir accès (CJUE 1-10-2019 aff. 673/17 : RJDA 1/20 n° 57).

Pour des exemples récents de manquements à l'obligation d'information des utilisateurs : Délib. Cnil 7-12-2020 n° SAN-2020-012 (confirmée par CE 28-1-2022 n° 449209 : RJDA 4/22 n° 242) et n° SAN-2020-013 ; Délib. Cnil 31-12-2021 n° SAN-2021-023 et n° SAN-2021-024 ; Délib. Cnil 8-6-2023 n° SAN-2023-008 ; Délib. Cnil 29-12-2023 n° SAN-2023-023.

Les accès aux informations stockées ou les inscriptions d'informations ne peuvent intervenir que si l'intéressé, après avoir reçu les informations requises, donne expressément son **consentement.** Celui-ci peut résulter de paramètres appropriés de son dispositif de connexion ou de tout autre dispositif placé sous son contrôle (Loi de 1978 art. 82, al. 4). 36075

Dans un important arrêt, la Cour de justice de l'Union européenne a jugé que le dépôt de cookies, ou l'accès à des informations déjà stockées dans le terminal d'un utilisateur, ne pouvait pas être valablement autorisé au moyen d'une case cochée par défaut que l'intéressé doit décocher pour refuser son consentement (CJUE 1-10-2019 aff. 673/17 : RJDA 1/20 n° 57). À cet effet, elle s'est fondée sur l'article 5, 3 de la directive 2002/58/CE du 12-7-2002, tel que modifié par la directive 2009/136/CE du 25 novembre 2009, qui exige l'accord de l'utilisateur sur le stockage d'informations ou l'accès à des informations déjà stockées. Mais elle a également pris en considération les dispositions du RGPD qui définissent les conditions de licéité du consentement de la personne concernée (n° 34790).

Lignes directrices de la Cnil Par une délibération n° 2019-093 du 4 juillet 2019, la Cnil avait défini des **lignes directrices** relatives à l'application de l'article 82 de la loi de 1978. Celles-ci se substituaient à une précédente recommandation du 5 décembre 2013 relative aux cookies et autres traceurs qui commentait l'ancien article 32, II de la loi Informatique et libertés (Délib. Cnil 5-12-2013 n° 2013-378). Les lignes directrices de 2019 actualisaient le 36080 texte précédent pour tenir compte des dispositions du RGPD, désormais applicables aux cookies ayant le caractère de données personnelles.

En ce qui concerne le recueil du consentement des utilisateurs, la Cnil indiquait plus spécialement que, conformément à l'exigence d'un consentement « libre », le blocage de l'accès de l'utilisateur à un site quand l'intéressé ne consent pas à être suivi (« **cookies walls** ») constitue une méconnaissance du RGPD. Mais, saisi d'un recours contre la délibération du 4 juillet 2019, le Conseil d'État a annulé cette disposition qu'il a jugée illégale. Il a relevé qu'un acte de « droit souple » comme les lignes directrices de la Cnil ne pouvait pas énoncer une telle interdiction générale et absolue (CE 19-6-2020 n° 434684 : RJDA 11/20 n° 619).

36082 À la suite de la décision du Conseil d'État, la Cnil a abrogé sa délibération du 4 juillet 2019 pour la remplacer par une **nouvelle** délibération n° 2020-091 du 17 septembre 2020.

Cette seconde version des lignes directrices ne diffère pas, pour l'essentiel, de la précédente. Elle apporte, notamment, des précisions sur les opérations concernées, sur les modalités de recueil du consentement des utilisateurs, sur le rôle et la responsabilité des différents acteurs, ainsi que sur les traceurs permettant de mesurer l'audience d'un site.

Les nouvelles lignes directrices indiquent, comme le faisaient déjà celles de 2019, que le caractère « univoque » du consentement implique une action positive de la personne concernée, de sorte que le fait de continuer à naviguer sur un site web ne peut pas être assimilé à une action de cette nature. Cette indication revient sur la recommandation de 2013 qui admettait, au contraire, que la **poursuite de la navigation** puisse valoir accord de l'utilisateur au dépôt de cookies sur son terminal.

Outre les traceurs de mesure d'audience, d'autres traceurs sont désormais exemptés d'un recueil de consentement : par exemple, ceux qui sont destinés à l'authentification auprès d'un service ou ceux qui permettent de garder en mémoire le contenu d'un panier d'achat sur un site marchand.

36085 **Autres prises de position de la Cnil** La Cnil a adopté, par une délibération n° 2020-092 du 17 septembre 2020 (publiée le 1er octobre 2020 sur le site de la Commission, puis au JO du 2 octobre suivant), une recommandation proposant des **modalités pratiques** de mise en conformité en cas de recours aux cookies et autres traceurs.

Dans deux communiqués des 28 juin et 18 juillet 2019, la Commission avait annoncé que, dans le cadre de son plan d'action sur le « ciblage publicitaire » pour 2019-2020, les responsables de traitement avaient six mois à compter de la publication de la recommandation relative aux modalités du recueil du consentement au dépôt de cookies, soit jusqu'au **31 mars 2021,** pour se conformer à la nouvelle réglementation.

L'octroi d'un tel délai avait été jugé légal (CE 16-10-2019 n° 433069 : RJDA 1/20 n° 58).

36087 Plus récemment, dans une **note** publiée le **16 mai 2022** (www.cnil.fr/fr/cookie-walls-la-cnil-publie-des-premiers-criteres-devaluation), la Cnil est revenue sur la pratique des « **cookies walls** » qu'elle avait de nouveau évoquée dans ses lignes directrices du 17 septembre 2021 (Délib. Cnil 17-9-2020 n° 2020-091).

La Commission rappelle, comme elle l'avait fait précédemment, que cette pratique, qui consiste à subordonner l'accès d'un site internet à l'acceptation du dépôt de certains cookies, est susceptible de porter atteinte à la liberté de consentement de l'utilisateur. Mais elle ajoute que le recours aux « cookies walls » ne méconnaît pas nécessairement les exigences du RGPD. Elle recommande aux éditeurs de proposer à l'internaute une « alternative réelle et équitable » qui permet d'accéder au site et n'implique pas un consentement à l'utilisation des données de l'intéressé.

Une telle alternative peut éventuellement être constituée par une contrepartie financière (« **paywall** ») : l'internaute qui refuse d'accepter les cookies, peut accéder au site à condition de verser une somme d'argent ; celle-ci doit cependant, selon la Cnil, être fixée en application d'un « tarif raisonnable ».

36090 **Exceptions au respect des droits de l'utilisateur** Toutefois, par dérogation aux règles exposées ci-dessus, le droit d'**information** et au **consentement** préalables de l'utilisateur **ne s'impose pas** (Loi de 1978 art. 82, al. 5 à 7) :

– si l'accès aux informations stockées dans son équipement terminal, ou l'inscription d'informations dans cet équipement, a pour finalité exclusive de permettre ou faciliter la communication par voie électronique ;

– ou si cet accès ou cette inscription est strictement nécessaire à la fourniture d'un service de communication en ligne à la demande expresse de l'utilisateur.

> **Précisions** Ne relèvent d'aucune de ces deux catégories de dérogations des **traceurs de connexion** qui servent à facturer des opérations d'affiliation et qui ont donc pour seule finalité de permettre la rémunération de l'affilié par le site de l'annonceur. En conséquence, le dépôt et l'utilisation de ces traceurs doivent être précédés d'une information et du consentement des internautes (CE 8-4-2022 n° 452668 : RJDA 8-9/22 n° 541).

SANCTIONS EN CAS DE DÉFAUT D'INFORMATION DE LA PERSONNE CONCERNÉE

Toute infraction à l'une des obligations d'information incombant au responsable d'un traitement de données personnelles est passible d'une **amende contraventionnelle** de 1 500 € (3 000 € en cas de récidive). Il en va de même pour les infractions aux dispositions du RGPD (C. pén. art. R 625-10, R 625-13 et, sur renvoi, art. 132-11). 36100

La personne morale reconnue pénalement responsable de l'infraction commise, pour son compte, par son organe ou représentant est passible d'une amende contraventionnelle de 7 500 € (15 000 € en cas de récidive) (C. pén. art. 121-2, al. 1, 131-41 et 132-15).

B. Droit d'accès aux données personnelles faisant l'objet d'un traitement

PRINCIPES

Indépendamment de l'obligation spontanée d'information qui incombe au responsable d'un traitement, toute personne a le droit d'obtenir de celui-ci la **confirmation** que des **données** personnelles la concernant sont **traitées,** ou ne le sont pas (RGPD art. 15, 1-al. 1). 36140

Dans l'affirmative, elle a le droit d'accéder à ces données et de recevoir certaines **informations** (art. 15, 1-a à h et 15, 2).

La loi du 6 janvier 1978 se borne pratiquement à mentionner ces dispositions (art. 49, al. 1).

Les informations que la personne concernée est tenue de recevoir dans le cadre du droit d'accès portent sur :
- les finalités du traitement ;
- les catégories de données personnelles concernées ;
- les destinataires ou catégories de destinataires auxquels les données ont été, ou seront, communiquées ;
- la durée de conservation des données personnelles ou, à défaut, les critères utilisés pour déterminer cette durée ;
- les autres droits ouverts à la personne concernée ;
- le droit d'introduire une réclamation auprès de l'autorité de contrôle ;
- la source des données si elles n'ont pas été directement collectées auprès de la personne concernée ;
- l'existence d'une prise de décision automatisée et la logique sous-jacente du traitement ;
- les garanties entourant un transfert de données vers un pays tiers si ce dernier ne fait pas l'objet d'une décision d'adéquation (n°s 37650 s.).

> **Précisions** **a.** Le droit d'accès d'une personne aux données personnelles la concernant implique, lorsque ces données ont été, ou seront, communiquées à des **destinataires,** l'obligation pour le responsable du traitement de fournir à cette personne l'identité même de ces destinataires. Il n'en va autrement que s'il est impossible de les identifier ou si le responsable du traitement démontre que les demandes d'accès de la personne concernée sont manifestement infondées ou excessives (CJUE 12-1-2023 aff. 154/21 : RJDA 10/23 n° 564).
> **b.** La personne concernée n'est pas en droit d'obtenir du responsable du traitement des informations relatives à l'**identité des salariés** qui ont procédé à des opérations de consultation de données personnelles sous l'autorité de ce responsable du traitement et conformément à ses instructions (CJUE 22-6-2023 aff. 579/21 : RJDA 11/23 n° 635).

MODALITÉS D'EXERCICE DU DROIT D'ACCÈS

Le responsable du traitement est tenu de fournir au demandeur une **copie** des données personnelles qui le concernent (RGPD art. 15, 3). 36150

Cette copie est gratuite. Mais, si la personne concernée demande une ou plusieurs copies supplémentaires, le responsable du traitement peut exiger le paiement de « frais raisonnables » calculés en fonction de « coûts administratifs ».

Si la demande d'accès est présentée par voie électronique, les informations sont fournies à la personne concernée sous une forme électronique « d'usage courant », à moins que l'intéressé ne souhaite qu'il en soit autrement.

Le **droit** d'accès étant strictement **personnel,** il ne peut être exercé que par son titulaire – sur justification de son identité ; – ou son représentant légal s'il s'agit d'un mineur ou d'un incapable majeur. Selon une solution jurisprudentielle, qui conserve son intérêt actuel, les héritiers d'une personne décédée ne disposent pas d'un droit d'accès à des données concernant cette personne, car leur seule qualité d'ayant droit ne permet pas de les considérer comme étant, eux-mêmes, des personnes concernées par ces données (CE 8-6-2016 n° 386525 : RJDA 8-9/16 n° 667 ; CE 7-6-2017 n° 399446 : RJDA 10/17 n° 692). Sur le sort des données personnelles après le décès, voir n°s 36590 s.

En cas de risque de **dissimulation** ou de **disparition des données** à caractère personnel, le juge compétent peut ordonner, y compris en référé, toutes mesures de nature à éviter cette dissimulation ou cette disparition (Loi de 1978 art. 49, al. 2).

DÉROGATIONS AU DROIT D'ACCÈS

36160 En vertu d'une disposition propre à la législation nationale, le droit d'accès ne s'applique pas lorsque des données personnelles sont conservées sous une forme excluant « manifestement » tout risque d'atteinte à la vie privée et à la protection des données des personnes concernées. La durée de conservation des données ne doit pas excéder celle qui est nécessaire aux seules finalités d'établissement de statistiques ou de réalisation de recherches scientifiques ou historiques (Loi de 1978 art. 49, al. 4).

Par ailleurs, dans le cas des traitements mis en œuvre par les administrations publiques et les personnes privées chargées d'une mission de service public en vue de contrôler ou de recouvrer des impositions, le droit d'accès s'exerce sous une forme indirecte. Il en va de même si le traitement « intéresse » la sécurité publique. Cette mesure doit avoir été prévue par l'acte qui instaure le traitement (Loi de 1978 art. 52, al. 1 et 2 et, sur renvoi, art. 118 ; Décret 2019-536 du 29-5-2018 art. 81 et, sur renvoi, art. 141 à 143).

> **Précisions** Le **droit d'accès indirect** suppose que la demande d'accès soit adressée à la Cnil, laquelle désigne l'un de ses membres appartenant, ou ayant appartenu, au Conseil d'État, à la Cour de cassation ou à la Cour des comptes pour mener les investigations utiles. La Cnil informe la personne concernée qu'il a été procédé aux vérifications nécessaires. La communication à l'intéressé des données peut intervenir lorsque la Cnil constate, en accord avec le responsable de traitement, qu'elle ne met pas en cause les finalités du traitement, la sûreté de l'État, la défense ou la sécurité publique.

SANCTIONS EN CAS DE NON-RESPECT DU DROIT D'ACCÈS

36170 Toute infraction aux obligations se rattachant au droit d'accès est passible d'une **amende contraventionnelle** de 1 500 € (3 000 € en cas de récidive). Il en va de même pour les infractions aux dispositions du RGPD (C. pén. art. R 625-11, R 625-13 et, sur renvoi, art. 132-11).

La personne morale reconnue pénalement responsable de l'infraction commise, pour son compte, par son organe ou représentant est passible d'une amende contraventionnelle de 7 500 € (15 000 € en cas de récidive) (C. pén. art. 121-2, al. 1, 131-41 et 132-15).

C. Droit de rectification des données personnelles faisant l'objet d'un traitement

36210 La personne concernée dispose du droit d'obtenir du responsable du traitement que celui-ci rectifie éventuellement les données faisant l'objet de ce traitement (Loi du 6-1-1978 art. 50 et, sur renvoi, RGPD art. 16).

L'objet du droit de rectification est défini en des termes plus étroits que ne le faisait autrefois la législation nationale pour le même droit. En effet, alors que celle-ci visait les données personnelles inexactes, incomplètes, équivoques, périmées, ou dont la collecte, l'utilisation, la communication ou la conservation sont interdites, le règlement européen s'en tient aux deux premières qualifications. Ainsi, le droit de rectification prévu par le RGPD porte-t-il sur les **données inexactes** et, « compte tenu des finalités du traitement », sur les données **incomplètes.** La personne concernée peut obtenir que ces dernières soient complétées, notamment en fournissant une « déclaration complémentaire ».

En réalité, la conception plus restrictive du règlement s'explique par le fait que celui-ci a organisé un droit spécifique à l'oubli dont l'objet recouvre en partie le droit de rectification tel qu'il était antérieurement prévu par la législation nationale.

Le droit de rectification s'exerce de façon indirecte (n° 36160) si le traitement porte sur le contrôle ou le recouvrement des impositions ou encore s'il « intéresse » la sécurité publique (Loi de 1978 art. 52, al. 1 et 2 et, sur renvoi, art. 118).

D. Droit à l'effacement des données personnelles faisant l'objet d'un traitement

PRINCIPES

Selon l'un des principes généraux applicables au traitement des données personnelles, celles-ci ne peuvent pas être conservées au-delà de la durée nécessaire aux finalités pour lesquelles elles sont traitées (n° 34700). Le droit de rectification comporte aussi la possibilité, pour la personne concernée, d'exiger du responsable du traitement que soient effacées certaines données (n° 36210). **36250**

Mais le RGPD consacre également un « droit à l'effacement » qui renforce ces garanties et présente un **caractère autonome** par rapport aux autres droits ouverts à la personne concernée (RGPD art. 17, 1-al. 1). La loi du 6 janvier 1978 rappelle l'existence de ces dispositions (art. 51, I).

Il ne s'agit cependant pas d'un véritable « droit à l'oubli ». En effet, sauf dans le cas particulier du droit à l'effacement des données personnelles concernant les mineurs (n° 36290), la disparition des données est subordonnée à des conditions qui dépendent de la validité du traitement, et non de la seule intention de l'intéressé.

CONDITIONS D'EXERCICE DU DROIT À L'EFFACEMENT

Le droit à l'effacement permet d'obtenir du responsable du traitement l'effacement, « dans les meilleurs délais », de certaines données personnelles, lorsque l'**une des conditions** ci-après se trouve satisfaite (RGPD art. 17, 1-a à f) : **36260**

– les données ne sont plus nécessaires au regard des finalités du traitement pour lesquelles elles ont été collectées ou traitées ;
– la personne concernée a retiré son consentement au traitement, alors que, par ailleurs, celui-ci ne répond pas aux autres exigences de licéité des traitements, qu'il s'agisse des exigences générales (n°s 34770 s.) ou des exigences propres au traitement des données sensibles (n°s 34880 s.) ;
– la personne concernée s'est opposée au traitement des données, tandis que le responsable de celui-ci est tenu de ne plus les traiter (n° 36520) ;
– les données personnelles ont fait l'objet d'un traitement illicite ;
– les données doivent être effacées pour respecter une obligation légale prévue par le droit de l'Union ou celui de l'État membre auquel le responsable du traitement est soumis ;
– les données ont été collectées dans le cadre de « l'offre de services de la société d'information » (sur cette notion, voir n° 34830).

Cette dernière disposition permet aux personnes qui ont consenti au traitement à l'époque où elles n'étaient encore que des enfants d'obtenir ultérieurement la suppression de ces données, y compris à l'âge adulte (RGPD considérant 65) (voir aussi n°s 36290 s.).

ILLUSTRATIONS

Pour des exemples récents de manquements d'un responsable de traitement à l'obligation de prendre en compte une demande d'effacement de données personnelles : Délib. Cnil 14-6-2021 n° SAN-2021-008 ; Délib. Cnil 15-9-2021 n° SAN-2021-014 ; Délib. Cnil 30-11-2022 n° SAN-2022-022.

DROIT À L'EFFACEMENT DES DONNÉES RENDUES PUBLIQUES

Le RGPD envisage l'hypothèse où les données à effacer ont été rendues publiques (RGPD art. 17, 2). **36270**

Le responsable du traitement doit alors, « compte tenu des technologies disponibles et des coûts de mise en œuvre », prendre des **mesures « raisonnables »** pour faire connaître aux autres responsables traitant ces données que la personne concernée a demandé qu'ils effacent tout lien avec elles ou encore toute copie ou reproduction de ces données (RGPD art. 17, 2). Le droit à l'effacement des données publiques n'implique donc pas seulement une simple suppression des liens permettant d'accéder aux données.

DÉROGATIONS AU DROIT À L'EFFACEMENT

36280 Le droit à l'effacement subit toutefois une série d'exceptions. Il ne s'applique pas si le traitement est nécessaire (RGPD art. 17, 3-a à e) :
– à l'exercice du droit à la liberté d'expression et d'information ;
– pour respecter une obligation légale prévue par le droit de l'Union ou celui de l'État membre auquel le responsable du traitement est soumis, ou encore pour exécuter une mission d'intérêt public, ou relevant de l'exercice de l'autorité publique dont est investi le responsable du traitement ;
– pour des motifs d'intérêt public dans le domaine de la santé publique, pour des catégories particulières de traitement de données sensibles, désignée de façon identique (RGPD art. 9, 2-i), et des catégories des traitements nécessaires à la médecine préventive (RGPD art. 9, 2-h) ;
– à des fins archivistiques, dans l'intérêt public, à des fins de recherche scientifique ou historique, ou encore à des fins statistiques, dans la mesure où l'effacement des données risque de rendre impossible ou de compromettre gravement la réalisation des objectifs du traitement ;
– pour la constatation, l'exercice ou la défense de droits en justice.
Par ailleurs, le droit à l'effacement s'exerce de façon indirecte (n° 36160) si le traitement porte sur le contrôle ou le recouvrement des impositions ou encore s'il « intéresse » la sécurité publique (Loi de 1978 art. 52, al. 1 et 2 et, sur renvoi, art. 118).

ILLUSTRATIONS

Dans le cas où un quotidien publie sur son site internet un article relatant la condamnation pénale du responsable d'un club sportif, les exigences de la liberté d'expression et d'information font obstacle à ce que l'intéressé puisse obtenir de l'éditeur concerné l'effacement de cet article, ou à titre subsidiaire, l'anonymisation de ses données personnelles (TJ Paris 30-6-2021, X c/ 20 Minutes France).

DROIT À L'EFFACEMENT DES DONNÉES CONCERNANT LES MINEURS

36290 La législation nationale ouvre aux mineurs un droit à l'effacement de leurs données personnelles qui ont été collectées dans le cadre de l'offre de services de la société de l'information (Loi de 1978 art. 51, II ; nos 34830 s.). Sont visées les **informations** collectées sur les réseaux sociaux, les plateformes d'échanges en ligne, les moteurs de recherche, les services d'annuaires et de référencement, les fonctionnalités d'hyperliens et la presse en ligne.

À la demande de la personne concernée, le responsable d'un traitement de données à caractère personnel doit effacer les données dans les meilleurs **délais.**

Ce droit à l'effacement peut être exercé par la personne concernée pendant sa minorité ou une fois qu'elle est devenue adulte.

Dès lors que l'exercice de ce droit dépend seulement de raisons subjectives, il est permis de le qualifier de « **droit à l'oubli** ».

Lorsqu'elle a **transmis** les données en cause **à un tiers** lui-même responsable de traitement, l'entreprise doit prend des mesures raisonnables, y compris d'ordre technique, compte tenu des technologies disponibles et des coûts de mise en œuvre, pour informer le tiers qui traite ces données que la personne concernée a demandé l'effacement de tout lien vers celles-ci, ou de toute copie ou de toute reproduction de celles-ci.

En cas de **non-exécution de l'effacement** des données ou en l'absence de réponse du responsable du traitement dans un délai d'un mois à compter de la demande, la personne concernée peut saisir la Cnil, qui doit se prononcer dans un délai de trois semaines à compter de la date de réception de la réclamation.

À noter que, dans sa rédaction actuelle, la loi du 6 janvier 1978 ne reprend plus les différentes exceptions qui, auparavant, pouvaient faire obstacle à l'exercice de ce droit.

E. Droit au déréférencement d'un lien

36330 Dans un important arrêt Google Spain (CJUE 13-5-2014 aff. 131/12 : RJDA 10/14 n° 816), la Cour de justice de l'Union européenne a consacré un « droit au **déréférencement** ». En l'espèce, lorsqu'un internaute introduisait le nom d'une personne dans un moteur de recherche, la liste de résultats affichait un lien vers une page web contenant des informations qui se rapportaient à cette personne. La Cour a jugé que l'exploitant d'un moteur de recherche était tenu de faire droit aux demandes de déréférencement, c'est-à-dire qu'il devait supprimer de la liste des résultats, affichée à la suite d'une recherche lancée en fonction du nom de la personne, auteur de la demande, les liens renvoyant à des pages web dans lesquelles des tiers publient des informations qui concernent l'intéressé.

Ce droit au déréférencement n'était pas prévu par la directive 95/46/CE alors applicable. Il a été **conçu de façon autonome** par la jurisprudence européenne. Il ne se confond pas exactement avec le droit à l'effacement, car, si le déréférencement supprime l'accès aux données personnelles en cause, il n'entraîne pas pour autant la disparition du contenu de ces données.

Plus récemment, différentes affaires ont offert aux juridictions nationales et à la Cour de Luxembourg l'occasion de compléter les solutions de l'arrêt de 2014. Elles ont permis de préciser comment la jurisprudence Google Spain devait être mise en œuvre lorsque le déréférencement porte sur des liens conduisant à des données sensibles ou pénales. Elles ont également conduit à déterminer l'étendue géographique du droit au déréférencement.

DÉRÉFÉRENCEMENT RELATIF À DES DONNÉES SENSIBLES OU PÉNALES

Après avoir été saisie par le Conseil d'État de plusieurs questions préjudicielles (CE 24-2-2017 nº 391000 : RJDA 8-9/17 nº 602), la Cour de justice de l'Union européenne a rendu un nouvel arrêt particulièrement important (CJUE 24-9-2019 aff. 136/17 : RJDA 1/20 nº 59). Celui-ci précise essentiellement les conditions du déréférencement de liens renvoyant à des **données sensibles** (nºs 34880 s.). À cet effet, la Cour se fonde sur les dispositions du RGPD (art. 9). **36340**

Elle réaffirme, à la suite de l'arrêt Google Spain, le principe selon lequel l'exploitant d'un moteur de recherche a l'obligation de faire droit à une demande de déréférencement. Mais la juridiction européenne admet cependant qu'une demande relative à des données sensibles puisse être écartée dans deux hypothèses prévues par le règlement européen.

D'abord, lorsque les liens faisant l'objet de la demande de suppression mènent vers des données personnelles qui sont manifestement rendues publiques par la personne concernée, ou dont le traitement est nécessaire à la constatation, à l'exercice ou à la défense d'un droit en justice (RGPD art. 9, 2-e et f).

Par ailleurs, le traitement de données sensibles se trouve justifié s'il est « nécessaire pour des motifs d'intérêt public important » (RGPD art. 9, 2-g). Au nombre de ces motifs figure la protection de la liberté d'information des internautes que garantit la Charte des droits fondamentaux de l'Union européenne (art. 11). Il en résulte que l'exploitant d'un moteur de recherche doit s'assurer que le lien renvoyant à une page web est « strictement nécessaire » pour assurer l'accès des internautes aux informations que comporte cette page. Il faut aussi que soit préservé un équilibre entre la liberté d'information et les droits reconnus à la personne concernée (droit au respect de la vie privée et familiale ; droit à la protection des données personnelles).

On notera que la plupart de ces règles générales ont été récemment confirmées dans une affaire où les données auxquelles renvoyaient les liens en cause n'étaient pas spécialement protégées (CJUE 8-12-2022 aff. 460/20 : RJDA 1/23 nº 59).

Dans son arrêt du 24 septembre 2019, la Cour de Luxembourg s'est aussi prononcée sur les modalités du déréférencement de liens vers des informations relatives à une **procédure judiciaire.** Elle a rappelé que de telles informations avaient le caractère de données relatives aux **condamnations pénales et aux infractions** dont le traitement n'est pas interdit, mais soumis à certaines conditions (RGPD art. 10) (nºs 34960 s.). **36345**

La Cour a plus précisément envisagé l'hypothèse où les informations publiées se rapportent à une étape antérieure de la procédure. L'exploitant d'un moteur de recherche doit alors apprécier, en fonction de « l'ensemble des circonstances de l'espèce », si la personne, contre laquelle a été engagée une procédure pénale, peut obtenir que les informations la concernant ne soient plus liées à son nom. En outre, même quand il estime que l'inclusion de ce lien s'avère strictement nécessaire afin de concilier les droits fondamentaux de la personne avec la liberté d'information des internautes, l'exploitant doit aménager la liste des résultats de sorte qu'elle présente une « image globale » reflétant la « situation judiciaire actuelle ».

Par la suite, les **juridictions nationales** ont été amenées à tirer les conséquences de la jurisprudence européenne. **36355**

La Cour de cassation a pris position sur le déréférencement de liens renvoyant à une page web sur laquelle sont publiées des données personnelles qui relatent une condamnation pénale (Cass. 1e civ. 27-11-2019 nº 18-14.675 FS-PBRI : RJDA 3/20 nº 190).

De son côté, le Conseil d'État a été saisi de recours contre une série de décisions de la Cnil refusant d'exiger de Google la suppression de liens vers des données qui figuraient dans des pages web et concernaient plusieurs personnes. Son appréciation a été différente selon que les données en

cause n'étaient pas spécialement protégées ou qu'elles relevaient, au contraire, de « catégories particulières », telles que les données sensibles ou les données relatives à des procédures pénales.
Il a jugé nécessaire, dans tous les cas, de mettre en balance les droits de la personne concernée et le droit du public à être informé. Les multiples critères destinés à déterminer si les liens contestés devaient être maintenus ou déréférencés, ont fait l'objet d'une grille d'analyse particulièrement fournie (CE 6-12-2019 nos 403868, 405910, 395335, 409212, 393769, 401258, 405564 et 429154 [huit espèces] : RJDA 3/20 n° 191 ; CE 6-12-2019 n° 391000 : RJDA 3/20 n° 192 ; voir aussi la chronique de R. Vandermeeren : RJDA 3/20 p. 163). Une décision plus récente met également en œuvre la même grille d'analyse (CE 20-4-2023 n° 463487 : RJDA 7/23 n° 418).

> Précisions **Trois séries de critères** ont été dégagées par cette jurisprudence.
Tout d'abord, des indices, évidemment essentiels, relatifs aux données elles-mêmes : leur nature et leur contenu (quel est leur degré de sensibilité ? portent-elles sur la vie privée ou la vie professionnelle de la personne concernée ?) ; leur caractère plus ou moins objectif (s'agit-il d'une analyse factuelle ou d'un jugement de valeur ? les pages web expriment-elles une intention de nuire ?) ; leur exactitude, leur source (par exemple, journalistique) et les conditions de leur mise en ligne ; les répercussions de leur référencement pour l'intéressé.
D'autres critères sont tirés de la notoriété de la personne concernée, de son rôle dans la vie publique et de sa fonction dans la société.
S'ajoutent, enfin, des correctifs, tels que la possibilité offerte aux internautes d'accéder aux informations en cause par un autre moyen, ainsi que la contribution éventuelle de la personne concernée à la diffusion de ses propres données.

ÉTENDUE GÉOGRAPHIQUE DU DÉRÉFÉRENCEMENT

36360 En réponse à une autre question préjudicielle que lui avait posée le Conseil d'État (CE 19-7-2017 n° 399922 : RJDA 12/17 n° 860), la Cour de justice de l'Union européenne a rendu son troisième arrêt au sujet du droit au déréférencement (CJUE 24-9-2019 aff. 507/17 : RJDA 1/20 n° 60). Il s'agissait de savoir dans quelle zone géographique devaient être supprimés des liens vers des pages web comportant des données personnelles : la suppression pouvait-elle s'appliquer aux seuls résultats des recherches effectuées depuis les noms de domaine traités par Google au sein de l'Union européenne ou fallait-il qu'elle porte sur toutes les extensions géographiques de son moteur de recherche ?
Bien que la dimension mondiale d'internet puisse justifier une conception extensive du droit au déréférencement, la Cour n'en a pas moins jugé que l'étendue de celui-ci ne devait pas dépasser l'ensemble des recherches effectuées à partir du territoire de l'Union. Elle a également recommandé aux exploitants de moteurs de recherche de prendre toute mesure permettant de restreindre l'accès des internautes aux liens faisant l'objet d'une demande de déréférencement.
Alors que, dans l'affaire qui était à l'origine de l'arrêt de la Cour, la Cnil avait sanctionné Google pour avoir limité le déréférencement qui lui était demandé au seul territoire de l'Union, le Conseil d'État n'a pu finalement que se conformer à la jurisprudence européenne. Statuant après que la Cour se soit prononcée, il a jugé que la sanction contestée était illégale (CE 27-3-2020 n° 399922 : RJDA 7/20 n° 407).

F. Droit à la limitation du traitement de données personnelles

PRINCIPES

36400 Selon une autre innovation du RGPD, la personne concernée est en droit d'obtenir du responsable du traitement qu'il « limite » celui-ci (RGPD art. 18, 1-al. 1). Cette « **limitation** » est **définie** comme étant le « marquage » des données personnelles destinées à être conservées mais dont le traitement est, sauf exceptions, désormais interdit (RGPD art. 4, 3).
La loi du 6 janvier 1978 renvoie simplement à ces dispositions (art. 53).

EXERCICE DU DROIT À LA LIMITATION DU TRAITEMENT

36410 Seules des **circonstances particulières** justifient l'exercice du droit à la limitation d'un traitement (RGPD art. 18, 1-a à d) :
– l'exactitude des données est contestée par la personne concernée, de sorte que la limitation doit s'appliquer pendant une durée permettant au responsable du traitement d'opérer les vérifications nécessaires ;

– les données font l'objet d'un traitement illicite, mais la personne concernée s'oppose à leur effacement en exigeant, à la place de celui-ci, une limitation de leur utilisation ;
– les données ne sont plus utiles au responsable du traitement, mais elles restent nécessaires à la personne concernée pour la constatation, l'exercice ou la défense de droits en justice ;
– la personne concernée s'est opposée au traitement, de sorte que la limitation des données doit s'appliquer pendant que le responsable du traitement vérifie si les intérêts légitimes qu'il poursuit peuvent faire échec à l'opposition (nº 36520).

EFFETS DU DROIT À LA LIMITATION DU TRAITEMENT

Lorsque l'une des conditions exposées au nº 36410 est satisfaite, les **données** conservées ne peuvent **plus être traitées.** 36420

Néanmoins, cette **interdiction ne s'applique pas** si le traitement a fait l'objet du consentement de la personne concernée, ou encore s'il est nécessaire à (RGPD art. 18, 2) :
– la constatation, l'exercice ou la défense de droits en justice ;
– la protection des droits d'une autre personne physique ou morale ;
– la prise en compte de motifs importants d'intérêt public de l'Union ou d'un État membre.

La personne qui a obtenu la limitation d'un traitement doit être informée par le responsable de celui-ci d'une « levée » de la limitation avant que celle-ci n'intervienne (RGPD art. 18, 3).

> **Précisions** En pratique, les méthodes destinées à la limitation des traitements peuvent, par **exemple,** consister à déplacer temporairement les données sélectionnées vers un autre système de traitement, à les rendre inaccessibles aux utilisateurs, ou à les retirer temporairement d'un site internet. S'agissant des fichiers automatisés, la limitation du traitement doit être assurée par des moyens techniques empêchant que les données en cause fassent l'objet d'opérations de traitement ultérieur. La limitation doit être indiquée « de manière claire » dans le fichier (RGPD considérant 67).

G. Droit à la portabilité des données personnelles

PRINCIPES

Le règlement européen innove encore en instituant un droit à la portabilité des données (RGPD art. 20). Celui-ci comporte **deux éléments.** Il permet aux personnes concernées (RGPD art. 20, 1-al. 1) : 36460
– de recevoir les données qu'elles ont « fournies » au responsable du traitement (par exemple, afin de les sauvegarder pour un usage personnel) ;
– mais aussi de les « transmettre » à un autre responsable du traitement, sans que le responsable auquel les données ont été communiquées y fasse obstacle.

Ici encore, la loi du 6 janvier 1978 procède par un simple renvoi (art. 55).

Le « G29 » (désormais le CEPD) a adopté, le 13 décembre 2016, et révisé, le 5 avril 2017, des **lignes directrices** consacrées à ces nouvelles dispositions (wp 242 rev.01).

Selon le « G29 », constituent des données « fournies » par la personne concernée celles qui sont :
– déclarées « activement et sciemment » par l'intéressé (adresse postale, nom d'utilisateur, etc.) ;
– « observées grâce à l'utilisation du service ou du dispositif » (historique de la recherche, géolocalisation, etc.).

Sont, en revanche, exclues les données « déduites ou dérivées » issues, par exemple, d'un traitement algorithmique en vue d'un profilage.

EXERCICE DU DROIT À LA PORTABILITÉ

La mise en œuvre du droit à la portabilité des données suppose la réunion de deux **conditions** (RGPD art. 20, 1-a et b). 36470

D'une part, il faut que le traitement ait fait l'objet du consentement de la personne concernée, soit en vertu du régime général de licéité des traitements (nºs 34770 s.), soit en vertu des règles propres aux traitements de données sensibles (nºs 34880 s.). En outre, même à défaut de consentement de l'intéressé, le droit à la portabilité des données est ouvert si le traitement est nécessaire à l'exécution d'un contrat auquel est partie la personne concernée.

D'autre part, le traitement doit être effectué à l'aide de procédés automatisés, ce qui exclut les données contenues dans des fichiers manuels.

Le droit à la portabilité des données s'exerce sans préjudice du droit à l'effacement de ces données (RGPD art. 20, 3).

Toutefois, il **ne s'applique pas** aux traitements nécessaires à l'exécution d'une mission d'intérêt public, ou relevant de l'exercice de l'autorité publique, dont est investi le responsable du traitement (RGPD art. 20, 3). Il ne doit pas non plus porter atteinte aux droits et libertés des tiers (RGPD art. 20, 4).

EFFETS DU DROIT À LA PORTABILITÉ

36480 Lorsque les deux conditions exposées au n° 36470 sont satisfaites, la personne concernée doit **recevoir les données** en cause « dans un format structuré, couramment utilisé et lisible par machine », tout en ayant la possibilité de le transmettre à un autre responsable du traitement (RGPD art. 20, 1).

Si l'opération est « techniquement possible », la personne concernée peut obtenir du responsable du traitement qu'il transmette directement les données à un autre responsable (RGPD art. 20, 2).

> **Précisions** Selon les lignes directrices adoptées le 13 décembre 2016, et révisées le 5 avril 2017 (wp260 rev.01), par le « **G29** » (désormais le CEPD), aucun format spécifique n'est nécessaire pour l'exercice du droit à la portabilité. Il suffit que les systèmes de traitement soient « interopérables ». Ces lignes directrices recommandent aussi que la mise à disposition des données portables à la personne concernée, ainsi qu'aux autres responsables du traitement, s'effectue au moyen de procédés faciles à utiliser, accessibles et offrant des garanties de sécurité : par exemple, les interfaces de programmation applicative (« Application Programming Interface » ou « API ») qui permettent le téléchargement des données par la personne concernée, ainsi que le transfert direct à un autre responsable du traitement, sans intervention du responsable initial.

H. Droit d'opposition au traitement des données personnelles

PRINCIPES

36520 La personne concernée a le droit de **s'opposer** à tout moment, et pour des raisons tenant à sa « **situation particulière** », à certains **traitements** de données la concernant (RGPD art. 21, 1). La loi du 6 janvier 1978 se réfère également à ces dispositions (art. 56, al. 1).

Les traitements en cause doivent être nécessaires :

– à l'exécution d'une mission d'intérêt public, ou relevant de l'exercice de l'autorité publique, dont est investi le responsable du traitement ;

– aux fins des intérêts légitimes poursuivis par ce responsable ou un tiers.

Ces hypothèses correspondent à deux des conditions auxquelles est subordonnée la licéité d'un traitement lorsque la personne concernée n'a pas consenti à celui-ci (n° 34810). Dans ces deux cas particuliers, le droit d'opposition s'étend également à un profilage de l'intéressé.

Dès lors que le droit est exercé, le responsable du traitement est tenu de ne plus traiter les données en cause. Néanmoins, l'existence de motifs « légitimes et impérieux » ainsi que la constatation, l'exercice ou la défense de droits en justice le dispensent de cette obligation (RGPD art. 21, 1).

Le droit d'opposition ne s'applique pas lorsque le traitement répond à une « obligation légale », ou encore dans les conditions prévues par l'article 23 du RGPD, lorsque l'acte instaurant le traitement l'a expressément prévu (Loi de 1978 art. 56, al. 2).

> **Précisions** **a.** L'article 23 du RGPD autorise les États membres à **limiter,** sous certaines conditions, la portée des droits ouverts à la personne concernée en vue de garantir des objectifs tels que la sécurité nationale, la défense nationale, la sécurité publique, etc.
> **b.** Pour l'application des anciennes dispositions de la loi de 1978, qui subordonnaient l'exercice du droit d'opposition à la condition que la personne concernée justifie de « **motifs légitimes** », la jurisprudence a précisé que de tels motifs devaient tenir « de manière prépondérante à [...] [la] situation particulière de cette personne » (CE 18-3-2019 n° 406313 : RJDA 6/19 n° 478). Cette formulation, qui anticipe celle de l'article 21, 1 du RGPD, conserve tout son intérêt.
> **c.** L'exclusion du droit d'opposition aux données figurant dans le « **fichier de comptes bancaires** détenus hors de France par des personnes physiques ou morales » (« Evafisc ») est justifiée par

un motif d'intérêt général et la nécessité d'éviter que les personnes en infraction avec les législations pénales ou fiscales ne s'opposent au recensement des informations permettant d'établir ces infractions (CE 24-8-2011 n° 336382 : Lebon T. p. 939).

EXERCICE DU DROIT D'OPPOSITION

Si la mise en œuvre du droit d'opposition est assurée par des dispositions communes aux différents droits dont bénéficie la personne concernée (n°s 36650 s.), une disposition particulière du RGPD renforce les **conditions** d'exercice du droit en question : il est nécessaire qu'au moment de la première communication avec la personne concernée, dont on rappelle qu'elle n'a pas consenti au traitement, le droit d'opposition soit explicitement porté à son attention, tout en étant présenté clairement et séparément de toute information (RGPD art. 21, 4). **36530**

OPPOSITION AUX TRAITEMENTS DE PROSPECTION COMMERCIALE

Le droit d'opposition porte également sur le traitement de données à des fins de prospection commerciale. Le règlement y ajoute le profilage lié à cette prospection (RGPD art. 21, 2). **36540**

Les effets de l'opposition sont plus radicaux que dans les deux hypothèses mentionnées ci-dessus : le responsable du traitement doit toujours cesser de traiter les données contestées, sans pouvoir invoquer des circonstances exonératoires (RGPD art. 21, 3).

En raison de la similitude entre ces dispositions et celles qui figuraient dans la version antérieure de loi de 1978, certaines solutions retenues sur le fondement de celle-ci, et rappelées ci-après, méritent d'être signalées.

ILLUSTRATIONS

Ne garantit pas la prise en compte automatique et immédiate des demandes d'opposition le système de gestion des oppositions dans lequel, une fois reçue la télécopie d'une personne souhaitant se désinscrire, une intervention manuelle est nécessaire pour la radier effectivement, compte tenu du nombre total de télécopies adressées mensuellement à la société à l'origine du démarchage et du nombre de personnes demandant à être radiées (Délib. Cnil 22-11-2007 n° 2007-352 : RJDA 8-9/08 n° 956).

De même, alors qu'une société de marketing direct avait déclaré à la Cnil un traitement automatisé ayant pour finalité la gestion commerciale d'un « fichier de prospects », et alors que ce fichier était constitué à partir de questionnaires comportant, d'une part, de nombreuses questions relatives aux habitudes de consommation des personnes interrogées et, d'autre part, une « case à cocher » qui permettait à ces personnes de manifester leur opposition à ce que les données nominatives les concernant soient cédées à des tiers, il a été jugé que cette société ne pouvait pas valablement remplacer cette case à cocher par une mention informant les personnes interrogées qu'elles pouvaient, en lui écrivant, s'opposer à la communication à des tiers des informations les concernant. En effet, le nouveau traitement ne présentait plus de garanties suffisantes pour permettre aux intéressés d'exercer leur droit d'opposition (CE 30-7-1997 n° 182400 : RJDA 1/98 n° 119).

Est également illicite le fait, pour une société de diagnostics immobiliers, d'envoyer des SMS aux propriétaires de biens immobiliers les ayant mis en vente, alors qu'elle n'avait pas prévu de dispositif permettant de prendre en compte, de manière efficace et gratuite, les demandes d'opposition formées par les prospects démarchés. En effet, si ces derniers pouvaient s'opposer au démarchage en envoyant un SMS ou en téléphonant au numéro mentionné dans le message, les deux procédés étaient payants. En outre, la possibilité de s'opposer par le biais d'un formulaire sur le site internet de la société n'était que théorique, puisqu'elle n'était pas mentionnée dans les SMS de prospection (Délib. Cnil 12-1-2012 n° 2011-384 : RJDA 4/12 n° 437, confirmée par CE 23-3-2015 n° 357556 : RJDA 12/15 n° 890).

Une société, qui se livre au démarchage téléphonique, méconnaît les exigences du droit d'opposition lorsqu'elle n'organise aucune procédure permettant de prendre effectivement en compte l'opposition des personnes concernées. En effet, quand une telle opposition est exprimée auprès du siège de la société, elle n'est pas communiquée à ses sous-traitants. Quand elle est directement exprimée auprès des téléopérateurs des centres d'appel, elle n'est pas centralisée au niveau du siège ni répercutée auprès de la société et de l'ensemble des sous-traitants (Délib. Cnil 21-11-2019 n° SAN-2019-010).

Le droit d'opposition à la réception de courriels de prospection ne peut pas être valablement exercé lorsqu'une personne, qui a utilisé un lien de désinscription figurant au bas de ces courriels, est seulement désabonnée du compte destiné à l'envoi de la campagne publicitaire concernée, mais pas des autres comptes permettant à la société de prospection l'envoi d'autres campagnes (Délib. Cnil 7-12-2020 n° SAN-2020-016).

Le fait de procéder à un traitement de données à caractère personnel concernant une personne physique malgré l'opposition de cette personne, lorsque ce traitement répond à des fins de prospection, notamment commerciale, ou lorsque cette opposition est fondée sur **36545** des motifs légitimes, est **puni** de cinq ans d'emprisonnement et de 300 000 € d'amende (C. pén. art. 226-18-1). Le juge peut également ordonner l'effacement de tout ou partie des données faisant l'objet du traitement ayant donné lieu à l'infraction (C. pén. art. 226-23). Sur les peines complémentaires et les sanctions applicables en cas de responsabilité pénale des personnes morales, voir nos 38200 s.

I. Sort des données personnelles après le décès

36590 Les droits ouverts à la personne concernée (nos 36000 s.) s'éteignent au décès de leur titulaire. Toutefois, par exception, ils peuvent être provisoirement maintenus à certaines conditions (Loi de 1978 art. 84).

Ce dispositif particulier repose sur la possibilité, pour toute personne, de définir, ou non, des « directives » relatives à la conservation, à l'effacement et à la communication de ses données personnelles après son décès (Loi de 1978 art. 85).

La personne auprès de laquelle sont recueillies des données personnelles est informée, sauf si elle l'a été au préalable, par le responsable du traitement, ou son représentant, du droit de définir de telles directives (Loi de 1978 art. 48, al. 3).

> **Précisions** L'**héritier** de la personne décédée qui souhaite exercer les droits ouverts à celle-ci doit, à l'appui de sa **demande,** justifier de son identité et apporter la preuve de sa qualité d'héritier par la production d'un acte de notoriété ou d'un livret de famille (Décret 2019-536 du 29-5-2019 art. 124).

36600 **Existence de « directives »** Les « directives » sont générales ou particulières (Loi de 1978 art. 85, I).

Les **directives générales** portent sur l'ensemble des données personnelles se rapportant à la personne concernée. Elles peuvent être enregistrées auprès d'un tiers de confiance numérique certifié par la Cnil. Les références des directives générales et du tiers de confiance sont inscrites dans un registre unique dont les modalités et l'accès seront fixés par un décret en Conseil d'État. Au 1er avril 2024, date de mise à jour des présents développements, ce décret n'est pas encore intervenu.

Les **directives particulières** portent uniquement sur les traitements de données personnelles mentionnées par ces directives. Elles sont enregistrées auprès des responsables de traitement en cause. Elles doivent faire l'objet du consentement spécifique de la personne concernée et ne peuvent résulter de la seule approbation par celle-ci des conditions générales d'utilisation.

36605 Les directives générales et particulières définissent la manière dont la personne concernée entend que ses droits soient exercés après son décès. Celle-ci peut les modifier ou les révoquer à tout moment.

Lorsque les directives prévoient la communication de données qui comportent également des données personnelles relatives à des tiers, cette communication doit s'effectuer dans le respect de la loi de 1978.

Les directives peuvent désigner une **personne chargée de leur exécution.** Celle-ci a qualité, lorsque l'intéressé est décédé, pour prendre connaissance des directives et demander leur mise en œuvre aux responsables de traitement. À défaut de désignation ou, sauf directive contraire, en cas de décès de la personne désignée, les héritiers de celle-ci ont qualité pour prendre connaissance des directives au décès de leur auteur et demander leur mise en œuvre aux responsables de traitement.

Toute clause contractuelle des conditions générales d'utilisation d'un traitement portant sur des données personnelles qui limitent les prérogatives reconnues à la personne concernée en vertu de ce dispositif est réputée non écrite.

36610 **Absence de directives** En l'absence de « directives » ou de mention contraire dans les directives, les **héritiers** de la personne concernée peuvent exercer les droits de cette dernière, après son décès, dans la mesure nécessaire (Loi de 1978 art. 85, II) :

– à l'organisation et au règlement de la succession du défunt ; à ce titre, les héritiers peuvent accéder aux traitements de données qui les concernent afin d'identifier et d'obtenir communication des informations utiles à la liquidation et au partage de la succession ; ils

peuvent aussi recevoir communication des biens numériques ou des données s'apparentant à des souvenirs de famille, transmissibles aux héritiers ;
– à la prise en compte, par les responsables de traitement, de son décès ; à ce titre, les héritiers peuvent faire procéder à la clôture des comptes utilisateurs du défunt, s'opposer à la poursuite des traitements de données personnelles le concernant ou faire procéder à leur mise à jour.

Lorsque les héritiers en font la demande, le responsable du traitement doit justifier, sans frais pour le demandeur, qu'il a procédé à ces opérations.

Les désaccords entre héritiers sont portés devant le tribunal judiciaire (ex-tribunal de grande instance) compétent.

> **Précisions** Tout prestataire d'un service de communication au public en ligne doit informer l'utilisateur du sort des données qui le concernent à son décès et lui permettre de choisir de communiquer ou non ses données à un tiers qu'il désigne (Loi de 1978 art. 85, III).

J. Règles communes à l'exercice des droits de la personne concernée par le traitement de données

MODALITÉS D'EXERCICE DES DROITS DE LA PERSONNE CONCERNÉE

Principes Le RGPD comporte un ensemble de dispositions destinées à assurer l'**effectivité des différents droits** reconnus à la personne concernée (nos 36000 s.). 36650

Il distingue entre les « **informations** » proprement dites, dont la transmission à la personne concernée s'effectue à l'initiative du responsable du traitement, et les « **communications** » émanant de ce dernier, qui relèvent de l'exercice des droits d'accès, de rectification, d'opposition, ainsi que des droits à l'oubli, à la limitation du traitement et à celle des données (RGPD art. 12, 1). Les communications peuvent aussi se rattacher aux droits dont dispose la personne concernée en cas de profilage (nos 35020 s.). Elles peuvent encore être liées à l'hypothèse d'une violation de données personnelles (nos 35860 s.).

Le responsable du traitement doit prendre les mesures appropriées pour faciliter la **lisibilité** des informations et des communications. Les unes et les autres doivent être adressées à la personne concernée « d'une façon concise, transparente, compréhensible et aisément accessible, en des termes clairs et simples ». Ces éléments sont fournis par écrit ou par d'autres moyens, y compris par voie électronique. Lorsque la personne concernée en fait la demande, ils peuvent être fournis oralement, à condition que l'identité de l'intéressé soit démontrée par d'autres moyens (RGPD art. 12, 1).

Ces différentes exigences se rattachent à un **principe de transparence** qui est sous-jacent aux dispositions de l'article 12 du RGPD. Le « G29 » (désormais le CEPD) a adopté, le 29 novembre 2017, et révisé, le 11 avril 2018, des lignes directrices consacrées à ce principe (wp260 rev.01).

Le principe de transparence a une particulière importance pour les informations ou communications destinées spécifiquement à un enfant (RGPD art. 12, 1).

La législation nationale confirme que, si les données personnelles sont collectées auprès d'un mineur de moins de 15 ans, le responsable du traitement lui communique les informations relatives à ces données « dans un langage clair et facilement accessible » (Loi de 1978 art. 48, al. 2).

ILLUSTRATIONS

Les informations fournies à la personne concernée doivent la mettre en mesure de déterminer à l'avance la portée et les conséquences du traitement afin d'éviter qu'elle soit prise au dépourvu quant à la façon dont ses données personnelles ont vocation à être utilisées. Il est donc nécessaire que tous les éléments pertinents relatifs aux différentes finalités et à l'ampleur du traitement soient aisément accessibles à l'intéressé. Ces conditions ne sont pas satisfaites si les informations en cause sont excessivement fragmentées et si elles ne sont accessibles qu'à la suite de nombreuses actions (CE 19-6-2020 n° 430810 : RJDA 11/20 n° 620, confirmant Délib. Cnil 21-1-2019 n° SAN-2019-001 : RJDA 6/19 n° 477).

36660 **Présentation de sa demande par la personne concernée** Des dispositions particulières s'appliquent à la demande que présente la personne concernée dans le cadre des droits qui lui sont ouverts.

Elle peut introduire sa demande par voie électronique, tout en justifiant de son identité par tout moyen. Elle peut exercer ses droits en utilisant des données d'identité numériques lorsque celles-ci sont nécessaires et estimées suffisantes par le responsable du traitement (Décret 2019-536 du 29-5-2019 art. 77, al. 1).

Si le responsable du traitement, le sous-traitant ou le DPO n'est pas connu de la personne concernée, celle-ci a la possibilité d'adresser sa demande au siège de la personne morale, de l'autorité publique, du service ou de l'organisme dont le traitement relève. La demande est immédiatement transmise au responsable du traitement (Décret 2019-536 art. 77, al. 5).

La demande peut aussi être présentée par une personne spécialement mandatée à cet effet par l'intéressé, si cette personne justifie de son identité et de l'identité du mandant, de son mandat, ainsi que de la durée et de l'objet précis de celui-ci. Le mandat doit également préciser si le mandataire peut être rendu destinataire de la réponse du responsable du traitement (Décret 2019-536 art. 77, al. 6).

> **Précisions** **a.** La personne concernée, ou éventuellement son mandataire, peut également présenter sa **demande sur place** en justifiant, par tout moyen, de son identité auprès du responsable du traitement ou du sous-traitant. Lorsque la demande ne peut pas être immédiatement satisfaite, il est délivré à son auteur un avis de réception, daté et signé (Décret 2019-536 art. 78).
> **b.** La Cnil a publié, le 28 juin 2021, une recommandation portant sur les modalités pratiques selon lesquelles la personne concernée peut se faire représenter par un **mandataire.** Cette recommandation s'accompagne d'un modèle de mandat-type.

36670 **Examen de la demande présentée par la personne concernée** Lorsque l'identité de la personne concernée soulève des « doutes raisonnables », le responsable du traitement ou le sous-traitant peut l'inviter à fournir des « informations supplémentaires » afin de confirmer son identité (RGPD art. 12, 6 ; Décret 2019-536 art. 77, al. 2). Si la « situation » l'exige, il peut être réclamé au demandeur la photocopie d'un titre d'identité portant la signature du titulaire (Décret 2019-536 art. 77, al. 2).

Les informations complémentaires sollicitées par le responsable du traitement ou le sous-traitant peuvent également porter sur l'objet de la demande de la personne concernée si elle est imprécise ou ne comporte pas les éléments permettant à son destinataire d'y répondre (Décret 2019-536 art. 79, al. 1).

ILLUSTRATIONS

Commet un manquement à ses obligations la société qui demande systématiquement un justificatif d'identité aux personnes exerçant les droits qui leur sont reconnus, sans se limiter aux cas où l'identité de l'intéressé soulève des doutes raisonnables (Délib. Cnil 18-11-2020 nº SAN-2020-008).

36680 **Réponse à la demande présentée par la personne concernée** Le responsable du traitement est tenu de faire connaître à l'intéressé, dans les « meilleurs délais » et, au plus tard, dans le délai d'un mois à compter de la réception de la demande, les **mesures prises** à la suite de celle-ci. Ce **délai** peut être prorogé d'une nouvelle durée de deux mois en raison « de la complexité et du nombre de demandes ». La personne concernée doit alors, dans un délai d'un mois à compter de la réception de sa demande par le responsable du traitement, être informée de cette prolongation et de ses motifs (RGPD art. 12, 3). Les délais d'un mois et de deux mois sont suspendus lorsque le responsable du traitement ou le sous-traitant sollicitent du demandeur des informations supplémentaires relatives à son identité (Décret 2019-536 art. 77, al. 3).

Lorsque l'intéressé a présenté sa demande sous **forme** électronique, ces renseignements lui sont, si possible, communiqués dans les mêmes conditions. Il peut cependant en aller autrement quand la personne concernée ne souhaite pas une transmission par voie électronique (RGPD art. 12, 3). Les codes, sigles et abréviations figurant dans les documents délivrés par le responsable de traitement, le sous-traitant ou le DPO en réponse à une demande doivent, si nécessaire, être explicités sous la forme d'un lexique ou d'icônes normalisés (Décret 2019-536 art. 80).

Dans l'hypothèse où il **ne répond pas à la demande** dont il a été saisi, le responsable du traitement indique à la personne concernée, « sans tarder » et, au plus tard, dans un délai d'un mois à compter de la réception de la demande, les motifs de son « inaction ». Il l'informe également de la possibilité d'introduire une réclamation auprès de l'autorité de contrôle et de former un recours juridictionnel (RGPD art. 12, 4). La circonstance que le responsable de traitement ait cessé de détenir les données auxquelles la personne concernée demande l'accès ne l'exonère pas de son obligation de fournir les informations ainsi exigées (Délib. Cnil 28-12-2021 nº SAN-2021-021 : RJDA 4/22 nº 241).

Faute de réponse du responsable du traitement ou du sous-traitant dans les mêmes délais, ou encore dans le délai d'un mois prévu par l'article 12, 4 du RGPD, « la demande est réputée rejetée » (Décret 2019-536 art. 79, al. 2).

L'envoi à la personne concernée des informations et communications prévues par les dispositions exposées ci-dessus ne donne pas lieu à **paiement** de sa part (RGPD art. 12, 5-al. 1). 36685
Toutefois, si les demandes adressées par l'intéressé sont « manifestement infondées ou excessives, notamment en raison de leur caractère répétitif », le responsable du traitement a la possibilité (RGPD art. 12, 5) :
– d'exiger le paiement de « frais raisonnables » calculés en fonction des « coûts administratifs » correspondant à l'envoi des éléments demandés ;
– de refuser de donner suite à de telles demandes.

Il appartient au responsable du traitement de démontrer le caractère manifestement infondé et excessif des démarches accomplies par la personne concernée.

Autres obligations incombant au responsable de traitement Le responsable de traitement a également l'obligation de **notifier** à chaque destinataire de données personnelles (Loi de 1978 art. 54 et, sur renvoi, RGPD art. 19) toute rectification des données auxquelles il a été procédé (nº 36210), tout effacement de ces données (nºs 36250 s.), ainsi que toute limitation du traitement (nºs 36400 s.). 36690

Il n'en va autrement que si la communication se révèle impossible ou exigerait des efforts disproportionnés.

Dans le cas où la personne concernée en fait la demande, le responsable du traitement doit lui fournir des informations sur ces destinataires (RGPD art. 19).

Impossibilité d'identifier la personne concernée Le règlement européen envisage l'hypothèse où les finalités pour lesquelles des données personnelles sont traitées n'imposent pas, ou n'imposent plus, au responsable du traitement d'**identifier une personne concernée** (RGPD art. 11, 1). Dans cette hypothèse, le responsable du traitement n'est pas tenu, à la seule fin de respecter les dispositions du règlement, de conserver, d'obtenir ou de traiter des informations supplémentaires en vue de procéder à une telle identification (voir nº 36670). 36700

Lorsque le responsable du traitement parvient à démontrer qu'il n'est pas en mesure d'identifier la personne concernée, il le fait connaître, si possible, à cette dernière (RGPD art. 11, 2).

Dès lors que l'identification est devenue impossible, la personne concernée se voit refuser l'exercice du droit d'accès (nºs 36140 s.), du droit de rectification (nº 36210), du droit à l'effacement (nºs 36250 s.), du droit à la limitation du traitement (nºs 36400 s.), ainsi que du droit à la portabilité des données (nºs 36460 s.).

Néanmoins, par exception à cette règle, la personne concernée a la faculté d'exercer les droits en cause si elle fournit des informations supplémentaires permettant de l'identifier (RGPD art. 11, 2). Il devrait s'agir d'une identification numérique, par exemple, au moyen d'un « mécanisme d'authentification tel que les mêmes identifiants utilisés par la personne concernée pour se connecter au service en ligne proposé par le responsable du traitement » (RGPD considérant 57).

DÉROGATIONS AUX MODALITÉS D'EXERCICE DES DROITS DE LA PERSONNE CONCERNÉE

L'exercice des droits reconnus à la personne concernée subit diverses exceptions qui forment un ensemble relativement complexe. 36710

Certaines d'entre elles sont **spécifiques à un droit déterminé.** Tantôt elles sont prévues par la législation nationale : elles ont été mentionnées ci-dessus et sont relatives au droit d'accès (nº 36160) et au droit d'opposition (nº 36520). Tantôt, elles résultent du RGPD : voir également ci-dessus, s'agissant du droit à l'information (nº 36040), du droit à la limitation du traitement (nº 36420) et du droit à la portabilité des données (nº 36470).

S'y ajoutent des dérogations propres aux traitements de données à des fins de **recherche scientifique ou historique,** ou encore à des fins **statistiques** (Loi de 1978 art. 78, al. 2). Elles portent sur le droit d'accès, le droit de rectification, le droit à la limitation du traitement et le droit d'opposition. Elles s'appliquent exclusivement dans les cas où l'exercice de ces droits risquerait de rendre impossible ou « d'entraver sérieusement des finalités spécifiques » et où de telles dérogations sont nécessaires pour atteindre ces finalités (Décret 2019-536 art. 116, al. 1).

> **Précisions** **a.** Les **données** issues de ces traitements et conservées par le responsable du traitement ou son sous-traitant ne sont **accessibles** ou modifiables que par des personnes autorisées. Celles-ci doivent respecter les règles de déontologie applicables à leurs secteurs d'activité (Décret 2019-536 art. 116, al. 2).
>
> **b.** Les mêmes données ne peuvent pas être **diffusées** sans avoir été préalablement anonymisées, à moins que l'intérêt des tiers prévale sur les intérêts ou les libertés et droits fondamentaux de la personne concernée. Les données diffusées doivent être adéquates, pertinentes et limitées à ce qui est nécessaire au regard des finalités pour lesquelles elles sont traitées (Décret 2019-536 art. 116, al. 3).

VII. CONTRÔLE DU RESPECT DE LA RÉGLEMENTATION PAR LA CNIL

A. Statut et attributions de la Cnil

36800 Le RGPD prévoit que chaque État membre de l'Union crée une ou plusieurs « autorités publiques indépendantes », également dénommées « autorités de contrôle » ou encore « autorités de protection des données » (**APD**) (« Data Protection Authorities », DPA). Celles-ci sont chargées de « surveiller » l'application du règlement et de « faciliter le libre flux des données à caractère personnel au sein de l'Union » (RGPD art. 51, 1).

Instituée par la loi du 6 janvier 1978 afin de protéger les droits des personnes contre les risques d'atteinte inhérents aux systèmes informatiques, la Cnil a en quelque sorte préfiguré le modèle de l'APD européenne.

La législation nationale a, par la suite, été adaptée aux dispositions du RGPD. Tout en conservant son statut d'autorité administrative indépendante au regard de la législation française, la Cnil constitue désormais « l'autorité de contrôle nationale au sens et pour l'application du règlement (UE) 2016/679 » (Loi de 1978 art. 8, I-al. 1).

Elle a pour **mission** d'informer toutes les personnes concernées et tous les responsables de traitement de leurs droits et obligations. Elle peut aussi apporter une information adaptée aux PME (Loi de 1978 art. 8, I-1°).

Elle doit aussi veiller à ce que les traitements de données personnelles soient mis en œuvre conformément aux dispositions de la loi de 1978, ainsi qu'aux « autres dispositions relatives à la protection des données personnelles prévues par les textes législatifs et réglementaires, le droit de l'Union européenne et les engagements internationaux de la France » (Loi de 1978 art. 8, I-2°-al. 1).

Afin d'exercer ses missions, la Cnil établit notamment des lignes directrices, recommandations et référentiels (Loi de 1978 art. 8, I-2°-b). Voir notamment n°s 36080 s. en ce qui concerne les lignes directrices relatives à la pratique des cookies.

La Cnil peut recourir à des instruments de « droit souple » lui permettant de livrer une interprétation des règles applicables afin d'informer toute personne intéressée et d'aider à la mise en conformité des pratiques. Ces interprétations du droit positif et ces orientations peuvent être énoncées dans les lignes directrices précitées ou d'autres documents, notamment des éléments mis en ligne sur le site internet de la Commission. Au nombre de ces éléments figurent des « questions-réponses » dans le cadre de foires aux questions (FAQ), lesquelles visent à éclairer les professionnels en apportant des réponses à des questions fréquemment posées (CE 8-4-2022 n° 452668 : RJDA 8-9/22 n° 541).

36805 Les règles consacrées par le RGPD au « statut d'indépendance » des autorités de contrôle (désignation des membres, durée de leur mandat, droits et obligations, etc.) constituent un cadre général que les États ont la faculté d'adapter à leurs exigences nationales, en recourant à des dispositions législatives (RGPD art. 54). Dans le cas de la France, elles n'ont pas directement d'incidence sur la **composition** et l'**organisation** de la Cnil.

La législation nationale comporte deux dispositions destinées à renforcer les **garanties d'impartialité** offertes par la formation restreinte de la Cnil, qui est investie du pouvoir de sanction (nos 37150 s.). D'une part, les membres de la formation restreinte doivent délibérer hors de la présence des agents de la Commission, à l'exception de ceux chargés de la tenue de la séance (Loi de 1978 art. 16, al. 2). D'autre part, si le commissaire du gouvernement (qui est désigné par le Premier ministre) peut assister aux séances de la formation restreinte, il ne doit pas être présent au délibéré (Loi art. 17, al. 2).

B. Examen des plaintes introduites devant la Cnil

La Cnil traite les réclamations, pétitions et plaintes introduites par une personne concernée ou encore par un organisme, une organisation ou une association (Loi de 1978 art. 8, I-2°-d). 36850

Le règlement de la Cnil se borne à utiliser le terme de « plainte ». Est considérée comme telle « toute **demande** formée par une personne physique ou morale identifiée relative à des faits susceptibles d'être contraires aux textes dont l'application est confiée à la Commission » (Délib. Cnil 4-7-2013 n° 2013-175 portant adoption du règlement intérieur art. 47). Si les dispositions de la loi de 1978 privilégient le terme de « réclamation », celui-ci ne semble pas avoir une signification substantiellement différente.

La Cnil « examine » la plainte (ou réclamation) dont elle est saisie ou « enquête » sur son objet, « dans la mesure nécessaire ». Elle doit informer son auteur de l'état d'avancement et de l'issue de l'enquête. Cette obligation d'information s'impose, notamment, si un complément d'enquête ou une coordination avec un autre service s'avèrent nécessaires (Loi de 1978 art. 8, I-2°-d).

La Cnil peut être saisie par voie postale ou électronique. 36855

En vue de faciliter l'introduction des plaintes (ou réclamations), elle fournit un formulaire de réclamation susceptible d'être rempli par voie électronique (Décret 2019-536 art. 10, al. 1).

La **plainte** doit indiquer le nom et les coordonnées de son auteur (Délib. n° 2013-175 art. 48). Elle est **instruite** par les services de la Cnil (Délib. art. 47). Ceux-ci communiquent l'objet de la plainte au responsable du traitement incriminé de manière à lui permettre de fournir toutes explications utiles. Il peut, toutefois, être dérogé à cette obligation de communication si la Cnil estime nécessaire de procéder à un contrôle sur place pour constater directement les faits rapportés (Délib. art. 50, al. 1 et 2).

Le prénom, le nom, la qualité et l'adresse administrative de l'agent chargé d'instruire la plainte sont indiqués au responsable du traitement, à moins que des motifs de sécurité ne s'y opposent. En revanche, l'identité du plaignant n'est pas communiquée au responsable du traitement, à moins qu'elle ne soit nécessaire à l'instruction de la plainte (Délib. art. 50, al. 3 et 4).

Tout courrier adressé au responsable du traitement mentionne le délai dans lequel son destinataire doit y répondre (Délib. art. 50, al. 5).

Si la Cnil ne répond pas à une plainte avant l'expiration d'un délai de trois mois, son silence vaut décision de rejet (Décret 2019-536 art. 10, al. 2).

Lorsque la demande concerne l'exercice des droits d'accès, de rectification ou d'opposition et que le plaignant n'a pas cherché à exercer ses droits directement auprès du responsable du traitement de données personnelles, la Cnil lui adresse un courrier l'informant des démarches qu'il lui appartient d'engager avant de la saisir (Délib. art. 49).

ATTENTION

Au 1er avril 2024, date de mise à jour des présents développements, la **Cnil** n'avait pas encore procédé à une **révision générale du règlement intérieur** qu'elle avait adopté par sa délibération 2013-175 du 4 juillet 2013 et légèrement aménagé par une délibération 2015-011 du 22 janvier 2015. Le règlement intérieur a seulement fait l'objet de modifications ponctuelles ; ainsi, une délibération 2020-078 du 23 juillet 2020 a modifié le règlement intérieur en vue de permettre aux organes collégiaux de la Cnil de recourir à des « délibérations à distance ».

À l'issue de l'instruction de la **plainte,** le président de la Cnil (ou le vice-président délégué) peut éventuellement la **rejeter.** Dans cette hypothèse, il est nécessaire que la décision de refus soit expressément motivée (CE 21-10-2022 n° 459254 : RJDA 3/23 n° 177). 36860

ILLUSTRATIONS

Une plainte relative à un fichier informatisé ne peut pas être valablement rejetée par la Cnil au seul motif que l'existence du fichier a été révélée au plaignant à l'occasion d'une procédure judiciaire en cours (CE 30-5-2001 n° 219731 : RJDA 4/02 n° 462). La Cnil ne peut pas non plus rejeter les plaintes qui présentent un caractère abusif sans un examen préalable de chacune d'elles (CE 10-4-2015 n° 376575 : RJDA 12/15 n° 892).

Le refus par la Cnil de donner suite à la plainte d'un particulier est une décision susceptible de faire l'objet d'un **recours pour excès de pouvoir** devant le Conseil d'État (CE 28-3-1997 : RJDA 7/97 n° 993 ; CE 3-10-2018 n° 405939 : RJDA 1/19 n° 68). Celui-ci exerce, en principe, un contrôle restreint qui vise seulement à s'assurer que la décision de la Cnil n'est pas entachée d'une inexactitude matérielle, d'une erreur de droit ou d'une erreur manifeste d'appréciation (CE 5-12-2011 n° 319545 : RJDA 10/12 n° 925 ; CE 19-6-2017 n° 398442 : RJDA 12/17 n° 861). Toutefois, lorsque l'auteur de la plainte invoque l'un des droits ouverts à la personne concernée par un traitement de données, le refus de la Cnil relève d'un contrôle juridictionnel approfondi (CE 3-10-2018 n° 405939 : RJDA 1/19 n° 68 ; CE 27-3-2023 n° 467774 : RJDA 8-9/23 n° 493).

36865 Inversement, la **plainte** peut, notamment, être **suivie** :
– du contrôle de la mise en œuvre d'un traitement (n°s 36910 s.) ;
– de la saisine du procureur de la République en vue de l'informer des faits dont la Cnil a connaissance (n° 37050) ;
– du prononcé de mesures correctrices (n°s 37100 s.).

L'auteur de la plainte doit être informé de la clôture de son dossier (Délib. Cnil 4-7-2013 n° 2013-175 art. 51).

> **Précisions** **a.** Si la Cnil réserve un sort favorable à la plainte et saisit le parquet en « dénonçant » l'infraction qu'elle estime être constituée, sa décision se rattache au déroulement de la **procédure pénale** dont elle marque le **point de départ** ; la contestation doit donc échapper à la compétence de la juridiction administrative. Cette solution résulte d'une jurisprudence de portée générale (CE 1-12-1976 n° 1617 : Lebon p. 519).
> **b.** Lorsque la Cnil décide d'instruire une **plainte,** son **auteur** n'a **intérêt à contester** ni la décision prise à l'issue de cette instruction ni la clôture de la plainte (CE 16-6-2017 n° 398442 : RJDA 12/17 n° 861 ; CE 21-6-2018 n° 416505 : RJDA 10/18 n° 794).

C. Contrôle de la mise en œuvre des traitements de données par la Cnil

GÉNÉRALITÉS

36910 La Cnil peut, par décision particulière, charger un ou plusieurs de ses membres, ou encore, le secrétaire général, de procéder, ou de faire procéder par les agents de ses services, à des vérifications portant sur tous traitements et, le cas échéant, d'obtenir des copies de tous documents ou supports d'information utiles à ses missions (Loi de 1978 art. 8, I-2°-g).

Les membres de la Cnil et ses agents ont divers pouvoirs d'investigation. Il existe aussi plusieurs types de contrôles, au nombre desquels le contrôle sur place, l'audition sur convocation et le contrôle en ligne (art. 19).

> **Précisions** **a.** Les **agents de la Cnil** chargés de participer à des missions de vérification ou d'établir le rapport prévu par les dispositions concernant la procédure simplifiée, doivent être **habilités** à cet effet par la commission. Cette habilitation ne dispense pas de l'application des dispositions définissant les procédures qui autorisent l'accès aux secrets protégés par la loi (Loi de 1978 art. 10 ; Décret 2019-536 art. 16 s.). La Cnil diffuse sur son site la liste de ces agents (Délib. n° 2013-175 du 4-7-2013 art. 52).
> **b.** Les mêmes agents sont **astreints au secret** pour les faits, actes ou renseignements dont ils ont pu avoir connaissance en raison de leurs fonctions, sous peine des sanctions prévues à l'article 413-10 du Code pénal (Loi de 1978 art. 11).
> **c.** Sauf dans le cas où elles sont astreintes au secret professionnel, les **personnes interrogées** dans le cadre des vérifications faites par la Cnil sont tenues de fournir les **renseignements** demandés par celle-ci pour l'exercice de ses missions (Loi de 1978 art. 18, al. 2).

POUVOIRS D'INVESTIGATION DE LA CNIL

36920 Pour l'exercice des missions relevant de la Cnil au titre du RGPD et de la loi du 6 janvier 1978, les membres de la commission et les agents habilités peuvent (Loi de 1978 art. 19, III-al. 1) :
– demander **communication** de tous **documents** nécessaires à l'accomplissement de leur mission, quel qu'en soit le support, et en prendre copie ;

– recueillir, notamment, **sur place ou sur convocation,** tout renseignement et toute justification utiles ;
– **accéder,** dans des conditions préservant la confidentialité à l'égard des tiers, **aux programmes** informatiques et aux données, et en demander la **transcription** par tout traitement approprié dans des documents directement utilisables pour les besoins du contrôle.

Le « secret » ne peut pas être opposé aux agents, sauf en ce qui concerne les informations couvertes par (Loi art. 19, III-al. 1 et 2) :
– le secret professionnel applicable aux relations entre un avocat et son client ;
– le secret des sources des traitements journalistiques ;
– le secret médical, lorsqu'il s'agit d'informations nécessaires aux fins de la médecine préventive, de la recherche médicale, des diagnostics médicaux, de l'administration de soins ou de traitements, ou de la gestion de services de santé.

La communication des données médicales individuelles incluses dans cette dernière catégorie de traitements ne peut se faire que sous l'autorité et en présence d'un médecin.

Si une personne interrogée dans le cadre des vérifications faites par la Cnil oppose l'un de ces secrets, mention de son opposition est portée au procès-verbal établi par les agents chargés du contrôle. Il est également fait mention des dispositions auxquelles se réfère, éventuellement, la personne interrogée, ainsi que de la nature des données qu'elle estime couvertes par ces dispositions (Décret 2019-536 art. 37).

CONTRÔLE SUR PLACE PAR LA CNIL

Locaux concernés Pour l'exercice de leurs missions, les membres de la Cnil, ainsi que ceux de ses agents habilités, ont accès, de 6 heures à 21 heures, aux lieux, locaux, enceintes, installations ou établissements servant à la mise en œuvre d'un traitement de données personnelles (Loi de 1978 art. 19, I-al. 1). **36930**

Ces dispositions n'exigent pas que les lieux, locaux, etc. susceptibles d'être contrôlés soient à usage professionnel. Peuvent donc être visités tous les lieux, locaux, etc. qui permettent la mise en œuvre d'un traitement. Cette possibilité est conforme aux exigences du RGPD, lequel spécifie, au titre des pouvoirs d'enquête attribués aux autorités de contrôle, que l'autorité de contrôle doit « obtenir l'accès de tous les locaux du responsable du traitement et du sous-traitant, notamment, à toute installation et à tout moyen de traitement » (RGPD art. 58, I-f).

Avant l'entrée en vigueur de l'ordonnance du 12 décembre 2018, la loi Informatique et libertés excluait de la visite des locaux les parties de ceux-ci « affectées au domicile privé ». Désormais, le contrôle peut s'étendre à ces parties de locaux, ainsi qu'aux « lieux, locaux, enceintes, installations ou établissements entièrement affectés au domicile privé ». Il est néanmoins nécessaire que le juge des libertés et de la détention (JLD) ait préalablement accordé son autorisation dans les mêmes conditions que celles requises en cas d'opposition du responsable des lieux (Loi de 1978 art. 19, I-al. 3) (sur ce droit d'opposition, voir n°s 36945 s.).

Mesures devant précéder le contrôle Lorsque la Cnil décide un contrôle sur place, elle en informe préalablement, par écrit, le **procureur de la République** dans le ressort territorial duquel doit avoir lieu la visite. Le procureur est informé, au plus tard, 24 heures avant la date prévue. Cette information précise la date, l'heure, le lieu et l'objet du contrôle (Loi de 1978 art. 19, I-al. 2 ; Décret 2019-536 art. 25). **36940**

Le non-respect de ce délai n'a pas d'incidence sur la légalité de la délibération de la Cnil prononçant une sanction (CE 12-3-2014 n° 354629 : RJDA 10/14 n° 817).

La Cnil doit également informer le **responsable des lieux** (qui n'est pas nécessairement le responsable du traitement) ou son représentant, au plus tard lors de son arrivée sur place, de l'objet des vérifications qu'elle compte entreprendre, de l'identité et de la qualité des personnes chargées du contrôle, ainsi que, le cas échéant, de son droit d'opposition à la visite. Lorsque le responsable du traitement n'est pas présent sur les lieux du contrôle, ces informations sont portées à sa connaissance dans les quinze jours suivant le contrôle. **36945**

Dans le cadre de leurs vérifications, les personnes chargées du contrôle présentent en réponse à toute demande leur ordre de mission et, le cas échéant, leur habilitation à effectuer les contrôles (Décret 2019-536 art. 26).

Lorsque le responsable des lieux exerce son **droit d'opposition à la visite,** celle-ci ne peut se dérouler qu'avec l'**autorisation du juge des libertés et de la détention** (JLD) du tribunal judiciaire (ex-tribunal de grande instance) dans le ressort duquel sont situés les lieux, locaux, enceintes, installations ou établissements à visiter. Toutefois, lorsque l'urgence, la gravité **36950** des faits à l'origine du contrôle ou le risque de destruction ou de dissimulation de documents le justifient, la visite peut avoir lieu sans que le responsable des locaux ait été informé de son droit d'opposition. Mais l'autorisation préalable du JLD est nécessaire. Dans ce cas, le responsable des lieux ne peut pas s'opposer à la visite (Loi de 1978 art. 19, II-al. 1).

ATTENTION

Lorsque la sanction prononcée par la Cnil repose sur des faits constatés au cours d'un **contrôle** effectué **sans** que l'**intéressé** ait été préalablement **informé** de son droit d'opposition, elle doit être considérée comme irrégulière (CE 6-11-2009 n° 304300 : RJS 2/10 n° 231, Lebon p. 448, concl. J. Burguburu ; CE 7-7-2010 n° 309721 : RJDA 12/10 n° 1204).

36955 Le juge des libertés et de la détention est saisi par le président de la Cnil. Il statue dans un délai de 48 heures (Décret 2019-536 art. 27, al. 1).

L'**ordonnance** ayant autorisé la visite des locaux est exécutoire au seul vu de la minute. Elle mentionne que le JLD peut être saisi à tout moment d'une demande de suspension ou d'arrêt de cette visite. Sont aussi indiqués les délais et voies de recours contre l'ordonnance et le déroulement des opérations de contrôle (Loi de 1978 art. 19, II-al. 3 ; Décret 2019-536 art. 27, al. 4).

L'ordonnance doit, en outre, comporter l'adresse des lieux à visiter, le nom et la qualité du ou des agents habilités à procéder aux opérations de contrôle, ainsi que les heures auxquelles ils sont autorisés à se présenter (Décret art. 27, al. 2).

Elle peut faire l'objet, suivant les règles du Code de procédure civile (art. 931 s.), d'un appel devant le premier président de la cour d'appel (Loi art. 19, II-al. 3 ; Décret art. 28). Celui-ci connaît également des recours contre le déroulement des opérations de contrôle (Loi art. 19, II-al. 3 ; Décret art. 29).

› **Précisions** L'ordonnance est, au moment de la visite, **notifiée** sur place **au responsable des lieux** ou à son représentant. Celui-ci reçoit copie intégrale de l'ordonnance contre récépissé ou émargement au procès-verbal de la visite. En l'absence du responsable des lieux ou de son représentant, l'ordonnance est notifiée, après la visite, par lettre recommandée avec demande d'avis de réception. À défaut de réception de ce courrier, l'ordonnance est signifiée par acte d'huissier (Décret art. 27, al. 3 et 5).

36960 **Déroulement du contrôle** Lorsque le juge de la liberté et de la détention a autorisé la visite des locaux, celle-ci s'effectue sous l'autorité et le contrôle du juge, en présence de l'occupant des lieux ou de son représentant, qui peut se faire assister d'un conseil de son choix. À défaut, elle se déroule en présence de deux témoins qui ne sont pas placés sous l'autorité des personnes chargées de procéder au contrôle (Loi de 1978 art. 19, II-al. 2).

S'il l'estime utile, le JLD peut se rendre dans les locaux pendant l'intervention. À tout moment, il peut décider la suspension ou l'arrêt de la visite. La saisine du juge aux fins de suspension ou d'arrêt des opérations n'a pas d'effet suspensif (Décret 2019-536 art. 27, al. 6).

36970 **Procès-verbal des opérations** Les missions de contrôle sur place font l'objet d'un procès-verbal soumis à des **règles particulières** (Décret 2019-536 art. 31, al. 1). Voir aussi n° 37005.

Ce procès-verbal énonce : la nature, le jour, l'heure et le lieu des contrôles effectués, l'objet de la mission, les membres de celle-ci présents lors du contrôle, les personnes rencontrées et, le cas échéant, leurs déclarations, les demandes formulées par les membres de la mission, ainsi que les éventuelles difficultés rencontrées (Décret art. 31, al. 2).

Lorsque la visite des locaux n'a pas pu se dérouler, le procès-verbal mentionne les raisons qui ont empêché ou entravé son déroulement, ainsi que, le cas échéant, les motifs de l'opposition du responsable des lieux ou de son représentant. Il est signé par les personnes ayant effectué le contrôle et par le responsable des lieux ou son représentant. En cas de refus ou d'absence de signature, mention en est portée sur le procès-verbal (Décret art. 31, al. 3 et 4).

Le procès-verbal est notifié, par lettre recommandée avec avis de réception, au responsable des lieux et au responsable du traitement, ainsi que, le cas échéant, au sous-traitant du second. Si seul le sous-traitant a fait l'objet d'un contrôle sur place, le procès-verbal lui est notifié, ainsi qu'éventuellement, au responsable du traitement (Décret art. 31, al. 5).

Lorsque la visite des locaux a eu lieu avec l'autorisation et sous le contrôle du juge des libertés et de la détention, une copie du procès-verbal est adressée au magistrat par le président de la Cnil (Décret art. 32).

AUDITION SUR CONVOCATION DE LA CNIL

36980 Les agents de la Cnil peuvent entendre toute personne susceptible de leur fournir tout renseignement ou toute justification utile pour l'accomplissement de leur mission (Loi de 1978 art. 19, III-al. 1 ; Décret 2019-536 art. 34, al. 1).

Ils adressent la convocation, par lettre remise contre signature, ou remise en main propre contre récépissé ou acte d'huissier. La lettre de convocation doit parvenir à son destinataire huit jours au moins avant son audition. Elle rappelle à l'intéressé que celui-ci est en droit de se faire assister d'un conseil de son choix.

Un procès-verbal d'audition doit être dressé, dans les conditions rappelées ci-dessus (n° 36970). Lorsque l'intéressé ne se rend pas à l'audition, il en est fait mention dans un procès-verbal de carence établi par les agents chargés du contrôle (Décret art. 34, al. 2 à 4).

CONTRÔLE EN LIGNE PAR LA CNIL

En dehors des contrôles sur place, et sur convocation, les membres de la Cnil et les agents habilités peuvent procéder à toute constatation utile. Ils peuvent, notamment, **à partir d'un service de communication au public en ligne, consulter les données** librement accessibles ou rendues accessibles, y compris par imprudence, par négligence ou par le fait d'un tiers. Ils peuvent, le cas échéant, accéder et se maintenir dans des systèmes de traitement automatisé de données le temps nécessaire aux constatations. Ils peuvent retranscrire les données par tout traitement approprié dans des documents directement utilisables pour les besoins du contrôle (Loi de 1978 art. 19, III-al. 3). 36990

Les contrôles en ligne permettent, notamment, de vérifier la conformité des pratiques des acteurs du web aux dispositions relatives aux « cookies » (nos 36050 s.).

Pour les besoins des contrôles portant sur les services de communication en ligne, les membres et agents de la Cnil peuvent réaliser, sous identité d'emprunt, toute opération en ligne nécessaire à leur mission. À peine de nullité, leurs actes ne peuvent constituer une incitation à commettre une infraction. L'utilisation d'une identité d'emprunt est sans incidence sur la régularité des constatations (Loi de 1978 art. 19, III-al. 4).

> **Précisions** Lorsque les membres et agents de la Cnil utilisent une **identité d'emprunt,** ils dressent un procès-verbal des opérations en ligne qu'ils ont réalisées, des modalités de consultation et d'utilisation des services concernés, des réponses obtenues, ainsi que de leurs constatations. Les pages pertinentes du site ou toute autre information au regard des constatations effectuées sont annexées au procès-verbal. Celui-ci est adressé au responsable du traitement (Décret 2019-536 art. 33).

AUTRES DISPOSITIONS RELATIVES AU CONTRÔLE DE LA CNIL

Les membres de la Cnil et les agents chargés du contrôle peuvent, à la demande du président de la commission, être assistés par des **experts** (Loi de 1978 art. 19, III-al. 5). 37000

Les conditions dans lesquelles doit se dérouler l'expertise sont précisées par le décret 2019-536 du 29 mai 2019 (art. 35 et 36).

Un **procès-verbal** des vérifications et visites doit être dressé, et de façon contradictoire si ces investigations sont effectuées sur place ou sur convocation (Loi de 1978 art. 19, III-al. 6). Sur les règles applicables au procès-verbal des opérations de visite sur place, voir n° 36970. 37005

Lorsqu'un procès-verbal décrit le déroulement du contrôle et ses résultats, il appartient aux personnes qui en contestent les énonciations de fournir des éléments ou indications permettant au juge, dans le cadre du débat contradictoire, d'établir éventuellement le caractère erroné ou incomplet des mentions du procès-verbal. Il en va ainsi bien qu'aucune disposition applicable n'attribue aux intéressés la charge de la preuve (CE 27-7-2012 n° 340026 : Lebon T. p. 767).

Au titre de son pouvoir de contrôle portant sur les traitements qui relèvent du RGPD, la Cnil n'est pas compétente pour contrôler les opérations de traitement effectuées, dans l'exercice de leur fonction juridictionnelle, **par les juridictions** administratives et judiciaires (Loi de 1978 art. 19, V). 37010

Sur l'application par la jurisprudence européenne d'une disposition analogue du RGPD (art. 55-3), voir CJUE 24-3-2022 aff. 245/20 : RJDA 6/22 n° 385.

D. Mise en œuvre de procédures juridictionnelles par la Cnil

PROCÉDURES PÉNALES

La Cnil doit, sans délai, et dans les conditions prévues à l'article 40 du Code de procédure pénale, donner son avis au **procureur de la République,** lorsqu'elle acquiert connaissance d'un crime ou d'un délit (Loi de 1978 art. 8, I-2°-f). 37050

Elle n'est tenue d'aviser le procureur de la République que si les faits dont elle a connaissance lui paraissent suffisamment établis et si elle estime qu'ils portent une atteinte caractérisée aux dispositions dont elle a pour mission d'assurer l'application (CE 27-10-1999 : RJDA 4/00 n° 498).

Le procureur de la République avise le président de la Cnil de toutes les poursuites relatives aux infractions prévues aux articles 226-16 s. du Code pénal et, le cas échéant, des suites qui lui sont données. Il l'informe de la date et de l'objet de l'audience de jugement, par lettre recommandée adressée au moins dix jours avant cette date.

La juridiction d'instruction ou de jugement peut appeler le président de la Cnil ou son représentant à déposer ses observations ou à les développer oralement à l'audience (Loi de 1978 art. 41).

OBSERVATIONS DE LA CNIL AUPRÈS DES DIFFÉRENTES JURIDICTIONS

37060 D'une manière générale, la Cnil peut présenter des observations devant toute juridiction, administrative ou judiciaire, à l'occasion d'un litige relatif à l'application de la loi de 1978, ainsi que des « dispositions relatives à la protection des données personnelles prévues par les textes législatifs et réglementaires, le droit de l'Union européenne [...] et les engagements internationaux de la France » (Loi de 1978 art. 8, I-5°).

E. Mesures correctrices prononcées par la Cnil

GÉNÉRALITÉS

37100 Le règlement européen définit, au sein d'un même ensemble de dispositions (RGPD art. 58), les différents pouvoirs confiés aux autorités nationales de contrôle. Celles-ci peuvent réaliser des enquêtes, accorder des autorisations et rendre des avis. Mais elles ont aussi le pouvoir d'adopter diverses « mesures correctrices » à l'encontre des responsables de traitement et des sous-traitants (RGPD art. 58, 2).

Les autorités nationales sont habilitées, dans l'exercice de leur pouvoir d'adoption des mesures correctrices prévues par ces dispositions, à ordonner au responsable du traitement ou au sous-traitant d'effacer des données personnelles ayant fait l'objet d'un traitement illicite. Il en va ainsi alors même qu'aucune demande n'a été présentée à cet effet par la personne concernée en vue d'exercer ses droits en application de l'article 17, 1 de ce règlement (CJUE 14-3-2024 aff. 46/23).

> **Précisions** **1.** Les mesures susceptibles d'être adoptées en vertu du RGPD sont plus nombreuses et diversifiées que celles retenues auparavant par la législation nationale. La mise en application du règlement européen a eu pour effet d'entraîner une **refonte totale** des dispositions de la **loi** de 1978 relatives aux sanctions prononcées par la Cnil. Ces dispositions figurent désormais sous les articles 20 à 23 de la loi.
>
> **2.** Si des manquements reprochés à un responsable de traitement ont été constatés à l'occasion d'un contrôle effectué par la Cnil le 20 mars 2018, soit avant la mise en application du RGPD, le 25 mai 2018, ils se sont poursuivis ultérieurement. En raison de leur **caractère continu**, ces manquements doivent donc être appréciés au regard des dispositions du règlement européen (CE 1-3-2021 n° 437808).

DIFFÉRENTS TYPES DE MESURES CORRECTRICES PRONONCÉES PAR LA CNIL

37110 **Quatre catégories** de mesures correctrices sont susceptibles d'être prononcées par le président de la Cnil, ou la formation restreinte de la Commission, à l'encontre d'un **responsable de traitement** ou de son **sous-traitant.** Il peut s'agir :
- d'un avertissement ;
- d'un rappel aux obligations légales ou d'une mise en demeure ;
- d'une sanction ;
- d'une mesure propre à une situation d'urgence en cas de violation des droits et libertés.

AVERTISSEMENT DE LA CNIL

37120 Le président de la Cnil peut « avertir » un responsable de traitement, ou son sous-traitant, du fait que les opérations de traitement envisagées sont « susceptibles » de violer les dispositions du RGPD ou celles de la loi de 1978 (Loi de 1978 art. 20, I).

L'avertissement était déjà prévu par la législation nationale avant l'entrée en application du RGPD. La mesure devait alors être prononcée par la formation restreinte de la Cnil, selon une procédure contradictoire.

Désormais, ainsi que l'a relevé le juge constitutionnel, l'avertissement est seulement adressé à titre préventif et ne présente donc plus le caractère d'une sanction (Cons. const. 12-6-2018 nº 2018-765 DC). En revanche, à moins que le président de la Cnil ait prononcé une ou plusieurs mesures correctrices, l'envoi d'un avertissement devient le préalable nécessaire à l'ouverture d'une procédure de sanction. À cet égard, il prend la place qu'occupait précédemment la mise en demeure.

RAPPEL AUX OBLIGATIONS LÉGALES OU MISE EN DEMEURE DE LA CNIL

Lorsque le responsable du traitement, ou son sous-traitant, ne respecte pas les obligations résultant du RGPD ou de la loi de 1978, le président de la Cnil peut le « **rappeler à ses obligations légales** » (Loi de 1978 art. 20, II-al. 1). Cette mesure, qui a été introduite par la loi 2022-52 du 24 janvier 2022, vise les manquements ne nécessitant pas une action de mise en conformité, notamment parce qu'il a été mis fin au manquement. 37130

Par ailleurs, à condition que le manquement constaté soit susceptible de faire l'objet d'une mise en conformité, le président de la Cnil peut, au lieu et place de la première mesure, prononcer à l'égard de l'intéressé une **mise en demeure** (Loi de 1978 art. 20, II-al. 1).

Celle-ci peut imposer au responsable du traitement ou à son sous-traitant (art. 20, II-al. 2 s.) :
– de satisfaire aux demandes présentées par la personne concernée en vue d'exercer ses droits ;
– de mettre les opérations de traitement en conformité avec les dispositions applicables ;
– de communiquer à la personne concernée une violation de ses données (nº 35870), exception faite du cas où le traitement intéresse la sûreté de l'État ou la défense ;
– de rectifier ou d'effacer des données personnelles, ou encore de limiter le traitement de ces données.

Dans ce dernier cas, le responsable du traitement, ou le sous-traitant, peut être mis en demeure de notifier les mesures qu'il a prises aux « destinataires » des données, c'est-à-dire à ceux auxquels les données ont été divulguées.

Ces dispositions reprennent certaines de celles contenues dans le règlement européen (RGPD art. 58, 2-c, d, e et g).

Il est important de noter que la mise en demeure constitue désormais une **mesure autonome** et non, comme auparavant, un simple préalable à l'ouverture d'une procédure d'une sanction. Elle ne constitue pas pour autant une sanction (Cons. const. 12-6-2018 nº 2018-765 DC).

Une mise en demeure de remédier à un manquement aux obligations de sécurité, initialement constaté par une mission de la Cnil, devient inutile lorsque, à la suite d'une **mesure correctrice** apportée par le responsable du traitement lui-même, le manquement en cause a cessé, de sorte qu'il n'y a plus lieu de le régulariser (CE 17-4-2019 nº 422575 : RJDA 7/19 nº 539).

La mise en demeure précise le ou les **manquements** qui ont été constatés par la Cnil et qui portent sur des obligations incombant au responsable du traitement ou au sous-traitant (Décret 2019-536 du 29-5-2019 art. 38, al. 1). 37135

Elle doit fixer un **délai de mise en conformité,** au terme duquel le responsable du traitement ou le sous-traitant est tenu d'avoir fait cesser le ou les manquements constatés. Ce délai ne peut, « sauf urgence », être inférieur à dix jours. Il court à compter du jour de la réception de la mise en demeure par le responsable du traitement ou le sous-traitant. Lorsque la complexité de l'affaire le justifie, le délai peut être prolongé une fois (Décret art. 38, al. 2).

La mise en demeure est **adressée** au responsable du traitement ou au sous-traitant par tout moyen permettant à la Cnil d'apporter la preuve de la date de cette notification (Décret art. 38, al. 3).

Lorsque la mise en demeure a pour origine une plainte (ou une réclamation), l'**identité** de son auteur ne doit pas être communiquée au responsable du traitement ou à son sous-traitant. Il ne peut en aller différemment que si une telle communication est nécessaire à la cessation du ou des manquements constatés (Décret art. 38, al. 4).

Selon une disposition introduite par la loi 2022-52 du 24 janvier 2022, le **président de la Cnil** peut demander qu'il soit **justifié** de la mise en conformité dans un délai qu'il fixe et qui peut être réduit à 24 heures en cas d'urgence. Il prononce, le cas échéant, la clôture de la procédure de mise en demeure (Loi de 1978 art. 20, II-al. 7). La nouvelle disposition revient sur la règle antérieure qui imposait au président de la Cnil de contrôler la mise en conformité avant de clôturer la procédure de mise en demeure. Désormais ce contrôle préalable devient facultatif.

Le président de la Cnil peut demander au bureau de la commission de rendre publique la mise en demeure. Dans cette hypothèse, la décision de clôture fait l'objet de la même publicité (Loi de 1978 art. 20, II-al. 8).

ATTENTION

Reste, sans doute, applicable la jurisprudence selon laquelle une mise en demeure de faire cesser un manquement à la réglementation constitue non pas une simple mesure d'information, mais une décision susceptible de **recours pour excès de pouvoir** devant le Conseil d'État (CE 5-9-2008 n° 319071 : RJDA 3/09 n° 298 ; CE 11-3-2015 n° 368624 : RJDA 8-9/15 n° 606).

En revanche, dès lors que la mise en demeure ne présente pas le caractère d'une sanction, le responsable de traitement, ou le sous-traitant, qui en fait l'objet, ne semble pas pouvoir bénéficier des garanties liées au respect des **droits de la défense.**

37138 Lorsque la Cnil a adressé à un responsable de traitement ou à son sous-traitant une mise en demeure de produire certains éléments et que l'intéressé n'a pas répondu à cette mise en demeure, une procédure d'« **injonction de produire** » permet de remédier à cette situation (Loi de 1978 art. 20-IV ; Décret 2019-536 art. 47-1).

Elle s'inscrit dans le cadre de la procédure ordinaire de sanction et doit être engagée après que la formation restreinte de la Cnil a été saisie de l'affaire (n° 37205 s.).

Le président de la formation restreinte peut, ainsi, enjoindre à la personne mise en cause de produire les éléments précédemment demandés et assortir cette injonction d'une astreinte dont le montant ne peut excéder 100 € par jour de retard. L'intéressé doit établir, dans le délai d'exécution de l'injonction, qu'il s'est conformé à celle-ci. En cas d'inexécution totale ou partielle ou d'exécution tardive, le président de la formation restreinte peut procéder à la liquidation de l'astreinte.

SANCTIONS PRONONCÉES PAR LA CNIL

37140 La formation restreinte de la Cnil, composée d'un président et de cinq autres membres élus par la commission en son sein (Loi de 1978 art. 9, I), peut prononcer d'autres mesures correctrices après la mise en œuvre d'une **procédure contradictoire.** Elles doivent être qualifiées de sanctions.

Une procédure de sanction peut être ouverte à l'encontre d'un responsable de traitement, ou d'un sous-traitant qui ne respecte pas les obligations résultant du RGPD ou de la loi de 1978 (Loi art. 20, III-al. 1).

Le président de la Cnil ne peut saisir la formation restreinte qu'à condition :

– soit d'avoir adressé un **avertissement** au responsable de traitement ou à son sous-traitant (n° 37120) ;

– soit d'avoir prononcé à leur encontre une ou plusieurs **mesures correctrices** (n° 37110).

L'envoi d'une mise en demeure ne constitue jamais un préalable obligatoire à l'ouverture d'une procédure de sanction (CE 4-11-2020 n° 433311 : RJDA 6/21 n° 449).

37150 **Différentes sanctions** Les sanctions encourues par un responsable de traitement, ou son sous-traitant, sont au nombre de sept. Il s'agit des mesures suivantes (Loi de 1978 art. 20, III-al. 2 à 8) :

1° Un « rappel à l'ordre » ;

2° Une injonction de mettre le traitement en conformité avec les obligations résultant du RGPD ou de la loi de 1978, ou encore de satisfaire aux demandes présentées par la personne concernée en vue d'exercer ses droits ;

3° Une limitation temporaire ou définitive du traitement, son interdiction ou le retrait d'une autorisation précédemment accordée en application du RGPD ou de la loi ; la mesure de limitation prévue par l'article 20, III-3° de la loi de 1978 ne s'applique ni aux traitements qui intéressent la sûreté ou la défense, ni aux traitements relevant de la directive « police-justice » mis en œuvre pour le compte de l'État ;

4° Le retrait de la certification accordée à un responsable de traitement, ou à son sous-traitant, ou encore l'injonction à l'organisme certificateur concerné soit de refuser une certification à un responsable de traitement, ou à son sous-traitant, soit de retirer la certification accordée ;

5° La suspension de flux de données adressés à un destinataire situé dans un pays tiers ;

6° La suspension partielle ou totale de la décision d'approbation des règles d'entreprise contraignantes ;

7° Une amende administrative, exception faite du cas où le traitement est mis en œuvre pour le compte de l'État.

Ces dispositions reprennent certaines de celles contenues dans le règlement européen (RGPD art. 58, 2-b, c, f, h, i et j).

Il faut souligner que la Cnil a le pouvoir de prononcer « l'une » ou « plusieurs » des mesures énumérées ci-dessus (Loi de 1978 art. 20, III-al. 1). Les sanctions sont donc susceptibles de se cumuler.

Malgré une certaine similitude, **l'injonction** prévue à l'article 20, III-2° de la loi de 1978 est distincte de la mise en demeure de satisfaire aux demandes présentées par la personne concernée ou de mettre les « opérations de traitement en conformité avec les dispositions applicables » (n° 37130).

Sauf si le traitement est mis en œuvre pour le compte de l'État, l'injonction mentionnée ci-dessus (Loi de 1978 art. 20, III-2°) peut être assortie d'une **astreinte,** dont le montant est plafonné à 100 000 € par jour de retard à compter de la date fixée par la formation restreinte de la Cnil. Celle-ci peut prononcer l'injonction et l'astreinte par une même décision. Le responsable du traitement ou le sous-traitant transmet à la formation restreinte, au plus tard à la date fixée par cette dernière, les éléments attestant qu'il s'est conformé à l'injonction (Décret 2019-536 art. 44, al. 1 et 2). **37155**

En cas d'inexécution totale ou partielle de l'injonction, ou encore d'exécution tardive, la formation restreinte procède à la liquidation de l'astreinte en fixant son montant définitif (Loi de 1978 art. 22, al. 5 ; Décret art. 44, al. 3). Elle tient compte des éléments éventuellement transmis par le responsable du traitement ou le sous-traitant, de son comportement et des difficultés d'exécution qu'il a rencontrées. Est notamment prise en considération la circonstance que l'inexécution ou le retard dans l'exécution provient d'une cause étrangère aux capacités de mise en conformité.

La décision prononçant la liquidation de l'astreinte est précédée d'une procédure écrite au cours de laquelle la formation restreinte porte à la connaissance du responsable du traitement ou du sous-traitant les motifs de la liquidation envisagée et son montant. Cette notification est effectuée par tout moyen. L'intéressé dispose d'un délai de quinze jours à compter de la date de notification pour transmettre ses observations écrites à la formation restreinte. Ce délai est mentionné lors de la notification (Décret 2019-536 art. 44, al. 4 et 5).

Amendes administratives Les « sanctions pécuniaires » autrefois prévues par la législation nationale sont remplacées par des « amendes administratives », dont le régime découle des dispositions du règlement européen (RGPD art. 83). Celles-ci peuvent être prononcées à la place d'une ou de plusieurs autres sanctions, ou en complément avec elles (RGPD art. 83, 2-al. 1). **37160**

Pour décider de retenir une amende, la Cnil doit prendre en compte de nombreux éléments qui sont énumérés par le règlement européen mais qui ne figurent pas dans la loi de 1978 modifiée. Ces **éléments** sont les suivants (RGPD art. 83, 2-a à k) :
– la nature, la gravité et la durée de la violation, compte tenu de la nature, de la portée ou de la finalité du traitement, ainsi que du nombre de personnes concernées qui ont été affectées par le manquement et du « niveau » de dommage qu'elles ont subi ;
– le fait que la violation ait été commise délibérément ou par négligence ;
– toute mesure prise par le responsable du traitement ou le sous-traitant afin d'atténuer le dommage subi par les personnes concernées ;
– leur degré de responsabilité, compte tenu des mesures techniques et organisationnelles qu'ils ont mises en œuvre (n° 35850) ;
– toute « violation pertinente » qu'ils ont commise précédemment ;
– leur degré de coopération avec l'autorité de contrôle en vue de remédier à la violation et d'en atténuer les éventuels effets négatifs ;
– les catégories de données personnelles affectées par la violation ;
– la manière dont l'autorité de contrôle a eu connaissance de la violation, et, notamment, le point de savoir si cette dernière a été « notifiée » ;
– les conditions dans lesquelles l'un ou l'autre a fait application des codes de conduite ou des mécanismes de certification (nos 35800 s.) ;
– toute autre circonstance aggravante ou atténuante, telle que les avantages financiers obtenus, ou les pertes évitées, directement ou indirectement, grâce à la violation.

Une amende administrative ne peut être infligée à un responsable de traitement que s'il est établi que celui-ci a commis, délibérément ou par négligence, une violation des dispositions du RGPD ou des injonctions mentionnées, les unes et les autres, à l'article 83, 4 à 6 du règlement (CJUE 5-12-2023 aff. C-683/21 et aff. C-807/21 : RJDA 4/24 n° 269).

Bien que la situation financière de l'entreprise ne soit pas au nombre des éléments mentionnés par le RGPD, le Conseil d'État juge néanmoins nécessaire de la prendre en compte (CE 1-3-2021 n° 437808).

À noter que le « **G29** » (désormais le CEPD) a adopté, le 3 octobre 2017, des **lignes directrices** sur l'application et la fixation des amendes administratives (wp 253). Ce document s'efforce d'encadrer l'appréciation des différentes autorités de contrôle nationales afin d'éviter des divergences incompatibles avec une « application cohérente » du RGPD.

De nouvelles lignes directrices, définitivement adoptées le 24 mai 2023 par le **CEPD,** complètent les précédentes (« Guidelines 04/2022 on the calculation of administrative fines under the GDPR »). Elles définissent une méthode permettant d'harmoniser les modalités de calcul des amendes par les autorités des États membres.

37165 Deux séries de dispositions contribuent à **limiter le montant** de l'amende.

Le règlement européen précise que, si un responsable de traitement, ou un sous-traitant, viole délibérément ou par négligence plusieurs dispositions du règlement, dans le cadre de la même opération de traitement ou d'opérations de traitement liées, le montant total de l'amende ne peut pas excéder celui qui est « fixé pour la **violation la plus grave** » (RGPD art. 83, 3). Cette règle n'a pas été reprise dans la loi de 1978. Elle n'en est pas moins directement applicable.

Par ailleurs, comme c'était déjà le cas auparavant pour les sanctions pécuniaires, le **montant** de l'amende se trouve **plafonné.** Mais, en conformité avec le RGPD, la loi de 1978 modifiée prévoit désormais **deux plafonds** en fonction de la nature des manquements réprimés. Ces plafonds sont fixés à un niveau sensiblement plus élevé que celui de l'unique plafond qui était applicable jusqu'au 25 mai 2018 et qui était, dans tous les cas, de 3 millions d'euros. La législation nationale renvoie purement et simplement au règlement le soin de définir les manquements qui relèvent de l'un ou l'autre plafond (Loi de 1978 art. 20, III-7°).

37170 Un plafond de **10 millions d'euros** ou, dans le cas d'une entreprise, un plafond correspondant à **2 % du chiffre d'affaires annuel mondial** total de l'exercice précédent, s'applique lorsque le responsable du traitement ou le sous-traitant ont manqué à des obligations relevant d'une première catégorie. Celles-ci se rattachent notamment (RGPD art. 83, 4) :

– à l'offre de service de la société de l'information, si elle est destinée aux enfants (n°s 34830 s.) ;
– aux traitements ne nécessitant pas l'identification de la personne concernée (n° 36700) ;
– à la sous-traitance (n°s 35460 s.) ;
– à la protection des données (n°s 35520 s.) ;
– à l'analyse d'impact (n°s 35580 s.) ;
– au délégué à la protection des données (n°s 35660 s.) ;
– au registre des activités de traitement (n°s 35740 s.) ;
– à la sécurité des données personnelles (n°s 35850 s.).

37175 Un plafond de **20 millions d'euros** ou, dans le cas d'une entreprise, un plafond correspondant à **4 % du chiffre d'affaires annuel mondial** total de l'exercice précédent, s'applique à une seconde catégorie de manquements, considérés comme particulièrement graves. Ceux-ci portent, notamment, sur (RGPD art. 83, 5 et 6) :

– les principes généraux régissant la collecte et le traitement des données personnelles (n°s 34700 s.) ;
– la licéité d'un traitement (n°s 34770 s.) ;
– le traitement des données sensibles (n°s 34880 s.) ;
– les différents droits ouverts à la personne concernée (n°s 36000 s.) ;
– le transfert des données personnelles vers des pays tiers (n°s 37500 s.) ;
– le non-respect de certaines mesures correctrices (injonctions, limitation temporaire ou définitive du traitement, suspension des flux de données vers des pays tiers).

37180 Pour **déterminer le montant** de l'amende administrative susceptible d'être prononcée à l'encontre de l'auteur du manquement, la formation restreinte de la Cnil doit prendre en compte les « **critères** », qui, en vertu du RGPD, permettent de choisir entre le prononcé d'une amende et celui d'une autre sanction, ou, éventuellement, le cumul de l'une et de l'autre (n° 37160).

D'une manière plus générale, le règlement impose aux autorités de contrôle de veiller à ce que les amendes « soient, dans chaque cas, effectives, proportionnées et dissuasives » (RGPD art. 83, 1).

ILLUSTRATIONS

Alors qu'une société s'est vu reprocher une méconnaissance de ses obligations relatives à la licéité des traitements et à l'information des personnes concernées, le prononcé d'une amende de 50 M€ respecte l'exigence de proportionnalité, compte tenu de la gravité et de la persistance des manquements constatés qui constituent une violation des principes fondamentaux de la protection des données personnelles, ainsi que de l'ampleur des traitements en cause (Délib. Cnil 21-1-2019 n° SAN-2019-001 : RJDA 6/19 n° 477, confirmée par CE 19-6-2020 n° 430810 : RJDA 11/20 n° 620).

Pour d'autres exemples de décisions prononçant une amende particulièrement élevée, voir Délib. Cnil 7-12-2020 n° SAN-2020-012 (100 M€), confirmée par CE 28-1-2022 n° 449209 : RJDA 4/22 n° 242 et Délib. Cnil 7-12-2020 n° SAN-2020-013 (35 M€), confirmée par CE 27-6-2022 n° 451423 : RJDA 10/22 n° 608.

Inversement, bien qu'un opérateur de téléphonie mobile ait méconnu des règles essentielles de protection des données, la Cnil ne lui a infligé qu'une sanction de 300 000 €, dès lors qu'elle avait seulement reçu quelques plaintes isolées et très peu nombreuses par rapport au nombre total d'abonnés (Délib. Cnil 28-12-2021 n° SAN-2021-021 : RJDA 4/22 n° 241).

Mesures d'urgence Lorsque la méconnaissance des dispositions du RGPD ou de celles de la loi de 1978 entraîne une **violation des droits fondamentaux** de la personne et, si le président de la Cnil considère qu'il est urgent d'intervenir, la formation restreinte peut être saisie par celui-ci. Elle peut, dans le cadre d'une procédure contradictoire, adopter l'une des principales **mesures** suivantes (Loi de 1978 art. 21, I) : 37190

– l'interruption provisoire, pour une durée maximale de trois mois, de la mise en œuvre du traitement, y compris un transfert des données vers des pays tiers (art. 21, I-1°) ;
– la limitation du traitement de certaines des données personnelles traitées, pour une durée maximale de trois mois (2°) ;
– la suspension provisoire de la certification délivrée au responsable du traitement, ou à son sous-traitant (3°) ;
– la suspension provisoire de l'agrément délivré à un organisme de certification ou d'un organisme chargé du respect d'un code de conduite (4°) ;
– l'injonction de mettre le traitement en conformité avec les obligations résultant du RGPD ou de la loi de 1978, ou encore de satisfaire aux demandes présentées par la personne concernée en vue d'exercer ses droits ; l'injonction peut être assortie d'une astreinte, dont le montant est plafonné à 100 000 € par jour de retard à compter de la date fixée par la formation restreinte (6°) ;
– un rappel à l'ordre (7°).

Contrairement à ce qu'il en est pour les sanctions de droit commun (nos 37150 s.), les mesures mentionnées ci-dessus ne peuvent pas se cumuler.

L'astreinte susceptible d'assortir l'injonction prévue par le 6° relève de règles identiques à celles qui concernent l'astreinte applicable dans le cas de l'injonction prononcée à titre de sanction de droit commun (n° 37155) (Loi de 1978 art. 21, I-6° ; Décret 2019-536 art. 44).

ATTENTION

Les deux mesures prévues par le 1° et le 2° de l'article 21, I de la loi de 1978 ne s'appliquent pas aux traitements qui intéressent la **sûreté** ou la **défense,** ou encore aux traitements relevant de la **directive « police justice »** mis en œuvre pour le compte de l'État.

En cas d'**atteinte grave et immédiate** aux droits fondamentaux de la personne, le président de la Cnil peut également demander, par la voie du référé, à la juridiction compétente d'ordonner, le cas échéant, sous astreinte, toute mesure nécessaire à la sauvegarde des droits en cause (Loi de 1978 art. 21, IV). 37195

PROCÉDURES DE SANCTION

Il existe, à titre principal, une procédure répressive « **ordinaire** » (Loi de 1978 art. 22 ; Décret 2019-536 art. 39 à 45). Elle s'accompagne d'une procédure « **simplifiée** » (Loi de 1978 art. 22-1 ; Décret 2019-536 art. 45-1 à 45-2). En outre, la procédure applicable aux **mesures d'urgence** présente certaines particularités (Décret 2019-536 art. 46 à 47). 37200

Procédure ordinaire de sanction Les sanctions de droit commun (nos 37140 s.) doivent être prononcées sur la base d'un rapport établi par l'un des membres de la Cnil. Le président de la Commission désigne le rapporteur parmi les membres n'appartenant pas à la formation restreinte (Loi de 1978 art. 22, al. 1 ; Décret 2019-536 art. 39, al. 1). 37205

Le **rapporteur** peut solliciter du responsable du traitement ou du sous-traitant (également désigné sous le nom de « mis en cause ») la communication de toute pièce ou information qu'il estime utile. Il peut aussi entendre l'intéressé. L'audition donne lieu à l'établissement d'un procès-verbal signé par la personne mise en cause. Le rapporteur fait mention d'un éventuel refus de signer. Les personnes entendues peuvent être assistées d'un conseil de leur choix. Le rapporteur peut entendre toute autre personne dont l'audition lui paraît utile. Il peut demander à la Cnil de procéder à des contrôles complémentaires (Décret 2019-536 art. 39, al. 2 à 4).

Au terme de ses diligences, le rapporteur décide soit de mettre fin à la procédure, soit d'établir son rapport. Dans le premier cas, il informe de sa décision le président de la Cnil, la formation restreinte et la personne mise en cause (Décret 2019-536 art. 39, al. 5 à 6).

37207 Le **rapport** est notifié au responsable du traitement ou au sous-traitant par tout moyen permettant à la Cnil d'apporter la preuve de la date de cette notification. Il est également transmis à la formation restreinte de la Cnil (Décret 2019-536 art. 40, I-al. 1).

La **personne mise en cause** dispose d'un délai d'un mois pour transmettre ses **observations** écrites au rapporteur et à la formation restreinte de la Cnil. (Décret 2019-536 art. 40, I-al. 2).

Le **rapporteur** peut ensuite poursuivre la procédure contradictoire écrite et modifier son rapport, ainsi que sa proposition de mesure correctrice. Chaque mémoire du rapporteur et de la personne mise en cause est produit dans le délai d'un mois. Celle-ci a toujours la possibilité de produire en dernier. Le président de la formation restreinte est destinataire des observations et pièces ainsi échangées (Décret 2019-536 art. 40, I-al. 3).

Le président de la formation restreinte peut décider, sur demande du rapporteur ou de la personne mise en cause, de **prolonger** les deux délais mentionnés ci-dessus. Lorsqu'elle est accordée au rapporteur, cette prolongation bénéficie systématiquement à la personne mise en cause, qui en est informée (Décret art. 40, I-al. 4).

Lorsque le rapporteur se déporte d'une affaire ou devient indisponible, pour quelque motif que ce soit, le président de la Cnil désigne un **nouveau rapporteur.** Celui-ci poursuit la procédure sans qu'il soit nécessaire de réitérer les actes de procédure effectués par le rapporteur précédent. La personne mise en cause et la formation restreinte en sont informées par le secrétaire général de la Commission (Décret art. 40, I-al. 5).

Le **dossier de procédure** est mis à la disposition de la personne mise en cause. Celle-ci peut en prendre connaissance et effectuer des copies des pièces. Elle peut se faire assister ou représenter par tout **conseil** de son choix (Décret art. 40, I-al. 6).

Lorsque la procédure a pour origine une plainte (ou une réclamation), l'**identité** de son auteur ne doit pas être communiquée à la personne mise en cause. Il ne peut en aller différemment que si une telle communication est nécessaire à la cessation du ou des manquements constatés ou si les éléments de preuve opposés à la personne mise en cause ont été fournis par l'auteur de la plainte (Décret art. 40, I-al. 7).

À tout moment, le rapporteur peut décider de **mettre fin à la procédure** s'il estime qu'il n'y a pas lieu de prononcer de mesure correctrice. Il en informe le président de la Cnil, la formation restreinte et la personne mise en cause (Décret art. 40, II).

Lorsqu'il estime le dossier en état, le rapporteur informe la personne mise en cause et le président de la formation restreinte que l'**instruction est close.** Sauf report de la clôture par le président de la formation restreinte, les observations écrites complémentaires sont déclarées irrecevables. L'ensemble des observations et pièces du dossier est mis à disposition de la formation restreinte (Décret art. 40, III).

37208 Le président de la formation restreinte inscrit l'affaire à l'ordre du jour d'une séance. Le rapporteur et la personne mise en cause sont **convoqués** dans un délai qui ne peut être inférieur à 15 jours avant la séance. En cas de réexamen ou de report de l'affaire lors d'une séance ultérieure, ce délai peut être ramené à sept jours.

La personne mise en cause est informée de son droit d'être assistée par un conseil de son choix.

La convocation est faite par tout moyen permettant d'attester de sa date (Décret 2019-536 art. 40, IV).

37210 Lors de la **séance,** le rapporteur peut présenter des observations orales à la formation restreinte, mais ne prend pas part à ses délibérations (Loi de 1978 art. 22, al. 1).

Si elle assiste à la séance, la personne mise en cause et, le cas échéant, son conseil ou tout expert désigné par cette personne sont invités à présenter des observations orales à l'appui de leurs conclusions écrites (Décret 2019-536 art. 42, al. 1).

La formation restreinte peut entendre toute personne dont l'audition lui paraît susceptible de contribuer utilement à son information, y compris à la demande du secrétaire général de la commission, les agents des services de celle-ci (Loi art. 22, al. 1).

Dans tous les cas, la personne en cause et son conseil doivent pouvoir prendre la parole en dernier.

Lorsque la formation restreinte s'estime insuffisamment éclairée, elle peut demander au rapporteur de poursuivre ses diligences (Décret art. 42, al. 1).

Si la personne mise en cause est représentée par un conseil, ce dernier est seul destinataire des actes de procédure, exception faite de la désignation du rapporteur et de la notification de la décision (Décret 2019-536 art. 40, V).

Procédure simplifiée de sanction Afin de permettre à la Cnil de faire face à un nombre croissant de plaintes, tout en différenciant les procédures répressives en fonction de la nature et de la gravité des manquements, la loi 2022-52 du 24 janvier 2022 a créé une procédure simplifiée (Loi de 1978 art. 22-1 ; Décret 2019-536 art. 45-1 à 45-2). 37215

Le recours à cette procédure est subordonné à deux séries de conditions qui relèvent de l'appréciation du président de la Cnil (Loi de 1978 art. 22-1, al. 1 à 3).

1° D'une part, il est nécessaire que le président de la Commission estime que certaines des sanctions susceptibles d'être prononcée à l'encontre d'un responsable de traitement ou d'un sous-traitant (n° 37150) constituent la « **réponse appropriée** » à la gravité des manquements constatés. Ces sanctions sont au nombre de trois :

– un rappel à l'ordre ;
– une injonction de mettre le traitement en conformité avec les obligations résultant du RGPD ou de la loi de 1978, ou encore de satisfaire aux demandes présentées par la personne concernée en vue d'exercer ses droits ;
– une amende administrative.

Encore faut-il que l'astreinte dont l'injonction peut être assortie n'excède pas un montant de 100 € par jour de retard ou que l'amende administrative n'excède pas un montant de 20 000 €.

2° D'autre part, le président de la Cnil ne peut engager la procédure simplifiée que si l'affaire ne présente pas de « **difficulté particulière** ». Cette seconde condition s'apprécie par rapport à des critères tels que l'existence d'une jurisprudence établie ou de décisions précédemment rendues par la formation restreinte, ainsi que la simplicité des questions de fait et de droit que l'affaire présente à trancher.

Plusieurs éléments contribuent à l'**allègement** de la procédure simplifiée, sans pour autant priver de ses garanties essentielles la personne mise en cause (Loi de 1978 art. 22-1, al. 1 et al. 4 à 7 ; Décret 2019-536 art. 45-1). 37218

Le principal facteur d'allègement résulte de ce que l'affaire n'est pas soumise à la formation restreinte. Seul le président de la formation ou l'un de ses membres désigné à cet effet statue sur les poursuites.

Par ailleurs, la procédure simplifiée est, en principe, écrite. La personne mise en cause doit cependant être informée de la possibilité d'être entendue au cours d'une séance et d'y présenter des observations orales. Elle est également informée de ce qu'elle peut se faire représenter ou assister et déposer des observations écrites.

Comme dans le cas de la procédure ordinaire de sanction, le rapport, sur la base duquel la mesure est susceptible d'être prononcée, est notifié au responsable du traitement ou au sous-traitant. Ce rapport est établi, non par un membre de la Cnil, mais par un agent des services de la Commission.

Le président de la formation restreinte ou le membre qu'il a désigné peut solliciter les observations de toute personne à même d'assurer son information.

Procédure d'urgence Les mesures d'urgence (n° 37190) sont prononcées à l'issue d'une procédure contradictoire dont la plupart des caractéristiques sont analogues à celles de la procédure ordinaire de sanction (Décret 2019-536 art. 46). 37219

Seules deux dispositions, l'une et l'autre destinées à **accélérer** la procédure d'urgence, marquent sa spécificité :

– la personne mise en cause ne se voit accorder qu'un délai de 8 jours (au lieu d'un mois) pour transmettre ses observations écrites à la formation restreinte de la Cnil ;

– la convocation de l'intéressé en vue de son éventuelle audition par le président de la formation restreinte ou le membre que celui-ci a désigné, doit lui parvenir, au plus tard, 8 jours avant la date de cette audition.

37220 **Décision prononçant une sanction ou une mesure d'urgence** La décision prise à l'issue de la procédure, ordinaire ou simplifiée, de sanction, ainsi que de la procédure d'urgence, énonce les considérations de droit et de fait sur lesquelles elle est fondée. Elle indique les délais et voies de recours.

Elle est notifiée à la personne mise en cause par tout moyen permettant d'attester la date de sa notification. Elle est communiquée au président de la Cnil (Décret 2019-536 art. 43, al. 1 et 2 et art. 46, al. 1).

37225 La formation restreinte de la Cnil peut **rendre publiques** les sanctions et mesures d'urgence qu'elle prononce. Elle peut également ordonner leur insertion dans des publications, journaux et supports qu'elle désigne, aux frais des personnes sanctionnées (Loi de 1978 art. 22, al. 2).

La décision par laquelle une sanction est rendue publique constitue une **sanction complémentaire** (CE 12-3-2014 n° 354629 : RJDA 10/14 n° 817). Cette décision se trouve soumise, comme la sanction principale, au principe de proportionnalité. Sa légalité s'apprécie, notamment, au regard du support de diffusion retenu et, le cas échéant, de la durée pendant laquelle la publication est accessible de façon libre et continue (CE 28-9-2016 n° 389448 : RJDA 12/16 n° 926 ; CE 19-6-2017 n° 396050 : RJDA 12/17 n° 862 ; CE 17-4-2019 n° 423559 : RJDA 7/19 n° 540).

Aussi, la Cnil ne peut-elle pas décider de publier un avertissement sur son site internet et le site Legifrance, sans fixer la durée du maintien en ligne de la publication sur ces deux sites. En omettant de fixer cette durée, elle doit être regardée comme ayant prononcé une sanction sans borne temporelle et qui est donc excessive (CE 28-9-2016 n° 389448 et CE 19-6-2017 n° 396050 précités).

> **Précisions** **a.** La **publication** de la sanction peut **intervenir** dès la notification de la décision qui la prononce. La décision ainsi publiée indique qu'un recours est ouvert à son encontre devant le juge administratif (Décret 2019-536 art. 43, al. 3 et art. 46, al. 1).
> **b.** Lorsqu'un tiers – par exemple, le sous-traitant de l'entreprise responsable du traitement de données à caractère personnel – demande qu'il ne soit pas procédé à la publication des mentions qui le concernent dans une décision de sanction prononcée par la Cnil dont le dispositif ne lui fait pas grief, ou encore s'il demande l'**anonymisation** de telles mentions dans la version publiée de cette sanction, la Cnil est tenue de faire droit à une telle demande, sous la seule réserve de vérifier l'existence des mentions en litige (CE 11-3-2015 n° 372884 : RJDA 8-9/15 n° 623).
> **c.** Lorsque la formation restreinte de la Cnil a prononcé une **sanction pécuniaire** et décidé de la rendre publique, tandis que le Conseil d'État, statuant sur le recours dont il est saisi contre ces deux mesures, **réduit** le montant de la sanction, il appartient au Conseil d'enjoindre à la Cnil de publier sa propre décision dans les mêmes formes que celles dont la sanction a fait l'objet (CE 17-4-2019 n° 422575 : RJDA 7/19 n° 539).

37230 **Information des personnes concernées** La formation restreinte de la Cnil peut encore ordonner que le responsable de traitement, ou son sous-traitant, informent individuellement, à leurs frais, chacune des personnes concernées d'une « violation relevée » des dispositions de la loi de 1978 ou de celles du RGPD, ainsi que, le cas échéant, de la mesure prononcée (Loi art. 22, al. 3).

La question de savoir de quelle « violation » il s'agit peut prêter à hésitation. En effet, l'obligation d'information en question s'impose « sans préjudice » des obligations d'information prévues par l'article 34 du règlement qui est relatif à la « violation de données personnelles ».

37240 **Recours** Dans sa version actuelle, la loi de 1978 ne reprend plus une disposition antérieure selon laquelle les décisions de la formation restreinte prononçant une sanction peuvent faire l'objet d'un recours de pleine juridiction devant le **Conseil d'État.** Mais la compétence du Conseil d'État en premier et dernier ressort résulte, de toute façon, des dispositions du Code de justice administrative (C. just. adm. art. R 311-1, 4°). Par ailleurs, selon un principe jurisprudentiel de portée générale, le juge saisi d'un recours contre une sanction administrative doit toujours statuer sur ce recours en qualité de « juge du plein contentieux » (CE 16-2-2009 n° 274000 : RJF 5/09 n° 470 ; Lebon p. 25, concl. C. Legras). Le Conseil d'État a donc la possibilité de substituer éventuellement sa propre décision à celle de la Cnil afin d'atténuer la gravité de la sanction si cette dernière lui paraît excessive.

> **Précisions** Une telle analyse est, d'ailleurs, confirmée par le **RGPD,** selon lequel les juridictions nationales, saisies d'un recours contre une mesure correctrice prononcée par une autorité de contrôle, doivent être dotées d'une « compétence de pleine juridiction » (RGPD considérant 143 rectifié).

Sanctions pénales Le règlement européen reconnaît aux États la faculté de détermi- 37250
ner le régime des « autres sanctions » applicables lorsque les manquements en cause ne font pas l'objet d'une amende administrative (RGPD art. 84). Cette dernière disposition vise, en particulier, les sanctions pénales. Toutefois, les éventuelles sanctions pénales ne sauraient **se cumuler** avec les mesures susceptibles d'être prononcées par la formation restreinte de la Cnil qu'à condition que soit respecté le principe « ne bis in idem » tel qu'il a été interprété par la Cour de justice (RGPD considérant 149).

À noter que, selon la législation nationale, si la formation restreinte prononce une sanction pécuniaire devenue définitive avant que le juge pénal ait statué définitivement sur les mêmes faits ou des faits connexes, celui-ci peut ordonner que l'amende s'impute sur l'amende pénale qu'il prononce (Loi de 1978 art. 22, al. 4 et 22-1, al. 8).

Est puni de cinq ans d'**emprisonnement** et de 300 000 € d'**amende** le fait de procéder ou 37255
de faire procéder à un traitement qui a donné lieu, à titre de sanction de droit commun, à une limitation temporaire ou définitive, à une interdiction ou encore au retrait d'une autorisation précédemment accordée en application du RGPD ou de la loi (n° 37150). Il en va ainsi même lorsque l'infraction est commise par négligence (C. pén. art. 226-16, al. 2).

Sur les peines complémentaires et les sanctions applicables en cas de responsabilité pénale des personnes morales, voir n°s 38200 s.

F. Champ d'action territorial de la Cnil et actions de coopération

PRINCIPES

Le règlement européen détermine la compétence territoriale de chaque autorité nationale 37300
de contrôle.

Une autorité de contrôle est compétente pour exercer les missions et les pouvoirs dont elle est investie sur le territoire de l'État membre de l'Union dont elle relève (RGPD art. 55, 1). Mais, au titre de son champ d'action territorial, l'autorité de contrôle peut agir soit en qualité d'autorité « concernée », soit en qualité d'autorité « chef de file ».

AUTORITÉ DE CONTRÔLE « CONCERNÉE » PAR UN TRAITEMENT DE DONNÉES

Une autorité de contrôle est concernée par un traitement de données personnelles lorsque 37310
l'une des trois **conditions** suivantes est remplie (RGPD art. 4, 22) :

– le responsable du traitement, ou le sous-traitant, est établi sur le territoire de l'État membre dont relève l'autorité (sur la notion d'« établissement » du responsable du traitement, ou du sous-traitant, voir n° 34600) ;

– des personnes concernées par le traitement, qui résident dans cet État, sont « sensiblement affectées par le traitement ou susceptibles de l'être » ;

– une « réclamation » a été introduite auprès de l'autorité de contrôle.

AUTORITÉ DE CONTRÔLE « CHEF DE FILE »

Définition L'autorité de contrôle agit en qualité de chef de file lorsque est en cause un 37320
traitement transfrontalier (RGPD art. 56). Celui-ci est défini comme étant (RGPD art. 4, 23) :

– soit un traitement effectué au sein de l'Union, dans le cadre des activités d'un responsable de traitement, ou d'un sous-traitant, établi dans plusieurs États membres ;

– soit un traitement effectué au sein de l'Union, dans le cadre des activités d'un responsable de traitement, ou d'un sous-traitant, ayant un établissement unique dans un État membre, alors que, par ailleurs, le traitement « affecte sensiblement », ou est « susceptible d'affecter sensiblement », des personnes concernées dans plusieurs États.

L'autorité chef de file est, dans le premier cas, celle de l'établissement principal et, dans le second, celle de l'établissement unique (RGPD art. 56, 1). Elle détient un pouvoir propre de décision. Mais elle doit aussi coopérer avec les autres autorités nationales de contrôle et coordonner leurs actions conjointes (n° 37330).

L'autorité de contrôle d'un État membre (au cas présent, la Belgique), qui ne peut pas agir en qualité de chef de file faute d'être l'autorité de contrôle dont relève l'établissement principal du responsable de traitement (lequel se trouve en Irlande), a cependant le pouvoir, prévu par l'article 58, 5 du RGPD au profit de chaque autorité nationale, de porter toute violation du règlement relative à un traitement transfrontalier devant une juridiction de cet État (CJUE 15-6-2021 aff. 645/19 : RJDA 12/21 n° 807). Il n'est pas nécessaire que le responsable de traitement, contre lequel cette action est exercée, dispose d'un établissement principal ou d'un autre établissement sur le territoire du même État. Le pouvoir détenu par l'autorité nationale concernée peut être exercé tant à l'égard de l'établissement principal du responsable de traitement qu'à l'égard d'un autre établissement de ce responsable.

37325 En retenant le critère de l'**établissement principal** pour désigner l'autorité chef de file compétente, le RGPD permet aux entreprises exerçant leurs activités dans plusieurs États de bénéficier d'un seul interlocuteur conformément au mécanisme du « **guichet unique** » (« one stop shop »).

L'établissement principal du responsable du traitement est tantôt le lieu de son « administration centrale », tantôt un autre établissement. La seconde hypothèse correspond à celle d'un établissement (RGPD art. 4, 16-a) :
– dans lequel sont prises les décisions relatives aux finalités et aux moyens d'un traitement de données personnelles,
– et qui a le pouvoir d'appliquer ces décisions.

S'agissant d'un **sous-traitant,** l'établissement principal est soit le lieu de son siège central, soit, s'il ne dispose pas d'un siège sur le territoire de l'Union, l'établissement où se déroule l'essentiel des activités de traitement soumises au règlement (RGPD art. 4, 16-b).

> **Précisions a.** Le **CEPD** a adopté, le 28 mars 2023, une version révisée des **lignes directrices 8/2022** portant sur la désignation de l'autorité chef de file.
> **b.** L'établissement principal, dans l'Union, d'un responsable de traitement est, en principe, constitué par son administration centrale, c'est-à-dire le lieu de son siège réel. Il en va autrement si un autre établissement est compétent pour prendre les décisions relatives aux finalités et aux moyens du traitement, en disposant du pouvoir de les faire appliquer à l'échelle de l'Union (CE 19-6-2020 n° 430810 : RJDA 11/20 n° 620 et, dans la même affaire, Délib. Cnil 21-1-2019 n° SAN-2019-001 : RJDA 6/19 n° 477 ; CE 4-5-2023 n° 464445 : RJDA 8-9/2023 n° 492).
> **c.** Lorsqu'un responsable de traitement implanté en dehors de l'Union met en œuvre, sur le territoire de celle-ci, un traitement transfrontalier, mais qu'il n'y dispose ni d'administration centrale, ni d'établissement doté d'un pouvoir décisionnel, chaque autorité nationale de contrôle est compétente pour veiller au respect du RGPD sur le territoire de l'État membre dont elle relève (CE 19-6-2020 n° 430810 préc.).
> **d.** Le RGPD ne prévoit pas l'application du mécanisme du « guichet unique » aux injonctions prononcées par la Cnil en application des dispositions de la directive 2002/58/CE, dite « directive vie privée et communications électroniques », relatives à la pratique des **cookies.** Ces injonctions relèvent de la seule compétence des États membres (CE 28-1-2022 n° 449209 : RJDA 4/22 n° 242 et, dans la même affaire, Délib. Cnil 7-12-2020 n° SAN-2020-012 ; CE 27-6-2022 n° 451423 : RJDA 10/22 n° 608 et, dans la même affaire, Délib. Cnil 7-12-2020 n° SAN-2020-013).

37330 **Coopération avec les autres autorités de contrôle** La Cnil met en œuvre, avec les autorités de contrôles des autres États membres de l'Union, « des procédures de coopération et d'assistance mutuelle » (Loi de 1978 art. 24). Elle réalise également, avec ces autorités, des « opérations conjointes » (Loi art. 25). Ces dispositions renvoient au règlement européen (RGPD art. 60 à 67).

Ainsi, les autorités de contrôle de l'Union doivent-elles se **communiquer** les **informations** utiles et se prêter mutuellement assistance (RGPD art. 61).

Par ailleurs, qu'elle agisse en tant qu'autorité concernée ou en tant qu'autorité chef de file, la Cnil est compétente pour traiter une « réclamation » ou une éventuelle violation du RGPD affectant d'autres États membres. Le président de la Commission invite les autres autorités concernées à participer aux **opérations de contrôle conjointes** qu'il décide de conduire (Loi de 1978 art. 25, II et, sur renvoi, RGPD art. 62).

Le CEPD a adopté, le 14 mars 2022, des lignes directrices 02/2022 relatives à l'application de l'article 60 du RGPD relatif à la coopération entre l'autorité de contrôle chef de file et les autres autorités de contrôle concernées.

37335 Lorsque la Cnil agit en qualité d'**autorité chef de file** à l'égard d'un **traitement transfrontalier** (n° 37320), elle communique « sans tarder » aux autres autorités de contrôle concernées le rapport établi par le rapporteur de la Commission dans le cadre de la procédure applicable aux sanctions ou aux mesures d'urgence, ainsi que l'ensemble des informations utiles ayant permis d'établir ce rapport (n°s 37205 s.).

La communication du rapport doit intervenir avant l'éventuelle audition du responsable de traitement, ou de son sous-traitant. Les autorités concernées doivent être mises en mesure d'assister, par tout moyen de transmission approprié, à l'audition, ou de prendre connaissance d'un procès-verbal dressé à la suite de cette audition (Loi de 1978 art. 27, al. 1).

La formation restreinte soumet son projet de décision aux autorités concernées. À ce titre, elle se prononce sur la prise en compte des « objections pertinentes et motivées » émises par ces autorités. Si elle décide d'écarter l'une de ces objections, la formation restreinte saisit le Comité européen de protection des données personnelles (CEPD) (art. 27, al. 2 et, sur renvoi, RGPD art. 60).

Les modalités d'applications de ces dispositions sont fixées par les articles 51 à 56 du décret 2019-536 du 29 mai 2019.

D'une manière symétrique, lorsque la Cnil agit en qualité d'**autorité de contrôle concernée,** son président est saisi des projets de mesures correctrices soumis à la Commission par une autre autorité. Le cas échéant, ces projets suscitent une « objection pertinente et motivée », de la part du président de la Cnil ou de la formation restreinte (Loi de 1978 art. 28 et, sur renvoi, RGPD art. 60 ; Décret 2019-536 art. 57). **37340**

ACTIONS DE COOPÉRATION INTERNATIONALE DE LA CNIL

La Cnil peut, à la demande d'une autorité exerçant dans un **État,** qui n'est **pas membre de l'Union européenne,** des compétences analogues aux siennes, procéder à des « vérifications » dans les conditions prévues par les dispositions relatives aux visites de locaux et autres pouvoirs d'enquête (nos 36910 s.) (Loi de 1978 art. 29, al. 1). Encore faut-il que l'État demandeur offre un niveau de protection adéquat des données personnelles (sur la notion de niveau de protection adéquat, voir no 37550). **37350**

La commission est également habilitée, sous la même condition, à communiquer à l'autorité qui le lui demande les informations qu'elle recueille ou qu'elle détient (art. 29, al. 2).

Il est nécessaire qu'une convention soit préalablement conclue avec l'autorité de l'État non membre de l'Union (art. 29, al. 3).

G. Délit d'entrave à l'action de la Cnil

Il est interdit d'entraver l'action de la Cnil (C. pén. art. 226-22-2) : **37390**

– soit en s'opposant à l'exercice des missions confiées à ses membres ou agents habilités lorsque la « visite » a été autorisée par le juge ;

– soit en refusant de communiquer à ses membres ou agents habilités les renseignements et documents utiles à leur mission, ou en dissimulant ces documents ou renseignements, ou encore en les faisant disparaître ;

– soit en communiquant des informations qui ne sont pas conformes au contenu des enregistrements, tel qu'il était au moment où la demande a été formulée, ou qui ne présentent pas ce contenu sous une forme directement accessible.

ILLUSTRATIONS

Constitue le délit d'entrave le fait d'adresser volontairement à la Cnil des informations inexactes en vue d'éluder un contrôle de la Commission (Cass. crim. 28-9-2004 : RJDA 6/05 no 783).

Il en va de même lorsqu'un établissement de crédit attend, pour fournir des explications sur un dysfonctionnement, que la Cnil ait entrepris, pendant un an, des démarches qui ont seulement abouti à des réponses partielles et deux contrôles sur place (Délib. Cnil 28-6-2006 no 2006-174 : RJDA 12/06 no 1292).

Le délit d'entrave est puni d'un an d'emprisonnement et de 15 000 € d'amende (C. pén. art. 226-22-2). La personne morale déclarée responsable de l'infraction commise pour son compte par son organe ou représentant est passible d'une amende de 75 000 € (C. pén. art. 121-2 et 131-38).

VIII. TRANSFERTS DE DONNÉES PERSONNELLES VERS DES PAYS TIERS À L'UE

A. Présentation générale

DISPOSITIONS APPLICABLES

37500 Des règles spécifiques encadrent le transfert de données personnelles en dehors de l'Union européenne. Elles ont pour objet de garantir que les données transférées bénéficieront d'une protection suffisante dans le pays destinataire. Ces règles trouvent leur fondement dans les dispositions, particulièrement détaillées, du règlement européen (RGPD art. 44 à 49).

La loi du 6 janvier 1978 ne comporte que certaines dispositions à ce sujet.

NOTION DE TRANSFERT DE DONNÉES

37510 Ni le RGPD ni la loi de 1978 ne précisent ce qu'il faut entendre par « transfert » de données.

La Cnil définit ce terme comme étant toute communication, toute copie ou déplacement de données par l'intermédiaire d'un réseau, ou toute communication, toute copie ou déplacement de ces données d'un support à l'autre, quel que soit ce support, dans la mesure où ces données ont vocation à faire l'objet d'un traitement dans le pays destinataire.

De son côté, le CEPD indique, dans des lignes directrices adoptées le 14 février 2023 (« Guidelines 05/2021 on the Interplay between the application of Article 3 and the provisions on international transfers as per Chapter V of the GDPR »), que trois critères cumulatifs permettent d'identifier un transfert de données :

– un responsable de traitement ou un sous-traitant (« exportateur de données ») est soumis au RGPD ;

– l'exportateur transmet ou rend disponibles ces données à un autre responsable du traitement, coresponsable du traitement ou sous-traitant (l'« importateur ») ;

– cet importateur, qui peut ne pas être lui-même soumis au RGPD, se trouve dans un pays tiers ou encore constitue une organisation internationale.

B. Encadrement du transfert de données personnelles

PRINCIPE

37550 Le responsable d'un traitement, ou son sous-traitant, ne peut transférer vers un pays n'appartenant pas à l'Union européenne des données personnelles faisant l'objet d'un traitement, ou sont destinées à faire l'objet d'un traitement, que si ce pays assure aux personnes concernées un **niveau de protection** équivalent à celui qui est garanti dans les différents États de l'Union (RGPD art. 44). Le règlement utilise l'expression « niveau de protection adéquat » (RGPD art. 45, 1).

Dans deux **affaires « Schrems »,** la Cour de justice de l'Union européenne a précisé que cette expression désigne un « niveau de protection des libertés et droits fondamentaux substantiellement équivalent à celui garanti au sein de l'Union » (CJUE 6-10-2015 aff. 362/14 « Schrems I » : BRDA 4/16 inf. 24 ; CJUE 16-7-2020 aff. 311/18 « Schrems II » : RJDA 11/20 n° 621 et chronique R. Vandermeeren p. 745). Les auteurs du RGPD ont entendu confirmer cette conception (RGPD considérant 104).

Le règlement ajoute que les dispositions relatives aux transferts de données personnelles vers les pays tiers s'appliquent également aux **transferts ultérieurs** de données personnelles « au départ » du pays tiers vers un autre pays tiers (RGPD art. 44).

MODALITÉS DU TRANSFERT DE DONNÉES

37560 La mise en œuvre du principe exposé ci-dessus repose sur l'un des trois éléments suivants.

1° Elle est facilitée par le mécanisme de la « **décision d'adéquation** », antérieurement institué par la directive 95/46 (Dir. 95/46 art. 25, 6) et auquel le règlement accorde désormais une place essentielle (RGPD art. 45). Seul le règlement européen s'applique à ce dispositif, qui est absent de la législation nationale.

2° En l'absence d'une décision d'adéquation, le transfert demeure possible si le responsable du traitement, ou son sous-traitant, prévoit des « **garanties appropriées** » (RGPD art. 46). La loi de 1978 n'envisage pas non plus ce deuxième dispositif.

3° En l'**absence** d'une **décision d'adéquation ou de garanties appropriées,** le transfert est subordonné à certaines conditions (RGPD art. 49).

C. Décision d'adéquation permettant le transfert de données personnelles hors de l'Union européenne

Dès lors que la Commission européenne a constaté au moyen d'une « décision d'adéquation » qu'un pays tiers assure un niveau de protection adéquat, un transfert de données personnelles vers ce pays peut être effectué sans « autorisation spécifique » (RGPD art. 45,1). **37600**

Différents **critères** permettent d'évaluer le caractère adéquat du niveau de protection (RGPD art. 45, 2).

S'il apparaît que le pays tiers n'assure plus un niveau de protection adéquat, la Commission peut **abroger, modifier ou suspendre la décision d'adéquation** (RGPD art. 45, 5).

La Commission européenne publie au Journal officiel de l'Union européenne (JOUE) et sur son site internet la **liste des pays** tiers pour lesquels elle a constaté qu'un niveau de protection adéquat « est ou n'est plus assuré » (RGPD art. 45, 8).

Les dispositions du règlement se substituent à celles de l'article 25, 6 de la directive 95/46, qui ouvraient déjà à la commission la possibilité de prendre un décision d'adéquation. Les décisions adoptées par la Commission européenne sur la base de la directive demeurent en vigueur jusqu'à leur modification, leur remplacement ou leur abrogation par une nouvelle décision prise en application du règlement (RGPD art. 45, 9).

À noter que le « **G29** » (désormais le CEPD) a adopté, le 28 novembre 2017, et révisé, le 6 février 2018, un document portant sur les « **critères de référence** » destinés à évaluer le niveau de protection des données dans les pays tiers (wp 254 rev. 01).

Les **pays** ayant fait l'objet, en vertu de la directive 95/46, d'une **décision d'adéquation** par la Commission européenne sont les suivants : Andorre, Argentine, Corée du Sud, Jersey, Guernesey, île Féroé, île de Man, Israël, Japon, Nouvelle-Zélande, Suisse et Uruguay. **37605**

Les décisions d'adéquation les plus récentes sont celles qui ont été prises le 23 janvier 2019 à l'égard du Japon, puis le 17 décembre 2021 à l'égard de la Corée du Sud et, enfin, le 10 juillet 2023 à l'égard des États-Unis (sur cette dernière décision d'adéquation, voir nº 37610).

Une décision d'adéquation, seulement partielle, concerne le Canada.

Les transferts de données vers des destinataires établis dans ces pays ne requièrent aucune mesure de protection particulière.

L'entrée en vigueur du Brexit a pour conséquence que les transferts de données personnelles vers le **Royaume-Uni** relèvent désormais des règles encadrant les transferts vers les pays tiers. **37607**

L'accord de commerce et de coopération conclu le 24 décembre 2020 entre l'Union européenne et le Royaume-Uni a prévu que le RGPD resterait provisoirement applicable dans ce pays jusqu'au 1er juillet 2021. Pour que les transferts outre-Manche puissent, à compter de cette date, être effectués sans formalités particulières, il était donc nécessaire que le Royaume-Uni fasse l'objet d'une décision d'adéquation.

Par une décision d'exécution du 28 juin 2021, prise en application de l'article 45 du RGPD, la Commission européenne a effectivement constaté le caractère adéquat du niveau de protection des données personnelles tel qu'il est assuré par le Royaume-Uni.

Dans le cas des **États-Unis,** la Commission européenne avait adopté le 12 juillet 2016 une décision d'adéquation visant à reconnaître au mécanisme « EU-U.S. Privacy Shield » (« bouclier de protection des données UE-US ») un niveau de protection « essentiellement équivalent » aux exigences européennes (Décision d'exécution 2016/1250 du 12-7-2016). Cette décision créait un nouveau cadre pour les échanges de données entre l'Union européenne et les États-Unis, après que la Cour de justice de l'Union européenne avait invalidé la décision **37610** d'adéquation « Safe Harbour » (CJUE 6-10-2015 aff. 362/14 : BRDA 4/16 inf. 24). La nouvelle décision permettait les transferts de données à caractère personnel depuis l'Union européenne vers les entreprises établies aux États-Unis. L'applicabilité de ce dispositif aux entreprises concernées était subordonnée à leur enregistrement auprès des autorités américaines compétentes, à charge pour ces autorités de vérifier que leurs mesures de protection des données personnelles satisfaisaient aux exigences requises par le Privacy Shield.

Toutefois, la Cour de justice de l'Union européenne a également **invalidé** la décision d'adéquation du 12 juillet 2016 (CJUE 16-7-2020 aff. 311/18 : RJDA 11/20 n° 621 et chronique R. Vandermeeren p. 745). À l'appui de sa décision, elle a notamment relevé que l'adhésion des entreprises américaines aux principes qui fondaient le bouclier de protection pouvait être limitée par des impératifs liés à la sécurité nationale et à l'intérêt public, de sorte que cette dérogation rendait possible une ingérence illicite dans les droits fondamentaux des personnes concernées.

Mais, après que la Commission européenne et les États-Unis ont conclu, le 25 mars 2022, un accord de principe sur un nouveau cadre transatlantique pour la protection des données (« Trans-Atlantic Data Privacy Framework »), la Commission a adopté, le 10 juillet 2023, une **nouvelle décision d'adéquation** (BRDA 2/24 inf. 30).

› Précisions De son côté, le **CEPD** avait adopté, le 10 novembre 2020, une série de recommandations au sujet de la méthode à suivre pour analyser et encadrer les transferts de données personnelles vers les pays tiers (« Recommendations 01/2020 on measures that supplement transfer tools to ensure compliance with the EU level of protection of personal data »). En effet, la position prise par la CJUE dans son arrêt du 16 juillet 2020 impactait, plus généralement, l'ensemble des transferts vers les pays tiers. Une version finale de ces recommandations a été publiée le 18 juin 2021.

D. Garanties appropriées permettant le transfert de données personnelles hors de l'Union européenne

GARANTIES APPROPRIÉES

37650 En l'absence d'une décision d'adéquation, le transfert reste possible si le responsable du traitement a prévu des « garanties appropriées » et à la condition que les personnes concernées disposent de droits opposables et de voies de recours effectives (RGPD art. 46, 1).

Ces **garanties** sont de **natures** diverses. Elles consistent dans (RGPD art. 46, 2-a à f) :
– l'attribution aux autorités ou organismes publics du soin d'effectuer les transferts ;
– un « instrument juridiquement contraignant et exécutoire entre les autorités ou organismes publics » ;
– des « règles d'entreprise contraignantes » (nos 37660 s.) ;
– des clauses types de protection des données (n° 37680) ;
– un code de conduite ou un mécanisme de certification assorti de « l'engagement contraignant et exécutoire » pris par le responsable du traitement, ou le sous-traitant, situé dans le pays tiers, d'appliquer les garanties appropriées.

D'**autres garanties** doivent faire l'objet d'une autorisation de l'autorité de contrôle. Il s'agit (RGPD art. 46, 3-a et b) :
– de clauses contractuelles entre, d'une part, le responsable du traitement qui exporte les données, ou son sous-traitant, et, d'autre part, le responsable du traitement, ou son sous-traitant, situé dans le pays tiers, qui importe les données, ainsi que le destinataire des données personnelles également situé dans ce pays ;
– des dispositions à intégrer dans des « arrangements administratifs » entre les autorités ou les organismes publics.

› Précisions a. L'accord conclu, le 14 novembre 2013, entre la France et les États-Unis, en vue de créer un traitement d'échange automatique d'informations fiscales (EAI) présente le caractère d'un **instrument contraignant et exécutoire** (CE 19-7-2019 n° 424216 : RJDA 2/20 n° 125).

b. Lorsque, pour effectuer un transfert, le responsable du traitement ou le sous-traitant se fonde sur un **code de conduite** ou un mécanisme de certification approuvé dans les conditions rappelées nos 35800 s., il transmet à la Cnil l'engagement contraignant et exécutoire mentionné ci-dessus, y compris les garanties relatives aux droits des personnes concernées (Décret 2019-536 du 29-5-2019 art. 127).

c. Le CEPD a adopté, le 22 février 2022, des **lignes directrices 04/2021** sur les codes de conduite en tant qu'outils de transfert, puis le

14 juin 2022, des **lignes directrices 07/2022** sur la certification en tant qu'outil de transfert.
d. Lorsque la Cnil est saisie d'une demande tendant à l'adoption d'**arrangements administratifs,** elle se prononce dans un délai de deux mois à compter de la réception de la demande. Ce délai peut être renouvelé une fois sur décision motivée du président de la Cnil. Faute de décision dans ces délais, la demande est réputée rejetée (Décret art. 125). L'arrangement administratif sur lequel est fondé un transfert de données est publié sur le site internet de la Cnil (art. 126). Pour une application, voir Délib. Cnil 21-3-2019 n° 2019-034 autorisant la mise en œuvre d'un arrangement administratif visant à encadrer les transferts de données personnelles entre l'AMF et ses homologues en dehors de l'Espace économique européen (EEE).

La **directive 95/46 du 24 octobre 1995** comportait déjà certaines dispositions relativement comparables (Dir. 95/46 art. 26). Les **autorisations accordées** par un État membre ou une autorité de contrôle sur le fondement de ces dispositions demeurent valables jusqu'à leur modification, leur remplacement ou leur abrogation « si nécessaire ». Il en va de même pour les décisions adoptées par la Commission européenne (RGPD art. 46, 5). **37655**

RÈGLES D'ENTREPRISE CONTRAIGNANTES (BCR)

Définition et établissement des BCR Le règlement européen **définit** les règles d'entreprise contraignantes (« Binding Corporate Rules » ou BCR) comme étant des règles internes de protection des données personnelles appliquées par un responsable de traitement, ou un sous-traitant, appartenant à l'entité d'un groupe d'entreprises établie dans un État membre de l'Union, alors qu'il est envisagé de transférer les données à une autre entité du même groupe implantée dans un pays tiers (RGPD art. 4, 20). **37660**

Ces règles sont **approuvées par l'autorité de contrôle,** à condition, toutefois (RGPD art. 47, 1-a à c) :
– qu'elles soient juridiquement contraignantes et mises en application par toutes les entités du groupe d'entreprises ;
– qu'elles confèrent expressément aux personnes concernées des droits opposables pour le traitement de leurs données ;
– qu'elles comportent un ensemble de « précisions » faisant l'objet d'une longue énumération qui n'est pas pour autant limitative (RGPD art. 47, 2-a à n).

> **Précisions** **a.** Lorsque la **Cnil** est saisie d'une demande tendant à l'approbation de BCR, elle communique un projet de décision au comité européen de protection des données (**CEPD**) dans un délai de six mois. Celui-ci peut être prolongé de de deux mois supplémentaires sur décision du président de la Cnil. Le demandeur est informé de cette transmission (Décret 2019-536 art. 73, al. 1).
b. Après réception de l'avis du CEPD ou, éventuellement, après la mise en œuvre de la procédure de règlement des litiges prévue par le RGPD (art. 65), la Cnil se prononce dans un délai d'un mois. Faute de **décision** dans ce délai, la demande est réputée rejetée (Décret art. 73, al. 2).
c. La Cnil a publié, le 7 février 2020, une série de **fiches pratiques** au sujet des BCR et, notamment, sur les modalités de leur approbation.

Utilité des règles internes d'entreprise BCR pour les multinationales **37670**
Les règles constituent des codes de conduite définissant la politique interne d'un groupe en matière de transferts de données personnelles hors de l'Union européenne. Elles doivent être contraignantes et respectées par toutes les entités membres du groupe, ainsi que par leurs salariés. En pratique, cette option d'encadrement des transferts internationaux de données permet de satisfaire les besoins particuliers des sociétés multinationales qui exportent des données depuis leurs filiales situées au sein de l'Union européenne vers des pays tiers n'assurant pas un niveau de protection équivalent à celui de l'Union.

Ces règles internes constituent pour les groupes un instrument souvent plus flexible que les contrats lorsqu'il s'agit d'encadrer les communications de données personnelles en leur sein. En effet, de telles règles, adoptées de manière unilatérale par les plus hautes instances décisionnelles du groupe, évitent de conclure autant de contrats qu'il existe de transferts.

> **Précisions** L'ancien « G29 » avait notamment adopté, le 11 avril 2018, deux recommandations (wp264 et wp265) au sujet des BCR. Le **CEPD** les a mises à jour en établissant, le 20 juin 2023, de nouvelles recommandations 1/2022.

CLAUSES CONTRACTUELLES TYPES (CCT) DE PROTECTION DES DONNÉES

Des clauses types de protection des données peuvent être adoptées par la Commission européenne, ou encore par une autorité nationale de contrôle, à condition, dans ce second cas, d'être approuvées par la Commission (RGPD art. 46, 2-c et d). **37680**

Celle-ci a déjà adopté des décisions comportant en annexe des clauses contractuelles types pouvant être utilisées par les responsables de traitement à l'origine du transfert de données et par les destinataires de ces données. La Commission distingue :
– les clauses contractuelles types encadrant les transferts de données personnelles entre deux responsables de traitement (Décision 2001/497/CE du 15-6-2001, modifiée par la décision 2004/915/CE du 27-12-2004, puis en dernier lieu par la décision 2016/2297/UE du 16-12-2016) ;
– les clauses contractuelles types encadrant les transferts de données personnelles entre un responsable de traitement et un sous-traitant (Décision 2010/87/UE du 5-2-2010, modifiée en dernier lieu par la décision 2016/2297/UE du 16-12-2016).

Une nouvelle décision d'exécution (UE) 2021/914 du 4 juin 2021 a abrogé, à compter du 27 septembre 2021, les deux décisions précitées. Elle les remplace toutes deux en comportant des clauses types relatives aux transferts de données personnelles entre responsables de traitement, entre responsables de traitement et sous-traitants, entre sous-traitants et sous-traitants, ainsi qu'entre sous-traitants et responsables de traitement.

› Précisions **a.** L'arrêt par lequel la Cour de justice de l'Union européenne a invalidé la décision d'adéquation « Privacy Shield » a, en revanche, admis la validité de la décision 2010/87/UE (n° 37610).
b. Lorsque la **Cnil** est saisie d'une demande tendant à l'adoption de clauses contractuelles types, elle se prononce dans un délai de deux mois à compter de la réception de la demande. Ce délai peut être renouvelé une fois sur décision motivée du président de la Cnil. Faute de décision dans ces délais, la demande est réputée rejetée (Décret 2019-536 art. 125).

E. Autres conditions applicables au transfert de données personnelles hors de l'Union européenne

CONDITIONS PARTICULIÈRES DE TRANSFERT DE DONNÉES HORS DE L'UE

37720 Des « situations particulières » peuvent justifier qu'un transfert vers un pays tiers soit effectué en l'absence d'une décision d'adéquation ou de garanties appropriées (RGPD art. 49, 1-al. 1). Les « dérogations » ainsi prévues se rapportent aux **cas** ci-après (RGPD art. 49, 1-a à g) :
1° La personne concernée a donné son **consentement** explicite au transfert envisagé après avoir été informée des risques que celui-ci pouvait comporter pour elle en l'absence de décision d'adéquation et de garanties appropriées ;
2° Le **transfert** est **nécessaire** :
– à l'exécution d'un contrat entre la personne concernée et le responsable du traitement ;
– à la conclusion ou à l'exécution d'un contrat conclu dans l'intérêt de la personne concernée entre le responsable du traitement et une autre personne physique ou morale ;
– pour des motifs importants d'intérêt public ;
– à la constatation, à l'exercice ou à la défense de droits en justice ;
– à la sauvegarde des intérêts vitaux de la personne concernée ou d'autres personnes, alors que la personne concernée se trouve dans l'incapacité physique ou juridique de donner son consentement ;
3° Le transfert est effectué « au départ » d'un **registre** destiné à fournir des informations au public et ouvert à la consultation de celui-ci.

37725 Toutefois, même si aucune de ces conditions n'est satisfaite, le transfert peut encore intervenir dans une hypothèse strictement définie qui suppose que l'ensemble des **exigences** ci-après soient satisfaites (RGPD art. 49, 1-al. 2) :
– le transfert ne revêt pas un caractère répétitif ;
– il ne touche qu'un nombre limité de personnes concernées ;
– il est nécessaire aux fins des intérêts légitimes impérieux poursuivis par le responsable du traitement ;
– le responsable du traitement a évalué toutes les circonstances entourant le transfert et offert, sur la base de cette évaluation, des garanties appropriées quant à la protection des données personnelles.

ATTENTION

Le responsable du traitement doit **informer** l'**autorité de contrôle** de l'existence du transfert de données. Il doit également faire connaître à la **personne concernée** l'existence du transfert, ainsi que les intérêts légitimes impérieux qu'il poursuit (RGPD art. 49, 1-al. 2). La réglementation nationale est plus extensive. Elle impose que l'information fournie par le responsable du traitement à la personne concernée porte sur l'ensemble des quatre « informations spécifiques » mentionnées ci-dessus (Décret 2019-536 art. 128).

CONDITIONS GÉNÉRALES DE TRANSFERT DE DONNÉES HORS DE L'UE

Un transfert de données en dehors de l'Union européenne constitue un traitement de données personnelles. À ce titre, il ne relève pas seulement des dispositions propres au transfert des données personnelles vers des pays tiers. Il est également soumis à l'ensemble des dispositions du RGPD et de la loi du 6 janvier 1978. En conséquence, les conditions générales de licéité des traitements lui sont applicables (nos 34770 s.). **37730**

Par ailleurs, les personnes dont les données sont susceptibles d'être transférées doivent être informées du fait que le responsable du traitement a l'intention d'effectuer un transfert, ainsi que de l'existence ou l'absence d'une décision d'adéquation (RGPD art. 13, 1-f et 14, 1-f).

Si le transfert s'accompagne de garanties appropriées, lesquelles comprennent les règles d'entreprise contraignantes (nos 37660 s.), ou encore des garanties « adaptées » prévues par l'article 49, 1-al. 2 du règlement (no 37725), les personnes concernées doivent également connaître la référence à ces garanties, ainsi que les moyens « d'en obtenir copie ou l'endroit où elles ont été mises à disposition ».

Les personnes concernées doivent se voir ouvrir un droit d'accès, de rectification, ou d'opposition portant sur les données transférées, ainsi qu'un droit à l'effacement, à la limitation du traitement ou à la portabilité de ces données (nos 36140 s.).

F. Suspension d'un transfert de données

Des dispositions de la loi du 6 janvier 1978 organisent une procédure juridictionnelle spéciale qui s'applique dans deux **hypothèses** (Loi de 1978 art. 39) : **37770**

– lorsque la Cnil, saisie d'une « réclamation » dirigée contre un responsable de traitement, ou son sous-traitant, estime fondés les griefs « avancés relatifs à la protection des droits et libertés d'une personne » à l'égard du traitement de ses données ;

– lorsque la Cnil entend, de sa propre initiative, assurer la protection de ces droits et libertés dans le cadre de sa mission.

Dans l'une et l'autre hypothèse, la Cnil peut demander au **Conseil d'État** d'ordonner la suspension d'un transfert de données, le cas échéant sous astreinte.

Si elle est prononcée, cette mesure a nécessairement pour effet de méconnaître une éventuelle décision d'adéquation adoptée par la Commission européenne. Aussi la Cnil doit-elle alors assortir ses conclusions aux fins de suspension d'une demande de **question préjudicielle** à la Cour de justice de l'Union européenne (CJUE), cette question portant sur la validité de la décision d'adéquation, ainsi que sur « tous les actes pris par la Commission européenne relativement aux garanties appropriées dans le cadre des transferts de données » (sur ces garanties, voir nos 37650 s.).

Ce mécanisme de renvoi préjudiciel avait déjà été envisagé par la jurisprudence « Schrems » (CJUE 6-10-2015 aff. 362/14 : BRDA 4/16 inf. 24).

G. Sanctions pénales en matière de transfert des données

Le fait de procéder ou de faire procéder, en violation des dispositions du RGPD exposées ci-dessus, à un transfert de données personnelles faisant l'objet ou destinées à faire l'objet d'un traitement vers un pays tiers est puni de cinq ans d'emprisonnement et de 300 000 € d'amende (C. pén. art. 226-22-1). Sur les peines complémentaires et les sanctions applicables en cas de responsabilité pénale des personnes morales, voir nos 38200 s. **37810**

Le juge peut également ordonner l'effacement de tout ou partie des données faisant l'objet du traitement ayant donné lieu à l'infraction (C. pén. art. 226-23).

IX. ACTION DE GROUPE EN MATIÈRE DE PROTECTION DES DONNÉES

PRÉSENTATION GÉNÉRALE

37900 La loi 2016-1547 du 18 novembre 2016 de modernisation de la justice du XXIe siècle a institué une procédure d'action de groupe qui est ouverte lorsque plusieurs personnes placées dans une situation similaire subissent un dommage imputable à une même personne et dont la cause commune est un manquement de même nature aux obligations de cette personne.

Il existe plusieurs sortes d'actions de groupe, par exemple dans les domaines de la lutte contre les discriminations, du droit du travail, du droit de l'environnement, etc. Une action de groupe est également ouverte aux personnes victimes d'un manquement aux dispositions de la loi Informatique et libertés (Loi du 18-11-2016 art. 60 et, sur renvoi, loi de 1978 art. 37).

37905 Sous réserve de quelques règles spécifiques, la **procédure** applicable en cas de manquement aux dispositions de la loi du 6 janvier 1978 relève des règles communes à l'ensemble des actions de groupe, prévues par :

– la loi 2016-1547 du 18 novembre 2016 (art. 60 s.) et le Code de procédure civile (art. 848 s.), lorsque l'action relève des juridictions de l'**ordre judiciaire** ;

– le Code de justice administrative, lorsque l'action relève des juridictions de l'**ordre administratif** (art. L 77-10-1 s. et R 77-10-1 s.).

OBJET DE L'ACTION DE GROUPE

37910 L'exercice de l'action de groupe suppose que plusieurs personnes physiques placées dans une situation similaire subissent un dommage ayant pour cause commune un **manquement** de même nature aux dispositions de la loi du 6 janvier 1978 et à celles du RGPD, commis **par un responsable de traitement de données personnelles ou par un sous-traitant.** Si cette condition est remplie, l'action de groupe peut être exercée devant la juridiction civile ou la juridiction administrative compétente au vu des cas individuels présentés par le demandeur. Celui-ci en informe la Cnil (Loi de 1978 art. 37, II).

L'action permet soit de **faire cesser le manquement** incriminé, soit d'**engager la responsabilité** de la personne ayant causé le dommage afin d'obtenir la réparation des préjudices moraux et matériels causés par le manquement, soit encore de poursuivre l'une et l'autre fin (Loi de 1978 art. 37, III-al. 1).

Toute clause ayant pour objet ou pour effet d'interdire à une personne de participer à une action de groupe est réputée non écrite (Loi 2016-1547 art. 82 ; C. just. adm. art. L 77-10-23).

> **Précisions** Alors qu'initialement l'objet de l'action de groupe au titre de la loi de 1978 était limité à la cessation du manquement, la loi 2018-493 du 20 juin 2018 a complété le texte en ajoutant, conformément aux dispositions du RGPD (art. 82), la possibilité d'une **demande de réparation du préjudice subi.** En conséquence, la responsabilité de l'auteur d'un dommage ne peut être engagée que si le fait générateur de ce dommage est postérieur au 24 mai 2018, date d'entrée en application du règlement européen (Loi de 1978 art. 37, III-al. 2).

QUALITÉ POUR EXERCER L'ACTION DE GROUPE

37920 Peuvent seules exercer l'action (Loi de 1978 art. 37, IV) :

– les **associations** régulièrement déclarées depuis cinq ans au moins ayant pour objet statutaire la **protection de la vie privée et la protection des données** personnelles ;

– les associations de défense des **consommateurs** représentatives au niveau national et agréées (en application de l'art. L 811-1 du Code de la consommation), lorsque le traitement de données personnelles affecte des consommateurs ;

– les **organisations syndicales** de salariés ou de fonctionnaires représentatives (au sens des art. L 2122-1, L 2122-4, L 2122-5 ou L 2122-9 du Code du travail ou de l'art. L 221-1 du Code général de la fonction publique ou encore les syndicats représentatifs de magistrats de l'ordre judiciaire), lorsque le traitement de données affecte les intérêts des personnes que les statuts de ces organisations les chargent de défendre.

Comme les associations de protection des données et de la vie privée, les associations de consommateurs doivent être déclarées depuis cinq ans au moins pour pouvoir exercer l'action (Loi 2016-1547 du 18-11-2016 art. 63 ; C. just. adm. art. L 77-10-4).

> **Précisions** En cas de **défaillance de l'association** ou du syndicat qui a initié l'action, une autre association ou un autre syndicat ayant qualité à agir peut demander au juge à se substituer dans les droits de la première ou du premier (Loi 2016-1547 art. 81 ; C. just. adm. art. L 77-10-22).

MISE EN DEMEURE PRÉALABLE À L'EXERCICE DE L'ACTION DE GROUPE

Préalablement à l'introduction de l'action, l'association ou le syndicat doit **mettre en demeure** la personne à l'encontre de laquelle elle envisage d'agir de cesser ou de faire cesser le manquement ou de réparer le préjudice subi. 37930

À peine d'irrecevabilité que le juge peut soulever d'office, l'**action** de groupe ne peut être introduite qu'à l'expiration d'un **délai** de quatre mois à compter de la réception de cette mise en demeure. Cette disposition permet à la personne mise en demeure de prendre les mesures pour cesser ou faire cesser le manquement (Loi 2016-1547 art. 64 ; C. just. adm. art. L 77-10-5).

DÉCISION DU JUGE SUR L'ACTION DE GROUPE

Le juge statue au vu des **cas individuels** que l'association ou le syndicat doit lui présenter (Loi 2016-1547 art. 62, al. 1 ; C. just. adm. art. L 77-10-3, al. 1). 37940

Lorsqu'il constate l'existence du manquement, le juge **enjoint** au défendeur de cesser ce manquement ou de le faire cesser, ainsi que de prendre, dans un **délai** qu'il fixe, toutes les mesures utiles à cette fin. Il peut également prononcer une astreinte (Loi 2016-1547 art. 65 ; C. just. adm. art. L 77-10-6).

Si l'affaire relève de la juridiction judiciaire, le juge peut désigner un tiers pour aider à la mise en œuvre de toute mesure utile à la cessation du manquement (Loi 2016-1547 art. 65). Le juge doit alors statuer par décision spécialement motivée énonçant la mission et le délai dans lequel le tiers doit lui en fait rapport. Le tiers est choisi parmi tout professionnel justifiant d'une compétence dans le domaine considéré (CPC art. 849-3). Le coût de la mission du tiers est à la charge de l'auteur du manquement (CPC art. 849-5).

Lorsque l'action de groupe tend à la réparation des préjudices subis, le juge statue sur la responsabilité du défendeur. Il définit le groupe de personnes à l'égard desquelles la responsabilité du défendeur est engagée. À cet effet, il fixe les « critères de rattachement » au groupe. Il détermine ensuite les préjudices susceptibles d'être réparés pour chacune des catégories de personnes constituant le groupe qui a été défini.

Le juge fixe également le délai dans lequel les personnes qui répondent aux critères de rattachement et qui souhaitent se prévaloir du jugement sur la responsabilité peuvent adhérer au groupe en vue d'obtenir réparation de leurs préjudices (Loi 2016-1547 art. 66 ; C. just. adm. art. L 77 10 7). S'il reconnaît la responsabilité du défendeur, le juge ordonne, à la charge de ce défendeur, les mesures de publicité adaptées pour informer de sa décision les personnes susceptibles d'avoir subi un dommage causé par le fait générateur constaté (Loi 2016-1547 art. 67 ; C. just. adm. art. L 77-10-8).

X. VOIES DE RECOURS EN MATIÈRE DE PROTECTION DES DONNÉES PERSONNELLES

Le règlement européen comporte plusieurs dispositions destinées à garantir l'ouverture de voies de recours aux personnes qui ont intérêt à les exercer. 38100

Sans préjudice de tout autre recours administratif ou juridictionnel, la personne concernée par un traitement de ses données, qui estime faire l'objet d'une « violation » du règlement, peut introduire une **réclamation auprès d'une autorité de contrôle,** en particulier dans l'État membre où se trouve sa résidence habituelle, son lieu de travail ou « le lieu où la violation aurait été commise » (RGPD art. 77, 1). L'autorité de contrôle informe l'auteur de la réclamation de l'état d'avancement de celle-ci et de son issue (RGPD art. 77, 2).

Par ailleurs, toute personne physique ou morale est en droit de former un **recours juridictionnel** effectif contre une « **décision** juridiquement contraignante » qui la concerne et qui est **prise par une autorité de contrôle** (RGPD art. 78, 1).

Le régime des recours susceptibles d'être formés contre les sanctions prononcées par la Cnil répond à ces exigences (n° 37240).

Si elle considère que la mise en œuvre d'un traitement effectué en méconnaissance du règlement porte atteinte à ses droits, toute personne dispose également d'un **recours juridictionnel effectif contre un responsable de traitement ou un sous-traitant** (RGPD art. 79, 1). 38105

L'intéressé peut éventuellement obtenir du responsable du traitement, ou du sous-traitant, **réparation** du **préjudice** matériel ou moral qu'il a subi en raison de la « violation » du règlement (RGPD art. 82).

Le responsable du traitement supporte la charge de prouver le caractère approprié des mesures de sécurité qu'il a mises en œuvre. Il ne saurait être exonéré de son obligation de réparer le dommage subi par une personne dans le cas où ce dommage résulte d'une divulgation non autorisée de données personnelles ou d'un accès non autorisé à de telles données par des tiers. Il lui appartient d'établir que le fait ayant provoqué ce dommage ne lui est nullement imputable (CJUE 14-12-2023 aff. 340/21 : RJDA 3/24 n° 204).

Lorsqu'à la suite de la violation du RGPD, une personne éprouve la crainte d'un potentiel usage abusif de données personnelles par des tiers, cette circonstance peut, à elle seule, être constitutive d'un préjudice moral (CJUE 14-12-2023 aff. 340/21 préc.).

Une règle ou une pratique nationale ne peut subordonner la réparation d'un préjudice moral à la condition que celui-ci ait atteint un certain degré de gravité. Par ailleurs, les juges nationaux, chargés de fixer les dommages-intérêts, doivent appliquer les règles internes de chaque État membre relatives à l'étendue de la réparation pécuniaire, pour autant que les principes d'équivalence et d'effectivité du droit de l'Union soient respectés (CJUE 4-5-2023 aff. 300/21 : RJDA 11/23 n° 637).

Le **recours** doit être **formé** devant les juridictions de l'État dans lequel le responsable de traitement ou le sous-traitant exploite un établissement. Il peut aussi être introduit devant les juridictions de l'État membre dans lequel la personne concernée a sa résidence habituelle (RGPD art. 79, 2).

38110 Selon le règlement européen, la personne concernée peut, en vue de former une réclamation ou un recours, **mandater** un organisme, une organisation ou une association à but non lucratif, qui a été valablement constitué, dont les objectifs statutaires sont d'intérêt public et qui s'avère actif dans le domaine de la protection des droits et libertés des personnes concernées (RGPD art. 80, 1)

Toutefois, les États membres ont la possibilité de prévoir que, même non mandaté, tout organisme, organisation ou association détient des pouvoirs de contestation identiques s'il considère que les droits d'une personne concernée ont été « violés du fait du traitement » (RGPD art. 80, 2).

Cet article 80, 2 du RGPD ne s'oppose pas à une législation nationale permettant à une **association de défense des consommateurs** non mandatée, d'agir en justice contre l'auteur présumé d'une atteinte à la protection de données personnelles, dès lors que le traitement de ces données est susceptible d'affecter les droits que des personnes physiques identifiées ou identifiables tirent du RGPD. Il en va ainsi indépendamment de la violation des droits concrets des personnes concernées. L'association peut aussi invoquer la violation d'une disposition interdisant les pratiques commerciales déloyales, ou celle d'une loi en matière de protection des consommateurs (CJUE 28-4-2022 aff. 319/20 : RJDA 8-9/22 n° 542).

38115 La loi du 6 janvier 1978 a repris une partie des dispositions du règlement européen (RGPD art. 80, 1). Elle a prévu que toute personne peut, afin d'exercer les droits prévus par le règlement, mandater (Loi art. 38) :

- une association ou une organisation habilitée à exercer une **action de groupe** (n° 37920) ;
- une association ou une organisation dont l'objet statutaire est en relation avec la protection des droits et libertés, lorsque ceux-ci sont méconnus dans le cadre d'un traitement de données personnelles ;
- une association dont la personne intéressée est membre et dont l'objet statutaire implique la défense d'intérêts en relation avec les finalités du traitement litigieux.

Une telle association ou organisation peut aussi être mandatée pour agir devant la Cnil, ou pour agir contre celle-ci devant un juge.

XI. SANCTIONS PÉNALES

SANCTIONS ENCOURUES PAR LES PERSONNES PHYSIQUES

38200 Les conditions dans lesquelles des peines d'emprisonnement et d'amende peuvent être prononcées à l'encontre des personnes physiques ont été indiquées à l'occasion de l'exposé des règles applicables.

En outre, les personnes physiques coupables de l'une des infractions mentionnées aux articles 226-16 s. du Code pénal encourent les **peines complémentaires** suivantes (C. pén. art. 226-31) :
– l'interdiction des droits civiques, civils et de famille, suivant les modalités prévues par l'article 131-26 du Code pénal ;
– l'interdiction d'exercer l'activité professionnelle ou sociale, dans l'exercice ou à l'occasion de l'exercice de laquelle l'infraction a été commise, suivant les modalités prévues par l'article 131-27 du Code pénal ;
– l'interdiction, pour une durée de cinq ans au plus, de détenir ou de porter une arme soumise à autorisation ;
– l'affichage ou la diffusion de la décision prononcée, dans les conditions prévues par l'article 131-35 du Code pénal.

SANCTIONS ENCOURUES PAR LES PERSONNES MORALES

Les personnes morales peuvent être déclarées pénalement responsables des infractions aux articles 226-16 s. du Code pénal lorsque celles-ci ont été commises pour leur compte par leurs organes ou représentants. 38210
Les **peines encourues** sont (C. pén. art. 226-24) :
– l'amende, dont le taux maximal est égal au quintuple de celui prévu pour les personnes physiques ;
– les peines mentionnées à l'article 131-39, 2°, 3°, 4°, 5°, 7°, 8° et 9° du Code pénal (interdiction d'exercer une activité professionnelle pendant cinq ans au plus, placement sous surveillance judiciaire pendant cinq ans au plus, fermeture définitive ou pendant cinq ans au plus des établissements ayant servi à commettre l'infraction, etc.).

SECTION 2 RÉUTILISATION DES DONNÉES PUBLIQUES

GÉNÉRALITÉS

Le droit à la réutilisation des données publiques permet à toute personne privée, physique ou morale, d'**exploiter des données détenues par des personnes publiques,** ou des organismes de droit privé chargés d'une mission de service public. Cette réutilisation obéit à des fins autres que celles qui ont déterminé la production ou le recueil des données par les personnes publiques ou les organismes privés chargés d'une mission de service public. Il s'agit de **fins commerciales** poursuivies par des entreprises, ou, éventuellement, de fins non commerciales. 38400

Au regard du droit de la concurrence, les informations publiques présentent le caractère de « **ressources essentielles** ». Cette expression, dérivée de la théorie américaine des « infrastructures essentielles », désigne des ressources détenues exclusivement par une entité juridique, dont il n'existe aucun substitut, alors que ces ressources sont indispensables pour le développement d'une activité économique nouvelle et qu'elles ne peuvent être reproduites dans des conditions raisonnables (n° 45720). Le refus de donner accès à de telles ressources peut donc être constitutif d'un abus de position dominante (TFUE art. 102 ; C. com. art. L 420-2). La Cour de justice des Communautés européennes a ainsi eu l'occasion d'appliquer la notion de ressources essentielles à l'hypothèse d'une base de données exploitée en l'occurrence par une entreprise privée (CJCE 29-4-2004 aff. 418/01 : RJDA 8-9/04 n° 1053). Le Conseil d'État a également retenu la même qualification à l'égard du répertoire des entreprises Sirene produit par l'Insee (CE 29-7-2002 n° 200886 : RJDA 12/02 n° 1327 ; CE 2-4-2003 n° 247769 : RJDA 10/03 n° 1022). 38405

ILLUSTRATIONS

Pour une application de cette jurisprudence dans le cas du calcul d'une redevance de réutilisation d'informations publiques, voir TA Rennes 20-10-2017 n° 1403498, et, dans la même affaire, Cada avis n° 20141556 du 30-10-2014.

DISPOSITIONS RELATIVES À LA RÉUTILISATION DES DONNÉES PUBLIQUES

Le droit à la réutilisation des données publiques trouve son origine dans **deux directives européennes** qui s'inscrivaient dans la ligne d'un mouvement général favorable à l'ouverture des 38410 données (« Open Data ») tout en s'efforçant de favoriser l'essor d'un marché intérieur des informations publiques : les directives 2003/98/CE du 17 novembre 2003 et 2013/37/UE du 26 juin 2013.

L'une et l'autre ont été refondues par la directive (UE) 2019/1024 du 20 juin 2019 concernant les données ouvertes et la réutilisation des informations du secteur public, dite « **directive PSI** » (« Public Sector Information »).

Les États membres ont eu jusqu'au 17 juillet 2021 pour procéder à sa transposition.

La directive PSI a été complétée par un règlement (UE) 2022/868 du 30 mai 2022 sur « la gouvernance européenne des données », dit « **acte sur la gouvernance des données** » « Data Governance Act [DGA] ». Selon ce règlement, des données détenues par des organismes du secteur public peuvent être mises à disposition en vue d'une réutilisation, même lorsqu'elles sont protégées pour des motifs de confidentialité commerciale, de secret statistique, de protection des droits de propriété intellectuelle ou de protection des données personnelles.

38415 Les directives 2003/98 et 2013/37 ont été transposées, l'une par l'ordonnance 2005-650 du 6 juin 2005, l'autre par la loi 2015-1779 du 28 décembre 2015, dite « loi Valter ».

Les textes de 2005 et 2015 ont complété la **loi 78-753 du 17 juillet 1978** qui, dans une perspective de « transparence administrative », avait consacré une « liberté d'accès aux documents administratifs » en ouvrant à toute personne le droit d'obtenir la communication d'un document administratif et en prescrivant la publication de certains d'entre eux. Alors que la loi de 1978 refusait aux personnes ayant reçu une telle communication, ou encore aux tiers, « la possibilité de reproduire, de diffuser ou d'utiliser à des fins commerciales les documents communiqués », les impératifs du droit européen entraînèrent l'abandon de ce principe. Ces innovations rejoignaient, par ailleurs, la politique nationale d'« Open Data ».

Enfin, après que l'ordonnance 2016-307 du 17 mars 2016 a intégré les dispositions de la loi du 17 juillet 1978 dans le nouveau Code des relations entre le public et l'administration (CRPA), la **loi 2016-1321 du 7 octobre 2016 pour une République numérique** est venue étendre le champ d'application du droit de réutilisation des données publiques. Les textes nationaux doivent être considérés comme assurant la transposition de la directive PSI du 20 juin 2019.

38420 Au sein de la Direction interministérielle du numérique (DINUM), créée par le décret 2019-1088 du 25-10-2019, le département « **Etalab** » joue un rôle important en matière de réutilisation de données publiques. Il est, notamment, chargé de faciliter la diffusion et la réutilisation des informations publiques détenues par l'État. Il anime et développe le « portail unique interministériel » (www.data.gouv.fr) qui est destiné à rassembler et à mettre à disposition librement l'ensemble des informations publiques de l'État et de ses établissements publics et, si elles le souhaitent, des collectivités territoriales et des personnes de droit public ou de droit privé chargées d'une mission de service public.

Par ailleurs, la Cnil et la Commission d'accès aux documents administratifs (Cada) ont publié, le 17 octobre 2019, un guide pratique de la publication en ligne et de la réutilisation des données publiques : www.cnil.fr/sites/cnil/files/atoms/files/guide_open_data.pdf.

Une circulaire (n° 6264/SG) du Premier ministre, adoptée le 27 avril 2021, souligne la nécessité de renforcer l'exploitation, l'ouverture et la circulation des données publiques, des codes sources et des algorithmes publics.

I. CHAMP D'APPLICATION DE LA RÉGLEMENTATION RELATIVE À LA RÉUTILISATION DES DONNÉES PUBLIQUES

DONNÉES PUBLIQUES CONCERNÉES PAR LE DROIT DE RÉUTILISATION

38500 Les données publiques relevant du droit de réutilisation se répartissent en **trois catégories** :
– les informations publiques proprement dites, qui figurent dans des documents administratifs (nos 38510 s.) et auxquelles s'appliquent des conditions générales de réutilisation (nos 38900 s.) ;
– les données de référence (nos 38610 s.) ;
– les données d'intérêt général (nos 38680 s.).

A. Informations publiques relevant du droit de réutilisation

PRINCIPES

Toute personne peut, si elle le souhaite, utiliser les **informations publiques contenues dans des documents administratifs** à d'autres fins que celles de la mission de service public pour les besoins de laquelle ces documents ont été produits ou reçus (CRPA art. L 321-1). 38510

Conformément à l'économie générale de la loi du 17 juillet 1978, la définition des informations publiques réutilisables se rattache à la notion classique de document administratif relevant d'une liberté d'accès (n° 38415). Mais le droit d'accès aux informations publiques contenues dans les documents administratifs ne se confond pas pour autant avec le droit à la communication de ces documents (CE 27-3-2020 n° 426623 : RJDA 10/20 n° 546).

De tels documents peuvent faire l'objet d'une **communication** à la personne qui le demande (CRPA art. L 311-1 s.) et, en application de la loi 2016-1321, d'une **publication en ligne,** lorsqu'ils sont disponibles sous forme électronique (CRPA art. L 312-1-1).

Notion de document administratif Constituent des documents administratifs susceptibles d'être communiqués ou publiés, les documents produits ou reçus, dans le cadre de leur **mission de service public,** par (CRPA art. L 300-2) : 38520
- l'État ;
- les collectivités territoriales (communes, départements, régions) ;
- les autres personnes morales de droit public, spécialement les établissements publics ;
- les organismes de droit privé chargés d'une mission de service public (caisse de sécurité sociale, sociétés de HLM, délégataire de service public, etc.).

Ces différentes personnes morales de droit public, ou de droit privé, sont désignées sous le terme générique d'« administrations ».

Les documents concernés relèvent de ces dispositions, quels que soient leur date, leur lieu de conservation, leur forme et leur support.

Ils font l'objet d'une **liste détaillée** qui retient une approche purement pragmatique de la notion de document. Ce sont, notamment, les dossiers, rapports, études, comptes rendus, procès-verbaux, statistiques, instructions, circulaires, notes et réponses ministérielles, correspondances, avis, prévisions, codes sources et décisions.

Les **documents numériques** entrent dans le champ de l'énumération mentionnée ci-dessus n° 38520. C'est ce qui a, par exemple, été jugé dans le cas de la base de données « Cezar » créée par la SNCF afin de traiter de « l'évolution des zones à risque » dans le système ferroviaire national (CE 6-2-2008 n° 304752 : Lebon T. p. 752 ; CE 11-7-2008 n° 304752 : Lebon p. 268). 38525

Les **codes sources** s'ajoutent à la liste préexistante des documents administratifs (CRPA art. L 300-2). Ils ont été définis par la Cada comme étant des ensembles de fichiers informatiques qui comportent des instructions destinées à être exécutées par un microprocesseur (Avis n° 20144578 du 8-1-2015). Il s'agissait, au cas particulier, d'un code source permettant à l'administration fiscale de constituer des logiciels servant à calculer l'impôt sur le revenu des personnes physiques. Un particulier qui souhaitait pouvoir réutiliser ce code source dans le cadre de travaux universitaires s'est vu reconnaître, par la Cada, le droit d'en obtenir communication. Cette position a été confirmée par le juge administratif (TA Paris 10-3-2016 n° 1508951). Celui-ci a également précisé que si les programmes informatiques ont vocation à évoluer au gré des mises à jour, chaque version du code source d'un même programme informatique revêt le caractère de document administratif achevé et peut être communiqué dans cet état.

Relève de la même définition le code source d'un logiciel qui a été développé par une entité intercommunale et qui propose des outils de pilotage dans le cadre d'un plan de déplacement des salariés à l'échelle d'une administration, d'une entreprise ou d'une association (Cada conseil n° 20170567 du 9-2-2017).

> **Précisions** Etalab a publié, le 7 mars 2022, un guide intitulé « Ouvrir les codes sources » (« guides.etalab.gouv.fr ») Le site code.etalab.gouv.fr permet également d'accéder aux codes sources des logiciels utilisés par les organismes publics.

INFORMATIONS PUBLIQUES NON RÉUTILISABLES

38530 **Règles générales** Le droit à la réutilisation des informations publiques subit **deux séries d'exceptions** (CRPA art. L 321-2).

La plus importante renvoie au régime de la communication des documents administratifs. Elle porte sur les informations publiques contenues dans des **documents non communicables** à toute personne qui en fait la demande (art. L 321-2, a).

L'autre concerne plus particulièrement les informations publiques figurant dans des documents sur lesquels des tiers détiennent des **droits de propriété intellectuelle** (art. L 321-2, c).

La loi 2016-1321 a supprimé une ancienne exception qui était relative aux documents produits ou reçus par les administrations « dans le cadre de l'exercice d'une mission de service public de caractère industriel et commercial » (mission de SPIC). Les informations publiques détenues par des entités telles que la SNCF, la RATP, EDF, La Poste relèvent donc désormais du droit de réutilisation. Certaines de ces entités avaient cependant déjà pris l'initiative de permettre la réutilisation des informations publiques se rattachant à leur mission de SPIC.

38540 **Documents non communicables** Le droit à la communication des documents administratifs et, par là même, le droit à la réutilisation des informations contenues dans ces documents font, à leur tour, l'objet de **deux sortes de restrictions** (CRPA art. L 311-5 et L 311-6).

38545 Les unes interdisent tout accès à des **documents couverts par des secrets protégés dans un intérêt public.** Ce sont, notamment, les documents dont la communication porterait atteinte (CRPA art. L 311-5, 2-a à h) :

- au secret des délibérations du Gouvernement et des autorités responsables relevant du pouvoir exécutif ;
- au secret de la défense nationale ;
- à la conduite de la politique extérieure de la France ;
- à la sûreté de l'État, à la sécurité publique, à la sécurité des personnes ou à la sécurité des systèmes d'information des administrations ;
- à la monnaie et au crédit public ;
- au déroulement des procédures engagées devant les juridictions ou d'opérations préliminaires à de telles procédures, sauf autorisation de l'autorité compétente ;
- à la recherche et à la prévention, par les services compétents, d'infractions de toute nature ;
- aux autres secrets protégés par la loi.

38550 D'autres dispositions prévoient que certains **documents** administratifs ne sont **communicables qu'à l'« intéressé »** lui-même. Ce sont les documents suivants (CRPA art. L 311-6, 1° à 3°).

1° Les documents dont la communication porterait atteinte à la protection de la vie privée, au secret médical et au secret des affaires. Ce dernier inclut « le secret des procédés, des informations économiques et financières et des stratégies commerciales ou industrielles » (CRPA art. L 311-6, 1°). Il s'apprécie, le cas échéant, en tenant compte du fait que la mission de service public, dont est investie l'administration, est soumise à la concurrence. Sur l'interprétation de la notion de secret commercial et industriel que mentionnaient les dispositions applicables, avant que la loi 2018-670 du 30 juillet 2018 introduise la notion de secret des affaires, voir CE 30-3-2016 n° 375529 : RJDA 8-9/16 n° 668 ; CE 21-4-2017 n° 394606 : RJDA 8-9/17 n° 603 ; CE 27-3-2020 n° 426623 : RJDA 10/20 n° 546 ; CE 14-10-2021 n° 437004 : RJDA 5/22 n° 320.

2° Les documents portant une appréciation ou un jugement de valeur sur une personne physique, nommément désignée ou facilement identifiable.

3° Les documents faisant apparaître le comportement d'une personne, dès lors que la divulgation de ce comportement pourrait lui porter préjudice.

38555 Toutefois, les deux sortes de restrictions mentionnées nos 38545 et 38550 sont assorties d'une **dérogation** qui rend possible la réutilisation d'informations publiques contenues dans des documents non communicables à toute personne, y compris ceux qui ne sont communicables qu'à la personne intéressée. Il s'agit des **documents ayant fait l'objet d'une « diffusion publique »** (CRPA art. L 321-2, a).

Sont particulièrement concernés les documents que les administrations sont tenues, en vertu des dispositions issues de la loi 2016-1321, de **mettre spontanément en ligne** (art. L 312-1-1).

Cette obligation s'applique à des documents disponibles sous forme électronique, qui relèvent de l'une des catégories ci-après (art. L 312-1-1, 1° à 4°) :

- documents déjà communiqués à la demande d'une personne ;
- documents mis à la disposition des usagers dans un répertoire (n° 38920) ;

– bases de données, mises à jour de façon régulière, produites ou reçues par les administrations, et qui ne font pas l'objet d'une autre forme de diffusion publique ;
– données, mises à jour de façon régulière, dont la publication présente un intérêt économique, social, sanitaire ou environnemental.

Pour que les documents non communicables (nos 38540 s.) puissent être mis en ligne (n° 38555) et, en conséquence, être réutilisés, il est nécessaire que ceux-ci fassent l'objet d'un traitement permettant d'**occulter** les « **mentions** » qui font obstacle à la communication (CRPA art. L 312-1-2, al. 1). 38560

En outre, lorsque les mêmes documents comportent des **données à caractère personnel,** leur publication n'est possible qu'à la condition qu'un traitement ait permis de rendre impossible l'identification de ces personnes. Toutefois, cette condition n'est pas exigée (art. L 312-1-2, al. 2) :
– si la personne concernée a donné son accord à une publication intégrale ;
– ou si le document en cause appartient à une catégorie dont la liste est fixée par décret.

> **Précisions** Un décret 2018-1117 du 10 décembre 2018 a fixé la liste des **catégories de documents** comportant des données personnelles qui peuvent être mis en ligne sans que l'identification de la personne concernée soit pour autant devenue impossible. Cette liste, qui figure dans un nouvel article D 312-1-3 du CRPA, comprend, notamment, les documents nécessaires à l'information du public et relatifs aux :
> – conditions d'organisation de l'administration ;
> – conditions d'organisation de la vie économique, associative et culturelle ;
> – conditions d'organisation et d'exercice des professions réglementées et des activités professionnelles soumises à une réglementation ;
> – activités soumises à des formalités prévues par la réglementation en matière d'urbanisme, d'occupation du domaine public et de protection des données personnelles.

Documents sur lesquels des tiers détiennent des droits de propriété intellectuelle Cette seconde exception au droit de réutilisation (n° 38530) s'applique, notamment, aux **bases de données** faisant l'objet, au profit de leur producteur, d'un droit « sui generis » organisé par le Code de la propriété intellectuelle (CPI art. L 341-1 s.). La protection dont bénéficie le producteur d'une base de données lui permet d'interdire l'extraction de tout ou partie du contenu de la base, ainsi que sa réutilisation par mise à la disposition du public (CPI art. L 342-1). 38570

Avant l'entrée en vigueur de la loi 2016-1321, la question s'était posée de savoir si une **personne publique productrice de base de données** et détentrice d'un droit « sui generis » devait être considérée comme un « tiers » au regard du régime de réutilisation des informations publiques (CRPA art. L 321-2, c). Le Conseil d'État a répondu par la négative à cette question et jugé que la personne publique en cause ne pouvait pas se prévaloir de son droit « sui generis » pour refuser que le contenu de la base de données puisse être réutilisé par une entreprise (CE 8-2-2017 n° 389806 : RJDA 5/17 n° 387).

La loi 2016-1321 a introduit des dispositions qui, désormais, résolvent la question. La loi indique expressément que le droit « sui generis » dont les administrations sont éventuellement titulaires ne saurait « faire obstacle » à la réutilisation du contenu des bases de données qu'elles mettent en ligne (CRPA art. L 321-3, al. 1). Néanmoins, et par exception à cette règle, le droit de réutilisation ne s'applique pas lorsque les bases de données sont produites ou reçues par une administration « dans l'exercice d'une mission de service public industriel et commercial soumise à la concurrence » (art. L 321-3, al. 2).

B. Données de référence relevant du droit de réutilisation

Aux informations publiques contenues dans des documents administratifs s'ajoute une deuxième catégorie de données publiques, dénommées « données de référence » (CRPA art. L 321-4). 38610

Les entreprises privées utilisent déjà des données de référence (« Master Data ») qui portent sur des éléments d'information essentiels relatifs à leur activité (clients, fournisseurs, produits, sites, etc.).

PRINCIPES

38620 Dans le cadre du **droit de réutilisation,** la mise à disposition des données de référence constitue une **mission de service public** relevant de l'État (art. L 321-4, I). Elle doit être effectuée par l'administration qui assure la production de ces données ou une autre administration désignée par elle ou, à défaut, par l'organisme « Etalab » (n° 38420) (CRPA art. R 321-6).

Il est nécessaire que cette mise à disposition s'effectue dans un **standard** ouvert, aisément réutilisable et exploitable par un système de traitement automatisé (art. L 300-4). La directive PSI 2019/1024 définit le « format ouvert » comme étant « un format de fichier indépendant des plates-formes utilisées et mis à la disposition du public sans restriction empêchant la réutilisation des documents » (art. 2, 14).

38625 Les **administrations** auxquelles incombe la mise à disposition des données sont tenues de **respecter** les **conditions** de fiabilité, de disponibilité et de sécurité fixées par un arrêté du 14 juin 2017 (art. R 321-7 ; Arrêté PRMJ1713859A du 14-6-2017). Les règles auxquelles doivent se conformer les administrations portent sur les points suivants :
– publication des informations relatives aux données de référence ;
– information du public sur le processus de création et de mise à jour des données ;
– fréquence de mise à disposition des données mises à jour ;
– taux de disponibilité du service et niveau de performance ;
– modalités de mise à disposition des données ;
– procédure de signalement au producteur de données comportant des erreurs ou des lacunes ;
– délai d'information des usagers en cas de modification substantielle portant sur les caractéristiques des données, leurs modalités de mise à disposition et la structure de la base de données.

DÉFINITION DES DONNÉES DE RÉFÉRENCE

38630 Les données de référence sont définies comme étant des informations publiques (art. L 321-4, II) :
– qui constituent une référence commune pour nommer ou identifier des produits, des services, des territoires ou des personnes ;
– qui sont fréquemment réutilisées par des personnes publiques ou privées autres que l'administration qui les détient ;
– et dont la réutilisation nécessite qu'elles soient mises à disposition avec un niveau élevé de qualité.

LISTE RÉGLEMENTAIRE DES DONNÉES DE RÉFÉRENCE

38640 Les données de référence sont (CRPA art. R 321-5 modifié par le décret n° 2023-767 du 11-8-2023) :
– le répertoire des entreprises Sirene, produit par l'Insee (C. com. art. R 123-220) ;
– le répertoire national des associations (Arrêté IOCA0817561A du 14-10-2009) ;
– le plan cadastral informatisé, produit par la Direction générale des finances publiques (DGFiP) (C. envir. art. L 127-10) ;
– le registre parcellaire graphique (RPG), produit par l'Agence de services et de paiement (Règl. (UE) 2021/2116 du 2-12-2021 relatif au financement, à la gestion et au suivi de la politique agricole commune ; C. rural art. L 313-1 s.) ;
– le « référentiel à grand échelle » produit par l'Institut national de l'information géographique et forestière (IGN) (Décret 2011-1371 du 27-10-2011 art. 2) ;
– la base adresse nationale (BAN) produite par l'IGN ;
– la base de données de l'organisation administrative de l'État, produite par la Direction de l'information légale et administrative (DILA) à partir du recensement des coordonnées des services publics nationaux et locaux (Arrêté PRMX0004473A du 6-11-2000 relatif à la création du site internet « service-public.fr ») ;
– le répertoire opérationnel des métiers et des emplois (ROME), produit par Pôle emploi ;
– le code officiel géographique (COG), produit par l'Insee (Arrêté ECOS0350052A du 28-11-2003).

C. Données d'intérêt général relevant du droit de réutilisation

PRÉSENTATION GÉNÉRALE

Cette troisième catégorie de données comporte des données publiques réutilisables, dont la mise à disposition obéit à des **règles spécifiques** incorporées dans différents textes distincts du Code des relations entre le public et l'administration. 38680

Il s'agit des données relatives :

– à l'exploitation d'un service public délégué ;

– à la consommation et à la production d'électricité et de gaz naturel.

S'y ajoutent les informations publiques figurant dans les décisions rendues par les juridictions administratives et judiciaires.

On peut également rattacher à cette liste :

– les données essentielles des contrats de la commande publique (CCP art. L 2196-2 et R 2196-1 ; art. L 3131-1 et R 3131-1) ;

– les données nécessaires à l'information du voyageur (C. transports art. L 1115-1 s.) ;

– les données relatives à la couverture des services mobiles de communication électroniques (CPCE art. L 36-7, 11°) ;

– les données essentielles des conventions de subvention (Loi 2000-321 du 12-4-2000 art. 10).

DONNÉES RELATIVES À L'EXPLOITATION D'UN SERVICE PUBLIC CONCÉDÉ

Lorsque la gestion d'un service public est concédée, le **titulaire du contrat de concession** est tenu de fournir à l'autorité concédante, sous format électronique, dans un standard ouvert librement réutilisable et exploitable par un système de traitement automatisé, les **données et** les **bases de données** collectées ou produites à l'occasion de l'exploitation du service public concerné si, du moins, ces éléments sont indispensables à l'exécution du contrat (CCP art. L 3131-2, al. 1). 38690

L'autorité concédante, ou un tiers désigné par celle-ci, peut extraire et exploiter librement tout ou partie des données et bases de données qui ont, ainsi, été fournies. Cette exploitation doit permettre la réutilisation, à titre gratuit ou onéreux, des mêmes éléments (art. L 3131-4, al. 1).

Les données en cause portent, par exemple, sur les services publics de distribution de l'eau potable, de l'enlèvement et du traitement des déchets ménagers, de l'exploitation des parcs public de stationnement, de la restauration scolaire, etc.

> **Précisions** **a.** L'autorité concédante peut, par décision motivée fondée sur des motifs d'intérêt général et rendue publique, **dispenser le concessionnaire,** dès la conclusion du contrat de concession, ou au cours de son exécution, de son **obligation de fournir les données** et bases de données (CCP art. L 3131-3).
> **b.** Dans le cas des contrats de concession pour lesquels une consultation a été engagée, ou un avis de concession a été envoyé à la publication, **avant le 9 octobre 2016,** le concessionnaire n'est tenu de transmettre les données et bases de données qu'à la seule fin de préparer le renouvellement du contrat (CCP art. L 3131-2, al. 2).

DONNÉES RELATIVES À LA CONSOMMATION ET À LA PRODUCTION D'ÉNERGIE

Les gestionnaires des réseaux publics de distribution d'**électricité,** ainsi que le gestionnaire du réseau public de transport d'électricité (« Réseau de transport d'électricité » ou RTE), sont tenus de permettre la réutilisation des « données détaillées de consommation et de production issues de leur système de comptage d'énergie ». Cette obligation tend à favoriser, notamment, le développement d'offres d'énergie, d'usages et de services énergétiques (C. énergie art. L 111-73-1, al. 1). 38700

Une obligation identique incombe aux gestionnaires des réseaux publics de distribution et de transport de **gaz naturel** (C. énergie art. L 111-77-1, al. 1).

Dans ces différents cas, les gestionnaires des réseaux concernés doivent, de la même façon (art. L 111-73-1, al. 2 et 3 ; art. L 111-77-1, al. 2 et 3) :

– procéder au traitement des données de consommation et de production énergétiques dans le respect des secrets protégés par la loi ;

– mettre ces données à la disposition du public par voie électronique, dans un format ouvert, aisément réutilisable et exploitable par un système de traitement automatisé, et sous « une forme agrégée garantissant leur caractère anonyme ».

La nature des données de comptage ainsi que les modalités de leur traitement ont été déterminées par un même ensemble de dispositions réglementaires prises pour l'application des articles L 111-73-1 et L 111-77-1 (C. énergie art. D 111-59 s.).

DÉCISIONS RENDUES PAR LES JURIDICTIONS

38710 Les « jugements » rendus par le Conseil d'État, les cours administratives d'appel et les tribunaux administratifs doivent être **mis à la disposition** du public, à titre gratuit et sous forme électronique (C. just. adm. art. L 10).

Des règles analogues s'appliquent aux « décisions de justice » rendues par les différentes juridictions de l'ordre judiciaire (C. org. jud. art. L 111-13).

Les informations publiques contenues dans l'ensemble des décisions juridictionnelles qui viennent d'être mentionnées (C. just. adm. art. L 10, al. 4 ; C. org. jud. art. L 111-13, al. 4) peuvent être réutilisées conformément aux règles générales relatives à la **réutilisation** de telles informations (n°s 38510 s.).

Ces dispositions font cependant l'objet de trois séries de limitations (C. just. adm. art. L 10, al. 2 et 3 ; C. org. jud. art. L 111-13, al. 2 et 3) :

– les noms et prénoms des personnes physiques qui sont mentionnées dans la décision et qui ont été parties au litige ou tiers doivent être occultés préalablement à la mise à disposition du public ;

– est également occulté tout élément permettant d'identifier les parties, les tiers, les magistrats et les membres du greffe, lorsque la divulgation d'un tel élément est de nature à porter atteinte à la sécurité ou au respect de la vie privée de ces personnes ou de leur entourage ;

– les données d'identité des magistrats et membres du greffe ne peuvent donner lieu à une réutilisation ayant pour objet ou pour effet d'évaluer, d'analyser, de comparer ou de prédire leurs pratiques professionnelles réelles ou supposées ; la violation de cette interdiction est réprimée par les peines prévues aux articles 226-18, 226-24 et 226-31 du Code pénal.

38715 Le Conseil d'État et la Cour de cassation sont respectivement responsables de la mise à la disposition du public, sous forme électronique, des décisions rendues par les juridictions placées sous leur contrôle (C. just. adm. art. R 741-13, al. 1 et C. org. jud. art. R 111-10, al. 1).

Les décisions juridictionnelles rendues par le Conseil d'État, les cours administratives d'appel et les tribunaux administratifs sont mises à disposition du public dans un délai de deux mois à compter de leur date (C. just. adm. art. R 741-13, al. 2). Dans le cas des décisions rendues par les juridictions judiciaires, ce délai est porté à six mois et court à compter de la mise à disposition de la décision au greffe de la juridiction (C. org. jud. art. R 111-10, al. 2). Sont concernées les décisions des juridictions judiciaires rendues publiquement et accessibles à toute personne sans autorisation préalable (C. org. jud. art. R 111-11, al. 1).

La mise à disposition du public des décisions émanant des deux ordres juridictionnels est réalisée sur un portail internet relevant de la responsabilité du garde des Sceaux. Ces décisions sont sélectionnées selon des modalités propres à chaque ordre sur leur site internet respectif (Décret 2020-797 art. 7).

Ce portail indique (Décret 2020-797 art. 8) :

– les coordonnées des services du Conseil d'État et de la Cour de cassation auprès desquels les personnes intéressées peuvent faire valoir leurs droits d'accès et de rectification en application de la loi Informatique et libertés du 6 janvier 1978 ;

– les coordonnées des autorités auprès desquelles s'exercent les demandes tendant à l'occultation ou à la levée de l'occultation de certains éléments d'identification (sur ces demandes, voir C. just. adm. art. R 741-15 et, sur renvoi, art. R 741-14 ; C. org. jud. art. R 111-13 et, sur renvoi, art. R 111-12).

ATTENTION

Les **traitements** portant sur la réutilisation des informations publiques figurant dans les décisions juridictionnelles ne sont pas soumis aux **règles** qui s'appliquent aux données sensibles, à condition toutefois que ces traitements n'aient ni pour objet ni pour effet de permettre la réidentification des personnes concernées (n° 34915) (Loi du 6-1-1978 art. 44, 5°).

38717 Il a été prévu qu'un arrêté du garde des Sceaux déterminerait, pour chacun des ordres judiciaire et administratif et, le cas échéant, par niveau d'instance et par type de contentieux, la date à compter de laquelle les **décisions de justice** sont **mises à la disposition du public** dans les conditions rappelées ci-dessus (Décret 2020-797 du 29-6-2020 art. 9).

Le Conseil d'État a été saisi d'un recours qui mettait en cause le retard apporté par l'administration dans la publication de cet arrêté. Tout en reconnaissant que la mise à disposition du public des décisions de justice constitue une « opération d'une grande complexité », le Conseil d'État a estimé que le garde des Sceaux aurait dû prendre dans un « délai raisonnable » l'arrêté ainsi prévu. Il lui a enjoint d'exécuter cette obligation dans un délai de trois mois à compter de la notification de sa décision (CE 21-1-2021 n° 429956).

Cette injonction a été suivie de la publication de l'arrêté JUST2111743A du 28 avril 2021 modifié par l'arrêté JUST2316076A du 27 juin 2023 qui comporte les dispositions attendues.

> **Précisions** L'arrêté précité fixe comme ci-après les **dates de mise à disposition du public.** Dans le cas des contentieux administratifs, les dates retenues sont : le 30 septembre 2021 pour les décisions du Conseil d'État ; le 31 mars 2022 pour les décisions des cours administratives d'appel ; le 30 juin 2022 pour les décisions des tribunaux administratifs.
> Dans le cas des contentieux civils, commerciaux et sociaux relevant de l'ordre judiciaire, les dates de mise à disposition sont : le 30 septembre 2021 pour les décisions de la Cour de cassation ; le 30 avril 2022 pour les décisions des cours d'appel ; le 31 décembre 2024 pour les décisions des tribunaux de commerce ; le 30 septembre 2025 pour les décisions des tribunaux judiciaires et celles des conseils de prud'hommes.
> Dans le cas des contentieux pénaux relevant de l'ordre judiciaire, les dates de mise à disposition sont : le 30 septembre 2021 pour les décisions de la Cour de cassation ; le 31 décembre 2024 pour les décisions rendues par les juridictions du premier degré en matière contraventionnelle et délictuelle ; le 31 décembre 2025 pour les décisions rendues par les cours d'appel en matière contraventionnelle et délictuelle ; le 31 décembre 2025 également pour les décisions rendues en matière criminelle.

DONNÉES ESSENTIELLES DES CONTRATS DE LA COMMANDE PUBLIQUE

Les acheteurs publics doivent rendre accessibles sous un format ouvert et librement réutilisables les données essentielles des marchés qu'ils concluent (CCP art. L 2196-2). Une obligation analogue incombe aux autorités concédantes pour les données essentielles des contrats de concession qu'elles concluent (CCP art. L 3131-1). **38720**

Toutefois, ni les acheteurs publics ni les autorités concédantes ne peuvent communiquer les informations confidentielles dont ils ont eu connaissance lors de la procédure de passation : notamment, les informations dont la divulgation violerait le secret des affaires ou dont la communication pourrait nuire à une concurrence loyale entre les opérateurs économiques. Par dérogation à cette interdiction, l'acheteur public ou l'autorité concédante peut éventuellement demander aux opérateurs économiques concernés de consentir à ce que certaines informations confidentielles qu'ils ont fournies puissent être divulguées (CCP art. L 2196-2 et, sur renvoi, art. L 2132-1 ; art. L 3131-1 et, sur renvoi, art. L 3122-3).

> **Précisions** L'acheteur public ou l'autorité concédante publie sur le portail national de données ouvertes les données essentielles portant sur la passation du marché ou du contrat de concession, sur son contenu et sur son exécution, notamment, sur son éventuelle modification (CCP art. R 2196-1 et R 3131-1, modifiés par décret 2022-767 du 2-5-2022). Les modalités d'application de ces dispositions ont été fixées par un arrêté ECOM1831542A du 22 mars 2019.

DONNÉES NÉCESSAIRES À L'INFORMATION DU VOYAGEUR

La loi 2019-1428 du 24 décembre 2019 d'orientation des mobilités a refondu les règles portant sur la mise à disposition des données nécessaires à l'information du voyageur (C. transports art. L 1115-1 s.). Cette réforme a eu pour objet de mettre le droit national en conformité avec le règlement délégué (UE) 2017/1926 du 31 mai 2017 complétant la directive 2010/40/UE. **38730**

Désormais, les « autorités organisatrices de la mobilité » (AOM), c'est-à-dire organisatrices de transport urbain, ainsi que l'État, les collectivités territoriales, les établissements publics de coopération intercommunale (EPCI), les syndicats mixtes, Île-de-France Mobilités et la métropole de Lyon sont responsables de la fourniture de certaines données destinées à être rendues accessibles et réutilisables (C. transports art. L 1115-1, 1° à 3°).

Il s'agit des (art. L 1115-1, 2°) :
- données « statiques » (relatives aux modes de transport qui ne changent pas du tout ou pas souvent) et « dynamiques » (relatives aux modes de transport qui changent souvent) sur les déplacements et la circulation ;
- données « historiques » (fondées sur des mesures anciennes) relatives à la circulation.

Les données sont, en principe, diffusées gratuitement. Toutefois, dans le cadre des accords de licence de réutilisation prévus par le règlement délégué du 31 mai 2017, une « compensation financière » peut être demandée à l'utilisateur si le volume des données à transmettre dépasse certains seuils dont les caractéristiques et les niveaux devront être fixés par décret (C. transports art. L 1115-3, al. 1).

DONNÉES RELATIVES À LA COUVERTURE DES SERVICES MOBILES

38740 L'Autorité de régulation des communications électroniques, des postes et de la distribution de la presse (Arcep) doit mettre à la disposition du public, sous une forme électronique, dans un standard ouvert et aisément réutilisable, sous réserve de mentionner leurs sources, les cartes numériques de couverture du territoire que les fournisseurs de services de communications électroniques sont tenus de publier. La même obligation porte sur les données servant à établir ces cartes numériques (CPCE art. L 36-7, 11°).

En application de ces dispositions, l'Arcep a, par une décision 2016-1678 du 6 décembre 2016 (ARTL1701102S), défini les contenus et les modalités de mise à disposition des informations relatives à la couverture des services mobiles.

DONNÉES ESSENTIELLES DES CONVENTIONS DE SUBVENTION

38750 Lorsque des autorités administratives, ou des organismes chargés de la gestion d'un service industriel et commercial, attribuent à un organisme privé une subvention dépassant le seuil de 23 000 €, les données essentielles de la convention de subvention doivent être rendues accessibles, sous forme électronique, dans un standard ouvert aisément réutilisable et exploitable par un système de traitement informatisé. Une obligation analogue est imposée aux autorités ou organismes qui attribuent plusieurs subventions dont le montant cumulé au cours des 12 derniers mois civils dépasse le même seuil (Loi 2000-321 du 12-4-2000 art. 10, dernier al.).

Ces données doivent être mises à disposition du public gratuitement, en consultation ou en téléchargement, sur le site de l'autorité ou de l'organisme attribuant la subvention, au plus tard trois mois après la signature de la convention de subvention. Il est toutefois fait exception à cette obligation si les données essentielles sont publiées sur le « portail unique interministériel » (n° 38420) (Décret 2017-779 du 5-5-2017 art. 2).

Les données concernées sont des informations relatives à (Décret 2017-779 art. 1, I) :
- l'autorité ou l'organisme qui attribue la subvention ;
- l'attributaire de la subvention ;
- la subvention (notamment, objet, montant, nature, date et conditions de versement).

II. CONTENU DE LA RÉGLEMENTATION RELATIVE À LA RÉUTILISATION DES DONNÉES PUBLIQUES

A. Règles générales

NOTION DE RÉUTILISATION D'INFORMATIONS PUBLIQUES

38900 Jusqu'à une date récente, la Cada distinguait nettement entre la **réutilisation** des informations publiques par un tiers (n°s 38510 s.) et la simple **diffusion** sur internet de ces informations par un usager, en accès libre et gratuit (Conseil Cada n° 20081565 du 17-4-2008). Ainsi, ne constituait pas une réutilisation la mise en ligne de documents, sans aucun commentaire ni ajout (Avis Cada n° 20082716 du 31-7-2008).

Mais cette distinction a été abandonnée par deux avis du 8 mars 2018 (Avis Cada n°s 20175766 et 20175768). Alors que, dans chacun de ces cas, un particulier souhaitait publier sur un site internet des données relatives aux différentes subventions versées par une commune, la Cada a estimé que la mise à disposition de ces données constituait une réutilisation d'informations publiques « quand bien même il ne serait porté, à ce stade, aucune modification sur les informations publiques telles que transmises par l'administration ».

En revanche, demeure d'actualité l'avis de la Cada ayant qualifié de « réutilisation » une application qui a été créée à partir du fichier des débitants de tabac détenu par l'administration et qui permet aux possesseurs de téléphones mobiles de géolocaliser les débits ouverts quels que soient le jour et l'heure (Avis Cada n° 20103024 du 27-7-2010).

CONDITIONS DE RÉUTILISATION D'INFORMATIONS PUBLIQUES

38910 Sauf accord de l'administration, la réutilisation des informations publiques est soumise à la condition que ces dernières ne soient **pas altérées,** que leur **sens** ne soit **pas dénaturé** et que leurs **sources,** ainsi que la date de leur dernière mise à jour, soient **mentionnées** (CRPA art. L 322-1).

Pour un **exemple** de dénaturation d'informations publiques, voir CE 27-12-2012 n° 325371 : Lebon T. p. 764.

Lorsque les informations publiques comportent des **données à caractère personnel,** leur réutilisation est soumise au respect des dispositions de la loi du 17 juillet 1978 (CRPA art. L 322-2). 38915

ILLUSTRATIONS

Des informations concernant le taux de réussite aux examens du permis de conduire, obtenus par des auto-écoles exploitées à titre individuel, constituent des données personnelles au sens des dispositions ci-dessus (Avis Cada n° 20130163 du 14-3-2013). Il en va de même pour des photographies d'anciens registres d'état civil, destinées à être reproduites sur des DVD et à être éventuellement réutilisées (Conseil Cada 20065008 du 8-2-2007).

Si la réutilisation n'est possible qu'après une **anonymisation** des données personnelles, l'autorité détentrice n'y procède que pour autant que cette opération n'entraîne pas des « efforts disproportionnés » (CRPA art. R 322-3).

La Cnil peut certifier, ou homologuer, et publier des référentiels ou des méthodologies générales aux fins de certification de la conformité du processus d'anonymisation des données personnelles en vue de la réutilisation d'informations publiques (Loi du 6-1-1978 art. 8, I-2°-i). Elle a également adopté, le 9 décembre 2010, une délibération n° 2010-420 portant recommandation relative aux conditions de réutilisation des données personnelles contenues dans des documents d'archives publiques.

OBLIGATIONS DES ADMINISTRATIONS EN MATIÈRE D'INFORMATIONS PUBLIQUES

Les administrations qui produisent ou détiennent des informations publiques doivent mettre à la disposition des usagers un **répertoire** des principaux documents dans lesquels figurent ces informations. Elles sont tenues de publier chaque année une **version mise à jour** du répertoire (CRPA art. L 322-6, al. 1). 38920

Celui-ci précise, pour chacun des documents recensés, son titre exact, son objet, la date de sa création, les conditions de sa réutilisation et, le cas échéant, la date et l'objet des mises à jour (CRPA art. R 322-7, al. 1).

Lorsque l'administration concernée dispose d'un site internet, elle rend le répertoire accessible en ligne (art. R 322-7, al. 2).

Il n'est pas nécessaire que le répertoire soit exhaustif. Doivent essentiellement être recensées les informations susceptibles de présenter un intérêt pour les réutilisateurs, compte tenu des répertoires existants (Conseils Cada n° 20062173 du 8-6-2006 et n° 20172569 du 5-10-2017).

Les administrations productrices ou détentrices d'informations publiques ont également l'obligation de **rendre publiques,** dans un standard ouvert, les **conditions de réutilisation** de ces informations, ainsi que, le cas échéant, le **montant** et les **bases de calcul** des **redevances** exigées à ce titre (CRPA art. L 322-6, al. 2). 38925

Les modalités de calcul des redevances sont publiées sous forme électronique conjointement sur le site internet de l'administration concernée et sur un site des services du Premier ministre (CRPA art. R 324-4-5).

Les administrations les plus importantes doivent encore désigner une « **personne responsable** de l'accès et des questions relatives à la réutilisation des informations publiques » (CRPA art. L 330-1). La désignation, les noms et prénoms, la profession et les coordonnées de cette personne sont portés à la connaissance du public (CRPA art. R 330-3). La personne responsable est, notamment, chargée de « réceptionner » les demandes d'accès aux documents administratifs et de licence de réutilisation des informations publiques, ainsi que les éventuelles réclamations (art. R 330-4). 38930

Sont **concernés** par cette obligation (art. R 330-2) :

– les services de l'État ;

– les communes de 10000 habitants, ou davantage, ainsi que les départements, les régions et la collectivité territoriale de Corse ;

– les établissements publics nationaux et locaux qui emploient au moins 200 agents ;

– les établissements publics de coopération intercommunale (EPCI) regroupant une population de 10000 habitants, ou davantage ;

– les autres personnes de droit public, ainsi que les personnes de droit privé chargées de la gestion d'un service public, à condition que les unes et les autres emploient au moins 200 agents.

REFUS DE RÉUTILISATION D'INFORMATIONS PUBLIQUES

38940 Toute **décision défavorable** en matière de réutilisation de données publiques doit être **notifiée** au demandeur sous la forme d'une décision écrite motivée comportant l'indication des délais et voies de recours (CRPA art. L 322-5, al. 1).

Cependant, une telle décision ne peut pas être directement contestée devant la juridiction administrative compétente. Avant de saisir cette juridiction, l'intéressé doit, au préalable, solliciter de la **Cada** un **avis** sur le bien-fondé de la décision qui lui est opposée (CRPA art. L 342-1). Cet avis, qu'il soit ou non favorable au demandeur, ne lie pas l'appréciation de l'administration concernée.

Contrairement à ce qui est prévu pour le contentieux des décisions par lesquelles une administration refuse l'accès à un document administratif, les dispositions applicables à un refus de réutilisation ne précisent pas dans quels délais le demandeur doit s'adresser à la Cada.

B. Licence de réutilisation d'informations publiques

PRINCIPES

38980 La réutilisation des informations publiques peut donner lieu à l'établissement d'une licence, sans que celle-ci soit toujours obligatoire. Mais la licence devient nécessaire si la réutilisation est soumise au paiement d'une redevance (CRPA art. L 323-1).

Néanmoins, même lorsque la réutilisation est à titre gratuit, elle peut faire l'objet d'une licence. Celle-ci doit alors être choisie sur une liste qui est fixée par décret et révisée tous les cinq ans. Par exception à cette dernière règle, les administrations peuvent cependant recourir à une licence ne figurant pas sur la liste à condition d'en obtenir l'homologation (art. L 323-2, al. 4), dans les conditions fixées à l'article D 323-2-2. La liste des licences homologuées figure sur le site www.data.gouv.fr/fr/licences.

Aucun principe n'interdit à l'administration de limiter dans le temps la durée d'une licence. Mais il est nécessaire que le montant de la redevance soit adapté à la durée de la réutilisation (Avis Cada n° 20111743 du 26-5-2011).

LISTE DES LICENCES DE RÉUTILISATION GRATUITE

38990 La liste des licences de réutilisation gratuite distingue **deux séries** de licences selon que les informations concernées sont contenues dans des bases de données ou des logiciels (CRPA art. D 323-2-1).

Pour les **bases de données,** la liste mentionne (art. D 323-2-1) :

– la licence ouverte de réutilisation d'informations publiques, dite « Licence Ouverte Administration » (LOA) ;

– la licence « Open Database License » (ODbl).

Dans le cas des **logiciels,** la liste retient (art. D 323-2-1, II) :

– quatre licences « permissives » ; il s'agit des licences « Berkeley Software Distribution License » (BSD), « Apache », « CeCILL-B » (CEA CNRS INRIA, Logiciel Libre) et « Massachusetts Institute of Technology License » (MIT) ;

– cinq licences « avec obligation de réciprocité » ; ce sont les licences « Mozilla Public License » (MPL), « GNU General Public License » (GN GPL), « CeCILL », « European Union Public License » et « Eclipse Public License ».

Les licences figurant sur la liste et celles qui sont homologuées sont, ou seront, accessibles en ligne sur le site www.data.gouv.fr (art. D 323-2-1, al. 7 et D 323-2-2, V).

> **Précisions** **a.** S'agissant des **bases de données,** les licences LOA et ODbl sont des licences « libres » qui permettent à leur titulaire d'utiliser les données, de les modifier et de les diffuser.
> La **licence LOA** est de type « permissif ». Elle offre à son titulaire une totale liberté de réutilisation des données et l'autorise à éditer les travaux dérivés sous une autre licence. Elle succède à la licence ouverte créée en 2011 par la mission « Etalab ».
> La **licence ODbl** est une licence « libre » comportant des clauses « copyleft ». L'utilisateur dispose de la même liberté d'exploitation tout en ayant l'obligation de maintenir sous la licence qui lui a été délivrée la base de données initiale et les travaux dérivés.
> **b.** S'agissant des **logiciels,** l'**obligation de réciprocité** concerne les licences comportant des

clauses « copyleft » lorsque celles-ci exigent que les travaux dérivés du logiciel initial ouvrent à d'autres utilisateurs les mêmes droits que ceux accordés au titulaire de la licence. De telles clauses assurent des « conditions de partage identiques » (« share alike »).

CONTENU DES LICENCES DE RÉUTILISATION D'INFORMATIONS PUBLIQUES

Les licences ont pour objet de fixer les **conditions de réutilisation** des informations publiques. Ces conditions ne peuvent apporter de restrictions à la réutilisation que pour des motifs d'intérêt général et de façon proportionnée. Elles ne peuvent pas non plus restreindre la concurrence (CRPA art. L 323-2, al. 1). 39000

Les **clauses** des licences doivent porter, au moins, sur les informations faisant l'objet de la réutilisation, leur source et leur date de mise à disposition, le caractère commercial ou non de leur réutilisation, ainsi que sur les droits et obligations du licencié. Elles doivent aussi indiquer le montant de la redevance et les modalités de son paiement (CRPA art. R 323-3).

LICENCES TYPES DE RÉUTILISATION D'INFORMATIONS PUBLIQUES

Les administrations, qui élaborent ou détiennent des documents comportant des informations publiques susceptibles de réutilisation, sont tenues de mettre préalablement, par voie électronique, des licences types **à la disposition** des personnes intéressées (CRPA art. L 323-2, al. 2). 39010

DEMANDE DE LICENCE DE RÉUTILISATION D'INFORMATIONS PUBLIQUES

La demande de licence doit être **adressée** à la personne responsable des questions de réutilisation lorsque l'administration concernée est tenue de la désigner (n° 38930). 39020

C. Redevance de réutilisation d'informations publiques

ADMINISTRATIONS ASSUJETTIES À UNE REDEVANCE DE RÉUTILISATION

La réutilisation des informations publiques est, en principe, gratuite. Mais certaines administrations peuvent cependant établir une redevance de réutilisation (CRPA art. L 324-1, al. 1). 39060

Cette faculté est subordonnée à une **condition générale** : les administrations qui souhaitent exiger le paiement d'une redevance doivent être tenues de couvrir par des recettes propres une part substantielle des coûts liés à l'accomplissement de leurs missions de service public (art. L 324-1, al. 1).

En application de cette condition, **seules sont autorisés** à établir une redevance de réutilisation les services de l'État, les collectivités territoriales, les autres personnes publiques et les personnes privées chargées d'une mission de service public (art. L 324-4 et R 324-4-1) :

– dont l'activité principale consiste en la collecte, la production, la mise à disposition ou la diffusion d'informations publiques ;

– et à condition que la couverture des coûts liés à cette activité principale soit assurée à moins de 75 % par des recettes fiscales, des dotations ou des subventions.

Toutefois, **par exception** aux règles qui viennent d'être exposées, aucune redevance ne peut être exigée si : 39065

– les informations susceptibles d'être réutilisées font l'objet d'un accord d'exclusivité (CRPA art. L 324-1, al. 3) (n° 39130) ;

– ces informations sont produites par l'Insee et les services statistiques ministériels (art. L 324-6).

Lorsque les services de l'**État** ou les **établissements publics administratifs de l'État** envisagent de soumettre au paiement d'une redevance la réutilisation des informations publiques qu'ils produisent ou qu'ils reçoivent, il est nécessaire qu'une liste de ces informations soit préalablement fixée par décret (CRPA art. L 324-5). 39070

Cette **liste** comporte (art. D 324-5-1) :

– des informations géographiques, au nombre de six catégories, émanant de l'IGN (notamment, des informations issues des bases de données du parcellaire cadastral et des bases de données d'adresses géolocalisées) ;

– des informations météorologiques, au nombre de neuf catégories, émanant de Météo-France ;

– des informations relatives à l'environnement physique marin et à son évolution, au nombre de six catégories, émanant du Service hydrographique et géographique de la marine ;

– des informations issues d'opérations de numérisation des fonds culturels, émanant de l'État et de ses établissements publics administratifs (n° 39085).

La liste ainsi prévue doit être rendue publique sur un site internet créé sous l'autorité du Premier ministre. Elle doit aussi indiquer soit la personne responsable des questions de réutilisation (n° 38930), soit, pour les établissements publics qui ne sont pas tenus de désigner une personne responsable, le service compétent pour recevoir les demandes de licence (art. R 324-6-1).

MONTANT DE LA REDEVANCE DE RÉUTILISATION

39080 Le **produit total** du montant de la redevance exigée par une administration ne doit pas dépasser le montant total des coûts liés à la collecte, à la production, à la mise à disposition du public ou à la diffusion des informations publiques (CRPA art. L 324-1, al. 2).

Il est, en outre, nécessaire que le montant de la redevance soit fixé selon des **critères** objectifs, transparents, vérifiables et non discriminatoires.

Ce montant doit être révisé au moins tous les cinq ans (art. L 324-3).

Un avis de la Cada (n° 20141556 du 30-10-2014) fournit d'importantes précisions sur les principes qui doivent régir le mode de calcul de la redevance. Il ressort, notamment, de cet avis que :

– si l'administration utilise des informations publiques dans le cadre d'activités commerciales, elle ne peut pas facturer aux autres opérateurs la réutilisation de ces opérations en retenant un coût supérieur à celui qu'elle s'impute, ni leur imposer des conditions moins favorables que celles que l'administration s'applique à elle-même ;

– le principe d'égalité s'oppose à ce que des réutilisateurs se trouvant dans une situation comparable soient traités de manière différente ;

– les principes généraux du droit de la concurrence interdisent la mise en place de conditions tarifaires qui ne seraient pas transparentes et « orientées vers les coûts ».

39085 Des règles particulières s'appliquent aux informations publiques issues des opérations de **numérisation** des **fonds** et des **collections** des **bibliothèques,** y compris les bibliothèques universitaires. Sont également concernés les fonds et collections des **musées** et des **archives,** ainsi que les informations qui y sont associées lorsque ces dernières sont commercialisées conjointement (CRPA art. L 324-2).

Le produit total du montant de la redevance exigée à ce titre ne doit pas dépasser le montant total des coûts correspondants. Le mode de calcul de ce montant est soumis aux mêmes critères que ceux mentionnés ci-dessus (n° 39080).

D. Droit d'exclusivité sur la réutilisation d'informations publiques

39130 La réutilisation d'informations publiques ne peut faire l'objet d'un droit d'exclusivité accordé à un tiers par l'administration concernée, sauf si un tel droit est nécessaire à l'exercice d'une mission de service public (CRPA art. L 325-1).

Lorsque le droit est accordé, la période d'exclusivité ne peut dépasser dix ans.

Le bien-fondé du droit d'exclusivité accordé à un tiers doit être réexaminé périodiquement, au moins tous les trois ans (art. L 325-2).

Tout renouvellement d'un droit d'exclusivité doit être précédé du réexamen de son bien-fondé (art. R 325-5, al. 1). Il est nécessaire qu'un an, au moins, avant l'échéance du droit d'exclusivité, son titulaire soit informé de ce réexamen (art. R 325-5, al. 2). Le renouvellement ne peut résulter que d'une décision administrative explicite et motivée (art. R 325-6).

E. Sanctions du non-respect des dispositions relatives à la réutilisation d'informations publiques

La Cada peut prononcer une **amende** à l'encontre des personnes qui réutilisent des informations publiques de façon irrégulière (CRPA art. L 326-1, al. 1) et, plus précisément, dans les deux cas suivants. **39170**

Le premier concerne la réutilisation d'informations publiques à des **fins non commerciales** en méconnaissance (CRPA art. L 326-1, al. 2) : **39175**
- des dispositions qui subordonnent la réutilisation à la condition que les informations publiques ne soient pas altérées, que leur sens ne soit pas dénaturé et que leurs sources, ainsi que la date de leur dernière mise à jour, soient mentionnées (n° 38910) ;
- des conditions de réutilisation prévues par une licence (n° 39000) ;
- de l'obligation d'obtenir une licence (n° 38980).

Le montant maximal de l'amende est égal à celui prévu par le Code pénal pour les contraventions de 5e classe, soit 1 500 € (C. pén. art. 131-13, 5°).

Le second cas est celui d'une réutilisation à des **fins commerciales** en méconnaissance des mêmes dispositions, des mêmes conditions de réutilisation, ou de la même obligation (CRPA art. L 326-1, al. 3). **39180**

Le montant de l'amende doit être proportionné à la gravité du manquement commis et aux avantages tirés de ce manquement.

Le montant de l'amende prononcée pour sanctionner un premier manquement ne peut excéder 1 million d'euros (art. L 326-1, al. 4).

En cas de manquement réitéré dans les cinq années à compter de la date à laquelle la sanction précédemment prononcée est devenue définitive, le montant de l'amende ne peut excéder 2 millions d'euros, ou, s'agissant d'une entreprise, 5 % du chiffre d'affaires hors taxe du dernier exercice clos, dans la limite de deux millions d'euros (art. L 326-1, al. 4).

Que la réutilisation irrégulière soit, ou non, à des fins commerciales, la Cada peut, à la place de l'amende, ou en sus de celle-ci, **interdire** à l'auteur d'un manquement **la réutilisation d'informations publiques** pendant une durée maximale de deux ans. Cette durée peut être portée à cinq ans en cas de récidive dans les cinq ans suivant le premier manquement (CRPA art. L 326-1, al. 5). **39185**

La Cada peut aussi ordonner la **publication de la sanction** aux frais de celui qui en fait l'objet (art. L 326-1, al. 6).

Elle fixe la durée de la publication et désigne le support de celle-ci. La publication intervient dans un délai maximal d'un mois à compter du jour où la sanction est devenue définitive. La mesure de publication doit être proportionnée à la gravité de la sanction et adaptée à la situation de l'auteur du manquement. Lorsque la Cada décide d'interdire la réutilisation d'informations publiques, la sanction est publiée par voie électronique (art. R 343-12).

Le prononcé de la sanction doit être précédé d'une **procédure contradictoire** (CRPA art. L 342-3, al. 1 et R 343-6 s.). **39190**

Toutefois, la Cada n'est pas tenue, avant de prendre sa décision, d'adresser une mise en demeure à l'auteur du manquement (CE 27-12-2012 n° 325371 : Lebon T. p. 764).

ENCHÈRES INVERSÉES À DISTANCE ET ACTIONS ILLICITES SUR LES PRIX

SOMMAIRE

A. Encadrement des enchères inversées à distance

OBJECTIF ET NATURE DE L'ENCADREMENT

Le procédé des enchères électroniques inversées permet aux demandeurs de biens ou de services de mettre en concurrence, via Internet, plusieurs offreurs qui, selon que les enchères sont fermées ou ouvertes, sont présélectionnés ou non. À la différence de l'enchère classique, le prix de départ fixé par l'initiateur de l'enchère est un prix maximal et les enchères se font à la baisse ; la procédure d'enchère peut alors aboutir à la conclusion d'un contrat avec l'enchérisseur le moins coûtant ou le mieux-disant. 40000

Cette pratique est réglementée dans le but d'offrir aux fournisseurs soumissionnaires, notamment les PME, un cadre juridique clair les protégeant de comportements déloyaux et leur assurant une plus grande transparence de fonctionnement. L'organisateur est contraint de respecter un certain nombre d'obligations dont le non-respect est civilement sanctionné.

Ce dispositif étant d'ordre public (C. com. art. L 441-1 A, issu de loi 2023-221 du 30-3-2023), les parties ne peuvent pas y déroger.

1. CHAMP D'APPLICATION DE LA RÉGLEMENTATION

CHAMP D'APPLICATION MATÉRIEL

L'« **acheteur** » visé par la réglementation des enchères inversées à distance est toute personne exerçant des activités de production, de distribution ou de services (C. com. art. L 442-8, I-al. 1). 40010

Est également concernée la personne qui organise les enchères à distance pour son compte (art. L 442-8, I-al. 2). Cette référence au **tiers organisateur** permet d'intégrer dans le champ d'application du dispositif les enchères organisées depuis l'étranger (Rapport Sén. n° 333 relatif à la loi 2005-882 du 2-8-2005).

La notion d'**enchères à distance** vise tant les enchères électroniques que celles utilisant un autre support d'enchères à distance, tel que le téléphone ou le visiophone (Rapport Sén. n° 333 précité).

CHAMP D'APPLICATION TERRITORIAL

40015 La réglementation s'applique à toute convention entre un fournisseur et un acheteur portant sur des produits ou des services commercialisés sur le territoire français (C. com. art. L 444-1 A, issu de loi 2023-221 du 30-3-2023 ; voir n° 86010).

2. OBLIGATIONS DE L'ACHETEUR EN CAS D'ENCHÈRES INVERSÉES À DISTANCE

INFORMATIONS DEVANT ÊTRE COMMUNIQUÉES PAR L'ACHETEUR

40030 Préalablement à des enchères inversées à distance, l'acheteur (ou la personne qui organise les enchères pour son compte) doit communiquer de façon transparente et non discriminatoire à l'ensemble des candidats admis à présenter une offre (C. com. art. L 442-8, I, 1°) :
– les éléments déterminants des produits ou des prestations de services qu'il entend acquérir ;
– ses conditions et modalités d'achat ;
– ses critères de sélection détaillés ;
– les règles selon lesquelles les enchères vont se dérouler.
La communication de ces informations est destinée à « l'ensemble des candidats admis à présenter une offre » afin de se conformer à la procédure de présélection que mettent parfois en place les organisateurs d'enchères pour ne conserver que les soumissionnaires les plus sérieux (Rapport Sén. n° 333 relatif à la loi 2005-882 du 2-8-2005).

DÉROULEMENT DES ENCHÈRES INVERSÉES À DISTANCE

40040 L'acheteur, ou la personne qui organise les enchères inversées pour son compte, doit effectuer un **enregistrement** du déroulement des enchères qu'il doit conserver pendant un an et qu'il doit présenter s'il est procédé à une enquête de concurrence dans les conditions prévues par les articles L 450-1 et suivants du Code de commerce (n°s 77100 s.) (C. com. art. L 442-8, II).

ISSUE DES ENCHÈRES INVERSÉES À DISTANCE

40050 À l'issue de la période d'enchères inversées à distance, l'**identité du candidat retenu** doit être révélée au candidat qui, ayant participé à l'enchère, en fait la demande (C. com. art. L 442-8, I-2°). Cette obligation vise à préserver le principe de transparence et à clairement établir que les enchères ont bien abouti à la conclusion d'un contrat. Est donc exclue la pratique des enchères dites « pour voir », qui consiste pour un acheteur à organiser des enchères auxquelles il ne donne pas suite, simplement pour « tester » le marché ou contraindre son fournisseur à s'aligner sur l'offre la plus basse (Rapport Sén. n° 333 relatif à la loi 2005-882 du 2-8-2005).

Si l'**auteur de l'offre** sélectionnée est **défaillant,** nul n'est tenu de reprendre le marché au dernier prix ni à la dernière enchère.

> **› Précisions** Aucun candidat ne peut être contraint de faire sienne une **offre à des conditions moins avantageuses** que celles qu'il aurait acceptées. En tout état de cause, l'obligation qu'a ou non le candidat retenu à l'issue des enchères de conclure le contrat dépend de la façon dont est formulé le règlement des enchères. Il peut légitimement refuser de contracter si des contraintes supplémentaires, non prévues dans le cahier des charges présidant aux enchères, sont exigées à leur issue (conditions de livraison, exigences de qualité, etc.).

3. ENCHÈRES INVERSÉES À DISTANCE INTERDITES

40070 Les enchères inversées à distance organisées par l'acheteur ou par son représentant sont interdites pour (C. com. art. L 442-8, III) :
– les fruits et légumes destinés à être vendus à l'état frais au consommateur, y compris les pommes de terre de conservation, les viandes (viandes et abats de bovin, veau, porc, ovin, caprin, cheval, volaille et lapin), les produits de la pisciculture, le lait, les œufs et les miels (Décret 2008-535 du 5-6-2008 pris sur le fondement de l'ex-art. L 442-10, III C. com., devenu art. L 442-8, III) ;
– les produits alimentaires de consommation courante issus de la « première transformation » de ces produits.

L'interdiction des enchères inversées pour les fruits et légumes a pour objet d'éviter une guerre des prix sur des produits dont les marges sont déjà le plus souvent très faibles (JO Déb. Sén. du 16-6-2005 p. 4185 s.).

4. CONTRÔLES ET SANCTIONS EN CAS D'ENCHÈRES INVERSÉES ILLICITES

CONTRÔLES

La recherche et la constatation des enchères illicites s'effectuent dans les conditions fixées aux articles L 450-1 et suivants du Code de commerce (voir n°s 77100 s.). **40090**

SANCTIONS

Le non-respect de l'une au moins des deux règles énoncées aux n°s 40030 et 40050 entraîne la **nullité du contrat** conclu avec le fournisseur qui s'est engagé envers cet acheteur sur une offre de prix à l'issue de telles enchères (C. com. art. L 442-8, I). **40100**

En outre, le fait de ne pas respecter l'ensemble des dispositions relatives à l'organisation et au déroulement des enchères (n°s 40030 à 40050) engage la **responsabilité civile** de l'acheteur (ou de la personne qui a organisé les enchères pour son compte) et l'oblige à réparer le préjudice causé (art. L 442-8, IV-al. 1).

Les règles de procédure prévues à l'article L 442-4 du Code de commerce relatif à l'action en responsabilité civile pour pratique commerciale abusive sont applicables (art. L 442-8, IV-al. 2). Sur ces règles, voir n°s 88900 s.

B. Hausse ou baisse artificielle des prix

1. PRATIQUES INTERDITES

Il est interdit d'opérer ou de tenter d'opérer la hausse ou la baisse artificielle soit du prix de biens ou de services, soit d'effets publics ou privés, notamment à l'occasion d'**enchères à distance,** en utilisant l'un des **procédés** suivants (C. com. art. L 442-9, I) : **40140**

1° En diffusant, par quelque moyen que ce soit, des informations mensongères ou calomnieuses ;

2° En introduisant sur le marché ou en sollicitant soit des offres destinées à troubler les cours, soit des sous-offres faites aux prix demandés par les vendeurs ou les prestataires de services. Ce dispositif vise la pratique du « lièvre » qui propose des offres fictives faites, dans le cas des enchères inversées, à la baisse. En effet, une telle pratique peut être un moyen pour l'organisateur des enchères d'influer sur leur cours, soit en y participant lui-même sous couvert d'anonymat, soit en instrumentalisant des candidats auxquels il accorde une compensation par ailleurs. Sont également visés les cas dans lesquels une entreprise candidate chercherait de sa propre initiative à faire baisser les enchères, éventuellement en concertation avec leur organisateur, afin d'obliger un concurrent à accepter un contrat qui lui ferait perdre de l'argent (Rapport Sén. n° 333 relatif à la loi 2005-882 du 2-8-2005) ;

3° En utilisant tout autre moyen frauduleux.

2. RÉPRESSION ET SANCTIONS DES HAUSSES OU BAISSES ARTIFICIELLES DES PRIX

RÉPRESSION DES PRATIQUES ILLICITES

La répression des pratiques illicites s'effectue dans les conditions fixées aux articles L 450-1 et suivants du Code de commerce (voir n°s 77000 s.). **40150**

SANCTIONS

Personnes physiques Le délit de hausse ou de baisse artificielle des prix est puni de deux ans d'emprisonnement et de 30 000 € d'amende (C. com. art. L 442-9, I). **40160**

Lorsque la baisse artificielle des prix concerne des produits alimentaires, la peine est portée à trois ans d'emprisonnement et 45 000 € d'amende (art. L 442-9, II).

Les personnes physiques encourent les peines complémentaires suivantes (art. L 442-9, III) :
– l'interdiction des droits civiques, civils et de famille, suivant les modalités de l'article 131-26 du Code pénal ;
– l'affichage ou la diffusion de la décision prononcée dans les conditions prévues par l'article 131-35 du Code pénal.

40170 **Personnes morales** Les personnes morales déclarées pénalement responsables des infractions commises pour leur compte par leurs organes ou représentants sont passibles d'une amende de 150 000 € ou, lorsque l'infraction concerne des produits alimentaires, de 225 000 € (C. com. art. L 442-9, IV ; C. pén. art. 131-38).

En outre, elles encourent les peines complémentaires suivantes (C. com. art. L 442-9, IV) :
– l'interdiction, à titre définitif ou pour une durée maximale de cinq ans, d'exercer directement ou indirectement l'activité dans l'exercice ou à l'occasion de l'exercice de laquelle l'infraction a été commise ;
– le placement sous surveillance judiciaire pour une durée maximale de cinq ans ;
– la fermeture définitive ou pour une durée maximale de cinq ans des établissements ou de l'un ou de plusieurs des établissements de l'entreprise ayant servi à commettre les faits incriminés ;
– l'exclusion des marchés publics à titre définitif ou pour une durée maximale de cinq ans ;
– l'interdiction, à titre définitif ou pour une durée maximale de cinq ans, de procéder à une offre au public de titres financiers ou de faire admettre ses titres financiers aux négociations sur un marché réglementé ;
– l'affichage de la décision prononcée ou la diffusion de celle-ci soit par la presse écrite, soit par tout moyen de communication au public par voie électronique.

ENTENTES ET ABUS DE DOMINATION

SOMMAIRE

SECTION 1

PRINCIPES GÉNÉRAUX ET CHAMP D'APPLICATION

I. VUE D'ENSEMBLE DE LA RÉGLEMENTATION

41000 Dans un régime de liberté économique, pour qu'il y ait compatibilité entre la recherche du profit individuel par chaque entreprise et la plus grande efficacité du système économique, le **fonctionnement des marchés** sur lesquels se confrontent les offres et les demandes doit présenter un certain nombre de caractéristiques qui participent du processus concurrentiel.

Le **processus concurrentiel** contraint en principe les entreprises soucieuses de maximiser leurs profits à adopter des stratégies conformes à l'intérêt général, c'est-à-dire à employer de la façon la plus efficace possible les ressources qu'elles mobilisent et à assurer la satisfaction des demandes des consommateurs au moindre coût. Les entreprises sous-efficaces ne peuvent survivre que si elles améliorent leur productivité ou se reconvertissent dans une autre activité dans laquelle elles sont plus compétitives, une telle reconversion étant d'autant plus aisée qu'il existe une liberté effective d'entrer sur les marchés et d'en sortir. En outre, cette liberté pour tout opérateur d'accéder au marché a pour effet d'empêcher les entreprises déjà présentes d'exploiter une rente de situation en offrant durablement aux consommateurs les biens qu'elles produisent à des prix supérieurs à ce qui est strictement nécessaire pour rémunérer les facteurs de production qu'elles mobilisent, sans provoquer l'entrée de concurrents potentiels attirés par les perspectives de profit.

Afin de garantir le rôle du processus concurrentiel dans l'adoption de stratégies conformes à l'intérêt général, le droit de la concurrence interdit aux entreprises deux types de **pratiques anticoncurrentielles** :

– les ententes anticoncurrentielles (dites « pratiques concertées »), qui, par une collusion entre plusieurs entreprises, visent ou ont pour effet d'empêcher la réalisation des conditions nécessaires au déroulement du processus concurrentiel ;

– les abus de position dominante ou de dépendance économique (dites « pratiques unilatérales »), qui sont le fait d'entreprises ayant, par leur puissance, la possibilité de s'abstraire de la pression de la concurrence exercée par les autres opérateurs pour privilégier leurs propres intérêts.

A. Textes applicables aux ententes et abus de domination

41010 Schématiquement, les règles de l'Union européenne (UE) et les règles françaises en matière de pratiques anticoncurrentielles peuvent se résumer comme suit.

1. DROIT DE L'UE RELATIF AUX ENTENTES ET ABUS DE POSITION DOMINANTE

TEXTES PRINCIPAUX

41020 Deux articles du **traité sur le fonctionnement de l'Union européenne (TFUE)** fixent les règles de conduite à observer par les entreprises, sous peine de sanctions : l'**article 101,** relatif aux ententes, et l'**article 102,** relatif à l'exploitation abusive d'une position dominante. Ces textes ont une vocation générale, mais ils ne couvrent pas pour autant tout le champ du droit de la concurrence.

Les règles de mise en œuvre des articles 101 et 102 du TFUE sont fixées par plusieurs textes dont le principal est le **règlement 1/2003 du 16 décembre 2002,** entré en vigueur le 1er mai 2004.

> **Précisions** Depuis l'entrée en vigueur, le 1er décembre 2009, du **traité de Lisbonne** signé le 13 décembre 2007, les dispositions concernant les règles de concurrence nécessaires au fonctionnement du marché intérieur et applicables aux entreprises figurent aux articles 101 à 106 du TFUE. Ces articles reprennent quasiment sans modification le contenu des articles 81 à 86

du traité instituant la Communauté européenne (traité CE). Dans les développements qui suivent, la référence aux anciens articles 81 et 82 du traité CE est remplacée par celle des articles 101 et 102 du TFUE, y compris dans les textes cités et dans les intitulés des textes adoptés par la Commission européenne ou le Conseil européen sous l'empire des articles 81 et 82 du traité CE.

RÈGLEMENT D'APPLICATION ET COMMUNICATIONS DE LA COMMISSION EUROPÉENNE

La Commission européenne a précisé et complété les dispositions du règlement 1/2003 par un règlement d'application et par plusieurs communications contenant des lignes directrices (LD). **41030**

1. Le **règlement 773/2004** du 7 avril 2004 **relatif aux procédures mises en œuvre par la Commission** (règlement d'application du règlement 1/2003), modifié en dernier lieu par le règlement 2015/1348 du 3-8-2015. La Commission y évoque, en particulier, les conditions d'ouverture d'une procédure au titre des articles 101 et 102 du TFUE, le déroulement des enquêtes (pouvoir de recueillir les déclarations, enregistrement des déclarations, questions orales posées pendant les inspections), le programme de clémence, le traitement des plaintes, l'exercice du droit d'être entendu (communication des griefs aux parties concernées ; possibilité d'une transaction ; droit de présenter des observations écrites ; audition des parties et des tiers, mission du conseiller-auditeur), les possibilités d'accès au dossier et le traitement des informations confidentielles, ou encore les limites à l'utilisation des informations obtenues au cours d'une procédure de la Commission.

S'agissant du traitement des plaintes, la Commission examine les conditions de leur recevabilité, la participation des plaignants à la procédure administrative et les conditions et conséquences du rejet d'une plainte. Un modèle de formulaire (formulaire C) est annexé, qui doit être utilisé pour le dépôt d'une plainte.

2. La communication relative à la **coopération au sein du « Réseau européen de la concurrence » (REC)** (n° 42410) créé afin d'assurer une division efficace du travail et une application homogène des règles de concurrence de l'UE. La Commission précise notamment les modalités de coopération au sein de ce réseau, selon que les affaires seront traitées par une seule autorité nationale, par plusieurs autorités nationales agissant en parallèle ou par la Commission. Elle établit les principes d'attribution des affaires, les mécanismes de coopération pour l'attribution des affaires et l'assistance entre autorités (échanges d'informations, enquêtes). Elle rappelle également le rôle et le fonctionnement du Comité consultatif en matière d'ententes et de positions dominantes (Communication 2004/C 101/03 : JOUE 2004 C 101).

La coopération au sein du REC est encore renforcée par la directive (UE) 2019/1 du 11 décembre 2018 (dite **« directive ECN + »,** pour European Competition Network) qui vise à doter les autorités de concurrence des États membres des moyens de mettre en œuvre plus efficacement les règles de concurrence et à garantir le bon fonctionnement du marché intérieur. L'objectif de la directive est de parvenir à une mise en œuvre effective des articles 101 et 102 du TFUE, même en cas d'application parallèle des dispositions nationales, en dotant les autorités nationales de concurrence (ANC) des « garanties d'indépendance, des ressources et des pouvoirs de coercition et de fixation d'amendes nécessaires ». Elle prévoit notamment la faculté pour le REC d'élaborer et, le cas échéant, de publier des bonnes pratiques et des recommandations sur ces questions (art. 33). La directive ECN + a été transposée en droit français par le décret 2021-568 du 10 mai 2021 et par l'ordonnance 2021-649 du 26 mai 2021.

3. La communication sur la **coopération entre la Commission et les juridictions nationales** pour l'application des articles 101 et 102 du TFUE. La communication évoque, en premier lieu, l'application des règles de concurrence de l'UE par les juridictions nationales : compétence des juridictions nationales, aspects procéduraux devant elles, application parallèle ou consécutive des règles de l'UE par la Commission et les juridictions nationales. Ensuite, sont précisées les modalités de la coopération entre la Commission et les juridictions nationales : échanges d'informations, demande d'avis, soumission d'observations à la juridiction nationale par la Commission, communication à la Commission des jugements nationaux, rôle des juridictions nationales dans le cadre d'une inspection menée par les services de la Commission sur leur territoire (Communication 2004/C 101/04 : JOUE 2004 C 101, modifiée par la communication 2015/C 256/04 : JOUE 2015 C 256).

4. La communication relative au **traitement** par la Commission **des plaintes** déposées au titre des articles 101 et 102 du TFUE. Elle précise les différentes possibilités pour déposer une plainte pour violation suspectée de ces articles et le traitement des plaintes par la Commission : formulaire, intérêt légitime du plaignant, notion d'intérêt suffisant pour l'UE, délais, droits procéduraux du plaignant, décision de rejet d'une plainte (Communication 2004/C 101/05 : JOUE 2004 C 101).

5. Les lignes directrices relatives à la **notion d'affectation du commerce,** au sens des articles 101 et 102. La communication définit d'abord successivement la notion de commerce entre États membres, les termes « susceptible d'affecter » et le « caractère sensible » de l'effet sur le commerce. Ensuite, elle applique ces principes aux types usuels d'accords et de pratiques abusives : accords et abus couvrant ou mis en œuvre dans plusieurs États membres, dans un seul État ou une partie d'un État, accords et pratiques impliquant des entreprises établies dans des pays tiers (Communication 2004/C 101/07 : JOUE 2004 C 101).

6. Les lignes directrices sur les **conditions de l'exception légale** (nº 41265 et nºs 42100 s.). Elles donnent des indications sur la manière dont la Commission applique l'article 101, 3 du TFUE dans des cas individuels (Communication 2004/C 101/08 : JOUE 2004 C 101).

7. La communication sur l'**immunité d'amendes** et la **réduction** de leur montant dans les affaires d'ententes (procédure de clémence) (Communication 2006/C 298/11 : JOUE 2006 C 298, modifiée par la communication 2015/C 256/01 : JOUE 2015 C 256).

8. La communication relative aux **règles d'accès au dossier** de la Commission (Communication 2005/C 325/07 : JOCE 2005 C 325, modifiée par la communication 2015/C 256/03 : JOUE 2015 C 256).

9. Les lignes directrices pour le **calcul des amendes** infligées en application de l'article 23, 2-a du règlement 1/2003. La Commission y expose en détail, dans un souci de transparence et de prévisibilité de ses décisions de sanction, les principes qui la guident pour la détermination des amendes (Communication 2006/C 210/02 : JOUE 2006 C 210).

10. La communication relative aux **procédures de transaction** dans les affaires d'entente (Communication 2008/C 167/01 : JOCE 2008 C 167, modifiée par la communication 2015/C 256/02 : JOUE 2015 C 256).

11. La communication concernant les **bonnes pratiques relatives aux procédures** en matière d'ententes et d'abus de position dominante (Communication 2011/C 308/06 : JOUE 2011 C 308) destinée à améliorer les échanges entre la Commission et les parties. Ces bonnes pratiques sont entrées en vigueur le 20 octobre 2011. Elles ont été appliquées aux affaires en cours à cette date, pour les étapes de la procédure qui n'étaient pas encore closes.

La communication fait partie d'un ensemble de documents publiés le 17 octobre 2011, dit « paquet procédure antitrust », qui comprend également une décision du président de la Commission du 13 octobre 2011 relative à la fonction et au mandat du conseiller-auditeur (JOUE 2011 L 275) et un document (en anglais) relatif aux bonnes pratiques relatives à la communication de données économiques qui rationalise la présentation par les parties des analyses économiques et économétriques (http://ec.europa.eu/competition/antitrust/legislation/best_practices_submission_en.pdf).

12. La communication concernant les **accords d'importance mineure** qui ne restreignent pas sensiblement le jeu de la concurrence au sens de l'article 101, 1 du TFUE (Communication dite « de minimis », 2014/C 291/01 : JOUE 2014 C 291). Cette communication a été complétée par des lignes directrices sur la notion de restriction « par objet » aux fins d'établir quels accords peuvent bénéficier de la communication « de minimis », disponible en langue anglaise uniquement à l'adresse suivante :

http://ec.europa.eu/competition/antitrust/legislation/deminimis.html.

13. La communication relative à la **quantification du préjudice dans les actions en dommages et intérêts** fondées sur des infractions à l'article 101 ou 102 du TFUE (2013/C 167/07 : JOUE 2013 C 167).

14. La communication sur la **définition du marché en cause** aux fins du droit de la concurrence de l'Union (JOUE 2024 C 1645), qui remplace la communication de 1997 (nºs 42710 s.).

41035 Enfin, la Commission a annoncé la publication, au quatrième trimestre 2025, de lignes directrices sur les **pratiques d'éviction abusives des entreprises dominantes** (Communiqué 27-3-2023 IP/23/1911 https://ec.europa.eu/commission/presscorner/detail/fr/ip_23_1911).

41040 Les **communications** de la Commission **ne lient pas** les juridictions nationales, les autorités nationales de concurrence ou encore la Cour de justice de l'UE (pour des rappels récents de ce principe : CJUE 13-12-2012 aff. 226/11, Expedia : RJDA 3/13 nº 261 ; CJUE 20-1-2016 aff. 428/14, DHL Express). Elles ont pour objet de leur fournir, ainsi qu'aux entreprises, des orientations pour l'application du droit de l'UE.

2. DROIT FRANÇAIS RELATIF AUX ENTENTES ET ABUS DE DOMINATION

Les règles sur les ententes et les abus de domination figurent au **titre II du livre IV du Code de commerce** relatif aux pratiques anticoncurrentielles. Ces règles sont complétées par les **communiqués** adoptés par l'Autorité de la concurrence et mis en ligne sur son site internet (www.autoritedelaconcurrence.fr/fr/textes-de-reference) : **41060**

– communiqué de procédure du 2 mars 2009 relatif aux engagements en matière de concurrence ;
– communiqué de procédure du 3 avril 2015 relatif au programme de clémence français (une révision de ce communiqué est attendue pour tenir compte des modifications apportées à la procédure de clémence par le décret 2021-568 du 10 mai 2021) ;
– communiqué du 19 octobre 2017 relatif à la procédure de transaction et aux programmes de conformité ;
– communiqué de procédure du 21 décembre 2018 relatif à la procédure de transaction ;
– communiqué du 30 juillet 2021 relatif à la méthode de détermination des sanctions pécuniaires.

B. Économie générale de la réglementation relative aux ententes et abus de domination

1. INTERDICTION DE PRINCIPE DES PRATIQUES ANTICONCURRENTIELLES

a. Interdiction générale des ententes anticoncurrentielles

Le droit de l'UE interdit tous les accords, pratiques concertées et décisions d'associations d'entreprises susceptibles d'affecter le commerce entre États membres et ayant pour objet ou pour effet d'empêcher, de restreindre ou de fausser le jeu de la concurrence dans le marché intérieur (TFUE art. 101, 1). **41100**

De même, le droit français interdit en principe tout accord ou toute entente susceptible d'empêcher, de restreindre ou de fausser le jeu de la concurrence sur un marché (C. com. art. L 420-1).

L'Autorité de la concurrence peut ordonner qu'il soit mis fin aux pratiques anticoncurrentielles dans un délai déterminé ou imposer toute mesure corrective de nature structurelle ou comportementale proportionnée à l'infraction commise et nécessaire pour faire cesser effectivement l'infraction (n° 53200). **41105**

Les accords résultant d'une entente anticoncurrentielle sont nuls de plein droit (TFUE art. 101, 2 et C. com. art. L 420-3) et leurs auteurs peuvent être condamnés à des amendes dont le montant peut s'élever jusqu'à 10 % de leur chiffre d'affaires mondial consolidé au niveau du groupe auquel ils appartiennent (TFUE art. 103, 2 et Règl. 1/2003 art. 23, 2 ; C. com. art. L 464-2).

Le droit français prévoit également de sanctionner pénalement toute personne physique ayant pris frauduleusement une part personnelle et déterminante dans la conception, l'organisation ou la mise en œuvre des pratiques d'entente (C. com. art. L 420-6). Une exemption de ces peines est toutefois prévue, sous conditions, pour les directeurs, gérants et membres du personnel d'une entreprise ou d'une association d'entreprises qui ont bénéficié d'une exonération totale de sanctions pécuniaires au titre de la procédure de clémence (n° 53825).

Les ententes illicites peuvent en outre donner lieu à réparation dans le cadre d'« actions privées ». Depuis 2017, ces actions font l'objet d'un régime de responsabilité spécifique issu de la directive 2014/104/UE et codifié aux articles L 481-1 et suivants du Code de commerce relatifs aux actions en dommages et intérêts du fait des pratiques anticoncurrentielles (nos 54520 s.).

> **Précisions** La Cour de cassation a refusé de renvoyer au Conseil constitutionnel une **question prioritaire de constitutionnalité** (QPC) portant sur l'incrimination prévue à l'article L 420-6 du Code de commerce au motif que cette question n'était ni nouvelle ni sérieuse. La Cour considère que ce texte et les articles prohibant les pratiques anticoncurrentielles auxquels il renvoie « sont rédigés en des termes suffisamment clairs et précis pour exclure tout risque d'arbitraire et laissent au

juge, auquel la loi permet de consulter l'Autorité de la concurrence, le soin, conformément à son office, de qualifier des comportements que le législateur, de par leur complexité et leur variété, ne peut énumérer de façon exhaustive » (Cass. com. 19-12-2018 nº 18-82.746 F-D).

b. Interdiction des abus de position dominante et des abus de dépendance économique

41120 Le droit de l'UE (TFUE art. 102) interdit, dans la mesure où le commerce entre États membres est susceptible d'en être affecté, l'exploitation abusive d'une position dominante dans le marché intérieur ou dans une partie substantielle de celui-ci.

Le droit français interdit :

– d'une part, l'exploitation abusive par une entreprise ou un groupe d'entreprises d'une position dominante sur le marché intérieur ou une partie substantielle de celui-ci (C. com. art. L 420-2, al. 1) ;

– d'autre part, l'exploitation abusive par une entreprise ou un groupe d'entreprises de l'état de dépendance économique dans lequel peut se trouver un partenaire économique, dès lors qu'elle est susceptible d'affecter le fonctionnement ou la structure de la concurrence (C. com. art. L 420-2, al. 2).

41125 Les auteurs de ces pratiques s'exposent principalement à des amendes dont le montant peut s'élever jusqu'à 10 % de leur chiffre d'affaires mondial consolidé au niveau du groupe auquel ils appartiennent (TFUE art. 103, 2 et Règl. 1/2003 art. 23, 2 ; C. com. art. L 464-2).

L'Autorité de la concurrence peut ordonner qu'il soit mis fin aux pratiques anticoncurrentielles dans un délai déterminé ou imposer toute mesure corrective de nature structurelle ou comportementale proportionnée à l'infraction commise et nécessaire pour faire cesser effectivement l'infraction (nº 53200).

Le droit français prévoit également la nullité des engagements, conventions ou clauses contractuelles se rapportant à des telles pratiques (C. com. art. L 420-3).

Il prévoit aussi de sanctionner pénalement toute personne physique ayant pris frauduleusement une part personnelle et déterminante dans la conception, l'organisation ou la mise en œuvre des abus de position dominante et des abus de dépendance économique (C. com. art. L 420-6).

Les abus de position dominante peuvent également donner lieu à réparation dans le cadre d'« actions privées », selon les règles du régime autonome de responsabilité du fait des pratiques anticoncurrentielles codifié aux articles L 481-1 et suivants du Code de commerce (nºs 54520 s.).

> **Précisions** La Cour de cassation a refusé de renvoyer au Conseil constitutionnel une **question prioritaire de constitutionnalité** (QPC) portant sur l'incrimination prévue à l'article L 420-6 du Code de commerce au motif que cette question n'était ni nouvelle ni sérieuse. La Cour considère que ce texte et les articles prohibant les pratiques anticoncurrentielles auxquels il renvoie « sont rédigés en des termes suffisamment clairs et précis pour exclure tout risque d'arbitraire et laissent au juge, auquel la loi permet de consulter l'Autorité de la concurrence, le soin, conformément à son office, de qualifier des comportements que le législateur, de par leur complexité et leur variété, ne peut énumérer de façon exhaustive » (Cass. com. 19-12-2018 nº 18-82.746 F-D).

c. Prohibition spécifique des pratiques de prix abusivement bas

41140 Le droit français prévoit une prohibition spécifique des offres de prix ou pratiques de prix de vente aux consommateurs abusivement bas par rapport aux coûts de production, de transformation et de commercialisation, lorsque ces offres ou pratiques ont pour objet ou peuvent avoir pour effet d'éliminer d'un marché ou d'empêcher d'accéder à un marché une entreprise ou l'un de ses produits (C. com. art. L 420-5).

En principe, cette prohibition ne s'applique pas en cas de revente en l'état.

Les pratiques de prix abusivement bas peuvent bien entendu être appréhendées sur le fondement de l'abus de position dominante (prix prédateurs, par exemple), mais la prohibition spécifique de l'article L 420-5 du Code de commerce permet de les sanctionner alors même qu'elles sont mises en œuvre par des entreprises ne disposant pas d'une position dominante.

d. Interdictions sectorielles autonomes

41150 Le droit français de la concurrence prévoit trois interdictions sectorielles autonomes. Contrairement au régime général des ententes et abus de position dominante, les accords ou pratiques visés par ces interdictions sectorielles sont interdits sans qu'il soit nécessaire de démontrer qu'ils ont pour objet ou peuvent avoir pour effet d'empêcher, de restreindre ou de fausser le jeu de la concurrence sur un marché. Leur **caractère anticoncurrentiel** est donc **présumé.**

INTERDICTION CONCERNANT CERTAINS TERRITOIRES D'OUTRE-MER

Collectivités territoriales concernées L'article L 420-2-1 du Code de commerce prévoit deux interdictions applicables dans les collectivités relevant de l'article 73 de la Constitution (La Réunion, la Martinique, la Guadeloupe, la Guyane et Mayotte) et dans les collectivités d'outre-mer de Saint-Barthélemy, de Saint-Martin, de Saint-Pierre-et-Miquelon et de Wallis-et-Futuna. **41155**

Interdiction des droits exclusifs d'importation Dans les **collectivités** précitées n° 41155 sont interdits les accords ou pratiques concertées ayant pour objet ou pour effet d'accorder des droits exclusifs d'importation à une entreprise ou à un groupe d'entreprises (C. com. art. L 420-2-1, al. 1). **41160**

La notion de « **droits exclusifs d'importation** » vise, à notre sens, les exclusivités de fourniture accordées par un fournisseur métropolitain ou étranger à un acheteur situé sur l'un des territoires visés par le texte.

Les obligations d'approvisionnement exclusif (ou de non-concurrence) consenties par l'acheteur ne font pas l'objet d'un encadrement spécifique et doivent donc continuer à être appréciées au regard des règles générales (n°s 44750 s.).

Comme c'est le cas de l'article L 420-1 du Code de commerce relatif aux ententes, sont prohibés tant les **accords** que les **pratiques concertées** ayant pour objet ou pour effet d'accorder des droits exclusifs d'importation. **41165**

Les **situations d'exclusivité** visées par le texte résultent généralement d'un contrat garantissant une relation exclusive ou d'un refus de commercer avec les grossistes concurrents du grossiste habituel (exclusivité de fait). Mais, ces situations peuvent également résulter « d'autres facteurs locaux affectant la variété de l'offre sur le marché de l'intermédiation, réduisant ainsi le choix des industriels pour organiser leur circuit de distribution » (Aut. conc. 10-9-2015 n° 15-D-14, aff. « Secteur de la distribution des produits de grande consommation en outre-mer »).

Des accords de droits exclusifs d'importation en outre-mer peuvent être prouvés par un faisceau d'indices graves, précis et concordants excluant une simple exclusivité de fait pour l'obtention de laquelle son bénéficiaire n'a réalisé aucun acte positif (pour une illustration, voir Cass. com. 26-1-2022 n° 20-14.000 FS-B : RJDA 6/22 n° 368).

Contrairement à l'article L 420-1 prohibant les ententes illicites, l'article L 420-2-1, al. 1 ne prévoit pas que, pour être interdite, la pratique doit avoir pour objet ou pour effet « d'empêcher, de restreindre ou de fausser le jeu de la concurrence sur un marché ». Le **caractère restrictif de concurrence** de ces droits d'importation exclusifs est ainsi présumé et n'a pas à être démontré par l'autorité de contrôle.

> **Précisions** La question de l'**articulation** de cette disposition **avec le droit de l'Union** se pose. Les accords de fourniture exclusive tombent dans le champ d'application du règlement d'exemption par catégorie 2022/720 du 10 mai 2022 relatif aux accords verticaux ; au titre de ce règlement, ils sont présumés conformes si les parts de marché des entreprises concernées sont inférieures au seuil fixé (n° 46840). De surcroît, les pratiques de fourniture exclusive ne sont généralement pas considérées comme anticoncurrentielles par objet ; en conséquence, la règle « de minimis », selon laquelle les pratiques mises en œuvre par des entreprises dont les parts de marché sont inférieures à certains seuils sont considérées comme n'ayant pas un effet restrictif de concurrence sensible et ne tombent pas sous le coup de l'article 101, 1 du TFUE (n°s 43720 s.), devrait avoir vocation à s'appliquer.

Par **exemple,** l'Autorité de la concurrence a obtenu de plusieurs industriels la suppression de toute exclusivité dans la distribution de leurs produits en outre-mer. Allant au-delà de leurs obligations légales, qui, selon l'Autorité, « se limitent à ne pas mettre en place d'accord d'exclusivité sans justification suffisante », les industriels se sont engagés à sélectionner leurs grossistes non exclusifs par des procédures d'appel d'offres ou de mise en concurrence périodiques (Aut. conc. 10-9-2015 n° 15-D-14, aff. « Secteur de la distribution des produits de grande consommation en outre-mer »). **41170**

L'Autorité a aussi sanctionné dans le même secteur un fabricant de produits cosmétiques et d'entretien, ainsi que ses grossistes, pour avoir prolongé des contrats d'importation exclusifs au-delà du 22 mars 2013, date à laquelle les entreprises devaient s'être conformées à l'article L 420-2-1 du Code de commerce (Aut. conc. 6-7-2016 n° 16-D-15, aff. « Secteur de la distribution des produits de grande consommation en outre-mer »).

Voir également Aut. conc. 27-7-2017 n° 17-D-14, aff. « Distribution des produits de grande consommation II » ; Aut. conc. 8-10-2019 n° 19-D-20, aff. « Distribution de produits de parfumerie et cosmétiques aux Antilles, en Guyane et à La Réunion » ; Aut. conc. 29-10-2020 n° 20-D-16, aff. « Commercialisation du champagne aux Antilles et en Guyane » (confirmé pour l'essentiel par CA Paris 9-6-2022 n° 20/16288) ; Aut. conc. 7-10-2021 n° 21-D-23, aff. « Commercialisation du champagne et de spiritueux à La Réunion (Cattier) » ; Aut. conc. 8-3-2023 n° 23-D-02, aff. « Commercialisation du champagne Canard-Duchêne aux Antilles et en Guyane ».

41175 **Interdiction des conditions discriminatoires** Dans les territoires précités n° 41155, il est également interdit aux **grossistes importateurs** ou aux **entreprises de commerce de détail** d'appliquer à une **entreprise tierce** (absence de lien en capital) des **conditions discriminatoires** sur des produits ou services pour lesquels existe une situation d'exclusivité d'importation de fait (C. com. art. L 420-2-1, al. 2).

Cette interdiction s'applique également aux groupes d'entreprises dont au moins une des entités exerce une activité de grossiste importateur ou relevant du commerce de détail.

> **Précisions** Cette disposition répond à une **recommandation** formulée par l'Autorité de la concurrence dans son avis n° 19-A-12 du 4 juillet 2019 relatif à la concurrence en outre-mer et préconisant de sanctionner le fait, pour un acteur intégré disposant d'une exclusivité de fait, de discriminer ses clients tiers par rapport à ses ventes intragroupes.

41180 **Conditions d'exemption** Ne sont pas soumis aux interdictions prévues à l'article L 420-2-1 les accords ou pratiques concertées dont les auteurs peuvent justifier qu'ils sont fondés sur des **motifs objectifs tirés de l'efficacité économique** et **réservent aux consommateurs une partie équitable du profit** qui en résulte (C. com. art. L 420-4, III-al. 1).

Cette exemption est relativement similaire à l'exemption, sous certaines conditions, des pratiques d'entente qui contribuent au progrès économique (C. com. art. L 420-4, 2° : n° 48300). Toutefois, contrairement à ce régime général d'exemption, l'exemption ne nécessite pas de démontrer l'impossibilité d'éliminer la concurrence pour une partie substantielle du marché concerné ni le caractère indispensable de la restriction de concurrence.

Certaines catégories d'accords ou de pratiques, ou certains accords ou pratiques individuels, ayant pour objet de favoriser l'apparition d'un **nouveau service** pourront être reconnus comme satisfaisant aux conditions d'exemption par un **arrêté** et pour une durée maximale de cinq ans (C. com. art. L 420-4, III-al. 2).

41190 **Sanctions** La mise en œuvre de pratiques contraires à l'article L 420-2-1 du Code de commerce est sanctionnée dans les mêmes termes que les pratiques d'ententes illicites et d'abus de position dominante sur le fondement de l'article L 464-2 du Code de commerce : les entreprises encourent une **sanction pécuniaire** pouvant s'élever à 10 % de leur chiffre d'affaires mondial consolidé (n° 53510).

Par ailleurs, est **nul** tout engagement, convention ou clause contractuelle se rapportant à une pratique visée par l'article L 420-2-1 (C. com. art. L 420-3).

Enfin, les pratiques anticoncurrentielles peuvent donner lieu à **réparation** dans le cadre d'« actions privées », selon les règles du régime autonome de responsabilité du fait des pratiques anticoncurrentielles codifié aux articles L 481-1 et suivants du Code de commerce (nos 54520 s.).

> **Précisions** Aucune **sanction pénale** n'est encourue par les auteurs de pratiques contraires à l'article L 420-2-1 du Code de commerce, l'article L 420-6 du même Code relatif à la responsabilité pénale ne visant pas spécifiquement cette infraction.

INTERDICTION DANS LE SECTEUR DU TRANSPORT PUBLIC PARTICULIER DE PERSONNES

41210 **Interdiction des clauses d'exclusivité** L'article L 420-2-2 du Code de commerce interdit aux **centrales de réservation de véhicules avec conducteur** (taxis, VTC et véhicules Loti, par exemple) d'imposer des clauses d'exclusivité aux conducteurs.

Ces accords sont susceptibles de constituer une pratique anticoncurrentielle autonome, distincte des ententes et des abus de position dominante.

Adopté afin de favoriser la mise en concurrence des centrales de réservation par les conducteurs, l'article L 420-2-2 interdit tout accord ou pratique concertée ayant pour objet ou pour effet d'interdire ou de limiter substantiellement la possibilité pour une entreprise qui exécute des prestations de transport public particulier de personnes ou des services occasionnels de transport collectif de personnes effectués au moyen de véhicules légers :

1° De **recourir simultanément à plusieurs intermédiaires** ou acteurs de mise en relation avec des clients en vue de la réalisation de ces prestations ;

2° De **commercialiser sans intermédiaire** les services de transport qu'elle exécute ;

3° De **faire la promotion,** au moyen de signes extérieurs sur le véhicule, d'une ou plusieurs offres de transport, y compris celles qu'elle commercialise sans intermédiaire.

> Précisions a. L'interdiction de **recourir à plusieurs intermédiaires** vise non seulement les clauses d'exclusivité mais également l'ensemble des pratiques participant de la même démarche, telles que les obligations, directes ou indirectes, de réaliser un minimum de chiffre d'affaires auprès d'une seule centrale ou la limitation du nombre de centrales auxquelles le conducteur peut recourir.

b. L'interdiction d'empêcher le conducteur de **commercialiser sans intermédiaire** les offres de transport qu'il effectue s'applique concomitamment à l'article L 3142-5 du Code des transports, selon lequel les centrales ne peuvent interdire à un conducteur de taxi de prendre en charge un client qui le sollicite alors qu'il n'est pas réservé.

Conditions d'exemption Ne sont pas soumis aux dispositions de l'article L 420-2-2 les accords ou pratiques dont les auteurs peuvent justifier qu'ils sont fondés sur des **motifs objectifs tirés de l'efficacité économique** et **réservent aux consommateurs une partie équitable du profit** qui en résulte (C. com. art. L 420-4, III). **41220**

Les ministres chargés de l'économie et des transports peuvent adopter, après avis conforme de l'Autorité de la concurrence, un arrêté conjoint, d'une durée maximale de cinq ans, reconnaissant que « certaines catégories d'accords ou de pratiques, certains accords ou certaines pratiques, notamment lorsqu'ils ont pour objet de favoriser l'apparition d'un **nouveau service** », satisfont aux conditions d'exemption énoncées ci-dessus (C. com. art. L 420-4, III-al. 2).

Sanctions La mise en œuvre de pratiques contraires à l'article L 420-2-2 du Code de commerce est sanctionnée dans les mêmes termes que les pratiques d'ententes illicites et d'abus de position dominante sur le fondement de l'article L 464-2 du Code de commerce : les entreprises encourent une **sanction pécuniaire** pouvant s'élever à 10 % de leur chiffre d'affaires mondial consolidé (n° 53510). **41230**

Par ailleurs, est **nul** tout engagement, convention ou clause contractuelle se rapportant à une pratique visée par l'article L 420-2-2 (C. com. art. L 420-3).

Est passible de **sanctions pénales** toute personne physique ayant pris frauduleusement une part personnelle et déterminante dans la conception, l'organisation ou la mise en œuvre des pratiques visées à l'article L 420-2-2 du Code de commerce (C. com. art. L 420-6).

Enfin, les pratiques anticoncurrentielles peuvent donner lieu à **réparation** dans le cadre d'« actions privées », selon la procédure spécifique prévue aux articles L 481-1 et suivants du Code de commerce (n°s 54520 s.).

e. Cumul des interdictions posées par le droit de la concurrence

CUMUL DES INTERDICTIONS DES ENTENTES ILLICITES ET ABUS DE DOMINATION

Tant en droit européen qu'en droit français, les notions d'entente et d'abus de position dominante ne sont pas exclusives l'une de l'autre (voir, en ce sens, CJCE 16-3-2000 aff. 395/96 P, Compagnie maritime belge, pt 130 ; Trib. UE 23-10-2017 aff. 712/14, CEAHR pt 94 ; Cass. com. 21-6-1994 n° 92-14.589 : RJDA 12/94 n° 1317). **41240**

Un cumul de l'interdiction des **ententes** et de celle des **abus de position dominante** est donc possible (pour un exemple, Cass. com. 6-1-2015 n° 13-21.305, aff. « Orange Caraïbe » : RJDA 3/15 n° 222), de même qu'un cumul **entente** illicite et **abus de dépendance économique** (Aut. conc. 16-3-2020 n° 20-D-04, aff. « Apple », confirmé sur ce point par CA Paris 6-10-2022 n° 20/08582, pourvoi pendant).

> Précisions Jugé, à propos de l'**exploitation abusive d'une situation de dépendance économique,** que le champ d'application de l'article L 420-2 du Code de commerce peut inclure les pratiques commerciales abusives de l'article L 442-1 du même Code, plus précisément l'interdiction de la soumission à un déséquilibre significatif dans les droits et obligations des parties, dès lors que la pratique litigieuse est susceptible d'affecter le fonctionnement ou la structure de la concurrence (CA Paris 6-10-2022 n° 20/08582).

ARTICULATION ENTRE L'INTERDICTION DES PRATIQUES ANTICONCURRENTIELLES ET LE CONTRÔLE DES CONCENTRATIONS

41245 Des **pratiques** anticoncurrentielles qui ont été **soumises à un contrôle des concentrations** ne peuvent pas être examinées ultérieurement au titre de la réglementation des ententes et abus de domination, sauf s'il s'agit de **comportements distincts de l'opération de concentration** (par exemple, Cass. com. 26-11-1996 n° 94-20.055 : RJDA 3/97 n° 375 ; Aut. conc. n° 10-D-32 du 16-11-2010, aff. « Télévision payante », concernant des clauses d'exclusivité et de non-concurrence). De tels comportements peuvent, notamment, tomber dans le champ de l'article L 430-9 du Code de commerce, qui permet de défaire une concentration lorsque celle-ci a permis les abus. Tel peut être le cas, alors même que la concentration aurait été autorisée « ex ante », lorsque l'entreprise en cause a commis une exploitation abusive d'une position dominante ou d'un état de dépendance économique.

En revanche, une **opération de concentration qui n'atteint pas les seuils** européens et nationaux de contrôle peut être examinée par une autorité nationale de concurrence au titre de l'interdiction des abus de position dominante (CJUE 16-3-2023 aff. 449/21, Towercast : RJDA 8-9/23 n° 463, saisie à titre préjudiciel par CA Paris 1-7-2021 n° 20/04300 dans le cadre du renvoi de Aut. conc. 16-1-2020 n° 20-D-01, aff. « TDF »).

Sur l'articulation entre la réglementation européenne des ententes et abus de position dominante et le contrôle des concentrations, voir aussi n°s 10960 s.

2. POSSIBILITÉ D'ÉCHAPPER À L'INTERDICTION : L'EXEMPTION DES PRATIQUES ANTICONCURRENTIELLES

a. Exemption des pratiques anticoncurrentielles par le droit de l'UE

EXEMPTION DES ENTENTES ANTICONCURRENTIELLES

41260 L'article 101, 3 du TFUE prévoit que les dispositions de l'article 101, 1 sont inapplicables lorsque ces accords ou pratiques produisent des **effets économiques favorables** (amélioration de la production ou de la distribution des produits, promotion du progrès technique ou économique) et qu'une partie équitable du **profit** qui en résulte **bénéficie aux consommateurs.**

Pour une analyse plus approfondie des critères d'exemption, voir n°s 46300 s.

Une pratique peut ainsi être exemptée dans deux cas :

– soit parce qu'à titre individuel elle remplit les conditions d'exemption posées à l'article 101, 3 du TFUE (« **exemption individuelle** ») ;

– soit parce qu'elle est couverte par un des règlements d'exemption adoptés par la Commission européenne (« **exemption automatique** » ou « **exemption par catégorie** »).

Les règlements d'exemption de la Commission offrent une « zone de confort » aux entreprises en ce qui concerne les pratiques qu'ils couvrent, mais les entreprises dont les accords ne peuvent pas bénéficier d'un règlement d'exemption par catégorie ont toujours la possibilité de justifier leurs accords et pratiques à titre individuel, sur la base de l'article 101, 3 du TFUE.

Selon une jurisprudence constante, en raison du principe général d'interdiction des ententes anticoncurrentielles édicté par l'article 101, 1 du TFUE, les dispositions à caractère dérogatoire prévues par un règlement d'exemption par catégorie doivent être interprétées restrictivement (par exemple, CJCE 30-9-2003 aff. 191/98 et 212/98 à 214/98, Atlantic Container Line AB).

41265 Les entreprises ont la charge d'évaluer au cas par cas la portée concurrentielle de leurs accords. Le **régime « d'exception légale »** ainsi institué a pour conséquence que les ententes prohibées par le paragraphe 1 de l'article 101 du TFUE, mais remplissant les conditions d'exemption du paragraphe 3, sont licites dès leur conclusion, **sans** qu'une **autorisation préalable** soit nécessaire (voir n° 42100).

Il appartient donc aux entreprises de déterminer seules si un accord tombe sous le coup de l'interdiction prévue par l'article 101, 1 du TFUE et, dans l'affirmative, si l'accord peut bénéficier d'une exemption par catégorie ou, à défaut, si les restrictions de concurrence qu'il comporte sont susceptibles d'être compensées par les effets bénéfiques prévus par l'article 101, 3 du TFUE aux fins de se prévaloir d'une exemption individuelle.

Les entreprises ne sont donc en réalité assurées de la valeur juridique de leur accord qu'en cas de contentieux dont l'issue leur est favorable. S'il s'avère que les conditions prévues à l'article 101, 3 du TFUE ne sont pas remplies, l'accord est nul de plein droit (Règl. 1/2003 art. 1, 1) et cette nullité rétroagit à la date de la conclusion de l'accord.

> **Précisions** **a.** À titre temporaire, la Commission européenne et l'Autorité de la concurrence avaient permis aux entreprises de venir « chercher un confort » auprès d'elles sur la légalité des projets de coopération mis en œuvre pour faire face à la **crise sanitaire du Covid-19** (Commission européenne 8-4-2020, Cadre temporaire pour l'appréciation des pratiques anticoncurrentielles dans les coopérations mises en place entre des entreprises pour réagir aux situations d'urgence découlant de la pandémie actuelle de Covid-19 ; Aut. conc. 23-3-2020, Communiqué relatif au message commun du Réseau européen de concurrence).
> Pour des exemples de mise en œuvre par l'Autorité de la concurrence, voir : Communiqué Aut. conc. du 22-4-2020 (confort donné à une association professionnelle sur ses possibilités d'action concernant les loyers de ses adhérents dans le cadre de la crise du Covid-19) et avis Aut. conc. n° 21-A-03 du 16-4-2021 (modalités de sortie des films en salle).
> Le cadre temporaire mis en place par la Commission a été retiré le 3 octobre 2022 en raison de l'amélioration relative de la situation sanitaire en Europe. Parallèlement, elle a assoupli les conditions dans lesquelles elle peut fournir des orientations informelles aux entreprises dans des affaires qui soulèvent des questions nouvelles ou non résolues, y compris dans les situations de crise ou dans d'autres situations d'urgence (Communication du 3-10-2022 relative aux orientations informelles).
> **b.** Un dispositif temporaire a également été prévu en faveur des mesures de coopération strictement nécessaires et temporaires visant à éviter les perturbations de la concurrence occasionnées par l'impact de la **guerre en Ukraine** et/ou des sanctions sur le marché intérieur (Déclaration commune du Réseau européen de la concurrence du 21-3-2022 sur l'application du droit de la concurrence dans le contexte de la guerre en Ukraine).
> **c.** Au 1er avril 2024, date de mise à jour des présents développements, une **proposition de règlement établissant un instrument du marché unique en cas d'urgence** et abrogeant le règlement (CE) 2679/98 était en cours d'adoption. Cette initiative vise à prémunir le marché unique face aux situations d'urgence ou aux crises qui menaceraient son fonctionnement.

EXEMPTION DES ABUS DE POSITION DOMINANTE

À la différence du droit français, le droit de l'UE ne prévoit pas de texte général permettant de légitimer les abus de position dominante relevant de l'article 102 du TFUE. 41270

En pratique, la Commission européenne indique cependant qu'elle examinera les **arguments** avancés par l'entreprise dominante **pour justifier son comportement** (Communication du 24-2-2009 relative aux orientations sur les priorités retenues par la Commission pour l'application de l'article 102 du TFUE aux pratiques d'éviction abusives des entreprises dominantes : JOUE 2009 C 45 ; pour un exemple, CJUE 27-3-2012 aff. 209/10, Post Danmark A/S (n° 45240). Cette dernière peut à cet effet démontrer soit que son comportement est objectivement nécessaire, soit qu'il produit des gains d'efficacité substantiels qui l'emportent sur les effets anticoncurrentiels produits sur les consommateurs. Dans ce second cas de figure, les critères utilisés sont très proches de ceux posés pour la légitimation des pratiques concertées (nos 46300 s.).

> **Précisions** La Commission a annoncé la publication, au quatrième trimestre 2025, de **lignes directrices** sur les pratiques d'éviction abusives des entreprises dominantes (Communiqué 27-3-2023 IP/23/1911).

CAS PARTICULIER DES ACCORDS DE DURABILITÉ

L'article 210 bis du règlement 1308/2013 du 17 décembre 2013 (« règlement OCM »), issu de la réforme de 2021 de la politique agricole commune, exclut du champ d'application de l'article 101, 1 du TFUE les « **accords,** décisions et pratiques concertées des **producteurs de produits agricoles** qui ont trait à la production ou au commerce de produits agricoles et qui visent à **appliquer une norme de durabilité supérieure à celle prescrite par le droit de l'Union ou le droit national,** à condition que ces accords, décisions et pratiques concertées n'imposent que des restrictions de concurrence indispensables à la réalisation de ladite norme ». 41275

Les conditions d'application de ce dispositif d'exclusion sont précisées par les lignes directrices relatives aux accords de durabilité dans l'agriculture du 8 décembre 2023 (JOUE 2023 C 1446). Peuvent **échapper de plein droit à l'interdiction des ententes,** sans aucune décision préalable, les accords et pratiques qui :

– portent sur des produits agricoles et sont conclus entre producteurs agricoles (accords horizontaux) ou entre producteurs et autres opérateurs à différents niveaux de la chaîne d'approvisionnement agroalimentaire (accords verticaux). Ne sont donc pas concernés les accords conclus sans qu'y soit associé au moins un producteur agricole ;

– poursuivent un ou plusieurs des objectifs de développement durables suivants : protection de l'environnement, réduction de l'utilisation de pesticides et de la résistance aux antimicrobiens, et santé et bien-être des animaux. Ne bénéficient donc pas de l'exclusion les accords poursuivant des objectifs de durabilité économique et sociale (comme une rémunération équitable des agriculteurs et des travailleurs agricoles) ;

– mettent en œuvre, même de manière marginale, une norme de durabilité supérieure à celles imposées par le droit de l'Union ou le droit national et sont indispensables à l'application de cette norme ;

– n'incluent de restriction de concurrence que si elle est indispensable pour appliquer une norme de durabilité. À cet égard, les LD détaillent la manière d'apprécier dans la pratique ce caractère indispensable.

Par ailleurs, depuis le 8 décembre 2023, les opérateurs peuvent demander l'**avis de la Commission** sur la compatibilité de leurs accords avec l'article 101, 1 du TFUE. Celle-ci dispose alors d'un délai de quatre mois à compter de la réception d'une demande complète pour y répondre.

› **Précisions** L'article 210 bis précité reconnaît des possibilités d'**intervention « ex post » aux autorités de concurrence.** La Commission peut ainsi modifier un avis en cas d'usage abusif ou, lorsque les conditions de l'exclusion ne sont plus remplies, déclarer l'article 101, 1 applicable à l'accord concerné pour l'avenir. De leur côté, les autorités nationales de concurence peuvent intervenir, dans des cas individuels, pour exiger la modification, la suspension ou la fin d'un accord ou d'une pratique notamment lorsqu'il s'agit d'éviter l'exclusion de concurrence. Les lignes directrices prennent pour exemple l'hypothèse d'un accord dont la mise en œuvre conduit à des prix à la consommation excessifs ou à l'éviction du marché d'un produit pour lequel il existe une demande substantielle des consommateurs.

b. Exemption des pratiques anticoncurrentielles par le droit français

EXEMPTION DES ENTENTES ANTICONCURRENTIELLES

41280 Le droit français, qui, depuis l'origine, repose sur un régime d'exception légale (sans notification préalable), permet d'échapper à l'interdiction de principe des **ententes** illicites dans les cas suivants (C. com. art. L 420-4, I) :

– soit lorsque les pratiques concertées résultent directement et nécessairement d'un texte législatif ou réglementaire ;

– soit lorsque ces pratiques ont pour effet d'assurer la réalisation d'un progrès économique.

Pour une analyse plus approfondie des critères d'exemption, voir nos 48000 s.

Certaines catégories d'accords peuvent être reconnues comme satisfaisant à ces conditions par décret pris après avis de l'Autorité de la concurrence (C. com. art. L 420-4, II).

Le fait que des ententes soient exemptées car elles résultent directement et nécessairement d'un texte législatif ou réglementaire n'empêche pas qu'elles soient interdites par application du droit de l'Union européenne.

EXEMPTION DES ABUS DE POSITION DOMINANTE ET DES ABUS DE DÉPENDANCE ÉCONOMIQUE

41290 En droit français, les abus de position dominante et les abus de dépendance économique peuvent être légitimés dans les mêmes conditions que celles exposées ci-dessus (no 41280) (C. com. art. L 420-4, I et II).

3. CHARGE DE LA PREUVE EN DROIT DES PRATIQUES ANTICONCURRENTIELLES

41310 C'est à l'autorité de concurrence ou à la partie qui allègue une violation des règles prohibant les pratiques anticoncurrentielles d'en rapporter la preuve requise par la loi.

À l'inverse, il appartient à l'entreprise ou à l'association d'entreprises invoquant le bénéfice d'un moyen de défense (par exemple, le bénéfice d'une exemption) contre une constatation d'infraction de justifier du bien-fondé de ce moyen.

II. CHAMP D'APPLICATION DE LA RÉGLEMENTATION DES ENTENTES ET ABUS DE DOMINATION

A. Champ d'application personnel : la notion d'entreprise

Jusqu'à récemment, la notion d'entreprise n'était pas définie par les textes de droit de l'UE ou de droit interne. C'est donc la jurisprudence qui s'est chargée de préciser cette notion au sens du droit de la concurrence. Celle-ci est d'abord fondée sur la poursuite d'une activité économique, indépendamment de la forme juridique sous laquelle cette activité est exercée, à condition que cette activité soit dotée d'une autonomie réelle dans la détermination de sa ligne d'action sur le marché. La notion doit aussi être comprise comme désignant une unité économique, constituée le cas échéant de plusieurs personnes physiques ou morales. **41400**

La directive 2019/1 du 11 décembre 2018, dite « ECN + », reprend à son compte la notion prétorienne d'entreprise au sens des articles 101 et 102 du TFUE. Elle définit l'entreprise comme « toute entité exerçant une activité économique, indépendamment de son statut juridique et de son mode de financement » (art. 2, 10). L'article L 410-1 du Code de commerce, tel que modifié par l'ordonnance 2021-649 du 26 mai 2021 portant transposition de la directive ECN +, définit quant à lui les entreprises comme « les entités, quelle que soit leur forme juridique et leur mode de financement, qui exercent une activité de production, de distribution et de services, y compris celles qui sont le fait de personnes publiques, notamment dans le cadre de conventions de délégation de service public ». Si la définition n'est pas identique sur la forme à celle de la directive, elle l'est sur le fond. La jurisprudence citée ci-dessous conserve donc toute sa pertinence.

> **Précisions** Le champ d'application de la notion d'entreprise a été sensiblement élargi par la Cour de justice puisqu'elle a jugé que cette notion a une portée identique, que ce soit dans le cadre de la mise en œuvre d'une action publique par la Commission européenne aboutissant à l'adoption de **sanctions** ou dans celui des **actions en dommages-intérêts** pour violation des règles de concurrence européennes (CJUE 14-3-2019 aff. 724/17, Vantaan kaupunki, pt 47 : RJDA 6/19 n° 461 ; CJUE 6-10-2021 aff. 882/19, Sumal : RJDA 3/22 n° 172).

1. NÉCESSITÉ D'UNE ACTIVITÉ ÉCONOMIQUE POUR DÉFINIR LA NOTION D'ENTREPRISE

La notion d'entreprise, notion autonome issue du droit de l'Union européenne, est tout d'abord fondée sur la poursuite d'une activité économique. **41410**

La Cour de justice considère en effet traditionnellement que « la notion d'entreprise comprend toute entité exerçant une activité économique, indépendamment du statut juridique de cette entité et de son mode de financement » (CJCE 23-4-1991 aff. 41/90, Höfner et Elser : RJS 7/91 n° 908 ; CJUE 26-10-2017 aff. 457/16 P, Global Steel Wire SA, pt 81).

De même, l'Autorité de la concurrence a défini l'entreprise comme « toute entité économique autonome, privée ou publique, comprenant un ensemble de moyens matériels et humains concourant à son activité » (Cons. conc. 29-11-1995 n° 95-D-76 aff. « Grands travaux dans le secteur du génie civil »).

a. Notion d'activité économique pour définir une entreprise

Constitue une activité économique toute **activité consistant à offrir des biens ou des services sur un marché donné** (CJCE 23-4-1991 aff. 41/90, Höfner et Elser, précité). **41420**

Il résulte de ce principe que l'**activité d'achat** en tant que telle ne caractérise pas une activité économique ; elle ne peut constituer une telle activité qu'en considération du caractère économique de l'utilisation ultérieure des produits achetés (CJCE 11-7-2006 aff. 205/03, Fenin : RJDA 10/06 n° 1077).

ILLUSTRATIONS

Ne constituaient pas des entreprises, au sens du droit de la concurrence, les entités publiques gestionnaires du système national de santé espagnol, eu égard au caractère purement social de leur activité d'offreur, même si elles exerçaient par ailleurs une activité d'acheteur de produits pour la réalisation de leur mission (CJCE 11-7-2006 aff. 205/03 précité).

41425 Le caractère économique ou non d'une activité ne dépend pas de sa **rentabilité** (CJUE 19-12-2012 aff. 288/11 P, Mitteldeutsche Flughafen AG, pt 50). Ainsi, une entité à but non lucratif est une entreprise au sens du droit de la concurrence dès lors qu'elle opère sur un marché sur lequel des opérateurs fournissent des services concurrents dans un but lucratif (CJUE 28-2-2013 aff. 1/12, Ordem dos Tecnicos Oficiais de Contas ; CJUE 11-6-2020 aff. 262/18 P, Système slovaque d'assurance maladie : RJS 12/20 n° 640).

ILLUSTRATIONS

• Exemples d'activités économiques conférant la **qualité d'« entreprise »**

Un **organisme à but non lucratif gérant un régime d'assurance vieillesse destiné à compléter un régime de base obligatoire,** institué par la loi à titre facultatif et fonctionnant dans le respect de règles définies par le pouvoir réglementaire, notamment en ce qui concerne les conditions d'adhésion, les cotisations et les prestations, selon le principe de la capitalisation, est une entreprise au sens des articles 101 s. du TFUE (CJCE 16-11-1995 aff. 244/94, FFSA : RJS 12/95 n° 1306, RJDA 2/96 n° 243 ; dans le même sens, à propos de fonds sectoriels de pension complémentaire avec affiliation obligatoire, voir : CJCE 21-9-1999, 3 arrêts, aff. 67/96, Albany : RJS 3/00 n° 348 ; CJUE 3-3-2011 aff. 437/09, AG2R Prévoyance).

Doit être considérée comme une entreprise au sens du droit de la concurrence de l'UE une **association à but non lucratif** qui, en plus de participer à l'adoption de décisions administratives autorisant des courses motocyclistes, organise elle-même de telles compétitions et conclut dans ce cadre des contrats de parrainage, de publicité et d'assurance (CJCE 1-7-2008 aff. 49/07, Motosykletistiki Omospondia Ellados NPID (Motoe) : RJDA 10/08 n° 1053).

Si les **syndicats** poursuivent une mission sociale de défense de leurs adhérents, ils sortent de leur mission propre et se comportent comme des entreprises au sens des articles 101 et 102 du TFUE, lorsqu'ils prêtent leur concours à la conclusion et à la mise en œuvre d'ententes méconnaissant des règles d'ordre public, telles que les règles de concurrence. La Cour de justice a ainsi confirmé l'analyse de la Commission qui avait sanctionné plusieurs fédérations françaises de la viande bovine pour avoir pris part à une entente visant à la fixation d'un prix minimum pour certaines catégories de viande bovine et à la suspension, ou, à tout le moins, à la limitation des importations de tout type de viande bovine en France (CJCE 18-12-2008 aff. 101/07, Coop de France bétail et viande). Encore faut-il que les syndicats interviennent sur un marché où les prix ne sont pas réglementés (Cass. com. 7-4-2010 n° 09-13.494, aff. « Syndicats de médecins » : RJDA 8-9/10 n° 878).

Ont été considérés comme une entreprise un **comité organisateur d'une manifestation sportive internationale** (Commission CE 20-7-1999, aff. « Coupe du monde de football 1998 » : JOCE 2000 L 5 p. 55) et un club sportif professionnel (Commission CE 19-4-2001, aff. « Règles de radiodiffusion de l'UEFA » : JOCE 2001 L 171 p. 12). La Fédération internationale de football a même été qualifiée d'association d'entreprises dans la mesure où cette association regroupe les ligues nationales de football qui regroupent elles-mêmes des clubs (TPICE 26-1-2005 aff. 193/02, Laurent Piau).

Peuvent également constituer une entreprise les **professionnels libéraux** : avocats (CJCE 19-2-2002 aff. 309/99, Wouters ; CA Paris 6-6-2013 n° 12/02945, Le Gefil : Contrats conc. consom. 2013 comm. n° 219 obs. G. Decocq), médecins (CJCE 12-9-2000 aff. jtes 180/98 à 184/98, Pavlov) ou architectes (Commission CE 24-6-2004 aff. « Ordre des architectes belges » : JOUE 2005 L 4 p. 10 ; Cass. com. 1-2-2023 n° 20-21.844 FS-B : RJDA 4/23 n° 221).

• Exemples d'activités économiques ne conférant **pas la qualité d'« entreprise »**

Les **caisses de sécurité sociale** ne constituent pas des entreprises pour les raisons suivantes : elles remplissent une fonction de caractère exclusivement social ; leur activité est fondée sur la solidarité nationale et est dépourvue de tout but lucratif ; les prestations versées sont établies par la loi et sont indépendantes du montant des cotisations (CJCE 17-2-1993 aff. 159 et 160/91, Poucet et Pistre : RJS 3/93 n° 336 ; CJCE 5-3-2009 aff. 350/07, Kattner Stahlbau GmbH ; Cass. 1e civ. 4-5-2011 n° 10-11.951, aff. « Caisse nationale du RSI » : RJDA 7/11 n° 655). La marge de liberté dont les caisses de maladie disposent pour fixer le taux de cotisation et se faire une certaine concurrence pour attirer des affiliés ne remet pas en cause la nature non économique de leur activité (CJCE 16-3-2004 aff. 264, 306, 354 et 355/01, AOK Bundesverband). En revanche, une caisse de sécurité sociale en concurrence avec des opérateurs poursuivant un but lucratif sera qualifiée d'entreprise (CJUE 11-6-2020 aff. 262/18 P, Système slovaque d'assurance maladie : RJS 12/20 n° 640).

N'est pas considérée comme une entreprise une **organisation internationale chargée d'établir et de percevoir les redevances** imposées aux usagers des services de la navigation aérienne (CJCE 19-1-1994 aff. 364/92, SAT Fluggesellschaft c/ Eurocontrol).

Si elle repose sur une obligation légale de déclaration imposée à des entreprises, la **collecte de données** relatives à ces dernières ne constitue pas une activité économique (CJUE 12-7-2012 aff. 138/11, Compass Datenbank).

Dans l'hypothèse où l'activité d'un organisme comporte **à la fois des aspects économiques et des aspects étrangers à toute activité économique,** les règles de concurrence sont applicables aux activités qui sont détachables de celles exercées en tant qu'autorité publique (CJCE 24-10-2002 aff. 82/01 P, Aéroports de Paris ; CJCE 26-3-2009 aff. 113/07, Selex Sistemi Integrati). **41430**

Les différentes activités d'une entité sont à examiner individuellement et on ne saurait déduire de l'assimilation de certaines d'entre elles à des prérogatives de puissance publique que les autres activités ne puissent avoir un caractère économique. Il convient donc de déterminer, pour chacune des activités de l'entité mise en cause, d'une part, si elle est dissociable des activités relevant de sa mission publique et, d'autre part, si elle constitue une activité économique au sens de la jurisprudence Höfner et Elser, citée n° 41410 (CJCE 26-3-2009 aff. 113/07 précité).

ILLUSTRATIONS

Un organisme de protection de l'environnement peut être considéré comme une entreprise pour partie de ses activités, telles que la vente de bois ou la conclusion de baux. Ces activités sont dissociables de sa mission d'intérêt général de défense de l'environnement et ont une nature économique (Trib. UE 12-9-2013 aff. T-347/09, RFA).

Dans le cas de règles purement sportives comme des règles antidopage édictées par une fédération sportive, la seule circonstance qu'une règle aurait un caractère purement sportif ne fait pas pour autant sortir la personne qui exerce l'activité régie par cette règle ou l'organisme qui a édicté celle-ci du champ d'application du Traité ; si l'activité sportive en cause entre dans ce champ d'application, les conditions de son exercice sont alors soumises à l'ensemble des obligations qui résultent de ce texte, en particulier des règles relatives à la concurrence (CJCE 18-7-2006 aff. 519/04 P, Meca-Medina : RJDA 11/06 n° 1171).

L'**activité** économique doit être **effective.** **41435**

Pour autant, en raison de la prise en compte des notions d'« unité économique » et d'autonomie pour définir l'« entreprise » comme sujet du droit de la concurrence (voir nos 41530 s.), la mise en jeu de la responsabilité d'une entité juridique au titre du comportement d'une autre entité juridique sur laquelle elle exerce une influence déterminante ne nécessite pas de savoir si chacune de ces entités a une **activité économique propre.** Ainsi, le fait qu'une société holding n'exerce pas en elle-même d'activité économique ne l'empêche pas d'être responsable du comportement d'une société sur laquelle elle exerce une influence déterminante (CJUE 11-7-2013 aff. 440/11, Commission s/ Stichting Administratiekantoor Portielje, pts 42 s.).

Peu importe que l'activité économique soit soumise à une **réglementation particulière.** **41440**

ILLUSTRATIONS

Des accords de **licence de brevet** peuvent constituer des ententes illicites (Avis Commission conc. 22-6-1962, aff. « Mousse de Nylon » ; avis Commission conc. 8-11-1974, aff. « Fiorio »).

De même, dans le secteur de la santé, les laboratoires pharmaceutiques fabriquant des **médicaments** « princeps » ne peuvent pas conclure des conventions avec les laboratoires génériques pour retarder l'entrée sur le marché de médicaments moins chers (Commission UE 10-12-2013 n° 39685, aff. Fentanyl).

Sur l'application du droit de la concurrence aux **activités bancaires** : CA Paris 23-2-2012 n° 2010/20555, Sté Crédit Lyonnais, et, sur pourvoi, Cass. com. 14-2-2015 n° 12-15.971, puis sur renvoi, CA Paris 21-12-2017 n° 2015/17638 ; Commission UE 7-12-2016 n° 39914, aff. Euro Interest Rate Derivative : affaire dans laquelle la Commission a infligé de lourdes amendes à des banques ayant participé à des ententes dans le secteur des produits dérivés de taux d'intérêt.

Sur les conditions d'application du droit de la concurrence aux **activités agricoles,** voir Aut. conc. 3-5-2018 n° 18-A-04 relatif au secteur agricole.

S'agissant plus particulièrement de l'application du droit de la concurrence aux **organisations de producteurs** (OP) et à leurs associations (AOP), la Cour de justice considère qu'une concertation sur les prix minima de vente et les quantités mises sur le marché tombe sous le coup de l'interdiction des ententes lorsqu'elles sont convenues entre différentes OP ou AOP ou entre de tels organismes et des entités non reconnues par l'État (tels que des organisations professionnelles n'ayant pas le statut d'OP ou d'AOP) ; en revanche, une telle concertation est permise si elle a lieu entre membres d'une même OP ou d'une même AOP reconnue par un État membre et qu'elle est strictement nécessaire à la poursuite du ou des objectifs assignés à l'OP ou à l'AOP concernée (CJUE 14-11-2017 aff. 671/15, « Cartel des endives »).

À noter qu'il existe des dispositions particulières de mise en œuvre des règles de concurrence pour certains secteurs, en particulier ceux du **transport** ou de l'**agriculture.**

b. Indifférence de la forme juridique pour définir une entreprise

PERSONNE PHYSIQUE OU MORALE

41450 La notion d'entreprise est indépendante de toute forme juridique (par exemple, CJUE 1-7-2010 aff. 407/08 P, Knauf Gips KG).

C'est pourquoi le **changement de la forme** juridique et du nom d'une entreprise n'a pas pour effet de créer une nouvelle entreprise dégagée de la responsabilité des comportements anticoncurrentiels de la précédente, lorsque, du point de vue économique, il y a identité entre les deux entreprises (Trib. UE 14-7-2016 aff. 146/09, Parker ITR Srl).

La notion vise tout type de **personnes morales.** Il peut s'agir d'une société (civile ou commerciale), d'une coopérative, d'un groupement d'intérêt économique, d'un syndicat – professionnel ou de salariés – lorsque ce syndicat sort des limites de sa mission de défense des intérêts de ses adhérents (Cass. com. 15-1-2002 n° 119 : RJDA 5/02 n° 562 ; pour d'autres exemples, voir n° 44515), d'une association (pour un exemple, voir Cons. conc. 19-4-1988 n° 88-D-19, aff. « Fédération française de ski »), d'un ordre professionnel, etc.

L'entreprise peut également être une **personne physique** (voir CA Paris 3-5-1990 : BOCCRF du 1-6-1990 p. 195 ; CJCE 28-6-2005 aff. 189/02 P, Dansk Rorindustri ; TPICE 13-12-2006 aff. 217/09, FNCBV).

ILLUSTRATIONS

Sont à considérer comme des entreprises un inventeur qui a concédé une licence de ses brevets (Commission CE 2-12-1975, aff. « AOIP-Beyrard » : JOCE 1976 L 6 p. 8) ou les membres de professions libérales (CJCE 19-2-2002 aff. 309/99, Wouters).

PERSONNE PRIVÉE, PERSONNE PUBLIQUE ET PERSONNE CHARGÉE D'UN SERVICE D'INTÉRÊT ÉCONOMIQUE GÉNÉRAL

41460 **Droit de l'UE** **Principe : application des articles 101 et 102 du TFUE aux entreprises publiques.**

La Cour de justice considère que le caractère économique ou non d'une activité ne dépend pas du statut privé ou public de l'entité qui l'exerce (CJUE 19-12-2012 aff. 288/11 P, Mitteldeutsche Flughafen AG, pt 50). En effet, « les traités ne préjugent en rien le régime de la propriété dans les États membres » (TFUE art. 345), de sorte que l'application du droit de l'UE est indifférente à la nature juridique de l'entreprise si elle correspond à la définition développée ci-dessus (n°s 41400 s.). Les articles 101 et 102 du TFUE s'appliquent donc aussi aux entreprises publiques (cf. TFUE art. 106, 1).

41465 La **notion d'entreprise publique** n'est pas précisée par le Traité. La définition retenue par la Commission européenne dans la directive relative à la transparence des relations financières entre les États membres et les entreprises publiques semble toutefois pouvoir être transposée (Dir. 2006/111/CE du 16-11-2006).

Selon l'article 2 de cette directive, on entend par « entreprise publique » toute entreprise sur laquelle les pouvoirs publics peuvent exercer directement ou indirectement une influence dominante du fait de la propriété, de la participation financière ou des règles qui la régissent. L'**influence dominante des pouvoirs publics** sur l'entreprise est présumée lorsque, directement ou indirectement, ils :

– détiennent la majorité du capital souscrit de l'entreprise ;
– ou disposent de la majorité des voix attachées aux parts émises par l'entreprise ;
– ou peuvent désigner plus de la moitié des membres de l'organe d'administration, de direction ou de surveillance de l'entreprise.

La Cour de justice considère qu'un service administratif qui exerce des activités industrielles ou commerciales sans être pourvu d'une personnalité juridique distincte de celle de l'État est une entreprise publique (CJCE 27-10-1993 aff. 69/91, Decoster). Par analogie, l'interdiction des ententes et abus de position dominante doit être appliquée à toute entité, distincte ou non de l'administration, par laquelle l'État offre des biens et services sur le marché, et qui entre ainsi en concurrence avec les entreprises privées (en ce sens, Commission CE 17-6-1998, aff. « Amministrazione autonoma dei monopoli di stato » : JOCE 1998 L 252 p. 47).

Sur l'application combinée des articles 102 et 106, 1 et sur l'abus automatique de position dominante, voir n° 45530.

> **Précisions** La directive 2006/111 prévoit que les entreprises publiques sont soumises à l'obligation de tenir des **comptes séparés** (dite « comptabilité analytique ») faisant ressortir :
> – les produits et les charges associés à leurs différentes activités ;

– le détail de la méthode d'imputation ou de répartition des produits et des charges entre les différentes activités.

La tenue de comptes séparés, qui doit permettre à la Commission européenne de mieux identifier les opérations relatives aux activités de service public et celles relatives à des activités concurrentielles, ne s'applique pas aux entreprises dont les activités se limitent à la prestation de services d'intérêt économique général et qui n'exercent pas d'activités en dehors de ces services.

Limites à l'application des règles de concurrence. 41470

Une entreprise n'est pas soumise aux règles de la concurrence lorsque les conditions de l'article 106, 2 du TFUE sont réunies.

L'article 106, 2 du TFUE dispose : « Les entreprises chargées de la gestion de services d'intérêt économique général ou présentant le caractère d'un monopole fiscal sont soumises aux règles des traités, notamment aux règles de concurrence, dans les limites où l'application de ces règles ne fait pas échec à l'accomplissement en droit ou en fait de la mission particulière qui leur a été impartie. Le développement des échanges ne doit pas être affecté dans une mesure contraire à l'intérêt de l'Union. »

Cette disposition, qui permet dans certaines circonstances de déroger aux règles du Traité, doit être d'interprétation stricte (CJCE 17-17-1997 aff. 242/95, GT-Link, pt 50).

Les **conditions de dérogation** posées par l'article 106, 2 du TFUE sont les suivantes.

a) L'entreprise est chargée de la gestion d'un **service d'intérêt économique général** (SIEG) ou présente le caractère d'un monopole fiscal. 41475

Dans une communication destinée à établir un cadre de qualité pour les services d'intérêt général en Europe, la Commission a précisé que les SIEG sont des activités économiques remplissant des missions d'intérêt général qui ne seraient pas exécutées (ou qui seraient exécutées à des conditions différentes en termes de qualité, de sécurité, d'accessibilité, d'égalité de traitement ou d'accès universel) par le marché en l'absence d'une intervention de l'État ; l'obligation de service public est imposée au prestataire par mandat et sur la base d'un critère d'intérêt général garantissant la prestation du service à des conditions lui permettant de remplir sa mission (Communication de la Commission du 20-12-2011 : COM (2011) 900 final. Voir également Guide de la Commission relatif à l'application des règles de l'Union européenne aux SIEG du 29-4-2013 : SWD (2013) 53 final/2).

Traditionnellement, la notion de SIEG résulte de la réunion de **trois critères** :
– l'exercice d'une activité économique au sens du droit de la concurrence ;
– l'existence d'une activité d'intérêt général : la Cour de justice a retenu plusieurs critères pour définir une approche casuistique de cette condition en fonction des conditions d'exécution du service. Ainsi, elle va rechercher s'il existe des obligations de service public à la charge de l'entreprise (CJCE 19-5-1993 aff. 320/91, Corbeau ; CJCE 27-4-1994 aff. 393/92, Commune d'Almelo) ;
– la mise à la charge de l'entreprise du SIEG par un acte de puissance publique (CJCE 21-3-1974 aff. 127/73, BRT). Il peut s'agir d'un acte unilatéral ou d'un contrat mais le seul exercice d'un contrôle public est insuffisant pour constater une habilitation publique (CJCE 2-3-1983 aff. 7/82, GVL/Commission).

ILLUSTRATIONS

Sont considérés comme chargés d'un SIEG :
– les organismes publics de radio-télévision (CJUE 18-7-2013 aff. 201/11 P, UEFA) ;
– les sociétés de distribution d'eau constituées par les pouvoirs publics (Commission CE 17-12-1981, aff. « Navewa-Anseau » : JOCE 1982 L 167 p. 39) ;
– les entreprises chargées de surveiller le fonctionnement de la distribution publique d'électricité (Commission CE 16-1-1991 aff. « IJC » : JOCE 1991 L 28 p. 32) ou de distribuer l'électricité sur une partie du territoire national (CJCE 27-4-1994 aff. 393/92, Commune d'Almelo) ;
– les entreprises chargées de la distribution du courrier à tous les usagers sur le territoire d'un État membre (CJCE 19-5-1993 aff. 320/91, Corbeau). Les entreprises en charge du « service public postal » sont celles, publiques ou privées, qui s'engagent à assurer dans un État membre la totalité ou une partie du service universel postal (CJCE 23-4-2009 aff. 357/07, TNT Post UK : AJDA 2009 p. 1783) ;
– les entreprises en charge du logement social (CJUE 8-5-2013 aff. 197/11 et 203/11, Libert) ;
– les entreprises chargées du traitement et du recyclage des déchets (CJCE 23-5-2000 aff. 209/98, Sydhavnens Sten & Grus) ;
– un office public exerçant des activités de placement des demandeurs d'emploi et de gestion des allocations de chômage (CJCE 23-4-1991 aff. 41/90, Höfner et Elser : RJS 7/91 n° 908 ; CJCE 8-6-2000 aff. 258/98, Carra) ;

– une entité gérant un régime complémentaire de soins de santé de salariés, régime prévu par une convention collective et pour lequel l'affiliation est rendue obligatoire par décision des pouvoirs publics à la demande des organisations représentatives des salariés et des employeurs, en raison du caractère hautement solidaire de sa mission (CJUE 3-3-2011 aff. 437/09, AG2R Prévoyance : Europe 2011 comm. n° 180 note L. Idot) ;
– les organisations sanitaires chargées d'un service d'aide médicale d'urgence (CJCE 25-10-2001 aff. 475/99, Ambulanz Glöckner).

41480 **b)** L'application des règles de concurrence fait **échec à l'accomplissement de la mission particulière confiée à l'entreprise par l'État.**

D'une manière générale, pour que les conditions d'application de l'article 106, 2 du TFUE soient remplies, il faut que, en l'absence des droits exclusifs ou spéciaux litigieux, il soit fait échec à l'accomplissement des missions particulières imparties à cette entreprise ou que le maintien de ces droits exclusifs ou spéciaux soit nécessaire pour permettre à leur titulaire d'accomplir les missions d'intérêt économique général qui lui ont été imparties dans des conditions économiquement acceptables (CJUE 3-3-2011 aff. 437/09, AG2R Prévoyance).

ILLUSTRATIONS

Les pouvoirs publics peuvent valablement réserver à un organisme de prévoyance le soin de gérer un régime de remboursement complémentaire de frais de soins de santé des entreprises du secteur de la boulangerie artisanale française, sans aucune possibilité pour les entreprises du secteur d'activité concerné d'être dispensées de s'affilier audit régime. En effet, si ces entreprises étaient libres de s'affilier à d'autres régimes complémentaires, l'organisme de prévoyance désigné par les pouvoirs publics pour gérer ce régime risquerait d'être confronté, alors même qu'il est obligé d'offrir une couverture aux salariés de ces entreprises, à une défection des assurés présentant des risques restreints, ceux-ci se tournant vers des entreprises leur offrant des garanties comparables, voire meilleures, pour des cotisations moins élevées. Dans ces conditions, la part croissante des « mauvais risques » qu'il incomberait à cet organisme de couvrir provoquerait une hausse du coût des garanties, de sorte que cet organisme ne pourrait plus proposer une couverture de même qualité à un prix acceptable (CJUE 3-3-2011 aff. 437/09, AG2R Prévoyance précité).

Selon la Commission européenne, une limitation des règles de la concurrence ne peut être admise que si l'entreprise ne dispose d'aucun **autre moyen** techniquement possible et économiquement réalisable **pour remplir sa mission** (Commission CE 17-12-1981 aff. « Navewa-Anseau » : JOCE 1982 L 167 p. 39). Par exemple, ne sont pas nécessaires à l'accomplissement de leur mission :
– l'établissement de conditions discriminatoires pour l'agrément de certaines machines à laver imposé par une association responsable de la santé publique dans le domaine de la distribution de l'eau (Décision « Navewa-Anseau » précitée) ;
– l'interdiction d'exporter imposée à des producteurs nationaux par une société chargée de surveiller le fonctionnement de la distribution publique de l'électricité dans un État (Commission CE 16-1-1991 aff. « IJC » : JOCE 1991 L 28 p. 32).

41485 Pour apprécier le caractère nécessaire de la limitation ou de l'exclusion de concurrence, il faut tenir compte des **conditions économiques particulières** dans lesquelles est placée l'entreprise publique, en particulier de son environnement concurrentiel, des coûts qu'elle doit supporter et des réglementations auxquelles elle est soumise.

ILLUSTRATIONS

L'application de l'article 102 du TFUE relatif aux abus de position dominante ne saurait faire échec à la mission particulière impartie à un office public pour l'emploi, bénéficiant d'un droit exclusif en matière de placement, dès lors que celui-ci n'est manifestement pas en mesure de satisfaire la demande que présente le marché à cet égard et qu'il tolère, en fait, une atteinte à son droit exclusif par les sociétés privées de conseil en recrutement (CJCE 23-4-1991 aff. 41/90, Höfner et Elser, pt 25).

Dans le cas d'un distributeur d'électricité, il convient de tenir compte des réglementations en matière d'environnement (CJCE 27-4-1994 aff. 393/92, Commune d'Almelo) et, dans le secteur postal, de la nécessité de maintenir un service universel (CJCE 17-5-2001 aff. 340/99, TNT Traco).

Pour assurer ses services dans des conditions d'équilibre économique, l'entreprise publique doit pouvoir opérer une **compensation** entre les secteurs d'activité rentables et les secteurs moins rentables, ce qui justifie une limitation de la concurrence de la part d'opérateurs privés en ce qui concerne les secteurs économiquement rentables (CJCE 19-5-1993 aff. 320/91, Corbeau ; CJCE 25-10-2001 aff. 475/99, Ambulanz Glöckner).

En revanche, l'exclusion ou la restriction de concurrence ne se justifie plus dès lors que sont en cause des **services spécifiques dissociables** du service d'intérêt général, qui répondent à des besoins particuliers d'opérateurs économiques et qui exigent certaines prestations supplémentaires que le service traditionnel (assuré par le monopole) n'offre pas. Par exemple, dans le cas du monopole postal, constituent des services spécifiques dissociables la collecte du courrier à domicile ou la remise garantie à une date ou à une heure prédéterminées (CJCE 19-5-1993 aff. 320/91 précitée ; Commission CE 21-12-2000, aff. « Fourniture, en Italie, de nouveaux services postaux » : JOCE 2001 L 63 p. 59).

L'article 106, 2 du TFUE vise non seulement les entreprises publiques, mais aussi les **entreprises privées** à condition qu'elles aient été chargées de la gestion de services d'intérêt économique général par un acte de puissance publique (CJCE 11-4-1989 aff. 66/86, Ahmed Sæed Flugreisen ; CJUE 28-2-2013 aff. 1/12, Ordem dos Tecnicos Oficiais de Contas). **41490**

Il peut également s'agir d'un organisme public transformé en société de droit privé (CJCE 17-5-2001 aff. 340/99, TNT Traco).

En revanche, ne sont pas visées par l'article 106, 2 :

– une entreprise dont l'activité est simplement soumise à l'autorisation des pouvoirs publics (CJCE 2-3-1983 aff. 7/82, GVL) ;

– une entreprise qui gère des intérêts privés, même s'il s'agit de droits de propriété intellectuelle protégés par la loi (CJCE 21-3-1974 aff. 127/73, BRT).

Droit français Les articles L 420-1 et L 420-2 du Code de commerce s'appliquent aux **personnes publiques** lorsqu'elles se livrent à des activités de production, de distribution ou de services, notamment dans le cadre de conventions de délégation de service public (C. com. art. L 410-1). **41500**

Les **juridictions administratives** sont tenues, pour apprécier la **légalité des actes administratifs,** d'appliquer les règles de concurrence fixées par le Code de commerce. Elles peuvent donc prononcer l'annulation d'un acte administratif sur le fondement de l'article L 420-3 de ce Code, qui déclare nul « tout engagement, convention ou clause contractuelle » se rapportant à une entente illicite ou à un abus de domination (n° 53000). **41505**

ILLUSTRATIONS

Le Conseil d'État a examiné la légalité de contrats de concession de service public au regard des règles de concurrence (CE 3-11-1997 n° 169907, Million et Marais : RJDA 2/98 n° 224 et concl. Stahl p. 87 ; CE 30-11-1998 n° 159203, Pompes funèbres européennes du Gard : RJDA 4/99 n° 480), puis jugé que les autorités de police administrative sont elles aussi tenues de respecter ces règles (CE 22-11-2000 n° 223645, L & P Publicité : RJDA 4/01 n° 508 et concl. S. Austry p. 377 ; CE 15-5-2009 n° 311082, Cie des Bateaux Mouches : RJDA 5/10 n° 559).

Il a également annulé un arrêté fixant les redevances d'utilisation par des tiers du répertoire Sirene commercialisé par l'Insee car ce texte générait un abus de position dominante de cet organisme (CE 29-7-2002 n° 200886, Sté Cegedim : RJDA 12/02 n° 1327).

À propos des conventions collectives, le Conseil d'État a affirmé que, si elles ne sont pas en elles-mêmes des ententes au sens de l'article L 420-1 du Code de commerce, elles ne doivent pas pour autant avoir pour effet de restreindre le libre exercice de la concurrence, et que leur extension ne doit pas favoriser un abus de position dominante (CE 16-1-2002 n° 223859, Synd. national des entreprises d'esthétique et de coiffure à domicile : RJS 4/02 n° 468). Faisant application de ce principe, la Haute Assemblée a annulé un arrêté d'extension (CE 30-4-2003 n° 230804, Synd. professionnel des exploitants indépendants des réseaux d'eau et d'assainissement : RJDA 7/03 n° 782).

De même, dans l'exercice de ses prérogatives, notamment lorsqu'elle autorise l'accès au domaine public, la personne publique doit être particulièrement attentive à ne pas placer l'opérateur économique dans une situation lui permettant d'abuser de sa situation (CE 26-3-1999 n° 202260, Sté EDA : AJDA 1999. 427 ; CE 23-5-2012 n° 348909, RATP : RJDA 8-9/12 n° 803).

Le respect du droit de la concurrence est donc doublement garanti, par l'**Autorité de la concurrence** en ce qui concerne les agissements et pratiques qui se révèlent contraires au droit de la concurrence, qu'ils émanent de personnes privées ou de personnes publiques, et par le **juge administratif** en ce qui concerne le point de savoir si les actes administratifs, en eux-mêmes, sont conformes au droit de la concurrence. **41510**

2. ENTITÉ ÉCONOMIQUE ET NOTION D'AUTONOMIE DE L'ENTREPRISE

En droit de la concurrence, l'« **entreprise** » est une organisation, qui dispose de moyens personnels, matériels, immatériels, poursuivant de façon durable un but économique déterminé (CJUE 10-9-2009 aff. 97/08 P, Akzo Nobel ; CJUE 1-7-2010 aff. 407/08 P, Knauf Gips KG ; Trib. UE 12-7-2018 aff. 444/14, Furukawa Electric Co. Ltd, confirmé sur un autre point par CJUE 19-12-2019 aff. 589/18). **41530**

La notion d'entreprise doit en outre « être comprise comme désignant une **unité économique** du point de vue de l'objet de l'accord en cause, même si, du point de vue juridique, cette unité est constituée de plusieurs personnes physiques ou morales » (CJUE 26-9-2013 aff. 179/12 P, Dow Chemical, pt 57 ; CJUE 17-9-2015 aff. 597/13 P, Total SA ; CJUE 6-10-2021 aff. 882/19, Sumal : RJDA 3/22 n° 172).

Une entreprise au sens du droit de la concurrence peut donc être constituée de plusieurs personnes physiques ou morales.

> **Précisions** Les juges de l'UE soutiennent cette approche par un **argument de texte** : le choix des auteurs des traités a été d'utiliser la notion d'entreprise pour désigner l'auteur d'une infraction au droit de la concurrence, susceptible d'être sanctionné en application des articles 101 et 102 du TFUE, et non la notion de société ou de personne morale, utilisée à l'article 54 du Traité (relatif aux sociétés constituées en conformité avec la législation d'un État membre) (CJUE 18-7-2013 aff. 501/11P, Schindler, pt 102).

a. Principe d'immunité des accords intragroupe au regard de l'interdiction des ententes illicites

DROIT DE L'UE

41540 Il résulte d'une jurisprudence constante de la **Cour de justice** que les relations à l'intérieur d'**une seule entité économique** ne sauraient être qualifiées d'entente, faute d'autonomie réelle des sociétés composant cette entité économique (notamment, CJCE 24-10-1996 aff. 73/95 P, Viho Europe BV).

Ainsi, l'accord entre une société et sa **filiale** qui ne dispose pas d'une autonomie réelle dans la détermination de sa ligne d'action sur le marché et forme une unité économique avec sa société mère échappe à l'interdiction des ententes illicites (CJCE 24-10-1996 aff. 73/95 P précité, pt 17). À plus forte raison, une **succursale** est considérée comme le simple prolongement de l'entreprise (Commission CE 5-12-1984, aff. « Assurances incendie » : JOCE 1985 L 35 p. 20).

De même, l'interdiction des ententes illicites est inapplicable aux accords et concertations entre **sociétés d'un même groupe** qui répondent à un **appel d'offres** en déposant des offres séparées mais en réalité élaborées de façon concertée, dès lors que ces sociétés forment une même unité économique au sens du droit européen de la concurrence (CJUE 17-5-2018 aff. 531/16, Ecoservice projektai).

Les **lignes directrices** de la Commission sur l'applicabilité de l'article 101 du TFUE aux **accords de coopération horizontale** du 14 janvier 2011 s'inscrivent dans le fil de cette jurisprudence. Elles énoncent que les sociétés qui font partie de la même « entreprise », au sens de l'article 101, 1, ne sont pas considérées comme concurrentes, l'article 101 s'appliquant uniquement aux accords entre entreprises indépendantes. Ainsi, selon la Commission, « lorsqu'une société exerce une influence déterminante sur une autre société, elles forment une entité économique unique et font donc partie de la même entreprise. Il en va de même pour des sociétés sœurs, c'est-à-dire des sociétés sur lesquelles la même société mère exerce une influence déterminante. Elles ne sont, par conséquent, pas considérées comme concurrentes même si elles opèrent toutes les deux sur les mêmes marchés de produits et les mêmes marchés géographiques en cause » (LD de 2011, pt 11).

41545 La notion d'**absence d'autonomie** peut s'apprécier par référence aux critères posés dans le cadre de la jurisprudence sur l'**imputabilité des pratiques anticoncurrentielles,** qui se fonde également sur la notion d'« entreprise » ou d'« entité économique unique » (voir n°s 52720 s.).

Ainsi, le principe d'immunité n'a pas vocation à jouer lorsqu'il est prouvé que chaque société définit sa propre stratégie commerciale, financière et technique, sans contrôle effectif de la mère, fût-il restreint à la fixation de limites dans l'orientation du comportement de la filiale sur le marché (Trib. UE 16-6-2011 aff. 72/06, Groupe Gascogne, pt 74, confirmé par CJUE 26-11-2013 aff. 58/12 P).

L'absence d'autonomie est présumée dans l'hypothèse d'une **filiale à 100 %** ou à quasi 100 %, bien que la preuve contraire puisse être rapportée (par exemple, CJUE 26-9-2013 aff. 179/12 P, The Dow Chemical Company, pt 56). Sur la difficulté de renverser cette présomption, voir n° 52740.

À l'inverse, dans l'hypothèse d'une **participation minoritaire** très éloignée de la majorité (25 % du capital social), il ne peut en principe pas être considéré que la société mère et sa filiale appartiennent à une même unité économique (Trib. UE 12-7-2011 aff. 132/07, Fuji Electric, pt 182). Néanmoins, une participation minoritaire peut permettre à une société mère d'exercer effectivement une influence déterminante sur le comportement de sa filiale sur le marché, si elle est assortie de droits qui excèdent ceux qui sont normalement consentis à des actionnaires minoritaires afin de protéger leurs intérêts financiers et qui, examinés selon la méthode du faisceau d'indices convergents, de nature juridique ou économique, sont de nature à démontrer qu'une influence déterminante est exercée sur le comportement de la filiale sur le marché (Trib. UE 12-7-2011 aff. 132/07 précité, pt 183).

La présomption d'absence d'autonomie joue en cas de **détention directe ou indirecte de la totalité ou quasi-totalité du capital de la filiale** (CJUE 21-1-2021 aff. 595/18 P, The Goldman Sachs Group). Ainsi, le fait que des filiales soient détenues par l'intermédiaire d'une société à laquelle aucune infraction n'est imputée ne remet pas en cause la présomption de l'exercice effectif, par la société mère, du fait de sa participation indirecte dans ces filiales, d'une influence déterminante sur le comportement desdites filiales (Trib. UE 7-12-2022 aff. 130/21, CCPL – Consorzio Cooperative di Produzione e Lavoro SC).

Lorsque la seule détention de capital ne permet pas de présumer l'autonomie, différents **critères** sont susceptibles d'être retenus **pour déterminer si la filiale est autonome,** tels que :
– la composition de l'organe dirigeant (Commission CE 2-10-2001, aff. « Gluconate de sodium », COMP/E-1/36.756 ; CA Paris 20-1-2011 aff. 2010/08165) ;
– l'influence sur la politique commerciale ou les instructions adressées à la filiale (TPICE 12-1-1995 aff. 102/92, Viho Europe BV) ;
– les relations d'affaires entre la mère et la fille (Trib. UE 12-7-2011 aff. 132/07 précité) ;
– la mise en œuvre d'une convention entre les sociétés mères sur la gestion de leur filiale commune (Trib. UE 12-7-2011 aff. 132/07 précité).

Un **groupe de sociétés** peut être considéré comme une seule et même entreprise en **position dominante** si la société mère et les filiales forment une unité économique (TPICE 16-12-1999 aff. 198/98, Micro Leader Business, où le tribunal écarte l'argument fondé sur l'article 101 du TFUE en l'absence de sociétés autonomes susceptibles de se concerter pour influencer le marché, mais admet l'application de l'article 102). **41550**

DROIT FRANÇAIS

Dans son rapport annuel pour 2012, l'Autorité de la concurrence a elle aussi fait état de sa position sur les **accords intragroupe** : « Aux fins de l'application des règles de la concurrence, la séparation formelle entre deux sociétés, résultant de leur personnalité juridique distincte, n'est pas déterminante. Ce qui importe, c'est l'unité ou non de leur comportement sur le marché. Si deux sociétés ayant des personnalités juridiques distinctes forment ou relèvent d'une seule et même entreprise ou entité économique qui déploie un **comportement unique sur le marché,** les accords conclus entre elles ne constituent pas des ententes illicites, dès lors qu'elles ne disposent pas d'autonomie commerciale (voir en ce sens CJCE 14-7-1972 aff. 48/69, ICI/Commission, pt 140). L'entente ne pourra exister qu'entre **entreprises autonomes au sens du droit de la concurrence.** Les accords intragroupe entre une maison mère et sa filiale ne relèveront donc du droit des ententes que si la filiale est autonome. » **41560**
Par exemple, une société de distribution d'appareils électroménagers ne saurait être poursuivie pour avoir rétrocédé sans marge à une filiale à 100 % des appareils acquis auprès de ses fournisseurs, dès lors que cette filiale, dont elle nommait directement les dirigeants et déterminait 80 % de la gamme de produits, était totalement dépourvue d'autonomie (Cons. conc. 7-11-2002 n° 02-D-67, Chapelle).

La position de l'Autorité est partagée par la cour d'appel de Paris : si la prohibition des ententes anticoncurrentielles n'est pas applicable aux accords passés entre des sociétés appartenant à un même groupe, ce n'est que pour autant que celles-ci ne disposent pas d'une réelle **autonomie sur le marché** ; l'existence d'une autonomie commerciale et financière réelle d'une société à l'égard de sa société mère doit être démontrée au regard de l'ensemble des **critères** suivants : l'importance de la participation financière de la société mère dans le capital de la filiale, l'existence d'organes de direction propres à la filiale et la possibilité pour ces organes de déterminer et mettre en œuvre, de manière autonome sur le marché, une stratégie industrielle, financière et commerciale (CA Paris 20-1-2011 n° 2010/08165, aff. « Manutention dans le port du Havre »).

Pour apprécier l'absence d'autonomie de la filiale, l'Autorité de la concurrence et la cour d'appel de Paris ne se contentent pas d'apprécier les relations à l'intérieur du groupe mais insistent sur la nécessité de se placer du **point de vue des tiers** et s'attachent à la manifestation éventuelle d'un accord de volontés entre opérateurs indépendants. Le degré d'autonomie doit toutefois être suffisant pour conclure à une telle manifestation de volonté (Cons. conc. 15-9-2006 n° 06-D-26, aff. « Lamy Moto et Moto Ouest c/ Yamaha et MBK » ; CA Paris 20-1-2011 n° 2010/08165 précité).

41570 **Cas des réponses aux appels d'offres publics** À la suite de la CJUE (nº 41540), l'Autorité de la concurrence considère que ne peuvent pas être constitutives d'une entente illicite les réponses à un appel d'offres en apparence indépendantes, mais préparées de façon concertée, par plusieurs filiales d'un même groupe (Aut. conc. 25-11-2020 nº 20-D-19, aff. « Secteur des marchés de fourniture de produits alimentaires de l'établissement public national France AgriMer », citant CJUE 17-5-2018 aff. 531/16, Ecoservice projektai).

> **Précisions** Une telle pratique reste toutefois répréhensible sur le terrain du **droit des marchés publics** car elle est susceptible d'induire l'acheteur public en erreur et de fausser les résultats de la commande publique. Le Conseil d'État a ainsi jugé que « si deux personnes morales différentes constituent en principe des opérateurs économiques distincts, elles doivent néanmoins être regardées comme un seul et même soumissionnaire lorsque le pouvoir adjudicateur constate leur absence d'autonomie commerciale » (CE 8-12-2020 nº 436532 : RJDA 7/21 nº 468).

b. Imputabilité à la société mère d'une pratique anticoncurrentielle par une filiale

41580 Lorsqu'une entreprise, au sens d'« entité économique », enfreint les règles de la concurrence, il lui incombe, selon le principe de la responsabilité personnelle, de répondre de cette infraction (CJUE 20-1-2011 aff. 90/09 P, General Química, pts 34 à 36 et jurisprudence citée ; CJUE 29-9-2011 aff. 521/09 P, Elf Aquitaine, pt 53). Cela a pour conséquence que les **sociétés composant l'« entreprise »** sont solidairement responsables de l'infraction commise. La solidarité pour le paiement de l'amende est une manifestation d'un effet de plein droit de la notion d'entreprise (Trib. UE 25-1-2023 aff. 640/16 RENV, GEA Group AG).

La possibilité d'imputer le comportement anticoncurrentiel d'une filiale à sa société mère constitue l'une des conséquences du choix des auteurs des traités d'utiliser la **notion d'entreprise** pour désigner l'auteur d'une infraction au droit de la concurrence susceptible d'être sanctionnée en application des articles 101 et 102 du TFUE. La séparation formelle entre la société mère et sa filiale, résultant de leur personnalité juridique distincte, ne peut s'opposer à l'unité de leur comportement sur le marché aux fins de l'application des articles 101 et 102 (CJCE 14-7-1972 aff. 48/69, Imperial Chemical Industries).

Le **contrôle exercé par la société mère** sur le comportement de sa filiale, auteure d'une infraction auxdites dispositions, sur le marché en cause, peut être démontré par deux voies probatoires non pas cumulatives, mais alternatives et donc équivalentes (CJUE 25-3-2021 aff. 152/19 P, Deutsche Telekom, pts 95 s.) :

– soit en établissant que la société mère a la capacité d'exercer une influence déterminante sur le comportement de la filiale et qu'elle a en outre effectivement exercé cette influence (CJUE 26-9-2013 aff. 179/12 P, Dow Chemical, pt 55),

– soit en prouvant que cette filiale ne détermine pas de façon autonome son comportement sur le marché, mais qu'elle applique pour l'essentiel les instructions qui lui sont données par la société mère, eu égard en particulier aux liens économiques, organisationnels et juridiques qui unissent ces deux entités juridiques (CJUE 26-10-2017 aff. 457/16 P, Global Steel Wire).

Sur le rôle que joue l'**absence d'autonomie de la filiale** par rapport à sa mère dans la mise en œuvre des règles d'imputabilité à cette dernière du comportement anticoncurrentiel de sa filiale, voir nos 53550 s. (droit français) et nos 52720 s. (droit de l'UE).

c. Responsabilité d'une filiale pour dommage concurrentiel causé par la société mère

41585 Lorsqu'une société appartenant à une **unité économique** viole l'article 101, 1 du TFUE, il en résulte une responsabilité solidaire entre les entités qui composent cette unité économique au moment de la commission de l'infraction, peu important que soit poursuivie en réparation une société contrôlante ou une société contrôlée (CJUE 6-10-2021 aff. 882/19, Sumal : RJDA 3/22 nº 172). Si une infraction à l'article 101 TFUE a été établie à l'égard d'une **société mère,** la victime peut chercher à engager la responsabilité civile d'une **filiale** de cette société, à condition qu'elle prouve que la filiale constituait avec sa société mère une unité économique, eu égard (arrêt Sumal précité) :

– d'une part, aux liens économiques, organisationnels et juridiques qui unissent ces deux entités juridiques et,

– d'autre part, à l'existence d'un lien concret entre l'activité économique de cette filiale et l'objet de l'infraction dont sa mère a été tenue responsable.

La filiale doit pouvoir exercer ses droits de la défense devant le juge national (arrêt précité).

d. Autres applications de la notion d'entreprise

L'**intermédiaire commercial** répond à la qualification d'entreprise s'il est un négociant indépendant, économiquement autonome. En revanche, il ne constitue pas une entreprise distincte au sens du droit de la concurrence s'il est un auxiliaire formant une unité économique avec l'entreprise qui fait appel à ses services (TPICE 15-9-2005 aff. 325/01, Daimler Chrysler). Ainsi, un fournisseur et un distributeur ont été considérés comme formant une seule unité économique dans un cas où les agents de ce dernier opéraient comme auxiliaires intégrés au fournisseur, en ne supportant aucun des risques résultant des contrats (Aut. conc. 30-6-2009 n° 09-D-23, aff. « Secteur de la distribution de vêtement prêt-à-porter féminin et d'accessoires »). 41590

Sur la notion de « négociant indépendant » relevant de l'article 101, voir nos 47110 s.

Voir également le statut des **agents commerciaux,** ayant qualité de commerçants, traité dans la décision de la Commission CE du 10-10-2001, aff. « Mercedes-Benz » (JOCE 2002 L 257 p. 1).

> **› Précisions** Parce qu'ils ne disposent pas d'une indépendance suffisante dans la prise de décisions économiques, les **travailleurs salariés** ne sont pas des entreprises. Ainsi, des ouvriers portuaires régis par une convention collective et qui sont, pendant leur relation de travail, intégrés aux entreprises portuaires pour lesquelles ils accomplissent leurs travaux forment avec chacune de ces entreprises une unité économique et ne constituent dès lors pas, ni en eux-mêmes ni collectivement, des entreprises (CJCE 16-9-1999 aff. 22/98, Becu).

B. Champ d'application territorial de la réglementation des ententes et abus de domination

Il convient de distinguer le champ d'application du droit de l'UE et celui du droit français. 41630

1. DROIT DE L'UE

a. Principe

Les articles 101 et 102 du TFUE s'appliquent aux accords et pratiques susceptibles d'affecter le commerce entre États membres, quel que soit le lieu d'établissement des entreprises ou le lieu de conclusion de l'accord, à condition que l'**accord** (ou la **pratique**) soit **mis en œuvre** ou ait des **effets à l'intérieur de l'UE** (LD relatives à la notion d'affectation du commerce, pt 100 ; CJUE 6-9-2017 aff. 413/14 P, Intel Corporation Inc., pt 42). 41640

Conséquences du Brexit Conformément à l'accord de **retrait du Royaume-Uni** (JOUE 2019 C 384 I), le droit de l'Union européenne a cessé de s'appliquer le 31 décembre 2020 (fin de la période de transition) dans les relations entre l'UE et le Royaume-Uni. 41645

Toutefois, l'UE reste compétente pour les procédures administratives qui ont été ouvertes jusqu'à cette date en ce qui concerne le respect du droit de l'UE en matière de concurrence au Royaume-Uni (art. 92). Par ailleurs, les décisions adoptées au niveau de l'UE soit avant la fin de la **période de transition,** soit après la fin de la période de transition mais dans le cadre de procédures en cours ouvertes antérieurement, et dont le Royaume-Uni ou des personnes physiques ou morales résidant ou établies au Royaume-Uni sont destinataires, ont force obligatoire pour le Royaume-Uni et au Royaume-Uni (art. 95).

Concernant les **nouvelles relations** entre le Royaume-Uni et l'UE, le cadre a été posé dans une déclaration politique du 17 octobre 2019, révisée le 2 décembre 2020 : ces relations doivent garantir une concurrence ouverte et équitable, afin de prévenir les distorsions des échanges et les avantages concurrentiels déloyaux. À cette fin, les normes communes applicables en matière de concurrence doivent toujours être respectées à la fin de la période de transition.

La Commission européenne rappelle ainsi que la nouvelle qualité d'État tiers du Royaume-Uni n'a, en tant que telle, pas d'incidence sur l'applicabilité des articles 101 (prohibition des ententes) et 102 (prohibition des abus de position dominante) du TFUE aux comportements anticoncurrentiels des sociétés britanniques qui auraient des effets dans l'UE (https://ec.europa.eu/info/sites/default/files/brexit-notice-eu-competition-law_fr.pdf).

Dans le cadre de ses enquêtes, la Commission peut toujours obtenir des renseignements auprès d'entreprises britanniques (cf. Règl. 1/2003 art. 18). Cependant, elle ne peut plus procéder à des inspections au Royaume-Uni, sauf pour les procédures ouvertes avant la fin de la période de transition.

Les décisions de la Commission rendues dans ce cadre sont contraignantes pour le Royaume-Uni et leur légalité est soumise au contrôle exclusif de la CJUE.

La Commission reste en outre compétente pour contrôler et faire appliquer les engagements pris ou les mesures imposées dans le cadre de ses décisions d'application des articles 101 et 102 du TFUE, avec la possibilité toutefois de transférer, sous certaines conditions, cette compétence à l'Autorité de la concurrence britannique.

De son côté, le Royaume-Uni peut appliquer ses propres règles de concurrence (Loi sur la concurrence de 1998, proche des règles européennes) à des comportements que la Commission entendrait sanctionner, sauf à l'égard des procédures engagées par la Commission avant la fin de la période de transition.

b. Extension à l'Espace économique européen (EEE)

41650 Les règles de concurrence de l'EEE s'appliquent à l'**Islande,** au **Liechtenstein** et à la **Norvège,** pays qui ne font pas partie de l'UE.

Les dispositions des articles 53 (ententes) et 54 (abus de position dominante) de l'accord EEE sont similaires à celles des articles 101 et 102 du TFUE.

Elles s'appliquent à toute entreprise qui opère directement ou indirectement sur le territoire de l'EEE, quel que soit son lieu d'établissement, pour autant que l'accord ou la pratique soit mis en œuvre ou ait des effets à l'intérieur de l'EEE.

L'Autorité de surveillance de l'AELE est seule compétente en matière d'**ententes** (art. 56) :
– lorsque seul le commerce entre États de l'AELE est affecté ;
– dans les cas où le chiffre d'affaires des entreprises concernées sur le territoire de l'AELE est égal ou supérieur à 33 % de leur chiffre d'affaires sur le territoire de l'EEE.

En revanche, la Commission européenne est compétente dans tous les autres cas, pour autant que le commerce entre États membres de l'UE soit affecté (sauf si les effets sur le commerce entre les États membres de l'UE ou sur la concurrence à l'intérieur de l'UE ne sont pas sensibles, auquel cas l'Autorité de surveillance de l'AELE redevient compétente).

En ce qui concerne les **abus de position dominante,** l'autorité compétente est celle sur le territoire de laquelle la position dominante a été découverte.

La création de l'EEE a donc les conséquences suivantes :
– des décisions de la Commission rendues tant sur la base des articles 101 et/ou 102 du TFUE (CJUE 13-7-2023 aff. 759/21, Nippon Chemi-Con Corporation) que sur celle des articles 53 et/ou 54 de l'accord EEE (par exemple, Commission CE 5-12-2001 aff. « Acide citrique » : JOCE 2002 L 239 p. 18) ;
– une extension du droit de la concurrence de l'UE (voir, par exemple, les lignes directrices adoptées par l'Autorité de surveillance de l'AELE sur les restrictions verticales, sur les accords de coopération horizontale et sur la politique en matière d'amendes, publiées respectivement au JOUE 2012 C 362, JOUE 2013 C 362 et JOUE 2006 C 314).

c. Pratiques anticoncurrentielles concernant des États tiers à l'UE

EFFETS ANTICONCURRENTIELS DANS L'UE DE PRATIQUES ÉMANANT D'ENTREPRISES SITUÉES DANS DES ÉTATS TIERS

41660 **Application du droit de l'UE** Le droit de l'UE sanctionne les effets anticoncurrentiels qui se manifestent sur le territoire de l'UE de pratiques émanant d'entreprises situées dans des États non membres de l'UE (CJCE 25-11-1971 aff. 22/71, Béguelin Import, pt 11 ; CJUE 6-9-2017 aff. 413/14 P, Intel Corporation Inc., pt 43), même si celles-ci sont de nationalité étrangère, n'ont aucun lien avec le territoire considéré et donnent à leurs actions la forme d'une convention régie par un droit étranger (voir 6e rapport Commission CE no 37 ; CJCE 14-7-1972 aff. 48/69 s., « Matières colorantes »).

Il faut toutefois que la pratique en cause comporte « un point de rattachement matériel sous forme de participation active aux pratiques litigieuses qui justifie la poursuite des comportements d'origine extérieure » (CJCE 14-11-1996 aff. 333/94, Tetra Pak ; Trib. UE 18-6-2013 aff. 404/08, Fluorsid SpA ; Trib. UE 18-6-2013 aff. 406/08, Industries chimiques du fluor).

La Commission et la Cour de justice appliquent cette solution notamment à des espèces dans lesquelles les entreprises mères sont à l'étranger, mais dirigent des filiales installées dans l'Union (CJCE 14-7-1972, arrêt « Matières colorantes » précité) ou lorsque toutes les entreprises concernées ont leur siège à l'extérieur de l'UE (par exemple, CJCE 27-9-1988 aff. 89, 104, 114, 116, 117, 125 à 129/85, Ahlström dite « Pâte de bois », partiellement annulé par CJCE 31-3-1993 aff. 89/85, Ahlström Osakeyhtiö ; CJUE 6-9-2017 aff. 413/14 P, Intel Corporation Inc., accords conclus entre le fabricant de microprocesseurs Intel et le fabricant d'ordinateurs chinois Lenovo concernant des processeurs destinés à être livrés en Chine).

La Cour de justice a précisé que l'applicabilité du droit de l'UE est justifiée s'il est prévisible (effets probables) que le comportement en cause produise un effet immédiat et substantiel dans l'UE. Cette prévisibilité doit être appréciée au regard du comportement de l'entreprise ou des entreprises en cause, pris dans son ensemble, mais « il suffit de tenir compte des effets probables d'un comportement sur la concurrence pour que la condition tenant à l'exigence de prévisibilité soit remplie » (CJUE 6-9-2017 aff. 413/14 P, Intel Corporation Inc. précité, pts 49 à 51).

ILLUSTRATIONS

Dans un cas où le fabricant de microprocesseurs Intel, en position dominante sur le marché de ces produits, avait accordé des rabais d'exclusivité au fabricant d'ordinateurs chinois Lenovo concernant des processeurs destinés à être livrés en Chine, l'effet immédiat et substantiel qu'était susceptible d'avoir la pratique de rabais a pu être déduit de la stratégie d'ensemble d'Intel visant à ce qu'aucun ordinateur portable de Lenovo équipé d'un processeur fourni par AMD, le principal concurrent d'Intel, ne soit disponible sur le marché mondial, y compris dans l'EEE (CJUE 6-9-2017 aff. 413/14 P précité).

Limites à l'application du droit de l'UE L'application du droit de l'UE aux entreprises extérieures à l'UE comporte des limites. **41670**

Si la Commission et la Cour de justice peuvent constater une infraction commise par ces entreprises et leur infliger des sanctions (par exemple, Commission CE 24-7-1969 aff. « Matières colorantes » : JOCE 1969 L 195 p. 11), elles ne disposent d'aucun moyen pour mettre en œuvre ces sanctions, car elles ne peuvent porter atteinte à la souveraineté des États dont ces entreprises relèvent.

Ainsi, la Commission n'est pas en droit d'effectuer auprès d'entreprises extérieures à l'UE des inspections et enquêtes prévues par le règlement 1/2003, ni de procéder à des demandes de renseignements par voie de décision. Mais celles-ci sont possibles auprès des filiales implantées sur le territoire de l'UE.

La Commission européenne peut tenir compte de l'amende déjà prononcée par un ou plusieurs de ses homologues des États tiers, sans pour autant y être tenue (CJCE 29-6-2006 aff. 308/04 P, SGL Carbon, pt 32). Le principe « non bis in idem » (selon lequel une même infraction ne peut être sanctionnée deux fois) est inapplicable dans ce cas : l'obligation de réduire les amendes n'incombe pas à la Commission lorsque les sanctions déjà infligées proviennent d'autorités ou de juridictions d'un État tiers (TPICE 9-7-2003 [4 arrêts] aff. 224/00, Archer Daniels Midland).

Lorsque la sanction infligée dans l'État tiers ne vise que les applications ou les effets de l'entente sur le marché de cet État et la sanction prononcée au titre du droit de l'UE que les applications ou les effets de l'entente sur le marché intérieur, la condition d'identité des faits n'est pas remplie (CJCE 18-5-2006 aff. 397/03, Archer Daniel Midland ; CJCE 29-6-2006 aff. 289/04, Showa Denko KK).

EFFETS ANTICONCURRENTIELS DANS UN ÉTAT TIERS DE PRATIQUES ÉMANANT D'ENTREPRISES SITUÉES DANS L'UE

L'UE a conclu des **accords de coopération** avec certains pays tiers à l'UE qui permettent notamment à la Commission de sanctionner les effets anticoncurrentiels dans ces États de pratiques émanant d'entreprises situées dans l'UE. **41680**

De tels accords ont ainsi été signés avec les États-Unis (1991, 1995 et 1998), le Canada (1999), le Japon (2003), la Chine (2004 et 2012), la Corée du Sud (2009), le Brésil (2009), la Russie (2010), l'Inde et la Suisse (2013).

d. Application par les autorités nationales de concurrence et les juridictions nationales

Les autorités françaises et les juridictions nationales doivent appliquer les règles de concurrence de l'UE en cas d'affectation du commerce entre États membres (n°s 42220 s.). Il en va ainsi même si les pratiques, bien qu'ayant leur origine sur le territoire français, ne produisent pas d'effet sur le marché national (CA Paris 26-6-2002, SA Pharma-Lab : BOCCRF 11-7-2003 p. 431). **41690**

2. DROIT FRANÇAIS

41710 Les dispositions du Code de commerce s'appliquent dès lors que les pratiques examinées ont pour objet ou peuvent avoir pour effet de restreindre la concurrence sur un marché pertinent localisé en France (Cons. conc. 15-12-1992 n° 92-D-68, aff. « CMS Dental » ; CA Paris 15-9-1993 n° 93/1688, Sté Brasseler ; T. com. Paris 12-2-2003 n° 2002085682, Afripa Télécom France).

Les pratiques illicites peuvent dans ce cas être sanctionnées, quels que soient le lieu de leur mise en œuvre, le lieu d'établissement de leurs auteurs ou la nationalité de ces derniers (Cons. conc. 14-4-1999 n° 99-D-52, aff. « Saviex France » ; CA Paris 16-7-2002, Pharmajet : BOCCRF 21-10-2002 p. 959).

En revanche, elles ne s'appliquent pas si les pratiques ne concernent que l'exportation de produits qui ne sont pas réimportés en France (Cons. conc. 14-4-1999 n° 99-D-52 précité).

III. APPLICATION DU DROIT DES PRATIQUES ANTICONCURRENTIELLES DE L'UE : NÉCESSITÉ D'UNE AFFECTATION DU COMMERCE ENTRE ÉTATS MEMBRES

41800 Les articles 101 et 102 du TFUE ne s'appliquent que dans la mesure où l'entente illicite ou l'abus de position dominante est « susceptible d'affecter le commerce entre États membres ». Par voie de conséquence, cette condition d'affectation du commerce détermine également l'application cumulative du droit national et du droit de l'UE (voir n° 42310).

La condition d'affectation du commerce entre États membres est, en principe, appréciée dans les mêmes termes pour l'application de l'article 101 et pour celle de l'article 102.

La question de l'affectation du commerce entre États membres est une question préalable et distincte de celle de l'analyse de la restriction de concurrence. Elle est indépendante de la définition du marché géographique en cause car le commerce entre États membres peut être affecté même dans des cas où le marché pertinent a une dimension géographique nationale ou régionale.

L'application du droit de l'UE suppose la réunion des trois conditions cumulatives, énoncées dans les Lignes directrices (LD) de la Commission européenne de 2004 relative à la notion d'affectation du commerce figurant aux articles 101 et 102 (JOUE 2004 C 101/07) :

- l'existence d'échanges entre États membres portant sur les produits ou les services faisant l'objet de la pratique ;
- la probabilité suffisante d'une affectation de ces échanges ;
- le caractère sensible de cette affectation.

> **Précisions** La question de l'affectation du commerce entre États membres permet seulement de savoir si le droit de l'UE s'applique. Il n'y a pas lieu de rechercher si l'**influence** que peut avoir la pratique sur le commerce au sein de l'UE est **bénéfique ou néfaste.** Cette appréciation ne sera faite qu'ultérieurement pour déterminer si la prohibition de l'article 101, 1 peut être levée ou non (n°s 46300 s.). Dès lors, il importe peu que l'accord ait pour effet de conduire à une augmentation sensible du volume du commerce entre États membres ; en effet, cette circonstance n'exclut pas que cet accord soit susceptible de mettre en cause la liberté du commerce entre États membres (CJCE 13-7-1966 aff. 56 et 58/64, Grundig).

A. L'existence d'échanges entre États membres

AFFECTATION DU COMMERCE ENTRE ÉTATS MEMBRES : NOTION DE « COMMERCE »

41810 La notion de « commerce » a une portée large (CJCE 25-10-2001, aff. 475/99, Firma Ambulanz Glöckner, pt 49) qui n'est pas limitée aux échanges transfrontaliers traditionnels de produits et de services. Elle recouvre ainsi toutes les activités économiques internationales (LD relatives à la notion d'affectation du commerce, pt 19), y compris celles des prestataires de services financiers tels que les établissements de crédit, les assureurs et les organismes chargés de l'administration des marchés à terme.

Le « commerce » est également susceptible d'être affecté lorsque les accords et pratiques affectent la structure de la concurrence sur le marché, par exemple en éliminant ou risquant d'éliminer un concurrent qui y opère (LD précitées, pt 20).

AFFECTATION DU COMMERCE « ENTRE ÉTATS MEMBRES »

La condition tenant à l'existence d'une affectation du commerce « entre États membres » suppose que la pratique en cause ait une incidence sur les activités économiques transfrontalières impliquant au moins deux États membres. **41820**

Cette condition appelle quatre **précisions.**

1. L'affectation du commerce entre États membres existe naturellement lorsqu'une entente vise plusieurs États membres ou qu'elle a directement pour objet des **exportations** ou des **importations** entre États membres, mais on la rencontre aussi lorsque l'entente concerne les exportations ou les importations entre États membres et pays tiers.

2. L'affectation du commerce entre États membres peut exister même lorsque les accords ont un **objet autre** que les exportations ou les importations (par exemple, en cas de restrictions aux ventes en ligne). Il peut en être ainsi, que ces accords concernent les relations d'entreprises ressortissantes d'États membres différents, les relations d'entreprises d'un seul État membre, ou les relations entre entreprises ressortissantes d'États membres avec des entreprises de pays tiers.

3. Il n'est pas indispensable que l'accord ou la pratique affecte le commerce entre l'ensemble d'un État membre et l'ensemble d'un autre État membre. Les articles 101 et 102 du TFUE sont également applicables dans des cas où seule **une partie d'un État membre** est concernée, à condition toutefois que l'affectation du commerce soit sensible.

En outre, le fait qu'une entente ait pour objet la commercialisation des produits dans un seul État membre n'empêche pas que le commerce entre États membres puisse être affecté. En effet, une entente s'étendant à l'ensemble du territoire d'un État membre a, par sa nature même, pour effet de consolider des cloisonnements de caractère national, entravant ainsi l'interpénétration économique voulue par le Traité ; elle est, dès lors, susceptible d'affecter le commerce entre États membres (CJUE 11-7-2013 aff. 440/11 P, Commission européenne, pt 100 ; CA Paris 10-10-2013 n° 2012/07909, aff. « Alimentation pour chiens et chats » et, sur pourvoi, Cass. com. 17-3-2015 n° 13-26.185 ; Cass. com. 22-3-2023 n° 21-25.793 F-D).

Il en est de même, dans le cas d'une entreprise en position dominante, de la mise en place d'une entrave abusive à l'entrée du marché (CJCE 9-11-1983 aff. 322/81, Michelin ; Commission CE 20-6-2001, aff. PO : JOCE 2002 L 143 p. 1).

4. Pour apprécier si le commerce entre États membres est susceptible d'être affecté, il faut prendre en considération l'ensemble des **activités de l'entreprise** en cause, y compris celles **exercées à l'extérieur de l'UE** (CJCE 19-2-2002 aff. 309/99, Wouters ; CJCE 21-1-1999 aff. jtes 215/96 et 216/96, Carlo Bagnasco).

ILLUSTRATIONS

Affectent le commerce entre États membres des arrangements visant à limiter les exportations des véhicules automobiles de fabrication japonaise vers un État membre (TPICE 18-5-1994 aff. 37/92, Beuc).

S'agissant des conditions dans lesquelles les membres d'un réseau de distribution sélective peuvent revendre les produits du fournisseur sur internet et de la question de savoir si des vendeurs « exclusivement internet » sont en droit d'effectuer de telles ventes, il est manifeste, compte tenu du nombre de membres dudit réseau de distribution, implantés notamment dans des régions frontalières, et de la vocation d'internet à être un moyen de communication et de vente dépassant les frontières, que les questions de concurrence soulevées sont susceptibles d'affecter le commerce entre États membres (par exemple, Cons. conc. 29-10-2008 n° 08-D-05, aff. « Pierre Fabre » : RJDA 2/09 n° 142, confirmé par CA Paris 31-1-2013 n° 2008/23812 : RJDA 5/13 n° 455).

B. Probabilité suffisante d'une affectation du commerce entre États membres

« AFFECTATION » DU COMMERCE ENTRE ÉTATS MEMBRES

Le terme « **affecter** » doit être pris dans son sens le plus large. Pour qu'il y ait affectation du commerce, il n'est pas nécessaire que celui-ci soit réduit : il suffit qu'une modification sensible soit susceptible d'être causée sur les courants d'échanges à l'intérieur de l'UE (LD relatives à la notion d'affectation du commerce, pt 77). **41860**

Selon une jurisprudence constante, un accord, une pratique concertée ou un abus de position dominante entrent dans le champ d'application des articles 101 et 102 du TFUE si, sur la base d'éléments objectifs de fait ou de droit, il est permis d'envisager avec un degré de probabilité suffisant que ces ententes ou abus de position dominante « exercent une influence directe ou indirecte, actuelle ou potentielle sur les courants d'échanges entre États membres, et cela, de manière à faire craindre qu'ils puissent entraver la réalisation d'un marché unique entre les États membres » (CJCE 24-9-2009 aff. 125/07, 133/07, 135/07 et 137/07, Erste Group Bank, pts 36 s. ; CJUE 18-7-2013 aff. 136/12, Consiglio Nazionale dei Geologi (CNG), pt 49 ; Cass. com. 31-1-2012 n° 10-25.772, « Téléphonie dans les DOM-TOM » : RJDA 5/12 n° 531).

Pour vérifier si une **entente** affecte sensiblement le commerce entre les États membres, il faut l'examiner dans son contexte économique et juridique (CJCE 24-9-2009, Erste Group Bank, précité). Il n'est pas nécessaire que chaque clause d'un accord, prise isolément, puisse affecter le commerce entre États membres mais il faut plutôt examiner les effets de l'accord dans son ensemble (CJCE 25-2-1986 aff. 193/83, Windsurfing International, pt 96 ; CJCE 30-3-2000 aff. 266/97 P, VGB). C'est l'accord concerné ou la stratégie générale examinée qui doit être susceptible d'affecter le commerce entre États membres, peu important que les différentes parties à l'accord soient susceptibles ou non de le faire isolément (Aut. conc. n° 12-D-08 du 6-3-2012, aff. « Production et commercialisation des endives », pt 258, et, sur recours, CA Paris 15-4-2012 n° 2012/06498).

Une entente s'étendant à l'ensemble du territoire d'un État membre, ayant, par sa nature même, pour effet de consolider des cloisonnements de caractère national, induit une forte présomption d'affectation du commerce entre les États membres, qui ne peut être écartée que si l'analyse des caractéristiques de l'accord et du contexte économique dans lequel il s'insère démontre le contraire (CJCE 24-9-2009, Erste Group Bank, précité ; Cass. com. 7-10-1014 n° 13-19.476 : RJDA 1/15 n° 47). Pour une application de ce principe dans le cas d'une clause d'exclusivité s'étendant à l'ensemble du territoire national, voir Cass. com. 18-11-2020 n° 19-14.828 F-D : RJDA 3/21 n° 193.

S'agissant de pratiques d'**abus de position dominante,** un comportement s'inscrivant dans une stratégie générale doit être apprécié quant à son incidence globale : pour que l'article 102 du TFUE soit applicable à toutes les pratiques faisant partie de la stratégie générale, il faut que l'une d'entre elles au moins soit susceptible d'affecter le commerce entre États membres (LD relatives à la notion d'affectation du commerce, pt 17).

PROBABILITÉ SUFFISANTE D'UNE AFFECTATION DU COMMERCE ENTRE ÉTATS MEMBRES

41870 Les termes « susceptible d'affecter » impliquent qu'il n'est pas nécessaire que l'affectation du commerce soit réalisée ; il suffit qu'il existe une présomption suffisante qu'elle puisse l'être (CJCE 25-10-2001 aff. 475/99, Firma Ambulanz Glöckner ; CJUE 28-2-2013 aff. 1/12, Ordem dos Técnicos Oficiais de Contas « OTOC » ; CJUE 1-2-2018 aff. 263/16 P, Schenker Ltd, pt 35 ; LD relatives à la notion d'affectation du commerce, pts 23, 26 et 27).

Cette position est également retenue par la Cour de cassation (Cass. com. 31-1-2012 n° 10-25.772, aff. « Téléphonie dans les DOM-TOM » : RJDA 5/12 n° 531 ; Cass. com. 1-3-2011 n° 09-72.655, aff. « Fourniture de kérosène » : RJDA 6/11 n° 579).

L'appréciation de la probabilité d'une affectation du commerce entre États membres repose sur l'étude de plusieurs facteurs, dont la nature de l'accord ou de la pratique, la nature des produits concernés et la position et l'importance des entreprises en cause (LD relatives à la notion d'affectation du commerce, pt 28). Ainsi, par leur nature même, les accords qui concernent les importations et les exportations peuvent affecter le commerce entre États membres (LD relatives à la notion d'affectation du commerce, pts 62 et 63).

ILLUSTRATIONS

Un accord entre huit entreprises ayant pour objet le respect mutuel de leurs marchés nationaux est susceptible d'affecter le commerce entre États membres (CJUE 25-1-2007 aff. 407/04 P, Dalmine).

Dans le cas d'une entente sur le prix de fourniture du kérosène à une compagnie aérienne sur un aéroport situé en territoire français (Saint-Denis de la Réunion), il a été considéré que l'activité entre États membres était potentiellement affectée compte tenu des éléments suivants : la nature de la pratique, consistant en une entente horizontale de répartition d'un marché ; la position des entreprises en cause qui, appartenant à des groupes de dimension internationale, avaient leur siège dans différents pays de l'UE ; le constat que la compagnie aérienne transportait vers la destination de Saint-Denis de la Réunion des ressortissants des pays de l'UE (Cass. com. 1-3-2011 n° 09-72.655 précité).

C. Caractère sensible de l'affectation du commerce entre États membres

Le critère de l'affectation du commerce limite le champ d'application des articles 101 et 102 du TFUE aux accords et pratiques susceptibles d'avoir un **niveau minimal d'effets transfrontaliers à l'intérieur de l'UE** : un comportement anticoncurrentiel ne tombe sous la prohibition des articles 101 et 102 du TFUE que s'il affecte le commerce entre États membres de manière sensible. **41910**

Afin d'apprécier ce caractère sensible, la Commission doit obligatoirement définir le **marché pertinent.** Les exigences auxquelles doit satisfaire cette définition varient en fonction des particularités de chaque espèce (CJUE 11-7-2013 aff. 439/11 P, Ziegler).

Dans ses lignes directrices, la Commission indique que « l'appréciation du caractère sensible dépend des circonstances de chaque espèce, et notamment de la nature de l'accord ou de la pratique, de la nature des produits concernés et de la position de marché des entreprises en cause. [...] Plus la position de marché des entreprises en cause est forte, plus il est probable qu'un accord ou une pratique susceptible d'affecter le commerce entre États membres pourra être considéré comme le faisant de façon sensible [...] » (LD relatives à la notion d'affectation du commerce, pt 45). **41915**

Elle y pose deux présomptions réfragables (LD relatives à la notion d'affectation du commerce, pts 52 et 53) :
– une **présomption négative de non-affectation sensible** du commerce entre États membres, en cas de non-franchissement de seuils exprimés en termes de part de marché (5 %) et de chiffre d'affaires (40 M€), y compris lorsque les pratiques en cause constituent des restrictions caractérisées de concurrence au sens des règlements d'exemption par catégorie : règle de l'absence d'effet sensible ;
– une **présomption positive d'affectation sensible** du commerce entre États membres lorsque l'un des seuils précités au moins a été franchi et que l'accord ou la pratique sont, par leur nature même, susceptibles d'affecter le commerce entre États membres, par exemple parce qu'ils concernent des importations et des exportations ou bien plusieurs États membres. La présomption ne s'applique pas lorsque l'accord ne couvre qu'une partie d'un État membre.

Il est admis que, dans un cas particulier, un seul élément pertinent, tel qu'un dépassement manifeste des seuils prévus par la Commission au point 53 de ses lignes directrices puisse déjà, à lui seul, indiquer à suffisance que le commerce entre les États membres est sensiblement affecté (CJUE 11-7-2013 aff. 439/11 P, Ziegler, pt 95).

Lorsque la part de marché sur le marché affecté est supérieure au seuil de 5 %, la condition alternative relative au seuil de 40 millions d'euros de chiffre d'affaires n'a pas à être examinée pour faire jouer la présomption d'affectation sensible du commerce (Aut. conc. 11-12-2023 n° 23-D-12, aff. « Secteur des thés de luxe »).

Même lorsque la pratique ne couvre qu'**une partie seulement d'un État membre,** l'affectation du commerce entre États membres peut être sensible. Le caractère sensible de l'affectation directe ou indirecte, potentielle ou actuelle, du commerce entre États membres résulte d'un ensemble de critères, parmi lesquels la nature des pratiques, la nature des produits concernés et la position de marché des entreprises en cause, le volume de ventes global concerné par rapport au volume national n'étant qu'un élément parmi d'autres (Cass. com. 31-1-2012 n° 10-25.772, aff. « Orange Caraïbe » : RJDA 5/12 n° 531, pratiques cumulées d'entente et d'abus de position dominante ; Cass. com. 20-1-2015 n° 13-16.745 : RJDA 4/15 n° 308, pratiques d'entente). En effet, le seul examen de la taille des entreprises et du lieu de leurs activités ne renseigne que sur l'existence d'échanges entre États membres ; en revanche, il ne dit rien sur l'intensité de l'affectation du commerce entre États membres (CA Paris 28-3-2013 n° 11/18245, aff. « Société des Pétroles Shell »).

La règle de l'absence d'effet sensible ne s'applique pas lorsque l'accord concerne un **marché émergent** (LD relatives à la notion d'affectation du commerce, pt 52).

Le **critère de l'affectation sensible** du commerce entre États membres doit être impérativement distingué du **critère de « sensibilité »** qui sert à l'évaluation de l'effet restrictif d'une pratique sur la concurrence et à l'appréciation de l'opportunité des poursuites (voir n°s 43690 s.), seul le premier critère étant une condition d'application du droit de l'UE (en ce sens, voir lignes directrices de la Commission précitées, pts 44 s.). Par exemple, des accords non restrictifs **41920** de concurrence (comme des accords de distribution sélective reposant sur des critères de sélection purement qualitatifs) peuvent affecter le commerce entre États membres.

Le **caractère transfrontalier** ou non **d'une activité** ne se confond pas avec la question du caractère « sensible » de l'affectation du commerce entre États membres. Le caractère transfrontalier des services concernés est un élément pertinent afin d'apprécier s'il y a affectation du commerce entre les États membres (CJUE 11-7-2013 aff. 439/11 P, Ziegler, pt 94). Toutefois, si toute pratique transfrontalière était automatiquement susceptible d'affecter sensiblement le commerce entre États membres, la notion de caractère sensible de l'affectation, qui est pourtant une condition d'application de l'article 101, 1 du TFUE, dégagée par la jurisprudence, serait vidée de tout contenu. Même dans le cas d'une infraction par objet, il est nécessaire de démontrer que l'infraction est susceptible d'affecter les échanges entre États membres d'une manière sensible pour que le droit de l'UE puisse être appliqué (Trib. UE 16-6-2011 aff. 199/08, Ziegler SA, confirmé par CJUE 11-7-2013 aff. 439/11 P).

D. Exemples de pratiques affectant le commerce entre États membres

EXPORTATIONS

41960 Le commerce entre États membres est affecté par tout accord qui tend à contrôler les exportations. Par exemple :

– interdiction d'**exporter dans un État membre** ;

– interdiction d'**exporter en dehors de l'UE,** si elle produit des effets à l'intérieur de l'UE (voir 7e rapport Commission CE n° 133) ;

– interdiction de **prospecter la clientèle,** d'établir des succursales ou d'entretenir des dépôts dans d'autres États membres (Commission UE 21-12-2000 aff. « JCB » : JOUE 2002 L 69 p. 1 ; CJCE 24-10-1995 aff. 266/93, Volkswagen) ;

– restrictions à la liberté d'**exposer dans les foires,** salons et expositions à l'intérieur de l'Union européenne (Trib. UE 8-10-2008 aff. 69/04, Schunk) ;

– canalisation des échanges par un **réseau de distribution contrôlé** (CJCE 30-1-1985 aff. 123/83, BNIC) ;

– fixation des **prix à l'exportation** et contingentements des exportations vers un pays de l'Union européenne (par exemple, CJCE 6-10-2009 aff. 519/06 P, GlaxoSmithKline) ;

– **attribution d'aides** à des exportateurs par une organisation professionnelle pour financer la promotion de leurs produits à l'étranger (Commission CE 7-12-1984 aff. « Milchförderungsfonds » : JOCE 1985 L 35 p. 35) ou attribution de primes à des concessionnaires excluant les ventes à l'exportation (CJCE 6-4-2006 aff. 551/03 P, General Motors Nederlands).

› Précisions a. L'interdiction d'exporter dans un État membre peut notamment :

– découler expressément de l'accord (voir notamment Commission CE 19-12-1984, aff. « Pâte de bois » : JOCE 1985 L 85 p. 1, confirmée sur ce point par CJCE 31-3-1993 aff. 89/85, Ahlström Osakeyhtiö ; TPICE 21-10-2003 aff. 368/00, General Motors Nederland BV ; CJUE 10-2-2011 aff. 260/09 P, Activision Blizzard Germany) ;

– résulter d'une clause d'exclusivité qui réserve à une entreprise une partie du territoire de l'Union européenne (CJCE 14-12-1983 aff. 319/82, Kerpen & Kerpen ; Trib. UE 12-4-2013 aff. 442/08, Cisac) ;

– résulter de mesures de rétorsion ou de sanctions (réduction des approvisionnements, suppression des primes) imposées par les producteurs aux grossistes (TPICE 15-9-2005 aff. 325/01, Daimler Chrysler AG ; Trib. UE 12-4-2013 aff. 442/08, Cisac).

L'interdiction d'exporter dans un État membre est répréhensible même lorsqu'elle est imposée par une entreprise ressortissante d'un pays tiers (Commission CE 10-12-1982 aff. « Cafeteros de Columbia » : JOCE 1982 L 360 p. 31).

b. L'interdiction d'exporter des produits dans des pays situés en dehors de l'UE et de les réimporter de ces pays est admise lorsqu'elle n'entraîne pas une restriction sensible de la concurrence à l'intérieur de l'UE. Tel est le cas notamment s'il y a double perception de droits de douane résultant du double franchissement des frontières douanières de l'UE (CJCE 25-10-1977 aff. 26/76, Metro).

Un accord interdisant à un distributeur de vendre les produits en dehors du territoire contractuel, comme de les réimporter et de les commercialiser dans l'UE, s'il n'a pas, par sa nature même, pour « objet » d'empêcher, de restreindre ou de fausser le jeu de la concurrence à l'intérieur de l'UE, peut néanmoins, en fonction de son contexte économique et juridique, avoir un « effet » négatif sur la concurrence et le commerce entre États membres et, par conséquent, tomber dans le champ d'application de l'article 101, 1 du TFUE. C'est notamment le cas lorsque le marché des produits est caractérisé par une structure oligopolistique, limitant le nombre de concurrents au sein du réseau de distribution, ou lorsqu'il existe une différence sensible entre les prix des produits pratiqués à l'intérieur et à l'extérieur de l'UE, ou encore lorsque l'interdiction de vente, compte tenu de la position du fournisseur sur le marché, du volume de la production et des ventes dans les États membres, est susceptible d'affecter sensiblement le commerce entre États membres. Un différentiel de prix ne serait cependant pas de nature à altérer la concurrence s'il est compensé par le niveau des droits de douane et par les coûts de transport et les autres coûts découlant de l'exportation des produits vers un pays tiers suivie de sa réimportation dans l'UE (CJCE 28-4-1998 aff. 306/96, Javico : RJDA 10/98 n° 1097).

IMPORTATIONS

Les restrictions à la liberté de s'approvisionner, notamment à celle d'importer à partir d'États membres de l'UE, affectent le commerce entre États membres (par exemple, CJCE 15-5-1975 aff. 71/74, Frubo ; Commission CE 26-5-2004 aff. « Topps » : JOCE 2006 L 353 p. 5). **41970**

Il en est de même lorsqu'un accord conclu entre une entreprise d'un pays tiers et une société implantée dans un État membre confère à cette dernière un monopole des importations dans l'UE (CJCE 15-6-1976, 3 arrêts EMI Records, aff. 51/75, 86/75, 96/75). Tel est le cas d'un accord confiant à une société allemande l'exclusivité de distribution dans toute l'UE des commandes numériques fabriquées par une société japonaise (Commission CE 18-12-1985 aff. « Siemens-Fanuc » : JOCE 1985 L 376 p. 29).

Affectent aussi le commerce entre États membres les mesures restrictives visant le prix des produits importés en provenance d'États membres (Commission CE 13-7-1983, aff. « Vimpoltu » : JOCE 1983 L 200 p. 44 ; Commission CE 19-12-1990, aff. « Ansac » : JOCE 1991 L 152 p. 54) ou même en provenance d'États tiers (Commission CE 19-12-1984, aff. « Importations d'aluminium d'Europe de l'Est » : JOCE 1985 L 92 p. 1).

> **Précisions** Les restrictions à la liberté de s'approvisionner peuvent résulter de la mise en œuvre de pratiques aboutissant à un véritable **« verrouillage » du marché** (Voir l'exemple du verrouillage du marché corse du ciment par une réservation de l'approvisionnement de l'île au détriment des concurrents étrangers, notamment grecs et italiens : Cass. com. 7-7-2009 n° 08-15.609 : RJDA 3/10 n° 297 et, sur renvoi, CA Paris 15-4-2010 n° 2009/14634).

PRATIQUES ANTICONCURRENTIELLES DIVERSES

Ententes Le commerce entre États membres peut aussi être affecté par des accords aux objets les plus divers, portant sur les échanges entre États membres et pays tiers ou à l'intérieur d'un seul État membre. Il en est ainsi dans les cas suivants. **41980**

1° Lorsque l'accord tend à contrôler la production et la commercialisation des entreprises d'un seul État membre, s'il aboutit :

– soit à créer ou renforcer le **cloisonnement du marché national** (CJCE 13-7-1966 aff. 56 et 68/64, Consten et Grundig ; Trib. UE 29-6-2012 aff. 370/09, GDF-Suez) ;

– soit à **limiter la capacité de production** disponible dans un pays (Commission UE 5-12-2012 aff. « Tubes cathodiques pour téléviseurs et écrans d'ordinateur » : JOUE 2013 C 303 p. 13).

2° Lorsque l'accord a pour objet la création entre plusieurs entreprises d'une **filiale commune** chargée de tâches de production et de commercialisation, que cette filiale ait été créée entre entreprises ressortissantes d'États membres différents (par exemple, Commission CE 23-12-1992 aff. « Ford-Volkswagen » : JOCE 1993 L 20 p. 14 ; Commission CE 19-12-1997 aff. « Suez Lyonnaise des Eaux / BFI » : JOCE 1998 C 39 p. 22), entre entreprises ressortissant d'un État membre de l'UE et d'un pays tiers (par exemple, Commission CE 22-12-2008 aff. « ADP / The Nuance Group » : JOCE 2009 C 14 p. 2) ou entre des entreprises ressortissant d'un même État membre (par exemple, CJUE 13-12-2012 aff. 226/11, Expedia).

3° Lorsque l'accord comporte une **obligation de non-concurrence** (par exemple, CJUE 13-12-2017 aff. 487/16, Telefónica SA).

4° Lorsque la **garantie du fabricant** cesse si le produit considéré est mis en service dans un État membre autre que celui dans lequel la filiale du fabricant est établie (n° 44300).

5° Lorsque l'accord fixe les prix du marché intérieur d'un État membre (par exemple, Commission UE 27-11-2002 aff. « Méthylglucamine » : JOUE 2004 L 38 p. 18).

6° Lorsqu'un accord de licence de brevet est assorti d'une clause de **non-contestation du brevet** ou d'une obligation de payer des **redevances** après l'expiration du brevet pour des produits qui ne sont pas fabriqués sous licence (CJCE 27-9-1988 aff. 65/86, Bayer ; CJCE 12-5-1989 aff. 320/87, Kai Ottung).

7° Lorsque le droit de marque est exercé en vue de faire **obstacle à la vente sous une marque identique** d'un produit provenant d'un pays tiers dès l'instant où il a pour objet ou pour effet de réduire l'offre de produits originaires de pays tiers similaires à ceux protégés par la même marque à l'intérieur de l'UE (CJCE 15-6-1976, 3 arrêts EMI Records, aff. 51/75, 86/75 et 96/75).

8° Lorsqu'un accord de garantie porte sur un **tonnage annuel minimum de vente** sur un marché national car il conduit à retirer du marché de l'UE une partie de la production (Trib. UE 17-12-2009 aff. 58/01, Solvay, arrêt annulé par la CJUE en raison d'un manquement aux droits de la défense).

ILLUSTRATIONS

Contribue à renforcer le cloisonnement du marché national un accord conclu entre des associations de producteurs de betteraves belges et des fabricants de sucre de ce pays réservant la priorité des livraisons de betteraves à ces derniers (Commission CE 19-12-1989 aff. « Betteraves à sucre » : JOCE 1990 L 31 p. 32).

Un cartel d'envergure nationale est, par définition, susceptible d'affecter sensiblement le commerce entre États membres par sa dimension et sa vocation même. Tel est le cas lorsqu'il empêche les concurrents, qu'ils soient nationaux ou étrangers, de remporter les marchés urbains du transport public de voyageurs (Cons. conc. 5-7-2005 n° 05-D-38, « Transport public urbain de voyageurs »).

De même, il a été jugé que les pratiques reprochées aux trois opérateurs de téléphonie mobile en France étaient susceptibles d'avoir affecté de façon sensible le commerce entre États membres dès lors qu'elles avaient eu une incidence sur la structure même de la concurrence, que l'entente avait couvert l'intégralité du territoire national et que, bien que cette activité fût soumise à l'obligation d'obtenir une licence, ces pratiques avaient pu décourager d'autres opérateurs européens d'intervenir sur le marché national de la téléphonie mobile de détail, notamment par l'intermédiaire de contrats d'opérateurs virtuels (Cass. com. 29-6-2007 n° 07-10.303, aff. « Téléphonie mobile » : RJDA 11/07 n° 1153). L'Autorité de la concurrence a rappelé ce principe en matière de cartes de paiement (Aut. conc. 23-9-2013 n°s 13-D-17 et 13-D-18, aff. « Visa et Mastercard »).

41990 **Abus de position dominante** Ont été considérés comme pouvant affecter le commerce entre États membres les abus de position dominante caractérisés par :

– la perception d'un prix exagéré par rapport à la valeur économique de la prestation fournie, ce qui avait pour effet de freiner les importations parallèles (CJCE 11-12-2008 aff. 52/07, Kanal 5 Ltd) ;

– l'interdiction de revendre, l'application de prix de vente inégaux à des prestations équivalentes et la cessation des livraisons à un des principaux distributeurs (CJCE 14-2-1978 aff. 27/76, United Brands : Rec. 207 ; CJUE 17-2-2011 aff. 52/09, TeliaSonera Sverige) ;

– des engagements d'approvisionnement exclusif auprès de l'entreprise dominante (CJCE 13-2-1979 aff. 85/76, Hoffmann-La Roche ; CJUE 11-11-2010 aff. 36/09, Transportes Evaristo Molina) ;

– une interdiction d'exporter vers les autres pays de l'UE (TPICE 16-12-1999 aff. 198/98, Micro Leader).

SECTION 2 MISE EN ŒUVRE DES RÈGLES DE CONCURRENCE

A. Conséquences du régime d'exception légale instauré par le règlement 1/2003

42100 Aux termes de l'article 1 du règlement 1/2003, une décision préalable n'est pas nécessaire pour que :

– soient interdits les accords, décisions et pratiques concertées anticoncurrentiels visés à l'article 101, 1 du TFUE qui ne remplissent pas les conditions pour être exemptés prévues par l'article 101, 3 (principe d'interdiction des « ententes anticoncurrentielles ») ;

– soient exemptés de l'interdiction les accords, décisions et pratiques concertées restrictifs de concurrence, au sens de l'article 101, 1 du TFUE, qui remplissent les conditions de l'exemption (dérogation conditionnelle à l'interdiction de principe) ;
– soit interdite l'exploitation abusive d'une position dominante au sens de l'article 102 du TFUE.

Il résulte des deux premières règles que le règlement 1/2003, entré en vigueur le 1er mai 2004, institue un **régime d'exception légale,** similaire à celui qui existe en France : ce système d'exception légale postule que sont licites, dès leur conclusion, les accords et pratiques entrant dans le champ de la prohibition de l'article 101, 1 mais remplissant les conditions d'exemption prévues par l'article 101, 3 (n° 46300). Le contrôle des ententes s'exerce donc « a posteriori » et seulement si une exception d'illégalité est soulevée à l'encontre de cet accord.

Ce régime d'exception légale permet une **application décentralisée du droit de la concurrence de l'UE.** Il en est résulté un renforcement de la responsabilité des autorités nationales de concurrence et des juridictions nationales dans l'application des articles 101 et 102, qui ne conduit cependant pas à renoncer à l'application uniforme des règles de concurrence de l'UE.

> **Précisions** **À titre temporaire,** la Commission européenne et l'Autorité de la concurrence avaient permis aux entreprises de venir « chercher un confort » auprès d'elles sur la légalité des projets de coopération mis en œuvre pour faire face à la crise du Covid-19 ; la Commission a mis fin à ce dispositif en octobre 2022 en raison de l'amélioration relative de la situation sanitaire en Europe. Un dispositif similaire a été mis en place dans le contexte de la **guerre en Ukraine** (n° 41265).

B. Autorités compétentes pour appliquer les règles de concurrence

Ainsi qu'exposé précédemment (n° 42100), la légalité des ententes, comme celle des pratiques des entreprises en position dominante, peut être contrôlée par les autorités de concurrence (ANC) et les juridictions compétentes. **42110**

APPLICATION DES ARTICLES 101 ET 102 DU TFUE

Règles générales Les articles 101 et 102 du TFUE sont applicables dans leur intégralité tant par la **Commission européenne** que par les **autorités nationales de concurrence** et les **juridictions nationales** (n° 42310). **42120**

Les ANC et les juridictions nationales sont les juges de droit commun du droit de l'UE. Ainsi, les droits nationaux et de l'UE sont appliqués de manière parallèle – et non le droit national seul – lorsque les pratiques sont susceptibles d'affecter le commerce entre États membres (nos 41800 s.).

Les ANC et les juridictions nationales ont par ailleurs l'obligation d'appliquer le droit de l'UE, lorsque le critère d'applicabilité du droit de l'UE est rempli, même lorsqu'elles n'entendent pas appliquer leur droit national.

Portée du principe « non bis in idem » Le principe « non bis in idem » ne s'oppose pas à ce qu'une autorité nationale de concurrence inflige à une entreprise, dans le cadre d'une même décision, une amende pour violation du droit national de la concurrence et une amende pour violation de l'article 102 du TFUE ; dans une telle situation, l'autorité nationale de concurrence doit néanmoins s'assurer que les amendes prises ensemble sont proportionnées à la nature de l'infraction (CJUE 3-4-2019 aff. 617/17, PZUZ). **42122**

Ce principe ne s'oppose pas non plus à ce qu'une entreprise soit sanctionnée pour une infraction au droit de l'Union lorsque, pour les mêmes faits, elle a déjà fait l'objet d'une décision définitive pour non-respect d'une réglementation nationale sectorielle, en l'espèce la réglementation du secteur postal belge. Le cumul de sanctions est toutefois conditionné par (CJUE 22-3-2022 aff. 117/20, Bpost : RJDA 2/23 n° 110, 1e espèce et chron. R. Vandermeeren p. 7) :
– l'existence de règles claires et précises permettant de prévoir quels actes et omissions sont susceptibles d'en faire l'objet ;
– la coordination entre les deux autorités compétentes ;

– la coordination des deux procédures dans un intervalle de temps rapproché ;
– la proportionnalité de l'ensemble des sanctions imposées à la gravité des infractions commises.

Une entreprise peut également se voir infliger une amende par l'autorité de concurrence d'un État membre en raison d'un comportement contraire au droit de l'Union ayant eu un effet sur le territoire de cet État membre, alors que ce comportement a déjà été mentionné par une autre ANC dans une décision définitive, dès lors cette décision ne repose pas sur le constat d'un objet ou d'un effet anticoncurrentiel sur le territoire du premier État membre (CJUE 22-3-2022 aff. 151/20, Nordzucker : RJDA 2/23 n° 110, 2e espèce et chron. R. Vandermeeren p. 7).

Il a été jugé par ailleurs qu'une entreprise condamnée par la Commission pour abus de position dominante sur le marché de certains services de télécommunication pouvait être également sanctionnée par une ANC pour un tel abus sur le marché d'autres services de télécommunication, les deux marchés n'étant pas identiques (CJUE 25-2-2021 aff. 857/19, Slovak Telekom a.s.).

42125 La **Commission européenne** n'a quant à elle vocation à connaître d'une affaire que dans des cas déterminés (n° 48650). Un tel dispositif permet à la Commission de donner la **priorité** aux affaires présentant « un **intérêt suffisant pour l'Union européenne** » (Communication sur le traitement par la Commission des plaintes déposées au titre des articles 101 et 102 du TFUE).

› **Précisions** **a.** La possibilité pour la **Commission** de donner la priorité aux affaires présentant un intérêt suffisant pour l'Union européenne relève de son pouvoir discrétionnaire : cela lui permet d'économiser ses ressources et de veiller à une bonne articulation de ses compétences avec celles des autorités nationales de concurrence, conformément au règlement 1/2003. Ce **pouvoir** n'est **pas** pour autant **arbitraire** puisque la Cour de justice exige de la Commission qu'elle motive sa décision de façon « suffisamment précise et détaillée pour mettre le Tribunal en mesure d'exercer un contrôle effectif » (CJUE 4-3-1999 aff. 119/97 P, Ufex, pt 91). Le contexte factuel et juridique pouvant varier considérablement d'une affaire à l'autre, la Commission peut, pour évaluer l'intérêt de l'Union, se référer à des critères d'appréciation qui n'avaient pas été envisagés auparavant ou donner la priorité à un seul critère (CJUE 20-9-2018 aff. 373/17 P, Agria Polska). Elle ne méconnaît pas l'étendue de son pouvoir discrétionnaire en privilégiant des critères relatifs à la probabilité d'établir l'existence d'une violation des articles 101 et 102 du TFUE et à l'étendue des mesures d'instruction nécessaires à cet effet (Trib. UE 13-7-2022 aff. 886/19, Design Light & Led Made in Europe).

b. Le fait qu'une action en réparation devant les juridictions d'un État membre ne soit pas possible ne saurait contraindre la Commission à accepter d'instruire une plainte pour pallier la carence de l'État membre (CJUE 20-9-2018 aff. 373/17 P, Agria Polska). Le Tribunal de l'UE estime toutefois que le respect des exigences de l'État de droit est un facteur pertinent dont la Commission doit tenir compte pour déterminer l'autorité de concurrence la mieux placée pour examiner une plainte. Ainsi, avant de rejeter une plainte pour défaut d'intérêt de l'Union, la Commission doit s'assurer que les **instances nationales** (ANC et juridictions nationales compétentes en la matière) sont en mesure de sauvegarder d'une façon satisfaisante les droits du plaignant (Trib. UE 9-2-2022 aff. 791/19, Sped-Pro).

c. Une éventuelle **suspension ou clôture d'une affaire par une ANC** au motif que la Commission traite ou a traité la même affaire ne fait pas obstacle à la possibilité, reconnue à la Commission par la CJUE, de rejeter une plainte pour défaut d'intérêt de l'Union, même lorsqu'aucune autre autorité de concurrence n'a indiqué son intention de traiter l'affaire (Trib. UE 26-9-2018 aff. 574/14, EAEPC).

APPLICATION DES ARTICLES L 420-1 À L 420-4 DU CODE DE COMMERCE

42130 Les articles L 420-1 à L 420-4 du Code de commerce sont essentiellement appliqués, en parallèle du droit de l'UE lorsqu'il est applicable, par l'**Autorité de la concurrence (ADLC).** L'ADLC, qui a remplacé le Conseil de la concurrence le 2 mars 2009, est une autorité administrative indépendante. Elle a le pouvoir de mettre fin aux pratiques anticoncurrentielles et de les sanctionner au terme d'une procédure spécifique prévue par le Code de commerce.

La prohibition des pratiques anticoncurrentielles peut également être mise en œuvre par le **ministre de l'économie,** qui dispose de pouvoirs d'injonction et de transaction pour les pratiques n'affectant pas le commerce entre États membres, à condition que les entreprises parties aux pratiques ne dépassent pas un certain seuil de chiffre d'affaires (nos 51600 s.). Ces pratiques sont détectables par les agents de la concurrence, de la consommation et de la répression des fraudes (CCRF) grâce au « maillage » du territoire national opéré par les services déconcentrés de la DGCCRF au niveau :
– régional, par les directions régionales de l'économie, de l'emploi, du travail et des solidarités (DREETS), anciennement directions régionales des entreprises, de la concurrence, de la consommation, du travail et de l'emploi (Direccte), et par les huit brigades interrégionales d'enquêtes de concurrence (BIEC) ;

– départemental, par les directions départementales de l'emploi, du travail et des solidarités (et de la protection des populations) (DDETS (PP)), anciennement directions départementales de la protection des populations (DDPP).

Enfin, ces articles peuvent être appliqués directement par les **juridictions civiles, pénales et administratives.**

> **Précisions** Dans les développements qui suivent, nous citons les décisions et avis du Conseil de la concurrence qui sont transposables au régime actuel, mais aussi les avis de la Commission technique des ententes et de la Commission de la concurrence, autorités qui avaient précédé le Conseil de la concurrence. Pour désigner ces deux derniers organismes, nous utiliserons indifféremment la dénomination « Conseil de la concurrence ».

C. Application directe du droit de la concurrence de l'UE dans les États membres

1. PRIMAUTÉ DU DROIT DE L'UE

Le droit de l'UE, que l'on trouve dans le traité sur l'UE (traité UE ou TUE) et le traité sur le fonctionnement de l'UE (TFUE), doit être interprété et appliqué de la même manière dans toute l'UE. Pour ce faire, il doit prévaloir sur toute **disposition du droit national** (Constitution, lois civiles et pénales, actes réglementaires) qui serait **incompatible** avec lui. Les autorités nationales doivent laisser inappliquée, à partir de l'expiration du délai de transposition d'une directive dont l'objectif est de créer un marché concurrentiel, toute disposition contraire à celle-ci (Trib. UE 29-6-2012 aff. 370/09, GDF Suez). 42170

Les traités priment également, dans les matières qu'ils règlent, sur les **conventions conclues avant** leur entrée en vigueur entre les États membres (CJCE 27-2-1962 aff. 10/61, Commission c/ Italie). Quant aux conventions conclues entre un État membre et un État tiers avant l'entrée en vigueur des traités, elles ne peuvent pas être invoquées dans les rapports entre États membres pour justifier des restrictions dans le commerce entre États membres de l'UE (CJCE 11-3-1986 aff. 121/85, Conegate).

Ce principe de primauté du droit de l'UE résulte de ce que « le traité, à la différence des traités internationaux, a institué un **ordre juridique propre,** intégré aux systèmes juridiques des États membres et qui s'impose à leurs juridictions » (CJCE 15-7-1964 aff. 6/64, Costa).

Il n'exclut pas qu'une même entente puisse en principe faire l'objet de **deux procédures parallèles,** l'une devant les autorités européennes, l'autre devant les autorités nationales. La mise en œuvre parallèle du droit national ne peut en revanche porter préjudice à l'application pleine et uniforme du droit de l'Union et à l'effet des actes d'exécution de celui-ci (CJCE 13-2-1969 aff. 14/68, Walt Wilhelm).

Cette règle a été expressément consacrée et précisée par le règlement 1/2003 du 16 décembre 2002 qui pose le principe selon lequel, lorsque les autorités nationales ou les juges nationaux appliquent leur droit national à une situation répondant aux conditions des articles 101, 1 ou 102 du TFUE, ils doivent également appliquer le droit de l'UE dès lors que le commerce entre États membres est affecté (Règl. 1/2003 du 16-12-2002 art. 3, 1).

2. EFFET DIRECT DU DROIT DE L'UE

Le droit de l'UE est dans la plupart des cas d'effet direct, c'est-à-dire qu'il n'a pas besoin du relais d'un texte national pour être applicable dans les États membres. C'est le cas des dispositions des **traités,** dès lors qu'elles sont suffisamment précises dans la forme et dans le fond pour qu'il soit possible d'en déduire des conséquences immédiates au plan de l'exécution (CJCE 5-2-1963 aff. 26/62, Van Gend en Loos), et de celles des **règlements.** Les **directives** n'ont en principe pas d'effet direct. 42180

Ce principe de l'effet direct du droit de l'UE, qui résulte de la jurisprudence de la Cour de justice, permet à chacun de l'invoquer devant les autorités et juridictions nationales dans tous les rapports juridiques, privés ou publics.

Le règlement 1/2003 confirme l'effet direct des articles 101 et 102 dans le système actuel (voir n° 42100).

Les règlements d'application sont eux-mêmes d'effet direct. D'une manière générale, les règlements prévoient eux-mêmes leur applicabilité directe et leur caractère obligatoire (cf. Règl. 1/2003 art. 45).

Par ailleurs, le Conseil européen et la Commission prennent des décisions et formulent des recommandations ou des avis. La **décision** est obligatoire pour les destinataires qu'elle désigne. Elle prend effet, non à partir de sa publication au Journal officiel de l'UE, mais à compter de sa notification à son destinataire.

En revanche, les **recommandations** et **avis** n'ont aucun caractère obligatoire.

D. Règles de compétence et conflits de normes

1. COMPÉTENCE DES ÉTATS MEMBRES POUR APPLIQUER LE DROIT DE LA CONCURRENCE DE L'UE

a. Larges pouvoirs des autorités nationales de concurrence et des juridictions nationales dans l'application des articles 101 et 102 du TFUE

42220 Les autorités nationales de concurrence (ci-après « ANC ») et les juridictions nationales sont compétentes pour appliquer directement les articles 101 et 102 (Règl. 1/2003 art. 5 et 6).

Sont des ANC au sens du règlement 1/2003 les autorités administratives et/ou désignées par l'État membre pour appliquer les articles 101 et 102 du TFUE (Règl. art. 35), c'est-à-dire, en France : l'Autorité de la concurrence ; la cour d'appel de Paris et la Cour de cassation lorsque ces juridictions statuent sur des recours portés dans une affaire ayant donné lieu à une décision de l'Autorité ; les tribunaux spécialement désignés pour se prononcer en matière de concurrence.

En revanche, lorsqu'elle statue sur un recours formé non contre une décision de l'Autorité de la concurrence mais contre un jugement du tribunal de commerce, la cour d'appel de Paris n'a pas le statut d'ANC (Cass. com. 18-2-1992 : RJDA 5/92 n° 478, décision rendue sur le fondement de l'ancien règlement 17/62 mais transposable au règlement 1/2003).

POUVOIRS DES AUTORITÉS NATIONALES DE CONCURRENCE

42230 Les ANC sont compétentes pour appliquer les articles 101 et 102 du TFUE dans des cas individuels.

À cette fin, elles disposent de compétences proches de celles de la Commission européenne. Elles peuvent, agissant d'office ou saisies d'une plainte, adopter les **décisions** suivantes (Règl. 1/2003 art. 5, al. 1 et 2) :

- ordonner la cessation d'une infraction ;
- ordonner des mesures provisoires ;
- accepter des engagements ;
- infliger des amendes, astreintes ou toute autre sanction prévue par leur droit national ;
- décider qu'il n'y a pas lieu pour elles d'intervenir, lorsqu'elles considèrent, sur la base des informations dont elles disposent, que les conditions d'une interdiction ne sont pas réunies.

Cette liste est limitative : les ANC ne disposent pas du pouvoir d'adopter une **décision négative** de constatation d'inapplication des articles 101 et 102 et de clore en conséquence la procédure. Le pouvoir de constater l'inapplication des articles du TFUE prohibant les pratiques anticoncurrentielles est en effet une compétence exclusive de la Commission (Règl. 1/2003 art. 10), justifiée par l'intérêt public de l'UE (n°s 42285 et 49230).

Cela a été jugé à propos de l'article 101 (CJUE 18-6-2013, aff. 681/11, Schenker) et de l'article 102 du TFUE (CJUE 3-5-2011, aff. 375/09, Tele 2 Polska : RJDA 11/11 n° 963).

Sur les règles gouvernant la coopération entre la Commission et les ANC et entre ANC, voir n°s 42410 s.

> **Précisions** Les ANC ne peuvent pas poser une **question préjudicielle** à la Cour de justice. Seules les juridictions le peuvent. Or une ANC ne peut pas être assimilée à une juridiction au sens de l'article 267 du TFUE car, pour être qualifiée de telle, elle devrait être appelée à statuer sur un litige pendant devant elle dans le cadre d'une procédure destinée à aboutir à une décision de caractère juridictionnel. Or une ANC, parce qu'elle peut à tout moment être dessaisie par la Commission (n° 42250), n'est pas en mesure, si cette éventualité se produit, de rendre une telle décision (CJCE 31-5-2005 aff. 53/03, Syfait).

POUVOIRS DES JURIDICTIONS NATIONALES POUR APPLIQUER LE DROIT DE LA CONCURRENCE

Les juridictions nationales qui sont appelées à statuer dans un litige entre entreprises dont la solution dépend de l'appréciation d'un acte ou d'un comportement au regard du droit de l'UE sont compétentes pour appliquer les articles 101 et 102 aux faits soumis à leur examen (Règl. 1/2003 art. 6). **42240**

Au regard des articles 101 et 102 du TFUE, les juridictions nationales peuvent soit décider que les éléments constitutifs de l'infraction ne sont pas réunis, soit constater l'existence d'une telle infraction. Dans cette seconde hypothèse, elles peuvent tirer les **conséquences civiles** de l'atteinte à la concurrence et prononcer la nullité de l'accord ou de la pratique ainsi que, le cas échéant, l'octroi de dommages et intérêts. En revanche, elles ne peuvent pas prononcer des **amendes,** le prononcé d'amendes étant réservé aux ANC.

Lorsqu'elles appliquent le droit de l'UE dans une affaire donnée, les **juridictions** nationales sont **liées** par la jurisprudence des juridictions de l'UE, ainsi que par les règlements d'exemption par catégorie et par l'application parallèle ou antérieure des articles 101 et 102 par la Commission européenne dans cette même affaire.

Sans préjudice de l'interprétation finale des textes par la Cour de justice, les juridictions nationales peuvent également trouver des **indications utiles** dans la pratique décisionnelle antérieure de la Commission concernant des cas similaires, ainsi que dans les communications et lignes directrices adoptées par la Commission pour l'application de ces articles (Communication sur la coopération entre la Commission et les juridictions nationales précitée, pt 8).

Lorsqu'une juridiction nationale souhaite prendre une décision allant à l'encontre de celle de la Commission, elle doit saisir la Cour de justice d'un **recours préjudiciel** en appréciation de validité de la décision de la Commission au regard du droit de l'UE ou, le cas échéant, suspendre sa procédure dans l'attente de l'issue du recours en annulation formé contre cette décision devant les juridictions de l'UE. La juridiction nationale aura dans ces cas à examiner l'opportunité d'ordonner des mesures provisoires pour protéger l'intérêt des parties (Communication sur la coopération entre la Commission et les juridictions nationales précitée, pts 13 et 14).

Les règles gouvernant la coopération entre la Commission et les juridictions nationales sont abordées aux n°s 42450 s.

> **Précisions** Un **tribunal arbitral** ne constitue pas une juridiction d'un État membre dès lors qu'il n'existe aucune obligation pour les parties contractantes de confier leurs différends à l'arbitrage et que les autorités publiques de l'État concerné ne sont ni impliquées dans le choix de l'arbitrage ni appelées à intervenir d'office dans le déroulement de la procédure. Les arbitres, à la différence d'une juridiction nationale, ne sont pas en mesure de demander à la Cour de statuer à titre préjudiciel sur des questions d'interprétation du droit de l'UE (CJCE 1-6-1999 aff. 126/97, Eco Swiss China Time : RJDA 12/99 n° 1387).

b. Limite : règle du dessaisissement des autorités nationales de concurrence

ENGAGEMENT D'UNE PROCÉDURE PAR LA COMMISSION

Lorsque la **Commission** européenne **décide d'engager elle-même une procédure** en vue d'adopter une décision de constatation et de cessation d'infraction, d'acceptation d'engagements, de constatation d'inapplication (n°s 49130 s.) ou encore des mesures provisoires (n°s 49070 s.), les ANC sont dessaisies et ne peuvent plus appliquer directement les articles 101 et 102 du TFUE (Règl. 1/2003 art. 11, 6 ; CJUE 25-2-2021 aff. 857/19, Slovak Telekom a.s.). Dans ce cas, le président de l'Autorité de la concurrence doit prendre acte de son dessaisissement en raison de la procédure engagée par la Commission (C. com. art. L 462-8, al. 7). **42250**

Si une ANC traite déjà une affaire, la Commission n'intente la procédure qu'après l'avoir consultée (Règl. CE 1/2003 art. 11, 6).

Cette protection des entreprises de poursuites parallèles de la part des ANC et de la Commission n'implique aucun droit, au bénéfice d'une entreprise, à voir une affaire traitée intégralement par la Commission et cet effet protecteur n'implique pas que la Commission soit obligée d'ouvrir une procédure pour priver les ANC de leur compétence pour appliquer les articles 101 et 102 du TFUE ; par suite, la décision de la Commission d'ouvrir une enquête portant sur tout l'EEE mais excluant l'Italie au motif que l'autorité italienne de concurrence avait elle aussi ouvert une enquête, sur le fondement de l'article 102 du TFUE, n'affecte pas la situation juridique de l'entreprise visée par cette enquête (CJUE 20-4-2023 aff. 815/21 P, Amazon).

L'« **engagement de la procédure** » par la Commission résulte d'un acte d'autorité de celle-ci, manifestant sa volonté de prendre une décision en vertu des articles 101 ou 102. Il peut prendre la forme d'un avis aux autorités nationales ou aux parties intéressées (CA Paris 30-1-2014 nº 12/00723, aff. « Cartel des lessives ») ou d'une décision formelle par laquelle la Commission décide expressément d'engager une procédure, ou encore de la communication aux entreprises des griefs retenus contre elles et de tout acte d'instruction relatif à une affaire déterminée (demandes de renseignements, inspections).

L'ouverture d'une procédure peut avoir lieu à n'importe quel **stade** de l'examen de l'affaire.

Le simple fait que la Commission ait reçu une **plainte** n'est pas suffisant en soi pour dessaisir les autorités nationales de concurrence de leur compétence. Une **enquête sectorielle** – par opposition à une enquête concernant une ou plusieurs entreprises nommément désignées – ne vaut pas engagement de la procédure, car elle ne manifeste pas à elle seule la volonté de la Commission de prendre une décision. Cette volonté dépendra des résultats de l'enquête.

> **Précisions** Lorsque la Commission ouvre une telle procédure, les **ANC** sont **dessaisies** de leur compétence pour poursuivre les mêmes entreprises pour les mêmes conduites prétendument anticoncurrentielles, intervenues sur le ou les mêmes marchés, de produits et géographiques, au cours de la ou des mêmes périodes. En l'espèce, l'ouverture d'une procédure par la Commission n'a pas entraîné le dessaisissement de l'autorité de concurrence slovaque dans la mesure ou les deux procédures avaient pour objet des abus allégués de position dominante sur des marchés de produits distincts (CJUE 25-2-2021 aff. 857/19, Slovak Telekom a.s.).

CONDITIONS DE L'ENGAGEMENT D'UNE PROCÉDURE SI UNE ANC TRAITE DÉJÀ DE L'AFFAIRE

42255 La Commission peut engager une telle procédure même si une ANC traite déjà de l'affaire, à condition de la consulter au préalable (Règl. 1/2003 art. 11, 6).

Si une ou plusieurs ANC traitent déjà une affaire donnée, la Commission n'applique en principe l'article 11, 6 que dans l'un des **cas** suivants (Communication relative à la coopération au sein du REC précitée, pt 54) :

a) des membres du réseau envisagent des décisions contradictoires dans la même affaire ;

b) des membres du réseau envisagent une décision qui est manifestement contraire à la jurisprudence constante. Les « normes » définies dans les arrêts des juridictions de l'UE et dans des décisions et règlements antérieurs de la Commission doivent servir de repères. En ce qui concerne l'appréciation des faits (définition du marché, etc.), seule une divergence importante déclenche l'intervention de la Commission ;

c) un ou plusieurs membres du réseau prolongent une procédure à l'excès ;

d) il y a lieu d'adopter une décision de la Commission pour développer la politique de concurrence de l'UE, notamment si une question similaire de concurrence se pose dans plusieurs États membres, ou pour assurer une application efficace ;

e) la ou les ANC concernées ne s'y opposent pas.

EFFETS DU DESSAISISSEMENT À L'ÉGARD DES JURIDICTIONS NATIONALES

42260 La règle du dessaisissement de l'article 11, 6 du règlement 1/2003 s'applique aux juridictions nationales, sauf lorsqu'elles statuent en qualité d'instances de recours contre les décisions prises par les ANC (Règl. 1/2003 art. 35, 3).

Lorsqu'une juridiction nationale se prononce sur un accord ou une pratique dont la compatibilité avec les articles 101, 1 et 102 du TFUE est en cause, elle ne peut pas prendre une décision qui irait à l'encontre d'une décision envisagée dans une procédure intentée par la Commission. À cette fin, il appartient à la juridiction nationale d'apprécier s'il y a lieu de suspendre sa procédure (nº 42280). Ce raisonnement vaut également lorsque la juridiction nationale est saisie d'une action en réparation à la suite d'une décision adoptée par la Commission constatant une pratique anticoncurrentielle (CJUE 6-11-2012 aff. 199/11, Otis).

Par exception, dans les États membres où, en vue de l'adoption de certains types de décisions, une autorité chargée des poursuites saisit une autorité judiciaire distincte et différente, les effets de l'article 11, 6 sont limités à l'autorité chargée des poursuites, qui doit retirer sa demande auprès de l'autorité judiciaire lorsque la Commission ouvre une procédure ; ce retrait doit effectivement mettre fin à la procédure nationale (Règl. 1/2003 art. 35, 4).

c. Retrait du bénéfice d'une exemption par catégorie

La **Commission européenne** a la faculté de retirer le bénéfice d'une exemption par catégorie à tout accord ou pratique concertée qui, bien que répondant aux conditions requises pour bénéficier de cette exemption, a des effets incompatibles avec l'article 101, 3 (Règl. 1/2003 art. 29, 1). 42270

La possibilité de retirer le bénéfice de l'exemption par catégorie peut être également exercée par les **ANC** lorsque les effets incompatibles avec l'article 101, 3 se produisent sur leur territoire national ou sur une partie de celui-ci et dès lors que ce territoire présente toutes les caractéristiques d'un marché géographique distinct (Règl. 1/2003 art. 29, 2).

En revanche, les **juridictions nationales** ne sont pas habilitées à opérer un tel retrait de l'exemption.

d. Application uniforme du droit de l'UE

Dès lors que l'existence d'un système de compétences parallèles nécessite l'application uniforme des règles de concurrence européennes, le règlement 1/2003 prévoit un dispositif permettant d'éviter les conflits de décisions (Règl. 1/2003 considérant 22 et art. 16) : 42280

– lorsque les ANC et les juridictions nationales statuent sur des accords, des décisions ou des pratiques relevant des articles 101 ou 102 du TFUE **qui font déjà l'objet d'une décision de la Commission européenne,** elles ne peuvent pas prendre de décisions qui iraient à l'encontre de celle-ci ;

– les juridictions nationales doivent également éviter de prendre une décision qui irait à l'encontre de celle envisagée dans une **procédure intentée par la Commission** ; à cette fin, elles peuvent évaluer s'il est nécessaire de suspendre la procédure en cours devant elles, tout en conservant la possibilité de poser une question préjudicielle à la Cour de justice de l'Union européenne. Cette obligation s'explique par le fait que, contrairement aux ANC, les juridictions nationales ne sont pas dessaisies du fait de l'engagement d'une procédure par la Commission (n° 42260).

› Précisions L'application prioritaire du droit de l'UE fait obstacle à ce qu'une juridiction nationale adopte une décision qui obligerait un opérateur à contrevenir à un **engagement** rendu obligatoire par décision de la Commission. Elle s'oppose également à l'adoption d'une décision nationale qui déclarerait la pratique ayant donné lieu à l'engagement conforme à l'article 101,1, alors même que la Commission pourrait encore rouvrir la procédure (en vertu de l'article 9, 2 du règlement 1/2003) et, comme elle l'avait envisagé initialement, adopter une décision comportant une constatation formelle de l'infraction (CJUE 9-12-2020 aff. 132/19 P, Groupe Canal +).

Dans des cas exceptionnels et lorsque l'intérêt public de l'Union européenne l'exige, la Commission, agissant d'office, est susceptible d'adopter une **décision de nature déclaratoire** constatant l'inapplication de l'interdiction énoncée par les articles 101, 1 et 102 du TFUE, soit parce que les conditions de l'interdiction ne sont pas remplies, soit parce que l'accord ou la pratique peut être exempté. Cette procédure permet à la Commission de clarifier le droit et d'en assurer une application cohérente dans l'Union, en particulier pour ce qui est des nouveaux types d'accords ou de pratiques au sujet desquels il n'existe pas de jurisprudence ou de pratique administrative de la Commission (Règl. 1/2003 art. 10 et considérant 14). 42285

2. APPLICATION PARALLÈLE DU DROIT DE LA CONCURRENCE NATIONAL ET DU DROIT DE LA CONCURRENCE DE L'UE

a. Principe général

Ainsi qu'il a été exposé (n° 42120), les autorités nationales de concurrence (ANC) et les juridictions nationales sont tenues, chaque fois qu'elles appliquent leur droit national de la concurrence à des ententes ou abus de domination susceptibles d'affecter le commerce entre États membres, d'appliquer également les articles 101 et 102 du TFUE (Règl. 1/2003 art. 3, 1). Le 42310 règlement impose donc, dans ces cas, une **application parallèle du droit national et du droit de l'Union** (pour un exemple d'application parallèle : Aut. conc. 20-3-2012 n° 12-D-10, aff. « Alimentation pour chiens et chats », confirmée par Cass. com. 17-3-2015 n° 13-26.003).

Le **non-respect** de l'application cumulative des deux droits (« double barrière ») expose les instances nationales à une annulation ou à une révision de leur décision pour vice de procédure.

> **Précisions** **a.** Si l'entente ou la pratique abusive n'affecte pas le commerce entre États membres, la règle de l'article 3, 1 du règlement 1/2003 devient sans objet. Dans un tel cas, seul le droit national peut être invoqué.
> À l'inverse, l'article 3, 1 n'oblige pas les ANC et les juridictions nationales à **appliquer le droit national de la concurrence** lorsqu'elles appliquent les articles 101 et 102 à des pratiques susceptibles d'affecter les échanges entre États membres ; elles peuvent donc choisir de n'appliquer que les règles de concurrence de l'UE (LD de la Commission relatives à la notion d'affectation du commerce, pt 9).
> **b.** La règle de l'application parallèle ne s'applique pas lorsque les ANC et les juridictions nationales appliquent la législation nationale relative au contrôle des **concentrations** (Règl. 1/2003 art. 3, 3).

b. Prohibition des ententes : application prioritaire du droit de l'UE

42320 Afin de prévenir les distorsions de concurrence pouvant résulter de la mise en œuvre de **normes nationales différentes au sein de l'UE,** il est prévu que l'application du droit national de la concurrence ne peut pas entraîner l'interdiction d'accords, de décisions d'associations d'entreprises ou de pratiques concertées susceptibles d'affecter le commerce entre États membres, mais qui (Règl. 1/2003 art. 3, 2) :
– n'ont pas pour objet ou pour effet de restreindre la concurrence au sens de l'article 101, 1 ;
– ou sont couverts par un règlement d'exemption par catégorie d'accords au titre de l'article 101, 3 ;
– ou qui satisfont aux conditions énoncées à l'article 101, 3 pour bénéficier d'une exemption individuelle.

L'application de l'article 3, 2 du règlement 1/2003 aboutit donc aux solutions suivantes.

1. **Accord illicite dans le droit de l'UE** : un accord illicite en application de l'article 101 du TFUE ne peut pas être considéré comme licite en vertu du droit d'un État membre.

2. **Accord licite dans le droit de l'UE** : les accords licites dans le droit de l'Union ne peuvent pas être interdits par le droit national.

Il s'agit, en premier lieu, des accords qui ne restreignent pas la concurrence ou qui ne la restreignent pas sensiblement. L'article 101, 1 ne prohibe en effet que les accords de dimension européenne qui ont un effet restrictif sensible sur la concurrence.

Il s'agit, en second lieu, des accords qui remplissent les quatre conditions d'exemption de l'article 101, 3 (nos 47600 s.).

3. **Accord bénéficiant d'une exemption par catégorie** : les accords couverts par un règlement d'application de l'article 101, 3 à une catégorie d'accords ne peuvent pas être interdits en application du droit interne s'ils remplissent les conditions de ce règlement. Étant donné qu'il appartient aux autorités et juridictions de chaque État membre d'apprécier si un accord remplit les conditions de l'exemption par catégorie, elles doivent, semble-t-il, avant tout examen de l'accord au regard des règles de concurrence de leur droit national, se prononcer sur l'exemption par catégorie.

c. Pratiques anticoncurrentielles unilatérales et dispositions visant à titre principal un objectif différent : liberté des États membres d'adopter des règles nationales spécifiques

PRATIQUES ANTICONCURRENTIELLES UNILATÉRALES

42330 La primauté du droit de l'UE est écartée pour les comportements unilatéraux. En effet, le règlement 1/2003 n'empêche pas les États membres d'adopter et de mettre en œuvre sur leur territoire des lois nationales plus strictes qui interdisent ou sanctionnent un comportement unilatéral d'une entreprise (Règl. 1/2003 art. 3, 2). Tel est le cas des dispositions françaises relatives à l'interdiction des abus de dépendance économique (nos 46000 s.) et des prix abusivement bas (C. com.art. L 420-5) (Règl. 1/2003 considérant 8).

DISPOSITIONS NATIONALES VISANT À TITRE PRINCIPAL UN OBJECTIF DIFFÉRENT DE CELUI VISÉ PAR LES ARTICLES 101 ET 102 DU TFUE

Le règlement 1/2003 n'interdit pas l'application de dispositions de droit national « qui visent à titre principal un objectif différent de celui visé par les articles 101 et 102 » pour autant que ces dispositions soient compatibles avec les principes généraux et les autres dispositions du droit de l'UE (Règl. 1/2003 art. 3, 3). **42340**

Les États membres peuvent donc mettre en œuvre sur leur territoire des dispositions législatives nationales interdisant les actes liés à des **pratiques commerciales déloyales,** qu'ils aient un caractère unilatéral ou contractuel, et ce, indépendamment des répercussions effectives ou présumées de ces actes sur le marché. Tel est le cas des dispositions qui interdisent aux entreprises d'imposer à un partenaire commercial, d'obtenir ou de tenter d'obtenir de lui des conditions commerciales injustifiées (Règl. 1/2003 considérant 8).

Ainsi, en France, le règlement 1/2003 n'empêche pas l'application de l'article L 442-1 du Code de commerce qui sanctionne civilement les pratiques commerciales abusives commises par une entreprise dans le cadre de la négociation commerciale, de la conclusion ou de l'exécution d'un contrat.

> **Précisions** Le champ d'application de l'article L 420-2 du Code de commerce relatif aux abus de domination n'exclut pas les **pratiques commerciales abusives** de l'article L 442-1 du même Code, dès lors que la pratique litigieuse est susceptible d'affecter le fonctionnement ou la structure de la concurrence. L'Autorité de concurrence peut donc instruire une plainte dénonçant l'exploitation abusive d'un état de dépendance économique, incluant divers abus dont la soumission d'un partenaire à un déséquilibre significatif, dès lors que cette plainte est étayée d'éléments suffisamment probants de nature à corroborer, notamment, l'existence même d'une situation de dépendance économique et l'altération du fonctionnement ou de la structure de la concurrence (CA Paris 20-10-2022 n° 21/05128).

d. Incidence du droit de la concurrence sur les droits nationaux de propriété intellectuelle

RESTRICTIONS DE CONCURRENCE AUTORISÉES PAR LE DROIT DE PROPRIÉTÉ INDUSTRIELLE À CERTAINES CONDITIONS

Les **brevets d'invention** et les **marques de fabrique** confèrent à leurs titulaires un droit de propriété industrielle exclusif à effet territorial qui est de nature à affecter les conditions de concurrence au sein de l'UE et à faire obstacle à la libre circulation des produits dans le marché intérieur. **42350**

Afin de concilier les règles en présence, les restrictions d'importation, d'exportation ou de transit liées à la protection des droits nationaux de propriété industrielle sont autorisées par le TFUE à condition que ces entraves à la libre concurrence ne constituent pas un moyen de « discrimination arbitraire, ni une restriction déguisée dans le commerce entre les États membres » (TFUE art. 36). Les droits accordés par un État membre pour la protection d'un droit de propriété industrielle ne sont donc pas affectés dans leur existence par les articles 101 et 102 du TFUE, mais leur exercice pourrait y contrevenir s'il se traduisait par des accords ou pratiques visés par ces règles.

> **Précisions** La loi nationale du titulaire d'un droit de propriété industrielle prévaut sur le droit de l'UE si son action a pour effet de le protéger contre des concurrents qui voudraient user indûment de ce droit. Ainsi, l'**action en contrefaçon** de marque relève uniquement du droit interne qui seul peut assurer la protection du monopole qu'il a conféré. Le juge français, lorsqu'il est saisi d'une action en contrefaçon, doit par conséquent trancher le litige, sans avoir à surseoir à statuer dans l'attente qu'une autorité de l'UE se prononce sur une éventuelle atteinte au Traité. Il lui incombe dans ce cadre d'apprécier si le titulaire du droit n'entend pas en faire un usage abusif contraire aux règles des articles 101 et 102 du TFUE (Cass. com. 18-11-1981 n° 79-16.843 : Bull. IV n° 319 ; CA Paris 27-11-1986 : PIBD 1987 n° 407 III p. 86).

ENTENTES ET DROITS NATIONAUX DE PROPRIÉTÉ INTELLECTUELLE

La Cour de justice a jugé que le système de la concurrence de l'UE n'admettait pas l'emploi abusif d'un droit national des marques pour mettre en échec l'efficacité du droit des ententes de l'UE (CJCE 13-7-1966 aff. 56 et 58/64, Grundig). Toutefois, le Tribunal de l'UE a considéré que le parallélisme de comportements de certains opérateurs économiques intervenant dans la gestion des droits d'auteur peut trouver son origine dans la mise en œuvre de certains droits de propriété intellectuelle nécessaires pour lutter efficacement contre les utilisations non **42360** autorisées des œuvres musicales sans constituer une pratique anticoncurrentielle prohibée (Trib. UE 12-4-2013 aff. 442/08, Cisac).

La Cour de cassation a également jugé, à propos des droits de propriété littéraire et artistique, que l'exercice d'un droit exclusif par son titulaire peut donner lieu à un comportement abusif de nature à caractériser une entente illicite prohibée par l'article L 420-1 du Code de commerce (Cass. com. 26-11-2003 n° 00-22.605 : RJDA 7/04 n° 907).

ILLUSTRATIONS

Constitue une entente illicite le fait pour une entreprise d'œuvres audiovisuelles d'insérer systématiquement dans des contrats de coproduction signés avec différents opérateurs une clause réservant à ses filiales l'édition et la distribution de l'œuvre coproduite sous forme de vidéogrammes pour une durée d'au moins cinq ans, son engagement de financer les œuvres étant subordonné à l'acceptation de cette clause par ses cocontractants (Cass. com. 26-11-2003 n° 00-22.605 précité).

ABUS DE POSITION DOMINANTE ET DROITS NATIONAUX DE PROPRIÉTÉ INTELLECTUELLE

42370 La Cour de justice distingue classiquement l'existence du droit de propriété intellectuelle de l'exercice de ce droit : le droit exclusif du titulaire d'un droit de propriété intellectuelle, serait-il en position dominante, ne saurait constituer en lui-même un abus de celui-ci. En revanche, l'exercice du droit exclusif par le titulaire peut, dans des circonstances exceptionnelles, donner lieu à un comportement abusif (CJCE 5-10-1988 aff. 238/87, Volvo ; CJCE 29-4-2004 aff. 418/01, IMS Health).

Lorsque la ressource indispensable pour entrer sur un marché est un droit de propriété intellectuelle, les conditions posées pour que le détenteur de ce droit puisse être tenu d'en ouvrir l'accès se trouvent renforcées (voir n° 45760).

E. Coopération entre la Commission, les autorités nationales de concurrence (ANC) et les juridictions nationales

1. COOPÉRATION COMMISSION EUROPÉENNE-ANC ET ENTRE ANC

OBLIGATION DE COOPÉRATION ENTRE LA COMMISSION ET LES ANC ET ENTRE ANC

42410 La coopération entre la Commission européenne et les ANC est l'**une des clés de voûte de la procédure** : « La Commission et les autorités de concurrence des États membres appliquent les règles de concurrence [de l'Union] en étroite collaboration » (Règl. 1/2003 art. 11, 1).

Les **modalités de la coopération entre la Commission et les ANC** pour l'application des articles 101 et 102 du TFUE sont précisées par la communication 2004/C 101/03 de la Commission de 2004 (n° 41030). La communication fixe les critères qui déterminent l'autorité de concurrence « la mieux placée pour traiter l'affaire » dès lors qu'une même pratique peut être pendante devant plusieurs autorités de concurrence, que celles-ci se soient saisies d'office, aient été saisies par des plaignants différents ou par les mêmes plaignants.

Pour assurer la bonne cohérence du nouveau dispositif, les ANC constituent un réseau avec la Commission, le « **Réseau européen de la concurrence** » (REC), ou « European Competition Network » (ECN), dont les modalités de fonctionnement sont également précisées par la communication de la Commission de 2004.

La directive 2019/1 du 11 décembre 2018, dite « directive ECN + », renforce la coopération des ANC (n° 42425).

MODALITÉS DE COOPÉRATION ENTRE LA COMMISSION ET LES ANC ET ENTRE ANC

42420 **Dispositions prévues par le règlement 1/2003** Le règlement 1/2003 prévoit plusieurs modalités de coopération.

1. Une **obligation d'information mutuelle,** consistant, pour la Commission européenne, à transmettre aux ANC une copie des pièces les plus importantes qu'elle a recueillies en vue

de l'adoption d'une décision et, pour les ANC, à informer la Commission d'une première mesure formelle d'enquête ou d'une décision d'application des articles 101 ou 102 du TFUE (cessation d'une infraction, acceptation d'engagements ou retrait du bénéfice d'un règlement d'exemption par catégorie) (Règl. 1/2003 art. 11, 2 à 4). Les informations transmises à la Commission peuvent être mises à la disposition des autres ANC. En France, le document exposant l'orientation envisagée « peut être » la notification des griefs ou le rapport mentionné à l'article L 463-2 du Code de commerce, ce qui laisse la possibilité à l'Autorité de la concurrence de communiquer à la Commission d'autres documents (C. com. art. L 462-9, II-al. 2).
Les ANC peuvent également informer la Commission et les autres ANC des autres types de décision dans lesquelles le droit de l'UE est appliqué : décisions de rejet de plaintes, de clôture d'une procédure d'office ou ordonnant des mesures provisoires (Communication relative à la coopération au sein du REC, pt 48).

2. La possibilité pour les **ANC** de **consulter la Commission** sur tout cas impliquant l'application du droit de l'Union (Règl. 1/2003 art. 11, 5).

3. La possibilité pour la Commission et les ANC de se **communiquer des informations** et d'utiliser comme **moyen de preuve** tout élément de fait ou de droit, y compris des informations confidentielles, mais seulement pour l'application des articles 101 et 102 du TFUE et à condition que l'objet de cette utilisation soit le même que celui pour lequel les informations ont été recueillies par l'autorité qui les transmet (Règl. 1/2003 art. 12, 1 et 2). La réglementation française ne s'oppose pas, dans ce cadre, à la transmission d'informations confidentielles (C. com. art. L 462-9).
Ces informations peuvent également être utilisées pour l'**application parallèle du droit national de la concurrence** pour autant que celui-ci porte sur la même affaire et qu'elle n'aboutisse pas à un résultat différent (Règl. 1/2003 art. 12, 2).
Elles peuvent encore servir de moyen de preuve pour infliger une **sanction à une personne physique,** à condition toutefois que la loi de l'autorité qui transmet l'information prévoie des sanctions similaires en cas de violation des articles 101 et 102. Si tel n'est pas le cas, et exclusivement pour le prononcé de peines autres que privatives de liberté, les informations ne peuvent servir de moyen de preuve que pour autant qu'elles aient été recueillies d'une manière qui assure le même niveau de protection des droits de la défense que celui reconnu par les règles nationales de l'autorité destinataire (Règl. 1/2003 art. 12, 3).

4. La **consultation** par la Commission, avant de prendre une décision, du Comité consultatif – comité institué par l'ancien règlement 17/62 et composé de représentants des ANC – et la possibilité pour la Commission de soumettre au Comité un cas qu'une ANC traite, soit à la demande de l'ANC, soit de sa propre initiative (Règl. 1/2003 art. 14).

5. Afin d'assurer une **attribution optimale des affaires au sein du REC** de telle sorte qu'une même affaire ne soit pas traitée par plusieurs ANC, le règlement prévoit que lorsqu'une ANC traite ou a traité une affaire, les autres ANC, saisies d'une plainte ou agissant d'office pour la même affaire, peuvent suspendre leur procédure ou rejeter la plainte (Règl. 1/2003 art. 13).
La Commission peut également rejeter une plainte au motif qu'une ANC traite ou a traité la même affaire (Règl. 1/2003 art. 13).

6. Une ANC peut exécuter sur son territoire toute inspection ou autre **mesure d'enquête** en application de son droit national et au nom et pour le compte d'une autre ANC afin d'établir une infraction aux dispositions de l'article 101 ou 102 du TFUE (Règl. 1/2003 art. 22, 1).
La mesure d'enquête sollicitée n'est pas subordonnée à l'autorisation préalable d'un juge de l'État pour le compte duquel elle est effectuée ; l'autorisation et le déroulement de l'enquête sont régis par le droit national applicable dans l'État destinataire de la demande d'assistance sous le contrôle des juridictions compétentes de cet État et il n'appartient donc pas au juge français d'autoriser ou de contrôler le déroulement de mesures d'enquête sur d'autres territoires que son territoire national (Cass. com. 20-1-2015 n° 13-16.745 : RJDA 4/15 n° 308).

Dispositions issues de l'ordonnance de transposition de la directive ECN + 42425

La directive 2019/1 du 11 décembre 2018, dite « directive ECN + », impose aux États membres d'adopter des mesures destinées à renforcer la coopération entre les ANC durant les inspections ou lorsque des entreprises ou associations d'entreprises refusent de se soumettre aux mesures d'enquêtes ou aux décisions de l'ANC ; une telle coopération est également imposée pour la notification des griefs et l'exécution des décisions (Dir. 2019/1 art. 24 à 28). Cette directive a été transposée en droit français par l'ordonnance 2021-649 du 26 mai 2021, qui a notamment créé dans le Code de commerce un article L 462-9-1 relatif à la coopération entre l'Autorité de la concurrence et la Commission et entre l'Autorité et les autres ANC.

42425 (suite) Il résulte de ce texte les éléments suivants :

1° L'**obligation d'information mutuelle** pesant sur l'Autorité de la concurrence lorsqu'elle agit en vertu des articles 101 ou 102 du TFUE (n° 42420) est étendue à la décision mettant fin à la procédure ouverte ou constatant qu'il n'y a pas lieu de la poursuivre. L'Autorité doit également prévenir la Commission et les autres ANC lorsqu'elle prononce des mesures conservatoires pour des pratiques susceptibles d'être contraires au droit de l'UE.

2° Afin d'établir si une entreprise (ou une association d'entreprises) a refusé de se soumettre aux mesures d'enquête et aux décisions prises par une autre ANC, l'Autorité peut, à la requête et au nom de cette ANC « requérante », mettre en œuvre ses **pouvoirs d'enquête,** de même qu'échanger des **informations** et les utiliser à titre de preuve.

3° L'Autorité peut requérir l'**assistance d'une ANC** d'un autre État membre pour la **notification** de tout acte de procédure ou de tout document relatif à l'application des articles 101 et 102 du TFUE. Il s'agit notamment de tout grief préliminaire relatif à une infraction soupçonnée à ces articles ou de tout autre acte procédural ou document pertinent, y compris les documents relatifs à l'exécution des décisions infligeant des amendes ou des astreintes. À l'inverse, l'Autorité peut notifier, à la requête et au nom de l'ANC « requérante », tout acte de procédure de ce type.

4° L'Autorité peut requérir l'**assistance d'une ANC** d'un autre État membre pour l'**exécution** de ses **décisions** infligeant une sanction pécuniaire ou une astreinte adoptées en application des articles 101 ou 102.

5° À l'inverse, l'Autorité peut, à la **requête d'une ANC** « requérante », exécuter une décision de ce type lorsque l'ANC « requérante », après avoir fait des efforts raisonnables sur son territoire, établit que l'entreprise (ou l'association d'entreprises) ne possède pas suffisamment d'actifs dans son État membre pour permettre le recouvrement de la sanction pécuniaire ou de l'astreinte, ou lorsqu'elle n'est pas établie dans cet État membre. L'assistance n'est cependant accordée que si la décision faisant l'objet de la demande est devenue insusceptible de recours par les voies ordinaires. À noter que les deux cas précédemment énoncés ne semblent pas limitatifs.

6° La **notification d'actes de procédure** ou l'**exécution de décisions de sanction** par l'Autorité doit faire l'objet d'une demande expresse de l'ANC « requérante », formalisée par la transmission d'un formulaire accompagné d'une copie de l'acte à notifier ou à exécuter, et d'une traduction en français. Elle doit ensuite être mise en œuvre par l'Autorité sans retard injustifié.

7° L'Autorité peut **refuser son assistance** à une ANC pour la notification d'actes de procédure ou l'exécution de décisions de sanction si la demande ne respecte pas les exigences de l'article L 462-9-1 du Code de commerce ou si l'exécution de cette demande est manifestement contraire à l'ordre public français.

8° La directive ECN + prévoit que les **litiges** liés à ces demandes de notification ou d'exécution des décisions infligeant des amendes ou des astreintes relèvent pour partie de la compétence et du droit de l'État membre de l'ANC « requérante » (légalité de l'acte à notifier ou de la décision à exécuter, légalité du formulaire de demande) et pour partie du droit de l'ANC « requise » (mesure d'exécution, validité de la notification effectuée) (Dir. 2019/1 art. 28). Depuis le 16 décembre 2022, les recours portant sur la validité des notifications réalisées par l'Autorité relèvent de la seule compétence de la cour d'appel de Paris ; ils sont soumis à une procédure spécifique concernant notamment la forme et le contenu du recours, les personnes devant en être informées et le délai imposé à la cour d'appel pour statuer (cf. C. com. art. R 464-24-9 s., issus des décrets 2022-1563 et 1566 du 12-12-2022). Les règles relatives aux délais de prescription applicables à l'exécution d'une décision de l'ANC « requérante » pour laquelle l'Autorité de la concurrence accorde son assistance sont celles en vigueur dans l'État membre de cette ANC (C. com. art. L 462-9-1).

9° Une **demande de clémence** ne peut être transmise par l'Autorité à une ANC d'un autre État membre que si le demandeur à la clémence accepte cette transmission ou a également formé une demande en vue d'obtenir le bénéfice d'une procédure équivalente devant cette autre ANC, au sujet de la même infraction.

Sur l'**assistance des agents** de l'Autorité lors de leurs investigations pour le compte d'une ANC d'un autre État membre, voir n° 77140.

> **Précisions** En droit français, le **formulaire** (l'« acte uniforme ») relatif à l'exécution des décisions de sanction a les effets d'un jugement, au sens du Code des procédures civiles d'exécution. Le recouvrement est réalisé en euros et sur la base de la notification par l'Autorité d'un titre exécutoire.

MODALITÉS D'ATTRIBUTION DES AFFAIRES À LA COMMISSION OU À UNE ANC

Une **ANC** peut être considérée comme **« bien placée »** pour traiter une affaire sous trois conditions (Communication relative à la coopération au sein du REC, pt 8) : **42430**
– l'accord ou la pratique a des effets directs substantiels, actuels ou prévisibles sur son territoire, y est mis en œuvre ou y trouve son origine ;
– l'autorité est à même de faire cesser efficacement l'intégralité de l'infraction ;
– l'autorité est en mesure de réunir les preuves nécessaires à la démonstration de l'infraction.

Dans la plupart des cas, l'autorité qui reçoit une plainte ou entame une procédure d'office restera en charge de l'affaire. La **réattribution** d'une affaire ne serait envisagée qu'au commencement de la procédure si cette autorité estime qu'elle n'est pas bien placée pour agir ou si d'autres autorités s'estiment bien placées, elles aussi, pour agir. La partie plaignante ou l'entreprise en cause n'ont pas de droit au traitement d'une affaire par une **autorité particulière** et ne disposent pas de voie de recours contre ces décisions des autorités de concurrence.

L'**intervention parallèle de plusieurs ANC** peut être indiquée lorsqu'un accord ou une pratique a des effets substantiels sur plusieurs territoires (par exemple, un cartel emportant répartition de marchés nationaux) et que l'intervention d'une seule ANC serait insuffisante pour faire cesser l'intégralité de l'infraction ou la sanctionner de manière appropriée (Communication relative à la coopération au sein du REC, pt 12). En cas d'interventions parallèles, les ANC concernées s'efforceront de coordonner leur action.

La **Commission** est, pour sa part, **bien placée** pour traiter une affaire (Communication relative à la coopération au sein du REC, pts 14 et 15) :
– si l'accord ou la pratique a des effets sur la concurrence dans plus de trois États membres ;
– si l'affaire est étroitement liée à d'autres dispositions du droit de l'UE pouvant être exclusivement ou plus efficacement appliquées par la Commission – concernant par exemple l'attribution par les États membres de droits exclusifs ou spéciaux (TFUE art. 106, 2) ou les aides d'État (TFUE art. 107) – ou si l'intérêt de l'UE exige l'adoption d'une décision de la Commission lorsqu'un nouveau problème de concurrence se pose ou pour assurer une application efficace des règles.

> **Précisions** Pour déterminer l'autorité de concurrence la mieux placée pour examiner une plainte, la Commission doit tenir compte des **éventuelles défaillances systémiques ou généralisées de l'État de droit** dans un État membre, et ce en procédant à une analyse en deux étapes (Trib. UE 9-2-2022 aff. 791/19, Sped-Pro) :
> – la Commission doit d'abord évaluer l'existence d'un risque réel de violation du droit à un procès équitable lié à un manque d'indépendance des juridictions de l'État membre en raison de telles défaillances ;
> – elle doit ensuite apprécier la réalité du risque effectivement encouru par la personne concernée, au regard des circonstances concrètes du cas d'espèce.
> Au cas particulier, alors que l'autorité de concurrence polonaise était la mieux placée pour examiner une plainte pour abus de position dominante concernant principalement le marché des services de transport ferroviaire de marchandises en Pologne, le Tribunal de l'UE a annulé la décision de la Commission qui avait rejeté la plainte pour cette raison ; selon le Tribunal, la Commission aurait dû examiner de manière concrète et précise les différents indices avancés par le requérant propres à établir le manque d'indépendance de l'autorité de concurrence polonaise et l'incapacité des juridictions nationales compétentes en matière de droit de la concurrence à pallier les défaillances de cette autorité en raison de leur propre manque d'indépendance.

2. COOPÉRATION ENTRE LA COMMISSION ET LES JURIDICTIONS NATIONALES

MODALITÉS DE LA COOPÉRATION ENTRE LA COMMISSION ET LES JURIDICTIONS NATIONALES

Les juridictions nationales peuvent être appelées à appliquer les articles 101 et 102 du TFUE dans des litiges entre opérateurs économiques (tels que les actions portant sur des contrats ou les actions en dommages et intérêts) ou en tant qu'instances de recours contre les décisions d'une ANC. L'application cohérente des règles de concurrence requiert alors la mise en place de mécanismes de coopération entre la Commission et les juridictions des États membres. Les modalités de cette coopération pour l'application des articles 101 et 102 du TFUE ont été précisées par la Communication 2004/C 101/04 de la Commission de 2004 (n° 41030). **42450**

Les modalités de cette coopération sont les suivantes (Règl. 1/2003 art. 15, 1 et 2).

1. Les juridictions nationales peuvent demander à la Commission de leur **communiquer** des **informations** en sa possession ou un **avis** au sujet de questions relatives à l'application des règles de concurrence de l'UE (par exemple, CA Paris 19-6-2014 nº 2013/01006 sollicitant un avis à propos de différenciations tarifaires pratiquées dans le secteur de la téléphonie mobile).

Les restrictions à l'utilisation, par les ANC, de l'information dont dispose la Commission (nº 42420) ne pèsent pas sur les juridictions nationales.

La communication de la Commission 2004/C 101/04 précitée a toutefois été modifiée en 2015 (art. 26, 26 bis et 26 ter nouveaux) pour prévoir de nouvelles exceptions à la divulgation d'informations par la Commission afin de préserver l'efficacité de la mise en œuvre des règles de concurrence et de ne pas porter préjudice aux enquêtes en cours, ni au fonctionnement du programme de clémence et de la procédure de transaction. Il est ainsi précisé que la Commission ne transmettra jamais aux juridictions nationales, aux fins de leur utilisation dans des actions en dommages et intérêts pour violation des articles 101 ou 102 du TFUE, les déclarations d'entreprise effectuées en vue d'obtenir la clémence ou les propositions de transaction.

2. Les États membres doivent transmettre à la Commission la **copie** de tout **jugement** écrit rendu par les juridictions nationales statuant sur l'application des articles 101 et 102 du TFUE, dès lors que ce jugement aura été notifié aux parties.

> **Précisions** Une **base de données** constituée par la Cour de justice regroupe un très grand nombre de références à des décisions nationales concernant le droit européen et couvre une période s'étendant de l'année 1959 à nos jours. Cette base de données, régulièrement mise à jour, est consultable à l'adresse suivante : http://curia.europa.eu/jcms/jcms/Jo2_7062/.

POSSIBILITÉ POUR LES ANC OU LA COMMISSION DE SOUMETTRE DES OBSERVATIONS ÉCRITES OU ORALES

42460 Les **ANC,** agissant d'office, peuvent soumettre des observations écrites ou orales aux juridictions de leur État membre respectif au sujet de l'application de l'article 101 ou 102 du TFUE.

Cette faculté est également reconnue à la **Commission,** intervenant en tant qu'« amicus curiæ », sous réserve que « l'application cohérente de l'article 101 ou 102 du Traité l'exige » (Règl. 1/2003 art. 15, 3). La Cour de justice interprète cette condition de manière extensive : celle-ci peut être satisfaite même lorsque la procédure concernée ne se rapporte pas à des questions liées à l'application des articles 101 ou 102 du TFUE. Ainsi, la Commission était habilitée à soumettre des observations écrites dans une affaire concernant la déductibilité de l'amende infligée du montant des bénéfices imposables de l'entreprise sanctionnée, amende prévue par l'article 103 du TFUE (CJCE 11-6-2009 aff. 429/07, Inspecteur van de Belastingdienst).

Afin de leur permettre de préparer leurs observations, et à cette fin uniquement, les ANC et la Commission peuvent demander à la juridiction compétente de l'État membre qu'elle leur transmette tout document nécessaire à l'appréciation de l'affaire.

En outre, le droit de l'Union impose la participation de l'ANC en tant que partie défenderesse à une procédure dirigée contre sa décision (CJUE 7-10-2012 aff. 439/08, Vebic).

3. APPLICATION DU DROIT DE LA CONCURRENCE DE L'UE ET RÈGLES DE PROCÉDURE NATIONALES

42480 L'application des articles 101 et 102 du TFUE par les instances nationales est régie par les **règles de procédure** nationales, y compris les règles concernant le niveau de preuve requis.

C'est également au droit national qu'il appartient de définir les procédures appropriées pour garantir les **droits de la défense** des entreprises intéressées. Ces garanties peuvent être différentes de celles qui s'appliquent dans les procédures qui relèvent du droit de l'UE et qui figurent au règlement 1/2003.

42485 Le **règlement 1/2003** n'est pas sans **influence sur les procédures nationales.** Ainsi, la charge de la preuve d'une infraction aux articles 101, 1 et 102, ou du bénéfice de l'exception de l'article 101, 3, doit obéir aux conditions de l'article 2 du règlement et vaut dans toutes les procédures nationales et dans toutes celles de l'UE. De même, la Commission européenne et les ANC peuvent, en cours de procédure, soumettre des observations écrites ou orales aux juridictions nationales (nº 42460). En revanche, les règles de prescription du règlement 1/2003 en matière d'imposition de sanctions (Règl. art. 25, 3) ne régissent que les pouvoirs dont dispose la Commission, à l'exclusion des pouvoirs des ANC (CJUE 21-1-2021 aff. 308/19, Whiteland Import Export).

Les règles de procédure nationales ne doivent pas porter **préjudice à l'application** pleine et uniforme **du droit de l'Union** et les États membres ne doivent pas prendre ou maintenir en vigueur des mesures susceptibles d'éliminer l'effet utile des règles de concurrence applicables aux entreprises (CJUE 21-1-2021 aff. 308/19 précité). 42490

Il incombe à la juridiction nationale d'**interpréter la réglementation nationale** en cause dans toute la mesure possible, à la lumière du droit de l'Union et, en particulier, des règles de ce droit en matière de concurrence, telles qu'interprétées par la Cour, ou en laissant, au besoin, ladite réglementation inappliquée. La question de savoir si une disposition nationale contraire au droit de l'Union doit être laissée inappliquée ne se pose que si aucune interprétation conforme de cette disposition ne s'avère possible (CJUE 21-1-2021 aff. 308/19 précité).

› Précisions **a.** Jugé que si la question du niveau de preuve requis relève du droit national en application du principe d'autonomie procédurale, ce principe doit s'exercer dans le respect du **principe d'équivalence** (application de règles qui ne soient pas moins favorables que celles régissant des situations similaires soumises au droit interne) et du **principe d'effectivité** (application de règles qui ne rendent pas impossible en pratique, ou excessivement difficile, l'exercice des droits conférés par le droit de l'UE, au titre desquels figure notamment la présomption d'innocence expressément reconnue par l'article 48 de la Charte des droits fondamentaux de l'UE) (CJUE 21-1-2016 aff. 74/14, Eturas, pts 32 s.). De même, s'il appartient à l'ordre juridique interne de chaque État membre de désigner les juridictions compétentes et de fixer les modalités procédurales des recours destinés à assurer la sauvegarde des droits que les justiciables tirent de l'effet direct du droit de l'UE, ces modalités doivent respecter les principes d'effectivité et d'équivalence (CJCE 13-7-2006 aff. jtes 295/04 à 298/04, Manfredi).

b. Les États membres doivent veiller à ce que les règles nationales fixant les **délais de prescription** soient conçues de manière à établir un équilibre entre, d'une part, les principes généraux du droit de l'Union visant à garantir la sécurité juridique et à assurer le respect du traitement des affaires dans un délai raisonnable et, d'autre part, la mise en œuvre effective et efficace des articles 101 et 102 du TFUE. Un régime national de prescription qui, pour des raisons inhérentes à celui-ci, fait obstacle de manière systémique à l'infliction de sanctions effectives et dissuasives pour des infractions au droit de la concurrence de l'Union est de nature à rendre l'application des règles de ce droit pratiquement impossible ou excessivement difficile (CJUE 21-1-2021 aff. 308/19 précité).

F. Rôle des mesures étatiques et devoir de coopération des États membres

Les règles du TFUE, et notamment le devoir de coopération des États membres, font obstacle à ce que ceux-ci, par les mesures qu'ils adoptent, mettent en péril les buts du Traité, particulièrement en matière de respect du droit de la concurrence. 42520

Ainsi, selon une jurisprudence bien établie de la Cour de justice de l'Union européenne (CJUE 22-12-2010 aff. 338/09, Yellow cab ; CJUE 13-2-2014 aff. 162/12 et 163/12, Airport Shuttle Express), un État membre viole son **obligation de coopération** (Traité sur l'Union européenne art. 4, 3, lu en combinaison avec l'art. 101 du TFUE prohibant les ententes anticoncurrentielles) dans les cas suivants :

- lorsqu'il impose la conclusion d'un accord anticoncurrentiel ;
- lorsqu'il favorise la conclusion d'un accord anticoncurrentiel ;
- lorsqu'il renforce les effets d'un accord anticoncurrentiel, ce qui est le cas lorsqu'un État membre reprend, en totalité ou en partie, les éléments d'un accord anticoncurrentiel intervenu entre des entreprises ;
- lorsqu'il retire à sa propre réglementation son caractère étatique en déléguant à des opérateurs privés la responsabilité de prendre des décisions d'intervention en matière économique.

Dans ce dernier cas, peu importe que les opérateurs économiques soient obligés d'adopter des mesures d'intervention économique ou qu'ils y soient simplement habilités (CJCE 18-6-1998 aff. 35/96, Commission/Italie).

Il y a délégation de pouvoirs étatiques lorsque les opérateurs privés auxquels sont confiées des décisions d'intervention économique ne font pas l'objet d'un contrôle de l'État. Tel n'est pas le cas si le pouvoir de décision est confié en dernier ressort aux pouvoirs publics (CJCE 5-5-2008 aff. 386/07, Hospital Consulting srl). La CJUE apprécie, au cas par cas, de manière concrète, l'étendue du contrôle conservé par les pouvoirs publics.

ILLUSTRATIONS

Dans un cas où un État membre avait délégué au Conseil national de l'ordre des avocats italiens l'élaboration d'un projet de tarif d'honoraires, la Cour de justice a considéré que l'État italien n'avait pas délégué son pouvoir réglementaire dans des conditions contraires au droit de la concurrence dès lors que le Conseil n'élaborait qu'un projet de tarif dénué de force obligatoire (CJCE 5-5-2008 aff. 386/07 précité).

42525 Lorsqu'une **entente** entre entreprises, qui affecte le commerce entre États membres, est **imposée ou favorisée par une législation nationale** qui en légitime ou en renforce les effets, par exemple en ce qui concerne la liberté de fixation des prix et la répartition de marchés, les autorités nationales doivent écarter le droit interne et sanctionner les entreprises en application du droit de l'UE (CJCE 9-9-2003 aff. 198/01, Consorzio Industrie Fiammiferi).

Il en résulte que les autorités nationales :
- ont l'obligation de laisser inappliquée leur législation ;
- ne peuvent pas infliger de sanctions aux entreprises concernées pour des comportements passés lorsque ceux-ci leur ont été imposés par la législation nationale ;
- peuvent infliger des sanctions aux entreprises concernées pour leurs comportements postérieurs à la décision de laisser inappliquée la législation nationale (lorsque cette décision est devenue définitive à leur égard) ;
- peuvent infliger des sanctions aux entreprises concernées pour des comportements passés lorsqu'ils ont été simplement facilités ou encouragés par cette législation nationale, mais en tenant compte de la circonstance atténuante que constitue ce cadre juridique incitatif.

En résumé, lorsque le comportement anticoncurrentiel est imposé aux entreprises par une législation nationale ou lorsque celle-ci crée un cadre juridique qui élimine toute possibilité de comportement concurrentiel de leur part, les articles 101 et 102 du TFUE ne trouvent plus à s'appliquer car, dans ces cas, la restriction de concurrence ne trouve pas sa cause, ainsi que l'implique cette disposition, dans des comportements autonomes des entreprises (pour un rappel de cette règle, voir Trib. UE 2-2-2022 aff. 399/19, Polskie Górnictwo Naftowe i Gazownictwo). En revanche, l'article 101 (ou 102) est applicable « s'il s'avère que la législation nationale laisse subsister la possibilité d'une concurrence susceptible d'être empêchée, restreinte ou faussée par des comportements autonomes des entreprises » (CJCE 11-11-1997 aff. 359 et 379/95, Ladbroke Racing ; TPICE 7-10-1999 aff. 228/97, Irish Sugar, et, sur recours, CJCE 10-7-2001 aff. 497/99 ; TPICE 30-3-2000 aff. 513/93, Consiglio nazionale degli spedizionieri doganali ; TPICE 9-9-2011 aff. 12/16, Tabac brut Italie et, sur recours, CJCE 12-6-2014, aff. 578/11).

ILLUSTRATIONS

En présence d'une régulation tarifaire, lorsque l'approbation des tarifs par le régulateur sectoriel des télécoms n'élimine pas toute possibilité de comportement concurrentiel de la part de l'entreprise dominante, cette dernière demeure justiciable de l'article 102 du TFUE (CJUE 14-10-2010 aff. 280/08, Deutsche Telekom AG : RJDA 1/11 n° 85).

42530 La **violation** de l'article 101 du TFUE (prohibition des ententes anticoncurrentielles), lu en combinaison avec l'article 4, 3 du traité sur l'Union européenne (obligation de loyauté des États membres), peut être **constatée par** :
- la CJUE dans le cadre d'un recours en manquement contre la France ;
- l'Autorité de la concurrence, qui est chargée de faire respecter le droit de la concurrence, y compris le droit de l'UE, au besoin en laissant inappliquée une législation nationale contraire.

› Précisions Les **particuliers** ne peuvent pas exercer de **recours** en manquement contre la France directement devant la CJUE, mais ils peuvent présenter une plainte à la Commission européenne qui, si elle l'estime opportun, pourra exercer le recours en manquement devant la CJUE après avoir mis en demeure la France de se conformer au droit de l'UE.

SECTION 3

LE MARCHÉ EN CAUSE OU « MARCHÉ PERTINENT »

NÉCESSITÉ DE DÉLIMITER LE MARCHÉ EN CAUSE

Il est nécessaire, pour évaluer l'impact sur la concurrence d'une pratique anticoncurrentielle (abus de position dominante, entente, mais aussi pratique de prix abusivement bas prohibée par l'article L 420-5 du Code de commerce), de déterminer au préalable les contours du marché dont le fonctionnement a été ou risque d'être affecté (appelé **« marché en cause »,** selon la terminologie du droit de l'Union, ou **« marché pertinent »** en droit interne). Dans les développements qui suivent, les expressions « marché en cause » et « marché pertinent » seront indifféremment utilisées. **42700**

L'analyse du marché en cause est la première démarche entreprise par les autorités de concurrence pour délimiter le cadre à l'intérieur duquel s'appliquent les règles relatives aux ententes ou aux abus de domination.

A. Notion de marché en cause

TEXTES RELATIFS À LA NOTION DE MARCHÉ EN CAUSE

Commission européenne La méthodologie traditionnelle utilisée par la Commission européenne pour circonscrire les marchés de produits ou les marchés géographiques, aux fins de la mise en œuvre du droit de la concurrence de l'Union (pratiques anti concurrentielles et opérations de concentration), est exposée dans sa **communication du 8 février 2024** (Communication C/2024/1645 de la Commission sur la définition du marché en cause aux fins du droit communautaire de la concurrence), qui remplace une première communication adoptée en 1997. **42710**

Les **lignes directrices** de la Commission **sur les restrictions verticales** traitent des questions relatives à la définition des marchés et au calcul des parts de marché qui sont spécifiques aux accords verticaux (JOUE 2022 C 248).

La Commission a par ailleurs adopté des lignes directrices sur l'analyse du marché et l'évaluation de la puissance sur le marché en application du cadre réglementaire de l'Union pour les réseaux et les services de **communications électroniques** (JOUE 2018 C 159 p. 1).

› Précisions La **communication de 2024** adapte les orientations de la Commission de 1997 aux **nouvelles réalités du marché** (numérisation accrue, nouveaux modes d'offre de biens et services et caractère interconnecté des échanges commerciaux), ainsi qu'à l'évolution de sa pratique décisionnelle et de la jurisprudence de l'Union européenne.

Elle comporte en particulier :
– des orientations plus accessibles (structure détaillée et exemples concrets illustrant l'application pratique des concepts de définition du marché) ;
– une description des principes généraux de la définition du marché ;
– la reconnaissance de l'importance de paramètres autres que le prix pour la définition du marché (dont l'innovation, la qualité, la fiabilité de l'approvisionnement et la durabilité) ;
– des orientations spécifiques concernant les marchés numériques (relatives notamment aux marchés multifaces et aux « écosystèmes numériques », comme les produits construits autour d'un système d'exploitation mobile) et les industries à forte intensité d'innovation ;
– des précisions sur les analyses dynamiques et prospectives (notamment pour les marchés soumis aux changements réglementaires ou technologiques) ;
– des orientations élargies sur la définition du marché géographique (facteurs pouvant justifier la définition du marché comme étant mondial, à l'échelle de l'EEE, national ou local, et rôle des importations) ;
– des précisions sur diverses techniques quantitatives utilisées pour définir les marchés, telles que le test SSNIP (sur ce test, voir n°s 42910 s.) ;
– des orientations sur des paramètres pertinents pour le calcul des parts de marché (ventes, capacités, mesures d'utilisation, comme le nombre d'utilisateurs actifs ou de visites de sites web) ;
– une vue d'ensemble des différentes sources de preuves et de leur valeur probante pour les analyses de définition du marché.

42713 **Autorité de la concurrence** L'Autorité de la concurrence a, pour sa part, publié une **étude thématique** relative au marché pertinent dans son rapport annuel pour 2001 (BRDA 17/02 inf. 23) et, dans son rapport annuel pour 2013, complété cette étude par une autre dédiée aux marchés locaux.

Les **lignes directrices** de l'Autorité du 23 juillet 2020 relatives au contrôle des **concentrations** apportent également d'utiles précisions en matière d'analyse des marchés pertinents.

DÉFINITION DU MARCHÉ EN CAUSE

42715 La définition d'un marché permet à la **Commission européenne** de délimiter le périmètre à l'intérieur duquel s'exerce la concurrence entre les entreprises. Elle vise principalement à identifier de manière systématique les contraintes concurrentielles effectives et immédiates auxquelles sont confrontées les entreprises concernées lorsqu'elles proposent des produits donnés (notion désignant également des services ou des technologies, le cas échéant) sur un territoire donné. Cette définition permet d'identifier les concurrents concernés de l'entreprise ou des entreprises en question lorsqu'elles proposent ces produits ainsi que les clients concernés. Seuls les produits qui exercent des contraintes concurrentielles effectives et immédiates au cours de la période considérée font partie du même marché en cause que ceux de la ou des entreprises concernées, tandis que d'autres contraintes moins effectives, ou simplement potentielles, sont considérées comme faisant partie de l'appréciation concurrentielle (Communication de la Commission C/2024/1645, pt 6).

Dans ses rapports annuels, l'**Autorité de la concurrence** a donné une définition du marché pertinent voisine de celle retenue par la Commission : « Le marché, au sens où l'entend le droit de la concurrence, est défini comme le lieu sur lequel se rencontrent l'offre et la demande pour un produit ou un service spécifique. En théorie, sur un marché, les unités offertes sont parfaitement substituables pour les consommateurs qui peuvent ainsi arbitrer entre les offreurs lorsqu'il y en a plusieurs, ce qui implique que chaque offreur est soumis à la concurrence par les prix des autres. À l'inverse, un offreur sur un marché n'est pas directement contraint par les stratégies de prix des offreurs sur des marchés différents, parce que ces derniers commercialisent des produits ou des services qui ne répondent pas à la même demande et qui ne constituent donc pas, pour les consommateurs, des produits substituables. Une substituabilité parfaite entre produits ou services s'observant rarement, l'Autorité regarde comme substituables et comme se trouvant sur un même marché les produits ou services dont on peut raisonnablement penser que les demandeurs les considèrent comme des moyens alternatifs entre lesquels ils peuvent arbitrer pour satisfaire une même demande » (en particulier, étude thématique figurant dans le rapport annuel 2001 précité p. 89 ; voir aussi Aut. conc. 23-1-2012 n° 12-D-03, aff. « Traitement de l'insuffisance rénale chronique par dialyse en Haute-Savoie »). De manière plus concise, la **cour d'appel de Paris** définit le marché comme « le lieu théorique où se rencontrent l'offre et la demande de produits ou services qui sont considérés par les acheteurs ou les utilisateurs comme substituables entre eux mais non substituables aux autres biens ou services offerts » (CA Paris 20-12-2002 n° 2000/16011).

42720 Un **marché public** ou un **appel** d'**offres pour une délégation de service public** constituent un marché pertinent sur lequel se rencontrent la demande de la collectivité publique concernée et les offres des entreprises souhaitant y répondre (Cons. conc. 22-10-2008 n° 08-D-24, aff. « Affermage de la distribution d'eau et de l'assainissement à Saint-Jean-d'Angély »). Par suite, des marchés publics successifs constituent autant de marchés pertinents sur lesquels des comportements anticoncurrentiels peuvent être constatés (Cons. conc. 27-6-2006 n° 06-MC-02, aff. « Commune de Bouc-Bel-Air »).

Le fait que chaque marché public constitue un marché pertinent ne fait pas obstacle à ce que soit sanctionnée l'entente de répartition de marchés organisée à un échelon plus vaste que chacun des marchés considérés et produisant des effets sur ces marchés (Cons. conc. 15-12-2005 n° 05-D-69, aff. « Travaux routiers en Seine-Maritime »).

ILLUSTRATIONS

L'organisation d'une concertation pour se répartir les marchés urbains du transport public de voyageurs affecte le marché national du transport public urbain de voyageurs (Cons. conc. 5-7-2005 n° 05-D-38, aff. « Transport public urbain de voyageurs », confirmé pour l'essentiel, après cassation partielle et sur renvoi, par CA Paris 15-6-2010 n° 2009/20624).

42725 Un opérateur économique peut être sanctionné pour entente même si le **marché sur lequel il fausse la concurrence n'est pas celui où il exerce son activité** (Cass. com. 13-2-1996 : RJDA 5/96 n° 649). De même, un abus de position dominante peut être commis sur un marché différent de celui sur lequel l'entreprise détient une position dominante (voir n°s 45500 s.).

ILLUSTRATIONS

A été sanctionnée une société dont l'objet était l'organisation de salons professionnels, pour avoir conclu un accord d'exclusivité avec des entreprises de manutention afin d'écarter d'autres prestataires de services du marché de la manutention des salons (Cass. com. 13-2-1996 précité).

B. Délimitation préalable du marché en cause

1. INTÉRÊT DE LA DÉLIMITATION DU MARCHÉ

La délimitation du marché est généralement présentée comme une condition nécessaire et préalable à toute appréciation d'un comportement prétendument anticoncurrentiel. Il s'agit d'une **étape intermédiaire dans l'appréciation concurrentielle globale,** qui permet d'identifier et de délimiter le périmètre à l'intérieur duquel s'exerce la concurrence entre entreprises et d'apprécier le pouvoir de marché de ces dernières. Son utilisation est étroitement liée aux objectifs poursuivis par les divers instruments du droit de la concurrence. Ainsi, cette délimitation est moins importante pour les **ententes** que pour les **abus de position dominante.** 42770

› Précisions Lorsqu'il existe des **décisions antérieures** de la Commission concernant un marché spécifique, la Commission peut entamer son analyse à partir de ces décisions antérieures et vérifier si la définition du marché en cause utilisée dans ces décisions peut être appliquée au cas d'espèce (Trib. UE 7-5-2009 aff. 151/05, NVV e.a.).

INTÉRÊT DE LA DÉLIMITATION DU MARCHÉ EN CAS D'ENTENTE

La délimitation du marché pertinent, dans le cadre de l'application de l'**article 101, 1 du TFUE,** a pour unique finalité de rechercher si l'accord en cause est susceptible d'affecter le commerce entre les États membres et a pour objet ou pour effet d'empêcher, de restreindre ou de fausser le jeu de la concurrence à l'intérieur de l'UE (CJCE 11-7-2013 aff. 440/11 P, Commission c/ Gosselin, pt 101). Cette délimitation n'est obligatoire que si elle est nécessaire à cette recherche (Trib. UE 27-9-2012 aff. 82/08, Guardian Industries Corp., et, sur recours, CJUE 12-11-2014 aff. 580/12 ; TPICE 6-7-2000 aff. 62/98, Volkswagen, et, sur recours, CJCE 18-9-2003 aff. 338/00). Dans la pratique, la Commission a tendance à utiliser la définition du marché pour apprécier les accords qui ont pour effet d'empêcher, de restreindre ou de fausser le jeu de la concurrence. En revanche, la Commission ne définit généralement pas le marché en cause lorsqu'elle apprécie des accords qui ont pour objet d'empêcher, de restreindre ou de fausser le jeu de la concurrence, tels que les accords collusoires, et elle n'est pas tenue de le faire (Communication de la Commission C/2024/1645, pt 9, c). 42780

En revanche, la délimitation du marché pertinent est obligatoire lorsqu'il est fait application des lignes directrices prévoyant que des accords ne peuvent pas affecter sensiblement le commerce entre États membres si la part de marché totale des parties sur le marché en cause affecté par l'accord n'excède pas 5 % (CJUE 11-7-2013 aff. 440/11 P précité).

En **droit interne,** la cour d'appel de Paris considère que si des pratiques sont examinées au titre de la prohibition des ententes, il n'est pas nécessaire de définir le marché avec précision lorsque le secteur a été suffisamment identifié pour permettre de qualifier les pratiques observées et de les imputer aux opérateurs qui les ont mises en place (CA Paris 26-9-2013 n° 2012/08948, aff. « Société Roland Vlæmynck Tisseur » ; voir également Aut. conc. 23-3-2020 n° 20-D-05, aff. « Déménagement des personnels militaires au départ de La Réunion », confirmée par CA Paris 6-5-2021 n° 20/07505).

INTÉRÊT DE LA DÉLIMITATION DU MARCHÉ EN CAS D'ABUS DE POSITION DOMINANTE

La délimitation du marché pertinent, dans le cadre de l'application des **articles 102 du TFUE et L 420-2 du Code de commerce,** est obligatoire. Cette définition préalable permet de déterminer si l'entreprise en cause y occupe une position dominante. 42790

ATTENTION

L'Autorité de la concurrence considère que l'absence d'**éléments suffisamment probants** permettant de définir le marché pertinent suffit à motiver le rejet d'une saisine car ses services d'instruction n'ont pas vocation à suppléer la carence de la saisine (Aut. conc. 16-1-2019 n° 19-D-03, aff. « Transport transmanche de poussins » ; Aut. conc. 23-2-2022 n° 22-D-07, aff. « Secteur de l'édition et de la distribution de contenus audiovisuels en vidéo à la demande »). Le même standard de preuve s'applique à la délimitation du marché pertinent dans le cadre de mesures conservatoires (CA Paris 8-10-2020 n° 20/08071, aff. « Google – Mesures conservatoires dans le secteur des droits voisins »).

2. ÉTAPES DE LA DÉLIMITATION DU MARCHÉ EN CAUSE

42810 La délimitation du marché en cause s'effectue en deux étapes :
– identification des biens ou services qui s'échangent sur ce marché ;
– délimitation de la zone géographique concernée.

a. Délimitation du « marché de produits » (dimension « matérielle » du marché)

SUBSTITUABILITÉ DE LA DEMANDE

42820 Le marché de produits comprend tous les **produits et/ou services** que le consommateur considère comme **interchangeables ou substituables** en raison de leurs caractéristiques, de leur prix et de l'usage auquel ils sont destinés (CJCE 13-2-1979 aff. 85/76, Hoffmann-La Roche, pt 28 ; CJUE 28-2-2013 aff. 1/12, Ordem dos Técnicos Oficiais de Contas, pt 77 ; CJUE 23-1-2018 aff. 179/16, Hoffmann-La Roche, pt 50 ; CJUE 30-1-2020 aff. 307/18, Generics UK).

Compte tenu de la grande diversité des marchés de produits et services étudiés, de nombreux indices sont pris en compte afin d'apprécier si les demandeurs considèrent – ou non – certains biens et services comme des moyens alternatifs de satisfaire une même demande et entre lesquels ils peuvent arbitrer.

En droit de la concurrence, les contours du marché procèdent donc de la seule contrainte qu'est susceptible d'exercer la compétition entre les entreprises. Or, les pressions concurrentielles se mesurent à l'aune du **degré de substituabilité** des produits et des services : plus les produits sont considérés par les demandeurs comme interchangeables, plus il est facile aux consommateurs de substituer à un produit d'autres produits ou services qu'ils tiennent pour équivalents au vu de leurs caractéristiques, de leur prix ou de l'usage auquel ils sont destinés, et plus la menace d'un report de la demande vers les produits concurrents, en cas d'augmentation des prix ou de baisse de la qualité, conduira les entreprises ainsi contraintes à discipliner leur comportement. Si les clients d'une entreprise peuvent reporter leur achat sur les produits parfaitement substituables et aisément accessibles d'un concurrent, il y a peu de chances en effet que cette entreprise prenne le risque de modifier inconsidérément les conditions de son offre (notamment en termes de prix). La substituabilité décrite est celle que l'on observe du côté des demandeurs : c'est la substituabilité de la demande. C'est elle que les autorités de concurrence – qu'elles soient de l'Union ou nationales – prennent en considération en tout premier lieu (Communication de la Commission C/2024/1645, pts 25 s.).

L'interchangeabilité ou la **substituabilité** ne **s'apprécie** pas au regard des seules caractéristiques objectives des produits et des services en cause mais également des conditions de la concurrence et de la structure de la demande et de l'offre sur le marché (CJUE 23-1-2018 aff. 179/16, Hoffmann-La Roche, pt 51).

ILLUSTRATIONS

Une autorité nationale de concurrence peut valablement inclure dans le marché pertinent, outre les médicaments autorisés pour le traitement d'une pathologie déterminée, un autre médicament qui est utilisé à la même fin et présente ainsi un rapport concret de substituabilité avec les médicaments ayant cette indication thérapeutique, quand bien même l'AMM de ce médicament ne couvre pas le traitement de ces pathologies ; en effet, il n'est pas interdit de prescrire des médicaments pour des indications thérapeutiques hors AMM ou de les reconditionner en vue d'une telle utilisation (CJUE 23-1-2018 précité).

Pour apprécier la substituabilité de la demande, la **Commission** se fonde sur une série d'**éléments de preuve** qui comprennent, en fonction des exigences et des particularités de chaque cas, des facteurs expliquant les raisons pour lesquelles les clients remplaceraient ou non un produit par un autre, tels que leurs préférences en ce qui concerne les caractéristiques du produit, son prix, ses fonctionnalités, l'usage auquel il est destiné et les barrières au changement de produit ainsi que les coûts du changement. Ces éléments comprennent également des indicateurs directs de substitution, tels que la preuve d'une substitution passée ou hypothétique. Pour une présentation détaillée, voir la communication de la Commission C/2024/1645, pts 48 s.

De façon similaire, l'**Autorité de la concurrence** considère que la substituabilité de la demande peut être appréciée à l'aide des différents **indices** suivants (Rapport annuel pour 2001, étude thématique sur le marché pertinent) :
– existence d'une offre et d'une demande ;
– nature ou fonction organique d'un produit, caractéristiques physiques et matérielles de celui-ci ;

- fonction et utilisation du produit ;
- caractéristiques de l'offre ;
- environnement juridique ;
- différences de prix ;
- préférences des demandeurs.

> **Précisions** **a.** Les stratégies de commercialisation mises en place par les entreprises, comme la différenciation des produits ou celle des modes de distribution, peuvent avoir un impact direct sur la **substituabilité du point de vue des clients** et, donc, fonder une distinction des marchés (Aut. conc., LD du 23-7-2020 relatives au contrôle des concentrations, pt 519).
> **b.** L'examen des **préférences des demandeurs** appelle une analyse concrète de leurs comportements d'approvisionnement. Par exemple, pour décider qu'il existe, sur le territoire français, un marché pertinent de la chaîne en or de qualité et de fabrication française distinct de celui des produits importés, distribués à des prix inférieurs, la cour d'appel de Paris devait analyser de façon concrète le comportement d'approvisionnement des détaillants indépendants en chaînes en or en recherchant si, compte tenu des qualités respectives des deux types de chaînes, la demande de ces détaillants pour les chaînes en or de fabrication française était indépendante du prix des chaînes de fabrication étrangère (Cass. com. 26-6-2007 nº 05-21.378 : RJDA 11/07 nº 1152).

SUBSTITUABILITÉ DE L'OFFRE

Dans certaines circonstances, les autorités de concurrence peuvent être conduites à prendre en compte, à titre de complément, une contrainte concurrentielle supplémentaire : la **capacité des fabricants d'autres produits à adapter,** à faible coût et à brève échéance, **leur outil de production** au produit en question et, ce faisant, à entrer sur le marché en cause. C'est la substituabilité du côté de l'offre. En présence de produits substituables du côté de l'offre, le supplément de production apporté au marché neutralise toute stratégie de réduction des quantités (et de hausse des prix) des offreurs. Le marché peut alors être étendu même si les produits ne sont pas substituables du côté de la demande. Il faut pour cela que la plupart des fournisseurs soient en mesure de proposer et de vendre des produits concurrents immédiatement et sans augmenter leurs coûts de manière substantielle. **42830**

Pour les autorités de l'Union, la substituabilité de l'offre peut être un facteur important de la délimitation du marché. Elle peut être prise en considération pour définir le marché en cause dans les opérations dans lesquelles cette substituabilité a des effets équivalents à ceux de la substituabilité du côté de la demande en termes d'immédiateté et d'efficacité ; ainsi, ce critère implique que les producteurs puissent, par une simple adaptation, se présenter sur ce marché avec une force suffisante pour constituer un contrepoids sérieux aux producteurs déjà présents sur le marché (Trib. UE 28-4-2010 aff. 446/05, Amann & Söhne GmbH & Co. KG).

D'après l'expérience de la Commission, la substituabilité de l'offre n'entre en ligne de compte pour la définition du marché en cause que dans des cas spécifiques (Communication de la Commission C/2024/1645, pt 23). Il en va ainsi notamment lorsque les fournisseurs utilisent les mêmes actifs et procédés pour fabriquer des produits connexes qui ne sont pas des substituts pour les clients, et lorsque cela conduit à des conditions de concurrence similaires dans l'ensemble de la gamme de ces produits connexes. Pour inclure ces produits connexes dans le marché de produits en cause, l'effet contraignant de la substitution de l'offre dans l'ensemble de la gamme de produits doit être équivalent à celui de la substitution de la demande en termes d'immédiateté et d'effectivité, et la plupart des fournisseurs, sinon tous, doivent être en mesure de réorienter leur production d'un produit à l'autre de la gamme de produits connexes. Pour des exemples de situations d'une substitution de l'offre suffisamment forte, voir la communication précitée, pts 32 s.

Pour évaluer la substituabilité de l'offre, la Commission peut prendre en considération des éléments de preuve d'une substitution passée, ainsi que les barrières et les coûts associés à une réorientation de l'offre (Communication C/2024/1645, pts 61 s.).

La Commission n'a pas toute latitude pour définir les marchés pertinents et opère sous le contrôle strict des juridictions de l'Union.

ILLUSTRATIONS

La Commission avait considéré que la molécule (périndopril) constituait un marché pertinent distinct des autres médicaments de la même classe thérapeutique (classe des IEC – Inhibiteurs de l'Enzyme de Conversion) en se fondant principalement sur le prix des médicaments. Le Tribunal lui a reproché de ne pas avoir suffisamment pris en compte les caractéristiques du secteur pharmaceutique et de la substituabilité thérapeutique des médicaments. Des pressions concurrentielles d'ordre qualitatif ou non tarifaire, comme la propension des patients à changer de médicament, permettent en effet de nuancer l'importance du facteur prix dans l'analyse des contraintes concurrentielles (Trib. UE 12-12-2018 aff. 691/14, Servier, pts 1584 s., pourvoi en cours).

Ce n'est qu'exceptionnellement que l'**autorité de concurrence française** considère que le critère de la substituabilité de la demande n'est pas opérant et favorise l'analyse de la substituabilité de l'offre. Du côté de l'offre, la substitution suppose que « les fournisseurs puissent réorienter leur production vers les produits ou services en cause sans coût ou risque insupportable pour se substituer à l'offreur précédent, étant observé que si la substitution nécessite de lourds investissements ou des révisions stratégiques, il n'en est pas tenu compte dans la définition du marché » (CA Paris 19-5-1998 : BOCCRF du 18-6-1998 ; Cons. conc. 22-12-2005 n° 05-D-75, aff. « Monnaie de Paris »).

ATTENTION

L'Autorité de la concurrence est susceptible d'**évolution** dans son appréciation de la substituabilité de l'offre puisqu'elle a assez récemment admis que le **commerce en ligne** constitue un canal de vente substituable à la vente en magasins dans le secteur de l'électrodomestique, ce qu'elle avait toujours refusé de considérer auparavant (Aut. conc. 27-7-2016 n° 16-DCC-111, relative à la prise de contrôle exclusif de Darty par la Fnac, non remis en cause par CE 4-4-2018 n° 405343). Elle a confirmé cette approche dans le secteur de l'achat et de la vente au détail de jeux et jouets : elle a constaté que les ventes en ligne de jouets constituent une part importante du total des ventes, que l'organisation des entreprises et la stratégie commerciale et tarifaire sont omnicanales et que les services en ligne sont quasiment identiques à ceux proposés en magasin (Aut. conc. 17-4-2019 n° 19-DCC-65, Luderix).

b. Délimitation du « marché géographique »

PRINCIPES ATTACHÉS À LA DÉLIMITATION DU MARCHÉ GÉOGRAPHIQUE

42870 Le marché géographique comprend le territoire sur lequel les entreprises concernées offrent ou demandent des produits en cause, sur lequel les conditions de concurrence sont suffisamment homogènes pour que les effets du comportement (ou de la concentration) faisant l'objet de l'enquête puissent être appréciés, et qui peut être distingué des autres territoires en particulier en raison des conditions de concurrence sensiblement différentes de celles prévalant sur ces territoires (Trib. UE 30-9-2003 aff. 346/02 et 347/02, Cableuropa ; Trib. UE 7-5-2009 aff. 151/05, NVV e.a.).

La **méthodologie générale suivie par la Commission** pour la définition des marchés géographiques est détaillée aux points 38 et suivants de la communication de 2024 (n° 42710). Parmi les éléments de preuve susceptibles d'être pertinents pour cette définition figurent : l'identité des fournisseurs disponibles, les parts de marchés et le prix (pts 64 s.) ; les préférences et comportements d'achat des clients (pts 67 s.) ; les barrières et coûts liés à l'offre aux clients sur différents territoires (pts 70 et 71) ; les facteurs liés à la distance, aux coûts de transport et aux zones de chalandise (pts 72 s.) ; les courants d'échange et les caractéristiques des expéditions (pt 75).

Selon l'**Autorité de la concurrence,** la délimitation d'un marché de produits s'entend sur une zone géographique définie, soit parce que l'analyse faite du comportement de la demande n'est valable que sur cette zone, soit parce qu'il s'agit de la zone géographique à l'intérieur de laquelle les demandeurs se procurent ou peuvent se procurer le produit ou service en question. Il s'agit de la zone géographique sur laquelle un pouvoir de monopole peut effectivement être exercé par un ou plusieurs opérateurs, sans être exposé à la concurrence d'autres offreurs situés dans d'autres zones géographiques ou à celle d'autres biens ou services (Rapport annuel pour 2001, Étude thématique « Le marché pertinent » ; Cons. conc. 28-6-2006 n° 06-D-18 aff. « Publicité cinématographique »). Un marché géographique pertinent comprend dès lors « le territoire sur lequel les entreprises concernées sont engagées dans l'offre de biens et services en cause et sur lequel les conditions de concurrence sont suffisamment homogènes et ne comprend pas les zones géographiques voisines dès lors que les conditions de concurrence y diffèrent de manière appréciable » (Cons. conc. 9-12-2004 n° 04-MC-02, aff. « Orange Caraïbe », et, sur appel, CA Paris 28-1-2005 n° 2004/23525 ; Cons. conc. 28-6-2006 n° 06-D-18 précité).

La réalité des flux d'échanges, de la distance effectivement parcourue par les offreurs ou par les demandeurs jusqu'au point de rencontre de l'offre et de la demande, de la disponibilité des biens en cause pour les consommateurs d'une zone géographique, ou encore les écarts de prix d'une zone à l'autre font l'objet de constatations qui reçoivent ensuite des **éléments d'explication** d'ordre physique, réglementaire ou comportemental (Étude thématique « Le marché pertinent » précitée) :

– les contraintes physiques peuvent être liées au coût du transport rapporté à la valeur des produits. La distance à parcourir par les consommateurs constitue également une contrainte physique, mais doit être rapportée à la qualité du réseau routier, à la fréquence des déplacements nécessaires, à l'attractivité que présente le point de vente, à travers la taille de ce

dernier, l'étendue des différentes gammes proposées et la qualité des infrastructures qui lui sont attachées (autres services à proximité du lieu de vente, parking) ;
– certains marchés sont géographiquement limités par des contraintes légales ou réglementaires ;
– les différences nationales en matière de normes limitent l'étendue géographique sur laquelle certains produits sont effectivement offerts ;
– des considérations tenant au comportement de la demande, telles que les préférences et les habitudes régionales ou nationales ou l'attachement aux marques, expliquent par ailleurs que certains produits d'origine géographique différente ne soient pas considérés comme substituables aux produits locaux du point de vue de la demande. Ainsi, l'élasticité croisée de la demande entre deux produits peut être différente d'une zone géographique à l'autre en raison d'habitudes locales.

Les marchés ainsi définis sont parfois de **dimension** géographique **très** restreinte (voir par exemple n° 42720).

À l'inverse, les effets de l'harmonisation européenne, de la concentration des entreprises et de la globalisation des échanges conduisent de plus en plus à définir des **marchés européens, voire mondiaux.** La Commission précise que les marchés sont susceptibles d'être considérés comme étant mondiaux lorsque les clients dans le monde entier « ont accès aux mêmes fournisseurs à des conditions similaires, quel que soit le lieu où ils se trouvent » (Communication de 2024 précitée, pt 69). Des marchés peuvent aussi être définis comme étant mondiaux à l'exception de certains territoires, lorsque certains pays sont exclus en raison de barrières à l'entrée ou d'autres obstacles à l'approvisionnement mondial des clients. En outre, la Communication explique quand les contraintes des importations peuvent être suffisantes pour déterminer des marchés mondiaux.

ILLUSTRATIONS

Dans une affaire Microsoft, la Commission a reconnu la dimension mondiale du marché des systèmes d'exploitation associés à des lecteurs multimédias, et affirmé que ni « les restrictions à l'importation, ni les coûts de transport, ni les exigences techniques ne constituaient des barrières importantes » (Commission CE 24-5-2004, COMP/C-3/37.792 et, sur recours, TPICE 22-12-2004 aff. 201/04).

Dans une affaire Google, la Commission a identifié notamment deux marchés mondiaux (hors Chine) sur lesquels l'entreprise se trouvait en position dominante : le marché des systèmes d'exploitation pour appareils mobiles intelligents sous licence et le marché des boutiques d'applications Android (Commission CE 18-7-2018 n° AT.40099, aff. « Google Androïd » et, sur recours, Trib. UE 14-12-2022 aff. 604/18, Google et Alphabet).

Pour d'autres exemples de marchés géographiques mondiaux, voir Communication C/2024/1645 pt 69.

Certains marchés peuvent par ailleurs faire l'objet d'une **analyse à plusieurs niveaux,** en particulier au niveau national et à un échelon local (Aut. conc., LD du 23-7-2020 relatives au contrôle des concentrations, pt 539).

CAS DE LA DÉLIMITATION DES MARCHÉS LOCAUX

Les marchés locaux peuvent présenter une particularité dans la mesure où ils forment une structure peu propice à l'intensité concurrentielle, mais dans laquelle la proximité est favorable aux échanges et coordinations entre les opérateurs. **42880**

La délimitation géographique des marchés locaux commence par la **localisation d'une « zone de chalandise »** autour du point de vente dont on cherche à apprécier le pouvoir de marché.

De manière classique, la distance ou le temps de parcours des acheteurs/consommateurs peut constituer un élément important de la délimitation géographique des marchés locaux. Par exemple, dans la distribution de détail à dominante alimentaire, le marché est généralement considéré comme celui où se rencontrent la demande des consommateurs et l'offre des supermarchés situés à moins de quinze minutes de temps de déplacement en voiture (trente minutes pour un hypermarché).

Afin de se rapprocher davantage du comportement réel des consommateurs sur une zone donnée et lorsque les informations disponibles le permettent, l'Autorité de la concurrence retient que la zone de chalandise peut être limitée à celle où résident les clients à l'origine de 80 % des ventes du magasin ou, à défaut, à celle où résident 80 % de ses clients (Aut. conc. 3-8-2012 n° 12-DCC-46, prise de contrôle des fonds de commerce de la société SCT Toutelectric par le groupe Rexel, pt 50 ; Aut. conc., LD du 23-7-2020 relatives au contrôle des concentrations, pt 545).

La définition d'un marché local peut prendre en compte d'autres facteurs, tels que le **critère réglementaire** qui impose à certains professionnels de s'enregistrer auprès d'une autorité.

Ainsi, dans le secteur des services de taxi, le marché géographique est limité à la ville et ses environs pour laquelle l'autorisation de stationnement est délivrée (pour un exemple de pratique anticoncurrentielle sur un marché local dans ce secteur, voir CA Paris 20-2-2020 nº 19/08337, aff. « Taxis à Antibes Juan-les-Pins »).

Le rapport annuel de l'Autorité de la concurrence pour 2013 (p. 67 s.) mentionne encore les **spécificités locales de l'offre et/ou de la demande,** l'objectif d'**accéder à une clientèle locale** et le cas des réponses à des **appels d'offres** où chaque consultation est généralement considérée comme un marché pertinent (nº 42720).

c. Collecte et évaluation des éléments de preuve

42885 Pour définir le marché en cause, la Commission peut utiliser différentes **sources d'information** et **types de preuve** à la fois qualitatives et quantitatives. Leur valeur probante dépend de leur seule fiabilité (Trib. UE 13-9-2013 aff. 566/08, Total Raffinage Marketing).

Ces **éléments** peuvent **provenir** directement des entreprises concernées mais aussi d'autorités publiques ou encore d'acteurs du marché ayant des intérêts conflictuels, comme les principaux concurrents, les fournisseurs et leurs clients directs. Dans certains cas, des études ad hoc menées aux fins de l'enquête et couvrant un échantillon représentatif de clients ou de fournisseurs peuvent fournir des éléments utiles sur le marché en cause. La Commission peut également s'appuyer sur des informations publiques, des rapports sur le marché ou le secteur, des rapports d'analyse financière, ainsi que des statistiques de marché ou des études économiques, y compris celles réalisées par des consultants externes, ou encore des informations obtenues dans le cadre de visites informelles ou d'enquêtes formelles dans les locaux des entreprises concernées, de leurs clients ou de leurs concurrents (Communication de la Commission C/2024/1645, pts 76 s.).

La Commission doit procéder à une **appréciation globale** fondée sur toutes les informations dont elle dispose et qui peuvent lui être utiles pour l'appréciation des cas concrets (Trib. UE 6-7-2010 aff. 342/07, Ryanair), sans être tenue de suivre « un ordre hiérarchique rigide des différentes sources d'information ou des différents types d'éléments de preuve » (Trib. UE 11-1-2017 aff. 699/14, Topps Europe ; Trib. UE 22-6-2022 aff. 584/19, ThyssenKrupp).

> **› Précisions** Dans l'arrêt Ryanair précité, le Tribunal a déclaré qu'« il appartient à la Commission d'évaluer globalement le résultat du faisceau d'indices utilisé pour évaluer la situation de concurrence. Il se peut, à cet égard, que certains éléments soient privilégiés et que d'autres soient écartés ». La Commission a indiqué que le même raisonnement doit être transposé à la définition du marché (Communication de la Commission C/2024/1645, note 103).

3. APPRÉCIATION DE LA SUBSTITUABILITÉ DES PRODUITS ET SERVICES EN CAUSE

MODALITÉS GÉNÉRALES D'APPRÉCIATION

42900 Comment, en pratique, mesurer la substituabilité d'un ensemble de produits ou de services ? Comment savoir si les consommateurs tiennent pour substituables deux produits, mais non un troisième, et par conséquent que ce dernier n'est pas en mesure, à la différence des deux autres, d'exercer une pression concurrentielle sur le marché en cause ?

L'**analyse des similarités ou des différences techniques de deux biens** peut, dans certains cas, être utile pour déterminer l'absence de substituabilité entre eux. En revanche, elle ne permet pas de dire si deux biens susceptibles de remplir la même fonction sont, dans les faits, substituables pour les demandeurs, au point même que des biens identiques devront être considérés économiquement comme différenciés, dès lors qu'ils sont localisés différemment ou qu'ils sont destinés à des clientèles distinctes. Par exemple, les margarines destinées aux consommateurs n'appartiennent pas au même marché que les margarines utilisées par les professionnels des métiers de bouche (Avis Cons. conc. nº 94-A-17).

En revanche, des produits ou services physiquement très différents, par exemple le TGV, l'avion ou la voiture, peuvent, sur un trajet donné, constituer des substituts proches, susceptibles d'exercer une contrainte concurrentielle les uns sur les autres.

42905 Au-delà de l'analyse de la substituabilité directe des produits ou services concernés, les autorités de concurrence peuvent être amenées à utiliser d'**autres critères d'ordre qualitatif ou quantitatif,** afin d'étayer leur appréciation du marché en cause ou de mesurer le degré d'interchangeabilité réel entre les produits ou les services concernés. Particulièrement dans le cas de produits différenciés, l'analyse de la substituabilité entre deux produits est souvent une question de degré (proximité concurrentielle) plutôt que de substituabilité binaire.

Elles peuvent ainsi :
- recueillir le point de vue des clients et des concurrents, afin d'estimer leur réaction à une augmentation significative et durable du prix du produit ou service en cause ;
- recueillir les préférences des consommateurs à travers des études de marché conduites par les entreprises ;
- identifier des barrières (réglementaires ou autres) et des coûts associés à un transfert de la demande vers d'autres produits ou d'autres zones ;
- s'interroger sur l'existence de catégories de clients différentes constituant autant de marchés distincts lorsque des groupes de clients font l'objet de prix discriminatoires ;
- rechercher l'indice d'une substitution dans un passé récent. Il est possible, dans certains cas, de tirer des éléments d'information des variations des prix qui se seraient produites récemment sur le marché en termes, par exemple, de substitution entre deux produits ou de réaction de la part des clients ;
- prendre en considération les résultats d'études économiques (dites « quantitatives »).

TEST DIT « DU MONOPOLEUR HYPOTHÉTIQUE » OU « TEST SSNIP »

Définition Afin d'appréhender plus directement la substituabilité, les économistes ont imaginé un test dit « du monopoleur hypothétique » ou « test SSNIP » (« small but significant non transitory increase in price » : augmentation faible mais significative et non transitoire des prix), susceptible d'aider les autorités de concurrence dans la définition des marchés. Ce test repose sur une **estimation de l'élasticité croisée de la demande,** qui fournit une mesure de la sensibilité de la demande d'un bien au changement du prix d'un autre bien. Ici, on part de l'idée que le marché pertinent est circonscrit dès l'instant qu'une entreprise – ou un ensemble de sociétés considérées, pour les besoins du test, comme un seul monopoleur hypothétique – est en mesure d'augmenter significativement (5 à 10 %) et de façon durable les prix de ses produits, sans subir de pertes corrélatives consécutives au report d'une partie de la clientèle sur des produits de substitution aisément accessibles. 42910

En pratique, on s'attache à mesurer l'intensité des reports des achats sur chacun des produits de substitution possibles, en les confrontant, les uns après les autres, avec le produit du monopoleur hypothétique.

> **Précisions** Les **modalités du test** sont les suivantes. On commence par le bien qui semble le plus proche substitut. Si le test s'avère négatif, c'est-à-dire si les reports vers ce produit de substitution sont suffisants pour ôter tout intérêt à une augmentation de 5 à 10 % du prix, on en déduit que les clients considèrent les deux biens comme interchangeables et que le bien de substitution exerce une contrainte effective sur les conditions de commercialisation de l'autre produit. On recommence alors l'opération en élargissant le test à un deuxième produit de substitution. Mais cette fois, on présume que la hausse de prix de 5 à 10 % concerne l'ensemble des biens dont on vient d'établir la substituabilité, puisqu'il est à présent avéré qu'ils appartiennent au même marché. Les clients qui consomment habituellement ces produits seront-ils suffisamment nombreux à se reporter vers le produit de substitution pour que l'on puisse considérer qu'il fait partie du marché ? Et, suivant une approche concentrique, on procède ainsi jusqu'à ce que l'on parvienne à identifier l'ensemble des entreprises – le(s) monopoleur(s) hypothétique(s) – qui exercent les unes sur les autres une pression concurrentielle, mais sur lesquelles les autres opérateurs n'exercent pas de véritables contraintes. La principale difficulté de l'utilisation de ce test réside dans le fait qu'il est impératif de partir du niveau de prix concurrentiel avant d'étudier les conséquences de l'éventuelle augmentation de ce dernier. Or celui-ci n'est pas nécessairement le prix observé. Si l'on se fonde sur un prix de monopole, le test pourrait placer sur un même marché des produits pourtant situés sur des marchés manifestement distincts. Le caractère non substituable aux yeux des consommateurs des produits des autres opérateurs ou leur localisation interdisant tout report les place irrémédiablement en dehors du marché pertinent.

Utilisation du test Après avoir fait de ce test la pierre angulaire de sa communication sur la définition du marché en cause de 1997, la **Commission** se montre aujourd'hui plus mesurée. La communication de 2024 (nº 42710) indique en effet que « si la Commission peut se fonder sur les principes du test SSNIP dans son appréciation du marché en cause, elle n'est pas tenue d'appliquer le test SSNIP de manière empirique, et d'autres types de preuve sont tout aussi valables pour éclairer la définition du marché. En fait, dans la plupart des cas, le test SSNIP sert uniquement de cadre conceptuel pour l'interprétation des éléments de preuve disponibles » (pt 31). Le Tribunal de l'UE considère que la Commission ne commet « aucune erreur manifeste d'appréciation en fondant ses conclusions relatives au marché en 42920 cause sur son appréciation des éléments de preuve recueillis, sans recourir à un test SSNIP » (Trib. UE 11-1-2017 aff. 699/14, Topps Europe).

Depuis quelques années, l'**Autorité de la concurrence** admet elle aussi l'approche quantitative et donne une place croissante à l'analyse économique et aux tests dits « quantitatifs », notamment pour l'analyse des marchés locaux, mais également pour les marchés agricoles mettant en présence les acteurs de l'industrie agroalimentaire et la grande distribution (Lignes directrices du 23-7-2020 relatives au contrôle des concentrations, pts 523 s.). Elle considère que la mise en œuvre pratique du test SSNIP est la principale méthode quantitative permettant de délimiter le marché (cf. Lignes directrices de 2020 précitées).

Dans le cadre de ce test, des ratios de diversion peuvent être calculés. Le ratio de diversion d'un produit A vers un produit B indique la fraction des ventes perdues par le produit A, à la suite d'une hausse de son prix, qui se reportent vers le produit B lorsque cette hausse de prix est légère mais permanente. Plus ce ratio de diversion est élevé, plus les produits sont des substituts proches.

À défaut de pouvoir mettre en œuvre rigoureusement le test SSNIP, d'**autres méthodes quantitatives** peuvent être utilisées pour éclairer la délimitation des marchés pertinents. Dans certains cas, la proximité des produits peut être évaluée directement à partir du calcul des ratios de diversion (Aut. conc. 2-7-2012 nº 12-DCC-92, acquisition de six sociétés du groupe Patriarche par la société Castel Frères SAS, pts 40 à 48). L'observation des évolutions des prix peut également fournir des indications précieuses sur la substituabilité des produits, car des produits différents qui répondent à une même demande peuvent présenter des écarts de prix, mais leurs prix respectifs doivent en principe évoluer de façon similaire dans le temps (LD précitées, pts 559-560).

L'analyse de l'**impact des chocs** qui ont affecté le marché peut aussi fournir des indications sur le degré de substituabilité des produits (LD précitées, pt 561). Il peut s'agir :
– de l'entrée d'un nouveau concurrent ;
– du lancement d'un nouveau produit ;
– d'une variation des taux de change ;
– d'une augmentation ou d'une diminution soudaine de la capacité de production d'un acteur.

À noter que dans le cadre de l'analyse des **marchés bifaces,** les autorités de concurrence sont susceptibles d'utiliser un autre **test, dit « SSNDQ »** (« small but significant, non-transitory decrease in quality »), fondé non pas sur la variation du prix mais sur la variation de la qualité (nº 42950). De manière plus générale, la Commission indique que « lorsque des entreprises se livrent concurrence sur d'autres paramètres que le prix, tels que la qualité ou le niveau d'innovation, il est difficile d'appliquer le test SSNIP, en particulier dans le contexte de produits à prix monétaire nul et d'industries hautement innovantes » (Communication C/2024/1645, pt 30).

4. PRINCIPES SPÉCIFIQUES APPLICABLES À CERTAINS SECTEURS

42940 Certaines industries, certains secteurs ou certains types de marché font l'objet, en raison de leur particularisme, d'orientations spécifiques de la part de la Commission européenne. Ces orientations s'appliquent, sauf indication contraire, cumulativement avec les principes généraux relatifs à la définition du marché de produits (nºs 42820 s.) et du marché géographique (nºs 42870 s.) précédemment décrits (Communication de la Commission C/2024/1645, pts 84 s.).

DÉFINITION DU MARCHÉ EN PRÉSENCE D'UNE DIFFÉRENCIATION NOTABLE

42942 Les produits peuvent être sensiblement différenciés de sorte que certains soient des substituts plus proches que d'autres. La **différenciation** peut se produire **au niveau du produit ou au niveau géographique.** Il y a différenciation des produits lorsque les caractéristiques des produits ont une importance pour le choix du consommateur, notamment la conception, l'image de marque, les spécifications techniques, la durabilité, le niveau de service ou toute autre caractéristique spécifique. Il y a différenciation géographique lorsque le lieu d'implantation du client et du fournisseur a une importance pour le choix du client.

L'**analyse des substituts** effectivement accessibles aux clients pour définir le marché en cause peut conduire la Commission à déterminer des marchés en cause distincts au sein d'un éventail de produits différenciés. Dans d'autres cas, la Commission peut définir un marché en cause relativement large qui inclut des produits différenciés.

L'existence de « **chaines de substitution** » peut amener la Commission à envisager de définir des marchés en cause dans lesquels les produits ou les territoires situés aux limites du marché ne sont pas directement substituables. Toutefois, l'analyse des faits a généralement conduit la Commission à rejeter ces définitions plus larges du marché (Communication C/2024/1645, pts 85 s.).

› Précisions L'existence d'une **chaîne de substitution** correspond, par exemple, à la situation suivante. Même si les clients d'un produit A peuvent ne pas considérer le produit C comme un produit de remplacement, il peut exister une chaîne de substitution lorsque les clients du produit A considèrent le produit B comme un substitut et que les clients du produit B considèrent le produit C comme un substitut. Le produit A peut alors être indirectement limité par la concurrence du produit C du fait d'une telle chaîne de substitution.

DÉFINITION DU MARCHÉ EN PRÉSENCE D'UNE DISCRIMINATION ENTRE CLIENTS OU GROUPES DE CLIENTS

La discrimination entre clients ou groupes de clients fondée sur des conditions d'approvisionnement différentes (prix ou niveaux de qualité, par exemple) pour des raisons indépendantes des coûts peut conduire à ce qu'un groupe de clients distinct pour le produit en cause constitue un marché distinct plus restreint. Il en va généralement ainsi lorsque les trois conditions suivantes sont réunies (Communication de la Commission C/2024/1645, pt 88) : 42944
– il est possible de déterminer précisément à quel groupe appartient un client donné au moment où on lui vend le produit en cause ;
– les échanges entre clients ou l'arbitrage par des tiers ne sont pas probables ;
– la discrimination entre clients ou groupes de clients a un caractère non transitoire.

Une discrimination fondée sur les lieux d'implantation des clients peut également conduire à définir le marché géographique en cause en fonction de ces lieux d'implantation (pt 89).

DÉFINITION DU MARCHÉ EN PRÉSENCE D'UNE R&D IMPORTANTE

Les spécificités des secteurs très innovants caractérisés par des activités de recherche et développement (R&D) fréquentes et importantes, généralement prises en compte au stade de l'analyse concurrentielle, peuvent également être pertinentes pour la définition du marché. 42946

L'issue des efforts d'innovation, en termes de produits finaux, pouvant être incertaine, la Commission peut tenir compte de résultats potentiels des processus R&D dans son appréciation (Communication C/2024/1645, pt 90). La Commission prend pour exemples le cas des produits en cours de développement (pt 91) et celui des efforts d'innovation à un stade précoce de la recherche (processus R&D non encore lié à un produit spécifique) (pt 92).

DÉFINITION DU MARCHÉ EN PRÉSENCE DE PLATEFORMES MULTIFACES

Notion de marché multiface En termes économiques, les plateformes se rattachent à la notion de « marchés bifaces » (ou, plus généralement, « multifaces »). Ces marchés ne sont pas l'apanage de l'économie numérique : on les connaissait dans des secteurs tels que la presse écrite, les systèmes de paiement par cartes bancaires ou l'émission de tickets-restaurant (Aut. conc. 17-12-2019 n° 19-D-25, aff. « Secteur des titres-restaurant », confirmé sur le fond par CA Paris 16-11-2023 n° 20/03434 : les émetteurs de titres-restaurant mettent en relation, d'une part, les salariés, par le biais de leurs employeurs et, d'autre part, les commerçants qui acceptent ces titres comme moyen de paiement). 42948

Toutefois, le développement de l'économie des **plateformes numériques,** qui mettent en relation différentes catégories d'acteurs interagissant sur le marché, a conduit les autorités de concurrence à identifier un nombre croissant de marchés « bifaces ». Par exemple, ont été qualifiés par l'Autorité de la concurrence de marchés bifaces les marchés sur lesquels interviennent les agences de voyages en ligne spécialisées dans la réservation d'hôtels (Aut. conc. 21-4-2015 n° 15-D-06, aff. « Booking ») ou les GAFA. Plus le nombre de requêtes effectuées sur un moteur de recherche est important, plus ce moteur aura une valeur économique élevée en raison de son pouvoir d'attraction, tant du point de vue des internautes que du point de vue des annonceurs, qui ont intérêt à ce que leur publicité touche une forte audience. Dans le cas de Google, sa position dominante renforce et accroît ce pouvoir d'attraction et d'accumulation (Aut. conc. 19-12-2019 n° 19-D-26, aff. « Google Ads », confirmée pour l'essentiel par CA Paris 7-4-2022 n° 20/03811).

Méthodologie de la Commission Dans sa communication de 2024 (n° 42710), la Commission souligne que les plateformes multifaces favorisent les **interactions entre différents groupes d'utilisateurs,** créant une situation dans laquelle la demande d'un groupe d'utilisateurs a une influence sur la demande des autres groupes (par exemple, les systèmes de cartes de paiement ou les plateformes financées par la publicité). La réaction d'un groupe à un changement des conditions de l'offre peut ainsi affecter d'autres groupes, ce qui donne lieu à des effets de réseau indirects (pt 94). 42950

Pour les produits proposés par une plateforme, la Commission peut définir (pt 95) :
– soit un **marché de produits dans son ensemble,** de manière à ce qu'il englobe l'ensemble (ou plusieurs) des groupes d'utilisateurs. La Commission a ainsi défini un marché unique du recrutement en ligne, englobant demandeurs d'emploi et recruteurs, pour l'examen de la concentration Microsoft/LinkedIn (Commission UE 6-12-2016 n° M.8124) ;
– soit définir des **marchés de produits en cause distincts** (bien que liés entre eux) pour les produits proposés sur chaque face de la plateforme, ce qui sera pertinent en présence de différences significatives dans les possibilités de substitution sur les différentes faces de la plateforme. Dans le système des cartes de paiement, la Commission a ainsi défini la face « émission » et la face « acquisition » du marché comme des marchés de produits en cause distincts (Commission UE n° AT. 34579, aff. Mastercard).

Dans un cas comme dans l'autre, pour définir les marchés, la Commission tient compte, si nécessaire, des effets de réseau indirects entre les groupes d'utilisateurs des différentes faces de la plateforme. En pratique, la présence de ces effets peut rendre l'appréciation de la substitution de la demande et, en particulier, l'application du **test « SSNIP »** (n° 42910) plus difficile que dans les situations où il n'existe pas une telle interdépendance entre les groupes d'utilisateurs. Par exemple, lorsque le test démontre qu'une entreprise peut augmenter durablement ses prix sur l'une des faces, cela n'implique pas pour autant que cette hausse n'aura pas d'effets négatifs sur la demande de l'autre face, de sorte que la délimitation du marché pertinent sera complètement faussée.

Par ailleurs, les plateformes multifaces peuvent fournir à un groupe d'utilisateurs un produit à un **prix monétaire nul, voire négatif,** pour les attirer vers les produits (payants) proposés sur les autres faces de la plateforme. Cette circonstance n'implique pas qu'il n'existe pas de marché en cause pour ce produit.

Dans de tels cas, pour apprécier la substituabilité de la demande, d'**autres paramètres que le prix** sont particulièrement pertinents comme (pt 98) : les fonctionnalités du produit ou son usage, les éléments de preuve d'une substitution passée ou hypothétique, les barrières ou les coûts du changement, comme l'interopérabilité avec d'autres produits, la portabilité des données et les caractéristiques des licences. La Commission peut également envisager d'autres solutions que le recours au test SSNIP, comme l'appréciation du comportement en matière de changement de fournisseur des clients du produit à prix nul en réponse à une diminution légère mais significative et non transitoire de la qualité (« SSNDQ » pour « small but significant, non transitory decrease in quality »).

ILLUSTRATIONS

La Commission a appliqué ce test dans l'affaire Google Androïd, afin de démontrer qu'une baisse de la qualité du service fourni par le système d'exploitation mobile n'entraînerait pas un changement significatif du choix du système d'exploitation utilisé par ses consommateurs (Commission UE 18-7-2018 n° AT.40099, aff. « Google Androïd » et, sur recours, Trib. UE 14-12-2022 aff. 604/18, Google et Alphabet).

Soulignons que la qualification de marché biface conduit les autorités de concurrence à adapter les méthodes traditionnellement utilisées pour l'identification d'éventuelles **pratiques de prédation** (voir n° 45590). Elles doivent ainsi prendre en compte la totalité des coûts supportés par une plateforme multiface et la somme des prix proposés sur l'ensemble des faces du marché.

DÉFINITION DU MARCHÉ EN PRÉSENCE DE MARCHÉS DE L'APRÈS-VENTE, DE PRODUITS GROUPÉS ET D'ÉCOSYSTÈMES NUMÉRIQUES

42960 **Après-vente** Lorsque la consommation d'un produit durable (produit primaire) conduit à la consommation d'un autre produit lié (produit secondaire), la Commission tient également compte, pour définir les marchés en cause pour les produits primaires et secondaires et/ou procéder à l'appréciation concurrentielle, des contraintes concurrentielles imposées par les conditions du marché sur les marchés liés respectifs. Il existe généralement trois manières possibles de définir les marchés de produits dans ce cas (Communication de la Commission C/2024/1645, pts 99 à 102) :

a) comme un marché des systèmes comprenant à la fois le produit primaire et le produit secondaire (par exemple, dans l'affaire General Electric c/ Alstom, la Commission a défini un marché pour la vente des turbines à gaz et l'entretien ultérieur : Commission UE 8-9-2015 n° M.7278) ;

b) comme des marchés multiples, à savoir un marché pour le produit primaire et des marchés distincts pour les produits secondaires associés à chaque marque du produit primaire (par exemple, dans l'affaire Watch Repair, la Commission a défini plusieurs marchés distincts pour les pièces de rechange de montres, chacun associé à une marque de montre particulière : Commission UE 10-7-2008 n° AT.39097) ;

c) comme des marchés doubles, à savoir le marché du produit primaire, d'une part, et le marché du produit secondaire, d'autre part (par exemple, dans l'affaire Assa Abloy/Agta Record, la Commission a défini un marché des services après-vente sans distinction du fournisseur de service : Commission UE 27-2-2020 n° M.9408).

Produits groupés Lorsque la consommation d'un ou de plusieurs produits n'est pas dépendante d'un produit primaire, les clients peuvent néanmoins préférer consommer plusieurs produits groupés. Dans ce cas, la Commission peut examiner si les produits groupés constituent un marché de produits en cause distinct de celui des produits individuels, en appréciant la substituabilité entre l'offre groupée et les produits individuels (en appréciant, par exemple, si les clients se fourniraient en produits individuels séparément en cas de dégradation des conditions d'approvisionnement des produits groupés) (Communication de la Commission C/2024/1645, pt 103). **42962**

Écosystèmes numériques Les écosystèmes numériques peuvent dans certaines circonstances être considérés comme constitués d'un produit de base primaire et de plusieurs produits (numériques) secondaires dont la consommation est connectée au produit de base, par exemple par des liens technologiques ou l'interopérabilité. Un exemple d'écosystème numérique serait un écosystème de produits bâti autour d'un système d'exploitation mobile, y compris le matériel, une boutique d'applications et des applications logicielles. **42964**

Pour définir le ou les marchés de produits en cause, la Commission peut appliquer des principes similaires à ceux applicables aux marchés de l'après-vente ou de l'offre groupée (n°s 42960 et 42962). Bien que tous les écosystèmes (numériques) ne correspondent pas à ces approches du marché, la Commission tient compte, le cas échéant, de facteurs tels que les effets de réseau, les coûts de changement (dont les facteurs pouvant entraîner une dépendance des clients) et les décisions en matière d'hébergement (simple et/ou multiple) aux fins de la définition du ou des marchés de produits en cause (Communication de la Commission C/2024/1645, pt 104).

C. Calcul des parts de marché

Une fois le marché délimité, il est alors possible de calculer la taille totale de ce marché et, pour chacun des fournisseurs (de produits ou services), les parts de marché détenues, généralement sur la base des ventes (et, pour les clients, des achats) des produits en cause sur le territoire en cause. Le calcul des parts de marché permet de mesurer le **pouvoir de marché des entreprises.** **42970**

ATTENTION

Les parts de marché ne sont pas le seul indicateur pour **apprécier le pouvoir de marché** d'une entreprise (Trib. UE 6-7-2010 aff. 342/07, Ryanair). D'autres facteurs, comme les barrières à l'entrée ou à l'expansion, notamment celles dérivées d'effets d'échelle ou d'effets de réseau, l'accès à des actifs et intrants spécifiques, ainsi que la différenciation des produits et le degré de substituabilité, peuvent également être pertinents, en fonction des spécificités de l'espèce (Communication de la Commission C/2024/1645, pt 106).

L'**Autorité de la concurrence** indique que si les **ventes en valeur** sont généralement la référence pour calculer des parts de marché, il y a néanmoins d'**autres critères,** selon les produits ou l'industrie spécifique en question, qui peuvent offrir l'information utile, tels que les volumes de vente, la capacité, le nombre d'opérateurs présents sur les marchés. Elle n'accepte de prendre en compte ces critères de mesure des parts de marché que s'il n'est pas possible ou s'il est peu pertinent de ne retenir dans l'analyse que la part de marché en valeur calculée à partir des chiffres d'affaires (LD du 23-7-2020 relatives au contrôle des concentrations, pts 226 s.).

De la même manière, la **Commission** s'appuie généralement sur les parts de marché fondées sur les **ventes commerciales** (ou les achats commerciaux) **en valeur** et, à titre complémentaire, en volume. Mais elle reconnaît, elle aussi, que d'**autres critères** mesurables peuvent fournir, en fonction de la spécificité des produits ou du secteur, des informations complémentaires ou plus utiles pour déterminer les parts de marché, à savoir (Communication de la Commission C/2024/1645, pts 107 s.) :

– la capacité de production ou le volume effectif de production (en particulier pour les marchés caractérisés par l'importance stratégique de la capacité) ;

– le nombre de fournisseurs (en particulier sur les marchés caractérisés par des procédures d'appels d'offres formelles ou dans des situations où les produits innovants sont au stade du développement) ;

– le nombre de marchés attribués ;

– les mesures d'utilisation comme le nombre d'utilisateurs (actifs), le nombre de visites sur le site internet ou le volume de flux, le temps passé ou les chiffres d'audience, le nombre de téléchargements et de mises à jour, le nombre d'interactions ou le volume ou la valeur des transactions conclues sur une plateforme (en particulier lorsque l'accès aux produits est fourni principalement à un prix monétaire nul, comme cela peut être le cas sur les marchés numériques, ou plus généralement dans le cas des plateformes multifaces) ;
– les unités de flotte, la capacité de sièges, le nombre de trajets ou les droits d'accès comme les créneaux dans des aéroports spécifiques (par exemple, sur les marchés des transports) ;
– les réserves détenues (par exemple, dans le secteur minier) ;
– le niveau des dépenses de R&D ou le nombre de brevets ou de citations de brevets pour les marchés où il existe des investissements fréquents et importants dans la R&D.
– les critères mesurables utilisés en interne par les acteurs du marché dans le cadre normal de leur activité.

Les **informations sur les parts de marché** peuvent être fournies sous la forme d'estimations par l'entreprise ou les entreprises concernées, d'études ou de rapports d'autorités publiques, de consultants du secteur ou d'associations professionnelles, de documents internes de l'entreprise ou des entreprises concernées ou d'estimations fournies par les acteurs du marché. En particulier, lorsqu'aucune estimation n'est disponible, la Commission peut procéder à une reconstruction totale ou partielle du marché, au moyen de demandes de renseignements adressées aux acteurs du marché concernés concernant leurs propres valeurs ou volumes de ventes ou d'achats ou d'autres critères mesurables pertinents (Communication précitée, pt 113).

SECTION 4 ENTENTES ANTICONCURRENTIELLES

PRINCIPE D'INTERDICTION DES ENTENTES ANTICONCURRENTIELLES

43100 **Droit de l'Union européenne** Aux termes de l'article 101, 1 du TFUE, « sont incompatibles avec le marché intérieur et interdits tous accords entre entreprises, toutes décisions d'associations d'entreprises et toutes pratiques concertées, qui sont susceptibles d'affecter le commerce entre États membres et qui ont pour objet ou pour effet d'empêcher, de restreindre ou de fausser le jeu de la concurrence à l'intérieur du marché intérieur ».

On sait que si les participants à une entente ne répondent pas à la définition de l'entreprise (n°s 41400 s.) et si leur comportement n'est pas susceptible d'affecter le commerce entre États membres (n°s 41800 s.), l'article 101 sera purement et simplement inapplicable.

En revanche, lorsque ces deux **critères** sont réunis, la Commission européenne recherche systématiquement et point par point si les **éléments constitutifs** de l'infraction prévue par l'article 101, 1 sont caractérisés, c'est-à-dire une concertation entre plusieurs entreprises et un objet ou un effet restrictif sur la concurrence.
Lorsque ces éléments sont réunis, l'entente est illicite et donne lieu à diverses sanctions, qu'il y ait eu restriction effective de la concurrence ou simple possibilité d'une telle restriction.

> **Précisions** Le texte de l'article 101, 1 est reproduit dans l'article 53-1 de l'**accord instituant l'Espace économique européen** (n° 41650), la seule différence concernant le territoire de référence. Ainsi, dans l'article 53-1 de l'accord EEE :
> – les accords, les décisions d'associations d'entreprises et les pratiques concertées sont susceptibles d'affecter le commerce entre les États membres de l'EEE ;
> – les ententes sont incompatibles si elles ont pour objet ou pour effet d'empêcher, de restreindre ou de fausser le jeu de la concurrence à l'intérieur du territoire EEE.

43110 **Droit français** Aux termes de l'article L 420-1 du Code de commerce, sont prohibées, lorsqu'elles ont pour objet ou peuvent avoir pour effet d'empêcher, de restreindre ou de fausser le jeu de la concurrence sur un marché, les actions concertées, conventions, ententes expresses ou tacites ou coalitions, notamment lorsqu'elles tendent à :
1° limiter l'accès au marché ou le libre exercice de la concurrence par d'autres entreprises ;

2° faire obstacle à la fixation des prix par le libre jeu du marché en favorisant artificiellement leur hausse ou leur baisse ;
3° limiter ou contrôler la production, les débouchés, les investissements ou le progrès technique ;
4° répartir les marchés ou les sources d'approvisionnement.
Les **éléments constitutifs** d'une entente prohibée sont donc :
– une concertation entre plusieurs entreprises ;
– un objet ou des effets restrictifs sur la concurrence.

I. CONCERTATION ENTRE ENTREPRISES

A. Accords, décisions et pratiques concertées

1. ACCORDS ENTRE ENTREPRISES

NOTION D'ACCORD

Existence d'un accord de volontés La caractérisation d'une entente suppose en premier lieu qu'il y ait « accord de volontés » entre deux ou plusieurs entreprises, ce qui suppose de démontrer que « les parties ont abouti à un consensus sur un projet qui limite ou est de nature à limiter leur liberté commerciale en déterminant leur ligne d'action ou d'abstention d'action mutuelle sur le marché » (Commission CE 19-12-1990 aff. « Solvay-CFK » : JOCE 1991 L 152 p. 16 ; Commission CE 20-10-2005 aff. « Tabac brut – Italie » : JOUE 2006 L 353 p. 45). 43200

Il importe peu :
– que l'accord soit exprès (écrit ou verbal) ou tacite (TPICE 26-10-2000 aff. 41/96, Bayer ; CJCE 6-1-2004 aff. 2/01 P, BAI ; Cons. conc. 27-6-1995 n° 95-D-49, aff. « Auto-écoles d'Ille-et-Vilaine » ; Cons. conc. 22-6-1999 n° 99-D-41, aff. « Comité intersyndical du livre parisien ») ;
– que l'accord écrit ne soit pas signé (Commission CE 5-9-1979, aff. « BP Kemi-DDSF » : JOCE 1979 L 286 p. 32 ; Cons. conc. 28-11-2003 n° 03-D-54, aff. « Énergies renouvelables ») ;
– que l'accord ne contienne pas de mesures contraignantes pour les parties (Commission CE 19-12-1990, aff. « Solvay-CFK » : JOCE 1991 L 152 p. 16) ;
– que l'accord ait été conclu sous condition (Commission CE 18-7-2001, aff. « SAS/ Mærsk Air » : JOCE 2001 L 265 p. 15) ;
– que les parties aient retenu une quelconque qualification : déclaration d'intention, protocole, mémorandum, « gentlemen's agreement », etc. (CJCE 15-7-1970 aff. 41/69, ACF Chemiefarma ; Commission CE 26-10-1999, aff. « FEG et TU » : JOCE 2000 L 39 p. 1 ; TPICE 16-12-2003 aff. jtes 5/00 et 6/00, FEG et TU) ;
– que l'accord ait été résilié, s'il poursuit ses effets au-delà de sa cessation formelle : une entente est réputée poursuivre ses effets si le comportement des intéressés laisse implicitement ressortir l'existence des éléments de concertation et de coordination propres à l'entente, et aboutit au même résultat que celui visé par celle-ci (CJCE 15-6-1976, 3 arrêts EMI Records, aff. 51/75, aff. 86/75, aff. 96/75 ; 6e rapport Commission CE n° 25) ;
– que l'accord ait été conclu contre l'intérêt économique de l'une des parties (Commission CE 18-12-1987, aff. « Fisher-Price/Quaker Oats » : JOCE 1988 L 49 p. 19) ;
– que le contenu de l'accord soit ou non détaillé et que les parties s'entendent sur chacun des détails de leur comportement futur : il suffit que les parties s'entendent, même dans les grandes lignes, sur leur action ou leur abstention sur le marché (Commission CE 13-7-1994, aff. « Carton » : JOCE 1994 L 243 p. 1) ;
– que l'accord soit unique ou composé de plusieurs systèmes et arrangements convenus entre les mêmes entreprises (Commission CE 21-10-1998, aff. « Conduites précalorifugées » : JOCE 1999 L 24 p. 1) ;
– que les objectifs poursuivis par l'accord soient légitimes (Trib. UE 14-3-2013 aff. 587/08, Fresh Del Monte Produce ; CJUE 7-2-2013 aff. 68/12, Protimonopolný úrad Slovenskej) ;
– que l'accord ait été conclu avant l'entrée en vigueur du traité instituant la CE, dès l'instant où il produit ses effets postérieurement à cette date (TPICE 16-12-2003 aff. 5/00 et 6/00, FEG et TU).

ILLUSTRATIONS

Accord exprès ou tacite.

L'accord peut naître, par exemple, du simple fait pour une personne de ne pas démentir des allégations qui la présentent comme apportant son concours actif à une entente en étant prête à prendre des sanctions contre ceux qui n'en respecteraient pas les clauses (Avis Commission conc. 16-4-1975, aff. « Gobeleterie ») ou du fait, pour les membres d'une profession, d'avoir assisté à des réunions de concertation de boycott (Cons. conc. 14-6-2002 n° 02-D-36, aff. « Opticiens de l'agglomération lyonnaise », confirmé par CA Paris 18-3-2003 : BOCCRF du 20-5-2003) ou de deux décisions unilatérales concordantes des syndicats professionnels intéressés (Avis Commission conc. 30-9-1977, aff. « Eau chaude par le gaz ») ou encore de l'accumulation et de la répétition de faits qui, par leur combinaison, permettent de présumer le consentement des partenaires à des pratiques anticoncurrentielles : diffusion de prix conseillés, refus de vente, intervention auprès des distributeurs visant à stabiliser les prix (Avis Commission conc. 27-9-1979, aff. « Appareils électroménagers et électroacoustiques » et CE 27-4-1983 : Lebon p. 164).

Jugé aussi que l'agrément d'un distributeur par un producteur est un acte de nature contractuelle car il a pour objet de garantir le respect du contrat explicite ou tacite entre ce producteur et tous ses distributeurs agréés (Cons. conc. 9-6-1987 n° 87-D-15, aff. « Produits cosmétiques », confirmé par CA Paris 28-1-1988 ; Cass. com. 18-5-1993 : RJDA 11/93 n° 920). De même, le refus d'agrément constitue un accord de volontés et non une pratique unilatérale (CA Paris 23-1-2019 n° 16/16856 ; Aut. conc. 9-5-2019 n° 19-D-08, aff. « Secteur de l'entretien et la réparation automobile », confirmé par CA Paris 4-6-2020 n° 19/10672).

Il en est de même des conditions générales de vente d'un fournisseur car celles-ci sont acceptées explicitement ou tacitement par les revendeurs lors de la passation des commandes (Cons. conc. 6-12-1988 n° 88-D-47, aff. « Philips » ; Cons. conc. 12-10-1993 n° 93-D-40, aff. « TLPD » ; Cons. conc. 18-5-1999 n° 99-D-31, aff. « Secteur des garnitures de freins » ; Aut. conc. 11-12-2023 n° 23-D-12, aff. « Secteur des thés de luxe »). Donner son consentement écrit ou tacite à une circulaire caractérise également un accord pouvant constituer une entente (Commission CE 18-12-1987, aff. « Konica » : JOCE 1988 L 78 p. 34).

Une convention collective peut aussi constituer le support d'une entente (Cons. conc. 26-6-1990 n° 90-D-21, aff. « SFA », confirmé par CA Paris 6-3-1991).

Qualification de l'accord.

Le seul fait de qualifier un accord de « règles contre la concurrence déloyale » ne suffit pas à le faire sortir du champ d'application de l'article 101, 1 du TFUE (Commission CE 15-7-1975, aff. « IFTRA » : JOCE 1975 L 228 p. 3).

Légitimité des objectifs poursuivis.

Un accord conclu en vue d'écouler très rapidement des produits périssables présente un objet anticoncurrentiel même si l'objectif principal n'est pas de fausser la concurrence (Trib. UE 14-3-2013 aff. 587/08, Fresh Del Monte Produce).

Un accord ayant pour objet ou effet d'évincer une entreprise opérant illégalement constitue une entente anticoncurrentielle dès lors que le marché est affecté (CJUE 7-2-2013 aff. 68/12, Protimonopolný úrad Slovenskej).

43210 **Accord de volontés librement consenti** Il n'y a entente que si les parties ont librement consenti à l'accord (Cass. com. 7-4-1998 : RJDA 8-9/98 n° 1050).

Tel n'est pas le cas lorsque le consentement est vicié, par exemple en raison de **menaces** ou de **pressions.** Par exemple, ne pouvait pas être condamné pour entente illicite un distributeur qui, après une opération de concentration, avait pris motif de l'accroissement de sa puissance d'achat pour inviter l'ensemble de ses fournisseurs à lui accorder des avantages supplémentaires (Cass. com. 7-4-1998 précité).

Encore faut-il que ces pressions aient été irrésistibles (voir notamment Cons. conc. 20-12-2007 n° 07-D-50, aff. « Jouets » : entreprises n'ayant pas réussi à démontrer le caractère irrésistible des pressions exercées ; CA Paris 9-11-1989 n° 89/009862, aff. « Carburants en Corse » : l'un des participants à l'entente « n'a consenti à aligner ses prix que sous la pression de graves menaces »).

43220 **Inexistence d'une entente en l'absence d'accord de volontés** En l'absence de constatation d'un accord de volontés entre entreprises, l'existence d'une entente ne saurait être retenue (Cass. com. 29-10-1996 : RJDA 1/97 n° 71 et concl. Raynaud p. 6). Ainsi, une cour d'appel ne pouvait pas condamner un fournisseur qui avait octroyé des ristournes discriminatoires sans établir en quoi il y avait eu un accord de volontés entre ce fournisseur et ceux de ses distributeurs qui bénéficiaient de la discrimination (Cass. com. 29-10-1996 précité ; cet accord de volontés a été établi par la cour d'appel, sur renvoi : CA Paris 18-11-1997 : RJDA 3/98 n° 346).

IMPOSSIBILITÉ DE QUALIFIER D'ENTENTE DES MESURES UNILATÉRALES

Par principe, les mesures unilatérales ne constituent pas des ententes au sens de l'article 101, 1 du TFUE ou de l'article L 420-1 du Code de commerce : « Pour qu'un accord au sens de l'article 101, 1 du TFUE puisse être réputé conclu au moyen d'une **acceptation tacite,** il est nécessaire que la manifestation de volonté de l'une des parties contractantes visant un but anticoncurrentiel constitue une invitation à l'autre partie, qu'elle soit expresse ou implicite, à la réalisation commune d'un tel but » (CJCE 6-1-2004 aff. 2/01 et 3/01, Adalat : RJDA 6/04 n° 759, 3e espèce). Un acquiescement, fût-il tacite, à une telle invitation est dès lors requis. La constatation de la mise en place d'actions anticoncurrentielles par une partie est la preuve de son acquiescement (Cons. conc. 7-4-2004 n° 04-D-12, aff. « Distribution d'articles de sport et de loisirs »). **43230**

ILLUSTRATIONS

Le seul fait qu'une mesure adoptée par un fabricant, qui a pour objet ou pour effet de restreindre la concurrence, s'inscrit dans le cadre de relations commerciales continues entre ce dernier et ses grossistes ne saurait être suffisant pour conclure à l'existence d'un accord (CJCE 6-1-2004 précité).

Des instructions d'un constructeur automobile visant à interdire à ses concessionnaires de pratiquer certains rabais ne tombent pas dans le champ de l'article L 420-1 du Code de commerce si elles n'ont pas fait l'objet d'une adhésion de la part des concessionnaires (Cons. conc. 23-12-2003 n° 03-D-66, aff. « Renault »).

L'application de remises discriminatoires par un fournisseur ne saurait constituer une entente avec ses distributeurs, matérialisée par l'adhésion de ces derniers à ses conditions générales de vente, dès lors que ce document ne fait aucunement référence à un barème quantitatif ou à des conditions spécifiques pour l'obtention de prix spéciaux, remises ou ristournes (Cons. conc. 18-5-1999 n° 99-D-31, aff. « Secteur des garnitures de freins »).

Relèvent de l'article 101, 1 du TFUE les **pratiques et mesures restrictives** de concurrence qui, **adoptées de façon apparemment unilatérale par le fabricant dans le cadre de ses relations contractuelles avec ses revendeurs,** reçoivent toutefois l'acquiescement, au moins tacite, de ces derniers (TPICE 26-10-2000 aff. 41/96, Bayer). **43235**

Par exemple, constitue une entente illicite le refus par un fournisseur d'agréer un distributeur lorsqu'il s'inscrit dans le cadre de relations contractuelles établies entre ce fournisseur et les distributeurs déjà agréés dont le but est de maintenir les prix à un niveau élevé et d'exclure les distributeurs qui ne sont pas disposés à suivre cette politique (CJCE 25-10-1983 aff. 107/82, AEG).

Constitue également une entente illicite l'interdiction d'exportation imprimée sur les factures d'un fabricant car celles-ci font partie de l'accord conclu entre ce fabricant et ses clients pour régir leurs transactions commerciales (Commission CE 13-7-1987, aff. « Sandoz » : JOCE 1987 L 222 p. 28, confirmé par CJCE 11-1-1990 aff. 277/87, Sandoz Prodotti Farmaceutici : Rec. I-45). Il en va de même en cas de reproduction, au dos de factures et bons de commande, des conditions générales de vente d'un fabricant de produits cosmétiques précisant que seuls les pharmaciens d'officine peuvent devenir distributeurs agréés (Commission CE 11-1-1991, aff. « Vichy » : JOCE 1991 L 75 p. 57).

Relèvent aussi de l'article 101, 1 du TFUE la circulaire d'un fabricant de véhicules automobiles enjoignant aux revendeurs d'un État de refuser les commandes des mandataires d'un autre État (Commission CE 4-12-1991, aff. « Eco System » : JOCE 1992 L 66 p. 1) ou des circulaires rédigées de manière à éviter toute formulation trop explicitement anticoncurrentielle, alors qu'elles visent en réalité à perpétuer, dans l'esprit des concessionnaires auxquels elles sont adressées, le système antérieur de rémunération des distributeurs qui limitait le bénéfice du bonus aux seules ventes sur le territoire national (TPICE 9-7-2009 aff. 450/05, « Automobile Peugeot »). Les circulaires de ce type constituent non pas des actes unilatéraux mais des accords au sens de l'article 101, 1 lorsqu'elles s'insèrent dans un ensemble de relations commerciales continues régies par un accord général préétabli, tel un accord de concession automobile, à condition que les « invitations » litigieuses faites par le constructeur automobile à ses concessionnaires soient explicitement contenues dans le contrat de concession ou, à tout le moins, que les clauses de celui-ci autorisent le constructeur à faire usage de telles invitations (CJCE 13-7-2006 aff. 74/04, Volkswagen : RJDA 11/06 n° 1172 ; TPICE 9-7-2009 aff. 450/05 précité).

› Précisions Pour prouver l'existence d'un accord au sens de l'article 101 du TFUE, l'**examen des invitations** litigieuses faites par le constructeur au regard des stipulations du contrat cadre de concession doit être réalisé « in concreto », en tenant compte des **buts poursuivis** par ce contrat en tant que tel et à la lumière du **contexte économique et juridique** au regard duquel il a été conclu ; à cet égard, le fait que les clauses du contrat de concession soient conformes aux règles de concurrence est insuffisant pour déduire que les invitations formulées par le concédant, contraires, elles, au droit de la concurrence, ne sauraient trouver leurs sources dans ces clauses du contrat cadre (CJCE 13-7-2006 aff. 74/04 précité).

IMPOSSIBILITÉ DE QUALIFIER D'ENTENTE UN ACCORD INTRAGROUPE

43240 L'accord entre des entités appartenant à un même groupe, par exemple entre plusieurs filiales d'une même société mère ou entre une société mère et ses filiales, n'est en principe pas constitutif d'une entente anticoncurrentielle à **défaut d'autonomie** commerciale de chacune de ces entités les unes envers les autres et, donc, d'une volonté propre des parties à l'accord. Sur cette question, voir n°s 41540 s.

PREUVE D'UNE ENTENTE GÉNÉRALISÉE SUR LES PRIX AU SEIN D'UN RÉSEAU DE DISTRIBUTION

43250 Les règles qui gouvernent la preuve d'une entente généralisée sur les prix au sein d'un réseau de distribution sont les suivantes (en ce sens, Cass. com. 11-6-2013 n° 12-13.961, aff. « Parfumerie de luxe » : RJDA 8-9/13 n° 750 ; Cass. com. 7-10-2014 n° 13-19.476, aff. « Kontiki » : RJDA 1/15 n° 47 ; Aut. conc. 23-4-2015 n° 15-D-07, aff. « Secteur des produits phytosanitaires » ; CA Paris 19-12-2018 n° 17/00219 ; Aut. conc. 30-7-2019 n° 19-D-17, aff. « Secteur des fertilisants liquides » ; Aut. conc. 3-12-2020 n° 20-D-20, aff. « Secteur des thés haut de gamme »).

1° À défaut de preuves directes ou explicites résultant de documents ou de clauses contractuelles, ou encore d'indices documentaires ou comportementaux, établissant l'invitation à la pratique litigieuse par le fournisseur et l'acquiescement de la part de ses distributeurs, la preuve d'une entente verticale de prix peut être rapportée par un **faisceau d'indices** précis graves et concordants résultant de la conjonction des trois points suivants (voir aussi Cass. com. 8-4-2008 n° 07-16.485 ; Cass. com. 7-4-2010 n° 09-11.853 ; Aut. conc. 24-6-2021 n° 21-D-14, aff. « Secteur de la distribution d'articles de bricolage » ; CA Paris 6-10-2022 n° 20/08582) :

– l'évocation entre le fournisseur et ses distributeurs des prix de revente aux consommateurs ;
– des mesures visant à faire respecter ces prix par les distributeurs ;
– l'application significative de ces mêmes prix par ces derniers.

ILLUSTRATIONS

En se fondant sur un faisceau d'indices graves, précis et concordants, comprenant à la fois des preuves documentaires et de nature comportementale, l'Autorité de la concurrence a sanctionné une entente verticale entre un fournisseur et ses distributeurs quant aux prix pratiqués pour la vente des produits ; ces pratiques reposaient notamment sur des contrats de distribution sélective dont l'interprétation conduisait à limiter les remises et promotions, et sur des restrictions quant à la publicité réalisée sur les prix. Dans cette affaire, une surveillance des prix et des mécanismes de rétorsion a également été caractérisée (Aut. conc. 22-7-2021 n° 21-D-20, aff. « Secteur des lunettes et montures de lunettes »).

2° Dès lors qu'est établie, au moyen d'une preuve directe, l'adhésion d'un distributeur à l'entente sur les prix souhaités par son fournisseur, il n'est pas nécessaire de rechercher les **prix effectivement appliqués** par ce distributeur.

3° La caractérisation d'une entente verticale anticoncurrentielle généralisée au sein d'un réseau de distribution, impliquant le fournisseur et des distributeurs représentant une part significative de la distribution concernée, ne requiert pas l'**identification de tous les distributeurs** ayant participé à l'entente dès lors qu'il n'est pas retenu d'entente totale au sein du réseau.

> Précisions a. L'évocation **des prix de vente** entre un fournisseur et ses distributeurs s'entend de tout procédé par lequel un fournisseur fait connaître à ses distributeurs le prix auquel il souhaite que son produit soit vendu au consommateur, sans qu'il soit nécessaire de démontrer l'existence d'une négociation préalable (CA Paris 26-1-2012 n° 2010/23945 : Contrats, conc. consom. 2012 comm. n° 100 note G. Decocq). Par exemple, l'Autorité de la concurrence a estimé que le prix annoncé par le fabricant d'une console de jeu vidéo à l'occasion de la conférence de presse de lancement de ce produit constituait une évocation de prix de détail entre ce fabricant et ses distributeurs (Aut. conc. 2-12-2015, n° 15-D-18, aff. « Nintendo »).

b. Les **mesures visant à faire respecter les prix évoqués** ne sont pas nécessairement des mesures de rétorsion ; elles peuvent consister en une surveillance des prix de revente pratiqués et en l'exercice de pressions. Par ailleurs, il importe peu que certains distributeurs aient refusé d'adhérer à la pratique en cause lorsqu'il existe des preuves que le fournisseur a entendu mettre en place des mesures de rétorsion et que ces mesures ont été suivies d'effets (Aut. conc. 3-12-2020 n° 20-D-20, aff. « Secteur des thés haut de gamme »).

c. Pour apporter la **preuve du respect effectif des prix évoqués,** il est loisible de recourir à des critères statistiques, les relevés de prix ne constituant qu'un indice parmi d'autres (CA Paris 26-6-2007 n° 06-7821 : RJDA 10/07 n° 1015, et, sur pourvoi, Cass. com. 10-7-2008 n° 07-17.276 : RJDA 12/08 n° 1312).

ABSENCE D'ACTIVITÉ SUR LE MARCHÉ CONCERNÉ PAR L'ENTENTE

Le fait qu'une entreprise ne soit pas active, en sa qualité de concurrent, d'offreur ou de demandeur sur le marché pertinent sur lequel la restriction de concurrence se matérialise, n'exclut pas sa **responsabilité pour avoir participé à la mise en œuvre d'une entente.** Quand bien même l'entreprise ne serait pas présente sur le marché pertinent concerné, il suffit qu'elle ait participé activement, fût-ce de façon subordonnée, accessoire ou passive à l'entente, sans pouvoir ignorer quel en était l'objectif, pour être sanctionnée (Trib. UE 8-9-2010 aff. 29/05, Deltafina). 43260

ILLUSTRATIONS

Doit être sanctionnée l'entreprise de conseil non active sur le marché affecté par la restriction de concurrence, qui, en organisant des réunions et en fournissant aux membres de l'entente des données sur les ventes réalisées sur ce marché, a activement contribué à la mise en œuvre de l'entente (CJUE 22-10-2015 aff. 194/14 P, AC-Treuhand AG : Europe 2015 comm. n° 508 note L. Idot).

Dans un cas où un accord passé entre une plateforme et des éditeurs de jeux vidéo aboutissait à un cloisonnement des marchés par le biais d'un géoblocage de clés d'activation, la plateforme, qui soutenait n'être qu'un simple prestataire de services des éditeurs, sans activité sur le marché en cause, a été sanctionnée pour entente illicite, le Tribunal ayant considéré que ce seul fait ne pouvait pas faire échapper le comportement de ladite plateforme au droit des ententes (Trib. UE 27-9-2023 aff. 172/21, Steam).

Cette participation accessoire ou passive peut consister en une approbation tacite ou une absence de dénonciation de l'entente aux autorités (Trib. UE 8-7-2008 aff. 99/04, AC-Treuhand AG confirmé par CJUE 22-10-2015 aff. 194/14 P précité ; Aut. conc. 24-6-2019 n° 19-D-12, aff. « Secteur de la négociation immobilière »).

2. DÉCISIONS D'ASSOCIATIONS D'ENTREPRISES

Constituent des décisions d'associations d'entreprises toutes les **directives émanant d'un groupement** d'entreprises, quelle que soit sa forme juridique (par exemple, association ou syndicat professionnel), lorsqu'elles sont l'expression fidèle de la volonté du groupement de coordonner le comportement de ses membres sur un marché (CJCE 18-2-2002 aff. 309/99, Wouters ; Aut. conc. 30-9-2012 n° 19-D-19, aff. « Secteur des prestations d'architecte », confirmée sur ce point par CA Paris 15-10-2020 n° 19/18632 et Cass. com. 1-2-2023 n° 20-21.844). 43280

ILLUSTRATIONS

Voir Commission CE 26-10-1999, aff. « FEG et TU » : JOCE 2000 L 39 p. 1, confirmée par TPICE 16-12-2003 aff. 5/00 et 6/00 et par CJCE 21-9-2006 aff. 105/04, FEG et aff. 113/04, TU ; Commission CE 19-4-2001, aff. « Règles de radiodiffusion de l'UEFA » : JOCE 2001 L 171 p. 12 ; CJUE 28-2-2013 aff. 1/12, Ordem dos Técnicos Oficiais de Contas ; CJUE 18-7-2013 aff. 136/12, Consiglio nazionale dei geologi.

Pour un exemple d'une association regroupant elle-même plusieurs associations d'entreprises, voir TPICE 21-2-1995 aff. 29/92, SPO, confirmé par CJCE 25-3-1996 aff. 137/95 P, SPO ; TPICE 13-12-2006 aff. jtes 217/03 et 245/03, pt 49, Féd. nat. de la coopération bétail et viande.

Le règlement relatif à la collaboration entre les avocats et d'autres professions libérales et adopté par un ordre professionnel d'avocats est une décision d'association d'entreprises, au sens de l'article 101, 1 du TFUE (CJCE 18-2-2002 aff. 309/99, Wouters).

Sont également visées les **recommandations** dépourvues d'effet obligatoire, dès lors que leur acceptation par les entreprises auxquelles elles sont destinées exerce une influence sur le jeu de la concurrence. Ainsi en va-t-il de l'élaboration et de la diffusion de tarifs conseillés par une association d'expéditeurs néerlandais, ces tarifs étant accompagnés de circulaires impératives (Commission CE 5-6-1996, aff. « Fenex » : JOCE 1996 L 181 p. 28).

De manière générale, les statuts et règles de fonctionnement de l'association, ainsi que « tout **acte émanant des organes d'un groupement professionnel,** tel qu'un règlement professionnel, un règlement intérieur, un barème ou une circulaire » peuvent être qualifiés de conventions ou de pratiques concertées entre les membres de l'association, à condition que l'activité professionnelle n'échappe pas à toute concurrence en raison, par exemple, de tarifs conventionnés (Cass. com. 7-4-2010 n° 09-13.494, Syndicat de médecins : RJDA 8-9/10 n° 878). De surcroît, les entreprises membres d'un groupement sont présumées avoir adhéré à ses statuts (Cons. conc. 9-3-2006 n° 06-D-03, aff. « Secteur des appareils de chauffage, sanitaires, plomberie, climatisation » ; Aut. conc. 27-1-2016 n° 16-D-02, aff. « Secteur du transport scolaire par autocar dans le Bas-Rhin », confirmée par CA Paris 21-12-2017 n° 16/06962).

Une association professionnelle ne peut être condamnée au titre d'une entente que si elle a joué un rôle distinct de celui de ses membres. Pour que soit identifié un tel rôle distinct, il n'est pas nécessaire que l'association ait pris l'initiative de l'entente ou ait assuré des fonctions de direction ou de contrôle. Il suffit qu'elle ne se soit pas contentée de fournir un cadre à une discussion entre concurrents mais soit intervenue elle-même dans l'entente afin de la faciliter ou de la renforcer (Aut. conc. 15-12-2015 n° 15-D-19, aff. « Secteurs de la messagerie et de la messagerie express », confirmée par CA Paris 19-7-2018 n° 16/01270 et Cass. com. 22-9-2021 n° 18-21.436 FS-B).

De la même manière, lorsque les membres d'un organisme professionnel ont pris individuellement part à une pratique anticoncurrentielle mise en œuvre par cet organisme, ils peuvent être personnellement mis en cause (Aut. conc. 30-9-2012 n° 19-D-19, aff. « Secteur des prestations d'architecte », confirmée sur ce point par CA Paris 15-10-2020 n° 19/18632 et, sur un autre point, par Cass. com. 1-2-2023 n° 20-21.844 FS-B : RJDA 4/23 n° 221).

ATTENTION

Une décision d'association d'entreprises relève des articles 101, 1 du TFUE et L 420-1 du Code de commerce, même si elle fait l'objet d'un **arrêté d'extension** pris postérieurement par l'autorité publique afin de rendre ses dispositions obligatoires pour d'autres entreprises (CJCE 30-1-1985 aff. 123/83, BNIC) ou si elle est prise avec l'accord d'un commissaire du gouvernement (Commission CE 26-7-1976, aff. « Pabst et Richarz » : JOCE 1976 L 231 p. 24). En revanche, la décision prise à l'initiative d'un commissaire du gouvernement rattaché à une association d'entreprises émane des pouvoirs publics et non de l'association (Commission CE 15-12-1982, aff. « BNIC » JOCE 1982 L 379 p. 1).

43285 L'accord peut également résulter de n'importe quelle décision d'association aussi bien, par exemple, d'une **société en participation** (Avis Commission conc. 23-2-1978, aff. « Publicité sur les Abribus ») que d'un contrat donnant naissance à une **personne morale** quelle qu'elle soit (cas, par exemple, des statuts et du règlement intérieur d'un groupement d'intérêt économique : Cons. conc. 21-3-2001 n° 00-D-77, aff. « Taxis de Montbéliard »).

La **création d'une structure commune** (société filiale ou autre groupement) n'est pas critiquable en elle-même au regard de l'interdiction des ententes illicites (Rapport Cons. conc. pour 1988 p. 21), mais elle ne doit pas devenir l'instrument d'une intervention concertée ayant pour objet ou pouvant avoir pour effet de fausser la concurrence (par exemple, Cons. conc. 11-10-1988 n° 88-D-37, aff. « Groupement des cartes bancaires CB » ; Cons. conc. 25-10-1989 n° 89-D-34, aff. « Secteur des travaux routiers » et Cons. conc. 9-7-1997 n° 97-D-54, aff. « Taxis de Toulon »).

Sur les filiales communes, voir n°s 43470 s.

43290 Un **accord conclu entre deux associations d'entreprises** est réputé conclu entre les entreprises elles-mêmes (Commission CE 17-12-1981, aff. « Navewa-Anseau » : JOCE 1982 L 167 p. 39).

3. PRATIQUES CONCERTÉES ENTRE ENTREPRISES

a. Coordination anticoncurrentielle

NOTION DE « PRATIQUE CONCERTÉE »

43310 La notion de « pratique concertée » vise toute **action de coordination** sciemment conduite par des entreprises qui, sans avoir été poussée jusqu'à la réalisation d'une convention proprement dite, aboutit à des conditions de concurrence qui ne correspondent pas aux conditions normales du marché, compte tenu de la nature des produits, de l'importance et du nombre des entreprises ainsi que du volume et du caractère dudit marché. Tel est le cas, notamment, lorsque le **comportement parallèle** adopté par les entreprises est susceptible de leur permettre de fixer les prix à un niveau différent de celui qui serait résulté du libre jeu de la concurrence, et de cristalliser des situations acquises au détriment de la liberté de circulation des produits dans le marché intérieur et du libre choix par les consommateurs de leurs fournisseurs (CJCE 16-12-1975 aff. 40 à 48, 50, 54 à 56, 111, 113 et 114/73, Suiker Unie ; CJUE 4-6-2009 aff. 8/08, T-mobile Netherlands ; Aut. conc. 17-12-2019 n° 19-D-25, aff. « Secteur des titres-restaurant », réformée partiellement par CA Paris 16-11-2023 n° 20/03434 s'agissant des sanctions pécuniaires prononcées).

L'action menée par un **syndicat** ou un **ordre professionnel** (voir n°s 44500 s.) auprès de ses membres constitue, en soi, une concertation entre entreprises (à propos d'un syndicat : CE 23-11-1983 : BRDA 2/84 p. 8 ; à propos d'ordres professionnels : Cass. com. 16-5-2000 : RJDA 12/00 n° 1171 ; Cons. conc. 15-1-2001 n° 00-D-52, aff. « Barreau de Nice » ; Aut. conc. 28-10-2019 n° 19-D-21, aff. « Secteur du transport routier de marchandises » ; à propos d'une confédération de chambres syndicales : Aut. conc. 26-9-2023 n° 23-D-09, aff. « Secteur de la distribution des jeux de hasard »).

L'article 101, 1 interdit également « toutes décisions d'associations d'entreprises », c'est-à-dire toutes **directives émanant d'un groupement** constitué par des entreprises, quelle que soit sa forme juridique. Sont visées les recommandations mêmes dépourvues d'effet obligatoire, dès lors que leur acceptation par les entreprises auxquelles elles sont destinées exerce une influence sur le jeu de la concurrence (voir n° 43280).

> Précisions a. Pour qu'il y ait pratique concertée, il suffit qu'une entreprise adapte volontairement son comportement aux vœux exprimés par une autre entreprise. Les **motifs** qui l'animent ou la **conscience de commettre une infraction** sont indépendants de la question de savoir s'il y a eu ou non pratique concertée (Commission CE 2-12-1981, aff. « Hasselblad » : JOCE 1982 L 161 p. 18).

b. L'élaboration et la diffusion, à l'initiative d'une organisation professionnelle, d'un **document destiné à l'ensemble de ses adhérents** constituent une action concertée (Aut. conc. 28-11-2007 n° 07-D-41, aff. « Examens anatomo-cytopathologiques » ; Aut. conc. 24-6-2019 n° 19-D-13, aff. « Secteur des huissiers de justice »). Il en va ainsi notamment de la diffusion d'un règlement professionnel, d'un règlement intérieur, d'un barème ou d'une circulaire (Aut. conc. 30-9-2012 n° 19-D-19, aff. « Secteur des prestations d'architecte », confirmée sur ce point par CA Paris 15-10-2020 n° 19/18632 et, sur un autre point, par Cass. com. 1-2-2023 n° 20-21.844 FS-B : RJDA 4/23 n° 221).

PREUVE D'UNE PRATIQUE CONCERTÉE

La preuve d'une pratique concertée doit résulter d'une série d'éléments appréciés non pas isolément mais dans leur ensemble, compte tenu des caractéristiques du marché en cause. **43320**
Ces éléments peuvent être des **indices** matériels, tels que des livraisons de producteur à producteur, des pressions exercées sur les négociants, des refus de livraison, etc. Ainsi, « lorsqu'un opérateur économique fait siennes les plaintes que lui adresse un autre opérateur au sujet de la concurrence que font à ce dernier les produits écoulés par le premier opérateur, le comportement des intéressés constitue une pratique concertée » ; cette preuve peut aussi résulter de documents, notamment d'une **correspondance** échangée par une entreprise avec des tiers, pourvu que le contenu de cette correspondance soit digne de foi dans la mesure où il fait état du comportement incriminé de l'entreprise et pourvu que les affirmations figurant dans cette correspondance cadrent avec le comportement effectif que les entreprises en cause ont manifesté sur le marché (CJCE 16-12-1975, arrêt Suiker Unie précité).

Ainsi, la preuve d'une pratique concertée requiert non seulement une concertation entre les entreprises, mais aussi un **comportement sur le marché** résultant de cette concertation et ayant un lien de causalité avec elle (Aut. conc. 17-12-2019 n° 19-D-25, aff. « Secteur des titres-restaurant », réformée partiellement par CA Paris 16-11-2023 n° 20/03434 s'agissant des sanctions pécuniaires prononcées).

À cet égard, il est présumé, sous réserve de la preuve contraire, que les entreprises concernées ont tenu compte des informations échangées (CJCE 8-7-1999 aff. 249/92, Commission c/ Anic Partecipazioni).

S'il est parfois difficile de produire des éléments matériels prouvant l'entente alléguée, la partie plaignante peut « au moins s'appuyer sur ce qu'il est convenu d'appeler une preuve intellectuelle en montrant la cohérence du scénario collusif allégué » (Aut. conc. 23-3-2016 n° 16-D-04, aff. « Pro D2 », pt 84).

L'Autorité de la concurrence reconnaît également la valeur probante des déclarations des participants à des accords et pratiques concertées « y compris dans le cas particulier où les déclarations émanent d'un **demandeur de clémence** » (Aut. conc. 16-7-2020 n° 20-D-09, aff. « Secteur du jambon » ; Aut. conc. 24-3-2021 n° 21-D-09, aff. « Secteur des sandwichs sous marque de distributeur », confirmée par CA Paris 15-6-2023 n° 21/08411).

S'agissant des **marchés publics ou privés sur appel d'offres,** une concertation entre entreprises concurrentes est établie dès lors que la preuve est rapportée « soit qu'elles sont convenues de coordonner leurs offres, soit qu'elles ont échangé des informations antérieurement à la date à laquelle le résultat de l'appel d'offres est connu ou peut l'être, et ce afin d'échapper au principe de l'indépendance des offres » (Aut. conc. 24-3-2021 n° 21-D-09, aff. « Secteur des sandwichs sous marque de distributeur », confirmée par CA Paris 15-6-2023 n° 21/08411 ; Aut. conc. 7-9-2023 n° 23-D-08, aff. « Secteur des prestations de services et de traitement des déchets pour des sites nucléaires ». Voir aussi n° 44395).

PARTICIPATION À DES RÉUNIONS DONT L'OBJET EST ANTICONCURRENTIEL

Droit de l'Union européenne La seule **participation, même passive,** d'une entreprise **à une réunion** dont l'objet est anticoncurrentiel suffit à établir la participation de cette entreprise à l'entente, sauf si elle démontre qu'elle n'a pas souscrit aux pratiques anticoncurrentielles **43330**

décidées lors de ladite réunion, en s'en distanciant publiquement (CJCE 16-11-2000 aff. 291/98 P, Sarrió ; CJCE 28-6-2005 aff. 189, 202, 205 à 208 et 213/02, Dansk Rørindustri ; TPICE 5-12-2006 aff. 303/02, Westfalen Gassen Nederland : RJDA 4/07 n° 406 ; CJUE 20-12-2023 aff. 113/17, Crédit Agricole).

Cette **distanciation** doit être exprimée avec précision et ne peut être formulée en termes généraux (CJUE 3-5-2012 aff. 290/11, Comap). Pour apprécier si une entreprise s'est effectivement distanciée, la compréhension qu'ont les autres participants à une entente de l'intention de l'entreprise concernée est déterminante (CJUE 20-1-2016 aff. 373/14, Toshiba). Au regard du droit de la concurrence, la distinction entre l'assistance à une réunion (c'est-à-dire le seul fait d'avoir été présent) et la participation à une réunion est donc artificielle (Trib. UE 2-2-2012 aff. 83/08, Denki Kagaku Kogyo Kabushiki Kaisha).

Il résulte de ce principe qu'en présence d'une pratique concertée, et pour autant que l'entreprise participant à la concertation demeure active sur le marché considéré, la présomption du **lien de causalité** entre la concertation et le comportement de cette entreprise sur ce marché est applicable, même si la concertation n'est fondée que sur une seule réunion des entreprises concernées (CJCE 4-6-2009 aff. 8/08, T-Mobile Netherlands BV : RJDA 1/10 n° 79).

A fortiori, la pratique concertée est également démontrée lorsque l'entreprise a participé à **plusieurs réunions** ayant le même objet anticoncurrentiel, sans que la mise en œuvre effective d'une pratique concurrentielle soit requise (voir les nombreux arrêts du Tribunal dans l'affaire du « polypropylène » : TPICE 24-10-1991 aff. 1 à 3/89, 1087, 1177 ; TPICE 17-12-1991 aff. 4 et 6 à 8/89 et TPICE 10-3-1992 aff. 10 à 13/89 ; voir aussi Commission CE 13-7-1994 aff. « Carton » : JOCE 1994 L 243 p. 1 et Commission CE 21-11-2001, aff. « Vitamines » : JOCE 2003 L 6 p. 1). Il incombe à l'entreprise d'avancer des indices de nature à établir que sa participation aux réunions était dépourvue de tout esprit anticoncurrentiel en démontrant qu'elle a indiqué à ses concurrents qu'elle y participait dans une optique différente de la leur ; en l'absence d'une telle preuve de **distanciation,** le fait que cette entreprise ne se conforme pas aux résultats de ces réunions n'est pas de nature à la priver de sa pleine responsabilité du fait de sa participation à l'entente (CJCE 25-1-2007 aff. 403/04 et 405/04, Sumitomo Metal Industries Ltd et Nippon Steel Corp.). Toutefois, en cas de participation à des réunions anticoncurrentielles pour une infraction s'étendant sur plusieurs années, l'absence de distanciation publique ne constitue qu'un des éléments parmi d'autres à prendre en considération en vue d'établir si une entreprise a effectivement continué à participer à cette infraction ou, au contraire, a cessé de le faire (CJUE 17-9-2015 aff. 634/13, pt 23, dans cette affaire, la Cour a retenu ainsi l'erreur de droit commise par le Tribunal, qui avait considéré que la distanciation publique constituait l'unique moyen dont disposait une société impliquée dans une entente pour prouver la cessation de sa participation à une infraction continue – établie sur une période couvrant la période 1997 à 2005 –, alors que la société invoquait sa non-participation aux trois dernières réunions qui avaient eu lieu après le 12 mai 2004).

43335 Internet crée un espace de concertation immatériel entre les **membres d'une plateforme** qui peut s'avérer comparable, toute proportion gardée, aux réunions physiques entre concurrents. Les systèmes d'information peuvent donc aussi être source de collusion.

ILLUSTRATIONS

Lorsque l'administrateur d'un système d'information, destiné à permettre à des agences de voyages de vendre des voyages sur leur site internet, selon un mode de réservation uniforme, envoie à ces agences, par l'intermédiaire d'une messagerie électronique personnelle, un message les avertissant que les remises afférentes aux produits vendus par l'intermédiaire de ce système seront désormais plafonnées et que, à la suite de la diffusion de ce message, le système en cause subit les modifications techniques nécessaires pour mettre en œuvre cette mesure, ces agences peuvent, à partir du moment où elles avaient connaissance du message envoyé par l'administrateur du système, être présumées avoir participé à une pratique concertée, si elles se sont abstenues de se distancier publiquement de cette pratique, ne l'ont pas dénoncée aux entités administratives ou n'ont pas apporté d'autres preuves pour réfuter cette présomption, telles que la preuve d'une application systématique d'une remise excédant le plafonnement en cause (CJUE 21-1-2016 aff. 74/14, Eturas UAB : AJCA 2016 p. 201 obs. I. Luc).

43340 Une entreprise peut, en principe, être tenue pour responsable d'une pratique concertée du fait des **agissements d'un prestataire indépendant** lui fournissant des services si l'une des conditions suivantes est remplie (CJUE 21-7-2016 aff. 542/14, VM Remonts) :

– le prestataire opérait en réalité sous la direction ou le contrôle de l'entreprise mise en cause ;

– cette entreprise avait connaissance des objectifs anticoncurrentiels poursuivis par ses concurrents et le prestataire et entendait y contribuer par son propre comportement ;

– ladite entreprise pouvait raisonnablement prévoir les agissements anticoncurrentiels de ses concurrents et du prestataire et était prête à en accepter le risque.

Droit français Il convient de distinguer deux situations : 43350
– celle dans laquelle la concertation anticoncurrentielle se déroule au cours de réunions tenues dans le **cadre statutaire d'une organisation professionnelle** ;
– celle dans laquelle l'entente est mise au point au cours de **réunions informelles,** de nature le plus souvent occulte ou secrète, auxquelles participent de leur propre initiative les entreprises concurrentes.

Dans le **premier cas,** le standard de preuve est plus exigeant qu'en droit de l'Union puisque le seul fait d'avoir participé à une réunion tenue dans le cadre statutaire d'une organisation professionnelle – assemblée générale ordinaire, assises nationales, conseil d'administration, commission économique ou bureau, etc. – dont l'ordre du jour aurait dans les faits évolué vers un objet anticoncurrentiel ne suffit pas à caractériser l'adhésion des entreprises à l'entente. En effet, dans un tel cas, l'entreprise régulièrement convoquée n'est pas en mesure de connaître l'objet anticoncurrentiel de cette réunion.

Dans le **second cas,** celui de la réunion informelle, généralement secrète, dont l'objet est clairement anticoncurrentiel, le standard de preuve est le même qu'en droit de l'Union, exposé n° 43330 (Cons. conc. 21-5-2008 n° 08-D-12, aff. « Production du contreplaqué », pts 153 à 156 ; CA Paris 29-1-2008 n° 06/07820, Le Goff Confort ; Aut. conc. 12-5-2016 n° 16-D-09, aff. « Treillis soudés », pts 219 à 221, réformé partiellement par CA Paris 15-3-2018 n° 16/14231 s'agissant d'une des sanctions pécuniaires prononcées ; Aut. conc. 16-7-2020 n° 20-D-09, aff. « Secteur du jambon » ; Aut. conc. 17-9-2020 n° 20-D-12, aff. « Secteur des vins d'Alsace », réformée par CA Paris 12-5-2022 n° 20/15606 s'agissant du montant des sanctions pécuniaires prononcées ; Aut. conc. 24-3-2021 n° 21-D-09, aff. « Secteur des sandwichs sous marque de distributeur », confirmée par CA Paris 15-6-2023 n° 21/08411).

› Précisions a. Comme la Cour de justice, la Cour de cassation considère que si la **preuve d'une distanciation publique** peut permettre de renverser la présomption du caractère illicite de la participation d'une entreprise à une réunion anticoncurrentielle, l'absence d'une telle distanciation ne peut, dans le cas d'une entente se poursuivant dans le temps et se caractérisant par une succession de réunions collusoires, être le seul élément retenu pour établir qu'une entreprise a continué de participer à l'infraction, lorsque cette entreprise a cessé, pendant une période significative, de participer à ces réunions (Cass. com. 8-11-2016 n° 14-28.234 FS-D : RJDA 2/17 n° 120, arrêt « rabattu » par Cass. com. 4-10-2017 n° 14-28.234 FS-D en raison d'une erreur de nature procédurale sans que cela ne modifie la solution dégagée ; pour la confirmation de l'essentiel de la décision initiale n° 12-D-09 de l'Autorité de la concurrence dans cette affaire, sauf s'agissant du montant des amendes prononcées, voir l'arrêt rendu sur renvoi CA Paris 4-7-2019 n° 16/23609, confirmé par Cass. com. 10-2-2021 n° 19-20.599 FS-D).

b. Comme il a été précisé en droit de l'Union (notamment Trib. UE 12-7-2018 aff. 438/14, Silec Cable SAS, pt 151), il incombe à l'entreprise de **prouver** sa **désapprobation** ferme et claire **de l'entente** et, dès lors qu'il s'agit d'un élément exonératoire de responsabilité, cette condition doit être interprétée **de manière restrictive** (Aut. conc. 17-12-19 n° 19-D-24, aff. « Secteur des fruits vendus en coupelles et en gourdes », confirmée sur ce point par CA Paris 6-10-2022 n° 20/01494).

ÉCHANGES D'INFORMATIONS ENTRE CONCURRENTS

Les échanges d'informations entre entreprises concurrentes peuvent constituer une pratique concertée caractérisant une entente anticoncurrentielle (voir nos 44050 s.). 43360

b. Identité ou parallélisme de comportements

La constatation d'une identité ou d'un parallélisme de comportements entre entreprises concurrentes sur le marché peut être la résultante d'une pratique concertée. 43370

La simple **constatation** de ce **parallélisme** n'est pas suffisante pour qu'une entente soit démontrée (Rapport Cons. conc. pour 1987 p. 14 et rapport Cons. conc. pour 1988 p. 20 ; CA Paris 20-10-1993 : BOCCRF du 6-11 p. 300 ; Cons. conc. 5-10-2005 n° 05-D-52, aff. « Laboratoires pharmaceutiques »). Il est nécessaire que soit rapportée l'existence d'un **faisceau d'indices** « graves, précis et concordants », tels que des témoignages ou documents écrits qui, pris isolément, peuvent ne pas avoir un caractère probant (Cons. conc. 17-6-1997 n° 97-D-39, aff. « Béton prêt à l'emploi » ; Cons. conc. 28-2-2002 n° 02-D-14, aff. « Géomètres experts » ; Cons. conc. 20-12-2005 n° 05-D-72, aff. « Exportations parallèles de médicaments » ; Aut. conc. 26-3-2015 n° 15-D-04, aff. « Secteur de la boulangerie artisanale », confirmé par CA Paris 22-9-2016 n° 2015/09009).

ILLUSTRATIONS

A été considéré comme caractérisant l'existence de pratiques concertées le fait que les principaux producteurs approvisionnant le marché intérieur aient à plusieurs reprises majoré de pourcentages identiques le prix d'une même série de produits, pratiquement au même moment, et cela dans plusieurs pays où les conditions du marché de ces produits sont différentes (Commission CE

24-7-1969, aff. « Matières colorantes » : JOCE 1969 L 195 p. 11, confirmée par CJCE 14-7-1972 aff. 48/69 ; Commission CE 19-12-1984, aff. « Pâte de bois » : JOCE 1985 L 85 p. 1).

Voir également pour une augmentation de tarif, pratiquée au même moment, selon le même taux et la même méthode de calcul, par des concurrents en vue de compenser les désavantages d'une dévaluation monétaire (Commission CE 30-10-1996, aff. « Compagnies de ferries – Surtaxes monétaires » : JOCE 1997 L 26 p. 23).

Le Conseil de la concurrence a également considéré que le constat de parallélismes de prix au stade de la revente au détail peut s'expliquer soit par une entente horizontale entre distributeurs, soit par une série d'ententes verticales entre chaque fournisseur et ses distributeurs soit par une réaction similaire des distributeurs à la diffusion de tarifs conseillés par les fournisseurs (Cons. conc. 28-6-2002 n° 02-D-42, aff. « Électroménager grand public »).

En revanche, « la mise en œuvre de stratégies autonomes par des entreprises souhaitant s'adapter aux évolutions du marché » peut ne refléter qu'un simple parallélisme de comportements (Aut. conc. 26-3-2015 n° 15-D-04, aff. « Secteur de la boulangerie artisanale », confirmé par CA Paris 22-9-2016 n° 2015/09009).

43375 Les juridictions européennes considèrent que la **preuve** de l'existence d'une pratique concertée peut **également être établie** lorsqu'il n'existe « aucune explication économique valable » pour justifier les identités de comportements ou que « la concertation est la seule explication plausible » (Trib. UE 12-4-2013 aff. 442/08, Cisac). Mais les entreprises poursuivies peuvent être en mesure de substituer une autre explication des faits à celle retenue (CJCE 28-3-1984 aff. 29 et 30/83, Cram et Rheinzink), à moins que cette explication ne soit elle-même contestable (Trib. UE 12-4-2013 aff. 442/08 précité).

ILLUSTRATIONS

Le refus par la plupart des sociétés nationales de gestion de droits d'auteur d'accorder l'accès direct à leur répertoire aux utilisateurs étrangers peut résulter non d'une pratique concertée, mais du désir de chacune de ces sociétés de ne pas avoir à étendre son système de gestion et de contrôle sur d'autres territoires que celui où elle est implantée (CJCE 13-7-1989 aff. 395/87, Tournier ; TPICE 27-11-1997 aff. 224/95, Tremblay).

L'annonce, par les principaux producteurs mondiaux de pâte de bois, de hausses de prix d'un montant semblable au début de chaque trimestre peut-elle s'expliquer par les raisons suivantes (CJCE 31-3-1993 aff. 89/85, Ahlström Osakeyhtiö) :
– l'annonce de prix fermes répond au besoin des acheteurs de connaître à l'avance le prix de la pâte pour fixer leurs propres tarifs et l'utilisation du rythme trimestriel permet aux producteurs d'éviter de perdre des occasions de réaliser des profits pour le cas où le marché se raffermirait ;
– l'analogie des dates peut s'expliquer par la forte transparence du marché, les acheteurs ayant pour habitude de diversifier leurs sources d'approvisionnement et, en période de baisse de prix, de faire connaître aux fabricants les prix annoncés par leurs concurrents.

Dans le même sens, les juridictions nationales estiment que la preuve d'une pratique concertée est établie si les identités de comportements ne peuvent s'expliquer ni par les caractéristiques du marché, ni par les coûts d'exploitation des entreprises (Cass. com. 8-10-1991 : RJDA 12/91 n° 1044) ou la poursuite d'un intérêt individuel (CA Paris 15-11-1989 : BOCCRF du 18-11-1989).

43380 Le Conseil de la concurrence a estimé, en matière de **marchés publics,** que si l'existence d'une stabilité dans l'attribution de lots peut, dans certains cas, trouver son explication dans une répartition de marché et si l'identité des prix proposés pour certaines prestations par certains soumissionnaires peut, dans certaines circonstances, également laisser présumer l'existence d'un échange d'informations antérieur au dépôt des offres, de tels indices sont insuffisants à eux seuls pour établir la réalité de pratiques anticoncurrentielles ; ainsi, deux sociétés avaient pu notamment formuler des propositions de prix identiques pour l'attribution d'un marché dès lors que le maître d'ouvrage avait fixé un prix maximal pour ces marchés (Cons. conc. 7-5-2002 n° 02-D-29, aff. « Signalisation routière dans le département de la Saône-et-Loire »).

De même encore, des **hausses de prix répétées, simultanées et d'un montant identique** ne suffisent pas à établir l'existence d'une entente (Avis Commission conc. 2-7-1981, aff. « Papiers diazographiques » ; Avis Commission conc. 24-3-1983, aff. « Production des tuiles et briques dans la région Midi-Pyrénées » ; Avis Commission conc. 14-4-1983, aff. « Marché des plâtres, carreaux et plaques de plâtre » ; Cons. conc. 6-7-1999 n° 99-D-48, aff. « Béton prêt à l'emploi »). En effet, lorsque les conditions d'exploitation des entreprises d'un secteur sont similaires, chacune d'entre elles peut être conduite à répercuter la hausse des facteurs de production les plus importants sur ses prix de vente, sous peine d'encourir des pertes substantielles. Dans d'autres cas, lorsque les conditions d'exploitation des entreprises sont différentes, les plus performantes d'entre elles peuvent décider de répercuter une partie ou la totalité des hausses de coûts qu'elles subissent, les autres entreprises n'ayant alors d'autre choix, pour minimiser leurs pertes, que de s'aligner sur ces hausses, même si elles ne correspondent pas à la totalité des accroissements de coûts qu'elles ont subis. Dans d'autres cas enfin, il se peut que l'évolution des prix d'un produit de substitution de nature différente empêche les entreprises d'un secteur de répercuter en totalité les hausses de coûts auxquelles elles doivent faire face tout en leur permettant de relever, dans une mesure limitée, leurs propres prix de vente.

ILLUSTRATIONS

Le Conseil de la concurrence a estimé que la similitude des prix pratiqués par deux fabricants d'une protéine pouvait s'expliquer par le fait qu'ils étaient les seuls à offrir ce produit et que celui-ci était substituable pour les utilisateurs (Cons. conc. 3-3-1998 n° 98-D-17, aff. « Distribution des interférons alpha »).

4. PRATIQUES ANTICONCURRENTIELLES CONSTITUTIVES D'UNE INFRACTION UNIQUE ET CONTINUE

Lorsque des **entreprises se livrent sur une longue période à de multiples pratiques** anticoncurrentielles, les autorités de concurrence peuvent valablement sanctionner l'ensemble de ces agissements au titre d'une infraction unique et continue, sans être tenue de distinguer ceux qui constituent des accords de ceux qui caractérisent des pratiques concertées (CJCE 8-7-1999 aff. 49/92 P, Commission c/ Anic Partecipazioni [aff. du cartel du prolypropylène], pt 82 ; CJCE 7-1-2004 aff. 204/00, Aalborg Portland ; CJUE 4-7-2013 aff. 287/11 P, Commission c/ Aalberts Industries NV ; Trib. UE 2-6-2016 aff. 426/10, Moreda-Riviere Trefilerías, pt 378, confirmé par CJUE 26-10-2017 aff. 454/16 et 457/16 ; Aut. conc. 18-12-2014 n° 14-D-19, aff. « Produits d'entretien et d'hygiène », confirmé sur ce point par CA Paris 27-10-2016 n° 15/01673, Cass. com. 27-3-2019 n° 16-26.472 FS-D et, sur renvoi, CA Paris 18-6-2020 n° 19/08826 ; Aut. conc. 12-5-2016 n° 16-D-09, aff. « Treillis soudés », réformé partiellement par CA Paris 15-3-2018 n° 16/14231 s'agissant d'une des sanctions pécuniaires prononcées ; Trib UE 28-3-2019 aff. 433/16, Pometon SpA, annulé partiellement par CJUE 18-3-2021 aff. 440/19 s'agissant des sanctions pécuniaires prononcées ; Trib UE 13-7-2018, aff. 58/14, Stührk ; Trib. UE 7-11-2019 aff. 240/17, Campine ; Aut. conc. 9-9-2021 n° 21-D-21, aff. « Secteur du transport routier de marchandises »). 43400

Encore faut-il que soient démontrées l'identité d'objectif à long terme des différentes pratiques anticoncurrentielles et la complémentarité entre les méthodes et les pratiques employées dans le cadre de chaque bloc de pratiques (TPICE 12-12-2007 aff. 101/05 et 111/05, BASF et UCB, à propos de deux ententes, européenne et mondiale). En d'autres termes, c'est l'existence d'un « plan d'ensemble » qu'il convient de démontrer (Trib. UE 12-7-2019 aff. 772/15, Quanta Storage, confirmé sur ce point par CJUE 16-6-2022 aff. 699/19).

Une **entreprise** ayant participé à une infraction par des comportements qui lui étaient propres, qui relevaient des notions d'accord ou de pratique concertée ayant un objet anticoncurrentiel et qui visaient à contribuer à la réalisation d'un **plan d'ensemble** poursuivant un objectif commun tendant à la réalisation de l'infraction est **responsable,** pour toute la période de sa participation à ladite infraction, **des comportements mis en œuvre par d'autres entreprises,** dont elle a eu connaissance, dans le cadre de la même infraction (CJCE 8-7-1999 aff. 49/92 précité, pt 83 ; Trib. UE 2-6-2016 aff. 426/10 précité, pt 379, confirmé par CJUE 26-10-2017 aff. 454/16 et 457/16 ; CJUE 13-7-2023 aff. 757/27, Nichicon). En cas de restructuration de l'entreprise, celle-ci peut n'être tenue responsable que pour la période où elle a été active, à l'exclusion des agissements postérieurs, si elle prouve que sa participation n'a pas été continue (Trib. UE 17-5-2013 aff. jtes 147/09 et 148/09, Trelleborg). 43405

Afin de pouvoir conclure à la participation d'une entreprise à l'infraction et à sa responsabilité pour tous les éléments qu'elle comporte, il doit être démontré que l'entreprise entendait contribuer par son propre comportement aux objectifs communs poursuivis par l'ensemble des participants et qu'elle avait connaissance des comportements matériels envisagés ou mis en œuvre par d'autres entreprises dans la poursuite des mêmes objectifs, ou qu'elle pouvait raisonnablement les prévoir et qu'elle était prête à en accepter le risque (CJCE 8-7-1999 aff. 49/92 P précité, pt 87 ; CJCE 7-1-2004 aff. 204/00, 205/00, 211/00, 213/00, 217/00 et 219/00 ; CJUE 4-7-2013 aff. 287/11 P, Commission c/ Aalberts Industries NV ; CJUE 22-10-2015 aff. 194/14, AC-Treuhand AG ; Cass. com. 9-10-2007 n° 06-12.446 : RJDA 2/08 n° 194 ; Trib. UE 2-6-2016 aff. 426/10 précité, pt 379, confirmé par CJUE 26-10-2017 aff. 454/16 et 457/16). En effet, des ententes ne peuvent être considérées comme des éléments constitutifs d'un accord anticoncurrentiel unique que s'il est établi qu'elles s'inscrivent dans un plan global poursuivant un objectif commun.

Si une entreprise a directement pris part à un ou plusieurs des comportements anticoncurrentiels composant une infraction unique, elle peut se voir imputer la responsabilité de l'ensemble de ces comportements. De même, si une entreprise n'a directement participé qu'à une partie des comportements anticoncurrentiels composant l'infraction unique et continue mais qu'elle a eu connaissance de l'ensemble des autres comportements infractionnels des autres participants à l'entente dans la poursuite des mêmes objectifs, ou a pu raisonnablement les prévoir et a été prête à en accepter le risque, elle peut se voir imputer l'infraction unique et continue dans son ensemble (Trib. UE 2-6-2016 aff. 426/10 précité, pt 380, confirmé par CJUE 26-10-2017 aff. 454/16 et 457/16).

En revanche, si une entreprise a participé à un ou plusieurs comportements anticoncurrentiels de l'infraction unique et continue mais qu'il n'est pas établi que, par son comportement, elle entendait contribuer au plan d'action commun et qu'elle avait connaissance de l'ensemble des autres comportements, elle ne peut se voir imputer que les seuls comportements auxquels elle a participé (arrêt Trib. UE précité, pt 381).

43410 Plusieurs **critères** ont ainsi été identifiés par la jurisprudence pour apprécier le **caractère unique d'une infraction** : identité des objectifs et des pratiques en cause, identité des produits et des services concernés, identité des entreprises qui y ont pris part, identité des modalités de mise en œuvre, identité des personnes physiques impliquées et identité du champ d'application géographique des pratiques (Trib. UE 2-6-2016 aff. 426/10 précité, pt 381, confirmé par CJUE 26-10-2017 aff. 454/16 et 457/16). L'existence d'un plan d'ensemble poursuivant un objectif unique peut ainsi se déduire d'un faisceau d'indices graves, précis et concordants sans qu'il ne soit exigé une identité absolue entre les comportements en cause (CA Paris 3-12-2020 n° 13/13058, censuré sur un point procédural par Cass. com. 6-9-2023 n° 20-23.582 FS-B : RJDA 12/23 n° 677).

Pour ce qui a trait à l'appréciation du **caractère continu,** il a été précisé que l'examen d'une période d'interruption de l'infraction ne doit pas être effectué dans l'abstrait mais dans le contexte du fonctionnement de l'entente en cause (Trib. UE 16-5-2015 aff. 655/11, FSL Holdings c/ Commission, pt 483). La Cour de cassation considère que, dans le cadre d'une infraction s'étendant sur plusieurs années, le fait que les manifestations de l'entente interviennent à des périodes différentes, pouvant être séparées par des laps de temps plus ou moins longs, demeure sans incidence sur l'existence de cette entente, pour autant que les différentes actions qui font partie de cette infraction poursuivent une seule finalité et s'inscrivent dans le cadre d'une infraction unique et continue. En l'absence d'éléments de preuve établissant directement la durée de l'infraction, il convient de se fonder sur des éléments de preuve se rapportant à des faits suffisamment rapprochés dans le temps afin qu'il puisse être raisonnablement admis que cette infraction s'est poursuivie dans le temps de manière ininterrompue (Cass. com. 8-11-2016 n° 14-28.234 FS-D : Contrats, conc., consom. 2017 comm. n° 18 note G. Decocq, arrêt « rabattu » par Cass. com. 4-10-2017 n° 14-28.234 FS-D en raison d'une erreur de nature procédurale sans que cela ne modifie la solution dégagée ; pour la confirmation de l'essentiel de la décision initiale n° 12-D-09 de l'Autorité de la concurrence dans cette affaire, sauf s'agissant du montant des amendes prononcées, voir l'arrêt rendu sur renvoi CA Paris 4-7-2019 n° 16/23609, confirmé par Cass. com. 10-2-2021 n° 19-20.599 FS-D).

43415 Il résulte des principes énoncés ci-dessus que trois **conditions** doivent être réunies afin d'établir la participation à une infraction unique et continue :
– l'existence d'un plan global poursuivant un objectif commun ;
– la contribution intentionnelle de l'entreprise à ce plan ;
– le fait qu'elle avait connaissance (prouvée ou présumée) des comportements infractionnels des autres participants.

> **Précisions** S'agissant plus particulièrement de la première condition tenant à la poursuite d'un **objectif commun,** le Tribunal a précisé qu'il ne suffit pas pour la Commission de retenir à l'encontre des entreprises une référence générale à la distorsion de la concurrence sur le marché concerné par l'infraction (en effet, si un tel raisonnement devait être appliqué, tous les comportements anticoncurrentiels relatifs à un même secteur économique devraient alors être qualifiés d'infraction unique et continue) ; il faut en outre qu'elle démontre l'existence d'un lien de complémentarité entre les pratiques mises en œuvre : chacune d'entre elles doit avoir pour objectif de combattre une ou plusieurs conséquences du jeu normal de la concurrence et doit contribuer, de manière complémentaire, à la réalisation de l'ensemble des effets anticoncurrentiels voulus par leurs auteurs, dans le cadre d'un plan global visant un objectif unique (CJUE 4-7-2013 aff. 287/11 P, Aalberts Industries NV). Par ailleurs, dès lors que l'objectif des pratiques anticoncurrentielles n'a pas changé durant la période de référence de l'infraction considérée (par exemple, la concertation sur les prix), le fait que certaines caractéristiques ou que l'intensité de ces pratiques aient évolué au cours de cette période n'est pas pertinent pour remettre en question le caractère continu de l'entente en cause (CJUE 3-5-2012 aff. 290/11 P, Comap).

Une infraction unique peut également prendre la forme d'une **infraction unique répétée.** Ce caractère répété peut être caractérisé lorsque la participation d'une entreprise à l'infraction s'est interrompue et que l'entreprise a participé à l'infraction avant et après cette interruption » (Aut. conc. 5-12-18 n° 18-D-24, aff. « Secteur des produits électroménagers »). **43420**

La caractérisation d'une infraction unique répétée suppose de démontrer un objectif unique poursuivi par l'entreprise en cause avant et après l'interruption. Cette démonstration peut être établie à l'aide de plusieurs indices tels que « l'identité des objectifs des pratiques en cause, des produits concernés, des entreprises qui ont pris part à la collusion, des modalités principales de sa mise en œuvre, des personnes physiques impliquées pour le compte des entreprises et, enfin, du champ d'application géographique desdites pratiques » (Trib. UE 17-5-2013 aff. 147/09 et 148/09, Trelleborg).

B. Prises de participation et entreprises communes

1. PRISE DE PARTICIPATION DANS LE CAPITAL D'UNE ENTREPRISE CONCURRENTE

En principe, le fait pour une entreprise de prendre une participation dans le capital d'une entreprise concurrente ne constitue pas, en soi, un comportement restrictif de concurrence. Toutefois, selon la Cour de justice, « une telle prise de participation peut néanmoins constituer un moyen apte à influer sur le comportement commercial des entreprises en cause, de manière à restreindre ou à fausser le jeu de la concurrence sur le marché où ces deux entreprises déploient leur activité commerciale » (CJCE 17-11-1987 aff. 142 et 156/84, BAT). Il en est notamment ainsi lorsque : **43460**

– par la prise de participation ou par des stipulations accessoires de l'accord, l'entreprise qui investit obtient un contrôle de droit ou de fait sur le comportement commercial de l'autre entreprise ;

– l'accord prévoit une coopération commerciale entre les entreprises ou crée des structures aptes à promouvoir une telle coopération ;

– l'accord réserve à l'entreprise qui investit la possibilité de renforcer sa position à un stade ultérieur en prenant le contrôle effectif de l'autre entreprise.

ILLUSTRATIONS

La Cour de justice a confirmé le bien-fondé d'une intervention de la Commission qui avait engagé une procédure pour infraction à l'article 101, 1 du TFUE dans le cas suivant : le groupe sud-africain Rembrandt avait cédé à la société américaine Philip Morris la moitié de sa participation dans une filiale à 100 %, la société Rothmans Tobacco Holding ; cette dernière contrôlait la société Rothmans International qui, elle-même, possédait dans toute la CE des filiales concurrentes de Philip Morris dans le secteur de la cigarette. Siégeant à égalité avec Rembrandt au conseil d'administration de la société holding, la société Philip Morris pouvait ainsi exercer un veto sur les décisions concernant la gestion de son concurrent. Les parties avaient alors apporté à leur accord des modifications à l'issue desquelles :

– la société Philip Morris était devenue directement actionnaire de Rothmans International, où elle disposait de 24,9 % des droits de vote ;

– de son côté, le groupe Rembrandt était redevenu le seul propriétaire de la société holding et, avec 44 % des voix, était en mesure d'exercer seul un contrôle effectif sur Rothmans International ;

– en outre, étant donné que Philip Morris avait conservé certains droits d'option sur les actions détenues par Rembrandt dans la société Rothmans International, les parties avaient pris divers engagements garantissant le maintien de la concurrence entre elles et permettant à la Commission d'agir au cas où ces rapports seraient modifiés.

La Commission avait alors considéré que, dans ces conditions, il n'y avait plus lieu d'appliquer l'interdiction de l'article 101, 1.

Par cette décision, la Cour de justice admet le contrôle « a priori » des prises de participation en application de l'article 101, 1 (CJCE 17-11-1987 précité).

2. ENTREPRISE OU FILIALE COMMUNE

NOTION D'ENTREPRISE OU DE FILIALE COMMUNE

On entend par « entreprise commune », ou « filiale commune », l'entreprise qui constitue une unité économique distincte, mais qui est soumise à un contrôle exercé en commun par deux ou plusieurs entreprises économiquement indépendantes les unes des autres. **43470**

DROIT DE L'UNION EUROPÉENNE

43480 En droit de l'Union européenne, la création et la gestion d'une entreprise commune est de nature à inciter les entreprises qui la contrôlent à ne pas se faire concurrence. Cet **effet anticoncurrentiel** ne peut, toutefois, être apprécié qu'en fonction de circonstances propres à chaque espèce.

ILLUSTRATIONS

La Commission européenne a fixé les règles applicables aux filiales communes dans plusieurs décisions, notamment : « Pasteur Mérieux-Merck » du 6-10-1994 : JOCE 1994 L 309 p. 1, « Fujitsu AMD Semiconductor » du 12-12-1994 (entreprise commune implantée au Japon) : JOCE 1994 L 341 p. 66, « Philips-Osram » du 21-12-1994 : JOCE 1994 L 378 p. 37, « Atlas » et « Phœnix/Global One » du 17-7-1996 (entreprise commune fondatrice d'une autre entreprise commune) : JOCE 1996 L 239 p. 23 et p. 57, « LH/SAS » du 16-1-1996 : JOCE L 1996 L 54 p. 28, « Uniworld » et « Unisource » du 29-10-1997 : JOCE 1997 L 318 p. 24 et p. 1, « Cegetel + 4 » du 20-5-1999 : JOCE 1999 L 218 p. 14, « Telecom Développement » du 27-7-1999 : JOCE 1999 L 218 p. 24, « GEAE/P & W » du 14-9-1999 : JOCE 2000 L 58 p. 16 et « British Interactive Broadcasting/Open » du 15-9-1999 : JOCE 1999 L 312 p. 1.

Les entreprises communes qui ont une autonomie complète et interviennent sur le marché en tant qu'acheteurs ou vendeurs indépendants tombent dans le champ d'application du règlement 139/2004 du 20 janvier 2004 sur le **contrôle des concentrations.** Toutefois, lorsque la création de l'entreprise commune de plein exercice risque au surplus de conduire à la coordination du comportement concurrentiel des entreprises fondatrices, ou entre celles-ci et l'entreprise commune, cette coordination est examinée à l'occasion et dans le cadre de la procédure visant au contrôle de l'opération de concentration proprement dite, mais au regard de l'article 101, 1 et 3 du TFUE (Communication de la Commission relative à la notion d'entreprises communes de plein exercice : JOCE 1998 C 66).

La création d'une entreprise commune qui caractériserait une entente anticoncurrentielle peut, selon les cas, échapper à l'interdiction de l'article 101, 1 au titre de l'exception légale de l'article 101, 3, selon les critères d'appréciation définis dans les lignes directrices sur l'applicabilité de l'article 101 aux accords de coopération horizontale (n°s 47180 s.) ou bénéficier d'une exemption par catégorie selon les critères d'appréciation définis par la Commission dans les règlements 2023/1066 et 2023/1067 relatifs respectivement aux accords de recherche et de développement (n°s 47300 s.) et aux accords de spécialisation (n°s 47250 s.).

DROIT FRANÇAIS

43490 En droit interne, la création d'une filiale commune par des sociétés concurrentes ne suffit pas, en l'absence d'autres éléments, à établir l'existence d'une entente illicite (Cass. com. 29-11-1994 : RJDA 3/95 n° 299).

En revanche, la création d'une filiale commune peut caractériser une entente lorsque, par exemple, cette filiale a pour objet d'évincer un concurrent du marché (voir, par exemple, Cons. conc. 13-12-1988 n° 88-D-49, aff. « Asphalte coulé ») ou de masquer une concertation en vue de la répartition de marchés publics (voir, par exemple, Cass. com. 10-1-1995 : RJDA 5/95 n° 596).

II. OBJET OU EFFET RESTRICTIF DE L'ENTENTE SUR LA CONCURRENCE

A. Restriction de concurrence par objet ou par effet

DISTINCTION ENTRE OBJET ANTICONCURRENTIEL ET EFFET ANTICONCURRENTIEL

43600 **Examen d'une entente en deux étapes** Le traité sur le fonctionnement de l'Union européenne et le Code de commerce prohibent les ententes qui ont pour objet « ou » peuvent avoir pour effet de fausser le jeu de la concurrence. Le caractère alternatif – et non cumulatif – de cette condition conduit à la nécessité d'examiner toute pratique en **deux**

étapes (CJCE 30-6-1966 aff. 56/65, LTM ; CJUE 16-7-2015 aff. 172/14, ING Pensii, pt 30 ; CJUE 21-12-2023 aff. 333/21, European Superleague, pt 159) :

– la première étape consiste dans l'examen de l'**objet** même de la pratique, apprécié dans son contexte économique, et des altérations du jeu de la concurrence qui en sont la conséquence logique ; si cet objet révèle un degré suffisant de nocivité, il n'est pas utile d'aller en rechercher les effets car ceux-ci sont présumés ;

– si cette première analyse ne révèle pas un degré suffisant de nocivité à l'égard de la concurrence, il s'avère alors nécessaire de passer à la seconde étape, qui réside dans l'examen des **effets** concrets de la pratique sur le marché et le libre jeu de la concurrence.

Le caractère alternatif de cette condition n'exclut pas qu'un même comportement anticoncurrentiel puisse avoir à la fois pour objet et pour effet de restreindre le jeu de la concurrence (CJUE 2-4-2020 aff. 228/18, Gazdasagi Versenyhivatal).

Conséquences de la qualification de restriction de concurrence par objet Les conséquences de la qualification de restriction par objet sont doubles : 43605

– d'une part, comme nous l'avons vu (nº 43600), cette qualification dispense les autorités de concurrence de rapporter la preuve des effets anticoncurrentiels d'une pratique (CJUE 14-3-2013 aff. 32/11, Allianz Hungaria Biztosito ; Aut. conc. 20-12-2018 nº 18-D-26, aff. « Secteur des fertilisants liquides » confirmée par CA Paris 16-1-2020 nº 19/03410 ; CJUE 2-4-2020 aff. 228/18, Gazdasagi Versenyhivatal) ;

– d'autre part, cette qualification exclut que la pratique en cause puisse bénéficier des règles relatives aux accords d'importance mineure, dites « règles de minimis » (CJUE 13-12-2012 aff. 226/11, Expedia : RJDA 3/13 nº 261, solution reprise dans la communication de la Commission dite « de minimis » du 25-6-2014 : JOCE 2014 C 291).

La qualification de restriction par objet n'exclut pas, en théorie du moins, le bénéfice de l'exemption individuelle (CJUE 13-10-2011 aff. 439/09, Pierre Fabre : RJDA 2/12 nº 208).

OBJET ANTICONCURRENTIEL DE L'ENTENTE

La Commission européenne et l'Autorité de la concurrence apprécient tout d'abord l'objet même de la pratique. 43610

Les accords ayant pour objet de restreindre le jeu de la concurrence sont ceux dont la mise en œuvre conduirait nécessairement à restreindre la concurrence, si bien qu'il s'avère inutile de démontrer leurs effets concrets ou potentiels sur le marché (CJCE 4-6-2009 aff. 8/08, T-Mobile Netherlands, pts 28 et 30). Ces pratiques sont donc en elles-mêmes présumées attenter au libre jeu de la concurrence même si elles n'ont jamais été mises en œuvre (Commission CE 29-9-2004, aff. « Brasserie Kronenbourg – Brasseries Heineken » : JOCE 2005 L 184 p. 57).

Notion de restriction de concurrence par objet La notion de restriction de concurrence « par objet » doit être interprétée de manière restrictive : le critère juridique essentiel pour déterminer si une coordination entre entreprises comporte pareille restriction réside dans la constatation qu'une telle coordination présente, en elle-même, un **degré suffisant de nocivité** à l'égard de la concurrence (CJUE 11-9-2014 aff. 67/13, Groupement des cartes bancaires : RJDA 2/15 nº 145 et chron. I. Luc p. 65 ; CJUE 26-11-2015 aff. 345/14, SIA Maxima Latvija, pt 20 : RJDA 2/16 nº 152 ; Cass. com. 11-1-2017 nº 15-17.134 FS-PB : RJDA 4/17 nº 285 ; Trib. UE 28-3-2019 aff. 433/16, Pometon SpA, annulé partiellement par CJUE 18-3-2021 aff. 440/19 s'agissant des sanctions pécuniaires prononcées ; Cass. com. 29-1-2020 nº 18-10.967 FS-PB : RJDA 5/20 nº 290 ; CJUE 2-4-2020 aff. 228/18, Gazdasagi Versenyhivatal ; CJUE 21-12-2023 aff. 333/21, European Superleague). 43615

Afin d'apprécier ce degré de nocivité, il convient de prendre en compte, premièrement, la teneur des dispositions de l'accord, deuxièmement, les objectifs qu'il vise à atteindre et, troisièmement, le contexte économique et juridique dans lequel il s'insère (CJUE 14-3-2013 aff. 32/11, Allianz Hungaria Biztosito ; CJUE 11-9-2014 aff. 67/13 précité ; CJUE 16-7-2015 aff. 172/14, ING Pensii, pt 33 ; CJUE 23-1-2018 aff. 179/16, Hoffmann-La Roche, pt 79 ; Trib. UE 28-3-2019 aff. 433/16, Pometon SpA, annulé partiellement par CJUE 18-3-2021 aff. 440/19 s'agissant des sanctions pécuniaires prononcées ; CJUE 29-6-2023, aff 211/22, Super Bock ; CJUE 21-12-2023 aff. 333/21, European Superleague).

S'agissant des accords expressément interdits par l'article 101, 1 du TFUE, tels que les accords visant à la répartition des marchés, la CJUE considère que « l'analyse du contexte économique et juridique dans lequel la pratique s'insère peut (...) se limiter à ce qui s'avère strictement nécessaire en vue de conclure à l'existence d'une restriction de la concurrence par objet » (CJUE 20-1-2016 aff. 373/14, Toshiba, pt 29).

Ainsi, une définition préalable du marché pertinent ne s'impose pas lorsque l'accord litigieux a en soi un objet anticoncurrentiel, notamment s'agissant des accords expressément interdits par l'article 101, 1 du TFUE (Trib. UE 28-6-2016 aff. 208/13, Portugal Telecom, pt 176 et Trib. UE 28-6-2016 aff. 216/13, pt 214, confirmé par CJUE 13-12-2017 aff. 487/16 Telefónica).

Plus particulièrement, il n'est pas nécessaire de procéder à une analyse de la structure du marché concerné ni de déterminer si l'entrée d'une entreprise sur le marché objet de l'accord serait une stratégie économique viable. La Commission doit seulement examiner s'il existe des barrières insurmontables à l'entrée sur le marché qui excluraient toute concurrence potentielle (CJUE 20-1-16 aff. 373/14 précité, pt 31 ; Trib. UE 28-6-2016 aff. 208/13 précité, pt 181 et Trib. UE 28-6-2016 aff. 216/13, pt 221, confirmé par CJUE 13-12-2017 aff. 487/16 précités).

Le fait qu'un accord d'un type donné n'ait pas précédemment été considéré comme revêtant un objet anticoncurrentiel n'empêche pas les autorités de concurrence de considérer, à la suite d'un examen individuel et circonstancié, qu'il revêt un tel objet (Trib. UE 8-9-2016 aff. 472/13, Lundbeck, confirmé par CJUE 25-3-2021 aff. 591/16 ; Trib. UE 12-12-2018 aff. 691/14, Servier).

ATTENTION

Les « **restrictions caractérisées** » contenues dans un accord sont des restrictions de concurrence qui entraînent l'exclusion de l'intégralité de l'accord du champ du règlement d'exemption par catégorie qui lui est applicable (par exemple, pour les restrictions caractérisées en matière d'accords verticaux, voir nos 46860 s.). Les notions de « restriction caractérisée » et de « restriction par objet » ne sont pas conceptuellement interchangeables et ne coïncident pas nécessairement (CJUE 29-6-2023 aff. 211/22, Super Bock, pt 41). C'est pourquoi il a été jugé que si un accord vertical de fixation de prix minimaux de revente constitue une restriction caractérisée, ce seul fait ne permet pas d'en déduire automatiquement l'existence d'une restriction de concurrence par objet ; le juge doit vérifier si cet accord présente un degré de nocivité suffisant à l'égard de la concurrence, à la lumière notamment du contexte économique et juridique dans lequel l'accord s'insère (CJUE 29-6-2023 aff. 211/22 précité).

43620 **Exemples de restrictions de concurrence par objet** Sont **traditionnellement** considérées comme ayant un objet anticoncurrentiel notamment les ententes visant à une répartition des marchés, à un boycott ou à une fixation des prix en commun.

ILLUSTRATIONS

Ont un objet anticoncurrentiel :

– l'accord de répartition de marchés aux termes duquel des producteurs européens et des producteurs japonais se sont entendus pour que chacun de ces groupes de producteurs ne vende pas sur le marché de l'autre groupe (CJUE 20-1-2016 aff. 373/14 précité) ;

– un plan stratégique par lequel deux sociétés s'entendent pour mettre en œuvre des pratiques de dénigrement et de remises fidélisantes destinées à empêcher le rétablissement d'une concurrence jusqu'alors inexistante sur un marché ; il importe peu, à cet égard, que l'une des deux sociétés n'ait pas pris part aux pratiques de dénigrement (Cass. com. 11-1-2017 no 15-17.134 FS-PB : RJDA 4/17 no 285) ;

– une entente entre deux laboratoires pharmaceutiques commercialisant deux médicaments concurrents, fabriqués par une même société, qui avait conduit à la diffusion, dans un contexte d'incertitude scientifique, d'informations trompeuses sur les effets indésirables de l'utilisation de l'un de ces médicaments pour le traitement de pathologies non couvertes par l'autorisation de mise sur le marché de celui-ci et ce, dans le but de réduire la pression concurrentielle résultant de cette utilisation sur l'utilisation de l'autre médicament dont le prix était plus élevé (CJUE 23-1-2018 aff. 179/16, Hoffmann-La Roche, pt 77) ;

– la diffusion de barèmes de prix par un groupement, quand bien même ils ne seraient pas impératifs (CA Paris 6-6-2013 no 2012/02945 ; Aut. conc. 30-9-2012 no 19-D-19, aff. « Secteur des prestations d'architecte », confirmée sur ce point par CA Paris 15-10-2020 no 19/18632 et, sur un autre point, par Cass. com. 1-2-2023 no 20-21.844 FS-B : RJDA 4/23 no 221), ainsi que des grilles d'orientation de prix et des mesures de structuration telles qu'un encadrement des transactions autorisées, des opérations promotionnelles et des aides professionnelles (Aut. conc. 16-11-2022 no 22-D-21, aff. « Secteur de la pêche et de l'aquaculture à la Réunion ») ;

– une répartition de marchés entre les membres d'une société coopérative (CA Paris 18-1-2018 no 2017/01709 ; Aut. conc. 28-10-2019 no 19-D-21, aff. « Secteur du transport routier de marchandises ») ;

– un plan d'ensemble sur des objectifs communs de hausse des prix et des discussions sur des appels d'offres, en cours et à venir, et sur la répartition future d'un marché en général et de certains clients en particulier (Aut. conc. 17-12-2019 no 19-D-24, aff. « Secteur des fruits vendus en coupelles et en gourdes » confirmée sur ce point par CA Paris 6-10-2022 no 20/01494 ; voir également Aut. conc. 7-9-2023 no 23-D-08, aff. « Secteur des prestations et de traitement des déchets pour des sites nucléaires ») ;

– des actions de boycott mises en œuvre par des conseils nationaux et départementaux de l'ordre des chirurgiens-dentistes dirigées contre des réseaux de soins et destinées à entraver leur fonctionnement (Aut. conc. 12-11-2020 no 20-D-17, aff. « Secteur de la chirurgie dentaire », confirmée par CA Paris 14-9-2023 no 20/17860) ;

– des règles mises en place par des associations organisant des compétitions de football restreignant la création d'une nouvelle compétition de football interclubs par une entreprise tierce sans que ces règles ne soient encadrées par des critères matériels et des modalités procédurales propres à en assurer le caractère transparent, objectif, non discriminatoire et proportionné (CJUE 21-12-2023 aff. 333/21, European Superleague) ;
– une clause de non-concurrence consistant notamment, dans le cadre d'un accord de partenariat commercial, à interdire à l'une des parties à cet accord d'entrer sur un marché en cours de libéralisation sur lequel l'autre partie à cet accord est un acteur majeur (CJUE 26-10-2023 aff. 331/21, EDP) ;
– des pratiques consistant à faire obstacle à l'ouverture de points de distribution alternatifs des jeux de hasard (Aut. conc. 26-9-2023 n° 23-D-09, aff. « Secteur de la distribution de jeux de hasard »).

De même, selon la jurisprudence européenne, une interdiction de livrer en dehors du territoire national a manifestement pour objet de restreindre la concurrence car elle conduit à un cloisonnement des marchés au sein de l'Union européenne (Commission CE 20-9-2000, aff. « Opel » : JOCE 2001 L 59 p. 1 ; TPICE 6-7-2000 aff. 62/98, Volkswagen ; Commission CE 8-5-2001, aff. « Glaxo Wellcome » : JOCE 2001 L 302 p. 1). Il en est de même d'un accord en matière de distribution qui manifeste la volonté de traiter les ventes à l'exportation d'une manière moins favorable que les ventes nationales et conduit ainsi à un cloisonnement du marché concerné (TPICE 9-7-2009 aff. 450/05, Automobiles Peugeot).

La Commission européenne considère aussi, dans ses lignes directrices relatives aux accords horizontaux (LD relatives aux accords de coopération horizontale, pts 413 s.), que les échanges d'informations entre concurrents portant sur les prix ou les volumes futurs ont un objet anticoncurrentiel (sur les échanges d'informations voir aussi CJCE 4-6-2009 aff. 8/08, T-Mobile Netherlands : RJDA 1/10 n° 79). En revanche, le fait que les consommateurs finals soient privés des avantages d'une concurrence efficace, en termes d'approvisionnement ou de prix, n'est pas déterminant pour la qualification de restriction par objet. En effet, il ne ressort aucunement de l'article 101, 1 du TFUE que seuls les accords privant les consommateurs de certains avantages pourraient avoir un objet anticoncurrentiel ; l'article 101 du TFUE vise, à l'instar des autres règles de concurrence énoncées dans le Traité, à protéger non pas uniquement les intérêts des concurrents ou des consommateurs, mais la structure du marché et, ce faisant, la concurrence en tant que telle (CJCE 6-10-2009 aff. 501/06, GlaxoSmithKline Services).

L'objet anticoncurrentiel d'un accord peut aussi résulter du **contexte économique et juridique** dans lequel il s'inscrit et, plus particulièrement, des données du marché (notamment, CJUE 13-10-2011 aff. 439/09, Pierre Fabre : RJDA 2/12 n° 208 ; CA Paris 23-2-2012 n° 2010/20555, aff. « Banques », censurée sur un autre point par Cass. com. 14-4-2015 n° 12-15.971, et, sur renvoi, CA Paris 21-12-2017 n° 2015/17638, censurée sur un autre point par Cass. com. 29-1-2020 n° 18-10.967 FS-PB : RJDA 5/20 n° 290, sur renvoi, CA Paris 2-12-2021 n° 20/04626, confirmé par Cass. com. 28-6-2023 n° 21-26.015 FS-D ; Trib. UE 15-12-2016 aff. 758/14, Infineon, arrêt annulé par CJUE 26-9-2018 aff. 99/17 et, sur renvoi, Trib. UE 8-7-2020 aff. 758/14, s'agissant du montant de l'amende prononcée ; Cass. com. 11-1-2017 n° 15-17.134 FS-PB : RJDA 4/17 n° 285). **43625**

Par exemple, un accord d'exclusivité, la constitution d'un groupement, la pratique de prix franco, un refus d'approvisionnement ou des discriminations tarifaires n'ont pas forcément un objet anticoncurrentiel et peuvent être justifiés par la poursuite d'autres objectifs. Sont alors pris en considération la nature, la quantité limitée ou non des produits faisant l'objet des pratiques, la position et l'importance des parties sur le marché concerné.

ILLUSTRATIONS

Dans l'affaire « Pierre Fabre » précitée, la CJUE, interrogée par la cour d'appel de Paris sur la question de savoir si une interdiction absolue de vendre sur Internet imposée par un fournisseur à ses distributeurs agréés dans le cadre d'un réseau de distribution sélective constituait une restriction de concurrence par objet, avait rappelé qu'il convient de « s'attacher à la teneur de la clause, aux objectifs qu'elle vise à atteindre, ainsi qu'au contexte économique et juridique dans lequel elle s'insère ». En l'espèce, la Cour avait considéré que le conseil personnalisé au client pour les produits cosmétiques en cause (non soumis à prescription) ou la préservation de l'image de prestige de la marque ne constituaient pas des objectifs légitimes eu égard aux restrictions de concurrence mises en œuvre.

Dans l'affaire des « Banques » précitée, l'Autorité de la concurrence avait sanctionné plusieurs groupes bancaires pour avoir appliqué une commission « interbancaire d'échange image chèque » commune au motif que cette commission ne correspondait à aucun service rendu et avait eu pour conséquence d'augmenter artificiellement les coûts supportés par les banques remettantes, ce qui avait pesé sur le niveau des prix des services bancaires. Dans une décision rendue sur renvoi après cassation, la cour d'appel de Paris a considéré que la mise en place de cette commission constituait une entente anticoncurrentielle par objet. Cet arrêt a été censuré par la Cour de cassation qui reproche à la cour d'appel d'avoir présumé une répercussion des commissions sur les prix finaux, ce qui contrevient au principe d'interprétation restrictive de la notion de restriction de concurrence par objet.

EFFET ANTICONCURRENTIEL DE L'ENTENTE

43630 Ce n'est que si l'existence d'un objet anticoncurrentiel n'est pas démontrée que la Commission européenne et l'Autorité de la concurrence examinent si la pratique a ou est susceptible d'avoir des effets restrictifs sur la concurrence. Tel est le cas lorsque la pratique vient créer ou renforcer un pouvoir de marché des parties qui leur permet de rechercher un équilibre des prix à un niveau différent de celui qui aurait résulté de la concurrence ou de cristalliser des situations acquises au détriment du libre choix du consommateur ou, encore, de restreindre la production quantitativement ou qualitativement.

Pour **apprécier les effets** d'un accord sur le jeu de la concurrence, il convient de prendre en considération le contexte économique et juridique dans lequel cet accord se situe et où il peut concourir, avec d'autres, à un effet cumulatif sur le jeu de la concurrence (CJCE 28-2-1991 aff. 234/89, Delimitis, pt 14 : RJDA 5/91 n° 416 ; CJUE 26-11-2015 aff. 345/14, Maxima Latvija, pt 26 : RJDA 2/16 n° 152 et chron. I. Luc p. 75).

ILLUSTRATIONS

Des contrats portant sur la location d'espaces dans des centres commerciaux prévoyant le droit pour le locataire de s'opposer à l'accueil de nouveaux locataires dans un centre commercial peut revêtir un effet anticoncurrentiel si, au terme d'une analyse approfondie du contexte économique et juridique dans lequel ils s'insèrent, ainsi que des spécificités du marché de référence concerné, ils contribuent de manière significative à un cloisonnement de ce marché, l'importance de la contribution de chaque contrat à ce cloisonnement dépendant notamment de la position des parties contractantes sur ce marché et de la durée de ce contrat (CJUE 26-11-2015 aff. 345/14, Maxima Latvija, pt 31, précité).

Le Tribunal a également indiqué que le test à appliquer consiste en une comparaison de la situation concurrentielle en présence et de celle qui prévaudrait en l'absence de l'accord litigieux : « Le jeu de la concurrence dont il s'agit doit être entendu dans le cadre réel où il se produirait à défaut de l'accord litigieux, l'altération de la concurrence pouvant, notamment, être mise en doute si l'accord apparaît précisément nécessaire à la pénétration d'une entreprise dans une zone où elle n'intervenait pas » (TPICE 2-5-2006 aff. 328/03, O2 Germany : RJDA 8-9/06 n° 960 ; sur la nécessité de comparer la situation concurrentielle résultant de l'accord et celle qui existerait en son absence afin de mesurer son effet restrictif de concurrence, voir aussi TPICE 27-9-2006 aff. 168/01, GlaxoSmithKline : RJDA 12/06 n° 1269 et Trib. UE 30-6-2016 aff. 491/07, « Cartes bancaires » ; CJUE 21-12-2023 aff. 333/21, European Superleague).

EFFETS CUMULATIFS DE PLUSIEURS ACCORDS

43640 Peut également être pris en compte, dans l'appréciation du caractère anticoncurrentiel d'une pratique, son caractère isolé ou, au contraire, la place de celle-ci dans un ensemble d'accords (« effets cumulatifs »).

Un accord vertical peut en effet être parfaitement légitime mais devenir anticoncurrentiel en raison du verrouillage du marché par la présence d'**accords verticaux similaires.** Leur cumul interdit l'entrée sur le marché et crée une situation intolérable au regard du libre jeu de la concurrence (cas, notamment, des accords de distribution sélective).

Il s'agit alors d'examiner la légalité de contrats qui « concernent une part limitée du marché, non pas en examinant uniquement leurs clauses mais en prenant aussi en compte l'existence d'autres contrats similaires conclus par d'autres parties sur le même marché » (Aut. conc. 27-6-2018 n° 18-D-10, aff. « Secteur de la maintenance informatique »).

Pour **conclure ou non à l'effet anticoncurrentiel d'un ou plusieurs contrats,** il s'agit, en premier lieu, d'examiner la nature et l'importance de l'ensemble des contrats similaires et, en second lieu, la contribution des contrats en cause à l'effet cumulatif produit par cet ensemble de contrats (CJCE 28-2-1991 aff. 234/89, Delimitis : RJDA 5/91 n° 416 ; Aut. conc. 27-5-2019 n° 19-D-10, aff. « Œuvres cinématographiques dites "de catalogue", confirmée par CA Paris 8-10-2020 n° 19/11688 et Cass. com. 7-12-2022 n° 20-21.436 F-D).

S'agissant de la contribution individuelle de chaque fournisseur (ou distributeur) à l'effet cumulatif de verrouillage, la Commission européenne considère, dans sa « communication de minimis », que « les fournisseurs ou distributeurs individuels dont la part de marché n'excède pas 5 % ne contribuent en général pas d'une manière significative à un effet cumulatif de verrouillage » ; par ailleurs, « un effet cumulatif de verrouillage n'existera vraisemblablement pas si moins de 30 % du marché en cause est couvert par des (réseaux) d'accords parallèles ayant des effets similaires » (Communication dite « de minimis » du 25-6-2014 : JOCE 2014 C 291).

Par exemple, la Cour de justice a précisé qu'un contrat de fourniture de bière tombe sous le coup de l'article 101, 1 du TFUE si les deux conditions suivantes sont réunies (CJCE 28-2-1991 aff. 234/89 précité) :

– compte tenu du contexte du contrat, le marché national de la distribution de bière dans des débits de boissons est difficilement accessible pour des concurrents qui pourraient s'implanter sur ce marché ou qui pourraient y élargir leur part de marché. Le fait que le contrat relève, dans ce marché, d'un ensemble de contrats similaires qui produisent un effet cumulatif sur le jeu de la concurrence ne constitue qu'un facteur parmi d'autres pour apprécier si un tel marché est effectivement d'un accès difficile ;

– le contrat contribue de manière significative à l'effet de blocage produit par l'ensemble des contrats similaires dans leur contexte économique et juridique. L'importance de la contribution du contrat individuel dépend de la position des parties contractantes sur le marché en cause et de la durée du contrat.

Si les contrats de distribution se sont initialement prêtés à l'analyse des effets cumulatifs (contrats de fourniture de bière : CJCE 12-12-1967 aff. 23/67, Brasserie de Hæcht ; CJCE 28-2-1991 aff. 234/89 précité), ces effets cumulatifs peuvent être examinés à l'égard de tout type de relation commerciale (dans le cadre d'un bail commercial : CJUE 26-11-2015 aff. 345/14 : RJDA 2/16 n° 152 et chron. I. Luc p. 75 ; dans le cadre d'accords d'achat exclusif : TPICE 8-6-1995 aff. 7/93, Langnese Igloo ; CJUE 3-9-2009 aff. 506/07, Lubricantes y Carburantes Galaicos SL ; dans le cadre de contrats d'acquisition de droits cinématographiques : Aut. conc. 27-5-2019 n° 19-D-10, aff. « Œuvres cinématographiques dites "de catalogue" », confirmée par CA Paris 8-10-2020 n° 19/11688 et Cass. com. 7-12-2022 n° 20-21.436 F-D).

B. Incidence de l'importance de l'effet restrictif de concurrence

L'effet restrictif sur la concurrence est condamnable, qu'il se produise effectivement ou qu'il soit simplement potentiel (CJUE 28-5-1998 aff. 7/95 P, John Deere ; Trib. UE 15-9-1998 aff. 374/94, European Night Services ; Trib. UE 21-5-2014, aff. 519/09, Toshiba). **43680**

Mais il importe de démontrer que l'atteinte qu'il est de nature à porter à la concurrence est suffisamment sensible.

1. NOTION DE SEUIL DE SENSIBILITÉ

DROIT DE L'UNION EUROPÉENNE

Pour être interdit par l'article 101, 1 du TFUE, un accord d'entreprises doit affecter le commerce entre États membres et avoir pour objet ou pour effet de restreindre la concurrence dans le marché intérieur de manière sensible (CJUE 24-10-1995 aff. 70/93, Bayerische Motorenwerke ; CJUE 28-4-1998 aff. 306/96, Javico ; CJUE 2-4-2009 aff. 260/07, Pedro IV Servicios ; CJUE 13-12-2012 aff. 226/11, Expedia Inc., pts 16 et 17). **43690**

Ce caractère sensible se déduit des **circonstances** suivantes :

1° La part du marché concernée par l'entente ;

2° La gravité de la pratique : un accord ayant pour objet de restreindre, d'empêcher ou de fausser le jeu de la concurrence constitue par sa nature et indépendamment de tout effet concret de celui-ci, une restriction sensible du jeu de la concurrence (CJUE 13-12-2012 aff. 226/11, Expedia Inc., pts 35 à 37) ;

3° L'importance des entreprises concernées par l'entente ;

4° Le nombre des entreprises concernées ;

5° La nature particulière des produits (par exemple, leur haute technicité) ou des services ;

6° L'existence de mesures de contrôle en vue de faire respecter l'entente ;

7° La teneur de l'accord, les objectifs qu'il vise à atteindre, ainsi que le contexte économique et juridique dans lequel il s'insère (CJUE 13-12-2012 aff. 226/11, Expedia Inc., pt 21).

Sur la prise en compte du contexte économique et juridique pour examiner si l'accord peut concourir, avec d'autres, à **un effet cumulatif sur le jeu de la concurrence,** voir n° 43640.

> **Précisions** **a.** L'importance de la **part de marché** est devenue l'un des critères décisifs dans l'appréciation des restrictions verticales (nº 46840) et des accords de coopération (nº 47260).
> Sur la délimitation du marché en cause (ou du marché pertinent), préalable nécessaire à la détermination de la part du marché concerné par l'entente, voir nºs 42700 s.
> **b.** Sur la **gravité de la pratique,** voir la communication de la Commission européenne sur les accords d'importance mineure (nºs 43720 s.), ainsi que les lignes directrices sur les restrictions verticales (nºs 46700 s.) et les accords de coopération horizontale (nºs 47180 s.). La Commission y considère que les accords qui fixent les prix, limitent la production ou répartissent les marchés ou la clientèle tombent presque toujours sous le coup de l'interdiction de l'article 101, 1.
> **c.** L'effet restrictif sur la concurrence sera d'autant plus susceptible de se produire que le marché en cause se caractérise par la présence d'un **nombre limité d'opérateurs économiques,** jouissant d'une forte position concurrentielle (CJCE 12-12-1995 aff. 399/93, Oude Luttikhuis).

DROIT FRANÇAIS

43700 L'article L 420-1 du Code de commerce interdisant les ententes illicites n'est applicable que si l'entente est susceptible de porter une atteinte sensible à la concurrence (Cass. com. 4-5-1993 nº 91-17.937 : RJDA 6/93 nº 524 ; Cass. com. 12-1-1999 nº 97-13.125 : RJDA 4/99 nº 483).

Il en est de même lorsqu'il s'agit d'un accord d'entreprises susceptible d'affecter le commerce entre États membres au sens de l'article 101 du TFUE : l'article L 420-1 n'est alors applicable que si cet accord constitue une restriction sensible de la concurrence dans le marché intérieur (CJUE 13-12-2012 aff. 226/11, Expedia Inc., pt 20).

Comme la Cour de justice, la Cour de cassation considère qu'une restriction par objet porte atteinte à la concurrence en l'absence même d'affectation sensible du marché (Cass. com. 16-4-2013 nº 10-14.881, Sté Expedia : RJDA 6/13 nº 548).

2. ACCORDS D'IMPORTANCE MINEURE

a. Droit de l'Union européenne

COMMUNICATION « DE MINIMIS »

43720 Dans la mesure où la restriction de concurrence doit être de nature à produire un effet sur le marché, les autorités de concurrence considèrent que seules les ententes ayant un effet sensible sur la concurrence sont répréhensibles (nº 43690). Afin de renforcer la sécurité juridique des entreprises, la Commission européenne a défini des **seuils de parts de marché** en deçà desquels les accords ne constituent pas une restriction sensible du jeu de la concurrence (Communication dite « de minimis » du 25-6-2014 : JOCE 2014 C 291).

Cette définition par défaut du caractère sensible ne signifie pas que les accords conclus entre des **entreprises dépassant les seuils** indiqués constituent nécessairement une restriction sensible du jeu de la concurrence. Il est tout à fait possible que de tels accords n'aient d'effet sur la concurrence que dans une mesure insignifiante et ne soient donc pas interdits au titre de l'article 101, 1 du TFUE (voir, par exemple, CJUE 21-1-1999 aff. 215/96 et 216/96, Bagnasco, pts 34 et 35).

> **Précisions** La communication « de minimis » de 2014 remplace une communication de 2001 (JOCE 2001 C 368) dont elle reprend l'essentiel des dispositions. La **règle de minimis** avait pour la première fois été exposée dans une communication du 27 mars 1970, elle-même remplacée par une communication du 9 décembre 1997.

PORTÉE DE LA COMMUNICATION « DE MINIMIS »

43730 En deçà des seuils qu'elle a définis, la **Commission** n'engage pas de procédure, ni sur demande ni d'office. En outre, lorsque la Commission a engagé une procédure, mais que les entreprises peuvent apporter la preuve qu'elles ont estimé de bonne foi que les parts de marché mentionnées dans la communication n'étaient pas dépassées, la Commission n'inflige pas d'amende.

En revanche, bien entendu, la communication ne lie pas la **Cour de justice** qui reste libre de sanctionner une restriction de concurrence commise par une ou plusieurs entreprise(s) dont la part de marché est en deçà des seuils fixés par la Commission, pour autant qu'elle aura vérifié qu'il s'agit bien d'une restriction sensible.

Elle ne lie pas non plus les autorités et juridictions des **États membres,** qui restent libres dans les mêmes conditions (CJUE 13-12-2012 aff. 226/11, Expedia Inc. : RJDA 3/13 nº 261).

SEUILS DE PARTS DE MARCHÉ POUR L'APPLICATION DE LA RÈGLE « DE MINIMIS »

La Commission européenne distingue suivant qu'il s'agit d'accords entre concurrents ou d'accords entre non-concurrents, ces derniers comportant en général moins de risques pour la concurrence. Elle considère qu'un accord ne restreint pas sensiblement le jeu de la concurrence : 43740
– si la part de marché cumulée détenue par les parties à l'accord ne dépasse 10 % sur aucun des marchés affectés par l'accord, lorsque celui-ci est passé entre des entreprises qui sont des concurrents existants ou potentiels sur l'un quelconque de ces marchés (**accords entre concurrents,** tels que les accords horizontaux entre entreprises situées au même stade de production ou de commercialisation) ;
– si la part de marché détenue par chacune des parties à l'accord ne dépasse 15 % sur aucun des marchés en cause affectés par l'accord, lorsque l'accord est passé entre des entreprises qui ne sont des concurrents existants ou potentiels sur aucun de ces marchés (**accords entre non-concurrents,** au nombre desquels figurent les accords verticaux liant des entreprises opérant à des stades différents de l'économie).

Dans les cas où il est difficile de déterminer s'il s'agit d'un accord entre concurrents ou d'un accord entre non-concurrents, c'est le seuil de 10 % qui s'applique.

Par ailleurs, un seuil de 5 % est pris en compte, quel que soit le type d'accord, dans des situations d'**effets cumulatifs** (accords mis en œuvre dans un marché où la concurrence est restreinte par l'effet cumulatif de réseaux parallèles d'accords similaires établis par plusieurs fournisseurs ou distributeurs).

Le **dépassement de 2 points** de pourcentage au cours de deux années civiles successives des **seuils** indiqués (15, 10 et 5 %) n'a pas d'effet restrictif sur la concurrence.

Pour pouvoir calculer la part de marché, il est nécessaire de déterminer le **marché en cause,** qui couvre à la fois le marché des produits et le marché géographique (nos 42700 s.).

EXCLUSION DU RÉGIME « DE MINIMIS » DES ACCORDS AYANT UN OBJET ANTICONCURRENTIEL

Même si les seuils de parts de marché ne sont pas dépassés, les **accords qui ont un objet anticoncurrentiel** ne bénéficient pas du régime « de minimis ». 43750

Par exemple, la Commission européenne n'applique pas ce régime aux accords ayant, directement ou indirectement, pour objet :
– la fixation des prix ;
– la limitation (quotas) de la production ou des ventes ;
– la répartition des marchés ou des clients.

La communication de 2014 est accompagnée d'une notice – uniquement en anglais – présentant d'**autres restrictions de concurrence** considérées généralement comme des restrictions par objet, en distinguant suivant qu'il s'agit d'accords entre concurrents ou entre non-concurrents.

Il s'agit, pour les accords entre concurrents :
– des manipulations de soumissions d'offres ;
– des boycotts collectifs ;
– du partage d'informations relatives aux prix ou aux quantités futurs ;
– des limitations des investissements en R&D ou à l'utilisation de sa propre technologie.

Pour les accords entre non-concurrents, il s'agit :
– des limitations des ventes aux acheteurs ;
– des limitations des ventes du titulaire d'une licence ;
– des limitations des ventes du fournisseur ;
– des politiques de prix imposés.

La notice est publiée à l'adresse suivante :

http://ec.europa.eu/competition/antitrust/legislation/de_minimis_notice_annex_en.pdf

> **Précisions** L'exclusion par la Commission des accords ayant un objet anticoncurrentiel s'inscrit dans le fil de la **jurisprudence** de la Cour de justice qui considère que tout accord ayant un objet anticoncurrentiel constitue, par sa nature et indépendamment de tout effet concret de celui-ci, une restriction sensible du jeu de la concurrence et que, de ce fait, ce type d'accord ne devrait pas pouvoir bénéficier de la règle « de minimis » (CJUE 13-12-2012 aff. 226/11, Expedia Inc. : RJDA 3/13 n° 261).

ENTREPRISES VISÉES PAR LA RÈGLE « DE MINIMIS »

43760 Le bénéfice de la règle « de minimis » est accordé aux entreprises participantes et aux entreprises qui leur sont liées.

Sont considérées comme des « entreprises liées » au sens de la communication de 2014 :

a. Les entreprises dans lesquelles l'une des entreprises parties à l'accord dispose directement ou indirectement ;
– de plus de la moitié des droits de vote,
– ou du pouvoir de désigner plus de la moitié des membres du conseil de surveillance (ou d'administration) ou des organes représentant légalement l'entreprise,
– ou du droit de gérer les affaires de l'entreprise ;

b. Les entreprises qui disposent dans une entreprise partie à l'accord directement ou indirectement des droits ou pouvoirs énumérés au point a) ;

c. Les entreprises dans lesquelles une entreprise visée au point b) dispose, directement ou indirectement, des droits ou pouvoirs énumérés au point a) ;

d. Les entreprises dans lesquelles plusieurs entreprises citées aux points a), b) ou c) disposent ensemble, directement ou indirectement, des droits ou pouvoirs énumérés au point a) ;

e. Les entreprises dans lesquelles les droits ou les pouvoirs énumérés au point a) sont détenus conjointement par :
– des parties à l'accord ou leurs entreprises liées respectives visées aux points a) à d),
– ou une ou plusieurs des parties à l'accord ou une ou plusieurs de leurs entreprises liées aux points a) à d) et un ou plusieurs tiers.

b. Droit français

NON-LIEU À POURSUIVRE LA PROCÉDURE

43770 Le Code de commerce prévoit un dispositif qui s'inspire de la règle « de minimis » prévue par la Commission européenne.

L'Autorité de la concurrence peut décider, après que l'auteur de la saisine et le commissaire du gouvernement ont été mis à même de consulter le dossier et de faire valoir leurs observations, qu'il n'y a pas lieu de poursuivre la procédure si la **part de marché** cumulée détenue par les entreprises ou organismes parties à l'accord ou à la pratique en cause ne dépasse pas (C. com. art. L 464-6-1) :
– soit 10 % sur l'un des marchés affectés par l'accord ou la pratique lorsqu'il s'agit d'un accord ou d'une pratique entre des entreprises ou organismes qui sont des **concurrents,** existants ou potentiels, sur l'un des marchés en cause ;
– soit 15 % sur l'un des marchés affectés par l'accord ou la pratique lorsqu'il s'agit d'un accord ou d'une pratique entre des entreprises ou organismes qui ne sont **pas des concurrents,** existants ou potentiels, sur l'un des marchés en cause.

CARACTÈRE FACULTATIF DU DISPOSITIF DU NON-LIEU À POURSUIVRE LA PROCÉDURE

43780 Les seuils de sensibilité prévus par le droit français ne lient pas l'Autorité de la concurrence qui garde la faculté de poursuivre une infraction commise par des entreprises disposant de parts de marché en deçà de ces seuils (Cass. com. 10-5-2011 n° 10-14.881, aff. « Expedia » : RJDA 10/11 n° 843).

ACCORDS EXCLUS DU DISPOSITIF DU NON-LIEU À POURSUIVRE LA PROCÉDURE

43790 Le dispositif du non-lieu à poursuivre la procédure ne s'applique pas aux **accords passés en application du Code des marchés publics** (C. com. art. L 464-6-1).

Il ne s'applique pas non plus aux accords et pratiques qui contiennent l'une quelconque des **restrictions caractérisées** de concurrence suivantes (C. com. art. L 464-6-2) :
– celles qui ont pour objet la fixation de prix de vente, la limitation de la production ou des ventes, la répartition de marchés ou des clients ;
– celles relatives aux ventes passives aux utilisateurs finaux dans les accords de distribution prévoyant une exclusivité territoriale ;
– celles relatives aux ventes actives et passives aux utilisateurs finaux par des distributeurs agréés ;
– celles relatives aux ventes croisées entre distributeurs agréés.

DIVERGENCES ENTRE LES DISPOSITIFS EUROPÉEN ET FRANÇAIS VISANT LES ACCORDS D'IMPORTANCE MINEURE

Les dispositifs européen et français relatifs aux accords d'importance mineure comportent les divergences suivantes. **43800**

1° Contrairement à ce qui est prévu par le droit de l'Union (nos 43720 s.), le dispositif français suppose qu'une procédure soit ouverte devant l'Autorité de la concurrence, même si celle-ci peut décider de la refermer aussitôt si les conditions d'un non-lieu à poursuivre la procédure sont réunies.

2° Alors que la communication de la Commission européenne prévoit que le seuil de 10 % ou 15 % ne doit être dépassé sur « aucun des marchés affectés », l'article L 464-6-1 du Code de commerce indique que ce seuil ne doit pas être dépassé « sur l'un des marchés affectés ». Une lecture littérale de ce texte peut conduire à penser qu'il suffit que le seuil de part de marché ne soit pas dépassé sur un seul des marchés affectés pour que cet accord ou pratique puisse entraîner un non-lieu à poursuivre. Or, une telle interprétation conduirait à l'application d'un dispositif qui va au-delà de ce que permet la Commission.

3° Le droit français prévoit que c'est la part de marché cumulée détenue par les entreprises parties à l'accord ou à la pratique qui doit être retenue pour le calcul des seuils, même si ces entreprises ne sont pas concurrentes, alors que la communication distingue suivant qu'il s'agit d'un accord conclu entre entreprises concurrentes ou non, en considérant que, dans ce dernier cas, c'est la part de marché détenue par chacune des parties à l'accord qui doit seulement être retenue. La position de la Commission est logique car, à première vue, des entreprises non concurrentes ne sont pas sur le même marché. La question se pose alors de savoir si cette différence de rédaction a pour objet de viser les cas où les parties à l'accord se trouvent dans une relation à la fois horizontale (concurrents) et verticale (non-concurrents).

C. Élément intentionnel de l'entente illicite

Il n'est pas nécessaire de prouver que la restriction a été consciemment envisagée et voulue par les parties en toute connaissance de cause (CJUE 24-6-2015 aff. 293/13, Fresh Del Monte Produce ; CJUE 19-3-2015 aff. 286/13, Dole Food Company). Cette règle se justifie par la nature même du droit de la concurrence qui n'a pas pour mission de protéger les concurrents : le fondement de l'action répressive est la défense de l'ordre public économique ; il s'intéresse donc moins aux conditions subjectives dans lesquelles interviennent les pratiques qu'au cadre dans lequel celles-ci s'inscrivent et à leur incidence sur le marché (Rapport du Conseil de la concurrence pour 2003 p. 73 s.). La **bonne foi** n'est donc pas une cause d'exonération des pratiques. Ainsi, une entreprise qui s'est livrée à une entente illicite ne peut pas, pour échapper au prononcé d'une amende, faire valoir que l'avis d'un avocat a provoqué une erreur d'appréciation sur la validité de la pratique (CJUE 18-6-2013 aff. 681/11, Schenker & Co. : RJDA 10/13 n° 841). **43840**

Si la preuve de la **volonté de porter atteinte à la concurrence** n'est pas requise, l'intention de s'entendre ou l'accord de volontés doit, en revanche, être démontré pour caractériser une entente (n° 43200). En effet, la qualification d'une pratique d'entente anticoncurrentielle est conditionnée par la démonstration de l'élément intentionnel consistant dans la **volonté d'adhérer à l'action collective.** Dans certains cas, l'existence de cet élément repose en grande partie sur des présomptions. C'est ainsi qu'une entreprise qui s'aligne en connaissance de cause sur un tarif concerté est présumée adhérer à l'entente (nos 43310 s.).

Une entreprise ne peut donc tenter de se disculper en prétendant :

– qu'elle ignorait commettre une infraction et que ses conseils avaient omis d'attirer son attention sur l'illicéité de ses agissements ou qu'ils avaient émis un avis erroné ;

– que l'infraction a été commise sur l'initiative d'un salarié qui s'est abstenu d'en référer aux services compétents.

Toutefois, le Conseil de la concurrence a considéré, dans une affaire de 2003, qu'une entreprise ne pouvait pas être sanctionnée si elle n'avait pas eu conscience de participer à une entente et a relaxé une entreprise qui avait utilisé l'offre rédigée par une autre entreprise non soumissionnaire comme carte de visite pour soumissionner dans une procédure d'appel d'offres en ignorant que cette offre provenait d'une entente (Cons. conc. 4-12-2003 n° 03-D-55, aff. « District Urbain du Pays de Montbéliard »).

III. PRINCIPAUX TYPES D'ENTENTES

ENTENTES ÉNUMÉRÉES PAR LE TFUE ET LE CODE DE COMMERCE

44000 Les articles 101, 1 du TFUE et L 420-1 du Code de commerce énumèrent, en des termes très similaires, les principales mesures qui sont de nature à produire un effet restrictif sur la concurrence.

L'**article 101, 1** dispose que les pratiques d'entente anticoncurrentielles peuvent consister à :
– fixer de façon directe ou indirecte les prix d'achat ou de vente ou d'autres conditions de transactions ;
– limiter ou contrôler la production, les débouchés, le développement technique ou les investissements ;
– répartir les marchés ou les sources d'approvisionnement ;
– appliquer aux partenaires commerciaux des conditions inégales à des prestations équivalentes en leur infligeant de ce fait un désavantage dans la concurrence ;
– subordonner la conclusion des contrats à l'acceptation par les partenaires de prestations supplémentaires qui, par leur nature ou selon les usages commerciaux, n'ont pas de lien avec l'objet de ces contrats.

Pour sa part, l'**article L 420-1** du Code de commerce précise que constituent des ententes anticoncurrentielles les pratiques qui tendent notamment à :
– limiter l'accès au marché ou le libre exercice de la concurrence par d'autres entreprises ;
– faire obstacle à la fixation des prix par le libre jeu du marché en favorisant artificiellement leur hausse ou leur baisse ;
– limiter ou contrôler la production, les débouchés, les investissements ou le progrès technique ;
– répartir les marchés ou les sources d'approvisionnement.

Ces **listes** ne sont **pas limitatives.** L'expérience a montré que d'autres mesures pouvaient avoir un effet restrictif tandis que certaines de celles qui sont visées, notamment celles relatives aux contrats couplés, ne se rencontraient pratiquement pas. Au vu des affaires instruites, les mesures restrictives dont usent les partenaires économiques concernent essentiellement la détermination des prix, les conditions d'accès aux marchés, les modalités des ventes et les facteurs de production.

ENTENTES HORIZONTALES ET ENTENTES VERTICALES

44010 L'analyse de concurrence porte traditionnellement sur deux grandes catégories de restrictions de concurrence : les **ententes horizontales** qui affectent directement la concurrence pour des produits ou services concurrents (c'est donc la concurrence intermarques qui est plus particulièrement affectée) et les **ententes verticales** qui concernent les relations entre opérateurs économiques situés à des niveaux différents de la chaîne économique, tels les fournisseurs et leurs distributeurs (c'est la concurrence intramarque qui est plus particulièrement altérée).

Les ententes horizontales sont considérées comme les plus graves en droit de la concurrence en raison de leur sérieuse incidence sur le consommateur.

Il convient de noter qu'un marché peut faire l'objet à la fois d'ententes verticales (entre fournisseur et distributeurs) et d'ententes horizontales (par exemple entre les fournisseurs), ce qui est susceptible d'aboutir à un verrouillage complet du marché concerné (par exemple, Cons. conc. 28-6-2002 n° 02-D-42, aff. « Cartel des appareils électroménagers » ; Cons. conc. 25-9-2003 n° 03-D-45, aff. « Secteur des calculatrices »).

A. Ententes horizontales

1. ÉCHANGES D'INFORMATIONS ENTRE CONCURRENTS

CONDITIONS GÉNÉRALES DE VALIDITÉ

44050 Le fonctionnement concurrentiel d'un marché repose sur l'autonomie dont font preuve les entreprises présentes sur ce marché dans la détermination de leur politique commerciale et donc sur l'incertitude de chaque opérateur quant au comportement futur de ses concurrents. Afin de réduire cette incertitude, des entreprises concurrentes peuvent s'échanger de manière licite des informations qui sont accessibles à tous les opérateurs, clients y compris. Cependant, dès lors que ces entreprises s'échangent volontairement et de manière réciproque des **informations non accessibles à l'ensemble du marché et stratégiques,** elles ne sont plus en mesure de définir leur politique commerciale avec un degré d'autonomie suffisant, entraînant par là même le risque de la mise en place d'un équilibre collusif (Aut. conc. 7-6-2010 n° 10-A-11, aff. « Conseil interprofessionnel de l'optique »). La Cour de justice a ainsi énoncé les principes pouvant justifier – ou non – des échanges d'informations entre concurrents : « L'exigence d'autonomie n'exclut pas le droit des opérateurs économiques de s'adapter intelligemment au comportement constaté ou à escompter de leurs concurrents. Elle s'oppose cependant rigoureusement à toute prise de contact directe ou indirecte entre de tels opérateurs, ayant pour objet ou pour effet d'aboutir à des conditions de concurrence qui ne correspondraient pas aux conditions normales du marché en cause, compte tenu de la nature des produits ou des prestations fournies, de l'importance et du nombre des entreprises et du volume dudit marché » (CJCE 14-7-1981 aff. 172/80, Züchner).

La Cour de justice considère que des échanges d'informations peuvent même constituer des pratiques concertées ayant un **objet anticoncurrentiel,** dès lors qu'ils sont « susceptibles d'éliminer les incertitudes quant au comportement envisagé par les entreprises concernées » (CJCE 4-6-2009 aff. 8/08, T-Mobile Netherlands : RJDA 1/10 n° 79). **44055**

Les entreprises demeurées actives sur le marché sont présumées avoir pris en compte les informations échangées pour déterminer leur comportement postérieur et ce, même dans l'hypothèse où l'échange serait intervenu une seule fois (CJCE 4-6-2009 aff. 8/08 précité).

La Cour de cassation considère pour sa part que les échanges d'informations entre entreprises ne peuvent être sanctionnés en tant que tels et indépendamment de toute autre forme d'entente que s'il apparaît de façon concrète qu'ils ont eu « pour objet ou pour effet réel ou potentiel, compte tenu des caractéristiques du marché, de son fonctionnement, de la nature et du niveau d'agrégation des données échangées (...) et de la périodicité des échanges, de permettre aux opérateurs de s'adapter aux comportements prévisibles de leurs concurrents et ainsi de fausser ou de restreindre de façon sensible la concurrence sur le marché concerné » (Cass. com. 29-6-2007 n° 07-10.303 : RJDA 11/07 n° 1153). Le Conseil de la concurrence a également précisé qu'il ne considère pas que les échanges d'informations entre entreprises sont condamnables « per se », c'est-à-dire en tant que tels : il établit, dans chaque cas, un bilan comparant les effets anticoncurrentiels et les gains d'efficacité que ces échanges sont susceptibles de procurer, précisant qu'il lui revient de démontrer l'effet potentiellement négatif, tandis que les entreprises doivent prouver l'existence de gains d'efficacité (Avis Cons. conc. 7-5-2008 n° 08-A-07, pt 53).

La **validité** des échanges d'informations entre concurrents s'apprécie au regard de différents **critères cumulatifs** : la nature des informations échangées (par exemple, caractère stratégique, accessibilité aux tiers, ancienneté), les caractéristiques du système d'échanges (fréquence des échanges et aptitude à éliminer ou restreindre l'incertitude sur la stratégie commerciale des concurrents), la prise en compte des caractéristiques du marché concerné (nombre d'entreprises actives sur ce marché, force commerciale respective, intensité de la compétition les opposant) (Lignes directrices relatives aux accords de coopération horizontale, pt 373 ; Avis Cons. conc. n° 10-A-11 du 7-6-2010, « Conseil interprofessionnel de l'optique »). **44060**

Sont considérés comme caractérisant l'existence de pratiques concertées les échanges réguliers d'**informations confidentielles et stratégiques** entre entreprises concurrentes sur un marché concentré, dès lors que ces échanges conduisent nécessairement les entreprises bénéficiaires à ne plus fixer leur politique commerciale de façon autonome (CJUE 24-6-2015 aff. 293/13, Fresh Del Monte Produce ; CJUE 19-3-2015 aff. 286/13, Dole Food Company). À plus forte raison, de tels échanges entre entreprises sur un marché oligopolistique constituent une pratique anticoncurrentielle (CJCE 28-5-1998 aff. 7/95, John Deere ; Avis Cons. conc. du 5-10-2006 n° 06-A-18, aff. « Hôtels de la région de Mulhouse » ; Cons. conc. 25-11-2005 n° 05-D-64, aff. « Palaces parisiens », confirmé par CA Paris 26-9-2006 n° 05-24285 : RJDA 12/06 n° 1267). En revanche, un système d'échange d'informations sur le crédit entre établissements financiers, tel que le fichier d'informations sur la solvabilité des clients, n'a pas, en principe, pour effet de restreindre la concurrence, au sens de l'article 101, 1 du TFUE, pour autant que le ou les marchés concernés ne soient pas concentrés, mais au contraire atomistiques, que ce système ne permette pas d'identifier les créanciers et que les conditions d'accès et d'utilisation pour les établissements financiers ne soient pas discriminatoires, en droit comme en fait (CJCE 23-11-2006 aff. 238/05, Asnef-Equifax : RJDA 2/07 n° 197).

La Commission européenne a synthétisé sa pratique décisionnelle et la jurisprudence concernant les échanges d'informations dans un chapitre de ses **lignes directrices** sur l'applicabilité de l'article 101 du TFUE aux accords de coopération horizontale, publiées en 2023 (voir nos 47220 s.).

ÉCHANGES D'INFORMATIONS SUR LES PRIX

44070 **Droit de l'Union européenne** L'échange d'informations sur les prix peut être considéré comme étant **anticoncurrentiel par objet** lorsque :

– il porte sur des données individualisées et commercialement sensibles comme, par exemple, les prix et/ou leurs composantes (montant de remises, ristournes, majorations ou réductions de prix), les coûts et capacités, les quantités produites et vendues (volumes), ou des conditions générales de vente, de livraison et de paiement (Commission CE 13-7-1994, aff. « Carton » : JOCE 1994 L 243 p. 1 ; Commission CE 14-10-1998, aff. « British Sugar » : JOCE 1999 L 76 p. 1 ; Commission CE 21-11-2001 aff. « Vitamines » : JOCE 2003 L 6 p. 1) ;

– il concerne un marché dans lequel l'offre des produits émane de quelques entreprises seulement (marché oligopolistique) (TPICE 27-10-1994 aff. 34/92 et 35/92, Fiatagri et John Deere, confirmé par CJCE 28-5-1998 aff. 7/95) ;

– il concerne un marché concentré, sans être nécessairement oligopolistique (CJUE 19-3-2015 aff. 286/13, Dole Food Company Inc.).

La Cour de justice a considéré qu'un échange d'informations peut constituer une infraction par objet même lorsque ces informations ne portent pas directement sur les prix réels payés par les consommateurs, dès lors qu'elles constituent des éléments déterminants quant à la fixation du prix futur final (CJUE 4-6-2009 aff. 8/08, T-Mobile Netherlands). Le Tribunal de l'UE a également confirmé une décision de la Commission ayant considéré, compte tenu du contexte économique et juridique du marché en cause, qu'un échange d'informations concernant des prix futurs constituait une infraction par objet (Trib. UE 15-12-2016 aff. 758/14, Infineon, arrêt annulé par CJUE 26-9-2018 aff. 99/17 et, sur renvoi, Trib. UE 8-7-2020 aff. 758/14, s'agissant du montant de l'amende prononcée).

S'il n'est pas contraire aux règles de la concurrence qu'un fabricant demande à ses distributeurs exclusifs de lui communiquer leurs tarifs et leurs conditions de vente, la communication des informations obtenues aux autres distributeurs exclusifs entre dans le champ d'application de l'article 101, 1 (Commission CE 2-12-1981, aff. « Hasselblad » : JOCE 1982 L 174 p. 2).

44080 **Droit français** Les autorités de concurrence considèrent également que toutes les informations qui peuvent aboutir à un rapprochement artificiel des prix sont interdites. Les échanges d'informations sont possibles, mais ils ne doivent pas conduire les entreprises à calculer leurs propres prix à partir des renseignements communiqués : le prix doit toujours être fonction des coûts réels supportés par l'opérateur.

Sont donc prohibés, par exemple :

– les échanges d'informations commerciales sensibles relatives aux hausses tarifaires annuelles envisagées par les entreprises du secteur de la messagerie et de la messagerie express (Aut. conc. 15-12-2015 n° 15-D-19, aff. « Secteurs de la messagerie et de la messagerie express », confirmé par CA Paris 19-7-2018 n° 16/01270 et Cass. com. 22-9-2021 n° 18-21.436 FS-B) ;

– les échanges bilatéraux entre concurrents afin d'adopter une position commune sur les variations de prix d'achat hebdomadaire auprès de fournisseurs (Aut. conc. 16-7-2020 n° 20-D-09, aff. « Secteur du jambon ») ;

– la codification des produits valable pour toute la profession, afin de réduire la diversité des classifications, dès lors qu'elle engendre en fait une uniformisation artificielle des prix (Avis Commission conc. 17-5-1977, aff. « Fabrication et distribution des phonogrammes ») ;

– l'échange de documents destinés à établir les prix de vente à partir d'éléments de prix de revient présentés comme uniformes pour toutes les entreprises, car cela dissuade les entreprises dont les prix de revient sont les plus bas de baisser leurs prix (Avis Commission conc. 24-9-1976, aff. « Négociants en gros des boissons sans alcool et de la bière » ; voir aussi Cons. conc. 8-12-1987 n° 87-D-54, aff. « Secteur de la réparation des cycles » et Cons. conc. 30-11-1993 n° 93-D-54, aff. « Secteur du béton prêt à l'emploi ») ;

– les méthodes de calcul des prix de vente, proposées par un syndicat professionnel et fondées sur des indices forfaitaires ou sur des paramètres comportant des valeurs minimales supérieures à celles que l'on peut réellement constater chez un certain nombre d'entreprises de telle sorte qu'elles aboutissent à des résultats artificiellement élevés (Avis Commission conc. 14-2-1980, aff. « Commercialisation des lunettes » ; CE 23-11-1983 : JCP CI 1983 n° 12034) ;

– les études de prix de revient devant en principe permettre à chaque entreprise de déterminer ses coûts, dès lors qu'elles indiquent des pourcentages forfaitaires à retenir pour les frais généraux et pour la marge bénéficiaire brute, et qu'elles sont aussi complétées par une circulaire indiquant la hausse globale qui résulterait des hausses constatées sur chaque élément du prix de revient (Avis Commission conc. 26-4-1976, aff. « Transports de marchandises par route » ; Avis Commission conc. 24-4-1986, aff. « Secteur de l'administration des biens ») ;
– l'alignement des conditions de paiement de tous les adhérents d'une centrale d'achat sur les conditions les plus favorables consenties par les fournisseurs à certains d'entre eux (Avis Commission conc. 30-10-1986, aff. « Arci Association ») ;
– le schéma de calcul de rémunération élaboré par un syndicat professionnel à l'attention de ses membres et comportant des éléments destinés à s'imposer à tous les adhérents (Cons. conc. 7-7-1993 n° 93-D-30, aff. « SFU ») ;
– l'échange d'informations, à l'occasion de la soumission à un marché public, sur les intentions de chaque groupement, qui a conforté chacun dans sa décision de ne pas soumissionner, afin de mettre en échec la procédure de marché public et d'obtenir un marché négocié (Aut. conc. 22-7-2010 n° 10-D-22, aff. « Transports sanitaires en Seine-Maritime » ; voir également pour un cas d'élaboration conjointe d'offres de prix, Communiqué DGCCRF de 2020 « Pratiques relevées dans le secteur des travaux de voirie et de signalisation à Saint Martin » : www.economie.gouv.fr/files/files/directions_services/dgccrf/concurrence/pac/Transaction_injonction/2020/Pratiques-relevees-dans-le%20secteur-des-travaux-de-voirie-et-de-signalisation-a-Saint-Martin.pdf) ;
– les échanges d'informations entre fabricants de papiers peints relatifs, d'une part, aux conditions commerciales des échantillonnages de papiers peints réalisés par ces différents fournisseurs au profit d'un grossiste et, d'autre part, au niveau prévisible d'évolution tarifaire concernant les prix des papiers peints sur l'année à venir, de tels échanges revêtant un objet anticoncurrentiel (Aut. conc. 22-12-2014 n° 14-D-20, aff. « Papiers peints », confirmé sur ce point par CA Paris 14-4-2016 n° 2015/01855 et Cass. com. 8-11-2017 n° 16-17.226) ;
– les échanges d'informations sur les hausses tarifaires envisagées (Aut. conc. 11-3-2015 n° 15-D-03, aff. « Yaourts », partiellement confirmé par CA Paris 23-5-2017 n° 15/08224).

De même, dans le cadre de ses pouvoirs de transaction et d'injonction en matière de pratiques anticoncurrentielles locales, le ministre de l'économie a enjoint à plusieurs cabinets de géomètres experts de mettre un terme à des échanges d'informations commerciales sensibles préalables au dépôt de leurs offres à l'occasion de marchés publics locaux (Communiqué DGCCRF de 2016 « Pratiques relevées dans le secteur des prestations topographiques et foncières en Meurthe-et-Moselle » ; pour un autre exemple, voir le Communiqué DGCCRF de 2018 « Pratiques relevées dans le secteur de la formation professionnelle aux travaux forestiers dans la région Auvergne-Rhône-Alpes » : www.economie.gouv.fr/dgccrf/pratiques-anticoncurrentielles-transactions-et-injonctions).

En revanche, ne traduit pas l'existence entre elles d'une concertation destinée à fausser les règles normales de la concurrence sur le marché concerné le système d'échange d'informations mis en place par cinq entreprises pétrolières sur les prix des carburants dans les stations-service autoroutières (CA Paris 9-12-2003 n° 03-7056 : RJDA 6/04 n° 758).

ÉCHANGES D'INFORMATIONS SUR D'AUTRES PARAMÈTRES QUE LES PRIX

Au-delà des échanges de données sur les prix, peuvent être considérés comme anticoncurrentiels les échanges d'informations portant sur d'autres **éléments stratégiques** et en principe concurrentiels : les quantités produites, les conditions générales de vente, les clients, les parts de marché, les innovations, etc. **44090**

ILLUSTRATIONS

A été considéré comme étant anticoncurrentiel un échange d'informations entre les palaces parisens portant sur les taux d'occupation de leurs chambres (Cons. conc. 25-11-2005 n° 05-D-64, aff. « Palaces parisiens », confirmé par CA Paris 26-9-2006 n° 05-24285 : RJDA 12/06 n° 1267).

Ont été condamnées des entreprises actives dans le secteur des revêtements de sols en PVC qui avaient, avec le concours de leur syndicat professionnel, mis en œuvre une entente anticoncurrentielle en échangeant des informations confidentielles et récentes relatives à leurs volumes d'activité et à leurs prévisions commerciales. Ces échanges très fréquents, portant sur des données précises et se déroulant sur une longue période, avaient permis à chaque entreprise de disposer d'une connaissance très fine de la position de ses concurrents et de mieux anticiper leurs comportements, ce qui avait faussé le jeu de la concurrence (Aut. conc. 18-10-2017 n° 17-D-20, « Secteur des revêtements de sols résilients »).

Cinq banques se sont vu infliger une amende totale de plus d'un milliard d'euros pour avoir échangé des informations sur le marché des opérations de change au comptant sur devises. Des traders échangeaient des informations sensibles et des plans d'opérations sur divers forums de discussion professionnels en ligne. Ces informations concernaient notamment les ordres de clients non exécutés, les écarts entre le cours acheteur et le cours vendeur applicables à des opérations précises, les positions de risque et d'autres informations sur les activités de trading (Communiqué de presse de la Commission européenne du 16-5-2019 nº IP/19/2568).

Ont également été condamnés des échanges entre des traders de différentes banques révélant la communication des préférences de taux, des positions de trading associées et d'une offre ou d'une intention des traders d'influer sur la soumission de leur banque (Trib. UE 20-12-2023 aff. 113/17, Crédit agricole).

Des constructeurs automobiles ont été sanctionnés pour s'être concertés et avoir échangé des informations commerciales sensibles sur le développement technique dans le domaine de l'épuration des émissions d'oxyde d'azote (Commission CE 8-7-2021 nº AT 40178, aff. « Car Emission »).

Plusieurs émetteurs de titres-restaurant ont été sanctionnés pour avoir procédé à des échanges d'informations portant sur leurs parts de marché individuelles alors notamment que le marché était biface, oligopolistique et marqué par de fortes barrières à l'entrée (Aut. conc. 17-12-2019 nº 19-D-25, aff. « Secteur des titres-restaurant », réformée pour ce qui concerne les sanctions pécuniaires prononcées par CA Paris 16-11-2023 nº 20/03434).

En revanche, n'était pas anticoncurrentiel un échange d'informations relatives aux chiffres d'affaires et au nombre de contrats réalisés par des loueurs de voitures en aéroports dans la mesure où, en raison des spécificités de cette activité, ces données ne permettaient pas de réduire l'autonomie commerciale des loueurs en leur révélant la stratégie commerciale de leurs concurrents (Aut. conc. 27-2-2017 nº 17-D-03, aff. « Secteur de la location de voitures »).

Voir également les exemples cités par la Commission européenne dans ses lignes directrices relatives aux accords de coopération horizontale (LD relatives aux accords de coopération horizontale, pts 429 s.).

ÉCHANGES DE DONNÉES GLOBALES ET ÉTUDES STATISTIQUES

44100 Les échanges d'informations sont critiquables lorsque les données communiquées sont suffisamment individualisées pour permettre d'identifier les acheteurs ou les vendeurs et lorsque les produits ou services sur lesquels porte un tel échange d'informations sont suffisamment homogènes et interchangeables pour que la concurrence puisse s'exercer sur les prix (Avis Commission conc. 29-3-1984, aff. « Plafonds en fibres minérales » ; Cons. conc. 3-5-1988 nº 88-D-20, aff. « Marché du sel »).

Un accord d'échange d'informations dans lequel les parties ne se communiquent pas des données suffisamment précises pour favoriser un parallélisme de comportements peut dès lors être licite. A été jugé comme tel un échange d'informations sur les parts de marché car cet accord ne concernait pas la totalité des producteurs, les statistiques incluaient sans distinction les livraisons faites à soi-même et les produits concernés n'étaient pas parfaitement substituables (Avis Commission conc. 14-4-1983, aff. « Marché des plâtres, carreaux et plaques de plâtre »).

Les études statistiques diffusées par des organisations professionnelles et présentant des résultats globaux peuvent ainsi, dans certaines conditions, échapper à la qualification d'échanges d'informations anticoncurrentiels.

44105 Le Conseil de la concurrence a indiqué les **éléments à prendre en considération** pour analyser la situation au cas par cas, à savoir les structures du marché, la nature des informations échangées et leur utilisation (Cons. conc. 5-10-2006 nº 06-A-18, aff. « Hôtels de la région de Mulhouse ») :

1º En ce qui concerne la structure du marché, les risques sont d'autant plus importants sur un marché oligopolistique ne comprenant qu'un petit nombre d'offreurs. En principe, les échanges d'informations ne sont pas illicites dans les autres configurations de marché caractérisées par un grand nombre d'entreprises. Néanmoins, le Conseil observe que les organisations professionnelles qui traitent et diffusent l'information peuvent avoir « un effet « prescripteur » ou de coordination volontaire [...], les opérateurs étant incités à calquer leur politique commerciale sur les informations reçues, ce qui peut avoir pour objet et pour effet de « discipliner » la concurrence dans le secteur » (pt 16).

2º Sur la nature des informations, le Conseil de la concurrence rappelle que préserver l'incertitude suppose de ne pas échanger des données individualisées et confidentielles. Par « confidentiel », on doit entendre des données qui ne peuvent être obtenues autrement que par l'échange parce qu'elles relèvent en général des secrets d'affaires. Il s'agit aussi bien d'informations financières classiques (volume d'activité, prix) que d'informations plus qualitatives (nature et répartition des clients par exemple). Par « individuel », il faut entendre les données nominatives ou suffisamment explicites ou décodables pour permettre d'identifier les concurrents concernés. Le Conseil admet que les échanges d'informations puissent avoir, dans certains cas, un effet proconcurrentiel mais il pose des conditions strictes tenant à l'anonymat des concurrents, à l'agrégation des données, à la diffusion d'informations portant sur des périodes révolues, et au respect d'un délai entre l'obtention des données et leur diffusion suffisant « pour que l'échange d'informations ne donne pas aux entreprises la possibilité de connaître et surveiller en temps réel la politique commerciale de leurs concurrents et d'adapter en conséquence la leur propre » (pt 31). Il n'y a pas de règle générale de périodicité, celle-ci variant selon les caractéristiques de chaque secteur.

3° Les dernières indications concernant l'utilisation des informations consistent à inviter au respect de deux conditions dans la mise en œuvre du dispositif : la première « interdit de donner tout caractère obligatoire à l'information diffusée » ; la seconde impose de veiller à ne pas élever de barrières artificielles à l'égard des concurrents qui n'ont pas accès aux données.

ÉCHANGES D'INFORMATIONS TRIPARTITES

Dans son avis relatif aux **contrats de « management catégoriel »** conclus entre les opérateurs de la grande distribution à dominante alimentaire et certains de leurs fournisseurs, l'Autorité relève qu'un même fournisseur – qui peut tenir le rôle de « capitaine de catégorie » à l'égard de plusieurs distributeurs concurrents – pourrait (compte tenu des nombreuses données de marché dont il dispose) servir de relais informationnel entre les distributeurs et ainsi favoriser la mise en place de pratiques concertées tripartites en informant ses distributeurs partenaires de leurs intentions respectives (pratique dite de « hub and spoke » ou du « nœud informationnel ») (Aut. conc. n° 10-A-25 du 7-12-2010 ; voir aussi la recommandation de la Commission d'examen des pratiques commerciales n° 11-01 du 28-9-2011 relative à un code de bonne conduite en matière de management par catégorie). **44110**

2. ACCORDS DE COOPÉRATION ENTRE CONCURRENTS

a. Accords d'achats groupés entre concurrents

La conclusion d'**accords d'achats groupés** ou la création de **centrales d'achat** communes à plusieurs concurrents comporte en principe moins de risques d'atteinte à la concurrence que d'autres formes de coopération impliquant la fabrication ou la commercialisation en commun dans la mesure où les entreprises concurrentes restent en principe autonomes quant à leur politique tarifaire et commerciale. **44130**

Toutefois, l'Autorité de la concurrence a pris le soin de préciser dans plusieurs décisions concernant des supercentrales de référencement (créées par des distributeurs concurrents en sus de leurs propres centrales de référencement, dans le but d'obtenir des remises supplémentaires de la part de leurs fournisseurs communs sur la base de la massification de leurs achats) que de tels groupements sont susceptibles de constituer des ententes anticoncurrentielles s'ils permettent de coordonner les conditions dans lesquelles les distributeurs commercialisent différents produits (Cons. conc. 10-10-2005 n° 05-D-62, aff. « Centrale Lucie » et Cons. conc. 9-3-2006 n° 06-D-03, aff. « Secteur des appareils de chauffage »).

De même, est illicite l'action des centrales d'achat lorsqu'elles empêchent les fournisseurs de négocier librement avec leurs adhérents (Avis Commission conc. 14-3-1985, aff. « Centrales d'achat »).

Voir aussi l'avis de l'Autorité de la concurrence n° 15-A-06 du 31 mars 2015 dans lequel elle identifie certains risques concurrentiels pouvant résulter des accords de coopération à l'achat dans le secteur de la grande distribution.

La Commission européenne n'a pas élaboré de règlement d'exemption propre à cette catégorie d'accords horizontaux de sorte qu'ils doivent faire l'objet d'un examen au cas par cas au regard, notamment, de la grille d'analyse générale établie par la Commission dans ses **lignes directrices relatives à la coopération horizontale.** Sur la validité de ces accords, voir n°s 47180 s.

Sur la **procédure de contrôle des accords d'achat groupés par l'Autorité de la concurrence,** voir n°s 51500 s.

b. Accords de commercialisation en commun entre concurrents

Les accords de commercialisation ont pour objet la coopération entre concurrents pour la **vente,** la **distribution** ou la **promotion** de leurs produits. **44140**

Les **accords de vente en commun** sont davantage susceptibles d'être considérés comme restrictifs de concurrence que les accords de commercialisation dans lesquels la coopération est limitée à un seul aspect commercial. En effet, de tels accords prévoient en principe l'uniformisation de tous les aspects commerciaux, notamment des conditions de vente et de prix, et conduisent souvent à des quotas de production, tout en retirant aux acheteurs la possibilité de mettre les entreprises concernées en concurrence (Commission CE 11-5-1973, aff. « SCPA-Kali und Salz » : JOCE 1973 L 217 p. 3 ; Commission CE 20-7-1978, aff. « Centraal Stikstof Verkoopkantoor » : JOCE 1978 L 242 p. 15).

Les « **comptoirs de vente** » regroupant plusieurs entreprises relèvent aussi de l'article 101, 1 du TFUE lorsque ces entreprises ne peuvent vendre leurs produits que par l'intermédiaire du comptoir (Commission CE 23-12-1971, aff. « Nederlandse Cement-Handelmaatschappij » : JOCE 1972 L 22 p. 16 ; Commission CE 28-11-1979, aff. « Floral » : JOCE 1980 L 39 p. 51 ; Commission CE 28-10-1988, aff. « HBA-DPF » : JOCE 1988 L 316 p. 43 ; Commission CE 19-12-1990, aff. « Ansac » : JOCE 1991 L 152 p. 54).

Des accords de commercialisation, au travers d'une **structure de commercialisation commune à plusieurs entreprises,** sont licites dès lors que la création et le mode de fonctionnement de cette structure n'excède pas ce qui est strictement nécessaire à la pénétration et au maintien des entreprises sur le marché ; tel n'est pas le cas lorsque ces accords ont abouti à la fixation des prix et à une répartition du marché (Cass. com. 8-11-2016 n° 14-28.234 FS-D : RJDA 2/17 n° 120, arrêt « rabattu » par la Cour de cassation en raison d'une erreur de nature procédurale sans que cela ne modifie la solution dégagée : Cass. com. 4-10-2017 n° 14-28.234 FS-D, pour la confirmation de l'essentiel de la décision initiale n° 12-D-09 de l'Autorité de la concurrence dans cette affaire, sauf s'agissant du montant des amendes prononcées, voir CA Paris 4-7-2019 n° 16/23609 confirmé par Cass. com. 10-2-2021 n° 19-20.599 FS-D).

À l'instar des accords d'achat groupés, les accords de commercialisation en commun conclus par des concurrents ne font pas l'objet d'un règlement d'exemption spécifique. Ils sont toutefois appréhendés de manière détaillée par les **lignes directrices sur les accords de coopération horizontale** (voir n°s 47200 s.).

c. Accords entre concurrents portant sur la production

CARACTÈRE ANTICONCURRENTIEL EN PRINCIPE DES ACCORDS PORTANT SUR LA PRODUCTION

44150 Les accords par lesquels les entreprises **restreignent** leur **liberté de production** peuvent prendre plusieurs formes. Ils peuvent porter notamment sur le type de produits ou de services, les entreprises s'accordant par exemple pour ne plus fabriquer certains biens, ou encore sur les quantités (fixation de quotas de production par exemple). Ils sont alors susceptibles de caractériser des restrictions de concurrence.

Ont ainsi été condamnés :

– l'**abandon** par chacune des parties de sa propre **production** en faveur de l'autre partie (Commission CE 15-12-1975, aff. « Bayer » : JOCE 1976 L 30 p. 13 ; Commission CE 14-12-1982, aff. « Laminés et alliages de zinc » : JOCE 1982 L 362 p. 40 ; Commission CE 5-12-1983, aff. « VW-MAN » : JOCE 1983 L 376 p. 11 ; Commission CE 19-7-1984, aff. « BPCL-ICI » : JOCE 1984 L 212 p. 1 ; Commission CE 4-12-1986, aff. « Eni-Montedison » : JOCE 1987 L 5 p. 13) ;

– la **renonciation** par une partie à ses travaux de **recherche** ou de **fabrication** sur des matériels entrant dans les catégories pour lesquelles ces travaux auront été confiés à l'autre partie en application de l'accord (Commission CE « Rank-Sopelem » du 20-12-1974 : JOCE 1975 L 29 p. 20) ;

– l'**application** uniforme des **normes** techniques et engagement à ne produire et vendre que des produits conformes à ces normes (Commission CE « Video-cassettes Recorders » du 20-12-1977 : JOCE 1978 L 47 p. 42) ;

– la **coordination** des **investissements** et la rationalisation de la production en vue de supprimer ou de prévenir des surcapacités de production (sur les conditions d'exemption de ces accords, voir n°s 47670 s.) ;

– la **limitation** de leurs **débouchés** par des entreprises concurrentes, notamment en fixant la forme sous laquelle un produit de base peut être revendu ou l'usage auquel il peut être destiné, par exemple : interdiction à une entreprise de revendre en vrac des médicaments, obligation de les destiner à l'emploi humain et interdiction corrélative de les fabriquer ou de les vendre pour un usage vétérinaire (Intervention de la Commission CE, « Beecham Pharma-Hoechst », 6e rapport Commission CE n° 129) ; obligation mise à la charge de producteurs de fruits frais de céder un pourcentage déterminé de la production de fruits frais au cocontractant et interdiction de vendre leur production à d'autres usines traitant des produits similaires (Intervention de la Commission CE, « Accords restrictifs dans la production et la livraison de fruits », 5e rapport Commission CE n° 38) ;

– la conclusion d'**accords** dits **« d'autolimitation »** qui restreignent les importations sur le marché unique de produits en provenance de pays tiers ou qui réglementent les importations, en particulier du point de vue des quantités et des prix (Commission CE 29-11-1974, aff. « Roulements à billes » : JOCE 1974 L 343 p. 19) ;

– la mise en place d'un **échange d'informations** par plusieurs entreprises concurrentes, détenant une part prépondérante du marché, dans les domaines de la recherche technique et du développement de la production, de la promotion des marchés, de l'approvisionnement en matières premières, de la gestion commerciale et de l'informatique, ainsi que de la politique commerciale générale (Commission CE 12-12-1983, aff. « Agence internationale de l'énergie » : JOCE 1983 L 376 p. 30) ;
– l'accord entre les principaux producteurs d'un État de **racheter en commun** les équipements de ceux d'entre eux qui viendraient à faire faillite afin d'éviter que d'autres producteurs n'accèdent à ce marché (Commission CE 10-7-1986, aff. « Revêtements bitumés » : JOCE 1986 L 232 p. 15).

ACCORDS ENTRE CONCURRENTS DE FIXATION DE QUOTAS OU DE CONTINGENTS DE PRODUCTION OU DE VENTE

Contenu Les accords de fixation de quotas ou de contingents de production ou de vente constituent une forme particulière de production. Ils consistent : 44160
– d'une part, à reconnaître à chaque entreprise membre de l'entente, le droit de produire ou de vendre une quantité déterminée de produits, fixée soit globalement, soit en fonction de la part du marché détenue par elle au moment de la conclusion de l'entente ;
– d'autre part, à interdire à chaque entreprise de produire ou de vendre plus que les quantités qui lui sont allouées sous peine de sanction et inversement à lui garantir le paiement d'une indemnité compensatoire en cas de production ou de vente inférieure au contingent attribué.

Droit de l'Union européenne Il y a **restriction de la concurrence** condamnée par l'article 101, 1 du TFUE lorsque les entreprises fixent des quotas ou des contingentements de leur production assortis éventuellement de pénalités visant à en assurer le respect, tels que : 44170
– engagement de ne pas augmenter les surfaces consacrées à la culture des pêches de conserve (5e rapport Commission CE n° 38) ;
– engagement par l'une des parties d'acheter à l'autre, pendant une période de 33 ans au moins à compter de la signature du contrat, des quantités minimales, ces quantités étant fixées chaque année à un niveau au moins égal au tiers du total des ventes de cette partie au cours de l'année écoulée (6e rapport Commission CE n° 123) ;
– engagement des producteurs de céruse de fixer des quotas d'exportation et d'organiser leur contrôle par un échange d'informations sur les livraisons (Commission CE 12-12-1978, aff. « Céruse » : JOCE 1979 L 21 p. 16) ;
– création, par deux entreprises concurrentes, d'un GIE commun chargé de centraliser et répartir les commandes suivant un système de quotas fixes (Intervention de la Commission CE, aff. « Air-Forge », 12e rapport Commission CE n° 85) ;
– répartition du marché entre fabricants, renforcée par un engagement de respecter des objectifs de production et diverses mesures destinées à aligner leurs prix (Commission CE 8-1-1975, aff. « Conserves de champignons » : JOCE 1975 L 29 p. 26 ; Commission CE 23-4-1986, aff. « Polypropylène » : JOCE 1986 L 230 p. 1 ; Commission CE 10-7-1986, aff. « Revêtements bitumés » : JOCE 1986 L 232 p. 15 ; Commission CE 26-11-1986, aff. « Meldoc » : JOCE 1986 L 348 p. 50 ; Commission CE 21-12-1988, aff. « PEBD » : JOCE 1989 L 74 p. 21).

Droit français La **fixation** de quotas de production ou de vente a été considérée comme **répréhensible** notamment dans les cas suivants : 44180
– lorsque les quotas sont assortis de pénalités (Cons. conc. 3-5-2000 n° 00-D-14, aff. « Secteur des briques plâtrières ») ou de sanctions (Cons. conc. 5-6-1990 n° 90-D-19, aff. « Blocs d'ordonnances médicales ») ;
– lorsque les quotas, bien que non assortis de pénalités ou d'indemnités compensatrices, sont respectés en fait (ex. : Avis Commission conc. 20-6-1985, aff. « Treillis soudés ») ;
– lorsque les quotas ne sont pas expressément prévus mais résultent indirectement soit de l'établissement d'un programme de production et de vente commun à plusieurs entreprises (ex. : Avis Commission conc. 20-6-1969, aff. « Fabricants de ciments et de liants hydrauliques »), soit, par exemple, d'un système dit « d'égalisation des rendements » qui pénalise les entreprises ayant une meilleure rentabilité que les autres et qui garantit ainsi un minimum d'activité à celles qui sont les moins productives (ex. : Avis Commission conc. 23-11-1957, aff. « Fabricants de verre plat ») ;
– et même lorsque les quotas ont été dépassés en fait, dès lors que l'inobservation de cette limitation n'a été que la conséquence fortuite d'une erreur d'appréciation de l'entente (Avis Commission conc. 23-5-1975, aff. « Fabrication des ficelles en fibres douces »).

En revanche, n'est **pas répréhensible** la fixation d'objectifs maximaux conçus comme une obligation de reprise des invendus assumés par le producteur, dès lors qu'elle n'est assortie d'aucune véritable contrainte, « même si l'interdiction des objectifs maximaux en pourcentage et non en chiffre absolu pouvait être trompeuse et dissuasive » (Avis Commission conc. 8-6-1978, aff. « Crampons antidérapants pour automobiles »). De même, il est permis de fixer des objectifs minimaux : « De manière générale, la fixation de seuils minimaux de chiffres d'affaires ou d'objectifs de vente assignés par un producteur à des revendeurs ne peut appeler d'objections au regard de la réglementation de la concurrence » (Avis Commission conc. 8-6-1978 précité).

Il peut, toutefois, en être autrement « dans les cas où une telle fixation est le fait d'un producteur qui, soustrait à une concurrence effective, fixe aux revendeurs des quantités minimales qui globalement représentent à peu près les capacités d'absorption du marché » et ce, d'autant plus que cette fixation n'est pas toujours dépourvue de sanctions : menace de retrait de l'exclusivité si la part de marché tombe au-dessous du minimum (Avis Commission conc. 8-6-1978 précité).

CONDITIONS D'EXEMPTION DES ACCORDS DE PRODUCTION

44190 Si les accords de production peuvent avoir pour effet de réduire la concurrence, ils peuvent toutefois présenter un intérêt pour le développement économique des entreprises. La Commission européenne a ainsi adopté le **règlement d'exemption par catégorie 2023/1067 du 1er juin 2023** relatif à certaines catégories d'accords de spécialisation au titre duquel ces accords peuvent être présumés conformes au droit de la concurrence.

L'article 101, 1 du TFUE est présumé inapplicable aux accords de spécialisation unilatérale (une entreprise cesse ou s'abstient de fabriquer certains produits ou de fournir certains services), aux accords de spécialisation réciproque (chacune des parties renonce à fabriquer certains produits ou à fournir certains services) et aux accords de production conjointe (les participants s'engagent à fabriquer conjointement certains produits ou à fournir conjointement certains services), si ces accords respectent un certain nombre de conditions (pour une étude détaillée, voir nos 47250 s.). En règle générale, les parties prévoient une obligation de fourniture exclusive par le « spécialiste » au profit de son partenaire pour la vente des produits spécialisés dans le pays ou le territoire où il exerce. Sur la validité de ces accords, voir no 47250.

44195 **Au plan national,** les accords de spécialisation sont licites tant qu'ils permettent une **meilleure utilisation** des **ressources productives** et une plus grande efficacité de la production (Rapport Cons. conc. pour 1989 p. 31). Par exemple, sont valables une concertation aboutissant à la reconversion d'un certain nombre d'entreprises et permettant un meilleur emploi des capacités industrielles (Avis Commission conc. 21-11-1958, aff. « Matériel roulant ferroviaire ») et un accord tendant à éviter la constitution de surcapacités d'équipements durables (Avis Commission conc. 8-2-1979, aff. « Demi-produits en zinc laminé »).

Encore faut-il que ces accords ne comportent pas de clause limitant la marge de manœuvre des participants quant aux conditions dans lesquelles ils peuvent fabriquer ou distribuer les produits.

ILLUSTRATIONS

Diverses sociétés intervenant sur le marché de la robinetterie pour gaz domestique avaient conclu des accords de spécialisation, certaines abandonnant des productions au profit d'autres sociétés puis s'approvisionnant auprès de ces dernières. Le Conseil a considéré qu'au cas d'espèce il n'était pas établi que ces accords aient eu un autre objet que de permettre aux entreprises en cause de rationaliser leurs productions ou de leur éviter d'entreprendre des fabrications pour lesquelles elles n'étaient pas compétitives tout en permettant à chacune d'entre elles d'offrir à ses clients une gamme complète de produits. Il ne lui est pas apparu davantage établi que les accords particuliers dont il était saisi impliquaient ou pouvaient entraîner une limitation de la liberté industrielle ou commerciale des entreprises en ce qui concernait les produits qu'elles acquéraient auprès de leurs cocontractants (Cons. conc. 13-6-1989 no 89-D-21, cité dans le rapport Cons. conc. pour 1989 p. 31).

Ces accords sont également prohibés lorsque, par une réduction d'activité de l'ensemble des entreprises proportionnelle à la réduction probable du marché, ils entraînent, sans parvenir au résultat recherché, une hausse des prix de revient (Avis Commission conc. 18-12-1959, aff. « Industrie de la meunerie parisienne » ; avis Commission conc. 28-2-1985, aff. « Carton ondulé »).

3. ENTENTES EN MATIÈRE DE PRIX

44220 Les entreprises doivent pouvoir fixer les prix librement en tenant compte de leur coût de revient et de leur situation sur le marché. Toute pratique qui conduit à la **détermination artificielle** des prix est prohibée : tel est le cas notamment des pratiques qui tendent à l'alignement des prix ou leur cristallisation, même si l'obligation de respecter le prix fixé n'est assortie d'aucune sanction (Avis Commission conc. 9-3-1978, aff. « Négoce du verre plat »).

Les mesures relatives aux prix sont répréhensibles, qu'elles portent sur les prix à l'exportation dans le marché intérieur unique, sur les prix à l'importation ou sur les prix du marché intérieur d'un État membre. Le fait que les autorités des États membres aient **connaissance des accords** relatifs aux prix ou qu'elles y participent ou les approuvent ne fait pas obstacle à l'application des règles de la concurrence (Commission CE 6-8-1984, aff. « ZPG »).

› Précisions En France, les entraves à la libre détermination des prix peuvent être sanctionnées non seulement au titre de l'interdiction des ententes, mais aussi en application de l'article L 442-9 du Code de commerce qui prévoit des **sanctions pénales** en cas d'action illicite sur les prix.

a. Uniformisation du calcul des prix

PRIX DÉTERMINÉS EN COMMUN

Une pratique très fréquente consiste en l'engagement direct pris par des entreprises de respecter **44230**
un **tarif** ou des **hausses élaborés en commun** et de s'en tenir chacune à sa propre clientèle, sans chercher à empiéter sur celle de ses concurrents au moyen d'une autre tarification.

Le fait que les participants appliquent des prix inférieurs à ceux qu'ils ont fixés n'enlève pas à l'entente son caractère illicite (Commission CE 2-8-1989, aff. « Treillis soudés » : JOCE 1989 L 260 p. 1, confirmée par TPICE 6-4-1995 aff. 152/89, ILRO).

ILLUSTRATIONS

La Commission européenne a prononcé à deux reprises une amende record à l'encontre de constructeurs de poids lourds pour **s'être** notamment **entendus sur des « barèmes de prix bruts »** qui constituaient la base de la fixation des prix des camions (Communiqués de presse Commission CE du 19-7-2016 n° IP/16/2582 et du 27-9-2017 n° IP/17/3502, décision de 2017 confirmée par Trib. UE 2-2-2022 aff. 799/17 et CJUE 1-2-2024 aff. 251/22, Scania).

L'Autorité de la concurrence a sanctionné plusieurs entreprises du secteur de la messagerie et de la messagerie express pour avoir **coordonné leurs politiques de prix** en se concertant sur un paramètre du futur prix de la prestation de messagerie. Il s'agissait en l'espèce de répercuter la hausse du prix du gazole (Aut. conc. 15-12-2015 n° 15-D-19, aff. « Secteurs de la messagerie et de la messagerie express », confirmé par CA Paris 19-7-2018 n° 16/01270 et Cass. com. 22-9-2021 n° 18-21.436 FS-B). Elle a également sanctionné des entreprises actives dans le secteur des revêtements de sols en PVC qui avaient, à l'occasion de multiples réunions et échanges, fixé en commun des hausses de prix générales et échangé des données individualisées, récentes et détaillées sur les ventes et les prix moyens de vente par produit (Aut. conc. 18-10-2017 n° 17-D-20, aff. « Secteur des revêtements de sols résilients »). Ont également été sanctionnés des distributeurs en gros de médicaments vétérinaires ainsi que leur organisme professionnel en raison d'une entente portant sur la fixation en commun des coûts d'acheminement des vaccins et des prix facturés aux vétérinaires (Aut. conc. 26-07-2018 n° 18-D-15, aff. « Secteur de la distribution de médicaments vétérinaires », confirmé par CA Paris 13-6-2019 n° 18/20229). De même, ont été sanctionnées des organisations syndicales de viticulteurs qui avaient mis en place des concertations sur le prix du raisin ayant conduit notamment à la publication de recommandations de prix (Aut. conc. 17-9-2020 n° 20-D-12, aff. « Secteur des vins d'Alsace », réformée par CA Paris 12-5-2022 n° 20/15606 s'agissant du montant des sanctions pécuniaires prononcées).

Ont un objet anticoncurrentiel :
– la détermination d'un **objectif commun de hausse du prix** de la farine au cours d'une unique réunion (Aut. conc. 26-3-2015 n° 15-D-04, aff. « Secteur de la boulangerie artisanale », confirmé par CA Paris 22-9-2016 n° 2015/09009) ;
– une entente sur la définition future du **prix de vente conseillé** pour de nombreux produits de gros électroménager (Aut. conc. 5-12-2018 n° 18-D-24, aff. « Secteur des produits électroménagers ») ;
– des **clauses de fixation de prix en commun** dans le secteur de la vente d'abonnements à des produits d'intelligence économique (Aut. conc. 12-4-2023 n° 23-D-04, aff. « Secteur de la vente d'abonnements à des produits d'intelligence économique ») ou des grilles d'orientation de prix (Aut. conc. 16-11-2022 n° 22-D-21, aff. « Secteur de la pêche et de l'aquaculture à la Réunion »).

Dans le cadre de ses pouvoirs de transaction et d'injonction en matière de pratiques anticoncurrentielles locales, le ministre de l'économie a mis un terme à une entente organisée à partir d'une plateforme de mise en relation des opérateurs immobiliers avec les diagnostiqueurs référencés par la société gestionnaire de la plate-forme. Par l'entremise de cette dernière, les participants s'étaient entendus sur un **prix minimum** des diagnostics immobiliers ainsi que sur un prix forfaitaire pour les diagnostics amiante (Communiqué DGCCRF de 2016, « Pratiques relevées dans le secteur du courtage en diagnostic immobilier en Lorraine »). Voir également, pour une affaire dans le secteur du diagnostic immobilier, Communiqué DGCCRF de 2018 « Pratiques relevées dans le secteur du diagnostic immobilier dans le Calvados » : www.economie.gouv.fr/dgccrf/pratiques-anticoncurrentielles-transactions-et-injonctions.

44235 Souvent, un tel accord comprend des **mesures complémentaires** qui renforcent l'uniformisation des prix : fixation des remises ; interdiction d'accorder un escompte ; uniformisation des conditions générales de vente, notamment des délais de paiement ; interdiction de livrer à certains acheteurs déterminés ; organisation d'une publicité collective et utilisation de la marque du groupement avec restriction concomitante de la publicité individuelle des divers membres.

ILLUSTRATIONS

Voir les décisions de la Commission européenne : « Papiers peints de Belgique » du 23-7-1974 (JOCE 1974 L 237 p. 3) et « Secteur du verre plat dans le Benelux » du 23-7-1984 (JOCE 1984 L 212 p. 13). Voir aussi les interventions de la Commission en ce qui concerne l'entente néerlandaise dans le secteur des disques et les ententes belges et néerlandaises dans le secteur des électrodes (4e rapport Commission CE nos 76 et 78).

44240 En France, l'Autorité de la concurrence a toutefois considéré que la fixation concertée de prix de revente par des **commerçants indépendants** regroupés sous une **même enseigne** ne constitue pas une pratique prohibée lorsque ces commerçants ne sont pas concurrents, c'est-à-dire lorsqu'ils ne se situent pas sur les mêmes zones de chalandise (Cons. conc. 13-12-1994 n° 94-D-60, aff. « Lessives » ; Cons. conc. 19-3-1996 n° 96-D-16, aff. « Gymnasium » ; Cons. conc. 18-6-1997 n° 97-D-48, aff. « Franchise Eras » ; Cons. conc. 22-10-1997 n° 97-D-77, aff. « Home Salons France »).

À l'inverse, lorsque certains des commerçants regroupés sous la même enseigne sont situés sur les mêmes zones de chalandise, la fixation de prix de revente identiques ou de prix de revente minimaux pour tous les membres de l'enseigne constitue une pratique de nature à restreindre la concurrence entre ceux des commerçants qui sont en situation de concurrence potentielle (Cons. conc. 13-12-1994 n° 94-D-60 précitée ; Cons. conc. 28-5-1996 n° 96-D-36, aff. « Franchise Z » ; Cons. conc. 24-6-1997 n° 97-D-49, aff. « Réseau Krys » ; Cons. conc. 20-3-2001 n° 00-D-85, aff. « Chlorate de soude » ; Cons. conc. 28-6-2002 n° 02-D-42, aff. « Distribution des appareils électroménagers »).

PRIX « FRANCO » OU « RENDUS DESTINATION »

44250 La pratique des prix franco consiste à incorporer dans le prix de vente un prix moyen de transport, quelle que soit la distance entre l'usine productrice et le domicile de l'acheteur. Elle n'est pas en elle-même abusive, mais peut le devenir si elle facilite un comportement anticoncurrentiel (Avis Commission conc. 21-5-1976, aff. « Industrie du verre creux mécanique »). Dans l'avis précité, la Commission de la concurrence – devenue le Conseil puis **l'Autorité de la concurrence** – a pris position de façon générale sur les prix franco : « Considérant [...] que la pratique des prix franco qui a pour effet d'imposer au client l'achat du transport à un prix de péréquation en même temps que celui du produit peut, selon les cas, avoir pour effet soit de protéger les ententes et les positions dominantes à l'échelle nationale contre la concurrence de dissidents locaux, soit, au contraire, d'élargir le cadre géographique dans lequel la concurrence s'exerce et d'empêcher ainsi la constitution d'une juxtaposition de monopoles régionaux bénéficiant de rentes de situation ; que la péréquation des frais de transport, à laquelle le prix franco aboutit, correspond le plus souvent aux vœux du consommateur et aux objectifs de la politique d'aménagement du territoire ; que, dans la mesure où elle peut avoir pour effet de fausser le jeu normal de la concurrence sans contribuer au progrès économique, la pratique de prix franco n'est, en tout cas, prohibée par l'article 59 bis de l'ordonnance du 30 juin 1945 [aujourd'hui C. com. art. L 420-1] que si elle résulte d'une entente ou d'un abus de position dominante ; que, dans la présente espèce, cette pratique, sans être en elle-même abusive, a pu avoir pour effet de faciliter le respect de l'entente sur les prix et le maintien de la position dominante occupée par les deux principaux fabricants. »

De même, la **Commission européenne** considère qu'appliquée d'une manière systématique, la pratique du prix « franco » aboutit à neutraliser les avantages concurrentiels que les fabricants pourraient tirer de la plus ou moins grande proximité des utilisateurs (Commission CE 15-5-1974, aff. « Accords entre fabricants de verre d'emballage » : JOCE 1974 L 160 p. 1).

LIVRAISONS RÉCIPROQUES ENTRE DEUX ENTREPRISES AU MÊME PRIX

44260 Cette pratique a été condamnée par la Commission européenne dans une affaire « Ententes entre producteurs d'engrais azotés » (ex. : 6e rapport Commission CE n° 127). Au cas d'espèce, une entreprise belge vendait mensuellement à une entreprise allemande une certaine quantité d'engrais qu'elle livrait directement aux clients établis en Belgique de l'entreprise allemande, dans des sacs marqués au nom de cette entreprise ; de son côté, l'entreprise allemande vendait à l'entreprise belge des quantités équivalentes livrées, dans l'emballage de cette dernière, à ses clients sis en Allemagne. Le prix de ces ventes réciproques était le même ; il était calculé à partir du prix belge qui était inférieur au prix allemand. Les deux entreprises étaient libres de déterminer le prix de revente à leurs clients, mais en pratique ce prix était identique à celui qui était pratiqué dans le pays de destination. Les frais réels de transport étaient comparés à ceux, plus élevés, que chaque entreprise aurait payés si elle avait livré elle-même. Le total de la différence était partagé entre les deux entreprises.

b. Uniformisation des taux de remise

Sont **illicites** les taux de remise qui : **44270**
– sont identiques pour tous les clients quelle que soit la quantité de marchandises individuellement acquise (Commission CE 22-12-1972, aff. « Cimbel » : JOCE 1972 L 303 p. 24 ; Avis Commission conc. 17-6-1977, aff. « Pièces détachées pour automobiles ») ;
– sont fixés conjointement par catégories de clients (Avis Commission conc. 5-6-1980 n° 88-D-23, aff. « Confort-Régulation » ; Cons. conc. 10-5-1988 n° 88-D-23, aff. « Secteur de l'optique dans le département de la Loire ») ou par régions (Avis Commission conc. 16-10-1974, aff. « Tuiles et briques ») ;
– sont calculés non sur les quantités achetées à une entreprise déterminée, mais sur le montant total des achats effectués auprès de l'ensemble des membres de l'entente (remises « cartellisées ») (par exemple, CJCE 26-11-1975 aff. 73/74, « Papiers peints » ; Commission CE 15-7-1982, aff. « SSI » : JOCE 1982 L 232 p. 1 ; avis Commission conc. 25-5-1978, aff. « Fabricants de feutres pour papeterie ») ;
– sont calculés pour chaque client individuellement mais sont fondés sur les achats prévisibles à l'ensemble des fabricants de l'entente (remises dites « de quantités ») (Avis Commission conc. 21-5-1976, aff. « Industrie du verre creux mécanique ») ;
– sont plafonnés afin d'éviter que les membres de l'entente ne se concurrencent en offrant des remises plus importantes (Trib. UE 27-9-2012 aff. 343/06, Shell ; Cons. conc. 12-10-1993 n° 93-D-40, aff. « TLPD » ; Cons. conc. 19-9-2002 n° 02-D-57, aff. « Secteur des roulements à billes » ; CA Paris 20-10-1998 : BOCCRF du 12-12 p. 727).

Il est à noter que ces mesures ont été d'autant plus sévèrement appréciées qu'elles portaient sur des produits de grande homogénéité et que le nombre des concurrents était relativement restreint.

> **› Précisions** La fixation des prix peut être réalisée de manière **déguisée.** Il en est ainsi lorsqu'un accord sur des « principes de concurrence loyale » a pour but apparent de lutter contre le dumping, alors qu'en fait il comporte plusieurs clauses qui tendent à imposer le respect des prix convenus (Commission CE 15-5-1974, aff. « Fabricants de verre d'emballage » : JOCE 1974 L 160 p. 1 et Commission CE 15-7-1975, aff. « Iftra » : JOCE 1975 L 228 p. 3).

c. Uniformisation des conditions de vente et d'achat

UNIFORMISATION DES CONDITIONS DE VENTE

L'uniformisation des conditions de vente est généralement retenue comme un indice complémentaire d'une entente sur les prix. Il en est ainsi lorsque est constatée une identité dans les garanties techniques, les conditions de livraison, les délais de paiement ou les conditions de crédit (voir, par exemple, Cons. conc. 1-3-1988 n° 88-D-10, aff. « Secteur de l'appareillage électrique de moyenne tension » ; Cons. conc. 13-12-1988 n° 88-D-50, aff. « Secteur du fil à coudre »). Le fait de fixer des règles relatives à la limitation des remises à accorder aux clients, à la suppression des mises en service gratuites, à l'adoption de taux communs pour la facturation des réparations, à l'instauration d'un même seuil minimal de facturation et à la mise en place de conditions de paiement communes constitue une atteinte à la concurrence car il fait obstacle à l'abaissement des prix de vente (Avis Commission conc. 5-6-1980, aff. « Confort-Régulation »). **44280**

Constitue également un indice complémentaire d'une entente sur les prix le fait pour les parties à l'entente de confier à un organisme commun la vente de leurs produits (Avis Commission conc. 8-2-1979, aff. « Marché du zinc laminé »).

Les accords de commercialisation en commun peuvent cependant être considérés comme conformes au droit de la concurrence (n° 44140).

UNIFORMISATION DES CONDITIONS D'ACHAT

Sont illicites : **44290**
– l'alignement des conditions de paiement de tous les adhérents d'une centrale d'achat sur les conditions les plus favorables consenties par les fournisseurs à certains d'entre eux (Avis Commission conc. 30-10-1986, aff. « Arci Association ») ;
– la clause des statuts d'une coopérative de commerçants détaillants interdisant à ces derniers de négocier directement avec les fournisseurs de meilleures conditions d'achat que celles accordées par l'entremise de la coopérative (Cons. conc. 9-6-1992 n° 92-D-38, aff. « Gitem ») ;

– la coordination d'entreprises de recyclage de plombs en matière de prix d'achat de déchets de batteries automobiles utilisés pour la production de plomb recyclé (Commission UE 8-2-2017 aff. AT.40018, Car battery recycling, confirmée par Trib. UE 23-5-2019 aff. 222/17, Recyclex et par Trib. UE 7-11-2019 aff. 240/17, Campine, ce dernier arrêt annulant cependant partiellement la décision s'agissant de la durée de participation d'une entreprise à l'entente et du montant de l'amende prononcée à son encontre) ;
– le fait, pour les acheteurs d'un même produit, d'avoir échangé des informations commerciales sensibles et coordonné leurs stratégies de négociation des prix, notamment afin de faire baisser un élément du prix de ce produit (Commission UE 29-11-2022, aff. AT.40547, Styrene Monomer).

UNIFORMISATION DES CONDITIONS DE GARANTIE ET DE SERVICE APRÈS-VENTE

44300 Les garanties offertes dans le cadre du service après-vente par les fabricants de produits de consommation doivent être valables dans toute l'Union, quel que soit l'État membre où le produit a été acheté (16e rapport Commission CE no 56).

Les **conditions de garantie** sont donc **illicites** lorsque l'utilisateur d'un appareil ne peut recourir à la garantie offerte par le fabricant qu'auprès de la filiale de ce dernier qui a importé l'appareil, cette garantie cessant au cas où l'appareil serait mis en service dans un État membre autre que celui de la filiale importatrice (CJCE 10-12-1985 aff. 31/85, ETA ; Commission CE 23-10-1978, aff. « Zanussi » : JOCE 1978 L 322 p. 36). De même, est illicite le fait de subordonner la garantie de véhicules à l'étranger à l'examen des travaux par le concessionnaire-vendeur initial, le client devant en outre lui présenter, pour obtenir le remboursement, les documents justificatifs ainsi que les pièces remplacées (Intervention de la Commission, « Fiat », 14e rapport Commission CE no 70). En revanche, l'engagement pris par un distributeur exclusif d'appareils photographiques de doubler la durée de la garantie des appareils vendus par son intermédiaire ne constitue pas une restriction aux importations parallèles dès lors que les appareils importés des autres États membres bénéficient de la garantie normale du fabricant (CJCE 21-2-1984 aff. 86/82, Hasselblad).

Les conditions de garantie sont également illicites lorsque :
– le droit à la garantie disparaît si l'appareil a subi une modification quelconque ou a été modifié par une personne non autorisée par la filiale importatrice ; en effet, ces conditions empêchent les revendeurs qui importent ou exportent de modifier les appareils de manière à les rendre conformes aux normes techniques et de sécurité en vigueur dans les autres États membres, lorsque l'observation de celles-ci se révèlent indispensable pour la mise en vente de ces appareils » (Décision « Zanussi » précitée) ;
– le droit à la garantie disparaît si l'utilisateur n'emploie pas un produit recommandé par le constructeur pour assurer le bon entretien de ses appareils (par exemple, préconisation de certaines marques d'huile par les constructeurs automobiles). En revanche, la Commission estime qu'il n'y a pas d'inconvénient à ce qu'un fabricant recommande un produit qu'il connaît et répondant à des spécifications qu'il a rendues publiques (par exemple, préconisation d'une huile pour moteurs choisie en raison de sa viscosité) (Rép. 831/83 : JOCE 1983 C 315 ; voir aussi intervention Commission CE, aff. « Oliofiat », 17e rapport Commission CE no 84 et Commission CE 19-12-1990, aff. « D'Ieteren » : JOCE 1991 L 20 p. 42) ;
– un fabricant de chronotachygraphes impose, pour le maintien de sa garantie, l'utilisation de ses disques d'enregistrement (Cons. conc. 2-10-1990 no 90-D-34, aff. « Mannesmann Informatique »).

Pour un cas de limitation de la garantie d'appareils sanitaires aux seuls matériels posés par des installateurs professionnels, voir Commission CE 10-12-1984, aff. « Ideal-Standard » (JOCE 1985 L 20 p. 38).

Selon la Commission européenne, la garantie locale du fabricant doit être accordée à tous les appareils de la marque même s'ils proviennent d'autres pays de l'Union européenne. Toutefois, si les appareils importés ne sont pas conformes aux normes de sécurité en vigueur dans le pays où la garantie est réclamée, l'acheteur ne peut bénéficier de la garantie que s'il est disposé à supporter les frais résultant d'une adaptation de l'appareil à ces normes de sécurité (Intervention de la Commission CE, aff. « Matsushita Electrical Trading Company », 12e rapport Commission CE no 77).

44305 Enfin, la Commission européenne considère qu'un service après-vente satisfaisant doit être assuré pour permettre la réalisation effective des importations parallèles. Elle est intervenue notamment auprès d'un fabricant pour qu'il procure un service après-vente aux acheteurs de ses produits quel que soit le pays d'achat des produits (Intervention de la Commission CE, aff. « Constructa », 4e rapport Commission CE no 109).

Sur le service après-vente dans la distribution automobile, voir nos 47040 s.

d. Cristallisation des prix

Les actions dites de cristallisation des prix ont pour objectif de « figer » les prix ou d'empêcher une évolution des prix à la baisse. Ce résultat peut être atteint soit par une action sur les marges, soit par une action sur le niveau des prix eux-mêmes. 44320

FIXATION DE MARGES EXCESSIVES

Sont illicites des **rabais** qui ont pu être consentis sans compromettre la rentabilité des entreprises, les marges étant calculées « en retenant des temps de travail exagérés sans distinguer le temps commercial et la durée des opérations techniques, en omettant de moduler cette durée en fonction de l'outillage et des progrès de celui-ci, en superposant la marge bénéficiaire couvrant l'ensemble des coûts particuliers à la marge déjà incluse dans la valeur du travail, en ne tenant aucun compte des remises éventuellement obtenues des industriels fabricants » (Avis Commission conc. 4-6-1975, aff. « Distribution des montures de lunettes »). 44330

Autre exemple de pratique illicite : la concertation entre fabricants de vis à bois permettant à ceux-ci de **monopoliser les importations** de vis en provenance de la Chine dont le prix est largement inférieur au prix français, les marges prélevées sur les vis importées servant à subventionner les fabricants français non compétitifs (Avis Commission conc. 4-7-1985, aff. « Boulonnerie-visserie »).

La pratique de la **guelte différenciée des vendeurs** consistant à inciter les vendeurs à orienter le choix des consommateurs vers les produits sur lesquels le distributeur applique la plus forte marge n'est pas, en soi, contraire à l'interdiction des ententes (voir Rapport Commission conc. 1984 p. 6). Elle est en revanche répréhensible lorsqu'elle résulte d'une entente constituant une « atteinte sensible » à la concurrence (voir Cons. conc. 26-5-1987 n° 87-D-14, aff. « Secteur de l'électroménager »).

Le Groupement français des cartes bancaires a été sanctionné pour avoir appliqué diverses **mesures tarifaires** ayant pour effet anticoncurrentiel d'entraîner un surcoût pour les nouveaux entrants dans ce Groupement. Ces derniers étaient en effet contraints soit d'augmenter le prix de leurs cartes bancaires, soit de limiter leur activité d'émission. Dans les deux cas, les banques leaders du secteur pouvaient maintenir inchangés le prix de leurs propres cartes bancaires et leurs revenus (Trib. UE 30-6-2016 aff. 491/07, « Cartes bancaires »).

BLOCAGE DES MARGES

Est illicite le règlement d'une coopérative qui oblige les adhérents à ne s'approvisionner qu'aux **conditions négociées** par celle-ci pour les produits d'une marque donnée, sans pouvoir rechercher des avantages propres (Cass. com. 16-5-1995 : RJDA 12/95 n° 1387). 44340

Est également illicite l'accord par lequel des fabricants conviennent avec une centrale d'achat de lui consentir une ristourne calculée sur le pourcentage de chiffre d'affaires réalisé avec eux par les adhérents de celle-ci, étant précisé que l'existence de cet avantage ne doit pas être révélée aux adhérents. En effet, une telle **clause de confidentialité** affecte le jeu de la concurrence car elle empêche les adhérents de déduire la ristourne de leur prix d'achat, et donc de la répercuter sur leur prix de vente, et elle crée une opacité sur les conditions accordées à ce réseau de distribution de nature à permettre aux producteurs de mieux résister aux demandes de concessions tarifaires présentées par des réseaux concurrents (Cass. com. 27-1-1998 : RJDA 6/98 n° 799 ; dans le même sens, Cons. conc. 18-6-1996 n° 96-D-44, aff. « Secteur de la publicité »).

De même, est prohibé l'engagement pris par un pharmacien, sous la pression du Conseil de l'Ordre, de « ne plus appliquer de **promotions** importantes de façon continuelle » (Cons. conc. 10-5-1995 n° 95-D-35, aff. « Distribution pharmaceutique dans la vallée de l'Arve »).

De même encore, est illicite la concertation entre plusieurs **banques** visant à dissuader les bénéficiaires de crédits immobiliers de **renégocier** leurs **emprunts** afin de préserver le niveau de leurs marges sur ces opérations (Cons. conc. 19-9-2000 n° 00-D-28, aff. « Secteur du crédit immobilier »).

Pour un exemple européen, voir la décision de la Commission européenne « SSI » du 15 juillet 1982 (JOCE 1982 L 232 p. 1) relative à une entente entre fabricants et importateurs de cigarettes par laquelle était déterminée une **marge fixe** pour les livraisons directes aux magasins spécialisés.

AUTRES ACTIONS SUR LE NIVEAU DES PRIX

Les pratiques suivantes ont pour objectif de figer les prix ou d'empêcher leur évolution à la baisse selon différents procédés : 44350

– fixation ou exercice de pressions en vue du respect d'un **prix minimal** (Commission CE 21-11-2001, aff. « Vitamines » : JOCE 2003 L 6 p. 1 ; Cons. conc. 11-4-2000 n° 00-D-10, aff. « Alain Afflelou » ; Cons. conc. 25-9-2003 n° 03-D-45, aff. « Secteur des calculatrices ») ;

– fixation d'un prix sans prendre en compte les gains de productivité résultant des progrès dans les méthodes de fabrication (Avis Commission conc. 9-3-1978, aff. « Négoce du verre plat ») ;
– fixation de **prix « cibles »** (Commission CE 27-7-1994, aff. « PVC » : JOCE 1994 L 239 p. 14 ; Trib. UE 9-9-2015, aff. 91/13 et 92/13 confirmé par CJUE 14-9-2017, aff. 588/15 et 622/15 LG et Philips) ;
– détermination en commun des **taux d'augmentation** des prix de vente (Commission conc. 5-12-1984, aff. « Assurances incendie » : JOCE 1985 L 35 p. 20 ; Avis Commission conc. 26-6-1986, aff. « Raccords de cuivre » ; Cons. conc. 13-6-1989 nº 89-D-21, aff. « Robinetterie pour gaz domestique » ; Aut. conc. 11-3-2015 nº 15-D-03 et CA Paris 23-5-2017 nº 15/08224 aff. « Yaourts ») ;
– généralisation d'une clause par laquelle le fournisseur se réserve d'**aligner ses prix** sur ceux, meilleurs, d'un concurrent ou de rendre sa liberté au distributeur : une telle généralisation a pour effet un gel des prix par une neutralisation de la concurrence (Avis Commission conc. 25-6-1981, aff. « Commercialisation des engrais » ; avis Commission conc. 19-9-1985, aff. « Contrats d'approvisionnement en produits pétroliers »).

Sur la fixation concertée de prix de revente par des **commerçants indépendants** regroupés sous une **même enseigne,** voir nº 44240.

e. Prix artificiellement bas

PRIX PRÉDATEURS

44360 Le **prix prédateur** est **défini** comme étant le prix de vente unitaire d'un produit inférieur au coût variable unitaire de celui-ci (Cass. com. 4-2-1997 : RJDA 5/97 nº 663).

Une entreprise de production qui choisit de vendre un produit industriel banalisé à un prix inférieur à son coût variable de production augmente délibérément ses pertes par rapport à celles qu'elle enregistrerait si elle s'abstenait de vendre ce produit puisque, à la perte sur coûts fixes qu'elle encourrait en tout état de cause, elle ajoute une perte supplémentaire sur les coûts variables auxquels elle doit faire face pour produire et livrer le produit considéré. La **mise en œuvre** d'une telle pratique **par plusieurs entreprises,** qui détiennent collectivement une part très importante du marché, à la suite de l'implantation d'un nouveau concurrent sur ce même marché, ne peut donc pas s'expliquer par l'intérêt individuel de chacune d'entre elles, mais constitue, au contraire, l'indice d'une concertation entre les entreprises concernées pour éliminer le nouvel entrant et restaurer une entente de prix entre elles (Cons. conc. 14-9-1994 nº 94-MC-10, aff. « Béton prêt à l'emploi », confirmée par CA Paris 3-11-1994 : RJDA 12/94 nº 325 et, sur pourvoi, Cass. com. 4-2-1997 précité).

En revanche, en l'absence d'autres indices, le fait que des entreprises commercialisant un produit industriel banalisé et confrontées à l'apparition d'un nouveau concurrent s'alignent sur les prix pratiqués par celui-ci et vendent à des prix inférieurs à ceux pratiqués avant l'arrivée du nouvel opérateur mais supérieurs à leurs coûts moyens variables est, en lui-même, insuffisant pour constituer un indice d'entente anticoncurrentielle entre ces entreprises (Cons. conc. 14-9-1994 nº 94-MC-10, aff. « Béton prêt à l'emploi » précitée). En effet, un tel comportement peut être compatible avec l'intérêt individuel de chacune des entreprises concernées dans la mesure où les prix pratiqués, même s'ils ne permettent pas à ces entreprises de couvrir la totalité de leurs coûts, leur assurent au moins de récupérer les coûts variables engagés pour la production et la livraison des quantités qu'elles vendent, ainsi qu'une partie des coûts fixes qu'elles doivent supporter.

N'est pas non plus illicite la diffusion gratuite d'une publication financée par ses recettes publicitaires (Cons. conc. 7-5-1991 nº 91-D-21, aff. « Secteur de la presse à Toulouse »).

44365 Si une pratique de prix prédateurs peut être appréhendée sur le terrain du droit des ententes, elle est toutefois plus souvent condamnée au titre des **abus de position dominante.** Bien que la définition du prix prédateur soit identique, la nécessité de démontrer une pratique concertée entre plusieurs entreprises n'est alors pas nécessaire, l'entreprise en position dominante étant condamnée du fait d'un comportement purement unilatéral (voir nos 45590 s.).

PRIX IMPOSÉS

44370 Ont été considérées comme illicites les **pressions exercées par** une **centrale d'achat** de distributeurs sur des fournisseurs afin que ceux-ci diminuent leurs prix ou augmentent leurs ristournes, dès lors que cette centrale ne prenait aucun engagement d'achat et n'offrait aucune autre contrepartie que la promesse de ne pas « déréférencer » ces fournisseurs (Avis Commission conc. 23-10-1986, aff. « Centrale d'achat DI-FRA » et aff. « Arci Association »).

4. RÉPARTITION DE MARCHÉS ENTRE CONCURRENTS

Les ententes de répartition des marchés, fondées sur le principe du respect réciproque des parts de marché des parties, sont particulièrement néfastes pour la concurrence. Les membres de l'entente renoncent ainsi à la liberté de pratiquer une politique de vente autonome pour se livrer à une politique de prix soustraite à la concurrence de leurs partenaires. **44390**

Ces accords sont généralement considérés comme des **restrictions de concurrence par objet** (nº 43610) qui ont un effet sensible sur la concurrence, quelle que soit la part de marché des entreprises concernées (nº 43750).

ILLUSTRATIONS

Pratique décisionnelle et jurisprudence européennes.

Voir Commission CE 23-11-1984, aff. « Peroxygènes » : JOCE 1985 L 35 p. 1 ; Commission CE 30-11-1994 (confirmée par plusieurs arrêts du TPICE du 15-3-2000) concernant la répartition des marchés entre 33 producteurs européens de ciment via la Fédération européenne du ciment ; Commission CE 27-11-2002, aff. « Cartel des producteurs de plaques en plâtre » (confirmée par TPICE 8-7-2008, aff. 54/03).

Revêt un objet anticoncurrentiel un « gentlemen's agreement » par lequel des producteurs européens et japonais sont convenus de ne pas effectuer de ventes dans les territoires de chacun de ces deux groupes de producteurs (CJUE 20-1-2016 aff. 373/14, Toshiba).

L'accord ou l'arrangement entre concurrents qui a pour objet de réserver un territoire national aux seuls producteurs de cet État, en particulier dans l'hypothèse où des producteurs étrangers s'engagent à ne pas pénétrer ce territoire ou à limiter sensiblement leurs exportations de biens ou de services à destination de ce dernier, constitue une entente interdite par son objet (Trib. UE 12-7-2011, aff. 112/07, Hitachi).

Une clause de non-concurrence aux termes de laquelle chaque partie s'interdit d'exercer une activité susceptible d'être en concurrence avec l'autre partie a un objet anticoncurrentiel (Trib. UE 28-6-2016 aff. 208/13, Portugal Telecom et aff. 216/13, confirmé par CJUE 13-12-2017 aff. 487/16 Telefónica ; en l'espèce, cette clause, adoptée dans le cadre d'une opération de concentration, n'avait pu s'analyser comme une restriction de concurrence accessoire).

Pour des décisions de la Commission européenne sanctionnant la répartition entre plusieurs entreprises concurrentes des marchés dans le cadre de l'attribution de marchés publics, voir par exemple : Commission CE 5-2-1992, aff. « Industrie de la construction aux Pays-Bas » : JOCE 1992 L 138 p. 41 ; Commission CE 21-10-1998, aff. « Conduites précalorifugées » : JOCE 1999 L 24 p. 1.

De même, la Commission européenne a sanctionné des fournisseurs de lecteurs de disques optiques pour avoir coordonné leurs comportements à l'occasion d'appels d'offres organisés par des fabricants d'ordinateurs. Ces fournisseurs avaient partagé entre eux leurs stratégies de candidature, les résultats des appels d'offres ainsi que diverses informations commercialement sensibles (Commission UE 21-10-2015, aff. « Lecteurs de disques optiques », confirmée par Trib. UE 12-7-2019 aff. 762/15, Sony, aff. 763/15, Sony Optiarc, aff. 772/15, Quanta Storage, aff. 1/16, Hitachi-LG et aff. 8/16, Toshiba Samsung, partiellement infirmé par CJUE 16-6-2022 aff. 697/19, Sony, aff. 698/19, Sony Optiarc, aff. 699/19, Quanta Storage et aff. 700/19, Toshiba Samsung).

Deux entreprises concurrentes ont été condamnées pour avoir entretenu une différenciation artificielle entre deux médicaments en diffusant, dans un contexte d'incertitude scientifique, des informations trompeuses sur les effets indésirables de l'utilisation de l'un de ces médicaments pour le traitement de pathologies non couvertes par l'autorisation de mise sur le marché de celui-ci, l'objectif de cette pratique étant de réduire la pression concurrentielle résultant de cette utilisation sur l'utilisation de l'autre médicament (CJUE 23-1-2018 aff. 179/16, Hoffmann-La Roche).

Pour un exemple de cartel portant sur des répartitions de marchés et de clientèles à l'échelle mondiale, voir Commission UE 2-4-2014 nº AT.39610, aff. « Câbles électriques », confirmée par Trib. UE 12-7-2018 aff. 438/14 et CJUE 14-11-19 aff. 599/18, Silec Cable. Pour un autre volet de cette affaire où la décision de la Commission européenne a été partiellement annulée, voir CJUE 28-11-2019 aff. 591/18, Brugg Kabel, aff. 593/18, ABB et aff. 596/18, LS Cable. Pour un autre volet, CJUE 19-12-2019 aff. 582/18, Viscas Corp, aff. 589/18, Furukawa Electric Co. et aff. 590/18, Fujikura.

Pratique décisionnelle et jurisprudence françaises.

Une répartition du marché opérée en fonction d'une sectorisation géographique a été considérée comme constituant une restriction de concurrence par objet (Cons. conc. 21-10-1997 nº 97-D-76, aff. « Pompes funèbres à Gonesse », au cas particulier, les entreprises adhérentes à un GIE s'étaient réparties les « secteurs d'intervention » en fonction de leurs implantations respectives, chaque adhérent bénéficiait ainsi de l'exclusivité des marchés relatifs à son territoire et s'engageait, le cas échéant, à réorienter la clientèle relevant d'un autre secteur que le sien).

Plusieurs fabricants de produits en béton préfabriqué ont été sanctionnés pour avoir négocié, par l'intermédiaire d'un tiers, des quotas de vente pour chacun d'entre eux, en fonction des clients concernés. Cette pratique s'était notamment manifestée par des refus de vente opposés par ces fabricants à plusieurs négociants (Cons. conc. 24-1-2001 n° 00-D-39, aff. « Béton préfabriqué »).

Les trois principales sociétés françaises émettrices de titres-restaurant ont été sanctionnées pour s'être partagé le marché de ces titres. L'instruction a mis en évidence l'existence de réunions régulières de « compensation » des gains et pertes de clientèle entre les directions commerciales, dont le but était de consolider les parts de marché acquises par les trois entreprises et l'application d'un système de rémunération des commerciaux les incitant à concentrer leurs efforts sur les affaires non prises à la concurrence (Cons. conc. 11-7-2001 n° 01-D-41, aff. « Titres-restaurant »).

Des meuniers français et allemands ont été sanctionnés pour avoir conclu un accord visant à limiter leurs accès réciproques sur les marchés français et allemand, à répartir la clientèle et à contrôler les prix (Cass. com. 8-11-2016 n° 14-28.234 FS-D : RJDA 2/17 n° 120, arrêt rabattu par la Cour de cassation en raison d'une erreur de nature procédurale sans que cela ne modifie la solution dégagée : Cass. com. 4-10-2017 n° 14-28.234 FS-D. Pour la confirmation de l'essentiel de la décision initiale n° 12-D-09 de l'Autorité de la concurrence dans cette affaire, sauf s'agissant du montant des amendes prononcées, voir CA Paris 4-7-2019 n° 16/23609 confirmé par Cass. com. 10-2-2021 n° 19-20.599 FS-D).

Plusieurs producteurs ont été condamnés pour s'être réparti les marchés de la production des treillis soudés et des armatures métalliques à La Réunion et ce, dans le contexte de l'arrivée d'un nouvel entrant sur ces marchés (Aut. conc. 12-5-2016 n° 16-D-09, aff. « Treillis soudés », réformé partiellement par CA Paris 15-3-2018 n° 16/14231 s'agissant d'une des sanctions pécuniaires prononcées).

Des entreprises actives dans le secteur de l'assistance foncière à maîtrise d'ouvrage ont été sanctionnées pour s'être réparti des secteurs à l'occasion de consultations lancées par un établissement public foncier, chaque entreprise ayant remporté ces consultations dans sa zone de prédilection (Aut. conc. 6-12-2016 n° 16-D-28 « Marché de l'assistance foncière de l'établissement public foncier de l'Ouest Rhône-Alpes », confirmé sur ce point par CA Paris 26-10-2017 n° 17/01658 et par Cass. com. 24-6-2020 n° 17-28.115 FD).

Ont été sanctionnées les dispositions du règlement intérieur d'une coopérative qui organisaient une sectorisation de l'activité des membres de la coopérative par le biais de zones géographiques d'activité exclusives (CA Paris 18-1-2018 n° 2017/01703, confirmé sur un autre point par Cass. com. 18-3-2020 n° 18-11.998 F-D).

A également été sanctionnée une société coopérative ayant réparti entre ses membres des secteurs géographiques d'activité afin que chacun n'empiète pas sur le territoire des autres, de sorte qu'il en résultait une protection territoriale absolue empêchant toute concurrence entre ces entreprises indépendantes (Aut. conc. 11-7-2019 n° 19-D-15, aff. « Secteur de la distribution en gros de produits et matériels de boulangerie-pâtisserie » ; voir également pour une affaire comparable Aut. conc. 28-10-2019 n° 19-D-21, aff. « Secteur du transport routier de marchandises »).

Limitent leur autonomie commerciale les distributeurs en gros de médicaments vétérinaires qui ont conclu des pactes de non-agression visant à s'abstenir de démarcher leurs clients respectifs (Aut. conc. 26-7-2019 n° 18-D-15, aff. « Secteur de la distribution de médicaments vétérinaires », confirmée par CA Paris 13-6-2019 n° 18/20229).

L'Autorité de la concurrence a condamné Apple et deux grossistes pour avoir notamment procédé à une allocation de produits et de clientèle élaborée et pilotée par Apple (Aut. conc. 16-3-2020 n° 20-D-04, aff. « Secteur de la distribution de produits de marque Apple », réformée partiellement par CA Paris 6-10-2022 n° 20/08582, notamment s'agissant de la durée de cette entente et d'autres pratiques visées dans la décision de l'Autorité).

Ont été sanctionnées des clauses de répartition de clientèle dans le secteur de la vente d'abonnements à des produits d'intelligence économique (Aut. conc. 12-4-2023 n° 23-D-04, aff. « Secteur de la vente d'abonnements à des produits d'intelligence économique »).

Dans le cadre de ses pouvoirs de transaction et d'injonction en matière de pratiques anticoncurrentielles locales, le ministre de l'économie a mis un terme à une entente de partage de marchés conclue entre le gestionnaire d'une chambre funéraire et une entreprise de marbrerie funéraire, ces deux entreprises assurant également toutes les deux des prestations de pompes funèbres (Communiqué DGCCRF de 2016, « Pratiques relevées dans le secteur des services funéraires à Albi »). Voir également Communiqué DGCCRF de 2018 « Pratiques relevées dans le secteur du diagnostic immobilier dans le Calvados » : www.economie.gouv.fr/dgccrf/pratiques-anticoncurrentielles-transactions-et-injonctions.

44395 Sur des **marchés d'approvisionnement procédant par voie d'appel d'offres,** une répartition du marché est établie dès lors que des concurrents ont coordonné leurs offres ou qu'ils ont échangé des informations antérieurement à la date à laquelle le résultat de l'appel d'offres est connu ou peut l'être. Elle peut également résulter de pratiques diverses visant à la répartition des lots objets de l'appel d'offres en cause. Les pratiques consistant à échanger des informations en vue de présenter une offre de couverture, c'est-à-dire une offre délibérément plus élevée que l'offre du concurrent auquel a été attribué(e) le client ou la zone concerné(e), ont un objet anticoncurrentiel (Aut. conc. 24-3-2021 n° 21-D-09, aff. « Secteur des sandwichs sous marque de distributeur », confirmée par CA Paris 15-6-2023 n° 21/08411 ; Aut. conc. 7-12-2023 n° 23-D-11, aff. « Réseaux de chaleur de Strasbourg » ; Aut. conc. 7-9-2023 n° 23-D-08, aff. « Secteur des prestations de services et de traitement des déchets pour des sites nucléaires »). **44395** (suite)

ILLUSTRATIONS

Ont été sanctionnés :

– douze entreprises appartenant aux principaux groupes du secteur du BTP en France qui s'étaient réparti les marchés avant les appels d'offre lancés par le conseil régional d'Île-de-France dans le cadre d'un vaste programme de rénovation de son patrimoine immobilier scolaire (Cons. conc. 9-5-2007 n° 07-D-15, aff « Lycées d'Île-de-France ») ;

– des entreprises spécialisées dans les travaux de voies ferrées qui s'étaient échangé des informations antérieurement à l'ouverture des plis dans le cadre d'appels d'offres par la SNCF (Aut. conc. 29-7-2009 n° 09-D-25, confirmé sur ce point par CA Paris 9-2-2017 n° 12/12073) ;

– des fabricants de panneaux de signalisation routière pour s'être entendus pendant une dizaine d'années sur la quasi-totalité des marchés lancés par les collectivités publiques en France (Aut. conc. 22-12-2010 n° 10-D-39, aff. « Signalisation routière verticale ») ;

– des transporteurs par autocar réunis au sein d'un groupement qui visait notamment à une répartition des lignes de car entre ces transporteurs (Aut. conc. 27-1-2016 n° 16-D-02 aff. « Secteur du transport scolaire par autocar dans le Bas-Rhin », confirmé par CA Paris 21-12-2017 n° 16/06962) ;

– des entreprises spécialisées dans les travaux d'éclairage public qui s'étaient entendues pour déposer divers offres et devis de couverture (Aut. conc. 24-9-2018 n° 18-D-19, aff « Travaux d'éclairage public en Ardèche ») ;

– des entreprises de déménagements pour avoir mis en œuvre des pratiques consistant à solliciter, recevoir ou fournir des devis de complaisance pour les déménagements de militaires à partir de La Réunion (Aut. conc. 23-3-2020 n° 20-D-05, aff. « Secteur des déménagements des personnels militaires au départ de la Réunion », confirmé par CA Paris 6-5-2021 n° 20/07505) ;

– des fabricants de sandwichs industriels qui s'étaient entendus dans le cadre d'appels d'offres lancés par de grandes et moyennes surfaces alimentaires (Aut. conc. 24-3-2021 n° 21-D-09, aff. « Secteur des sandwichs sous marque de distributeur » confirmée par CA Paris 15-6-2023 n° 21/08411) ;

– des entreprises actives dans la collecte et la gestion des déchets en Haute-Savoie pour avoir échangé des informations et soumis des offres de couverture en réponse à des appels d'offres ou pour ne pas avoir volontairement participé à ces appels d'offres (Aut. conc. 3-3-2022 n° 22-D-08, aff. « Secteur de la collecte et de la gestion des déchets en Haute-Savoie ») ;

– des entreprises actives dans le secteur des prestations de services d'ingénierie, de maintenance, de démantèlement et de traitement des déchets pour des sites nucléaires pour avoir, à l'occasion d'appels d'offres, déposé des offres de couverture et échangé des informations (Aut. conc. 7-9-2023 n° 23-D-08, aff. « Secteur des prestations et de traitement des déchets pour des sites nucléaires ») ;

– des entreprises ayant échangé des informations préalablement au dépôt des offres dans le cadre d'un marché de maintenance et de transformation des installations de gestion technique des bâtiments de Lille métropole (CA Paris 9-3-2023 n° 21/06028).

Dans le cadre de ses pouvoirs de transaction et d'injonction en matière de pratiques anticoncurrentielles locales, le ministre de l'économie a mis un terme à des pratiques d'offre de couverture entre installateurs de matériels de sécurité dans les débits de tabac (Communiqué DGCCRF de 2019, « Pratiques relevées dans le secteur de la sécurisation des débits de tabac en Normandie et en Bretagne-Pays de la Loire » : www.economie.gouv.fr/dgccrf/pratiques-anticoncurrentielles-transactions-et-injonctions). Voir aussi les décisions de l'Autorité de la concurrence sanctionnant des entreprises ayant refusé les transactions proposées par le ministre également pour des pratiques similaires (Aut. conc. 11-3-2021 n° 21-D-06, aff. « Secteur des travaux de sécurisation des débits de tabac dans les régions Pays de la Loire et Nouvelle-Aquitaine » ; Aut. conc. 20-3-2023 n° 23-D-03, aff. « Secteur de la sécurisation des débits de tabac dans les régions Hauts-de-France et Île-de-France »). Voir également Communiqué DGCCRF du 26 juin 2023 « Entente sur des marchés publics d'assainissement collectif dans le département de la Haute-Marne : la DGCCRF inflige 78 250 euros d'amende ».

La **constitution par des concurrents d'un groupement en vue de répondre à un appel d'offres** n'est pas en soi illicite, puisqu'une telle réponse groupée peut permettre à des entreprises qui n'auraient pas été en mesure de concourir de manière indépendante de participer à l'appel d'offres ou de formuler une offre plus compétitive. Toutefois, des groupements peuvent revêtir un caractère anticoncurrentiel s'ils entraînent une diminution artificielle du nombre des entreprises candidates. Le groupement sera condamné s'il est formé dans le seul but de restreindre la concurrence et est sans justification économique ou technique (Aut. conc. 7-12-2023 n° 23-D-11, aff. « Réseaux de chaleur de Strasbourg »).

5. BOYCOTT D'UN CONCURRENT

DÉFINITION DU BOYCOTT

44420 Le boycott consiste à s'accorder dans le seul but d'éliminer un concurrent sur un marché donné en mettant en œuvre des **mesures de rétorsion** ou en organisant un **refus collectif** de contracter.

Une telle **pratique** peut être **directe** – la stratégie d'éviction étant alors décidée et mise en œuvre par le ou les participant(s) au boycott – ou simplement **indirecte** – lorsque ce ou ces derniers font pression sur un ou des tiers afin qu'il(s) ne contracte(nt) pas avec l'entreprise concurrente visée par le boycott.

La qualification de boycott nécessite d'apporter la **preuve,** d'une part, de l'existence d'une réelle volonté d'éviction du marché en cause de la part des auteurs de la pratique de boycott et, d'autre part, du fait que la pratique en cause a pour unique objet l'éviction d'un ou plusieurs opérateurs identifiés.

ILLUSTRATIONS

Pour des décisions dans lesquelles l'Autorité de la concurrence a considéré que les pratiques dénoncées n'étaient pas appuyées d'éléments suffisamment probants quant à l'intention délibérée d'éviction, voir notamment Cons. conc. 27-6-2005 n° 05-D-33, aff. « Ilec », Cons. conc. 5-10-2005 n° 05-D-52, aff. « Laboratoires pharmaceutiques » et Cons. conc. 26-9-2012 n° 12-D-19, aff. « Secteur du blanchiment des dents ».

De même, dans une affaire où une fédération professionnelle avait demandé à ses adhérents de ne plus participer à un salon, l'action engagée par l'organisateur de ce salon pour entente illicite a été écartée au motif que la volonté d'éviction de cet organisateur par la fédération n'avait pas été établie (Cass. com. 22-10-2002 n° 00-18.048, Société Vidal : RJDA 2/03 n° 195).

Compte tenu de sa particulière gravité, le boycott est répréhensible même s'il n'a eu qu'un **effet** limité **sur le jeu de la concurrence** (Cass. com. 10-3-1998 n° 672 : RJDA 7/98 n° 914).

PRATIQUES DE BOYCOTT

44430 Ont notamment été considérés comme constitutives de pratiques de boycott :

– le refus concerté par deux sociétés de fournir à une entreprise d'expertise dans le secteur des médias les informations nécessaires à l'exercice de son activité (Cons. conc. 8-7-1998 n° 98-D-53, aff. « Secteur de la mesure d'audience des médias et de la régie publicitaire ») ;

– le refus d'admettre certains membres de la profession dans un groupement qui s'est réservé le quasi-monopole de la commercialisation d'un produit (Avis Commission conc. 19-12-1959, aff. « Organisation du marché de la langouste » ; TGI Saverne 21-7-1971 : D. 1972 p. 218 note Lavabre) ;

– la demande adressée par une association professionnelle à ses membres de ne pas contracter avec un fournisseur (Cons. conc. 22-3-1989 n° 89-D-08, aff. « Levure fraîche de panification » ; Cons. conc. 19-9-1995 n° 95-D-59, aff. « Débitants de boissons ») ou un prestataire de services (Cons. conc. 5-5-1992 n° 92-D-32, aff. « SPFP ») ou encore un distributeur (Cons. conc. 9-6-1987 n° 87-D-15, aff. « Produits cosmétiques ») ;

– l'interdiction pour les membres du groupement de fabriquer pour le compte d'un tiers (Avis Commission conc. 8-7-1980, aff. « Fabricants de nougat dans la région de Montélimar ») ;

– la menace de suspendre les commandes adressées à des fabricants ou des importateurs par des syndicats professionnels de détaillants dans le cas où ces fournisseurs continueraient à approvisionner certains détaillants (Cons. conc. 15-3-1988 n° 88-D-11, aff. « Audioprothèses » ; Cons. conc. 14-6-2002 n° 02-D-36, aff. « Opticiens de l'agglomération lyonnaise », confirmé, pour l'analyse au fond par CA Paris 18-3-2003 : BOCCRF du 20-5-2003 p. 260) ; toutefois, le boycott perd son caractère répréhensible si chaque client peut justifier d'un intérêt légitime à ne pas s'approvisionner auprès du fournisseur visé. Tel est le cas, par exemple, si ce fournisseur exige de ses clients l'engagement de ne pas acheter à ses concurrents (Avis Commission conc. 17-6-1977, aff. « Pièces détachées pour automobiles ») ;

– les pressions exercées par des détaillants sur un fournisseur pour que celui-ci cesse d'approvisionner les distributeurs qui pratiquent des marges faibles (Cons. conc. 21-6-1988 n° 88-D-28, aff. « Matériels photographiques » ; Cons. conc. 14-6-2002, aff. « Opticiens de l'agglomération lyonnaise » précitée) ou la concertation entre producteurs pour refuser de vendre à ces distributeurs (Cons. conc. 9-6-1987 n° 87-D-15, aff. « Produits cosmétiques ») ;

– les pressions exercées par des fabricants sur l'organisateur d'un salon professionnel pour que celui-ci refuse la participation d'un groupement d'achat à ce salon (Cons. conc. 14-2-1995 n° 95-D-16, aff. « Échographes ») ;

– le fait de la part d'une centrale d'achat d'organiser entre les distributeurs indépendants qu'elle regroupe le déréférencement des produits d'un fournisseur (Cons. conc. 13-12-1994

n° 94-D-60, aff. « Lessives » ; Cons. conc. 5-1-1999 n° 99-D-01, aff. « Distri club médical ») ; dans ces décisions, le Conseil de la concurrence a en revanche précisé que la modulation du rythme des commandes de produits des fournisseurs référencés par une centrale d'achat ou le déréférencement de certains des produits de ces fournisseurs par cette centrale sont conformes aux règles de la concurrence si les deux conditions suivantes sont réunies : les distributeurs regroupés dans la centrale sont libres de s'approvisionner en produits du fournisseur en dehors de celle-ci ; les produits déréférencés n'ont pas disparu des linéaires des distributeurs et ont continué d'être commercialisés ;
– les pressions exercées par les producteurs de fraises sur les distributeurs pour que ceux-ci renoncent à l'importation de ces fruits (Cons. conc. 22-2-2000 n° 00-D-01, aff. « Secteur des fruits et légumes ») ;
– la mise en place d'une stratégie décidée en commun, puis la diffusion de consignes, visant à dissuader les membres d'une profession de ne pas collaborer avec de nouveaux acteurs du numérique (Aut. conc. 9-9-2021 n° 21-D-21, aff. « Secteur du transport routier de marchandises »).

6. RESTRICTIONS À LA LIBERTÉ D'APPROVISIONNEMENT

Toute atteinte à la liberté d'un acheteur de s'approvisionner dans les conditions qui lui conviennent est une infraction à l'article 101, 1 du TFUE. C'est le cas de toute **obligation de s'approvisionner sur un marché donné.** 44450

Selon la Commission européenne, les mesures qui imposent aux acheteurs de s'approvisionner sur un marché déterminé et qui ne leur ouvrent l'accès à ce marché que s'ils satisfont à des exigences particulières sont interdites.

ILLUSTRATIONS

Cette action anticoncurrentielle a notamment été appréciée par la Commission européenne dans les décisions suivantes : « Papiers peints de Belgique » du 23-7-1974 (JOCE 1974 L 237 p. 3), « Frubo » du 25-7-1974 (JOCE 1974 L 237 p. 16) confirmée par la Cour de justice (CJCE 15-5-1975, aff. 71/74, Frubo), « Intergroup » du 14-7-1975 (JOCE 1975 L 212 p. 23), « Choux-fleurs » du 2-12-1977 (JOCE 1978 L 21 p. 23), « IMA-Statuut » du 18-9-1980 (JOCE 1980 L 318 p. 1), « VBA » du 26-7-1988 (JOCE 1988 L 262 p. 27) et « Betteraves à sucre » du 19-12-1989 (JOCE 1990 L 31 p. 32).
Ainsi, ont été **condamnés** :
– dans l'affaire « Frubo », un accord entre une association de grossistes en fruits et légumes et une association d'importateurs, selon lequel les grossistes s'interdisaient toute importation et s'obligeaient à acheter leurs légumes aux ventes aux enchères de Rotterdam, ce qui empêchait les exportateurs étrangers de vendre leurs agrumes aux Pays-Bas par un canal autre que celui des ventes aux enchères de Rotterdam ;
– dans l'affaire « Choux-fleurs », l'obligation imposée aux expéditeurs de choux-fleurs de ne s'approvisionner qu'aux ventes aux enchères organisées par une Sica à laquelle ils avaient été admis et de posséder, à proximité de cette Sica, un magasin de conditionnement de légumes, l'obligation pour les nouveaux acheteurs d'être agréés par la majorité des expéditeurs déjà en place ainsi que l'obligation faite aux membres du syndicat des expéditeurs de n'acheter, conditionner et expédier les légumes que pour leur propre compte ;
– dans l'affaire « Papiers peints de Belgique », l'interdiction de livrer des produits à des coopératives d'achat et à des commissionnaires ;
– dans l'affaire « Betteraves à sucre », un accord entre des associations de producteurs de betteraves et des fabricants de sucre en Belgique prévoyant une priorité de livraison pour les planteurs nationaux.

En revanche, la Commission a considéré qu'un groupement qui exerce le **rôle d'intermédiaire et d'agent d'affaires** dans l'achat et la vente de marchandises, et qui est autorisé à opérer sur des produits munis de la marque « Spar » n'est pas illicite dès lors que les chaînes « Spar » sont libres de ne pas utiliser les services du groupement pour leurs achats et qu'elles peuvent de toute façon, lorsqu'elles y ont recours, déterminer librement leurs prix et leurs conditions de revente sans être liées à aucune forme de coordination de la part du groupement en ce qui concerne l'écoulement des produits concernés (Commission CE 14-7-1975, « Intergroup » : JOCE 1975 L 212 p. 23).

L'autorité de concurrence française a considéré que l'entente conclue entre des producteurs nationaux en vue d'entraver l'importation des produits concurrents étrangers est répréhensible car elle peut (Avis Commission conc. 4-7-1985, aff. « Boulonnerie-Visserie ») : 44455
– priver les consommateurs de la possibilité de se procurer des biens à un prix inférieur à celui auquel les producteurs nationaux sont à même de les vendre ;
– limiter l'effort de productivité des entreprises situées sur le territoire national ;
– renforcer des ententes entre producteurs français.

7. RESTRICTIONS À LA LIBERTÉ D'ENTREPRENDRE

44480 Toutes les activités économiques doivent pouvoir être librement exercées par tout entrepreneur qui le désire, dès l'instant où il remplit les conditions légales. Concrètement, l'entrepreneur doit être libre d'entreprendre l'activité de son choix et libre de l'exercer comme il l'entend. Par ailleurs, chaque entreprise doit être en mesure d'exploiter par ses propres moyens une part du marché et de librement conquérir sa clientèle.

Sont notamment condamnées les pratiques qui visent à contrôler :

– l'accès à une profession ;
– les ouvertures, extensions ou fermetures d'entreprises ;
– la stratégie interne de l'entreprise.

ILLUSTRATIONS

Contrôle de l'accès à une profession. Ont été condamnées les conditions de délivrance d'une carte professionnelle dans le secteur des travaux publics aboutissant à exclure les petites et moyennes entreprises (Cons. conc. 8-2-2001 n° 00-D-84, aff. « FNTP ») et la clause des statuts d'un GIE regroupant des exploitants de taxis réservant l'accès au GIE aux seuls membres d'un syndicat (Cons. conc. 9-7-1997 n° 97-D-54, aff. « Taxis de Toulon ») ou aux seuls professionnels parrainés par des membres du groupement (Cons. conc. 27-6-2001 n° 01-D-32, aff. « Taxis de Saint-Laurent-du-Var »).

Les conditions d'adhésion à un groupement sont susceptibles d'entraver le jeu de la concurrence si la participation au groupement est la condition d'accès au marché et si ces conditions d'adhésion sont définies ou appliquées de façon non objective, non transparente ou discriminatoire (Cons. conc. 24-10-2001 n° 01-D-70, aff. « Secteur de la mélasse et du rhum à la Réunion » ; Aut. conc. 28-3-2019 n° 19-D-05, aff. « Secteur des taxis à Antibes Juan-les-Pins », confirmée par CA Paris 20-2-2020 n° 19/08337).

Contrôle des ouvertures d'entreprises. A été condamnée la conclusion d'un accord entre une société chargée de la construction d'un centre commercial dans une rue spécialisée dans le commerce des « arts de la table » et les commerçants de cette rue par lequel cette société promettait d'interdire – pour une durée de trente ans – l'installation dans le nouveau centre de tout commerce de nature à concurrencer ces négociants, ces derniers s'engageant en contrepartie à soutenir la société en vue de l'obtention du permis de construire (CA Paris 3-11-1982 : BRDA 4/83 p. 8).

Il en été de même de la nécessité d'une autorisation préalable du conseil d'administration d'une coopérative pour l'ouverture par un adhérent d'un nouveau point de vente dans une agglomération où un autre adhérent est déjà établi (Cass. com. 16-5-1995 : RJDA 12/95 n° 1387).

Idem dans le cas de menaces adressées par un syndicat professionnel à un commerçant pour le cas où celui-ci persisterait à ouvrir son magasin le dimanche (Cons. conc. 23-1-1990 n° 90-D-08, aff. « Durée d'ouverture des pharmacies »).

Contrôle des extensions d'entreprises. Est illicite l'exclusion de plein droit d'une association professionnelle de toute entreprise qui s'implanterait ou prospecterait dans le territoire d'un autre membre de l'association (Avis Commission conc. 17-6-1977, aff. « Pièces détachées pour automobiles »).

Est également illicite la diffusion, par un syndicat professionnel de compagnies d'assurances, d'une circulaire incitant ses membres à ne délivrer des mandats complémentaires aux agents d'assurances qu'avec l'accord préalable de la compagnie titulaire du mandat principal (Avis Commission conc. 16-12-1982, aff. « Mandats de complément des agents d'assurances »).

Contrôler des fermetures d'entreprises. Doit être condamné le versement de redevances aux propriétaires ayant accepté de fermer leurs entreprises et qui bénéficient alors du développement d'une industrie auquel ils ne participent plus (Avis Commission conc. 24-9-1955, aff. « Industrie et commerce de la levure de panification »).

De même, sont illicites les pressions exercées par un syndicat de boulangers sur les propriétaires des murs en cas de cessation d'activité par un membre de cette profession afin d'obtenir qu'aucun boulanger ne s'installe par la suite dans les locaux (Cons. conc. 22-3-1989 n° 89-D-08, aff. « Levure fraîche de panification »).

Sur la validité des accords de spécialisation, voir n° 44190.

Contrôle de la stratégie interne de l'entreprise. Ont été jugées illicites l'obligation pour les membres d'une organisation professionnelle d'adhérer à un contrat d'assurance souscrit par cette organisation (CA Paris 12-10-1999 : BOCCRF du 30-10 p. 622) ou l'interdiction pour les entreprises bénéficiaires d'une marque de qualité de vendre des produits non porteurs de cette marque à moins de renoncer au label obtenu (Avis Commission conc. 15-4-1980, aff. « Produits destinés à préserver le bois »). En revanche, a été jugée licite l'obligation pour les fleuristes d'un réseau de transmission florale à distance d'ouvrir un compte de compensation dans une seule et même banque, cette contrainte étant nécessaire pour faciliter la gestion et le bon fonctionnement de ce réseau (Cons. conc. 6-2-2001 n° 00-D-75, aff. « Secteur de la transmission florale à distance »).

8. ENTENTES PAR L'INTERMÉDIAIRE D'ASSOCIATIONS OU ORGANISATIONS PROFESSIONNELLES

Le fait qu'une pratique ayant un objet ou un effet anticoncurrentiel soit décidée ou réalisée dans le cadre d'un syndicat ou d'une association professionnelle n'exerçant elle-même aucune activité économique ne l'exclut pas du champ d'application de l'article L 420-1 du Code de commerce ou de l'article 101, 1 du TFUE, dès lors que la pratique a associé des adhérents qui exercent une activité économique et qu'elle est susceptible d'affecter cette activité. **44500**

› Précisions Le 27 janvier 2021, l'Autorité de la concurrence a publié sur son site internet une **étude thématique** consacrée à l'application du droit de la concurrence aux organismes professionnels (www.autoritedelaconcurrence.fr/sites/default/files/EtudeThematique-OrganismesProfessionnels_adlc.pdf).

ACCORDS DE SECTEUR

Les accords conclus par des entreprises relevant d'une activité économique donnée (fabricants, réparateurs, importateurs, grossistes et détaillants) en vue de définir les règles auxquelles seront soumises leurs transactions peuvent être frappés par l'interdiction de l'article 101, 1 du TFUE. **44510**

ILLUSTRATIONS

Voir :
– Commission CE 28-9-1981, aff. « Verre plat en Italie » (JOCE 1981 L 326 p. 32) : entente entre grossistes et transformateurs de verre italiens ;
– Commission CE 25-11-1981, aff. « VBBB-VBVB » (JOCE 1982 L 54 p. 36), confirmée par CJCE 17-1-1984, aff. 43 et 63/82 : entente entre éditeurs et libraires en Belgique et aux Pays-Bas ;
– Commission CE du 13-4-1994 et du 29-11-1995, aff. « SCK-FNK » (JOCE 1994 L 117 p. 30 et JOCE 1995 L 312 p. 79), confirmé partiellement par TPICE 22-10-1997, aff. 213/95 et 18/96 : entente entre entreprises de location de grues aux Pays-Bas ;
– Commission CE 26-10-1999, aff. « FEG et TU » (JOCE 2000 L 39 p. 1), confirmée par TPICE 16-12-2003, aff. 5 et 6/00 : entente entre grossistes en matériel électrotechnique aux Pays-Bas.

Ces accords prévoient la **mise en place d'une association interprofessionnelle nationale** qui définit le régime des transactions dans le secteur considéré. Les principales mesures d'aménagement des transactions portent sur les conditions d'adhésion à l'association, sur les limites du droit pour les adhérents de vendre ou d'acheter et sur la politique commerciale et les conditions de vente à suivre par les adhérents. Ces accords sont donc plus larges que ceux qui ont seulement pour objet de fixer les prix bien qu'ils aient une incidence, eux aussi, sur les prix.

1° Conditions d'adhésion à l'association. L'association est parfois ouverte à tous les professionnels du secteur, chaque entreprise décidant d'adhérer ou non (Commission CE « Haarden » : JOCE 1975 L 159 p. 22 et « Bomée » : JOCE 1975 L 329 p. 30). Mais, d'autres fois, l'adhésion dépend d'un agrément délivré par l'association professionnelle. Dans ce cas, il se peut que des exigences mises à cet agrément soient anticoncurrentielles : par exemple, obligation de disposer d'un établissement dans un territoire déterminé (Commission CE « Fedetab » : JOCE 1978 L 224 p. 29), obligations particulières relatives à l'entreposage, à l'équipement de l'entreprise et à la présentation des articles (Commission CE « Centraal Bureau » : JOCE 1978 L 20 p. 18) ; il en est de même, à plus forte raison, lorsque l'agrément dépend d'une décision souveraine de ladite association (Commission CE « Fedetab » : JOCE 1978 L 224 p. 29 et « Verre plat en Italie » : JOCE 1981 L 326 p. 32). L'existence d'un agrément ainsi conditionné pour l'adhésion à l'organisation professionnelle est particulièrement problématique lorsque de cette adhésion dépend en fait l'accès au marché (TPICE 16-2-2003 aff. 5/00 et 6/00, FEG et TU ; CJUE 28-2-2013, aff. 1/12, Ordem dos Técnicos Oficiais de Contas).

D'une manière générale, l'absence de règles objectives, transparentes et non discriminatoires d'adhésion à un groupement peut constituer une entente anticoncurrentielle si elle conduit à fausser la concurrence en empêchant ou en limitant l'accès au marché des entreprises qui ne sont pas admises à ce groupement (Aut. conc. 17-12-2019 n° 19-D-25, aff. « Secteur des titres-restaurant », réformée pour ce qui concerne les sanctions pécuniaires prononcées par CA Paris 16-11-2023 n° 20/03434 ; Aut. conc. 28-3-2019 n° 19-D-05, aff. « Secteur des taxis à Antibes Juan-les-Pins »).

2° Restrictions à la liberté de vendre ou d'acheter. Les mesures qui visent à canaliser les échanges exclusivement dans des circuits déterminés entrent dans le champ d'application de l'article 101, 1. Il en est ainsi de l'interdiction – qui se rencontre très souvent dans ce genre d'accord – de vendre ou d'acheter à des tiers non agréés par l'association professionnelle nationale (voir les décisions précitées) ou de l'obligation pour chaque catégorie de distributeurs de ne vendre ou acheter qu'à une autre catégorie déterminée (Commission CE « Bomée » : JOCE 1975 L 329 p. 30, Commission CE« Centraal Bureau » : JOCE 1978 L 20 p. 18, Commission CE« Fedetab » : JOCE 1978 L 224 p. 29 et Commission CE« IMA-Statuut » : JOCE 1980 L 318 p. 1), de l'obligation faite aux détaillants de ne vendre qu'aux particuliers (Commission CE « Haarden » : JOCE 1975 L 159 p. 22 et Commission CE Bomée » : JOCE 1975 L 329 p. 30).

3° Fixation des conditions de vente. Toutes les dispositions des accords relatives au contrôle de prix sont naturellement anticoncurrentielles (Commission CE « Centraal Bureau », « Fedetab », « Verre plat en Italie » et « FEG et TU », précitées). Il en est de même des diverses mesures telles que celles qui fixent des délais maximaux de paiement (Commission CE « Fedetab », précitée), une garantie maximale déterminée ou les conditions de présentation du produit au public (Commission CE « Centraal Bureau », précitée).

Pour la Commission européenne, ces diverses pratiques restrictives sont d'autant plus condamnables que les accords prévoient des sanctions si elles ne sont pas respectées (Commission CE « Haarden », Commission CE « Centraal Bureau » et « FEG et TU », précitées).

44515 Au niveau national également, le **caractère illicite des interventions des organismes collectifs, syndicats ou organismes professionnels** a été dénoncé à plusieurs reprises : élaboration d'une politique de prix commune à l'ensemble de leurs membres, uniformisation des barèmes de remises ou des conditions de vente, diffusion d'études de marges ou de prix de revient, élaboration de systèmes d'échange d'informations, diffusion de statistiques, création d'un label syndical, tenue de listes professionnelles, constitution de quotas, pressions sur les fournisseurs ou leurs membres, mesures de « boycott » et répartition des marchés publics.

ILLUSTRATIONS

Dans une décision relative aux secteurs de la messagerie et de la messagerie express, l'Autorité de la concurrence a sanctionné une organisation professionnelle pour avoir pris une part active dans la mise en œuvre d'une entente en organisant une conférence téléphonique spécifique au terme de laquelle l'association avait enjoint ses membres de se conformer à la répercussion tarifaire de l'augmentation du prix du gazole, puis en organisant des discussions relatives à cette augmentation (Aut. conc. 15-12-2015 n° 15-D-19 précité, confirmé par CA Paris 19-7-2018 n° 16/01270 et Cass. com. 22-9-2021 n° 18-21.436 FS-B).

Dans le secteur des revêtements de sols en PVC, l'Autorité de la concurrence a sanctionné un syndicat professionnel qui avait pris une part active dans un échange d'informations confidentielles et récentes (Aut. conc. 18-10-2017 n° 17-D-20, « Secteur des revêtements de sols résilients »).

Dans le secteur des huissiers de justice, l'Autorité de la concurrence a sanctionné une société civile coopérative regroupant les études d'huissiers de justice d'un département en raison de ses conditions d'adhésion non objectives, non transparentes et discriminatoires, ainsi que de ses conditions et procédures de retrait et d'exclusion pour motif grave ou pour non-respect de la clause d'exclusivité. Ces conditions dissuadaient les huissiers d'adhérer à cette société civile alors que cette adhésion était une condition d'accès au marché. Elles restreignaient ainsi la création de nouvelles études d'huissiers de justice favorisée par la Loi 2015-990 du 6 août 2015 (Aut. conc. 24-6-2019 n° 19-D-13, aff. « Secteur des huissiers de justice »).

Dans le secteur des titres-restaurant, un organisme commun et ses adhérents émetteurs de titres-restaurant ont été sanctionnés en raison des conditions non objectives et non transparentes mises à l'accession des émetteurs de titres à l'organisme commun et d'un protocole limitant le développement des titres dématérialisés (Aut. conc. 17-12-2019 n° 19-D-25, aff. « Secteur des titres-restaurant » réformée pour ce qui concerne les sanctions pécuniaires prononcées par CA Paris 16-11-2023 n° 20/03434).

Ont également été sanctionnées des consignes et des mesures mises en place par des organismes professionnels visant à empêcher les industriels du secteur de la fabrication et de la vente des matériaux destinés à être en contact avec des denrées alimentaires de communiquer sur l'absence de Bisphénol A (Aut. conc. 29-12-2023 n° 23-D-15, aff. « Bisphénol A »).

Dans le cadre de son pouvoir d'injonction et de transaction, le ministre de l'économie a mis un terme à une pratique anticoncurrentielle locale mise en œuvre par un GIE de taxis : alors que l'appartenance à ce GIE constituait un avantage concurrentiel déterminant pour les taxis de l'agglomération tourangelle, plusieurs articles de ses statuts et de son règlement intérieur restreignaient l'accès à ce marché (Communiqué DGCCRF de 2015, « Pratiques relevées sur le marché des taxis de l'agglomération tourangelle » : www.economie.gouv.fr/dgccrf/pratiques-anticoncurrentielles-transactions-et-injonctions ; pour d'autres exemples, voir Communiqué DGCCRF de 2021, « Pratiques anticoncurrentielles relevées sur le marché des taxis de la ville de Bourges » ; Communiqué DGCCRF de 2023, « La DGCCRF met fin à une entente dans le secteur des taxis de Moulins sur Allier et de son agglomération » ; voir également, pour des pratiques d'entente mises en place par un GIE de taxis, Aut. conc. 28-3-2019 n° 19-D-05, aff. « Secteur des taxis à Antibes Juan-les-Pins », confirmée par CA Paris 20-2-2020 n° 19/08337).

Les **syndicats professionnels n'excèdent pas leur mission** en fournissant à leurs adhérents des indications élémentaires pour le calcul des prix de revient (voir n° 44525) ou en les informant sur un problème de législation ou d'interprétation de textes réglementant leur profession (cas, par exemple, d'un syndicat d'opticiens qui publie un article dénonçant les centres de distribution de lentilles de contact fonctionnant dans des conditions illégales sans désigner un centre nominativement : Cons. conc. 3-4-1990 n° 90-D-13, aff. « LPO »). En revanche, une analyse juridique diffusée par un organisme professionnel conduisant ses membres à aligner leur politique sur un paramètre de concurrence constitue une intervention sur le marché susceptible d'être sanctionnée si elle procède d'une mauvaise lecture de la réglementation et a un objet ou un effet anticoncurrentiel (Aut. conc. 29-12-2023 n° 23-D-15, aff. « Bisphénol A »).

De même, l'adoption et la diffusion d'une règle technique par un syndicat professionnel ne contrevient pas au droit des ententes lorsque, comme en l'espèce, l'adhésion au syndicat n'apparaît pas une condition d'accès au marché, ladite règle semble dépourvue de caractère obligatoire et la pratique en cause n'apparaît pas comme une pratique d'éviction (Aut. conc. 23-11-2021 n° 21-D-27, « Secteur de la fabrication et de la commercialisation de séparateurs d'hydrocarbures »).

Lorsqu'il ne conditionne pas l'accès au marché, le refus d'adhésion à une association n'est pas prohibé par l'article L 420-1 du Code de commerce (Cons. conc. 28-11-2003 n° 03-D-54, aff. « Énergies renouvelables »).

PRATIQUE DES PRIX DE RÉFÉRENCE

Cette pratique est condamnable si les prix de référence diffusés par les organisations profes- **44520**
sionnelles sont des **prix fixés a priori et appliqués ensuite** par les entreprises. Par exemple, a été sanctionnée une association régionale de producteurs de fraises qui fixait des listes de « prix objectifs » de vente et veillait à ce que ceux-ci soient appliqués par ses membres (Cons. conc. 29-7-2003 n° 03-D-36).

De même, le respect d'une **grille tarifaire commune** fixant des indices de prix de vente relatifs par rapport à un produit de base empêche l'entreprise plus efficace que ses compétiteurs de baisser ses prix de manière à ce qu'ils reflètent ses coûts propres (Cons. conc. 21-5-2008 n° 08-D-12, aff. « Production du contreplaqué », pt 194, au cas particulier, les prix étaient fixés par l'entreprise par référence à un coût moyen commun, intégré dans l'indice de la grille, au lieu de résulter de l'appréhension directe de ses coûts unitaires ; voir également Aut. conc. 29-9-2016 n° 16-D-20 et CA Paris 6-7-2017 n° 2016/22365, aff. « Secteur des prestations réalisées par les agences de mannequins »).

Dans un cas où un syndicat de boulangers avait diffusé auprès de ses adhérents des prix conseillés pour la vente de pains, la cour d'appel de Paris a jugé que la **« préconisation » de prix** par un syndicat professionnel, « dans la mesure où elle doit s'appliquer à un produit de grande et quotidienne consommation pour une clientèle de passage ou ne pratiquant pas une localisation habituelle de son action d'achat », constitue une pratique concertée illicite, dès lors qu'elle « pousse tous les commerçants ou artisans concernés à éviter de procéder eux-mêmes à la libre détermination de leur prix de revient et à s'aligner purement et simplement sur un prix de référence le plus fort sans avoir aucun égard à une quelconque adhésion au syndicat préconisateur » (CA Paris 10-3-1988, aff. « Boulangerie artisanale des Côtes-du-Nord »).

A également été condamné un accord entre les membres d'un GIE composé de notaires, auquel avait participé la chambre interdépartementale des notaires, portant sur l'adoption d'un barème d'honoraires commun applicable aux prestations de négociation immobilière, en violation du principe de liberté tarifaire institué par la Loi 2015-990 du 6 août 2015 (Aut. conc. 24-6-2019 n° 19-D-12, aff. « Secteur de la négociation immobilière »).

Dans le secteur des prestations d'architecte, l'Autorité de la concurrence a sanctionné un ordre professionnel pour avoir diffusé et imposé une méthode de calcul des honoraires (Aut. conc. 30-9-2012 n° 19-D-19, aff. « Secteur des prestations d'architecte », confirmée sur ce point par CA Paris 15-10-2020 n° 19/18632 et Cass. com. 1-2-2023 n° 20-21.844 FS-B : RJDA 4/23 n° 221).

Dans le secteur de la distribution de matériels de boulangerie, une association de distributeurs d'une machine a été sanctionnée notamment pour avoir participé à une entente portant sur la fixation des prix de cette machine (Aut. conc. 18-4-2023 n° 23-D-05, aff. « Secteur de la distribution de matériels de boulangerie »).

En revanche, sont **licites** les références qui comportent des indications élémentaires facilitant **44525**
aux entreprises le calcul de leurs prix de revient ou celles qui expriment des prix constatés lors de transactions non individualisées, intervenues antérieurement et dans des conditions de concurrence normale (par exemple, les mercuriales), ou, encore, celles qui sont établies à titre d'exemples et à partir de chiffres fictifs (Cons. conc. 15-3-1988 n° 88-D-13, aff. « Conditionnement des

produits laitiers frais » ; Cons. conc. 2-2-1999 nº 99-D-08, aff. « Académie d'architecture »). Sur la constitution de barèmes, études de prix ou séries de prix, voir avis Cons. conc. nº 03-A-18 du 15-10-2003.

Était également licite la concertation entre syndicats de médecins visant à inciter leurs adhérents – les médecins spécialistes de secteur I – à augmenter leurs honoraires par une utilisation collective, élargie et, parfois, systématique du « dépassement exceptionnel », afin de compenser l'absence de revalorisation du tarif conventionnel de leurs actes qu'ils n'avaient pu obtenir des caisses d'assurance maladie, dès lors que le tarif des consultations est fixé de façon réglementaire (Cass. com. 7-4-2010 nº 09-13.494 : RJDA 8-9/10 nº 878).

En revanche, n'est **pas licite** un système de centralisation des prix par un syndicat de producteurs dès lors que, bien que préservant l'anonymat de chaque membre, ce système permet de connaître les prix pratiqués à l'égard de clients nommément désignés (Cons. conc. 15-3-1988 nº 88-D-13, aff. « Conditionnement des produits laitiers frais »).

RESTRICTION D'ACCÈS À UN MARCHÉ OU À UN CANAL DE DISTRIBUTION

44530 Les articles 101, 1 du TFUE et L 420-1 du Code de commerce sont applicables aux mesures par lesquelles des syndicats ou organisations professionnelles restreignent l'accès à un marché à d'autres acteurs économiques que leurs membres.

ILLUSTRATIONS

Pratiques assimilées à un boycott. Ont notamment été sanctionnées des pressions exercées par le conseil supérieur de l'Ordre des géomètres experts sur plusieurs conseils généraux maîtres d'œuvre pour exclure les non-géomètres experts de leurs appels d'offre (Cons. conc. 28-2-2002 nº 02-D-14) ou des menaces exprimées par la Fédération française de ski de ne plus organiser de compétitions dans les stations de sports d'hiver dans lesquelles étaient commercialisés des produits d'assurance-ski concurrents (Cons. conc. 14-5-1996 nº 96-D-40).

Les règles d'une fédération sportive internationale prévoyant des sanctions sévères à l'encontre d'athlètes participant à des épreuves sportives qu'elle n'a pas autorisées constituent des infractions par objet. En effet, une fédération exerce une activité commerciale entrant dans le champ du droit de la concurrence lorsqu'elle organise différentes épreuves sportives internationales ; en prévoyant l'exclusion des athlètes participant à des compétitions organisées par des entreprises tierces à cette fédération, cette dernière restreint la possibilité de ces athlètes de participer à ces compétitions tierces (Trib. UE 16-12-2020 aff. 93-18, « International Skating Union »).

Pratiques relatives à la restriction injustifiée à une certification ou un agrément technique. La subordination de l'agrément délivré par l'association professionnelle regroupant les principales compagnies d'assurances à des entreprises d'installation ou de maintenance d'extincteurs à des conditions autres que des critères techniques objectifs a été considérée comme contraire à l'article L 420-1 du Code de commerce, dès lors que le fait pour ces entreprises de ne pas bénéficier de la qualification Apsad constituait un désavantage dans la concurrence (Cons. conc. 4-7-1995 nº 95-D-50, aff. « Installation et maintenance des extincteurs »).

44535 Les conditions incluses dans les règlements d'exposition des associations organisatrices de **foires, salons et expositions** tendant à restreindre la liberté d'exposer sont également considérées comme anticoncurrentielles.

La plus courante de ces mesures consiste à interdire aux entreprises de participer, directement ou indirectement, pendant un certain délai allant de quelques mois à quelques années, à des manifestations autres que celles organisées périodiquement par l'association elle-même (Commission CE 11-7-1988, aff. « BDTA » : JOCE 1988 L 233 p. 15 ; Commission CE 20-12-1988, aff. « EMO » : JOCE 1989 L 37 p. 11).

Mais la Commission européenne a également considéré comme illicites d'autres restrictions, comme par exemple :

– l'interdiction de participer aux expositions dites « nationales » faite aux entreprises de l'Union européenne situées en dehors du pays d'organisation ou n'y disposant pas d'un lien quelconque (établissement, comptoir de vente, agent exclusif, etc.) (Commission CE 11-7-1988, aff. « BDTA » : JOCE 1988 L 233 p. 15) ;

– l'interdiction faite aux membres d'une association professionnelle de participer aux foires et expositions internationales qui ne figurent pas dans le calendrier établi par ladite association (Commission CE 30-4-1982, aff. « BPICA » : JOCE 1982 L 156 p. 16) ;

– la limitation du nombre d'exposants pour un même produit (Commission CE 15-2-1991, aff. « Sippa » : JOCE 1991 L 60 p. 19) ;

– l'interdiction pour les exposants de présenter des documents et d'entreprendre des démarches commerciales auprès des visiteurs pour d'autres produits que ceux exposés dans leur stand (Décision « Sippa » précitée).

Toutefois, la Commission a admis que n'était pas anticoncurrentielle une différence de l'ordre de 20 % dans les tarifs appliqués aux exposants selon qu'ils sont ou non membres des associations participant à l'organisation des expositions, cette différence paraissant justifiée par les frais de préparation et d'exécution de l'exposition couverts par les cotisations versées par les membres des associations organisatrices ; une telle différence ne constitue pas une discrimination à l'égard des participants non membres desdites associations (Commission CE 17-7-1975, aff. « Unidi » : JOCE 1975 L 228 p. 17 ; voir aussi Commission CE 11-7-1988, aff. « BDTA » : JOCE 1988 L 233 p. 15).

Sur l'exemption des restrictions ci-dessus, voir n°s 47740 s. et 47760.

B. Ententes verticales

1. ENTENTES RELATIVES AUX PRIX DE VENTE

PRIX IMPOSÉS

Les pratiques de prix imposés, c'est-à-dire les pratiques ayant directement ou indirectement pour objet l'établissement d'un **prix** de vente **fixe ou minimal,** ou d'un niveau de prix de vente fixe ou minimal, que l'acheteur/distributeur doit appliquer sont considérées comme des restrictions de concurrence caractérisées dès lors, notamment, qu'elles éliminent toute concurrence intramarque par les prix. 44580

Des prix sont effectivement imposés lorsque trois conditions sont remplies : les prix de vente au détail sont évoqués entre fournisseur et distributeurs ; une surveillance des prix est mise en place ; ces prix sont significativement appliqués (Cass. com. 7-10-2014 n° 13-19.476, aff. « Kontiki » : RJDA 1/15 n° 47 ; Aut. conc. 1-12-2015 n° 15-D-18, aff. « Secteur des jeux vidéo » ; CA Paris 19-12-2018 n° 16/07213). Cependant, si ce « faisceau à trois branches » est le mode de preuve le plus généralement utilisé en matière d'entente verticale sur les prix, la preuve du concours de volontés peut également résulter d'autres indices, documentaires ou comportementaux, permettant d'établir, d'une part, l'invitation du fabricant et, d'autre part, l'acquiescement des distributeurs à la pratique litigieuse (CA Paris 6-10-2022 n° 20/08582).

ILLUSTRATIONS

Alors que l'Autorité de la concurrence avait sanctionné Apple pour avoir eu recours à des pratiques de prix de vente imposés aux détaillants (Aut. conc. 16-3-2020 n° 20-D-04, aff. « Secteur de la distribution de produits de marque Apple »), la cour d'appel de Paris a considéré au contraire que ces pratiques n'étaient pas établies faute de preuve d'une invitation de la part d'Apple à respecter sa politique de prix rendue publique et d'une acceptation de cette invitation par les détaillants (CA Paris 6-10-2022 n° 20/08582 ; voir également Aut. conc. 19 12 2023 n° 23-D-13, aff. « Rolex »).

A été sanctionnée une entente entre un fournisseur de thé haut de gamme et ses distributeurs en ligne dont le but était d'harmoniser les prix de revente des produits entre les différents sites de vente en ligne (Aut. conc. 3-12-2020 n° 20-D-20, aff. « Secteur des thés haut de gamme »).

Pour d'autres exemples, voir CA Paris 28-1-2009 n° 2008/00255, aff. « Secteur de la distribution de jouets » ; Aut. conc. 21-7-2016 n° 16-D-17, aff. « Secteur des appareils de chauffage mobiles » ; Commission CE 24-7-2018 n° AT.40465, aff. « Asus » ; Aut. conc. 22-7-2021 n° 21-D-20, aff. « Secteur des lunettes et montures de lunettes » ; Aut. conc. 12-10-2021 n° 21-D-24, aff. « Secteur de la distribution d'équipements de loisirs footballistiques » ; Aut. conc. 18-4-2023 n° 23-D-05, aff. « Secteur de la distribution de matériels de boulangerie ».

Sur les règles qui gouvernent la **preuve d'une entente généralisée sur les prix** au sein d'un réseau de distribution, voir n° 43250.

> **Précisions** La fixation de **prix maxima** par un fabricant pour la revente de ses produits par les revendeurs ne constitue pas, en elle-même, une entente illicite, les revendeurs ayant toute liberté de pratiquer des prix inférieurs. Si, pour certains produits, les distributeurs pratiquent des prix identiques, cette identité de prix ne constitue une entente illicite que si elle résulte d'une concertation entre les revendeurs ou entre le concédant et son réseau (Cons. conc. 24-9-2001 n° 01-D-58, aff. « Groupe Benetton » : BOCCRF 30-10-2001 p. 973).

PRIX INDICATIFS OU CONSEILLÉS

La mise en place d'une politique de prix conseillés par un fournisseur n'est pas illicite en soi, sauf en cas de **concertation** entre le fournisseur et les distributeurs (ou entre les seuls distributeurs) en vue d'appliquer effectivement ces prix (CJCE 28-1-1986 aff. 161/84, Pronuptia ; 44590

Commission CE 2-12-1988, aff. « Charles Jourdan » : JOCE 1989 L 35 p. 31 ; Aut. conc. 24-6-2021 nº 21-D-14, aff. « Secteur de la distribution d'articles de bricolage »).

Ainsi, sans qu'il s'agisse à proprement parler d'une pratique d'imposition de prix de revente aux consommateurs, a été sanctionné l'accord d'un fournisseur avec l'ensemble de ses distributeurs visant à leur interdire de communiquer sur un prix public autre que le prix maximal qu'il conseillait à l'occasion du lancement d'une console de jeux et de ses accessoires ; en effet, en présence d'une communication uniforme sur un prix unique, les distributeurs n'avaient aucun intérêt à se départir du prix conseillé, ce qui suffisait à conclure à l'objet anticoncurrentiel de l'accord (Cons. conc. 28-2-2008 nº 07-D-06, aff. « Consoles de jeux et jeux vidéo » : RJDA 5/07 nº 555).

De même, le fait pour un fournisseur de conclure des accords commerciaux avec des revendeurs conditionnant leur référencement sur son site internet au respect effectif des « prix publics conseillés » confère à ces accords un objet anticoncurrentiel (Cass. com. 7-10-2014 nº 13-19.476, aff. « Kontiki » : RJDA 1/15 nº 47).

En revanche, même si un prix de vente a bien été annoncé à l'occasion d'une conférence de presse dédiée au lancement d'un produit, cette annonce n'est pas anticoncurrentielle si l'existence d'une police ou d'une surveillance des prix par le fournisseur n'est pas démontrée (Aut. conc. 2-12-2015 nº 15-D-18, aff. « Nintendo »). De même, la diffusion de prix conseillés n'est pas sanctionnable lorsqu'aucun élément de preuve ne permet d'établir que le fabricant obligeait ses distributeurs à les respecter (Aut. conc. 24-6-2021 nº 21-D-14, aff. « Secteur de la distribution d'articles de bricolage »).

La pratique des prix conseillés ou maximaux fait l'objet d'une analyse par la Commission européenne dans ses **lignes directrices** sur les restrictions verticales (nº 46870).

REMISES DISCRIMINATOIRES

44600 Sont **illicites** notamment :

– des dérogations tarifaires aux conditions générales de vente consenties par un fournisseur à certains de ses distributeurs sans conditions objectivement définies permettant à toute entreprise qui les remplit d'y accéder et sans contreparties effectivement mises en œuvre par les bénéficiaires de ces avantages (Cons. conc. 4-6-1997 nº 97-D-42, aff. « Société Toulousaine d'Entretien Auto », au cas particulier, des ristournes différées avaient été attribuées de façon discriminatoire par un concédant à ses concessionnaires) ;

– un montant de rabais de fidélité différent selon que le distributeur s'approvisionne exclusivement ou non auprès du fabricant (CJCE 16-12-1975 aff. jtes 40 à 48, 50, 54 à 56, 111, 113 et 114/73, Suiker Unie ; CJCE 13-2-1979 aff. 85/76, Hoffmann-La Roche) ;

– des remises subordonnées au respect, par le revendeur, d'une interdiction d'exporter ou d'importer (Commission CE 15-5-1991, aff. « Gosme/Martell-DMP » : JOCE 1991 L 185 p. 23 ; Commission CE 15-12-1992, aff. « Ford Agricultural » : JOCE 1993 L 20 p. 1).

44605 En revanche, le fait pour un fournisseur d'accorder des remises qualitatives ajoutées aux remises quantitatives à ceux de ses distributeurs qui offrent des services, tels que la démonstration des produits à la demande des clients ou l'assistance technique aux consommateurs, n'est **pas** en soi une **pratique prohibée,** dès lors que les conditions d'obtention de ces ristournes sont définies de façon objective et qu'elles ne limitent pas la liberté des commerçants de fixer leur politique de prix de façon autonome (CA Paris 22-10-1997 : RJDA 2/98 nº 227).

De même, le fait de la part d'un fournisseur de soumettre l'octroi de ses remises quantitatives à la condition qualitative de l'adoption par les groupements de distributeurs d'une enseigne commune est licite si les deux conditions suivantes sont réunies (Cass. com. 12-10-1993, deux arrêts : RJDA 11/93 nº 921 ; voir aussi CA Paris 5-10-2004 nº 04-5646, aff. Sony : RJDA 2/05 nº 198, confirmé par Cass. com. 6-12-2005 nº 1584 : RJDA 6/06 nº 706) :

– l'agrégation des chiffres d'affaires des distributeurs liés sous une enseigne commune a pour but de n'accorder cet avantage qu'à des groupements de points de vente collectivement identifiés dans l'esprit des consommateurs et dont la politique commune de distribution est effective, tout en laissant ces distributeurs libres de fixer individuellement leurs prix de vente ;

– cette politique commerciale permet de déterminer un ensemble de services spécifiques, matériels et immatériels, valorisant le réseau de distribution du fabricant et, par répercussion, l'image de marque de ses produits qu'il peut dès lors rémunérer par des avantages tarifaires non discriminatoires.

De telles remises sont donc illicites lorsqu'elles n'ont d'autre objet que de rémunérer la programmation des commandes et de réaliser des volumes importants de vente. En effet, dans un tel cas, les distributeurs non réunis sous une enseigne commune sont exclus de ces avantages de façon discriminatoire (CA Paris 12-3-1996, sur renvoi de Cass. com. 12-10-1993 précité : RJDA 7/96 nº 935 ; dans le même sens, voir Cons. conc. 15-11-1995 nº 95-D-71, aff. « Sony France »).

2. INTERDICTIONS D'EXPORTER ET OBSTACLES AUX IMPORTATIONS PARALLÈLES

INTERDICTIONS D'EXPORTER

L'interdiction d'exporter d'un État membre de l'Union européenne vers les autres États membres constitue une **entrave** à l'établissement d'un **marché unique** entre ces États et empêche toute concurrence réelle au sein du marché intérieur en ce qui concerne les produits affectés par cette interdiction (par exemple, Commission CE 19-12-1984, aff. « Pâte de bois » : JOCE 1985 L 85 p. 1, confirmée sur ce point par CJCE 31-3-1993 aff. 89/85, Ahlström Osakeyhtiö : Rec. I-1307 ; Commission CE 21-12-1994, aff. « Tretorn » : JOCE 1994 L 378 p. 45, confirmée par TPICE 11-12-1996 aff. 49/95, Van Megen Sports Group ; Commission CE 28-1-1998, aff. « VW-Audi » : JOCE 1998 L 124 p. 60, annulée partiellement par TPICE aff. 62/98, Volkswagen ; Commission CE du 20-9-2000, aff. « Opel » : JOCE 2001 L 59 p. 1 ; Commission CE 10-10-2001, aff. « Mercedes-Benz » : JOCE 2002 L 257 p. 1). Rappelons que l'interdiction d'exporter d'un pays de l'UE vers un pays tiers est visée par l'article 101, 1 du TFUE si elle affecte le commerce entre États membres (sur cette condition, voir nos 41800 s.). 44630

L'**interdiction d'exporter** est également répréhensible lorsqu'elle est **indirecte.** Il en est ainsi, par exemple :

– de l'interdiction faite aux distributeurs d'un pays de vendre leurs produits sans l'autorisation du fournisseur dans d'autres États membres ou à des clients susceptibles de les exporter (Commission CE 4-12-1996, aff. « Novalliance/Systemform » : JOCE 1997 L 47 p. 11) ;

– de l'obligation pour la partie exportatrice sur le territoire de l'autre de verser à celle-ci une commission forfaitaire de dédommagement dont le principe et le montant sont excessifs (Commission CE 20-12-1974, aff. « Rank-Sopelem » : JOCE 1975 L 29 p. 20) ;

Il est, en revanche, possible de prévoir le remboursement sur facture, par la partie exportatrice à l'autre partie, des frais réels du service après-vente gratuit effectivement supportés par cette dernière (Commission CE 20-12-1974, aff. « Rank-Sopelem » précité).

– de l'indication par le fournisseur que les prix mentionnés dans les conditions de vente s'appliquent uniquement aux produits destinés à la consommation dans le pays du distributeur (Commission CE 27-11-1981, aff. « Moët et Chandon » : JOCE 1982 L 94 p. 7) ;

– de l'engagement pris par le titulaire d'une marque dans un État membre de retirer l'opposition qu'il avait formée dans cet État contre l'enregistrement de la marque d'un concurrent étranger, en contrepartie duquel ce dernier s'engageait à ne pas exporter dans cet État sans son autorisation (Commission CE 15-12-1982, aff. « Toltecs-Dorset » : JOCE 1982 L 379 p. 19, confirmé par CJCE 30-1-1985 aff. 35/83, BAT) ;

– de la subordination des remises accordées par un fournisseur à ses distributeurs à la présentation d'une preuve de non-exportation (Commission CE 16-12-1985, aff. « Sperry New-Holland » : JOCE 1985 L 376 p. 21) ;

– de la subordination des primes accordées par le fournisseur aux concessionnaires automobiles à la condition que le véhicule soit vendu à un consommateur final résident et immatriculé au nom de celui-ci dans le pays du concessionnaire (Commission CE 20-9-2000, aff. « Opel » : JOCE 2001 L 59 p. 1, partiellement confirmé par TPICE 21-10-2003 aff. 368/00, General Motors Nederland et Opel Nederland) ;

– de l'obligation imposée à des fabricants d'aliments pour animaux de n'utiliser que pour leurs propres besoins une substance produite par l'un de leurs fournisseurs (Commission CE 13-12-1989, aff. « Bayo-n-ox » : JOCE 1990 L 21 p. 71) ;

– de l'apposition, au dos de factures, de la mention : « Tout acheteur des marchandises objet de cet envoi s'interdit l'exportation » (Commission CE 15-5-1991, aff. « Gosme/Martell-DMP » : JOCE 1991 L 185 p. 23).

La Commission européenne n'hésite pas à sanctionner l'interdiction d'exporter par de lourdes **amendes,** car elle considère qu'une telle pratique constitue une infraction grave aux dispositions de l'article 101, 1 du TFUE (Commission CE 7-12-1982, aff. « National Panasonic » : JOCE 1982 L 354 p. 28 et Commission CE 20-9-2000, aff. « Opel » : JOCE 2001 L 59 p. 1).

Sur les interdictions d'exporter contenues dans les licences de brevet, voir nos 47430 s.

Sur le refus d'application de l'article 101, 3 aux interdictions d'exporter, voir no 47745.

Il en va de même en droit national. Par exemple, est interdite la clause d'un contrat de distribution exclusive interdisant à un revendeur d'exporter les marchandises hors de France (Cons. conc. 23-11-1993 no 93-D-51, aff. « Agfa Gevært »). 44635

Bien entendu, l'atteinte à la liberté d'exporter n'est illicite que si elle affecte le marché français (Cons. conc. 14-4-1999 no 99-D-52, aff. « Saviex France »).

OBSTACLES AUX IMPORTATIONS PARALLÈLES

44640 **Interdiction de la protection territoriale absolue** Les accords de distribution par lesquels un fabricant désigne un distributeur exclusif dans une zone ne doivent comporter aucune garantie de protection territoriale absolue qui imposerait aux revendeurs établis dans les autres territoires une interdiction d'exporter dans la zone attribuée au distributeur exclusif, ni empêcher que les produits concernés soient importés d'autres États membres ou de pays tiers dans la zone protégée et y soient distribués par des personnes autres que le distributeur (sur les accords d'exclusivité, voir n°s 44730 s.). Cette interdiction des restrictions aux importations parallèles a été affirmé à plusieurs reprises par la Commission et la Cour de justice (CJCE 11-7-1974 aff. 8/74, Dassonville ; CJCE 8-6-1982 aff. 258/78, Nungesser ; CJCE 21-2-1984 aff. 86/82, Hasselblad ; Commission CE 21-12-1994, aff. « Tretorn » : JOCE 1994 L 378 p. 45, confirmé par TPICE 11-12-1996 aff. 49/95, Van Megen Sports Group ; Commission CE 8-5-2001, aff. « Glaxo Wellcome » : JOCE 2001 L 302 p. 1).

La Commission européenne n'hésite pas à sanctionner l'interdiction d'exporter par de lourdes amendes, car elle considère qu'une telle pratique constitue une infraction grave aux dispositions de l'article 101, 1 du TFUE (Commission CE 7-12-1982, aff. « National Panasonic » : JOCE 1982 L 354 p. 28 ; Commission CE 20-9-2000, aff. « Opel » : JOCE 2001 L 59 p. 1).

> **Précisions** Un concessionnaire ne saurait s'opposer aux importations parallèles en provenance d'autres États membres dans le territoire concédé en invoquant les effets d'une législation nationale sanctionnant la concurrence déloyale (CJCE 25-11-1971 aff. 22/71, Béguelin-Import Co) ou exigeant un certificat d'origine que l'importateur parallèle n'est pas en mesure de se procurer (arrêt Dassonville précité).

44650 **Restriction des importations parallèles par l'application d'une politique tarifaire** Un fabricant peut également, par sa politique tarifaire, restreindre de façon illicite les importations parallèles. L'objectif est de « cimenter » les disparités de prix existant entre les territoires des États membres. Il en est ainsi, par exemple :

– des pressions exercées par une entreprise sur les détaillants d'un État membre pour les empêcher de réexporter de cet État membre vers un autre État membre (Commission CE 23-12-1977, aff. « BMW Belgium » : JOCE 1978 L 46 p. 33 ; Commission CE 15-12-1992, aff. « Ford Agricultural » : JOCE 1993 L 20 p. 1) ;

– des conditions de vente par lesquelles des avantages de prix sont accordés ou non aux revendeurs selon que ceux-ci distribuent des marchandises sur le territoire national ou les exportent dans d'autres États membres (Commission CE 20-12-1977, aff. « The distiller » : JOCE 1978 L 50 p. 16, confirmé par CJCE 10-7-1980 aff. 30/78, Distillers) ;

– des instructions d'un fournisseur à ses concessionnaires exclusifs leur enjoignant de pratiquer des prix différents selon le pays de destination de la marchandise (Commission CE 23-11-1972, aff. « Pittsburgh Corning Europe » : JOCE 1972 L 272 p. 35) ;

– des accords conclus entre un fabricant et ses concessionnaires en vue d'empêcher les réexportations vers un État membre (Commission CE 14-12-1979, aff. « Pioneer » : JOCE 1980 L 60 p. 21, confirmé par CJCE 7-6-1983 aff. 100 à 103/80, Music Diffusion française) ;

– de l'engagement pris par un fabricant de jouets italien à l'égard d'un concessionnaire français de pratiquer des prix permettant à ce dernier de lutter contre la concurrence d'autres entreprises désireuses de distribuer ces jouets en France (Commission CE 16-5-1984, aff. « Polistil-Arbois » : JOCE 1984 L 136 p. 9) ;

– de l'obligation imposée par un concédant à ses concessionnaires de ne vendre qu'aux acheteurs finals (Commission CE 25-9-1986, aff. « Peugeot » : JOCE 1986 L 295 p. 19) ;

– de l'interdiction faite par un fabricant de jouets aux grossistes d'un État membre d'honorer les commandes des détaillants d'un autre État (Commission CE 18-12-1987, aff. « Fisher-Price/Quaker Oats » : JOCE 1988 L 49 p. 19).

3. DISTRIBUTION SÉLECTIVE

44670 La distribution sélective est un système de vente par lequel un fabricant ou un grossiste réserve ses produits à un **réseau de distributeurs agréés.** Elle s'appuie sur des contrats dont les clauses essentielles concernent, d'une part, les critères d'agrément des distributeurs, d'autre part, les règles relatives aux rapports entre le fournisseur et les distributeurs.

Il n'y a pas distribution sélective si le réseau est ouvert à toute personne qui accepte de respecter certaines obligations, dès lors que ces obligations (maintien d'un stock minimal et engagement de mener une politique de vente intensive) n'entraînent pas une restriction sensible de la concurrence (Commission CE 17-4-1980, aff. « Krups » : JOCE 1980 L 120 p. 26).

Au regard des règles françaises et européennes de concurrence, le **refus d'agrément** d'un distributeur, bien qu'il s'agisse en apparence d'un acte unilatéral et non d'un accord (n° 43235), entre néanmoins dans le champ d'application de l'interdiction des ententes, car il est fondé sur l'acceptation par les distributeurs déjà agréés de la politique de sélection poursuivie par le fabricant (CJCE 25-10-1983 aff. « AEG-Telefunken » ; CA Paris 28-1-1988, aff. « Produits cosmétiques » : Gaz. Pal. 1988 p. 208 ; CA Paris 5-7-2017 n° 15/12365, décision relative à un refus de vente mais transposable à un refus d'agrément ; CA Paris 23-1-2019 n° 16/16856 ; Aut. conc. 9-5-2019 n° 19-D-08, aff. « Secteur de l'entretien et la réparation automobile », confirmé par CA Paris 4-6-2020 n° 19/10672).

Les **clauses** relatives aux critères d'agrément des distributeurs et aux rapports entre le fournisseur et ces derniers peuvent être contraires à l'article 101, 1 du TFUE mais peuvent être **exemptées** en vertu de l'article 101, 3 (n° 47690).

L'application de l'article 101, 1 à la distribution sélective a été précisée notamment par les décisions suivantes : Commission CE 16-12-1985, aff. « Villeroy et Boch » : JOCE 1985 L 376 p. 15 ; Commission CE 16-12-1991, aff. « Yves Saint Laurent » : JOCE 1992 L 12 p. 24 et rectif. JOCE 1992 L 165 p. 42 ; CJCE 13-1-1994 aff. 376/92, Metro c/ Cartier ; CJCE 28-4-1998 aff. 306/96, Javico : RJDA 10/98 n° 1097.

Sur les restrictions posées à la vente sur Internet et sur des places de marché en ligne, voir notamment CJUE 13-10-2011 aff. 439/09, Pierre Fabre : RJDA 2/12 n° 208 ; CJUE 6-12-2017 aff. 230/16, Coty Germany : RJDA 2/18 n° 116 ; Aut. conc. 1-7-2019 n° 19-D-14, aff. « Secteur de la distribution des cycles haut de gamme » ; Aut. conc. 22-7-2021 n° 21-D-20, aff. « Secteur des lunettes et montures de lunettes » ; Aut. conc. 19-12-2023 n° 23-D-13, aff. « Rolex ».

La distribution sélective est intégrée dans le **règlement d'exemption par catégorie 2022/720 du 10 mai 2022** applicable à l'ensemble des accords verticaux et fait l'objet d'une analyse détaillée dans les lignes directrices de la Commission européenne sur les restrictions verticales. 44675

Sur l'application du règlement 2022/720 à la distribution sélective, voir n°s 46750 s. et 46920 s.

Les conditions fixées par ce règlement peuvent constituer un **« guide d'analyse »** pour la mise en œuvre du droit interne.

ILLUSTRATIONS

Il a ainsi été considéré qu'une discrimination dans l'agrément de distributeurs par un fabricant n'avait pas eu d'effet anticoncurrentiel car la part de marché de ce fabricant était inférieure au seuil de 30 % fixé par ce règlement (Cons. conc. 19-7-2001 01-D-45, aff. « Casino France » ; Cons. conc. 22-1-2002 n° 02-D-01, aff. « Serap » ; Cons. conc. 18-8-2003 n° 03-D-42, aff. « Distribution de motocycles » ; Cons. conc. 17-12-2003 n° 03-D-60, aff. « Horlogerie de luxe » ; Cons. conc. 24-7-2006 n° 06-D-24, aff. « Engagements Festina » : RJDA 12/06 n° 1268 ; décisions rendues au regard de l'ancien règlement 2790/1999 mais transposables au règlement 2022/720). À l'inverse, une telle discrimination n'a pas pu bénéficier de l'exemption « automatique » prévue par le règlement 330/2010 dans un cas où la part de marché du fabricant était supérieure à 50 % (CA Paris 5-7-2017 n° 15/12365, transposable sous l'empire du règlement 2022/720).

On notera qu'un fabricant peut valablement faire coexister un réseau de distributeurs agréés et un **réseau de distributeurs non agréés,** dès lors qu'il ne se livre à aucune discrimination à l'intérieur de chacune de ces catégories (CA Paris 26-6-2001 : RJDA 4/02 n° 373). 44680

Le distributeur agréé qui signe un contrat de distribution sélective avec un fournisseur n'a pas le pouvoir de négocier les clauses de ce contrat qui est un **contrat d'adhésion** ; il s'ensuit que, si ce contrat contient des clauses illicites, le distributeur agréé ne peut en être responsable que si des éléments précis établissent qu'il a concouru à leur élaboration ou à les imposer (Cons. conc. 14-6-2002 n° 02-D-36, aff. « Opticiens de l'agglomération lyonnaise », dont l'analyse au fond a été confirmée par CA Paris 18-3-2003 : BOCCRF du 20-5-2003 p. 260).

4. FRANCHISE

Selon la Cour de justice (notamment, CJCE 28-1-1986, aff. 161/84, Pronuptia), il existe trois types de franchise : 44700

– « les contrats de **franchise de production** en vertu desquels le franchisé fabrique lui-même, selon les indications du franchiseur, des produits qu'il vend sous la marque de celui-ci ;

– « les contrats de **franchise de services** en vertu desquels le franchisé offre un service sous l'enseigne et le nom commercial, voire la marque, du franchiseur et en se conformant aux directives de ce dernier ;

– « les contrats de **franchise de distribution** en vertu desquels le franchisé se borne à vendre certains produits dans un magasin qui porte l'enseigne du franchiseur ».

La franchise de distribution se caractérise par le fait qu'« une entreprise qui s'est installée dans un marché comme distributeur et qui a ainsi pu mettre au point un ensemble de méthodes commerciales accorde, moyennant rémunération, à des commerçants indépendants, la possibilité de s'établir dans d'autres marchés en utilisant son enseigne et les méthodes commerciales qui ont fait son succès. Plutôt qu'un mode de distribution, il s'agit d'une manière d'exploiter financièrement, sans engager de capitaux propres, un ensemble de connaissances. Ce système ouvre par ailleurs à des commerçants, dépourvus d'expérience nécessaire, l'accès à des méthodes qu'ils n'auraient pu acquérir qu'après de longs efforts de recherche et les fait profiter de la réputation du signe ».

Ces contrats peuvent restreindre la concurrence, notamment lorsqu'ils aboutissent à un partage des marchés entre franchiseur et franchisés ou entre franchisés (pour des applications, voir les décisions de la Commission CE 17-12-1986, « Yves Rocher » : JOCE 1987 L 8 p. 49 ; Commission CE 17-12-1986, aff. « Pronuptia » : JOCE 1987 L 13 p. 39 ; Commission CE 13-7-1987, aff. « Computerland » : JOCE 1987 L 222 p. 12 ; Commission CE 14-11-1988, aff. « Service Master » : JOCE 1988 L 332 p. 38 ; Commission CE 2-12-1988, aff. « Charles Jourdan » : JOCE 1989 L 35 p. 31).

Cependant, compte tenu de l'intérêt qu'ils présentent pour le développement économique des entreprises, les accords de franchise de distribution et de services peuvent être soustraits à la prohibition de l'article 101, 1 du TFUE en application du **règlement d'exemption par catégorie 2022/720 du 10 mai 2022** applicable à l'ensemble des accords verticaux (sur ce règlement, voir nos 46700 s.). Les contrats de franchise de production ne sont pas couverts par ce règlement d'exemption car ils régissent habituellement des relations entre producteurs. Toutefois, ces accords consistant pour l'essentiel en des licences de brevets ou de savoir-faire, ils peuvent bénéficier de l'exemption prévue par le règlement 316/2014 du 21 mars 2014 relatif aux accords de transfert de technologie (voir nos 47430 s.).

Contrairement à l'ancien règlement d'exemption 4087/88, spécifique à la franchise, le règlement général 2022/720 n'évoque pas explicitement celle-ci. La franchise est cependant analysée dans les lignes directrices de la Commission européenne sur les restrictions verticales (n° 46760).

Les conditions fixées par le règlement d'exemption des restrictions verticales constituent un « **guide d'analyse** » pour la mise en œuvre du droit interne.

44705 Une **clause d'approvisionnement exclusif** incluse dans un contrat de franchise ne tombe pas sous le coup de l'interdiction des ententes car cette clause est nécessaire pour maintenir l'identité commune ou la réputation du réseau (Cons. conc. 24-5-1994 n° 94-D-31, aff. « Jacques Dessange » ; Cons. conc. 24-5-1994 n° 94-D-32, aff. « Jean-Louis David Diffusion » ; Cons. conc. 6-7-1999 n° 99-D-49, aff. « Yves Rocher »).

ILLUSTRATIONS

Dans le cas d'une franchise de lavage de véhicules automobiles par haute pression, il a été considéré qu'était illicite une clause imposant aux franchisés de s'approvisionner auprès du franchiseur pour le matériel de lavage (Cons. conc. 24-6-1997 n° 97-D-51, aff. « Hypromat France » ; pour d'autres applications, voir Cons. conc. 18-6-1997 n° 97-D-48, aff. « Franchise Eras ». Toutefois, à propos de la même franchise de lavage de véhicules que dans l'affaire n° 97-D-51 précitée, voir Aut. conc. 15-4-2010 n° 10-D-12, aff. « Hypromat France SAS », qui relève qu'il n'est pas établi que la clause d'approvisionnement exclusif en savon imposée par Hypromat à ses franchisés n'est pas indispensable à la mise en œuvre de l'accord de franchise et donc au maintien de l'identité commune et de la réputation du réseau de franchise).

S'agissant d'un contrat de franchise de boulangerie, une clause d'approvisionnement exclusif d'une durée de neuf ans a été jugée décisive pour la préservation de l'image et de l'identité du réseau de franchise puisqu'elle permettait d'assurer une uniformité de qualité et de goût des produits chez chaque franchisé (Cass. com. 20-12-2017 n° 16-20.501 F-D : RJDA 3/18 n° 313).

En revanche, sont illicites les obligations suivantes mises à la charge du franchisé :
– faire faire les travaux d'**aménagement** des **locaux** par un décorateur imposé par le franchiseur ou s'approvisionner exclusivement à cette fin auprès d'une filiale du franchiseur (Cons. conc. 28-5-1996 n° 96-D-36, aff. « Franchise Z ») ;
– respecter les **tarifs de vente** fixés par le franchiseur (Cons. conc. 19-3-1996 n° 96-D-16, aff. « Gymnasium » ; CA Paris 3-4-2013, n° 10/24013, Diapar c/ Carrefour) ou « conseillés » par lui (Cass. com. 2-7-2002 n° 1299 : RJDA 11/02 n° 1206) ;
– s'approvisionner auprès du franchiseur pour les éléments d'**aménagement des vitrines** (meubles, gradins, etc.), les étiquettes et les sacs en papier remis à la clientèle (Cons. conc. 6-7-1999 n° 99-D-49, aff. « Yves Rocher »).

5. ACCORDS D'EXCLUSIVITÉ

Les accords d'exclusivité verticaux, en particulier la distribution exclusive, entrent dans le champ d'application du règlement d'exemption par catégorie 2022/720 du 10 mai 2022 relatif aux accords verticaux. Leur validité est donc le plus souvent appréciée au regard des principes posés par ce règlement, complétés par l'analyse détaillée de la Commission européenne dans ses lignes directrices sur les restrictions verticales (nº 46770). 44730

CONCESSION EXCLUSIVE OU DISTRIBUTION EXCLUSIVE

La concession exclusive (ou distribution exclusive) implique que le fournisseur (concédant) s'engage à ne fournir certains produits qu'à un seul revendeur (concessionnaire) pour leur revente sur un **territoire exclusif** déterminé. 44740

Un tel accord est susceptible de restreindre la concurrence intramarque et de cloisonner le marché. Il est en principe illicite lorsqu'il confère au concessionnaire une protection territoriale absolue (Cons. conc. 25-3-1997 nº 97-D-21, aff. « Marché des appareils de détection de métaux » ; Cons. conc. 4-6-1997 nº 97-D-42, aff. « Société Toulousaine d'Entretien Auto »), une telle protection pouvant néanmoins être envisagée à titre temporaire lorsque cela permet l'apparition d'un nouveau producteur sur le marché considéré (1er rapport Commission CE nº 49).

En revanche, l'interdiction faite à un réseau de concessionnaires exclusifs de promouvoir et vendre les produits en dehors du territoire concédé est licite dès lors que ces concessionnaires ont la faculté d'accepter les commandes émanant spontanément d'utilisateurs situés en dehors de leur territoire (Cons. conc. 18-6-1991 nº 91-D-31, aff. « Honda France » ; Cons. conc. 20-5-1997 nº 97-D-31, aff. « Distribution des produits d'entretien professionnels » ; Cons. conc. 13-10-1998 nº 98-D-62, aff. « Distribution des appareils médicaux » ; Cons. conc. 19-9-2002 nº 02-D-57, aff. « Secteur des roulements à billes »).

Sur les conditions de validité de ces contrats au regard du **règlement 2022/720 d'exemption par catégorie applicable aux accords verticaux,** voir nº 46770.

Ces principes sont applicables que l'exclusivité porte sur une zone géographique ou sur une **clientèle.** Ainsi, est illicite la répartition du droit de représenter les différentes marques d'un fournisseur en fonction des types de clientèle, accompagnée d'une interdiction de ventes directes par ledit fournisseur à la clientèle (Avis Commission conc. 8-6-1978, aff. « Crampons antidérapants pour automobiles » ; Cons. conc. 22-6-2005 nº 05-D-32, aff. « Royal Canin » : RJDA 11/05 nº 1287, confirmé sur ce point par CA Paris 4-4-2006 nº 05-14057 : RJDA 7/06 nº 837). 44745

EXCLUSIVITÉ D'ACHAT OU D'APPROVISIONNEMENT (MONOMARQUISME)

L'engagement de n'acheter, pendant une assez longue période, certains produits qu'à un seul offreur/fournisseur porte atteinte à la concurrence dès lors qu'il restreint la liberté de choix des acheteurs et tend à réduire ainsi les possibilités de débouchés des autres offreurs/fournisseurs. 44750

Selon la terminologie utilisée par la Commission européenne, les exclusivités d'approvisionnement sont assimilées à des **obligations de non-concurrence** par lesquelles l'acheteur s'engage à acheter au moins 80 % de ses besoins en produits contractuels auprès du vendeur ou d'un tiers désigné par ce dernier (nos 46770 et 46950 s.).

Cet engagement est condamné au titre de l'article 101, 1 du TFUE (sans préjudice de l'application éventuelle de l'article 102 relatif aux abus de position dominante : nº 45830).

ILLUSTRATIONS

Pour des exemples, voir Commission CE 16-1-1991, aff. « IJC » : JOCE 1991 L 28 p. 32 ; Commission CE 23-12-1992, aff. « Lebensmittel-GmbH » : JOCE 1993 L 183 p. 1 ; Commission CE 11-3-1998, aff. « Van den Bergh Foods » : JOCE 1998 L 246 p. 1, confirmée par TPICE 23-10-2003 aff. 65/98, Van den Bergh Foods.

Cependant, un très grand nombre de ces accords sont soustraits à la prohibition de l'article 101, 1 en application du **règlement 2022/720 d'exemption par catégorie applicable aux accords verticaux.** Sur ce règlement, voir nos 46700 s.

Sur les droits exclusifs d'importation dans certains **territoires d'outre-mer,** voir nos 41160 s.

Sur le **marché français,** ont par exemple été déclarés anticoncurrentiels : 44755

– l'engagement de deux groupements de n'acheter que chez le fournisseur principal et de ne pas s'approvisionner ailleurs sans en avoir au préalable discuté avec lui (Avis Commission conc. 11-5-1978, aff. « Briquets non rechargeables ») ;

– l'engagement du licencié d'un procédé industriel de n'acheter une quantité déterminée des matières premières nécessaires à la fabrication des produits concernés qu'auprès des fournisseurs nommément désignés dans le contrat (Avis Commission conc. 8-2-1979, aff. « Marché du zinc laminé ») ;

– l'obligation des gérants libres de stations-service de ne s'approvisionner qu'auprès de leur bailleur (Avis Commission conc. 7-6-1984, aff. « Relations entre les compagnies pétrolières et les gérants libres »).

44760 De telles **obligations** de non-concurrence peuvent être **implicites.**

ILLUSTRATIONS

Le Conseil de la concurrence a considéré que la clause incluse dans la convention liant la société SFR à ses grossistes, qui imposait à ces derniers de s'engager à ce que, chaque mois, au moins 90 % du nombre total des abonnements enregistrés par eux à travers leurs canaux de distribution fussent des lignes SFR, constituait bien une obligation de non-concurrence. Afin de déterminer si cette clause était licite (SFR ne pouvant pas bénéficier du règlement d'exemption par catégorie relatif aux accords verticaux, compte tenu de l'importance de sa part du marché de la téléphonie mobile), le Conseil a suivi la méthode préconisée par la Commission dans ses lignes directrices sur les restrictions verticales, consistant à apprécier les risques de verrouillage du marché en fonction d'un certain nombre de critères (pouvoir de marché du fournisseur, barrières à l'entrée, durée de la clause, part de marché liée par des contrats similaires et stade de la distribution). Il a ainsi constaté que seul SFR mettait en œuvre des clauses de quasi-exclusivité avec les grossistes indépendants et que ceux-ci distribuaient entre 3,7 et 7,4 % de part de marché. Il en a déduit que les conventions et les clauses en cause ne contribuaient pas de façon significative à l'effet de verrouillage du marché. Enfin, il a précisé que les risques de fermeture de l'accès des concurrents au réseau de distribution devaient s'analyser différemment selon que l'obligation de non-concurrence s'appliquait au stade de la distribution en gros ou à celui du détail, car c'est au stade du commerce de détail que les accords de non-concurrence peuvent affaiblir la concurrence entre les opérateurs à l'intérieur des points de vente. Au cas particulier, la possibilité laissée aux distributeurs de détail appartenant au réseau d'un des grossistes partenaires SFR de s'approvisionner en produits Bouygues Télécom ou France Télécom auprès d'un autre grossiste, même s'ils ont demandé leur rattachement à la convention SFR, illustrait le fait qu'une obligation de non-concurrence imposée au stade du gros pouvait n'avoir que des effets très dilués au stade du détail. Comme aucune disposition conventionnelle n'interdisait à un distributeur de travailler avec plusieurs grossistes simultanément, le Conseil a considéré que la clause de non-concurrence de la convention litigieuse n'était pas susceptible de restreindre significativement l'accès à la distribution des opérateurs concurrents de SFR (Cons. conc. 1-12-2004 n° 04-D-67, aff. « Secteur de la distribution des téléphones mobiles et des abonnements de téléphonie mobile »).

44765 Une obligation d'approvisionnement peut également être répréhensible lorsqu'elle est complétée par une clause dite **« clause anglaise »,** laquelle autorise l'acheteur à s'approvisionner auprès d'un autre fournisseur qui lui proposerait des produits de même qualité à un meilleur prix. En effet, une telle clause conduit à aider le vendeur à se protéger de la concurrence puisqu'elle lui permet, par la transmission que lui fait son acheteur exclusif des offres d'autres fournisseurs, d'individualiser ses concurrents et d'obtenir des éléments d'information sur la situation du marché qui lui sont extrêmement précieux pour sa stratégie commerciale (Commission CE 9-6-1976, aff. « Vitamines » [Hoffmann-La Roche] : JOCE 1976 L 229 p. 29, confirmée par CJCE 13-2-1979 aff. 85/76, Hoffmann-La Roche). La clause est encore plus condamnable si les conditions de sa mise en jeu lui ôtent tout intérêt. Tel est le cas lorsqu'elle ne peut être invoquée que si les quantités offertes par le concurrent correspondent à la totalité des besoins de l'acheteur exclusif et lorsque le fournisseur du produit s'est réservé le droit de mettre fin au contrat au cas où la clause viendrait à jouer.

La « clause anglaise » fait l'objet d'une évaluation par la Commission européenne dans ses lignes directrices sur les restrictions verticales (Communication 2022/C 248/01 : JOUE 2022 C 248 p. 1).

EXCLUSIVITÉ DE VENTE OU DE FOURNITURE

44770 Les exclusivités de vente ou de fourniture ont pour objet d'obliger ou d'inciter le fournisseur à vendre les produits contractuels exclusivement ou principalement à un seul acheteur. Ces exclusivités peuvent prendre une forme directe (obligation contractuelle de fourniture exclusive) ou indirecte (imposition de quotas de vente au fournisseur). Ces accords d'exclusivité sont, par nature, anticoncurrentiels car ils empêchent les autres acheteurs de s'approvisionner auprès du fournisseur (risque d'éviction anticoncurrentielle).

Toutefois, un très grand nombre de ces **accords** ont été **soustraits à la prohibition de l'article 101, 1 du TFUE.** Il en est ainsi :

– de ceux qui sont conclus avec un représentant de commerce (n°s 47110 s.) ;

– de ceux qui remplissent les conditions du règlement d'exemption par catégorie 2022/720 relatif aux accords verticaux (n°s 46700 s. et notamment n° 46770).

À cet égard, si le règlement d'exemption 2022/720 du 10 mai 2022 relatif aux accords verticaux ne fixe pas de durée maximale aux accords de fourniture exclusive, la Commission a considéré que l'accord ne doit être conclu pour une trop longue durée afin de ne pas enlever au cocontractant la possibilité de constituer un réseau propre de distribution (Intervention de la Commission CE, aff. « Seita », 10e rapport Commission CE n° 124, solution antérieure au règlement 2022/720 mais transposable).

L'**article 101, 1** n'est donc **applicable** qu'aux accords d'exclusivité qui ne rentrent pas dans l'une des deux catégories ci-dessus.

En **droit interne,** il a été considéré que les clauses d'exclusivité ne sont pas interdites par elles-mêmes, qu'elles soient appréhendées sous l'angle des abus de position dominante ou sous celui des restrictions verticales (Cons. conc. 7-5-2008 n° 08-D-10, aff. « Télévision de rattrapage »). **44775**
Il convient en revanche de s'assurer que ces clauses n'instaurent pas, en droit ou en pratique, une barrière artificielle à l'entrée sur le marché en appréciant l'ensemble de leurs éléments constitutifs, c'est-à-dire : le champ d'application de l'exclusivité, sa durée, l'existence d'une justification technique et la contrepartie économique obtenue par le client (CA Paris 3-7-2013 n° 11/17158 : RJDA 11/13 n° 947).

ILLUSTRATIONS

Dans l'affaire de la distribution de l'iPhone pour lequel la société Apple avait accordé une exclusivité à la société Orange, il a été considéré que, pour ce type de produit particulièrement attractif, la durée de l'exclusivité « de première présentation » ne pouvait excéder trois mois (Cons. conc. 17-12-2008 n° 08-MC-01, aff.« iPhone »). Cette durée a été confirmée par la suite dans le cadre des engagements souscrits par les sociétés Apple et Orange acceptant de limiter à trois mois la durée des accords d'exclusivité portant sur les modèles futurs d'iPhone (Aut. conc. 11-1-2010 n° 10-D-01).

CUMUL DE PLUSIEURS TYPES D'EXCLUSIVITÉ

Les accords de distribution peuvent comporter plusieurs types d'exclusivité dont la combinaison est de nature à renforcer leurs potentiels effets anticoncurrentiels. **44780**

Le cumul de plusieurs types d'exclusivités admissibles isolément peut donc s'avérer contraire aux articles L 420-1 du Code de commerce et 101, 1 du TFUE. Par exemple, dans une affaire concernant le secteur des aliments pour chiens, le Conseil de la concurrence a considéré que, dans un contexte où la part de marché du fournisseur excédait 30 % du marché concerné (ce qui l'empêchait de bénéficier de l'exemption « automatique » prévue par le règlement d'exemption applicable aux accords verticaux), la combinaison d'une restriction de clientèle, d'une obligation d'approvisionnement exclusif et d'une exclusivité territoriale imposées aux distributeurs était de nature à verrouiller la concurrence intramarque et constituait une pratique contraire à l'article L 420-1 du Code de commerce (Cons. conc. 22-6-2005 n° 05-D-32, aff. « Royal Canin » : RJDA 11/05 n° 1287).

A fortiori, est sévèrement sanctionné le cumul de plusieurs restrictions de concurrence illicites en elles-mêmes. Il en a été jugé ainsi dans un cas où des fabricants d'aliments pour chiens et chats avaient mis en place des systèmes de distribution de leurs produits haut de gamme distincts et entièrement étanches, c'est-à-dire liés à la catégorie de détaillants concernée et reposant sur diverses exclusivités accordées aux grossistes renforcées par une interdiction des ventes passives (Aut. conc. 20-3-2012 n° 12-D-10, aff. « Alimentation pour chiens et chats », confirmé par CA Paris 10-10-2013 n° 2012/07909).

EXCLUSIVITÉS DIVERSES

Un accord exclusif de **parrainage et** de **fourniture d'équipement** peut être illicite en raison de sa trop longue durée (par exemple, une durée de cinq ans : Cons. conc. 7-10-1997 n° 97-D-71, aff. « Asics France » ; ou de quatre ans : Cons. conc. 13-5-1998 n° 98-D-31, aff. « Secteur de l'escrime »). **44790**

En revanche, un contrat par lequel le titulaire d'un droit d'auteur concède un droit d'**exclusivité de reproduction ou de diffusion** n'est pas illicite en soi (Cons. conc. 8-6-1999 n° 99-D-34, aff. « Marché des cartes postales reproduisant des affiches de cinéma »).

C. Restrictions de concurrence postcontractuelles

CLAUSE DE NON-CONCURRENCE POSTCONTRACTUELLE

Cette clause vise toute obligation directe ou indirecte interdisant à l'acheteur, à l'expiration de l'accord, de fabriquer, d'acheter, de vendre ou de revendre certains biens ou services. **44830**

En droit national comme en droit de l'Union, une **clause** de non-concurrence postcontractuelle, même limitée dans le temps et dans l'espace, peut être annulée s'il s'avère qu'elle est **disproportionnée** au regard de l'objet du contrat (voir Cass. com. 4-1-1994 : RJDA 3/94 n° 297). Par exemple, ont été déclarées **illicites** :

– une clause de non-rétablissement d'une durée de trois ans imposée à des moniteurs de ski par un syndicat (Cass. com. 9-11-1993 : RJDA 5/94 n° 543) ;

– une clause interdisant à des anciens franchisés d'exercer tout commerce similaire pendant deux ans et toute affiliation à un autre réseau pendant cinq ans (Cons. conc. 28-5-1996 n° 96-D-36, aff. « Franchise Z ») ;

– une clause interdisant au franchisé, durant une période de trois ans, à compter de la date de résiliation du contrat, d'utiliser une enseigne de renommée nationale ou régionale et d'offrir des marchandises dont les marques sont liées à une telle enseigne dans un rayon de cinq kilomètres du magasin franchisé (CA Paris 6-3-2013 n° 09/16817, Prodim et Champion Supermarché France) ;

– l'interdiction, pour tout ancien membre d'un GIE de radio-taxis, d'utiliser, pour l'exercice de son activité, pendant trois ans, des moyens de télécommunication dans un rayon de cinquante kilomètres autour du secteur d'activité du groupement (Cons. conc. 17-9-1996 n° 96-D-53, aff. « Taxis à Cannes ») ;

– une clause de non-concurrence de dix ans imposée aux anciens membres d'un GIE ayant pour objet de favoriser l'exportation d'articles de tonnellerie (Cons. conc. 15-1-1997 n° 97-D-01, aff. « Tonnellerie de Bourgogne ») ;

– l'interdiction, pour le cas où un membre d'une société coopérative quitterait celle-ci, de s'intéresser à la clientèle de la société pendant une durée de trois ans (Cons. conc. 3-5-2000 n° 00-D-14, aff. « Secteur des briques plâtrières ») ;

– une clause de non-concurrence de trois ans imposée aux anciens concessionnaires d'un producteur de produits surgelés (Cons. conc. 26-2-2001 n° 00-D-82, aff. « Secteur des glaces »).

Une clause de non-concurrence insérée dans un contrat de **location-gérance de fonds de commerce** ne peut, en elle-même, être considérée comme ayant un objet ou un effet anticoncurrentiel. En effet, bien qu'une telle clause interdise à l'ancien locataire-gérant de créer une nouvelle entreprise sur le même marché ou un marché voisin, elle ne crée aucun obstacle à l'arrivée de nouveaux offreurs sur ces marchés (Avis Cons. conc. n° 88-A-12 : BOCCRF du 30-7-1988 p. 203).

En revanche, en cas de **cession de fonds** de commerce, une telle clause peut être déclarée illicite lorsqu'elle a pour objet de préserver chacune des parties dans la zone qui lui est réservée de toute concurrence de la part de l'autre partie (Avis Commission conc. 29-5-1986, aff. « Presse gratuite » ; Cons. conc. 10-3-1992 n° 92-D-20, aff. « Distribution des boissons »).

44840 **Conditions de validité dans le cas d'une cession d'entreprise ou de clientèle** La Commission européenne estime que l'interdiction des clauses de non-concurrence doit être nuancée lorsqu'elles sont stipulées dans le cadre d'opérations de concentration ou de vente d'entreprises.

Les **clauses** de non-concurrence incluses dans les contrats de cession d'entreprise ne sont licites que si elles sont **nécessaires** pour garantir le transfert à l'acquéreur de l'ensemble du patrimoine cédé. Selon la Commission, les clauses de non-concurrence ne tombent pas sous le coup de l'article 101, 1 du TFUE si les **trois conditions** suivantes sont réunies (Communication de la Commission relative aux restrictions directement liées et nécessaires à la réalisation des opérations de concentration, pts 18 s. : JOUE 2005 C 56 p. 27).

1° L'**obligation** de non-concurrence imposée au vendeur **doit porter sur des biens incorporels.** La Commission estime en effet que le supplément de protection offert par une obligation de non-concurrence imposée aux vendeurs n'est nullement nécessaire s'il s'agit de garantir le transfert des biens corporels d'une entreprise.

Ainsi :

– en cas de cession de l'achalandage et de la clientèle, il faut pouvoir interdire au vendeur d'attirer à nouveau vers lui son ancienne clientèle que ce soit de façon directe ou indirecte, par exemple en collaborant avec les concurrents de l'acquéreur ; l'obligation de non-concurrence postcontractuelle n'est alors rien d'autre que la conséquence de l'obligation qu'a tout vendeur de ne pas « évincer » l'acquéreur ;

– l'obligation de non-concurrence postcontractuelle peut être justifiée aussi dans le cas où des connaissances techniques, représentant une partie substantielle des actifs de l'entreprise cédée, sont transmises à l'acquéreur, car ce dernier doit avoir la possibilité de prendre sur le marché la place qu'y occupait le vendeur.

À l'inverse, l'obligation de non-concurrence postcontractuelle qui vise les résultats d'une recherche non commercialisés excède ce qui peut être licitement stipulé pour garantir la cession de l'entreprise. Aussi longtemps que le vendeur n'utilise pas les résultats de ses activités de recherche pour faire directement ou indirectement concurrence à l'acquéreur, il n'est pas porté atteinte à la position concurrentielle de l'acquéreur ni, partant, à la valeur commerciale des biens qu'il a acquis. En revanche, interdire au vendeur tous travaux de recherche revient à l'éliminer en tant que concurrent potentiel : une telle interdiction est donc illicite car elle n'est pas justifiée par la nécessité de garantir la reprise de l'entreprise.

2° La **clause** de non-concurrence postcontractuelle doit, en règle générale, être **limitée aux marchés sur lesquels l'entreprise exerçait son activité** au moment de la cession.

3° La **période** de non-concurrence doit être **limitée.** Elle est évaluée cas par cas, en particulier selon les critères suivants :

– le temps nécessaire à l'acquéreur pour se constituer une clientèle ;
– les difficultés d'organisation que peut connaître l'entreprise cédée jusqu'à sa complète intégration dans l'entreprise ou dans le groupe d'entreprises de l'acheteur ;
– le rythme auquel le consommateur change de marque et, dans la mesure où il est fidèle à une marque, de type de produit sur le marché en cause ;
– le temps nécessaire pour que le consommateur s'habitue aux nouveaux produits ou aux nouvelles marques introduites sur le marché ;
– la période pendant laquelle, après la vente de l'affaire, le vendeur, en l'absence d'une telle clause, resterait capable de reparaître sur le marché et d'y reprendre en main son ancienne clientèle ;
– la durée des dispositions accessoires, telles que le droit temporaire accordé à l'acquéreur d'utiliser les marques du vendeur ou son effectif de vente.

En outre, lorsque la clause est justifiée par un transfert de connaissances techniques, il faut tenir compte de la nature du savoir-faire cédé, de ses possibilités d'application acquises avec l'entreprise et des connaissances que possède l'acquéreur lui-même. Il faut aussi noter qu'une obligation de non-concurrence s'étendant à des innovations ou perfectionnements peut devoir être limitée à une période plus courte.

La Commission européenne estime, à titre indicatif, qu'une période de cinq ans peut être admise lorsque la cession s'étend à l'achalandage et au savoir-faire, tandis qu'une période de deux ans peut s'appliquer si la vente prévoit uniquement la cession de l'achalandage. Cette période de deux ans peut être adaptée en fonction des circonstances (13ᵉ rapport Commission CE n° 88).

ILLUSTRATIONS

L'application de l'obligation de non-concurrence pendant cinq ans a paru suffisante à la Commission dans le cas suivant (Commission CE 26-7-1976, aff. « Reuter-BASF » : JOCE 1976 L 254 p. 40) :
– les anciens clients étant restés attachés à l'acquéreur, il était ainsi prouvé que celui-ci avait pleinement occupé la place des entreprises cédées ;
– le savoir-faire transmis se périme vite dans le domaine des produits des entreprises cédées (matières plastiques) ; même si « le perfectionnement du savoir-faire s'effectue par retouches successives, l'ensemble de ces progrès procure en l'espace de quelques années une avance concurrentielle considérable à l'entreprise qui est active dans ce domaine par rapport à celle qui ne l'est pas » ;
– « l'entreprise cédée étant parfaitement opérationnelle, les engagements repris ont pu avoir une incidence sur le prix d'achat, mais ils ne sauraient justifier une prolongation de la période dans laquelle une protection contre la concurrence (du vendeur) était nécessaire ».

Pour un exemple de clause de non-concurrence dont la durée (huit ans) a été considérée comme excessive, voir Commission CE 27-7-1992, aff. « Quantel International » (JOCE 1992 L 235 p. 9).

Conditions de validité dans le cas de création d'une entreprise commune La validité des clauses de non-concurrence contenues dans les accords de création d'entreprises communes varie selon que la reprise de la concurrence entre les entreprises participantes est possible ou non (voir n° 43470 et, pour un exemple caractéristique, Commission CE 21-12-1994, aff. « Philips-Osram » : JOCE 1994 L 378 p. 37). 44850

Accords de distribution Les accords de distribution, et plus particulièrement les accords de franchise, contiennent fréquemment des clauses de non-concurrence postcontractuelle qui empêchent le distributeur de poursuivre une activité similaire à l'issue de la relation contractuelle. 44860

Il s'agit d'une restriction de concurrence qui peut, dans certains cas, être considérée comme justifiée par la nécessité de protéger le savoir-faire transmis par le fournisseur à son distributeur. Le règlement d'exemption par catégorie 2022/720 relatif aux accords verticaux pose ainsi les conditions dans lesquelles de telles clauses peuvent être présumées conformes au droit de la concurrence (nº 46980). En particulier, la clause ne peut notamment viser que les lieux à partir desquels les biens ou services contractuels sont offerts à la vente, et non l'ensemble du territoire dans lequel ces biens ou services peuvent être vendus au titre d'un contrat de franchise (CJUE 7-2-2013, ord., aff. 117/12, La Retoucherie de Manuela).

ILLUSTRATIONS

Une clause de non-concurrence d'une durée d'un an à compter de l'extinction d'un contrat de franchise a été jugée anticoncurrentielle car elle n'était pas indispensable pour protéger le savoir-faire du franchiseur qui était d'une faible technicité et principalement mis en œuvre à travers des logiciels en ligne (CA Paris 13-12-2017 nº 13/12625).

44865 L'obligation de non-concurrence peut être implicite. Tel est notamment le cas des **clauses de restitution en nature des cuves et matériels prêtés** qui figurent dans les contrats liant les sociétés pétrolières à leurs distributeurs en ce qu'elles dissuadent les revendeurs, à l'expiration des relations contractuelles, de poursuivre leur activité avec d'autres fournisseurs (CA Paris 5-5-1988 : BOCCRF du 11-5-1988, confirmé par Cass. com. 18-2-1992 : RJDA 5/92 nº 474 ; Cass. com. 8-6-1993 : RJDA 8-9/93 nº 688).

À noter que ces clauses demeurent licites lorsqu'elles s'appliquent en cas de résiliation anticipée du contrat par la faute du détaillant. En effet, dans ce cas, c'est le comportement de ce dernier qui entraîne la rupture, sans que l'obligation de restitution ait une influence sur la cessation des relations contractuelles.

44870 L'obligation peut également dans certains cas être **souscrite au bénéfice de l'acheteur.** À cet égard, il a été jugé qu'était illicite une clause d'un contrat type de louage d'emplacement publicitaire faisant obligation au bailleur, en cas de non-renouvellement du bail, de réserver pendant un an la préférence au loueur précédemment en place (Cons. conc. 30-5-1995 nº 95-D-39, aff. « Location d'emplacements publicitaires »).

DROIT DE PRÉEMPTION

44880 L'Autorité de la concurrence a jugé, après une appréciation « in concreto » de l'effet anticoncurrentiel d'une clause accordant un droit de préemption insérée au profit d'une coopérative de distribution en cas de cession d'un magasin franchisé, que ce droit de préemption était licite puisqu'il n'avait pas eu d'effet sur la faculté des magasins de changer d'enseigne (Aut. conc. 29-10-2013 nº 13-D-19, aff. « Sapec et Weldom »).

D. Restrictions de concurrence dans le domaine de l'innovation

1. ACCORDS DE RECHERCHE ET DÉVELOPPEMENT

44920 Les accords passés par des entreprises en vue d'entreprendre une recherche en commun ou de développer en commun les résultats de la recherche jusqu'au stade de l'application industrielle n'affectent pas, en eux-mêmes, la situation concurrentielle des parties et sont susceptibles d'avoir un **effet positif** au regard de l'efficience économique (voir notamment les LD de la Commission sur l'applicabilité de l'article 101 du TFUE aux accords de coopération horizontale).

En droit de l'Union, ils sont présumés conformes au droit de la concurrence s'ils respectent les conditions posées par le **règlement d'exemption par catégorie 2023/1066 du 1er juin 2023** relatif à certaines catégories d'accords de recherche et de développement (voir nºs 47300 s.).

2. ACCORDS DE TRANSFERT DE TECHNOLOGIE

44930 Les accords de transfert de technologie désignent les accords portant sur la concession de licences de technologie, c'est-à-dire des **licences de brevet, de savoir-faire, de droits d'auteur sur des logiciels** ou les accords mixtes combinant plusieurs types de licences.

La protection légale instituée en faveur des inventions n'exclut pas l'application du droit des ententes. En particulier, sont répréhensibles certaines pratiques restrictives rencontrées dans le cadre d'accords de licence de brevet ou de savoir-faire, notamment lorsqu'elles aboutissent à un cloisonnement des marchés ou à une protection territoriale absolue accordée au licencié.

ILLUSTRATIONS

Pour des applications en matière de **licences de brevet,** voir les décisions de la Commission européenne « Video-cassettes Recorders » du 20-12-1977 : JOCE 1978 L 47 p. 42, « Væssen-Moris » du 10-1-1979 : JOCE 1979 L 19 p. 32, « Windsurfing International » du 11-7-1983 : JOCE 1983 L 229 p. 1 et « Velcro-Aplix » du 12-7-1985 : JOCE 1985 L 233 p. 22.

La CJUE considère que l'article 101 du TFUE ne s'oppose pas à ce qu'il soit imposé au licencié de payer une redevance pour l'utilisation d'une technologie brevetée, même en cas d'annulation ou de non-contrefaçon du brevet sous licence, dès lors que le licencié a pu librement résilier ledit accord moyennant un préavis raisonnable (CJUE 7-7-2016 aff. 567/14, Genentech).

Un accord de règlement amiable d'un litige relatif à un brevet lié à un médicament revêt un objet anticoncurrentiel s'il comporte un avantage incitatif à l'égard de la société de génériques et une limitation corrélative des efforts de celle-ci à faire concurrence à la société titulaire du princeps (Trib. UE 12-12-2018 aff. 691/14, Servier ; voir également CJUE 30-1-2020 aff. 307/18, Generics ; CJUE 25-3-2021 aff. 591/16, Lundbeck ; CJUE 18-10-2023 aff. 74/21, Teva).

Les conditions de validité des contrats de **licence de savoir-faire** ont été précisées par la Commission européenne à plusieurs reprises, notamment dans les décisions « Boussois-Interpane » du 15-12-1986 : JOCE 1987 L 209 p. 15, « Mitchell Cotts-Sofiltra » du 17-12-1986 : JOCE 1987 L 41 p. 31 et « Delta Chemie-DDD » du 13-10-1988 : JOCE 1988 L 309 p. 34.

La plupart de ces accords sont cependant soustraits à la prohibition de l'article 101, 1 du **44935**
TFUE en application du **règlement d'exemption par catégorie 316/2014 du 21 mars 2014** sur les accords de transfert de technologie en raison de leurs effets bénéfiques pour la concurrence puisqu'ils permettent la diffusion des connaissances et la réduction des coûts de recherche et de développement (voir n°s 47430 s.).

3. LICENCES DE MARQUE

Les licences de marque ne sont pas couvertes par le règlement d'exemption par catégorie **44960**
316/2014 du 21 mars 2014 sur les accords de transfert de technologie.

Elles entrent dans le champ d'application de l'article 101, 1 du TFUE lorsqu'elles ont pour effet de cloisonner les marchés. Sont ainsi répréhensibles les **clauses accordant au licencié l'usage exclusif de la marque** lorsqu'elles confèrent une protection territoriale absolue.

Dans un arrêt concernant les licences de droits d'obtention végétale – mais transposable aux marques – la Cour de justice a précisé que seule la licence exclusive conférant une protection territoriale absolue, c'est-à-dire celle « par laquelle les parties au contrat se proposent d'éliminer, pour les produits et le territoire en question, toute concurrence de la part de tiers, tels les importateurs parallèles ou les licenciés pour d'autres territoires », tombe sous le coup de l'article 101, 1. En revanche, selon la Cour, la licence « ouverte » par laquelle le titulaire s'engage seulement à ne pas octroyer d'autres licences pour le même espace territorial et à ne pas faire concurrence au licencié sur ce territoire ne concerne que le rapport contractuel entre le titulaire du droit et le licencié, et n'est pas, en soi, contraire aux règles de la concurrence (CJCE 8-6-1982 aff. 258/78, Nungesser).

En revanche, dès lors qu'une clause d'exclusivité de licence de marque n'interdit pas dans les secteurs géographiques où elle s'applique la commercialisation de produits de même nature, elle n'interdit pas la concurrence (Cass. com. 10-1-1994 : RJDA 4/95 n° 519).

De même, les dispositions suivantes stipulées par un accord de licence de marque échappent à l'interdiction de l'article 101, 1 (Commission CE 23-12-1977, aff. « Campari » : JOCE 1978 L 70 p. 69) :
– les obligations d'approvisionnement en certains produits (en l'espèce, fourniture d'un colorant et d'un mélange d'herbes dont la composition était secrète et servait de base à la fabrication du bitter) ;
– les clauses destinées à préserver le secret de fabrication ;
– l'interdiction de céder la licence à des tiers.

L'**exercice du droit de marque** est **illicite** dès qu'il sert à réduire l'offre de produits similaires. **44965**
La Commission européenne estime qu'il en est ainsi :
– lorsque la cession d'une marque est assortie d'une interdiction par le cédant d'exporter des produits portant cette marque dans le pays du cessionnaire (Commission CE 24-7-1974, aff. « Advocaat Zwarte Kip » : JOCE 1974 L 237 p. 12) ;

– lorsque le droit de marque a pour objet ou pour effet de faire obstacle à la vente à l'intérieur du Marché commun, et sous une marque identique, de produits similaires provenant d'un pays tiers (CJCE 15-6-1976, 3 arrêts, aff. 51/75, 86/75 et 96/75, EMI Records) ;
– lorsque les entreprises qui utilisent une marque d'origine commune (par exemple, une marque déposée par une entreprise dans deux pays différents de l'Union européenne puis cédée, pour un de ces pays, à une autre entreprise) s'opposent à l'importation des produits couverts par cette marque dans leurs territoires respectifs. Ces entreprises peuvent cependant s'entendre sur la façon d'utiliser la marque afin d'éviter toute confusion dans l'esprit du consommateur (Intervention de la Commission, « Persil », 7e rapport Commission CE nos 138 s.).

L'article 101, 1 du TFUE est aussi applicable aux accords par lesquels le titulaire de la marque accepte de **limiter ses droits sur la marque.** Tel est le cas, par exemple, lorsque, pour régler le différend qui l'oppose à une autre entreprise, le titulaire d'une marque litigieuse renonce à se prévaloir de celle-ci et se trouve ainsi contraint de reconstituer une clientèle sous une autre marque (Commission CE 23-12-1977, aff. « Penneys » : JOCE 1978 L 60 p. 19).

Il en est de même lorsque deux entreprises, situées dans des États membres différents, s'interdisent d'utiliser leur marque respective dans le pays de l'autre entreprise (en l'occurrence, une entreprise française renonce à user de sa marque au Royaume-Uni et une entreprise du Royaume-Uni à invoquer la sienne en France) même s'il est établi qu'il y avait un risque de confusion entre les deux marques (Commission CE 5-3-1975, aff. « Sirdar-Phildar » : JOCE 1975 L 125 p. 27).

Enfin, est illicite l'accord par lequel le titulaire d'une marque dans un État A s'engage à retirer l'opposition qu'il avait formée dans cet État, en raison du risque de confusion, contre l'enregistrement de la marque d'un concurrent d'un État B et en contrepartie duquel ce dernier s'engage à ne pas exporter dans l'État A sans son autorisation, dès lors que le risque de confusion entre les deux marques n'est pas réel (Commission CE 15-12-1982, aff. « Toltecs-Dorset » : JOCE 1982 L 379 p. 19, confirmé par CJCE 30-1-1985, aff. 35/83, BAT).

4. ACCORDS DE NORMALISATION

44990 Le **développement en commun de standards, de normes techniques ou de qualité** peut avoir pour conséquence une coordination des comportements des entreprises sur les marchés concernés.

ILLUSTRATIONS

Une concertation entre les principaux fabricants d'ordinateurs européens destinée à élaborer une norme commune permettant de standardiser les logiciels a été considérée comme étant contraire aux règles de concurrence compte tenu des éléments suivants : les entreprises qui n'étaient pas membres de l'entente ne pouvaient ni exercer une influence sur les résultats des travaux du groupe ni bénéficier du savoir-faire nécessaire à la compréhension de ces résultats ; ces entreprises ne pouvaient pas, à la différence des membres de l'entente, appliquer la norme avant que celle-ci soit rendue publique (Commission CE 15-12-1986, aff. « X Open-Group » : JOCE 1987 L 35 p. 36).

44995 Il peut cependant avoir un **effet positif** sur la concurrence en ce qu'il génère généralement des gains d'efficience (réduction de coûts, standards ouverts permettant une meilleure compatibilité d'équipements concurrents).

ILLUSTRATIONS

Le Conseil de la concurrence avait considéré que le développement du système de monnaie électronique Moneo sous la forme d'un standard interbancaire était de nature à assurer sa diffusion auprès d'un plus large réseau de commerçants que la diffusion de systèmes incompatibles entre eux par un ensemble de banques établies en France et que l'universalité du nouveau mode de paiement était dans l'intérêt des commerçants et des consommateurs et pouvait être qualifiée de progrès économique dès lors qu'il était également assuré que les entreprises participant au projet auraient une totale indépendance tarifaire pour la commercialisation des services concernés par le système Moneo (Avis Cons. conc. 18-9-2003 no 03-A-17).

45000 Les accords de normalisation sont examinés par la Commission européenne dans les **lignes directrices** sur l'applicabilité de l'article 101 du TFUE aux **accords de coopération horizontale,** publiées en 2023 (voir nos 47210 s.).

SECTION 5 ABUS DE DOMINATION

INTERDICTIONS PRÉVUES PAR LE DROIT DE L'UE ET LE DROIT FRANÇAIS

Tant le droit de l'Union européenne (TFUE art. 102) que le droit français (C. com. art. L 420-2, al. 1) prohibent les abus de position dominante. 45100

En revanche, seul le droit français interdit l'exploitation abusive de l'état de dépendance économique de partenaires commerciaux lorsque cette exploitation est susceptible d'affecter le fonctionnement ou la structure de la concurrence (C. com. art. L 420-2, al. 2).

I. ABUS DE POSITION DOMINANTE

PRINCIPE D'INTERDICTION DES ABUS DE POSITION DOMINANTE

Droit français L'**article L 420-2 du Code de commerce** prohibe l'exploitation abusive par une entreprise ou un groupe d'entreprises d'une position dominante sur le marché intérieur ou une partie substantielle de celui-ci. 45200

Droit de l'UE Le droit de l'UE est applicable lorsque le commerce entre États membres est susceptible d'être affecté. Aux termes de l'**article 102, al. 1 du TFUE,** « est incompatible avec le marché intérieur et interdit, dans la mesure où le commerce entre États membres est susceptible d'en être affecté, le fait pour une ou plusieurs entreprises d'exploiter de façon abusive une position dominante sur le marché intérieur ou dans une partie substantielle de celui-ci ». 45210

> **Précisions** Le texte de l'article 102 est reproduit dans l'article 54 de l'**accord instituant l'Espace économique européen** (EEE), la seule différence concernant le territoire de référence. Ainsi, dans l'article 54 de l'accord EEE :
> – l'abus de position dominante doit être susceptible d'affecter le commerce entre les États membres de l'EEE ;
> – la position dominante doit s'exercer sur le territoire EEE ou dans une partie substantielle de celui-ci.

Abus d'éviction et abus d'exploitation Les autorités de concurrence distinguent entre, d'une part, les **abus d'éviction,** qui sont réputés être les plus graves et qui consistent à créer des entraves abusives à l'entrée sur un marché ou à gêner ceux qui s'y trouvent : pratiques fidélisantes telles que les rabais et accords d'exclusivité, ventes liées, refus de contracter, prix prédateurs et compressions de marges, etc. (sur les abus d'éviction, voir la communication de la Commission européenne citée n° 45280) et, d'autre part, les **abus d'exploitation,** qui consistent pour une entreprise en position dominante à exploiter abusivement son pouvoir de marché (pour une évocation de cette distinction, voir par exemple CA Paris 14-11-2019 n° 18/23992 aff. « Sanicorse » : RJDA 3/20 n° 177 et chron. A. Marie p. 161, confirmé par Cass. com. 7-7-2021 n° 19.586 FS-PB : RJDA 1/22 n° 42 et chron. V. Lorieul p. 3). 45220

POSSIBILITÉ D'EXEMPTION DES ABUS DE POSITION DOMINANTE

Droit français L'article L 420-4 du Code de commerce prévoit des causes d'exonération des abus de position dominante identiques à celles applicables aux ententes (voir n° 48000). 45230

Droit de l'UE Le droit de l'UE se distingue du droit interne de la concurrence. En effet, alors que l'article L 420-4 du Code de commerce vise à la fois les ententes (y compris les droits exclusifs d'importation) et les abus de position dominante (n° 45230), l'article 101, 3 du TFUE prévoit uniquement une exemption des ententes dont la balance restriction/avantages est positive. Un abus de position dominante ne peut donc jamais être exempté sur la base des dispositions du TFUE. 45240

Toutefois, la Commission et la Cour de justice admettent qu'un abus d'éviction (n° 45220) puisse échapper à l'interdiction énoncée à l'article 102 du TFUE si l'opérateur en position dominante établit que cet abus est soit objectivement justifié par des circonstances extérieures à l'entreprise et proportionné à cette justification, soit contrebalancé, voire surpassé, par des avantages en termes d'efficacité qui profitent également aux consommateurs (voir nº 45550).

> **Précisions** Le bénéfice d'une **exception légale** au titre de l'article 101, 3 du TFUE ne peut en aucun cas valoir aussi exonération de l'interdiction des abus de position dominante (CJCE 16-3-2000, aff. jtes 395 et 396/96 P, Compagnie maritime belge transports).

A. Position dominante d'une entreprise ou d'un groupe d'entreprises

1. NOTION DE POSITION DOMINANTE

45280 La notion de position dominante, dont le traité sur le fonctionnement de l'Union européenne ne donne aucune définition, a été précisée par les juridictions de l'Union et par la Commission européenne, dans le cadre de sa pratique décisionnelle et dans sa communication sur les pratiques d'éviction abusives du 24 février 2009 (JOCE 2009 C 45 p. 7), modifiée par la communication du 31 mars 2023 (JOUE 2023 C 116 p. 1).

Elle est considérée comme établie à l'égard d'une entreprise lorsque celle-ci détient un monopole de fait ou de droit ou lorsqu'elle peut adopter un comportement indépendant vis-à-vis de ses concurrents.

a. Existence d'un monopole de fait ou de droit

45290 Une entreprise jouit nécessairement d'une position dominante lorsqu'elle est en situation de **monopole** (par exemple, Commission CE 10-12-1982, aff. « British Telecommunications » : JOCE 1982 L 360 p. 36). Il peut s'agir :

– d'un monopole **de fait** (par exemple, CJCE 13-7-1989 aff. 395/87, Tournier ; CJCE 13-7-1989 aff. 110/88, 241 et 242/88, Lucazeau) ;

– d'un monopole **légal** (de droit) lorsque l'entreprise est titulaire de droits exclusifs de production ou de commercialisation conférés par un texte normatif (par exemple, CJCE 23-4-1991 aff. 41/90, Höfner et Elser ; Commission CE 23-10-2001, aff. « La Poste » : JOCE 2002 L 120 p. 19).

Toutefois, l'entreprise en situation de monopole légal, qui occupe par conséquent une position dominante sur un marché, ne tombe pas nécessairement dans le champ d'application de l'article 102 du TFUE si elle est investie d'une mission d'intérêt général.

Il convient néanmoins de tenir compte de la notion d'« **abus automatique** » retenue par la Cour de justice dans le cadre de monopoles légaux accordés à certaines entreprises par des autorités publiques (voir nº 45530).

ILLUSTRATIONS

Le Conseil de la concurrence a considéré que la SACD (Société des auteurs et compositeurs dramatiques) bénéficiait d'un **monopole de fait** sur le marché de la perception et de la répartition des droits d'auteur d'œuvres dramatiques en matière télévisuelle (Cons. conc. 9-5-2001 nº 2001-D-22).

Le **monopole légal** accordé par les pouvoirs publics d'un État membre à une entreprise privée chargée de la surveillance antipollution dans un port pétrolier ne relève pas du champ d'application de l'article 102 du TFUE, même si les usagers du port doivent acquitter une redevance destinée à financer cette activité ; en effet, l'entreprise assume dans ce cadre une mission d'intérêt général qui relève des fonctions essentielles de l'État en matière de protection de l'environnement (CJCE 18-3-1997 aff. 343/95, Diego Cali et Figli) (nº 41475).

Les droits exclusifs octroyés par décret à la société Française des Jeux ne génèrent pas un **abus de position dominante automatique** (CE 12-7-2023 nº 436864).

b. Capacité d'adopter un comportement indépendant à l'égard de ses concurrents

45300 Une position dominante désigne plus généralement « une position de **puissance économique détenue par une entreprise** qui lui donne le pouvoir de faire obstacle à l'apparition et au maintien d'une concurrence effective sur le marché en cause en lui fournissant la possibilité de **comportements indépendants** dans une mesure appréciable vis-à-vis de ses concurrents, de ses clients et, finalement, des consommateurs » (CJCE 14-2-1978 aff. 27/76, « United Brands » ; CJCE 9-11-1983 aff. 322/81, « Michelin » ; voir aussi, en droit interne, Cass. com. 7-7-2009 n° 08-15.609, aff. « Vicat Lafarge Ciment » : RJDA 3/10 n° 297).

L'indépendance s'apprécie au regard du degré de **pression concurrentielle** exercée sur l'entreprise en question. L'existence d'une position dominante implique que cette pression concurrentielle ne soit pas suffisamment efficace et que l'entreprise en cause détienne en conséquence un pouvoir de marché substantiel et durable. Dans sa prise de décisions commerciales, l'entreprise dominante est donc très largement insensible aux actions et réactions des concurrents, des clients et, en définitive, des consommateurs.

Ainsi, la Commission considère qu'une entreprise capable d'augmenter les prix rentablement au-delà du niveau concurrentiel pendant une longue période ne subit pas de pressions concurrentielles effectives suffisantes et peut donc, d'une manière générale, être considérée comme dominante. La durée de la période considérée comme longue dépendra du produit et des caractéristiques du marché en cause, une période de deux ans étant normalement considérée comme suffisante (Communication 2009/C 45/02 du 24-2-2009, pts 10 et 11).

Par ailleurs, la Cour de justice est allée jusqu'à considérer que la **position de quasi-monopole** détenue par une entreprise **sur un marché** et sa **position prééminente** mais non dominante **sur un marché connexe** peuvent être à ce point liées que l'entreprise peut être considérée comme étant en position dominante sur l'ensemble des marchés en cause (CJCE 14-11-1996 aff. 333/94, Tetra Pak).

2. DÉTENTION DE LA POSITION DOMINANTE

Deux questions se posent essentiellement pour caractériser l'existence d'une position dominante d'une entreprise sur un marché : **45320**

- quel est le marché sur lequel s'exerce la puissance économique de l'entreprise en cause ?
- quels sont les indices de l'existence d'une position dominante sur ce marché ?

En outre, une position dominante peut être détenue collectivement par plusieurs entreprises.

a. Détermination du marché en cause

La **notion de marché** en cause implique que soient identifiés, d'une part, les produits ou services se trouvant dans un rapport de concurrence effective, ce qui suppose qu'il existe un degré suffisant de substituabilité entre eux, et, d'autre part, la zone géographique au sein de laquelle se confrontent effectivement l'offre et la demande des produits ou des services en cause. Pour un exposé plus détaillé des méthodes de délimitation du marché en cause, voir n°s 42700 s. **45330**

Contrairement à l'appréciation d'une pratique d'entente (n°s 42770 s.), la définition du marché en cause est une **condition** nécessaire et préalable à l'analyse d'un abus de position dominante.

MARCHÉ DES PRODUITS OU SERVICES EN CAUSE

Le marché des produits ou services en cause comprend tous les produits ou services qui ont pour objet de satisfaire une demande déterminée, c'est-à-dire non seulement ceux vendus ou offerts par l'entreprise concernée, mais aussi tous ceux qui peuvent leur être substitués en vue du même usage (n°s 42820 s.). **45340**

La **substituabilité des produits** ou services peut être déterminée en prenant en compte divers **critères,** notamment :

- les caractéristiques propres de ces produits ou services (propriétés, prix, conditions de fabrication ou de prestation, etc.), dès lors qu'ils sont effectivement considérés par les consommateurs ou les utilisateurs comme équivalents ;
- leurs conditions d'utilisation ;
- leur méthode de commercialisation ;
- leurs coûts d'usage ou de mise à disposition liés à l'environnement technique ou juridique.

Ces différents critères d'analyse du marché pertinent sont souvent utilisés de manière combinée.

ILLUSTRATIONS

Caractéristiques propres aux produits ou services.

La banane n'est pas, pour les consommateurs, interchangeable avec les autres fruits et ne subit la concurrence de ces derniers que d'une manière peu sensible (Commission CE 17-12-1975, aff. « Chiquita » [United Brands Company] : JOCE 1976 L 95 p. 1).

La mélasse produite à La Réunion n'est pas substituable à la mélasse produite en dehors de cette île pour la production du rhum traditionnel local (Aut. conc. 3-11-2021 n° 21-D-25, aff. « Secteur de l'approvisionnement en mélasse à La Réunion »).

Dans le domaine des transports aériens, les vols charters ne sont pas substituables aux vols réguliers (Commission CE 14-7-1999, aff. « Virgin/British Airways » : JOCE 2000 L 30 p. 1).

La bière à la pression vendue dans les débits de boissons n'est pas substituable à la bière vendue en conditionnement car elle possède des caractéristiques qui lui sont propres, notamment en raison de ses qualités organoleptiques et gustatives, et d'une préférence marquée de la part de certains consommateurs, ainsi que du fait qu'elle est exclusivement destinée à une consommation sur place dans des débits de boissons (Cons. conc. 29-10-1996 n° 96-D-63, aff. « Secteur de la vente de bières en Martinique »).

Dans le secteur du jouet, le marché des poupées-mannequins doit être dissocié de celui des poupées-poupons qui répondent à des logiques de jeu différentes chez la petite fille (Cons. conc. 30-6-1999 n° 99-D-45, aff. « Secteur du jouet ») et les jouets « sans marque » doivent être distingués des jouets « de marque » car les premiers sont moins onéreux, figurent rarement dans les catalogues de jouets, font l'objet d'une négociation commerciale spécifique, ne font pas l'objet de publicité télévisuelle et sont souvent achetés en exclusivité par les distributeurs, contrairement aux produits de marque (Cons. conc. 20-12-2007 n° 07-D-50, aff. « Secteur du jouet »).

De même, au sein du secteur des montres, trois marchés sont distingués (bas de gamme, moyenne gamme, luxe) en fonction de la notoriété de la marque et des prix pratiqués (Cons. conc. 17-12-2003 n° 03-D-60, aff. « Horlogerie de luxe »).

Conditions d'utilisation.

Les services offerts par les cantines scolaires ne sont pas substituables à ceux des restaurants voisins des établissements d'enseignement car, aux yeux des parents d'élèves, ces derniers ne permettent pas de surveiller de manière continue les enfants (Avis Cons. conc. n° 87-A-07 : BOCCRF du 29-8-1987 p. 239).

Les jeux vidéo électroniques sont distincts des jeux sur micro-ordinateur car ces derniers fonctionnent sur un matériel principalement destiné à un usage professionnel ou d'études (Cons. conc. 7-12-1993 n° 93-D-56, aff. « Bandaï France »).

Méthode de commercialisation.

La distribution de carburant sur autoroute doit être distinguée des autres formes de distribution de carburant en raison notamment du caractère captif de la clientèle sur autoroute et des contraintes juridiques et techniques propres à ce mode de distribution (Cons. conc. 31-3-2003 n° 03-D-17, aff. « Distribution de carburants »).

Relèvent de deux marchés distincts les aliments pour chiens et chats commercialisés dans les grandes surfaces alimentaires et ceux commercialisés par des magasins spécialisés (Aut. conc. 20-3-2012 n° 12-D-10, « Alimentation pour chiens et chats ») ou les jeux organisés et commercialisés par la FDJ et les jeux disponibles dans les casinos de dimension locale (Aut. conc. 27-9-2017 n° 17-D-17, aff. « Jeux de grattage »).

S'agissant de la commercialisation sur Internet et de la substituabilité de ce media aux supports traditionnels, l'analyse s'effectue au cas par cas. Ainsi, la presse quotidienne d'information sportive constitue un marché distinct de celui des autres medias gratuits comme Internet (Aut. conc. 20-2-2014 n° 14-D-02, confirmé par Cass. com 1-3-2017 n° 15-19.068 F-D, aff. « Presse d'information sportive »). En revanche, la vente événementielle en ligne ne constitue pas un marché distinct au sein du secteur du déstockage de produits invendus (Aut. conc. 28-11-2014 n° 14-D-18, confirmé par Cass. com. 6-12-2017 n° 16-18.835 FS-D, aff. « Vente-privée.com »).

Coûts d'usage ou de mise à disposition liés à l'environnement technique ou juridique.

Ont été distingués le marché de la télévision à péage et celui de la télévision gratuite commerciale (Cass. com. 30-5-2000 : RJDA 12/00 n° 1176) ou encore, pour les médicaments, le marché de la ville et le marché hospitalier (Aut. conc. 14-1-2010 n° 10-D-02, aff. « Secteur des héparines »).

MARCHÉ GÉOGRAPHIQUE

45350 Le marché géographique est fonction de l'aire géographique dans laquelle les produits ou les services de l'entreprise en cause sont commercialisés ou offerts (n° 42870). La définition du marché géographique pertinent repose sur la conjonction de plusieurs critères (caractéristiques des produits ou services en cause, spécificité de l'offre et de la demande, environnement réglementaire).

Aux termes de l'article 102 du TFUE, la position dominante peut être exercée sur l'ensemble du marché intérieur ou dans une partie substantielle de celui-ci. L'article L 420-2 du Code de commerce dispose, de la même manière, que la position dominante s'exerce sur le marché intérieur ou une partie substantielle de celui-ci.

Une entreprise abusant de sa position dominante sur un **marché** strictement **local** échappera en principe au droit de l'Union et sera soumise à la seule législation nationale, pour autant que sa pratique abusive n'affecte pas le commerce entre États membres (n°s 41800 s.).

Ce qu'il convient d'entendre par **« partie substantielle » du marché intérieur** varie en fonction des produits ou services concernés. Cette zone peut être circonscrite en fonction d'éléments, tels que la structure et le volume de la production et de la consommation du produit, les habitudes et les possibilités économiques des vendeurs et des acheteurs, le degré de protection (tarifaire ou non) à la frontière, le caractère pondéreux du produit, le rapport du coût du transport à sa valeur marchande, l'importance des services accessoires à la fourniture du produit, etc.

La dimension du marché géographique peut ainsi être limitée au territoire d'**un seul État membre** (par exemple, CJCE 9-11-1983 aff. 322/81, « Michelin » ; Commission CE 7-12-1988, aff. « Verre plat » : JOCE 1989 L 33 p. 44 ; CJCE 17-5-2001 aff. 340/99, TNT Traco) ou à **un État membre et à une partie du territoire d'un autre État membre** (par exemple, TPICE 10-7-1991 aff. 69/89, RTE). Elle peut également s'étendre à l'ensemble du **marché intérieur** (par exemple, TPICE 12-12-1991 aff. 30/89, Hilti et, sur recours, CJCE 2-3-1994 aff. 53/92 P, Hilti).

En outre, les **dimensions** du marché peuvent être **artificiellement délimitées** par les opérateurs, notamment par l'assignation de certaines catégories de clients à certains fournisseurs désignés ou d'autres formes de répartition concertée du marché.

ILLUSTRATIONS

Le marché des tuiles et briques en Alsace a été considéré comme une partie substantielle du marché intérieur en raison du caractère pondéreux de ces produits, de l'incidence des coûts de transport et de leur faible valeur intrinsèque (Cass. com. 29-6-1993 : RJDA 12/93 n° 1056 ; voir aussi avis Commission conc. 27-1-1983, aff. « Marché des tuiles et briques en Alsace »). Pour des raisons similaires, les marchés géographiques du béton prêt à l'emploi sont définis comme des zones circulaires autour des centres urbains consommateurs de béton et ayant moins de trente kilomètres de rayon (Cons. conc. 6-7-1999 n° 99-D-48, aff. « Secteur du béton prêt à l'emploi »). De même, la publicité radiophonique dans l'île de la Réunion a été considérée comme un marché en raison de l'insularité et de l'éloignement de ce département (Avis Commission conc. 28-10-1982, aff. « Publicité dans l'île de La Réunion »).

Voir aussi, à propos du caractère local du marché des pompes funèbres, Cass. com. 9-4-1996 : RJDA 8-9/96 n° 1070.

b. Position de l'entreprise sur le marché considéré

L'appréciation de la position dominante doit tenir compte notamment des facteurs suivants (Communication Commission 2009/C 42/02 du 24-2-2009, pt 12) : **45360**

– la position sur le marché de l'entreprise dominante et de ses concurrents (part de marché) ;

– les contraintes constituées par la menace crédible d'une future expansion des concurrents actuels ou de l'entrée de concurrents potentiels (« expansion ou entrée de concurrents ») ;

– les contraintes résultant de la puissance de négociation des clients de l'entreprise (« puissance d'achat compensatrice »).

PART DE MARCHÉ DÉTENUE PAR L'ENTREPRISE

Pour la Cour de justice, la position dominante suppose que l'entreprise est parvenue à **45370**
contrôler une part non négligeable du marché : elle estime à cet égard que la détention, par une entreprise, d'une part très importante du marché (**supérieure à 50 %**) peut en elle-même constituer un indice suffisant de sa position dominante (TPICE 12-12-1991 aff. 30/89, Hilti : Rec. II-1439 et, sur recours, CJCE 2-3-1994 aff. 53/92 P, Hilti). Cette position est partagée par la Cour de cassation (Cass. com. 30-5-2000 : RJDA 12/00 n° 1176).

En revanche, elle estime qu'une part de marché de l'ordre de **40 à 45 %** ne permet pas de conclure de manière systématique, en l'absence d'autres indices, à la détention d'une position dominante (CJCE 14-2-1978 aff. 27/76, United Brands) et qu'il n'y a pas position dominante lorsque la part de marché détenue par l'entreprise est **inférieure à 10 %** (CJCE 22-10-1986 aff. 75/84, Metro).

La Commission considère, quant à elle, que si la part de marché de l'entreprise est **inférieure à 40 %,** il est peu probable qu'elle se trouve en position dominante (Communication de 2009 sur les pratiques d'éviction abusives, pt 14).

Ainsi, **entre** les bornes de **10 % et 50 %,** les autorités de concurrence européennes et françaises considèrent que le critère de la part de marché doit être complété par d'autres indices.

45375 La part de marché détenue par une société est appréciée en tenant compte de sa propre place sur le marché, mais aussi de celle de ses **filiales** (Commission CE 9-12-1971, aff. « Continental Can » : JOCE 1972 L 7 p. 25).

Pour évaluer l'importance de la part de marché de l'entreprise dominante, il convient également de tenir compte des parts de marché respectives de ses différents concurrents sur le marché considéré ; si la disproportion entre la part de marché de l'entreprise dominante et les parts de marché de ses **concurrents** est importante, on peut présumer l'existence d'une position dominante (CJCE 9-11-1983 aff. 322/81, Michelin ; CA Paris 17-10-1990 : BOCCRF du 31-10-1990 p. 395).

ILLUSTRATIONS

Ne bénéficie pas d'une position dominante l'entreprise possédant une part de marché de près de 50 % dès lors que le marché considéré est en forte croissance, que l'entreprise concernée a vu sa part de marché légèrement décroître et que celle de ses deux principaux concurrents atteint respectivement 35 % et 16 % (CA Paris 13-7-2000 n°s 2000/12708 et 2000/12809, aff. « Technologie WAP »). En revanche, est en position dominante l'entreprise qui détient 32 % de parts de marché, lorsque, entre autres circonstances, la part de marché de son principal concurrent n'excède pas la moitié de la sienne sur le marché en cause (Cons. conc. 5-5-1992 n° 92-D-29, aff. « Produits phytosanitaires »).

Sur le calcul des parts de marché, voir la communication de la Commission sur la délimitation du marché pertinent (n°s 42710 s.).

EXPANSION OU ENTRÉE DE CONCURRENTS SUR LE MARCHÉ

45380 La concurrence étant un processus dynamique, l'appréciation des contraintes concurrentielles pesant sur une entreprise ne saurait se fonder uniquement sur la situation de marché existante, mais doit également prendre en compte l'effet potentiel de l'expansion de concurrents réels ou de l'entrée de concurrents potentiels, y compris la menace d'une telle expansion ou d'une telle entrée.

En effet, une entreprise peut être dissuadée de relever ses prix si l'expansion ou l'entrée de concurrents est probable, est susceptible d'intervenir en temps utile et s'avère suffisante pour priver une telle stratégie de toute rentabilité (Communication 2009/C 42/02 du 24-2-2009, pt 16) :

– l'**expansion** ou l'**entrée** est considérée comme **probable** si elle est suffisamment profitable pour le concurrent ou le nouvel arrivant, compte tenu des obstacles à l'expansion ou à l'entrée sur le marché considéré, des réactions probables de l'entreprise dominante et des autres concurrents, ainsi que des risques et des coûts d'un échec ;

– pour que l'expansion ou l'entrée soit considérée comme intervenue **en temps utile,** elle doit être suffisamment rapide pour décourager ou empêcher l'exercice d'un pouvoir de marché substantiel ;

– pour être considérée comme **suffisante,** l'expansion ou l'entrée doit être d'une ampleur permettant de déjouer toute tentative d'augmenter les prix de la part de l'entreprise dominante sur le marché en cause.

Les **barrières à l'expansion ou à l'entrée** peuvent revêtir diverses formes. Il peut s'agir de barrières juridiques, telles que les droits de douane ou les contingents, ou encore d'avantages dont jouit spécifiquement l'entreprise dominante, tels que les économies d'échelle et de gamme, un accès privilégié à des intrants essentiels, à des ressources naturelles, à des technologies importantes (TPICE 12-12-1991 aff. 30/89, Hilti, pt 19 et, sur recours, CJCE 2-3-1994 aff. 53/92 P, Hilti) ou à un réseau de distribution et de vente bien établi (CJCE 13-2-1979 aff. 85/76, Hoffmann-La Roche, pt 48). Il peut également s'agir de coûts et d'autres entraves résultant par exemple d'effets de réseau, auxquels sont confrontés les clients lorsqu'ils veulent changer de fournisseur.

Le comportement de l'entreprise dominante peut également élever des barrières à l'entrée, notamment, lorsqu'elle a réalisé des investissements importants que les nouveaux arrivants ou les concurrents devront égaler (CJCE 14-2-1978 aff. 27/76, United Brands, pt 91) ou lorsqu'elle a conclu avec ses clients des contrats à long terme (exclusifs ou non) qui ont des effets d'éviction à l'égard de ses concurrents. Des parts de marché qui se maintiennent à un niveau élevé peuvent être des indices de l'existence de barrières à l'entrée et à l'expansion sur un marché donné (Communication 2009/C 42/02 du 24-2-2009, pt 17).

PUISSANCE D'ACHAT COMPENSATRICE

La pression concurrentielle peut également être exercée par les **clients.** Il est possible que même une entreprise détenant une part de marché élevée ne soit pas en mesure d'avoir un comportement indépendant dans une mesure appréciable vis-à-vis de ses clients disposant d'un **pouvoir de négociation** suffisant (TPICE 7-10-1999 aff. 228/97, Irish Sugar). **45390**

Cette puissance d'achat compensatrice peut résulter de la taille des clients ou de leur importance commerciale pour l'entreprise dominante, ainsi que de leur capacité à changer rapidement de fournisseur, à favoriser de nouvelles entrées sur le marché ou à s'intégrer verticalement, ou encore à menacer de manière crédible de le faire. Si la puissance compensatrice est d'une ampleur suffisante, elle peut dissuader ou empêcher toute tentative de l'entreprise en position dominante d'augmenter de façon rentable ses prix (Communication 2009/C 42/02 du 24-2-2009, pt 18).

Pour un exemple dans lequel l'Autorité de la concurrence a estimé que cette puissance d'achat compensatrice des clients n'était pas caractérisée, voir Aut. conc. 3-11-2021 nº 21-D-25, aff. « Secteur de l'approvisionnement en mélasse à La Réunion ».

AVANTAGES STRUCTURELS DONT DISPOSE L'ENTREPRISE

L'importance de la part de marché n'est pas toujours suffisante en soi pour caractériser l'entreprise en position dominante. Il faut aussi tenir compte des avantages structurels dont dispose cette entreprise (CJCE 14-2-1978 aff. 27/76, United Brands). **45400**

Ainsi, selon la Commission européenne, la part de marché doit être appréciée « en liaison notamment avec la disposition de **connaissances techniques,** de **matières premières,** de **capitaux** ou d'autres facteurs importants, tels que par exemple l'attachement à une marque » (Commission CE 17-12-1975, aff. « Chiquita » [United Brands Company] : JOCE 1976 L 95 p. 1).

Selon l'Autorité de la concurrence, doivent aussi être pris en compte le fait que l'entreprise en cause appartient ou non à un **groupe d'entreprises** puissantes, le **statut** de cette entreprise et le fait qu'elle a ou non un accès préférentiel à certaines sources de financement, l'existence de **barrières à l'entrée** sur le marché suggérant une faible probabilité que la suprématie de l'entreprise soit remise en question, etc. (Rapport Cons. conc. pour 1990 p. XXXVI).

ILLUSTRATIONS

Pour constater la position dominante d'une société productrice sur le marché du roquefort, le Conseil de la concurrence a considéré que constituait une barrière à l'entrée de type réglementaire l'obligation faite aux producteurs de ces fromages de n'utiliser pour leur fabrication que du lait de brebis provenant exclusivement du « rayon roquefort », c'est-à-dire du sud de l'Aveyron et de quelques cantons des départements limitrophes, et de procéder à l'affinage dans les caves du village de Roquefort, caves dont cette société était la principale propriétaire. Et d'ajouter que cette position dominante se trouvait encore renforcée par la place de fournisseur incontournable occupée par cette société pour l'approvisionnement en libre-service (Cons. conc. 8-4-2004 nº 04-D-13, aff. « Fromages à pâte persillée » : RJDA 8-9/04 nº 1052).

De même, sont pris en considération les **éléments qualitatifs,** tels qu'une supériorité dans la gestion, l'innovation technique ou l'action commerciale, ou encore les conditions dans lesquelles l'entreprise met en œuvre ses moyens vis-à-vis de ses concurrents ou de ses clients (Cons. conc. 28-4-1987 nº 87-D-08, aff. « NMPP »).

Les différents **indices concrets** relevés par les autorités de concurrence européennes pour déterminer si une entreprise est en position dominante ont été, **par exemple,** les suivants :
– existence d'un réseau commercial extrêmement perfectionné, absence d'une concurrence potentielle et rôle déterminant joué par l'entreprise dans la fixation des prix (Commission CE 9-6-1976, aff. « Vitamines » : JOCE 1976 L 223 p. 27) ;
– degré très poussé d'intégration verticale de l'entreprise, possibilité de satisfaire toutes les demandes qui lui sont présentées, maîtrise de connaissances techniques, politique de promotion axée sur la marque commerciale ainsi qu'existence de contrôles à tous les stades de la distribution (Commission CE 17-12-1975, aff. « Chiquita » : JOCE 1976 L 95 p. 1) ;
– existence d'un système de production intégré permettant d'assurer la totalité des stades de fabrication du sucre, de la fourniture de semences de betteraves aux agriculteurs à la vente du produit fini (Commission CE 18-7-1988, aff. « Napier Brown » : JOCE 1988 L 284 p. 41) ;
– avance technologique de l'entreprise (Commission CE 26-7-1988 aff. « Tetra Pak I » : JOCE 1988 L 272 p. 27 et Commission CE 20-6-2001 : JOCE 2002 L 143 p. 1) ;
– capacité de production, maîtrise de la fabrication des matières premières, difficultés de pénétration du marché par les concurrents, protection contre les producteurs situés en

dehors de l'Union par des droits antidumping, etc. (Commission CE 19-12-1990 aff. « Solvay » : JOCE 1991 L 152 p. 21) ;
– possibilité pour le précurseur sur un marché pharmaceutique d'obtenir et de maintenir des prix plus élevés que les entreprises qui s'établissent par la suite sur ce marché (Commission CE 15-6-2005 aff. « AstraZeneca » : JOUE 2006 L 332 p. 24, confirmé par Trib. UE 1-7-2010 aff. 321/05 et CJUE 6-12-2013 aff. 457/10) ;
– avance technologique de l'entreprise par rapport à ses concurrents, réseau commercial très perfectionné et part de marché très supérieure à celle des concurrents les plus proches (CJCE 13-2-1979 aff. 85/76, Hoffmann-La Roche) ;
– statut de créateur du produit (CA Paris 19-12-2018 n° 17/00219, aff. « Coyote ») ;
– détention d'une marque notoire (CJCE 14-2-1978 aff. 27/76, United Brands ; CA Paris 19-12-2018 n° 17/00219, aff. « Coyote »).

45405 La question doit se poser de savoir si le rival de l'entreprise dominante est un **concurrent aussi efficace** que cette dernière. Il convient à ce titre de vérifier si les concurrents peuvent raisonnablement répliquer les circonstances dans lesquelles l'entreprise dominante puise des avantages concurrentiels. Outre les barrières légales, les contraintes de capacité et les économies d'échelle, il importe d'identifier les avantages de coût absolus que constituent l'accès à une infrastructure essentielle, les ressources naturelles, l'innovation et la R&D, les droits de propriété intellectuelle et le capital, dont bénéficie l'entreprise dominante, ainsi que tout avantage structurel qui contribue à rendre plus difficile une concurrence efficace des autres opérateurs.

› Précisions **a.** Le **droit de marque** ne confère pas par lui-même une position dominante à son titulaire (CJCE 15-6-1976, EMI Records, 3 arrêts, aff. 51/75, 86/75 et 96/75 ; en ce sens, voir aussi Cass. com. 16-2-1977 : Bull. IV n° 50).
b. Il en va de même pour le titulaire d'un **brevet** (CJCE 5-10-1988 aff. 53/87, Renault). La Commission européenne considère que l'analyse visant à définir le marché doit se situer sur une courte période. En effet, sur une longue période, les frontières des marchés se déplacent sous l'influence des progrès technologiques et de la modification des habitudes de consommation (Commission CE 24-7-1991, aff. « Tetra Pak II » : JOCE 1992 L 72 p. 1). S'agissant du secteur du médicament, la Cour de justice a rappelé que si un médicament est protégé par un brevet conférant un monopole temporaire à son titulaire, la concurrence sur le prix qui peut exister entre un producteur et ses distributeurs, ou entre commerçants parallèles et distributeurs nationaux, est, jusqu'à l'expiration de ce brevet, la seule forme de concurrence envisageable (CJUE 6-10-2009 aff. 501/06 P, 513/06 P, 515/06 P et 519/06 P, GlaxoSmithKline Services Unlimited : RJDA 1/10 n° 78).

c. Identification d'une position dominante collective

45420 L'existence d'une position dominante collective est établie lorsque « les entreprises en cause ont, ensemble, notamment en raison de facteurs de corrélation existant entre elles, le pouvoir d'adopter une même ligne d'action sur le marché et d'agir dans une mesure appréciable indépendamment des autres concurrents, de leur clientèle et, finalement, des consommateurs » (CJUE 31-3-1998, aff. jtes 68/94 et 30/95, Kali & Saltz).

Une position dominante collective est susceptible d'être attribuée à plusieurs **sociétés d'un même groupe** (Cons. conc. 28-7-2005 n° 05-D-49, aff. « Affranchissement postal ») ou à des **entités économiques juridiquement indépendantes** l'une de l'autre, à condition que, du point de vue économique, elles se présentent ou agissent ensemble sur un marché spécifique, comme une entité collective (CJCE 16-3-2000 aff. 395 et 396/96 P, Compagnie maritime belge transports).

ILLUSTRATIONS

Les clubs regroupés au sein de la Fédération internationale de football (FIFA) détiennent ensemble une position dominante collective sur le marché des prestations de services d'agents de joueurs : « Du fait du caractère obligatoire du règlement pour les associations nationales membres de la FIFA et les clubs qu'elles regroupent, ces instances apparaissent durablement liées quant à leurs comportements par des règles qu'elles acceptent et que les autres acteurs (joueurs et agents de joueurs) ne peuvent contrer à peine de sanctions pouvant conduire, pour les agents de joueurs en particulier, à les exclure du marché » (TPICE 26-1-2005 aff. 193/02, Laurent Piau).

45423 Il résulte en outre du célèbre arrêt « Airtours » de 2002, rendu en matière de contrôle des concentrations par le Tribunal de première instance des Communautés européennes (TPICE, devenu Tribunal de l'Union européenne), que, dans une **situation de marché oligopolistique** – se caractérisant par un nombre très faible d'offreurs (vendeurs) et un nombre important de demandeurs (clients) –, l'existence d'une position dominante collective peut résulter

de la seule structure du marché lorsque les **trois conditions** suivantes sont réunies (TPICE 6-6-2002 aff. 342/99, « Airtours ») :
– la transparence sur le marché considéré doit être suffisante pour permettre à chaque membre de l'oligopole de connaître le comportement des autres membres, afin de vérifier s'ils adoptent ou non la même ligne d'action ;
– la situation de coordination tacite doit pouvoir se maintenir dans la durée, c'est-à-dire qu'il doit exister une incitation à ne pas s'écarter de la ligne de conduite commune sur le marché ;
– la réaction prévisible des concurrents actuels et potentiels, ainsi que celle des consommateurs, ne doit pas remettre en cause les résultats attendus de la ligne d'action commune.

En droit interne, l'Autorité de la concurrence considère qu'une position dominante collective peut résulter soit de l'existence de liens structurels et d'une action commerciale commune entre les entreprises en cause, soit de la réunion des trois conditions cumulatives posées par l'arrêt « Airtours » cité n° 45423 (Cons. conc. 12-3-2007 n° 07-D-08, aff. « Ciment corse » : RJDA 5/07 n° 558, confirmé par Cass. com. 7-7-2009 n° 08-15.609 : RJDA 3/10 n° 297 et, sur renvoi, CA Paris 15-4-2010 n° 09-14634 ; Aut. conc. 15-5-2012 n° 12-D-13, aff. « Contrôle technique des véhicules »). **45425**

Encore faut-il que l'Autorité recherche si les entreprises ont disposé en commun de la possibilité de se comporter sur le marché en cause, dans une mesure appréciable, de façon « indépendante » vis-à-vis de leurs concurrents, de leurs clients et des consommateurs. Cela ne résulte pas nécessairement de la seule constatation de liens structurels résultant de contrats signés conjointement par des entreprises et dont la mise en œuvre à l'égard de leurs clients faisait apparaître qu'elles se présentaient comme une entité collective pratiquant une stratégie commune (Cass. com. 7-7-2009 n° 08-15.609 précité).

La démonstration de l'existence d'une concurrence effective entre les membres de l'oligopole et d'un pouvoir de pression des concurrents et clients permet de **rejeter** l'hypothèse d'une **position dominante collective,** même en présence de parts de marché fortes, de liens structurels et d'un certain parallélisme de comportements des membres de l'oligopole (Cons. conc. 16-5-2006 n° 06-D-11, aff. « Turbo Europe »). Il en est de même si, malgré la présence de certains acteurs importants, la structure du marché est en réalité atomisée et si certains acteurs ont vu leur part de marché croître, de sorte que ce marché présente un certain degré de « contestabilité » (Cons. conc. 28-3-2007 n° 07-D-12, aff. « Secteur du chèque-cinéma »). Pour un autre exemple dans lequel l'existence d'une position dominante collective était insuffisamment démontrée, voir CA Paris 30-9-2021 n° 20/07846.

Comme exposé précédemment (n° 45420), la position dominante collective peut résulter d'un **comportement uniforme** des entreprises, par exemple en matière de prospection du marché, de fixation des prix, de publicité, etc. (Commission CE 2-1-1973, aff. « Industrie européenne du sucre » : JOCE 1973 L 140 p. 17 ; Commission CE 7-12-1988, aff. « Verre plat » : JOCE 1989 L 33 p. 44 ; Commission CE 23-12-1992, aff. « Cewal » : JOCE 1993 L 34 p. 20, confirmée par TPICE 8-10-1996 aff. 24, 25, 26 et 28/93, « Compagnie maritime belge transports » et confirmée partiellement par CJCE 16-3-2000 aff. 395 et 396/96 P, « Compagnie maritime belge transports » : hypothèse des conférences maritimes). **45430**

ILLUSTRATIONS

Il a été considéré que des filiales de deux grandes sociétés sidérurgiques détenaient collectivement une position dominante sur le marché des treillis soudés dès lors, notamment, que ces sociétés avaient adopté une politique systématique d'entente et que leurs parts de marché combinées étaient supérieures à 54 % alors qu'aucune autre société ne détenait plus de 12,5 % (Avis Commission conc. 20-6-1985, aff. « Treillis soudés »).

Une position dominante collective peut également être caractérisée dans le cadre de **relations verticales,** entre un producteur et certains de ses distributeurs. En effet, il importe peu que les entreprises soient dans une relation horizontale ou verticale dès lors qu'il existe suffisamment de facteurs de corrélation entre elles, démontrant une ligne d'action commune sur le même marché (TPICE 7-10-1999 aff. 228/97, Irish Sugar, confirmé par ord. Prés. CJCE 10-7-2001 aff. 497/99 P, Irish Sugar). **45435**

ILLUSTRATIONS

Il a été jugé qu'un producteur et ses distributeurs occupaient une **position dominante collective** dans la mesure où le producteur détenait une participation dans le capital de ses distributeurs, était représenté au sein des conseils d'administration de ces derniers et était lié à eux par un contrat d'approvisionnement exclusif ; il finançait en outre leurs programmes de promotion et de remises (TPICE 7-10-1999 aff. 228/97 précité).

En revanche, il a été jugé qu'un important fabricant de tuyaux de gaz flexibles métalliques et son unique grossiste-revendeur, bien qu'ils fussent liés par une participation en capital et un contrat d'exclusivité réciproque, ne disposaient **pas d'une position dominante collective** sur ce marché dès lors que :
– le fabricant ne détenait que 10 % du capital du distributeur et un siège sans voix délibérative dans son conseil d'administration, ce qui constituait un lien structurel de faible portée ;
– le contrat d'exclusivité laissait au distributeur la possibilité d'y renoncer unilatéralement si les prix du fabricant dépassaient de 20 % ceux pratiqués par la concurrence ;
– alors qu'en 1996 le distributeur détenait un monopole sur le marché des tuyaux de gaz flexibles métalliques, sa part de marché n'était plus que de 67 % en 1998, ce qui démontrait que les deux parties n'avaient manifestement pas le pouvoir de préserver leurs parts de marché et leurs marges commerciales (Cons. conc. 14-11-2002 n° 02-D-68, aff. « Secteur des tuyaux de gaz flexibles »).

B. Abus d'une position dominante

1. NOTION D'ABUS

a. Principes généraux relatifs à la notion d'abus

45480 Le fait pour une entreprise ou un groupe d'entreprises de détenir une position dominante sur un marché n'est pas, en soi, critiquable. Ce qui est illicite, c'est d'abuser de cette position dominante au détriment de la concurrence. Il faut donc que l'abus ait pour effet, réel ou potentiel, d'empêcher, de restreindre ou de **fausser le jeu de la concurrence.** Dans sa communication du 24 février 2009 sur les pratiques d'éviction abusives des entreprises dominantes (n° 45280), la Commission européenne a indiqué que « l'objectif [de l'interdiction] est de faire en sorte que les entreprises dominantes n'entravent pas le libre jeu de la concurrence en évinçant leurs concurrents par des pratiques anticoncurrentielles, en ayant de ce fait un effet défavorable sur le bien-être des consommateurs, que ce soit sous l'effet de prix plus élevés que ceux qui auraient autrement été appliqués ou d'une autre manière, telle que la limitation de la qualité ou la réduction du choix pour les consommateurs » (pt 19).

La position dominante d'une entreprise ne saurait priver celle-ci du droit de préserver ses propres intérêts commerciaux, lorsque ceux-ci sont attaqués. Si ce **droit de riposte** est reconnu, l'entreprise en position dominante doit toutefois veiller à ce que les moyens mis en œuvre pour protéger ces intérêts ne soient pas abusifs (pour des exemples de riposte abusive, voir CJCE 14-2-1978 aff. 27/76, United Brands ; TPICE 3-7-1991 aff. 228/97 ; Aut. conc. 20-2-2014 n° 14-D-02, aff. « Secteur de la presse quotidienne sportive », confirmé par Cass. com. 1-3-2017 n° 15-19.068 F-D. À l'inverse, pour une riposte jugée proportionnée, voir Cons. conc. 21-6-2004 aff. « France Télécom/SFR »). En d'autres termes, si des entreprises en position dominante peuvent se défendre contre leurs concurrents, elles doivent le faire en recourant à des moyens relevant d'une concurrence « normale », c'est-à-dire fondée sur les mérites (CJUE 12-5-2022 aff. 377/20, Servizio Elettrico Nazionale SpA). Une telle concurrence peut valablement conduire à la disparition du marché ou à la marginalisation des concurrents moins efficaces et donc moins intéressants pour les consommateurs du point de vue notamment des prix, du choix, de la qualité ou de l'innovation (CJUE 6-9-2017 aff. 413/14 P, Intel Coporation Inc ; CJUE 12-5-2022 aff. 377/20 précité).

ILLUSTRATIONS

Il a été considéré que constituait une pratique d'éviction le fait pour une entreprise en position dominante sur le marché de la presse quotidienne sportive de lancer un quotidien à bas coût afin de concurrencer l'entrée d'un nouvel opérateur ayant choisi ce positionnement. L'absence de rationalité économique de ce lancement pour l'entreprise en position dominante alors même que d'autres ripostes moins coûteuses mais moins efficaces avaient été envisagées a été un élément déterminant dans la qualification de l'abus (Aut. conc. 20-2-2014 n° 14-D-02, aff. « Secteur de la presse quotidienne sportive » précité). En revanche, l'Autorité de la concurrence a considéré que la simple détention de la base de données des petits consommateurs d'électricité professionnels concernés par la fin des tarifs réglementés de vente et le refus d'accès à cette base opposé par EDF aux fournisseurs alternatifs d'électricité en 2021 n'étaient pas susceptibles d'entraîner un risque d'éviction de ces concurrents (Aut. conc. 20-1-2022 n° 22-D-03).

L'incapacité d'un hypothétique concurrent aussi efficace de répliquer le comportement de l'entreprise dominante constitue, s'agissant des pratiques d'éviction, l'un des critères permettant de déterminer si ce comportement doit être considéré comme étant ou non fondé sur l'utilisation de moyens relevant d'une concurrence normale (CJUE 12-5-2022 aff. 377/20, Servizio Elettrico Nazionale SpA).

Dans l'hypothèse d'une **position dominante occupée collectivement** par plusieurs entreprises (nos 45420 s.), l'abus ne doit pas nécessairement être le fait de toutes les entreprises détenant la position dominante collective. Il suffit que cet abus puisse être identifié comme l'une des manifestations de la détention d'une position dominante collective. Autrement dit, des entreprises en position dominante collective peuvent avoir des comportements abusifs communs ou individuels (TPICE 7-10-1999 aff. 228/97, Irish Sugar, confirmé par ord. Prés. CJCE 10-7-2001 aff. 497/99 P, Irish Sugar).

Lorsqu'une position dominante est exploitée de façon abusive par une ou plusieurs **filiales** appartenant à une unité économique, l'existence de cette unité est suffisante pour considérer que la société mère est elle aussi responsable de cet abus ; cette responsabilité doit être présumée si, au moment des faits, au moins la quasi-totalité du capital de ces filiales était détenue, directement ou indirectement, par la société mère (CJUE 12-5-2022 aff. 377/20, Servizio Elettrico Nazionale SpA).

Aux termes de l'**article 102 du TFUE,** constituent des pratiques abusives celles consistant à : **45485**
a) Imposer de façon directe ou indirecte des prix d'achat ou de vente ou d'autres conditions de transaction non équitables ;
b) Limiter la production, les débouchés ou le développement technique au préjudice des consommateurs ;
c) Appliquer à l'égard de partenaires commerciaux des conditions inégales à des prestations équivalentes, en leur infligeant de ce fait un désavantage dans la concurrence ;
d) Subordonner la conclusion de contrats à l'acceptation, par les partenaires, de prestations supplémentaires, qui, par leur nature ou selon les usages commerciaux, n'ont pas de lien avec l'objet de ces contrats.

Mais cette liste n'est pas limitative : tout comportement peut être qualifié d'abus, dès l'instant où il permet à une entreprise de limiter les effets de la concurrence.

Aux termes de l'**article L 420-2, al. 1 du Code de commerce,** les abus peuvent notamment consister en refus de vente, en ventes liées ou en conditions de vente discriminatoires ainsi qu'en rupture de relations commerciales établies, au seul motif que le partenaire refuse de se soumettre à des conditions commerciales injustifiées.

Comme pour l'article 102 du TFUE, cette liste n'étant pas exhaustive, les autorités de concurrence peuvent qualifier d'abus d'autres comportements mis en œuvre par une entreprise en position dominante.

Le fait qu'une pratique reprochée à une entreprise n'ait jamais jusqu'alors été sanctionnée par les autorités de concurrence ne fait pas disparaître ni même n'atténue sa contrariété au droit de la concurrence, de sorte que cette entreprise ne peut pas valablement soutenir que le caractère abusif de la pratique n'était pas prévisible au moment où elle avait été commise (Cass. com. 5-4-2018 no 16-19.186 FS-D, aff. « Offres de téléphonie mobile on net »).

Selon la Cour de justice (CJCE 13-2-1979 aff. 85/76, Hoffmann-La Roche ; CJCE 3-7-1991 aff. 62/86, Akzo), **45490**
« la **notion d'exploitation abusive** est une notion objective qui vise les comportements d'une entreprise en position dominante qui sont de nature à influencer la structure d'un marché où, à la suite précisément de la présence de l'entreprise en question, le degré de concurrence est déjà affaibli et qui ont pour effet de faire obstacle, par le recours à des moyens différents de ceux qui gouvernent une compétition normale des produits ou services sur la base des prestations des opérateurs économiques, au maintien du degré de concurrence existant encore sur le marché ou au développement de cette concurrence ».

La Cour de justice a précisé, à propos des éléments de caractérisation de l'exploitation d'une position dominante, qu'il suffit que la pratique soit susceptible de porter atteinte, en ayant recours à des ressources ou à des moyens autres que ceux qui gouvernent une compétition normale, à une structure de concurrence effective sur le marché pertinent ; il n'est pas nécessaire de démontrer en outre (CJUE 12-5-2022 aff. 377/20, Servizio Elettrico Nazionale SpA) :
– la capacité de cette pratique à causer un préjudice direct aux consommateurs ;
– lorsque la pratique vise à évincer les concurrents, l'existence d'un effet d'éviction concret sur le marché. En effet, la preuve que le comportement en cause n'a pas produit d'effets restrictifs concrets est insuffisante à elle seule à exclure le caractère abusif de ce comportement. En revanche, cet élément peut constituer un indice de l'incapacité du comportement en cause à produire des effets anticoncurrentiels, lequel, toutefois, devra être complété par d'autres éléments de preuve visant à établir cette incapacité ;

– l'intention de l'entreprise en cause d'évincer ses concurrents par des moyens ou en recourant à des ressources autres que ceux gouvernant une concurrence par les mérites, l'existence d'une pratique d'éviction abusive s'appréciant sur le fondement de la capacité de cette pratique à produire des effets anticoncurrentiels. La preuve d'une intention anticoncurrentielle constitue néanmoins une circonstance factuelle susceptible d'être prise en compte aux fins de la détermination de l'abus.

Ainsi, une pratique a priori licite peut, lorsqu'elle est mise en œuvre par une entreprise en position dominante, être qualifiée d'« abusive », si elle peut produire un effet d'éviction et si elle repose sur l'utilisation de moyens autres que ceux relevant d'une concurrence par les mérites. Toutefois, l'entreprise concernée peut échapper à l'interdiction énoncée à l'article 102 du TFUE en établissant qu'elle est justifiable (voir n° 45550).

45495 La Commission européenne et la Cour de justice ont étendu la notion d'abus à des comportements qui n'ont pas un impact direct sur la structure de la concurrence, mais causent néanmoins un **préjudice immédiat aux consommateurs.**

Ainsi, toute discrimination fondée sur la nationalité ou le domicile pratiquée par une entreprise en position dominante constitue automatiquement une violation de l'article 102 du TFUE (CJCE 2-3-1983 aff. 7/82, GVL).

Le bénéfice d'un droit exclusif de propriété intellectuelle ou industrielle (droit d'auteur, brevet) ne tombe pas, en tant que tel, dans le champ d'application de l'article 102. Cependant, l'exercice d'un tel droit par une entreprise en position dominante peut constituer un abus, au sens de cet article (voir n° 45760).

Enfin, le recours à une voie de droit, telle que la procédure antidumping, ne constitue pas en soi un abus de position dominante (TPICE 30-11-2000 aff. 5/97, Industrie des poudres sphériques).

En revanche, l'utilisation des procédures et réglementations publiques en vigueur dans un certain nombre de pays de l'EEE dans le seul but d'empêcher les producteurs de médicaments génériques et les importateurs parallèles de concurrencer un médicament constitue un abus de position dominante.

ILLUSTRATIONS

Discrimination fondée sur la nationalité. Jugé que le fait pour une société allemande, détentrice d'un monopole de fait en matière de gestion des droits d'auteur, de refuser de contracter avec des artistes n'ayant pas de domicile en Allemagne constitue une discrimination fondée sur la nationalité et donc un abus de position dominante (Commission CE du 29-10-1981 : JOCE 1981 L 370 p. 49, confirmé par l'arrêt GVL précité). Pour un autre exemple, voir le comportement du comité organisateur de la Coupe du monde et les pratiques discriminatoires fondées sur la nationalité dans la répartition des billets d'entrée (Commission CE 20-7-1999, aff. « Coupe du monde de football 1998 » JOCE 2000 L 5 p. 55).

Utilisation irrégulière de réglementations dans le secteur pharmaceutique. Ont été sanctionnées, d'une part, l'utilisation irrégulière d'un règlement du Conseil adopté en 1992 instaurant un certificat complémentaire de protection (CCP) qui avait permis à un laboratoire pharmaceutique, en communiquant des informations trompeuses, d'étendre la protection conférée par les brevets de base des produits pharmaceutiques dans plusieurs États membres et, d'autre part, l'utilisation abusive des procédures d'autorisation de mise sur le marché de médicaments dans le but d'étendre de facto la protection accordée bien au-delà de la période prévue par les règles applicables (CJUE 6-12-2013 aff. 457/10, « AstraZeneca »).

Modification de la langue d'étiquetage. A été condamné un brasseur qui avait modifié l'emballage de certains de ses produits afin de rendre leur exportation vers la Belgique plus difficile, notamment en supprimant sur l'étiquette la version française des informations obligatoires, et en changeant la présentation et la taille des produits (Commission CE 13-5-2019 n° IP/19/2488, aff. « AB InBev »).

b. Abus de position dominante commis sur un marché différent du marché dominé

45500 Il ne faut pas confondre le marché sur lequel l'entreprise est en position dominante et le marché sur lequel le comportement abusif se produit. Les deux notions ne coïncident pas nécessairement et l'abus peut être commis sur un marché différent de celui sur lequel l'entreprise détient une position dominante. Dans ce cas, l'entreprise utilise sa position dominante sur un marché pour commettre un abus sur un marché souvent apparenté, mais différent (voir notamment CJCE 3-7-1991 aff. 62/86, Akzo ; CJCE 13-12-1991 aff. 18/88, RTT c/ GB-Inno-BM).

ILLUSTRATIONS

Il a été jugé que s'était livrée à un abus de position dominante une compagnie aérienne bénéficiant d'un monopole qui, sous la pression des pouvoirs publics, avait augmenté ses tarifs de fret pour le transport à la Réunion d'œufs à couver en provenance de la France métropolitaine ; cette mesure favorisait en effet une société locale qui, à la différence de ses concurrents, était équipée pour produire des œufs à couver à partir de son propre élevage (Cass. com. 19-2-1991 : RJDA 5/91 n° 415).

De même a-t-il été jugé qu'une société de pompes funèbres en position dominante sur le marché d'une agglomération de six communes avait commis un abus en imposant à des prestataires de services locaux des clauses de non-concurrence applicables sur un territoire qui s'étendait sur cinquante kilomètres autour de cette agglomération (Cass. com. 9-5-2001 n° 910 : RJDA 12/01 n° 1264).

La Commission européenne a condamné Google pour avoir abusé de sa position dominante sur le marché des moteurs de recherche en conférant un avantage illégal à son service de comparaison de prix (Commission UE 27-6-2017 n° 39740 « Google shopping », confirmée pour l'essentiel par Trib. UE 10-11-2021 aff. 612/17).

Pour que les articles L 420-2 du Code de commerce et 102 du TFUE soient applicables, **45505**
encore faut-il démontrer l'existence d'un **lien entre la position dominante et la pratique prétendument abusive** mise en œuvre sur un marché distinct du marché dominé. L'existence d'un tel lien peut tenir à l'une des circonstances suivantes (Cass. com. 17-3-2009 n° 08-14.503 : RJDA 10/09 n° 895) :

– c'est pour renforcer sa position dominante sur un marché que l'entreprise en cause a mis en œuvre une pratique abusive sur un autre marché qu'elle ne domine pas (CJCE 3-7-1991 aff. 62/86, Akzo, pts 35 à 45) ;

– les marchés présentent des liens de connexité si étroits que la situation de l'entreprise est assimilable à la détention d'une position dominante sur l'ensemble de ces marchés (CJCE 14-11-1996 aff. 333/94, Tetra Pak, pts 21 à 33).

Bien qu'énoncés à propos de pratiques de prix prédateurs, ces principes sont transposables à toutes les pratiques abusives commises sur un marché non dominé (voir, par exemple, Aut. conc. 10-2-2017 n° 17-D-02, aff. « Secteur des boules de pétanque » : une entreprise en position dominante sur le marché de la fabrication de boules de pétanque de compétition avait abusé de cette position dominante en imposant aux revendeurs sur le marché de la vente au détail le respect des prix fixés dans les catalogues de ses produits ; cette pratique a eu pour effet d'empêcher que les points de vente de la marque ne soient concurrencés par ces revendeurs indépendants).

Le risque d'abus de position dominante sur un marché différent du marché dominé est parti- **45510**
culièrement élevé dans le cas de **ressources** (ou « facilités ») liées à une activité de service public puisque ces ressources, d'une part, sont susceptibles d'appartenir à une entreprise en situation de monopole et, d'autre part, sont « **essentielles** », c'est-à-dire que leur utilisation est indispensable et incontournable pour une entreprise qui propose un produit ou un service déterminé. La cour d'appel de Paris a ainsi jugé que si « l'exploitant monopolistique d'une structure essentielle est en même temps le concurrent potentiel d'une entreprise exigeant le recours à cette facilité, cet exploitant peut restreindre ou fausser le jeu de la concurrence sur le marché aval du service en abusant de sa position dominante ou de la situation de dépendance économique dans laquelle se trouve son concurrent à son égard en établissant un prix d'accès à cette facilité injustifié, non proportionné à la nature et à l'importance des services demandés, non transparent et non orienté vers les coûts encourus relevant de critères objectifs » (CA Paris 9-9-1997 : BOCCRF du 7-10-1997). Par exemple, un opérateur historique sur un marché donné tel qu'EDF ne doit pas entretenir une confusion dans l'esprit des consommateurs entre lui-même et sa filiale présente sur le marché émergent de la production d'électricité photovoltaïque (Aut. conc. 17-12-2013 n° 13-D-20, aff. « Électricité photovoltaïque », confirmé sur ce point par CA Paris 21-5-2015 n° 2014/02694).

Sur la théorie des infrastructures essentielles, voir n°s 45720 s.

L'opérateur qui a remporté un marché à la suite d'un **appel public à la concurrence** est par **45515**
définition en situation de monopole pour l'exécution de celui-ci. Si la possibilité, pour lui, d'abuser de cette position dans le cadre de l'exécution de la prestation est peu probable, on ne peut exclure qu'il puisse le faire à l'occasion du **renouvellement du marché,** dès lors qu'il se trouvera dans une situation différente des autres soumissionnaires, en particulier du fait de l'information privilégiée qu'il aura acquise sur le fonctionnement du marché. Il pourrait, dans certains cas, influer sur les conditions dans lesquelles sera exécutée la prestation future. Cette possibilité doit être admise puisqu'un abus de position dominante peut être commis sur un marché connexe à celui sur lequel la dominance est détenue et que deux marchés publics successifs portant sur la même prestation peuvent être considérés comme des marchés connexes (Cons. conc. 27-6-2006 n° 06-MC-02, aff. « Commune de Bouc-Bel-Air » : RJDA 10/06 n° 1075).

c. Abus de position dominante au sein d'un réseau de distribution

45520 Les agissements adoptés par des distributeurs faisant partie du réseau de distribution des produits ou des services d'un producteur en position dominante peuvent être imputés à ce dernier s'il est établi que ces agissements font partie d'une politique décidée unilatéralement par ce producteur et n'ont donc pas été adoptés de manière indépendante par les distributeurs (CJUE 19-1-2023 aff. 680/20, Unilever : RJDA 6/23 n° 19).

> **Précisions** Dans cette affaire, la Cour de justice a jugé que les clauses d'exclusivité litigieuses conclues par les distributeurs avec les points de vente des produits du fabricant, qui obligeaient ces derniers à s'approvisionner exclusivement auprès du fabricant contre des remises, devaient produire des effets d'éviction pour pouvoir être qualifiées d'abusives (CJUE 19-1-2023 aff. 680/20 précité).

d. Abus automatique de position dominante

45530 À propos des **monopoles accordés par les autorités publiques** nationales à certaines entreprises, la Cour de justice a considéré que le simple fait de créer une position dominante par l'octroi d'un droit exclusif au sens de l'article 106, 1 du TFUE n'est pas, en tant que tel, incompatible avec l'article 102. Mais un État membre sera considéré comme enfreignant les interdictions contenues dans ces deux articles si l'entreprise en situation de monopole est amenée, par le simple exercice de son droit exclusif, à exploiter sa position dominante de façon abusive. Il en va de même lorsque le droit exclusif est susceptible de créer une situation dans laquelle l'entreprise est automatiquement amenée à commettre un abus de position dominante (pour des exemples, voir CJCE 23-4-1991 aff. 41/90, Höfner et Elser, monopole de placement des employés octroyé en Allemagne à l'Office fédéral pour l'emploi ; CJCE 18-6-1991 aff. 260/89, ERT, droit exclusif de retransmission d'émissions de télévision en Grèce ; CJCE 13-12-1991 aff. 18/88, RTT c/ GB-Inno-BM, exploitation d'un réseau public de télécommunications en Belgique et extension du monopole au marché de l'entretien et du raccordement des appareils ; CJCE 10-2-2000 aff. 147 et 148/97, Deutsche Post ; CJCE 8-6-2000 aff. 258/98, Carra ; CJUE 17-7-2014 aff. 553/12, Dimosia Epicheirisi Ilektrismou, exploitation par une entreprise publique grecque de 91 % des gisements publics de lignite en vertu de licences d'exploitation octroyées par l'État).

45535 En droit interne, le Conseil d'État est plus réticent à admettre la théorie de l'abus automatique. Le Conseil d'État a ainsi considéré qu'avait commis une erreur de droit la cour administrative d'appel qui, pour déclarer nulle la convention conclue entre un centre hospitalier et une entreprise de pompes funèbres pour la construction et l'exploitation par cette dernière d'une chambre funéraire, avait retenu que cette convention créait une position dominante au profit de son titulaire, par ailleurs concessionnaire de la commune, sans rechercher si le contrat plaçait l'entreprise en situation d'abuser automatiquement de la position dominante ainsi identifiée (CE 17-10-2008 n° 293220 : RJDA 4/09 n° 387).

e. Justifications objectives de la pratique considérée comme abusive

DROIT DE L'UNION EUROPÉENNE

45550 Contrairement à l'article 101, 3 du TFUE relatif aux ententes, l'article 102 du TFUE ne prévoit pas de mécanisme permettant de « racheter » une pratique abusive entraînant des gains d'efficacité supérieurs aux effets anticoncurrentiels qu'elle produit (n° 45240).

La Commission considère cependant que l'entreprise dominante dispose de la possibilité de justifier son **comportement** en démontrant soit que celui-ci est **objectivement nécessaire,** par exemple pour des raisons touchant à la santé ou à la sécurité, soit qu'il produit des **gains d'efficacité substantiels** qui l'emportent sur les effets anticoncurrentiels produits sur les consommateurs. Les gains d'efficacité doivent être d'une ampleur telle qu'il soit peu probable que les consommateurs subissent un préjudice du fait des pratiques aboutissant à évincer les concurrents. L'entreprise dominante devra généralement démontrer que les conditions cumulatives suivantes sont bien remplies (Communication de la Commission du 24-2-2009 sur les pratiques d'éviction abusives des entreprises dominantes, pts 28 à 30, précitée n° 45280) :

– les gains d'efficacité ont été ou sont susceptibles d'être réalisés grâce au comportement considéré ;
– le comportement est indispensable à la réalisation de ces gains d'efficacité ;
– ces derniers doivent l'emporter sur les effets préjudiciables probables sur la concurrence et le bien-être des consommateurs ;
– le comportement ne doit pas éliminer une concurrence effective en supprimant la totalité ou la plupart des sources existantes de concurrence actuelle ou potentielle.

La Cour de justice de l'Union européenne a validé en tous points cette approche des justifications objectives que peut avancer une entreprise en position dominante pour échapper à la qualification d'abus (CJUE 27-3-2012 aff. 209/10, Post Danmark A/S). L'entreprise concernée peut donc échapper à l'interdiction énoncée à l'article 102 du TFUE en établissant que la pratique en cause était objectivement justifiée et proportionnée à cette justification ou que ses effets anticoncurrentiels étaient contrebalancés, voire surpassés, par des avantages en termes d'efficacité qui profitent également aux consommateurs (CJUE 12-5-2022 aff. 377/20, Servizio Elettrico Nazionale SpA).

DROIT FRANÇAIS

L'article L 420-4 du Code de commerce prévoit expressément que ne sont pas soumises aux dispositions de l'article L 420-2 les pratiques « dont les auteurs peuvent justifier qu'elles ont pour effet d'assurer un **progrès économique,** y compris par la création ou le maintien d'emplois, et qu'elles **réservent aux utilisateurs une partie équitable du profit qui en résulte,** sans donner aux entreprises intéressées la possibilité d'éliminer la concurrence pour une partie substantielle des produits en cause » à la condition que ces **restrictions** soient « **indispensables** pour atteindre cet objectif de progrès » (Cons. conc. 8-11-2005 n° 05-D-60, aff. « Île Saint-Honorat » ; Cons. conc. 18-3-2005 n° 05-D-13, aff. « Canal Plus/TPS »). **45560**

2. EXEMPLES DE PRATIQUES ABUSIVES PAR UNE ENTREPRISE EN POSITION DOMINANTE

a. Politiques de prix

PRIX D'ÉVICTION

Certaines stratégies de **prix bas** peuvent constituer des abus de position dominante lorsqu'elles produisent un **effet actuel ou potentiel d'éviction** pour des concurrents considérés comme aussi « efficaces » que l'entreprise qui pratique ces prix, et ce en dehors de toute politique de prix dits « prédateurs » (n°s 45590 s.). **45580**

Autorités de concurrence européennes Pour qualifier des prix bas de prix d'éviction, les autorités de concurrence européennes ont recours au « **test du concurrent aussi efficace »** (ou « test AEC » pour « As Efficient Competitor test »). Ce test se réfère non pas à un concurrent réel, mais à un concurrent hypothétique qui supporterait les mêmes coûts et aurait la même structure de clientèle que l'opérateur dominant. Il consiste à vérifier qu'un tel concurrent pourrait profitablement répliquer les tarifs pratiqués par l'opérateur dominant. **45582**

Le test AEC est évoqué par la Commission dans sa communication de 2009 (précitée n° 45280, pt 26). Il repose sur une comparaison entre les coûts de revient des produits en cause et les prix de vente pratiqués par l'entreprise dominante : il s'agit de vérifier si l'entreprise dominante pratique des prix de vente inférieurs à ses coûts. Pour ce faire, la Commission retient une approche un peu plus extensive que le test des « coûts variables » adopté en matière de prix prédateurs en se référant au « **coût évitable moyen** » (CEM) et au « **coût marginal moyen à long terme** » (CMMLT).

Le « coût évitable moyen » est la moyenne des coûts qui auraient pu être évités si l'entreprise n'avait pas produit une unité supplémentaire, en l'occurrence celle concernée par le comportement abusif. Dans la plupart des cas, le « coût évitable moyen » et le « coût variable moyen » sont identiques car ce ne sont souvent que les coûts variables qui peuvent être évités. Cependant, il convient parfois d'y ajouter les coûts fixes de court terme, c'est-à-dire supportés pendant la seule période concernée.

Le « coût marginal moyen à long terme » est la moyenne de tous les coûts (variables et fixes) qu'une entreprise supporte pour fabriquer un produit déterminé.

Si les prix pratiqués par l'entreprise en position dominante se situent en deçà de son CEM, il est probable qu'elle sacrifie ses profits à court terme et qu'un concurrent aussi efficace ne puisse satisfaire les consommateurs visés sans subir de pertes. Par ailleurs, le fait que le CMMLT ne soit pas couvert par les prix pratiqués indique que l'entreprise dominante ne couvre pas tous les coûts fixes de la production du bien ou du service en cause et qu'un concurrent aussi efficace pourrait être évincé du marché (Communication précitée).

La Cour de justice de l'Union européenne a également validé le test du concurrent aussi efficace : « L'article 102 TFUE interdit, notamment, à une entreprise occupant une position dominante de mettre en œuvre des pratiques produisant des effets d'éviction pour ses concurrents considérés comme étant aussi efficaces qu'elle-même et renforçant sa position dominante en recourant à des moyens autres que ceux qui relèvent d'une concurrence par les mérites » (CJUE 27-3-2012 aff. 209/10, Post Danmark A/S, pt 25).

› Précisions Ce test n'est que l'une des manières d'établir qu'une entreprise en position dominante a eu recours à des moyens autres que ceux relevant d'une concurrence « normale », de sorte que les autorités de concurrence n'ont pas l'obligation de **se fonder systématiquement sur un tel test** pour constater le caractère abusif d'une pratique tarifaire ; toutefois, l'importance généralement accordée à ce test, lorsqu'il est réalisable, démontre que l'incapacité qu'aurait un hypothétique concurrent aussi efficace de répliquer le comportement de l'entreprise dominante constitue, s'agissant des pratiques d'éviction, l'un des critères permettant de déterminer si ce comportement doit être considéré comme étant ou non fondé sur l'utilisation de moyens relevant d'une concurrence normale (CJUE 12-5-2022 aff. 377/20, Servizio Elettrico Nazionale SpA, pts 81 et 82).

45585 **Autorité de la concurrence** L'Autorité de la concurrence sanctionne elle aussi – en dehors de l'hypothèse spécifique des prix dits « prédateurs » – les pratiques de prix d'éviction tendant à entraver de manière artificielle l'accès au marché des concurrents et ainsi à maintenir ou renforcer la position dominante de l'entreprise qui les met en œuvre.

À cet égard, l'Autorité de la concurrence et la Cour de cassation ont également adopté le test du concurrent aussi efficace en jugeant, dans le cadre de pratiques de « ciseau tarifaire », que l'effet anticoncurrentiel sera avéré « si un concurrent potentiel aussi efficace que l'entreprise dominante verticalement intégrée auteur de la pratique ne peut entrer sur le marché aval qu'en subissant des pertes » (Cons. conc. 14-10-2004 n° 04-D-48, aff. « France Télécom » et, dans la même affaire, Cass. com. 3-3-2009 n° 08-14.435 : RJDA 10/09 n° 893). Sur les pratiques de « ciseau tarifaire », voir n° 45640.

45590 **Cas des prix « prédateurs »** Les prix prédateurs constituent un type particulier de prix d'éviction.

Selon la Commission européenne et la cour d'appel de Paris, une entreprise dominante adopte un comportement prédateur lorsqu'elle supporte des pertes ou renonce à des bénéfices à court terme en consentant délibérément un « sacrifice », de façon à évincer ou à pouvoir évincer un ou plusieurs de ses concurrents réels ou potentiels en vue de renforcer ou de maintenir son pouvoir de marché (Communication de 2009 précitée n° 45280, pt 63 ; par exemple, CA Paris 25-11-2015 n° 12/02931, aff. « Googlemaps »).

La Commission précise que l'entreprise dominante consent un « sacrifice » si, en fixant un prix inférieur pour l'ensemble ou pour une partie spécifique de sa production au cours de la période considérée ou en développant sa production durant cette même période, elle a subi ou subit des pertes qui auraient pu être évitées (Communication précitée).

La **preuve objective** d'une pratique de prix prédateurs n'est cependant pas évidente à établir.

Le **test** retenu par la Cour de justice dans l'arrêt « **Akzo** » (CJCE 3-7-1991 aff. 62/86) consiste à **comparer le niveau des prix avec les « coûts variables » moyens** (CVM : coûts qui varient en fonction des quantités produites) **et avec les « coûts totaux » moyens** (CTM : coûts qui comprennent les coûts fixes et les coûts variables) :

- si le niveau des prix est inférieur à la moyenne des « coûts variables », il existe une forte présomption de prédation ;
- si le niveau des prix est compris entre la moyenne des « coûts variables » et la moyenne des « coûts totaux », la prédation ne sera retenue que s'il est démontré qu'il existe un plan d'élimination du ou des concurrents (voir aussi CJCE 14-11-1996 aff. 333/94 P, Tetra Pak ; CJUE 27-3-2012 aff. 209/10, Post Danmark A/S, pt 27) ; dans ce cas, il appartient à la Commission européenne de prouver que l'entreprise dominante avait l'intention d'éliminer un concurrent ;
- si le niveau des prix est supérieur à la moyenne des « coûts variables », alors la prédation ne sera normalement pas retenue (voir aussi CJCE 14-11-1996 aff. 333/94 P, Tetra Pak).

ILLUSTRATIONS

Dans un cas où la Commission européenne avait infligé à la société France Télécom une amende de 10,3 M€ pour avoir pratiqué, pour ses services Pack eXtense et Wanadoo ADSL, des prix ne lui permettant de couvrir ni ses coûts variables de mars à août 2001, ni ses coûts totaux d'août 2001 à octobre 2002, le Tribunal a admis que la Commission avait pu adapter la méthode de calcul du taux de couverture des coûts pour tenir compte du fait que, dans un marché en phase de croissance comme celui de l'accès à l'ADSL, les coûts d'acquisition de la clientèle représentaient une part significative des dépenses ; la Commission avait donc pu valablement procéder à divers retraitements de la méthode comptable employée dans les affaires Akzo et Tetra Pak pour parvenir à déterminer une couverture effective des coûts tenant compte d'une période d'étalement des coûts d'acquisition de la clientèle sur 48 mois (TPICE 30-1-2007 aff. 340/03, France Télécom : RJDA 5/07 n° 559, bien que nettement plus favorable à France Télécom, le test avait démontré que les prix pratiqués étaient prédateurs).

Dans sa communication du 24 février 2009 (précitée), la Commission indique toutefois se fonder, non plus sur le CVM comme dans l'arrêt « Akzo », mais sur le **« coût évitable moyen »** (CEM : moyenne des coûts qui auraient pu être évités si l'entreprise n'avait pas produit une unité supplémentaire) pour déterminer si l'entreprise dominante subit ou a subi des pertes évitables. À noter que, dans la plupart des cas, le coût variable moyen (CVM) et le CEM seront identiques, étant donné que seuls les coûts variables peuvent généralement être évités. Toutefois, lorsque le CVM et le CEM diffèrent, la Commission considère que ce dernier reflète mieux un éventuel sacrifice.

Si elle fixe un prix inférieur au CEM pour la totalité ou une partie de sa production, l'entreprise dominante ne récupère pas les coûts qu'elle aurait pu éviter sans cette production : elle subit donc une perte qui aurait pu être évitée. La Commission précise cependant, dans sa communication, que la notion de « sacrifice » ne couvre pas uniquement l'application de prix inférieurs au CEM : afin de démontrer l'existence d'une stratégie prédatrice, la Commission peut également examiner si les agissements prédateurs présumés ont conduit à court terme à des recettes nettes inférieures à celles auxquelles on aurait pu s'attendre si un comportement raisonnable avait été adopté, c'est-à-dire si l'entreprise dominante a subi une perte qui aurait pu être évitée (pts 63-65).

Enfin, selon la Commission, il n'est pas nécessaire de prouver que les concurrents ont quitté le marché pour démontrer des effets d'éviction anticoncurrentiels : l'entreprise dominante peut en effet préférer empêcher ses concurrents de lui opposer une vive concurrence et les amener à s'aligner sur ses prix, plutôt que les évincer complètement. En mettant ainsi ses concurrents au pas, elle contourne le risque inhérent à leur disparition, notamment celui que leurs actifs soient vendus à bas prix et restent sur le marché, permettant ainsi l'arrivée d'un nouvel entrant dont les coûts seraient peu élevés (pt 69).

Pour caractériser une pratique de prix prédateurs, l'Autorité de la concurrence fait elle aussi **application du « test de coût »** retenu par la jurisprudence « Akzo ». 45595

ILLUSTRATIONS

Le Conseil de la concurrence avait sanctionné l'entreprise pharmaceutique GlaxoSmithKline pour avoir pratiqué des prix prédateurs sur le marché des « céphalosporines de deuxième génération » (sur lequel elle n'était pas en position dominante) dans le but d'évincer les fabricants de génériques du marché de la vente aux hôpitaux de « l'aciclovir injectable » (sur lequel elle était en position dominante). Pour déterminer les coûts variables de la filiale française du groupe, ont été pris en compte le prix d'achat du produit auprès d'une autre société du groupe et, pour déterminer les prix de vente, le prix de vente pratiqué pour chaque appel d'offres organisé par des hôpitaux. Le Conseil avait considéré que, dans la mesure où le prix d'achat est le premier des coûts variables, le caractère prédateur des prix pratiqués par GlaxoSmithKline pouvait être présumé dès lors que le prix de vente était inférieur ou égal au prix d'achat. Le Conseil avait alors estimé que l'entreprise avait mis en œuvre une stratégie de prédation « par construction d'une réputation d'agressivité » afin de dissuader les génériqueurs d'entrer sur le marché des spécialités hospitalières, dont celui de « l'aciclovir injectable » (Cons. conc. 14-3-2007 n° 07-D-09 : RJDA 6/07 n° 662). La cour d'appel de Paris a toutefois réformé cette décision au motif que la stratégie prédatrice n'était pas avérée, le Conseil n'étant pas parvenu à démontrer l'existence de circonstances particulières propres à établir le lien nécessaire entre les pratiques de prix sur le marché non dominé et la position dominante de GlaxoSmithKline sur un autre marché connexe. En effet, rien ne permettait d'établir que les concurrents potentiels de GlaxoSmithKline sur le marché de « l'aciclovir injectable » avaient eu connaissance des prix pratiqués par cette entreprise sur le marché « des céphalosporines de deuxième génération » (CA Paris 8-4-2008 n° 2007/07008 : RJDA 6/08 n° 714, confirmé par Cass. com. 17-3-2009 n° 08-14.503 : RJDA 10/09 n° 895).

Pour d'autres exemples d'application du test de coût : Cons. conc. 29-10-1996 n° 96-D-67, aff. « Coca-Cola » ; Avis Cons. conc. n° 97-A-18 du 8-7-1997 : BOCCRF du 17-9 p. 640 ; Cons. conc. 31-1-2001 n° 00-D-70, aff. « Distribution du disque à Paris » ; Cons. conc. 1-4-2004 n° 04-D-10, aff. « Exploitation des salles de cinéma » ; Commission UE 18-7-2019, AT.39711, aff. « Qualcomm II ».

Dans certains **secteurs d'activité où les coûts fixes,** c'est-à-dire les coûts qui ne varient pas en fonction de l'intensité de l'exploitation commerciale, **sont importants** (cas notamment du secteur des transports), la comparaison des recettes avec les seuls coûts variables peut s'avérer trop favorable à l'opérateur dominant pour établir une pratique de prix prédateurs. 45600

L'autorité de concurrence adopte alors une approche plus exigeante en termes de couverture des coûts que la comparaison avec les seuls coûts variables opérée par la jurisprudence Akzo : il s'agit de la **méthode des coûts incrémentaux** : les recettes de l'activité doivent couvrir non seulement les coûts variables (au sens de l'arrêt Akzo), mais également les coûts fixes spécifiques à l'activité en cause (pour un exemple d'application : Cons. conc. 23-11-2007 n° 07-D-39, aff. « Eurostar »).

Cette méthode est notamment retenue lorsque des entreprises exercent **à la fois** des activités menées dans le cadre d'un **monopole légal** – ou qui l'étaient dans un passé récent – et des **activités en concurrence** pour lesquelles les risques de « subventions croisées » sont plus importants. Dans un tel cas, l'entreprise dominante sur le marché concurrentiel est aussi un opérateur public qui utilise pour la réalisation de la mission de service public qui lui a été confiée des infrastructures également employées pour son activité concurrentielle. On ne peut donc procéder à une ventilation des coûts fixes liés à cette infrastructure en fonction de l'utilisation qui en est faite respectivement pour la réalisation de la mission de service public et pour l'activité concurrentielle : dès lors que l'infrastructure est nécessaire à la réalisation de la mission de service public, le coût fixe qu'elle représente aurait, de toute façon, été engagé, même en l'absence d'activité concurrentielle. Il en résulte que ce coût fixe ne doit pas être pris en compte pour savoir si les coûts incrémentaux (c'est-à-dire les coûts, essentiellement variables, que l'entreprise ne supporterait pas si elle n'exerçait pas l'activité anticoncurrentielle) sont couverts par les recettes, autrement dit les prix pratiqués sur le marché ouvert à la concurrence (Commission CE 20-3-2001, aff. « Deutsche Post AG » : JOCE 2001 L 125 p. 27 ; Cass. com. 17-6-2008 n° 05-17.566, aff. « Vedettes vendéennes » : RJDA 11/08 n° 1187).

45605 Pour les autorités européennes de concurrence, le **critère de la récupération des pertes** n'est pas déterminant pour qualifier le comportement de l'entreprise dominante de prédateur.

Ce test de récupération des pertes vise à déterminer si une stratégie d'éviction par les prix menée par une entreprise aura pour effet probable d'éliminer ou de dissuader la concurrence et s'il est probable que le prédateur dégagera, par la suite, suffisamment de bénéfices pour récupérer les pertes qu'il a encourues durant la période de prédation. Selon cette théorie économique, si la probabilité de récupération des pertes est faible ou nulle, l'application de prix d'éviction est une pratique non seulement déraisonnable, mais également peu susceptible de porter atteinte au bien-être des consommateurs. Le résultat négatif au test de la récupération des pertes dispenserait dès lors les autorités de concurrence de procéder au test de la relation prix-coûts, tel qu'issu de la jurisprudence Akzo (n° 45595).

Pour le juge européen, la démonstration d'une possibilité de récupération des pertes n'est pas nécessaire à la constatation d'une pratique de prix prédateurs (CJCE 2-4-2009 aff. 202/07, France Télécom : RJDA 10/09 n° 896). Du reste, l'absence de toute possibilité de récupération des pertes ne saurait suffire à exclure que l'entreprise en question parvienne à renforcer sa position dominante à la suite, notamment, de la sortie du marché d'un ou de plusieurs de ses concurrents, de sorte que le degré de concurrence existant sur le marché (déjà affaibli en raison précisément de la présence de l'entreprise dominante en question) soit réduit davantage et que les consommateurs subissent un dommage du fait de la limitation de leurs possibilités de choix.

La Commission peut toutefois prendre en compte une telle possibilité de récupération des pertes au titre de l'appréciation du caractère abusif de la pratique en question, en ce qu'elle peut contribuer, par exemple, à exclure (en cas d'application de prix inférieurs à la moyenne des coûts variables) des justifications économiques autres que l'élimination d'un concurrent, ou à établir (en cas d'application de prix inférieurs à la moyenne des coûts totaux mais supérieurs à la moyenne des coûts variables) l'existence d'un plan ayant pour but d'éliminer un concurrent (CJCE 2-4-2009 aff. 202/07 précité).

L'Autorité de la concurrence prend quant à elle en compte, dans son analyse du caractère prédateur des pratiques en cause, la possibilité de récupération des pertes. En effet, lorsqu'il résulte du test de coût que le prix pratiqué par l'entreprise dominante est inférieur au coût moyen variable et qu'en conséquence – dans la ligne de l'arrêt Akzo (n° 45595) – l'entreprise est présumée avoir fait ce sacrifice en vue d'évincer le ou les concurrents qu'elle cherchait à éliminer, l'Autorité admet que cette présomption puisse être combattue si l'entreprise démontre qu'il lui est, en tout état de cause, impossible de récupérer les pertes engendrées par la pratique de prix et ce, pour des raisons qu'il lui revient d'expliquer (Rapport annuel Cons. conc. pour 2007 p. 221 s.).

ILLUSTRATIONS

Dans une affaire « Eurostar », le Conseil – après avoir constaté que le résultat de la société sur la route Paris-Londres ne lui permettait pas de couvrir ses coûts fixes mais couvrait ses coûts variables – a observé qu'aucun élément présent au dossier n'établissait que les pertes étaient consenties seulement dans le dessein d'évincer les compagnies aériennes, qu'au contraire plusieurs éléments plaidaient en faveur de la rationalité économique de la politique commerciale d'Eurostar et qu'enfin l'entrée sur le marché de compagnies low cost rendait difficile une potentielle récupération des pertes consécutives à une éventuelle prédation (Cons. conc. 23-11-2007 n° 07-D-39).

Voir également Cons. conc. 14-3-2007 n° 07-D-09, aff. « GlaxoSmithKline ».

Toutefois, la cour d'appel de Paris semble s'être ralliée à la position européenne dans l'arrêt « Googlemaps » où elle affirme que « si la possibilité de récupérer les pertes ne constitue pas un élément constitutif de la pratique de prédation, l'impossibilité de récupérer ses pertes peut être invoquée comme moyen de défense » (CA Paris 25-11-2015 n° 12/02931).

Pour pouvoir retenir à l'égard d'une entreprise en position dominante une **stratégie de prédation,** il n'est pas nécessaire que la pratique de prix prédateurs ait été mise en œuvre sur le marché dominé. L'entreprise dominante peut aussi chercher à protéger sa position en appliquant des **prix prédateurs sur un marché connexe non dominé** si ce comportement a pour effet de protéger ou de renforcer sa position dominante sur le marché dominé. 45610

En pratique, il peut s'agir de la poursuite d'une « **prédation par construction d'une réputation** ». Par cette stratégie, le prédateur cherche à se bâtir une réputation d'agressivité à l'égard de concurrents qui menacent d'entrer sur les marchés sur lesquels il est présent. Il choisit de développer sa stratégie de prédation sur l'un de ces marchés et s'y comporte de manière très agressive en pratiquant des tarifs en dessous de ses coûts, de sorte que, percevant les signaux de cette agressivité, ses concurrents potentiels s'abstiennent d'entrer sur les autres marchés, y redoutant un comportement identique du prédateur. En limitant sa pratique de prix prédateurs à un marché non dominé, par ailleurs de taille modeste par rapport à celle du marché dominé, l'entreprise concernée supporte des coûts de prédation limités (par exemple, Cons. conc. 14-3-2007 n° 07-D-09, aff. « GlaxoSmithKline » : RJDA 6/07 n° 662 et chron. A. Condomines et Y. Madec p. 663).

L'affirmation d'une stratégie de « prédation par construction d'une réputation » implique toutefois de démontrer un lien entre, d'une part, les pratiques de prix prédateurs sur le marché non dominé et, d'autre part, la mise en œuvre d'un plan ou d'une stratégie d'éviction caractérisée par l'acquisition d'une réputation d'agressivité démontrée sur ce marché non dominé et finalement destinée à dissuader, par un « signal », certains concurrents d'entrer sur le marché dominé (CA Paris 8-4-2008 n° 07-7008 : RJDA 6/08 n° 714, réformant la décision du Conseil de la concurrence n° 07-D-09 précitée au motif que ce lien n'avait pas été démontré, confirmé par Cass. com. 17-3-2009 n° 08-14.503 : RJDA 10/09 n° 895).

Par ailleurs, constitue un abus le fait, pour une entreprise disposant d'un **monopole légal,** d'utiliser tout ou partie de l'excédent des ressources que lui procure son activité sous monopole pour **subventionner** une offre présentée sur un marché concurrentiel lorsque la subvention est utilisée pour pratiquer des prix prédateurs (voir n° 45790). 45615

PRIX EXCESSIFS

Les autorités de concurrence sont réticentes à intervenir dans le processus de fixation des prix d'une entreprise dominante, la liberté de fixation des prix étant l'un des principes fondamentaux de l'économie de marché. Néanmoins, lorsqu'en l'absence d'une réglementation ou d'une régulation de ses tarifs une entreprise en position dominante dispose de la latitude suffisante pour imposer des conditions commerciales inéquitables au regard du contexte juridique et économique dans lequel celles-ci sont mises en œuvre, une autorité de concurrence peut apprécier sa politique tarifaire et la sanctionner au titre d'un abus de position dominante (Aut. conc. 20-9-2019 n° 18-D-17, aff. « Sanicorse », réformée par CA Paris 14-11-2019 n° 18/23992 : RJDA 3/20 n° 177 et chron. A. Marie p. 159, au motif que si la hausse des tarifs avait bien été rendue possible par la situation de monopole de l'entreprise en cause, le caractère non équitable de cette hausse n'était en revanche pas prouvé, arrêt confirmé par Cass. com. 7-7-2021 n° 19-25.586 FS-PB : RJDA 1/2022 n° 42 et chron. V. Lorieul p. 3). 45620

Peuvent donc être **anticoncurrentiels** des prix excessifs par rapport aux prestations fournies (par exemple, Commission CE 19-12-1974, aff. « General Motors Continental » : JOCE 1975 L 29 p. 14), pour autant qu'une telle pratique ne comporte pas de justification (par exemple, CJCE 8-6-1971 aff. 78/70, Deutsche Grammophon ; Cons. conc. 9-11-2006 n° 06-D-34, aff. « Assurance de la responsabilité civile médicale »).

ILLUSTRATIONS

Ne constitue pas un abus de position dominante un barème de redevances calculé sur la base d'un tarif appliqué aux recettes brutes tirées de la vente de billets, qui doit être considéré comme une exploitation normale du droit d'auteur (CJUE 25-11-2020 aff. 372/19, « Sabam »).

Peuvent également être anticoncurrentiels des prix excessifs par rapport aux tarifs pratiqués à d'autres périodes par la même entreprise ou dans des territoires comparables (par exemple, Aut. conc. 22-12-22 n° 22-D-26, comparaison par l'Autorité des prix pratiqués par l'entreprise mise en cause en Guadeloupe avec les prix pratiqués par d'autres entreprises en Martinique et en Guyane).

Des prix excessifs peuvent à tout le moins soulever des **préoccupations de concurrence** nécessitant des engagements (Commission CE 10-2-2021 n° AT.40394, aff. « Aspen »).

45625 Plusieurs **critères** peuvent être utilisés pour déterminer, au cas par cas, le **caractère exagéré d'un prix** :

1° La disproportion manifeste entre le prix de vente du produit ou du service et son coût de production (CJCE 14-2-1978 aff. 27/76, United Brands).

2° La comparaison entre le prix pratiqué par l'entreprise et le prix demandé dans d'autres États membres pour un produit ou un service identique (CJCE 13-7-1989 aff. 395/87, Tournier).

Dans une affaire concernant une société de gestion de droits d'auteur bénéficiant d'un monopole légal, la CJUE a précisé les conditions de cette comparaison (CJUE 14-9-2017 aff. 177/16, « Droits d'auteur lituaniens ») :

– les tarifs servant de point de comparaison doivent être corrigés au moyen de l'indice de la parité du pouvoir d'achat ;

– les États de référence doivent être sélectionnés selon des critères objectifs, appropriés et vérifiables ;

– la base des comparaisons effectuées doit être homogène.

3° La comparaison entre le prix pratiqué par l'entreprise dominante et le prix demandé pour le même produit ou un service similaire par des entreprises exerçant leurs activités dans le même État membre (CJCE 4-5-1988 aff. 30/87, Bodson) ;

4° Le rapport entre le prix d'un service et sa valeur économique (Commission CE 25-7-2001, aff. « Deutsche Post – Interception de courrier transfrontière » : JOCE 2001 L 331 p. 40).

45630 L'Autorité de la concurrence a considéré qu'une **augmentation tarifaire** peut être sanctionnée si elle résulte de la mise en œuvre d'une stratégie d'exploitation de clients captifs. Une telle stratégie peut se manifester, d'une part, par le caractère brutal, significatif et non transitoire de l'augmentation tarifaire et, d'autre part, par l'absence de justification objective et pertinente de cette hausse au regard des conditions de fonctionnement de marché (Aut. conc. 20-9-2018 n° 18-D-17, « Sanicorse », réformée par CA Paris 14-11-2019 n° 18/23992 : RJDA 3/20 n° 177 et chron. A. Marie p. 159, arrêt confirmé par Cass. com. 7-7-2021 n° 19-25.586 FS-PB : RJDA 1/2022 n° 42 et chron. V. Lorieul p. 3).

ILLUSTRATIONS

L'Autorité avait sanctionné une entreprise active dans le secteur de l'élimination des déchets des hôpitaux qui avait résilié des contrats et n'avait pas répondu aux appels d'offres pour finalement conclure avec les hôpitaux, contraints par des délais et dans l'impossibilité de négocier, des contrats prévoyant une augmentation tarifaire annuelle de 60 % (Aut. conc. 20-9-2018 n° 18-D-17, « Sanicorse » précité). La cour d'appel de Paris a réformé cette décision au motif que si la hausse des tarifs avait bien été rendue possible par la situation de monopole de l'entreprise en cause, le caractère non équitable de cette hausse n'était en revanche pas prouvé. En effet, l'application d'une augmentation tarifaire n'est rien d'autre que la fixation d'un prix et l'appréciation du caractère équitable ou non équitable d'une telle augmentation se confond avec celle du caractère équitable ou non du prix en résultant. Or l'Autorité n'avait pas soutenu que les prix résultant des augmentations tarifaires étaient sans rapport raisonnable avec la valeur économique de la prestation fournie et, dès lors, ne les avait pas qualifiés d'excessifs (CA Paris 14-11-2019 n° 18/23992 précité).

PRATIQUE DE CISEAU TARIFAIRE

45640 La pratique de « ciseau tarifaire », dite aussi de « **compression de marge** » désigne une situation dans laquelle une entreprise en situation de monopole ou en position dominante sur un marché amont, qui est également active sur un marché aval ouvert à la concurrence, applique sur les marchés amont et aval des prix tels qu'un concurrent sur le marché aval ne peut pas pratiquer un prix compétitif sans subir des pertes (Cons. conc. 16-9-2004 n° 04-D-45, aff. « NMPP »).

ILLUSTRATIONS

Le Conseil de la concurrence a considéré que le fait, pour France Télécom, d'accepter de laisser ses concurrents substituer leurs installations aux siennes, mais selon des dispositions tarifaires telles que ces concurrents ne pouvaient pas faire aux fournisseurs d'accès à Internet des offres compétitives par rapport à celles proposées par l'opérateur en position dominante, avait créé un effet de ciseau tarifaire constitutif d'un abus (Cons. conc. 7-11-2005, aff. « Secteur de l'Internet haut débit »).

La Commission européenne a infligé à Telefónica, l'opérateur de télécommunications historique espagnol, une amende de plusieurs dizaines de millions d'euros pour avoir, entre 2001 et 2006, abusé de sa position dominante sur le marché espagnol des communications à large bande en imposant des compressions de marges entre les prix de gros facturés à ses concurrents et les prix de détail appliqués à l'égard de sa propre clientèle ; en effet, les concurrents étaient obligés de réaliser des pertes s'ils souhaitaient rivaliser avec les prix de détail pratiqués par Telefónica (Commission CE 4-7-2007, aff. « Wanadoo España contre Telefónica » : JOCE 2008 C 83 p. 6, confirmé par CJUE 10-7-2014, aff. 295/12).

Pour un exemple de pratique de ciseau tarifaire invoquée par les opérateurs alternatifs de fourniture d'électricité, contraints d'acheter leur électricité de base auprès d'EDF, voir Cons. conc. 28-6-2007 n° 07-MC-04, aff. « Direct Energie ».

En ce qui concerne la **méthode** à utiliser pour constater l'effet de compression de marge des concurrents, il ressort de la **jurisprudence de l'UE** que le caractère abusif des pratiques tarifaires d'une entreprise dominante est en principe déterminé par référence à sa propre situation c'est-à-dire par référence à ses propres tarifs et coûts, et non par référence à la situation des concurrents actuels ou potentiels. Toute autre approche risquerait de violer le principe général de sécurité juridique. En effet, si la légalité des pratiques tarifaires d'une entreprise dominante dépendait de la situation spécifique des entreprises concurrentes, notamment par la structure des coûts de celles-ci, qui sont des données qui ne sont généralement pas connues de l'entreprise dominante, cette dernière ne serait pas à même d'apprécier la légalité de ses propres comportements (par exemple, CJUE 14-10-2010, aff 280/08, Deutsche Telekom AG : RJDA 1/11 n° 85 ; CJUE 17-2-2011, aff. 52/09, TeliaSonera Sverige ; CJUE 10-7-2014, aff. 295/12, Telefónica).

Dans l'hypothèse où le test du concurrent aussi efficace (n° 45580) conduit à constater une marge bénéficiaire de l'entreprise victime du potentiel abus, la Commission ne peut qualifier la pratique d'abus de position dominante que si elle démontre que la pratique a emporté des effets d'éviction (CJUE 17-2-2011 aff. 52/09, TeliaSonera Sverige ; CJUE 25-3-2021 aff. 152/19, Deutsche Telekom).

En droit interne, la **Cour de cassation** a précisé qu'une pratique de ciseau tarifaire a un effet anticoncurrentiel si un concurrent potentiel aussi efficace que l'entreprise dominante « verticalement intégrée » auteur de la pratique – entreprise présente sur deux marchés, en amont et en aval l'un de l'autre – ne peut entrer sur le marché aval qu'en subissant des pertes ; un tel effet peut être présumé seulement lorsque les prestations fournies à ses concurrents par l'entreprise auteur du ciseau tarifaire leur sont indispensables pour la concurrencer sur le marché aval (Cass. com. 3-3-2009 n° 08-14.435 : RJDA 10/09 n° 893).

Sur les pratiques de ciseau tarifaire, voir aussi l'étude thématique du Conseil de la concurrence parue dans son rapport pour l'année 2008.

PRIX DISCRIMINATOIRES

Les différenciations tarifaires (différences de prix ou réductions de prix différentes selon les clients ou catégories de clients concernés) sont licites si elles constituent la contrepartie d'une différence de coûts et ne visent pas, en réalité, à restreindre ou éliminer la concurrence. **45650**

Peuvent être anticoncurrentiels les **prix** discriminatoires **qui,** sans raisons objectives, **favorisent certains clients** au détriment des autres (par exemple, CJCE 3-7-1991 aff. 62/86, Akzo ; TPICE 12-12-1991 aff. 30/89, Hilti et, sur recours, CJCE 2-3-1994 aff. 53/92 P, Hilti ; Commission CE 14-5-1997, aff. « Irish Sugar » : JOCE 1997 L 258 p. 1, et, dans la même affaire, TPICE 7-10-1999, aff. 228/97).

ILLUSTRATIONS

Il a été considéré qu'un fabricant avait abusé de sa position dominante en offrant des remises tarifaires avantageuses et discriminatoires à un magasin dont la centrale d'achat venait de décider de référencer une marque concurrente (Cons. conc. 20-3-2001 n° 00-D-85, aff. « Secteur de la distribution du chlorate de soude »).

Le secteur de la téléphonie a également donné lieu à deux décisions sanctionnant des opérateurs pour des pratiques de différenciation tarifaire consistant à proposer des offres d'appel illimité à l'intérieur de leur réseau. Ainsi il était reproché aux opérateurs une différenciation tarifaire excessive entre les appels passés vers d'autres clients de leur réseau (appels « on net ») et ceux, tarifés plus chers, émis vers les réseaux concurrents (appels « off net »), alors que cette différence de prix n'était pas justifiée par les coûts supportés par les opérateurs pour l'acheminement de ces communications (pour des pratiques mises en œuvre en métropole par Orange et SFR, voir Aut. conc. 13-12-2012 n° 12-D-24, réformée sur le montant de la sanction par CA Paris 19-5-2016 n° 2013/1006, arrêt confirmé par Cass. com. 5-4-2018 n° 16-19.186 FS-D ; pour des pratiques mises en œuvre à l'île de La Réunion par SRR : Aut. conc. 13-6-2014 n° 14-D-05, aff. « SRR »).
À l'inverse, une pratique de remises différenciées par une entreprise dominante dans le secteur de la distribution de la presse n'a pas été qualifiée d'abusive, car il n'avait pas été démontré que les remises accordées ciblaient spécifiquement les clients les plus susceptibles de passer à la concurrence et que les remises pouvaient également résulter d'une concurrence « par les mérites » entre l'entreprise dominante et ses concurrents (Cons. conc. 27-1-2009 n° 09-D-04, aff. « NMPP »).

S'agissant de **réductions de prix ciblées** qui visent spécialement les clients d'un concurrent, la Cour de justice considère que, même lorsqu'elles ne présentent pas le caractère de prix prédateurs, de telles réductions de prix doivent être considérées comme une discrimination tarifaire abusive si elles ont un effet d'éviction (CJUE 27-3-2012 aff. 209/10, Post Danmark). Dans l'espèce précitée, la Cour a jugé qu'une politique de prix bas appliqués à l'égard de certains clients importants d'un concurrent par une entreprise en position dominante ne pouvait ainsi être considérée comme constitutive d'une pratique d'éviction abusive au seul motif que le prix appliqué par cette entreprise se situait à un niveau inférieur aux coûts totaux moyens imputés à l'activité concernée mais supérieur aux coûts incrémentaux moyens afférents à celle-ci (coûts appelés à disparaître à court ou à moyen terme si l'entreprise devait cesser l'activité concernée). Quant à l'effet d'éviction, la Cour a constaté que le concurrent en cause avait pu maintenir son réseau de distribution malgré la perte de trois clients et avait depuis repris le service de distribution du courrier de deux de ces trois groupes. Selon la Cour, l'application de prix différents à des clients différents ou à des catégories différentes de clients pour des produits ou des services dont les coûts sont les mêmes, ou, inversement, l'application d'un prix unique à des clients pour lesquels les coûts de l'offre varient, ne saurait, à elle seule, démontrer l'existence d'une pratique d'éviction abusive.

PRIX IMPOSÉS

45660 Si la pratique de prix imposés est plus souvent appréhendée sous l'angle de la prohibition des ententes verticales (voir n° 44580), elle peut aussi être constitutive d'un abus de position dominante. C'est le cas lorsque la position dominante exercée par une entreprise sur un marché lui permet d'imposer sa politique tarifaire sur un autre marché (pour un exemple, Aut. conc. 10-2-2017 n° 17-D-02, aff. « Secteur des boules de pétanque »).

RÉDUCTIONS DE PRIX

45670 Une entreprise en position dominante peut accorder des réductions de prix (remises, rabais, ristournes) en contrepartie de gains d'efficience.

45675 **Pratique décisionnelle et jurisprudence européennes** Les **remises quantitatives** accordées à l'ensemble des acheteurs en fonction du volume d'achat ne sont généralement pas considérées comme constitutives d'un abus de position dominante car elles n'ont pas de caractère fidélisant et sont la contrepartie d'économies d'échelle réalisées (Communication de la Commission européenne du 24-2-2009 sur les pratiques d'éviction abusives des entreprises dominantes, précitée n° 45280, pts 37 à 46). En d'autres termes, si l'augmentation de la quantité fournie se traduit par un coût inférieur pour le fournisseur, celui-ci est en droit de faire bénéficier son client de cette réduction par le biais d'un tarif plus favorable (TPICE 30-9-2003 aff. 203/01, « Michelin II » : RJDA 1/04 n° 104 ; TPICE 17-12-2003 aff. 219/99, British Airways ; CJCE 15-3-2007 aff. 95/04, British Airways).

ATTENTION

L'octroi de remises quantitatives ne doit pas être discriminatoire : à défaut de justifications objectives, peuvent constituer des indices d'un tel **traitement discriminatoire** un seuil de déclenchement du système élevé, ne pouvant concerner que quelques partenaires particulièrement importants de l'entreprise en position dominante, ou l'absence de linéarité de l'augmentation des taux de rabais avec les quantités (CJCE 29-3-2001 aff. 163/99, Portugal c/ Commission).

Les réductions de prix peuvent en revanche être à l'origine d'un abus de position dominante lorsqu'elles ont pour objectif d'inciter l'acheteur à s'approvisionner exclusivement ou quasi exclusivement auprès de l'entreprise dominante. Tel est le cas des **remises de fidélité** (CJCE 13-2-1979 aff. 85/76, « Hoffmann-La Roche » ; Trib. UE 25-6-2010 aff. 66/01, « Imperial Chemical Industries » ; Trib. UE 9-12-2010 aff. 155/06, « Tomra Systems ») et des **ristournes « d'objectif » ou « de progression »,** c'est-à-dire des ristournes liées aux quantités achetées au cours d'une période déterminée (TPICE 30-9-2003 aff. 203/01, « Michelin II » : RJDA 1/04 n° 104 ; CJUE 15-3-2007 aff. 95/04, « British Airways » ; CJUE 6-10-2015 aff. 23/14, « Post Danmark II »).

Selon la **Commission,** la probabilité d'une éviction de concurrents actuels ou potentiels est d'autant plus forte que la réduction représente un pourcentage élevé du prix total, que le seuil défini est élevé et que l'incitation est forte pour atteindre ce seuil de réduction (Communication précitée). **45677**

La **détermination de l'éventuel caractère abusif des réductions de prix** ayant pour objectif d'inciter l'acheteur à s'approvisionner exclusivement ou quasi exclusivement auprès de l'entreprise dominante nécessite un examen approfondi. En effet, il y a lieu d'apprécier l'ensemble des **circonstances,** notamment les critères et les modalités d'octroi des réductions de prix, afin d'évaluer si celles-ci tendent, par un avantage qui ne repose sur aucune prestation économique qui le justifie, à enlever à l'acheteur, ou à restreindre à son égard, la possibilité de choix dans ses sources d'approvisionnement, à barrer l'accès du marché aux concurrents (exclusivité de fait), à appliquer à des partenaires commerciaux des conditions inégales à des prestations équivalentes ou à renforcer la position dominante par une concurrence faussée (Communication précitée).

Même les rabais qui semblent à première vue purement quantitatifs peuvent avoir un **effet fidélisant.** Il en est ainsi, par exemple, si les seuils de déclenchement sont fixés à un niveau tel qu'ils représentent la totalité de la capacité d'achat des clients.

ILLUSTRATIONS

Est considéré comme abusif un système de remises quantitatives consistant à appliquer, sur la totalité du chiffre d'affaires de l'année écoulée, un **taux de remises qui augmente par paliers de chiffre d'affaires** réalisé (TPICE 30-9-2003 aff. 203/01, « Michelin II » précité). En effet, lorsqu'une remise est accordée pour les achats effectués au cours d'une période de référence, l'effet fidélisant est important, et ce d'autant plus lorsque la remise s'applique à la totalité du chiffre d'affaires réalisé pendant la période de référence, contrairement aux cas où la remise s'applique uniquement aux quantités dépassant un certain seuil. Au cas particulier, le fabricant n'avait pas réussi à démontrer que le système de remises mis en place était justifié par l'économie d'échelle qu'il réalisait en raison du nombre élevé de commandes obtenues.

Cette solution concernant les rabais quantitatifs avec effet rétroactif a été confirmée par la Cour de justice dans l'arrêt « Post Danmark II » (CJUE 6-10-2015 aff. 23/14). Dans cet arrêt, il est question de rabais standardisés (possibilité pour tous les clients d'obtenir la même remise calculée sur la base de leurs achats cumulés), accordés pour des achats effectués au cours d'une année. La Cour a relevé que la fidélisation de la clientèle (« l'effet d'aspiration ») était renforcée non seulement par le fait que l'entreprise en cause bénéficiait d'un monopole légal sur une partie du marché, mais aussi par le fait que les rabais s'appliquaient indistinctement à la partie disputable et à la partie non disputable de la demande. La Cour a précisé que, pour ce type de rabais, il convient d'examiner l'ensemble des circonstances de l'espèce, en particulier les critères et les modalités de l'octroi des rabais, l'étendue de la position dominante de l'entreprise concernée et les conditions de concurrence spécifiques du marché pertinent.

La Commission s'attache en principe à vérifier au cas par cas si un système de remises conditionnelles a pour effet, réel ou potentiel, d'entraver l'expansion ou l'entrée de concurrents aussi efficaces en renforçant la difficulté pour eux de couvrir une partie des besoins des différents clients. Pour ce faire, elle procède à une estimation du prix qu'un concurrent doit proposer à un client pour compenser la perte de la remise si ce dernier retire à l'entreprise dominante une partie de sa commande (la « fraction pertinente »). Toutefois, la Cour de justice a précisé que ce « **test du concurrent aussi efficace** » (test AEC) ne constitue pas une condition indispensable pour constater le caractère abusif d'un système de rabais mais un simple critère parmi d'autres (CJUE 6-10-2015 aff. 23/14, « Post Danmark II », en l'espèce, la Cour a jugé qu'en raison de la détention par l'entreprise en position dominante d'une part de marché très importante et des avantages structurels conférés notamment par le monopole légal de cette entreprise qui s'appliquait à 70 % des envois sur le marché concerné des envois postaux en nombre, l'application du critère du concurrent aussi efficace était dépourvue de pertinence). En revanche, lorsque la Commission décide d'effectuer un test AEC elle doit nécessairement en tenir compte dans son appréciation de l'effet d'éviction des rabais fidélisants (CJUE 6-9-2017 aff. 413/14, Intel : RJDA 3/18 n° 281 et chron. I. Luc p. 239 et, sur renvoi, Trib. UE 26-1-2022 aff. 286/09).

45678 La CJUE estime que les « **rabais d'exclusivité** » ne constituent pas des infractions « per se » : l'effet d'éviction qui résulte d'un système de rabais fidélisants peut être contrebalancé, voire surpassé, par des avantages en termes d'efficacité qui profitent aussi au consommateur (CJUE 6-9-2017 aff. 413/14, Intel : RJDA 3/18 n° 281 et chron. I. Luc p. 239). La présomption selon laquelle de tels rabais emportent une restriction de concurrence est en conséquence réfragable. Ainsi, lorsque l'entreprise concernée soutient, au cours de la procédure administrative, éléments de preuve à l'appui, que son comportement n'a pas eu la capacité de restreindre la concurrence et, en particulier, de produire les effets d'éviction reprochés, la Commission doit analyser l'ensemble des circonstances et notamment (CJUE 6-9-2017 aff. 413/14 précité et, sur renvoi, Trib. UE 26-1-2022 aff. 286/09) :
- l'importance de la position dominante de l'entreprise sur le marché pertinent ;
- le taux de couverture du marché par la pratique contestée ;
- les conditions et les modalités d'octroi des rabais en cause, leur durée et leur montant ;
- l'existence éventuelle d'une stratégie visant à évincer les concurrents au moins aussi efficaces ;
- la capacité d'éviction des rabais.

ILLUSTRATIONS

La Commission européenne avait condamné la société Qualcomm, leader sur le marché des puces pour téléphones et tablettes, pour avoir versé des montants substantiels à la société Apple afin que celle-ci s'approvisionne en exclusivité auprès d'elle (Communiqué Commission CE du 24-1-2018 n° IP/18/421). Le Tribunal de l'UE a annulé cette décision pour irrégularités procédurales et défaut de prise en compte dans l'analyse de l'ensemble des circonstances factuelles pertinentes : en effet, Apple ne disposait pas d'alternatives techniques aux produits Qualcomm pour la majeure partie de ses besoins au cours de la période concernée et le fait que les paiements en cause aient réellement réduit les incitations d'Apple à se tourner vers des concurrents pour certains de ses besoins était insuffisant à établir leur caractère anticoncurrentiel pour l'ensemble desdits besoins (Trib. UE 15-6-2022 aff. 235/18, Qualcomm Inc.).

Dans l'affaire Intel précitée, le Tribunal de l'UE, statuant sur renvoi, a également fait application de cette méthode d'analyse et annulé l'amende de 1,06 milliard d'euros infligée à Intel après avoir conclu à une démonstration insuffisante des effets d'éviction de la pratique par la Commission (Trib. UE 26-1-2022 aff. 286/09).

À noter que la solution rendue dans le cadre de l'affaire Intel précitée à propos des rabais d'exclusivité est transposable aux **clauses d'exclusivité**, dès lors que ces deux pratiques sont susceptibles d'être objectivement justifiées ou de voir les désavantages qu'elles génèrent contrebalancés, voire surpassés, par des avantages en termes d'efficacité qui profitent aussi au consommateur (CJUE 19-1-2023 aff. 680/20, Unilever, pt 50 : RJDA 6/23 n° 343, à propos des clauses d'approvisionnement exclusif imposées, par l'intermédiaire de ses distributeurs, par une tête de réseau aux exploitants des points de vente en contrepartie de remises et de commissions conditionnelles).

45680 **Pratique décisionnelle et jurisprudence françaises** Les autorités de concurrence françaises distinguent trois grands types de remises (Aut. conc. 6-6-2016 n° 16-D-11, « TDF ») :
- les remises de volume, qui sont des remises de quantité, réputées conformes au droit de la concurrence ;
- les remises d'exclusivité, qui sont soumises à une présomption de nocivité ;
- les remises intermédiaires, qui doivent faire l'objet d'une analyse au cas par cas, au vu des circonstances de l'espèce, notamment des critères et des modalités de l'octroi de la remise.

Elles ont eu l'occasion de rejeter le grief d'abus de position dominante lorsque des pratiques de **remises fidélisantes** n'avaient pas eu un effet d'exclusion réel sur les concurrents de l'entreprise en position dominante.

Ainsi, dans un cas où il s'agissait de remises « d'objectif » ou « de progression » accordées en fonction de la progression des volumes d'achat par rapport à un volume antérieur ou un objectif théorique – en principe prohibées lorsqu'elles émanent d'une entreprise dominante –, il a été considéré que ces remises n'étaient pas anticoncurrentielles car il n'avait pas été constaté que les fabricants concurrents ne pratiquaient pas des remises similaires ou que ces remises avaient conduit les détaillants à se détourner de ces derniers (CA Paris 4-4-2006 n° 05-14057, aff. « Sté Royal Canin » : RJDA 7/06 n° 837).

Ont été sanctionnés les abus résultant :
- de l'application d'un système de **remises qualitatives et discriminatoires** (Avis Commission CE 14-6-1979, aff. « Marché des compteurs d'eau ») ;
- d'un système de remises qui s'accompagnait, d'une part, d'interventions dans la rédaction des cahiers des charges établis par des collectivités locales afin de faire adopter des

spécificités techniques que seules les sociétés du groupe en position dominante pouvaient respecter et, d'autre part, de concertations destinées à empêcher des grossistes et revendeurs de participer à des appels d'offres (Cons. conc. 18-11-1992 n° 92-D-62, aff. « Biwater ») ;

– de l'application par une société de messagerie d'une **grille de rabais** calculée de telle sorte que seule la plus grosse société de distribution de presse – par ailleurs filiale de son principal actionnaire – pouvait bénéficier de la remise maximale qui était égale au double de celle que pouvaient espérer tous ses concurrents (cette discrimination n'était en effet aucunement justifiée, ni par des économies d'échelle ni par des contraintes particulières qui auraient été imposées à ce seul distributeur) (Cons. conc. 14-2-2003 n° 03-D-09, aff. « Diffusion de la presse sur le domaine public aéroportuaire ») ;

– de l'octroi de **« remises de gammes »** en contrepartie de l'achat de plusieurs références au sein d'une même gamme de produits conduisant à saturer le plan d'assortiment des distributeurs (Cons. conc. 8-4-2004 n° 04-D-13, aff. « Fromages à pâte persillée » : RJDA 8-9/04 n° 1052) ;

– de l'octroi de **« remises de durée »** subordonnées à un engagement de s'approvisionner auprès du même fournisseur pendant une durée importante (Aut. conc. 27-1-2009 n° 09-D-04, aff. « NMPP » ; Aut. conc. 17-12-2015 n° 15-D-20, aff. « Orange mobile ») ;

– de l'octroi de **remises calculées en fonction du pourcentage de couverture des besoins du client** (Cons. conc. 29-10-1996 n° 96-D-67, aff. « Coca-Cola » ; Cons. conc. 10-5-2001 n° 01-D-23, aff. « Sté Abbott » ; Cons. conc. 13-2-2001 n° 00-D-67, aff. « TF1 » ; Cons. conc. 12-3-2007 n° 07-D-08, aff. « Ciment corse » : RJDA 5/07 n° 558, confirmé sur ce point par CA Paris 6-5-2008 n° 07-6172) ;

– de l'octroi de certains **avantages commerciaux discriminatoires** (Cons. conc. 1-7-1997 n° 97-D-53, aff. « France Télécom » ; Cons. conc. 8-7-2004 n° 04-D-32, aff. « JC Decaux » concernant l'offre de prestations gratuites à certains clients susceptibles de contracter avec un concurrent).

> **Précisions** Habituellement, les **remises discriminatoires** constitutives d'un abus de position dominante ont pour objet d'évincer un concurrent potentiel. Dans l'affaire « Diffusion de la presse sur le domaine public aéroportuaire » de 2003 citée ci-dessus, la finalité de la discrimination était plus originale : il s'agissait pour l'entreprise en position dominante de favoriser une société appartenant au même groupe qu'elle. Par cette décision, le Conseil de la concurrence fait application d'une solution énoncée par la Cour de justice (CJCE 29-3-2001 aff. 163/99, Portugal c/ Commission), à laquelle il se réfère d'ailleurs expressément, dans un cas où la grille des rabais consentis sur les redevances d'atterrissage prélevées par les aéroports portugais aboutissait à réserver les rabais les plus élevés aux seules compagnies aériennes portugaises.

REMISE DE « COUPLAGE »

L'attribution d'une remise peut également être liée à l'acquisition, simultanément ou au cours d'une période de temps spécifiée, de deux ou plusieurs biens ou services. Le caractère incitatif des remises subordonnées à l'achat couplé de plusieurs produits s'appuie sur le pouvoir de marché que détient le fournisseur sur l'un des marchés concernés, du fait du caractère incontournable du produit, voire de la position de monopole qu'il y détient. L'entreprise prend alors appui sur son monopole pour rendre plus attractives ses offres sur un marché concurrentiel. Une telle remise est susceptible de fausser le jeu de la concurrence sur ce dernier marché (Les remises, rabais et ristournes en droit de la concurrence : Rapport Cons. conc. pour 2004 p. 91). 45690

ILLUSTRATIONS

Dans une affaire mettant en cause un laboratoire pharmaceutique qui détenait une position dominante sur le marché de la ciclosporine (médicament anti-rejet des greffes), le Conseil de la concurrence a considéré que les remises accordées aux hôpitaux liant l'achat de cette spécialité à l'achat d'autres médicaments faussaient le jeu de la concurrence sur le marché de ces médicaments sur lequel il existait d'autres offreurs (Cons. conc. 24-7-2003 n° 03-D-35, aff. « Novartis Pharma » ; solution confirmée par Cass. com. 28-6-2005 n° 999 : RJDA 2/06 n° 201).

De même, dans une affaire relative à des contrats commerciaux proposés par La Poste à ses clients grands comptes, le Conseil a considéré que les remises commerciales et de développement de La Poste constituaient des remises de couplage car elles reposaient sur une globalisation des chiffres d'affaires de plusieurs produits relevant de marchés distincts sans que cela soit justifié par des gains d'efficience (les économies d'échelle ne se transposant pas d'un produit à l'autre) ; dans cette affaire, le Conseil a par ailleurs estimé que ces remises avaient un effet fidélisant car elles n'étaient pas fondées sur des quantités mais dépendaient d'une progression du chiffre d'affaires réalisé avec La Poste sans rapport avec les volumes traités et n'avaient pas de contrepartie économiquement justifiée (Cons. conc. 30-11-2004 n° 04-D-65, aff. « La Poste »).

Enfin, dans une décision d'engagements (et donc sans analyse approfondie des pratiques), l'Autorité a considéré que des remises couplées accordées par La Poste pour les livraisons de colis à domicile et hors domicile, qui comprenaient en outre un caractère rétroactif, soulevaient des préoccupations de concurrence (Aut. conc. 2-4-2020 n° 20-D-06).

b. Refus de vente ou de prestation de services par une entreprise en position dominante

45700 Peuvent constituer des **abus de position dominante,** dès lors qu'ils faussent de manière sensible le jeu de la concurrence :

– le refus de livrer une entreprise concurrente afin de l'écarter du marché ou d'un marché voisin (CJCE 6-3-1974 aff. jtes 6 et 7/73, Commercial Solvents ; CJCE 3-10-1985, aff. 311/84, CBEM ; Cons. conc. 25-3-1997 n° 97-D-21, aff. « Marché des appareils de détection de métaux ») ;

– le refus d'approvisionner des grossistes effectuant des exportations parallèles (CJCE 16-9-2008 aff. 468/06 à 478/06, Sot. Lélos kai Sia EE : RJDA 11/08 n° 1188 p. 1149 ; CJUE 6-10-2009 aff. 501/06P, 513/06P, 515/06P et 519/06P, GlaxoSmithKline Services) ;

– la réduction des délais de livraison au profit des seuls acheteurs exclusifs (Commission CE 5-12-1988, aff. « BPB » : JOCE 1989 L 10 p. 50) ;

– les manœuvres dilatoires mises en œuvre en vue de différer une livraison (Cons. conc. 11-3-1997 n° 97-D-16, aff. « Châlon-Mégard ») ;

– la subordination de la livraison au contrôle de la commercialisation du produit (13e rapport Commission CE n° 157) ou à l'achat d'un autre produit ou service (voir Commission CE 4-11-1988, aff. « Sabena » : JOCE 1988 L 317 p. 47) ;

– le refus de collaborer de manière positive avec un nouveau concurrent souhaitant accéder au marché (Commission CE 26-2-1992, aff. « British Midland – Aer Lingus » : JOCE 1992 L 96 p. 34) ;

– le refus de vendre une base de données d'informations médicales à des laboratoires pharmaceutiques utilisant le logiciel d'un concurrent en ce qu'il constitue une pratique discriminatoire (Aut. conc. 8-7-2014 n° 14-D-06, aff. « Cegedim », confirmé par Cass. com. 21-6-2017 n° 15-25.941 F-D : RJDA 11/17 n° 762).

45705 Toutefois, à l'instar de ce qui a été jugé en matière de facilités essentielles (sur cette notion, voir nos 45720 s.), l'entreprise mise en cause peut se défendre en prouvant que son **refus** était objectivement **justifié** (Commission CE 26-2-1992, aff. « British Midland – Aer Lingus » : JOCE 1992 L 96 p. 34). Ainsi, en période de pénurie, il est possible de refuser de livrer un acheteur occasionnel et un fournisseur peut appliquer un taux de réduction de ses livraisons différent selon qu'il s'agit d'acheteurs habituels ou de clients occasionnels (CJCE 29-6-1978 aff. 77/77, BP).

c. Refus d'accès à une infrastructure essentielle

THÉORIE DES INFRASTRUCTURES ESSENTIELLES

45720 Par exception au principe de la libre utilisation des ressources acquises ou créées et de la liberté contractuelle qui en résulte, la **théorie** d'origine américaine **des « infrastructures essentielles »** impose à l'entreprise dominante qui détient une ressource rare (telles que les infrastructures contrôlées par des entreprises en situation de monopole historique : ports, réseau de communications ou de transport ferroviaire, oléoducs et gazoducs, aéroports, etc.) d'ouvrir à des concurrents l'accès à cette ressource parce qu'ils en ont besoin pour commercialiser leurs propres produits ou services sur un autre marché, moyennant, bien entendu, une juste rémunération.

Dès lors, le **refus de donner accès** à cette infrastructure essentielle peut être constitutif d'un abus de position dominante par le titulaire de la ressource rare. Le plus souvent, cette pratique de forclusion verticale se rencontre lorsque l'entreprise dominante détient une ressource rare sur un marché, laquelle est nécessaire pour offrir des biens ou des services sur un autre marché situé en aval sur lequel elle est également présente, voire sur un marché nouveau. En refusant à des rivaux l'accès à cette ressource rare sur le marché amont, l'entreprise dominante leur ferme l'accès au marché aval.

Ainsi, la Cour de justice a clairement posé ce principe selon lequel un refus d'accès à un produit peut constituer un abus de position dominante dans un arrêt concernant un refus de fourniture pratiqué par un producteur à l'égard d'un laboratoire fabriquant un médicament concurrent de celui produit par la filiale du producteur : « Une telle entreprise, disposant d'une position dominante pour la production de matières premières et de ce chef en mesure de contrôler l'approvisionnement des fabricants de produits dérivés, ne saurait parce qu'elle a décidé de commencer elle-même la production de ces dérivés, décision par laquelle elle devenait concurrent de ses clients antérieurs, adopter un comportement de nature à éliminer la concurrence de ceux-ci » (CJCE 6-3-1974 aff. 6 et 7/73, Commercial Solvents).

CONDITIONS D'APPLICATION DE LA THÉORIE DES INFRASTRUCTURES ESSENTIELLES

Compte tenu de l'atteinte ainsi portée aux principes de la libre utilisation des ressources acquises ou créées et de la liberté contractuelle de l'entreprise dominante, de strictes **conditions** à l'applicabilité de cette doctrine ont été posées, afin de ne pas en étendre à l'excès son champ d'application (CJCE 26-11-1998 aff. 7/97, Oscar Brönner). 45730

1° L'**accès à l'infrastructure** doit être **indispensable** pour exercer une activité sur un marché amont, aval ou complémentaire de celui sur lequel le détenteur de l'infrastructure détient un monopole ou une position dominante (CA Paris 23-2-2010, n° 08/09840, aff. « Sté J.-P. Gisserot » ; Cons. conc. 12-1-1999 n° 99-MC-01, aff. « NumériCâble », où le Conseil a considéré que le fait que France Télécom ne soit pas directement concurrent de NC NumériCâble n'avait pas à être pris en considération pour déterminer si l'accès à l'infrastructure possédée par France Télécom était essentielle pour NC NumériCâble). Pour des exemples où cette condition n'était pas remplie : Cass. com. 12-7-2005 n° 1159 : RJDA 2/06 n° 202 ; Cass. com. 20-2-2007 n° 06-12.424 : RJDA 8-9/07 n° 895 ; Cons. conc. 29-4-2008 n° 08-D-08, aff. « Édition et vente de monographies touristiques » ; Aut. conc. 8-7-2014 n° 14-D-06, aff. « Cegedim », confirmé par Cass. com. 21-6-2017 n° 15-25.941 F-D). 45735

Dans l'hypothèse où l'accès à la « facilité » est rendu obligatoire par la réglementation, la Commission n'a pas à démontrer le caractère indispensable de cet accès (CJUE 25-3-2021 aff. 152/19, Deutsche Telekom).

Pour déterminer si un produit ou un service est indispensable à une entreprise pour lui permettre d'exercer son activité sur un marché déterminé, il convient de rechercher s'il existe, d'une part, des produits ou des services constituant des solutions alternatives, même si elles sont moins avantageuses, et, d'autre part, des obstacles techniques, réglementaires ou économiques de nature à rendre impossible ou du moins déraisonnablement difficile, pour toute entreprise qui entend opérer sur ce marché, la création (éventuellement en collaboration avec d'autres opérateurs) des produits ou services alternatifs. Pour pouvoir admettre l'existence d'obstacles de nature économique, il doit à tout le moins être établi que la création de ces produits ou services alternatifs n'est pas économiquement rentable pour une production à une échelle comparable à celle de l'entreprise contrôlant le produit ou le service existant (CA Paris 31-1-2006 n° 05-14782 : RJDA 6/06 n° 709, sur renvoi de Cass. com. 12-7-2005 n° 1159 : RJDA 2/06 n° 202 ; Cass. com. 20-2-2007 n° 06-12.424 : RJDA 8-9/07 n° 895).

ILLUSTRATIONS

Faisant une application objective de ce critère, la Cour de justice a refusé de considérer qu'un système de portage à domicile de journaux constituait une installation essentielle. Ne prenant pas en compte la faiblesse du tirage de l'éditeur qui demandait à bénéficier du système de portage, la Cour a considéré qu'il disposait d'autres moyens de distribution, tels que la voie postale ou la vente en kiosques (CJCE 26-11-1998 aff. 7/97, Oscar Brönner : Rec. I-7791).

Si la reproduction de l'infrastructure ou de la facilité essentielle est possible à des conditions économiquement raisonnables, bien que moins avantageuses, la condition n'est pas remplie. Par exemple, les saisies manuelles d'informations réalisées quotidiennement par les dépositaires représentent une solution alternative au logiciel presse 2000 (Cass. com. 20-2-2007 n° 06-12.424, aff. « Messageries Lyonnaises de Presse » : RJDA 8-9/07 n° 895).

2° Le refus doit **éliminer la concurrence sur un marché dérivé distinct.** Pour être abusive, la pratique en cause doit-elle éliminer tous les concurrents ? La réponse est négative : dans l'affaire Commercial Solvents, la Cour vise l'élimination d'un « des principaux producteurs » (CJCE 6-3-1974 aff. 6 et 7/73, Commercial Solvents) ; dans l'affaire Microsoft, le Tribunal considère qu'« il n'est pas nécessaire de démontrer l'élimination de toute présence concurrentielle sur le marché. Ce qui importe, en effet, aux fins de l'établissement d'une violation de l'article [102 du TFUE], c'est que le refus en cause risque de, ou soit de nature à, éliminer toute concurrence effective sur le marché » (TPICE 17-9-2007 aff. 201/04). 45740

3° Le **refus** ne doit **pas** pouvoir être objectivement **justifié.** 45745

> **Précisions a.** Une application extensive de cette doctrine risque de décourager les entreprises à investir dans l'acquisition ou la création d'infrastructures essentielles. C'est pourquoi la **Commission européenne** indique, dans son **document de réflexion** sur l'application de l'article 102 du TFUE aux abus d'exclusion de décembre 2005, que « lorsque l'on examine un refus de fournir, il convient de garder à l'esprit que la ressource indispensable, que ce soit une matière première, une facilité essentielle ou un droit de propriété intellectuelle, est souvent le résultat d'investissements substantiels impliquant des risques significatifs. Afin de préserver des incitations à investir et à innover, l'entreprise dominante ne doit pas être indûment limitée dans

l'exploitation des profits tirés de l'investissement. Pour ces raisons, l'entreprise dominante devrait pouvoir avoir le choix de rechercher, pour ses projets réussis, une compensation suffisante pour entretenir sa motivation à investir, puisqu'elle prend à son compte le risque d'échec de projets. Pour obtenir semblable contrepartie, il peut s'avérer nécessaire pour l'entreprise dominante d'exclure d'autres opérateurs de l'accès à la ressource pendant une certaine période. Les risques auxquels font face les parties et les investissements irrécupérables qui doivent être engagés peuvent ainsi signifier que l'on devrait permettre à une entreprise dominante d'exclure d'autres opérateurs pendant une certaine période afin d'assurer un retour sur investissement suffisant, même lorsque cela implique l'élimination de la concurrence effective pendant cette période » (pt 235). De même, « en présence d'une facilité essentielle, l'accès peut être dénié si l'infrastructure essentielle présente des capacités excédentaires limitées ou si le fait d'accorder l'accès entraîne une augmentation substantielle des coûts qui compromettrait la viabilité économique du titulaire de l'infrastructure. L'accès peut aussi être refusé si l'entreprise qui le sollicite n'est pas en mesure techniquement d'utiliser l'infrastructure de façon appropriée » (pt 234).

b. Lorsque les pratiques litigieuses ne constituent pas un refus d'accès à l'infrastructure, mais ont trait aux **conditions d'un tel accès,** les conditions dégagées par l'arrêt Brönner (nos 45730 à 45745) ne s'appliquent pas (CJUE 25-3-2021 aff. 152/19 P, « Deutsche Telekom »).

THÉORIE DES INFRASTRUCTURES ESSENTIELLES : ILLUSTRATIONS

45750 A été sanctionnée l'entreprise en situation de monopole de fait sur le segment de marché des boîtiers électroniques utilisés par les auto-écoles pour la correction d'examens pour avoir refusé de livrer dans des conditions acceptables à ses concurrents ces boîtiers électroniques ainsi que les informations nécessaires pour les connecter aux supports pédagogiques développés par lesdits concurrents (Cons. conc. 31-3-2004 n° 04-D-09, aff. « Codes Rousseau »).

A également été sanctionné l'opérateur historique polonais de téléphonie qui avait mis au point une stratégie visant à limiter la concurrence à toutes les étapes du processus d'accès des opérateurs alternatifs à son réseau, à savoir dès la négociation des accords portant sur les conditions de l'accès à ce réseau jusqu'à l'étape d'activation des lignes d'abonnés (Trib. UE 17-12-2015 aff. 515/13 et 719/13, « Orange Polska »).

ABUS DE POSITION DOMINANTE ET DROIT DE PROPRIÉTÉ INTELLECTUELLE

45760 **Conditions d'accès à un droit de propriété intellectuelle** La Cour de justice distingue classiquement l'existence du droit de propriété intellectuelle de l'exercice de ce droit : le **droit exclusif du titulaire d'un droit de propriété intellectuelle,** serait-il en position dominante, ne saurait constituer en lui-même un abus de celui-ci. En revanche, l'exercice du droit exclusif par le titulaire peut, dans des circonstances exceptionnelles, donner lieu à un comportement abusif (CJCE 5-10-1988 aff. 238/87, Volvo ; CJCE 29-4-2004 aff. 418/01, IMS Health).

Lorsque la ressource indispensable pour entrer sur un marché est un droit de propriété intellectuelle, les conditions posées pour que le détenteur du droit de propriété intellectuelle puisse être tenu d'ouvrir l'accès à celui-ci se trouvent encore renforcées, dans la mesure où l'**obligation de donner accès** entre directement en conflit avec un droit de propriété censé accorder à son titulaire un monopole d'exploitation de ce droit.

La Cour de justice a précisé dans quelles circonstances exceptionnelles le **refus de donner accès** à un droit de propriété intellectuelle est susceptible de constituer un abus de position dominante : il faut non seulement (i) que l'accès à la création protégée soit indispensable pour entrer en concurrence sur le marché, (ii) que le refus soit dépourvu de considérations objectives, (iii) qu'il soit de nature à exclure toute concurrence sur le marché dérivé, mais aussi que (iv) l'entreprise qui a demandé la licence ait l'intention d'offrir des produits ou des services nouveaux que le titulaire n'offre pas et pour lesquels il existe une demande potentielle de la part des consommateurs (CJCE 6-4-1995 aff. 241/91 et 242/91, Magill : RJDA 8-9/95 n° 1072 ; CJCE 29-4-2004 aff. 418/01, IMS Health : RJDA 8-9/04 n° 1053 ; voir A. Gendreau et D. Redon, Droit de la concurrence et droit d'auteur : entre conflit, coexistence et conciliation : RJDA 12/04 chron. p. 1151).

La circonstance relative à l'**apparition d'un produit nouveau** ne constitue pas l'unique paramètre permettant de déterminer si un refus de donner en licence un droit de propriété intellectuelle est susceptible de porter préjudice aux consommateurs, au sens de l'article 102, 2-b du TFUE. Ainsi qu'il ressort du libellé de cette disposition, un tel préjudice peut survenir en présence d'une limitation non seulement de la production ou des débouchés, mais aussi du développement technique (TPICE 17-9-2007 aff. 201/04 : RJDA 11/07 n° 1154). Par exemple, le refus par la société Microsoft de fournir aux concepteurs de logiciels concurrents une documentation permettant d'assurer une interopérabilité totale entre les serveurs de groupe de travail concurrents et les PC et serveurs sous Windows limitait le développement technique au préjudice des consommateurs (arrêt précité).

Exemples d'abus Constitue un abus de position dominante le fait, par **une société** en position dominante sur le marché de la fourniture de manettes de jeux vidéo pour **certaines** consoles, de mettre en place des contre-mesures techniques rendant inactives des manettes de jeux fabriquées par des fournisseurs tiers car celles-ci seraient contrefaisantes ; l'argument de la contrefaçon devait être rejeté dès lors que, les brevets étant sur le point d'expirer, ces contre-mesures avaient pour effet de prolonger les droits exclusifs conférés par ces brevets (Aut. conc. 20-12-2023 n° 23-D-14, aff « Sony PlayStation 4 »). 45765

d. Abus liés à des conditions de transaction (hors prix) non équitables

Les pratiques abusives d'une entreprise en position dominante peuvent consister à imposer de façon directe, ou indirecte non seulement des prix d'achat ou de vente non équitables (nos 45580 s.), mais aussi d'« autres conditions de transaction » non équitables (TFUE art. 102, al. 2-a). 45770

Ainsi, une entreprise en position dominante sur un marché peut être sanctionnée pour ne pas avoir accordé un accès à un bien ou un service à des conditions équitables, raisonnables et non discriminatoires (« conditions FRAND » pour « fair, reasonable and non-discriminatory »).

ILLUSTRATIONS

Google, en position dominante sur le marché de la publicité en ligne, a été sanctionnée pour avoir édicté auprès des clients professionnels des règles confuses de fonctionnement de sa plateforme publicitaire Google Ads et pour avoir appliqué ces règles de façon discriminatoire (Aut. conc. 19-12-2019 n° 19-D-26, aff. « Google Ads », confirmé sur ce point par CA Paris 7-4-2022 n° 20/03811). Google a également été sanctionnée pour avoir mis en œuvre une pratique d'auto-préférence réciproque entre son serveur publicitaire et ses plateformes de mise en vente programmatique d'espaces publicitaires sur le marché des serveurs publicitaires pour éditeurs de sites en ligne et applications mobiles (Aut. conc. 7-6-2021 n° 21-D-11, aff. « Google »).

Dans le cadre d'une procédure de mesures conservatoires, l'Autorité de la concurrence a enjoint Google de négocier de bonne foi avec les éditeurs et agences de presse qui en feraient la demande, et selon des critères transparents, objectifs et non discriminatoires, la rémunération due à ces derniers pour toute reprise de leurs contenus protégés (Aut. conc. 9-4-2020 n° 20-MC-01, aff. « Google »).

L'unique fournisseur de mélasse utilisée à La Réunion pour la fabrication du rhum local a été condamné pour avoir abusé de sa position dominante en verrouillant les possibilités de sortie des contrats d'approvisionnement en mélasse qui le liait aux trois distilleries de l'île, ce qui empêchait en pratique ces dernières de renégocier leurs conditions d'approvisionnement (Aut. conc. 3-11-2021 n° 21-D-25, aff. « Secteur de l'approvisionnement en mélasse à La Réunion »).

e. Abus liés à la diversification sur un marché concurrentiel d'une entreprise en situation de monopole légal

PRINCIPE : INTERDICTION DE L'EXPLOITATION ABUSIVE DE MOYENS NON AISÉMENT REPRODUCTIBLES

L'**utilisation,** par l'opérateur titulaire d'une position dominante acquise à l'occasion de l'exercice d'un monopole légal, de différents **moyens dont il est le seul à disposer,** ou la mise en œuvre de pratiques (de prix, notamment) par cet opérateur, est de nature à freiner l'ouverture du marché à la concurrence ou le bon fonctionnement concurrentiel du marché. 45780

Cela conduit à une responsabilité particulière de l'opérateur en cause, qui doit veiller à éviter toute exploitation abusive de moyens qui ne seraient pas reproductibles, à un coût raisonnable et selon des délais acceptables, par les autres opérateurs sur le marché ouvert à la concurrence (Cons. conc. 22-11-2000 n° 00-D-47, aff. « EDF » ; Cons. conc. 5-3-2001 n° 00-D-50, aff. « Sté La Française des jeux » ; Aut. conc. 21-3-2017 n° 17-D-06, aff. « Engie »).

ATTENTION

Lorsqu'**une entreprise perd le monopole légal qu'elle détenait sur un marché,** elle doit s'abstenir, pendant toute la phase de libéralisation de ce marché, de recourir à des moyens dont elle disposait au titre de son ancien monopole, et qui, à ce titre, ne sont pas disponibles pour ses concurrents, pour conserver, autrement que par ses propres mérites, une position dominante sur le marché en cause nouvellement libéralisé (CJUE 12-5-2022 aff. 377/20, Servizio Elettrico Nazionale SpA).

Une entreprise bénéficiant d'un monopole légal est susceptible de commettre plus particulièrement les abus suivants.

ABUS DE POSITION DOMINANTE ET SUBVENTION CROISÉE

45790 Selon l'Autorité de la concurrence, « est susceptible de constituer un abus le fait, pour une entreprise disposant d'un monopole légal […] d'utiliser tout ou partie de l'excédent des ressources que lui procure son activité sous monopole pour **subventionner une offre présentée sur un marché concurrentiel** lorsque la subvention est utilisée pour pratiquer des **prix prédateurs** ou lorsqu'elle a conditionné une pratique commerciale qui, sans être prédatrice, a entraîné une **perturbation durable du marché** qui n'aurait pas eu lieu sans elle […] ; […] ainsi, une subvention croisée peut à elle seule, par sa durée, sa pérennité et son importance, avoir un effet potentiel sur le marché » (Cons. conc. 22-11-2000 n° 00-D-47, aff. « EDF » ; Cons. conc. 5-3-2001 n° 00-D-50, aff. « Sté La Française des jeux » ; Cons. conc. 8-10-2002 n° 02-D-63, aff. « Secteur des télécommunications »).

Une pratique de **prix bas non prédateurs** rendue possible par une subvention croisée est donc susceptible d'être qualifiée d'anticoncurrentielle si les deux conditions suivantes sont réunies (Cons. conc. 5-3-2001 n° 00-D-50 précité) :

– cette pratique n'a été rendue possible que par une subvention tirée de la rente dégagée dans l'activité monopolistique ;

– elle a entraîné une perturbation durable du marché qui n'aurait pas eu lieu sans elle.

Ces deux conditions étant cumulatives, le simple octroi d'une subvention ne saurait constituer une pratique abusive (Aut. conc. 1-6-2017 n° 17-D-08, aff. « Transport des voyageurs »).

ILLUSTRATIONS

Le Conseil de la concurrence a sanctionné la société La Française des jeux pour avoir consenti une subvention à une filiale, provenant des ressources tirées du monopole des jeux, qui avait permis à celle-ci de pratiquer des prix bas sur le marché de la maintenance informatique des jeux. La Cour de cassation a confirmé qu'est abusive car elle fausse le jeu de la concurrence une pratique de prix bas, rendue possible par l'octroi à sa filiale par une entreprise disposant d'un monopole public, de subventions tirées de la rente dégagée dans l'activité monopolistique, et permettant à la filiale d'acquérir artificiellement sur un marché un poids économique et une réputation déterminants pour son avenir (Cass. com. 10-12-2003 n° 01-17.493 FS-P : Bull. civ. IV n° 202).

On notera qu'une **aide commerciale accordée par une entreprise en position dominante à ses clients** n'est pas anticoncurrentielle, sauf si elle entraîne, une fois l'aide déduite, une pratique de prix prédateurs ou si elle est octroyée de manière discriminatoire (Cons. conc. 11-6-2002 n° 02-D-34, aff. « EDF »).

ABUS DE POSITION DOMINANTE ET CONFUSION

45800 L'utilisation, par une entreprise en position dominante, de certains moyens de promotion d'une activité exercée dans la sphère concurrentielle ne relève pas d'une concurrence par les mérites et constitue une pratique ayant pour objet ou pouvant avoir pour effet de fausser le jeu de la concurrence sur un marché. La pratique de la confusion est intrinsèquement liée à l'utilisation de l'**image de marque** et de la **notoriété** de l'opérateur en situation de monopole. Si cette utilisation ne constitue pas un abus en soi, elle « peut devenir anticoncurrentielle au regard des circonstances particulières de sa mise en œuvre, notamment lorsqu'elle conduit à entretenir la confusion entre une activité de service public et l'activité concurrentielle » (Aut. conc. 17-12-2013 n° 13-D-20, aff. « Électricité photovoltaïque », confirmé sur ce point par CA Paris 21-5-2015 n° 2014/02694 ; Aut. conc. 16-4-2010 n° 10-D-14, aff. « Biogaz » ; Aut. conc. 21-3-2017 n° 17-D-06, aff. « Engie » ; Aut. conc. 11-10-22 n° 22-D-17, aff. « Gaz de Bordeaux »).

ABUS DE POSITION DOMINANTE ET UTILISATION D'UN ARGUMENT COMMERCIAL TROMPEUR

45810 Si le discours d'une entreprise en position dominante mettant en avant les avantages de ses offres commerciales auprès de ses clients consommateurs ne présente pas en soi de caractère anticoncurrentiel, il en va différemment lorsque ce discours est de nature à induire ses interlocuteurs en erreur dans le but d'évincer ses concurrents.

ILLUSTRATIONS

La société Engie, opérateur disposant d'une position dominante en vertu d'un ancien monopole légal, a été sanctionnée pour avoir utilisé l'argument commercial trompeur selon lequel la sécurité d'approvisionnement en gaz garantie par Engie serait supérieure à celle de ses concurrents. A notamment été relevé le fait que cette société jouissait d'une très bonne image de marque et qu'un tel argument commercial était dès lors de nature à constituer un frein à l'accès au marché (Aut. conc. 21-3-2017 n° 17-D-06 ; voir aussi Aut. conc. 28-7-2009 n° 09-D-24, aff. « France Télécom »).

ABUS DE POSITION DOMINANTE ET UTILISATION CROISÉE DES BASES DE CLIENTÈLE

L'utilisation croisée de bases de clientèle consiste pour une entreprise à utiliser des informations recueillies dans le cadre d'une activité donnée, pour commercialiser auprès des mêmes interlocuteurs un produit sur un marché concurrentiel. 45820

L'appréciation de la conformité de cette pratique au droit de la concurrence dépend notamment des conditions dans lesquelles l'entreprise a constitué sa base de données, ainsi que de la possibilité pour ses concurrents d'accéder ou de reproduire ces informations.

Ainsi, « si les données ont été acquises par l'entreprise dominante dans le cadre d'une compétition par les mérites et qu'elles peuvent être reproduites par des concurrents aussi efficaces sur le marché, l'utilisation croisée de bases de clientèle n'est pas susceptible de constituer un abus au sens de l'article L 420-2 du Code de commerce. Au contraire, si les informations détenues par une entreprise dominante ne sont ni accessibles à ses concurrents, ni reproductibles par eux, elles constituent des **informations privilégiées,** dont l'exploitation est susceptible de produire des effets restrictifs de concurrence » (Avis Aut. conc. 14-6-2010 n° 10-A-13, « Utilisation croisée de bases de clientèle » ; voir aussi Aut. conc. 21-3-2017 n° 17-D-06, aff. « Engie » ; Cons. Conc. 15-10-2007 n° 07-D-33, aff. « France Télécom » ; Aut. conc. 17-12-2013 n° 13-D-20, aff. « Électricité photovoltaïque » confirmée par Cass. com. 27-9-2017 n° 15-20.087 FS-D ; Aut. conc. 22-2-2022 n° 22-D-06, aff. « EDF »).

f. Limitation de la liberté des acheteurs ou des vendeurs et exclusivités imposées par une entreprise en position dominante

PRATIQUE DÉCISIONNELLE ET JURISPRUDENCE EUROPÉENNES

Approvisionnement ou achat exclusifs La limitation de la liberté des acheteurs au moyen de contrats d'approvisionnement exclusif, éventuellement liés à des remises de prix ou à des primes de fidélité (n°s 45690 s.), peut être constitutive d'un **abus** de position dominante (voir les décisions de la Commission européenne « Solvay » du 19-12-1990 : JOCE 1991 L 152 p. 1, 16 et 21, « Carbonate de soude-Solvay » et « Carbonate de soude-ICI » du 13-12-2000 : JOCE 2003 L 10 p. 10 et 33 et « Van den Bergh Foods » du 11-3-1998 : JOCE 1998 L 246 p. 1, confirmée par TPICE 23-10-2003 aff. 65/98 ; CJUE 13-4-2012 aff. 549/10, Tomra Systems). 45830

ILLUSTRATIONS

La société Qualcomm, fabricant de composants électroniques, a été sanctionnée pour avoir accordé des rabais substantiels (sous forme de versements) à la société Apple afin que celle-ci s'approvisionne exclusivement auprès d'elle (Commission UE du 24-1-2018 n° AT.40220, aff. « Qualcomm I »). Cette décision a été annulée pour irrégularités procédurales et défaut de prise en compte dans l'analyse de l'ensemble des circonstances factuelles pertinentes (Trib. UE 15-6-2022 aff. 235/18).

Interrogée par voie de question préjudicielle, la Cour de justice considère qu'un fabricant de glaces pouvait être sanctionné par une autorité nationale de concurrence pour des agissements commis par ses distributeurs indépendants qui imposaient aux exploitants des points de vente de s'approvisionner exclusivement auprès de ce fabricant pour la totalité des glaces en contrepartie de remises et de commissions (CJUE 19-1-2023 aff. 680/20, Unilever : RJDA 6/23 n° 343).

L'existence dans ces contrats d'une **clause dite « clause anglaise »** ne supprime pas le caractère éventuellement abusif de cette pratique. Selon cette clause, si l'acheteur obtient de la concurrence une offre de prix plus intéressante que celle résultant de l'application des contrats litigieux, il peut demander au fournisseur d'aligner ses prix sur cette offre. En cas de refus du fournisseur, le client est autorisé, par dérogation à son engagement d'approvisionnement exclusif, à se fournir chez le concurrent sans pour autant perdre le bénéfice des primes de fidélité pour les autres achats déjà effectués ou restant à effectuer auprès du fournisseur. La Cour de justice estime que le fait d'obliger ses clients à lui révéler les offres plus favorables faites par ses concurrents permet à un opérateur dominant d'individualiser ces derniers et met à sa disposition des éléments d'information sur la situation du marché qui sont particulièrement précieux pour la conduite de sa stratégie commerciale (CJCE 13-2-1979 aff. 85/76, Hoffman-La Roche).

La **Commission européenne** a indiqué qu'elle concentre son attention sur les affaires dans lesquelles les acheteurs sont nombreux et où les obligations d'achat exclusif imposées par l'entreprise dominante, prises collectivement, ont pour effet d'empêcher l'entrée ou l'expansion d'entreprises concurrentes. En effet, les obligations d'achat exclusif risquent plus particulièrement de produire des effets d'éviction anticoncurrentiels lorsque, en leur absence, une forte pression concurrentielle est exercée par les entreprises qui soit ne sont pas encore 45835 présentes sur le marché au moment de la conclusion de ces accords, soit ne sont pas en mesure d'entrer en concurrence pour l'approvisionnement total des clients. Les concurrents peuvent ne pas être à même d'entrer en concurrence pour la demande totale d'un acheteur donné parce que l'entreprise dominante est un partenaire commercial inévitable au moins pour une partie de la demande sur le marché, par exemple du fait que sa marque est un « produit incontournable » préféré par un grand nombre de consommateurs finals ou que les contraintes de capacité pesant sur les autres fournisseurs sont telles qu'une partie de la demande ne peut être satisfaite que par le fournisseur dominant (Communication du 24-2-2009 sur les pratiques d'éviction abusives, précitée n° 45280, pts 34 et 36).

45837 **Autres exemples d'abus de position dominante** La société Google a été sanctionnée pour avoir imposé des clauses restrictives, évoluant dans le temps, dans les contrats conclus avec des sites tiers, afin d'empêcher ses concurrents (Microsoft, Yahoo) de placer leurs publicités contextuelles sur ces sites : dans un premier temps, Google a inclus des clauses d'exclusivité dans ses contrats interdisant aux éditeurs de placer des publicités contextuelles de ses concurrents ; dans un second temps, elle a obligé les éditeurs à réserver l'espace le plus rentable sur leurs pages de résultats de recherche pour ses publicités et exigeait un nombre minimal de publicités ; dans un troisième temps, elle a exigé que toute modification du mode d'affichage des publicités des concurrents soit soumise à son accord préalable écrit (Commission CE 20-3-2019 aff. 40411, « Google Search (AdSense) »).

La société Intel, en position dominante sur le marché des puces informatiques, a été condamnée pour avoir payé des fabricants d'ordinateurs afin qu'ils arrêtent ou retardent la vente de produits contenant des puces informatiques de son principal concurrent (Commission UE 22-9-23, aff. AT.37990).

PRATIQUE DÉCISIONNELLE DE L'AUTORITÉ DE LA CONCURRENCE

45840 L'Autorité de la concurrence identifie quatre critères cumulatifs pour apprécier si les rapports d'exclusivité qu'elle a identifiés créent une restriction artificielle de concurrence : le champ d'application de l'exclusivité, sa durée, l'existence d'une justification technique ou économique et la contrepartie économique obtenue par le client (Cons. conc. 3-7-2008 n° 08-D-16, aff. « Photomaton » ; Aut. conc. 27-4-2011 n° 11-D-08, aff. « Kadeos »).

À ce titre, ont notamment été sanctionnés les abus résultant :

– d'un **engagement d'achat exclusif** en contrepartie du versement de remises significatives (Cons. conc. 8-4-2004 n° 04-D-13, aff. « Fromages à pâte persillée ») ;

– d'une **exclusivité de longue durée** assortie d'une clause de tacite reconduction dont les conditions rendent difficile la dénonciation du contrat (Cons. conc. 28-6-2006 n° 06-D-18, aff. « Secteur de la publicité cinématographique » ; Cons. conc. 3-7-2008 n° 08-D-16, aff. « Photomaton » ; Aut. conc. 11-1-2010 n° 10-D-01, aff. « iPhones ») ou d'une exclusivité dépourvue de justification technique ou commerciale objective et combinée avec divers **moyens de pression** en vue de la maintenir (Cons. conc. 10-6-2002 n° 02-D-33, aff. « Secteur du traitement des coupons de réduction » ; Aut. conc. 9-12-2009 n° 09-D-36, aff. « Orange Caraïbe ») ;

– d'une **clause de non-concurrence** d'une durée excessive (trente ans) (Avis Commission conc. 18-10-1979, aff. « Secteur du vinaigre ») ;

– d'une **clause d'exclusivité d'adhésion** obligeant le cocontractant à n'adhérer qu'à une seule structure commerciale à l'exclusion de toute autre (Cons. conc. 21-2-2008 n° 08-D-03, aff. « Gîtes de France », pour un organisme de labels touristiques).

45845 Ont également été sanctionnées les pratiques abusives suivantes, consistant pour une entreprise dominante à limiter la liberté commerciale de son partenaire économique :

– la **mise à disposition gratuite de matériels** incompatibles avec les produits ou services offerts par les concurrents (Cons. conc. 10-6-2002 n° 02-D-33, aff. « Scan Coupon ») ;

– la clause par laquelle deux sociétés obligent leurs cocontractants à révéler, lors du renouvellement du contrat, les **conditions proposées par la concurrence** et à leur donner, à conditions égales, la préférence (Avis Commission conc. 14-12-1984, aff. « Régie des films publicitaires » ; Cons. conc. 7-10-1997 n° 97-D-71, aff. « Asics France ») ;

– des **modifications de relations contractuelles** décidées unilatéralement par l'entreprise dominante (Avis Commission conc. 28-6-1979, aff. « Diffusion de films cinématographiques ») ;

– le maintien délibéré d'une **clause limitative de responsabilité** par un prestataire de services afin de dissuader ses clients de demander réparation en cas d'inexécution de ses obligations (Cons. conc. 18-9-1990 n° 90-D-31, aff. « ODA ») ;

– l'**interdiction** faite à un distributeur de rétrocéder des marchandises à un autre distributeur du même réseau (Cons. conc. 30-6-1999 n° 99-D-45, aff. « Secteur du jouet »).

g. Vente liée par une entreprise en position dominante

La vente liée de deux produits (TFUE art. 102, d) peut être constitutive d'abus même si elle est conforme aux usages commerciaux ou s'il existe un lien naturel entre les deux produits en question, à moins qu'elle ne puisse être objectivement justifiée (CJCE 14-11-1996 aff. 333/94 P, Tetra Pak ; Commission CE 5-12-2001, aff. « De Post-La Poste » : JOCE 2002 L 61 p. 32 ; Cons. conc. 24-7-2003 n° 03-D-35, aff. « Sandoz »). **45860**

La Commission a indiqué qu'un abus est constitué lorsqu'une entreprise occupe une position dominante sur le marché de produits groupés et que les conditions suivantes sont réunies (Communication du 24-2-2009 sur les pratiques d'éviction abusives, pts 50 et 51 : JOUE 2009 C 45 p. 7) :

– les produits liants et liés sont des produits distincts (relevant de deux marchés différents), c'est-à-dire qu'en l'absence de vente liée ou groupée de nombreux clients achèteraient ou auraient acheté le produit liant sans acquérir également le produit lié auprès du même fournisseur, permettant de la sorte une production indépendante du produit liant comme du produit lié ;

– la vente liée est susceptible de déboucher sur une éviction anticoncurrentielle.

Voir aussi les lignes directrices de la Commission sur les restrictions verticales (JOUE 2010 C 130 p. 1).

ILLUSTRATIONS

La société Microsoft a été sanctionnée en raison de l'existence d'une vente liée abusive du système d'exploitation Windows pour PC clients et du lecteur multimédias Windows Media Player : les systèmes d'exploitation pour PC clients et les lecteurs multimédias permettant une réception en continu constituaient des produits distincts ; or une série d'éléments tirés de la nature et des caractéristiques techniques des produits concernés, des faits observés sur le marché, de l'historique du développement de ces produits ainsi que de la pratique commerciale de Microsoft démontraient l'existence d'une demande distincte des consommateurs pour les lecteurs multimédias (TPICE 17-9-2007 aff. 201/04, Microsoft : RJDA 11/07 n° 1154).

La société Google a été lourdement sanctionnée pour des faits comparables : elle avait, d'une part, exigé des fabricants de téléphones mobiles sous Androïd qu'ils préinstallent l'application Google Search et/ou le navigateur Google Chrome comme condition à l'obtention de la licence sur sa boutique d'applications en ligne et, d'autre part, accordé des incitations financières à des fabricants et opérateurs de réseaux mobiles pour qu'ils préinstallent exclusivement Google Search (Commission CE 18-7-2018 aff. « Google Mobile » confirmée sur le fond par Trib. UE 14-9-22 aff. 604/18).

h. Boycott par une entreprise en position dominante

La Cour de cassation a défini le boycott comme « une action délibérée en vue d'évincer un opérateur du marché » (Cass. com. 22-10-2002 n° 00-18.048, aff. « SA Vidal » : RJDA 2/03 n° 195). **45870**

En France, ont notamment été sanctionnés les abus résultant :

– de menaces par la Fédération française de ski de ne plus organiser de compétitions dans les stations de sports d'hiver dans lesquelles étaient commercialisés des produits d'assurance ski concurrents (Cons. conc. 14-5-1996 n° 96-D-40, aff. « Assurance ski ») ;

– de la rupture brutale des relations commerciales d'un distributeur en position dominante avec un groupe de producteurs locaux en raison d'un différend d'ordre judicaire qui les opposait (Cons. conc. 27-3-1997 n° 97-D-20, aff. « Société Reynoird ») ;

– de la pratique consistant pour un GIE d'exploitants de salles de cinéma à conditionner l'accès des distributeurs de films à des zones où il était en monopole à l'obtention d'exclusivités ou de priorités dans des zones où il était en concurrence avec d'autres exploitants : en faisant pression sur des distributeurs de films en les menaçant de ne pas diffuser leurs films dans les zones où ils voulaient être présents, ce GIE avait transféré son pouvoir de négociation d'un marché sur un autre afin d'obtenir un avantage sans rapport direct avec ses mérites (Cons. conc. 11-12-2007 n° 07-D-44, aff. « GIE Ciné Alpes »).

L'Autorité de la concurrence a également prononcé des mesures conservatoires à l'encontre de Google à la suite de pratiques susceptibles de caractériser une rupture brutale de ses relations commerciales avec un annonceur (Aut. conc. 31-1-2019 n° 19-MC-01, confirmé par CA Paris 4-4-2019 n° 19/03274, aff. « Google Ads/ Amadeus »).

i. Dénigrement par une entreprise en position dominante

DÉFINITION DU DÉNIGREMENT

La concurrence suppose un certain degré de rivalité et de compétition entre les acteurs d'un marché. Néanmoins, cette lutte pour la conquête de la clientèle n'autorise pas tous les comportements, surtout de la part d'une entreprise qui, détenant une position dominante sur un marché, encourt une responsabilité particulière. Parmi les actes qui peuvent être **45880** regardés comme abusifs, le dénigrement occupe une place majeure. Pour l'Autorité de la concurrence, le dénigrement consiste à jeter publiquement le **discrédit sur une personne, un produit ou un service identifié** (Aut. conc. 14-5-2013 n° 13-D-11, aff. « Plavix »).

Toutefois, tout dénigrement mis en œuvre par une entreprise en position dominante, s'il peut relever de la concurrence déloyale et engager la responsabilité de l'entreprise vis-à-vis de ses concurrents, n'est pas nécessairement constitutif d'un abus de position dominante. Pour que ce dernier soit caractérisé, un **lien entre la domination de l'entreprise et la pratique de dénigrement** doit être établi.

> **Précisions** En tant qu'acte de **concurrence déloyale,** le dénigrement n'est répréhensible, sur le fondement du droit de la responsabilité extracontractuelle (C. civ. art. 1240), que s'il ne vise que les produits ou services d'une entreprise ; lorsque c'est l'entreprise elle-même qui est visée, celle-ci peut engager une **action en diffamation** sur le fondement de l'article 29 de la Loi du 29-7-1881 (Cass. com. 26-9-2018 n° 17-15.502 F-D : RJDA 12/18 n° 964).

CRITÈRES D'APPRÉCIATION D'UNE PRATIQUE DE DÉNIGREMENT

45890 Afin d'établir si une pratique de dénigrement est susceptible de constituer un abus de position dominante, l'Autorité de la concurrence vérifie en pratique l'existence des éléments suivants.

a) Une **intention de nuire.** L'Autorité distingue le dénigrement de la critique en ce qu'il émane d'un acteur économique qui cherche à bénéficier d'un avantage concurrentiel en pénalisant son compétiteur. La critique, qui relève de la liberté d'expression, est d'autant mieux admise qu'elle repose sur des considérations objectives et qu'elle est formulée dans des termes mesurés. Cette position retenue par les juridictions commerciales est reprise à son compte par l'Autorité qui estime qu'« un discours vif, reflet d'une rivalité normale entre entreprises, ne relève pas du dénigrement (Aut. conc. 24-10-2016 n° 16-D-23, « Pratiques des chirurgiens-dentistes »).

b) L'**identification d'une personne, d'un produit ou d'un service** (Aut. conc. 24-10-2016 n° 16-D-23, aff. « Pratiques des chirurgiens-dentistes »). Un dénigrement peut viser une catégorie de concurrents, sans qu'il soit nécessaire que chacun soit identifié (par exemple, Aut. conc. 15-10-2007 n° 07-D-33, aff. « Internet à haut débit »).

c) L'**utilisation d'assertions non vérifiées ou le contexte particulier de la communication.** L'Autorité s'attache à vérifier si le discours commercial tenu par l'entreprise en position dominante relève de constatations objectives ou s'il procède d'assertions non vérifiées (par exemple Aut. conc. 14-5-2013 n° 13-D-11, aff. « Plavix » : RJDA 8-9/13 n° 751 et chron. I. Luc p. 638, confirmé par Cass. com. 18-10-2016 n° 15-10.384 FS-PB : RJDA 2/17 n° 121 ; Aut. conc. 15-10-2007 n° 07-D-33, aff. « Internet à haut débit », communication dénigrante de France Télécom prenant la forme d'un argumentaire véhiculé par les agents commerciaux comprenant des indications dépourvues de toute objectivité ou nuance et parfois mensongères).

La cour d'appel de Paris peut également tenir compte du contexte particulier dans lequel s'est inscrite la communication. Ainsi, elle a considéré qu'était constitutif d'un dénigrement le fait pour un laboratoire pharmaceutique d'avoir diffusé à l'intention des professionnels de la santé un discours qui ne se bornait pas à une communication objective pour la promotion de son propre médicament générique mais introduisait une suspicion de dangerosité à l'égard de médicaments génériques concurrents ; la cour a tenu compte du contexte particulier résultant, d'une part, de la sensibilité des professionnels à la sécurité des médicaments génériques, d'autre part, de la mise en œuvre d'une stratégie globale et structurée pour dénigrer les concurrents (CA Paris 18-12-2014 n° 2013/12370, confirmé par Cass. com. 18-10-2016, n° 15-10.384 FS-PB, aff. « Plavix » : RJDA 2/17 n° 121).

d) L'**appréciation de l'influence sur la structure du marché.** Afin de déterminer si le discours commercial de l'entreprise dominante est de nature à influencer la structure du marché, l'Autorité examine les effets attendus ou réels de ce discours auprès des partenaires commerciaux ou de la clientèle potentielle de ses concurrents (Aut. conc. 16-11-2010 n° 10-D-32, aff. « Télévision payante »).

Il n'est ainsi pas nécessaire de démontrer que le comportement de l'entreprise en position dominante a eu un effet anticoncurrentiel concret sur le marché concerné pour pouvoir le qualifier d'abusif. Il suffit de d'établir que la communication est de nature à avoir un effet dissuasif sur les partenaires commerciaux des concurrents directement ou indirectement visés (CJUE 6-12-2012 aff. 457/10 P, « AstraZeneca » ; Aut. conc. 16-11-2010 n° 10-D-32, aff. « Télévision payante »).

e) L'**existence d'un lien entre la domination de l'entreprise et la pratique de dénigrement.** L'Autorité retient que la notoriété de l'entreprise auteur du dénigrement et la confiance que lui accordent les acteurs du marché sont de nature à renforcer significativement l'impact du discours développé par celle-ci. Ainsi, dans l'affaire portant sur le dénigrement des opérateurs alternatifs d'Internet à haut débit par France Telecom, l'Autorité a retenu la « position singulière » de cette dernière à l'époque des faits en raison de son « statut de référence historique nationale et de leader dans le secteur » (Aut. conc. 15-10-2007 n° 07-D-33, aff. « Internet à haut débit »).

Pour l'Autorité, la notoriété de l'entreprise, la confiance qu'elle suscite chez ses clients, ainsi que sa capacité à mobiliser sa puissance de marché sont des éléments complémentaires concourant à l'identification du lien entre le dénigrement et la position dominante. Ils ne sont cependant ni exhaustifs ni cumulatifs pour établir le lien entre une telle pratique et la dominance (Aut. conc. 24-7-2014 n° 14-D-08 confirmé par Cass. com. 8-6-2017 n° 15-26.151 F-D, « Affaire des yaourts en Martinique » : RJDA 11/17 n° 763).

ILLUSTRATIONS

Constitue également un dénigrement le fait, pour une société en position dominante sur le marché de l'approvisionnement de la grande et moyenne surface en yaourts et fromages frais, de signaler au syndicat national des fabricants de ces produits qu'un concurrent appose sur des produits exportés vers les Antilles des dates limites de consommation supérieures à celles apposées sur les produits commercialisés en métropole, dès lors que le discours diffusé mettrait gravement en cause, de manière nominative, les qualités substantielles des produits et qu'il avait été propagé auprès des distributeurs par l'intermédiaire du deuxième acteur du marché auquel la société avait transmis la copie de la lettre adressée au syndicat. Il importe peu que les éléments sur lesquels se fonde le discrédit puissent s'avérer exacts (Cass. com. 8-6-2017 n° 15-26.151 F-D, « Affaire des yaourts en Martinique » : RJDA 11/17 n° 763).

Voir aussi : Aut. conc. 18-12-2013 n° 13-D-21, aff. « Subutex » ; Aut. conc. 6-6-2016 n° 16-D-11, aff. « TDF », en partie infirmé par CA Paris 21-12-2017 n° 16/15499 ; Aut. conc. 20-12-2017 n° 17-D-25, aff. « Fentanyl », confirmé sur le fond par Cass. com. 1-6-2022 n° 19-20.999 FB.

j. Violation ou détournement d'un texte législatif

Les juridictions européennes reconnaissent depuis longtemps que le détournement d'une loi **45895**
sans justification objective par une entreprise en position dominante peut constituer un abus (CJUE 6-12-2012 aff. 457/10, Astra Zeneca). Ce principe a été repris par l'Autorité de la concurrence s'agissant du comportement de Google et, plus précisément, de son application des règles relatives aux droits voisins (Aut. conc. 9-4-2020 n° 20-MC-01, aff. « Google »).

Dans un arrêt concernant la société Meta, la Cour de justice a estimé qu'une autorité de concurrence nationale pouvait, pour apprécier le comportement abusif d'une entreprise en position dominante sur le marché, recourir à toutes les circonstances spécifiques de l'affaire et que la violation d'une norme comme le RGPD peut constituer un indice important pour établir si un comportement constitue un recours à des moyens qui gouvernent une compétition normale ; toutefois, si la Cour permet ainsi à une autorité de concurrence d'examiner la conformité d'une entreprise aux règles du RGPD, elle encadre cette possibilité en précisant que l'autorité de concurrence ne se substitue pas à l'autorité de contrôle en cas de violation du RGPD (CJUE 4-7-2023 aff. 252/21, Meta).

k. Renforcement de position dominante

Constitue un abus de position dominante le renforcement par une entreprise de sa position **45900**
à un point tel que toute concurrence est pratiquement éliminée (Commission CE 26-7-1988, aff. « Tetra Pak I » : JOCE 1988 L 272 p. 27 ; Commission CE 10-11-1992, aff. « Gillette » : JOCE 1993 L 116 p. 21).

ILLUSTRATIONS

Jugé que constitue un abus de position dominante l'offre globale et indivisible déposée par la Société nationale maritime Corse Méditerranée (SNCM) en réponse à un appel d'offres lancé par l'Office des transports de la Corse (OTC) en vue de l'attribution d'une délégation de service public ; en effet, si une offre globale n'est pas en elle-même anticoncurrentielle, et s'il est légitime de la part d'une entreprise en position dominante de se faire valoir face à ses concurrents, il lui est interdit d'entraver ou de supprimer l'accès de ses concurrents au marché et de porter ainsi atteinte à la saine concurrence par les mérites et par les prix, au détriment des consommateurs (CA Paris 9-3-2010 n° 09-7930 : RJDA 7/10 n° 786 et, sur pourvoi, Cass. com. 21-6-2011 n° 10-15.754 : RJDA 1/12 n° 91). Au cas particulier, la SNCM, délégataire sortant, savait qu'il était sinon impossible, du moins beaucoup plus difficile aux autres compagnies de soumissionner sur une offre globale et qu'elle avait de fortes chances d'être la seule à le faire. Dès lors, en ne donnant pas à l'OTC les moyens de vérifier dès l'ouverture des plis sa compétitivité ligne par ligne, elle l'incitait à privilégier l'offre globale, favorisant ainsi l'éviction des opérateurs dont les offres se limitaient à certaines des lignes.

De même, une entreprise pharmaceutique avait abusé de sa position dominante sur le marché des médicaments antiulcéreux en empêchant la commercialisation du générique de son médicament par des déclarations délibérément trompeuses aux offices de brevets de certains États membres, afin de prolonger de manière frauduleuse le brevet de ce produit, et en procédant au retrait de son autorisation de mise sur le marché dans certains États membres dans le seul but de retarder la commercialisation du générique et d'empêcher les importations parallèles (CJUE 6-12-2013 aff. 457/10, AstraZeneca).

Une entreprise pharmaceutique titulaire d'un brevet de procédé pour la production d'un principe actif tombé dans le domaine public abuse de sa position dominante si elle conclut, soit préventivement, soit à la suite de l'introduction de procédures judiciaires remettant en cause la validité dudit brevet, une série d'accords de règlement amiable ayant des effets cumulatifs d'accords restrictifs parallèles, de nature à renforcer sa position dominante et à maintenir temporairement en dehors du marché des concurrents potentiels fabriquant des médicaments génériques employant le principe actif (CJUE 30-1-2020 aff. 307/18, Generics (UK) e.a).

Peut également constituer un abus de position dominante une **opération de concentration** de dimension nationale qui n'aurait pas été notifiable car n'atteignant ni les seuils de contrôle obligatoire prévus par le règlement 139/2004 du 20 janvier 2004 relatif au contrôle des concentrations, ni ceux prévus par le droit national (en France, l'article L 430-2 du Code de commerce) ; néanmoins, le contrôle « ex post » d'une opération sous les seuils au regard de l'interdiction des abus de position dominante impose à l'autorité nationale de concurrence saisie de vérifier si l'acquéreur qui est en position dominante sur un marché a, par la prise de contrôle d'une autre entreprise sur ce marché, entravé substantiellement la concurrence sur ledit marché (CJUE 16-3-2023 aff. 449/21, Towercast : RJDA 8-9/23 n° 463). Ainsi, le seul constat du renforcement de la position d'une entreprise ne suffit pas pour retenir la qualification d'abus.

II. ABUS DE DÉPENDANCE ÉCONOMIQUE

46000 L'article L 420-2, al. 2 du Code de commerce prohibe, « dès lors qu'elle est susceptible d'affecter le fonctionnement ou la structure de la concurrence, l'exploitation abusive par une entreprise ou un groupe d'entreprises de l'état de dépendance économique dans lequel se trouve à son égard une entreprise cliente ou fournisseur ».

Il en résulte que l'existence d'un abus de dépendance économique suppose la réunion des trois **conditions** suivantes (Aut. conc. 9-8-2017 n° 17-D-15, aff. « Bateaux de plaisance » ; Aut. conc. 16-3-2020 n° 20-D-04, aff. « Apple », en partie réformée par CA Paris 6-10-22 n° 20/08582 ; CA Paris 30-9-2021 n° 20/07846) :

– l'existence d'une situation de dépendance économique d'une entreprise à l'égard d'une autre ;
– une exploitation abusive de cette situation ;
– une affectation réelle ou potentielle du fonctionnement ou de la structure de la concurrence sur le ou les marchés considérés.

À noter que l'abus de l'état de dépendance dans lequel se trouve un cocontractant peut être constitutif d'une violence justifiant l'annulation du contrat (C. civ. art. 1143).

A. Dépendance économique

1. NOTION DE DÉPENDANCE ÉCONOMIQUE

NÉCESSITÉ D'UN RAPPORT DE CLIENT À FOURNISSEUR

46010 Une entreprise ne peut invoquer le bénéfice de l'article L 420-2, al. 2 qu'à la condition de démontrer s'être trouvée dans un rapport de client à fournisseur (Cass. com. 7-1-2004 n° 39 : RJDA 5/04 n° 632).

ILLUSTRATIONS

L'associé majoritaire d'une société, dont la cession des actions avait été ordonnée à la suite de l'ouverture de la procédure collective de cette dernière, ne pouvait pas valablement invoquer cette disposition pour obtenir réparation des conséquences préjudiciables d'un abus de dépendance économique commis par le fournisseur de la personne morale, dès lors que cet actionnaire n'avait jamais été client du fournisseur poursuivi (Cass. com. 7-1-2004 n° 39 précité).

DÉPENDANCE ÉCONOMIQUE D'UN DISTRIBUTEUR À L'ÉGARD D'UN FOURNISSEUR

Rareté de l'état de dépendance économique d'un distributeur à l'égard d'un fournisseur La constatation de l'état de dépendance économique d'un distributeur à l'égard d'un fournisseur est relativement rare pour les raisons suivantes : 46020

– en règle générale, le distributeur ne supporte pas, lors du changement de fournisseur, de coûts fixes trop importants eu égard à sa capacité de financement et ce changement peut généralement s'opérer dans des délais assez brefs (Cass. com. 9-4-2002 n° 00-13.921 : RTD com. 2003 p. 75 obs. E. Claudel) ;

– l'importance du chiffre d'affaires réalisé avec le fournisseur résulte souvent d'un choix de stratégie commerciale qui exclut la dépendance économique (Cons. conc. 28-7-2005 n° 05-D-48, aff. « Taximètres » ; Cons. conc. 12-5-2006 n° 06-D-10, aff. « Bouygues Télécom ») ;

– le distributeur peut facilement passer d'un réseau à l'autre (Cons. conc. 21-9-2005 n° 05-D-50, aff. « Distribution de la bière »).

ILLUSTRATIONS

Le Conseil de la concurrence a considéré qu'un distributeur n'était pas en situation de dépendance économique à l'égard de son fournisseur dans la mesure où le distributeur avait lui-même choisi de réaliser la plus grande partie de son chiffre d'affaires avec une seule marque alors que d'autres marques notoires existaient pour la plupart des produits du secteur, que les changements de fournisseur pouvaient intervenir sans délai et sans coût significatif et que de nombreux distributeurs de toutes tailles commercialisaient des produits de ces différentes marques (Cons. conc. 31-8-2001 n° 01-D-49, aff. « Sony »).

Critères de l'état de dépendance économique La Cour de cassation définit l'état de dépendance économique comme « l'impossibilité, pour une entreprise, de disposer d'une solution techniquement et économiquement équivalente aux relations contractuelles qu'elle a nouées avec une autre entreprise » (Cass. com. 12-2-2013 n° 12-13.603 : RJDA 4/13 n° 365 ; Cass. com. 25-6-2013 n° 12-21.850 : RTD com. 2013 p. 497 note M. Chagny). 46030

L'Autorité de la concurrence considère que quatre critères cumulatifs permettent de caractériser une situation de dépendance économique d'un distributeur à l'égard de son fournisseur (Aut. conc. 16-3-2020 n° 20-D-04, aff. « Apple ») :

1° La notoriété de la marque du fournisseur.

2° L'importance de la part du fournisseur dans le marché considéré. Cette part doit être importante, sans toutefois qu'il soit nécessaire que le fournisseur soit en position dominante.

3° L'importance de la part du fournisseur dans le chiffre d'affaires du revendeur.

4° L'impossibilité pour le revendeur d'obtenir d'autres fournisseurs des produits équivalents d'autres fournisseurs.

S'agissant de ce dernier critère, l'Autorité de la concurrence précise que l'absence de solutions alternatives s'entend de l'impossibilité, pour un distributeur, de substituer à son fournisseur un ou plusieurs fournisseurs répondant à sa demande d'approvisionnement dans des conditions techniques et économiques comparables, et dans des délais raisonnables (Aut. conc. 16-3-2020 n° 20-D-04 précitée, confirmée sur ce point par CA Paris 6-10-22 n° 20/08582). Pour des exemples de situation de dépendance non caractérisée : Aut. conc. 3-3-2021 n° 21-D-04 aff. « Cartocad » ; CA Paris 30-9-2022 n° 20/07846.

Pour apprécier la faculté de diversification de l'entreprise, les juges prennent également en compte l'existence ou non d'obstacles juridiques (par exemple, clause d'exclusivité) ou factuels (par exemple, exclusivité de fait). 46035

ILLUSTRATIONS

Un sous-traitant ne se trouve pas en situation de dépendance économique à l'égard de la société DHL dès lors que la part de marché de cette dernière dans la région concernée n'était pas dominante de sorte que la société sous-traitante pouvait élargir sa clientèle, aucune clause d'exclusivité ne l'en empêchant par ailleurs (Cass. com. 12-2-2013 n° 12-13.603 précité).

Des revendeurs de produits de la marque Apple ne disposent pas de solutions alternatives en raison de l'existence de limitations contractuelles à leur reconversion, de l'absence d'alternatives économiques et techniques comparables et de leur marge de manœuvre financière limitée (Aut. conc. 16-3-2020 n° 20-D-04 précitée, confirmée par CA Paris 6-10-22 n° 20/08582).

L'existence de solutions équivalentes exclut la dépendance économique même lorsque la part du chiffre d'affaires réalisée avec le partenaire s'élève à 100 % (CA Paris 11-5-2011 n° 09/24137) ou 75 % (Cons. conc. 27-12-2002 n° 02-D-77, aff. « Daniel Grenin », confirmé par Cass. com. 20-2-2007 n° 04-14.446).

46040 La dépendance peut aussi résulter de la situation dans laquelle se trouve une entreprise qui exerce l'essentiel de son activité avec un seul fournisseur sans alternative possible (**dépendance « pour cause de relations d'affaires »**).

46050 **Exemples d'application de ces critères** **1°** Le Conseil de la concurrence a constaté qu'un distributeur de produits sanguins à usage non thérapeutique était en état de dépendance économique à l'égard d'un fournisseur, compte tenu des éléments suivants (Cons. conc. 30-6-2004 n° 04-D-26, aff. « Secteur des produits sanguins à usage non thérapeutique ») :
– le distributeur ne disposait pas de la possibilité de substituer au fournisseur un ou plusieurs autres fournisseurs répondant à sa demande d'approvisionnement dans des conditions techniques et économiques comparables, le premier se trouvant en situation de quasi-monopole, ou du moins en position dominante, sur le marché des produits sanguins concernés ;
– la part du fournisseur représentait environ 90 % des approvisionnements du distributeur et l'approvisionnement auprès d'autres établissements français ou étrangers était difficile, voire risqué ;
– il ne saurait être reproché au distributeur de n'avoir pas diversifié ses sources d'approvisionnement dans l'intervalle entre le démarrage de ses activités et l'arrêt des livraisons du fournisseur (sept mois), dès lors que les exigences très strictes de ses clients devaient être satisfaites dans des délais très brefs et que le distributeur n'avait pas disposé du temps nécessaire pour se constituer, en quelques mois d'existence, un réseau de fournisseurs ou pour chercher des solutions alternatives ;
– le distributeur ne pouvait pas s'attendre à une rupture brutale et unilatérale de ses relations commerciales avec le fournisseur, compte tenu des délais de préavis importants pratiqués habituellement dans ce secteur d'activité.
2° Dans une décision relative au secteur de l'exploitation et de la distribution de films dans les Antilles, le Conseil de la concurrence a considéré que le fournisseur (distributeur de films) avait abusé de l'état de dépendance économique dans lequel se trouvaient les exploitants de salles pour les raisons suivantes : les sociétés du groupe de distribution étaient en position de quasi-monopole ; les exploitants de salles n'avaient pas de solutions alternatives car, d'une part, une clause d'exclusivité leur imposait de prévenir ces sociétés en cas d'appel à un autre distributeur et, d'autre part, les distributeurs métropolitains contactés avaient déjà refusé de fournir des films aux exploitants de salles indépendants qui s'étaient adressés à eux (Cons. conc. 15-9-2004 n° 04-D-44, aff. « Ciné-Théâtre du Lamentin »).
3° Dans une affaire impliquant la société Apple, l'Autorité de la concurrence a estimé que les revendeurs de produits de cette marque (APR pour « Apple Premium Reseller ») étaient en situation de dépendance économique à l'égard du fournisseur, après avoir relevé les éléments suivants : le caractère incontestable de la notoriété de la marque ; le fait qu'Apple détenait la part de marché la plus élevée en valeur sur la majorité des produits ; le fait qu'Apple représentait 78 % du chiffre d'affaires des APR ; l'impossibilité pour ces APR de se tourner vers des solutions alternatives (Aut. conc. 16-3-2020 n° 20-D-04 précitée, confirmée sur ce point par CA Paris 6-10-22 n° 20/08582).

DÉPENDANCE ÉCONOMIQUE D'UN FOURNISSEUR À L'ÉGARD D'UN DISTRIBUTEUR

46060 La dépendance est aussi celle qui résulte de la **puissance d'achat** d'un client à l'égard d'un fournisseur.

Pour apprécier l'état de dépendance économique d'un fournisseur à l'égard d'un distributeur, il convient de tenir compte de plusieurs **critères,** tels que (Cons. conc. 8-6-1993 n° 93-D-21, aff. « Cora » et, sur pourvoi de l'arrêt confirmatif de la CA Paris, Cass. com. 10-12-1996 : RJDA 4/97 n° 530 ; voir aussi avis Aut. conc. 31-3-2015 n° 15-A-06, « Rapprochement des centrales d'achat ») :
– l'importance de la part du chiffre d'affaires réalisé par ce fournisseur avec le distributeur (le chiffre d'affaires correspondant à un état de dépendance économique peut varier entre 20 et 100 % en fonction des autres facteurs d'appréciation) ;
– l'importance du distributeur dans la commercialisation des produits concernés (notoriété, importance de la part de marché) ;
– les facteurs ayant conduit à la concentration des ventes du fournisseur auprès du distributeur (choix stratégique ou nécessité technique telle que l'absence d'autres débouchés, la nature monoproduit du fournisseur et la présence de clauses d'exclusivité ou de non-concurrence) ;
– l'existence ou la diversité éventuelle d'autres débouchés pour le fournisseur.

Pour l'appréciation de ces deux derniers critères, peuvent notamment être prises en compte : la faiblesse des ressources financières du fournisseur, la faiblesse des marges des offreurs sur le marché sur lequel il opère, l'absence de notoriété de la marque du fournisseur, la durée et l'importance de la pratique de la politique de partenariat qu'il a éventuellement nouée avec le distributeur, l'importance et la surcapacité d'offre sur le marché de ses produits, et l'importance des contraintes de transport de ses produits.

La seule circonstance qu'un distributeur réalise une **part très importante,** voire exclusive, de son **approvisionnement** auprès d'un seul fournisseur ne suffit pas à caractériser l'état de dépendance économique de ce dernier (Cass. com. 3-3-2004 n° 02-14.529 : RJDA 7/04 n° 908 ; Aut. conc. 20-1-2009 n° 09-D-02). **46065**

ILLUSTRATIONS

Alors même que la part de chiffre d'affaires réalisée par les fournisseurs avec les distributeurs dont ils se prétendaient dépendants variait entre 22 et 67,5 %, les arguments des fournisseurs ont été rejetés car ils n'avaient pas été en mesure de démontrer l'existence de cet état au regard des autres critères énumérés ci-dessus n° 46060 (Cons. conc. 8-6-1993 n° 93-D-21, aff. « Cora » et, sur pourvoi de l'arrêt confirmatif de la CA Paris, Cass. com. 10-12-1996 n° 94-16.192 : RJDA 4/97 n° 530).

De même, il a été considéré, par application de ces critères, que des fabricants de lessive n'étaient pas en situation de dépendance économique à l'égard d'un groupement de distributeurs assurant environ 15 % de leurs ventes pour les raisons suivantes : le secteur des lessives était très concentré au niveau de la production et ces fabricants, qui appartenaient tous à de puissants groupes industriels internationaux, disposaient de marques à très forte notoriété ; la cessation temporaire des relations commerciales de l'un de ces fabricants avec le groupement n'avait pas eu d'influence notable sur les ventes de ce fabricant (Cons. conc. 13-12-1994 n° 94-D-60, aff. « Lessives »).

Pour un exemple dans lequel l'état de dépendance économique résultait d'un choix délibéré de politique commerciale du fournisseur se traduisant par la détention d'un client unique, voir Aut. conc. 6-4-2012 n° 12-D-11, aff. « Secteur de la fabrication et de la commercialisation de serviettes industrielles », confirmé par CA Paris 26 9 2013 n° 2012/08048.

La situation de dépendance économique et l'abus de celle-ci ont été reconnus par l'Autorité de la concurrence dans le cadre de relations entretenues avec des **centrales d'achat.** **46070**

Dans une décision de 1993, le Conseil a considéré que quinze vendeurs d'espaces publicitaires se trouvaient dans une situation de dépendance à l'égard d'une centrale d'achat d'espaces publicitaires, notamment pour les raisons suivantes (Cons. conc. 15-12-1993 n° 93-D-59, aff. « Secteur de la publicité », annulé par CA Paris 20-12-1994 pour des motifs de procédure) :

– la centrale était à la fois la plus ancienne et la plus importante centrale d'achat d'espaces publicitaires dans les grands médias ;

– de cette centrale dépendait, dans la plupart des cas, le choix de répartition entre les supports des campagnes publicitaires des annonceurs qui lui avaient confié leur achat d'espace car elle assumait en même temps une fonction de préconisation des supports ;

– dans la mesure où l'annonceur ne connaissait pas le véritable coût de l'achat d'espace réalisé pour son compte, la centrale était à même de l'orienter non pas vers le support le plus adapté à ses objectifs publicitaires, mais vers celui qui lui avait consenti les ristournes les plus importantes ;

– pour certains supports, la part que représentaient, dans leur chiffre d'affaires, les ventes d'espaces publicitaires à la centrale était importante (de 20 % à 40 %) ;

– les vendeurs d'espaces avaient tous récemment subi une contraction des investissements publicitaires des annonceurs et certains d'entre eux étaient liés à la centrale par des accords pluriannuels.

La dépendance d'un fournisseur à l'égard de son distributeur peut consister dans le fait, pour un distributeur, à l'occasion d'une concentration lui conférant une plus grande puissance d'achat, de **renégocier à la hausse les avantages consentis** par un fournisseur lorsque cette négociation ne s'accompagne pas de l'offre par le distributeur de contreparties définies ou de services permettant au fournisseur de promouvoir la vente de ses produits (Cons. conc. 8-6-1993 n° 93-D-21, aff. « Cora »). **46075**

2. PREUVE D'UN ÉTAT DE DÉPENDANCE ÉCONOMIQUE

C'est à celui qui se prévaut d'un état de dépendance économique d'en apporter la preuve (Cass. com. 12-1-1999 : RJDA 4/99 n° 482). **46100**

B. Formes de l'abus de dépendance économique

46140 Les abus de dépendance économique « peuvent notamment consister en **refus de vente,** en **ventes liées,** en **pratiques discriminatoires** visées aux articles L 442-1 à L 442-3 [du Code de commerce] ou en **accords de gamme** » (C. com. art. L 420-2, al. 2 modifié par ord. 2019-698 du 3-7-2019).

Cette énumération n'est pas limitative (Aut. conc. 16-3-2020 n° 20-D-04, aff. « Apple », en partie réformée par CA Paris 6-10-22 n° 20/08582).

L'abus peut revêtir des formes différentes selon que l'entreprise dépendante est le client ou le fournisseur. En pratique, ce sont souvent des refus de vente ou de livraison ou des ruptures brutales de relations commerciales qui sont allégués. Sont également visées la plupart des pratiques déjà examinées sous l'aspect des abus de position dominante (n°s 45580 s.).

ATTENTION

On peut s'interroger sur la portée pratique de la mention des **accords de gamme** en tant que pratiques susceptibles de constituer un abus de dépendance économique. En effet, nous avons vu que, pour apprécier l'état de dépendance économique d'un distributeur à l'égard d'un fournisseur, il convient de prendre en compte plusieurs critères, dont notamment la part du produit du fournisseur dans le chiffre d'affaires du distributeur. Appliqué à la grande distribution, ce critère ne permet pas d'établir un état de dépendance économique de celle-ci à l'égard de ses fournisseurs car chacun d'entre eux ne représente qu'une faible part de son chiffre d'affaires global. C'est pourquoi on peut douter de l'utilité d'une telle disposition pour appréhender les accords de gamme conclus avec la grande distribution. En revanche, si l'accord de gamme est proposé par une entreprise en position dominante, il peut être sanctionné sur le fondement de l'article L 420-2, al. 1 du Code de commerce (voir n° 45680 : Cons. conc. 8-4-2004 n° 04-D-13, aff. « Fromages à pâte persillée »).

46145 En ce qui concerne les **centrales d'achat,** un abus de domination peut résulter des pratiques suivantes si leurs fournisseurs sont dans une situation de dépendance économique (Avis Commission conc. du 14-3-1985, aff. « Centrales d'achat ») :

– la subordination du référencement d'une entreprise ou d'un produit, voire de toute négociation, soit à l'octroi par le fournisseur d'un versement sans contrepartie, dit « prime de référencement », soit à tout artifice destiné à faire apparaître l'existence de contreparties alors que celles-ci seraient factices. Il peut résulter de cette pratique un coût supplémentaire et artificiel d'accès au marché ;

– l'exigence d'un dédommagement rétroactif, parfois appelé « amende », en cas de non-application de la règle non écrite dite « du groupe le plus favorisé » ;

– la revendication, aux échéances fixées pour le versement de remises différées, d'avantages supplémentaires et de caractère rétroactif en fonction des nouvelles adhésions enregistrées en cours d'exercice ;

– la sollicitation de fournitures gratuites ;

– le fait d'interdire l'entrée sur le marché à de nouveaux distributeurs par les conditions non justifiées mises à l'adhésion à l'une ou l'autre des centrales ;

– le fait d'interdire à un nouveau producteur l'entrée sur le marché en ayant à son égard des exigences discriminatoires et injustifiées. Les conséquences d'une telle pratique sont d'autant plus nocives lorsque, portant sur des produits nouveaux pour lesquels les fabricants ont un besoin impérieux d'amortir les coûts de recherche-développement et de lancement, elle peut faire obstacle au développement du progrès technique ;

– le fait d'éliminer un fournisseur du marché ou de réduire brutalement la part qu'il y occupe, par des demandes excessives et discriminatoires, surtout si ces demandes résultent d'une concertation entre « supercentrales » ou de leur comportement parallèle ;

– le déréférencement d'un fournisseur, d'un produit, d'une ligne de produits ou d'une marque, lorsqu'il est avéré qu'il est motivé par la sanction du refus de consentir des avantages commerciaux injustifiés ou par une pression en vue de leur concession.

46150 Pour d'**autres exemples** d'abus de dépendance économique, voir :

– Cass. com. 16-12-1997 (RJDA 4/98 n° 521) : abus de dépendance économique par un franchiseur à l'égard de franchisés ;

– Cons. conc. 30-6-2004 n° 04-D-26, aff. « Secteur des produits sanguins à usage non thérapeutique » (n° 46040) : le Conseil de la concurrence a considéré comme abusif le fait pour le fournisseur d'avoir, brusquement et pour des raisons injustifiées, cessé ses livraisons, de façon discriminatoire par rapport à un autre distributeur, et ce, en dépit des difficultés

inhérentes à la mise en place, dans un temps raisonnable, d'un approvisionnement alternatif auprès d'un autre fournisseur et malgré les relations stables que le gérant de la société de distribution entretenait avec le fournisseur depuis de longues années ;
– Aut. conc. 16-3-2020 n° 20-D-04, aff. « Apple », confirmée pour l'essentiel sur ce point par CA Paris 6-10-2022 n° 20/08582 : l'Autorité de la concurrence a relevé un ensemble de comportements qui ont constitué un abus de dépendance économique de la part de la société Apple vis-à-vis des revendeurs indépendants dits « premium » dès lors que ces comportements restreignaient de manière anormale et excessive la liberté commerciale de ces derniers : difficultés d'approvisionnement (organisées par une allocation de clientèle auprès des grossistes) alors même que les magasins et le site internet Apple étaient livrés ; traitements discriminatoires ; instabilité des conditions de rémunération car le système de remises consenties aux revendeurs indépendants présentait un caractère discrétionnaire alors même que la profitabilité des intéressés dépendait de ces remises. L'Autorité a estimé qu'en mettant à la charge de ces distributeurs premium des obligations qui s'apparentaient à celles de franchisés, Apple avait profité des avantages d'un réseau de franchise sans être elle-même soumise aux obligations d'un franchiseur.

C. Nécessité d'une affectation du fonctionnement ou de la structure de la concurrence

La nécessité d'une affectation du fonctionnement ou de la structure de la concurrence est une condition de qualification d'un abus de dépendance économique posée par l'article L 420-2, al. 2 du Code de commerce. Cette **condition** est très **exigeante** et explique en partie que cette incrimination soit très peu retenue par l'Autorité de la concurrence. **46190**

La **condition** n'a **pas** été remplie dans le cas suivant. Une clause d'exclusivité post-contractuelle avait été accordée par la Fédération des industries nautiques (FIN) à la société Reed Expositions France (REF) dans un contrat concédant l'organisation technique d'un salon nautique (le « Yachting »). La FIN estimait qu'elle était en situation de dépendance économique à l'égard de REF et que la clause d'exclusivité post-contractuelle d'une durée de vingt ans en cas de non-renouvellement du contrat constituait un abus de cette situation de cette dépendance. L'Autorité n'a pas examiné ces deux éléments et s'est bornée à relever que, sur les deux marchés concernés, cette clause n'affectait pas le fonctionnement ou la structure de la concurrence : s'agissant du marché de l'organisation des foires et salons, l'Autorité a relevé, d'une part, le caractère généraliste des acteurs qui ne risquaient pas d'être évincés par l'effet d'une telle clause et, d'autre part, la possible création d'un événement concurrent du Yachting ; s'agissant du marché de la construction de bateaux de plaisance, l'Autorité a simplement relevé que la FIN n'apportait aucun élément permettant d'étayer une telle affectation (Aut. conc. 9-8-2017 n° 17-D-15, aff. « Yachting »). **46195**

Cette **condition** a en revanche été considérée comme **remplie** dans la décision Apple précitée n° 46150. Dans cette affaire, l'Autorité de la concurrence a relevé que les pratiques discriminatoires d'Apple à l'égard de ses distributeurs indépendants (APR pour « Apple Premium Reseller ») avait affecté la concurrence compte tenu des éléments suivants : certes, les revendeurs ne représentaient qu'une faible part des ventes des produits Apple, mais l'affectation peut être potentielle et ne pas concerner l'ensemble du marché ; ces pratiques avaient réduit la capacité de ces distributeurs indépendants à animer la concurrence ; cela était d'autant plus dommageable que certains consommateurs estimaient que les produits Apple n'étaient pas substituables aux produits des concurrents. Cette affectation est illustrée par la situation d'un des distributeurs placé en liquidation judiciaire en raison des pratiques discriminatoires d'Apple. **46200**

SECTION 6

LÉGITIMATION DES PRATIQUES ANTICONCURRENTIELLES (DROIT DE L'UE)

POSSIBILITÉ D'UNE LÉGITIMATION

46300 Aux termes de l'article 101, 3 du TFUE, les accords ou pratiques concertées entrant dans le champ d'application de l'article 101, 1 et comme tels frappés d'interdiction peuvent être relevés de cette interdiction s'ils « contribuent à améliorer la production ou la distribution des produits ou à promouvoir le progrès technique ou économique, tout en réservant aux utilisateurs une partie équitable du profit qui en résulte, et sans :

« a) imposer aux entreprises intéressées des restrictions qui ne sont pas indispensables pour atteindre ces objectifs ;

« b) donner à ces entreprises la possibilité, pour une partie substantielle des produits en cause, d'éliminer la concurrence ».

L'article 101, 3 est appliqué de plein droit à certaines catégories d'accords sous la forme d'une exemption globale.

La première question qui se pose donc en pratique, lorsqu'on s'interroge sur l'application éventuelle de l'article 101, 3 à un accord déterminé, est de rechercher si cet accord bénéficie ou non d'une **exemption par catégorie** (n°s 46400 s.). En cas de réponse négative ou tout simplement de doute, il importe alors de rechercher si, individuellement, l'accord satisfait aux conditions de l'**exception légale de l'article 101, 3** (n°s 47650 s.).

ATTENTION

Conformément aux articles 3 et 5 du règlement 1/2003 du 16 décembre 2002, les autorités nationales de concurrence appliquent le droit de l'UE lorsque les pratiques en cause sont susceptibles d'affecter le commerce entre États membres. En conséquence, la **jurisprudence citée** dans cette partie est issue des autorités et juridictions tant européennes que nationales.

I. EXEMPTION PAR CATÉGORIE D'ACCORDS : PRINCIPES GÉNÉRAUX

46400 L'article 101, 3 du TFUE peut s'appliquer soit à des accords individuels (n°s 47650 s.), soit à des catégories d'accords au moyen de règlements d'exemption par catégorie.

A. Conditions d'adoption des règlements d'exemption par catégorie d'accords

46410 Les exemptions par catégorie doivent faire l'objet d'une autorisation par une décision de principe prise sous la forme d'un règlement du Conseil des ministres (TFUE art. 103, 2-b). Cette décision est suivie d'un règlement d'application de la Commission qui fixe les conditions d'octroi de l'exemption.

À ce jour, le Conseil a pris plusieurs **décisions d'autorisation.**

1. Le règlement 19/65 du 2 mars 1965 (JOCE du 6-3-1965), modifié par le règlement 1215/99 du 10 juin 1999 (JOCE 1999 L 148) et par le règlement 1/2003 relatif à la mise en œuvre des articles 101 et 102, a autorisé la Commission à déclarer que l'interdiction de l'article 101, 1 ne s'applique pas à :

– des catégories d'accords ou de pratiques concertées conclus entre deux ou plusieurs entreprises, opérant chacune à un niveau différent de la chaîne de production ou de

distribution (accords verticaux) et qui concernent les conditions dans lesquelles les parties à l'accord peuvent acquérir, vendre ou revendre certains biens ou services ;
– des catégories d'accords ou de pratiques concertées auxquels ne participent que deux entreprises et comportant des limitations imposées en rapport avec l'acquisition ou l'utilisation de droits de propriété industrielle (brevets, modèles d'utilité, dessins et modèles ou marques), ou avec les droits résultant de contrats comportant cession ou concession de procédés de fabrication ou de connaissances relatives à l'utilisation ou à l'application de techniques industrielles.

2. Le règlement 2821/71 du 20 décembre 1971 (JOCE 1971 L 285), modifié par le règlement 1/2003, a autorisé la Commission à édicter des règlements d'exemption par catégorie des accords ayant pour objet :
– l'application de normes et de types ;
– la recherche et le développement de produits ou procédés jusqu'au stade de l'application industrielle, ainsi que l'exploitation des résultats, y compris les dispositions relatives au droit de la propriété industrielle et à la connaissance technique non divulguée ;
– la spécialisation, y compris les accords nécessaires à sa réalisation.

3. Le règlement 1534/91 du 31 mai 1991 (JOCE 1991 L 143), modifié par le règlement 1/2003, a autorisé la Commission à adopter des règlements d'exemption pour les accords entre compagnies d'assurances ayant pour objet :
– l'établissement en commun de tarifs de prime de risque fondés sur des statistiques collectives ou sur le nombre de sinistres ;
– l'établissement de conditions types d'assurance ;
– la couverture en commun de certains types de risques ;
– le règlement des sinistres ;
– la vérification et l'acceptation d'équipements de sécurité ;
– les registres concernant les risques aggravés et les systèmes d'information s'y rapportant, à condition que la tenue de ces registres et la gestion de ces informations se fassent dans le respect de la protection de la confidentialité.

4. Le règlement 246/2009 du 26 février 2009 (JOUE 2009 L 79) a autorisé la Commission à adopter des règlements d'exemption pour les accords entre entreprises qui ont pour objet de promouvoir ou d'établir une coopération pour l'exploitation en commun de services de transports maritimes, entre compagnies maritimes de ligne, dans le but de rationaliser leurs opérations au moyen d'arrangements techniques, opérationnels ou commerciaux, à l'exception de la fixation des prix (« consortia »).

5. Le règlement 487/2009 du 25 mai 2009 (JOUE 2009 L 148) a autorisé la Commission à adopter des règlements d'exemption pour les accords dans le domaine des transports aériens.

Sur le fondement de ces règlements, la Commission a édicté plusieurs règlements d'exemption applicables aux **accords de distribution** (accords de vente ou d'achat exclusif, contrats de franchise et de distribution sélective, rassemblés dans le règlement UE 2022/720 du 10 mai 2022 sur les « accords verticaux », lequel couvre également les accords verticaux d'achat, de vente et de revente de véhicules automobiles neufs : n°s 46700 s.), aux accords de distribution de pièces de rechange et accords de fourniture de services de réparation et d'entretien de véhicules automobiles : n°s 47040 s.) et à la **coopération entre entreprises** (accords de recherche et de développement, accords de spécialisation : n°s 47170 s.). **46415**

De même, les accords de licence de brevets et de licence de savoir-faire ont fait l'objet d'un règlement spécifique en vue de prendre en compte les **transferts de technologie** (n°s 47430 s.).

B. Application simultanée de plusieurs règlements d'exemption par catégorie

En raison de la complexité des relations économiques entre entreprises, le contenu des accords conclus par celles-ci peut, le cas échéant, relever de plusieurs règlements d'exemption par catégorie. Dès lors, la question se pose en pratique de savoir si ces règlements peuvent s'appliquer cumulativement, c'est-à-dire ensemble et à l'égard d'une même situation, ou si l'application d'un règlement d'exemption exclut celle des autres. **46460**

La solution a été évoquée par les règlements suivants.
– Le règlement 2022/720 relatif aux accords verticaux ne s'applique pas aux accords verticaux faisant l'objet d'un autre règlement d'exemption par catégorie, sauf si ce dernier le prévoit (art. 2, 7).
Cela signifie que le règlement général ne s'applique pas aux accords verticaux couverts par le règlement 316/2014 du 21 mars 2014 sur les accords de transfert de technologie, entré en vigueur le 1er mai 2014, ou par les règlements UE 1066/2023 du 1er juin 2023 et UE 1067/2023 du 1er juin 2023, entrés en vigueur le 1er juillet 2023, concernant les accords de recherche et développement et les accords de spécialisation.
– Dans le cadre de l'après-vente automobile, seuls sont exemptés de l'interdiction énoncée à l'article 101, 1 du TFUE les accords verticaux relatifs aux conditions auxquelles les parties peuvent acheter, vendre ou revendre des pièces de rechange de véhicules automobiles, ou fournir des services de réparation et d'entretien de véhicules automobiles, qui non seulement ne contiennent aucune des restrictions caractérisées énumérées à l'article 5 du règlement 461/2010 du 27 mai 2010, prorogé jusqu'au 31 mai 2028 (cf. Règl. 2023/822 du 17-4-2023), concernant l'application de l'article 101, 3 du TFUE à des catégories d'accords verticaux et de pratiques concertées dans le secteur automobile, mais qui satisfont au préalable aux conditions d'exemption prévues par le règlement UE 2022/720.
– L'application des règlements 1066/2023 (accords de recherche et développement) et 1067/2023 (accords de spécialisation) au secteur automobile n'est pas remise en cause car ces règlements ne concernent pas directement la distribution.
– Comme les accords de spécialisation unilatérale conclus entre entreprises non concurrentes sont susceptibles de bénéficier de l'exemption par catégorie du règlement 2022/720 (accords verticaux), l'application du règlement 1067/2023 aux accords de spécialisation unilatérale est limitée aux accords entre concurrents.

C. Effets de l'exemption par catégorie

CARACTÈRE NON CONTRAIGNANT D'UN RÈGLEMENT D'EXEMPTION

46500 Les règlements d'exemption par catégorie n'établissent pas de prescriptions contraignantes affectant directement la validité ou le contenu des accords ou obligeant les parties à adapter ces derniers à leurs dispositions ; ils se bornent à établir des conditions qui, si elles sont remplies, font échapper certaines clauses contractuelles à l'interdiction et par conséquent à la nullité de plein droit prévue par l'article 101, 1 et 2 du TFUE (CJCE 18-12-1986 aff. 10/86, VAG France : Rec. 4071).

Les parties n'ont donc pas l'obligation de mettre leur accord en conformité avec les prescriptions d'un règlement. Il en résulte que si un règlement d'exemption est remplacé par un autre, l'une des parties ne peut pas exiger qu'un nouvel accord soit conclu tandis que l'autre n'engage pas sa responsabilité du seul fait de refuser la conclusion d'un nouvel accord. Cependant, les règlements d'exemption prévoient des dispositions transitoires pour gérer les accords conclus pour une durée excédant la date d'expiration d'un règlement d'exemption.

INCIDENCE D'UN RÈGLEMENT D'EXEMPTION SUR LA VALIDITÉ D'UN ACCORD

46510 L'examen de la validité d'un accord suppose d'abord d'apprécier si les parties au contrat disposent de **parts de marché** qui les excluraient du bénéfice du règlement. Il convient ensuite de vérifier que le contrat est conforme aux prescriptions du règlement et qu'il ne contient aucune des clauses interdites par celui-ci en raison de restrictions graves à la concurrence (par exemple, en matière de restrictions verticales, les clauses imposant des prix de vente au public ou organisant une protection territoriale).

Un contrat qui contient de telles **restrictions** graves, dites aussi **« caractérisées »,** ne peut pas bénéficier de l'exemption par catégorie, quelle que soit la part de marché des parties.

Certains règlements imposent des **conditions spécifiques pour d'autres types de restrictions** (par exemple, s'agissant du règlement 2022/720 sur les accords verticaux, les obligations de non-concurrence pendant la durée du contrat et après l'expiration du contrat). Lorsque ces conditions ne sont pas remplies, ces restrictions verticales sont exclues de l'exemption prévue au règlement d'exemption par catégorie. Toutefois, le règlement continue de s'appliquer au reste de l'accord.

Si le bénéfice du règlement est refusé soit du fait d'un pouvoir de marché trop important des parties, soit du fait de la présence de clauses constituant des restrictions caractérisées, le contrat doit être examiné au titre de l'article 101, 1 du TFUE, notamment en appréciant si l'accord porte une atteinte sensible à la concurrence. À supposer qu'une atteinte suffisamment sensible soit établie, il conviendra alors de s'interroger sur le bénéfice de l'article 101, 3 du TFUE (contribution au progrès économique). Si le **bénéfice de l'exception légale** est peu probable en présence de restrictions caractérisées, il reste possible en cas de parts de marché importantes.

Un **accord** qui ne peut bénéficier ni de l'exemption par catégorie ni de l'exception légale est **nul** de plein droit.

L'octroi d'une exemption par catégorie ne peut en aucun cas valoir aussi exonération de l'interdiction des **abus de position dominante** (TPICE 10-7-1990 aff. 51/89, Tetra Pak). **46515**

D. Retrait de l'exemption par catégorie

RETRAIT PAR LA COMMISSION EUROPÉENNE

La Commission peut, par décision spéciale, retirer le bénéfice de l'exemption à tout accord qui, bien que répondant aux conditions requises pour bénéficier de cette exemption, a cependant des effets incompatibles avec les principes énoncés par l'article 101, 3 (Règl. 1/2003 art. 29, 1). **46560**

La Commission peut agir d'office ou sur demande présentée par un État membre, ou par toute personne physique ou morale justifiant d'un intérêt légitime.

La décision de retrait n'a pas d'effet rétroactif et est susceptible d'un recours devant le Tribunal de l'Union européenne.

RETRAIT PAR LES AUTORITÉS NATIONALES DE CONCURRENCE

La possibilité de retirer le bénéfice de l'exemption par catégorie peut être exercée également par les autorités nationales de concurrence lorsque les effets incompatibles avec l'article 101, 3 d'une pratique se produisent sur leur territoire (ou sur une partie de ce territoire), si celui-ci présente les caractéristiques d'un marché géographique distinct (Règl. 1/2003 art. 29, 2) (n° 42270). **46565**

Dans ce cas, il incombe à l'autorité nationale de concurrence de démontrer que l'accord viole les dispositions de l'article 101, 1 et qu'il ne remplit pas les conditions de l'article 101, 3 (LD concernant l'application de l'article 101, 3, pt 36).

Cette possibilité d'agir pour les autorités nationales de concurrence est expressément prévue par :

– le considérant 18 du règlement 2022/720 relatif aux accords verticaux (n° 46990) ;
– le considérant 22 du règlement 461/2010 en matière de distribution automobile (nos 47040 s.) ;
– l'article 6 du règlement 316/2014 concernant les accords de transferts de technologie (n° 47470).

RETRAIT PAR LES JURIDICTIONS NATIONALES

Les juridictions nationales ne sont pas habilitées à retirer le bénéfice d'un règlement d'exemption par catégorie (pour un exemple de juridiction se déclarant incompétente pour retirer le bénéfice d'une exemption par catégorie, voir T. com. Paris 13-3-2008 n° 06-8432 : Concurrences 3-2008 p. 140). Elles peuvent seulement apprécier si un accord remplit ou non les conditions de l'exemption par catégorie, sans pouvoir se fonder sur l'article 101, 3 pour déclarer l'exemption par catégorie inapplicable à cet accord (LD concernant l'application de l'article 101, 3, pt 37). Cette disposition n'est pas sans limiter quelque peu l'effet direct reconnu à l'article 101, 3 du TFUE (sur cette question, J. Riffault-Silk, La réforme du règlement 17 : vers une nouvelle mise en œuvre des articles 81 et 82 CE : JCP E 2004 p. 1). **46570**

EFFETS DU RETRAIT D'UNE EXEMPTION PAR CATÉGORIE

Lorsque les conditions d'une exemption par catégorie ne sont pas ou ne sont plus remplies, il appartient aux entreprises d'examiner elles-mêmes si leurs accords satisfont aux conditions de l'article 101, 3 et de les adapter, le cas échéant en tenant compte des communications et des lignes directrices établies par la Commission (nos 47650 s.). L'accord bénéficie alors d'une présomption de légalité, mais est exposé à une déclaration d'invalidité ultérieure de la part des autorités ou juridictions nationales ou de la part de la Commission. **46575**

E. Règlement de non-application d'un règlement d'exemption par catégorie

46610 La Commission peut, par voie de règlement, déclarer qu'un règlement d'exemption par catégorie est inapplicable à un ensemble d'accords similaires ayant un effet cumulatif sur le marché (Règl. 19/65 du 2-3-1965 art. 1 bis).

Cette possibilité est prévue par le règlement général sur les accords verticaux (Règl. 2022/720 art. 7 : n° 47000), le règlement relatif aux accords de distribution automobile (Règl. 461/2010 art. 6 : n°s 47040 s.), ainsi que celui relatif aux accords de transfert de technologie (Règl. 316/2014 du 21-3-2014 art. 7 : n° 47480).

La Commission fixe alors un délai (six mois au minimum), à l'expiration duquel le règlement d'exemption cesse d'être applicable aux types d'accords en question.

À la différence de la mesure individuelle de retrait, le règlement de non-application peut concerner collectivement plusieurs entreprises, voire l'ensemble d'un secteur.

La déclaration d'inapplicabilité n'a pas d'effet rétroactif. Par ailleurs, le délai minimal de six mois devrait permettre aux entreprises de régulariser leur situation et d'adapter leurs accords.

> **Précisions** Cette **procédure** diffère de celle prévue par l'article 29, 1 du règlement 1/2003 (n° 46560) qui suppose une décision de la Commission caractérisant une infraction à l'article 101, 1. Dans le cas de l'article 1 bis du règlement 19/65, la Commission peut, de sa propre initiative, prendre un règlement écartant le bénéfice de l'exemption par catégorie pour les accords visés dans le règlement.

II. ACCORDS CONCERNÉS PAR UN RÈGLEMENT D'EXEMPTION PAR CATÉGORIE

A. Accords de distribution : régime général

TEXTES APPLICABLES ET PRINCIPALES NOUVEAUTÉS ISSUES DU RÈGLEMENT 2022/720

46700 Les conditions d'exemption des accords de distribution sont prévues par le **règlement 2022/720 du 10 mai 2022,** entré en vigueur le 10 mai 2022 et expirant le 31 mai 2034 (JOUE 2022 L 134). Ce règlement remplace le règlement 330/2010 du 20 avril 2010. Il a pour objectif de réajuster la « sphère de sécurité » (sur cette notion, voir n° 46840) dont bénéficient les accords, notamment afin de tenir compte, d'une part, du développement de l'économie issue de l'Internet et, d'autre part, de l'évolution de la jurisprudence.

Les accords qui étaient jusqu'alors exemptés ne le sont plus nécessairement. C'est notamment le cas de la **double distribution** (n° 46730) et des **obligations de parité** (n° 46987) dont certains aspects ne sont plus automatiquement exemptés mais doivent dorénavant faire l'objet d'une exemption individuelle au titre de l'article 101, 3 du TFUE.

À l'inverse, certains accords et restrictions verticales qui n'étaient pas couverts par l'exemption par catégorie le sont désormais. Sont notamment concernées les restrictions de la capacité d'un acheteur à s'adresser activement à des clients individuels, c'est-à-dire **les ventes actives** (n° 46890). Sont également exemptées certaines pratiques dans le secteur des **ventes en ligne,** telles que la possibilité pour le fournisseur de pratiquer des prix de gros différents selon que les produits sont vendus en ligne ou hors ligne (sur le **double prix,** voir n° 46936) ou d'imposer, en cas de distribution sélective, des critères différents pour les ventes en ligne et hors ligne (**principe d'équivalence** : n° 46752).

46705 Le règlement 2022/720 est complété par la **communication de la Commission** contenant les **lignes directrices** sur les restrictions verticales (JOUE 2022 C 248 p. 1). Celles-ci comportent deux parties qu'il convient de ne pas confondre. La première indique les modalités d'application du règlement d'exemption (comment bénéficier de l'exemption par catégorie) : le règlement d'exemption crée une présomption de légalité pour les accords verticaux ne comportant pas de restriction caractérisée de la concurrence, lorsque les parts de marché du fournisseur et de l'acheteur sont chacune inférieures ou égales à 30 %. La seconde partie expose la politique suivie par la Commission pour l'appréciation des restrictions verticales dans la perspective d'une exemption individuelle, lorsque l'exemption par catégorie ne peut pas s'appliquer.

1. CHAMP D'APPLICATION DU RÈGLEMENT 2022/720

ACCORDS DE DISTRIBUTION VISÉS : PRINCIPES COMMUNS

Principes Le règlement 2022/720 du 10 mai 2022 définit de manière très large l'**accord vertical** susceptible de bénéficier d'une exemption par catégorie au titre de l'article 101, 3 du TFUE. En effet, l'accord vertical est défini comme « un accord ou une pratique concertée entre deux ou plusieurs entreprises opérant chacune, aux fins de l'accord ou de la pratique concertée, à un niveau différent de la chaîne de production ou de distribution, et relatif aux conditions auxquelles les parties peuvent acheter, vendre ou revendre certains biens ou services ». 46710

Le règlement couvre donc en principe l'ensemble des accords de distribution, à l'exception des accords relatifs à l'après-vente automobile (nº 46720). Sont donc notamment concernés les accords de **distribution sélective ou exclusive,** mais aussi d'autres types de distribution qualifiés de « **systèmes de libre distribution** » (Règl. 2022/720 art. 4, d ; LD sur les restrictions verticales, pts 116 et 238).

Cette définition appelle les observations suivantes :

1° Les accords verticaux conclus avec les **consommateurs** finals qui ne sont pas des entreprises ne relèvent pas de l'article 101, 1 et, par conséquent, ne sont pas concernés par le règlement d'exemption. Sur la notion d'entreprise, voir nºs 41400 s.

2° Les **accords verticaux entre entreprises concurrentes** ne sont, en principe, pas couverts par le règlement d'exemption (voir nº 46730). Une entreprise peut ainsi opérer à un niveau différent de la chaîne de production ou de distribution. Il en est ainsi lorsqu'une entreprise produit une matière première qu'une seconde entreprise utilise comme bien intermédiaire ou, dans le cas de trois entreprises, lorsque la première est un fabricant, la deuxième un grossiste et la troisième un détaillant. On notera que la même entreprise peut intervenir à plusieurs niveaux de la chaîne de production ou de commercialisation. Tel est le cas lorsque le fabricant d'un produit est aussi distributeur de ce produit et entre en concurrence avec les distributeurs indépendants qui vendent aussi son produit (hypothèse de la « distribution double »).

3° L'exemption s'applique à tous les accords qui concernent les conditions d'achat, de vente ou de revente des **biens** ou services **fournis** par le fournisseur, ou qui concernent les **conditions de vente par l'acheteur** de biens ou services dans lesquels sont incorporés ces biens ou services.

4° Les accords verticaux couverts peuvent porter tant sur des biens ou services finals que des **biens** ou services **intermédiaires.**

En outre, le règlement d'exemption est aussi applicable aux **biens** vendus ou achetés en vue d'être **loués à des tiers** (LD sur les restrictions verticales, pt 61).

> **Précisions** Les accords verticaux conclus dans l'économie des **plateformes en ligne,** y compris ceux conclus par des fournisseurs de services d'intermédiation en ligne, sont couverts par le règlement d'exemption. Une entreprise qui fournit des services d'intermédiation en ligne, au sens de l'article 1, 1-e du règlement (c'est-à-dire une société qui fournit des services de la société de l'information au sens de l'article 1, 1-b de la directive UE 1535/2015 du 9 septembre 2015, qui permettent aux entreprises d'offrir des biens ou des services), est qualifiée de « fournisseur » en ce qui concerne ces services, et une entreprise qui propose ou vend des biens ou des services par le biais de services d'intermédiation en ligne est qualifiée d'« acheteur » pour ces services d'intermédiation en ligne, qu'elle paie ou non pour utiliser les services d'intermédiation en ligne (LD sur les restrictions verticales, pt 67).

Secteur de l'automobile À l'exclusion du secteur de l'après-vente automobile, couvert par le règlement d'exemption 461/2010 du 27 mai 2010 (voir nºs 47040 s.), les accords de distribution dans le secteur automobile sont soumis au règlement général 2022/720. 46720

Quelques développements spécifiques aux accords de distribution de véhicules automobiles neufs sont consacrés par la Commission dans les lignes directrices supplémentaires sur les restrictions verticales dans les accords de vente et de réparation de véhicules automobiles et de distribution de pièces de rechange de véhicules automobiles (JOUE 2010 C 138) qui accompagnent le règlement 461/2010. Ces précisions sont traitées sous les développements concernant le règlement général d'exemption par catégorie des accords verticaux (nºs 46775, 46924, 46960, 46970 et 46980).

> **Précisions** Les conditions d'application de l'article 101, 3 du TFUE à des catégories d'accords verticaux et de pratiques concertées dans le secteur automobile étaient auparavant fixées par des règlements catégoriels, le dernier étant le règlement 1400/2002 du 31 juillet 2002 concernant les accords verticaux d'achat ou de vente de véhicules automobiles neufs, les accords verticaux d'achat ou de vente de pièces de rechange destinées aux véhicules automobiles et les accords verticaux d'achat ou de vente de services de réparation et d'entretien de ces véhicules (JOCE 2002 L 203). Dans la perspective de l'expiration de ce règlement, la Commission a effectué une analyse du fonctionnement de la concurrence sur les marchés automobiles. Les conclusions du rapport d'évaluation du 28 mai 2008 et celles de la communication de la Commission sur le futur cadre réglementaire concernant la concurrence dans le secteur automobile du 22 juillet 2009 ont montré que l'état de la concurrence dans ce secteur devait conduire à opérer une distinction entre les accords de distribution de véhicules automobiles neufs et les accords de fourniture de services de réparation et d'entretien et de distribution de pièces de rechange, ces deux types d'accord devant être soumis à des régimes différents. S'agissant de la **distribution de véhicules automobiles neufs,** la Commission a considéré qu'il n'existe plus aucun dysfonctionnement important de la concurrence qui pourrait justifier un traitement plus sévère de ces accords par rapport aux autres accords verticaux. La concurrence que se livrent les opérateurs dans ce secteur y est forte, de sorte que les règles sectorielles constituent pour les constructeurs automobiles un carcan inutile. Les accords de distribution de véhicules automobiles neufs doivent donc pouvoir bénéficier de l'exemption prévue par le règlement 2022/720, sous réserve du respect de l'ensemble des conditions qu'il établit (absence de pouvoir de marché et de restrictions caractérisées). S'agissant des accords de **distribution de pièces de rechange** et des accords de **fourniture de services de réparation et d'entretien** (voir n° 47040), l'analyse conduite par la Commission a montré que la concurrence y était moins intense (prix élevés, difficultés d'accès aux pièces de rechange et aux informations techniques pour les réparateurs indépendants). Par conséquent, les règles prévues par le règlement 2022/720, y compris le seuil de part de marché uniforme de 30 %, s'avèrent insuffisantes pour garantir que ces accords puissent être présumés remplir les conditions prévues à l'article 101, 3 du TFUE. Dès lors, pour bénéficier d'une exemption par catégorie, ces accords doivent non seulement respecter les conditions fixées par le règlement 2022/720, mais aussi ne contenir aucune des restrictions graves à la concurrence, dites restrictions « caractérisées », dont la liste figure à l'article 5 du règlement sectoriel 461/2010 du 27 mai 2010 (voir n° 47060).

46730 **Accords entre concurrents** L'**exemption** par catégorie **ne s'applique pas** aux accords verticaux entre entreprises concurrentes (Régl. 2022/720 art. 2, 4). En effet, les accords verticaux entre entreprises concurrentes relèvent, quant à leurs éventuels effets de collusion, des règlements d'exemption et des lignes directrices relatives aux accords de coopération horizontale (n°s 47170 s.).

L'**exclusion** des accords verticaux entre concurrents est toutefois **écartée** dans deux hypothèses, celle d'une « **double distribution** » de biens et celle d'une double distribution de services (voir n° 46710). L'exemption par catégorie peut en effet jouer lorsque l'accord vertical entre concurrents est non réciproque et que l'une des deux conditions est remplie (Règl. 2022/720 art. 2, 4) :

– le fournisseur est actif en amont en tant que producteur, importateur ou grossiste et en aval en tant qu'importateur, grossiste ou détaillant de biens, tandis que l'acheteur est un importateur, un grossiste ou un détaillant en aval mais pas une entreprise concurrente sur le marché amont où il achète les produits contractuels ;

– le fournisseur est un prestataire de services à plusieurs niveaux d'activité commerciale, tandis que l'acheteur fournit ses services au stade de la vente au détail et n'est pas une entreprise concurrente au niveau de l'activité commerciale où il achète les services contractuels.

La première exception couvre les situations de double distribution, c'est-à-dire celles où le fabricant d'un produit particulier est aussi distributeur de ce produit, en concurrence avec des distributeurs indépendants qui vendent aussi son produit ; la seconde exception couvre des situations comparables de double distribution, mais de services cette fois, lorsque le fournisseur est aussi prestataire de services au niveau du commerce de détail où l'acheteur opère (LD sur les restrictions verticales, pt 94).

Du fait du développement du commerce en ligne, la situation de double distribution est devenue courante.

Dans un tel cas de figure, l'exemption ne s'applique pas aux **échanges d'informations** entre le fournisseur et l'acheteur qui soit ne sont pas directement liés à la mise en œuvre de l'accord vertical, soit ne sont pas nécessaires pour améliorer la production ou la distribution des biens ou services contractuels, soit ne remplissent aucune de ces deux conditions

(Règl. 2022/720 art. 2, 5). Les lignes directrices comportent des exemples d'informations qui peuvent être directement liées à la mise en œuvre de l'accord vertical et nécessaires pour améliorer la production ou la distribution des biens ou services contractuels (LD sur les restrictions verticales, pt 99), ainsi que des exemples d'information qui sont généralement peu susceptibles de remplir les deux conditions énoncées ci-dessus, telles que les informations relatives aux prix de revente des produits par le distributeur (LD précitées, pt 100).

L'exemption ne s'applique pas non plus aux accords verticaux relatifs à la **prestation de services d'intermédiation en ligne** lorsque le prestataire des services d'intermédiation en ligne est une entreprise concurrente sur le marché en cause pour la vente des biens ou services objet de l'intermédiation (Règl. 2022/720 art. 2, 6). Il reste néanmoins une incertitude sur le champ d'application exact de cette exclusion, notamment lorsque la tête de réseau met son site internet à la disposition de ses distributeurs contre rémunération et agit donc comme un prestataire de services d'intermédiation en ligne, au sens de l'article 1, 1-e du règlement 2022/720.

> Précisions Le règlement 2022/720 définit l'**entreprise concurrente** comme étant « un concurrent existant ou potentiel » (art. 1, 1-c). Deux entreprises sont des concurrents existants si « elles sont présentes sur le même marché pertinent (géographique ou de produit) ». Une entreprise est considérée comme un concurrent potentiel d'une autre entreprise si, en l'absence d'accord vertical, il est probable que, sur un court laps de temps (normalement inférieur à un an), elle entreprenne les investissements nécessaires ou supporte les autres coûts nécessaires pour pénétrer sur le marché en cause sur lequel l'autre entreprise est présente ; toutefois, cette évaluation doit être réaliste, une possibilité d'entrée sur le marché n'étant pas suffisante si elle est purement théorique (LD sur les restrictions verticales, pt 90).

Associations de détaillants Les accords verticaux conclus entre une association d'entreprises et un membre individuel, ou entre une telle association et un fournisseur individuel, ne sont couverts par l'exemption qu'aux deux conditions suivantes (Règl. 2022/720 art. 2, 2) : 46740
– tous les membres de l'association doivent être détaillants de biens (à l'exclusion des détaillants de services), c'est-à-dire des distributeurs qui revendent les biens au consommateur final ;
– aucun des membres de cette association ne doit réaliser individuellement un chiffre d'affaires annuel total supérieur à 50 M€.

> Précisions **a.** Le **chiffre d'affaires annuel total** résulte de l'addition du chiffre d'affaires, hors taxe et autres redevances, réalisé au cours de l'exercice précédent par la partie à l'accord vertical concernée et du chiffre d'affaires réalisé par ses entreprises liées, en ce qui concerne tous les biens et services ; à cette fin, il n'est pas tenu compte des transactions intervenues entre la partie à l'accord vertical et ses entreprises liées ni de celles intervenues entre ces dernières entreprises (Règl. 2022/720 art. 8). Un dépassement du seuil de chiffre d'affaires de 50 M€ par un nombre réduit de membres de l'association, qui, ensemble, représentent moins de 15 % du chiffre d'affaires cumulé de tous les membres de l'association, n'affectera normalement pas l'appréciation au regard de l'article 101 (LD sur les restrictions verticales, pt 69).
b. La notion d'« **associations d'entreprises** » est évoquée au n° 43280.
c. L'entente constituée par une association d'entreprises peut également justifier l'application des règles de l'Union relatives aux **accords de coopération horizontale** (voir nos 47170 s.).

LÉGITIMATION DES ACCORDS DE DISTRIBUTION SÉLECTIVE

Définition Le règlement 2022/720 définit la distribution sélective comme « un système de distribution dans lequel le fournisseur s'engage à ne vendre les biens ou les services contractuels, directement ou indirectement, qu'à des distributeurs sélectionnés sur la base de critères définis, et dans lequel ces distributeurs s'engagent à ne pas vendre ces biens ou ces services à des distributeurs non agréés dans le territoire réservé par le fournisseur pour l'exploitation de ce système » (Règl. 2022/720 art. 1, 1-g). 46750

Ce type de distribution se caractérise donc par l'existence d'un **réseau de revendeurs** (grossistes ou détaillants) **agréés auxquels le producteur réserve la vente de ses produits.**

Critères d'agrément La validité d'un système de distribution sélective au regard de la réglementation européenne des ententes suppose l'examen des critères d'agrément des distributeurs et celui des rapports entre le fournisseur et ses distributeurs. 46752

Il convient de distinguer la **distribution sélective qualitative** de la distribution sélective **quantitative,** qui ajoute d'autres critères de sélection limitant plus directement le nombre potentiel de revendeurs agréés, en imposant par exemple un niveau de vente minimal ou maximal, en fixant le nombre de revendeurs agréés, etc.

La Commission considère que la distribution sélective purement qualitative ne relève pas de l'article 101, 1, pour autant que les trois conditions établies par la Cour de justice de l'Union européenne dans son arrêt Metro (CJCE 25-10-1977 aff. 26/76, Metro, pts 20 et 21) soient remplies (« critères Metro ») : la nature des produits doit rendre nécessaire un tel système de distribution ; les critères de sélection des revendeurs doivent être objectifs, fixés de manière uniforme et appliqués de façon non discriminatoire ; ces critères ne doivent pas aller au-delà de ce qui est nécessaire (LD sur les restrictions verticales, pts 148 et 149 ; voir n° 46755).

Elle pose à titre de principe général que, indépendamment de la question de savoir s'ils remplissent les critères Metro, les accords de distribution sélective qualitative et/ou quantitative peuvent bénéficier de l'exemption prévue à l'article 2, 1 du règlement (UE) 2022/720, à condition que les parts de marchés du fournisseur et de l'acheteur n'excèdent pas 30 % et que l'accord ne comporte aucune restriction caractérisée. Elle ajoute que le bénéfice de l'exemption n'est pas perdu si la distribution sélective est associée à d'autres restrictions verticales qui ne sont pas « caractérisées », telles qu'une obligation de non-concurrence (LD sur les restrictions verticales, pt 151).

Depuis l'entrée en vigueur du règlement 2022/720, les critères de sélection des revendeurs peuvent être différenciés selon que le **produit** est **vendu en ligne ou hors ligne** (assouplissement du « critère d'équivalence »). Il n'est donc plus nécessaire que les critères imposés pour la vente en ligne soient une transposition équivalente des critères retenus pour la vente physique, eu égard au fait que les deux canaux de distribution ont des caractéristiques différentes. Cette différenciation est dorénavant possible à condition toutefois que les exigences imposées pour la vente en ligne n'aboutissent pas « de facto » à empêcher le distributeur agréé d'utiliser Internet pour vendre ses produits (voir n° 46934).

46755 **Illustrations** Comme le rappellent les lignes directrices (pt 149), l'interdiction de l'article 101, 1 du TFUE ne s'applique pas si les conditions suivantes sont réunies (CJCE 25-10-1977 aff. 26/76, Metro, précité).

1° Les **propriétés du produit** nécessitent, pour en préserver la qualité et en assurer le bon usage, un système de distribution sélective (CJCE 11-12-1980 aff. 31/80, L'Oréal ; CA Paris 15-11-2017 n° 17/04923).

Tel est le cas, par exemple, des produits suivants :
- articles de parfumerie (CJCE 10-7-1980 aff. 99/79, Lancôme ; CJUE 6-12-2017 aff 230/16, Coty) ;
- cosmétiques de luxe (TPICE 12-12-1996 aff. 19/92, Groupement d'achat Édouard Leclerc) ;
- ordinateurs (Commission CE 18-4-1984, aff. « IBM personal computer » : JOCE 1984 L 118 p. 24) ;
- matériels « haute-fidélité » (Commission CE 10-7-1985, aff. « Grundig » : JOCE 1985 L 233 p. 1 ; CJCE 25-10-1983 aff. 107/82, AEG) ;
- téléviseurs de « dernière génération » (CA Paris 5-6-2019 n° 17/11700).

En principe, cette condition est appliquée avec souplesse par les autorités de l'Union. Par exemple, ont été reconnues valables la distribution sélective de céramique de table (Commission CE 16-12-1985, aff. « Villeroy et Boch » : JOCE 1985 L 376 p. 15) et celle de journaux et périodiques (CJCE 3-7-1985 aff. 243/83, Binon). Dans deux décisions du 10 décembre 1984 (aff. « Grohe » : JOCE 1985 L 19 p. 17 et aff. « Ideal-Standard » : JOCE 1985 L 20 p. 38), la Commission européenne a toutefois estimé que la distribution sélective d'équipements sanitaires était injustifiée, « au moins au stade des grossistes ».

Il ne doit pas être déjà satisfait aux objectifs ci-dessus indiqués par une réglementation nationale de l'accès à la profession des revendeurs ou des conditions de vente des produits (Arrêt Lancôme précité).

2° L'**agrément** est accordé d'une manière **non discriminatoire,** à partir de **critères uniformes et objectifs,** afin de permettre la sélection des revendeurs en fonction seulement de conditions d'admission qualitatives, telles que la gamme de produits à vendre, la formation du personnel de vente, le service à fournir au point de vente ou la publicité et la présentation des produits (CJCE 25-10-1977 aff. 26/76, Metro ; CJCE 10-7-1980 aff. 99/79, Lancôme ; CJCE 11-12-1980 aff. 31/80, L'Oréal : Rec. 3775 ; CJCE 16-6-1981 aff. 126/80, Salonia ; CJCE 25-10-1983 aff. 107/82, AEG ; CJCE 3-7-1985 aff. 243/83, Binon ; CA Paris 15-11-2017 n° 17/04923).

Parmi les critères de nature qualitative, le fournisseur peut exiger une taille minimale de la surface de vente, une apparence précise du magasin (agencement, aménagement, installation, éclairage, revêtement de sol, présentation des produits), un nombre minimal de produits pouvant être présentés ou des espaces entre les produits. Il peut aussi imposer le respect de critères de nature environnementale, tels la réalisation d'objectifs de durabilité (lutte contre le changement climatique, protection de l'environnement, limitation de l'utilisation de ressources naturelles, etc.) (LD sur les restrictions verticales, pt 144).

ILLUSTRATIONS

Dans un cas où un constructeur automobile à la tête d'un réseau de distribution sélective qualitative avait refusé d'intégrer une société exploitant un garage automobile qui en avait fait la demande, la Cour de cassation a rappelé que ni le droit européen ni le droit national de la concurrence ne prohibent le seul refus par la tête d'un réseau de distribution sélective qualitative d'agréer des distributeurs qui remplissement les critères de sélection, seule une mise en œuvre discriminatoire de ces derniers ayant pour objet ou pour effet de fausser la concurrence, ou un refus ayant le même objet ou effet, étant prohibés par les articles 101, 1 du TFUE ou L 420-1 du Code de commerce (Cass. com. 16-2-2022 n° 20-11.754 FS-B : RJDA 5/22 n° 263).

En revanche, la **sélection** des distributeurs est **illicite** lorsqu'elle dépend :
– soit d'agréments que le producteur se réserve de donner discrétionnairement (Commission CE 13-12-1974, aff. « BMW » : JOCE 1975 L 29 p. 1 ; Commission CE 2-12-1981, aff. « Hasselblad » : JOCE 1982 L 161 p. 18) ou en tenant compte de la capacité potentielle d'achat de la clientèle locale (CJCE 3-7-1985 aff. 243/83, Binon ; Commission CE 28-10-1970, aff. « Omega » : JOCE 1970 L 242 p. 22) ;
– soit de l'engagement des distributeurs à assumer des prestations supplémentaires, à prendre certaines mesures de promotion commerciale et à atteindre des objectifs de vente déterminés.

L'interprétation donnée à cette condition relative à la nature des critères de sélection pourrait toutefois être remise en cause. La Cour de justice a en effet interprété la notion de « critères définis » visée par l'ancien règlement automobile 1400/2002 comme désignant seulement des critères dont le contenu précis peut être vérifié (CJUE 14-6-2012 aff. 158/11, Jaguar Land Rover).

Le fait que le distributeur agréé remplisse toujours les conditions fixées par le fournisseur ne le met pas à l'abri d'un **non-renouvellement** de son **contrat** (Cass. com. 8-6-2017 n° 15-28.355 F-D).

ILLUSTRATIONS

Dans une affaire opposant l'exploitant d'un garage à son fournisseur, la cour d'appel de Paris a jugé que « la résiliation d'un contrat de distribution sélective ne peut être qualifiée en soi de pratique discriminatoire dès lors que ne pèse sur un fournisseur aucune obligation de contracter avec tout distributeur remplissant les critères de sélection, conformément au principe de liberté contractuelle, et ce dernier ne bénéficie d'aucun droit à la poursuite des relations contractuelles avec son fournisseur à l'issue des préavis de résiliation d'un précédent contrat de distribution auquel il a été régulièrement mis fin » (CA Paris 31-7-2019 n° 16/20683).

3° Les critères imposés ne doivent pas aller au-delà de ce qui est nécessaire (principe de **proportionnalité**) (notamment, CA Paris 15-11-2017 n° 17/04923).

Il peut être proportionné pour un fournisseur de biens de luxe d'interdire à ses distributeurs agréés d'utiliser des **places de marché en ligne,** pour autant que cela ne les empêche pas indirectement d'utiliser l'Internet pour vendre les biens à des territoires ou à des clients particuliers. Le distributeur doit, par exemple, rester libre d'exploiter sa boutique en ligne et de faire de la publicité en ligne afin d'attirer des clients potentiels (CJUE 6-12-2017 aff 230/16, Coty ; LD sur les restrictions verticales, pt 150).

LÉGITIMATION DES ACCORDS DE FRANCHISE

Le règlement 2022/720 ne contient pas de **définition** de la franchise et n'y fait aucune allusion directe en dehors de la définition du « savoir-faire » (art. 1, j). Pourtant, ses dispositions sont bien applicables aux contrats de franchise, comme l'attestent les lignes directrices sur les restrictions verticales (pt 165). Il résulte de ces lignes directrices que l'accord de franchise est un contrat par lequel une entreprise, le franchiseur, accorde à une autre, le franchisé, en échange d'une compensation financière directe ou indirecte, le droit d'exploiter une franchise constituée par un ensemble de droits de propriété intellectuelle dans le but de commercialiser des types de produits et/ou de services déterminés. 46760

La franchise suppose en principe trois **obligations** :
– l'utilisation d'un nom ou d'une enseigne communs et une présentation uniforme des locaux ou moyens de transport ;
– la communication d'un savoir-faire par le franchiseur au franchisé ;
– la fourniture continue par le franchiseur au franchisé d'une assistance commerciale ou technique pendant la durée de l'accord.

Tous les **types de franchise** sont visés (franchise de distribution ou de services, franchise mixte, franchise principale, franchise partielle ou franchise « corner »), à l'exclusion de la franchise industrielle ou de production fondée sur des relations entre producteurs (LD sur les restrictions verticales, pt 85).

› Précisions À la lecture du seul règlement 2022/720, la question peut pourtant se poser de son application aux contrats de franchise. En effet, d'une part, le règlement intègre le **savoir-faire** dans les droits de propriété intellectuelle, au même titre que les droits de propriété industrielle, les droits d'auteur et les droits voisins (art. 1, 1-i), d'autre part, il prévoit que l'exemption « s'applique aux accords verticaux contenant des dispositions concernant la cession à l'acheteur ou l'utilisation par l'acheteur de droits de propriété intellectuelle, à condition que ces dispositions ne constituent pas l'objet principal de ces accords et qu'elles soient directement liées à l'utilisation, à la vente ou à la revente de biens ou de services par l'acheteur ou ses clients » (art. 2, 3 ; sur cette disposition, voir n° 46790). Or, traditionnellement, afin de distinguer le contrat de franchise des autres contrats de distribution, on considère que l'objet principal des contrats de franchise est la transmission d'un savoir-faire directement lié à la revente des produits par les franchisés. La lecture des lignes directrices (pts 85 s.) permet d'écarter tout doute sur l'application du règlement 2022/720 au contrat de franchise : la Commission ne considère pas la transmission du savoir-faire comme l'unique et principal objet de ce type de contrat ; celui-ci emporte en effet le plus souvent également une assistance commerciale ou technique et surtout la fourniture de biens ou de services. Pour la Commission, l'objet principal de la franchise est la distribution de biens ou services et non le savoir-faire, qui n'en constitue qu'une disposition accessoire (cf. Règl. 2022/720 considérant 3).

LÉGITIMATION DES ACCORDS D'EXCLUSIVITÉ

46770 **Distribution exclusive** La distribution exclusive est **définie** comme un système de distribution dans lequel le fournisseur alloue un territoire ou un groupe de clients à titre exclusif à lui-même ou à un nombre maximal de cinq acheteurs et restreint la possibilité de tous ses autres acheteurs de vendre activement sur le territoire exclusif ou au groupe de clients exclusifs (Règl. 2022/720 art. 1, 1-h).

L'exemption est limitée à un maximum de cinq distributeurs par territoire exclusif ou par groupe de clients exclusif (« **exclusivité partagée** ») afin de préserver l'incitation des distributeurs à investir dans la promotion et la vente des biens ou services du fournisseur, tout en offrant au fournisseur une souplesse suffisante pour organiser son système de distribution. Au-delà de ce nombre, il existe un risque accru de parasitisme entre les distributeurs exclusifs, ce qui pourrait limiter les gains d'efficience que la distribution exclusive vise à atteindre (LD sur les restrictions verticales, pt 121).

46775 **Approvisionnement exclusif** L'accord d'approvisionnement exclusif, par lequel un distributeur s'engage, pour une certaine durée, à n'acheter certains produits qu'à un seul fournisseur en vue de la revente de ces produits est, dans la terminologie utilisée par la Commission, une forme d'accord de non-concurrence (ou « **monomarquisme** ») imposant à l'acheteur d'acquérir auprès du fournisseur ou d'une autre entreprise désignée par le fournisseur plus de 80 % de ses achats annuels en biens ou en services contractuels (Règl. 2022/720 art. 1, 1-d). Voir n° 46950.

› Précisions a. S'agissant des spécificités de la **distribution de véhicules automobiles neufs** à laquelle les dispositions du règlement général 2022/720 sont applicables, il résulte de la lecture combinée de l'article 3 du règlement 461/2010 du 27 mai 2010 d'exemption par catégorie dans le secteur automobile et de l'article 5, 1 du règlement général d'exemption par catégorie applicable aux accords verticaux, qu'un fournisseur et un distributeur de véhicules automobiles qui ne détiennent pas plus de 30 % du marché en cause pourront convenir d'une **obligation de monomarquisme** qui oblige le distributeur à acheter des véhicules automobiles uniquement auprès du fournisseur ou d'autres entreprises désignées par ce dernier, à condition que la durée de ces obligations de non-concurrence soit limitée à cinq ans ou moins (LD supplémentaires sur les restrictions verticales dans les accords de vente et de réparation de véhicules automobiles et de distribution de pièces de rechange de véhicules automobiles, pt 26).

b. Contrairement à l'ancien règlement 1984/83 du 22 juin 1983 relatif aux accords d'achat exclusif (JOCE 1983 L 173), le règlement 2022/720, tout comme les deux règlements qui l'ont précédé, ne contient pas de règles spécifiques aux **accords d'achat exclusif de bière (contrats de brasserie) et de carburants (contrats de station-service).** Pour des exemples d'application des règles européennes à ces types d'accords, voir : CJCE 7-12-2000 aff. 214/99, Neste Markkinointi ; Commission CE 24-2-1999, aff. « Whitbread » (JOCE 1999 L 88 p. 26), confirmé par TPICE 21-3-2002, aff. 131/99, Shaw et Falla ; Commission CE 16-6-1999, aff. « Bass » (JOCE 1999 L 186 p. 1) et « Scottish and Newcastle » (JOCE 1999 L 186 p. 28) ; Commission CE 29-6-2000, aff. « Inntrepreneur-Spring » (JOCE 2000 L 195 p. 49) ; Commission CE 5-12-2001, aff. « Brasseries luxembourgeoises » (JOCE 2002 L 253 p. 21).

INCIDENCE DE LA QUALIFICATION JURIDIQUE DES ACCORDS

46780 La Commission considère que bénéficie de l'exemption par catégorie tout accord qui satisfait aux conditions suivantes : non-dépassement du double seuil de part de marché (n° 46840), absence de restrictions caractérisées (n° 46860), absence d'effet cumulatif des accords similaires (nº 47000). Cette conception large en matière d'accords verticaux apporte aux entreprises une certaine liberté pour adapter le contenu de leurs accords, en fonction de leurs besoins économiques.

À cet égard, la qualification juridique des accords importe moins que la nature des restrictions de concurrence qu'ils sont susceptibles de contenir. Cette approche résulte du fait que l'appréciation des accords verticaux repose sur une analyse économique des restrictions de concurrence. Dès lors, il est tout à fait possible de **combiner différents accords verticaux,** tels que la distribution sélective et la distribution exclusive, la distribution sélective et la non-concurrence, etc. Les lignes directrices sur les restrictions verticales fournissent de nombreux exemples de combinaisons d'accords verticaux et indiquent, dans chaque cas, l'appréciation de la Commission.

ACCORDS VERTICAUX ET PROPRIÉTÉ INTELLECTUELLE

Conditions d'application de l'exemption De nombreux accords verticaux comportent des clauses relatives à la cession à l'acheteur ou l'utilisation par l'acheteur de droits de propriété intellectuelle (DPI : marques, droits d'auteur, savoir-faire). L'exemption par catégorie couvre ces opérations pour autant que les **cinq conditions** suivantes soient remplies (Règl. 2022/720 art. 2, 3 ; LD sur les restrictions verticales, pt 72). **46790**

1° Les dispositions concernant les DPI doivent faire **partie intégrante** d'un accord vertical ; autrement dit, il ne peut s'agir ni d'un accord en vue de la fabrication de biens ni d'un accord pur de licence.

Par exemple, le règlement d'exemption ne s'applique pas aux accords en vertu desquels une partie fournit à l'autre une recette et lui concède une licence pour la fabrication d'une boisson à partir de cette recette ni aux accords dans lesquels une entreprise fournit à une autre un moule ou un original tout en lui concédant une licence pour la production ou la distribution de copies.

2° Les DPI doivent être **cédés à l'acheteur** ou utilisés par celui-ci et non pas cédés par l'acheteur au fournisseur.

3° Les DPI doivent conserver un **caractère accessoire** par rapport à la distribution, ils ne doivent donc pas constituer l'objet principal de l'accord, qui doit être l'achat, la vente ou la revente de biens ou de services.

4° Les dispositions concernant les DPI doivent être **directement liées** à l'utilisation, la vente ou la revente de biens ou de services par l'acheteur ou ses clients (la concession d'une marque ou d'un savoir-faire dans le cadre d'un contrat de franchise en est un excellent exemple).

5° Les dispositions concernant les DPI ne doivent pas comporter, en relation avec les biens ou les services contractuels, de restrictions de concurrence ayant un objet identique à celui de restrictions verticales non exemptées en vertu du règlement d'exemption par catégorie (restrictions caractérisées de l'article 4 et restrictions exclues visées à l'article 5, telles que des obligations de non-concurrence).

Cession de savoir-faire La cession de droits intellectuels, en particulier celle d'un **savoir-faire** du franchiseur au franchisé, fait partie intégrante du **contrat de franchise,** mais le savoir-faire ne constitue pas l'objet principal de ce contrat, qui demeure la distribution des produits ou des services contractuels (nº 46760). **46800**

Le savoir-faire est défini par le règlement 2022/720 comme « un ensemble secret, substantiel et identifié d'informations pratiques non brevetées, résultant de l'expérience du fournisseur et testées par celui-ci ». Il est « secret » dès lors qu'il n'est pas généralement connu ou facilement accessible. Il est « substantiel » s'il est significatif et utile à l'acheteur aux fins de l'utilisation, de la vente ou de la revente des biens ou des services contractuels. Enfin, il est « identifié » lorsqu'il est décrit d'une façon suffisamment complète pour permettre de vérifier s'il remplit les conditions de secret et de substantialité (art. 1, 1-j).

Le franchiseur doit pouvoir empêcher que le savoir-faire et l'assistance qu'il apporte au franchisé ne soient transférés directement ou indirectement à ses concurrents.

Plus le transfert de savoir-faire est important, plus il est probable que les restrictions généreront des gains d'efficience et/ou seront indispensables pour le protéger et que les restrictions verticales satisferont aux conditions énoncées à l'article 101, 3 (LD sur les restrictions verticales, pt 168).

> **Précisions** La **définition du savoir-faire** par le règlement 2022/720 ne vise pas spécifiquement la franchise dont le savoir-faire répond à d'autres caractéristiques (en ce sens, G. Gras, Réflexion sur la qualification du contrat de franchise au regard du règlement 330/2010, in Actes colloque sur la réforme des restrictions verticales : Rev. Concurrences 3-2010, www.concurrences.fr). Sur la définition du savoir-faire dans un contrat de franchise, voir l'arrêt de la CJCE « Pronuptia » du 28 janvier 1986 (aff. 161/84).

46810 **Obligations du franchisé nécessaires à la protection des droits de propriété intellectuelle du franchiseur** Un certain nombre d'**obligations** nécessaires à la protection des droits de propriété intellectuelle (DPI) du franchiseur sont par conséquent **couvertes par l'exemption** par catégorie. Il s'agit de l'obligation pour le franchisé de (LD sur les restrictions verticales, pt 87) :
– ne pas exercer, directement ou indirectement, une activité commerciale similaire ;
– ne pas acquérir, dans le capital d'une entreprise concurrente, une participation financière qui lui donnerait le pouvoir d'influencer le comportement économique d'une telle entreprise ;
– ne pas divulguer à des tiers le savoir-faire fourni par le franchiseur aussi longtemps que ce savoir-faire n'est pas tombé dans le domaine public ;
– communiquer au franchiseur toute expérience acquise dans le cadre de l'exploitation de la franchise et de lui accorder, ainsi qu'aux autres franchisés, une licence non exclusive pour le savoir-faire résultant de cette expérience ;
– informer le franchiseur des contrefaçons des DPI octroyés sous licence, d'intenter une action en justice contre les contrefacteurs ou d'assister le franchiseur dans une action en justice engagée contre un contrefacteur ;
– ne pas utiliser le savoir-faire concédé sous licence par le franchiseur à d'autres fins que l'exploitation de la franchise ;
– ne pas céder les droits et obligations résultant de l'accord de franchise sans le consentement du franchiseur.

> **Précisions** Dans la décision « Charles Jourdan » du 2 décembre 1988 (JOCE 1989 L 35 p. 31), la Commission a précisé qu'**échappent à la prohibition de l'article 101, 1** les clauses interdisant au franchisé de céder son contrat de franchise, de sous-louer son magasin, de constituer une sous-franchise, de mettre son fonds en gérance ou de nommer un directeur salarié sans l'autorisation du franchiseur.

2. MÉCANISME DE L'EXEMPTION PAR CATÉGORIE

a. Conditions de l'exemption par catégorie

46830 Le bénéfice de l'exemption des accords verticaux suppose la réalisation de deux conditions principales : l'absence de pouvoir de marché significatif et l'absence de stipulation de restrictions caractérisées dans les accords.

En outre, le règlement exclut certaines clauses du bénéfice de l'exemption (nº 46950).

PREMIER CRITÈRE DE L'EXEMPTION PAR CATÉGORIE : LA PART DE MARCHÉ

46840 **Importance de la part de marché** Tous les accords verticaux, tels que définis ci-dessus (nos 46710 s.), bénéficient d'une présomption de légalité à condition tout d'abord que les entreprises parties à l'accord ne disposent pas d'un pouvoir de marché. Le règlement d'exemption 2022/720 crée donc une **zone de sécurité** en faveur des entreprises ne détenant pas un tel pouvoir de marché, pourvu que leurs accords ne contiennent pas de restrictions caractérisées. Pour les entreprises disposant d'un pouvoir de marché, le règlement d'exemption n'établit aucune présomption quant à la conformité ou à la non-conformité de l'accord au droit de la concurrence : l'exemption par catégorie ne s'applique pas et un examen spécifique de l'accord est nécessaire.

L'exemption par catégorie s'applique à condition que la **part de marché** détenue par chaque entreprise partie à l'accord sur le marché en cause **ne dépasse pas 30 %** (Règl. 2022/720 art. 3, 1). Cette condition de non-franchissement du seuil de 30 % s'appliquant non seulement au fournisseur mais aussi à l'acheteur, sont en principe exclues du bénéfice de l'exemption les restrictions verticales induites par la grande distribution.

En ce qui concerne le **marché devant être pris en compte,** pour le fournisseur, il s'agit du marché sur lequel il vend les biens ou services contractuels tandis que, pour l'acheteur, il s'agit du marché sur lequel il achète les biens ou services contractuels (marché amont). Lorsque l'exemption par catégorie ne peut pas être appliquée (en cas de franchissements du seuil de 30 % ou/et de stipulation d'une restriction caractérisée) et que la validité de l'accord doit alors être appréciée au titre de l'examen individuel des accords au regard de l'article 101, 3 du TFUE, la part de marché de l'acheteur est calculée sur le marché aval et non amont, c'est-à-dire le marché sur lequel il revend les biens ou services contractuels (LD, pt 323).

En présence d'un **accord multipartite** mettant en présence un fournisseur, un grossiste et un distributeur, l'exemption prévue à l'article 2 du règlement 2022/720 s'applique lorsque la part de marché du grossiste – l'entreprise achète les biens ou services contractuels à une entreprise partie à l'accord et vend les biens ou services contractuels à une autre entreprise partie à l'accord – respecte le seuil de 30 %, non seulement en tant qu'acheteur, mais également en tant que fournisseur (Règl. 2022/720 art. 3, 2).

Des mesures de tolérance de **dépassement du seuil** de 30 % sont prévues, mais elles sont limitées dans le temps : si la part de marché dépasse le seuil de 30 % l'exemption s'appliquera au contrat pendant les deux années civiles consécutives suivant celle pendant laquelle le seuil a été dépassé pour la première fois (Règl. 2022/720 art. 8, d).

ATTENTION

La fixation du seuil de part de marché de 30 % dans le règlement 2022/720 ne préjuge pas de l'application aux accords verticaux des règles relatives aux **accords d'importance mineure** (n°s 43720 s.). En principe, un accord vertical ne tombe pas sous le coup de l'interdiction de l'article 101, 1 lorsque les parts de marché des entreprises concernées ne dépassent pas 15 %. Il n'est donc pas susceptible de se voir appliquer le règlement d'exemption par catégorie (LD, pt 26).

Calcul de la part de marché Le calcul de la **part de marché du fournisseur** s'effectue sur la base de données relatives à la valeur des ventes sur le marché, tandis que le calcul de la **part de marché de l'acheteur** s'effectue sur la base de données relatives à la valeur des achats sur le marché ; dans les deux cas, les données sont celles relatives à l'année civile précédente (Règl. 2022/720 art. 8, a et b). Pour le calcul de la part de marché du fournisseur, il convient d'inclure les biens ou les services fournis aux distributeurs verticalement intégrés aux fins de la vente (art. 8, c), dès lors que les « distributeurs intégrés » sont des entreprises liées au sens de l'article 1, 2 du règlement 2022/720 (LD, pt 176). Par ailleurs, la part de marché des filiales détenues conjointement par les parties à l'accord ou par l'une d'elles doit être imputée à parts égales à chaque société mère, partie à l'accord. **46850**

› Précisions La notion d'**entreprises liées** est identique à celle de la communication du 22 décembre 2001 relative aux accords d'importance mineure (voir n° 43740).

DEUXIÈME CRITÈRE DE L'EXEMPTION PAR CATÉGORIE : L'ABSENCE DE RESTRICTION « CARACTÉRISÉE »

Généralités L'article 4 du règlement 2022/720 dresse une liste de **restrictions graves, dites « caractérisées »,** qui entraînent l'exclusion de l'intégralité de l'accord vertical du champ d'application dudit règlement. En présence d'une telle restriction caractérisée dans un accord, il est présumé que cet accord relève de l'article 101, 1 du TFUE. Il est également présumé qu'il est peu probable que cet accord remplisse les conditions énoncées à l'article 101, 3, raison pour laquelle l'exemption par catégorie ne s'applique pas. **46860**

Lorsque l'accord vertical comporte une ou plusieurs restrictions caractérisées, l'ensemble de l'accord est donc exclu du champ d'application du règlement 2022/720.

Pour autant, l'impossibilité pour l'entreprise de bénéficier de l'exemption par catégorie ne signifie pas que l'accord est, du seul fait de la présence d'une restriction caractérisée, contraire au droit de la concurrence et, par suite, interdit. Ce constat d'une restriction caractérisée emporte deux conséquences :
- la nécessité d'un examen individuel de l'accord est requis au titre de l'article 101, 3 du TFUE ;
- l'objet anticoncurrentiel de l'accord étant établi, l'autorité de concurrence est dispensée d'avoir à en démontrer les effets nocifs, lesquels sont présumés (CJCE 4-6-2009 aff. 8/08, T-Mobile Netherlands BV : RJDA 1/10 n° 79).

Cette **présomption d'effet anticoncurrentiel** transfère la **charge de la preuve** sur les entreprises. Celles-ci ont alors la possibilité de démontrer l'existence d'effets favorables à la concurrence en vertu de l'article 101, 3. Si elles parviennent à établir que des gains d'efficience probables résultent de l'introduction d'une restriction caractérisée dans l'accord et si elles démontrent que, globalement, toutes les conditions de l'article 101, 3 sont remplies, alors la Commission devra apprécier, au regard des effets induits par l'accord, l'incidence négative probable sur la concurrence avant de statuer définitivement sur la question de savoir si les conditions énoncées à l'article 101, 3 sont remplies, en d'autres termes si les effets bénéfiques de l'accord l'emportent sur ses effets délétères pour la concurrence (LD, pt 181).

Cette approche de la Commission s'inscrit dans le sillage de la jurisprudence de la Cour de justice. Cette dernière a jugé que les éléments factuels invoqués par l'entreprise qui se prévaut de l'article 101, 3 du TFUE pour démontrer que les conditions requises pour bénéficier d'une exemption sont réunies peuvent être de nature à obliger l'Autorité de concurrence à fournir une explication ou une justification, faute de quoi il est permis de conclure que la charge de la preuve a été satisfaite (CJCE 6-10-2009 aff. 501/06, GlaxoSmithKline Services Unlimited : RJDA 1/10 n° 78).

› Précisions Ces restrictions caractérisées s'appliquent aux accords verticaux qui affectent les échanges au sein de l'Union. Pour ce qui est des accords verticaux qui concernent les **exportations vers un pays tiers** ou des **(ré)importations dans l'Union,** la Cour de justice a jugé qu'« un accord comportant l'engagement pris par le revendeur à l'égard du producteur de destiner la commercialisation des produits contractuels à un marché situé à l'extérieur de [l'Union] ne saurait être considéré comme ayant pour objet de restreindre de manière sensible la concurrence à l'intérieur du Marché commun et comme étant susceptible d'affecter en tant que tel le commerce entre les États membres » (CJCE 28-4-1998 aff. 306/96, Javico/Yves Saint Laurent : RJDA 10/98 n° 1097). Les lignes directrices sur les restrictions verticales intègrent l'apport de cette jurisprudence (pt 178).

46870 **Prix de vente imposés par le fournisseur à l'acheteur** L'exemption prévue par le règlement 2022/720 ne s'applique pas aux accords qui, directement ou indirectement, ont pour objet de restreindre la capacité de l'acheteur de déterminer son prix de vente (Règl. 2022/720 art. 4, a ; pour un exemple, voir Commission CE 17-12-2018 n° AT.40428, aff. « Guess » et Aut. conc. 25-4-23 n° 23-D-05, aff. « Matériels de boulangerie »). Le fait d'exiger de l'acheteur qu'il fixe son prix de vente dans une certaine fourchette est assimilé à un prix de vente imposé au sens de l'article 4, a du règlement (LD pt 185).

Les clauses contractuelles relatives aux prix de vente au public peuvent bénéficier de l'exemption par catégorie en vertu du règlement 2022/720 si le fournisseur se limite à imposer un prix de vente maximal ou à recommander un prix de vente et si, par conséquent, le revendeur dispose d'une réelle possibilité de déterminer le prix de vente au public. En revanche, de telles clauses ne peuvent pas bénéficier de cette exemption si elles aboutissent, directement ou par des moyens indirects ou dissimulés, à une **fixation du prix de vente au public** ou à une **imposition du prix de vente minimal par le fournisseur** (CJCE 2-4-2009 aff. 260/07, Pedro IV Servicios SL c/ Total España SA). Il en va ainsi notamment lorsque celui-ci fixe la marge de vente ou un niveau maximal de réductions, subordonne l'octroi de ristournes au respect d'un niveau de prix ou lie le prix de vente aux prix de vente pratiqués par la concurrence. Sont également visées toutes les mesures de contrainte et les sanctions en cas de non-respect d'un niveau de prix donné : menaces, avertissements, suspensions de livraisons, clause de résiliation du contrat. Il en va de même de l'obligation adressée aux membres d'un réseau de distribution de dénoncer les autres membres du réseau qui ne respecteraient pas le prix standard. Pour d'autres exemples, voir les lignes directrices sur les restrictions verticales, pts 188 à 190.

La Commission observe à cet égard que le commerce électronique permet une surveillance des prix grâce aux logiciels, mais précise que la surveillance en tant que telle et la simple communication de prix ne sont pas des pratiques de prix imposés (LD, pt 191).

Elle précise également que l'interdiction de principe des prix de vente imposés est pleinement applicable dans l'économie des plateformes en ligne, notamment lorsqu'une entreprise fournit des services d'intermédiation en ligne au sens de l'article 1, 1-e du règlement (LD, pt 194).

La communication par le fournisseur d'une liste de prix conseillés ou maximaux peut être admise, pour autant qu'à la suite de pressions ou d'incitations elle ne constitue pas une manière déguisée d'imposer des prix (LD, pt 198).

La Commission considère cependant qu'il est permis d'imposer un prix de revente dans le cas de **gains d'efficience démontrés par les entreprises.** Ainsi, selon elle, l'imposition d'un prix de revente à ses distributeurs par un fournisseur peut entraîner des gains d'efficience au sens de l'article 101, 3 dans les hypothèses suivantes (LD sur les restrictions verticales, pt 197) :

– lors du lancement d'un nouveau produit, car imposer un prix unique pourrait inciter les distributeurs à augmenter leurs efforts de vente et, ainsi, augmenter les chances de succès du lancement, au bénéfice des consommateurs ;

– lors de la mise en place d'une campagne promotionnelle par les prix de courte durée (deux à six semaines le plus souvent) au sein de réseaux de franchise ou de distribution sélective ;

– lorsqu'il s'agit d'empêcher un distributeur déterminé d'utiliser le produit du fournisseur comme produit d'appel, en particulier pour lutter contre la dépréciation de l'image de marque du produit, ce qui pourrait à terme réduire la demande globale sur celui-ci et affaiblir l'incitation du fournisseur à investir dans la qualité et l'image de marque de son produit ;

– pour les services de prévente additionnels, notamment dans le cas de produits complexes.

› Précisions **a.** Imposer un prix minimal de revente dans cette **dernière hypothèse** permettrait de garantir aux distributeurs que les efforts qu'ils consacreront à ces services ne seront pas anéantis par des distributeurs du réseau ne rendant pas les mêmes services et vendant à prix plus bas. L'imposition du prix aurait pour objectif une incitation au service au bénéfice du consommateur.

b. Si ces hypothèses répondent, au moins partiellement, aux préoccupations exprimées par certains fournisseurs, on peut s'interroger sur leur application en **droit français.** Outre leur compatibilité avec une pratique décisionnelle très sévère de l'Autorité de la concurrence, on rappellera que le Code de commerce contient une disposition sanctionnant pénalement le fait d'imposer un caractère minimal au prix de revente d'un produit ou à une marge commerciale (cf. C. com. art. L 442-6). Même si cette disposition paraît être tombée en désuétude, il n'en demeure pas moins que les fournisseurs imposant un prix de revente à leurs distributeurs seraient susceptibles de voir leur responsabilité pénale engagée sur le fondement de ce texte, quand bien même la pratique ne serait pas contraire au droit des ententes.

Restrictions territoriales et de clientèle : principe L'exemption prévue par le règlement 2022/720 ne s'applique pas aux accords qui, directement ou indirectement, isolément ou cumulés avec d'autres facteurs, ont pour objet de restreindre le territoire sur lequel, ou la clientèle à laquelle, un acheteur partie à l'accord peut vendre les biens ou services contractuels (Règl. 2022/720 art. 4, b à e). **46880**

Les **restrictions directes** consistent en l'obligation soit de ne pas vendre sur des territoires spécifiques ou à une clientèle spécifique, soit de transmettre à d'autres distributeurs les commandes de tels clients (LD, pt 204).

Les **restrictions indirectes** consistent pour le fournisseur à inciter le distributeur à ne pas vendre les produits ou les services à de tels clients, par le biais, par exemple, des pratiques suivantes (LD sur les restrictions verticales, pt 204) :

– exiger que le distributeur demande l'autorisation du fournisseur pour vendre à des clients (TPICE 14-7-1994 aff. 77/92, Parker Pen) ;

– refuser ou réduire les primes ou les remises si l'acheteur vend à de tels clients ou verser des compensations à l'acheteur ou le rémunérer pour qu'il cesse de vendre à de tels clients ;

– mettre fin à la livraison des produits si le distributeur vend à de tels clients, ou menacer de rompre l'accord ou de ne pas le renouveler ;

– limiter les volumes fournis ou limiter la proportion des ventes réalisées par le distributeur auprès de tels clients ;

– empêcher le distributeur d'utiliser des langues additionnelles sur l'emballage ou pour la promotion des produits ;

– exclure de la garantie les produits revendus en dehors du territoire du distributeur ou les produits vendus sur le territoire du distributeur par des acheteurs situés sur d'autres territoires.

Le règlement 2022/720 **définit les notions de ventes actives et passives,** indispensables pour appréhender les restrictions territoriales et de clientèle qu'il interdit ou autorise. **46890**

Sont des « **ventes actives** » les ventes résultant d'un ciblage actif des clients par des visites, des lettres, des courriers électroniques, des appels ou d'autres moyens de communication directe. La publicité ou la promotion ciblée constituent une forme de vente active (Règl. 2022/720 art. 1, 1-l).

En particulier, les services de publicité en ligne permettent au vendeur de sélectionner les territoires sur lesquels ou la clientèle pour laquelle la publicité en ligne sera affichée. Tel est le cas du référencement payant et d'autres formes de publicité en ligne, par exemple sur les sites internet, les boutiques d'applications ou les médias sociaux, pour autant que le service publicitaire permette à l'annonceur de cibler les clients en fonction de leurs caractéristiques particulières, y compris leur situation géographique ou leur profil personnel (LD sur les restrictions verticales, pt 214).

De la même façon, constituent également des ventes actives, des publicités effectuées dans des langues qui ne sont pas communément utilisées sur le territoire du vendeur ou sur des sites internet dont le domaine de premier niveau correspond à des territoires se trouvant en dehors du territoire du vendeur (LD, pt 214).

Constitue une vente active le fait de proposer dans une boutique en ligne, à des clients situés sur un territoire ou appartenant à un groupe de clients alloué à titre exclusif, une option linguistique différente des langues couramment utilisées sur le territoire où le vendeur est établi. Cette pratique atteste de la volonté du vendeur de cibler le territoire dans lequel la langue est couramment utilisée et équivaut donc à une vente active (LD, pt 213).

Toutefois, le fait de proposer une option en langue anglaise dans une boutique en ligne n'indique pas en soi que le vendeur cible des territoires anglophones, étant donné que l'anglais est largement compris et utilisé dans toute l'Union. De même, si le fait de créer une boutique en ligne disposant d'un domaine de premier niveau correspondant à un territoire autre que celui sur lequel le distributeur est établi est une forme de vente active sur ce territoire, le fait de proposer une boutique en ligne disposant d'un nom de domaine générique et non spécifique à un pays est une forme de vente passive (LD, pt 213).

Sous l'empire des précédentes lignes directrices, la cour d'appel de Paris a néanmoins retenu une appréciation très stricte de la notion de vente active puisqu'elle a considéré que ne pouvait pas être considéré comme telle – et donc entrait dans le champ des ventes passives – le fait d'utiliser un nom de domaine lié à un pays (en l'espèce «.ch » pour la Suisse) et la monnaie nationale de ce pays, et d'adapter les conditions de vente au droit de ce pays ; en effet, selon la cour, il s'agissait d'une adaptation des modalités de vente des produits concernés au marché local qui n'induisait pas pour autant la mise en place de ventes actives de produits via les sites concernés (CA Paris 30-8-2019 n° 17/19477, aff. « Kaporal »).

46895 Sont des « **ventes passives** » les ventes faisant suite à des demandes spontanées, émanant de clients individuels, y compris la livraison de biens ou la prestation de services demandés par ces clients, ou groupe de clients (Règl. 2022/720 art. 1, 1-m).

Toute publicité ou action de promotion générale qui atteint des clients établis sur les territoires (exclusifs) d'autres distributeurs, ou faisant partie d'une clientèle allouée à d'autres distributeurs, mais qui est un moyen raisonnable d'atteindre des clients situés en dehors de ces territoires ou ne faisant pas partie de cette clientèle est considérée comme une vente passive.

Ainsi, la création d'une boutique en ligne est une forme de vente passive, car elle permet aux clients potentiels d'entrer en contact avec le vendeur. L'exploitation d'une boutique en ligne peut avoir des effets qui vont au-delà de la zone de chalandise physique du vendeur, y compris en permettant les achats en ligne de clients situés dans d'autres territoires ou appartenant à d'autres groupes de clients. Néanmoins, de tels achats (y compris la livraison des produits) constituent des ventes passives, pour autant que le vendeur ne cible pas activement le client spécifique ou le territoire ou groupe de clients spécifique dont relève le client. Il en va de même lorsqu'un client demande à être automatiquement informé par le distributeur et que ces informations conduisent à une vente. De même, le fait d'utiliser des techniques d'optimisation des moteurs de recherche, c'est-à-dire d'utiliser des outils ou techniques visant à améliorer la visibilité ou le référencement de la boutique en ligne dans les résultats des moteurs de recherche, ou de proposer une application dans une boutique d'applications, est, en principe, un moyen de permettre aux clients potentiels d'entrer en contact avec le vendeur et constitue donc une forme de vente passive (LD, pt 212).

Il y a également vente passive lorsque le vendeur adresse de la publicité en ligne à des clients relevant de son propre territoire ou de son propre groupe de clients et qu'il n'est pas possible d'empêcher que cette publicité soit vue par des clients situés sur d'autres territoires ou appartenant à d'autres groupes de clients. À l'inverse, si ces publicités sont effectuées dans des langues qui ne sont pas communément utilisées sur le territoire du vendeur ou sur des sites internet dont le domaine de premier niveau correspond à des territoires se trouvant en dehors du territoire du vendeur, il s'agit d'une vente active sur ces autres territoires (LD, pt 214).

Enfin, la participation à des marchés publics ou à des marchés répondant à des procédures de passation des marchés privés est une forme de vente passive, quel que soit le type de procédure de passation de marché public (procédure ouverte, restreinte ou autre) (LD, pt 215).

> **Précisions** Cette dernière qualification est cohérente avec les objectifs de la législation sur les **marchés publics,** qui est notamment de favoriser la concurrence intramarque. En conséquence, un accord vertical qui restreint la capacité d'un acheteur à participer à des marchés publics constitue une restriction caractérisée au sens de l'article 4, b à d du règlement 2022/720 (LD, pt 215).

46915 Restrictions territoriales et de clientèle par système de distribution

Le règlement contient une liste de restrictions caractérisées et d'exceptions par réseau de distribution justifiées par la protection de l'efficacité du système de distribution.

46917 1. Restrictions en matière de distribution exclusive

Le fournisseur ne peut pas restreindre le territoire sur lequel, ou la clientèle à laquelle, le distributeur exclusif peut vendre activement ou passivement les biens ou services contractuels (Règl. 2022/720 art. 4, b ; pour un exemple récent fondé sur le précédent règlement 330/2010, voir Aut. conc. 25-4-23 n° 23-D-05, aff. « Matériels de boulangerie »).

Cinq **exceptions** sont cependant admises car justifiées par la protection de l'efficacité du système de distribution (même art.).

1° La première exception vise la **restriction des ventes actives vers un territoire exclusif ou à un groupe de clients exclusif** réservé au fournisseur ou alloué par le fournisseur à un autre distributeur ou à plusieurs distributeurs (dans la limite de cinq distributeurs exclusifs – sur l'exclusivité partagée, voir n° 46770).

Le distributeur exclusif est ainsi protégé des ventes actives, y compris par la publicité en ligne ciblée, sur son territoire par le fournisseur lui-même et par les autres distributeurs.

Le fournisseur peut également exiger de ses distributeurs qu'ils répercutent cette interdiction des ventes actives sur les territoires ou à des groupes de clients attribués ou réservés auprès de leurs clients directs, afin d'éviter un contournement de l'interdiction des ventes actives par le biais de contrats conclus entre le distributeur et ses clients. Toutefois cette possibilité ne peut pas être répercutée aux clients situés plus en aval, c'est-à-dire aux clients des clients directs du distributeur exclusif (LD sur les restrictions verticales, pt 220).

2° La deuxième exception vise la **restriction des ventes,** tant actives que passives, du distributeur exclusif et de ses clients à des distributeurs non agréés situés sur le territoire sur lequel le fournisseur, tête de réseau, opère un système de distribution sélective.

Cette disposition nouvelle vise à renforcer l'étanchéité des réseaux de distribution sélective en ce qu'elle permet aux têtes de réseau qui combinent la distribution sélective et exclusive sur différents territoires d'empêcher le distributeur exclusif de revendre les produits à des distributeurs en dehors du réseau de distribution sélective (LD, pt 223).

3° La troisième exception vise la **restriction du lieu d'établissement du distributeur exclusif.**

Cette exception autorise le fournisseur à insérer une « clause d'implantation » dans ses contrats lui permettant d'exiger de ses distributeurs qu'ils limitent leurs points de vente et leurs entrepôts à un lieu ou un territoire précis. L'accord peut également indiquer la zone en dehors de laquelle le distributeur ne peut pas s'implanter (cette clause d'implantation ne vise pas la création d'une boutique en ligne, ces dernières n'étant pas équivalentes aux points de vente physiques).

4° La quatrième exception vise la **restriction des ventes,** tant passives qu'actives, aux utilisateurs finals **par un revendeur qui opère en tant que grossiste** sur le marché. Il n'est en effet pas conforme à la fonction de grossiste de vendre des produits directement aux consommateurs, les grossistes bénéficiant alors d'un avantage concurrentiel injustifié par rapport aux détaillants.

Voir décision « Saba » du 15 décembre 1975 (JOCE 1976 L 28 p. 19).

5° La cinquième exception vise à permettre à un fournisseur d'empêcher un acheteur de **composants destinés à être incorporés dans un produit** de revendre ces composants à des concurrents du fournisseur.

La notion de « composants » désigne tous les biens intermédiaires, tandis que par « incorporation », on entend l'utilisation d'un bien intermédiaire pour produire un bien (LD, pt 226).

2. Restrictions en matière de distribution sélective 46920

a) Restrictions de territoire ou de clientèle

Le fournisseur qui exploite un réseau de distribution sélective ne peut, directement ou indirectement, restreindre le territoire sur lequel ou la clientèle à laquelle les membres peuvent vendre activement ou passivement les biens ou les services contractuels (Règl. 2022/720 art. 4, c).

Cinq **exceptions** sont cependant admises car justifiées par la protection de l'efficacité du système de distribution (art. 4, c-i).

1° La première exception vise la restriction des **ventes actives** des membres du système de distribution sélective et de leurs clients directs sur un territoire ou à un groupe de clients que le fournisseur s'est réservés ou qu'il a alloués à titre exclusif à un nombre maximal de cinq distributeurs exclusifs.

2° La deuxième a pour objet la **restriction des ventes,** tant passives qu'actives, **par les membres d'un système de distribution sélective aux distributeurs non agréés** situés sur n'importe quel territoire où le fournisseur exploite un système de distribution sélective.

Cette possibilité pour le fournisseur d'empêcher un distributeur agréé de vendre en dehors du réseau concerne seulement les revendeurs non agréés établis sur un territoire où le système de distribution sélective est appliqué ou sur lequel le fournisseur ne vend pas encore les produits contractuels.

3° La troisième vise la restriction portant sur le **lieu d'établissement de l'acheteur.**

Le bénéfice de l'exemption par catégorie n'est donc pas exclu s'il est convenu que l'acheteur limitera son ou ses points de vente et entrepôts à une adresse, un endroit ou un territoire particulier.

4° La quatrième vise la **restriction des ventes,** tant passives qu'actives, aux utilisateurs finals **par un revendeur qui opère en tant que grossiste** sur le marché. Il n'est en effet pas conforme à la fonction de grossiste de vendre des produits directement aux consommateurs, les grossistes bénéficiant alors d'un avantage concurrentiel injustifié par rapport aux détaillants.

5° La cinquième vise à permettre à un fournisseur d'empêcher un acheteur de **composants destinés à être incorporés dans un produit** de revendre ces composants à des concurrents du fournisseur.

La notion de « composants » désigne tous les biens intermédiaires, tandis que par « incorporation », on entend l'utilisation d'un bien intermédiaire pour produire un bien.

46922 **b) Restriction des ventes croisées à l'intérieur d'un système de distribution sélective**

L'exemption ne s'applique pas aux accords verticaux qui, directement ou indirectement, ont pour objet de restreindre les fournitures croisées entre distributeurs agréés, y compris entre des distributeurs opérant à des stades commerciaux différents (Règl. 2022/720 art. 4, c-ii).

Les distributeurs agréés doivent donc être libres de s'approvisionner mutuellement, sans être tenus d'un engagement d'achat exclusif auprès d'un fournisseur déterminé. De même, aucune restriction ne peut être imposée aux grossistes à l'intérieur d'un réseau de distribution sélective en ce qui concerne leurs ventes aux détaillants (LD sur les restrictions verticales, pt 237).

ILLUSTRATIONS

Pour un exemple de clause incitant fortement les grossistes à acheter les produits uniquement auprès de la centrale européenne du fournisseur et non auprès des autres membres du système de distribution sélective, voir Commission CE 17-12-2018 n° AT.40428, aff. « Guess ».

46924 **c) Restriction des ventes actives ou passives aux utilisateurs finals par des distributeurs agréés**

L'exemption ne s'applique pas aux accords verticaux qui, directement ou indirectement, ont pour objet de restreindre les ventes actives ou les ventes passives aux utilisateurs finals par les membres d'un système de distribution sélective qui agissent en tant que détaillants sur le marché (Règl. 2022/720 art. 4, c-iii).

Aucune limitation ne peut être imposée aux distributeurs membres d'un système de distribution sélective quant au choix d'utilisateurs finals (utilisateurs professionnels ou consommateurs), ou d'agents d'achat agissant pour le compte de ces utilisateurs, auxquels ils sont autorisés à vendre. La seule exception à ce principe est la possibilité d'interdire aux distributeurs agréés de réaliser des ventes à destination et en provenance de territoires sur lesquels la commercialisation des produits contractuels relève de la distribution exclusive (LD sur les restrictions verticales, pt 234). Il s'agit de protéger les systèmes de distribution exclusive appliqués ailleurs et d'améliorer la cohabitation entre les modes de distribution.

En revanche, il peut être interdit aux distributeurs sélectionnés de vendre à partir d'un établissement non autorisé (Règl. 2022/720 art. 4, c-i, pt 3), étant précisé que l'utilisation par un distributeur de son propre site internet ne peut pas être assimilée à l'ouverture d'un nouveau point de vente en un lieu différent (LD sur les restrictions verticales précitées, pt 234).

S'agissant de la distribution de véhicules automobiles neufs à laquelle les dispositions du règlement général 2022/720 sont applicables, la notion d'« utilisateurs finals » englobe les sociétés de crédit-bail. Cela signifie notamment que, dans des systèmes de distribution sélective, les distributeurs ne peuvent pas se voir interdire de vendre des véhicules automobiles neufs à des sociétés de crédit-bail de leur choix. En revanche, un fournisseur faisant appel au système de distribution sélective peut empêcher ses distributeurs de vendre des véhicules automobiles neufs à des sociétés de crédit-bail lorsqu'il existe un risque avéré que ces sociétés les revendent à l'état neuf (LD supplémentaires sur les restrictions verticales dans les accords de vente et de réparation de véhicules automobiles et de distribution de pièces de rechange de véhicules automobiles, pt 51). La notion d'« utilisateurs finals » englobe également les consommateurs qui achètent leur véhicule par l'entremise d'un intermédiaire qui achète un véhicule automobile neuf pour le compte d'un consommateur désigné sans faire partie du réseau de distribution (LD supplémentaires précitées, pt 52).

46925 **3. Restrictions dans le cadre de la « libre distribution »**

Le fournisseur ne peut pas restreindre le territoire sur lequel, ou la clientèle à laquelle, le distributeur peut vendre activement ou passivement les biens ou services contractuels. Ce principe s'applique également dans les systèmes dits « de libre distribution », c'est-à-dire dans lesquels le fournisseur a recours à des distributeurs indépendants sans recourir à la distribution sélective ou exclusive (Règl. 2022/720 art. 4, d ; LD sur les restrictions verticales, pt 116).

Comme pour la distribution exclusive ou sélective, la restriction caractérisée visée à l'article 4, d du règlement souffre de cinq exceptions qui sont identiques à celles qui concernent les réseaux de distribution exclusive (voir n° 46917).

ILLUSTRATIONS

Dans un cas où un fournisseur de thés haut de gamme ne disposait pas d'un réseau de distribution sélective ou exclusive, l'Autorité de la concurrence a considéré que constituait une restriction de concurrence caractérisée l'interdiction faite aux distributeurs de revendre ses produits à d'autres revendeurs, dès lors que cette interdiction avait pour finalité de permettre au fournisseur d'empêcher l'approvisionnement de produits entre distributeurs et ainsi de lui octroyer une exclusivité sur la vente en gros (Aut. conc. 11-12-23 n° 23-D-12, aff. « Mariage Frères »).

4. Restrictions des ventes en ligne 46930

La Cour de justice de l'UE a jugé que l'exemption par catégorie ne s'applique pas à un contrat de distribution qui comporte une clause interdisant « de facto » Internet comme mode de commercialisation des produits contractuels (CJUE 13-10-2011 aff. 439/09, Pierre Fabre Dermo-Cosmétique SAS : RJDA 2/12 n° 208). Le règlement 2022/720 tire les conséquences de cette jurisprudence et érige en restriction caractérisée le fait d'empêcher l'utilisation effective de l'Internet par l'acheteur ou ses clients pour vendre les biens ou services contractuels, sans préjudice de la possibilité d'imposer à l'acheteur (Règl. 2022/720 art. 4, e) :
- d'autres restrictions des ventes en ligne,
- ou des restrictions de la publicité en ligne qui n'ont pas pour objet d'empêcher entièrement l'utilisation d'un canal de publicité en ligne.

a) Principe 46932

Un accord vertical qui contient une ou plusieurs restrictions des ventes en ligne ou de la publicité en ligne interdisant à l'acheteur d'utiliser Internet pour vendre les biens ou les services a pour objet la restriction des ventes passives aux utilisateurs finals situés en dehors de la zone de chalandise physique de l'acheteur.

De la même façon, constitue une restriction caractérisée le fait, sans l'interdire directement, d'**empêcher l'utilisation d'Internet pour vendre les biens ou les services sur des territoires spécifiques ou à une clientèle spécifique** (LD sur les restrictions verticales, pt 203). Sont visés notamment :
- le fait d'empêcher l'utilisation d'un ou de plusieurs canaux de publicité en ligne par le distributeur, tels que les moteurs de recherche ou les outils de comparaison de prix, ou de l'empêcher de créer ou d'utiliser sa boutique en ligne (pour une interdiction « de facto » de revente sur Internet par le biais d'une clause subordonnant cette revente à l'autorisation écrite du fournisseur, voir Commission CE 17-12-2018 n° AT.40428, aff. « Guess ») ;
- le fait de réduire de façon significative le volume agrégé des ventes en ligne des biens ou de réduire la possibilité pour les clients finals d'acheter les biens ou les services en ligne.

Ces restrictions caractérisées ont pour objet d'empêcher l'utilisation effective de l'Internet par l'acheteur pour vendre les biens ou services contractuels sur des territoires spécifiques ou à une clientèle spécifique, dès lors qu'elles limitent la capacité de l'acheteur à cibler les utilisateurs finals au-delà de sa zone de chalandise physique, à les informer sur ses offres et à les attirer vers sa boutique en ligne ou d'autres canaux de vente. Interdire l'utilisation de services de comparaison de prix ou de moteurs de recherche spécifiques n'est généralement pas une restriction caractérisée car l'acheteur peut utiliser d'autres services de publicité en ligne pour faire connaître ses activités de vente en ligne. Toutefois, interdire l'utilisation des services de publicité les plus largement utilisés sur le canal de publicité en ligne spécifique peut constituer une restriction caractérisée si les autres services de ce canal de publicité ne sont pas « de facto » en mesure d'attirer des clients dans la boutique en ligne de l'acheteur.

Outre une interdiction directe de l'utilisation de l'Internet pour vendre les biens ou services contractuels, constituent des obligations qui ont indirectement pour objet d'empêcher l'utilisation effective de l'Internet par l'acheteur pour vendre les biens ou services contractuels sur des territoires spécifiques ou à une clientèle spécifique, au sens de l'article 4, e du règlement 2022/720, les **pratiques suivantes** (LD, pt 206) :
- exiger du distributeur qu'il empêche les clients situés sur un autre territoire de consulter son site internet ou sa boutique en ligne ou qu'il redirige les clients vers le site du fabricant ou d'autres distributeurs. Toutefois, il peut être exigé du distributeur qu'il propose des liens vers les boutiques en ligne du fournisseur ou d'autres revendeurs ;
- exiger que le distributeur refuse les transactions en ligne lorsque les données de la carte de crédit du client indiquent une adresse qui n'est pas sur le territoire de l'acheteur ;

– exiger que le distributeur vende les biens ou services contractuels uniquement dans un commerce de détail ou en la présence physique d'un personnel spécialisé (CJUE 13-10-2011 aff. 439/09, Pierre Fabre Dermo-Cosmétique SAS : RJDA 2/12 n° 208) ;
– exiger que le distributeur demande l'autorisation du fournisseur avant d'effectuer des transactions individuelles de vente en ligne ;
– interdire au distributeur d'utiliser les marques déposées ou les noms commerciaux du fournisseur sur son site internet ou dans sa boutique en ligne ;
– interdire au distributeur de créer ou d'exploiter une ou plusieurs boutiques en ligne, que celle-ci soit hébergée sur son propre serveur ou sur un serveur tiers.

ILLUSTRATIONS

Pour des exemples de décisions portant sur l'interdiction pour un distributeur agréé de vendre par Internet, voir Cons. conc. 24-7-2006 n° 06-D-24, aff. « Engagements Festina » : RJDA 12/06 n° 1268 ; Cons. conc. 5-10-2006 n° 06-D-28, aff. « Matériels hi-fi et home cinema » : RJDA 1/07 n° 102 ; Aut. conc. 12-12-2012 n° 12-D-23, aff. « Bang & Olufsen » ; Aut. conc. 24-3-2018 n° 18-D-23, aff. « Stihl » ; Aut. conc. 1-7-2019 n° 19-D-14, aff. « Velotrek » ; Aut. conc. 22-7-2021 n° 21-D-20, aff. « Secteur des lunettes et montures de lunettes » ; CA Paris 13-3-2014 n° 2013/00714, aff. « Bang & Olufsen » ; CA Paris 28-2-2018 n° 16/02663, aff. « Coty » ; CA Paris 17-10-2019 n° 18/24456, aff. « Stihl », confirmée par Cass. com. 26-1-2022 n° 19-24.464 FS-D ; Aut. conc. 19-12-23 n° 23-D-13, aff. « Rolex » ; Aut. conc. 11-12-23 n° 23-D-12, aff. « Mariage Frères » ; Aut. conc. 6-2-2024 n° 24-D-02, aff. « Secteur de la distribution de chocolats ».

Dans tous les cas, si l'appréciation de la restriction caractérisée peut tenir compte du contenu et du contexte de la restriction, elle ne doit pas dépendre de circonstances propres au marché ou des caractéristiques individuelles des parties à l'accord vertical.

En tout état de cause, les fabricants ne devraient pas être en mesure de se prévaloir d'une justification objective pour interdire à leur distributeur de vendre sur Internet. En effet, la **possibilité de justifier objectivement des restrictions caractérisées** ne peut intervenir que dans des cas exceptionnels, lorsque, par exemple, la restriction est nécessaire « pour assurer le respect d'une interdiction générale de vendre des substances dangereuses à certains clients pour des raisons de sécurité ou de santé » (LD, pt 180).

Sur la vente en ligne de médicaments, voir n° 48100.

46934 **b) Exceptions**

Ne constitue pas une restriction caractérisée le fait que le fournisseur impose à ses distributeurs des **exigences particulières pour ce qui concerne la manière dont les biens ou services contractuels doivent être vendus en ligne** (« principe d'équivalence ») (LD sur les restrictions verticales, pt 208).

À cet égard, les restrictions liées à l'utilisation de canaux de vente en ligne spécifiques, tels que les places de marché en ligne, ou l'imposition de normes de qualité pour les ventes en ligne, peuvent généralement bénéficier de l'exemption prévue à l'article 2, 1 du règlement 2022/720 quel que soit le type de système de distribution utilisé, à condition qu'elles n'aient pas pour objet indirect d'empêcher l'utilisation effective de l'Internet par le distributeur pour vendre les biens ou services contractuels sur des territoires spécifiques ou à une clientèle spécifique. Le distributeur ne doit pas être empêché d'utiliser Internet pour vendre les biens ou les services contractuels.

Peuvent ainsi bénéficier de l'exemption et ne **pas** être assimilées à **des restrictions caractérisées** les exigences suivantes (LD, pt 208) :

1° Celles visant à garantir la **qualité** ou un aspect particulier du site internet.

2° Celles relatives à la **présentation des biens ou services** contractuels sur le site internet (telles que le nombre minimal de produits affichés, la manière dont les marques les noms commerciaux du fournisseur sont publiées).

3° Une interdiction directe ou indirecte de l'utilisation des **places de marché en ligne** ou « market place » (CJUE 6-12-2017 aff. 230/16, Coty : RJDA 2/18 n° 116 et chron. N. Pétrignet et V. Coursière-Pluntz p. 107).

Il a été jugé que le titulaire d'un réseau de distribution sélective de produits de luxe peut valablement prévoir une clause interdisant au distributeur agréé la revente des produits par le biais d'une plateforme en ligne ou « marketplace » car elle est nécessaire et proportionnée à la préservation de l'image de luxe des produits (CJUE 6-12-2017 aff. 230/16 précité ; CA Paris 28-2-2018 n° 16/02263, aff. « Coty »). La question s'est posée de savoir si une telle interdiction de revente sur une plateforme peut avoir pour objet d'autres catégories de produits que les produits de luxe. La Commission a estimé que cette question devait être examinée au cas par cas, tout en précisant que certaines considérations de la Cour de justice (arrêt Coty précité) semblent également s'appliquer à des produits tels que les produits de « haute qualité » ou de « haute technologie » (Competition policy brief 2018-01).

L'**Autorité de la concurrence a appliqué cette jurisprudence** à des produits de motocultures, estimant que le fournisseur, n'ayant aucun lien avec les plateformes tierces, ne pouvait s'assurer de manière appropriée et proportionnée que les produits soient vendus dans des conditions préservant son image de marque et la sécurité des consommateurs (Aut. conc. 24-3-2018 nº 18-D-23, aff. « Stihl », confirmée pour l'essentiel par Cass. com. 26-1-2022 nº 19-24.464 FS-D). Elle a par ailleurs fait une application élargie de la jurisprudence Coty dans une décision concernant des thés haut de gamme en validant l'interdiction de revendre les produits sur les plateformes qui avait été imposée par le fournisseur à des revendeurs liés non par des contrats de distribution sélective mais par des contrats de licence exclusive, au motif que cette interdiction ne constituait pas une restriction caractérisée de nature à priver le contrat du bénéfice de l'exemption par catégorie due aux parts de marché du fournisseur et des distributeurs inférieures à 30 % (Aut. conc. 3-12-2020 nº 20-D-20, aff. « Thés Dammann »).

Si les lignes directrices ne réservent pas expressément cette possibilité d'interdire à un distributeur la revente sur des places de marché en ligne aux réseaux de distribution sélective (LD, pt 208), il convient toutefois de relever qu'elles ne sont pas d'une grande clarté à ce sujet et qu'il est possible de s'interroger sur la question de savoir si cette possibilité d'interdire de vendre sur des marketplace ne serait pas in fine réservée aux seuls réseaux de distribution sélective (cf. LD, pts 150 et 332 s.).

En revanche, il va de soi que si la tête de réseau s'autorise une revente des produits par l'intermédiaire des places de marché, elle ne peut pas l'interdire à des distributeurs.

4º Celle faite au distributeur d'exploiter un ou plusieurs **points de vente physiques** ou surfaces d'exposition, par exemple comme condition pour devenir membre du système de distribution sélective du fournisseur.

Le titulaire du réseau peut donc valablement exiger de ses distributeurs agréés qu'ils disposent d'un ou de plusieurs points de vente physiques.

5º Celle faite au distributeur de **vendre hors ligne un montant minimum** absolu des biens ou services contractuels (en valeur ou en volume, mais pas en proportion de ses ventes totales) afin d'assurer le bon fonctionnement de son point de vente physique. Cette exigence peut être la même pour tous les distributeurs, ou elle peut être fixée à un niveau différent pour chaque distributeur, sur la base de critères objectifs, tels que la taille du distributeur par rapport aux autres distributeurs ou sa situation géographique.

Cette disposition vise à répondre à la crainte exprimée par les fabricants titulaires de réseaux de distribution sélective de voir un distributeur agréé pour un point de vente physique détourner le système en utilisant cet agrément pour « inonder » l'ensemble du marché intérieur en produits contractuels par l'intermédiaire d'un ou plusieurs sites Internet, ce qui serait une forme de parasitisme interne au réseau qui risquerait de mettre en péril celui-ci. La Commission a consenti à ce que le fabricant, sans limiter les ventes en ligne du distributeur, puisse exiger de celui-ci qu'il vende au moins une certaine quantité absolue (en valeur ou en volume) de produits « hors ligne » pour assurer le bon fonctionnement de son point de vente physique et qu'il puisse s'assurer que l'activité sur Internet du distributeur reste cohérente avec son modèle de distribution.

5. Système de double prix **46936**

Ne constitue pas une restriction caractérisée le fait pour le fournisseur de fixer, pour un même distributeur, un prix de gros différent selon que les produits sont vendus en ligne ou hors ligne (double prix) (Lignes directrices sur les restrictions verticales, pt 209).

Si le système de double prix peut encourager ou récompenser un niveau approprié d'investissements dans les canaux de vente en ligne ou hors ligne, il ne doit pas avoir pour objet de restreindre les ventes à des territoires spécifiques ou à une clientèle spécifique, comme le prévoit l'article 4, b à d du règlement 2022/720 (LD, pt 209).

Tel serait le cas si la différence du prix aboutissait à rendre non rentable ou non viable financièrement la vente en ligne ou si elle conduisait à limiter la quantité de produits proposés à la vente sur Internet.

À l'inverse, le système de double prix peut bénéficier de l'exemption lorsque la différence du prix s'explique par les différences d'investissements et de coûts supportés par le distributeur pour chaque canal.

Restrictions dans un accord entre un fournisseur de composants et un acheteur **46940** L'exemption ne s'applique pas à l'accord conclu entre un fabricant de pièces détachées et un acheteur qui incorpore ces pièces dans ses propres produits (équipementier) qui a pour objet, directement ou indirectement, de restreindre la capacité du fabricant de vendre ces pièces détachées à des utilisateurs finals, à des réparateurs, à des grossistes ou à des prestataires de services indépendants (Règl. 2022/720 art. 4, f). La restriction est indirecte lorsque le fournisseur des pièces détachées est limité dans sa capacité de fournir les informations techniques et l'équipement spécial qui permettent aux utilisateurs, aux réparateurs ou aux prestataires de services indépendants d'utiliser ces pièces détachées.

En revanche, l'équipementier peut imposer à son propre réseau de réparation et d'entretien l'obligation de lui acheter les pièces détachées (LD sur les restrictions verticales précitées, pt 245).

RESTRICTIONS DE CONCURRENCE EXCLUES

46950 **Obligation de non-concurrence** Contrairement aux restrictions caractérisées dont la présence entraîne la perte de l'exemption pour l'ensemble de l'accord (nos 46860 s.), la stipulation, dans un accord vertical, d'une **obligation de non-concurrence** peut avoir pour effet d'**invalider la clause** sans remettre en question l'ensemble de l'accord.

46960 **Effets d'une obligation de non-concurrence**

Bien que les obligations de non-concurrence figurant dans les accords verticaux ne constituent pas des restrictions caractérisées, elles peuvent néanmoins produire des **effets négatifs** susceptibles de faire entrer les accords dans le champ d'application de l'article 101, 1 du TFUE. Un tel effet négatif peut se produire lorsque des barrières à l'entrée ou à l'expansion sont dressées, qui évincent des fournisseurs concurrents du marché et sont préjudiciables aux consommateurs, notamment parce qu'elles peuvent avoir pour effet d'augmenter les prix, de limiter le choix ou de faire baisser la qualité ou le caractère novateur des produits. Les obligations de non-concurrence peuvent cependant avoir aussi des **effets positifs** qui peuvent justifier l'application de l'article 101, 3 du TFUE. Elles peuvent notamment constituer une réponse satisfaisante à un problème de parasitisme dans le cas où un fournisseur profite des investissements réalisés par un autre fournisseur. Tel est le cas lorsqu'un fournisseur investit dans les locaux d'un distributeur pour attirer la clientèle vers une marque concurrente qui est aussi disponible dans les mêmes locaux (voir, par exemple, pour la distribution de véhicules automobiles neufs à laquelle les dispositions du règlement général 2022/720 sont applicables, les points 28 et suivants des lignes directrices supplémentaires sur les restrictions verticales dans les accords de vente et de réparation de véhicules automobiles et de distribution de pièces de rechange de véhicules automobiles).

L'exemption par catégorie prévue dans le règlement général 2022/720 applicable aux accords verticaux couvre toutes les formes d'obligations de non-concurrence directes ou indirectes, pour autant que la **part de marché** du fournisseur et celle du distributeur ne dépassent pas 30 % et que la **durée de cette obligation** de non-concurrence ne dépasse pas cinq ans.

46970 **Contenu de l'obligation de non-concurrence**

L'obligation de non-concurrence recouvre **deux hypothèses** distinctes (Règl. 2022/720 art. 1, 1-f) :
– l'interdiction directe ou indirecte de fabriquer, acheter, vendre ou revendre des biens ou des services qui sont en concurrence avec les biens ou services contractuels ;
– l'obligation directe ou indirecte imposant au distributeur l'obligation d'acquérir auprès du fournisseur ou d'une entreprise désignée par celui-ci plus de 80 % de ses achats annuels en biens ou services contractuels et en biens ou services substituables sur le marché.

S'agissant de la **distribution de véhicules automobiles neufs** à laquelle les dispositions du règlement général 2022/720 sont applicables, un retrait du bénéfice de l'exemption par catégorie en cas d'effets anticoncurrentiels cumulatifs pourra se justifier même si le fournisseur impose une obligation d'achat minimum inférieure au plafond de 80 % évoqué ci-dessus. Les parties devront dès lors examiner si, à la lumière des circonstances de fait à prendre en considération, l'obligation imposée à un distributeur de veiller à ce qu'un pourcentage donné de ses achats totaux de véhicules automobiles porte la marque du fournisseur empêchera le distributeur de vendre une ou plusieurs marques concurrentes supplémentaires. Dans cette optique, même une obligation d'achat minimale fixée à un niveau inférieur à 80 % du volume total annuel des achats équivaudrait à une obligation de monomarquisme si elle obligeait un distributeur qui souhaite commercialiser des véhicules d'une nouvelle marque auprès d'un fabricant concurrent à acheter tellement d'automobiles de la première marque que son activité commerciale en deviendrait économiquement non viable (LD supplémentaires sur les restrictions verticales dans les accords de vente et de réparation de véhicules automobiles et de distribution de pièces de rechange de véhicules automobiles, pt 37).

Clauses non exemptées 46980

Le règlement 2022/720 traite des obligations de non-concurrence applicables pendant la durée de l'accord (art. 5, 1-a et c) et des obligations de non-concurrence post-contractuelles (art. 5, 3-b).

En effet, ne bénéficient pas de l'exemption :

1° toute obligation directe ou indirecte de non-concurrence dont la durée est indéterminée ou dépasse cinq ans ;

2° toute obligation directe ou indirecte interdisant à l'acheteur, à l'expiration de l'accord, de fabriquer, d'acheter, de vendre ou de revendre des biens ou des services ;

3° toute obligation directe ou indirecte imposées aux membres d'un réseau de distribution sélective de ne pas vendre les marques de fournisseurs concurrents déterminés.

Pour les **obligations de non-concurrence applicables pendant la durée de l'accord,** l'article 5 du règlement prévoit deux cas où l'exemption ne s'applique pas :

1° Lorsque la durée de l'obligation de non-concurrence est indéterminée ou dépasse cinq ans. Les accords prévoyant une durée déterminée mais qui sont prorogés automatiquement à défaut de résiliation sont considérés comme conclus pour une durée indéterminée. Ainsi, un contrat de cinq ans renouvelable par tacite reconduction est assimilable à un accord à durée indéterminée (TPICE 8-6-1995 aff. 7/93, Langnese, confirmé par CJCE 1-10-1998 aff. 279/95 P, Langnese ; TPICE 8-6-1995 aff. 9/93, Scholler ; pour un exemple d'accord d'une durée indéterminée mais avec délai de résiliation d'un an, voir CJCE 7-12-2000 aff. 214/99, Neste Markkinointi).

Il en va différemment si les obligations de concurrence tacitement renouvelables au-delà d'une période de cinq ans sont effectivement renégociables ou si le distributeur peut résilier le contrat moyennant un préavis raisonnable et à un coût raisonnable (LD sur les restrictions verticales, pt 248).

Cette limitation de la durée à cinq ans n'est pas applicable lorsque les biens ou services sont revendus par l'acheteur à partir de locaux et de terrains dont le fournisseur est propriétaire ou que le fournisseur loue à des tiers non liés à l'acheteur. Dans ce cas, l'obligation de non-concurrence peut être d'une durée identique à la durée d'occupation du point de vente par l'acheteur. Dans le cas particulier de la distribution d'essence, ce principe implique que le fournisseur soit propriétaire tant de la station-service qu'il donne en location au revendeur que du terrain sur lequel celle-ci est bâtie ou, dans le cas où il n'est pas le propriétaire, qu'il loue ces biens à des tiers non liés au revendeur (CJCE 2-4-2009 aff. 260/07, Pedro IV Servicios SL c/ Total España SA).

Dans la franchise, l'obligation de non-concurrence peut être nécessaire au maintien de la réputation du réseau. Dans ce cas, la durée n'est pas un facteur pertinent pour autant qu'elle n'excède pas celle de l'accord de franchise lui-même (LD, pt 166).

2° Lorsqu'il est imposé aux membres d'un système de distribution sélective l'obligation de ne pas vendre des marques de fournisseurs concurrents déterminés.

L'exemption s'applique néanmoins si l'interdiction est formulée de manière générale et ne vise pas certains concurrents déterminés.

ATTENTION

Même lorsque des accords individuels imposant le respect d'obligations de monomarquisme satisfont aux conditions posées par le règlement général d'exemption par catégorie, c'est-à-dire lorsque la part de marché du fournisseur et celle du distributeur ne dépassent pas 30 % et que la durée de cette obligation de non-concurrence n'excède pas cinq ans, le recours à de telles obligations peut avoir des effets anticoncurrentiels qui ne sont pas compensés par leurs effets positifs. Ainsi, dans le domaine de la **distribution de véhicules automobiles neufs** à laquelle les dispositions du règlement général 2022/720 sont applicables, de tels effets anticoncurrentiels nets peuvent notamment résulter d'effets cumulatifs conduisant à l'éviction de marques concurrentes. Toutefois, au niveau du commerce de détail, il est peu probable qu'un tel verrouillage se produise sur des marchés où l'ensemble des fournisseurs disposent de parts de marché inférieures à 30 % et où le pourcentage total de l'ensemble des ventes de véhicules automobiles qui sont soumises aux obligations de monomarquisme sur le marché en cause (c'est-à-dire, la part de marché liée totale) ne dépasse pas 40 %. De même, dans l'hypothèse où un fournisseur, n'occupant pas une position dominante, dispose d'une part de marché de plus de 30 % sur le marché en cause, alors que les parts de tous les autres fournisseurs sont inférieures à 30 %, il est peu probable que des effets anticoncurrentiels cumulatifs se produisent tant que la part de marché liée totale ne dépasse pas 30 % (LD supplémentaires sur les restrictions verticales dans les accords de vente et de réparation de véhicules automobiles et de distribution de pièces de rechange de véhicules automobiles, pts 34 s.).

Lorsque l'accès au marché en cause pour la vente de véhicules automobiles neufs et la concurrence sur celui-ci sont restreints de façon significative par l'effet cumulatif de réseaux parallèles d'accords verticaux similaires contenant des obligations de monomarquisme, la Commission peut retirer le bénéfice de l'exemption par catégorie (n° 46990) et même adopter un règlement déclarant l'exemption par catégorie inapplicable au marché en cause en ce qui concerne ces restrictions si des réseaux parallèles d'accords contenant des restrictions verticales similaires couvrent plus de 50 % d'un marché déterminé (n° 47000).

46985 L'exemption ne s'applique pas non plus lorsqu'il est fait interdiction à l'acheteur, **à l'expiration de l'accord,** de fabriquer, acheter, vendre ou revendre des biens ou des services, sauf si l'obligation de non-concurrence :
– concerne des biens ou des services concurrents des biens ou services contractuels ;
– est limitée au point de vente à partir duquel l'acheteur a opéré pendant la durée du contrat ;
– est indispensable à la protection d'un savoir-faire transmis par le fournisseur à l'acheteur.

La **durée** d'une telle obligation doit en outre être limitée à un an à compter de l'expiration de l'accord, sans préjudice de la possibilité de restreindre pour une durée indéterminée l'utilisation et la divulgation d'un savoir-faire qui n'est pas tombé dans le domaine public.

46987 **Obligations de parité entre plateforme en ligne et vente au détail** Les obligations de parité imposées par les places de marché en ligne ou les services de comparaison de prix, qui empêchent les fournisseurs de vendre ou de revendre des biens ou des services à des utilisateurs finals à des conditions plus favorables par l'intermédiaire de plateformes concurrentes, sont exclues du bénéfice de l'exemption par catégorie (Règl. 2022/720 considérant 16). Ces obligations peuvent porter sur les prix mais aussi sur les gammes de produits, la disponibilité ou tout autre condition de l'offre.

De telles obligations sont en effet de nature à réduire la concurrence et à faciliter la collusion entre les différentes plateformes. Elles verrouillent l'entrée sur le marché de nouveaux prestataires de services d'intermédiation en ligne. En outre, elles empêchent les vendeurs qui utilisent ces services de proposer sur leur propre site Internet des conditions plus favorables que celles qu'ils appliquent lorsqu'ils vendent par l'intermédiaire de la plateforme.

On distingue la **clause de parité « élargie »,** par laquelle la plateforme réserve des conditions plus favorables par rapports à tous ses concurrents (clause de parité de détail entre plateformes), de la **clause de parité « restreinte »,** par laquelle la plateforme se réserve uniquement des conditions plus favorables par rapport au canal personnel du vendeur (par rapport au site internet de l'hôtelier, par exemple).

Seules les clauses de parité élargies sont exclues du bénéfice de l'exemption. Si de telles clauses sont néanmoins envisagées par les parties, elles doivent faire l'objet d'une appréciation individuelle (LD sur les restrictions verticales, pts 255 et 360 s.).

À l'inverse, tous les autres types d'obligations de parité peuvent bénéficier de l'exemption, y compris les obligations de parité de détail relatives aux canaux de vente directe, ainsi que les obligations de parité de gros. Il s'agit par exemple de clause de parité pour la vente au détail par laquelle la plateforme se réserve des conditions plus favorables de vente que celles consenties par l'hôtelier sur son propre site internet. Ces clauses sont toutefois susceptibles de caractériser en droit français un déséquilibre significatif dans les droits et obligations des parties (n° 87865).

RETRAIT INDIVIDUEL DE L'EXEMPTION PAR LA COMMISSION EUROPÉENNE

46990 La **Commission** européenne peut retirer le bénéfice de l'application du règlement 2022/720 si elle constate que, dans un cas déterminé, un accord exempté en vertu de ce règlement produit néanmoins des effets incompatibles avec l'article 101, 3 du TFUE (Règl. 2022/720 art. 6, 1).

De tels effets peuvent se produire notamment lorsque le marché en cause pour la fourniture de services d'intermédiation en ligne est fortement concentré et que la concurrence entre les différents offreurs de prestations d'intermédiation en ligne est limitée par l'effet cumulatif de réseaux parallèles d'accords similaires qui restreignent la possibilité pour les acheteurs de ces services de proposer, de vendre ou de revendre des biens ou des services aux utilisateurs finals à des conditions plus intéressantes sur leurs canaux de vente directe (obligations de parité restreintes : n° 46987) (même art. et LD, pt 259).

L'**autorité de concurrence d'un État membre** peut retirer, dans les mêmes conditions, le bénéfice de l'exemption, mais seulement pour l'ensemble ou pour une partie de son territoire si, dans un cas déterminé, un accord exempté en vertu du règlement 2022/720/720 produit néanmoins des effets incompatibles avec l'article 101, 3 du TFUE sur l'ensemble ou sur une partie du territoire de cet État membre et lorsque ce territoire présente toutes les caractéristiques d'un marché géographique distinct (Règl. 2022/720/720 art. 6, 2 et considérants 18 et 19).

Lorsque seul le territoire d'un État est concerné, la Commission et l'autorité de concurrence de l'État membre ont des **compétences concurrentes.**

La **présomption de légalité** que confère le règlement d'exemption par catégorie peut ainsi être **écartée** si un accord vertical, considéré séparément ou en combinaison avec des accords similaires mis en œuvre par des fournisseurs ou des acheteurs concurrents, entre dans le champ d'application de l'article 101, 1, et ne remplit pas toutes les conditions énoncées à l'article 101, 3. Il en va ainsi notamment lorsque l'accès au marché ou la concurrence sur celui-ci sont restreints de façon significative par l'effet cumulatif de réseaux parallèles d'accords verticaux similaires mis en œuvre par des fournisseurs ou des acheteurs concurrents (LD sur les restrictions verticales, pts 257 s.).

La décision de retrait n'a pas d'**effet** rétroactif, de sorte que toute la période antérieure au retrait bénéficie d'une présomption de licéité.

La décision de retrait prise par la Commission peut faire l'objet d'un **recours** devant le Tribunal de l'Union européenne (n°s 49400 s.) ; la décision prise par une autorité nationale est, quant à elle, soumise aux recours du droit national.

RÈGLEMENT DE NON-APPLICATION DU RÈGLEMENT D'EXEMPTION 2022/720

47000 Lorsque des réseaux parallèles de restrictions verticales similaires couvrent plus de 50 % d'un marché en cause, la Commission européenne peut déclarer, par voie de règlement, que le règlement d'exemption par catégorie 2022/720 ne s'applique pas aux accords verticaux qui comportent des restrictions spécifiques concernant ce marché (Régl. 2022/720 art. 7). Le règlement adopté n'est applicable qu'après au moins six mois à compter de son adoption (voir n° 46610).

Alors que le retrait du bénéfice de l'exemption par catégorie passe par l'adoption d'une décision établissant l'existence d'une infraction à l'article 101 du TFUE commise par une entreprise déterminée (n° 46990), l'effet d'un règlement adopté conformément à l'article 7 du règlement 2022/720 se limite à retirer, pour ce qui est des restrictions et des marchés concernés, le bénéfice de l'application du règlement d'exemption par catégorie et à rétablir l'application pleine et entière de l'article 101, 1 et 3 (LD sur les restrictions verticales, pt 271).

B. Accords de distribution de pièces de rechange et accords de fourniture de services de réparation et d'entretien dans le secteur automobile

TEXTES APPLICABLES

47040 Les accords de distribution de pièces de rechange et les accords de fourniture de services de réparation et d'entretien font l'objet d'une exemption sectorielle qui leur est propre en raison de la persistance d'une concurrence insuffisante sur ces marchés (voir n° 46720). Dès lors, pour bénéficier d'une exemption par catégorie, ces accords doivent respecter, outre les conditions d'exemption énoncées dans le règlement 2022/720 du 10 mai 2022, des **exigences plus strictes** posées par le **règlement 461/2010 du 27 mai 2010** (JOUE 2010 L 129), applicable initialement jusqu'au 31 mai 2023 mais prorogé jusqu'au 31 mai 2028 (Régl. UE 2023/822 du 17-4-2023).

Dans les **lignes directrices supplémentaires** sur les restrictions verticales dans les accords de vente et de réparation de véhicules automobiles et de distribution de pièces de rechange de véhicules automobiles (JOUE 2010 C 138), qui accompagnent le règlement 461/2010, la Commission indique qu'il est important que l'accès aux réseaux de réparateurs agréés reste généralement ouvert à toutes les sociétés qui répondent aux critères de qualité définis. Le fait de soumettre les requérants à une sélection quantitative risque de faire entrer l'accord dans le champ d'application de l'article 101, 1 du TFUE.

> **Précisions** Faisant suite aux demandes de conseils pratiques de certains opérateurs du secteur (constructeurs automobiles, fournisseurs de pièces détachées ou réparateurs indépendants), la Commission européenne a diffusé **une liste de questions/réponses** complétant les lignes directrices supplémentaires. Les questions posées portent sur l'exécution des garanties, l'entretien

dans le cadre des contrats de crédit-bail, la fourniture de pièces de rechange, l'utilisation et l'achat d'outils, l'accès aux informations techniques et l'accès aux réseaux de réparateurs agréés (Communiqué IP/12/915 du 27-8-2012).

Voir également l'**avis de l'Autorité de la concurrence** n° 12-A-21 du 8 octobre 2012 relatif aux secteurs de la réparation et de l'entretien de véhicules et de la fabrication et de la distribution de pièces de rechange.

MÉCANISME DE L'EXEMPTION PAR CATÉGORIE ISSUE DU RÈGLEMENT D'EXEMPTION 461/2010

47050 **Part de marché** Le règlement 461/2010 prévoit que le **seuil de 30 %** établi par le règlement général 2022/720, au-dessous duquel il est présumé que les avantages procurés par les accords verticaux l'emportent sur leurs effets restrictifs, s'applique aux accords de distribution de pièces de rechange et aux accords de fourniture de services de réparation et d'entretien. Or, généralement, les réseaux automobiles détiennent une part de marché supérieure à 30 % sur les marchés des pièces détachées dès lors que ces marchés pour les services de réparation et d'entretien sont considérés comme propres à chaque marque (LD supplémentaires, pts 39 et 57). Dans ces conditions, les accords entre les constructeurs automobiles et leurs réseaux de réparateurs agréés et de distributeurs de pièces détachées, de même que les accords obligeant les réparateurs agréés à acheter les pièces détachées aux constructeurs automobiles, ne bénéficient pas d'une exemption automatique et ce, quel que soit le mode de distribution employé. La conformité de ces accords à l'article 101, 3 du TFUE doit alors, le cas échéant, faire l'objet d'un examen individuel par la Commission. Cela devrait lui permettre de traiter plus facilement les refus de communiquer des informations techniques aux réparateurs indépendants, l'utilisation abusive de la garantie pour exclure ces derniers ou les nouvelles formes de restrictions susceptibles d'apparaître (pts 57 s.).

47060 **Restrictions caractérisées** Les accords verticaux dans le secteur de l'après-vente automobile bénéficient d'une exemption par catégorie s'ils ne contiennent aucune des restrictions caractérisées définies tant à l'article 4 du règlement général 2022/720 qu'à l'article 5 du règlement sectoriel 461/2010. Celui-ci définit trois restrictions caractérisées imposées par les constructeurs automobiles et consistant en une violation des règles de concurrence sur le marché des pièces détachées. Il s'agit de restrictions :

– à la vente de pièces détachées d'origine par les réparateurs agréés à des garages indépendants ;

– à la capacité des fabricants indépendants de pièces détachées d'approvisionner des réparateurs agréés ou indépendants ;

– à la capacité des fabricants de pièces détachées d'apposer leur marque ou leur logo sur leurs produits.

Il en résulte que l'exemption ne s'applique pas en présence de l'une des restrictions suivantes :

1. Dans un **accord conclu entre un fabricant de pièces détachées** et un acheteur qui incorpore ces pièces dans ses produits (**équipementier**), restriction consistant à restreindre, directement ou indirectement, les ventes de ces pièces détachées par le fabricant à des utilisateurs finals, à des réparateurs ou à des prestataires de services indépendants (Règl. 2022/720 art. 4, e) ; voir n° 46940.

Cela n'affecte pas la possibilité pour les constructeurs automobiles d'exiger des réparateurs agréés qu'ils utilisent exclusivement des pièces de rechange d'une qualité équivalente aux composants utilisés pour l'assemblage d'un véhicule automobile donné. De surcroît, comme les constructeurs automobiles ont une responsabilité contractuelle directe en cas de réparations sous garantie, d'entretiens gratuits et d'actions de rappel, l'exemption doit être applicable aux accords imposant au réparateur agréé l'obligation d'utiliser exclusivement les pièces de rechange fournies par le constructeur automobile pour ces réparations. C'est pourquoi l'obligation faite à un réparateur agréé d'utiliser des pièces de rechange fournies par le constructeur automobile pour les réparations sous garantie, pour l'entretien gratuit et lors du rappel de véhicules automobiles n'est pas considérée comme une obligation de monomarquisme mais plutôt comme une exigence objectivement justifiée (LD supplémentaires, pt 39).

2. Restriction de la vente de pièces de rechange pour véhicules automobiles par les **membres d'un système de distribution sélective** à des **réparateurs indépendants** qui les utilisent dans des services de réparation ou d'entretien (Règl. 461/2010 art. 5, a). L'absence d'une telle restriction est la garantie que les réparateurs indépendants pourront concurrencer efficacement les réparateurs agréés en fournissant aux consommateurs des services de qualité contribuant à la sécurité et à la fiabilité du fonctionnement des véhicules automobiles.

Par « pièces de rechange », on entend des biens qui sont destinés à être montés dans ou sur un véhicule automobile pour remplacer des composants de ce véhicule, y compris des biens tels que les lubrifiants qui sont nécessaires à l'utilisation d'un véhicule automobile, à l'exception du carburant (Règl. 461/2010 art. 1, 1-h).

Cette disposition s'applique de manière plus pertinente à une catégorie particulière de pièces de rechange, appelées parfois les pièces captives, qui ne peuvent être obtenues qu'auprès du constructeur automobile ou des membres de ses réseaux agréés. Si un fournisseur et un distributeur conviennent que ce type de pièces ne peut pas être livré à des réparateurs indépendants, un tel accord pourrait avoir pour effet d'évincer de tels réparateurs du marché des services de réparation et d'entretien et pourrait constituer une infraction à l'article 101 du TFUE (LD supplémentaires, pt 22).

3. Restriction, directe ou indirecte, convenue entre un **fournisseur de pièces de rechange,** d'outils de réparation, d'équipements de diagnostic ou d'autres équipements, et un **constructeur automobile,** qui limite la faculté du fournisseur de vendre ces produits à des distributeurs ou des réparateurs agréés ou indépendants (Règl. 461/2010 art. 5, b).

Les contrats dits « d'outillage » entre des fournisseurs de composants et des constructeurs automobiles sont un exemple de possibles restrictions indirectes de ce type.

En principe, l'article 101, 1 du TFUE ne s'applique pas à un accord par lequel un constructeur automobile fournit à un fabricant de composants un outil qui est nécessaire pour la production de certains composants, contribue aux coûts de développement du produit, ou apporte les droits de propriété intellectuelle nécessaires (LD supplémentaires, pt 23).

4. Restriction convenue entre un **constructeur automobile qui utilise des composants pour le montage initial des véhicules automobiles** et le **fournisseur de ces composants,** qui a pour objet de limiter la faculté du fournisseur d'apposer visiblement sa marque ou son logo sur les composants fournis ou sur des pièces de rechange (Règl. 461/2010 art. 5, c). Il s'agit de permettre aux réparateurs agréés et indépendants, ainsi qu'aux utilisateurs finals, de mieux identifier le fabricant des composants ou pièces de rechange des véhicules automobiles, afin de choisir en connaissance de cause entre des pièces de rechange alternatives.

ACCÈS DES OPÉRATEURS INDÉPENDANTS DU SECTEUR AUTOMOBILE AUX INFORMATIONS TECHNIQUES

À l'instar des accords portant sur la limitation des ventes de pièces détachées, la rétention d'informations techniques à l'égard des opérateurs indépendants ne saurait bénéficier de l'exemption par catégorie dans la mesure où les réseaux automobiles détiennent généralement une **part de marché supérieure à 30 %** sur les marchés des pièces détachées et sur les marchés de la réparation. C'est pourquoi alors même que la distribution sélective purement qualitative est généralement considérée comme ne relevant pas de l'article 101, 1 du fait de l'absence d'effets préjudiciables à la concurrence, la Commission considère que les **accords de distribution sélective qualitative conclus avec des réparateurs agréés et/ou des distributeurs de pièces de rechange agréés** relèvent de l'article 101, 1 du TFUE lorsque, dans le cadre de ces accords, l'une des parties agit de manière à **évincer des opérateurs indépendants du marché,** par exemple en s'abstenant de fournir à ces opérateurs les informations techniques nécessaires aux réparations et à l'entretien. Ces accords sont alors susceptibles, le cas échéant, de faire l'objet d'un examen individuel pour apprécier leur conformité à l'article 101, 3 du TFUE (MEMO/10/217). Toutefois, compte tenu des effets délétères sur la concurrence de tels accords, les gains d'efficience que l'on peut normalement attendre des accords de réparation et de distribution de pièces de rechange agréées ne suffiraient pas à compenser ces effets préjudiciables à la concurrence, et les accords en question ne rempliraient donc pas les conditions énoncées à l'article 101, 3 du TFUE (LD supplémentaires, pts 63 et 64). 47070

La **notion d'informations techniques** est précisée par les lignes directrices supplémentaires qui accompagnent le règlement 461/2010 du 27 mai 2010. Celles-ci doivent être distinguées d'une information commerciale dont la rétention peut être légitime. La rétention de ces informations doit avoir un impact notable sur la capacité des opérateurs indépendants à mener leurs activités et à exercer une pression concurrentielle sur le marché. Elles doivent être mises à la disposition des opérateurs indépendants en même temps et dans les mêmes conditions que celle communiquées au réseau agréé, faute de quoi une telle communication serait discriminatoire. L'accès aux informations doit être accordé sur demande et sans retard injustifié. Ces informations doivent être fournies sous une forme utilisable et le prix demandé ne doit pas décourager l'accès à celles-ci en ne tenant pas compte de l'usage qu'en fait l'opérateur indépendant. Elles doivent être utilisées à des fins de réparation et d'entretien de véhicules automobiles et non à d'autres fins, comme la fabrication de pièces de rechange ou d'outils.

> Précisions a. La catégorie des **opérateurs indépendants** comprend les réparateurs indépendants, les fabricants et les distributeurs de pièces de rechange, les fabricants d'équipement ou d'outils de réparation, les éditeurs d'informations techniques, les clubs automobiles, les entreprises d'assistance routière, les opérateurs offrant des services d'inspection et d'essai et les opérateurs assurant la formation des réparateurs.
b. Pour identifier plus précisément ce que la Commission considère comme des **informations techniques,** voir la liste des informations figurant à l'article 6, 2 du règlement 715/2007 du 20 juin 2007 et au règlement 595/2009 du 18 juin 2009, à laquelle la Commission renvoie (LD supplémentaires, pts 62 s.).

C. Accords de représentation/contrats d'agence

47110 L'accord de représentation est très proche de l'accord de distribution. Il constitue en effet un autre mécanisme de distribution commerciale.
La différence essentielle entre ces deux types d'accords tient à la qualité en laquelle intervient le distributeur : alors que, dans l'accord de distribution, le distributeur intervient en son nom et pour son compte en revendant les produits qu'il a achetés ferme au fournisseur, dans un accord de représentation, le distributeur intervient en qualité de **mandataire ou commissionnaire,** représentant du fournisseur auprès des acheteurs.

DÉFINITION DU CONTRAT D'AGENCE

47120 La **conformité, au regard de l'article 101, 1 du TFUE,** des accords de distribution exclusive conclus avec des représentants de commerce a fait l'objet d'un examen par la Commission. Elle a précisé, dans les lignes directrices sur les restrictions verticales, que l'interdiction de l'article 101, 1 ne vise pas les **contrats d'agence,** définis comme ceux dans lesquels « une personne physique ou morale (l'agent) est investie du pouvoir de négocier et/ou de conclure des contrats pour le compte d'une autre personne (le commettant), soit en son nom propre, soit au nom du commettant, en vue de l'achat de biens ou de services par le commettant ou de la vente de biens ou de services fournis par le commettant » (LD, pt 29). Tel est le cas d'une société qui distribue les pièces détachées d'une autre société aux seuls revendeurs agréés par cette dernière et pour le compte de celle-ci moyennant paiement d'une commission d'intermédiaire (Commission CE 22-12-1987, aff. « ARG-Unipart » : JOCE 1988 L 45 p. 34).
Le contenu de cette définition recouvre plusieurs catégories de contrats de représentation en droit français : le contrat d'agence commerciale (C. com. art. L 134-1 s.) et le contrat de commission. Quant au contrat de représentation statutaire, il échappe au droit des ententes de l'Union dans la mesure où le VRP (voyageur-représentant-placier) a la qualité de salarié et ne répond par conséquent pas à la définition de l'entreprise au sens de l'article 101.
Lorsque les critères des lignes directrices sont respectés, le contrat d'agence n'est pas visé par l'interdiction de l'article 101, 1. Il s'agit donc d'un accord licite qui ne restreint pas la concurrence et n'impose aux entreprises concernées aucune obligation de procédure vis-à-vis de la Commission.
Encore faut-il qu'il s'agisse d'un **vrai contrat d'agence** où l'agent commercial n'assume ni n'exerce aucune activité de négociant indépendant dans le déroulement des opérations commerciales (dans le même sens, CJCE 13-7-1966 aff. 56 et 58/64, Établissements Consten et Grundig : Rec. 429). L'agent commercial ne doit supporter aucun ou seulement une partie négligeable des risques financiers ou commerciaux liés à la vente ou à l'exécution du contrat. D'une manière générale, la Commission considère que l'article 101, 1 n'est pas applicable lorsque l'agent n'est pas propriétaire des biens contractuels achetés ou vendus ou lorsqu'il ne fournit pas lui-même les services contractuels et, en particulier, lorsque l'agent (LD sur les restrictions verticales, pt 33) :
– ne contribue pas aux coûts liés à la fourniture ou à l'achat des biens ou des services contractuels, y compris les coûts de transport des biens ;
– ne tient pas, à ses frais ou à ses risques, de stocks de biens contractuels et notamment ne supporte pas le coût de financement des stocks ni le coût lié à la perte des stocks ;
– n'assume pas de responsabilité à l'égard des tiers pour les dommages causés par le produit vendu (responsabilité du fait des produits) ou en cas de non-exécution du contrat par le client, sauf si sa responsabilité pour faute est engagée à cet égard ;

– n'est pas tenu, ni directement ni indirectement, d'investir dans des actions de promotion des ventes (publicité) ;
– ne réalise pas d'investissements dans des équipements, des locaux ou la formation du personnel, ni ne se charge d'autres activités sur le même marché de produits à la demande du commettant, sauf si ces coûts lui sont intégralement remboursés par le commettant.

Dans le **cas contraire,** lorsque l'agent supporte un ou plusieurs des risques pertinents énoncés ci-dessus, l'accord entre l'agent et le commettant ne constitue pas un contrat d'agence aux fins de l'application de l'article 101, 1. Dans ce cas, l'agent sera considéré comme une entreprise indépendante et l'accord le liant au commettant relèvera de l'article 101, 1, comme tout autre accord vertical (LD sur les restrictions verticales, pts 34 et 42). Un tel accord peut néanmoins être exempté au titre du règlement 2022/720 relatif aux catégories d'accords verticaux ou bénéficier de l'exemption générale de l'article 101, 3.

ILLUSTRATIONS

Un contrat entre une société pétrolière et l'exploitant d'une station-service portant sur l'approvisionnement exclusif de carburants, combustibles, lubrifiants et autres produits connexes est susceptible de relever du champ d'application de l'article 101, 1, lorsque l'exploitant assume, dans une proportion non négligeable, un ou plusieurs risques financiers et commerciaux liés à la vente de ces produits et lorsque le contrat contient des clauses susceptibles d'enfreindre le jeu de la concurrence, telles que celle relative à la fixation du prix de vente au public ; dans le cas où l'exploitant de la station-service n'assume pas de tels risques ou assume seulement une partie négligeable de ceux-ci, sont uniquement susceptibles de relever de l'interdiction des ententes illicites les obligations imposées à l'exploitant dans le cadre des services d'intermédiaire, telles que les clauses d'exclusivité et de non-concurrence (CJCE 11-9-2008 aff. 279/06, CEPSA Estaciones de Servicio SA).

À noter que les accords conclus par des entreprises actives dans l'économie des **plateformes en ligne** ne remplissent généralement pas les conditions pour être qualifiés de contrats d'agence ne relevant pas de l'article 101, 1 du TFUE car ces entreprises agissent généralement en tant qu'opérateurs indépendants et non en tant qu'entités faisant partie des entreprises pour lesquelles elles fournissent des services (LD sur les restrictions verticales, pt 46).

PRINCIPALES CLAUSES DU CONTRAT D'AGENCE

La Commission a, par ailleurs, défini sa politique à l'égard des principales clauses figurant dans les contrats d'agence (LD sur les restrictions verticales, pts 41 à 45). **47130**

Les limitations imposées à l'agent quant au **territoire** sur lequel il peut vendre, quant à la clientèle visée ou quant aux prix et aux conditions de vente sont inhérentes au contrat d'agence et sont par conséquent licites (à noter que l'interdiction pour l'agent de partager sa commission avec le client est en revanche une atteinte à l'article 101 du TFUE).

Il en va de même de la **clause d'exclusivité** qui protège l'agent en interdisant au commettant de désigner d'autres agents pour un type d'opérations, de clientèle ou de territoire déterminé.

En revanche, les clauses de **monomarquisme** et de **non-concurrence post-contractuelle,** qui concernent la concurrence intermarques, peuvent enfreindre l'article 101, 1 du TFUE si elles entraînent un effet de verrouillage (cumulatif) du marché sur lequel les biens ou services contractuels se vendent ou s'achètent, ou contribuent à cet effet de verrouillage.

Enfin, un contrat d'agence peut également relever de l'article 101, 1 lorsqu'il facilite la collusion. Tel peut être le cas lorsqu'un certain nombre de commettants font appel aux mêmes agents et empêchent collectivement d'autres commettants de recourir à ces mêmes agents, ou se servent de ces agents pour s'entendre sur une stratégie commerciale ou pour s'échanger des informations sensibles sur le marché.

D. Accords de coopération

Les « accords de coopération horizontale » sont des **accords conclus entre des entreprises concurrentes** (contrairement aux accords verticaux, qui sont conclus entre des entreprises opérant à différents niveaux de la chaîne d'approvisionnement). En principe, ils prennent de multiples **formes** : **47170**
– accords de prix ;
– échanges d'informations ;
– production en commun ;
– distribution conjointe ;

– répartition des tâches ;
– recherche en commun ;
– sous-traitance.

Ces accords donnent parfois lieu à la mise en place de structures de coopération : les **entreprises ou filiales communes.** Sur cette question, voir n° 43470.

La plupart des accords de coopération tombent sous l'**interdiction de l'article 101, 1 du TFUE.** Tel est le cas lorsque les parties s'entendent pour fixer les prix ou la production ou pour se répartir les marchés, ou encore lorsque cette coopération permet aux parties de maintenir, de conquérir ou de renforcer un pouvoir de marché et est, de ce fait, susceptible de produire des effets négatifs en ce qui concerne les prix, la production, la qualité des produits, la diversité des produits ou l'innovation. Ces accords ne sont pas, en tant que tels, visés par un règlement d'exemption par catégorie et, vu leur gravité, la présomption de légalité instaurée par le règlement 1/2003 leur est rarement applicable.

Les autres formes de coopération (accords d'achats en commun, de vente en commun, de publicité en commun, par exemple) ont un **effet moins restrictif sur la concurrence.** Ils bénéficient d'une présomption favorable de légalité.

Par ailleurs, un certain nombre d'accords de coopération ont un **effet positif** car ils contribuent à améliorer la production, à promouvoir le progrès technique ou économique, à améliorer la qualité des produits au bénéfice des utilisateurs. Tel est le cas lorsque la coopération permet de partager les risques, de réaliser des économies de coûts, d'accroître les investissements, de mettre en commun un savoir-faire, d'améliorer la qualité et la diversité des produits et de lancer plus rapidement des innovations sur le marché. Considérant que cet effet positif compense largement la restriction de concurrence issue de tels accords, la Commission a été amenée à généraliser sa jurisprudence pour exempter, à certaines conditions, certaines catégories d'accords : les accords de spécialisation et les accords de recherche et développement.

Nous examinerons successivement : le cadre général de la coopération ; les accords de spécialisation ; les accords de recherche et développement ; les accords de sous-traitance. Les accords de spécialisation, d'une part, et les accords de recherche et de développement, d'autre part, font chacun l'objet d'un règlement d'exemption (Règl. 2023/1067 du 1-6-2023 et 2023/1066 du 1-6-2023 : JOUE 2023 L 143). Ces deux règlements s'accompagnent de lignes directrices sur les accords de coopération horizontale (JOUE 2023 C 259). Celles-ci ont donc une portée beaucoup plus large que les règlements d'exemption.

> **Précisions** La séparation entre **accords de coopération et accords de distribution** n'est pas étanche. Les deux règlements d'exemption par catégorie en matière de coopération (spécialisation, recherche et développement) ont leur champ d'application étendu à la distribution en commun. Dans ce cas, la validité des clauses relatives à la distribution est soumise aux mêmes conditions et aux mêmes limites que dans les contrats de distribution. Par ailleurs, la conclusion d'accords verticaux entre concurrents peut entraîner l'application cumulative des règles relatives à la distribution et de celles qui régissent les accords de coopération (Lignes directrices sur les restrictions horizontales, pt 43). Enfin, un contrat de sous-traitance peut, selon le cas, constituer une restriction verticale ou un mécanisme de coopération entre entreprises (voir n° 47380).

1. CADRE GÉNÉRAL DE LA COOPÉRATION ENTRE ENTREPRISES CONCURRENTES

PRINCIPES COMMUNS AUX ACCORDS DE COOPÉRATION HORIZONTALE

47180 Les accords de coopération horizontale font l'objet de **lignes directrices** publiées le 21 juillet 2023 par la Commission européenne (JOUE 2023 C 259), qui remplacent celles diffusées en 2011.

Ces lignes directrices présentent le cadre d'analyse des types de coopération horizontale les plus courants : échanges d'information, accords de recherche et de développement (accords R&D), accords de production, accords d'achat, accords de commercialisation, accords de normalisation et, nouvellement, accords de durabilité. Cette politique a pour lignes de force les **quatre principes** suivants :

1. Les **accords entre entreprises non concurrentes** ne tombent en général pas dans le champ d'application de l'article 101, 1 et sont par conséquent licites ;

2. Les accords qui, de manière directe ou déguisée, ont pour objet de restreindre la concurrence par la **fixation des prix,** la **limitation de la production** ou la **répartition des marchés ou des clients** relèvent presque toujours de l'interdiction de l'article 101, 1 ;

3. Sous réserve des accords contenant des restrictions caractérisées à la concurrence et visés au point 2 ci-dessus, les accords de coopération conclus entre des **entreprises concurrentes,** mais qui ne peuvent mener à bien indépendamment le projet ou l'activité visés par la coopération, ne tombent pas sous le coup de l'article 101, 1. La coopération est ainsi justifiée dès lors qu'elle est la seule possibilité commerciale pour entrer sur un nouveau marché, pour lancer un nouveau produit ou service ou pour réaliser un projet déterminé. On prendra en considération l'importance des coûts et les risques de l'opération commune, les difficultés d'amortissement des investissements consentis, la nécessité de coopérer pour se maintenir sur le marché ou pour pénétrer sur un nouveau marché ;

4. L'approche favorable développée par la Commission connaît une limite : le **pouvoir de marché** des entreprises parties à l'accord.

Certaines catégories d'accords conclus entre des entreprises détenant un **pouvoir de marché limité** (lequel se traduit, par exemple, par une part de marché n'excédant pas 25 % dans le cas des accords entre concurrents portant sur des activités conjointes de recherche et de développement, ou n'excédant pas 20 % dans le cas des accords de spécialisation) et respectant certaines conditions fixées dans les règlements d'exemption par catégorie de la Commission sont présumées ne pas avoir d'effets anticoncurrentiels ou produire des effets positifs compensant les éventuels effets anticoncurrentiels. Eu égard à cette présomption positive, les accords relevant d'un règlement d'exemption par catégorie ne sont pas visés par l'interdiction des accords et pratiques commerciales restrictifs de concurrence, énoncée à l'article 101, 1 du TFUE.

Les accords de R&D, de spécialisation, d'achat ou de commercialisation conclus entre des entreprises dont les **parts de marché excèdent les seuils** mentionnés par les règlements d'exemption ou les lignes directrices sur les accords de coopération horizontale ne bénéficient pas automatiquement d'une exemption, mais rien ne permet non plus de présumer qu'ils sont illégaux : il convient, pour ce faire, d'apprécier leurs effets négatifs et positifs sur le marché.

La Commission a appliqué ces principes à diverses **formes de coopération.**

> **Précisions** Les **seuils de part de marché** applicables aux accords horizontaux au sein de la « sphère de sécurité » sont inférieurs au seuil de 30 % fixé pour les accords verticaux conclus entre entreprises non concurrentes pour la simple raison que les accords entre concurrents sont davantage susceptibles de fausser la concurrence que les accords conclus entre entreprises non concurrentes. Avec un seuil de part de marché de 25 %, les accords de R&D sont les accords horizontaux qui bénéficient du traitement le plus favorable : en effet, ils peuvent produire des gains d'efficacité substantiels car ils encouragent l'innovation.

ACCORDS D'ACHAT ENTRE ENTREPRISES CONCURRENTES

Les **accords portant sur des achats groupés de produits ou sur des négociations conjointes de prix d'achat** – chaque transaction effective étant dans ce cas conclue par chaque partie individuellement – sont généralement favorables à la concurrence. Ils visent le plus souvent à créer une puissance d'achat susceptible de conduire à une baisse des prix ou à une amélioration de la qualité des produits ou des services pour les consommateurs ou encore à plus de diversité. 47190

Toutefois, la **puissance d'achat** peut aussi, dans certains cas, poser des problèmes de concurrence (LD sur les accords de coopération horizontale, pts 277 s.).

L'article 101, 1 sera rarement applicable s'il y a coopération entre acheteurs concurrents n'opérant pas sur le même marché en aval. Dans l'hypothèse contraire, il y a risque de coordination du comportement des parties en tant que vendeurs. Il n'existe pas de seuil absolu au-delà duquel on peut présumer que les parties à un accord d'achat groupé ont un **pouvoir de marché** tel que cet accord est susceptible de produire des effets restrictifs sur la concurrence au sens de l'article 101, 1. Toutefois, dans la plupart des cas, il est peu probable qu'un pouvoir de marché existe si les parties à l'accord d'achat groupé détiennent une part de marché cumulée n'excédant pas 15 %, tant sur le ou les marchés d'achat que sur le ou les marchés de vente. En tout état de cause, il est probable que dans cette hypothèse les conditions visées à l'article 101, 3 seront remplies (LD sur les accords de coopération horizontale, pt 291).

Dans le cadre de **négociations conjointes de conditions de fournisseurs,** un groupement d'achat – ses membres ou l'entité juridique qu'ils forment – peut exercer sa puissance d'achat en menaçant, par exemple, d'abandonner les négociations ou de cesser les achats si le fournisseur ne propose pas de meilleures conditions ou des prix plus bas. Ces menaces collectives liées aux négociations peuvent être considérées comme faisant partie intégrante de l'accord d'achat groupé lorsqu'elles concernent les produits faisant l'objet des négociations et qu'elles sont temporaires, prenant fin lorsque les parties reprennent leurs négociations ou concluent un accord. De telles menaces ne constituent généralement pas une restriction de la concurrence par objet, mais doivent être analysées au regard de leurs effets. Par ailleurs, ces pratiques peuvent être appréhendées par des dispositions nationales plus strictes qui interdisent les comportements unilatéraux ou les pratiques commerciales déloyales (LD sur les accords de coopération horizontale, pts 303 et 304).

> **Précisions** Les accords d'**achat groupé** doivent être distingués des **ententes entre acheteurs.** Ils consistent pour deux acheteurs ou plus à négocier et conclure conjointement un accord avec un fournisseur portant sur une ou plusieurs conditions de transaction régissant la fourniture de produits aux acheteurs coopérant, tandis que les ententes entre acheteurs sont des accords ou pratiques concertées entre acheteurs qui, sans s'engager dans des négociations conjointes avec le fournisseur, soit coordonnent leur comportement concurrentiel (fixation des prix d'achat, attribution de quotas d'achat, répartition des marchés et des fournisseurs), soit influencent la négociation individuelle en coordonnant leur stratégie de négociation par exemple (LD sur les accords de coopération horizontale, pts 278 s.).

ACCORDS DE COMMERCIALISATION ENTRE ENTREPRISES CONCURRENTES

47200 **Principes** Les accords de commercialisation **(vente, distribution, promotion des produits)** peuvent avoir une portée très différente, en fonction des éléments de la commercialisation sur lesquels porte la coopération. À côté des accords de vente groupée, qui peuvent conduire à une détermination en commun de tous les aspects commerciaux liés à la vente du produit, y compris le prix, on peut trouver des accords plus limités portant seulement sur un aspect particulier de la commercialisation, tel que la distribution, le service après-vente ou la publicité (LD sur les accords de coopération horizontale, pts 317 s.).

Ces accords présentent deux **risques** majeurs : la restriction de la concurrence par les prix et la restriction par la répartition de marchés ou de clients. Par ailleurs, les accords de commercialisation peuvent faciliter la limitation de la production, parce que les parties peuvent décider du volume de produits qu'elles mettront sur le marché, ce qui limitera l'offre. Ils peuvent aussi conduire à un échange d'informations stratégiques sur des aspects inclus ou exclus du champ d'application de la coopération ou à la mise en commun des coûts – en particulier dans le cas d'accords ne couvrant pas la fixation des prix –, ce qui peut conduire à une collusion (LD sur les accords de coopération horizontale, pts 322 à 325). Les accords de commercialisation entre concurrents qui n'impliquent pas de fixation des prix ni de répartition de marchés ne relèvent généralement pas de l'interdiction de l'article 101, 1.

Les accords de commercialisation passés entre concurrents ne peuvent avoir d'effets restrictifs sur la concurrence que si les parties disposent d'un certain **pouvoir de marché.** Dans la plupart des cas, il est peu probable qu'un pouvoir de marché existe si les parties à l'accord détiennent une part de marché cumulée inférieure à 15 %. En tout état de cause, il est probable que, dans cette hypothèse, les conditions énoncées à l'article 101, 3 soient remplies (pt 339). En revanche, si la part de marché cumulée des parties est supérieure à 15 %, leur accord ne relève pas de la zone de sécurité qui vient d'être évoquée et l'impact probable de l'accord de commercialisation en commun sur le marché doit donc être apprécié (pt 340).

> **Précisions** La **publicité en commun** est en principe licite (voir Commission CE 29-6-1970, aff. « ASBL » : JOCE 1970 L 153 p. 14), mais il peut y avoir restriction de la concurrence lorsque les participants sont empêchés, totalement ou partiellement, d'effectuer également leur propre publicité à la suite d'un accord ou d'une politique concertée, ou lorsque d'autres restrictions leur sont imposées (voir, par exemple, Commission CE 10-7-1986, aff. « Revêtements bitumés » : JOCE 1986 L 232 p. 15).

47205 **Cas des groupements de soumissionnaires** Les lignes directrices comportent des précisions sur les groupements de soumissionnaires (LD sur les accords de coopération horizontale, pts 347 s.). Un tel groupement vise la « situation dans laquelle deux parties ou plus coopèrent en vue de soumettre une offre conjointe dans le cadre d'une mise en concurrence pour l'obtention de marchés publics ou privés ».

Le groupement de soumissionnaires doit être distingué de la manipulation des procédures d'appel d'offres (ou soumission collusoire), telles que des offres de couverture pour la répartition de marchés, qui constitue l'une des restrictions de concurrence les plus graves.

Un accord relatif à un groupement de soumissionnaires ne restreindra pas la concurrence au sens de l'article 101, 1 du TFUE s'il permet aux parties de participer à des projets auxquels les entreprises ne pourraient normalement pas prendre part à titre individuel, par exemple en raison de l'ampleur ou de la complexité du projet.

Si l'accord de groupement de soumissionnaires restreint la concurrence au sens de l'article 101, 1 du TFUE, il peut néanmoins satisfaire aux conditions formulées à l'article 101, 3. En ce cas, les gains d'efficience peuvent prendre la forme de prix plus bas, mais également d'une meilleure qualité, d'un plus grand choix ou d'une fabrication ou fourniture plus rapide des produits ou des services couverts par l'appel d'offres. Les autres conditions exposées à l'article 101, 3 doivent être également remplies (caractère indispensable, répercussion sur les consommateurs et absence d'élimination de la concurrence).

En substance, les conditions de l'article 101, 3 peuvent être satisfaites si l'offre conjointe permet aux parties de soumettre une offre plus compétitive que les offres qu'elles auraient pu soumettre seules (en ce qui concerne les prix et/ou la qualité) et si les avantages en faveur de l'entité adjudicatrice et des consommateurs finals l'emportent sur les restrictions de la concurrence. Les gains d'efficience doivent être répercutés sur les consommateurs et ne satisferont pas aux conditions de l'article 101, 3 s'ils ne confèrent un avantage qu'aux parties à l'accord de groupement de soumissionnaires (pt 359).

ACCORDS DE NORMALISATION ENTRE ENTREPRISES CONCURRENTES

Objet et forme des accords Les accords de normalisation ont pour objectif premier la définition d'**exigences techniques** ou d'exigences **de qualité** auxquelles des produits, processus, services ou méthodes de production actuels ou futurs peuvent répondre. Ils peuvent porter sur la normalisation de différentes qualités ou tailles d'un produit donné ou des spécifications techniques propres à des marchés de produits ou de services où la compatibilité et l'interopérabilité avec d'autres produits ou systèmes sont essentielles. Les conditions d'accès à un label de qualité particulier ou les conditions d'agrément par un organisme de contrôle peuvent également être considérées comme des normes (LD sur les accords de coopération horizontale, pt 436). 47210

La normalisation peut revêtir diverses **formes,** depuis l'adoption, par les organismes de normalisation européens ou nationaux reconnus, de normes reposant sur un consensus jusqu'aux accords entre des entreprises indépendantes en passant par des consortiums ou d'autres cadres.

Marchés concernés La définition de normes peut avoir des **répercussions sur quatre types de marché** : les marchés de produits ou de services auxquels se rapportent les normes ; le marché de technologies en cause, dans le cas où la définition de normes implique la sélection d'une technologie et si les droits de propriété intellectuelle font l'objet d'une commercialisation distincte des produits auxquels ils se rapportent ; le marché des activités normatives, dès lors qu'il existe des organismes ou des accords de normalisation différents ; le cas échéant, le marché distinct des essais et de la certification (LD sur les accords de coopération horizontale, pt 438). 47212

Effets sur la concurrence Les accords de normalisation produisent généralement des **effets économiques positifs substantiels,** en ce qu'ils encouragent l'interpénétration économique sur le marché intérieur, le développement de produits ou marchés nouveaux et plus performants et de meilleures conditions d'offre. Ils augmentent donc, en principe, la concurrence et diminuent les coûts de production et de vente (LD sur les accords de coopération horizontale, pt 439). 47214

Toutefois, la normalisation peut aussi produire des **effets restrictifs sur la concurrence** en diminuant la concurrence par les prix, en refusant l'accès aux technologies innovantes et en contribuant à l'éviction de concurrents, notamment lorsque l'accès à la norme n'est possible qu'à des conditions prohibitives ou discriminatoires. Ainsi, un accord permettant à une association nationale de fabricants de fixer une norme et d'exercer des pressions sur des tiers pour qu'ils ne commercialisent pas de produits ne répondant pas à cette norme, ou un accord par lequel les fabricants du produit en place s'entendent pour exclure une nouvelle technologie d'une norme existante, constituent des restrictions de concurrence par objet (pt 446).

Cas des normes intégrant des droits de propriété intellectuelle Les principaux problèmes de concurrence se posent lorsque les accords de normalisation impliquent des droits de propriété intellectuelle (DPI). En effet, une entreprise participante qui détient des DPI essentiels à la mise en œuvre d'une norme pourrait, dans le contexte spécifique de l'élaboration de la norme, acquérir également, en vertu de ses DPI, le **contrôle de l'utilisation de cette** même **norme.** Si la norme constitue une barrière à l'entrée, l'entreprise pourrait ainsi contrôler le marché du produit ou du service concerné. Cela pourrait permettre aux entreprises en question d'adopter des comportements anticoncurrentiels, par exemple en 47215 refusant d'accorder une licence pour les DPI nécessaires ou en retirant des rentes excessives du fait de redevances discriminatoires (LD sur les accords de coopération horizontale, pts 440 à 447).

Cependant, le fait d'**empêcher des entreprises de participer à l'élaboration d'une norme** peut ne pas restreindre la concurrence, par exemple lorsqu'il existe une concurrence entre plusieurs normes ou lorsque les restrictions sont limitées dans le temps et visent à accélérer le processus d'élaboration de la norme (pt 470).

Les lignes directrices sur les accords de coopération horizontale n'imposent pas de modèle de normalisation. Toutefois, elles établissent des **principes, qui,** s'ils sont mis en œuvre par les organismes de normalisation, **devraient faire échapper les accords de normalisation à l'interdiction** de l'article 101, 1 du TFUE (pts 448 s.). Ces principes sont les suivants : la participation à la définition de la norme ne doit faire l'objet d'aucune restriction et la procédure d'adoption de la norme en question doit être transparente ; les accords de normalisation ne doivent fixer aucune obligation quant au respect de la norme et doivent permettre d'accéder à la norme à des conditions équitables, raisonnables et non discriminatoires, y compris lorsque la norme intègre des droits de propriété intellectuelle (**engagement « FRAND »,** pour « fair, reasonable and non-discriminatory »). Ainsi, lorsque des droits de propriété intellectuelle (DPI) protègent une technologie intégrée dans une norme en cours d'élaboration, il est essentiel que ces DPI fassent l'objet d'une divulgation de bonne foi, de sorte que la technologie soit choisie en connaissance de cause. Il s'agit notamment d'éviter la pratique des « patent embushes » (embuscades tendues au moyen d'un brevet) – par laquelle des entreprises s'abstiennent de révéler qu'elles détiennent un brevet jusqu'à ce que le secteur en devienne dépendant, puis refusent d'octroyer des licences d'exploitation ou réclament des redevances exorbitantes (Commission CE 9-12-2009, aff. « Rambus », COMP/38.636) – en imposant aux entreprises dont les DPI seraient intégrés dans une norme de s'engager à accorder des licences d'exploitation de ces droits à des conditions équitables, raisonnables et non discriminatoires, dites « licences FRAND » (sur ces licences, voir C. Grynfogel, Une illustration de la confrontation entre concurrence et propriété intellectuelle : les licences FRAND : RJDA 5/16 p. 341).

Lorsque le **processus** de normalisation **s'écarte des principes** qui viennent d'être énoncés, c'est-à-dire lorsque l'accord de normalisation ne relève plus de la « sphère de sécurité », il n'existe pas pour autant de présomption d'illégalité de l'accord. Il devient seulement nécessaire de procéder à une autoappréciation de chaque accord de normalisation en tenant compte des effets probables de la norme sur les marchés en cause. Le fait que les accords de normalisation restreignent ou non la concurrence dépend alors de la mesure dans laquelle les membres d'un organisme de normalisation restent libres de développer d'autres normes ou d'autres produits ne respectant pas la norme faisant l'objet de l'accord. Il dépend aussi des conditions d'accès à la norme, y compris, le cas échéant, aux droits de propriété intellectuelle, qui ne doivent pas être discriminatoires ou source d'éviction, que ce soit pour les membres de l'organisme de normalisation ou pour des non-membres. Il dépend encore du degré d'ouverture, à l'égard des concurrents (et/ou des parties prenantes) sur le marché concerné par la norme, de la participation au processus de normalisation. L'appréciation des effets probables de la norme sur les marchés en cause doit également tenir compte des parts de marchés des biens ou services fondés sur cette norme.

> **Précisions** La Cour de justice a fixé les conditions auxquelles le titulaire d'un brevet essentiel à une norme (BEN), qui s'est engagé irrévocablement envers l'organisme de normalisation à octroyer aux tiers une licence FRAND, n'abuse pas de sa **position dominante** au sens de l'article 102 du TFUE en introduisant une action en contrefaçon tendant à la cessation de l'atteinte à son brevet ou au rappel de produits pour la fabrication desquels ce brevet a été utilisé (CJUE 16-7-2015 aff. 170/13, Huawei Technologies : chron. C. Grynfogel précitée, n°s 17 s.).

ÉCHANGES D'INFORMATIONS ENTRE ENTREPRISES CONCURRENTES

47220 Les lignes directrices sur les accords de coopération horizontale consacrent une section importante à l'échange d'informations (pts 366 s.). Sont abordés les **sujets** suivants :

1° L'appréciation de l'échange d'informations au regard de l'article 101, 1 du TFUE. Cette partie permet à la Commission de développer :

– les principaux problèmes de concurrence qui peuvent découler de ces échanges d'informations, à savoir la collusion et le verrouillage anticoncurrentiel ;

– la nature des informations échangées (leur caractère sensible, leur forme agrégée ou non, leur ancienneté) ;

– les caractéristiques de cet échange d'informations (la forme que prend cette divulgation, le cas des échanges indirects et la prise en compte de la fréquence de ces échanges) ;

– les caractéristiques du marché ;
– les cas où ces échanges constituent une restriction par objet ou par effet.

2° L'appréciation des échanges d'informations au regard de l'article 101, 3 du TFUE. Cette partie permet à la Commission de développer les quatre conditions fixées par cet article ;

3° Des exemples et un schéma permettant aux entreprises de procéder à une autoévaluation des échanges d'informations.

En préambule à son analyse, la Commission liste les **informations visées par les échanges** étudiés :
– contenus numériques bruts et non organisés qui peuvent nécessiter un traitement pour les rendre exploitables (données brutes) ;
– données prétraitées qui ont déjà été préparées et validées ;
– données ayant été manipulées de manière à produire des informations utiles, quelle que soit leur forme,
– tout autre type d'informations, y compris des informations non numériques.

En outre, l'échange d'informations visé par la Commission inclut le partage d'informations physiques de même que le partage de données numériques entre concurrents existants ou potentiels.

Appréciation au regard de l'article 101,1 du TFUE La Commission rappelle que si le principe majeur de la libre concurrence posé par le TFUE est que chaque entreprise détermine indépendamment son comportement sur le marché en cause, cela n'empêche pas les entreprises de s'adapter intelligemment au comportement de leurs concurrents ou aux conditions du marché (pt 374). 47222

Elle précise également qu'un échange d'informations relève de l'article 101, 1 soit lorsqu'il constitue un accord entre entreprises, une pratique concertée ou une décision d'association d'entreprises, soit lorsqu'il s'inscrit dans le cadre d'une de ces formes d'ententes (pt 375).

Les deux problèmes de concurrence identifiés par la Commission comme résultant des échanges d'informations sont la **collusion,** qui se traduit par une coordination du comportement des entreprises (pt 377) et le **verrouillage anticoncurrentiel,** qui peut se produire sur le marché en cause ou sur un marché lié. La Commission précise que ce verrouillage peut se produire si l'échange d'informations place les concurrents qui ne prennent pas part à cet échange dans une situation de désavantage concurrentiel (pt 382).

La Commission rappelle que les **informations échangées** doivent revêtir un **caractère sensible,** ce qui est le cas lorsque l'échange d'informations réduit l'incertitude concernant le fonctionnement du marché (pt 384). En outre, le caractère commercialement sensible de ces informations dépend de leur utilité pour les concurrents et donc du degré de détail fourni : plus les données sont individualisées, plus elles peuvent faciliter l'entente sur le marché (pt 390). Enfin, l'ancienneté des informations échangées est évidemment un critère à prendre en compte pour évaluer leur sensibilité (pt 393). La Commission ne donne toutefois pas d'indication de durée et précise que le caractère historique des informations est fonction des spécificités du marché en cause.

La Commission rappelle également que la notion d'« échanges » ne signifie pas que la **divulgation unilatérale** sort du champ des échanges d'informations pouvant être appréhendés sur le fondement de l'article 101, 1. Ainsi, une situation dans laquelle une entreprise divulgue des informations commercialement sensibles à un concurrent qui les a demandées ou, à tout le moins, les a acceptées peut constituer une pratique concertée. Toutefois, la Commission rappelle que deux conditions doivent être réunies : le concurrent doit avoir agi sur la base de cette divulgation et il doit exister un lien de cause à effet entre la divulgation et le comportement ultérieur (pt 396).

Enfin, ces échanges n'ont pas besoin d'être directs pour constituer une entente anticoncurrentielle puisqu'ils peuvent se faire par l'intermédiaire d'un **tiers,** tel qu'un prestataire de services ou même d'un algorithme partagé (pt 368).

Appréciation au regard de l'article 101, 3 du TFUE et outils d'autoévaluation Les quatre conditions fixées par l'article 101, 3 sont très rapidement rappelées par la Commission, qui développe davantage des exemples concrets (voir LD pt 429) et propose un schéma dit « d'autoévaluation » pour les entreprises envisageant d'échanger des informations (voir LD pt 434). 47224

ACCORDS DE DURABILITÉ

47230 Dans ses lignes directrices sur les accords de coopération horizontale publiées en 2023, la Commission a introduit une nouvelle partie consacrées aux accords de durabilité (LD sur les accords de coopération horizontale, pts 515 s.). Ceux-ci sont **définis** comme étant des accords passés entre concurrents qui poursuivent des objectifs de développement durable, peu important la forme de la coopération (pts 515 et 521).

Le **développement durable** « renvoie à la capacité de la société de consommer et utiliser les ressources disponibles aujourd'hui sans compromettre la capacité des générations futures de répondre à leurs propres besoins » (pt 517).

Le **lien entre le droit de la concurrence et le développement durable** est explicité par la Commission qui affirme que si le droit de la concurrence contribue au développement durable (en assurant une concurrence effective qui stimule l'innovation, augmente la qualité et le choix des produits, garantit une allocation efficace des ressources, réduit les coûts de production et concourt au bien-être du consommateur), un problème lié au développement durable se pose en ce que les décisions individuelles de production et de consommation peuvent avoir des retombées négatives sur l'environnement. Or, poursuit la Commission, ce type de défaillance du marché peut être atténué par des politiques publiques et, accessoirement, par des accords de coopération entre entreprises qui favorisent la production ou la consommation durables (pt 519). C'est précisément ce type d'accords et leur appréhension par l'article 101, 3 du TFUE que visent ces lignes directrices.

La Commission précise que les accords de durabilité ne constituent pas une **catégorie distincte d'accords de coopération horizontale.** Ainsi, un autre accord traité par les lignes directrices (tel que les accords de R&D) peut également poursuivre un objectif de développement durable. Dans cette hypothèse, cet accord doit être apprécié sur la base des développements relatifs aux deux types d'accord qu'il recouvre (pt 523).

47232 **Accords de durabilité peu susceptibles de poser des problèmes de concurrence** La Commission commence par identifier les types d'accord qui sont peu susceptibles de soulever des problèmes de concurrence (LD sur les accords de coopération horizontale, pts 527 s.) Il s'agit des accords qui n'ont pas d'incidence négative sur les paramètres de la concurrence, tels que les prix, la quantité, la qualité, le choix ou l'innovation. La Commission liste ensuite quatre exemples : i) les accords qui visent uniquement à assurer le respect d'exigences ou d'interdictions suffisamment précises figurant dans les traités, conventions ou accords internationaux et qui ne sont pas pleinement appliqués ou mis en œuvre par un État signataire ii) les accords qui ne portent pas sur l'activité économique des entreprises mais sur leur comportement d'entreprise interne iii) les accords visant à mettre en place une base de données contenant des informations générales sur les fournisseurs qui ont des chaînes de valeur (non) durables iv) les accords conclus entre concurrents qui se rapportent à l'organisation des campagnes de sensibilisation à l'échelle du secteur ou de campagnes visant à sensibiliser les clients au sujet des conséquences environnementales de leurs habitudes de consommation (sauf si ces campagnes constituent une promotion commune de produits spécifiques).

47234 **Appréciation des accords de durabilité au regard de l'article 101, 1 du TFUE** La Commission précise que les accords de durabilité sont examinés sur le fondement de 101, 1 du TFUE comme les autres types d'accords. Il convient donc de rechercher s'ils ont un objet ou un effet anticoncurrentiel ; si les parties prouvent que l'objet d'un accord est la poursuite d'un développement durable, alors ce sont les effets de cet accord qui doivent être examinés (pt 534).

Les **accords de normalisation** en matière de durabilité font l'objet de développements spécifiques. Ces accords interviennent dans l'hypothèse où, afin de contribuer au développement durable, les concurrents peuvent souhaiter s'entendre pour éliminer progressivement, retirer, ou dans certains cas, remplacer les produits et les procédés non durables par d'autres produits ou procédés durables (pt 538). Or, si ces accords ont souvent des retombées positives sur la concurrence (notamment par de nouveaux produits ou marchés), ils peuvent aussi restreindre la concurrence par leur objet en dissimulant par exemple une entente par fixation des prix ou par répartition des marchés, mais également par des effets restrictifs de concurrence. La Commission fixe cependant six conditions permettant de considérer qu'un accord de durabilité n'est pas à même de produire des effets négatifs de concurrence (voir pt 549).

47236 **Appréciation des accords de durabilité au regard de l'article 101, 3 du TFUE** L'accord de durabilité doit, comme les autres accords, remplir les conditions fixées à l'101, 3 du TFUE. S'agissant plus particulièrement de la condition relative à la **répercussion sur les**

consommateurs, la Commission rappelle que les consommateurs sont une catégorie qui englobe tous les clients, directs et indirects, des produits couverts par l'accord, ce qui inclut les producteurs qui utilisent les produits pour transformation (pt 569). Ensuite, elle développe les trois types d'avantages pour les consommateurs lors de l'analyse d'un accord de durabilité, en distinguant :
– les avantages individuels de la valeur d'usage, qui sont les avantages qui résultent de l'utilisation du produit et améliorent directement l'expérience du consommateur vis-à-vis du produit concerné (pts 571 s.) ;
– les avantages individuels de la valeur de non-usage, qui sont les avantages indirects résultant de l'appréciation par les consommateurs de l'incidence de leur consommation durable sur les produits non durables (pts 575 s.) ;
– les avantages collectifs, qui permettent de prendre en compte le fait que l'incidence en matière de durabilité de la consommation individuelle se répercute sur un groupe plus large que le consommateur seul. Ces avantages surviennent donc indépendamment de l'appréciation individuelle du produit par le consommateur et se répercutent sur une plus grande partie de la société que seulement les consommateurs sur le marché en cause (pts 582 s.).

AUTRES ACCORDS DE COOPÉRATION ENTRE ENTREPRISES CONCURRENTES

Les autres accords de coopération, qui ne font pas l'objet d'une analyse détaillée dans les lignes directrices relatives aux accords de coopération horizontale, doivent être examinés au regard des principes fondamentaux cités au n° 47180 et en tenant compte de la pratique décisionnelle de la Commission. **47240**

Ainsi la constitution d'**associations temporaires de travail** en vue de l'exécution en commun des commandes est licite, lorsque les entreprises participantes ne sont pas en concurrence pour les prestations à fournir ou ne sont pas individuellement en mesure d'exécuter les commandes (voir Commission CE 24-10-1988, aff. « Eurotunnel » : JOCE 1988 L 311 p. 36).

2. CONDITIONS D'EXEMPTION DES ACCORDS DE SPÉCIALISATION

Sous réserve des dispositions qu'il prévoit, le règlement 2023/1067 du 1er juin 2023 (JOUE 2023 L 143) déclare l'article 101, 1 du TFUE inapplicable aux accords de spécialisation. Ce **règlement, entré en vigueur** le 1er juillet 2023, expire le 30 juin 2035 (Règl. 2023/1067 art. 9). **47250**

Il remplace le règlement 1218/2010 du 14 décembre 2010. Des **dispositions transitoires** sont prévues : les accords déjà en vigueur au 30 juin 2023 qui ne remplissent pas les conditions d'exemption du nouveau règlement restent valables pendant la période du 1er juillet 2023 au 30 juin 2025 dès lors qu'ils satisfont aux conditions d'exemption du précédent règlement (Règl. 2023/1067 art. 8).

ACCORDS DE SPÉCIALISATION CONCERNÉS PAR LE RÈGLEMENT D'EXEMPTION

Il existe trois types d'accords de spécialisation (Règl. 2023/1067 art. 1, 1) : **47255**
– l'« **accord de spécialisation unilatérale** », conclu entre deux ou plusieurs parties présentes sur le même marché de produits, en vertu duquel une ou plusieurs parties acceptent de cesser complètement ou partiellement la production de certains produits ou de s'abstenir de produire ces produits et s'engagent à les acheter à une ou à plusieurs autres parties, qui acceptent de les produire et de les leur fournir ;
– l'« **accord de spécialisation réciproque** », conclu entre deux ou plusieurs parties présentes sur le même marché de produits, en vertu duquel deux ou plusieurs parties acceptent, sur une base réciproque, de cesser complètement ou partiellement ou de s'abstenir de produire certains produits, qui ne sont pas les mêmes, et s'engagent à les acheter à une ou plusieurs autres parties, qui acceptent de les produire et de les leur fournir (pour un exemple, voir Commission CE 22-7-1969, aff. « Jaz-Peter » : JOCE 1969 L 195 p. 5) ;
– l'« **accord de production conjointe** », en vertu duquel deux ou plusieurs parties acceptent de produire certains produits conjointement (pour un exemple, voir Commission CE 20-1-1977, aff. « Vacuum interruptors » : JOCE 1977 L 48 p. 32).

Le champ d'application du règlement d'exemption par catégorie s'étend **aux accords de spécialisation portant sur des produits intermédiaires** utilisés par une ou plusieurs parties pour la fabrication d'autres produits, plus en aval de la chaîne de production, pour ensuite les revendre. Toutefois, le règlement d'exemption prévoit que la possibilité d'obtenir une exemption est alors soumise à un critère supplémentaire : le respect d'un seuil de 20 % de parts de marché en aval. En effet, le fait d'examiner les seules parts de marché des parties pour les produits intermédiaires, c'est-à-dire sur le marché amont, ne tiendrait pas compte du risque d'un verrouillage du marché aval ou d'une augmentation du prix de ces produits.

Comme sous l'empire du règlement précédent 1218/2010, les deux obligations suivantes ne remettent pas en cause l'octroi d'une exemption par catégorie :

– l'obligation d'**achat exclusif** et/ou de **fourniture exclusive** concernant les produits faisant l'objet de la spécialisation (voir Commission CE 8-10-1973, aff. « Prym-Beka » : JOCE 1973 L 296 p. 24) ;

– les restrictions en matière de **distribution,** lorsque les parties distribuent conjointement les produits de spécialisation, ou lorsqu'elles désignent – sur une base exclusive ou non – un distributeur tiers, à condition que ce dernier ne soit pas une entreprise concurrente.

PART DE MARCHÉ DES ENTREPRISES PARTIES À L'ACCORD DE SPÉCIALISATION

47260 L'exemption d'un accord de spécialisation s'applique à condition que la **part de marché** cumulée des parties (y compris leurs entreprises liées respectives) **n'excède pas 20 % du (ou des) marché(s)** en cause au(x)quel(s) appartiennent les produits de spécialisation (sur la notion de marché en cause, voir n°s 42700 s.) (Règl. 2023/1067 art. 3, 1).

Lorsque les produits de spécialisation sont des produits intermédiaires qu'une ou plusieurs parties utilisent de manière captive, en tout ou partie, comme intrants pour la production de produits en aval, qu'elles vendent également, l'exemption s'applique sous réserve que les deux conditions suivantes soient satisfaites (art. 3, 2) :

– la part de marché cumulée des parties n'excède pas 20 % sur le(s) marché(s) en cause au(x)quels appartiennent les produits de spécialisation ;

– la part de marché cumulée des parties n'excède pas 20 % sur le(s) marché(s) en cause au(x)quels appartiennent les produits en aval.

Pour **déterminer le seuil de part de marché,** les règles suivantes doivent être appliquées (art. 4) :

– la part de marché est calculée sur la base de la valeur des ventes réalisées sur le marché en cause au cours de l'année civile précédente ou, si elle n'est pas représentative de la position des parties sur le marché en cause, sur la moyenne des parts de marché détenues au cours des 3 années civiles précédentes satisfaites ;

– lorsque les entreprises sont liées et que les droits de vote ou les pouvoirs de gestion et de désignation des organes sociaux sont conjoints, la part de marché détenue par les entreprises est imputée à parts égales à chaque entreprise disposant d'un ou de plusieurs des droits ou pouvoirs ;

– si les parts de marchés sont initialement inférieures à 20 % mais qu'elles franchissent ce seuil sur au moins l'un des marchés en cause, l'exemption est maintenue pour une durée de deux années civiles suivant l'année au cours de laquelle le seuil de 20 % a été dépassé pour la première fois.

Si, en raison du **franchissement du seuil,** l'accord ne peut pas bénéficier d'une exemption par catégorie, son examen individuel sera nécessaire au regard de l'article 101, 3. En particulier, le risque de cloisonnement des marchés ne doit pas se révéler trop important.

Les critères d'appréciation des accords de spécialisation par la Commission sont précisés dans ses **lignes directrices sur les accords de coopération horizontale,** au chapitre consacré aux accords de production (JOUE 2023 C 259).

› Précisions Sont considérées comme **entreprises liées** aux entreprises parties à l'accord (Règl. 2023/1067 art. 1, 2) :

1) les entreprises dans lesquelles une entreprise partie à l'accord de spécialisation dispose directement ou indirectement :

– soit de plus de la moitié des droits de vote,

– soit du pouvoir de désigner plus de la moitié des membres du conseil de surveillance, du conseil d'administration ou des organes représentant légalement l'entreprise,

– soit du droit de gérer les affaires de l'entreprise ;

2) les entreprises qui disposent, directement ou indirectement, dans une entreprise partie à l'accord de spécialisation, d'un ou de plusieurs des droits ou des pouvoirs énumérés au point 1 ;

3) les entreprises dans lesquelles une entreprise visée au point 2 dispose, directement ou indirectement, des droits ou des pouvoirs énumérés au point 1 ;

4) les entreprises dans lesquelles une entreprise partie à l'accord de spécialisation et une ou plusieurs des entreprises visées aux points 1, 2 ou 3, ou dans lesquelles deux ou plusieurs de ces dernières entreprises disposent ensemble d'un ou de plusieurs des droits ou des pouvoirs énumérés au point 1 ;

5) les entreprises dans lesquelles un ou plusieurs des droits ou des pouvoirs énumérés au point 1 sont détenus conjointement par :

– des parties à l'accord de spécialisation ou leurs entreprises liées respectives visées aux points 1 à 4 ;

– ou une ou plusieurs des parties à l'accord de spécialisation ou une ou plusieurs de leurs entreprises liées visées aux points 1 à 4 et un ou plusieurs tiers.

RESTRICTIONS DE CONCURRENCE CARACTÉRISÉES DANS UN ACCORD DE SPÉCIALISATION

La Commission européenne a défini une liste de restrictions de concurrence graves qui, quelle que soit la part de marché des entreprises concernées, privent l'accord dans son ensemble du bénéfice de l'exemption par catégorie. **47270**

Il s'agit des **clauses** de (Règl. 2023/1067 art. 5) :
- fixation des prix de vente des produits de spécialisation à des tiers ;
- limitation de la production ou de la vente ;
- répartition des marchés ou de la clientèle.

ILLUSTRATIONS

Pour un exemple où l'exemption a été déclarée inapplicable à un accord de spécialisation qui prévoyait des « quotas » de vente et un échange d'informations sur les quantités vendues et sur les prix pratiqués, voir Commission CE « Verre coulé » du 17-12-1980 : JOCE 1980 L 383 p. 19.

Trois **exceptions** sont cependant admises :
- en cas de fixation des prix appliqués aux clients directs dans le cadre de la distribution conjointe ;
- lorsque l'accord comporte des dispositions relatives à la quantité convenue de produits dans le cadre d'accords de spécialisation unilatérale ou réciproque, ou des dispositions relatives à la fixation des capacités et des volumes de production dans le cadre d'un accord de production conjointe ;
- en cas de fixation d'objectifs de ventes dans le cadre de la distribution conjointe.

Voir les **lignes directrices** sur les accords de coopération horizontale (pts 208 à 212).

RETRAIT DE L'EXEMPTION D'UN ACCORD DE SPÉCIALISATION

La **Commission européenne** peut retirer le bénéfice du règlement 2023/1067 si elle constate que, dans un cas déterminé, un accord auquel s'applique l'exemption produit néanmoins des effets incompatibles avec l'article 101, 3 du TFUE. Ce peut être le cas lorsque, par exemple, le marché en cause est très concentré et que la concurrence est déjà faible, en raison en particulier de la position détenue individuellement par d'autres acteurs sur le marché ou des liens créés entre d'autres acteurs du marché par des accords de spécialisation parallèles, ou encore des liens entre les parties et d'autres acteurs sur le marché (Règl. 2023/1067 art. 6). **47280**

En application du règlement 1/2003 (art. 29, 2), la faculté de retrait de l'exemption appartient également aux **autorités nationales** de concurrence (voir n° 46565).

3. CONDITIONS D'EXEMPTION DES ACCORDS DE RECHERCHE ET DE DÉVELOPPEMENT

La Commission a fixé dans le règlement 2023/1066 du 1er juin 2023 (JOUE 2023 L 143) les conditions auxquelles doivent répondre les accords de recherche et de développement (accords R&D) pour bénéficier de l'exemption de l'article 101, 3 du TFUE. Ce **règlement, entré en vigueur** le 1er juillet 2023, est applicable jusqu'au 30 juin 2035. **47300**

Le règlement 2023/1066 remplace le règlement 1217/2010 du 14 décembre 2010. Des **dispositions transitoires** sont prévues : les accords déjà en vigueur au 30 juin 2023 qui ne remplissent pas les conditions d'exemption du nouveau règlement restent valables pendant la période du 1er juillet 2023 au 30 juin 2025, dès lors qu'ils satisfont aux conditions d'exemption du précédent règlement (Règl. 2023/1066 art. 12).

La **notion de « recherche et développement »** est définie comme « les activités visant à acquérir le savoir-faire relatif à des produits, des technologies ou des procédés, ainsi que la réalisation d'analyses théoriques, d'études ou d'expérimentations systématiques, y compris la production expérimentale et de démonstration, les tests techniques de produits ou de procédés, la réalisation des installations nécessaires jusqu'au stade de la démonstration et l'obtention de droits de propriété intellectuelle pour les résultats obtenus » (Règl. 2023/1066 art. 1, 1-3).

> **Précisions** Par « **installations nécessaires** », on entend non seulement les installations requises pour les expérimentations et les tests, mais aussi les installations nécessaires à la fabrication du produit issu de la recherche (Commission CE 2-12-1985, aff. « BP-Kellog » : JOCE 1985 L 369 p. 6).

CHAMP D'APPLICATION DU RÈGLEMENT D'EXEMPTION DES ACCORDS R&D

47310 Le règlement 2023/1066 est applicable à tout accord conclu entre deux ou plusieurs parties qui porte sur les conditions dans lesquelles ces parties assurent (Règl. 2023/1066 art. 1, 1 et 2, 1) :

– soit des activités conjointes de recherche et de développement de produits ou de technologies contractuels, incluant ou non l'exploitation en commun de leurs résultats ;

– soit des activités rémunérées de recherche et de développement de produits ou de technologies contractuels incluant ou non l'exploitation en commun de leurs résultats ;

– soit l'exploitation conjointe des résultats de ces activités de recherche et de développement de produits ou de technologies contractuels en vertu d'un accord conclu antérieurement par les mêmes parties ;

– soit l'exploitation conjointe des résultats des activités rémunérées de recherche et de développement de produits ou de technologies contractuels en vertu d'un accord conclu antérieurement par les mêmes parties.

Le règlement 2023/1066 étend le bénéfice de l'exemption à la « recherche commandée », dans laquelle une partie ne fait que financer les activités de R&D de l'autre partie.

> **Précisions** **a.** Les **activités** sont **« conjointes »** lorsque les tâches y afférentes sont soit exécutées par une équipe, une organisation ou une entreprise commune, soit confiées en commun à un tiers, soit réparties entre les parties en fonction d'une spécialisation dans la recherche et le développement ou d'une spécialisation dans l'exploitation (Règl. 2023/1066 art. 1, 1-10).
>
> **b.** Le règlement définit l'**exploitation des résultats** comme « la production ou la distribution des produits contractuels, l'utilisation des technologies contractuelles, la cession de droits de propriété intellectuelle, la concession de licences sur de tels droits ou la communication d'un savoir-faire nécessaire pour permettre cette production, cette distribution ou cette utilisation » (art. 1, 1-7).

PART DE MARCHÉ DES ENTREPRISES PARTIES À UN ACCORD R&D

47320 Comme pour les accords de spécialisation (n° 47260), la Commission prévoit une exemption générale jusqu'à concurrence d'un certain niveau de **pouvoir de marché.**

Entre **entreprises concurrentes,** l'exemption s'applique pour la durée de la recherche et du développement à condition qu'au moment de la conclusion de l'accord (Règl. 2023/1066 art. 6) :

– la part de marché cumulée des parties ne dépasse pas 25 % du marché du produit ou de la technologie en cause lorsqu'il s'agit d'accords de R&D prévoyant des activités conjointes de recherche et de développement ou d'exploitation conjointe des résultats de ces activités de recherche et de développement en vertu d'un accord conclu antérieurement ;

– la part de marché cumulée de la partie qui finance et de l'ensemble des parties avec lesquelles la partie qui finance a conclu des accords de R&D concernant les mêmes produits ou technologies contractuels ne dépasse pas 25 % du marché de produits et de technologie cause (sur la notion de marché en cause, voir n°s 42700 s.), lorsqu'il s'agit d'accords de R&D prévoyant des activités rémunérées de recherche et de développement ou d'exploitation conjointe des résultats de ces activités de recherche et de développement en vertu d'un accord conclu antérieurement.

La part de marché est calculée sur la base de la valeur des ventes réalisées sur le marché au cours de l'année civile précédente ou, en l'absence de données relatives à la valeur des ventes, sur la base des volumes des ventes sur celui-ci ou encore sur des estimations fondées sur d'autres informations fiables concernant le marché.

Si l'année civile précédente n'est pas représentative de la position des parties sur le ou les marchés en cause, la part de marché retenue est la moyenne des parts de marché des parties au cours des trois années civiles précédentes (art. 7, 2 et 3).

La définition des « entreprises liées aux entreprises parties à l'accord » est la même que dans le règlement d'exemption des accords de spécialisation (voir n° 47260).

Entre **entreprises non concurrentes,** l'accord bénéficie de l'exemption, quelle que soit la part de marché détenue par les parties pendant toute la durée de la recherche et développement. Cependant, à titre exceptionnel, un tel accord pourrait faire l'objet d'un retrait d'exemption (voir n° 47360).

CONDITIONS DE L'EXEMPTION D'UN ACCORD R&D

47325 Un accord de R&D ne peut être exempté que s'il satisfait aux conditions suivantes (Règl. 2023/1066 art. 3, 4 et 5) :

1° **Accès aux résultats finaux.** L'accord doit prévoir que toutes les parties ont pleinement un accès aux résultats finaux des activités conjointes ou rémunérées de recherche et de développement en vue d'activités de recherche et de développement complémentaires et à des fins d'exploitation. Cet accès doit inclure tous les droits de propriété intellectuelle et le savoir-faire qui en résultent, et être accordé dès que les résultats de recherche et de développement ou d'exploitation complémentaires sont disponibles. En revanche, lorsque les parties s'indemnisent pour l'accès consenti aux résultats en vue d'activités de recherche et de développement complémentaires et à des fins d'exploitation, le montant de l'indemnisation ne doit pas empêcher en réalité l'accès à ces résultats.

Lorsque les parties limitent leurs droits d'exploitation, l'accès aux résultats dans un but d'exploitation peut être limité en conséquence.

2° **Accès au savoir-faire préexistant.** Lorsque l'accord ne prévoit pas l'exploitation conjointe des résultats, l'exemption ne s'applique que si chacune des parties a accès à tout savoir-faire préexistant des autres parties si ce savoir-faire lui est indispensable aux fins de l'exploitation des résultats. En outre, une indemnisation pour l'accès consenti à leur savoir-faire préexistant doit être prévue, mais son montant ne doit pas être tel qu'il empêche en réalité l'accès à ce savoir-faire.

3° **Exploitation conjointe des résultats.** L'exploitation conjointe ne peut concerner que des résultats protégés par des droits de propriété intellectuelle ou constituant un savoir-faire qui sont indispensables pour la production des produits contractuels ou l'utilisation des technologies contractuelles.

Lorsqu'une ou plusieurs parties sont chargées de la production des produits contractuels par voie de spécialisation dans l'exploitation, elles sont tenues d'exécuter des commandes de fourniture des produits contractuels émanant d'autres parties, sauf lorsque l'accord de R&D prévoit également la distribution par une équipe, une organisation ou une entreprise commune ou confiée conjointement à un tiers ou lorsque les parties sont convenues que seule la partie qui produit les produits contractuels peut les distribuer.

RESTRICTIONS DE CONCURRENCE CARACTÉRISÉES DANS UN ACCORD R&D

Le règlement 2023/1066 contient une liste de restrictions de concurrence graves qui, quelle que soit la part de marché des entreprises concernées, privent l'accord dans son ensemble du bénéfice de l'exemption par catégorie. 47330

Ces **clauses** ont pour objet (art. 8) :

– la restriction de la liberté des parties de poursuivre, indépendamment ou en coopération avec des tiers, des activités de recherche et de développement soit dans un domaine sans rapport avec le domaine visé par l'accord de recherche et de développement, soit, au terme des activités conjointes ou rémunérées de recherche et de développement, dans le domaine visé par cet accord ou dans un domaine connexe ;

– la limitation de la production ou de la vente ;

– la fixation des prix pour la vente des produits contractuels ou la concession de licences sur des technologies contractuelles à des tiers ;

– la restriction du territoire sur lequel, ou de la clientèle à laquelle, les parties peuvent passivement vendre les produits contractuels ou octroyer la licence sur les technologies contractuelles, à l'exception de l'obligation d'accorder à une autre partie une licence exclusive sur les résultats de la recherche et du développement ;

– la restriction des ventes actives des produits ou des technologies contractuels sur les territoires ou à la clientèle qui n'ont pas été attribués exclusivement à l'une des parties par voie de spécialisation dans l'exploitation ;

– l'obligation de refuser de satisfaire les demandes de clients établis sur le territoire respectif des parties, ou de clients répartis autrement entre les parties par voie de spécialisation dans l'exploitation, dans le cas où ces clients écouleraient les produits contractuels dans d'autres territoires au sein du marché intérieur ;

– l'obligation de restreindre la possibilité pour les utilisateurs ou les revendeurs d'obtenir les produits contractuels auprès d'autres revendeurs au sein du marché intérieur.

Pour une application des restrictions en matière de commercialisation des produits, voir Commission CE 2-12-1985, aff. « BP-Kellog » : JOCE 1985 L 369 p. 6.

Quatre **exceptions** sont cependant admises à la limitation de la production ou de la vente (Règl. 2023/1066 art. 8) : 47335

– la fixation d'objectifs de production lorsque l'exploitation conjointe des résultats s'étend à la production conjointe des produits contractuels ;

– la fixation d'objectifs de vente lorsque l'exploitation conjointe des résultats s'étend à la distribution conjointe des produits contractuels ou à la concession conjointe de licences

relatives aux technologies contractuelles et qu'elle est réalisée par une équipe, une organisation ou une entreprise commune ou par un tiers mandaté conjointement ;
– les pratiques constituant une spécialisation dans le cadre de l'exploitation ;
– la restriction de la liberté des parties en ce qui concerne la production, la vente, la mise à disposition de produits, de technologies ou de procédés ou la cession de licences sur des produits, technologies ou procédés qui concurrencent les produits ou les technologies contractuels pendant la période pendant laquelle les parties sont convenues d'exploiter conjointement les résultats ;

Est également admise la fixation des prix appliqués aux clients directs ou la fixation du montant de la licence appliqué aux preneurs directs de licences lorsque l'exploitation conjointe des résultats s'étend à la distribution conjointe des produits contractuels ou à la concession conjointe de licences sur des technologies contractuelles et qu'elle est réalisée par une équipe, une organisation ou une entreprise commune ou par un tiers mandaté conjointement.

RESTRICTIONS DE CONCURRENCE EXCLUES DE L'EXEMPTION D'UN ACCORD R&D

47340 Le règlement 2023/1066 prévoit que l'exemption par catégorie ne s'applique pas à certaines obligations contenues dans les accords de R&D, sans pour autant priver l'accord dans son ensemble du bénéfice de l'exemption. Ces **obligations** sont au nombre de deux (art. 9) :
– l'obligation de ne pas contester, après la réalisation des travaux de recherche et de développement, la validité des droits de propriété intellectuelle qui sont détenus par les parties dans le marché intérieur et qui sont utiles à la recherche et au développement ou, à l'expiration de l'accord R&D, la validité des droits de propriété intellectuelle qui sont détenus par les parties dans le marché intérieur et qui protègent les résultats de la recherche et du développement ;
– l'obligation de ne pas octroyer de licences de production des produits contractuels ou d'utilisation des technologies contractuelles à des tiers à moins que l'accord ne prévoie l'exploitation par une ou plusieurs parties des résultats des activités conjointes ou rémunérées de recherche et de développement et que cette exploitation s'effectue au sein du marché intérieur vis-à-vis de tiers.

DURÉE DE L'EXEMPTION D'UN ACCORD R&D

47350 Lorsque les parties ne sont **pas des entreprises concurrentes,** l'exemption s'applique pendant toute la durée de la recherche et du développement.

En cas d'exploitation en conjointe des résultats, l'exemption continue de s'appliquer pendant une période de sept ans à compter de la date de la première mise sur le marché des produits ou des technologies contractuels au sein du marché intérieur ; au terme de cette période, l'exemption prévue peut continuer de s'appliquer sous certaines conditions (Règl. 2023/1066 art. 6.3 et 6.4).

Lorsque deux ou plusieurs parties sont des **entreprises concurrentes,** l'exemption s'applique si au moment de la conclusion de l'accord :
– pour les accords R&D dans lesquels les parties assurent des activités conjointes de recherche et de développement et l'exploitation conjointe des résultats, la part de marché cumulée des parties n'excède pas 25 % sur les marchés de produits et technologies en cause (art. 6.1-a).
– pour les accords R&D dans lesquels les parties assurent des activités rémunérées de recherche et de développement et l'exploitation conjointe des résultats de ces activités, la part de marché cumulée des parties n'excède pas 25 % sur les marchés de produits et technologies en cause (art. 6.1-b).

En cas d'exploitation en conjointe des résultats, l'exemption continue de s'appliquer pendant une période de sept ans à compter de la date de la première mise sur le marché des produits ou des technologies contractuels au sein du marché intérieur (art. 6.3).

Au terme de la période de sept ans, l'exemption prévue peut continuer de s'appliquer sous certaines conditions (art. 6.4).

Si la part de marché cumulée des parties concernées ne dépasse pas le seuil de 25 % à la fin de la période de sept ans, mais franchit ensuite ce seuil, l'exemption continue de s'appliquer pendant une période de deux années civiles consécutives suivant l'année au cours de laquelle le seuil de part de marché en cause a été dépassé pour la première fois (art. 6.5).

Si, en raison du franchissement du seuil, l'accord ne peut pas bénéficier d'une exemption par catégorie, un examen individuel reste possible, sur la base des critères de l'article 101, 3.

Voir aussi les lignes directrices de la Commission sur les accords de coopération horizontale (JOUE 2023 C 159).

RETRAIT DE L'EXEMPTION POUR UN ACCORD R&D

La Commission européenne peut retirer le bénéfice de l'exemption si elle constate, dans un cas déterminé, qu'un accord auquel s'applique l'exemption prévue par le règlement produit néanmoins des effets incompatibles avec l'article 101, 3 du TFUE. Le bénéfice du règlement peut être retiré dans les **cas** suivants (Règl. 2023/1066 art. 10) : **47360**

– l'existence d'un accord R&D restreint sensiblement la possibilité pour les tiers de mener des activités de recherche et de développement dans un ou des domaines liés aux produits ou aux technologies contractuels ;

– l'existence d'un accord R&D restreint sensiblement l'accès des tiers au marché en cause des produits ou des technologies contractuels ;

– les parties, sans raison objectivement valable, n'exploitent pas les résultats des activités conjointes de la recherche et du développement vis-à-vis des tiers ;

– les produits ou les technologies contractuels ne sont pas soumis, sur l'ensemble du marché intérieur ou une partie substantielle de celui-ci, à une concurrence effective de produits ;

– l'existence de l'accord R&D restreint considérablement la concurrence en matière d'innovation dans un domaine particulier.

La possibilité de retirer le bénéfice de l'exemption appartient également aux **autorités nationales de concurrence** (Règl. 1066/2023 art. 10) ; voir n° 46565.

4. CONDITIONS D'EXEMPTION DES ACCORDS DE SOUS-TRAITANCE

Les accords de sous-traitance sont des contrats, consécutifs ou non à une commande d'un tiers, en vertu desquels une entreprise, le « donneur d'ordre », charge, suivant ses directives, une autre entreprise, le « sous-traitant », de la fabrication de produits, de la prestation de services ou de l'exécution de travaux qui sont destinés à être fournis au donneur d'ordre ou exécutés pour son compte. **47380**

La Commission européenne distingue trois **catégories d'accords** de sous-traitance :

a) les contrats entre non-concurrents sont, en règle générale, considérés comme des accords verticaux qui relèvent du règlement 2022/720 du 10 mai 2022 et des lignes directrices sur les restrictions verticales (voir n°s 46700 s.) ;

b) les accords de sous-traitance entre non concurrents et qui impliquent un transfert de savoir-faire au bénéfice du sous-traitant relèvent de la communication de la Commission du 18 décembre 1978 concernant l'appréciation des contrats de sous-traitance au regard des dispositions de l'article 101, 1 (JOCE 1979 C 1). Ces accords sont en principe licites et ne sont pas visés en tant que tels par l'interdiction de l'article 101, 1 ;

c) les accords de sous-traitance entre entreprises concurrentes sont, quant à eux, de véritables accords de coopération. Il s'agit d'accords de sous-traitance horizontaux conclus entre des entreprises opérant sur le même marché de produits, qu'elles soient des concurrents existants ou potentiels.

Les **accords de sous-traitance horizontaux** comprennent des accords de spécialisation unilatérale et réciproque, ainsi que des accords de sous-traitance visant à accroître la production. Les conditions d'appréciation de la validité de ces accords au regard de l'article 101 du TFUE sont prévues par les lignes directrices relatives aux accords de coopération horizontale (JOUE 2023 C 259). Ceux de ces accords qui constituent des accords de spécialisation unilatérale et réciproque sont en outre couverts, sous certaines conditions, par le règlement d'exemption par catégorie 2023/1067 du 1er juin 2023 relatif aux accords de spécialisation (JOUE 2023 L 143) ; voir nos 47250 s. **47385**

Dans le cas des accords de sous-traitance visant à accroître la production, le donneur d'ordre charge le sous-traitant de fabriquer un produit donné, sans pour autant cesser ou limiter sa propre fabrication du produit concerné.

Selon la Commission, en présence de tels accords, il est peu probable, dans la plupart des cas, qu'un pouvoir de marché existe si les parties à l'accord détiennent une part de marché cumulée inférieure à 20 %. En toute hypothèse, si la part de marché cumulée des parties est inférieure à 20 %, il est probable que les conditions énoncées à l'article 101, 3 du TFUE seront remplies. En revanche, si la part de marché cumulée des parties excède 20 %, les effets restrictifs doivent être analysés au regard de l'article 101 du TFUE.

À cet égard, l'interdiction de l'article 101, 1 est susceptible de s'appliquer en cas de mise en commun des coûts. Celle-ci accroît les risques pour la concurrence lorsque le bien intermédiaire que le donneur d'ordre achète au sous-traitant représente une partie importante des coûts variables du produit final avec lequel les parties se font concurrence. Le risque est alors que la mise en commun des coûts augmente les risques de collusion.

E. Conditions d'exemption des accords de transfert de technologie (droits de propriété intellectuelle)

47430 L'exercice des droits de propriété intellectuelle peut être confronté à l'application de l'article 101 du TFUE à l'occasion d'accords de **licence de brevet** et d'accords de **licence de savoir-faire.** Il s'agit d'accords par lesquels une entreprise titulaire d'un brevet ou d'un savoir-faire (le donneur de licence) autorise une autre entreprise (le licencié) à exploiter les brevets concédés ou lui communique son savoir-faire en vue notamment de la fabrication, de l'utilisation et de la mise dans le commerce du produit sous licence.

Ces accords relèvent en principe de l'article 101, 1 et ont un effet restrictif sur la concurrence (limitation des facteurs de production, voir n°s 44930 s.). Toutefois, la plupart bénéficient d'une exemption :

– par catégorie, en vertu du règlement 316/2014 du 21 mars 2014 (JOUE 2014 L 93) ;

– à défaut, au cas par cas (en raison de leur contribution à l'amélioration de la production ou à la promotion du progrès technique ou économique, voir n°s 47660 s.).

Le **règlement d'exemption par catégorie 316/2014** concernant les accords de transfert de technologie est entré en vigueur le 1er mai 2014 et est applicable jusqu'au 30 avril 2026. Il est complété par des **lignes directrices** qui en précisent et en illustrent le contenu (JOUE 2014 C 89).

L'approche de la Commission européenne consiste, comme pour les autres règlements d'exemption, non pas à dresser une liste des clauses exemptées mais à mettre davantage l'accent sur une définition des catégories d'accords qui sont exemptées jusqu'à concurrence d'un certain niveau de pouvoir de marché, ainsi que sur les restrictions ou les clauses qui ne doivent pas figurer dans ces accords.

CHAMP D'APPLICATION DU RÈGLEMENT CONCERNANT LES ACCORDS DE TRANSFERT DE TECHNOLOGIE

47440 L'exemption prévue par le règlement 316/2014 bénéficie aux accords de transfert de technologie. Par « **accord de transfert de technologie** », on entend :

– un accord de concession de licence de droits sur technologie conclu entre deux entreprises aux fins de la production de produits contractuels par le preneur de licence et/ou son ou ses sous-traitants ;

– une cession de droits sur technologie entre deux entreprises aux fins de la production de produits contractuels lorsque le cédant continue de supporter une partie du risque lié à l'exploitation de la technologie.

Le règlement entend par « **droits sur technologie** » le savoir-faire ainsi que les droits suivants, ou une combinaison de ces droits, de même que les demandes ou demandes d'enregistrement de ces droits :

– les brevets ;

– les modèles d'utilité ;

– les droits des dessins et modèles ;

– les topographies de produits semi-conducteurs ;

– les certificats de protection supplémentaire ;

– les certificats d'obtention végétale ;

– les droits d'auteur sur logiciels.

Le **règlement** 316/2014 **ne s'applique pas** à la concession de licences dans le contexte des accords de recherche et de développement qui relèvent du règlement 2023/1066 (n° 47300) ni à la concession de licences dans le contexte des accords de spécialisation concernés par le règlement 2023/1067 (n° 47250). 47445

Les accords de regroupement de technologie ne sont pas couverts par l'exemption par catégorie, étant donné que l'accord de regroupement n'autorise pas un preneur spécifique à produire des produits contractuels. Néanmoins, les lignes directrices accompagnant le règlement 316/2014 établissent une « sphère de sécurité » (pts 244 s.) au sein de laquelle ces accords, y compris la concession de licences, sont considérés comme n'entrant pas dans le champ d'application de l'article 101, 1 du TFUE.

PART DE MARCHÉ DES ENTREPRISES PARTIES À L'ACCORD DE TRANSFERT DE TECHNOLOGIE

Lorsque les entreprises parties à un accord de transfert de technologie sont des **entreprises concurrentes,** l'exemption est applicable à condition que la part de marché cumulée détenue par les parties ne soit pas supérieure à 20 % sur le ou les marchés en cause. 47450

Lorsque les entreprises parties à un accord de transfert de technologie sont des **entreprises non concurrentes,** l'exemption sera applicable à condition que la part détenue par chacune des parties ne soit pas supérieure à 30 % sur le ou les marchés en cause.

CLAUSES INTERDITES D'UN ACCORD DE TRANSFERT DE TECHNOLOGIE

Certaines **restrictions dites « caractérisées »,** prévues dans un accord, privent l'ensemble de cet accord du bénéfice de l'exemption, quelle que soit la part de marché des entreprises concernées. 47460

Ainsi, **entre concurrents** :

a) la restriction de la capacité des parties à déterminer leurs prix de vente à des tiers ;

b) la limitation de la production ou des ventes, exception faite de la limitation de la production des produits contractuels imposée au preneur dans un accord non réciproque ;

c) la répartition des marchés ou des clients, sauf :

– pour ce qui est de la condition imposée au donneur de la licence et/ou au preneur de licence, dans un accord non réciproque, de ne pas produire à partir des droits sur technologie concédés sur le territoire exclusif réservé à l'autre partie et/ou de ne pas vendre sur le territoire exclusif ou à un groupe d'acheteurs exclusif réservé à l'autre partie ;

– pour ce qui est de la restriction, dans un accord non réciproque, des ventes actives par le preneur de licence sur le territoire exclusif ou au groupe d'acheteurs exclusif attribués par le donneur de licence à un autre preneur de licence, à condition que ce dernier n'ait pas été une entreprise concurrente du donneur au moment de la conclusion de son propre accord de licence ;

– pour ce qui est de l'obligation imposée au preneur de la licence dans un accord non réciproque de ne produire les produits contractuels que pour son propre usage, à condition qu'il puisse vendre librement les produits contractuels en tant que pièces de rechange pour ses propres produits ;

– pour ce qui est de l'obligation imposée au preneur de la licence dans un accord non réciproque de ne produire les produits contractuels que pour un acheteur déterminé, lorsque la licence a été concédée en vue de créer une source d'approvisionnement de substitution pour cet acheteur ;

d) la restriction de la capacité du preneur à exploiter sa propre technologie ou la restriction de la capacité des parties à l'accord à effectuer de la recherche-développement, sauf si cette restriction est indispensable pour empêcher la divulgation du savoir-faire concédé à des tiers.

De même, **entre entreprises non concurrentes** :

a) la restriction de la capacité d'une partie à déterminer ses prix de vente à des tiers, sans préjudice de la possibilité d'imposer un prix de vente maximal ou de recommander un prix de vente, à condition que ces derniers n'équivalent pas à un prix de vente fixe ou minimal imposé à la suite d'une pression exercée par l'une des parties ou de mesures d'incitation prises par elle ;

b) des restrictions concernant le territoire sur lequel, ou la clientèle à laquelle, le preneur peut vendre passivement les biens ou services contractuels, sauf :

– la restriction des ventes passives sur un territoire exclusif ou à un groupe d'acheteurs exclusif, pour lesquels le donneur s'est réservé les ventes ;

– la condition de ne produire les produits contractuels que pour un acheteur déterminé, lorsque la licence a été concédée en vue de créer une source d'approvisionnement de substitution pour cet acheteur ;

– l'obligation pour le preneur de la licence de ne fabriquer ou fournir les produits contractuels que pour son propre usage, à condition que le preneur puisse vendre librement les produits contractuels en tant que pièces de rechange pour ses propres produits ;
– la restriction des ventes aux utilisateurs finals par un preneur qui opère en tant que grossiste sur le marché ;
– la restriction des ventes par les membres d'un système de distribution sélective à des distributeurs non agréés ;
c) la restriction des ventes actives ou des ventes passives aux utilisateurs finals par les preneurs membres d'un système de distribution sélective qui opèrent en tant que détaillants sur le marché, sans préjudice de la possibilité d'interdire à un membre du système d'exercer ses activités à partir d'un lieu d'établissement non autorisé.

47465 D'**autres « restrictions exclues »,** prévues dans un accord, ne bénéficient pas de l'exemption quelle que soit la part de marché des entreprises concernées, sans toutefois priver l'ensemble de cet accord du bénéfice de l'exemption. Il en est ainsi de :
– toute obligation imposée au preneur de licence de concéder une licence exclusive au donneur ou à un tiers désigné par celui-ci ou de leur céder l'intégralité ou une partie des droits sur les améliorations que le preneur de licence aura lui-même apportées à la technologie concédée ou sur les nouvelles applications qu'il en aura faites ;
– toute obligation imposée à une partie de ne pas mettre en cause la validité des droits de propriété intellectuelle que l'autre partie détient dans l'Union, sans préjudice de la possibilité, dans le cadre d'une licence exclusive, de résilier l'accord de transfert de technologie si le preneur met en cause la validité de l'un des droits sur technologie concédés, quel qu'il soit.

RETRAIT DE L'EXEMPTION ACCORDÉE À UN ACCORD DE TRANSFERT DE TECHNOLOGIE

47470 Afin de tenir compte des effets anticoncurrentiels de certains accords, le bénéfice de l'exemption peut faire l'objet d'un retrait de la part de la Commission européenne et des autorités nationales de concurrence (voir nos 46560 s.). C'est, en particulier, le cas lorsque :
– l'**accès au marché de technologies appartenant à des tiers** est restreint, par exemple en raison de l'effet cumulatif de réseaux parallèles d'accords restrictifs similaires interdisant aux preneurs d'utiliser les technologies de tiers ;
– l'**accès au marché de preneurs potentiels** est restreint, par exemple en raison de l'effet cumulatif de réseaux parallèles d'accords restrictifs similaires interdisant aux donneurs d'accorder des licences à d'autres preneurs ou parce que le seul propriétaire de technologie qui concède sous licence les droits sur technologie pertinents conclut une licence exclusive avec un preneur qui est déjà actif sur le marché de produits sur la base de droits sur technologie substituables.

Un accord de transfert de technologie remplissant les conditions énoncées dans le règlement d'exemption ne peut pas être interdit en vertu de l'article 101 par des juridictions nationales dans le cadre de litiges privés.

RÈGLEMENT DE NON-APPLICATION DU RÈGLEMENT D'EXEMPTION CONCERNANT LES ACCORDS DE TRANSFERT DE TECHNOLOGIE

47480 La Commission européenne peut déclarer, par voie de règlement, lorsque des **réseaux parallèles** d'accords de transfert de technologie couvrent **plus de 50 % d'un marché** en cause, que le règlement ne s'applique pas aux accords de transfert de technologie qui comportent des restrictions spécifiques concernant ce marché.

III. RÉGIME DE L'EXCEPTION LÉGALE

A. Contenu du régime de l'exception légale

47600 Lorsqu'un accord ne bénéficie pas d'une exemption par catégorie, il appartient aux entreprises d'**apprécier, au cas par cas,** si cet accord, qui correspond à une entente, remplit effectivement les quatre conditions de l'article 101, 3.

47605 Les **accords, décisions et pratiques concertées** visés à l'article 101, 1 qui remplissent les conditions de l'article 101, 3 (nos 47650 s.) ne sont **pas interdits,** sans qu'une décision préalable soit nécessaire à cet effet (Règl. 1/2003 art. 1, 2).

Il en résulte notamment que :

1° L'accord qui remplit les conditions de l'article 101, 3 bénéficie d'une **présomption de légalité.** Il est a priori valable dès sa conclusion et peut être mis à exécution immédiatement.

Si les conditions de l'article 101, 3 ne sont pas remplies, l'accord est interdit et nul dès l'origine (Règl. 1/2003 art. 1, 1).

Les conditions sont cumulatives, de telle sorte qu'il suffit que l'une d'elles fasse défaut pour rendre l'article 101, 3 inapplicable (CJCE 13-7-1966 aff. 56/64 et 58/64, Consten et Grunding ; CJCE 17-1-1984 aff. 43/82 et 63/82, VBVB et VBBB).

Si un accord mis à exécution est ensuite déclaré incompatible avec l'article 101, 3, la nullité rétroagit à la date de la conclusion de l'accord.

2° L'article 101, 3 a un **effet direct** et peut être invoqué devant les autorités et juridictions nationales (n°s 42220 s.).

3° Il incombe à l'entreprise ou à l'association d'entreprises qui invoque le bénéfice de l'article 101, 3 d'apporter la **preuve** que les quatre conditions de ce paragraphe 3 sont remplies (Règl. 1/2003 art. 2 ; CJUE 7-2-2013 aff. 68/12, Protimonopolný ; Aut. conc. 13-3-2012 n° 12-D-09 confirmée sur renvoi après cassation par CA Paris 4-7-2019 n° 16/23609, aff. « Cartel de la farine en sachets »). La charge de la preuve de l'inaccomplissement des conditions de l'article 101, 3 ne relève donc ni des autorités de concurrence ni du plaignant éventuel. Néanmoins, une fois les arguments et éléments de preuve avancés par l'entreprise qui s'en prévaut, la Commission européenne doit déterminer s'ils sont appropriés et éventuellement fournir une explication ou une justification, faute de quoi la charge de la preuve incombant à l'entreprise est réputée satisfaite (Trib. UE 24-5-2012 aff. 111/08, MasterCard).

B. Conditions de l'exception légale

L'octroi de l'exemption au titre de l'article 101, 3 est subordonné à **quatre conditions cumulatives,** dont deux sont positives et deux sont négatives. **47650**

L'**interprétation** de ces quatre conditions par la Commission et par les juridictions de l'Union, sous l'empire de l'ancien règlement 17/62 du 9 février 1962, remplacé par le règlement 1/2003, garde tout son intérêt et sert encore de guide aux entreprises pour apprécier la validité de leurs ententes.

Les parties à un accord consulteront également utilement les **lignes directrices de la Commission** sur l'application de l'article 101, 3 (JOUE 2023 C 259), de même que les communications et lignes directrices diffusées par la Commission et définissant les critères d'interprétation de certains accords (accords verticaux, accords horizontaux, etc.).

1. PREMIÈRE CONDITION D'EXEMPTION : GAINS D'EFFICACITÉ

Aux termes de l'article 101, 3 du TFUE, l'accord restrictif doit contribuer « à **améliorer la production** ou **la distribution des produits** ou à **promouvoir le progrès technique ou économique** ». Bien que cette disposition se réfère aux seuls produits, elle s'applique également par analogie aux services (LD de la Commission sur l'application de l'article 101, 3 du Traité, pt 48). **47660**

Pour que la première condition soit remplie, il suffit que l'un de ces avantages se réalise. Les effets favorables de l'entente doivent être objectivement appréciés ; ils ne s'identifient pas à tous les avantages que les partenaires retirent de leur entente, mais consistent dans le bienfait général qu'exerce cette entente sur l'économie et le progrès technique (voir CJCE 13-7-1966 aff. jtes 56 et 58/64, Établissements Consten et Grundig ; Trib. UE 24-5-2012 aff. 111/08, MasterCard). En l'absence d'effet bienfaisant, la Commission juge inutile d'examiner si les autres éléments nécessaires à l'exemption sont satisfaits (voir Commission CE 29-12-1970, aff. « Carreaux céramiques » : JOCE 1971 L 10 p. 15).

Il ne suffit pas, toutefois, que l'entente ait un effet bénéfique ; encore faut-il que le marché ne procure pas des possibilités plus avantageuses que celles obtenues par cette entente : par exemple, un système de ventes aux enchères peut permettre, en principe, par la concentration de l'offre et de la demande qui en résulte, une certaine diminution de frais de transports et de commercialisation pour les marchandises concernées ; mais cet avantage disparaît si l'on trouve sur le marché des offres plus avantageuses que celles résultant des ventes aux enchères (Commission CE 25-7-1974, aff. « Frubo » : JOCE 1974 L 237 p. 16).

La Commission opère une distinction intéressante entre gains d'efficacité réalisés par les coûts (notamment par la mise au point de nouvelles techniques et méthodes de fabrication) et gains d'efficacité de nature qualitative (sous forme de produits et services nouveaux ou meilleurs) (LD de la Commission sur l'application de l'article 101, 3 du Traité, pt 59).
Pour apprécier si l'accord améliore la production, la distribution ou le progrès technique, la Commission et la Cour de justice ont dégagé les solutions qui sont examinées ci-dessous.

AMÉLIORATION DE LA PRODUCTION

47670 L'amélioration de la production est établie si l'accord entraîne une **augmentation de la productivité** (par exemple, réduction du coût de fabrication, élimination de fabrications non rentables ou moins rentables, réalisation d'économies d'échelle), un **abaissement des prix,** une augmentation ou une **adaptation des capacités de production,** une **régularisation de la production,** une possibilité plus grande d'**investissements,** un élargissement de la **gamme des produits,** etc.

Ces conséquences sont généralement le fait des accords de spécialisation et des accords d'entreprises communes (pour des exemples, voir notamment les décisions de la Commission européenne « United Reprocessors » du 23-12-1975 : JOCE 1976 L 51 p. 7, « De Laval-Stork » du 25-7-1977 : JOCE 1977 L 215 p. 11 et du 22-12-1987 : JOCE 1988 L 59 p. 32, « GEC-Weir Sodium » du 23-11-1977 : JOCE 1977 L 327 p. 26, « Jaz-Peter » du 23-12-1977 : JOCE 1978 L 61 p. 17, « Amersham Buchler » du 29-10-1982 : JOCE 1982 L 314 p. 34, « Rockwell-Iveco » du 13-7-1983 : JOCE 1983 L 224 p. 19, « Ford-Volkswagen » du 23-12-1992 : JOCE 1993 L 20 p. 14, « GEAE/P » du 14-9-1999 : JOCE 2000 L 58 p. 16).

Par exemple, il a été admis :
– qu'une obligation d'achat exclusif peut faciliter l'établissement des programmes de production (Commission CE 22-12-1992, aff. « VIK-GVSt » : JOCE 1993 L 50 p. 14) ;
– que, sans leur accord, les deux entreprises auraient difficilement pu parvenir séparément à produire une gamme de produits équivalente à celle offerte actuellement par chacune (Commission CE 29-10-1982, aff. « Amersham Buchler » : JOCE 1982 L 314 p. 34 ; Commission CE 5-12-1983, aff. « VW-MAN » : JOCE 1983 L 376 p. 11) ;
– qu'il est moins rationnel, pour une entreprise dont les capacités d'accroissement des installations sont limitées, de produire elle-même que de financer l'agrandissement des capacités de production de son partenaire (Commission CE 15-12-1975, aff. « Bayer Gist-Brocades » : JOCE 1976 L 30 p. 13) ;
– que la conclusion de programmes de livraison pour une durée raisonnable constitue, en ce qui concerne le maintien de l'emploi, un élément de stabilisation dont la recherche rentre, au titre de l'amélioration des conditions générales de production, spécialement dans les circonstances d'une conjoncture économique défavorable, dans le cadre des objectifs que l'article 101, 3 permet de viser (CJCE 25-10-1977 aff. 26/76, Metro) ;
– que l'organisation d'un développement coordonné des investissements prévient la création de capacités qui seraient antiéconomiques et exerce une influence déterminante sur le prix de revient en assurant un meilleur taux de charge aux installations existantes et futures et en réduisant dans la même mesure l'incidence des coûts fixes (Commission CE 23-12-1975 aff. « United Reprocessors » : JOCE 1976 L 51 p. 7) ;
– qu'une licence exclusive de savoir-faire contribue à l'accroissement du nombre de centres de fabrication du produit faisant l'objet de cette licence (Commission CE 15-12-1986, aff. « Boussois-Interpane » : JOCE 1987 L 50 p. 30). En l'espèce, la Commission a estimé que l'interdiction faite au licencié de fabriquer le produit en dehors du territoire concédé contribuait au développement de la production car elle permettait au titulaire du savoir-faire de concéder des licences dans d'autres territoires. Cette solution s'oppose à celle que la Commission avait retenue en matière de licence de brevet (Commission CE du 11-7-1983, aff. « Windsurfing International » : JOCE 1983 L 229 p. 1). En effet, dans ce dernier cas, cette interdiction avait été considérée comme une entrave à l'extension de l'activité du licencié.

47675 La Commission admet également que des accords entre entreprises destinés à **réduire des surcapacités structurelles** soient autorisés au titre de l'article 101, 3 (Commission CE 4-7-1984, aff. « Fibres synthétiques » : JOCE 1984 L 207 p. 17 ; Commission CE 4-12-1986, aff. « ENI-Montedison » : JOCE 1987 L 5 p. 13 ; Commission CE 22-12-1987, aff. « Enichem/ICI » : JOCE 1988 L 50 p. 18 ; Commission CE 5-5-1988, aff. « Bayer/BP Chemicals » : JOCE 1988 L 150 p. 35 ; Commission CE 30-4-1991, aff. « Scottish Nuclear » : JOCE 1991 L 178 p. 31 ; Commission CE 29-4-1994, aff. « Briques hollandaises » : JOCE 1994 L 131 p. 15). Cependant, « l'assainissement des structures ne doit pas résulter d'instruments inadaptés tels que des accords portant fixation de prix ou de quotas, ni être mis en cause par l'action d'aides d'État qui ont pour effet le maintien artificiel des capacités excédentaires » (23e rapport Commission CE nos 84 s.).

ILLUSTRATIONS

La Commission a exempté un accord conclu entre les dix principaux producteurs européens de fibres synthétiques afin de réduire leurs capacités de production d'environ 18 % pour les raisons suivantes (Commission CE 4-7-1984, aff. « Fibres synthétiques » précitée) :
– en libérant les entreprises des charges financières dues au maintien des capacités excédentaires et en permettant la spécialisation des participants, l'accord contribuait à améliorer la production, tout en s'effectuant dans des conditions sociales acceptables ;
– l'accord était profitable pour les utilisateurs qui, à terme, bénéficieraient d'une offre compétitive et de produits meilleurs ;
– l'entente ne portait que sur la réduction de capacités excédentaires et était limitée à cinq ans ;
– la présence sur le marché intérieur de produits provenant de pays tiers ou de producteurs ne participant pas à l'accord, le recours possible à des produits de substitution et le fait que l'accord ne concernait pas le comportement commercial des partenaires laissaient subsister une concurrence substantielle pour les produits en cause.

De même, dans la décision « Carlsberg » du 12 juillet 1984 (JOCE 1984 L 207 p. 26), la Commission européenne a exempté un accord de licence de marque permettant à un brasseur danois de s'implanter sur un marché étranger, lequel était auparavant largement occupé par des entreprises nationales.

AMÉLIORATION DE LA DISTRIBUTION

L'amélioration de la distribution peut résulter notamment d'un système de distribution sélective, de concession exclusive, d'organisation de foires et expositions, d'approvisionnement exclusif ou de coopération. **47680**

Distribution sélective La distribution sélective est généralement exemptée car elle permet une économie de coûts grâce à une programmation précise de la production et de la commercialisation, un approvisionnement continu des consommateurs et un service après-vente satisfaisant (5e rapport Commission CE no 55 à propos de l'affaire « Saba » ; voir également Commission CE 10-7-1985, aff. « Grundig » : JOCE 1985 L 233 p. 1). **47690**

L'exemption est accordée en tenant compte :
– de la **nature du produit** : complexité technique, prix relativement élevé, caractère dangereux, nécessité d'un service après-vente d'une qualité particulière ; il faut que ces caractéristiques ou certaines d'entre elles rendent nécessaire une coopération étroite entre les producteurs et les revendeurs agréés qu'un autre système de distribution ne serait pas en mesure de garantir (5e rapport Commission CE no 13) ;
– de la nécessité d'assurer aux distributeurs un **chiffre d'affaires** suffisant pour leur permettre de soutenir un réel effort de promotion auprès de la clientèle et de maintenir en stock une gamme suffisamment large de modèles (sur les restrictions compatibles avec l'article 101, 1, voir no 46750).

La distribution sélective est admise même si elle entraîne le maintien des prix à un certain niveau (CJCE 25-10-1977 aff. 26/76, Metro). En effet, selon la Cour de justice, la distribution sélective se caractérise par une concurrence sur la qualité des prestations fournies aux clients et cet effort de qualité ne serait pas supportable par les distributeurs s'ils appliquaient une trop faible marge bénéficiaire. Ce mode de distribution peut donc être légitimé, même s'il entraîne le maintien des prix à un certain niveau, car il contribue à améliorer la concurrence sur d'autres éléments que les prix. Cependant, une limitation de la concurrence sur les prix ne doit être que la conséquence du système de distribution sélective. Elle fait donc obstacle au bénéfice de l'exemption s'il s'agit d'une condition imposée par le fournisseur à ses distributeurs en vue d'exclure d'autres modes de distribution (CJCE 25-10-1983 aff. 107/82, AEG ; Commission CE 10-12-1984, aff. « Grohe » : JOCE 1985 L 19 p. 17).

Les parties à un accord de distribution sélective consulteront utilement les **lignes directrices** de la Commission sur les restrictions verticales exposant notamment les modalités d'exemption d'un système de distribution sélective (nos 46750 s.).

> Précisions Selon la Commission, les décisions « BMW » du 13-12-1974 (JOCE 1975 L 29 p. 1) et « Saba » du 15-12-1975 (JOCE 1976 L 28 p. 19) indiquent les limites maximales acceptables pour une exemption dans le secteur de l'**automobile** et des appareils **radio, télévisions** et magnétophones. La Commission a précisé sa position dans le secteur des **parfums** par une intervention dans les affaires Dior et Lancôme (4e rapport Commission CE no 93). La qualité de **produit de luxe** n'est pas suffisante en soi pour justifier une distribution sélective, il faut aussi tenir compte des caractéristiques du marché des produits dans l'UE, par exemple : nombre élevé d'entreprises concurrentes d'importance comparable, faiblesse relative de la part de marché détenue par chacune d'entre elles (4e rapport Commission CE no 93, à propos du secteur des parfums). Dans l'ensemble, la Cour de justice a confirmé le point de vue de la Commission sur l'exemption de la distribution sélective (CJCE 25-10-1977 aff. 26/76, Metro).

La Commission se montrera toutefois sévère à

l'égard de la distribution sélective si celle-ci est utilisée essentiellement pour réduire le cercle des revendeurs, limiter les échanges ou peser sur le niveau des prix (9e rapport Commission CE n° 5 ; Commission CE 6-1-1982, aff. « AEG-Telefunken » : JOCE 1982 L 117 p. 15).

47700 **Concession exclusive** La concession exclusive n'est exemptée que si elle ne crée pas une **protection territoriale absolue.** Toutefois, l'autorisation temporaire d'une telle protection peut être envisagée lorsque celle-ci permet l'apparition d'un nouveau producteur sur le marché considéré (1er rapport Commission CE n° 49).

La Commission européenne a autorisé, pour une durée limitée, une certaine protection territoriale jugée nécessaire pour que chacune des parties à l'accord ait la possibilité, durant la période de lancement, de concentrer son action sur ce territoire (Commission CE 27-6-1967, aff. « Transocean Marine Paint Association » : JOCE 1967 L 163 p. 10).

En l'absence de protection territoriale absolue, la Commission prononce les exemptions en s'appuyant sur les considérations suivantes (Commission CE 19-12-1974, aff. « Duro-Dyne-Europair » : JOCE 1975 L 29 p. 11 ; Commission CE 21-12-1976, aff. « Junghans » : JOCE 1977 L 30 p. 10 ; Commission CE 27-11-1985, aff. « Ivoclar » : JOCE 1985 L 369 p. 1) :

– le concédant peut concentrer ses efforts sur un seul revendeur, sans être obligé d'entretenir de multiples relations d'affaires avec un grand nombre d'intermédiaires et d'acheteurs ;
– la sélection des distributeurs permet d'assurer un meilleur service à la clientèle ;
– l'obligation faite au concessionnaire de n'appliquer une politique de vente active que dans son territoire entraîne une concentration de ses efforts de vente et une meilleure prospection du marché ;
– le concessionnaire complète sa gamme et se trouve en mesure de mieux servir la demande du produit.

Voir aussi les **lignes directrices** de la Commission sur les restrictions verticales (n°s 46770 s.).

47710 **Franchise** Les contrats de franchise sont exemptés car ils permettent aux **fournisseurs,** d'une part, de développer leur activité sans devoir investir dans l'installation de nouveaux magasins et, d'autre part, de mettre en place un réseau de distribution appliquant des méthodes commerciales uniformes et présentant aux consommateurs une gamme de produits identiques. En outre, l'absence d'intermédiaires permet aux fournisseurs d'être rapidement informés des changements d'habitudes ou de goûts des consommateurs et d'en tenir compte dans leurs plans de production.

Quant aux **distributeurs,** ils profitent de la réputation et de l'expérience du franchiseur, ce qui leur permet de conquérir la clientèle à moindres frais et risques. Par ailleurs, l'exclusivité dont ils bénéficient a pour effet de concentrer leur activité sur le territoire concédé et de planifier leurs ventes (pour des applications, voir Commission CE 17-12-1986, aff. « Yves Rocher » : JOCE 1987 L 8 p. 49 ; Commission CE 17-12-1986, aff. « Pronuptia » : JOCE 1987 L 13 p. 39 ; Commission CE 13-7-1987, aff. « Computerland » : JOCE 1987 L 222 p. 12 ; Commission CE 14-11-1988, aff. « Service Master » JOCE 1988 L 332 p. 38).

Voir également les **lignes directrices** de la Commission sur les restrictions verticales (n°s 46760 s.).

47720 **Approvisionnement exclusif** Les accords d'approvisionnement exclusif sont souvent exemptés car ils facilitent l'entrée des petites et moyennes entreprises sur le marché en leur permettant de programmer avec plus de précision et à plus long terme la production et la vente de leurs produits, de limiter les risques de fluctuation des marchés et d'abaisser les coûts de production, de stockage et de commercialisation.

ILLUSTRATIONS

La Commission a accordé une exemption individuelle aux accords-types de location et d'approvisionnement exclusif que le brasseur britannique Whitbread avait conclus avec ses exploitants de débits de boissons (Commission CE 24-2-1999, aff. « Whitbread » : JOCE 1999 L 88 p. 26).

Toutefois, il ne faut pas que la part des livraisons faites en vertu de ces accords par rapport aux ventes de tous les producteurs sur le marché concerné soit trop importante. Ainsi, la Commission a refusé l'exemption dans deux cas où cette part s'élevait respectivement à 35 % (Intervention de la Commission CE « Billiton-Metal and Thermit Chemicals », 7e rapport Commission CE n°s 15 et 131) et 17 % (Commission CE 21-12-1977, aff. « Epices » : JOCE 1978 L 53 p. 20).

Voir également les **lignes directrices** de la Commission sur les restrictions verticales (n° 46775).

47730 **Accords de coopération commerciale** Les accords de coopération commerciale par lesquels chaque partenaire met à la disposition de l'autre son réseau de vente améliorent la distribution car ils permettent à chacun d'eux de pénétrer plus facilement de nouveaux marchés (Commission CE 21-12-1977, aff. « Sopelem-Vickers » : JOCE 1978 L 70 p. 47). Ils favorisent aussi la compétitivité des petites et moyennes entreprises (Commission CE 2-12-1988, aff. « Transocean Marine Paint Association » : JOCE 1988 L 351 p. 40).

ILLUSTRATIONS

Un accord de coopération bilatérale entre deux compagnies aériennes, entraînant une coordination et une intégration de divers paramètres de concurrence déterminants (horaires, prix, politique commerciale, etc.) contribue notamment à améliorer la production et la distribution de services de transport (Commission CE 7-4-2004, aff. « Société Air France-Alitalia Linee Aeree Italiane » : JOUE 2004 L 362).

En revanche, une répartition des marchés de vente dans ce contexte ne saurait être exemptée (Commission CE 18-12-1985, aff. « Siemens-Fanuc » : JOCE 1985 L 376 p. 29).

Sur les accords de commercialisation et de distribution en commun, voir les **lignes directrices** de la Commission sur les accords de coopération horizontale (nº 47200).

Organisation des foires et expositions Les accords relatifs à l'organisation de foires ou expositions sont exemptés dans la mesure où ils entraînent une réduction des frais de participation (Commission CE 5-12-1983, aff. « SMM et T » : JOCE 1983 L 376 p. 1 ; Commission CE 30-9-1986, aff. « Vifka » : JOCE 1986 L 291 p. 46 ; Commission CE 18-9-1987, aff. « Internationale Dentalschau » : JOCE 1987 L 293 p. 58 ; Commission CE 11-7-1988, aff. « BDTA » : JOCE 1988 L 233 p. 15). **47740**

Néanmoins, la Commission refuse, par principe, d'exempter les **restrictions qui ont pour effet de cloisonner les marchés.** Elle proscrit toutes les mesures qui empêchent, directement ou indirectement, la libre circulation des marchandises entre les États membres. **47745**

Ainsi, la Commission européenne n'accorde d'exemption qu'autant que les restrictions à l'exportation ou à l'importation sont écartées.

ILLUSTRATIONS

Dans l'affaire « Dior et Lancôme » (4e rapport Commission CE nº 94), la Commission a exigé la suppression des dispositions qui obligeaient les détaillants agréés de Dior et de Lancôme :
– à vendre uniquement aux consommateurs finals, car cela constituait une interdiction indirecte d'exporter ;
– à ne s'approvisionner qu'auprès de l'agence générale de leur pays car cela constituait une interdiction indirecte d'importer ;
– à respecter les prix imposés même pour les produits réimportés ou réexportés.

Dans l'affaire « Omega » (Commission CE 28-10-1970 : JOCE 1970 L 242 p. 22), la Commission a imposé la possibilité de courants d'échanges parallèles dans les rapports entre agents généraux et détaillants agréés ainsi que dans les rapports de ceux-ci entre eux et avec la clientèle privée.

Dans l'affaire « BMW » (Commission CE 13-12-1974 : JOCE 1975 L 29 p. 1), la Commission européenne a exigé la suppression de l'interdiction d'exporter dans un autre État membre stipulée dans tous les contrats de vente dans le Marché commun. Dans les affaires « Haarden-en Kachelhandel » du 3-6-1975 (JOCE 1975 L 159 p. 22), « Bomée-Stichting » du 21-12-1975 (JOCE 1975 L 329 p. 30) et « Centraal Bureau voor de Rijwielhandel » du 2-12-1977 (JOCE 1978 L 20 p. 18), la Commission européenne a refusé l'exemption à tout accord d'organisation collective de la distribution dans un État membre pour un secteur donné en raison du cloisonnement des marchés et de l'exclusion des importations parallèles qui en résultaient.

Voir aussi le refus d'exemption pour entrave à l'exportation dans l'affaire « The Distillers » (Commission CE 20-12-1977 : JOCE 1978 L 50 p. 16, confirmée par CJCE 10-7-1980) et l'affaire « Eco System » (Commission CE 4-12-1991 : JOCE 1992 L 66 p. 1), ainsi que le refus d'exemption des conditions générales de vente établies par un fabricant de produits pharmaceutiques prévoyant deux prix différents appliqués en fonction de la destination des médicaments achetés par les grossistes espagnols, afin d'en limiter le commerce parallèle (TPICE 27-9-2006, aff. 168/01, « GlaxoSmithKline » : RJDA 12/06 nº 1269).

Ce n'est que très exceptionnellement que des mesures de cloisonnement des marchés sont susceptibles d'être exemptées (voir ci-dessus nº 47700 pour la protection territoriale absolue dans la concession exclusive). **47750**

ILLUSTRATIONS

Dans l'affaire « BMW » précitée, la Commission européenne a exempté l'interdiction de livrer des pièces de rechange d'origine à des revendeurs indépendants car, en l'absence de celle-ci, les revendeurs agréés qui sont tenus de conserver un assortiment complet en dépôt se trouveraient désavantagés par rapport aux revendeurs libres qui peuvent se limiter aux pièces les plus courantes dont la vente est la plus rémunératrice ; de ce fait, il se pourrait que les concessionnaires BMW ne soient plus en mesure de satisfaire à l'ensemble de leurs obligations, ce qui serait préjudiciable aux utilisateurs.

Dans l'affaire « Junghans » (Commission CE 21-12-1976 : JOCE 1977 L 30 p. 10), la Commission a exempté une interdiction limitée de « prospection » imposée aux grossistes au motif qu'en interdisant à ces derniers d'agir dans certains États membres, on les oblige à une concentration des efforts de vente, à la rationalisation de la distribution et à un meilleur approvisionnement des utilisateurs dans leur zone d'activité. Dans le même sens, voir Commission CE « Goodyear Italiana » du 19-12-1974 (JOCE 1975 L 38 p. 10).

De même, la Commission a précisé qu'un accord d'une durée excessive ne pouvait bénéficier de l'exemption (Commission CE 14-12-1982, aff. « Laminés et alliages de zinc » : JOCE 1982 L 362 p. 40, en l'espèce, accord d'approvisionnement mutuel d'une durée supérieure à quinze ans).

PROMOTION DU PROGRÈS TECHNIQUE OU ÉCONOMIQUE

47760 Le progrès technique ou économique consiste en l'amélioration de la qualité des produits et des services, la découverte de nouvelles technologies et leur mise en œuvre sur le marché, l'élargissement de la gamme des produits offerts aux utilisateurs, etc. Par « promotion du progrès technique ou économique », on peut entendre également la défense de l'emploi (CJCE 25-10-1977 aff. 26/76, Metro ; CJUE 6-10-2009 aff. jtes 501, 513, 515 et 519/06, GlaxoSmithKline) ou la protection de l'environnement (Commission CE 24-1-1999, aff. « Ceced » : JOCE 2000 L 187 p. 47 ; Commission CE 17-9-2001, aff. « DSD » : JOCE 2001 L 319 p. 1) bien que ces objectifs ne soient pas strictement de nature économique).

Tous ces résultats peuvent justifier l'exemption de certains accords tendant à limiter la libre concurrence. C'est le cas notamment :

– des accords d'**organisation de foires et expositions,** la concentration de ces manifestations, malgré les restrictions corrélatives à la liberté d'exposer, ayant pour effet de stimuler les producteurs à rechercher le progrès technique, de mieux orienter les utilisateurs en leur offrant un éventail complet et actuel des produits du secteur concerné, et de favoriser, en même temps, la possibilité de conclusion d'affaires (Commission CE 30-4-1982, aff. « BPICA » : JOCE 1982 L 156 p. 16 ; Commission CE 5-12-1983, aff. « SMM et T » : JOCE 1986 L 376 p. 1 ; Commission CE 30-9-1986, aff. « Vifka » : JOCE 1986 L 291 p. 46 ; Commission CE 18-9-1987, aff. « Internationale Dentalschau » : JOCE 1987 L 293 p. 58 ; Commission CE 11-7-1988, aff. « BDTA » : JOCE 1988 L 233 p. 15 ; Commission CE 15-2-1991, aff. « Sippa » : JOCE 1991 L 60 p. 19) ;

– des **accords de recherche en commun** (Commission CE 17-7-1968, aff. « Acec-Berliet » : JOCE 1968 L 201 p. 7 ; Commission CE 23-12-1971, aff. « Henkel-Colgate » : JOCE 1972 L 14 p. 14 ; Commission CE 17-1-1972, aff. « Man-Saviem » : JOCE 1972 L 31 p. 29 ; Commission CE 21-12-1977, aff. « Sopelem-Vickers » : JOCE 1978 L 70 p. 47 ; Commission CE 17-1-1979, aff. « Beecham-Parke Davis » : JOCE 1979 L 70 p. 11 ; Commission CE 11-10-1988, aff. « BBC Brown Boveri » : JOCE 1988 L 301 p. 68 ; Commission CE 11-10-1988, aff. « Continental-Michelin » : JOCE 1988 L 305 p. 33) ;

– de la **création d'entreprises communes** de production et de distribution (Commission CE 14-9-1999, aff. « GEAE/P & W » : JOCE 2000 L 58 p. 16) ;

– de l'**élaboration d'une norme commune** permettant de standardiser des produits (Commission CE 15-12-1986, aff. « X/Open » : JOCE 1987 L 35 p. 36) ou destinée à favoriser les économies d'énergie (Commission CE 24-1-1999, aff. « Ceced » : JOCE 2000 L 187 p. 47).

De même, des accords prévoyant l'**uniformisation de la commission prélevée par les banques** en rémunération de leurs services ont été exemptés car ils facilitaient les règlements à l'intérieur de l'Union européenne (Commission CE 10-12-1984, aff. « Eurochèques uniformes » : JOCE 1985 L 35 p. 43 ; Commission CE 11-12-1986, aff. « Association belge des banques » : JOCE 1987 L 7 p. 27 ; Commission CE 24-7-2002, aff. « Visa International – Commission multilatérale d'interchange » : JOCE 2002 L 318 p. 17) ;

– du système de double prix destiné à limiter le commerce parallèle (TPICE 27-9-2006 aff. 168/01, GlaxoSmithKline : RJDA 12/06 n° 1269).

En revanche, les accords de **licences de marques** qui contiennent une clause d'exclusivité de fabrication et de vente conférant au licencié une protection territoriale absolue ne peuvent bénéficier de l'exemption car ils font obstacle aux importations parallèles (CJCE 8-6-1982 aff. 258/78, Nungesser).

2. DEUXIÈME CONDITION D'EXEMPTION : PARTAGE DU PROFIT AVEC LES CONSOMMATEURS

47780 Aux termes de l'article 101, 3 du TFUE, une partie équitable du profit résultant de l'accord restrictif doit être réservée aux utilisateurs ou, selon les termes des lignes directrices concernant l'application de l'article 101, 3, aux « consommateurs ».

La **notion de consommateur** doit s'entendre au sens large et vise tout autant les intermédiaires dans le processus de distribution que les consommateurs finals, c'est-à-dire les clients des parties à l'accord et les acheteurs ultérieurs (LD concernant l'application de l'article 101, 3 du TFUE, pt 84).

ILLUSTRATIONS

Le système de la commission multilatérale d'interchange de Visa, en fixant les coûts de manière objective et transparente, favorise les commerçants, ce qui amènera cette catégorie d'utilisateurs à accepter les cartes Visa au bénéfice d'une autre catégorie d'utilisateurs, les titulaires de cartes Visa (Commission CE 24-7-2002, aff. « Visa International – Commission multilatérale d'interchange » : JOCE 2002 L 318 p. 17).

De même, dans la décision « P & I Clubs » du 16-12-1985 (JOCE 1985 L 376 p. 2), la Commission a tenu compte du bénéfice que retiraient d'un accord entre mutuelles d'assurances maritimes les armateurs assurés auprès de ces mutuelles et les entreprises clientes de ces derniers. Dans le même sens et sur le même sujet, voir Commission CE 12-4-1999, aff. « Clubs de protection et d'indemnisation » (JOCE 1999 L 125 p. 12).

Pour que soit remplie la condition du partage du profit, il n'est pas nécessaire que la pratique anticoncurrentielle profite individuellement à chaque consommateur ; au regard de l'article 101, 3, c'est le caractère favorable de l'incidence sur l'ensemble des consommateurs dans les marchés pertinents qui doit être pris en considération (CJCE 23-11-2006 aff. 238/05, Asnef-Equifax : RJDA 2/07 n° 197).

Le partage du profit procuré par l'entente entre les promoteurs de celle-ci et les utilisateurs des produits ou des services résulte surtout de la possibilité pour ces utilisateurs de bénéficier d'une **baisse des prix.** Pour cela, il faut non seulement que l'entente rende possible cette baisse des prix, mais encore que les utilisateurs soient en mesure, par leur puissance économique ou en raison du fort degré de concurrence sur le marché, de l'obtenir (pour des exemples, voir Commission CE 23-11-1977, aff. « GEC-Weir Sodium » : JOCE 1977 L 327 p. 26 ; Commission CE 30-4-1982, aff. « BPICA » : JOCE 1982 L 156 p. 16 ; Commission CE 13-7-1983, aff. « Rockwell-Iveco » : JOCE 1983 L 224 p. 19 ; Commission CE 2-12-1985, aff. « BP-Kellog » : JOCE 1985 L 369 p. 6 ; Commission CE 22-12-1987, aff. « Olivetti-Canon » : JOCE 1988 L 52 p. 51). 47785

Le partage du profit peut aussi résulter de tout autre avantage résultant de l'entente : par exemple, une **amélioration de la qualité** et du mode d'utilisation des produits ou du **service après-vente,** une **régularisation des approvisionnements,** un accroissement et une amélioration de l'offre, la mise sur le marché d'un **produit nouveau** plus avantageux, la standardisation des produits, etc. La Commission a même considéré que le partage du profit avec les utilisateurs pouvait résulter des effets favorables d'une entente sur **l'environnement** (Commission CE 12-12-1990, aff. « KSB » : JOCE 1991 L 19 p. 25 ; Commission CE 21-12-1994, aff. « Philips-Osram » : JOCE 1994 L 378 p. 37 ; Commission CE 24-1-1999, aff. « Ceced » : JOCE 2000 L 187 p. 47). Il n'est donc pas obligatoire que les consommateurs reçoivent une partie de chaque gain d'efficacité recensé dans le cadre de la première condition (LD concernant l'application de l'article 101, 3 du Traité, pt 86).

En revanche, les utilisateurs ne « profitent » pas d'une entente lorsque les parties ont eu seulement pour but de créer un cloisonnement des marchés (Commission CE 12-6-1978, aff. « SNPE-LEL » : JOCE 1978 L 191 p. 41 ; Commission CE 11-12-1980, aff. « Hennessy-Henkel » : JOCE 1980 L 383 p. 11 ; Commission CE 10-12-1982, aff. « Cafeteros de Columbia » : JOCE 1982 L 360 p. 31) ou lorsque les accords les privent d'une possibilité d'offres plus avantageuses (Commission CE 25-7-1975, aff. « Bronbemaling » : JOCE 1975 L 249 p. 27 ; Commission CE 13-7-1983, aff. « Vimpoltu » : JOCE 1983 L 200 p. 44).

3. TROISIÈME CONDITION D'EXEMPTION : CARACTÈRE INDISPENSABLE DES RESTRICTIONS DE CONCURRENCE

Les restrictions à la libre concurrence ne peuvent être justifiées que si elles sont indispensables à la réalisation des gains d'efficacité créés par l'accord en cause (LD concernant l'application de l'article 101, 3 du Traité, pt 73). La charge de la **preuve** de ce lien de causalité incombe à ceux qui l'invoquent (Règl. 1/2003 art. 2 ; CJCE 15-5-1975 aff. 71/74, Frubo ; CJCE 11-7-1985 aff. 42/84, Remia ; CJUE 6-10-2009 aff. jtes 501, 513, 515 et 519/06, GlaxoSmithKline). 47810

Pour **apprécier le caractère indispensable des restrictions,** la Commission effectue, dans chaque cas, une analyse concrète des mesures contenues dans l'entente en fonction de différents facteurs, tels que la nature du secteur économique considéré, la situation du marché et son évolution prévisible, l'objectif à atteindre, l'attitude des autorités publiques nationales le cas échéant, les conditions de la production et l'importance des investissements indispensables, la nature du produit et ses conditions d'utilisation, la nécessité pour les parties de disposer de la technologie nécessaire, le temps nécessaire à l'obtention du résultat recherché, la possibilité ou l'impossibilité de faire autrement, etc.

Pour apprécier le caractère indispensable des restrictions de concurrence contenues dans les règles d'adhésion à l'Union européenne de radiotélévision (UER), la Commission doit, au préalable, examiner si ces règles ont un caractère objectif et suffisamment déterminé permettant une application uniforme et non discriminatoire à l'égard de tous les membres actifs potentiels (TPICE 11-7-1996 aff. 528, 542, 543 et 546/93, Métropole Télévision ; TPICE 21-3-2001 aff. 206/99, Métropole Télévision et TPICE 8-10-2002 aff. 126, 185 et 300/00, Métropole Télévision M6).

ILLUSTRATIONS

Dans l'affaire « Matra-Hachette » (TPICE 15-7-1994 aff. 17/93, Matra Hachette), la création d'une entreprise commune entre deux constructeurs automobiles a été reconnue conforme à la troisième condition de l'article 101, 3 car, selon le Tribunal, dès lors que chacune des deux entreprises fondatrices avait effectivement la possibilité technique et financière de pénétrer isolément sur le marché, cette pénétration ne pouvait être effectuée qu'à perte, compte tenu d'un contexte économique et technique difficile.

Pour d'autres exemples, voir les décisions : « Ceced » du 24-1-1999 (JOCE 2000 L 187 p. 47) ; « GEAE/P & W » du 14-9-1999 (JOCE 2000 L 58 p. 16) ; « Reims II » du 15-9-1999 (JOCE 1999 L 275 p. 17) ; Ifpi « Simulcast » du 8-10-2002 (JOUE 2003 L 107 p. 58) ; « UEFA » du 23-7-2003 (JOUE 2003 L 291 p. 25).

Pour des cas où la Commission a estimé que la justification du caractère indispensable de l'entente n'avait pas été apportée, voir les décisions : « Carreaux céramiques » du 29-10-1970 (JOCE 1971 L 10 p. 15) ; « VCH » du 16-12-1971 (JOCE 1972 L 13 p. 34) ; « Cimbel » du 22-12-1972 (JOCE 1972 L 303 p. 24) ; « Frubo » du 25-7-1974 (JOCE 1974 L 237 p. 16) ; « Haarden-en Kachelhandel » du 3-6-1975 (JOCE 1975 L 159 p. 22) ; « Bomée-Stichting » du 21-11-1975 (JOCE 1975 L 329 p. 30) ; « VBBB-VBVB » du 25-11-1981 (JOCE 1982 L 54 p. 36), confirmée par CJCE 17-1-1984, aff. 43 et 63/82.

Il est fréquent que l'exemption soit accordée après modification des clauses de l'accord à la demande de la Commission (voir, par exemple, Commission CE 16-12-1985, aff. « P & I Clubs » : JOCE 1985 L 376 p. 2 ; Commission CE 8-10-2002, aff. Ifpi « Simulcast » : JOUE 2003 L 107 p. 58 ; Commission CE 24-7-2002, aff. « Visa International – Commission multilatérale d'interchange » : JOCE 2002 L 318 p. 17).

4. QUATRIÈME CONDITION D'EXEMPTION : MAINTIEN DE LA CONCURRENCE

47830 Les entreprises liées par l'entente ne doivent pas avoir la possibilité d'éliminer la concurrence pour une partie substantielle des produits en cause (LD concernant l'application de l'article 101, 3 du TFUE, pt 105). Ce résultat est atteint si les membres de l'entente ne détiennent pas une **part du marché** trop importante et sont exposés à la **concurrence effective d'autres entreprises** qui proposent les mêmes produits ou des produits substituables, c'est-à-dire des produits qui, bien que différents, peuvent répondre aux mêmes besoins.

ILLUSTRATIONS

Jugé qu'une restriction de concurrence contenue dans des accords de partenariat conclus par le plus important demandeur de services d'élimination de déchets peut bénéficier d'une exemption individuelle au vu de ses effets positifs sur l'organisation de la collecte et du tri des emballages ménagers, dès lors que l'exemption est assortie d'obligations empêchant la forclusion du marché, afin d'éviter que l'entreprise ne puisse écarter la concurrence sur le marché des systèmes d'élimination des emballages ménagers (Trib. UE 22-3-2011 aff. 419/03, Altstoff Recycling Austria AG).

Sur l'importance de la part de marché dans les accords verticaux et horizontaux, voir les **lignes directrices** de la Commission (JOUE 2022 C 248 et JOUE 2023 C 259).

Concernant les **accords verticaux,** la Commission considère notamment que le dernier critère de l'élimination de la concurrence pour une partie substantielle des produits en cause est lié à la question de l'existence d'une **position dominante.** Dans le cas d'une entreprise qui, à la suite de l'application d'un accord vertical, occupe ou est en passe d'occuper une position dominante, une restriction verticale ne peut pas en principe bénéficier d'une exemption lorsqu'elle produit des effets anticoncurrentiels sensibles. Cet accord vertical peut néanmoins sortir du champ d'application de l'article 101, 1 s'il est objectivement justifié, par exemple lorsqu'il est nécessaire pour protéger des investissements propres à une relation contractuelle ou pour céder un savoir-faire substantiel sans lequel la fourniture ou l'achat de certains biens ou services ne pourrait pas avoir lieu. Lorsque le fournisseur et l'acheteur n'occupent pas de position dominante, ce sont les trois autres critères qui sont importants.

Il faut aussi que l'entente ne mette aucun **obstacle aux échanges** à l'intérieur du marché de l'Union et notamment laisse ouverte la possibilité d'importations parallèles (voir, par exemple, Commission CE 23-12-1977, aff. « Jaz-Peter » : JOCE 1978 L 61 p. 17).

Sur la notion de marché, voir n°s 42700 s..

Sur la notion d'« élimination de la concurrence pour une partie substantielle des produits en cause », voir les **lignes directrices** de la Commission concernant l'application de l'article 101, 3 du Traité, pt 106.

C. Inexistence d'autres faits justificatifs des restrictions de concurrence

Les parties à l'entente cherchent souvent à invoquer des circonstances qui paraissent à leurs yeux **justifier leur comportement** et la création de l'effet anticoncurrentiel. La Commission et la Cour de justice rejettent régulièrement de telles prétentions. Dès lors que les conditions visées à l'article 101, 1 sont réunies, l'entente est interdite. 47870

Ainsi, ne font **pas obstacle** au jeu de cette **interdiction** :
– les mesures imposées aux entreprises étrangères par les autorités de leur pays, de même que celles incluses dans des accords commerciaux entre l'Union européenne et un pays tiers, dès l'instant où des accords ou des pratiques concertées viennent s'y ajouter (voir Commission CE 29-11-1974, aff. « Roulements à billes » : JOCE 1974 L 343 p. 19) ;
– les mesures qui sont spécialement autorisées par les pouvoirs publics d'un pays tiers sur la base de leur droit interne, car l'autorisation émanant d'une autorité d'un pays tiers ne modifie en rien le fait que les entreprises concernées étaient libres de ne pas conclure lesdits accords ou de ne pas se livrer auxdites pratiques (Commission CE 29-11-1974, aff. « Roulements à billes » précité) ;
– les prescriptions de sécurité existant sur le marché de destination ; notamment, les dispositions prises en vue de se conformer à ces règles ne peuvent pas rendre l'exportation plus difficile en dépassant la mesure directement nécessaire à cet effet (Intervention de la Commission CE, aff. « AEG-Telefunken » ; 4e rapport Commission CE no 106) ;
– la combinaison de l'accord et des effets d'une législation nationale exigeant un mode de preuve de l'origine des produits rendant impossibles les importations parallèles (CJCE 11-7-1974 aff. 8/74, Dassonville) ;
– le fait qu'une entente soit transgressée temporairement ou même de façon réitérée par l'une ou l'autre des parties (Commission CE 12-12-1978, aff. « Céruse » : JOCE 1979 L 21 p. 16) ;
– les dispositions nationales d'ordre législatif ou réglementaire qui ont pour effet de restreindre la concurrence, car les effets des restrictions de concurrence d'ordre privé qui viennent s'y ajouter ne peuvent manquer d'être encore plus sensibles (Commission CE 20-7-1978, aff. « Fedetab » : JOCE 1978 L 224 p. 29) ;
– le fait que des producteurs aient pu craindre une perturbation grave du marché (Commission CE 8-1-1975, aff. « Conserves de champignons » : JOCE 1975 L 29 p. 26) ou des baisses de prix de nature à compromettre leur rentabilité (Commission CE 21-12-1988, aff. « PEBD » : JOCE 1989 L 74 p. 21) ;
– la crainte d'être victime de mesures de rétorsion de la part des autorités nationales (retrait d'homologation des produits) ou des concurrents (TPICE 6-4-1995 aff. 152/89, Ilro) ;
– la nécessité de se protéger contre l'existence d'une entente entre plusieurs entreprises concurrentes. Selon la Commission et le Tribunal, l'existence d'une infraction aux règles de la concurrence, du fait de certains opérateurs, ne peut, en aucun cas, justifier une infraction du fait d'autres opérateurs (TPICE 6-4-1995 aff. 147/89, Société métallurgique de Normandie ; TPICE 6-4-1995 aff. 151/89, Société des treillis et panneaux soudés) ;
– la nécessité, pour les entreprises, de se protéger contre les aides publiques illicites dont bénéficient certains concurrents et ce, même si la Commission a fait preuve de laxisme dans l'examen du dossier d'aide d'État. Selon les autorités de l'Union, les entreprises ne peuvent se faire justice à elles-mêmes en se substituant aux autorités compétentes pour sanctionner d'éventuelles violations du droit national ou du droit de l'Union (TPICE 15-3-2000 aff. 25/95 e.a., SA Cimenteries CBR) ;
– la nécessité de lutter contre des pratiques de dumping (Commission CE 5-12-2001, aff. « Acide citrique » : JOCE 2002 L 239 p. 18) ;
– le comportement illégal d'un concurrent affecté par l'entente (CJUE 7-2-2013 aff. 68/12, Protimonopolný úrad Slovenskej republiky c/ Slovenská sporitelna a.s.).

Pour une synthèse sur l'inexistence de faits justificatifs, voir les jugements du Tribunal dans l'affaire des « Treillis soudés » (TPICE 6-4-1995 aff. 147/89, 151/89 et 152/89 précitées ; voir également TPICE 6-4-1995 aff. 141, 143, 144, 148, 149 et 150/89).

Les différentes circonstances ci-dessus invoquées ne peuvent avoir d'autres incidences qu'une **atténuation du montant de l'amende** (pour des exemples, voir nos 52360 s.).

En revanche, la Cour de justice a considéré que les effets restrictifs de concurrence inhérents aux accords collectifs conclus entre organisations représentatives des employeurs et des travailleurs pouvaient se justifier et être compensés par les **objectifs de politique sociale** poursuivis par de tels accords, en particulier la recherche en commun de mesures destinées à améliorer les conditions d'emploi et de travail (CJCE 21-9-1999, 3 arrêts, aff. 67/96, Albany, aff. 115 à 117/97, Brentjens et aff. 219/97, Drijvende Bokken : RJS 3/00 no 348 ; CJCE 21-9-2000 aff. 222/98, Van Der Woude : RJS 12/00 no 1310 ; CJUE 3-3-2011 aff. 473/09, AG2R Prévoyance). 47875

De même, une réglementation d'un ordre professionnel d'avocats interdisant la collaboration entre avocats et experts-comptables a un caractère restrictif dans la mesure où elle limite la production et le développement technique. Cependant, les effets restrictifs de concurrence sont inhérents aux objectifs poursuivis car nécessaires pour garantir le **bon exercice de la profession** d'avocat, l'indépendance de l'avocat, le respect d'un strict secret professionnel (CJCE 19-2-2002 aff. 309/99, Wouters).

› Précisions En revanche, la Commission estime que l'établissement du barème (recommandé) d'honoraires minimaux par l'Ordre des architectes belges ne peut **pas** être considéré comme **nécessaire** pour garantir le **bon exercice de la profession** d'architecte (Commission CE 24-6-2004, aff. « Ordre des architectes belges » : JOUE 2005 L 4 p. 10).

De la même façon, le fait pour un ordre professionnel d'imposer à ses membres un système de formation obligatoire exclusivement dispensé par lui-même est susceptible de **restreindre la concurrence** non seulement sur le marché sur lequel les membres de l'ordre professionnel exercent leur activité, mais également sur celui de la formation professionnelle (CJUE 28-2-2013 aff. 1/12, Ordem dos Técnicos Oficiais de Contas c/ Autoridade da Concorrência).

SECTION 7 LÉGITIMATION DES PRATIQUES ANTICONCURRENTIELLES (DROIT FRANÇAIS)

POSSIBILITÉ D'UNE LÉGITIMATION

48000 Les ententes et abus de domination échappent à la prohibition des articles L 420-1 et L 420-2 du Code de commerce et aux sanctions qui en résultent dans l'une ou l'autre des situations suivantes (C. com. art. L 420-4) :
– lorsque les restrictions de concurrence résultent d'un texte législatif ou d'un texte réglementaire pris pour son application ;
– lorsque l'accord bénéficie d'une exemption accordée par décret ;
– lorsque leurs auteurs peuvent justifier qu'elles ont pour effet d'assurer le développement du progrès économique.

I. RESTRICTIONS DE CONCURRENCE RÉSULTANT D'UN TEXTE LÉGISLATIF OU RÉGLEMENTAIRE

48100 En présence de justifications tirées de l'application d'un texte, l'entente ou l'abus de position dominante ne saurait être condamné. Mais la disposition invoquée doit être un « texte législatif ou réglementaire » et contenir la justification d'une atteinte à la concurrence.

S'il s'agit d'un texte réglementaire, il doit être pris en application d'une loi. En conséquence, seules les restrictions de concurrence autorisées par la loi sont admises, les textes réglementaires ne pouvant être invoqués qu'en tant que mesure d'exécution de cette restriction légale.

En outre, le texte invoqué doit contenir une justification directe de l'entente ou de la pratique liée à un abus de domination : celle-ci ne doit pas résulter d'une interprétation plus ou moins large de textes sans rapport étroit avec les pratiques concernées (par exemple, CA Paris 27-6-1990 : D. 1990 IR p. 212).

L'article L 420-4, 1° du Code de commerce ne peut exonérer que les pratiques constituant une conséquence nécessaire de l'application de textes législatifs ou réglementaires (Aut. conc. 26-1-2010 n° 10-D-04, aff. « Secteur des tables d'opération »).

ILLUSTRATIONS

Jugé que la délivrance de médicaments à domicile n'étant pas prohibée par la réglementation, ni même soumise à autorisation ou à agrément de l'administration, le Conseil central de l'Ordre national des pharmaciens ne pouvait se prévaloir des dispositions de l'article L 420-4 du Code de commerce pour justifier une pratique visant à s'opposer à l'activité du portage des médicaments à domicile (Cass. com. 16-5-2000 : RJDA 12/00 n° 1171).

Pour d'autres applications, voir : Aut. conc. 18-1-2011 n° 11-D-01, aff. « Manutention portuaire à la Réunion » ; Cons. conc. n° 03-D-03 du 16-1-2003, aff. « Barreau des avocats de Marseille en matière d'assurances ».

En revanche, la tolérance exprimée par les pouvoirs publics voire même leur rôle incitateur ne peuvent normalement pas constituer une cause d'exonération de la responsabilité des auteurs des pratiques. Toutefois, l'absence de liberté des entreprises constitue une cause exonératoire de leur responsabilité s'il apparaît sur la base d'indices objectifs, pertinents et concordants que ce comportement leur a été unilatéralement imposé par les autorités nationales par l'exercice de pressions irrésistibles (Aut. conc. 15-4-2010 n° 10-D-13, aff. « Manutention pour le transport de conteneurs au port du Havre »).

II. EXEMPTION D'ACCORDS ANTICONCURRENTIELS PAR DÉCRET

L'article L 420-4, II du Code de commerce autorise le ministre de l'économie à prendre par décret des décisions d'exemption de **catégories d'accords.** Cette mesure établit une présomption de conformité de certaines catégories d'accords au droit des ententes dès lors qu'ils respectent les conditions de « légitimation économique » prévues par l'article L 420-4, I-2° (nos 48300 s.). Les accords conformes aux conditions fixées par le décret d'exemption par catégorie seront donc réputés contribuer au progrès économique (Aut. conc. 9-11-2007 n° 07-A-14). 48200

Par ailleurs, le ministre de l'économie peut accorder par décret l'exemption d'**accords individuels.**

Les demandes d'exemption adressées au ministre doivent être accompagnées des informations suivantes (C. com. art. R 420 1) :
- l'identification détaillée des entreprises parties à l'accord ;
- les objectifs fixés par l'accord ;
- la délimitation du marché concerné par l'accord ;
- les produits, biens ou services concernés ;
- les produits, biens ou services substituables ;
- les parts de marché détenues par chaque partie à l'accord (en volume et en chiffre d'affaires) ;
- l'impact sur la concurrence.

Les décrets – relatifs à des catégories d'accords ou individuels – sont adoptés après avis conforme de l'Autorité de la concurrence. La durée d'application des décrets n'est pas limitée.

> **Précisions** Si les entreprises estiment que certains des documents inclus dans le dossier de demande d'exemption présentent un caractère confidentiel, elles peuvent porter sur ceux-ci la mention « **secret des affaires** ». Dans ce cas, le ministre de l'économie leur demande de lui indiquer les informations dont elles souhaitent qu'il ne soit pas fait mention dans le décret et dans l'avis de l'Autorité de la concurrence qui accompagne ce dernier.

III. EXEMPTION DES PRATIQUES ANTICONCURRENTIELLES AU CAS PAR CAS

Les pratiques anticoncurrentielles d'entreprises peuvent être aussi légitimées si leurs auteurs justifient qu'elles satisfont aux **conditions** suivantes (C. com. art. L 420-4, I-2°) : 48300
- assurer le développement du progrès économique ;
- réserver aux utilisateurs une partie équitable du profit qui en résulte ;
- ne pas imposer des restrictions de concurrence qui ne sont pas indispensables pour atteindre ces objectifs ;
- ne pas donner aux entreprises intéressées la possibilité d'éliminer la concurrence pour une partie substantielle des produits en cause.

Si la constitution d'une **position dominante** peut résulter d'un texte législatif, il paraît difficile de justifier l'**abus** qui pourrait en être fait au regard des conditions qui précèdent, ne serait-ce qu'en raison de l'importance des restrictions de concurrence qu'il entraîne. Ainsi, c'est essentiellement dans le domaine des **ententes** que peuvent être invoquées ces justifications.

Signalons cependant que les exemptions individuelles n'ont été accordées par l'Autorité de la concurrence que très exceptionnellement. Les dispositions de l'article L 420-4, I-2° du Code de commerce sont en effet d'interprétation stricte.

Les quatre conditions fixées par le droit français sont semblables à celles fixées par l'**article 101, 3 du TFUE** (voir nos 47650 s.). L'Autorité de la concurrence utilise d'ailleurs parfois les lignes directrices de la Commission européenne concernant l'application de l'article 101, 3 comme guide d'analyse utile pour l'appréciation de ces conditions (par exemple, Aut. conc. 13-3-2012 n° 12-D-09, aff. « Farines alimentaires »).

A. Facteurs de développement du progrès économique

AMÉLIORATION DE LA PRODUCTIVITÉ

48310 Pour que la productivité soit améliorée, il faut réduire le rapport entre la quantité produite, d'une part, le travail fourni et les dépenses engagées, d'autre part. Il en est ainsi dans les cas suivants :

– **réduction des frais généraux** (Avis Commission conc. 17-5-1977, aff. « Fabrication et distribution des phonogrammes ») ;

– **amélioration des conditions de distribution** entraînant une baisse des prix : par exemple, constitution d'un groupement favorisant la gestion des stocks et les actions de promotion (Avis Commission conc. 11-5-1978, aff. « Briquets non rechargeables ») ou permettant une modération de la hausse des prix (Avis Commission conc. 28-1-1981, aff. « Affichage publicitaire extérieur »), groupage des commandes et constitution des stocks par des entreprises spécialisées (Avis Commission conc. 17-6-1977, aff. « Pièces détachées pour automobiles »), création de relais de stockage ou de concentration des commandes (Avis Commission conc. 16-10-1974, aff. « Tuiles et briques »), développement de l'offre et de la demande dans la transmission d'ordres à distance par suite de la réduction du coût de la transaction (Avis Commission conc. 12-12-1985, aff. « Secteur de la transmission florale ») ;

– **optimisation d'un procédé de fabrication,** par exemple une action favorisant la réalisation des investissements nécessaires à la mise en œuvre du procédé et le respect des contraintes particulières de fabrication inhérentes à ce procédé (Avis Commission conc. 8-11-1974, aff. « Fiorio ») ;

– **optimisation de la logistique et des coûts de transport** (Aut. conc. 13-3-2012 n° 12-D-09, aff. « Farines alimentaires ») ;

– **meilleur amortissement des frais** de recherche et de développement (Avis Commission conc. 8-6-1978, aff. « Crampons antidérapants pour automobiles » ; avis Commission conc. 13-12-1983, aff. « Secteur du béton prêt à l'emploi ») ;

– **coordination des investissements** (Avis Commission conc. 30-9-1977, aff. « Fabricants de matériaux pour canalisations d'eau » ; avis Commission conc. 27-1-1983, aff. « Marché des tuiles et briques en Alsace » ; Cons. conc. 21-6-1988 n° 88-D-27, aff. « Secteur de la messagerie-groupage »).

De même, les **centrales d'achat** peuvent contribuer au progrès économique lorsqu'elles offrent des services effectifs aux producteurs (assurance de débouchés, groupement des livraisons ou de la facturation) ou lorsqu'elles permettent aux distributeurs d'améliorer les conditions de leur exploitation en leur proposant des services techniques (Avis Commission conc. 30-10-1986, aff. « Arci Association »).

> **Précisions** L'ex-Commission de la concurrence a estimé que « les qualités techniques et esthétiques des produits offerts (...) n'apportent pas par elles-mêmes la justification d'un accroissement de la productivité » (Avis Commission conc. 23-2-1978, aff. « Publicité sur les Abribus ») et que si l'utilisation d'une codification « permet bien, au stade du commerce de détail, de parvenir à une détermination rapide des prix de revente, cette circonstance, qui tient à l'intervention d'un coefficient multiplicateur uniforme et totalement étranger au coût réellement supporté par chaque point de vente particulier, ne saurait constituer par elle-même un facteur d'accroissement de la productivité » (Avis Commission conc. 17-5-1977, aff. « Fabrication et distribution des phonogrammes »).

AMÉLIORATION DES CONDITIONS DU MARCHÉ

48320 Des facteurs très divers sont susceptibles d'avoir une influence favorable sur le marché du produit ou du service. Ce peut être le cas, par exemple :

– d'une **meilleure adaptation de l'offre à la demande,** soit pour éviter un excès de production (voir avis Commission conc. 30-9-1977, aff. « Fabricants de matériaux pour canalisations d'eau » ; avis Commission

conc. 8-2-1979, aff. « Marchés du zinc laminé »), soit pour organiser la récession d'une production menacée, mais à condition d'entreprendre parallèlement une action de reconversion progressive des entreprises concernées (voir avis Commission conc. 16-10-1974, aff. « Tuiles et briques ») ;
– d'un **accroissement des exportations** (Avis Commission conc. 8-6-1978, aff. « Crampons antidérapants pour automobiles » ; avis Commission conc. 27-1-1983, aff. « Marché des tuiles et briques en Alsace ») ;
– d'une **amélioration de la qualité des services à la clientèle** : meilleure information des consommateurs (voir avis Commission conc. du 17-5-1977, aff. « Fabrication et distribution de phonogrammes ») ou meilleure sécurité (Avis Commission conc. 16-12-1982, aff. « Serrures de sécurité » ; Cons. conc. 4-6-1991 n° 91-D-29, aff. « Gaz de pétrole liquéfié ») ou meilleure efficacité et émergence de nouveaux services (Aut. conc. 20-9-2010 n° 10-D-28, aff. « Chèques remis aux fins d'encaissement ») ;
– du **développement d'une marque nationale** dans la mesure où cette dernière transmet une information aux consommateurs en garantissant un niveau de qualité uniforme du produit (Aut. conc. 13-3-2012 n° 12-D-09, aff. « Farines alimentaires ») ;
– du lancement d'une **innovation** (Avis Commission conc. 23-2-1978, aff. « Publicité sur les Abribus ») ;
– de l'**élargissement** de la **diffusion d'un produit** breveté (Avis Commission conc. 26-5-1983, aff. « Produits phytosanitaires ») ;
– du désir de **restaurer l'image de marque d'un produit** (Avis Commission conc. 8-2-1979, aff. « Marchés du zinc laminé ») ;
– de **l'amélioration des conditions d'utilisation d'un moyen de paiement** (Cons. conc. 11-10-1988 n° 88-D-37, aff. « Groupement des cartes bancaires CB »).

Ont été considérés, au contraire, comme des facteurs excluant la justification d'une entente la mauvaise balance extérieure du marché du produit (augmentation des importations et faiblesse des exportations) et le contrôle d'une part toujours croissante de la production nationale par des groupes étrangers (Avis Commission conc. 20-9-1974, aff. « Fabricants d'outils en carbure de tungstène »).

En outre, une entente ne peut pas être justifiée par le souci d'éviter un « désajustement » de l'offre et de la demande dès lors que cette action, purement conjoncturelle, n'est assortie d'aucune disposition destinée à assurer une meilleure organisation de la production et un meilleur fonctionnement du marché en fonction de considérations structurelles. Par exemple, le simple fait de stabiliser les prix dans une période d'instabilité conjoncturelle ne constitue pas une contribution au progrès économique (Rapport Cons. conc. pour 1987 p. 24).

CRÉATION OU MAINTIEN D'EMPLOIS

La création ou le maintien d'emplois constitue un facteur de progrès économique (C. com. art. L 420-4, I-2°). 48330

ILLUSTRATIONS

Il a été considéré que « la nécessité d'assurer la survie d'exploitations soumises à d'importantes et imprévisibles variations de production » justifiait certaines pratiques anticoncurrentielles auxquelles s'étaient livrés les paludiers de la région de Guérande (Cons. conc. 3-5-1988 n° 88-D-20, aff. « Marché du sel »).

B. Partage du profit tiré de l'entente avec les utilisateurs

Le partage du profit tiré de l'entente entre les membres de l'entente et les utilisateurs des biens ou services prendra essentiellement la forme de baisses de prix, voire d'une minoration de hausses. 48370

ILLUSTRATIONS

Jugé, « dès lors qu'il est établi que le seul objet d'une entente était pour les participants d'obtenir et de se partager un bénéfice frauduleux résultant d'une hausse illicite des prix de 10 à 20 % dont les clients faisaient finalement les frais, qu'aucune des justifications pouvant résulter de l'application de l'article L 420-4 du Code de commerce n'existe et ne peut donc être invoquée » (CA Paris 20-4-1971 : JCP éd. G 1972 II n° 17011 note Guérin). Jugé en revanche que « fait une exacte application de l'article L 420-4, I la cour d'appel qui constate que la politique suivie par l'EDF a abouti, entre 1954 et 1969, à limiter la hausse des prix des transformateurs à un coefficient bien inférieur à celui des facteurs intervenant dans leur fabrication » (Cass. com. 18-2-1970 : D. 1970 p. 607).

Il pourrait aussi se traduire par d'autres effets : amélioration de la qualité, de la présentation, de la commercialisation des produits, du service après-vente. Ne constitue pas une justification suffisante la pratique d'une codification qui a entraîné une réduction des frais généraux dès lors qu'elle ne facilite pas l'information du consommateur sur les prix (Avis Commission conc. 17-5-1977, aff. « Fabrication et distribution des phonogrammes ») ou un système de traitement de coupons publicitaires qui ne profite qu'aux fabricants (Avis Commission conc. 5-4-1979, aff. « Coupons publicitaires de réduction »).

Ce partage du profit avec le consommateur peut parfois se confondre avec les avantages économiques obtenus. Il en est ainsi de la lutte contre la pollution (Avis Commission conc. 28-3-1973, aff. « Huiles usagées ») ou de l'amélioration de l'environnement par l'utilisation de palissades de chantiers esthétiques (Avis Commission conc. 28-1-1981, aff. « Affichage publicitaire extérieur »).

C. Caractère indispensable des restrictions de concurrence

48410 Les pratiques anticoncurrentielles doivent être absolument indispensables pour obtenir l'effet favorable. C'est ainsi que
– les frais de lancement d'une innovation peuvent être compensés au début par une fermeture du marché, mais celle-ci n'est plus justifiée dès que l'investissement est devenu sans risque (Avis Commission conc. 23-2-1978, aff. « Publicité sur les Abribus ») ;
– une filiale commune constituant au total une bonne entente doit néanmoins renoncer à ses activités de comptoir de vente ainsi qu'à certaines exigences de son règlement d'attribution de licences, ces deux aspects de son activité n'étant ni nécessaires ni indispensables pour assurer la contribution de cette société au progrès économique (Avis Commission conc. 8-2-1979, aff. « Demi-produits en zinc laminé ») ;
– dans l'affaire des commissions interbancaires, les parties n'avaient pas démontré que l'instauration d'un mécanisme de compensation, prenant la forme d'une commission interbancaire d'un montant fixe, payée à la transaction par la banque remettante à la banque tirée, était nécessaire pour fournir à l'ensemble des banques les incitations indispensables au passage à la dématérialisation de la compensation interbancaire des chèques (Aut. conc. 20-9-2010 n° 10-D-28, aff. « Tarifs et conditions liées appliquées par les banques pour le traitement des chèques remis aux fins d'encaissement »).

Pour d'autres exemples de restrictions de concurrence non indispensables, voir notamment : avis Commission conc. 10-5-1979, aff. « Assurance incendie des risques industriels » ; Cons. conc. 3-5-1988 n° 88-D-20, aff. « Marché du sel » ; Aut. conc. 18-1-2011 n° 11-D-01, aff. « Manutention portuaire à la Réunion » ; Aut. conc. 13-2-2013 n° 13-D-03, aff. « Porc charcutier ».

D. Maintien d'une concurrence suffisante malgré l'entente ou la situation de domination

48450 L'entente ou la situation de domination ne doit pas donner aux entreprises la possibilité d'éliminer la concurrence pour une partie substantielle des produits en cause. Cette condition est inhérente aux principes mêmes du bilan économique qui compare les atteintes à la concurrence au développement économique résultant des pratiques examinées.

Ainsi :
– la constitution d'entreprises spécialisées dans une activité donnée (par exemple, le groupage des commandes et la constitution de stocks) est justifiée à la condition que les entreprises ne s'attribuent pas le monopole de cette activité et ne fassent pas obstacle à ce que les acheteurs créent entre eux des groupements appropriés ou s'adressent directement aux fabricants s'ils le veulent (Avis Commission conc. 17-6-1977, aff. « Pièces détachées pour automobiles ») ;
– l'avantage qu'un regroupement peut apporter sur la baisse des prix ne doit pas être détruit par les freins mis à l'accès au marché (Avis Commission conc. 11-5-1978, aff. « Briquets non rechargeables ») ;
– une obligation d'approvisionnement en pièces détachées imposée par un importateur d'automobiles à ses concessionnaires pour une période indéterminée est injustifiée car elle

excède la durée de la garantie contractuelle incombant à cet importateur (Avis Commission conc. 25-11-1982, aff. « Pièces détachées pour automobiles importées ») ;
– un accord de codistribution de produits brevetés permettant d'élargir la diffusion de ces produits est valable s'il n'a pas d'effet sensible sur le niveau des prix de ces produits (Avis Commission conc. 26-5-1983, aff. « Produits phytosanitaires »). Cette obligation de maintenir une concurrence suffisante est de nature à écarter l'application de l'article L 420-4 aux pratiques anti-concurrentielles d'entreprises en situation de domination, l'effet de telles pratiques se trouvant, dans ce cas, amplifié par la position de ces entreprises sur un marché ou envers un partenaire ;
– un protocole ayant pour objet et pour effet d'obliger les négociants-grossistes membres d'un syndicat réalisant plus de 90 % de la distribution en gros du ciment en Corse à s'approvisionner pour la quasi-totalité de leurs besoins auprès des producteurs de ciment français suffit à établir que cette pratique élimine de manière substantielle la concurrence avec les fournisseurs de ciment étrangers (Cons. conc. 12-3-2007 n° 07-D-08, aff. « Approvisionnement et distribution du ciment en Corse ») ;
– une pratique concertée de l'Ordre des pharmaciens visant à créer un monopole territorial pour répondre aux besoins d'établissements d'hébergement de personnes âgées dépendantes éliminerait la concurrence pour une partie substantielle des produits en cause sur le marché concerné (Aut. conc. 22-4-2009 n° 09-D-17, aff. « Ordre des pharmaciens de Basse-Normandie »).

E. Preuve de l'effet bénéfique de la pratique anticoncurrentielle

ÉLÉMENTS DE LA PREUVE

Il faut établir que la pratique anticoncurrentielle est la condition indispensable de l'effet bénéfique et que cet effet bénéfique mérite d'être retenu dans les circonstances de l'espèce. Ce sont là deux conditions appréciées très rigoureusement et qui se trouvent rarement réalisées. **48490**

1. La preuve du lien **de causalité entre les pratiques anticoncurrentielles et** les effets favorables au **progrès économique** suppose que les facteurs d'amélioration de la production ne puissent pas s'expliquer par d'autres causes. Par exemple, il a été observé dans une espèce (Avis Commission conc. 20-9-1974, aff. « Fabricants d'outils en carbure de tungstène ») que l'importance d'augmentation de la production était due au développement du marché et que l'incontestable amélioration de la productivité et de la qualité était imputable à l'action technique entrant dans le rôle normal d'une commission de spécialisation et de rationalisation. Dans une autre espèce (Avis Commission conc. 16-4-1975, aff. « Gobeleterie »), la Commission a relevé que la diminution des entreprises, leur implantation en zones industrielles, leur modernisation résultaient de l'évolution des conditions économiques tandis que la rationalisation des emballages et de la manutention ainsi que la mise au point d'un tableau de bord conçu pour permettre un meilleur contrôle de la gestion étaient sans rapport avec les pratiques anticoncurrentielles.

2. Il faut aussi que l'effet positif ne soit pas une conséquence banale de la gestion courante : on ne peut pas prendre en compte, notamment, les actions qui sont celles normalement incluses dans la gestion d'un réseau commercial, telles que le regroupement des commandes, les relais pour le stockage, la représentation auprès de la clientèle et la garantie de solvabilité.

CHARGE DE LA PREUVE DE L'EFFET BÉNÉFIQUE DE LA PRATIQUE ANTICONCURRENTIELLE

La preuve que les pratiques anticoncurrentielles ont des effets favorables incombe à leurs auteurs (Avis Commission conc. 19-12-1959, aff. « Organisation du marché de la langouste »). **48500**

Il reste néanmoins que les auteurs des pratiques anticoncurrentielles ne sont pas recevables à faire la preuve que les pratiques sont bénéfiques s'ils ont au préalable nié l'existence de l'entente ou de la position dominante qui leur est reprochée (voir, par exemple, avis Commission conc. 17-3-1956, aff. « Fabricants de fûts métalliques » ; avis Commission conc. 21-6-1958, aff. « Fabricants de cœurs d'aiguillages en acier moulé » ; avis Commission conc. 18-3-1966, aff. « Industrie des compteurs d'eau » ; avis Commission conc. 14-9-1978, aff. « Pièces en fonte de voirie pour l'assainissement » ; avis Commission conc. 27-9-1979, aff. « Appareils électroménagers et électroacoustiques » ; avis Commission conc. 24-1-1980, aff. « Assainissement en région parisienne » ; avis Commission conc. 22-10-1980, aff. « Marché du meuble »).

SECTION 8

PROCÉDURE EUROPÉENNE

I. PROCÉDURE ADMINISTRATIVE DEVANT LA COMMISSION EUROPÉENNE

TABLEAU RÉCAPITULATIF DE LA PROCÉDURE

48600

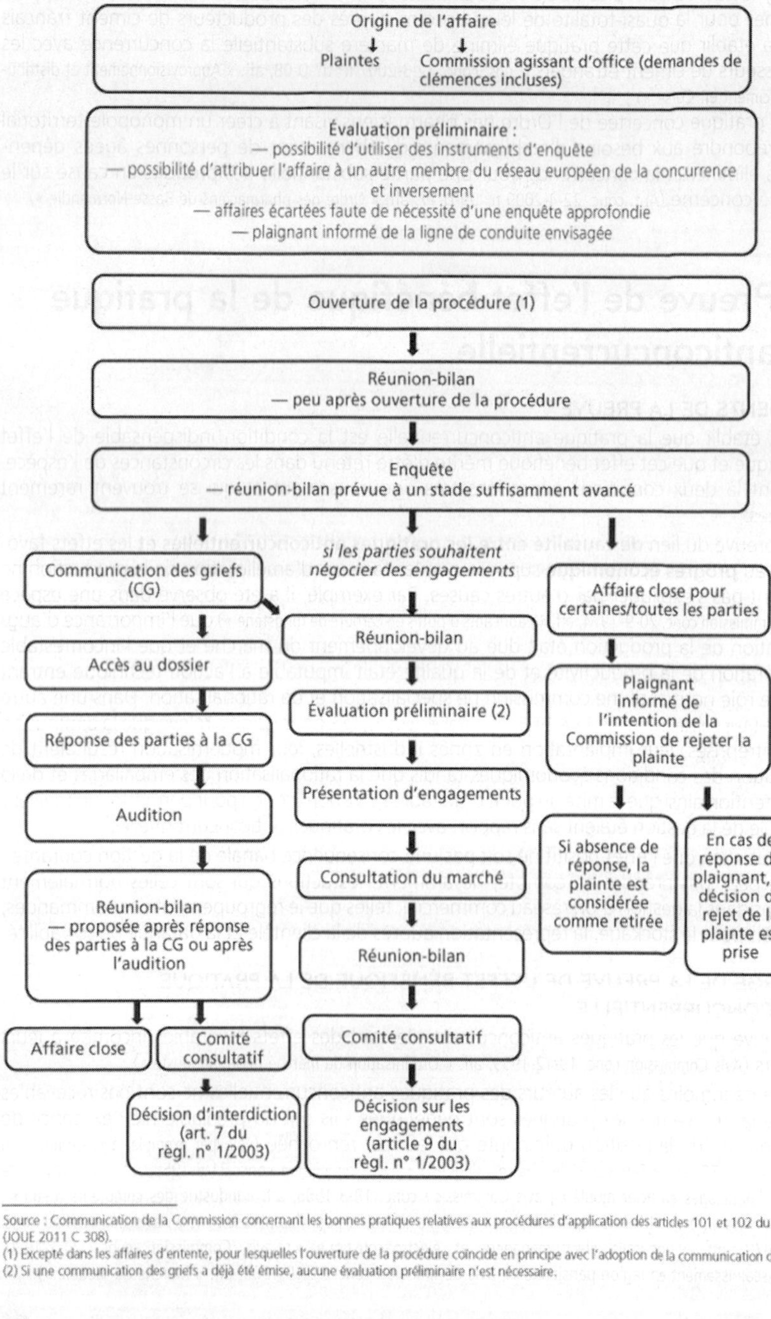

Source : Communication de la Commission concernant les bonnes pratiques relatives aux procédures d'application des articles 101 et 102 du TFUE (JOUE 2011 C 308).

(1) Excepté dans les affaires d'entente, pour lesquelles l'ouverture de la procédure coïncide en principe avec l'adoption de la communication des griefs.

(2) Si une communication des griefs a déjà été émise, aucune évaluation préliminaire n'est nécessaire.

A. Première phase : saisine de la Commission européenne

POSSIBILITÉ D'UNE SAISINE D'OFFICE OU SUR PLAINTE

La Commission européenne peut ouvrir une procédure au titre des articles 101 et 102 du TFUE soit d'office, soit sur plaintes des États membres ou de toute personne physique ou morale justifiant d'un intérêt légitime (Règl. 1/2003 art. 7). 48610

SAISINE D'OFFICE

La Commission européenne peut se saisir d'office lorsque certains faits ont été portés à sa connaissance ou quand elle dispose d'**informations recueillies** dans le cadre d'enquêtes sectorielles, à l'occasion de réunions informelles avec des entreprises du secteur concerné, lors de la surveillance des marchés ou grâce à des échanges d'informations au sein du Réseau européen de la concurrence (REC) ou avec les autorités de concurrence de pays tiers. 48620

Les enquêtes sur des affaires d'entente peuvent aussi être ouvertes à la suite d'une **demande de clémence** introduite par un ou plusieurs membres d'une entente (sur la procédure de clémence, voir n° 52440) ou d'une **alerte** lancée par un particulier (sur l'outil de lancement d'alertes anonyme, voir n° 48625).

Toute personne physique peut **faire part à la Commission européenne de ses « préoccupations de concurrence »** par courrier électronique à l'adresse suivante :

comp-market-information@ec.europa.eu ou écrire une lettre :

Commission européenne

Direction générale de la concurrence

Greffe Antitrust

B-1049 Bruxelles

Belgique

La personne doit indiquer ses nom et adresse, identifier les entreprises et les produits concernés et décrire clairement la pratique qu'elle a observée. Cela aidera la Commission européenne à déceler d'éventuels problèmes sur le marché et pourra constituer le point de départ d'une enquête.

De plus, la Commission dispose d'un **outil de lancement d'alertes anonyme** qui complète le programme de clémence (n°s 52440 s.) et augmente les chances de détection et de poursuite des pratiques anticoncurrentielles. Ce dispositif permet aux particuliers d'alerter plus facilement la Commission en cas d'ententes secrètes ou autres infractions aux règles de la concurrence tout en garantissant leur anonymat. 48625

> **Précisions** L'outil de lancement d'alertes anonyme, disponible sur le site internet de la Commission, protège l'**anonymat des lanceurs d'alertes** grâce à un système spécial de messagerie cryptée qui permet un dialogue écrit entre la Commission et le lanceur d'alerte. Le service est géré par un prestataire de services extérieur spécialisé qui fait office d'intermédiaire et qui ne relaie que le contenu des messages reçus sans transmettre les métadonnées susceptibles d'être utilisées pour identifier la personne ayant fourni les renseignements.
> Grâce à cet outil, les particuliers peuvent donc fournir des renseignements à la Commission et lui demander de répondre à leurs messages. La Commission a quant à elle la possibilité de demander des éclaircissements et des détails.
> Les personnes qui souhaitent révéler leur identité peuvent toujours prendre directement contact avec la Direction générale de la concurrence de la Commission au moyen des coordonnées fournies sur son site internet.

SAISINE SUR PLAINTE

Formulaire de plainte Pour être recevable, une plainte doit contenir les informations précises prévues au **formulaire C** figurant à l'annexe du règlement 773/2004 du 7 avril 2004. 48630

> **Précisions** Trois **copies** sur papier et, si possible, une copie électronique de la plainte sont soumises à la Commission. Le plaignant soumet également une **version non confidentielle** de sa plainte si la confidentialité est demandée pour une partie de celle-ci (Règl. 773/2004 art. 5).

Intérêt légitime à déposer une plainte La notion d'intérêt légitime à déposer une plainte a été précisée par la Commission européenne dans une communication (Communication relative au traitement par la Commission des plaintes déposées au titre des articles 101 et 102 du TFUE, pts 33 s. : JOUE 2004 C 101). 48640

Les **entreprises** (elles-mêmes ou par l'intermédiaire des associations habilitées à défendre leurs intérêts) peuvent faire valoir un intérêt légitime lorsqu'elles opèrent sur le marché en cause ou lorsque le comportement dénoncé est susceptible de léser directement leurs intérêts (Communication précitée, pt 36).

Une **association de consommateurs** peut également déposer des plaintes (Communication précitée, pt 37 ; TPICE 18-5-1994 aff. 37/92, Beuc).

En outre, la Commission estime que les **particuliers,** dans la mesure où ils sont acheteurs des biens ou des services faisant l'objet d'une infraction, voient leurs intérêts économiques directement lésés par une pratique anticoncurrentielle et peuvent donc justifier d'un intérêt légitime (Communication précitée, pt 37). De façon plus générale, il a été jugé qu'un **client final acheteur de biens ou de services** a un intérêt légitime à agir lorsqu'il justifie avoir été lésé ou être susceptible d'être lésé dans ses intérêts économiques du fait d'une pratique anticoncurrentielle ; en effet, les règles de concurrence ont pour finalité le bien-être du consommateur et, réciproquement, la reconnaissance pour celui-ci d'un intérêt légitime à faire constater par la Commission une pratique illicite contribue au bon fonctionnement de la concurrence (TPICE 7-6-2006 aff. 213/01, « Österreichische Postsparkasse AG » et 214/01, « Bank für Arbeit und Wirtschaft AG » : RJDA 8-9/06 n° 961, en l'espèce, le Tribunal a considéré qu'un parti politique autrichien justifiait d'un intérêt à agir et pouvait donc valablement solliciter auprès de la Commission l'ouverture d'une procédure d'enquête pour entente illicite à l'encontre de plusieurs banques autrichiennes dès lors qu'il était client des services bancaires en Autriche et qu'il invoquait une atteinte à ses intérêts économiques).

En revanche, la Commission ne considère pas comme un intérêt légitime, au sens de l'article 7, 2 du règlement 1/2003, l'intérêt de personnes ou d'organisations souhaitant agir en vertu de **considérations d'intérêt général,** sans démontrer qu'elles-mêmes ou leurs membres sont susceptibles d'être lésés directement par l'infraction (Communication relative au traitement des plaintes, pt 38).

> **Précisions** Une **association d'entreprises** peut introduire une plainte, même si elle n'est pas directement concernée, en tant qu'entreprise opérant sur le marché en cause, par le comportement dénoncé, si, d'une part, les statuts de l'association l'autorisent à représenter les intérêts de ses membres et si, d'autre part, le comportement dénoncé dans la plainte est de nature à léser les intérêts des membres de l'association (TPICE 24-1-1995 aff. 114/92, Bemim).

48650 **Opportunité des poursuites : nécessité d'un intérêt pour l'Union européenne** Une plainte portant sur la violation des articles 101 ou 102 du TFUE sera instruite par la Commission européenne plutôt que par les autorités nationales de concurrence s'il existe un intérêt pour l'Union européenne suffisant (CJCE 23-4-2009 aff. 425/07, AEPI). La Commission n'est donc pas tenue d'instruire chaque plainte dont elle est saisie (TPICE 18-9-1992 aff. 24/90, Automec) ni, a fortiori, de prendre une décision définitive quant à l'existence ou l'inexistence de l'infraction alléguée aux articles 101 ou 102 du TFUE (CJUE ord. 31-3-2011 aff. 367/10 P, EMC Development). Pour autant, avant de rejeter une plainte pour défaut d'intérêt de l'Union européenne suffisant, la Commission doit s'assurer que les droits du plaignant sont sauvegardés par l'autorité nationale de concurrence et par les juridictions nationales de recours (Trib. UE 9-2-2022 aff. 791/19, Sped-Pro S.A).

La Commission peut accorder des **degrés de priorité** différents aux plaintes dont elle est saisie en se référant à l'intérêt pour l'Union européenne (Trib. UE 30-5-2013 aff. 74/11, Omnis Group), sauf lorsque l'objet de la plainte relève de ses compétences exclusives (Communication relative au traitement des plaintes, pt 41). Tel est le cas lorsque la plainte concerne le retrait du bénéfice d'une exemption par catégorie (TPICE 18-9-1992 aff. 24/90, Automec).

En pratique, la Commission concentre les ressources dont elle dispose notamment sur les affaires dont l'incidence sur le fonctionnement de la concurrence dans le marché intérieur est la plus importante et qui risquent le plus de porter préjudice aux consommateurs, ainsi que sur les affaires susceptibles de contribuer à définir la politique de la concurrence de l'UE et/ou à garantir l'application cohérente des articles 101 et/ou 102 du TFUE (Communication de la Commission concernant les bonnes pratiques relatives aux procédures d'application des articles 101 et 102 du TFUE, pt 13).

48655 Lorsque la **Commission évalue l'intérêt de l'Union** à ouvrir une enquête, elle est tenue d'apprécier la gravité des atteintes alléguées à la concurrence et la persistance de leurs effets. Cette obligation implique notamment qu'elle tienne compte de la durée et de l'importance des infractions dénoncées ainsi que de leur incidence sur la situation de la concurrence dans l'Union (CJUE 23-4-2009 aff. 425/07, AEPI). Cependant, comme cette évaluation dépend des circonstances de chaque espèce, on ne peut ni limiter le nombre de critères d'appréciation auxquels la Commission européenne peut se référer, ni lui imposer le recours exclusif à certains (CJUE 20-9-2018 aff. 373/17, Agria Polska). Ainsi, la Commission ne méconnaît pas l'étendue de son pouvoir discrétionnaire en privilégiant des critères relatifs à la probabilité d'établir l'existence d'une violation des articles 101 et 102 du TFUE et à l'étendue des mesures d'instruction nécessaires à cet effet (Trib. UE 13-7-2022 aff. 886/19, Design Light & Led Made in Europe). **48655** (suite)

Par exemple, la Commission peut décider qu'il n'est **pas opportun de donner suite** à une plainte :
– dénonçant des pratiques qui, depuis, ont cessé ; mais elle devra vérifier si certains effets anticoncurrentiels persistent et si la gravité des infractions ou la persistance de leurs effets ne confère pas à la plainte un intérêt pour l'Union (CJCE 25-5-2000 aff. 77/95, Union française de l'express [Ufex] ; Trib. UE 26-9-2018 aff. 574/14, EAEPC) ;
– si les entreprises concernées acceptent de modifier leur comportement de telle sorte qu'elle peut considérer qu'il n'y a plus un intérêt pour l'Union suffisant à intervenir (TPICE 16-9-1998 aff. 110/95, confirmé par CJCE 17-5-2001 aff. 449/98 P, IECC) ;
– lorsque, en raison de la faible probabilité que les infractions présumées soient établies et de l'importance des ressources d'enquête que la Commission devrait mobiliser pour obtenir la preuve de leur existence, l'allocation des ressources nécessaires aux fins d'un examen plus approfondi de l'affaire en cause serait disproportionnée, eu égard à l'incidence limitée de celle-ci sur le fonctionnement du marché intérieur (Communication de la Commission concernant les bonnes pratiques relatives aux procédures d'application des articles 101 et 102 du TFUE, pt 136) ;
– pour des raisons tenant à un défaut de preuve (quand le plaignant ne fournit pas le minimum de preuves suffisantes à première vue nécessaires pour établir l'existence d'une infraction aux articles 101 et/ou 102 du TFUE) ou pour des raisons de fond (absence d'infraction) (Communication précitée, pt 137).

La seule constatation du caractère très limité de la **possibilité d'établir la preuve d'une éventuelle infraction** suffit pour conclure à l'absence d'intérêt de l'Union à poursuivre l'enquête (Trib. UE 16-10-2013 aff. 432/10, Vivendi, pt 127).

ILLUSTRATIONS

La Commission a retenu la très faible probabilité d'établir la violation de l'article 102 du TFUE pour rejeter une plainte visant Microsoft compte tenu de la faible part détenue par cette société sur le marché pertinent (Trib. UE 30-5-2013 aff. 74/11, Omnis Group).

Dans une autre affaire, la Commission a estimé que la probabilité d'établir une infraction à l'article 101 ou à l'article 102 du TFUE sur la base d'informations fournies par les requérantes visant à démontrer la vraisemblance d'une stratégie coordonnée de délation collective de prétendues infractions, commises par les requérantes, aux réglementations relatives notamment au commerce parallèle de produits phytopharmaceutiques, semblait faible et aurait nécessité de mobiliser d'importantes ressources ; la Commission insistait sur le fait qu'elle disposait de ressources limitées et que l'enquête approfondie qui aurait dû être menée aurait été trop complexe et chronophage tandis que la probabilité d'établir une infraction semblait limitée dans le cas d'espèce (Trib. UE 16-5-2017 aff. 480/15, Agria Polska).

Sur l'appréciation de l'intérêt pour l'Union, voir aussi la plainte introduite à l'encontre de l'Institut national des appellations d'origine (Trib. UE 9-3-2012 aff. 192/07, Comité de défense de la viticulture charentaise).

De même, la Commission est en droit de rejeter la plainte pour défaut d'intérêt suffisant pour l'Union si les infractions qui font l'objet de cette plainte produisent leurs **effets sur le territoire d'un seul État membre** ou si les juridictions et les autorités administratives de cet État ont déjà été saisies d'**affaires analogues,** dans des litiges opposant le plaignant et l'auteur de l'infraction (ainsi, en France, lorsque l'Autorité de la concurrence a déjà été saisie d'un même litige) et à condition que les droits du plaignant puissent être sauvegardés de manière satisfaisante par les juridictions nationales (CJCE 28-2-1991 aff. 234/89, Delimitis : RJDA 5/91 n° 416 ; Trib. UE 9-3-2012, aff. 192/07, Comité de défense de la viticulture charentaise ; Trib. UE 26-10-2017 aff. 431/16, VIMC).

› Précisions Le **contrôle du juge de l'Union** sur l'exercice, par la Commission, du pouvoir discrétionnaire qui lui est reconnu dans le traitement des plaintes ne doit pas le conduire à substituer son appréciation de l'intérêt de l'Union à celle de la Commission ; il vise à vérifier que la décision litigieuse ne repose pas sur des faits matériellement inexacts et qu'elle n'est entachée d'aucune erreur de droit, ni d'aucune erreur manifeste d'appréciation ou de détournement de pouvoir (Trib. UE 11-7-2013 aff. 108/07 et 354/08, Diamanthandel ; Trib. UE 30-5-2013 aff. 74/11, Omnis Group ; Trib. UE 15-12-2010 aff. 427/08, CEAHR).

48660 **Rejet des plaintes déjà traitées** La Commission européenne peut rejeter une plainte au motif qu'une autorité de concurrence d'un État membre la traite (Règl. 1/2003 art. 13, 1).

Elle peut aussi rejeter une plainte lorsqu'elle vise un accord, une décision d'association ou une pratique qui a déjà été traitée par une autre autorité de concurrence (Règl. 1/2003 art. 13, 2 ; Trib. UE 12-3-2020 aff. 531/18, LL-Carpenter).

> **Précisions** La Commission dispose d'une large marge d'appréciation lorsqu'elle applique l'article 13 du règlement 1/2003 (Trib. UE 21-1-2015 aff. 355/13, EasyJet Airline).
> En revanche, elle ne peut pas rejeter une plainte au seul motif qu'une autorité de concurrence d'un État membre était saisie d'une plainte ou qu'elle s'était autosaisie si ces actes n'ont pas donné lieu à un quelconque traitement de l'affaire en cause au sens de l'article 13, 2 du règlement 1/2003 ; un examen effectif desdites pratiques doit avoir été conduit (Trib. UE 17-12-2014 aff. 201/11, Si.mobil ; Trib. UE 12-3-2020 aff. 531/18, LL-Carpenter).

48670 **Procédure d'examen des plaintes** La procédure d'examen des plaintes par la Commission européenne comprend différentes phases.

En premier lieu, la Commission examine la plainte et se procure éventuellement des informations complémentaires, par exemple auprès du plaignant, afin de décider de la suite à lui donner.

La Commission peut ensuite poursuivre l'instruction de l'affaire en vue de l'ouverture d'une procédure au titre de l'article 7, 1 du règlement 1/2003 à l'encontre des entreprises mises en cause. Si la Commission estime que la plainte doit être rejetée, elle en indique les motifs aux plaignants et leur fixe un délai pour présenter leur point de vue par écrit (Règl. 773/2004 art. 7).

Compte tenu de ces observations, la Commission peut soit changer d'avis et entamer la procédure d'enquête, soit classer l'affaire sans suite. Le rejet définitif d'une plainte par la Commission peut faire l'objet d'un recours en annulation devant le Tribunal de l'Union européenne (TPICE 18-9-1992 aff. 24/90, Automec : RJDA 12/92 n° 1149).

Lorsque la plainte est fondée à la fois sur l'article 102 et sur l'article 101, la Commission n'est pas tenue de poursuivre l'examen de l'affaire sur la base de ces deux articles ; néanmoins, si elle écarte l'un d'eux, elle doit motiver sa décision et en informer le plaignant (TPICE 24-1-1995 aff. 74/92, Ladbroke Racing).

> **Précisions** **a.** La lettre adressée par la Commission par laquelle elle informe du **rejet d'une plainte** constitue une prise de position empêchant tout recours en carence au sens de l'article 265 du TFUE (TPICE 10-7-1997 aff. 38/96, Guérin Automobiles) ; par ailleurs, cette communication est un acte préparatoire qui ne fixe pas définitivement la position de la Commission et qui, par conséquent, ne peut faire l'objet d'un recours en annulation (TPICE 12-7-2007 aff. 411/05, Gerolf Annemans).
> **b.** La Commission doit disposer d'un **délai** suffisant **pour examiner la plainte** et recueillir les informations nécessaires pour apprécier une éventuelle infraction. Mais le dépassement d'un délai raisonnable pour l'examen d'une plainte expose la Commission à un recours en carence (TPICE 9-9-1999 aff. 127/98, UPS Europe). La Commission s'efforce en principe d'informer le plaignant, dans un délai indicatif de quatre mois à compter de la réception de la plainte, de la suite qu'elle se propose de donner à celle-ci. Ce délai n'est pas réglementaire et ne lie pas la Commission (Communication relative au traitement des plaintes, pt 61).
> **c.** La Commission s'est engagée à **publier** systématiquement toutes ses **décisions** (ou au moins un résumé de celles-ci) **rejetant des plaintes** concernant des infractions en matière d'ententes et d'abus de position dominante présumées afin que les parties intéressées puissent avoir une idée plus précise du nombre de plaintes rejetées et des motifs de leur rejet (Communiqué de la Commission du 17-10-2011, « Concurrence : Les bonnes pratiques pour augmenter les interactions avec les parties et renforcement du rôle du conseiller-auditeur – Questions fréquentes », MEMO/11/703).

B. Deuxième phase : l'enquête

1. ENQUÊTES PAR SECTEURS ÉCONOMIQUES

48710 Lorsque l'évolution des échanges entre États membres, la rigidité des prix ou d'autres circonstances font présumer que la concurrence peut être restreinte ou faussée à l'intérieur du marché de l'Union, la Commission européenne peut mener son enquête sur **un secteur particulier de l'économie** ou un **type particulier d'accords dans différents secteurs.** Dans le cadre de cette enquête, la Commission peut demander aux entreprises ou aux associations d'entreprises concernées les renseignements utiles à l'application des articles 101 et

102 du TFUE et effectuer les inspections nécessaires à cette fin (Règl. 1/2003 art. 17). La Commission peut notamment demander aux entreprises ou associations d'entreprises concernées de lui communiquer tous accords, décisions et pratiques concertées. Sur les demandes de renseignements et les pouvoirs de la Commission en matière d'inspections, voir n°s 48730 s.

Elle doit publier un rapport sur les résultats de son enquête et inviter les parties intéressées à lui faire part de leurs observations.

La Commission utilise les résultats de ces enquêtes pour déterminer si des enquêtes individuelles et des mesures réglementaires seront requises dans ces secteurs et, le cas échéant, pour définir la nature des actions appropriées, en vue de garantir le bon fonctionnement du marché intérieur.

2. OUVERTURE DE LA PROCÉDURE PAR LA COMMISSION EUROPÉENNE

La Commission européenne ouvre la procédure lorsque, au terme de son évaluation prélimi- **48720**
naire, elle parvient à la conclusion que l'affaire requiert une enquête plus approfondie et quand la portée de cette enquête est suffisamment définie.

Elle a alors le choix d'engager la procédure soit sur la base de l'article 101 ou de l'article 102 du TFUE, soit sur la base des deux articles à la fois. La **décision d'ouvrir la procédure** désigne les parties en cause et décrit brièvement la portée de l'enquête. En particulier, elle présente le comportement constituant l'infraction présumée à l'article 101 et/ou à l'article 102 du TFUE que l'enquête doit servir à examiner et précise en principe le territoire et le ou les secteurs concernés par ce comportement. L'ouverture de la procédure ne préjuge en rien de l'existence d'une infraction.

À ce stade, les intéressés sont avertis du fait qu'ils sont soumis à une **enquête préliminaire** et informés de l'objet et de la finalité de cette enquête.

L'ouverture par la Commission d'une procédure dessaisit les autorités de concurrence des États membres de leur compétence pour appliquer les articles 101 et 102 du TFUE. Si une autorité de concurrence d'un État membre traite déjà une affaire, la Commission n'intente la procédure qu'après avoir consulté cette autorité nationale de concurrence (Règl. CE 1/2003 art. 11, 6 ; voir n° 42250).

> **Précisions** Après avoir reçu une demande de renseignements ou fait l'objet d'une inspection, les parties peuvent, à tout moment, s'enquérir du **statut de l'enquête** auprès de la Direction générale de la concurrence, y compris avant l'ouverture de la procédure. Si l'entreprise en cause considère qu'elle n'a pas été correctement informée par la DG concurrence de son statut dans la procédure, elle peut en référer au **conseiller-auditeur** en vue d'un règlement, après avoir soulevé la question avec la DG concurrence. Le conseiller-auditeur prend une décision enjoignant à celle-ci d'informer l'entreprise ou l'association d'entreprises qui a demandé à connaître son statut dans la procédure. Cette décision est communiquée à l'entreprise ou l'association d'entreprises qui a fait cette demande. Si, à n'importe quel stade au cours de la phase d'évaluation préliminaire, la Commission décide de ne pas poursuivre son enquête (et donc de ne pas ouvrir la procédure), elle en informe, de sa propre initiative, la partie faisant l'objet de l'enquête préliminaire (Communication de la Commission concernant les bonnes pratiques relatives aux procédures d'application des articles 101 et 102 du TFUE, pt 15).

DEMANDE DE RENSEIGNEMENTS PAR LA COMMISSION EUROPÉENNE

La demande de renseignements peut prendre deux **formes** : la demande simple (par simple **48730**
lettre) et la demande contraignante (par voie de décision). Ces deux modalités ne sont pas nécessairement successives et la Commission peut agir directement par voie de décision, sans avoir, au préalable, introduit une demande de renseignements simple (Règl. 1/2003 art. 18).

Les **demandes** de renseignements sont souvent **adressées** non seulement aux entreprises concernées par l'enquête, mais aussi à d'autres entreprises ou associations d'entreprises susceptibles de détenir des informations utiles au dossier.

> **Précisions** La Commission étant en droit de poursuivre son enquête factuelle après **l'adoption de la communication des griefs,** qui n'est qu'un acte provisoire, elle peut adresser ultérieurement une demande de renseignements, par exemple pour recueillir des informations concernant ou faisant suite aux arguments avancés par les requérantes dans leurs observations sur la communication des griefs, pourvu que cette demande soit motivée aux fins de l'enquête, nécessaire et proportionnée (CJUE 28-1-2021 aff. 466/19 P, Qualcomm).

48740 **Demande de renseignements simple** La Commission européenne peut recueillir tous les renseignements nécessaires auprès des gouvernements et des autorités nationales de concurrence, ainsi que des entreprises et associations d'entreprises (Règl. 1/2003 art. 18, 1 et 6).

Dans sa demande, **la Commission doit indiquer** la base juridique et le but de la demande, précise les renseignements demandés et fixe le délai dans lequel ils doivent être fournis. Elle indique aussi les amendes prévues au cas où un renseignement inexact ou dénaturé serait fourni (Règl. 1/2003 art. 18, 2) (voir n° 48850).

L'**obligation de fournir** à la Commission **les renseignements** qu'elle demande incombe aux propriétaires des entreprises ou à leurs représentants et, dans le cas de personnes morales, de sociétés ou d'associations n'ayant pas la personnalité juridique, aux personnes chargées de les représenter selon la loi ou les statuts. Les avocats dûment mandatés peuvent fournir les renseignements demandés au nom de leurs mandants. Ces derniers restent pleinement responsables du caractère complet, exact et non dénaturé des renseignements fournis (Règl. 1/2003 art. 18, 4).

Lorsque le destinataire d'une demande de renseignements refuse de répondre à une des questions posées en invoquant le droit de ne pas contribuer à sa propre incrimination (sur ce droit, voir CJCE 29-6-2006 aff. 301/04, SGL), il peut en référer au **conseiller-auditeur** (n° 48950) en temps utile après la réception de cette demande, après avoir soulevé la question auprès de la Direction générale de la concurrence avant l'expiration du délai initial imparti. Le cas échéant, et compte tenu de la nécessité d'éviter un retard indu dans la procédure, le conseiller-auditeur peut adresser une recommandation motivée quant à l'application ou la non-application du droit de ne pas contribuer à sa propre incrimination (Communication de la Commission concernant les bonnes pratiques relatives aux procédures d'application des articles 101 et 102 du TFUE, pt 36).

Il appartient à la Commission d'apprécier le **caractère nécessaire des renseignements demandés.** Pour satisfaire à cette condition, il suffit que la demande de renseignements présente un rapport avec l'infraction présumée, de sorte que la Commission puisse raisonnablement supposer que le document l'aidera à déterminer l'existence de l'infraction alléguée ou à confirmer les présomptions ou les indices qu'elle possédait déjà (CJCE 18-10-1989 aff. 374/87, Orkem ; CJCE 14-5-1994 aff. 36/92 P, SEP ; Trib. UE 22-3-2012 aff. 458/09 et 171/10, Slovak Telekom).

L'entreprise sollicitée doit, si la Commission le lui demande, lui fournir les documents qui ont trait à l'objet de l'enquête, même si ces pièces peuvent être utilisées par la Commission pour établir l'existence d'une infraction (CJCE 29-6-2006 aff. 301/04, SGL Carbon).

Une demande de renseignements peut encore être adressée à une entreprise, même si une **vérification sur place** a déjà eu lieu (Arrêt Orkem précité).

48750 **Demande de renseignements contraignante** La Commission européenne peut aussi **agir directement par voie de décision** (Règl. 1/2003 art. 18, 1). Le choix de la Commission de compléter une simple demande de renseignements par une demande plus formelle opérée par voie de décision se justifie, par exemple, lorsque l'entreprise à laquelle les renseignements étaient demandés n'a pas collaboré activement avec la Commission, mais s'est contentée d'une correspondance informelle et incomplète ou de réponses orales aux questions de la Commission (voir TPICE 9-11-1994 aff. 46/92, The Scottish Football Association) ou s'il est prévisible que les entreprises refuseront de répondre à une demande simple.

Cette **décision de demande de renseignements** peut être assortie d'une **astreinte** (voir n° 48860).

Elle **doit préciser** la base juridique et le but de la demande, les renseignements exigés, le délai dans lequel ils doivent être fournis et les sanctions applicables en cas de défaut de réponse ou d'inexactitudes (voir n° 48850), ainsi que la possibilité de recours devant la Cour de justice (en premier lieu, le Tribunal de l'Union européenne) contre la décision (Règl. 1/2003 art. 18, 3).

La Commission devant indiquer le « but de la demande », elle doit mentionner l'**objet de son enquête** et donc identifier l'infraction alléguée. À cet égard, la Commission n'est pas tenue de communiquer au destinataire de la demande toutes les informations dont elle dispose relatives à des infractions présumées ni de procéder à une qualification juridique rigoureuse de ces infractions, pour autant qu'elle indique clairement les soupçons qu'elle entend vérifier. Le caractère suffisant de la motivation de la décision litigieuse dépend « du point de savoir si les présomptions d'infractions que la Commission entend vérifier sont précisées avec suffisamment de clarté » (CJUE 10-3-2016 aff. 247/14, 248/14, 267-14 et 268/14, HeidelbergCement ; Trib. UE 9-4-2019 aff. 371/17, Qualcomm).

La Commission est en droit d'obliger une entreprise à lui fournir tous les renseignements nécessaires portant sur des faits dont elle peut avoir connaissance et à lui communiquer au besoin les documents qui sont en sa possession, même si ceux-ci peuvent servir à établir à son encontre l'existence d'un comportement anticoncurrentiel (en ce sens, Règl. 1/2003 considérant 23). En revanche, la Commission ne peut pas imposer à l'entreprise de fournir des réponses par lesquelles celle-ci serait amenée à admettre l'existence de l'infraction ; il appartient en effet à la Commission d'établir la preuve d'une entente ou d'un abus de position dominante et une telle exigence porterait atteinte aux **droits de la défense,** notamment au droit de ne pas contribuer à sa propre incrimination (CJCE 18-10-1989 aff. 27/88, Solvay ; dans le même sens, TPICE 20-2-2001 aff. 112/98, Mannesmannröhren-Werke).

La Commission peut procéder à une demande de renseignements au moyen de **termes de recherche.** Le seul fait que l'application de ceux-ci donne lieu à l'identification de nombreux documents dont certains se révèleraient par la suite sans pertinence pour l'enquête de la Commission ne suffit pas, à lui seul, à considérer que ces termes de recherche ne présentent aucune corrélation avec l'infraction soupçonnée par la Commission (Trib. UE 24-5-2023 aff. 451/20, Meta Platforms Ireland).

Sur la mise en place et les modalités d'utilisation par la Commission d'une salle de données virtuelle (« data room » : n° 48990) pour l'examen de documents comportant des données personnelles à caractère sensible, voir Trib. UE 24-5-2023 aff. 451/20 précitée.

POUVOIR DE LA COMMISSION EUROPÉENNE DE RECUEILLIR DES DÉCLARATIONS

La Commission européenne peut interroger toute personne physique ou morale qui accepte d'être interrogée aux fins de la collecte d'informations relatives à l'objet d'une enquête (Règl. 1/2003 art. 19, 1). **48760**

Lorsque l'entretien est réalisé dans les locaux d'une entreprise, la Commission informe l'autorité de concurrence de l'État membre sur le territoire duquel l'entretien a lieu. Les agents de l'autorité de concurrence de l'État membre concerné peuvent, si celle-ci le demande, prêter assistance aux agents et aux autres personnes les accompagnant mandatés par la Commission pour conduire l'entretien (Règl. 1/2003 art. 19, 2).

La Commission peut réaliser l'entretien par tout moyen de communication, y compris par téléphone ou par voie électronique (Règl. 773/2004 art. 3, 2). Elle doit rappeler, au début de l'entretien, le caractère volontaire de ce dernier et informer la personne interrogée de son intention de l'enregistrer (Règl. 773/2004 art. 3, 1). La Commission doit enregistrer les déclarations à tout stade la procédure, non seulement après l'ouverture de l'enquête, pour collecter les preuves de l'infraction, mais aussi lorsque l'entretien a lieu avant cette ouverture formelle, afin de collecter les indices d'une infraction (CJUE 9-3-2023 aff. 682/20 P, Les Mousquetaires : RJDA 6/23 n° 341). L'enregistrement peut être effectué sous toute forme ; une copie doit en être mise à la disposition de la personne interrogée pour approbation (Règl. 773/2004 art. 3, 3). Cependant, la Commission peut valablement pallier l'absence d'enregistrement en fournissant une note comportant des indications sur la teneur des discussions qui se sont tenues lors de l'entretien, en particulier sur la nature des renseignements fournis à propos des sujets abordés (CJUE 6-9-2017 aff. 413/14, Intel).

La Commission ne saurait exclure de sa propre initiative certains enregistrements du dossier d'instruction (Trib. UE 25-10-2023 aff. 136/19, Bulgarian Energy Holding).

ORGANISATION PAR LA COMMISSION EUROPÉENNE DE RÉUNIONS-BILANS

La Commission européenne propose la tenue de réunions-bilans à certains stades essentiels de la procédure (Communication de la Commission concernant les bonnes pratiques relatives aux procédures d'application des articles 101 et 102 du TFUE, pts 60 à 69). **48770**

Ces réunions-bilans, facultatives pour les parties, ont pour **objet** de contribuer à garantir la qualité et l'efficience du processus décisionnel, en favorisant la transparence et la communication entre la Direction générale de la concurrence et les parties, notamment en vue d'informer ces dernières de l'état d'avancement de la procédure à des moments clés de celle-ci. Ces réunions-bilans, organisées en présence d'un directeur ou directeur général adjoint, voire du chef d'unité responsable, sont en principe **réservées aux parties** faisant l'objet de l'enquête, à l'exclusion donc des plaignants ou des tiers. Dans le cas des enquêtes concernant plusieurs parties, les réunions-bilans sont proposées à chaque partie séparément.

À titre exceptionnel, des **réunions « triangulaires »,** elles aussi facultatives, réunissant l'ensemble des parties en cause et, éventuellement, aussi le plaignant et/ou les tiers peuvent être organisées s'il est dans l'intérêt de l'enquête d'entendre l'avis de toutes les parties sur les éléments factuels de l'affaire ou de vérifier l'exactitude de ces derniers au cours d'une seule et même réunion, notamment lorsque des points de vue ou des informations contradictoires existent au sujet de données ou d'éléments de preuve importants (Communication de la Commission concernant les bonnes pratiques relatives aux procédures d'application des articles 101 et 102 du TFUE, pts 67 à 69). Elles doivent se tenir aussi rapidement que possible au cours de la phase d'enquête (après l'ouverture de la procédure et avant l'émission d'une communication des griefs) afin de permettre à la Commission de parvenir à une conclusion sur les questions de fond avant de décider d'émettre ou non une communication des griefs. Néanmoins, l'organisation de telles réunions après l'envoi d'une communication des griefs ne doit pas être exclue lorsqu'elle se justifie.

› Précisions La **tenue de réunions-bilans** peut intervenir à plusieurs stades de l'affaire :
– peu après l'ouverture de la procédure afin d'informer les parties en cause des problèmes recensés à ce stade et de l'étendue escomptée de l'enquête. Cette réunion fournit l'occasion aux parties de donner d'emblée leur avis sur les problèmes recensés et peut aussi aider la DG concurrence à décider du cadre qu'il convient de donner à la suite de son enquête ;
– à un stade suffisamment avancé de l'enquête afin de donner l'occasion aux parties en cause de comprendre les conclusions formulées à titre préliminaire par la Commission tant sur le statut de l'affaire au terme de son enquête que sur les problèmes de concurrence constatés. La réunion peut aussi être mise à profit par la DG concurrence et les parties pour clarifier certaines questions et certains faits pertinents pour l'issue de l'affaire ;
– après la réponse des parties à la communication des griefs qui leur a été adressée ou, le cas échéant, après la tenue de l'audition, afin d'informer les parties de la conclusion préliminaire de la Commission quant à la suite qu'elle entend donner à l'affaire ;
– après la tenue de l'audition dans les affaires d'entente. Dans ces affaires, deux autres réunions-bilans peuvent avoir lieu, la première en cas de mise en œuvre de la procédure d'engagements et la seconde à l'attention des plaignants lorsque la Commission a ouvert la procédure en application de l'article 11, 6 du règlement 1/2003 (n° 42250) et qu'elle envisage de rejeter sa plainte.

INSPECTIONS DES ENTREPRISES PAR LA COMMISSION EUROPÉENNE

48780 **Contenu de la décision de la Commission** La Commission européenne peut procéder à toutes les inspections qu'elle estime utiles auprès des entreprises et associations d'entreprises (Règl. 1/2003 art. 20, 1). Selon les circonstances, la Commission peut pratiquer ces inspections par surprise, sans l'accord des entreprises et sans avertissement préalable (CJCE 23-9-1986 aff. 5/85, Akzo Chemie).

À cet effet, les agents mandatés par la Commission peuvent (Règl. 1/2003 art. 20, 2) :

1° **Accéder à tous locaux,** terrains et moyens de transports des **entreprises et associations d'entreprises.**

Les entreprises qui font l'objet de mesures d'investigation ne peuvent refuser l'accès à leurs locaux commerciaux en invoquant l'inviolabilité du domicile et le respect de la vie privée (CJCE 21-9-1989 aff. 46/87 et 227/88, Hoechst).

2° Contrôler les **livres** et tout autre document professionnel, quel qu'en soit le support.

Si les agents de la Commission ont la faculté de se faire communiquer les documents qu'ils demandent, d'entrer dans les locaux qu'ils désignent et de se faire présenter le contenu des meubles qu'ils indiquent, ils ne peuvent pas forcer l'accès à des locaux ou à des meubles, ou contraindre le personnel de l'entreprise à leur fournir un tel accès sans l'autorisation des responsables de l'entreprise (CJCE 21-9-1989 aff. 46/87 et 227/88, Hoechst). Toutefois, lorsqu'une entreprise s'oppose à une inspection ordonnée par la Commission, l'État membre concerné doit prêter assistance aux agents, en requérant au besoin la force publique (Règl. 1/2003 art. 20, 6).

La faculté de contrôler tout document professionnel implique que les agents de la Commission puissent contrôler l'environnement informatique (par exemple, serveurs, ordinateurs fixes ou portables, tablettes et autres appareils mobiles), ainsi que l'information numérique stockée sur tout support (par exemple, CD-ROMs, DVDs, clés USB, disques durs externes, bandes de sauvegarde, services « cloud »). Les agents de la Commission peuvent également contrôler les messageries électroniques (Note explicative de la Commission précisant le déroulement des inspections contraignantes : https://ec.europa.eu/competition/antitrust/explanatory_note/fr.pdf).

3° Prendre **copie** ou extrait de ces livres ou documents professionnels.

La Commission peut valablement réaliser des copies massives de données numériques dans l'entreprise et en poursuivre l'inspection dans ses locaux, sous réserve du respect des droits de l'entreprise concernée (CJUE 24-9-2020 aff. 601/18 P, Prysmian). Elle peut copier ces données sans examen préalable dès lors qu'elle vérifie ensuite, dans le strict respect des droits de la défense de l'entreprise concernée, si ces données sont pertinentes pour l'objet de l'inspection, avant de verser au dossier les documents jugés pertinents à cet égard et d'effacer les autres données copiées. En outre, une telle poursuite de l'inspection ne doit pas entraîner pour l'entreprise des coûts supplémentaires. Si tel était le cas, la Commission devrait accepter de rembourser l'entreprise qui lui présente une demande motivée en ce sens (CJUE 16-7-2020 aff. 606/18 P, Nexans).

4° Apposer des **scellés** sur tous les locaux commerciaux et livres ou documents pendant la durée de l'inspection et dans la mesure où cela est nécessaire aux fins de celle-ci.

Cette mesure est destinée à éviter que des documents ne disparaissent entre plusieurs journées consécutives d'inspection. Les scellés ne doivent cependant pas être apposés plus de 72 heures (Règl. 1/2003 considérant 25). Des scellés peuvent être placés sous forme de mot de passe sur les comptes d'une messagerie électronique (pour un exemple, voir Commission CE 28-3-2012, aff. « EPH » : JOUE 2012 C 316 p. 8, confirmé par Trib. UE 26-11-2014 aff. 272/12).

5° **Demander** à tout représentant ou membre du personnel de l'entreprise ou de l'association d'entreprises des explications sur des faits ou documents en rapport avec l'objet et le but de l'inspection et, bien entendu, enregistrer ces réponses.

En outre, s'il existe un « soupçon raisonnable » que des livres ou autres documents professionnels liés au domaine faisant l'objet de l'inspection, qui pourraient être pertinents pour prouver une violation grave de l'article 101 ou 102 du TFUE, sont conservés dans d'**autres locaux,** terrains et moyens de transport y compris au **domicile** des chefs d'entreprise, des dirigeants et des autres membres du personnel des entreprises et associations d'entreprises concernées, la Commission peut ordonner par voie de décision qu'il soit procédé à une inspection dans ces autres locaux, terrains et moyens de transport (Règl. 1/2003 art. 21, 1). Une telle décision ne peut être exécutée sans autorisation préalable de l'autorité judiciaire nationale de l'État membre concerné (Règl. 1/2003 art. 21, 3).

Recours contre la décision de la Commission ordonnant des inspections 48790

Les pouvoirs de **contrôle du juge** sur la décision de la Commission ordonnant de telles visites sont limités. Le juge contrôle que la décision est authentique et que les mesures coercitives envisagées ne sont ni arbitraires ni excessives par rapport, notamment, à la gravité de la violation suspectée et à l'importance des éléments de preuve recherchés ; il peut également demander à la Commission des explications détaillées afin de s'assurer que les mesures en question sont bien proportionnées au but poursuivi (Règl. 1/2003 art. 21, 3-al. 1). En revanche, il ne peut pas remettre en cause la nécessité de l'inspection, ni exiger la communication des informations figurant au dossier de la Commission ou encore contrôler la légalité de la décision, prérogative qui relève de la seule CJUE (art. 21, 3-al. 2).

Le contrôle juridictionnel des conditions dans lesquelles une inspection a été conduite relève donc d'un recours en annulation formé, le cas échéant, contre la **décision finale** adoptée par la Commission.

Une demande d'annulation ne peut pas être formée contre la lettre de la Commission refusant d'interrompre définitivement ses actes d'enquête. En effet, cette décision ne peut pas être considérée comme un stade ultime de la procédure administrative à l'encontre des requérantes et doit être regardée comme un « acte préliminaire » laissant penser que les procédures d'enquête suivront leur cours et qu'un « acte final » sera adopté, susceptible de recours en annulation (CJUE 17-10-2019 aff. 403/18, Alcogroup et Alcodis).

Inspections simples Les agents mandatés par la Commission européenne pour ces inspections exercent leurs pouvoirs sur production d'un **mandat** écrit qui indique l'objet et le but de l'inspection, ainsi que la sanction (amendes) applicable au cas où les livres ou autres documents professionnels requis seraient présentés de façon incomplète et où les réponses aux demandes seraient inexactes ou dénaturées (Règl. 1/2003 art. 20, 3) ; voir n° 48850. 48800

Ils présentent à leur arrivée au siège de l'entreprise le mandat aux représentants de l'entreprise. Ils établissent leur identité à l'aide de leur carte de service.

Ils donnent, sur demande des entreprises et avant le début de l'inspection, des éclaircissements sur l'objet et le but de l'inspection prévue, ainsi que sur les questions de procédure, y compris le caractère confidentiel de l'inspection. Ces éclaircissements ne peuvent ni modifier le mandat d'inspection ni compromettre le but de l'enquête ou retarder indûment l'inspection.

En cas de **refus** d'une inspection simple, les agents de la Commission actent ce refus dans un procès-verbal dont l'entreprise reçoit une copie si elle le désire.

La Commission peut alors procéder à une demande par voie de décision contraignante pour obliger l'entreprise à se soumettre à l'inspection et à autoriser le contrôle des documents professionnels nécessaires.

48810 **Inspections contraignantes** La Commission européenne recourt à cette procédure, soit après s'être heurtée au refus de l'entreprise de se soumettre à une inspection simple (n° 48800), soit d'emblée lorsqu'elle soupçonne l'existence d'infractions particulièrement graves et qu'elle craint la disparition de documents ou de preuves ou encore lorsque l'entreprise intéressée a refusé dans le passé de collaborer spontanément avec les agents de la Commission.

Contrairement aux inspections simples, une **inspection par voie de décision** est obligatoire : l'entreprise est tenue de se soumettre à l'inspection ordonnée (Règl. 1/2003 art. 20, 4) ; voir n° 48850.

Le choix de l'une ou l'autre procédure dépend uniquement des nécessités d'une investigation adéquate dans le cas d'espèce et relève du pouvoir d'appréciation de la Commission.

L'**entreprise** vérifiée ne peut pas exiger d'être **entendue préalablement** à la décision de vérification car la procédure a seulement pour objet de permettre à la Commission de recueillir la documentation nécessaire pour vérifier la réalité et la portée d'une situation de fait et de droit déterminée (CJCE 26-6-1980 aff. 136/79, National Panasonic).

Les inspections par voie de décision étant contraignantes à l'égard des entreprises intéressées, elles doivent être rédigées de manière précise et circonstanciée. La **décision indique** l'objet et le but de l'inspection, fixe la date à laquelle elle commence, signale que des amendes peuvent être prononcées en cas de présentation incomplète des documents professionnels requis ou de refus de l'inspection, de même que des astreintes en cas de refus d'inspection ; enfin, la décision précise qu'elle peut faire l'objet d'un recours en annulation devant la Cour de justice (Règl. 1/2003 art. 20, 4 et 21, 2).

Si la Commission n'est pas tenue de communiquer au destinataire de la décision toutes les informations dont elle dispose ni de procéder à une qualification juridique rigoureuse de l'infraction, elle doit en revanche indiquer clairement les **présomptions** qu'elle entend vérifier. La Commission ne peut en effet, sans porter atteinte aux droits de la défense, restreindre la motivation de sa décision pour préserver l'efficacité de ses investigations (CJCE 21-9-1989 aff. 46/87 et 227/88, Hoechst). La Commission doit également faire apparaître dans sa décision une description des caractéristiques essentielles de l'infraction suspectée, en indiquant notamment le marché présumé en cause.

Elle a publié sur son site internet une **note explicative** précisant le déroulement des inspections contraignantes, document qui est remis à l'entreprise inspectée (voir n° 48780).

En vertu du principe du respect du secret professionnel et des droits de la défense, les **informations recueillies** au cours des vérifications ne doivent pas être **utilisées** dans des buts autres que ceux indiqués dans la décision d'inspection (CJCE 17-10-1989 aff. 85/87, Dow Benelux : Rec. p. 3137 ; CJUE 18-6-2015 aff. 583/13, Deutsche Bahn AG). Néanmoins, il n'est pas interdit à la Commission d'ouvrir une procédure d'enquête afin de vérifier l'exactitude ou de compléter des informations dont elle aurait eu incidemment connaissance au cours d'une vérification antérieure, dans le cas où ces informations indiqueraient l'existence de comportements contraires aux règles de concurrence ; en effet, admettre le contraire irait au-delà de ce qui est nécessaire pour préserver le secret professionnel et les droits de la défense, et constituerait donc une entrave injustifiée à l'accomplissement, par la Commission, de sa mission de déceler les infractions aux articles 101 et 102 du TFUE (CJUE 18-6-2015 aff. 583/13 précité).

> **Précisions** **a.** La Commission ne peut prendre une décision d'inspection (Règl. 1/2003 art. 20, 4 et 21, 1) qu'après avoir entendu ou consulté l'**autorité compétente** de l'État membre sur le territoire duquel cette inspection doit être effectuée (Règl. 1/2003 art. 20, 4 et 21, 2).

b. La Commission doit faire apparaître, dans la décision ordonnant une inspection, une description des caractéristiques essentielles de l'infraction suspectée, en indiquant le marché présumé en cause, la nature des restrictions de concurrence suspectées, des explications quant à la manière dont l'entreprise visée par l'inspection est présumée être impliquée dans l'infraction, ainsi que les pouvoirs conférés aux enquêteurs de l'Union (Trib. UE 20-6-2018 aff. 325/16, Ceské drahy). S'il a conforté le pouvoir d'inspection de la Commission, le Tribunal de l'Union européenne exerce toutefois un contrôle exigeant sur les décisions ordonnant des inspections, notamment sur la teneur des indices justifiant ces dernières (Trib. UE 5-10-2020 aff. 249/17, Casino ; aff. 254/17, Intermarché Casino Achats ; aff. 255/17, Les Mousquetaires). S'agissant du marché présumé, si, au stade de l'inspection, la Commission n'est pas tenue de le délimiter avec précision, elle doit en revanche préciser suffisamment les **secteurs couverts par la prétendue infraction** afin de permettre, d'une part, à l'entreprise en cause de limiter sa collaboration aux activités relatives aux secteurs pour lesquels la Commission a des indices suffisamment sérieux pour suspecter une infraction aux règles de concurrence et justifier une ingérence dans la sphère d'activité privée de cette entreprise et, d'autre part, au juge de l'Union de contrôler, le cas échéant, le caractère suffisant de ces indices (CJUE 25-6-2014 aff. 37/13, Nexans ; Trib. UE 6-9-2013 aff. 289/11, Deutsche Bahn).

c. Le fait que les inspections de la Commission dans les locaux des entreprises se déroulent sans **autorisation judiciaire** préalable n'est pas contraire à la convention européenne des droits de l'Homme (CJUE 18-6-2015 aff. 583/13, Deutsche Bahn AG).

Communication de la correspondance échangée avec les avocats La correspondance entretenue pour les besoins de la défense de l'entreprise et émanant d'un **avocat indépendant** de celle-ci est couverte par le secret professionnel et peut, à ce titre, être soustraite au pouvoir d'inspection de la Commission européenne. Le principe de la **confidentialité des communications entre avocats et leurs clients** (« legal professional privilege ») a été reconnu par les tribunaux de l'Union européenne comme un droit fondamental. En conséquence, au cours d'inspections, la Commission ne peut pas lire des documents couverts par ce principe. La Cour de justice semblant toutefois admettre les saisies globales (n° 48780), il restera à concilier ce principe avec de telles saisies. Notons que ces dernières s'accompagnent en pratique du recours aux enveloppes scellées pour sécuriser la copie opérée. 48820

Sont également couvertes par le secret professionnel les notes internes d'une entreprise qui se bornent à reprendre le texte ou le contenu de la correspondance qui a été adressée à celle-ci par son avocat pour les besoins de sa défense (TPICE 4-4-1990 aff. 30/ 89, Hilti).

Il incombe à l'entreprise qui invoque le respect de la confidentialité d'une correspondance donnée à l'égard de la Commission de fournir à celle-ci les éléments de nature à **prouver que cette correspondance peut bénéficier de la protection,** sans pour autant être tenue d'en dévoiler le contenu. Si la Commission exige néanmoins la communication de la correspondance par voie de décision, les dirigeants de l'entreprise peuvent saisir le Tribunal de l'Union européenne afin d'obtenir le sursis à exécution de cette décision et de faire préciser si les documents litigieux sont ou non confidentiels (CJCE 18-5-1982 aff. 155/79, AM & S). La saisine du Tribunal n'est cependant possible que si la Commission a au préalable adopté une décision formelle de rejet de la demande de protection (TPICE 17-9-2007 aff. 125/03 et 253/03, Akzo Nobel Chemicals : RJDA 11/07 n° 1155).

L'entreprise qui demande l'application du principe de confidentialité pour un document doit en transmettre une **version expurgée** de tous les passages couverts par la confidentialité (Communication de la Commission concernant les bonnes pratiques relatives aux procédures d'application des articles 101 et 102 du TFUE, pt 52).

En pratique, les agents de la Commission réalisent des copies de **données électroniques** (copies-image du disque dur d'un ordinateur et copies de données stockées sur un support de données numériques), notamment celles stockées sur les messageries des membres de l'entreprise, au moyen d'outils informatiques d'enquête et peuvent procéder au blocage temporaire de comptes de messagerie le temps de l'inspection (Note explicative de la Commission précisant le déroulement des inspections contraignantes, pts 9 s).

La Commission a publié sur son site internet un logiciel de démonstration de la **méthode** de sélection des documents électroniques utilisée par les inspecteurs (https://ec.europa.eu/competition-policy/antitrust/procedures/inspections_en).

Lorsque le caractère protégé ou non d'un document ne peut pas être déterminé sur place ou lorsque les agents de la Commission estiment que les éléments présentés par l'entreprise ne sont pas de nature à prouver que le document est protégé mais que l'on ne peut exclure la possibilité que le document soit effectivement confidentiel, ce document peut être placé dans une **enveloppe scellée** (Communication de la Commission concernant les bonnes pratiques relatives aux procédures d'application des articles 101 et 102 du TFUE, pt 54). La question doit alors être résolue, sans que les documents ne soient vus par les agents de la Commission, sur la base des éléments que les parties mettent en avant pour justifier leur revendication. En cas de désaccord avec la Direction générale de la concurrence, la partie qui invoque le principe de confidentialité peut demander au **conseiller-auditeur** d'examiner le document et de donner son opinion.

> Précisions a. L'entreprise qui saisit le **conseiller-auditeur** de cette question doit consentir à ce qu'il examine les informations qu'elle considère comme étant couvertes par la confidentialité des communications entre avocats et clients, ainsi que les documents qu'il juge nécessaires aux fins de son examen. Sans révéler le contenu de l'information susceptible d'être couverte par la confidentialité des communications, le conseiller-auditeur fait part au directeur responsable et à l'entreprise ou l'association d'entreprises concernée de sa conclusion préliminaire et peut prendre des mesures appropriées afin d'encourager un règlement mutuellement acceptable. En l'absence de règlement, le conseiller-auditeur peut adresser une recommandation motivée au membre compétent de la Commission, sans révéler le contenu du document susceptible d'être couvert par le principe de confidentialité. La partie dont émane la demande reçoit une copie de cette recommandation. Si la question ne peut pas être résolue de cette façon, la Commission la réexamine et peut adopter, si cela se justifie, une décision rejetant la demande de confidentialité (Communication de la Commission concernant les bonnes pratiques relatives aux procédures d'application des articles 101 et 102 du TFUE, pts 55 et 56).

b. Les entreprises formulant, à des **fins purement dilatoires,** des demandes de protection de la confidentialité manifestement infondées ou s'opposant, sans justification objective, à un éventuel contrôle sommaire des documents lors d'une vérification peuvent se voir infliger des amendes au titre de l'article 23, 1 du règlement 1/2003. Ces comportements peuvent, en outre, être pris en compte à titre de circonstances aggravantes dans le cadre d'une décision infligeant une amende pour infraction aux articles 101 et/ou 102 du TFUE (Communication précitée, pt 58).

c. Ne sont pas couvertes par le secret professionnel les correspondances échangées avec les **conseils juridiques salariés** de l'entreprise, fussent-ils par ailleurs inscrits au barreau ; en effet, l'exigence d'indépendance de l'avocat, nécessaire à la protection de la confidentialité des échanges entre l'avocat et son client, implique l'absence de tout rapport d'emploi entre ces derniers (CJUE 14-9-2010 aff. 550/07, Akzo Nobel Chemicals Ltd : RJDA 12/10 n° 1188).

48830 **Liens entre la Commission européenne et les autorités nationales** Les agents de l'autorité compétente de l'État membre sur le territoire duquel l'inspection – simple ou contraignante – doit être effectuée doivent, sur la demande de cette autorité ou sur celle de la Commission européenne, prêter **assistance** aux agents de la Commission dans l'accomplissement de leur mission (Règl. 1/2003 art. 20, 5 et 21, 4).

Lorsqu'**une entreprise s'oppose à une inspection** ordonnée en vertu des articles 20 et 21 du règlement 1/2003 (simple ou contraignante), l'État membre intéressé doit porter assistance aux agents de la Commission, en requérant au besoin la force publique ou une autorité disposant d'un pouvoir de contrainte équivalent, pour leur permettre d'exécuter leur mission d'inspection (Règl. 1/2003 art. 20, 6 et 21, 4). Dans ce cas, la Commission est tenue de respecter les garanties procédurales prévues par le droit national (CJCE 21-9-1989 aff. 46/87 et 227/88, Hoechst).

Si, en vertu du droit national, l'assistance requiert l'**autorisation d'une autorité judiciaire,** cette autorisation doit être sollicitée. L'autorisation peut également être demandée à titre préventif (Règl. 1/2003 art. 20, 7).

En toute hypothèse, une décision d'inspection dans des locaux non professionnels (domicile des chefs d'entreprise, des dirigeants ou des membres du personnel) ne peut être exécutée sans autorisation préalable de l'autorité judiciaire nationale de l'État membre concerné (Règl. 1/2003 art. 21, 3) ; voir n° 48780.

> **Précisions** Le juge des libertés et de la détention qui a rendu une ordonnance autorisant, à titre préventif, les agents de la Direction nationale des enquêtes de concurrence, de consommation et de répression des fraudes (DNECCRF) – Direction remplacée depuis 2010 par les brigades interrégionales d'enquêtes de concurrence (BIEC) – à effectuer des opérations de visite et saisie dans les locaux d'une société pour assister les agents de la Commission européenne est incompétent pour statuer sur la régularité de ces opérations lorsque, en l'absence d'opposition de la société aux opérations de visite et de saisie effectuées par les agents de la Commission européenne, son ordonnance n'a pas été mise en œuvre par les enquêteurs de la DNECCRF ; dans un tel cas, la contestation doit être portée devant le Tribunal de l'Union européenne (Cass. crim. 2-6-2010 n° 08-87.326 : RJDA 2/11 n° 185).

48835 **Recours contre le déroulement des inspections** Les entreprises peuvent contester les mesures prises dans le cadre des inspections lorsqu'elles affectent substantiellement leurs intérêts. Outre la possibilité d'adresser des demandes au conseiller-auditeur de la Commission (n° 48950) ou d'exercer un recours contre la décision d'inspection (n° 48790), il existe cinq voies de droit permettant de porter devant le juge de l'Union des contestations relatives à une opération d'inspection, à savoir (CJUE 9-3-2023 aff. 682/20, Les Mousquetaires) :
– le recours contre la décision de la Commission sanctionnant une obstruction à l'inspection sur le fondement de l'article 23, 1, sous c) à e), du règlement 1/2003 ;
– le recours contre tout acte remplissant les conditions jurisprudentielles de l'acte susceptible de recours qu'adopterait la Commission à la suite de la décision d'inspection et dans le cadre du déroulement des opérations d'inspection, tel qu'une décision rejetant une demande de protection de documents au titre de la confidentialité des communications entre avocats et clients ;

– le recours contre la décision clôturant la procédure ouverte au titre de l'article 101 du TFUE ;
– l'action en référé ;
– le recours en responsabilité extracontractuelle.

ENQUÊTES PAR LES AUTORITÉS NATIONALES DE CONCURRENCE

Sur demande de la Commission européenne, les autorités de concurrence des États membres procèdent aux inspections qu'elle juge indiquées ou qu'elle a ordonnées par voie de décision. Les agents des autorités de concurrence des États membres chargés de procéder aux inspections, ainsi que les agents mandatés ou désignés par celles-ci, exercent leurs pouvoirs conformément à leur législation nationale (Règl. 1/2003 art. 22, 2). **48840**

Les agents et les autres personnes les accompagnant mandatés par la Commission peuvent, sur sa demande ou sur celle de l'autorité de concurrence de l'État membre sur le territoire duquel l'inspection doit être effectuée, prêter assistance aux agents de l'autorité concernée.

SANCTIONS EN CAS DE FOURNITURE D'INFORMATIONS INEXACTES OU INCOMPLÈTES

Amendes de procédure La Commission européenne peut, par voie de décision, infliger aux entreprises des **amendes** jusqu'à concurrence de 1 % du chiffre d'affaires total réalisé au cours de l'exercice social précédent, lorsque, de propos délibéré ou par négligence (Règl. 1/2003 art. 23, 1) : **48850**

1° Elles fournissent un **renseignement inexact,** incomplet et dénaturé en réponse à une demande de la Commission ou ne fournissent pas un renseignement demandé dans le délai fixé par la Commission (voir n° 48730). Pour des exemples, voir les décisions Commission CE « Peugeot » du 25-9-1986 : JOCE 1986 L 295 p. 19, « NPF » du 11-12-1981 : JOCE 1982 L 211 p. 32 et « Anheuser-Bush/Scottisch & Newcastle » du 14-12-1999 : JOCE 2000 L 49 p. 37.

2° Elles **présentent de façon incomplète,** lors des inspections effectuées (voir n°s 48780 s.), les livres ou autres **documents** professionnels requis (pour une application, voir Commission CE 27 10 1982, aff. « FNICF » : JOCE 1982 L 319 p. 12) ou **ne se soumettent pas aux inspections** ordonnées par voie de décision (pour un exemple, voir Commission CE 7-10-1992, aff. « CSM » : JOCE 1992 L 305 p. 16).

Par exemple, constitue un refus de se soumettre aux inspections :
– le refus d'une entreprise d'accorder l'accès à son bâtiment aux inspecteurs de la Commission avant l'arrivée de ses avocats, ce qui provoque un retard de 47 minutes dans les opérations de vérification (Trib. UE 27-9-2012 aff. 357/06, KWS) ;
– le fait de permettre par négligence l'accès à un compte de messagerie bloqué et de détourner de propos délibéré des courriels vers un serveur (Trib. UE 26-11-2014 aff. 272/12, Energetický a prumyslový holding).

3° En réponse à une demande d'explications faites aux représentants ou membres du personnel, elles fournissent une **réponse incorrecte ou dénaturée,** ou elles omettent de rectifier dans un délai fixé par la Commission une réponse incorrecte, incomplète ou dénaturée donnée par un membre du personnel, ou encore elles omettent ou refusent de fournir une réponse complète sur des faits en rapport avec l'objet et le but d'une inspection ordonnée par une décision.

4° Des **scellés** apposés par les agents de la Commission ont été **brisés.**

ILLUSTRATIONS

La Commission européenne a infligé une amende de :
– 38 M€ à l'électricien allemand E.ON Energie AG pour avoir brisé des scellés apposés par la Commission sur les locaux de cette société pour mettre des documents saisis en sûreté (Commission CE 30-1-2008, aff. « E.ON », confirmé par Trib. UE 15-12-2010 aff. 141/08 et, sur recours, par CJUE 22-11-2012 aff. 89/11, E.ON), considérant qu'« une amende d'un montant de 38 M€ ne saurait être considérée comme disproportionnée par rapport à l'infraction, eu égard à la nature particulièrement grave d'un bris de scellé, à la taille de la requérante et à la nécessité d'assurer un effet suffisamment dissuasif à l'amende, afin qu'il ne puisse être avantageux pour une entreprise de briser un scellé apposé par la Commission dans le cadre d'inspections » ;
– 2,5 M€ à deux opérateurs tchèques du secteur de l'énergie qui avaient modifié le mot de passe mis en place par les inspecteurs sur un compte de messagerie électronique et détourné des courriels entrants, en violation de l'obligation faite aux entreprises de coopérer avec les fonctionnaires de la Commission au cours de ce type d'inspection et de divulguer tous les documents utiles à l'enquête (Commission CE 28-3-2012, aff. « EPH » : JOUE 2012 C 316 p. 8, confirmé par Trib. UE 26-11-2014 aff. 272/12).

La Commission peut décider de traiter les infractions procédurales soit en tant que **circonstances aggravantes** dans le cadre d'une décision de sanction (CJCE 29-6-2006 aff. 308/04, SGL Carbon) soit en tant qu'**infractions autonomes** (Commission CE 30-1-2008, aff. « E.ON » et Commission CE 28-3-2012, aff. « EPH », précitées). En revanche, la Commission ne peut pas sanctionner deux fois un même comportement au titre de ces deux qualifications (Trib. UE 24-3-2011 aff. 384/06, IBP).

48860 **Astreintes** La Commission européenne peut aussi infliger aux entreprises des **astreintes** jusqu'à concurrence de 5 % du chiffre d'affaires journalier moyen réalisé au cours de l'exercice social précédent par jour de retard pour les contraindre à fournir de manière complète et exacte un renseignement qu'elle a demandé par voie de décision (voir nos 48730 s.) ou à se soumettre à une inspection qu'elle a ordonnée par voie de décision (voir no 48810) (Règl. 1/2003 art. 24, 1). Pour un exemple, voir Commission CE 17-12-1992, aff. « Mewac » : JOCE 1993 L 20 p. 6.

C. Troisième phase : les débats devant la Commission européenne

1. DÉBATS

48900 Avec les débats commence la troisième phase de la procédure. Avant de prendre sa décision, la Commission européenne doit donner aux entreprises l'occasion de faire connaître leur point de vue au sujet des griefs retenus à leur endroit. Elle peut aussi, si elle l'estime nécessaire, entendre d'autres personnes physiques ou morales. Enfin, elle doit entendre les personnes qui en font la demande si celles-ci justifient d'un intérêt suffisant (Règl. 1/2003 art. 27, 1 et 3 ; voir aussi Règl. 773/2004 art. 11 à 14).

> **Précisions** Tout au long de la procédure, les **plaignants** bénéficient de toute une série de **droits** (Règl. 773/2004 art. 6 à 8 ; voir no 49000). Toutefois, dans les affaires de concurrence, l'instruction de la Commission ne constitue pas une procédure contradictoire entre, d'un côté, le plaignant et, de l'autre, les entreprises qui font l'objet de l'enquête. En conséquence, les droits procéduraux des plaignants ne sont pas aussi étendus que les droits de la défense des entreprises contre lesquelles la Commission dirige son enquête (CJCE 17-11-1987 aff. 142 et 156/84, BAT).

CONCLUSION PRÉLIMINAIRE DE L'ENQUÊTE PAR LA COMMISSION EUROPÉENNE

48910 Une fois que la Commission européenne est parvenue à une conclusion préliminaire sur les principaux problèmes posés par une affaire, la procédure peut suivre différentes voies (Communication de la Commission concernant les bonnes pratiques relatives aux procédures d'application des articles 101 et 102 du TFUE, pt 75) :
– la Commission peut décider d'adopter une communication des griefs en vue d'arrêter une décision d'interdiction portant sur tous les problèmes recensés lors de l'ouverture de la procédure ou certains d'entre eux ;
– les parties en cause peuvent proposer des engagements visant à remédier aux problèmes de concurrence révélés par l'enquête, ou au moins se montrer disposées à examiner une telle possibilité ; dans un tel cas, la Commission peut décider d'ouvrir des négociations en vue d'une décision sur ces engagements ;
– la Commission peut décider qu'il n'y a aucune raison de poursuivre la procédure en ce qui concerne l'ensemble des parties ou certaines d'entre elles, et clore la procédure en conséquence ; si l'affaire a été instruite à la suite d'une plainte, la Commission, avant de clore l'affaire, donne la possibilité au plaignant d'exprimer son avis.

COMMUNICATION DES GRIEFS PAR LA COMMISSION EUROPÉENNE

48920 La Commission européenne communique par écrit aux parties les griefs retenus contre elles (Règl. 773/2004 art. 10, 1). La communication des griefs définit les **éléments de fait** sur lesquels la Commission se fonde pour invoquer une infraction aux articles 101 et/ou 102, et les **arguments** que la **Commission** va développer à l'encontre des entreprises concernées (voir CJCE 7-6-1983 aff. 100 à 103/80, Music Diffusion française ; CJCE 3-7-1991 aff. 62/86, Akzo).

La Commission doit indiquer clairement son intention d'infliger des amendes aux entreprises en cause si les griefs étaient confirmés. Si tel est le cas, elle doit préciser les **principaux éléments de fait et de droit** susceptibles d'entraîner l'imposition d'une amende, tels que la durée et la gravité de l'infraction, et indiquer si cette dernière a été commise intentionnellement ou par négligence. Elle doit aussi mentionner de manière suffisamment précise les éléments susceptibles de constituer des circonstances aggravantes ou atténuantes (Communication de la Commission concernant les bonnes pratiques relatives aux procédures d'application des articles 101 et 102 du TFUE, pt 84).

En revanche, la Commission n'a pas à déterminer dans la communication des griefs le niveau de l'amende qu'elle envisage d'infliger aux entreprises en cause (CJCE 28-6-2005 aff. 189, 202, 205 à 208 et 213/02, Dansk Rørindustri).

La communication des griefs demeure une étape dans l'adoption de la décision finale et ne constitue dès lors **pas la position définitive** de la Commission. Par suite, il ne peut être exigé que cette dernière procède déjà à ce stade à une qualification juridique des éléments sur lesquels elle se fondera dans sa décision finale, par exemple pour qualifier une entreprise de meneuse de l'entente. En revanche, si elle envisage de retenir finalement une telle qualification à l'égard d'une des entreprises mises en cause, les éléments sur lesquels elle entend s'appuyer pour soutenir une telle qualification doivent alors être mis en avant dans la communication des griefs afin de permettre à l'entreprise incriminée de répondre à un tel grief (CJCE 9-7-2009 aff. 511/06, Archer Daniels Midland).

Si, après avoir émis une communication des griefs, la Commission recueille d'autres éléments de preuve sur lesquels elle a l'intention de s'appuyer, ou si elle a l'intention de modifier son appréciation juridique au détriment des entreprises concernées, elle doit, au moyen d'une **communication des griefs complémentaire,** soit émettre de nouveaux griefs, soit notifier aux parties la modification de la nature intrinsèque de l'infraction dont elles sont accusées, en leur donnant la possibilité de présenter leurs observations sur ces nouveaux éléments. En revanche, si les griefs déjà soulevés contre les entreprises en cause dans la communication des griefs sont simplement corroborés par les nouveaux éléments de preuve sur lesquels la Commission a l'intention de s'appuyer, cette dernière en informe les parties concernées par simple lettre (Communication de la Commission concernant les bonnes pratiques relatives aux procédures d'application des articles 101 et 102 du TFUE, pts 109 à 112).

La Commission ne peut retenir, dans sa **décision finale,** que les griefs mentionnés dans sa communication et au sujet desquels les parties ont eu l'occasion de présenter des observations (Règl. 1/2003 art. 27, 1 ; Règl. 773/2004 art. 11, 2 ; CJCE 31-3-1993 aff. 89/85, Ahlström Osakeyhtiö ; TPICE 23-2-1994 aff. 39/92 et 40/92, Groupement des cartes bancaires « CB » et Europay International).

Si la Commission a l'intention d'imposer des **mesures correctives** aux parties, conformément à l'article 7, 1 du règlement 1/2003, la communication des griefs précise les mesures envisagées qu'elle juge nécessaires pour mettre fin à l'infraction présumée (Communication de la Commission concernant les bonnes pratiques relatives aux procédures d'application des articles 101 et 102 du TFUE, pt 83).

Dans un souci de transparence, la Commission inclut dans la communication des griefs (en s'appuyant sur les informations dont elle dispose) des **éléments utiles pour le calcul** ultérieur des amendes, notamment les chiffres des ventes concernées ainsi que le ou les exercices à prendre en considération pour la valeur de ces ventes. Ces informations peuvent également être communiquées aux parties après la communication des griefs. Dans les deux cas, les parties ont la possibilité de formuler des observations (Communication de la Commission précitée, pt 85). La Commission informe aussi les parties que, dans des circonstances exceptionnelles, elle peut, sur demande, tenir compte de l'absence de capacité contributive d'une entreprise et réduire ou annuler l'amende qui pourrait être imposée lorsque celle-ci est de nature à mettre irrémédiablement en danger la viabilité économique de l'entreprise concernée (Communication précitée, pt 87).

> **Précisions** **a.** Lorsque la Commission n'a l'intention de poursuivre que les sociétés mères d'une filiale commune à l'exclusion de cette dernière, les droits de la défense n'imposent pas l'envoi d'une communication des griefs à cette **filiale** (CJUE 14-9-2017 aff. 588/15, LG Electronics et Philips Electronics, pt 46).
> **b.** Sur le degré de précision requis de la communication des griefs en ce qui concerne l'**identité des entreprises visées,** voir CJUE 27-3-2014 aff. 612/12, Ballast Nedam NV et Trib. UE 27-3-2014 aff. 56/09 et 73/09, Saint-Gobain Glass France et Compagnie de Saint-Gobain.
> **c.** Sur la **notion de « griefs »,** voir : CJCE 15-10-2002 aff. 238, 244 et 245, 247, 250 à 252 et 254/99P, LVM ; également, TPICE 28-2-2002 aff. 86/95, Compagnie générale maritime et Trib. UE 29-3-2012 aff. 336/07, Telefónica.

RÉPONSE DES ENTREPRISES À LA COMMISSION EUROPÉENNE

Les parties expriment par écrit leur point de vue sur les griefs retenus contre elles (Règl. 773/2004 art. 10, 2). Le délai accordé aux entreprises pour répondre à la Commission européenne ne peut **48930** pas être inférieur à quatre semaines (Règl. 773/2004 art. 17, 2) ni dépasser quatre mois (23e rapport Commission CE, 1993, pt 207). Ce délai de réponse tient compte à la fois du temps nécessaire à l'établissement des observations et de l'urgence de l'affaire (TPICE 8-7-2004 aff. 44/00, Mannesmannröhren-Werke AG/Commission).

Pour les procédures ouvertes en vue d'adopter des mesures provisoires (voir n° 49070), le délai peut être ramené à une semaine (Règl. 773/2004 art. 17, 2).

Néanmoins, les parties ne sont pas obligées de répondre à la Commission (TPICE 12-12-1991 aff. 30/89, Hilti).

> **Précisions** La Commission européenne publie sur son site internet un document (en anglais), destiné à rationaliser la présentation et l'appréciation des **données économiques** communiquées par les parties (http://ec.europa.eu/competition/antitrust/legislation/best_practices_submission_en.pdf).

AUDITIONS PAR LA COMMISSION EUROPÉENNE

48940 Les parties visées par la communication des griefs ainsi que les demandeurs et plaignants et d'autres tiers justifiant d'un intérêt suffisant peuvent demander à être entendus par la Commission (Règl. 773/2004 art. 6, 12 et 13). La Commission n'est pas tenue de faire droit à une demande d'audition de témoins lorsque la participation des requérants à des accords anticoncurrentiels ou à des pratiques concertées est établie à suffisance de droit (CJUE 22-10-2020 aff. 702/19 P, Silver Plastics). Seules les parties destinataires d'une communication des griefs ont le droit d'être entendues (Règl. 773/2004 art. 12).

L'audition n'est **pas publique** (Règl. 773/2004 art. 14, 6). Elle permet aux parties de développer oralement les arguments qu'elles ont présentés par écrit et, le cas échéant, de compléter les preuves écrites ou de porter d'autres éléments pertinents à la connaissance de la Commission. Elle leur permet également d'exposer leurs arguments en ce qui concerne les aspects susceptibles de présenter un intérêt pour l'imposition éventuelle d'amendes (Communication de la Commission concernant les bonnes pratiques relatives aux procédures d'application des articles 101 et 102 du TFUE, pt 107).

Les **déclarations** de chaque personne entendue au cours de l'audition orale sont **enregistrées** ; cet enregistrement est mis à disposition, sur demande, à chaque personne entendue (Règl. 773/2004 art. 14, 8).

L'audition est dirigée par un **conseiller-auditeur.**

> **Précisions** La Commission doit donner aux parties auxquelles elle a adressé une communication des griefs l'occasion de développer leurs arguments lors d'une audition, si celles-ci en ont fait la demande dans leurs observations écrites. L'**omission** d'une telle **audition** constitue une violation des formes substantielles et vicie la procédure, sans qu'il soit nécessaire pour l'entreprise dont les droits ont été ainsi violés de démontrer que cette violation a pu influencer, à son détriment, le déroulement de la procédure et le contenu de la décision litigieuse (CJUE 21-9-2017 aff. 85/15, Feralpi Holding).

RÔLE DU CONSEILLER-AUDITEUR DE LA COMMISSION EUROPÉENNE

48950 La mission du conseiller-auditeur est d'assurer le bon déroulement de la phase orale de la procédure administrative (Règl. 773/2004 art. 14, 1). Le conseiller-auditeur a pour tâche de garantir l'exercice effectif des droits procéduraux, notamment du droit d'être entendu, durant une procédure de concurrence. Il doit s'acquitter de sa mission en toute **indépendance** à l'égard de la Direction générale de la concurrence (Communication de la Commission concernant les bonnes pratiques relatives aux procédures d'application des articles 101 et 102 du TFUE, pt 79).

Le conseiller-auditeur **peut décider** (Décision du président de la Commission européenne du 13-10-2011 relative à la fonction et au mandat du conseiller-auditeur dans certaines procédures de concurrence : JOUE 2011 L 275) :

– d'entendre les tiers ou les parties intéressées qui en font la demande par écrit ;

– d'examiner le bien-fondé des demandes de communication de documents supplémentaires formulées par les parties intéressées ;

– d'accorder une prorogation des délais impartis par la Commission aux entreprises pour présenter leurs observations écrites (ainsi, pour les destinataires d'une communication des griefs).

Il peut également formuler des observations sur la poursuite de la procédure (nécessité d'un complément d'information, abandon de certains griefs ou communication de griefs supplémentaires).

Son rapport final est joint au projet de décision soumis à la Commission.

PUBLICATION D'UN RÉSUMÉ DE L'AFFAIRE PAR LA COMMISSION EUROPÉENNE

Lorsque la Commission européenne envisage d'adopter une **décision d'acceptation des engagements** (voir n° 49150) ou de **constatation d'inapplication des articles 101 ou 102 du TFUE** (voir n°s 49230 s.), elle publie un résumé succinct de l'affaire et le principal contenu des engagements ou de l'orientation proposée. Les parties tierces intéressées peuvent présenter leurs observations dans un délai qui est fixé par la Commission dans sa publication et qui ne peut être inférieur à un mois. La publication tient compte de l'intérêt légitime des entreprises à la protection de leurs secrets d'affaires (Règl. 1/2003 art. 27, 4). 48960

Les entreprises qui, à la suite de cette publication, présentent des observations écrites susceptibles d'être importantes pour l'appréciation juridique de l'accord notifié ne deviennent pas pour autant parties à la procédure.

ACCÈS AU DOSSIER DE LA COMMISSION EUROPÉENNE

Corollaire du principe du respect des **droits de la défense,** le droit d'accès au dossier implique que la Commission européenne permette à l'entreprise concernée de procéder à un **examen de la totalité des documents figurant au dossier d'instruction** susceptibles d'être pertinents pour sa défense. Le dispositif mis en place est prévu par les règlements 1/2003 (art. 27, 2) et 773/2004 (art. 15 à 16 bis). 48970

La Commission a également énoncé ses règles de procédure interne pour le traitement des demandes dans une série de documents :

– communication relative aux règles d'accès au dossier de la Commission (Communication 2005/C 325/07 : JOCE 2005 C 325, modifiée par la communication 2015/C 256/03 : JOUE 2015 C 256) ;
– communication de la Commission concernant les bonnes pratiques relatives aux procédures d'application des articles 101 et 102 du TFUE, pts 92 s. (Communication 2011/C 308/06 : JOUE 2011 C 308) ;
– annexe sur les secrets d'affaires et autres informations confidentielles (en anglais) ;
– conseils à propos des demandes de confidentialité (en anglais) ;
– bonnes pratiques relatives à la divulgation d'informations en « data rooms » dans les procédures des articles 101 et 102 du TFUE et du règlement concentrations ;
– utilisation des « cercles de confidentialité » dans les procédures d'accès aux dossiers en matière de pratiques anticoncurrentielles (en anglais) ;
– autres documents (en anglais) fournissant des informations pratiques publiés sur le site de la Commission.

Ces documents sont accessibles sur le site internet de la Commission : http://ec.europa.eu/competition/antitrust/information_en.html.

Il s'agit de concilier deux obligations opposées, à savoir, d'une part, le respect des droits de la défense et le principe de l'égalité des armes et, d'autre part, la protection des informations confidentielles des entreprises.

> **Précisions** Le droit d'accès au dossier se distingue clairement du **droit général d'accès aux documents** établi par le règlement européen 1049/2001 du 30 mai 2001 relatif à l'accès du public aux documents (voir notamment à propos de l'accès des victimes d'un cartel à la table des matières du dossier de procédure de la Commission, Trib. UE 15-12-2011 aff. 437/08, CDC Hydrogene Peroxide). L'accès au dossier est en effet réservé aux destinataires d'une communication des griefs.

Documents communicables En principe, les destinataires d'une communication des griefs ont accès à toutes les pièces du dossier, c'est-à-dire à l'ensemble des documents obtenus, produits et/ou assemblés lors de l'enquête par la Direction générale de la concurrence de la Commission (Règl. 773/2004 art. 15, 1). 48980

Cependant, trois **catégories de documents** sont considérées comme « **non accessibles** » : les documents internes de la Commission, les secrets d'affaires d'autres entreprises et les autres renseignements confidentiels (Règl. 1/2003 art. 27, 2 ; Règl. 773/2004 art. 15, 2 ; Communication de la Commission relative aux règles d'accès au dossier précitée, pt 10).

1. Les **documents internes de la Commission** (projets, avis, comptes rendus de réunions, documents de travail, etc.) : ces documents étant dénués de valeur probante, cette restriction à l'accès à ces documents ne porte pas atteinte à l'exercice des droits de la défense des parties. Ils seront d'ailleurs placés dans un recueil distinct du reste du dossier.

Les comptes rendus des réunions rédigés par les services de la Commission sont considérés comme des documents internes non accessibles, sauf si la personne ou l'entreprise en cause les a approuvés. Les comptes rendus qui ont été approuvés font partie des preuves que la Commission peut utiliser dans l'appréciation d'une affaire.

De même, sont dénués de valeur probante notamment les documents internes des autorités nationales de concurrence ou la correspondance entre la Commission et ces autorités nationales ou entre ces dernières (Trib. UE 12-5-2015 aff. 623/13, Unión de Almacenistas de Hierros de España).

2. Les **secrets d'affaires** : il s'agit des informations pour lesquelles une entreprise a revendiqué la protection « secret d'affaires » et que la Commission reconnaît comme tels, sauf, bien entendu, s'ils sont déjà connus en dehors de l'entreprise ou s'ils ont perdu leur importance commerciale.

Ces secrets d'affaires peuvent être des informations techniques et/ou financières relatives au savoir-faire, des méthodes de calcul des coûts, des secrets et procédés de fabrication, des sources d'approvisionnement, des quantités produites et vendues, des parts de marchés, des fichiers de clients et de distributeurs, de la stratégie commerciale, de la structure de coûts et de prix et de la politique de vente d'une entreprise (pour des exemples, voir CJCE 24-6-1986 aff. 53/85, Akzo Chemie ; CJCE 17-11-1987 aff. 142/84 et 156/84, BAT ; Trib. UE 15-7-2015 aff. 462, 465/12, Pilkington Group).

Lorsque ces secrets d'affaires fournissent la preuve d'une infraction ou permettent de disculper une entreprise, la Commission devra apprécier si le besoin de divulgation (intérêt public, droits de la défense) est plus important ou non que le préjudice susceptible d'être occasionné par une telle publicité (protection des informations sensibles). La Commission évaluera donc à la fois la pertinence des informations, leur force probante, leur caractère indispensable, leur niveau de sensibilité (dans quelle mesure leur divulgation serait nuisible aux intérêts de l'entreprise) et la gravité de l'infraction.

3. Les **autres informations confidentielles** : cette catégorie comprend les informations autres que les secrets d'affaires dont la divulgation léserait gravement une personne ou une entreprise. Il peut s'agir de renseignements fournis par des tiers sur des entreprises qui sont en mesure d'exercer des pressions de nature économique ou commerciale très fortes sur leurs concurrents ou leurs partenaires commerciaux, clients ou fournisseurs. La confidentialité permet de protéger l'anonymat du plaignant ou d'autres tiers à l'égard des parties, de couvrir certains types de renseignements transmis à la Commission sous garantie de non-divulgation, ainsi que de protéger les secrets militaires.

Sur la protection des secrets d'affaires et des informations confidentielles à l'occasion de la **procédure d'audition,** voir le règlement 773/2004 art. 14, 6.

48990 **Mise en œuvre de l'accès au dossier** Pour être **classées comme confidentielles,** les informations doivent avoir fait l'objet d'une **demande** motivée à cet effet par la personne ou l'entreprise en cause et la demande doit avoir été acceptée par la Commission. En principe, le caractère confidentiel des documents n'empêche pas leur divulgation lorsque les informations sont nécessaires pour prouver une infraction (documents à charge) ou pour disculper une partie (documents à décharge).

Une **distinction** est cependant établie entre les documents classés confidentiels à la suite de la demande de l'une des parties à la procédure administrative et les documents classés confidentiels dans l'intérêt d'un tiers (TPICE 19-6-1996 aff. 134, 136, 137, 138, 141, 145, 147, 148, 151, 156 et 157/94 R, NMH Stahlwerke ; voir aussi Trib. UE 28-1-2015 aff. 341, 345/12, Evonik Degussa) :

– en ce qui concerne le premier type de documents, l'écoulement d'une période de cinq, voire de trois ans, est susceptible de retirer à un document tout caractère confidentiel sauf s'il s'agit de documents particulièrement importants (listes de noms de clients des concurrents, analyses de la stratégie commerciale) ; un document cesse d'être confidentiel lorsque la partie qui a réclamé un traitement confidentiel accepte de lever cette confidentialité ; la Commission pourrait s'opposer à une renonciation réciproque à la confidentialité, dans le cas d'entreprises concurrentes pratiquant ainsi un échange d'informations interdit ;

– en ce qui concerne les documents classés confidentiels dans l'intérêt d'un tiers, la Commission peut demander au tiers concerné s'il accepte une levée de la confidentialité, dans l'intérêt de la procédure.

La personne qui fournit des renseignements ou présente des observations (destinataire d'une communication des griefs, plaignant réagissant à une communication des griefs, tiers entendu dans le cadre de la procédure) a l'obligation de signaler clairement tous les éléments qu'elle juge confidentiels, explications à l'appui, et d'en fournir une **version non confidentielle** séparée dans le délai qui lui est imparti par la Commission pour présenter ses observations. En l'absence de toute demande, la Commission peut être conduite à considérer que les documents et déclarations en cause ne contiennent pas d'informations confidentielles et peuvent donc être divulgués intégralement (Règl. 773/2004 art. 16).

> **Précisions** **a.** La Commission européenne diffuse sur son site internet (rubrique « Access to file ») une série de documents (en anglais) destinés à fournir des **lignes directrices** aux entreprises, notamment sur la façon dont elles doivent formuler les demandes de confidentialité pour les informations contenues dans les documents et déclarations ainsi que des exemples pratiques.
> **b.** Un document intitulé « Bonnes pratiques relatives à la **divulgation d'informations en data rooms** dans les procédures des articles 101 et 102 du TFUE et du règlement concentrations », publié sur le site internet de la Commission, décrit les règles applicables à ces « data rooms ». Les data rooms permettent de ne donner accès à certaines informations qu'à certaines personnes et seulement dans la mesure strictement nécessaire à l'exercice des droits de la défense. L'accès aux data rooms est limité en principe aux conseils externes des entreprises destinataires de la notification des griefs (avocats, auditeurs, etc.).

À ce stade, soit **la Commission accepte** les demandes de confidentialité qui paraissent justifiées, étant entendu qu'elle peut toujours, à un stade ultérieur de la procédure, revenir sur son acceptation provisoire de la demande de confidentialité, en tout ou en partie, soit elle informe la personne ou l'entreprise considérée qu'elle ne peut accepter en tout ou en partie la demande de confidentialité lorsque celle-ci n'apparaît pas justifiée. En cas de **refus,** la Commission informe la personne ou l'entreprise par écrit de son intention de divulguer les informations, en motivant sa décision et en lui fixant un délai pour présenter ses observations écrites. Si, après la présentation de ces observations, le désaccord sur la demande de confidentialité persiste, le **conseiller-auditeur** est saisi et statue conformément au mandat des conseillers-auditeurs institué par la Commission. Il se peut aussi que l'entreprise mise en cause estime utile pour sa défense de pouvoir prendre connaissance de certaines informations non accessibles. Pour les consulter, elle doit présenter une demande motivée à la Commission, qui, si elle n'entend pas faire droit à cette demande, et si la partie en cause conteste cette conclusion, doit saisir le conseiller-auditeur (Communication de la Commission relative aux règles d'accès au dossier, pts 39 s.). **48995**

Afin de faciliter l'accès au dossier, la Commission établit, pour chaque dossier, une **liste** de tous les documents qu'elle communique aux parties, en les invitant à venir examiner les documents disponibles dans ses locaux (Communication de la Commission relative aux règles d'accès au dossier, pt 45).

Le Tribunal considère, avec la Commission, que le **droit d'accès** au dossier **s'éteint** au moment où la procédure administrative est close et que, dès qu'une décision a été adoptée et notifiée, les droits de la défense du destinataire sont garantis par la possibilité d'attaquer la décision en justice (TPICE 21-10-1997 aff. 229/94, Deutsche Bahn et TPICE 22-10-1997 aff. 213/95 et 18/96, SCK et FNK).

Destinataires de l'information L'objet de l'accès au dossier est, avant tout, de permettre aux **destinataires d'une communication des griefs** de se prononcer sur les conclusions auxquelles est parvenue à titre préliminaire la Commission. Ces entreprises doivent avoir accès à une information très large afin de pouvoir préparer leur défense. **49000**

Il n'en va pas de même du plaignant ni, a fortiori, des autres tiers et de l'entreprise en position dominante :

– le **plaignant** ne dispose pas des mêmes droits et garanties que les destinataires d'une communication des griefs ; en cas de rejet de sa plainte, il peut certes demander l'accès aux documents qui ont permis à la Commission de fonder sa position, mais il ne peut prendre connaissance d'aucune information de nature confidentielle ou d'autres secrets d'affaires concernant les entreprises visées par la plainte ou des entreprises tierces (Règl. 773/2004 art. 8) ;

– afin d'éviter d'éventuelles mesures de rétorsion de sa part, l'**entreprise en position dominante** ne sera, en principe, pas informée du contenu de certaines lettres adressées à la Commission par les partenaires commerciaux (les clients et les fournisseurs) de cette entreprise (voir TPICE 1-4-1993 aff. 65/89, BPB Industries ; CJCE 6-4-1995 aff. 310/93 P, BPB Industries).

Si la Commission refuse l'accès au dossier ou la transmission, sans motif valable, de certains documents, la décision finale pourra seule être annulée par le Tribunal (TPICE 18-12-1992 aff. 10/92 à 12/92 et 15/92, Cimenteries CBR).

Enfin, l'accès au dossier est une mesure d'organisation qui relève de la compétence du Tribunal statuant au fond et non de son président statuant en référé (TPICE 4-6-1996 aff. 18/96, SCK et FNK, confirmé par CJCE 14-10-1996 aff. 268/96 P [R], SCK et FNK).

Accès au dossier par les tiers à la procédure Les **demandeurs en réparation,** tiers à la procédure, peuvent souhaiter avoir accès à certaines informations dans les procédures engagées devant les juridictions nationales, et ce uniquement lorsque la Commission **49010**

européenne aura clos sa procédure contre toutes les parties (constat d'infraction, engagements ou inapplication) ou d'une autre manière.

Les **informations** auxquelles ils ont accès sont les suivantes (Règl. 773/2204 art. 16 bis) :
– celles établies par la Commission et envoyées aux parties au cours de la procédure ;
– celles « préparées par d'autres personnes physiques ou morales expressément aux fins de la procédure engagée devant la Commission » (cela pourrait concerner par exemple les réponses à une demande d'informations, voire les déclarations de témoins).

Les demandeurs en réparation ne peuvent pas accéder aux déclarations d'entreprise en vue d'obtenir la clémence ni aux propositions de transaction (voir n° 49020 ; sur l'accès à ces documents, voir n° 49020).

49020 **Accès au dossier et procédures de clémence ou de transaction** L'**accès** aux déclarations d'entreprise effectuées en vue d'obtenir la clémence, ou aux propositions de transaction des entreprises, est **restreint** : il est accordé exclusivement aux fins de l'exercice des **droits de la défense** dans une **procédure engagée devant la Commission européenne.**

Les informations tirées de ces déclarations et propositions ne peuvent être utilisées par la partie qui a obtenu l'accès au dossier que si cela est nécessaire pour l'exercice de ses droits de la défense dans le cadre d'une action introduite (Règl. 773/2004 art. 16 bis, 2) :
– soit devant les juridictions de l'Union européenne contre une décision de la Commission ;
– soit devant les juridictions des États membres dans une affaire directement liée à celle de la Commission, et seulement si cette affaire concerne la répartition entre les participants à une entente d'une amende qui leur a été infligée solidairement par la Commission ou le contrôle juridictionnel d'une décision par laquelle une autorité de concurrence nationale constate une infraction à l'article 101 du TFUE.

Ce dispositif est destiné à préserver l'efficacité du programme de clémence et de la procédure de transaction, qui doivent rester attractifs, ce qui explique que :
– l'accès à une déclaration d'entreprise en vue d'obtenir la clémence ou à une proposition de transaction n'est possible que « dans les **locaux de la Commission** », sans possibilité pour les parties d'en prendre copie (Règl. 773/2004 art. 15, 1 ter) ;
– la Commission s'engage à ne transmettre à aucun moment des déclarations d'entreprise en vue d'obtenir la clémence ou des propositions de transaction à une juridiction nationale dans le cadre d'une **action en dommages-intérêts** pour violation des articles 101 ou 102 du TFUE (Communication sur l'immunité d'amendes et la réduction de leur montant dans les affaires portant sur des ententes, pt 35 bis ; Communication relative aux procédures de transaction, pt 39), sauf aux fins de l'évaluation des éléments de preuve par cette juridiction (Dir. 2014/104 du 26-11-2014 art. 6, 7, sur renvoi de la Communication sur la coopération entre la Commission et les juridictions nationales, pt 26 bis).

49025 En cas d'**échec** des discussions avec la Commission pour aboutir à une **transaction,** les droits de la défense sont maintenus puisque l'entreprise peut se voir accorder l'accès au dossier si une communication des griefs lui a été adressée (Règl. 773/2004 art. 15, 1 bis).

2. OBLIGATION AU SECRET PROFESSIONNEL

49050 Les informations recueillies par la Commission européenne au cours de ses enquêtes et vérifications ne peuvent être utilisées que dans le but pour lequel elles ont été demandées (Règl. 1/2003 art. 28, 1).

En outre, la Commission et les autorités compétentes des États membres ainsi que leurs fonctionnaires et autres agents sont tenus de ne pas divulguer les informations qu'ils ont recueillies à l'occasion de leurs enquêtes (Règl. 1/2003 art. 28, 2).

ILLUSTRATIONS

Sur cette obligation au secret, voir CJCE 13-2-1979 aff. 85/76, Hoffmann-La Roche ; CJCE 29-10-1980 aff. 209 à 215/78 et 218/78, Heintz Van Landewyck ; CJCE 7-11-1985 aff. 145/83 et 53/84, Adams et 3595 ; CJUE 10-9-2013 aff. 278/13, Pilkington Group.

L'entreprise victime d'une **violation** du secret professionnel par la Commission ou l'un de ses agents peut intenter contre celle-ci une action en dommages et intérêts sur la base de l'article 340 du TFUE.

3. POSSIBILITÉ POUR LA COMMISSION D'ORDONNER DES MESURES PROVISOIRES

POUVOIRS DE LA COMMISSION EUROPÉENNE

Dans les cas d'urgence justifiés par un risque de **dommage grave et irréparable** à la concurrence, la Commission, agissant d'office, peut ordonner des mesures provisoires (Règl. 1/2003 art. 8). **49070**

La Commission peut, par exemple, imposer aux entreprises de modifier leur politique de prix, de donner des instructions à leur distributeurs, de supprimer une clause d'exclusivité ou de restriction territoriale dans un contrat.

> **Précisions** S'agissant d'une **action d'office,** les entreprises ne peuvent pas faire la demande de telles mesures provisoires ; ces demandes doivent être portées devant les juridictions nationales qui sont bien placées pour statuer sur ces mesures (Communication relative au traitement par la Commission des plaintes déposées au titre des articles [101 et 102 du TFUE], pt 80) (n°s 50800 s.).

CONDITIONS DE VALIDITÉ DES MESURES PROVISOIRES ORDONNÉES PAR LA COMMISSION

Les mesures provisoires doivent revêtir la forme d'une décision permettant un recours devant le Tribunal ; leur validité est soumise à la réunion des conditions suivantes (CJCE 17-1-1980 aff. 792/79 R, Camera Care : Rec. 119 ; Commission CE 18-8-1982, aff. « Ford » : JOCE 1982 L 256 p. 20 ; Commission CE 29-7-1983, aff. « Akzo » : JOCE 1983 L 252 p. 13 ; TPICE 24-1-1992 aff. 44/90, La Cinq : RJDA 5/92 nº 477). **49080**

1. L'existence d'une **infraction** doit être **vraisemblable.**

Les mesures provisoires ne faisant que précéder une décision qui constate une infraction aux articles 101 et 102, la Commission estime qu'il n'est pas nécessaire, à ce stade de la procédure, que l'existence de l'infraction soit prouvée. Un constat « prima facie » d'infraction est cependant requis (Règl. 1/2003 art. 8, 1).

2. Les dispositions que la Commission envisage de prendre doivent être de nature à prévenir une situation intolérable pour l'**intérêt général** ou qui pourrait causer un **préjudice** grave et irréparable pour le demandeur.

Le préjudice irréparable est celui qui vise à prévenir les dommages auxquels il ne pourra plus être remédié par la décision que la Commission sera amenée à prendre au terme de la procédure administrative, et non ceux auxquels il ne pourra être remédié par aucune décision ultérieure (aff. La Cinq, précitée).

Par exemple, dans la décision « Akzo » (JOCE 1983 L 252 p. 13), la Commission est intervenue afin de mettre un terme aux pratiques auxquelles se livrait une entreprise qui, abusant de sa position dominante, était sur le point de contraindre l'un de ses concurrents à cesser ses activités (voir aussi Commission CE 29-7-1987, aff. « BBI/Boosey et Hawkes » : JOCE 1987 L 286 p. 36).

3. L'**urgence** des mesures à prendre doit être établie.

4. Les mesures doivent être **limitées dans le temps.** En pratique, la Commission les rend applicables jusqu'à l'adoption de la décision définitive.

Une décision ordonnant des mesures provisoires est renouvelable dans la mesure où cela est nécessaire et opportun (Règl. 1/2003 art. 8, 2).

5. Les mesures doivent se limiter à ce qui est **nécessaire** pour mettre un terme aux pratiques incriminées (pour un exemple de suspension d'une décision provisoire par la Cour de justice au motif que les effets de cette décision dépassaient ceux d'une simple mesure conservatoire, voir CJCE 29-9-1982 aff. 229 et 228/82 R, Ford et CJCE 28-2-1984 aff. 228 et 229/82, Ford Europe).

ILLUSTRATIONS

La Commission européenne a ordonné à Broadcom (premier fournisseur mondial de jeux de puces utilisés dans les décodeurs de télévision et les modems), qui détenait de prime abord une position dominante sur trois marchés distincts, de cesser d'appliquer certaines clauses, pressenties anticoncurrentielles (accords de quasi-exclusivité ou de restrictions à effet de levier) figurant dans les contrats conclus avec six de ses principaux clients (Commission UE 16-10-2019 nº AT.40608, aff. « Broadcom »).

SANCTION EN CAS DE NON-RESPECT DES MESURES PROVISOIRES

Le non-respect d'une décision ordonnant de telles mesures expose les entreprises concernées à des **amendes** (Règl. 1/2003 art. 23, 2) et/ou à des **astreintes** (Règl.1/2003 art. 24, 1). **49090**

D. Quatrième phase : la décision de la Commission européenne

1. CONTENU DE LA DÉCISION DE LA COMMISSION

49130 Après consultation du Comité consultatif en matière d'ententes et de positions dominantes (Règl. 1/2003 art. 14), la Commission européenne prend sa décision.

Elle peut adopter **trois types de décisions** : décision de constatation et de cessation d'infraction, décision faisant suite à des engagements de la part des entreprises, décision de constatation d'inapplication.

> **Précisions** Le Comité consultatif est composé de représentants des autorités de concurrence des États membres. Il rend son avis au terme d'une réunion convoquée et présidée par la Commission ; la consultation peut également avoir lieu en suivant une procédure écrite. L'avis écrit est joint au projet de décision de la Commission et peut faire l'objet d'une publication (Règl. 1/2003 art. 14).

a. Décision de constatation et de cessation d'infraction

49140 Si la Commission européenne constate l'existence d'une infraction aux articles 101 et/ou 102 du TFUE, elle peut obliger les entreprises concernées à **mettre fin à cette infraction** (Règl. 1/2003 art. 7, 1). Elle agit alors par voie de décision de constatation et de cessation d'infraction (voir nº 52100 pour les injonctions).

Lorsque la Commission démontre qu'elle y a un intérêt légitime, elle peut également constater qu'une **infraction** a été **commise dans le passé.** La solution est expressément prévue à l'article 7, 1 du règlement 1/2003. Encore faut-il que la Commission démontre cet intérêt légitime (TPICE 6-10-2005 aff. 22 et 23/02, Sumitomo Chemical).

b. Acceptation d'engagements

49150 Lorsque la Commission européenne envisage d'adopter une décision exigeant la cessation d'une infraction et que les entreprises concernées offrent des engagements de nature à répondre aux préoccupations dont la Commission les a informées dans son évaluation préliminaire, celle-ci peut, par voie de décision, rendre ces **engagements obligatoires** pour les entreprises. La décision peut être adoptée pour une durée déterminée et conclut qu'il n'y a plus lieu que la Commission agisse (Règl. 1/2003 art. 9, 1).

Les parties à la procédure qui offrent des engagements de nature à répondre aux préoccupations dont la Commission les a informées dans son évaluation préliminaire peuvent saisir le **conseiller-auditeur** à tout moment en vue de garantir l'exercice effectif de leurs droits procéduraux (Communication de la Commission concernant les bonnes pratiques relatives aux procédures d'application des articles 101 et 102 du TFUE, pt 124).

Ce dispositif de résolution négociée des problèmes de concurrence rencontre un succès certain puisque de nombreuses procédures ont été engagées sur ce fondement.

ILLUSTRATIONS

La première décision rendant obligatoires les engagements souscrits par une entreprise ou une association d'entreprises a été adoptée le 19 janvier 2005 dans l'affaire de la vente combinée des droits médiatiques sur le championnat allemand de football (Commission CE 19-1-2005 : JOUE 2005 L 134 p. 46). Elle a été suivie de décisions d'acceptation d'engagements notamment dans les affaires des accords d'exclusivité et des remises de quantité pratiqués par Coca-Cola (Commission CE 12-6-2005 : JOUE 2005 L 253 p. 21), de la distribution de produits pétroliers en Espagne par Repsol (Commission CE 12-4-2006 : JOUE 2006 L 176 p. 104), des licences croisées pour la diffusion de musique en ligne (Commission CE 4-10-2006 : JOUE 2007 L 296 p. 27), de la vente liée d'un navigateur web et d'un système d'exploitation (Commission UE 16-12-2009 : JOUE 2010 C 36 p. 7), du verrouillage des marchés du gaz (Commission UE 23-2-2010 : JOUE 2010 C 57 p. 13), de la réduction des commissions interbancaires pour les cartes de débit (Commission UE 8-12-2010 : JOUE 2011 C 79 p. 8), de la maintenance des grands systèmes informatiques (Commission UE 13-12-2011 : JOUE 2012 C 18 p. 6), de la fixation du prix au détail des livres numériques (Commission UE 12-12-2012 : JOUE 2013 C 73 p. 17), de l'accord conclu entre plusieurs compagnies aériennes prévoyant la création d'une entreprise commune de partage des recettes (Commission UE 23-5-2013 : JOUE 2013 C 201 p. 8), de la réduction des commissions interbancaires et de l'ouverture de la concurrence transfrontière par Visa Europe (Commission UE 26-2-14 : JOUE 2014 C 147), de l'accès aux infrastructures gazières essentielles en Bulgarie sur le marché de gros de l'électricité (Commission UE : communiqué IP/15/6289 du 10-12-2015), de clauses relatives au géoblocage figurant dans les contrats de diffusion sous licence d'œuvres cinématographiques comme contenu télévisuel payant (Commission UE

7-3-2019 n° AT.40023, Universal Studios), des règles de Mastercard relatives aux commissions multilatérales d'interchange interrégionales (Commission UE 29-4-2019 : JOUE 2019 C 300), des conditions d'exportation de gaz naturel en provenance de Roumanie par Transgaz (Commission UE 6-3-2020 n° AT.40335, Romanian Gas Interconnectors), des réductions de prix et des garanties d'approvisionnement pour six médicaments anti-cancéreux essentiels (Commission UE 10-2-2021 n° AT.40394, Aspen), d'utilisation des données des vendeurs actifs sur la place de marché Amazon et des données d'accès notamment au programme Prime (Commission UE 20-12-2022 n° AT.40703, Amazon).

CHAMP D'APPLICATION DE LA PROCÉDURE D'ACCEPTATION D'ENGAGEMENTS

Le champ d'application de la procédure d'acceptation d'engagements est assez vaste. Elle couvre indifféremment les **ententes** (accords de distribution, accords de coopération) et les **abus de position dominante** (par exemple, Commission CE 12-6-2005, aff. « Coca Cola » : JOUE 2005 L 253 p. 21), voire les deux pratiques (par exemple, Commission CE 22-3-2006, aff. « De Beers/Alrosa » : JOUE 2008 C7 p. 18). Seule limite, le considérant 13 du règlement 1/2003 précise que les « décisions [d'acceptation d'engagements] ne sont pas opportunes dans les cas où la Commission entend imposer une amende ». **49160**

La formule, quelque peu sibylline dans la mesure où la Commission peut imposer des amendes dès qu'une pratique porte atteinte à la concurrence, signifie, semble-t-il, que la Commission doit s'abstenir de recourir à la procédure d'engagements chaque fois que la cessation des pratiques ne saurait dispenser leurs auteurs de toutes sanctions. Il en va ainsi des **atteintes particulièrement graves à la concurrence** et, en premier lieu, de celles que l'OCDE a baptisées « ententes injustifiables », c'est-à-dire les ententes de prix ou de répartition de marchés les plus dommageables pour l'économie : les cartels. En pareil cas, l'atteinte à l'ordre public économique est telle qu'il n'est pas concevable de s'en tenir à de simples engagements, fussent-ils de nature à faire cesser l'infraction pour l'avenir. Cette précaution devrait par ailleurs empêcher tout chevauchement avec les programmes de clémence, réservés à la dénonciation des cartels (n°s 52440 s.) et, partant, éviter toute interférence entre les dispositifs. Il s'ensuit que l'acceptation d'engagements implique que la Commission se refuse à sanctionner la pratique. Engagements et sanctions sont ici inconciliables.

Pour autant, cette procédure n'est pas cantonnée aux affaires mineures ou non prioritaires. Elle peut fort bien s'appliquer à des affaires de première importance comme en attestent les procédures ouvertes depuis mai 2004.

DÉCLENCHEMENT DE LA PROCÉDURE D'ACCEPTATION D'ENGAGEMENTS

Pour être efficace, c'est-à-dire pour que les pratiques dénoncées cessent au plus tôt, la procédure doit être engagée dès que possible et répondre à un formalisme allégé. C'est pourquoi, sans attendre le stade d'une communication des griefs, qui constitue déjà un acte d'accusation, la Commission peut ouvrir la procédure en adressant aux entreprises une « **évaluation préliminaire** » par laquelle elle exprime ses **préoccupations** concernant une pratique donnée (Règl. 773/2004 art. 2 ; Règl. 1/2003 art. 9, 1). **49170**

Si c'est bien la Commission qui invite l'entreprise à laquelle a été adressée l'évaluation préliminaire à entrer dans une négociation sur des engagements, c'est en revanche l'entreprise qui, formellement, déclenche la procédure d'acceptation d'engagements. En proposant des remèdes de nature à répondre aux préoccupations de la Commission, l'entreprise choisit d'entrer dans le régime des engagements, ce qu'elle n'est pas tenue de faire. Si elle le souhaite, l'entreprise peut toujours s'abstenir de répondre à l'évaluation préliminaire et, par suite, entrer dans une procédure contentieuse (Communication de la Commission concernant les bonnes pratiques relatives aux procédures d'application des articles 101 et 102 du TFUE, pts 121 et 125).

TENEUR DES ENGAGEMENTS PROPOSÉS DANS LE CADRE DE LA PROCÉDURE D'ACCEPTATION D'ENGAGEMENTS

Le principe qui sous-tend la procédure est que les engagements souscrits par une entreprise peuvent, lorsqu'ils induisent une modification substantielle des comportements, être plus efficaces qu'une sanction. À cet égard, la Commission s'attache à ce que les **engagements proposés** soient effectivement **de nature à répondre à ses préoccupations de concurrence.** **49180**

Quant au contrôle juridictionnel de la décision de la Commission, il se limite à vérifier que les engagements en question répondent aux préoccupations dont la Commission a informé les entreprises concernées et que ces dernières n'ont pas offert d'engagements moins contraignants répondant d'une façon aussi adéquate à ces préoccupations ; la Commission peut donc valablement accepter des engagements qui vont au-delà de ce qu'elle aurait pu imposer dans une décision prise au titre de l'article 7 du règlement 1/2003, c'est-à-dire dans le cadre d'une procédure « classique » de cessation d'une pratique anticoncurrentielle (CJUE 29-6-2010 aff. 441/07, Commission/Alrosa Company Ltd : RJDA 11/10 n° 1111 ; Trib. UE 12-12-2018 aff. 873/16, Groupe Canal + SA). Par ailleurs, le Tribunal avait jugé que l'intérêt des tiers devait être pris en compte, de sorte qu'en présence de plusieurs types d'engagements proposés répondant de manière aussi adéquate aux préoccupations de concurrence identifiées la Commission devait rendre obligatoire l'engagement qui aura un effet moins prononcé à leur égard (Trib. UE 12-12-2018 aff. 873/16, Groupe Canal +) ; toutefois, en raison de l'absence de recours effectif à la disposition des tiers contre la décision d'acceptation d'engagements, la Cour de justice a considéré que cette décision du Tribunal vide de leur substance les droits contractuels des tiers et viole ainsi le principe de proportionnalité (CJUE 9-12-2020 aff. 132/19 P, Groupe Canal +).

Les engagements peuvent prendre **différentes formes,** pourvu qu'ils mettent fin aux pratiques anticoncurrentielles. Nombre des engagements soumis à la Commission consistent à modifier ou à supprimer des clauses contractuelles. Ce type d'engagements présente l'avantage pour l'autorité de concurrence d'être assez facilement contrôlable. Parfois, le nombre et l'intensité des remèdes convenus avec la Commission sont tels que la décision de rendre obligatoires les engagements souscrits instaure, dans les faits, une quasi-régulation du marché, en ce sens que la décision de la Commission contribue largement à façonner la concurrence sur le marché.

ILLUSTRATIONS

La société Coca-Cola s'est engagée à supprimer des clauses d'exclusivité, des rabais de fidélité et des accords de gammes (Commission CE 12-6-2005, aff. « Coca-Cola » : JOUE 2005 L 253 p. 21).

Le pétrolier espagnol Repsol, leader sur le marché des ventes de carburants hors réseau en Espagne, a proposé de procéder à des modifications substantielles des contrats-cadres qui le liaient aux exploitants de stations-service ; toutefois, les remèdes avancés peuvent aussi être purement comportementaux, à l'image de l'engagement souscrit par Repsol de ne pas acheter des stations-service non liées à son réseau pendant deux ans (Commission CE 12-4-2006 : JOUE 2006 L 176 p. 104).

Dans l'affaire de la vente combinée des droits médiatiques sur le championnat allemand de football (n° 49150), les engagements souscrits par la Fédération allemande de football réglaient dans les moindres détails les modalités de cession des droits médiatiques sur les matchs de première et deuxième divisions par les clubs à l'Association de la Ligue, et surtout les modalités de leur commercialisation sur les marchés de la télévision et des nouveaux médias (internet, téléphonie mobile, etc.). Nul doute, par ailleurs, que les engagements rendus obligatoires par la Commission ont servi de grille d'analyse à travers toute l'Europe afin de déterminer des modalités de cession et de commercialisation des droits médiatiques sur les championnats de football, mais aussi, au-delà, sur les autres manifestations sportives majeures.

ÉVALUATION DES ENGAGEMENTS PROPOSÉS : TEST DE MARCHÉ

49190 Afin d'évaluer l'aptitude des engagements proposés à résoudre les problèmes de concurrence soulevés, une **consultation publique** des tiers intéressés (concurrents, fournisseurs, autorités de concurrence et juridictions des États membres, particuliers ou associations de consommateurs) est prévue à l'article 27, 4 du règlement 1/2003. Ce « test de marché » devrait contribuer au surplus à limiter les risques de contestations ultérieures par des concurrents, voire de remises en cause par les autorités de concurrence et les juridictions nationales. Pour ce faire, la Commission publie un résumé succinct de l'affaire, ainsi que la teneur des engagements proposés. Les tiers intéressés disposent alors d'au moins un mois pour lui présenter leurs observations.

À l'issue de cette consultation, la Commission publie dans la décision qui rend obligatoires les engagements et qui clôt la procédure un **résumé de la teneur de chacune des observations** faites par les acteurs du marché. Ce recensement s'avère précieux dans la mesure où il permet de mesurer les efforts consentis par l'entreprise afin de répondre aux préoccupations de la Commission et des tiers intéressés. Quoique la Commission recueille et publie les observations des tiers, elle reste totalement maîtresse de l'opportunité de rendre obligatoires les engagements qu'elle juge utiles pour répondre à ses préoccupations. Elle n'est donc pas tenue de prendre en compte les observations faites par les tiers.

Lorsque la Commission, sur la base des résultats du test de marché, estime qu'aucune solution n'est apportée aux problèmes de concurrence constatés ou qu'il convient de modifier le texte des engagements afin de les rendre efficaces, elle en informe les entreprises qui ont proposé les engagements, qui peuvent alors en présenter une version modifiée. Si cette **nouvelle version des engagements** en modifie la nature ou l'étendue, une nouvelle consultation des acteurs du marché est organisée. Si les entreprises en cause ne souhaitent pas présenter de version modifiée alors que celle-ci est jugée nécessaire par la Commission au vu des résultats du test de marché, la Commission peut revenir à la procédure contentieuse prévue à l'article 7 du règlement 1/2003 (Communication de la Commission concernant les bonnes pratiques relatives aux procédures d'application des articles 101 et 102 du TFUE, pt 133).

EFFETS DE LA DÉCISION D'ACCEPTATION D'ENGAGEMENTS

Lorsqu'elle statue sur les engagements souscrits, la Commission ne se prononce à aucun moment sur l'existence d'une infraction ou sur la culpabilité des entreprises. Le considérant 13 du règlement 1/2003 dispose ainsi que « les décisions relatives aux engagements devraient constater qu'il n'y a plus lieu que la Commission agisse, sans établir s'il y a eu ou s'il y a toujours une infraction » (voir aussi Trib. UE 15-9-2016 aff. 76/14, Morningstar). **49200**

Conséquence de l'**absence de constatation d'une infraction,** la décision de la Commission n'a pas, sur ce point, l'« autorité de la chose jugée » à l'égard des autorités de concurrence et des juridictions des États membres. Cela signifie que celles-ci peuvent être saisies ou se saisir d'office des mêmes faits et statuer en établissant l'infraction. Le même considérant 13 retient ainsi que « ces décisions sont sans préjudice de la faculté qu'ont les autorités de concurrence et les juridictions des États membres de faire de telles constatations et de statuer sur l'affaire ». Une juridiction nationale doit néanmoins tenir compte de l'évaluation préliminaire de la Commission, qui a un caractère décisoire, et la considérer comme un indice, voire comme un commencement de preuve, du caractère anticoncurrentiel d'une pratique (CJUE 23-11-2017 aff. 547/16, Gasorba SL c/ Repsol : RJDA 3/18 n° 282).

La décision rendant les engagements obligatoires peut être adoptée pour une **durée** limitée (Règl. 1/2003 art. 9, 1). **49205**

En cas de **non-respect des engagements** rendus obligatoires le plafond de la sanction que peut infliger la Commission est fixé, alors même qu'aucune infraction aux articles 101 ou 102 du TFUE n'est établie, au même niveau que si l'entreprise avait mis en œuvre une pratique anticoncurrentielle, à savoir 10 % de son chiffre d'affaires total (Règl. 1/2003 art. 23). **49210**

ILLUSTRATIONS

La Commission a infligé une amende de 561 M€ à Microsoft pour non-respect d'une partie de ses engagements qui avaient été rendus obligatoires par une décision du 16 décembre 2009. En l'espèce, Microsoft n'a pas respecté son engagement de proposer un écran multichoix permettant aux utilisateurs du système d'exploitation Windows de sélectionner, en connaissance de cause et de manière non biaisée, le ou les navigateurs web qu'ils souhaitent installer en plus du navigateur de Microsoft ou à la place de celui-ci (Commission CE 6-3-2013, aff. COMP/39.530, Microsoft : JOUE 2013 C 120 p. 6).

RÉOUVERTURE DE LA PROCÉDURE D'ACCEPTATION D'ENGAGEMENTS

La décision adoptée n'empêche pas la Commission de **rouvrir la procédure,** sur demande ou de sa propre initiative, si l'un des faits sur lesquels repose la décision subit un changement important, si les entreprises concernées contreviennent à leurs engagements ou bien si la décision repose sur des informations incomplètes, inexactes ou dénaturées fournies par les parties (Règl. 1/2003 art. 9, 2). **49220**

La Commission n'est toutefois pas tenue de rouvrir la procédure en cas de non-respect des engagements rendus obligatoires (Trib. UE 6-2-2014 aff. 342/11, CEEES). En outre, elle peut tenir compte des mesures prises par une autorité nationale de concurrence contre l'entreprise pour vérifier s'il est de l'intérêt de l'Union d'ouvrir une procédure pour non-respect des engagements (même aff.).

c. Constatation d'inapplication des articles 101 et 102 du TFUE

Lorsque l'intérêt public de l'Union concernant l'application des articles 101 et 102 du TFUE le requiert, la Commission, agissant d'office, peut constater par voie de décision que l'**article 101 du TFUE** est inapplicable à une entente soit parce que les conditions de l'article 101, 1 du TFUE ne sont pas remplies, soit parce que les conditions de l'article 101, 3 sont remplies. **49230**

La Commission peut également faire une telle constatation en ce qui concerne l'**article 102 du TFUE** (Règl. 1/2003 art. 10).

La Commission ne prend ce type de décision que si la question relève de l'**intérêt de l'Union.** Elle utilise cette compétence pour définir la politique de concurrence, pour se prononcer sur des questions inédites ou à l'égard de nouveaux types d'accords ou de pratiques. Cette décision, dont l'effet n'est pas limité dans le temps, ne crée pas de droits opposables aux tiers et est de nature purement déclaratoire.

49235 La décision de constatation d'inapplication (décision « positive », décision de non-infraction) est une prérogative de la Commission ; elle n'appartient pas aux **autorités nationales de concurrence** (ANC) et sa mise en œuvre ne peut être demandée ni par les parties à un accord ni par les tiers.

En l'absence de pouvoir reconnu aux ANC de constater l'inapplication des articles 101 et 102 du TFUE, l'article 5, dernier al. du règlement 1/2003 prévoit que « lorsqu'elles considèrent, sur la base des informations dont elles disposent, que les conditions d'une interdiction ne sont pas réunies, les [ANC] peuvent également décider qu'il n'y a pas lieu pour elles d'intervenir ». Il en résulte qu'une ANC ne dispose pas du pouvoir d'adopter une décision négative constatant l'absence de violation de l'article 102 du TFUE et de clore en conséquence la procédure (CJUE 3-5-2011 aff. 375/09, Tele 2 Polska : RJDA 11/11 n° 963).

> **Précisions** Sur les **effets d'une décision** de la Commission et l'obligation pour les autorités nationales de concurrence et les juridictions nationales de ne pas adopter de décisions contraires, voir l'article 16 du règlement 1/2003 (n° 42280).

2. PUBLICATION DE LA DÉCISION DE LA COMMISSION EUROPÉENNE

49260 La décision de la Commission européenne est publiée au **JOUE,** série L (Règl. 1/2003 art. 30, 1 ; Communication de la Commission concernant les bonnes pratiques relatives aux procédures d'application des articles 101 et 102 du TFUE, pt 148).

La **publication doit mentionner** les noms ou dénominations des parties intéressées et l'essentiel de la décision, y compris les sanctions imposées ; elle doit tenir compte de l'intérêt légitime des entreprises à ce que leurs secrets d'affaires ne soient pas divulgués (Règl. 1/2003 art. 30, 2).

La Commission publie un **résumé** non confidentiel de la décision avec le rapport final du conseiller-auditeur et l'avis du Comité consultatif au JOUE. En pratique, la Commission publie également une version non confidentielle du texte de la décision (version publique) sur le site internet de la Direction Générale de la concurrence.

> **Précisions** Une note explicative (en anglais) publiée sur le site internet de la Commission relative à la préparation des **versions publiques** des décisions de la Commission européenne adoptées en vertu des articles 7 à 10, 23 et 24 du règlement 1/2003 décrit les modalités des demandes de **confidentialisation** dans le cadre de la publication de ces décisions.

3. PRESCRIPTION EN MATIÈRE D'IMPOSITION ET D'EXÉCUTION DES SANCTIONS

PRESCRIPTION EN MATIÈRE D'IMPOSITION DE SANCTIONS

49280 La Commission européenne ne peut prononcer des amendes ou autres sanctions que dans un **délai** (Règl. 1/2003 art. 25, 1) :

– de trois ans en ce qui concerne les infractions aux dispositions relatives aux demandes de renseignements ou à l'exécution d'inspections ;

– de cinq ans en ce qui concerne les autres infractions.

La prescription **court** à compter du jour où l'infraction a été commise. Toutefois, pour les infractions continues ou continuées, la prescription ne court qu'à compter du jour où l'infraction a pris fin (Règl. 1/2003 art. 25, 2).

La prescription en matière de poursuites est **interrompue** par tout acte de la Commission ou d'une autorité nationale de concurrence, agissant à la demande de la Commission, visant à l'instruction ou à la poursuite de l'infraction (demande de renseignements, engagement d'une inspection, communication des griefs, etc.). L'interruption de la prescription prend effet le jour où l'acte est notifié à au moins une entreprise ou association d'entreprises ayant participé à l'infraction (Règl. 1/2003 art. 25, 3).

La liste des **actes interruptifs** de la prescription prévue par le règlement 1/2003 n'est pas limitative, de sorte que tout acte visant à l'instruction ou à la poursuite de l'infraction, même s'il ne s'agit pas d'un acte notifié ou d'un mandat de vérification écrit, est susceptible d'interrompre la prescription des poursuites (voir l'arrêt de la Cour de justice dans l'affaire « PVC II », CJCE 15-10-2002 aff. 238, 244, 245, 247, 250 à 252 et 254/99P, LVM). L'octroi par la Commission d'une immunité au premier demandeur de clémence constitue un acte interruptif de la prescription (Trib. UE 6-10-2015 aff. 250/12, Corporación Empresarial de Materiales de Construcción, pt 97).

L'interruption de la prescription vaut à l'égard de toutes les entreprises et associations d'entreprises ayant participé à l'infraction (Règl. 1/2003 art. 25, 4).

La prescription court à nouveau à partir de chaque interruption. Toutefois, elle est acquise au plus tard le jour où un délai égal au double du délai de prescription arrive à expiration, sans que la Commission ait prononcé une amende ou astreinte ; ce délai est prorogé de la période pendant laquelle la prescription est suspendue (Règl. 1/2003 art. 25, 5).

La **suspension** de la prescription dure aussi longtemps que la décision de la Commission fait l'objet d'une procédure pendante devant la Cour de justice de l'Union européenne (Règl. 1/2003 art. 25, 6).

> **Précisions** En cas d'infraction unique et continue, dont le dernier élément constitutif consiste en la soumission concertée d'une entreprise avec ses concurrents à un **appel d'offres** en vue de la passation d'un marché public de travaux, l'infraction prend fin à la date de la signature du contrat conclu entre cette entreprise et le pouvoir adjudicateur, de sorte que la prescription court à compter de ce jour (CJUE 14-1-2021, aff. 450/19, Kilpailu – ja kuluttajavirasto).

PRESCRIPTION EN MATIÈRE D'EXÉCUTION DES SANCTIONS

Les décisions de la Commission européenne prononçant des amendes, sanctions ou astreintes pour infractions aux dispositions du droit de la concurrence au sein du marché intérieur sont prescrites à l'expiration d'un **délai** de cinq ans à compter du jour où la décision est devenue définitive (Règl. 1/2003 art. 26). Au-delà, la Commission ne dispose plus du pouvoir d'exécuter des décisions infligeant des amendes ou imposant des astreintes. **49290**

La **prescription** en matière d'exécution est **interrompue** (Règl. 1/2003 art. 26, 3) :

– par la notification d'une décision modifiant le montant initial de l'amende ou de l'astreinte ou rejetant une demande tendant à obtenir une telle modification ;

– par tout acte de la Commission ou d'un État membre, agissant à la demande de la Commission, visant au recouvrement forcé de l'amende ou de l'astreinte.

La prescription court à nouveau à partir de chaque interruption.

La **prescription** en matière d'exécution est **suspendue** aussi longtemps qu'une facilité de paiement est accordée et aussi longtemps que l'exécution forcée est suspendue en vertu d'une décision de la Cour de justice de l'Union européenne (Règl. 1/2003 art. 26, 5).

4. LIQUIDATION DES ASTREINTES PAR LES ENTREPRISES

Lorsque les entreprises ont satisfait à l'obligation pour l'exécution de laquelle l'astreinte avait été infligée, la Commission européenne peut fixer le **montant** définitif de celle-ci à un chiffre inférieur à celui qui résulterait de la décision initiale (Règl. 1/2003 art. 24, 2). **49310**

II. PROCÉDURE JURIDICTIONNELLE

Les décisions de la Commission européenne peuvent faire l'objet de plusieurs sortes de recours devant le Tribunal de l'Union européenne. Un pourvoi peut être exercé contre la décision du Tribunal devant la Cour de justice de l'Union européenne. **49400**

RECOURS EN ANNULATION D'UNE DÉCISION DE LA COMMISSION EUROPÉENNE

Un **recours** en annulation peut être formé contre toute décision concernant l'application des articles 101 et 102 du TFUE **par** toute personne physique ou morale qui en est la destinataire ou qui est directement et individuellement concernée par elle (TFUE art. 263). **49410**

Le recours en annulation doit être introduit dans un **délai** de deux mois à compter de la notification de la décision de la Commission européenne ou de sa publication au JOUE (TFUE art. 263, al. 6 ; TPICE 9-11-2004 aff. 252/03, Fédération nationale de l'industrie et des commerces de gros des viandes).

Peuvent notamment faire l'**objet** d'un recours en annulation :

– la décision constatant une infraction aux articles 101 et 102 (pour un cas d'annulation au profit d'une société pour défaut de concordance de la nature de la mise en cause de la société mère entre la communication des griefs et la décision litigieuse, voir CJCE 3-9-2009 aff. 3322/07, 327/07 et 338/08, Papierfabrik August Koehler) ;

– la décision ordonnant des mesures provisoires ;

– la décision ordonnant la communication de renseignements ;

– la décision d'inspection sur place ;

– la décision de la Commission de ne pas admettre le caractère confidentiel de certains documents ;

– la décision de la Commission autorisant des entreprises tierces à produire, dans le cadre de procédures judiciaires nationales, certains documents de la procédure administrative de l'Union, tels qu'une communication des griefs (voir n° 49050) ;
– la décision de retrait du bénéfice d'une exemption par catégorie (voir nos 46560 et 46990) ;
– la décision de ne pas rembourser les intérêts moratoires, en cas de condamnation de la Commission à rembourser des amendes (CJCE 9-12-2004 aff. 123/03, Greencore ; CJUE 20-1-2021 aff. 301/19 P, Printeos) ;
– la décision du conseiller-auditeur de procéder à la publication de la décision (TPICE 30-5-2006 aff. 198/03, Bank Austria Creditansalt).

En revanche, **ne peuvent pas être annulés** :
– la décision par laquelle la Commission refuse à une entreprise ou à une autorité nationale de la concurrence l'accès à certaines pièces du dossier ou refuse de lui communiquer certains éléments de son dossier d'enquête ; dans ce cas, seule la décision finale pourrait être annulée pour non-respect des droits de la défense (voir TPICE 18-12-1992 aff. 10/92, Cimenteries CBR ; Trib. UE 23-1-2012 aff. 607/11 R, Henkel) ;
– la demande adressée au plaignant en vue d'obtenir ses observations écrites conformément à l'article 6 du règlement 773/2004 ;
– l'engagement d'une procédure et la communication des griefs (CJCE 11-11-1981 aff. 60/81, « IBM »).

49415 Lorsque l'examen des conditions d'application des règles de concurrence exige des « **appréciations économiques complexes** », le contrôle exercé par les juridictions de l'Union se limite aux éléments suivants :
– la vérification des règles de procédure et de motivation (Trib. UE 12-5-2010 aff. 432/05, EMC Development) ;
– le respect des droits de la défense (CJCE 31-3-1993 aff. 89/85, Ahlström Osakeyhtiö) ;
– l'exactitude matérielle des faits (TPICE 24-10-1991 aff. 1/89, Rhône-Poulenc : RJDA 12/91 n° 1109 ; TPICE 10-3-1992 aff. 68, 77 et 78/89, Societa Italiana Vetro ; CJUE 8-12-2011 aff. 272/09, KME Germany AG) ;
– l'absence d'erreur manifeste d'appréciation (CJCE 2-10-2003 aff. 195/99 P, Krupp) ;
– l'absence de détournement de pouvoir (CJCE 11-7-1985 aff. 42/84, Remia).

Sur ces différents critères, voir CJCE 17-11-1987 aff. 142 et 156/84, BAT ; CJCE 15-6-1993 aff. 225/91, Matra.

49420 Le recours en annulation ne confère pas au juge de l'Union la compétence de **réformer la décision** litigieuse (TPICE 10-3-1992 aff. 68, 77 et 78/89 précité).

Le juge de la légalité ne pouvant statuer « ultra petita », l'annulation qu'il prononce ne saurait **excéder celle sollicitée par le requérant** (CJCE 14-12-1962 aff. 46/59 et 47/59, Meroni & Co ; CJUE 14-11-2017 aff. 122/16, British Airways).

Lorsqu'une première décision de la Commission a été **annulée pour des motifs de forme** uniquement sans qu'il ait été statué au fond sur les faits constitutifs d'une infraction, rien ne s'oppose à la reprise des poursuites ayant pour objet le même comportement anticoncurrentiel ; la procédure sera reprise au point précis où l'illégalité est apparue et les mesures préparatoires antérieures demeurent valables. La Commission n'est donc pas tenue d'adresser une nouvelle communication des griefs, ni de procéder à une nouvelle audition des entreprises ni de consulter à nouveau le Comité consultatif et le conseiller-auditeur (CJCE 15-10-2002 aff. 238, 244 et 245, 247, 250 à 252 et 254/99 P, LVM ; Commission CE « Carbonate de soude » du 13-12-2000 : JOCE 2003 L 10).

RECOURS DE PLEINE JURIDICTION CONTRE UNE DÉCISION DE LA COMMISSION EUROPÉENNE

49430 Un recours de pleine juridiction peut être formé contre les décisions par lesquelles la Commission inflige des **amendes** ou des **astreintes.** La Cour de justice peut alors supprimer, réduire ou majorer l'amende ou l'astreinte infligée (Règl. 1/2003 art. 31).

La compétence de pleine juridiction concerne la seule appréciation de l'amende infligée par la Commission, à l'exclusion de toute modification des éléments constitutifs de l'infraction (CJUE 21-1-2016 aff. 603/13, Galp Energia Espana, pt 71 : AJCA 2016 p. 151 note I. Luc).

RECOURS EN CARENCE DE LA COMMISSION EUROPÉENNE

49440 Si la Commission s'est abstenue d'adopter un acte alors qu'elle était tenue de le faire, un recours en carence peut être introduit (pour une application, voir TPICE 24-1-1995 aff. 74/92, Ladbroke Racing. Voir aussi le cas original d'un recours en carence contre une abstention de la Commission d'agir au titre de l'article 106 : TPICE 3-6-1999 aff. 17/96, TF1).

DEMANDE EN RÉFÉRÉ DE SUSPENSION D'UNE DEMANDE DE LA COMMISSION EUROPÉENNE

Le président du Tribunal de l'Union européenne peut par ailleurs ordonner, en référé, la suspension d'une décision de la Commission afin d'éviter que, dans l'attente d'un arrêt au fond, l'exécution de cette décision produise des effets irréversibles pour les parties. 49450

Le juge des référés tiendra notamment compte de l'intérêt de la Commission et des tiers (concurrents des entreprises visées par la décision) à voir la décision mise en œuvre immédiatement et, par ailleurs, de l'intérêt, pour le requérant, d'éviter un préjudice grave et irréparable (pour des exemples, voir CJCE 13-6-1989 aff. 56/89 R, Publishers Association ; TPICE 16-7-1992 aff. 29/92 R, SPO ; TPICE 10-8-2001 aff. 184/01 R, IMS Health).

SECTION 9 PROCÉDURE FRANÇAISE

AUTORITÉS HABILITÉES À PRONONCER DES SANCTIONS

Les ententes et abus de domination qui ne peuvent pas être légitimés en application de l'article L 420-4 du Code de commerce (nos 48000 s.) exposent leurs auteurs à des sanctions administratives, civiles et/ou pénales. 49600

La mise en jeu de ces sanctions administratives est provoquée par des **plaintes** dont est saisie l'**Autorité de la concurrence** ou par des **enquêtes** diligentées soit directement par l'Autorité (C. com. art. L 461-4), soit par le ministre de l'économie (C. com. art. L 450-5, al. 1), le cas échéant complétées par la communication de pièces du dossier pénal des juridictions d'instruction ou de jugement, en rapport direct avec les faits dont l'Autorité est saisie (C. com. art. L 463-5). Le rapporteur général de l'Autorité de la concurrence est informé des investigations lancées par le ministre de l'économie avant leur déclenchement, mais aussi sans délai du résultat de ces investigations ; il peut alors décider de prendre la direction de l'enquête et/ou, au vu de ses résultats, proposer à l'Autorité de se saisir d'office (C. com. art. L 450-5).

Après une phase d'instruction, l'**Autorité de la concurrence** peut prononcer, selon le cas, des mesures tendant au rétablissement de la concurrence, une sanction pécuniaire ou dénoncer le comportement au procureur de la République.

Le **ministre de l'économie** peut être amené à traiter lui-même des faits susceptibles de constituer des pratiques anticoncurrentielles pour autant que ces pratiques sont le fait d'entreprises répondant à certains critères de chiffres d'affaires (« micro-PAC ») (nos 51600 s.). Pour plus de détails sur les pouvoirs du rapporteur général au regard des enquêtes envisagées par le ministre de l'économie, voir nos 77640 s.

Les sanctions civiles peuvent être prononcées par les **tribunaux** sans que ceux-ci soient tenus de solliciter l'avis préalable de l'Autorité.

La réparation des dommages subis par les consommateurs du fait de pratiques anticoncurrentielles peut s'exercer au moyen d'une action de groupe sur le fondement d'une décision rendue à l'encontre du professionnel par les autorités ou juridictions nationales ou de l'Union européenne compétentes (sur cette action, voir nos 5980 s.).

Le ministre de l'économie, l'administration et l'Autorité de la concurrence doivent utiliser les règles de procédure prévues par le Code de commerce pour appliquer les **règles de concurrence de l'Union européenne** (C. com. art. L 470-6).

I. COMPÉTENCE DE L'AUTORITÉ DE LA CONCURRENCE

COMPÉTENCES RESPECTIVES DE L'AUTORITÉ DE LA CONCURRENCE ET DU JUGE ADMINISTRATIF

Les décisions susceptibles de constituer une activité de production, de distribution ou de services au sens de l'article L 410-1 du Code de commerce relèvent de l'Autorité de la 49700 concurrence sauf lorsqu'elles sont le fait de **personnes publiques** ou de **personnes privées chargées d'un service public** exerçant la mission qui leur est confiée et qui mettent en œuvre des prérogatives de puissance publique (Cass. com. 16-5-2000 nº 1097 : RJDA 12/00 nº 1172). Dans ce cas, seul le **juge administratif** a compétence pour apprécier ces décisions au regard du droit de la concurrence (nºs 41500 s.).

Le juge administratif demeure aussi compétent pour répondre à des questions préjudicielles portant sur l'appréciation de la légalité d'actes administratifs relatifs à l'organisation et aux conditions d'exploitation du service en cause (T. confl. 19-1-1998 nº 3084, aff. « UFEX » : RJDA 6/98 nº 802).

L'**Autorité de la concurrence** est pour sa part compétente, sous le contrôle du juge judiciaire, pour sanctionner toutes pratiques anticoncurrentielles, y compris celles émanant d'une personne publique, à la double condition qu'elles interviennent dans le cadre d'une activité économique et qu'elles ne concernent pas des « décisions ou actes portant sur l'organisation du service public ou mettant en œuvre des prérogatives de puissance publique » (T. confl. 4-5-2009 nº 3714, aff. « Gisserot » : RJDA 11/09 nº 1011).

L'exercice dans une mesure manifestement inappropriée de prérogatives de puissance publique emporte toutefois l'application du droit de la concurrence. En particulier, l'Autorité de la concurrence est compétente pour apprécier le caractère anticoncurrentiel des pratiques mises en œuvre par un ordre professionnel, y compris celles relevant en principe de l'exercice d'une prérogative de puissance publique, à la seule et stricte condition que cette prérogative ait été exercée d'une manière manifestement inappropriée (Aut. conc. 30-9-2019 nº 19-D-19, aff. « Secteur des prestations d'architecte » : recevabilité d'un recours dirigé contre l'Ordre des architectes ; Aut. conc. 12-11-2020 nº 20-D-17, aff. « Secteur de la chirurgie dentaire » : compétence de l'Autorité pour connaître des pratiques mises en œuvre par l'Ordre des chirurgiens-dentistes ; CA Paris 10-10-2019 nº 18/23386 : irrecevabilité de la saisine visant des pratiques mises en œuvre par le Conseil de l'Ordre des avocats de Limoges).

Il résulte de l'ensemble de ce qui précède que la compétence du juge judiciaire en ce qui concerne les personnes publiques se limite au contentieux relatif aux décisions rendues par l'Autorité de la concurrence en matière de pratiques anticoncurrentielles (Cass. com. 8-4-2014 nº 13-11.765, aff. « Musée Guimet » : RJDA 6/14 nº 567).

Il existe des **situations intermédiaires** dans lesquelles un organisme public se livre à des pratiques économiques rendues possibles par l'utilisation de prérogatives exorbitantes et par l'édiction d'actes administratifs. Il faut alors rechercher au cas par cas dans quelle mesure les pratiques en cause sont détachables ou non de ces prérogatives de puissance publique ou de ces décisions administratives, l'Autorité de la concurrence ne pouvant pas intervenir si l'appréciation à laquelle donne lieu le comportement de la personne publique conduit nécessairement à prendre parti sur la légalité de la décision administrative dont ce comportement est indissociable (T. confl. 18-10-1999 nº 3174, aff. « Aéroports de Paris » : RJDA 2/00 nº 214). Ce principe s'applique en particulier au domaine des marchés publics et des délégations de service public (T. confl. 4-5-2009 nº 3714, aff. « Gisserot », précité).

Si le juge administratif, compétent pour apprécier la légalité d'un acte administratif et pour en prononcer le cas échéant l'annulation, est donc le seul à pouvoir apprécier la régularité de la procédure d'appel d'offres dans le cadre d'une délégation de service public, l'Autorité de la concurrence est compétente pour apprécier, au regard du droit de la concurrence, les comportements des entreprises auxquelles cet appel d'offres s'adresse, qu'elles prennent ou non le parti d'y répondre, et pour prononcer, le cas échéant, des sanctions à l'encontre des entreprises dont le comportement serait constitutif d'une entente illicite ou d'un abus de position dominante (Cass. com. 21-6-2011 nº 10-15.754, aff. « SNCM » : RJDA 1/12 nº 91).

ILLUSTRATIONS

49710 **Échappent à la compétence de l'Autorité de la concurrence** :

– la concession par une commune du service extérieur des pompes funèbres (CA Paris 26-4-1989 : BOCCRF du 5-5-1990 p. 165) ;

– le choix de l'attributaire d'un marché public (CA Paris 6-11-1991 : BOCCRF du 26-11-1991 p. 316, confirmé par Cass. com. 14-12-1993 : RJDA 4/94 nº 425 ; CA Paris 7-2-1991 : RJDA 4/91 nº 312) ou le refus de l'État de se soumettre à la procédure des marchés publics (Cons. conc. 13-3-2002 nº 02-D-18, aff. « Association pour les fouilles archéologiques nationales ») ;

– l'organisation par le pouvoir réglementaire du service des achats publics, par exemple par la création d'un organisme ayant pour mission l'approvisionnement en matériel des collectivités publiques (CE 29-7-1994 : RJDA 12/94 nº 1314) ;

– les conditions d'octroi d'une autorisation d'exercice d'une activité dans une enceinte aéroportuaire (CA Paris du 27-2-2014 nº 2012/21174, aff. « Baggage Home ») ;

– le refus, opposé par la Direction de la météorologie nationale (DMN), de fournir des informations météorologiques aéronautiques à une société commerciale désireuse d'en assurer la diffusion vocale auprès du grand public, dès lors que la DMN, qui réserve ces informations aux seuls usagers de l'aviation civile, n'a pas elle-même commercialisé ces informations auprès du grand public (Cass. com. 12-12-1995 : RJDA 3/96 n° 363) ;
– l'appréciation de la décision de la Ligue nationale de football, pour l'organisation des championnats de France professionnels, de mettre en œuvre un système informatique unique de gestion et d'édition des billets pour les compétitions, destiné à être utilisé de façon exclusive par les clubs de première et deuxième division (T. confl. 4-11-1996 : RJDA 5/97 n° 661) ;
– la décision prise par l'établissement public Aéroports de Paris de regrouper à l'aérogare d'Orly-Ouest les activités d'une compagnie aérienne et, parallèlement, de refuser à une compagnie aérienne concurrente d'ouvrir de nouvelles lignes dans la même aérogare (T. confl. 18-10-1999 : RJDA 2/00 n° 214) ;
– la décision par laquelle une société, chargée de la gestion d'un marché d'intérêt national, a soumis l'exploitation des distributeurs automatiques de boissons dans le périmètre de ce marché à la conclusion d'une convention et au paiement d'une redevance (Cass. com. 16-5-2000 : RJDA 12/00 n° 1172) ;
– l'appréciation de la légalité d'un refus d'autorisation d'occuper le domaine public (Cons. conc. 31-1-2005 n° 05-D-02, aff. « Transport maritime des îles d'Hyères ») ou l'organisation de la gestion du domaine public (Cons. conc. 8-11-2005 n° 05-D-60, aff. « Immaculée Conception ») ;
– la résiliation par un établissement public d'une convention d'occupation du domaine public à la suite du non-paiement de redevances (Cass. com. 19-11-2002 n° 1903 : RJDA 2/03 n° 196) ;
– l'examen de la validité du refus par un préfet d'autoriser un salon professionnel (Cons. conc. 31-1-2001 n° 00-D-81, aff. « SARL Print or ») ;
– l'examen de la validité des conditions dans lesquelles l'Insee vend aux sociétés de marketing direct les informations sur les entreprises issues du répertoire Sirene (Cons. conc. 6-12-2001 n° 01-D-78, aff. « Insee ») ;
– le refus de l'Ordre national des infirmiers d'inscrire des infirmiers au tableau de l'Ordre (Aut. conc. 18-1-2018 n° 18-D-01) ;
– l'examen de décisions ordinales prises par le Conseil de l'Ordre des avocats au barreau de Limoges dans le cadre de l'exercice de prérogatives de puissance publique (Aut. conc. 20-9-2018 n° 18-D-18, aff. « AGN Avocats », confirmée par CA Paris 10-10-2019 n° 18/23386) ;
– la méconnaissance par une entreprise et différents médecins de multiples dispositions législatives et réglementaires relatives à la pratique de la médecine et de l'art dentaire ; en l'espèce, la société saisissante reprochait à des ordres professionnels des faits qu'elle estimait constitutifs d'une pratique de boycott (Aut. conc. 15-1-2019 n°s 19-D-01 et 19-D-02, aff. « Groupon ») ;
– les règles d'accès et de tarification de l'utilisation de la plateforme multimodale de l'aéroport de Beauvais-Tillé exploitée dans le cadre d'une délégation de service public et située sur le domaine public aéroportuaire (Aut. conc. 22-11-2019 n° 19-D-22, aff. « Secteur du transport de voyageurs par autocars »).

En revanche, l'**Autorité de la concurrence** est **compétente** pour examiner : **49715**
– les pratiques d'une fédération sportive qui, chargée par le ministre des sports d'organiser des compétitions, impose aux concurrents le choix d'un assureur (Cons. conc. 29-3-1989 n° 89-MC-08, aff. « FNSAGA ») ;
– la cession à titre onéreux par la Fédération française de football des droits de retransmission télévisée des matches de football ayant lieu tant en France qu'à l'étranger (Cass. com. 1-3-1994 : RJDA 4/94 n° 423) ;
– l'obligation imposée aux clubs de football par la Ligue nationale de faire porter aux joueurs des équipements fournis par elle (Cass. com. 2-12-1997 : RJDA 2/98 n° 225) ;
– la validité de la pratique de l'établissement public Aéroports de Paris, susceptible de constituer un abus de position dominante, consistant à imposer son propre personnel pour les services d'assistance en escale à une compagnie aérienne et à ne pas l'imposer à une autre compagnie (T. confl. 18-10-1999 : RJDA 2/00 n° 214) ;
– la validité de la diffusion par le Conseil de l'Ordre national des pharmaciens d'un communiqué manifestant son opposition à l'activité de portage de médicaments à domicile (Cass. com. 16-5-2000 : RJDA 12/00 n° 1171) ;
– les conditions de délivrance, par un constructeur de camions, d'attestations de conformité aux modèles types réceptionnés en France (Cons. conc. 30-5-2002 n° 02-D-31, aff. « MAN Camions et Bus ») ;
– la validité de la pratique de l'établissement public Aéroports de Paris consistant à réserver l'accès au service de signalisation des hôtels dans l'enceinte de l'aéroport aux seuls hôteliers

liés à lui par des contrats de concession générant des redevances (Cass. com. 7-1-2004 n° 37 : RJDA 5/04 n° 633) ;
– les pratiques du Conseil national de l'ordre des chirurgiens-dentistes consistant à inciter l'ensemble des chirurgiens-dentistes à ne pas adhérer ou à résilier leur adhésion auprès d'une société d'assurance qui souhaitait développer un réseau de chirurgiens-dentistes partenaires s'engageant à ne pas dépasser un tarif maximal pour un certain nombre de prestations (Cass. com. 7-6-2011 n° 10-12.038 : RJDA 11/11 n° 960) ;
– l'éventuel caractère déséquilibré d'un contrat publicitaire conclu entre un stade concessionnaire d'une mission de service public et un opérateur privé (Aut. conc. 20-12-2012 n° 12-D-28, aff. « Consortium Stade de France ») ;
– les pratiques de l'Ordre des chirurgiens-dentistes visant à entraver l'activité des réseaux de soins dentaires, y compris celles susceptibles de relever de l'exercice d'une prérogative de puissance publique, telles que la procédure de conciliation, dès lors que l'utilisation de cette procédure à des fins ouvertement anticoncurrentielles témoigne d'une mise en œuvre manifestement inappropriée d'une telle prérogative (Aut. conc. 12-11-2020 n° 20-D-17, aff. « Secteur de la chirurgie dentaire ») ;
– les pratiques mises en œuvre par l'Ordre des architectes, à savoir la diffusion et l'imposition d'une méthode de calcul d'honoraires à l'ensemble des architectes de plusieurs régions et la diffusion au plan national d'un modèle de saisine de la chambre de discipline en cas d'allégation de concurrence déloyale fondée sur le niveau, jugé trop faible, des honoraires pratiqués par un architecte (Cass. com. 1-2-2023 n° 20-21.844 FS-B : RJDA 4/23 n° 221).

II. ORGANISATION DE L'AUTORITÉ DE LA CONCURRENCE

COMPOSITION DE L'AUTORITÉ DE LA CONCURRENCE

49800 Le collège de l'Autorité de la concurrence est composé de dix-sept membres (nommés pour cinq ans renouvelables une seule fois, sous réserve du respect des règles de parité homme – femme), dont un président nommé par décret du Président de la République en raison de ses compétences dans les domaines juridique et économique, six magistrats, cinq personnalités choisies en raison de leur compétence et cinq en raison de leur expérience professionnelle dans les grands secteurs de l'économie (C. com. art. L 461-1).

Le collège est, à l'exception de son président, renouvelé par moitié tous les deux ans et six mois. Les modalités de mise en œuvre du renouvellement partiel du collège de l'Autorité de la concurrence sont précisées par le décret 2019-169 du 6 mars 2019.

MODALITÉS D'APPLICATION DU PRINCIPE DE COLLÉGIALITÉ DE L'AUTORITÉ DE LA CONCURRENCE

49810 **Principe de collégialité** Elle délibère soit en **formation plénière,** soit par l'une des **sections** qui la composent (le nombre et la composition des sections sont fixés par le président de l'Autorité), soit encore par la **commission permanente** (composée du président et des quatre vice-présidents désignés pour deux d'entre eux au moins parmi les personnalités choisies en raison de leur compétence ou en raison de leur expérience professionnelle dans les grands secteurs de l'économie) (C. com. art. L 461-3, al. 1).

Les formations de l'Autorité délibèrent à la majorité des membres présents. Le règlement intérieur de l'Autorité de la concurrence, qui est publié au Journal officiel (C. com. art. R 461-8), détermine les règles de **quorum** applicables à chacune de ces formations (cf. Règl. intérieur Aut. conc. du 21-12-2022).

49820 **Exception** Par exception au principe de collégialité des décisions prises par l'Autorité, le **président de l'Autorité,** ou un vice-président désigné par lui, peut adopter seul les décisions suivantes (C. com. art. L 461-3, al. 4) :
– les décisions d'irrecevabilité et de rejet des saisines visées à l'article L 462-8 du Code de commerce (n° 50070) (pour des exemples, voir Aut. conc. 29-11-2017 n° 17-D-22, aff. « Association InterMusées » ; Aut. conc. 20-7-2018 n° 18-D-13, aff. « AdWords » ; Aut. conc. 19-4-2019 n° 19-D-06, aff. « Tramway de Bordeaux ») ;
– celles pouvant être prises en matière de pratiques anticoncurrentielles (injonctions, acceptation d'engagements, sanctions pécuniaires, publication des décisions de l'Autorité, astreintes, transactions, non-respect des injonctions et engagements, non-lieu), lorsque l'Autorité est

saisie par le ministre de l'économie à la suite de l'échec de la procédure applicable aux micro-PAC prévue par l'article L 464-9 du Code de commerce (c'est-à-dire lorsque l'entreprise refuse de transiger ou lorsque, ayant accepté la transaction proposée, elle n'exécute pas les obligations résultant de cette acceptation ou, encore, si elle n'exécute pas les injonctions formulées par le ministre de mettre un terme aux pratiques anticoncurrentielles : nos 51600 s.) ;
– les décisions prises en application d'une saisine d'office intervenue sur proposition du rapporteur général de l'Autorité (selon l'étude d'impact du projet de loi ayant conduit à l'adoption de la loi du 3 décembre 2020 précitée, ces décisions concernent essentiellement des situations dans lesquelles le rapporteur général propose au collège de se saisir d'office de pratiques ayant fait l'objet d'un rapport administratif d'enquête de la DGCCRF) ;
– les décisions de révision d'engagements (à noter qu'avant l'entrée en vigueur de la loi du 3 décembre 2020 précitée, seul le communiqué de procédure de l'Autorité relatif aux engagements en matière de concurrence du 2 mars 2009 faisait référence à la possibilité pour l'Autorité de mettre en œuvre une procédure de révision pour les engagements souscrits en application de l'article L 464-2, I du Code de commerce).

Toutefois, le président de l'Autorité ne fera usage de la possibilité de statuer seul que « s'il estime que l'affaire ne présente pas de difficultés juridiques ou factuelles particulières ou que d'autres circonstances le justifient. Cette décision est sans préjudice d'un éventuel renvoi ultérieur de l'affaire » à une formation collégiale (Règl. intérieur de l'Autorité art. 37).

> **Précisions** On peut se demander pourquoi les saisines par le ministre de l'économie en cas d'échec de la procédure applicable aux micro-PAC bénéficient d'une telle **procédure de décision allégée.** Une explication peut être trouvée dans l'avis du Conseil de la concurrence n° 08-A-05 du 18 avril 2008 relatif au projet de réforme du système français de régulation de la concurrence : il s'agirait pour le ministre « d'assurer la menace d'une sanction rapide en cas de refus de transaction avec les services ministériels » opposé par les PME mises en cause (pt 50 de l'avis).

SÉPARATION DES FONCTIONS D'INSTRUCTION ET DE JUGEMENT

En vertu des principes d'indépendance et d'impartialité, les fonctions d'instruction et de jugement de l'Autorité de la concurrence sont strictement séparées. Il en résulte, notamment, que le **rapporteur général** et le rapporteur qui instruisent l'affaire ne peuvent pas participer, serait-ce sans voix délibérative, au délibéré (C. com. art. L 463-7, dernier al.). 49830

L'Autorité de la concurrence dispose de **services d'instruction** dirigés par un rapporteur général nommé par arrêté du ministre de l'économie après avis du collège de l'Autorité (C. com art. L 461-4, al. 1). L'instruction est conduite par des **rapporteurs.** Les enquêtes et visites prévues aux articles L 450-1 à L 450-4 du Code de commerce (nos 77240 s.) sont réalisées par les agents des services d'instruction de l'Autorité de la concurrence (enquêteurs et, le cas échéant, rapporteurs) ou par des fonctionnaires habilités à cet effet par le ministre chargé de l'économie.

Le **rapporteur général** nomme les rapporteurs généraux adjoints, les rapporteurs permanents ou non permanents et les enquêteurs des services d'instruction. Il anime et contrôle leur activité (C. com. art. L 461-4, al. 3).

> **Précisions** **a.** Le Conseil constitutionnel a précisé que l'organisation des fonctions entre le **collège** et les **services d'instruction** de l'Autorité de la concurrence ne méconnaît pas les principes d'indépendance et d'impartialité découlant de l'article 16 de la Déclaration de 1789 (Cons. const. 12-10-2012 n° 2012-280 : RJDA 12/12 n° 1107).
> **b.** La cour d'appel de Paris a annulé une décision du Conseil de la concurrence au motif que la participation au délibéré, serait-ce sans voix délibérative, du **rapporteur** ayant procédé aux investigations utiles pour l'instruction des faits dont le Conseil était saisi et du **rapporteur général,** sous le contrôle duquel cette instruction avait été menée, était contraire aux exigences du procès équitable posées par l'article 6, 1 de la convention européenne des droits de l'Homme (CA Paris 15-12-2016 n° 2012/08968).
> **c.** L'Autorité de la concurrence est une autorité administrative et non une juridiction, même lorsqu'elle prononce des sanctions ; en conséquence, les articles 341 s. du Code de procédure civile, instituant une **procédure de récusation ou de renvoi** pour cause de suspicion légitime, ne lui sont pas applicables (Cass. 2e civ. 30-9-2021 n° 20-18.699 FS-D, au cas particulier le litige portait sur une requête en récusation d'un rapporteur de l'Autorité qui avait successivement exercé dans une même affaire des fonctions de poursuite en tant qu'agent de la Direction nationale des enquêtes de la CCRF et des fonctions d'instruction au sein de l'Autorité).

RÔLE DU CONSEILLER AUDITEUR DE L'AUTORITÉ DE LA CONCURRENCE

À l'instar de la Commission européenne (n° 48950), un conseiller auditeur est chargé « de veiller aux **droits de la défense** dans le cadre des procédures à charge menées par l'Autorité de la concurrence » (C. com. art. L 461-4, al. 3). Possédant la qualité de magistrat, il est nommé par arrêté du ministre de l'économie après avis du collège de l'Autorité. 49840

Le conseiller auditeur peut **intervenir** soit à la demande d'une partie, soit d'office en appelant l'attention du rapporteur général sur le bon déroulement de la procédure s'il estime qu'une affaire soulève une question relative au respect des droits des parties.

Les parties mises en cause et saisissantes peuvent présenter des observations au conseiller auditeur sur le déroulement de la procédure d'instruction les concernant dans les affaires donnant lieu à une notification de griefs, pour des faits ou des actes intervenus à compter de la réception de la notification de griefs et jusqu'à la réception de la convocation à la séance de l'Autorité. Le conseiller auditeur recueille, le cas échéant, les observations complémentaires des parties, ainsi que celles du rapporteur général, sur le déroulement de la procédure. Il peut alors proposer des mesures destinées à améliorer l'exercice de leurs droits par les parties.

Il conclut ses interventions en rédigeant un **rapport** remis au président de l'Autorité au plus tard dix jours ouvrés avant la séance. Une copie est adressée au rapporteur général et aux parties concernées. Le président de l'Autorité de la concurrence peut inviter le conseiller auditeur à assister à la séance et à y présenter son rapport.

Lorsque le conseiller auditeur décide d'appeler l'attention du rapporteur général sur le déroulement de la procédure dans une affaire, il verse ses observations au dossier (C. com. art. R 461-9, II).

> **Précisions** Contrairement au conseiller auditeur auprès de la Commission européenne, le conseiller auditeur auprès de l'Autorité ne dispose d'aucun **pouvoir de décision** individuel indépendant. La séparation des fonctions d'instruction et de décision fait du collège de l'Autorité le juge naturel de la régularité du déroulement de la procédure d'instruction. Le conseiller auditeur doit donc se contenter de proposer des mesures destinées à améliorer l'exercice de leurs droits par les parties (B. Lasserre, La transformation du Conseil de la concurrence en Autorité de la concurrence, clé de voûte d'une régulation de la concurrence moderne, juste et efficace : Journ. sociétés 2009 p. 19).

III. SAISINE DE L'AUTORITÉ DE LA CONCURRENCE

AUTEUR DE LA SAISINE DE L'AUTORITÉ DE LA CONCURRENCE

50000 L'Autorité de la concurrence peut être **saisie** des faits susceptibles de constituer une pratique anticoncurrentielle **par** (C. com. art. L 462-5 et L 462-1, al. 2, sur renvoi de l'art. L 462-5) :
– le ministre de l'économie ;
– les entreprises ;
– les collectivités territoriales, les organisations professionnelles et syndicales, les organisations de consommateurs agréées, les chambres d'agriculture, les chambres de métiers ou les chambres de commerce et d'industrie territoriales, la Hadopi et les présidents des observatoires des prix, des marges et des revenus outre-mer pour toute affaire concernant les intérêts dont ces organismes ont la charge.

À l'instar des actions en justice, l'auteur de la saisine doit avoir intérêt et qualité à agir (C. com. art. L 462-8, al. 1). Le **désistement** de la partie saisissante n'interrompt pas l'action devant l'Autorité. En pareil cas, l'Autorité peut poursuivre l'affaire, qui est alors traitée comme une saisine d'office (C. com. art. L 462-8, al. 6).

> **Précisions** La saisine de l'Autorité de la concurrence ne peut pas être assimilée à une action en justice mais constitue un **acte de la vie civile.** Par conséquent, le président d'une association loi de 1901 regroupant diverses organisations professionnelles peut valablement saisir l'Autorité même si les statuts prévoient la nécessité d'une délibération du conseil d'administration pour l'habiliter à agir en justice (Cons. conc. 4-6-2003 n° 03-D-26, aff. « Confédération nationale de la distribution pétrolière »).

CONTENU ET DÉPÔT DE LA SAISINE AUPRÈS DE L'AUTORITÉ DE LA CONCURRENCE

50010 L'**objet** de la saisine de l'Autorité de la concurrence doit comprendre au minimum (Règl. intérieur de l'Autorité art. 9) :
– l'indication des dispositions du droit français de la concurrence et, s'il y a lieu, du droit de la concurrence de l'Union dont le saisissant allègue la violation ;
– l'exposé des faits caractérisant cette violation et des autres circonstances utiles à son appréciation, en rapport notamment avec le secteur et le territoire concernés, les produits

ou les services affectés, les entreprises concernées ou encore le contexte juridique et économique pertinent ;
– l'identité et l'adresse des entreprises ou des associations auxquelles le saisissant impute cette violation, dans la mesure où il peut les identifier.

Lorsque la saisine est accompagnée de **pièces annexes,** visant notamment à établir les faits et les autres éléments utiles à leur appréciation, celles-ci doivent être précédées d'un bordereau indiquant le numéro de chaque pièce, son intitulé ou sa nature et le nombre de pages qu'elle comporte. Ces pièces annexes doivent faire l'objet d'une numérotation continue (Règl. intérieur de l'Autorité art. 10).

Des exemples de présentation d'une saisine sont disponibles sur le site internet de l'Autorité (www.autoritedelaconcurrence.fr).

La **saisine** et ses pièces annexes doivent soit être **déposées** au siège de l'Autorité (les jours ouvrés entre 9 h et 19 h), soit lui être adressées par l'intermédiaire d'une plateforme d'échanges sécurisés de documents électroniques (plateforme Hermès) (C. com. art. R 463-1), soit lui être **envoyées** par lettre recommandée avec AR, en quatre exemplaires, à l'adresse suivante (Règl. intérieur de l'Autorité art. 10) :

Autorité de la concurrence
À l'attention du Chef du bureau de la procédure
11, rue de l'Échelle
F-75001 Paris (France)

> **Précisions** L'Autorité de la concurrence permet également à toute personne de **signaler de manière non anonyme une pratique** anticoncurrentielle à l'aide d'un formulaire disponible sur son site internet (www.autoritedelaconcurrence.fr/fr/contact-guichet/signaler-une-pratique). La personne réalisant un signalement est invitée à indiquer ses coordonnées, le secteur économique concerné par la pratique, les noms des entreprises concernées et les circonstances à l'occasion desquelles elle a eu connaissance de ces informations. Ce mode de signalement se superpose aux modes de signalement prévus pour les lanceurs d'alerte (n° 50090) et dans le cadre d'une procédure de clémence (n°s 53810 s.).

SAISINE D'OFFICE DE L'AUTORITÉ DE LA CONCURRENCE

L'ouverture d'office d'une « affaire », c'est-à-dire l'inscription d'un cas contentieux au rôle de l'Autorité de la concurrence, est proposée à celui-ci par le **rapporteur général** qui dispose de toute latitude à cette fin (C. com. art. L 462-5, III). Une fois cette proposition formulée par le rapporteur général, l'Autorité apprécie l'opportunité de se saisir. **50020**

La saisine d'office peut intervenir dans les **cas** suivants (Rapport Cons. conc. pour 1989 p. 9) :
– une saisine est déclarée irrecevable en raison de l'insuffisance des éléments probants apportés par son auteur, mais un examen approfondi du marché semble nécessaire ;
– l'examen du dossier constitué à la suite d'une saisine fait apparaître l'éventualité de pratiques anticoncurrentielles sur un marché autre que celui qui fait l'objet de la saisine (il peut s'agir soit d'un secteur d'activité voisin ou connexe, soit d'un marché géographiquement distinct de celui soumis à l'examen) ;
– il est jugé conforme à l'intérêt général de suppléer l'abstention des entreprises ou des organisations professionnelles.

En outre, l'Autorité de la concurrence peut se saisir d'office pour imposer des **mesures conservatoires** lorsqu'elle a connaissance d'agissements susceptibles de porter une atteinte grave et immédiate à la concurrence (C. com. art. L 464-1).

> **Précisions** **a.** La décision de l'Autorité de la concurrence de se saisir d'office n'opère pas de confusion entre, d'une part, les fonctions de **poursuite** et d'**instruction** et, d'autre part, les pouvoirs de **sanction** (Cons. const. 14-10-2015 n° 2015-489 QPC : RJDA 4/16 n° 324).
> **b.** Le **rapporteur général adjoint** peut proposer à l'Autorité de se saisir d'office en lieu et place du rapporteur général, sur délégation (CA Paris 19-7-2018 n° 16/01270, aff. « Messageries »).

PRESCRIPTION DE L'ACTION POUR SAISIR L'AUTORITÉ DE LA CONCURRENCE

Délai En principe, l'Autorité de la concurrence ne peut pas être saisie de faits remontant à plus de **cinq ans** (C. com. art. L 462-7, al. 1). **50030**

Comme en matière pénale (voir n° 53105), le délai de prescription commence à courir à compter de la cessation de la pratique lorsque cette dernière revêt un caractère continu (Cass. com. 15-3-2011 n° 09-17.055 : RJDA 7/11 n° 654).

50040 **Interruption de la prescription** La prescription est interrompue (C. com. art. L 462-7, I) :
- par tout acte tendant à la recherche, la constatation ou la sanction des faits ;
- par tout acte interruptif de la prescription de l'action publique en matière de pratiques anticoncurrentielles ;
- par tout acte tendant à la recherche, la constatation ou la sanction de pratiques anticoncurrentielles par l'Autorité de la concurrence, une autorité nationale de concurrence d'un autre État membre de l'Union européenne ou la Commission européenne ;
- par la transmission du dossier, lorsque les faits le justifient, au procureur de la République.

L'acte interruptif de la prescription a pour effet de faire disparaître toute la période de prescription écoulée antérieurement à sa survenance et de faire courir un nouveau délai de cinq ans.

ILLUSTRATIONS

L'Autorité de la concurrence a déclaré une saisine irrecevable pour acquisition de la prescription dans une affaire où plus de cinq années s'étaient écoulées depuis le dernier acte d'instruction. Aucun acte d'instruction n'avait en effet été diligenté à la suite d'une décision du collège de l'Autorité de la concurrence de renvoi du dossier à l'instruction (Aut. conc. 20-10-2016 nº 16-D-22, aff. « Secteur de la distribution de contrats d'assurance-vie sur Internet »).

50045 Un **acte** tendant à la recherche, la constatation ou la sanction de pratiques anticoncurrentielles, même s'il ne **concerne** que **certaines des entreprises** incriminées ou une **partie** seulement **des faits commis** pendant la période visée par la saisine, interrompt la prescription à l'égard de toutes les entreprises concernées et pour l'ensemble des faits dénoncés lorsque ceux-ci présentent entre eux un lien de connexité (Cass. com. 13-10-2009 nº 08-17.269 FS-D : Bull. civ. IV nº 125 ; Cass. com. 11-1-2017 nº 15-17.134 FS-PB : RJDA 4/17 nº 285). Ce lien existe entre des faits de nature différente dès lors qu'ils sont susceptibles de présenter entre eux des rapports étroits (Cass. com. 13-10-2009 nº 08-17.269 précité ; Aut. conc. 26-1-2011 nº 11-D-02, aff. « Restauration des monuments historiques »).

ILLUSTRATIONS

Dans un cas où l'Autorité de la concurrence avait adressé plusieurs notifications des griefs successives à des entreprises spécialisées dans les travaux publics relatifs à différents marchés publics, la Cour de cassation a jugé que la première notification avait interrompu la prescription pour l'ensemble des marchés au motif que les pratiques visées dans les notifications de griefs successives, issues d'une saisine unique, présentaient des liens étroits en ce qu'elles avaient pour objet commun de faire obstacle à la concurrence sur un ensemble de marchés publics conclus dans le secteur des travaux publics en région Île-de-France (Cass. com. 13-10-2009 nº 08-17.269 précité).

Des **faits prescrits** peuvent être évoqués pour la compréhension de pratiques non prescrites à condition qu'ils ne soient ni qualifiés ni poursuivis et qu'il n'en soit pas tiré de conséquences quant à la gravité de l'infraction (CA Paris 29-1-2002 : RJDA 7/02 nº 818).

50050 **Délai butoir** La prescription est acquise en toute hypothèse lorsqu'un délai butoir de **dix ans** à compter de la cessation de la pratique anticoncurrentielle s'est écoulé sans que l'Autorité de la concurrence ait statué sur celle-ci (C. com. art. L 462-7, II-al. 1).

Ce délai de dix ans peut lui-même faire l'objet d'une **suspension** (qui se distingue de l'interruption en ce qu'elle n'a pas pour effet de faire disparaître le délai déjà écoulé) dans trois cas (C. com. art. L 462-7, II-al. 1 à 4) :
- lorsqu'un recours a été introduit à l'encontre d'une ordonnance du juge des libertés et de la détention autorisant des opérations de visite et de saisie ou à l'encontre du déroulement de ces opérations ;
- lorsque la décision de l'Autorité fait l'objet d'un recours en annulation ou en réformation devant la cour d'appel de Paris ou d'un pourvoi en cassation ;
- lorsque la décision prise par le rapporteur général de l'Autorité de refuser la protection du secret des affaires ou de lever la protection accordée fait l'objet d'un recours.

Dans ces trois hypothèses, le délai de dix ans est suspendu à compter du dépôt du recours jusqu'à la notification à l'Autorité d'une décision juridictionnelle irrévocable.

50060 **Actes interruptifs de la prescription** Constituent des actes interruptifs de la prescription :
- les opérations de visite et de saisie, y compris les voies de recours exercées à l'encontre des décisions les autorisant ou rejetant les requêtes tendant à leur annulation (Cass. com. 6-3-2007 nº 06-13.501 : RJDA 8-9/07 nº 897) ;

– une lettre de saisine de l'Autorité (CA Paris 27-9-1990 : BOCCRF du 11-10-1990 p. 383) ou sa saisine d'office (Cons. conc. 23-1-1990 nº 90-D-08, aff. « Durée d'ouverture des pharmacies ») ;
– une lettre de convocation pour audition adressée par un rapporteur (Cass. com. 6-11-2007 nº 06-16.194 : RJDA 4/08 nº 456) ;
– un procès-verbal d'audition effectuée par un rapporteur (Cass. com. 19-6-2001 nº 1230 : RJDA 12/01 nº 1266) ;
– une notification des griefs (CA Paris 21-11-1997 : BOCCRF du 29-11-1997 p. 800) ;
– la délibération de l'Autorité de la concurrence par laquelle elle demande au juge d'instruction la communication de pièces ayant un lien direct avec les faits dont elle est saisie (Cass. com. 15-1-2008 nº 07-11.677 : RJDA 5/08 nº 579) ;
– les actes afférents à l'instruction pénale tendant à établir la matérialité du délit de l'article L 420-6 du Code de commerce (nº 53100), en raison du lien étroit institué par le législateur lui-même entre les faits à la source du délit pénal de l'article L 420-6 et les infractions au droit de la concurrence réprimées par les articles L 420-1 et L 420-2 du Code de commerce (Cons. conc. 21-3-2006 nº 06-D-07, aff. « Secteur des travaux publics dans la région Île-de-France » : RJDA 7/06 nº 838, confirmé par CA Paris 24-6-2008 nº 06-6913 : RJDA 10/08 nº 1052 et, sur pourvoi, par Cass. com. 13-10-2009, nº 08-17.269 : Bull. civ. IV nº 125).

> **Précisions** La transmission par le juge d'instruction à l'Autorité de pièces ayant un lien direct avec les faits dont elle est saisie n'a aucun effet interruptif ; en revanche, la prescription est interrompue par le procès-verbal de réception de ces pièces établi par le rapporteur (Cass. com. 15-1-2008 nº 07-11.677 précité).

En revanche, ne constituent **pas des actes interruptifs** de la prescription : 50065
– la désignation du rapporteur de l'Autorité pour l'examen d'une affaire (Cass. com. 8-7-1997 : RJDA 12/97 nº 1505) ;
– des courriers d'entreprises mises en cause en réponse à une demande de renseignements du rapporteur sur leur situation financière et juridique (Cass. com. 6-11-2007 nº 06-17.881 : RJDA 4/08 nº 456) ;
– une demande de renseignements adressée par le rapporteur (par exemple, une demande de communication de bilans et de comptes de résultats ou d'indication des modifications survenues dans l'actionnariat, la raison sociale ou les filiales) (Aut. conc. 24-7-2017 nº 17-D-10, aff. « Prodiss »).

REJET DE LA SAISINE PAR L'AUTORITÉ DE LA CONCURRENCE

L'Autorité de la concurrence peut déclarer, par décision motivée, la saisine irrecevable dans les cas suivants (C. com. art. L 462-8) : 50070

1º Pour **défaut d'intérêt** ou de **qualité** à agir de l'auteur de celle-ci.

2º Si les **faits** sont **prescrits.**

3º Si elle estime que les faits invoqués n'entrent pas dans le champ de sa **compétence** (pour une application, voir Aut. conc. 20-9-2018 nº 18-D-18, aff. « AGN Avocats », confirmée par CA Paris 10-10-2019 nº 18/23386).

4º Lorsqu'elle estime que les **faits** invoqués ne sont **pas** appuyés d'éléments suffisamment **probants.** En effet, pour être recevable, la saisine doit comporter des éléments attestant l'existence d'une pratique précise susceptible d'entraver la concurrence et émanant de l'entente ou de l'entreprise en situation de domination ou de dépendance (Rapport Cons. conc. pour 1988 p. 9). Ainsi, il n'est pas suffisant de dénoncer simplement l'existence d'une entente, de se contenter de donner la qualité de ses membres et de souligner l'importance de leurs moyens (Cons. conc. 9-11-1988 nº 88-D-44, aff. « Interpharma 62 »). Les marchés pertinents doivent être suffisamment définis (Aut. conc. 16-1-2019 nº 19-D-03, aff. « Transport transmanche de poussins d'un jour »). Pour d'autres exemples d'absence d'éléments suffisamment probants, voir : Aut. conc. 11-12-2017 nº 17-D-23, aff. « Presstalis et Messageries lyonnaises de presse » ; Aut. conc. 6-12-2018 nº 18-D-25, aff. « Domino's Pizza et Pizza Sprint » ; Aut. conc. 9-5-2019 nº 19-D-08, aff. « Secteur de l'entretien et de la réparation automobile » ; Aut. conc. 30-4-2020 nº 20-D-08, aff. « Secteur de l'édition et de la commercialisation de chaînes de télévision ».

La preuve de pratiques anticoncurrentielles incombe à celui qui s'en prétend victime ou aux enquêteurs (Cass. com. 12-10-1993 : RJDA 11/93 nº 923 ; Cass. com. 27-1-1998 : RJDA 6/98 nº 799). Il n'appartient pas à l'Autorité de la concurrence de suppléer la carence des parties dans l'administration de cette preuve (Cass. com. 19-1-2016 nº 14-21.670 : AJCA 2016 p. 159 note R. Hicheri).

5º Lorsqu'elle considère que les faits invoqués n'entrent pas dans le champ de ses priorités ; en effet, l'Autorité dispose d'un pouvoir d'**opportunité des poursuites** et de la faculté de fixer ses propres priorités.

Dans son communiqué du 20 octobre 2022 « relatif à la mise en œuvre du rejet pour défaut de priorité par l'Autorité de la concurrence » (voir son site internet : autoritedelaconcurrence.fr), elle rappelle qu'elle peut rejeter une saisine pour défaut de priorité par une décision motivée et publiée sur son site internet. Elle peut notamment tenir compte de quatre facteurs susceptibles de se cumuler pour apprécier l'intérêt d'une affaire : la gravité potentielle des pratiques dénoncées ; l'envergure de l'affaire ; la nécessité de clarifier une question d'ordre juridique ou économique ; le caractère stratégique de l'intervention de l'Autorité dans une affaire donnée. Les saisines du ministre de l'économie et les saisines d'office ne sont pas concernées par cette faculté de rejet pour défaut de priorité. Pour une première décision de rejet, voir Aut. conc. 22-10-2022 n° 22-D-19.

6° Lorsque les faits invoqués peuvent être traités par le ministre de l'économie au titre du traitement des **micro-PAC** (n° 51600). Cette possibilité permet à l'Autorité de se concentrer sur les affaires relevant de sa compétence exclusive.

L'Autorité ne peut rejeter une saisine qu'après avoir apprécié le caractère probant des éléments apportés par la société saisissante et relevé que les pratiques dénoncées peuvent être traitées directement par le ministre de l'économie (pour un exemple, voir Aut. conc. 29-11-2017 n° 17-D-22, rejet d'une saisine du Musée de Montmartre qui s'était plaint de pratiques d'éviction par l'association InterMusées qui regroupe plusieurs musées d'Île-de-France).

7° Lorsqu'elle est informée qu'une **autre autorité nationale de concurrence ou la Commission européenne** a traité des mêmes faits relevant des dispositions prévues aux articles 101 et 102 du TFUE (Aut. conc. 10-12-2019 n° 19-D-23, aff. « Secteur de la réservation hôtelière en ligne ») ou qu'une autre autorité nationale de concurrence traite des mêmes faits relevant des dispositions prévues aux articles 101 et 102 du TFUE. Au sens de l'article 13 du règlement 1/2003, l'expression « traite l'affaire » ne signifie pas simplement que l'autorité nationale de concurrence a été saisie de la plainte, mais qu'elle enquête ou a enquêté sur l'affaire pour son compte (Communication de la Commission relative à la coopération au sein du réseau des autorités de concurrence, pt 20 : JOUE 2004 C 101).

50075 Le fait que les victimes d'éventuelles pratiques anticoncurrentielles demandent le classement de l'affaire en faisant valoir que ces **pratiques ont cessé** à leur endroit est sans incidence sur la régularité de la saisine, le déroulement de la procédure et la qualification de ces pratiques. En effet, l'Autorité est saisie « in rem » du fonctionnement d'un marché, non pas d'un litige entre des parties, et elle n'est liée ni par les demandes ni par les conclusions qui lui sont présentées. Lorsque la saisine est retirée, le dossier peut être classé, mais il peut également donner lieu à une saisine d'office (Rapport Cons. conc. pour 1990 p. XXV).

En cas **d'irrecevabilité,** le rapporteur général peut fixer des délais pour la production des mémoires, des pièces justificatives ou des observations et pour leur consultation par les intéressés (C. com. art. R 463-8).

La décision d'irrecevabilité est **notifiée** à l'auteur de la saisine et au ministre chargé de l'économie (C. com. art. R 464-8, 2°).

SUSPENSION ET CLÔTURE DE LA PROCÉDURE PAR L'AUTORITÉ DE LA CONCURRENCE

50080 Lorsqu'elle est informée qu'une autre autorité nationale de concurrence traite des mêmes faits relevant des dispositions prévues aux articles 101 et 102 du TFUE, l'Autorité de la concurrence peut non seulement rejeter la saisine (n° 50070) mais aussi suspendre la procédure (C. com. art. L 462-8, al. 5).

La faculté, et non l'obligation, de suspendre la procédure permet à l'Autorité de décider à une date ultérieure si elle met ou non un terme à la procédure, suivant l'issue de celle entamée devant l'autre autorité nationale de concurrence.

L'Autorité peut aussi, par décision motivée, décider de clore une affaire pour laquelle elle s'était saisie d'office (C. com. art. L 462-8, al. 6).

DISPOSITIF DE RECUEIL ET DE TRAITEMENT DES SIGNALEMENTS DES LANCEURS D'ALERTE

50090 L'Autorité de la concurrence met à disposition des lanceurs d'alerte un dispositif spécifique de recueil et de traitement des signalements (voir son site internet : autoritedelaconcurrence.fr). Ce **dispositif « Lanceur d'alerte »** est réservé aux personnes physiques identifiées qui signalent ou divulguent, sans contrepartie financière directe et de bonne foi, des informations concernant des pratiques contraires au droit des ententes et des abus de position dominante.

L'**Autorité** prévoit la possibilité pour le lanceur d'alerte de **la contacter** par voie électronique, par voie postale en utilisant un système de double enveloppe ou par téléphone. Elle invite le lanceur d'alerte à lui transmettre tout élément permettant de l'identifier en tant que tel, ainsi que toute information permettant de démontrer la violation des règles en matière de pratiques anticoncurrentielles. Le lanceur peut préciser s'il a déjà transmis un signalement au sein même de l'entreprise ou organisme concerné.

Si elle estime que la personne bénéficie du **statut de lanceur d'alerte** et que son signalement relève de sa compétence, l'Autorité doit l'informer par écrit de la réception de son signalement dans un délai de sept jours ouvrés à compter de cette réception, sauf circonstances particulières. Si elle estime au contraire que la personne ne bénéficie pas du statut de lanceur d'alerte, elle doit l'en informer aussi.

L'Autorité prévoit par ailleurs d'**informer** par écrit **le lanceur d'alerte,** dans un délai n'excédant pas trois mois à compter de la réception de son signalement, sauf circonstances particulières, des **mesures envisagées ou prises** par elle (saisine d'office, clôture du signalement, etc.). Le lanceur d'alerte est également informé par écrit du résultat final des diligences mises en œuvre. Cette procédure ne s'applique toutefois pas en cas de signalement anonyme.

Ce dispositif vise à assurer aux lanceurs d'alerte la **confidentialité** de leur signalement. La confidentialité de leur identité est garantie aux personnes bénéficiant du statut de lanceur d'alerte ainsi qu'à tout tiers mentionné dans le signalement. Les éléments de nature à identifier le lanceur d'alerte ne peuvent donc pas être divulgués sans son accord.

Toutefois, si les faits décrits dans le signalement constituent une **infraction pénale,** l'Autorité de la concurrence doit les dénoncer à l'autorité judiciaire. Les éléments de nature à identifier le lanceur d'alerte peuvent alors également être communiqués à celle-ci, le lanceur d'alerte en étant alors informé.

La **divulgation** de l'identité du lanceur d'alerte et le fait de faire obstacle au signalement, de quelque manière que ce soit, sont sanctionnés pénalement.

Les lanceurs d'alerte bénéficient en outre du régime d'**irresponsabilité civile** pour les dommages causés du fait de leur signalement, notamment à l'égard de l'entreprise ou des entreprises qui font l'objet du signalement. Le lanceur d'alerte doit avoir eu des motifs raisonnables de croire que le signalement était nécessaire à la sauvegarde des intérêts en cause.

Les personnes ayant le statut de lanceur d'alerte bénéficient par ailleurs du régime d'**irresponsabilité pénale** dans le cas où le signalement a entraîné la violation d'un secret protégé. Cette irresponsabilité s'applique aux infractions éventuellement commises pour obtenir les documents permettant de prouver les informations signalées dans les conditions et les limites de l'article 122-9 du Code pénal.

Le lanceur d'alerte est en outre protégé contre toutes **mesures de représailles,** notamment disciplinaires. Ces mesures de représailles pourraient prendre notamment les formes suivantes : suspension, mise à pied, licenciement, rétrogradation ou refus de promotion, transfert de fonctions, changement de lieu de travail, réduction de salaire, mesures disciplinaires, etc. Il appartient au lanceur d'alerte de revendiquer cette qualité devant le juge pour demander l'annulation d'une mesure de représailles ou se défendre dans le cadre d'une procédure civile ou pénale.

IV. PROCÉDURE DEVANT L'AUTORITÉ DE LA CONCURRENCE

A. Enquêtes de concurrence

Les enquêtes sont menées en principe dans les conditions prévues par les articles L 450-1 et suivants du Code de commerce (voir n°s 77100 s.). Il peut s'agir soit d'**enquêtes simples,** soit d'enquêtes lourdes entraînant des perquisitions et saisies de documents sur autorisation du juge des libertés et de la détention (« **opérations de visite et saisie** »). Sur ce second type d'enquêtes, voir n°s 77330 s. De manière plus exceptionnelle, il peut également s'agir d'enquêtes pénales ordonnées à la demande d'un juge d'instruction à des fins de recherche d'une infraction pénale au droit de la concurrence (C. com. art. L 420-6). Dans cette hypothèse, les pouvoirs des enquêteurs (policiers et/ou agents de l'Autorité de la concurrence ou de la DGCCRF bénéficiant d'une commission rogatoire) sont différents de ceux prévus par le Code de commerce. 50200

L'Autorité de la concurrence peut en outre demander aux juridictions d'instruction et de jugement de lui **communiquer** les procès-verbaux, rapports d'enquête ou autres **pièces de l'instruction pénale** ayant un lien direct avec des faits dont elle est saisie (C. com. art. L 463-5). Cette prérogative de l'Autorité ne constitue pas par elle-même une atteinte aux droits de la défense, notamment au principe de l'égalité des armes et au droit à un recours juridictionnel effectif, dans la mesure où, d'une part, elle n'autorise pas l'Autorité à avoir accès au dossier pénal, le juge ne lui communiquant que les documents de l'instruction qu'il estime avoir un lien direct avec les faits dont elle est saisie, et, d'autre part, ces documents sont, à la suite de la notification des griefs, communiqués aux parties et soumis au débat contradictoire, les parties ayant alors la possibilité de soulever toute contestation qu'elles jugeraient utile (Cass. com. QPC 28-11-2012 n° 12-18.410 : RJDA 3/13 n° 260 ; Cass. com. 13-10-2009 n° 08-18.224 : RJDA 2/10 n° 177).

Sur les **sanctions** prévues en cas d'obstacle au déroulement de l'enquête, voir n°s 50430 s.

B. Procédure ordinaire devant l'Autorité de la concurrence

50250 L'**instruction** et la **procédure** devant l'Autorité de la concurrence sont contradictoires (C. com. art. L 463-1, al. 1).

Les pratiques dont l'Autorité est saisie peuvent être établies par tout **mode de preuve** (C. com. art. L 463-1, al. 2).

Sur les sanctions prévues en cas d'obstacle au déroulement de l'instruction, voir n°s 50430 s.

1. ÉTAPES DE LA PROCÉDURE DEVANT L'AUTORITÉ DE LA CONCURRENCE

50260 Les étapes de la procédure sont les suivantes (C. com. art. L 463-2 et R 463-11).

AUDITIONS PAR LE RAPPORTEUR CHARGÉ DU DOSSIER

50270 Le rapporteur chargé du dossier par le rapporteur général de l'Autorité procède à des auditions qui donnent lieu à un procès-verbal signé par les personnes entendues (C. com. art. R 463-6).

Le fait de ne pas déférer à une convocation peut conduire l'Autorité à prononcer une injonction à l'encontre de l'entreprise, assortie d'une astreinte (n° 50440).

En cas de refus de signer le procès-verbal, il en est fait mention par le rapporteur.

Les personnes entendues peuvent être assistées d'un conseil.

> Précisions a. En cas de **redressement judiciaire** d'une entreprise partie à la procédure, les organes de la procédure collective doivent être mis en cause devant l'Autorité (cf. C. com. art. L 622-23). Doit dès lors être annulée la procédure menée contre une entreprise en redressement judiciaire, représentée par son seul dirigeant, alors que les poursuites en cours étaient susceptibles de conduire à l'adoption d'une décision affectant la situation juridique de l'entreprise (CA Paris 15-1-2008 n° 07-2775 : RJDA 4/08 n° 437).

b. La décision de refus de l'Autorité de la concurrence du **retrait de certains procès-verbaux d'auditions du dossier d'instruction** n'est pas susceptible de faire grief aux entreprises qui avaient demandé ce retrait, et ce indépendamment de la procédure suivie devant l'Autorité, dans le cadre de laquelle ce refus s'inscrit ; par suite, cette décision, qui ne peut pas être considérée comme un acte détachable de cette procédure, ne saurait faire l'objet d'un recours pour excès de pouvoir auprès de la juridiction administrative (CE 18-7-2023 n° 469032 : RJDA 12/23 n° 678). Il revient donc à la cour d'appel de Paris de se prononcer sur la validité de ce refus.

NOTIFICATION DES GRIEFS PAR LE RAPPORTEUR GÉNÉRAL

50280 Le rapporteur général, ou un rapporteur général adjoint désigné par lui, notifie les griefs soit par lettre recommandée AR, soit par l'intermédiaire d'une plateforme d'échanges sécurisés de documents électroniques (plateforme Hermès), à l'auteur de la saisine, aux ministres intéressés, aux parties intéressées et au commissaire du Gouvernement, qui peuvent consulter le dossier et présenter leurs observations dans un délai de deux mois (C. com. art. R 463-11).

Lorsque des circonstances exceptionnelles le justifient (cas, par exemple, d'un dossier particulièrement complexe et volumineux), ce délai peut être prolongé d'un mois sur décision du rapporteur général de l'Autorité de la concurrence.

Les entreprises destinataires des griefs doivent signaler sans délai au rapporteur chargé du dossier, à tout moment de la procédure d'investigation, toute modification de leur situation juridique susceptible de modifier les conditions dans lesquelles elles sont représentées ou dans lesquelles les griefs peuvent leur être imputés ; elles sont irrecevables à s'en prévaloir si elles n'ont pas procédé à cette information (C. com. art. L 463-2, al. 1).

NOTIFICATION D'UN RAPPORT PAR LE RAPPORTEUR GÉNÉRAL

Un rapport contenant une analyse des faits et de l'ensemble des griefs notifiés est ultérieurement établi, sauf procédure simplifiée (n° 50490), procédure de clémence (n° 53810) et procédure de transaction (n° 53970), à moins qu'il ne s'agisse de procédures de clémence ou de transaction « hybrides ». **50290**

Ce rapport est ensuite notifié par le rapporteur général soit par lettre recommandée AR, soit par l'intermédiaire d'une plateforme d'échanges sécurisés de documents électroniques (plateforme Hermès), à l'auteur de la saisine, aux ministres intéressés, aux parties intéressées et au commissaire du Gouvernement (C. com. art. R 463-11).

Il est accompagné des documents sur lesquels se fonde le rapporteur et des observations faites, le cas échéant, par les intéressés.

> **Précisions** **a.** Le **ministre « intéressé »** au sens de l'article L 463-2 du Code de commerce est le ministre qui est intervenu à un moment ou un autre pour « apprécier, favoriser ou condamner les pratiques [incriminées] ». Dans un cas où le ministre du travail et des affaires sociales avait été interrogé par la Chambre syndicale de la répartition pharmaceutique sur une question étrangère aux pratiques en cause et où, dans sa réponse, le ministre n'avait fait que rappeler certaines dispositions législatives aux professionnels concernés, il a été jugé que, ne s'étant pas prononcé sur les pratiques examinées, celui-ci n'avait pas la qualité de ministre intéressé (Cass. com. 18-2-2004 n° 02-11.754, aff. « Répartition pharmaceutique »).
> **b.** Aucune disposition ne prévoit que la **notification du rapport** doit être faite au siège d'une société. Par suite, le rapport est valablement notifié à l'adresse des locaux commerciaux d'une société dès lors que la notification des griefs y a été faite auparavant sans que celle-ci ait fait savoir ultérieurement qu'elle demandait que le rapport soit adressé à son siège social (Cass. com. 27-1-1998 : RJDA 6/98 n° 800).

MÉMOIRE EN RÉPONSE AU RAPPORT

Chaque partie dispose d'un délai de deux mois pour présenter un mémoire en réponse au rapport, qui peut être consulté dans les quinze jours qui précèdent la séance par les autres parties (C. com. art. L 463-2, al. 3). **50300**

2. SECRET DES AFFAIRES DEVANT L'AUTORITÉ DE LA CONCURRENCE

NON-COMMUNICATION À UNE PARTIE DES PIÈCES METTANT EN JEU LE SECRET DES AFFAIRES

L'instruction et la procédure devant l'Autorité de la concurrence étant contradictoires, les griefs sont notifiés aux intéressés ainsi qu'au commissaire du Gouvernement, qui peuvent consulter le dossier et présenter leurs observations (n°s 50260 s.). Cependant, pour préserver le secret des affaires, et sauf dans les cas où la communication ou la consultation de ces documents est nécessaire à l'exercice des droits de la défense des parties, le **rapporteur général** de l'Autorité de la concurrence peut refuser à une partie mise en cause la communication de pièces mettant en jeu le secret des affaires d'autres personnes ; dans ce cas, une **version non confidentielle** et un résumé des pièces ou éléments en cause lui sont accessibles (C. com. art. L 463-4, al. 1). **50320**

> **Précisions** **a.** L'article L 463-4 du Code de commerce, combiné avec l'article L 463-1 qui énonce que « l'instruction et la procédure [...] sont [...] contradictoires sous réserve des dispositions prévues à l'article L 463-4 », vise à concilier autant que possible la protection des secrets d'affaires et les **droits de la défense.** En effet, la protection des secrets d'affaires doit en principe être assurée tant que cela ne met pas en cause les droits de la défense. Or, autant un document « à charge » doit pouvoir être accessible à la partie à laquelle il est opposé car, dans ce cas, le droit pour la partie mise en cause de se défendre prime sur la protection des secrets d'affaires revendiquée par les autres parties, autant l'accès d'une partie mise en cause à l'ensemble des documents dont une autre partie a demandé la protection au motif que la première pourrait y trouver des éléments à décharge conduirait à ne plus accorder de protection véritable aux secrets d'affaires, contrairement aux prescriptions de l'article L 463-4 du Code de commerce (Cons. conc. 2-2-2009 n° 09-D-05, aff. « Secteur du travail temporaire »).

b. Lorsque la protection du secret des affaires a été accordée par le rapporteur général, elle se poursuit devant la **cour d'appel** dans l'instance ouverte sur le recours formé contre la décision au fond adoptée par le collège de l'Autorité. Il n'est donc pas nécessaire de saisir la cour d'appel d'une demande de protection visant les mêmes informations et les mêmes parties (CA Paris 9-2-2023 n° 20/13093, aff. « Pièces de porc et produits de charcuterie »).

INFORMATIONS RELEVANT DU SECRET DES AFFAIRES

50330 Les informations relevant du secret des affaires sont celles dont la divulgation ou la transmission à un tiers peuvent gravement léser les intérêts des entreprises qu'elles concernent. Il s'agit, par exemple, d'informations tenant à la rentabilité de l'entreprise, à sa clientèle, à ses pratiques commerciales, à la structure de ses coûts, à ses prix, à ses secrets et procédés de fabrication, à ses sources d'approvisionnement, à son organisation interne, à ses parts de marché ou à toute donnée sensible d'ordre commercial (Rapport Cons. conc. pour 2001 p. 150).

En revanche, les éléments portant sur les ventes, parts de marché, offres ou données similaires de plus de cinq ans au moment où il est statué sur la demande sont réputés ne pas mettre en jeu le secret des affaires (C. com. art. R 463-14, al. 1). Cette présomption peut toutefois être renversée, mais dans des cas exceptionnels et à la seule initiative du rapporteur général. Cela vise à éviter que les demandes concernant ce type d'informations obsolètes ou tombées depuis longtemps dans le domaine public n'encombrent l'Autorité.

DEMANDE DE PROTECTION DU SECRET DES AFFAIRES

50340 Les informations, documents ou parties de documents pour lesquels une demande de protection au titre du secret des affaires n'a pas été présentée sont réputés ne pas mettre en jeu le secret des affaires (C. com. art. R 463-14, al. 1). Il incombe donc à la personne qui entend se prévaloir de la protection du secret des affaires de formuler une demande en ce sens auprès du rapporteur général de l'Autorité.

Les étapes de la procédure sont les suivantes (C. com. art. R 463-13 à R 463-15).

> **Précisions** L'Autorité de la concurrence publie, sur son site internet une **liste de questions-réponses** afin d'apporter un éclairage utile aux entreprises et organismes soucieux de formuler une demande de protection du secret des affaires. Ces questions sont d'ordre général (par exemple, « quelle est la typologie des décisions prises par l'Autorité en matière de secret des affaires ? ») ou plus pratiques lorsqu'il s'agit des modalités de la demande ou de la levée de la protection (par exemple, « qui peut présenter une demande de protection de secret d'affaires ? », « comment s'opère le traitement des données communiquées ou saisies sur support informatique ? » ou « comment dois-je présenter ma demande de levée de la protection du secret des affaires ? »). Cet ensemble de questions-réponses est accompagné d'un schéma de présentation de la procédure applicable.

50350 **Identification des informations susceptibles de mettre en jeu le secret des affaires** Trois hypothèses doivent être envisagées.

1° Les informations ou **documents** pour lesquels une demande de protection du secret des affaires est formulée ont été **communiqués par la personne qui demande la protection à l'Autorité de la concurrence** ou saisis auprès d'elle par les services d'instruction de l'Autorité (C. com. art. R 463-13, al. 1).

En pareil cas, il revient à cette personne de demander la protection au titre du secret des affaires de chaque information, document ou partie de document en cause. La demande est faite soit par lettre recommandée AR, soit par l'intermédiaire d'une plateforme d'échanges sécurisés de documents électroniques (plateforme Hermès) (art. R 463-13, al. 1). La personne y indique l'objet et les motifs de sa demande. Elle fournit séparément une version non confidentielle et un résumé de chacun de ces éléments. Dans l'hypothèse où la protection au titre du secret des affaires est maintenue, seuls cette version non confidentielle et ce résumé pourront être communiqués aux autres parties. La demande de protection du secret des affaires doit parvenir à l'Autorité dans un délai d'un mois à compter de la date à laquelle ces éléments ont été obtenus par l'Autorité. En cas d'urgence, ce délai peut être réduit par le rapporteur général, notamment afin de permettre l'examen d'une demande de mesures conservatoires par l'Autorité, sans pouvoir être inférieur à quarante-huit heures. Dans ce cas, la demande de protection peut être présentée par tout moyen.

2° Les informations ou **documents** susceptibles de mettre en jeu le secret des affaires ont été **communiqués au ministre de l'économie par la personne qui demande** la **protection** du secret ou saisis auprès d'elle par les services du ministre (C. com. art. R 463-13, al. 2).

En pareil cas, cette personne est invitée à signaler par lettre, dans un délai d'un mois à compter de la date à laquelle les éléments ont été obtenus par le ministre, qu'elle demande la protection du secret des affaires. Quoique cela ne soit pas précisé, c'est au ministre qu'incombe la charge d'inviter les personnes dont il a obtenu des pièces à faire cette demande. La lettre par laquelle la personne demande la protection du secret des affaires est jointe à la saisine éventuelle de l'Autorité de la concurrence par le ministre. Toutefois, la demande adressée au ministre ne vaut pas demande de protection du secret des affaires à l'Autorité de la concurrence. En pratique, et pour autant que l'auteur de la lettre ne soit pas informé de la saisine par le ministre de l'Autorité de la concurrence, il semble nécessaire, afin qu'il soit en mesure de faire usage en temps utile du droit à invoquer les dispositions de l'article L 463-4 du Code de commerce devant l'Autorité, qu'il soit invité par le rapporteur général à présenter, s'il le souhaite, une demande pour bénéficier de la protection du secret des affaires.

3° Les informations ou **documents** susceptibles de mettre en jeu le secret des affaires ont été **communiqués** à l'Autorité de la concurrence non par la personne susceptible de se prévaloir de ce secret, mais soit **par des tiers,** clients, fournisseurs, voire des concurrents, soit **par le ministre de l'économie** dans le cadre des investigations évoquées ci-dessus 2° (C. com. art. R 463-13, al. 3). Ce pourrait être le cas si l'entreprise a eu connaissance de la transmission de l'information à l'Autorité et a décidé d'anticiper l'invitation du rapporteur général.

En pareil cas, les informations ou documents pouvant mettre en jeu le secret des affaires n'ont pas pu faire l'objet d'une demande de protection par une personne susceptible de se prévaloir de ce secret. Afin d'éviter qu'une partie à la procédure ne perde le bénéfice de la protection de ses secrets d'affaires, il appartient au rapporteur général d'inviter cette personne à présenter, si elle le souhaite, une demande dans les conditions de forme et de délai mentionnées à l'article R 463-13 du Code de commerce, al. 1 pour bénéficier de la protection. La personne qui demande à l'Autorité la protection du secret des affaires devra donc lui indiquer soit par lettre recommandée AR, soit par le biais d'une plateforme d'échanges sécurisés de documents électroniques (plateforme Hermès), pour chaque information, document ou partie de document en cause, l'objet et les motifs de sa demande et fournir séparément une version non confidentielle et un résumé de chacun de ces éléments. Sa demande doit parvenir à l'Autorité dans un délai d'un mois à compter de la date à laquelle lesdits éléments ont été obtenus par l'Autorité. Encore faut-il que le rapporteur général soit lui-même en mesure d'identifier, parmi les multiples pièces annexées au rapport d'enquête accompagnant la saisine par le ministre ou parmi les pièces communiquées par des tiers, dans le délai d'un mois à partir de la date à laquelle elles sont parvenues à l'Autorité, celles qui sont susceptibles de mettre en jeu le secret des affaires, pour inviter utilement la personne à demander la protection. Or, il est matériellement impossible pour le rapporteur général de procéder à une telle sélection dans un si bref délai lorsque les pièces obtenues sont nombreuses. Par suite, il nous semble que le point de départ du délai d'un mois ne peut être que le jour où la personne a été invitée par le rapporteur général à faire une demande de protection.

Cette mission confiée au rapporteur général s'opère sous réserve que la personne susceptible de se prévaloir du secret des affaires n'ait pas déjà formé une demande de classement.

Décision de traitement confidentiel des pièces et modulation de l'accès des parties au dossier La décision de traitement confidentiel des informations, documents ou parties de documents en cause appartient au **rapporteur général** de l'Autorité de la concurrence. La protection de l'information mettant en jeu le secret des affaires s'opère en deux temps. 50360

a) Dans un **premier temps,** au terme d'un contrôle formel, le rapporteur général de l'Autorité de la concurrence notifie au demandeur une décision de traitement confidentiel des informations, documents ou parties de documents considérés par lui comme mettant en jeu le secret des affaires, de sorte que le rapporteur général de l'Autorité ne se prononce pas, à ce stade, sur le point de savoir si l'information relève bien du secret des affaires. Le contrôle formel porte, en premier lieu, sur l'existence d'une demande de protection motivée et individualisée, accompagnée d'une version non confidentielle des documents et d'un résumé des éléments dont il est demandé la protection au titre du secret des affaires. Il porte, en second lieu, sur le respect du délai d'un mois mentionné à l'article R 463-13, al. 1 du Code de commerce. Le rapporteur général de l'Autorité de la concurrence peut **refuser le classement** en tout ou en partie si la demande est manifestement infondée.

Dès lors que le rapporteur général de l'Autorité de la concurrence a **accordé la protection** au titre du secret des affaires, il doit refuser à toutes les parties la communication ou la

50360 (suite) consultation de pièces ou de certains éléments contenus dans ces pièces mettant en jeu le secret des affaires d'autres personnes.

Par ailleurs, les actes de procédure sont établis en fonction de cette décision. En pratique, cela signifie que le rapporteur, qui ne peut plus se voir opposer par la personne qui a demandé et obtenu la décision de traitement confidentiel la protection à son égard du secret des affaires, doit en revanche tenir compte, dans les actes de procédure qu'il établit, de cette décision de traitement confidentiel en ne divulguant pas d'informations protégées par le secret des affaires aux autres parties. Pour ce faire, le rapporteur examine dans le cadre de l'instruction par l'Autorité de la concurrence, avant que les éléments concernés du dossier soient rendus accessibles ou communiqués aux parties, les demandes de protection de secrets d'affaires qui ont été formulées (C. com. art. R 463-14).

b) Dans un **second temps,** et alors que nombre d'informations, documents ou parties de documents considérés comme mettant en jeu le secret des affaires par les personnes qui s'en prévalent sont protégés, un mécanisme permet non seulement au rapporteur de l'Autorité, mais également aux parties (que ce soit les parties mises en cause ou la partie saisissante), de **demander la levée de la protection du secret des affaires** (cf. C. com. art. R 463-15).

Trois hypothèses peuvent se présenter :

1° Le rapporteur souhaite opposer, par exemple dans une affaire de cartel, à une partie A une pièce communiquée ou saisie auprès de la partie B, dont cette dernière a, par hypothèse, demandé et obtenu la protection au titre du secret des affaires. Pour que cette pièce puisse être opposée à A, il est nécessaire que le rapporteur général lève la protection dans la mesure où sa communication ou sa consultation est nécessaire à l'exercice des **droits de la défense** de A, partie mise en cause.

Dans un cas où le rapporteur avait obtenu la communication de certaines pièces qui avaient été classées en annexe confidentielle à la demande de certaines des entreprises parties à une entente car il les estimait nécessaires à la procédure, il a été jugé que le défaut de communication de ces pièces à d'autres entreprises mises en cause n'a pas constitué une atteinte à l'égalité des armes dès lors qu'elles n'avaient pas demandé le déclassement des pièces qu'elle estimaient nécessaires à l'exercice de leur droit (Cass. com. 29-3-2011 n° 10-12.913 : RJDA 10/11 n° 841, solution rendue sur le fondement de l'article L 463-4 dans sa version antérieure à sa version actuelle mais, à notre avis, transposable) ;

2° Une pièce se trouve au cœur du débat de fond devant l'Autorité. Pour les **besoins d'un débat** utile devant l'Autorité, il est nécessaire que l'ensemble des parties en prenne connaissance ;

3° Une partie prend connaissance au dossier de la version non confidentielle et du résumé d'une pièce émanant d'une autre partie. Elle estime que la version confidentielle de la pièce à laquelle elle n'a pas eu accès est nécessaire à l'exercice de ses **droits de la défense,** par exemple parce que cette pièce est susceptible de la disculper ou d'atténuer sa responsabilité. Elle peut en demander au rapporteur la communication ou la consultation.

La **procédure** mise en place pour accueillir ou, au contraire, repousser les prétentions du rapporteur ou celles des parties mises en cause est quasi identique. Le rapporteur, après, le cas échéant, avoir reçu d'une partie mise en cause une requête motivée demandant la communication ou la consultation de la pièce protégée, en informe par lettre recommandée AR la personne qui a fait la demande de protection du secret des affaires contenu dans ces pièces et lui fixe un délai pour présenter ses observations. Cette personne peut dire, dans ses observations, son opposition à ce que la pièce soit communiquée aux parties mises en cause. C'est alors au rapporteur général de l'Autorité de la concurrence qu'il appartiendra de dire si la pièce litigieuse doit demeurer protégée ou si, à l'inverse, elle peut être communiquée à la partie ou aux parties mises en cause pour lesquelles la pièce est nécessaire à l'exercice de leurs droits de la défense.

En cas de levée de la protection du secret des affaires par le rapporteur général, la communication de la pièce aux parties mises en cause ne suffit pas. Il est nécessaire qu'un débat intervienne sur les informations, documents ou parties de document nouvellement communiqués. Pour que ce débat soit effectif et que les parties qui viennent d'en prendre connaissance puissent en saisir toutes les implications, le rapporteur général fixe un délai à la tenue du débat (C. com. art. R 463-15, al. 3).

La **décision** du rapporteur général de lever la protection au titre du secret des affaires sur certaines pièces doit être **spécialement motivée.** Le rapporteur général ne peut pas se contenter d'indiquer que la production d'informations confidentielles est nécessaire pour les débats devant l'Autorité afin de caractériser ou non une pratique anticoncurrentielle : il doit expliquer en quoi il est nécessaire, pour les droits de la défense ou les besoins du débat devant l'Autorité – laquelle dispose de la version confidentielle des informations communiquées – que d'autres parties à la procédure, dont la partie saisissante, puissent prendre connaissance de ces informations relevant du secret des affaires (Cass. com. 29-1-2020 nº 18-11.725 F-D). Une motivation stéréotypée du rapporteur général qui se borne à reprendre les termes des dispositions légales applicables, sans donner d'explication circonstanciée sur la nécessité de rendre accessible la version confidentielle à l'ensemble des parties ne répond donc pas aux exigences de motivation de sa décision, de sorte que celle-ci doit être annulée (Cass. com. 20-12-2023 nº 22-17.296 FS : RJDA 3/24 nº 184).

Sanction en cas de divulgation d'informations La sanction qui s'attache à la divulgation d'informations couvertes par le secret des affaires n'est pas la nullité de la procédure, mais le versement éventuel d'une indemnité, dans le cas où la communication de tels documents aura été de nature à créer un préjudice direct et certain aux entreprises concernées. **50370**

Ainsi, n'encourt pas l'annulation de la procédure en raison de la violation du secret des affaires le maintien, lors de la transmission de la notification des griefs, de « fourchettes », notamment de pourcentages de remise, alors qu'une occultation de ces données avait été demandée par une entreprise mise en cause et acceptée par le président du Conseil de la concurrence, devenu l'Autorité de la concurrence (Cons. conc. 20-12-2007 nº 07-D-50, aff. « Distribution de jouets » : RJDA 3/08 nº 328).

> **Précisions** Le **recours en annulation** d'une décision de l'Autorité de publier une décision qui n'occulte pas des informations reconnues comme couvertes par le secret des affaires par le rapporteur général de l'Autorité doit être présenté devant la cour d'appel de Paris (T. confl. 5-10-2020 nº 4193, aff. « Google » : RJDA 12/20 nº 665).

Recours contre les décisions prises par le rapporteur général Les **décisions** prises par le rapporteur général de l'Autorité de la concurrence en application de l'article L 463-4 du Code de commerce **qui accordent la protection du secret des affaires ou qui refusent la levée de ce secret** ne peuvent faire l'objet d'un recours qu'avec la décision de l'Autorité sur le fond (C. com. art. R 464-29). **50380**

Les **décisions qui refusent la protection du secret des affaires** ou **qui lèvent la protection accordée** peuvent faire l'objet d'un recours en réformation ou en annulation devant le premier président de la cour d'appel de Paris ou son délégué (C. com. art. L 464-8-1, al. 1). **50385**

Ce recours est formé dans un délai de dix jours à compter de la notification de la décision du rapporteur général (C. com. art. R 464-24-3).

Le délai de recours et le recours exercé dans ce délai ne sont pas suspensifs. Le premier président ou son délégué peut toutefois ordonner qu'il soit sursis à exécution de la décision si celle-ci est susceptible d'entraîner des conséquences manifestement excessives (C. com. art. R 464-24-4).

L'ordonnance du premier président de la cour d'appel de Paris statuant sur ce recours est susceptible d'un pourvoi en cassation (C. com. art. L 464-8-1, al. 2). Ce pourvoi est exercé dans un délai de dix jours à compter de la notification de l'ordonnance du premier président ou de son délégué (C. com. art. R 464-24-8).

Le recours devant le premier président de la cour d'appel de Paris et le pourvoi en cassation sont instruits et jugés en chambre du conseil pour préserver le secret des affaires jusqu'au terme de la procédure.

Les autres règles de procédure encadrant ces recours sont précisées aux articles R 464-24-1 et suivants du Code de commerce.

> **Précisions** La question de la compétence judiciaire ou administrative d'une **action en référé** visant à assurer effectivement la protection de la confidentialité en cas d'annulation des décisions du rapporteur général ayant rendu accessibles certaines pièces initialement classées comme confidentielles a été renvoyée devant le Tribunal des conflits (CE 22-12-2023 nº 475815 : RJDA 4/24 nº 000).

C. Sanctions en cas d'obstruction à la procédure devant l'Autorité de la concurrence

SANCTIONS PÉCUNIAIRES EN CAS D'OBSTRUCTION À LA PROCÉDURE

50430 Lorsqu'une entreprise ou une association d'entreprises fait obstruction à l'investigation ou à l'instruction par l'Autorité de la concurrence, celle-ci peut, à la demande du rapporteur général, et après avoir entendu l'entreprise (ou l'association d'entreprises) en cause et le commissaire du Gouvernement, décider de lui infliger une sanction pécuniaire (C. com. art. L 464-2, V-al. 2). Lors d'une opération de visite et saisie (cf. C. com. art. L 450-4), les enquêteurs n'ont pas à notifier à l'entreprise visitée les sanctions encourues en cas d'obstruction à l'instruction, ni à mentionner cette formalité dans le procès-verbal (Cass. crim. 14-6-2022 nº 21-84.460 F-D).

Deux situations sont principalement visées : la fourniture de **renseignements incomplets** ou inexacts et la communication de **pièces incomplètes** ou dénaturées (art. précité). Cependant, le champ d'application de cette disposition est vaste. Au-delà des deux exemples cités, elle concerne tous les comportements de l'entreprise qui tendent, de propos délibéré ou par négligence, à faire obstacle à la procédure, tels des bris de scellés ou l'altération du fonctionnement d'une messagerie au cours d'opérations de visite et saisie (Cass. com. 1-12-2021 nº 20-16.849 FS-B : RJDA 2/22 nº 115). Elle couvre à la fois la phase d'enquête et la phase d'instruction, avant et après la notification des griefs.

Comme en droit de l'Union (Règl. 1/2003 art. 23, 1), la **sanction** peut atteindre 1 % du montant du chiffre d'affaires mondial hors taxe le plus élevé réalisé au cours d'un des exercices clos depuis l'exercice précédant celui au cours duquel les pratiques ont été mises en œuvre (C. com. art. L 464-2, V-al. 2). Si les comptes de l'entreprise concernée ont été consolidés ou combinés en vertu des textes applicables à sa forme sociale, le chiffre d'affaires pris en compte est celui figurant dans les comptes consolidés ou combinés de l'entreprise consolidante ou combinante (C. com. art. L 464-2, V-al. 3).

ILLUSTRATIONS

Une amende de 30 M€ a été infligée à une société pour avoir fait obstruction à l'instruction, notamment en omettant de répondre aux demandes de renseignement formulées par l'Autorité et en fournissant des réponses incomplètes (Aut. conc. 21-12-2017 nº 17-D-27, aff. « Brenntag »).

Une amende de 900 000 € a été prononcée à l'encontre d'une société qui avait fait obstacle au déroulement d'opérations de visite et saisie en brisant des scellés qui avaient été placés sur les portes de plusieurs bureaux et en empêchant la réception de courriels sur la messagerie d'un salarié, notamment pendant la fouille sommaire de son ordinateur (Aut. conc. 22-5-2019 nº 19-D-09, aff. « Akka »).

Une amende de 100 000 € a été prononcée à l'encontre d'une société qui, malgré plusieurs relances, un double rappel des sanctions encourues, deux prorogations des délais de réponse laissant au total dix semaines à l'entreprise pour réagir, n'avait pas apporté la moindre réponse à l'Autorité (Aut. conc. 9-12-2021 nº 21-D-28, confirmé par CA Paris 21-12-2022 nº 2022/00474).

À noter qu'en cas de **recours devant la cour d'appel de Paris** contre une décision prononçant une sanction pour obstruction à la procédure, les interventions des parties plaignantes devant l'Autorité sont irrecevables ; en effet, la procédure d'obstruction est une procédure autonome, qui concerne la mise en œuvre des pouvoirs de coercition conférés à l'Autorité pour assurer la mission de défense de l'ordre public économique qui lui est confiée et dans laquelle ces parties plaignantes ne disposent d'aucun droit à faire valoir (CA Paris 14-6-2018 nº 2018/02036).

INJONCTION ASSORTIE D'UNE ASTREINTE EN CAS D'OBSTRUCTION À LA PROCÉDURE

50440 Hors les cas où la force publique peut être requise, lorsqu'une entreprise ou une association d'entreprises **refuse de répondre dans le délai** prescrit à une demande de renseignements ou de communication de pièces formulée, lors de la phase d'enquête ou lors de la phase d'instruction, par les agents des services d'instruction de l'Autorité de la concurrence, l'Autorité peut, à la demande du rapporteur général, prononcer une injonction assortie d'une astreinte, dans la limite de 5 % du chiffre d'affaires mondial total journalier moyen, par jour de retard. Elle peut également prononcer une injonction assortie de la même astreinte lorsqu'une entreprise ou une association d'entreprises refuse de se soumettre à une visite ou ne défère pas à une convocation émanant d'agents des services d'instruction de l'Autorité (C. com. art. L 464-2, V-al. 1).

Le chiffre d'affaires pris en compte est calculé sur la base des comptes de l'entreprise relatifs au dernier exercice clos à la date de la décision. L'astreinte est liquidée par l'Autorité de la concurrence qui en fixe le montant définitif. Si les comptes de l'entreprise concernée ont été consolidés ou combinés en vertu des textes applicables à sa forme sociale, le chiffre d'affaires pris en compte est celui figurant dans les comptes consolidés ou combinés de l'entreprise consolidante ou combinante (C. com. art. L 464-2, II-al. 4).

À noter que le **recours** contre une demande de renseignements ou de communication de documents doit être porté devant la cour d'appel de Paris et non la juridiction administrative (CE 6-3-2015 n° 381711 : RJDA 6/15 n° 461).

SANCTIONS PÉNALES EN CAS D'OPPOSITION AUX FONCTIONS DES ENQUÊTEURS

Sur les sanctions pénales applicables en cas d'opposition aux fonctions des agents chargés des enquêtes, voir nos 77460 s. **50450**

D. Procédure simplifiée devant l'Autorité de la concurrence

Le rapporteur général de l'Autorité de la concurrence peut décider que l'affaire sera examinée par l'Autorité sans établissement préalable d'un **rapport.** Il doit en informer les parties et le commissaire du Gouvernement préalablement à la notification des griefs (C. com. art. L 463-3, al. 1). **50490**

En l'absence de rapport, la notification des griefs doit mentionner les déterminants de la sanction encourue, afin que les parties puissent les analyser au plus tôt (C. com. art. L 463-3, al. 3).

Les parties disposent d'un **délai** de deux mois à compter de la notification de la décision pour présenter leurs **observations** sur les griefs communiqués (C. com. art. R 463-12). Ce délai est prolongé de deux mois si le chiffre d'affaires cumulé des parties est supérieur à 200 millions d'euros et si au moins une des parties en formule la demande dans les 30 jours à compter de la notification des griefs. Le rapporteur général peut décider d'établir un rapport au vu des observations fournies par les parties à la suite de la notification des griefs (C. com. art. L 463-3, al. 2).

E. Recours de l'Autorité de la concurrence à une expertise

À la demande du rapporteur ou d'une partie, il peut être fait appel à des experts à tout moment de l'**instruction** sur décision du rapporteur général (C. com. art. L 463-8 et R 463-16). Une demande d'expertise ne peut donc pas être formulée pendant l'enquête qui précède le début de l'instruction (c'est-à-dire la désignation d'un rapporteur lors de la saisine de l'Autorité), ni après la rédaction du rapport, qui marque la fin de l'instruction. **50530**

La décision de recourir à des experts n'est susceptible d'aucun **recours.**

Le **financement** de l'expertise est à la charge de la partie qui la demande ou à celle de l'Autorité dans le cas où elle est ordonnée à la demande du rapporteur. Toutefois, l'Autorité peut, dans sa décision sur le fond, faire peser tout ou partie de la charge définitive de l'expertise sur les parties qui sont sanctionnées.

Lorsque l'expertise est demandée par le rapporteur général, sa décision définit l'objet de l'expertise, fixe le délai de sa réalisation et évalue les honoraires prévisibles correspondants. Lorsque l'expertise est demandée par une partie et acceptée par le rapporteur général, ce dernier lui demande de consigner le montant d'une provision égale aux honoraires prévus de l'expert.

Les experts doivent prendre en considération les **observations des parties,** qui peuvent être adressées par écrit ou être recueillies oralement, et doivent les joindre à leur rapport si elles sont écrites et si la partie concernée le demande. Ils doivent faire mention, dans leur rapport, de la suite qu'ils leur ont donnée.

Le **rapport d'expertise** est remis au rapporteur chargé de l'instruction de l'affaire. Ce dernier le joint en annexe à sa notification de griefs, à son rapport ou à sa proposition de non-lieu ou, s'il est remis après l'envoi de son propre rapport, l'adresse aux parties et au commissaire du Gouvernement afin qu'ils puissent faire part de leurs observations éventuelles. Ces observations sont faites dans la réponse à la notification de griefs, au rapport du rapporteur ou à la proposition de non-lieu, ou bien en séance.

F. Décision de non-lieu à poursuivre la procédure devant l'Autorité de la concurrence

50570 Lorsqu'**aucune pratique** de nature à porter atteinte à la concurrence sur le marché **n'est établie,** l'Autorité de la concurrence peut décider, après que l'auteur de la saisine et le commissaire du Gouvernement ont été mis à même de consulter le dossier et de faire valoir leurs observations, qu'il n'y a pas lieu de poursuivre la procédure ; cette décision doit être motivée (C. com. art. L 464-6).

L'auteur de la saisine et le commissaire du Gouvernement disposent d'un délai de deux mois pour faire valoir leurs observations ; ils doivent les présenter par écrit, mais ils peuvent aussi les présenter oralement pendant la séance (C. com. art. R 464-7).

Cette décision est notifiée à l'auteur de la saisine et aux personnes dont les agissements ont été examinés par le rapporteur (C. com. art. R 464-8, 3°).

ILLUSTRATIONS

Pour des exemples de décisions de non-lieu faute d'une entente illicite, voir : Aut. conc. 23-4-2015 n° 15-D-07, aff. « Produits phytosanitaires » ; Aut. conc. 27-2-2017 n° 17-D-03, aff. « Secteur de la location de voitures de courte durée » ; Aut. conc. 27-5-2019 n° 19-D-10, aff. « Droits de priorité et de préemption des films d'expression originale française » (confirmée par CA Paris 8-10-2020 n° 19/11688) ; Aut. conc. 24-06-2021 n° 21-D-14 aff. « Secteur de la distribution d'articles de bricolage ».

Pour un exemple de décision de non-lieu faute d'un abus de position dominante, voir Aut. conc. 4-7-2018 n° 18-D-11, aff. « EDF ».

Pour un exemple de décision de non-lieu mixte, voir Aut. conc. 27-6-2018 n° 18-D-10, aff. « IBM, HP et Oracle ».

50575 Dans les mêmes conditions, l'Autorité peut décider d'un non-lieu lorsqu'il s'agit d'**accords d'importance mineure** (C. com. art. L 464-6-1). Sur cette question, voir n°s 43770 s.

G. Renvoi à l'instruction d'une affaire par l'Autorité de la concurrence

50620 Lorsqu'il estime que l'instruction est incomplète, le collège de l'Autorité de la concurrence peut décider de renvoyer l'affaire en tout ou partie à l'instruction ; cette décision n'est pas susceptible de recours (C. com. art. R 463-7 ; pour des applications, voir Cass. com. 7-6-2011 n° 10-17.044 : RJDA 10/11 n° 842 ; Cass. com. 6-10-2015 n° 14-20.445 ; Cass. com. 6-12-2017 n° 16-18.835 ; CA Paris 18-1-2018 n° 2017/01703).

H. Délibération de l'Autorité de la concurrence

50660 Les séances de l'Autorité de la concurrence ne sont pas publiques (C. com. art. L 463-7, al. 1). Seules les parties et le commissaire du Gouvernement peuvent y assister. Les parties peuvent demander à être entendues par l'Autorité et se faire représenter ou assister. Les convocations aux séances de l'Autorité sont adressées soit par lettre recommandée avec AR, soit par l'intermédiaire d'une plateforme d'échanges sécurisés de documents électroniques (plateforme Hermès), trois semaines au moins avant le jour de la séance (C. com. art. R 464-6, al. 1).

L'Autorité de la concurrence peut entendre toute personne dont l'audition lui paraît susceptible de contribuer à son information (C. com. art. L 463-7, al. 2).

Le rapporteur général ou le rapporteur général adjoint désigné par lui et le commissaire du Gouvernement peuvent présenter des observations (C. com. art. L 463-7, al. 3). Le rapporteur qui a instruit une affaire peut présenter des observations orales lors de la séance au cours de laquelle elle est examinée (C. com. art. R 464-6, al. 2).

Le rapporteur général et le rapporteur assistent au délibéré, toutefois sans voix délibérative, sauf lorsque l'Autorité a été saisie sur le fondement de l'article L 462-5 du Code de commerce (C. com. art. L 463-7, dernier al.).

> **Précisions** L'auteur d'une pratique anticoncurrentielle ne peut pas valablement demander l'annulation de la décision de l'Autorité de la concurrence le condamnant au prétexte que l'**absence de publicité des débats** est contraire à la convention européenne de sauvegarde des droits de l'Homme dès lors que les décisions prises par l'Autorité subissent a posteriori le contrôle effectif d'un organe judiciaire offrant toutes les garanties d'un tribunal au sens de cette Convention (Cass. com. 28-6-2005 n° 201 : RJDA 2/06 n° 201 ; Cass. com. 29-6-2007 n° 07-10.303 : RJDA 11/07 n° 1153).

I. Secret de l'instruction par l'Autorité de la concurrence

La divulgation par l'une des parties des informations concernant une autre partie ou un tiers **50700**
et dont elle n'a pu avoir connaissance qu'à la suite des communications ou consultations effectuées au cours de la procédure est punie d'un emprisonnement d'un an et de 15 000 € d'amende (C. pén. art. 226-13, sur renvoi de C. com. art. L 463-6, al. 1). Toutefois, la divulgation d'informations couvertes par le secret de l'instruction est licite dans le cadre d'un procès civil en réparation du dommage concurrentiel lorsqu'elle respecte les règles édictées par le Code de commerce en matière de communication et de production des pièces (C. com. art. L 463-6, al. 2).

En outre, le secret professionnel qui s'impose aux membres du collège et aux agents de l'Autorité de la concurrence ne fait pas obstacle à la publication par l'Autorité de la concurrence d'informations succinctes relatives aux actes qu'elle accomplit en vue de la recherche, de la constatation ou de la sanction de pratiques anticoncurrentielles, lorsque la publication de ces informations est effectuée dans l'intérêt du public et dans le strict respect de la présomption d'innocence des entreprises ou associations d'entreprises concernées (C. com. art. L 463-6, al. 3).

Sur la question de l'accès au dossier de l'Autorité de la concurrence, voir n° 51190.

V. MESURES CONSERVATOIRES PRONONCÉES PAR L'AUTORITÉ DE LA CONCURRENCE

En cas d'**urgence,** l'Autorité de la concurrence peut obliger les entreprises à mettre fin à une **50800**
infraction (C. com. art. L 464-1).

A. Saisine de l'Autorité de la concurrence

AUTEUR DE LA SAISINE

Les mesures conservatoires peuvent être demandées à l'Autorité de la concurrence par les **50810**
entreprises, mais aussi par le ministre de l'économie, les collectivités territoriales, les organisations professionnelles ou syndicales, les organisations de consommateurs agréées, les chambres d'agriculture et les chambres de métiers ou les chambres de commerce et d'industrie territoriales, la Hadopi et les présidents des observatoires des prix, des marges et des revenus outre-mer (C. com. art. L 464-1, al. 1).

L'Autorité peut également prendre des mesures conservatoires de sa propre initiative (C. com. art. L 464-1, al. 1 ; pour un exemple, voir Aut. conc. 7-6-2022 n° 22-D-11, aff. « Secteur des prestations de services à destination des opérateurs de ventes aux enchères publiques, judiciaires ou volontaires de biens meubles »).

MODALITÉS DE LA SAISINE

50820 La demande de mesures conservatoires par une entreprise ou un organisme (n° 50810) ne peut être formée qu'**accessoirement à une saisine au fond** de l'Autorité et doit être présentée dans un document distinct de la saisine dont elle constitue l'accessoire (Règl. intérieur de l'Autorité art. 12).

Elle peut être présentée **à tout moment** de la procédure et doit être motivée (C. com. art. R 464-1). Rien ne s'oppose à ce qu'elle concerne des éléments nouveaux intervenus postérieurement à la saisine au fond dès lors que ceux-ci se rattachent aux pratiques initialement dénoncées (Rapport Cons. conc. pour 2003 p. 211).

La **notification** par l'Autorité de la concurrence **de griefs** (n° 50280) relatifs à des agissements anticoncurrentiels est un acte de la procédure d'enquête et ne peut justifier, à elle seule, le prononcé de mesures conservatoires, sauf constatation expresse de présomptions évidentes du caractère illicite des pratiques concernées (Cass. com. 7-4-1992 : RJDA 6/92 n° 601, 1e espèce).

> **Précisions** Il résulte du **caractère accessoire de la demande** de mesures conservatoires que le rejet de la saisine au fond par application de l'article L 462-8 du Code de commerce emporte rejet de la demande de mesures conservatoires, sans examen de celle-ci (CA Paris 2-12-2010 n° 10/08010 et, sur pourvoi, Cass. com. 9-10-2012 n° 10-28.718).

EXAMEN DE LA DEMANDE DE MESURES CONSERVATOIRES

50830 **Modalités** Lorsqu'elle est saisie d'une demande de mesures conservatoires, l'Autorité de la concurrence examine la recevabilité de cette demande selon les modalités suivantes (Rapport Cons. conc. pour 1988 p. 12).

a) Elle vérifie d'abord si la pratique dénoncée dans la saisine au fond qui accompagne nécessairement la demande de mesures conservatoires, ou à laquelle elle se réfère, est susceptible d'entrer dans son **champ de compétence.** L'existence d'une saisine au fond qui n'est pas manifestement irrecevable et qui, après instruction, donnera lieu à une décision de l'Autorité est en effet nécessaire pour que la mesure conservatoire éventuellement ordonnée garde un caractère provisoire.

b) Elle vérifie ensuite si les éléments dont elle dispose lui permettent de présumer que la **pratique** a effectivement été **mise en œuvre.** En effet, une mesure conservatoire ne peut pas être ordonnée pour interdire une pratique éventuelle dès lors qu'aucun élément ne permet d'établir que l'entreprise poursuivie envisage de mettre en œuvre cette pratique (Cons. conc. 23-9-1987 n° 87-MC-12, aff. « CCI Grenoble » ; Cons. conc. 20-7-1988 n° 87-MC-11, aff. « Quantel International INC »).

c) Elle vérifie également si les **faits dénoncés « apparaissent susceptibles »,** en l'état des éléments produits aux débats, **de constituer une pratique anticoncurrentielle,** pratique à l'origine directe et certaine de l'atteinte relevée (Cass. com. 8-11-2005 n° 1487 : RJDA 4/06 n° 461 ; CA Paris 4-4-2019 n° 19/03274, aff. « Google AdWords »).

On notera que le niveau d'exigence est, en droit français, sensiblement moindre qu'en droit de l'Union, lequel exige, pour que des mesures provisoires puissent être prononcées, le constat « prima facie », c'est-à-dire « à première vue », d'une infraction (n° 49070).

d) Elle examine enfin si la pratique dénoncée porte « une **atteinte grave et immédiate à l'économie générale, à celle du secteur intéressé, à l'intérêt des consommateurs ou (...) à l'entreprise plaignante** » (C. com. art. L 464-1, al. 2). L'Autorité doit apprécier si les trois critères cumulatifs suivants sont remplis : la gravité de l'atteinte, l'immédiateté de celle-ci et le lien de causalité entre les faits dénoncés et l'atteinte. Si un des critères n'est pas rempli, les mesures conservatoires ne sont pas accordées (Rapport Aut. conc. pour 2015 p. 156). Ces critères sont essentiellement appréciés en fonction de la situation financière de l'entreprise plaignante (Rapport Cons. conc. pour 1987 p. 8).

Les différentes atteintes visées par l'article L 461-1, al. 2 susvisé ne constituent pas des conditions cumulatives, mais alternatives : une atteinte grave et immédiate relevée dans un seul de ces cas suffit à permettre l'attribution de mesures conservatoires. En revanche, la gravité et l'immédiateté de l'atteinte sont deux critères cumulatifs (Aut. conc. 9-9-2015 n° 15-D-13, aff. « Gibmedia »).

Le fait pour la partie requérante de se borner à invoquer un simple manque à gagner ne constitue pas en lui-même la preuve d'une atteinte grave (voir Cons. conc. 6-4-1988 n° 88-MC-06, aff. « SP Métal » ; Cons. conc. 20-7-1988 n° 88-MC-11, aff. « Quantel International INC » ; Cons. conc. 25-1-1989 n° 89-MC-02, aff. « SA Bleger » ; Cons. conc. 15-2-1995 n° 95-MC-02, aff. « Debard et fils »). **50830** (suite)

Dans d'autres cas, lorsque le demandeur ne se bornait pas à alléguer un manque à gagner mais qu'il fournissait des documents à l'appui de son allégation selon laquelle il aurait été en situation de danger grave et immédiat, l'Autorité de la concurrence s'est prononcée sur la valeur probante des éléments qui lui étaient présentés. Ainsi, lors de l'examen d'une demande de mesures conservatoires présentée, à la mi-octobre 1988, par un distributeur, le Conseil a considéré que les éléments joints à sa demande, et qui se limitaient à la présentation d'un décompte de résultats pour l'année 1986-1987 ainsi qu'à une situation provisoire sommaire au 30 septembre 1988, n'établissaient nullement que sa situation financière était grave, compte tenu, notamment, du fait qu'une part importante de son activité était la revente à faible marge à des sociétés avec lesquelles il avait des liens étroits (Cons. conc. 22-11-1988 n° 88-MC-17, aff. « Semavem »).

ILLUSTRATIONS

Examen de la pratique au regard du champ de compétence de l'Autorité.

L'ex-Conseil de la concurrence a considéré qu'en les supposant établies, des pratiques discriminatoires mises en œuvre par un grossiste disposant de l'exclusivité de la distribution d'un produit entraient dans son champ de compétence (Cons. conc. 29-3-1988 n° 88-MC-05, aff. « Phinélec »). À l'inverse, il a estimé que le fait pour un producteur de cesser d'appliquer à un distributeur les conditions de vente exceptionnelles qu'il lui avait consenties à titre provisoire et de lui laisser le choix entre l'application de ses conditions générales de vente ou l'application de conditions particulières auxquelles le distributeur pouvait prétendre en exécution d'un jugement d'un tribunal de commerce ne pouvait être considéré comme une pratique susceptible d'être visée par les dispositions relatives aux règles des ententes (Cons. conc. 22-11-1988 n° 88-MC-17, aff. « Semavem »).

Ayant constaté que l'Office des postes et télécommunications de la Nouvelle-Calédonie disposait d'un monopole de droit sur l'exploitation des réseaux et services relevant du service public des télécommunications et que l'Autorité de la concurrence de la Nouvelle-Calédonie n'était pas compétente pour en connaître, la cour d'appel de Paris a annulé la première décision de mesures conservatoires prise par cette dernière (CA Paris 29-10-2020 n° 20/08910).

Examen relatif à la mise en œuvre de la pratique.

Dans un cas où un distributeur se plaignait d'une menace d'exclusion d'un groupement d'achat auquel il appartenait et qui lui permettait de bénéficier de prix d'achat avantageux, l'ex-Conseil de la concurrence a constaté que l'organe compétent pour recommander l'exclusion du distributeur à l'assemblée générale du groupement, s'il avait convoqué le distributeur, n'avait, en revanche, pris aucune résolution au jour de l'examen de l'affaire. Dans ces conditions, il a estimé que le risque de voir le groupement cesser ses livraisons au distributeur en cause du fait de son exclusion n'avait qu'un caractère éventuel et ne pouvait servir de base au prononcé de mesures conservatoires, celles-ci n'étant applicables qu'en présence d'une atteinte immédiate appelant des mesures d'urgence (Cons. conc. 19-10-1988 n° 88-MC-15, aff. « SARL J.-C. Pecastaing »).

Examen du caractère grave et immédiat de l'atteinte à l'économie générale, à celle du secteur intéressé, à l'intérêt des consommateurs ou à l'entreprise plaignante.

L'atteinte grave et immédiate peut notamment résulter de cas dans lesquels « une ou plusieurs entreprises pourraient être exclues du marché, disparaître avant le terme de la procédure au fond ou voir leurs chances de développement sérieusement compromises » (Aut. conc. 27-6-2013 n° 13-D-16, aff. « Secteur du transport de personnes » ; Aut. conc. 18-7-2018 n° 18-D-12, aff. « AGN Avocats Développement »).

Une atteinte grave et immédiate à l'économie d'un secteur peut résulter de l'application, par des entreprises présentes sur un même marché, d'une politique de prix de prédation les conduisant à accumuler artificiellement des pertes de façon à contraindre leurs concurrents à cesser leur activité (Cons. conc. 14-9-1994 n° 94-MC-10, aff. « Béton prêt à l'emploi », confirmée par CA Paris 3-11-1994 : RJDA 12/94 n° 1325 ; voir aussi Cons. conc. 1-12-2003 n° 03-MC-03, aff. « Société Towercast », confirmée par CA Paris 8-1-2004 : BOCCRF du 4-5).

Dans les secteurs où il a été récemment mis fin à un monopole, des pratiques anticoncurrentielles émanant d'un opérateur historique susceptibles de fausser le libre jeu de la concurrence sur un marché émergent, connexe de celui sur lequel cet opérateur détient une position dominante héritée de son monopole légal, peuvent causer une atteinte grave et immédiate aux intérêts des concurrents, au secteur et, in fine, aux consommateurs finals lorsqu'elles interviennent à une étape clé du développement du marché émergent (Aut. conc. 2-5-2016 n° 16-MC-01, aff. « Engie »).

En revanche, le fait qu'un grossiste risque d'être conduit à abandonner un marché ne constitue pas une atteinte grave et immédiate au secteur dès lors que la part de marché de ce distributeur n'est que de 5 % et que d'autres grossistes, ainsi que d'autres formes de distribution, subsistent (Cons. conc. 15-6-2000 n° 00-MC-09, aff. « Sté JPF Entertainment »).

B. Instruction de la demande de mesures conservatoires

50870 L'instruction de la demande de mesures conservatoires se limite à l'audition des parties en cause et du commissaire du Gouvernement (C. com. art. L 464-1, al. 1).

Le rapporteur général peut fixer des délais pour la production des mémoires, des pièces justificatives ou des observations et pour leur consultation par les intéressés (C. com. art. R 463-8).

Les convocations aux séances de l'Autorité sont adressées soit par lettre recommandée AR, soit par l'intermédiaire d'une plateforme d'échanges sécurisés de documents électroniques (plateforme Hermès), trois semaines au moins avant le jour de la séance, mais ce délai peut être réduit par décision du rapporteur général (C. com. art. R 464-6, al. 1).

C. Décision de mesures conservatoires

CONTENU DE LA DÉCISION

50910 L'Autorité de la concurrence ne peut que prendre des **mesures conservatoires « strictement limitées à ce qui est nécessaire** pour faire face à l'urgence dans l'attente d'une décision au fond » (C. com. art. L 464-1, al. 3).

Ces mesures peuvent être sollicitées par le demandeur, mais l'Autorité peut en retenir d'autres si elle le juge nécessaire, par exemple si elle estime que celles qui lui sont demandées ne relèvent pas de sa compétence (C. com. art. L 464-1, al. 1). Pour un exemple où les mesures conservatoires sollicitées ont été remplacées par d'autres mesures qui étaient apparues plus appropriées, voir Cons. conc. 15-4-2004 nº 04-MC-01, aff. « Sociétés Free, Iliad, Ldcom et 9 Telecom ».

Les **mesures** prises, qui ne constituent pas des sanctions, peuvent revêtir des formes diverses. Elles doivent être **motivées** (Circ. du 28-9-1987).

L'Autorité peut, par exemple, ordonner la **suspension de la pratique** dénoncée et enjoindre aux parties de revenir à l'état antérieur (C. com. art. L 464-1, al. 3).

ILLUSTRATIONS

Il a été ordonné :
– à un fournisseur qui avait cessé d'approvisionner un distributeur d'exécuter les commandes en cours au niveau qu'avaient atteint les livraisons avant le refus de vente (Cons. conc. 25-3-1987 nº 87-MC-03, aff. « Seda-JVC ») ;
– à des producteurs de béton prêt à l'emploi, dans l'attente d'une décision au fond, de cesser de livrer ce produit dans un rayon géographique donné à un prix inférieur au coût moyen variable de production (Cass. com. 4-2-1997, deux arrêts : RJDA 5/97 nº 663) ;
– à une entreprise de suspendre une offre commerciale (Cons. conc. 5-12-2000 nº 00-MC-19, aff. « Autorité de régulation des télécommunications ») ;
– à la société Google de clarifier les règles de sa régie publicitaire Google Ads applicables aux services payants de renseignements par voie électronique afin, d'une part, de les rendre plus précises et intelligibles et, d'autre part, de garantir leur application dans des conditions non discriminatoires (CA Paris 4-4-2019 nº 19/03274 précité) ;
– à la société Google de négocier de bonne foi, selon des critères transparents, objectifs et non discriminatoires, avec les éditeurs et agences de presse qui en feraient la demande, la rémunération qui leur est due pour la reprise de leurs contenus protégés (Aut. conc. 9-4-2020 nº 20-MC-01).

L'Autorité peut enjoindre à une entreprise susceptible d'être en position dominante de **fixer les prix** qu'elle propose à un niveau permettant de couvrir les coûts évitables (Aut. conc. 2-5-2016 nº 16-MC-01, aff. « Engie »).

Elle peut aussi enjoindre à une entreprise de **communiquer à une autre entreprise ses tarifs** ou conditions de vente (par exemple, Cons. conc. 16-12-1999 nº 99-MC-10, aff. « Sté Agence Alp Azur » : obligation pour une société exploitant un domaine skiable de communiquer les tarifs des forfaits ski à une agence de voyages ; Cass. com. 3-5-2000 : RJDA 12/00 nº 1173 : obligation pour une société de captage d'eau de communiquer le prix de vente en gros de l'eau à des entreprises soumissionnaires à un marché public de distribution d'eau).

Elle peut également ordonner la **publication d'un communiqué.** Ainsi, dans un cas où un laboratoire pharmaceutique, titulaire d'un brevet sur un médicament, avait dénigré le générique de ce médicament que s'apprêtait à commercialiser un concurrent, la publication d'un communiqué dans des journaux professionnels aux frais du laboratoire a été ordonnée afin de rétablir la confiance du secteur pharmaceutique à l'égard du médicament dénigré (Cass. com. 13-1-2009 n° 08-12.510 : RJDA 5/09 n° 476).

> **Précisions** L'Autorité peut **refuser les mesures conservatoires sollicitées** par le demandeur lorsque l'atteinte aux intérêts de l'entreprise plaignante n'est pas directement liée aux faits dénoncés ou que les éléments au dossier ne permettent pas, à ce stade, de démontrer que l'entreprise plaignante subirait une atteinte immédiate à ses intérêts. Ce refus n'empêche pas de poursuivre l'instruction de la saisine au fond (Aut. conc. 24-6-2021 n° 21-D-15, aff. « Notariat Services »).

En revanche, l'Autorité ne peut pas prononcer des mesures de **séquestre** (Cons. conc. 14-4-1992 n° 92-D-62, aff. « Biwater » ; Cons. conc. 25-10-2000 n° 00-MC-15, aff. « Ciné-Théâtre du Lamentin »), ni imposer à une société qui n'est pas partie en la cause une obligation de faire ou de ne pas faire (Rapport pour 2003 p. 214). **50915**

PUBLICATION ET NOTIFICATION DE LA DÉCISION DE MESURES CONSERVATOIRES

La décision de mesures conservatoires est **publiée** sur le site internet de l'Autorité (www.autoritedelaconcurrence.fr) (C. com. art. D 464-8-1) et **notifiée** soit par lettre recommandée avec AR, soit par l'intermédiaire d'une plateforme d'échanges sécurisés de documents électroniques (plateforme Hermès), à l'auteur de la demande, au commissaire du Gouvernement ainsi qu'aux personnes contre lesquelles la demande est dirigée (C. com. art. R 464-8, I-al. 1 et 2). **50920**

La **publicité** des décisions de l'Autorité de la concurrence sur son site internet peut être **limitée** pour tenir compte de l'intérêt légitime des parties et des personnes citées à ce que leurs secrets d'affaires ne soient pas divulgués (C. com. art. D 464-8-1).

> **Précisions** La décision prise par l'Autorité de la concurrence de limiter ou non la publicité de mesures conservatoires est indissociable de la décision de mesures conservatoires elle-même ; dès lors, sa **contestation** relève de la cour d'appel de Paris, comme en cas de recours en annulation ou en réformation de la décision de mesures conservatoires (T. confl. 5-10-2020 n° 4193 : RJDA 12/20 n° 665).

SANCTIONS EN CAS DE NON-RESPECT DE LA DÉCISION DE MESURES CONSERVATOIRES

Les mesures conservatoires ont un caractère obligatoire. Lorsqu'elles ne sont pas respectées, l'Autorité peut infliger une **astreinte** pour contraindre les parties à les exécuter (nos 54300 s.) (C. com. art. L 464-2, II-b). Elle peut également infliger une **sanction pécuniaire** dans les mêmes limites que celles qui sont applicables en cas d'infraction aux articles L 420-1 à L 420-2-2 (n° 53500) (C. com. art. L 464-3), et dans les conditions suivantes : la décision de l'Autorité est précédée de l'établissement d'un rapport adressé aux parties et au commissaire du Gouvernement, qui disposent d'un délai de deux mois pour présenter leurs observations écrites, ce délai pouvant être ramené à un mois par le rapporteur général en cas d'urgence ; les parties et le commissaire du Gouvernement peuvent présenter des observations orales lors de la séance (C. com. art. R 464-9). **50930**

Pour un exemple de condamnation pour non-respect d'une injonction prononcée dans le cadre de mesures conservatoires, voir Aut. conc. 24-1-2012 n° 12-D-05, aff. « SRR ».

D. Recours contre des mesures conservatoires

Les mesures conservatoires peuvent faire l'objet d'un recours en annulation ou en réformation par les parties en cause et le ministre de l'économie devant la **cour d'appel de Paris** (C. com. art. L 464-7, al. 1). Ce recours doit être exercé dans le délai de dix jours après la notification de la décision, dans les conditions fixées par les articles R 464-20 s. du Code de commerce. **50970**

En principe, le recours n'est pas suspensif. Toutefois, le premier président de la cour d'appel de Paris peut ordonner qu'il soit **sursis à l'exécution** des mesures conservatoires, si celles-ci sont susceptibles d'entraîner des conséquences manifestement excessives ou s'il est intervenu, postérieurement à leur notification, des faits nouveaux d'une exceptionnelle gravité (C. com. art. L 464-7, al. 2).

L'ordonnance du premier président de la cour d'appel peut faire l'objet d'un **pourvoi en cassation** (Cass. com. 22-10-2013 n° 12-23.486).

E. Obtention de mesures conservatoires par une action en référé

51010 Des mesures conservatoires peuvent également être sollicitées en référé auprès du **président du tribunal de commerce,** sur le fondement de l'article 873 du Code de procédure civile. Ce texte de portée générale permet en effet au juge consulaire de prescrire en référé les mesures conservatoires ou de remise en état qui s'imposent soit pour prévenir un dommage imminent, soit pour faire cesser un trouble manifestement illicite, et ce, même en présence d'une contestation sérieuse (CA Paris 7-12-2016 n° 16/15228).

VI. DÉCISIONS DE L'AUTORITÉ DE LA CONCURRENCE

NATURE DE LA DÉCISION

51100 En cas d'entente illicite ou d'abus de position dominante établie, l'Autorité de la concurrence peut (C. com. art. L 464-2, al. 1) :
– **ordonner aux entreprises de mettre fin** à ces pratiques anticoncurrentielles dans un délai déterminé (voir nos 53200 s.) ;
– **imposer toute mesure corrective** de nature structurelle ou comportementale proportionnée à l'infraction commise et nécessaire pour faire cesser effectivement l'infraction (voir nos 53200 s.) ;
– **accepter des engagements** proposés par les entreprises ou organismes et de nature à mettre un terme à ses préoccupations de concurrence. Elle peut également **modifier, compléter ou mettre fin à ces engagements,** de sa propre initiative ou sur demande de l'auteur de la saisine, du ministre de l'économie ou de toute entreprise ou association d'entreprises ayant un intérêt à agir (voir nos 53300 s.) ;
– infliger une **sanction pécuniaire** applicable soit immédiatement, soit en cas d'inexécution des injonctions ou de non-respect des engagements qu'elle a acceptés (voir nos 53500 s.) ;
– ordonner des **mesures de publicité** de la décision (voir n° 54200) ;
– infliger aux intéressés des **astreintes** (voir nos 54300 s.).

L'Autorité de la concurrence veille à l'exécution de ses décisions (C. com. art. L 464-8, al. 6).

MOMENT DE LA DÉCISION DE L'AUTORITÉ DE LA CONCURRENCE

51110 En application de l'article 6, 1 de la convention européenne des droits de l'Homme, la décision de l'Autorité de la concurrence doit intervenir dans un **délai** raisonnable pour préserver les **droits de la défense.** Cependant, la violation de ce délai n'entraîne la nullité de la décision qu'à certaines conditions strictement définies par la jurisprudence. L'analyse doit en effet procéder en deux étapes : la première s'attache à l'examen du caractère raisonnable ou non des délais écoulés dans les deux phases de la procédure (celle de l'instruction qui est secrète et celle du débat contradictoire qui s'ouvre après la notification des griefs) ; la seconde consiste à déterminer si les droits de la défense ont été irrémédiablement compromis (en ce sens, Cass. com. 23-11-2010 n° 09-72.031 : RJDA 3/11 n° 266 ; Aut. conc. 25-7-2017 n° 17-D-11, aff. « Groupe TF1 »).

RECOURS CONTRE UNE DÉCISION DE L'AUTORITÉ DE LA CONCURRENCE

51120 **Délai et cour d'appel désignée** Les décisions de l'Autorité de la concurrence doivent être notifiées aux parties en cause et au ministre de l'économie, qui peuvent, dans le **délai** d'un mois, introduire un recours en annulation ou en réformation devant la **cour d'appel de Paris** (C. com. art. L 464-8, al. 1).

51130 **Modalités du recours** Les **conditions** dans lesquelles ce recours doit être exercé sont fixées par les articles R 464-10 et suivants du Code de commerce.

Le **recours** formé devant la cour d'appel de Paris doit être **motivé,** à peine d'irrecevabilité (Cass. com. 10-1-1995 : Bull. civ. IV p. 12 n° 14).

Il n'est pas suspensif. Toutefois, le premier président de la cour d'appel de Paris peut ordonner qu'il soit **sursis à l'exécution** de la décision si celle-ci est susceptible d'entraîner des conséquences manifestement excessives ou s'il est intervenu, postérieurement à sa notification, des faits nouveaux d'une exceptionnelle gravité (C. com. art. L 464-8, al. 2).

ILLUSTRATIONS

Appliquant une logique de traitement d'entreprises en difficulté, le premier président de la cour d'appel de Paris a ordonné qu'il soit sursis à l'exécution d'une décision de l'Autorité sanctionnant plusieurs organisations de producteurs d'endives et organisations représentatives, car le paiement de la sanction était susceptible d'entraîner des conséquences manifestement excessives pour elles (CA Paris 26-6-2012 ord. prés. réf. n° 12/08904, FNPE ; CA Paris 26-6-2012 ord. prés. réf. n° 12/08906, SCA France Endives).

Le sursis à exécution peut également porter sur les mesures de publication d'un résumé de la décision de l'Autorité de la concurrence dans des journaux (CA Paris 26-6-2012 ord. prés. réf. n° 12/08905, Fraileg) ou sur une injonction de modifier des contrats de distribution (CA Paris 23-1-2019 n° 18/26546, aff. « Stihl ») ou de mettre en conformité avec le droit de la concurrence les statuts et le règlement intérieur d'une association (CA Paris 1-7-2020 ord. prés. réf. n° 20/03760, aff. « Titres-restaurant »).

Malgré l'absence de référence au chiffre d'affaires du groupe à l'article L 464-8, al. 2 du Code de commerce, le premier président saisi en application de ce texte peut tenir compte, s'il l'estime justifié par les circonstances de l'espèce, de l'**appartenance de la personne morale sanctionnée à un groupe** pour apprécier si l'exécution immédiate de la décision est susceptible d'entraîner des conséquences manifestement excessives (Cass. com. 22-10-2013 n° 12-23.486 : RJDA 1/14 n° 62).

› Précisions a. Les dispositions prévues aux articles R 464-10 et suivants du Code de commerce s'appliquent par **dérogation aux dispositions de droit commun** du titre VI du livre II du Code de procédure civile relatives à la cour d'appel (C. com. art. R 464-10). La procédure de renvoi après cassation étant soumise aux dispositions du titre XVI du livre premier du Code de procédure civile et non à celles du titre VI du livre II de ce Code, les dispositions des articles R 464-12 et suivants du Code de commerce ne lui sont pas applicables (Cass. com. 3-3-2009 n° 08-13.767 : RJDA 10/09 n° 894).

b. Les recours en annulation ou en réformation des décisions de l'Autorité de la concurrence ne constituent pas des appels et ne peuvent donc pas être présentés par la voie électronique du **réseau privé virtuel des avocats** (RPVA) (CA Paris 7-4-2016 n° 2015/00883).

Statut de l'Autorité de la concurrence L'Autorité de la concurrence a le statut **51140**
de **« partie à l'instance »** (C. com. art. R. 464-11). En effet, une réglementation nationale doit accorder la faculté à une autorité de concurrence nationale de participer, en tant que partie défenderesse, à une procédure judiciaire dirigée contre la décision dont cette autorité est l'auteur (CJUE 7-12-2010 aff. 439/08, Vebic).

L'Autorité peut donc défendre la décision qu'elle a adoptée, notamment en faisant valoir son point de vue par des observations écrites et orales (C. com. art. R 464-19). Elle peut « expliciter » l'argumentation de sa décision devant la cour d'appel, mais ces explicitations ne doivent pas comporter d'élément nouveau de nature à aggraver la culpabilité ou la condamnation des parties en cause (Cass. com. 31-1-2012 n° 10-25.772 : RJDA 5/12 n° 531).

Les décisions de la cour d'appel de Paris ou de son premier président doivent lui être notifiées (C. com. art. R 464-28).

Contenu de la décision Lorsque la cour d'appel de Paris **annule une décision** de **51150**
l'Autorité de la concurrence sans annuler la procédure antérieure, elle ne doit pas **renvoyer l'affaire devant l'Autorité** ; elle est tenue de statuer en fait et en droit sur les demandes des parties tendant à l'annulation de l'enquête et de l'instruction, notamment sur les griefs notifiés aux parties et maintenus par le rapport (Cass. com. 27-9-2005 n° 1325 : RJDA 3/06 n° 335). En revanche, il en irait autrement si l'annulation portait aussi sur la procédure antérieure et, par conséquent, la notification de griefs, la cour d'appel ne pouvant alors que se borner au prononcé de cette annulation totale sans possibilité de statuer sur les faits eux-mêmes. C'est pourquoi lorsqu'elle annule, en raison de l'insuffisance de l'instruction, une décision de l'Autorité ayant dit non établies les pratiques reprochées, la cour d'appel de Paris peut valablement lui renvoyer l'affaire pour instruction complémentaire (Cass. com. 26-2-2008 n° 07-14.126 : RJDA 6/08 n° 715).

Si l'Autorité de la concurrence a sanctionné des pratiques sur le fondement tant des articles L 420-1 et L 420-2 du Code de commerce que des articles 101 et 102 du TFUE, la cour d'appel de Paris ne peut pas valablement, après avoir considéré qu'il n'était pas démontré que ces pratiques avaient affecté le commerce entre États membres de façon sensible, annuler la décision de l'Autorité dans son ensemble, c'est-à-dire en ce qu'elle a appliqué tant le **droit européen** que le droit interne ; une telle annulation serait injustifiée car, en vertu de l'article 3, 1 du règlement 1/2003, l'application du droit national est une condition première de celle du droit européen et le fait que des pratiques ne relèvent pas de ce dernier n'a donc pas d'effet sur leur qualification au regard du droit interne (nº 42310) (Cass. com. 31-1-2012 nº 10-25.772 : RJDA 5/12 nº 531).

Enfin, l'**annulation** par la cour d'appel **d'un des deux chefs d'accusation** initialement retenus à la charge des entreprises sanctionnées ne conduit pas nécessairement à modérer les **sanctions** prononcées ; la sanction initiale peut être maintenue dès lors que l'annulation n'a modifié ni le nombre ni la nature anticoncurrentielle ni la gravité des faits retenus (Cass. com. 12-7-2011 nº 10-17.482 : RJDA 11/11 nº 962).

En l'absence de recours du ministre de l'économie en ce sens, la cour d'appel n'a pas le pouvoir d'**aggraver les sanctions** prononcées par l'Autorité de la concurrence (CA Paris 19-1-2010 nº 2009/00334).

POURVOI EN CASSATION CONTRE L'ARRÊT DE LA COUR D'APPEL DE PARIS

51160 Le pourvoi en cassation formé le cas échéant contre l'arrêt de la cour d'appel de Paris est exercé par les **parties** à l'instance dans un délai d'un mois suivant sa notification (C. com. art. L 464-8, al. 3).

Le **président de l'Autorité de la concurrence** peut former un pourvoi en cassation contre l'arrêt de la cour d'appel de Paris ayant annulé ou réformé une décision de l'Autorité (C. com. art. L 464-8, al. 4). Il est aussi recevable à se pourvoir en cassation contre une ordonnance du premier président de la cour d'appel de Paris statuant sur une demande de sursis à exécution formée contre une décision de l'Autorité (Cass. com. 20-3-2012 nº 11-16.128 : RJDA 6/12 nº 619 ; Cass. com. 22-10-2013 nº 12-23.486 : Bull. civ. IV nº 155). Les modalités pratiques de la représentation de l'Autorité de la concurrence par son président sont fixées par le décret 2009-141 du 10 février 2009.

Le **ministre de l'économie** peut également, « dans tous les cas », former un pourvoi en cassation contre l'arrêt de la cour d'appel de Paris (C. com. art. L 464-8, al. 5). L'expression « dans tous les cas » signifie que le ministre peut former un tel pourvoi même s'il n'a pas introduit de recours en annulation ou en réformation devant la cour d'appel de Paris contre la décision de l'Autorité de la concurrence.

PUBLICATION DES DÉCISIONS DE L'AUTORITÉ ET DE LA COUR D'APPEL DE PARIS

51170 Les décisions de l'**Autorité de la concurrence** sont notifiées soit par lettre recommandée avec AR, soit par l'intermédiaire d'une plateforme d'échanges sécurisés de documents électroniques (plateforme Hermès), aux personnes destinataires de la notification des griefs ou du rapport et au ministre de l'économie (C. com. art. R 464-8, I-4º). Elles sont publiées sur le site internet de l'Autorité (www.autoritedelaconcurrence.fr) ; cette publication, qui peut être limitée pour tenir compte de l'intérêt légitime des parties à ce que leurs secrets d'affaires ne soient pas divulgués (C. com. art. D 464-8-1), fait courir le délai de recours à l'égard des tiers (C. com. art. R 464-28, al. 2).

Pour d'autres mesures de publicité des décisions de l'Autorité de la concurrence, voir nºs 54200 s.

La **cour d'appel de Paris** peut elle aussi ordonner la publication dans des journaux d'un communiqué destiné à informer les professionnels de sa décision (Cass. com. 14-1-1992 : RJDA 4/92 nº 365).

> **› Précisions** Si les actions de communication de l'Autorité de la concurrence relèvent en principe de la compétence de la juridiction administrative, la diffusion par l'Autorité, concomitamment à la mise en ligne d'une décision de sanction sur son site internet, d'une **vidéo** et de commentaires **se rapportant uniquement à cette sanction particulière** n'est pas dissociable de la décision de sanction elle-même ; dès lors, le litige relève de la cour d'appel de Paris et non des juridictions administratives (T. confl. 11-4-2022 nº 4242 : RJDA 10/22 nº 583 ; Cass. com. 22-3-2023 nº 21-16.868 FS-B : RJDA 6/23 nº 342).

RESTITUTION DES PIÈCES ET DOCUMENTS SAISIS

51180 Les pièces et documents saisis sont restitués dans un délai de six mois à compter de la date à laquelle la décision de l'Autorité de la concurrence est devenue définitive (C. com. art. L 450-4, al. 11).

L'occupant des lieux est mis en demeure, par lettre recommandée AR, de venir les rechercher, dans un délai de deux mois. À l'expiration de ce délai et à défaut de diligences de sa part, les pièces et documents lui sont restitués, à ses frais.

ACCÈS AU DOSSIER DE L'AUTORITÉ DE LA CONCURRENCE

L'accès au dossier de l'Autorité de la concurrence est un enjeu essentiel pour les **victimes** dans le cadre des actions civiles en réparation intentées contre une entreprise partie à la procédure devant l'Autorité. En effet, les éléments permettant de prouver l'infraction aux règles de concurrence, de quantifier le préjudice subi et d'établir le lien de causalité entre la faute et le préjudice sont, en général, détenus en grande partie par le défendeur devant l'Autorité et ne sont pas suffisamment connus du demandeur à l'action civile. **51190**

Les documents élaborés ou détenus par l'Autorité de la concurrence dans le cadre de l'exercice de ses pouvoirs d'enquête, d'instruction et de décision ne sont pas communicables à toute personne qui en fait la demande, même lorsqu'elle a rendu sa décision (CRPA art. L 311-5).

En revanche, l'Autorité peut transmettre tout élément qu'elle détient concernant les pratiques anticoncurrentielles concernées, à l'exclusion des pièces élaborées ou recueillies au titre de la procédure de clémence (n°s 53810 s.), à toute **juridiction** qui la consulte ou lui demande de produire des pièces qui ne sont pas déjà à la disposition d'une partie à l'instance ; elle peut le faire dans les mêmes limites lorsqu'elle produit des observations de sa propre initiative devant une juridiction (C. com. art. L 462-3, al. 2). **51195**

À noter toutefois que le juge ne peut pas enjoindre la communication ou la production de certaines pièces relatives à la procédure de transaction (C. com. art. L 483-5).

La Cour de justice de l'Union européenne précise que les juridictions nationales doivent, au cas par cas, mettre en balance les intérêts justifiant la communication des informations figurant dans le dossier de l'Autorité de la concurrence dont l'accès est demandé et la protection de ces informations (CJUE 14-6-2011 aff. 360/09, Pfleiderer ; CJUE 6-6-2013 aff. 536/11, Donau Chemie).

L'**accès aux déclarations effectuées en vue d'obtenir le bénéfice de la clémence** (n° 53830) n'est accordé qu'aux parties à la procédure concernée. Les informations tirées des déclarations ainsi obtenues peuvent être utilisées par une partie ayant eu accès au dossier uniquement pour l'exercice des droits de la défense dans le cadre d'une procédure relative à un recours formé contre une décision de l'Autorité de la concurrence (C. com. art. L 464-10, I). **51200**

De même, l'**accès à la proposition de transaction** faite dans le cadre de la procédure relative à la transaction (n° 53970) n'est accordé qu'à la partie concernée par cette proposition. Les informations issues de cette proposition ne peuvent être utilisées par cette partie que pour l'exercice des droits de la défense dans le cadre d'un recours formé contre une décision de l'Autorité de la concurrence ou devant la juridiction administrative statuant sur un recours contre une proposition de transaction du ministre de l'économie (C. com. art. L 464-10, II).

VII. AVIS DE L'AUTORITÉ DE LA CONCURRENCE

L'Autorité de la concurrence peut émettre un avis sur une question liée à la concurrence soit de sa propre initiative, soit sur demande, notamment dans les cas ci-dessous. **51300**

AVIS À L'INITIATIVE DE L'AUTORITÉ

L'Autorité de la concurrence peut prendre l'initiative de donner un avis sur toute **question concernant la concurrence** ; cet avis est rendu public (C. com. art. L 462-4). L'avis peut être accompagné, le cas échéant, de recommandations adressées au ministre de l'économie ou au ministre chargé du secteur concerné de mettre en œuvre les mesures nécessaires à l'amélioration du fonctionnement concurrentiel des marchés. **51310**

Cette prérogative permet à l'Autorité de la concurrence d'apporter sa contribution aux débats publics à l'occasion des grandes réformes législatives affectant directement la mise en œuvre des règles de concurrence. Soulignons que les commissions parlementaires peuvent aussi entendre le président de l'Autorité (n° 51350).

L'Autorité de la concurrence peut également prendre l'initiative d'émettre un avis sur les **prix** des biens, produits et services dans les zones où la concurrence par les prix est limitée et sur les **tarifs réglementés** des officiers publics et ministériels (commissaires-priseurs judiciaires, administrateurs judiciaires, mandataires judiciaires, notaires) et des avocats en matière de saisie immobilière, de partage, de licitation et de sûretés judiciaires. Cet avis est rendu public au plus tard un mois avant la révision du prix ou du tarif en cause (C. com. art. L 462-2-1). **51315**

AVIS CONSULTATIFS DE L'AUTORITÉ DE LA CONCURRENCE

51320 **Consultation par le Gouvernement** L'Autorité donne son avis sur toute question de concurrence à la demande du Gouvernement (C. com. art. L 462-1, al. 2). En outre, elle est obligatoirement consultée par celui-ci sur tout projet de texte réglementaire instituant un régime nouveau ayant directement pour effet (C. com. art. L 462-2) :
– de soumettre l'exercice d'une profession ou l'accès à un marché à des restrictions quantitatives ;
– d'établir des droits exclusifs dans certaines zones ;
– d'imposer des pratiques uniformes en matière de prix ou de conditions de vente.

Lorsqu'un texte réglementaire se borne à modifier de façon ponctuelle la réglementation applicable, il ne peut être regardé comme instituant un régime nouveau au sens de l'article L 462-2 du Code de commerce (CE 29-4-2011 n° 348036 : RJDA 4/12 n° 435). En conséquence, son adoption n'a pas à être soumise à l'avis préalable de l'Autorité de la concurrence.

51325 Le Gouvernement doit également demander à l'Autorité de la concurrence de donner son avis sur les prix des biens, produits et services dans les zones où la concurrence par les prix est limitée et sur les tarifs réglementés précités n° 51315. Cet avis est rendu public (C. com. art. L 462-2-1).

L'Autorité est aussi obligatoirement consultée par le Gouvernement sur les projets de textes réglementaires précisant les modalités d'application des dispositions encadrant les tarifs réglementés des professions juridiques citées n° 51315 (C. com. art. L 444-7, al. 1). Voir l'avis n° 20-A-03 du 14 février 2020 relatif à un projet de décret visant à modifier certaines dispositions de la partie réglementaire du Code de commerce concernant la fixation des tarifs réglementés de certaines professions juridiques.

51330 **Consultation par divers organismes** L'Autorité de la concurrence peut donner son avis sur toute question de concurrence à la demande des collectivités territoriales, des **organisations professionnelles et syndicales,** des **organisations de consommateurs agréées,** des chambres d'agriculture, des chambres de métiers ou des chambres de commerce et d'industrie territoriales, de l'Autorité de régulation de la communication audiovisuelle et numérique (Arcom) et des présidents des observatoires des prix, des marges et des revenus outre-mer, en ce qui concerne les intérêts dont ils ont la charge (C. com. art. L 462-1, al. 2 modifié par loi 2021-1382 du 25-10-2021). Ces avis ne peuvent porter que sur des considérations d'ordre général et non sur des questions intéressant une entreprise nommément désignée. L'Autorité ne peut donc pas qualifier les pratiques, objet de la demande d'avis, au regard des articles L 420-1 à L 420-2-2 du Code de commerce.

Elle peut publier ces avis avec l'accord de leur destinataire (C. com. art. R 462-1, al. 2).

> **› Précisions** Les questions posées à l'Autorité par un syndicat professionnel sont irrecevables lorsqu'elles se recoupent avec un **litige en cours** devant une juridiction et opposant des parties qui ont une communauté d'intérêts avec ce syndicat. À défaut de saisine par le juge, l'avis de l'Autorité rendu dans un tel cas reviendrait en effet à intervenir dans la procédure juridictionnelle (Avis Cons. conc. n° 89-A-10 : BOCCRF du 28-7-1989 p. 194).

51340 **Consultation par les juridictions** L'Autorité de la concurrence peut également être consultée par les juridictions pour les affaires dont elles sont saisies, qu'il s'agisse d'infractions aux règles nationales ou aux règles de l'Union (C. com. art. L 462-3, al. 1). Dans ce cas, l'Autorité ne peut donner un avis qu'après une procédure contradictoire dans les conditions fixées par l'article R 462-3 du Code de commerce (pour un exemple, voir avis Cons. conc. n° 03-A-15 du 15-7-2003, aff. « Giat industrie »). Toutefois, si elle dispose d'informations déjà recueillies au cours d'une procédure antérieure, l'Autorité peut émettre son avis sans avoir à mettre en œuvre la procédure prévue par le Code de commerce.

> **› Précisions** **a.** Sur la procédure spécifique applicable aux **demandes de production de pièces** formées en vue ou dans le cadre d'une action en dommages et intérêts, voir n°s 54670 s.
> **b.** Le cours de la **prescription** est suspendu, le cas échéant, par la consultation de l'Autorité.
> **c.** L'**avis** de l'Autorité peut être **publié** après le non-lieu ou le jugement.
> **d.** En application de l'article 15 du règlement 1/2003, l'Autorité peut également **agir d'office** et soumettre aux juridictions des observations écrites (ou orales sur autorisation de la juridiction) au sujet de l'application des articles 101 ou 102 du TFUE.

51350 **Consultation par les commissions du Parlement compétentes en matière de concurrence** L'Autorité de la concurrence peut être consultée par les commissions du Parlement compétentes en matière de concurrence sur toute question entrant dans le champ de ses compétences (C. com. art. L 461-5, al. 1 et L 462-1, al. 1).

D'autres organismes peuvent également être amenés à saisir l'Autorité pour avis, en application de dispositions spécifiques. Par exemple, l'Arcep détermine les marchés du secteur des communications électroniques pertinents et la liste des opérateurs réputés y exercer une influence significative, après avis de l'Autorité de la concurrence (CPCE art. L 37-1).

RECOURS CONTRE LES AVIS DE L'AUTORITÉ DE LA CONCURRENCE

La question se pose de savoir si les avis rendus par l'Autorité de la concurrence ont le caractère de décisions susceptibles de faire l'objet d'un recours pour excès de pouvoir. **51360**

La réponse relève d'une appréciation au cas par cas. Le Conseil d'État a en effet jugé qu'un requérant justifiant d'un « intérêt direct et certain » peut engager un recours pour excès de pouvoir contre les avis, recommandations, mises en garde et prises de position, adoptés par les autorités de régulation dans l'exercice des missions dont elles sont investies, « lorsqu'ils sont de nature à produire des effets notables, notamment de nature économique, ou ont pour objet d'influer, de manière significative, sur les comportements des personnes auxquelles ils s'adressent » (CE 21-3-2016, deux arrêts, n°s 368082, 368083, 368084 et 390023 : RJDA 6/16 n° 501 et chronique R. Vandermeeren p. 419).

VIII. CONTRÔLE DES ACCORDS D'ACHATS GROUPÉS

INFORMATION PRÉALABLE DE L'AUTORITÉ DE LA CONCURRENCE

Tout accord entre des entreprises ou des groupes de personnes physiques ou morales exploitant, directement ou indirectement, un ou plusieurs magasins de commerce de détail de produits de grande consommation ou intervenant dans le secteur de la distribution comme centrale de référencement ou d'achat d'entreprises de commerce de détail (sont donc exclus les grossistes et centrales de grossistes) visant à **négocier de manière groupée l'achat ou le référencement de produits ou la vente de services aux fournisseurs** doit faire l'objet d'un dossier d'information communiqué à l'Autorité de la concurrence au moins quatre mois avant sa mise en œuvre (C. com. art. L 462-10, I-al. 1). **51500**

Cette obligation d'information préalable vise à permettre à l'**Autorité** d'assurer un **rôle de veille** avant la mise en œuvre de l'accord. En effet, ce dernier présente des risques tant sur les marchés aval (échanges d'informations, symétrie des conditions d'achat et réduction de la mobilité inter-enseignes) qu'amont (limitation de l'offre, réduction de la qualité ou de l'incitation de certains fournisseurs à innover ou investir et éviction de fournisseurs).

L'obligation d'information est subordonnée à la réunion des deux **conditions** suivantes (C. com. art. L 462-10, I-al. 2 ; C. com. art. R 462-5) :

– le chiffre d'affaires total mondial hors taxe de l'ensemble des entreprises (ou des groupes de personnes physiques ou morales) parties à un tel accord est supérieur à 10 milliards d'euros ;
– le chiffre d'affaires total hors taxe réalisé à l'achat en France par l'ensemble des parties dans le cadre d'un tel accord est supérieur à 3 milliards d'euros.

Pour l'appréciation de ce dernier seuil, deux ou plusieurs accords conclus au cours d'une période de deux années entre les mêmes entreprises (ou groupes de personnes physiques ou morales) sont considérés comme un seul accord intervenant à la date du premier.

Le **dossier préalable d'information** doit décrire l'opération (objet de la coopération, évaluation des avantages attendus, etc.), présenter les parties à l'accord (notamment, liste des éventuelles centrales auxquelles elles participent), définir les marchés concernés (part de marché des parties à l'accord et des groupes auxquels elles appartiennent, part de marché des principaux concurrents, etc.) et décrire de manière détaillée la méthodologie ayant conduit à la sélection de fournisseurs ou de marchés (voir Arrêté ECOC2021540A du 9-9-2020).

L'Autorité de la concurrence doit transmettre au **ministre de l'économie,** à sa demande, les accords qui lui auront été communiqués (C. com. art. L 462-10, I-al. 3).

PROCÉDURE DE BILAN CONCURRENTIEL DE LA MISE EN ŒUVRE DE L'ACCORD D'ACHATS GROUPÉS

Réalisation d'un bilan concurrentiel L'Autorité doit effectuer un bilan concurrentiel de la mise en œuvre de l'accord soit de sa propre initiative, soit à la demande du ministre de l'économie. À cet effet, elle peut demander aux parties de lui transmettre un rapport présentant l'effet de cet accord sur la concurrence (C. com. art. L 462-10, II-al. 1). **51520**

Ce **rapport** doit actualiser les informations présentées dans le dossier d'information préalable qui avait été présenté à l'Autorité (n° 51500). Pour chaque marché concerné, il doit également présenter les effets concurrentiels de l'accord à l'amont (en particulier sur les fournisseurs inclus dans le périmètre de l'accord et sur les fournisseurs non inclus) et les bénéfices de l'accord pour les consommateurs finaux ou les clients des parties (prix, qualité des produits, innovation, etc.) (voir Arrêté ECOC2021540A du 9-9-2020).

L'engagement de la procédure de bilan concurrentiel doit être rendu public par l'Autorité de la concurrence afin de permettre aux tiers intéressés de lui adresser leurs observations (C. com. art. L 462-10, II-al. 2).

L'Autorité doit examiner si l'accord, tel qu'il a été mis en œuvre, est de nature à porter une atteinte sensible à la concurrence au sens des articles L 420-1 et L 420-2 du Code de commerce. Elle doit apprécier à cette occasion si l'accord apporte au progrès économique une contribution suffisante pour compenser d'éventuelles atteintes à la concurrence, en prenant en compte son impact tant pour les producteurs, les transformateurs et les distributeurs que pour les consommateurs (C. com. art. L 462-10, II-al. 3).

51530 **Mesures consécutives au bilan concurrentiel** Si des atteintes à la concurrence telles que mentionnées n° 51520 ou des effets anticoncurrentiels ont été identifiés, les parties à l'accord doivent s'engager à prendre des mesures visant à y remédier dans un délai fixé par l'Autorité de la concurrence. Celle-ci peut également se saisir d'office ou être saisie par le ministre de l'économie pour sanctionner les pratiques anticoncurrentielles (C. com. art. L 462-10, II-al. 4).

Dès lors que l'accord entraîne ou est susceptible d'entraîner immédiatement après son entrée en vigueur l'une de ces atteintes à la concurrence et que celle-ci présente un caractère suffisant de gravité, l'Autorité de la concurrence peut prendre des **mesures conservatoires.** Elle peut enjoindre aux parties de revenir à l'état antérieur ou de modifier l'accord. Elle peut par ailleurs imposer la suspension de la pratique concernée. Mais ces mesures conservatoires doivent rester strictement limitées à ce qui est nécessaire pour faire face à l'urgence dans l'attente d'une décision au fond (cf. C. com. art. L 464-1).

IX. TRAITEMENT DES « MICRO-PAC » PAR LE MINISTRE DE L'ÉCONOMIE

ABSENCE DE SAISINE DE L'AUTORITÉ DE LA CONCURRENCE

51600 En l'absence de saisine de l'Autorité de la concurrence, le ministre de l'économie peut, à certaines conditions, traiter lui-même des faits susceptibles de relever des articles L 420-1 à L 420-2-2 du Code de commerce.

L'absence de saisine de l'Autorité de la concurrence suppose :
– soit que le rapporteur général de l'Autorité de la concurrence a décidé de ne pas prendre la direction d'enquêtes diligentées par le ministre et de ne pas proposer à l'Autorité de se saisir d'office (n° 77640) ;
– soit que l'Autorité a rejeté la saisine préalablement opérée pour ces mêmes faits par une entreprise ou un des organismes visés à l'article L 462-1, al. 2 (n° 50070) (C. com. art. L 464-9, al. 3).

La possibilité de rejeter une telle saisine permet à l'Autorité de se concentrer sur les affaires relevant de sa compétence exclusive. Elle peut rejeter une saisine après avoir examiné l'éventuel caractère probant des éléments apportés par la société saisissante et relever que les pratiques dénoncées peuvent être traitées directement par le ministre de l'économie (pour un exemple, Aut. conc. 29-11-2017 n° 17-D-22, aff. « Association InterMusées »).

Dès l'instant où l'Autorité a décidé de laisser le ministre traiter l'affaire, les entreprises victimes de pratiques anticoncurrentielles ne sont plus admises à la saisir pour les mêmes faits.

CONDITIONS DU TRAITEMENT DES PRATIQUES ANTICONCURRENTIELLES PAR LE MINISTRE DE L'ÉCONOMIE

51610 La compétence du ministre de l'économie est subordonnée à la réunion des deux conditions suivantes (C. com. art. L 464-9, al. 1) :
– les faits ne relèvent pas des articles 101 et 102 du TFUE, c'est-à-dire qu'ils ne sont pas susceptibles d'affecter le commerce entre États membres (nos 41800 s.) ;
– le chiffre d'affaires réalisé en France lors du dernier exercice clos par chacune des entreprises parties aux pratiques ne dépasse pas 50 M€ et leurs chiffres d'affaires cumulés ne dépassent pas 200 M€.

NATURE DES SANCTIONS POUVANT ÊTRE INFLIGÉES PAR LE MINISTRE DE L'ÉCONOMIE

Le ministre peut **enjoindre** aux entreprises qui sont à l'origine de pratiques anticoncurrentielles relevant du régime des micro-PAC d'y **mettre un terme** (C. com. art. L 464-9, al. 1). 51620

Il peut également leur proposer de transiger. Le montant de la **transaction** ne peut excéder 150 000 € ou 5 % du dernier chiffre d'affaires connu en France si cette valeur est plus faible (C. com. art. L 464-9, al. 2).

ILLUSTRATIONS

Dans le cas d'une entente illicite entre quatre sociétés dans les départements du Calvados et de l'Orne, un règlement transactionnel d'un montant de 1 200 à 8 000 € selon les entreprises a été proposé, ces montants correspondant à 2,6 % du chiffre d'affaires pour la société qui avait eu un rôle de meneur dans l'entente et à 1,2 % du chiffre d'affaires pour les trois autres (Transactions 2018 : « Pratiques relevées dans le secteur du diagnostic immobilier dans le Calvados »).

Dans le cas d'une entente illicite à l'occasion d'un appel d'offres, la DGCCRF a retenu la responsabilité de la société mère des deux sociétés directement impliquées dans l'entente en raison des liens capitalistiques les unissant, de l'existence de dirigeants communs aux trois sociétés et, enfin, du fait que la société mère avait eu pleinement connaissance de cette entente ; ce dossier a fait l'objet de deux règlements transactionnels d'un montant respectivement de 15 000 € à l'encontre de la société étant apparue comme la moins-disante, solidairement avec la société mère, et de 5 000 € à l'encontre de l'autre société membre de l'entente, solidairement avec la société mère (Transactions 2018 : « Pratiques relevées dans le secteur du déménagement des militaires à Saint-Dizier »).

La DGCCRF a délivré à plusieurs sociétés qui s'étaient entendues pour pratiquer des devis de couverture à leur profit réciproque une injonction de « s'abstenir à l'avenir de solliciter ou mettre en œuvre des pratiques de devis de complaisance en réponse à des appels d'offre publics ou privés » (Transactions 2020 : « Pratiques relevées dans le secteur de la sécurisation des débits de tabac dans les Pays de la Loire-Nouvelle Aquitaine »).

L'injonction comme la transaction peuvent faire l'objet d'une mesure de **publicité.** Le professionnel doit avoir été informé, lors de la procédure contradictoire préalable au prononcé de l'injonction, de la nature et des modalités de la publicité envisagée. La publicité est effectuée aux frais du professionnel qui fait l'objet de l'injonction ou accepte la transaction (C. com. art. L 464-9, al. 3 et 4 issus de loi 2022-1158 du 16-8-2022 ; pour plus de détails sur les modalités de la publicité, voir art. R 464-9-1, al. 3 à 7 issus du décret 2022-1701 du 29-12-2022).

PROCÉDURE EN CAS DE TRAITEMENT DE MICRO-PAC

La procédure, essentiellement écrite, se déroule en quatre phases (C. com. art. R 464-9-1 s.). 51630

1. Information des entreprises par lettre recommandée AR sur les faits reprochés et les mesures administratives envisagées (injonction et somme à verser au Trésor public à titre de transaction, ou l'une de ces deux mesures), avec transmission du rapport administratif d'enquête qui met en évidence les faits constatés, leur qualification juridique et leur imputabilité. Les entreprises destinataires peuvent consulter le dossier sous réserve de la protection du secret des affaires.

2. Réponse des entreprises dans un délai de deux mois prorogeable, assorti de la possibilité d'être entendu par le signataire du courrier et d'être assisté par un conseil.

3. Notification de la décision du ministre par lettre recommandée AR après examen des observations : classement de l'affaire, injonctions de mettre un terme aux pratiques qualifiées d'anticoncurrentielles ou amende transactionnelle, voire les deux. La décision indique les délais dans lesquels l'entreprise doit exécuter l'injonction et payer au Trésor public la somme proposée à titre de transaction.

Les **décisions** de transactions et injonctions sont **publiées** par la DGCCRF sur son site internet à l'adresse suivante : www.economie.gouv.fr/dgccrf/pratiques-anticoncurrentielles-transactions-et-injonctions. Cette publication informe notamment les victimes des pratiques de la procédure engagée par le ministre, ce qui leur permet d'engager une action en réparation de leur dommage concurrentiel devant le juge judiciaire. À noter que cette publication ne repose pas sur un fondement textuel légal ou réglementaire, à la différence du mécanisme de publication des décisions de l'Autorité de la concurrence (C. com. art. D 464-8-1) ou des amendes administratives sanctionnant les manquements aux dispositions du titre IV du livre IV du Code de commerce (C. com. art. L 470-2), par exemple.

4. Décision des entreprises dans le délai d'un mois : soit acceptation de la décision du ministre, soit refus. À défaut de réponse dans ce délai, l'entreprise est réputée avoir refusé de transiger et d'exécuter l'injonction.

Dans le cas où **l'entreprise a refusé les mesures notifiées,** le ministre de l'économie saisit l'Autorité de la concurrence. Il la saisit également en cas d'inexécution des injonctions ou des obligations résultant de l'acceptation de la transaction (C. com. art. L 464-9, al. 4). En pareil cas, le président de l'Autorité, ou un vice-président désigné par lui, peut statuer seul sur l'affaire, par exception au principe de collégialité des décisions de l'Autorité (n° 49810). Sa décision fait l'objet d'une notification soit par lettre recommandée avec AR, soit par l'intermédiaire d'une plateforme d'échanges sécurisés de documents électroniques (plateforme Hermès), aux parties concernées, ainsi qu'au ministre (C. com. art. R 464-8, I-5°). Elle est publiée sur le site internet de l'Autorité (www.autoritedelaconcurrence.fr) (C. com. art. D 464-8-1).

Un **refus de transiger** fait courir le **risque** d'une condamnation par l'Autorité de la concurrence à une sanction pécuniaire plus élevée que le montant de la transaction.

ILLUSTRATIONS

Une entreprise de pompes funèbres qui n'avait pas répondu dans le délai d'un mois à la proposition de transaction de la DGCCRF s'est vu infliger une sanction pécuniaire par l'Autorité. Après avoir constaté que l'application de la méthode décrite dans son « Communiqué sanctions » pourrait conduire à un montant d'amende disproportionné au regard du caractère local des infractions et de la taille de l'entreprise sanctionnée, l'Autorité a retenu une méthode forfaitaire pour fixer le montant de la sanction. Malgré l'application de cette méthode, le montant de la sanction infligée a été plus élevé que celui de la transaction proposée par la DGCCRF : 80 000 € au lieu de 56 000 € (Aut. conc. 27-7-2017 n° 17-D-13, aff. « Comtet »).

Un GIE ayant notamment pour objet de constituer et gérer un central radiotéléphonique de taxis qui avait prévu, au sein de son contrat constitutif, des conditions d'admission de nouveaux membres non objectives, non transparentes et discriminatoires, ainsi que des motifs d'exclusion destinés à interdire à ses adhérents le développement d'une activité concurrentielle de LOTI et de VTC, a été sanctionné à hauteur de 75 000 € par l'Autorité après avoir refusé la transaction d'un montant de 15 000 € proposée par la DGCCRF (CA Paris 20-2-2020 n° 19/08337).

Voir également CA Paris 21-12-2017 n° 16/06962 et Aut. conc. 13-3-2018 n° 18-D-05, aff. « Sécurité Vol Feu ».

À noter que le fait qu'une filiale ayant participé à une entente illicite refuse d'accepter la transaction proposée par la DGCCRF n'empêche pas l'Autorité de la concurrence d'imputer les faits aux sociétés mères solidairement avec la filiale, ce qui peut entraîner une augmentation de la sanction. L'Autorité a ainsi pu infliger une sanction de 435 000 € à une société ayant refusé de transiger alors que le montant de la transaction ne pouvait pas excéder le plafond légal de 150 000 € ou 5 % du chiffre d'affaires connu en France (Aut. conc. 4-3-2021 n° 21-D-05, aff. « Santerne Nord Tertiaire » : BRDA 9/21 inf. 22, réformé sur un autre point par CA Paris 9-3-2023 n° 21/06028).

51635 L'exécution dans les délais impartis des obligations résultant de l'injonction et/ou de l'acceptation de la transaction éteint toute **action devant l'Autorité de la concurrence** pour les mêmes faits (C. com. art. L 464-9, al. 2).

L'**Autorité de la concurrence** est **informée** par le ministre des injonctions prononcées et des transactions conclues (art. L 464-9, al. 2). Il s'agit là d'une simple information, aucune procédure d'homologation de la transaction n'étant prévue.

X. TRIBUNAUX COMPÉTENTS POUR PRONONCER UNE SANCTION CIVILE

PRINCIPE DE SPÉCIALISATION DES JURIDICTIONS

51800 **Tribunaux spécialement désignés** Seuls sont compétents pour connaître des litiges relatifs à l'application des règles contenues dans les articles L 420-1 à L 420-2-2 du Code de commerce, ainsi que dans les articles 101 et 102 du TFUE, et ayant pour objet la nullité des conventions ou l'allocation de dommages-intérêts, les **tribunaux** judiciaires, tribunaux de commerce et tribunaux mixtes de commerce de **Marseille, Bordeaux, Lille, Fort-de-France, Lyon, Nancy, Paris et Rennes** (C. com. art. L 420-7, R 420-3 et ann. 4-2, R 420-4 et ann. 4-1). Cette limitation des juridictions compétentes permet d'allouer le contentieux de la concurrence à des magistrats spécialisés en cette matière et de favoriser une application uniforme du droit de la concurrence.

Seuls ces tribunaux spécialement désignés ont le pouvoir d'ordonner des **mesures d'instruction « in futurum »** – mesures destinées avant tout procès à rechercher la preuve de faits dont pourrait dépendre la solution d'un litige – lorsque le demandeur se prévaut dans sa requête de pratiques anticoncurrentielles (Cass. com. 17-1-2018 n° 17-10.360 FS-PBI : RJDA 4/18 n° 365).

Le principe de la spécialisation des juridictions est applicable aux actions en **référé** (T. com. Albi 28-10-2009 n° 09-4733 : RJDA 5/10 n° 561).

> **› Précisions** Les **clauses attributives de juridiction** en la matière sont valables à la condition qu'elles se réfèrent aux différends relatifs à la responsabilité encourue du fait d'une infraction au droit de la concurrence (CJUE 24-10-2018 aff. 595/17 : RJDA 1/19 n° 66 ; Cass. 1e civ. 30-1-2019 n° 16-25.259 : RJDA 5/19 n° 395).

Cour d'appel compétente Les **recours** contre les décisions prises par les seize tribunaux spécialement désignés doivent être portés devant la **cour d'appel de Paris** (C. com. art. R 420-5). 51810

Incompétence des autres juridictions La spécialisation des juridictions constitue une **règle de compétence d'attribution exclusive** et non une fin de non-recevoir ; par conséquent, lorsqu'un défendeur à une action fondée sur le droit commun présente une demande reconventionnelle fondée sur le droit des pratiques anticoncurrentielles, la juridiction saisie, si elle n'est pas une juridiction spécialisée, doit, si son incompétence est soulevée, selon les circonstances et l'interdépendance des demandes, soit se déclarer incompétente au profit de la juridiction désignée par ce texte et surseoir à statuer dans l'attente que cette juridiction spécialisée ait statué sur la demande, soit renvoyer l'affaire pour le tout devant cette juridiction spécialisée (Cass. com. 18-10-2023 n° 21-15.378 FS-BR : RJDA 1/24 n° 52, solution rendue sur le fondement des dispositions relatives à la spécialisation des juridictions en cas d'action en réparation pour pratique commerciales abusives, mais transposable). 51820

L'**exception d'incompétence** doit être soulevée, à peine d'irrecevabilité, avant toute fin de non-recevoir ou défense au fond (CPC art. 74). Elle ne peut pas en principe être soulevée d'office en appel ou à hauteur de cassation (CPC art. 76).

EXCEPTIONS AU PRINCIPE DE SPÉCIALISATION DES JURIDICTIONS

En matière d'**action de groupe,** la Loi 2014-344 du 17 mars 2014 n'a pas instauré de principe de spécialisation des juridictions et a attribué la compétence aux tribunaux judiciaires (C. consom. art. R 623-2). 51830

Par ailleurs, la spécialisation épargne le **juge administratif** bien qu'il soit également juge de droit commun de la concurrence.

COMPÉTENCE EN CAS D'ENTENTE ILLICITE CONSTITUÉE À L'OCCASION DE MARCHÉS PUBLICS

C'est le juge administratif – et non le juge judiciaire – qui est compétent pour statuer sur l'action en responsabilité extracontractuelle engagée contre des personnes de droit privé ayant participé à une entente illicite constituée à l'occasion de la passation de marchés publics (T. confl. 16-11-2015 n° 4035 : RJDA 4/16 n° 325). 51840

COMPÉTENCE EN CAS D'INFRACTION UNIQUE ET CONTINUE PAR DES ENTREPRISES ÉTABLIES AU SEIN DE L'UE

La Cour de justice de l'Union européenne a précisé les conditions d'application du règlement 44/2001 du 22 décembre 2000 concernant la compétence judiciaire en matière civile et commerciale (dit « règlement Bruxelles I ») lorsqu'une action en dommages-intérêts est dirigée contre plusieurs entreprises ayant participé à une entente unique et continue et que ces dernières sont établies dans différents États membres de l'Union européenne (CJUE 21-5-2015 aff. 352/13, Cartel Damage Claims [CDC] Hydrogen Peroxide SA) : 51850

– la victime de l'entente peut exercer son action en dommages-intérêts soit devant la juridiction du lieu où l'entente a été conclue, soit devant la juridiction du lieu de son propre siège social ;

– les défendeurs peuvent être attraits devant la juridiction du domicile de l'une des victimes lorsque celle-ci exerce conjointement une action en dommages-intérêts contre les auteurs de l'entente ;

– les clauses attributives de juridiction sont valables et efficaces lorsqu'elles font spécifiquement référence aux différends relatifs à la responsabilité encourue du fait de l'entente (sur ce point, voir également Cass. 1e civ. 7-10-2015 n° 14-16.898 : RJDA 1/16 n° 78).

SECTION 10

SANCTION DES PRATIQUES ANTICONCURRENTIELLES (DROIT DE L'UE)

I. NULLITÉ DE L'ACCORD ANTICONCURRENTIEL

NULLITÉ DE PLEIN DROIT D'UN ACCORD ANTICONCURRENTIEL

52000 Lorsqu'un accord viole l'article 101, 1 du TFUE et ne remplit pas les conditions de l'article 101, 3 (nos 46300 s.), il est interdit (Règl. 1/2003 art. 1, 1) ; un tel accord est nul de plein droit (art. 101, 2).

Cette nullité de plein droit ne vise que les **dispositions contractuelles incompatibles** avec l'article 101, 1, sous réserve que ces dispositions soient **séparables de l'accord** dans son ensemble (Communication de la Commission sur les lignes directrices concernant l'application de l'article 81, 3 du traité : JOCE 2004 C 101, pt 41). Ses conséquences pour tous les autres éléments de l'accord et pour les commandes ou livraisons effectuées en application de l'accord, ainsi que pour les obligations de paiement qui en résultent, ne relèvent pas du droit de l'Union : elles doivent donc être appréciées par les juridictions nationales selon leur propre droit (CJCE 14-12-1983 aff. 319/82, Kerpen ; CJCE 18-12-1986 aff. 10/86, VAG France ; CJCE 11-9-2008 aff. 279/06, CEPSA).

ILLUSTRATIONS

Un tribunal a annulé la clause d'un accord de licence de brevet qui maintenait le paiement des redevances après l'expiration du brevet. Cette clause restreignait en effet la concurrence car elle défavorisait le licencié, qui était tenu de verser des redevances bien que le brevet fût tombé dans le domaine public. En revanche, cette disposition n'ayant pas été jugée déterminante, son annulation n'a pas entraîné celle de la totalité du contrat (TGI Paris 8-1-1988 : BRDA 1988/17 p. 7).

ACTION EN NULLITÉ D'UN ACCORD ANTICONCURRENTIEL

52010 Le **prononcé de la nullité** de l'accord anticoncurrentiel n'incombe pas à la Commission européenne mais aux autorités des États membres, c'est-à-dire, en France, aux tribunaux judiciaires. Cette nullité étant fondée sur la violation d'une disposition d'ordre public qui prévaut sur les dispositions du droit interne, les tribunaux ne peuvent refuser de l'examiner si les conditions de son prononcé sont réunies (Cass. com. 26-3-1979 : JCP G 1979 II 19249 note Jeantet). Par exemple, un tribunal français ne pouvait écarter une demande d'annulation d'une entente aux motifs qu'une nullité avait été de toute façon couverte par la transaction intervenue entre les parties (Cass. com. 26-3-1979 précité).

Si les règles du droit de l'Union sont claires et ne soulèvent aucune difficulté d'interprétation, une juridiction nationale peut prononcer la nullité d'un accord par application de l'article 101 (Règl. 1/2003 art. 6).

Aucune disposition du droit de l'Union ne fixant le délai de **prescription de l'action en nullité,** celui-ci doit être déterminé selon les lois nationales. En France, l'action en nullité fondée sur l'article 101, 2 est soumise au délai de prescription de droit commun de cinq ans (C. civ. art. 2224).

II. INJONCTION DE CESSER LA PRATIQUE ANTICONCURRENTIELLE

52100 Quand la **Commission européenne,** agissant d'office ou sur plainte, constate l'existence d'une entente interdite ou d'un abus de position dominante, elle peut imposer aux entreprises impliquées de mettre fin à cette infraction (Règl. 1/2003 art. 7). Pour un exemple en matière d'entente, voir Commission CE 19-12-2007, aff. « Mastercard » : JOCE 2009 C 264 p. 8 ; pour un exemple en matière d'abus de position dominante, voir Commission CE 18-7-2018, aff. « Google » : IP/18/4581.

À cet effet, elle peut imposer aux entreprises des **mesures correctives** de nature comportementale, voire au besoin structurelle, pourvu qu'elles soient proportionnées à l'infraction commise et nécessaires pour faire cesser cette infraction.

Une mesure structurelle ne peut être imposée que s'il n'existe pas de mesure comportementale qui soit aussi efficace ou si, à efficacité égale, cette dernière s'avérait plus contraignante pour l'entreprise concernée que la mesure structurelle. Toute mesure corrective devant respecter le principe de proportionnalité, le démembrement d'une entreprise ne peut se justifier au regard de ce principe que si la structure de l'entreprise entraîne un risque important de maintien de l'infraction ou de récidive (Règl. 1/2003 considérant 12).

Les pouvoirs d'injonction de la Commission ne l'autorisent pas à ordonner à une entreprise de nouer des relations contractuelles avec une autre entreprise (TPICE 18-9-1992 aff. 24/90, Automec : RJDA 12/92 n° 1149, au cas d'espèce, le Tribunal a confirmé le refus de la Commission d'ordonner à un constructeur automobile de livrer un revendeur qui estimait satisfaire à toutes les conditions requises pour être agréé par ce fabricant). La Commission peut toutefois imposer aux entreprises ayant conclu un accord anticoncurrentiel de permettre à leurs clients de renégocier ou de résilier les contrats à exécution successive conclus sur la base de cet accord (Commission CE 23-12-1992, aff. « Astra » : JOCE 1993 L 20 p. 23 ; TPICE 28-2-2002 aff. 18/97, Atlantic Container Line AB).

Pour imposer le respect de ses injonctions de cessation d'infraction, la Commission a le pouvoir de condamner les entreprises à des **astreintes** pouvant atteindre 5 % du chiffre d'affaires journalier moyen réalisé au cours de l'exercice social précédent par jour de retard à compter de la date fixée dans sa décision (Règl. 1/2003 art. 24, 1).

ILLUSTRATIONS

Pour une application en matière d'entente, voir la décision « Akzo » du 14-12-1985 : JOCE 1985 L 374 p. 1 imposant aux entreprises le respect de charges particulières : communication d'un rapport trimestriel sur les prix, par exemple.

La Commission a utilisé pour la première fois le pouvoir d'imposer des astreintes à l'encontre de la société Microsoft pour n'avoir pas respecté l'une des deux injonctions prévues par la décision du 24 mai 2004 (précitée) de divulguer des informations complètes et précises sur les interfaces de manière à assurer une interopérabilité totale entre les serveurs de groupes de travail concurrents et les PC et serveurs sous Windows ; une astreinte journalière de 1,5 M€ lui a été imposée pour cet élément de non-respect, ce qui, ramené à la période pendant laquelle la Commission a estimé que l'injonction initiale n'a pas été respectée, portait le montant total de l'astreinte à 280,5 M€ (Commission CE 12-7-2006, aff. « Microsoft », décision rendue sur le fondement de l'article 24, 2 du règlement 1/2003 : JOUE 2008 C 138 p. 10). Signalons que le Tribunal de l'Union a validé pour l'essentiel la seconde astreinte de 899 M€ infligée à Microsoft par une décision de la Commission du 27 février 2008 en ramenant son montant à 860 M€ (Trib. UE 27-6-2012 aff. 167/08, Microsoft).

Il arrive encore que la Commission constate l'infraction **sans** prendre d'**injonction** : elle se borne à notifier aux parties que leur comportement est illicite (voir Commission CE 26-10-2004, aff. COMP/38662, GDF/ENI, GDF/ENEL).

Sur la possibilité de prendre des **mesures provisoires** et des astreintes pour les faire respecter, voir n°s 49070 s.

Sur la possibilité pour les **autorités nationales de concurrence** d'ordonner la cessation d'une infraction ou accepter des engagements de la part des entreprises, voir Règl. 1/2003 art. 5 et, pour l'Autorité française de concurrence, voir n° 53200.

III. AMENDES PRONONCÉES PAR LA COMMISSION EUROPÉENNE

A. Prononcé des amendes et méthodologie

Les amendes sont infligées par la Commission européenne (Règl. 1/2003 art. 23, 2). Elles n'ont pas un caractère pénal (Règl. 1/2003 art. 23, 5). 52200

Les principes qui guident la Commission dans la détermination des amendes figurent dans des **lignes directrices** publiées le 1er septembre 2006 (JOUE 2006 C 210).

Avant de prononcer une amende, la Commission doit prendre l'avis du Comité consultatif en matière d'entente et de position dominante (n° 49130).

> Précisions a. Le fait que les décisions infligeant des amendes en matière de concurrence soient adoptées par la **Commission,** et non par une juridiction, n'est pas en soi contraire à l'article 6 de la convention européenne des droits de l'Homme (CJUE 18-7-2013 aff. 501/11, Schindler).

b. Ces **lignes directrices** remplacent celles publiées en 1998. Interrogée sur la **légalité** de ces dernières, la Cour de justice a jugé qu'elle n'était pas contestable car ces dispositions restaient dans le cadre juridique régissant la détermination du montant des amendes, tel que défini par l'ancien règlement 17/62 ; néanmoins, le juge de l'Union contrôle l'application de ces lignes directrices (CJCE 28-6-2005 aff. 189, 202, 205 à 208 et 213/02, Dansk Rørindustri ; CJCE 18-5-2006 aff. 397/03, Archer Daniels Midland). Cette solution est, à notre avis, transposable aux lignes directrices publiées en 2006 sur le fondement du règlement 1/2003 (voir en ce sens Trib. UE 2-2-2012 aff. 76/08, El du Pont de Nemours and Company, pt 122). Du reste, le Tribunal de l'Union européenne a validé les critères de calcul du montant des amendes prévues par ces lignes même lorsqu'ils marquent un changement de méthodologie fondamentale par rapport à la méthode des lignes directrices de 1998 (Trib. UE 16-6-2011 aff. 199/08, Ziegler ; Trib. UE 16-6-2011 aff. 204/08 et 212/08, Team Relocations ; Trib. UE 16-6-2011 aff. 208/08 et 209/08, Gosselin Group ; Trib. UE 16-6-2011 aff. 211/08, Putters International). À cet égard, il reconnaît à la Commission la possibilité d'élever à tout moment le niveau des amendes si cela est nécessaire pour assurer une mise en œuvre efficace de la politique de concurrence. Il en résulte que les entreprises impliquées dans une procédure administrative pouvant donner lieu à une amende ne bénéficient d'aucune assurance que le niveau des amendes infligées sous l'empire de lignes directrices antérieures demeurera à l'avenir (Trib. UE 2-2-2012 aff. 83/08, Denki Kagaku Kogyo, pt 115).

c. La notion du droit de l'Union de solidarité pour le paiement de l'amende n'étant qu'une manifestation d'un effet de plein droit de la notion d'entreprise, la Commission dispose du **pouvoir d'infliger une seule amende solidaire** à plusieurs personnes juridiques distinctes en raison de leur appartenance à une seule et même entreprise à laquelle l'infraction peut être reprochée (Règl. 1/2003 art. 23, 2 ; CJUE 25-11-2020 aff. 823/18, GEA Group ; Trib. UE 25-1-2023 aff. 640/16 RENV, GEA Group AG).

En revanche, elle ne peut pas déterminer les **quotes-parts d'amende** propres à chacun des codébiteurs solidaires dans le cadre de leurs relations réciproques ; une telle compétence relève le cas échéant de la compétence des juridictions nationales, en application du droit national et en respectant le droit de l'Union. La Commission ne peut pas non plus octroyer à l'un de ces codébiteurs un **bénéfice d'ordre ou de discussion** (CJUE 28-10-2020 aff. 611/18, Pirelli).

B. Plafond des amendes

MONTANT DES AMENDES

52210 La Commission européenne peut infliger à chaque entreprise ayant participé à l'infraction, de propos délibéré ou par négligence, une amende d'un montant maximal de **10 % du chiffre d'affaires** total de l'entreprise réalisé au cours de l'exercice social précédent pour chacune des entreprises concernées (Règl. 1/2003 art. 23, 2).

CALCUL DES AMENDES

52220 Pour calculer le plafond, la Commission européenne peut valablement se rapporter au **chiffre d'affaires relatif à un exercice social antérieur** lorsque celui de l'exercice social précédent ne donne aucune indication utile sur la situation économique réelle de l'entreprise ; la référence à un autre exercice social doit permettre à la Commission d'évaluer correctement les ressources financières de l'entreprise afin d'assurer à l'amende un caractère dissuasif suffisant et proportionné (CJUE 7-6-2007 aff. 76/06 P, Britannia Alloys & Chemicals ; CJUE 15-5-2014 aff. 90/13 P, 1.garantovana a.s. : RJDA 7/14 n° 673).

Le plafond ne s'applique pas à chaque **étape intermédiaire du calcul de l'amende,** au cours de laquelle il peut être dépassé ; il suffit qu'au terme du calcul le montant final de l'amende n'excède pas le plafond de 10 % (CJCE 28-6-2005 aff. 189, 202, 205 à 208 et 213/02, Dansk Rørindustri ; CJCE 29-6-2006 aff. 308/04, SGL Carbon ; Trib. UE 16-11-2011 aff. 55 et 66/06, RKW ; CJUE 12-7-2012 aff. 181/11, Cetarsa).

52225 Lorsque la société mère n'est pas tenue solidairement responsable de l'**infraction commise par** sa **filiale,** le plafond de 10 % de l'amende encourue par la filiale doit être calculé sur le chiffre d'affaires de celle-ci et non pas sur le chiffre d'affaires consolidé du groupe auquel la filiale appartient au moment de la décision de sanction (CJUE 4-9-2014 aff. 408/12 P, YKK Corp., à propos du plafond de l'amende encourue à titre exclusif par une filiale au titre de la période d'infraction antérieure à son acquisition).

Lorsqu'une **entreprise** auteur d'une entente anticoncurrentielle a été **acquise au cours de l'entente** par une autre entreprise (ces deux sociétés constituant, postérieurement à l'acquisition, une entreprise unique), la Commission doit tenir compte du chiffre d'affaires propre à chacune de ces entités économiques pour la période antérieure à l'acquisition afin de leur appliquer, le cas échéant, le plafond de 10 % (Trib. UE 12-9-2017 aff. 411/10, Laufen Austria). 52230

Dans le cas d'une **infraction commise par une association d'entreprises,** le plafond se calcule par rapport au chiffre d'affaires réalisé par l'ensemble des entreprises membres de l'association si l'infraction porte sur les activités de celles-ci (Règl. 1/2003 art. 23, 2). En effet, l'influence d'une association d'entreprises sur le marché ne dépend pas du chiffre d'affaires de cette association qui ne révèle ni sa taille ni sa puissance économique, mais bien de celui de ses membres (TPICE 23-2-1994 aff. 39/92 et 40/92, Groupement des cartes bancaires « CB » et Europay International ; TPICE 21-2-1995 aff. 29/92, confirmé par CJCE 25-3-1996 aff. 137/95 P, SPO ; CJCE 16-3-2000 aff. 395 et 396/96 P, Compagnie maritime belge transports). Encore faut-il tenir compte de l'implication des membres de l'association d'entreprises dans la commission de l'infraction. Lorsqu'ils n'ont pas été impliqués dans l'infraction, la Commission ne peut prendre en compte leurs chiffres d'affaires que si l'association a, en vertu de ses règles internes, la possibilité d'engager ses membres (CJCE 16-11-2000 aff. 298/98, Finnboard). En revanche, lorsque les membres d'une association d'entreprises ont participé activement à la mise en œuvre d'un accord anti-concurrentiel, les chiffres d'affaires de ces membres peuvent être pris en compte aux fins de la détermination de la sanction, même si l'association en cause ne dispose pas de la possibilité d'engager ses membres (CJCE 18-12-2008 aff. 101/07 et 110/07, Coop de France Bétail et Viande). 52235

Lorsqu'une amende est infligée à une **association d'entreprises insolvable** et que les membres de l'association n'ont pas répondu à l'appel de contributions pour couvrir cette amende, la Commission peut en exiger le paiement auprès de chaque entreprise membre de l'association au moment de l'infraction, dans la limite de 10 % du chiffre d'affaires de cette entreprise, sauf si celle-ci démontre qu'elle n'a pas appliqué la décision de l'association parce qu'elle en ignorait l'existence ou s'en était activement désolidarisée (Règl. 1/2003 art. 23, 4).

C. Montant des amendes

CRITÈRES D'APPRÉCIATION DU MONTANT DES AMENDES

Pour déterminer le montant de l'amende, il y a lieu de prendre en considération la **gravité de l'infraction** et la **durée** de celle-ci (Règl. 1/2003 art. 23, 3). 52280

Un contrôle de proportionnalité est réalisé à ce titre par le juge de l'Union qui est tenu d'examiner tout grief, de droit ou de fait, visant à démontrer que le montant de l'amende n'est pas en adéquation avec la gravité et la durée de l'infraction (CJUE 18-12-2014 aff. 434/13, « Parker Hannifin » ; CJUE 26-9-2018 aff. 99/17, Infineon Technologies).

La **Commission européenne** a adopté des lignes directrices (LD) pour le calcul des amendes qui exposent sa **méthodologie générale** pour la fixation des amendes (n° 52200).

Elle précise que les spécificités d'une affaire ou la nécessité d'atteindre un niveau dissuasif dans une affaire particulière peuvent justifier qu'elle s'écarte de cette méthodologie (LD, pt 37). Dans ce cas, la Commission doit toutefois motiver sa décision afin que le Tribunal puisse vérifier le respect du principe d'égalité de traitement (Trib. UE 13-7-2018 aff. 58/14, Stührk Delikatessen Import). En outre, lorsque la Commission applique une **autre méthodologie** spécifiquement adaptée aux particularités de la situation, il est nécessaire, au regard des droits de la défense, que cette méthodologie soit divulguée aux intéressés, sans que la Commission soit tenue de fournir des éléments chiffrés relatifs au mode de calcul de l'amende ni d'expliquer en détail les calculs internes qu'elle a effectués ; la Commission doit cependant expliquer la pondération et l'évaluation qu'elle a faites des éléments pris en considération (CJUE 10-7-2019 aff. 39/18, Nex Icap ; Trib. UE 18-10-23 aff. 590/20, Clariant).

ILLUSTRATIONS

Le Tribunal de l'UE a réduit une amende prononcée dans une affaire où la Commission s'était écartée de ses lignes directrices sans fournir de justification, en n'utilisant pas les meilleures données disponibles pour la détermination de la valeur des ventes (Trib. UE 9-9-2015 aff. 82/13, Panasonic).

La motivation de la Commission se limitant à énoncer qu'elle tient compte de la gravité et de la durée des infractions lors de la détermination du montant de base forfaitaire a pu être considérée comme étant suffisante (CJUE 22-10-2015 aff. 194/14, AC-Treuhand).

En revanche, dans une affaire où la Commission avait déterminé les montants de base de plusieurs amendes (sur la notion de montant de base, voir n° 52290) sur le fondement d'une méthode spécifiquement élaborée pour répondre à la situation particulière des facilitateurs, qui reposait sur un test en cinq étapes de nature à mesurer la durée et la gravité de leur implication dans les infractions en question, la motivation de la Commission a été jugée insuffisante : en effet, elle ne fournissait pas de précisions sur la méthode alternative employée et se contentait de l'assurance générale de ce que les montants de base retenus refléteraient la gravité, la durée et la nature de la participation ainsi que la nécessité de garantir que les amendes avaient un effet suffisamment dissuasif (CJUE 10-7-2019 aff. 39/18 précité).

Doit être annulée l'amende infligée par la Commission lorsqu'elle motive son recours à une autre méthodologie que celle des lignes directrices par la nécessité de tenir compte du niveau de responsabilité individuelle de chacune des parties dans la participation à l'entente, sans indiquer de façon suffisamment précise la méthode de calcul employée et les éléments d'appréciation pris en considération pour différencier les taux de réduction accordés aux entreprises parties à l'entente en fonction de leur responsabilité propre (Trib. UE 28-3-2019 aff. 433/16, Pometon). Dans cette même affaire, la Cour de justice a considéré que le Tribunal aurait dû expliquer pourquoi, malgré une différence de situation entre les membres de l'entente, il était nécessaire, au regard du principe d'égalité de traitement, d'accorder à la société requérante un taux de réduction identique à celui dont avait bénéficié une autre société (CJUE 18-3-2021 aff. 440/19, Pometon).

En vertu du principe d'égalité de traitement, la détermination du montant de base des amendes à infliger aux entreprises concernées doit être obligatoirement égalitaire. En revanche, l'application à l'égard desdites entreprises du plafond de 10 % du chiffre d'affaires global (n° 52210), qui ne constitue qu'un seuil d'écrêtement purement automatique, est susceptible de varier en fonction de leurs chiffres d'affaires globaux respectifs. La Commission ne peut donc pas, en vertu de son pouvoir de s'écarter de la méthodologie des lignes directrices, adapter les montants de base des amendes en graduant les écarts par rapport au plafond de 10 % (Trib. UE 24-9-2019 aff. 466/17, Printeos).

La gravité et la durée de l'infraction sont les deux paramètres utilisés pour déterminer le montant de base de l'amende. Une fois ce montant déterminé, il sera ajusté à la baisse ou à la hausse en fonction des **circonstances atténuantes ou aggravantes** (LD, pts 9 à 11). Il y a donc lieu de distinguer entre l'appréciation de la gravité de l'infraction, qui sert à déterminer le niveau de départ de l'amende, d'une part, et l'appréciation de la gravité relative de la participation à l'infraction de chacune des entreprises concernées, qui doit être examinée dans le cadre de l'éventuelle application de circonstances aggravantes ou atténuantes, d'autre part (Trib. UE 15-9-2011 aff. 216/06, Lucite ; Trib. UE 8-10-2008 aff. 73/04, Carbone-Lorraine).

Compte tenu du **principe d'individualisation de la sanction,** et a fortiori en présence d'une infraction unique et complexe intervenant sur des marchés distincts et où les opérateurs ne sont pas tous présents ou n'ont qu'une connaissance partielle du plan d'ensemble de la pratique, la Commission doit veiller à individualiser les amendes. L'individualisation de la peine peut s'effectuer à différents stades : lors de l'appréciation de la gravité objective de l'infraction, lors de l'appréciation des circonstances atténuantes ou à un stade ultérieur (CJUE 26-9-2018 aff. 99/17 précité ; Trib. UE 15-7-2015 aff. 418/10, Voestalpine).

DÉTERMINATION DU MONTANT DE BASE DE L'AMENDE

52290 **Assiette du calcul** Pour déterminer le montant de base de l'amende à infliger, la Commission utilise la **valeur des ventes** de biens ou services réalisées par l'entreprise durant la dernière année et en relation directe ou indirecte avec l'infraction, dans le secteur géographique concerné à l'intérieur du territoire de l'EEE (LD de 2006, pt 13). Cette valeur des ventes, prise hors taxe (pt 17), constitue l'assiette du montant de base de l'amende.

Les lignes directrices de 2006 font référence aux « ventes [...] en relation directe ou indirecte avec l'infraction » et non aux « ventes affectées par l'infraction ». Cette formulation vise donc toutes les **ventes réalisées sur le marché pertinent** (Trib. UE 16-6-2011 aff. 204/08 et 212/08, Team Relocations ; CJUE 1-2-2018 aff. 261/16, Kühne + Nagel International ; CJUE 1-2-2018 aff. 263/16, Schenker ; CJUE 1-2-2018 aff. 264/16, Deutsche Bahn ; CJUE 1-2-2018 aff. 271/16, Panalpina World Transport).

La Commission peut tenir compte des ventes réalisées en vertu de **contrats antérieurs** à la période d'infraction pour que le montant de l'amende reflète l'importance économique de cette infraction (CJUE 7-9-2016, aff. 101/15, Pilkington).

Le choix de la valeur des ventes comme assiette de calcul a pour objectif de retenir un montant qui reflète l'importance économique de l'infraction et le poids relatif de cette entreprise dans celle-ci. Par conséquent, si la notion de valeur des ventes visée au point 13 des lignes directrices ne saurait, certes, s'étendre jusqu'à englober les ventes réalisées par l'entreprise en cause qui ne relèvent pas du champ d'application de l'entente reprochée, il serait toutefois porté atteinte à l'objectif poursuivi par cette disposition si cette notion devait être entendue comme ne visant que le **chiffre d'affaires réalisé avec les seules ventes pour lesquelles il est établi qu'elles ont réellement été affectées par cette entente** ; une telle limitation aurait pour effet de minimiser artificiellement l'importance économique de l'infraction commise par une entreprise donnée, dès lors que le seul fait qu'un nombre limité de preuves directes des ventes réellement affectées par l'entente a été trouvé conduirait à infliger au final une amende sans relation réelle avec le champ d'application de l'entente (CJUE 3-10-2013 aff. 444/11 P, Team Relocations, pts 76 et 77).

Dès lors que la partie du chiffre d'affaires global provenant de la vente des produits qui font l'objet de l'infraction est la mieux à même de refléter l'importance économique de celle-ci, il n'y a pas lieu d'opérer une distinction parmi ces **ventes** selon qu'elles ont été **effectuées** avec des tiers indépendants (« ventes externes ») ou **avec des entités appartenant à une même entreprise** (« ventes internes »). Ne pas tenir compte de la valeur des ventes internes reviendrait nécessairement à avantager, sans justification, les sociétés intégrées verticalement en leur permettant d'échapper à une sanction proportionnée à leur importance sur le marché des produits faisant l'objet de l'infraction. En effet, dans le cas d'une entente sur les prix, outre le bénéfice qui peut être attendu d'un accord de fixation horizontale des prix lors des ventes externes, les entreprises intégrées verticalement peuvent également tirer profit d'un tel accord sur le marché en aval des produits transformés dans la composition desquels entrent les produits faisant l'objet de l'infraction : soit elles répercutent les majorations du prix de ces produits sur celui des produits transformés, soit elles ne les répercutent pas, ce qui revient alors à leur conférer un avantage de coût par rapport à leurs concurrents (CJUE 12-11-2014 aff. 580/12 P, aff. Guardian Industries Corp. : RJDA 3/15 n° 219).

Dans un souci d'égalité de traitement, la Commission peut tenir compte du fait que l'**infraction** est **mondiale.** En pareil cas, elle prend en compte la valeur totale des ventes des biens ou services en relation avec l'infraction dans le secteur géographique concerné (par hypothèse, plus vaste que l'EEE), détermine la part des ventes de chaque entreprise ayant participé à l'infraction sur ce marché et applique cette part aux ventes agrégées de ces mêmes entreprises, mais réalisées à l'intérieur de l'EEE (LD de 2006, pt 18).

En présence d'une entente mondiale portant sur un produit intermédiaire qui fait l'objet de ventes en-dehors de l'EEE, la Commission peut valablement intégrer dans l'assiette de l'amende les ventes des produits finis réalisées dans l'EEE (CJUE 9-7-2015 aff. 231/14 P, InnoLux Corp. : Europe 2016 comm. n° 377 note L. Idot).

Il n'est pas contraire aux principes de proportionnalité et d'égalité de traitement qu'**une entreprise dont les activités se concentrent davantage que d'autres sur la vente de biens** ou de services **liés** directement ou indirectement **à l'infraction** se voie infliger une amende représentant une proportion de son chiffre d'affaires global plus élevée que celle appliquée aux autres entreprises (CJUE 7-9-2016 aff. 101/15, Pilkington).

Lorsque la Commission européenne a déterminé la valeur des ventes en utilisant un modèle chiffré dans lequel le **facteur de réduction** joue un rôle essentiel, les entreprises concernées doivent être mises en mesure de comprendre comment elle a abouti à ce facteur de réduction et le Tribunal doit être à même d'exercer un contrôle approfondi, en droit comme en fait, sur cet élément (Trib. UE 24-9-2019 aff. 105/17, HSBC).

Pourcentage de la valeur des ventes Le montant de base de l'amende est égal à un pourcentage de la valeur des ventes ainsi établie. Ce pourcentage du chiffre d'affaires hors taxe, déterminé en fonction du **degré de gravité de l'infraction,** ne peut excéder en principe 30 %, un tel plafond devant être réservé aux infractions les plus graves, à l'instar des cartels (ententes horizontales de fixation des prix, de répartition des marchés et de limitation de production) (LD de 2006, pts 21 et 23). **52300**

L'appréciation de la **gravité de l'infraction,** aux fins de la fixation du montant de l'amende, doit être effectuée en tenant compte notamment de la nature des restrictions apportées à la concurrence, du nombre et de l'importance des entreprises concernées, de la fraction respective du marché qu'elles contrôlent dans l'Union européenne, ainsi que de la situation du marché à l'époque où l'infraction a été commise (CJCE 15-7-1970 aff. 41/69, ACF Chemiefarma). Il y a également lieu de tenir compte du comportement de l'entreprise au cours de la procédure administrative (CJCE 11-1-1990 aff. 277/87, Sandoz Prodotti Farmaceutici).

Durée de l'infraction Le montant de base ainsi obtenu est multiplié par le nombre d'années d'infraction, une période de moins d'un semestre étant comptée comme une demi-année et une période comprise entre six mois et un an étant comptée comme une année complète (LD de 2006, pts 19 et 24). **52310**

Une appréciation inexacte de la durée de l'infraction peut entraîner une annulation partielle de la décision de la Commission et la réduction des amendes. Dans un volumineux arrêt, le Tribunal a annulé partiellement la décision de la Commission concernant des accords et pratiques concertées illicites entre plus de quarante entreprises du secteur du ciment (Commission CE 30-11-1994, aff. « Ciment » : JOCE 1994 L 343 p. 1). Pour justifier la réduction des amendes, le Tribunal a considéré que la Commission n'avait pas apprécié correctement la durée des infractions. Selon le Tribunal, la Commission ne pouvait, à défaut de preuves documentaires directes, présumer la continuité de l'adhésion d'une partie à l'accord au-delà de sa dernière participation prouvée à une mesure de mise en œuvre de cet accord (TPICE 15-3-2000 aff. 25/95 et a., SA Cimenteries CBR).

Le Tribunal de l'Union a validé la méthode du **coefficient multiplicateur** non strictement proportionnel à la durée de l'infraction, consistant à apprécier la durée d'une infraction par seuils progressifs de six mois chacun, et ce même si, en raison de l'application de cette méthode, certaines entreprises se voient appliquer un coefficient multiplicateur calculé par référence à une période plus longue que celle durant laquelle elles ont effectivement participé à l'infraction, dès lors que la différence de traitement est objectivement justifiée par l'objectif de prévention générale et la poursuite effective des infractions aux règles de la concurrence de l'Union (Trib. UE 2-2-2012 aff. 76/08, EI du Pont de Nemours and Company).

Le Tribunal a réduit le montant de l'amende infligée à une société mère car la Commission lui avait appliqué le même coefficient multiplicateur alors que la durée de participation de sa filiale à l'entente en cause était supérieure de quatre mois (Trib. UE 23-1-2014 aff. 395/09, Gigaset AG).

52320 **Pénalité en cas de cartel** Afin de dissuader les entreprises de s'engager dans un cartel, la Commission ajoute systématiquement une pénalité représentant entre 15 % et 25 % du montant de base ainsi obtenu en cas de participation à une telle entente injustifiable, tout en se réservant la possibilité d'appliquer cette pénalité supplémentaire dans le cas d'autres infractions. Ce « droit d'entrée » est appliqué indépendamment de la durée de l'infraction (LD de 2006, pt 25). Par ailleurs, et afin de renforcer le caractère dissuasif de l'amende, la Commission peut augmenter l'amende lorsque les entreprises ont un chiffre d'affaires total particulièrement important ou lorsque les gains illicites réalisés grâce à l'infraction dépasseraient le montant de l'amende (LD de 2006, pts 30 et 31). Le juge de l'Union a admis la validité du principe d'un coefficient multiplicateur du montant de base de l'amende au titre de la nécessaire dissuasion (CJCE 29-6-2006 aff. 289/04, Showa Denko KK).

52330 **Illustrations** Pour des applications en matière d'ententes, voir Commission CE 11-12-2001, aff. « Frais bancaires pour la conversion de monnaies de la zone Euro-Allemagne » : JOCE 2003 L 15 p. 1, décision rendue sur le fondement des anciennes lignes directrices de 1998 mais transposable aux lignes directrices de 2006 ; Commission CE 20-11-2007, aff. « Bandes vidéo professionnelles » : JOUE 2008 C 57 p. 10 ; Commission CE 28-11-2007, aff. « Verre plat » : JOUE 2008 C 127 p. 9, montant de base augmenté car le chiffre d'affaires des entreprises à l'origine de l'infraction était particulièrement important ; Commission UE 13-4-2011, aff. « Détergents domestiques : JOUE 2011 C 193 p. 14 ; Commission UE 10-7-2013, aff. « Faisceaux de fils électriques automobiles » : JOUE 2013 C 283 p. 5.

AJUSTEMENTS DU MONTANT DE BASE DE L'AMENDE

52340 Le montant de base obtenu (n°s 52290 s.) fait l'objet d'ajustements liés à la présence de **circonstances aggravantes et/ou atténuantes** (Lignes directrices pour le calcul des amendes, pt 27) ; voir n°s 52350 s.

En présence, dans une même affaire, à la fois de circonstances aggravantes et de circonstances atténuantes, voire seulement de deux circonstances atténuantes, « les pourcentages correspondant aux augmentations ou aux réductions, retenus au titre des circonstances aggravantes ou atténuantes, doivent être appliqués au montant de base de l'amende, déterminé en fonction de la gravité et de la durée de l'infraction, et non au montant d'une majoration précédemment appliquée au titre de la durée de l'infraction ou au résultat de la mise en œuvre d'une première majoration ou réduction au titre d'une circonstance aggravante ou atténuante » (TPICE 9-7-2003 aff. 220/00, Cheil Jedang, Cartel de Lysine ; TPICE 25-10-2005 aff. 38/02, Groupe Danone).

Si la Commission est tenue de fournir les éléments d'appréciation lui ayant permis de déterminer la gravité et la durée de l'infraction, elle n'est pas obligée de présenter en détail le **mode de calcul des amendes.** Un tel exposé détaillé est cependant quasi systématique (pour des exemples particulièrement représentatifs, voir Commission CE 8-7-2009, aff. « E.ON/GDF » : JOUE 2009 C 248 p. 5 ; Commission CE 13-5-2009, aff. « Intel » : JOUE 2009 C 227 p. 13).

› Précisions Lorsqu'il modifie le montant des amendes infligées par la Commission à certaines entreprises, le Tribunal ne peut pas utiliser une **méthode de calcul** différente de celle de la Commission (CJCE 16-11-2000 aff. 291/98, Sarrió et CJCE 16-11-2000 aff. 280/98, Moritz J. Weig [aff. « Carton »]).

CIRCONSTANCES AGGRAVANTES

En pratique, sont **particulièrement sanctionnés** : 52350

– les entreprises qui persistent dans leur comportement illicite (Commission CE 25-11-1980, aff. « Johnson et Johnson » : JOCE 1980 L 377 p. 16 ; Commission CE 7-12-1988, aff. « Verre plat » : JOCE 1989 L 33 p. 44 ; Commission CE 19-12-1990, aff. « Solvay-CFK » : JOCE 1991 L 152 p. 16) ;

– l'entreprise qui exerce une pression sur les autres pour les contraindre au respect d'une entente (Commission CE 12-12-1978, aff. « Kawasaki » : JOCE 1979 L 16 p. 9 ; Commission CE 21-12-2000, aff. « JCB » : JOCE 2002 L 69 p. 1) ou les convaincre de rallier l'entente (Commission CE 21-10-1998, aff. « Conduites précalorifugées » : JOCE 1999 L 24 p. 1) ;

– l'entreprise qui a retiré un gros profit de l'entente (Décision « Kawasaki » précitée) ;

– les infractions commises délibérément et/ou pendant une longue période (Commission CE 19-12-1990, aff. « Solvay-ICI » : JOCE 1991 L 152 p. 1 ; Commission CE 4-12-1996, aff. « Novalliance/ Systemform » : JOCE 1997 L 47 p. 11 ; Commission CE 28-1-1998, aff. « VW-Audi » : JOCE 1998 L 124 p. 60 ; Commission CE 10-10-2001, aff. « Mercedes-Benz » : JOCE 2002 L 257 p. 1) ;

– le fait pour le membre d'un cartel d'avertir les autres cartellistes de l'imminence d'une visite de la Commission (CJCE 29-6-2006 aff. 308/04, SGL Carbon) ;

– le fait de faire obstruction à une enquête de la Commission au cours des inspections sur place (Commission CE 20-11-2007, aff. « Bandes vidéo professionnelles » : JOCE 2008 C 57 p. 10, dans cette affaire, l'amende infligée à l'entreprise a été majorée de 30 % car un employé avait refusé de répondre à des questions alors qu'il était dans l'obligation de le faire et un autre avait déchiqueté des documents durant l'inspection).

En matière d'abus de position dominante, l'importance de l'obstacle à la concurrence résultant de l'abus peut constituer une circonstance aggravante justifiant une majoration du montant de l'amende : par exemple, un nombre élevé de contrats portant sur de grosses quantités de produits et conclus avec des clients importants dont la sphère d'activité s'étend sur la totalité ou une très grande partie du Marché commun (Commission CE 9-6-1976, aff. « Vitamines » : JOCE 1976 L 223 p. 27) ou le fait que l'entreprise faisait partie d'un groupe occupant sur le marché européen une position telle que l'on pouvait attendre d'elle qu'elle suive attentivement l'évolution du droit européen et ajuste sa politique en conséquence (Commission CE 7-10-1981, aff. « NBIM » : JOCE 1981 L 353 p. 33).

La Commission dresse une **liste** des principales circonstances aggravantes dans ses **lignes directrices** pour le calcul des amendes publiées en 2006 (pt 28). Cette liste n'est pas exhaustive (Trib. UE 16-6-2011 aff. 204/08, Team Relocations précitée, décision rendue au regard du point 29 relatif aux circonstances atténuantes mais transposable au point 28 relatif aux circonstances aggravantes). Par exemple :

– refus de coopérer (CJCE 29-6-2006 aff. 308/04, SGL Carbon) ;

– rôle de meneur ou d'incitateur de l'infraction (TPICE 15-3-2006 aff. 15/02, BASF ; Trib. UE 8-9-2010 aff. 29/05, Deltafina, écartant la qualification de meneur au motif que l'entreprise n'avait pas été une « force motrice significative » pour l'entente ; Trib. UE 30-4-2009 aff. 13/03, Nintendo Co.) ou mesures de rétorsion envers d'autres entreprises ;

– poursuite ou **récidive** après que la Commission ou une autorité nationale de concurrence a constaté la pratique anticoncurrentielle (CJCE 8-2-2007 aff. 3/06, Groupe Danone : RJDA 5/07 n° 560, confirmant que la récidive figure parmi les éléments à prendre en considération lors de l'analyse de la gravité de l'infraction et que le constat d'une récidive ne saurait être affecté par un éventuel délai de prescription). Toutefois, le principe de proportionnalité exige que le temps écoulé entre l'infraction en cause et un précédent manquement aux règles de concurrence soit pris en compte pour apprécier la propension de l'entreprise à s'affranchir de ces règles (CJUE 17-6-2010 aff. 413/08, Lafarge).

En cas de **récidive,** la majoration du montant de base peut aller jusqu'à 100 %. Pour décider ou non d'une récidive, la Commission doit tenir compte non seulement de ses propres décisions, mais aussi de celles adoptées par les autorités nationales de concurrence en application des articles 101 et 102 du TFUE.

ATTENTION

Le **constat** d'une sanction pécuniaire préalable n'est pas nécessaire, mais seulement celui **d'une infraction préalable** au droit de la concurrence de l'UE (Trib. UE 25-10-2005 aff. 38/02 ; Trib. UE 18-10-2023 aff. 590/20, Clariant).

Pour qu'il y ait récidive, il faut que l'entreprise ait déjà été condamnée pour une infraction identique ou similaire. Jugé, sous l'empire des précédentes lignes directrices de 1998, que ne constituaient pas une « infraction de même type » qu'un abus de position dominante sanctionné au titre de l'article 102 du TFUE les pratiques de collusion appréhendées au titre de l'article 101 du TFUE (Trib. UE 25-6-2010 aff. 66/01, Imperial Chemical Industries Ltd).

Le fait qu'une entreprise ait déjà été sanctionnée pour récidive sur la base de la réitération de pratiques identiques sanctionnées dans plusieurs affaires plus anciennes la mettant en cause n'empêche pas la Commission de retenir une nouvelle fois la récidive à l'égard de cette entreprise si elle a, de nouveau, mis en œuvre des pratiques identiques (Trib. UE 17-5-2011 aff. 343/08, Arkema).

La Commission ne peut pas retenir la récidive à l'encontre d'une entreprise qui n'a pas été sanctionnée par une décision antérieure et pour laquelle elle n'a pas été destinataire d'une notification des griefs de sorte qu'elle n'avait pas pu à l'époque contester l'éventuelle existence d'une unité économique avec l'une des sociétés destinataires de cette décision antérieure (Trib. UE 27-3-2014 aff. jtes 56/09 et 73/09 Saint-Gobain Glass France SA). Voir aussi Trib. UE 12-12-2014 aff. 555/08, Eni SpA, pour une tentative d'application rétroactive de la récidive par la Commission à une société mère à qui l'infraction sanctionnée avait été imputée au titre de la présomption réfragable d'influence déterminante (sur la présomption, voir n°s 52730 s.).

Pour retenir la récidive, la Commission peut tenir compte de ses propres décisions même si elles font l'objet d'un recours (CJUE 17-6-2010 aff. 413/08 précité).

CIRCONSTANCES ATTÉNUANTES

52360 **Exemples** Le **montant** de la condamnation peut, dans certains cas, être **atténué.** Dès avant l'entrée en vigueur des lignes directrices de la Commission européenne sur le calcul des amendes (n° 52200), il en a été décidé ainsi lorsque :

– c'est la première fois que la Commission applique les règles de concurrence dans un secteur d'activité (par exemple, celui de la construction : Commission CE 5-2-1992, aff. « Industrie de la construction aux Pays-Bas » : JOCE 1992 L 138 p. 41 ; ou celui de la distribution des billets pour une manifestation sportive : Commission CE 27-10-1992, aff. « Coupe de football de 1990 » : JOCE 1992 L 326 p. 31) ; encore faut-il que les entreprises concernées ne soient pas à l'évidence informées de l'obligation de respecter les règles de concurrence (Commission CE 1-4-1992, aff. « Comités armatoriaux Franco-Ouest-Africains » : JOCE 1992 L 134 p. 1) ;

– c'est la première fois que la Commission se prononce sur le comportement abusif condamné (Commission CE 17-12-1975, aff. « Chiquita » : JOCE 1976 L 95 p. 1 ; Commission CE 21-12-1988, aff. « Decca Navigator System » : JOCE 1989 L 43 p. 27) ;

– l'entente n'a pas été appliquée dans toutes ses dispositions et/ou n'a pas produit d'effets importants sur le marché (Commission CE 30-10-1996, aff. « Compagnies de ferries/Surtaxes monétaires » : JOCE 1997 L 26 p. 23 ; Commission CE 9-12-1998, aff. « Transbordeurs grecs » : JOCE 1999 L 109 p. 24) ;

– l'entreprise a adopté une attitude passive ou a fait pression pour atténuer les effets anticoncurrentiels de l'accord (Commission CE 6-8-1984, aff. « ZPG » : JOCE 1984 L 220 p. 27) ou, encore, n'a agi qu'en marge de l'entente (Commission CE 21-12-1988, aff. « PEBD » : JOCE 1989 L 74 p. 21) ;

– l'entreprise a participé à l'entente « sous l'effet de pressions considérables » et avec réticence (Commission CE 10-7-1987, aff. « Tipp-Ex » : JOCE 1987 L 222 p. 1) ;

– la concurrence entre les parties à l'entente était déjà restreinte par l'organisation commune du marché du produit, qui prévoyait notamment des quotas de production nationaux (CJCE 16-12-1975 aff. 40 à 48, 50, 54 à 56, 111, 113 et 114/73, Suiker Unie ; voir cependant, en sens contraire, Commission CE 14-10-1998, aff. « British Sugar » : JOCE 1999 L 76 p. 1) ;

– l'entreprise ne réalise pas un chiffre d'affaires important (CJCE 21-2-1984 aff. 86/82, Hasselblad ; Commission CE 1-12-1976, aff. « Miller » : JOCE 1976 L 357 p. 40 ; Commission CE, aff. « Theal-Watts » précitée ; Commission CE 28-11-1979, aff. « Floral » : JOCE 1980 L 39 p. 51 ; Commission CE 18-12-1987, aff. « Fisher-Price/Quaker Oats » : JOCE 1988 L 49 p. 19) ;

– l'entente a été de courte durée (Commission CE 14-12-1982, aff. « Laminés et alliages de zinc » : JOCE 1982 L 362 p. 40 ; Commission CE 27-10-1992, aff. « Coupe de football de 1990 » : JOCE 1992 L 326 p. 31) ou a cessé depuis plusieurs années au moment où elle est examinée par la Commission (Commission CE 15-12-1992, aff. « Ford Agricultural » : JOCE 1993 L 20 p. 1) ;

– l'entreprise a mis fin aux restrictions de concurrence dès qu'elle a eu connaissance de l'action de la Commission (CJCE 11-1-1990 aff. 277/87, Sandoz Prodotti Farmaceutici ; TPICE 7-7-1994 aff. 43/92, Dunlop Slazenger International ; Commission CE 21-11-2001, aff. « Vitamines » : JOCE 2003 L 6 p. 1) ;

– l'entreprise a déjà été sanctionnée par les autorités nationales pour les mêmes faits (Commission CE 17-10-1983, aff. « Cylindres en fonte et en aciers moulés » : JOCE 1983 L 317 p. 1) ou par la Commission pour des faits identiques commis pendant la même période mais sur un autre marché (Commission CE 21-12-1988, aff. « PEBD » : JOCE 1989 L 74 p. 21) ;

– l'entreprise a aidé la Commission à établir les faits dans une procédure engagée contre elle (Commission CE 5-2-1992, aff. « Industrie de la construction aux Pays-Bas » : JOCE 1992 L 138 p. 41 ; CJUE 19-3-2015 aff. 286/13, Dole Food Company Inc. [cartel de la banane]) ;
– l'intervention des autorités publiques a induit les entreprises en erreur sur la validité d'une pratique (Commission CE 5-2-1992, aff. « Industrie de la construction aux Pays-Bas » : JOCE 1992 L 138 p. 41 ; Commission CE 9-12-1998, aff. « Transbordeurs grecs » » : JOCE 1999 L 109 p. 24) ;
– l'entreprise a mis en œuvre un programme d'alignement visant à assurer le respect, par ses distributeurs et ses filiales, des règles de concurrence (TPICE 14-7-1994 aff. 77/92, Parker Pen) ;
– l'entreprise a pris l'initiative de dédommager le concurrent victime de l'infraction (Commission CE 21-10-1998, aff. « Conduites précalorifugées » : JOCE 1999 L 24 p. 1).

La Commission européenne a également dressé une liste des principales circonstances atténuantes dans ses **lignes directrices** pour le calcul des amendes publiées en 2006 précitées n° 52200 (pt 29) : 52365
– cessation de l'infraction dès les premières interventions de la Commission ;
– infraction commise par négligence et non de propos délibéré ;
– rôle exclusivement passif, non-application effective des accords illicites ;
– collaboration effective de l'entreprise à la procédure ;
– infraction autorisée ou encouragée par les autorités, publiques ou la réglementation.

La liste dressée par la Commission n'est pas exhaustive (Trib. UE 16-6-2011 aff. 204/08 et 212/08, Team Relocations NV).

> Précisions **a.** La simple réponse à une **demande de renseignements** par la Commission au titre de l'article 18, 2 du règlement 1/2003 (n° 48740) ne justifie pas une réduction de l'amende ; une réduction n'est justifiée que si l'entreprise fournit des informations à la Commission sans y avoir été invitée (CJUE 24-6-2015 aff. 293/13 P et 294/13 P, Fresh Del Monte Produce Inc., pts 181 à 184).
b. La seule connaissance par les autorités du comportement anticoncurrentiel n'implique pas que ce **comportement** a implicitement été « **autorisé ou encouragé** ». Une prétendue inaction ne peut en effet pas être assimilée à un acte positif, tel qu'une autorisation ou un encouragement (Trib. UE 16-6-2011 aff. 204/08 et 212/08, Team Relocations NV, pt 134). Par ailleurs, une entreprise qui s'est livrée à une entente illicite ne peut pas, pour échapper au prononcé d'une amende, faire valoir qu'une décision d'une autorité nationale de concurrence ayant conclu à l'absence de violation de l'article 101, a provoqué une erreur d'appréciation sur la validité de cette pratique ; en effet, les autorités nationales de concurrence ne sauraient faire naître une confiance légitime de ce qu'un comportement n'enfreint pas l'article 101 du TFUE puisqu'elles ne sont pas compétentes pour prendre une telle décision négative (CJUE 18-6-2013 aff. 681/11, Schenker and Co : RJDA 10/13 n° 841).

Durée excessive de la procédure La durée excessive de la procédure peut-elle justifier une **réduction des amendes** ? 52370

À propos d'un retard imputable au Tribunal, la Cour de justice a jugé que le seul motif de la méconnaissance d'un délai de jugement raisonnable ne saurait permettre à une partie requérante de remettre en question le montant d'une amende qui lui a été infligée. Dans un tel cas, la partie requérante peut seulement engager un recours en indemnité porté devant le Tribunal lui-même, statuant dans une formation différente de celle qui a eu à connaître du litige, et non devant la Cour de justice dans le cadre d'un pourvoi (CJUE 30-4-2014 aff. 238/12, FLSmidth).

À propos d'un retard imputable notamment à la Commission européenne, la Cour de justice a jugé que si la violation du principe du respect du délai raisonnable est susceptible de justifier l'annulation d'une décision prise à l'issue d'une procédure administrative fondée sur l'article 101 ou 102 du TFUE dès lors qu'elle emporte également une violation des droits de la défense de l'entreprise concernée, elle n'est en revanche pas susceptible de conduire à une réduction du montant de l'amende infligée (CJUE 9-6-2016 aff. 608, 616, 617/13, Repsol).

> Précisions La durée excessive de procédure peut entraîner la **condamnation de la Commission** si les trois conditions cumulatives de mise en cause de la responsabilité non contractuelle de l'Union européenne (illégalité du comportement, préjudice subi, lien de causalité) sont remplies (CJUE 13-12-2018, trois arrêts, aff. 138 et 146/17, Gascogne Sack Deutschland, aff. 150/17, Kendrion NV ; aff. 174 et 222/17, Plásticos Españoles SA).

Absence de circonstances atténuantes Ne constituent pas des circonstances atténuantes : 52380
– le fait qu'une entreprise soit dans une situation financière déficitaire (CJCE 8-11-1983 aff. 96 à 102, 104, 105, 108 et 110/82, IAZ ; Commission CE 18-7-2001, aff. « Electrodes de graphite » : JOCE 2002 L 100

p. 1 ; Trib. UE 7-12-22 aff. 130/21, CCPL ; voir cependant Commission CE 16-12-1985, aff. « Sperry New-Holland » : JOCE 1985 L 376 p. 21 ; Commission CE 10-7-1986, aff. « Revêtements bitumés » : JOCE 1986 L 232 p. 15 ; Commission CE 7-12-1988, aff. « Verre plat » : JOCE 1989 L 33 p. 44 ; Commission CE 21-12-1988, aff. « PEBD » : JOCE 1989 L 74 p. 21, dans lesquelles la Commission a tenu compte de la crise économique frappant les secteurs des entreprises poursuivies) ;

– le fait qu'une entreprise se soit abstenue d'exercer une pression sur les autres pour les contraindre au respect de l'entente (CJCE 11-1-1990 aff. 277/87, Sandoz Prodotti Farmaceutici) ;

– l'absence de but lucratif d'une association (CJCE 8-11-1983 aff. 96 à 102, 104, 105, 108 et 110/82, IAZ) ;

– le fait qu'il s'agisse d'une première infraction (Commission CE 18-7-2001, aff. « SAS/ Mærsk Air » : JOCE 2001 L 265 p. 15).

52390 **Amende non prononcée** La Commission européenne peut même renoncer à prononcer une amende lorsque :

– elle fait connaître, pour la première fois, le caractère anticoncurrentiel d'une mesure (Commission CE 15-5-1974, aff. « Fabricants de verre d'emballage » : JOCE 1974 L 160 p. 1 ; Commission CE 2-12-1977, aff. « Choux-fleurs » : JOCE 1978 L 21 p. 23) ;

– au moment où l'entente a été conclue, elle n'avait pas encore fait connaître sa position sur des pratiques analogues mises en œuvre par des entreprises relevant du même secteur économique (Commission CE 15-7-1982, aff. « SSI » : JOCE 1982 L 232 p. 1 ; Commission CE 4-12-1991, aff. « Eco System » : JOCE 1992 L 66 p. 1) ;

– l'entreprise a tiré un faible parti de l'entente (Commission CE 10-1-1979, aff. « Væssen-Moris » : JOCE 1979 L 19 p. 32) ;

– l'entreprise a agi sous la pression de certaines administrations et n'a pas essayé de faire respecter les mesures restrictives qu'elle avait prescrites (Commission CE 10-12-1982, aff. « British Telecommunications » : JOCE 1982 L 360 p. 36) ;

– l'entreprise, en raison de sa petite dimension, ne connaît pas suffisamment le droit de l'Union (Commission CE 15-12-1982, aff. « Toltecs-Dorcet » : JOCE 1982 L 379 p. 19).

ILLUSTRATIONS

Dans l'espèce « AEG-Telefunken » (Commission CE 30-4-1982 : JOCE 1982 L 117 p. 15), la Commission a considéré que le montant de la condamnation devait être atténué car il s'agissait de la première affaire dans laquelle elle se prononçait sur l'incompatibilité avec les règles de la concurrence d'un système de distribution sélective qui, en soi, ne soulevait pas d'objection. Elle a retenu la même solution dans la décision « Fatty Acids » du 2-12-1986 (JOCE 1987 L 3 p. 17) au motif qu'il s'agissait de la première affaire où elle infligeait une amende pour un accord d'échange d'informations.

Dans ses décisions « Vitamines » du 21-11-2001 (JOCE 2003 L 6 p. 1) et « Acide citrique » du 5-12-2001 (JOCE 2002 L 239 p. 18), la Commission n'a pourtant pas retenu comme circonstance atténuante le fait pour l'entreprise de ne pas avoir tiré profit de l'entente ou même d'avoir subi un préjudice économique.

52400 **Mise en place par l'entreprise d'un programme de conformité** La Commission européenne n'entend attacher aucune conséquence particulière à l'existence ou à la mise en place d'un programme de conformité. Si la Commission accueille favorablement et soutient les efforts déployés par le monde des affaires pour assurer la conformité de ses pratiques avec les règles de concurrence de l'Union européenne, elle estime en revanche que, si une infraction est constatée, la simple existence d'une stratégie de conformité ne doit pas être prise en considération lors de la détermination de l'amende car la meilleure récompense pour une bonne stratégie de conformité est de ne pas enfreindre la loi. C'est pourquoi la simple existence d'un programme de conformité n'est pas considérée comme une circonstance atténuante, ni du reste comme une circonstance aggravante, pour le cas où une infraction viendrait à être constatée par les autorités de concurrence.

La Commission a publié le 23 novembre 2011 une brochure intitulée « Compliance matters – What companies can do better to respect EU competition rules », destinée à inciter les entreprises à mettre en place un programme de conformité.

APPLICATION DU PRINCIPE « NON BIS IN IDEM »

52410 En vertu du principe « non bis in idem » consacré à l'article 50 de la Charte des droits fondamentaux de l'Union européenne, nul ne peut être à nouveau poursuivi ou puni pénalement à raison des mêmes faits. Ce principe est applicable aux amendes administratives relevant de la matière pénale, telles que celles encourues en cas de pratiques anticoncurrentielles.

Une procédure de mise en œuvre du droit de la concurrence dans laquelle, en raison de la participation de la partie concernée au programme national de **clémence,** une infraction à ce droit ne peut être que constatée, est susceptible d'être soumise au principe non bis in idem (CJUE 22-3-2022 aff. 151/20, Nordzucker AG).

En revanche, le principe ne s'applique pas lorsque les sanctions déjà infligées proviennent d'autorités ou de juridictions d'un **État tiers à l'UE** si la condition d'identité des faits n'est pas remplie (CJCE 18-5-2006 aff. 397/03, Archer Daniel Midland ; CJCE 29-6-2006 aff. 289/04, Showa Denko KK).

Une personne morale peut se voir infliger une amende pour avoir commis une infraction au droit de la concurrence de l'UE même si, pour les mêmes faits, elle a déjà fait l'objet d'une décision devenue définitive au titre d'une infraction à une **réglementation sectorielle** (en l'espèce, la réglementation du secteur postal), à condition que les éléments suivants soient réunis (CJUE 22-3-2022 aff. 117/20, Bpost SA) :
– il existe des règles claires et précises permettant de prévoir quels actes et omissions sont susceptibles de faire l'objet d'un cumul des poursuites et des sanctions, ainsi qu'une coordination entre les deux autorités compétentes ;
– les deux procédures ont été menées de manière suffisamment coordonnée dans un intervalle de temps rapproché ;
– les charges résultant pour les personnes concernées d'un tel cumul sont limitées au strict nécessaire et l'ensemble des sanctions imposées correspond à la gravité des infractions commises.

D. Suppression ou réduction des amendes pour dénonciation (« programme de clémence »)

Pour pouvoir bénéficier d'une immunité d'amende ou d'une réduction d'amende qui, à défaut, leur serait infligée, les entreprises doivent communiquer spontanément à la Commission européenne ce qu'elles savent d'une **entente secrète** et décrire le rôle qu'elles y ont joué (« déclarations d'entreprise en vue d'obtenir la clémence ») (Règl. 773/2004 du 7-4-2004 art. 4 bis ; Communication de la Commission du 8-12-2006 sur l'immunité d'amendes et la réduction de leur montant dans les affaires portant sur des ententes : JOCE 2006 C 298 p. 17, modifiée par la Communication du 5-8-2015 : JOUE 2015 C 256 p. 1 ; Orientations de la Commission sous forme de « Questions et réponses » (FAQ) du 25-10-2022 sur l'application de la Communication de la Commission du 8-12-2006 : Communiqué IP/22/6373). 52440

Les entreprises sont invitées à **solliciter l'application de cette procédure** en écrivant à l'adresse suivante : comp-leniency@ec.europa.eu.

Un outil informatique en ligne dénommé **eLeniency,** mis en place en 2019 par la Commission européenne pour faciliter le dépôt et la consultation en ligne de déclarations et de documents par les entreprises dans le cadre des demandes de clémence, est disponible à l'adresse suivante : eleniency.ec.europa.eu. Cet outil peut également être utilisé pour répondre aux demandes d'information formulées par la Commission dans ce cadre. L'outil a été modernisé en 2022 en ce qui concerne les éléments suivants : les utilisateurs (entreprises et leurs représentants) peuvent désormais se voir notifier des lettres et des décisions dans le cadre d'une demande d'immunité d'amendes ou de réduction de leur montant, y compris les demandes de renseignements de la Commission présentées au titre de sa communication sur la clémence ; la plateforme permet désormais à la Commission de donner accès en ligne aux déclarations des entreprises et à d'autres documents relatifs à la clémence qui n'étaient auparavant accessibles que dans les locaux physiques de la Commission (Communiqué IP/22/5845 du 30-9-2022).

Le **montant de la réduction des amendes** dépend de deux **facteurs** principaux (Communication du 8-12-2006, pt 5) :
– le moment où l'entreprise prend l'initiative de coopérer avec la Commission : une collaboration précoce, dès les premiers stades de la procédure, est accueillie favorablement par la Commission (pts 11 et 26 ; Commission CE 21-10-1998, aff. « Conduites précalorifugées » : JOCE 1999 L 24 p. 1) ;
– la portée de la coopération : caractère exhaustif des informations fournies, éléments de preuve (pts 12 et 24 ; sur le caractère effectif de la coopération, voir TPICE 14-5-1998 aff. 295/94 et a., Buchmann, et TPICE 12-7-2001 aff. 202, 204 et 207/98, Tate & Lyle).

Afin de préserver l'**efficacité** de cette **politique de clémence,** qui permet de détecter les ententes secrètes et facilite l'instruction des affaires de cartel, l'article 16 bis du règlement 773/2004 du 7 avril 2004 organise la protection des déclarations faites par les entreprises dans le cadre des procédures de clémence (n° 49020) et l'article 6, 6-a de la directive

2014/104/UE du 26 novembre 2014 relative à certaines règles régissant les actions et intérêts pour les infractions au droit de la concurrence (n° 52900) prévoit que les juridictions ne peuvent enjoindre à une partie ou à un tiers de produire les déclarations effectuées en vue d'obtenir la clémence.

> Précisions **a.** La communication de 2006, qui se substitue à celle du 19 février 2002 (JOCE 2002 C 45), est inspirée du « **programme modèle** » du Réseau européen de concurrence (REC) en matière de clémence (programme modèle révisé en novembre 2012, consultable sur le site internet de la Commission).
b. Les mêmes principes ont été adoptés par l'Autorité de surveillance **AELE** pour la mise en œuvre de l'accord sur l'Espace économique européen (JOUE 2003 C 10).
c. Le juge de l'Union effectue un **contrôle** approfondi, en droit et en fait, des modalités d'application par la Commission du programme de clémence (CJUE 24-10-2013 aff. 510/11, Kone), et notamment du caractère effectif de la réduction d'amende accordée à l'entreprise repentie en fonction de son rang d'arrivée (n° 52490) (TPICE 15-3-2006 aff. 15/02, BASF ; TPICE 15-3-2006 aff. 26/02, Daiichi Pharmaceutical).
d. Des réductions d'amendes peuvent également être accordées par la Commission **en dehors du programme de clémence** aux entreprises qui acceptent de coopérer. Par exemple, dans une affaire ne concernant pas des ententes horizontales, la Commission a proposé à quatre fabricants de coopérer en contrepartie de réductions d'amende allant de 40 % à 50 % (Commission UE 24-7-2018, aff. Electronique grand public : IP/18/4601).

IMMUNITÉ D'AMENDES DANS LE CADRE D'UNE PROCÉDURE DE CLÉMENCE

52450 **Champ d'application** La Commission européenne accorde une immunité d'amendes à l'entreprise qui aura été la première à dénoncer l'entente secrète dans l'un des deux **cas** suivants :
– la Commission ignorait totalement l'existence de l'entente ;
– la Commission était déjà en possession d'informations suffisantes pour ordonner une inspection, mais seuls les renseignements fournis par le premier membre du cartel à dénoncer l'entente lui auront permis d'établir l'infraction.

52460 **Conditions** L'entreprise doit satisfaire aux **conditions** suivantes (Communication du 8-12-2006, pts 8 s.) :

1° Fournir des éléments de preuve et des informations de nature à permettre à la Commission d'ordonner une vérification « ciblée » ou de constater une infraction à l'article 101 du TFUE.

2° Fournir la totalité des éléments de preuve et des informations en sa possession et apporter une coopération véritable, totale, permanente et rapide au cours de la procédure administrative.

3° Mettre fin à sa participation à l'entente sans délai après le dépôt de sa demande, sauf avis contraire de la Commission.

4° Ne pas avoir dissimulé des preuves ni divulgué son intention de présenter une demande d'exonération.

5° Ne pas avoir joué un rôle d'incitation en contraignant d'autres entreprises, par sa puissance économique ou de toute autre manière, à participer à l'activité illégale.

ILLUSTRATIONS

L'octroi de l'immunité d'amendes a pu valablement être refusé en raison de la violation par le demandeur de clémence de son obligation de coopération véritable, totale, permanente et rapide dans un cas où il avait divulgué sa demande d'immunité aux concurrents à un moment où la Commission n'avait pas encore effectué de vérifications et où le secteur n'avait pas connaissance de vérifications imminentes (CJUE 12-6-2014 aff. 578/11, Deltafina).

Pour obtenir l'immunité d'amendes, l'entreprise doit s'adresser à la Direction générale de la concurrence et lui fournir tous les renseignements nécessaires sur l'entente présumée. Elle peut solliciter de la Commission que lui soit attribué un numéro d'ordre (« **marqueur** ») qui lui permet de prendre date dans l'ordre d'arrivée des demandes d'exonération et de disposer d'un délai pour rassembler les preuves nécessaires pour obtenir une dispense de sanction (Communication du 8-12-2006, pts 14 s.).

Après examen des éléments de preuve transmis, la Commission accordera par écrit une immunité d'amendes conditionnelle. Si, au terme de la procédure administrative, l'entreprise réunit les conditions précitées, la Commission n'infligera pas d'amendes dans sa décision finale (Communication du 8-12-2006, pts 18 et 22).

> Précisions Les entreprises peuvent se rapprocher de l'un des **officiers de clémence de la Commission** via leur représentants légaux (avocats, etc.) pour vérifier si le comportement qu'elles envisagent de signaler est susceptible d'être considéré comme une entente secrète et si ce signalement leur procurerait le bénéfice de la procédure de clémence. La Commission se dit disponible pour échanger de manière informelle à propos d'une éventuelle immunité d'amende sur une base anonyme et sans obligation pour les entreprises de divulguer le secteur concerné, les participants à l'entente ou d'autres détails permettant d'identifier celle-ci (Questions et Réponses de la Commission précitées n° 52440, n°s 6 et 8).

Les représentants légaux des demandeurs potentiels d'immunité peuvent aussi contacter l'**officier de clémence** pour déterminer si l'immunité est disponible pour l'entente à laquelle les demandeurs potentiels participent. Dans un tel cas, ils doivent divulguer le produit concerné, mais n'ont pas à révéler l'identité de leur client. Bien que l'officier de clémence ne soit pas toujours en mesure de fournir une réponse définitive, s'il confirme que l'immunité est disponible, le représentant légal doit s'engager, au nom de son client, à ce que son client présente immédiatement une demande d'immunité ou une demande de marqueur (FAQ n° 7).

Lorsqu'une entreprise présente une demande d'immunité **sans avoir préalablement contacté la Commission** et qu'il s'avère que l'immunité n'est pas disponible, elle a la possibilité de retirer les éléments de preuve divulgués ou de demander à la Commission de considérer sa demande comme une demande de réduction d'amende (FAQ n° 7).

RÉDUCTION DU MONTANT DES AMENDES DANS LE CADRE D'UNE PROCEDURE DE CLÉMENCE

Champ d'application Lorsque la Commission européenne a déjà connaissance de l'entente, soit parce que l'un de ses membres l'a le premier informée de son existence, soit qu'elle dispose déjà, en l'absence de toute demande d'immunité, par-devers elle, d'informations suffisantes pour constater une infraction, tout élément d'**information complémentaire** fourni par un membre de l'entente ne peut plus donner lieu qu'à une réduction de l'amende qui, à défaut, lui aurait été infligée (Communication du 8-12-2006, pts 23 s.). 52470

Une réduction de l'amende n'est justifiée que si l'entreprise fournit des informations à la Commission sans y avoir été invitée. La réponse à une demande de renseignements de la Commission ne peut donc justifier une réduction de l'amende (CJUE 24-6-2015 aff. 293/13, Fresh Del Monte Produce).

Conditions Plusieurs conditions doivent être remplies. En effet, l'entreprise doit : 52480

1° Fournir à la Commission des éléments de preuve de l'infraction représentant une valeur ajoutée significative par rapport aux éléments de preuve déjà en sa possession (par exemple, voir CJUE 9-6-2016 aff. 617/13 P, Repsol).

La valeur ajoutée des éléments de preuve fournis est d'autant plus importante que ces éléments datent de la période des faits et ont un lien direct avec eux. À ce titre, les preuves directes (par exemple, les notes d'une réunion du cartel) ont plus de valeur que les preuves indirectes (par exemple, les dossiers de voyage concernant la participation à des réunions) (Questions et Réponses de la Commission précitées n° 52240, FAQ n° 13).

L'élément de preuve apporté doit porter sur un fait nouveau qui accroît la gravité ou la durée de l'infraction, ce qui exclut les éléments permettant uniquement de renforcer les preuves relatives à l'existence de l'infraction (Trib. UE 23-5-2019 aff. 222/17, Recyclex). La Commission ne tient pas compte de ce fait nouveau pour fixer le montant de l'amende infligée à l'entreprise qui l'a fourni (Communication du 8-12-2006, pt 26).

2° Fournir la totalité des éléments de preuve et des informations en sa possession et apporter une coopération véritable, totale, permanente et rapide au cours de la procédure administrative.

3° Mettre fin à sa participation à l'entente sans délai après le dépôt de sa demande, sauf avis contraire de la Commission.

4° Ne pas avoir dissimulé des preuves ni divulgué son intention de présenter une demande d'exonération.

ILLUSTRATIONS

Dans un cas où une entreprise ayant participé à une entente avait fourni à la Commission des éléments de preuve qui lui avaient permis d'établir que l'entente avait perduré du 28 février 2001 au 12 septembre 2002, la Commission n'a pas tenu compte de ces faits qu'elle ignorait précédemment et qui avaient eu une incidence directe sur la durée de l'entente présumée pour fixer le montant de l'amende infligée à cette entreprise (Commission CE 31-5-2006, aff. « Cartel des méthacrylates » : JOUE 2006 L 322 p. 20).

Échelle de diminution des amendes L'échelle de diminution des amendes est la suivante : la première entreprise ayant transmis des renseignements à valeur ajoutée significative obtiendra une réduction comprise entre 30 et 50 % ; la deuxième entreprise, satisfaisant 52490 aux mêmes conditions, pourra bénéficier d'une réduction comprise entre 20 et 30 % ; les autres entreprises remplissant ces conditions pourront se prévaloir d'une réduction maximale de 20 % (Communication du 8-12-2006, pt 26).

> **Précisions** Le seul fait que la Commission ait accordé, dans le passé, un certain taux de réduction pour un comportement déterminé n'implique pas qu'elle soit tenue d'accorder la même réduction proportionnelle lors de l'évaluation d'un **comportement similaire** dans le cadre d'une procédure administrative ultérieure (TPICE 20-3-2002 aff. 23/99, LRAF 1998 ; Trib. UE 24-3-2011 aff. 381/06, FRA.BO).

52500 **Preuves écrites et déclarations orales** Les **preuves écrites** doivent être transmises à la Commission, contre un accusé de réception de la Direction générale de la concurrence mentionnant la date de transmission des informations. La Commission fait ensuite connaître par écrit son intention de réduire le montant des amendes, en précisant la fourchette applicable (Communication du 8-12-2006, pt 29).

52505 La Commission doit fournir aux parties des moyens appropriés pour procéder à des « déclarations d'entreprise » oralement. Les **déclarations orales** peuvent être enregistrées et transcrites dans les locaux de la Commission. Les entreprises peuvent vérifier l'exactitude de l'enregistrement et, s'il y a lieu, corriger sans délai la teneur de leur déclaration (Règl. 773/2004 art. 4 bis, 3).
La Commission a publié sur son site internet un document (en anglais) précisant les conditions applicables aux déclarations orales (http://ec.europa.eu/competition/cartels/leniency/oral_statements_procedure_en.pdf).

PROCÉDURE DE CLÉMENCE ET PRINCIPE DE COURTOISIE INTERNATIONALE

52510 Lorsqu'une **action en dommages-intérêts est engagée dans un pays tiers** à l'encontre d'un demandeur de clémence, la Commission peut soutenir ce dernier contre une demande de divulgation des documents en lien avec la demande de clémence. La Commission se dit prête à expliquer aux tribunaux des pays tiers que le fait de ne pas protéger les demandes de clémence est susceptible de porter atteinte à un élément clé de la politique de l'UE et que cette protection doit être reconnue à la lumière du principe de courtoisie internationale. La Commission a déjà fait usage de ce principe devant les juridictions américaines.
La Commission peut ainsi fournir au demandeur de clémence une lettre qui expose les préoccupations relatives à la divulgation, en l'autorisant expressément à la transmettre à la juridiction compétente. Dans certains cas exceptionnels, la Commission peut également accepter d'intervenir en tant qu' « amicus curiae » devant la juridiction pour soutenir le demandeur de clémence (Questions et Réponses de la Commission précitées n° 52440, FAQ n° 23).

E. Réduction des amendes en cas de transaction

CHAMP D'APPLICATION ET OBJECTIF DE LA PROCÉDURE DE TRANSACTION

52550 La Commission européenne peut décider d'engager une procédure de transaction lorsque les parties sont disposées à reconnaître leur participation à une **entente illicite** et leur responsabilité à ce titre. En échange de cette reconnaissance, la Commission réduira de 10 % le montant de l'amende à infliger, après application du plafond de 10 % du chiffre d'affaires total de l'entreprise (Communication de la Commission du 2-7-2008, pt 32 ; sur le plafond, nos 52210 s.).
Cette réduction récompense les parties pour leur coopération car celle-ci permet à la Commission de faire des économies de procédure (Règl. 773/2004 du 7-4-2004 art. 10 bis ; Communication de la Commission du 2-7-2008 : JOUE 2008 C 167 p. 1, modifiée par la Communication du 5-8-2015 : JOUE C 256 p. 2). La transaction a également pour **objectif** de limiter les recours devant le juge de l'Union et les contestations sur le calcul des amendes. Pour la Commission, elle présente un véritable intérêt lorsque l'ensemble des entreprises mises en cause accepte de consentir à une transaction ; en effet, à défaut, le gain pour la Commission, en termes d'allégement de la procédure comme en termes de recours, est des plus limités.
La procédure de transaction n'est pas un droit pour les entreprises mises en cause. C'est la Commission qui est seule juge de l'**opportunité d'y recourir,** sans que ce choix puisse cependant être imposé aux entreprises (Règl. 773/2004 art. 10, 4 ; Communication de la Commission du 2-7-2008, pts 5 et 6).

> **Précisions** **a.** La procédure européenne de transaction est sensiblement différente de la **procédure française** (nos 53940 s.) : elle ne s'applique qu'aux ententes et intervient plus en amont, avant la communication des griefs.
> **b.** Des **réductions d'amende** supérieures à 10 % peuvent être accordées par la Commission dans le cadre formel d'une procédure de transaction. Par exemple, la Commission a proposé à quatre fabricants de coopérer en contrepartie de réductions d'amende allant de 40 % à 50 % sur le fondement du point 37 des lignes directrices pour le calcul des amendes (Commission UE 24-7-2018, aff. Électronique grand public : IP/18/4601).

ÉTAPES DE LA PROCÉDURE DE TRANSACTION

Phase d'information Lorsqu'elle estime qu'une affaire pourrait se prêter à une transaction, la Commission européenne accorde aux entreprises un délai de deux semaines au moins, pour déclarer par écrit si elles sont disposées à prendre part à des discussions en vue de parvenir à une transaction. En cas de réponse positive, une phase de **communication anticipée de certaines informations** s'ouvre afin de permettre aux parties d'être informées des éléments essentiels pris en considération à ce stade, tels que les faits allégués, leur qualification, la gravité et la durée de l'entente alléguée, l'attribution des responsabilités, ainsi que les éléments de preuve utilisés à l'appui des griefs éventuels. Cette phase, fondamentale pour les entreprises, doit leur permettre de contester l'étendue des griefs qui leur seront communiqués et de décider, en connaissance de cause, de conclure une transaction ou non (Communication de la Commission du 2-7-2008, pts 11 s.). 52560

Détermination d'une fourchette des amendes par la Commission Si, au terme de cette phase d'information, les parties à la transaction parviennent à une appréciation commune de l'étendue des griefs éventuels, le collège de la Commission est sollicité pour déterminer la fourchette des amendes infligées, étant précisé qu'en pratique l'amplitude de la fourchette est assez limitée. La Commission accorde aux entreprises un délai d'au moins quinze jours ouvrables pour leur permettre de présenter une proposition de transaction définitive (Communication de la Commission du 2-7-2008, pt 17). 52561

Contenu de la proposition de transaction par les parties La proposition de transaction présentée par les parties doit contenir (Communication de la Commission du 2-7-2008, pt 20) : 52562

– une reconnaissance en termes clairs et sans équivoque, par les parties, de leur responsabilité dans l'infraction ;
– une indication du montant maximal des amendes que les parties s'attendent à se voir infliger par la Commission et qu'elles accepteraient dans le cadre d'une procédure de transaction ;
– la confirmation, par les parties, qu'elles ont été suffisamment informées sur les griefs ;
– la renonciation à demander l'accès au dossier ou à être entendues de nouveau ;
– l'accord des parties de recevoir la communication des griefs et la décision finale dans une langue officielle convenue de l'Union européenne.

> **Précisions** Le fait pour les parties d'avoir accepté le **montant maximal de l'amende** dans leur proposition de transaction ne saurait être assimilé à une acceptation de son montant exact final, des modalités de son calcul et du raisonnement sur lequel la Commission s'est fondée pour déterminer ce montant final (Trib. UE 18-10-23 aff. 590/20, Clariant).

Communication des griefs À réception de la proposition de transaction définitive conforme, la Commission émet une communication des griefs (pt 23). Si la communication des griefs reflète les propositions de transaction des parties, celles-ci disposent d'un nouveau délai de deux semaines au moins pour confirmer que la communication des griefs correspond à la teneur de leurs propositions de transaction (Communication de la Commission du 2-7-2008, pt 26). La Commission conserve donc le droit d'adopter une communication des griefs qui ne reflète pas la proposition de transaction des parties. Dans ce cas, celles-ci ne sont plus liées par leurs propositions de transaction et se verront accorder, sur demande, un délai pour présenter leur défense à nouveau, et notamment la possibilité d'avoir accès au dossier et de bénéficier d'une audition (pt 27). 52563

> **Précisions** Dans les procédures de transaction ou de coopérations non liées à des ententes, la **plateforme eLeniency** peut désormais être utilisée pour accorder l'accès à des lettres, décisions et autres documents (décisions d'ouverture de la procédure, communications des griefs, etc.) ou pour les notifier (sur l'outil eLeniency, voir n° 52440).

52564 **Décision de la Commission** La Commission adopte, sans autre acte de procédure, la décision finale (pt 28). Cette décision doit être motivée, comme doivent l'être toutes les décisions de la Commission (Trib. UE 13-12-2016 aff. 95/15, Printeos, pt 47).

Tant que la Commission n'a pas adopté de décision elle peut à tout moment revenir à la procédure habituelle. Il en serait ainsi, par exemple, en cas de suppression ou de falsification d'un élément de preuve servant à établir l'infraction ou au calcul de l'amende applicable (pt 5).

52565 **Cas des transactions hybrides** La Commission se réserve la possibilité de conclure des transactions « hybrides » lorsqu'une **entreprise refuse d'entrer dans la transaction ou y renonce** dans le cours de la négociation (pour des exemples, voir Commission UE 27-9-2017 aff. AT.39824, sanctionnant une entreprise après que celle-ci a refusé la transaction pour sa participation à une entente entre constructeurs de camions ; CJUE 12-1-2017 aff. 411/15, Timab Industries). En pareil cas, l'entreprise est soumise à la procédure normale avec notification des griefs, accès complet au dossier, audition, etc. La Commission n'est alors pas liée par la fourchette d'amendes communiquée à cette entreprise (CJUE 12-1-2017 précité ; Trib. UE 10-11-2017 aff. 180/15, Icap).

La mise en œuvre d'une telle procédure de transaction « hybride » doit se faire dans le **respect de la présomption d'innocence** de l'entreprise qui a décidé de ne pas transiger. Toutefois, la reconnaissance par les parties à la transaction de leur responsabilité dans l'entente constitue une circonstance susceptible de se répercuter sur les faits se rapportant à la participation d'une « **autre entreprise** » soupçonnée d'avoir participé à la même entente ; en conséquence, la Commission doit veiller à ce que les faits admis par les parties à la transaction ne soient pas acceptés à l'égard d'une partie ne participant pas à cette procédure, sans un examen complet et adéquat lors de la procédure ordinaire au regard des arguments et des éléments de preuve présentés par celle-ci (Trib. UE 2-2-2022 aff. 799/17, Scania AB).

Afin de ne pas placer l'entreprise qui a accepté la transaction dans une situation procédurale désavantageuse en la soumettant d'emblée aux risques d'une action civile en réparation, la **procédure de transaction** devrait être **gelée** jusqu'à ce que la procédure normale à l'égard de l'entreprise qui a renoncé à la transaction soit achevée. Si la Commission estime qu'elle n'est pas en mesure de se prononcer sur la responsabilité des entreprises participant à la transaction sans se prononcer également sur la participation à l'infraction de l'entreprise qui a décidé de ne pas transiger, il lui appartient de prendre les mesures nécessaires pour préserver la présomption d'innocence, telle l'adoption à une même date des décisions portant sur l'ensemble des entreprises concernées par le cartel (Trib. UE 10-11-2017 précité).

ARTICULATION ENTRE LA PROCÉDURE DE TRANSACTION ET LA PROCÉDURE DE CLÉMENCE

52570 La coopération visée par la procédure de transaction diffère de la fourniture volontaire de preuves visant à déclencher ou faire avancer une enquête de la Commission européenne en vue d'obtenir une exonération ou une réduction d'amende (procédure de clémence : nos 52440 s.). Cependant, les deux **procédures** ne sont **pas exclusives** l'une de l'autre. Ainsi, il arrive fréquemment qu'une affaire ouverte à la suite d'une clémence se termine par une transaction avec les autres entreprises mises en cause. La réduction de l'amende accordée au titre de la transaction s'ajoutera alors au montant de la récompense accordée au titre de la clémence.

ILLUSTRATIONS

Une entreprise ayant révélé l'existence d'une entente à la Commission avait bénéficié d'une immunité au titre de la clémence et deux autres entreprises d'une réduction d'amende pour avoir coopéré à l'enquête dans le cadre du programme de clémence ; toutes les entreprises ayant accepté de régler le litige par voie de transaction avec la Commission, leurs amendes ont été réduites de 10 % supplémentaires (Commission UE 29-1-2014 : IP/14/88 ; voir aussi Commission UE 29-11-2022, aff. INEOS : IP/22/7168 ; Commission UE 19-10-2023, aff. Alkaloids : IP/23/5104).

F. Réduction de l'amende pour absence de capacité contributive de l'entreprise

POSSIBILITÉ D'UNE RÉDUCTION DE L'AMENDE

52610 Dans la communication des griefs adressée aux entreprises mises en cause, la Commission européenne doit informer les parties que, conformément au point 35 des lignes directrices pour le calcul des amendes, elle peut, dans des **circonstances exceptionnelles** et sur demande, tenir compte de l'absence de capacité contributive d'une entreprise dans un contexte social et économique particulier et réduire ou annuler l'amende qui pourrait être imposée, lorsque celle-ci mettrait « irrémédiablement en danger la viabilité économique de l'entreprise concernée et conduirait à priver ses actifs de toute valeur ».

Le seul fait que l'imposition d'une amende risquerait de provoquer la **faillite** de l'entreprise concernée n'est pas suffisant pour prouver son absence de capacité contributive (Trib. UE 12-12-12 aff. 352/09, Novácke chemické závody a.s., pts 189 et 190 ; Trib. UE 2-6-2016 aff. 426/10, Moreda-Riviere Trefilerias, pts 496 et 497).

> **Précisions** Si une faillite porte atteinte aux intérêts financiers des propriétaires ou des actionnaires concernés, elle n'implique pas nécessairement la disparition de l'entreprise en cause. Celle-ci peut continuer à subsister en tant que telle soit en cas de recapitalisation de la société déclarée en faillite, en tant que personne morale assurant l'exploitation de ladite entreprise, soit en cas de reprise globale des éléments de son actif et, donc, de l'entreprise en tant qu'entité exerçant une activité économique, par une autre entité. Une telle reprise globale peut intervenir soit par un rachat volontaire, soit par une vente forcée des actifs de la société en faillite avec continuité d'exploitation. Par conséquent, il convient de comprendre le point 35 des lignes directrices, notamment au regard de la référence à la « privation des actifs de l'entreprise concernée de toute valeur », comme visant la situation où la reprise de l'entreprise, ou tout du moins de ses actifs, paraît improbable, voire impossible (Trib. UE 12-12-12 et Trib. UE 2-6-2016 précités). Il en résulte que seule l'hypothèse d'une **perte de la valeur des éléments personnels, matériels et immatériels représentés par une entreprise** (c'est-à-dire une perte de ses actifs) pourrait justifier la prise en considération de l'éventuelle faillite ou liquidation de cette entreprise pour réduire le montant de l'amende envisagée (Trib. UE 7-12-22 aff. 130/21, CCPL, pt 105).

CONDITIONS DE PRISE EN COMPTE DE L'ABSENCE DE CAPACITÉ CONTRIBUTIVE

L'entreprise qui sollicite la prise en compte d'une absence de capacité contributive doit fournir des **informations financières** détaillées et actualisées à l'appui de sa demande. 52620

La Commission s'intéresse en particulier aux **états financiers** de l'entreprise correspondant aux dernières années, ainsi qu'aux **prévisions** pour l'année en cours et celles à venir. Elle prend également en compte les **ratios** mesurant la solidité financière, la rentabilité, la solvabilité et les liquidités de l'entreprise, de même que les relations que celle-ci entretient avec les partenaires financiers extérieurs et ses actionnaires. La Commission examine aussi le **contexte** économique et social spécifique à l'entreprise et évalue si l'amende serait susceptible de faire subir à ses actifs une perte de valeur sensible. L'évaluation de la situation financière est réalisée pour chacune des entreprises ayant invoqué une absence de capacité contributive, peu avant l'adoption de la décision et sur la base d'informations actualisées, quelle que soit la date d'introduction de la demande des entreprises concernées (Communication de la Commission concernant les bonnes pratiques relatives aux procédures d'application des articles 101 et 102 du TFUE, pts 87 à 90).

La Commission a publié sur son site internet un **questionnaire** (en anglais) relatif à l'incapacité à payer destiné aux entreprises souhaitant bénéficier d'une réduction d'amende à ce titre (http://ec.europa.eu/competition/antitrust/itp2015questionaire.pdf).

Si une entreprise sollicite un nouvel examen de sa capacité contributive, la Commission n'est tenue de procéder à ce réexamen que si les éléments avancés au soutien de cette demande révèlent que les faits invoqués sont susceptibles de modifier de façon substantielle l'appréciation qu'elle avait portée sur les capacités contributives de l'entreprise (CJUE 26-10-2017 aff. 454/16, 456/16 et 458/16, Global Steel Wire).

> **Précisions** La **Commission** doit fournir dans sa **décision** des précisions quant aux raisons pour lesquelles elle estime que le pourcentage de réduction accordé est, ni plus ni moins, suffisant afin d'éviter que l'amende ne compromette sérieusement la viabilité économique de l'entreprise, faute de quoi cette décision serait entachée d'une insuffisance de **motivation** (Trib. UE 11-7-2019 aff. 522/15, CCPL).

G. Paiement des amendes à la Commission et sursis

DÉLAI DE PAIEMENT DE L'AMENDE

La Commission européenne fixe le délai de paiement de l'amende dans ses décisions : il est généralement de trois mois à compter de la notification de la décision. 52660

SURSIS À L'EXÉCUTION DE L'AMENDE

52670 **Conditions** En cas de recours contre une décision de la Commission européenne, il peut être sursis à l'exécution de l'amende à condition que l'entreprise accepte de payer des **intérêts** pour la période de suspension et qu'elle fournisse une **garantie bancaire** couvrant le montant de cette amende et des intérêts (12e rapport Commission CE 1982 nos 60 et 61 ; CJCE 6-5-1982 aff. 107/82 R, AEG ; CJCE 7-5-1982 aff. 886/82 R, Hasselblad ; TPICE 14-7-1995 aff. 275/94, Groupement des cartes bancaires « CB »).

› Précisions Sur la possibilité d'obtenir un **délai** pour la constitution de la garantie bancaire, voir TPICE 17-2-1995 aff. 308/94 R, Cascades ; Trib. UE 2-3-2011 aff. 392/09 R, 1.garantovana, et, en sens contraire, TPICE 11-8-1995 aff. 104/95 R, Tsimenta Chalkidos.

52680 **Dispense du recours à la constitution d'une garantie bancaire** Les entreprises (de petite taille, le plus souvent) peuvent être dispensées de constituer une garantie bancaire lorsqu'elles ont des difficultés pour l'obtenir et lorsque son coût peut compromettre leur développement (CJCE 24-9-1986 aff. 213/86 R, Montedipe).

La dispense de recours à la constitution d'une garantie peut être prononcée par le juge des référés lorsque la partie qui en fait la demande est dans l'impossibilité objective de constituer une garantie bancaire ou, à défaut, si la constitution d'une telle garantie mettrait en péril son existence en entraînant un préjudice grave et irréparable (CJUE 20-4-2012 aff. 507/11 P(R), Fapricela).

Selon la Cour de justice, une situation dans laquelle une entreprise est contrainte de solliciter l'ouverture d'une procédure d'insolvabilité ou de faillite peut certes constituer un préjudice grave et irréparable, étant donné les risques que cette procédure fait peser sur l'existence même de l'entreprise ; toutefois, une telle appréciation doit être effectuée au cas par cas (Ord. prés. CJCE 14-12-1999 aff. 335/99 P (R)-1, HFB ; dans le même sens, voir Ord. prés. CJCE 14-12-1999 aff. 364/99 P(R)-1, DSR-Senator Lines). Dans les deux affaires précitées, le juge des référés a refusé d'accorder la dispense en invoquant deux arguments :

– les difficultés dont font état les entreprises tiennent pour l'essentiel à un déficit de trésorerie et ne conduisent pas nécessairement à la liquidation ;

– pour apprécier si une entreprise est en mesure de constituer une garantie bancaire, il convient de tenir compte du groupe d'entreprises dont elle fait partie et des ressources dont dispose globalement ce groupe (voir aussi, TPICE 13-7-2006 aff. 11/06 R, Romana Tabacchi).

H. Imputabilité de l'amende en cas de pratique anticoncurrentielle par une filiale

CONDITIONS D'IMPUTABILITÉ DU COMPORTEMENT D'UNE FILIALE À LA SOCIÉTÉ MÈRE

52720 En vertu du principe de la responsabilité personnelle, les amendes infligées en cas de pratique anticoncurrentielle ne sont applicables qu'aux entreprises qui y ont directement participé (CJCE 8-7-1999 aff. 49/92, Anic Partecipazioni). Cependant, le comportement anticoncurrentiel d'une **filiale** peut être imputé à la **société mère,** notamment lorsque cette filiale, bien qu'ayant une personnalité juridique distincte, ne détermine pas de façon autonome son comportement sur le marché, mais applique pour l'essentiel les instructions qui lui sont données par la société mère (CJUE 10-9-2009 aff. 97/08 P, Akzo Nobel ; CJUE 11-7-2013 aff. 429/11, Gosselin Group NV ; CJUE 6-10-2021 aff. 882/19, Sumal : RJDA 3/22 no 172).

Pour déterminer l'**influence déterminante de la société mère,** l'ensemble des liens économiques, organisationnels et juridiques existant entre la filiale et la mère doivent être pris en considération (CJUE 18-1-2017 aff. 623/15 P, Toshiba). Cet examen doit être d'autant plus approfondi que l'évolution de la structure et du contrôle des sociétés concernées est complexe (CJUE 13-6-2013 aff. 511/11, Versalis).

Si l'influence est caractérisée, dans une telle situation, la société mère et sa filiale font partie d'une même **unité économique** et, par suite, forment une seule « entreprise » au sens du droit de la concurrence (CJCE 14-7-1972 aff. 48/69, Imperial Chemical Industries ; CJCE 25-10-1983 aff. 107/82, AEG ; TPICE 15-9-2005 aff. 325/01, Daimler Chrysler ; TPICE 27-9-2006 aff. 314/01, Avebe ; Trib. UE 5-10-2011 aff. 39/06, Transcatab ; CJUE 8-5-2013 aff. 508/11, Eni SpA ; CJUE 18-7-2013 aff. 499/11, The Dow Chemical Company ; Trib. UE 13-9-2013 aff. 566/08, Total Raffinage Marketing). Sur la notion d'entreprise, voir nos 41400 s. Dans un tel cas, la société mère peut être déclarée **solidairement**

responsable pour le paiement de l'amende infligée à sa filiale (CJUE 10-4-2014 aff. 231/11 P à 233/11 P, Commission c/ Siemens). En outre, le chiffre d'affaires pris en compte pour le calcul de l'amende est, dans ce cas, le **chiffre d'affaires consolidé** de l'entreprise.

> **Précisions** Dès lors que les différentes entités d'un groupe forment ensemble une seule et même entreprise, il importe peu que chacune de ces entités ne constitue pas une entreprise. Ainsi, une société faîtière ou société « **holding** » n'exerçant pas d'activité économique directe, ou une fondation, peuvent être déclarées responsables du comportement anticoncurrentiel d'une filiale, quelle que soit leur forme juridique (CJUE 11-7-2013 aff. 429/11, Gosselin Group NV ; voir aussi Trib. UE 23-1-2014 aff. 384/09, SKW Stahl-Metallurgie Holding AG).

PRÉSOMPTION D'INFLUENCE DÉTERMINANTE D'UNE SOCIÉTÉ MÈRE SUR UNE FILIALE

Présomption en cas de contrôle à 100 % Lorsque la société mère contrôle à 100 % la filiale, il existe une présomption réfragable selon laquelle la société mère exerce une influence déterminante sur le comportement de sa filiale (CJCE 25-10-1983 aff. 107/82, AEG ; TPICE 27-9-2006 aff. 314/01, Avebe, et la jurisprudence citée ; CJUE 26-9-2013 aff. 179/12 P, The Dow Chemical Company, pt 56). Dans ce cas, la Commission n'est donc pas tenue d'examiner si la société mère a effectivement exercé une influence déterminante sur ses filiales (CJUE 15-4-2021 aff. 694/19, Italmobiliare). 52730

La présomption liée au lien capitalistique à 100 % entre la société mère et sa filiale est retenue même en cas de **détention indirecte,** c'est-à-dire en cas d'interposition d'une ou plusieurs sociétés entre la mère et la filiale qui a mis en œuvre la pratique anticoncurrentielle ; en revanche, il est nécessaire de constater que la première société mère, détentrice à 100 % du capital de la société intermédiaire, elle-même détentrice à 100 % du capital de la filiale, constitue une seule entité économique avec ses filiales et donc une entreprise au sens du droit de la concurrence, constatation qui résulte de l'exercice d'une influence déterminante de la mère sur sa filiale « au deuxième degré » (CJUE 20-1-2011 aff. 90/09, General Química , Trib. UE 27-9-2012 aff. 344/06, Total). La circonstance que la société mère n'ait pas eu connaissance du comportement illégal de sa sous-filiale ne saurait constituer une circonstance atténuante (CJUE 30-4-2014 aff. 238/12, FLSmidth). Pour un cas d'application de la présomption à une détention indirecte et dans laquelle aucune infraction n'est imputée à la société intermédiaire, voir n° 41545 (Trib. UE 7-12-2022 aff. 130/21, CCPL – Consorzio Cooperative di Produzione e Lavoro SC).

La présomption est également applicable dans le cas où une société mère peut exercer **100 % des droits de vote** associés aux actions de sa filiale, même si elle ne détient pas la totalité ou la quasi-totalité du capital de cette dernière (CJUE 27-1-2021 aff. 595/18, Câbles électriques, dans cette affaire, la participation dans la filiale n'était qu'indirecte et ne s'était élevée qu'entre 91,1 % et 84,4 % mais la société mère exerçait 100 % des droits de vote associés aux actions de sa filiale).

> **Précisions a.** La présomption d'influence déterminante joue également lorsqu'une société mère détient non pas la totalité mais la **quasi-totalité du capital** de sa filiale, par exemple 98 % (CJUE 17-9-2015 aff. 597/13, Total SA ; CJUE 29-9-2011 aff. 520/09, Arkema).
> Jugé en revanche que la présence d'un actionnaire détenant 60 % du capital de la filiale ne permet pas de présumer l'exercice effectif de son pouvoir de contrôle sur la filiale dès lors que l'autre bloc de 40 % des actions pouvait permettre à son détenteur d'influer également sur le comportement de cette filiale (Trib. UE 16-3-2012 aff. 64/06, FLS Plast A/S).
> **b.** Malgré l'existence de cette présomption, la Commission peut toujours décider d'apporter la **preuve de l'influence déterminante** exercée par la société mère sur la filiale (règle dite de la « double base »). Dans ce cas, la Commission, qui s'impose à elle-même une charge de la preuve plus contraignante, doit, conformément au principe de l'égalité de traitement, se fonder sur la même méthode pour apprécier l'influence déterminante exercée par toutes les sociétés mères (CJUE 19-7-2012 aff. 628/10 P et 14/11 P, Alliance One International ; CJUE 26-9-2013 aff. 668/11 P et 679/11, deux arrêts, Alliance One International).

Renversement de la présomption Il incombe à la société mère, lorsqu'elle conteste devant le juge de l'Union une décision de la Commission la considérant solidairement responsable pour le paiement de l'amende infligée à sa filiale, de renverser cette présomption en apportant tout élément relatif aux liens économiques, organisationnels et juridiques avec sa filiale de nature à démontrer qu'elles ne constituent pas une seule entité économique (CJCE 10-9-2009 aff. 97/08, Akzo Nobel NV : RJDA 12/09 n° 1123). 52740

Même si cette présomption liée au lien capitalistique à 100 % entre la société mère et sa filiale peut être renversée en principe, elle est toutefois particulièrement difficile à réfuter (CJUE 26-11-2013 aff. 58/12, Groupe Gascogne ; CJUE 28-10-2020 aff. 611/18, Pirelli).

Ainsi, la seule constatation d'un comportement autonome de la filiale sur le marché, c'est-à-dire de l'absence d'influence de la mère sur la politique commerciale de sa filiale, ne suffit pas pour écarter la présomption. De même, la violation d'une instruction expresse donnée par une société mère à sa filiale de ne pas participer à des pratiques anticoncurrentielles sur un marché donné ne suffit pas à renverser la présomption (CJUE 16-6-2016 aff. 155/14, Evonik Degussa).

Il ne suffit pas non plus à la société mère d'invoquer sa nature de holding pour renverser la présomption (CJUE 29-9-2011 aff. 521/09, Elf Aquitaine SA).

La Commission est cependant tenue, lorsqu'elle choisit de s'appuyer de manière exclusive sur la présomption de l'exercice effectif d'une influence déterminante, d'exposer de manière adéquate aux destinataires de la communication des griefs – sous peine de rendre cette présomption, dans les faits, irréfragable – les raisons pour lesquelles les éléments de fait et de droit invoqués par ceux-ci afin de contrebattre la présomption qui leur est opposée n'ont pas suffi à la renverser (CJUE 29-9-2011 aff. 520/09, Arkema).

52750 **Cas particulier des sociétés communes** Dans l'hypothèse d'un contrôle conjoint exercé par deux sociétés mères indépendantes l'une de l'autre sur leur filiale, une **unité économique** peut exister **entre l'une de ces sociétés mères et la filiale,** même si cette société mère dispose d'une part du capital de la filiale moins importante que l'autre société mère (CJUE 16-12-2010 aff. 480/09, AceaElectrabel Produzione ; Trib. UE 14-3-2013 aff. 588/08, Dole Food Company ; CJUE 19-7-2012 aff. 628/10 P, Alliance One, pt 43).

Il est également possible, si les éléments du dossier le permettent, d'imputer la **responsabilité** de l'entente à laquelle a participé la filiale aux **deux sociétés mères.** À cet égard, la Commission ne peut pas se prévaloir de la présomption d'influence déterminante liée à la détention de la totalité du capital mais doit, en principe, prouver que chacune exerce effectivement une influence déterminante sur l'entreprise commune sur la base d'une appréciation concrète de l'ensemble des liens économiques, organisationnels et juridiques (CJUE 26-9-2013 aff. 179/12 P, The Dow Chemical Company ; CJUE 26-9-2013 aff. 172/12, EI Du Pont de Nemours ; Trib. UE 11-7-2014 aff. 541/08, Sasol ; Trib. UE 11-7-2014 aff. 543/08, RWE). Toutefois, lorsqu'il découle des dispositions légales ou des stipulations contractuelles régissant une filiale commune que le comportement sur le marché de cette filiale est déterminé de manière conjointe par ses sociétés mères, il peut raisonnablement être conclu que ce comportement a effectivement été déterminé de manière conjointe, si bien que les sociétés mères doivent être considérées comme ayant exercé une influence déterminante sur leur filiale, à moins qu'il n'existe des preuves concrètes démontrant que les décisions relatives au comportement de cette dernière ont, dans les faits, été arrêtées selon des modalités différentes (CJUE 18-1-2017 aff. 623/15 P, Toshiba, dans cette affaire, la détention par la société mère d'un droit de veto sur le plan de développement de sa filiale a suffi pour considérer que cette société exerçait une influence déterminante sur sa filiale, peu important qu'elle n'ait jamais fait usage de ce droit).

Dans le cas où la Commission est en mesure de prouver l'influence déterminante des **sociétés mères à 50 %,** c'est uniquement aux fins de la constatation de la responsabilité pour l'infraction en cause que ces trois entités peuvent être considérées comme faisant partie d'une unité économique formant une seule entreprise (CJUE 26-9-2013 aff. 179/12 P, The Dow Chemical Company, pt 58).

La Cour de justice a précisé que l'autonomie d'une entreprise commune au sens de la législation sur les concentrations ne signifie pas que cette entreprise commune n'est pas sous l'influence déterminante de ses sociétés mères au regard de l'article 101 du TFUE (CJUE 26-9-2013 aff. 179/12 et 172/12 précitées). La Cour de justice signifie par là qu'elle est susceptible d'identifier des **« unités économiques » composées différemment selon l'infraction** en cause. Cela s'explique par le fait que la notion d'entreprise doit être comprise comme désignant une unité économique « du point de vue de l'objet de l'accord en cause ». Ainsi, lorsque la Commission souhaite condamner solidairement une filiale ayant commis une infraction avec chacune de ses sociétés mères avec lesquelles elle a successivement formé une entreprise distincte au cours de la période d'infraction, le montant de l'amende devant être payé solidairement doit être fixé séparément, pour chaque entreprise concernée (CJUE 10-4-2014 aff. 247/11 et 253/11, Areva).

RÉPARTITION DE L'AMENDE EN CAS DE PRATIQUE ANTICONCURRENTIELLE PAR UNE FILIALE

52760 La détermination de la **quote-part** devant finalement être supportée par chacun des codébiteurs solidaires de l'amende infligée par la Commission constitue souvent un contentieux qui intervient à un stade ultérieur. Il incombe en effet aux juridictions nationales de déterminer ces quotes-parts, dans le respect du droit de l'Union, en faisant application du droit national applicable au litige. Cela étant, le droit de l'Union ne s'oppose pas à ce que la répartition interne de l'amende soit effectuée selon une règle du droit national qui détermine les quotes-parts des codébiteurs solidaires en tenant compte de leur responsabilité ou de leur culpabilité relative dans la commission de l'infraction reprochée à l'entreprise dont ils faisaient partie (CJUE 10-4-2014 aff. 231/11 P à 233/11 P, Commission c/ Siemens). Les situations complexes aboutissent souvent en pratique à un morcellement de l'amende entre une fraction personnelle liée à la participation effective de la personne morale considérée et des portions solidaires au titre de l'imputabilité de l'infraction à la société mère.

Si la **société mère n'a pas participé matériellement à l'infraction** et que sa responsabilité est fondée sur la seule participation de sa filiale, cette responsabilité s'analyse en une **responsabilité** purement **dérivée,** accessoire et dépendante de celle de sa filiale ; elle est alors nécessairement fonction des faits constitutifs de l'infraction commise par sa filiale et ne peut donc excéder la responsabilité de cette dernière, sauf éléments caractérisant individuellement le comportement reproché à la société mère (CJUE 22-1-2013 aff. 286/11, Tompkins ; Trib. UE 29-2-2016 aff. 251/12, EGL ; Trib. UE 13-12-2018 aff. 827/14, Deutsche Telekom). S'agissant d'une responsabilité dérivée, la société mère doit, par exemple, bénéficier de la réduction d'amende accordée à la filiale (CJUE 17-9-2015 aff. 634/13 P, Total Marketing Services ; dans le même sens, Trib. UE 29-2-2016 aff. 264/12, UTi Worldwide).

La solidarité pour le paiement de l'amende ne peut couvrir que la **période infractionnelle** durant laquelle la société mère et sa filiale constituaient une unité économique et donc une entreprise au sens de l'article 101 du TFUE, de sorte que la Commission ne peut pas valablement imposer à la société mère de payer solidairement, avec sa filiale, la totalité du montant infligé à cette dernière lorsque ce montant se rapporte à l'ensemble de la période infractionnelle (CJUE 26-9-2013 aff. 668/11, Alliance One International).

L'acquisition de la **prescription** à l'égard des filiales ne fait pas obstacle à ce que la responsabilité solidaire de la mère pour les mêmes faits, non prescrite, soit retenue (CJUE 27-4-2017 aff. 516/15P, Akzo Nobel NV).

TRANSMISSION DE SOCIÉTÉS ET RESTRUCTURATIONS

Cession de la filiale ayant commis l'infraction Lorsque la filiale qui a commis l'infraction est cédée, la société mère demeure responsable de cette infraction pour la période antérieure à la cession (Commission CE 23-4-1986 aff. « Polypropylène » : JOCE 1986 L 230 p. 1). En effet, tant que la personne morale qui dirigeait l'entreprise au moment de l'infraction existe, la responsabilité du comportement infractionnel de l'entreprise suit cette personne morale, même si les éléments matériels et humains ayant concouru à la commission de l'infraction ont été repris après la période d'infraction par une tierce personne (Trib. UE 16-6-2011 aff. 195/06, Solvay Solexis SpA ; Trib. UE 17-5-2013 aff. 146/09, Parker). 52770

Cependant, la société mère ne peut pas bénéficier de la réduction d'amende accordée à la filiale au titre de la coopération de celle-ci avec la Commission postérieure à sa cession, dès lors que la société mère n'a ni contribué elle-même à la découverte de l'infraction en cause ni exercé une influence déterminante, au moment de la coopération, sur son ancienne filiale (CJUE 19-6-2014 aff. 243/12, FLS Plast).

Cession d'une partie de ses actifs par la société ayant commis l'infraction La Commission est en droit, en vertu du principe de responsabilité personnelle, de tenir pour responsable de l'infraction une société qui avait directement participé à l'infraction avant de céder une partie de ses actifs et de cesser par conséquent d'être active sur le marché pertinent (Trib. UE 6-12-2018 aff. 531/15, Coveris Rigid). 52780

Disparition de la société ayant commis l'infraction Lorsque la société poursuivie a disparu en tant qu'entité juridique indépendante (par exemple, à la suite d'une fusion ou d'une fusion-scission), c'est la société qui a repris son activité économique qui supporte la sanction (principe dit « de la continuité économique ») (CJCE 28-3-1984 aff. 29 et 30/83, Cram et Rheinzink ; CJCE 8-7-1999 aff. 49/92, Commission/Anic Partecipazioni). En effet, selon une jurisprudence constante, lorsqu'une société cesse d'exister du fait de son absorption par une autre, celle-ci reprend les actifs et passifs de la société absorbée, y compris ses responsabilités pour cause d'infraction au droit de l'Union (Trib. UE 16-6-2011 aff. 194/06, SNIA SpA). 52790

> **Précisions** En cas de fusion, la Commission ne peut, sans violer le principe de proportionnalité, prendre en compte la valeur des ventes de l'entité issue de la fusion pour déterminer un **montant de base de l'amende** correspondant à la période antérieure à la fusion lorsque seule une des sociétés fusionnées a participé à l'entente au cours de cette période (Trib. UE 11-7-2014 aff. 540/08, Esso).

IV. DOMMAGES-INTÉRÊTS EN CAS DE PRÉJUDICE SUBI DU FAIT D'UNE PRATIQUE ANTICONCURRENTIELLE

52900 Les articles 101, 1 et 102 du TFUE produisent des effets directs dans les relations entre les « particuliers » (personnes morales ou physiques) et engendrent des droits au bénéfice de ces derniers que les **juridictions nationales** doivent sauvegarder. Toute personne est donc en droit de faire valoir la nullité d'une entente ou d'une pratique interdite par l'article 101 du TFUE et, lorsqu'il existe un lien de causalité entre celle-ci et le préjudice subi, de demander réparation de ce préjudice (CJCE 13-7-2006 aff. 295/04 à 298/04, Manfredi). De même, toute personne ayant subi un préjudice du fait d'un abus de position dominante est en droit de demander la réparation de ce préjudice.

Des entreprises participant à une entente doivent pouvoir répondre sur le plan civil des dommages résultant des prix qu'une **entreprise ne participant pas à cette entente** a fixés, en considération des agissements de ladite entente, à un niveau plus élevé que celui qui aurait été appliqué en l'absence d'entente (CJUE 5-6-2014 aff. 557/12, Koné : RJDA 8-9/14 n° 727).

De même, tout **préjudice** ayant un **lien de causalité** avec une entente anticoncurrentielle doit pouvoir donner lieu à réparation, y compris lorsque la victime n'est pas fournisseur ou acheteur sur le marché concerné (CJUE 12-12-2019 aff. 435/18, Otis : RJDA 3/20 n° 178).

La **directive 2014/104/UE du 26 novembre 2014** relative à certaines règles régissant les actions en dommages et intérêts en droit national pour les infractions au droit de la concurrence crée un corps de règles destinées à faciliter ces actions. En particulier, son article 3 assure un **droit à la réparation intégrale du préjudice** subi. Cette directive a été transposée en droit français par l'ordonnance 2017-303 et le décret 2017-305 du 9 mars 2017 (voir n°s 54520 s.).

La directive prévoit en particulier que les États membres doivent veiller à ce que les juridictions nationales limitent la **production des preuves** à ce qui est proportionné. Lorsqu'elles déterminent si une demande de production de preuves soumise par une partie est proportionnée, les juridictions nationales doivent tenir compte des intérêts légitimes de l'ensemble des parties et tiers concernés ; en particulier, elles doivent prendre en considération la possibilité que les preuves dont on demande la production contiennent des **informations confidentielles,** en particulier concernant d'éventuels tiers, et les modalités existantes de protection de ces informations confidentielles (Dir. 2014/104 art. 5). La Commission européenne a adopté une **communication** qui précise les mesures pratiques de protection des informations confidentielles que les juridictions nationales peuvent envisager de prendre (occultation, cercles de confidentialité, désignation d'experts), sans toutefois entraver l'accès effectif des parties à la justice ou l'exercice du droit à réparation intégrale (Communication du 22-7-2020 : JOUE 2020 C 242). La notion de preuves pouvant être demandées au défendeur ou à un tiers ne se cantonne pas à des documents préexistants mais vise également ceux que la partie à laquelle est adressée la demande de production devrait créer en agrégeant ou en classant des informations, des connaissances ou des données en sa possession ; les juridictions nationales saisies ont toutefois l'obligation de limiter la production de preuves à ce qui est pertinent, proportionné et nécessaire, en tenant compte des intérêts légitimes et des droits fondamentaux de la partie sollicitée (CJUE 10-11-2022 aff. 163/21, Paccar). Sur les conditions encadrant la production de certaines preuves (voir aussi CJUE 12-1-2023 aff. 57/21, RegioJet).

> **Précisions** **a.** Une action en responsabilité fondée sur l'obligation légale de s'abstenir de tout abus de position dominante relève de la matière délictuelle ou quasi délictuelle au sens de l'article 7, 2 du règlement 1215/2012 du 12 décembre 2012, dit règlement Bruxelles I bis ; le **juge compétent** au sens de cette disposition est celui du « lieu où le fait dommageable s'est produit ou risque de se produire », à savoir le marché affecté par le comportement anticoncurrentiel allégué (CJUE 24-11-2020 aff. 59/19, Wikingerhof c/ Booking.com : RJDA 2/21 n° 138).
> **b.** La victime d'une pratique anticoncurrentielle peut introduire une action en dommages-intérêts contre l'une quelconque des entités juridiques qui constituent l'unité économique et, partant, l'entreprise qui, en commettant une infraction à l'article 101, 1 du TFUE, a causé le dommage subi. Ainsi, elle peut agir contre une société mère qui a été sanctionnée par la Commission européenne au titre de cette pratique ou contre une **filiale** de cette société qui n'est pas visée par cette décision, dès lors qu'elles constituent ensemble une unité économique et qu'elle prouve les liens entre les sociétés concernées et, notamment, le lien concret entre l'activité économique de la filiale en cause et l'objet de l'infraction dont la société mère a été tenue responsable. La filiale concernée doit pouvoir utilement faire valoir

ses droits de la défense en vue de démontrer qu'elle n'appartient pas à ladite entreprise et, lorsqu'aucune décision n'a été adoptée par la Commission en application de l'article 101 du TFUE, elle est également en droit de contester la réalité même du comportement infractionnel allégué (CJUE 6-10-2021 aff. 882/19, SummalSL : RJDA 3/22 n° 172).

SECTION II

SANCTION DES PRATIQUES ANTICONCURRENTIELLES (DROIT FRANÇAIS)

I. NULLITÉ DE L'ACCORD OU DE LA CLAUSE ANTICONCURRENTIELS

NULLITÉ DE PLEIN DROIT

Tout engagement, convention ou clause contractuelle se rapportant à une pratique prohibée par les articles L 420-1 à L 420-2-2 est nul de plein droit (C. com. art. L 420-3 ; pour des applications, voir Cass. com. 22-1-1991 : RJDA 3/91 n° 222 ; Cass. com. 4-1-1994 : RJDA 3/94 n° 297 ; CA Paris 1-2-1995 : RJDA 5/95 n° 560 ; CA Paris 12-12-1996 : RJDA 5/97 n° 665 ; Cass. com. 16-12-1997 : RJDA 4/98 n° 521 ; Cass. com. 2-7-2002 n° 1299 : RJDA 11/02 n° 1206). 53000

L'annulation d'une convention se rapportant à une pratique concurrentielle prohibée peut être prononcée même si tous les cocontractants n'y ont pas participé ou n'en ont pas eu connaissance (Cass. com. 24-10-2000 FS-P : RJDA 2/01 n° 236).

La nullité peut valablement être invoquée par une partie au contrat (Cass. com. 3-1-1996 : RJDA 6/96 n° 806) ou par un tiers (Cass. com. 24-10-2000 FS-P précité).

› Précisions **a. Un contrat conclu à l'issue d'une pratique illicite** (en l'espèce, une entente entre candidats à l'occasion d'une mise en concurrence) ne peut pas être annulé car il n'est, par lui-même, ni un accord interdit par le droit de la concurrence ni l'instrument de pratiques illicites (Cass. com. 13-9-2017 n° 15-22.837 F-D : RJDA 2/18 n° 184). En revanche, un tel contrat peut être contesté sur le terrain du droit commun, tout au moins si l'action n'est pas prescrite.
b. L'**annulation d'un marché public** en raison de pratiques anticoncurrentielles imputables à son titulaire entraîne par elle-même l'obligation pour ce dernier de restituer à la personne publique toutes les dépenses qui ne lui ont pas été utiles, il en résulte que celle-ci ne saurait obtenir, sur le terrain extracontractuel, la réparation du préjudice lié au surcoût résultant de ces pratiques, mais elle peut, en revanche, demander réparation des autres préjudices causés par son cocontractant (CE 10-7-2020 n° 420045 : RJDA 2/21 n° 26, 3e espèce et chron. R. Vandermeeren p. 95).

PRONONCÉ DE LA NULLITÉ

Le prononcé de la nullité relève de la compétence des **juridictions du fond** lorsqu'elles statuent sur la validité d'une convention se rapportant à une entente ou à un abus de domination, et non de celle de l'Autorité de la concurrence, ou de la cour d'appel de Paris lorsqu'elle statue sur recours contre une décision de l'Autorité (CA Paris 17-9-1992 : BOCCRF du 3-10-1992 p. 312). 53005

Lorsqu'une personne publique est victime, de la part de son contractant, de pratiques anticoncurrentielles constitutives d'un dol ayant vicié son consentement, elle peut demander au **juge administratif** d'annuler le contrat litigieux et de tirer les conséquences financières de sa disparition rétroactive et/ou de condamner le cocontractant, au titre de sa responsabilité extracontractuelle, à réparer les préjudices causés par son comportement fautif (CE 10-7-2020 n° 420045 : RJDA 2/21 n° 26, 3e espèce et chron. R. Vandermeeren p. 95 ; CE 17-6-2022 n° 454189 : RJDA 10/22 n° 584).

II. SANCTIONS PÉNALES EN CAS DE PRATIQUE ANTICONCURRENTIELLE

Toute **personne physique** qui, « frauduleusement, aura pris une part personnelle et déterminante dans la conception, l'organisation ou la mise en œuvre » d'une entente ou d'un abus de domination illicite est passible d'un emprisonnement de quatre ans et/ou d'une amende de 75 000 € (C. com. art. L 420-6). 53100

Le tribunal peut en outre ordonner que sa décision soit publiée intégralement ou par extraits dans les journaux qu'il désigne, aux frais du condamné.

Les poursuites sont exercées selon les règles du droit commun (plainte ou constitution de partie civile) indépendamment de la procédure qui peut être mise en œuvre devant l'Autorité de la concurrence.

ILLUSTRATIONS

Ont été condamnés le dirigeant d'une entreprise de déménagement qui avait adressé deux devis dont l'un était un devis « de couverture » (Cass. crim. 14-12-1995 n° 94-85.912 : RJDA 3/96 n° 364) et des dirigeants qui avaient frauduleusement participé à des ententes illicites à l'occasion d'offres de marché public (Cass. crim. 9-11-1995 n° 94-84.204 : Bull. crim. n° 346 ; Cass. crim. 16-5-2001 n° 99-83.467 : Bull. crim. n° 124 ; Cass. crim. 20-2-2008 n° 02-82.676 : RJDA 5/08 n° 578).

Afin d'encourager les **demandes de clémence,** une **exemption** de peines pénales est toutefois prévue en faveur des directeurs, gérants et autres membres du personnel de l'entreprise ou association d'entreprises qui ont pris une part personnelle et déterminante dans la conception, l'organisation ou la mise en œuvre d'ententes illicites lorsqu'une exonération totale des sanctions pécuniaires a été accordée à l'entreprise ou l'association d'entreprises et s'il est établi qu'ils ont activement coopéré avec l'Autorité de la concurrence et le ministère public (n° 53825).

53105 Lorsque les faits dont elle a connaissance lui paraissent de nature à justifier l'application de ces sanctions pénales, l'Autorité de la concurrence doit adresser le dossier au procureur de la République. Cette transmission interrompt la **prescription** de l'action publique (C. com. art. L 462-6, al. 2).

Le délit de participation frauduleuse à une entente prohibée étant une infraction continue, le délai de prescription qui lui est applicable court à compter de l'instant où le prévenu cesse d'y prendre part (Cass. crim. 17-6-2009 n° 08-84.482 : RJDA 1/10 n° 77). S'agissant d'une infraction dissimulée, ce délai court à l'égard des autres prévenus à compter du jour où cette infraction est apparue et a pu être constatée dans des conditions permettant l'exercice de l'action publique (Cass. crim. 20-2-2008 n° 02-82.676 : RJDA 5/08 n° 578). En revanche, en présence d'un abus de position dominante ayant sa source dans un contrat, le délai de prescription court à compter du dernier acte d'exécution de ce contrat (Cass. crim. 19-3-2008 n° 07-80.473 : Bull. crim. n° 73).

› Précisions **a.** Jugé que les dispositions de l'article L 420-6 du Code de commerce ne sont pas de nature à méconnaître le principe de légalité posé par l'article 7 de la CESDH (Cass. crim. 9-9-2020 n° 18-82.746 F-PBI : RJDA 1/21 n° 18 et chronique R. Salomon p. 3).

b. Les **actes interruptifs de la prescription** devant l'Autorité de la concurrence (nos 50030 s.) sont interruptifs de la prescription de l'action publique (C. com. art. L 420-6, al. 3). Réciproquement, les actes interruptifs de la prescription de l'action publique en application de l'article L 420-6 (n° 50030) sont interruptifs de la prescription devant l'Autorité de la concurrence (C. com. art. L 462-7, al. 2).

III. INJONCTION DE CESSER LA PRATIQUE ANTICONCURRENTIELLE

INJONCTIONS COMPORTEMENTALES OU STRUCTURELLES

53200 Lorsque des entreprises ont participé à une entente ou se sont livrées à un abus de domination et que ces pratiques ne sont pas justifiées (nos 48000 s.), l'Autorité de la concurrence peut ordonner aux intéressées de mettre **fin** aux **pratiques** anticoncurrentielles dans un délai déterminé ou leur imposer toute **mesure corrective,** non seulement de nature comportementale, mais aussi de nature structurelle, proportionnée à l'infraction commise et nécessaire pour faire cesser effectivement l'infraction (C. com. art. L 464-2, I-al. 1).

Ces injonctions doivent être formulées en termes clairs, précis et exempts d'incertitude quant à leur exécution. Une injonction générale de mettre des statuts et un règlement intérieur en conformité avec le droit de la concurrence a ainsi pu être considérée comme particulièrement imprécise (CA Paris ord. 1-7-2020 n° 2020/03760, aff. « Titres-restaurant »).

ILLUSTRATIONS

Une société a été contrainte de supprimer de ses contrats de distribution sélective, dans un délai de trois mois, toutes les mentions équivalant à une interdiction de vente sur Internet de ses produits cosmétiques et d'hygiène corporelle et de prévoir expressément la possibilité pour ses distributeurs de recourir à ce mode de distribution (Cons. conc. 29-10-2008 n° 08-D-25, aff. « Distribution de produits cosmétiques et d'hygiène corporelle vendus sur conseils pharmaceutiques » : RJDA 2/09 n° 142).

Une société a été contrainte de modifier, dans un délai de trois mois, ses contrats de distribution sélective existants ou de procéder à la diffusion d'une circulaire générale, afin de stipuler, en termes clairs, que les distributeurs agréés membres de son réseau avaient la faculté de recourir à la vente par Internet (Aut. conc. 12-12-2012 n° 12-D-23, aff. « Distribution sélective de matériels hi-fi et home cinéma » ; voir aussi pour le même type d'injonction Aut. conc. 24-10-2018 n° 18-D-23, aff. « Stihl », même si le premier président de la cour d'appel a ordonné le sursis à exécution des mesures d'injonction prononcées : CA Paris ord. 23-1-2019 n° 18/26546).

La société Google a été contrainte, d'une part, de clarifier, dans les contrats conclus avec les annonceurs dans le domaine de la publicité en ligne liée aux recherches sur le marché français, les règles Google Ads et les procédures de suspension qu'elle applique et, d'autre part, de mettre en œuvre des mesures de prévention, de détection et de traitement des violations aux règles Google Ads (Aut. conc. 19-12-2019 n° 19-D-26).

Si une société qui s'est vu enjoindre de prendre certaines dispositions en raison du comportement d'une société qu'elle contrôle cède cette **filiale,** les injonctions s'imposent à la nouvelle société mère (Rapport Commission conc. pour l'année 1981). De même, des injonctions peuvent être adressées à une **société** qui en **absorbe** une autre en raison du comportement anticoncurrentiel de cette dernière (pour un exemple, voir Commission conc. 83-9 du 2-11-1983, aff. « Marché des plâtres, carreaux et plaques de plâtre »).

Les injonctions ont un **caractère obligatoire.** **53205**

Si elles ne sont pas respectées, l'Autorité peut infliger une **astreinte** pour contraindre les parties à les exécuter (n° 54300).

Elle peut aussi prononcer une **sanction pécuniaire** dans les limites fixées à l'article L 464-2, I du Code de commerce (n° 53510) (C. com. art. L 464-3) et dans les conditions suivantes : la décision de l'Autorité est précédée de l'établissement d'un rapport adressé aux parties qui disposent d'un délai de deux mois pour présenter leurs observations écrites, ce délai pouvant être ramené à un mois par le rapporteur général en cas d'urgence ; les parties peuvent présenter des observations orales lors de la séance (C. com. art. R 464-9). Pour des exemples de décision de sanction, voir Cons. conc. 13-5-2004 n° 04-D-18, aff. « Société 9 Télécom Réseau » ; (Aut. conc. 29-9-2022 n° 22-D-15, aff. « Altice »).

Les **décisions d'injonction devenues définitives** sont revêtues de l' « autorité de la chose décidée », de sorte que l'Autorité est incompétente pour les **réviser** ; ainsi, elle s'est déclarée incompétente pour statuer sur une demande de révision d'une injonction devenue définitive de supprimer une clause d'exclusivité anticoncurrentielle et de cesser l'application d'un système de notation de distributeurs sur la base de critères anticoncurrentiels (Aut. conc. 20-1-2023 n° 23-D-01).

INJONCTIONS COMPORTEMENTALES OU STRUCTURELLES SPÉCIFIQUES

En cas d'exploitation abusive d'une position dominante ou d'un état de dépendance économique, l'Autorité de la concurrence peut enjoindre, par décision motivée, à l'entreprise ou au groupe d'entreprises en cause de modifier, de compléter ou de résilier, dans un délai déterminé, tous accords et tous actes par lesquels s'est réalisée la concentration de la puissance économique qui a permis les abus, même si ces actes ont fait l'objet d'une procédure de **contrôle des concentrations** (C. com. art. L 430-9). **53210**

Dans certaines collectivités d'**outre-mer,** le prononcé d'injonctions comportementales ou structurelles est également possible, suivant une procédure spécifique, à l'encontre d'entreprises en position dominante exerçant une activité de commerce de gros ou de détail, lorsque cette position dominante soulève des préoccupations de concurrence ou porte atteinte à une concurrence effective (C. com. art. L 752-27). Pour plus de détails, voir n° 94820.

IV. ACCEPTATION D'ENGAGEMENTS

POSSIBILITÉ POUR L'AUTORITÉ DE LA CONCURRENCE D'ACCEPTER DES ENGAGEMENTS

L'Autorité de la concurrence peut accepter des engagements, d'une durée déterminée ou indéterminée, proposés par les entreprises ou associations d'entreprises et de nature à **53300** mettre un terme à ses **préoccupations de concurrence** susceptibles de constituer des pratiques prohibées visées aux articles L 420-1, L 420-2, L 420-2-1 et L 420-5 ; cette acceptation prend la forme d'une décision qui rend les engagements obligatoires (C. com. art. L 464-2, I-al. 1).

La finalité de la procédure est d'obtenir que l'entreprise cesse ou modifie rapidement, de son plein gré, des comportements ayant suscité des « préoccupations de concurrence » (CA Paris 6-11-2007 n° 06-18379 : RJDA 1/08 n° 86, confirmé sur ce point par Cass. com. 4-11-2008 n° 07-21.275 : RJDA 3/09 n° 272). Elle se distingue d'une décision de condamnation, qui constate le caractère anticoncurrentiel du comportement en cause, en impose la cessation ou la modification, et le sanctionne le cas échéant (CA Paris 19-12-2013 n° 2012/19484).

Le recours à cette procédure constitue une **simple faculté** pour l'Autorité qui peut toujours refuser de la mettre en œuvre si elle juge que les engagements proposés ne sont pas de nature à résoudre les préoccupations de concurrence apparues dans le cadre de l'affaire dont elle est saisie (Cons. conc. 7-6-2007 n° 07-MC-03 : RJDA 8-9/07 n° 896).

L'Autorité de la concurrence a publié sur son site internet (www.autoritedelaconcurrence.fr) un **communiqué de procédure du 2 mars 2009** relatif aux engagements en matière de concurrence. Ce document a pour objet de synthétiser la pratique décisionnelle du Conseil de la concurrence, éclairée par les premiers arrêts des juridictions nationales et de celles de l'Union.

Sur l'articulation entre cette procédure et la **procédure de clémence,** voir n°s 53810 s.

> **› Précisions** La procédure d'engagements devant l'Autorité de la concurrence est conforme à la Constitution. Elle ne porte pas atteinte au principe d'impartialité du juge, ni ne méconnaît le droit à un recours juridictionnel effectif (Cons. const. 10-2-2023 n° 2022-1035 QPC : RJDA 5/23 n° 279).

CHAMP D'APPLICATION DE LA PROCÉDURE D'ACCEPTATION D'ENGAGEMENTS

53310 Le Code de commerce ne définit pas la typologie des comportements susceptibles de faire l'objet d'engagements. Par sa pratique décisionnelle, l'Autorité de la concurrence a caractérisé des comportements ou des situations en présence desquels le recours à cette procédure s'avère adapté (Communiqué de procédure du 2-3-2009, pt 10).

Les **pratiques essentiellement concernées** par de telles décisions d'engagements sont les pratiques unilatérales ou verticales dont l'effet serait de nature à restreindre l'accès à un marché (Communiqué précité, note 4 pour des exemples).

Il est fait également application de cette procédure dans des situations où des **questions nouvelles** se présentent, non encore identifiées par une jurisprudence établie. Cela peut surprendre car la lisibilité de solutions acquises par une pratique décisionnelle et une jurisprudence préexistantes devraient constituer la contrepartie légitime à la renonciation par l'entreprise à faire valoir ses droits dans le cadre d'une procédure contentieuse.

En revanche, la **procédure** d'engagements n'est **pas appliquée** dans les cas où l'atteinte à l'ordre public économique impose le prononcé de sanctions pécuniaires, notamment lorsque le dommage à l'économie généré ou la taille du marché sont importants (Aut. conc. 22-11-12 n° 12-D-22). Sont donc a priori exclus, notamment, les ententes particulièrement graves comme les cartels et certains abus de position dominante ayant déjà causé un dommage à l'économie important (Communiqué précité, pt 11).

ÉTAPES DE LA PROCÉDURE D'ACCEPTATION D'ENGAGEMENTS

53320 Les différentes étapes de la procédure d'acceptation d'engagements sont les suivantes (C. com. art. R 464-2) :

1° Lorsque l'Autorité de la concurrence envisage d'en faire application, le rapporteur fait connaître aux entreprises ou associations d'entreprises concernées son « **évaluation préliminaire** » des pratiques en cause. Cette évaluation, qui intervient nécessairement avant toute notification de griefs, peut être notifiée soit par procès-verbal transmis par courrier ou par l'intermédiaire d'une plateforme d'échanges sécurisés de documents électroniques (plateforme Hermès), soit, lorsque l'Autorité est saisie d'une demande de mesures conservatoires, être présentée oralement en séance. Une copie de l'évaluation est adressée à l'auteur de la saisine et au commissaire du Gouvernement, sauf lorsqu'elle est présentée oralement lors d'une séance en présence des parties. Ayant pris connaissance des préoccupations de concurrence exprimées dans l'évaluation préliminaire, l'entreprise concernée formalise ou, dans le cadre d'une procédure d'urgence, indique au rapporteur si elle demande le bénéfice de la procédure d'engagements.

2° Le délai imparti aux entreprises ou associations d'entreprises pour **formaliser leurs engagements** à l'issue de l'évaluation préliminaire est fixé soit par le rapporteur dans le cas où l'évaluation a été notifiée par procès-verbal transmis par courrier ou par l'intermédiaire d'une plateforme d'échanges sécurisés de documents électroniques (plateforme Hermès), soit par l'Autorité de la concurrence dans le cas où cette évaluation a été présentée oralement en séance. Ce délai ne peut, sauf accord des entreprises ou associations d'entreprises concernées, être inférieur à un mois.

3° À réception des engagements proposés par les entreprises ou associations d'entreprises concernées à l'issue de ce délai, le rapporteur général doit communiquer leur contenu à l'auteur ou aux auteurs de la saisine ainsi qu'au commissaire du Gouvernement. Il doit également procéder à un « **test de marché** » afin de vérifier si les engagements proposés sont, d'une part, pertinents, crédibles et vérifiables et, d'autre part, proportionnés aux préoccupations de concurrence exprimées dans l'évaluation préliminaire (Communiqué de procédure du 2-3-2009, pts 24 s.). Pour ce faire, il publie sur le site internet de l'Autorité un résumé de l'affaire et les engagements proposés pour permettre aux tiers intéressés de présenter leurs observations dans un délai qui ne peut être inférieur à un mois à compter de cette publication. Ces observations, ainsi que celles des parties et du commissaire du Gouvernement, sont versées au dossier auquel les « parties à la procédure » – le plaignant et l'entreprise concernée – ont accès (pts 27 s.).

4° À l'issue du test de marché, les parties et le commissaire du Gouvernement sont **convoqués à la séance du Conseil** trois semaines au moins avant le jour de la séance soit par l'envoi d'une lettre du rapporteur général, soit par l'intermédiaire d'une plateforme d'échanges sécurisés de documents électroniques (plateforme Hermès). La convocation est accompagnée de la proposition d'engagements. Ils peuvent présenter des observations orales lors de la séance.

> Précisions a. Dès lors que la procédure d'engagements intervient avant l'ouverture de toute procédure contentieuse, rien ne s'oppose à ce que le **collège de l'Autorité** soit associé au rapporteur dès le **début de la négociation des engagements.** La cour d'appel de Paris a ainsi validé la participation active du collège à la négociation des engagements en séance, en raison du « caractère consensuel de cette phase de la procédure » (CA Paris 6-11-2007 n° 06-18379 précité, confirmé sur ce point par Cass. com. 4-11-2008 n° 07-21.275 précité).

b. Les **parties** à la procédure doivent, sous réserve de la protection du secret des affaires, avoir **accès** à l'intégralité des **documents** sur lesquels s'est fondé le rapporteur pour établir l'évaluation préliminaire et à l'intégralité de ceux soumis à l'Autorité de la concurrence pour statuer sur les engagements ; à défaut, la décision par laquelle l'Autorité a accepté ces engagements est susceptible d'être entachée par un défaut de respect du principe de la contradiction et, plus largement, des droits de la défense, ce qui peut conduire à son annulation (Cass. com. 4-11-2008 n° 07-21.275 : RJDA 3/09 n° 272). Cependant, une telle annulation suppose que le défaut de communication des documents ait réellement porté atteinte aux droits de la défense et qu'il soit donc démontré que les documents, dont les parties ayant pris des engagements ont été privées, auraient pu leur être utiles à cet égard. Devait donc être censurée la décision de la cour d'appel de Paris qui, constatant que des pièces n'avaient pas été communiquées aux parties préalablement à leur prise d'engagements, avait annulé la décision de l'Autorité sans vérifier une telle atteinte aux intérêts des parties (Cass. com. 2-2-2010 n° 08-70.449 : RJDA 5/10 n° 560).

DÉCISION DE L'AUTORITÉ DE LA CONCURRENCE RELATIVE AUX ENGAGEMENTS PROPOSÉS

L'Autorité de la concurrence est tenue de **vérifier** que les **engagements** souscrits sont **de nature à résoudre les préoccupations de concurrence** identifiées, qu'ils sont non seulement suffisants mais également nécessaires pour les résoudre (CA Paris 6-11-2007 n° 06-18379 précité ; Communiqué de procédure du 2-3-2009, pt 34). 53330

L'Autorité peut donc subordonner l'acceptation des engagements proposés à certaines **modifications** (Communiqué précité, pt 35). En pratique, si l'entreprise concernée consent à modifier les engagements sur-le-champ, une suspension de séance intervient. Lorsque les modifications à opérer sont plus substantielles et que l'entreprise concernée souhaite disposer d'un délai plus long pour faire une nouvelle proposition d'engagements, le collège ordonne le sursis à statuer, pour un délai fixé en séance. La décision sera alors rendue par l'Autorité sur la version finale des engagements proposés lors d'une nouvelle séance, à l'issue du délai imparti (pts 36 et 37).

Elle peut également **rejeter** les engagements proposés lorsqu'elle estime qu'ils ne répondent pas aux préoccupations de concurrence. Ce refus n'a pas à être formalisé ou motivé (Cass. com. 2-9-2020 n° 18-18.501 FS-PF : RJDA 4/21 n° 266 ; CA Paris 21-4-2022 n° 20/16953). En pareil cas, elle prononce une décision de sursis à statuer ordonnant le renvoi du dossier aux services d'instruction. Cette décision ne rend pas compte des débats sur les engagements. Les propositions d'engagements et les observations des tiers intéressés à leur sujet sont en outre retirées du dossier.

› Précisions L'Autorité de la concurrence ne rend pas obligatoires des engagements qui excèdent la résolution des préoccupations de concurrence (pour un exemple, voir Aut. conc. 18-3-2009 n° 09-D-11). En revanche, il peut être recouru au mécanisme du **« donner acte » de mesures complémentaires** proposées par l'entreprise concernée, par exemple pour faciliter la mise en œuvre des engagements acceptés (Communiqué de procédure du 2-3-2009, pt 39). Ces mesures complémentaires portent, la plupart du temps, sur les conditions tarifaires permettant l'accès à des ressources rares (voir les décisions du Conseil de la concurrence n° 08-D-04 du 25-2-2008 relative à des pratiques mises en œuvre par les Nouvelles messageries de la presse parisienne, n° 07-D-43 du 10-12-2007 relative à des pratiques mises en œuvre par Électricité de France et n° 07-D-31 du 9-10-2007, aux termes de laquelle le Conseil a donné acte de la tarification proposée par un constructeur automobile dans son offre aux réparateurs indépendants). Si elles ne sont pas rendues obligatoires – l'Autorité se refusant à procéder à une régulation tarifaire des marchés –, cela ne signifie pas pour autant que les entreprises sont libres de s'en écarter car c'est au regard de ces propositions tarifaires que l'Autorité accepte les engagements dans leur ensemble.

NATURE DE LA DÉCISION DE L'AUTORITÉ DE LA CONCURRENCE EN MATIÈRE D'ACCEPTATION D'ENGAGEMENTS

53340 L'évaluation préliminaire à laquelle procède le rapporteur n'a pas pour objet de prouver la réalité et l'imputabilité d'infractions au droit de la concurrence en vue de les sanctionner mais d'**identifier des préoccupations de concurrence,** susceptibles de constituer une pratique prohibée, afin qu'il y soit, le cas échéant, remédié (Cass. com. 4-11-2008 n° 07-21.275 : RJDA 3/09 n° 272). Une décision d'acceptation d'engagements n'exclut donc pas l'exercice d'une action en justice ultérieure concernant les pratiques en cause, ne fait pas obstacle à une nouvelle saisine de l'Autorité (le principe « non bis in idem » n'ayant pas lieu de s'appliquer) et ne peut pas servir à caractériser le premier terme d'une réitération. C'est pourquoi il a été jugé, par exemple, que les entreprises ayant souscrit des engagements demeurent responsables devant les juridictions de droit commun du préjudice subi par les victimes des pratiques ayant donné lieu aux engagements s'il est avéré que ces pratiques étaient anticoncurrentielles (TGI Paris 22-2-2018 n° 15/09129).

Lorsque l'Autorité limite les préoccupations de concurrence à **certains aspects de la saisine,** il ne s'agit pas d'une décision mixte constitutive d'un non-lieu partiel implicite ou d'un rejet de la saisine (Cass. com. 12-5-2015 n° 14-10.792 : RJDA 7/15 n° 530). La saisissante peut donc saisir à nouveau l'Autorité de la concurrence ou le juge à propos de pratiques qu'elle considère comme étant anticoncurrentielles et qui n'ont pas été retenues dans l'évaluation préliminaire.

POSSIBILITÉ DE MODIFIER OU DE METTRE FIN À DES ENGAGEMENTS ACCEPTÉS

53345 L'Autorité peut désormais, de sa propre initiative ou sur demande de l'auteur de la saisine, du ministre chargé de l'économie ou de toute entreprise ou association d'entreprises ayant un intérêt à agir, modifier les engagements qu'elle a acceptés, les compléter ou y mettre fin si l'un des faits sur lesquels la décision d'engagements repose a subi un **changement important** ou si la décision d'engagements repose sur des **informations incomplètes, inexactes ou trompeuses** fournies par les parties à la procédure (C. com. art. L 464-2, I-al. 2 à 4).

L'Autorité dispose d'un large pouvoir d'appréciation quant à l'**opportunité de faire droit ou non à une demande de révision d'engagements.** Lorsque la révision des engagements est sollicitée en raison d'un changement important, la démonstration d'un tel changement n'ouvre pas droit, à elle seule, à la révision des engagements. Il appartient également à l'entreprise qui s'en prévaut d'établir, sur la base d'éléments suffisamment précis et circonstanciés, que le changement invoqué entraîne la disparition effective, au jour de la décision se prononçant sur cette demande de révision, de l'ensemble des préoccupations de concurrence identifiées dans la décision ayant rendu obligatoires les engagements (Aut. conc. 6-12-2022 n° 22-D-24, aff. « TDF »).

ILLUSTRATIONS

Dans un cas où l'opérateur ferroviaire sur les marchés du transport de voyageurs et de la distribution de billets avait demandé une révision de certains des engagements qu'il avait pris en 2014, l'Autorité de la concurrence a fait droit à cette demande, mais de manière partielle après avoir constaté la persistance de positions prépondérantes de l'opérateur sur les deux marchés (Aut. conc. 15-12-2021 n° 21-D-29, aff. « SNCF »).

RECOURS CONTRE LA DÉCISION DE L'AUTORITÉ DE LA CONCURRENCE D'ACCEPTER OU DE REFUSER DES ENGAGEMENTS

Recours contre une décision d'acceptation d'engagements La décision de l'Autorité de la concurrence d'accepter des engagements proposés peut, dans le délai d'un mois à compter de sa notification, faire l'objet d'un recours en annulation ou en réformation, de la part du saisissant ou du ministre de l'économie, devant la **cour d'appel de Paris** (C. com. art. L 464-8, al. 1 ; CA Paris 2-9-2021 n° 20/09358). 53350

Est recevable à exercer un recours contre une telle décision l'entreprise qui était en cause devant l'Autorité de la concurrence en qualité de partie saisissante et qui justifie d'un intérêt dans la mesure où la décision d'acceptation d'engagements, en mettant fin à la procédure, ne fait pas droit à ses demandes (CA Paris 16-10-2007 n° 06-17900 : RJDA 12/07 n° 1282 ; Cass. com. 4-11-2008 n° 07-21.275 : RJDA 3/09 n° 272).

La cour d'appel de Paris doit limiter son contrôle à l'erreur manifeste d'appréciation de l'Autorité de la concurrence (Cass. com. 12-5-2015 n° 14-10.792 : RJDA 7/15 n° 530, solution implicite).

Recours contre une décision de refus d'acceptation d'engagements 53355

La décision de l'Autorité de la concurrence de refuser d'accepter des engagements peut faire l'objet d'un recours devant la **cour d'appel de Paris** (Cons. const. 10-2-2023 n° 2022-1035 QPC : RJDA 5/23 n° 279, solution implicite ; Cass. com. 31-1-2024 n° 22-16.616 FS-B : RJDA 4/24 n° 246). Ce recours a seulement pour objet de faire contrôler, dans les limites résultant de l'existence du pouvoir discrétionnaire de l'Autorité, que l'entreprise concernée a bien été en mesure de présenter, dans les délais et conditions prévus par la loi, une proposition d'engagements de nature à mettre un terme aux préoccupations de concurrence préalablement identifiées par l'Autorité et, à défaut, d'annuler la décision et de renvoyer l'examen de l'affaire devant les services de l'Autorité pour remédier au vice ainsi retenu (Cass. com. 31-1-2024 n° 22-16.616 FS-B précité).

> **Précisions** **a.** Le **Conseil d'État** n'est pas compétent pour statuer sur une décision de refus d'acceptation d'engagements car cette décision n'est pas détachable de la procédure engagée devant l'Autorité et il ne lui appartient donc pas d'en connaître (CE 11-10-2017 n° 402268 : RJDA 2/18 n° 182 ; CE 1-7-2022 n° 448061 : RJDA 10/22 n° 583, 2e espèce).
> **b.** Une décision de refus d'acceptation d'engagements par l'Autorité est conforme à la Constitution car elle ne porte pas atteinte au **principe d'impartialité** (Cons. const. 10-2-2023 n° 2022-1035 QPC précité).

SUIVI DE LA DÉCISION D'ACCEPTATION D'ENGAGEMENTS

Saisine de l'Autorité de la concurrence L'Autorité de la concurrence peut être saisie de comportements ayant fait l'objet d'une décision d'engagements, sur demande du saisissant, du ministre de l'économie, de toute autre entreprise ayant un intérêt à agir, ou se saisir de sa propre initiative, dans les cas suivants (Communiqué de procédure du 2-3-2009, pt 46) : 53360
- si l'un des faits sur lesquels repose la décision subit un changement important ;
- si les entreprises concernées contreviennent à leurs engagements ;
- si la décision d'engagements repose sur des informations incomplètes, inexactes ou dénaturées fournies par les parties à la procédure.

Sanction en cas de non-respect des engagements En cas de non-respect des engagements qu'elle a acceptés, l'Autorité de la concurrence peut infliger des **sanctions pécuniaires** « dans les limites fixées à l'article L 464-2 du Code de commerce » (C. com. art. L 464-3), c'est-à-dire en respectant les plafonds fixés pour les sanctions pécuniaires en cas de pratique anticoncurrentielle (n° 53510). Elle peut tenir compte dans son analyse de la gravité des manquements constatés et de leur incidence sur la concurrence (Aut. conc. 20-2-2020 n° 20-D-03, aff. « Mutualité de La Réunion »). 53370

L'Autorité de la concurrence considère que le non-respect d'engagements est en tout état de cause une pratique « grave en elle-même, d'autant plus que c'est à l'initiative du mis en cause que l'Autorité peut accepter les engagements proposés par celui-ci, dont il s'avérera ensuite qu'ils n'ont pas été respectés » (CA Paris 6-10-2016 n° 2015/06776 confirmé par Cass. com. 26-9-2018 n° 16-25.403).

L'Autorité peut aussi infliger une **astreinte** pour contraindre les parties à exécuter une décision ayant rendu un engagement obligatoire (n° 54300). 53375

V. SANCTION PÉCUNIAIRE EN CAS DE PRATIQUE ANTICONCURRENTIELLE

53500 En cas de constatation d'une pratique anticoncurrentielle, l'Autorité de la concurrence peut infliger aux entreprises ou associations d'entreprises une sanction pécuniaire applicable soit **immédiatement,** soit en cas d'**inexécution des injonctions** ou de **non-respect des engagements** qu'elle a acceptés (C. com. art. L 464-2, I).

L'Autorité de la concurrence a publié sur son site internet (www.autoritedelaconcurrence.fr) un **communiqué du 30 juillet 2021** relatif à la **méthode de détermination** des sanctions pécuniaires, qui remplace celui du 16 mai 2011 pour tenir compte des modifications législatives résultant de la directive (UE) 2019/1 du 11 décembre 2018, dite « directive ECN + ». Ce texte constitue une directive, au sens administratif du terme, qui est opposable à l'Autorité, sauf à ce qu'elle explique, dans la motivation de sa décision, les circonstances particulières ou les raisons d'intérêt général la conduisant à s'en écarter dans un cas donné (Cass. com. 18-10-2016 n° 15-10.384 FS-PB : RJDA 2/17 n° 121 ; CA Paris 6-7-2017 n° 2016/22365 ; CA Paris 15-10-2020 n° 2019/18632).

Visant à rendre la détermination des sanctions plus transparente et plus prévisible, le communiqué a pour objectif de permettre aux entreprises de mieux comprendre comment sont fixées les sanctions pécuniaires, ainsi qu'aux juridictions de contrôle d'en vérifier plus aisément la détermination (Communiqué du 30-7-2021, pt 12).

Il s'applique pour les sanctions prononcées pour violation tant des articles L 420-1 et L 420-2 du Code de commerce que des articles 101 et 102 du TFUE. En effet, les autorités nationales de concurrence sont compétentes pour sanctionner la violation du droit européen (Règl. 1/2003 art. 5).

En raison de leurs spécificités, le communiqué consacre une partie distincte à certaines ententes portant sur des appels d'offres (Communiqué du 30-7-2021, pts 62 s.).

> **Précisions** Le communiqué constituant une directive qui s'impose à l'Autorité, la **cour d'appel de Paris,** exclusivement compétente en appel, doit non seulement vérifier que la sanction a été prononcée par l'Autorité conformément aux règles définies par la loi (cf. C. com. art. L 464-2), mais aussi, lorsque la demande lui en est faite, s'assurer préalablement que l'Autorité a respecté le communiqué (Cass. com. 18-10-2016 n° 15-10.384 FS-PB précité).

A. Plafond de la sanction pécuniaire

53510 Le montant maximal de la sanction pécuniaire est, pour une **entreprise,** de 10 % du montant du chiffre d'affaires mondial hors taxe le plus élevé réalisé au cours d'un des exercices clos depuis l'exercice précédant celui au cours duquel les pratiques ont été mises en œuvre ; si les comptes de l'entreprise concernée ont été consolidés ou combinés, le chiffre d'affaires pris en compte est celui figurant dans les comptes consolidés ou combinés de l'entreprise consolidante ou combinante (C. com. art. L 464-2, I-al. 6).

Le montant maximal de la sanction est, pour une **association d'entreprises,** de 10 % du montant du chiffre d'affaires mondial hors taxe le plus élevé réalisé au cours d'un des exercices clos depuis l'exercice précédant celui au cours duquel les pratiques ont été mises en œuvre (C. com. art. L 464-2, I-al. 7). Lorsque l'infraction d'une association d'entreprises a trait aux activités de ses membres, le montant maximal de la sanction pécuniaire est égal à 10 % de la somme du chiffre d'affaires mondial total réalisé par chaque membre actif sur le marché affecté par l'infraction de l'association (C. com. art. L 464-2, I-al. 8). Toutefois, la responsabilité financière de chaque entreprise en ce qui concerne le paiement de la sanction ne peut excéder le montant maximal applicable pour une entreprise (C. com. art. L 464-2, I-al. 9). Pour une première application de ces règles de sanction, voir Aut. conc. 16-11-2022 n° 22-D-21, aff. « Secteur de la pêche et de l'aquaculture à La Réunion ».

> **Précisions** Dans la mesure où les **organismes professionnels** n'exercent, en règle générale, pas d'activité économique propre et ont pour mission d'agir pour la défense d'une profession, les infractions qu'ils commettent ont généralement trait aux **activités** de leurs **membres.** Par conséquent, le plafond de sanctions encourues par les organismes professionnels pour les infractions en droit de la concurrence correspondra, dans la très grande majorité des cas, à 10 % du chiffre d'affaires mondial de leurs membres actifs sur le marché affecté par l'infraction (Étude Aut. conc. « Les organismes professionnels », pt 309).

B. Imputabilité de la pratique anticoncurrentielle

MODIFICATION DE LA SITUATION DE LA PERSONNE MORALE AUTEUR DE LA PRATIQUE ANTICONCURRENTIELLE

Tant qu'une personne morale existe, la responsabilité du comportement illicite de l'entreprise 53550
suit cette personne morale, même si les éléments matériels et humains ayant concouru à la réalisation de l'infraction ont été cédés à des tiers après la réalisation de l'infraction (Cass. com. 20-11-2001 n° 99-16.776 : Bull. civ. IV n° 182). Ainsi, en cas d'**apport partiel d'actif,** la société qui a commis l'infraction a continué d'exister, de sorte que c'est elle qui doit être sanctionnée et non la société bénéficiaire de l'apport (CA Paris 20-10-1998 : BOCCRF du 12-12-1998 p. 728).

En application de l'article L 626-10, al. 4 du Code de commerce, le cessionnaire des actifs d'une **entreprise en redressement judiciaire** ne peut pas être tenu des charges non prévues dans le plan de cession et, par conséquent, se voir infliger une sanction pécuniaire pour des faits antérieurs à la cession (Cons. conc. 7-2-1995 n° 95-D-14, aff. « Planches à voile » ; Cons. conc. 19-3-1996 n° 96-D-16, aff. « Gymnasium »). Ainsi, la mise en redressement judiciaire d'une entreprise auteur de pratiques anticoncurrentielles, dès lors qu'elle n'a pas cessé d'exister juridiquement, ne la fait pas échapper à la responsabilité des pratiques dont elle doit répondre même si ses actifs ont été cédés (Cons. conc. 9-3-2006 n° 06-D-03 bis, aff. « Appareils de chauffage » ; Aut. conc. 15-12-2010 n° 10-D-35, aff. « Électrodes de soudure » ; Aut. conc. 28-5-2013 n° 13-D-12, aff. « Commercialisation de commodités chimiques »).

DISPARITION DE LA PERSONNE MORALE AUTEUR DE LA PRATIQUE ANTICONCURRENTIELLE

Lorsque la personne morale auteur de l'entente illicite ou de l'abus de domination a disparu, 53560
c'est la personne morale à laquelle ont été transmis ses droits et obligations qui en est responsable et ce, quel que soit le mode juridique de transfert des activités dCass. com. 28-2-2006 n° 292 : RJDA 6/06 n° 707ans le cadre desquelles ont été commises les pratiques sanctionnées. En cas de **fusion,** c'est donc la société absorbante ou la société nouvellement créée qui est sanctionnée pour les infractions commises antérieurement à l'opération (Cons. conc. 28-5-1996 n° 96-D-37, aff. « Autoroute A 57 » ; Cons. conc. 25-6-1997 n° 97-D-52, aff. « Secteur du travail temporaire dans les départements de l'Isère et de la Savoie » ; Cass. com. 20-11-2001 n° 99-16.776 : Bull. civ. IV n° 182 ; Cons. conc. 14-6-2002 n° 02-D-36, aff. « Opticiens de l'agglomération lyonnaise » ; Aut. conc. 8-12-2011 n° 11-D-17, aff. « Lessives », confirmé par CA Paris 30-1-2014 n° 2012/00723). L'assiette de l'amende est donc calculée sur la base de son chiffre d'affaires au jour où l'Autorité de la concurrence statue (Cass. com. 28-1-2003 n° 191 : RJDA 6/03 n° 652).

Si la personne morale a disparu sans qu'aucune autre personne ait reçu transmission de ses droits et obligations, la sanction est imputable à l'entreprise qui a recueilli les éléments matériels et humains ayant concouru à la réalisation de l'infraction (principe de la « continuité économique et fonctionnelle ») (CA Paris 19-11-1992 : RJDA 2/93 n° 134 ; Cons. conc. 14-6-2002 n° 02-D-36, aff. « Opticiens de l'agglomération lyonnaise » ; Cass. com. 23-6-2004 n° 1035 : RJDA 1/05 n° 80 ; CA Paris 23-10-2007 n° 2006/07494).

IMPUTABILITÉ D'UNE PRATIQUE ANTICONCURRENTIELLE AU SEIN D'UN GROUPE DE SOCIÉTÉS

S'agissant de l'imputabilité d'une pratique anticoncurrentielle au sein d'un groupe de 53570
sociétés, la Cour de cassation considère qu'il existe une **présomption** réfragable selon laquelle une filiale dont le capital est détenu en totalité ou quasi-totalité par sa société mère ne détermine pas de façon autonome son comportement sur le marché et forme avec sa **société mère** une entreprise, au sens du droit européen de la concurrence. Cette dernière est alors **tenue solidairement au paiement de l'amende** infligée à la filiale (Cass. com. 6-1-2015 n° 13-21.305 F-PB : RJDA 3/15 n° 222 ; Cass. com. 18-10-2017 n° 16-19.120 F-PB : RJDA 3/18 n° 283). Il ne s'agit pas d'une simple garantie de paiement. Il s'ensuit que, si la filiale bénéficie de la procédure de clémence, la sanction prononcée contre la société mère peut être d'un montant supérieur à celui de sa filiale si, contrairement à cette dernière, elle ne bénéficie pas de cette procédure (Cass. com. 10-7-2018 n° 17-13.973 F-D : RJDA 11/18 n° 871 ; Cass. com. 6-9-2023 n° 20-23.582 FS-B : RJDA 12/23 n° 677).

La **présomption** évoquée ci-dessus peut être **renversée** lorsque la société mère apporte des éléments relatifs aux liens économiques, organisationnels et juridiques l'unissant à sa filiale démontrant qu'elles ne constituent pas une entité économique unique (Cass. com. 6-1-2015 nº 13-21.305 F-PB : RJDA 3/15 nº 222 ; Cass. com. 18-10-2017 nº 16-19.120 F-PB : RJDA 3/18 nº 283).

La **preuve de l'absence d'unité économique** est cependant difficile à rapporter. Par exemple, il a été jugé que, même pris dans leur ensemble, des éléments tels que l'absence de mandataire commun, l'autonomie de la filiale dans la détermination de sa politique commerciale, la nature de holding de la société mère et l'absence de mise en œuvre du système d'information spécifique par la filiale au profit de la société mère ne permettaient pas de démontrer qu'elles ne constituaient pas une entité économique unique, et donc de renverser la présomption d'influence déterminante de la société mère (Cass. com. 6-9-2023 nº 20-23.582 FS-B précité ; pour d'autres exemples de rejet des arguments avancés, voir Cass. com. 18-10-2017 16-19.120 F-PB précité ; CA Paris 29-3-2012 nº 2011/01228).

Il a cependant été admis, dans des **circonstances particulières,** que la démonstration par une société mère de sa volonté, dès l'acquisition et pendant toute la détention, de revendre l'entreprise acquise à bref délai et l'absence de toute initiative pouvant lui conférer une influence (nomination d'un mandataire social, dirigeant, etc.), ainsi que l'exclusion du périmètre de consolidation pour cette entité achetée, sont des éléments pouvant renverser la présomption d'imputabilité (Aut. conc. 29-5-2013 nº 13-D-12, aff. « Secteur de la commercialisation de commodités chimiques »).

› Précisions Les règles d'imputabilité au sein d'un groupe de sociétés suivent les **critères dégagés par la Cour de justice de l'Union européenne** (nº 52720). En effet, elles relèvent du droit matériel – et non procédural – du droit de la concurrence et leur interprétation par les juridictions de l'Union s'impose aux autorités et aux juridictions nationales de concurrence. La Cour de cassation les a appliquées dans des affaires requérant soit l'application conjointe du droit national et du droit européen de la concurrence (Cass. com. 6-1-2015 précité), soit au regard des seules dispositions du droit interne (Cass. com. 18-10-2017 précité). Cela permet l'application d'un standard de preuve unique, quel que soit le droit applicable.

C. Proportionnalité des sanctions pécuniaires

53610 Les sanctions pécuniaires doivent être appréciées au regard des quatre **critères légaux** suivants (C. com. art. L 464-2, I-al. 3) :
– la gravité de l'infraction ;
– la durée de l'infraction ;
– la situation de l'association d'entreprises ou de l'entreprise sanctionnée ou du groupe auquel l'entreprise appartient ;
– l'éventuelle réitération de pratiques interdites.

Elles sont déterminées individuellement pour chaque entreprise ou association d'entreprises sanctionnée et de façon motivée pour chaque sanction.

La **méthode** suivie en pratique par l'**Autorité de la concurrence** pour mettre en œuvre ces quatre critères est la suivante (Communiqué du 30-7-2021, pt 19). L'Autorité détermine d'abord le montant de base de la sanction pécuniaire pour chaque entreprise en cause, en considération de la gravité des faits et de la durée des pratiques, critères qui concernent tous deux l'infraction ou les infractions en cause. Ce montant de base est ensuite adapté pour prendre en considération les éléments propres au comportement et à la situation individuelle de chaque entreprise, à l'exception de la réitération dont la loi a fait un critère autonome. Il est augmenté, pour chaque entreprise, en cas de réitération. Le montant ainsi obtenu est comparé au maximum légal, avant d'être réduit pour tenir compte, le cas échéant, de la clémence et de la non-contestation des griefs, puis ajusté, lorsqu'il y a lieu, au vu de la capacité contributive de l'entreprise qui en fait la demande.

› Précisions a. Dans le cas où il résulte des éléments dont dispose l'Autorité qu'il n'y a pas lieu d'infliger une sanction pécuniaire compte tenu des **difficultés financières de l'entreprise** concernée, elle estime qu'il lui est loisible de ne pas détailler les différentes étapes mentionnées ci-dessus (pt 19 précité).

b. Lorsque l'Autorité inflige à une entreprise, dans le cadre d'une même décision, une amende pour violation du droit national de la concurrence et une amende pour violation du droit de l'Union européenne, ces amendes, prises ensemble, doivent être proportionnées à la nature de l'infraction, conformément au **principe « ne bis in idem »** énoncé à l'article 50 de la Charte des droits fondamentaux de l'Union européenne (CJUE 3-4-2019 aff. 617/17, Powszechny). Sur l'étendue de la protection offerte par l'interdiction de la double incrimination en droit de la concurrence, voir nº 52410.

MONTANT DE BASE DE LA SANCTION PÉCUNIAIRE

Valeur des ventes Pour déterminer le montant de base de la sanction pécuniaire, l'Autorité de la concurrence retient, comme la Commission européenne (n° 52290), une **proportion de la valeur des ventes,** réalisées par chaque entreprise en cause, de produits ou de services **en relation avec l'infraction.** L'Autorité estime que cette valeur constitue un critère plus approprié que le chiffre d'affaires total réalisé par chaque entreprise car elle permet de proportionner au cas par cas l'assiette du montant de base de la sanction pécuniaire à l'ampleur économique de l'infraction et au poids relatif, sur le ou les marchés concernés, de chaque entreprise qui y a participé, alors que le chiffre d'affaires total de chaque entreprise peut être sans rapport avec l'ampleur des infractions et le poids relatif de chaque participant sur le ou les marchés concernés (Communiqué du 30-7-2021, pts 20 et 21). **53620**

La **valeur des ventes** est **définie** comme la valeur de l'ensemble des catégories de produits ou de services en relation avec l'infraction, ou, s'il y a lieu, avec les infractions, vendues par l'entreprise concernée durant son dernier exercice comptable complet de participation à celle(s)-ci en France. Lorsque l'infraction est commise par un groupement d'entreprises, la valeur des ventes est celle réalisée par l'ensemble des entreprises membres du groupement (Communiqué du 30-7-2021, pts 22 et 25).

> **Précisions** En l'absence de précisions sur la **méthode comptable à appliquer au chiffre d'affaires de référence** pour déterminer l'assiette de la sanction, l'Autorité est libre d'adopter la méthode qui lui semble la plus appropriée pour répondre aux principes d'individualisation et de proportionnalité de la sanction. Elle peut ainsi faire le choix des règles comptables françaises (chiffre d'affaires « double net ») comme norme de référence pour déterminer la valeur des ventes de produits ou services en relation avec l'infraction (CA Paris 18-6-2020 n° 2019/08826, aff. des produits d'entretien et d'hygiène corporelle).

Cas particuliers L'Autorité de la concurrence prévoit la possibilité d'**adapter cette méthode** dans les cas particuliers où elle estime que la référence à la valeur des ventes, ou ses modalités de prise en compte, aboutirait à un résultat ne reflétant manifestement pas de façon appropriée l'ampleur économique de l'infraction ou le poids relatif de chaque entreprise ou associations d'entreprises qui y a pris part (Communiqué du 30-7-2021, pt 26). Il peut en être ainsi notamment lorsque : **53625**

– l'infraction consiste à s'entendre sur des commissions par lesquelles des entreprises se rémunèrent à l'occasion de la vente de certains produits ou services, auquel cas l'Autorité peut retenir ces commissions comme référence (pt 26) ;

– l'infraction consiste, pour une entreprise, à s'entendre avec d'autres pour s'abstenir d'effectuer des ventes en France, auquel cas l'Autorité peut tenir compte des ventes réalisées ailleurs dans l'Espace économique européen (EEE) (pt 26) ;

– l'infraction porte sur un marché biface ou multiface dont les particularités permettent à l'entreprise concernée de monétiser une face du marché par une ou plusieurs autres faces, auquel cas l'Autorité peut tenir compte de la valeur des ventes réalisées par l'entreprise concernée sur les marchés amont, aval et connexe, lorsque ces derniers sont en lien direct ou indirect avec l'infraction (pt 26) ;

– l'entreprise n'a pas transmis à l'Autorité la valeur de ses ventes ou a transmis des données incomplètes ou insuffisamment fiables, l'empêchant de recourir utilement à la valeur des ventes. En pareil cas, l'Autorité est conduite à se déterminer à partir des données dont elle dispose, comme le chiffre d'affaires total (pt 24) ;

– l'infraction porte sur un ou plusieurs appels d'offres ponctuels et ne relevant pas d'une infraction complexe et continue. En pareil cas, la valeur des ventes ne constitue pas un indicateur approprié de l'ampleur économique de ces pratiques, qui revêtent un caractère instantané, et du poids relatif de chaque entreprise qui y prend part, en particulier lorsque leur implication consiste à réaliser des offres de couverture ou à s'abstenir de soumissionner. L'Autorité prend alors en compte le chiffre d'affaires total réalisé en France par l'entreprise en cause, ou par le groupe auquel l'entreprise appartient (pts 62 et 63).

La Cour de cassation considère qu'il est loisible à l'Autorité d'appliquer toute méthode qui lui paraît appropriée aux faits de l'espèce pour déterminer le montant des sanctions infligées dès lors que le plafond légal n'est pas dépassé ; au cas particulier, l'Autorité pouvait se fonder, pour déterminer le montant total des sanctions infligées à des sociétés qui avaient participé à une entente, sur une base correspondant à leur chiffre d'affaires réalisé durant l'année au cours de laquelle les pratiques avaient été commises et si, dans d'autres affaires, elle a retenu la valeur des ventes réalisées en relation avec l'infraction, ce choix ne la liait pas pour l'avenir (Cass. com. 27-9-2017 n° 16-12.907 F-D).

ILLUSTRATIONS

Dans un cas où les pratiques n'avaient concerné que le marché français, la cour d'appel de Paris a pris en compte la partie du chiffre d'affaires de l'entreprise liée aux produits concernés par l'infraction, ce qui l'avait conduit notamment à exclure de l'assiette de la sanction les ventes réalisées à l'export (CA Paris 29-3-2012 n° 2011/01228).

L'Autorité a pu valablement choisir dans une affaire impliquant un ordre professionnel d'appliquer le communiqué sanctions en retenant notamment le montant des cotisations comme assiette de calcul du montant de base (Aut. conc. 11-6-2013 n° 13-D-14, aff. « Relations entre des vétérinaires et les SPA en région Alsace »).

Est justifiée la prise en compte de la valeur des ventes réalisées sur les produits concernés par la filiale d'une société sanctionnée pour entente, qui n'avait pas participé à l'infraction par ses moyens propres et n'avait pas fait elle-même l'objet d'une notification de griefs, dès lors que les ventes qu'elle avait réalisées pendant la période de l'entente avaient été affectées par l'infraction mise en œuvre par sa société mère et du fait de cette dernière, de sorte que ces ventes étaient en relation avec l'infraction (Cass. com. 18-10-2023 n° 20-17.092 F-D : RJDA 2/24 n° 131).

53630 **Appréciation de la gravité des faits** La **proportion de la valeur des ventes** réalisées durant l'exercice comptable de référence qui est **retenue** pour déterminer le montant de base de l'amende au regard de la gravité des faits est comprise entre 0 et 30 %. Les ententes horizontales de fixation de prix, de répartition de marché et de limitation de production comptent, par leur nature même, parmi les restrictions de concurrence les plus graves et la proportion des ventes prise en compte pour de telles infractions sera généralement située entre 15 et 30 % (Communiqué du 30-7-2021, pt 30).

Dans les affaires d'abus de position dominante, ainsi que dans les affaires d'ententes horizontales les plus graves, telles que les accords de fixation de prix, de répartition de marché et de limitation de production, l'Autorité de la concurrence peut ajouter au montant précédemment défini une somme comprise entre 15 % et 25 % de la valeur des ventes, afin de dissuader les entreprises de participer à de telles pratiques (Communiqué du 30-7-2021, pt 31).

Lorsque plusieurs entreprises participent à une entente, la **gravité de la pratique est appréciée** globalement, de la même façon pour chacune d'elles, quel que soit par ailleurs leur degré d'implication dans la réalisation de l'infraction à ce stade (Communiqué du 30-7-2021, pt 27). Par exemple, en cas de participation à un cartel, une même proportion de la valeur des ventes réalisées durant l'exercice comptable de référence – 15 % pour un cartel, au titre de la gravité des faits – sera retenue, à l'égard de chacun des participants au cartel, pour déterminer le montant de base de leur amende.

Pour apprécier la gravité des faits, l'Autorité de la concurrence tient notamment compte des éléments suivants, en fonction de leur pertinence (pt 28) :
– la nature de l'infraction ou des infractions en cause et des faits retenus pour la ou les caractériser, ainsi que la nature du ou des paramètres de la concurrence concernés (prix, volume, diversité, qualité, coût, innovation, production, environnement, etc.) ;
– la nature des activités, des secteurs ou des marchés en cause (activité de service public, marché public, secteur ouvert depuis peu à la concurrence, marché innovant, etc.) ;
– la nature des personnes susceptibles d'être affectées (petites et moyennes entreprises, consommateurs vulnérables, acheteurs captifs, etc.) ;
– les caractéristiques objectives de l'infraction ou des infractions (caractère secret ou non, degré de sophistication, connaissance du caractère infractionnel de la pratique en cause, existence de mécanismes de police ou de mesures de représailles, détournement d'une législation, étendue géographique, etc.).

Cette liste n'est pas limitative et peut être complétée par l'Autorité au regard des circonstances de l'espèce (pt 29).

> **Précisions** L'Autorité de la concurrence considère que les pratiques mises en œuvre à l'occasion d'**appels d'offres,** lesquelles visent à tromper les maîtres d'ouvrage sur l'effectivité même de la procédure d'appel d'offres, se rangent, par leur nature même, parmi les infractions les plus graves aux règles de concurrence et sont parmi les plus difficiles à détecter en raison de leur caractère secret (pt 63).

53680 **Appréciation de la durée de l'infraction** Afin de prendre pleinement en compte la durée de la participation de chaque entreprise à l'infraction, le montant déterminé en fonction de la valeur des ventes est ensuite multiplié par le nombre d'années de participation à l'infraction. Les périodes de moins d'une année sont prises en compte au « prorata temporis » de la durée de participation de l'entreprise, ou de l'association d'entreprises, à l'infraction (Communiqué du 30-7-2021, pt 34).

La combinaison de la valeur des ventes en relation avec l'infraction et de la durée reflète l'importance économique de l'infraction, ainsi que le poids relatif de chaque entreprise participant à celle-ci (Communiqué du 30-7-2021, pt 33).

> **Précisions** En pratique, il s'agit de l'**évolution** la plus significative du nouveau communiqué du 30 juillet 2021. En effet, jusqu'alors, au-delà de la première année, chaque année supplémentaire de participation comptait pour un demi-point de coefficient multiplicateur. En multipliant la valeur des ventes par le nombre des années de participation, et non plus par la moitié des années, la réforme pourrait entraîner un très fort accroissement du montant des sanctions. Cette méthode de calcul est de longue date mise en œuvre par la Commission.

PRISE EN COMPTE DE LA SITUATION INDIVIDUELLE DE L'ENTREPRISE POUR DÉTERMINER LE MONTANT DE LA SANCTION

Le montant de base ainsi déterminé est ensuite ajusté afin de proportionner l'amende à la situation individuelle de chaque entreprise sanctionnée. Pour ce faire, l'Autorité tient compte d'abord d'éventuelles circonstances atténuantes ou aggravantes, puis d'autres éléments d'individualisation (Communiqué du 30-7-2021, pt 35). **53690**

Circonstances atténuantes ou aggravantes Les **circonstances atténuantes** peuvent notamment tenir au fait que l'entreprise apporte la preuve du fait suivant (Communiqué Aut. conc. du 30-7-2021, pt 37) : **53700**

– elle a mis fin à l'infraction dès les premières interventions de l'Autorité, étant précisé que cette circonstance atténuante n'est pas applicable aux accords ou pratiques de nature secrète, en particulier les cartels ;
– elle a durablement adopté un comportement concurrentiel, pour une part substantielle des produits ou services en cause, au point d'avoir perturbé, en tant que franc-tireur, le fonctionnement même de la pratique en cause ; il n'est pas exigé que l'intéressée se soit publiquement distanciée de l'infraction, mais il ne suffit pas qu'elle ait violé, de façon ponctuelle ou partielle, la discipline commune (par exemple, Aut. conc. 17-12-2019 n° 19-D-24, aff. « Fruits vendus en coupelles et en gourdes ») ;
– elle a été contrainte à participer à l'infraction ;
– elle coopère effectivement avec l'Autorité, en allant au-delà des obligations auxquelles elle est juridiquement soumise et en dehors du champ d'application de la procédure de clémence ;
– elle a commis une infraction qui a été autorisée, sollicitée ou encouragée par les autorités publiques ;
– elle a mis en œuvre, en cours de procédure, des mesures de réparation bénéficiant spécifiquement aux victimes de la pratique, notamment le versement à ces dernières d'une indemnité due en exécution d'une transaction au sens de l'article 2044 du Code civil.

D'autres circonstances plus particulières ont été admises. Ainsi, dans le cadre de la détermination de la sanction d'une entreprise en position dominante qui avait tenu un discours dénigrant mettant en cause la conformité aux normes réglementaires des produits d'une société concurrente, la cour d'appel de Paris a retenu, au titre des circonstances atténuantes, le fait que la réglementation applicable par ces entreprises était complexe et empreinte d'incertitude (CA Paris 24-9-2015 n° 2014/16108).

ILLUSTRATIONS

Peut être considérée comme un franc-tireur et bénéficier à ce titre d'une circonstance atténuante l'entreprise qui, pendant la période où elle a participé à un cartel, a adopté un comportement visant à perturber le bon fonctionnement des pratiques, au point d'entraîner des menaces et des tentatives de représailles de la part des autres entreprises en cause. L'importance de la réduction d'amende obtenue au titre de cette circonstance atténuante dépend du point de savoir si la viabilité économique du franc-tireur a ou non en définitive été mise en danger par son comportement. Dans un cas où le franc-tireur avait retiré des bénéfices commerciaux significatifs de son comportement concurrentiel, l'Autorité a considéré que la sanction ne devait être réduite que de 10 % (Aut. conc. 13-3-2012 n° 12-D-09, aff. « Farines alimentaires », confirmé par CA Paris 20-11-2014 n° 2012/06826).

Dans une autre affaire, l'Autorité de la concurrence a accordé une réduction d'amende de 25 % pour tenir compte du fait que, en s'opposant frontalement au comité économique agricole auquel elle appartenait, l'entreprise a fait fi des représailles que pouvait mettre en œuvre ce dernier, pouvant aller jusqu'au retrait de son statut d'organisation de producteurs, lequel retrait aurait entraîné la suspension du bénéfice des aides communautaires et aurait pu potentiellement mettre en danger sa viabilité économique (Aut. conc. 6-3-2012 n° 12-D-08, aff. « Production et commercialisation des endives »).

53705 Les **circonstances aggravantes** peuvent notamment tenir au fait que (Communiqué Aut. conc. du 30-7-2021, pt 38) :
– l'entreprise a joué un rôle de meneur ou d'incitateur, ou a joué un rôle particulier dans la conception ou dans la mise en œuvre de l'infraction. Elle peut, par exemple, s'être chargée d'élaborer ou de suggérer la conduite à tenir par les membres de l'entente, ou encore en avoir assuré l'organisation logistique. En revanche, il n'est pas nécessaire qu'elle ait exercé effectivement des pressions ou dicté leur conduite aux autres membres de l'entente. L'important est que, quelle que soit la forme qu'ait prise le comportement de l'entreprise, celle-ci ait joué un rôle d'instigateur ou de chef de file (Aut. conc. 13-3-2012 n° 12-D-09, aff. « Farines alimentaires », confirmé par CA Paris 20-11-2014 précité) ;
– l'entreprise a pris des mesures en vue d'en contraindre d'autres à participer à l'infraction ou a pris des mesures de rétorsion à leur encontre en vue de faire respecter celle-ci ;
– l'entreprise jouit d'une capacité d'influence ou d'une autorité morale particulières, notamment parce qu'elle est chargée d'une mission de service public.

ILLUSTRATIONS

L'Autorité de la concurrence a aggravé le montant de base de la sanction applicable au Conseil supérieur de l'Ordre des experts-comptables qui avait mis sa capacité d'influence et son autorité morale au service d'une stratégie commerciale outrepassant clairement la mission qui lui avait été confiée par le législateur en incitant les professionnels de l'expertise comptable à recourir au portail « jedeclare.com » (Aut. conc. 28-2-2013 n° 13-D-06, aff. « Télétransmission de données fiscales et comptables sous format EDI à l'administration fiscale »).

53710 **Autres éléments d'individualisation** **Amende adaptée à la baisse.**

Afin de proportionner l'amende à la situation individuelle de chaque entreprise sanctionnée, l'Autorité de la concurrence prend ensuite en considération le **degré de diversification** de son activité.

Elle peut adapter l'amende à la baisse pour tenir compte du fait que l'entreprise concernée mène l'essentiel de son activité sur le secteur ou marché en relation avec l'infraction (**entreprise « monoproduit »**) (Communiqué du 30-7-2021, pt 40). Pour établir le caractère monoproduit d'une activité, l'Autorité de la concurrence compare la valeur des ventes réalisées en relation avec l'infraction au chiffre d'affaires total de l'entreprise concernée, afin de rechercher si l'activité de cette dernière sur le marché affecté par l'infraction représentait l'essentiel de son activité (CA Paris 23-5-2017 n° 2015/08224, aff. « Laïta »). Une activité majoritairement tournée vers les marchés en lien avec les pratiques peut permettre de considérer l'entreprise concernée comme étant « monoproduit » (Aut. conc. 16-7-2020 n° 20-D-09, aff. « Achats et ventes des pièces de porc et de produits de charcuterie »).

ILLUSTRATIONS

L'Autorité a considéré que des sociétés réalisant moins de 55 % de leurs activités sur le secteur ou le marché en relation avec l'infraction ne remplissaient pas les critères d'une entreprise monoproduit (Aut. conc. 17-12-2019 n° 19-D-24, aff. « Fruits vendus en coupelles et en gourdes »).

Cette prise en compte du degré de diversification de l'activité de l'entreprise sanctionnée s'impose d'autant plus que l'assiette de l'amende repose sur une proportion de la valeur des ventes réalisées. Dès lors, l'assiette de l'amende de l'entreprise monoproduit a tendance à se confondre avec le chiffre d'affaires total de l'entreprise, tandis qu'elle peut ne représenter qu'une infime partie du chiffre d'affaires total d'une entreprise dont l'activité est diversifiée, voire du groupe à laquelle cette dernière appartient (pour un exemple où le taux de 60 % de réduction d'amende a été atteint, voir Aut. conc. 13-2-2013 n° 13-D-03, aff. « Secteur du porc charcutier »).

ATTENTION

L'Autorité peut ne pas atténuer la sanction, malgré le caractère « monoproduit » de l'activité de l'entreprise, lorsque la valeur des ventes retenue ne représente qu'un faible pourcentage du chiffre d'affaires annuel total de la société concernée (pour un exemple : Aut. conc. 6-10-2022 n° 22-D-16, aff. « Essilor »).

Le caractère monoproduit de l'activité doit être apprécié au regard de la notion d'entreprise au sens d'unité économique, si bien qu'en cas d'imputabilité à la société mère du comportement d'une **filiale,** c'est en considération de l'activité du groupe qu'il faut apprécier si l'entreprise concentre l'essentiel de son activité sur le marché en lien avec l'infraction (Cass. com. 27-3-2019 n° 16-26.472 FS-D et, dans la même affaire, CA Paris 18-6-2020 n° 2019/08826, aff. des produits d'entretien et d'hygiène corporelle ; CA Paris 20-12-2018 n° 17/21459).

Amende adaptée à la hausse. 53715

L'**Autorité de la concurrence** peut adapter l'amende à la hausse lorsque l'entreprise concernée dispose d'une taille, d'une puissance économique ou de **ressources globales importantes,** notamment par rapport aux autres auteurs de l'infraction et, a fortiori, lorsque **l'entreprise appartient à un groupe** qui dispose lui-même d'une taille, d'une puissance économique ou de ressources globales importantes, au-delà des seuls produits en relation avec l'infraction en cause et de leur chiffre d'affaires. Il s'agit là d'assurer le caractère à la fois proportionné et dissuasif de la sanction (Communiqué du 30-7-2021, pt 41 ; par exemple, Aut. conc. 12-5-2016 n° 16-D-09, aff. « Treillis soudés » ; dans le même sens, CA Paris 29-3-2012 n° 2011/01228 ; CA Paris 30-1-14 n° 2012/00723). En particulier, l'Autorité prend en compte la puissance du groupe dans le cas où l'**infraction** est **également imputable à la société qui contrôle l'entreprise auteur de la pratique** (Communiqué précité, pt 41). Ce faisant, elle entend s'inscrire dans le sillage de l'arrêt du Tribunal de l'Union européenne du 8 mars 2011 aff. 37/05, World Wide Tobacco España, qui établit un lien entre imputabilité de l'infraction commise par la filiale à la société mère du groupe et prise en compte de la puissance du groupe aux fins de dissuasion. La position de la Cour de cassation est cependant plus restrictive que celle de l'Autorité (voir n° 53720).

ILLUSTRATIONS

Dans une affaire d'entente sur les prix et les promotions entre les quatre fabricants de lessives actifs en France, l'Autorité de la concurrence a adapté à la hausse l'amende infligée à ces entreprises pour tenir compte du fait qu'elles appartenaient toutes à des groupes de dimension internationale détenant des marques à très forte notoriété et dont les ressources financières globales étaient considérables. Elle a également pris en considération le fait que l'activité de ces groupes était particulièrement diversifiée. Toutefois, l'adaptation à la hausse ne s'est pas faite dans les mêmes conditions pour les quatre entreprises dès lors que le chiffre d'affaires du plus « petit » de ces groupes de dimension internationale était près de six fois inférieur au chiffre d'affaires du groupe le plus important : pour les deux groupes les plus importants, la majoration de l'amende au titre de la prise en compte de la puissance financière a été de 25 %, tandis qu'elle n'était que de 15 % pour les deux groupes les moins importants (Aut. conc. 8-12-2011 n° 11-D-17, aff. « Cartel des lessives »).

Dans une affaire d'entente dans le secteur de l'alimentation pour chiens et chats, l'Autorité de la concurrence a adapté à la hausse, dans une proportion allant de 15 à 25 %, l'amende infligée à certaines entreprises membres de l'entente pour tenir compte de leur appartenance à des groupes de dimension internationale détenant des marques à très forte notoriété et dont les ressources globales étaient considérables (Aut. conc. 20-3-2012 n° 12-D-10, aff. « Alimentation pour chiens et chats »).

Dans une affaire d'entente dans le secteur des titres-restaurant, l'Autorité de la concurrence a adapté à la hausse, dans une proportion allant de 50 à 70 %, l'amende infligée à certaines entreprises membres de l'entente pour tenir compte des ressources financières globales très importantes du groupe auquel elles appartenaient. L'Autorité a précisé que dans le cas particulier des entreprises du secteur bancaire, il convient, aux fins de mesurer la puissance et la capacité contributive de ces dernières, de retenir, non pas le chiffre d'affaires tel qu'il apparaît dans la liasse fiscale, mais le produit net bancaire (Aut. conc. 17-12-2019 n° 19-D-25, aff. « Titres-restaurant »).

L'Autorité de la concurrence avait infligé à différentes sociétés du groupe Apple une amende de plus de 1,1 milliard d'euros, montant lié notamment à l'augmentation de 90 % du montant de base des amendes infligées aux différentes sociétés en raison de la taille et de la puissance économique majeures du groupe (Aut. conc. 16-3-2020 n° 20-D-04). Ce taux de majoration a finalement été ramené à 50 % par la cour d'appel de Paris – ce qui a conduit à diviser l'amende par trois –, la cour ayant estimé que ce taux suffisait à garantir le prononcé de sanctions satisfaisant les objectifs de répression et de dissuasion (CA Paris 6-10-2022 n° 20/08582).

La **Cour de cassation** considère que la prise en compte de l'appartenance à un groupe pour ajuster le montant de l'amende n'est pas possible lorsque le **comportement de la filiale** n'est pas imputé à la société mère (Cass. com. 18-2-2014 n° 12-27.643, aff. « Monuments historiques » : RJDA 5/14 n° 480 et chron. S. Tréard p. 379 « L'appartenance à un groupe et le principe de proportionnalité dans le processus d'individualisation de la sanction des pratiques anticoncurrentielles »). Cette solution tempère fortement la position plus large adoptée par l'Autorité de la concurrence (Communiqué du 30-7-2021, pt 41, précité : l'appartenance à un groupe est prise en compte « en particulier », dans le cas où l'infraction est également imputable à la société qui la contrôle au sein du groupe ; Aut. conc. 22-12-2010 n° 10-D-39, aff. « Signalisation routière verticale »). 53720

ILLUSTRATIONS

Dans l'affaire « Monuments historiques » précitée, la Cour de cassation a censuré la cour d'appel de Paris pour avoir estimé, à l'instar de l'Autorité de la concurrence, que l'appartenance à un groupe puissant constituait une circonstance individuelle conduisant à majorer le montant de la sanction, alors qu'elle avait relevé que l'entreprise sanctionnée s'était comportée de manière autonome sur le marché : la cour d'appel aurait dû rechercher si l'appartenance au groupe avait joué un rôle dans la mise en œuvre des pratiques ou était de nature à influer sur l'appréciation de la gravité des pratiques (Cass. com. 18-2-2014 précité). Statuant sur renvoi, la cour d'appel de Paris a rejoint cette solution, confirmant l'impossibilité de prendre en compte l'appartenance à un groupe au titre de la dissuasion, faute d'élément concret révélant que l'appartenance au groupe aurait pu influencer le comportement de la société incriminée, ou d'une reconnaissance particulière du groupe dans le domaine concerné ou encore du fait que cette appartenance aurait pu avoir un effet d'entraînement à l'égard d'entreprises de moindre taille (CA Paris 28-5-2015 n° 2014/09272).

Autre exemple : CA Paris 21-1-2016 n° 14/22811.

À noter que la Cour de cassation a refusé de renvoyer une **question prioritaire de constitutionnalité** portant sur l'article 464-2, I-al. 3 du Code de commerce et la prise en compte de la seule appartenance à un groupe comme circonstance aggravant la sanction pécuniaire (Cass. com. QPC 19-11-2013 : RJDA 2/14 n° 170).

53725 L'Autorité de la concurrence peut également décider de majorer la sanction lorsqu'il résulte des éléments à sa disposition que les **gains** illicites estimés réalisés par l'entreprise, ou l'association d'entreprises concernée, grâce à l'infraction ou les infractions en cause sont **supérieurs au montant de la sanction** pécuniaire qu'elle pourrait prononcer (Communiqué du 30-7-2021, pt 42).

RÉITÉRATION DE LA PRATIQUE ANTICONCURRENTIELLE

53730 La réitération de la pratique anticoncurrentielle est une **circonstance aggravante** expressément prévue par la loi, qui fait l'objet d'une prise en compte autonome (Communiqué Aut. conc. du 30-7-2021, pt 43). Cela signifie que la majoration au titre de la réitération est assise non sur le montant de base de l'amende, tel qu'il apparaît après appréciation de la gravité de la pratique et de l'importance du dommage causé à l'économie, mais sur le montant de base tel qu'il résulte ultérieurement après prise en compte de la situation individuelle de chaque entreprise (Aut. conc. 20-3-2012 n° 12-D-10, aff. « Alimentation pour chiens et chats »).

53740 **Définition** Il y a réitération lorsque l'entreprise poursuivie a été précédemment sanctionnée par une décision définitive constatant une infraction portant sur des pratiques identiques ou similaires et à condition que le délai écoulé entre le précédent constat d'infraction et les nouvelles pratiques manifeste la propension de l'entreprise à s'affranchir des règles de concurrence (Cons. conc. 15-10-2007 n° 07-D-33, aff. « Secteur de l'accès à Internet à haut débit » ; Cons. conc. 4-12-2008 n° 08-D-30, aff. « Approvisionnement en carburéacteur à l'escale de l'île de La Réunion » ; Cons. conc. 2-2-2009 n° 09-D-05, aff. « Secteur du travail temporaire » ; Aut. conc. 17-4-2013 n° 13-D-09, aff. « Reconstruction des miradors du centre pénitentiaire de Perpignan »).

53750 **Conditions** Pour être constatée, la réitération suppose que les quatre **conditions** suivantes soient réunies (Communiqué Aut. conc. du 30-7-2021, pt 44) :

1° Une précédente décision constatant une infraction au droit français et/ou européen de la concurrence doit être intervenue avant la fin de la nouvelle pratique ; ce **précédent constat d'infraction,** qui ne doit pas nécessairement avoir été assorti d'une sanction pécuniaire, doit porter sur des pratiques de même nature et avoir été effectué, tant au niveau national qu'européen, par une autorité en charge de l'application du droit de la concurrence ou une juridiction d'un État membre de l'Union européenne ou par la Commission européenne, et ce avant la fin de la nouvelle pratique. Il ne peut s'agir ni d'une décision prononçant une mesure conservatoire (n°s 50800 s.) ni d'une décision rendant obligatoires des engagements (n°s 53300 s.). Plusieurs précédents constats d'infraction peuvent être effectués (double réitération ; par exemple, Aut. conc. 12-11-2020 n° 20-D-17, aff. « Chirurgie dentaire »).

La circonstance que les pratiques aient débuté avant qu'une précédente infraction ne fasse l'objet d'un constat ne prive pas l'Autorité de la concurrence de la possibilité de retenir la réitération au titre des circonstances aggravantes lorsque les pratiques, de nature continue, se sont poursuivies après ce premier constat d'infraction (Aut. conc. 20-9-2010 n° 10-D-28, aff. « Traitement des chèques remis aux fins d'encaissement » ; Aut. conc. 22-12-2010 n° 10-D-39, aff. « Signalisation routière verticale » ; Aut. conc. 6-3-2012 n° 12-D-08, aff. « Production et commercialisation des endives », réformé par CA Paris 15-5-2014 n° 2012/06498 mais sur d'autres points).

2° La **nouvelle pratique** doit être **identique ou similaire,** par son objet ou ses effets, à celle ayant donné lieu au précédent constat d'infraction (voir aussi Cass. com. 6-1-2015 n° 13-21.305 : RJDA 3/15 n° 222 ; Cass. com. 22-11-2016 n° 14-28.224 : RJDA 2/17 n° 122 ; Cass. com. 27-9-2017 n° 15-20.087 FS-D : RJDA 2/18 n° 183). La qualification de la réitération n'exige donc pas que les infractions commises soient identiques quant à la pratique mise en œuvre ou quant au marché concerné, qu'il s'agisse du marché de produits ou services ou du marché géographique (arrêts précités).

L'identité d'objet anticoncurrentiel renvoie pour l'essentiel à la base légale utilisée pour les qualifier : ententes horizontales entre concurrents, restrictions verticales entre entreprises participant à une même chaîne économique, abus de position dominante, qui peuvent ainsi être regardés comme relevant, a priori, de catégories différentes. Mais les pratiques peuvent aussi être identiques ou similaires par leur même effet anticoncurrentiel : des pratiques d'entente ou des comportements unilatéraux peuvent ainsi rechercher le même effet d'éviction à l'égard de concurrents sur un marché, sans pour autant relever du même régime de prohibition (Cons. conc. 15-10-2007 n° 07-D-33, aff. « Accès à Internet à haut débit »). 53750 (suite)

Il importe peu que la première infraction concerne une entente locale, limitée à un secteur d'activité, et que la seconde infraction concerne une entente nationale sans limite quant aux branches d'activités, dès lors que les nouvelles pratiques sont identiques aux précédentes par leur nature et leur objet (Cass. com. 29-3-2011 n° 10-12.913 : RJDA 10/11 n° 841).

3° Le constat d'infraction doit avoir acquis un **caractère définitif** à la date à laquelle l'Autorité de la concurrence statue sur la nouvelle pratique.

4° Le **délai** écoulé entre le précédent constat d'infraction et le début de la nouvelle pratique doit être inférieur ou égal à 15 ans. Ce délai est pris en compte pour apporter une réponse proportionnée à la propension de l'entreprise concernée à s'affranchir des règles de concurrence (Cass. com. 29-3-2011 n° 10-12.913 : RJDA 10/11 n° 841). Par exemple, l'Autorité a appliqué un taux de majoration de 25 % dans un cas où le délai était de sept ans (CA Paris 27-9-2018 n° 17/22720, aff. « EDF »). En revanche, l'Autorité n'entend pas opposer la réitération à une entreprise lorsque le délai en question est supérieur à 15 ans.

En cas de réitération, le **montant** intermédiaire de la sanction pécuniaire, tel qu'il résulte de l'individualisation du montant de base, peut être augmenté dans une proportion comprise entre 15 et 50 %, en fonction notamment du délai séparant le début de la nouvelle pratique du précédent constat d'infraction et de la nature des différentes infractions en cause (Communiqué du 30-7-2021, pt 45). Par exemple, dans un cas où le délai entre les deux infractions commises était très court et où l'entreprise était informée des règles de la concurrence pour la violation desquelles elle avait été sanctionnée, l'Autorité a majoré la sanction de 25 % (Aut. conc. 20-3-2012 n° 12-D-10, aff. « Alimentation pour chiens et chats »).

La circonstance aggravante fondée sur la réitération de pratiques anticoncurrentielles s'apprécie suivant les mêmes règles que celles appliquées en matière d'imputabilité ; par suite, il peut être tenu compte des précédents constats d'infraction relevés à l'encontre d'une société mère pour sanctionner les nouvelles infractions, de même type, reprochées à sa **filiale,** dès lors que ces sociétés forment une entreprise au sens du droit de la concurrence (Cass. com. 6-1-2015 n° 13-21.305, aff. « Orange Caraïbe » : RJDA 3/15 n° 222).

ILLUSTRATIONS

Dans un cas où des entreprises soupçonnées d'ententes sur la répartition des marchés de la signalisation routière verticale avaient tenté de faire valoir que les pratiques sanctionnées quelques années auparavant avaient porté non sur des ententes entre concurrents mais sur des concertations entre sociétés du même groupe, l'Autorité de la concurrence a considéré que cet argument n'avait pas de portée dès lors que les deux types de pratiques avaient bien pour objet et pour effet de tromper les maîtres d'ouvrage sur la réalité de la concurrence à l'occasion de procédures d'appel à la concurrence pour les marchés de signalisation routière ; de même, en ce qui concerne le comportement d'une autre entreprise dans cette même affaire, entreprise déjà condamnée pour entente sur le marché de la signalisation routière horizontale, l'Autorité a relevé qu'il s'agissait de deux types de pratiques qui avaient également pour objet et pour effet de tromper les maîtres d'ouvrage public sur la réalité de la concurrence dans le secteur de la signalisation routière et qu'il était peu important que les pratiques ne portent pas sur la même catégorie de produits (Aut. conc. 22-12-2010 n° 10-D-39, aff. « Signalisation routière verticale », confirmé sur ce point par CA Paris 29-3-2012 n° 2011/01228). Semblant aller au-delà de la jurisprudence européenne (n° 52350), l'Autorité de la concurrence a donc retenu dans cette affaire qu'il y a identité de pratiques dès l'instant qu'elles produisent les mêmes effets.

Dans un cas où un organisme professionnel avait été une première fois sanctionné pour avoir fixé des conditions abusives d'accès aux marchés au cadran du chou-fleur en Bretagne par la mise en place d'un système de gestion de la quantité de choux-fleurs subventionnés impliquant, entre autres, la fixation d'un prix artificiel et un contrôle des débouchés permettant de sélectionner les acheteurs selon des critères arbitraires et discriminatoires, l'Autorité de la concurrence a retenu la réitération lorsque ce même organisme, quelques années plus tard, s'était entendu avec ses homologues du bassin Nord-Pas-de-Calais/Picardie pour faire adopter un prix minimum sur le marché des endives en Bretagne, ces pratiques visant à soustraire le marché au cadran des endives bretonnes à la libre concurrence et ayant donc le même objet anticoncurrentiel que celles commises sur le marché des choux-fleurs bretons (Aut. conc. 6-3-2012 n° 12-D-08, aff. « Production et commercialisation des endives »).

CAPACITÉ CONTRIBUTIVE DE L'ENTREPRISE SANCTIONNÉE

53760 L'Autorité de la concurrence peut également prendre en compte les difficultés financières particulières affectant la capacité contributive de l'entreprise pour adapter le montant de la sanction à la baisse (Communiqué du 30-7-2021, pt 40).

La Cour de cassation a en effet jugé que si les éventuelles difficultés générales du secteur concerné par les infractions ne figurent pas parmi les critères énumérés par l'article L 464-2 du Code de commerce, les difficultés rencontrées individuellement par les entreprises peuvent en revanche être prises en compte dans le cadre de la détermination de leur sanction (Cass. com. 29-3-2011 n° 10-12.913 : RJDA 10/11 n° 841). Encore faut-il que ces entreprises rapportent la preuve, chacune en ce qui la concerne, de leurs difficultés contributives (Communiqué Aut. conc. du 30-7-2021, pt 54).

Il leur appartient de justifier l'existence des difficultés financières particulières dont elles se prévalent et leur incidence sur leur capacité contributive, en s'appuyant sur les éléments énumérés dans le **questionnaire** mis à leur disposition par l'Autorité de la concurrence sur son site internet (www.autoritedelaconcurrence.fr/fr/textes-de-reference) et le cas échéant sur d'autres documents. Une réduction du montant final de la sanction pécuniaire ne peut être accordée à ce titre que si ces éléments constituent des preuves fiables, complètes et objectives attestant l'existence de **difficultés** réelles et actuelles **empêchant l'entreprise** ou l'associations d'entreprises en cause **de s'acquitter, en tout ou partie, de la sanction pécuniaire** pouvant lui être imposée (pt 57).

ILLUSTRATIONS

Pour des exemples où les éléments financiers et comptables communiqués par une entreprise ont conduit l'Autorité à constater qu'ils constituaient des preuves fiables, complètes et objectives attestant l'existence de difficultés financières réelles, particulières et actuelles affectant sa capacité à s'acquitter des sanctions que l'Autorité envisageait de lui imposer, voir Aut. conc. 13-3-2012 n° 12-D-09, aff. « Farines alimentaires », et Aut. conc. 20-2-2014 n° 14-D-02, aff. « Secteur de la presse d'information sportive ».

De faibles résultats, voire des résultats déficitaires, ne suffisent pas à eux seuls à caractériser une insuffisance de capacité contributive justifiant une réduction de la sanction encourue ; c'est la situation économique et financière dans son ensemble qu'il convient d'apprécier pour déterminer la capacité contributive de la société sanctionnée (CA Paris 4-7-2019 n° 16/23609, aff. « Farines »).

La **situation** de l'entreprise **s'apprécie** au jour de la prise de la décision de l'Autorité – et, en cas de recours, au jour où la cour d'appel de Paris statue (CA Paris 4-7-2019 n° 16/23609 précité) – au regard de l'ensemble des exercices pertinents. Une demande écrite doit être adressée à l'Autorité par l'entreprise concernée dans sa réponse au rapport prévu par l'article L 463-2, al. 2 du Code de commerce (n° 50260) ou, en cas de mise en œuvre de la procédure simplifiée (n° 50490) ou de la procédure de transaction (n° 53940), au plus tard un mois avant la séance. Au cas où ces difficultés surviennent ultérieurement, il doit en être fait état dès leur survenance, et au plus tard à l'occasion de la séance (pt 64).

La capacité contributive d'une **entreprise appartenant à un groupe** peut s'apprécier au regard des ressources financières dont dispose ce groupe à la condition que soit démontrée la faculté pour l'entreprise de mobiliser les fonds nécessaires au règlement de la sanction auprès du groupe (Cass. com. 18-2-2014, aff. n° 12-27.643 « Monuments historiques » : RJDA 5/14 n° 480 et, sur renvoi, CA Paris 28-5-2015 n° 2014/09272).

53765 En pratique, la prise en compte des difficultés financières rencontrées par les entreprises sanctionnées peut entraîner d'**importantes réfactions d'amende** pouvant conduire les entreprises dont les difficultés sont avérées à n'acquitter que 15 à 30 % des amendes envisagées (Aut. conc. 12-1-2012 n° 12-D-02, aff. « Ingénierie des loisirs, de la culture et du tourisme » ; Aut. conc. 20-2-2014 n° 14-D-02, aff. « Secteur de la presse d'information sportive »), voire à être dispensées du paiement de l'amende.

L'Autorité peut, par ailleurs, imposer une sanction pécuniaire symbolique dans certains cas particuliers, comme celui d'une entreprise unipersonnelle ou d'une association régie par la loi de 1901 n'ayant la capacité de mobiliser que de faibles ressources. Elle vérifiera, dans ce dernier cas, que l'association n'a pas, au-delà de ses ressources immédiatement disponibles, la possibilité de faire appel à ses membres pour lever les fonds nécessaires au paiement de la sanction pécuniaire (Communiqué du 30-7-2021, pt 58).

La pratique décisionnelle de l'Autorité révèle aussi que le prononcé de sanctions pécuniaires à l'encontre d'une société en liquidation est considéré comme inopportun (Cons. conc. 28-4-2004 n° 04-D-15 concernant des pratiques relevées dans le secteur des revêtements synthétiques pour sols sportifs).

INDEMNISATION DES VICTIMES

L'Autorité de la concurrence peut réduire le montant de la sanction pécuniaire infligée à une entreprise ou à une association d'entreprises lorsque cette entreprise ou association d'entreprises a, en cours de procédure devant l'Autorité, versé à la victime de la ou des pratiques anticoncurrentielles sanctionnées une indemnité due en exécution d'une transaction au sens de l'article 2044 du Code civil (C. com. art. L 464-2, I-al. 3 ; voir aussi Communiqué Aut. conc. du 30-7-2021, pt 37). **53770**

D. Paiement de la sanction prononcée à l'encontre d'une association d'entreprises

Lorsqu'une sanction pécuniaire est infligée à une association d'entreprises en tenant compte du chiffre d'affaires de ses membres et que l'association n'est pas solvable, l'Autorité peut lui enjoindre de lancer à ses membres un appel à contributions pour couvrir le montant de la sanction pécuniaire (C. com. art. L 464-2, VI-al. 1). **53780**

Dans le cas où ces contributions ne sont pas versées intégralement à l'association d'entreprises dans un délai fixé par l'Autorité, celle-ci peut exiger directement le paiement de la sanction pécuniaire par toute entreprise dont les représentants étaient membres des organes décisionnels de cette association (C. com. art. L 464-2, VI-al. 2).

De manière subsidiaire, lorsque cela est nécessaire pour assurer le paiement intégral de la sanction pécuniaire, l'Autorité peut également, après avoir réclamé le paiement à ces entreprises, exiger le versement du montant impayé de la sanction pécuniaire par tout membre de l'association qui était actif sur le marché sur lequel l'infraction a été commise. Ce paiement n'est toutefois pas requis des entreprises qui démontrent qu'elles n'ont pas appliqué la décision litigieuse de l'association et qu'elles en ignoraient l'existence ou qui s'en sont activement désolidarisées avant l'ouverture de la procédure (C. com. art. L 464-2, VI-al. 3).

E. Suppression ou réduction de la sanction pécuniaire en cas de procédure de clémence

CHAMP D'APPLICATION DE LA PROCÉDURE DE CLÉMENCE

À l'instar de la Commission européenne (nos 52440 s.), l'Autorité de la concurrence peut accorder une exonération totale ou partielle des amendes à une entreprise (ou une association d'entreprises) qui a, avec d'autres, participé à une **entente illicite** si elle a contribué à établir la réalité de la pratique prohibée et à identifier ses auteurs, en apportant des éléments d'informations dont l'Autorité ou l'administration ne disposaient pas antérieurement (C. com. art. L 464-2, IV). **53810**

La procédure de clémence a été simplifiée par la Loi 2020-1508 du 3 décembre 2020, dite loi DDADUE, et le décret 2021-568 du 10 mai 2021 qui ont en particulier supprimé l'avis de clémence. Cette simplification a donné lieu à la diffusion par l'Autorité de la concurrence, le 15 décembre 2023, d'un nouveau **communiqué de procédure** relatif au programme de clémence français, qui remplace le communiqué du 3 avril 2015 (www.autoritedelaconcurrence.fr).

Les ententes visées par le programme de clémence sont, en principe, les **cartels** (ententes horizontales consistant à fixer des prix, des quotas de production ou de vente et à répartir des marchés, y compris lors d'appels d'offres), mais aussi tout autre **comportement anticoncurrentiel similaire** entre concurrents, tel que les pratiques concertées mises en place par l'intermédiaire d'entreprises en relation verticale avec les auteurs de la pratique (« hub and spoke » : Communiqué de procédure Aut. conc. du 15-12-2023, pt 9).

> **Précisions** Le **nouveau programme de clémence** résultant de l'article L 462-2, IV du Code de commerce, tel que modifié par la loi du 3 décembre 2020 précitée, intègre notamment les dispositions de la directive 2019/1 du 11 décembre 2018, dite « directive ECN + ». Auparavant, le programme de clémence ne pouvait être mis en œuvre qu'après adoption d'un avis de clémence par le collège de l'Autorité. Désormais, c'est au rapporteur général d'informer l'entreprise de son éligibilité à une exonération, partielle ou totale, de sanction

au titre de la clémence. C'est également lui qui fixe les conditions de coopération que l'entreprise doit remplir pour pouvoir bénéficier de cette exonération (nº 53860). À l'issue de la procédure, le Collège demeure compétent pour apprécier si l'entreprise concernée peut être exonérée, partiellement ou totalement, de sanction. Pour une première application de cette nouvelle procédure, voir Aut. conc. 12-4-2023 nº 23-D-04, aff. « Bureau van Dijk ». À noter qu'il s'agissait en l'occurrence d'une entente non secrète.

COEXISTENCE AVEC LA PROCÉDURE DE TRANSACTION

53820 La mise en œuvre de la procédure de clémence par l'Autorité de la concurrence n'empêche pas l'application parallèle dans la même affaire de la procédure de transaction (sur cette procédure, voir nº 53940).

ARTICULATION AVEC LA PROCÉDURE PÉNALE

53825 Afin d'encourager les **demandes de clémence,** une **exemption de peines pénales** (C. com. art. L 420-6) est prévue, sous certaines conditions, en faveur des directeurs, gérants et autres membres du personnel de l'entreprise ou association d'entreprises qui ont pris une part personnelle et déterminante dans la conception, l'organisation ou la mise en œuvre d'ententes illicites (C. com. art. L 420-6-1).

Lorsqu'une exonération totale des sanctions pécuniaires a été accordée à une entreprise ou une association d'entreprises et lorsque les faits lui paraissent de nature à justifier l'application de peines pénales à l'encontre de personnes physiques, l'Autorité en informe le procureur de la République et lui transmet le dossier, en mentionnant, le cas échéant, les personnes physiques qui lui paraissent éligibles à une exemption de peine (C. com. art. L 464-2, IV-al. 2).

Cette exemption ne peut s'appliquer que si, d'une part, l'entreprise ou l'association d'entreprises dont ces personnes sont membres a bénéficié d'une exonération totale au titre de la clémence et si, d'autre part, il est établi que les intéressées ont activement coopéré avec l'Autorité et le ministère public et qu'elles n'avaient pas connaissance, au moment de la demande de clémence, d'une procédure administrative ou judiciaire relative à leur participation aux pratiques faisant l'objet de cette demande de clémence (C. com. art. L 420-6-1, al. 1 et 6 ; Communiqué de procédure Aut. conc. du 15-12-2023, pt 59).

Pour apprécier la coopération active d'une personne, les critères cumulatifs suivants s'appliquent (C. com. art. L 420-6-1, al. 2 à 5) :

– la personne se tient à la disposition des services d'enquête et de l'Autorité pour répondre à toute question pouvant contribuer à établir les faits ;
– elle s'abstient de détruire, de falsifier ou de dissimuler des informations ou des preuves pertinentes ;
– elle apporte des éléments de preuve de nature à établir l'infraction et à en identifier les autres auteurs ou complices.

DÉROULÉ DE LA PROCÉDURE DE CLÉMENCE

53830 Les entreprises qui désirent bénéficier d'une exonération totale ou partielle de sanctions pécuniaires doivent en faire la **demande** auprès soit du directeur général de la concurrence, de la consommation et de la répression des fraudes, soit du rapporteur général de l'Autorité de la concurrence, selon des modalités définies par l'article R 464-5 du Code de commerce. La DGCCRF peut être saisie de demandes de clémence notamment dans le cas de « micro-PAC » (nos 51600 s.).

La demande peut être adressée par lettre recommandée avec demande d'avis de réception (LRAR), par remise dans les locaux de l'Autorité entre 9 h et 19 h, par un formulaire électronique sécurisé accessible sur le site internet de l'Autorité, ou oralement, en contactant par téléphone le conseiller clémence (Communiqué de procédure Aut. conc. du 15-12-2023, pt 26).

Sauf lorsque la demande est faite oralement, l'entreprise reçoit une confirmation de réception écrite mentionnant la date et l'heure de réception de la demande. Il s'agit, selon le cas, soit d'un avis de réception (pour une demande adressée par LRAR), soit d'un reçu (pour une demande remise dans les locaux de l'Autorité), soit de l'accusé de réception du formulaire (pour une demande adressée par formulaire électronique sécurisé).

La **déclaration de clémence** doit décrire de manière précise le fonctionnement de la pratique concernée, ainsi que l'ensemble des éléments d'information que l'entreprise estime devoir venir au soutien de cette déclaration (par exemple, des pièces, des fichiers électroniques, des enregistrements, dissimulés ou non, et des déclarations de cadres et employés). Cette déclaration doit être **transmise** par l'entreprise à l'Autorité dans le délai imparti ou en même temps que la demande de clémence. La déclaration de clémence et ces éléments d'information sont recueillis dans les locaux de l'Autorité ou par l'intermédiaire d'une plateforme d'échanges sécurisés de documents. À défaut, ils peuvent être transmis par LRAR. Un procès-verbal actant la remise de cette déclaration et de ces éléments et comportant un rappel des conditions de coopération du demandeur avec l'Autorité est dressé (Communiqué de procédure Aut. conc. du 15-12-2023, pts 36 et 37).

Le demandeur doit fournir les **éléments d'information** dont il dispose en lien avec la pratique en cause, notamment :

1° Son nom et son adresse ;

2° Les circonstances ayant conduit à l'introduction de la demande ;

3° Les noms de toutes les autres entreprises ou associations d'entreprises qui participent ou ont participé à la pratique en cause ;

4° Les produits et les territoires concernés ;

5° La durée et la nature de la pratique en cause ;

6° Des renseignements sur toute autre demande d'exonération totale ou partielle de sanctions pécuniaires présentée par le passé ou susceptible d'être présentée à l'avenir à toute autre autorité de concurrence concernant la pratique en cause.

À la suite de la démarche de l'entreprise, le rapporteur général en informe le commissaire du Gouvernement. Il informe l'entreprise par écrit, le cas échéant, de son **éligibilité à une exonération totale ou partielle** des sanctions pécuniaires encourues et lui indique les conditions de coopération définies par l'Autorité de la concurrence (C. com. art. L 464-2, IV-al. 1).

Dans sa décision, l'Autorité peut, si ces conditions ont été respectées, accorder une exonération de sanctions pécuniaires proportionnée à la contribution apportée à l'établissement de l'infraction (C. com. art. L 464-2, IV-al. 1).

Les entreprises qui souhaitent bénéficier de la procédure de clémence peuvent être renseignées par le **conseiller clémence** de l'Autorité. L'Autorité précise sur son site Internet que les demandeurs potentiels peuvent le consulter informellement, voire anonymement, sur toutes les questions relatives à la procédure et sur les démarches à suivre et elle garantit une totale confidentialité durant les échanges avec le conseiller clémence.

> **Précisions** L'**ancienne société mère** d'une filiale, qui formait avec elle une unité économique au moment de la réalisation de l'infraction, ne peut pas profiter de la clémence sollicitée par cette **filiale** dès lors qu'à la date du dépôt de la demande de clémence formulée par la filiale elle n'exerçait plus d'influence déterminante sur celle-ci et qu'elle n'a pas sollicité, pour elle-même, le bénéfice de la clémence (Cass. com. 10-7-2018 n° 17-13.973 F-D : RJDA 11/18 n° 871).

ÉGALITÉ D'ACCÈS AU PROGRAMME DE CLÉMENCE

Comme le programme mis en place au niveau de l'Union européenne (nos 52440 s.), le programme de clémence français repose, pour l'essentiel, sur l'incitation des entreprises à être la première à dénoncer l'entente à laquelle elles ont pris part. L'exonération totale d'amendes ne peut être accordée qu'à celle-ci. Le programme instaure ainsi un « prix de la course ». **53840**

Pour assurer l'égalité d'accès au programme de clémence entre les entreprises non visitées et les entreprises visitées dans le cadre d'opérations de visite et saisie, l'Autorité publie, sauf circonstances particulières, un **communiqué de presse** à l'issue de ces opérations. Ce communiqué, qui doit être publié dans le strict respect de la présomption d'innocence des entreprises concernées, ne mentionne pas leur identité. Si l'Autorité décide de ne pas poursuivre l'enquête, un nouveau communiqué de presse est publié (Communiqué de procédure Aut. conc. du 15-12-2023, pt 12).

MARQUEUR DE CLÉMENCE

Le marqueur est le constat de la date et de l'heure d'arrivée de l'entreprise (ou de l'association d'entreprises) qui demande à obtenir le bénéfice de la clémence. Il est destiné à lui garantir un ordre d'arrivée tout en lui permettant de disposer d'un délai précis pour compléter sa demande. **53850**

Le demandeur peut en effet solliciter du directeur général de la concurrence, de la consommation et de la répression des fraudes ou du rapporteur général de l'Autorité l'attribution d'une **place dans l'ordre d'arrivée** (demande de marqueur) en vue de bénéficier de l'exonération totale ou partielle de sanctions pécuniaires (C. com. art. R 464-5-3). Dans ce cas, le délai octroyé au demandeur pour réunir les éléments d'information au soutien de sa demande, et durant lequel il conserve la place de sa demande dans l'ordre d'arrivée, est en principe d'un mois, prorogeable sur autorisation du rapporteur général (Communiqué de procédure Aut. conc. du 15-12-2023, pts 32 s.).

Les éléments d'information fournis par le demandeur durant ce délai sont réputés avoir été communiqués à la date de réception de la demande, telle que constatée dans le courrier ou le procès-verbal marquant sa place dans l'ordre d'arrivée.

CONDITIONS COMMUNES À TOUTE DEMANDE DE CLÉMENCE

53860 Afin de se voir accorder une exonération totale ou partielle de sanctions pécuniaires, le demandeur est tenu de remplir l'ensemble des **conditions** suivantes (C. com. art. R 464-5-4) :

1° Il doit **mettre fin à sa participation** à la pratique prohibée sans délai et au plus tard immédiatement après avoir déposé sa demande, sauf pour ce qui serait, de l'avis du rapporteur général de l'Autorité, raisonnablement nécessaire à la préservation de l'intégrité de l'enquête ;

2° Il doit apporter à l'Autorité une **coopération** véritable, totale, permanente et rapide dès le dépôt de sa demande et tout au long de la procédure d'enquête et d'instruction, ce qui implique en particulier de :

a) Fournir à l'Autorité sans délai tous les éléments d'information supplémentaires dont il dispose en lien avec la pratique (n° 53830), qui viendraient en sa possession ou auxquels il pourrait avoir accès, comprenant notamment une description détaillée de cette pratique et de sa nature, de la nature et de l'usage des produits en cause et des territoires sur lesquels cette pratique est susceptible de produire des effets, ainsi qu'une estimation de sa durée de mise en œuvre ;

b) Se tenir à la disposition de l'Autorité pour répondre rapidement à toute demande de sa part visant à contribuer à l'établissement des faits constitutifs de la pratique en cause ;

c) Mettre ses représentants légaux et salariés actuels à la disposition de l'Autorité et fournir des efforts raisonnables pour en faire de même avec ses anciens représentants légaux et salariés ;

d) S'abstenir de détruire, de falsifier ou de dissimuler des informations ou des éléments de preuves pertinents se rapportant à la pratique en cause ;

e) S'abstenir de divulguer l'existence ou la teneur de sa demande avant que l'Autorité n'ait communiqué ses griefs aux parties, sauf si elle y donne préalablement son accord ;

f) Ne remettre en cause à aucun moment devant l'Autorité, et ce jusqu'au terme de la procédure, les éléments d'information qu'il lui a révélés dans le cadre de la procédure, notamment en ce qui concerne la matérialité des faits qu'il a dénoncés ou l'existence même de la pratique ;

3° Il ne **doit** pas avoir **détruit ou falsifié de preuves** de la pratique en cause, ni avoir divulgué son intention de présenter une demande ou la teneur de celle-ci, sauf à d'autres autorités de concurrence.

> **Précisions** Au titre d'un **manquement** à son **devoir de coopération,** il a été reproché à une entreprise qui avait demandé le bénéfice de la procédure de clémence d'avoir contesté la compétence de l'Autorité de la concurrence (CA Paris 30-1-2014 n° 2012/00723).

EXONÉRATION TOTALE D'AMENDES DANS LE CADRE D'UNE PROCÉDURE DE CLÉMENCE

53865 Afin d'encourager les entreprises à coopérer avec l'Autorité, il est prévu que l'exonération totale des sanctions pécuniaires soit accordée à toute entreprise qui, la première, formule une demande de clémence et satisfait aux conditions ci-dessous (« **cas de type 1** »).

Outre les conditions exigées de tout demandeur (n° 53860), les **conditions** à remplir par le demandeur pour obtenir l'immunité sont les suivantes (C. com. art. R 464-5-1, I) :

1° Révéler sa participation à une pratique d'entente prohibée ;

2° Être le premier à fournir des éléments d'information qui :

a) Soit permettent (par exemple, en identifiant les lieux, les dates et l'objet des contacts ou des réunions entre les participants à l'entente présumée), au moment où la DGCCRF ou l'Autorité reçoivent la demande, de procéder à des opérations de visite et de saisie ou à des perquisitions dans le cadre d'une procédure pénale en rapport avec la pratique en cause, à condition qu'elles n'aient pas déjà en leur possession des éléments d'information qu'elles estiment suffisants pour permettre ces opérations de visite et de saisie ou qu'il n'ait pas déjà été procédé à de telles opérations ou perquisitions (« **cas de type 1 A** ») ;

b) Soit sont suffisants pour permettre à l'Autorité d'établir l'existence de la pratique en cause, à condition que la DGCCRF ou l'Autorité n'aient pas déjà en leur possession des éléments d'information que cette dernière estime suffisants pour lui permettre d'établir l'existence de cette pratique et qu'aucun autre demandeur n'ait déjà rempli les conditions pour bénéficier de l'exonération totale de sanctions pécuniaires dans le cadre d'un cas de type 1 A (« **cas de type 1 B** »).

Un demandeur ayant pris des mesures pour contraindre d'autres entreprises ou associations d'entreprises à participer à la pratique en cause ou à continuer à y participer est toutefois **exclu du bénéfice de l'exonération totale** de sanctions pécuniaires (C. com. art. R 464-5-1, II).

ILLUSTRATIONS

Pour un exemple d'exonération totale d'amende, voir Aut. conc. 28-5-2013 n° 13-D-12, aff. « Commercialisation de commodités chimiques », confirmé sur d'autres points par Cass. com. 6-9-2023 n° 20-23.582 FS-B : RJDA 12/23 n° 677 ; Aut. conc. 12-4-2023 n° 23-D-04, aff. « Bureau van Dijk ».

Pour un exemple d'exonération totale et d'exonération partielle, voir Aut. conc. 24-3-2021 n° 21-D-09, aff. « Sandwichs sous marque de distributeur ».

EXONÉRATION PARTIELLE D'AMENDES DANS LE CADRE D'UNE PROCÉDURE DE CLÉMENCE

Conditions de l'exonération partielle Les autres entreprises – la deuxième, la troisième et les suivantes – peuvent bénéficier d'une exonération partielle des sanctions pécuniaires, à certaines conditions (« **cas de type 2** »). 53870

Outre les conditions communes à remplir par tout demandeur (n° 53860), les **conditions** à satisfaire par le demandeur pour obtenir une exonération partielle de sanctions pécuniaires sont les suivantes (C. com. art. R 464-5-2, I) :
– révéler sa participation à une pratique d'entente prohibée ;
– fournir des éléments d'information qui comportent une valeur ajoutée significative afin d'établir l'existence de la pratique en cause, par rapport à ceux qui se trouvent déjà en la possession de la DGCCRF ou de l'Autorité au moment de la demande.

Montant de la réduction Pour déterminer le **niveau d'exonération** des sanctions pécuniaires auquel l'entreprise peut prétendre, l'Autorité prend en compte les **critères** suivants : le rang de la demande, le moment où elle a été présentée (avant ou après la notification des griefs) et le degré de valeur ajoutée significative que les éléments de preuves fournis par cette entreprise ont apporté (Communiqué de procédure Aut. conc. du 15-12-2023, pt 45). 53875

Le **montant maximal de la réduction** s'élève, en principe, à 50 % du montant de la sanction qui aurait été imposée à l'entreprise si elle n'avait pas bénéficié de la clémence (Communiqué précité, pt 20). Dans des circonstances exceptionnelles, sans doute au vu de la valeur ajoutée particulièrement significative des éléments apportés par la deuxième entreprise, l'Autorité de la concurrence pourrait donc aller au-delà des 50 % de réduction.

Afin d'offrir une certaine sécurité juridique aux demandeurs de clémence tout en s'assurant que la valeur ajoutée significative des demandes soit prise en compte de manière adéquate, l'Autorité définit des **fourchettes de réduction d'amende** en fonction du rang de dépôt de la demande : entre 25 et 50 % pour la première entreprise à fournir une valeur ajoutée significative ; entre 15 et 40 % pour la deuxième ; 25 % pour les autres (Communiqué précité, pt 20).

> **Précisions** Le barème établi par l'Autorité présente des **fourchettes** plus **larges** que celles prévues par la Commission européenne pour son programme de clémence (n° 52490). Ces fourchettes se chevauchent – contrairement à celles de la Commission – de sorte que, par exemple, une entreprise de troisième rang présentant des éléments de valeur ajoutée plus significative qu'une entreprise de deuxième rang pourrait se voir accorder une réduction plus importante que celle-ci.

Montant de la réduction en cas de « clémence Plus » Lorsqu'un demandeur est le premier à fournir des informations décisives permettant à l'Autorité d'établir des **éléments de fait supplémentaires** conduisant à une **augmentation des sanctions pécuniaires** infligées aux participants à la pratique en cause par rapport à celles qui auraient été infligées en l'absence de ces éléments, l'Autorité ne prend pas en compte ces faits supplémentaires pour déterminer le montant de la sanction qui sera infligée au demandeur les ayant fournis (C. com. art. R 464-5-2, II). 53877

Par exemple, si l'entreprise indique que la pratique a duré 10 ans et non 8 ans – comme les autres éléments à la disposition de l'Autorité le laissaient à penser –, l'Autorité pourra augmenter les sanctions pécuniaires des autres participants à l'entente mais elle n'en tiendra pas compte pour l'entreprise qui est à la source de cette information. À noter que cette immunité partielle ne peut pas entraîner une augmentation des plafonds des fourchettes de réduction d'amende (en ce sens, A. Ronzano : Lettre Creda Concurrence n° 2015-33).

ILLUSTRATIONS

Une entreprise, qui avait participé à une entente qualifiée d'unique et sollicité une clémence de second rang, avait transmis à l'Autorité de la concurrence des éléments permettant non seulement d'étendre la durée de l'infraction unique et d'aggraver la sanction en conséquence, mais aussi de révéler l'existence d'un accord illicite, ce qui a conduit à infliger une sanction supplémentaire aux entreprises mises en cause (Aut. conc. 5-12-2018 n° 18-D-24, aff. « Secteur des produits électroménagers »).

Pour déterminer le montant de la sanction infligée à une entreprise qui avait fourni des éléments de fait supplémentaires ayant seuls permis de révéler des pratiques, l'Autorité n'a pas retenu la durée de ces pratiques ; elle n'a pas non plus tenu compte à son égard de la valeur des ventes à une catégorie de clients, dès lors que l'entreprise avait, la première, fourni les preuves incontestables ayant permis d'établir l'existence de pratiques visant cette catégorie de clients (Aut. conc. 24-3-2021 n° 21-D-09, aff. « Sandwichs sous marque de distributeur »).

ARTICULATION AVEC LA PROCÉDURE DE CLÉMENCE AUPRÈS DE LA COMMISSION

53880 Une **demande sommaire** peut être soumise à l'Autorité lorsque le demandeur a sollicité une exonération totale ou partielle de sanctions pécuniaires auprès de la Commission européenne, soit pour l'attribution d'une place dans l'ordre d'arrivée en vue de bénéficier d'une telle exonération, soit par le dépôt d'une demande complète, et que cette demande se réfère à une pratique prohibée couvrant les territoires de plus de trois États membres. Cette demande sommaire doit alors concerner la même pratique (C. com. art. R 464-5-2, I).

Une demande sommaire est soumise aux mêmes règles générales de procédure que toute demande de clémence (n° 53830).

Elle doit comporter les éléments d'information suivants dont le demandeur dispose en lien avec la pratique en cause (C. com. art. R 464-5-2, II) :

– son nom et son adresse ;
– les noms de toutes les autres entreprises ou associations d'entreprises qui participent ou ont participé à la pratique en cause ;
– les produits et les territoires concernés ;
– la durée et la nature de la pratique en cause ;
– des renseignements sur toute autre demande d'exonération totale ou partielle de sanctions pécuniaires présentée par le passé ou susceptible d'être présentée à l'avenir à toute autre autorité de concurrence concernant la pratique en cause.

La demande sommaire doit en outre comporter la mention des États membres où les preuves de la pratique en cause sont susceptibles de se trouver.

L'Autorité ne peut pas demander de clarifications sur d'autres éléments que ceux visés ci-dessus.

En outre, lorsqu'elle est saisie d'une demande sommaire, l'Autorité doit vérifier si elle a déjà reçu une autre demande, sommaire ou complète, de la part d'un autre demandeur, concernant la même pratique. En l'absence d'une telle autre demande, et si elle estime que la demande sommaire dont elle est saisie comporte les éléments requis, le rapporteur général ou un rapporteur désigné par lui informe le demandeur de l'acceptation de sa demande (C. com. art. R 464-5-2, III).

Lorsque la Commission européenne a informé l'Autorité de ce qu'elle n'a pas l'intention d'instruire l'affaire en tout ou en partie, le demandeur a la possibilité de soumettre au rapporteur général de l'Autorité une demande complète. À titre exceptionnel, lorsque cela s'avère strictement nécessaire pour la délimitation d'une affaire ou pour son attribution, le rapporteur général ou un rapporteur désigné par lui peut inviter le demandeur à soumettre une demande complète avant que la Commission européenne n'ait informé l'Autorité de ce qu'elle n'a pas l'intention d'instruire l'affaire en tout ou en partie (C. com. art. R 464-5-2, IV).

Le rapporteur général de l'Autorité peut fixer au demandeur un délai maximal pour le dépôt de sa demande complète ainsi que des éléments d'information correspondants.

Lorsque le demandeur dépose sa demande complète dans le délai imparti, celle-ci est réputée avoir été déposée au moment du dépôt de la demande sommaire, pour autant que cette dernière porte sur les mêmes produits et les mêmes territoires et sur la même durée de la pratique en cause que la demande introduite auprès de la Commission européenne, qui peut avoir été mise à jour (C. com. art. R 464-5-2, V).

F. Réduction de la sanction pécuniaire en cas de procédure de transaction

ORIGINE DE LA PROCÉDURE DE TRANSACTION

La procédure de transaction (C. com. art. L 464-2, III) permet aux entreprises qui ne contestent pas les faits qui leur sont reprochés d'obtenir le prononcé d'une sanction pécuniaire à l'intérieur d'une fourchette proposée par le rapporteur général de l'Autorité de la concurrence et ayant donné lieu à un accord des parties. 53940

L'Autorité de la concurrence a adopté le 21 décembre 2018 un **communiqué de procédure** sur les conditions de mise en œuvre de la procédure de transaction (www.autoritedelaconcurrence.fr). Ce communiqué revêt le caractère de lignes directrices au sens de la jurisprudence administrative. Il est donc opposable à l'Autorité, « sauf circonstances particulières ou raisons d'intérêt général la conduisant à s'en écarter » (Communiqué de procédure du 21-12-2018, pt 6).

MODALITÉS DE MISE EN ŒUVRE DE LA PROCÉDURE DE TRANSACTION

Renonciation à contester les griefs et cessation de la pratique sanctionnée 53950

La procédure de transaction peut être mise en œuvre dans les affaires de pratiques anticoncurrentielles (C. com. art. L 410-3, L 420-1 à L 420-2-2 et L 420-5 et TFUE art. 101 et 102) dans lesquelles des griefs ont été notifiés à une ou plusieurs entreprises (Communiqué de procédure précité, pt 7).

L'entreprise ou l'association d'entreprises qui décide de demander le bénéfice de la procédure de transaction doit renoncer à contester les griefs qui lui ont été notifiés. Cette renonciation, qui est retranscrite dans un procès-verbal, prend la forme d'une déclaration par laquelle son auteur indique, en des termes clairs, complets, dépourvus d'ambiguïté et inconditionnels, qu'il ne conteste ni la réalité de l'ensemble des pratiques en cause ni leur qualification juridique, telle qu'elle résulte de la notification de griefs, ni leur imputabilité. La renonciation à contester la réalité des pratiques doit porter à la fois sur leur matérialité, leur durée, leur champ géographique et la participation de l'intéressé aux pratiques. La renonciation à contester la qualification juridique des faits doit porter sur tous les éléments constitutifs de l'infraction et, en particulier, l'objet ou l'effet anticoncurrentiel de la pratique (Communiqué de procédure précité, pt 13).

La mise en œuvre de la transaction implique la **cessation** par l'entreprise des **pratiques sanctionnées.** Les parties qui s'engagent dans la voie de la transaction se doivent d'apporter des garanties suffisantes, notamment en termes de délais de mise en conformité, démontrant que la pratique faisant l'objet d'un grief notifié cessera dans les meilleurs délais après la transaction (Aut. conc. 28-10-2019 n° 19-D-21, aff. « Transport routier de marchandises »).

Demande d'application de la procédure de transaction L'entreprise destinataire d'une notification des griefs qui souhaite bénéficier de la procédure de transaction doit en faire la **demande** au rapporteur général de l'Autorité le plus rapidement possible afin qu'un procès-verbal de transaction puisse être signé et au plus tard dans les deux mois qui suivent la notification des griefs. Elle n'a pas à expliquer les raisons d'une telle démarche. Sauf circonstances exceptionnelles, l'Autorité ne prend pas en considération les demandes qui n'ont pas abouti à l'expiration de ce délai de deux mois (Communiqué de procédure précité, pts 10 et 11). 53960

> **Précisions** Une information préalable sur le déroulement de la procédure peut avoir lieu, à l'initiative du rapporteur général, y compris avant l'**envoi de la notification de griefs.** L'entreprise en cause peut, de son côté et dès avant l'envoi de la notification de griefs, se rapprocher des services d'instruction de l'Autorité afin d'explorer la possibilité de recourir à cette procédure (Communiqué de procédure précité, pt 10).

Proposition de transaction Lorsqu'une entreprise (ou association d'entreprises) ne conteste pas la réalité des griefs qui lui sont notifiés, le rapporteur général peut lui soumettre une proposition de transaction qui fixe le montant maximal et le montant minimal de la sanction pécuniaire envisagée (C. com. art. L 464-2, III). 53970

Le communiqué de procédure décrit les règles encadrant les **discussions préparatoires** à la proposition de transaction (Communiqué précité, pts 20 à 24).

Si le rapporteur général estime que la transaction peut être mise en œuvre, il soumet à l'entreprise concernée une proposition de transaction fixant la **fourchette de la sanction** pécuniaire envisagée. Le montant de la réduction de sanction attachée à la mise en œuvre de la procédure de transaction n'est pas prédéterminé. Il dépend des circonstances de chaque espèce (Communiqué de procédure précité, pt 25).

Le rapporteur général dispose d'un large pouvoir d'appréciation sur l'**opportunité du recours à cette procédure** dans une affaire déterminée et sur la pertinence de chaque demande présentée par une entreprise. Il peut donc ne pas donner une suite favorable à une demande de mise en œuvre de la procédure de transaction (Aut. conc. 23-3-2020 n° 20-D-05, aff. « Déménagements des personnels militaires au départ de la Réunion »). L'Autorité entend, de façon générale, privilégier la mise en œuvre de cette procédure dans les affaires dans lesquelles l'ensemble des parties renoncent à contester les griefs et sollicitent le recours à celle-ci (Communiqué précité, pts 17 et 19).

Si l'entreprise **s'engage à modifier son comportement,** le rapporteur général peut en tenir compte dans sa proposition de transaction (C. com. art. L 464-2, III). Le rapporteur général peut ainsi tenir compte soit de la seule renonciation à contester les griefs, soit d'une renonciation à contester les griefs couplée avec des engagements de nature comportementale ou structurelle. Si l'entreprise souhaite proposer des engagements, sa demande de transaction doit en faire état et être accompagnée des éléments nécessaires pour permettre au rapporteur général d'apprécier le caractère substantiel, crédible et vérifiable de ces propositions (Communiqué précité, pt 12).

Si, dans un délai fixé par le rapporteur général, l'entreprise (ou association d'entreprises) donne son **accord à la proposition de transaction,** le rapporteur général propose à l'Autorité de la concurrence, sans établissement d'un rapport, de **prononcer la sanction** pécuniaire dans les limites fixées par la transaction (C. com. art. L 464-2, III : n° 53980).

L'absence de nécessité d'établir un rapport permet d'éviter le « double tour » de contradictoire prévu en cas de procédure classique (n° 50260) et ainsi d'accélérer le traitement de l'affaire.

53980 **Instruction de la demande et décision du collège de l'Autorité de la concurrence** L'Autorité entend l'entreprise (ou l'association d'entreprises) et le commissaire du Gouvernement (C. com. art. L 464-2, III). Le collège de l'Autorité peut décider d'organiser la séance en deux temps afin d'entendre, dans une deuxième partie, chacune des entreprises ayant signé un procès-verbal de transaction en présence du commissaire du Gouvernement et hors la présence des autres mis en cause (Communiqué de procédure précité, pt 35).

L'entreprise conserve la faculté de présenter des observations sur les éléments susceptibles d'être pris en considération par le collège de l'Autorité pour déterminer le montant de la sanction pécuniaire qui pourrait être prononcée à l'intérieur de la fourchette retenue par le procès-verbal de transaction signé avec le rapporteur général (Communiqué précité, pt 15).

S'il estime que les conditions pour le prononcé d'une **sanction** sont réunies, le collège de l'Autorité prononce une sanction comprise dans les limites de la fourchette fixée par le procès-verbal de transaction.

S'il estime au contraire que les conditions pour le prononcé d'une sanction dans la fourchette indiquée dans le procès-verbal ne sont pas réunies ou que le ou les griefs ne sont pas fondés, le collège de l'Autorité peut décider d'un renvoi à l'instruction selon la procédure de droit commun (Communiqué précité, pt 33).

> **Précisions** Le communiqué du 30 juillet 2021 relatif à la méthode de détermination des sanctions pécuniaires précise que les sanctions prononcées dans le cadre d'une procédure de transaction ne sont pas motivées par **référence à la méthode de détermination des sanctions pécuniaires** qu'il énonce (n° 53610). Il renvoie au communiqué de procédure du 21 décembre 2018, lequel indique que cette méthode peut constituer un point de référence pertinent en vue de la signature du procès-verbal de transaction (Communiqué de 2018, pt 37).

53990 **Confidentialité** Les **échanges** des parties mises en cause **avec les services d'instruction** afin d'aboutir à une transaction doivent demeurer confidentiels.

Aucun document ou **pièce transmis par les parties** et se rapportant à la mise en œuvre de la procédure de transaction ne sera versé au dossier d'instruction. Il en va de même lorsque la procédure mise en œuvre n'a pas abouti à la signature d'un procès-verbal de transaction. En outre, le procès-verbal de transaction signé par une entreprise n'est pas communicable aux autres parties à la procédure non plus qu'à des tiers (Communiqué de procédure du 21-12-2018, pt 24).

Les **pièces relatives à la procédure de transaction,** dont le procès-verbal qui le consigne, n'ont pas vocation à être communiquées aux autres parties, qui ne bénéficient que d'un droit à être informées de la proposition qu'entend formuler le rapporteur général à l'Autorité. En outre, la confidentialité de la transaction est indépendante de la procédure de protection du secret des affaires. La société concernée n'a donc pas à formuler une telle demande de protection (CA Paris 6-7-2017 n° 2017/07296, aff. « Direct Energie »).

Non-respect des engagements Si les engagements souscrits par une entreprise dans le cadre d'une procédure de transaction (nº 53970) ne sont pas respectés, l'Autorité de la concurrence peut prononcer une sanction pécuniaire dans les limites fixées à l'article L 464-2, I du Code de commerce (C. com. art. L 464-3). 54000

> **Précisions** L'Autorité de la concurrence considère que le non-respect d'engagements est une **pratique « grave** en elle-même [...]. Une telle pratique est d'autant plus grave que la prise d'engagements a lieu à l'initiative des parties mises en cause qui les proposent » (Aut. conc. 21-6-2018 nº 18-D-09, aff. « Randstad »).

RECOURS CONTRE UNE DÉCISION DE SANCTION À LA SUITE D'UNE PROCÉDURE DE TRANSACTION

Le montant de la sanction prononcée par l'Autorité de la concurrence à la suite d'une procédure de transaction peut valablement être contesté et ce, alors même que l'entreprise sanctionnée a accepté la fourchette de montants proposée par le rapporteur général de l'Autorité ; en effet, le consentement de l'entreprise à ne pas contester la réalité des griefs notifiés et à ne discuter du montant de la sanction qu'à l'intérieur d'une fourchette proposée par le rapporteur général n'implique ni qu'elle renonce à toute voie de recours concernant la régularité de la procédure suivie ni qu'elle reconnaît la proportionnalité de la sanction infligée par le collège de l'Autorité (CA Paris 13-6-2019 nº 18/20229 : RJDA 11/19 nº 714). 54020

ATTENTION

Les **contestations** qui peuvent être formulées devant la cour d'appel demeurent **limitées.** Une entreprise ne peut ainsi contester le montant de la sanction qu'à la condition de rester dans la fourchette qui avait été fixée par le rapporteur (CA Paris 13-6-2019 nº 18/20229 précité). L'entreprise ne peut pas non plus soutenir que l'application de sanctions dans les limites des fourchettes acceptées serait incompatible avec sa capacité contributive, sauf à ce que celle-ci se soit dégradée postérieurement à la signature des procès-verbaux de transaction (Aut. conc. 28-10-2019 nº 19-D-21, aff. « Transport routier de marchandises »).

DISTINCTION AVEC LA PROCÉDURE EUROPÉENNE DE TRANSACTION

La procédure française de transaction est différente de la procédure européenne de transaction (nos 52550 s.) : son champ d'application est plus large puisqu'elle s'applique à toutes les pratiques anticoncurrentielles tandis que la procédure européenne ne s'applique qu'aux ententes ; elle intervient en principe après la communication des griefs, alors que la procédure européenne intervient plus en amont (Communiqué de procédure Aut. conc. du 21-12-2018, pt 10). 54030

CUMUL AVEC LA PROCÉDURE DE CLÉMENCE

Le communiqué de procédure relatif à la procédure de transaction prévoit que la procédure de transaction peut être mise en œuvre conjointement avec la procédure de clémence. Le rapporteur général peut proposer la mise en œuvre de la procédure de transaction à une entreprise bénéficiant du programme de clémence s'il l'estime opportun, notamment au regard du comportement de l'entreprise ayant obtenu le bénéfice conditionnel de la procédure de clémence et de l'objectif de simplification et d'accélération des procédures. 54040

Attention, le bénéfice qui résulte pour une entreprise de la mise en œuvre d'une procédure de transaction ne peut être équivalent au bénéfice d'une exonération, totale ou partielle, de sanction accordée au titre de la clémence (Communiqué précité, pt 9).

PROGRAMMES DE CONFORMITÉ AUX RÈGLES DE CONCURRENCE

Les programmes de conformité sont des programmes par lesquels des entreprises expriment leur attachement à certaines règles, ainsi qu'aux valeurs ou aux objectifs qui les fondent, et mettent en place des mesures concrètes destinées à développer une culture de respect des normes afin de prévenir d'éventuels manquements, de les détecter et d'y mettre fin. La conformité combine ainsi trois composantes : préventive, curative et évolutive. 54050

L'Autorité de la concurrence diffuse sur son site internet (www.autoritedelaconcurrence.fr) un **document-cadre** qui souligne l'importance des programmes de conformité aux règles de concurrence et donne à tous les acteurs des points de repère sur les objectifs, la définition et la mise en œuvre de ces programmes. Ce texte expose les **bénéfices** des programmes de conformité : contribuer à l'établissement d'une concurrence libre et non faussée, prévenir les risques financiers et d'atteinte à la réputation, ainsi que faciliter la détection des infractions pour se mettre en conformité.

Le document-cadre décrit les conditions et critères nécessaires afin de garantir l'efficacité des programmes de conformité. Pour ce faire, l'Autorité estime que ces programmes doivent s'attacher à poursuivre trois **objectifs** : prévenir les risques d'infraction, donner les moyens de détecter et de traiter les cas d'infraction qui n'ont pas pu être évités, prévoir des mises à jour régulières.

La mise en place de mesures d'information des mandataires sociaux, dirigeants, etc. sur la teneur des règles et la nécessité de les respecter doit être complétée par un ensemble de mesures concrètes et effectives établissant que l'entreprise s'investit réellement pour faire vivre une culture de conformité aux règles de concurrence, pour détecter les cas de non-conformité et pour y apporter les réponses adéquates.

L'Autorité considère que **cinq piliers** doivent guider les entreprises dans l'élaboration de leur programme de conformité aux règles de concurrence : un engagement public de l'entreprise, des relais et experts internes, une information, formation et sensibilisation, des mécanismes de contrôle et d'alerte et, enfin, un dispositif de suivi, ceux-ci pouvant être adaptés en fonction des caractéristiques de chaque entreprise.

Le document-cadre présente également le rôle que peuvent jouer les différents **acteurs de la conformité** qui contribuent à sa réussite générale : les entreprises elles-mêmes et experts externes, les organismes professionnels ainsi que les partenaires institutionnels que sont l'Autorité de la concurrence et la DGCCRF.

ATTENTION

L'Autorité estime que l'élaboration et la mise en œuvre de programmes de conformité ont vocation à s'insérer dans la gestion courante des entreprises, en particulier lorsque celles-ci sont de taille conséquente ; les engagements portant sur la mise en œuvre de tels programmes de conformité ne peuvent donc pas, de façon générale, entraîner une **atténuation des sanctions encourues** au titre des infractions au droit de la concurrence, tout spécialement s'agissant d'infractions d'une particulière gravité, telles que les ententes et échanges d'informations sur les prix futurs et la politique commerciale (Aut. conc. 18-10-2017 n° 17-D-20, aff. « Revêtements de sols résilients »).

G. Possibilité d'une « sur-amende »

54090 Les sanctions pécuniaires prononcées peuvent faire l'objet d'une majoration, dans la limite de 10 % de leur montant, mise à la charge de l'entreprise ou de l'organisme sanctionné et destinée à financer l'aide aux victimes (C. com. art. L 464-5-1, al. 1).

Le montant de cette « sur-amende » est modulé selon les quatre critères légaux de l'article L 464-2, I-al. 3 du Code de commerce (n° 53610). Il est déterminé individuellement pour chaque entreprise ou organisme sanctionné et de façon motivée (art. L 464-5-1, al. 2).

VI. PUBLICITÉ DE LA DÉCISION DE L'AUTORITÉ DE LA CONCURRENCE

PUBLICITÉ DE LA DÉCISION SUR UN SUPPORT CHOISI PAR L'AUTORITÉ

54200 Indépendamment de la publication de ses décisions sur son site internet (n° 51170), l'Autorité de la concurrence peut, aux frais de la personne intéressée, ordonner la publication, la diffusion ou l'affichage de sa décision ou d'un extrait de celle-ci sur le support de son choix (C. com. art. L 464-2, I-al. 8).

ILLUSTRATIONS

Pour une décision ordonnant la publication d'un résumé de celle-ci dans les journaux « L'Équipe » et « Le Figaro », voir Aut. conc. 20-2-2014 n° 14-D-02, aff. « Presse d'information sportive ».

La publication constitue une **sanction accessoire** mais autonome dont l'Autorité de la concurrence décide librement en fonction des éléments de la cause, sans être tenue, lorsqu'elle la prononce, de faire une répartition mathématique des frais entre tous les contrevenants (CA Paris 6-12-1990 : BOCCRF du 29-12 p. 445). En revanche, l'Autorité ne peut pas se dispenser de préciser par qui sa décision doit être publiée (CA Paris 29-3-1996 : BOCCRF du 24-5 p. 247).

Elle est par ailleurs tenue de **motiver** sa décision de publication ; à défaut, cette mesure peut être annulée (CA Paris 6-5-1997 : BOCCRF du 11-6 p. 404).

La cour d'appel de Paris exerce un **contrôle** sur la teneur du résumé de la décision de l'Autorité que les entreprises sont condamnées à faire publier. Rappelant que le texte de la publication doit être objectif, même s'il est nécessairement un résumé succinct de la décision de l'Autorité, la cour juge par ailleurs inutile d'y indiquer que les victimes de la pratique anticoncurrentielle disposent d'un droit à réparation (CA Paris 29-3-2012 n° 2011/01228).

Lorsque l'Autorité n'a pas ordonné la publication de sa décision, la **cour d'appel de Paris** ne peut pas y procéder car cela aggraverait le sort des personnes condamnées (CA Paris 19-1-2010 n° 2009/06049).

La **suspension de l'obligation de publication** a pu être ordonnée dans un cas où les entreprises avaient obtenu le sursis à exécution de la décision de sanction. En effet, la publication ordonnée précisait le montant total de la sanction prononcée et était donc susceptible de « compliquer » les relations des entreprises avec leurs fournisseurs et organismes de crédit (CA Paris 26-6-12, ord. réf., n° 12/08905).

> **Précisions a.** L'Autorité de la concurrence peut valablement procéder à une diffusion appropriée de ses décisions, y compris par des supports de communication destinés aux **réseaux sociaux** (par exemple, vidéos), afin de diffuser une information à la fois précise et compréhensible, y compris par les non-spécialistes (CA Paris 16-2-2023 n° 20/14632).
> **b.** La diffusion par l'Autorité, concomitamment à la mise en ligne d'une décision de sanction sur son site internet, d'une **vidéo** et de commentaires se rapportant uniquement à cette sanction particulière n'est pas dissociable de la décision de sanction elle-même ; dès lors, le **litige** relève de la cour d'appel de Paris et non des juridictions administratives (T. confl. 11-4-2022 n° 4242 : RJDA 10/22 n° 583 ; Cass. com. 22-3-2023 n° 21-16.868 FS-B : RJDA 6/23 n° 342).

PUBLICITÉ DE LA DÉCISION DANS LE RAPPORT DE GESTION

L'Autorité de la concurrence peut aussi ordonner, aux frais de la personne intéressée, l'insertion de la décision ou de l'extrait de celle-ci dans le rapport établi sur les opérations de l'exercice par les gérants, le conseil d'administration ou le directoire de l'entreprise (C. com. art. L 464-2, I-al. 5). **54205**

VII. ASTREINTES PRONONCÉES PAR L'AUTORITÉ DE LA CONCURRENCE

OBJET DE L'ASTREINTE

L'Autorité de la concurrence peut infliger aux intéressés une astreinte pour les contraindre à (C. com. art. L 464-2, II-al. 1) : **54300**
- exécuter une décision d'injonction les ayant obligés à mettre fin aux pratiques anticoncurrentielles ou ayant imposé des conditions particulières (n° 53200) ;
- respecter une décision ayant rendu un engagement obligatoire (n° 53300) ;
- respecter les mesures conservatoires qu'elle aura prononcées (n°s 50870 s.).

PLAFOND LÉGAL DE L'ASTREINTE

L'astreinte infligée par l'Autorité de la concurrence ne peut pas dépasser 5 % du chiffre d'affaires mondial total journalier moyen, par jour de retard à compter de la date qu'elle fixe (C. com. art. L 464-2, II-al. 1). **54305**

Le chiffre d'affaires pris en compte pour déterminer le montant de l'astreinte est calculé sur la base des comptes de l'entreprise relatifs au dernier exercice clos à la date de la décision. Si les comptes de l'entreprise concernée ont été consolidés ou combinés, le chiffre d'affaires pris en compte est celui figurant dans les comptes consolidés ou combinés de l'entreprise consolidante ou combinante (C. com. art. L 464-2, II-al. 4).

LIQUIDATION DE L'ASTREINTE

La décision de l'Autorité de liquider une astreinte doit être précédée de l'établissement d'un rapport évaluant le montant définitif de l'astreinte. Ce rapport est adressé aux parties et au commissaire du Gouvernement, qui disposent d'un délai d'un mois pour présenter leurs observations écrites. Les parties et le commissaire du Gouvernement peuvent également présenter des observations orales lors de la séance (C. com. art. R 464-3). **54305**

VIII. DOMMAGES-INTÉRÊTS EN CAS DE PRÉJUDICE CAUSÉ PAR UNE PRATIQUE ANTICONCURRENTIELLE

RÈGLES APPLICABLES À L'ACTION EN RÉPARATION POUR PRATIQUE ANTICONCURRENTIELLE

54400 Les pratiques anticoncurrentielles peuvent être sanctionnées dans le cadre d'actions publiques engagées devant les autorités de concurrence, mais aussi donner lieu à réparation sur le terrain de la responsabilité civile dans le cadre d'actions privées.

La réparation des dommages causés par des pratiques anticoncurrentielles était auparavant fondée sur les règles du droit commun de la responsabilité civile extracontractuelle (C. civ. art. 1240 ; ex-art. 1382), telles qu'adaptées par la jurisprudence aux spécificités de ces pratiques.

À la suite de l'adoption de la directive 2014/104/UE du 26 novembre 2014 (nº 52900), l'ordonnance de transposition 2017-303 du 9 mars 2017 a créé dans le Code de commerce un régime spécifique de responsabilité civile.

Ce régime de responsabilité est applicable aux créances de réparation nées à compter du 11 mars 2017, date de l'entrée en vigueur de l'ordonnance précitée (nºs 54520 s.), tandis que celui fondé sur le droit commun de la responsabilité civile extracontractuelle (nºs 54410 s.) est applicable aux créances de réparation nées avant cette date.

Le droit commun de la responsabilité civile s'applique par ailleurs toujours de manière résiduelle lorsque aucune règle spéciale prévue par le régime issu de l'ordonnance n'y déroge.

A. Régime du droit commun de la responsabilité civile extracontractuelle

CONDITIONS DE L'ACTION EN RESPONSABILITÉ POUR PRATIQUE ANTICONCURRENTIELLE

54410 La **victime** d'une pratique anticoncurrentielle peut demander réparation du dommage qui lui a été causé sous forme de dommages-intérêts en application du droit commun de la responsabilité civile extracontractuelle (Cass. com. 1-3-1982 nº 80-15.834 : Bull. civ. IV nº 76). Le demandeur à l'action en réparation doit donc établir la preuve d'une **faute,** d'un **préjudice** et d'un **lien de causalité** entre les deux (notamment, CA Paris 14-12-2016 nº 13/08975, confirmé par Cass. com. 29-1-2020 nº 17-15.156 F-D ; CA Paris 5-7-2017 nº 15/12365).

Des règles analogues s'appliquent lorsque la victime d'une pratique anticoncurrentielle est une **personne publique** et que l'action en réparation du dommage doit être portée devant les juridictions administratives, ce qui est le cas chaque fois que des pratiques illicites ont été commises à l'occasion de la passation de marchés publics ayant le caractère de contrats administratifs (CE 27-3-2020 nº 420491, CE 27-3-2020 nº 421758, CE 10-7-2020 nº 420045, CE 12-10-2020 nº 432981 : RJDA 2/21 nº 126 et chron. R. Vandermeeren p. 95 ; CE 27-4-2021 nº 440348 : RJDA 7/21 nº 521).

> **Précisions** La **compétence administrative** s'impose même si les entreprises dont la responsabilité est recherchée ont participé aux pratiques en cause sans contracter avec la personne publique (CE 27-3-2020 nº 421758 et CE 12-10-2020 nº 432981 : RJDA 2/21 nº 126, 2e et 4e espèces et chron. R. Vandermeeren p. 95).

PARTIES À L'ACTION EN RESPONSABILITÉ POUR PRATIQUE ANTICONCURRENTIELLE

54420 L'**action** en dommages-intérêts pour pratique anticoncurrentielle peut être **exercée par** toute personne ayant un intérêt, conformément au droit commun de la responsabilité civile. Ainsi, ont été admises les actions engagées par (Fiches méthodologiques de la cour d'appel de Paris, fiche nº 10-b « Comment agir en réparation des préjudices causés par une pratique anticoncurrentielle ? ») :

1º Le concurrent du ou d'un des auteurs de la pratique anticoncurrentielle (par exemple, CA Paris 9-2-2022, nº 20/06702) ;

2º Le cocontractant du ou d'un des auteurs de la pratique anticoncurrentielle (par exemple, CA Paris 5-1-2022 nº 19/22293), y compris si ce cocontractant a lui-même pris part à la pratique anticoncurrentielle (CJCE 20-9-2001 aff. 453/99, Courage : RJDA 1/02 n° 104), auquel cas une réduction de son droit à indemnisation est possible ;

3° Un tiers (qualifié de « contractant indirect ») ayant contracté avec un « contractant direct » ayant répercuté sur lui tout ou partie du préjudice subi du fait de la pratique anticoncurrentielle ;

4° Un tiers qui a subi un « préjudice d'ombrelle », c'est-à-dire, en cas d'entente illicite sur les prix, un préjudice de surcoût résultant d'une hausse des prix de la part d'entreprises qui, sans être elles-mêmes parties à l'entente, ont fixé délibérément ou non, dans le sillage des agissements de cette entente, leurs propres prix à un niveau plus élevé que ce que les conditions de la concurrence leur auraient permis de faire (CJUE 5-6-2014 aff. 557/12, Kone ; CE 12-10-2020 n° 432981 : RJDA 2/21 n° 126, 4ᵉ espèce ; Cass. com. 7-6-2023 n° 22-10.545 FS-B : RJDA 10/23 n° 548) ;

5° Une personne n'intervenant pas sur le marché affecté par la pratique anticoncurrentielle en tant que fournisseur ou acheteur (CJUE 12-12-2019 aff. 435/18, Otis ; voir le cas particulier de la Cnam, CA Paris 9-2-2022 n° 19/19969) ;

6° Une association de défense des consommateurs agréée afin d'obtenir, dans le cadre d'une action de groupe, la réparation des préjudices individuels subis par des consommateurs à raison de pratiques anticoncurrentielles (C. consom. art. L 623-1 s.) ou un syndicat professionnel (C. com. art. L 490-10).

Toute **victime** d'une pratique anticoncurrentielle est recevable à agir en indemnisation si elle justifie d'un intérêt à agir. **54425**

La décision de l'Autorité de la concurrence de clore son dossier d'instruction sans sanction, par une **procédure d'engagements,** ne prive pas la victime de la faculté de saisir le juge en indemnisation des mêmes pratiques et d'utiliser les constatations de fait et de droit effectuées dans la décision de l'Autorité, ainsi que les pièces du dossier de celle-ci (CA Paris 24-9-2014 n° 12/06864 : RJDA 12/14 n° 941).

Une entreprise qui s'estimait victime de pratiques de prix prédateurs et de dénigrement a été condamnée pour **procédure abusive** pour avoir engagé « avec une légèreté blâmable et de mauvaise foi » une action en réparation sans disposer des éléments de nature à démontrer ses prétentions (CA Paris 13-3-2019 n° 17/21063).

La question se pose de savoir si une partie à un contrat constituant une entente anticoncurrentielle peut se prévaloir de l'illicéité de ce contrat pour demander l'allocation de dommages-intérêts à l'autre partie. La réponse est négative si l'action est engagée sur le fondement de la **responsabilité contractuelle** car ce serait contraire à l'article 1162 du Code civil, selon lequel le contrat ne peut déroger à l'ordre public ni par ses stipulations ni par son but, que ce dernier ait été connu ou non par toutes les parties. **54430**

En revanche, une partie qui estime avoir subi un dommage peut valablement en demander réparation sur le fondement de la responsabilité extracontractuelle en se prévalant d'un **abus de droit,** lequel est à notre avis caractérisé lorsqu'une partie a imposé à une autre partie des clauses tombant sous le coup de l'interdiction des ententes illicites (sur l'affirmation du caractère délictuel de la responsabilité même en cas d'abus d'exercice d'une prérogative contractuelle, voir Cass. soc. 11-6-1953 : D. 1953 p. 661 ; en ce sens, CJCE 20-9-2001 aff. 453/99, Courage et Crehan : RJDA 1/02 n° 104).

À noter que la responsabilité civile pour le dommage causé par une pratique anticoncurrentielle ne peut pas être imputée à un « **groupe de sociétés** », c'est-à-dire à une société mère et ses filiales, sans préciser quelle a été la participation des filiales aux pratiques sanctionnées et ayant causé un préjudice au demandeur (Cass. com. 15-11-2011 n° 10-21.701 : RJDA 3/12 n° 336). **54435**

PREUVE DE LA FAUTE EN CAS D'ACTION EN RESPONSABILITÉ POUR PRATIQUE ANTICONCURRENTIELLE

S'agissant de la preuve de la faute, lorsqu'une décision constatant une violation des articles 101 ou 102 du TFUE a déjà été prononcée par la Commission européenne à l'encontre d'une entreprise (**actions de suite ou en « follow-on »**), celle-ci a autorité de la chose décidée et s'impose donc au juge français (Règl. 1/2003 art. 16, 2 ; CJUE 6-11-2012 aff. 199/11, Otis). Par conséquent, les pratiques anticoncurrentielles constatées par la Commission constituent des fautes civiles (CA Paris 26-6-2013 n° 2012/04441 : RJDA 11/13 n° 948). **54440**

De façon comparable, la jurisprudence administrative considère que la décision par laquelle la Commission sanctionne les entreprises ayant participé à une entente suffit à établir le comportement fautif de ces entreprises (CE 12-10-2020 n° 432981 : RJDA 2/21 n° 126, 4ᵉ espèce).

En revanche, les décisions rendues par l'Autorité de la concurrence n'ont pas autorité de la chose décidée (Cass. com. 17-7-2001 nº 99-17251), sauf dans le cas d'une action de groupe (C. consom. art. L 623-24). En dehors de ce cas, le demandeur doit donc rapporter la preuve de cette pratique (**action autonome ou en « stand alone »** ; par exemple, CA Paris 8-6-2018 nº 16/19147, aff. « Orange » ; T. com. 10-2-2021 nº 2020035242, aff. « Google Ireland » : le tribunal s'est cependant appuyé sur les constatations opérées par l'Autorité dans une décision – Aut. conc. 19-12-2019 nº 19-D-26 – par laquelle elle avait sanctionné Google à hauteur de 150 M€ pour abus de position dominante). La preuve est toutefois généralement accueillie favorablement lorsque l'Autorité s'est déjà prononcée, et ce d'autant plus lorsque la condamnation est devenue définitive (CA Paris 14-12-2016 nº 13/08975, confirmé par Cass. com. 29-1-2020 nº 17-15.156 F-D). Une faute anticoncurrentielle constitue en effet également une faute civile (CA Paris 12-9-2018 nº 18/04914, confirmé par Cass. com. 14-10-2020 nº 18-24.221 ; CA Paris 6-3-2019 nº 17/21261).

À noter que si une **décision d'acceptation d'engagements** ne peut pas, en principe, servir de seul fondement à la caractérisation d'une pratique anticoncurrentielle, cette décision constituant dans la plupart des cas un simple commencement de preuve, il n'est pas exclu que le juge y trouve des éléments suffisant en eux-mêmes à fonder la responsabilité d'une entreprise (CA Paris 12-9-2018 nº 18/04914 précité et voir nº 54425).

54445 L'**Autorité de la concurrence** peut être **consultée par les juridictions** sur les pratiques anticoncurrentielles dans les affaires dont elles sont saisies (C. com. art. L 462-3, al. 1).

Elle peut aussi transmettre tout élément qu'elle détient concernant les pratiques anticoncurrentielles concernées, à l'exclusion des pièces élaborées ou recueillies au titre d'une procédure de clémence, à toute juridiction qui la consulte ou lui demande de produire des pièces qui ne sont pas déjà à la disposition d'une partie à l'instance (C. com. art. L 462-3). Cette règle s'applique aux instances introduites depuis le 26 décembre 2014 (pour les instances introduites à compter du 26 décembre 2014, voir nºs 54540 et 54670 s.).

Par ailleurs, un plaignant peut valablement verser aux débats devant le juge certaines pièces du dossier auxquelles il a eu accès au cours de la **procédure devant l'Autorité** (CA Paris 24-9-2014 nº 12/06864 : RJDA 12/14 nº 941 et chron. I. Luc p. 843).

PRÉJUDICE EN CAS DE PRATIQUE ANTICONCURRENTIELLE

54450 **Méthodes d'évaluation proposées** Le demandeur à l'action en dommages-intérêts peut se référer aux méthodes développées par la **Commission européenne** dans son guide pratique relatif à la quantification du préjudice publié en 2013 (texte qui n'est plus diffusé sur le site de la Commission mais disponible en ligne dans une version anglaise intitulée « Commission Staff Working Document / Practical guide quantifying harm in actions for damages based on breaches of article 101 or 102 of the Treaty on the functioning of the European Union : SWD(2013) 205), dans ses « orientations à l'intention des juridictions nationales sur la façon d'estimer la part du surcoût répercutée sur les acheteurs indirects » (Communication 2019/C 267/07 : JOUE 2019 C 267), ainsi qu'aux fiches méthodologiques publiées par la **cour d'appel de Paris** sur son site internet (www.cours-appel.justice.fr/paris/la-reparation-du-prejudice-economique). Il peut aussi demander une expertise (CA Paris 26-6-2013 nº 2012/04441 : RJDA 11/13 nº 948).

> **Précisions** Conformément aux recommandations du guide pratique de la Commission, le juge administratif utilise la méthode de la « comparaison dans le temps » pour évaluer le **préjudice subi par une collectivité publique** au titre des surcoûts imputables à des pratiques concertées commises lors de la passation de marchés publics. Cette méthode consiste à comparer les prix des marchés passés pendant l'entente et une estimation des prix qui auraient dû être pratiqués sans cette entente, la chute des prix postérieure au démantèlement de l'entente constituant aussi l'un des éléments à prendre en compte (CE 27-3-2020 nº 420491 : RJDA 2/21 nº 126, 1e espèce). L'évaluation du préjudice subi en raison des surcoûts peut également être fondée sur la comparaison des taux de marge pratiqués par l'entreprise concernée pendant la durée de l'entente et après la fin de celle-ci (CE 27-4-2021 nº 440348 : RJDA 7/21 nº 521).

54455 **Nature du préjudice** Une pratique anticoncurrentielle peut causer tant des **préjudices patrimoniaux,** qu'il s'agisse du gain manqué, de la perte éprouvée ou de la perte de chance, que des préjudices **extra-patrimoniaux,** telle l'atteinte à l'image ou à la réputation de l'entreprise (Fiches méthodologiques de la cour d'appel de Paris, fiche nº 10-c « De quels préjudices peut-on demander réparation à raison d'une pratique anticoncurrentielle ? »).

S'agissant des préjudices patrimoniaux, la Commission précise que le droit à réparation couvre non seulement les **pertes subies** et le **manque à gagner**, mais aussi le **paiement des intérêts.** La réparation intégrale du préjudice doit inclure la compensation des effets négatifs résultant de l'écoulement du temps depuis la survenance du préjudice causé par l'infraction, à savoir l'**érosion monétaire,** mais également la perte de chance subie par la partie lésée du fait de l'**indisponibilité du capital** (Guide pratique relatif à la quantification du préjudice, précité). Ce préjudice est aussi dénommé « préjudice d'investissement » ou « préjudice de trésorerie », ou encore, lorsque la privation de ces sommes a conduit la victime à emprunter, « préjudice d'endettement ». Si la victime prouve que la non-disponibilité des sommes l'a conduite soit à restreindre son activité sans pouvoir trouver des financements alternatifs par emprunts ou fonds propres, soit à renoncer à des projets d'investissement dûment identifiés qui étaient susceptibles de rapporter l'équivalent du coût moyen du capital, la perte de chance correspondante sera évaluée en appliquant le coût moyen pondéré du capital. À défaut pour la victime de rapporter une telle preuve, la perte de chance correspondante sera évaluée en appliquant le taux d'intérêt légal à la somme dont l'entreprise a été privée.

ILLUSTRATIONS

La cour d'appel de Paris a considéré qu'une société victime de pratiques anticoncurrentielles n'avait pas rapporté la preuve nécessaire à l'application du coût moyen pondéré du capital en se contentant d'invoquer des perspectives générales et vagues de développement de l'activité et en ne faisant pas état de projets précis et aboutis d'investissements auxquels elle aurait dû renoncer à cause des pratiques anticoncurrentielles subies, et encore moins des rendements attendus de ces projets (CA Paris 10-5-2017 n° 15/05918, aff. « Orange Caraïbe » : RJDA 12/17 n° 839).

La Cour de cassation a jugé que l'entreprise invoquant une **perte de chance** en raison de l'impossibilité de réaliser un investissement peut demander la réparation d'un préjudice financier additionnel, à condition d'établir le caractère certain et direct de cette perte de chance, en prouvant la réalité du projet d'investissement qui n'a pas pu être réalisé, ainsi que l'impossibilité de le financer autrement que par les sommes dont elle a été privée. Le point de départ des intérêts compensatoires indemnisant ce préjudice financier ne peut pas être fixé à la date à laquelle toutes les pratiques avaient été mises en œuvre, alors qu'à cette date, les pratiques ayant duré plusieurs années, ce préjudice n'était pas entièrement constitué et était nécessairement progressif (Cass. com. 1-3-2023 n° 20-18.356 FS-B : RJDA 8-9/23 n° 461).

LIEN DE CAUSALITÉ ENTRE LA FAUTE ET LE PRÉJUDICE

Il ne suffit pas que soient constatés la faute et le dommage, il faut encore que le lien de cause à effet qui les unit soit établi de façon expresse (CA Paris 5-7-2017 n° 15/12365 ; CA Paris 6-3-2019 n° 17/21261 précité , CA Paris 17-6-2020 n° 17/23041 précité ; T. com. Paris 4-11-2019 n° 2017/013952 ; T. com. Paris 20-2-2020 n° 2017/021571, Provera : RJDA 7/20 chron. D. Redon et V. Lorieul p. 467, décision infirmée par CA Paris 24-11-2021 n° 20/04265, la cour ayant conclu à une répercussion seulement partielle du surcoût, à rebours du juge de première instance). **54460**

La jurisprudence administrative considère ainsi que les entreprises mises en cause doivent avoir eu une implication dans les pratiques anticoncurrentielles ayant affecté la procédure de passation du marché public concerné (CE 27-3-2020 n° 421758 et CE 12-10-2020 n° 432981 : RJDA 2/21 n° 126, 2e et 4e espèces). La seule participation d'une entreprise à une entente ne permet donc pas d'engager automatiquement sa responsabilité.

La jurisprudence permet aux défendeurs d'invoquer l'argument de la répercussion des surcoûts par le demandeur sur ses propres clients (« passing on defense »), ce qui a pour effet d'exclure tout ou partie du préjudice de leur chef (Cass. com. 15-6-2010 n° 09-15.816 : RJDA 4/11 n° 349 ; Cass. com. 15-5-2012 n° 11-18.495 ; T. com. Paris 20-2-2020 n° 2017/021571 précité ; CE 12-10-2020 n° 432981 : RJDA 2/21 n° 126, 4e espèce). L'acceptation de l'argument de la répercussion des surcoûts permet de reconnaître la qualité pour agir d'un acheteur indirect en cas d'entente sur les prix (Cass. com. 15-6-2010 précité). Par ailleurs, tout en reconnaissant que la preuve d'une éventuelle répercussion des surcoûts incombe au demandeur à l'action, il a aussi été précisé qu'il suffisait de démontrer « que la hausse abusive n'a pas été reportée sur le prix ou que cette répercussion ne pouvait être faite » pour que des dommages-intérêts puissent être alloués (CA Paris 27-2-2014 n° 10/18285, aff. « Doux »).

PRESCRIPTION DE L'ACTION EN RESPONSABILITÉ POUR PRATIQUE ANTICONCURRENTIELLE

La **durée** du délai de prescription de l'action est de cinq ans (C. com. art. L 110-4). **54470**

En vertu du droit commun, ce **délai court** à compter du jour où le titulaire du droit a connu ou aurait dû connaître les faits lui permettant de l'exercer (C. civ. art. 2224). Appliquant cette règle à des actions en dommages-intérêts du fait de pratiques anticoncurrentielles, la Cour de cassation exige des juges du fond qu'ils examinent concrètement ce dont le demandeur à réparation avait connaissance ou pas avant la date d'introduction de son action, pour déterminer à partir de quand il était en capacité d'agir (pour des exemples, Cass. com. 27-1-2021 n° 18-16.279 F-D ; Cass. com. 31-3-2021 n° 19-14.877 F-D).

Dans un cas où seule la décision de l'Autorité de la concurrence avait révélé le dommage aux victimes et leur avait permis d'agir en réparation contre les auteurs identifiés de pratiques mises au jour, la cour d'appel de Paris a pu retenir la date du prononcé de la décision de l'Autorité comme point de départ du délai de prescription de leur action en réparation (Cass. com. 27-1-2021 n° 18-16.279 F-D ; Cass. com. 30-8-2023 n° 22-14.094 FS-B : RJDA 11/23 n° 616 ; voir aussi pour une décision de la Commission européenne valant point de départ du délai de prescription, Cass. com. 31-3-2021 n° 19-14.877 F-D).

De façon analogue, le point de départ du délai de prescription de l'action en réparation par une **personne publique** est la date à laquelle elle a eu connaissance « de manière suffisamment certaine » de l'étendue des pratiques anticoncurrentielles dont elle a été victime (CE 27-3-2020 n° 420491 et CE 12-10-2020 n° 432981 : RJDA 2/21 n° 126, 1e et 4e espèces ; CE 9-5-2023 n° 451710 : RJDA 8-9/23 n° 462).

ILLUSTRATIONS

Le Conseil d'État a, dans un cas, fixé le point de départ du délai de prescription à compter de la date de la décision par laquelle l'Autorité de la concurrence avait sanctionné des pratiques concertées commises lors de la passation de marchés publics et, dans un autre cas, à compter de la date de publication de la décision de la Commission européenne qui sanctionnait les membres d'un cartel à raison de pratiques illicites se rattachant également à la passation de marchés publics (CE 27-3-2020 n° 420491 et CE 12-10-2020 n° 432981 précités).

Dans une hypothèse où le préjudice subi par la personne publique résultait de pratiques auxquelles ses organes dirigeants ont participé, de sorte qu'en raison de leur implication elle n'avait pas pu faire valoir ses droits à réparation, la prescription ne pouvait courir qu'à la date à laquelle, après le remplacement de ces organes dirigeants, les nouveaux organes dirigeants, étrangers à la mise en œuvre des pratiques anticoncurrentielles, avaient acquis une connaissance suffisamment certaine de l'étendue de ces pratiques (CE 9-5-2023 n° 451710 précité).

ILLUSTRATIONS DU PRINCIPE DE RÉPARATION POUR PRATIQUE ANTICONCURRENTIELLE

54480 Il a été jugé qu'un fabricant de véhicules automobiles qui avait contraint ses concessionnaires à rompre leurs relations commerciales avec leur fournisseur de liasses de facturation s'était livré avec eux à une entente illicite dont il devait réparation (CA Versailles 11-9-1997 : RJDA 2/98 n° 228).

A été indemnisée une société sponsorisant un événement sportif qui avait été victime, d'une part, d'un abus de position dominante du partenaire principal de l'opération et, d'autre part, d'une entente entre celui-ci et l'organisateur de l'opération (CA Paris 28-6-2002 n° 00-10676 : RJDA 11/02 n° 1205).

Une entreprise a également obtenu réparation de la perte de clientèle qu'elle avait subie du fait d'une entente entre compagnies aériennes visant à limiter les exportations parallèles et instaurant des discriminations tarifaires (CA Paris 14-12-2011 n° 2009/20639).

B. Régime de l'action en responsabilité civile pour pratique anticoncurrentielle issu de l'ordonnance du 9 mars 2017

ORIGINE DU RÉGIME SPÉCIFIQUE DE L'ACTION EN RESPONSABILITÉ ET TEXTES APPLICABLES

54520 L'ordonnance 2017-303 du 9 mars 2017 a instauré un régime spécifique de responsabilité civile régissant l'exercice des actions en réparation du dommage causé par des pratiques anticoncurrentielles.

Ce texte, qui transpose en droit interne la directive 2014/104/UE du 26 novembre 2014 relative aux actions en dommages et intérêts du fait des pratiques anticoncurrentielles (n° 52900), vise à assurer l'effectivité du droit à réparation intégrale des victimes de ces pratiques (« private enforcement »), qu'il s'agisse d'entreprises, de collectivités publiques ou de consommateurs. Pour l'essentiel, il lève les obstacles procéduraux, d'ordre probatoire notamment, rencontrés jusqu'alors par les victimes dans le cadre de la mise en œuvre de la responsabilité civile de droit commun, tout en veillant à préserver l'efficacité du droit de la concurrence (« public enforcement »).

Les dispositions issues de l'ordonnance du 9 mars 2017 sont insérées au sein du titre VIII du livre IV du **Code de commerce,** intitulé « Des actions en dommages-intérêts du fait des pratiques anticoncurrentielles », sous les articles L 481-1 et suivants. Elles sont précisées par le décret 2017-305 du 9 mars 2017, repris aux articles R 481-1 et suivants du Code de commerce, ainsi que par une **circulaire** du 23 mars 2017, qui présente le dispositif aux juridictions de l'ordre judicaire (www.circulaire.legifrance.gouv.fr).

Le **Code de justice administrative** a également été complété par des dispositions issues de l'ordonnance du 9 mars 2017 et du décret 2017-305 du 9 mars 2017 (art. L 775-1 et R 775-1 s.). En effet, le régime de l'action en responsabilité pour pratiques anticoncurrentielles s'applique aussi lorsque l'action est portée devant les juridictions administratives, sous réserve de certains aménagements (nos 54760 s.). Tel est le cas lorsque cette action est introduite par une personne publique qui a été victime de pratiques illicites lors de la passation d'un contrat administratif (no 54410).

Sur les juridictions compétentes, voir no 51800.

Le dispositif s'applique non seulement aux actions individuelles mais également aux **actions de groupe** en droit de la concurrence (nos 5570 s.). **54525**

ENTRÉE EN VIGUEUR DU RÉGIME SPÉCIFIQUE DE L'ACTION EN RESPONSABILITÉ POUR PRATIQUE ANTICONCURRENTIELLE

Les dispositions issues de l'ordonnance 2017-303 sont entrées en vigueur le 11 mars 2017 (Ord. 2017-303 art. 12, I), y compris celles qui allongent un délai de prescription non expiré à cette date (Ord. 2017-303 art. 12, II). **54530**

Le droit commun de la responsabilité civile comme celui de la procédure civile ou administrative ont vocation à s'appliquer lorsqu'aucune règle spéciale prévue par l'ordonnance n'y déroge.

RÉGIME TRANSITOIRE EN CAS D'ACTION EN RESPONSABILITÉ POUR PRATIQUE ANTICONCURRENTIELLE

Instance en cours Par dérogation au principe de l'application immédiate des règles de procédure aux instances en cours, les dispositions figurant aux articles L 462-3, L 483-1 à L 483-4, L 483-6, L 483-7 et L 483-9 ainsi qu'aux quatre premiers alinéas des articles L 483-5 et L 483-8 du Code de commerce ne sont applicables, à l'instar des dispositions du décret 2017-305, qu'aux instances introduites devant les juridictions administratives et judiciaires depuis le 26 décembre 2014 (Ord. 2017-303 art. 12, I). Sont principalement concernées les questions de communication et de production des pièces et de secret des affaires. Le décret 2017-305 prévoit toutefois aussi certaines dispositions moins spécifiques (par exemple, l'article R 481-1 du Code de commerce prévoyant que le juge peut, après avoir recueilli les observations des parties, solliciter l'Autorité de la concurrence afin d'obtenir des orientations sur l'évaluation du préjudice dont il est demandé réparation). **54540**

Les créances de réparation nées antérieurement au 11 mars 2017 restent soumises au régime de droit commun.

ATTENTION

La Cour de justice de l'Union européenne impose néanmoins de retenir des **règles différentes d'application dans le temps** des dispositions issues de la directive 2014/104/UE du 26 novembre 2014 :

– L'application dans le temps d'une disposition donnée dépend, tout d'abord, du point de savoir à quelle catégorie (substantielle ou procédurale) cette règle appartient, étant précisé qu'il s'agit d'une qualification autonome, effectuée à partir, non pas des règles nationales de transposition, mais de celles de la directive (CJUE 22-6-2022 aff. 267/20, Volvo Daf Trucks). Si la disposition est de nature substantielle (par exemple, règles relatives à la prescription, à la présomption d'existence du préjudice dans les cartels ou à l'effet liant des décisions des autorités nationales de concurrence), elle ne peut pas s'appliquer à des faits commis antérieurement à l'entrée en vigueur du droit nouveau, alors que si la disposition est de nature procédurale (par exemple, règles d'accès aux preuves), elle est applicable aux instances introduites à compter du 26 décembre 2014 (Dir. 2014/104 art. 22) ;

– Il faut ensuite vérifier si la situation en cause est acquise avant l'expiration du délai de transposition de la directive, auquel cas elle relève du droit antérieur, ou si elle a continué à produire ses effets après l'expiration de ce délai ;

– En cas de transposition tardive de la directive (ce qui fut le cas en France), il faut retenir, non pas la date d'entrée en vigueur des dispositions nationales, mais celle du 27 décembre 2016 à laquelle la transposition aurait dû intervenir dans les différents États membres (CJUE 22-6-2022 aff. 267/20, Volvo Daf Trucks ; CA Paris 28-6-2023, n° 21/13172 ; Fiches méthodologiques de la cour d'appel de Paris, fiche n° 10-a « Quelles sont les règles de droit applicables à la réparation des préjudices causés par une pratique anticoncurrentielle ? ») ;

– Enfin, les mesures nationales de transposition transposant des dispositions de la directive consacrant la jurisprudence préexistante de la Cour de justice sans innover (par exemple, le droit à réparation intégrale du préjudice et de la responsabilité solidaire des coauteurs) doivent nécessairement s'appliquer avec effet immédiat à l'ensemble des actions en dommages-intérêts entrant dans le champ d'application de la directive (CJUE 16-2-2023 aff. 312/21, Tráficos Manuel Ferrer).

54550 **Règles substantielles** Conformément au droit commun transitoire, en l'absence de règles dérogatoires, les dispositions relatives au droit de la responsabilité (C. com. art. L 481-1, L 481-3, L 481-5, al. 1 et L 481-8 à L 481-14), aux présomptions (art. L 481-2, al. 2, L 481-4, L 481-5, al. 2 à 6, L 481-6 et L 481-7) et aux modes de preuve admissibles (art. L 483-5 et L 483-8, derniers al. et L 483-10) régissent les créances de réparation nées d'un fait générateur survenu à compter du 11 mars 2017.

1. CHAMP D'APPLICATION DU RÉGIME SPÉCIFIQUE DE L'ACTION EN RESPONSABILITÉ CIVILE POUR PRATIQUE ANTICONCURRENTIELLE

PRATIQUES CONCERNÉES PAR LE RÉGIME SPÉCIFIQUE DE RESPONSABILITÉ

54570 L'action en dommages-intérêts s'applique aux dommages causés par les pratiques anticoncurrentielles telles que définies aux articles 101 et 102 du TFUE, ainsi qu'aux articles L 420-1 et L 420-2, al. 1 du Code de commerce (C. com. art. L 481-1). Sont ainsi concernés non seulement les ententes et abus de position dominante de dimension européenne, mais aussi ceux de dimension interne qui n'affectent pas le commerce entre États membres.

54575 Relèvent également du champ d'application les dommages résultant des pratiques anticoncurrentielles visées aux articles L 420-2, L 420-2-1, L 420-2-2 et L 420-5 du Code de commerce (C. com. art. L 481-1), ce qui permet de couvrir l'ensemble des autres pratiques anticoncurrentielles, à savoir les abus de dépendance économique, les accords illicites sur les droits exclusifs d'importation en outre-mer, les accords et pratiques anticoncurrentiels dans le domaine du transport et les offres ou pratiques de prix abusivement bas.

PARTIES À L'ACTION EN RESPONSABILITÉ CIVILE

54580 **Personnes visées** L'action est ouverte à l'encontre de « toute **personne physique ou morale** formant une **entreprise** ou un **organisme** mentionné à l'article L 464-2 » qui a causé un dommage du fait de la commission d'une pratique anticoncurrentielle (C. com. art. L 481-1). Le terme « organisme » doit être entendu comme « association d'entreprises », expression issue de l'ordonnance 2021-649 du 26 mai 2021 qui l'a substituée au terme « organisme » dans l'article L 464-2 du Code de commerce, sans modifier l'article L 481-1.

Sur la **notion d'« entreprise »** au sens du droit de la concurrence, voir n°s 41400 s.

Dès lors que la notion d'entreprise et le principe de continuité économique s'appliquent également aux actions en réparation (n° 41400), les sociétés qui, après avoir acquis des sociétés ayant participé à une entente interdite, les ont dissoutes et ont poursuivi leurs activités commerciales peuvent être tenues pour responsables du préjudice causé par cette entente (CJUE 14-3-2019 aff. 724/17, Vantaan kaupunki : RJDA 6/19 n° 461).

L'action en réparation peut être dirigée contre chacune des entités juridiques qui constituent l'unité économique, et donc l'entreprise ayant commis une infraction à l'article 101, 1 du TFUE à l'origine du dommage subi, de sorte que la victime peut, à certaines conditions, engager cette action contre la filiale d'une société mère sanctionnée pour entente illicite (voir n° 52900).

> **Précisions** Les juridictions doivent caractériser la **faute** imputable à chaque personne physique ou morale formant l'entreprise afin de pouvoir prononcer à l'encontre de cette personne une condamnation à payer des dommages-intérêts (Circ. du 23-3-2017 précitée n° 54520, fiche 3).

54585 **Auteur de l'action** Contrairement à l'action de groupe réservée aux seules associations de défense des consommateurs agréées (n° 5570), l'action en dommages-intérêts peut être exercée par toute **personne physique ou morale,** privée ou publique, ayant subi un préjudice du fait d'une pratique anticoncurrentielle.

2. PREUVE DE LA RESPONSABILITÉ CIVILE DE L'AUTEUR D'UNE PRATIQUE ANTICONCURRENTIELLE

L'article L 481-1 du Code de commerce pose le principe de la responsabilité de l'auteur d'une pratique anticoncurrentielle lorsque celle-ci cause un dommage. Par rapport aux règles du droit commun de la responsabilité extracontractuelle, la réparation du préjudice de la victime est singulièrement facilitée par le jeu d'une série de **présomptions.** 54610

a. Preuve du fait générateur de responsabilité de l'auteur d'une pratique anticoncurrentielle

La preuve du fait générateur de responsabilité est considérablement simplifiée puisque toute pratique anticoncurrentielle constatée et imputée à une personne dans une **décision** prononcée par l'**Autorité de la concurrence** ou une juridiction de recours, qui ne peut plus faire l'objet d'une voie de recours ordinaire pour la partie relative à ce constat, est présumée établie de manière irréfragable à l'encontre de cette personne (C. com. art. L 481-2, al. 1 ; voir aussi Communiqué Aut. conc. du 30-7-2021, pt 9). Utile dans le cadre d'actions de « follow-on », cette présomption permet à la victime d'invoquer une décision sans attendre l'issue d'un recours ordinaire portant sur un point autre que le constat de l'existence et de l'imputation de la pratique anticoncurrentielle (par exemple, un recours portant uniquement sur le montant de la sanction prononcée). 54620

L'effet probatoire spécifique ainsi prévu par l'article L 481-2 s'applique aussi, selon la circulaire du 23 mars 2017 précitée nº 54520 (fiche 4), aux décisions :

– constatant un manquement à l'issue d'une procédure de **clémence** et prévoyant le cas échéant une exonération totale ou partielle de sanction pécuniaire (nºs 53810 s.) ;

– rendues à la suite d'une procédure de **transaction** (nºs 53940 s.).

En revanche, la **décision** d'une autorité de concurrence ou de la juridiction de recours d'un **autre État membre** constatant et imputant de manière définitive une pratique anticoncurrentielle constitue un simple élément de preuve de la commission de cette pratique, laquelle sera appréciée par la juridiction compétente qui conservera son office quant à la qualification des faits et à leur imputation au défendeur (Circ. du 23-3-2017, fiche 4). 54625

Par ailleurs, les décisions définitives de la **Commission européenne** constatant l'existence d'une pratique anticoncurrentielle et son imputation à une entreprise ne peuvent pas faire l'objet d'une décision contraire de la part des juridictions nationales (C. com. art. L 481-2, al. 3).

b. Présomption de préjudice en cas de cartel

L'article L 481-7 du Code de commerce instaure une présomption simple de préjudice en matière d'ententes entre concurrents en indiquant que toute entente entre concurrents est présumée causer un préjudice jusqu'à preuve du contraire. 54640

En revanche, en cas d'entente verticale (par exemple, une clause anticoncurrentielle dans un accord de distribution imposant de respecter les prix conseillés), la réparation du préjudice subi requiert la démonstration de ce préjudice (Cass. com. 28-9-2022 nº 21-20.731 F-B : RJDA 4/23 nº 222).

c. Présomption de non-répercussion du surcoût par l'acheteur

L'article L 481-4 du Code de commerce instaure une **présomption simple** de **non-répercussion du surcoût par l'acheteur, direct ou indirect,** de biens ou de services sur ses contractants directs. Il incombe donc à l'auteur de la pratique, défendeur à l'action, d'apporter la preuve – délicate en pratique – d'une répercussion totale ou partielle du surcoût (« passing on defence ») pour tenter d'échapper ou d'atténuer sa responsabilité (pour une application, CA Paris 5-1-2022 nº 19/22293). 54650

Sur la définition du surcoût, voir nº 54860.

ATTENTION

Cette présomption, en raison de sa nature substantielle, ne peut pas s'appliquer rétroactivement aux **infractions commises avant le 11 mars 2017,** date entrée en vigueur de l'ordonnance 2017-303 du 9-3-2017 relative aux actions en dommages et intérêts du fait des pratiques anticoncurrentielles (Cass. com. 19-10-2022 nº 21-19.197 FS-B : RJDA 4/23 nº 223).

54655 Il appartient à l'acheteur, direct ou indirect, qui prétend avoir subi l'application ou la répercussion d'un surcoût d'en prouver l'existence (en dehors de l'hypothèse d'un cartel : nº 54640) et l'ampleur. Toutefois, l'**acheteur indirect** est réputé avoir apporté la preuve de la répercussion du surcoût lorsqu'il peut justifier que (C. com. art L 481-5) :
– le défendeur a commis une pratique anticoncurrentielle et celle-ci a entraîné un surcoût pour le contractant direct du défendeur ;
– il a acheté des biens ou utilisé des services concernés par la pratique, ou a acheté des biens ou des services dérivés de ces derniers ou les contenant.

Le défendeur peut toujours apporter la preuve contraire en démontrant que le surcoût n'a pas été répercuté sur l'acheteur indirect ou ne l'a été que partiellement par son contractant antérieur.

54660 Les deux présomptions susvisées (nºs 54650 et 54655) s'appliquent également aux **fournisseurs directs ou indirects** de l'auteur de la pratique anticoncurrentielle qui invoquent un préjudice résultant d'une baisse du prix des biens ou des services concernés par cette pratique (C. com. art. L 481-6).

d. Accès aux preuves par le demandeur à l'action en responsabilité

54670 L'obtention des **preuves** est un enjeu majeur des actions en dommages-intérêts. La possibilité d'accéder aux pièces du dossier d'une autorité de concurrence est donc essentielle pour assurer la réparation effective des dommages causés par une pratique anticoncurrentielle. Ces pièces sont toutefois susceptibles de comporter un secret des affaires ou d'avoir été obtenues dans le cadre de procédures de transaction ou de clémence.

Le Code de commerce offre donc au demandeur à une action en dommages-intérêts un **régime aménagé d'accès** aux preuves destiné à concilier la mise en œuvre effective du droit à réparation avec le secret des affaires et l'efficacité du dispositif de sanction des pratiques anticoncurrentielles.

> **Précisions** La Communication de la Commission européenne relative à la **protection des informations confidentielles par les juridictions nationales** dans les procédures civiles précise les mesures pratiques de protection de ces informations que les juridictions nationales peuvent envisager de prendre (occultation, cercles de confidentialité, désignation d'experts), sans toutefois entraver l'accès effectif des parties à la justice ou l'exercice du droit à réparation intégrale (Communication de la Commission relative à la protection des informations confidentielles par les juridictions nationales dans les procédures de mise en œuvre des règles de concurrence de l'Union européenne sur l'initiative de la sphère privée : JOUE 2020 C 242).

DEMANDE DE COMMUNICATION AU JUGE D'UNE CATÉGORIE DE PIÈCES

54680 Le demandeur qui allègue un préjudice « plausible » peut désormais demander au juge d'ordonner la communication ou la production non seulement de **pièces individualisées,** mais aussi de **catégories de pièces** (C. com. art. L 483-1, al. 1).

La « catégorie de pièces » doit être identifiée par le juge « de manière aussi précise et étroite que possible », par référence à des caractéristiques communes et pertinentes, telles que « la nature, l'objet, le moment de l'établissement ou le contenu des documents dont la communication ou la production est demandée » (C. com. art. R 483-1).

54685 Lorsqu'il statue sur une **demande** de communication ou de production de pièces, le juge doit en apprécier la **justification** en tenant compte des intérêts légitimes des parties et des tiers (C. com. art. L 483-1, al. 2), quand bien même ceux-ci ne seraient pas représentés (Cass. com. 8-7-2020 nº 19-25.065 F-D : RJDA 3/21 nº 194). Il doit veiller en particulier à concilier la mise en œuvre effective du droit à réparation, en considération de l'utilité des éléments de preuve dont la communication ou la production est demandée, et la protection du caractère confidentiel de ces éléments de preuve ainsi que la préservation de l'efficacité de l'application du droit de la concurrence par les autorités compétentes (C. com. art. L 483-1, al. 2).

Lorsque la pratique anticoncurrentielle invoquée à l'appui d'une action en réparation fait également l'objet d'une procédure en cours devant une autorité de concurrence (action de « follow-on »), les parties concernées par cette procédure doivent **informer cette autorité** de toute demande, qu'elles ont formée ou dont elles sont destinataires, ayant pour objet la communication ou la production de pièces figurant dans le dossier de l'autorité (C. com. art. R 483-11).

Il est également prévu qu'une autorité de concurrence peut, de sa propre initiative, donner son avis écrit sur une demande de communication ou de production d'une pièce figurant dans son dossier dont la juridiction est saisie. L'autorité de concurrence transmet alors cet avis aux parties (C. com. art. R 483-12).

Sur les conditions de **recours** contre les décisions rejetant une demande de communication de pièces ou enjoignant la communication de pièces, voir le régime général de la protection du secret des affaires (C. com. art. R 153-8 s.). 54690

COMMUNICATION ET PRODUCTION DE PIÈCES FIGURANT DANS LE DOSSIER D'UNE AUTORITÉ DE CONCURRENCE

Le juge ne peut ordonner à une autorité de concurrence (Autorité de la concurrence, ministre de l'économie, autorité de concurrence d'un autre État membre ou Commission européenne) la production d'une pièce figurant dans son dossier que de manière subsidiaire. Il ne peut pas en effet recourir à cette faculté si « l'une des parties ou un tiers est raisonnablement en mesure » de produire la pièce concernée (C. com. art. L 483-4). 54700

Exclusion de certaines pièces Dans le souci de ne pas nuire à l'efficacité des procédures engagées devant les autorités de concurrence, l'ordonnance 2017-303 du 9 mars 2017 dresse une liste de pièces dont la communication ou la production ne peut pas être enjointe par le juge soit à titre permanent, soit à titre temporaire, dès lors que ces pièces figurent dans le dossier d'une autorité de concurrence. De la même façon, elle impose au juge d'écarter ces pièces des débats, lorsque, produites ou communiquées par les parties, elles ont été obtenues uniquement grâce à l'accès au dossier d'une autorité de concurrence (C. com. art. L 483-5 et L 483-8). 54710

Ces limites ne valent toutefois pas lorsque la pièce concernée existe indépendamment de la procédure engagée devant l'Autorité de la concurrence, peu important alors qu'elle figure ou non dans le dossier de celle-ci (C. com. art. L 483-9). À l'inverse, lorsqu'elle n'est pas soumise à ces deux interdictions, une pièce obtenue par une personne physique ou morale uniquement grâce à son accès au dossier d'une autorité de concurrence ne peut être utilisée que dans le cadre d'une action indemnitaire par cette personne ou son ayant droit (C. com. art. L 483-10).

L'**exclusion permanente** vise les pièces établies à l'occasion d'une procédure de clémence, de l'ancienne procédure de non-contestation des griefs ou d'une procédure de transaction. En effet, il s'agit de celles comportant (C. com. art. L 483-5) : 54715

– un exposé écrit ou la transcription de déclarations orales présenté volontairement à une autorité de concurrence par le défendeur ou en son nom, et contribuant à établir la réalité d'une entente et à en identifier ses auteurs, en vue de bénéficier d'une exonération totale ou partielle de sanctions en application d'une procédure de clémence ;

– un exposé écrit ou la transcription de déclarations orales présenté volontairement à une autorité de concurrence par le défendeur ou en son nom, traduisant sa volonté de renoncer à contester la réalité des griefs qui lui sont notifiés et la responsabilité qui en découle, ou reconnaissant sa participation à une pratique anticoncurrentielle et la responsabilité qui en découle, établi pour permettre à l'Autorité de la concurrence d'appliquer la procédure de transaction, ou au ministre chargé de l'économie d'appliquer la procédure de transaction prévue dans le cas de pratiques anticoncurrentielles de dimension locale, ou encore aux autorités de concurrence des autres États membres et à la Commission européenne d'appliquer une procédure simplifiée ou accélérée.

Le juge ne peut pas non plus enjoindre la communication ou la production des passages d'une pièce établie à l'occasion d'une enquête ou d'une instruction devant une autorité de concurrence et qui comporteraient une transcription ou citation littérale des exposés mentionnés ci-dessus.

Lorsque seulement une partie d'une pièce est couverte par cette interdiction permanente de communication, les autres parties peuvent être communiquées (C. com. art. L 483-7).

L'**exclusion temporaire,** applicable tant que la procédure engagée devant l'autorité de concurrence n'est pas close par une décision de cette dernière, concerne les pièces comportant (C. com. art. L 483-8) : 54720

– des informations préparées par l'auteur d'une pratique anticoncurrentielle ou toute autre personne physique ou morale concernée, ainsi que par les autorités administratives que l'Autorité de la concurrence consulte, aux fins d'une enquête ou d'une instruction menée par une autorité de concurrence ;

– des informations établies par une autorité de concurrence et communiquées à l'auteur de la pratique anticoncurrentielle ou à toute autre personne physique ou morale concernée au cours de la procédure ;

– un exposé écrit ou une transcription ou citation littérale d'un exposé écrit ou oral traduisant la volonté de l'auteur de pratiques anticoncurrentielles de renoncer à contester la réalité des griefs qui lui sont notifiés et la responsabilité qui en découle, lorsque celui-ci, auteur de l'exposé, s'est retiré unilatéralement de la procédure.

54730 **Vérification des pièces** Lorsqu'il est allégué qu'une pièce figurant dans le dossier d'une autorité de concurrence relève d'une exclusion permanente (nº 54715), le juge doit en vérifier, à la demande d'une partie, le contenu (C. com. art. L 483-6).

À cette fin, il se fait communiquer cette pièce par la personne ou l'autorité de concurrence qui la détient et en prend seul connaissance. Il peut, hors la présence de toute autre personne, entendre l'auteur de la pièce litigieuse, assisté ou représenté par toute personne habilitée.

Le juge peut se prononcer hors la présence du public. Il adapte la motivation de sa décision aux nécessités de la protection de la confidentialité de la pièce concernée.

54735 Pour s'assurer qu'une pièce relève de l'interdiction prévue à l'article L 483-5 (exclusion permanente), le juge peut demander l'avis de l'autorité de concurrence compétente et lui communiquer à cet effet la pièce concernée (C. com. art. R 483-13).

Cet avis préserve la confidentialité des informations contenues dans la pièce. Le greffe communique cet avis aux parties et, le cas échéant, au tiers détenteur de ladite pièce.

Le juge peut statuer sans audience, après avoir informé les parties et, le cas échéant, le tiers détenteur de la pièce litigieuse de la date du prononcé de sa décision.

COMMUNICATION ET PRODUCTION DE PIÈCES COUVERTES PAR LE SECRET DES AFFAIRES

54740 Lorsque, à l'occasion d'une instance civile ou commerciale ayant pour objet une mesure d'instruction sollicitée avant tout procès au fond ou à l'occasion d'une instance au fond, il est fait état ou est demandée la communication ou la production d'une pièce dont il est allégué par une partie ou un tiers ou dont il a été jugé qu'elle est de nature à porter atteinte à un secret des affaires, le **juge** peut, d'office ou à la demande d'une partie ou d'un tiers, à la condition que la protection de ce secret ne puisse pas être assurée autrement et sans préjudice de l'exercice des droits de la défense, prendre les **mesures** suivantes (C. com. art. L 153-1) :

– prendre connaissance seul de cette pièce et, s'il l'estime nécessaire, ordonner une expertise et solliciter l'avis, pour chacune des parties, d'une personne habilitée à l'assister ou la représenter, afin de décider s'il y a lieu d'appliquer des mesures de protection ;

– décider de limiter la communication ou la production de cette pièce à certains de ses éléments, en ordonner la communication ou la production sous une forme de résumé ou en restreindre l'accès, pour chacune des parties, au plus à une personne physique et une personne habilitée à l'assister ou la représenter ;

– décider que les débats auront lieu et que la décision sera prononcée en chambre du conseil ;

– adapter la motivation de sa décision et les modalités de publicité de celle-ci aux nécessités de la protection du secret des affaires.

Toute personne ayant accès à une pièce ou au contenu d'une pièce considérée par le juge comme étant couverte ou susceptible d'être couverte par le secret des affaires est tenue à une **obligation de confidentialité** lui interdisant toute utilisation ou divulgation des informations qu'elle contient (C. com. art. L 153-2).

Pour la **procédure** applicable aux demandes de communication ou de production de pièces dans le cadre du régime général de la protection du secret des affaires, voir les articles R 153-2 et suivants du Code de commerce.

SANCTIONS EN CAS DE NON-COMMUNICATION OU DE DESTRUCTION DE PIÈCES

54750 Les parties à l'instance, les tiers et leurs représentants légaux peuvent être condamnés par la juridiction saisie au paiement d'une amende civile d'un montant maximal de 10 000 €,

sans préjudice des dommages-intérêts qui seraient réclamés, dans l'un des cas suivants (C. com. art. R 483-14) :
– défaut de respect ou refus de se conformer à une injonction de communication ou de production de pièces ;
– destruction de pièces pertinentes en vue de faire obstacle à l'action en réparation ;
– non-respect des obligations imposées par une injonction du juge protégeant des informations confidentielles ou refus de s'y conformer.

Par ailleurs, le juge peut tirer toute conséquence de fait ou de droit contre la partie ayant été à l'origine de l'un de ces comportements.

En revanche, les sanctions pénales prévues en cas de divulgation d'informations concernant une partie ou un tiers à la procédure devant l'Autorité de la concurrence ne s'appliquent pas dans le cadre d'une procédure judiciaire en indemnisation (C. com. art. L 463-6, al. 2).

e. Spécificités du contentieux administratif en matière de secret des affaires

L'article L 775-1 du Code de justice administrative prévoit que les actions tendant à la répa- 54760
ration d'un dommage causé par une pratique anticoncurrentielle relevant de la juridiction administrative sont présentées, instruites et jugées selon les dispositions de ce Code, « sous réserve des articles L 153-1 et L 153-2 et du titre VIII du livre IV du Code de commerce ».

Sur les articles L 153-1 et L 153-2 du Code de commerce, voir n° 54740.

En dépit de ce renvoi au Code de commerce, le Code de justice administrative comporte des spécificités procédurales décrites ci-après.

PRODUCTION DE PIÈCES COUVERTES PAR LE SECRET DES AFFAIRES

Lorsqu'une partie produit une pièce ou une information dont elle refuse la transmission aux 54765
autres parties en invoquant la **protection du secret des affaires**, la procédure ci-dessous est applicable (C. just. adm. art. R 775-5 et, sur renvoi, art. R 412-2-1 modifié par décret 2020-1245 du 9-10-2020).

La partie invoquant la protection du secret des affaires doit mentionner dans un mémoire distinct les motifs fondant le refus de transmission aux autres parties, en joignant, le cas échéant, une version non confidentielle des pièces qu'elle a produites, après occultation des éléments soustraits au contradictoire. Le mémoire distinct et, le cas échéant, la version non confidentielle de ces pièces sont communiqués aux autres parties.

Les pièces ou informations soustraites au contradictoire doivent être communiquées au greffe de la juridiction sous une double enveloppe, l'enveloppe intérieure devant porter le numéro de l'affaire ainsi que la mention : « Pièces soustraites au contradictoire – Article R 412-2-1 du Code de justice administrative ». Ces pièces ou informations ne doivent pas être transmises au moyen des téléprocédures susceptibles d'être utilisées devant les juridictions administratives (applications informatiques Télérecours et Téléservice).

Le dossier papier adressé à la juridiction administrative doit porter de manière visible une mention signalant la présence de pièces soustraites au contradictoire lorsque les pièces ou informations concernées sont jointes à celui-ci. Ces pièces sont jointes au dossier sous une enveloppe portant la mention : « Pièces soustraites au contradictoire – Article R 412-2-1 du Code de justice administrative » (C. just. adm. art. R 412-2-1).

Si la juridiction administrative estime que ces pièces ou informations ne se rattachent pas à 54770
la catégorie de celles qui peuvent être soustraites au contradictoire, elle les renvoie à la partie qui les a produites et veille à la destruction de toute copie qui en aurait été faite. Si elle estime que ces pièces ou informations sont utiles à la solution du litige, elle peut inviter la partie concernée à les verser dans la procédure contradictoire, le cas échéant au moyen des applications informatiques Télérecours et Téléservice. Si la partie ne donne pas suite à cette invitation, la juridiction décide des conséquences à tirer de ce refus et statue sans tenir compte des éléments non soumis au contradictoire (C. just. adm. art. R 412-2-1 modifié par décret 2020-1245 du 9-10-2020).

RECOURS EN CAS D'ATTEINTE AU SECRET DES AFFAIRES

Lorsqu'une juridiction administrative est saisie d'une action tendant à prévenir, faire cesser 54780
ou réparer une atteinte portée au secret des affaires, elle peut mettre en œuvre les différentes mesures prévues par les articles L 152-1 et suivants du Code de commerce (C. just. adm. art. L 77-13-1).

Dans le cas où elle est saisie aux fins de prévenir une atteinte imminente à un secret des affaires ou de faire cesser une atteinte illicite à un tel secret, la juridiction peut prescrire, sur requête ou en référé, toute mesure provisoire et conservatoire proportionnée, y compris sous astreinte. La mesure peut notamment consister à interdire la réalisation ou la poursuite des actes d'utilisation ou de divulgation d'un secret des affaires (C. just. adm. art. R 557-3, I).

3. PRESCRIPTION DE L'ACTION EN RESPONSABILITÉ POUR PRATIQUE ANTICONCURRENTIELLE

DURÉE DU DÉLAI DE PRESCRIPTION

54800 La durée du délai de prescription de l'action est fixée à cinq ans (C. com. art. L 482-1, al. 1). Cette durée est identique à celle du droit commun (C. civ. art. 2224).

POINT DE DÉPART DU DÉLAI DE PRESCRIPTION

54810 Le délai de prescription commence à courir, non pas à compter de la simple connaissance du dommage, mais du **moment où la victime connaît** ou devrait connaître de façon cumulative **les éléments suivants** (C. com. art. L 482-1, al. 1 à 4) :
- les agissements litigieux et leur nature anticoncurrentielle,
- l'existence du dommage en résultant,
- l'identité de l'un des auteurs de cette pratique.

ILLUSTRATIONS

Dans un cas où des articles de presse ainsi que des auditions menées par les services d'instruction de l'Autorité permettaient à des sociétés de soupçonner avoir été victimes d'une pratique anticoncurrentielle, la cour d'appel de Paris a considéré que ces dernières n'étaient pas dans la situation de pouvoir exercer une action en justice, faute de connaître la matérialité des faits ainsi que l'identification des entreprises ayant pris part à l'entente ; dans ces conditions, le délai de prescription n'avait pu courir qu'à compter de la décision de l'Autorité établissant la pratique incriminée dans ses éléments factuels et juridiques (CA Paris 14-4-2021 nº 19/19448).

La **prescription ne court** toutefois **pas** tant que la pratique anticoncurrentielle n'a pas cessé (C. com. art. L 482-1, al. 5).

Par ailleurs, la prescription ne court pas à l'égard des victimes du bénéficiaire d'une exonération totale de sanction pécuniaire obtenue dans le cadre d'une procédure de clémence tant que ces victimes n'ont pas été en mesure d'agir à l'encontre des autres auteurs de la pratique (C. com. art. L 482-1, al. 6).

54815 En cas d'**action en réparation par une personne publique,** le point de départ du délai de prescription est la date à laquelle la personne publique a eu connaissance de manière suffisamment certaine de l'étendue des pratiques anticoncurrentielles dont elle a été victime (CE 9-5-2023 nº 451710 : RJDA 8-9/23 nº 462).

> **Précisions** Cette règle de prescription s'applique aux actions indemnitaires introduites à compter du 11 mars 2017, date de l'entrée en vigueur de l'article L 482-1 du Code de commerce, y compris dans le cas de pratiques anticoncurrentielles ayant pris fin avant son entrée en vigueur, dans la mesure où ces actions n'étaient pas déjà prescrites en vertu des règles antérieurement applicables (CE 1-6-2023 nº 468098 : RJDA 11/23 nº 617).

INTERRUPTION DU DÉLAI DE PRESCRIPTION

54820 Le délai de prescription de l'action civile et de l'action indemnitaire engagée devant une juridiction administrative est interrompu par tout acte tendant à la recherche, à la constatation ou à la sanction de pratiques anticoncurrentielles par l'Autorité de la concurrence, une autorité nationale de concurrence d'un autre État membre de l'Union européenne ou la Commission européenne. L'interruption produit ses effets jusqu'à la date à laquelle la décision de l'autorité de concurrence compétente ou de la juridiction de recours ne peut plus faire l'objet d'une voie de recours ordinaire (C. com. art. L 462-7, I-al. 3).

4. EFFETS DE L'ACTION EN RESPONSABILITÉ POUR PRATIQUE ANTICONCURRENTIELLE

a. Réparation intégrale du préjudice subi du fait d'une pratique anticoncurrentielle

L'action en dommages-intérêts doit permettre aux victimes d'une pratique anticoncurrentielle d'obtenir auprès de la personne responsable de cette pratique la réparation intégrale du préjudice qu'elles ont subi (Dir. 2014/104 art. 3). 54840

PRÉJUDICES INDEMNISABLES EN CAS DE PRATIQUE ANTICONCURRENTIELLE

L'article L 481-3 du Code de commerce dresse une **liste non exhaustive** de préjudices indemnisables, comprenant : 54850

– la perte résultant d'un surcoût ou d'une minoration de prix (minoration résultant d'un prix plus bas payé par l'auteur de la pratique) ;
– le gain manqué résultant notamment de la diminution du volume de ventes liée à la répercussion, partielle ou totale, du surcoût opérée par la victime sur ses contractants directs ou de la prolongation certaine et directe des effets de la minoration des prix qu'elle a dû pratiquer ;
– la perte de chance ;
– le préjudice moral.

Cette liste ne constitue pas une nomenclature impérative pour le juge mais un guide utile aux victimes et aux juridictions afin d'identifier les préjudices les plus fréquemment causés par une pratique anticoncurrentielle (Circ. du 27-3-2017, fiche 5).

Surcoût La perte résultant d'un surcoût est définie comme celle correspondant à la différence entre le prix effectivement payé et celui qui l'aurait été en l'absence de commission de la pratique prohibée, à condition que ce surcoût n'ait pas été répercuté sur les contractants se situant en aval de la chaîne économique de distribution d'un produit ou d'un service (C. com. art. L 481-3). 54860

Les orientations de la Commission européenne « à l'intention des juridictions nationales sur la façon d'estimer la part du surcoût répercutée sur les acheteurs indirects » présentent les méthodes économiques d'estimation de la répercussion des surcoûts résultant d'une infraction au droit de la concurrence et comprennent des conseils pratiques sur la façon d'obtenir et d'évaluer les preuves de nature économique (Communication 2019/C 267/07 de la Commission européenne : JOUE 2019 C 267).

Minoration de prix imposée Le guide pratique de la Commission européenne concernant la quantification du préjudice (précité n° 54450, pt 134) précise que les pratiques anticoncurrentielles peuvent « entraîner une baisse des prix d'achat payés par les auteurs des infractions pour leur propre approvisionnement, par exemple dans le cas d'un cartel d'acheteurs ou d'un abus de pouvoir de marché commis par un acheteur dominant vis-à-vis de ses fournisseurs. Les effets consistent alors en un moins-perçu pour le fournisseur de l'auteur de l'infraction, souvent aussi couplé à un surcoût sur les marchés en aval, c'est-à-dire pour les clients directs et indirects de l'auteur de l'infraction. Les méthodes utilisées pour quantifier un surcoût peuvent, en principe, aussi être utilisées pour quantifier le moins-perçu, c'est-à-dire les prix inférieurs payés par les membres d'un cartel d'acheteurs à leurs fournisseurs ». 54870

Gain manqué Le manque à gagner signifie, quant à lui, « l'exclusion d'un accroissement du patrimoine qui aurait eu lieu si l'infraction n'avait pas été commise » (Guide pratique de quantification du préjudice précité, pt 1). 54880

Perte de chance Le préjudice de perte de chance (ou manque à gagner aléatoire) peut être indemnisé en appliquant les règles de droit interne de la responsabilité civile. 54890

Un tel chef de préjudice peut consister en la perte de chance subie par la partie lésée du fait de l'indisponibilité du capital (Guide pratique de quantification du préjudice précité, pt 20).

Il peut également consister en la privation pour une entreprise de débouchés commerciaux du fait d'une pratique d'éviction illicite (Guide pratique précité, pt 183).

54900 **Préjudice moral** Il s'agit du préjudice de notoriété qui peut être assimilé au droit positif de l'atteinte à l'image et à la réputation.

La jurisprudence rendue sur le fondement du droit commun de la responsabilité civile permet d'illustrer cette notion de préjudice moral dans le cadre d'actions en réparation engagées :

– par des victimes évincées d'un marché, pour « perte d'image en raison de l'impossibilité de participer à un appel d'offre pour l'attribution d'un marché de prestige » (I. Simic, N. Monnet, Les hésitations françaises en matière de recours indemnitaires : Revue de droit des affaires internationales 2006 p. 399 ; voir aussi A. Bénabent, La mise en jeu de la responsabilité civile : Les Petites affiches du 20-1-2005 n° 14 p. 34 s.) ;

– en matière de concurrence déloyale (Cass. com. 27-5-2008 n° 07-14.422 inédit ; Cass. com. 1-7-2003 n° 01-13.052 inédit) ;

– pour atteinte à la réputation (par exemple, T. com. Paris 30-3-2015 n° J2012000109 : Lettre Creda-concurrence du 13-4-2015 note A. Ronzano : la victime d'un abus de position dominante fut indemnisée de son préjudice moral découlant d'une atteinte à sa réputation à hauteur de 100 000 € ; voir aussi CA Paris 23-2-2022 n° 19/19239).

54910 **Exclusion des dommages-intérêts punitifs** Les dommages-intérêts extra-compensatoires ou dommages-intérêts punitifs sont exclus de la liste des chefs de préjudice indemnisables. Cette exclusion est conforme aux principes généraux de la responsabilité civile et à l'article 3 de la directive 2014/104/UE aux termes duquel « la réparation intégrale au sens de la présente directive n'entraîne pas de réparation excessive, que ce soit au moyen de dommages et intérêts punitifs ou multiples ou d'autres types de dommages et intérêts ».

ÉVALUATION DU PRÉJUDICE EN CAS DE PRATIQUE ANTICONCURRENTIELLE

54920 **Moment de l'évaluation du préjudice** Le préjudice est évalué au jour du jugement, « en tenant compte de toutes les circonstances qui ont pu affecter la consistance et la valeur du préjudice depuis le jour de la manifestation du dommage, ainsi que de son évolution raisonnablement prévisible » (C. com. art. L 481-8). Peuvent ainsi être réclamés des dommages-intérêts compensatoires intégrant l'écoulement du temps entre la survenance du dommage et sa réparation (érosion monétaire et perte de chance subie par la partie lésée du fait de l'indisponibilité du capital).

54930 **Quantification du préjudice** La réparation intégrale du préjudice signifie que la somme due au titre des dommages-intérêts doit correspondre rigoureusement à la perte causée par le fait dommageable.

Les juridictions et les opérateurs économiques peuvent se référer utilement au guide pratique de quantification du préjudice établi par la Commission européenne (précité n° 54450), ainsi qu'aux fiches méthodologiques publiées par la cour d'appel de Paris sur son site internet (www.cours-appel.justice.fr/paris/la-reparation-du-prejudice-economique).

Les juridictions disposent en outre d'outils procéduraux pour leur permettre de quantifier le préjudice, tels l'expertise ou la sollicitation d'un avis auprès de l'Autorité de la concurrence (Circ. du 27-3-2017, fiche 5).

54935 Le juge peut, après avoir recueilli les observations des parties, solliciter l'Autorité de la concurrence afin d'obtenir des orientations sur l'évaluation du préjudice dont il est demandé réparation.

L'Autorité de la concurrence dispose d'un délai de deux mois pour communiquer ses observations au juge. À défaut de réponse dans ce délai, l'instance est poursuivie à l'initiative des parties ou à la diligence du juge (C. com. art. R 481-1).

54940 Lorsque la victime rencontre des difficultés pour évaluer le préjudice économique subi, ou lorsque les expertises amiables produites par les parties ne permettent pas à la juridiction de se prononcer sur l'évaluation de ce préjudice, une mesure d'instruction exécutée par un technicien peut être ordonnée en application des articles 232 et suivants du Code de procédure civile (Circ. du 27-3-2017, fiche 5).

b. Responsabilité solidaire des coauteurs d'une pratique anticoncurrentielle

PRINCIPE DE LA RESPONSABILITÉ SOLIDAIRE

54950 En application des principes généraux de la solidarité passive (C. civ. art. 1310 s.), les coauteurs d'une infraction sont tenus solidairement envers la victime à la réparation intégrale du préjudice.

Les coauteurs contribuent ensuite entre eux à la dette de réparation à proportion de la gravité de leurs fautes respectives et de leur rôle causal dans la réalisation du dommage (C. com. art. L 481-9).

Cette solidarité vise les « personnes physiques ou morales » ayant concouru à la réalisation d'une pratique anticoncurrentielle et non l'entreprise ou l'association d'entreprises, au sens du droit de la concurrence.

ILLUSTRATIONS

Dans deux espèces, dont les faits étaient antérieurs à la date d'entrée en vigueur de l'article L 481-9, issu de l'ordonnance 2017-303 du 9 mars 2017 ayant transposé la directive 2014/104/UE, le Conseil d'État a effectué une application anticipée de ces règles en condamnant solidairement les entreprises ayant concouru conjointement à la réalisation d'une entente à l'occasion d'un marché public à réparer les dommages respectivement subis par un département et la SNCF (CE 27-3-2020 n° 421758 et CE 12-10-2020 n° 432981 : RJDA 2/21 n° 126, 2e et 4e espèces).

EXCEPTION AU PRINCIPE DE LA RESPONSABILITÉ SOLIDAIRE POUR LES PME

Par dérogation à la règle de la solidarité (n° 54950), une petite ou moyenne entreprise (PME) **54960** n'est pas tenue solidairement de réparer le préjudice subi par les victimes autres que ses contractants directs ou indirects, à la triple condition que (C. com. art. L 481-10) :
– sa part de marché soit inférieure à 5 % pendant toute la durée de l'infraction ;
– la solidarité risque de compromettre irrémédiablement sa viabilité économique et de faire perdre toute valeur à ses actifs ;
– elle n'ait pas contraint d'autres personnes à participer à l'infraction, n'en soit pas l'instigatrice et ne soit pas en situation de récidive.

Une PME est une entreprise dont l'effectif est inférieur à 250 personnes et dont le chiffre d'affaires annuel n'excède pas 50 M€ ou dont le total de bilan n'excède pas 43 M€ (Loi 2008-76 du 4-8-2008 art. 51 ; Décret 2008-1354 du 18-12-2008 art. 3).

SOLIDARITÉ DES PERSONNES AYANT BÉNÉFICIÉ D'UNE PROCÉDURE DE CLÉMENCE

Le bénéficiaire d'une exonération totale de sanction par application d'une procédure de clémence (nos 53810 s.) n'est tenu solidairement à l'égard des victimes autres que ses contractants directs ou indirects qu'à titre subsidiaire, c'est-à-dire lorsque celles-ci n'auront pas pu obtenir la réparation intégrale de leur préjudice auprès des autres codébiteurs solidaires après préalables et vaines poursuites (C. com. art. L 481-11). **54970**

DÉTERMINATION DE LA PART CONTRIBUTIVE DE CHAQUE COAUTEUR DE LA PRATIQUE ANTICONCURRENTIELLE

La part contributive de chaque coauteur de l'infraction est proportionnelle à la **gravité** de **54980** sa **faute** et de son **rôle causal** dans la réalisation du dommage (C. com. art. L 481-9).

Les éléments caractérisant la gravité dans la participation de chacun des membres d'une entente et ses conséquences effectives sur le dommage sont essentiels. Bien que l'Autorité de la concurrence apprécie la gravité des faits reprochés de façon globale et non au niveau de chaque membre, se contentant de prendre en compte ce critère de manière agglomérée dans l'appréciation de la situation individuelle de chacun (Communiqué relatif à la méthode des sanctions pécuniaires du 11-5-2011, pt 25), on peut penser que les termes employés dans les décisions de l'Autorité pour reconnaître certaines circonstances aggravantes (par exemple, un rôle de meneur) ou des circonstances atténuantes (comme un comportement de « franc-tireur », c'est-à-dire perturbateur de l'entente) pourraient être pris en considération par les juridictions.

Dans le cadre des **recours en contribution entre coauteurs,** il est prévu une certaine limitation de la responsabilité du bénéficiaire d'une exonération totale de sanction en application d'une procédure de clémence (sur cette procédure, voir nos 53810 s.). En effet, lorsque les victimes indemnisées sont les contractants directs ou indirects de l'ensemble des codébiteurs solidaires, la part contributive du bénéficiaire de l'exonération totale ne peut pas excéder le montant du préjudice subi par ses contractants (C. com. art. L 481-12). En revanche, pour les éventuelles autres parties lésées, la part contributive du bénéficiaire de l'exonération est déterminée selon les règles de proportionnalité à la gravité de sa faute et de son rôle causal.

c. Incidences d'une transaction avec l'un des codébiteurs de la victime

54990 Afin d'encourager les modes alternatifs de règlement des litiges, il est prévu qu'en cas de transaction conclue avec l'un des codébiteurs solidaires la victime ne peut réclamer aux autres codébiteurs non parties à la transaction que le montant de son préjudice diminué de la part de préjudice imputable au codébiteur partie à la transaction. Corrélativement, ce dernier ne peut pas se voir réclamer par ses codébiteurs non parties à la transaction une contribution au reliquat qu'ils ont versé à la victime (C. com. art. L 481-13, al. 1).

En cas de défaillance des codébiteurs non parties à la transaction après préalables et vaines poursuites, la victime peut, par dérogation aux dispositions de l'article 2052 du Code civil, réclamer au codébiteur partie à la transaction le paiement du solde de son préjudice. Cette règle peut toutefois être expressément écartée par une clause contraire de la transaction (C. com. art. L 481-13, al. 2).

Pour fixer le montant de la contribution qu'un codébiteur peut récupérer auprès de ses codébiteurs solidaires en cas de pluralité de victimes, le juge doit également tenir compte de l'ensemble des indemnités déjà versées par les codébiteurs en exécution d'une transaction conclue par eux avec l'une des victimes (C. com. art. L 481-14).

Enfin, et toujours dans le même souci d'inciter au règlement amiable des litiges, l'Autorité de la concurrence peut décider de réduire le montant de la sanction pécuniaire infligée à une entreprise qui, en cours de procédure, a versé à la victime de la pratique anticoncurrentielle une indemnité en exécution d'une transaction (C. com. art. L 464-2, al. 3). Il ne s'agit que d'une simple faculté laissée à l'appréciation de l'Autorité de la concurrence.

ENVOIS ET VENTES FORCÉS

SOMMAIRE

DUALITÉ DES TEXTES RÉPRIMANT LES ENVOIS ET VENTES FORCÉS

La pratique dite « de l'envoi forcé » est interdite par l'**article R 635-2 du Code pénal.** Elle consiste à envoyer des produits à des personnes qui n'en ont pas fait la demande en spéculant sur leur négligence ou leur indifférence pour leur imposer un achat qu'elles n'ont pas désiré. **56000**

Cette interdiction ancienne, issue du décret 61-138 du 9 février 1961, ne permettant pas d'appréhender d'autres pratiques de ventes et prestations de services forcées, le législateur a introduit au **Code de la consommation** (**art. L 121-12 s.**) une autre interdiction dont le champ d'application est plus étendu au regard des pratiques visées.

A. Interdiction de l'envoi forcé

1. DÉFINITION DE L'INFRACTION

PRINCIPE D'INTERDICTION DES ENVOIS FORCÉS

Il est interdit « d'adresser à une personne, sans demande préalable de celle-ci, un objet quelconque accompagné d'une correspondance indiquant que cet objet peut être accepté contre versement d'un prix fixé ou renvoyé à son expéditeur, même si ce renvoi peut être fait sans frais pour le destinataire » (C. pén. art. R 635-2). L'infraction n'est donc constituée que si les trois conditions suivantes sont réunies : **56010**

- envoi d'un objet quelconque ;
- correspondance accompagnant l'envoi ;
- absence de demande du destinataire.

ENVOI D'UN OBJET QUELCONQUE

Envoi L'interdiction s'applique : **56020**

- quel que soit l'**expéditeur** : établissement commercial ou organisme sans but lucratif, tel qu'une association à caractère charitable ou philanthropique ;
- quel que soit le **destinataire** : particulier, commerçant ou société commerciale (Cass. crim. 5-11-1985 : Bull. crim. p. 887) ;
- quel que soit le **mode d'envoi** : postal ou par dépôt à domicile.

Selon la jurisprudence dominante, c'est au moment de l'expédition qu'il convient de se placer pour déterminer si l'infraction est constituée ou non (CA Paris 15-12-1965 : JCP éd. G 1966 II n° 14662 note Guérin ; Cass. crim. 25-10-1972 : JCP éd. G 1973 II n° 17308 note Guérin).

À notre avis, l'infraction est donc commise même si le destinataire, étant absent, n'a pas reçu le colis.

56030 **Objet quelconque** La généralité des termes employés dans l'article R 635-2 du Code pénal conduit à sanctionner l'envoi de tout objet quel qu'il soit.

Le plus souvent, il s'agit de marchandises (caisses de vins, produits amaigrissants, livres, etc.). Mais l'infraction peut aussi être commise à l'occasion de l'envoi d'un document quelconque sans valeur marchande mais donnant droit à certains avantages. Par exemple, une carte d'adhérent à une association (CA Paris 27-10-1965 : JCP éd. G 1966 II n° 14662) ou une carte d'abonnement à une revue (Cass. crim. 14-4-1972 : Gaz. Pal. 1972.1 p. 601).

> **Précisions** Bien que l'article R 635-2 du Code pénal ait été pris en vue d'interdire le système de vente par envois forcés, son champ d'application ne se limite pas aux « ventes » à distance. En effet, ce texte ne spécifie pas quelle doit être la **nature du contrat** proposé par l'expéditeur au destinataire. C'est pourquoi il a pu être jugé, par exemple, que l'envoi forcé d'une carte d'adhérent à une association était condamnable sur le fondement de ce texte (CA Paris 27-10-1965 précité).

CORRESPONDANCE ACCOMPAGNANT L'ENVOI DE L'OBJET

56040 L'envoi n'est condamnable que s'il est accompagné d'une correspondance indiquant que l'objet doit être payé ou renvoyé.

Constituent une correspondance les documents d'**envoi contre remboursement** remis par l'expéditeur aux services postaux en même temps que l'objet et présentés au destinataire en vue de lui permettre de choisir entre la remise contre paiement ou le refus de réceptionner le colis (Cass. crim. 5-11-1985 : Bull. crim. p. 887).

56045 Cette **correspondance** est considérée comme accompagnant le colis non seulement si elle y est **jointe,** mais également lorsqu'elle le **précède** ou le **suit** de quelques jours.

C'est ainsi qu'il a été jugé qu'une lettre « accompagne » la transmission d'un objet spécifié, dès lors qu'elle en annonce l'envoi, car le « lien intellectuel et logique » qui unit dans ce cas l'expédition de la lettre et celle du colis en fait une opération unique (Cass. crim. 25-10-1972 : JCP éd. G 1973 II n° 17308 note Guérin ; CA Paris 15-12-1965 : JCP éd. G 1966 II n° 14662 note Guérin).

Les juges concilient ainsi le principe d'interprétation stricte des textes pénaux et la volonté des rédacteurs de l'article R 635-2 du Code pénal, qui ont cherché à protéger la liberté de consentement du destinataire des agissements de l'expéditeur. Il serait trop facile d'éviter toute sanction par un simple décalage dans le temps entre l'envoi de la lettre et celui de l'objet.

56050 **Option du destinataire** À s'en tenir à la lettre du texte de l'article R 635-2 du Code pénal, il n'y aurait infraction que si la correspondance impose au destinataire une option : payer le prix ou renvoyer l'objet.

Mais la jurisprudence interprète largement le **contenu** de cette **option.**

ILLUSTRATIONS

A été sanctionné l'envoi d'une « carte-refus » que le destinataire doit réexpédier s'il ne désire pas recevoir l'objet proposé. En effet, ce n'est pas parce que le destinataire n'a pas renvoyé la carte-refus que l'expéditeur est en droit de considérer la commande comme acquise (CA Paris 15-12-1965 : JCP éd. G 1966 II n° 14662 note Guérin).

L'envoi d'un livre par l'expéditeur, auquel a été réexpédié un bon d'examen gratuit sans que la case portant refus ait été cochée d'une croix, est licite au bénéfice du doute. L'expéditeur n'est pas sanctionné pour envoi forcé, mais le destinataire de bonne foi n'est pas obligé de payer le prix (CA Rouen 6-2-1974 : D. 1974 som. p. 68).

En revanche, le procédé de la carte-réponse dans certaines conditions peut être parfaitement licite (n° 56060).

L'infraction est commise même si le destinataire n'a aucune **démarche** à effectuer pour le renvoi du colis. Il en est ainsi dans les envois contre remboursement, où le destinataire a la possibilité soit d'accepter, soit de refuser sans aucune démarche particulière de sa part (CA Paris 15-12-1965 précité ; Cass. crim. 25-10-1972 précité).

Peu importe que le destinataire ait ou n'ait pas **exercé l'option,** par exemple en raison de son absence lors du passage du facteur pour un envoi contre remboursement. En effet, comme nous l'avons vu (n° 56020), c'est au moment de l'expédition qu'il convient de se placer pour apprécier si les éléments de l'infraction sont réunis ; il n'y a pas lieu de tenir compte de l'option laissée au destinataire.

ABSENCE DE DEMANDE D'OBJET PAR LE DESTINATAIRE

L'**envoi** est parfaitement **licite** s'il est la conséquence d'une demande expresse de l'acheteur, par exemple à la suite du renvoi par celui-ci d'un papillon découpé dans la presse complété par ses nom et adresse ou d'une carte-réponse qu'il a reçue à l'occasion d'une offre publicitaire si la rédaction de la carte-réponse ne laisse aucun doute sur son désir de commander l'objet. Dans ces cas, il s'agit d'une vente à distance, sur commande préalable de l'acheteur. 56060

ATTENTION

Dans le cas d'un envoi contre remboursement, l'acceptation de prendre le colis en payant le prix ne constitue pas l'équivalent d'une demande préalable car, d'une part, le colis peut être accepté par une autre personne que le destinataire en son absence, d'autre part, l'objet déballé peut ne pas correspondre à celui espéré par le destinataire lors de l'acceptation du colis.

En revanche, l'**envoi** est **illicite** en l'absence de toute demande de la part de l'acheteur : cas, par exemple, de l'envoi d'un livre, sans aucune manifestation de volonté du destinataire, suivi de la demande de paiement du prix par l'expéditeur.

Il en est de même :

– en l'absence d'une manifestation de volonté expresse de la part du destinataire : cas où celui-ci ne répond pas à une offre publicitaire ou omet de renvoyer une carte de refus qui accompagnait l'offre (pour des exemples, voir Cass. crim. 25-10-1972 : JCP éd. G 1973 II n° 17308 note Guérin ; CA Paris 15-12-1965 : JCP éd. G 1966 II n° 14662 note Guérin) ;

– en cas d'envoi d'un produit autre que celui demandé par le destinataire : par exemple, une demande d'échantillon et de documentation de produits amaigrissants ne doit pas être considérée comme valant demande du produit lui-même (Cass. crim. 25-10-1972 : JCP éd. G 1973 II n° 17308 note Guérin ; CA Paris 15-12-1965 précité) ;

– en cas d'absence en stock d'un produit commandé, si l'acceptation de l'envoi d'un objet équivalent n'a pas été mentionnée sur le bon de commande.

Le **renvoi de la marchandise** n'est pas obligatoire même si le port de retour est payé à l'avance par l'expéditeur. Il doit simplement la tenir à la disposition de l'expéditeur (Rép. Fosset : Sén. 2-4-1979 p. 507).

2. RÉPRESSION ET SANCTIONS DU DÉLIT D'ENVOI FORCÉ

RÉPRESSION DES INFRACTIONS

Les infractions sont recherchées et constatées par les agents de la CCRF dans les conditions fixées aux articles L 512-1 et suivants du Code de la consommation (notamment, possibilité de procéder à des enquêtes ordinaires ou à des opérations de visite et saisie). 56080

Les agents disposent d'un pouvoir d'injonction (C. consom. art. L 511-7, 10° et dernier al.).

L'autorité administrative chargée de la concurrence et de la consommation peut agir devant la juridiction civile ou, s'il y a lieu, administrative, pour demander au juge d'ordonner toute mesure de nature à mettre un terme aux agissements illicites (C. consom. art. L 524-1 s.).

Pour plus de détails, voir nos 78600 s.

SANCTIONS DU DÉLIT D'ENVOI FORCÉ

Personnes physiques L'auteur de l'infraction est passible d'une **amende** contraventionnelle de 1 500 €, ce montant s'élevant à 3 000 € en cas de récidive dans le délai d'un an à compter de l'expiration ou de la prescription de la précédente peine (C. pén. art. R 635-2, al. 1 et 8). 56090

L'infraction étant de nature contraventionnelle, il s'ensuit :

– qu'il n'y a pas lieu de rechercher l'intention de son auteur, l'infraction étant constituée dès que les éléments exigés par le texte sont réunis ;

– que l'expéditeur commet autant de contraventions que d'envois forcés, et qu'il doit être condamné pour chaque envoi à une peine se cumulant avec celles prononcées pour les autres. C'est ainsi qu'une entreprise a été condamnée à verser 8 762 amendes de 3 F (0,46 €) pour 8 762 expéditions illicites (CA Paris 26-11-1971 : D. 1972 p. 15 note DS, confirmé par Cass. crim. 25-10-1972 : JCP éd. G 1973 II n° 17308 note Guérin).

En outre, les personnes coupables de cette infraction encourent les **peines complémentaires** suivantes (C. pén. art. R 635-2, al. 2 à 4) :

– l'interdiction, pendant trois ans au plus, d'émettre des chèques autres que ceux qui permettent le retrait de fonds par le tireur auprès du tiré ou ceux qui sont certifiés ;

– la confiscation de la chose qui a servi ou était destinée à commettre l'infraction ou de la chose qui en est le produit.

56100 **Personnes morales** Les personnes morales peuvent être déclarées pénalement responsables, dans les conditions prévues par l'article 121-2 du Code pénal. Les **peines** encourues sont (C. pén. art. R 635-2, al. 5 à 8) :
– une amende de 7 500 €, ce montant s'élevant à 15 000 € en cas de récidive dans le délai d'un an à compter de l'expiration ou de la prescription de la précédente peine ;
– l'interdiction, pour une durée de trois ans au plus, d'émettre des chèques autres que ceux qui permettent le retrait de fonds par le tireur auprès du tiré ou ceux qui sont certifiés ;
– la confiscation de la chose qui a servi ou était destinée à commettre l'infraction ou de la chose qui en est le produit.

B. Interdiction des ventes forcées

1. DÉFINITION DE L'INFRACTION

PRINCIPE D'INTERDICTION

56140 Il est interdit d'exiger le paiement immédiat ou différé de biens ou de services fournis par un professionnel ou, s'agissant de biens, d'exiger leur renvoi ou leur conservation, sans que ceux-ci aient fait l'objet d'une commande préalable du consommateur (C. consom. art. L 121-12, al. 1).

Constitue donc l'élément matériel de l'infraction soit le fait d'exiger le paiement immédiat ou différé de biens ou de services fournis par un professionnel sans commande préalable, soit le fait d'exiger le renvoi ou la conservation de biens ou services fournis par un professionnel sans commande préalable. Il en résulte que la fourniture forcée de biens ou services est sanctionnée même si elle n'est pas assortie de demande de paiement.

CHAMP D'APPLICATION DE L'INTERDICTION DES VENTES FORCÉES

56150 **Personnes protégées** Contrairement à l'interdiction des envois forcés prévue par le Code pénal, qui s'applique quel que soit le destinataire de l'envoi (n° 56020), l'interdiction ne protège que le consommateur. Sur cette notion, voir n°s 16120 s.

56160 **Opérations concernées** L'interdiction s'applique aux ventes de biens ou de prestations de services (C. consom. art. L 121-12, al. 1).

Elle s'applique aussi aux contrats de fourniture d'énergie (eau, gaz, électricité) lorsqu'ils ne sont pas conditionnés dans un volume délimité ou en quantité déterminée, ainsi qu'aux contrats de fourniture de chauffage urbain ou de contenu numérique non fourni sur support matériel (art. L 121-12, al. 2).

56170 **Opérations non concernées** L'interdiction ne s'applique pas à la perception d'intérêts, de commissions ou de frais au titre de facilités de caisse ou de découverts bancaires prévus par la convention de compte bancaire (cf. C. mon. fin. art. L 312-1-1) ; il en est de même dans le cas où une modification des conditions initiales du contrat résulte de la mise en œuvre d'une clause de révision dont les modalités ont été expressément définies et ont recueilli l'accord des parties au moment de la signature du contrat (C. consom. art. L 121-13).

56175 Le paiement résultant d'une obligation légale ou réglementaire n'exige pas non plus d'engagement exprès ou préalable du consommateur (C. consom. art. L 121-14).

2. EXEMPLES D'INFRACTIONS

56200 Constituent le délit de vente ou de prestation de services forcée :
– la présélection d'office par une entreprise de vente à distance de produits annexes à la commande principale lorsque l'information sur les produits présélectionnés n'est pas clairement affichée et que le consommateur n'est pas clairement informé sur la possibilité de les supprimer avant la validation de sa commande (TGI Bordeaux 11-3-2008 n° 3703-2006 : RJDA 11/08 n° 1190, décision rendue sur le fondement de la réglementation antérieure mais transposable) ;
– le prélèvement par une banque de frais bancaires sans que les modifications tarifaires aient été préalablement portées à la connaissance de son client dans un relevé d'opérations dont la réception par lui n'aurait été suivie d'aucune protestation ou réserve (Cass. com. 14-3-2006 n° 04-19.460 : RJDA 8-9/06 n° 939) ;

– le fait pour un opérateur de téléphonie mobile de commercialiser des cartes SIM de téléphones portables sur lesquelles sont préinstallés et préalablement activés certains services, tels que la navigation sur Internet et la messagerie vocale, sans avoir préalablement et de manière adéquate informé le consommateur de la préinstallation de ces services et de leur coût (CJUE 13-9-2018 aff. 54/17, 55/1 : RJDA 12/18 n° 950, décision rendue sur le fondement de l'interdiction des pratiques commerciales agressives mais transposable, à notre avis, à l'interdiction des ventes forcées).

3. RÉPRESSION ET SANCTIONS DU DÉLIT DE VENTE FORCÉE

RÉPRESSION DES INFRACTIONS

La répression des infractions s'effectue dans les conditions fixées aux articles L 511-1 et suivants du Code de la consommation (voir nos 78600 s.). **56240**

SANCTIONS PÉNALES EN CAS DE VENTE FORCÉE

Personnes physiques La violation de l'interdiction est punie d'un emprisonnement de deux ans et d'une amende délictuelle de 300 000 €, ce montant pouvant être porté, de manière proportionnée aux avantages tirés du délit, à 10 % du chiffre d'affaires moyen annuel, calculé sur les trois derniers chiffres d'affaires annuels connus à la date des faits (C. consom. art. L 132-17). **56250**

Les personnes physiques coupables du délit encourent également une interdiction, pour une durée maximale de cinq ans, d'exercer directement ou indirectement une activité commerciale (art. L 132-18, al. 1).

Personnes morales Les personnes morales reconnues pénalement responsables de l'infraction encourent une peine d'amende de 1 500 000 € (C. consom. art. L 132-18, al. 2). **56260**

Elles encourent également des peines complémentaires, telles que l'interdiction, pendant cinq ans au plus, d'exercer l'activité professionnelle à l'occasion de laquelle l'infraction a été commise (art. L 132-18, al. 2 et 3).

SANCTIONS CIVILES EN CAS DE VENTE FORCÉE

Tout contrat conclu consécutivement à la pratique commerciale illicite est nul et de nul effet (C. consom. art. L 132-16, al. 1). **56270**

Le professionnel doit restituer les sommes qu'il aurait indûment perçues sans engagement exprès et préalable du consommateur. Ces sommes sont productives d'intérêts au taux légal calculés à compter de la date du paiement indu et, à compter de la demande de remboursement faite par le consommateur, d'intérêts au taux légal majoré de moitié (art. L 132-16, al. 2).

ÉTIQUETAGE DES PRODUITS

SOMMAIRE

MULTIPLICITÉ DES RÉGLEMENTATIONS APPLICABLES

Les mentions composant l'étiquetage d'un produit sont apposées soit en application d'une réglementation concernant une mention particulière (par exemple, le poids ou le volume), soit en application d'une réglementation spécifique au type de produit (par exemple, denrées alimentaires), soit encore volontairement (par exemple, la marque du produit). **57000**

Chaque mention figurant sur un produit – qu'elle soit ou non obligatoire – doit respecter diverses dispositions de caractère général, telles que l'article L 121-2 du Code de la consommation relatif aux pratiques commerciales trompeuses ou l'article L 441-1 du même Code relatif à la tromperie sur la marchandise.

Nous examinerons les textes applicables aux indications qui peuvent être portées sur tout emballage, puis la réglementation générale de l'étiquetage des denrées alimentaires. Compte tenu de leur multiplicité, les réglementations spécifiques à certains produits, alimentaires ou non, sont, sauf exceptions, exclues de l'étude.

SECTION 1

DISPOSITIONS GÉNÉRALES APPLICABLES À L'ÉTIQUETAGE D'UN PRODUIT

A. Apposition d'une marque commerciale sur un produit

57100 La protection de la marque figurant sur l'emballage d'un produit est subordonnée aux formalités d'un **enregistrement** effectué auprès de l'Inpi (CPI art. L 712-1). Les signes protégés doivent être disponibles, distinctifs et licites. La marque ne doit ni reproduire ni imiter une marque enregistrée par l'Inpi, sous peine d'engager la responsabilité civile de l'auteur de cette reproduction ou de lourdes sanctions pénales (pour une étude approfondie, voir Mémento Droit commercial 2023 nos 32400 s.).

L'utilisation d'une marque de produit – même régulièrement enregistrée – ne doit pas être de nature à induire en erreur sur la nature du produit ou service porteur de la marque ; une telle pratique pourrait être constitutive du délit de **pratique commerciale trompeuse** (cf. C. consom. art. L 121-2 s.).

Enfin, constitue une infraction à l'article L 413-8 du Code de la consommation réprimant les **fausses indications d'origine** des marchandises l'apposition d'une marque laissant croire que le produit a une provenance différente de celle que cette marque laisse supposer.

ILLUSTRATIONS

Est susceptible de constituer une pratique commerciale trompeuse l'apposition de la marque « Comme autrefois » sur des saucisses sèches fabriquées selon une méthode industrielle (cf. Cass. crim. 16-6-1980 : Bull. crim. p. 497, décision rendue sur le fondement de l'ancien article L 121-1 du Code de la consommation relatif au délit de publicité trompeuse mais transposable au délit de pratique commerciale trompeuse).

Constitue le délit de fausse indication d'origine l'apposition de la marque « Geneva » sur des montres de fabrication française (TGI Seine 10-1-1962 : API 1962 p. 216).

B. Image, illustration, dessin sur l'emballage d'un produit

57110 Le dessin d'un emballage peut être protégé par un **dépôt** auprès de l'Inpi. Toute atteinte portée aux droits du propriétaire d'un dessin ou modèle déposé constitue une contrefaçon engageant la responsabilité civile de son auteur (CPI art. L 521-1) et est passible de sanctions pénales (CPI art. L 521-10 à L 521-13). Pour plus de détails sur les conditions de l'action en contrefaçon, voir Mémento Droit commercial 2023 nos 32166 s.

Le dessin peut également être enregistré auprès de l'Inpi à titre de marque, dès lors qu'il peut être considéré comme un signe servant à distinguer le produit de ceux d'autres personnes physiques ou morales et qu'il peut être représenté dans le registre national des marques de manière à permettre à toute personne de déterminer précisément et clairement l'objet de la protection conférée à son titulaire (CPI art. L 711-1).

Lorsqu'un produit ne bénéficie pas de la protection de tels droits, sa reproduction servile dans le but de créer une confusion constitue un acte de **concurrence déloyale.** Cependant, une action en concurrence déloyale peut être accueillie sans qu'il soit nécessaire que ces étiquettes soient la copie servile les unes des autres (Cass. com. 10-2-1987 : Bull. civ. IV p. 27).

Une image ou un dessin peut constituer le délit de **pratique commerciale trompeuse** ou le délit de **tromperie** s'ils induisent en erreur sur les qualités du produit.

ILLUSTRATIONS

A été jugé constitutif d'un acte de **concurrence déloyale** un décor de boîtes de boissons présentant suffisamment de ressemblances avec un autre produit pour permettre de conclure à la recherche manifeste d'une confusion dans l'esprit du public (CA Paris 5-3-1987 : Gaz. Pal. 1988 som. p. 21).

Constitue une **pratique commerciale trompeuse** une étiquette représentant un daim stylisé apposé sur des vêtements en « imitation daim » (cf. Cass. crim. 28-2-1984 : BRDA 20/84 p. 9, décision rendue sur le fondement des dispositions relatives à l'ancien délit de publicité trompeuse mais transposable) ou une étiquette portant de manière très visible le drapeau français et, en petits caractères très distincts, les mentions « made in Macao » ou « made in Hong Kong » (cf. T. corr. Paris 12-12-1979 : BID 1980/11 p. 28, décision rendue sur le fondement des dispositions relatives à l'ancien délit de publicité trompeuse mais transposable).

A été condamné pour **tromperie sur la marchandise** le dirigeant d'une société qui avait commercialisé des colis d'œufs portant un dessin représentant des poules dans un cadre champêtre alors que les œufs provenaient d'un élevage industriel (T. corr. Poitiers 25-4-1990 : BID 1992/2 p. 15).

C. Indication de l'origine d'un produit

INDICATION OBLIGATOIRE OU FACULTATIVE

Il n'existe pas d'obligation générale d'indiquer sur un produit son lieu d'origine. En effet, une réglementation nationale prévoyant une telle obligation constitue une atteinte au principe de libre circulation des marchandises. Des exceptions sont cependant admises à l'égard de **certains produits,** lorsque l'indication obligatoire de l'origine répond à une nécessité particulière de **protection** et d'**information du consommateur.** Ainsi, l'indication du pays d'origine est obligatoire pour les produits agricoles et alimentaires et les produits de la mer, à l'état brut ou transformés dont la liste est fixée par décret, après que la Commission européenne a déclaré cette obligation compatible avec le droit de l'Union européenne (C. consom. art. L 412-4, al. 1 et 5). Voir aussi pour les denrées alimentaires, n°s 58330 s. **57150**

En revanche, les professionnels peuvent, de façon volontaire, mettre en avant l'origine française des produits en vue de les valoriser, par exemple par l'intermédiaire d'un label privé du type de la marque collective « **Origine France garantie** ».

FAUSSES INDICATIONS D'ORIGINE

Les fausses indications d'origine sont réprimées par plusieurs dispositions du Code de la consommation : **57160**

- les articles L 121-2 et L 121-3 qui interdisent les pratiques commerciales trompeuses ;
- l'article L 441-1 relatif au délit de tromperie sur la marchandise ;
- l'article L 413-4 qui interdit d'apposer sur un produit le nom d'un lieu autre que celui de sa fabrication, l'article L 413-6 qui interdit de supprimer, masquer, altérer ou modifier les signes de toute nature destinés à identifier les marchandises, y compris les indications d'origine, et l'article L 413-9 qui interdit les fausses indications d'origine.

En outre, l'article 39 du Code des douanes prohibe l'apposition à l'importation d'une indication sur le produit de nature à faire croire qu'il a été fabriqué en France ou qu'il est d'origine française.

D. Signes de qualité apposés sur un produit

SIGNES DE QUALITÉ DES PRODUITS AGRICOLES OU ALIMENTAIRES

L'étiquetage des produits agricoles, forestiers ou alimentaires et des produits de la mer peut, s'il n'y a pas de contradiction avec la réglementation de l'Union européenne, comporter un signe distinctif permettant de valoriser ces produits. Il existe trois modes de valorisation (C. rur. art. L 640-2) : **57200**

1° Les **signes d'identification de la qualité et de l'origine** :
- le label rouge, attestant la qualité supérieure ;
- l'appellation d'origine, l'indication géographique et la spécialité traditionnelle garantie, attestant la qualité liée à l'origine ou à la tradition ;
- la mention « agriculture biologique », attestant la qualité environnementale et le respect du bien-être animal.

2° Les **mentions valorisantes** :
- la mention « montagne » ou « produit de montagne » ;
- le qualificatif « fermier » ou la mention « produit de la ferme » ou « produit à la ferme » ;
- les termes « produits pays » en Guadeloupe, en Guyane, en Martinique, à La Réunion, à Mayotte, Saint-Pierre-et-Miquelon, Saint-Barthélemy, Saint-Martin et Wallis-et-Futuna ;
- la mention « issus d'une exploitation de haute valeur environnementale ».

3° La démarche de **certification de conformité des produits.**

SIGNES DE QUALITÉ DES PRODUITS INDUSTRIELS

57210 La qualité d'un produit autre qu'alimentaire peut être attestée par une **marque de certification** apposée en application de la réglementation sur la certification des produits industriels et des services (cf. C. consom. art. L 433-3 s. et R 433-1 s.).

La certification est l'activité par laquelle un organisme, distinct du fabricant, de l'importateur, du vendeur ou du prestataire, atteste qu'un produit, un service ou une combinaison de produits et de services est conforme à des caractéristiques décrites dans un référentiel de certification (art. L 433-3, al. 1). Le **référentiel de certification** est un document technique définissant les caractéristiques que doit présenter un produit, un service ou une combinaison de produits et de services, et les modalités de contrôle de la conformité à ces caractéristiques (art. L 433-3, al. 2). L'élaboration du référentiel de certification incombe à l'organisme certificateur qui recueille le point de vue des parties intéressées (art. L 433-3, al. 3).

Peuvent seuls procéder à la certification de produits ou de services les organismes qui bénéficient d'une accréditation délivrée par le Comité français d'accréditation (**Cofrac**) ou l'instance nationale d'accréditation d'un autre État membre de l'Union européenne, membre de la coopération européenne pour l'accréditation et ayant signé les accords de reconnaissance mutuelle multilatéraux couvrant la certification considérée (C. consom. art. L 433-4 et décret 2008-1401 du 19-12-2008 art. 1).

Le signe distinctif qui, le cas échéant, accompagne ou matérialise la certification est déposé comme **marque de garantie,** conformément à la législation sur les marques de produits ou de services (C. consom. art. L 433-7).

Lorsqu'il est fait référence à la certification dans l'étiquetage ou la présentation d'un produit ou d'un service, les **informations** suivantes doivent être portées à la connaissance du consommateur ou de l'utilisateur : le nom ou la raison sociale de l'organisme certificateur ou la marque de garantie ; la dénomination du référentiel de certification utilisé ; les modalités selon lesquelles le référentiel de certification peut être consulté ou obtenu (art. R 433-2). Le non-respect de cette obligation est passible d'une amende de nature contraventionnelle de 1 500 € (art. R 453-1).

PRODUITS MANUFACTURÉS POSSÉDANT UNE QUALITÉ LIÉE À LEUR ORIGINE GÉOGRAPHIQUE

57220 L'**indication géographique** d'un produit industriel ou artisanal peut être protégée suivant une procédure prévue aux articles L 721-2 s. et R 721-1 s. du Code de la propriété intellectuelle.

Constitue une telle indication la dénomination d'une zone géographique ou d'un lieu déterminé servant à désigner le produit qui en est originaire et qui possède une **qualité** déterminée, une **réputation** ou d'autres caractéristiques qui peuvent être attribuées essentiellement à cette **origine géographique** (CPI art. L 721-2). Ainsi, les dénominations « porcelaine de Limoges » ou « dentelle de Calais » peuvent être protégées par ce dispositif.

> **Précisions** La réglementation des **appellations d'origine** (C. consom. art. L 431-1 s.) a permis, il y a de nombreuses années, la protection de produits tels que le monoï de Tahiti, la dentelle du Puy, les mouchoirs et toiles de Cholet ou la poterie de Vallauris. Mais les procédures de reconnaissance qu'elle prévoit ne sont guère plus utilisées en raison de leur complexité et d'une définition de l'appellation d'origine trop restrictive.

E. Indication de la dénomination de vente sur l'étiquetage d'un produit

57260 La dénomination de vente peut être définie comme l'expression décrivant le produit ; elle doit être suffisamment précise pour permettre à l'acheteur d'en connaître la nature réelle et la distinguer des produits avec lesquels elle pourrait être confondue.

Elle peut être **réglementée** par des décrets pris en application de l'article L 412-1 du Code de la consommation pour déterminer les règles auxquelles doivent satisfaire certains produits (n° 14300).

Si la dénomination laisse croire à une **origine** différente de l'origine réelle du produit, celle-ci peut être répréhensible pour fausse indication d'origine (C. consom. art. L 413-9) ou tromperie sur marchandise (C. consom. art. L 441-1).

Une dénomination de vente ne doit pas tromper sur les **qualités du produit.** Celle-ci serait répréhensible sur le fondement de l'article L 121-2 du Code de la consommation relatif aux pratiques commerciales trompeuses ou de l'article L 441-1 du même Code relatif au délit de tromperie.

La dénomination d'un produit agricole ou alimentaire peut être protégée au titre de la réglementation des modes de **valorisation des produits** (n°s 57200 et 57220).

Enfin, la dénomination de vente ne peut comporter le **terme « équitable »** que si le produit satisfait à la définition légale du commerce équitable (Loi 2005-882 du 2-8-2005 art. 60, II modifié ; décret 2015-1157 du 17-9-2015).

ILLUSTRATIONS

Constitue une **fausse indication d'origine** la vente de « lapins du Gâtinais » en provenance des départements de la Sarthe et de l'Orne (Cass. crim. 2-2-1965 : Bull. crim. p. 67).

Constituent une **pratique commerciale trompeuse** la dénomination « jupe antigrippe du Dr Nylbac » (TGI Seine 24-11-1965 : D. 1967 p. 52, décision rendue sur le fondement des dispositions relatives à l'ancien délit de publicité trompeuse mais à notre avis transposable) et le délit de tromperie la vente de pommes « Granny Smith » alors qu'il s'agit de pommes d'une variété moins réputée (CA Rennes 18-12-1986 : BID 1988/5 p. 63).

Jugé que si une marchandise se voit réserver une appellation, le vendeur se rend coupable du **délit de tromperie** et de **pratique commerciale trompeuse** en désignant une autre marchandise, fût-elle voisine, par cette appellation, même avec l'adjonction d'un autre terme ou d'un qualificatif. Ainsi, l'appellation de « cèpes » étant réservée aux seules espèces « Boletus edulis » et « Boletus æreus », des champignons de l'espèce « Boletus badius » ne sauraient être commercialisés sous la dénomination de « cèpes des châtaigniers » (Cass. crim. 3-5-1990 : Bull. crim. p. 440 n° 172).

F. Mode d'emploi sur l'emballage d'un produit

Un mode d'emploi peut être nécessaire à l'utilisation d'un produit. Il doit dans ce cas être rédigé en **langue française,** conformément à la réglementation de l'emploi de la langue française (Loi 94-665 du 4-8-1994 art. 2). 57300

S'il y a **tromperie** sur le mode d'emploi ou les précautions à prendre pour l'utilisation d'un produit, le délit de tromperie sur la marchandise peut être constitué (C. consom. art. L 441-1).

Des décrets peuvent réglementer, par produits ou catégories de produits, les conditions dans lesquelles leur étiquetage doit être effectué lorsque ces produits sont susceptibles de porter atteinte à la santé ou sécurité des consommateurs (C. consom. art. L 422-1).

G. Indication du poids ou du volume d'un produit

Les modalités d'indication du poids ou du volume des **marchandises préemballées** sont réglementées par le décret 78-166 du 31 janvier 1978 modifié qui impose l'indication de certaines mentions destinées à faciliter la véracité de ces mentions. Les dispositions du décret 78-166 ont été complétées par un arrêté du 20 octobre 1978 (JONC du 22-11), modifié par des arrêtés du 25 février 1980 (JONC du 1-3), du 29 juillet 1990 (JO du 29-8) et du 24 mars 1993 (JO du 1-4). 57340

> **Précisions** Les **formats d'emballage** sont libres depuis le 11 avril 2009, date de l'abrogation des arrêtés qui définissaient les gammes de contenus pour un grand nombre de produits préemballés (Arrêté ECEC0815925A du 8-10-2008 art. 4). En application de la directive 2007/45/CE du 5 septembre 2007, seuls les vins et spiritueux restent soumis à des gammes de quantités (voir les quantités énumérées à l'annexe de l'arrêté du 8-10-2008 précité).

CHAMP D'APPLICATION DE LA RÉGLEMENTATION SUR L'INDICATION DU POIDS OU DU VOLUME SUR UN PRODUIT

57350 Ne sont concernés que les **produits préemballés** destinés à la vente par quantités constantes exprimées en unités de masse ou de volume nettes égales ou supérieures à cinq grammes ou cinq millilitres (Décret 78-166 art. 1).

En conséquence, ne sont pas soumis aux dispositions du décret :
– les produits vendus par quantités non constantes ;
– les marchandises vendues par quantités exprimées en longueur (papiers peints, rubans adhésifs, etc.).

Sont également exclus les produits destinés à l'exportation qui ne portent pas le signe « e » (Décret art. 13, al. 3).

Un produit est dit préemballé « lorsqu'il est conditionné, hors de la présence de l'acheteur, dans un emballage de quelque nature qu'il soit, le recouvrant totalement ou partiellement de telle sorte que la quantité de produit contenue ne puisse pas être modifiée sans qu'il y ait ouverture ou modification décelable du produit. Un préemballage est l'ensemble d'un produit et de l'emballage dans lequel il est présenté en vue de la vente » (Décret art. 2). En conséquence, lorsque plusieurs produits préemballés sont destinés à être vendus en lot dans un même préemballage, seul ce dernier est soumis aux dispositions du décret du 31 janvier 1978.

MENTIONS OBLIGATOIRES RELATIVES AU POIDS OU AU VOLUME D'UN PRODUIT

57360 Les inscriptions figurant sur les préemballages doivent être apposées en caractères indélébiles, facilement lisibles et visibles dans les conditions habituelles de présentation (Arrêté du 20-10-1978 art. 2). Ces mentions sont les suivantes.

57365 1° **Quantité nette.** Le volume net ou la masse nette de produit contenus par le préemballage doit être exprimé en **chiffres** et en utilisant comme **unité de mesure** le kilogramme ou le gramme, le litre, le centilitre ou le millilitre.

La hauteur minimale de ces chiffres est la suivante (Arrêté du 20-10-1978 art. 2, 2.1) :
– 6 millimètres, si la quantité nette est supérieure à 1 000 grammes ou 100 centilitres ;
– 4 millimètres, si elle est comprise entre 1 000 grammes ou 100 centilitres inclus et 200 grammes ou 20 centilitres exclus ;
– 3 millimètres, si elle est comprise entre 200 grammes ou 20 centilitres inclus et 50 grammes ou 5 centilitres exclus ;
– 2 millimètres, si elle est inférieure ou égale à 50 grammes ou 5 centilitres.

57370 2° **Identification du préemballeur.** Les préemballages doivent porter une marque ou inscription permettant d'identifier leur auteur, celui qui a fait faire l'emplissage ou leur importateur, lorsqu'ils sont établis dans l'Union européenne (Décret 78-166 art. 6, 2°-a).

Le professionnel identifié sur l'étiquette peut donc être, à la seule initiative des professionnels intéressés à l'opération de préemballage (Note d'information DGCCRF n° 1297 du 20-2-1995, non publiée) :
– l'importateur, c'est-à-dire celui qui introduit sur le territoire national des marchandises en provenance de pays autres que ceux composant l'Union européenne ;
– l'emplisseur, c'est-à-dire celui qui réalise effectivement le préemballage ;
– celui qui fait faire l'emplissage, c'est-à-dire tout professionnel pour le compte de qui l'opération de préemballage est effectuée ; un tel professionnel n'est pas uniquement celui qui commercialise le produit ; il peut aussi s'agir d'un intermédiaire entre l'emplisseur et le commerçant.

L'identification du préemballeur a pour objet de permettre aux services de contrôle d'identifier un professionnel pour procéder aux investigations nécessaires en matière de contrôle de la quantité nominale des marchandises préemballées.

Il a été estimé que les opérateurs économiques concernés devaient pouvoir librement décider qui, parmi eux, serait le premier interlocuteur des autorités de contrôle lors des investigations métrologiques de ces dernières.

Dans les cas où l'identification concerne celui qui fait faire l'emplissage, ce dernier doit pouvoir préciser aux services de contrôle, pour leur permettre de mener à bien leurs vérifications, le lieu de conditionnement du ou des lots faisant l'objet du contrôle. Dans ce cas, le professionnel doit être en mesure de leur communiquer les coordonnées du lieu de conditionnement ou d'importation des préemballages contrôlés.

On notera que cette identification « préemballeur » peut ne pas être celle du responsable du contrôle ou du mesurage du contenu effectif du préemballage, puisqu'en application de l'article 7 du décret du 31 janvier 1978, ce dernier est soit l'auteur du préemballage, soit l'importateur.

Il convient de distinguer trois cas (Note d'information DGCCRF n° 1297 précitée) : 57375

a) Professionnels établis en France. Lorsque l'emplisseur ou celui qui a fait faire l'emplissage, ou encore l'importateur, sont établis en France, l'identification est indiquée, au choix du professionnel, sous l'une des formes suivantes (Arrêté du 20-10-1978 et note d'information DGCCRF n° 1297 art. 2-2 précitée) :

– leur nom et leur adresse en clair (cette adresse étant précédée de la mention « EMB » si une autre adresse figure sur l'étiquetage) ;

– l'identification de la commune où est établi l'emplisseur, celui qui a fait faire l'emplissage ou l'importateur, sous la forme du code officiel géographique établi par l'Insee, précédé de la mention « EMB » et suivi, s'il y a au moins deux professionnels qui exercent la même activité dans la commune, d'une ou de plusieurs lettres indiquées par la direction départementale de la protection des populations (DDPP) ou la direction départementale de l'emploi, du travail des solidarités et de la protection des populations (DDETSPP) localement compétente.

L'identification ne servant qu'aux investigations des services de contrôle, la signification de l'identification codée ne peut pas être communiquée à des personnes extérieures à ces services (Note d'information DGCCRF n° 1297 précitée).

b) Professionnels établis dans un pays de l'Union européenne autre que la France. Conformément à la directive 76/211/CEE du 20 janvier 1976, l'arrêté du 20 octobre 1978 prévoit que tout préemballage doit porter une marque ou inscription permettant d'identifier l'emplisseur ou celui qui a fait faire l'emplissage ou l'importateur établis dans l'Union européenne.

L'administration admet que l'identification du professionnel s'effectue grâce à une marque ou inscription permettant au service compétent de l'État membre d'identifier le professionnel, cette marque ou inscription devant être apposée conformément à la réglementation de l'État membre (Note d'information DGCCRF n° 1297 précitée). Par ailleurs, lorsque les produits préemballés importés d'un pays membre de l'Union européenne portent le signe « e » (n° 57380), ils peuvent ne porter qu'une marque ou inscription permettant aux services compétents de cet État d'identifier l'auteur des préemballages, la personne qui a fait faire l'emplissage ou celle qui les a importés dans cet État (Décret 78-166 art. 6, al. 4).

c) Professionnels établis hors de l'Union européenne. Dans ce cas, c'est l'importateur établi en France ou dans l'Union européenne qui doit être identifié pour satisfaire aux obligations réglementaires. Les modalités d'identification se rapportent alors aux deux cas précédents.

SIGNE « E »

L'auteur du préemballage en France ou l'importateur établi en France peut, en apposant le signe « e » sur les préemballages, certifier qu'il garantit leur conformité métrologique aux prescriptions du décret 78-166 et qu'il les soumet à un contrôle particulier dont les modalités sont définies par l'arrêté du 20 octobre 1978 (Décret 78-166 art. 8, al. 1). 57380

Le décret 78-166 ne s'applique qu'aux préemballages dont la quantité nominale est comprise entre 5 g ou 5 ml et 10 kg ou 10 l. La lettre « e » doit avoir une hauteur minimale de 3 mm et être représentée suivant un dessin figurant en annexe de l'arrêté du 20 octobre 1978 (l'annexe ne figurant pas dans le texte de l'arrêté, il convient de se reporter au « Guide de bonnes pratiques » cité ci-dessous, qui reproduit le schéma).

Le recours au signe « e » est facultatif. Il doit être déclaré à la direction régionale de l'économie, de l'emploi, du travail et des solidarités (DREETS) (Décret 78-166 art. 8, al. 3 ; Décret 2020-1545 du 9-12-2020).

L'utilisateur du signe « e » doit tenir à la disposition des services de contrôle, pendant au moins deux ans, les documents où sont consignés les résultats du contrôle visé ci-dessus afin d'attester que ce dernier ainsi que les corrections et ajustements ont été convenablement effectués (Décret 78-166 art. 8, al. 2 ; Note d'information DGCCRF n° 1297 du 20-2-1995).

Les conditions d'emploi du signe « e » étant fixées par la réglementation européenne et identiques dans tous les États membres de l'Union européenne (Dir. 76/211 du 20-1-1976 relative au préconditionnement en masse ou en volume de certains produits en préemballages), les préemballages importés en France en provenance de l'un de ces États et revêtus de ce signe sont considérés comme conformes aux dispositions du décret 78-166 (Décret art. 10).

Dans le cas de préemballages importés d'un pays tiers à l'Union européenne, l'importateur peut se limiter à fournir la preuve qu'il s'est entouré de toutes les garanties lui permettant d'assumer sa responsabilité (Dir. 76/211 modifiée, ann. I point 4 et note d'information DGCCRF précitée).

Pour plus de détails sur les conditions d'apposition du signe « e », voir le « Guide de bonnes pratiques concernant les modalités du contrôle métrologique interne à réaliser par les emplisseurs et importateurs de produits préemballés » élaboré par la DGCCRF (BOCCRF nº 6 du 7-7-2014).

SANCTIONS EN CAS DE MENTION ERRONÉE RELATIVE AU POIDS OU AU VOLUME D'UN PRODUIT

57390 L'apposition de mentions erronées relatives soit à la quantité nette, soit à l'identification du préemballeur, soit au signe « e » peut être sanctionnée en application de l'article L 441-1 du Code de la consommation relatif au délit de tromperie.

En outre, une mention trompeuse peut être réprimée en tant que pratique commerciale trompeuse, sur le fondement de l'article L 121-2 du Code de la consommation.

57395 **Contrôle de la quantité des produits préemballés**

Il est techniquement difficile de maîtriser l'exactitude du remplissage d'un produit destiné à être vendu préemballé, que celui-ci soit effectué à la main ou au moyen d'appareils automatiques. C'est pourquoi les conditions dans lesquelles la quantité de produit effectivement contenue par un préemballage peut être inférieure à celle indiquée par son étiquetage sont réglementées (Décret du 31-1-1978 et arrêté du 20-10-1978 précités nº 57340).

Contrôle interne

La masse ou le volume de produit que contient effectivement le préemballage doit être mesuré ou contrôlé sous la **responsabilité** de l'auteur du préemballage ou de l'importateur, à l'aide d'un instrument de mesure légal approprié à la nature des opérations à effectuer. Ce contrôle peut être fait par échantillonnage (Décret 78-166 art. 7).

Les **modalités techniques de l'autocontrôle** sont détaillées dans le Guide de bonnes pratiques concernant les modalités du contrôle métrologique interne à réaliser par les emplisseurs et importateurs de produits préemballés, élaboré par la DGCCRF (BOCCRF nº 6 du 7-7-2014), qui a vocation à être la « bible » des opérateurs économiques comme des agents des services d'inspection.

Si les **instruments** servant au conditionnement manuel ou automatisé peuvent être des instruments de mesure légaux ou non, seul un instrument de contrôle ayant la qualité d'instrument de mesure légal est accepté pour la réalisation des autocontrôles métrologiques en cas de conditionnement automatisé (Guide p. 5).

Que le contrôle soit réalisé par échantillonnage ou à 100 %, l'**auteur du préemballage** comportant le signe « e » doit tenir à la disposition des services de contrôle, pendant deux ans au moins, les documents (papier ou électroniques) où sont consignés les résultats des contrôles, afin d'attester que ces derniers, ainsi que les corrections et ajustements dont ils ont montré la nécessité, ont été régulièrement et correctement effectués (nº 57380). Ces derniers éléments impliquent la mise en place d'un journal de bord consignant toutes les opérations inhérentes à la ligne de conditionnement (exemple : heures de mise en route et d'arrêt, causes d'arrêt, interventions réalisées, changements d'équipe, heures et nature des réglages sur le système d'emplissage, quantités produites par équipe, heures d'introduction de nouveaux lots de produit à conditionner, relevé de certains paramètres de marche, actions de maintenance, tout ce qui est inhabituel...) (Guide p. 8).

Au lieu d'effectuer le mesurage ou le contrôle, l'**importateur** peut se contenter de fournir la preuve qu'il s'est entouré de toutes les garanties lui permettant d'assumer sa responsabilité (Dir. 76-211 du 20-1-1976). Cette preuve est rapportée par la fourniture des autocontrôles métrologiques effectués par le fabricant étranger, à condition qu'ils soient compréhensibles par les services de contrôle ou traduits en français et qu'ils respectent les dispositions du contrôle de fabrication décrites dans le Guide des bonnes pratiques (Guide p. 15).

Contrôle externe

Les vérifications sont effectuées par les agents de l'administration à partir de lots de produits de même modèle, de même fabrication, emplis dans un même lieu et portant la même indication de quantité.

Il est admis que la quantité de produit contenue dans certains préemballages de ce lot peut être inférieure à celle mentionnée sur leur étiquetage si les deux conditions suivantes sont réunies (Décret 78-166 art. 4) :

– le contenu effectif des préemballages ne doit pas être inférieur, en moyenne, au contenu indiqué sur ces derniers ;

– la proportion de préemballages présentant une erreur en moins supérieure à l'erreur maximale tolérée indiquée dans le tableau ci-dessous doit être suffisamment faible pour permettre aux lots de préemballages de satisfaire aux tests statistiques fixés par l'arrêté du 20 octobre 1978.

Masse ou volume net étiqueté (grammes ou millilitres)	Erreur en moins tolérée	
	En pourcentage	En grammes ou millilitres
5 à 50	9	-
50 à 100	-	4,5
100 à 200	4,5	-
200 à 300	-	9
300 à 500	3	-
500 à 1 000	-	15
1 000 à 10 000	1,5	-
10 000 à 15 000	-	150
Supérieur à 15 000	1	-

Sort des produits non conformes

Lorsque ces conditions ne sont pas respectées, la vente des produits contrôlés peut cependant être effectuée s'il est satisfait à l'une des conditions suivantes (Décret 78-166 art. 11) :

– après mise en conformité du lot ;

– lorsque les produits sont cédés à un acheteur dûment informé et pour sa consommation propre ;

– après apposition d'un étiquetage indiquant de manière apparente le contenu effectif des préemballages et le prix à l'unité de mesure, sauf si les produits font l'objet d'un texte normalisant leur masse ou leur volume.

Un préemballage présentant un manquant supérieur à deux fois la valeur figurant au tableau ci-dessus ne peut porter le signe « e ».

Un étiquetage mentionnant un poids supérieur à celui que contient un produit préemballé peut constituer le délit de tromperie sur la quantité des choses livrées (n° 14640) ou une pratique commerciale trompeuse (n° 67000).

H. Indication de la composition d'un produit

L'indication de la composition d'un produit ou la mention de caractéristiques relatives à sa composition peut, lorsqu'elle est mensongère, être répréhensible pour **pratique commerciale trompeuse** (C. consom. art. L 121-2) ou **tromperie sur la marchandise** (C. consom. art. L 441-1). 57440

ILLUSTRATIONS

Constitue une pratique commerciale trompeuse l'apposition sur les étiquettes de pots de confiture de la mention « naturellement pauvres en sodium » alors que ces confitures contiennent une proportion de sodium supérieure à celle de confitures fabriquées et commercialisées par la même maison sans être qualifiées d'aliment de régime (Cass. crim. 5-6-1984 : Bull. crim. p. 554, décision rendue sur le fondement des dispositions relatives à l'ex-délit de publicité trompeuse mais à notre avis transposable).

Constitue une tromperie sur la marchandise le fait de commercialiser un tissu dont l'étiquetage mentionne une proportion de 40 % de cachemire alors qu'il en comporte moins de 20 % (CA Paris 30-9-1987 : BID 1989/2 p. 45).

I. Indication des conditions et de la date limite d'utilisation d'un produit

Sont répréhensibles pour **pratique commerciale trompeuse** (C. consom. art. L 121-2) ou **tromperie sur la marchandise** (C. consom. art. L 441-1) le défaut de certaines indications ou l'apposition de fausses indications concernant les conditions et la date limite d'utilisation du produit. 57480

Par ailleurs, des décrets peuvent réglementer, par produits ou catégories de produits, les conditions dans lesquelles leur étiquetage doit être effectué lorsque ces produits sont susceptibles de porter atteinte à la santé ou sécurité des consommateurs (C. consom. art. L 422-1).

J. Indication des conditions de vente et de garantie d'un produit

57520 Afin d'assurer la protection des consommateurs, l'étiquetage des conditions particulières de vente peut être réglementé par des arrêtés (C. consom. art. L 112-1 ; n°s 75600 s.).

Les conditions de garantie doivent être rédigées en langue française (Loi 94-665 du 4-8-1994 art. 2).

Le fait de présenter la garantie légale comme un avantage spécifique constitue une pratique commerciale trompeuse (voir n° 67540).

K. Apposition d'un code-barres sur un produit

57560 Le système EAN dit « code-barres EAN » est un système international de codification des biens de consommation courante. Cette technique, créée aux États-Unis et au Canada et développée en France par la société Gencod France, devenue la société GS1 France, permet la reconnaissance automatique des produits, notamment en magasin.

Ce code se présente sous la forme d'une **succession de barres** claires et foncées (intégrées au graphisme général de l'emballage d'un produit ou imprimées sur des étiquettes autocollantes) qui sont la traduction symbolique d'une numérotation à 13 chiffres (8 pour les produits dont les dimensions ne permettent pas d'insérer l'intégralité de ces chiffres). Les informations contenues dans ce code sont dans l'ordre :
– pour le premier chiffre, l'indicatif du pays codeur (chiffre 3 pour la France) ;
– pour les cinq chiffres suivants, le code du fabricant attribué par l'organisme codeur (pour la France, GS1 France) ;
– pour les six autres chiffres, le code du produit attribué par le fabricant ;
– le dernier chiffre étant une clé de contrôle.

À noter que les chiffres du début et de la fin (indicatif du pays codeur et chiffre de contrôle) ne sont pas toujours indiqués en clair, mais ils sont bien présents sous la forme de barres.

Un **dispositif de lecture** – scanner, crayon, douchette ou pistolet – connecté au terminal du point de vente, lui-même relié à un fichier où sont enregistrés le prix et le libellé de l'article, lit le code-barres du produit. Ces équipements permettent donc :
– d'améliorer la gestion du point de vente du fait de la connaissance, en permanence, des ventes et des stocks, article par article ;
– de diminuer les coûts de marquage ;
– de réduire la démarque inconnue ;
– d'accélérer le passage du client à la caisse ;
– d'afficher immédiatement la désignation de l'article, sur un écran orienté vers le client et d'imprimer sur le ticket de caisse le nom de l'article et son prix.

57565 L'utilisation de code-barres ne dispense pas du respect des règles relatives à la **publicité des prix** (Arrêté du 3-12-1987 art. 4 ; n°s 75250 s.). Aussi les distributeurs doivent-ils s'assurer, d'une part, que le prix unitaire des produits (le cas échéant, à l'unité de mesure) est indiqué dans les rayons et, d'autre part, qu'il existe une concordance entre ce prix et celui réellement payé par le client, en particulier à l'occasion des ventes promotionnelles (Rép. Bachelet : AN 10-4-1989 p. 1663).

> **Précisions** La pratique des **relevés de prix dans** les **magasins** d'un **concurrent** à l'aide d'un lecteur optique de code-barres est licite. En effet, la fixation des prix par le libre jeu de la concurrence commande que les concurrents puissent comparer leurs prix et, en conséquence, en faire pratiquer des relevés par leurs salariés dans leurs magasins respectifs (Cass. com. 4-10-2011 n° 10-21.862 : RJDA 1/12 n° 90).

L. Marquage « CE » sur un produit

CARACTÉRISTIQUES

L'un des principaux objectifs de l'Union européenne étant la liberté de circulation des marchandises entre les États, les autorités de l'Union ont, pendant de nombreuses années, entrepris d'harmoniser les normes de sécurité et les règles techniques à respecter pour la fabrication des produits. Dépassées par l'ampleur de la tâche, elles se sont, à partir des années 1980, bornées à n'harmoniser dans les directives, dites « nouvelle approche », que les « exigences essentielles » relevant de l'intérêt général et à renvoyer aux normes, en priorité européennes, la tâche de définir les spécifications techniques détaillées des produits. **57610**

Les directives « nouvelle approche » ont été adoptées dans des **secteurs** très divers, tels que les jouets, les équipements de protection individuelle, les dispositifs médicaux les instruments de pesage à fonctionnement non automatique ou les équipements terminaux de télécommunication.

Les **produits** fabriqués conformément à ces normes sont **présumés conformes** aux exigences essentielles prévues par la directive qui les concerne et doivent obligatoirement porter le marquage CE (Règl. 765/2008 du 9-7-2008 art. 30, 4). Celui-ci permet la **libre circulation** ou la mise sur le marché de ce produit dans l'ensemble des pays de l'Union européenne.

Le **marquage** CE est **obligatoire** pour tous les produits soumis aux directives « nouvelle approche ». Afin de vérifier si le produit, fabriqué en France ou importé, est soumis à l'obligation de marquage CE, il est nécessaire de se reporter aux directives d'harmonisation techniques ou aux mesures nationales qui les ont transposées. La liste des directives prévoyant le marquage « CE » est accessible à partir du site internet de la Direction générale des entreprises :

www.entreprises.gouv.fr/fr/libre-circulation-des-produits/la-libre-circulation-des-marchandises-europe/marquage.

Les **procédures d'évaluation de la conformité des produits** aux exigences essentielles prévues par les directives qui les concernent (ou « modules d'évaluation ») sont variables suivant les produits. Elles vont du contrôle interne de la fabrication à la vérification à l'unité par un organisme notifié (organisme indépendant choisi et désigné par les États membres pour la réalisation des essais prévus par une directive) ou à la mise en œuvre contrôlée par un organisme notifié d'un système d'assurance qualité sur la base de la norme ISO 9001 (pour une description détaillée de ces procédures, voir l'annexe II de la décision 768/2008/CE du Parlement et du Conseil du 9-7-2008).

Le marquage CE n'indique pas la procédure d'évaluation de la conformité retenue. Il est seulement accompagné, s'il y a lieu, d'un code identifiant l'organisme notifié qui est intervenu durant la phase de contrôle de la fabrication (Décision 768/2008/CE du 9-7-2008 ann. I art. R 12, 3).

Le marquage est **apposé** dans tous les cas **par le fabricant** ou son mandataire, et non par l'organisme notifié qui est, le cas échéant, intervenu (Règl. 765/2008 du 9-7-2008 art. 30, 1). Il est en principe apposé sur le produit ou son emballage, de façon visible, lisible et indélébile (Décision 768/2008/CE du 9-7-2008 ann. I art. R 12, 1) et doit être conforme au graphisme figurant à l'annexe II du règlement 765/2008 du 9 juillet 2008.

Lorsque la nature du produit ne le permet pas ou ne le justifie pas, le marquage CE est apposé sur son emballage et sur les documents d'accompagnement, lorsque la législation applicable prévoit ces documents (Décision 768/2008/CE ann. I art. R 12, 1).

En apposant ou en faisant apposer le marquage CE, le fabricant indique qu'il assume la **responsabilité** de la conformité du produit aux exigences qui sont prévues par les directives d'harmonisation (Règl. 765/2008 art. 30, 3).

CONTRÔLE DU MARQUAGE « CE » SUR UN PRODUIT

L'absence ou l'apposition indue du marquage CE peuvent faire l'objet de mesures prises en application des dispositions générales prévues en matière de fraudes ou de sécurité des produits. Par exemple : **57620**

– dans l'attente des résultats des contrôles nécessaires, les agents chargés des enquêtes en matière de fraudes (en particulier, les agents de la DGCCRF et les agents de la Direction générale des douanes) peuvent **consigner** les produits sur le fondement soit des articles L 512-26 s. du Code de la consommation s'ils sont susceptibles d'être dangereux, soit des articles L 512-34 s. du même Code prévoyant la consignation des produits lorsque leur maintien sur le marché porte une atteinte grave et immédiate à la loyauté des transactions commerciales ;

– dans le cadre de leurs pouvoirs de police administrative, ces mêmes agents peuvent ordonner la **mise en conformité** des produits, aux frais de l'opérateur, dans un délai qu'ils fixent ; si la mise en conformité n'est pas possible, le préfet (à Paris, le préfet de police) peut ordonner l'utilisation à d'autres fins, la réexportation ou la destruction des marchandises dans un délai qu'il fixe (C. consom. art. L 521-10, al. 1) ;
– s'ils sont dangereux, les produits peuvent, sur décision du préfet, être **retirés** du marché ou **détruits** (art. L 521-7, al. 1).

On notera que le fait qu'une marchandise soit revêtue du marquage CE ne dispense pas son importateur, en tant que responsable de la première mise sur le marché national, de vérifier la conformité de cette marchandise aux prescriptions réglementaires qui lui sont applicables, et ce même si cette marchandise provient d'un État membre de l'Union européenne. À défaut de ce contrôle, l'importateur peut être pénalement sanctionné pour **tromperie sur la marchandise** (Cass. crim. 7-4-1999 : Bull. crim. p. 200 n° 72).

M. Indication du nom du fabricant d'un produit

57660 Sauf réglementations particulières (en ce qui concerne les denrées alimentaires, voir n° 58320), il n'existe pas d'**obligation** d'indiquer le nom du fabricant d'un produit.

Lorsqu'il s'agit d'un **produit vendu sous marque de distributeur,** l'étiquetage doit mentionner le nom et l'adresse du fabricant si celui-ci en fait la demande ; est considéré comme produit vendu sous marque de distributeur le produit dont les caractéristiques ont été définies par l'entreprise ou le groupe d'entreprises qui en assure la vente au détail et qui est le titulaire de la marque sous laquelle il est vendu (C. consom. art. R 412-47).

N. Informations relatives à l'impact sur l'environnement d'un produit

INFORMATION SUR LES QUALITÉS ET CARACTÉRISTIQUES ENVIRONNEMENTALES DE CERTAINS PRODUITS GÉNÉRATEURS DE DÉCHETS

57700 **Obligation d'information sur les qualités et caractéristiques environnementales** Depuis le 1er janvier 2023 et suivant un calendrier qui s'achèvera le 1er janvier 2025, les producteurs et importateurs de produits générateurs de déchets doivent informer les consommateurs sur les qualités et caractéristiques environnementales de ces produits, notamment sur l'**incorporation de matière recyclée,** l'emploi de **ressources renouvelables,** la **durabilité,** la **compostabilité,** la **réparabilité,** les possibilités de **réemploi,** la **recyclabilité** et la présence de **substances dangereuses,** de **métaux précieux** ou de **terres rares** (C. envir. art. L 541-9-1, al. 1 ; loi 2021-1104 du 22-8-2021 art. 3, IV). Ces « qualités et caractéristiques », définies comme les « caractéristiques destinées à informer le consommateur sur les conditions relatives à une meilleure prévention et gestion des déchets » (C. envir. art. R 541-220, al. 1), sont établies en privilégiant une analyse de l'ensemble du cycle de vie des produits (C. envir. art. L 541-9-1, al. 1). Les modalités de cette information sont précisées par l'article R 541-221 du Code de l'environnement, qui établit la liste des catégories de produits concernés pour chacune des caractéristiques et qualités environnementales qui leur sont associées.

Au 1er janvier 2025, seront tenus de satisfaire à cette obligation les producteurs et importateurs déclarant un chiffre d'affaires supérieur à 10 M€ pour les produits concernés et responsables annuellement de la mise sur le marché national d'au moins 10 000 unités de produits (Décret 2022-748 du 29-4-2022 art. 3, I). En deçà de ces seuils, l'information sera facultative (C. envir. art. R 541-220, al. 3).

En outre, les consommateurs doivent être informés des primes et pénalités versées au producteur ou dues par lui en fonction de critères de performance environnementale (cf. C. envir. art. L 541-10-3).

Ces **informations** doivent être **visibles** ou accessibles par le consommateur **au moment de l'acte d'achat.** Le producteur ou l'importateur doit mettre les données relatives aux qualités et caractéristiques précitées à disposition du public par voie électronique, dans un format aisément réutilisable et exploitable par un système de traitement automatisé sous une forme agrégée (C. envir. art. L 541-9-1, al. 1).

Pour la mise en œuvre de l'ensemble de ces mesures, il peut être utile de se reporter à la **foire aux questions** diffusée le 18 octobre 2023 par le ministère de la transition écologique et de la cohésion des territoires sur son site internet (www.ecologie.gouv.fr/sites/default/files/FAQ-020123v2.pdf).

Mentions interdites ou obligatoires En raison de l'imprécision de ces notions et de leur caractère potentiellement trompeur, il est interdit de faire figurer sur un produit ou un emballage neuf à destination du consommateur les mentions « **biodégradable** », « **respectueux de l'environnement** » ou toute autre allégation environnementale équivalente (C. envir. art. L 541-9-1, al. 4 et R 541-223). 57715

Les produits dont la compostabilité ne peut être obtenue qu'en unité industrielle ne peuvent pas porter la mention « **compostable** » (C. envir. art. L 541-9-1, al. 2). Certains produits manufacturés ne peuvent en effet être compostés que dans des conditions physiques très particulières (telles qu'une très haute température ou la présence de micro-organismes) que l'on ne retrouve pas en compostage domestique.

Les produits et emballages en matière plastique compostables en compostage domestique ou industriel doivent porter la mention « **Ne pas jeter dans la nature** » (C. envir. art. L 541-9-1, al. 3).

Sanctions Tout manquement aux obligations d'information mentionnées nos 57700 et 57715 sont passibles d'une amende administrative d'un montant maximal de 3 000 € pour une personne physique et 15 000 € pour une personne morale (C. envir. art. L 541-9-4-1). Si ces sanctions peuvent sembler de prime abord limitées pour un producteur de grande importance, elles peuvent toutefois être appliquées par unité non conforme. 57720

AFFICHAGE DE L'IMPACT ENVIRONNEMENTAL DES BIENS OU SERVICES

La loi Climat 2021-1104 du 22 août 2021 prévoit qu'un **affichage** destiné à apporter au consommateur une information relative aux impacts environnementaux, ou aux impacts environnementaux et au respect de « critères sociaux » (expression visant les principes du commerce équitable), d'un bien, d'un service ou d'une catégorie de biens ou de services mis sur le marché national pourra être rendu **obligatoire** par décret après une **phase d'expérimentation** d'une durée maximale de cinq ans à compter du 24 août 2021 (C. envir. art. L 541-9-11, al. 1 et L 541-9-12, al. 1). Ce décret devra définir, pour chaque **catégorie de biens et de services concernés,** la méthodologie à utiliser ainsi que les modalités d'affichage retenues et prévoir des conditions adaptées à la nature des biens et services concernés et à la taille de l'entreprise, en particulier pour les très petites, ainsi que les petites et moyennes entreprises, sous réserve de tenir compte des volumes qu'elles traitent. Pour les autres catégories de biens et de services, l'affichage restera facultatif mais devra se conformer aux prescriptions prévues par le même décret (C. envir. art. L 541-9-12, al. 2 et 3). 57750

L'affichage obligatoire s'effectuera par voie de marquage ou d'étiquetage ou par tout autre procédé adapté. Il sera visible ou accessible pour le consommateur, en particulier au moment de l'acte d'achat (C. envir. art. L 541-9-11, al. 2).

L'information apportée devra faire ressortir, de façon fiable et facilement compréhensible pour le consommateur, l'impact environnemental des biens et services considérés sur l'ensemble de leur cycle de vie. Elle tiendra compte des impacts environnementaux des biens et services considérés, pris en compte selon leur pertinence pour une catégorie donnée, notamment en termes d'**émissions de gaz à effet de serre,** d'atteintes à la **biodiversité** et de **consommation d'eau et d'autres ressources naturelles.** Elle tiendra également compte des « externalités environnementales » des systèmes de production des biens et services considérés, évaluées scientifiquement, en particulier pour les produits agricoles, sylvicoles et alimentaires (C. envir. art. L 541-9-11, al. 3).

Tout manquement à ces obligations d'affichage sera passible d'une **amende administrative** d'un montant maximal de 3 000 € pour une personne physique et 15 000 € pour une personne morale (C. envir. art. L 541-9-14). Le fait d'utiliser ou de publier un affichage non conforme à la réglementation sera puni de la même amende (C. envir. art. L 541-9-15).

› Précisions Les **expérimentations** menées sur une durée maximale de cinq ans sont destinées à évaluer différentes méthodologies de calcul des impacts environnementaux et des modalités d'affichage. Celles qui ont pour objet les secteurs du textile d'habillement, des produits alimentaires, de l'ameublement, de l'hôtellerie et des produits électroniques devaient débuter le 23 février 2022 (Loi 2021-1104 du 22-8-2021 art. 2, II-al. 1 et 2). Durant la phase d'expérimentation, les personnes publiques ou privées qui souhaitent mettre en place un affichage destiné à apporter au consommateur une information relative aux impacts environnementaux, ou aux impacts environnementaux et au respect de critères sociaux d'un bien, d'un service ou d'une catégorie de biens ou de services doivent mentionner le caractère expérimental de l'affichage à proximité immédiate de celui-ci (art. 2, II-al. 3). À l'issue des expérimentations, l'affichage sera rendu obligatoire prioritairement pour le secteur de l'habillement (art. 2, III), sans attendre une évolution du droit européen en la matière.

O. Information du consommateur sur les règles de tri appliquées à un produit

57790 En application du principe de « responsabilité élargie du producteur » (REP), les personnes responsables de la mise sur le marché de produits générateurs de déchets peuvent être contraintes de pourvoir ou de contribuer à la prévention et à la gestion de ces déchets (C. envir. art. L 541-10). Ainsi, tout produit mis sur le marché à destination des ménages soumis à ce principe de responsabilité élargie, à l'exclusion des emballages ménagers de boissons en verre, doit porter le **logo Triman** informant le consommateur que ce produit fait l'objet de règles de tri (C. envir. art. L 541-9-3, al. 1 et R 541-12-17). Le logo doit être accompagné d'une information précisant les **modalités de tri ou d'apport du déchet** issu du produit. Si plusieurs éléments du produit ou des déchets issus du produit font l'objet de modalités de tri différentes, ces modalités sont détaillées élément par élément. Ces informations doivent figurer sur le produit ou sur son emballage ou, à défaut, dans les autres documents fournis avec le produit. Elles doivent également être disponibles en ligne (C. envir. art. L 541-9-3, al. 2).

Les conditions d'application de ce dispositif sont précisées par les articles R 541-12-17 s. du Code de l'environnement.

Tout manquement à cette obligation d'information est passible d'une **amende administrative** d'un montant maximal de 3 000 € pour une personne physique et 15 000 € pour une personne morale (C. envir. art. L 541-9-4).

P. Indication du niveau de réparabilité des équipements électriques et électroniques

CONTENU DU DISPOSITIF

57810 Les producteurs, importateurs ou autres metteurs sur le marché d'équipements électriques et électroniques (EEE) doivent communiquer l'indice de réparabilité de ces équipements, ainsi que les paramètres ayant permis de l'établir, aux **vendeurs** de leurs produits, ainsi qu'à toute personne qui en fait la demande, pendant une période d'au moins deux ans après la mise sur le marché de la dernière unité d'un modèle d'équipement (C. envir. art. L 541-9-2, I-al. 1 et R 541-212, V).

Les vendeurs d'EEE, y compris les vendeurs en ligne et ceux utilisant une plateforme de vente en ligne, doivent communiquer cet indice au **consommateur,** sans frais, au moment de l'acte d'achat, par voie de marquage, d'étiquetage, d'affichage ou par tout autre procédé approprié (C. envir. art. L 541-9-2, I-al. 2). L'indice doit figurer sur ou à proximité immédiate de chaque équipement proposé à la vente en magasin, et, en cas de vente en ligne, dans la présentation de l'équipement et à proximité du prix. Les paramètres de calcul de l'indice doivent être mis à disposition des consommateurs par tout procédé approprié (art. R 541-213).

L'indice de réparabilité est défini comme étant une **note sur dix** destinée à être portée à la connaissance des consommateurs au moment de l'achat d'un équipement neuf (C. envir. art. R 541-210). Cet indice doit être calculé à partir de cinq **critères** : la durée de disponibilité de la documentation technique, le caractère démontable de l'équipement, les durées de disponibilité des pièces détachées, le rapport entre le prix de vente des pièces détachées et le prix de vente de l'équipement et un critère spécifique à la catégorie d'équipement concernée (art. R 541-214).

Les paramètres généraux de **calcul de l'indice de réparabilité,** les modalités de l'affichage, le pictogramme et les codes couleur devant être utilisés sont précisés par un arrêté du 29 décembre 2020 (Arrêté TRED2023670A). D'autres arrêtés fixent les critères de calcul de l'indice pour les produits suivants : lave-linge ménagers à chargement frontal (Arrêté TRED2023818A du 29-12-2020), ordinateurs portables (Arrêté TRED2023819A du 29-12-2020), téléphones mobiles multi-fonctions (Arrêté TRED2023820A du 29-12-2020), téléviseurs (Arrêté TRED2023822A du 29-12-2020), tondeuses à gazon électriques filaires (Arrêté TRED2023823A du 29-12-2020), tondeuses électriques à batterie (Arrêté TRED2023824A du 29-12-2020), tondeuses électriques robots (Arrêté TRED2023825A du 29-12-2020), aspirateurs filaires (Arrêté TRED2212019A du 22-4-2022), aspirateurs robots (Arrêté TRED2212104A du 22-4-2022), lave-linge ménagers à chargement par le dessus (Arrêté TRED2212105A du 22-4-2022), lave-vaisselle ménagers (Arrêté TRED2212108A du 22-4-2022), nettoyeurs à haute pression (Arrêté TRED2212109A du 22-4-2022) et aspirateurs non filaires (Arrêté TRED2212101A du 22-4-2022).

> **Précisions** Un **indice de durabilité** des produits, incluant notamment de nouveaux critères, tels que la fiabilité et la robustesse du produit, devait compléter ou remplacer l'indice de réparabilité au 1er janvier 2024 (C. envir. art. L 541-9-2, II). Au 1er avril 2024, date de mise à jour des présents développements, le décret d'application de cette disposition n'était toujours pas publié. Selon les travaux parlementaires relatifs à la loi 2020-105, l'indice devrait idéalement tenir compte des critères suivants : réparabilité, fiabilité du service après-vente (garanties étendues et modalités d'intervention), robustesse du produit, écoconception, ainsi que dimension logicielle (durée de disponibilité du support technique, réversibilité des mises à jour, etc.).

CONTRÔLES ET SANCTIONS

Les agents de la CCRF sont habilités à rechercher et constater les manquements à ces dispositions (C. consom. art. L 511-7, 22°). À cet effet, ils peuvent notamment procéder, sur autorisation judiciaire, à des opérations de visite et saisie (nos 79170 s.) et enjoindre le professionnel de se conformer à ses obligations (nos 79400 s.) (art. L 511-7, dernier al.). **57830**

Tout manquement est passible d'une amende administrative d'un montant maximal de 3 000 € pour une personne physique et 15 000 € pour une personne morale (C. envir. art. L 541-9-4). Cette amende est prononcée dans les conditions prévues aux articles L 522-1 s. du Code de la consommation (voir nos 79630 s.).

SECTION 2

ÉTIQUETAGE DES DENRÉES ALIMENTAIRES

TEXTES APPLICABLES

La réglementation sur l'étiquetage des denrées alimentaires résulte essentiellement du règlement européen 1169/2011 du 25 octobre 2011, dit « **règlement Inco** », qui est directement applicable en France. L'objectif de ce règlement est de simplifier et moderniser la législation en la matière, ainsi que d'améliorer l'information du consommateur en lui fournissant une base pour choisir en connaissance de cause les denrées alimentaires et éviter qu'il ne soit induit en erreur. **57900**

Le règlement Inco est précisé par les articles R 412-2 s. du Code de la consommation. Les articles R 412-3 à R 412-6 concernant la mention du lot de fabrication transposent pour leur part la **directive 2011/91 du 13 décembre 2011** relative aux mentions ou marques permettant d'identifier le lot auquel appartient une denrée alimentaire, dont l'objectif est de permettre la traçabilité du produit.

Une **communication de la Commission européenne du 8 juin 2018** apporte des réponses à une série de questions qui ont été soulevées après l'entrée en vigueur du règlement Inco (JOUE 2018 C 196 p. 1).

Nous exposons ci-dessous les dispositions issues de ces réglementations générales, à l'exclusion des réglementations spécifiques à certaines denrées qu'il serait impossible d'énumérer ici.

CHAMP D'APPLICATION DE LA RÉGLEMENTATION GÉNÉRALE DE L'ÉTIQUETAGE DES DENRÉES ALIMENTAIRES

57910 La réglementation s'applique à toutes les **denrées** alimentaires **destinées** au **consommateur final,** y compris celles servies par les collectivités, ou destinées à être livrées à des collectivités, sans préjudice des règles d'étiquetage spécifiques à certaines denrées alimentaires (Règl. 1169/2011 du 25-10-2011 art. 1, 3). On entend par « collectivité » tout établissement (y compris un véhicule ou un étal) dans lequel des denrées alimentaires prêtes à être consommées sont préparées : tel est le cas d'un restaurant, d'une cantine, d'une école, d'un hôpital (Règl. 1169/2011 art. 2, 2-d).

Elle s'applique aux **exploitants du secteur alimentaire** à tous les stades de la chaîne alimentaire lorsque leurs activités concernent l'information des consommateurs (art. 1, 3). L'exploitant responsable des informations sur les denrées alimentaires est l'exploitant sous le nom duquel la denrée alimentaire est commercialisée ou, si cet exploitant n'est pas établi dans l'Union européenne, l'importateur sur le marché de l'Union (art. 8, 1).

57915 On entend par « **denrée alimentaire** » toute substance ou produit, transformé ou non, destiné à être ingéré ou raisonnablement susceptible d'être ingéré par l'être humain (Règl. 178/2002 du 28-1-2002 art. 2, al. 1 sur renvoi du règl. 1169/2011 art. 2, 1-a). Sont visées les boissons, les gommes à mâcher et toute substance, y compris l'eau, intégrée intentionnellement dans les denrées alimentaires au cours de leur fabrication (Règl. 178/2002 art. 2, al. 2). En revanche, ne sont concernés ni les aliments pour animaux ni les stupéfiants et substances psychotropes (Règl. art. 2, al. 3).

Une **denrée alimentaire préemballée** est l'unité de vente destinée à être présentée en l'état au consommateur final, constituée par cette denrée et l'emballage dans lequel elle a été conditionnée avant sa présentation à la vente, que cet emballage la recouvre entièrement ou partiellement, mais de telle façon que le contenu ne puisse être modifié sans que l'emballage subisse une ouverture ou une modification (Règl. art. 2, 2-e). Ne sont **pas** considérées comme **préemballées** les denrées emballées sur le lieu de vente à la demande du consommateur ou préemballées en vue de leur vente immédiate (même art.).

Constituent un **étiquetage** les mentions, indications, marques de fabrique ou de commerce, images ou signes se rapportant à une denrée alimentaire et figurant sur tout emballage, document, écriteau, étiquette, bague ou collerette, accompagnant ou se référant à cette denrée alimentaire (Règl. art. 2, 2-j).

I. RÈGLES D'ÉTIQUETAGE COMMUNES À TOUTES LES DENRÉES ALIMENTAIRES

CARACTÈRE NON TROMPEUR DE L'ÉTIQUETAGE

58000 Les informations sur les denrées alimentaires doivent être **précises,** claires et aisément **compréhensibles** par les consommateurs (Règl. 1169/2011 art. 7, 2). Elles doivent être **loyales.**

58005 Ces informations ne doivent pas induire le consommateur en erreur sur les **caractéristiques** de la denrée alimentaire (en particulier, sur la nature, l'identité, les qualités, la composition, la quantité, la durabilité, l'origine ou la provenance, le mode de fabrication ou d'obtention) (Règl. art. 7, 1-a).

Par exemple, l'étiquetage d'une denrée alimentaire est de nature à induire en erreur le consommateur lorsqu'il suggère, par une description ou représentation graphique, la présence d'un ingrédient déterminé alors qu'en réalité celui-ci est absent et que seule la lecture de la liste des ingrédients qui figure sur l'emballage permet de le savoir (CJUE 4-6-2015 aff. 195/14 : RJDA 8-9/15 n° 607, décision rendue sur le fondement de l'ancienne directive 2000/13/CE du 20-3-2000 mais transposable au règlement 1169/2011).

58010 Les informations ne doivent pas non plus suggérer que la denrée alimentaire possède des **caractéristiques particulières** alors que toutes les denrées alimentaires similaires possèdent ces mêmes caractéristiques (Règl. art. 7, 1-c).

58015 Elles ne doivent pas **attribuer** à la denrée alimentaire des effets ou des **qualités** qu'elle ne possède pas (Règl. art. 7, 1-b).

Elles ne doivent pas **suggérer** la **présence** d'une denrée ou d'un **ingrédient** déterminé alors qu'il s'agit en fait d'une denrée dans laquelle un composant présent naturellement ou un ingrédient normalement utilisé dans cette denrée a été remplacé par un composant ou un ingrédient différent (Règl. art. 7, 1-d). L'étiquetage doit, au demeurant, porter une indication précise du composant ou de l'ingrédient utilisé pour la substitution partielle ou totale (ann. VI, partie A-§ 4). **58020**

Enfin, sous réserve des dispositions applicables aux eaux minérales naturelles et aux denrées destinées à un usage nutritionnel particulier, l'étiquetage ne doit pas faire état de **propriétés de prévention,** de traitement ou de guérison d'une maladie humaine ni évoquer de telles propriétés (Règl. art. 7, 3). **58025**

À noter que les **allégations nutritionnelles** (par exemple, « faible teneur en matières grasses », « sans sucres », « riche en fibres » ou « allégé/light ») **et de santé** (telles que « le calcium est bon pour les os ») sont en tout état de cause encadrées par le règlement européen 1924/2006 du 20 décembre 2006.

Les interdictions ou restrictions prévues ci-dessus s'appliquent également à la **publicité** et à la **présentation** des denrées alimentaires, notamment à la forme ou à l'aspect donné à celle-ci ou à leur emballage, au matériau d'emballage utilisé, à la manière dont elles sont disposées ainsi qu'à l'environnement dans lequel elles sont exposées (Règl. art. 7, 4). **58030**

> **› Précisions** La DGCCRF publie sur son site internet une note d'information qui indique les conditions d'utilisation des **termes « naturel », « 100 % nature »** et de toute autre expression équivalente sur l'étiquetage des denrées alimentaires (Note d'information DGCCRF n° 2009-136 du 18-8-2009).

ÉTIQUETAGE DES DENRÉES ALIMENTAIRES ET EXIGENCES LINGUISTIQUES

Les informations obligatoires sur les denrées alimentaires doivent apparaître dans une **langue** facilement **compréhensible** par les consommateurs (Règl. art. 15, 1). Des mesures nationales peuvent imposer que ces mentions figurent dans une ou plusieurs langues officielles de l'Union (Règl. art. 15, 2). Ainsi, l'article R 412-7 du Code de la consommation impose que les mentions d'étiquetage soient rédigées en **langue française** lorsque les denrées sont commercialisées en France. **58040**

II. RÈGLES D'ÉTIQUETAGE APPLICABLES AUX DENRÉES ALIMENTAIRES PRÉEMBALLÉES

A. Mentions obligatoires

Le règlement Inco du 25 octobre 2011 établit une **liste de mentions obligatoires** destinées à informer le consommateur (Règl. 1169/2011 art. 9, 1) : **58200**

– la dénomination de la denrée alimentaire ;
– la liste des ingrédients ;
– les ingrédients allergènes ;
– la quantité de certains ingrédients ou catégories d'ingrédients ;
– la quantité nette de denrée alimentaire ;
– la date de durabilité minimale ou la date limite de consommation ;
– les conditions particulières de conservation et/ou d'utilisation ;
– l'identification de l'« exploitant » ;
– le pays d'origine ou le lieu de provenance lorsqu'il est prévu ;
– un mode d'emploi, lorsque son absence rendrait difficile un usage approprié de la denrée alimentaire ;
– pour les boissons titrant plus de 1,2 % d'alcool en volume, le titre alcoométrique volumique acquis ;
– une déclaration nutritionnelle.

Ces mentions doivent être exprimées à l'aide de mots et de chiffres ; des pictogrammes et des symboles peuvent en outre être utilisés (Règl. art. 9, 2).

Par ailleurs, la directive 2011/91 du 13 décembre 2011 impose l'apposition de mentions permettant d'identifier le lot auquel la denrée alimentaire appartient afin de permettre sa traçabilité. Les modalités d'indication du lot sont précisées aux articles R 412-2 et suivants du Code de la consommation.

INDICATION DE LA DÉNOMINATION D'UNE DENRÉE ALIMENTAIRE

58210 La dénomination d'une denrée alimentaire est sa **dénomination légale** ou, à défaut, son **nom usuel** ou un nom **descriptif** (Règl. 1169/2011 art. 17, 1).

Cette dénomination ne peut pas être remplacée par une dénomination protégée dans le cadre de la propriété intellectuelle, une **marque** de commerce ou une **dénomination de fantaisie** (art. 17, 4).

Lorsque la **denrée alimentaire** a été **produite dans un autre État de l'Union européenne,** la dénomination sous laquelle elle est légalement fabriquée et commercialisée dans cet État est également admise ; cependant, lorsque l'étiquetage du produit ne permet pas au consommateur de connaître la nature réelle de la denrée et de la distinguer des denrées avec lesquelles il pourrait la confondre, la dénomination de vente doit être accompagnée d'autres informations descriptives qui doivent figurer à proximité de celle-ci (art. 17, 2). Enfin, la dénomination de la denrée de l'État de production n'est pas utilisée en France lorsque la denrée qu'elle désigne s'écarte tellement, du point de vue de sa composition ou de sa fabrication, de la denrée connue sous cette dénomination en France que la présence d'autres informations descriptives ne suffit pas à assurer une information correcte du consommateur (art. 17, 3).

58215 La dénomination doit être **assortie** d'une indication de l'**état physique** dans lequel se trouve la denrée alimentaire ou du traitement spécifique qu'elle a subi (par exemple : « en poudre », « décongelé », « fumé », etc.) chaque fois que l'omission de cette indication est susceptible d'induire l'acheteur en erreur (ann. VI, partie A-§ 1).

La dénomination doit être accompagnée de la mention « **décongelé** » lorsque la denrée alimentaire, congelée avant la vente, est vendue décongelée, sauf si la décongélation n'a pas d'effets qui nuisent à la sécurité ou à la qualité de la denrée ou si c'est un ingrédient qui a été décongelé et pas la denrée en elle-même (ann. VI, partie A-§ 2).

Si la denrée alimentaire a été traitée par rayonnement ionisant, elle doit comporter la mention « **irradié** » ou « traité par rayonnements ionisants » (ann. VI, partie A-§ 3).

Pour les produits à base de **viandes,** la dénomination doit, le cas échéant, comporter la mention « viande reconstituée » et l'indication de la présence de protéines ajoutées et de leur origine, ou de la présence d'eau ajoutée si celle-ci représente plus de 5 % du poids du produit » (ann. VI, partie A-§ 5 à 7).

58220 L'étiquetage d'un produit bénéficiant d'une **reconnaissance d'appellation d'origine, d'indication géographique protégée ou de spécialité traditionnelle garantie** doit être conforme aux dispositions des articles R 641-12 et R 641-21-1 du Code rural et de la pêche maritime relatifs aux demandes de protection de ces dénominations. S'agissant des vins bénéficiant d'une indication géographique protégée, l'étiquetage doit être conforme en outre aux dispositions de l'article R 641-25-1 du même Code relatif à la mention « vin de pays » (C. consom. art. R 412-2).

> **Précisions** Le Code rural et de la pêche maritime renvoie aux **règlements européens** 509/2006 et 510/2006 du 20 mars 2006 relatifs respectivement à la protection des spécialités traditionnelles garanties et à celle des indications et appellations d'origine. Ces règlements ont été remplacés par le règlement 1151/2012 du 21 novembre 2012 relatif aux systèmes de qualité applicables aux produits agricoles et aux denrées alimentaires qui, d'une part, a fusionné en un cadre juridique unique les dispositifs relatifs à la protection des appellations d'origine, indications géographiques et spécialités traditionnelles garanties, d'autre part, a créé la mention de qualité « produit de montagne ».

INDICATION DE LA LISTE DES INGRÉDIENTS D'UNE DENRÉE ALIMENTAIRE

58230 L'étiquetage d'une denrée alimentaire doit comporter la liste de tous les ingrédients qui la composent.

Par « **ingrédient** », on entend toute substance ou tout produit, y compris les arômes, les additifs et les enzymes alimentaires, ou tout constituant d'un ingrédient composé, utilisé dans la fabrication ou la préparation d'une denrée alimentaire et qui est encore présente dans le produit fini, éventuellement sous une forme modifiée (Règl. 1169/2011 art. 2, 2-f).

Il n'est **pas** nécessaire de faire figurer **dans la liste** des ingrédients les **constituants** suivants (art. 20) :

– les constituants d'un ingrédient qui, au cours du processus de fabrication, ont été temporairement soustraits pour être réincorporés ensuite en quantité ne dépassant pas la teneur initiale (par exemple, la mention « œufs » est suffisante lorsque les blancs et les jaunes ont été utilisés séparément au cours du processus de fabrication) ;

– les additifs et enzymes alimentaires dont la présence dans une denrée alimentaire est uniquement due au fait qu'ils étaient contenus dans un ou plusieurs ingrédients de cette denrée et sous réserve qu'ils ne remplissent pas de fonction technologique dans le produit fini ;
– les additifs et enzymes alimentaires qui sont utilisés en tant qu'auxiliaires technologiques ;
– les supports, ainsi que les substances qui ne sont pas des additifs alimentaires mais sont utilisées de la même manière et dans le même but que les supports, qui sont utilisés aux doses strictement nécessaires ;
– les substances qui ne sont pas des additifs alimentaires mais qui sont utilisées de la même manière et dans le même but que les auxiliaires technologiques et qui sont toujours présentes dans le produit fini, même sous une forme modifiée ;
– l'eau, lorsqu'elle est utilisée dans le processus de fabrication uniquement pour permettre la reconstitution dans son état d'origine d'un ingrédient utilisé sous forme concentrée ou déshydratée ou lorsqu'elle est seulement un liquide de couverture qui n'est pas consommé.

La liste des **ingrédients** doit être précédée de la mention « ingrédients ». Les ingrédients doivent y être cités dans l'**ordre** décroissant de leur importance pondérale au moment de leur mise en œuvre dans la fabrication de la denrée (Règl. 1169/2011 art. 18, 1). **58235**

Cependant, certains ingrédients doivent être indiqués selon des **modalités particulières,** par catégorie notamment (voir ann. VII). Les ingrédients présents sous forme de **nanomatériaux** manufacturés doivent être clairement indiqués dans la liste : leur nom doit être suivi de la mention « nano » (art. 18, 3). Quant aux **ingrédients allergènes,** ils doivent être mis en évidence par une impression qui les distingue clairement du reste de la liste des ingrédients, par exemple au moyen du corps ou du style de caractère (gras, souligné, etc.), ou de la couleur du fond (art. 21). Les ingrédients allergènes sont énumérés à l'annexe II du règlement Inco du 25 octobre 2011 (céréales contenant du gluten, crustacés, œufs, poissons, arachides, lait, fruits à coque, par exemple).

Par exception, la **liste** des ingrédients n'est **pas requise** pour certaines denrées alimentaires (Règl. 1169/2011 art. 16, 1, 2, 4 et art. 19) : il s'agit notamment des boissons alcoolisées titrant plus de 1,2 % d'alcool en volume, des bouteilles en verre destinées à être réutilisées et qui sont marquées de manière indélébile, des emballages dont la face la plus grande est inférieure à 10 cm^2, des fruits et légumes frais, des eaux gazéifiées, de certains vinaigres, fromages, beurres, laits et crèmes. **58240**

Lorsque ces denrées comportent des ingrédients allergènes, leur étiquette doit comporter la mention « contient » suivi du nom de l'allergène (art. 21, 1-al. 4).

INDICATION DE LA QUANTITÉ DE CERTAINS INGRÉDIENTS OU CATÉGORIES D'INGRÉDIENTS D'UNE DENRÉE ALIMENTAIRE

L'étiquetage d'une denrée alimentaire doit comporter l'indication de la quantité d'un ingrédient ou d'une catégorie d'ingrédients qui a été utilisé dans sa fabrication ou sa préparation dans les **cas** suivants (Règl. 1169/2011 art. 22) : **58250**
– l'ingrédient ou la catégorie d'ingrédients figure dans la dénomination de la denrée ou est généralement associé à la dénomination de vente par le consommateur ;
– l'ingrédient ou la catégorie d'ingrédients est mis en évidence dans l'étiquetage par des mots (par exemple, « au chocolat »), des images ou une représentation graphique ;
– l'ingrédient ou la catégorie d'ingrédients est essentiel pour caractériser la denrée alimentaire et la distinguer des produits avec lesquels elle pourrait être confondue en raison de sa dénomination ou de son aspect.

La **mention** de la quantité de l'ingrédient (ou de la catégorie d'ingrédients) doit **figurer** soit dans la dénomination de la denrée alimentaire, soit à proximité immédiate de cette dénomination, soit dans la liste des ingrédients en rapport avec l'ingrédient ou la catégorie d'ingrédients dont il s'agit (ann. VIII, 3-b).

La **quantité** de l'ingrédient ou catégorie d'ingrédients est **exprimée** en pourcentage et correspond à la quantité du ou des ingrédients au moment de leur mise en œuvre (ann. VIII, 3-a).

INDICATION DE LA QUANTITÉ NETTE D'UNE DENRÉE ALIMENTAIRE

L'indication de la quantité nette d'une denrée alimentaire est **exprimée** en unité de volume pour les produits liquides et en unité de masse pour les autres denrées en utilisant, selon le cas, le litre, le centilitre, le millilitre ou bien le kilogramme ou le gramme (Règl. 1169/2011 art. 23). **58260**

L'indication de la quantité nette n'est **pas obligatoire** (ann. IX, § 1) :
– pour les denrées dont la quantité nette est inférieure à 5 grammes ou 5 millilitres, à l'exception toutefois des épices et plantes aromatiques ;
– pour les denrées qui sont soumises à des pertes considérables de leur volume ou de leur masse et qui sont vendues à la pièce ou pesées devant l'acheteur ;
– pour les denrées normalement vendues à la pièce, si le nombre de pièces peut être clairement vu et facilement compté de l'extérieur ou s'il est indiqué sur l'étiquetage.

Lorsqu'une denrée alimentaire est présentée dans un **liquide de couverture,** le poids net égoutté de cette denrée doit également être indiqué dans l'étiquetage (ann. IX, § 5).

On entend par « liquide de couverture » les produits suivants, seuls ou en mélange, qu'ils se présentent ou non à l'état congelé ou surgelé, dès lors qu'ils ne sont qu'accessoires par rapport aux éléments essentiels de la préparation et ne sont par conséquent pas décisifs pour l'achat : eau, solutions aqueuses de sels, saumures, solutions aqueuses d'acides alimentaires, vinaigre, solutions aqueuses de sucres, solutions aqueuses d'autres substances ou matières édulcorantes, jus de fruits ou de légumes dans le cas de fruits ou légumes (même art.).

58265 Lorsqu'un préemballage est constitué de **plusieurs préemballages** contenant la même quantité du même produit, l'indication de la quantité nette est donnée en mentionnant la quantité nette contenue dans chaque préemballage individuel et leur nombre total. Ces mentions ne sont toutefois pas obligatoires lorsque le nombre total des préemballages individuels peut être clairement vu et facilement compté de l'extérieur et lorsque au moins une indication de la quantité nette contenue dans chaque préemballage individuel peut être clairement vue de l'extérieur (ann. IX, § 3).

Lorsque ces emballages individuels ne sont pas considérés comme unités de vente, l'indication de la quantité nette est donnée en mentionnant la quantité nette totale et le nombre total des emballages individuels (ann. IX, § 4).

58270 Pour les escargots préparés en coquille et les huîtres, l'indication de la quantité peut être exprimée en nombre d'unités, accompagnée de l'indication du calibre. Pour les moules en coquille, préparées ou non, l'indication de la quantité peut être exprimée en unité de volume (C. consom. art. R 412-8).

INDICATION DE LA DATE DE PÉREMPTION D'UNE DENRÉE ALIMENTAIRE

58280 **Date limite de consommation** Une date limite de consommation (DLC) doit être indiquée sur les **denrées alimentaires microbiologiquement très périssables,** et donc susceptibles, après une courte période, de présenter un danger immédiat pour la santé humaine (Règl. 1169/2011 art. 24).

La DLC doit être indiquée par la **mention** « À consommer jusqu'au… », suivie soit de la date elle-même, soit d'une référence à l'endroit où cette date est indiquée sur l'étiquetage. La date se compose de l'indication, en clair et dans l'ordre, du jour, du mois et, éventuellement, de l'année. La DLC doit être indiquée sur chaque portion individuelle préemballée (ann. X, § 2).

La DLC d'une denrée distribuée dans les **départements et collectivités d'outre-mer** ne peut pas être plus tardive que celle apposée sur une denrée identique commercialisée en métropole (Loi 2013-453 du 3-6-2013 art. 3).

La détention en vue de la vente ou la distribution à titre gratuit, la mise en vente, la vente ou la distribution à titre gratuit de denrées alimentaires comportant une **DLC dépassée** sont interdites (C. consom. art. R 412-9 et R 412-10).

58290 **Date de durabilité minimale** Pour les denrées autres que très périssables, l'étiquetage doit indiquer la date de durabilité minimale (DDM) (Règl. 1169/2011 art. 24), c'est-à-dire la **date jusqu'à laquelle la denrée conserve ses propriétés spécifiques** dans des conditions de conservation appropriées (art. 2, 2-r).

Lorsque la date comporte l'indication du jour, la DDM est indiquée par la mention « À consommer de préférence avant le… » ; dans les autres cas, elle est indiquée par la mention « À consommer de préférence avant fin… ». Cette mention est suivie soit de la date elle-même, soit d'une référence à l'endroit où cette date figure dans l'étiquetage. La date se compose de l'indication, en clair et dans l'ordre, du jour, du mois et, éventuellement, de l'année. Toutefois, lorsque la durabilité des denrées est inférieure à trois mois, l'indication du jour et du mois suffit ; lorsque cette durabilité est supérieure à trois mois, mais n'excède pas dix-huit mois, l'indication du mois et de l'année est suffisante, et lorsque la durabilité est supérieure à dix-huit mois, l'indication de l'année suffit (ann. X, § 1).

Pour éclairer le consommateur sur le sens de la DDM par opposition à une DLC (nº 58280), la DDM d'une denrée alimentaire fabriquée et commercialisée sur le territoire national peut être accompagnée d'une **mention informant les consommateurs que le produit reste consommable après cette date.** Cette mention doit alors être l'une des suivantes ou une combinaison de celles-ci (C. consom. art. L 412-7 et D 412-7-1, I et III issu du décret 2022-1440 du 17-11-2022) :

– « Pour une dégustation optimale », avant l'indication de la DDM ;

– « Ce produit peut être consommé après cette date », ou toute mention au sens équivalent pour le consommateur, dans le champ visuel de la DDM.

Cette mention doit être inscrite à un endroit apparent de manière à être facilement visible, clairement lisible et, le cas échéant, indélébile ; elle ne doit pas être dissimulée par d'autres indications ou images ou tout autre élément interférant (Règl. 1169/2011 art. 13, sur renvoi de art. D 412-7-1, II).

Certaines **denrées** sont **dispensées** de l'indication d'une DDM : il s'agit notamment des fruits et légumes frais (y compris les pommes de terre qui n'ont pas fait l'objet d'un épluchage, découpage ou autre traitement similaire), des vins, boissons titrant 10 % ou plus en volume d'alcool, des vinaigres, du sucre, du sel de cuisine, des gommes à mâcher, des produits de boulangerie qui, par leur nature, sont normalement consommés dans les 24 heures (ann. X, § 1-d). **58295**

ATTENTION

L'article 103 de la loi 2015-992 du 17 août 2015 interdit l'inscription d'une « **date limite d'utilisation optimale** » sur les produits alimentaires cités ci-dessus. Cette interdiction vise à lutter contre le gaspillage alimentaire mais elle est, à notre avis, contraire au règlement Inco 1169/2011. D'une part, elle fait référence à l'ancienne notion de « date limite d'utilisation optimale » désormais remplacée par la DDM. D'autre part, elle édicte une interdiction alors que le règlement Inco laisse au fabricant le choix d'indiquer une DDM ou pas (l'indication d'une DDM serait ainsi souhaitable si le produit perd ses qualités organoleptiques à terme). En tout état de cause, cette interdiction n'est pas assortie de sanctions.

INDICATION DE LA DATE DE CONGÉLATION D'UNE DENRÉE ALIMENTAIRE

Pour les produits congelés, la date de congélation ou de première congélation (lorsque le produit a été congelé plusieurs fois) doit figurer dans l'étiquetage des **viandes,** des préparations de viandes et des **produits non transformés de la pêche** (Règl. 1169/2011 ann. III, § 6 et ann. X, § 3). Pour les autres denrées, aucune obligation particulière n'est prévue par le règlement. **58300**

La date de congélation est indiquée par la **mention** « produit congelé le… », suivie soit de la date elle-même, soit d'une référence à l'endroit où cette date figure dans l'étiquetage. La date se compose de l'indication, en clair et dans l'ordre, du jour, du mois et de l'année.

INDICATION DES CONDITIONS PARTICULIÈRES DE CONSERVATION OU D'UTILISATION D'UNE DENRÉE ALIMENTAIRE

Si les denrées requièrent des conditions particulières de conservation et/ou d'utilisation, avant ou après ouverture de l'emballage, celles-ci doivent être indiquées (Règl. 1169/2011 art. 25, 1). **58310**

Pour permettre une bonne conservation ou une bonne utilisation de la denrée après ouverture de son emballage, les conditions de conservation et/ou le délai de consommation peuvent être indiqués (art. 25, 2).

Sont interdites la détention en vue de la vente ou de la distribution à titre gratuit, la mise en vente, la vente ou la distribution à titre gratuit des denrées alimentaires entreposées dans des conditions non conformes à celles qui sont prescrites dans leur étiquetage (C. consom. art. R 412-10).

IDENTIFICATION DE L'« EXPLOITANT » OU DE L'IMPORTATEUR DANS L'UE D'UNE DENRÉE ALIMENTAIRE

L'étiquetage doit mentionner le **nom** ou la raison sociale et l'**adresse,** soit de l'exploitant du secteur alimentaire sous le nom ou la raison sociale duquel la denrée alimentaire est commercialisée, soit de l'importateur sur le marché de l'Union européenne lorsque l'exploitant n'est pas établi dans l'Union (Règl. 1169/2011 art. 8, 1 et 9, 1-h). Les coordonnées indiquées sur l'étiquetage sont donc toujours celles d'une personne établie dans l'Union. **58320**

Cette indication a pour **but** de permettre au consommateur de connaître le nom de l'entreprise à laquelle il peut adresser ses appréciations sur le produit. En outre, elle n'est pas sans incidence sur l'identité de la personne qui pourrait être reconnue responsable en cas d'inobservation des exigences liées à l'étiquetage puisque, aux termes de l'article 8, 1, l'exploitant est le responsable des informations sur les denrées alimentaires.

58325 Cette **mention** n'est **pas obligatoire** sur les bouteilles en verre destinées à être réutilisées (art. 16, 1) et les emballages dont la face la plus grande est inférieure à 10 cm² (art. 16, 2).

INDICATION DE L'ORIGINE D'UNE DENRÉE ALIMENTAIRE

58330 **Indication obligatoire en application du règlement Inco** L'indication du pays d'origine ou du lieu de provenance est obligatoire dans les cas suivants. On entend par « lieu de provenance » le lieu dont provient la denrée mais qui n'est pas le pays d'origine (Règl. 1169/2011 art. 2, 2-g). Sont considérées comme originaires d'un pays les marchandises entièrement obtenues dans ce pays (Règl. 952/2013 art. 60, 1, correspondant à l'ancien art. 23, 1 du règl. 2913/92 du 12-10-1992, auquel renvoie l'art. 2, 2-g du règl. 1169/2011).

1. Lorsque l'**absence** de cette mention est **susceptible d'induire en erreur** le consommateur sur l'origine ou la provenance réelle de la denrée alimentaire ; tel est le cas en particulier si les informations jointes à la denrée ou l'étiquette dans son ensemble peuvent laisser penser que la denrée a un pays d'origine ou un lieu de provenance différent (Règl. 1169/2011 art. 26, 2-a).

ILLUSTRATIONS

Entraîne une confusion l'omission, sur les étiquettes d'un rhum « agricole », de l'indication du lieu de production au côté de la mention du lieu de la mise en bouteilles, dès lors que le rhum provenait, de façon exceptionnelle et temporaire, d'un territoire différent de celui de son conditionnement et que l'absence de modification des étiquettes était de nature à laisser croire au consommateur que le produit correspondait toujours à celui dont il avait l'habitude (CA Fort-de-France 9-1-1990 : Bull. inf. C. cass. 1990/307 p. 33, rendu sous le régime antérieur mais transposable).

2. Lorsqu'il s'agit de **viandes** de volailles et d'espèces porcine, ovine et caprine (Règl. 1169/2011 art. 26, 2-b et ann. XI ; sur les modalités d'indication du pays d'origine ou du lieu de provenance, voir le règlement d'exécution 1337/2013 du 13-12-2013).

3. Lorsque le pays d'origine ou le lieu de provenance est indiqué et qu'il n'est pas celui de l'**ingrédient primaire** de la denrée (ingrédient entrant pour 50 % au moins dans la composition d'une denrée ou ingrédients qui sont habituellement associés à la dénomination de cette denrée par le consommateur) : l'origine ou la provenance de cet ingrédient doit alors être également mentionné (Règl. art. 26, 3 et C. consom. art. L 412-4, al. 2) ; sur les modalités d'application de cette disposition, notamment les conditions de visibilité de cette information, voir règlement d'exécution (UE) 2018/775 du 28-5-2018. Cette information doit être inscrite à un endroit apparent de manière à être facilement visible, clairement lisible et, le cas échéant, indélébile ; elle ne doit être en aucune façon dissimulée, voilée, tronquée ou séparée par d'autres indications ou images ou tout autre élément interférant (C. consom. art. L 412-4, al. 2).

> **Précisions** Sera considéré comme une **pratique commerciale réputée trompeuse** le fait de faire figurer un drapeau français, une carte de France ou tout symbole représentatif de la France sur les emballages alimentaires lorsque les **ingrédients primaires** définis par le règlement 1169/2011 ne sont pas d'origine française ; seront cependant exclus de cette disposition les ingrédients primaires dont l'origine française est difficile, voire impossible, à garantir, car issus de filières non productrices en France ou dont la production est manifestement insuffisante sur le territoire (C. consom. art. L 121-4, 24°). Un décret devra déterminer la liste des filières concernées, ainsi que les conditions d'application de ce dispositif (Loi 2021-1357 précitée art. 12, III). Seront exclus, par exemple, les chocolatiers ou torréfacteurs.

58335 **Indication obligatoire en application de textes spécifiques** L'origine doit être indiquée pour les denrées faisant l'objet de **textes européens** spécifiques (Règl. 1169/2011 considérant 32). Sont concernés, par exemple, la viande de bœuf (Règl. 1760/2000 du 17-7-2000), le poisson (Règl. 1379/2013 du 11-12-2013), le miel (Dir. 2001/110 du 20-12-2001) et l'huile d'olive (Règl. 2022/2104 du 29-7-2022).

L'indication de l'origine peut également être rendue obligatoire pour certaines denrées par le **droit national.** Tel est le cas de l'origine du cacao des produits à base de cacao ou de chocolat et de l'origine de la gelée royale (C. consom. art. L 412-4, al. 3). Le consommateur doit également être informé de tous les pays d'origine des miels composant un mélange de miels en provenance de plus d'un État membre de l'Union européenne ou d'un pays tiers (C. consom. art. L 412-4, al. 4).

> Précisions Le règlement Inco précise que les États membres de l'Union européenne peuvent adopter des mesures exigeant des mentions obligatoires complémentaires pour certaines catégories de denrées alimentaires, lorsqu'elles sont justifiées par au moins une des raisons suivantes : la protection de la santé publique, la protection des consommateurs, la répression des tromperies, la protection de la propriété industrielle et commerciale, des indications de provenance ou des appellations d'origine enregistrées, et la répression de la concurrence déloyale (Règl. 1169/2011 art. 39, 1).
En application de cette disposition, les **États membres** ne peuvent **imposer l'indication du pays d'origine** ou du lieu de provenance que s'il existe un lien avéré entre certaines propriétés de la denrée et son origine ou sa provenance ; ils doivent prouver à la Commission européenne que la majorité des consommateurs attachent une importance significative à cette information (art. 39, 2). Les deux **exigences** posées par le règlement Inco, à savoir l'existence d'un « lien avéré entre certaines propriétés de la denrée et son origine ou sa provenance » et la preuve « que la majorité des consommateurs attachent une importance significative à cette information », doivent être appréhendées non pas de façon combinée, mais successivement. La condition relative à la preuve ne doit être examinée que si le lien avéré est établi. En effet, l'appréciation de l'existence d'un tel lien doit être objective et ne pas tenir compte de l'association subjective qu'une majorité des consommateurs fait entre l'origine ou la provenance d'une denrée et certaines de ses propriétés. La notion de « propriétés de la denrée » renvoie exclusivement aux propriétés qui sont liées à l'origine ou à la provenance d'une denrée donnée et qui distinguent, par conséquent, celle-ci des denrées similaires ayant une autre origine ou une autre provenance (CJUE 1-10-2020 aff. 485/18 : RJDA 1/21 n° 55). Tel n'est pas le cas de la capacité de résistance d'une denrée au transport et aux risques d'altération durant le trajet (par exemple, pour le lait), si bien qu'une telle capacité ne peut pas intervenir pour apprécier l'existence d'un éventuel lien avéré entre certaines propriétés de la denrée et son origine ou sa provenance (CJUE 1-10-2020 aff. 485/18 précité).

INDICATION DU MODE D'EMPLOI D'UNE DENRÉE ALIMENTAIRE

L'étiquetage doit faire état du mode d'emploi de la denrée alimentaire chaque fois que l'omission de cette indication rendrait difficile un usage approprié de la denrée (Règl. 1169/2011 art. 9, 1-j). Par exemple, doivent être indiquées les conditions dans lesquelles un produit surgelé doit être réchauffé. **58340**

INDICATION DU TITRE ALCOOMÉTRIQUE VOLUMIQUE ACQUIS D'UNE BOISSON ALCOOLIQUE

Le titre alcoométrique volumique acquis est le nombre de volumes d'alcool pur à une température de 20° C contenu dans 100 volumes du produit (Règl. 1006/2011 du 27-9-2011 ann. XII). Cette indication est obligatoire pour les boissons titrant plus de 1,2 % d'alcool en volume (Règl. 1169/2011 art. 9, 1-k). **58350**

Le titre alcoométrique doit être **indiqué par** un chiffre comportant au maximum une décimale. Ce chiffre est suivi du symbole « % vol. » et peut être précédé du mot « alcool » ou de l'abréviation « alc. ». Certaines tolérances en plus ou en moins sont accordées suivant certains types de boissons (Règl. 1169/2011 ann. XII).

Pour les **vins** de raisin frais – y compris les vins enrichis en alcool – et les moûts de raisin autres que les jus de fruits (produits relevant du code NC 2204), les modalités selon lesquelles le titre alcoométrique est indiqué sont déterminées par des dispositions spécifiques (Règl. 1169/2011 art. 28, 1).

DÉCLARATION NUTRITIONNELLE SUR L'ÉTIQUETAGE D'UNE DENRÉE ALIMENTAIRE

L'étiquetage des denrées alimentaires doit, sauf exceptions (n° 58370), comporter une déclaration nutritionnelle (Règl. 1169/2011 art. 9, 1-l). Cette déclaration permet aux consommateurs de comparer la **valeur nutritionnelle** des produits pour faire des choix plus favorables à leur santé. **58360**

Produits exemptés Sont notamment exemptés de l'obligation de déclaration nutritionnelle les boissons titrant plus de 1,2 % d'alcool en volume, les emballages dont la face la plus grande a une surface inférieure à 25 cm², les compléments alimentaires, les eaux minérales naturelles, le café, le thé, les épices, le sel, les vinaigres, les édulcorants de table, les gommes à mâcher, les enzymes alimentaires (Règl. 1169/2011 art. 16, 3 et 4, art. 29 et ann. V). **58370**

Contenu La déclaration nutritionnelle doit indiquer la valeur énergétique de la denrée et la quantité de matières grasses, d'acides gras saturés, de glucides, de sucres, de protéines et de sel (Règl. 1169/2011 art. 30, 1). Elle peut également mentionner les quantités d'un ou de **58380**

plusieurs des éléments suivants : acides gras mono-insaturés, acides gras polyinsaturés, polyols, amidon, fibres alimentaires, certaines vitamines ou sels minéraux présents en quantité significative (art. 30, 2).

58390 **Modalités d'expression** La valeur énergétique et les quantités de nutriments doivent être exprimées par 100 g ou 100 ml (Règl. 1169/2011 art. 32). Elles peuvent de surcroît être indiquées par portion et/ou par unité de consommation facilement reconnaissable par les consommateurs (art. 33).

Lorsque la valeur énergétique ou la quantité de nutriments est négligeable, une mention telle que « Contient des quantités négligeables de… » est suffisante (art. 34, 5).

58400 **Présentation** Les mentions de la déclaration nutritionnelle doivent figurer dans le même champ visuel ; elles sont présentées sous forme de **tableau** ou, faute de place, sous **forme linéaire** (Règl. 1169/2011 art. 34, 1 et 2).

En complément de ces mentions, d'autres présentations au moyen de **graphiques** ou de **symboles** peuvent être utilisés, à condition notamment que ces présentations se fondent sur de solides études auprès des consommateurs, qu'elles ne les induisent pas en erreur et qu'elles visent à faciliter leur compréhension de la contribution de la denrée alimentaire à l'apport en énergie et en nutriments d'un régime alimentaire (art. 35, 1). Chaque État membre de l'Union européenne peut recommander aux « exploitants du secteur alimentaire » (producteurs et distributeurs) d'utiliser cette présentation complémentaire (art. 35, 2). Il doit assurer un suivi de cette utilisation (art. 35, 3).

En France, la forme de présentation complémentaire recommandée doit être conforme au cahier des charges fixé par un arrêté du 31 octobre 2017 (CSP art. L 3232-8, sur renvoi de C. consom. art. L 412-3 ; CSP art. R 3232-7 ; Arrêté SSAP1730474A du 31-10-2017). Les fabricants et distributeurs de denrées alimentaires peuvent accompagner les mentions de la déclaration nutritionnelle d'un **logo** dénommé **« Nutri-score »,** apposé sur la face avant de l'emballage. Ce logo est un repère graphique qui classe les aliments de A à E suivant un code couleur et en fonction de la qualité nutritionnelle globale du produit. Pour établir le classement de l'aliment, les opérateurs doivent suivre un cahier des charges indiquant notamment les modalités de calcul du score nutritionnel. Le fait de s'engager à utiliser le logo Nutri-score doit être signalé à l'Observatoire de la qualité de l'alimentation (Oqali), en lui adressant l'ensemble des informations nécessaires au suivi de l'utilisation du dispositif (voir le site internet à l'adresse www.oqali.fr).

Toute entreprise éligible souhaitant utiliser la marque collective déposée « Nutri-score » doit notifier son intention à Santé publique France (sur les modalités de cette notification, voir le site internet de Santé publique France à l'adresse suivante : www.santepubliquefrance.fr/).

INDICATION DU LOT DE FABRICATION SUR L'ÉTIQUETAGE D'UNE DENRÉE ALIMENTAIRE

58410 Une denrée alimentaire ne peut être commercialisée que si elle est accompagnée d'une mention qui permet d'identifier le lot auquel elle appartient (C. consom. art. R 412-3, al. 1 ; obligation résultant de la directive 2011/91/CE du 13-12-2011 relative aux mentions ou marques permettant d'identifier le lot auquel appartient une denrée alimentaire).

Par « lot », on entend l'ensemble d'unités de vente d'une denrée alimentaire qui a été produite, fabriquée ou conditionnée dans des circonstances pratiquement identiques (art. R 412-3, al. 2).

Le **lot** de fabrication est **déterminé,** sous sa responsabilité, par le producteur, le fabricant ou le conditionneur de la denrée alimentaire ou par le premier vendeur établi à l'intérieur de l'Union européenne (art. R 412-3, al. 3 et 4).

La **mention** du lot doit être **apposée** sur le préemballage ou sur une étiquette liée à celui-ci (art. R 412-4, al. 1). Cette indication est précédée par la lettre « L », sauf dans le cas où elle se distingue clairement des autres mentions d'étiquetage (art. R 412-3, al. 4).

Toutefois, lorsque la date de durabilité minimale ou la date limite de consommation figure dans l'étiquetage, le lot de fabrication peut ne pas être indiqué dès lors que cette date se compose de l'indication, en clair et dans l'ordre, au moins du jour et du mois (art. R 412-4, al. 2).

58415 Sont **dispensés** de l'indication du lot certains produits agricoles, les denrées contenues dans des emballages ou récipients dont la face la plus grande a une surface inférieure à 10 cm^2 et les doses individuelles de glace alimentaire (art. R 412-6).

AUTRES MENTIONS SUR L'ÉTIQUETAGE D'UNE DENRÉE ALIMENTAIRE

L'étiquetage doit comporter des mentions complémentaires pour les denrées alimentaires emballées dans certains **gaz** (mention « conditionné sous atmosphère protectrice » pour les denrées alimentaires dont la durabilité a été prolongée par des gaz d'emballage) et les denrées contenant des **édulcorants,** de l'aspartame, de la **caféine,** des **polyols** ou de la **réglisse** (par exemple, mentions « avec édulcorant(s) », « contient une source de phénylalanine », « teneur élevée en caféine » ou « une consommation excessive peut avoir des effets laxatifs ») (Règl. 1169/2011 art. 10 et ann. III). 58420

VENTE À DISTANCE DE DENRÉES ALIMENTAIRES PRÉEMBALLÉES

Le **règlement Inco** prévoit que si les denrées alimentaires sont proposées à la vente au moyen d'une technique de communication à distance, toutes les **informations obligatoires** doivent être fournies **avant la conclusion de l'achat,** à l'exception de la date de durabilité minimale ou de la date limite de consommation (Règl. 1169/2011 art. 14, 1-a). Par souci de pragmatisme, le numéro du lot auquel appartient la denrée peut ne pas être fourni à ce stade car il s'agit principalement d'un outil de traçabilité qui n'a aucune incidence sur le choix du consommateur (Commission européenne, Questions et réponses sur l'application du règlement 1169/2011 concernant l'information des consommateurs sur les denrées alimentaires : question 2.6.3). 58430

Les informations doivent figurer sur le support de la vente à distance ou sont transmises par tout autre moyen approprié clairement précisé, sans frais supplémentaires pour le consommateur (art. 14, 1-a).

Au moment de la **livraison,** toutes les informations obligatoires doivent être fournies (art. 14, 1-b).

Le législateur français ayant considéré que ces dispositions n'apportaient pas une information suffisamment claire, transparente et fidèle sur les produits alimentaires vendus en ligne, la loi 2020 699 du 10 juin 2020 prévoit que, **préalablement à la conclusion d'un contrat** conclu à distance portant sur la vente de denrées alimentaires, le professionnel devra communiquer au consommateur, de manière lisible et compréhensible, toutes les **informations** exigées par le règlement Inco (nº 58200) (C. consom. art. L 412-8). 58435

Ces informations devront figurer sur le support de vente à distance où seront présentés ces produits ou seront communiquées sans frais par tout autre moyen approprié ; lorsqu'un autre moyen approprié sera utilisé, il sera indiqué clairement sur le support de vente à distance où ces informations obligatoires seront disponibles.

Les modalités d'application de ces dispositions doivent être définies par un décret qui, au 1er avril 2024, date de mise à jour des présents développements, n'était toujours pas publié.

B. Modalités de présentation des mentions obligatoires imposées par le règlement Inco

Les modalités de présentation indiquées ci-dessous concernent les mentions obligatoires résultant du règlement Inco du 25 octobre 2011 (nº 58200), à l'exclusion de l'indication du lot de fabrication qui résulte du Code la consommation en application de la directive 2011/91/CE du 13 décembre 2011. 58480

Les informations obligatoires doivent être inscrites sur l'emballage ou sur une étiquette attachée à celui-ci, à un endroit apparent de manière à être facilement **visibles,** clairement **lisibles et indélébiles.** Elles ne doivent pas être dissimulées, voilées ou séparées par d'autres indications ou images (Règl. art. 13, 1).

Les mentions relatives à la dénomination, la quantité nette et le titre alcoométrique de la denrée doivent apparaître dans le même champ visuel (art. 13, 5), sauf lorsqu'il s'agit de bouteilles en verre destinées à être réutilisées ou d'emballages dont la plus grande surface est inférieure à 10 cm² (art. 13, 6).

Les informations obligatoires doivent être imprimées dans un corps de **caractère** d'une **hauteur** de 1,2 mm au moins (art. 13, 2) ; pour les emballages ou récipients dont la plus grande surface est inférieure à 80 cm², la hauteur de caractère doit être au minimum de 0,9 mm (art. 13, 3).

III. ÉTIQUETAGE DES DENRÉES ALIMENTAIRES NON PRÉEMBALLÉES

DÉNOMINATION DE LA DENRÉE ALIMENTAIRE

58600 Une denrée alimentaire présentée non préemballée sur les lieux de vente au consommateur final doit être accompagnée de sa dénomination, au sens du règlement Inco du 25 octobre 2011 (n° 58210) et, le cas échéant, des autres mentions obligatoires qui doivent l'accompagner (par exemple, « avec édulcorant »). Ces mentions figurent sur la denrée elle-même, ou à proximité de celle-ci, de façon qu'il n'existe aucune incertitude quant à la denrée à laquelle elles se rapportent (C. consom. art. R 412-11).

INFORMATION SUR LES INGRÉDIENTS ALLERGÈNES

58610 L'utilisation dans la fabrication ou la préparation d'une denrée alimentaire d'un ingrédient allergène encore présent dans le produit fini, même sous une forme modifiée, doit être portée à la connaissance du consommateur final et des établissements de restauration (C. consom. art. R 412-12).

Les **ingrédients** ou auxiliaires technologiques **concernés** sont ceux provoquant des allergies ou intolérances énumérés à l'annexe II du règlement Inco du 25 octobre 2011 (céréales contenant du gluten, crustacés, œufs, poissons, arachides, lait, fruits à coque, par exemple).

L'**information** est **indiquée** sur la denrée elle-même ou à proximité de celle-ci de façon qu'il n'existe aucune incertitude quant à la denrée à laquelle elle se rapporte, lorsqu'une denrée alimentaire est (art. R 412-13) :
– présentée non préemballée sur les lieux de vente au consommateur final et aux collectivités telles que les restaurants ou cantines ;
– emballée sur les lieux de vente à la demande du consommateur ;
– préemballée en vue de sa vente immédiate.

Dans les **lieux où sont proposés des repas à consommer sur place** (restaurants, cantine, etc.), le professionnel doit informer le consommateur par écrit soit directement, soit en lui indiquant comment cette information est tenue à sa disposition. Dans ce dernier cas, le consommateur devra pouvoir accéder directement et librement à cette information (art. R 412-14).

> **Précisions** **a.** Chaque **livraison** de denrées alimentaires à des **établissements de restauration** est accompagnée d'un document indiquant la présence d'ingrédients allergènes (art. R 412-16).
> **b.** La présence d'ingrédients allergènes n'a pas à être indiquée lors de la **fourniture du repas,** lorsque, dans le cadre de la **restauration collective,** un dispositif permet à un consommateur d'indiquer, avant toute consommation, qu'il refuse de consommer un ou des ingrédients allergènes (C. consom. art. R 412-15).

IDENTIFICATION DU LOT DE FABRICATION D'UNE DENRÉE ALIMENTAIRE NON PRÉEMBALLÉE

58620 Lorsque les denrées alimentaires ne sont pas préemballées, la mention permettant d'identifier le lot, et, le cas échéant, la lettre « L » figurent sur l'emballage ou le récipient ou, à défaut, sur les documents commerciaux s'y référant. Elle y figure dans tous les cas de manière à être facilement visible, clairement lisible et indélébile (C. consom. art. R 412-5).

Cependant, le lot n'a pas à être indiqué sur les denrées alimentaires, présentées sur les lieux de vente au consommateur final, qui (art. R 412-6) :
– ne sont pas préemballées, y compris lorsqu'elles sont ultérieurement emballées à la demande de l'acheteur ;
– sont préemballées, en vue de leur vente immédiate.

VENTE À DISTANCE DE DENRÉES ALIMENTAIRES NON PRÉEMBALLÉES

58630 Dans le cas des ventes à distance, les informations relatives aux allergènes et, le cas échéant, les informations rendues obligatoires par la législation nationale doivent être fournies avant la conclusion de l'achat, selon les mêmes modalités que pour les denrées préemballées (n° 58430) et au moment de la livraison (Règl. 1169/2011 art. 14, 2 ; Commission européenne, Questions et réponses sur l'application du règlement 1169/2011 concernant l'information des consommateurs sur les denrées alimentaires : question 2.6.2). Voir aussi n° 58435 sur la future réglementation applicable.

IV. RESPONSABILITÉS ET SANCTIONS EN CAS DE NON-RESPECT DES RÈGLES D'ÉTIQUETAGE DES DENRÉES ALIMENTAIRES

RESPONSABILITÉS

Le règlement Inco du 25 octobre 2011 édicte un certain nombre de règles applicables aux différents opérateurs. 58700

La **personne responsable** des informations sur les denrées alimentaires est l'exploitant du secteur alimentaire sous le nom ou la raison sociale duquel la denrée alimentaire est commercialisée, ou l'importateur sur le marché de l'Union lorsque l'exploitant n'est pas établi dans l'Union (Règl. 1169/2011 art. 8, 1). En cas de vente en ligne, la responsabilité incombe au propriétaire du site internet (Commission européenne, Questions et réponses sur l'application du règlement 1169/2011 concernant l'information des consommateurs sur les denrées alimentaires : question 2.6.1).

La personne responsable doit veiller à la **présence** et à l'**exactitude** des **informations** fournies (art. 8, 2).

Les exploitants qui n'ont pas d'influence sur les informations (par exemple, les grossistes, les distributeurs pour des denrées vendues sous une marque de fabricant) ne doivent pas vendre des **denrées** lorsqu'ils savent qu'elles ne sont **pas conformes** à la législation, ou le supposent sur la base des informations dont ils disposent en tant que professionnels (art. 8, 3).

Les exploitants ne doivent pas **modifier,** dans les entreprises placées sous leur contrôle, les **informations** qui accompagnent une denrée alimentaire si cette modification est susceptible d'induire en erreur le consommateur ; ils sont responsables de toute modification ainsi apportée (art. 8, 4).

D'une manière générale, les exploitants doivent **assurer** et **vérifier** la **conformité** des denrées fournies dans les entreprises placées sous leur contrôle avec les exigences de la législation concernant les informations sur les denrées alimentaires (art. 8, 5).

Pour les **denrées non préemballées,** les exploitants doivent veiller à ce que, dans les entreprises placées sous leur contrôle, les informations relatives à ces denrées destinées au consommateur final soient transmises à l'exploitant du secteur recevant ces denrées pour que les informations obligatoires soient bien transmises au consommateur (art. 8, 6).

RÉPRESSION DES INFRACTIONS À LA RÉGLEMENTATION DE L'ÉTIQUETAGE DES DENRÉES ALIMENTAIRES

La répression des infractions s'effectue dans les conditions fixées aux articles L 511-1 et suivants du Code de la consommation (voir n°s 78600 s.). 58710

SANCTIONS

Personnes physiques Est passible d'une amende contraventionnelle de 1 500 € le non-respect des dispositions prévues : 58720

– par le règlement Inco du 25 octobre 2011 (art. 1, 2, 6 à 10, 12 à 28, 30 à 37, 44 et les annexes I à XV) et les règlements d'exécution 1337/2013 et 2018/775 relatifs à l'indication d'origine, précités n° 58330 (C. consom. art. L 412-2, R 412-18 et R 451-1, al. 1) ;

– par les articles R 412-2 et suivants du Code de la consommation relatifs à l'indication du lot de fabrication (C. consom. art. L 412-1 et R 451-1, al. 1).

S'agissant d'une amende contraventionnelle, elle est multipliée par le nombre de produits concernés.

En cas de récidive dans le délai d'un an, l'amende contraventionnelle encourue s'élève à 3 000 € (C. pén. art. 132-11, sur renvoi de C. consom. art. R 451-1, al. 2).

Personnes morales Les personnes morales reconnues pénalement responsables des infractions commises pour leur compte par leur organe ou représentant s'exposent à une amende contraventionnelle de 7 500 € (C. pén. art. 131-41). 58730

En cas de récidive dans le délai d'un an, l'amende contraventionnelle encourue s'élève à 15 000 € (C. pén. art. 132-15, sur renvoi de C. consom. art. R 451-1, al. 2).

58735 **Vente en vrac**

Réglementation de la vente en vrac

Définition et modalités de vente

La **vente en vrac** est **définie** comme « la vente au consommateur de produits présentés sans emballage, en quantité choisie par le consommateur, dans des contenants réemployables ou réutilisables » (C. consom. art. L 120-1, al. 1). La vente en libre-service de denrées alimentaires à emporter en vue d'une consommation immédiate n'est pas considérée comme un mode de vente en vrac au sens de l'article L 120-1 du Code de la consommation (art. D 120-4, issu du décret 2023-837 du 30-8-2023).

Elle est proposée en **libre-service** ou en **service assisté** (même art.). Il y a service assisté lorsque le conditionnement du produit et la remise immédiate au consommateur sont effectués par un opérateur sur le point de vente. Dans le cas où le produit est susceptible de présenter un risque pour le consommateur, le service assisté doit garantir une protection suffisante des consommateurs contre les risques propres au produit (art. D 120-2, issu du décret 2023-837 du 30-8-2023).

Elle peut aussi être conclue dans le cadre d'un **contrat à distance** (art. L 120-1, al. 2).

Un arrêté pourra préciser les modalités de la vente en vrac de certains produits, notamment pour des raisons de sécurité (art. D 120-8, issu du décret 2023-837 du 30-8-2023).

Dans les commerces de vente au détail, le **contenant réutilisable** peut être fourni par le détaillant sur le lieu de vente ou être apporté par le consommateur. Tout consommateur peut donc demander à être servi dans un contenant apporté par ses soins, dès lors que ce dernier est visiblement propre et adapté à la nature du produit acheté (suffisamment grand et hermétique, apte au contact alimentaire, etc.) (art. L 120-2, al. 1 et 2).

Un affichage en magasin doit informer le consommateur sur les règles de nettoyage et d'aptitude des contenants réutilisables. Dans ce cas, le consommateur est responsable de l'hygiène et de l'aptitude du contenant. Le commerçant peut refuser le service si le contenant proposé est manifestement sale ou inadapté (art. L 120-2, al. 3 à 5).

Produits pouvant être vendus en vrac

Tout **produit de consommation courante** peut être vendu en vrac, sauf exceptions justifiées par des raisons de santé publique (art. L 120-1, al. 3 et 4). Les « produits de consommation courante » sont les produits de consommation courante mentionnés à l'article D 441-1 du Code de commerce : sont visés tous les produits alimentaires (y compris pour animaux d'agrément) et plusieurs catégories de produits non alimentaires, tels les produits de lavage et d'entretien, les articles d'hygiène corporelle ou les produits de beauté et parfums (art. D 120-1, issu du décret 2023-837 du 30-8-2023).

Pour des raisons de santé publique, la **vente** en vrac de certains produits est **soit encadrée, soit interdite.** Les produits concernés sont énumérés respectivement aux articles D 120-6 et D 120-7 du Code de la consommation, issus du décret 2023-837 précité. Les produits dont la vente est encadrée ne peuvent être vendus en vrac que s'ils sont vendus en service assisté ou au moyen d'un « dispositif de distribution adapté » à la vente en vrac en libre-service, c'est-à-dire un « dispositif qui, eu égard aux caractéristiques du produit, permet d'en préserver l'intégrité, d'en assurer la conservation, de satisfaire aux exigences spécifiques relatives à sa sécurité et de respecter les exigences d'hygiène et de sécurité de l'espace de vente ».

Incitation au développement de la vente en vrac

La loi Climat 2021-1104 du 22 août 2021 (art. 23, II) incite au développement de la vente en vrac dans les grandes et moyennes surfaces : au 1er janvier 2030, les **commerces de vente au détail dont la surface est supérieure ou égale à 400 m²** devront consacrer à la vente de produits présentés sans emballage primaire, y compris la vente en vrac, soit au moins 20 % de leur surface de vente de produits de grande consommation, soit un dispositif d'effet équivalent exprimé en nombre de références ou en proportion du chiffre d'affaires. Un décret devra préciser les objectifs à atteindre, en fonction des catégories de produits, des exigences sanitaires et de sécurité, des spécificités des réseaux de distribution, en particulier de certains types de commerces spécialisés, ainsi que des adaptations requises dans les pratiques des producteurs, des distributeurs et des consommateurs.

Le Gouvernement devra remettre, avant le 25 août 2024, un rapport au Parlement qui devra notamment proposer une échelle de sanctions applicables aux commerces de vente de détail qui n'auront pas respecté les objectifs à atteindre au 1er janvier 2030 (Loi 2021-1104 art. 23, VII).

Par ailleurs, afin d'évaluer les modalités de développement de la vente de produits présentés sans emballage dans les **commerces de détail d'une taille inférieure à 400 m²,** une expérimentation sera menée pendant trois ans à compter d'une date qui sera définie par arrêté. Elle devra notamment identifier les contraintes techniques, financières et réglementaires à lever (Loi 2021-1104 art. 23, IV).

FACTURATION

SOMMAIRE

I. RÈGLES DE FACTURATION INTERENTREPRISES

MULTIPLICITÉ DE RÉGLEMENTATIONS

Les règles de facturation entre entreprises relèvent à la fois du Code de commerce (**réglementation économique**) et du Code général des impôts (**réglementation fiscale en matière de TVA**). Elles sont contrôlées et sanctionnées par deux administrations différentes au regard de règles qui peuvent diverger en termes d'exigences et de sanctions. 59000

La réglementation économique figure à l'article L 441-9 du Code de commerce. Nous exposons ces règles, ainsi que celles requises par le droit des sociétés. Certaines mesures fiscales sont évoquées succinctement. Sur le contenu complet de la réglementation fiscale, voir Mémento Fiscal 2024 n°s 53500 s.

NATURE DE LA RÉGLEMENTATION

Les règles de facturation prévues par l'article L 441-9 du Code de commerce sont d'ordre public (C. com. art. L 444-1 A issu de loi 2023-221 du 30-3-2023). Les parties ne peuvent donc pas y déroger. 59005

A. Champ d'application de la réglementation

1. PERSONNES CONCERNÉES

PERSONNES SOUMISES À L'OBLIGATION DE FACTURATION

Principe La facture est obligatoire lorsqu'elle porte sur une vente ou une prestation de services réalisée par un **professionnel** (producteur, distributeur ou prestataire de services) **pour les besoins d'un autre professionnel** (C. com. art. L 441-9, I-al. 1). 59010

› **Précisions** **a.** L'utilisation de **circuits de commercialisation habituellement destinés aux consommateurs** ne peut pas faire échapper les professionnels aux règles de facturation. Les magasins à grande surface de vente au détail ont donc le devoir de procéder à la délivrance systématique de factures dans les cas où les achats effectués par un client permettent, compte tenu de leur régularité et leur importance, de les identifier comme correspondant à une activité professionnelle (Rép. Chollet : AN 23-11-1987 p. 6436).

b. En tant que vendeurs occasionnels, les **particuliers** sont, dans certains cas, soumis à l'obligation de facturation (nº 59050).

59020 **Autofacturation et sous-traitance** Si la facture doit en principe être matériellement émise par le vendeur ou prestataire de services, l'administration économique admet, comme l'administration fiscale, que les factures puissent être matériellement émises par le client (autofacturation) ou par un tiers (sous-traitance de facturation) lorsque le vendeur ou prestataire de services (ou assujetti à la TVA) leur donne **mandat** à cet effet avant l'émission des factures. Pour plus de détails par l'administration fiscale sur les modalités d'utilisation d'un tel mandat, voir Mémento Fiscal 2024 nº 53575.

59030 **Intervention d'un intermédiaire** Lorsqu'un fournisseur fait appel à un intermédiaire pour la vente de ses produits, la vente est réputée réalisée entre le fournisseur et le client final, que cet **intermédiaire** soit « **transparent** » (cas du mandataire ou commissionnaire qui agit au nom et pour le compte du fournisseur) ou « **opaque** » (intermédiaire agissant en son propre nom pour le compte d'un commettant). En conséquence, la facture émise par un intermédiaire ne peut pas valablement mentionner un prix forfaitaire ; la facture doit faire apparaître distinctement le prix de la prestation fournie et le montant de la commission prélevée (en ce sens, Cass. crim. 19-2-2003 nº 1185 : RJDA 10/03 nº 1006, affaire rendue en matière de transport avec commission à l'achat).

> **Précisions** Contrairement à la chambre criminelle, la chambre commerciale de la Cour de cassation considère qu'un **commissionnaire de transport** n'est pas tenu de mentionner sur la facture délivrée à son donneur d'ordre le prix qu'il a payé au transporteur (Cass. com. 20-9-2017 nº 16-17.152 F-PB : RJDA 1/18 nº 59). Ce faisant, elle retient une solution qui fait primer la particularité du contrat de commission de transport sur le principe de transparence postcontractuelle des prix prévu par l'article L 441-9 du Code de commerce. Ce contrat, défini à l'article L 1411-1 du Code des transports, ne comporte pas, en effet, une prestation double mais une prestation unique et indivisible, de sorte qu'il n'y a pas lieu de distinguer entre le transport et son organisation.

59040 **Personnes publiques** Les personnes publiques exerçant une activité de production, de distribution ou de services sont également soumises aux règles de facturation tant pour leurs achats propres qu'à l'égard de leur clientèle professionnelle (cf. C. com. art. L 410-1 ; note de service DGCCRF nº 5322 du 3-2-1988 non publiée, réputée abrogée mais conservant selon nous une valeur indicative).

PERSONNES NON SOUMISES À L'OBLIGATION DE FACTURATION

59050 En tant que vendeurs occasionnels, les **particuliers** n'ont pas à établir de factures, même si l'acheteur est un commerçant (Cass. crim. 31-1-1962 : Bull. crim. p. 151 nº 73).

En revanche, ils sont soumis aux règles de facturation lorsque les ventes qu'ils effectuent à des professionnels, pour les besoins de leur activité, « revêtent un caractère significatif par leur quantité ou leur répétition » (Note de service DGCCRF nº 5322 du 3-2-1988 précitée).

ILLUSTRATIONS

Ne pouvaient pas être considérés comme des vendeurs occasionnels des particuliers qui vendaient à une société les champignons sauvages qu'ils avaient récoltés, dès lors que le volume quotidien des transactions était important (jusqu'à 800 par jour) et que, pour chacune d'elles, les quantités cédées étaient faibles (quelques kilogrammes) (CA Limoges 16-10-1996 : Lettre distrib. décembre 1996 p. 2).

L'obligation d'établir une facture a été également reconnue à l'encontre de particuliers illettrés qui vendaient des métaux, dès lors qu'il s'agissait de leur activité habituelle et que la totalité des livraisons annuelles correspondait à un montant significatif en valeur et en volume – plusieurs dizaines de tonnes (CA Bordeaux 6-10-2009 et, sur pourvoi, Cass. crim. 1-12-2010 nº 09-87.887).

2. OPÉRATIONS CONCERNÉES PAR LES RÈGLES DE FACTURATION INTERENTREPRISES

VENTES ET PRESTATIONS DE SERVICES DONNANT LIEU À FACTURATION

59070 **Produits et services concernés** La vente de tout **produit** ou toute prestation de **service** pour une activité professionnelle doit donner lieu à facturation (C. com. art. L 441-9, I-al. 1).

Les **produits fournis gratuitement** par le vendeur doivent être mentionnés sur la facture et peuvent s'analyser comme des réductions de prix à caractère quantitatif (Circ. du 8-12-2005 relative aux relations commerciales : JO du 30-12). Ce principe suppose néanmoins que les articles supplémentaires soient identiques aux produits achetés (pratique du « treize à la douzaine »).

La vente de **biens** qui ne sont ni des produits ni des services n'est pas soumise à la réglementation. Il en est ainsi, par exemple, de la vente, au nouveau locataire d'un local commercial, des aménagements réalisés dans ce local par l'ancien locataire (Cass. com. 9-5-2001 : RJDA 10/01 n° 1029).

Produits et services non concernés Le **secteur bancaire** échappe aux règles de facturation prescrites par l'article L 441-9 du Code de commerce pour ses opérations de banque et opérations connexes. En effet, l'article L 511-4 du Code monétaire et financier prévoit que seules les dispositions des articles L 420-1 à L 420-4 du Code de commerce s'appliquent aux établissements de crédit, pour leurs opérations de banque et leurs opérations connexes définies à l'article L 311-2 du Code monétaire et financier ; il en résulte, a contrario, que pour ces mêmes opérations, les établissements de crédit ne sont pas soumis aux règles de facturation prévues par l'article L 441-9. **59080**

Le **dépôt-vente** n'est pas soumis à l'obligation de facturation, mais il appartient à celui qui se prétend dépositaire et à qui sont reprochés des achats sans factures de rapporter la preuve de l'existence d'une telle convention (Cass. crim. 19-11-1979 : Bull. crim. p. 885 n° 324 ; Cass. crim. 3-6-1991 : BID 1992/3 p. 28).

ILLUSTRATIONS

Dans un cas où un fournisseur ne facturait les marchandises livrées à un distributeur qu'après leur revente au consommateur, il a été jugé que les parties ne pouvaient pas valablement soutenir que ces livraisons n'étaient pas faites à titre de vente mais de dépôt et que les factures pouvaient donc être établies au moment de l'achat des marchandises par le consommateur ; en effet, le détaillant se comportait comme le véritable propriétaire des marchandises dès leur livraison et celles-ci étaient revendues dans le cadre de son activité commerciale à un prix fixé par lui (Cass. crim. 14-11-1988 : BRDA 2/89 p. 8).

FACTURES ÉMISES ET REÇUES À L'OCCASION D'OPÉRATIONS DU COMMERCE INTERNATIONAL

Le chapitre I du titre IV du livre IV du Code de commerce, dont l'article L 441-9 relatif aux factures est issu, s'applique à toute convention entre un fournisseur et un acheteur portant sur des **produits** ou des **services commercialisés sur le territoire français** (C. com. art. L 444-1 A issu de loi 2023-221 du 30-3-2023). Il en résulte que les factures émises en France destinées à des acheteurs situés en dehors du territoire national, ainsi que celles émises par des fournisseurs étrangers à destination d'acheteurs français, doivent respecter la réglementation, dès lors que ces factures ont pour objet des produits ou services commercialisés sur le territoire français. **59090**

REPRISE OU REMPLACEMENT DE PRODUITS DONNANT LIEU À FACTURATION

Dans le cas de refus par le client ou de **reprise** de produits périmés, défraîchis ou impropres à la vente lorsque l'état de ces produits est imputable au fournisseur, la facture doit être annulée par un avoir et, si d'autres marchandises sont livrées, elles feront l'objet d'une nouvelle facture. **59100**

S'il s'agit de la reprise de produits faite pour des raisons d'ordre purement commercial (reprise d'un stock de produits invendus, par exemple), la vente initiale n'est pas remise en cause ; l'opération constitue donc, à notre avis, une véritable revente du client à son fournisseur entraînant obligation pour ce client de délivrer une facture. Le fournisseur n'est pas fondé à émettre un avoir.

Le **remplacement** s'analyse d'abord comme une reprise de produits s'accompagnant de l'annulation de la facture initiale, puis comme la fourniture de produits nouveaux qui doit donner lieu à l'émission d'une autre facture.

B. Obligations du vendeur et de l'acheteur en matière de facturation interentreprises

1. DÉLIVRANCE DE LA FACTURE

a. Moment de la remise

PRINCIPE

59140 Le vendeur est tenu de délivrer la facture dès la **réalisation de la livraison** ou de la prestation de services, au sens de l'article 289, I-3 du Code général des impôts (C. com. art. L 441-9, I-al. 2).

Est considéré comme livraison d'un bien le transfert du pouvoir de disposer d'un bien corporel comme un propriétaire (CGI art. 256, II-1°), et non la livraison matérielle du bien.

ATTENTION

La date d'émission de la facture constitue le point de départ du calcul des **délais de paiement** convenus entre les parties (C. com. art. L 441-10, I-al. 2 à 4). La détermination de la date de la réalisation de la livraison est donc particulièrement importante.

EXCEPTIONS

59150 Un **différé de facturation** pour les livraisons intracommunautaires de biens exonérées de TVA et les prestations de services relevant de la règle générale de territorialité « B to B » pour lesquelles la taxe est autoliquidée par le client dans un autre État membre de l'Union européenne ; pour ces opérations, la facture peut être émise au plus tard le 15 du mois suivant celui au cours duquel s'est produit le fait générateur (CGI art. 289, I-3, al. 2).

59155 Les entreprises réalisant au profit d'un même client des opérations fréquentes pour lesquelles la TVA devient exigible au cours d'un même mois civil peuvent établir des **factures périodiques** (dites aussi « factures récapitulatives ») émises au plus tard à la fin de ce même mois (CGI art. 289, I-3, al. 3).

Une facture périodique peut être ainsi délivrée pour les livraisons ou les prestations effectuées au profit d'un même client pendant une période donnée (par exemple, une décade), dès lors que pour celles-ci la TVA est bien exigible au cours du même mois civil et que la facture périodique est bien établie avant la fin de ce même mois (par exemple, à la fin de la décade) (Note d'information DGCCRF n° 2014-185 du 22-10-2014 réputée abrogée mais conservant selon nous une valeur indicative).

FACTURE D'ACOMPTE

59160 Le versement d'un acompte à valoir sur le prix de **vente d'un produit** doit donner lieu à l'émission d'une facture comportant l'ensemble des mentions imposées par la réglementation puisque la vente est réalisée lors du versement de l'acompte.

Dans le cas d'un versement d'acompte sur le prix d'une **prestation de service,** il convient de distinguer deux situations :

1° S'il s'agit d'une prestation de service ponctuelle, le versement de l'acompte ne peut être admis qu'au vu d'une facture émise conformément à la réglementation.

2° S'il s'agit d'une prestation de service à exécution successive, la facture d'acompte conforme aux règles de facturation ne devrait pas, à notre avis, être obligatoire tant que la prestation de service n'est pas achevée (en ce sens, T. corr. Nanterre 14-3-1995 : RJDA 8-9/95 n° 1016). Cependant, la cour d'appel de Paris a jugé le contraire en considérant, dans un cas où une centrale d'achat avait conclu des contrats de coopération commerciale avec plusieurs fournisseurs, que la centrale ne pouvait pas valablement établir, pour une période mensuelle ou bimestrielle, des factures d'acomptes ne précisant pas la dénomination des services rendus, les dates de réalisation des services et le prix unitaire de chaque service, puis délivrer une facture annuelle reprenant l'ensemble des mentions obligatoires (CA Paris 3-11-2006 n° 06-2471).

FACTURE D'AVOIR ET FACTURE RECTIFICATIVE

59170 Si la pratique a développé le recours à l'**avoir** pour corriger ou annuler a posteriori une facture, le Code de commerce ne reconnaît pas cette pratique. Cependant, elle n'a jamais été remise en cause par l'administration dans ses contrôles dès lors que l'avoir, document corrigeant a posteriori l'émission d'une facture, permet d'effectuer un rapprochement sans ambiguïté avec la facture qu'il entend rectifier.

En outre, dans la mesure où l'avoir vient corriger a posteriori une facture, il doit à notre avis reprendre l'ensemble des mentions obligatoires qui doivent figurer sur la facture initiale.

Une autre technique consiste à annuler purement et simplement la première facture émise et à éditer une **facture rectificative.** Cependant, il apparaît qu'en pratique le recours à l'avoir est beaucoup plus fréquent que les factures rectificatives.

b. Modalités de remise de la facture

Le fournisseur doit délivrer une facture à son client même si ce dernier ne la lui réclame pas (Cass. crim. 20-12-1961 : Bull. crim. p. 1036 ; Cass. crim. 10-7-1963 : D. 1963 p. 565) et, corrélativement, l'acheteur doit **réclamer une facture** au vendeur si ce dernier ne la lui délivre pas spontanément (C. com. art. L 441-9, I-al. 2 ; Cass. crim. 20-12-1961 : Bull. crim. p. 1036 ; Cass. crim. 15-1-1979 : Bull. crim. p. 73). **59180**

La facture peut être remise à une personne agissant pour le compte de l'acheteur ou du bénéficiaire de la prestation de services, par exemple un **mandataire** ou un **commissionnaire** (Cass. crim. 15-10-1964 : D. 1965 p. 175). En revanche, un **courtier,** simple intermédiaire chargé de mettre les parties en présence, n'est pas habilité à recevoir les factures (Cass. crim. 30-4-1963 : D. 1963 p. 565).

Sur l'**autofacturation** et la **sous-traitance** de la facturation, voir n° 59020.

Un **bon d'enlèvement,** une fiche de dépôt, une bande de caisse enregistreuse ou tout autre document analogue remis au client ne dispense pas le fournisseur de l'établissement d'une facture (Cass. crim. 16-11-1960 : Bull. crim. p. 1030 ; Cass. crim. 10-12-1969 : D. 1970 p. 69 ; Rép. Liot : Sén. 28-2-1969 p. 60). **59185**

c. Forme de la facture

FACTURE PAPIER

Le Code de commerce impose que la facture soit établie sous forme papier, en double exemplaire, l'un des exemplaires devant être remis au client (C. com. art. L 441-9, I-al. 3). Le Code général des impôts prévoit en revanche que la facture peut être émise sous forme papier ou sous forme électronique (CGI art. 289, VII-1°). **59190**

FACTURE ÉLECTRONIQUE

Faculté de transmettre une facture sous forme électronique La réglementation fiscale admet qu'une facture soit transmise sous une forme électronique, sous réserve de l'acceptation du destinataire. Toutefois, l'authenticité de l'origine, l'intégrité du contenu et la lisibilité de la facture doivent être assurées à compter de son émission et jusqu'à la fin de sa période de conservation. Tel est le cas lorsque la facture est transmise par voie électronique soit au moyen d'une **signature électronique « qualifiée »,** soit sous la forme d'un **message structuré selon une norme convenue entre les parties,** permettant une lecture par ordinateur et pouvant être traité automatiquement et de manière univoque, soit en recourant à une procédure de **cachet électronique qualifié.** **59200**

Lorsque la facture est transmise sous une **forme électronique autre** que celles visées ci-dessus, des **contrôles** documentés et permanents doivent être mis en place par l'entreprise et doivent permettre d'établir une **piste d'audit fiable** entre la facture émise ou reçue et la livraison de biens ou prestation de services qui en est le fondement. Ces contrôles sont soumis à leur vérification par l'administration.

Pour plus de détails, voir Mémento Fiscal 2024 n° 53595.

Mise en place progressive de la facturation électronique obligatoire **59205**
Une obligation de recourir à la facturation électronique entre assujettis (« e-invoicing ») ainsi qu'une obligation de transmettre à l'administration de manière dématérialisée des informations qui ne sont pas issues des factures électroniques (« e-reporting ») seront progressivement mises en place à compter du 1er septembre 2026, selon le calendrier suivant (Loi 2022-1157 du 16-8-2022 art. 26 modifié par loi 2023-1322 du 29-12-2023 art. 91) :

1° **réception de factures électroniques** : obligatoire pour tous les assujettis, quelle que soit la taille de leur entreprise, à compter du 1er septembre 2026 ;

2° **émission de factures électroniques** et **e-reporting** :
– obligatoire à compter du 1er septembre 2026 pour les grandes entreprises, les membres d'un assujetti unique et les entreprises de taille intermédiaire (ETI) ;
– obligatoire à compter du 1er septembre 2027 pour les petites et moyennes entreprises (PME) et les microentreprises.

Les conditions et modalités d'application techniques concernant ces obligations sont définies par le décret 2022-1299 du 7 octobre 2022, modifié par le décret 2024-266 du 25 mars 2024, et l'arrêté ECOE2218934A du 7 octobre 2022. Les entreprises peuvent également trouver des éléments d'information dans la foire aux questions accessible sur le site impots.gouv.fr (rubrique « Professionnel » puis « Passer à la facturation électronique »).

2. DURÉE DE CONSERVATION DE LA FACTURE

59220 S'alignant sur la réglementation fiscale (LPF art. L 102 B), la réglementation économique exige que le vendeur et l'acheteur conservent chacun un exemplaire de la facture pendant six ans (C. com. art. L 441-9, I-al. 3).

Il est cependant préférable de conserver une facture pendant dix ans car les commerçants sont tenus de conserver les pièces comptables et les pièces justificatives pendant ce délai (C. com. art. L 123-22, al. 2).

C. Contenu de la facture

1. MENTIONS OBLIGATOIRES SUR LA FACTURE

RÈGLES DE FACTURATION APPLICABLES

59260 Les mentions à faire figurer sur la facture résultent essentiellement de l'article L 441-9 du Code de commerce et de la réglementation TVA figurant à l'article 242 nonies A de l'annexe II au CGI. Pour une étude des obligations fiscales résultant de ce dernier texte, il convient de se reporter au Mémento Fiscal 2024 nos 53625 s.

Par ailleurs, certaines mentions sont imposées notamment par le droit des sociétés.

INDICATION DE LA DATE DE LA VENTE OU DE LA PRESTATION DE SERVICES

59270 La facture doit mentionner la date de la vente ou de la prestation de services (C. com. art. L 441-9, I-al. 4). En principe, la date de la vente est celle de la conclusion du contrat, laquelle correspond au moment où les parties sont convenues de la chose et du prix (C. civ. art. 1583). La date de la prestation de services est également celle de la conclusion du contrat mais, à l'inverse du contrat de vente, la validité du contrat ne nécessite pas qu'il y ait un accord sur le prix (C. civ. art. 1165).

MENTION SUR LA FACTURE D'INFORMATIONS RELATIVES AU VENDEUR

59280 **Mentions résultant de la réglementation économique** La facture doit indiquer le nom ou la dénomination sociale, ainsi que l'adresse et, si elle est différente, l'adresse de facturation du vendeur (C. com. art. L 441-9, I-al. 4).

L'adresse du vendeur est obligatoirement celle de son siège social. S'il a un établissement secondaire, l'adresse de celui-ci peut être indiquée, mais en plus de celle du siège et sans qu'une confusion puisse être opérée entre les deux.

59290 **Mentions résultant de la forme sociale du vendeur** Si le vendeur est une **société en nom collectif,** la facture doit indiquer la dénomination sociale, précédée ou suivie immédiatement en caractères lisibles des mots « société en nom collectif » ou des initiales « SNC » (C. com. art. R 123-238, 1°).

S'il s'agit d'une **société en commandite simple,** la dénomination sociale doit être précédée ou suivie immédiatement des mots « société en commandite simple » ou des initiales « SCS » (art. R 123-238, 2°).

S'il s'agit d'une **société à responsabilité limitée,** la dénomination sociale doit être précédée ou suivie immédiatement et lisiblement des mots « société à responsabilité limitée » ou des initiales « SARL » et de l'énonciation du montant du capital social (art. R 123-238, 3°).

Pour les **sociétés par actions,** l'indication de la dénomination sociale doit être précédée ou suivie immédiatement et lisiblement des mots (art. R 123-238, 4°) :
– « société anonyme » ou des initiales « SA ». En outre, si la société anonyme est dotée d'un directoire et d'un conseil de surveillance, la forme sociale doit être indiquée par les mots « société anonyme à directoire et conseil de surveillance » ;
– « société par actions simplifiée » ou des initiales « SAS » ;
– « société en commandite par actions » ou des initiales « SCA » ;
– « société européenne » ou des initiales « SE ».

Ces mots doivent être accompagnés de l'énonciation du montant du capital social qui peut être arrondi à la valeur entière inférieure.

Enfin, si le vendeur est une **société civile,** la facture doit indiquer la raison ou la dénomination sociale, précédée ou suivie de manière lisible des mots « société civile » suivis de l'indication du capital social et, éventuellement, complétés par les mentions requises par le statut légal particulier auquel la société est soumise (Décret 78-704 du 3-7-1978 art. 32).

> **Précisions a.** En cas de défaut des mentions obligatoires sur les factures émises par une **SNC** ou une **société civile,** le gérant engage sa responsabilité civile dans les conditions du droit commun (C. civ. art. 1240).
> **b.** En cas de défaut des mentions obligatoires sur les factures émises par les **SARL** et les **sociétés par actions,** le ministère public ou tout intéressé peut demander en référé d'enjoindre, sous astreinte, au représentant légal de ces sociétés de se conformer à cette obligation (C. com. art. L 238-3).

Mentions résultant de l'immatriculation au registre du commerce et des sociétés 59300 Toute personne, physique ou morale, immatriculée au registre du commerce et des sociétés est tenue d'indiquer sur ses factures (C. com. art. R 123-237) :

1° Le numéro unique d'identification de l'entreprise (numéro Siren) ;

2° La mention RCS suivie du nom de la ville où se trouve le greffe auprès duquel elle est immatriculée ;

3° Le lieu de son siège social ;

4° Le cas échéant, qu'elle est en état de liquidation ;

5° Si elle est une société commerciale dont le siège est à l'étranger, sa dénomination, sa forme juridique, le lieu de son siège social, s'il y a lieu son numéro d'immatriculation dans l'État où elle a son siège et, le cas échéant, qu'elle est en état de liquidation ;

6° Le cas échéant, la qualité de locataire-gérant ou de gérant-mandataire ;

7° Si elle est bénéficiaire d'un contrat d'appui au projet d'entreprise pour la création ou la reprise d'une activité économique au sens de l'article L 127-1 du Code de commerce, la dénomination sociale de la personne morale responsable de l'appui, le lieu de son siège social, ainsi que son numéro unique d'identification ;

8° Si elle a constitué un patrimoine affecté en application de l'article L 526-6 du Code de commerce, l'objet de l'activité professionnelle à laquelle le patrimoine est affecté et la dénomination utilisée pour l'exercice de l'activité professionnelle incorporant son nom ou nom d'usage précédé ou suivi immédiatement des mots : « entrepreneur individuel à responsabilité limitée » ou des initiales : « EIRL » ;

9° Si elle est un entrepreneur individuel relevant du statut défini à la section 3 du chapitre VI du titre II du livre V, la dénomination utilisée pour l'exercice de l'activité professionnelle incorporant son nom ou nom d'usage précédé ou suivi immédiatement des mots : « entrepreneur individuel » ou des initiales : « EI ».

L'inobservation de cette obligation est sanctionnée par une amende contraventionnelle de 750 € (C. com. art. R 123-237, dernier al.). La personne morale déclarée pénalement responsable de l'infraction commise pour son compte par son organe ou représentant est passible d'une amende contraventionnelle de 3 750 € (C. pén. art. 121-2 et 131-41).

Mentions résultant de la qualité d'artisan 59310 Toute personne exerçant une activité artisanale en tant qu'entrepreneur individuel à responsabilité et ayant effectué une déclaration d'affectation du patrimoine en application de l'article L 526-7, 2° du Code de commerce doit indiquer sur ses factures (C. artisanat art. R 132-1) :

1° Le numéro unique d'identification de l'entreprise prévu à l'article L 123-34 du Code de commerce (numéro Siren) ;

2° Son adresse ;

3° L'objet de l'activité professionnelle à laquelle le patrimoine est affecté ainsi que la dénomination utilisée pour l'exercice de son activité incorporant son nom ou son nom d'usage précédé ou suivi immédiatement des mots : « entrepreneur individuel à responsabilité limitée » ou des initiales : « EIRL » ;

4° S'il est bénéficiaire d'un contrat d'appui au projet d'entreprise pour la création ou la reprise d'une activité économique au sens de l'article L 127-1 du Code de commerce, la dénomination sociale de la personne morale responsable de l'appui, le lieu de son siège social, ainsi que son numéro unique d'identification.

59320 **Contrat d'appui au projet d'entreprise pour la création ou la reprise d'une activité économique** Avant toute immatriculation ou inscription au registre du commerce et des sociétés, au registre spécial des entreprises individuelles à responsabilité, au registre spécial des agents commerciaux ou au Registre national des entreprises, ou lorsque l'activité économique ne requiert pas d'immatriculation, le bénéficiaire d'un contrat d'appui pour la création ou la reprise d'une activité économique au sens des articles L 127-1 et suivants du Code de commerce doit indiquer sur la facture qu'il bénéficie d'un tel contrat. Il doit mentionner également la dénomination sociale, le lieu du siège social et le numéro d'identification de la personne morale responsable de l'appui, ainsi que le terme du contrat (C. com. art. R 127-3, al. 1 modifié par décret 2022-1014 du 19-7-2022).

MENTION SUR LA FACTURE D'INFORMATIONS RELATIVES À L'ACHETEUR

59330 La facture doit indiquer le **nom** ou la dénomination sociale, ainsi que l'**adresse** et, si elle est différente, l'**adresse de facturation** de l'acheteur (C. com. art. L 441-9, I-al. 4).

La mention de l'adresse de facturation est exigée pour les factures émises depuis le 1er octobre 2019 (Ord. 2019-359 art. 5, III). Malgré cette nouvelle exigence, il est toléré, par souci de simplification et de cohérence avec la doctrine fiscale (BOI-TVA-DECLA-30-20-20-10 du 18-10-2013), que l'adresse de l'acheteur mentionnée sur la facture soit uniquement celle de l'**établissement secondaire** avec lequel le vendeur est en relation et qui assure le règlement de la facture, sans mention de l'adresse du siège social de l'acheteur, sous réserve que le nom ou la dénomination sociale mentionné(e) sur la facture corresponde à celui ou celle de l'acheteur (Avis CEPC n° 20-3 du 18-6-2020).

> **Précisions** **a.** L'indication de l'**adresse** de l'acheteur est indispensable. Il a ainsi été jugé qu'un vendeur ne pouvait pas valablement prétendre que la notoriété des destinataires de la facture « permettait de tenir pour négligeable l'omission de la mention de leur adresse » (CA Rennes 21-6-1991, inédit) ou que les factures irrégulières concernaient des clients habituels dont les noms revenaient sans cesse dans les documents commerciaux et qu'il était dès lors aisé de trouver leur adresse (CA Paris 22-2-1993 : BID 1993/12 p. 20).
> **b.** Si l'acheteur est un **commerçant forain** n'ayant ni domicile ni résidence fixe, le vendeur doit porter sur la facture toute mention permettant l'identification et au besoin la recherche de l'acheteur (Cass. crim. 30-11-1971 : D. 1972 p. 121).

INDICATION DE LA QUANTITÉ DE PRODUITS VENDUS OU DE SERVICES RENDUS

59340 La facture doit mentionner la quantité des produits vendus ou des services rendus (C. com. art. L 441-9, I-al. 4).

La quantité s'entend soit en unités du produit ou service, soit en poids, volume ou taux horaire, selon les usages de la profession ou de l'entreprise.

INDICATION DE LA DÉNOMINATION PRÉCISE DES PRODUITS OU SERVICES

59350 La dénomination précise des produits vendus ou des services rendus doit figurer sur la facture (C. com. art. L 441-9, I-al. 4).

Une attention particulière doit être portée à cette mention. La dénomination précise s'entend non seulement de l'indication de la **nature du produit,** mais aussi de ses **caractéristiques** (Cass. crim. 10-3-1999 : RJDA 8-9/99 n° 993).

ILLUSTRATIONS

Par exemple, ont été condamnés pour facturation irrégulière :
– le dirigeant d'une entreprise de vente de fruits et légumes qui avait établi des factures pour la vente de poires Williams sans préciser la catégorie de classement de ces fruits telle que prévue par un règlement européen (Cass. crim. 10-3-1999 précité) ;
– un commerçant qui avait établi des factures ne permettant pas d'identifier les appareils vendus, soit par absence de numéro, soit par défaut de spécifications techniques (CA Riom 8-3-1979 inédit, confirmé par Cass. crim. 19-11-1979 : Bull. crim. p. 885) ;
– un fournisseur qui avait émis des factures en indiquant la nature des produits vendus (par exemple, « tomates pelées » ou « cocktail de fruits ») sans mentionner leur marque (CA Paris 19-2-1997 inédit, et, sur pourvoi, Cass. crim. 12-2-1998 n° 1129, inédit).

S'agissant plus particulièrement des factures émises par les distributeurs ou grossistes en cas de **services de coopération commerciale,** la jurisprudence antérieure à la réglementation actuelle leur est transposable : les mentions doivent figurer sur la facture de telle sorte qu'il ne soit pas nécessaire de se référer aux documents qui les fondent (convention « unique » prévue aux articles L 441-3, L 441-3-1, L 441-4 et L 443-8 du Code de commerce) pour identifier les services (Cass. crim. 6-12-2006 n° 06-82.834 : RJDA 5/07 n° 561 ; voir aussi Cass. crim. 23-9-2008 n° 08-81.278 : RJDA 2/09 n° 134). La facture doit donc permettre d'identifier la nature exacte des services rendus, les produits et quantités de produits concernés, ainsi que les dates de réalisation de ces services (CA Paris 29-6-1998 : RJDA 12/98 n° 1407).

INDICATION DU PRIX UNITAIRE DES PRODUITS OU DES SERVICES

Principe La facture doit mentionner « le **prix unitaire hors TVA** des produits vendus et des services rendus » (C. com. art. L 441-9, I-al. 4). **59360**

Ce prix s'entend exclusivement du prix exigé du client au moment de la transaction, avant toute imputation des réductions de prix acquises par ce dernier.

L'obligation d'indiquer sur la facture un prix unitaire hors TVA vise à permettre d'appréhender clairement le seuil de revente à perte (C. com. art. L 442-5), aussi bien pour le revendeur que pour les autorités de contrôle.

> **Précisions** **a.** Une **contribution environnementale** qui n'a pas la nature de taxe constitue un des éléments du prix de revient de celui qui en est redevable et doit être incorporée dans le prix unitaire hors TVA qui apparaît sur la facture ; il n'est toutefois pas interdit d'en mentionner le montant sur ce document, dès lors que cela ne crée aucune ambiguïté ou confusion avec le prix net unitaire (Avis CEPC n° 09-13 du 9-12-2009).
> **b.** La **facturation au forfait d'une prestation de services** est légale, dès lors que les parties ont préalablement convenu d'un prix forfaitaire (Avis CEPC n° 15-25 du 29-10-2015).

Factures d'un montant inférieur ou égal à 150 € à destination d'un acheteur résidant dans l'UE Par mesure de simplification, les factures d'un montant inférieur ou égal à 150 € relatives à des opérations pour lesquelles la TVA doit être autoliquidée par le client dans un autre État membre de l'Union européenne peuvent ne pas comporter l'**indication du prix unitaire hors taxe** (CGI ann. II art. 242 nonies A, II-c, sur renvoi de C. com. art. L 441-9, I-al. 4). Sont concernés par cette disposition les acheteurs résidant dans un État membre de l'Union européenne et disposant d'un mandat de facturation établi par leur fournisseur français. **59370**

> **Précisions** Les factures relatives à ces opérations peuvent ne pas comporter le prix unitaire hors taxe, mais aussi le **taux de TVA** légalement applicable, le **montant** de cette taxe, ainsi que les **remises,** rabais, ristournes ou escomptes (CGI art. précité).

MENTION SUR LA FACTURE DES RÉDUCTIONS DE PRIX

Principe Doit figurer sur la facture « toute réduction de prix acquise à la date de la vente ou de la prestation de services et directement liée à cette opération de vente ou de prestation de services, à l'exclusion des escomptes non prévus sur la facture » (C. com. art. L 441-9, I-al. 4). **59380**

1° La **réduction de prix** doit être **« acquise » à la date de la vente** ou de la prestation de services. Sur la détermination de cette date, voir n° 59270.

Ce terme signifie que la réduction doit être de « droit acquis » au moment de la vente ou de la prestation. En conséquence, doivent figurer sur la facture :

– les **rabais** acquis au moment de la vente (rabais pour mauvaise qualité de la marchandise, par exemple) ;

– les **remises,** qu'elles soient quantitatives ou qualitatives (par exemple, remise de logistique) ;

– les **ristournes inconditionnelles,** c'est-à-dire les ristournes qui ne sont pas subordonnées à la réalisation d'une condition postérieure à la vente ;

– les **ristournes conditionnelles,** dès lors que la **condition** de leur attribution est **réalisée** au moment de la vente et ce, quelle que soit leur date de règlement.

En pratique, les ristournes acquises à la date de la vente mais dont le **versement** effectif est **différé** figurent en pied de facture puisqu'elles ne peuvent pas venir en déduction de la somme à payer par l'acheteur.

Concernant les **ristournes conditionnelles** pour lesquelles la condition n'est pas réalisée au moment de la vente, leur mention sur facture n'est ni obligatoire (Cass. crim. 12-6-1997 : RJDA 10/97 n° 1235, 2e espèce) ni interdite (Cass. com. 6-9-2011 n° 10-17.963 : RJDA 1/12 n° 85). Tel est le cas de ristournes de fin d'année (RFA) dont le bénéfice n'est acquis au distributeur qu'après réalisation de certains seuils de chiffre d'affaires ou d'opérations de promotion (Cass. crim. 12-6-1997 : RJDA 10/97 n° 1235, 2e espèce).

2° La réduction devant figurer sur la facture doit être « **directement liée à l'opération de vente ou de prestation de services** ».

3° La facture doit mentionner toute réduction de prix acquise à la date de la vente ou de la prestation de services préexistante, à l'exclusion des « **escomptes non prévus sur la facture** ».

Cette exception s'explique par rapport à l'obligation d'indiquer sur la facture les conditions d'escompte applicables en cas de paiement à une date antérieure à celle résultant de l'application des conditions générales de vente (n° 59410).

Il résulte de la combinaison de ces deux dispositions les conséquences suivantes :

– si les parties ont conclu une convention d'escompte, l'escompte doit être indiqué sur la facture comme une réduction de prix acquise et directement liée à cette opération de vente (Cass. crim. 21-6-2000 : RJDA 12/00 n° 1117). Dans ce cas, l'escompte est pris en compte dans la détermination du prix net du produit ;

– en l'absence de convention d'escompte, seule figure en pied de facture la mention générale relative aux conditions d'escompte applicables, à titre d'information.

> **Précisions** Si le client règle de manière anticipée, l'escompte pourra être pris en compte pour la détermination du **seuil de revente à perte** au titre des « autres avantages financiers » (voir n° 81260) (Circ. du 8-12-2005 réputée abrogée mais conservant selon nous une valeur indicative).

59390 **Factures d'un montant inférieur ou égal à 150 € à destination d'un acheteur résidant dans l'UE** Par mesure de simplification, les factures d'un montant inférieur ou égal à 150 € relatives à des opérations pour lesquelles la TVA doit être autoliquidée par le client dans un autre État membre de l'Union européenne peuvent ne pas comporter l'indication des remises, rabais, ristournes ou escomptes (CGI ann. II art. 242 nonies A, II-c, sur renvoi de C. com. art. L 441-9, I-al. 4). Voir n° 59370.

INDICATION SUR LA FACTURE DE LA DATE DE RÈGLEMENT

59400 La facture doit mentionner la date à laquelle le règlement doit intervenir (C. com. art. L 441-9, I-al. 5).

Cette date doit figurer au **recto** de la facture (Note d'information DGCCRF n° 1005 du 13-12-1993 réputée abrogée mais conservant selon nous une valeur indicative).

Elle doit être indiquée par la **mention** du quantième du mois, du mois et de l'année et non indirectement par une méthode de calcul (par exemple, « 30 jours fin de mois » ou « paiement sous quinzaine »).

La date de règlement indiquée sur la facture doit nécessairement respecter les **plafonds** fixés par la loi pour les **délais de paiement** (cf. C. com. art. L 441-10 à L 441-13).

Lorsque le **paiement** est **comptant,** la date de règlement peut être remplacée par la mention de ce mode de paiement (CA Paris 25-2-1998 : Petites Affiches 21-8-98 p. 11 note N. Reboul).

INDICATION SUR LA FACTURE DES CONDITIONS D'ESCOMPTE

59410 La facture doit indiquer les conditions d'escompte applicables en cas de paiement à une date antérieure à celle résultant de l'application des conditions générales de vente (C. com. art. L 441-9, I-al. 5).

Par conditions d'escompte, il convient d'entendre tout **taux** ou **montant de réduction** du prix en raison d'un paiement anticipé ; lorsqu'il s'agit d'un taux, celui-ci peut être fixe ou variable, au prorata temporis d'anticipation des règlements (Note de service DGCCRF n° 5955 du 5-8-1993 réputée abrogée mais conservant selon nous une valeur indicative).

Lorsque le calcul de l'escompte repose sur un élément de référence qui, tel le taux de l'intérêt légal, est susceptible d'évoluer dans le temps, l'administration considère qu'il est nécessaire de préciser la date à laquelle cet élément a été retenu (Note n° 5955 précitée). À défaut, c'est, semble-t-il, le taux applicable au jour du paiement qui devrait s'appliquer.

Les conditions d'escompte doivent figurer, au même titre que la date de règlement, au **recto de la facture,** et ce même si les conditions générales de vente, et donc les conditions d'escompte, sont reproduites au dos de la facture (Note d'information DGCCRF n° 1005 du 13-12-1993 précitée).

Si le vendeur ne souhaite **pas** octroyer **d'escompte** pour paiement anticipé, l'administration exige que soit portée sur la facture une mention informant l'acheteur de produit ou le demandeur de prestation de services de l'absence d'escompte (Note n° 5955 précitée). Ainsi, peut être indiquée la mention « sans escompte » ou « escompte néant ».

Lorsque les conditions générales de vente posent le principe du **paiement comptant,** il n'est pas nécessaire de mentionner les conditions d'escompte sur la facture (Note n° 5955 précitée).

Lorsque le paiement d'un prix est réalisé par la voie d'un **prélèvement automatique** ou d'un **virement permanent,** cette modalité de versement est un obstacle évident aux paiements anticipés ; la mention des conditions d'escompte n'a dans ce cas plus d'objet (Note n° 5955 précitée).

INDICATION SUR LA FACTURE DU TAUX DES PÉNALITÉS DE RETARD

La facture doit indiquer le taux des pénalités exigibles le jour suivant la date de règlement **59420**
qu'elle mentionne (C. com. art. L 441-9, I-al. 5).

INDICATION DE L'INDEMNITÉ FORFAITAIRE POUR FRAIS DE RECOUVREMENT

La facture doit mentionner le montant de l'indemnité forfaitaire pour frais de recouvrement **59430**
due au créancier en cas de retard de paiement (C. com. art. L 441-9, I-al. 5). Ce montant est de 40 € (C. com. art. D 441-5).

Les modalités d'indication de l'indemnité ont été précisées par l'administration (Liste de questions/réponses DGCCRF de juillet 2013 : www.economie.gouv.fr/dgccrf/nouvelle-indemnite-forfaitaire-pour-frais-recouvrement) :

– le montant de 40 € doit être indiqué ; il n'est pas conforme à la loi de mentionner le montant de l'indemnité par référence au Code de commerce pour éviter d'avoir à modifier la mention en cas d'évolution de ce montant pendant la durée d'exécution du contrat ;

– la facture ne peut faire apparaître qu'un montant de 40 €, à l'exclusion de l'indemnité complémentaire que l'entreprise créancière peut demander si les frais de recouvrement sont supérieurs à cette somme (cf. C. com. art. L 441-10, II) ;

– Il est obligatoire de mentionner l'indemnité sur la facture même si le client n'a pas signé les conditions générales de vente (cas dans lequel le client n'accepte pas les CGV mais conclut néanmoins une transaction) ; en effet, l'obligation de verser l'indemnité en cas de retard de paiement est issue de la loi et non de l'acceptation des CGV.

INDICATION SUR LA FACTURE DU NUMÉRO DU BON DE COMMANDE

Les factures doivent mentionner le numéro de bon de commande lorsqu'il a été préalable- **59440**
ment établi par l'acheteur (C. com. art. L 441-9, I-dernier al.). Cette indication, avec celles de l'adresse de facturation des parties (nos 59280 et 59330), est destinée à accélérer le règlement des factures.

2. EMPLOI DE LA LANGUE FRANÇAISE DANS LES FACTURES

L'**emploi** de la langue française dans les factures est **obligatoire** (Loi 94-665 du 4-8-1994 art. 2). **59460**
La question se pose de savoir si les factures émises en France pour des **ventes à l'exportation** doivent être rédigées en langue française. La loi du 4 août 1994 étant un texte de nature pénale, qui s'applique dès lors que l'un des faits constitutifs de l'infraction se situe en France, la réponse est en principe affirmative. Cependant, pour des raisons commerciales évidentes, cette solution est difficile à mettre en pratique. L'administration l'a d'ailleurs admis puisque, dans une circulaire du 19 mars 1996 concernant l'application de la loi du 4 août 1994 relative à l'emploi de la langue française, elle a précisé que « les factures et autres documents échangés entre professionnels, personnes de droit privé françaises et étrangères, qui ne sont pas consommateurs ou utilisateurs finaux des biens, produits ou services, ne sont pas visés par ces dispositions ».

3. PRIX SUR FACTURE LIBELLÉ EN MONNAIE ÉTRANGÈRE

La réponse à la question de savoir si le prix indiqué sur la facture peut être libellé en devises **59480**
étrangères dépend notamment de la distinction entre les notions de « monnaie de compte » et « monnaie de paiement ». En effet, lorsqu'une monnaie est considérée comme **monnaie de compte,** cela équivaut à établir une indexation du prix, c'est-à-dire à faire varier le prix convenu au contrat en fonction de l'évolution d'un indice choisi par les parties, qui, dans ce cas, est une monnaie étrangère. Or, l'indexation doit être conforme aux articles L 112-1 s. du Code monétaire et financier. En particulier, l'indice doit être en relation directe avec

l'objet de la convention (devenu l'« obligation essentielle » depuis l'entrée en vigueur de la réforme du droit des contrats issue de l'ordonnance 2016-131 du 10 février 2016) ou avec l'activité de l'une des parties.

Nous distinguerons donc suivant que le contrat donne lieu à un règlement international ou non. C'est en effet le critère du règlement international qui est déterminant et non celui du contrat international, car si c'est ce dernier qui donne le plus fréquemment lieu à des règlements internationaux, une convention interne peut également entraîner de tels règlements.

RÈGLEMENT INTERNATIONAL

59490 Une monnaie étrangère peut servir de monnaie de compte en cas de règlement international.

Pour qu'il y ait règlement international, il faut que le contrat « produise, comme un mouvement de flux et de reflux au-dessus des frontières, des conséquences juridiques dans un pays ou dans un autre » (concl. Matter sous Cass. civ. 17-5-1927 : DP 1928.1 p. 25 note H. Capitant ; dans le même sens, Cass. com. 27-4-1964 : Bull. civ. III n° 211).

Est assimilé à un tel règlement le paiement dû en vertu d'un contrat en soi exclusivement français mais qui est l'accessoire d'un contrat ayant donné lieu à un mouvement de flux et de reflux par-dessus les frontières. Il en est ainsi notamment du paiement du prix de vente de fournitures livrées par un importateur français à une autre entreprise française.

ILLUSTRATIONS

Dans un cas où un contrat de vente d'une machine fabriquée aux États-Unis avait été conclu entre un importateur et un acheteur tous deux français, il a été jugé que les parties pouvaient valablement convenir de fonder le prix sur la parité du franc avec le dollar et considérer ainsi ce dernier comme unité de compte (CA Versailles 18-2-1988 : BRDA 11/88 p. 15).

Lorsque le règlement est international, les parties sont libres de choisir la monnaie du contrat.

RÈGLEMENT NATIONAL

59500 Lorsque le règlement est national – il n'entre pas dans le champ de la définition donnée ci-dessus (n° 59490) –, l'indexation sur une monnaie étrangère n'est licite que si l'un des contractants est banquier ou financier (Cass. 1e civ. 12-1-1988 : D. 1989 p. 80 note Ph. Malaurie ; Cass. com. 22-5-2001 : RJDA 11/01 n° 1145 ; Cass. 1e civ. 29-3-2017 n° 16-13.050 FS-PBRI : RJDA 12/17 n° 835).

D. Paiement de la facture

DATE À LAQUELLE LE PAIEMENT DE LA FACTURE EST RÉPUTÉ RÉALISÉ

59540 Le règlement est réputé réalisé à la date à laquelle les **fonds** sont **mis,** par le client, **à la disposition du bénéficiaire** ou de son subrogé (C. com. art. L 441-9, I-al. 5).

Le **virement** libère le débiteur à la date de réception des fonds par le banquier du créancier (Cass. com. 3-2-2009 n° 06-21.184 : RJDA 7/09 n° 667), sans application d'une date de valeur (Cass. com. 27-6-1995 n° 93-10.179 : RJDA 12/95 n° 1398).

PAIEMENT D'UNE FACTURE DONT LE PRIX EST LIBELLÉ EN MONNAIE ÉTRANGÈRE

59550 Lorsque le prix sur facture a été libellée en monnaie étrangère (nos 59480 s.), le paiement de la facture peut être effectué en euros après conversion au jour du paiement. Mais il peut être fait en une autre devise que l'euro si l'obligation procède d'une opération à caractère international ou d'un jugement étranger ; par ailleurs, les parties peuvent convenir que le paiement aura lieu en une devise étrangère s'il intervient entre professionnels, lorsque l'usage d'une monnaie étrangère est communément admis pour l'opération concernée (C. civ. art. 1343-3).

La contre-valeur en euros d'une dette libellée en monnaie étrangère doit être fixée au jour du paiement (Cass. 1e civ. 24-1-1956 : D. 1956 p. 317 note Lenoan ; Cass. 1e civ. 15-1-1962 : Bull. civ. I n° 28), sauf si le retard apporté à celui-ci est imputable à l'une des parties (Cass. 1e civ. 18-12-1990 : RJDA 4/91 n° 272 ; Cass. 1e civ. 20-5-2009 n° 07-21.847 : Bull. civ. I n° 101). Dans ce cas, le créancier peut convertir la somme qui lui est due à la date de la mise en demeure (Cass. 2e civ. 29-5-1991 : RJDA 8-9/91 n° 685).

E. Répression des manquements aux règles de facturation interentreprises

PERSONNES RESPONSABLES

Sont responsables des manquements aux dispositions de l'article L 441-9 du Code de commerce tant le **vendeur,** sur qui repose l'obligation de délivrer la facture, que l'**acheteur,** qui doit la réclamer (nº 59180). Les dispositions de l'article L 441-9 s'imposent indistinctement au vendeur et à l'acheteur, qui sont tenus à des obligations complémentaires et réciproques (Cass. crim. 20-6-1994 : RJDA 10/94 nº 1056 ; Cass. crim. 28-11-2000 nº 7105 : BID 7-8/2001 p. 40, solution rendue sous l'empire de l'ex-art. L 441-3 du Code de commerce mais transposable, à notre avis, à l'art. L 441-9). 59590

RECHERCHE ET CONSTATATION DES MANQUEMENTS

Les manquements aux dispositions de l'article L 441-9 du Code de commerce sont recherchés et constatés dans les conditions fixées par les articles L 450-1 et suivants du même Code (voir nºs 77100 s.). 59600

Les agents peuvent enjoindre au professionnel de se conformer à ses obligations ou de cesser tout agissement illicite. Sur les modalités de l'injonction et l'amende administrative encourue si cette injonction n'est pas respectée, voir nºs 77800 s.

SANCTIONS

Tout manquement aux dispositions de l'article L 441-9 du Code de commerce est passible d'une **amende administrative** d'un montant maximal de 75 000 € pour une personne physique et 375 000 € pour une personne morale (C. com. art. L 441-9, II-al. 1). 59610

Les plafonds ci-dessus sont portés à 150 000 et 750 000 € en cas de **réitération du manquement** dans un délai de deux ans à compter de la date à laquelle la première décision de sanction est devenue définitive (art. L 441-9, II-al. 2).

Sur les conditions dans lesquelles l'amende est infligée, voir nºs 77850 s.

Délit de fausse facture 59615

L'article 441-1 du Code pénal relatif au **faux en écriture** est applicable à la facture ; en effet, celle-ci a pour objet de démontrer la réalité et la transparence des prix et des opérations commerciales et le préjudice prévu à cet article consiste en l'atteinte à la force probante de cet écrit (Cass. crim. 25-6-2008 nº 07-80.261 : RJDA 2/09 nº 135). Le faux et l'usage de faux sont punis de trois ans d'emprisonnement et de 45000 € d'amende pour une personne physique (C. pén. art. 441-1, al. 2) et de 225 000 € d'amende pour une personne morale (C. pén. art. 131-41).

Par exemple, ont été condamnés pour délit de faux en écriture un fournisseur et une centrale d'achat, le premier pour avoir établi des factures de vente faisant état de prix majorés et ne correspondant pas à la réalité des transactions, la seconde pour avoir établi des factures faisant état de prestations de services inexistantes (Cass. crim. 25-6-2008 nº 07-80.261 précité).

II. FACTURATION DES PRODUITS ET SERVICES AUX CONSOMMATEURS

A. Règles de facturation spécifiques à certains produits

Certains décrets pris en application de l'ancienne loi du 1er août 1905 sur la répression des fraudes, reprise au Code de la consommation (cf. art. L 214-1), contiennent des dispositions imposant certaines mentions sur les factures visant les produits que ces décrets réglementent. Tel est le cas par exemple pour les véhicules automobiles (Décret 78-993 du 4-10-1978) ou les meubles neufs (Décret 86-583 du 14-3-1986). 59700

D'autres textes peuvent également imposer certaines mentions sur les factures. Tel est le cas, par exemple, de l'article L 211-2, II du Code de la consommation qui impose de mentionner l'existence et la durée de la garantie légale de conformité dans la facture d'achat (ou le ticket de caisse) des produits dont la liste est fixée à l'article D 211-1 du même Code (par exemple, appareils électroménagers ou équipements informatiques), sauf si l'achat est effectué dans le cadre d'un contrat conclu hors établissement ou à distance.

B. Facturation des services aux consommateurs

DÉLIVRANCE D'UNE NOTE EN CAS DE PRESTATION DE SERVICE D'UNE VALEUR AU MOINS ÉGALE À 25 €

59710 **Contenu de l'obligation** Toute prestation de service doit faire l'objet, dès qu'elle a été rendue et, en tout état de cause, avant le paiement du prix, de la délivrance d'une **note** lorsque son **prix** est **supérieur ou égal à 25 €,** TVA comprise (Arrêté 83-50/A du 3-10-1983 art. 1, al. 1).

Pour les prestations de services dont le prix est inférieur à 25 € (TVA comprise), la délivrance de la note est facultative mais elle doit être remise au client s'il la demande (Arrêté de 1983 art. 1, al. 2).

Les conditions dans lesquelles la délivrance d'une note est obligatoire ou facultative doivent être rappelées à la clientèle par un **affichage** lisible au lieu où s'exécute le paiement du prix (Arrêté de 1983 art. 2).

Cette réglementation n'est pas applicable :
- aux prestations de services réalisées pour les besoins de professionnels (n° 59070) ;
- aux prestations réalisées pour les besoins de non-professionnels et soumises à des réglementations particulières (n° 59730).

59715 La note doit être établie en **double exemplaire.** L'original doit être remis au client et le double conservé par l'entreprise pendant deux ans et classé par ordre de date de rédaction (Arrêté de 1983 art. 4).

Cette note doit **comporter** au minimum (Arrêté de 1983 art. 3) :
- la date de rédaction de la note ;
- le nom et l'adresse de l'entreprise ;
- le nom du client, sauf opposition de celui-ci ;
- la date et le lieu d'exécution de la prestation ;
- le décompte détaillé, en quantité et prix, de chaque prestation et produit fourni ou vendu, c'est-à-dire la dénomination, le prix unitaire et la désignation de l'unité à laquelle il s'applique, la quantité fournie ;
- la somme totale à payer hors taxe et toutes taxes comprises.

> **Précisions** Il a été indiqué que la pratique consistant à subordonner la délivrance de la note à l'envoi d'un supplément au prix de la commande pour « frais de traitement » n'est pas irrégulière car l'arrêté du 3 octobre 1983 ne prévoit pas la **gratuité de la note,** même lorsque sa délivrance est obligatoire ; cependant, en application de la réglementation sur la publicité des prix (Arrêté du 3-12-1987 art. 1), le client doit être clairement informé du caractère onéreux du document et de son prix (Rép. Bourg-Broc : AN 14-12-2004 p. 9996 n° 46251). Cette solution est surprenante. En effet, elle va à l'encontre du principe général d'information du consommateur sur les prix, posé par l'article 1er de l'arrêté du 3 décembre 1987, qui vise à permettre à l'acheteur de connaître d'emblée le prix global qu'il aura à payer. Au demeurant, la circulaire du 19 juillet 1988 portant application des dispositions de l'arrêté du 3 décembre 1987 précise que le prix annoncé doit comprendre « l'ensemble des marges commerciales et des frais (frais d'emballage, de transport jusqu'au magasin de vente, frais de mise à disposition de la marchandise, etc.), hormis ceux correspondant à des prestations supplémentaires exceptionnelles que le consommateur réclamerait expressément ». Il reste que si le prestataire souhaite facturer des frais de traitement, il doit les faire apparaître de manière distincte sur la note (Arrêté du 3-10-1983 art. 3 exigeant le décompte détaillé de chaque prestation fournie), ainsi que la somme totale à payer hors taxe et toutes taxes comprises.

59720 **Répression des manquements à la réglementation** La répression des pratiques illicites s'effectue dans les conditions fixées aux articles L 511-1 et suivants du Code de la consommation (voir nos 78600 s.).

Tout manquement à la réglementation est puni d'une **amende administrative** d'un montant maximal de 3 000 € pour une personne physique et 15 000 € pour une personne morale (C. consom. art. L 131-5). Sur les conditions dans lesquelles l'amende est prononcée, voir nos 79630 s.

DÉLIVRANCE D'UNE NOTE PARTICULIÈRE POUR CERTAINES PRESTATIONS DE SERVICES

La note délivrée à l'occasion de certaines prestations de services doit remplir des conditions particulières. Sont concernés notamment : 59730
– les entreprises de **déménagement** : si le montant de la note est différent de celui du devis accepté par le client, elle doit porter mention précise et explicite des justifications de cette différence (Arrêté ECEC1006395A du 27-4-2010) ;
– les exploitants de **garage** de véhicules automobiles (Arrêté 87-06/C du 27-3-1987 art. 5) ;
– les entreprises de **dépannage** et de remorquage : délivrance d'une note indiquant notamment le mode de calcul du taux horaire ou, en cas de forfait, la liste détaillée des opérations comprises dans ce forfait (Arrêté 87-06/C du 27-3-1987) ;
– les entreprises de distribution, de réparation ou de location de **véhicules pour handicapés physiques** : note indiquant le numéro d'homologation du véhicule, etc. (Arrêté 86-63/A du 2-12-1986 ann. II) ;
– les **auto-écoles** : note indiquant, pour les prestations forfaitaires, la liste détaillée des prestations comprises dans ce forfait (Arrêté ECOC8710068A du 19-6-1987) ;
– les entreprises de dépannage, de **réparation** et **d'entretien** dans le secteur du **bâtiment** et de l'**équipement de la maison** (Arrêté ECFC1701378A du 24-1-2017) ;
– les personnes qui mettent à la disposition de leur clientèle des **installations** permettant d'accéder à des **services de télécommunication** (Arrêté ECOX9400469A du 31-10-1994) ;
– les entreprises de **services téléphoniques** (Arrêté ESSC1331302A du 31-12-2013 modifié par arrêté ECO2208166A du 29-12-2022) ;
– les entreprises de **taxis** : obligation de délivrer une note comportant des mentions obligatoires lorsque le prix de la course est supérieur ou égal à 25 € (Arrêté EINC1510557A du 6-11-2015).

C. Remise des tickets de caisse

PRINCIPE D'INTERDICTION

Depuis le 1er avril 2023, il est interdit d'imprimer et de remettre de manière systématique, à chaque client et pour toute transaction, quel qu'en soit le montant, les **tickets de caisse** dans les surfaces de vente et dans les établissements recevant du public et les **tickets de carte bancaire** ou délivrés par des automates (C. envir. art. L 541-15-10 et D 541-370 issu du décret 2022-1565 du 14-12-2022). Cette mesure, qui a pour origine la loi Climat 2021-1104 du 22 août 2021, a été adoptée pour limiter la production de déchets. 59750

Dans les surfaces de vente et les établissements recevant du public, le **consommateur** doit être **informé,** à l'endroit où s'effectue le paiement, par voie d'affichage et de manière lisible et compréhensible, que, sauf exception légale, l'impression et la remise des tickets de caisse et de carte bancaire ne sont réalisées qu'à sa demande (art. D 541-372).

Ni la loi ni le décret ne prévoient de **sanction** en cas de non-respect de l'interdiction. Peut-être cela a-t-il été considéré comme inutile dès lors que cette mesure, adoptée pour limiter la production de déchets, est favorable aux entreprises.

DOCUMENTS NON CONCERNÉS PAR L'INTERDICTION

Ne sont pas concernés par cette interdiction (C. envir. art. D 541-371 issu du décret 2022-1565) : 59755
– les tickets de caisse ou autres documents de facturation remis aux consommateurs sur lesquels sont mentionnées l'existence et la durée de la garantie légale de conformité (cf. C. consom. art. D 211-7) ;
– les tickets de caisse ou autres documents de facturation, imprimés par les instruments de pesage à fonctionnement non automatique seuls ou connectés à un terminal point de vente réglementés par le décret 2001-387 du 3 mai 2001 relatif au contrôle des instruments de mesure, ou remis aux consommateurs conformément aux dispositions réglementaires prises pour l'application de l'article L 112-1 du Code de la consommation relatif à l'information sur les prix et conditions de vente ;
– les opérations de paiement par carte bancaire annulées, n'ayant pas abouti ou soumises à un régime de préautorisation ou faisant l'objet d'un crédit, qui donnent lieu, pour raisons de sécurité, à l'impression d'un ticket remis au consommateur ;

– les tickets remis par des automates dont la conservation et la présentation sont nécessaires pour bénéficier d'un produit ou d'un service et permettre, le cas échéant, le calcul du montant dû en contrepartie.

> **Précisions** Comme il est indiqué ci-dessus, cette interdiction n'empêche pas la délivrance des **factures et notes imposées par les arrêtés** pris en application de l'article L 112-1 du Code de la consommation, qu'il s'agisse d'un texte de portée générale, tel celui imposant la délivrance d'une note pour toute prestation de service d'un montant supérieur ou égal à 25 € (n°s 59710 s.), ou des arrêtés sectoriels, tels ceux applicables aux taxis (n° 59730).

III. FACTURATION ÉLECTRONIQUE DANS LES CONTRATS DE LA COMMANDE PUBLIQUE

ORIGINE ET ENTRÉE EN VIGUEUR DE LA RÉGLEMENTATION ACTUELLE

59800 L'ordonnance 2014-697 du 26 juin 2014 avait rendu **obligatoire** la **facturation électronique** pour le paiement des prestations fournies par les entreprises aux personnes publiques en exécution des contrats conclus avec celles-ci. Elle a été abrogée par la loi 2019-486 du 22 mai 2019 relative à la croissance et la transformation des entreprises, dite **loi Pacte,** qui a introduit une nouvelle réglementation dans le même domaine.

La réforme réalisée par la loi Pacte a pour origine les dispositions de la directive 2014/55/UE du 16 avril 2014 relative à la facturation électronique dans le cadre des marchés publics. Afin de remédier à la diversité des systèmes européens de facturation électronique et à leur absence d'interopérabilité, cette directive a prévu l'élaboration d'une « **norme européenne sur la facture électronique** ». Les États membres doivent s'assurer que les pouvoirs adjudicateurs et les entités adjudicatrices relevant du droit européen des marchés et concessions reçoivent et traitent des factures conformes à cette norme (Dir. 2014/55/UE art. 3 et 7).

Les dispositions issues de la loi Pacte ont été intégrées dans la partie législative du Code de la commande publique (CCP) issue de l'ordonnance 2018-1074 du 26 novembre 2018. Elles ont fait l'objet du décret d'application 2019-748 du 18 juillet 2019 qui a modifié la partie réglementaire du même Code.

Les nouvelles **règles** de facturation électronique sont **entrées en vigueur** le 22 juillet 2019 (Loi 2019-486 art. 193, III ; décret 2019-748 art. 7, al. 1).

L'ordonnance 2021-1190 du 15 septembre 2021, qui rend obligatoire la facturation électronique dans les transactions entre assujettis à la TVA (n°s 59205 s.), a des incidences limitées sur les dispositions relatives à la facturation électronique dans les contrats de la commande publique. Elle n'innove que dans la mesure où elle impose la transmission à l'administration fiscale des données de facturation (n° 59910).

RÈGLES TRANSITOIRES

59810 Les **dispositions** résultant de la loi Pacte et du décret du 18 juillet 2019 **s'appliquent** (Loi 2019-486 art. 193, IV ; décret 2019-748 art. 7, al. 2) :

– aux contrats en cours d'exécution à la date du 22 juillet 2019 ;

– aux contrats conclus postérieurement à la même date.

Ce principe subit toutefois deux séries d'**exceptions.**

La première concerne les factures reçues par les acheteurs publics et les autorités concédantes « autres que les autorités publiques centrales ». L'obligation de dématérialisation organisée par la loi Pacte s'applique aux factures émises pour l'exécution des contrats en cours d'exécution ou conclus postérieurement au 1er janvier 2020 (Loi 2019-486 art. 193, V-1°).

La seconde exception concerne les microentreprises. L'obligation de dématérialisation s'applique aux contrats en cours d'exécution ou conclus postérieurement au 1er janvier 2020 (art. 193, V-2).

A. Champ d'application des règles relatives à la facturation électronique dans les contrats de la commande publique

L'obligation de dématérialiser les factures électroniques s'étend aux deux ensembles de contrats qui relèvent du Code de la commande publique : les **marchés publics** et les **concessions,** conclus avec les personnes morales de droit public, c'est-à-dire, pour l'essentiel, l'État, les collectivités territoriales et les établissements publics. Les principales dispositions correspondantes figurent dans la 2e partie du Code, relative aux marchés (CCP art. L 2192-1 à L 2192-7), et la 3e partie, relative aux contrats de concession (art. L 3133-1 à L 3133-8). Elles sont conçues de manière analogue pour les deux catégories de contrats. 59850

D'autres dispositions portent sur :

– les marchés de défense et de sécurité (CCP art. L 2392-1 à L 2392-7) ;

– les catégories particulières de marchés et de concessions dont la passation ne relève pas d'une procédure formalisée (art. L 2521-5 et L 3221-7), c'est-à-dire les contrats « in house », les contrats conclus en application du droit international et certains contrats de services (acquisition ou location de biens immobiliers, arbitrage, contrats d'emprunt, etc.).

L'obligation de dématérialisation s'impose également aux sous-traitants bénéficiant du paiement direct pour les prestations qu'ils ont réalisées en exécution d'un marché public.

> **Précisions** Le mécanisme du **paiement direct** permet au sous-traitant d'obtenir que la personne publique assure le règlement de ses prestations au lieu et place de l'entreprise principale. Mais il est nécessaire qu'au préalable le sous-traitant ait été accepté par l'acheteur public et que ses conditions de paiement aient été agréées. Ce mécanisme est organisé par le Code de la commande publique lorsque le montant du marché dépasse un certain seuil : 600 € en règle générale (CCP art. L 2193-10 s. et R 2193-10 s.).

B. Obligations respectives des entreprises et des personnes publiques

Les titulaires de marchés et de concessions conclus avec l'État, les collectivités territoriales, les établissements publics et les autres personnes morales de droit public (par exemple, les groupements d'intérêt public ou les autorités publiques indépendantes), ainsi que les sous-traitants admis au paiement direct, sont tenus de transmettre leurs factures sous forme électronique (CCP art. L 2192-1 et L 3133-1, al. 1). 59890

De leur côté, les acheteurs publics et les autorités concédantes doivent accepter de telles factures. Mais cette « acceptation » suppose que les factures soient « conformes à la **norme de facturation électronique** » (CCP art. L 2192-3 et L 3133-3).

Il s'agit de la norme européenne de facturation (EN 16931-1 Juin 2017, devenue aujourd'hui EN 16931-1 + A1 Novembre 2019) qui a été prévue par l'article 3 de la directive 2014/55/UE du 16 avril 2014 et à laquelle la réglementation nationale renvoie purement et simplement (CCP art. D 2192-1 et D 3133-1). Cette norme a été initialement adoptée le 28 juin 2017 par le Comité européen de normalisation (CEN). La décision d'exécution (UE) 2017/1870 du 16 octobre 2017 a donné force obligatoire à cette norme.

La norme européenne de facturation électronique doit permettre d'assurer une **interopérabilité des factures** émises dans le cadre de l'exécution des marchés publics et concessions (no 59800). Cette interopérabilté comporte deux aspects. 59895

Elle doit être « **sémantique** » et porter, ainsi, sur le contenu même de la facture et, plus spécialement, sur ses « éléments essentiels » (no 59900). À cet égard, la directive 2014/55/UE exige que les « éléments essentiels » d'une facture fassent l'objet d'un « modèle sémantique de données ». Elle entend par là un « ensemble structuré de termes et de significations logiquement corrélées spécifiant (...) [ces] éléments essentiels » (Dir. 2014/55 art. 2, 2 et 3).

L'interopérabilté doit aussi être « **syntaxique** », c'est-à-dire porter sur le format et le langage utilisé, de sorte que les éléments de données d'une facture électronique « soient présentés dans un format permettant un échange direct entre l'émetteur et le destinataire et un traitement automatique » (Dir. 2014/55 considérant 8). La norme EN 16931-1 + A1 Novembre 2019 s'accompagne effectivement d'une « liste de syntaxes » (CEN/TS 16931-2 : 2017) publiée en annexe de la décision d'exécution (UE) 2017/1870 précitée.

> **Précisions** Les « **syntaxes** » retenues sont au nombre de deux. L'une correspond à la spécification technique « Cross Industry Invoice » (facture intersectorielle) élaborée par le Centre des Nations unies pour la facilitation du commerce et les transactions électroniques (CEFACT-ONU). L'autre correspond au format standard « UBL » (Universal Business Language), défini dans la norme ISO/IEC 19845 : 2015.

MENTIONS OBLIGATOIRES DANS LES FACTURES ÉLECTRONIQUES

59900 Les factures électroniques doivent comporter divers **éléments essentiels** (CCP art. L 2192-4 et L 3133-4). Une liste de ces éléments est établie par l'article 6 de la directive 2014/55/UE. Elle est également fixée par les dispositions réglementaires du Code de la commande publique qui utilisent les termes de « mentions obligatoires » mais s'inscrivent dans le cadre de la directive.

Les mentions obligatoires se répartissent en deux ensembles (CCP art. D 2192-2 et D 3133-2).

1° Les unes constituent principalement des **éléments d'identification** :
– date d'émission de la facture ;
– désignation de l'émetteur et du destinataire de la facture ;
– numéros SIRET de l'émetteur et du destinataire, attribués à chaque établissement concerné ou, à défaut, à chaque personne (C. com. art. R 123-221) ;
– numéro unique basé sur une séquence chronologique et continue, établie par l'émetteur de la facture ;
– références du contrat, ou numéro de l'engagement attribué par le système d'information financière et comptable du destinataire ;
– en cas de contrat exécuté au moyen de bons de commande, numéro du bon de commande ;
– désignation du payeur, avec l'indication, pour les personnes publiques, du code d'identification du service chargé du paiement (« code service ») ;
– s'il y a lieu, identification du représentant fiscal de l'émetteur de la facture.

2° D'autres mentions concernent les **prestations facturées** :
– date de livraison des fournitures ou d'exécution des services ou des travaux ;
– quantité et dénomination précise des produits livrés, des prestations et travaux réalisés ;
– prix unitaire HT des produits, prestations et travaux ou, éventuellement, prix forfaitaire ;
– montant total HT de la facture, montant de la TVA à payer et répartition de ces montants par taux de TVA, ou, le cas échéant, indication d'une exonération de taxe ;
– s'il y a lieu, modalités de règlement ;
– s'il y a lieu, renseignements relatifs aux déductions ou versements complémentaires.

Ces mentions obligatoires s'ajoutent à celles prévues par d'autres dispositions législatives ou réglementaires (par exemple, C. com. art. L 441-9 ; CGI ann. II art. 242 nonies A).

> **Précisions** Un arrêté doit fixer l'**identifiant** à porter sur la facture lorsque l'émetteur ne dispose pas d'un numéro SIRET (CCP art. D 2192-2, dernier al. et art. D 3133-2, dernier al.). Au 1er avril 2024, date de mise à jour des présents développements, cet arrêté n'avait pas encore été publié.

PORTAIL PUBLIC DE FACTURATION ÉLECTRONIQUE

59910 Un portail de facturation, mis par l'État à la disposition des utilisateurs, permet d'assurer le **dépôt,** la **transmission** et la **réception** des factures électroniques (CCP art. L 2192-5 s. et L 3133-6 s.). Il s'agit de la plateforme « **Chorus Pro** », créée par l'ordonnance du 26 juin 2014 (précitée n° 59800). Géré par l'Agence pour l'informatique financière de l'État (AIFE), le portail a été déployé à partir de janvier 2017.

À compter du 1er juillet 2024, il permet aussi le dépôt, la réception et la transmission des données relatives aux mentions figurant sur les factures électroniques (CCP art. L 2192-5 et L 3133-6 modifiés par loi 2022-1157 du 16-8-2022 et, sur renvoi, CGI art. 289 bis, II-al. 2).

Le portail doit être **utilisé,** d'une part, **par** l'État, les collectivités territoriales et les établissements publics, d'autre part, par les titulaires de marchés publics, leurs sous-traitants admis au paiement direct, ainsi que les titulaires de contrats de concession (CCP art. L 2192-5 et L 3133-6). Sont dispensés de son utilisation la Caisse des dépôts et consignations, la RATP, la SNCF, SNCF Réseau et SNCF Voyageurs (CCP art. L 2192-6 et L 3133-7).

L'utilisation du portail est exclusive de tout autre mode de transmission. Lorsqu'une facture est transmise en dehors du portail, la personne publique destinataire ne peut la rejeter qu'après avoir informé l'émetteur, par tout moyen, de son obligation d'utiliser le portail et l'avoir invité à se conformer à cette obligation (CCP art. R 2192-3, al. 2 et R 3133-3, al. 2).

Les **modalités techniques** selon lesquelles doit être utilisé le portail public de facturation doivent garantir la réception immédiate et intégrale des factures, tout en assurant la fiabilité de l'identification de l'émetteur, l'intégrité des données, la sécurité, la confidentialité et la traçabilité des échanges. Ces modalités sont définies par un arrêté (CCP art. R 2192-3, al. 1 et R 3133-3, al. 1). Il s'agit de l'arrêté ECFM1627978A du 9 décembre 2016, dont l'article 5 a été réécrit par l'arrêté CCPE2137685A du 14 décembre 2021. Voir aussi, pour ce qui concerne les modalités d'application de « Chorus Pro », l'instruction de la Direction générale des finances publiques (Instruction NOR ECFE1706554J du 22-2-2017). Voir également : https://chorus-pro.gouv.fr. **59915**

> **Précisions** La **transmission des factures vers Chorus Pro** peut s'effectuer selon trois **modes** différents :
> – un mode « portail », impliquant, de la part de l'émetteur de la facture, soit la saisie manuelle des éléments de facturation, soit le dépôt d'un document PDF ;
> – un mode « service » (système « API », Interface de programmation) nécessitant de la part de l'émetteur la mise en œuvre, dans son système d'information, des services mis à disposition par Chorus Pro ;
> – un mode « flux » (système « EDI », Échange de Données Informatisé) correspondant à une transmission automatisée de manière univoque entre le système d'information de l'émetteur et Chorus Pro.

59915 Les **modalités techniques** selon lesquelles doit être utilisé le portail public de facturation doivent garantir la réception immédiate et intégrale des factures, tout en assurant la fiabilité de l'identification de l'émetteur, l'intégrité des données, la sécurité, la confidentialité et la traçabilité des échanges. Ces modalités sont définies par un arrêté (CCP art. R 2192-3 ; CCP art. R 3133-3). Il s'agit de l'arrêté ECFM1627978A du 9 décembre 2016, dont l'article 5 a été réécrit par l'arrêté CCPE2137685A du 14 décembre 2021. Voir aussi, pour ce qui concerne les modalités d'application de « Chorus Pro », l'instruction de la Direction générale des finances publiques (instruction NOR CPE1706541J du 22-3-2017). Voir également : https://chorus-pro.gouv.fr.

> **Précisions** La **transmission des factures vers Chorus Pro** peut s'effectuer selon trois modes différents :
> – un mode « portail » impliquant, de la part de l'émetteur de la facture, soit la saisie manuelle des éléments de facturation, soit le dépôt d'un document PDF ;
> – un mode « service » (système « API » : interface de programmation) nécessitant de la part de l'émetteur la mise en œuvre dans son système d'information des services mis à disposition par Chorus Pro ;
> – un mode « flux » (système « EDI » : Échange de Données Informatisé) correspondant à une transmission automatisée de manière univoque entre le système d'information de l'émetteur et Chorus Pro.

FOIRES ET SALONS

SOMMAIRE

I. OBLIGATION DE DÉCLARATION DES FOIRES ET SALONS

Les articles L 762-1 à L 762-3 du Code de commerce soumettent les foires et salons, qualifiés juridiquement de « **manifestations commerciales** », à un **régime de déclaration,** dans des conditions différentes selon que la manifestation commerciale se déroule dans l'enceinte d'un parc d'exposition ou non. Les conditions d'application de cette réglementation sont précisées aux articles R 762-1 et suivants, D 762-13 et A 762-1 et suivants du Code de commerce. Une circulaire du 12 juin 2006 complète ce dispositif (legifrance.gouv.fr). **61000**

ACCÈS AUX FOIRES ET SALONS

Les foires et salons sont directement soumis aux règles du traité sur le fonctionnement de l'Union européenne concernant la **libre circulation des marchandises,** la **liberté d'établissement** et la **libre prestation de services** (TFUE art. 34, 49, 56). L'activité d'organisation des foires et salons doit donc être exercée sans discriminations sur la base de la nationalité et sans restrictions excessives. Tous les opérateurs établis dans l'Union européenne doivent pouvoir y avoir accès en tant qu'exposants ou promoteurs. Tous les produits légalement fabriqués ou commercialisés et tous les services légalement rendus dans un État membre doivent pouvoir être exposés. Le non-respect de ces principes entraînerait l'ouverture de procédures d'infraction de la part de la Commission européenne (Communication de la Commission européenne 98/C 143/02 : JOCE 1998 C 143). **61010**

A. Champ d'application du régime de déclaration

Manifestations commerciales concernées Le régime de la déclaration des foires et salons prévu par les articles L 762-1 et suivants du Code de commerce s'applique, selon des modalités différentes : **61050**
- aux manifestations commerciales se tenant dans un parc d'exposition enregistré ;
- aux salons professionnels se tenant en dehors d'un parc d'exposition enregistré.

Dans le premier cas, cette déclaration est indirecte car seul le programme annuel du parc doit faire l'objet d'une déclaration auprès de l'administration ; cette déclaration est effectuée par l'exploitant du parc. Dans le second cas, le salon doit faire l'objet d'une déclaration individuelle par son organisateur.

61060 **Manifestations commerciales non concernées** Une manifestation commerciale qui se tient hors d'un parc d'exposition et qui ne répond pas à la définition légale du « salon professionnel » au sens de l'article L 762-2 du Code de commerce (nº 61190) ne peut pas bénéficier du régime de déclaration d'un salon : elle doit faire exclusivement l'objet d'une déclaration au titre de la réglementation des ventes au déballage prévue à l'article L 310-2 du Code de commerce (Circ. du 12-6-2006).

61070 **Autres manifestations** Le régime de la déclaration n'est pas applicable aux manifestations suivantes (Circ. du 12-6-2006) :
– les expositions internationales régies par la Convention de Paris du 22 novembre 1928 relative aux expositions internationales et universelles, dont la tenue est subordonnée à l'accord du Gouvernement ;
– les expositions ne comportant aucune opération commerciale ;
– les expositions de nature éducative, scientifique, d'information ou consacrées aux œuvres de l'esprit relevant du Code de la propriété intellectuelle ;
– les manifestations exclusivement artistiques ;
– les fêtes foraines ;
– les manifestations agricoles lorsque seuls des producteurs ou des éleveurs y sont exposants.

Toutefois, ces manifestations sont soumises à certaines autorisations des maires ou des préfets au titre de leur pouvoir de police sur le domaine public.

B. Procédure de déclaration des foires et salons

1. MANIFESTATIONS COMMERCIALES SE TENANT DANS UN PARC D'EXPOSITION

61110 Préalablement à toute déclaration des manifestations se déroulant dans un parc d'exposition, l'exploitant de ce parc doit faire enregistrer celui-ci en préfecture.

ENREGISTREMENT D'UN PARC D'EXPOSITION

61120 **Parc d'exposition : définition** Un parc d'exposition est défini comme un ensemble immobilier clos indépendant, doté d'installations et d'équipements appropriés ayant un caractère permanent, qui accueille, pendant tout ou partie de l'année, des manifestations commerciales ou autres, à caractère temporaire (C. com. art. L 762-1, al. 1).

La dénomination officielle ou commerciale du parc d'exposition (par exemple, « palais des congrès ») est sans incidence sur l'application de la réglementation : la reconnaissance du caractère de « parc d'exposition » vaut à partir du moment où le parc remplit les critères de la définition légale et remplit les conditions d'enregistrement prévues par les textes réglementaires. Par conséquent, une préfecture ne peut rejeter une demande d'enregistrement d'un parc que si celui-ci ne répond pas à la définition légale ou ne satisfait pas aux obligations réglementaires d'enregistrement, notamment en matière de pièces justificatives à produire (Circ. du 12-6-2006).

61130 **Procédure d'enregistrement** L'exploitant d'un parc d'exposition doit procéder à son enregistrement auprès du **préfet du département** où se trouvent ses installations. La demande d'enregistrement est effectuée par voie électronique (C. com. art. R 762-1, al. 1).

Si l'emprise du parc d'exposition et de ses dépendances s'étend sur plusieurs départements, l'enregistrement est réalisé auprès du département où est situé l'accès principal de ce parc d'exposition.

Une demande est faite pour chaque parc qui constitue un ensemble clos sans accès direct et privatif vers un autre parc d'exposition.

61135 Le **dossier** de la demande d'enregistrement doit **comporter** :
– une déclaration dont le modèle figure en annexe à l'article A 762-2 du Code de commerce (C. com. annexe I de l'annexe 7-10 du Livre VII) ;
– des pièces justificatives dont la liste est établie par l'article A 762-2 du Code de commerce (en particulier, un plan du parc et de ses installations fixes et permanentes).

Si le **dossier** est **complet,** le préfet adresse à l'exploitant du parc d'exposition, par voie électronique, un récépissé d'enregistrement de chaque parc dans le délai d'un mois à compter de la réception de ce dossier. Si le **dossier** est **incomplet,** le préfet notifie à l'intéressé la liste des pièces manquantes dans un délai de quinze jours à compter de sa réception ; à défaut de production des éléments complémentaires manquants, la demande d'enregistrement ne peut faire l'objet d'un récépissé d'enregistrement (C. com. art. R 762-2).

Tout changement dans les éléments figurant dans la demande d'enregistrement initiale fait l'objet d'une **déclaration modificative** au préfet dans des conditions identiques à la procédure initiale (C. com. art. R 762-3).

DÉCLARATION DES MANIFESTATIONS COMMERCIALES

Principe L'exploitant d'un parc d'exposition enregistré doit adresser, pour chaque année civile, la déclaration du programme annuel des manifestations commerciales qui s'y dérouleront, avant le 1er octobre de l'année précédant la tenue de ces manifestations (C. com. art. R 762-5, al. 1). 61140

Manifestations concernées Les manifestations commerciales devant faire l'objet d'une déclaration au titre de ce programme sont (C. com. art. R 762-4) : 61150

1° Les **salons professionnels,** tels que définis à l'article L 762-2 du Code de commerce, c'est-à-dire les manifestations commerciales consacrées à la promotion d'un ensemble d'activités professionnelles réservées à des visiteurs justifiant d'un titre d'accès ; ces salons ne peuvent proposer à la vente sur place des marchandises destinées à l'usage personnel de l'acquéreur que si leur valeur n'excède pas 80 € TTC (C. com. art. D 762-13).

Le non-respect du plafond de vente a pour effet de transférer ce salon dans la catégorie juridique des « salons ouverts au public » (voir ci-dessous) (Circ. du 12-6-2006). Ce transfert a en particulier des incidences chiffrées à déclarer (sur ces caractéristiques, voir n° 61160).

2° Les manifestations commerciales, usuellement dénommées **« salons », ouvertes au public** et dans lesquelles un ensemble de personnes physiques ou morales relevant d'une branche professionnelle ou d'un ensemble de branches professionnelles expose d'une façon collective et temporaire des biens ou offre des services relevant d'une liste limitative de produits ou services déterminés par l'organisateur, qui peuvent faire l'objet d'une vente directe avec enlèvement de la marchandise ou exécution du contrat de services (liste communément appelée « nomenclature »).

Lorsqu'il s'adresse à des visiteurs professionnels, le salon est qualifié de « professionnel » au sens de l'article L 762-2 du Code de commerce.

3° Les manifestations commerciales, usuellement dénommées **« foires »,** dans lesquelles un ensemble de personnes physiques ou morales expose d'une façon collective et temporaire des biens ou offre des services qui peuvent faire l'objet d'une vente directe avec enlèvement de la marchandise ou exécution du contrat de services. La foire se distingue donc du salon par le fait que les biens et services exposés ne se réfèrent pas à une nomenclature et qu'elle s'adresse principalement à des visiteurs non professionnels.

À l'instar des parcs d'exposition (n° 61120), la **dénomination officielle ou commerciale** d'une manifestation est sans incidence sur l'application de la réglementation : la reconnaissance du caractère de « salon professionnel », « salon ouvert au public » ou « foire » est acquise dès lors que la manifestation répond à une définition légale ou réglementaire et remplit les obligations réglementaires déclaratives.

Procédure de déclaration La déclaration s'effectue à l'aide d'un **formulaire** dont le modèle figure à l'annexe de l'article A 762-3 du Code de commerce (C. com. annexe II de l'annexe 7-10 du Livre VII). Elle doit être transmise par voie électronique à l'adresse suivante : www.demarches-simplifiees.fr/commencer/foiresetsalons. 61160

En particulier, l'exploitant du parc doit déclarer les principales **caractéristiques de chaque manifestation** commerciale relatives à la dernière session, qu'il recueille auprès de son organisateur : surface nette de la manifestation, fréquentation, nombre d'exposants, nombre de visites, etc. (C. com. art. A 762-3, al. 2).

S'il s'agit d'une nouvelle manifestation, ces chiffres correspondent à des estimations. Lorsque la manifestation s'est tenue précédemment, ces caractéristiques chiffrées doivent être contrôlées par l'un des organismes agréés suivants (C. com. art. A 762-3, al. 3 ; Arrêté PMEA0620137A du 5-12-2006 ; Arrêté PMEA0620141A du 20-12-2006 ; Arrêté ECEA0818993A du 31-7-2008) :

– la société Institut Infora, domiciliée 8, place Gabriel-Péri à Nanterre (92000) ;
– la société Expocert, domiciliée 65, rue Colbert à Colombes (92700).

61165 La déclaration du programme annuel donne lieu à la délivrance d'un **accusé de réception,** par voie électronique. L'exploitant du parc adresse par voie électronique une copie de ce récépissé aux organisateurs des manifestations faisant l'objet de la déclaration annuelle (C. com. art. R 762-5).

Si le **dossier** est **complet,** le préfet adresse, par voie électronique, un récépissé de déclaration à l'exploitant du parc d'exposition dans le délai d'un mois à compter de la réception de ce dossier (C. com. art. R 762-6).

Si le **dossier** est **incomplet,** le préfet notifie à l'intéressé la liste des éléments manquants dans un délai de quinze jours à compter de la réception du dossier ; à défaut de production des éléments complémentaires manquants, la déclaration ne peut faire l'objet d'un récépissé de déclaration que pour les manifestations dont le dossier est complet (C. com. art. R 762-6).

Toute modification du programme annuel ou des principales caractéristiques des manifestations qui y figurent fait l'objet d'une **déclaration modificative** immédiate au préfet dans des conditions identiques à la procédure initiale de déclaration du programme annuel (C. com. art. R 762-7). La déclaration modificative doit être conforme au modèle figurant à l'annexe de l'article A 762-3 du Code de commerce (C. com. annexe III de l'annexe 7-10 du Livre VII).

La première déclaration de programme annuel peut être effectuée en même temps que la demande d'enregistrement du parc d'exposition (C. com. art. R 762-8).

En cas d'**absence de dépôt de la déclaration complète dans les délais fixés,** les manifestations commerciales qui se tiennent dans le parc sont assujetties, suivant le cas, au régime de déclaration prévu pour les salons professionnels qui se tiennent en dehors d'un parc d'exposition enregistré (voir nos 61200 s.) ou au régime de déclaration applicable aux ventes au déballage prévu à l'article L 310-2 du Code de commerce. Dans ce cas, l'exploitant du parc d'exposition doit informer par voie électronique, avant le 1er novembre de l'année précédant la tenue des manifestations commerciales, les organisateurs de celles pour lesquelles il n'a pas obtenu de récépissé de déclaration (C. com. art. R 762-9).

› Précisions a. Le **contrôle préfectoral** est seulement formel : la préfecture contrôle la présence des mentions obligatoires, mais n'en apprécie pas la qualité, sauf évidemment lorsque la déclaration présente des incohérences évidentes ou manifestement fantaisistes.

b. En l'absence d'une mention obligatoire, la préfecture est tenue de ne pas délivrer le récépissé de déclaration pour la manifestation concernée. Un tel **refus,** du fait de sa qualité de décision administrative, peut faire l'objet d'un **recours auprès du tribunal administratif.**

c. Du strict point de vue de la réglementation relative aux manifestations commerciales, le préfet ne peut fonder un refus de délivrance du récépissé de déclaration que dans l'hypothèse où la manifestation ne répond pas aux définitions légales ou réglementaires. Il n'en demeure pas moins que cette réglementation commerciale est sans incidence sur les **pouvoirs de police** détenus par ailleurs par le préfet, en vertu desquels il conserve toute faculté de s'opposer à la tenue d'une manifestation commerciale pour un motif d'ordre public (Circ. du 12-6-2006).

2. SALONS PROFESSIONNELS SE TENANT HORS D'UN PARC D'EXPOSITION

SALONS PROFESSIONNELS SOUMIS AU RÉGIME DE DÉCLARATION

61190 Les salons professionnels sont définis comme les manifestations commerciales consacrées à la promotion d'un ensemble d'activités professionnelles réservées à des visiteurs justifiant d'un titre d'accès payant ou gratuit. Ils ne peuvent proposer à la vente sur place des marchandises destinées à l'usage personnel de l'acquéreur que si leur valeur n'excède pas 80 € TTC (C. com. art. L 762-2 et D 762-13).

Le plafond de vente de 80 € ne concerne donc pas les contrats et promesses de vente conclus à titre professionnel.

L'existence de ce plafond constitue un des éléments de la définition d'un salon professionnel ; en conséquence, son non-respect a pour effet de soumettre le salon à la réglementation des ventes au déballage prévue à l'article L 310-2 du Code de commerce (Circ. du 12-6-2006).

OBLIGATION DE DÉCLARER UN SALON PROFESSIONNEL SE TENANT HORS D'UN PARC D'EXPOSITION

61200 L'organisateur d'un salon professionnel qui ne se tient pas dans un parc d'exposition enregistré doit adresser une déclaration préalable, par voie électronique, au préfet du département où se tiendra la manifestation deux mois au moins avant le début de celle-ci (C. com. art. L 762-2, al. 2 et R 762-10, al. 1).

PROCÉDURE DE DÉCLARATION D'UN SALON

La déclaration s'effectue à l'aide d'un **formulaire** dont le modèle est conforme aux annexes de l'article A 762-4 du Code de commerce, différent selon qu'il s'agit d'une première session du salon ou d'une nouvelle session (C. com. annexe IV et annexe V de l'annexe 7-10 du Livre VII). 61210

Comme l'exploitant d'un parc d'exposition, l'organisateur doit notamment fournir les principales **caractéristiques de la manifestation** telles que définies par l'article A 762-3 du Code de commerce. S'il s'agit d'une nouvelle session du salon, ces caractéristiques chiffrées doivent être contrôlées dans les mêmes conditions que pour les manifestations commerciales se tenant dans un parc d'exposition (voir n° 61160).

Le préfet doit délivrer un **récépissé de déclaration** dans un délai maximum de quinze jours à compter de la réception du dossier complet de cette déclaration. Si la déclaration est incomplète, il notifie à l'intéressé la liste des éléments manquants dans un délai de quinze jours à compter de sa réception. À défaut de production des éléments complémentaires manquants dans les dix jours à compter de cette notification, la déclaration ne peut faire l'objet d'un récépissé de déclaration (C. com. art. R 762-10).

Lorsqu'un des éléments de la déclaration initiale est modifié avant ou pendant la tenue de la manifestation, déclaration doit en être faite immédiatement au préfet (C. com. art. R 762-11). La **déclaration modificative** des caractéristiques du salon professionnel doit être conforme au formulaire figurant à l'annexe de l'article A 762-4 du Code de commerce (C. com. annexe VI de l'annexe 7-10 du Livre VII).

La déclaration en ligne (initiale ou modificative) d'une manifestation commerciale s'effectue à l'adresse suivante : www.demarches-simplifiees.fr/commencer/foiresetsalons.

C. Sanctions en cas de non-respect de la réglementation des foires et salons

DÉFAUT D'ENREGISTREMENT D'UN PARC D'EXPOSITION OU DES FORMALITÉS DE DÉCLARATION LIÉES À L'ORGANISATION D'UN SALON

Est puni d'une **amende** de 15 000 € le fait, pour un parc d'exposition (C. com. art. L 310-5, 5° bis) : 61260
- de ne pas se faire enregistrer (n°s 61130 s.) ;
- de ne pas déclarer le programme de manifestations commerciales (n°s 61150 s.) ;
- de ne pas déclarer les modifications au programme (n° 61165).

Est également puni d'une amende de 15 000 € le fait (C. com. art. L 310-5, 6°) :
- d'organiser un salon professionnel se tenant hors parc sans déclaration ;
- de ne pas respecter les conditions de réalisation du salon professionnel déclaré.

Dans tous les cas, le tribunal peut ordonner que la **décision** prononcée soit **affichée ou diffusée,** dans les conditions prévues par l'article 131-35 du Code pénal (C. com. art. L 310-5, al. 9).

La **personne morale** déclarée pénalement responsable de l'infraction commise pour son compte par son organe ou représentant est passible d'une amende de 75 000 € ; le tribunal peut également ordonner l'affichage de la décision prononcée ou la diffusion de celle-ci soit par la presse écrite, soit par tout moyen de communication au public par voie électronique (C. com. art. L 310-6).

À noter que l'organisateur d'un salon professionnel non déclaré se tenant hors parc pourrait également être poursuivi sur le fondement de l'**absence de déclaration d'une vente au déballage** (cf. C. com. art. L 310-2).

PUBLICITÉ POUR UN SALON NON DÉCLARÉ

Il est interdit d'effectuer une publicité en faveur d'un salon professionnel non déclaré se tenant hors parc ; le non-respect de cette interdiction est passible d'une **amende administrative** d'un montant maximal de 15 000 € pour une personne physique et 75 000 € pour une personne morale (C. consom. art. L 121-22, 4° et L 132-24, al. 1). 61270

L'amende est prononcée par l'autorité administrative chargée de la concurrence et de la consommation, dans les conditions prévues aux articles L 522-1 et suivants du Code de la consommation (C. consom. art. L 132-24, al. 2). Sur la procédure applicable, voir n°s 79630 s.

Curieusement, le Code de la consommation ne prévoit pas de sanctions en cas de publicité en faveur d'autres types de manifestations non déclarées.

D. Caractère international des manifestations commerciales

RECONNAISSANCE OFFICIELLE DU CARACTÈRE INTERNATIONAL D'UNE MANIFESTATION COMMERCIALE

61310 Une manifestation commerciale peut bénéficier de la reconnaissance officielle de son caractère international à condition de respecter plusieurs **critères** plus ou moins stricts aboutissant à définir deux catégories de manifestations (Arrêté ECET0908257A du 24-4-2009 modifié en dernier lieu par arrêté EFIT1017185A du 21-12-2010). Ces conditions d'utilisation de l'appellation « international » sont destinées à améliorer la **compétitivité des manifestations** commerciales organisées en France par rapport à celles ayant lieu à l'étranger, le terme « international » ayant été galvaudé en France (par exemple, le Salon mondial de l'automobile ne peut plus être qualifié d'international), alors que dans les autres pays européens ce terme était déjà soumis à des critères de fréquentation identiques à ceux fixés en France pour obtenir la reconnaissance du caractère international simple.

61320 **Caractère international simple** Une manifestation commerciale bénéficie de la reconnaissance officielle de son caractère international simple et de l'**appellation « international »** si elle remplit les conditions suivantes :
– avoir réuni, au cours de sa session précédente, au moins 10 % d'exposants étrangers ou avoir accueilli au moins 5 % de visiteurs étrangers ;
– pour la session précédant la demande de reconnaissance internationale et pour chaque session durant la validité de la reconnaissance internationale, soumettre au contrôle d'un organisme de certification respectant les conditions fixées à l'article A 762-9 du Code de commerce les données chiffrées précédentes (nombre d'exposants étrangers, surface nette en mètres carrés occupée par ceux-ci, nombre de visiteurs étrangers et nombre de visiteurs total).

61330 **Caractère international confirmé** Une manifestation commerciale bénéficie de la reconnaissance officielle de son caractère international confirmé et de l'**appellation « international confirmé »** si elle satisfait aux conditions suivantes :
– correspondre à la définition du salon professionnel fixée à l'article L 762-2 du Code de commerce (n° 61190) ;
– avoir réuni, au cours de sa session précédente, au moins 20 % d'exposants étrangers ;
– avoir accueilli, au cours de sa session précédente, au moins 25 % de visiteurs professionnels étrangers, y compris les journalistes, par rapport au nombre total de visiteurs professionnels contrôlés, ou un minimum de 1 000 visiteurs étrangers.

Par **dérogation,** le ministre du commerce extérieur peut compléter la liste des manifestations bénéficiant du caractère international confirmé de salons professionnels qui respecteraient uniquement les critères fixés pour la reconnaissance du caractère international simple. D'après nos informations, la dérogation devrait être utilisée par le ministre du commerce extérieur avec parcimonie, notamment en cas de salon professionnel d'intérêt stratégique ou de type nouveau.

DISPOSITIONS COMMUNES À TOUTES LES MANIFESTATIONS COMMERCIALES INTERNATIONALES

61340 Les salons internationaux confirmés sont présumés pouvoir prétendre à l'**assurance prospection de la Coface.** Néanmoins, d'autres salons peuvent être éligibles à cette assurance, au cas par cas, sur décision du ministre du commerce extérieur (Arrêté ECET0908257A du 24-4-2009 art. 4).

La reconnaissance du caractère international d'une manifestation est valable pour une **durée** de trois ans renouvelable (art. 5).

II. RELATIONS CONTRACTUELLES ENTRE L'ORGANISATEUR D'UNE FOIRE OU D'UN SALON ET LES EXPOSANTS

CONTRAT DE PARTICIPATION À UNE MANIFESTATION COMMERCIALE

61500 Le contrat de participation à une manifestation commerciale est un accord qui entraîne de nombreuses obligations à la charge de l'exposant (notamment respect de l'emplacement, de l'aménagement et des règles d'occupation des stands, de celles relatives à la publicité et au contact avec le public, soumission au contrôle disciplinaire de l'organisateur, etc.). Il s'agit le plus souvent d'un contrat d'adhésion qui comprend des clauses identiques pour chaque participant.

Le plus souvent, ce contrat comporte un engagement pour l'exposant de se conformer au **règlement intérieur** propre à la manifestation, ainsi qu'au **règlement général des manifestations commerciales** applicable aux adhérents de l'« Union française des métiers de l'événement » (Unimev) et aux autres organisateurs signataires (texte reproduit sur le site internet de la Fédération à l'adresse suivante : www.unimev.fr). En pratique, l'obligation de se conformer au règlement général des manifestations commerciales établi par l'Unimev est quasiment incontournable. En effet, celle-ci représente près de 90 % de l'activité du secteur avec plus de 400 adhérents gestionnaires de centres de congrès ou de parcs, organisateurs de foires ou salons et autres membres associés prestataires.

> **Précisions** Le règlement général des manifestations commerciales n'a de **valeur contractuelle** que s'il est établi que l'organisateur et les exposants le connaissent et l'ont accepté. Les relations qui se nouent entre eux sont alors régies tant par le règlement que par le droit commun des contrats.

Admission des participants Le règlement général des manifestations commerciales prévoit que l'organisateur est seul juge de la définition et de l'organisation de l'offre de sa manifestation. L'organisateur se réserve donc le **droit de rejeter,** à titre provisoire ou définitif, toute demande de participation qui ne satisferait pas aux conditions requises soit au regard des stipulations du formulaire de demande de participation, soit de celles du règlement général des manifestations commerciales, du règlement particulier ou de la nomenclature de la manifestation, soit encore en considération de l'ordre public et des lois et règlements en vigueur (Règl. général des manifestations commerciales art. 02.03). 61510

Une décision de rejet sans motif légitime risque d'entraîner la **responsabilité civile extracontractuelle** de l'organisateur. 61515

À noter qu'un syndicat professionnel a été contraint d'accepter la participation d'une entreprise à un salon qu'il organisait périodiquement au motif qu'en exerçant des actes de commerce tels que la vente par exposition des produits de ses adhérents ce syndicat se trouvait soumis aux obligations de tout commerçant ou industriel (TGI Paris réf. 2-12-1987 : Gaz. Pal. 1988 p. 172).

La décision de rejet d'un organisateur peut être constitutive d'une **entente illicite** répréhensible sur le fondement de l'article L 420-1 du Code de commerce. Tel est le cas lorsque l'organisateur refuse, sous la pression de fabricants, la participation d'un groupement d'achat à un salon (Cons. conc. n° 95-D-16 du 14-2-1995 p. 114 : BOCCRF du 13-4, réformée en ce qui concerne le montant de la sanction pécuniaire infligée à cet organisateur par CA Paris 1-12-1995 : BOCCRF du 28-2-1996 p. 53). 61520

Pouvoir disciplinaire de l'organisateur Le non-respect du règlement général des manifestations commerciales, du règlement particulier le complétant, ou des spécifications du guide ou manuel de l'exposant édicté par l'organisateur, peut entraîner, l'exclusion de l'exposant (Règl. général des manifestations commerciales art. 12.01). 61530

ILLUSTRATIONS

Jugé que pouvait valablement être exclu d'une manifestation un exposant qui avait présenté sur son stand des produits non conformes à ceux énumérés dans la demande d'admission, cette sanction étant prévue par le règlement de la manifestation (Cass. civ. 11-12-1979 : Gaz. Pal. 1980 som. p. 142).

Responsabilité civile de l'organisateur Un exposant peut rechercher la **responsabilité contractuelle** de l'organisateur si ce dernier a commis une faute lourde contraire au principe de l'exécution de bonne foi des conventions (C. civ. art. 1104 et 1231-3). Il en a été jugé ainsi dans un cas où un exposant, qui avait choisi l'emplacement de son stand au vu d'un plan que lui avait communiqué l'organisateur, avait en réalité obtenu un stand complètement masqué par celui d'un concurrent qui obstruait certaines allées, rendant l'accès au stand du commerçant beaucoup plus difficile que celui de son concurrent (CA Versailles 5-3-1998 : RJDA 8-9/98 n° 947). 61540

La **responsabilité extracontractuelle** de l'organisateur peut par ailleurs être engagée s'il a manqué à son devoir de vigilance (C. civ. art. 1242). Ainsi, il a été jugé que l'organisateur d'une foire avait manqué à son devoir de vigilance en n'interdisant pas à un exposant d'installer un piquet de tente en dehors de son emplacement. L'organisateur et l'exposant ont été déclarés solidairement responsables de l'accident survenu à un visiteur qui avait heurté le piquet empiétant sur le passage réservé aux visiteurs (CA Paris 3-2-1969 : D. 1969 som. p. 126).

La responsabilité civile extracontractuelle de l'organisateur peut également être engagée s'il rompt brutalement les relations commerciales qu'il a établies avec un exposant (C. com. art. L 442-1, II). Dans un cas où un négociant en vin avait participé à une foire annuelle plusieurs années de suite, il a été jugé que l'organisateur de la foire ne pouvait pas valablement le prévenir seulement huit mois auparavant de ce qu'il ne pourrait plus, pour des raisons d'organisation, participer à la prochaine manifestation ; compte tenu de l'importance économique de cette manifestation pour le négociant qui y réalisait près de 45 % de son chiffre d'affaires, l'organisateur aurait dû respecter un préavis de douze mois (Cass. com. 15-9-2009 n° 08-19.200 : RJDA 1/10 n° 81).

III. PROTECTION DES CONSOMMATEURS AU SEIN DES FOIRES ET SALONS

PUBLICITÉ DES PRIX DES PRODUITS EXPOSÉS

61700 Les ventes au détail réalisées dans les foires et les salons sont soumises aux règles de publicité des prix à l'égard des consommateurs, que la livraison des produits exposés soit immédiate ou qu'elle n'intervienne qu'à l'extérieur de ces expositions ou après leur clôture (Circ. du 19-7-1988). Sur les règles relatives à la publicité des prix, voir nos 75000 s.

CONTRATS CONCLUS À L'OCCASION DE FOIRES OU DE SALONS

61710 **Conditions d'un droit de rétractation en cas de vente ou de prestation de services** La **Cour de justice de l'Union européenne** a été interrogée sur le point de savoir si le contrat conclu par un consommateur à l'occasion d'une foire ou d'un salon est un contrat « hors établissement » au sens de la **directive** 2011/83/UE du 25 octobre 2011 relative aux **droits des consommateurs.** Dans l'affirmative, le consommateur disposerait d'un droit de rétractation et il devrait en être informé (Dir. 2011/83/UE art. 5 et 9).

Un contrat hors établissement est un contrat conclu en la présence physique simultanée du professionnel et du consommateur, dans un lieu qui n'est pas l'établissement commercial du professionnel ou conclu dans l'établissement commercial du professionnel ou au moyen d'une technique de communication à distance immédiatement après que le consommateur a été sollicité personnellement et individuellement dans un lieu qui n'est pas l'établissement commercial (Dir. précitée art. 2, 8). L'établissement commercial vise, d'une part, tout site commercial immeuble où le professionnel exerce son activité en permanence et, d'autre part, tout site commercial meuble où le professionnel exerce son activité de manière habituelle (art. 2, 9).

La Cour de justice a jugé qu'un stand tenu par un professionnel sur une foire commerciale, sur lequel il exerce ses activités quelques jours par an, est un « établissement commercial », au sens de l'article 2 de la directive 2011/83, si, au regard de l'ensemble des circonstances de fait qui entourent ces activités, et notamment de l'apparence de ce stand et des informations relayées dans les locaux de la foire elle-même, un consommateur normalement informé et raisonnablement attentif et avisé pouvait raisonnablement s'attendre à ce que ce professionnel y exerce ses activités et le sollicite afin de conclure un contrat (CJUE 7-8-2018 aff. 485/17 : RJDA 2/19 n° 144). Si tel était le cas, le consommateur ne bénéficierait pas d'un droit de rétractation.

En revanche, un contrat conclu entre un professionnel et un consommateur dans un stand tenu par un professionnel à l'occasion d'une foire commerciale, immédiatement après que ce consommateur, qui se trouvait dans l'allée commune aux différents stands présents dans un hall d'exposition de la foire, a été sollicité par ce professionnel, est un « contrat hors établissement », au sens la de la directive 2011/83 (CJUE 17-12-2019, ord., aff. 465/19 : RJDA 5/20 n° 292). Le consommateur bénéficie alors du droit de rétractation prévu par ce texte.

61715 Le **droit français** est contraire au droit européen puisqu'il prévoit que les consommateurs ayant conclu des contrats à l'occasion de foires ou de salons soumis à déclaration au titre des articles L 762-1 et suivants du Code de commerce ne bénéficient pas d'un droit de rétractation (C. consom. art. L 224-59).

La réglementation actuelle prévoit que le consommateur doit être informé de l'absence de ce droit de rétractation selon les deux modalités suivantes (C. consom. art. L 224-60 et L 224-61 ; Arrêté EINC1425189A du 2-12-2014) :
– les vendeurs ou prestataires de services doivent afficher, de manière visible pour les consommateurs, sur un panneau de format A3 au minimum, en caractères de corps 90 au moins, la phrase suivante : « Le consommateur ne bénéficie pas d'un droit de rétractation pour tout achat effectué dans [cette foire] ou [ce salon] ou [sur ce stand] » ;
– les offres de contrat doivent mentionner, dans un encadré apparent, situé en en-tête du contrat et en caractères de corps 12 au moins, la phrase suivante : « Le consommateur ne bénéficie pas d'un droit de rétractation pour un achat effectué dans une foire ou dans un salon. »

Tout manquement à ces dispositions est passible d'une amende administrative d'un montant maximal de 3 000 € pour une personne physique et 15 000 € pour une personne morale. Cette amende est prononcée dans les conditions fixées aux articles L 522-1 et suivants du Code de la consommation (voir nos 79630 s.) (C. consom. art. L 242-23).

Compte tenu de la primauté du droit européen sur le droit interne, le droit français devrait être modifié.

Existence d'un droit de rétractation en cas d'offre de crédit affecté 61720
Lorsque la conclusion du contrat de vente ou de prestation de services au sein d'une foire ou d'un salon s'accompagne, de la part du professionnel, d'une offre de crédit affecté, le contrat de vente ou de prestations de services doit mentionner en des termes clairs et lisibles, dans un encadré apparent, que (C. consom. art. L 224-62) :
– l'acheteur dispose d'un droit de rétractation pour le crédit affecté servant à financer son achat ;
– le contrat de vente ou de prestation de services est résolu de plein droit, sans indemnité, si l'emprunteur, dans le délai de 14 jours, exerce son droit de rétractation ;
– en cas de résolution du contrat de vente ou de prestation de services consécutive à l'exercice du droit de rétractation, le vendeur ou le prestataire de services rembourse, sur simple demande, toute somme que l'acheteur aurait versée d'avance sur le prix.

Lorsque le professionnel n'a pas remboursé le consommateur, la somme due est productive d'intérêts, de plein droit, au taux de l'intérêt légal majoré de moitié (C. consom. art. L 242-22).

Tout manquement à ces dispositions est passible d'une amende administrative d'un mon tant maximal de 3 000 € pour une personne physique et 15 000 € pour une personne morale. Cette amende est prononcée dans les conditions fixées aux articles L 522-1 et suivants du Code de la consommation (voir nos 79630 s.) (C. consom. art. L 242-23).

Protection du consommateur contre les abus de faiblesse Le fait d'abuser 61730
de la faiblesse ou de l'ignorance d'une personne pour obtenir des engagements dans le cadre de foires ou de salons est passible de lourdes sanctions pénales (cf. C. consom. art. L 121-9 et L 132-14 ; C. pén. art. 223-15-2). Pour plus de détails, voir nos 33010 s.

LANGUE FRANÇAISE (EMPLOI OBLIGATOIRE)

SOMMAIRE

ORIGINE DE LA LOI IMPOSANT L'EMPLOI DE LA LANGUE FRANÇAISE

L'emploi obligatoire de la langue française dans la présentation des produits ou services et la publicité a été institué par la loi 75-1349 du 31 décembre 1975 dans le but essentiel de protéger les usagers français (consommateurs ou utilisateurs de produits et services) « contre une mauvaise compréhension qui résulterait de l'emploi soit de textes exclusivement rédigés en langue étrangère, soit de textes français comportant des termes et expressions étrangers » (Circ. 14-3-1977). Cette loi ayant été peu appliquée, elle a été remplacée par la **loi 94-665 du 4 août 1994,** dite « loi Toubon », qui, énonçant le principe selon lequel « la langue française est un élément fondamental de la personnalité et du patrimoine de la France » (Loi de 1994 art. 1er), étend le champ d'application de l'obligation d'emploi de la langue française et en renforce le dispositif répressif. Les conditions d'application de la loi Toubon sont précisées par le décret 95-240 du 3 mars 1995, une circulaire du 19 mars 1996 (circulaires.legifrance.gouv.fr) et une instruction du 21 février 2005. **62000**

Seules sont exposées les dispositions de la loi de 1994 régissant les relations commerciales.

Nous citons dans les développements qui suivent la jurisprudence antérieure à la loi du 4 août 1994 qui est transposable au régime mis en place par ce texte.

A. Champ d'application de l'obligation d'emploi du français

1. OPÉRATIONS ET DOCUMENTS VISÉS

EMPLOI OBLIGATOIRE DU FRANÇAIS DANS L'ÉTIQUETAGE ET LA PUBLICITÉ

Principe L'emploi de la langue française est obligatoire « dans la désignation, l'offre, la **présentation,** le **mode d'emploi** ou d'utilisation, la description de l'étendue et des conditions de garantie d'un bien, d'un produit ou d'un service, ainsi que dans les factures et quittances » (Loi du 4-8-1994 art. 2, al. 1). **62010**

La loi du 4 août 1994 tend à la protection de la langue française elle-même ; elle s'applique sans qu'il y ait lieu de distinguer selon que le destinataire du produit ou document est un particulier ou un professionnel (Cass. crim. 3-11-2004 n° 5905 : RJDA 3/05 n° 352 ; CA Paris 17-12-1999 : RJDA 3/00 n° 370).

Tous les documents destinés à informer l'utilisateur ou le consommateur sont visés : étiquetages, prospectus, catalogues, brochures, bons de commande, bons de livraison, certificats de garantie, modes d'emploi, menus et cartes des vins, reçus et tickets de caisse, programmes de spectacle, titres de transport, contrats d'adhésion (contrats d'assurance, offres de service financier, etc.) (Circ. 19-3-1996).

La loi ne distingue pas selon la complexité ou non d'utilisation des produits. Ainsi, un produit ne peut pas valablement être mis en vente sans notice en langue française au prétexte que l'utilisation d'une notice technique n'est pas réellement nécessaire à l'utilisation de ce produit (T. pol. Paris 7-3-1996 : BID 1997/1 p. 27 ; T. pol. Paris 9-1-1997, inédit). En outre, peu importe que l'objet soit fourni à titre de cadeau en complément d'un achat ou qu'il soit installé par le vendeur lui-même (T. pol. Paris 9-1-1997, inédit).

62015 L'emploi de la langue française est également obligatoire dans toute **publicité** écrite, parlée ou audiovisuelle (Loi de 1994 art. 2, al. 2). En ce qui concerne la publicité audiovisuelle, voir n° 62050.

La loi du 4 août 1994 a pour objet de préserver la présence du français et non la pureté de la langue. La Direction générale de la concurrence, de la consommation et de la répression des fraudes (DGCCRF), chargée de constater les infractions à la loi de 1994, et l'Autorité de régulation de la communication audiovisuelle et numérique (Arcom), chargée de veiller au respect de cette réglementation dans les publicités audiovisuelles, ne peuvent donc pas intervenir auprès des publicitaires lorsque leurs **slogans** sont **grammaticalement incorrects ou mal orthographiés.** En revanche, l'Autorité de régulation professionnelle de la publicité (ARPP), qui intervient systématiquement auprès des professionnels en cas d'infraction à l'article 2 de la loi de 1994 dans le cadre de son action de contrôle obligatoire avant diffusion des messages publicitaires télévisés, s'attache à faire éliminer de ces messages les fautes grammaticales ou orthographiques, ainsi que le recours à un vocabulaire grossier ou ordurier (Rép. Mallié : AN 26-5-2003 p. 4078 n° 16047).

62020 **Compatibilité avec le principe de libre circulation des marchandises**

La Cour de justice européenne a jugé qu'un État membre de l'Union européenne peut valablement imposer l'utilisation de sa langue nationale à condition que cette obligation soit indistinctement applicable à tous les produits nationaux et importés et proportionnée au but de protection des consommateurs qu'elle poursuit ; cette mesure doit donc notamment être limitée aux **mentions auxquelles l'État membre attribue un caractère obligatoire** et pour lesquelles d'autres moyens que leur traduction, tels que l'usage de dessins, symboles ou pictogrammes, ne permettraient pas d'**assurer une information des consommateurs** appropriée (CJCE 3-6-1999 aff. 33/97 : RJDA 11/99 n° 1281).

Se prononçant à l'égard de l'obligation de rédiger le mode d'utilisation d'un produit en langue française, la chambre criminelle de la Cour de cassation considère au contraire que, si cette obligation est incompatible avec le principe de libre circulation des marchandises dans l'Union européenne, une telle mesure est justifiée, conformément à l'article 30 du traité CE (devenu l'article 36 du TFUE), par la protection des consommateurs sur le territoire national (Cass. crim. 26-4-2000 : RJDA 12/00 n° 1209). Il en est de même de l'obligation de rédiger en langue française les conseils d'entretien figurant sur des étiquettes de vêtements car ceux-ci constituent un mode d'utilisation du produit, au sens de la loi de 1994 (Cass. crim. 14-11-2000 : RJDA 5/01 n° 658). La chambre criminelle de la Cour de cassation ne limite donc pas l'application de la loi de 1994 aux seules mentions obligatoires et nécessaires à l'information des consommateurs.

62025 Afin de concilier l'application de la réglementation française avec la jurisprudence européenne, une instruction de la DGCCRF a été adoptée le 21 février 2005 afin d'inciter les agents de contrôle à s'abstenir de constater des infractions à l'article 2 de la loi de 1994 dans certaines hypothèses.

À noter que la validité de cette instruction avait été contestée par l'association « Avenir de la langue française » mais le Conseil d'État a jugé que le directeur général de la concurrence a seulement entendu donner à ses services instruction d'**apprécier au cas par cas,** et sous le contrôle du juge, si la sanction d'une méconnaissance des dispositions de l'article 2 de la loi du 4 août 1994 est contraire ou non au principe de proportionnalité, tel que la Cour de justice de l'Union européenne l'applique en matière d'exigences linguistiques nationales ; il n'a, dès lors, pas édicté de règles de portée générale venant modifier les dispositions de la loi de 1994 ou s'y substituer (CE 27-7-2006 n° 281629 : RJDA 4/07 n° 438).

L'instruction prévoit les dispositions suivantes, étant précisé que les références aux articles du Code de la consommation ont été mises à jour par nos soins.

62030 1° **Mentions obligatoires** : Sauf les cas où une directive européenne prévoit l'emploi de la langue nationale afin d'assurer une meilleure protection des consommateurs (en particulier, les directives spécifiques à certaines catégories de produits qui fixent des exigences essentielles de sécurité), un État membre peut imposer l'emploi d'une langue nationale à condition que les autorités nationales veillent à ce que ces exigences soient indistinctement applicables aux

produits nationaux et importés, et qu'elles n'étendent pas leurs effets au-delà de ce qui est nécessaire pour assurer la protection des consommateurs. Afin de respecter ce principe de proportionnalité, l'instruction de 2005 prévoit que les agents de contrôle ne doivent pas relever d'infraction à l'article 2 de la loi de 1994 lorsque sont employés à la place des mentions dont le libellé est prévu en langue française :
– soit des termes ou expressions, dans une autre langue, facilement compréhensibles par le consommateur ;
– soit d'autres moyens assurant l'information des consommateurs, tels que, par exemple, l'usage de dessins, symboles ou pictogrammes, y compris lorsqu'ils sont accompagnés de termes ou expressions dans une autre langue, si ces dessins, symboles ou pictogrammes, éventuellement accompagnés de termes ou expressions dans une autre langue, facilement compréhensibles par le consommateur, suffisent à transmettre l'information souhaitée.

Lors des contrôles, les agents doivent apprécier au cas par cas si les moyens d'information alternatifs éventuellement choisis par les opérateurs permettent d'assurer un niveau d'information équivalent à celui recherché par la réglementation et ne sont pas de nature à induire le consommateur en erreur. Le cas échéant, ajoute l'instruction, il appartient au juge national d'apprécier le caractère facilement compréhensible par le consommateur des moyens d'information alternatifs en question.

2° **Mentions non obligatoires** : Dans le cas de mentions non obligatoires, une langue étrangère peut valablement être utilisée à titre exclusif, même si elle n'est pas facilement compréhensible par le consommateur, à condition que soient respectées en particulier les dispositions des articles suivants du Code de la consommation : L 111-1 s. (obligations d'information des consommateurs), L 121-1 s. (interdiction des pratiques commerciales déloyales) et L 411-1 s. (obligations relatives à la conformité et à la sécurité des produits et services). **62035**

Cas d'application Sont **illicites** : **62040**
– la diffusion d'un programme de spectacle entièrement rédigé en anglais (T. pol. Paris 8-2-1983 : Gaz. Pal 1983 som. p. 394 ; en ce sens également, circ. 19-3-1996) ;
– la mise en vente de viandes congelées dont la date de congélation est inscrite en langue espagnole (CA Rouen 21-11-1983 : BRDA 3/84 p. 6) ;
– la vente de bouteilles d'huile d'olive dont l'étiquetage est rédigé uniquement en langue étrangère (CA Aix-en-Provence 24-9-1997 : Contrats conc. consom. 1998 comm. n° 82) ;
– la mise en vente de logiciels accompagnés de notices d'utilisation rédigées en langue anglaise (CA Paris 27-1-1997 : RJDA 12/97 n° 1576 ; CA Paris 2-10-1997 : Gaz. Pal. 1999 som. p. 3 note M.-Z. Firouz-Abadie), ainsi que les modes d'utilisation intégrés dans les logiciels d'ordinateurs et de jeux vidéo comportant des affichages sur écran ou des annonces sonores rédigées en langue étrangère car ils sont assimilés à des modes d'emploi (T. pol. Paris 24-9-1998 et circ. 19-3-1996) ;
– la distribution en France, par une entreprise frontalière allemande, de tracts publicitaires rédigés exclusivement en allemand (Avis DGCCRF n° 98-327 du 11-5-1998 : BID 1998/12 p. 3) ;
– la mise en vente de guirlandes électriques dont le mode d'utilisation n'est rédigé qu'en langue allemande (Cass. crim. 26-4-2000 : RJDA 12/00 n° 1209) ;
– la présence, sur des vêtements mis en vente par un commerçant, d'étiquettes portant des conseils d'entretien rédigés en langue anglaise (Cass. crim. 14-11-2000 : RJDA 5/01 n° 658) ;
– la vente à un distributeur de produits informatiques d'un progiciel de gestion intégré dont la notice d'installation et tous les documents d'accompagnement sont rédigés en anglais (Cass. crim. 3-11-2004 n° 5905 : RJDA 3/05 n° 352).

Les décisions ci-dessus citées sont, à notre avis, conformes à l'instruction de la DGCCRF du 21 février 2005 évoquée aux n°s 62025 s.

En revanche, la commercialisation par un importateur de toupies accompagnées d'un mode d'emploi en partie rédigé exclusivement en allemand a été jugée **licite** au motif que les précautions d'utilisation et de sécurité relatives à la vitesse des toupies et à la nécessité de supervision des adultes avaient été traduites et que, si les instructions de montage étaient rédigées exclusivement en langue allemande, elles étaient accompagnées de schémas explicites, de sorte que l'impératif de protection du consommateur justifiant l'application de la loi de 1994 était ainsi respecté (CA Paris 25-10-2006 n° 05-6174 : RJDA 11/07 n° 1185, solution conforme à l'instruction de la DGCCRF exposée n° 62020). **62045**

EMPLOI OBLIGATOIRE DU FRANÇAIS DANS LES PUBLICITÉS AUDIOVISUELLES

L'emploi du français est en **principe** obligatoire dans les messages publicitaires des organismes et services de communication audiovisuelle, quel que soit leur mode de diffusion ou de distribution (Loi 86-1067 du 30-9-1986 art. 20-1). **62050**

Ce principe comporte une **exception** lorsque les publicités sont incluses dans des programmes conçus pour être intégralement diffusés en langue étrangère ou dont la finalité est l'apprentissage d'une langue (même art.). Par exemple, ne sont pas concernées les publicités diffusées soit dans le cadre des programmes des chaînes étrangères reçues par câble ou satellite, soit dans celui des programmes audiovisuels en langue étrangère diffusés par les opérateurs nationaux à l'intention des étrangers résidant en France (Circ. 19-3-1996).

Lorsque les émissions ou les messages publicitaires sont accompagnés de **traductions** en langues étrangères, la présentation en français doit être aussi lisible, audible ou intelligible que la présentation en langue étrangère (voir n° 62170).

Les **publicités télévisuelles** sont obligatoirement **contrôlées** avant leur diffusion par l'Autorité de régulation professionnelle de la publicité (ARPP). Celle-ci contrôle également les slogans grammaticalement incorrects ou mal orthographiés (voir n° 62015).

> **Précisions** L'obligation d'emploi de la langue française ne s'applique pas aux **extraits d'œuvres originales en langue étrangère** accompagnant une publicité diffusée par les services audiovisuels (Circ. 19-3-1996).

EMPLOI OBLIGATOIRE DU FRANÇAIS ET PRODUITS IMPORTÉS

62060 L'emploi de la langue française n'est obligatoire qu'au stade de la **commercialisation en France** des biens, produits ou services, quelle que soit l'origine de ceux-ci. Dès lors, les opérations effectuées avant la mise sur le marché des biens, produits et services introduits sur le territoire français ne sont pas visées par la réglementation. Ainsi, des **produits** d'origine étrangère qui sont **semi-finis** ou des produits exposés dans le cadre de **foires, salons** et expositions exclusivement réservés aux professionnels et qui ne font pas directement l'objet de transactions peuvent ne pas être présentés en français (Circ. 19-3-1996). De même, l'infraction n'est pas constituée par la présence dans un **entrepôt** de produits importés ne comportant aucune indication en langue française, cet entrepôt servant de plateforme de distribution des produits à différents magasins (T. pol. Nancy 4-6-1996 : BID 1997/1 p. 29).

Lors du **dédouanement,** seules les déclarations en douane doivent être rédigées en français. Les services douaniers peuvent, le cas échéant, demander une traduction en français des documents qui accompagnent ces déclarations (Circ. 19-3-1996).

2. PERSONNES CONCERNÉES PAR L'OBLIGATION D'EMPLOI DU FRANÇAIS

62080 La loi concerne aussi bien les **personnes de droit privé** que les personnes de droit public.

Les **personnes morales de droit public** ou les personnes de droit privé exécutant une mission de service public sont cependant soumises à des dispositions plus contraignantes. En effet, la loi leur interdit le recours à une expression ou à un terme étranger lorsqu'il existe un terme ou une expression français de même sens choisi par la Commission d'enrichissement de la langue française, et ce dans les deux cas suivants :
– dans les **contrats** auxquels ces personnes sont parties, à l'exception de ceux conclus par une personne morale de droit public gérant des activités à caractère industriel et commercial et à exécuter intégralement hors du territoire national (Loi de 1994 art. 5, al. 1 et 2) ;
– pour l'utilisation d'une **marque** de fabrique, de commerce ou de service, sauf si la marque a été utilisée pour la première fois avant l'entrée en vigueur de la loi (Loi de 1994 art. 14), c'est-à-dire avant le 7 août 1994.

Les expressions ou termes équivalents font l'objet d'une publication au Journal officiel à l'initiative de la Commission d'enrichissement de la langue française, après accord de l'Académie française (Décret 96-602 du 3-7-1996).

Hormis les deux cas précités, les listes établies par la Commission peuvent, le cas échéant, servir de référence pour le choix des termes ou expressions à utiliser dans les cas où l'emploi du français est obligatoire en application de l'article 2 de la loi de 1994 sans que les termes ou expressions français à utiliser soient imposés.

3. OPÉRATIONS NON CONCERNÉES PAR L'OBLIGATION D'EMPLOI DU FRANÇAIS

62100 La circulaire d'application de la loi du 4 août 1994 précise que « les **factures et autres documents** échangés **entre professionnels,** personnes de droit privé françaises et étrangères, qui ne sont pas consommateurs ou utilisateurs finaux des biens, produits ou services, ne sont pas visés » par l'obligation d'emploi de la langue française (Circ. 19-3-1996). La Commission d'examen des pratiques commerciales en déduit que deux personnes morales de droit privé françaises peuvent valablement rédiger leurs contrats exclusivement en langue étrangère (Avis CEPC n° 16-10 du 12-5-2016).

En outre, les opérations liées à l'**exportation** ou à la réexportation ne sont pas visées par la réglementation (Circ. 19-3-1996).

B. Modalités de l'emploi obligatoire du français

Le principe de l'emploi obligatoire de la langue française comporte quelques exceptions. Par ailleurs, l'usage obligatoire de la langue française n'est pas exclusif : il est possible d'utiliser une traduction en langue étrangère ou en langue régionale. **62140**

En ce qui concerne les modalités d'emploi de la langue française pour l'étiquetage et la présentation des produits ou services, voir n° 62020.

EXCEPTIONS À L'EMPLOI OBLIGATOIRE DE LA LANGUE FRANÇAISE

Des termes étrangers peuvent être utilisés sans traduction dans les cas suivants : **62150**

1° Lorsqu'il s'agit de dénominations de **produits typiques** et spécialités d'appellation étrangère connus du plus large public (Loi de 1994 art. 2, al. 3), telles que chorizo, cookie, couscous, gin, hot dog, jeans, paella, pizza, sandwich.

2° Lorsqu'il s'agit de **dénominations étrangères protégées** en France à la suite d'accords internationaux (par exemple, gorgonzola, scotch whisky, etc.) (Circ. 19-3-1996).

3° Lorsqu'il s'agit de **termes ou expressions entrés dans le langage courant** ou résultant de l'application de conventions internationales et que ces termes sont gravés, moulés ou tissés. Tel est le cas, par exemple, des termes « on/off », « made in », « copyright » (Circ. 19-3-1996) et de l'expression « product of France » (Rép. Mathieu : Sén. 29-7-1999 p. 2571 et rép. Deprez : AN 2-8-1999 p. 4696).

4° Pour les enseignes, **dénominations sociales** ou noms commerciaux.

Des termes étrangers peuvent également être utilisés pour les **marques** de fabrique, de commerce ou de service. **62155**

La possibilité d'utiliser des termes étrangers pour les marques se déduit des termes de l'article 2, al. 4 de la loi de 1994 précisant que la législation sur les marques ne fait pas obstacle à l'application des dispositions de la loi relatives à l'emploi obligatoire de la langue française « aux mentions et messages enregistrés avec la marque ».

Ainsi, des marques, ou déclinaisons de marques, constituées d'un ou plusieurs termes étrangers peuvent être déposées, enregistrées ou utilisées en France sans traduction (Circ. 19-3-1996).

ILLUSTRATIONS

Ont été admises les marques « Golden Syrup » pour désigner un sirop de mélasse raffinée (CA Paris 2-5-1983 : D. 1985 IR p. 81 note J.-J. Burst), « Skin Supplies For Men » pour des produits cosmétiques (CA Paris 4-11-1992 : PIBD 1993 n° 539-III-168) ou « Creepers » pour désigner des vêtements et chaussures (CA Paris 2-3-1992 : RDPI 1993 n° 46 p. 59).

En revanche, n'ont pas été jugés protégeables les termes « Supermint » (CA Paris 12-12-1978 : API 1979 p. 207) ou « Baby-slips » (CA Paris 23-2-1981 : API 1981 p. 31) ainsi que l'expression « Paris Sport Motor Show » pour désigner des services d'organisation d'expositions consacrées au sport mécanique (CA Paris 16-5-1997).

Il a été jugé que le dépôt à titre de marque de termes étrangers pour désigner un produit ou un service alors qu'il s'agit de termes génériques à l'étranger constitue un acte de concurrence déloyale s'il vise à s'approprier le monopole de l'offre de vente de ce produit ou service à l'étranger en empêchant des concurrents français d'utiliser cette dénomination pour y vendre ce produit (CA Bordeaux 20-5-1974 : RIPIA 1975 p. 103 note A. Thierr).

L'emploi d'une marque constituée d'une expression ou d'un terme étranger est interdit aux personnes morales de droit public ou aux personnes de droit privé chargées d'une mission de service public dès lors qu'il existe une expression ou un terme français de même sens choisis par la Commission d'enrichissement de la langue française et publiés au Journal officiel (n° 62080).

62160 Alors que des termes étrangers peuvent être utilisés pour les marques, l'emploi de la langue française est obligatoire dans le cas des « **mentions et messages enregistrés avec la marque** » (Loi de 1994 art. 2, al. 4).

Par « mention », on entend toute mention descriptive servant à désigner une caractéristique d'un bien, produit ou service ainsi que toute mention générique ou désignant usuellement, dans le langage courant ou professionnel, un bien, produit ou service (Circ. 19-3-1996).

Le terme « message » vise tout message destiné à informer le public ou à attirer son attention sur une ou plusieurs caractéristiques d'un bien, produit ou service (Circ. 19-3-1996). Tel peut être le cas d'un slogan publicitaire.

Les mentions et messages en langue étrangère accompagnant une marque doivent, quand ils sont employés en France, comporter une **traduction en français** aussi lisible, audible ou intelligible que la présentation en langue étrangère.

Cette règle s'applique même si les mentions et messages ont été enregistrés au sein de la marque et quelle que soit la date à laquelle la marque a été déposée ou enregistrée ou a commencé à être utilisée (Circ. 19-3-1996). La loi de 1994 n'interdit donc pas le dépôt ou l'enregistrement de mentions ou messages en termes étrangers accompagnant une marque, mais l'utilisation de ces mentions ou messages sans une traduction en français. Par exemple, l'utilisation des slogans « Just do it » pour la marque Nike ou « What else » pour la marque Nespresso est illicite en l'absence de traduction.

ABSENCE D'OBLIGATION D'UTILISER LE FRANÇAIS À TITRE EXCLUSIF

62170 La loi de 1994 n'impose pas l'usage exclusif du français pour la présentation des produits ou des services ou leur mode d'utilisation. Le texte français peut en effet être complété par une **traduction** en une ou plusieurs langues étrangères.

Dans ce cas, la présentation en français doit être aussi **lisible, audible ou intelligible** que la présentation en langues étrangères (Loi de 1994 art. 4, al. 2).

Selon l'administration, ce principe implique qu'une mention, inscription ou annonce faite dans une autre langue ne doit pas, en raison de sa **taille,** de son **graphisme,** de sa **couleur,** de son **volume sonore** ou pour toute autre cause, être mieux comprise que celle établie en français. Une similitude des deux présentations et un parallélisme des modes d'expression entre les deux versions ne sont toutefois pas exigés. En outre, la traduction peut ne pas être au mot à mot, dès lors qu'elle reste dans l'esprit du texte original (Circ. 19-3-1996). En revanche, une traduction en résumés de faible volume n'offrant pas la même qualité d'information n'est pas suffisante (T. pol. Paris 11-1-1996 : BID 1997/1 p. 26).

En ce qui concerne la **publicité audiovisuelle,** l'ex-Conseil supérieur de l'audiovisuel (devenu Arcom) a précisé que la traduction de mentions en langue étrangère peut indifféremment être verbale ou écrite ; en outre, il n'est pas nécessaire qu'elle soit disposée à l'écran dans des conditions semblables ou que les caractères utilisés soient de taille ou de couleur identiques. Néanmoins, l'administration considérant que la mention en langue étrangère ne doit pas, « en raison de sa taille, de son graphisme, de sa couleur, de son volume sonore ou pour toute autre cause, être mieux comprise que celle établie en français » (voir ci-dessus), il importe que celle-ci se rapproche suffisamment de la présentation en langue étrangère pour pouvoir être regardée comme « aussi lisible, audible ou intelligible » (Recommandation CSA n° 2005-2 du 18-1-2005).

62175 Le principe de l'emploi obligatoire de la langue française ne fait pas non plus obstacle à l'usage des **langues régionales** (Loi 94-665 du 4-8-1994 art. 21).

C. Contrôles et sanctions en cas de non-respect de l'obligation d'emploi du français

RÉPRESSION DES INFRACTIONS

62210 Les infractions aux dispositions des textes pris pour l'application de l'article 2 de la loi du 4 août 1994 (nos 62010 et 62015) sont recherchées et constatées par les agents mentionnés aux articles L 511-3 et L 511-22 du Code de la consommation (art. L 511-3 : agents de la CCRF ; art. L 511-22 : autres agents habilités, tels que les agents de la Direction générale des douanes) (Loi du 4-8-1994 art. 16).

Les agents de la CCRF disposent des pouvoirs d'enquête prévus aux articles L 512-1 à L 512-65 du Code de la consommation, dont la possibilité de procéder à des perquisitions et saisies (C. consom. art. L 511-13 et L 511-15), tandis que les autres agents habilités disposent des pouvoirs prévus à l'article L 511-22, I du Code de la consommation (en particulier, pouvoirs d'enquêtes ordinaires).

Les agents de la CCRF et les autres agents habilités peuvent enjoindre au professionnel de se conformer à ses obligations (sur les modalités de cette injonction, voir nos 79400 s.) (C. consom. art. L 521-1 ; Loi du 4-8-1994 art. 16).

PERSONNES PUNISSABLES

C'est le responsable de la première mise sur le marché d'un produit qui est tenu de vérifier la conformité de celui-ci à la loi du 4 août 1994 (Cass. crim. 26-4-2000 : RJDA 12/00 n° 1209 ; Cass. crim. 14-11-2000 : RJDA 5/01 n° 658), sa responsabilité n'excluant pas celle éventuelle du revendeur (CA Toulouse 29-5-1997 : BID 1997/10 p. 19). **62220**

ILLUSTRATIONS

Un importateur a été condamné pour avoir livré à des distributeurs des bouteilles d'huile d'olive dépourvues d'étiquetage en langue française bien qu'il ait fourni dans les cartons de livraison de ces bouteilles des étiquettes autocollantes rédigées en français (T. pol. Paris 26-6-1997, inédit).

SANCTIONS

Le fait de ne pas employer la langue française dans les conditions prévues par la loi de 1994 est puni, lorsque l'infraction a été commise par une **personne physique,** d'une **amende** de 750 € (Décret 95-240 du 3-3-1995 art. 1). S'agissant d'une amende de nature contraventionnelle, son montant doit être multiplié par le nombre d'infractions constatées. **62230**

ILLUSTRATIONS

Ont été condamnés au paiement de :

– 61 amendes de 300 F (environ 46 €) un détaillant de matériel informatique qui avait mis en vente 61 logiciels dont le mode d'emploi était rédigé en langue anglaise (CA Paris 27-1-1997 : RJDA 12/97 n° 1576) ;

– 51 amendes de 50 F (environ 8 €) un importateur pour la mise en vente par son détaillant de 51 bouteilles d'huile d'olive dépourvues d'étiquetage en langue française (T. pol. Paris 26-6-1997 : BID 1998/5 flash p. 30) ;

– 128 amendes de 150 F (environ 23 €) un revendeur de matériel informatique qui avait mis en vente 128 articles dont les emballages et notices d'emploi étaient rédigés exclusivement en langue anglaise (CA Paris 17-12-1999 : RJDA 3/00 n° 370).

Les **personnes morales** peuvent être déclarées pénalement responsables des infractions commises pour leur compte par leurs organes ou représentants (Décret 95-240 art. 4, al. 1). Le montant de l'**amende** contraventionnelle est alors de 3 750 € (art. 4, al. 2).

Toute **association** régulièrement déclarée ayant pour objet statutaire la **défense de la langue française** et agréée dans les conditions fixées par le décret 95-240 du 3 mars 1995 (Décret 95-240 art. 9 à 13) peut exercer les droits reconnus à la partie civile (CPP art. 2-14). **62235**

Les agents de la CCRF disposent des pouvoirs d'enquête prévus aux articles L 512-1 à L 512-65 du Code de la consommation, dont la possibilité de procéder à des perquisitions et saisies (C. consom. art. L 511-3 et L 511-15), tandis que les autres agents habilités disposent des pouvoirs prévus à l'article L 511-22, I du Code de la consommation (en particulier, pouvoirs d'enquêtes ordinaires).

Les agents de la CCRF et les autres agents habilités peuvent enjoindre au professionnel de se conformer à ses obligations (sur les modalités de cette injonction, voir n° 79490 s.) (C. consom. art. L 521-1 ; Loi du 4-8-1994 art. 16).

PERSONNES PUNISSABLES

62220 C'est le responsable de la première mise sur le marché d'un produit qui est tenu de vérifier la conformité de celui-ci à la loi du 4 août 1994 (Cass. crim. 28-4-2000 : RJDA 12/00 n° 1205 ; Cass. crim. 14-11-2000 : RJDA 3/01 n° 358). Sa responsabilité n'exclut pas celle éventuelle du revendeur (T. corr. Toulouse 27-5-1997 : BRDA 1997/13 p. 15).

Jurisprudence

Un importateur a été condamné pour avoir livré à des distributeurs des bouteilles d'huile d'olive dépourvues d'étiquetage en langue française bien qu'il ait fourni dans les cartons de livraison de ces bouteilles des étiquettes autocollantes rédigées en français (T. corr. Paris 26-6-1997, inédit).

SANCTIONS

62230 Le fait de ne pas employer la langue française dans les conditions prévues par la loi de 1994 est puni, lorsque l'infraction a été commise par une **personne physique**, d'une **amende** de 750 € (Décret 95-240 du 3-3-1995 art. 1). S'agissant d'une amende de nature contraventionnelle, son montant doit être multiplié par le nombre d'infractions constatées.

Jurisprudence

Ont été condamnés au paiement de :
— 51 amendes de 300 F (environ 46 €) un détaillant de matériel informatique qui avait mis en vente 51 logiciels dont le mode d'emploi était rédigé en langue anglaise (CA Paris 23-1-1997 : RJDA 12/97 n° 1519) ;
— 54 amendes de 50 F (environ 8 €) un importateur pour la mise en vente par son détaillant de 54 bouteilles d'huile d'olive dépourvues d'étiquetage en langue française (T. pol. Paris 26-6-1997 : BRDA 1998/5 flash p. 30) ;
— 128 amendes de 150 F (environ 23 €) un revendeur de matériel informatique qui avait mis en vente 128 articles dont les emballages et notices d'emploi étaient rédigés exclusivement en langue anglaise (CA Paris 17-12-1998 : RJDA 3/00 n° 328).

Les **personnes morales** peuvent être déclarées pénalement responsables des infractions commises pour leur compte par leurs organes ou représentants (Décret 95-240 art. 4, al. 1). Le montant de l'amende contraventionnelle est alors quintuplé (C. pén. art. 131-41).

62235 Toute **association** régulièrement déclarée ayant pour objet statutaire la défense de la langue française et agréée dans les conditions fixées par le décret 95-240 du 3 mars 1995 (Décret 95-240 art. 5 à 11) peut exercer les droits reconnus à la partie civile (C. pr. pén. art. 2-14).

LITIGES DE CONSOMMATION

SOMMAIRE

A. Règlement amiable

Le dispositif français organisant la médiation des litiges de consommation (C. consom. art. L 611-1 s. et R 612-1 s.) coexiste avec différentes initiatives européennes. 63000

1. Dispositifs de médiation des litiges de consommation

DISPOSITIF FRANÇAIS DE MÉDIATION DE LA CONSOMMATION

Droit à la médiation Tout consommateur a le droit de recourir gratuitement (sauf éventuels frais d'avocat et d'expertise) à un médiateur de la consommation en vue de la **résolution amiable d'un litige** qui l'oppose à un professionnel (C. consom. art. L 612-1). 63020

Le professionnel garantit l'effectivité de ce recours. Il a le choix entre deux stratégies de médiation :
– mettre en place son propre dispositif ;
– proposer au consommateur le recours à un médiateur de la consommation répondant aux exigences légales.

Lorsqu'il existe un **médiateur de la consommation pour l'ensemble des entreprises du domaine d'activité** dont relève le professionnel (médiateur de l'énergie, de l'assurance, par exemple), ce dernier doit toujours permettre au consommateur d'y recourir (art. L 612-2).

La médiation n'est pas une obligation pour le consommateur : toute **clause ou convention** l'**obligeant,** en cas de litige, **à recourir à une médiation** avant de saisir le juge est interdite (art. L 612-4).

> **Précisions** **a.** Pour tenter de résoudre partiellement leur litige à l'amiable, les parties peuvent également demander la « **césure du procès** » (CPC art. 807-1 s. issus du décret 2023-686 du 29-7-2023, applicable aux instances introduites depuis le 1-11-2023) : elles peuvent ainsi faire trancher le nœud du litige ou une partie de celui-ci par le juge, qui rend un jugement partiel, tandis que la procédure se poursuit à l'égard des autres prétentions des parties ; les parties peuvent alors tirer les conséquences du jugement partiel sur ces autres prétentions, notamment en recourant à une médiation ou à une conciliation de justice.
> **b.** Le juge peut également convoquer les parties à une « **audience de règlement amiable** », tenue par un juge qui ne siège pas dans la formation de jugement (CPC art. 774-1 s. issus du décret 2023-686, applicable aux instances introduites depuis le 1-11-2023), lequel invitera les parties à se mettre autour d'une table et à trouver une solution amiable au litige qui les oppose ; ce dispositif est applicable à la procédure écrite ordinaire et à celle de référé devant le tribunal judiciaire.

Champ d'application La médiation s'applique aux **litiges nés de** ventes ou de prestations de services entre professionnel et consommateur. Sont concernés (C. consom. art. L 611-1 et L 611-2) les litiges nationaux (professionnel établi en France et consommateur résidant en 63030

France) et transfrontaliers (professionnel établi en France et consommateur résidant dans un autre État membre de l'Union européenne au moment de la conclusion du contrat). En revanche, ne sont pas considérés comme des litiges de consommation, et sont donc exclus du processus, les services d'intérêt général non économiques, les services de santé fournis par des professionnels de la santé aux patients, y compris la fourniture de médicaments, les prestataires publics de l'enseignement supérieur (art. L 611-4).

63035 La **médiation** des litiges de la consommation **ne s'applique pas** dans les cas suivants (C. consom. art. L 611-3) :
– litiges entre professionnels ;
– réclamations portées par le consommateur auprès du service clientèle du professionnel ou négociations directes entre le consommateur et le professionnel (mais une réclamation préalable du consommateur auprès du professionnel est néanmoins nécessaire pour saisir le médiateur : nº 63050) ;
– tentatives de conciliation ou de médiation ordonnées par un tribunal saisi du litige ;
– procédures introduites par un professionnel contre un consommateur.

> **Précisions** Les **litiges entre professionnels et non-professionnels** ne sont pas expressément exclus du dispositif de médiation. Cependant, les textes qui organisent cette médiation ne visant que les consommateurs, il n'est pas possible d'en déduire de façon certaine que les non-professionnels peuvent se prévaloir de ces dispositions. En pratique, et dès lors que le professionnel aura mis en place un dispositif de médiation, le non-professionnel pourra à notre avis en bénéficier.

63040 **Information du consommateur** Le professionnel doit **communiquer** au consommateur les **coordonnées du ou des médiateurs** compétents dont il relève, en les indiquant de manière visible et lisible sur son site internet, sur ses conditions générales de vente ou de service, sur ses bons de commande ou sur tout autre support adapté. Il doit également y mentionner l'adresse du site internet de ce ou ces médiateurs (C. consom. art. L 616-1, al. 1 et R 616-1).

Le professionnel doit aussi fournir ces informations au consommateur dès lors qu'un litige n'a pas pu être réglé dans le cadre d'une réclamation préalable directement introduite auprès de ses services (art. L 616-1, al. 2). Tout manquement est passible d'une amende administrative dont le montant ne peut pas excéder 3 000 € pour une personne physique et 15 000 € pour une personne morale (art. L 641-1).

63050 **Procédure de médiation** Le **consommateur doit, avant toute médiation,** soumettre directement au professionnel une réclamation écrite, le cas échéant selon les modalités prévues dans le contrat. Sa demande ne peut pas être examinée par le médiateur de la consommation tant qu'il n'établit pas avoir effectué cette démarche. La **demande** doit ensuite être **introduite dans le délai** d'un an à compter de cette réclamation écrite, à peine d'irrecevabilité (C. consom. art. L 612-2, 1º et 4º).

Un **litige ne peut pas** non plus **être examiné** par le médiateur de la consommation lorsque :
– la demande est manifestement infondée ou abusive (art. L 612-2, 2º) ;
– le litige a été précédemment examiné ou est en cours d'examen par un autre médiateur ou par un tribunal (art. L 612-2, 3º) ;
– le litige n'entre pas dans son champ de compétence (art. L 612-2, 5º).
S'il se trouve dans l'un de ces cas, le médiateur doit **informer le consommateur** du rejet de sa demande dans un délai de trois semaines à compter de la réception de son dossier (art. L 612-2, dernier al.).

63055 Tout médiateur de la consommation doit mettre en place un **site internet** consacré à la médiation et fournissant un accès direct aux informations relatives au processus de médiation. Ce site doit permettre aux consommateurs de déposer en ligne une demande de médiation accompagnée des documents justificatifs. Sur demande, ces informations peuvent être mises à disposition sur un **autre support** durable (C. consom. art. L 614-1). Les parties doivent toujours avoir la possibilité de recourir à la médiation par voie postale (art. L 614-3).

Les parties ont la faculté, à leurs frais, de se faire **représenter** par un avocat ou de se faire **assister** par toute personne de leur choix à tous les stades de la médiation. Chaque partie peut également solliciter l'avis d'un **expert,** dont les frais sont à sa charge ; en cas de demande conjointe d'expertise, les frais sont partagés entre les parties (art. R 612-1).

Le médiateur fournit également sur son site internet un lien électronique vers la plateforme européenne de résolution en ligne des litiges (voir nº 63070).

Dès réception des documents sur lesquels est fondée la demande du consommateur, le **médiateur** de la consommation doit notifier sa **saisine** aux parties, par voie électronique ou par courrier simple. Cette notification doit leur rappeler qu'elles peuvent à tout moment se retirer du processus (C. consom. art. R 612-2). 63060

L'**issue de la médiation** doit intervenir, au plus tard, dans un **délai** de 90 jours à compter de la date de la notification. À tout moment, le médiateur peut prolonger ce délai, en cas de litige complexe. Il doit alors en aviser immédiatement les parties (art. R 612-5).

Le médiateur doit **communiquer,** à la demande de l'une des parties, tout ou partie des pièces du dossier. Il peut recevoir les parties ensemble ou séparément. La médiation des litiges de consommation est soumise à l'obligation de **confidentialité** (art. L 612-3).

À défaut d'accord amiable entre les parties, il doit leur **proposer une solution** pour régler le litige (art. R 612-3).

Le médiateur doit faire connaître aux parties la solution proposée par courrier simple ou par voie électronique, en leur rappelant (art. R 612-4) que :
– elles sont libres d'accepter ou de refuser sa proposition de solution ;
– la participation à la médiation n'exclut pas la possibilité de recourir à un juge ;
– la solution qu'il propose peut être différente de la décision qui serait rendue par un juge.

Le médiateur doit aussi préciser quels sont les **effets juridiques de l'acceptation** de la proposition de la solution et fixer un délai d'acceptation ou de refus de celle-ci. La médiation des litiges de consommation est soumise aux règles générales sur la médiation prévues par la loi 95-125 du 8 février 1995, quand elles ne sont pas contraires au régime spécifique (art. L 611-2). Il en résulte que les parties qui trouvent un accord peuvent le rendre exécutoire en le faisant homologuer par le juge compétent pour connaître du contentieux en la matière (CPC art. 1565).

PLATEFORME EUROPÉENNE DE RÈGLEMENT DES LITIGES DE CONSOMMATION

En application du règlement UE 524/2013, l'Union européenne a mis en place une plateforme pour aider les consommateurs ayant conclu un **contrat de vente ou de services en ligne** dans leurs démarches en vue de saisir un médiateur. Les professionnels européens de la vente ou de la prestation de services en ligne doivent informer les consommateurs des dispositions prises pour mettre en œuvre la possibilité de régler les litiges via la plateforme, dite « RLL », instituée par le règlement UE 524/2013 précité (C. consom. art. L 616-2), et les médiateurs de la consommation français doivent fournir, sur leurs sites, le lien électronique vers cette plateforme : ec.europa.eu/consumers/odr/main. 63070

La plateforme oriente le consommateur vers le dispositif national auquel il peut avoir recours. Elle permet également de déposer une plainte en ligne.

En ce qui concerne les contrats de vente ou de services en ligne, cette plateforme européenne est théoriquement « concurrente » du dispositif mis en place en droit français, qui n'est pas limité au règlement des litiges internes. Elle est cependant plus adaptée que le dispositif français aux litiges transfrontaliers, puisqu'elle offre au consommateur comme au professionnel un service de traduction. Par ailleurs, elle permet au consommateur français de recourir à la médiation pour un litige l'opposant à un professionnel d'un autre pays européen.

CENTRES EUROPÉENS DES CONSOMMATEURS

Le réseau des centres européens des consommateurs a été créé par l'Union européenne et fournit essentiellement une **assistance au consommateur** désireux de résoudre à l'amiable un litige l'opposant à un professionnel. Lorsqu'un consommateur résidant dans un autre pays européen que la France a un litige avec un professionnel installé en France, il peut contacter le centre européen des consommateurs (CEC) de son pays de résidence, qui pourra le conseiller sur ses droits et sur la manière de constituer son dossier, et éventuellement l'orienter vers le dispositif de médiation approprié. La liste des CEC est disponible à l'adresse suivante : www.europe-consommateurs.eu/fr/accueil/. 63080

2. Obligation pour le consommateur de recourir à la médiation

Le consommateur n'est pas obligé de recourir à la médiation de la consommation, mais les litiges de consommation sont soumis aux règles de procédure civile imposant dans certains cas, notamment lorsque la demande tend au paiement d'une somme n'excédant pas 5 000 €, d'effectuer une tentative de règlement amiable avant un recours en justice (CPC art. 750-1). 63090

B. Action en justice en cas de litige de consommation

1. TRIBUNAUX COMPÉTENTS POUR CONNAÎTRE DES LITIGES DE CONSOMMATION

COMPÉTENCE DE DROIT INTERNE

63130 **Compétence territoriale** Le consommateur et le professionnel peuvent saisir la **juridiction compétente en vertu du Code de procédure civile** (CPC art. 42 à 46), c'est-à-dire :
– celle du lieu où demeure le défendeur ;
– ou celle de la livraison effective de la chose ;
– ou encore celle de l'exécution de la prestation de services.

Le consommateur peut **également** saisir le tribunal du lieu du domicile qui était le sien au moment de la conclusion du contrat ou de la survenance du fait dommageable (C. consom. art. R 631-3). Cette **option de compétence** ne **concerne** cependant que le consommateur demandeur. Si l'on s'en tient à la lettre du texte, le non-professionnel ne peut pas s'en prévaloir.

ATTENTION

Cette règle cède en présence de **règles spéciales,** comme en matière d'assurance par exemple (C. assur. art. R 114-1) ou lorsque des règles d'ordre public prévoient la compétence exclusive d'une autre juridiction, telles celles relatives à l'injonction de payer (CPC art. 1406).

Ces règles de compétence territoriale (celles du droit commun comme l'option de l'article R 631-3 du Code de la consommation lorsqu'il s'agit d'un consommateur) ne peuvent en général pas être écartées pour les litiges portant sur un contrat de consommation. Il résulte en effet de l'article 48 du Code de procédure civile que les **clauses dérogeant aux règles de compétence** territoriale sont réputées non écrites à moins qu'elles n'aient été convenues entre des personnes ayant toutes contracté en qualité de commerçant. Or, les sociétés commerciales sont exclues de la catégorie des non-professionnels par la Cour de cassation (voir n° 16150), tandis que les commerçants personnes physiques ne seront que très rarement concernés par la protection du Code de la consommation : le consommateur, comme le non-professionnel, sera donc en principe un non-commerçant.

› Précisions En toute hypothèse, une **clause** conférant compétence exclusive au tribunal dans le ressort duquel est situé le siège du professionnel pourrait être considérée comme **abusive.** En effet, le tribunal ainsi désigné pourrait être éloigné du domicile du consommateur, ce qui est susceptible de rendre la comparution de ce dernier plus difficile (CJCE 4-6-2009 aff. 243/08 : RJDA 10/09 n° 899 ; CA Paris 12-2-2016 n° 15/08624 : RJDA 7/16 n° 570, ayant déclaré abusive la clause insérée dans les conditions générales du contrat Facebook imposant au consommateur de saisir les juridictions californiennes de tout litige relatif au réseau social).

En cas de clause attributive de compétence juridictionnelle territoriale exclusive figurant dans un contrat conclu entre un professionnel et un consommateur, le juge doit prendre d'office des mesures d'instruction afin d'établir si une telle clause est abusive et, dans l'affirmative, en apprécier d'office le caractère éventuellement abusif (CJUE 9-11-2010 aff. 137/08 : RJDA 1/11 n° 88).

63140 **Compétence d'attribution** Lorsque le professionnel a la qualité de commerçant, ce qui est le cas le plus souvent, le consommateur peut l'attraire devant les juridictions civiles ou devant la **juridiction commerciale.**

Les **clauses** attribuant compétence au tribunal de commerce sont inopposables aux défendeurs non commerçants (Cass. com. 10-6-1997 : RJDA 11/97 n° 1435).

LITIGES DE CONSOMMATION TRANSFRONTALIERS

63150 Lorsque le consommateur réside dans un État membre de l'**Union européenne** et que le professionnel est établi dans un autre, le droit européen prévoit des règles spécifiques aux contrats de consommation pour déterminer la juridiction territorialement compétente et la loi applicable.

63155 Le tribunal compétent est, en principe, pour tous les contrats, le tribunal du lieu du domicile du défendeur ou du lieu où l'obligation contractuelle a été exécutée (Règl. 1215/2012 du 12-12-2012 art. 4 à 7). En ce qui concerne les contrats conclus avec un consommateur, le **tribunal du domicile du consommateur** peut être compétent dans deux situations (art. 18) :
– dans le cas des ventes à tempérament d'objet mobilier corporel ou d'un prêt à tempérament ou d'une autre opération de crédit liés au financement de la vente de tels objets (art. 17, 1-a et b) ;

– lorsque le consommateur s'est contenté d'être passif face à un professionnel ayant cherché à contracter avec des consommateurs étrangers, soit en exerçant « des activités commerciales ou professionnelles dans l'État membre sur le territoire duquel le consommateur a son domicile, soit en dirigeant ses activités vers cet État membre » (art. 17, 1-c).

> **Précisions** **a.** Pour la CJUE, la **notion d'activité dirigée** doit être interprétée au regard des manifestations de volonté du professionnel d'établir des relations avec des consommateurs de l'État membre du consommateur partie au litige. Il a, par exemple, été jugé que la seule utilisation d'un site internet par le commerçant ne suffit pas pour considérer qu'il dirige son activité vers l'État membre du consommateur qui effectue un achat par l'intermédiaire de ce site (CJUE 7-12-2010 aff. 585/08 et 144/09 : RJDA 2/11 n° 205). D'autres indices sont nécessaires, par exemple la rédaction du site en une langue autre que celle du commerçant.
> **b.** Ces règles de compétence territoriales ne sont pas applicables aux **contrats de transport,** sauf s'ils combinent pour un prix forfaitaire voyage et hébergement (Règl. 1215/2012 art. 17, 3).

2. DROIT DU CONSOMMATEUR D'AGIR EN JUSTICE

Chacun peut agir en justice s'il y a un intérêt (CPC art. 31). Toute **clause contraire** est nulle, car contraire à l'ordre public. Pour rendre effectif le droit d'agir en justice des consommateurs, sont présumées abusives les clauses qui ont pour objet ou pour effet de supprimer ou d'entraver l'exercice des actions en justice ou des voies de recours par le consommateur, notamment en l'obligeant à saisir exclusivement une juridiction d'arbitrage non couverte par des dispositions légales ou à passer exclusivement par un mode alternatif de règlement des litiges (C. consom. art. R 212-2, 10°). **63180**

> **Précisions** Un **compromis d'arbitrage** signé, après la naissance d'un litige, entre l'assureur et l'assuré victime d'un accident et chargeant un arbitre de déterminer à quelle date l'assuré pouvait être considéré comme en état d'invalidité totale et définitive n'est pas susceptible de présenter un caractère abusif. En effet, un tel compromis ne constitue pas une clause figurant dans un contrat conclu entre un professionnel et un consommateur. Seule une clause d'arbitrage insérée dans la police d'assurance pourrait être présumée abusive (Cass. 1e civ. 25-2-2010 n° 09-12.126 : RJDA 5/10 n° 563).
> Le principe selon lequel l'arbitre est seul compétent pour apprécier la validité de la clause d'arbitrage (principe compétence-compétence) n'interdit pas au juge étatique d'écarter une clause d'arbitrage en raison de son caractère abusif (Cass. 1e civ. 30-9-2020 n° 18-19.241 FS-PB : RJDA 3/21 n° 205).

3. PRESCRIPTION BIENNALE DU CODE DE LA CONSOMMATION

PRESCRIPTION SPÉCIALE DE L'ACTION DU PROFESSIONNEL

L'action des professionnels pour les biens et services qu'ils fournissent aux consommateurs se prescrit par deux ans (C. consom. art. L 218-2). **63200**

Champ d'application de la prescription Le délai de deux ans est applicable à toute action introduite par un professionnel et trouvant son origine dans un contrat de vente et de prestation de services conclu avec un consommateur, à moins qu'une règle spéciale à un type de contrat de consommation ne l'évince. **63210**

Il s'applique quelle que soit la nature du contrat conclu avec le consommateur, que celui-ci porte sur un bien meuble ou immeuble (Cass. 3e civ. 26-10-2017 n° 16-13.591 FS-PB : RJDA 4/18 n° 380). Il est réservé aux actions contractuelles (Cass. 1e civ. 9-6-2017 n° 16-21.247 F-PB : RJDA 10/17 n° 609). Il ne s'applique pas à l'action engagée par le professionnel à l'encontre d'un non-professionnel (Cass. 3e civ. QPC 17-2-2022 n° 21-19.829 FS-B : RJDA 8-9/22 n° 532, précisant que cette exclusion ne porte pas atteinte au principe d'égalité devant la loi et devant la justice). Ce délai de deux ans ne s'applique pas non plus lorsque le contrat a été soumis volontairement aux dispositions du Code de la consommation (Cass. 1e civ. 20-5-2020 n° 19-10.770 F-D : BRDA 12/20 inf. 21).

ILLUSTRATIONS

Il a été jugé que la prescription de l'article L 218-2 du Code de la consommation était applicable :
– à l'action en paiement de toutes les sommes devenues exigibles en exécution de **prêts** consentis par des professionnels à des consommateurs, quelle que soit la nature du crédit (Cass. 1e civ. 11-2-2016 n° 14-22.938 : RJDA 6/16 n° 473, 1e esp. et, pour un crédit immobilier : Cass. 1e civ. 28-11-2012 n° 11-26.508) et quel que soit son montant (Cass. 1e civ. 20-5-2020 n° 18-25.938 F-D : BRDA 12/20 inf. 21, crédit exclu du champ d'application des dispositions relatives au crédit à la consommation en raison de son montant) ;

– à l'action en paiement des intérêts dus en vertu d'un jugement condamnant le débiteur au paiement du solde d'un crédit à la consommation, dès lors que les intérêts dont le paiement était poursuivi n'étaient pas échus à la date du jugement (Cass. avis 4-7-2016 n° 16006 P : BRDA 14/16 inf. 18) ;
– à l'action en remboursement d'un prêt exercée par une société commerciale à l'encontre d'un consommateur dès lors que la société a consenti le prêt à des fins professionnelles (Cass. 1e civ. 28-6-2023 n° 22-12.735 F-D : RJDA 11/23 n° 626) ;
– à l'action d'une société professionnelle de l'immobilier en règlement du solde du **prix d'un immeuble vendu à un consommateur,** le texte ne distinguant pas entre la nature meuble ou immeuble du bien objet du contrat (Cass. 1e civ. 17-2-2016 n° 14-29.612 : RJDA 6/16 n° 496 ; Cass. 1e civ. 26-10-2017 n° 16-13.591 FS-PB : RJDA 4/18 n° 380 : pour une Vefa) ;
– à l'action en **partage** ouverte au créancier d'un indivisaire (Cass. 1e civ. 16-4-2015 n° 13-24.024 : RJDA 10/15 n° 778) ;
– à l'action de l'avocat en **fixation** de ses **honoraires,** lorsqu'elle est dirigée contre une personne physique ayant eu recours aux services facturés à des fins n'entrant pas dans le cadre de son activité professionnelle (Cass. 2e civ. 26-3-2015 n° 14-15.013 : RJDA 6/15 n° 472) ;
– à l'action d'un ancien avoué (aujourd'hui, avocat) en **fixation** de ses **frais,** dès lors qu'elle est dirigée contre une personne ayant eu recours à ses services en qualité de consommateur, en l'espèce dans le cadre d'une procédure de divorce (Cass. 2e civ. 18-4-2019 n° 18-14.202 F-PBI : BRDA 14/19 inf. 24) ;
– à l'action en recouvrement d'une créance de **frais funéraires** par un opérateur de pompes funèbres (Cass. 1e civ. 25-3-2020 n° 18-22.451 FS-PB : BRDA 12/20 inf. 21) ;
– à l'**action** en paiement formée par la banque **contre la caution** garantissant un prêt consenti à un consommateur (Cass. 1e civ. 20-4-2022 n° 20-22.866 FS-B : RJDA 7/22 n° 432).

En revanche, la prescription du Code de la consommation ne s'applique pas :
– à l'action en paiement du professionnel fondée sur la **gestion d'affaires,** qui ne repose pas sur un contrat (Cass. 3e civ. 9-6-2017 n° 16-21.247 F-PB : RJDA 10/17 n° 687) ;
– à l'émission d'un titre exécutoire par une collectivité publique, en recouvrement de la redevance d'enlèvement des ordures ménagères, dès lors que l'usager bénéficiaire du service public de l'enlèvement des ordures ménagères n'est pas lié à ce service par un contrat (Cass. 1e civ. 4-7-2019 n° 19-13.494 F-PBI) ;
– à l'action en paiement d'un prêt consenti pour les besoins de l'activité professionnelle d'un époux coemprunteur, même si elle est dirigée contre son épouse, étrangère à l'activité professionnelle pour les besoins de laquelle le crédit a été souscrit ; cette circonstance est en effet sans influence sur la qualification professionnelle du crédit (Cass. 1e civ. 20-5-2020 n° 19-13.461 F-PB : BRDA 12/20 inf. 21).

63220 **Régime de la prescription** Le **point de départ** du délai se situe au jour où le titulaire du droit a connu ou aurait dû connaître les faits lui permettant d'exercer l'action (Cass. 1e civ. 10-7-2014 n° 13-15.511 : RJDA 12/14 n° 935).

ILLUSTRATIONS

Il a été jugé que le délai de prescription de la demande d'un avocat en fixation de ses honoraires à l'encontre d'un client consommateur courait à compter du jour de la fin de la mission (Cass. 2e civ. 10-12-2015 n° 14-25.892 : RJDA 3/16 n° 244).

Sur le point de départ du délai de prescription en matière de crédit immobilier, voir n° 24955.

En ce qui concerne l'action en **paiement d'une prestation de services** ou de travaux formée contre un consommateur, le délai de prescription court à compter de la date de la connaissance des faits qui permet au professionnel d'exercer son action, laquelle peut être caractérisée par l'achèvement des travaux ou l'exécution de la prestation (Cass. 1e civ. 19-5-2021 n° 20-12.520 FS-P ; Cass. 3e civ. 1-3-2023 n° 21-23.176 FS-B : RJDA 6/23 n° 352). En cas d'achèvement partiel des travaux, la créance devient exigible, et la prescription débute donc, à la date à laquelle le professionnel a définitivement cessé d'intervenir sur le chantier (Cass. 3e civ. 19-10-2023 n° 22-18.825 F-D : RJDA 3/24 n° 201).

63225 Une simple demande en paiement, même par lettre recommandée AR, n'**interrompt** pas le délai de prescription (Cass. 2e civ. 10-12-2015 précité), à la différence d'une demande en justice (C. civ. art. 2241), de la reconnaissance par le débiteur du droit de son créancier (C. civ. art. 2240) ou d'un acte d'exécution forcée (C. civ. art. 2244).

PRESCRIPTION DE L'ACTION DU CONSOMMATEUR

63230 L'action des consommateurs contre les professionnels est soumise au **délai** de prescription de droit commun de cinq ans (C. civ. art. 2224). Pour plus de précisions sur le régime applicable à ce délai de prescription voir Mémento Droit commercial nos 71700 s.

L'introduction de l'action de groupe **suspend** la prescription des actions individuelles des consommateurs en réparation des mêmes préjudices. Le délai de prescription recommence à courir, pour une durée qui ne peut pas être inférieure à six mois, à compter du jugement ou de l'homologation d'un accord issu d'une médiation (C. consom. art. L 623-27).

AMÉNAGEMENTS CONVENTIONNELS DE LA PRESCRIPTION

L'article L 218-1 du Code de la consommation interdit tout aménagement contractuel de la prescription dans les contrats conclus entre un professionnel et un consommateur, par dérogation à l'article 2254 du Code civil. Il est ainsi interdit aux parties : 63240
- d'en modifier la **durée** ;
- d'ajouter aux **causes de suspension ou d'interruption** de la prescription.

La prohibition s'applique à toutes les actions nées d'un litige relatif à un contrat conclu avec un consommateur, qu'elles soient introduites par le professionnel ou par le consommateur.

Pour les contrats conclus entre un professionnel et un non-professionnel, la clause aménageant la prescription peut être écartée si elle est abusive.

4. PREUVE EN MATIÈRE DE CONTRAT DE CONSOMMATION

Les contrats de consommation sont en principe soumis au **droit commun** de la preuve : les articles 1353 et suivants et 1358 et suivants du Code civil s'appliquent donc, sauf disposition contraire. 63260

Le **Code de consommation** prévoit cependant des règles particulières en matière de preuve dans les trois domaines suivants :
- l'obligation d'information (n° 16440) ;
- les clauses abusives (n°s 16890 s.) ;
- la garantie de conformité (n°s 17430 s.).

Toute **clause** qui a pour objet ou pour effet d'imposer au non-professionnel ou au consommateur la **charge de la preuve,** qui, en vertu du droit applicable, devrait incomber normalement à l'autre partie au contrat est interdite au titre de la réglementation sur les clauses abusives (C. consom. art. R 212-1, 12°) et le juge doit examiner d'office le caractère éventuellement abusif d'une telle clause (Cass. 1e civ. 12-5-2016 n° 14-24.698 : RJDA 11/16 n° 826). 63265

Par ailleurs, toute clause qui a pour objet ou pour effet de limiter indûment les **moyens de preuve** à la disposition du non-professionnel ou du consommateur est présumée abusive (C. consom. art. R 212-2, 9°).

5. POUVOIR DES JUGES

Il résulte de l'article R 632-1, al. 1 du Code de la consommation que s'il dispose des éléments de droit et de fait nécessaires, le juge peut **soulever d'office** toutes les dispositions du Code de la consommation dans les litiges nés de son application. 63290

Il s'agit en principe d'une simple **faculté.**

Cette faculté se transforme parfois en obligation : le juge a ainsi l'**obligation** d'écarter d'office la clause dont le caractère abusif ressort des éléments du débat (art. R 632-1, al. 2, voir n° 16992). La Cour de cassation a récemment jugé qu'il avait également l'obligation de faire application des règles d'ordre public issues du droit de l'Union européenne, lorsque les faits dont il est saisi le justifient, même si le demandeur ne les a pas invoquées (Cass. ch. mixte 7-7-2017 n° 15-25.651 PBRI : RJDA 11/17 n° 769, rendu à propos de l'application de la responsabilité du fait des produits défectueux, fondée sur une disposition de droit national qui assure la transposition en droit français d'une directive communautaire). Faute de listes des règles de l'Union européenne devant être tenues comme d'ordre public, il appartiendra aux tribunaux de se prononcer au cas par cas.

> **Précisions a.** La **CJUE** avait déjà précisé que le juge national, saisi d'un litige susceptible d'entrer dans le champ d'application de la directive 1999/44 sur la vente et la garantie des biens de consommation, était tenu de vérifier d'office si l'acquéreur a la qualité de consommateur ; dans la même affaire, elle avait également estimé que l'article 5-3 de la directive 1999/44, mettant en place la présomption d'antériorité pour une période de six mois, avait un caractère contraignant tant pour les parties que pour les États membres, et que cette règle devait recevoir application même si elle n'avait pas été expressément invoquée par le consommateur susceptible d'en bénéficier (CJUE 4-6-2015 aff. 497/13 : BRDA 14/15 inf. 9).
> **b.** Le juge qui relève d'office la violation d'une règle de droit n'est pas dispensé de respecter le **principe de la contradiction** et doit permettre aux parties de faire valoir leurs observations sur l'application de la règle soulevée d'office (CPC art. 16, al. 3 ; Cass. 1e civ. 30-5-2012 n° 11-12.242).

LOTERIES COMMERCIALES À DESTINATION DES CONSOMMATEURS

SOMMAIRE

PRINCIPE D'AUTORISATION

Les loteries commerciales à l'égard des consommateurs sont licites dès lors qu'elles ne constituent pas des pratiques commerciales déloyales au sens de l'article L 121-1 du Code de la consommation (C. consom. art. L 121-20). **64000**

A. Champ d'application de la réglementation des loteries commerciales à destination des consommateurs

LOTERIES CONCERNÉES

Les **loteries** commerciales sont **définies** comme les « pratiques commerciales mises en œuvre par les professionnels à l'égard des consommateurs, sous la forme d'opérations promotionnelles tendant à l'attribution d'un gain ou d'un avantage de toute nature par la voie d'un tirage au sort, quelles qu'en soient les modalités, ou par l'intervention d'un élément aléatoire » (C. consom. art. L 121-20). **64010**

Toutes les loteries commerciales à destination des consommateurs sont visées (sur la notion de consommateur, voir nos 16120 s.). Peu importe les modalités du **tirage au sort,** avec prétirage – la révélation du résultat étant immédiate pour le participant – ou non. Peu importe également les modalités de la **participation du joueur,** financière (obligation d'achat, utilisation d'un timbre postal, numéro de téléphone surtaxé, etc.) ou non.

> **Précisions** Les loteries commerciales à destination des consommateurs sont exclusivement régies par l'article L 121-20 du Code de la consommation. La **réglementation** des jeux d'argent et de hasard prévue par le Code de la sécurité intérieure ne leur est pas **applicable** (CSI art. L 320-6, 7°).

OPÉRATIONS NON CONCERNÉES

Loteries commerciales entre professionnels Les loteries commerciales entre professionnels sont exclusivement encadrées par les dispositions des articles L 320-1 et suivants du Code de la sécurité intérieure relatifs aux jeux d'argent et de hasard. **64020**

Les **loteries** entre professionnels sont **définies** comme « toutes opérations offertes au public, sous quelque dénomination que ce soit, pour faire naître l'espérance d'un gain qui serait dû, même partiellement, au hasard et pour lesquelles un sacrifice financier est exigé de la part des participants » (CSI art. L 320-1, al. 2). Sont donc considérées comme telles les opérations qui remplissent les quatre critères suivants : une opération offerte au public ;

l'espérance d'un gain ; l'intervention, même partielle, du hasard dans l'attribution de ce gain ; un sacrifice financier. Le sacrifice financier est établi même si l'organisateur rend possible le remboursement ultérieur d'une avance financière exigée de la part des participants (CSI art. L 320-1, al. 4).

Les **opérations** ainsi définies sont **interdites** (CSI art. L 320-1, al. 1). Les professionnels participant à des loteries bénéficient donc d'un dispositif plus protecteur que les consommateurs.

> **Précisions** Le Code de la sécurité intérieure ne comprend aucune exigence en termes de **présentation** et d'**organisation des loteries.** Le dépôt d'un règlement et la présentation de la dotation dans les documents publicitaires, notamment, sont donc facultatifs, sauf à ce que leur absence contribue à conférer un caractère trompeur à la loterie, les dispositions relatives aux pratiques commerciales trompeuses s'appliquant également aux pratiques visant les professionnels (n° 66800).

64030 **Concours publicitaires** Les concours publicitaires attribuent un gain non pas de façon aléatoire mais en se reposant sur les facultés ou l'adresse des joueurs. Ils n'entrent donc pas « stricto sensu » dans le champ d'application de l'article L 121-20 du Code de la consommation puisque celui-ci vise exclusivement les opérations qui attribuent un gain par tirage au sort ou par l'intervention du hasard. En revanche, ils sont soumis aux dispositions des articles L 320-1 et suivants du Code de la sécurité intérieure car l'article L 320-1, al. 3 de ce Code dispose que l'interdiction des loteries payantes « recouvre les jeux dont le fonctionnement repose sur le savoir-faire des joueurs », c'est-à-dire ce que l'on entend traditionnellement par « concours ».

En conséquence, un concours dont serait exclu tout aléa dans l'attribution du gain ne pourrait être autorisé que s'il était parfaitement gratuit et sans obligation d'achat. Les organisateurs d'un jeu, tel qu'un concours de recettes ou de photos, ont donc tout intérêt, pour éviter une qualification de l'opération en concours au sens du Code de la sécurité intérieure, à bien s'assurer que le hasard puisse intervenir à un moment quelconque dans l'attribution des lots.

B. Appréciation du caractère déloyal d'une loterie commerciale à destination des consommateurs

CONDITIONS DU CARACTÈRE DÉLOYAL D'UNE LOTERIE COMMERCIALE

64070 Une loterie à destination des consommateurs n'est interdite que si elle constitue une pratique commerciale déloyale au sens de l'article L 121-1 du Code de la consommation, c'est-à-dire si elle est contraire à la diligence professionnelle et altère ou est susceptible d'altérer de manière substantielle, le comportement économique du consommateur normalement informé et raisonnablement attentif et avisé.

Entrent principalement dans le champ de l'interdiction des loteries déloyales les loteries qui constituent une **pratique commerciale trompeuse** (C. consom. art. L 121-2 s.) ou une **pratique commerciale agressive** (art. L 121-6 s.), de telles pratiques étant par définition déloyales au sens de l'article L 121-1.

Constitue une **pratique commerciale réputée agressive** le fait de donner l'impression que le consommateur a déjà gagné, gagnera ou gagnera en accomplissant tel acte un prix ou un autre avantage équivalent, alors que, en fait, soit il n'existe pas de prix ou autre avantage équivalent, soit l'accomplissement d'une action en rapport avec la demande du prix ou autre avantage équivalent est subordonné à l'obligation pour le consommateur de verser de l'argent ou de supporter un coût (C. consom. art. L 121-7, 7° ; pour plus de détails, voir n° 68500).

ORGANISATION DE LA LOTERIE COMMERCIALE

64075 Les documents publicitaires présentant l'opération doivent donc mentionner les informations minimales pouvant permettre aux consommateurs d'appréhender le mécanisme de l'opération, leurs chances de gain et surtout ce pour quoi ils jouent.

Il est fortement recommandé de décrire la **dotation mise en jeu** si l'accroche incitant les consommateurs à participer mentionne la nature des **lots.**

Si les lots sont fabriqués spécialement pour l'opération, leur **valeur commerciale** doit être appréciée en fonction du prix payé par l'organisateur au fabricant, augmenté de la « marge bénéficiaire habituelle du secteur commercial considéré » (Rép. Stasi : AN 21-5-1990 p. 2382). Celle-ci correspond, à notre avis, à celle que l'organisateur estime pouvoir appliquer en cas de mise en vente de l'objet offert en lot, sans que celui-ci soit tenu de se livrer à une étude des marges habituellement pratiquées sur le marché.

L'organisateur d'une loterie ne peut valablement proposer pour lots des produits portant une **marque** sans l'autorisation du propriétaire de celle-ci. En effet, le propriétaire d'une marque est en droit de s'opposer à ce que les produits la portant puissent être diffusés dans le public dès lors que cette diffusion n'a pas pour objet leur commercialisation (Cass. com. 2-7-1996 : RJDA 12/96 n° 1558). En outre, lorsqu'il s'agit d'une marque réputée, la diffusion d'une telle publicité constitue un acte de parasitisme car elle vise à tirer profit de la renommée des produits offerts en lots pour permettre à l'annonceur, qui ne les vend pas, de se dispenser d'un effort pour la promotion de ses propres produits (CA Versailles 19-11-1998 : RJDA 6/99 n° 740).

Les éventuelles **restrictions à la participation** (âge, territoire, date) devraient également être indiquées pour éviter toute déception des consommateurs. **64080**

À notre avis, il est possible d'utiliser la mention « Jeu gratuit sans obligation d'achat » même lorsque les **frais de participation à la loterie,** tels que des frais de timbre ou des frais de communication non surtaxés, ne sont pas remboursés. En effet, l'article L 121-4,19° du Code de la consommation prévoit que constitue une pratique commerciale réputée trompeuse le fait d'utiliser le terme « gratuit » si le consommateur « doit payer quoi que ce soit d'autre que les coûts inévitables liés à la réponse à la pratique commerciale ». Or, à notre avis, des frais de timbre ou de communication non surtaxés correspondent à de tels « coûts inévitables » pour participer. Il est cependant préférable de préciser dans le règlement du jeu (n° 64095) que ces frais ne seront pas remboursés. **64085**

En revanche, s'agissant d'une participation au jeu par le biais d'un numéro de téléphone surtaxé, le terme « gratuit » ne devrait pas pouvoir être utilisé, et ce alors même que ces frais seraient remboursés.

Il est interdit de demander au joueur une **participation financière en contrepartie de l'obtention de son gain,** et ce même si la participation financière est minime (par exemple, timbre-poste, SMS ou appel surtaxé) ; en effet, une telle pratique est réputée agressive (C. consom. art. L 121-7, 7° ; CJUE 18-10-2012 aff. 428/11 : RJDA 1/13 n° 72). **64090**

Le **dépôt d'un règlement chez un commissaire de justice** (ancien huissier de justice) est très fortement recommandé. En effet, le recours à un tel professionnel permettra, en cas de contestation d'un consommateur, de garantir l'intégrité des règles appliquées et la conformité du déroulement du jeu à ces règles. **64095**

À noter que la réglementation des **clauses abusives** (C. consom. art. L 212-1) est applicable au règlement d'une loterie lorsque celui-ci a été expressément accepté par le joueur. Il en est ainsi lorsque les documents publicitaires porteurs de l'opération précisent que le renvoi du bon de participation emporte acceptation du règlement (CA Paris 19-12-2003 n° 02-4822 : RJDA 5/04 n° 639).

ILLUSTRATIONS

Ont été considérées comme abusives les clauses suivantes (CA Paris 19-12-2003 précité) :
– celle prévoyant que la remise du lot était subordonnée à l'acceptation par le gagnant de l'utilisation publicitaire de ses nom, adresse et photographie, dès lors qu'elle imposait au gagnant de renoncer à la protection de la vie privée qui lui est reconnue par l'article 9 du Code civil ;
– celle précisant que le simple fait de participer impliquait l'acceptation pure et simple du règlement et des instructions figurant sur les documents, dès lors qu'elle rendait opposables au consommateur des conditions qu'il n'avait pas pu ratifier compte tenu de la présentation du règlement, imprimé en petits caractères difficilement lisibles ;
– celle énonçant qu'en cas de force majeure l'organisateur se réservait le droit d'annuler le jeu, sans un quelconque dédommagement pour les participants, par exemple en cas d'erreur matérielle commise de bonne foi par un prestataire extérieur à l'entreprise ou par un membre du personnel, dès lors qu'elle renvoyait à la notion de force majeure dans des hypothèses qui ne relevaient pas de celle-ci, les événements visés n'ayant pas le caractère d'imprévisibilité, d'irrésistibilité, voire d'extériorité.

Si des **données personnelles** sont collectées, les opérateurs doivent veiller à respecter le règlement (UE) 2016/679 du 27 avril 2016 relatif à la protection des personnes physiques à l'égard du traitement des données à caractère personnel (« RGPD ») et la loi Informatique et libertés du 6 janvier 1978, qui imposent notamment de communiquer un certain nombre d'informations à la personne concernée. **64100**

C. Répression et sanctions des loteries commerciales illicites

RÉPRESSION DES INFRACTIONS

64140 La répression des loteries illicites s'effectue dans les conditions fixées aux articles L 511-1 et suivants du Code de la consommation (voir nos 78600 s.).

Une action en cessation de la loterie illicite peut également être engagée par une association de consommateurs agréée (C. consom. art. L 621-7).

SANCTIONS

64150 **Sanctions pénales** Une loterie constitutive d'une pratique commerciale trompeuse ou agressive serait passible de sanctions pénales très lourdes : voir respectivement nos 67990 s. et nos 68710 s.

64160 **Sanctions civiles** L'organisateur d'une loterie qui annonce un **gain** à une personne dénommée sans mettre en évidence l'existence d'un aléa engage sa **responsabilité quasi contractuelle** : il s'oblige, par ce fait purement volontaire, à le **délivrer** (Cass. ch. mixte 6-9-2002 n° 212 : RJDA 12/02 n° 1332 ; Cass. 1e civ. 19-3-2015 n° 13-27.414 : RJDA 7/15 n° 534).

L'existence de l'**aléa** doit être mise en évidence à première lecture, dès l'annonce du gain (Cass. 1e civ. 29-9-2004 n° 1311 : RJDA 12/04 n° 1398 ; Cass. 1e civ. 13-6-2006 n° 1023 : RJDA 10/06 n° 1081 ; Cass. 1e civ. 23-6-2011 n° 10-19.741 : RJDA 11/11 n° 966). Cette mise en évidence est appréciée par les juges du fond « in abstracto », au regard de la réaction d'un « consommateur moyen normalement avisé et attentif » (CA Colmar 8-6-2001 n° 00-4026 et sur pourvoi, Cass. 1e civ. 29-9-2004 n° 1311 : RJDA 12/04 n° 1398), et non « in concreto », d'après le niveau intellectuel, l'acuité visuelle ou l'âge de la personne destinataire des documents publicitaires.

À **défaut de mise en évidence de l'aléa,** l'organisateur est tenu à la délivrance du gain annoncé, et ce sans pouvoir la subordonner au renvoi par le destinataire du bon de participation (Cass. 1e civ. 19-3-2015 précité).

La responsabilité de l'organisateur étant non pas contractuelle mais quasi contractuelle (C. civ. art. 1300), le destinataire des documents publicitaires ne peut pas obtenir la remise du lot prétendument gagné si sa demande est formée de mauvaise foi alors qu'il a pu avoir connaissance du caractère aléatoire du lot.

Le particulier qui souhaite exercer l'action en responsabilité quasi contractuelle ne peut assigner la société organisatrice que devant le **tribunal** du lieu du siège de celle-ci et non devant le tribunal de son propre domicile (Cass. 2e civ. 7-6-2006 n° 833 : RJDA 1/07 n° 106).

64170 Des **dommages-intérêts** peuvent être alloués aux personnes qui se constituent **partie civile** lorsque l'auteur de la loterie illicite a été condamné pour pratique commerciale trompeuse ou agressive sur le fondement respectivement des articles L 121-2 et suivants ou L 121-6 et suivants du Code de la consommation. L'action civile repose sur la responsabilité civile extracontractuelle. Or, dans le cadre de cette responsabilité, l'absence de perception du gain promis de manière certaine ne peut être indemnisée par le juge pénal qu'au titre du préjudice moral résultant de la déception qu'elle engendre (Cass. crim. 22-11-2022 n° 21-86.010 F-B : RJDA 2/23 n° 115). Le juge pénal ne peut donc pas allouer le montant du gain promis au titre d'un préjudice matériel. Reste que l'appréciation des juges du fond quant au montant de l'indemnité propre à réparer ce préjudice moral est souveraine et ne pourra donc pas être contestée devant la Cour de cassation.

PLATEFORMES DIGITALES : RÉGULATION CONCURRENTIELLE

SOMMAIRE

I. OBJET ET ORIGINE DE LA RÉGULATION CONCURRENTIELLE DU SECTEUR NUMÉRIQUE EUROPÉEN

OBJET DE LA RÉGULATION CONCURRENTIELLE

66000 Le règlement (UE) 2022/1925 du 14 septembre 2022 relatif aux marchés contestables et équitables dans le secteur numérique, dit « Digital Markets Act » ou « **DMA** », impose aux plateformes en ligne qualifiées de « contrôleurs d'accès » (« gatekeepers ») et fournissant des « services de plateforme essentiels » (« core plaform system » ou « CPS ») de se conformer à des obligations dont le non-respect est passible de sanctions.

Ce règlement est entré **en vigueur** le 2 mai 2023 (Règl. 2022/1925 du 19-9-2022 art. 54). Les premiers contrôleurs d'accès désignés par la Commission européenne devaient se conformer aux obligations fixées par le DMA au plus tard le 6 mars 2024 (DMA art. 3, 10).

Les conditions d'application du DMA ont été précisées par le **règlement d'exécution** (UE) 2023/814 du 14 avril 2023, également entré en vigueur le 2 mai 2023. Ce dernier établit notamment les règles qui gouvernent la communication entre la Commission et les entreprises concernées.

66005 Cette nouvelle régulation ambitionne de garantir la **contestabilité et** l'**équité des marchés du secteur numérique européen** au profit des entreprises utilisatrices et des utilisateurs finaux (DMA art. 1, 1). L'objectif est d'assurer l'ouverture de ces marchés en permettant aux entreprises du secteur de concurrencer dans des conditions équitables celles qui sont dominantes.

Le règlement ne concerne pas l'intégralité des marchés numériques. Il se concentre sur ceux qui se trouvent affectés par des **déséquilibres systémiques** découlant directement des positions de domination occupées par quelques acteurs économiques qu'il qualifie de « contrôleurs d'accès ».

Le DMA contribue également à garantir la **sécurité juridique** pour les acteurs du secteur numérique en procédant à l'harmonisation des règles applicables. Les États membres ne peuvent pas imposer d'obligations supplémentaires aux contrôleurs d'accès, par voie législative, réglementaire ou administrative, qui entrent dans le champ d'application du règlement. Ils sont néanmoins libres d'intervenir en dehors de celui-ci, sous réserve que ces obligations soient compatibles avec le droit de l'Union européenne (DMA art. 1, 5).

Avertissement. Dans les présents développements, nous exposons l'essentiel de la réglementation.

ORIGINE DE LA RÉGULATION CONCURRENTIELLE DU SECTEUR NUMÉRIQUE

66010 L'adoption du « Digital Markets Act » résulte de deux **constats** : le secteur numérique européen est dominé par quelques entreprises surpuissantes et le droit des pratiques anticoncurrentielles (TFUE art. 101 et 102) est inadapté pour préserver l'ouverture des marchés numériques face à ces acteurs dominants.

Le DMA complète les règles de concurrence précitées suivant une **approche** différente : tandis que le TFUE permet de sanctionner des pratiques anticoncurrentielles après la commission de l'infraction par une analyse économique complexe de leurs effets sur le marché (contrôle « ex post »), le DMA permet de sanctionner le non-respect d'une liste d'obligations objectives destinées à prévenir des restrictions de concurrence, indépendamment de leurs effets (contrôle « ex ante »).

Ainsi, l'adoption du DMA concrétise la volonté de l'Union européenne de s'émanciper de la domination des acteurs incontournables de l'« écosystème digital » pour garantir sa souveraineté numérique.

> **Précisions** Pour tenir compte des évolutions rapides et nombreuses du secteur numérique et garantir l'adéquation du DMA à la réalité des marchés européens, le règlement prévoit plusieurs **mécanismes de surveillance** afin de permettre une évolution rapide du texte. La Commission est, par exemple, tenue de rédiger un rapport annuel exposant la mise en œuvre pratique du règlement (DMA art. 35 ; la Commission a publié le 6-3-2024, sur le site internet EUR-lex, un premier rapport numéroté « COM(2024) 106 final »). De même, une clause de réexamen assure l'évaluation régulière de l'application du règlement, une première fois au plus tard le 3 mai 2026, puis tous les trois ans (DMA art. 53).

ARTICULATION DU DMA AVEC LES RÈGLES DE CONCURRENCE

Le DMA s'applique sans préjudice des articles 101 et 102 du TFUE relatifs aux ententes et abus de position dominante. Il est également sans préjudice de l'application (DMA art. 1, 6) : **66015**

– des règles de concurrence nationales interdisant les accords anticoncurrentiels, les décisions d'associations d'entreprises, les pratiques concertées et les abus de position dominante (en France : C. com. art. L 420-1 et L 420-2) ;

– des règles de concurrence nationales interdisant d'autres formes de comportement unilatéral, dans la mesure où elles s'appliquent à des entreprises autres que les contrôleurs d'accès ou reviennent à imposer des obligations supplémentaires aux contrôleurs d'accès (en France : C. com. art. L 442-1 à L 442-4) ;

– du règlement (CE) 139/2004 du 20 janvier 2004 relatif au contrôle des concentrations et des règles nationales relatives à ce même contrôle (en France : C. com. art. L 430-1 s.).

L'application du DMA n'empêche pas celle des règles de concurrence car ce règlement poursuit un objectif complémentaire mais différent de la protection d'une concurrence non faussée sur tout marché, au sens du droit de la concurrence : celui de « veiller à ce que les marchés sur lesquels les contrôleurs d'accès opèrent sont et restent contestables et équitables, indépendamment des effets réels, éventuels ou présumés sur la concurrence sur un marché donné du comportement d'un contrôleur d'accès couvert par ce règlement » (DMA considérant 11).

> **Précisions** La possibilité d'**appliquer parallèlement le DMA et les règles de concurrence** fait qu'une entreprise pourrait – à tout le moins théoriquement – être sanctionnée par le biais du DMA par la Commission et par celui du droit de la concurrence pour abus de position dominante par une autorité nationale. La circonstance qu'une autorité nationale ne doit prendre « aucune décision qui irait à l'encontre d'une décision adoptée par la Commission » (DMA art. 1, 7 : n° 66190) ne constitue pas à cet égard une protection pour l'entreprise puisqu'il ne s'agirait pas d'une décision qui irait à l'encontre du DMA.

II. CHAMP D'APPLICATION DU DMA

CHAMP D'APPLICATION MATÉRIEL : DÉFINITIONS

Les **contrôleurs d'accès,** au sens du DMA, sont les entreprises qui fournissent des services de plateforme essentiels et sont désignées par la Commission conformément aux dispositions de l'article 3 du règlement (nos 66040 s.) (DMA art. 2, 1). Ce sont les acteurs du secteur numérique dont les services sont considérés comme indispensables pour accéder aux services de l'Internet. **66025**

Les **services de plateforme essentiels** sont au nombre de dix : services d'intermédiation en ligne, moteurs de recherche en ligne, services de réseaux sociaux en ligne, services de plateformes de partage de vidéos, services de communications interpersonnelles non fondés sur la numérotation, systèmes d'exploitation, navigateurs internet, assistants virtuels, services informatiques en nuage et services de publicité en ligne (art. 2, 2).

Les **entreprises utilisatrices** sont les personnes physiques ou morales agissant à titre commercial ou professionnel qui utilisent des services de plateforme essentiels aux fins ou dans le cadre de la fourniture de biens ou de services à des utilisateurs finaux (art. 2, 21).

Les **utilisateurs finaux** sont les personnes physiques ou morales qui utilisent les services de plateforme essentiels autrement qu'en tant qu'entreprises utilisatrices (art. 2, 20).

CHAMP D'APPLICATION TERRITORIAL

Le DMA s'applique à tous les services de plateforme essentiels fournis ou proposés par des contrôleurs d'accès à des entreprises utilisatrices ou des utilisateurs finaux établis ou situés sur le territoire de l'Union européenne, quel que soit leur lieu d'établissement ou de résidence et quel que soit le droit applicable à la fourniture des services (DMA art. 1, 2). **66030**

III. DÉSIGNATION D'UN CONTRÔLEUR D'ACCÈS

A. Qualification de contrôleur d'accès

1. CRITÈRES DE QUALIFICATION

PRINCIPE : DÉPASSEMENT DE SEUILS QUANTITATIFS

66040 Est qualifié de contrôleur d'accès le fournisseur de services de plateformes essentiels qui répond aux trois **critères cumulatifs** suivants :

1° Le poids de l'entreprise sur le marché intérieur est important (DMA art. 3, 1-a).

2° L'entreprise fournit des services de plateforme essentiels constituant un point d'accès majeur permettant aux entreprises utilisatrices d'atteindre leurs utilisateurs finaux (art. 3, 1-b).

3° L'entreprise occupe une position solide et durable dans le secteur numérique ou potentiellement jouir d'une telle position dans un avenir proche (art. 3, 1-c).

66042 Le règlement associe une **présomption** à chacune de ces conditions (DMA art. 3, 2) :
– une entreprise est présumée avoir un **poids important** si son chiffre d'affaires annuel réalisé sur le territoire de l'Union européenne au cours des trois derniers exercices est supérieur ou égal à 7,5 milliards d'euros, ou si sa capitalisation boursière moyenne ou valeur marchande équivalente est supérieure ou égale à 75 milliards d'euros au cours du dernier exercice, et si elle fournit le même service de plateforme essentiel dans au moins trois États membres (art. 3, 2-a) ;
– un **point d'accès** est présumé **majeur** si, au cours du dernier exercice, il a compté au moins 45 millions d'utilisateurs finaux actifs sur le territoire de l'Union européenne et au moins 10 000 entreprises utilisatrices actives par an dans l'Union (art. 3, 2-b) ;
– une **position** est présumée **solide et durable** si les deux seuils permettant de présumer de l'existence d'un point d'accès majeur ont été atteints au cours des trois derniers exercices (art. 3, 2-b).

QUALIFICATION DE CONTRÔLEUR D'ACCÈS PAR EXCEPTION

66045 Les présomptions qui permettent de déterminer si une entreprise a la qualité de contrôleur d'accès (n° 66042) ne sont pas irréfragables.

Une **entreprise qui dépasse les seuils** fixés par l'article 3, 2 du DMA (n° 66042) peut, exceptionnellement et en raison des circonstances dans lesquelles le service de plateforme essentiel concerné opère, présenter, lors de la notification, des arguments étayés pour démontrer qu'elle n'a pas les qualités d'un contrôleur d'accès (n° 66075).

Si la Commission considère qu'une **entreprise** qui **n'atteint pas les seuils** permettant de présumer sa qualité de contrôleur d'accès devrait tout de même avoir cette qualité, elle peut également mener une enquête de marché et, en fonction de son résultat et de l'appréciation qu'elle en fera, l'entreprise en cause pourra être qualifiée de contrôleur d'accès (n° 66080).

INTERDICTION DES MESURES DE CONTOURNEMENT

66050 Les entreprises fournissant des services de plateforme essentiels ne peuvent pas segmenter leurs services par quelque moyen que ce soit pour contourner les seuils quantitatifs fixés par l'article 3, 2 (n° 66042) (DMA art. 13, 1).

Lorsque la Commission soupçonne qu'une telle entreprise met en œuvre une pratique de contournement, elle peut exiger la communication de toute information qu'elle juge nécessaire pour déterminer si cette interdiction n'a pas été respectée (art. 13, 2).

2. OBLIGATION DE NOTIFICATION À LA COMMISSION EUROPÉENNE

NOTIFICATION SPONTANÉE

66055 Le DMA s'inscrit dans une logique de responsabilisation des entreprises. Le fournisseur de services de plateforme essentiels qui satisfait aux critères de qualification (n° 66040) est tenu d'en informer la Commission dans un **délai** de deux mois à compter du dépassement des seuils (DMA art. 3, 3).

La notification est accompagnée d'**informations précises** destinées à permettre à la Commission d'examiner la situation de l'entreprise. Ces informations figurent dans le formulaire type, dit « Formulaire GD » (« gatekeeper designation »), figurant à l'annexe I du règlement 2023/814 du 17 avril 2023 (Règl. 2023/814 art. 2, 1).

Les entreprises doivent effectuer une notification pour **chaque service de plateforme essentiel** concerné par le dépassement des seuils.

Une **entreprise déjà désignée contrôleur d'accès** pour un ou plusieurs services de plateforme essentiels est soumise à la même obligation de notification dans un délai de deux mois si un ou plusieurs autres de ses services de plateforme essentiels dépassent les seuils fixés, notamment après la réalisation d'une opération de concentration (DMA art. 14, 3).

DÉFAUT DE NOTIFICATION

Le fait pour un fournisseur de services de plateforme essentiels de ne pas adresser de notification à la Commission européenne n'empêche pas celle-ci de le **désigner en tant que contrôleur d'accès.** En effet, lorsqu'une entreprise ne respecte pas l'obligation de notification, la Commission peut exiger, dans un délai qu'elle fixe, la communication de toutes les informations pertinentes pour étudier la possibilité d'une désignation. Si l'entreprise ne parvient pas à fournir les renseignements requis dans le délai imparti, la Commission conserve le droit de désigner l'entreprise en tant que contrôleur d'accès sur la base des informations dont elle dispose (DMA art. 3, 3-al. 2). 66060

B. Procédures de désignation des contrôleurs d'accès

La désignation des contrôleurs d'accès est effectuée par la Commission européenne. La décision de désignation mentionne les services de plateforme essentiels pour lesquels l'entreprise ayant notifié sa situation est désignée contrôleur d'accès (DMA art. 3, 9). Elle est publiée (art. 44). 66065

DÉSIGNATION DE DROIT COMMUN D'UN CONTRÔLEUR D'ACCÈS

Décision de désignation Une fois la notification reçue, la Commission dispose d'un **délai** de 45 jours pour **étudier la situation de l'entreprise** (DMA art. 3, 4). Si elle estime que les critères sont effectivement remplis, elle adopte une décision de désignation. Si elle estime avoir besoin de plus amples informations pour identifier les services de plateforme essentiels concernés, elle peut ouvrir une enquête de marché sur le fondement de l'article 17, 1 du DMA (n° 66130). 66070

ILLUSTRATIONS

Le 5 septembre 2023, la Commission a désigné six contrôleurs d'accès : Alphabet, Amazon, Apple, ByteDance, Meta et Microsoft. Ensemble, ils détiennent 22 services de plateforme essentiels parmi lesquels trois systèmes d'exploitation (Google Android, iOS et Windows PC OS), deux navigateurs (Chrome et Safari) et quatre réseaux sociaux (Tiktok, Facebook, Instagram et LinkedIn).

La décision de désignation ouvre un **délai** de six mois au cours duquel les contrôleurs d'accès doivent **se mettre en conformité** avec les exigences du DMA (art. 3, 10).

Demande d'exemption Exceptionnellement, une entreprise fournissant des services de plateforme essentiels peut présenter, lors de la notification, des arguments étayés pour démontrer que, bien qu'elle atteigne les **seuils** prévus à l'article 3, 2 du DMA (n° 66042), et en raison des circonstances dans lesquelles le service de plateforme essentiel concerné opère, elle ne satisfait pas aux **critères** posés par l'article 3, 1 (n° 66040) et ne doit donc pas être désignée contrôleur d'accès (DMA art. 3, 5-al. 1). 66075

Si la Commission considère que les arguments présentés remettent manifestement en cause les présomptions prévues à l'article 3, 2, une enquête de marché dite « d'exemption » est ouverte conformément aux dispositions de l'article 17, 3 (n° 66132).

ILLUSTRATIONS

En juillet 2023, Samsung était la septième entreprise à avoir notifié à la Commission le dépassement des seuils fixés par le DMA pour son service Samsung Internet Browser. L'entreprise considérait toutefois qu'il ne s'agissait pas d'un point d'accès pour un service de plateforme essentiel et avait présenté des arguments en ce sens. Après examen de la situation, la Commission a estimé que les arguments présentés étaient suffisamment solides pour permettre à Samsung d'échapper à la qualification de contrôleur d'accès.

MODE ALTERNATIF DE DÉSIGNATION D'UN CONTRÔLEUR D'ACCÈS

66080 Une entreprise fournissant des services de plateforme essentiels peut être désignée par la Commission comme contrôleur d'accès lorsqu'elle remplit les critères de l'article 3, 1 du DMA (n° 66040) mais ne dépasse pas les seuils fixés par l'article 3, 2 (n° 66042) (DMA art. 3, 8-al. 1).

Pour déterminer si l'entreprise est un contrôleur d'accès, la Commission ouvre une **enquête de marché** aux fins de désignation conformément aux dispositions de l'article 17, 1 (n° 66130). Plusieurs éléments peuvent être pris en compte pour fonder la décision parmi lesquels la taille, les activités et la position de l'entreprise sur le marché, le nombre d'entreprises utilisatrices qui font appel au service de plateforme essentiel, l'existence d'effets de réseau ou le degré de captivité des entreprises utilisatrices et des utilisateurs finaux (cf. DMA art. 3, 8-al. 2 s.).

Cette voie de désignation a pour objet de soumettre les **contrôleurs d'accès émergents** aux obligations prévues par le DMA.

RÉEXAMEN DU STATUT DE CONTRÔLEUR D'ACCÈS

66085 À tout moment, la Commission peut, **sur demande** du contrôleur d'accès ou **de sa propre initiative**, revoir, modifier ou abroger une décision de désignation lorsque celle-ci repose sur des faits qui subissent un changement important ou sur des informations incomplètes, inexactes ou dénaturées (DMA art. 4, 1-al. 1).

66090 En outre, la Commission est tenue de vérifier, **au moins tous les trois ans,** si tous les contrôleurs d'accès continuent de satisfaire aux critères de désignation posés par l'article 3, 1 du DMA (n° 66040). Ce réexamen détermine également s'il faut modifier la liste des services de plateforme essentiels du contrôleur d'accès qui constituent, individuellement, des points d'accès majeurs permettant aux entreprises utilisatrices d'atteindre les utilisateurs finaux, comme indiqué à l'article 3, 1-b du règlement. Si la Commission constate, sur la base de ces examens, que les faits sur lesquels elle s'était initialement fondée pour désigner une entreprise comme contrôleur d'accès ont évolué, elle adopte une décision confirmant, modifiant ou abrogeant la décision de désignation (DMA art. 4, 2-al. 1 et 3).

La Commission examine également **au moins une fois par an** si de nouvelles entreprises fournissant des services de plateforme essentiels satisfont aux critères de désignation (art. 4, 2-al. 2).

La Commission doit publier et tenir à jour une **liste** des contrôleurs d'accès et des services de plateforme essentiels (art. 4, 3).

C. Contestation du statut de contrôleur d'accès

66100 La décision de désignation adoptée par la Commission peut être contestée par le contrôleur d'accès devant la Cour de justice de l'Union européenne par un recours en annulation (cf. TFUE art. 261).

ILLUSTRATIONS

Le 16 novembre 2023, l'entreprise chinoise Bytedance, désignée contrôleur d'accès pour son service Tiktok, a introduit un recours en annulation contre la décision de désignation adoptée par la Commission le 6 septembre 2023. En parallèle, le contrôleur d'accès a introduit une demande en référé sollicitant la suspension de cette décision dans l'attente de celle sur le fond. L'entreprise considérait que l'obligation de divulgation de ses méthodes de profilage, imposée par l'article 15 du DMA (n° 66117), la menaçait de subir un préjudice grave et irréparable. Cette demande a été rejetée au motif que Bytedance avait échoué à démontrer l'existence d'un risque réel de divulgation d'informations confidentielles et à caractériser un tel préjudice (Trib. UE 9-2-2024 aff. 1077/23 R, Bytedance c/ Commission).

IV. OBLIGATIONS DES CONTRÔLEURS D'ACCÈS

A. Obligations imposées à tous les contrôleurs d'accès

OBLIGATIONS GÉNÉRALES

Les contrôleurs d'accès doivent respecter une vingtaine d'obligations, positives et négatives (DMA art. 5 à 7). Ils sont tenus de **se mettre en conformité avec ces obligations** dans les six mois qui suivent leur désignation (DMA art. 3, 10). 66105

Le règlement classe ces obligations en deux catégories : les obligations que l'on pourrait qualifier de « catégoriques » (art. 5) et celles qui sont susceptibles d'être « précisées » par la Commission à l'intention d'un contrôleur d'accès, en vertu de l'article 8 du règlement (art. 6 : nº 66152). À ces deux catégories s'ajoute une catégorie plus spécifique d'obligations d'interopérabilité des services de communications interpersonnelles non fondés sur la numérotation (art. 7 : nº 66121).

Ces obligations peuvent aussi être classées en fonction des objectifs qu'elles poursuivent. Nous citons ci-dessous certaines d'entre elles.

Certaines obligations favorisent la contestabilité des marchés numériques européens en libérant le **choix des utilisateurs.** Par exemple :

– il est interdit à un contrôleur d'accès de traiter, à des fins de publicité en ligne, les données personnelles des utilisateurs finaux qui recourent à des services proposés par des entreprises utilisatrices des services de plateforme essentiels fournis par le contrôleur d'accès (DMA art. 5, 2-a) ;

– le contrôleur d'accès doit permettre aux entreprises utilisatrices de communiquer et promouvoir gratuitement leurs services auprès des utilisateurs finaux acquis grâce à son service de plateforme essentiel. En d'autres termes, le règlement interdit les mesures d'antidirection mises en place au détriment des concurrents (« anti steering ») (DMA art. 5, 4) ;

– le contrôleur d'accès doit autoriser et permettre techniquement la désinstallation facile par les utilisateurs finaux de toute application logicielle non essentielle dans son système d'exploitation (art. 6, 3).

D'autres obligations prohibent les **pratiques discriminatoires.** Par exemple, le contrôleur d'accès ne peut pas accorder pour le classement, ou l'indexation et l'exploration qui y sont liées, un traitement plus favorable aux services et produits qu'il propose lui-même qu'aux services ou produits similaires proposés par des entreprises utilisatrices. Le règlement interdit donc les pratiques d'autoréférencement (« self referencing ») (art. 6, 5).

D'autres obligations encore encouragent la **transparence.** Par exemple, le contrôleur d'accès doit communiquer à chaque annonceur à qui il fournit des services de publicité en ligne qui le lui demande des informations concernant notamment le prix de chacun de ces services, la rémunération perçue par l'éditeur, sous réserve du consentement de ce dernier, et la mesure à partir de laquelle le prix est calculé (art. 5, 9).

> **Précisions** Les entreprises désignées contrôleurs d'accès sur le fondement de l'article 3, 8 du règlement 2022/1925 (nº 66080) ne sont pas fatalement soumises à toutes les obligations fixées par le règlement. La Commission peut ne leur déclarer applicables que les obligations appropriées et nécessaires pour les empêcher d'acquérir, par des moyens déloyaux, une **position solide et durable sur le marché.** Ces obligations sont listées dans la décision de désignation (DMA art. 17, 4).

OBLIGATION D'ÉTABLIR UN RAPPORT DE CONFORMITÉ

Dans les six mois suivant la décision de désignation, le contrôleur d'accès doit remettre à la Commission européenne un **rapport** décrivant de manière détaillée et transparente les mesures qu'il adopte pour garantir le respect des obligations fixées aux articles 5, 6 et 7 du règlement 2022/1925 (nºs 66105 et 66121). Dans ce même délai, une **synthèse non confidentielle** doit être également remise. Le site internet de la Commission doit comporter un lien vers cette synthèse (DMA art. 11). 66110

Le rapport et la synthèse doivent être mis à jour au moins annuellement.

La Commission a publié le 9 octobre 2023 un modèle permettant aux contrôleurs d'accès d'établir le rapport.

OBLIGATION D'INFORMATION SUR UNE OPÉRATION DE CONCENTRATION

66115 Les contrôleurs d'accès doivent informer la Commission européenne de toute opération de concentration devant faire l'objet d'une notification (à la Commission ou à une autorité nationale de concurrence) dès lors que les entités qui fusionnent ou la cible de la concentration fournissent des services de plateforme essentiels, ou tout autre service dans le secteur numérique, ou permettent la collecte de données. La Commission doit être informée de cette opération avant sa réalisation de l'opération (DMA art. 14, 1).

Les informations qui doivent être communiquées comprennent notamment l'identification des entreprises concernées par la concentration, leurs chiffres d'affaires annuels mondiaux et au sein de l'Union européenne, leurs domaines d'activité, la justification de la concentration ou encore la liste des États membres concernés (art. 14, 2).

OBLIGATION D'AUDIT

66117 Dans les six mois suivant sa désignation, le contrôleur d'accès doit transmettre à la Commission européenne une description ayant fait l'objet d'un audit indépendant de toutes les techniques de **profilage des consommateurs** qu'il applique pour les services de plateforme essentiels pour lesquels il a été désigné (DMA art. 15, 1).

La Commission doit transmettre à son tour cette description au Comité européen de la protection des données (CEPD) qui veille à l'application du règlement (UE) 2016/679 du 17 avril 2016 (**RGPD**) au sein de l'Union (art. 15, 2).

Un aperçu de cette description des méthodes de profilage doit être mise à la disposition du **public** par le contrôleur d'accès. Il doit être actualisé au moins une fois par an (art. 15, 3).

OBLIGATION DE VÉRIFICATION DE LA CONFORMITÉ

66119 Le contrôleur d'accès doit mettre en place une fonction de vérification de la conformité, indépendante des fonctions opérationnelles des services de plateforme essentiels pour lesquels il a été désigné (DMA art. 28).

Un **responsable général de la conformité** doit à tout le moins être nommé. Son identité doit être communiquée à la Commission. Il est chargé de veiller au respect du règlement, notamment en assurant l'organisation, le suivi et le contrôle des mesures de mise en conformité. Toutes les ressources nécessaires doivent lui être allouées.

B. Obligations spécifiques concernant certains contrôleurs d'accès

66121 Les contrôleurs d'accès fournissant des **services de communication interpersonnelles non fondés sur la numérotation** (les « NI-ICS » d'après l'acronyme anglais, tels que WhatsApp, Facebook Messenger, etc.) doivent garantir l'interopérabilité des fonctionnalités de base de leurs services (DMA art. 7, 1). Celle-ci est définie comme la capacité d'échanger des informations et d'utiliser mutuellement les informations échangées quels que soient le matériel informatique ou les logiciels utilisés (art. 2, 29). En pratique, il s'agit de permettre aux entreprises utilisatrices et aux utilisateurs finaux d'échanger entre eux sans avoir à changer d'interface, tous les services interopérables communiquant entre eux.

La mise en conformité avec cette obligation doit être progressive et suit un calendrier précisément établi par le règlement (art. 7, 2).

L'interopérabilité n'est pas automatique. Le contrôleur d'accès doit rendre public une offre de référence énonçant les détails techniques et les conditions générales d'interopérabilité de ses services. En réponse, les fournisseurs concurrents doivent demander l'ouverture de l'interopérabilité avec leurs propres services. Pour plus de détails concernant les modalités techniques, voir l'article 7, 4 du DMA.

C. Suspension d'une obligation en cas de menace sur la viabilité économique des activités

Le contrôleur d'accès peut demander à la Commission la suspension d'une obligation spécifique lui incombant au titre des articles 5, 6 et 7 du règlement 2022/1925 (nos 66105 et 66121) s'il estime que le respect de l'obligation concernée menacerait, en raison de **circonstances exceptionnelles** échappant à son contrôle, la viabilité économique de ses activités au sein de l'Union européenne. À compter de la réception de la demande, la Commission dispose de trois mois pour adopter une décision de suspension, totale ou partielle, de l'obligation concernée (art. 9, 1). **66125**

En cas d'**urgence,** la Commission peut, sur demande motivée du contrôleur d'accès, **suspendre provisoirement** l'application d'une obligation spécifique avant l'adoption d'une décision de suspension en vertu de l'article 9, 1 (art. 9, 3).

D. Exemption pour raisons de santé publique ou de sécurité publique

Sur demande motivée du contrôleur d'accès ou de sa propre initiative, la Commission européenne peut exempter un contrôleur d'accès, entièrement ou partiellement, d'une obligation particulière prévue aux articles 5, 6 et 7 (nos 66105 et 66121) pour des motifs de santé publique ou de sécurité publique. À compter de la réception de la demande d'exemption, la Commission dispose d'un **délai** de trois mois pour adopter une décision d'exemption (DMA art. 10, 1 et 3). **66127**

La Commission réexamine sa décision lorsque le motif d'exemption a disparu ou, au moins, chaque année. À l'issue de ce réexamen, elle peut décider de lever l'exemption, entièrement ou partiellement, ou de la maintenir si les conditions d'exemption sont toujours réunies (art. 10, 2).

En cas d'**urgence**, elle peut, sur demande motivée du contrôleur d'accès, suspendre provisoirement l'application d'une obligation spécifique avant même d'avoir adopté une décision d'exemption (art. 10, 4).

V. CONTRÔLE DU RESPECT DU DMA PAR LA COMMISSION EUROPÉENNE

A. Garanties procédurales : droits d'être entendu et d'accès au dossier

Avant d'adopter une décision, la Commission doit permettre au contrôleur d'accès de faire connaître son point de vue sur les **constatations préliminaires** qui lui sont **communiquées,** notamment sur les mesures qu'elle envisage de prendre à son encontre (DMA art. 34, 1). Les constatations préliminaires fixent un délai de réponse pour le contrôleur d'accès qui ne peut jamais être inférieur à 14 jours (art. 34, 2). **66129**

Les décisions de la Commission ne peuvent être fondées que sur des constatations préliminaires au sujet desquelles le contrôleur d'accès a pu faire valoir ses observations (art. 34, 3).

Le respect des droits de la défense du contrôleur d'accès, de l'entreprise ou de l'association d'entreprises concernés est pleinement assuré pendant le déroulement de la procédure. Le règlement garantit leur **accès au dossier** de la Commission sous réserve de la protection du secret des affaires. Ce droit d'accès ne permet toutefois pas d'accéder aux échanges entre la Commission et les autorités compétentes des États membres (art. 34, 4).

B. Enquêtes de marché

ENQUÊTES DE MARCHÉ POUR LA DÉSIGNATION DES CONTRÔLEURS D'ACCÈS

66130 La Commission peut mener une **enquête dite « qualitative »** pour examiner si une entreprise fournissant des services de plateforme essentiels au sens de l'article 3, 1 (n° 66040) mais ne dépassant pas les seuils fixés par l'article 3, 2 (n° 66042) doit être qualifiée de contrôleur d'accès (DMA art. 17, 1).

Une enquête peut également être menée afin de déterminer les services de plateforme essentiels devant être recensés dans la décision de désignation d'un contrôleur d'accès (même art.).

La Commission communique à l'entreprise visée par l'enquête ses constatations préliminaires au plus tard six mois après la date d'ouverture de l'enquête. Elle indique si elle envisage, à titre provisoire, une désignation et pour quels services de plateforme essentiels (art. 17, 3).

L'enquête est conclue par une décision de la Commission rendue au plus tard douze mois après son ouverture (art. 17, 1).

66132 Une **enquête de marché dite « d'exemption »** est ouverte par la Commission lorsque, lors de la notification de dépassement des seuils, l'entreprise a formulé des arguments suffisamment étayés pour démontrer qu'elle ne devrait pas être désignée en tant que contrôleur d'accès (n° 66075) (DMA art. 17, 3).

La Commission doit communiquer ses constatations préliminaires dans un délai de trois mois à compter de la date d'ouverture de l'enquête.

L'enquête est conclue dans un délai maximum de cinq mois à compter de son ouverture.

ILLUSTRATIONS

Lors de sa notification en juillet 2023 auprès de la Commission, Apple a été l'une des entreprises à présenter des arguments tendant à prouver que son service de messagerie instantanée iMessages ne pouvait pas être qualifié de service de plateforme essentiel au sens du DMA. Dans la décision de désignation du 5 septembre 2023, la Commission a estimé que les arguments étaient suffisamment étayés pour ouvrir une enquête d'exemption. En février 2024, la Commission a accédé à la demande d'Apple qui n'est pour le moment pas désigné comme contrôleur d'accès pour iMessages.

ENQUÊTES DE MARCHÉ PORTANT SUR LE NON-RESPECT SYSTÉMATIQUE DU DMA

66134 La Commission peut mener une enquête pour déterminer si un contrôleur d'accès a fait preuve d'un non-respect systématique des obligations imposées par les articles 5, 6 et 7 du règlement 2022/1925 (n°s 66105 et 66121) (DMA art. 18, 1). Un contrôleur d'accès est réputé être l'auteur de violations systématiques lorsqu'il a été visé par au moins trois décisions constatant un manquement au cours des huit années précédant l'ouverture de l'enquête (art. 18, 3).

Au plus tard six mois après la date de l'ouverture de l'enquête, la Commission communique au contrôleur d'accès visé ses constatations préliminaires. Celles-ci doivent préciser si un non-respect systématique du règlement semble caractérisé et quelles mesures correctives sont envisagées pour y remédier (art. 18, 4).

Dans le cadre d'une procédure ouverte en vue de l'adoption d'une décision sur le fondement de l'article 18 précité, le contrôleur d'accès visé peut proposer à la Commission de prendre certains engagements pour les services de plateforme essentiels en cause afin de garantir le respect des obligations qui lui sont imposées (art. 25). Sur les engagements, voir n° 66159.

L'enquête doit être conclue dans un délai de douze mois à compter de sa date d'ouverture (DMA art. 18, 1). La Commission peut prolonger ce délai en justifiant de motifs objectifs et proportionnés. La durée totale de la prolongation ne peut pas excéder six mois (art. 18, 7).

ENQUÊTES DE MARCHÉ PORTANT SUR LES NOUVEAUX SERVICES ET LES NOUVELLES PRATIQUES

66136 Pour que le DMA remédie effectivement aux pratiques limitant la contestabilité et l'équité sur les marchés numériques, la Commission peut mener une enquête de marché pour évaluer l'opportunité de l'adaptation du contenu du règlement. Ces enquêtes visent, par exemple, à établir l'opportunité de l'inscription d'un ou plusieurs nouveaux services du secteur numérique sur la liste des services de plateforme essentiels ou à détecter de nouvelles pratiques qui portent atteinte à la concurrence dans le secteur numérique (DMA art. 19, 1).

La Commission publie ses constatations dans un délai de 18 mois à compter de l'ouverture de l'enquête (DMA, art. 19, 3).

DEMANDE D'UNE ENQUÊTE DE MARCHÉ PAR DES ÉTATS MEMBRES

Trois États membres au moins peuvent demander à la Commission l'ouverture d'une enquête de marché aux fins de désignation d'un contrôleur d'accès, aux fins de sanction pour non-respect systématique du règlement ou aux fins d'adaptation de la régulation (DMA art. 41). **66138**

Leur demande doit établir l'existence de motifs raisonnables.

À compter de l'introduction de la demande, la Commission dispose d'un délai de quatre mois pour examiner les motifs présentés et ouvrir une enquête si elle les considère pertinents.

C. Pouvoirs d'enquêtes, de coercition et de contrôle de la Commission européenne

1. POUVOIRS D'ENQUÊTE POUR LA RECHERCHE D'INFRACTIONS

OUVERTURE D'UNE PROCÉDURE PAR LA COMMISSION EN VUE DE L'ADOPTION DE DÉCISIONS

Lorsque la Commission européenne souhaite ouvrir une procédure pour examiner une potentielle violation du DMA et éventuellement adopter une décision sur le fondement des articles 8 (décision précisant les obligations des contrôleurs d'accès), 29 (décision constatant un non-respect du règlement) ou 30 (décision infligeant une amende) du règlement 2022/1925, elle doit adopter une **décision** relative à l'ouverture de cette procédure (DMA art. 20, 1). **66140**

ILLUSTRATIONS

Le 25 mars 2024, la Commission a annoncé l'ouverture de plusieurs procédures à l'encontre d'Alphabet, Amazon, Apple, ByteDance, Meta et Microsoft en vue de l'adoption de décisions constatant le non-respect du règlement. Après avoir étudié les rapports de conformité présentés par les six contrôleurs d'accès, la Commission a estimé que ces contrôleurs d'accès n'étaient pas en conformité pour certains de leurs services de plateforme essentiels et a envisagé de les sanctionner (Communiqué de presse 25-3-2024). Par exemple, Meta était mis en cause concernant l'introduction récente au sein de l'Union européenne de son système « Pay or Consent » qui, à défaut de paiement, obligeait les utilisateurs à choisir de consentir à l'utilisation croisée de leurs données à caractère personnel. Selon la Commission, ce choix binaire n'offrait pas de réelle alternative aux utilisateurs qui ne souhaitaient pas y consentir, ce qui aurait constitué une violation de l'article 5, 2 du DMA.

La Commission peut exercer ses pouvoirs d'enquête (nos 66144 s.) pour apprécier l'opportunité d'ouvrir une procédure conformément à l'article 20, 1 (no 66140) (DMA art. 20, 2). Elle peut notamment le faire pour collecter des informations afin d'établir la réalité des comportements des contrôleurs d'accès qui pourraient enfreindre le DMA. **66142**

ILLUSTRATIONS

Le 1er avril 2024, la Commission a exercé ses pouvoirs d'enquête à l'encontre d'Amazon et Apple pour recueillir des informations permettant d'établir clairement si les deux contrôleurs d'accès étaient susceptibles de ne pas respecter les obligations imposées par le DMA. Par exemple, la Commission soupçonnait Amazon de privilégier les produits de sa propre marque sur Amazon Store, en violation de l'article 6, 5 du DMA qui interdit les pratiques d'autoréférencement (Communiqué de presse 25-3-2024).

DEMANDES DE RENSEIGNEMENTS

La Commission peut, par simple demande ou par voie de décision, exiger des entreprises et associations d'entreprises qu'elles fournissent tous les renseignements qu'elle estime nécessaires pour le contrôle de la mise en œuvre du DMA. Elle peut également exiger l'accès à leurs données et leurs algorithmes, ainsi qu'aux essais menés pour le développement de leurs services, et demander les explications correspondantes (DMA art. 21, 1). **66144**

Que ce soit par voie de simple demande ou par voie de décision, la Commission doit indiquer notamment la base juridique et le but de la demande, les renseignements demandés, le délai dans lequel ces renseignements doivent être fournis et les amendes encourues (art. 21, 2 et 21, 3).

La Commission peut également demander aux autorités compétentes des États membres de lui fournir toutes les informations en leur possession qui lui sont nécessaires pour contrôler la mise en œuvre du règlement (art. 21, 5). Sur la coopération entre la Commission et les autorités nationales, voir n° 66190.

POUVOIRS DE MENER DES AUDITIONS ET DE RECUEILLIR DES DÉCLARATIONS

66146 Pour la collecte d'informations en lien avec l'objet d'une enquête, la Commission peut entendre toute personne physique ou morale qui accepte d'être auditionnée. Ces auditions peuvent être enregistrées (DMA art. 22).

POUVOIRS D'EFFECTUER DES INSPECTIONS

66148 La Commission peut procéder à toutes les inspections nécessaires d'une entreprise ou d'une association d'entreprises et notamment accéder à tous les locaux et contrôler tous les documents en rapport avec l'activité, quel que soit leur support (DMA art. 23, 1 et 2).

Les entreprises ou associations d'entreprises sont tenues de se soumettre aux inspections ordonnées par une décision de la Commission. La décision indique l'objet et le but de l'opération, fixe sa date, précise les amendes et astreintes applicables en cas d'obstruction et mentionne la possibilité de contestation devant la CJUE (art. 23, 6).

2. POUVOIRS DE COERCITION DE LA COMMISSION

POSSIBILITÉ DE PRÉCISER LES MESURES QUE LE CONTRÔLEUR D'ACCÈS EST TENU DE METTRE EN ŒUVRE

66152 Lorsqu'un contrôleur d'accès est suspecté de ne pas respecter les obligations prévues par les articles 6 et 7 du DMA (nos 66105 et 66121), la Commission peut, dans le cadre d'une procédure ouverte sur le fondement de l'article 20 (n° 66140), adopter une décision précisant les mesures qu'il est tenu de mettre en œuvre pour se conformer effectivement à ses obligations (DMA art. 8, 2-al. 1 et 2).

Lorsque la procédure est ouverte pour suspicion de contournement du DMA (n° 66050), ces mesures peuvent porter sur les obligations énoncées aux articles 5, 6 et 7 (art. 8, 2-al. 3).

Avant d'adopter une décision, la Commission doit communiquer ses constatations préliminaires au contrôleur d'accès, dans un délai de trois mois à compter de l'ouverture de la procédure ; ces constatations doivent détailler les mesures qu'elle envisage de prendre ou que le contrôleur d'accès concerné devrait prendre (art. 8, 5).

Les mesures correctives sont adoptées dans un délai maximum de six mois à compter de l'ouverture de la procédure (art. 8, 2-al. 2).

POSSIBILITÉ D'IMPOSER DES MESURES CORRECTIVES

66155 Lorsqu'un contrôleur d'accès a systématiquement contrevenu au respect du DMA (voir n° 66134), la Commission peut adopter une décision lui imposant toute **mesure corrective, comportementale ou structurelle** visant à garantir le respect effectif du règlement (DMA art. 18, 1). Ces mesures doivent être nécessaires et proportionnées pour préserver ou rétablir l'équité et la contestabilité affectées par les manquements du contrôleur d'accès.

Les mesures correctives peuvent inclure l'interdiction pour le contrôleur d'accès, pendant une période limitée, de se lancer dans une opération de concentration au sens de l'article 3 du règlement (CE) 139/2004 du 20 janvier 2004 relatif à ces opérations, dès lors que la concentration concerne les services de plateforme essentiels, ou d'autres services fournis dans le secteur du numérique, affectés par le non-respect systématique (art. 18, 2).

La Commission réexamine régulièrement les mesures correctives imposées. Elle est habilitée à les modifier s'il résulte d'une nouvelle enquête de marché qu'elles ne sont pas efficaces (art. 18, 8).

POSSIBILITÉ POUR LA COMMISSION D'ORDONNER DES MESURES PROVISOIRES

66157 En cas d'urgence, la Commission peut ordonner des mesures provisoires pour une durée déterminée et renouvelable. L'urgence doit être justifiée par le fait qu'un préjudice grave et irréparable risque d'être causé aux entreprises utilisatrices ou aux utilisateurs finaux du contrôleur d'accès (DMA art. 24).

Les mesures provisoires ne peuvent pas être ordonnées en dehors d'une procédure ouverte sur le fondement de l'article 20 du règlement (n° 66140) en vue de l'éventuelle adoption d'une décision constatant le non-respect du règlement (n° 66168).

ENGAGEMENTS DU CONTRÔLEUR D'ACCÈS RENDUS OBLIGATOIRES

Dans le cadre d'une enquête de marché ouverte sur le fondement de l'article 18 du DMA pour non-respect systématique du règlement (n° 66134), un contrôleur d'accès peut proposer à la Commission de prendre des engagements pour garantir le respect des obligations prévues par les articles 5, 6 et 7 du règlement (nos 66105 et 66121). Si la Commission estime que les engagements proposés peuvent garantir le respect effectif des obligations concernées, elle peut rendre ces engagements obligatoires et déclarer qu'il n'y a plus lieu d'agir (DMA art. 25, 1). **66159**

Cette décision n'est toutefois pas définitive. La Commission peut rouvrir la procédure, notamment lorsque le contrôleur d'accès contrevient à ses engagements (art. 25, 2).

3. OUTILS DE CONTRÔLE À DISPOSITION DE LA COMMISSION

La Commission peut prendre toutes les mesures nécessaires pour contrôler la mise en œuvre et le respect effectifs des obligations prévues par le DMA. Elle peut, par exemple, imposer aux contrôleurs d'accès de **conserver tous les documents** qu'elle considère pertinents pour évaluer la mise en œuvre et le respect des obligations du règlement et des décisions qu'elle adopte (DMA art. 26). **66165**

ILLUSTRATIONS

Le 25 mars 2024, la Commission a adopté cinq injonctions de conservation adressées à Alphabet, Amazon, Apple, Meta et Microsoft. Ces contrôleurs d'accès étaient donc tenus de conserver tous les documents susceptibles d'être utilisés pour évaluer leur mise en conformité avec le DMA (Communiqué de presse 25-3-2024).

Elle peut aussi nommer des **experts** et des auditeurs externes indépendants et demander aux autorités nationales compétentes des États membres la nomination d'**agents** pour l'assister dans ses contrôles.

4. DÉCISION CONSTATANT LE NON-RESPECT DU DMA

La Commission adopte une décision constatant le non-respect du DMA lorsqu'elle constate qu'un contrôleur d'accès ne respecte pas l'une des obligations prévues par les articles 5, 6 et 7 (nos 66105 et 66121), les mesures imposées en vertu de l'article 8 (n° 66152), de l'article 18 (n° 66155) ou de l'article 24 (n° 66157) ou encore les engagements rendus obligatoires sur le fondement de l'article 25 du règlement (n° 66159) (DMA art. 29). **66168**

Avant d'adopter une décision constatant un non-respect, la Commission fait part de ses constatations préliminaires au contrôleur d'accès concerné en expliquant les mesures qu'elle envisage de prendre ou que le contrôleur d'accès devrait adopter pour se mettre en conformité.

Dans sa décision, la Commission ordonne au contrôleur d'accès de mettre fin à la violation dans un délai approprié et de fournir des explications sur la manière dont il envisage de se mettre en conformité (art. 29, 5).

La décision doit être adoptée par la Commission dans un délai de douze mois suivant l'ouverture de la procédure (art. 29, 2).

VI. SANCTIONS APPLICABLES EN CAS DE NON-RESPECT DU DMA

A. Amendes infligées par la Commission

AMENDE EN CAS DE NON-RESPECT DES OBLIGATIONS SUBSTANTIELLES IMPOSÉES PAR LE DMA

66170 La Commission peut sanctionner les contrôleurs d'accès qui ne respectent pas le contenu du règlement.

Est passible d'une amende d'un montant maximal égal à **10 % du chiffre d'affaires mondial** réalisé par le contrôleur d'accès au cours du dernier exercice le non-respect, volontaire ou par négligence (DMA art. 30, 1) :

– de l'une des obligations prévues par les articles 5, 6 et 7 du DMA (n°s 66105 et 66121) ;
– des mesures précisées par la Commission dans une décision adoptée en vertu de l'article 8, 2 (n° 66152) ;
– des mesures correctives imposées sur le fondement de l'article 18, 1 (n° 66155) ;
– des mesures provisoires ordonnées en vertu de l'article 24 (n° 66157) ;
– des engagements rendus obligatoires en vertu de l'article 25 (n° 66159).

L'amende est mentionnée dans la décision constatant le non-respect du règlement (n° 66168).

Pour fixer le montant de l'amende, la Commission doit prendre en compte la gravité, la durée et la récurrence de l'infraction (DMA art. 30, 4).

66172 Le montant maximal de l'amende est égal à **20 % du chiffre d'affaires mondial** réalisé au cours de l'exercice précédent lorsque le contrôleur d'accès a déjà commis la **même infraction** à une obligation prévue par les articles 5, 6 ou 7 du règlement (n°s 66105 et 66121), ou une infraction similaire, pour un même service de plateforme essentiel au cours des huit années précédentes (DMA art. 30, 2). Là encore, pour fixer le montant de l'amende, la Commission doit prendre en compte la gravité, la durée et la récurrence de l'infraction (art. 30, 4).

AMENDE EN CAS DE NON-RESPECT DES OBLIGATIONS PROCÉDURALES IMPOSÉES PAR LE DMA

66174 Est passible d'une amende d'un montant maximal égal à **1 % du chiffre d'affaires mondial** réalisé au cours du dernier exercice le non-respect, volontaire ou par négligence, par une entreprise (ou une association d'entreprises), y compris un contrôleur d'accès, de dispositions d'ordre procédural (DMA art. 30, 3). Parmi la liste d'une dizaine d'infractions figurent la violation de l'obligation de notification prescrite par l'article 3, 3 du règlement (n° 66055), le refus de se soumettre à une inspection décidée en vertu de l'article 23 (n° 66148) ou le non-respect de l'obligation de prévoir une fonction de vérification de la conformité conformément l'article 28 (n° 66119) (DMA art. 30, 1).

Pour déterminer le montant de l'amende, la Commission prend en compte la gravité, la durée et la récurrence de l'infraction ainsi que le retard causé à la procédure (art. 30, 4).

B. Astreintes infligées par la Commission

66177 La Commission peut infliger aux entreprises (ou associations d'entreprises), y compris aux contrôleurs d'accès, une astreinte pouvant s'élever, par jour, à **5 % du chiffre d'affaires journalier** moyen de l'entreprise réalisé au niveau mondial au cours de l'exercice précédent, à compter de la date fixée par la Commission dans sa décision, pour les contraindre à effectuer certaines actions dont le DMA établit la liste (cf. DMA art. 31, 1). Par exemple, l'astreinte peut être destinée à contraindre un contrôleur d'accès à respecter une décision de la Commission indiquant les mesures qu'il est tenu de mettre en œuvre pour se conformer au DMA (n° 66152) ou à forcer une entreprise à fournir des renseignements exacts et complets dans le cadre d'une demande de renseignements (n° 66144).

Si les entreprises se conforment à l'obligation qui leur incombe et pour laquelle l'astreinte a été imposée, la Commission peut fixer le **montant définitif de l'astreinte** inférieur à un chiffre inférieur à celui qui résulte de la décision initiale (DMA art. 31, 2).

C. Prescription et recours contre les décisions

PRESCRIPTION EN MATIÈRE D'IMPOSITION DE SANCTION

Les pouvoirs de la Commission européenne d'infliger des amendes et astreintes (nos 66170 s.) sont soumis à un **délai** de prescription de cinq ans (DMA art. 32, 1). Le **point de départ** de ce délai est le jour où l'infraction a été commise, sauf pour les infractions continues ou répétées, pour lesquelles il est fixé au jour où l'infraction a pris fin (art. 32, 2). 66180

La **prescription** est **interrompue** par tout acte de la Commission visant à mener une enquête de marché ou à poursuivre une infraction. Constitue un tel acte, par exemple, les demandes de renseignements de la Commission ou les autorisations écrites d'effectuer des inspections délivrées par la Commission à ses agents. L'interruption prend effet le jour où l'acte est notifié à l'entreprise suspectée de défaillance (art. 32, 3).

La **prescription court à nouveau** à partir de chaque interruption. Elle est cependant acquise au plus tard le jour où un délai égal au double du délai de prescription arrive à expiration sans que la Commission ait prononcé une sanction (art. 32, 4).

La **prescription** est **suspendue** aussi longtemps que la décision de sanction adoptée par la Commission fait l'objet d'une procédure pendante devant la CJUE (art. 32, 4).

PRESCRIPTION EN MATIÈRE D'EXÉCUTION DE SANCTION

Le pouvoir de la Commission d'exécuter ses décisions de sanctions (amende ou astreinte) est soumis à un **délai** de prescription de cinq ans qui court à compter du jour où la décision est devenue définitive (DMA art. 33, 1 et 2). 66182

Ce **délai** peut être **interrompu** soit par la notification d'une décision modifiant le montant initial de la sanction ou rejetant une demande tendant à obtenir une telle modification, soit par tout acte de la Commission ou d'un État membre, agissant à la demande de la Commission, visant au recouvrement forcé du montant de la sanction infligée (art. 33, 3).

La prescription court à nouveau à partir de chaque interruption (art. 33, 4).

Ce **délai** peut également être **suspendu,** aussi longtemps qu'un délai de paiement est accordé ou aussi longtemps que l'exécution forcée du paiement est suspendue en vertu d'une décision de la CJUE ou d'une juridiction nationale (art. 33, 5).

PUBLICATION DES DÉCISIONS DE SANCTION ET RECOURS

Les décisions de sanction sont publiées. Cette publication mentionne le nom des parties intéressées et l'essentiel de la décision, y compris les sanctions imposées. La publication tient compte cependant de l'intérêt légitime des contrôleurs d'accès ou des tiers à ce que leurs informations confidentielles ne soient pas divulguées (DMA art. 44). 66184

Les recours dirigés contre les décisions de la Commission infligeant des amendes ou des astreintes doivent être portés devant la Cour de justice de l'Union européenne. Les sanctions peuvent être supprimées, réduites ou majorées (art. 45). 66186

VII. COOPÉRATION ENTRE LA COMMISSION ET LES ÉTATS MEMBRES

COOPÉRATION AVEC LES AUTORITÉS NATIONALES

La Commission européenne est la seule autorité habilitée à faire appliquer le DMA (Considérant 91). Les autorités nationales ne doivent prendre aucune décision allant à l'encontre d'une décision adoptée par elle sur le fondement du règlement (DMA art. 1, 7). Cependant, les autorités nationales chargées d'appliquer les règles de concurrence sont tenues de coopérer étroitement avec la Commission pour assurer la mise en œuvre effective du règlement, selon les modalités prévues par l'article 38 du DMA. Elles peuvent, par exemple, être sollicitées dans le cadre des enquêtes de marché menées par la Commission (art. 38, 6) et, de leur propre initiative, mener une enquête sur un cas de non-respect éventuel sur leur territoire des articles 5, 6 et 7 du DMA relatifs aux obligations des contrôleurs d'accès, sous réserve d'en avoir préalablement informé la Commission (art. 38, 7). L'ouverture d'une procédure par la Commission a pour effet de dessaisir les autorités nationales (même art.). 66190

COOPÉRATION AVEC LES JURIDICTIONS NATIONALES

66192 Le DMA prévoit un mécanisme de coopération avec les juridictions nationales (cf. DMA art. 39). Celles-ci ne peuvent pas prendre une décision qui irait à l'encontre d'une décision adoptée par la Commission en application du règlement. Si la Commission ne s'est pas encore prononcée, la juridiction concernée doit éviter de prendre une décision qui irait à l'encontre de la décision envisagée par la Commission. Elle peut alors suspendre sa procédure, demander à la Commission de lui transmettre des informations en sa possession ou lui demander son avis sur des questions relatives à l'application du DMA.

PRATIQUES COMMERCIALES DÉLOYALES À L'ÉGARD DES CONSOMMATEURS

SOMMAIRE

SECTION 1

PRINCIPE D'INTERDICTION DES PRATIQUES COMMERCIALES DÉLOYALES

66200 Une pratique commerciale est déloyale, et donc interdite, « lorsqu'elle est contraire aux exigences de la diligence professionnelle et qu'elle altère, ou est susceptible d'altérer de manière substantielle, le comportement économique du consommateur normalement informé et raisonnablement attentif et avisé, à l'égard d'un bien ou d'un service » (C. consom. art. L 121-1, al. 1 et 2).

› Précisions a. Cette incrimination, qui englobe essentiellement les pratiques commerciales trompeuses ou agressives, a été introduite aux articles L 121-1 et suivants du Code de la consommation par les lois 2008-3 du 3 janvier 2008, dite « loi Chatel », et 2008-776 du 4 août 2008 de modernisation de l'économie, dite « LME », qui ont transposé dans notre droit national la **directive 2005/29/CE du 11 mai 2005** relative aux pratiques commerciales déloyales des entreprises vis-à-vis des consommateurs.
b. La **Commission européenne** a publié des « orientations concernant l'interprétation et l'application de la directive 2005/29/CE » dans une **communication** publiée le 29 décembre 2021 (JOUE 2021 C 526 p. 1). Ces orientations sont précieuses pour interpréter les dispositions du Code de la consommation à la lumière de la directive 2005/29.

I. CHAMP D'APPLICATION DE L'INTERDICTION

A. Notion de « pratique commerciale »

NATURE DE LA PRATIQUE COMMERCIALE

66202 Constitue une pratique commerciale « toute **action, omission,** conduite, **démarche ou communication commerciale,** y compris la publicité et le marketing, de la part d'un professionnel, en relation directe avec la promotion, la vente ou la fourniture d'un bien, d'un service, ou portant sur des droits et obligations » (C. consom. art. liminaire, 16°).

66205 La directive 2005/29 précitée n° 66000 « s'applique aux pratiques commerciales déloyales des entreprises vis-à-vis des consommateurs [...] **avant, pendant et après une transaction commerciale** portant sur un produit » (art. 3, 1), notamment aux pratiques qui sont utilisées en dehors de toute relation contractuelle entre le professionnel et le consommateur, ou consécutivement à la conclusion d'un contrat, ou encore durant l'exécution de celui-ci (Dir. 2005/29 considérant 13 ; CJUE 20-7-2017 aff. 357/16 : RJDA 10/17 n° 672).

ILLUSTRATIONS

L'interdiction des pratiques commerciales déloyales s'applique :
– à l'indication, par un fournisseur de télévision par câble, d'une durée d'abonnement erronée à un client qui souhaitait mettre fin à son contrat, ce qui l'avait empêché de faire un choix éclairé sur la date à laquelle il pouvait conclure un nouveau contrat auprès d'un autre fournisseur (CJUE 16-4-2015 aff. 388/13 : RJDA 7/15 n° 535) ;
– aux mesures prises par une société de recouvrement de créances pour obtenir le paiement d'un produit (CJUE 20-7-2017 aff. 357/16 précité ; Cass. crim. 19-3-2019 n° 17-87.534 F-PBI : RJDA 6/19 n° 463) ;
– à la rédaction d'un contrat type d'assurance-vie ne permettant pas au consommateur qui adhère à ce contrat de comprendre la nature du produit d'assurance proposé et les risques qui y sont liés (CJUE 2-2-2023 aff. 208/21 : RJDA 5/23 n° 284).

AUTEUR DE LA PRATIQUE COMMERCIALE

L'interdiction des pratiques commerciales déloyales vise exclusivement les pratiques qui émanent d'un **professionnel,** celui-ci étant défini comme « toute personne physique ou morale, publique ou privée, qui agit à des fins entrant dans le cadre de son activité commerciale, industrielle, artisanale, libérale ou agricole, y compris lorsqu'elle agit au nom ou pour le compte d'un autre professionnel » (C. consom. art. liminaire, 3°). 66210

ILLUSTRATIONS

Dans le cas d'une **personne physique qui publie sur une plateforme en ligne simultanément plusieurs annonces de vente de biens,** le juge doit vérifier si la vente a été réalisée de manière organisée, si cette vente a un but lucratif, si le vendeur dispose d'informations et de compétences techniques relatives aux produits qu'il propose à la vente dont le consommateur ne dispose pas nécessairement, de façon à le placer dans une position plus avantageuse par rapport audit consommateur, si le vendeur a un statut juridique qui lui permet de réaliser des actes de commerce et dans quelle mesure la vente en ligne est liée à l'activité commerciale ou professionnelle du vendeur, si le vendeur est assujetti à la TVA, si le vendeur, agissant au nom d'un professionnel déterminé ou pour son compte ou par l'intermédiaire d'une autre personne agissant en son nom et pour son compte, a perçu une rémunération ou un intéressement, si le vendeur achète des biens nouveaux ou d'occasion en vue de les revendre, conférant ainsi à cette activité un caractère de régularité, une fréquence et/ou une simultanéité par rapport à son activité commerciale ou professionnelle, si les produits en vente sont tous du même type ou de la même valeur, en particulier, si l'offre est concentrée sur un nombre restreint de produits ; ces critères d'appréciation ne sont cependant ni exhaustifs ni exclusifs, de sorte que, en principe, le fait de remplir un ou plusieurs de ces critères ne détermine pas, à lui seul, la qualification à retenir à l'égard du vendeur en ligne (CJUE 4-10-2018 aff. 105/17 : RJDA 1/19 n° 49).

Les opérations relatives à l'**achat d'un produit par un professionnel à un consommateur** n'entrent pas dans le champ d'application de l'interdiction (Cass. crim. 5-12-2017 n° 16-86.729 FS-PB : RJDA 3/18 n° 288).

La notion de professionnel vise toute personne exerçant une **activité rémunérée** et n'exclut de son champ d'application ni les entités poursuivant une **mission d'intérêt général** ni celles qui ont un **statut de droit public.** Ainsi, est un professionnel, au sens de la directive 2005/29, un organisme de droit public en charge de la gestion d'un régime légal d'assurance maladie qui avait diffusé des informations erronées sur les conséquences d'une affiliation à une autre caisse d'assurance maladie (CJUE 3-10-2013 aff. 59/12 : RJDA 2/14 n° 178). 66215

Les membres des **professions libérales** constituent également des professionnels au sens de la directive (CJUE 10-7-2014 aff. 421/12).

La directive 2005/29 s'applique lorsque les **pratiques commerciales d'un opérateur** sont **déployées par une autre entreprise,** agissant au nom et/ou pour le compte de cet opérateur, de sorte que les dispositions de la directive pourraient, dans certaines situations, être opposables tant à cet opérateur qu'à cette entreprise, lorsque ces derniers répondent tous deux à la définition de professionnel (CJUE 17-10-2013 aff. 391/12, pt 38). 66217

ILLUSTRATIONS

Lorsqu'une pratique commerciale déloyale consiste dans le fait, pour une compagnie d'assurances, d'avoir rédigé de manière trompeuse un contrat type d'assurance, transmis au consommateur en temps utile avant l'adhésion de celui-ci à ce contrat par la banque qui commercialise celui-ci, la compagnie doit, en principe, être tenue pour responsable d'une telle pratique ; cela n'empêche pas l'éventuelle responsabilité de la banque au titre d'autres pratiques commerciales déloyales en relation directe avec le processus d'adhésion du consommateur au contrat, ces pratiques pouvant consister dans le fait d'avoir omis de fournir un complément d'informations spécifiques, modulées en fonction de la complexité du contrat, concernant notamment les aspects financiers de l'investissement dans le produit d'assurance et les risques qui y sont liés, informations que la banque, en sa qualité d'intermédiaire d'assurance au sens de la directive 2002/92 du 9 décembre 2002, est tenue de transmettre au consommateur, ou dans le fait de ne pas avoir transmis au consommateur en temps utile le contrat type (CJUE 2-2-2023 aff. 208/21 : RJDA 5/23 n° 284).

CIBLE DE LA PRATIQUE COMMERCIALE

La directive 2005/29 ne vise que le **consommateur** mais, comme nous le verrons, le droit français réprime les pratiques commerciales trompeuses même si elles visent des **professionnels** ou des **non-professionnels** (n° 66800). 66220

Doit être considérée comme une pratique commerciale, au sens de la directive, une pratique qui ne vise qu'**un seul consommateur.** Ainsi, la communication, par un professionnel à un seul consommateur, d'une information erronée doit être qualifiée de pratique commerciale trompeuse alors même que cette communication n'a concerné qu'un seul consommateur (CJUE 16-4-2015 aff. 388/13 : RJDA 7/15 n° 535).

B. Caractère déloyal de la pratique commerciale

66260 Une pratique commerciale est considérée comme déloyale lorsque les deux conditions suivantes sont remplies (C. consom. art. L 121-1, al. 2) :
– elle est contraire aux exigences de la diligence professionnelle ;
– elle altère ou est susceptible d'altérer de manière substantielle le comportement économique du consommateur normalement informé et raisonnablement attentif et avisé à l'égard d'un bien ou d'un service.

PRATIQUE COMMERCIALE CONTRAIRE À LA DILIGENCE PROFESSIONNELLE

66270 La pratique commerciale doit être contraire aux exigences de la diligence professionnelle (C. consom. art. L 121-1, al. 2).

La directive 2005/29 **définit** la diligence professionnelle comme « le niveau de compétence spécialisée et de soins dont le professionnel est raisonnablement censé faire preuve vis-à-vis du consommateur, conformément aux pratiques de marché honnêtes et/ou au principe général de bonne foi dans son domaine d'activité » (Dir. 2005/29 art. 2, h).

La **diligence professionnelle s'apprécie** au regard des « pratiques de marché honnêtes », de « bonne foi » et de « bonne pratique de marché », notamment au regard du domaine spécifique de l'activité commerciale concernée ; elle s'apprécie aussi au regard de codes de conduite nationaux ou internationaux (Communication Commission européenne 2021/C 526/01, § 2.7). Ainsi, elle peut être appréciée au regard des recommandations de l'Autorité de régulation professionnelle de la publicité (ARPP), du Code international des pratiques loyales en matière de publicité élaboré par la Chambre de commerce internationale ou des codes déontologiques de la Fédération des entreprises de vente à distance (Fevad).

ILLUSTRATIONS

A manqué à son obligation de diligence professionnelle une agence de recouvrement de créances qui avait fait pression sur des consommateurs pour qu'ils paient des factures relatives à des accords juridiquement invalides et avait refusé de répondre à leurs questions, une telle pratique étant contraire au code de conduite d'une association d'agences de recouvrement de créances (Communication Commission européenne précitée, § 2.7).

PRATIQUE COMMERCIALE SUSCEPTIBLE D'ALTÉRER DE MANIÈRE SUBSTANTIELLE LE COMPORTEMENT ÉCONOMIQUE DU CONSOMMATEUR MOYEN

66280 **Altération substantielle du comportement économique du consommateur**
La pratique commerciale doit altérer ou être susceptible d'altérer de manière substantielle le comportement économique du consommateur normalement informé et raisonnablement attentif et avisé à l'égard d'un bien ou d'un service (C. consom. art. L 121-1, al. 2).

L'altération substantielle du comportement économique du consommateur est entendue par la directive 2005/29 comme « l'utilisation d'une pratique commerciale compromettant sensiblement l'aptitude du consommateur à prendre une décision en connaissance de cause et l'amenant par conséquent à **prendre une décision commerciale qu'il n'aurait pas prise autrement** » (Dir. 2005/29 art. 2, e).

La notion de décision commerciale va au-delà de la simple décision de contracter puisque, aux termes de la directive, il faut entendre cette expression comme « toute décision prise par un consommateur concernant l'opportunité, les modalités et les conditions relatives au fait d'acheter, de faire un paiement intégral ou partiel pour un produit, de conserver ou de se défaire d'un produit ou d'exercer un droit contractuel en rapport avec le produit, une telle décision pouvant amener le consommateur soit à agir, soit à s'abstenir d'agir » (Dir. 2005/29 art. 2, k).

Il n'est pas nécessaire de démontrer que la pratique a effectivement altéré le comportement économique du ou des consommateurs ; il suffit qu'elle soit susceptible d'altérer ou de nature à altérer son comportement.

ILLUSTRATIONS

S'agissant d'une annonce commerciale alléguant qu'un nouveau modèle de voiture était « la voiture la plus sûre au monde », il a été jugé que, pour décider si cette allégation était susceptible d'affecter la prise d'une décision commerciale par un consommateur, il suffisait de constater que l'annonce était susceptible de déclencher sa décision de prendre une initiative, telle que celle de se rendre dans un magasin ou de visiter un site internet pour obtenir des informations supplémentaires sur le produit (Communication Commission européenne 2021/C 526/01, § 2.4).

Appréciation au regard du consommateur moyen ou d'une catégorie de consommateurs **Principe.** L'appréciation du caractère déloyal d'une pratique commerciale s'effectue au regard du comportement économique du consommateur « normalement informé et raisonnablement attentif et avisé » (C. consom. art. L 121-1, al. 2), compte tenu des facteurs sociaux, culturels et linguistiques (Dir. 2005/29 considérant 18), c'est-à-dire, aux termes de la directive, du **consommateur moyen.** 66290

Le « consommateur moyen » est une notion factuelle qui ne peut relever, comme telle, que de l'appréciation souveraine des juges du fond (pour des exemples, voir notamment : Cass. crim. 10-11-2015 n° 14-86.799 F-D ; Cass. crim. 13-1-2016 n° 14-88.136 F-PB : RJDA 5/16 n° 401). Or l'exercice peut s'avérer délicat car il s'agit, au regard des précisions apportées par la directive, de raisonner par rapport à une moyenne, c'est-à-dire objectivement, tout en prenant en compte le public visé par la pratique et, à ce titre, les connaissances que l'on peut légitimement attendre de lui.

La jurisprudence de la Cour de justice de l'Union européenne est peu abondante à cet égard, même si elle a confirmé qu'il devait être tenu compte du fait que le public visé était ou non spécialisé (CJCE 19-9-2006 aff. 356/04 : RJDA 12/06 n° 1277) ou, pour ce qui concerne l'information délivrée par un professionnel au consommateur sur la consistance du prix, du support de cette dernière, du caractère lisible des textes ou encore de la clarté et de la compréhensibilité de ceux-ci pour le public ciblé par la pratique (CJUE 18-10-2012 aff. 428/11 : RJDA 1/13 n° 72).

Sur le plan interne, la Cour de cassation, bien qu'abandonnant généralement la question de l'incidence de la pratique sur le consommateur moyen au pouvoir souverain d'appréciation des juges, exerce parfois un contrôle plus approfondi. Elle a ainsi jugé que :

– l'existence d'une omission trompeuse, au sens de l'article 7, d de la directive 2005/29, doit être appréciée au regard du consommateur moyen, sans avoir égard aux qualités propres du consommateur ayant conclu le contrat litigieux (Cass. 1e civ. 22-1-2014 n° 12-20.982 FS-D) ;

– l'indication, dans une publicité comparative axée sur le faible prix du produit comparé, d'un prix inférieur à celui effectivement pratiqué, est nécessairement de nature à altérer de manière substantielle le comportement économique du consommateur (Cass. com. 5-7-2016 n° 14-26.095 F-D : Contrats, conc., consom. 2016 comm. n° 226 obs. S. Bernheim-Desvaux) ;

– dans le cas de l'annonce d'une vente promotionnelle en ligne, le juge ne pouvait pas considérer que le consommateur moyen visé par les promotions était celui qui était intéressé par le type de produits concernés, ce qui aurait induit des achats antérieurs entraînant une connaissance des niveaux de prix pratiqués, ni ne pouvait tenir compte du mode d'achat utilisé, Internet, permettant selon lui une comparaison presque instantanée avec des produits semblables vendus par des concurrents (Cass. crim. 11-7-2017 n° 16-84.902 FS-PB : RJDA 10/17 n° 673).

La pratique publicitaire courante consistant à formuler des **déclarations exagérées,** ou des déclarations qui ne sont pas destinées à être comprises au sens littéral, est admise, dès lors qu'elle n'est pas susceptible d'altérer de manière substantielle le comportement économique du consommateur moyen (Dir. 2005/29 art. 5, 3). 66295

ILLUSTRATIONS

Sous l'empire de l'ancienne interdiction de la publicité trompeuse, il a été jugé que la diffusion à la télévision d'un message publicitaire simulant un match de football au cours duquel une valise tenait lieu de ballon et des bulldozers remplaçaient des équipes de joueurs n'était pas de nature à induire en erreur car le spectateur moyen percevait bien que la valise était utilisée dans des conditions étrangères à ses fins habituelles (Cass. crim. 21-5-1984 : Bull. crim. p. 478 n° 185). En revanche, il a été jugé que constituait une publicité trompeuse pour un consommateur moyen l'utilisation d'expressions hyperboliques par un annonceur qui prétendait distribuer « tous les télécopieurs du monde » et avoir sélectionné « les meilleurs » d'entre eux, alors qu'il ne disposait pas de tous les télécopieurs existant dans le monde et n'était pas en mesure de rapporter la preuve d'une sélection rigoureuse du matériel mis en vente ; en effet, il a été considéré que cette publicité n'était pas invraisemblable pour un consommateur moyen, lequel ignorait le nombre de télécopieurs fabriqués dans le monde (Cass. crim. 7-4-1994 : RJDA 8-9/94 n° 973).

66300 **Exception.** Lorsqu'une pratique commerciale vise une **catégorie particulière de consommateurs** ou un groupe de **consommateurs vulnérables** en raison d'une infirmité mentale ou physique, de leur âge ou de leur crédulité (par exemple, les enfants), son caractère déloyal doit s'apprécier au regard de la capacité moyenne de discernement de la catégorie ou du groupe (C. consom. art. L 121-1, al. 3). Par exemple, si une publicité s'adresse à des adolescents, son caractère déloyal s'apprécie au regard de la capacité moyenne de discernement des seuls adolescents et non de tous les consommateurs.

II. APPRÉCIATION DU CARACTÈRE DÉLOYAL D'UNE PRATIQUE COMMERCIALE : ILLUSTRATIONS

66400 Ne constitue pas une pratique commerciale déloyale :
– le fait, par France Télécom (devenue Orange), de subordonner l'abonnement à la chaîne Orange Sports à la souscription d'un abonnement à l'Internet haut débit Orange, dès lors que le consommateur est libre de comparer les différentes offres faites par les fournisseurs d'accès concurrents (Cass. com. 13-7-2010 n° 09-15.304 : RJDA 1/11 n° 90, décision rendue sur le fondement de l'ex-article L 122-1 du Code de la consommation relatif à l'interdiction des ventes jumelées au regard des critères fixés par la directive 2005/29/CE relative aux pratiques commerciales déloyales) ;
– la vente liée d'un ordinateur et de logiciels préinstallés, dès lors qu'une étude de marché a démontré l'adéquation d'une telle vente aux attentes de la majorité des consommateurs, que l'acheteur est informé de l'existence et des caractéristiques précises de chacun des logiciels et qu'il peut être remboursé de son achat si l'appareil ne correspond pas à ses attentes (Cass. 1e civ. 14-12-2016 n° 14-11.437 FS-PBI : RJDA 4/17 n° 290).

III. RÉPRESSION ET SANCTION DES PRATIQUES COMMERCIALES DÉLOYALES NI TROMPEUSES NI AGRESSIVES

RÉPRESSION

66500 La répression des pratiques commerciales déloyales s'effectue dans les conditions fixées aux articles L 511-1 et suivants du Code de la consommation. En particulier, la **cessation de la pratique** peut être ordonnée soit par les agents de la CCRF, soit par la juridiction civile, sur demande de l'autorité administrative chargée de la concurrence et de la consommation (voir nos 78600 s.).

Une association de consommateurs agréée peut également engager, devant la juridiction civile, une action en cessation de la pratique (C. consom. art. L 621-7).

SANCTION

66510 **Dommages-intérêts** Contrairement à l'interdiction des pratiques commerciales déloyales qualifiées de trompeuses (nos 66700 s.) ou d'agressives (nos 68200 s.), l'interdiction prévue à l'article L 121-1 n'est pas assortie de sanctions pénales, sans doute car les critères d'incrimination ne sont pas suffisamment précis.

Conformément au droit commun, une action en réparation peut cependant être engagée à l'encontre de l'auteur d'une pratique commerciale déloyale qui n'est ni trompeuse ni agressive sur le fondement de l'article 1240 du Code civil relatif à la **responsabilité civile extracontractuelle.**

66515 **Amende civile en cas d'infraction de grande ampleur ou de grande ampleur à l'échelle de l'Union européenne** Une amende civile peut être infligée au professionnel qui a recours, de manière continue, à une pratique commerciale reconnue déloyale, autre que trompeuse ou agressive, par une décision de justice devenue définitive à son égard, dès lors que cette pratique est constitutive d'une « infraction de grande ampleur ou de grande ampleur à l'échelle de l'Union européenne », au sens du règlement (UE) 2017/2394 du 12 décembre 2017 sur la coopération entre les autorités nationales chargées de veiller à l'application de la législation en matière de protection des consommateurs (C. consom. art. L 132-1 A).

Schématiquement, constitue une « **infraction de grande ampleur** » une infraction qui porte atteinte aux intérêts collectifs des consommateurs résidant dans au moins deux États membres de l'UE (Règl. 2017/2394 art. 3, a), et une « **infraction de grande ampleur à l'échelle de l'Union européenne** » une infraction qui porte atteinte aux intérêts collectifs des consommateurs dans au moins deux tiers des États membres représentant une population cumulée d'au moins deux tiers de la population de l'Union (art. 3, b). Cette amende civile vise essentiellement à sanctionner les pratiques commerciales déloyales de l'économie numérique.

L'**amende civile** encourue est d'un montant maximal de 300 000 €, ce **montant** pouvant être porté, de manière proportionnée aux avantages tirés des pratiques litigieuses, à 4 % du chiffre d'affaires moyen annuel (calculé sur les trois derniers chiffres d'affaires annuels connus à la date de la décision) ou, à défaut d'information disponible sur le chiffre d'affaires, à 2 M€. **66520**

Le **prononcé de l'amende** peut être **sollicité** par l'autorité administrative chargée de la concurrence et de la consommation, les associations de défense des consommateurs, le ministère public ou le consommateur. **66525**

L'amende peut être infligée par la juridiction civile à la suite d'une **demande d'assistance mutuelle** formulée par un État membre de l'Union européenne ou par la Commission européenne en cas d'infraction de grande ampleur (ou de grande ampleur à l'échelle de l'Union européenne) dans le cadre de la coopération entre les autorités nationales de contrôle compétentes en matière de protection des consommateurs organisée par le règlement 2017/2394 précité.

Elle peut également être infligée, dans les mêmes conditions, à la suite de la **constatation de l'infraction** par une décision ou un avis soit du Conseil d'État, soit de la Cour de cassation.

La juridiction saisie peut ordonner la **publication,** la diffusion ou l'affichage de sa **décision** ou d'un extrait de celle-ci, selon les modalités qu'elle doit préciser. Elle peut ordonner l'insertion de la décision ou de l'extrait de celle-ci dans le rapport établi sur les opérations de l'exercice par les gérants, le conseil d'administration ou le directoire de l'entreprise. Les frais sont supportés par la personne condamnée. **66530**

SECTION 2 PRATIQUES COMMERCIALES TROMPEUSES

CARACTÉRISTIQUES

Les pratiques commerciales trompeuses définies aux articles L 121-2 à L 121-4 du Code de la consommation constituent l'une des catégories de **pratiques commerciales déloyales** (C. consom. art. L 121-1, al. 4). **66700**

Elles se subdivisent en deux types : les **pratiques commerciales trompeuses « par action » et** les pratiques commerciales trompeuses **par omission.** Ces catégories ne sont pas étanches : une pratique trompeuse par omission répond également aux critères d'une pratique trompeuse par action, de sorte que sa validité peut également être examinée au regard des dispositions applicables à celle-ci (pour un exemple, CJUE 26-10-2016 aff. 611/14 : RJDA 3/17 nº 209).

Le caractère trompeur d'une pratique fait le plus souvent l'objet d'une appréciation au cas par cas, mais certaines **pratiques** sont d'emblée **réputées trompeuses.**

> **› Précisions** Le délit de pratique commerciale trompeuse recouvre l'**ancien délit de publicité trompeuse** auparavant défini par l'ex-article L 121-1 du Code de la consommation, tout en englobant des pratiques qui auparavant n'étaient pas visées par ce texte, et ce alors même que la notion de publicité avait été entendue dans un sens très large par les tribunaux.

I. CHAMP D'APPLICATION DE L'INTERDICTION DES PRATIQUES COMMERCIALES TROMPEUSES

PERSONNES VISÉES PAR LA PRATIQUE TROMPEUSE

66800 Bien que l'interdiction générale des pratiques commerciales déloyales ait pour objet les pratiques qui visent les **consommateurs** (n° 66200), les dispositions relatives à l'interdiction des pratiques commerciales trompeuses sont applicables non seulement aux pratiques qui visent ces derniers, mais aussi à celles qui visent les **professionnels** et les **non-professionnels** (C. consom. art. L 121-5).

La communication, par un professionnel à un consommateur, d'une information erronée doit être qualifiée de « pratique commerciale » trompeuse alors même que cette communication n'a concerné qu'**un seul consommateur** (CJUE 16-4-2015 aff. 388/13 : RJDA 7/15 n° 535).

AUTEUR DE LA PRATIQUE TROMPEUSE

66810 La notion de « pratique commerciale » vise uniquement les pratiques émanant d'un **professionnel** (pour des précisions sur l'auteur de la pratique trompeuse, voir n°s 66210 s.).

Un **particulier** ne peut donc pas être poursuivi pour pratique commerciale trompeuse. Par exemple, ne pouvait pas être poursuivi pour pratique commerciale trompeuse le propriétaire d'une entreprise de travaux qui avait diffusé une annonce trompeuse pour la vente d'une nacelle qui avait été utilisée par l'entreprise, dès lors que le vendeur n'avait pas agi à des fins qui entraient dans le cadre de son activité commerciale, industrielle, artisanale ou libérale (Cass. crim. 19-3-2018 n° 17-83.543 F-D : RJDA 6/19 n° 464).

> **Précisions** En revanche, en cas d'annonce trompeuse, le **particulier** peut être poursuivi pour tromperie ou tentative de tromperie (cf. C. consom. art. L 441-1). En outre, la victime peut engager à son encontre une action en responsabilité civile extracontractuelle (C. civ. art. 1240).

LIEU DE LA PRATIQUE TROMPEUSE

66820 Le délit est constitué dès lors que la pratique commerciale trompeuse est **mise en œuvre ou** qu'elle **produit ses effets en France** (C. consom. art. L 132-1).

Par exemple, a été condamné pour publicité trompeuse un viticulteur qui avait exporté plusieurs milliers de bouteilles millésimées portant une étiquette qui faisait mention d'une médaille d'or alors que cette médaille n'avait pas été attribuée pour ce millésime (Cass. crim. 15-5-2001 : RJDA 5/02 n° 568).

> **Précisions** L'article L 132-1 du Code de la consommation ne contient, nous semble-t-il, aucune spécificité par rapport aux règles du **droit commun** puisque l'article 113-2, al. 2 du Code pénal dispose qu'une infraction « est réputée commise sur le territoire de la République dès lors qu'un de ses faits constitutifs a eu lieu sur ce territoire ».

II. CARACTÈRE TROMPEUR D'UNE PRATIQUE COMMERCIALE

CRITÈRES D'APPRÉCIATION

66900 Une **pratique** commerciale trompeuse n'est susceptible d'être sanctionnée que si, d'une part, elle est **trompeuse** au sens des articles L 121-2 et L 121-3 du Code de la consommation relatifs respectivement aux pratiques trompeuses par action et par omission et, d'autre part, elle **altère** ou **est susceptible d'altérer de manière substantielle le comportement économique du consommateur** normalement informé et raisonnablement attentif et avisé à l'égard du bien ou service, conformément à l'article L 121-1 relatif à l'interdiction des pratiques commerciales déloyales (sur cette condition, voir n° 66280).

La **pratique** commerciale doit être **appréciée dans son ensemble.** Ainsi, des informations contractuelles écrites dont les personnes intéressées ne prennent connaissance qu'après avoir été déterminées à contracter par un argumentaire de vente délibérément mensonger ne peuvent suffire à ôter à la pratique son caractère trompeur (Cass. crim. 22-11-2016 n° 15-83.559 F-PB : RJDA 2/17 n° 126).

ATTENTION

Nous citons dans les développements qui suivent des **décisions rendues sur le fondement de l'ancien délit de publicité trompeuse** qui restent, à notre avis, des exemples pertinents de pratiques trompeuses. Sous l'empire de la réglementation actuelle, de telles publicités ne seraient cependant répréhensibles que si elles altèrent ou sont susceptibles d'altérer de manière substantielle le comportement économique du consommateur moyen.

A. Nature de la pratique commerciale trompeuse

1. PRATIQUES COMMERCIALES TROMPEUSES PAR ACTION

Une pratique commerciale est trompeuse si elle est commise dans l'une des circonstances suivantes (C. consom. art. L 121-2) : 66910

1° Lorsqu'elle crée une **confusion** avec un autre bien ou service, une marque, un nom commercial, ou un autre signe distinctif d'un concurrent ;

2° Lorsqu'elle repose sur des **allégations,** indications ou présentations **fausses ou de nature à induire en erreur** et portant sur l'un ou plusieurs des éléments énumérés à l'article L 121-2, 2° du Code de la consommation ;

3° Lorsque la **personne** pour le compte de laquelle elle est mise en œuvre n'est **pas clairement identifiable** ;

4° Lorsqu'un **bien** est **présenté comme étant identique à un bien commercialisé dans un ou plusieurs autre États membres** de l'Union européenne alors qu'il a une composition ou des caractéristiques différentes.

a. Confusion avec un autre bien ou service

Une pratique commerciale est trompeuse lorsqu'elle crée une confusion avec un autre bien ou service, une marque, un nom commercial, ou un autre signe distinctif d'un concurrent (C. consom. art. L 121-2, 1°). 66920

Par **exemple,** ont été condamnés pour délit de publicité trompeuse un distributeur qui avait diffusé un catalogue proposant des autocuiseurs de fabrication étrangère désignés sous le nom de « Cocotte-Minute », alors que ce mot est une marque déposée par un fabricant français (CA Rouen 29-5-1984 : BRDA 20/84 p. 4) et un distributeur de parfums de qualité quelconque qui avait employé des tableaux établissant une concordance entre ses produits et des parfums de grandes marques expressément désignées (Cass. crim. 12-3-1985 n° 83-95.046 ; voir aussi CA Versailles 16-3-1989 : Lettre distrib. mai 1989 p. 4 ; CA Aix-en-Provence 23-2-1994 : Contrats conc. consom. 1995 comm. n° 17 note G. Raymond).

La société exploitant le site internet Envoituresimone.com, qui proposait une formation en ligne au Code de la route et, dans certaines agglomérations, des cours de conduite dispensés par des moniteurs partenaires, s'est vue infliger une amende transactionnelle de 25 000 € au motif que les internautes recherchant, par un moteur de recherche, le site internet d'une auto-école locale voyaient s'afficher prioritairement un lien les renvoyant vers le site EnVoitureSimone.com, ce qui était de nature à créer une confusion avec les services proposés par les auto-écoles concurrentes (Communiqué DGCCRF du 30-7-2021).

b. Allégations ou présentations fausses ou de nature à induire en erreur

OBJET DE LA PRATIQUE COMMERCIALE TROMPEUSE

Une pratique commerciale est trompeuse lorsqu'elle repose sur des allégations, indications ou présentations fausses ou de nature à induire en erreur et portant sur l'un des **éléments** suivants (C. consom. art. L 121-2, 2°) : 66930

– l'existence, la disponibilité ou la nature du bien ou du service ;

– les caractéristiques essentielles du bien ou du service, à savoir : ses qualités substantielles, sa composition, ses accessoires, son origine, notamment au regard des règles justifiant l'apposition des mentions « fabriqué en France » ou « origine France » ou de toute mention, signe ou symbole équivalent, au sens du Code des douanes de l'Union européenne sur l'origine non

préférentielle des produits, sa quantité, son mode et sa date de fabrication, les conditions de son utilisation et son aptitude à l'usage, ses propriétés et les résultats attendus de son utilisation, ainsi que les résultats et les principales caractéristiques des tests et contrôles effectués sur le bien ou le service ;
– le prix ou le mode de calcul du prix, le caractère promotionnel du prix, notamment les réductions de prix au sens de l'article L 112-1-1, I du Code de la consommation, les comparaisons de prix et les conditions de vente, de paiement et de livraison du bien ou du service ;
– le service après-vente, la nécessité d'un service, d'une pièce détachée, d'un remplacement ou d'une réparation ;
– la portée des engagements de l'annonceur, notamment en matière environnementale, la nature, le procédé ou le motif de la vente ou de la prestation de services ;
– l'identité, les qualités, les aptitudes et les droits du professionnel ;
– le traitement des réclamations et les droits du consommateur.

› Précisions **a.** Pour ce qui concerne l'appréciation du caractère trompeur de l'**origine d'un produit**, « notamment au regard des règles justifiant l'apposition des **mentions « fabriqué en France » ou « origine France »** ou de toute mention, signe ou symbole équivalent, au sens du Code des douanes de l'Union sur l'origine non préférentielle des produits » (C. consom. art. L 121-2, 2°-b), l'objectif est de clarifier les règles d'appréciation de l'origine des biens et notamment d'éviter tout « franco-lavage » par l'apposition du drapeau français ou de symboles équivalents (Amendement n° 2198 relatif à la loi 2021-1104 du 22-8-2021). Il s'agit ici d'un rappel des règles applicables. En effet, les fausses indications d'origine peuvent être appréhendées non seulement au titre des pratiques commerciales trompeuses, mais aussi sur le fondement de l'article L 413-8 du Code de la consommation, qui interdit spécifiquement de telles pratiques. Or, pour l'application de ce texte, la détermination de l'origine d'un produit dont les étapes de fabrication ont lieu dans différents pays s'effectue au regard des règles posées par les règlements européens 2913/92 du 12 octobre 1992 établissant le Code des douanes communautaire (art. 22 à 26) et 2454/93 du 2 juillet 1993 fixant certaines dispositions d'application du règlement précité (art. 35 à 65).
À noter aussi que l'article 39 du Code des douanes interdit l'entrée sur le territoire de « tous produits étrangers, naturels ou fabriqués, portant soit sur eux-mêmes, soit sur des emballages, caisses, ballots, enveloppes, bandes ou étiquettes, etc., une marque de produits ou de services, un nom, un signe ou une indication quelconque de nature à faire croire qu'ils ont été fabriqués en France ou qu'ils sont d'origine française ».
b. Au titre du traitement des **réclamations** et des **droits** du consommateur, sont par exemple visées l'indication d'un numéro d'appel pour le traitement des réclamations qui est en réalité inactif, des indications erronées sur le service après-vente ou la nécessité d'une réparation ou d'une pièce détachée.

ALLÉGATIONS FAUSSES OU DE NATURE À INDUIRE EN ERREUR : ILLUSTRATIONS

66940 **Existence ou disponibilité du bien ou du service** S'agissant de l'**existence des biens ou services,** ont été jugées trompeuses les publicités suivantes :
– publicité proposant des terrains à la vente dès la signature d'un compromis, alors que ce dernier comportait des conditions suspensives qui n'étaient pas encore réalisées (Cass. crim. 8-11-1983 : D. 1984 IR p. 59) ;
– annonce relative à la vente de maisons comportant une illustration qui représentait un bâtiment auquel était accolée une pièce annexe, alors que cette pièce n'existait pas dans la réalité (T. corr. Narbonne 14-11-1980 : Cahiers de droit de l'entreprise 1982/5 p. 27) ;
– publicité effectuée par une agence de voyages pour un circuit touristique, alors que ce circuit était remplacé en dernière minute par un voyage ne correspondant en rien à celui annoncé (CA Paris 1-12-1981 : Cahiers de droit de l'entreprise 1982/5 p. 29) ;
– annonce d'un bijoutier mentionnant l'existence d'un « Service fabrication », alors qu'en réalité il se bornait à confier l'exécution des travaux commandés par sa clientèle à des tiers (Cass. crim. 13-11-1984 : BRDA 5/85 p. 6) ;
– annonce, sur une bande de papier entourant des flacons de café, de la possibilité pour tout acheteur de participer à un concours doté de prix importants, la bande de papier tenant lieu de bulletin de participation, alors que l'extrait du règlement concernant ce concours était imprimé au dos de la bande publicitaire et qu'il fallait donc acheter un flacon pour le lire et s'apercevoir que la date limite d'envoi des réponses était dépassée depuis plus de dix mois (CA Paris 13-5-1977, inédit).

66945 En ce qui concerne la notion de **disponibilité des produits faisant l'objet d'une publicité,** il résulte de la jurisprudence que cette disponibilité doit s'apprécier suivant la spécificité des produits : une publicité portant sur des produits qui se révèlent non disponibles à la vente est trompeuse lorsqu'il s'agit d'objets que l'acheteur a l'habitude d'emporter immédiatement après son achat.

Par exemple, ont été condamnés pour avoir commis l'ancien délit de publicité trompeuse :
– l'exploitant de deux magasins qui avait diffusé des publicités relatives à une grande foire aux vins et aux fromages, alors que certains de ces produits ne figuraient pas dans les rayons de l'un des deux magasins, et ce même si ces articles pouvaient être obtenus par la clientèle après que le personnel était allé les chercher dans l'autre magasin (Cass. crim. 5-5-1987 : Rev. conc. consom. 1987/40 p. 37) ;
– le directeur commercial d'un magasin d'articles de sports qui avait fait diffuser un nombre considérable de tracts publicitaires offrant à la vente des skis et des raquettes de tennis, alors qu'il ne possédait qu'une quantité de matériel très insuffisante pour satisfaire la demande, et ce alors même qu'il avait conclu un accord avec un autre détaillant pour bénéficier du stock de celui-ci au fur et à mesure de ses besoins (Cass. crim. 2-12-1980 : Bull. crim. p. 847) ;
– le distributeur qui avait fait distribuer dans les boîtes à lettres un catalogue à plus de 650 000 exemplaires faisant état de promotions sur divers vins et fromages parmi lesquels plusieurs produits avaient été très rapidement épuisés et qui avait reconnu ne pas avoir sollicité de réapprovisionnement pour ces articles (CA Rennes 5-9-1996 : RJDA 4/97 n° 593) ;
– le distributeur qui avait annoncé une opération promotionnelle pendant dix jours portant sur du « petit mobilier » et des objets de décoration, alors que certains des articles proposés n'étaient pas exposés en magasin ou disponibles en réserve, et ce alors même que le document publicitaire vantant l'opération précisait que le magasin s'engageait à livrer les articles non immédiatement disponibles, au prix promotionnel indiqué ; en effet, la publicité avait été réalisée pour le compte d'un magasin où les consommateurs ont pour habitude d'emporter immédiatement les biens qu'ils sont venus acheter et le distributeur n'avait fait valoir aucune circonstance exceptionnelle ou événement de force majeure de nature à justifier l'indisponibilité des produits (CA Toulouse 11-5-2000 : RJDA 4/01 n° 58).

> **Précisions** L'indisponibilité des produits décrits dans une publicité peut également donner lieu à une action en **dommages-intérêts** par le client qui n'a pas été en mesure de comparer et éventuellement d'acheter les produits offerts dans cette publicité qui ne se trouvaient pas en magasin (TGI Paris 1-3-1982 : Gaz. Pal. 1982 som. p. 100).

Nature du bien ou du service Ont été jugées trompeuses, au sens de l'ancien délit de publicité trompeuse, la publicité qui persuadait les personnes intéressées qu'il leur était offert un travail à domicile bien rémunéré consistant en des copies d'adresses, alors qu'elle tendait en réalité à leur faire acheter les ouvrages publiés par l'annonceur (Cass. crim. 26-5-1976 : Bull. crim. p. 470) et une annonce dans la presse proposant l'achat d'immeubles pour « clients payant comptant », dès lors que les lecteurs intéressés se voyaient seulement offrir les services d'un agent immobilier qui tentait de leur faire souscrire un contrat de publicité onéreux au lieu d'une proposition immédiate d'achat (Cass. crim. 22-11-1982 : Rev. conc. consom. 1983/23 p. 45). **66950**

Se rend coupable d'une pratique commerciale trompeuse la société qui commercialise un produit cosmétique en le présentant faussement comme un médicament ; elle ne peut pas arguer de l'éventuelle responsabilité du fabricant du produit sur le fondement du règlement (CE) 1223/2009 du 30 novembre 2009 relatif aux produits cosmétiques pour être exonérée de sa responsabilité pénale au titre de la directive 2005/29 du 11 mai 2005 relative aux pratiques commerciales déloyales, ces deux textes pouvant s'appliquer conjointement dès lors qu'ils ont tous deux pour objectif de protéger les consommateurs (Cass. crim. 20-10-2020 n° 19-81.207 FS-PBI : RJDA 3/21 n° 196).

Qualités substantielles La publicité a été jugée trompeuse lorsque : **66960**
– un garagiste avait fait paraître une annonce indiquant qu'il était vendeur d'une voiture « en très bon état général », alors que ce véhicule avait déjà été accidenté à deux reprises (Cass. crim. 29-9-1979 : D. 1980 IR p. 131) ;
– un annonceur avait présenté un immeuble comme un « havre de paix privilégié » alors qu'en réalité celui-ci était situé à proximité d'une route à forte circulation et d'un aéroport (CA Colmar 19-4-1984 : BID 1985/3 p. 32 ; rapp. Cass. crim. 18-6-1984 : D. 1984 IR p. 405) ;
– les documents d'une campagne publicitaire avaient employé les termes suivants : « tour du monde dans les conditions les plus agréables, les plus luxueuses », « à bord d'un avion réservé, quelques privilégiés s'envoleront », « votre avion […] sera spécialement aménagé […] pour en faire un véritable salon volant », « le service à bord sera celui de la classe affaires », « les repas soigneusement étudiés », les expressions utilisées témoignant ainsi de la volonté de convaincre le client potentiel du caractère exceptionnel des prestations proposées, alors que celles-ci s'étaient avérées de qualité médiocre, la plupart des passagers, en nombre élevé, ayant voyagé en « classe touriste » et bénéficié d'une restauration ordinaire,

l'avion n'ayant par ailleurs reçu aucun aménagement de nature à en améliorer le confort de manière sensible (Cass. crim. 15-10-1997 : RJDA 1/98 n° 121) ;
– un fabricant avait apposé sur le boîtier de logiciels la mention « approuvé par un laboratoire de tests », de nature à faire croire au consommateur d'attention moyenne que le produit avait été approuvé par un organisme agréé à cet effet et présentant des garanties de compétences et d'objectivité, alors que les tests effectués par le fabricant ne correspondaient qu'à des essais réalisés par des entreprises extérieures ne présentant aucune certification ni habilitation particulière (Cass. com. 28-11-2006 n° 05-15.482 : RJDA 7/07 n° 796).

66965 De même, ont été condamnés pour avoir commis l'ancien délit de publicité trompeuse :
– les dirigeants d'une agence de voyages qui avaient proposé un séjour touristique en Tunisie par une annonce comportant les mentions « transport + séjour, prix forfaitaire au départ de Paris » et « forfait 8 jours/7 nuits », alors que la durée totale du séjour avait été de moins de 7 jours dont 6 jours et demi sur le sol tunisien (CA Paris 16-11-1987, inédit) ;
– un fabricant qui avait indiqué la mention « lavable » sur l'emballage de feutres, alors que l'encre de ces articles ne pouvait être enlevée sur les textiles qu'après un traitement particulier car, en indiquant que l'un de ces feutres était délébile, le fabricant avait lui-même conféré à cette qualité un caractère substantiel (Cass. crim. 27-7-1988 : BRDA 19/88 p. 5) ;
– une commerçante qui avait fait diffuser une publicité pour des jeans « grande marque », alors qu'il s'agissait de vêtements communs (CA Angers 3-5-1990 : BID 1991/2 p. 19) ;
– un viticulteur qui, dans sa publicité et sur les étiquettes de ses vins, avait indiqué « cuvée prestige vendangée tardivement le 20 novembre 1985 », alors que la mention « vendange tardive » est réservée aux vins remplissant des conditions auxquelles la production de l'intéressé ne satisfaisait pas (Cass. crim. 14-3-1994 : RJDA 5/94 n° 602) ;
– la société commerciale qui avait apposé sur des denrées alimentaires la mention « label 100 % saveur 100 % consommateur » accompagnant la marque collective « reconnu saveur de l'année », cette utilisation étant de nature à créer une confusion dans l'esprit des consommateurs avec le label agricole (CA Versailles 23-9-2004 n° 03-6250 : RJDA 7/05 n° 904, 2e espèce) ;
– un professeur de judo qui avait fait paraître des annonces publicitaires le présentant comme titulaire du 6e dan, alors que ce titre ne lui avait pas été délivré par la fédération française de judo, seul organisme habilité à cette fin par la loi (Cass. crim. 10-10-2006 n° 5915 : RJDA 2/07 n° 202).

66970 Constitue le délit de pratique commerciale trompeuse le fait pour une banque de continuer de traiter des formulaires de souscription d'ouverture d'un compte rémunéré attachés à une offre promotionnelle, alors que celle-ci a été interrompue sans que les souscripteurs en aient été avertis (Cass. crim. 13-1-2016 n° 14-88.136 : RJDA 5/16 n° 401).

66975 En revanche, jugé que le fait d'avoir commercialisé une boisson à base de vin désalcoolisé sous la dénomination « vin sans alcool » n'était pas constitutif de l'ancien délit de publicité trompeuse car la dénomination était composée de deux expressions contradictoires, la seconde retirant à la première ses qualités substantielles (Cass. crim. 10-5-1993 : RJDA 8-9/93 n° 758). De même, n'était pas trompeuse une publicité qui présentait des véhicules comme étant neufs, moins chers et bénéficiant de la garantie du constructeur, si ces véhicules étaient immatriculés pour les seuls besoins de l'importation, n'avaient jamais circulé et étaient vendus dans un État membre de l'Union européenne à un prix inférieur à celui pratiqué par les concessionnaires établis dans cet État en raison d'un nombre d'accessoires moindre (CJCE 16-1-1992 : RJDA 3/92 n° 296).

66980 **Composition** Ont été jugées trompeuses :
– une publicité pour des vêtements exclusivement axée sur le terme « angora », alors que ces articles ne comportaient que 20 % de laine angora (Cass. crim. 25-6-1984 : Bull. crim. p. 602) ;
– celle pour des chaussettes « en laine » ou « en fil d'Écosse », alors qu'elles n'étaient respectivement composées que de 60 % de laine pour les premières et de 79 % de coton pour les secondes (CA Dijon 20-3-1980 : BRDA 19/80 p. 8) ;
– celle présentant un jus de fruit comme du « fruit prêt à boire », alors que celui-ci était additionné d'eau à 50 % (Cass. crim. 4-3-1976 : Bull. crim. p. 199) ;
– celle présentant comme « naturellement pauvres en sodium » des confitures qui contenaient en réalité une proportion de sodium supérieure à celle de confitures fabriquées et commercialisées par la même maison sans être qualifiées d'aliment de régime (Cass. crim. 5-6-1984 : Bull. crim. p. 554 n° 211).

Origine Ont été condamnés pour avoir commis l'ancien délit de publicité trompeuse : 66990
– le restaurateur qui avait proposé sur son menu du gigot de « pré-salé » ne provenant pas d'agneaux élevés sur des pâturages imprégnés d'eau de mer (CA Caen 24-1-1986 : BID 1986/6 p. 76) ;
– le charcutier qui avait apposé la mention « charcuterie artisanale » sur des produits de fabrication industrielle (T. corr. Le Mans 14-2-1986, inédit) ;
– le vendeur de produits de charcuterie qui avait laissé croire que les produits alimentaires qu'il commercialisait étaient élaborés traditionnellement par une entreprise implantée dans le Périgord, alors qu'elle était située dans le département du Nord (CA Bordeaux 14-6-1994 : BID 1995/1 p. 16) ;
– l'importateur qui avait mis en vente des œufs d'origine étrangère sous la marque « Les Fermiers d'Argoat » (Cass. crim. 19-10-2004 n° 5857 : RJDA 2/05 n° 203) ;
– un fabricant de services de porcelaine façonnés à Limoges et décorés dans le Cher qui avait apposé sur ses produits l'estampille « Limoges-France » (Cass. crim. 28-11-1983 : Gaz. Pal. 1984 p. 258 note Saint-Geniest).

Quantité A été jugée trompeuse, au sens de l'ancien délit de publicité trompeuse, l'indication « Poids net 1 kg » sur des paquets de café moulu, alors que chaque paquet enregistrait un déficit moyen de 7,83 g au lieu des 7,5 g tolérés (T. corr. Lyon 15-2-1979, inédit). 67000

L'emploi d'emballages de taille importante non motivé par des raisons techniques (par exemple, boîtes de crayons de couleur, de feutres, de peintures ou de chocolat) peut être trompeur (en ce sens, voir Rép. Fuzier : Sén. 30-8-1984 p. 1354 n° 16987).

Une telle présentation peut par ailleurs être sanctionnée civilement pour concurrence déloyale (Cass. com. 8-11-1994 : RJDA 2/95 n° 233).

Mode et date de fabrication Jugé que constituaient une publicité trompeuse, au 67010
sens de l'ancien délit de publicité trompeuse :
– la publication d'une photographie représentant une main tenant un pinceau et procédant à la décoration d'une assiette, suggérant ainsi aux acheteurs éventuels de services de porcelaine que ceux-ci étaient entièrement décorés à la main, alors que les décors étaient apposés par décalcomanies et que seules les retouches faisant disparaître les défauts apparus avant ou après la cuisson étaient faites à la main (CA Paris 12-5-1978 : BRDA 21/78 p. 5) ;
– l'apposition par un boulanger de pancartes portant la mention « pain cuit dans un four chauffé au bois », alors que le pain était cuit suivant une méthode moderne (Cass. crim. 17-1-1983 n° 81-92.900, inédit ; voir aussi Cass. crim. 21-11-1989 : BID 1990/7-8 p. 26) ;
– l'annonce par un fabricant de madeleines que ses produits étaient « fabriqués selon une recette ancestrale avec des œufs frais du jour, du beurre et l'amour du travail bien fait », alors que les ingrédients utilisés (beurre concentré, sorbitol, œufs frais mais pas « du jour ») et les procédés de fabrication modernes mis en œuvre n'avaient rien de commun avec une « recette ancestrale » (CA Nancy 6-12-1983 : BID 1986/7 p. 57) ;
– la commercialisation de plats cuisinés sous le nom d'un grand cuisinier en les présentant comme artisanalement préparés, alors qu'il s'agissait de produits fabriqués industriellement (T. corr. Lyon 12-12-1983 : BID 1984/5 p. 36) ;
– l'utilisation par un producteur de plaquettes de beurre de la dénomination « beurre de baratte » sur ses emballages, alors que le produit, compte tenu de la technologie utilisée, ne pouvait pas y prétendre (CA Rennes 13-7-1992 : BID 1994/7-8 p. 31).

Conditions d'utilisation et aptitude à l'usage A été condamné pour avoir commis l'ancien délit de publicité trompeuse l'industriel qui avait présenté comme obligatoire un appareil émettant un signal de détresse destiné à équiper les automobiles, alors qu'en vertu d'un arrêté un triangle de présignalisation était suffisant (CA Paris 3-5-1976 : Gaz. Pal. 1977.1 p. 138 note Divier). 67020

Propriétés et résultats pouvant être attendus de l'utilisation des biens ou 67030
services Ont été jugées trompeuses, au sens de l'ancien délit de publicité trompeuse :
– la publicité d'une agence de voyages proposant la location d'appartements dans une station d'altitude où des activités de sport étaient mises à disposition des résidents, dès lors qu'il n'était pas précisé que plusieurs de ces activités n'étaient pas assurées pendant certaines périodes (Cass. crim. 7-5-1985 : Bull. crim. p. 449) ;
– la publicité offrant la possibilité de réaliser un investissement particulièrement rentable, alors que les placements effectués avaient été loin de produire les revenus annoncés (Cass. crim. 14-4-1986 : Rev. conc. consom. 1986/36 p. 38) ;

– la publicité d'une agence immobilière décrivant un immeuble en vue de sa location en s'abstenant de révéler les nuisances et inconvénients de voisinage (Cass. crim. 12-11-1986 : Bull. crim. p. 861).

En revanche, ne présentait pas un caractère trompeur la campagne publicitaire par laquelle un assureur avait promis une réduction des cotisations d'assurance santé sur justification de l'achat de produits alimentaires présentés comme entraînant une réduction du taux de cholestérol, dans la mesure où il était clairement précisé que cette gamme d'aliments agissait dans le cadre d'un régime adapté riche en fruits et légumes et que le message précisait les conditions d'utilisation de ces produits, si bien que le consommateur moyen n'était pas incité à croire que l'utilisation seule de ces produits suffisait à faire baisser son taux de cholestérol (CA Paris 16-11-2007 n° 06-13276 : RJDA 4/08 n° 462).

67040 **Prix, mode de calcul du prix, caractère promotionnel du prix** Est trompeuse, au sens de l'article 6, 1 de la directive 2005/29 relative aux pratiques commerciales déloyales, une pratique commerciale consistant à **fractionner le prix d'un produit en plusieurs éléments et à mettre en avant l'un d'entre eux,** dès lors qu'elle est susceptible, d'une part, de donner au consommateur moyen l'impression erronée qu'un prix avantageux lui est proposé et, d'autre part, de le conduire à prendre une décision commerciale qu'il n'aurait pas prise autrement. Les juges doivent vérifier ces éléments, en tenant compte des circonstances pertinentes de l'affaire, et notamment du fait que la composante omise ou moins visible représente un élément non négligeable du prix total. Toutefois, les contraintes de temps auxquelles peuvent être soumis certains moyens de communication (tels que des spots publicitaires télévisés) ne doivent pas être prises en considération (CJUE 26-10-2016 aff. 611/14 : RJDA 3/17 n° 209).

Par ailleurs, ont été jugées trompeuses, au sens de l'ancien délit de publicité trompeuse, les publicités suivantes :

– celle d'une société proposant la construction de pavillons à des prix « sans surprise, nets et fixés d'avance », alors qu'il s'agissait de prix prévisionnels soumis à révision par application d'une formule précisée dans les contrats (Cass. crim. 5-2-1980 : Bull. crim. p. 110 ; Cass. crim. 1-3-1983 : BID 1984/4 p. 39) ;

– celle d'un promoteur qui illustrait ses placards publicitaires par la photographie de ses constructions les plus attrayantes – mais aussi les plus onéreuses – en n'énonçant que le prix des modèles les moins chers (CA Caen 12-3-1982 : Rev. conc. consom. 1983/21 p. 18) ;

– celle d'une agence immobilière qui avait inséré dans la presse un encart relatif à la vente d'une maison mentionnant « vous avez 15 000 F (environ 2 285 €) d'apport », ce qui laissait à penser que cette somme aurait été déduite du prix de vente du bien alors qu'elle était en réalité retenue à titre de frais d'études (CA Rouen 5-11-1985 : BRDA 8/86 p. 15) ;

– celle d'une agence immobilière concernant la vente de « murs commerciaux » qui devait rapporter 3 100 F (environ 470 €) par mois, alors que cette somme comprenait un loyer de 2 800 F (environ 425 €) et des avances sur charges évaluées forfaitairement à 300 F (environ 45 €) (T. corr. Clermont-Ferrand 24-6-1985 : BID 1986/11 p. 39) ;

– celle d'un distributeur faisant état d'un « indice des économies » calculé selon des paramètres différents de ceux qui avaient été annoncés au public (Cass. crim. 22-12-1986 : D. 1987 p. 286 note Cas) ;

– celle d'un opticien proposant des montures « nettement moins chères qu'ailleurs », alors que l'un de ses concurrents avait momentanément baissé ses prix pour les aligner sur les siens (Cass. crim. 10-11-1987 : BRDA 3/88 p. 6) ;

– celle d'une société de construction annonçant des prix invariables à partir de l'ouverture du chantier, alors qu'en réalité les contrats conclus avec les clients de ces sociétés comportaient une clause de révision du prix au-delà de la date d'ouverture du chantier (Cass. crim. 20-5-1987 : BID 1988/1 p. 58) ;

– celle d'un magasin de vente en gros dont les prospectus faisaient état de prix hors taxe, alors que l'accès au magasin n'était pas strictement réservé aux professionnels et que cette publicité ne permettait pas de déceler normalement qu'il s'agissait de prix hors taxe (Cass. crim. 11-1-1990 : Bull. crim. p. 45 n° 21).

67045 Ont également été jugées trompeuses, au sens de l'ancien délit de publicité trompeuse, les publicités suivantes :

– celle qui annonçait la reprise de salons anciens pour une valeur de 10 000 F (environ 1 525 €), alors que le prix de vente des nouveaux salons, déduction faite du montant de la reprise, était soit supérieur au prix de vente antérieurement pratiqué, soit inférieur d'une somme de moins de 10 000 F au prix antérieur (CA Toulouse 18-4-1991, inédit) ;

– celle d'un dépanneur à domicile qui faisait état d'un « forfait ouverture de porte », alors que la main-d'œuvre était facturée en sus (CA Paris 24-1-1994 : BID 1994/11 p. 24) ;
– celle proposant pour un prix forfaitaire un apprentissage à la conduite automobile comportant vingt heures de conduite individuelle, un forfait cours de code illimité, une présentation à l'examen de conduite ainsi que les frais d'inscription, alors que ce forfait omettait le coût de l'heure d'évaluation, de la fiche de progression et du livret, éléments obligatoires pour passer l'examen (T. corr. Brest 19-7-1994 : RJDA 12/94 n° 1383) ;
– celle qui annonçait « pour la première fois, une agence matrimoniale est accessible à partir de 900 F (environ 137 €) », alors que le contrat permettait seulement aux bénéficiaires d'accéder à un fichier pendant un mois, par un service télématique, contre le versement d'une redevance au centre serveur (Cass. crim. 28-9-1994 : RJDA 5/95 n° 659) ;
– celle d'un détaillant de parfums qui mentionnait sur les étiquettes des articles vendus dans son magasin un « prix conseillé » juxtaposé au prix pratiqué par le détaillant, inférieur au premier, alors que, dans la plupart des cas, le prix de référence n'était pas conseillé par le fabricant mais calculé par le détaillant en fonction d'un coefficient multiplicateur appliqué au prix d'achat (Cass. crim. 18-5-1998 : RJDA 10/98 n° 1166) ;
– celle d'un commerçant dont les prix étiquetés sur la marchandise n'étaient jamais pratiqués car ils faisaient l'objet d'un rabais très important consenti à la commande (Cass. crim. 14-10-1998 : RJDA 1/99 n° 104) ;
– celle qui annonçait « votre fioul domestique moins cher », compte tenu des éléments suivants : pour un consommateur d'attention moyenne, cette mention ne permettait pas de savoir si l'annonceur faisait référence aux prix qu'il pratiquait antérieurement ou à ceux pratiqués par la concurrence ; cette publicité ne comportait pas de période de comparaison, alors que les prix du fioul sont particulièrement évolutifs ; différentes factures émanant de revendeurs de fioul domestique travaillant sur le même secteur territorial que l'annonceur établissaient qu'à certaines époques ces revendeurs vendaient le fioul moins cher que lui (Cass. com. 4-6-2002 : RJDA 8-9/02 n° 951).

En revanche, ne s'était pas rendu coupable de l'ancien délit de publicité trompeuse l'organisateur d'une loterie commerciale qui avait présenté un lot de consolation comme ayant une valeur marchande de 90 F (environ 14 €) alors que ce lot avait été acheté au prix de 8,13 F (1,24 €) car ce prix était effectivement celui indiqué dans le catalogue de vente de la société organisatrice de la loterie (Cass. crim. 21-11-1989 : Bull. crim. p. 1050 n° 432). **67050**

Toute annonce de **réduction de prix** qui ne satisfait pas aux règles fixées par l'article L 112-1-1 du Code de la consommation constitue une pratique commerciale trompeuse si les conditions de ce délit sont réunies (C. consom. art. L 121-2). Sur les règles applicables aux annonces de réduction de prix, voir n°s 75500 s. **67055**
Les annonces de rabais du type « X % de réduction sur tout le rayon, sauf sur les articles marqués d'un point rouge » sont trompeuses si les exceptions annoncées ne présentent pas réellement un caractère résiduel (Rép. Fuzier : Sén. 8-1-1981 p. 24 n° 35170).

Est trompeur le fait pour un commerçant d'annoncer une vente à **prix coûtant,** alors qu'il vend à un prix plus élevé que le seuil de la revente à perte défini à l'article L 442-2 du Code de commerce. Ainsi, a été condamné pour avoir commis l'ancien délit de publicité trompeuse un distributeur qui avait pratiqué des prix de vente largement supérieurs au prix « coûtant » en additionnant au prix d'achat, taxes et frais de transport divers toutes les autres charges qui avaient pesé sur les produits commercialisés (frais de personnel, d'entrepôt, etc.) (T. corr. Rennes 24-4-1986 : RTD com. 1987 p. 136 obs. Bouzat). **67060**
En revanche, il a été jugé que l'annonce par un constructeur de maisons individuelles d'une vente à « prix coûtant » d'équipements tels qu'une cheminée, un carrelage et des sanitaires n'entraînait pas une exonération pour l'acheteur des frais de main-d'œuvre et d'installation et qu'une telle publicité ne pouvait être qualifiée de mensongère si ces frais étaient facturés en sus du prix des équipements (CA Douai 20-4-1989 : BRDA 20/89 p. 9).

La publicité d'un détaillant annonçant la vente de produits « **prix fabricant** » est mensongère. En effet, ce prix correspond au prix de revient augmenté de la marge bénéficiaire du fabricant, à l'exclusion de tous autres frais. L'usage de cette expression par un revendeur est donc illicite car les prix qu'il pratique tiennent nécessairement compte des frais de vente au détail (T. corr. Mâcon 12-2-1986 : BRDA 9/86 p. 6). C'est ainsi qu'a été condamné pour publicité trompeuse, au sens de cet ancien délit, un distributeur qui avait fait état de « **prix direct usine** » alors qu'il n'était qu'un intermédiaire entre le fabricant et les clients et qu'il prélevait une marge de distribution (Cass. crim. 7-3-1991 : RJDA 5/91 n° 446). **67065**

67070 Sur les conditions de validité des **publicités comparatives sur les prix,** voir n°s 73040 s.

67080 **Conditions de vente, de paiement et de livraison** Ont été jugés trompeurs, au sens de l'ancien délit de publicité trompeuse :
– une campagne publicitaire faisant état d'un « apport » personnel minime pour la vente de maisons « prêtes à habiter », alors qu'il ne s'agissait que de l'acompte versé à la signature d'un contrat de vente (CA Rennes 19-3-1987 : BRDA 10/87 p. 9) ;
– l'annonce d'une vente par « crédit personnalisé à long terme », alors que seulement 80 % du prêt était accordé sur 15 ans (TGI Paris 1-12-1975 : Cahiers de droit de l'entreprise 1977/5 p. 27) ;
– le fait pour un commerçant de laisser croire au lecteur du dépliant publicitaire qu'il faisait distribuer que ce lecteur bénéficiait d'une chance particulière lui ouvrant droit à une remise exceptionnelle sur un prochain achat, alors que l'avantage consenti était le même pour tous (Cass. crim. 7-7-1993 : BID 1994/1 p. 31).

67090 **Service après-vente** Ont été condamnés pour avoir commis l'ancien délit de publicité trompeuse un distributeur qui avait laissé croire que des appareils électroménagers étaient garantis gratuitement pendant cinq ans alors que cette **garantie** était subordonnée à la souscription d'un contrat d'assurances (Cass. crim. 3-1-1983 : BRDA 9/83 p. 6) et un fabricant de tondeuses à gazon qui avait promis une garantie de trois ans alors qu'il s'agissait de la garantie contractuelle d'un an à laquelle s'ajoutait une garantie complémentaire seulement si l'acheteur faisait réviser l'appareil à ses frais dans un atelier agréé (CA Colmar 28-9-1989 : BRDA 9/90 p. 5).

67100 **Portée des engagements de l'annonceur** Ont été condamnés pour avoir commis l'ancien délit de publicité trompeuse :
– un fabricant de café qui avait organisé un concours annoncé par une bande publicitaire entourant des flacons de café et avait laissé en vente ces produits après l'expiration de la date limite de clôture du concours indiquée à l'intérieur de la bande de papier (CA Paris 13-5-1977 : JCP éd. G 1979 II n° 19112) ;
– un président-directeur général d'une société de magasins à grande surface qui avait laissé paraître la publicité suivante : « Seul X dépanne votre TV le jour même, sur simple appel, avant 10 h », alors que d'autres commerçants de la même ville travaillaient dans le même délai (T. corr. Lyon 24-11-1980 : Lettre distrib. janvier 1981 p. 2) ;
– un gérant de SARL qui avait publié des annonces d'offres d'emploi promettant « un salaire de 2 000 F (environ 305 €) assurés si capable », alors que le personnel, payé à la tâche, ne pouvait obtenir le salaire annoncé (Cass. crim. 9-11-1981 : BRDA 8/82 p. 21) ;
– le directeur d'une agence de voyages qui avait diffusé un catalogue publicitaire proposant des séjours dans un hôtel dont les caractéristiques ne correspondaient pas à celles qui étaient décrites (CA Bordeaux 5-7-1983 : BID 1984/6 p. 37) ou un circuit en Sicile dont certaines étapes n'avaient pas été respectées (Cass. crim. 4-2-1986 : Bull. crim. p. 105) ;
– le gérant d'une société civile immobilière qui avait proposé dans des dépliants la vente de parcelles de terrains « avec leurs branchements en limite de propriété », alors que le coût de ces branchements devait être acquitté en sus du prix indiqué (CA Rouen 16-11-1983, inédit) ;
– un distributeur qui s'était engagé à rembourser la différence de prix au cas où les acheteurs trouveraient les mêmes produits pour un prix inférieur dans un magasin concurrent et qui, en pratique, refusait d'effectuer ce remboursement (T. corr. Clermont-Ferrand 2-12-1986, inédit) ;
– le dirigeant d'une société qui, pour un jeu-concours, avait utilisé la photographie d'un animateur de télévision célèbre accompagnée de la mention écrite de la main de ce dernier attestant qu'il se portait garant de l'attribution finale des lots mis en jeu, alors que cette allégation était fausse (T. corr. Paris 27-6-1990 : RTD com. 1991 p. 124 n° 15) ;
– un cuisiniste qui proposait le remboursement du prix des cuisines qu'il aménageait à l'expiration d'un délai de dix ans, dès lors que les conditions du remboursement étaient telles que celui-ci devenait aléatoire (Cass. crim. 18-5-1994 : RJDA 5/95 n° 658) ;
– un fabricant qui avait apposé, sur le boîtier de logiciels, la mention « satisfait ou échangé » accompagnée d'une vignette indiquant que les modalités de l'offre figuraient à l'intérieur de la boîte, dès lors que cette mention ne précisait pas que l'échange était subordonné à une participation financière représentant près du tiers du coût d'achat du produit (Cass. com. 22-5-2002 : RJDA 8-9/02 n° 950 ; Cass. com. 28-11-2006 n° 05-15.482 : RJDA 7/07 n° 796).
En revanche, ont été relaxés :
– un agent de voyages qui avait diffusé une brochure mentionnant un vol par charter annulé par la suite car l'attention de la clientèle avait été attirée sur ce risque d'annulation (Cass. crim. 10-4-1986 : D. 1986 IR p. 397) ;

– un éditeur qui avait organisé une opération promotionnelle en mettant en vente une revue datée de juillet-août mentionnant en couverture l'offre d'un billet de train gratuit, cette revue étant enveloppée par un plastique et la durée de validité de l'offre, limitée au mois de juillet, étant inscrite à l'intérieur de l'emballage, alors qu'un exemplaire de cette revue avait pu être acheté au début du mois d'août, car l'éditeur justifiait avoir ordonné au distributeur de retirer la revue de la vente le 31 juillet et n'avait ainsi fait preuve d'aucune négligence dans l'organisation de cette opération promotionnelle (CA Paris 6-3-1997 : RJDA 10/97 n° 1282).

Ont été condamnés pour pratique commerciale trompeuse : 67105
– une banque qui avait continué de traiter des formulaires de souscription d'ouverture d'un compte rémunéré attachés à une offre promotionnelle, alors que celle-ci avait été interrompue sans que les souscripteurs en aient été avertis (Cass. crim. 13-1-2016 n° 14-88.136 : RJDA 5/16 n° 401) ;
– l'exploitant d'un site internet qui avait annoncé un jeu susceptible de générer, par tirage au sort sous contrôle d'huissier, le gain d'un véhicule d'une valeur de 13 000 €, alors qu'il n'avait jamais commandé la voiture pourtant mise en jeu pendant une année sur ledit site et qu'aucun tirage au sort n'avait eu lieu ; le fait qu'il n'y ait pas eu de participants n'était pas de nature à faire disparaître l'infraction (Cass. crim. 17-1-2018 n° 16-87.753 F-D) ;
– une société de vente de produits en ligne qui n'avait pas respecté ses engagements de livraison et de remboursement en termes de délais et avait proposé un service après-vente par téléphone, courrier ou mail, alors qu'elle ne répondait pas aux sollicitations des clients (Cass. crim. 29-1-2019 n° 17-86.876 F-D).

En revanche, a été relaxé l'exploitant d'un site internet qui avait mis à la disposition des internautes, contre rémunération, des déclarations de saisine de diverses juridictions pouvant être complétées en ligne avec les informations utiles, en promettant qu'un dossier ne pouvait pas être rejeté pour vice de forme, ce qui était inexact, dès lors que les internautes étaient informés, par une lecture des conditions générales de service publiées sur le site, du moyen de remédier à une éventuelle irrégularité (Cass. 1e civ. 23-9-2020 n° 19-12.894 FS-PB : RJDA 12/20 n° 666).

Nature, procédé ou motif de la vente ou de la prestation de services 67110
Ont été considérés comme trompeurs l'annonce d'une « vente totale du stock avant travaux », alors qu'aucun travail n'était effectué à l'expiration de cette vente (T. corr. Rouen 23-2-1979 : D. 1979 p. 409 note Fortin), une publicité pour une « liquidation » qui ne correspondait pas aux critères définis par la réglementation applicable à ce type de vente (CA Lyon 16-2-1983, inédit), une publicité pour une « vente directe du producteur au consommateur », alors que les produits étaient achetés et revendus (CA Rouen 13-3-1984, inédit), une annonce matrimoniale passée par une agence sous la forme d'une annonce de particulier (CA Rouen 1-11-1983, inédit), l'annonce de la vente d'un stock de « chaussures dégriffées » qui, en réalité, n'était composé que de chaussures de marque ordinaire (T. corr. Sables-d'Olonne 6-12-1984 : BRDA 12/85 p. 15), l'annonce d'une vente avec rabais progressifs au fur et à mesure du temps passé (vente « à l'américaine ») « pour la première fois dans la ville », alors qu'une vente identique avait eu lieu quelques mois auparavant dans un magasin concurrent de la même ville (Cass. crim. 8-10-1985 n° 85-91.088 : Bull. crim. p. 776), l'annonce de « prix direct usine », alors que le distributeur n'était qu'un intermédiaire entre le fabricant et les clients et qu'il prélevait une marge de distribution (Cass. crim. 7-3-1991 : RJDA 2/91 n° 446), des encarts publicitaires présentant des produits comme des marchandises à prix de gros « en direct d'importations des grandes usines d'Europe », alors que l'approvisionnement se faisait auprès de succursales françaises (T. corr. Clermont-Ferrand 16-1-1990 : INC Hebdo n° 688 p. 6), l'annonce proposant au public de recevoir une information gratuite sur un appareil contre l'envoi d'un coupon-réponse, alors que ce coupon permettait en réalité la visite d'un démarcheur (Cass. crim. 9-11-1992 : RJDA 2/93 n° 173, 1e espèce), la publicité assurant que les produits vantés étaient « hors commerce » alors que leur vente s'effectuait par correspondance (Cass. crim. 18-10-1995 : RJDA 1/96 n° 141).

Identité, qualités ou aptitudes du professionnel Sur le fondement de l'ancienne interdiction de la publicité trompeuse, ont été jugés trompeurs sur l'**identité** du professionnel : 67120
– l'offre de vente de produits sous une marque différente de celle qu'ils portaient effectivement (Cass. crim. 5-9-1981 : Bull. crim. p. 661) ;

– l'affichage par une agence spécialisée dans la détection de fuites de gaz d'avis de passage dans les halls d'immeubles présentés de telle façon qu'ils laissaient croire à un contrôle obligatoire et non à une prestation commerciale (CA Paris 4-6-1987 : D. 1987 IR p. 196) ;
– une offre de location passée par une agence immobilière laissant croire qu'il s'agissait d'une annonce de particuliers et non d'un intermédiaire (Cass. crim. 21-6-1988 n° 87-85.552, inédit) ;
– l'annonce d'une prestation de services faite au nom d'une association « loi de 1901 » dont le rôle se limitait à orienter les personnes intéressées vers une société commerciale prestataire de services (Cass. crim. 15-3-1988 : BID 1988/7 p. 35) ;
– l'indication du nom d'une société de distribution sur le badge porté par un vendeur du rayon accessoires-automobiles de cette société, alors que ce vendeur était exclusivement rémunéré par un fabricant de pneumatiques (Cass. crim. 23-2-1989 : Gaz. Pal. 1989 p. 444) ;
– l'utilisation, par une société organisant des concerts, d'une dénomination qui s'identifiait à celle notoirement connue et utilisée depuis plusieurs décennies par une formation artistique similaire (Cass. com. 26-4-1994 : RJDA 8-9/94 n° 974) ;
– l'utilisation ostensible, par une société de pompes funèbres, du nom de son directeur commercial, homonyme de l'enseigne d'un groupe de magasins à grande surface, destinée à détourner à son profit la clientèle en lui faisant croire qu'elle s'adressait à un magasin du groupe (CA Aix-en-Provence 19-5-1994 : D. 1994 IR p. 161) ;
– le fait de publier dans les pages jaunes de l'annuaire du téléphone trois publicités en faveur des services de déménagement proposés par trois sociétés distinctes, laissant ainsi croire que le consommateur pouvait légitimement faire jouer la concurrence entre ces sociétés en composant leurs numéros d'appel distincts, alors que ces sociétés, gérées par la même personne, fonctionnaient comme une seule et même entité : les appels téléphoniques étaient centralisés dans les bureaux de l'une des sociétés où une personne assurait un travail de secrétariat commun et où une autre remplissait les fonctions de chef d'exploitation pour l'ensemble des sociétés (Cass. crim. 20-3-2007 n° 05-85.253 : RJDA 10/07 n° 1019).

Constitue une pratique commerciale trompeuse l'exploitation par une société commerciale d'un site internet dénommé « avocat.net » proposant des devis de prestations d'avocats et des fiches juridiques, dès lors que cette dénomination laisse penser à l'internaute que le site est exploité par des avocats (Cass. 1e civ. 11-5-2017 n° 16-13.669 FS-PBI : RJDA 7/17 n° 507).

Le seul fait d'acquérir la propriété d'une marque n'autorise pas le cessionnaire à se prévaloir de l'ancienneté de l'entreprise dont cette marque reprend la dénomination. Ainsi, l'adjonction à une marque de la mention « Paris-1717 » est de nature à tromper le public sur l'ancienneté de la société venant d'acquérir la marque, créée en 2009, et n'ayant pas acquis le fonds de la société fondatrice (Cass. com. 27-6-2018 n° 16-27.856 F-D : RJDA 12/18 n° 953).

67125 Par ailleurs, ont été jugés trompeurs sur les **qualités** et **aptitudes** de l'annonceur, sur le fondement de l'ex-délit de publicité trompeuse :
– le fait de présenter sur des affiches la directrice du marketing d'une société en qualité de « directrice des magasins » dans le but de faire croire à la clientèle, en majorité féminine, que l'entreprise était dirigée par une femme capable d'en orienter la politique commerciale, et celui de présenter cette personne sous un faux nom, identique à la raison sociale, afin de faire croire qu'il s'agissait d'une entreprise familiale, alors que la société détenait une quarantaine de supermarchés (Cass. crim. 22-6-1982 : D. 1983 p. 215 note Mayer ; Cass. crim. 11-3-1986 : BID 1986/7 p. 76) ;
– le fait pour un agent immobilier de diffuser des annonces dans lesquelles il se présentait comme le mandataire d'acheteurs pressés de réaliser une opération, alors qu'en réalité il ne disposait d'aucun contact et proposait aux vendeurs attirés par cette publicité de prospecter le marché (Cass. crim. 9-7-1987 : Bull. crim. p. 784) ;
– le fait de laisser croire qu'un guide de classement de commerçants édité par une société de publicité était supervisé par une association de consommateurs, alors qu'il n'en était rien (CA Paris 15-1-1981 : Gaz. Pal. 1981 som. p. 306) ;
– le fait pour une société dont l'objet était le commerce de métaux précieux de proposer une « expertise gratuite » car le terme expertise impliquait de la part de celui qui s'engageait à réaliser une telle opération une compétence particulière dont il devait justifier, ce qui n'était pas le cas en l'espèce (Cass. crim. 28-10-1987 : BRDA 6/88 p. 10) ;
– l'utilisation par un laboratoire pharmaceutique du terme « Fondation X… » pour les besoins d'une campagne destinée à promouvoir la vente des produits qu'il fabriquait, les publicités étant par ailleurs diffusées sous le couvert d'une campagne d'intérêt général (CA Paris 20-4-1979 : Cahiers de droit de l'entreprise 1984/1 p. 32) ;

– le fait pour une association ayant pour objet d'aider ses membres à trouver un logement de laisser croire que le bénévolat et l'entraide constituaient les moteurs de ses services et qu'un notaire figurait parmi ses membres, alors que ces deux circonstances étaient fausses (Cass. crim. 23-1-1992 : Bull. crim. p. 61 n° 26) ;
– le fait de proposer, par voie d'affiches, de tracts et de presse, des travaux de fabrication et de réparation de prothèses dentaires, alors que l'annonceur n'était pas titulaire du diplôme nécessaire (Cass. crim. 14-5-1997 : Bull. crim. p. 598 n° 183 ; voir aussi Cass. crim. 25-6-1997 : Bull. crim. p. 871 n° 256) ;
– le fait pour un distributeur non agréé de vendre des parfums dont l'emballage portait la mention « ne peut être vendu que par des distributeurs agréés » (Cass. com. 27-10-1992 : RJDA 1/93 n° 20, 4e et 5e espèces ; Cass. com. 21-6-1994 : RJDA 12/94 n° 1384 ; Cass. com. 10-1-1995 : RJDA 4/95 n° 516) ;
– le fait pour le dirigeant d'une société commercialisant du café de se présenter comme « maître torréfacteur » alors qu'il n'était pas titulaire du titre protégé de « maître artisan » (Cass. crim. 18-10-1995 : RJDA 1/96 n° 141).

S'est rendu coupable de pratique commerciale trompeuse un commerçant qui avait diffusé sur son site internet à destination des professionnels une vidéo laissant croire qu'il disposait d'une plateforme de stockage et procédait à une sélection pointilleuse des marchandises proposées à la vente, alors que cette plateforme appartenait à un tiers et que le message relatif à la sélection des marchandises était inexact (Cass. crim. 17-1-2018 n° 16-87.753 F-D).

En revanche, n'était pas trompeur le fait pour un revendeur de véhicules neufs de ne pas indiquer dans ses messages publicitaires qu'il agissait en tant que revendeur non agréé du constructeur (Cass. com. 26-1-1999 : RJDA 3/99 n° 278 ; Cass. com. 11-7-2000 : RJDA 2/01 n° 242). **67130**

PRÉSENTATIONS FAUSSES OU DE NATURE À INDUIRE EN ERREUR : ILLUSTRATIONS

Le caractère trompeur d'une pratique commerciale peut provenir de l'utilisation de dessins ou images inexacts ou de l'emploi inapproprié de certains termes ou symboles. **67140**

Images publicitaires inexactes Une image, que ce soit une photo ou un dessin, accompagnée ou non d'un texte, peut induire en erreur. **67150**

Tel est le cas de la présentation des sachets d'une boisson en poudre au goût d'orange fabriquée chimiquement qui laisse croire qu'il s'agit d'un produit naturel par la reproduction de l'image d'une écorce d'agrumes et de feuilles, dès lors qu'un correctif n'est porté qu'en petits caractères et sur un seul côté des sachets (Cass. crim. 13-3-1979 : JCP éd. CI 1979 n° 13104). Il en est de même de l'apposition sur des vêtements en « imitation daim » d'une étiquette représentant un daim stylisé (Cass. crim. 28-2-1984 : BRDA 20/84 p. 9), de la publicité exclusivement axée sur le terme « angora », la lettre « M » du nom de la société étant constituée par les oreilles d'un lapin angora et les prospectus représentant un homme tenant cet animal dans les bras, alors que les articles vendus ne comportent que 20 % de laine angora (Cass. crim. 25-6-1984 : Bull. crim. p. 602), de la publicité pour un objectif de type « zoom » qui comporte six clichés avec agrandissement progressif de personnages sans indiquer que ceux-ci s'étaient rapprochés progressivement de l'opérateur (Cass. crim. 26-3-1984 : Bull. crim. p. 322) ou de la publicité proposant à des entreprises, sous la forme de factures imitant celles de la société France Télécom (devenue depuis la société Orange), leur inscription sur un annuaire des abonnés au Télex (Cass. crim. 23-3-1994 : RJDA 6/94 n° 728).

En revanche, la représentation et l'indication du nom d'une plante sur des emballages de savons de toilette qui ne contiennent pas d'essence naturelle de cette plante mais seulement des substances reconstituant son parfum n'est pas trompeuse, car l'utilisateur de savonnettes recherche avant tout le pouvoir nettoyant de ces produits sans se préoccuper du mode d'obtention de leur parfum (CA Rouen 2-5-1985 : BID 1986/2 p. 44 ; voir aussi en ce sens l'avis DGCCRF n° 91-207 du 19-2-1991 : BID 1991/5 p. 8). **67155**

De même, ne constitue pas une publicité trompeuse sur le mode d'élevage une étiquette apposée sur des boîtes d'œufs, représentant deux poules en liberté, dès lors que le dessin est très stylisé et n'est accompagné d'aucune indication tendant à faire croire que les œufs sont produits par des poules en liberté (CA Douai 1-3-1991 : JCP éd. G 1992 IV n° 2418).

Lorsqu'elles sont accompagnées d'une indication de prix, certaines images peuvent être trompeuses si elles représentent un bien qui ne correspond pas à celui dont le prix est indiqué. Ainsi, est trompeur un message publicitaire qui représente la photographie d'un modèle de maison avec une terrasse recouverte d'un auvent et un garage alors qu'un **67160** astérisque précise que le prix indiqué s'appliquait à une version prête à décorer, hors chauffage, hors garage et hors auvent (T. corr. Toulouse 9-10-1986 : BID 1987/3 p. 61 ; voir aussi T. corr. Rennes 26-6-1986 : RTD com. 1987 p. 141 obs. Bouzat).

67170 **Termes ou symboles trompeurs** Le caractère trompeur d'une pratique commerciale peut provenir de l'**utilisation** d'une **marque** régulièrement **déposée par l'annonceur** lui-même.

Ainsi, ont été considérées comme trompeuses la marque « Comme autrefois » apposée sur des saucisses sèches fabriquées selon une méthode industrielle (Cass. crim. 16-6-1980 : Bull. crim. p. 497), la marque « Expert » pour l'exploitation d'un commerce d'appareils de radio et de télévision alors que ses utilisateurs ne justifiaient pas d'une compétence exceptionnelle en la matière (Cass. crim. 15-2-1982 : Bull. crim. p. 132) ou la marque « Les Fermiers d'Argoat » pour la commercialisation d'œufs d'origine étrangère (Cass. crim. 19-10-2004 n° 5857 : RJDA 2/05 n° 203).

Il peut également provenir de l'**usage** de la **marque d'autrui.** Ainsi, ont été condamnés pour avoir commis l'ancien délit de publicité trompeuse un distributeur qui avait diffusé un catalogue proposant des autocuiseurs de fabrication étrangère désignés sous le nom de « Cocotte-Minute », alors que ce mot est une marque déposée par un fabricant français (CA Rouen 29-5-1984 : BRDA 20/84 p. 4) et un distributeur de parfums de qualité quelconque qui avait employé des tableaux établissant une concordance entre ses produits et des parfums de grandes marques expressément désignées (Cass. crim. 12-3-1985 n° 83-95.046 ; voir aussi CA Versailles 16-3-1989 : Lettre distrib. mai 1989 p. 4 ; CA Aix-en-Provence 23-2-1994 : Contrats conc. consom. 1995 comm. n° 17 note G. Raymond).

67175 L'emploi de **termes réglementés** est trompeur si les conditions d'emploi de ces termes ne sont pas respectées. Ont ainsi été condamnés pour avoir commis l'ancien délit de publicité trompeuse :

- un distributeur d'articles de confection en série qui se prévalait du titre de « **Maison de couture** » (CA Paris 9-7-1986 : BID 1987/2 p. 59) ;
- un vendeur qui proposait à sa clientèle sous le nom de « **cèpes de châtaigniers** » des espèces de cèpes qui ne correspondaient pas à cette dénomination (Cass. crim. 3-5-1990 : Bull. crim. p. 440 n° 172) ;
- le dirigeant d'une compagnie d'assurances qui avait indûment utilisé les termes « **mutuelle** » et « supermutuelle » (T. corr. Lille 25-7-1989 : INC Hebdo n° 670 p. 9) ;
- un viticulteur qui, dans sa publicité et sur les étiquettes de ses vins, avait indiqué « cuvée prestige **vendangée tardivement** le 20 novembre 1985 », alors que la mention « vendange tardive » était réservée aux vins remplissant des conditions auxquelles la production de l'intéressé ne satisfaisait pas (Cass. crim. 14-3-1994 : RJDA 5/94 n° 602) ;
- le dirigeant d'une société commercialisant du café qui s'était prévalu de la qualité de « **maître torréfacteur** », alors que l'intéressé n'était pas titulaire du titre protégé de maître artisan (Cass. crim. 18-10-1995 : RJDA 1/96 n° 141) ;
- un fabricant qui avait commercialisé du fromage sous le nom d'**emmental** alors que ce fromage ne présentait pas les caractéristiques de cette dénomination réglementée par décret (Cass. crim. 12-10-1999 : RJDA 12/99 n° 1395).

Sont également réglementés notamment :

- les termes « **artisan** » et « **maître artisan** » (Loi 96-603 du 5-7-1996 art. 21) ;
- ceux désignant les résidences de tourisme, tels que « **meublé de tourisme** », « **chambre d'hôtes** », « **village de vacances** » et « **maison familiale de vacances** » (C. tourisme art. L 321-1 s.) ;
- les termes « **fait maison** » (C. consom. art. L 122-20 et D 122-1 s.) ;
- le terme « **équitable** », au sens de « commerce équitable », dans la dénomination de produits (Loi 2005-882 du 2-8-2005 art. 60 ; Décret 2015-1157 du 17-9-2015) ;
- les termes « **reconditionné** » et « **produit reconditionné** » (C. consom. art. L 122-21-1 et R 122-4 à R 122-6).

67180 Certains **termes qui ne font pas l'objet d'une réglementation spécifique** peuvent également induire en erreur lorsqu'ils sont utilisés à tort. Par exemple, sont trompeuses :

- la dénomination « pré-salé » pour du gigot qui ne provient pas d'agneaux élevés sur des pâturages imprégnés d'eau de mer car cette expression est largement répandue dans le public et pourvue d'une signification précise dans son esprit (CA Caen 24-1-1986 : BID 1986/6 p. 76) ;
- l'apposition sur l'emballage d'un pain longue conservation de la mention « stérilisé sous vide », alors qu'une analyse bactériologique révèle la présence d'une flore aérobie, car seuls les produits traités en vue d'une élimination totale des micro-organismes qu'ils contiennent peuvent être présentés comme « stérilisés » (Cass. crim. 5-9-1989 : Bull. crim. p. 780) ;

– la présentation d'un restaurant sous la dénomination « ferme-auberge », alors que la majorité des plats proposés est confectionnée à partir de produits provenant des circuits commerciaux ordinaires, dès lors que la dénomination « ferme-auberge » signifie dans l'esprit du consommateur moyen que les produits proposés à la consommation dans un tel établissement proviennent essentiellement de l'exploitation agricole dont le restaurant n'est que l'accessoire (Cass. crim. 25-11-1998 : RJDA 3/99 n° 350).

Est également trompeur l'emploi du mot **« nouveau »** sur l'emballage d'un produit dans un cas où ce terme traduit la nouvelle présentation du produit d'une société sous un seul emballage (Cass. com. 18-5-1993 : RJDA 8-9/93 n° 759). **67185**

De même, est trompeuse la publicité en faveur d'un médicament pour l'asthme, diffusée dans une revue médicale et ayant fait l'objet d'une lettre circulaire aux praticiens en mentionnant « une innovation technologique dans l'asthme », qui utilise les expressions « nouvelle approche de l'asthme » et « (produit) issu de la recherche P... » pour un produit dont la seule particularité est de comporter une chambre d'inhalation intégrée, dispositif permettant à l'utilisateur d'inhaler le médicament sans avoir à coordonner son inspiration à la pression du produit, alors qu'il existe depuis vingt ans un médicament dont l'inhalation est déclenchée par un mouvement de pression de l'utilisateur en même temps que celui-ci inspire le produit libéré ; en effet, associer l'expression « nouvelle approche de l'asthme », recherchée et nuancée, à celle de « (produit) issu de la recherche P... », en forme de bilan méritoire ou objectif, crée, même dans l'esprit de praticiens, une impression de nouveauté radicale et de supériorité du médicament lui-même, corroborée par le sérieux de la lettre circulaire (CA Versailles 27-9-1996 : RJDA 12/96 n° 1554).

Pour sa part, l'administration estime qu'au-delà d'un an l'utilisation du terme « nouveau » peut être considérée comme trompeuse. Dans le cas où le produit a simplement été modifié, la mention « nouveau » ne doit être apposée que si les modifications sont suffisamment substantielles. Si la nouveauté se rapporte à la seule présentation du produit, il y a lieu de l'indiquer par une formule du type « nouvelle présentation » (Avis DGCCRF n° 93-204 du 7-4-1993 : BID 1993/6 p. 7).

En revanche, n'est **pas trompeur** : **67190**

– le fait pour un fabricant de chemises confectionnées selon un procédé industriel d'annoncer qu'elles sont faites « sur mesure » et qu'il utilise « les techniques les plus modernes tout en gardant l'âme des artisans », dès lors que ce slogan ne tend pas à faire croire que les chemises sont fabriquées par des artisans et que l'expression « sur mesure » n'implique pas nécessairement une fabrication artisanale (CA Paris 18-1-2000 : RJDA 4/00 n° 489) ; sur l'emploi du terme « artisan », voir n° 67175 ;

– le fait pour une agence immobilière d'avoir proposé à la vente un fonds de commerce d'hôtel-restaurant en indiquant la mention « aucun investissement à prévoir » alors que l'exploitation du fonds a nécessité le remplacement de certains équipements ; en effet, la mention litigieuse traduisait le fait que le fonds pouvait poursuivre son activité et assurer le chiffre d'affaires annoncé (Cass. com. 4-10-2011 n° 10-23.706 : RJDA 12/11 n° 1017, décision rendue sur le fondement du droit commun des contrats mais à notre avis transposable à l'article L 121-2 du Code de la consommation).

L'utilisation abusive de certains **symboles** peut aussi être trompeuse. Tel est le cas lorsqu'un hôtelier indique que son hôtel entre dans la catégorie des hôtels trois étoiles, alors que son établissement ne correspond pas aux caractéristiques imposées pour cette catégorie (CA Paris 10-3-1995 : Contrats conc. consom. 1995 comm. n° 135 note G. Raymond). **67195**

c. Identification non claire de la personne pour le compte de laquelle la pratique est mise en œuvre

Une pratique commerciale est trompeuse lorsque la personne pour le compte de laquelle la pratique est mise en œuvre n'est pas clairement identifiable (C. consom. art. L 121-2, 3°). **67210**

Certains auteurs ont considéré que, du fait de son emplacement à l'article L 121-2 du Code de la consommation relatif aux pratiques commerciales trompeuses par action, cette hypothèse suppose un acte positif ; par conséquent, une absence d'identification, assimilable à une omission, ne serait pas suffisante pour caractériser cette hypothèse (en ce sens, J. Lasserre Capdeville, La substitution du délit de pratiques commerciales trompeuses au délit de publicité fausse ou de nature à induire en erreur : Petites affiches 21 novembre 2008 p. 8). À notre avis, cette position est contestable : l'absence d'identification peut être sanctionnée tant au titre des pratiques trompeuses par action qu'au titre des pratiques trompeuses par omission, ces dernières pouvant également être sanctionnées sur le fondement des dispositions relatives aux premières.

d. Non-différenciation de biens commercialisés dans plusieurs États membres

67220 Une pratique commerciale est trompeuse lorsqu'un **bien** est **présenté comme étant identique à un bien commercialisé dans un ou plusieurs États membres** alors qu'il a une composition ou des caractéristiques différentes (C. consom. art. L 121-2, 4°).

Pour l'évaluation de cette pratique, le juge doit « tenir compte de la question de savoir si les consommateurs peuvent déceler facilement une telle différenciation, du droit du professionnel d'adapter les biens de la même marque pour différents marchés géographiques en raison de facteurs légitimes et objectifs, tels que le droit national, la disponibilité ou le caractère saisonnier des matières premières ou les stratégies volontaires élaborées pour améliorer l'accès à des aliments sains et nutritifs, ainsi que du droit des professionnels d'offrir des biens de la même marque dans des emballages de poids ou de volume différents sur des marchés géographiques différents » (Dir. 2019/2161 du 27-11-2019 considérant 53). La directive 2019/2161 précitée précise qu'il importe que les professionnels informent les consommateurs de l'existence d'une différenciation des biens fondée sur des facteurs légitimes et objectifs, en privilégiant des solutions autres que l'indication de mentions sur l'étiquette des biens (même considérant).

2. PRATIQUES COMMERCIALES TROMPEUSES PAR OMISSION

a. Principe général d'interdiction

OMISSION D'UNE INFORMATION SUBSTANTIELLE

67230 Une pratique commerciale est trompeuse si, compte tenu des limites propres au moyen de communication utilisé et des circonstances qui l'entourent, **elle omet, dissimule** ou fournit de façon inintelligible, ambiguë ou à contretemps **une information substantielle** ou lorsqu'elle n'indique pas sa véritable intention commerciale, dès lors que celle-ci ne ressort pas déjà du contexte (C. consom. art. L 121-3, al. 1).

La directive 2005/29/CE du 11 mai 2005 (art. 7, 1) définit l'information substantielle comme toute **information dont le consommateur moyen a besoin,** compte tenu du contexte, **pour prendre une décision commerciale en connaissance de cause** et, par conséquent, l'amène ou est susceptible de l'amener à prendre une décision commerciale qu'il n'aurait pas prise autrement. Le caractère substantiel d'une information doit, en principe, être apprécié au cas par cas, sauf dans le cas des invitations à l'achat pour lesquelles la loi a fixé une liste des informations devant être considérées comme substantielles (n°s 67260 s.).

Comme toute pratique commerciale trompeuse, une pratique trompeuse par **omission** n'est répréhensible que si elle **altère ou est susceptible d'altérer de manière substantielle le comportement économique du consommateur** normalement informé et raisonnablement attentif et avisé (n°s 67370 s.). Cette condition est satisfaite lorsqu'il est constaté que le consommateur peut décider en connaissance de cause sans risquer de prendre une mauvaise décision commerciale (Cass. 1e civ. 29-3-2017 n° 15-13.248 FS-PBI : RJDA 7/17 n° 508, solution implicite).

CARACTÈRE TROMPEUR DE L'OMISSION D'UNE INFORMATION SUBSTANTIELLE

67240 Le caractère trompeur de l'omission est apprécié en tenant compte des **limites propres au moyen de communication utilisé** et des **circonstances** qui l'entourent (C. consom. art. L 121-3, al. 1). Lorsque le moyen de communication utilisé impose des limites d'espace ou de temps, il y a lieu, pour apprécier si des informations substantielles ont été omises, de tenir compte de ces limites ainsi que de toute mesure prise par le professionnel pour mettre ces informations à la disposition du consommateur par d'autres moyens (art. L 121-3, al. 2).

EXEMPLES DE PRATIQUES COMMERCIALES TROMPEUSES PAR OMISSION

67250 Lorsque le prix d'un abonnement comprend à la fois un forfait mensuel et un forfait semestriel, constitue une omission trompeuse le fait de mettre particulièrement en avant le prix du forfait mensuel et de ne pas présenter ou de présenter de manière moins apparente le forfait semestriel si une telle omission conduit le consommateur à prendre une décision commerciale qu'il n'aurait pas prise autrement (CJUE 26-10-2016 aff. 611/14 : RJDA 3/17 n° 209).

Dans le cas de la vente d'ordinateurs préequipés de logiciels, constitue une pratique trompeuse l'omission d'informations sur les conditions d'utilisation de ces derniers car ces informations, qui portent sur les caractéristiques principales d'un ordinateur préequipé, sont de celles que le vendeur professionnel doit au consommateur moyen pour lui permettre de prendre une décision en connaissance de cause ; en revanche, ne constitue pas une pratique trompeuse le fait de ne pas informer le consommateur moyen de la possibilité qui lui est offerte d'acquérir le même ordinateur non prééquipé car cette information ne présente pas un caractère substantiel (Cass. 1e civ. 29-3-2017 no 15-13.248 FS-PBI : RJDA 7/17 no 508).

b. Pratiques trompeuses par omission : informations substantielles devant figurer dans une invitation à l'achat

APPRÉCIATION DU CARACTÈRE TROMPEUR D'UNE INVITATION À L'ACHAT

Dans toute **communication commerciale constituant une invitation à l'achat** et destinée au consommateur mentionnant le prix et les caractéristiques du bien ou du service proposé, certaines **informations** sont considérées comme **substantielles,** au sens de l'article L 121-3, al. 1 du Code de la consommation (C. consom. art. L 121-3, al. 3 à 8). Le défaut de l'une d'entre elles est donc constitutif du délit de pratique commerciale trompeuse par omission, à condition cependant que l'absence de cette information soit de nature à altérer de manière substantielle le comportement économique du consommateur normalement attentif et raisonnablement avisé (sur cette condition, voir nos 67370 s.). 67260

ATTENTION

L'obligation d'information prévue à l'article L 121-3 du Code de la consommation s'ajoute aux **autres obligations d'information** prévues par d'autres dispositions du même Code ou pris pour leur application : obligation générale d'information précontractuelle (C. consom. art. L 111-1 s.) ; obligation d'information précontractuelle dans les contrats à distance et hors établissement (C. consom. art. L 221-5) ; obligation générale de publicité des prix (Arrêté du 3-12-1987 relatif à l'information du consommateur sur les prix).

Le caractère trompeur de la pratique pour absence d'une information substantielle s'apprécie en tenant compte des limites propres au **moyen de communication** utilisé et des **circonstances** qui entourent la pratique, conformément à l'article L 121-3, al. 1 et 2 (CJUE 12-5-2011 aff. 122/10, pt 53 ; CJUE 30-3-2017 aff. 146/16, pt 26). Ainsi, l'étendue de l'information relative au prix doit être déterminée en fonction de la nature et des caractéristiques du produit, mais aussi du moyen de communication utilisé et des compléments d'informations éventuellement fournis par le professionnel (CJUE 26-10-2016 aff. 611/14 : RJDA 3/17 no 209).

Le fait pour un professionnel de fournir dans une invitation à l'achat l'**ensemble des informations** énumérées par la loi (nos 67290 s.) n'exclut pas que cette invitation puisse être qualifiée de trompeuse soit au sens de l'article L 121-2 du Code de la consommation relatif aux pratiques trompeuses par action, soit parce que l'information a été fournie de façon peu claire ou à contretemps (CJUE 26-10-2016 aff. 611/14 précité).

NOTION DE COMMUNICATION COMMERCIALE CONSTITUANT UNE INVITATION À L'ACHAT

La notion de communication commerciale constituant une invitation à l'achat est définie comme toute « communication commerciale indiquant les **caractéristiques** du produit et son **prix** de façon appropriée en fonction du moyen utilisé pour cette communication commerciale et permettant ainsi au consommateur de faire un achat » (Dir. 2005/29 du 11-5-2005 art. 2-i). 67270

Il existe une invitation à l'achat dès lors que l'information relative au produit commercialisé et au prix de celui-ci est suffisante pour que le consommateur puisse prendre une décision, sans qu'il soit nécessaire que la communication commerciale comporte également un **moyen concret d'acheter le produit** (par exemple, un bon de commande) ou qu'elle apparaisse à proximité ou à l'occasion d'un tel moyen (par exemple, une publicité à l'extérieur du magasin) (CJUE 12-5-2011 aff. 122/10 : RJDA 10/11 no 848).

L'**invitation** à l'achat peut être **antérieure ou concomitante à la transaction** commerciale (Cass. crim. 13-1-2016 no 14-84.072 : RJDA 4/16 no 328). L'article 3, 1 de la directive 2005/29 du 11 mai 2005 interdisant les pratiques commerciales déloyales vis-à-vis des consommateurs s'applique aux pratiques déloyales commises « avant, pendant et après une transaction commerciale ». Il semble donc logique de considérer que si les omissions contenues dans une publicité peuvent être incriminées, a fortiori peuvent l'être aussi celles commises dans des documents remis à un consommateur précis, dans les instants précédant la conclusion du contrat, voire dans le contrat lui-même. En effet, s'il n'a pas été précédé d'une publicité s'analysant en une invitation à l'achat, le contrat constitue le seul document qui va déterminer la « décision commerciale », au sens de la directive. 67275

67280 La condition relative à l'**indication du prix** peut être remplie si la communication commerciale contient un prix de départ, c'est-à-dire le prix le plus bas auquel peut être acheté le produit ou le type de produits commercialisé, alors que celui-ci existe en d'autres variantes, ou avec un contenu différent, à des prix qui ne sont pas indiqués ; les juges du fond doivent vérifier, en fonction de la nature et des caractéristiques du produit ainsi que du support de communication commerciale utilisé, si la mention du prix de départ permet au consommateur de prendre une décision d'achat (CJUE 12-5-2011 aff. 122/10 précité).

Une représentation verbale ou visuelle du produit permet de remplir la condition relative à l'**indication des caractéristiques** du produit, y compris dans l'hypothèse où une même représentation verbale ou visuelle est utilisée pour désigner un produit offert en plusieurs variantes ; les juges du fond doivent déterminer au cas par cas, en tenant compte de la nature et des caractéristiques du produit ainsi que du support de communication utilisé, si le consommateur dispose d'informations suffisantes pour identifier et distinguer le produit en vue de prendre une décision d'achat (CJUE 12-5-2011 aff. 122/10 précité).

INFORMATIONS SUBSTANTIELLES DEVANT FIGURER DANS UNE INVITATION À L'ACHAT

67290 **Définition d'une information substantielle** Constitue une information substantielle devant figurer dans une invitation à l'achat une information clé dont le consommateur a besoin pour prendre une décision commerciale en connaissance de cause (Dir. 2005/29 considérant n° 14).

67295 **Nature des informations substantielles obligatoires** Sont considérées comme des informations substantielles obligatoires les informations suivantes :

1° Les **caractéristiques principales** du bien ou du service (C. consom. art. L 121-3, 1°).

Le professionnel peut valablement indiquer seulement certaines caractéristiques principales du produit et renvoyer pour le surplus à son site internet, dès lors que celui-ci contient les informations substantielles relatives aux caractéristiques principales du produit, au prix et aux autres conditions. Les juges doivent apprécier, au cas par cas, en prenant en considération le contexte de l'invitation à l'achat, le moyen de communication utilisé ainsi que la nature et les caractéristiques du produit, si la seule mention de certaines caractéristiques principales du produit permet au consommateur de prendre, en connaissance de cause, une décision d'achat (CJUE 12-5-2011 aff. 122/10 : RJDA 10/11 n° 848).

2° L'**adresse** et l'**identité** du professionnel (C. consom. art. L 121-3, 2°).

3° Le **prix** toutes taxes comprises et **frais de livraison** à la charge du consommateur ou leur mode de calcul, s'ils ne peuvent être établis à l'avance (C. consom. art. L 121-3, 3°).

La seule indication d'un prix de départ dans une invitation à l'achat n'est pas, en elle-même, constitutive d'une omission trompeuse. Les juges doivent vérifier si l'omission des modalités de calcul du prix final n'empêche pas le consommateur de prendre une décision d'achat en connaissance de cause ; il leur incombe également de prendre en considération les limites inhérentes au support de communication utilisé, la nature et les caractéristiques du produit ainsi que les autres mesures que le professionnel a effectivement prises pour mettre des informations à la disposition du consommateur (CJUE 12-5-2011 aff. 122/10 : RJDA 10/11 n° 848).

Est une information substantielle le prix global du produit, et non le prix de chacun de ses éléments. Dans le contexte d'une offre conjointe consistant en la vente d'un ordinateur équipé de logiciels préinstallés, sans possibilité d'acheter l'ordinateur « nu », l'absence d'indication du prix de chacun de ces logiciels n'est pas de nature à empêcher le consommateur de prendre une décision commerciale en connaissance de cause (CJUE 7-9 2016 aff. 310/15 : RJDA 1/17 n° 49 ; Cass. 1e civ. 14-12-2016 n° 14-11.437 FS-PBI : RJDA 4/17 n° 290 ; Cass. 1e civ. 29-3-2017 n° 15-13.248 FS-PBI : RJDA 7/17 n° 508).

4° Les **modalités de paiement, de livraison et d'exécution,** dès lors qu'elles sont différentes de celles habituellement pratiquées dans le domaine d'activité professionnelle concerné (C. consom. art. L 121-3, 4°).

Par exemple, livraison dans des délais particulièrement longs, paiement intégral à la commande, absence de livraison pour des biens traditionnellement livrés chez le consommateur.

5° L'existence d'un **droit de rétractation,** si ce dernier est prévu par la loi (C. consom. art. L 121-3, 5°).

6° La **qualité de professionnel ou non du vendeur** qui propose des produits sur une **place de marché en ligne,** telle qu'elle a été déclarée à l'opérateur de cette place de marché

(C. consom. art. L 121-3, 6°). Ainsi, l'acheteur n'est pas trompé sur la nature de ses droits à l'égard de son vendeur.

Lorsque le consommateur recherche des produits offerts par différents professionnels ou par des particuliers à partir d'une requête consistant en un mot-clé, une phrase ou la saisie d'autres données, sont réputées substantielles les informations mises à sa disposition concernant les **principaux paramètres qui déterminent le classement des produits** qui lui sont présentés et leur ordre d'importance. Ces informations doivent figurer dans une rubrique spécifique de l'interface en ligne, directement et aisément accessible à partir de la page sur laquelle les résultats de la requête sont présentés (C. consom. art. L 121-3, al. 10). Cette disposition vise notamment les classements des offres de voyages, hébergement ou activités de loisirs. L'expression « principaux paramètres » signifie que les places de marché en ligne ne sont pas tenues de divulguer le fonctionnement détaillé de leurs mécanismes de classement, notamment les algorithmes ; par ailleurs, la description peut ne pas être présentée de manière personnalisée pour chaque recherche distincte (Dir. 2019/2161 considérants 22 et 23).

Lorsqu'un professionnel donne accès à des **avis de consommateurs** sur des produits, sont également réputées substantielles les **informations** permettant d'établir si et comment le professionnel garantit que les avis publiés émanent de consommateurs ayant effectivement utilisé ou acheté le produit (C. consom. art. L 121-3, al. 11).

> **Précisions** Une **place de marché en ligne** est définie comme un service utilisant un logiciel, y compris un site internet, une partie de site internet ou une application, exploité par un professionnel ou pour son compte, qui permet aux consommateurs de conclure des contrats à distance avec d'autres professionnels ou consommateurs (C. consom. art. liminaire, 14°).

B. Caractère déloyal de la pratique commerciale

APPLICATION DES CRITÈRES D'APPRÉCIATION DE L'EXISTENCE D'UNE PRATIQUE DÉLOYALE

Une pratique commerciale trompeuse constitue une pratique commerciale déloyale interdite **67350** par l'article L 121-1 du Code de la consommation. Bien que le caractère déloyal d'une pratique suppose le double constat d'une pratique contraire à la diligence professionnelle et altérant de manière substantielle le comportement économique du consommateur moyen (n° 66260), le premier de ces critères n'est pas nécessaire pour qu'une pratique puisse être qualifiée de trompeuse (n° 67360).

PRATIQUE CONTRAIRE AUX EXIGENCES DE LA DILIGENCE PROFESSIONNELLE

La Cour de justice de l'Union européenne a jugé qu'une pratique commerciale déloyale peut **67360** être qualifiée de trompeuse si elle remplit tous les critères prévus à l'article 6, 1 de la directive 2005/29 du 11 mai 2005 définissant la pratique commerciale trompeuse, sans qu'il soit nécessaire de vérifier qu'elle est également contraire aux exigences de la diligence professionnelle, au sens de l'article 5, 2 définissant la pratique déloyale (CJUE 19-9-2013 aff. 435/11 : RJDA 12/13 n° 1055). Cette décision est transposable à la réglementation française.

ILLUSTRATIONS

N'est pas punissable pour pratique commerciale trompeuse une agence de voyages spécialisée dans la vente de séjours à la neige en Autriche qui avait indiqué dans sa brochure que différents hôtels pouvaient être réservés à certaines dates exclusivement grâce à ses services, les hôtels concernés lui ayant effectivement consenti une telle exclusivité, alors que, sans que l'agence le sache, certains de ces hôtels n'avaient pas respecté cette exclusivité et accordaient certains quotas, pour les mêmes dates, à une agence de voyages concurrente (CJUE 19-9-2013 aff. 435/11 précité).

PRATIQUE ALTÉRANT OU SUSCEPTIBLE D'ALTÉRER DE MANIÈRE SUBSTANTIELLE LE COMPORTEMENT ÉCONOMIQUE DU CONSOMMATEUR MOYEN

Une **pratique** n'est trompeuse que si elle altère ou est de nature à altérer de manière **67370** substantielle le comportement économique du consommateur moyen en le **conduisant à prendre une décision commerciale qu'il n'aurait pas prise autrement** (Cass. com. 11-3-2014 n° 12-29.434 : RJDA 8-9/14 n° 732 ; Cass. com. 29-9-2015 n° 14-13.472 : RJDA 1/16 n° 63 ; Cass. 1e civ. 23-9-2020 n° 19-12.894 FS-PB : RJDA 12/20 n° 666). En effet, la directive 2005/29 prévoit qu'une

pratique commerciale est trompeuse si elle amène ou est susceptible d'amener le consommateur moyen « à prendre une décision commerciale qu'il n'aurait pas prise autrement ». Bien que le critère d'altération du comportement économique du consommateur moyen ne soit pas expressément repris à l'article L 121-2 du Code de la consommation, les tribunaux doivent appliquer ce texte « à la lumière de la directive ».
Sur la notion de consommateur moyen, voir nos 66290 s.

ILLUSTRATIONS

En l'absence d'incidence de la pratique sur le comportement économique du consommateur moyen, n'ont **pas** été **condamnés** pour pratique commerciale trompeuse :
– l'exploitant de magasins à grande surface qui avait organisé une campagne d'opinion sur la nécessité d'ouvrir à la concurrence la vente des médicaments non remboursés alors qu'en l'état de la législation ces produits ne pouvaient pas être commercialisés par la grande distribution (Cass. com. 27-4-2011 n° 10-15.648 : RJDA 3/12 n° 341) ;
– la société exploitant un site comparateur de prix qui avait omis de s'identifier comme site publicitaire, de mettre à jour en temps réel les prix et d'indiquer les périodes de validité des offres, les frais de port ou d'enlèvement, les conditions de la garantie des produits et les caractéristiques principales des produits ou services proposés, sans que les juges aient vérifié que ces manquements avaient été de nature à modifier de manière substantielle le comportement du consommateur (Cass. com. 29-11-2011 n° 10-27.402 FS-PB : RJDA 3/12 n° 342) ;
– un distributeur qui avait diffusé une publicité comparant le niveau des prix dans son magasin avec celui d'un magasin d'une enseigne concurrente à partir du relevé des prix de 227 produits dont 45 étaient erronés, dès lors qu'il n'avait pas été démontré que le consommateur, informé que le prix du panier d'achat chez le concurrent était plus cher de 13 %, et non de 15,9 %, aurait pour autant modifié son comportement (Cass. com. 22-3-2023 n° 21-22.925 FS-B : RJDA 6/23 n° 346).

En revanche, a été **condamnée** une banque qui avait continué de traiter des formulaires de souscription d'ouverture d'un compte rémunéré attachés à une offre promotionnelle, alors que celle-ci avait été interrompue sans que les souscripteurs en aient été avertis ; s'il était exact que, comme le soutenait la banque, la publicité ne comportait en elle-même, initialement, aucune tromperie, la banque, en ne délivrant pas par la suite aux souscripteurs, préalablement à leur engagement, une information suffisante quant à la réduction du taux de rémunération du compte, avait manifestement altéré le comportement d'un consommateur normalement attentif et trompé les victimes sur les qualités essentielles du contrat souscrit et sur la portée de son engagement (Cass. crim. 13-1-2016 n° 14-88.136 : RJDA 5/16 n° 401).

67375 L'infraction de pratique commerciale trompeuse est constituée dès lors que l'**altération** du comportement économique du consommateur est **potentielle,** sans qu'elle soit nécessairement effective. Un juge ne peut donc pas rejeter une action en réparation pour pratique commerciale trompeuse au motif de l'absence de preuve d'une altération effective sans rechercher la preuve que la pratique était susceptible d'entraîner une telle altération (Cass. com. 11-3-2014 n° 12-29.434 F-D : RJDA 8-9/14 n° 732 ; Cass. com. 7-7-2021 n° 19-16.028 F-D : RJDA 11/21 n° 741).

ILLUSTRATIONS

Dans un cas où l'exploitant d'un site internet de recherche et de comparaison de prix permettait aux e-marchands bénéficiant d'un référencement prioritaire rémunéré de faire apparaître leurs produits avant ceux des autres – les internautes ne pouvant être informés de la différence de classement entre e-commerçants « payants » ou non qu'en cliquant sur les mots « en savoir plus sur les résultats » ou « espaces marchands » –, il a été jugé que ce système de référencement pouvait être qualifié de pratique commerciale trompeuse sans qu'il soit nécessaire de rechercher concrètement si la pratique litigieuse avait conduit un nombre significatif de personnes à acheter le produit sur la foi du message trompeur (Cass. com. 4-12-2012 n° 11-27.729 : RJDA 3/13 n° 270).

67380 Le caractère substantiel de l'altération du comportement économique du consommateur s'apprécie au regard de l'**incidence de la pratique sur la décision commerciale du consommateur moyen,** et non au regard de l'incidence de la pratique sur le marché concerné ; par suite, ce n'est qu'à défaut d'avoir pu définir l'attente du consommateur moyen que la démonstration d'un nombre significatif de consommateurs trompés par la pratique, ou susceptibles de l'être, s'avère nécessaire (Cass. com. 11-3-2014 n° 12-29.434 précité).

III. PRATIQUES COMMERCIALES RÉPUTÉES TROMPEUSES

LISTE DES PRATIQUES COMMERCIALES RÉPUTÉES TROMPEUSES

Sont réputées trompeuses les pratiques commerciales suivantes (C. consom. art. L 121-4). **67500**

1° Pour un professionnel, se prétendre signataire d'un **code de conduite** alors qu'il ne l'est pas ou affirmer qu'un code de conduite a reçu l'approbation d'un organisme public ou privé alors que ce n'est pas le cas.

2° Afficher un **certificat,** un **label de qualité** ou un équivalent sans avoir obtenu l'autorisation nécessaire. **67505**

ILLUSTRATIONS

Ont été condamnés pour avoir commis l'ancien délit de publicité trompeuse :
– un négociant en farines qui distribuait des tracts mentionnant que ses farines provenaient de blés cultivés et stockés selon des méthodes biologiques, sans engrais chimiques ni insecticides, alors qu'une partie seulement des farines répondait à ces caractéristiques (Cass. crim. 30-10-1990 : BID 1990/1 p. 11) ;
– le prestataire en informatique qui proposait ses services sur un site internet portant le nom de « nf-consulting », dès lors que l'utilisation de ce nom était de nature à laisser croire que les services proposés étaient soumis aux critères définis par les normes Afnor et offraient les mêmes garanties que ceux revêtus de la marque NF (CA Paris 15-12-2004 n° 03-16245 : RJDA 7/05 n° 904, 1e espèce).

En ce qui concerne les produits agroalimentaires, est par ailleurs pénalement sanctionnée notamment l'utilisation frauduleuse d'un signe d'identification de la qualité et de l'origine (label rouge : C. consom. art. L 432-2 et L 453-4 ; appellation d'origine contrôlée : C. consom. art. L 431-2 et L 453-1, appellation d'origine protégée, indication géographique protégée ou spécialité traditionnelle garantie : C. consom. art. L 432-4 et L 453-5 ; mention « agriculture biologique » : C. consom. art. L 432-6 et L 453-6) ou d'un certificat de conformité (C. consom. art. L 433-2 et L 453-7). En ce qui concerne les produits industriels et les services, est pénalement sanctionné notamment le fait de faire référence à une certification qui n'a pas été effectuée dans les conditions définies par la réglementation ou d'utiliser tout moyen de nature à faire croire faussement au consommateur ou à l'utilisateur qu'un produit ou un service a fait l'objet d'une certification (C. consom. art. L 433-9). De même, l'usage illicite de la marque collective NF est pénalement sanctionné (cf. CPI art. L 716-11).

3° Affirmer qu'un **professionnel,** y compris à travers ses pratiques commerciales, ou qu'un **produit ou service** a été **agréé, approuvé ou autorisé** par un organisme public ou privé alors que ce n'est pas le cas, ou ne pas respecter les conditions de l'agrément, de l'approbation ou de l'autorisation reçu. **67510**

ILLUSTRATIONS

Ont été condamnés pour avoir commis l'ancien délit de publicité trompeuse :
– le directeur d'un établissement d'enseignement privé qui avait prétendu que les cours étaient dispensés par des professeurs agréés par le ministère de l'éducation nationale alors qu'en réalité seule la moitié des enseignants avait effectivement reçu du rectorat une autorisation d'enseigner, l'agrément des autres étant encore en cours d'examen (Cass. crim. 7-2-1991 : RJDA 5/91 n° 445) ;
– le fabricant d'un appareil d'électrothérapie qui avait fait figurer sur une étiquette tricolore apposée sur cet appareil la mention d'une homologation du ministère de la santé suggérant son efficacité thérapeutique, alors que cette homologation concernait seulement la conformité de l'appareil aux normes de sécurité électrique et que plusieurs arrêtés du ministère de la santé avaient précisément interdit toute publicité en faveur de ce produit (Cass. crim. 9-11-1992 : RJDA 2/93 n° 173).

Ont été condamnés pour pratique commerciale trompeuse une société de courtage matrimonial et son gérant qui avaient désigné à plusieurs reprises une structure interne à la société, qualifiée de « Centre national de recherches en relations humaines », comme étant chargée d'une mission de contrôle de l'exercice de la profession, en laissant clairement penser, par les termes employés, qu'il s'agissait d'un organisme public (Cass. crim. 13-1-2016 n° 14-84.072 : RJDA 4/16 n° 328).

4° Proposer l'achat de produits ou la fourniture de services à un prix indiqué sans révéler les raisons plausibles que pourrait avoir le professionnel de penser qu'il ne pourra fournir lui-même, ou faire fournir par un autre professionnel, les produits ou services en question ou des produits ou services équivalents au prix indiqué, pendant une période et dans des **67515**

quantités qui soient raisonnables compte tenu du produit ou du service, de l'ampleur de la publicité faite pour le produit ou le service et du prix proposé.

La pratique du **prix d'appel,** qui consiste pour un distributeur à annoncer la vente dans ses locaux de produits notoirement connus à un prix avantageux alors que ces produits sont disponibles en quantité insuffisante et ne servent que d'appâts pour vendre d'autres produits plus rémunérateurs pour le commerçant, constitue ainsi une pratique commerciale réputée trompeuse.

67520 5° **Proposer l'achat de produits ou la fourniture de services à un prix indiqué,** et ensuite :
– refuser de présenter aux consommateurs l'article ayant fait l'objet de la publicité ;
– ou refuser de prendre des commandes concernant ces produits ou ces services ou de les livrer ou de les fournir dans un délai raisonnable ;
– ou en présenter un échantillon défectueux, dans le but de faire la promotion d'un produit ou d'un service différent.

Le fait de refuser de présenter aux consommateurs l'article ayant fait l'objet de la publicité ou de refuser de prendre des commandes peut être également constitutif du délit de refus de vente (cf. C. consom. art. L 121-11).

67525 6° Déclarer faussement qu'un **produit ou** un service ne sera **disponible** que pendant une période très limitée ou qu'il ne sera disponible que sous des conditions particulières pendant une période très limitée afin d'obtenir une décision immédiate et priver les consommateurs d'une possibilité ou d'un délai suffisant pour opérer un choix en connaissance de cause.

67530 7° S'engager à fournir un **service après-vente** aux consommateurs avec lesquels le professionnel a communiqué avant la transaction dans une langue qui n'est pas une langue officielle de l'État membre de l'Union européenne dans lequel il est établi et, ensuite, assurer ce service uniquement dans une autre langue sans clairement en informer le consommateur avant que celui-ci ne s'engage dans la transaction.

Une telle disposition ne devrait pas trouver lieu à s'appliquer en France, dès lors que l'emploi de la langue française est obligatoire dans toute publicité écrite, parlée ou audiovisuelle, ainsi que dans la description de l'étendue et des conditions de garantie d'un bien ou d'un service (Loi 94-665 du 4-8-1994 art. 2).

67535 8° Déclarer ou donner l'impression que la **vente** d'un produit ou la fourniture d'un service est **licite,** alors qu'elle ne l'est pas.

La Commission européenne précise que cette pratique est interdite pour empêcher qu'un professionnel commercialise un produit ou un service en omettant d'informer clairement le consommateur qu'il existe des règles juridiques susceptibles de restreindre la vente, la possession ou l'utilisation d'un produit donné. Il s'agit de produits ou de services dont la vente est interdite ou illégale en toutes circonstances, par exemple la vente de drogues illégales ou de marchandises volées, laquelle peut faire aussi l'objet de sanctions pénales sur le fondement de dispositions particulières. Une seconde catégorie de pratiques concerne des produits ou des services qui ne sont pas illégaux, mais qui ne peuvent être légalement commercialisés ou vendus que sous certaines conditions ou avec certaines restrictions (Communication Commission UE 2021/C 526/01 précitée, pt 3.1).

ILLUSTRATIONS

Constituent des pratiques commerciales trompeuses :
– le fait, par une agence de voyages, de proposer des voyages à forfait alors qu'elle n'a pas constitué de dépôt de garantie auprès d'un fonds national d'insolvabilité, en infraction avec la directive sur les voyages à forfait, en faisant croire faussement aux consommateurs que l'offre est pleinement conforme à la loi (Communication précitée, pt. 3.1) ;
– le fait de donner l'impression que des billets pour une manifestation sportive peuvent être légalement vendus alors qu'ils font l'objet d'une interdiction législative nationale (Communication précitée, pt. 3.1) ;
– le fait, par une plateforme de services de véhicules de tourisme avec chauffeur (VTC), de diffuser une communication incitant à utiliser une application mettant en relation ses clients avec des particuliers à qui il est offert d'exercer une activité rémunérée d'appoint, alors que cette activité est soumise à une autorisation administrative qui n'a pas été délivrée (Cass. crim. 31-1-2017 n° 15-87.770 F-D).

67540 9° Présenter les **droits conférés au consommateur** par la loi comme constituant une caractéristique propre à la proposition faite par le professionnel.

Si le professionnel souhaite mettre en avant une caractéristique qui résulte d'une obligation légale, il est donc nécessaire d'ajouter la mention « conformément à la réglementation ».

Ainsi, dans un cas où une publicité en faveur d'œufs soulignait que ces produits étaient « propres et indemnes de toute souillure » et que leurs blancs étaient « fermes et réguliers », l'administration a précisé que ces allégations, constituant une simple paraphrase des dispositions d'un règlement européen, devaient être complétées d'une telle mention (Avis DGCCRF n° 90-091 du 22-9-1989 : BID 1990/2 p. 8).

De même, un commerçant qui présente la garantie légale de deux ans attachée à un produit (C. consom. art. L 217-3) comme étant un avantage spécifique se rend également coupable de pratique commerciale trompeuse.

À noter que l'article 7, 1-c du règlement (UE) 1169/2011 du 25 octobre 2011 concernant l'information des consommateurs sur les denrées alimentaires, dit « règlement Inco », prévoit que les informations sur les denrées alimentaires ne doivent pas induire en erreur « en suggérant que la denrée possède des caractéristiques particulières, alors que toutes les denrées alimentaires similaires possèdent ces mêmes caractéristiques, notamment en insistant particulièrement sur la présence ou l'absence de certains ingrédients et/ou nutriments ».

10° Utiliser un contenu rédactionnel dans les médias pour faire la **promotion d'un produit ou d'un service,** alors que le professionnel a financé celle-ci lui-même, sans l'indiquer clairement dans le contenu ou à l'aide d'images ou de sons clairement identifiables par le consommateur. **67545**

Sur l'obligation pour les annonceurs d'identifier clairement leurs publicités dans les différents media, voir n°s 73900 (presse), 73935 s. (audiovisuel) et 74020 (support électronique).

ILLUSTRATIONS

S'est rendue coupable d'une pratique commerciale trompeuse, au sens de l'article L 121-4, 11° du Code de la consommation, une société qui avait référencé des marchands et leurs produits de manière payante sur des sites internet partenaires sans identifier ces espaces publicitaires (Cass. com. 7-5-2019 n° 17-19.968 F-D : Lettre distrib. juin 2019 p. 11).

11° Formuler des affirmations matériellement inexactes en ce qui concerne la nature et l'ampleur des **risques auxquels s'expose le consommateur** sur le plan de sa sécurité personnelle ou de celle de sa famille s'il n'achète pas le produit ou le service. **67550**

12° Promouvoir un produit ou un service similaire à celui d'un autre fournisseur, clairement identifié, de manière à inciter délibérément le consommateur à penser que le produit ou le service provient de ce fournisseur, alors que tel n'est pas le cas. **67555**

Cette pratique pourrait également être considérée comme un acte de parasitisme engageant la responsabilité civile de son auteur.

13° Déclarer que **le professionnel est sur le point de cesser ses activités** ou de les établir ailleurs, alors que tel n'est pas le cas. **67560**

Ainsi, le fait d'organiser une vente en liquidation pour cessation d'activité alors que celle-ci n'est pas réelle est passible de sanctions pénales non seulement pour non-respect des règles applicables à ce type de ventes (cf. C. com. art. L 310-5), mais aussi au titre de l'article L 121-4 du Code de la consommation.

14° Affirmer d'un produit ou d'un service qu'il **augmente les chances de gagner** aux jeux de hasard. **67565**

Cette seule affirmation suffit à caractériser l'élément matériel constitutif de l'infraction (Cass. crim. 28-1-2020 n° 19-80.496 F-PBI : RJDA 6/20 n° 334). En effet, l'article L 121-4, 15° du Code de la consommation n'utilise pas le terme « faussement », contrairement à d'autres pratiques trompeuses (voir par exemple n° 67570).

15° Affirmer faussement qu'un produit ou une prestation de services est de nature à **guérir des maladies,** des dysfonctionnements ou des malformations. **67570**

ILLUSTRATIONS

Une autorité nationale de protection des consommateurs a décidé que des allégations selon lesquelles un fauteuil massant avait des effets thérapeutiques sur la santé humaine (y compris la guérison d'affections de la colonne vertébrale et de la circulation sanguine) tombaient sous le coup de l'interdiction ; une autre autorité a bloqué le site internet d'un professionnel qui avait fait la publicité d'un médicament contenant les ingrédients actifs d'un antiviral destiné au traitement du VIH en déclarant qu'il s'agissait du « seul médicament contre le coronavirus (Covid-19) » et la « seule solution pour lutter contre le coronavirus (Covid-19) », malgré les déclarations officielles des autorités sanitaires sur l'absence de remède efficace pour lutter contre ce virus (Communication Commission UE 2021/C 526/01 précitée, pt 3.3).

Les allégations de ce type relèvent aussi de dispositions spécifiques issues notamment :
– de l'article 7, 3 du règlement (UE) 1169/2011 du 25 octobre 2011 concernant l'information des consommateurs sur les denrées alimentaires, dit « règlement Inco », qui prévoit que les informations sur une denrée alimentaire fournies par un professionnel à un consommateur « n'attribuent pas à [celle-ci] des propriétés de prévention, de traitement ou de guérison d'une maladie humaine, ni n'évoquent de telles propriétés » ;
– du règlement CE 1924/2006 du 20 décembre 2006 concernant les allégations nutritionnelles et de santé, qui, d'une part, n'autorise les allégations nutritionnelles que si elles sont énumérées dans l'annexe au règlement et sont conformes aux conditions fixées par ce dernier, et, d'autre part, interdit les allégations de santé sauf si elles ont été autorisées conformément au règlement et figurent sur les listes d'allégations autorisées visées aux articles 13 et 14 de ce texte ;
– de la directive 2001/83/CE du 6 novembre 2001 sur les médicaments, qui comporte des dispositions en matière de publicité ;
– de l'article 20, 1 du règlement CE 1223/2009 du 30 novembre 2009 sur les produits cosmétiques, qui impose aux États membres d'interdire que tous textes, dénominations, marques, images ou autres signes (figuratifs ou non) soient utilisés dans l'étiquetage, la mise à disposition sur le marché et la publication concernant les produits cosmétiques, pour attribuer à de tels produits des caractéristiques qu'ils ne possèdent pas.

67575 **16°** Communiquer des informations matériellement inexactes sur les **conditions de marché** ou sur les **possibilités de trouver un produit ou un service,** dans le but d'inciter le consommateur à acquérir celui-ci à des conditions moins favorables que les conditions normales de marché.

67580 **17°** Affirmer, dans le cadre d'une pratique commerciale, qu'un **concours** est organisé ou qu'un **prix** peut être gagné sans attribuer les prix décrits ou un équivalent raisonnable.

ILLUSTRATIONS

A été condamné pour pratique commerciale trompeuse la gérante d'un magasin d'ameublement qui avait adressé à de futurs clients un courrier personnalisé à l'en-tête de l'Européenne des jeux leur indiquant qu'ils avaient gagné un « superbe caméscope » et « une magnifique brosse à dents » à un jeu-concours gratuit, compte tenu des éléments suivants : le caméscope remis n'était qu'un simple appareil photo et ces cadeaux étaient sans valeur ou ne fonctionnaient pas ; la loterie, censée être organisée par le magasin pour gagner des bons de réduction, n'avait donné lieu à aucune liste de gagnants ; la société organisatrice n'apparaissait pas comme participant au tirage « Européenne des jeux » de l'année concernée, et seuls 11 tirages au sort avaient été effectués par huissier de justice, dont l'enjeu n'était pas des bons de réduction, comme annoncé (Cass. crim. 10-9-2019 n° 18-85.315 F-D : JCP E 2020 chron. n° 1522 obs. M. Depincé).

67585 **18°** Décrire un **produit** ou un service comme étant **« gratuit »,** « à titre gracieux », « sans frais » ou autres termes similaires si le consommateur doit payer quoi que ce soit d'autre que les coûts inévitables liés à la réponse à la pratique commerciale et au fait de prendre possession ou livraison de l'article.

La Commission européenne précise que « cette interdiction est basée sur l'idée que les consommateurs attendent d'une offre « gratuite » qu'elle le soit véritablement, c'est-à-dire qu'ils obtiennent quelque chose sans avoir à débourser de l'argent en échange » (Communication Commission UE 2021 précitée, pt 3.4). Selon la Commission, cela signifie qu'une offre ne peut être décrite comme gratuite que si les consommateurs ne paient rien d'autre que :
– les coûts minimaux inévitables liés à la réponse à la pratique commerciale (par exemple, affranchissement au tarif postal en vigueur, coût d'un appel téléphonique à concurrence du tarif national standard ou coût minimal inévitable d'envoi d'un SMS) ;
– le coût effectif/réel de transport ou de livraison ;
– le coût, dépenses annexes comprises, de tout déplacement requis si les consommateurs prennent livraison de l'offre.

Pour ce qui concerne l'utilisation du terme « gratuit » dans les cas des offres conjointes (offres promotionnelles conditionnelles ou offres groupées), la Commission énonce deux principes que les autorités nationales pourraient, selon elle, prendre en considération pour évaluer son caractère loyal :
– les professionnels ne doivent pas essayer de récupérer leurs coûts en réduisant la qualité ou la composition ou en majorant le prix d'un produit devant impérativement être acheté pour pouvoir obtenir un autre article gratuit ;
– les professionnels ne doivent pas qualifier de « gratuit » un élément individuel d'un forfait si le coût de cet élément est inclus dans le prix forfaitaire.

La Commission européenne a également détaillé sa position sur l'utilisation du terme « gratuit » dans le secteur de l'économie numérique (voir Communication Commission UE 2021/C 526/01 précitée, pt 3.4).

19° Inclure dans un support publicitaire, une facture ou un **document** similaire **demandant paiement** qui donne au consommateur l'impression qu'il a déjà commandé le produit ou le service commercialisé, alors que tel n'est pas le cas. **67590**

ATTENTION

Cette pratique ne doit pas être confondue avec celle de l'envoi ou de la **vente forcée.** En effet, dans un tel cas, la fourniture du bien ou service est effective (C. pén. art. R 635-2 ; C. consom. art. L 121-12), contrairement à la pratique commerciale visée ci-dessus.

20° Affirmer faussement ou donner l'impression que le professionnel n'agit pas à des fins qui entrent dans le cadre de son activité commerciale, industrielle, artisanale ou libérale, ou **se présenter faussement** comme un consommateur. **67592**

21° Créer faussement l'impression que le **service après-vente** en rapport avec un produit ou un service est disponible dans un État membre de l'Union européenne autre que celui dans lequel le produit ou le service est vendu. **67593**

22° Dans une publicité, donner l'impression, par des **opérations de promotion coordonnées à l'échelle nationale,** que le consommateur bénéficie d'une réduction de prix comparable à celle des soldes, en dehors de leur période légale. **67595**

Cette interdiction, issue de la loi 2020-105 du 10 février 2020 relative à la lutte contre le gaspillage et à l'économie circulaire, vise les pratiques publicitaires de type « **Black Friday** » qui, selon le législateur, d'une part, conduisent à une surconsommation de produits, et donc à du gaspillage, et, d'autre part, sont trompeuses pour les consommateurs, car les réductions de prix réellement accordées sont bien moindres que celles annoncées.

ATTENTION

La question se pose de la validité de cette interdiction au regard du droit européen car la liste des pratiques réputées trompeuses en toutes circonstances, établie par la directive 2005/29/CE du 11 mai 2005 relative aux pratiques commerciales déloyales vis-à-vis des consommateurs, est limitative et ne comprend pas cette interdiction.

23° Faire figurer un drapeau français, une carte de France ou tout **symbole représentatif de la France** sur les **emballages alimentaires** lorsque les **ingrédients primaires** définis par le règlement (UE) 1169/2011 du 25 octobre 2011 concernant l'information des consommateurs sur les denrées alimentaires (ingrédient entrant pour 50 % au moins dans la composition d'une denrée ou ingrédients qui sont habituellement associés à la dénomination de cette denrée par le consommateur) ne sont **pas d'origine française** ; sont cependant exclus de cette disposition les ingrédients primaires dont l'origine française est difficile, voire impossible, à garantir, car issus de filières non productrices en France ou dont la production est manifestement insuffisante sur le territoire. **67597**

Un décret devra déterminer la liste des filières concernées, ainsi que les conditions d'application de ce dispositif (Loi 2021-1357 du 18-10-2021 art. 12, III). Seront exclus, par exemple, les chocolatiers ou torréfacteurs.

24° Fournir des **résultats de recherche** en réponse à une requête réalisée en ligne par un consommateur sans l'informer clairement de tout paiement effectué spécifiquement par un tiers pour obtenir un **meilleur classement** de l'un ou de plusieurs des produits apparaissant dans les résultats de recherche ou pour qu'un ou plusieurs produits y apparaissent. **67598**

25° Revendre à des consommateurs des **billets pour des manifestations** lorsque le professionnel les a acquis en utilisant un moyen automatisé lui permettant de contourner toute limite imposée au nombre de billets qu'une personne peut acheter ou toute interdiction applicable à l'achat de billets. **67600**

Cette interdiction vise la pratique de vente de billets d'entrée pour des manifestations culturelles et sportives acquis en utilisant des logiciels robots (« bots »). Ces moyens automatisés permettent aux professionnels d'acheter une quantité de billets qui dépasse les limites techniques imposées par le vendeur principal ou de contourner tout autre moyen technique mis en place par ce dernier pour garantir l'accessibilité des billets à tous, tel que l'organisation d'une file d'acheteurs en ligne. La Commission européenne précise que cette interdiction s'applique également aux cas dans lesquels les billets sont « réservés » par le logiciel automatisé, mais payés ensuite séparément, par d'autres moyens. Elle s'applique aussi lorsque le revendeur des billets a obtenu ces derniers auprès d'un tiers ayant utilisé des bots pour les acheter. Peu importe que le vendeur principal ait eu connaissance de l'utilisation du bot par le revendeur pour que la pratique soit interdite, dès lors que cette utilisation a permis au revendeur d'acquérir des billets en plus grande quantité que n'ont pu le faire les autres acheteurs (Communication Commission UE 2021/C 526/01 précitée, pt 3.5).

67602 **26°** Affirmer que des **avis** sur un produit sont diffusés par des **consommateurs** qui ont effectivement utilisé ou acheté le produit sans avoir pris les mesures nécessaires pour le vérifier ou diffuser, ou faire diffuser, par une autre personne morale ou physique des faux avis ou de fausses recommandations de consommateurs ou modifier des avis de consommateurs ou des recommandations afin de promouvoir des produits.

CARACTÈRE DÉLOYAL DE LA PRATIQUE COMMERCIALE RÉPUTÉE TROMPEUSE

67610 Une pratique commerciale réputée trompeuse constitue une pratique commerciale déloyale interdite par l'article L 121-1 du Code de la consommation. Le caractère déloyal d'une pratique suppose le double constat d'une pratique contraire à la diligence professionnelle et altérant de manière substantielle le comportement économique du consommateur moyen (nº 66260). Une pratique réputée trompeuse est cependant répréhensible sans qu'il soit nécessaire pour le juge de caractériser ces deux critères. En effet, la liste limitative des pratiques réputées trompeuses figurant à l'article L 121-4 du Code de la consommation correspond à celle des pratiques commerciales réputées déloyales « en toutes circonstances » figurant à l'annexe I de la directive 2005/29 du 11 mai 2005 relative aux pratiques commerciales déloyales, à la lumière de laquelle le Code doit être interprété. Il en a été jugé ainsi à l'égard du critère relatif à l'altération du comportement économique du consommateur moyen (Cass. crim. 28-1-2020 nº 19-80.496F-PBI : RJDA 6/20 nº 334). Il ne peut qu'en être de même pour ce qui concerne le second critère.

IV. ÉLÉMENT MORAL DU DÉLIT DE PRATIQUE COMMERCIALE TROMPEUSE

67700 Aux termes de l'article 121-3, al. 1 du Code pénal, « il n'y a point de délit sans intention de le commettre ».
S'agissant du délit de pratique commerciale trompeuse, la Cour de cassation a jugé que « la seule constatation de la violation, en connaissance de cause, d'une prescription légale ou réglementaire implique de la part de son auteur l'intention coupable exigée par l'article 121-3, al. 1 du Code pénal » (Cass. crim. 15-12-2009 nº 09-83.059 : RJDA 5/10 nº 566). L'élément moral du délit est ainsi caractérisé, par exemple, si l'annonceur n'a pas pris toutes les précautions pour s'assurer de la véracité des messages publicitaires diffusés (Cass. crim. 15-12-2009 nº 09-83.059 précité et, dans le même sens, Cass. crim. 7-2-2012 nº 11-84.789 : RTD com. 2012 p. 415 note B. Bouloc ; Cass. crim. 4-12-2012 nº 12-81.299).

ILLUSTRATIONS

Dans un cas où une société de vente en ligne n'avait pas respecté ses engagements de livraison et de remboursement en termes de délais et avait proposé un service après-vente par téléphone, courrier ou mail mais ne répondait pas aux sollicitations des clients, l'élément intentionnel du délit était caractérisé par le fait que le dirigeant, alors qu'il était averti des difficultés de ces pratiques commerciales, a laissé perdurer la situation et n'a pas cherché à y remédier (Cass. crim. 29-1-2019 nº 17-86.876 F-D).

67705 Jugé qu'un annonceur poursuivi pour publicité trompeuse ne peut pas valablement soutenir qu'un **avis favorable** de diffusion de l'**Autorité de régulation professionnelle de la publicité (ARPP)** le dégage de sa responsabilité pénale ou extracontractuelle car, d'une part, il est tenu de s'assurer que les messages qu'il diffuse sont sincères, véridiques et loyaux et, d'autre part, l'ARPP contrôle la publicité en tant que telle et non la véracité des informations fournies par les annonceurs (CA Paris 14-1-1998 : RJDA 6/98 nº 807, décision rendue en matière de responsabilité civile extracontractuelle mais transposable en matière pénale).

V. RÉPRESSION ET SANCTION DES PRATIQUES COMMERCIALES TROMPEUSES

A. Recherche et constatation des infractions

AGENTS VERBALISATEURS ET POUVOIRS D'ENQUÊTE

La recherche et la constatation des infractions s'effectuent dans les conditions fixées aux articles L 511-1 et suivants du Code de la consommation (voir n°s 78600 s.). En particulier, les agents peuvent procéder à des opérations de visite et saisie sur autorisation judiciaire. **67800**

CHARGE DE LA PREUVE D'UNE PRATIQUE COMMERCIALE TROMPEUSE

Le Code de la consommation n'indique pas à qui incombe la charge de la preuve du caractère trompeur d'une pratique commerciale. Si l'article L 512-15 du Code de la consommation prévoit que les agents habilités à constater les infractions peuvent exiger du responsable d'une pratique commerciale la mise à leur disposition de tous les éléments propres à justifier les allégations, indications ou présentations inhérentes à une pratique commerciale (n° 79140), la **chambre criminelle de la Cour de cassation** a jugé, sous l'empire des anciens textes relatifs au délit de publicité trompeuse, qui prévoyaient une mesure identique à celle-ci, que ces dispositions ne dispensent pas la partie poursuivante de rapporter la preuve de tous les éléments constitutifs du délit (Cass. crim. 28-10-1992 : RJDA 4/93 n° 354 ; Cass. crim. 18-3-2008 n° 07-83.449 : RJDA 8-9/08 n° 958). En revanche, la **chambre commerciale** de la Cour a considéré qu'il revient à l'annonceur de prouver la véracité de ses allégations (Cass. com. 18-5-1993 : RJDA 8-9/93 n° 760). **67810**

Cette divergence de solutions, qui sont à notre avis transposables à la réglementation actuelle, s'explique sans doute par la nature différente de l'action engagée. En effet, en cas d'action en responsabilité civile pour concurrence déloyale, le concurrent victime de la publicité doit établir le préjudice subi du fait de la diffusion de cette publicité et l'annonceur, pour se défendre, doit prouver l'exactitude du contenu de celle-ci (en ce sens, voir aussi G. Raymond, note sous Cass. com. 18-5-1993 : Contrats conc. consom. 1993 comm. n° 168).

PERSONNES HABILITÉES À SE CONSTITUER PARTIE CIVILE EN CAS DE PRATIQUE COMMERCIALE TROMPEUSE

Toute personne qui justifie d'un **préjudice personnel et direct** résultant d'une pratique commerciale trompeuse peut, dans les conditions de droit commun, se constituer partie civile et obliger ainsi le juge d'instruction à se saisir de l'affaire (cf. CPP art. 2). **67820**

Ainsi, le **consommateur** lésé peut se constituer partie civile.

Le droit de se constituer partie civile appartient également à un **concurrent** qui a subi un préjudice résultant de la pratique commerciale trompeuse (Cass. crim. 23-2-1989 : Bull. crim. p. 242 n° 91 ; Cass. crim. 1-10-1997 : RJDA 1/98 n° 123). La constitution de partie civile peut n'être motivée que par le souci de corroborer l'action publique si bien qu'un concurrent peut valablement se constituer partie civile alors qu'il a au préalable saisi une juridiction commerciale d'une action en concurrence déloyale (Cass. crim. 18-5-1998 : RJDA 10/98 n° 1166).

De même, l'action civile peut être exercée par un fabricant à l'encontre de l'un de ses distributeurs lorsque, par exemple, celui-ci effectue une publicité sur les produits de ce fabricant, alors qu'il n'en détient pas en stock (Cass. crim. 7-1-1981 : Gaz. Pal. 1981 p. 357).

À l'inverse, un médecin abonné d'une revue professionnelle dans laquelle était parue une publicité qu'il estimait de nature à tromper les membres du corps médical et d'éventuels utilisateurs sur les qualités d'un médicament ne peut se constituer partie civile, dès lors qu'il ne prouve pas qu'il a lui-même consommé ce médicament et qu'il a ainsi subi un préjudice personnel, certain et actuel (Cass. crim. 11-5-1982 n° 81-94.785, inédit).

Les **syndicats professionnels** peuvent se constituer partie civile lorsqu'une pratique commerciale trompeuse lèse les intérêts qu'ils ont pour mission de représenter (par exemple, CA Versailles 17-5-1978 : Gaz. Pal. 1978.2 p. 539 note Calvo, confirmé par Cass. crim. 13-3-1979 : Gaz. Pal. 1979 p. 404 ; Cass. crim. 23-1-1979 : Bull. crim. p. 972 ; CA Dijon 19-2-1998 : BID 1998/11 flash p. 31) ou dans le but de poursuivre celui qui continue une pratique commerciale trompeuse dont la cessation a été ordonnée par une décision de justice (T. corr. Paris 11-12-1978 : Gaz. Pal. 1979 p. 265).

Par ailleurs, les **associations de consommateurs** peuvent agir en justice pour demander la réparation du préjudice causé à l'intérêt collectif des consommateurs (Cass. crim. 15-10-1997 : Bull. crim. nº 337).

PRESCRIPTION DE L'ACTION EN CAS DE PRATIQUE COMMERCIALE TROMPEUSE

67830 L'action publique se prescrit par six ans (CPP art. 8). En cas de pratique commerciale trompeuse, le **point de départ du délai** de prescription de l'action publique est fixé au jour où le délit est apparu et a pu être constaté dans des conditions permettant l'exercice de cette action (Cass. crim. 20-2-1986 : Bull. crim. p. 167 nº 70, rendu sur le fondement de l'ancien délit de publicité trompeuse ; Cass. crim. 3-12-2019 nº 18-86.317 F-D : RJDA 3/20 nº 183).

ILLUSTRATIONS

Dans un cas où un particulier avait acquis un appartement dans un ensemble immobilier au vu de renseignements contenus dans des dépliants publicitaires, le point de départ de ce délai a été fixé au jour où l'acquéreur avait constaté, lors de son entrée dans les lieux, que ces renseignements étaient mensongers (Cass. crim. 20-2-1986 précité).

En 2001, de nombreuses personnes avaient souscrit auprès d'une banque un produit financier dont la brochure commerciale promettait le triplement du capital investi en dix ans et, au moins, la récupération de l'investissement à l'échéance, même en cas de performance négative du portefeuille. À l'issue de la période de dix ans, des souscripteurs s'étant plaints de n'avoir pas récupéré les fonds investis, la banque a été poursuivie pour avoir, entre le 12 juin 2011, terme de l'investissement des premiers contrats, et le 28 mars 2014, date de la dernière plainte, commis une pratique commerciale trompeuse en diffusant une brochure promettant la récupération des montants investis sans prévenir des effets à terme des frais de gestion sur les résultats. Cette action a été jugée prescrite : les souscripteurs recevaient chaque année un relevé annuel concernant la situation de leur compte et pouvaient, dès 2002, constater que l'investissement ne correspondait pas à la somme versée car elle était amputée des frais d'adhésion et de gestion ; ils disposaient donc dès cette date des éléments leur permettant de déposer plainte et pouvaient le faire jusqu'en 2005, la prescription de l'action publique étant de trois ans à l'époque des faits. Contrairement à ce qu'avaient avancé les souscripteurs, il n'était pas nécessaire d'attendre l'échéance du produit financier, soit dix ans, pour constater le caractère trompeur de la brochure (Cass. crim. 3-12-2019 nº 18-86.317 F-D précité).

B. Cessation de la pratique commerciale trompeuse

INJONCTION DES AGENTS VERBALISATEURS

67870 Les agents de la CCRF peuvent enjoindre au professionnel de cesser toute pratique commerciale trompeuse (voir nºs 79400 s.).

INJONCTION DU JUGE PÉNAL

67880 La cessation de la pratique peut également être ordonnée par le **juge d'instruction** ou par le **tribunal saisi des poursuites** afin de remédier aux lenteurs de la procédure. Cette mesure est prise soit sur réquisition du ministère public, soit d'office par le juge d'instruction ; elle est exécutoire nonobstant toutes voies de recours (C. consom. art. L 132-8, al. 1).

ILLUSTRATIONS

Il a été enjoint à un fabricant de couches pour nourrissons d'interrompre la diffusion d'une publicité qui faisait état de la grande capacité d'absorption d'un nouveau produit, alors qu'une expertise avait révélé que de tels résultats ne pouvaient être obtenus qu'avec de l'eau distillée (CA Paris 9-2-1988 : BRDA 5/88 p. 7).

Il a été enjoint à un syndicat départemental de boulangers d'interrompre la diffusion d'une campagne publicitaire invitant les consommateurs à s'approvisionner en pain « traditionnel » auprès des boulangers affichant dans leur vitrine la « charte du boulanger authentique », alors qu'une enquête auprès de certains de ces artisans avait révélé divers manquements aux règles d'hygiène et de fabrication annoncées (Cass. crim. 15-12-1992 : RJDA 6/93 nº 578).

Les parties civiles n'ont aucun droit d'appel des décisions du juge d'instruction refusant d'ordonner la cessation de la publicité (CA Paris 23-1-1990 : Gaz. Pal. 1990 p. 573 note Marchi).

Mainlevée de cette mesure peut être donnée par la juridiction qui a ordonné la cessation de la pratique ou qui est saisie du dossier.

Bien entendu, la mesure de suspension de la pratique cesse d'avoir effet en cas de non-lieu ou de relaxe (C. consom. art. L 132-8, al. 1).

Le non-respect de la décision du juge ordonnant la cessation de la pratique est puni d'un emprisonnement de deux ans et d'une amende de 300 000 € (art. L 132-9).

> **Précisions** Les décisions statuant sur les **demandes de mainlevée** peuvent faire l'objet d'un **appel** devant la chambre de l'instruction ou devant la cour d'appel selon qu'elles ont été prononcées par un juge d'instruction ou par le tribunal saisi des poursuites (C. consom. art. L 132-8, al. 2). La chambre de l'instruction ou la cour d'appel doit statuer dans un délai de dix jours à compter de la réception des pièces (art. L 132-8, al. 3).

INJONCTION DU JUGE CIVIL

À la demande de l'administration L'autorité administrative chargée de la concurrence et de la consommation peut agir devant la juridiction civile pour demander au juge d'ordonner toute mesure de nature à mettre un terme à une pratique commerciale trompeuse (voir n° 79850). **67890**

Action en référé par les victimes des pratiques Les victimes d'une pratique commerciale trompeuse peuvent également obtenir des juridictions civiles la suspension d'une telle publicité en agissant devant le juge des référés, conformément aux dispositions des articles 809 ou 873 du Code de procédure civile (CA Paris 18-9-1996 : RJDA 12/96 n° 1555). **67900**

ILLUSTRATIONS

A été ordonnée la cessation immédiate de la publicité qu'une société de distribution avait effectuée en modifiant les résultats d'enquêtes sur les prix menées par une association de consommateurs (Cass. com. 19-1-1988 : Bull. civ. IV p. 31 n° 44). Par ailleurs, dans un cas où le président d'un ordre régional d'experts-comptables avait fait l'annonce d'une journée « portes ouvertes » au cours de laquelle des membres de cette profession auraient donné des consultations gratuites dans le domaine juridique, alors que ces professionnels ne sont autorisés par la loi à réaliser de telles prestations qu'accessoirement à leur activité principale, ont été ordonnées la cessation immédiate de la publicité et l'interdiction de la tenue de cette journée (CA Poitiers 16-3-1994 : RJDA 6/94 n° 727).

Action en cessation par les associations de consommateurs agréées Les associations de consommateurs agréées peuvent agir devant la juridiction civile pour faire cesser ou interdire toute pratique commerciale trompeuse (C. consom. art. L 621-7). **67910**

C. Transaction pénale

Tant que l'action publique n'a pas été mise en mouvement, l'**autorité administrative chargée de la concurrence et de la consommation** peut proposer à l'auteur de l'infraction une transaction (C. consom. art. L 523-1). Sur les modalités de la transaction, voir n°s 79780 s. **67950**

Pour des exemples d'amendes transactionnelles, voir le site de la DGCCRF à l'adresse suivante : www.economie.gouv.fr/dgccrf/sanctions-protection-economique-des-consommateurs.

D. Sanctions en cas de pratique commerciale trompeuse

1. PERSONNES PUNISSABLES

En cas de pratique commerciale trompeuse, la recherche de la culpabilité repose sur les règles de droit commun et non sur une règle spécifique du Code de la consommation. **67970**

Ainsi, l'auteur d'une pratique trompeuse peut être l'annonceur, dans le cas d'une publicité trompeuse, mais aussi une personne qui, sans être elle-même l'annonceur, participe à la diffusion d'une publicité qui la concerne en sachant que cette publicité est trompeuse compte tenu de sa connaissance de sa propre pratique (pour un exemple, voir Cass. crim. 31-5-2023 n° 21-82.469 D : RJDA 10/23 n° 552).

› Précisions L'ancien article L 121-5, al. 1 du Code de la consommation énonçait que « la personne pour le compte de laquelle la pratique commerciale trompeuse est mise en œuvre est responsable, à titre principal, de l'infraction commise ». Cet article établissait donc une **présomption de responsabilité** à l'encontre de l'annonceur d'une publicité par rapport à l'agence de publicité ou à tout autre tiers chargé de concevoir et diffuser le message publicitaire. Cette disposition a sans doute été considérée comme inutile par le législateur puisqu'elle a été abrogée (Loi 2014-344 du 17-3-2014). La qualité d'annonceur n'est donc plus un critère déterminant de la responsabilité pénale.

2. SANCTIONS PÉNALES

SANCTIONS APPLICABLES AUX PERSONNES PHYSIQUES

67990 **Peines principales** Toute pratique commerciale trompeuse est punie d'un emprisonnement de deux ans et de 300 000 € d'amende (C. consom. art. L 132-2, al. 1).

Le montant de l'**amende** peut être porté, de manière proportionnée aux avantages tirés du délit, à 10 % du chiffre d'affaires moyen annuel, calculé sur les trois derniers chiffres d'affaires annuels connus à la date des faits, ou à 50 % des dépenses engagées pour la réalisation de la publicité ou de la pratique constituant ce délit ; ce taux est porté à 80 % dans le cas de pratiques commerciales trompeuses sur les caractéristiques essentielles du bien ou du service, ou la portée des engagements de l'annonceur, lorsqu'elles reposent sur des allégations en matière environnementale (al. 2).

La peine d'**emprisonnement** encourue est portée à :
– trois ans lorsque la pratique commerciale trompeuse a été suivie de la conclusion d'un ou de plusieurs contrats (C. consom. art. L 132-2-1 issu de loi 2022-1158 du 16-8-2022) ;
– sept ans en cas de pratique commise en bande organisée (art. L 132-2-2 issu de loi 2022-1158). Constitue une bande organisée au sens de la loi tout groupement formé ou toute entente établie en vue de la préparation, caractérisée par un ou plusieurs faits matériels, d'une ou de plusieurs infractions (C. pén. art. 132-71).

68000 **Peines complémentaires** Les personnes physiques déclarées coupables encourent également, suivant les modalités prévues à l'article 131-27 du Code pénal, les peines suivantes d'**interdiction d'exercer une activité,** pour une durée maximale de cinq ans (C. consom. art. L 132-3, al. 1 et 2) :
– celle d'exercer une fonction publique ou d'exercer l'activité professionnelle ou sociale à l'occasion de laquelle l'infraction a été commise ;
– celle d'exercer une profession commerciale ou industrielle, de diriger, d'administrer, de gérer ou de contrôler à un titre quelconque, directement ou indirectement, pour leur propre compte ou le compte d'autrui, une entreprise commerciale ou industrielle ou une société commerciale.

Ces interdictions d'exercice peuvent être prononcées cumulativement.

68005 En cas de condamnation, le tribunal doit ordonner, par tous moyens appropriés, l'affichage ou la **diffusion** de l'intégralité ou d'une partie de la **décision** ou d'un communiqué informant le public des motifs et du dispositif de celui-ci (C. consom. art. L 132-4, al. 1). Cette pratique, dite du « name and shame », est destinée à porter atteinte à l'image de l'entreprise sanctionnée.

68010 En cas de condamnation, le juge peut ordonner la **diffusion,** aux frais du condamné, d'une ou de plusieurs **annonces rectificatives** (pour un exemple, voir CA Paris 4-7-1977 : JCP éd. G 1979 II n° 19015 obs. D. Andréi et P.-F. Divier).

Le jugement doit fixer les termes de ces annonces et les modalités de leur diffusion et impartir un délai au condamné pour y faire procéder.

La non-exécution, dans le délai imparti, des annonces rectificatives est punie d'un emprisonnement de deux ans et d'une amende de 300 000 €. Par ailleurs, le ministère public peut faire procéder à la diffusion des annonces aux frais du condamné (C. consom. art. L 132-4 et L 132-5).

SANCTIONS APPLICABLES AUX PERSONNES MORALES

68020 **Peines principales** Les personnes morales reconnues responsables pénalement des infractions commises par leurs organes ou représentants sont passibles d'une **amende** de 1 500 000 €, somme qui peut être portée, de manière proportionnée aux avantages tirés de l'infraction, à 10 % du chiffre d'affaires moyen annuel, calculé sur les trois derniers chiffres d'affaires annuels connus à la date des faits, ou à 50 % des dépenses engagées pour la réalisation de la publicité ou de la pratique constituant le délit ; ce taux est porté à 80 % dans le cas de pratiques commerciales trompeuses sur les caractéristiques essentielles du bien ou du service, ou la portée des engagements de l'annonceur, lorsqu'elles reposent sur des allégations en matière environnementale (C. consom. art. L 132-3, al. 3).

Peines complémentaires En raison d'une inadvertance du législateur, les peines complémentaires applicables aux personnes morales sont prévues par **deux dispositions** distinctes qui se recoupent en partie. **68025**

1° L'article L 132-3, al. 3 du Code de la consommation prévoit que les personnes morales encourent les peines mentionnées à l'article 131-39, 2° à 9° du Code pénal (notamment, interdiction d'exercer l'activité à l'occasion de laquelle l'infraction a été commise, fermeture de l'établissement de l'entreprise ayant servi à commettre l'infraction, affichage de la décision prononcée ou diffusion de celle-ci soit par la presse écrite, soit par voie électronique), les peines prévues aux 2° à 7° de cet article ne pouvant être prononcées que pour une durée maximale de cinq ans ;

2° L'article L 132-4 du même Code prévoit qu'en cas de condamnation, le tribunal doit ordonner, par tous moyens appropriés, l'affichage ou la diffusion de l'intégralité ou d'une partie de la décision ou d'un communiqué informant le public des motifs et du dispositif de celle-ci ; il peut, de plus, ordonner la diffusion, aux frais de la personne condamnée, d'une ou de plusieurs annonces rectificatives. Le jugement fixe les termes de ces annonces et les modalités de leur diffusion et impartit à la personne condamnée un délai pour y faire procéder. En cas de carence, le ministère public doit procéder à cette diffusion aux frais de la personne condamnée.

DISPOSITIONS DIVERSES RELATIVES AUX SANCTIONS PÉNALES APPLICABLES EN CAS DE PRATIQUE COMMERCIALE TROMPEUSE

Pour déterminer le montant et la nature des peines à infliger, le tribunal peut demander, tant aux parties qu'à l'annonceur, la **communication de tous documents utiles.** En cas de refus, il peut ordonner la saisie de ces documents ou toute mesure d'instruction appropriée. Il peut en outre prononcer une astreinte pouvant atteindre 4 500 € par jour de retard à compter de la date qu'il a retenue pour la production de ces documents (C. consom. art. L 132-6). **68030**

Le refus de communication de ces documents est puni d'un emprisonnement de deux ans et d'une amende de 300 000 € (art. L 132-7).

Sous l'empire de l'ancien délit de publicité trompeuse, il a été jugé qu'une telle publicité constitue une **infraction unique** qui ne peut être poursuivie et sanctionnée qu'une seule fois dès l'instant où il s'agit d'allégations identiques contenues dans un même message publicitaire et diffusées simultanément (Cass. crim. 8-12-1987 : Bull. crim. p. 1194 n° 451 ; Cass. crim. 27-3-2007 n° 06-85.442 : RJDA 8-9/07 n° 903). En revanche, constituent des **publicités distinctes** celles qui, adressées à des personnes différentes, mettent en scène de manière individualisée leurs destinataires (Cass. crim. 30-1-1992 : RJDA 8-9/92 n° 875 ; Cass. crim. 14-3-2000 : RJDA 6/00 n° 727). Cette jurisprudence est à notre avis transposable au délit de pratique commerciale trompeuse. **68035**

ILLUSTRATIONS

Dans un cas où l'exploitant de magasins d'habillement situés à Nantes et Toulouse avait diffusé une publicité pour une opération promotionnelle proposée dans ces magasins, la cour d'appel de Toulouse ne pouvait pas valablement condamner cet exploitant pour publicité trompeuse alors que celui-ci avait déjà été condamné pour ce même délit par la cour d'appel de Rennes (Cass. crim. 27-3-2007 n° 06-85.442 précité).

En revanche, une cour d'appel a pu valablement condamner le dirigeant d'une entreprise de vente à distance qui avait adressé à un particulier un document publicitaire lui laissant croire qu'il avait gagné un gros lot, et ce alors même que ce dirigeant avait bénéficié de deux décisions de relaxe à l'occasion de poursuites engagées à l'occasion de plaintes d'autres destinataires de ces documents (Cass. crim. 14-3-2000 précité).

3. SANCTIONS CIVILES EN CAS DE PRATIQUE COMMERCIALE TROMPEUSE

68060 Des dommages-intérêts peuvent être alloués par les tribunaux répressifs aux personnes qui se constituent **partie civile** ; sur les personnes habilitées à se constituer partie civile, voir nº 67820.

ATTENTION

Dans le cas où le délit de pratique commerciale trompeuse a été commis par un salarié titulaire d'une **délégation de pouvoirs,** dans le cadre de ses fonctions, l'action civile doit être exercée à l'encontre de l'employeur et non du salarié (Cass. crim. 23-1-2001 : RJDA 8-9/01 nº 918).

68065 La réparation du dommage subi du fait d'une pratique commerciale trompeuse peut également être obtenue auprès des juridictions civiles ou commerciales, dans le cadre d'une action en **responsabilité civile extracontractuelle** sur le fondement de l'article 1240 du Code civil, éventuellement pour concurrence déloyale.

Le dommage dont le demandeur veut obtenir la réparation doit résulter du caractère trompeur de la pratique. Or, cette preuve ne peut pas être rapportée par la seule existence du délit ; il faut que le demandeur établisse le lien de causalité entre la faute commise et le préjudice subi (voir, par exemple, CA Paris 3-7-2001 : RJDA 2/02 nº 209 constatant l'existence d'un délit de publicité trompeuse mais l'absence de lien de causalité entre le préjudice subi et la publicité).

ILLUSTRATIONS

Un consommateur a obtenu réparation du préjudice subi du fait de la publicité trompeuse effectuée par un commerçant car celui-ci n'avait pas en magasin tous les articles décrits dans cette publicité et avait donc empêché ce client de choisir et éventuellement acheter les produits offerts à la vente (TGI Paris 1-3-1982 : Gaz. Pal. 1982 som. p. 100) et les propriétaires d'un appartement ont obtenu du constructeur le versement de dommages-intérêts car celui-ci avait fait état dans une plaquette publicitaire de la création prochaine d'une ligne de métro à proximité de leur habitation, alors qu'il n'en était rien (CA Paris 5-1-1987 : D. 1987 IR p. 25). Il en a été de même pour les clients d'une société de promotion immobilière qui avait effectué une publicité garantissant pendant dix années un rendement annuel net de 5 % TTC du prix des immeubles « charges, impôts locaux, assurances, frais de gestion étant décomptés », alors que le taux de rendement annuel était inférieur à celui annoncé, les dépenses afférentes à la taxe foncière et à la taxe professionnelle n'ayant pas été décomptées (Cass. com. 1-3-1994 : RJDA 6/94 nº 725).

De même, des particuliers ont obtenu 8 000 F (environ 1 220 €) de dommages-intérêts car les nouveaux programmes de jeu d'un échiquier électronique qui étaient annoncés au moment de l'achat de ce dernier n'ont jamais été produits par le fabricant (TI Paris 6-2-1990 : INC Hebdo nº 686 p. 6) et un producteur de semences a dû verser 165 800 F (environ 25 280 €) de dommages-intérêts à un maraîcher qui lui avait acheté 144 000 plants de salades à la suite d'une publicité soulignant que ces salades pouvaient être plantées au printemps, alors qu'il s'agissait de salades d'été (CA Paris 12-12-1995 : RJDA 3/96 nº 438).

68070 Des dommages-intérêts peuvent être obtenus sur le fondement de la **responsabilité contractuelle.** Dans un cas où le fabricant d'une machine à libeller les chèques avait garanti dans ses documents publicitaires que les chèques ainsi libellés étaient infalsifiables, un acheteur avait pu valablement demander la réparation du préjudice causé par la falsification de deux chèques libellés avec la machine qu'il avait acquise, au motif que le fabricant avait manqué à son engagement (Cass. com. 17-6-1997 : RJDA 11/97 nº 1312).

68075 Les dispositions du Code de la consommation ne font donc pas obstacle à la mise en œuvre d'une procédure purement civile et à un recours aux **modes de constitution de preuve** du droit commun. Ainsi, un commerçant se prétendant lésé par la publicité mensongère d'un concurrent peut, sur le fondement de l'article 145 du Code de procédure civile, demander au juge des référés de désigner un **huissier** pour procéder, dans les locaux de ce concurrent, à la vérification matérielle des allégations publicitaires en cause (CA Paris 18-6-1980 : Gaz. Pal. 1980 p. 770 note Fourgoux). De même, les juges peuvent désigner un **expert judiciaire** pour constater des faits répréhensibles (Cass. com. 18-5-1981 : Bull. civ. IV p. 188).

> **Précisions** L'article 145 du Code de procédure civile permet à tout intéressé de demander au juge qu'il ordonne une **mesure d'instruction** s'il existe un motif légitime de conserver ou d'établir avant tout procès la preuve de faits dont pourrait dépendre la solution d'un litige. La production d'éléments de preuve portant atteinte au secret des affaires peut être ordonnée, à condition que cette production soit indispensable à l'exercice du droit à la preuve et que l'atteinte soit proportionnée au but poursuivi (Cass. 1e civ. 22-6-2017 nº 15-27.845 FS-PB : RJDA 12/17 nº 854).

SECTION 3

PRATIQUES COMMERCIALES AGRESSIVES

CARACTÉRISTIQUES

Les pratiques commerciales agressives définies aux articles L 121-6 et L 121-7 du Code de la consommation constituent l'une des catégories de pratiques commerciales déloyales telles que définies au nº 66200 (C. consom. art. L 121-1). 68200

Le caractère agressif d'une pratique fait le plus souvent l'objet d'une appréciation au cas par cas, mais certaines pratiques sont réputées agressives en toutes circonstances.

I. CARACTÈRE AGRESSIF D'UNE PRATIQUE COMMERCIALE : APPRÉCIATION

NOTION DE PRATIQUE COMMERCIALE AGRESSIVE

Une pratique commerciale est agressive lorsque, du fait de **sollicitations répétées et insistantes** ou de l'usage d'une **contrainte** physique ou morale, et compte tenu des circonstances qui l'entourent (C. consom. art. L 121-6, al. 1 à 4) : 68300

1º Elle **altère** ou est de nature à altérer de manière significative la **liberté de choix** d'un consommateur ;

2º Elle **vicie** ou est de nature à vicier le **consentement** d'un consommateur ;

3º Elle **entrave l'exercice des droits contractuels** d'un consommateur (par exemple, celui de mettre fin au contrat ou de changer de produit ou de fournisseur).

L'administration a précisé les contours de cette notion dans les termes suivants (Note de service DGCCRF nº 2009-07 du 29-1-2009, non publiée selon les modalités prévues par le CRPA, donc non opposable à l'administration). 68305

Une pratique commerciale agressive suppose le recours à certains moyens et les effets produits par ces moyens sur le consommateur.

Elle est caractérisée par la pression exercée sur le consommateur afin de le faire céder ou d'orienter ses choix. Cette **pression** peut s'exercer selon des modalités différentes :

– Les **sollicitations répétées et insistantes** prennent, par exemple, la forme de sollicitations téléphoniques, de visites à domicile, de messages électroniques, de courriers ou de l'intervention successive dans un magasin de plusieurs vendeurs pour « arracher » la vente. Il s'agit de sollicitations personnalisées, commises individuellement à l'encontre d'un ou de plusieurs consommateurs. Ainsi, le simple harcèlement publicitaire ne peut pas être considéré comme constituant une réelle pression sur le futur client et caractériser une pratique agressive, au sens de l'article L 121-6.

– La **contrainte morale** peut se manifester par un chantage, l'utilisation de la peur ou la crainte du client, l'intimidation, la menace, l'exploitation des circonstances.

– La **contrainte physique,** bien que sans doute plus rare dans le cadre des relations entre professionnels et consommateurs, peut être utilisée comme élément constituant la pratique agressive. Il peut en être ainsi de certaines méthodes de vente qui consistent à faire durer plusieurs heures le processus de négociation du prix ou des conditions de la vente et à « retenir » le client en magasin jusqu'à ce qu'il contracte.

La pression exercée sur le consommateur doit avoir pour conséquence d'altérer sa liberté de choix, en amont de la conclusion du contrat, ou de vicier son consentement au moment de la conclusion du contrat, ou d'entraver l'exercice de ses droits contractuels après que le contrat a été conclu. Cette infraction recouvre donc un champ d'application large qui va de la négociation du contrat jusqu'à son exécution en passant par sa conclusion.

Les **effets de la pression** exercée sur le consommateur sont les suivants :

– L'**altération de sa liberté de choix.** L'article L 121-6 précise que l'atteinte à la liberté de choix du consommateur doit être significative. Le texte vise là l'influence notable que doit avoir la pratique agressive sur le choix du consommateur quant à la conclusion d'un contrat, à son objet, à son prix et à son contenu.

– Le **vice de son consentement.** Cette notion, très proche de la précédente, vise l'absence de consentement libre et éclairé de la part du consommateur. La directive 2005/29 rapproche ces deux notions en définissant la pratique agressive comme celle qui « amène ou est susceptible d'amener le consommateur à prendre une décision commerciale qu'il n'aurait pas prise autrement ». Elle vise ainsi le consommateur contraint de contracter et celui qui a consenti sous la pression à des conditions différentes de celles qu'il souhaitait. La pratique commerciale agressive doit avoir une influence déterminante sur la décision d'achat du consommateur. Cependant, il n'est pas nécessaire que cette pratique ait abouti à un engagement contractuel. Une pratique agressive ayant seulement pour objet ou étant susceptible de faire contracter des consommateurs à des conditions notablement différentes de leur volonté initiale, ou en l'absence d'un consentement libre et éclairé de leur part, peut constituer une infraction à l'article L 121-6.

– L'**entrave à l'exercice de ses droits contractuels.** Tombent également sous le coup de l'incrimination toutes les pratiques agressives faisant obstacle à l'exercice d'un droit contractuel (et, a fortiori, légal) : résolution de contrat, exercice d'un droit de rétractation, indemnisation au titre d'un contrat d'assurances, refus de l'échange prévu au contrat, etc. L'entrave doit être effective. Elle doit être démontrée à partir d'éléments matériels, tels que des courriers, des exigences du professionnel compliquant ou interdisant au consommateur d'exercer ses droits. Ainsi, toutes pratiques consistant à accélérer le processus de la vente alors que le client bénéficie d'un délai de réflexion (perception d'un acompte le jour de la commande et livraison le jour même pour une vente réalisée à domicile, par exemple), peuvent être qualifiées de pratiques commerciales agressives si le client a été victime de pressions.

Cependant, même si le caractère agressif de la pratique et l'évaluation de ses conséquences sur la décision de contracter du consommateur sont les seuls éléments constitutifs de l'infraction, la DGCCRF recommande à ses enquêteurs d'en apprécier l'ampleur en s'attachant au **contenu du contrat lui-même.** L'objet du contrat, la nature, le montant de celui-ci peuvent venir confirmer la pratique commerciale agressive ou en être, à tout le moins, une circonstance aggravante. Il peut en être ainsi de contrats de vente très onéreux alors que les moyens de la personne harcelée ne lui permettent pas un tel achat, de contrats pour la vente de biens inutilisables pour l'acheteur (une voiture pour une personne n'ayant pas le permis de conduire, une cuisine équipée à une personne ne possédant pas de bien immobilier) ou, plus généralement, de contrats inadaptés aux besoins du consommateur.

ÉLÉMENTS À PRENDRE EN CONSIDÉRATION POUR DÉTERMINER LES NOTIONS DE HARCÈLEMENT, DE CONTRAINTE ET D'INFLUENCE INJUSTIFIÉE

68310 Afin de déterminer si une pratique commerciale recourt au harcèlement, à la contrainte, y compris la force physique, ou à une influence injustifiée, les éléments suivants doivent être pris en considération (C. consom. art. L 121-6, al. 5).

1° Moment et **endroit** où la pratique est mise en œuvre, sa **nature** et sa **persistance** (C. consom. art. L 121-6, al. 6).

Ce sont des éléments indispensables pour l'établissement d'un procès-verbal par les enquêteurs mais qui peuvent également revêtir parfois une importance particulière pour caractériser la pratique (heure tardive, endroit inhabituel pour une vente, etc.) (Note de service DGCCRF n° 2009-07 du 29-1-2009 précitée).

68315 **2°** Recours à la **menace** physique ou verbale (C. consom. art. L 121-6, al. 7).

Même en l'absence de preuves matérielles, tous les éléments relatifs à l'utilisation de la violence, même verbale, devront être relatés par les enquêteurs dans la procédure (Note de service DGCCRF n° 2009-07 du 29-1-2009 précitée).

68320 **3° Exploitation,** en connaissance de cause, par le professionnel, de tout **malheur** ou circonstance particulière d'une gravité propre à altérer le jugement du consommateur, dans le but d'influencer la décision du consommateur à l'égard du produit (C. consom. art. L 121-6, al. 8).

L'expression « en connaissance de cause » vise, par exemple, le fait de faire souscrire un contrat en contournant sciemment la loi. Ainsi, dans un cas où un contrat avait été conclu par une personne âgée, souffrant d'un handicap grave et disposant de revenus limités ne lui permettant pas de rembourser les dettes qu'elle avait accumulées, la circonstance que le contrat ainsi conclu avait eu pour effet de permettre au professionnel de contourner une disposition nationale de protection des consommateurs était un indice de ce que ce professionnel avait entendu exploiter en connaissance de cause la gravité particulière de la situation dans laquelle se trouvait ladite personne, dans le but d'influencer sa décision (Ord. CJUE 2-7-2020 aff. 853/19 : RJDA 12/20 n° 667).

4° Tout **obstacle** non contractuel important ou disproportionné **imposé** par le professionnel lorsque le consommateur souhaite faire valoir ses droits contractuels, et notamment celui de mettre fin au contrat ou de changer de produit ou de fournisseur (C. consom. art. L 121-6, al. 9). 68325

5° Toute **menace d'action,** alors que cette action n'est pas légalement possible (C. consom. art. L 121-6, al. 10). 68330

Il peut s'agir de menaces d'action en justice non fondée (par exemple, méthodes utilisées par certains organismes de recouvrement de créances).

CARACTÈRE DÉLOYAL DE LA PRATIQUE AGRESSIVE

Bien qu'une pratique commerciale agressive soit une pratique déloyale, au sens de l'article L 121-1 du Code de la consommation, il n'est pas nécessaire de constater que la **pratique** est **contraire à la diligence professionnelle** (élément de définition de la pratique commerciale déloyale) pour déterminer l'élément matériel du délit de pratique commerciale agressive (CJUE 19-9-2013 aff. 435/11 : RJDA 12/13 n° 1055, décision rendue à propos des pratiques commerciales trompeuses mais transposable, à notre avis, aux pratiques commerciales agressives). 68340

PRATIQUES COMMERCIALES JUGÉES AGRESSIVES

Constitue une pratique commerciale agressive : 68350

– le fait pour une société de presse de commercialiser la publication d'une annonce nécrologique à la fois par la voie de presse et sur Internet, sans que le choix pour l'un ou pour l'autre support ne soit possible (CA Paris 26-11-2015 n° 14/05555 : RJDA 3/16 n° 236) ;

– le fait pour un opérateur de téléphonie mobile de commercialiser des cartes SIM de téléphones portables sur lesquelles sont préinstallés et préalablement activés certains services, tels que la navigation sur Internet et la messagerie vocale, sans avoir préalablement et de manière adéquate informé le consommateur de la préinstallation de ces services et de leur coût (CJUE 13-9-2018 aff. 54/17, 55/1 : RJDA 12/18 n° 950).

II. PRATIQUES COMMERCIALES RÉPUTÉES AGRESSIVES

NATURE DE LA PRATIQUE

Sont réputées agressives, au sens de l'article L 121-6 du Code de la consommation, les pratiques commerciales qui ont pour objet (C. consom. art. L 121-7) : 68500

1° De donner au consommateur l'impression qu'il ne pourra **pas quitter les lieux** avant qu'un contrat n'ait été conclu ;

2° D'effectuer des **visites** personnelles **au domicile** du consommateur, en ignorant sa demande de voir le professionnel quitter les lieux ou de ne pas y revenir, sauf si la législation nationale l'y autorise pour assurer l'exécution d'une obligation contractuelle ;

3° De se livrer à des **sollicitations répétées** et non souhaitées par téléphone, télécopieur, courrier électronique ou tout autre outil de communication à distance ;

4° D'obliger un consommateur qui souhaite demander une indemnité au titre d'une police d'assurance à produire des documents qui ne peuvent raisonnablement être considérés comme pertinents pour établir la validité de la demande ou de s'abstenir systématiquement de répondre à des correspondances pertinentes, dans le but de **dissuader** ce consommateur **d'exercer ses droits** contractuels ;

5° Dans une **publicité,** d'inciter directement les **enfants** à acheter ou à persuader leurs parents ou d'autres adultes de leur acheter le produit faisant l'objet de la publicité ;

6° D'informer explicitement le consommateur que s'il n'achète pas le produit ou le service, l'emploi ou les **moyens d'existence** du professionnel seront **menacés** ;

7° De donner l'impression que le consommateur a déjà **gagné,** gagnera ou gagnera en accomplissant tel acte un **prix** ou un autre avantage équivalent, alors que, en fait :

– soit il n'existe pas de prix ou autre avantage équivalent ;

– soit l'accomplissement d'une action en rapport avec la demande du prix ou autre avantage équivalent est subordonné à l'obligation pour le consommateur de verser de l'argent ou de supporter un coût.

L'expression « accomplissement d'une action en rapport avec la demande du prix » vise toute démarche par laquelle le consommateur s'informe de la nature de son prix ou cherche à entrer en possession de celui-ci. La pratique est interdite même si le coût imposé au consommateur (timbre-poste par exemple) est négligeable par rapport à la valeur du prix ou même s'il ne procure aucun bénéfice au professionnel. Elle est également interdite même si les actions en rapport avec la demande d'un prix peuvent être réalisées selon plusieurs méthodes dont l'une au moins est gratuite ; en effet, c'est la perspective même de prendre possession du prix qui influence le consommateur et qui peut le conduire à prendre une décision qu'il n'aurait pas prise autrement, telle que celle de choisir la méthode la plus rapide pour connaître le prix qu'il a gagné même si cette méthode entraîne le coût le plus élevé (CJUE 18-10-2012 aff. 428/11 : RJDA 1/13 n° 72).

> **Précisions** La liste de pratiques commerciales réputées agressives prévue à l'article L 121-7 du Code de la consommation constitue la transposition incomplète de l'annexe I de la directive 2005/29/CE, qui établit une liste de pratiques réputées agressives en toutes circonstances. L'annexe I prévoit également le fait d'**exiger du consommateur le paiement** immédiat ou différé **de produits fournis** par le professionnel **sans que le consommateur les ait demandés.** Cette pratique n'a pas été prévue par l'article L 121-7 car l'article L 121-12 du même Code relatif à la vente forcée interdit « d'exiger le paiement immédiat ou différé de biens ou de services fournis par un professionnel ou, s'agissant de biens, d'exiger leur renvoi ou leur conservation, sans que ceux-ci aient fait l'objet d'une commande préalable ». Le non-respect de cette interdiction est passible des mêmes peines qu'une pratique commerciale agressive (nos 56140 s.).

ILLUSTRATIONS

68505 A été condamnée pour pratiques commerciales agressives la gérante d'un magasin d'ameublement en raison de sollicitations répétées des clients, caractérisant une véritable contrainte, leur donnant l'impression, de façon répétitive, qu'ils avaient ou allaient gagner un prix ou un avantage et bénéficier de réductions de prix importantes et personnalisées, alors qu'il ne s'agissait que d'un argument de vente repris de façon systématique par les vendeurs, avec des baisses artificielles de prix donnant l'illusion de réaliser une bonne opération, alors qu'en réalité aucune vente n'était réalisée à des prix aussi élevés que ceux annoncés initialement aux clients (Cass. crim. 10-9-2019 n° 18-85.315 F-D).

III. PERSONNES VISÉES PAR LE DÉLIT DE PRATIQUE COMMERCIALE AGRESSIVE

68600 Comme toute pratique commerciale déloyale, l'infraction de pratique commerciale agressive s'applique au consommateur « normalement informé et raisonnablement attentif et avisé », c'est-à-dire au **consommateur moyen** (n° 66290).

Elle se distingue en cela de l'abus de faiblesse visé à l'article L 121-8 du Code de la consommation qui ne vise que les **personnes en état de faiblesse ou d'ignorance,** et pour laquelle il convient en premier lieu de démontrer l'état de vulnérabilité de la victime. L'infraction prévue à l'article L 121-6 réprime les pratiques agressives sans considération de la fragilité ou de l'ignorance du consommateur qui les subit. Cependant, la DGCCRF conseille à ses agents de mentionner, le cas échéant, dans la procédure tous les éléments relatifs à une situation de vulnérabilité particulière du consommateur (personne âgée, en état de grossesse, ne maîtrisant pas ou peu la langue française, endettée, etc.) car ils peuvent constituer des circonstances aggravantes à l'infraction commise (Note de service DGCCRF n° 2009-07 précitée).

IV. RÉPRESSION ET SANCTION DES PRATIQUES COMMERCIALES AGRESSIVES

RECHERCHE ET CONSTATATION DES INFRACTIONS

68700 La répression des pratiques commerciales agressives s'effectue dans les conditions fixées aux articles L 511-1 et suivants du Code de commerce (voir nos 78600 s.). En particulier, les agents peuvent procéder à des perquisitions sur autorisation judiciaire.

SANCTIONS PÉNALES EN CAS DE PRATIQUE COMMERCIALE AGRESSIVE

Personnes physiques Le fait de mettre en œuvre une pratique commerciale agressive est puni d'un **emprisonnement** de deux ans et d'une **amende** de 300 000 €, ce montant pouvant être porté, de manière proportionnée aux avantages tirés de l'infraction, à 10 % du chiffre d'affaires moyen annuel, calculé sur les trois derniers chiffres d'affaires annuels connus à la date des faits (C. consom. art. L 132-11, al. 1 et 2). 68710

La peine d'emprisonnement encourue est portée à :
– trois ans lorsque la pratique commerciale trompeuse a été suivie de la conclusion d'un ou de plusieurs contrats (C. consom. art. L 132-11-1 issu de loi 2022-1158 du 16-8-2022) ;
– sept ans en cas de pratique commise en bande organisée (art. L 132-11-2 issu de loi 2022-1158). Constitue une bande organisée au sens de la loi tout groupement formé ou toute entente établie en vue de la préparation, caractérisée par un ou plusieurs faits matériels, d'une ou de plusieurs infractions (C. pén. art. 132-71).

En cas de condamnation, le tribunal doit ordonner, par tous moyens appropriés, l'**affichage** ou la **diffusion** de l'intégralité ou d'une partie de la décision ou d'un communiqué informant le public des motifs et du dispositif de celle-ci (pratique du « name and shame ») (C. consom. art. L 132-11, al. 3).

Les personnes physiques coupables de ce délit encourent également une **interdiction,** pour une durée de cinq ans au plus, **d'exercer** directement ou indirectement une activité commerciale (C. consom. art. L 132-12, al. 1).

Personnes morales Les personnes morales reconnues pénalement responsables de l'infraction encourent une **amende** de 1 500 000 €, ce montant pouvant être porté, de manière proportionnée aux avantages tirés de l'infraction, à 10 % du chiffre d'affaires moyen annuel, calculé sur les trois derniers chiffres d'affaires annuels connus à la date des faits. 68720

Elles encourent également les **peines complémentaires** mentionnées à l'article 131-39, 2° à 9° du Code pénal (notamment interdiction d'exercer l'activité à l'occasion de laquelle l'infraction a été commise, confiscation de la chose qui a servi ou était destinée à commettre l'infraction ou de la chose qui en est le produit, affichage de la décision prononcée ou diffusion de celle-ci soit par la presse écrite, soit par tout moyen de communication au public par voie électronique). Les peines prévues aux 2° à 7° de cet article peuvent être prononcées pour une durée maximale de cinq ans (C. consom. art. L 132-12, al. 2 et 3).

SANCTIONS CIVILES EN CAS DE PRATIQUE COMMERCIALE AGRESSIVE

Lorsqu'une pratique commerciale agressive aboutit à la conclusion d'un **contrat,** celui-ci est nul et de nul effet (C. consom. art. L 132-10). 68730

En application du droit commun, la victime d'une pratique commerciale agressive peut se porter civile pour obtenir la **réparation de son préjudice** (CPP art. 2). Elle peut aussi agir devant une juridiction civile pour obtenir la réparation de son préjudice sur le fondement de la responsabilité civile extracontractuelle (C. civ. art. 1240).

PRIMES AUX CONSOMMATEURS

SOMMAIRE

A. Réglementation générale

PRINCIPE DE VALIDITÉ DES VENTES AVEC PRIME

Toute vente ou offre de vente de produits ou de biens ou toute prestation ou offre de prestation de services faites aux consommateurs et donnant droit, à titre gratuit, immédiatement ou à terme, à une prime consistant en produits, biens ou services, est licite, sauf si cette opération revêt un caractère déloyal au sens de l'article L 121-1 du Code de la consommation (C. consom. art. L 121 19). 69000

Ce principe s'applique que la remise de la prime soit immédiate ou différée, par exemple par le truchement de cartes de fidélité ou de bons d'achat.

Il n'est pas nécessaire que la vente soit réalisée ou la prestation de services effectuée pour que la réglementation soit applicable : le texte vise « toute offre de vente de produits ou de biens » et toute « offre de prestation de services » donnant droit à une prime. 69005

ACTIVITÉS ET PERSONNES CONCERNÉES PAR LA RÉGLEMENTATION

Sous réserve des dispositions particulières à certains produits ou services (nos 69090 s.), la réglementation s'applique à toutes les **activités** de production, de distribution et de services, y compris celles qui sont le fait de personnes publiques (C. consom. art. L 121-19, al. 2). 69010

Seules les ventes avec primes à l'égard des **consommateurs** sont concernées. Sur la notion de consommateur, voir nos 16120 s.

DÉFINITION DE LA PRIME

Produits, biens ou services La réglementation s'applique aux primes de toute nature, dès lors qu'il s'agit de produits, de biens (meubles ou immeubles) ou de prestations de services. 69020

Une prime constituée d'une somme d'argent s'analyse en une réduction de prix.

Gratuité de la prime et prime autopayante Pour qu'il y ait véritablement prime, il faut que le produit ou la prestation de services soient fournis gratuitement. 69030

Les **termes « gratuit » ou « cadeau »** peuvent valablement être apposés sur l'emballage d'un produit vendu avec prime, et ce alors même qu'en réalité l'obtention de la prime est subordonnée au paiement du prix de l'objet principal. Sur les conditions d'utilisation de ces termes, voir no 69045.

Sous l'empire de la réglementation antérieure qui interdisait les ventes avec prime sauf exceptions (en particulier, étaient licites les primes consistant en produits ou services identiques, les menus objets ou services de faible valeur), l'interdiction de la vente avec prime était contournée par le procédé de la **prime autopayante** qui consiste à permettre à l'acheteur d'acquérir un produit différent à un prix attractif, voire symbolique (opération « **pour 1 € de plus** »). Désormais, le recours à ce procédé ne présente plus d'intérêt d'un point de vue juridique, mais son attrait commercial reste le même. 69035

ATTENTION

Le revendeur qui organise une vente avec prime autopayante doit examiner la validité de cette opération au regard de l'**interdiction de la revente à perte** (C. com. art. L 442-5). Deux approches sont envisageables pour le calcul du seuil de revente à perte (sur cette notion, voir n°s 81230 s.) :

1° La vente avec prime autopayante peut s'analyser comme une opération au cours de laquelle deux contrats de vente sont conclus, l'un portant sur le produit principal et l'autre sur la prime. Le seuil de revente à perte est alors apprécié sur chacune de ces reventes, en tenant compte des factures émises par le(s) fabricant(s) pour chacun des produits. Une décision de la chambre commerciale de la Cour de cassation, rendue dans le cadre d'une action en concurrence déloyale pour violation de la loi du 10 août 1981 sur le prix du livre, mais à notre avis transposable à la réglementation des ventes avec prime, vient à l'appui de cette position : la chambre commerciale a en effet considéré que l'opération promotionnelle consistant pour un distributeur de carburant à proposer aux automobilistes qui achetaient une certaine quantité d'essence un album de bandes dessinées pour un prix inférieur à celui légalement applicable devait s'analyser comme la conclusion de deux contrats de vente successifs, l'un portant sur le produit principal et l'autre sur la prime (Cass. com. 29-1-2002 n° 271 : RJDA 6/02 n° 696).

2° Une autre position consiste à considérer qu'une vente avec prime autopayante ne constitue une revente à perte interdite que si le prix global du « lot » est inférieur au cumul des prix d'achat effectifs des articles le composant. Cette position est celle défendue par l'administration (Rép. Cardo : AN 16-11-1998 p. 6306). Dans un cas où une société avait vendu, en même temps qu'un abonnement d'accès au réseau internet pendant un an, au prix de 1 189 F, un modem au prix de 1 F, la chambre criminelle de la Cour de cassation a adopté une solution similaire à celle de l'administration en jugeant que l'existence du délit de revente à perte devait être appréciée en prenant en considération « l'économie globale de l'opération » ; or, en l'espèce, le prix de cette opération indivisible n'était pas inférieur au coût d'achat et de production effectivement supporté par l'organisateur de l'opération (Cass. crim. 7-5-2002 n° 2726 : RJDA 2/03 n° 197). Reste ouverte la question de savoir en quoi consiste le caractère « indivisible » de l'opération. On relèvera également que la décision de la Cour de cassation est surprenante car elle est rendue dans le cadre d'une opération comprenant une prestation d'un service, alors que les prestations de services sont exclues du champ d'application du délit de revente à perte.

APPRÉCIATION DU CARACTÈRE DÉLOYAL D'UNE VENTE AVEC PRIME

69040 Une pratique commerciale est déloyale, au sens de l'article L 121-1 du Code de la consommation, lorsqu'elle est **contraire à la diligence professionnelle** et **altère,** ou est susceptible d'altérer de manière substantielle, le **comportement économique du consommateur** normalement informé et raisonnablement attentif et avisé. La validité de l'opération relève d'une appréciation au cas par cas, au regard de ces deux critères cumulatifs.

Par **exemple,** le caractère déloyal pourrait, à notre avis, résulter de la valeur disproportionnée de la prime par rapport à celle de l'objet principal. Dans le cas d'une prime différée cumulative (obtention d'une prime en échange de plusieurs preuves d'achat adressées à un centre de gestion), pourrait être déloyale la disproportion entre la quantité d'achats exigée et la durée de l'offre promotionnelle (par exemple, opération promotionnelle durant trois mois subordonnant la remise d'une prime à l'achat de dix boîtes de lessive conçues pour plusieurs dizaines de lavages chacune) (en ce sens, J. Mourre, Le nouveau droit de la promotion des ventes : Dossier Dalloz actualité).

69045 Une vente avec prime est également déloyale lorsqu'elle est constitutive d'une **pratique commerciale trompeuse** au sens de l'article L 121-2 du Code de la consommation. Là encore, il s'agit d'une appréciation au cas par cas au regard des éléments constitutifs de ce délit.

Constitue une **pratique réputée trompeuse** le fait de décrire un produit comme étant « gratuit », « à titre gracieux », « sans frais », ou autres termes similaires, si le consommateur doit payer quoi que ce soit d'autre que les coûts inévitables liés à la réponse à la pratique commerciale et au fait de prendre possession ou livraison de l'article (C. consom. art. L 121-4, 19°). La présentation d'une offre de vente avec prime est donc déterminante : un produit peut valablement être présenté comme étant « gratuit », alors même que le consommateur doit acheter un autre produit pour l'obtenir, à condition que celui-ci ne subisse pas une augmentation de son prix ou une détérioration de sa qualité dans le but de couvrir les coûts du produit offert. Par exemple, une offre « un livre gratuit pour deux livres achetés » est justifiée si les consommateurs qui choisissent d'acheter seulement deux livres sans en prendre un troisième acquittent le même prix que ceux qui prennent les trois livres. De même, la mention « assurance-voyage gratuite pour les clients qui réservent leurs vacances en ligne » est justifiée si les clients qui réservent ce voyage par téléphone se voient proposer le même prix mais sans l'assurance-voyage ou si les clients sur Internet qui choisissent d'acheter leur assurance auprès d'un autre prestataire paient le même prix pour leurs vacances que ceux qui choisissent de profiter de l'offre d'assurance du commerçant (Orientations de la Commission européenne pour la mise en œuvre et l'application de la directive 2005/29/CE sur les pratiques commerciales déloyales : SEC(2009) 1666).

Une vente avec prime est aussi déloyale si elle est constitutive d'une **pratique commerciale agressive,** mais l'on voit mal comment les éléments constitutifs de ce délit pourraient être réunis (cf. C. consom. art. L 121-6).

CONTRÔLES ET SANCTIONS

Le **contrôle** des ventes avec prime s'effectue dans les conditions fixées aux articles L 511-1 et suivants du Code de la consommation (nos 78600 s.). **69050**

Il n'existe pas de sanctions pénales spécifiques attachées à l'interdiction des ventes avec prime illicites.

En revanche, lorsqu'une vente avec prime constitue une pratique commerciale trompeuse, son auteur est passible des **sanctions pénales** prévues en cas de **pratique commerciale trompeuse** (nos 67990 s.).

Lorsque la vente avec prime est constitutive d'une **pratique** commerciale **déloyale** sans être trompeuse, la victime peut agir en **responsabilité civile.** Néanmoins, son indemnisation suppose la démonstration d'un préjudice (no 66510).

B. Ventes avec prime de certains produits ou services

L'interdiction de l'attribution de primes fait parfois l'objet de dispositions législatives ou réglementaires propres à certaines activités ou à certains produits. **69090**

Sont notamment concernés les produits et services listés ci-dessous.

ATTENTION

La **validité** de certaines de ces **réglementations** au regard de la directive 2005/29/CE du 11 mai 2005 relative aux **pratiques commerciales déloyales vis-à-vis des consommateurs** est, dans certains cas, discutable. La directive procède à une harmonisation complète des règles relatives aux pratiques commerciales au niveau européen : « Les États membres ne peuvent pas adopter des mesures plus restrictives que celles définies par la directive, même aux fins d'assurer un degré plus élevé de protection des consommateurs » (art. 4). Ce texte établit le principe de l'interdiction de toute pratique déloyale au regard des critères qu'il fixe et dresse une liste des pratiques réputées déloyales « en toutes circonstances ». Les pratiques énumérées dans cette liste sont les seules pratiques commerciales qui peuvent être considérées comme déloyales sans faire l'objet d'une évaluation au cas par cas au regard de ces critères. Il résulte de la jurisprudence européenne que toute **réglementation nationale interdisant en tant que telle une pratique commerciale** qui ne serait pas visée par cette liste serait considérée comme une mesure plus restrictive au sens de l'article 4 de la directive et serait donc contraire au droit européen. Les **secteurs des biens immobiliers et des services financiers,** pour lesquels les États membres peuvent imposer des exigences plus restrictives en matière de pratiques commerciales, échappent au champ d'application de la directive (art. 3, 9). Dès lors, les dispositions du Code monétaire et financier prohibant, sauf exceptions, les ventes avec prime dans le domaine bancaire (no 69170) et celles fixant un plafond à la valeur de la prime offerte en cas de crédit à la consommation (no 69175) échappent aux conséquences de la jurisprudence européenne. Cela devrait être également le cas des règles strictes encadrant la promotion de certains types de produits pour des raisons tenant à la **sécurité** et à la **santé** (notamment, boissons alcooliques, produits du tabac ou médicaments : nos 69100 à 69120). En revanche, on peut penser que les dispositions issues de la loi 81-766 du 10 août 1981 sur le prix du livre (« loi Lang ») et qui encadrent strictement les **ventes de livres avec prime** (no 69130) soient plus facilement remises en cause, dès lors que l'objectif du texte n'est pas la santé ou la sécurité des consommateurs (en ce sens, O. Benoit et M. Comert, Requiem pour le droit national des promotions ? : RJDA 6/10 chron. p. 559).

VENTES AVEC PRIME DANS LE SECTEUR DU TABAC

L'offre à titre gratuit de tabac, de produits du tabac (cigarettes, tabac à rouler, cigares, etc.), d'ingrédients (papier, filtre, etc.) ou de produits du vapotage fait l'objet de multiples interdictions (CSP art. L 3512-4 s.) dont le non-respect est puni de lourdes amendes : 45 000 € ou **69100**

100 000 € pour une personne physique, selon la nature de l'infraction, ce montant devant être quintuplé en cas de responsabilité de la personne morale, en application de l'article 131-38 du Code pénal (CSP art. L 3515-3 s.).

VENTES AVEC PRIME DANS LE SECTEUR DE L'ALCOOL

69110 Dans les débits de boissons et tous commerces ou lieux publics, il est interdit d'offrir gratuitement à des mineurs des boissons alcooliques (boissons contenant plus de 1,2 degré d'alcool) ou tout objet incitant directement à la consommation excessive d'alcool. Le non-respect de cette interdiction est passible d'une amende de 7 500 € pour les personnes physiques (CSP art. L 3353-3) et de 37 500 € pour les personnes morales (C. pén. art. 131-38).

En outre, il est interdit de remettre à des mineurs des objets quelconques (tels que des prospectus, buvards ou protège-cahiers) nommant une boisson alcoolique, ou en vantant les mérites ou portant la marque ou le nom du fabricant d'une telle boisson (CSP art. L 3323-5). Plus généralement, la remise de tout objet portant la marque d'une boisson alcoolique ou de son fabricant est interdite. En effet, cet objet, considéré comme une publicité pour cette boisson, ne fait pas partie des supports de publicité limitativement énumérés par l'article L 3323-2 du Code de la santé publique. Les infractions à ces dispositions sont punies d'une amende de 75 000 € (art. L 3351-7). En cas de publicité interdite, le maximum de l'amende peut être porté à 50 % du montant des dépenses consacrées à l'opération illégale, sans préjudice de peines accessoires (art. L 3351-7). La personne morale déclarée pénalement responsable de l'infraction commise pour son compte par son organe ou représentant est passible d'une amende de 375 000 €, ce montant pouvant être porté à 50 % des dépenses en cas de publicité illégale (C. pén. art. 121-2 et 131-38).

VENTES AVEC PRIME DANS LE SECTEUR PHARMACEUTIQUE

69120 Une publicité pour un médicament auprès du public ne peut comporter des offres de primes, objets ou produits quelconques ou d'avantages matériels directs ou indirects de quelque nature que ce soit (CSP art. R 5122-4, 14°).

Les pharmaciens d'officine ne peuvent octroyer à leur clientèle des primes ou des avantages matériels directs ou indirects, donner des objets ou produits quelconques à moins que ceux-ci ne soient de valeur négligeable (CSP art. R 5125-28).

VENTES AVEC PRIME DANS LE SECTEUR DU LIVRE

69130 **Livre papier** Les ventes de livres avec prime ne sont autorisées, sous réserve du respect de la réglementation générale des ventes avec prime (n°s 69000 s.), que dans les deux cas suivants (Loi 81-766 du 10-8-1981, dite « loi Lang », art. 6) :

– la vente de livres avec prime est organisée par l'**éditeur** ou l'importateur et est proposée simultanément et dans les mêmes conditions à l'ensemble des détaillants ;

– la vente avec prime porte sur des livres faisant l'objet d'une **édition exclusivement réservée à la vente par courtage, par abonnement ou par correspondance.**

Aux termes de l'article 4 de la loi du 10 août 1981, toute personne qui publie un livre en vue de sa diffusion par courtage, abonnement ou par correspondance moins de neuf mois après la mise en vente de la première édition fixe, pour ce livre, un prix de vente au public au moins égal à celui de cette première édition. Il résulte des dispositions combinées des articles 4 et 6 de la loi de 1981 que la vente de livres par courtage, abonnement ou correspondance ne peut valablement donner lieu à une prime consistant en des livres faisant l'objet d'une édition exclusivement réservée à la vente par courtage, abonnement ou correspondance que si la vente a lieu à l'expiration du délai de neuf mois prévu à l'article 4 (Cass. crim. 13-3-2001 : RJDA 6/01 n° 733).

En revanche, toute vente de livres avec prime à l'initiative d'un ou plusieurs **détaillants,** qu'ils soient libraires ou non, est interdite. Par exemple, constitue une vente de livres avec prime illicite la remise par un magasin à grande surface d'un bon d'achat à ses clients à partir d'un certain montant d'achat de livres scolaires (Cass. com. 20-11-2007 n° 06-13.797 : RJDA 5/08 n° 580).

Aucune **sanction** pénale n'est prévue en cas de vente de livres avec prime illicite. Cependant, une action en cessation ou en réparation peut être engagée, notamment par tout concurrent, association agréée de défense des consommateurs ou syndicat des professionnels de l'édition ou de la diffusion de livres, ainsi que par l'auteur ou toute organisation de défense des auteurs, à condition que cette action soit soumise à la conciliation préalable du médiateur du livre (Loi de 1981 art. 8 modifié par loi 2021-1901 du 30-12-2021).

Livre numérique Les ventes de livres numériques avec prime ne sont autorisées, sous réserve du respect de la réglementation générale des ventes avec prime (nos 69000 s.), que si elles sont proposées par l'**éditeur** simultanément et dans les mêmes conditions à l'ensemble des personnes proposant des offres de livres numériques aux acheteurs situés en France (Loi 2011-590 du 26-5-2011 art. 4). 69140

Aucune **sanction** pénale n'est prévue en cas de vente de livres numériques avec prime illicite. Cependant, une action en cessation ou en réparation peut être engagée, à condition que cette action soit soumise à la conciliation préalable du médiateur du livre (Loi de 2011 art. 7 modifié par loi 2021-1901 du 30-12-2021).

VENTES AVEC PRIME DANS LE SECTEUR BANCAIRE

Toute vente ou offre de vente de produits ou de prestations de services faite au client et donnant droit à titre gratuit, immédiatement ou à terme, à une **prime financière ou en nature** de produits, biens ou services est interdite, sauf si la valeur de la prime est inférieure au montant indiqué ci-dessous (C. mon. fin. art. L 312-1-2, I-2). 69170

La réglementation est applicable aux établissements de crédit, aux organismes mentionnés à l'article L 518-1 du Code monétaire et financier (Banque de France, La Poste, Caisse des dépôts et consignations, instituts d'émission d'outre-mer), ainsi qu'aux services de paiement mentionnés à l'article L 314-1, II du même Code (par exemple, exécution d'opérations de virements et de prélèvements, transmission de fonds, services permettant de verser ou de retirer des espèces, gestion d'un compte de paiement) rendus par les établissements de paiement (C. mon. fin. art. L 312-1-2, I-al. 3).

Cette disposition est applicable tant aux relations entre les banques et les consommateurs qu'aux relations entre les banques et leurs clients professionnels.

L'interdiction est levée lorsque la **valeur de la prime,** déterminée en fonction du prix net, toutes taxes comprises, du produit ou de la prestation de services vendu ou offert à la vente et dont le client bénéficie ou peut bénéficier dans le cadre de la gestion d'un compte de dépôt, est inférieure à (Arrêté ECOC0300157A du 11-8-2003) .
- 15 % du prix net si celui-ci est inférieur ou égal à 100 € ;
- 15 € plus 1 % du prix net si celui-ci est supérieur à 100 €, sans que cette valeur puisse excéder 80 €.

De même, la prime ne peut pas dépasser 80 € lorsque le produit ou le service vendu ou offert à la vente ne donne pas lieu au paiement d'un prix, mais expose son bénéficiaire à des frais ultérieurs.

La valeur de la prime est définie comme étant le prix habituellement facturé ou, à défaut, la valeur vénale, toutes taxes comprises, du produit, bien ou prestation constituant la prime. La détermination de la « valeur vénale » de la prime nécessitant de rechercher les prix de vente de produits ou prestations de services similaires, on peut se demander si les tribunaux ne se borneront pas à ne sanctionner que les abus manifestes.

Les infractions sont punies d'une amende contraventionnelle de 1 500 € (C. mon. fin. art. L 351-1, al. 2). Les personnes morales peuvent être déclarées responsables pénalement ; elles encourent une amende contraventionnelle de 7 500 € (C. pén. art. 131-40 et 131-41).

Lorsque la conclusion d'une opération de **crédit à la consommation,** de location-vente ou location avec option d'achat donne droit, ou peut donner droit, à titre gratuit, immédiatement ou à terme, à une prime en nature de produits ou biens, la valeur de cette prime ne peut pas être supérieure à 80 € (C. consom. art. L 312-15 ; Arrêté EFIT1027551A du 30-11-2010). 69175

PRIX (RÉGLEMENTATION)

SOMMAIRE

A. Principe de liberté des prix

CONTENU ET CHAMP D'APPLICATION

Les prix des biens, produits et services sont librement déterminés par le jeu de la concurrence, sauf dans les cas où la loi en dispose autrement (C. com. art. L 410-2, al. 1). 70000

Ce principe s'applique à toutes les activités de production, de distribution et de services, y compris celles des entreprises publiques (C. com. art. L 410-1).

PORTÉE DU PRINCIPE SUR LA PRATIQUE DES RELEVÉS DE PRIX

La pratique des relevés de prix entre concurrents est licite : « La fixation des prix par le libre jeu de la concurrence commande que les concurrents puissent **comparer** leurs **prix** et, en conséquence, en faire pratiquer des relevés par leurs salariés dans leurs magasins respectifs », notamment au moyen de lecteurs optiques des codes-barres des produits (Cass. com. 4 10 2011 nº 10 21.862 FS PBI : RJDA 1/12 nº 90). Le concurrent « visité » peut cependant en limiter l'exercice. Ainsi, les relevés peuvent valablement n'être autorisés que du lundi au jeudi inclus, à l'exclusion du vendredi et du week-end, dès lors que, d'une part, ces trois jours sont des jours de grande affluence durant lesquels les relevés sont plus visibles pour la clientèle et plus perturbants pour les magasins et, que, d'autre part, la nécessité de réaliser des relevés durant ces journées n'est pas établie (Cass. com. 26-4-2017 nº 16-11.386 F-D : RJDA 8-9/17 nº 589). 70010

B. Dérogations au principe de liberté des prix

1. SECTEURS OU ZONES OÙ LA CONCURRENCE EST LIMITÉE

POSSIBILITÉ DE RÉGLEMENTER LES PRIX

Dans les secteurs ou les zones où la concurrence par les prix est limitée en raison soit de situations de monopole ou de difficultés durables d'approvisionnement, soit de dispositions législatives ou réglementaires, un décret peut réglementer les prix, après consultation de l'Autorité de la concurrence (C. com. art. L 410-2, al. 2). 70050

PRIX RÉGLEMENTÉS DANS LES SECTEURS OU ZONES OÙ LA CONCURRENCE EST LIMITÉE

En application de cette disposition, sont réglementés : 70060
– les tarifs des courses de **taxis** (Décret 2015-1252 du 7-10-2015) ;

– le prix de la prestation de service téléphonique fixe perçu par certains établissements qui mettent des **installations téléphoniques** à la disposition du public (hôpitaux, par exemple) (Décret 94-946 du 31-10-1994) ;
– les tarifs des **péages** d'autoroutes (Décret 95-81 du 24-1-1995) ;
– les tarifs de **dépannage** des véhicules sur les **autoroutes** et routes express (Décret 89-477 du 11-7-1989) ;
– les prix de certains produits, tels que le ciment, le riz ou la farine, en **Guadeloupe** (Décret 88-1046 du 17-11-1988 modifié) ;
– les prix de certains produits, tels que le ciment ou la farine, en **Martinique** (Décret 88-1047 du 17-11-1988 modifié) ;
– les prix de vente maximaux des riz usinés localement à la **Réunion** (Décret 88-1045 du 17-11-1988 modifié) ;
– les prix de certains produits, tels que les produits pétroliers, à **Saint-Pierre-et-Miquelon** (Décret 88-1048 du 17-11-1988).

RÉPRESSION DES INFRACTIONS À LA RÉGLEMENTATION DES PRIX ET SANCTIONS

70070 **Répression des infractions** La poursuite et la constatation des infractions aux textes réglementaires fixant les prix en application de l'article L 410-2 du Code de commerce s'effectuent dans les conditions fixées par les articles L 450-1 et suivants du même Code (voir n°s 77000 s.).

70080 **Sanction pénale** Le fait de vendre, proposer à la vente ou promouvoir des biens, produits ou prestations de services à des prix fixés en violation des textes réglementaires pris en application de l'article L 410-2 du Code de commerce est puni d'une amende contraventionnelle de 1 500 € (3 000 € en cas de récidive) pour une personne physique (C. com. art. R 410-1).
Les personnes morales déclarées pénalement responsables des infractions commises pour leur compte par leurs organes ou représentants sont passibles d'une amende de 7 500 € (15 000 € en cas de récidive) (C. pén. art. 121-2 et 131-41).

70090 **Sanction civile** La pratique d'un prix illicite entraîne la nullité du contrat ; par suite, le contrat ne peut pas être exécuté, même si le vendeur propose de ramener le prix au taux licite (Cass. ch. req. 9-12-1946 : Gaz. Pal. 1947.1 p. 62).
Il s'ensuit que l'acheteur devrait restituer la chose vendue et le vendeur la totalité du prix perçu. Mais, si l'acheteur préfère conserver le bien vendu, et à condition qu'il soit de bonne foi, les tribunaux peuvent se borner à condamner le vendeur à restituer à l'acheteur le trop-perçu, au titre de la répétition de l'indu (C. civ. art. 1302-1 ; pour une application, voir CA Nancy 29-10-1948 : D. 1949 p. 274) et, le cas échéant, à lui verser des dommages-intérêts.

2. MESURES TEMPORAIRES DESTINÉES À LUTTER CONTRE DES HAUSSES OU DES BAISSES EXCESSIVES DE PRIX

POSSIBILITÉ DE RÉGLEMENTER LES PRIX À TITRE TEMPORAIRE

70110 Le Gouvernement peut prendre, par décret pris après consultation du Conseil national de la consommation, des mesures temporaires destinées à lutter contre des « hausses ou des baisses excessives de prix » ; ces mesures doivent être motivées par « une situation de **crise,** des **circonstances exceptionnelles,** une **calamité publique** ou une **situation manifestement anormale du marché** dans un secteur déterminé » (C. com. art. L 410-2, al. 3). La durée de validité du décret est limitée à six mois. Toutefois, rien n'interdit au Gouvernement de réitérer ces mesures.

RÉPRESSION DES INFRACTIONS

70120 La répression des infractions aux décrets édictant de telles mesures temporaires s'effectue dans les conditions prévues aux articles L 450-1 et suivants du Code de commerce (voir n°s 77100 s.).
Les sanctions sont les mêmes que celles indiquées n°s 70080 s.

3. RÉGULATION DES PRIX DE VENTE AUX CONSOMMATEURS EN OUTRE-MER

RÉGLEMENTATION DES PRIX DE PREMIÈRE NÉCESSITÉ

Dans les collectivités relevant de l'article 73 de la Constitution (Guadeloupe, Guyane, Martinique, La Réunion, Mayotte) et dans les collectivités d'outre-mer de Saint-Barthélemy, de Saint-Martin, de Saint-Pierre-et-Miquelon et de Wallis-et-Futuna, le Gouvernement peut, après avis de l'Autorité de la concurrence, décider de **réglementer par décret** le prix de vente de produits ou de familles de produits de première nécessité (C. com. art. L 410-4). **70140**

NÉGOCIATIONS ANNUELLES EN VUE D'ABOUTIR À UNE MODÉRATION DU PRIX DE PRODUITS DE CONSOMMATION COURANTE

Dans les mêmes collectivités que celles énumérées nº 70140 (à l'exception de la collectivité de Saint-Barthélemy), le représentant de l'État doit, chaque année, **négocier** avec les organisations professionnelles du secteur du commerce de détail et leurs fournisseurs (producteurs, grossistes ou importateurs), ainsi qu'avec les entreprises de fret maritime et les transitaires, un **accord de modération du prix global d'une liste limitative de produits de consommation courante.** En cas de réussite des négociations, l'accord est rendu public par arrêté préfectoral ; en cas d'échec un mois après l'ouverture des négociations, le représentant de l'État fixe ce prix par arrêté, sur la base des négociations et des prix les plus bas pratiqués dans le secteur économique concerné. Dans tous les cas, le prix doit être affiché dans les points de vente (C. com. art. L 410-5). **70150**

Les conditions d'application de ce dispositif sont précisées par le décret 2012-1459 du 26 décembre 2012 et l'arrêté EINC1412968A du 23 avril 2015.

C. Produits et services dont le prix est réglementé

1. PRIX DES PRODUITS

PRIX DES PRODUITS AGRICOLES

Le secteur des produits agricoles est soumis à un environnement réglementaire spécifique, tant à l'échelon de l'Union européenne (politique agricole commune) qu'à l'échelon national. **70200**

En particulier, **deux dispositifs** ont été mis en place pour préserver les revenus des **producteurs de fruits et légumes frais** dans les situations de crise conjoncturelle : les distributeurs peuvent conclure des accords de modération des marges et le Gouvernement peut réglementer les marges de distribution en instaurant un coefficient multiplicateur.

La **situation de crise conjoncturelle** est constituée lorsque le prix auquel les producteurs ou leurs groupements reconnus cèdent les produits agricoles figurant sur la liste prévue à l'article L 443-2 du Code de commerce (fruits et légumes destinés à être vendus à l'état frais au consommateur final, à l'exception des pommes de terre de conservation, viandes fraîches, congelées ou surgelées de volailles et de lapins, œufs, miels) est anormalement bas par rapport à la moyenne des prix observés lors des périodes correspondantes des cinq précédentes campagnes, à l'exclusion des deux périodes au cours desquelles les prix ont été respectivement le plus bas et le plus élevé (C. rur. art. L 611-4, al. 1 ; C. com. art. D 443-2).

Les modalités de détermination des prix anormalement bas et la durée pendant laquelle ces prix doivent être constatés pour que la crise soit constituée sont fixées par l'arrêté AGRP0500900A du 24 mai 2005, modifié par l'arrêté AGRT2316799A du 4 juillet 2023.

Accords de modération des marges de distribution des fruits et légumes frais en cas de crise conjoncturelle Les entreprises de distribution redevables de la taxe additionnelle à la taxe sur les surfaces commerciales (Tascom) (cf. CGI art. 302 bis ZA, I) ont la **faculté** de conclure chaque année avec l'État des accords de modération des marges de distribution des fruits et légumes frais (C. rur. art. L 611-4-1, al. 1). En contrepartie, ces entreprises sont exonérées de la taxe additionnelle (CGI art. précité). La marge de distribution est **70210**

définie comme étant la différence entre le prix de revente hors taxe au consommateur du produit et son prix d'achat hors taxe (C. rur. art. L 611-4-1, al. 3).

Lorsqu'un produit entre en **crise conjoncturelle,** les personnes parties à de tels accords s'engagent à réduire leur marge brute afin que le taux de marge brute sur ce produit soit inférieur ou égal à la moyenne sur trois ans des taux de marge brute du rayon fruits et légumes (C. rur. art. R 616-6, al. 1).

Ces accords doivent être **signés avant le 1er mars** de chaque année ; ils entrent en application dès que la situation de crise conjoncturelle définie à l'article L 611-4, al. 1 est constituée (nº 70200), et au plus tard dans les trois jours ouvrés qui suivent (C. rur. art. L 611-4-1, al. 4 et R 616-6, al. 2).

Les entreprises, ou le groupement de distributeurs dont elles dépendent, doivent **rendre compte de l'application des accords** aux ministres de l'agriculture et de l'économie, au plus tard le 1er septembre de l'année suivant celle de la conclusion des accords (C. rur. art. L 611-4-1, al. 5 et D 616-7). En particulier, elles doivent indiquer, pour chacun des produits en situation de crise conjoncturelle constatée, les effets sur les prix, les marges brutes et taux de marges brutes pratiqués, ainsi que les conséquences en termes de volumes de vente. Par ailleurs, elles doivent préciser le nombre de magasins ayant appliqué les accords et présenter les conditions relatives à leur mise en œuvre (Arrêté AGRT1200866A du 23-2-2012).

Le non-respect des accords ou le retard dans leur mise en œuvre est sanctionné d'une **amende civile** dont le montant ne peut pas être supérieur à deux millions d'euros (C. rur. art. L 611-4-1, al. 6). Le montant de l'amende est proportionné à la gravité des faits constatés, au vu notamment du volume de produits en cause et de la durée des périodes de crise.

L'**action** est introduite devant la juridiction civile compétente par le ministère public, par le représentant de l'État dans le département, par le ministre de l'agriculture ou le ministre du commerce.

70220 **Réglementation des marges de distribution en cas de crise conjoncturelle**

En période de crises conjoncturelles ou en prévision de celles-ci, un **coefficient multiplicateur** entre le prix d'achat et le prix de vente des fruits et légumes périssables peut être instauré par les ministres de l'économie et de l'agriculture. Ceux-ci fixent son taux, sa durée d'application (dans une limite maximale de trois mois) et, après consultation des organisations professionnelles agricoles, les produits visés ; ce coefficient multiplicateur est supérieur lorsqu'il y a vente assistée (C. rur. art. L 611-4-2). La vente assistée est définie comme celle dans laquelle la manipulation et l'emballage des fruits et légumes sont assurés par une personne affectée au point de vente lors de l'achat par le consommateur final (C. rur. art. R 616-2).

Le **prix de vente maximal** sur le marché national d'un produit par un distributeur est alors calculé en affectant au prix d'achat du produit ce coefficient multiplicateur. Celui-ci est au moins égal à 1 et peut varier selon les produits et leur stade de commercialisation (C. rur. art. R 616-1).

Le non-respect du prix maximal est puni d'une **amende contraventionnelle** de 750 € (C. rur. art. R 671-17 ; C. pén. art. 131-13, 4º). Les personnes morales déclarées pénalement responsables des infractions commises pour leur compte par leurs organes ou représentants sont passibles d'une amende de 3 750 € (C. pén. art. 121-2 et 131-41).

AUTRES PRODUITS DONT LE PRIX EST RÉGLEMENTÉ

70230 Font également l'objet d'un régime spécifique notamment :

– le prix des **tabacs** manufacturés (CGI art. 572 et 572 bis et CGI ann. II art. 284) ;

– le prix des **produits** pris en charge par les régimes obligatoires de **sécurité sociale,** notamment les médicaments (CSS art. L 162-38) ;

– les tarifs de vente de l'**électricité** (C. énergie art. L 337-1 s. et R 337-18 s. relatifs aux tarifs réglementés de vente de l'électricité).

2. PRIX DES SERVICES

70250 Font l'objet de dispositions spécifiques notamment :

– les prestations des **officiers publics et ministériels** (huissiers et commissaires de justice, administrateurs judiciaires, mandataires judiciaires, notaires) et celles des **avocats** en matière de saisie immobilière, de partage, de licitation et de sûretés judiciaires (C. com. art. L 444-1 s., R 444-1 s. et A 444-1 s.) ;

– certaines **locations** d'immeubles (baux d'habitation, baux commerciaux, baux ruraux) ;

– les **prestations** de services prises en charge par les régimes obligatoires de **sécurité sociale** (CSS art. L 162-38) ; 70250 (suite)
– les tarifs des **établissements thermaux** (CSS art. L 162-39 à L 162-42) ;
– les tarifs des prestations des **établissements accueillant des personnes âgées** (CASF art. L 342-3 à L 342-6) ;
– les tarifs des prestations de **services d'aide et d'accompagnement à domicile** (CASF art. L 347-1 et L 347-2) ;
– la **consignation** des emballages des liquides alimentaires (Loi 89-421 du 23-6-1989 art. 7 ; Décret 90-264 du 23-3-1990) ;
– les tarifs du **service universel des communications électroniques** (CPCE art. L 35-2) ;
– les tarifs d'**utilisation** des **réseaux** publics de transport et de distribution d'**électricité** (C. énergie art. L 341-2 s. et R 341-1 s.) ;
– les tarifs d'**utilisation** des **réseaux** de transport et de distribution de **gaz** naturel et des installations de gaz naturel liquéfié (C. énergie art. L 452-1 s. et R 452-1).

PRIX ABUSIVEMENT BAS

SOMMAIRE

A. Vente aux consommateurs à des prix abusivement bas

1. INTERDICTION GÉNÉRALE

INTERDICTION EN CAS D'ATTEINTE À LA CONCURRENCE SUR UN MARCHÉ

L'article L 420-5 du Code de commerce prohibe « les offres de prix ou pratiques de prix de vente aux consommateurs abusivement bas par rapport aux coûts de production, de transformation et de commercialisation, dès lors que ces offres ou pratiques ont pour objet ou peuvent avoir pour effet d'**éliminer d'un marché** ou d'empêcher d'accéder à un marché **une entreprise ou l'un de ses produits** ». Il s'agit donc d'une pratique anticoncurrentielle dont la validité doit être appréciée au regard de ses effets, avérés ou potentiels, sur un marché et non d'une pratique commerciale interdite en tant que telle. 71000

Ce texte vise, par exemple, certaines pratiques commerciales de prix très bas appliquées par des distributeurs pour la vente de produits fabriqués par eux-mêmes (par exemple, baguettes de pain, barquettes de steak haché ou pizzas). De telles pratiques ne sont pas répréhensibles sur le fondement de l'interdiction de la revente à perte (C. com. art. L 442-5) car il n'y a pas « revente » de produits en l'état.

a. Champ d'application de l'interdiction des prix de vente abusivement bas

NATURE DE L'OPÉRATION

Il s'agit de prix pratiqués lors de la **vente** aux consommateurs. Le terme « vente » doit, semble-t-il, être entendu au sens large et englobe les **prestations de services** (Avis Cons. conc. 6-7-1997 n° 97-A-18 : BOCCRF du 17-9-1997 p. 639 ; Avis CEPC 10-2-2016 n° 16-2). 71010

L'**offre de vente** est punissable, aussi bien que la vente elle-même. Les annonces publicitaires portant sur des prix abusivement bas peuvent donc donner lieu à des poursuites.

AUTEUR DE LA VENTE

Sont principalement visées les offres de prix ou pratiques de prix de vente abusivement bas effectuées par les **distributeurs** sur les produits fabriqués ou transformés par eux. 71020

Mais entrent également dans le champ d'application de l'interdiction les offres de prix et pratiques de prix de vente abusivement bas effectuées par un **fabricant** à l'égard d'un consommateur dans le cadre, par exemple, des magasins d'usine ou de la vente par correspondance. Il en est de même des **artisans et associations.**

Enfin, l'interdiction est applicable aux entreprises privées comme aux **entreprises publiques,** en vertu de l'article L 410-1 du Code de commerce.

PRODUITS CONCERNÉS PAR LA VENTE

71030 Les dispositions de l'article L 420-5 ne sont pas applicables aux **produits revendus en l'état** (C. com. art. L 420-5, al. 4). En effet, ces produits relèvent de l'interdiction de la revente à perte (C. com. art. L 442-5).

Ce principe comporte néanmoins deux exceptions, au nom de l'« exception culturelle » : les **enregistrements sonores** reproduits sur supports matériels (disques, cassettes, etc.) et les **vidéogrammes** destinés à l'usage privé du public (C. com. art. L 420-5, al. 4). Ainsi, le prix de revente de ces produits doit respecter deux seuils : celui de la revente à perte et celui du prix abusivement bas.

DESTINATAIRE DE LA VENTE

71040 Le destinataire de l'offre ou de la vente à prix abusivement bas doit être un « **consommateur** », c'est-à-dire, au sens de l'article L 420-5 du Code de commerce, « la personne physique ou morale qui, sans expérience particulière dans le domaine où elle contracte, agit pour la satisfaction de ses besoins personnels et utilise dans ce seul but le produit ou le service acquis » (CA Paris 3-7-1998 : RJDA 12/98 n° 1423).

Les **acheteurs publics** ne peuvent pas être considérés comme des « consommateurs ». En effet, ils agissent pour la satisfaction, non pas de leurs besoins personnels, mais de ceux des personnes (par exemple, patients ou élèves) qui utilisent leurs services ; de plus, ces acheteurs sont soumis à des exigences de contrôle des offres tarifaires et de respect des cahiers des charges qui nécessitent des compétences techniques incompatibles avec la notion de consommateur « sans expérience particulière », au sens de la jurisprudence de la cour d'appel de Paris (Cons. conc. 15-11-2007 n° 07-D-38).

ILLUSTRATIONS

Ne saurait être considéré comme un consommateur :
– un syndicat intercommunal pour le traitement des ordures ménagères qui lance un appel d'offres pour l'extension d'une décharge, puisqu'il agit pour subdéléguer une mission de service public confiée aux communes et pour satisfaire, non ses propres besoins, mais ceux des habitants de communes syndiquées (CA Paris 3-7-1998 précité) ;
– la chambre de commerce et d'industrie qui lance un appel d'offres pour la construction d'une unité de séchage de bois, les prestations de séchage devant être effectuées par elle-même et facturées aux entreprises sur la base des volumes traités (Rapport Cons. conc. pour 1997 p. 80) ;
– une collectivité publique qui lance un appel d'offres auprès de boulangeries industrielles et semi-industrielles pour la fourniture de pain frais à un centre hospitalier (Cons. conc. 15-11-2007 n° 07-D-38) ;
– un centre hospitalier qui lance un appel d'offres relatif à une mission d'assistance à maîtrise d'ouvrage en vue de la construction d'une maison de retraite (Cons. conc. 18-1-2008 n° 08-D-01).

b. Conditions de l'interdiction des prix de vente abusivement bas

NATURE DES CONDITIONS

71060 Pour appréhender la pratique de prix abusivement bas, il convient au préalable de définir le marché de référence (ou « marché pertinent ») sur lequel est constaté le comportement litigieux.

Une fois le marché défini, l'interdiction s'applique si les deux conditions suivantes sont réunies (C. com. art. L 420-5, al. 1) :
– les prix doivent être abusivement bas par rapport aux coûts de production, de transformation et de commercialisation ;
– la pratique doit avoir pour objet ou peut avoir pour effet d'éliminer d'un marché ou d'empêcher d'accéder à un marché une entreprise ou l'un de ses produits.

DÉFINITION DU MARCHÉ DE RÉFÉRENCE (OU « MARCHÉ PERTINENT »)

71070 Le marché est défini, au sens du droit de la concurrence, comme le lieu sur lequel se rencontrent l'offre et la demande pour un produit ou un service spécifique.

Le marché est délimité en fonction de la **substituabilité** des produits ou services dans l'esprit des consommateurs pour satisfaire leur demande, cette substituabilité pouvant être appréciée en fonction de deux approches (Avis Cons. conc. 2-5-1996 n° 96-A-05 : annexe Rapport AN n° 2801 pour la loi 96-588 du 1-7-1996 p. 107) :
– l'usage des biens ou services en cause et la satisfaction des besoins des demandeurs ;
– la zone géographique dans laquelle ces besoins peuvent être satisfaits et où ces biens ou services sont accessibles.

S'agissant du **commerce de détail,** il est tenu compte autant du service commercial que de la nature des produits (Avis Cons. conc. 6-7-1997 n° 97-A-18). 71075

Les spécificités du **service rendu** peuvent inclure : la dimension des magasins, les gammes, les références, le libre-service, la nature des produits, l'assortiment, les prix, la présence d'un vendeur et les services d'accueil, de conseil ou d'information. La prise en compte de ces spécificités peut conduire à distinguer un marché des supermarchés, un marché des hypermarchés, un marché des distributeurs spécialisés et un marché des commerces de proximité.

Quant à la **nature des produits,** doivent être considérés comme substituables entre eux ceux dont on peut vraisemblablement penser que les demandeurs les regardent comme des moyens entre lesquels ils peuvent arbitrer pour satisfaire une même demande, en tenant compte à la fois des caractéristiques des produits (fonction, forme, composition, conditionnement, image, qualité, durabilité, commodité d'utilisation, etc.), des habitudes de consommation et de la mobilité géographique des acheteurs. Lorsque le service commercial offert influence peu l'acte d'achat, des produits substituables, vendus par des formes de commerce différentes, peuvent appartenir à un même marché.

La délimitation des marchés de la vente au détail ne s'effectue donc qu'au cas par cas.

ILLUSTRATIONS

Une boucherie ou une boulangerie localisées à proximité d'une grande surface, vendant les mêmes articles et entre lesquelles il n'existe aucun obstacle à la mobilité physique des consommateurs, doivent être considérées comme se trouvant sur le même marché, le consommateur ayant la faculté de choisir le mode de distribution qu'il préfère (Avis Cons. conc. n° 96-A-05 précité).

PRIX ABUSIVEMENT BAS PAR RAPPORT AUX COÛTS DE PRODUCTION, DE TRANSFORMATION ET DE COMMERCIALISATION

Les prix devant être abusivement bas par rapport aux coûts de production, de transformation et de commercialisation (C. com. art. L 420-5, al. 1), l'appréciation du caractère abusivement bas d'un prix s'effectue par rapport aux prix de revient du vendeur, et non par rapport aux prix pratiqués par les concurrents. 71080

Les coûts peuvent être appréciés en se reportant aux factures d'achat du distributeur ou en reprenant les éléments fournis par sa comptabilité.

Se référant aux règles habituellement utilisées en comptabilité, l'Autorité de la concurrence distingue le coût variable du coût fixe (Avis Cons. conc. n° 97-A-18 précité).

Le **coût variable** est un coût dont le montant varie en proportion directe de l'activité. Pour l'évaluer, il est donc nécessaire d'identifier les corrélations entre la consommation de ressources et le niveau d'activité, de telle sorte que l'on puisse établir qu'une variation d'activité cause une variation de la consommation de ressources.

Un **coût fixe** est un coût dont le montant reste constant quel que soit le niveau d'activité. En général, les coûts fixes représentent des consommations de ressources qui contribuent à créer la structure dans laquelle s'exercent les activités de l'entreprise.

Dans l'hypothèse où une entreprise pratique un prix de vente inférieur aux coûts variables, la preuve de la volonté d'éviction résulte de plein droit de la mise en œuvre de cette pratique si l'entreprise est en position dominante ; en revanche, si l'entreprise n'est pas en position dominante, cette pratique constitue une présomption simple ou un indice de sa volonté d'éviction qui doit être complété par d'autres indices pour établir l'existence d'une telle volonté. Dans ce dernier cas, il convient alors d'examiner si la démonstration de la volonté d'éviction ou de la potentialité d'éviction résulte de l'ensemble des éléments figurant au dossier (Cons. conc. 23-10-2002 n° 02-D-64 : Rapport Cons. conc. pour 2002 p. 229). De même, si les prix sont inférieurs aux coûts totaux (coûts fixes + coûts variables), la pratique de prix bas n'est répréhensible que si elle est accompagnée d'indices suffisamment « sérieux, probants et concordants d'une volonté délibérée de capter la clientèle au détriment du concurrent ». Cette volonté peut résulter des conditions dans lesquelles la pratique a été mise en œuvre, notamment lorsqu'elle relève d'un comportement qui s'écarte de la politique commerciale habituelle du distributeur et/ou parce qu'elle est clairement dirigée contre un concurrent (Avis Cons. conc. n° 97-A-18 précité).

L'Autorité de la concurrence établit par ailleurs une distinction entre coûts directs et coûts indirects, de manière à déterminer si une consommation de ressources résulte ou non de l'existence d'une activité ou d'un produit. Un **coût** est réputé **direct** par rapport à un produit lorsqu'il est causé, au premier degré, sans ambiguïté, par l'existence même de ce produit. Un **coût** est réputé **indirect** dans le cas contraire. Plus concrètement, un coût indirect représente une consommation de ressources nécessaire pour créer l'environnement dans lequel l'activité de production ou de commercialisation s'exerce. Ces coûts sont communs à tous les produits ou à certains d'entre eux et il n'est pas possible de les répartir a priori entre les différents produits. Il est cependant nécessaire d'imputer ou « d'allouer » ces coûts indirects aux produits ou aux activités pris en compte. Cette allocation passe par la détermination de « centres de responsabilités » assumant des tâches homogènes (exemple : le service entretien ou la consommation d'énergie) et, après avoir défini le type de prestation physique mis en œuvre par chaque centre (exemple : les quantités manipulées, l'heure de main-d'œuvre), il est alors possible de définir des clefs de répartition fondées sur des réalités physiques.

ILLUSTRATIONS

Pour un exemple de calcul de coût, voir la décision du Conseil de la concurrence – devenu l'Autorité de la concurrence – n° 98-PB-06 du 15 septembre 1998 : en l'espèce, le Conseil de la concurrence avait constaté que, pour une opération promotionnelle portant sur des disques réalisée par une grande surface, certains d'entre eux avaient été vendus à un prix inférieur au prix d'achat majoré des frais de personnel (caisse, gestion et rayons) calculés au prorata du montant des ventes de ces disques dans les ventes totales. Le Conseil avait indiqué que d'autres coûts auraient pu être pris en compte (frais directs tels que les points d'écoute, les bacs de présentation ou la démarque inconnue et frais généraux tels que l'emballage, l'étiquetage ou le stockage), mais cela n'avait pas été nécessaire puisque le seul prix d'achat majoré des frais de personnel était inférieur au prix de vente.

71085 En outre, l'article L 420-5 ne se référant pas spécifiquement aux coûts de production et de commercialisation du commerçant et de l'opérateur, les coûts peuvent s'apprécier par rapport à ceux existant sur le **marché,** donc en particulier ceux des concurrents ou d'entreprises ayant une activité identique. Cependant, cette dernière comparaison ne doit pas être essentielle car elle risque d'interdire des offres de prix bas justifiées par des progrès techniques mis au point par le distributeur, ou par une rationalisation des moyens de commercialisation, ou par une compression des marges, ou encore par la volonté d'éliminer des rentes de situation détenues par les concurrents sur le marché (Rapport AN n° 2595 relatif à la loi 96-588 du 1-7-1996 p. 147).

71090 L'article L 420-5 prévoit par ailleurs que les coûts de commercialisation comportent impérativement tous les frais résultant des **obligations légales** et réglementaires **liées à la sécurité** des produits (C. com. art. L 420-5, al. 3).

Enfin, on notera que l'expression « abusivement bas » par rapport aux coûts de production, de transformation et de commercialisation est peu explicite. Il semble que l'on peut considérer ces coûts comme étant le seuil en dessous duquel le prix sera considéré comme abusivement bas. Mais aucune indication n'est donnée pour l'appréciation du caractère abusivement bas de ce prix par rapport à ce seuil.

PRIX ABUSIVEMENT BAS DESTINÉS À ÉVINCER OU POUVANT ÉVINCER UN CONCURRENT DU MARCHÉ

71100 La pratique de prix abusivement bas peut être sanctionnée si elle a pour objet ou peut avoir pour effet d'éliminer d'un marché ou d'empêcher d'accéder à un marché une entreprise ou l'un de ses produits (C. com. art. L 420-5, al. 1).

Une telle volonté d'élimination peut soit se manifester par des documents qui en font état, soit être déduite du comportement de l'entreprise en cause, notamment lorsque sa politique tarifaire est différenciée de sa politique commerciale habituelle sans qu'aucune autre raison puisse l'expliquer ou lorsqu'elle a pour cible manifeste un concurrent à éliminer (Cons. conc. 31-1-2001 n° 2000-D-70).

Cette éviction peut résulter du rapport de force entre distributeurs. Tel est le cas lorsqu'une pratique de prix très bas est mise en œuvre par un distributeur, dont le maintien sur le marché est en tout état de cause assuré, notamment en raison de sa part de marché, de ses capacités financières, de ses structures commerciales, et lorsque la pratique est de nature à évincer du marché des distributeurs qui ne disposeraient pas eux-mêmes des moyens de résister à cette pratique commerciale (Avis Cons. conc. n° 97-A-18 précité).

Ces différences de moyens peuvent ainsi porter sur :

– les **capacités financières** respectives des entreprises : l'une est intégrée dans une chaîne ou un groupe susceptible d'absorber les pertes résultant de la pratique de prix prédateurs qu'il met en œuvre, tandis que l'autre (ou les autres), notamment si elle est indépendante, ne dispose que d'une surface financière restreinte qui ne lui permet pas de couvrir les pertes consécutives à l'agressivité commerciale de la première ;

– leur **force commerciale** respective : l'une dispose d'une multiplicité de points de vente répartis sur l'ensemble du territoire, ce qui peut lui permettre de compenser les pertes supportées dans un magasin par l'activité des autres magasins, alors que son concurrent, disposant d'un seul ou d'un petit nombre de magasins, ne peut pas opérer de telles compensations ;
– leur **structure d'activité** respective : par exemple, dans le secteur de la distribution du disque, la première entreprise, outre les disques, commercialise d'autres catégories de produits, de telle sorte que les disques ne représentent qu'une faible part de son activité et que les pertes supportées sur les disques peuvent être compensées par les gains sur les autres produits, alors que pour la seconde entreprise les disques constituent la totalité ou une part prépondérante de son activité de telle sorte que les pertes qu'elle manifeste sur ces produits sont susceptibles de menacer son équilibre.

ILLUSTRATIONS

Pour des cas où le Conseil de la concurrence – devenu l'Autorité de la concurrence – avait estimé que la vente promotionnelle de disques organisée par un distributeur n'était pas de nature à évincer un autre distributeur car la promotion ne portait pas sur des volumes suffisants pour mettre en cause l'équilibre de celui-ci, voir la décision n° 98-PB-03 du 8 juillet 1998, ou parce que les ventes du distributeur plaignant avaient évolué plus favorablement que celles du distributeur mis en cause, voir la décision n° 00-D-70 du 31 janvier 2001.

Seule est susceptible de revêtir un caractère abusif une **pratique** de prix bas **qui présente un caractère** suffisamment **permanent et étendu,** de telle sorte que l'on puisse en déduire qu'elle fait partie d'une stratégie de détournement de la clientèle d'un concurrent et d'éviction de celui-ci (Avis n° 97-A-18 précité). **71105**

La permanence de la pratique peut être appréciée par rapport aux **produits.** Tel est le cas lorsque :
– le distributeur pratique de manière répétitive des prix prédateurs, de telle sorte qu'il capte régulièrement la clientèle potentielle de ses concurrents, cette répétition entraînant des pertes cumulatives de ces derniers ;
– des prix très bas sont appliqués systématiquement à des produits porteurs qui représentent une part significative de la demande, notamment des produits à forte « visibilité », soit en raison de leur notoriété, soit en raison de leur mise en avant par le fournisseur ou le distributeur ;
– les prix abusivement bas pratiqués sur certains produits permettent d'attirer et de retenir la clientèle, et une proportion significative de celle-ci, outre ces produits, en acquiert d'autres, notamment parce que les économies qu'elle réalise sur les premiers l'y incitent ;
– les prix très bas sont pratiqués aux périodes des plus fortes ventes telles que les fêtes de fin d'année ou au moment de la sortie des produits de forte notoriété.

La permanence de la pratique peut également être appréciée par rapport aux **concurrents.** Il en est ainsi lorsque :
– une chaîne de distribution pratique des prix très bas dans une zone de chalandise dans laquelle un concurrent vient de s'implanter, alors que dans le même temps elle pratique des prix supérieurs dans ses autres points de vente, pour les mêmes produits commercialisés dans les mêmes conditions ;
– un distributeur pratique des prix systématiquement inférieurs à ceux d'un concurrent local, de telle sorte que celui-ci ne puisse couvrir ses coûts de commercialisation.

Quant à l'**étendue** de la pratique, elle peut être appréciée en fonction des éléments suivants :
– des différences de prix suffisamment importantes pour rendre vraisemblable l'éviction du concurrent ;
– du poids que le ou les produits sur lesquels s'exerce la pratique représente dans l'activité respective du distributeur qui la met en œuvre et de celui qui en est victime ;
– de l'effet cumulatif qui peut résulter de la politique commerciale mise en œuvre sur une même période, dans une même zone de chalandise, par plusieurs distributeurs.

c. Contrôles et sanctions en cas de prix de vente abusivement bas

Les pratiques de prix abusivement bas sont des **pratiques anticoncurrentielles** recherchées et constatées par les agents de la CCRF et ceux des services d'instruction de l'Autorité de la concurrence dans les conditions définies aux articles L 450-1 s. du Code de commerce (n°s 77000 s.). **71130**

Elles sont répréhensibles par l'**Autorité de la concurrence** ou le **ministre de l'économie,** dans les mêmes conditions que les ententes illicites et abus de domination (nos 50200 s.). Leurs auteurs encourent donc notamment des **sanctions pécuniaires** (nos 53500 s.). Suivant la même procédure qu'en cas d'ententes ou d'abus de domination, les victimes de pratiques de prix abusivement bas peuvent engager une action en dommages-intérêts pour obtenir la réparation de leur préjudice (nos 54400 s.).

2. PROTECTION DES PRODUITS ULTRAMARINS LOCAUX CONTRE LES VENTES DE DENRÉES ALIMENTAIRES À BAS PRIX

71150 En Guadeloupe, en Guyane, en Martinique, à La Réunion et à Mayotte, lorsque des denrées alimentaires identiques ou similaires à celles qui sont produites et commercialisées localement sont proposées aux consommateurs à des prix manifestement inférieurs à ceux pratiqués en métropole, la **conclusion d'un accord** entre les acteurs de l'importation et de la distribution, d'une part, et ceux de la production et de la transformation locales, d'autre part, peut être **rendue obligatoire** par le représentant de l'État dans le territoire (C. com. art. L 420-5, al. 2).

Celui-ci prend en compte les volumes de produits concernés, la situation économique des producteurs locaux et l'intérêt des consommateurs à très faibles revenus. Cet accord, dont la négociation est conduite sous l'égide de l'État et des collectivités compétentes en matière de développement économique, doit **mentionner** les opérations continues menées par la distribution afin d'offrir au consommateur des denrées produites localement ainsi que la politique menée par les producteurs locaux pour satisfaire au mieux les besoins des consommateurs.

L'accord est rendu **public** par arrêté préfectoral (même art.).

En l'**absence d'accord** dans le délai de dix jours ouvrables à compter de l'ouverture des négociations, le représentant de l'État dans le territoire prend par arrêté toute mesure relevant de sa compétence et permettant de répondre aux objectifs précités (même art.).

> **Précisions** Cette mesure vise à protéger les producteurs locaux des conséquences de l'importation massive de produits alimentaires (lait, volaille, porc, bœuf, notamment) à prix sacrifiés, dites « **produits de dégagement** ». En effet, plutôt que de les écouler sur leurs marchés habituels à des prix très bas, certains opérateurs préfèrent dégager leurs produits de moindre qualité vers les départements d'outre-mer où ils sont commercialisés à des prix inférieurs à ceux pratiqués en France hexagonale, alors même qu'ils supportent des coûts spécifiques, notamment de transport. Ces produits de dégagement exercent une concurrence inéquitable au détriment des producteurs locaux. En effet, compte tenu des caractéristiques et des contraintes particulières de ces départements, les producteurs locaux ne peuvent faire concurrence à des produits importés à si bas prix.

B. Vente à un professionnel de produits agricoles ou alimentaires à des prix abusivement bas

PRINCIPE D'INTERDICTION

71190 Engage sa **responsabilité civile** l'acheteur de produits agricoles ou de denrées alimentaires qui fait pratiquer par son fournisseur un prix de vente abusivement bas ; il doit réparer le préjudice causé au fournisseur (C. com. art. L 442-7, al. 1).

Pour caractériser un prix de vente abusivement bas, il est tenu compte notamment des **indicateurs de coûts de production** (mentionnés aux articles L 631-24, L 631-24-1, L 631-24-3 et L 632-2-1 du Code rural) ou, le cas échéant, de tous autres indicateurs disponibles dont ceux établis par l'Observatoire de la formation des prix et des marges des produits alimentaires. Dans le cas d'une première vente, il est également tenu compte des indicateurs figurant dans la proposition de contrat du producteur agricole (art. L 442-7, al. 2).

CONDITIONS DE L'ACTION EN RESPONSABILITÉ CIVILE

71200 L'action en responsabilité civile est introduite devant la juridiction civile ou commerciale compétente dans les conditions exposées nos 88900 s., communes à toutes les pratiques commerciales abusives (pratiques dites aussi « restrictives de concurrence ») (C. com. art. L 442-7, al. 3).

PRIX IMPOSÉS OU CONSEILLÉS

SOMMAIRE

A. Délit de prix imposé

1. CONTENU DE L'INTERDICTION

Il est interdit à toute personne « d'imposer, directement ou indirectement, un caractère minimal au prix de revente d'un produit ou d'un bien, au prix d'une prestation de services ou à une marge commerciale » (C. com. art. L 442-6). 72000

Cette interdiction constitue un délit qui se caractérise par deux **éléments matériels** : un prix minimal et une contrainte nécessaire à l'application de ce prix, le détaillant ne devant plus avoir aucune liberté de baisser le prix, que ce soit de façon directe ou indirecte, par le jeu de clauses contractuelles, d'avantages conditionnels, de mesures de rétorsion ou par une situation de dépendance par rapport à son fournisseur.

L'interdiction vise la fixation d'un **prix minimal** quelles que soient les modalités de celle-ci. Par exemple :

– établissement par le producteur d'un tarif de prix de vente au détail que des distributeurs s'engagent à ne pas réduire de plus de 10 % (Cass. crim. 25-6-1979 n° 78-93.259 : Bull. crim. n° 225) ;

– refus par un fournisseur de livrer un produit au prétexte que le prix de revente de celui-ci est insuffisant (Cass. crim. 31-10-2000 n° 99-86.588 FS-PF : RJDA 5/01 n° 643) ;

– interdiction faite à un détaillant de répercuter sur son prix de vente les remises complémentaires que son fournisseur lui consent (T. corr. Laval 1-12-1983 : Rev. conc. consom. 1984/26 p. 19) ;

– offre de remboursement par un fabricant à tout acheteur d'une platine laser d'une partie du prix de celle-ci, à condition que ce prix soit supérieur à un certain montant, cette pratique incitant les distributeurs à s'aligner sur celui-ci pour faire bénéficier leurs clients de la promotion (CA Versailles 16-3-1989 : Gaz. Pal. 1989 p. 526 réquisitions Challe).

De même, se trouvent interdits les « prix imposés » proprement dits, c'est-à-dire les **prix uniformes et obligatoires,** présentant à la fois un caractère de maximum et de minimum. Tel est le cas lorsque :

– un contrat de franchise prévoit que le franchiseur fixe unilatéralement le prix des marchandises achetées par le franchisé et que celui-ci est tenu d'appliquer les prix de revente transmis par le franchiseur (Cass. com. 7-10-1997 : RJDA 1/98 n° 37) ;

– une centrale d'achat intègre les prix des articles dans le logiciel des caisses des magasins et livre des articles préétiquetés (Cass. crim. 16-1-2018 n° 16-83.457 FS-PB : RJDA 4/18 n° 366).

Enfin, pour des exemples de **prix conseillés requalifiés** en prix imposés, voir n° 72060.

> **› Précisions a.** Le délit de prix imposé génère désormais un **contentieux** rare. L'imposition de prix de revente est en effet le plus souvent constatée dans les relations suivies entre un fournisseur à la tête d'un réseau et l'ensemble de ses distributeurs, de sorte qu'elle se trouve plutôt sanctionnée sur le fondement des dispositions relatives aux **pratiques anticoncurrentielles,** soit au titre des ententes illicites (C. com. art. L 420-1), la consigne de prix étant acceptée ou même simplement appliquée par les distributeurs, soit en tant qu'abus de

domination (C. com. art. L 420-2). Pour des exemples de pratiques examinées au regard à la fois du délit de prix imposés et du droit des pratiques anticoncurrentielles, voir les avis de la CEPC n°s 21-4 et 21-5 du 15 avril 2021.

b. Le fournisseur peut légitimement imposer à ses clients un **prix maximal** et leur interdire de vendre ses produits au-dessus de ce prix à condition, bien entendu, que cette obligation n'aboutisse pas à une revente à perte (C. com. art. L 442-5). Par exemple, l'obligation souscrite par un franchisé d'utiliser les tarifs de base du franchiseur n'est pas illicite, dès lors qu'il s'agit de tarifs maximaux que le franchiseur peut définir afin d'assurer l'homogénéité du réseau de franchise (CA Paris 16-6-1993 : D. 1993 IR p. 214).

2. CHAMP D'APPLICATION TERRITORIAL DE L'INTERDICTION

72005 L'interdiction d'imposer des prix minimaux de revente s'applique à toute convention entre un fournisseur et un acheteur portant sur des produits ou des services commercialisés sur le territoire français ; elle est d'ordre public (C. com. art. L 444-1 A issu de loi 2023-221 du 30-3-2024 ; voir n° 86010).

3. RÉPRESSION DU DÉLIT DE PRIX IMPOSÉ ET SANCTIONS

72010 La répression des infractions s'effectue dans les conditions fixées aux articles L 450-1 et suivants du Code de commerce (voir n°s 77000 s.).

72015 Le délit de prix imposé est passible d'une **amende** de 15 000 € pour une personne physique (C. com. art. L 442-6) et 75 000 € pour une personne morale (C. pén. 131-38).

72020 Toute **clause** contractuelle fixant un prix minimal est **nulle** (Cass. com. 22-7-1986 : D. 1988 som. p. 19 ; Cass. com. 7-10-1997 : RJDA 1/98 n° 37).

B. Prix conseillé

72060 Le prix conseillé est un **prix** simplement **indicatif,** recommandé au détaillant par le producteur, l'importateur ou le grossiste, mais ne revêtant aucun caractère obligatoire ; le détaillant reste libre de vendre à un prix différent de celui qui lui est proposé.

La pratique du prix conseillé est licite, sauf lorsqu'elle dissimule, en fait, un prix imposé ou un prix minimal interdit. La **frontière entre le prix conseillé et le prix imposé** est complexe à déterminer. Le juge se fonde souvent sur un faisceau d'indices pour conclure à l'existence d'un prix imposé. Il en a été jugé ainsi dans des cas où :

– un fabricant avait adressé à un distributeur un barème de ses prix conseillés en lui laissant entendre qu'à défaut d'une application de ces tarifs leurs relations commerciales pourraient se dégrader (Cass. crim. 25-11-1991 : Gaz. Pal. 1992 som. p. 166 note Doucet), le fait que de telles menaces n'aient pas été effectivement mises à exécution étant sans incidence sur la constitution du délit (CA Metz 14-6-1990 : BID 1991/1 p. 27) ;

– le gérant de deux sociétés commercialisant des parfums avait proposé à ses distributeurs, dans le cadre d'un contrat de distribution sélective et par le biais d'un jeu complexe de conditions générales de vente, d'annexes et de tarifs, des prix « indicatifs » de revente, ceux-ci revêtant en réalité un caractère obligatoire compte tenu, d'une part, d'une clause qui interdisait aux revendeurs toute remise promotionnelle sur les produits de la marque sans le consentement du titulaire du réseau et, d'autre part, d'une politique de refus systématique de telles remises (Cass. crim. 22-8-1995 : RJDA 1/96 n° 77) ;

– le contrat de distribution d'un fabricant de meubles prévoyait qu'il incombait au distributeur de faire « tous ses efforts pour respecter la politique commerciale recommandée par le fabricant » et, surtout, qu'il lui était interdit d'accorder une remise de plus de 10 % sans en avoir au préalable reçu l'autorisation, tandis que, par ailleurs, tous les meubles étaient livrés préétiquetés avec le prix conseillé (T. corr. Versailles 29-6-2007 n° 927 : Rapport d'activité de la CEPC pour 2009-2010, Bilan des décisions judiciaires civiles et pénales pour l'année 2009 établi par la DGCCRF p. 246).

Par ailleurs, une pratique de prix conseillés peut être contraire aux dispositions des articles L 420-1 et L 420-2 du Code de commerce prohibant respectivement les **ententes illicites** et **abus de domination.**

C. Prix imposés dans le secteur du livre

1. PRIX DU LIVRE PAPIER

PRIX DU LIVRE FIXÉ PAR L'ÉDITEUR OU L'IMPORTATEUR

Toute personne physique ou morale qui édite ou importe des livres est tenue de fixer, pour les livres qu'elle édite ou importe, un prix de vente au public et de l'indiquer sur le livre (Loi 81-766 du 10-8-1981, dite « loi Lang », art. 1, al. 1 et 2). 72100

La loi sur le prix du livre est d'interprétation stricte puisque dérogeant au principe de la liberté des prix, de sorte qu'elle ne s'applique pas aux partitions musicales (Cass. 1e civ. 28-1-2010 n° 08-70.026 : RJDA 7/10 n° 787).

a. Détermination du prix effectif de vente au public

PRINCIPE : POSSIBILITÉ D'UNE RÉDUCTION DE PRIX MAXIMALE DE 5 %

Les détaillants doivent pratiquer un **prix** effectif de vente au public compris **entre 95 et 100 % du prix fixé par l'éditeur ou l'importateur** (Loi du 10-8-1981 art. 1, al. 4). 72110

ILLUSTRATIONS

Une compagnie pétrolière ne pouvait pas valablement proposer aux clients qui lui achetaient une certaine quantité de carburant la possibilité d'obtenir dans ses stations-service des albums de bandes dessinées à un prix inférieur au prix minimal autorisé, dès lors que la remise d'un album devait s'analyser comme une vente distincte de l'achat de carburant (Cass. com. 29-1-2002 n° 271 : RJDA 6/02 n° 696).

Était illicite le fait, par une société exploitant un site de vente de livres à distance, d'organiser une opération promotionnelle consistant à permettre aux abonnés à un fournisseur d'accès d'utiliser un bon d'achat de quinze euros offert en prime par ce fournisseur pour tout achat de livres sur ce site d'un montant égal ou supérieur à la valeur du bon, et ce même si le fournisseur d'accès, appartenant au même groupe que la société, remboursait à celle-ci la réduction ainsi accordée (Cass. com. 6-5-2008 n° 07-16.381 : RJDA 8-9/08 n° 954).

La vente de livres à un prix supérieur à 100 % du prix fixé par l'éditeur ou l'importateur est donc illicite (Cass. crim. 3-4-2001 : RJDA 12/01 n° 1268).

Le **service de commande à l'unité** doit être gratuit. Toutefois, dans ce cas, le détaillant peut ajouter au prix de vente qu'il pratique les frais ou rémunérations correspondant à des prestations supplémentaires (par exemple, une livraison rapide) expressément réclamées par l'acheteur et dont le coût a fait l'objet d'un accord préalable (Loi de 1981 art. 1, al. 3).

> **Précisions** L'obligation qui pèse sur l'éditeur de fixer un prix de vente au public à partir duquel les détaillants doivent pratiquer le prix effectif ne fait pas obstacle à ce que cet éditeur consente un **remboursement** partiel à ceux qui achètent simultanément plusieurs livres qu'il édite, pourvu que ce remboursement s'applique à tous les acheteurs, quel que soit le détaillant auprès duquel ils se sont fournis (Cass. com. 26-2-2008 n° 07-12.725 : RJDA 12/08 n° 1315). Au cas particulier, un éditeur a pu valablement mettre en place une opération promotionnelle proposant aux lecteurs, pendant une période limitée, d'obtenir le remboursement de quatre euros pour l'achat simultané de deux guides touristiques.

DÉROGATIONS AU PRINCIPE D'UNE RÉDUCTION DE PRIX MAXIMALE DE 5 %

Ventes à distance Un détaillant qui vend un livre à distance puis l'expédie à l'acheteur doit appliquer le **prix de vente** fixé par l'éditeur ou l'importateur (Loi de 1981 art. 1, al. 4) ; il ne peut donc pas pratiquer la remise maximale de 5 % applicable sur le prix de vente d'un livre vendu en librairie ou acheté à distance mais remis en librairie. 72120

Par ailleurs, le **service de livraison** du livre ne peut en aucun cas, que ce soit directement ou indirectement, être proposé par le détaillant à titre gratuit, sauf si le livre est retiré dans un commerce de vente au détail de livres ; il doit être facturé dans le respect d'un **montant minimal de tarification** fixé par arrêté ministériel (même art.). Depuis le 8 octobre 2003, ce tarif est fixé à 3 € TTC pour toute commande comprenant un ou plusieurs livres dont la valeur d'achat en livres neufs est inférieure à 35 € TTC ; pour une commande d'une valeur supérieure ou égale à cette somme, le tarif de livraison peut être librement fixé sans que ce service puisse être gratuit (Arrêté MICE2228102A du 4-4-2023).

72130 **Ventes à des associations ou à des personnes publiques** Le prix effectif de vente des livres peut être compris entre 91 et 100 % du prix de vente au public lorsque l'achat est réalisé (Loi du 10-8-1981 art. 3, al. 1 à 3) :

– par les personnes morales gérant des **bibliothèques** accueillant du public ;

– pour leurs besoins propres, par l'**État,** les collectivités territoriales, les établissements d'enseignement, de formation professionnelle ou de recherche, les **syndicats** représentatifs ou les **comités d'entreprise.**

Par ailleurs, le prix effectif de vente des **livres scolaires** peut être fixé librement dès lors que l'achat est effectué par une association facilitant l'acquisition de tels livres par ses membres ou, pour leurs besoins propres, excluant la revente, par l'État, une collectivité territoriale ou un établissement d'enseignement (Loi de 1981 art. 3, al. 4).

> **Précisions** **a.** Le prix effectif de vente aux **bibliothèques** doit comprendre le montant de la rémunération au titre du prêt en bibliothèque assise sur le prix public de vente des livres prévue à l'article L 133-3 du Code de la propriété intellectuelle.
> **b.** Sont considérés comme **livres scolaires** les manuels et leur mode d'emploi, ainsi que les cahiers d'exercices et de travaux pratiques qui les complètent ou les ensembles de fiches qui s'y substituent, régulièrement utilisés dans le cadre de l'enseignement primaire, secondaire et préparatoire aux grandes écoles, ainsi que des formations au brevet de technicien supérieur, et conçus pour répondre à un programme préalablement défini ou agréé par les ministres concernés (C. éduc. art. D 314-128).

FIXATION DU PRIX DU LIVRE PAR LES CLUBS DE LIVRES

72140 Les clubs de livres qui publient des ouvrages en vue de leur diffusion par courtage, abonnement ou correspondance peuvent fixer un prix différent lorsqu'un délai de neuf mois s'est écoulé depuis la mise en vente de la première édition (Loi de 1981 art. 4). Ce délai de neuf mois court à partir du premier jour du mois suivant celui du dépôt légal (Décret 81-1068 du 3-12-1981 art. 5).

> **Précisions** La remise à tout acheteur, par une entreprise de vente de livres par correspondance, de « points cadeaux » permettant d'obtenir des ouvrages publiés depuis moins de neuf mois à prix réduit constitue une réduction de prix illicite (Cass. com. 13-3-2001 n° 00-16.759 : RJDA 6/01 n° 733).

PRIX DES LIVRES ÉDITÉS OU IMPORTÉS DEPUIS PLUS DE DEUX ANS

72150 Les détaillants peuvent pratiquer un prix inférieur au prix de vente fixé par l'éditeur ou l'importateur lorsque les livres ont été édités ou importés depuis plus de deux ans et que leur dernier approvisionnement remonte à plus de six mois (Loi de 1981 art. 5, al. 1). Le délai de deux ans court à partir du premier jour du mois suivant celui du dépôt légal (Décret 81-1068 du 3-12-1981 art. 5).

Cette possibilité ne s'applique pas aux éditeurs dans leurs activités de détaillants lorsqu'ils vendent les livres qu'ils éditent (Loi de 1981 art. 5, al. 2 issu de loi 2021-1901 du 30-12-2021). En revanche, un éditeur peut réaliser de tels « soldes » sur les ouvrages d'autres éditeurs dans le cadre de son activité de détaillant.

DÉTERMINATION DU PRIX DE VENTE DES LIVRES IMPORTÉS

72160 Les modalités de fixation du prix de vente au public des livres importés varient selon le pays où ils ont été édités :

1° Livres **édités en France,** exportés puis réimportés : en ce qui concerne les livres importés d'un État non membre de l'Union européenne, le prix fixé par l'importateur doit être au moins égal à celui qui a été fixé par l'éditeur. Il n'en est pas de même pour les livres provenant d'un État membre de l'Union européenne, sauf si des éléments objectifs, notamment l'absence de commercialisation effective dans cet État, établissent que l'opération a eu pour objet de soustraire la vente à l'obligation de fixer un prix au moins égal à celui fixé par l'éditeur (Loi de 1981 art. 1).

Les tribunaux doivent apprécier si l'exportation puis la réimportation ont été réalisées dans le but de contourner la loi. Tel serait le cas d'un importateur qui tenterait, par la création d'un circuit commercial avec un État membre, de vendre des livres sans être tenu de respecter le prix minimal imposé sur le marché français alors même que l'opération ne lui permettrait pas d'obtenir un prix d'achat plus favorable dans l'État membre exportateur (CA Paris 24-4-1985 : JCP éd. E 1985 II n° 14572).

2° Livres **édités hors de l'Union européenne et non mis en libre pratique,** c'est-à-dire non commercialisés dans un autre État membre avant leur importation en France : le prix de vente au public est fixé par l'importateur dépositaire principal à qui incombe l'obligation de dépôt légal d'un exemplaire prévue par l'article 8 de la loi du 21 juin 1943 (Décret du 3-12-1981 art. 4).

3° Livres **édités dans un autre État membre de l'Union européenne ou commercialisés dans cet État** avant leur importation en France : le prix de vente au public est fixé par chacun des importateurs (importateur dépositaire principal et autres). Ce prix ne peut être inférieur au prix de vente au public fixé pour la France par l'éditeur étranger. Si l'éditeur étranger n'a pas fixé un tel prix, l'importateur ne peut pas déterminer un prix inférieur au prix de vente au public fixé ou conseillé par l'éditeur étranger pour le pays d'édition. Enfin, dans le cas où l'importateur obtient, dans le pays d'édition, un prix plus favorable que celui résultant des conditions commerciales usuelles, le prix de vente plancher tel que défini ci-dessus doit être réduit en proportion (Décret du 3-12-1981 art. 4 et circ. du 10-1-1990).

b. Remises aux libraires

Le législateur impose que les conditions de vente établies par l'éditeur ou l'importateur prennent en compte la qualité des services rendus par les détaillants en faveur de la diffusion du livre. Les remises doivent donc être supérieures à celles résultant de l'importance des quantités acquises par les détaillants (Loi de 1981 art. 2). Cette disposition constitue le corollaire de la restriction de la liberté commerciale des détaillants puisque la loi Lang les empêche de maîtriser leur marge. 72170

c. Sanctions en cas d'infraction à la loi sur le prix du livre

Les infractions aux dispositions de la loi du 10 août 1981 sont passibles d'une **amende** de 450 € pour une personne physique (Décret 85-556 du 29-5-1985 art. 1) et 2 250 € pour une personne morale (C. pén. art. 131-41). S'agissant de contraventions, l'amende s'applique à chaque exemplaire vendu. 72190

d. Action en cessation de l'infraction ou en réparation

Des actions en cessation de l'infraction ou en réparation du préjudice subi peuvent être engagées devant les **juridictions civiles,** notamment par un concurrent, une association agréée de défense des consommateurs ou un syndicat des professionnels de l'édition ou de la diffusion de livres, ainsi que par l'auteur ou toute organisation de défense des auteurs ; ces actions doivent être soumises à la conciliation préalable du **médiateur du livre** (n° 72210) (Loi de 1981 art. 8, al. 1). 72200

ILLUSTRATIONS

Ont été condamnées pour concurrence déloyale des sociétés qui avaient édité et diffusé, sous l'appellation de dictionnaires « anonymes », sans fixer le prix de vente des ouvrages diffusés ou sans respecter le prix de vente figurant sur la jaquette de l'ouvrage, des exemplaires d'un dictionnaire édité par un tiers à un prix donné, au motif qu'en ne respectant pas la réglementation du prix du livre elles avaient causé un préjudice à une autre société qui commercialisait des ouvrages de même nature (Cass. com. 1-4-1997 : RJDA 6/97 n° 862).

Ces actions doivent être soumises à la conciliation préalable du **médiateur du livre** (n° 72210) (Loi de 1981 art. 8, al. 2 issu de loi 2021-1901 du 30-12-2021).

e. Médiateur du livre

Tout litige relatif à l'application de la loi du 10 août 1981 peut être soumis pour conciliation préalable à un médiateur du livre (Loi 2014-344 du 17-3-2014 art. 144, I). 72210

Celui-ci peut être saisi par tout détaillant, toute personne qui édite des livres, en diffuse ou en distribue auprès des détaillants, par toute organisation professionnelle ou syndicale concernée, par les prestataires techniques auxquels ces personnes recourent ou par le ministre intéressé. Il peut également se saisir d'office de toute affaire entrant dans sa compétence.

En cas d'échec de la conciliation, il peut saisir la juridiction compétente pour lui demander d'ordonner la cessation des infractions (Loi 2014-344 art. 144, II).

Sur les conditions de la désignation et de la saisine du médiateur, ainsi que sur celles de la médiation, voir le décret 2014-936 du 19 août 2014.

2. PRIX DU LIVRE NUMÉRIQUE

72230 Toute personne établie en France, qui édite un livre numérique dans le but de sa diffusion commerciale en France, doit fixer un prix de vente au public pour tout type d'offre à l'unité ou groupée (Loi 2011-590 du 26-5-2011 art. 2, al. 1).

CHAMP D'APPLICATION DE LA RÉGLEMENTATION

72240 La réglementation s'applique au **livre numérique** lorsqu'il s'agit d'une œuvre de l'esprit créée par un ou plusieurs auteurs et qu'il est à la fois commercialisé sous sa forme numérique et publié sous forme imprimée ou qu'il est, par son contenu et sa composition, susceptible de l'être (Loi 2011-590 art. 1, al. 1).

En revanche, elle ne s'applique pas aux livres numériques auxquels sont associés des contenus d'une autre nature et des fonctionnalités, et qui sont intégrés dans des offres proposées sous la forme de **licences d'utilisation** ; ces licences doivent être destinées à un usage collectif et proposées dans un but professionnel, de recherche ou d'enseignement supérieur, dans le strict cadre des institutions publiques ou privées qui en font l'acquisition pour leurs besoins propres, excluant la revente (Loi 2011-590 art. 2, al. 3). Les éditeurs techniques ou scientifiques de livres numériques enrichis de contenus multimédias ou associés à des services ne sont donc pas soumis à la réglementation. Tel est le cas des manuels scolaires numériques accessibles sur deux plateformes gérées par deux éditeurs, à travers un système informatique de connexions simultanées et de tarification au nombre d'accès.

72245 La loi vise toute « **personne établie en France qui édite** » et non tout « éditeur » au sens de l'article L 132-1 du Code de la propriété intellectuelle, de sorte que sont également concernées l'édition à compte d'auteur et l'autoédition (Rapp. Sén. n° 50 relatif à la loi 2011-590 du 26-5-2011). Toutefois, par souci de simplification, nous utiliserons le terme « éditeur » dans les développements qui suivent.

Le prix de vente s'impose aux personnes proposant des offres de livres numériques aux **acheteurs situés en France** (Loi 2011-590 art. 3). Les plateformes de diffusion numérique établies à l'étranger (Amazon, Google, etc.) sont donc visées par la réglementation.

Le prix fixé est un **prix de vente « au public »,** c'est-à-dire le prix de vente au consommateur final, qu'il s'agisse d'une personne physique ou d'une collectivité. Le prix de cession à un intermédiaire n'est donc pas soumis à la réglementation.

CONTENU DE LA RÉGLEMENTATION DU PRIX DU LIVRE NUMÉRIQUE

72250 Le **prix** de vente d'une offre numérique est déterminé par l'éditeur en **fonction** de **trois critères** qui, combinés, permettent d'obtenir pour un même livre des prix différents (Loi du 26-5-2011 art. 2, al. 2 ; Décret du 10-11-2011 art. 2) :

– le contenu de l'offre qui peut être composé de tout ou partie d'un ou plusieurs livres numériques ainsi que de fonctionnalités associées ;

– les modalités d'accès au livre numérique (support d'enregistrement amovible ou réseau de communication au public en ligne, notamment par téléchargement ou diffusion en flux (« streaming ») ;

– les modalités d'usage du livre numérique (usage privé ou collectif, durée de mise à disposition, faculté d'impression, de copie et de transfert du livre sur divers supports de lecture, etc.).

72255 L'éditeur doit **faire connaître aux personnes qui proposent des offres** de livres numériques le prix ou les barèmes de prix de ces offres. À cette fin, il fait figurer dans une base de données accessible la description de chaque offre et la mention du prix ou des barèmes qui lui sont associés (Décret du 10-11-2011 art. 3, al. 2). Les barèmes doivent permettre d'identifier les différents critères pris en compte pour déterminer le prix d'une offre (n° 72250).

Le prix fixé par l'éditeur doit être porté à la **connaissance du public** de manière non équivoque, visible et lisible (Loi 2011-590 du 26-5-2011 art. 2, al. 1 ; Décret art. 4, al. 1). Dans le cas d'un usage individuel de l'offre, l'information sur le prix de vente doit faire apparaître la somme totale toutes taxes comprises qui doit être effectivement payée par le consommateur. Dans le cas d'un usage collectif de l'offre, le prix est fixé en application du barème établi par l'éditeur (Décret art. 4, al. 2). Lorsque le livre numérique est commercialisé sur un support d'enregistrement amovible, l'éditeur doit indiquer le prix de vente sur ce support (Décret art. 3, al. 1). La personne qui propose une offre de livre numérique sur son site de vente en ligne y indique le prix ou le barème (Décret art. 4, al. 3).

Pour définir la **remise commerciale sur les prix publics** qu'il accorde aux personnes proposant des offres de livres numériques aux acheteurs situés en France, l'éditeur doit tenir compte, dans ses conditions de vente, de l'importance des services qualitatifs rendus par ces derniers en faveur de la promotion et de la diffusion du livre numérique par des actions d'animation, de médiation et de conseil auprès du public (Loi du 26-5-2011 art. 5). **72260**

> **Précisions** Cette disposition constitue le corollaire de la **restriction de la liberté commerciale** des détaillants. En effet, dès lors que le prix de vente du livre numérique est fixé par l'éditeur, les détaillants ne détiennent pas la maîtrise de leur marge commerciale, donc de leur rémunération. Le législateur a souhaité contraindre l'éditeur à rémunérer la qualité de leurs services, à l'instar des usages respectés dans le domaine du livre « papier » (Rapport Sén. n° 50 relatif à la loi 2011-590 du 26-5-2011).

SANCTIONS EN CAS D'INFRACTION À LA LOI SUR LE PRIX DU LIVRE NUMÉRIQUE

Les infractions aux dispositions de la loi du 26 mai 2011 sont passibles d'une amende contraventionnelle de 450 € pour une personne physique (Décret 2012-146 du 30-1-2012 art. 1) et 2 250 € pour une personne morale (C. pén. art. 131-41). **72270**

ACTION EN CESSATION DE L'INFRACTION OU EN RÉPARATION

Des actions en cessation de l'infraction ou en réparation du préjudice subi peuvent être engagées devant les juridictions civiles, notamment par un concurrent, une association agréée de défense des consommateurs ou un syndicat des professionnels de l'édition ou de la diffusion de livres, ainsi que par l'auteur ou toute organisation de défense des auteurs. Ces actions doivent être soumises à la conciliation préalable du **médiateur du livre** (n° 72280) (Loi du 26-5-2011 art. 7, al. 2 issu de loi 2021-1901 du 30-12-2021). **72275**

MÉDIATEUR DU LIVRE

Tout litige relatif à l'application de la loi du 26 mai 2011 peut être soumis pour conciliation préalable au médiateur du livre, dans les mêmes conditions que pour un litige relatif à l'application de la loi du 10 août 1981 relative au prix du livre (n° 72210). **72280**

PUBLICITÉ

SOMMAIRE

SECTION 1

RÈGLES GÉNÉRALES SUR LA PUBLICITÉ

A. Protection de la langue française

La loi 94-665 du 4 août 1994, dite « loi Toubon », impose l'emploi de la langue française dans toute publicité écrite, parlée ou audiovisuelle. Néanmoins, des termes étrangers peuvent être utilisés dans certains cas (marques et messages enregistrés avec une marque, dénominations de produits typiques et spécialités d'appellation étrangère connus du plus large public, noms commerciaux, etc.). En outre, l'usage de traductions est toléré. Pour plus de détails sur l'emploi obligatoire de la langue française, voir n°s 62000 s. **73000**

B. Protection des consommateurs et/ou des entreprises

1. PUBLICITÉ TROMPEUSE

Tout message publicitaire, quel qu'en soit le support (presse, radio, télévision, affiche, prospectus, etc.), contenant des éléments faux ou simplement de nature à induire en erreur expose ses auteurs à des sanctions pénales pour délit de **pratique commerciale trompeuse** (sur ce délit, voir n°s 66700 s.). **73010**

2. PUBLICITÉ COMPARATIVE

ORIGINE DE LA RÉGLEMENTATION SUR LA PUBLICITÉ COMPARATIVE

73020 La publicité comparative est réglementée par les articles L 122-1 et suivants du Code de la consommation issus de la transposition de la directive 2006/114/CE du 12 décembre 2006 en matière de publicité trompeuse et de publicité comparative.

Nous citons ci-dessous certaines décisions rendues sur le fondement de la **réglementation antérieure** (Loi 92-60 du 18-1-1992) qui sont transposables à la réglementation actuelle.

CHAMP D'APPLICATION DE LA RÉGLEMENTATION SUR LA PUBLICITÉ COMPARATIVE

73030 La réglementation s'applique à toute publicité qui met en **comparaison** des **biens ou services** en identifiant, implicitement ou explicitement, un **concurrent** ou des biens ou services offerts par un concurrent (C. consom. art. L 122-1, al. 1). La publicité comparative doit être distinguée de l'**information comparative.**

L'existence d'un **rapport de concurrence** est nécessaire pour l'application de la réglementation. Tel est le cas lorsqu'un revendeur de produits de marques différentes sur internet présente un tableau comparatif comportant des avis négatifs sur les produits de l'un de ses fournisseurs, dès lors que celui-ci vend également ses produits sur son site internet (Cass. com. 24-11-2009 n° 08-15.002 : RJDA 4/10 n° 447).

Une publicité peut être qualifiée de comparative même si l'**entreprise visée** par la comparaison n'est pas nommément désignée, dès lors que cette entreprise est aisément identifiable (CJCE 19-4-2007 aff. 381/05 : RJDA 8-9/07 n° 904).

ILLUSTRATIONS

Jugé que ne constitue pas une publicité comparative l'apposition, sur la devanture d'une pharmacie, d'un panneau annonçant « Parapharmacie moins chère qu'une para », cette officine étant située dans un centre commercial à proximité d'un commerce de parapharmacie exerçant sous l'enseigne « Parasanté », dès lors que l'emploi du terme « para », diminutif du mot générique « parapharmacie », est insuffisant à identifier ou à reconnaître l'enseigne du magasin de parapharmacie (CA Versailles 21-11-1997 : Bull. inf. C. cass. 1998/476 p. 31 n° 857).

En revanche, constitue une publicité comparative la publicité présentant, à côté d'une cafetière à piston, un amoncellement de capsules de café percées ou déformées, accompagnées du slogan « Make taste not waste » (faites du goût pas de déchets), dès lors que, parmi ces capsules, celles de la marque Nespresso étaient identifiables (Cass. com. 25-9-2012 n° 11-21.266 : RJDA 12/12 n° 1110).

Constitue également des publicités comparatives, et non des articles d'information, la publication par un magazine de deux articles, l'un représentant la photographie d'un mannequin portant des vêtements d'une marque de luxe à côté de celle d'un autre mannequin portant des vêtements du même genre, mais d'une marque de grande diffusion, dont les prix et les points de vente étaient indiqués, l'autre présentant, sous le titre « Match », une comparaison entre deux sacs d'une marque de luxe et deux sacs y ressemblant d'une marque de grande diffusion avec l'indication des prix respectifs de chacun ; en effet, ces informations constituent bien des publicités dans la mesure où elles sont manifestement destinées à inciter les lecteurs à acheter les produits « de substitution » (CA Paris 8-12-2000 : RJDA 5/00 n° 613).

73035 La réglementation de la publicité comparative est indifféremment applicable aux publicités qui s'adressent à tous les publics et à celles qui n'ont que des professionnels pour **destinataires** (CA Versailles 10-9-1998 : RJDA 12/98 n° 1432).

Enfin, une publicité n'est comparative au sens de l'article L 122-1 du Code de la consommation que si la comparaison porte sur des **biens ou services vendus concomitamment.**

ILLUSTRATIONS

Ne constitue pas une publicité comparative l'affichage de listes de prix figurant sur un stand d'information installé dans la galerie marchande d'un hypermarché dès lors que cet affichage a pour objet non de procéder à une comparaison entre les prix pratiqués par cet hypermarché et ceux de magasins concurrents mais d'informer les clients de l'hypermarché de l'évolution des prix pratiqués au sein de celui-ci à l'occasion d'un changement d'enseigne (CA Paris 19-5-1999 : RJDA 11/99 n° 1262).

CONDITIONS DE VALIDITÉ DE LA PUBLICITÉ COMPARATIVE

73040 **Principe** Le recours à la publicité comparative est licite si les conditions suivantes sont réunies (C. consom. art. L 122-1 et L 122-2).

1° La publicité doit porter sur des **biens ou services répondant aux mêmes besoins ou ayant le même objectif,** ce qui suppose un degré suffisant d'interchangeabilité pour le consommateur (CJCE 19-9-2006 aff. 356/04 : RJDA 12/06 n° 1277 ; voir aussi n° 73080).

Pour les produits bénéficiant d'une appellation d'origine ou d'une indication géographique protégée, la comparaison n'est autorisée qu'entre des produits bénéficiant chacun de la même appellation ou de la même indication (C. consom. art. L 122-3). En revanche, pour les produits n'ayant pas d'appellation d'origine, la comparaison avec des produits bénéficiant d'une appellation est possible dès lors que les autres conditions de validité de la publicité comparative sont respectées et, notamment, dès lors que la publicité ne tire pas indûment profit de l'appellation d'origine du produit concurrent (CJCE 19-4-2007 aff. 381/05 : RJDA 8-9/07 n° 904, à propos d'une publicité pour une bière belge dont le processus de fabrication s'inspirait de la méthode de production du vin mousseux, la publicité faisant référence aux vignerons de Reims et d'Épernay et évoquant les caractéristiques du vin mousseux et du champagne). **73040** (suite)

2° Elle doit être limitée à une **comparaison objective,** ce qui exclut toute référence aux appréciations subjectives telles que l'esthétique, le goût, la saveur ou l'odeur.

Dans le cas d'une publicité comparative sur les prix, le principe d'objectivité impose que le prix soit apprécié dans sa globalité. Tel n'est pas le cas lorsque l'annonceur procède à une comparaison d'un élément fragmentaire du prix en lui donnant une importance excessive par rapport à la globalité de ce prix (T. com. Nanterre 19-10-1999 : RJDA 2/00 n° 222 ; CA Versailles 27-6-2002 n° 1999-8922).

3° Elle doit comparer objectivement une ou plusieurs **caractéristiques essentielles, pertinentes, vérifiables et représentatives** de ces biens ou services, dont le prix peut faire partie.

ILLUSTRATIONS

Dans un cas où le fabricant d'une cafetière à piston avait diffusé une publicité présentant, à côté de la cafetière, un amoncellement de capsules percées ou déformées accompagnées du slogan « Make taste not waste », il a été jugé que cette condition était satisfaite dès lors que la publicité comparait deux méthodes de préparation du café dont l'une laisse des emballages vides et l'autre pas. La circonstance que les cafetières à piston ne génèrent pas de déchets, à l'exception du marc, constituait un fait objectif et s'analysait en une caractéristique essentielle de ce système de cafetières. Cette caractéristique était pertinente et représentative dès lors que le système des cafetières à capsules laisse, à l'inverse, pour chaque tasse de café produite, un emballage vide. Elle était également vérifiable, le fait que des dosettes produisent des déchets ayant un impact sur l'environnement étant incontestable (CA Versailles 19-5-2011 n° 09/09134 : RJDA 12/11 n° 1078).

Procède à une comparaison objective de biens le catalogue d'un fournisseur de pièces de rechange pour photocopieurs qui mentionne, en regard des numéros qu'il a attribué à ces pièces, les numéros que le fabricant, qui les commercialise aussi, leur a attribué (CJCE 25-10-2001 aff. 112/99 : RJDA 1/02 n° 108).

4° La **publicité** ne doit pas être **trompeuse ou de nature à induire en erreur.**

Même si elle comporte des éléments erronés, la publicité n'est trompeuse que si elle est susceptible d'avoir une incidence sur le comportement économique des personnes auxquelles elle s'adresse (Cass. com. 22-3-2023 n° 21-22.925 FS-B : RJDA 6/23 n° 246). Ainsi, une publicité comparant le prix d'un panier de courses dans deux supermarchés concurrents a été jugée licite, même si les relevés de prix comportaient des erreurs, rien ne prouvant que cette publicité pouvait influer sur le comportement du consommateur (même arrêt).

Si l'annonceur est en principe libre d'indiquer ou non la marque des produits concurrents, cette omission peut néanmoins conférer à la publicité comparative un caractère trompeur lorsque, pour les produits dont la marque est un critère de choix important pour l'acheteur, les marques des produits comparés présentent une différence majeure en termes de notoriété (CJCE 8-4-2003 aff. 44/01 : RJDA 7/03 n° 787).

5° La publicité ne doit pas **tirer « indûment » profit de la notoriété** attachée à une marque de produits ou de services, à un nom commercial, à d'autres signes distinctifs d'un concurrent ou à l'appellation d'origine ainsi qu'à l'indication géographique protégée d'un produit concurrent.

Le fait de recourir à la publicité comparative entraîne nécessairement l'utilisation de la notoriété d'autrui. Il existe donc un risque de tirer un profit illégitime des références faites à un tiers, en particulier lorsque celui-ci bénéficie d'une certaine réputation. C'est pourquoi l'article L 122-2 du Code de la consommation interdit le fait de tirer « indûment » profit de la notoriété d'autrui. Pour autant, le bénéfice qu'un annonceur tire de la publicité comparative n'est pas susceptible, à lui seul, de constituer un élément déterminant dans l'appréciation de la légalité de son comportement (CJCE 23-2-2006 aff. 59/05 : RJDA 6/06 n° 714). Dès lors, il importe de connaître la limite au-delà de laquelle un annonceur doit être considéré comme agissant de manière déloyale. Il en est ainsi lorsque la mention des signes distinctifs du concurrent conduit le public visé par la publicité à transférer la réputation des produits de ce concurrent aux produits de l'annonceur (CJCE 25-10-2001 aff. 112/99 : RJDA 1/02 n° 108). De même, un annonceur ne peut pas valablement mentionner de manière explicite ou implicite que le produit qu'il commercialise constitue une « imitation ou une reproduction » du produit ou service (CJCE 18-6-2009 aff. 487/07 : RJDA 12/09 n° 1125, cette interdiction est expressément prévue par le Code de la consommation, voir ci-dessous 8°).

6° La publicité ne doit pas entraîner le **discrédit** ou le dénigrement des marques, noms commerciaux, autres signes distinctifs, biens, services, activité ou situation d'un concurrent. Jugé qu'une comparaison de prix n'entraîne pas le discrédit d'un concurrent lorsque l'écart de prix entre les produits comparés est supérieur à l'écart de prix moyen entre les prix pratiqués par l'annonceur et ceux pratiqués par le concurrent (CJCE 8-4-2003 aff. 44/01 : RJDA 7/03 n° 787).

7° Elle ne doit pas engendrer de **confusion** entre l'annonceur et un concurrent ou entre les marques, noms commerciaux, autres signes distinctifs, biens ou services de l'annonceur et ceux d'un concurrent.

En l'absence d'un tel risque de confusion, le titulaire d'une marque ne peut pas invoquer le droit conféré par la marque pour faire interdire l'usage d'un signe identique ou similaire à sa marque dans une publicité comparative et ce, peu important que les autres conditions de validité de la publicité soient ou non respectées (CJCE 12-6-2008 aff. 533/06 : RJDA 10/08 n° 1063).

8° La publicité ne doit pas présenter des biens ou des services comme une **imitation** ou une **reproduction** d'un bien ou d'un service bénéficiant d'une marque ou d'un nom commercial protégé (pour un exemple concernant des parfums, voir CJCE 18-6-2009 aff. 487/07 : RJDA 12/09 n° 1125).

73050 Illustrations

Contenu de la publicité comparative	Licéité
Publicité effectuée par la radio musicale X représentant, entre le slogan « quand X est deuxième radio de France ça fait un drôle d'effet » et un **tableau comparatif des chiffres relatifs à l'auditorat** de X et trois radios nationales généralistes, une boule de bowling représentant X roulant en direction de trois quilles correspondant à celles-ci et renversant deux d'entre elles, parmi lesquelles figurait la radio Y.	**Non** : cette publicité, qui représentait la radio Y comme une quille vacillante sur le point de tomber sous le coup de la boule X, présentait un caractère nettement dénigrant (CA Paris 10-9-1999 : RJDA 11/99 n° 1263).
Publicité effectuée par la **radio musicale X qui comparait son audience à celle d'une autre radio** en utilisant le slogan « En un an X confirme son leadership sur Y » et en représentant deux flèches, l'une orientée vers le haut avec le chiffre 4 878 000 et l'inscription « X : + 572 000 auditeurs », et l'autre orientée vers le bas avec le chiffre 4 684 000 et l'inscription « Y : – 133 000 auditeurs ».	**Oui** : une telle publicité est loyale, véridique, non trompeuse et porte sur des caractéristiques essentielles, significatives, pertinentes et vérifiables de services de même nature (CA Paris 10-9-1999 : RJDA 11/99 n° 1263).
Publicité qui fait état des **résultats d'une étude scientifique** comparant les caractéristiques de sondes médicales en l'accompagnant de commentaires avantageux pour l'une des sondes concernées.	**Non** : ces commentaires tiraient parti des résultats positifs de cette étude et occultaient les autres (CA Versailles 15-11-2001 : RJDA 5/02 n° 569).
Publicité effectuée par l'éditeur d'un magazine destiné à des professionnels pour vanter les mérites de ce magazine, d'une part, en adressant à ses clients le résumé d'une **étude sur la presse professionnelle** effectuée par une entreprise indépendante qui fait apparaître les pourcentages de lecteurs de diverses branches d'activité, le rang de classement des différentes revues dans le domaine de la restauration collective et le premier rang du classement occupé par l'éditeur et, d'autre part, en accompagnant cette étude du commentaire suivant : « si vous comparez notre tarif de publicité avec celui de nos confrères, vous vous apercevrez qu'à surface égale, il est, en valeur absolue, nettement moins élevé, donc beaucoup plus compétitif, si l'on tient compte des éléments de l'étude que nous vous transmettons. »	**Non** : – si l'étude réalisée avait bien pour objet une comparaison loyale, véridique et objective de la notoriété et du nombre de lecteurs des titres de la presse spécialisée dans le secteur de la restauration collective, l'objet de la publicité comparative elle-même était le rapport coût/impact des publicités insérées dans les magazines concernés et constituait une extrapolation des résultats de cette étude ; – cette comparaison ne portait pas sur les caractéristiques essentielles et pertinentes de ces publications dont le caractère de support publicitaire n'était qu'accessoire (CA Versailles 10-9-1998 : RJDA 12/98 n° 1432).

73050 (suite)

Contenu de la publicité comparative	Licéité
Plaquette publicitaire éditée par un établissement de formation dans laquelle est inséré un tableau comparatif des **taux de réussite à un examen** obtenus par différentes écoles.	**Non** : ce tableau excluait alternativement certaines écoles lorsque, dans l'une ou l'autre des différentes matières enseignées, leur taux de réussite était meilleur que celui de l'établissement de formation (CA Paris 23-5-2003 n° 02-18945 : RJDA 12/03 n° 1258).
Campagne publicitaire **diffusée à Paris par une société de location de véhicules** qui compare les prix de cette société à ceux pratiqués par un concurrent.	**Non** : la publicité ne précisait pas que la location au prix annoncé n'était possible, le samedi, qu'à la condition de se rendre dans une agence à la périphérie de Paris, l'omission de cette restriction importante étant de nature à induire le consommateur en erreur et l'empêchant de procéder à un constat objectif des différences entre les offres respectives (Cass. com. 1-7-2008 n° 07-15.839 : RJDA 12/08 n° 1317).
Publicité effectuée par un **fabricant d'aspirateurs sans sac** comparant l'un de ses aspirateurs à celui d'un concurrent avec la photographie des deux aspirateurs sous laquelle le message suivant était inscrit en gros caractères « X concentre ses efforts sur le silence. Mais son appareil perd 1/4 de son aspiration ».	**Non** : compte tenu de ses modalités, cette publicité : – n'est pas objective car la photographie des deux modèles d'aspirateurs permet d'identifier l'aspirateur concurrent mais pas celui de l'annonceur, de sorte que le consommateur ne peut pas comparer les caractéristiques spécifiques de chaque modèle ; – est trompeuse car l'affirmation « X concentre ses efforts sur le silence » laisse croire que le fabricant concurrent délaisse la puissance d'aspiration de son appareil, critère essentiel de choix d'un aspirateur, pour ne se concentrer que sur l'absence de bruit, critère de moindre pertinence ; – est dénigrante car les termes « Mais son appareil perd 1/4 de son aspiration » incitent à faire croire, par leur généralité, que dans tous les cas l'aspirateur X perd un quart de sa puissance d'aspiration, ce qui est inexact (CA Paris 5-11-2010 n° 09/21980 : RJDA 6/10 n° 687).
Publicité comparant les prix de produits sur internet à ceux « généralement constatés » pour des produits similaires.	**Non** : l'annonceur s'est contenté d'utiliser les prix de vente relevés dans deux catalogues de vente par correspondance, alors qu'une publicité comparative ne peut pas être parcellaire (CA Versailles 18-3-2010 n° 09-672 : RJDA 8-9/10 n° 886).
Utilisation par le constructeur automobile Renault du slogan **« Qui mieux que Renault peut entretenir votre Renault ? »** Utilisation de **ce slogan** dans des publicités télévisées, dans lesquelles des réparateurs, présentés sous une enseigne inexistante, étaient habillés dans des **tenues similaires** à celles portées par les salariés de centres de réparation automobile implantés en milieu urbain ou périurbain.	**Oui** : ce slogan ne laissait pas entendre que les prestations réalisées par le réseau Renault étaient d'une qualité supérieure à celles proposées par ses concurrents (Cass. com. 10-5-2011 n° 09-67.440 : RJDA 8-9/11 n° 741). **Non** : les réparateurs, qui incarnaient implicitement l'ensemble des réparateurs appartenant à des centres de réparation automobile ou des garagistes artisans ne faisant pas partie du réseau du constructeur, étaient indéniablement présentés comme ignorants et totalement dépassés par la technologie des véhicules Renault (CA Versailles 16-3-2011 n° 10/00956 : RJDA 8-9/11 n° 741).

73050 (suite)

Contenu de la publicité comparative	Licéité
Publicité présentant, à côté d'une **cafetière à piston** Bodum surmontée du slogan « Clearly the best way to brew coffee » (Assurément le meilleur moyen de faire du café), un amoncellement de **capsules de café** percées et déformées renvoyant implicitement aux capsules de la marque Nespresso, accompagné du slogan « Make taste not waste » (Faites du goût pas des déchets).	**Non** : la publicité mettait exclusivement en avant une caractéristique négative du produit d'un concurrent, présentée dans des conditions de nature à jeter le discrédit sur celui-ci (Cass. com. 25-9-2012 n° 11-21.266 : RJDA 12/12 n° 1110).
Publicité qui **compare** les **prix** de **produits** vendus dans des **magasins de tailles différentes.**	**Non** : publicité non objective et trompeuse, dès lors que ces magasins font partie d'enseignes possédant chacune des magasins de tailles différentes et que l'annonceur compare les prix pratiqués dans ses magasins de taille supérieure avec ceux relevés dans des magasins de taille inférieure d'une enseigne concurrente sauf si les consommateurs sont clairement informés, par le message publicitaire lui-même, que la comparaison s'effectue dans de telles conditions (CJUE 8-2-2017 aff. 562/15 : RJDA 4/17 n° 292).
Spots publicitaires qui comparent les **produits** d'un **distributeur** hard discount aux **produits** vendus par une **marque** de fabricant et qui se terminent par l'avis suivant, après dégustation des produits mis en comparaison : « Deux J'aime, mais pas au même prix ».	**Non** : même si les produits comparés présentent un caractère d'interchangeabilité car ils sont de nature alimentaire, ils ne comparent pas objectivement des caractéristiques essentielles, pertinentes et vérifiables et représentatives des produits comparés et l'interjection « J'aime » après la dégustation de chacun des produits en comparaison constitue une appréciation du goût qui est un élément subjectif invérifiable par le consommateur (CA Paris 31-1-2020 n° 18/01091 : RJDA 10/20 n° 538).
Publicité qui procède à une **comparaison partiellement erronée du prix** de paniers de courses entre enseignes différentes.	**Oui** : malgré l'erreur sur les relevés de prix, rien ne prouvait que cette publicité pouvait influer sur le comportement du consommateur (CA Caen 22-7-2021 n° 18/01524 : RJDA 3/22 n° 178).
Publicité révélant des **prix différents** entre magasins de la **même enseigne.**	**Oui** : même s'ils étaient un peu polémiques, les propos n'étaient pas injurieux ou dénigrants et n'impliquaient, à leur seule lecture, aucune suspicion d'anormalité ou de malhonnêteté sur le fait que deux magasins de la même enseigne pratiquent des prix différents, d'autant que ce constat était une réalité (CA Caen 22-7-2021 n° 18/01524 précité).
Campagne publicitaire d'une enseigne de la grande distribution sous le slogan « Cette année, la rentrée à Paris est moins chère », qui compare les **prix de produits livrés** par elle **à domicile** dans Paris « intra muros » avec les prix pratiqués par des enseignes concurrentes **en période de rentrée,** ces enseignes étant représentées sous les traits de pigeons.	**Non** : compte tenu de ses modalités, cette publicité est : – trompeuse, dès lors qu'elle met en avant une comparaison de prix de « rentrée », alors qu'il s'agit de prix relevés au début du mois de juillet, et qu'elle porte sur des prix hors frais de livraison ; – dénigrante car la représentation des enseignes concurrentes par des pigeons signifie expressément que les clients de ces enseignes se font flouer par la pratique de prix injustifiés (CA Paris 15-4-2022 n° 20/15209 : RJDA 8-9/22 n° 523).

Publicité comparant les performances des produits d'un distributeur à celles de ses fournisseurs à l'aide d'un système de notation La Commission d'examen des pratiques commerciales (CEPC) a précisé les **conditions** dans lesquelles un distributeur, également fabricant de produits, peut réaliser des publicités comparant les performances de ses produits à celles de ses fournisseurs à l'aide d'un système de notation. En effet, une telle pratique constitue une publicité comparative et doit donc satisfaire aux conditions posées par les articles L 122-1 et suivants du Code de la consommation (Avis CEPC n° 09-14 du 9-12-2009). 73060

1. En ce qui concerne l'exigence d'une comparaison objective, une entreprise peut valablement déterminer seule ses méthodes et critères de comparaison, ainsi que, le cas échéant, ses systèmes de notation. De même, les essais réalisés par une entreprise pour les besoins d'une publicité comparative peuvent être effectués par son propre laboratoire, même si celui-ci ne dispose d'aucune certification de son système qualité. Toutefois, l'annonceur doit être en mesure de justifier que les tests et analyses de ces essais ont été effectués de telle sorte que leurs résultats soient objectifs et vérifiables.

2. Les caractéristiques des produits comparés devant être vérifiables, l'annonceur doit être en mesure, dès la formulation de son message publicitaire, d'indiquer à tout intéressé où et comment celui-ci pourra prendre connaissance du barème de notation utilisé et de son fonctionnement afin d'en vérifier l'exactitude ou, s'il ne dispose pas de la compétence requise, d'en faire vérifier l'exactitude.

3. L'annonceur devant « être en mesure de prouver dans un bref délai l'exactitude matérielle des énonciations, indications et présentations contenues dans la publicité » (C. consom. art. L 122-5), il ne peut pas opposer le secret des affaires à un tiers, notamment un concurrent, qui lui demande la communication des méthodes d'essais ou des critères de notation utilisés. Cependant, cette communication pourra être limitée aux éléments nécessaires à une vérification de la comparaison et de son objectivité.

Cas de la publicité comparative portant sur des « paniers » de produits 73070

Une **publicité comparative** sur les prix peut, à certaines conditions, porter sur des assortiments de produits de consommation courante commercialisés par des concurrents. L'annonceur peut soit comparer les **prix de son assortiment de produits** à ceux d'un assortiment de produits commercialisés par un concurrent, soit comparer son **niveau général de prix** avec celui du concurrent – cette comparaison reposant sur des assortiments comparables de biens de consommation courante – et en déduire le montant des économies susceptibles d'être réalisées par le consommateur.

Règles communes L'objectivité de la comparaison suppose que les **produits** composant l'assortiment soient **représentatifs** des achats les plus courants. Un annonceur ne peut donc pas valablement afficher une publicité comparative portant sur des paniers de produits en n'y incluant que des produits systématiquement moins chers que ceux commercialisés par son concurrent, sans se soucier au préalable de rechercher si ces produits sont réellement « de consommation courante » (Cass. com. 31-10-2006 n° 05-10.541 : RJDA 4/07 n° 415). 73075

ILLUSTRATIONS

Dans un cas où une « grande surface » avait diffusé la publicité « Économisez : Être fidèle à X..., c'est acheter environ 265,40 F [environ 40 €] ce que vous payez 303,50 F [environ 46 €] chez Y... chaque semaine. En un an, soit 52 semaines, la différence fait 1 957,80 F [environ 298 €], soit plus d'un mois de courses économisé », il a été jugé que cette publicité était de nature à induire en erreur le consommateur car le « panier de référence », qui ne comportait ni liquides ni produits frais et prenait en compte quatre flacons de shampooing, n'était pas représentatif des achats effectués en hypermarché (T. corr. Chalon-sur-Saône 24-6-1994 : RJDA 11/94 n° 1229).

En outre, une telle publicité comparative n'est licite que si les produits composant les paniers répondent aux mêmes besoins ou ont le même objectif, c'est-à-dire présentent un degré suffisant d'**interchangeabilité** pour le consommateur (CJCE 19-9-2006 aff. 356/04 : RJDA 12/06 n° 1277). 73080

Cette condition est remplie même lorsque la publicité concerne des produits alimentaires et ce, alors même que les produits comparés diffèrent dans leurs mode et lieu de fabrication, leurs ingrédients ou l'identité de leur fabricant. Néanmoins, une publicité comparant le prix de produits alimentaires serait trompeuse si elle fait naître dans l'esprit des consommateurs la croyance erronée que la sélection des produits opérée par l'annonceur est représentative du niveau général de ses prix par rapport à celui pratiqué par son concurrent ou que tous les produits de l'annonceur sont moins chers que ceux de son concurrent. En outre, elle serait trompeuse si elle était perçue par le consommateur comme affirmant implicitement l'existence d'une équivalence entre les produits alimentaires comparés, alors qu'ils présentent pourtant des différences de nature à conditionner de manière sensible son choix (composition ou mode de fabrication, marque renommée, etc.) (CJUE 18-11-2010 aff. 159/09).

73085 Pour la Cour de justice, il n'est pas nécessaire que les **produits comparés** fassent l'objet d'une **énumération** expresse et exhaustive dans le message publicitaire. Néanmoins, les produits doivent pouvoir être individuellement et concrètement identifiés sur la base des informations contenues dans ce message. En effet, la possibilité de vérifier les prix des produits comparés est nécessairement subordonnée à la possibilité d'identifier ces derniers (CJCE 19-9-2006 aff. 356/04 : RJDA 12/06 n° 1277).

La Cour de cassation a, quant à elle, jugé que, pour que la comparaison effectuée exclusivement en termes de prix soit pertinente pour le consommateur, les produits comparés doivent être identifiés ou désignés avec suffisamment de précision afin de vérifier qu'ils répondent aux mêmes besoins, ce qui n'est pas le cas lorsqu'un tableau comparatif se contente de lister les produits sans autre précision (Cass. com. 31-10-2006 n° 05-10.541 : RJDA 4/07 n° 415).

ATTENTION

La **portée de l'arrêt du 31 octobre 2006** doit cependant être nuancée car celui-ci se réfère à un arrêt de la CJCE du 8 avril 2003 (CJCE 8-4-2003 aff. 44/01 : RJDA 7/03 n° 787) dont l'arrêt précité du 19 septembre 2006 a circonscrit le domaine à la comparaison de produits individualisés. Or, à la date où elle a rendu sa décision, la Cour de cassation n'avait pas encore eu connaissance de l'arrêt de la CJCE du 19 septembre 2006.

73090 Lorsque les éléments de comparaison sur lesquels repose la mention d'une caractéristique ne figurent pas dans la publicité elle-même, l'annonceur doit indiquer où et comment les destinataires du message peuvent en prendre aisément **connaissance** afin d'en **vérifier l'exactitude** (CJCE 19-9-2006 aff. 356/04 : RJDA 12/06 n° 1277 ; Cass. crim. 4-3-2008 n° 07-83.628 : RJDA 7/08 n° 860).

73095 Par **exemple,** ont été jugés illicites :
– l'affichage par un distributeur d'un tableau comparatif des prix pratiqués par lui-même et une enseigne concurrente sur un certain nombre de produits génériques (huile d'olive, maïs, thon, etc.) dès lors que, notamment, la publicité ne contenait pas d'indications objectives permettant de connaître les raisons des différences des prix pratiqués alors que l'exigence d'objectivité suppose que le consommateur puisse avoir connaissance des **caractéristiques propres à justifier les différences de prix** (Cass. com. 31-10-2006 n° 05-10.541 : RJDA 4/07 n° 415) ;
– la présentation par un distributeur à l'entrée de son magasin de deux chariots remplis de produits ménagers et alimentaires provenant, pour l'un d'eux, de ses rayons, pour l'autre, d'un magasin concurrent, accompagnée d'un tableau comparatif, sous la forme de tickets de caisse, répertoriant les marchandises concernées, avec l'annonce suivante : « Chers clients, un nouveau concurrent voudrait vous faire croire qu'il est moins cher que X ; alors, nous avons comparé 65 produits de consommation courante ; à vous de juger ; total Caddie X : 58,46 € ; total Caddie concurrent : 76,43 € ; un écart en faveur de X de 17,97 €, soit 23,52 % moins cher que notre nouveau concurrent ; faites-le savoir » ; en effet, la reproduction des seuls tickets de caisse ne permettait pas au consommateur de s'assurer que les produits comparés qui, pour certains, présentaient des différences de qualité, de poids, de contenance et de composition, et qui étaient placés dans des chariots recouverts d'un film plastifié, présentaient les mêmes **caractéristiques essentielles,** de sorte que leur comparaison ne pouvait pas être effectuée de façon objective (Cass. crim. 4-3-2008 n° 07-83.628 : RJDA 7/08 n° 860 ; voir aussi Cass. crim. 9-5-2007 n° 06-86.373 : RJDA 8-9/07 n° 905).

73100 **Publicité vantant un niveau général des prix plus bas.** Lorsque la publicité comparative vante le niveau général des prix plus bas de l'annonceur par rapport à ses principaux concurrents, alors que la comparaison porte sur un échantillon de produits, elle peut revêtir un **caractère trompeur** lorsque le message publicitaire (CJCE 19-9-2006 aff. 356/04 : RJDA 12/06 n° 1277) :
– soit ne fait pas apparaître que la comparaison n'a porté que sur un tel échantillon et non sur l'ensemble des produits de l'annonceur ;
– soit n'identifie pas les éléments de la comparaison intervenue ou ne renseigne pas le destinataire sur la source d'information auprès de laquelle une telle identification est accessible ;
– soit comporte une référence collective à une fourchette d'économies pouvant être réalisées par le consommateur qui effectue ses achats auprès de l'annonceur plutôt qu'auprès de ses concurrents sans individualiser, d'une part, le niveau général des prix pratiqués par chacun de ces concurrents et, d'autre part, le montant des économies susceptibles d'être réalisées en effectuant ses achats auprès de l'annonceur plutôt que de chacun d'entre eux.

SUPPORTS INTERDITS EN MATIÈRE DE PUBLICITÉ COMPARATIVE

La publicité comparative ne doit pas figurer sur des emballages, des factures (quel que soit l'émetteur), des titres de transport, des moyens de paiement et des billets d'accès à des spectacles ou à des lieux ouverts au public (musées, bibliothèques, etc.) (C. consom. art. L 122-4 ; Rapport Sén. relatif à la loi 92-60 du 18-1-1992 n° 315 p. 42). 73110

PREUVE DE L'EXACTITUDE DU CONTENU D'UNE PUBLICITÉ COMPARATIVE

L'annonceur pour le compte duquel la publicité comparative est diffusée doit être en mesure de prouver dans un bref délai l'exactitude matérielle des énonciations, indications et présentations contenues dans la publicité (C. consom. art. L 122-5). Sur l'impossibilité d'invoquer le secret des affaires pour refuser de communiquer des méthodes d'essais, voir n° 73060. 73120

Au demeurant, les agents habilités à rechercher et constater les infractions peuvent exiger de l'annonceur la mise à leur disposition ou la communication de tous les éléments propres à justifier les allégations publicitaires (C. consom. art. L 512-15).

DROIT DE RÉPONSE À UNE PUBLICITÉ COMPARATIVE

Pour ne pas décourager les initiatives en matière de publicité comparative, la réglementation prévoit que les insertions réalisées dans la presse pour une publicité comparative ne peuvent pas faire l'objet d'un droit de réponse dans la presse écrite et dans l'audiovisuel (C. consom. art. L 122-6). 73130

RÉPRESSION DES INFRACTIONS AUX RÈGLES SUR LA PUBLICITÉ COMPARATIVE

La répression des infractions en matière de publicité comparative s'effectue dans les conditions fixées aux articles L 511-1 et suivants du Code de la consommation (voir n°s 78600 s.). 73140

En outre, les associations de consommateurs agréées peuvent agir devant la juridiction civile pour faire cesser ou interdire toute publicité comparative illicite (C. consom. art. L 621-7).

SANCTIONS DE LA VIOLATION DES RÈGLES SUR LA PUBLICITÉ COMPARATIVE

Les infractions à la réglementation sont **pénalement sanctionnées**, le cas échéant, des peines prévues (C. consom. art. L 132-25) : 73150
- en cas de pratique commerciale trompeuse (C. consom. art. L 132-2 s.) ;
- en cas de contrefaçon de marque (CPI art. L 716-9 et L 716-12).

En outre, des **dommages-intérêts** peuvent être infligés pour concurrence déloyale, sur le fondement de l'article 1240 du Code civil relatif à la responsabilité civile extracontractuelle. Le demandeur n'a pas à prouver l'existence de son préjudice, celui-ci résultant nécessairement de la faute commise (Cass. com. 14-6-2000 : RJDA 12/00 n° 1184).

3. PROTECTION DE LA PROPRIÉTÉ INTELLECTUELLE

La publicité ne doit pas porter atteinte aux droits de propriété industrielle, littéraire ou artistique de leur titulaire. 73180

PROTECTION DES MARQUES ENREGISTRÉES

Tout signe servant à distinguer les produits ou services d'une personne physique ou morale de ceux d'une autre personne physique ou morale peut être déposé comme marque, à condition de pouvoir être représenté dans le registre national des marques de manière à permettre à toute personne de déterminer précisément et clairement l'objet de la protection conférée à son titulaire (CPI art. L 711-1). Tel peut être le cas de dénominations (mots, assemblage de mots – slogan publicitaire par exemple –, noms patronymiques et géographiques, lettres, chiffres, sigles), de signes figuratifs (par exemple, dessins, étiquettes, hologrammes, logos, images de synthèse, formes d'un produit) ou de signes sonores (sons ou phrases musicales). 73190

Conditions de la protection Pour être protégée, la marque doit remplir notamment les conditions suivantes. 73200

1° Elle doit être **disponible,** c'est-à-dire qu'elle ne doit pas porter atteinte à des droits antérieurs (CPI art. L 711-3, I-al. 1). Elle ne doit notamment pas porter atteinte à :
- une marque antérieure lorsqu'elle est identique à cette marque antérieure et que les produits ou les services qu'elle désigne sont identiques à ceux pour lesquels cette marque antérieure est protégée, ou lorsqu'elle est identique ou similaire à la marque antérieure et que les produits ou les services qu'elle désigne sont identiques ou similaires à ceux pour lesquels la marque antérieure est protégée, s'il existe, dans l'esprit du public, un risque de confusion incluant le risque d'association avec la marque antérieure (art. L 711-3, I-1°) ; une marque antérieure est : une marque française enregistrée, une marque de l'Union européenne ou une marque ayant fait l'objet d'un enregistrement international ayant effet en France ; une

demande d'enregistrement d'une de ces marques sous réserve de son enregistrement ultérieur ou une marque notoirement connue au sens de l'article 6 bis de la convention de Paris pour la protection de la propriété industrielle (art. L 711-3, II) ;
– une marque antérieure enregistrée ou une demande de marque sous réserve de son enregistrement ultérieur, jouissant d'une renommée en France ou, dans le cas d'une marque de l'Union européenne, d'une renommée dans l'Union, lorsque la marque postérieure est identique ou similaire à la marque antérieure, que les produits ou les services qu'elle désigne soient ou non identiques ou similaires à ceux pour lesquels la marque antérieure est enregistrée ou demandée et lorsque l'usage de cette marque postérieure sans juste motif tirerait indûment profit du caractère distinctif ou de la renommée de la marque antérieure, ou qu'il leur porterait préjudice (art. L 711-3, I-2°) ;
– s'il existe un risque de confusion dans l'esprit du public : une dénomination ou une raison sociale (art. L 711-3, I-3°) ou un nom commercial, une enseigne ou un nom de domaine, dont la portée n'est pas seulement locale (art. L 711-3, I-4°) ;
– des droits d'auteur (art. L 711-3, I-6°).

73205 2° Elle ne doit pas être dépourvue de caractère **distinctif.** Elle ne doit donc pas, par elle-même, être inapte à identifier l'origine des produits ou services qu'elle couvre (CPI art. L 711-2, 2°). Elle ne doit donc pas non plus être composée exclusivement d'éléments ou d'indications devenus usuels dans le langage courant ou dans les habitudes loyales et constantes du commerce (art. L 711-2, 4°) ou être composée exclusivement d'éléments ou d'indications pouvant servir à désigner, dans le commerce, une caractéristique du produit ou du service, et notamment l'espèce, la qualité, la quantité, la destination, la valeur, la provenance géographique, l'époque de la production du bien ou de la prestation du service (art. L 711-2, 3°).

Une marque est distinctive dès lors que le signe, même dépourvu d'originalité, même connu, présente un caractère arbitraire et de fantaisie par rapport au produit ou service qu'il désigne. Pour qu'une marque soit considérée comme non distinctive, il n'est pas exigé que les signes ou indications qui la composent soient le mode exclusif de désignation des caractéristiques des produits pour lesquels la marque est enregistrée (Cass. com. 14-4-2021 n° 18-21.695 F-D : RJDA 8-9/21 n° 611 rendu sous l'empire de la rédaction de l'art. L 711-2 antérieure à l'ord. 2019-1169 du 13-11-2019 mais à notre avis transposable à la rédaction actuelle). En revanche, si la marque emprunte un vocable à la langue d'un autre État membre de l'UE, la marque ne sera pas remise en cause, même si dans cette langue, le vocable est dépourvu de caractère distinctif ou est descriptif, dès lors que les milieux intéressés de l'État où l'enregistrement est demandé ne sont pas aptes à identifier la signification du vocable (CJCE 9-3-2006 aff. 421/04 : RJDA 6/06 n° 717).

Pour être distinctive, la marque ne doit pas non plus être constituée exclusivement par la forme ou une autre **caractéristique du produit** imposée par la nature même de ce produit, nécessaire à l'obtention d'un résultat technique ou qui confère à ce produit une valeur substantielle (CPI art. L 711-2, 5°).

ILLUSTRATIONS

Ont été déclarés **valables** : les termes « + » figurant dans la marque complexe « Canal + » pour désigner des produits de télévision (CA Paris 17-12-1992 : RJDA 3/93 n° 273), « Comtesse » dans la marque complexe « Comtesse du Barry » pour désigner des produits alimentaires (CA Paris 16-10-1996 : RJDA 2/97 n° 288), « Mas » pour des produits laitiers (Cass. com. 24-5-1994 : RJDA 11/94 n° 1234), « Rouge et Noir » pour des produits de papeterie, du matériel pour artistes et des articles de reliure et d'emballage (CA Paris 1-6-1994 : RJDA 10/94 n° 1081), « Champomy » pour désigner un jus de pomme gazéifié, dès lors que le titulaire de la marque a fait émerger un univers propre autour de celle-ci excluant le risque d'affaiblissement de l'appellation « Champagne » (Cass. com. 7-7-2009 n° 08-10.817 : RJDA 2/10 n° 182), « The french touch » pour désigner une boisson alcoolique (CA Versailles 26-11-2009 n° 08-4527 : RJDA 4/10 n° 435) ou « Rent A Car » pour désigner des véhicules (Cass. com. 7-7-2021 n° 19-16.028 F-D : RJDA 11/21 n° 741). A également été jugée valable la marque tridimensionnelle constituée de la forme d'un rouge à lèvres pour désigner des rouges à lèvres, dès lors que cette forme divergeait significativement de la norme et des habitudes du secteur (Trib. UE 14-7-2021 aff. 488/20 : RJDA 5/22 n° 308).

En revanche, il a été jugé que ne pouvaient **pas être déposés** :
– en raison de leur caractère descriptif, les termes « Fraises de Plougastel » (Cass. com. 23-10-1973 : D. 1974 p. 115), « Voyager magazine » comme titre de revue traitant du voyage et du tourisme (Cass. com. 12-12-1995 : RJDA 3/96 n° 439), « Silhouette » pour désigner des produits diététiques à usage médical (Cass. com. 12-7-2005 n° 1072 : RJDA 11/05 n° 1290), « Shiatsu » pour un modèle de bague destinée au massage par pression (Cass. com. 4-11-2014 n° 13-17.128 : RJDA 4/15 n° 314), « Giant » pour désigner des hamburgers (Cass. com. 8-6-2017 n° 15-20.966 F-D : RJDA 10/17 n° 674, et, sur renvoi après cassation, Cass. com. 27-1-2021 n° 18-20.702 F-D : RJDA 7/21 n° 529), « lentillesmoinscher.com » pour désigner des produits pharmaceutiques, désinfectants et articles de lunetterie (Cass. com. 16-5-2018 n° 16-15.115 F-D : RJDA 8-9/18 n° 684) ;

– en raison de leur caractère trop général, les termes « Produits libres » (CA Paris 3-5-1978 : Gaz. Pal. 19791 som. p. 61) ;
– en raison d'absence de caractère distinctif, le signe figuratif composé du mot « achtung » entièrement en minuscule suivi d'un point d'exclamation, pour des produits tels que des logiciels, des articles de papeterie et des services de gestion des communications (CJUE 3-9-2020 aff. 214/19 : RJDA 11/20 n° 602, rendu à propos d'une marque de l'UE mais à notre avis transposable), ainsi que, pour des boissons, le signe sonore composé du « pschitt » qui se produit à l'ouverture d'une canette (Trib. UE 7-7-2021 aff. 668/19 : RJDA 11/21 n° 743).

Le caractère distinctif d'une marque **s'apprécie au jour** du dépôt au regard de la connaissance du terme contesté auprès du public concerné, sans qu'il y ait lieu de tenir compte de la généralisation ultérieure de ce terme, à moins qu'elle n'ait été prévisible au jour du dépôt (Cass. com. 6-12-2023 n° 22-16.078 F-B : RJDA 3/24 n° 191 à propos du signe « monkiosque » pour des services d'abonnement et de distribution de journaux et périodiques en ligne ; arrêt rendu sous l'empire de la rédaction de l'art. L 711-2 antérieure à l'ord. 2019-1169 du 13-11-2019 mais à notre avis transposable).

3° Elle ne doit pas être « **déceptive** », c'est-à-dire de nature à tromper le public, notamment sur la nature, la qualité ou la provenance géographique du produit ou du service (CPI art. L 711-2, 8°). **73210**
Le caractère déceptif d'un signe s'apprécie au regard des dispositions du Code de la propriété intellectuelle et non de celles du Code de la consommation sur l'étiquetage (Cass. com. 21-1-2014 n° 12-24.959 : RJDA 5/14 n° 485). Par ailleurs, la déceptivité s'apprécie uniquement au regard des caractéristiques du produit tel que désigné dans l'enregistrement, sans tenir compte de ses conditions d'exploitation (Cass. com. 15-3-2017 n° 15-19.513 F-D : RJDA 7/17 n° 512).

Pour apprécier le caractère déceptif de l'origine géographique, il n'est pas nécessaire que le lieu dont le nom est repris soit connu pour fabriquer de tels produits, mais qu'il soit raisonnablement envisageable qu'un tel nom puisse, aux yeux des milieux intéressés, désigner la provenance géographique de cette catégorie de produits, en tenant compte de la connaissance qu'a ce public du nom géographique en cause, ainsi que des caractéristiques du lieu désigné par celui-ci et de la catégorie de produits concernée (CJCE 4-5-1999 aff. 108/97 : RJDA 4/99 n° 288 ; Cass. com. 20-11-2007 n° 06-16.387 : RJDA 6/08 n° 726). Les collectivités territoriales et les établissements publics de coopération intercommunales peuvent demander à l'Inpi d'être alertés en cas de dépôt d'une demande d'enregistrement d'une marque contenant leur dénomination (CPI art. L 712-2-1, al. 1 et D 712-29 s.). Il est en de même pour les conseils régionaux, la collectivité territoriale de Corse et les conseils départementaux en cas de dépôt d'une demande d'enregistrement d'une marque contenant un nom de pays se situant sur leur territoire géographique (CPI art. L 712-2-1, al. 2 et D 712-29 s.).

ILLUSTRATIONS

Constituent une marque déceptive, donc nulle, les termes « Vieux Cahors » pour des vins sans origine (Cass. crim. 29-11-1972 : JCP éd. G 1973 II n° 17360 note Lestang), la marque « France-chauffage » dont le terme « France » suggère une garantie officielle des produits ou des services concernés (CA Paris 26-11-1979 : Gaz. Pal. 1980 som. p. 182), l'appellation « Évian » appliquée à des sirops de fruits qui peut conduire l'acheteur à penser, à tort, que ces sirops contiennent de l'eau minérale d'Évian et possèdent en conséquence, pour une faible partie du moins, les qualités thérapeutiques de cette eau (Cass. com. 17-1-1984 : Bull. civ. IV p. 16), la marque « Fleur de santé » pour des parfums et cosmétiques qui laisse croire que le produit a un effet bénéfique pour la santé (CA Paris 26-10-1988 : Gaz. Pal. 1989 p. 130 concl. Delafaye), les termes « Label » pour des produits et services informatiques liés à internet (CA Paris 27-6-2003 : RJDA 12/03 n° 1259) ou « Bel'Morteau » pour désigner des saucisses, dès lors qu'il contient le nom géographique « Morteau » alors que le lieu de fabrication du produit est situé à plus de 110 km de ce lieu (Cass. com. 30-11-2004 n° 1710 : RJDA 4/05 n° 470).

4° Elle ne doit pas être contraire à l'**ordre public** (CPI art. L 711-2, 7°). Tel est le cas, par exemple, du signe « Cannabia » pour désigner des boissons (CA Paris 18-10-2000 : RJDA 4/01 n° 519). En revanche, la circonstance qu'un terme soit la désignation légale d'une activité réglementée ne suffit pas à en faire un signe contraire à l'ordre public (Cass. com. 14-10-2020 n° 18-16.887 FS-PB ; en sens contraire, Cass. com. 16-12-2014 n° 12-29.157 FS-PB : RJDA 4/15 n° 316, ayant jugé illicite le signe « Notaires 37 » pour désigner des journaux). **73215**

5° Elle ne doit pas être constituée par des signes dont l'usage est **légalement interdit** (CPI art. L 711-2, 7°) ou être exclue de l'enregistrement en application de l'article 6 ter de la convention de Paris pour la protection de la propriété industrielle relatif aux **emblèmes** d'État, signes officiels de contrôle et emblèmes d'organisations intergouvernementales, à défaut d'autorisation des autorités compétentes (CPI art. L 711-2, 6°). Est prohibée l'utilisation à titre de marque notamment des appellations « Équipe de France », « Champion de France », « Fédération française de », ou encore « Fédération nationale de », par toute **73220** personne autre qu'une fédération agréée ou délégataire (application de l'art. L 131-17 du Code du sport). Est également prohibé par le Code du sport l'usage des signes et symboles olympiques (Code du sport, art. L 141-5). Ainsi, ne peuvent être reproduits, sauf autorisation du Comité national olympique et sportif français, les emblèmes, drapeau, devise et symbole olympiques (flamme, torche, etc.), l'hymne olympique ou encore les termes « jeux Olympiques », « olympisme », « olympiade », et le sigle « JO ». Les termes « olympique », « olympien » et « olympienne », dans le cadre du langage courant, peuvent néanmoins être utilisés sans autorisation du titulaire des droits, hors usage promotionnel ou commercial et à la condition qu'aucun risque de confusion ne soit créé, ce qui revient à une exception exclusivement en faveur de l'information. Peuvent également être employés sans autorisation tous les signes protégés à des fins d'information ou de critique (Cass. com. 15-9-2009 nº 08-15.418 FS-PB ; CA Paris 21-1-2011 nº 09/20261 ; CA Versailles 10-3-2016 nº 14/00536). Cette protection spéciale des signes et symboles olympiques par le Code du sport est autonome par rapport aux droits de propriété intellectuelle, mais les deux régimes de protection peuvent se cumuler (Cass. com. 15-9-2009 précité). Pour plus de précisions sur cette question de l'« ambush marketing », voir A. Varet et R. Killy, Lutte contre l'ambush marketing : quels outils juridiques ? : BRDA 22/23 inf. 25.

73225 6° Le dépôt du signe ne doit pas avoir été effectué de **mauvaise foi** par le demandeur (CPI art. L 711-2, 11°).

73230 **Étendue de la protection** Le titulaire d'une marque ne peut pas s'opposer à l'usage de celle-ci pour des **produits mis dans le commerce** sous cette marque par lui ou avec son accord dans l'**Union européenne** ou dans l'Espace économique européen ; toutefois, s'il justifie d'un motif légitime, il peut alors interdire tout nouvel acte de commercialisation, notamment si l'état des produits a été modifié ou altéré après leur mise dans le commerce (CPI art. L 713-4). La CJUE et la Cour de cassation ont jugé que la distribution d'**échantillons** gratuits ne constituait pas une mise dans le commerce (CJUE 12-7-2011 aff. 324/09 : RJDA 3/12 nº 348 et Cass. com. 6-12-2023 nº 20-18.653 F-B : RJDA 3/24 nº 192). La Cour de justice des Communautés européennes a également précisé que le revendeur, qui commercialise habituellement des articles de même nature mais pas nécessairement de même qualité que les produits marqués, peut faire de la **publicité** pour ces produits selon les modes usuels dans son secteur d'activité même si ceux-ci ne correspondent pas à ceux utilisés par le titulaire lui-même ou par ses revendeurs agréés, à moins que le titulaire de la marque ne prouve qu'une telle utilisation de son signe distinctif porte une atteinte sérieuse à la renommée de ladite marque (CJCE 4-11-1997 aff. 337/95 : Rec. I-6013).

Pour que la présentation des produits marqués ne soit pas susceptible de nuire à la réputation de la marque, le revendeur doit donc, en ce qui concerne les produits de luxe et de prestige, « s'efforcer d'éviter que sa publicité n'affecte la valeur de la marque en portant préjudice à l'allure et à l'image de prestige des produits en cause ainsi que la sensation de luxe qui émane d'eux » (CJCE 4-11-1997 337/95 précité point 45). En particulier, dans les **dépliants publicitaires,** il doit veiller à ne pas placer la marque dans un voisinage qui risquerait d'amoindrir gravement l'image que le titulaire a réussi à créer autour de sa marque (Arrêt précité point 47).

73235 L'enregistrement de la marque confère à son titulaire un droit de propriété sur cette marque pour les produits ou services qu'il a désignés, selon les modalités prévues aux articles L 713-1 et suivants du Code de la propriété intellectuelle. Cet enregistrement confère à son titulaire une **protection** sur la marque pendant une **durée** de dix ans, mais ce droit peut être renouvelé indéfiniment, de dix ans en dix ans (CPI art. L 712-1, al. 2).

Cependant, le titulaire d'une marque peut être déchu de son droit si, sans justes motifs, il ne l'a pas exploitée pendant une période ininterrompue de cinq ans. Le point de départ de cette période est fixé au plus tôt à la date de l'enregistrement de la marque (art. L 714-5).

> **Précisions** Le titulaire est en droit de se prévaloir de l'atteinte portée à ses droits sur la marque qu'ont pu lui causer les **actes de contrefaçon** intervenus avant sa déchéance (Cass. com. 4-11-2020 nº 16-28.281 FS-PB : RJDA 5/21 nº 348, rendu sur le fondement de l'art. L 714-5 dans son ancienne rédaction mais à notre avis transposable).

73236 **Atteinte aux droits** En cas de contrefaçon, le titulaire de la marque peut agir devant le juge civil ou le juge pénal.

73237 **Action devant le juge civil** L'atteinte portée au droit du titulaire de la marque constitue une **contrefaçon** engageant la responsabilité civile de son auteur (CPI art. L 716-4). Tel est le cas notamment de la violation des interdictions suivantes :

– l'usage, sans autorisation du titulaire de la marque, dans la vie des affaires, d'un **signe identique** à la marque et utilisé pour des **produits ou des services identiques** à ceux pour lesquels la marque est enregistrée, ainsi que, s'il existe dans l'esprit du public un **risque de confusion,** l'usage d'un **signe identique ou similaire** à la marque et utilisé pour des **produits ou des services identiques ou similaires** à ceux pour lesquels la marque est enregistrée (CPI art. L 713-2) ;

– l'usage, sans autorisation du titulaire de la marque, dans la vie des affaires, d'un signe identique ou similaire à la **marque jouissant d'une renommée** et utilisé pour des produits ou des services identiques, similaires ou non similaires à ceux pour lesquels la marque est enregistrée, si cet usage du signe, sans juste motif, tire indûment profit du caractère distinctif ou de la renommée de la marque, ou leur porte préjudice (CPI art. L 713-3).

Ainsi sont interdits par exemple : l'apposition du signe sur les produits ou sur leur conditionnement, l'**usage du signe** dans les papiers d'affaires et la **publicité** ou encore l'usage du signe dans des publicités comparatives en violation des dispositions des articles L 122-1 à L 122-7 du Code de la consommation (voir n°s 73020 s.). Ces actes et usages sont interdits même s'ils sont accompagnés de mots tels que : « formule, façon, système, imitation, genre, méthode » (CPI art. L 713-3-1).

L'**usage illicite** de marque **peut** donc **résulter** de l'emploi à des fins publicitaires d'une marque déposée par autrui.

Sur les droits du titulaire d'une marque en cas d'usage de son signe distinctif dans le cadre d'une loterie, voir n° 64075.

ILLUSTRATIONS

Constitue un **usage illicite** le fait :

– pour un grand magasin de distribuer une publicité annonçant la vente de produits cuisinés et de confits « Lasserre » car, bien que la restauration soit un service et que la préparation alimentaire offerte en magasin soit un produit, des acheteurs pouvaient attribuer la provenance du produit à un « grand » de la restauration (Cass. com. 6-4-1993 : RJDA 5/93 n° 459) ;

– pour un annonceur, à partir d'un mot-clé identique à une marque sélectionné dans le cadre d'un service de référencement sur internet et sans le consentement du titulaire de la marque, de faire de la publicité pour des produits ou des services identiques à ceux pour lesquels cette marque est enregistrée, lorsque cette publicité ne permet pas, ou permet seulement difficilement, à l'internaute moyen de savoir si les produits ou les services visés par l'annonce proviennent du titulaire de la marque ou d'une entreprise économiquement liée à celui-ci ou, au contraire, d'un tiers (CJUE 23-3-2010 aff. 236/08 : RJDA 7/10 n° 788 ; CJUE 22-9-2011 aff. 323/09 : Rec. I-08625 ; Cass. com. 25-9-2012 n° 11-18.110 : RJDA 4/13 n° 367 ; Cass. com. 18-10-2023 n° 20-20.055 FS-B : RJDA 2/24 n° 134), et, sous la même condition, d'utiliser la marque d'un tiers dans le code-source de son site internet, même si elle n'est pas visible aux yeux du public (Cass. com. 18-10-2023 n° 20-20.055 précité) ;

– d'utiliser la marque d'un tiers dans une étude comparative à vocation publicitaire et non scientifique (CA Versailles 15-11-2001 : RJDA 5/02 n° 569) ;

– d'apposer dans son magasin un panneau publicitaire signalant des produits d'une marque donnée sans l'autorisation de son titulaire alors que les produits vendus sont ceux d'une autre marque (CA Versailles 16-3-1989 : Lettre distrib. 1989/5 p. 4) ;

– pour une société, d'utiliser un signe similaire à une marque pour désigner un modèle de canapé, même commercialisé sous une autre marque, dès lors que l'utilisation de ce signe par la société résulte d'un choix pour distinguer et individualiser ses produits (Cass. com. 23-1-2019 n° 17-18.693 F-D : RJDA 11/19 n° 719) ;

– pour l'exploitant d'une place de marché en ligne, que des vendeurs tiers proposent à la vente, sur cette place de marché, sans le consentement du titulaire de ladite marque, des produits revêtus du signe constituant cette marque, si l'utilisateur peut avoir l'impression que c'est cet exploitant qui commercialise lui-même, en son nom et pour son propre compte, les produits revêtus de ce signe (CJUE 22-12-2022 aff. 148/21 : RJDA 6/23 n° 348).

En revanche, en l'absence de réseau de distribution sélective, le vendeur de pièces détachées (ou un service de dépannage) qui, dans les encarts des annuaires téléphoniques, utilise à titre publicitaire ou d'information de la clientèle les marques dont il vend les pièces ne commet **pas d'acte illicite** à condition qu'il mentionne son identité de façon telle que ne subsiste aucune ambiguïté sur l'origine des produits (CA Paris 15-5-1998 : RJDA 1/99 n° 107).

N'a pas non plus été considéré comme une atteinte à la marque le simple entreposage par une plateforme de vente en ligne de produits contrefaisants vendus par un tiers par le biais de cette plateforme (CJUE 2-4-2020 aff. 567/18 : BRDA 13/20 inf. 11).

Sans être une contrefaçon, engage la responsabilité civile de son auteur l'usage dans la vie **73238**
des affaires, non autorisé par le titulaire d'une **marque notoirement connue** au sens de l'article 6 bis de la convention de Paris pour la protection de la propriété industrielle (CPI art. L 713-5) :

– d'un signe identique à la marque et utilisé pour des produits ou des services identiques à ceux pour lesquels la marque est notoirement connue ;

– d'un signe identique ou similaire à la marque et utilisé pour des produits ou des services identiques ou similaires à ceux pour lesquels la marque est notoirement connue, s'il existe, dans l'esprit du public, un risque de confusion incluant le risque d'association du signe avec la marque ;
– d'un signe identique ou similaire à la marque et utilisé pour des produits ou des services identiques, similaires ou non similaires à ceux pour lesquels la marque est notoirement connue, si cet usage du signe, sans juste motif, tire indûment profit du caractère distinctif ou de la notoriété de la marque, ou leur porte préjudice.

› Précisions La loi qui encadre l'activité des influenceurs oblige ces derniers, lorsqu'ils promeuvent des produits qu'ils commercialisent par « **dropshipping** » (vente sur internet dans laquelle le vendeur ne se charge que de la commercialisation du produit et dans laquelle c'est le fournisseur du vendeur qui expédie la marchandise au consommateur), à s'assurer notamment que ces produits ne sont pas contrefaisants (Loi 2023-451 du 9-6-2023, art. 6 ; sur cette question, voir BRDA 13/23 inf. 23).

73240 **Action pénale** Le délit de **contrefaçon** est constitué notamment en cas de reproduction, **imitation,** usage, apposition, suppression ou modification d'une marque en violation des droits conférés par son enregistrement auprès de l'Inpi (CPI art. L 716-10, c).

ILLUSTRATIONS

Constitue un **usage répréhensible** le fait :
– pour un fabricant d'apposer sur des sacs publicitaires accompagnant la vente de vêtements la marque d'un fabricant d'habits similaires, même si cette marque figure en moins gros caractères que la sienne (Cass. crim. 11-7-1978 : Bull. crim. p. 602) ;
– de diffuser par voie postale des dépliants publicitaires personnalisés prenant la forme d'un pseudo-article de presse d'un journal dont le nom est déposé à titre de marque (Cass. crim. 1-2-1990 : Bull. crim. p. 154 nº 57) ;

En revanche, ne commettent **pas d'acte répréhensible** :
– le commerçant qui présente des articles textiles comme bénéficiant d'un « label NF » dès lors que la présentation générale diffère de la marque NF notoirement connue et qu'elle n'est pas susceptible d'induire le public en erreur (Cass. crim. 31-5-1990 nº 89-85.855 : Bull. crim. p. 567 nº 222) ;
– la personne qui appose une affiche sur laquelle un texte comporte la marque d'un tiers, sur un seul panneau publicitaire qui lui appartient et dans deux publications de sa page Facebook, dès lors que cette mention présente un caractère satirique, ne contient aucune proposition de produit, ne s'inscrit dans aucune activité économique et ne procède d'aucune opération commerciale, et ce même si la personne en question, retraitée, peut être considérée comme participant à la vie des affaires puisqu'elle est inscrite au répertoire Sirene pour une activité d'agence de publicité et qu'elle détient des parts d'une société (Cass. crim. 27-2-2024 nº 23-81.563 F-B).

73245 Lorsque le délit de contrefaçon est commis par une **personne physique**, celle-ci encourt une amende de 300 000 € et un emprisonnement de trois ans (CPI art. L 716-10, al. 1 et 4), **sanctions** portées au double en cas de récidive (art. L 716-12), sans préjudice des dommages-intérêts auxquels elle peut être condamnée.

Lorsque ces délits ont été commis en bande organisée ou sur un réseau de communication au public en ligne ou lorsque les faits portent sur des marchandises dangereuses pour la santé ou la sécurité de l'homme ou l'animal, l'emprisonnement est porté à sept ans et l'amende à 750 000 € (art. L 716-10, al. 7).

73255 Lorsque le délit de contrefaçon est commis par une **personne morale,** les peines encourues sont :
– une amende de 1,5 M€ (CPI art. L 716-10, al. 1 et 4, L 716-11-2, al. 1 et, sur renvoi, C. pén. art. 131-38), et de 3,75 M€ lorsque ces délits ont été commis en bande organisée ou sur un réseau de communication au public en ligne ou lorsque les faits portent sur des marchandises dangereuses pour la santé, la sécurité de l'homme ou de l'animal (CPI art. L 716-10, al. 7, L 716-11-2, al. 1 et, sur renvoi, C. pén. art. 131-38) ;
– les peines mentionnées à l'article 131-39 du Code pénal.

Les personnes morales peuvent en outre être condamnées à retirer, à leurs frais, les objets jugés contrefaisants des circuits commerciaux (CPI art. L 716-11-2, al. 1 et 3).

73260 **Mesures provisoires** Toute personne ayant qualité pour agir en contrefaçon peut saisir en référé la juridiction civile compétente afin de voir ordonner des mesures provisoires ou conservatoires à l'encontre du prétendu contrefacteur ou des intermédiaires dont il utilise les services. Lorsque les circonstances exigent que ces mesures ne soient pas prises contradictoirement, notamment lorsque tout retard serait de nature à causer un préjudice irréparable au demandeur, le juge est saisi sur requête.

Le juge peut **interdire la poursuite des actes** argués de contrefaçon, la subordonner à la constitution de garanties destinées à assurer l'indemnisation éventuelle du demandeur ou ordonner la saisie ou la remise entre les mains d'un tiers des produits soupçonnés de contrefaçon, pour empêcher leur introduction ou leur circulation dans les circuits commerciaux. Si le demandeur justifie de circonstances de nature à compromettre le recouvrement des dommages-intérêts, la saisie conservatoire des biens mobiliers et immobiliers du prétendu contrefacteur, y compris le blocage de ses comptes bancaires, peuvent être ordonnés. Le juge peut également subordonner l'exécution des mesures provisoires ou conservatoires à la constitution par le demandeur de garanties destinées à assurer l'indemnisation éventuelle du défendeur si l'action en contrefaçon est ultérieurement jugée non fondée ou les mesures annulées (CPI art. L 716-4-6, al. 1, 2 et 4).

> **Précisions** Lorsque les **mesures** prises pour faire cesser une atteinte aux droits sont **ordonnées avant l'engagement d'une action au fond,** le demandeur doit soit se pourvoir par la voie civile ou pénale, soit déposer une plainte auprès du procureur de la République, dans un **délai** de vingt jours ouvrables ou de trente et un jours civils si ce délai est plus long, à compter de la date de l'ordonnance (CPI art. L 716-4-6, al. 5 et R 716-15). À défaut, sur demande du défendeur et sans que celui-ci ait à motiver sa demande, les mesures ordonnées sont annulées, sans préjudice des dommages-intérêts qui peuvent être réclamés (CPI art. L 716-4-6, al. 5).

Preuve La contrefaçon peut être prouvée par tous moyens. Toute personne ayant qualité pour agir en contrefaçon peut donc faire procéder, en vertu d'une ordonnance rendue sur requête par la juridiction civile compétente, soit à la **description détaillée,** avec ou sans prélèvement d'échantillons, soit à la **saisie réelle** des produits ou services prétendus contrefaisants ainsi que de tout document s'y rapportant. L'ordonnance peut autoriser la saisie réelle de tout document se rapportant aux produits et services prétendus contrefaisants en l'absence de ces derniers. La juridiction peut ordonner, aux mêmes fins probatoires, la description détaillée ou la saisie réelle des matériels et instruments utilisés pour fabriquer ou distribuer les produits ou fournir les services prétendus contrefaisants. Elle peut subordonner l'exécution des mesures qu'elle ordonne à la constitution par le demandeur de garanties destinées à assurer l'indemnisation éventuelle du défendeur si l'action en contrefaçon est ultérieurement jugée non fondée ou la saisie annulée (CPI art. L 716-4-7). **73265**

La partie qui sollicite l'autorisation de faire pratiquer une saisie-contrefaçon doit présenter, au soutien de sa requête, l'**ensemble des faits** objectifs de nature à permettre au juge d'appréhender complètement les enjeux du procès en vue duquel lui était demandée cette autorisation et ainsi d'exercer pleinement son pouvoir d'appréciation des circonstances de la cause (Cass. com. 6-12-2023 n° 22-11.071 FS-B : RJDA 3/24 n° 193).

> **Précisions** À défaut pour le demandeur de s'être **pourvu au fond,** par la voie civile ou pénale, dans un **délai** de vingt jours ouvrables ou de trente et un jours civils si ce délai est plus long, à compter du jour où est intervenue la saisie ou la description, l'intégralité de la saisie, y compris la description, est annulée à la demande du saisi, sans que celui-ci ait à motiver sa demande et sans préjudice des dommages-intérêts qui peuvent être réclamés (CPI art. L 716-4-7 et sur renvoi, art. R 716-18).

PROTECTION DES DESSINS OU MODÈLES DÉPOSÉS

La protection du dessin ou modèle conférée par les dispositions du Livre V du Code de la propriété intellectuelle s'acquiert par l'enregistrement. Elle est accordée au créateur ou à son ayant cause. L'auteur de la demande d'enregistrement est, sauf preuve contraire, regardé comme le bénéficiaire de cette protection (CPI art. L 511-9). Cette présomption en faveur du déposant ne peut être renversée qu'en présence d'une revendication de propriété du dessin ou modèle émanant de la ou des personnes physiques l'ayant réalisé (Cass. com. 31-1-2024 n° 22-20.409 F-B : RJDA 5/24 n° 317). **73270**

La contrefaçon de dessins ou modèles déposés à l'Inpi fait encourir à leurs auteurs des sanctions pénales et civiles lorsque la publicité de ces dépôts a été effectuée (CPI art. L 521-1 à L 521-13). La **protection** est accordée pendant une **durée** de cinq ans qui peut être prorogée par périodes de cinq ans jusqu'à un maximum de vingt-cinq ans (CPI art. L 513-1).

Même s'il ne peut pas invoquer ces dispositions **faute de dépôt ou de renouvellement** de ce **dépôt,** le créateur d'un dessin ou d'un modèle peut bénéficier de la protection des articles L 111-1 s. du Code de la propriété intellectuelle relatifs au droit d'auteur (en ce sens, Cass. crim. 2-5-1961 : D. 1962 p. 163 note Greffe), à condition d'être original.

En l'absence de dépôt, le dessin ou modèle peut également, pendant les trois qui suivent sa divulgation et sous certaines conditions, être protégé par le « dessin et modèle communautaire non enregistré » (Règl. 6/2002 du 12-12-2001, art. 11).

En cas d'atteinte aux droits sur les modèles et aux droits d'auteur, le préjudice indemnisable du créateur est évalué de façon distincte (Cass. com. 16-9-2014 n° 13-20.589 : RJDA 11/14 n° 874).

> **Précisions** Les dessins et modèles **déposés avant le 1er octobre 2001** restent protégés, sans prorogation possible, pendant vingt-cinq ans à compter de la date de leur dépôt. Ceux dont la protection a été prorogée avant cette date pour une période de vingt-cinq ans sont protégés jusqu'à l'expiration de cette période (CPI art. L 513-1, al. 2).

PROTECTION DE LA PROPRIÉTÉ LITTÉRAIRE ET ARTISTIQUE

73280 La publicité doit également respecter les droits des auteurs sur leurs œuvres (CPI art. L 111-1 s.). Toute **œuvre** de l'esprit « quels qu'en soient le genre, la forme d'expression, le mérite ou la destination » (CPI art. L 112-1) est protégée, à condition qu'elle revête un **caractère original,** c'est-à-dire qu'elle porte l'empreinte de la personnalité de l'auteur (Cass. crim. 5-10-2010 nos 09-85.695 et 09-85.710 : RTD com. 2011.100 obs. Pollaud-Dulian), ce qui peut être le cas même si des contraintes ont été imposées à l'auteur dans la réalisation de son travail (CJUE 11-6-2020 aff. 833/18 : RJDA 11/20 n° 603 ; CA Paris 30-10-1996 : RJDA 3/97 n° 440).

ILLUSTRATIONS

Constituent des œuvres de l'esprit protégées au titre des droits d'auteur : des dessins d'affiche (T. com. Valenciennes 2-4-1968 : Gaz. Pal. 1968.1 p. 325 ; CA Paris 17-12-1986 : D. 1987 IR p. 20) ; des créations de personnages (par exemple, les personnages de Walt Disney ou le professeur « Nimbus » : CA Chambéry 10-12-1951 : Gaz. Pal. 1952.1 p. 116) ; des slogans publicitaires (pour un exemple de refus de protection du slogan « Entrez dans l'Aronde » considéré comme dépourvu d'originalité, voir CA Paris 5-3-1959 : JCP éd. G 1959 II n° 11291 note G. Plaisant) ; une œuvre publicitaire (CA Paris 5-12-1997 : RJDA 3/98 n° 361), à condition que l'agence de publicité à l'origine de l'idée ait participé à la création de ladite œuvre (Cass. 1e civ. 17-10-2000 n° 1465 : RJDA 4/01 n° 522) ; des photographies publicitaires, à condition que le photographe démontre en quoi les choix arbitraires pris lors de la réalisation de la photographie portent l'empreinte de sa personnalité créative et ne sont pas purement techniques (CA Paris 15-10-2003 : Rev. propr. ind. mai 2004 p. 30 ; CA Paris 10-9-2008 : PIBD 2008 n° 883 III p. 112 ; pour plus de détails sur cette question, voir A. Vichnievsky et A. Migalski, Les conditions de protection par le droit d'auteur d'une photographie publicitaire : BRDA 21/19 inf. 21). En revanche, les règles d'un concours, même si elles procèdent de choix arbitraires, ne peuvent, indépendamment de la forme ou de la présentation originale qui ont pu leur être données, constituer en elles-mêmes une œuvre de l'esprit protégée par le droit d'auteur (Cass. 1e civ. 29-11-2005 n° 1638 : RJDA 7/06 n° 841).

Au 1er avril 2024, aucune décision des tribunaux français n'a, à notre connaissance, formellement pris position sur la question de la protection par le droit d'auteur d'œuvres générées de façon autonome par l'**intelligence artificielle.** Cependant, il nous semble que l'esprit du droit de la propriété littéraire et artistique français conduirait à leur dénier le statut d'œuvre protégée par le droit d'auteur (sur cette question et celle de la protection d'une œuvre créée par une personne physique avec l'aide de l'IA, voir A. Vichnievsky, La protection par le droit d'auteur des productions générées par l'IA : BRDA 19/23 inf. 24).

73290 **Durée de la protection** L'œuvre bénéficie d'une protection dès sa création et pendant toute la vie de l'auteur. À son décès, le droit exclusif d'exploitation de l'œuvre persiste au profit de ses ayants droit pendant l'année civile en cours et les soixante-dix ans qui suivent (CPI art. L 123-1).

Pour les **œuvres pseudonymes, anonymes ou collectives** et les **œuvres posthumes,** des règles de protection particulières sont édictées (CPI art. L 123-3 et L 123-4, al. 1).

73300 **Droits de l'auteur** Les droits d'auteur sont de deux sortes : des droits patrimoniaux (notamment droit de reproduction et de représentation), qui peuvent être cédés, et un droit moral (notamment droit au nom et respect de l'œuvre), qui est inaliénable.

> **Précisions** L'auteur d'une **œuvre de l'esprit** dispose du droit exclusif d'autoriser ou d'interdire toute forme de **distribution au public,** par la vente ou autrement, de l'original de son œuvre ou d'une copie de celle-ci (Dir. 2001/29/CE du 22-5-2001 art. 4, 1). Cette « distribution au public » se caractérise par une série d'opérations allant, à tout le moins, de la conclusion d'un contrat de vente à l'exécution de celui-ci par la livraison au public (CJUE 21-6-2012 aff. 5/11 points 26 et 27) ; elle peut aussi englober des opérations ou des actes précédant la conclusion du contrat tels qu'une offre de vente ou une publicité ciblée concernant l'original ou une copie de son œuvre et ce, même s'il n'est pas établi que cette publicité a donné lieu à l'acquisition de l'objet protégé par un acheteur de l'Union, pour autant qu'elle incite les consommateurs de l'État membre dans lequel l'œuvre est protégée à en faire l'acquisition (CJUE 13-5-2015 aff. 516/13 : RJDA 10/15 n° 719).

Action en contrefaçon Toute représentation ou reproduction intégrale ou partielle faite sans l'autorisation de l'auteur (ou de ses ayants droit ou ayants cause) est illicite (CPI art. L 122-4) et constitue donc une **contrefaçon,** sanctionnée au civil ou au pénal ; il en est de même pour la traduction, l'adaptation ou la transformation, l'arrangement ou la reproduction par un art ou un procédé quelconque (même art.). 73310

L'action civile en contrefaçon de droit d'auteur est soumise aux règles de prescription de l'article 2224 du Code civil aux termes duquel les actions personnelles ou mobilières se prescrivent par cinq ans à compter du jour où le titulaire d'un droit a connu ou aurait dû connaître les faits lui permettant de l'exercer. Il a ainsi été jugé que le délai de prescription d'une action fondée sur la contrefaçon a commencé à courir à la date à laquelle avait été admis le caractère contrefaisant d'une œuvre, même si la contrefaçon s'inscrivait dans la durée (Cass. 1e civ. 15-11-2023 nº 22-23.266 F-B).

Au pénal, l'action publique de la contrefaçon de droit d'auteur se prescrit par 6 années révolues à compter du jour où l'infraction a été commise (CPP art. 8).

Sanctions La contrefaçon est punie de trois ans d'emprisonnement et de 300 000 € d'amende (CPI art. L 335-2 et L 335-3) et du double en cas de récidive (C. pén. art. 132-10). Si la contrefaçon a été commise en bande organisée, les peines sont portées à sept ans d'emprisonnement et 750 000 € d'amende (CPI art. L 335-2, al. 4). Lorsqu'elles sont déclarées pénalement responsables de l'infraction, les personnes morales peuvent être redevables d'une amende de 1,5 M€, ainsi que des peines mentionnées à l'article 131-39 du Code pénal (art. L 335-8 et, sur renvoi, C. pén. art. 131-38). Les personnes physiques comme les personnes morales peuvent en outre être condamnées à retirer des circuits commerciaux, à leurs frais, les objets contrefaisants (art. L 335-6, al. 1 et L 335-8, al. 3). 73315

ILLUSTRATIONS

L'insertion dans un vidéoclip publicitaire d'un court extrait d'une chanson porte atteinte aux droits de l'auteur (CA Paris 24-3-1999 : RJDA 7/99 nº 859). Il en est de même en cas de diffusion sur une chaîne de télévision sans autorisation de l'auteur d'un extrait d'une chanson en fond musical d'une bande-annonce en faveur d'un événement sportif dès lors que la bande-annonce assure la promotion d'un produit clairement identifiable (CA Versailles 28-9-2000 : RJDA 3/01 nº 384) ou de l'utilisation, dans un spot et des encarts publicitaires, d'un personnage imitant celui de Leeloo du film « Le cinquième élément », créant ainsi visuellement une identification immédiate entre les deux personnages (CA Paris 8-9-2004 nº 04-9673 : RJDA 4/05 nº 475).

C. Droit à l'image des personnes physiques

ÉTENDUE DU DROIT À L'IMAGE

La création publicitaire est limitée par les droits de la personnalité (C. civ. art. 9 ; Conv. EDH art. 8). 73360
Toute personne physique a donc un droit exclusif sur son image. Ce droit porte sur la captation de l'image, sa conservation, sa reproduction et son utilisation ; la seule constatation d'une atteinte à ce droit permet de demander réparation (Cass. 1e civ. 2-6-2021 nº 20-13.753 FS-P).
À défaut d'accord de l'intéressé, sont interdits :

– le recours à un **sosie** (TGI Paris 17-10-1984 : D. 1985 IR p. 324 obs. Lindon) ; jugé que le recours au sosie d'un acteur est dommageable pour ce dernier dès lors que sa personnalité est affectée par assimilation à une activité dévalorisante au regard de l'image publique qu'il veut offrir de lui-même dans l'exercice de sa profession (CA Paris 14-1-1991 : RJDA 2/91 nº 163) ;
– l'utilisation de la **voix** d'une personne (TGI Paris 11-7-1977 : D. 1977 p. 700) ou son imitation (TGI Paris 3-12-1975 : D. 1977 p. 211 note Lindon ; TGI Paris 19-12-1984 : Gaz. Pal. 1985 som. p. 406) ;
– l'utilisation de **clichés** photographiques (voir, par exemple, Cass. civ. 2-7-1980 : D. 1981 IR p. 84 ; Cass. 1e civ. 12-6-1990 : Bull. civ. I nº 164 ; Cass. 2e civ. 5-6-2003 nº 746 : RJDA 4/04 nº 490 ; CA Paris 3-4-1987 : D. 1987 som. p. 384 ; CA Paris 12-6-1987 : D. 1987 IR p.178 ; CA Paris 5-12-1988 : D. 1989 IR p.16 ; CA Paris 8-12-1994 : RJDA 4/95 nº 517).

ILLUSTRATIONS

L'employeur qui a utilisé l'image de son salarié sans l'autorisation de celui-ci pour réaliser une plaquette commerciale a été condamné à lui verser des dommages-intérêts (Cass. soc. 14-2-2024 nº 22-18.014 F-D : RJS 5/24 nº 258).

EXTINCTION DU DROIT À L'IMAGE

Il a été précisé que le droit à l'image n'est qu'un **attribut de la personnalité** et non un droit patrimonial. Le droit d'agir pour le respect du droit à l'image s'éteint donc au décès de la 73365 personne concernée, seule titulaire de ce droit (Cass. 1e civ. 15-2-2005 nº 03-18.302 FP-B : Bull. civ. I nº 86). Les proches d'une personne ne peuvent pas s'opposer à la reproduction de son image après son décès, sauf s'ils en éprouvent un préjudice personnel établi, déduit le cas échéant d'une atteinte à la mémoire ou au respect dû au mort (Cass. 1e civ. 22-10-2009 nº 08-10.557). Toutefois, dans un cas où les traits d'un acteur décédé avaient été caricaturés pour les besoins d'une publicité sans l'autorisation des héritiers, il a été jugé que ceux-ci pouvaient obtenir la réparation de la violation de leur droit d'interdire la reproduction des traits de l'acteur ou de leur droit d'autoriser cette reproduction à titre onéreux ; en effet, le droit à l'image revêt un caractère non seulement moral mais aussi patrimonial et la valeur patrimoniale de ce droit se transmet aux héritiers (CA Aix-en-Provence 21-5-1991 : RJDA 8-9/91 nº 756). Cette solution est contraire à celle de la Cour de cassation du 22 octobre 2009 (précitée) mais, s'agissant en l'espèce d'un acteur de cinéma, elle se trouve confortée par l'article 17 de la loi 85-660 du 3 juillet 1985 – devenu l'article L 212-2 du Code de la propriété intellectuelle – aux termes duquel « l'artiste-interprète a le droit au respect de son nom, de sa qualité et de son interprétation. Ce droit inaliénable et imprescriptible est attaché à sa personne. Il est transmissible à ses héritiers pour la protection de l'interprétation et de la mémoire du défunt ». Voir aussi CA Paris 10 septembre 1996 : Bull. inf. C. cass. 1997/444 p. 20 nº 93.

RÉALISATION D'UN MONTAGE ET DROIT À L'IMAGE

73370 L'article 226-8 du Code pénal punit d'un an d'emprisonnement et de 15 000 € d'amende au plus le fait de publier un **montage** réalisé avec les paroles ou l'image d'une personne sans son consentement, à moins qu'il n'apparaisse à l'évidence qu'il s'agit d'un montage ou qu'il n'en soit expressément fait mention. Les personnes morales peuvent être déclarées pénalement responsables de l'infraction (C. pén. art. 226-7, sur renvoi de l'art. 226-9). On peut penser que ce texte pourrait permettre de sanctionner la pratique des « deep fakes » qui consiste, grâce à l'intelligence artificielle, à superposer du son ou l'image d'une personne sur une autre. Le projet de loi « Sécuriser et réguler l'espace numérique » prévoit d'ailleurs de compléter l'article 226-8 précité afin d'encadrer spécifiquement les deepfakes. Au niveau européen, la proposition de règlement établissant des règles harmonisées concernant l'intelligence artificielle (« IA Act ») encadre cette pratique.

DROIT À L'IMAGE DES ENFANTS

73375 L'image des **enfants** dans la publicité fait l'objet de dispositions spécifiques. Ainsi, une autorisation préalable du préfet est nécessaire lorsqu'un enfant de moins de seize ans est notamment employé : dans une entreprise de cinéma, de radiophonie, de télévision, d'enregistrements sonores ou d'enregistrements audiovisuels, quels que soient leurs modes de communication au public ; comme mannequin ou sujet principal de vidéos diffusées à titre lucratif sur des plateformes en ligne (C. trav. art. L 7124-1 modifié par loi 2023-451 du 9-6-2023 ; sur la loi 2020-1266 du 19-10-2020 visant à encadrer l'exploitation commerciale de l'image d'enfants de moins de seize ans sur les plateformes en ligne, voir L. Carrié, Enfant influenceur : le contrôle parental sous contrôle de l'administration, du juge, des plateformes de partage de vidéos, du CSA... et de l'enfant : Légipresse 2020, p. 691), sauf si l'enfant est engagé par une agence de mannequin agréée pour engager des enfants (C. trav. art. L 7124-4).

Plus largement, le Code civil prévoit désormais que les parents protègent en commun le droit à l'image de leur enfant mineur, dans le respect du droit à la vie privée mentionné à l'article 9 du même Code et qu'ils associent l'enfant à l'exercice de son droit à l'image, selon son âge et son degré de maturité (C. civ. art. 372-1 modifié par loi 2024-120 du 19-2-2024). En cas de désaccord entre les parents sur l'exercice du droit à l'image de l'enfant, le juge aux affaires familiales peut interdire à l'un des parents de diffuser tout contenu relatif à l'enfant sans l'autorisation de l'autre parent (C. civ. art. 373-2-6 modifié par loi 2024-120 du 19-2-2024).

SECTION 2

RÈGLES PARTICULIÈRES SUR LA PUBLICITÉ

A. Publicité de produits et services particuliers

UNE RÉGLEMENTATION FOURNIE

La publicité pour diverses **catégories de produits et services** peut être réglementée, voire interdite, par des dispositions issues, par exemple, du Code de la santé publique, du Code monétaire et financier ou du Code de l'environnement. Ces règles sont présentées nos 73510 s., sans prétendre à l'exhaustivité. 73500

› Précisions a. Sur le fondement de l'**article L 412-1 du Code de la consommation** (no 14300), des décrets peuvent en outre définir les règles de publicité auxquelles doivent satisfaire certains produits et services afin que soient préservées la sécurité et la santé des personnes, la loyauté des transactions commerciales et la protection des consommateurs. La multiplicité de ces textes rend leur inventaire impossible.
b. L'ensemble des textes (européens ou internes) encadrant la publicité et la promotion des biens et des services est applicable aux personnes exerçant une **activité d'influence commerciale** par voie électronique (Loi 2023-451 du 9-6-2023 art. 3) : les influenceurs sont ainsi soumis au même régime que les autres annonceurs.

PUBLICITÉ EN FAVEUR DES BOISSONS ALCOOLIQUES

La propagande ou la publicité, directe ou indirecte, en faveur des boissons alcooliques est réglementée par les articles L 3323-2 s. du Code de la santé publique. 73510

Cette réglementation n'est pas contraire au principe de la libre circulation des marchandises au sein de l'Union européenne (Cass. crim. 18-5-1994 : RJDA 1/95 no 83).

Définition de la publicité La publicité en faveur des boissons alcooliques est définie comme « tout acte en faveur d'un organisme, d'un service, d'une activité, d'un produit ou d'un article ayant pour effet, quelle qu'en soit la finalité, de rappeler une boisson alcoolique » (Cass. crim. 3-11-2004 no 6179 : RJDA 3/05 no 335). Est considérée comme une boisson alcoolique toute boisson contenant plus de 1,2 degré d'alcool (CSP art. L 3321-1). 73520

On entend par « propagande » ou **« publicité indirecte »** toute « propagande ou publicité en faveur d'un organisme, d'un service, d'une activité, d'un produit, ou d'un article autre qu'une boisson alcoolique qui, par son graphisme, sa présentation, l'utilisation d'une dénomination, d'une marque, d'un emblème publicitaire ou d'un autre signe distinctif, rappelle une boisson alcoolique » (CSP art. L 3323-3, al. 1). Sont donc visés par cette disposition :
– les « organismes », c'est-à-dire les sociétés, associations ou fondations ;
– les « services », consistant par exemple en l'organisation de voyages par des agences au nom de fabricants de boissons alcooliques ;
– les « activités », par exemple des expéditions parrainées par des marques d'alcool ;
– les « produits ou articles autres qu'une boisson alcoolique » tels que, par exemple, des verres ou carafes.

La loi ne distingue pas selon la qualité de l'annonceur : une publicité indirecte peut donc tomber sous le coup de l'interdiction alors même qu'elle est le fait d'un tiers par rapport au fabricant de la boisson alcoolique qu'elle évoque.

Ne sont **pas considérés comme une publicité ou une propagande** les contenus, images, représentations, descriptions, commentaires ou références relatifs à une région de production, à une toponymie, à une référence ou à une indication géographique, à un terroir, à un itinéraire, à une zone de production, au savoir-faire, à l'histoire ou au patrimoine culturel, gastronomique ou paysager liés à une boisson alcoolique disposant d'une identification de la qualité ou de l'origine, ou protégée au titre de l'article L 665-6 du Code rural et de la pêche maritime (CSP art. L 3323-3-1). Cette disposition permet de distinguer la publicité d'un contenu simplement touristique ou journalistique. 73525

Supports autorisés pour la publicité La propagande ou publicité, directe ou indirecte, en faveur des boissons alcooliques n'est autorisée que dans les cas suivants. 73530

1. Dans la **presse** écrite pour **adultes** (CSP art. L 3323-2, al. 2).

2. Par **radiodiffusion,** mais sur certaines catégories de radios et dans des tranches horaires particulières (art. L 3323-2, al. 3), à savoir le mercredi entre 0 heure et 7 heures et les autres jours entre 0 heure et 17 heures (art. R 3323-1).

3. Sous forme d'**affiches** et d'enseignes. Dans certaines collectivités d'outre-mer (Guadeloupe, Guyane, Martinique, La Réunion, Saint-Barthélemy et Saint-Martin), cette publicité ne peut être apposée qu'au-delà d'un certain périmètre autour des établissements scolaires, de formation ou de loisirs de la jeunesse, ce périmètre étant déterminé par le représentant de l'État (art. L 3323-2, al. 4 et L 3323-5-1).

4. Sous forme d'affichettes ou d'**objets** à l'intérieur des **lieux de vente** à caractère spécialisé (cafés et restaurants, débits temporaires dans l'enceinte d'expositions ou foires, installations permanentes de vente directe par les exploitants agricoles) selon les modalités précisées aux articles R 3323-2 s. du Code de la santé publique (art. L 3323-2, al. 4).

5. Sous forme d'envoi, par les producteurs, les fabricants, les importateurs, les négociants, les concessionnaires ou les entrepositaires, de messages, de **circulaires commerciales,** de catalogues et de brochures, dès lors que ces documents ne comportent que les mentions prévues par l'article L 3323-4 du Code de la santé publique (n° 73540) et les conditions de vente des produits qu'ils proposent (art. L 3323-2, al. 5).

6. Par inscription sur les **véhicules** utilisés pour les opérations normales **de livraison** des boissons, dès lors que cette inscription ne comporte que la désignation des produits ainsi que le nom et l'adresse du fabricant, des agents ou dépositaires, à l'exclusion de toute autre indication (art. L 3323-2, al. 6).

7. En faveur des fêtes et **foires traditionnelles** consacrées à des boissons alcooliques locales et, à l'intérieur de celles-là, dans des conditions définies par décret (art. L 3323-2, al. 7).

8. En faveur des musées, universités, **confréries** ou stages d'initiation œnologique à caractère traditionnel ainsi qu'en faveur de présentations et de dégustations, dans des conditions également définies par décret (art. L 3323-2, al. 8).

9. Sous forme d'**offre,** à titre gratuit ou onéreux, **d'objets** strictement **réservés à la consommation de boissons** contenant de l'alcool, marqués à leurs noms, par les producteurs et les fabricants de ces boissons, à l'occasion de la vente directe de leurs produits aux consommateurs et aux distributeurs ou à l'occasion de la visite touristique des lieux de fabrication (art. L 3323-2, al. 9).

10. Sur les **services de communication en ligne,** à condition que la propagande ou la publicité ne soit ni intrusive ni interstitielle ; elle reste néanmoins interdite sur les sites internet qui, par leur caractère, leur présentation ou leur objet, apparaissent comme principalement destinés à la jeunesse, ainsi que ceux édités par des associations, sociétés et fédérations sportives ou des ligues professionnelles au sens du Code du sport (art. L 3323-2, al. 10).

> **Précisions** La **publicité intrusive** vise les « pop-up » (pendant qu'une page se charge, une petite fenêtre au contenu publicitaire apparaît et reste affichée de 5 à 15 secondes pour disparaître aussitôt). La publicité **interstitielle** désigne la fenêtre publicitaire plein écran qui apparaît lorsque l'internaute clique sur un lien, cette fenêtre disparaissant après quelques secondes pour faire place à la page correspondant effectivement à ce lien.

73540 **Contenu de la publicité** La **publicité** autorisée est **limitée** à l'indication du degré volumique d'alcool, de l'origine, de la dénomination, de la composition du produit, du nom et de l'adresse du fabricant, des agents et des dépositaires, ainsi que du mode d'élaboration, des modalités de vente et du mode de consommation du produit (CSP art. L 3323-4, al. 1). Elle peut néanmoins comporter des références relatives aux terroirs de production, aux distinctions obtenues, aux appellations d'origine contrôlée ou aux indications géographiques protégées ou encore des références objectives relatives à la couleur et aux caractéristiques olfactives et gustatives du produit (art. L 3323-4, al. 2).

La publicité doit donc présenter un caractère objectif et informatif (Cass. 1e civ. 1-7-2015 n° 14-17.368 : RJDA 11/15 n° 790), lequel ne concerne pas seulement les références relatives à la couleur et aux caractéristiques olfactives et gustatives du produit (Cass. 1e civ. 20-5-2020 n° 19-12.278 FS-PB : RJDA 8-9/20 n° 458). Cependant, la distinction entre publicité objective et informative et publicité subjective et incitative étant assez complexe, l'article L 3323-4 du Code de la santé publique laisse place à des interprétations et appréciations différentes, d'autant que la publicité pour un produit est par nature incitative. Contrairement à certaines cours d'appel, la Cour de cassation a eu longtemps une interprétation rigoureuse de l'article L 3323-4 (pour des exemples, Cass. crim. 29-11-2005 n° 6529 : RJDA 4/06 n° 471, 2e esp. ; Cass. 1e civ.

20-10-2011 n° 10-23.509 : RJDA 3/12 n° 343). Mais des arrêts plus récents marquent une plus grande prise en compte de la motivation des juges du fond et un léger assouplissement de sa jurisprudence.

ILLUSTRATIONS

Ont été jugées licites :
– des affiches publicitaires créées par l'auteur de la bande dessinée « Blake et Mortimer », représentant des hommes vêtus comme au XVIIIe siècle, soit sur le quai d'un port où étaient entreposés des tonneaux marqués « Dublin », soit dans une distillerie, occupés à mirer le contenu d'un verre, soit, dans une cave, parmi des fûts marqués « John Jameson 1780 », chaque affiche montrant une bouteille avec l'étiquette Jameson, au-dessus de laquelle il était inscrit « Jameson l'Irlandais » (Cass. crim. 15-5-2012 n° 11-83.686 : RJDA 8-9/12 n° 808, approuvant l'arrêt de la cour d'appel de renvoi ; dans la même affaire, voir en sens contraire Cass. crim. 19-12-2006 n° 05-87.268 : RJDA 8-9/07 n° 906, 2e esp.) ;
– des affiches présentant des professionnels de la filière viticole, jeunes et souriants, seuls ou en groupe, en tenue de ville, avec un verre de vin à la main, réalisées dans le cadre d'une campagne publicitaire mise en œuvre par le Conseil interprofessionnel du vin de Bordeaux (Cass. 1e civ. 1-7-2015 n° 14-17.368 : RJDA 11/15 n° 790, approuvant l'arrêt de la cour d'appel de renvoi ; dans la même affaire, voir en sens contraire Cass. 1e civ. 23-2-2012 n° 10-17.887 : RJDA 5/12 n° 537).

L'**enregistrement d'une marque à l'Inpi** n'autorise pas, par lui-même, l'utilisation publicitaire de celle-ci. Par suite, est illicite la publicité comportant un slogan non conforme à l'article L 3323-4 du Code de la santé publique bien que ce slogan soit enregistré à titre de marque (Cass. crim. 31-5-1995 : RJDA 10/95 n° 1179). **73545**

Le **conditionnement** ne peut être reproduit dans le message publicitaire que s'il est conforme aux mêmes exigences que celui-ci (CSP art. L 3323-4, al. 3).

Toute publicité, à l'exception des circulaires commerciales destinées aux professionnels ou faisant l'objet d'envois nominatifs ainsi que des affichettes, tarifs, menus ou objets situés à l'intérieur des lieux de vente à caractère spécialisé, doit être assortie d'un **message de caractère sanitaire** précisant que l'abus d'alcool est dangereux pour la santé (art. L 3323-4, al. 4).

Publicité par voie de parrainage et mécénat Toute opération de **parrainage,** dès lors qu'elle a pour objet ou pour effet la propagande ou la publicité, directe ou indirecte, en faveur des boissons alcooliques, est interdite (CSP art. L 3323-2, al. 11). **73550**

Les fabricants de boissons alcooliques peuvent en revanche organiser des opérations de **mécénat.** Dans ce cas, ils peuvent faire connaître leur participation par la voie exclusive de mentions écrites dans les documents diffusés à l'occasion de cette opération ou libellées sur des supports disposés à titre commémoratif à l'occasion d'opérations d'enrichissement ou de restauration du patrimoine naturel ou culturel (art. L 3323-6).

› Précisions L'article L 3323-6 est imprécis sur les **conditions d'apposition des « mentions écrites ».** Il résulte des travaux parlementaires que cette notion se rapporte uniquement au nom du mécène, mais, en l'absence de texte réglementaire fixant les modalités d'indication de cette mention, en ce qui concerne notamment son contenu (possibilité d'utiliser un graphisme ou un emblème, par exemple) et sa forme (taille et proportion des caractères), il reviendra au juge d'apprécier au cas par cas si une telle opération de mécénat ne constitue pas une opération de parrainage interdite dès lors qu'elle a pour objet ou pour effet la publicité en faveur d'une boisson alcoolique. Pour limiter les risques de requalification de l'opération, le mécène pourra utilement se reporter à l'ancien décret 93-767 du 29 mars 1993, pris pour l'application de l'ancien article L 3323-6, qui a été annulé par un arrêt du Conseil d'État pour vice de forme (CE 4-7-1997 n° 148082 : BRDA 3/98 p. 13).

Sanctions des infractions relatives à la publicité Les infractions aux dispositions des articles L 3323-2, L 3323-4 à L 3323-6 du Code de la santé publique sont punies d'une **amende** de 75 000 € (personnes physiques) ou 375 000 € (personnes morales), ce montant pouvant être porté à 50 % du montant des dépenses consacrées à l'opération illégale (CSP art. L 3351-7, al. 1 ; C. pén. art. 121-2 et 131-38). **73560**

Outre la peine d'amende, le tribunal peut ordonner la suppression, l'enlèvement ou la confiscation de la publicité interdite aux frais de l'auteur de l'infraction et, compte tenu des circonstances de fait, décider que les personnes morales sont en totalité ou en partie solidairement responsables du paiement des amendes mises à la charge de leurs dirigeants ou de leurs préposés (CSP art. L 3351-7, al. 3 et 4).

En cas de récidive, les personnes physiques coupables de ces infractions peuvent encourir la **peine complémentaire** d'interdiction, pendant cinq ans, de vendre des produits qui ont fait l'objet de la publicité illégale (art. L 3351-7, al. 2).

Le délit de publicité illicite en faveur des boissons alcooliques constitue, quel qu'en soit le support, une **infraction continue** qui se poursuit tant que le message litigieux reste accessible au public (Cass. crim. 17-1-2006 n° 463 : RJDA 6/06 n° 715, décision rendue sur le fondement de l'interdiction de la publicité en faveur du tabac mais à notre avis transposable).

Les **associations** ayant pour objet la lutte contre l'alcoolisme, régulièrement déclarées depuis au moins cinq ans à la date des faits, les associations de consommateurs, ainsi que les associations familiales régies par les articles L 211-1 et L 211-2 du Code de l'action sociale et des familles, peuvent se porter **partie civile** (CSP art. L 3355-1).

PUBLICITÉ EN FAVEUR DU TABAC

73570 **Principe d'interdiction de la publicité** Toute **propagande ou publicité,** directe ou indirecte, en faveur du tabac, des produits du tabac ou des ingrédients définis à l'article L 3512-2 du Code de la santé publique (par exemple, le papier à cigarettes ou le filtre) est **interdite** (CSP art. L 3512-4, al. 1).

Sont considérés comme produits du tabac les produits pouvant être consommés et composés, même partiellement, de tabac : cigarettes, tabac à rouler, tabac à pipe, tabac à pipe à eau, cigares, cigarillos, tabac à mâcher, tabac à priser, tabac à chauffer et tabac à usage oral ; sont également des produits du tabac les nouveaux produits du tabac qui sont autres que ceux précédemment cités (produits du vapotage) et qui sont mis sur le marché depuis le 20 mai 2014 (art. L 3512-1 modifié par loi 2023-171 du 9-3-2023).

› Précisions a. Jugé que l'interdiction de la publicité en faveur du tabac, justifiée par des raisons de protection de la santé et de la vie des personnes, et proportionnée à cet objectif, ne constitue ni une **mesure d'effet équivalant à une restriction quantitative à l'importation** (Cass. crim. 18-3-2003 n° 1611 : RJDA 8-9/03 n° 890), ni une **atteinte disproportionnée à la liberté d'expression** inconciliable avec l'article 10 de la convention européenne de sauvegarde des droits de l'Homme et des libertés fondamentales (Cass. crim. 19-11-1997 : RJDA 3/98 n° 356 ; Cass. crim. 18-3-2003 n° 1611 précité).

b. On entend par **« propagande »** toute publicité générique du type « le tabac est bon pour la santé » ou « fumer procure du plaisir » par opposition à la publicité proprement dite destinée à vanter une marque spécifique (Rapport AN n° 1482 p. 50 relatif à la loi « Évin » 91-32 du 10-1-1991 ; JO Déb. Sén. 12-10-1990 p. 2697).

73580 **Formes de la publicité** Sont prohibées **toutes les formes de communication commerciale,** quel qu'en soit le support, ayant pour but ou pour effet de promouvoir directement ou indirectement le tabac ou un produit du tabac (Cass. crim. 3-5-2006 n° 2508 : RJDA 10/06 n° 1083 ; Cass. crim. 21-1-2014 n° 12-87.689 : RJDA 5/14 n° 484 ; Cass. crim. 16-6-2015 n° 14-84.391 : RJDA 10/15 n° 713) et toute diffusion d'objets ayant pour but ou pour effet de promouvoir le tabac ou un produit du tabac (Cass. crim. 18-5-2016 n° 15-80.922 FS-PB : Bull. crim. n° 151).

Les unités de conditionnement, les emballages extérieurs et les suremballages des cigarettes et du tabac à rouler, le papier à cigarette et le papier à rouler les cigarettes qui sont commercialisés doivent être neutres et uniformisés (CSP art. L 3512-20). Ils ne peuvent donc être le support d'aucune publicité.

ILLUSTRATIONS

Sont constitutives du délit de publicité illicite en faveur du tabac :

– l'insertion dans un journal d'un article consacré au lancement de nouvelles cigarettes dès lors que, sous couvert d'information, l'article est destiné à promouvoir le tabac (Cass. crim. 21-2-1996 : RJDA 7/96 n° 984) ;

– l'annonce de l'offre d'un cadeau à tout acheteur d'un paquet de cigarettes (Cass. crim. 28-10-1998 : RJDA 3/99 n° 352 ; Cass. crim. 20-11-2012 n° 12-80.530 : RJDA 3/13 n° 269) ;

– la remise annuelle d'un prix scientifique, en présence de journalistes, par une association portant le nom d'un fabricant de tabac (Cass. crim. 29-6-1999 : Bull. crim. p. 468 n° 165) ;

– la publication, dans une revue, de reportages sur des compétitions de sport mécanique illustrés par des photographies des véhicules et de leurs pilotes sur lesquelles apparaissent les noms des marques de cigarettes sponsorisant les différentes écuries (Cass. crim. 18-3-2003 n° 1612 : RJDA 8-9/03 n° 890) ;

– la diffusion en kiosque d'un magazine consacré au cigare, alors même que celui-ci a un tirage limité et est diffusé principalement sur abonnement auprès des amateurs de cigares (Cass. crim. 18-5-2016 n° 15-80.922 FS-PB précité).

Le **dépôt d'une marque ou d'un modèle** ne justifie pas son utilisation comme support d'une publicité en faveur du tabac (Cass. crim. 21-11-1991 n° 91-80.830 : Bull. crim. n° 428, décision rendue sur le fondement de la réglementation antérieure mais transposable). Par exemple, le dépôt de la marque « Gauloises 100 ans de liberté » figurant sur un paquet de cigarettes n'autorise pas en lui-même son utilisation publicitaire (Cass. crim. 16-6-2015 n° 14-84.391 : RJDA 10/15 n° 713).

Notion de publicité indirecte La notion de publicité indirecte est définie le plus largement possible afin que soient évités d'éventuels détournements de la loi. Est considérée comme une propagande ou une publicité indirecte toute **propagande ou publicité** en faveur d'un organisme, d'un service, d'une activité, d'un produit ou d'un article autre que le tabac, un produit du tabac ou un ingrédient défini à l'article L 3512-2 lorsque, par son graphisme, sa présentation, l'utilisation d'une marque, d'un emblème publicitaire ou un autre signe distinctif, elle **rappelle le tabac,** un produit du tabac ou un ingrédient du tabac (CSP art. L 3512-5, al. 1). Sont donc visés par cette disposition : 73590

– les « organismes », c'est-à-dire les sociétés, les associations ou les fondations telles que celles créées par les manufacturiers de tabac pour soutenir les arts ;

– les « services » qui consistent notamment en l'organisation de voyages par des agences au nom de certains fabricants de tabac ;

– les « activités », par exemple les expéditions parrainées par certaines marques de tabac ;

– les « produits ou articles autres que le tabac ou les produits du tabac » tels que les stylos, parfums, montres ou lignes de vêtements.

La publicité est illicite même si la reproduction du nom de la marque de tabac est fortuite. Elle est également illicite même si elle ne reproduit aucun des signes distinctifs de la marque, tels que son graphisme et sa couleur (pour un exemple, voir Cass. com. 25-4-2001 : RJDA 11/01 n° 1158).

La **diffusion d'objets** participant à la promotion du tabac ou de ses produits (par exemple, la commercialisation de briquets sur lesquels le nom d'une marque de cigarettes est reproduit) constitue également une publicité indirecte pour le tabac (Cass. crim. 26-3-1997 : RJDA 10/97 n° 1283, la Cour de cassation a qualifié cette opération de publicité indirecte malgré les termes de la loi qui définit la publicité indirecte comme une publicité pour un produit autre que le tabac).

La loi ne distingue pas selon la **qualité de l'annonceur** : une publicité indirecte peut donc tomber sous le coup de l'interdiction alors même qu'elle est le fait d'un tiers par rapport au fabricant du produit du tabac qu'elle évoque (pour un exemple, voir Cass. crim. 11-2-1998 : RJDA 10/98 n° 1168).

ILLUSTRATIONS

Constitue une publicité indirecte pour le tabac une affiche présentant un homme monté sur une falaise surplombant un paysage montagneux, avec la représentation d'une paire de chaussures au bas de la publicité, comportant sur sa partie supérieure le terme « Camel » représenté par le logo de la marque de cigarettes, accompagné du terme « Boots » en caractères plus fins (CA Paris 9-3-1995 : RJDA 7/95 n° 912).

A été condamné pour publicité indirecte en faveur du tabac le dirigeant d'une société de vente à distance qui avait diffusé des documents publicitaires pour l'organisation d'une loterie dotée d'un téléviseur alors que la publicité était illustrée d'une photographie du téléviseur sur l'écran duquel apparaissait une voiture de course portant le nom d'une marque de cigarettes. En effet, la reproduction, fût-elle incidente, du nom et de certains éléments figuratifs d'une marque de cigarettes connue participait nécessairement à la promotion de ce produit (Cass. crim. 11-2-1998 : RJDA 10/98 n° 1168).

Publicité par voie de parrainage et mécénat Toute opération de parrainage ou de mécénat est interdite lorsqu'elle est effectuée par les fabricants, les importateurs ou les distributeurs de produits du tabac ou lorsqu'elle a pour objet ou pour effet la propagande ou la publicité directe ou indirecte en faveur du tabac, des produits du tabac ou des ingrédients du tabac définis à l'article L 3512-2 du Code de la santé publique (CSP art. L 3512-4, al. 6). 73600

Exceptions à l'interdiction de la publicité L'**interdiction** de la publicité directe ou indirecte en faveur du tabac **ne s'applique pas** (CSP art. L 3512-4, al. 2 à 5) : 73610

– aux enseignes des débits de tabac ;

– aux publications et services de communication en ligne édités par les organisations professionnelles de producteurs, fabricants et distributeurs des produits du tabac, réservés à leurs adhérents, ni aux publications professionnelles spécialisées dont la liste a été établie par arrêté ;

– aux services de communication en ligne édités à titre professionnel qui ne sont accessibles qu'aux professionnels de la production, de la fabrication et de la distribution des produits du tabac ;

– aux publications imprimées et éditées et aux services de communication en ligne, mis à disposition du public par des personnes établies dans un pays n'appartenant pas à l'Union européenne ou à l'Espace économique européen, lorsque ces publications et services de communication en ligne ne sont pas principalement destinés au marché de l'Union.

La retransmission télévisuelle des **compétitions de sport mécanique,** contenant de la publicité directe ou indirecte en faveur du tabac et qui se déroulent dans des pays où la publicité pour le tabac est autorisée, est admise (CSP art. L 3512-6). Cette exception se limite toutefois à la possibilité de diffuser ces compétitions pour satisfaire aux nécessités de l'information, en temps réel ou dans des situations proches de celui-ci, et ne doit donc **pas s'étendre aux rediffusions** d'images intervenant plusieurs heures ou plusieurs jours après l'épreuve (Cass. crim. 14-5-2008 nº 07-87.128 : RJDA 11/08 nº 1192).

73620 **Sanctions des infractions relatives à la publicité** Les infractions à la réglementation relative à l'interdiction de la publicité en faveur du tabac sont punies d'une **amende** de 100 000 € (CSP art. L 3515-3, I).

Outre l'amende, le tribunal peut ordonner notamment la suppression, l'enlèvement ou la confiscation de la publicité interdite aux frais de l'auteur de l'infraction (art. L 3515-3, II).

Les personnes morales peuvent être déclarées pénalement responsables des infractions commises pour leur compte par leurs organes ou représentants ; elles encourent notamment une amende de 500 000 € (art. L 3515-6).

En cas de récidive, l'amende peut s'élever à 200 000 € et le tribunal peut interdire pendant une durée inférieure ou égale à cinq ans la vente des produits qui ont fait l'objet de la publicité illégale (art. L 3515-3, III).

Le délit de publicité illicite en faveur du tabac constitue, quel qu'en soit le support, une **infraction continue** qui se poursuit tant que le message litigieux reste accessible au public (Cass. crim. 17-1-2006 nº 463 : RJDA 6/06 nº 715).

Les **associations** ayant pour objet la lutte contre le tabagisme, régulièrement déclarées depuis au moins cinq ans à la date des faits, les associations de consommateurs, ainsi que les associations familiales régies par les articles L 211-1 et L 211-2 du Code de l'action sociale et des familles, peuvent se porter **partie civile** (art. L 3515-7).

> **Précisions** L'auteur d'une publicité illicite en faveur du tabac peut être condamné même si le délit a été commis par **simple négligence** (Cass. crim. 11-2-1998 : RJDA 10/98 nº 1168). En revanche, la **complicité** n'est punissable que si les actes reprochés au prévenu ont été commis sciemment (C. pén. art. 121-7). Tel est le cas lorsque le distributeur de tabac n'a pas vérifié la conformité du produit aux règles de santé publique interdisant toute publicité en faveur du tabac (Cass. crim. 21-1-2014 nº 13-80.075 : RJDA 5/14 nº 484).

PUBLICITÉ EN FAVEUR DES MÉDICAMENTS

73630 La **publicité** en faveur des médicaments est **réglementée** par les articles L 5122-1 s. et R 5122-1 s. du Code de la santé publique.

En particulier, la publicité est soumise à l'autorisation préalable de l'Agence nationale de sécurité du médicament et des produits de santé (ANSM), autorisation dénommée « visa de publicité » (CSP art. L 5122-8 et L 5122-9). Elle doit présenter le médicament de façon objective et favoriser son bon usage ; elle doit respecter les dispositions de l'autorisation de mise sur le marché ainsi que les stratégies thérapeutiques recommandées par la Haute Autorité de santé (art. L 5122-2). Elle est interdite lorsque le médicament fait l'objet d'une réévaluation du rapport entre les bénéfices et les risques (art. L 5122-3, al. 2).

73635 La **publicité auprès du public** pour un médicament est admise à condition que celui-ci ne soit pas soumis à une prescription médicale, qu'aucune de ses différentes présentations ne soit remboursable par les régimes obligatoires d'assurance maladie et que l'autorisation de mise sur le marché ou l'enregistrement ne comporte pas d'interdiction ou de restrictions en matière de publicité auprès du public en raison d'un risque possible pour la santé publique, notamment lorsque le médicament n'est pas adapté à une utilisation sans intervention d'un médecin pour le diagnostic, l'initiation ou la surveillance du traitement (CSP art. L 5122-6, al. 1).

Le contenu de la publicité est réglementé. Ainsi, la publicité doit être conçue de façon que le caractère publicitaire du message soit évident et que le produit soit clairement identifié comme médicament. En outre, elle doit nécessairement comporter les éléments suivants : la dénomination du médicament et sa dénomination commune ; les informations indispensables pour un bon usage du médicament ; une invitation expresse à lire attentivement les instructions figurant sur la notice ou sur le conditionnement extérieur ; un message de prudence, un renvoi au conseil d'un pharmacien et, en cas de persistance des symptômes, une invitation à la consultation d'un médecin ; pour une spécialité générique, la mention de cette qualité et, si le groupe générique auquel appartient la spécialité comporte une ou plusieurs spécialités de référence, la mention « Cette spécialité est un générique de », suivie du nom de la ou des spécialités de référence, de leur dosage et de leur forme pharmaceutique, ainsi que la mention « Médicament inscrit au répertoire des génériques. Lors de la substitution, consultez la liste des excipients à effet notoire figurant sur l'emballage ainsi que le répertoire des génériques pour prendre connaissance des mises en garde éventuelles y figurant » (art. R 5122-3, al. 1 à 8). En revanche, d'autres éléments sont interdits, tels que le fait de faire apparaître la consultation médicale ou l'intervention chirurgicale comme superflue (art. R 5122-4, al. 2).

Les **campagnes publicitaires pour des vaccins** soumis à prescription médicale ou remboursables peuvent s'adresser au public. Les vaccins doivent figurer sur une liste établie pour des motifs de santé publique par arrêté du ministre de la santé et le contenu de ces campagnes publicitaires doit être conforme à l'avis de la Haute Autorité de santé et être assorti, de façon clairement identifiée, des mentions minimales obligatoires déterminées par cette instance (art. L 5122-6, al. 3 à 6).

Le contenu de la **publicité** pour un médicament **auprès des professionnels de la santé** est adapté à ses destinataires (voir CSP art. R 5122-8 et R 5122-9). Toute publicité auprès des professionnels de santé pour des vaccins est assortie, de façon clairement identifiée et sans renvoi, des recommandations in extenso de l'avis de la Haute Autorité de santé (art. L 5122-9, al. 4). **73640**

PUBLICITÉ EN FAVEUR DES PLACEMENTS ET PRÊTS D'ARGENT

Publicité en faveur des placements collectifs en valeurs mobilières **73650**

Les **conditions** dans lesquelles les organismes de placement collectif en valeurs mobilières (OPCVM) peuvent faire l'objet de publicité, en particulier audiovisuelle, sont définies par l'Autorité des marchés financiers (C. mon. fin. art. L 214-23-1).

Publicité en faveur des prêts d'argent Des mentions particulières doivent figurer dans toute publicité portant sur des opérations de **crédit à la consommation** (nos 19700 s.) ou de **crédit immobilier** (nos 23200 s.). **73660**

Il en est de même de toute publicité portant sur une opération de **prêt viager hypothécaire** (nos 25400 s.).

Publicité en faveur des placements en biens divers L'Autorité des marchés financiers procède au contrôle préalable de toute communication à caractère promotionnel en faveur de placements portant sur des biens dont les clients n'assurent pas eux mêmes la gestion (wagons, conteneurs, voiliers, diamants, vins fins, œuvres d'art, etc.) ou sur les rentes viagères (C. mon. fin. art. L 551-3 et R 551-1). **73670**

PUBLICITÉ EN FAVEUR DES VÉHICULES

Le contenu de la publicité en faveur des **véhicules neufs** ou d'occasion est régi par différents **textes épars.** **73680**

L'article 7 du décret 78-993 du 4 octobre 1978 et un arrêté du 28 juin 2000 contiennent certaines règles relatives à cette publicité.

Par ailleurs, il est interdit d'effectuer une publicité, directe ou indirecte, présentant un **véhicule en situation d'infraction** avec les dispositions du Code de l'environnement relatives à la circulation motorisée (C. envir. art. L 362-4).

En outre, toute publicité en faveur de la vente ou de la location longue durée d'un véhicule terrestre à moteur doit être accompagnée d'un message promotionnel encourageant l'**usage** des **mobilités actives** ou **partagées,** ou des **transports en commun** (C. route art. L 328-1 et art. D 328-1 à D 328-3 ; Arrêté du 28-12-2021).

Les modalités d'information sur la **consommation de carburant** et les **émissions de dioxyde de carbone** des voitures particulières neuves sont fixées par un arrêté du 10 avril 2003.

De plus, une **étiquette CO2** doit figurer dans les publicités pour les véhicules automobiles (C. envir. art. L 229-64, I-3° et art. R 229-103 à R 229-105 ; Arrêté du 28-12-2021).

> **Précisions** À compter du 1er janvier 2028, la publicité pour les **voitures** particulières neuves **les plus polluantes** sera interdite (Loi 2021-1104 du 22-8-2021 art. 7 modifiant à terme C. envir. art. L 229-62).

PUBLICITÉ RELATIVE AUX ANNONCES MATRIMONIALES

Toute **annonce** personnalisée diffusée par l'intermédiaire d'un professionnel pour proposer des rencontres en vue de la réalisation d'un mariage ou d'une union stable **doit comporter** son nom, son adresse ou celle de son siège social, ainsi que son numéro de téléphone. Lorsque **73690** plusieurs annonces sont diffusées par le même professionnel, son adresse peut ne figurer qu'une seule fois, à condition d'être parfaitement apparente (C. consom. art. L 224-93, al. 1).

Chaque annonce précise le sexe, l'âge, la situation familiale, le secteur d'activité professionnelle et la région de résidence de la personne concernée, ainsi que les qualités de la personne recherchée par elle (art. L 224-93, al. 2). Le professionnel doit pouvoir justifier de l'existence d'un accord de la personne présentée par l'annonce sur le contenu et la diffusion de celle-ci (art. L 224-93, al. 3).

PUBLICITÉ EN FAVEUR DES PRODUITS ALIMENTAIRES

73700 **Publicité non trompeuse** La publicité en faveur de denrées alimentaires ne doit pas induire en erreur l'acheteur ou le consommateur, notamment sur les **caractéristiques de la denrée alimentaire** (nature, identité, qualités, composition, quantité, durabilité, origine ou provenance, mode de fabrication ou d'obtention…) (Règl. 1169/2011 du 25-10-2011 art. 7, 1-a et considérant 20). Elle ne doit comporter aucune mention tendant à faire croire que la denrée alimentaire possède des caractéristiques particulières alors que toutes les denrées alimentaires similaires possèdent ces mêmes caractéristiques (art. 7, 1-c). Enfin, elle ne doit pas faire état de propriétés de prévention, de traitement et de guérison d'une maladie humaine ni évoquer ces propriétés (art. 7, 3).

73710 **Utilisation d'allégations nutritionnelles** L'utilisation d'allégations nutritionnelles et de santé dans la publicité est encadrée dans les mêmes conditions que pour l'étiquetage des denrées alimentaires (n°s 58000 s.).

73720 **Produits alimentaires manufacturés** Les messages publicitaires en faveur de boissons avec ajouts de sucres, de sels ou d'édulcorants de synthèse ou de produits alimentaires manufacturés doivent contenir une **information à caractère sanitaire.** Dans le cas des messages sur internet, télévisés ou radiodiffusés, cette obligation ne s'applique qu'aux messages émis et diffusés à partir du territoire français et reçus sur ce territoire. La même obligation d'information s'impose à toute promotion, destinée au public, par voie d'imprimés et de publications périodiques édités par les producteurs ou distributeurs de ces produits (CSP art. L 2133-1, al. 1).

Le **contenu de l'information** et ses modalités de diffusion varient en fonction du support (presse, affichage, radio, télévision, cinéma et internet), du public intéressé, des catégories de boissons et d'aliments et de leur composition (cf. CSP art. R 2133-1 ; Arrêté du 27-2-2007).

Le **non-respect** de cette obligation d'information par les annonceurs et promoteurs est puni de 37 500 € d'amende. Le montant de cette amende peut être porté à 30 % des dépenses consacrées à l'émission et à la diffusion des messages publicitaires ou à la réalisation et à la distribution des imprimés et publications périodiques (CSP art. L 2133-1, al. 2).

> **Précisions** Les **informations à caractère sanitaire** utilisables sont, par **exemple** : « Pour votre santé, mangez au moins cinq fruits et légumes par jour », « Pour votre santé, pratiquez une activité physique régulière », « Pour votre santé, évitez de manger trop gras, trop sucré, trop salé » et « Pour votre santé, évitez de grignoter entre les repas ».

73730 **Préparations pour nourrissons** Toute publicité en faveur des préparations pour nourrissons est interdite, excepté dans la presse écrite destinée aux professions de la santé (C. consom. art. L 122-13). Constituent des préparations pour nourrissons au sens de la loi les denrées alimentaires destinées à l'alimentation des enfants jusqu'à l'âge de quatre mois accomplis et présentées comme répondant à elles seules à l'ensemble des besoins nutritionnels de ceux-ci (art. L 122-12).

PUBLICITÉ EN FAVEUR DES JEUX D'ARGENT ET DE HASARD

73740 La publicité en faveur des jeux d'argent et de hasard autorisés par la loi (jeux organisés par la Française des jeux, le PMU et les casinos) et celle en faveur des jeux mis en ligne par les opérateurs agréés par l'Autorité nationale des jeux (ANJ) est réglementée. Le Code de la sécurité intérieure, qui régit les jeux d'argent et de hasard et les casinos (CSI art. L 320-1 à L 324-16 et D 320-1 à R 324-4) contient diverses dispositions relatives à la publicité. Notamment (CSI art. L 320-12) :

– toute publicité doit être assortie d'un **message de mise en garde** contre le jeu excessif ou pathologique, ainsi que d'un message faisant référence à un système d'information et d'assistance ;

– les **mineurs** font l'objet d'une protection particulière : une telle publicité est interdite dans les programmes de communication audiovisuelle qui leur sont adressés, dans les publications et sites internet qui leur sont destinés, ainsi que dans les salles de cinéma lors de la diffusion d'œuvres qui leur sont accessibles.

Toute **infraction** à ces dispositions est **punie** d'une amende de 100 000 €, le tribunal pouvant porter le montant de l'amende au quadruple du montant des dépenses publicitaires consacrées à l'opération illégale (CSI art. L 324-3).

Le site de l'opérateur agréé de jeux en ligne ne peut contenir aucune **publicité en faveur d'une entreprise susceptible de consentir des prêts d'argent** aux joueurs ou de permettre le prêt entre joueurs, ni aucun lien vers le site d'une telle entreprise (CSI art. L 320-17, al. 3). **73745**

Quiconque fait de la **publicité,** par quelque moyen que ce soit, **en faveur d'un site de paris ou de jeux d'argent et de hasard non autorisé** en vertu d'un droit exclusif (jeu « en dur ») ou de l'agrément par l'ANJ (jeu en ligne) est puni d'une amende de 100 000 €. Le tribunal peut porter le montant de l'amende au quadruple du montant des dépenses publicitaires consacrées à l'activité illégale (Loi 2010-476 du 12-5-2010 art. 57).

PUBLICITÉ EN FAVEUR DES PRODUITS SOUMIS À L'ÉTIQUETAGE ÉNERGÉTIQUE

Lorsque des publicités, quel que soit leur support, présentent des produits soumis à l'étiquetage énergétique européen (appareils électroménagers, ampoules, etc.) en indiquant leur prix de vente, elles doivent comporter la mention de la classe énergétique de ces produits de façon aussi visible, lisible et intelligible que l'indication de leur prix de vente (C. consom. art. L 122-11). **73750**

La publicité d'un produit concerné par une étiquette énergie obligatoire doit également comporter, de manière visible et compréhensible, une information synthétique sur l'**impact environnemental** des produits, lorsque celle-ci est disponible (C. envir. art. L 229-64, I-2°). Cette obligation ne s'applique pas aux publicités radiophoniques (C. envir. art. L 229-64, II).

Le **non-respect** de cette obligation est passible d'une amende de 20 000 € pour une personne physique et de 100 000 € pour une personne morale (C. envir. art L 229-65).

PUBLICITÉ PORTANT DES ALLÉGATIONS ENVIRONNEMENTALES

Il est **interdit,** dans une publicité, d'affirmer qu'un produit ou un service est **neutre en carbone** ou d'employer toute formulation de signification ou de portée équivalente à moins que l'annonceur rende aisément **disponibles** au public les **éléments suivants** (C. envir. art. L 229-68 et art. D 229-107) : **73755**

– un bilan d'émissions de gaz à effet de serre intégrant les émissions directes et indirectes du produit ou du service ;
– la démarche grâce à laquelle les émissions de gaz à effet de serre du produit ou du service sont prioritairement évitées, puis réduites et, enfin, compensées ;
– les modalités de compensation des émissions de gaz à effet de serre résiduelles respectant des standards minimaux définis par décret.

Un **rapport de synthèse** décrivant l'empreinte carbone du produit ou du service et la démarche suivie pour éviter, réduire ou compenser les émissions de gaz à effet de serre devra par ailleurs être **publié** sur le site internet de l'annonceur. Il devra être **tenu à jour** chaque année, pendant toute la durée durant laquelle l'annonceur affirmera dans une publicité la neutralité carbone du produit. Un **lien hypertexte** ou un **QR code** permettant d'accéder à cette publication devra être également indiqué sur la publicité ou l'emballage portant l'allégation de neutralité carbone (C. envir. art. D 229-108).

L'autorité administrative peut **sanctionner** le non-respect de ces dispositions par une amende de 20 000 € pour une personne physique et de 100 000 € pour une personne morale, ces montants pouvant être portés jusqu'à la totalité du montant des dépenses consacrées à l'opération illégale (C. envir. art. L 229-69).

> **Précisions** Doit respecter ces obligations tout annonceur qui utilise les **allégations** suivantes : « neutre en carbone » ; « zéro carbone » ; « avec une empreinte carbone nulle » ; « climatiquement neutre » ; « intégralement compensé » ; « 100 % compensé » ou toute formulation de signification ou de portée équivalente (C. envir. art. D 229-106).

PUBLICITÉ POUR LES ÉNERGIES FOSSILES

La publicité relative à la commercialisation ou faisant la promotion des **énergies fossiles** est interdite. Un décret fixe la liste des énergies fossiles concernées et les règles applicables aux énergies renouvelables incorporées aux énergies fossiles (C. envir. art. L 229-61, I-al. 1). **73765**

Le fait de ne pas respecter cette interdiction est passible d'une **amende** de 20 000 € pour une personne physique et de 100 000 € pour une personne morale, ces montants pouvant être portés jusqu'à la totalité du montant des dépenses consacrées à l'opération illégale (C. envir. art. L 229-63).

B. Publicité d'activités particulières

1. PUBLICITÉ D'ACTIVITÉS COMMERCIALES

PUBLICITÉ POUR DES AGENCES DE VOYAGES

73800 Toute **publicité** effectuée par une agence de voyages ou un autre opérateur de la vente de voyages et de séjours **doit mentionner** l'immatriculation de l'agence ou de l'opérateur au registre d'immatriculation des agents de voyages et autres opérateurs de la vente de voyages et de séjours (C. tourisme art. L 211-5).

PUBLICITÉ POUR CERTAINS SERVICES DE LOISIRS EN MONTAGNE

73805 La publicité directe ou indirecte de services proposant l'**atterrissage d'aéronefs** motorisés et la **dépose de passagers** à des fins de loisirs, dans les zones de montagne, est interdite, sauf sur un aérodrome et sur les emplacements autorisés par l'autorité administrative (C. envir. art. L 363-2).

Le **non-respect** de cette interdiction est passible de six mois d'emprisonnement et de 75 000 € d'amende (C. envir. art. L 363-4).

PUBLICITÉ POUR DES ÉTABLISSEMENTS D'ENSEIGNEMENT SCOLAIRE PRIVÉS

73810 Toute **publicité** pour un établissement d'enseignement scolaire privé **doit faire l'objet** d'un dépôt préalable auprès du recteur. La publicité ne doit comporter aucune mention de nature à induire les candidats en erreur sur la culture et les connaissances de base indispensables, la nature des études, leur durée moyenne, les diplômes et les emplois auxquels elles préparent (C. éduc. art. L 471-3, al. 1).

PUBLICITÉ POUR DES OFFICINES DE PHARMACIE

73820 La **publicité** en faveur d'une officine de pharmacie n'est autorisée que dans les **conditions** définies aux articles R 5125-26 s. du Code de la santé publique.

Par exemple, la création d'une officine ou d'un site internet de l'officine peut donner lieu à un communiqué d'une dimension maximale de 100 cm² dans la presse écrite, limité à l'indication du nom du pharmacien, de ses titres universitaires, hospitaliers et scientifiques, à l'adresse du site internet de l'officine, au nom du prédécesseur, à l'adresse de l'officine avec, le cas échéant, la mention d'activités liées au commerce des marchandises que le pharmacien est habilité à vendre (CSP art. R 5125-26). Des brochures d'éducation sanitaire peuvent être remises gratuitement au public dans l'officine, à la condition que n'y figure aucune publicité en faveur de cette dernière, hormis le nom et l'adresse du pharmacien (art. R 5125-27).

PUBLICITÉ POUR DES INTERMÉDIAIRES DE CRÉDIT

73830 Toute publicité diffusée par ou pour le compte d'une personne physique ou morale qui apporte son concours, à quelque titre que ce soit et de quelque manière que ce soit, directement ou indirectement, à l'obtention d'un ou plusieurs prêts d'argent par un particulier (à l'exception des opérations de crédit à la consommation) doit comporter, de manière apparente, la **mention** : « Aucun versement, de quelque nature que ce soit, ne peut être exigé d'un particulier, avant l'obtention d'un ou plusieurs prêts d'argent » (C. consom. art. L 322-2, al. 1).

ATTENTION

Cette disposition vise non seulement les **intermédiaires personnes physiques,** telles que définies par les articles L 519-1 s. du Code monétaire et financier, mais aussi les **personnes morales,** ce qui permet de soumettre à la réglementation les sociétés exerçant leur activité en dehors du cadre fixé par le Code monétaire et financier.

La publicité doit indiquer le nom et l'adresse de l'établissement de crédit ou des établissements de crédit, de la société de financement ou des sociétés de financement pour le compte duquel, desquels, de laquelle ou desquelles l'intermédiaire exerce son activité (C. consom. art. L 322-2, al. 2).

Toute publicité diffusée par ou pour le compte d'un intermédiaire de crédit doit indiquer, de manière apparente, l'étendue des pouvoirs de l'intermédiaire et, notamment, s'il travaille à titre exclusif avec un ou plusieurs prêteurs ou en qualité de courtier indépendant (art. L 322-3).

2. PUBLICITÉ D'ACTIVITÉS NON COMMERCIALES

PUBLICITÉ POUR DES AVOCATS

Les avocats sont autorisés à recourir à la **publicité** dans les **conditions** fixées par le décret 2005-790 du 12 juillet 2005 relatif aux règles de déontologie de la profession d'avocat (Loi 71-1130 du 31-12-1971 art. 3 bis, al. 2). Sur cette question, voir aussi le règlement intérieur national de la profession d'avocat (art. 10). **73850**

La publicité doit procurer une information sincère sur la nature des prestations de services proposées et sa mise en œuvre doit respecter les principes essentiels de la profession. Elle ne doit contenir aucun élément comparatif ou dénigrant (Décret 2023-552 du 30-6-2023 art. 15, al. 1).

L'interdiction de tout élément comparatif ou dénigrant a pour objectif d'assurer le respect des règles professionnelles visant à l'indépendance, la dignité et l'intégrité de la profession d'avocat. Les tiers ne sont pas tenus par les règles déontologiques de cette profession, ils doivent seulement, dans leurs activités propres, délivrer au consommateur une information loyale, claire et transparente (Cass. 1e civ. 11-5-2017 n° 16-13.669 FS-PBI : RJDA 7/17 n° 507). L'exploitation par un tiers d'un site internet proposant un comparateur et des notations d'avocats est donc licite (Cass. 1e civ. 11-5-2017 n° 16-13.669 précité). Est également licite le fait pour un site internet de mettre en relation des internautes avec des avocats pour les prestations dont il fait la promotion (Cass. 1e civ. 22-5-2019 n° 17-31.320 F-PB : RJDA 8-9/19 n° 593).

> **Précisions** La **réglementation de la publicité** par les avocats n'est pas incompatible avec la directive 2006/123 du 12 décembre 2006 **relative aux services dans le marché intérieur,** dès lors que, par principe, les avocats sont autorisés à recourir à une telle publicité (CE 9-11-2015 n° 386296 : RJDA 4/16 n° 329).

PUBLICITÉ POUR DES CONSEILS EN PROPRIÉTÉ INDUSTRIELLE

Les conseils en propriété industrielle sont autorisés à recourir à la publicité (CPI art. L 423-1). Celle-ci doit procurer une information sincère sur la nature des prestations de services proposées et sa mise en œuvre doit respecter les principes essentiels de la profession. Elle doit exclure tout élément comparatif ou dénigrant, ainsi que toute mention susceptible de porter atteinte au secret professionnel (art. R 423-2, al. 1). **73860**

C. Supports publicitaires

1. PUBLICITÉ DANS LA PRESSE

Tout article de **publicité** à présentation **rédactionnelle** doit être précédé de la mention « publicité » ou « communiqué » (Loi 86-897 du 1-8-1986 art. 10, al. 2). **73900**

En cas d'**infraction** à cette disposition, le directeur de la publication s'expose à une amende de 6 000 € (art. 15, al. 1 et 4).

2. PUBLICITÉ AUDIOVISUELLE

RÈGLES GÉNÉRALES CONCERNANT LA PUBLICITÉ AUDIOVISUELLE

Les messages publicitaires radiodiffusés et télévisés sont **contrôlés** par l'Autorité de régulation de la communication audiovisuelle et numérique (Arcom) **après leur diffusion** (Loi 86-1067 du 30-9-1986 art. 14 ; décision CSA n° 92-1133 du 22-12-1992 : JO du 10-2-1993). **73910**

Si le **message** n'est **pas conforme** aux lois et réglementations en vigueur, l'Arcom peut mettre en demeure les éditeurs et distributeurs de services de télévision et de radio de respecter les obligations qui leur sont imposées par ces textes et, en cas de non-respect de la mise en demeure, prononcer des sanctions (cf. Loi 86-1067 du 30-9-1986 art. 42 s.).

PUBLICITÉ À LA TÉLÉVISION

Les **règles de publicité** à la télévision sont essentiellement fixées par le décret 92-280 du 27 mars 1992, ainsi que par les cahiers des charges des sociétés de télévision approuvés par décrets. **73920**

Elles **s'appliquent** à tous les éditeurs de services de télévision. À l'exception de son article 15 relatif aux conditions de diffusion de la publicité, le décret de 1992 est également applicable aux éditeurs de services autres que de télévision diffusés par voie hertzienne terrestre en mode numérique, dans des conditions fixées par la convention conclue avec l'Arcom (Décret 92-280 art. 1). La mise à disposition de messages publicitaires, de parrainage et de téléachat par un éditeur de services de médias audiovisuels à la demande est également régie par le décret de 1992, sur renvoi du décret 2021-793 du 22 juin 2021 relatif aux services de médias audiovisuels à la demande (Décret 2021-793 art. 30 à 34).

73925 La **publicité** à la télévision est **définie** comme « toute forme de message télévisé diffusé contre rémunération ou autre contrepartie en vue soit de promouvoir la fourniture de biens ou services, y compris ceux qui sont présentés sous leur appellation générique, dans le cadre d'une activité commerciale, industrielle, artisanale ou de profession libérale, soit d'assurer la promotion commerciale d'une entreprise publique ou privée » (Décret 92-280 art. 2, al. 1). Ne sont pas considérées comme de la publicité les offres faites directement au public pour la vente, l'achat ou la location de produits ou pour la fourniture de services contre rémunération (art. 2, al. 2), c'est-à-dire les opérations de « **téléachat** ».

73930 **Contenu de la publicité** La publicité doit satisfaire aux **conditions** suivantes (Décret 92-280 art. 3 à 7).

– Elle doit être conforme aux exigences de véracité, de décence et de respect de la dignité de la personne humaine.
– Elle ne peut pas porter atteinte au crédit de l'État.
– Elle doit être exempte de toute discrimination en raison de la race, du sexe, de la nationalité, du handicap, de l'âge ou de l'orientation sexuelle, de toute scène de violence et de toute incitation à des comportements préjudiciables à la santé, à la sécurité des personnes et des biens ou à la protection de l'environnement.
– Elle ne doit contenir aucun élément de nature à choquer les convictions religieuses, philosophiques ou politiques des téléspectateurs.
– Elle doit être conçue dans le respect des intérêts des consommateurs. Toute publicité comportant, sous quelque forme que ce soit, des allégations, indications ou présentations fausses ou de nature à induire en erreur les consommateurs est interdite.
– Elle ne doit pas porter un préjudice moral ou physique aux mineurs. À cette fin, elle ne doit pas inciter directement les mineurs à l'achat d'un produit ou d'un service en exploitant leur inexpérience ou leur crédulité, inciter directement les mineurs à persuader leurs parents ou des tiers d'acheter les produits ou les services concernés, exploiter ou altérer la confiance particulière que les mineurs ont dans leurs parents, leurs enseignants ou d'autres personnes et, enfin, présenter sans motif des mineurs en situation dangereuse.

73935 La publicité ne peut pas avoir pour **objet,** d'une part, les produits dont la publicité télévisée fait l'objet d'une interdiction législative (pour des exemples, voir n°s 73500 s.) et, d'autre part, les produits et secteurs économiques suivants (Décret 92-280 art. 8) :

– boisson comprenant plus de 1,2 degré d'alcool ;
– édition littéraire, sauf sur les services de télévision exclusivement distribués par câble ou diffusés par satellite ;
– distribution, lorsqu'il s'agit d'opérations commerciales de promotion se déroulant entièrement ou principalement sur le territoire national (sauf dans les départements d'outre-mer et les territoires de la Polynésie française, des îles Wallis et Futuna, dans la collectivité départementale de Mayotte et en Nouvelle-Calédonie où la publicité en faveur du secteur de la distribution est autorisée sans restrictions).

Est une « opération commerciale de promotion » toute offre de produits ou de prestations de services faite aux consommateurs ou toute organisation d'événement qui présente un caractère occasionnel ou saisonnier, résultant notamment de la durée de l'offre, des prix et des conditions de vente annoncés, de l'importance du stock mis en vente, de la nature, de l'origine ou des qualités particulières des produits ou services ou des produits ou prestations accessoires offerts (même art.).

ATTENTION

La **publicité pour le cinéma** – qui est en principe interdite à la télévision (Décret 92-280 art. 8) – y est autorisée depuis le 7 août 2020 jusqu'au 6 avril 2024 (Décret 2020-983 du 5-8-2020 art. 3, I modifié par décret 2022-1290 du 3-10-2022).

73940 La **publicité clandestine** est interdite ; celle-ci consiste en la présentation verbale ou visuelle de marchandises, de services, du nom, de la marque ou des activités d'un producteur de marchandises ou d'un prestataire de services dans des programmes, lorsque cette présentation est faite dans un but publicitaire (Décret 92-280 art. 9). Un concurrent de l'entreprise dont les produits ou services ont fait l'objet d'une publicité clandestine peut agir en concurrence déloyale contre celle-ci (CA Paris 26-2-1997 : Gaz. Pal. 1998 som. p. 93).

La publicité ne doit pas utiliser des **techniques subliminales** ni faire appel à des personnes présentant régulièrement les journaux télévisés et les magazines d'actualités (art. 10 et 11).

Toute publicité doit, avant sa diffusion, être obligatoirement visionnée par l'**Autorité de régulation professionnelle de la publicité,** qui émet un avis (n° 74320).

Diffusion de la publicité La **publicité segmentée,** qui consiste pour une chaîne à diffuser sur sa zone de service non plus les mêmes messages publicitaires mais des messages adaptés aux zones géographiques ou au profil des téléspectateurs, est autorisée, à condition d'être identifiée comme telle de manière appropriée et de ne pas excéder une certaine durée par jour et par heure (Décret 92-280 art. 13, al. 6 et 15, V-3°). 73950

Toutefois, une chaîne de télévision demeure tenue de **diffuser simultanément** dans l'ensemble de sa zone de service : les messages publicitaires programmés dans les émissions pour enfants ainsi que ceux qui précèdent ou suivent immédiatement ces émissions ; les messages publicitaires qui comportent l'indication par l'annonceur d'une adresse ou d'une identification locale explicite, sauf pour France Télévisions lors de ses programmes régionaux et locaux et pour les autres chaînes qui ont l'obligation de programmer des émissions à caractère régional ou local (art. 13, al. 1 à 5).

Les **messages** publicitaires ou les séquences de messages publicitaires doivent être aisément 73952
identifiables comme tels et nettement séparés du reste du programme, avant comme après leur diffusion, par des écrans reconnaissables à leurs caractéristiques optiques et acoustiques. Lorsque les caractéristiques du service de télévision ne permettent pas que la publicité soit clairement identifiée comme telle, les conventions et cahiers des charges peuvent définir les conditions dans lesquelles il est satisfait à cette obligation (Décret 92-280 art. 14, al. 1 et 2).

Le **niveau sonore** des séquences publicitaires ainsi que des écrans qui les précèdent et qui les suivent ne doit pas excéder, s'agissant notamment du traitement de la dynamique sonore, le niveau sonore moyen du reste du programme (art. 14, al. 4).

> **Précisions** Les **horaires de diffusion sur France Télévisions** sont encadrés par l'article 53 de la loi 86-1067 du 30 septembre 1986. En particulier, sous réserve des contraintes liées au décalage horaire de leur reprise en outre-mer, les programmes diffusés entre 20 heures et 6 heures de France Télévisions, à l'exception de ses programmes régionaux et locaux, ne peuvent comporter que des messages publicitaires pour des biens ou services présentés sous leur appellation générique ou des campagnes d'intérêt général (art. 53, VI). En outre, les programmes destinés prioritairement aux enfants de moins de douze ans ne peuvent comporter que des messages génériques pour des biens ou services relatifs à la santé et au développement des enfants ou des campagnes d'intérêt général ; l'interdiction de diffuser d'autres types de messages publicitaires s'applique non seulement durant la diffusion de ces programmes mais aussi pendant un délai de quinze minutes avant et après cette diffusion. Elle s'applique également à tous les messages diffusés sur les sites internet de France Télévisions qui proposent des programmes prioritairement destinés aux enfants de moins de douze ans (art. 53, VI bis).
> La **Chaîne parlementaire** ne peut diffuser aucun message publicitaire (art. 45-2, al. 12).

Parrainage des émissions télévisées Le parrainage des émissions télévisées est réglementé par le décret 92-280 du 27 mars 1992. Le champ d'application de cette réglementation est identique à celui de la publicité (n° 73920). 73960

Le parrainage est **défini** comme « toute contribution d'une entreprise ou d'une personne morale publique ou privée ou d'une personne physique, n'exerçant pas d'activités d'édition de services de télévision ou de médias audiovisuels à la demande ou de fourniture de services de plateformes de partage de vidéos ou de production d'œuvres audiovisuelles, au financement de services de télévision ou de programmes dans le but de promouvoir son nom, sa marque, son image, ses activités, ses produits ou ses services » (Décret 92-280 art. 17).

Les émissions télévisées parrainées doivent répondre aux **exigences suivantes** (art. 18) :

1° Leur contenu et leur programmation ne doivent pas être influencés par le parrain dans des conditions susceptibles de porter atteinte à la responsabilité et à l'indépendance éditoriale de la société ou du service de télévision.

2° Elles ne doivent pas inciter directement à l'achat ou à la location des produits ou services du parrain ou d'un tiers et ne peuvent en particulier pas comporter des références promotionnelles spécifiques à ces produits ou services.

3° Le parrainage doit être clairement identifié comme tel, au début, à la fin ou pendant l'émission parrainée. Cette identification peut se faire par le nom, le logo ou un autre symbole du parrain, notamment au moyen d'une référence à ses produits ou services ou d'un signe distinctif, sous les conditions suivantes :

– la mention du parrain pendant le déroulement d'une émission (hormis les cas où elle intervient à l'occasion d'une interruption de cette émission) et dans les bandes-annonces doit rester ponctuelle et discrète, se borner à rappeler la contribution apportée par celui-ci et ne peut pas se traduire par un slogan publicitaire ou la présentation du produit lui-même ou de son conditionnement ;

– lorsque le parrainage est destiné à financer une émission de jeux ou de concours, la remise aux particuliers des produits ou services du parrain à titre de lots ne peut faire l'objet d'aucun argument publicitaire.

Par ailleurs, les émissions télévisées ne peuvent pas être parrainées par des entreprises qui ont pour activité principale la fabrication ou la vente de boissons alcoolisées ou de produits du tabac ou du vapotage. Les entreprises qui ont notamment pour activité la fabrication ou la vente de médicaments ou la fourniture de traitements médicaux ne peuvent parrainer des émissions télévisées que pour promouvoir leur nom ou leur image (art. 19). Enfin, les journaux télévisés et les émissions d'information politique ne peuvent pas être parrainés (art. 20).

PUBLICITÉ RADIOPHONIQUE

73970 Pour les **services privés de radiodiffusion sonore diffusés par voie hertzienne terrestre ou par satellite,** les règles applicables aux messages publicitaires sont les suivantes (Décret 87-239 du 6-4-1987 art. 2 à 8) :

– Le message doit être conforme aux exigences de véracité, de décence et de respect de la personne humaine.

– Il ne peut porter atteinte au crédit de l'État.

– Il doit être exempt de toute discrimination raciale ou sexuelle, de scènes de violences ou d'éléments pouvant provoquer la peur ou encourager les abus, imprudences ou négligences.

– Il ne doit contenir aucun élément de nature à choquer les convictions religieuses, philosophiques ou politiques des auditeurs.

– La publicité doit être conçue dans le respect des intérêts des consommateurs. Elle ne doit pas, directement ou indirectement, par exagération, par omission ou en raison de leur caractère ambigu, induire en erreur le consommateur.

– Elle ne doit en aucun cas exploiter l'inexpérience ou la crédulité des enfants et des adolescents. Ceux-ci ne peuvent être les prescripteurs du produit ou du service faisant l'objet de la publicité. Ils ne peuvent être acteurs principaux que s'il existe un rapport direct entre eux et le produit ou le service concerné.

– La publicité doit être diffusée en langue française.

– Les messages publicitaires doivent être clairement annoncés et identifiés comme tels.

Le **parrainage des émissions** des radios privées diffusées par voie hertzienne terrestre ou par satellite est autorisé à condition que celles-ci conservent l'entière maîtrise de ces émissions (art. 9, al. 1).

La citation du nom, de la dénomination ou de la raison sociale de l'entreprise et la référence aux signes distinctifs qui lui sont habituellement associés peuvent apparaître ponctuellement à l'intérieur des émissions parrainées (art. 9, al. 2).

Les messages publicitaires de **Radio France** sont réglementés par les articles 32 et suivants du cahier des missions et des charges de Radio France approuvé par le décret du 13 novembre 1987 (Décret MCCT8700453D du 13-11-1987 art. 1).

En outre, la **publicité locale** est réglementée (Décret 94-972 du 9-11-1994). Celle-ci n'est autorisée que pour les éditeurs de services de radio diffusés par voie hertzienne terrestre qui consacrent à des programmes d'intérêt local au moins trois heures de diffusion chaque jour entre 6 heures et 22 heures (art. 1).

Des programmes sont considérés comme étant d'intérêt local lorsqu'ils sont diffusés sur une zone dont la population est inférieure à six millions d'habitants et qu'ils sont réalisés localement par des personnels ou des services locaux directement rémunérés par le titulaire de l'autorisation. Il peut s'agir notamment d'émissions d'information locale, d'émissions de services de proximité ou d'émissions musicales dont la composition et l'animation ont un caractère local (art. 2).

La publicité est locale lorsque le message publicitaire comporte l'indication, par l'annonceur, d'une adresse ou d'une identification locale explicite (art. 3). La durée de diffusion des messages de publicité locale ne doit pas excéder, par période de vingt-quatre heures, 25 % de la durée des programmes d'intérêt local (art. 5).

La Direction générale de la concurrence, de la consommation et de la répression des fraudes a précisé les conditions dans lesquelles les annonces radiophoniques peuvent, sous réserve de l'appréciation souveraine des tribunaux, être diffusées pour satisfaire aux dispositions du Code de la consommation imposant que, dans toute communication commerciale constituant une invitation à l'achat, ne doivent pas être omises ou fournies à contretemps les **informations substantielles** telles que les caractéristiques principales du bien ou du service, l'adresse et l'identité du professionnel, le prix toutes taxes comprises et les frais de livraison à la charge du consommateur, les modalités de paiement, de livraison, d'exécution et, à certaines conditions, de traitement des réclamations, ou encore l'existence éventuelle d'un droit de rétractation (n° 67260) : lorsque toutes les informations substantielles ne peuvent pas être indiquées dans le message radiophonique de manière intelligible dans un laps de temps n'excédant pas huit secondes, l'annonceur peut valablement délivrer certaines de ces informations en renvoyant à un autre moyen de communication aisément accessible (service d'information par téléphone ou site internet, par exemple). Le renvoi ne doit pas utiliser des formulations trop vagues, non spécifiques au produit ou au service, telle « offre soumise à conditions ». Certaines informations doivent néanmoins impérativement figurer dans le message radiophonique. Il en est ainsi en particulier lorsque le message communique sur un prix soumis à des conditions (promotion limitée dans le temps, par exemple) (Lignes directrices sur les mentions dans la publicité radiophonique visant à assurer une information loyale du consommateur : BOCCRF n° 8 du 29-9-2011). 73975

3. PUBLICITÉ PAR VOIE D'AFFICHAGE

L'affichage publicitaire fait l'objet d'une réglementation particulière (C. envir. art. L 581-1 s. ; voir nos 300 s.). 74000

4. PUBLICITÉ PAR VOIE ÉLECTRONIQUE

CONTENU DE LA PUBLICITÉ PAR VOIE ÉLECTRONIQUE

La réglementation de la publicité par voie électronique (par exemple, fenêtres pop-up, bannières publicitaires ou courriels) est principalement issue de la **loi 2004-575 du 21 juin 2004** pour la confiance dans l'économie numérique. 74020

L'expression « par voie électronique » vise tout autant internet que les autres modes de transmission électronique, tels que l'EDI (Electronic Data Interchange) et le téléphone interactif, fixe ou mobile (Rapport AN n° 612 relatif à la loi du 21-6-2004).

Conditions générales de la publicité Toute **publicité,** sous quelque forme que ce soit, accessible par un service de communication au public en ligne, doit pouvoir être clairement **identifiée** comme telle (Loi du 21-6-2004 art. 20). 74030

ILLUSTRATIONS

Ne satisfait pas à l'obligation selon laquelle la publicité doit pouvoir être clairement identifiée comme telle une société exploitant un site comparateur de prix sur internet sur lequel les informations fournies à ce titre ne peuvent être obtenues qu'à la suite d'une **démarche active** de l'internaute, celui-ci devant cliquer sur plusieurs rubriques du site pour accéder à ces informations (Cass. com. 29-11-2011 n° 09-13.223 : RJDA 3/12 n° 344).

La **personne,** physique ou morale, pour le compte de laquelle la publicité est réalisée doit être clairement **identifiable.**

Bien entendu, l'application de ces dispositions n'empêche pas celle des articles L 121-2 et suivants du Code de la consommation réprimant les pratiques commerciales trompeuses.

> **Précisions** Les **fournisseurs de plateformes en ligne** qui présentent de la publicité sur leurs interfaces doivent veiller à ce que chaque destinataire individuel puisse, de manière claire, précise, non ambiguë et en temps réel, se rendre compte que les informations sont de la publicité, identifier la personne physique ou morale pour le compte de laquelle la publicité est présentée et déterminer les informations utiles concernant les paramètres utilisés pour déterminer le destinataire (Règl. 2022-2065 du 19-10-2022 art. 26, 1).

74040 **Opérations promotionnelles et jeux** Des conditions de transparence et d'information sont imposées pour les publicités, offres, concours ou jeux.

1. Les **publicités** et notamment les offres promotionnelles, telles que les rabais, les primes ou les cadeaux, ainsi que les concours ou les jeux promotionnels, adressées par courrier électronique, doivent pouvoir être **identifiées** de manière claire et non équivoque dès leur réception par leur destinataire, ou, en cas d'impossibilité technique, dans le corps du message. Ces messages doivent indiquer une adresse ou un moyen électronique permettant effectivement au destinataire de transmettre une demande visant à obtenir la **cessation** de ces publicités (C. consom. art. L 122-8).

2. Les **conditions** auxquelles sont soumises la possibilité de bénéficier d'offres promotionnelles ainsi que celle de participer à des concours ou à des jeux promotionnels doivent être clairement précisées et aisément accessibles (art. L 122-9).

Les articles L 122-8 et L 122-9 du Code de la consommation sont applicables aux publicités, offres, concours ou jeux à destination des **professionnels** (art. L 122-10).

74045 La **répression des manquements** aux dispositions relatives aux opérations promotionnelles et jeux s'effectue dans les conditions fixées aux articles L 511-1 et suivants du Code de la consommation (n°s 78600 s.). Les associations de consommateurs agréées peuvent également agir devant la juridiction civile pour faire cesser toute publicité illicite (C. consom. art. L 621-7). Ces manquements sont passibles d'une amende administrative d'un montant maximal de 3 000 € pour une personne physique et 15 000 € pour une personne morale (art. L 132-26).

PUBLICITÉ PAR VOIE ÉLECTRONIQUE CIBLÉE

74050 **Envoi de courriels publicitaires** Sur les conditions d'envoi de courriels publicitaires, voir n°s 31700 s.

74060 **Installation de cookies publicitaires** Un cookie peut avoir pour finalité de créer des profils d'utilisateurs afin d'adresser des publicités ciblées. Le responsable du traitement de données à caractère personnel qui met en œuvre un cookie doit informer l'utilisateur de l'installation dans son navigateur de ce cookie et des moyens dont il dispose pour s'y opposer. Il doit ensuite recueillir l'accord de l'utilisateur à cette installation. Pour plus de détails, voir n°s 36050 s.

74070 **Publicité sur les plateformes en ligne** La publicité ciblée aux **mineurs** sur les plateformes en ligne est interdite (Règl. 2022-2065 du 19-10-2022 art. 28, 2).

Par ailleurs, de manière générale, la publicité ciblée est interdite lorsque le profilage utilise des catégories particulières de données à caractère personnel (**données sensibles**), telles que l'origine ethnique, les opinions politiques et l'orientation sexuelle (Règl. 2022-2065 du 19-10-2022 art. 26, 3).

5. AUTRES SUPPORTS DE PUBLICITÉ

PUBLICITÉ PAR VOIE DE DISTRIBUTION DE PROSPECTUS

74080 La distribution de prospectus **sur la voie publique** peut être réglementée par le maire (ou, à Paris, par le préfet de police) en vertu de ses pouvoirs de police générale (cf. CGCT art. L 2212-2). Cette réglementation doit être nécessaire à la protection de la sécurité, de la tranquillité ou de la salubrité publiques. Elle rencontre une double limite.

La réglementation doit être adaptée aux circonstances de fait, sans être inutilement contraignante. Ainsi, l'autorité de police a-t-elle la possibilité d'interdire la distribution de prospectus sur certaines voies ou dans certaines zones, dès lors que les conditions de circulation y sont particulièrement difficiles. Mais elle commettrait une illégalité en prenant une mesure d'interdiction dont la portée, trop étendue, ne serait pas justifiée par un risque d'atteinte à l'ordre public (CE 22-6-1984 n° 40472 : Lebon p. 245 ; Cass. crim. 13-5-2014 n° 13-85.802 F-D).

En outre, selon un principe général, l'autorité de police n'a pas elle-même le pouvoir de soumettre à une procédure d'autorisation ou de déclaration préalable l'activité de distribution de prospectus (CE 28-3-1979 n° 03810 : Lebon p. 652).

Il est, par ailleurs, partout en France, interdit de distribuer ou de faire **distribuer des prospectus,** tracts, écrits, images, photographies ou objets quelconques **aux conducteurs ou occupants de véhicules** circulant sur une voie ouverte à la circulation publique ; les infractions à ces dispositions sont punies d'une amende contraventionnelle de 750 € pour une personne physique (C. route art. R 412-52 et C. pén. art. 131-13) et 3 750 € pour une personne morale, lorsque les conditions de sa responsabilité sont remplies (cf. C. pén. art. 121-2 et 131-41).

La distribution de prospectus qui ne portent pas le nom et l'adresse de l'imprimeur est punie d'une amende de 3 750 € pour une personne physique (Loi du 29-7-1881 art. 3) et 18 750 € pour une personne morale, lorsque les conditions de sa responsabilité sont remplies (cf. C. pén. art. 121-2 et 131-38).

PUBLICITÉ SONORE

Le maire d'une commune (ou le préfet de police de Paris) peut également utiliser ses pouvoirs de police générale (CGCT art. L 2212-2, 2°) afin de réglementer la publicité sonore lorsqu'elle est de nature à compromettre la tranquillité publique. Mais ici encore, une mesure d'interdiction trop générale et absolue serait illégale. Il en irait de même pour la mise en place d'un régime d'autorisation ou de déclaration préalable. **74090**

PUBLICITÉ SUR LA MONNAIE

Il est interdit d'utiliser comme support publicitaire les **billets de banque** ou **pièces de monnaie** ayant cours légal en France ou émis à l'étranger (C. pén. art. R 642-4). **74100**

PUBLICITÉ DANS LES BOÎTES AUX LETTRES

Est passible d'une **amende** contraventionnelle de 1 500 € pour une personne physique et 7 500 € pour une personne morale : **74110**

– le non-respect d'une mention apposée faisant état du refus de la part de personnes physiques ou morales de recevoir à leur domicile ou à leur siège social des publicités non adressées (C. envir. art. L 541-15-15 ; C. pén. art. 131-13 et 131-41), telle que la mention « Stop Pub » ;

– la distribution dans les boîtes aux lettres de cadeaux non sollicités visant à faire de la promotion commerciale à l'attention des consommateurs (C. envir. art. L 541-15-16 ; C. pén. art. 131-13 et 131-41).

> **Précisions** À titre expérimental et pour une durée de trois ans, la **distribution à domicile** de **prospectus** publicitaires **non adressés,** lorsque l'autorisation de les recevoir ne fait pas l'objet d'une mention expresse et visible sur la boîte aux lettres ou le réceptacle du courrier (« Oui Pub »), est interdite dans certaines collectivités territoriales ou des groupements de collectivités territoriales ayant défini un programme local de prévention des déchets ménagers (Loi 2021-1104 du 22-8-2021 art. 21 ; Décret 2022-764 du 2-5-2022 modifié par décret 2022-1478 du 28-11-2022 et décret 2022-765 du 2-5-2022 modifié par décret 2022-1479 du 28-11-2022).

PUBLICITÉ SUR LES VÉHICULES

Est passible d'une **amende** contraventionnelle de 1 500 € pour une personne physique et 7 500 € pour une personne morale le dépôt sur les véhicules d'imprimés publicitaires à visée commerciale (C. envir. art. L 541-15-16, I et III ; C. pén. art. 131-13 et 131-41). **74120**

PUBLICITÉ VISANT À PROMOUVOIR LA MISE AU REBUT DE PRODUITS

Toute publicité ou action de communication commerciale visant à promouvoir la **mise au rebut** de produits doit contenir une information incitant à la réutilisation ou au recyclage (C. envir. art. L 541-15-9, al. 1). Par ailleurs, est interdite toute publicité ou action commerciale incitant à **dégrader** des produits en état normal de fonctionnement et à empêcher leur réemploi ou leur réutilisation (art. L 541-15-9, al. 2). **74130**

La **sanction** du non-respect de ces obligations est une amende dont le montant ne peut pas excéder 3 000 € pour une personne physique et 15 000 € pour une personne morale (art. L 541-15-9, al. 3).

PUBLICITÉ PAR VOIE D'AÉRONEFS

La publicité diffusée au moyen d'une **banderole tractée** par un aéronef est interdite. Toutefois cette interdiction ne s'applique pas à la publicité relative à l'activité exercée par le propriétaire ou l'usager de l'aéronef, sous réserve qu'il ne soit pas utilisé ou équipé à des fins essentiellement publicitaires (C. envir. art. L 581-15). **74140**

Le **non-respect** de cette interdiction peut être puni d'une amende d'un montant de 1 500 € (C. envir. art. L 581-26).

SECTION 3

DÉONTOLOGIE DES PROFESSIONNELS DE LA PUBLICITÉ

AUTORITÉ DE RÉGULATION PROFESSIONNELLE DE LA PUBLICITÉ

74300 L'Autorité de régulation professionnelle de la publicité (ARPP) est une association régie par la loi du 1er juillet 1901 au sein de laquelle sont réunis des représentants des professionnels de la publicité (annonceurs, agences, médias, régies et supports publicitaires) soucieux d'établir une certaine autodiscipline au sein de leur profession.

Cette organisation mène une action « en faveur d'une publicité loyale, véridique et saine dans l'intérêt des consommateurs, du public et des professionnels de la publicité ». Trois instances lui sont associées :

– le Conseil de l'éthique publicitaire (CEP), qui a pour mission d'alerter l'ARPP sur les questions d'éthique et de responsabilité que peuvent poser le contenu de la publicité, sa diffusion, son évolution et son acceptabilité par le public ;

– le Conseil paritaire de la publicité (CPP), qui a pour mission de contribuer, au moyen d'avis qui seront rendus publics, à l'évolution des règles déontologiques, d'assurer un rôle d'alerte auprès de l'ARPP sur des problèmes émergents à la lumière de publicités diffusées et de participer à l'évaluation annuelle du respect des règles professionnelles par la publicité diffusée ;

– le Jury de déontologie publicitaire (JDP), qui a pour mission de se prononcer publiquement sur des plaintes émises à l'encontre d'une publicité susceptible de ne pas respecter les règles déontologiques de la profession.

Les missions de l'ARPP se traduisent par différents types d'actions, dont les suivantes.

74310 **Élaboration de recommandations** L'ARPP élabore des **règles de déontologie publicitaire,** dites « recommandations », soit à son initiative, soit à la demande d'organisations professionnelles ou interprofessionnelles, soit à celle des associations réunies au sein du Conseil paritaire de la publicité. Ces règles prennent appui sur la réglementation en vigueur et sur les principes retenus dans le Code de la Chambre de commerce internationale (n° 74340). Elles sont notamment destinées à adapter la publicité aux évolutions de la société (évolutions de mentalités, de technologies, de tendances publicitaires, etc.).

Les recommandations de l'ARPP sont diffusées sur son site internet : www.arpp.org/nous-consulter/regles/regles-de-deontologie.

74320 **Mise en conformité avant diffusion de la publicité** Lorsqu'un annonceur, une agence ou un support envisage la diffusion d'un message publicitaire, son **adhésion à l'ARPP** lui permet de solliciter des **conseils** de cet organisme **sur le contenu de l'annonce.** Néanmoins, l'adhésion à cet organisme ne doit pas laisser présumer que celui-ci contrôle systématiquement les projets publicitaires de l'adhérent. En outre, l'ARPP contrôle la publicité en tant que telle et non la véracité des informations fournies par les annonceurs. Un avis favorable de diffusion d'une publicité par l'ARPP ne constitue donc pas une certification officielle, permettant de dégager l'annonceur de sa responsabilité civile (CA Paris 14-1-1998 : RJDA 6/98 n° 807) ou pénale pour pratique commerciale trompeuse.

Par ailleurs, toute **publicité diffusée à la télévision** et/ou sur les services de médias audiovisuels à la demande doit obligatoirement être visionnée par l'ARPP, qui émet un avis (« favorable », « à modifier », « à ne pas diffuser »).

74330 **Interventions en cas de manquement après diffusion** Une fois la publicité diffusée, l'ARPP peut également intervenir, de différentes façons.

L'ARPP peut **s'autosaisir** d'un manquement constaté à la réglementation ou aux règles professionnelles et prendre toute mesure propre à le faire cesser, notamment en demandant à ses adhérents qui exploitent les « supports » de ne plus diffuser une publicité estimée irrégulière tant qu'elle n'aura pas été rectifiée par l'annonceur.

L'ARPP peut également intervenir à la suite d'une **plainte** déposée par toute personne physique ou morale concernant des campagnes publicitaires susceptibles de contrevenir aux règles déontologiques de la profession. La plainte doit être adressée au **Jury de déontologie publicitaire** (JDP). Toutes les décisions du JDP font l'objet d'une publication systématique sur son site internet (www.jdp-pub.org) et peuvent donner lieu à des sanctions pouvant aller jusqu'à une demande de cessation immédiate de diffusion adressée aux médias.

› Précisions Les **modalités de publication des décisions du JDP** varient suivant la gravité du manquement constaté. Le JDP peut :
– diffuser un communiqué sur son site internet du Jury et/ou un message sur un ou des comptes ouverts sur des réseaux sociaux afin d'assurer une large diffusion de son avis ;
– transmettre son avis à toute personne intéressée ;
– demander à l'ARPP une diffusion renforcée de l'avis, par voie de communiqué sur son site internet, par voie d'encart dans la presse, sur le site internet des associations professionnelles représentées à l'ARPP ou par tout autre moyen approprié ;
– demander à l'ARPP d'intervenir auprès des responsables de la publicité afin de faire cesser le manquement constaté.

CODE ICC PUBLICITÉ ET MARKETING

74340 Le « Code ICC publicité et marketing », mis au point par la Chambre de commerce internationale (CCI), énumère un certain nombre de **principes auxquels doit obéir toute publicité** sur le plan international et national. L'ARPP s'y réfère souvent dans ses recommandations.

SECTION 4 CONTRATS PUBLICITAIRES

ORIGINE DE LA RÉGLEMENTATION DES CONTRATS PUBLICITAIRES

74500 Lorsqu'elles souhaitent diffuser leurs messages publicitaires, les entreprises pour le compte desquelles la publicité est diffusée (les annonceurs) s'adressent soit directement à des **supports** (entreprises de presse notamment), soit aux régies publicitaires de ces supports, lesquelles ont pour objet de commercialiser les espaces publicitaires auprès des annonceurs (ou des agences de publicité).

Les annonceurs peuvent également recourir aux services d'une **agence de publicité** qu'ils peuvent aussi bien charger de la diffusion de leurs publicités que de la réalisation de celles-ci.

Depuis la **loi Sapin 93-122 du 29 janvier 1993,** l'équilibre des relations entre ces professionnels a été profondément modifié. En effet, là où régnait la liberté contractuelle, cette loi a imposé la technique du **mandat.**

Le mandat est néanmoins limité au rôle d'intermédiaire joué par les agences ; la conception de la campagne ou du message publicitaire que les agences sont chargées d'effectuer à la demande des annonceurs demeure régie par le droit commun des contrats.

Deux **circulaires** ont apporté des précisions sur les dispositions de la loi Sapin : une circulaire du 28 octobre 1993 (JO 23-11-1993 p. 16129) qui a défini l'application de la loi à la publicité financière et une circulaire du 19 septembre 1994 (JO 30-9-1994 p. 13827) qui a précisé le champ d'application de la loi et les modalités de mise en œuvre des obligations qu'elle impose.

A. Achat d'espaces publicitaires et édition publicitaire

CHAMP D'APPLICATION DU MANDAT PUBLICITAIRE

74510 **Notion de publicité** Tout achat d'espace publicitaire, sur quelque support que ce soit, ou de prestation ayant pour objet l'édition ou la distribution d'imprimés publicitaires ne peut être réalisé par un **intermédiaire** que pour le compte d'un annonceur et dans le cadre d'un contrat écrit de mandat (Loi 93-122 du 29-1-1993 art. 20, al. 1).

74515 Seules sont concernées les **opérations publicitaires,** c'est-à-dire celles ayant pour objet de promouvoir une entreprise, ses actions, ses produits ou ses services, à savoir (Circ. du 19-9-1994, I-1) :

– la publicité qui est une opération volontaire, ce qui exclut toute publication imposée par un texte légal ou réglementaire ;

– la publicité qui a pour but la promotion allant au-delà de la simple information, ce qui conduit à écarter les petites annonces classées, quel que soit leur objet (offres d'emploi, faire-part de deuil, par exemple), et les annonces judiciaires et légales.

Il importe peu que l'annonceur agisse en tant que professionnel ou non ; est par exemple visée la publicité faite par les associations ou les groupements politiques.

En ce qui concerne la **publicité financière,** n'entrent pas dans le champ d'application de la loi les publications réalisées en exécution d'obligations légales ou réglementaires et imposées aux entreprises pour assurer la bonne information du marché (Circ. du 28-10-1993 qui dresse la liste des informations que les entreprises doivent obligatoirement publier ; CA Dijon 6-12-2007 n° 06/02130). En d'autres termes, le mandat est obligatoire seulement quand l'annonce ne l'est pas.

74520 **Prestations visées** La loi 93-122 du 29 janvier 1993 définit précisément les prestations pour lesquelles le mandat est obligatoire. En cas de doute sur l'étendue de son champ d'application, il est conseillé d'opter pour le régime du mandat et de respecter les obligations qu'elle prévoit.

En effet, la réglementation ne s'applique pas à toute la publicité telle que définie aux n°s 74510 s. ; elle ne concerne, dans la mesure où l'annonceur passe par une agence de publicité, que l'achat d'espace dans les médias et, pour le secteur hors média, les imprimés publicitaires (Circ. du 19-9-1994, I-1).

1° **Achat d'espaces publicitaires.** La loi s'applique quel que soit le support auprès duquel l'espace publicitaire est acheté et lorsque l'achat est effectué par une agence de publicité qui tient le rôle d'intermédiaire.

L'espace publicitaire peut évoluer avec les techniques (multimédias, internet, médias électroniques) et peut prendre plusieurs formes : l'affichage peut se faire sur des panneaux dans des stades ou sur des caddies dans des supermarchés ; la presse peut être payante ou gratuite, destinée à un public large ou restreint (Circ. du 19-9-1994, I-1). Jugé par exemple que constituent des espaces publicitaires les cadres de vitrines et les chevalets destinés à recevoir les affiches publicitaires des éditeurs de presse, même s'ils sont situés sur des points de vente de presse (TGI Paris 28-5-1997 : Gaz. Pal. 1997 som. p. 508 note L. Veyssière).

Afin de déterminer à qui sont dévolus les rôles d'**intermédiaire,** de support et d'annonceur dans certaines situations particulières, il convient d'apporter les précisions suivantes :

– les **régies publicitaires** étant considérées comme des vendeurs d'espace publicitaire (Loi 93-122 art. 26, al. 1), elles sont assimilées à des supports (Circ. du 19-9-1994, I-2) de sorte que la loi 93-122 ne leur est pas applicable (CA Paris 22-2-2001 : RJDA 10/01 n° 1041) ; il importe peu qu'elles agissent de manière exclusive ou non pour le compte d'un support (Cass. com. 22-9-2021 n° 20-13.214 F-D : RJDA 3/22 n° 177) ;

– dans le cas des **publicités bénéficiant à plusieurs entreprises** (cas d'un franchiseur qui fait de la publicité pour sa marque et ses franchisés), le donneur d'ordre agit comme annonceur s'il est celui qui a pris la décision de faire de la publicité ; en revanche, s'il ne fait qu'appliquer la décision de ses correspondants, il doit être considéré comme un intermédiaire (Circ. du 19-9-1994, I-2) ;

– une société appartenant à un **groupe de sociétés** peut passer des ordres pour les diverses entités de ce groupe sans avoir l'obligation d'adopter le régime du mandat (Circ. du 19-9-1994, I-2) ;

– les **organismes** représentant un secteur d'activité (par exemple, un syndicat professionnel) ou justifiant d'un intérêt économique ou social sont présumés agir comme des annonceurs (Circ. du 19-9-1994, I-2).

74525 2° **Achat de prestations pour l'édition ou la distribution d'imprimés publicitaires.** La réglementation s'applique aux imprimés destinés à être distribués au public visé par la publicité.

Tous les **imprimés** sont concernés (prospectus, catalogue, etc.), qu'ils soient distribués manuellement dans les boîtes à lettres, par un publipostage personnalisé ou encore par la mise à la libre disposition du public (Circ. du 19-9-1994, I-1).

En revanche, les objets qui ont une fonction propre et qui portent accessoirement une inscription (**objets publicitaires** tels que des casquettes ou des tee-shirts) ne sont pas

concernés par la loi, la volonté du législateur ayant été de viser les objets qui étaient le plus directement en concurrence avec les médias traditionnels, et notamment la presse écrite. Par ailleurs, ne peuvent pas être considérés comme des imprimés publicitaires au sens de la loi (Circ. du 19-9-1994, I-1) :
– les affiches, y compris celles qui sont destinées à être apposées dans les points de vente ou à être vendues ;
– les présentoirs figurant dans les devantures et les magasins, qui ne sont pas distribués.

Dans le cadre d'un achat de prestations ayant pour objet l'édition ou la distribution d'imprimés publicitaires, les rôles d'intermédiaire, de support et d'annonceur ne sont pas définis a priori. Une agence de publicité peut par exemple éditer elle-même des imprimés. Il faut donc distinguer selon que l'**agence de publicité** a un rôle d'**intermédiaire ou** de **prestataire** (Circ. du 19-9-1994, I-2). 74530

ATTENTION

Le **choix entre** l'un ou l'autre de ces **deux modes d'exercice** doit être négocié entre les entreprises concernées, mais l'esprit de la loi 93-122 du 29 janvier 1993 implique que ce choix soit clair et, en particulier, que l'option retenue figure explicitement dans le contrat liant l'agence et l'annonceur.

Doit être considérée comme un intermédiaire l'agence qui, faisant réaliser une prestation par une autre entreprise, la fait payer spécifiquement par l'annonceur au vu ou en fonction de la facture du prestataire ; tel n'est pas le cas en revanche de l'agence qui exerce toutes les fonctions et responsabilités d'éditeur et qui, en conséquence, propose à l'annonceur une prestation globale à un prix convenu (Circ. du 19-9-1994, I-2).

Ne peut pas être qualifié d'intermédiaire le **courtier,** personne physique, qui travaille exclusivement pour un vendeur d'espace et dont la charge consiste à prospecter, au bénéfice de ce dernier, des annonceurs potentiels auprès de la **presse locale** et régionale et à lui transmettre leurs ordres ; ce courtier est considéré comme une régie ou une sous-régie (Circ. du 19-9-1994, I-2) qui est assimilée au vendeur d'espace lui-même (Loi 93-122 art. 26, al. 1).

> **Précisions** Le Conseil d'État a précisé que l'agence joue un rôle d'intermédiaire, pour lequel elle est soumise aux dispositions de la loi 93-122, notamment lorsqu'elle **fait réaliser par une autre entreprise** l'édition d'imprimés publicitaires pour le compte d'un annonceur qui finance la prestation mais non lorsqu'elle **assure elle-même** la prestation (CE 10-7-1996 : D. 1996 IR p. 220).

3° **Autres opérations.** Le **parrainage** qui recouvre des opérations diverses n'est pas mentionné par la loi 93-122 du 29 janvier 1993 ; il doit néanmoins être considéré comme entrant dans son champ d'application lorsqu'il s'analyse, au moins pour l'essentiel, comme un achat d'espace. Tel est le cas en particulier des émissions de radio et de télévision pour lesquelles le parrainage se traduit par l'annonce du nom de l'entreprise qui parraine une émission dans le générique ou au cours de celle-ci. En revanche, ne sont pas concernées des prestations comme le soutien apporté à une manifestation culturelle ou à une opération humanitaire (Circ. du 19-9-1994, I-1). 74535

Champ d'application territorial du mandat L'obligation d'établir un mandat s'applique quel que soit le lieu d'établissement de l'agence, dès lors que le message publicitaire est réalisé au bénéfice d'une entreprise française et qu'il est principalement reçu sur le territoire français (Loi 93-122 du 29-1-1993 art. 27). Ces deux conditions sont cumulatives (CA Versailles 6-5-2003 n° 01-4222 : RJDA 11/03 n° 1133). 74540

Une publicité doit être considérée comme émanant d'une **entreprise française** seulement lorsqu'une autre interprétation conduirait à une fraude manifeste ; tel serait le cas, par exemple, si un groupe français faisait réaliser sa publicité en France en faisant passer ses ordres par une filiale et une agence de publicité situées à l'étranger (Circ. du 19-9-1994, I-2).

La jurisprudence considère que, lorsque l'**annonceur** est une **entreprise étrangère,** la conclusion d'un contrat de mandat n'est pas obligatoire car l'une des conditions prévues à l'article 27 de la loi 93-122 fait défaut, peu important que l'agence de publicité soit établie en France (CA Versailles 6-5-2003 n° 01-4222 : RJDA 11/03 n° 1133 ; CA Colmar 11-9-2008 n° 06-04361).

ATTENTION

L'application à la lettre des dispositions de la loi retenue dans les arrêts précités est **contraire à l'interprétation** donnée par la circulaire du 19 septembre 1994, qui considère que la loi s'applique pour tout message publicitaire reçu sur le territoire français dès lors que l'agence ou l'annonceur se trouve en France.

CONCLUSION DU MANDAT PUBLICITAIRE

74550 **Information précontractuelle de l'annonceur** En tant que prestataire de services, l'**agence** doit communiquer à tout annonceur qui en fait la demande ses conditions générales de vente (C. com. art. L 441-1, II). En outre, lorsqu'elle est chargée de choisir le ou les supports ou lorsqu'elle donne des conseils à l'annonceur en vue d'opérer ce choix (conseil en plan média), elle doit lui indiquer les **liens financiers** qu'elle entretient avec des supports et préciser le montant de ces participations (Loi 93-122 du 29-1-1993 art. 24). La méconnaissance de cette obligation d'information est sanctionnée par une amende de 30 000 €, montant qui peut être porté à 150 000 € pour les personnes morales (Loi 93-122 art. 25, 1°-b et C. pén. art. 131-38), lesquelles encourent de surcroît la peine d'exclusion des marchés publics pour cinq ans au plus (Loi 93-122 art. 25, al. 10 et, sur renvoi, C. pén. art. 131-39, 5°).

En outre, l'agence qui préconise à l'annonceur un achat d'espace publicitaire auprès d'un support avec lequel elle entretient des liens financiers s'expose à une amende de 300 000 € si elle donne sciemment à l'annonceur des **informations fausses ou trompeuses** sur les caractéristiques ou sur le prix de vente de l'espace publicitaire du support préconisé, montant qui peut être porté à 1,5 M€ pour les personnes morales (Loi 93-122 art. 25, 3°-a et C. pén. art. 131-38).

74560 **Forme et contenu du mandat** Le contrat de mandat doit être constaté par **écrit** (Loi 93-122 du 29-1-1993 art. 20, al. 1) et comporter au moins les **mentions** suivantes (Loi 93-122 art. 20, al. 2) :

– les conditions de rémunération de l'agence ;
– s'il y a lieu, les diverses prestations qui seront effectuées par l'agence dans le cadre du mandat ainsi que le montant de leur rémunération respective ;
– le cas échéant, les autres prestations (celles qui n'entrent pas dans le champ d'application de la loi ; n°s 74515 s.) rendues par l'intermédiaire en dehors du contrat de mandat et le montant de leur rémunération.

Lorsque l'écrit ne comporte pas toutes ces mentions, il ne peut pas être complété par des documents extérieurs (Cass. 1e civ. 24-2-1998 : RJDA 7/98 n° 917 pour des documents précontractuels).

Le contrat de mandat peut bien entendu apporter d'autres **précisions,** par exemple le délai d'exécution du mandat, une clause dérogeant aux prescriptions de l'article 2000 du Code civil (n° 74590) ou encore l'interdiction faite à l'agent de se substituer un tiers dans l'exécution du contrat.

La forme est libre pour les **mentions** qui ne sont **pas obligatoires** ; il est donc, par exemple, possible de se référer aux conditions générales de l'agence, sous réserve que celles-ci respectent la loi (Circ. du 19-9-1994, II-1).

L'**absence d'un écrit** conforme aux exigences légales est **sanctionnée** pénalement : tout annonceur ou tout intermédiaire s'expose à une amende de 30 000 €, pouvant être portée à 150 000 € pour les personnes morales (Loi 93-122 art. 25, 1°-a et C. pén. art. 131-38), lesquelles encourent de surcroît la peine d'exclusion des marchés publics pour cinq ans au plus (Loi 93-122 art. 25, al. 10 et, sur renvoi, C. pén. art. 131-39, 5°).

En l'absence de précision légale, cette formalité de l'écrit ne constitue pas, à notre avis, une condition de validité du mandat. Elle constitue néanmoins une règle de preuve ; en effet, à défaut de présentation d'un écrit, l'agence ne pourrait pas obtenir sa rémunération.

EXÉCUTION DU MANDAT PUBLICITAIRE

74570 **Obligations de l'agence** Outre les obligations de droit commun mises à la charge de tout mandataire par le Code civil (art. 1991 à 1997), les agences de publicité doivent respecter les obligations suivantes.

1° **Obligation de loyauté.** Il est interdit aux agences qui « achètent » un espace publicitaire ou une prestation ayant pour objet l'édition ou la distribution d'imprimés publicitaires pour le compte d'un annonceur de recevoir une autre rémunération, notamment de la part du vendeur d'espace, que celle qui leur est versée par leur mandant (Loi 93-122 du 29-1-1993 art. 21). Cette même interdiction s'applique aux agences qui conseillent les annonceurs sur le choix du support : elles ne peuvent recevoir aucune rémunération ou avantage de la part du vendeur d'espace publicitaire (art. 22).

Toute agence qui contrevient à cette interdiction s'expose à une amende de 300 000 €, ce montant pouvant être porté à 1,5 M€ pour les personnes morales (Loi 93-122 art. 25, 3°-b et d et C. pén. art. 131-38).

À notre avis, sous réserve de certaines limites, cette obligation de loyauté n'interdit pas à une agence de cumuler plusieurs mandats d'achats d'espace publicitaire. Il convient cependant que ce cumul ne nuise pas aux annonceurs concurrents et que l'agence n'abuse pas de sa position dominante (en ce sens, JO déb. AN 15-12-1992 p. 7262).

2° **Obligation de reddition des comptes.** Comme tout mandataire, l'agence doit informer l'annonceur de l'exécution de sa mission et lui restituer les sommes reçues en vertu de sa procuration (C. civ. art. 1993). 74575

En vue de rendre effective l'exécution de cette obligation, la loi impose au support (ou à la régie publicitaire) de rendre compte directement à l'annonceur, dans le mois qui suit la diffusion du message publicitaire, des conditions dans lesquelles les prestations ont été effectuées (Loi 93-122 du 29-1-1993 art. 23, al. 1). L'agence est en conséquence tenue de préciser au support le nom et l'adresse de son mandant.

En outre, si les conditions de diffusion du message doivent être modifiées, l'agence informée de cette modification par le support doit en aviser l'annonceur et recueillir son accord sur les changements prévus (art. 23, al. 2 et 3).

Le support échappe à l'obligation de reddition des comptes s'il est **établi dans un autre État membre de l'Union européenne ou partie à l'Espace économique européen** et est soumis à des obligations équivalentes en matière de compte rendu, selon le droit national de cet État (Décret 2017-159 du 9-2-2017 art. 4).

En matière de **publicité digitale** (publicité ayant pour objet la diffusion de messages sur tous supports connectés à internet tels qu'ordinateurs, tablettes, téléphones mobiles, téléviseurs et panneaux numériques), le compte rendu communiqué par le support à l'annonceur doit préciser la date et les emplacements de diffusion des annonces, le prix global de la campagne ainsi que le prix unitaire des espaces publicitaires facturés (Décret 2017-159 du 9-2-2017 art. 1 et 2). 74580

Lorsque la campagne de publicité digitale s'appuie sur des méthodes d'**achats d'espaces publicitaires en temps réel** sur des espaces non garantis, notamment par des mécanismes d'enchères, pour lesquelles les critères déterminants de l'achat sont le profil de l'internaute et l'optimisation de la performance du message, le compte rendu doit au moins comprendre les informations suivantes (Décret 2017-159 art. 3) :

a. Au titre des informations permettant à l'annonceur de s'assurer de l'exécution effective des prestations et de leurs caractéristiques :
– l'univers de diffusion publicitaire, entendu comme les sites ou l'ensemble de sites internet qui peuvent être regroupés en fonction de leur nature ou de leurs contenus éditoriaux ;
– le contenu des messages publicitaires diffusés ;
– les formats utilisés ;
– le résultat des prestations au regard du ou des indicateurs de performance convenus lors de l'achat des prestations, tels que le nombre d'affichages publicitaires réalisés, le nombre d'interactions intervenues entre l'internaute et les affichages publicitaires ou toute autre unité de mesure justifiant l'exécution des prestations ;
– le montant global facturé pour une même campagne publicitaire et, le cas échéant, tout autre élément, convenu avec l'annonceur, relatif au prix des espaces ;

b. Au titre des informations permettant de s'assurer de la qualité technique des prestations :
– les outils technologiques, les compétences techniques ainsi que les prestataires techniques engagés dans la réalisation des prestations ;
– l'identification des acteurs de conseil, distincts des prestataires de technologie numérique, impliqués dans la réalisation des prestations ;
– les résultats obtenus par rapport aux objectifs qualitatifs définis par l'annonceur ou son mandataire avant le lancement de la campagne tels que le ciblage, l'optimisation ou l'efficacité ;

c. Au titre des informations sur les moyens mis en œuvre pour protéger l'image de la marque de l'annonceur : toutes les mesures mises en œuvre, y compris les outils technologiques, pour éviter la diffusion de messages publicitaires sur des supports illicites ou dans des univers de diffusion signalés par l'annonceur comme étant préjudiciables à l'image de sa marque et à sa réputation ;

d. Le cas échéant, les conditions de mise en œuvre des engagements souscrits dans le cadre de chartes de bonnes pratiques applicables au secteur de la publicité digitale.

74590 **Obligations de l'annonceur** Comme tout mandant, l'annonceur doit fournir à l'**agence** les moyens nécessaires à l'exécution de sa mission et lui verser la rémunération prévue (C. civ. art. 1999). Il doit également l'indemniser des pertes qu'elle a essuyées à l'occasion de l'exécution de sa mission (C. civ. art. 2000), sauf si les parties ont contractuellement exclu cette indemnisation.

La clause stipulant que le mandataire perçoit une commission couvrant forfaitairement sa rémunération et l'ensemble de ses frais sans prévoir qu'elle englobe les pertes essuyées à l'occasion de la gestion du mandat n'emporte pas dérogation aux dispositions de l'article 2000 du Code civil (Cass. com. 17-12-1991 : RJDA 3/92 n° 230 ; Cass. com. 28-6-1994 : RJDA 1/95 n° 17).

74595 L'annonceur doit par ailleurs exécuter à l'égard des **tiers** les engagements contractés pour son compte par l'agence dans le cadre de la mission qui lui a été confiée (C. civ. art. 1998).

ILLUSTRATIONS

Jugé qu'un annonceur était **tenu par la clause attributive de compétence territoriale** acceptée en son nom par une agence à l'occasion d'un achat d'espaces publicitaires, dès lors que cette dernière avait été chargée par l'annonceur, en vertu d'un mandat conçu en termes généraux, d'effectuer un tel achat et que cette clause n'emportait aucune conséquence sur les droits dont disposait l'annonceur (CA Paris 22-3-2000 : RJDA 9-10/00 n° 860).

74600 Il résulte de l'article 1998 du Code civil que l'**annonceur** doit payer le **support** ; néanmoins, en pratique, c'est généralement l'agence qui paie directement le support pour le compte de l'annonceur. Même dans ce cas, le support doit communiquer sa facture directement à l'annonceur (Loi 93-122 du 29-1-1993 art. 20, al. 3). Le défaut de communication expose le support à une amende administrative qui ne peut pas excéder 75 000 €, ou 375 000 € s'il s'agit d'une personne morale (Loi 93-122 art. 25, 2° et, sur renvoi, C. com art. L 441-9).

Lorsque l'agence est chargée par le mandant de payer le prix de l'annonce et qu'elle est défaillante, l'annonceur doit alors payer le support ; il s'expose donc à payer deux fois. Ce doublement suppose néanmoins que le support parvienne à établir que les prestations qu'il a fournies à l'annonceur n'ont pas été réglées par l'agence (pour un cas où cette preuve n'était pas rapportée, voir Cass. com. 16-10-2001 : RJDA 3/02 n° 323).

L'annonceur échappe également au **double paiement** dans les circonstances suivantes :
– lorsque l'annonceur a versé le prix de l'insertion à l'agence mandatée et que celle-ci a été mise en liquidation judiciaire sans avoir réglé la facture au support, ce dernier ne peut pas demander le paiement de la facture à l'annonceur s'il ne rapporte pas la preuve qu'il lui a directement communiqué cette facture ainsi que l'impose l'article 20, al. 3 de la loi 93-122 (CA Versailles 16-10-2008 n° 07-4339 : RJDA 4/09 n° 389) ;
– en l'absence de mandat écrit ; en effet, dans un tel cas, le support ne peut pas utilement invoquer à son profit la théorie du mandat apparent, en vertu de laquelle une personne peut se trouver engagée si le tiers qui a contracté avec le prétendu mandataire a légitimement pu croire que celui-ci disposait des pouvoirs nécessaires, car l'existence du régime impératif imposé par la loi aux relations entre les intermédiaires et les annonceurs exclut que le support puisse invoquer en la cause une croyance légitime.

En revanche, l'annonceur ne peut pas échapper au double paiement en invoquant le manquement du vendeur d'espaces publicitaires à l'obligation de communication des factures prévue par l'article 20, al. 3 de la loi 93-122 précité (Cass. com. 4-10-2011 n° 10-24.810 : RJDA 12/11 n° 1077).

> **Précisions** **a.** Lorsque le mandat prévoit que le paiement du support incombe à l'agence, cette dernière peut **transférer sa créance** à une société d'affacturage (Cass. com. 29-10-2002 n° 1729 : RJDA 3/03 n° 330). En l'espèce, la Cour de cassation a précisé en outre que la société d'affacturage avait pu accepter la créance de l'agence sans manquer à son devoir de contrôle, dès lors que la créance était contractuellement certaine et que l'annonceur avait consenti à la subrogation.
b. **À défaut de paiement du support** par l'annonceur, l'agence n'est tenue au paiement qu'en cas d'engagement de cautionnement ou de ducroire.

RÉPRESSION DES INFRACTIONS EN MATIÈRE D'OPÉRATIONS PUBLICITAIRES

74610 Les infractions aux dispositions de la loi 93-122 du 29 janvier 1993 sont constatées et poursuivies par les agents de la concurrence, de la consommation et de la répression des fraudes dans les conditions fixées par les articles L 450-1 et suivants du Code de commerce (Loi 93-122 art. 25, dernier al.). Pour plus de détails sur cette procédure, voir n°s 77100 s.

B. Conception d'une campagne ou d'un message publicitaire

MISSION DE L'AGENCE CHARGÉE DE CRÉATIONS PUBLICITAIRES

Outre leur rôle d'intermédiaires, les agences de publicité peuvent réaliser diverses **prestations à la demande des annonceurs** en vue de les assister dans la conception des campagnes ou des messages publicitaires. Ces prestations, lorsqu'elles sont exécutées avec d'autres prestations qui entrent dans le cadre du mandat, doivent être énumérées dans le contrat de mandat. 74650

L'étendue de la mission de l'agence et les obligations respectives des parties sont librement déterminées entre elles.

En l'**absence de contrat écrit,** la question se pose de savoir si les relations des parties sont régies par le droit commun des contrats ou par le **contrat type** du 19 septembre 1961 (JO 19-9-1961). Saisie de cette question, la Cour de cassation a précisé que le contrat type n'était applicable qu'« aux professionnels de la publicité, ainsi qu'à leurs partenaires habituels » et que l'agence de publicité ne pouvait l'opposer aux autres (en l'espèce, un annonceur ayant la forme d'un groupement d'intérêt économique qui avait chargé l'agence de réaliser des campagnes publicitaires pour deux de ses membres) que s'ils y avaient adhéré (Cass. com. 16-12-1997 : RJDA 4/98 n° 527 et Cass. com. 4-1-2000 : RJDA 3/00 n° 349 ; voir aussi Cass. 1e civ. 13-10-1993 : RJDA 1/94 n° 119 et CA Versailles 6-5-2003 n° 01-4222 : RJDA 11/03 n° 1133). Il résulte de cette jurisprudence qu'un annonceur client occasionnel d'une agence ne peut pas être considéré comme un « partenaire habituel » de celle-ci, de sorte que le contrat type ne peut lui être opposé que s'il y a adhéré.

En revanche, entre les professionnels de la publicité et leurs partenaires habituels, le contrat type a valeur d'usage ; il s'applique donc à défaut de convention contraire (Cass. com. 25-1-1972 : Bull. civ. IV n° 34 ; Cass. 1e civ. 13-10-1993 : RJDA 1/94 n° 119).

Lorsqu'un **contrat** a été **établi par écrit,** les points non abordés par celui-ci ne peuvent pas être complétés par les dispositions du contrat type (Cass. 1e civ. 17-7-1990 : Bull. civ. I n° 203). Dans ce cas, les relations des parties sont régies par le droit commun des contrats.

Études préalables L'agence de publicité peut être chargée d'effectuer un certain nombre d'études et de recherches relatives tant au **produit** (ou service) objet de la campagne qu'à son **marché.** À cette fin, l'annonceur doit mettre à la disposition de l'agence tous les éléments nécessaires à la connaissance du produit et à celle de son marché, tels que la documentation et les statistiques relatives aux caractéristiques techniques du produit ou à sa politique commerciale. Ces **renseignements** doivent, bien sûr, être exacts. En effet, tout message publicitaire, quel qu'en soit le support (presse, radio, télévision, affiche, etc.), contenant des éléments faux ou simplement de nature à induire en erreur expose l'annonceur à des sanctions pénales pour pratique commerciale trompeuse. 74660

L'agence doit, quant à elle, utiliser les informations qui lui ont été communiquées à titre strictement confidentiel. Ce **devoir de discrétion** dure pendant toute la période au cours de laquelle les documents sont en sa possession (Contrat type art. V-1). L'agence qui divulguerait ces renseignements commettrait une faute sanctionnée par des dommages-intérêts.

L'agence de publicité peut fournir à l'annonceur des **conseils en plan média,** c'est-à-dire déterminer les médias qui sont le mieux placés pour assurer le succès de la campagne. Dans ce cas, elle est tenue d'une obligation précontractuelle d'**information sur les liens financiers** qu'elle entretiendrait avec des supports (n° 74550). Il lui est, par ailleurs, interdit de recevoir une rémunération quelconque du média, sous peine d'une lourde sanction pénale – amende de 300 000 €, portée à 1,5 M€ lorsque l'agence est une personne morale (Loi 93-122 art. 22 et 25, 3°-d et C. pén. art. 131-38).

Si l'annonceur lui demande de choisir les moyens les mieux adaptés au but qu'il poursuit, l'agence de publicité doit, en sa qualité de professionnel, être particulièrement diligente ; mais elle ne peut être tenue que d'une obligation de moyens dans le cadre de son activité de **conseil.** 74665

ILLUSTRATIONS

Il peut être reproché à l'agence de publicité de ne pas avoir étudié la faisabilité de la prestation qu'elle proposait à son client en s'assurant de l'**obtention des autorisations administratives** nécessaires pour un vol de cerfs-volants géants à proximité de monuments parisiens (CA Versailles 1-3-2002 : RJDA 10/02 n° 1092) ou de ne pas avoir tenté d'obtenir des supports les conditions financières les plus avantageuses (Cass. com. 10-2-1970 n° 68-14.015 : D. 1970 p. 588).

Il ne peut pas être reproché à l'agence de publicité d'avoir concentré une campagne publicitaire sur la région parisienne pour le **lancement d'une marque au plan national** dès lors qu'elle avait, conformément aux usages, choisi l'affichage comme support publicitaire faute d'avoir pu recourir à la télévision en raison des délais impartis et du coût élevé de ce mode de publicité (CA Paris 21-11-1988 : D. 1989 IR p. 14). Pour un autre exemple où une agence chargée d'élaborer la stratégie de communication d'un annonceur, de concevoir des campagnes média et de conseiller le client pour les opérations hors média n'avait pas manqué à son obligation de moyens, voir CA Paris 17-2-2010 n° 08-6345 : RJDA 8-9/10 n° 885.

Toutefois, lorsqu'elle a proposé un **moyen,** l'agence de publicité est tenue d'une obligation de résultat pour ce qui concerne la **mise en œuvre** de celui-ci : ainsi, elle est fautive si elle transmet un message erroné au support (Cass. 1e civ. 19-12-1960 : Bull. civ. I p. 450) comportant, par exemple, une faute d'orthographe dans le nom de l'annonceur (Cass. 1e civ. 20-12-2000 n° 2030, inédit). Lorsqu'elle a été préalablement avertie par l'annonceur du changement de l'adresse, des numéros de téléphone et de fax de ce dernier, elle doit en particulier veiller à faire état de ces modifications dans le texte de l'annonce (CA Paris 14-10-1993 : RJDA 2/94 n° 233). L'agence ne peut écarter sa responsabilité, conformément aux principes généraux de la responsabilité, qu'en apportant la preuve de la survenance d'une cause étrangère. L'erreur commise par un support constitue une telle cause. En revanche, tel n'est pas le cas de l'**enlèvement** par le véritable propriétaire d'un **panneau publicitaire** apposé par une entreprise d'affichage car il lui appartenait de rechercher si sa cocontractante avait qualité pour lui consentir la location de l'emplacement (Cass. civ. 29-4-1980 : Gaz. Pal. 1980 som. p. 453).

74670 **Conception du message publicitaire** L'agence doit, même si le contrat ne le précise pas, s'assurer de la conformité du contenu et de la forme du message publicitaire avec les dispositions légales en vigueur (Cass. com. 30-11-1993 : RJDA 5/94 n° 600).

À cette fin, elle doit notamment **conseiller** à l'annonceur de supprimer toutes les références susceptibles de contrevenir à une réglementation spécifique (par exemple, réglementation relative à la publicité des produits pharmaceutiques) ou de constituer une violation des droits des tiers, notamment de leur droit à l'image et des droits qu'ils ont acquis sur leurs signes distinctifs ou leurs marques.

74675 Dans le cadre de la conception du message publicitaire, l'agence a notamment les **obligations** suivantes :

– s'abstenir de choisir des slogans ou des graphismes similaires à ceux d'une entreprise concurrente et qui ont été déposés à titre de marque (Cass. com. 24-6-1986 : Bull. civ. IV n° 143 ; CA Paris 12-11-1986 : RTD com. 1987 p. 388) ;

– obtenir les autorisations nécessaires de la part de l'auteur du modèle choisi pour la réalisation de la maquette publicitaire, afin de s'assurer que cette dernière pourra être exploitée sans risque par le client (Cass. com. 30-11-1993 : RJDA 5/94 n° 600) ;

– obtenir du gestionnaire des droits de l'ayant cause d'un peintre les autorisations nécessaires pour reproduire une des œuvres de ce peintre dans le cadre d'une campagne publicitaire (CA Paris 13-2-2002 : Gaz. Pal. 2002 som. p. 14) ;

– s'assurer que le catalogue qu'elle réalise pour son client peut être diffusé sans risque de porter atteinte aux droits de l'auteur des photographies qui y sont reproduites, le fait que ces clichés aient été utilisés dans les précédents catalogues réalisés par une autre agence ne la dispensant pas de vérifier la portée et la durée de la cession consentie par l'auteur (CA Paris 6-12-2000 : RJDA 10/01 n° 1042) ;

– s'assurer, préalablement au lancement de la campagne, du respect de la protection de l'image de la personne figurant sur les affiches (CA Aix-en-Provence 21-5-1991 : RJDA 8-9/91 n° 709 ; CA Bordeaux 23-9-1998 : JCP 1999 IV n° 1641) ou obtenir l'autorisation de celle-ci (Cass. 1e civ. 12-6-1990 : Bull. civ. I n° 164) ;

– lorsqu'elle commercialise des clichés, s'assurer qu'ils sont propres à l'usage auquel ils sont destinés (Cass. 1e civ. 11-3-1997 : RJDA 8-9/97 n° 1136).

Pour éviter toute confusion avec les signes protégés, l'agence doit effectuer toutes les **recherches d'antériorité** nécessaires, notamment auprès de l'Inpi. Elle doit aussi vérifier que la publicité ne contient aucune allégation, indication ou présentation fausse ou de nature à induire en erreur le consommateur.

ATTENTION

L'agence peut être condamnée à **garantir** l'annonceur des condamnations pouvant être prononcées à son encontre si la diffusion du message publicitaire constitue une violation des droits des tiers (contrefaçon notamment) (Cass. com. 30-11-1993 : RJDA 5/94 n° 600).

Réalisation de la campagne publicitaire L'agence peut être chargée par l'annonceur d'une mission globale comprenant la préparation et la mise en œuvre de la campagne de publicité. Lorsqu'elle a pour mission de déterminer la stratégie et de concevoir le message mais aussi de servir d'intermédiaire entre l'annonceur et des tiers, le contrat de publicité doit être constaté par écrit dans les conditions exposées n° 74560. **74680**

L'agence engage sa responsabilité lorsqu'elle commet une faute dans l'exécution du contrat.

ILLUSTRATIONS

Engage sa responsabilité l'agence chargée d'une opération de marketing qui avait vendu à un fabricant de pneumatiques un lot d'appareils photo jetables destinés à être offerts mais dont la défectuosité avait suscité le mécontentement des clients et nui à la marque du fabricant. Ce dernier, qui a lui aussi commis une faute en distribuant les objets promotionnels sans s'assurer de leur bon fonctionnement, doit toutefois être condamné à conserver à sa charge la moitié du préjudice subi (Cass. com. 1-3-2005 n° 333 : RJDA 12/05 n° 1315).

Sauf stipulation contraire du contrat, l'agence ne garantit ni le **succès de la campagne** de publicité (Cass. civ. 26-6-1984 : Gaz. Pal. 1984 pan. p. 332 ; Cass. com. 24-6-1986 : Bull. civ. IV n° 143 ; CA Paris 27-6-1991 : RJDA 10/91 n° 806), ni une augmentation consécutive du chiffre d'affaires de l'annonceur (CA Paris 21-11-1988 : D. 1989 IR p. 14). L'agence n'est tenue à cet égard qu'à une obligation de moyens (Cass. com. 9-10-1990 : RJDA 1/91 n° 22 ; CA Rouen 25-4-1991 : RJDA 6/91 n° 485). **74685**

ILLUSTRATIONS

A caractérisé le manquement d'une agence de publicité à son obligation de moyens la cour d'appel qui a déduit des éléments suivants que la campagne de publicité réalisée par cette agence, pour le compte d'un annonceur et destinée à servir les intérêts de celui-ci, n'avait pas été organisée avec tous les soins que cette finalité impliquait :
– les films réalisés par l'agence transmettaient à la clientèle une image peu attrayante des créations de l'annonceur alors que l'agence avait été chargée de réaliser une campagne publicitaire dans le but de présenter la production de l'annonceur d'une façon qui attire la clientèle ;
– à la suite des réclamations de l'annonceur au cours d'une première campagne publicitaire, l'agence avait elle-même indiqué qu'elle était à la recherche d'un nouveau scénario et d'un nouveau mannequin (Cass. com. 9-10-1990 : RJDA 1/91 n° 22).

RÉMUNÉRATION DES DIVERS INTERVENANTS DANS LA CRÉATION PUBLICITAIRE

L'**agence** doit être rémunérée par l'annonceur ; elle ne peut pas recevoir de rémunération du support sous peine de sanction pénale (Loi 93-122 du 29-1-1993 art. 21 et 25). **74690**

Cette disposition s'applique aussi bien à l'agence, mandataire procédant aux achats d'espace ou de prestations en vue de l'édition ou de la distribution d'imprimés publicitaires (art. 21), qu'au prestataire de services donnant des conseils en plan média ou de préconisation de support d'espace publicitaire (art. 22).

Si l'agence ne peut pas recevoir de commission versée par le support, elle peut néanmoins percevoir des **honoraires** calculés de façon forfaitaire (pour un exemple, voir Cass. com. 17-10-1977 : Gaz. Pal. 1977.1 som. p. 14) ou en proportion du budget qui lui est confié (pour un exemple, voir T. com. Paris 14-1-1981 : Cahiers de droit de l'entreprise 1981/3 p. 21). Dans ce cas, tous les frais de diffusion sont facturés nets, c'est-à-dire après déduction de tous les avantages obtenus par l'agence de la part des supports.

Le **support** est également rémunéré par l'annonceur.

> **Précisions** Lorsqu'un **support** fait de la **publicité pour son propre compte,** il doit être considéré comme un annonceur et, à ce titre, il peut rémunérer une agence pour ses achats d'espace ou pour les études qu'il demanderait à celle-ci (Circ. du 19-9-1994, II-1).

CONDITIONS GÉNÉRALES DE VENTE DES SUPPORTS PUBLICITAIRES

Les supports et les régies publicitaires (Loi 93-122 du 29-1-1993 art. 26, al. 1) sont tenus, comme tout prestataire de service, de **communiquer** leurs conditions générales de vente tant aux **74700** annonceurs qu'aux agences de publicité qui leur en font la demande (C. com. art. L 441-1, II). Ces conditions générales de vente doivent **comprendre** notamment les conditions de règlement, ainsi que les éléments de détermination du prix tels que le barème des prix unitaires et les éventuelles réductions de prix (C. com. art. L 441-1, I).

> **Précisions** Si les conditions de vente, c'est-à-dire les conditions juridiques de la vente qui étaient visées dans l'ancien article L 441-6 du Code de commerce, ne sont plus mentionnées dans l'article L 441-1 issu de l'ordonnance 2019-359 du 24-4-2019, l'adverbe « notamment » employé dans ce texte les vise nécessairement.

FACTURATION DE LA CRÉATION PUBLICITAIRE

74710 Le vendeur d'espace ou de prestations doit établir sa **facture au nom de l'annonceur** et l'envoyer directement à celui-ci ; une copie peut être transmise pour information à l'agence (Circ. du 19-9-1994, II-1).

Tous les **avantages tarifaires** de toute nature doivent être mentionnés sur la facture du support (Loi 93-122 du 29-1-1993 art. 20, al. 2). Tel est le cas en particulier des réductions de prix acquises à la date de la vente ou de la prestation de service et directement liées à cette opération de vente ou de prestation de service (C. com. art. L 441-9, I-al. 4 : nº 59380).

Les réductions de prix qui ne sont pas acquises à la date de la vente ou de la prestation de service (par exemple, ristournes conditionnelles lorsque la condition n'est pas réalisée à la date de la vente ou de la prestation) doivent faire l'objet de factures rectificatives ultérieures émises dans les mêmes conditions que la facture initiale (en ce sens, Circ. du 19-9-1994, II-1 antérieure à la modification de la réglementation de la facture par la loi 96-588 du 1-7-1996 mais transposable à la réglementation actuelle).

Les **rabais** consentis par le vendeur d'espace ou de prestations ne peuvent être accordés qu'**au seul annonceur** (Circ. du 19-9-1994, II-1).

Si des **rabais** sont consentis par le support **à l'agence** à raison des services rendus par celle-ci (par exemple, une garantie de paiement), c'est aussi à l'annonceur qu'ils doivent obligatoirement être attribués mais, lors de la négociation du contrat qui les lie, l'agence et l'annonceur doivent préalablement décider de l'affectation finale des éventuels rabais pour en reverser, le cas échéant, tout ou partie à l'agence (Circ. du 19-9-1994, II-1).

Les rétrocessions d'avantages tarifaires à l'agence doivent donner lieu à l'établissement d'une facture de l'agence à l'annonceur (Circ. du 19-9-1994, II-1).

> **Précisions** La régie étant assimilée par la loi 93-122 (art. 26) au vendeur d'espace lui-même, la **facture** émise par ce dernier peut comporter un **prix global** incluant la rémunération du courtier. Le vendeur d'espace peut donc ensuite reverser au courtier ce qui lui est dû.

MODALITÉS DE PAIEMENT DES CRÉATIONS PUBLICITAIRES

74720 Aucune disposition de la loi 93-122 du 29 janvier 1993 ne traite des modalités de paiement des créations publicitaires. Toutefois la circulaire du 19 septembre 1994 précise que l'annonceur peut **soit payer le support** directement, **soit faire transiter le paiement par l'agence.** Dans ce dernier cas, l'agence peut transférer sa créance à une société d'affacturage dès lors qu'elle est contractuellement certaine et que l'annonceur a consenti à la subrogation (Cass. com. 29-10-2002 nº 1729 : RJDA 3/03 nº 330).

Si plusieurs supports sont utilisés dans une campagne publicitaire et que l'annonceur ne souhaite pas régler chacun d'eux séparément, il peut effectuer un **paiement global** auprès de l'agence de publicité, à charge pour celle-ci de reverser son dû à chaque support. Lorsqu'un tel paiement global a été prévu par le contrat entre l'annonceur et l'agence, il est compatible avec la disposition de la loi qui impose à chaque support d'envoyer sa facture directement à l'annonceur (Circ. du 19-9-1994, II-1).

CONSEIL

Dans le cas d'un paiement global pour plusieurs supports auprès de l'agence, les risques d'erreurs à la réception des factures peuvent être réduits par les **précautions** suivantes (Circ. précitée) :
– le support peut mentionner sur la facture destinée à l'annonceur que le paiement ne doit pas être effectué directement, mais transiter par l'agence ; il peut par ailleurs rappeler à cette dernière, sur la copie qu'il lui envoie, qu'elle est chargée de recevoir les fonds en paiement ;
– l'intermédiaire peut envoyer à l'annonceur un récapitulatif des sommes dues aux différents supports et du montant de ses propres honoraires, afin de recevoir un paiement global.

Les **sommes** qui **transitent par l'agence** doivent être inscrites dans les comptes de tiers et non dans le chiffre d'affaires de celle-ci. Elles peuvent être placées et porter intérêt (Circ. du

19-9-1994, II-1). Si les stipulations du contrat de mandat n'y font pas obstacle, les intérêts peuvent être versés directement à l'agence.

Les sommes qui seraient dues par le support et notamment l'éventuel escompte versé pour paiement comptant, doivent en revanche, comme tout rabais accordé par le support, revenir à l'annonceur, conformément aux dispositions de l'article 20 de la loi 93-122 (Circ. du 19-9-1994, II-1).

En cas de **paiement tardif** du fait de l'agence faisant encourir une pénalité à l'annonceur, ce dernier peut engager la responsabilité de l'agence (Circ. du 19-9-1994, II-1).

DROITS SUR LES CRÉATIONS PUBLICITAIRES

Il convient d'identifier le titulaire du droit d'auteur sur la création publicitaire avant d'exposer **74730** les différentes modalités de cession des droits d'exploitation.

Titulaire du droit d'auteur Pour déterminer qui de l'agence ou de l'annonceur est **74740** titulaire des droits patrimoniaux sur les créations publicitaires, il convient de se référer aux articles L 111-1 et suivants du Code de la propriété intellectuelle (CPI). Deux situations peuvent être distinguées :

1° L'**agence** de publicité **met** elle-même **au point la création publicitaire,** auquel cas elle en est naturellement l'auteur. Lorsque l'œuvre a été créée à l'initiative de l'agence et élaborée par ses salariés sous sa direction (œuvre collective), elle appartient à l'agence dès lors que la contribution de chaque salarié se fond dans l'ensemble (CPI art. L 113-2, al. 3 et L 113-5) ;

2° L'agence **commande** une œuvre **à** un **créateur indépendant** ; il s'agit alors d'une « œuvre de commande utilisée pour la publicité » régie par l'article L 132-31 du Code de la propriété intellectuelle : le contrat entre l'auteur et le « producteur » entraîne, sauf clause contraire, cession à ce dernier des droits d'exploitation de l'œuvre, à condition toutefois que le contrat précise la rémunération distincte due pour chaque mode d'exploitation en fonction notamment de la zone géographique, de la durée de l'exploitation, de l'importance du tirage et de la nature du support. La réalisation d'une œuvre de commande pour la publicité n'emporte pas, sauf preuve contraire à la charge du producteur de publicité, transfert de la propriété de l'objet matériel lorsque la commande ne porte que sur la cession des droits d'exploitation de l'œuvre (Cass. 1e civ. 14-5-1996 : RJDA 10/96 n° 1279).

La question se pose de savoir qui, de l'agence ou de l'annonceur, doit être considéré comme « producteur » au sens de cette disposition. Certains auteurs penchent en faveur de l'agence dans la mesure où c'est elle qui a la maîtrise du processus créatif (en ce sens, voir S. Durrande, « La cession du droit d'exploitation des œuvres publicitaires de commande » : D. 1986 chron. p. 280 ; Rapport AN n° 2682 p. 15 dans lequel la Commission des lois a précisé que ce texte avait « pour objet d'inciter les agences de publicité à respecter les dispositions législatives relatives au droit d'auteur dans leurs relations avec les auteurs en publicité »). D'autres, se référant à la définition du producteur d'une œuvre audiovisuelle – qui vise la personne qui prend l'initiative et la responsabilité de la réalisation de l'œuvre – estiment que l'annonceur a la qualité de producteur (G. Bonet, « Publicité et droit d'auteur », Colloque de l'IRPI du 22-5-1990 p. 36). A. Lucas, H.-J. Lucas et A. Lucas-Schloetter pensent qu'il ne convient pas de trancher et que l'agence ou l'annonceur peut être producteur en fonction des circonstances et notamment de la teneur des accords (A. Lucas, H.-J. Lucas et A. Lucas-Schloetter, « Traité de la propriété littéraire et artistique », éd. Litec 2012 n° 820 et, dans le même sens, voir P. Greffe, « Le droit de la communication », éd. 2016 n° 279).

À notre avis, l'annonceur doit, en tout état de cause, être considéré comme le « producteur » si l'agence a conclu le contrat avec les créateurs extérieurs en tant que mandataire et donc au nom et pour le compte de l'annonceur.

Cession des droits d'exploitation à l'annonceur Lorsque les droits patrimo- **74750** niaux sur la création publicitaire appartiennent à l'agence, soit que celle-ci l'ait elle-même mise au point soit qu'elle l'ait commandée pour son compte à des créateurs extérieurs, la cession de ces droits doit respecter les dispositions du Code de la propriété intellectuelle.

À cet égard, le **contrat type** du 19 septembre 1961, dont les dispositions s'appliquent aux relations entre l'agence et l'annonceur si ce dernier y a adhéré, prévoit que l'exploitation par l'agence de publicité pour le compte de l'annonceur de tous ses travaux publicitaires implique la « cession automatique à celui-ci de tous les droits de reproduction » résultant de la propriété littéraire et artistique (Contrat type art. IV).

La Cour de cassation a jugé que cette clause n'était pas contraire aux dispositions de l'article L 131-1 du Code de la propriété intellectuelle qui prohibe la cession globale d'une œuvre future (Cass. 1e civ. 4-2-1986 : Bull. civ. I n° 12). Cette clause n'est cependant pas conforme aux prescriptions de l'article L 131-3, al. 1 aux termes duquel « la transmission des droits de l'auteur est subordonnée à la condition que chacun des droits cédés fasse l'objet d'une mention distincte dans l'acte de cession et que le domaine d'exploitation des droits cédés soit délimité quant à son étendue et à sa destination, quant au lieu et quant à la durée » (Cass. 1e civ. 9-10-1991 : RJDA 12/91 n° 1101 ; Cass. 1e civ. 23-1-2001 : RJDA 10/01 n° 1048).

Précisons néanmoins que les dispositions de l'article L 131-3, al. 1 du CPI ne sont pas applicables lorsque l'agence a elle-même acquis le droit d'exploitation auprès d'un tiers et notamment en qualité de « producteur » (Cass. 1e civ. 13-10-1993 : RJDA 1/94 n° 119). Dans un tel cas, l'article IV du contrat type retrouve toute sa valeur.

ATTENTION

Dans son arrêt du 13 octobre 1993, la Cour de cassation a posé pour principe que « les dispositions de l'article L 131-3 du CPI régissent les seuls contrats consentis par l'auteur dans l'exercice de son droit d'exploitation, et non ceux que peuvent conclure les **cessionnaires avec des sous-exploitants** ». Il reste que ce principe sera délicat à mettre en œuvre lorsque la présomption de cession prévue par l'article L 132-31 jouera au profit de l'agence car celle-ci doit au créateur extérieur une rémunération distincte pour chaque mode d'exploitation (en ce sens, L. de Gaulle, « Cession de droit d'auteur entre agence de publicité et annonceur : un nouveau pas vers la normalisation ? » : RJDA 1/94 p. 5 n° 13).

L'annonceur qui réutiliserait les créations publicitaires appartenant à l'agence après la rupture du contrat, sans avoir acquis les droits d'exploitation, s'expose à des poursuites en contrefaçon (Cass. com. 6-11-1990 : RJDA 1/91 n° 23).

C. Rupture du contrat de publicité

PRÉAVIS DE RUPTURE DU CONTRAT DE PUBLICITÉ

74790 **Durée et point de départ du préavis** Le contrat type du 19 septembre 1961 prévoit que, sauf motif grave et légitime, un préavis de six mois s'impose à chacune des parties pour rompre le contrat d'agence « à moins que la durée de ce contrat n'ait été expressément déterminée ou qu'il concerne l'exécution d'un ouvrage particulier » (Contrat type art. V-4, al. 1).

Le délai de préavis commence à courir à compter du jour où l'annonceur a avisé l'agence de son intention de rompre le contrat. Cet avis n'est soumis à aucune exigence de forme particulière : par exemple, une lettre précisant qu'une autre agence de publicité avait été choisie pour une nouvelle campagne fait courir le délai de préavis, mais non celle avisant l'agence de son intention de la mettre en concurrence (CA Paris 19-3-1986, inédit ; CA Paris 5-5-1988 : D. 1988 IR p. 159).

> **Précisions** Si les relations entre l'annonceur et l'agence de publicité sont rompues par cette dernière **avant même la conclusion du contrat,** un délai de préavis de plus d'un mois est suffisant pour permettre à l'annonceur de rechercher une autre agence (CA Paris 28-6-1994 : RJDA 10/94 n° 1079).

74800 **Application du préavis** L'obligation de respecter le préavis prévu par le contrat type du 19 septembre 1961 s'applique, à défaut de stipulations contraires, aux contrats conclus pour une **durée indéterminée** entre un annonceur et une agence de publicité (Cass. com. 25-1-1972 : D. 1972 p. 423 ; CA Poitiers 28-10-1981 : Gaz. Pal. 1982 som. p. 314).

En revanche, ce préavis n'a pas vocation à s'appliquer aux contrats à **durée déterminée.** Ainsi, en présence d'un contrat conclu pour une durée déterminée de six mois, le préavis ne s'applique pas, même si les conditions dans lesquelles le contrat a été conclu pouvaient laisser croire que les relations contractuelles se poursuivraient au-delà des six mois (CA Paris 10-11-2000 : RJDA 4/01 n° 516).

74805 Les relations entre un annonceur et une agence de publicité peuvent se nouer et se poursuivre plusieurs années de suite sans qu'une convention à durée indéterminée ait été conclue. Elles sont alors sous-tendues soit par une **succession** de **contrats particuliers,** se référant ou non au contrat type, soit par des accords verbaux matérialisés uniquement par des bons de commande. La question se pose de savoir si, en présence de telles conventions, l'obligation de préavis de six mois doit être respectée. Pour répondre à cette question, la jurisprudence procède à l'examen de l'étendue de la mission confiée à l'agence de publicité.

Si l'agence est investie d'une **mission générale et** joue un **rôle de conseil,** les tribunaux considèrent que les relations entre les parties se situent dans le cadre d'un contrat à durée indéterminée. Les parties ne peuvent pas déroger au principe du préavis en ayant recours à des contrats particuliers (Cass. com. 25-1-1972 : D. 1972 p. 423 ; CA Paris 21-5-1991 : RJDA 7/91 n° 593).

ILLUSTRATIONS

A une mission générale l'agent dont le rôle dépasse le simple rôle de réservation d'espace et s'étend à la totalité du champ d'activités publicitaires de l'annonceur et à la conception des encarts publicitaires (CA Versailles 17-11-1988 : D. 1989 IR p. 15).

La mission de l'agence est générale, même si elle ne se rapporte pas à l'ensemble des actions publicitaires de l'annonceur, dès lors qu'elle concerne un secteur entier du budget publicitaire de l'annonceur et implique une stratégie publicitaire (CA Versailles 20-11-1997 : JCP éd. E 1998 pan. p. 829).

Une société d'informatique est liée à son agence par un contrat à durée indéterminée lorsque le rôle du publicitaire a acquis une stabilité résultant de relations maintenues pendant plus de neuf ans ; peu importe que le rôle de cette agence n'ait pas comporté la totalité des missions qui peuvent être celles d'un tel prestataire de services dès lors que l'agence effectue une campagne annuelle où elle avait nécessairement des responsabilités (CA Versailles 4-12-1990, inédit).

Dans le cas contraire, à savoir si l'agence n'est **pas investie** d'une **mission générale,** la jurisprudence estime que l'on est en présence d'une succession de contrats distincts auxquels les dispositions du contrat type ne sont pas applicables. La rupture est alors soumise aux règles de droit commun des contrats à durée déterminée (Cass. com. 14-10-1974 : Bull. civ. IV p. 201). **74810**

ILLUSTRATIONS

Les actions ponctuelles de publicité menées par une agence sur des périodes limitées constituent des opérations de louage de services limitées ; en l'espèce leur nombre ne suffisait pas à établir que l'agence avait été chargée de l'ensemble de la politique publicitaire de l'annonceur (CA Versailles 22-1-1986 : D. 1986 IR p. 234).

En l'absence de convention écrite et d'éléments permettant d'affirmer que l'annonceur a confié l'exclusivité de sa publicité à une agence, les commandes renouvelées sur plusieurs années constituent des conventions successives de travaux ne créant à la charge de l'annonceur aucune obligation de demeurer « indéfiniment client de l'agence » (Cass. com. 12-12-1967 : JCP éd. G 1968 II n° 15534 2e esp.).

Obligations des parties au contrat de publicité Pendant toute la durée du préavis, les **relations** entre l'annonceur et l'agence de publicité doivent se poursuivre « de façon **loyale, sincère et normale** » ; en particulier, et sauf stipulations contraires, l'annonceur ne doit pas passer à un autre agent les ordres qui auraient dû être exécutés par l'agence au cours de cette période (Contrat type art. V-4, al. 3). Cette obligation disparaît bien sûr en présence d'un cas de force majeure. **74820**

ILLUSTRATIONS

Une agence de publicité qui n'a reçu aucun ordre pendant la période de préavis alors qu'une campagne était mise en œuvre par un concurrent doit être dédommagée par l'annonceur en raison du préjudice commercial qu'elle a subi. La cession de l'unité de production du produit, objet de la publicité, à une société tierce au moment même de la rupture du contrat de publicité ne constitue pas un cas de force majeure (CA Paris 15-10-1981, inédit).

L'annonceur est tenu de rembourser à l'agence les **dépenses** qu'elle a engagées avec son consentement pour préparer la campagne qui n'a pas pu être exécutée (Contrat type art. V-4, al. 4 ; Cass. com. 2-7-1986, inédit ; CA Paris 7-7-1989, inédit).

Sanction du non-respect du préavis L'annonceur qui ne respecte pas le préavis de six mois engage sa responsabilité contractuelle et s'expose au paiement d'une **indemnité** qui, le plus souvent, correspond au montant de la rémunération dont l'agence a été privée du fait de la rupture (Cass. com. 22-7-1986, inédit ; CA Paris 14-10-1999 n° 98-16685, inédit ; CA Paris 5-5-1988 : D. 1988 IR p. 159 ; CA Versailles 17-11-1988 : D. 1989 IR p. 15). **74830**

L'article V-4, al. 1 du contrat type du 19 septembre 1961 ne constituant qu'une déclinaison du principe édicté par l'ex-article L 442-6, I-5° du Code de commerce relatif à la **rupture brutale de relations commerciales établies** (auquel correspond désormais l'article L 442-1, II-al.1 du Code de commerce), l'indemnité prévue par ce dernier texte ne peut pas être cumulativement allouée avec celle prévue par les usages des agences de publicité (CA Versailles 5-2-2009 n° 07-6076 : RJDA 10/09 n° 897).

EFFETS DE LA RUPTURE DU CONTRAT DE PUBLICITÉ

En principe, la rupture du contrat par l'annonceur n'entraîne pas l'obligation pour ce dernier de verser une **indemnité** à l'agence, et ce, même lorsque les parties sont liées par un **mandat.** La loi 93-122 du 29 janvier 1993 a en effet expressément prévu que l'agence ne pouvait **74840**

74840 (suite) pas être tenue pour un agent commercial de l'annonceur (art. 26, al. 2). En conséquence, l'agence ne bénéficie pas de l'indemnité de rupture prévue au profit des agents commerciaux par l'article L 134-12 du Code de commerce. Il n'en est autrement que si l'annonceur ne respecte pas le délai de préavis de six mois (Cass. com. 12-6-1972 : Bull. civ. IV nº 185).

Rappelons enfin que l'annonceur s'expose à des poursuites en contrefaçon s'il utilise, après la rupture des relations contractuelles, les créations publicitaires appartenant à l'agence (nº 74750).

PUBLICITÉ DES PRIX ET CONDITIONS DE VENTE

SOMMAIRE

MULTIPLICITÉ DES RÉGLEMENTATIONS APPLICABLES

Le consommateur ne peut utilement comparer les produits qui lui sont proposés et exercer son choix en faveur de ceux qui, à qualité égale, lui paraissent les plus avantageux, que s'il est en mesure de connaître facilement le prix demandé pour chacun d'eux. 75000

L'article L 112-1 du Code de la consommation prévoit une obligation d'information du consommateur sur les prix et les conditions de vente, selon des modalités fixées par des arrêtés ministériels. Sur le fondement de ce texte, un arrêté du 3 décembre 1987 précise quelles sont les **règles générales** en la matière. D'autres arrêtés ministériels, pris également en application de l'article L 112-1 du Code de la consommation, fixent des **règles particulières à certains produits et services.**

Un nouvel article L 112-1-1 du Code de la consommation, issu de l'ordonnance 2021-1734 du 22 décembre 2021, encadre les **annonces de réduction de prix.**

Enfin, la publicité des prix peut être réglementée, pour certains produits et services, par des dispositions législatives particulières ou leurs textes d'application.

I. RÉGLEMENTATION GÉNÉRALE DE LA PUBLICITÉ DES PRIX ET CONDITIONS DE VENTE

A. Principe

L'article L 112-1 du Code de la consommation prévoit que « tout vendeur de produit ou tout prestataire de services informe le consommateur, par voie de marquage, d'étiquetage, d'affichage ou par tout autre procédé approprié, sur les prix et les conditions particulières de la vente et de l'exécution des services, selon des modalités fixées par arrêtés du ministre chargé de l'économie, après consultation du Conseil national de la consommation ». 75100

Les modalités d'application de ce texte sont précisées, pour ce qui concerne les règles générales de publicité des prix, par un arrêté du 3 décembre 1987 (Arrêté ECOC8700137A) et la circulaire du 19 juillet 1988 (circulaires.legifrance.gouv.fr).

Nous citons dans les développements qui suivent les décisions de justice antérieures à l'arrêté du 3 décembre 1987 qui sont transposables au régime mis en place par cet arrêté.

B. Champ d'application de la réglementation générale de la publicité des prix et conditions de vente

PERSONNES PROTÉGÉES PAR LA RÉGLEMENTATION

75110 Les règles sur la publicité des prix ne s'appliquent qu'à l'égard du **consommateur** (C. consom. art. L 112-1). Sur la notion de consommateur, voir nos 16120 s.

Ces dispositions s'imposent même si le vendeur ou le prestataire de services s'adresse le plus souvent à des **utilisateurs professionnels** dès lors que les produits ou services sont également offerts à des consommateurs ou peuvent être achetés par eux (en ce sens, Cass. crim. 15-6-1987 : BRDA 20/87 p. 10). Par exemple, les grossistes et les coopératives agricoles d'approvisionnement ne sont pas soumis à ces règles de publicité des prix pour les produits offerts exclusivement à des utilisateurs professionnels (revendeurs ou agriculteurs) ; en revanche, ces règles sont applicables lorsqu'ils dérogent à cette exclusivité, mais seulement pour les produits qui sont susceptibles d'être achetés par des consommateurs (Circ. du 19-7-1988).

APPLICATION DE LA RÉGLEMENTATION AUX OFFRES AU PUBLIC ET OFFRES ISOLÉES

75120 Excepté les dispositions particulières relatives à l'étiquetage des prix des produits (nos 75250 s.) ou à l'affichage des prix des services (nos 75390 s.), les dispositions de l'arrêté du 3 décembre 1987 s'appliquent à toutes les informations sur les prix, qu'elles soient adressées au public (publicité des prix par affichage ou par étiquetage, publicité commerciale utilisant des arguments de prix) ou à une personne déterminée (par exemple, prix indiqué sur un bon de commande ou sur un devis) (Circ. du 19-7-1988).

PERSONNES ET ACTIVITÉS SOUMISES À LA RÉGLEMENTATION

75130 L'article L 112-1 du Code de la consommation s'applique à « tout vendeur de produit ou tout prestataire de services ». En conséquence, ces règles de publicité des prix ne s'appliquent pas aux **vendeurs de biens,** tels que des immeubles (Circ. du 19-7-1988).

Toutes les **activités de production, de distribution et de services,** y compris celles qui sont le fait de personnes publiques, notamment dans le cadre de délégations, sont soumises à l'obligation de publicité des prix prévue cet article (C. consom. art. L 112-2).

Sont également soumises aux dispositions de l'article L 112-1 du Code de la consommation les **prestations dont les tarifs sont réglementés par les articles L 444-1 et suivants du Code de commerce,** à savoir les prestations des huissiers de justice (devenus les commissaires de justice), des greffiers de tribunal de commerce, des administrateurs judiciaires, des mandataires judiciaires, des notaires et certaines prestations rendues par les avocats (C. com. art. L 444-4 modifié par loi 2023-1059 du 20-11-2023).

C. Réglementation générale de la publicité des prix : prix à indiquer

MODALITÉS D'INDICATION DU PRIX

75170 **Prix annoncé** Le consommateur doit être informé de la **somme totale toutes taxes comprises** qu'il devra effectivement payer, exprimée en euros (Arrêté du 3-12-1987 art. 1, al. 1).

L'administration considère que le prix doit comprendre l'ensemble des marges commerciales et des frais, tels que les frais d'emballage, de transport jusqu'au magasin de vente ou de mise à disposition de la marchandise (Circ. du 19-7-1988). Sur le fondement de la directive 98/6/CE du 16 février 1998 relative à l'indication des prix des produits offerts au consommateur, la Cour de justice de l'Union européenne a jugé de la même façon qu'une publicité en faveur du prix d'un produit doit inclure dans ce prix les éléments inévitables qui sont obligatoirement à la charge du consommateur, tels que les frais de transfert de ce produit du fabricant au distributeur ; ces frais ne doivent donc pas être mentionnés séparément, par exemple par un renvoi avec astérisque (CJUE 7-7-2016 aff. 476/14 : RJDA 1/17 n° 50).

Peuvent être ajoutés à la somme annoncée les frais ou les rémunérations correspondant à des **prestations** supplémentaires exceptionnelles expressément **réclamées par le consommateur** et dont le coût a fait l'objet d'un accord préalable (Arrêté de 1987 art. 1, al. 2). Ne saurait être qualifiée de prestation exceptionnelle, par exemple, la livraison, dans un rayon limité, de meubles, articles ménagers et équipements de foyers qui, en raison de leur poids, ne peuvent être transportés par un acheteur seul et nécessitent un moyen de transport approprié (Cass. crim. 11-1-1982 n° 77-91.358).

Lorsque le prix annoncé ne comprend pas un **élément** ou une prestation de services **indispensable à l'emploi** ou à la finalité du produit ou du service proposé, cette particularité doit être indiquée explicitement (Arrêté de 1987 art. 3). Ainsi, le consommateur doit être averti lorsque le prix annoncé pour un appareil électrique ne comprend pas la fourniture d'un transformateur indispensable, ou lorsque le prix d'un jouet ne comprend pas les piles électriques nécessaires à son fonctionnement. Il en est de même lorsque le prix d'un appareil ménager ne comprend pas la fourniture d'un élément de branchement, une installation ou une mise en service particulières (par exemple, nécessitant l'intervention d'un professionnel).

> **Précisions** Les dispositions de l'article 3 de l'arrêté de 1987 s'appliquent tant au cas où l'**élément manquant indispensable** ne peut être recherché que chez un autre fournisseur qu'au cas où le vendeur le propose également, comme produit ou prestation séparés ; ainsi, lorsqu'un professionnel propose une offre d'accès à Internet par ligne fixe comportant la location payante du modem indispensable à ce service, les dispositions de cet article 3 ne le dispensent pas de l'obligation, qui lui est faite par l'article 1 précité, d'afficher un prix total incluant l'ensemble de ces prestations (CE 7-4-2023 n° 461082 : RJDA 8-9/23 n° 471).

Prix ne pouvant pas être calculé à l'avance Lorsque le prix ne peut pas être raisonnablement calculé à l'avance du fait de la nature du bien ou du service, le professionnel doit fournir le **mode de calcul du prix** et, s'il y a lieu, indiquer les **frais supplémentaires** de transport, de livraison ou d'affranchissement et tous les autres frais éventuels ; si ces frais supplémentaires ne peuvent pas être raisonnablement calculés à l'avance, le professionnel doit mentionner qu'ils peuvent être exigibles (C. consom. art. L 112-3). **75175**

Double prix Les vendeurs de produits peuvent afficher un double prix pour un même bien : un **prix de vente** et un **prix d'usage.** Ce prix d'usage désigne la valeur marchande associée non pas à la propriété du bien mais à l'usage du service rendu par ce bien (Loi 2014-344 du 17-3-2014 art. 4). La possibilité d'un double affichage du prix est destinée à promouvoir des modes de production et de consommation plus respectueux de l'environnement. **75180**

> **Précisions** Le consommateur est ainsi informé qu'il existe des **alternatives à l'achat d'un bien,** telles que sa location, ce qui est déjà le cas dans les secteurs de l'automobile ou du matériel de bureautique (crédit-bail). Pour l'entreprise, qui a donc intérêt à proposer un produit qui dure, de qualité et innovant, c'est un gage de visibilité et de constance, et un gain estimé entre 30 % à 50 % sur les énergies et les matières premières. Pour le consommateur, le gain consiste en une meilleure adaptation des prix à ses besoins.

INDICATION DU PRIX DANS UN CONTRAT À DURÉE INDÉTERMINÉE OU ASSORTI D'UN ABONNEMENT

Pour un contrat à durée indéterminée ou un contrat assorti d'un abonnement, le prix total inclut tous les **frais exposés pour chaque période de facturation.** En cas de facturation à un tarif fixe, le prix total inclut le total des **coûts mensuels.** **75190**

Si ce coût total ne peut pas être raisonnablement calculé à l'avance, seul le mode de calcul du prix est communiqué au consommateur (C. consom. art. L 112-4).

INDICATION DES ÉVENTUELS FRAIS DE LIVRAISON OU D'ENVOI

Lorsque les **produits** ne sont **pas usuellement emportés** par l'acheteur **ou** sont **délivrés par correspondance,** les frais de livraison ou d'envoi doivent être inclus dans le prix de vente, à moins que leur montant ne soit indiqué en sus (Arrêté du 3-12-1987 art. 2). **75200**

Lorsque ces frais ne sont pas inclus, l'information doit préciser :

1° Sur les lieux de vente, leur montant selon les différentes zones desservies par le vendeur. Selon l'administration, la publicité la plus appropriée est l'affichage, à proximité des rayons concernés, d'un document parfaitement lisible de l'endroit où se tient normalement la clientèle (Circ. du 19-7-1988).

2° Hors des lieux de vente, leur montant pour la zone habituellement desservie par le vendeur. Lorsque l'information concerne plusieurs points de vente dont les conditions de livraison sont différentes (cas, par exemple, des publicités nationales), elle peut ne mentionner que l'existence éventuelle de frais de livraison qui devront être portés à la connaissance du consommateur sur les lieux de vente avant la conclusion du contrat.

Toutefois :

– lorsqu'une information du consommateur sur les prix concerne plusieurs points de vente dont les conditions de livraison sont différentes, celle-ci peut ne mentionner que l'existence éventuelle de frais de livraison qui devront être portés à la connaissance du consommateur sur les lieux de vente avant la conclusion du contrat ;

– lorsqu'il s'agit d'une offre de vente à distance, le consommateur doit être informé de façon complète du montant des frais de livraison, par tout moyen approprié, avant la conclusion du contrat.

S'il n'effectue pas la livraison, le vendeur doit le préciser (Arrêté du 3-12-1987 art. 2, dernier al.).

D. Affichage ou étiquetage du prix des produits

75240 La réglementation applicable diffère selon que les produits sont exposés ou non à la vue du public.

1. PUBLICITÉ DES PRIX DES PRODUITS EXPOSÉS À LA VUE DU PUBLIC

PRIX INDIQUÉ PAR VOIE DE MARQUAGE OU D'ÉTIQUETAGE

75250 Le prix de tout produit destiné à la vente au détail et exposé à la vue du public, de quelque façon que ce soit, doit faire l'objet d'un **marquage par écriteau ou** d'un **étiquetage** (Arrêté du 3-12-1987 art. 4).

Le mode de publicité à adopter est laissé au choix du vendeur. Cependant, en pratique, l'étiquette ne doit être utilisée que lorsque l'acheteur a la possibilité matérielle de prendre le produit en main, sans avoir à demander préalablement l'accord du vendeur (Circ. du 19-7-1988). Bien entendu, l'usage de l'écriteau s'impose lorsqu'il s'agit de produits vendus au poids ou à la mesure.

PRODUITS CONCERNÉS PAR L'OBLIGATION D'INDIQUER LE PRIX

75260 L'obligation d'indiquer le prix concerne **tous les produits que le consommateur peut voir** soit de l'extérieur de l'établissement de vente (vitrines, étalages, éventaires, etc.), soit de l'intérieur (étagères, présentoirs, etc.).

Tous les produits sont concernés, qu'ils soient neufs ou d'occasion. Les articles d'horlogerie, bijouterie et joaillerie doivent faire l'objet d'un marquage ou d'un étiquetage (Cass. crim. 16-3-1977 : Gaz. Pal. 1977.2 p. 385), à moins qu'il ne s'agisse d'articles de création originale, reproduits en trois exemplaires au plus et vendus dans le magasin même du créateur ou dans ses succursales (Rép. Daugreilh : AN 11-2-1991 p. 496).

Les **produits factices** autres que les éléments de décoration, exposés à la vue du public, notamment en vitrine, doivent comporter l'indication des prix auxquels sont vendus dans le magasin les produits réels correspondants (Arrêté du 3-12-1987 art. 9).

Les produits suivants font l'objet de dispositions particulières (Circ. 19-7-1988) :

– les **œuvres d'art** originales et objets ayant valeur d'antiquité : possibilité d'apposer une étiquette discrète sur les articles exposés à la vue du public ou, dans les galeries d'art, de consulter une liste de prix ;

– les **livres** neufs ou d'occasion : lorsque le prix n'est pas imprimé sur le livre, possibilité de l'inscrire à l'intérieur du volume (par simple inscription manuscrite ou sur une fiche de vente) lorsque l'ouvrage est accessible à la clientèle sans qu'elle ait à solliciter l'accord préalable du vendeur (voir aussi n° 75630) ;

– les **ensembles de cuisine** : obligation d'indiquer le prix élément par élément.

Selon l'administration, le prix doit être indiqué même lorsque le **produit exposé** est **vendu** car l'obligation d'information s'étend à l'ensemble des produits identiques à celui qui est exposé (Avis DGCCRF n° 88-024 du 2-11-1987 : BID 1988/1 p. 38). En revanche, l'indication de prix n'est, à notre avis, pas obligatoire pour les produits vendus dont il n'existe qu'un seul exemplaire (cas, par exemple, des articles de brocante ou des fins de série).

L'obligation de marquage ou d'étiquetage s'applique quel que soit le **lieu de vente** (boutique, grand magasin, étal en plein air) et même dans les foires ou salons, que la livraison des marchandises soit immédiate ou n'intervienne qu'à l'extérieur de ceux-ci ou après leur clôture. Ainsi, un chauffagiste a été condamné pour avoir exposé au cours d'une foire des appareils de démonstration sans indiquer leur prix (T. pol. Poitiers 12-12-1989 : BID 1990/6 p. 20).

En revanche, l'indication de prix n'est pas exigée pour les objets exposés dans les **vitrines-expositions éloignées du lieu de vente,** par exemple celles placées dans les gares ou dans les lieux publics (Circ. du 19-7-1988).

EMPLACEMENT DE L'ÉCRITEAU OU DE L'ÉTIQUETTE INDIQUANT LE PRIX D'UN PRODUIT

Pour satisfaire à la réglementation de la publicité des prix, le prix doit être placé **sur le produit** lui-même **ou à proximité** de celui-ci, de façon qu'il n'existe aucune incertitude quant au produit auquel il se rapporte (Arrêté du 3-12-1987 art. 5, al. 1). S'il peut y avoir un doute sur la nature ou la qualité du produit, l'indication du prix doit être accompagnée de la dénomination exacte de ce produit (Circ. du 19-7-1988). **75270**

Les **mentions** doivent être parfaitement lisibles soit de l'extérieur, soit de l'intérieur de l'établissement, selon l'endroit où sont exposés les produits (Arrêté de 1987 art. 5, al. 2). Le client doit pouvoir connaître le prix sans entrer dans le magasin, si le produit est visible de l'extérieur de celui-ci, et sans avoir à interroger le vendeur, si le produit est visible à l'intérieur.

Si un produit se trouve exposé en vitrine et à l'intérieur de la boutique, son prix doit être marqué aux deux endroits (Circ. du 19-7-1988).

Les **produits,** identiques ou non, **vendus au même prix et exposés ensemble** à la vue du public peuvent donner lieu à l'indication d'un seul prix (Arrêté de 1987 art. 6).

ILLUSTRATIONS

Jugé qu'il est licite de ne pas marquer sur chacune des pochettes le prix de disques de valeurs différentes et offerts ensemble à la vue du public, dès lors que sur chaque pochette figure une **« lettre code »** et que le public peut ainsi identifier la catégorie à laquelle appartient chaque disque et en connaître sans ambiguïté le prix par référence à ceux imprimés en face de chaque lettre code sur une affiche fixée à l'extrémité de chaque rayon (Cass. crim. 13-10-1981 : D. 1982 p. 340 note C. Gavalda ; Cass. crim. 28-6-1982 : D. 1983 IR p. 428).

INDICATION DU PRIX EN CAS DE PRODUITS VENDUS PAR LOT

Les produits vendus par lot doivent comporter un écriteau mentionnant le prix et la composition du lot ainsi que le prix de chaque produit composant le lot (Arrêté du 3-12-1987 art. 7), cette dernière indication n'étant en pratique nécessaire que si le **lot** est **composé de produits de natures différentes** (Circ. du 19-7-1988). **75280**

À notre avis, cette exigence, issue de textes antérieurs à la réglementation actuelle des ventes par lots, n'a désormais de sens que dans le cas où les produits composant le lot peuvent être acquis séparément. Dans le cas contraire, celui-ci constitue un **produit unique** et l'indication de son prix constitue une information nécessaire et suffisante.

Par exemple, l'article 7 de l'arrêté du 3 décembre 1987 a été jugé inapplicable à la vente d'un ordinateur équipé de logiciels préinstallés car il ne s'agit pas d'un lot mais d'un produit unique composé de divers éléments, si bien que le vendeur n'est pas tenu de mentionner le prix des logiciels (Cass. 1e civ. 29-3-2017 n° 15-13.248 FS-PBI : RJDA 7/17 n° 508).

> **Précisions** Les dispositions prévues par l'arrêté de 1987 et la circulaire de 1988 sur l'indication du prix en cas de vente par lot constituaient le corollaire de l'**interdiction de vente par lot prévue par l'ancien article L 122-1 du Code de la consommation,** dans sa rédaction antérieure à la loi 2011-525 du 17 mai 2011 : sous l'empire de cette réglementation, l'interdiction de vente par lot n'était levée que si le consommateur pouvait acquérir séparément les produits composant le lot. Or, depuis l'entrée en vigueur de la loi du 17 mai 2011, une vente par lot est licite, sauf si elle constitue une pratique commerciale déloyale.

INDICATION DU PRIX EN CAS DE PRODUITS VENDUS AU POIDS OU À LA MESURE

75290 Pour ces produits, l'indication du prix doit être accompagnée de l'unité de poids ou de mesure (kilogramme, mètre, litre, etc.) à laquelle ce prix correspond (Arrêté du 3-12-1987 art. 8).
Sur les règles à suivre en cas de produits préemballés, voir nº 75610.

ANNONCE SIMULTANÉE DE DEUX PRIX DIFFÉRENTS

75300 Le fait d'annoncer simultanément, dans un même magasin, deux prix différents pour le même article est de nature à constituer un manquement à la réglementation dans le cas où cette **anomalie** repose sur une publicité inexacte ou de nature à induire en erreur le consommateur, ou encore sur un marquage des prix ou un étiquetage non conforme aux prescriptions réglementaires.

Par ailleurs, en présence d'un produit marqué ou étiqueté à deux prix différents, il est usuel que le commerçant demande au client le prix le plus faible lorsque celui-ci est en rapport avec la valeur de l'article (Circ. du 19-7-1988).

EFFETS D'UNE ERREUR DANS L'ÉTIQUETAGE D'UN PRIX

75310 Lorsqu'une erreur matérielle d'étiquetage a provoqué la facturation de l'objet vendu à un **prix sans rapport avec la valeur réelle de cet objet,** la question se pose de savoir si le vendeur peut obtenir la nullité de la vente.

L'exigence d'un prix sérieux est une condition de validité de la vente. En effet, si la vente est consentie à un prix dérisoire, elle est dépourvue de contrepartie, au sens de l'article 1168 du Code civil. En conséquence, un vendeur peut obtenir la nullité d'une vente pour erreur d'étiquetage si le caractère dérisoire du prix payé par l'acheteur est reconnu.

L'appréciation du caractère dérisoire relève du pouvoir souverain des juges du fond.

ILLUSTRATIONS

Dans un cas où une bague avait été achetée à un grand joaillier pour le prix de 100 000 F (environ 15 245 €) alors que, selon le vendeur, la valeur réelle de la bague était de 460 000 F (environ 70 130 €), les juges du fond ont estimé que l'acquéreur était en droit de penser que le prix demandé correspondait à la valeur réelle de la chose vendue et qu'il n'était pas dérisoire ; dès lors, la vente n'était pas nulle (Cass. 1e civ. 4-7-1995 : Bull. civ. I nº 303, décision rendue sur le fondement de l'ancienne notion de « cause » prévue par l'ex-article 1108 du Code civil mais transposable à l'article 1168).

2. PUBLICITÉ DES PRIX DES PRODUITS NON EXPOSÉS À LA VUE DU PUBLIC

INDICATION DU PRIX DES PRODUITS PAR VOIE D'ÉTIQUETAGE

75330 Le prix de tout produit non exposé à la vue du public mais disponible pour la vente au détail soit dans le magasin de vente, soit dans les locaux attenants au magasin et directement accessibles de celui-ci doit faire l'objet d'un étiquetage (Arrêté du 3-12-1987 art. 10).

PRODUITS CONCERNÉS PAR L'OBLIGATION D'INDIQUER LE PRIX PAR VOIE D'ÉTIQUETAGE

75340 L'obligation d'indiquer le prix par voie d'étiquetage concerne les **produits prêts à être immédiatement vendus.** Ainsi, doivent être étiquetés les articles présents dans le magasin mais non visibles de la clientèle parce que rangés dans des boîtes (cas des chaussures) ou dans des tiroirs (articles de bonneterie, confection, quincaillerie, par exemple), ou encore ceux qui se trouvent dans des réserves annexes au magasin.

Toutefois, l'**obligation** d'étiquetage est **écartée** pour les produits suivants (Arrêté de 1987 et circ. du 19-7-1988) :

1° Les produits qui ne sont pas effectivement disponibles à la vente : par exemple, les produits qui n'ont pas encore été sortis de leur emballage d'origine alors que la vente a lieu habituellement sans cet emballage, ou les marchandises qui se trouvent dans des réserves complètement indépendantes du magasin.

2° Les produits alimentaires périssables : fruits, légumes frais, viandes, produits de la mer et produits laitiers frais.

3° Les produits dont le prix est indiqué par un écriteau sur un spécimen exposé à la vue du public.

L'administration admet également qu'il ne soit pas procédé à l'étiquetage des divers articles détenus dans des locaux attenants au magasin, lorsque l'écriteau ou l'étiquette apposé sur le seul article figurant en vitrine ou en boutique reprend, outre son prix, celui des différents modèles de la même marque mais de capacités ou de dimensions différentes (cas des machines à laver et des réfrigérateurs notamment) (Circ. du 19-7-1988).

4° Les produits non périssables vendus en vrac, car on ne saurait munir d'une étiquette des produits tels que le charbon, les engrais, les semences, voire certains articles de quincaillerie (clous, vis, par exemple). Mais si un échantillon est exposé à la vue du public, le prix doit être annoncé ; au cas contraire, il doit faire l'objet d'un affichage dans le magasin de vente selon les règles prévues pour l'indication du prix des prestations de services (n°s 75390 s.).

5° Les produits vendus sur catalogue : dans certaines professions qui vendent une très grande variété d'articles, l'étiquetage (ou l'affichage s'il s'agit de produits vendus en vrac) crée de sérieuses difficultés. Par mesure de tolérance, l'administration estime que la réglementation est respectée si les entreprises concernées mettent à la libre disposition de leur clientèle des catalogues ou des tarifs reprenant la liste complète des articles non étiquetés ou non affichés avec l'indication du prix de chacun d'entre eux (cas de la quincaillerie, par exemple) (Circ. du 19-7-1988).

MODALITÉS D'UTILISATION DE L'ÉTIQUETTE DE PRIX D'UN PRODUIT

L'étiquette doit être parfaitement lisible et porter les mêmes indications que pour les pro- **75350**
duits exposés à la vue du public, c'est-à-dire le prix toutes taxes comprises. Elle doit être placée ou attachée soit sur le produit lui-même, soit sur l'emballage dans lequel il est présenté à la vente.

Toutefois, elle peut être remplacée par la simple inscription du prix sur le produit ou l'emballage (Arrêté du 3-12-1987 art. 11).

E. Affichage du prix des prestations de services

OBLIGATION D'AFFICHAGE DU PRIX D'UN SERVICE

Le prix de toute prestation de services doit faire l'objet d'un affichage dans les lieux où la **75390**
prestation est proposée au public (Arrêté du 3-12-1987 art. 13, al. 1).

CONTENU DE L'AFFICHE RELATIVE AU PRIX D'UN SERVICE

Règle générale L'affichage consiste en l'indication sur un document unique et parfai- **75410**
tement lisible de la **liste des prestations** offertes et du **prix** toutes taxes comprises de chacune d'elles (Arrêté du 3-12-1987 art. 13, al. 2), aucun doute ne devant exister sur la nature de la prestation fournie pour le prix indiqué.

L'affiche doit également comporter les **suppléments** ou majorations correspondant éventuellement à des opérations complémentaires ou spéciales (Circ. du 19-7-1988). Tel est le cas, notamment, des frais pour la livraison d'articles vendus en magasin, ces frais pouvant être, selon les usages, soit inclus dans le prix de vente toutes taxes comprises (cas, par exemple, des ventes de meubles au détail), soit ajoutés à ce prix de vente, généralement sous la forme d'un montant forfaitaire. Quelle que soit la formule retenue, elle doit être portée clairement à la connaissance du consommateur par voie d'affichage sur le lieu de vente (Rép. Braconnier : Sén. 5-2-1981 p. 176).

Cas particuliers 1° **Pourboires.** Lorsqu'une activité de services fait usuellement l'objet **75420**
du versement au personnel en contact avec la clientèle d'une rémunération dénommée « service », celle-ci ne peut être exigée qu'à la condition d'être mentionnée expressément sur les documents affichés à la vue du public ou mis à la disposition de la clientèle.

En outre, les prix doivent être indiqués au consommateur « service compris » et le taux du service perçu doit être précisé (en ce qui concerne les cafés et restaurants, voir n° 75690).

En dehors de ces cas, aucune gratification ne peut être exigée par le prestataire de services ou son personnel (Circ. du 19-7-1988).

2° **Catalogues.** À titre exceptionnel et lorsqu'un nombre très important de prestations est proposé ou lorsque la grande diversité des conditions dans lesquelles les prestations peuvent être fournies ne permet pas d'établir une affiche parfaitement lisible par la clientèle, ce mode de publicité pourra être remplacé par un catalogue complet (Circ. du 19-7-1988).

3° **Prestations à caractère variable.** Certaines prestations ne peuvent être forfaitisées car leur étendue varie en fonction de la demande ou de la situation particulière du client (par exemple, travaux d'installation et de réparation). Dans ce cas, le consommateur est informé selon les modalités prévues à l'article L 112-3 du Code de la consommation (n° 75175), sauf à ce qu'un arrêté spécifique au secteur d'activité concerné soit applicable.

EMPLACEMENT DE L'AFFICHE RELATIVE AU PRIX D'UN SERVICE

75430 L'affiche doit être parfaitement lisible de l'endroit où se tient normalement la clientèle ou de celui où elle est habituellement reçue (Arrêté du 3-12-1987 art. 13).

En outre, des arrêtés du ministre de l'économie peuvent imposer un affichage lisible de l'extérieur du prix de tout ou partie des prestations proposées au public (pour des exemples, voir n° 75690).

F. Contrôles et sanctions en cas de non-respect des règles générales de publicité des prix

RÉPRESSION DES PRATIQUES ILLICITES

75450 La répression des pratiques illicites s'effectue dans les conditions fixées aux articles L 511-1 et suivants du Code de la consommation (voir n°s 78600 s.).

SANCTIONS

75460 Les manquements à la réglementation sont passibles d'une **amende administrative** d'un montant maximal de 3 000 € pour une personne physique et 15 000 € pour une personne morale (C. consom. art. L 131-5 et L 131-6). L'amende est prononcée dans les conditions fixées aux articles L 522-1 et suivants du Code de la consommation (n°s 79630 s.)

Si le manquement est de nature à induire en erreur le consommateur, il est passible de **sanctions pénales** pour pratique commerciale trompeuse (C. consom. art. L 121-2 s.).

> **Précisions** Un manquement aux exigences de forme et d'information prévues par l'arrêté ministériel du 3 décembre 1987 (n°s 75170 s.) ne peut pas entraîner, en l'absence de texte, la **nullité du contrat** (Cass. 1e civ. 27-6-2018 n° 17-23.264 FS-PB : RJDA 10/18 n° 780, décision rendue au regard de la réglementation applicable aux prix des prestations funéraires mais transposable à l'arrêté du 3-12-1987).

POSSIBILITÉ D'UNE DEMANDE DE RESCRIT

75470 Un vendeur ou prestataire de services peut demander à l'autorité administrative chargée de la concurrence et de la consommation « de prendre formellement position sur la conformité aux articles L 112-1 à L 112-4 [du Code de la consommation] et aux mesures réglementaires prises pour leur application, des modalités de l'information sur les prix de vente au consommateur qu'il envisage de mettre en place ». Cette prise de position formelle de l'administration, dite « rescrit consommation », est destinée à éviter au professionnel le risque d'une amende administrative (C. consom. art. L 112-5).

La demande du professionnel doit être effectuée au moyen d'un **formulaire** téléchargeable sur le site internet de la DGCCRF (www.economie.gouv.fr/dgccrf) et sur le site www.service-public.fr. Elle doit être accompagnée de tout document, notamment de photos, permettant à l'administration de prendre position sur les modalités d'information du consommateur sur les prix des biens, produits et services proposées par le professionnel (Arrêté ECOC1710921A du 9-8-2017).

L'administration doit se prononcer dans un **délai** de deux mois à compter de la réception de la demande ; en cas de désaccord sur la position formelle prise par l'administration, le professionnel peut solliciter le réexamen de sa demande selon les mêmes modalités que la demande initiale (C. consom. art. R 112-3).

L'administration notifie sa position formelle par tout moyen permettant d'apporter la preuve de sa date de réception (C. consom. art. R 112-4, al. 1).

La **garantie** prend **fin** (C. consom. art. L 112-6) :
– à la date à laquelle la situation du professionnel n'est plus identique à celle présentée dans la demande ;

– à la date à laquelle est intervenue une modification dans la législation ou la réglementation applicable de nature à affecter la validité de la garantie ;
– à compter du jour où l'administration notifie au professionnel la modification de son appréciation. Cette notification fait l'objet d'une information préalable du professionnel.
Dans les premier et troisième de ces cas, l'administration doit notifier au professionnel sa nouvelle position formelle au moins deux semaines avant sa prise d'effet et par tout moyen permettant d'apporter la preuve de sa date de réception (C. consom. art. R 112-4, al. 3).

II. ANNONCES DE RÉDUCTION DE PRIX

A. Origine de la réglementation

DIRECTIVE EUROPÉENNE

L'encadrement des annonces de réduction de prix est prévu par l'article L 112-1-1 du Code de la consommation, issu de l'ordonnance 2021-1734 du 22 décembre 2021 qui a transposé dans notre droit interne la directive (UE) 2019/2161 du 27 novembre 2019, dite « **directive omnibus** », modernisant les règles européennes de protection des consommateurs (Dir. 2019/2161 art. 2 introduisant l'art. 6 bis dans la directive 98/6/CE du 16-2-1998 relative à la protection des consommateurs en matière d'indication des prix des produits offerts aux consommateurs). Cette réglementation est entrée en vigueur le 28 mai 2022. **75500**

B. Contenu de la réglementation sur les annonces de réduction de prix

PRINCIPE

Toute annonce de réduction de prix doit indiquer le prix pratiqué par le professionnel avant l'application de la réduction de prix, ce **prix antérieur** étant **défini** comme « le prix le plus bas pratiqué par le professionnel à l'égard de tous les consommateurs au cours des 30 derniers jours précédant l'application de la réduction de prix » (C. consom. art. L 112-1-1, I-al. 1 et 2). **75505**
Par exception, en cas de réductions de prix successives, le prix antérieur sera celui appliqué avant l'application de la première réduction de prix (C. consom. art. L 112-1-1, I-al. 3).

ATTENTION
En concertation avec la **DGCCRF**, le **Medef** a publié, sous forme de foire aux questions (FAQ), un document destiné à aider les entreprises dans la mise en œuvre des nouvelles règles (FAQ concernant les conditions d'application de l'art. L 112-1-1 du Code de la consommation : www.medef.com/fr/actualites/faq-annonces-de-reduction-de-prix). Nous reproduisons ci-dessous les principales précisions apportées par ce document.

PROFESSIONNELS CONCERNÉS

La réglementation s'applique au professionnel qui propose des offres commerciales au consommateur en **magasin,** sur un **site internet,** dans un **catalogue** ou en utilisant une **plateforme en ligne** ; en revanche, ne sont pas concernées les plateformes en ligne qui ne font que fournir des moyens aux professionnels pour vendre leurs produits ou qui regroupent simplement et affichent les informations sur les prix communiqués par des vendeurs (place de marché, comparateur de prix, etc.) (FAQ Medef précitée). **75510**
Les professionnels établis **en dehors de l'Union européenne** mais dirigeant leur activité vers le marché français sont soumis à la réglementation (FAQ Medef précitée).
Compte tenu de la définition du « professionnel » figurant à l'article liminaire du Code de la consommation, la réglementation s'applique aux **services,** y compris numériques, et aux contenus numériques.

› Précisions Les auteurs de la FAQ s'interrogent néanmoins sur la compatibilité de l'application de la réglementation aux **services** avec le droit européen car la directive 98/6/CE du 16 février 1998 relative à la protection des consommateurs en matière d'indication des prix des produits offerts aux consommateurs, y compris son article 6 bis relatif aux annonces de réduction de prix, issu de la directive Omnibus précitée n° 75500, ne s'applique pas aux services (Orientations de la Commission européenne concernant l'interprétation et l'application de l'art. 6 bis de la directive 98/6/CE).

OPÉRATIONS PROMOTIONNELLES CONCERNÉES

75515 **Opérations commerciales concernées** Une annonce de réduction de prix est une annonce par laquelle un professionnel indique aux consommateurs que le prix qu'il propose est inférieur à celui qu'il a antérieurement proposé pour le bien concerné. Nonobstant le cadre légal s'appliquant aux comparaisons de prix, une annonce peut être qualifiée d'annonce de réduction de prix même si le contenu de son message n'incorpore pas un **chiffrage de réduction de prix,** dès lors qu'elle laisse néanmoins entendre au consommateur moyen qu'elle consiste en une baisse de prix par rapport à un prix antérieurement pratiqué. Outre les annonces de « prix soldés », entrent dans cette catégorie toutes les annonces commerciales qui se prêtent à une compréhension similaire par le consommateur (par exemple, Black Friday) (FAQ Medef précitée).

L'expression « **prix bas** » ne caractérise une annonce de réduction de prix que si elle est accompagnée, dans la présentation générale de l'opération, de signes tels que des prix barrés ou des flèches orientées vers le bas, parce qu'une telle présentation, sans autre mention, laisse entendre aux consommateurs qu'elle consiste en une baisse de prix par rapport à un prix antérieurement pratiqué (FAQ Medef précitée).

Dans la définition du prix antérieur pratiqué (nº 75505), l'expression « tous les consommateurs » vise la clientèle courante, à savoir celle à laquelle est proposé un prix sans devoir remplir des conditions particulières ou effectuer des démarches comme l'adhésion à un programme de fidélité ou l'achat d'un autre produit. Dans ces conditions, l'article L 112-1-1 s'applique aux réductions de prix qui, même si elles sont présentées comme personnalisées, sont en réalité proposées ou annoncées aux consommateurs de manière générale. Cette situation pourrait se produire lorsque le professionnel met à disposition des **bons de réduction** ou des **codes promotionnels à l'intention de tous les consommateurs** qui visitent le magasin physique ou le site de vente en ligne au cours de périodes spécifiques. Par exemple, il peut s'agir de la campagne suivante : « Aujourd'hui, – 20 % avec le code XYZ » (FAQ Medef précitée).

75520 **Opérations commerciales non concernées** La simple utilisation de l'expression « prix bas » ne suffit pas à caractériser une annonce de réduction de prix. Ne sont pas non plus considérées comme une annonce de réduction de prix les allégations marketing générales qui promeuvent l'offre du professionnel en la comparant aux offres des autres professionnels sans prévaloir ou créer l'impression d'une réduction de prix, telles que « meilleurs prix » ou « prix les plus bas » (FAQ Medef précitée).

Compte tenu de l'expression « tous les consommateurs » dans la définition du prix antérieur pratiqué (nº 75505), la réglementation ne s'applique pas aux **opérations promotionnelles réservées à certains consommateurs,** tels une catégorie de clientèle (par exemple, les familles nombreuses, les étudiants), des consommateurs ayant donné leur accord pour bénéficier de prix réduits et de réductions de prix individuelles spécifiques (via une carte de fidélité, des ventes privées, etc.), les bénéficiaires d'un bon de réduction ou encore ceux bénéficiant d'un prix réduit après un achat particulier (par exemple, bon de réduction de X % lors de l'achat, valable pour le prochain achat jusqu'à la fin du mois, vignettes et opérations de cagnottage). L'exclusion joue quel que soit le nombre de consommateurs bénéficiaires de l'un de ces avantages particuliers, dès lors que le bien est disponible à l'achat à un autre prix pour les autres consommateurs (FAQ Medef précitée).

La réglementation ne s'applique pas aux **annonces orales.**

La FAQ du Medef précise enfin que la nouvelle réglementation ne s'applique pas non plus :

– aux **offres conditionnelles combinées ou liées** ou aux ventes par lots de produits identiques ou distincts (par exemple, « un article acheté, le deuxième offert », « – 30 % sur le troisième article acheté », « 13 à la douzaine », « plus X % gratuit », « dont X % gratuit ») ; ainsi, un professionnel peut faire valoir que le prix unitaire de l'article est plus bas quand il est vendu par lot, sans nécessairement que le prix du produit proposé à la vente à l'unité soit le prix le plus bas dans les 30 derniers jours ;

– aux **offres de lancement.**

75525 La réglementation ne s'applique pas aux « annonces de réduction de prix portant sur des **produits périssables menacés d'une altération rapide** » (C. consom. art. L 112-1-1, I-al. 4). La FAQ du Medef précise qu'il s'agit des produits qui, plus fréquemment, peuvent devoir faire l'objet de remises afin de les vendre rapidement en raison d'une date de péremption courte ou d'une date limite de consommation (par exemple, fruits, légumes, viande, poisson, fleurs). En revanche, ne sont pas exclus de la réglementation les produits ayant une date de durabilité minimale ou une date limite d'utilisation optimale et les biens qui « expirent » au sens commercial, comme des vêtements de saison.

La réglementation ne s'applique pas non plus aux opérations par lesquelles un **professionnel compare les prix qu'il affiche avec ceux d'autres professionnels** (C. consom. art. L 112-1-1, II). Il s'agit en effet ici de comparaisons de prix nets, qui ont pour objet d'informer les consommateurs sur les prix pratiqués par différents concurrents. **75530**

MODALITÉS DES ANNONCES DE RÉDUCTION DE PRIX

Fixation du prix antérieur Le prix antérieur est le prix le plus bas auquel le bien a été proposé à la vente au cours des 30 jours avant la réduction à l'égard de la clientèle courante (FAQ Medef précitée). **75535**

Le **décompte des 30 jours** comprend tous les jours, y compris les weekends et jours fériés. Les professionnels ne sont pas tenus d'indiquer la durée pendant laquelle le prix antérieur a été pratiqué. Ils sont simplement tenus d'indiquer le **prix antérieur au début de chaque campagne de réduction de prix** et ils peuvent le garder durant toute la période de la réduction de prix. Si la période de la réduction de prix est supérieure à 30 jours sans interruption, le prix antérieur indiqué reste le prix le plus bas pratiqué au minimum au cours des 30 jours précédant la réduction de prix initiale. Tout prolongement de la réduction de prix est possible, du moment que le consommateur est clairement informé qu'il s'agit d'une prolongation et non d'une nouvelle campagne de réduction de prix. Toutefois, le fait de proposer un prix réduit sur une période excessivement longue par rapport à la période pendant laquelle le prix antérieur a été pratiqué est susceptible de constituer une pratique commerciale trompeuse (FAQ Medef précitée).

Le professionnel ne peut réaliser une annonce de réduction de prix que sur un **bien qu'il a précédemment proposé à la vente.** Le prix antérieur doit être le prix le plus bas pratiqué dans le magasin ou sur le site de vente en ligne ou dans le catalogue qui réalise l'annonce de réduction de prix, à savoir le prix proposé, quel que soit le nombre de ventes effectives du produit. Lorsque plusieurs établissements sont sous l'égide d'une même personne morale, le prix antérieur de référence est celui pratiqué par l'établissement concerné. Serait évaluée au regard des dispositions relatives aux pratiques commerciales déloyales (C. consom. art. L 121-1 s.) une annonce de réduction de prix qui donnerait l'impression que la réduction s'applique à tous les magasins du professionnel ou sur tous ses canaux de distribution (site internet et magasins, par exemple) alors que ne seraient concernés que certains magasins ou sites internet. Si un professionnel réalise une annonce générale de réduction de prix sur chacun de ses canaux de vente ou dans chacun de ses points de vente (magasins ou sites internet), il doit indiquer, pour chaque bien concerné par l'annonce, leur prix antérieur sur chacun de ces canaux ou points de vente (FAQ Medef précitée).

S'agissant de **réductions de prix successives,** auquel cas le prix antérieur à indiquer sur l'annonce de réduction de prix doit être celui pratiqué avant l'application de la première réduction de prix (C. consom. art. L 112-1-1, I-al. 3), la FAQ du Medef précise que :
– ce prix antérieur doit être celui le plus bas pratiqué au cours des 30 jours précédant la première réduction de prix ;
– il est possible de conserver le même prix antérieur, qui sert de référence au cours d'une même période de soldes, de liquidation ou au cours d'une opération à caractère promotionnel, quelle que soit la durée des opérations de promotion, sous réserve que la pratique ne soit pas déloyale ;
– il est également possible d'effectuer une nouvelle remise en supprimant la référence à la première ou bien de faire apparaître le prix pratiqué lors de cette première remise ; l'annonceur peut ainsi indiquer « Seconde démarque » en précisant le nouveau prix réduit, en faisant apparaître ou non l'ancien prix réduit dans le cadre de la première démarque, et en mentionnant le prix antérieur de référence.

Lorsqu'un **bien** a été **commercialisé il y a plus de 30 jours** et qu'il n'est donc pas possible de fixer un prix antérieur (biens saisonniers, par exemple), la validité de l'opération promotionnelle est examinée au regard des dispositions générales relatives aux pratiques commerciales déloyales (cf. C. consom. art. L 121-1 s.).

Affichage de la réduction de prix L'affichage de la réduction du prix est laissé à la libre appréciation du professionnel et peut prendre la **forme,** par exemple, d'un pourcentage (– 20 %), d'une valeur absolue (10 € de réduction) ou d'un prix antérieur barré aux côtés du nouveau prix réduit. **75540**

Un professionnel peut communiquer une **baisse générale de prix** sur un rayon, une gamme de produits ou des produits identifiés en magasin, en ligne ou sur catalogue, par des vignettes, des pastilles ou tout autre procédé (par exemple, « – 20 % sur tous les produits portant une pastille rouge »). Dans ce cas, il n'a pas l'obligation de lister l'ensemble des prix antérieurs. Cependant, le prix antérieur doit être indiqué pour chaque article individuellement (FAQ Medef précitée).

C. Sanctions

75545 La violation des dispositions encadrant les annonces de réduction de prix constitue le délit de **pratique commerciale trompeuse** (C. consom. art. L 121-2, 2°-c). Elle est donc passible d'un emprisonnement de deux ans et de 300 000 € d'amende, ce montant pouvant être porté, de manière proportionnée aux avantages tirés du délit, à 10 % du chiffre d'affaires moyen annuel ou à 50 % des dépenses engagées pour la réalisation de la publicité ou de la pratique constituant ce délit (C. consom. art. L 132-2).

Cependant, s'agissant d'une pratique commerciale trompeuse au sens de l'article L 121-2 et non de l'article L 121-4 du Code de la consommation relatif aux pratiques « réputées trompeuses », la violation de la réglementation doit préalablement faire l'objet d'une **appréciation au cas par cas** nécessitant de constater que la pratique est susceptible d'altérer de manière substantielle le comportement économique du consommateur moyen en le conduisant à prendre une décision commerciale qu'il n'aurait pas prise autrement.

III. RÈGLES PARTICULIÈRES DE PUBLICITÉ DES PRIX ET CONDITIONS DE VENTE

75600 Des arrêtés ministériels, pris en application de l'ancien article L 113-3 du Code de la consommation, devenu l'article L 112-1 (n° 75000), ont fixé des modalités particulières de publicité des prix et conditions de vente à l'égard de certains produits ou services.

D'autres dispositions résultent de lois ou de leurs décrets d'application.

Nous nous bornerons à indiquer l'essentiel des textes existants.

A. Règles de publicité des prix et conditions de vente de certains produits

PRODUITS PRÉEMBALLÉS ET INDICATION DU PRIX À L'UNITÉ DE MESURE

75610 Le **prix de vente à l'unité de mesure** doit être indiqué en cas de vente au détail à emporter de certains produits préemballés (Arrêté ECOC9900157A du 16-11-1999).

Un **produit** est dit **préemballé** « lorsqu'il est conditionné, hors de la présence de l'acheteur, dans un emballage de quelque nature qu'il soit, le recouvrant totalement ou partiellement de telle sorte que la quantité de produit contenue ne puisse pas être modifiée sans qu'il y ait ouverture ou modification décelable de l'emballage, ou modification décelable du produit. Un préemballage est l'ensemble d'un produit et de l'emballage dans lequel il est présenté en vue de la vente » (Décret 78-166 du 31-1-1978 art. 2).

ILLUSTRATIONS

Ne peuvent être considérées comme des produits préemballés, au sens du décret 78-166, des pâtisseries vendues dans des boîtes de plastique « cristal » transparentes qui peuvent être aisément ouvertes et refermées sans être endommagées (CA Paris 16-1-1991 : RJDA 5/91 n° 438).

La **liste des produits concernés** figure en annexe à l'arrêté. Elle vise essentiellement la quasi-totalité des denrées alimentaires (sauf certains produits alimentaires vendus à l'unité) et des produits d'hygiène et de beauté, de lavage et d'entretien. En revanche, ne sont pas concernés les produits dispensés de porter l'indication de la quantité nette (pour les denrées alimentaires : n° 58260) (art. 3).

Les produits préemballés doivent être munis d'une **étiquette** indiquant (Arrêté du 16-11-1999 art. 1, al. 2) : 75615
– le prix de vente au kilogramme, à l'hectogramme, au litre, au décilitre, au mètre, au mètre carré ou au mètre cube ;
– la quantité nette délivrée ;
– le prix de vente correspondant.

Toutefois, lorsque des produits préemballés identiques sont présentés en poids ou en volume égaux et exposés ensemble à la vue du public, ces mentions peuvent être indiquées sur un seul écriteau figurant à proximité des produits (art. 2).

C'est aux détaillants qu'incombe l'obligation d'apposer ces mentions. Ceux-ci ne peuvent adopter qu'une seule unité de mesure pour chaque catégorie de produits mentionnée à l'annexe de l'arrêté du 16 novembre 1999 (art. 1, al. 3).

Dans une ancienne circulaire, l'administration avait considéré que les **lots de produits identiques** doivent comporter l'indication du prix à l'unité de mesure évalué par rapport à la quantité nette totale contenue dans le lot (Circ. du 4-3-1983). Cette position est à notre avis toujours d'actualité. En revanche, les lots de produits différents ne sont pas soumis à l'arrêté. 75620

RÈGLES PARTICULIÈRES DE PUBLICITÉ DES PRIX DE CERTAINS PRODUITS

Font aussi l'objet de mesures particulières notamment les produits suivants. 75630
– Le **pain** : réglementation de la dimension et des mentions des écriteaux à placer sur chaque étagère contenant des pains et de celles des affiches générales reprenant les prix de tous les types de pain en vente à placer à l'intérieur du magasin et en vitrine (Arrêté 78-89/P du 9-8-1978 : BOSP du 11-8, modifié par arrêté 78-110/P du 3-11-1978 : BOSP du 4-11 et par arrêté 81-10/A du 10-3-1981 : BOSP du 11-3).
– Les **laits** de consommation : réglementation de la dimension et des mentions des affiches à apposer dans les points de vente au détail à proximité des rayons où sont exposés les laits (Arrêté 81 19/A du 1-4-1981 : BOSP du 2-4).
– Les **viandes** de boucherie et de charcuterie : indication, sur le papier d'emballage ou sur une fiche remise au client, du poids et du prix du morceau vendu ; affichage sur un tableau lisible de l'extérieur du magasin du prix au kilo de tous les types de morceaux vendus dans l'établissement (Arrêté ECOC9300056A du 18-3-1993).
– Les **meubles neufs** : indication du prix et des objets livrés ou emportés pour ce prix (Décret 86-583 du 14-3-1986).
– Les **livres** : indication du prix de vente au public sur les livres par impression ou étiquetage (Décret 81-1068 du 3-12-1981 ; circ. du 30-12-1981 ; circ. du 26-2-1985 ; circ. du 10-1-1990) ; interdiction de toute publicité hors des lieux de vente annonçant des prix inférieurs au prix de vente au public (Loi 81-766 du 10-8-1981 art. 7) ; pour les personnes vendant simultanément des livres neufs et des livres d'occasion, et pour celles qui mettent à la disposition de tiers des infrastructures leur permettant de vendre ces deux types de produits (par exemple, les organisateurs de foires, salons et marchés ainsi que les opérateurs de plateformes en ligne), obligation de s'assurer que le prix de vente des livres est communiqué en distinguant, à tout moment et quel qu'en soit le mode de consultation, l'offre de livres neufs et l'offre de livres d'occasion, et obligation d'afficher les prix des livres de telle sorte que le public ne puisse pas penser qu'un livre neuf peut être vendu à un prix différent de celui qui a été fixé par l'éditeur ou l'importateur (Loi 81-766 art. 1, al. 5 issu de loi 2021-1901 du 30-12-2021 ; pour les modalités d'application de ces dispositions, voir le décret 2023-497 du 22-6-2023).
– Les **carburants** : indication des dénominations ainsi que du prix de vente au litre sur l'appareil distributeur en caractères indélébiles très apparents d'au moins deux centimètres de hauteur (pour le gazole : l'arrêté ECOI9900646A du 23-12-1999 art. 6 modifié par arrêté ECOC2113132A du 26-8-2021 art. 4 ; pour le gazole B30 : l'arrêté DEVR1609027A du 29-3-2016 art. 6 modifié par arrêté TRER1729863A du 29-3-2018 art. 1 ; pour le supercarburant sans plomb : l'arrêté ECOI9900647A du 23-12-1999 art. 5 modifié par arrêté ECOC2113132A du 26-8-2021 art. 3 ; pour le supercarburant sans plomb 95-E10 : l'arrêté DEVE0902126A du 26-1-2009 art. 5 modifié par arrêté ECOC2113132A du 26-8-2021 art. 6) ; annonce du prix de vente au détail des carburants dans l'emprise du point de vente, chaque affiche devant comporter la désignation et le prix net de chacun des produits ainsi que le type de service correspondant (libre-service ou service normal) et l'affichage devant être lisible depuis la voie publique qui permet l'accès au point de vente ; présignalisation des prix des carburants pratiqués par les stations-service d'autoroutes sous forme d'un panneau implanté entre 500 et 1 000 mètres avant l'entrée de l'aire ; affichage des prix des carburants distribués par les stations-service situées hors autoroutes à moins de 10 kilomètres des sorties d'autoroute ; affichage, sur le site internet www.prix-carburants.gouv.fr, par tout distributeur exerçant une activité de vente

au détail de carburant, des prix de vente des supercarburants à teneur en éthanol maximale de 10 % (indice d'octane recherche 95), des supercarburants à teneur en éthanol maximale de 5 % (indice d'octane recherche 95), du superéthanol E85, du gazole, et du GPLc (Arrêté ECOZ8800026A du 8-7-1988 modifié par arrêté ECOC2113132A du 26-8-2021 art. 1er).

– Le **fioul domestique** : affichage des barèmes et conditions de vente (Arrêté 85-69/A du 5-12-1985 : BOCCRF du 6-12).

– Les articles **textiles usagés ou d'occasion** : marquage sur un écriteau placé à proximité des vêtements et articles usagés ou d'occasion vendus en l'état de la mention « vêtements d'occasion » ou « textiles d'occasion » (Arrêté ECOC9500066A du 25-4-1995).

– Les produits d'**appareillage des déficients de l'ouïe ou d'optique-lunetterie** : affichage de la mention « Un devis détaillé vous est remis gratuitement avant tout achat de produit correcteur » et affichage en vitrine, de manière visible et lisible depuis l'extérieur, du prix et de l'intitulé des prestations que le professionnel propose ; les sites de vente en ligne affichent également ces informations (Arrêté ECFC1709406A du 28-4-2017).

– Les véhicules **automobiles** de tourisme : indication de la marque, du type, du modèle, de la version et, le cas échéant, de la variante de ce modèle (version comprenant des équipements supplémentaires en série) ; indication, pour toute publicité effectuée par voie d'exposition ou de représentation d'un véhicule et accompagnée d'un prix, du prix toutes taxes et frais de préparation compris correspondant au véhicule exposé ou représenté (Arrêté ECOC0000054A du 28-6-2000).

– La **vente de métaux précieux** : toute information sur le prix de produits contenant de l'or dont le titre est 750 millièmes ou 916 millièmes ou de produits contenant du platine, de l'argent ou du palladium doit être accompagnée de l'indication du métal précieux utilisé et de son titre exprimé en millièmes ; lorsqu'il s'agit de produits contenant de l'or dont le titre est 375 millièmes ou 585 millièmes, l'indication de prix doit être accompagnée de la dénomination « alliage d'or », assortie de son titre exprimé en millièmes ; lorsqu'il s'agit de produits composés de métal précieux – or, platine et argent – et de métal commun juxtaposés, l'indication de prix doit être accompagnée de la mention du nom des métaux entrant dans la composition de l'ouvrage (Arrêté ECOC8700137A du 3-12-1987 art. 8-1 et 8-2).

– L'**achat de métaux précieux** : tarifs applicables aux différentes formes de métaux, distinction entre les biens destinés à la fonte, l'or d'investissement et les autres biens tels que les bijoux d'occasion (Arrêté EINC1428003A du 18-8-2015).

– Les **médicaments vendus en pharmacie** : information générale sur les régimes de prix des médicaments et des honoraires, modalités d'information distinctes suivant qu'il s'agit de médicaments exposés à la vue du public ou non (Arrêté EINC1415451A du 28-11-2014).

– Les **fruits et légumes frais** : mention relative à l'origine des produits inscrite de façon visible et lisible, en caractères d'une taille égale à celle de l'indication du prix (Décret 55-1126 du 19-8-1955) ; par ailleurs, les annonces de prix hors lieu de vente ne sont autorisées qu'à certaines conditions (voir n° 89870).

ANNONCES DE PROMOTIONS SUR DES PRODUITS ALIMENTAIRES

75640 **Annonce de réduction de prix hors du lieu de vente** La publicité des ventes promotionnelles de produits alimentaires périssables est réglementée afin de limiter la pratique de prix bas pouvant déstabiliser des filières de production, en particulier lorsque ces prix sont pratiqués en début de saison.

Ainsi, toute **publicité** à l'égard du consommateur, diffusée sur tout support ou visible de l'extérieur du lieu de vente, mentionnant une réduction de prix ou un prix promotionnel sur les produits alimentaires périssables doit préciser la nature et l'origine des produits offerts et la période pendant laquelle est maintenue l'offre proposée par l'annonceur ; la mention relative à l'origine doit être inscrite en caractères d'une taille égale à celle de l'indication du prix (C. com. art. L 443-1, I-al. 1).

Lorsque de telles opérations promotionnelles sont susceptibles, par leur ampleur ou leur fréquence, de **désorganiser les marchés,** un arrêté interministériel ou, à défaut, préfectoral fixe, pour les produits concernés, la périodicité et la durée de telles opérations (C. com. art. L 443-1, I-al. 3). Cette disposition permet de pallier les dysfonctionnements des filières agricoles dus à des crises nationales majeures qui entraîneraient la nécessité d'intervenir par voie d'arrêté interministériel. Cependant, en cas de crise départementale, la publication d'un tel arrêté étant trop longue – au moins dix jours – pour que les mesures prises soient efficaces, il a été prévu une possibilité d'intervention par le préfet.

> Précisions **a.** La **notion de « produit alimentaire périssable »** englobe toutes les denrées alimentaires qui, en raison de leurs teneur et composition, sont soumises à une dégradation rapide, à l'exception de celles qui font l'objet d'un mode de conservation particulier (produits lyophilisés, congelés ou surgelés ou encore les conserves et semi-conserves) (CA Paris 4-2-1992 : RJDA 8-9/92 n° 858 ; décision rendue en matière de délais de paiement mais à notre avis transposable).

b. L'expression ambiguë « sur tout support ou visible de l'extérieur du lieu de vente » vise, à notre avis, toute **publicité effectuée en dehors du lieu de vente,** quel que soit son support (annonce radiophonique, parution dans un quotidien ou dépliant publicitaire), et toute publicité effectuée à l'intérieur du lieu de vente et visible de l'extérieur.

Interdiction de l'usage du terme « gratuit » Les opérateurs de vente d'un produit alimentaire ne peuvent pas utiliser le terme « gratuit » comme outil marketing et promotionnel dans le cadre d'une relation commerciale (C. com. art. L 443-1, I-al. 2). L'objectif de cette interdiction, issue de la loi 2018-938 du 30 octobre 2018, dite « loi Egalim 1 », est de reconnaître le travail des agriculteurs. Par ailleurs, ce terme serait trompeur car un produit alimentaire est composé de matières premières travaillées par un producteur et, potentiellement, par un transformateur : le produit ne peut donc être présenté comme étant gratuit compte tenu de sa valeur intrinsèque et de son coût de production (Amendement AN n° 1799 relatif à la loi 2018-938). 75650

La DGCCRF précise le **champ d'application** de cette interdiction (www.economie.gouv.fr/dgccrf/lignes-directrices-relatives-a-lencadrement-des-promotions) :

– l'expression « opérateurs de vente » vise l'ensemble des professionnels proposant à la vente des produits alimentaires, que ce soit à d'autres professionnels ou à des consommateurs ;
– sont concernés tant les denrées alimentaires que les produits pour animaux de compagnie ;
– l'interdiction vise aussi bien la mention « gratuit » apposée dans un catalogue promotionnel que celle figurant sur l'emballage d'un produit alimentaire ou sur un affichage publicitaire sur les lieux de vente ;
– seule l'utilisation du mot « gratuit » étant interdite, les termes dérivés ou synonymes, comme par exemple « offert », peuvent être librement utilisés.

Répression des infractions La répression des infractions aux dispositions indiquées aux n°s 75640 et 75650 s'effectue dans les conditions fixées aux articles L 450-1 et suivants du Code de commerce (voir n°s 77000 s.). 75660

Sanctions Toute infraction aux dispositions indiquées aux n°s 75640 et 75650 est passible d'une **amende délictuelle** de 15 000 € pour les personnes physiques (C. com. art. L 443-1, I-al. 4) et 75 000 € pour les personnes morales (C. pén. 131-38). 75665

> Précisions L'article L 443-1, I-al. 5 du Code de commerce prévoit que le tribunal peut ordonner la **cessation de la publicité illicite** « dans les conditions prévues à l'article L 121-3 du Code de la consommation », mais le renvoi à cet article est erroné car il s'agit de l'ancien article L 121-3, devenu depuis la recodification du Code de la consommation, l'article L 132-8 de ce Code relatif à la cessation d'une pratique commerciale trompeuse.

B. Règles de publicité des prix et conditions de vente de certaines prestations de services

Sont notamment astreints à des obligations particulières en ce qui concerne la publicité des prix et des conditions de vente les secteurs d'activité suivants. Seules certaines modalités de publicité des prix et conditions de vente sont indiquées. 75690

– Les tarifs sur les **autoroutes** : affichage à chaque poste de péage commandant l'accès à l'autoroute, ou situé en pleine voie sur celle-ci, des tarifs, pour les différentes catégories de véhicules, de tous les trajets concevables entre ce poste de péage et toutes les sorties possibles (Arrêté 76-68/P du 8-7-1976 : BOSP du 10-7).
– Les **salons de coiffure** : affichage en vitrine et à l'intérieur des salons des prix des prestations les plus courantes (Arrêté ECOC8710029A du 27-3-1987).
– Les **instituts de beauté** : affichage en vitrine et à l'intérieur des salons des prix des prestations les plus courantes (Arrêté ECOC8710028A du 27-3-1987).

75690 (suite) – Les réparateurs de **chaussures** : affichage en vitrine du tarif de certaines prestations (Arrêté 83-29/A du 4-5-1983 : BOCCRF du 5-5).

– Les tarifs de **dépannage** et de remorquage des **véhicules automobiles** doivent être affichés dans les véhicules d'intervention et dans les lieux de réception (Arrêté ECOC8710030A du 27-3-1987).

– Les établissements de **formation professionnelle** ou continue et les établissements d'**enseignement privé** : indication des tarifs et énumération des services rendus sur les brochures concernant les cours, stages ou préparations (Arrêté 86-37/A du 31-7-1986 : BOCCRF du 1-8).

– Les salles de **cinéma** : affichage près des caisses et, le cas échéant, enregistrement sur répondeur téléphonique du prix des places et des conditions de réduction (Arrêté 86-63/A du 2-12-1986 : BOCCRF du 3-12).

– Les **établissements de crédit** et établissements de paiement : information de la clientèle et du public sur les prix des produits et services liés à la gestion d'un compte de dépôt ou d'un compte de paiement sur le site internet de l'établissement, et en libre-service dans les locaux de réception du public, sur support papier ou sur un autre support durable, de manière permanente, constante, visible, lisible et aisément accessible (C. mon. fin. art. L 312-1-1, I et arrêté ECOT1811426A du 5-9-2018).

– Les entreprises de **déménagement** et de garde-meubles : affichage des tarifs des prestations et, en cas de prestation de déménagement, remise d'un devis avant la conclusion du contrat (Arrêté ECEC1006395A du 27-4-2010).

– Les **remontées mécaniques** : affichage des tarifs et conditions d'utilisation des prestations sur leurs lieux de vente, ainsi qu'à l'accès principal aux engins (Arrêté 86-49/A du 3-11-1986 : BOCCRF du 3-11).

– Les entreprises de **blanchisserie** et de **nettoyage à sec** : affichage en vitrine des prix des principales prestations et de la totalité des prix à l'intérieur du magasin ; affichage à l'intérieur de l'établissement des conditions particulières du service rendu, notamment celles relatives à la responsabilité des exploitants et aux conditions d'indemnisation en cas de perte ou de détérioration des articles remis (Arrêté ECOC8710025A du 27-3-1987).

– L'**hôtellerie de plein air** : affichage des prix toutes taxes comprises à l'entrée de chaque établissement, au lieu de réception de la clientèle et au lieu de commercialisation ; remise sur support durable préalablement à la conclusion du contrat d'un certain nombre d'informations, telles que le prix de la location et le prix des services et équipements indispensables (Arrêté EINC1415288A du 24-12-2014).

– Les **auto-écoles** : affichage des prix des principales prestations à l'extérieur des établissements et de la totalité des prix à l'intérieur, mentions obligatoires pour toute publicité, délivrance d'une documentation à toute personne qui en fait la demande (Arrêté ECOC8710068A du 19-6-1987).

– Les **experts-comptables** : délivrance d'une note d'honoraires comportant notamment la dénomination précise des travaux effectués, la méthode de détermination et le montant TTC des honoraires (Arrêté 86-63/A du 2-12-1986 : BOCCRF du 3-12).

– Les entreprises d'**assainissement et de vidange** : présentation à la clientèle d'un catalogue de prix des prestations et, en cas de prestation hors catalogue, établissement d'un devis détaillé gratuit (Arrêté 86-63/A du 2-12-1986 : BOCCRF du 3-12).

– Les **restaurants** et autres établissements servant des repas ou boissons à consommer sur place : lorsqu'un service est perçu, obligation de mentionner les prix « service compris » et d'indiquer le taux pratiqué pour la rémunération de ce service ; affichage lisible, de l'extérieur de l'établissement et en terrasse, des prix pratiqués, quel que soit le lieu de consommation, de certaines boissons et denrées en lettres et chiffres d'une hauteur minimale de 1,5 cm ; affichage par les établissements qui offrent des installations ou prestations de divertissement, telles que spectacles et musique, du prix de certaines prestations (Arrêté ECOC8710026A du 27-3-1987).

– Les entreprises de **locations saisonnières en meublé** : remise au preneur éventuel d'un état précisant la description des lieux loués, leur situation dans la localité et les conditions de leur location (Arrêté 25-305 du 16-5-1967 : BOSP du 18-5).

– Les entreprises de **transport sanitaire** terrestre agréées et non agréées : affichage des tarifs dans les locaux de réception de l'entreprise et dans les véhicules (Arrêté FCEC9600070A du 26-4-1996).

– Les **hôtels** et établissements similaires autres que les meublés de tourisme et les établissements hôteliers de plein air (chambres d'hôtes, villages de vacances, notamment) : affichage de certaines mentions à l'extérieur de l'établissement, à la réception et dans chaque chambre (Arrêté EINC1514594A du 18-12-2015).

– Les **franchisés** : tout franchisé, distributeur ou prestataire de services, doit informer le consommateur de sa qualité d'entreprise indépendante, de manière lisible et visible, sur l'ensemble des documents d'information, notamment publicitaires, ainsi qu'à l'intérieur et à l'extérieur du lieu de vente (C. com. art. A 441-1). **75690** (suite)
– Les **experts en automobile** : obligation de communiquer le prix de leur prestation à toute personne qui envisage de faire appel à eux (C. route art. R 326-1).
– Les **agents de voyages** : communication au moyen d'un formulaire, et préalablement à la conclusion du contrat, des caractéristiques principales des prestations proposées relatives au transport et au séjour, des coordonnées du détaillant et de l'organisateur, du prix et des modalités de paiement, des conditions d'annulation et de résolution du contrat, des informations sur les assurances ainsi que des conditions de franchissement des frontières (C. tourisme art. L 211-8).
– Les **prestations topographiques** : affichage, dans les lieux où elles sont proposées au consommateur, du prix TTC des dix prestations les plus couramment pratiquées par le professionnel ou, lorsque la prestation n'est pas offerte dans les locaux du professionnel, remise d'un document comprenant les mêmes indications (Arrêté ECOC9200159A du 22-12-1992).
– Les conducteurs de **taxi** : information du consommateur sur les prix des courses de taxi au moyen de l'indicateur du taximètre et d'une affiche à l'intérieur du véhicule (Arrêté EINC1510557A du 6-11-2015 modifié par arrêtés ECOC2130735A du 23-12-2021 et ECOC2333494A du 22-1-2024).
– Les personnes mettant à la disposition de leur clientèle des installations permettant d'accéder à des **services de télécommunication** : affichage, à proximité immédiate de chaque installation, pour chacune des prestations offertes, du prix TTC de l'éventuel forfait de mise à disposition et du prix TTC de l'unité de base servant au calcul du montant de la prestation (Arrêté ECOX9400469A du 31-10-1994).
– Les **professionnels de santé** exerçant à titre libéral (médecins, chirurgiens-dentistes et autres professionnels de santé), y compris au sein d'un établissement de santé, les **centres et établissements de santé** : affichage, dans le lieu d'attente du patient, ainsi que dans le lieu d'encaissement des frais, des montants des honoraires qu'ils pratiquent, ainsi que de la base de remboursement par la sécurité sociale des prestations proposées (Arrêté ECOC1809998A du 30-5-2018).
– Les **médecins,** en ce qui concerne l'organisation des **urgences médicales** : affichage, dans leur salle d'attente, de leur numéro de téléphone et des heures auxquelles ils peuvent être joints, du numéro de téléphone des structures de permanence de soins et d'urgence vers lesquelles ils choisissent d'orienter les consommateurs en leur absence (Arrêté ECOC9500158A du 25-7-1996).
– Les **actes médicaux et chirurgicaux à visée esthétique** dont le montant estimé est supérieur ou égal à 300 € ou comportant une anesthésie générale : remise d'un devis détaillé (Arrêté FCEC9600194A du 17-10-1996).
– Les **mandataires automobiles** : affichage du montant TTC de la rémunération perçue, de la liste des frais annexes payés à des tiers et des conditions de paiement ; remise d'un document écrit (Arrêté FCEC9600202A du 28-10-1996).
– Les opérateurs de **change** et d'**échange manuels** (Arrêté ECOC9800136A du 30-12-1998).
– Les **prestations funéraires** : mise à la disposition de la clientèle d'une documentation faisant notamment apparaître les tarifs et conditions de vente des prestations et fournitures (Arrêté ECOC9800191A du 11-1-1999).
– Les **appels téléphoniques aux services à valeur ajoutée** : indication par un message gratuit en début d'appel du prix global qui sera facturé par le fournisseur de services de communications électroniques en cas d'appel d'un numéro surtaxé (Arrêté ECEC0910792A du 10-6-2009).
– Les entreprises de **location de véhicules** à moteur de moins de 3,5 tonnes de poids total autorisé en charge (PTAC), sans chauffeur et sans option d'achat (Arrêté EINC1506278A du 17-3-2015).
– Les **prestations de services à la personne** : indication des frais facturés, du taux horaire ou du prix forfaitaire, encadrement de l'information relative aux réductions éventuelles du prix, remise gratuite d'un devis pour les prestations dont le prix mensuel est supérieur ou égal à 100 € TTC (Arrêté EINC1324347A du 17-3-2015).
– Les **professionnels intervenant dans une transaction immobilière** (par exemple, agences immobilières) : affichage et publication sur le site internet du professionnel du prix des prestations assurées (Arrêté ECFC1638733A du 10-1-2017 modifié par arrêté ECOC2138946A du 26-1-2022).

– Les entreprises de **dépannage,** de **réparation** et d'**entretien** dans le secteur du **bâtiment** et de l'**équipement de la maison** : information préalable du consommateur en ce qui concerne notamment les taux horaires de main-d'œuvre TTC, les modalités de décompte du temps estimé, les prix TTC des différentes prestations forfaitaires proposées et des frais de déplacement soit par un affichage à l'intérieur des locaux de l'entreprise, soit, lorsque la prestation est proposée sur les lieux de l'intervention, par la remise d'un document écrit, soit par une publication sur le site internet du professionnel ; remise d'un devis comportant certaines mentions (Arrêté ECFC1701378A du 24-1-2017).
– Les prestations de services de **transport public collectif de personnes** ferroviaires, guidés, routiers, maritimes, fluviaux ou aériens exécutés selon des horaires déterminés, les voyageurs étant pris en charge et déposés à des points du trajet préalablement fixés, à l'exclusion notamment des prestations de transport commercialisées dans le cadre d'un forfait touristique (Arrêté ECFC1617462A du 10-4-2017).
– Les prestations de service de « **cash-back** » (remise d'argent liquide par un commerçant aux clients payant par carte bancaire pour un montant supérieur au bien ou à la prestation acheté) (Arrêté ECOC1826708A du 29-1-2019).

C. Sanctions en cas de non-respect des règles particulières de publicité des prix

SANCTIONS EN CAS DE NON-RESPECT DES ARRÊTÉS PRIS EN APPLICATION DE L'ARTICLE L 112-1 DU CODE DE LA CONSOMMATION

75700 Tout manquement aux dispositions des arrêtés pris pour l'application de l'article L 112-1 du Code de la consommation sont passibles d'une **amende administrative** d'un montant maximal de 3 000 € pour une personne physique et 15 000 € pour une personne morale (C. consom. art. L 131-5). L'amende est prononcée dans les conditions fixées aux articles L 522-1 et suivants du même Code (n°s 79630 s.)
Si le manquement est de nature à induire en erreur le consommateur, il est passible de **sanctions pénales** pour pratique commerciale trompeuse (cf. C. consom. art. L 121-2 s.).

> **Précisions a.** La **répression des pratiques illicites** s'effectue dans les conditions fixées aux articles L 511-1 et suivants du Code de la consommation (voir n°s 78600 s.).
b. Un manquement aux exigences de forme et d'information prévues par un arrêté ministériel ne peut pas entraîner, en l'absence de texte, la **nullité du contrat** (Cass. 1e civ. 27-6-2018 n° 17-23.264 FS-PB : RJDA 10/18 n° 780, décision rendue au regard de la réglementation applicable aux prix des prestations funéraires mais transposable aux autres réglementations).
c. Un vendeur ou prestataire de services peut demander à l'autorité administrative chargée de la concurrence et de la consommation de prendre formellement position sur la conformité à un arrêté ministériel des modalités de l'information sur les prix de vente au consommateur qu'il envisage de mettre en place ». Cette prise de position formelle de l'administration, dite « **rescrit consommation** », est destinée à éviter au professionnel le risque d'une amende administrative (voir n° 75470).

SANCTIONS EN CAS D'INFRACTIONS AUX LOIS ET DÉCRETS PRÉVOYANT DES RÈGLES PARTICULIÈRES DE PUBLICITÉ DES PRIX

75710 Les infractions aux lois et décrets prévoyant des règles particulières de publicité des prix pour certains produits ou services sont passibles des peines prévues par ces textes.

REFUS DE VENTE

SOMMAIRE

A. Refus de vente à un consommateur

1. PRINCIPE D'INTERDICTION

Le fait de refuser à un consommateur la vente d'un produit ou la prestation d'un service est, sauf motif légitime, interdit (C. consom. art. L 121-11). 76000

> Précisions L'interdiction du refus de vente au consommateur est issue de l'ancienne ordonnance 45-1483 du 30 juin 1945, modifiée par un décret du 24 juin 1958. Nous citons dans les développements qui suivent les dispositions de la **circulaire « Fontanet »** du 31 mars 1960 qui sont transposables au régime prévu par le Code de la consommation, même si cette circulaire n'est pas opposable à l'administration du fait de sa non-publication.

2. CHAMP D'APPLICATION DE L'INTERDICTION

AUTEUR ET VICTIME DU REFUS DE VENTE

Le refus de vente est répréhensible lorsqu'il est opposé par un **producteur,** un **distributeur** 76010
ou un prestataire de services, même s'il s'agit d'une personne publique, à un consommateur (C. consom. art. L 121-11, al. 5). Sur la notion de **consommateur,** voir n°s 16120 s.

OBJET DU REFUS DE VENTE

Sont interdits aussi bien le refus de vente de **produits** que le refus de **prestation de services** 76020
(C. consom. art. L 121-11, al. 1).

ILLUSTRATIONS

Par exemple, est illicite le refus :
– de reconduire un contrat de location à durée déterminée constituant une prestation de services (Cass. 3e civ. 13-5-2009 n° 07-12.478 : RJDA 10/09 n° 900), tel que le refus par un garagiste de renouveler un contrat de location d'emplacement de véhicule (Cass. crim. 8-11-1967 : JCP éd. G 1968 II n° 15353) ou le refus par l'exploitant d'un terrain de camping de renouveler un contrat d'emplacement de « mobil-home » (Cass. 3e civ. 13-5-2009 n° 07-12.478 précité) ;
– de vendre à un client un article exposé en vitrine pour ne pas défaire l'étalage (T. corr. Mâcon 26-6-1985 : Consom. Act. n° 500 p. 10) ;
– de servir un croque-monsieur à une table au motif que cette consommation n'est servie qu'au bar, alors que le client est accompagné d'une personne ayant commandé un plat du jour et qu'il aurait été obligé de se séparer d'elle pour consommer son repas (CA Paris 24-9-1991 : JCP éd. G 1992 IV n° 199) ;
– par un cafetier ou un restaurateur de servir des consommateurs sous prétexte qu'ils n'occupent pas la totalité des places disponibles à une table (Rev. conc. consom. 1978/5 p. 29) ;
– de louer une chambre d'hôtel pour deux personnes à un client qui désire l'occuper seul (Rép. Sautier : AN 22-11-1982 p. 4832).

MODALITÉS DU REFUS DE VENTE

Le refus de vente peut être constitué non seulement en cas de refus pur et simple d'exécuter 76030
une commande, mais aussi lorsque le fournisseur agit de telle sorte qu'il rend impossible la conclusion de la vente.

Est également répréhensible le fait de prétendre exécuter une commande, ne présentant aucun caractère anormal, à des conditions différentes de celles présentées par l'acheteur et inacceptables par celui-ci. Tel est le cas d'un vendeur qui refuse de livrer le produit commandé, tout en proposant de lui en substituer un autre, muni d'une autre marque que celle demandée ou livré sans marque, car la marque constitue un élément essentiel de la valeur du produit (Circ. « Fontanet »).

3. JUSTIFICATION DU REFUS DE VENTE À UN CONSOMMATEUR

REFUS DE VENTE JUSTIFIÉ PAR LA RÉGLEMENTATION PROPRE AU PRODUIT

76050 Certains produits font l'objet d'une réglementation stricte en ce qui concerne leur mise en vente, celle-ci étant soit purement et simplement interdite, soit réservée à des personnes jouissant d'une compétence particulière ou soumises à contrôle. Il est évident que le refus de satisfaire une demande portant sur des produits dont la vente est interdite ou émanant de personnes ne répondant pas aux conditions requises n'est pas répréhensible.

Ainsi est **interdite** la vente de denrées alimentaires, de boissons, de produits agricoles ou naturels falsifiés, corrompus ou toxiques (C. consom. art. L 413-1), ou celle de produits qui présentent un danger pour la sécurité des consommateurs (C. consom. art. L 423-4).

Parmi les produits dont la **vente** est **réglementée** figurent notamment les produits pharmaceutiques ou vétérinaires, les substances vénéneuses, les produits toxiques, les stupéfiants, les matériels de guerre, les armes et les munitions, etc. Les professionnels à qui sont réservées les ventes de ces produits sont tenus de fournir ceux-ci à toute personne qui en fait la demande et qui satisfait aux conditions requises pour les obtenir. Ont donc été condamnés des pharmaciens qui avaient refusé la vente de produits contraceptifs faisant l'objet de prescriptions médicales pour des raisons de convictions personnelles (Cass. crim. 21-10-1998 : RJDA 3/99 n° 348).

REFUS DE VENTE POUR MOTIF LÉGITIME

76060 Aux termes de l'article L 121-11 du Code de la consommation, le refus de vente est licite en cas de « motif légitime ».

Non définie par le texte, cette exception vise, à notre avis, l'indisponibilité du produit ou l'impossibilité d'exécuter le service, la demande anormale ou la mauvaise foi de l'acheteur.

76070 **Indisponibilité du produit ou du service** Le refus de satisfaire une demande est justifié lorsque le vendeur ne détient pas le produit demandé et n'est pas en mesure de se le procurer ou lorsque le prestataire de services n'a pas les moyens de fournir la prestation requise.

ILLUSTRATIONS

Le refus par une société d'édition de procéder à la diffusion d'un livre dans son réseau de points de vente ne constitue pas un refus de vente à l'égard des consommateurs, car les dispositions relatives à l'interdiction du refus de vente n'ont jamais fait obligation à un commerçant de reconstituer ses stocks ou de s'approvisionner en produits dont il assure normalement la vente, et on ne peut pas lui reprocher de ne pas vendre un produit qu'il n'a pas en stock (TGI Paris 14-3-1980 : Lettre distrib. septembre 1980 p. 4).

En revanche, est illicite le refus par un commerçant de procéder à la réparation d'un scooter au prétexte qu'il s'agit d'un ancien modèle vendu en supermarché et qu'il est difficile de se procurer les pièces nécessaires à la réparation, alors qu'en réalité le fabricant du scooter peut assurer la livraison de ces pièces de rechange (T. pol. Paris 5-5-2000 : RJDA 11/00 n° 1055).

L'indisponibilité du produit peut aussi résulter du maintien par le vendeur d'un **stock de sécurité** ou de la nécessité pour lui de remplir des **engagements antérieurs** de livraison (Circ. « Fontanet »). Toutefois, le vendeur ne peut pas opérer un choix entre ses clients. Il doit enregistrer les commandes dans l'ordre où elles se présentent sans faire de distinction entre la clientèle occasionnelle et la clientèle stable. Le fait de réserver une marchandise ou un produit pour des clients spécialement choisis tombe sous le coup de la loi (Circ. « Fontanet »).

76080 **Demande anormale de l'acheteur** Le caractère anormal de la demande de l'acheteur s'apprécie par rapport aux pratiques habituelles du fournisseur et de ses clients.

Le refus de vente peut notamment être justifié lorsque l'acheteur demande une quantité hors de proportion avec ses besoins ou exige des conditions inhabituelles de livraison ou de paiement.

Mauvaise foi de l'acheteur Est de mauvaise foi l'acheteur insolvable ou mauvais payeur (CA Paris 27-1-1981 : Gaz. Pal. 1981 p. 497 note Simonard, décision rendue dans un cas de refus de vente entre professionnels mais transposable). 76090

En outre, l'incivilité du consommateur peut constituer un motif légitime du refus.

ILLUSTRATIONS

Était justifié le refus par un club de sport de renouveler l'abonnement de l'un de ses adhérents en raison des « remarques désobligeantes allant jusqu'à l'insulte envers le personnel » que ce client avait faites à de nombreuses reprises malgré des rappels à l'ordre réitérés (CA Versailles 7-3-2003 nº 01-4323 : RJDA 6/03 nº 657).

En revanche, jugé que le refus de renouvellement d'un contrat de location d'emplacement de « mobil-home » pour non-respect par le locataire du règlement intérieur du camping n'était pas légitime dès lors que le locataire n'avait pas été mis en demeure par la société de se conformer à ce règlement et que les reproches qui lui étaient faits n'étaient pas établis au jour du refus (Cass. 3e civ. 13-5-2009 nº 07-12.478 : RJDA 10/09 nº 900).

Cas des refus d'annonces dans la presse Il a été jugé qu'un journal a le droit de refuser une annonce d'un particulier, cette possibilité étant le corollaire de la liberté accordée à la presse par la loi du 29 juillet 1881 et de la responsabilité des directeurs de publication (CA Dijon 27-4-1988 : Gaz. Pal. 1989 som. p. 107, en l'espèce, refus de publier un avis de naissance ne faisant pas état du nom du père de l'enfant). 76100

4. RÉPRESSION ET SANCTION DES REFUS DE VENTE À UN CONSOMMATEUR

La répression des refus de vente s'effectue dans les conditions prévues aux articles L 511 1 et suivants du Code de la consommation (voir nos 78600 s.). 76120

L'auteur d'un refus de vente est passible d'une amende contraventionnelle de 1 500 € (3 000 € en cas de récidive) (C. consom. art. R 132-1). 76125

La personne morale déclarée pénalement responsable de l'infraction commise pour son compte par son organe ou représentant est passible d'une amende contraventionnelle de 7 500 € (15 000 € en cas de récidive) (C. pén. art. 121-2 et 131-41).

5. CAS DU REFUS DE VENTE DISCRIMINATOIRE

PRINCIPE D'INTERDICTION

Est répréhensible le fait pour toute personne de refuser la fourniture d'un bien ou d'un service en raison de l'**origine** du demandeur, de son sexe, de sa **situation de famille,** de sa grossesse, de son **apparence physique,** de sa particulière vulnérabilité résultant de sa situation économique, apparente ou connue de l'auteur du refus, de son patronyme, de son lieu de résidence, de son état de **santé,** de sa perte d'autonomie, de son **handicap,** de ses caractéristiques génétiques, de ses **mœurs,** de son orientation sexuelle, de son **identité de genre,** de son **âge,** de ses **opinions politiques,** de ses activités syndicales, de sa qualité de lanceur d'alerte, de facilitateur ou de personne en lien avec un lanceur d'alerte au sens, respectivement, des articles 6, I et 6-1, 1° et 2° de la loi 2016-1691 du 9 décembre 2016, de sa capacité à s'exprimer dans une langue autre que le français, de son appartenance ou de sa non-appartenance, vraie ou supposée, à une ethnie, une nation, une prétendue **race** ou une **religion** déterminée (C. pén. art. 225-1 et art. 225-2, 1°). 76150

ILLUSTRATIONS

Ainsi se rend **coupable du délit** de discrimination raciale :
– l'hôtelier qui, après avoir accepté d'offrir une chambre pour deux personnes à une femme de race blanche, refuse ensuite de la lui louer lorsqu'il la voit réapparaître accompagnée d'un homme de race noire, son époux (CA Douai 25-6-1974 : D. 1975 p. 492) ;
– la tenancière d'un débit de boissons qui a refusé de servir de la bière à deux clients arabes, alors que ces clients n'étaient pas en état d'ébriété et ne causaient pas de scandale (T. corr. Strasbourg 21-11-1974 : D. 1975 p. 492) ;
– l'agent immobilier qui écarte de toute attribution de logement les candidats de nationalité étrangère ou de race noire (T. corr. Paris 30-11-1983 : RTD com. 1984 p. 379 obs. Bouzat).

Se rend coupable du délit de discrimination à l'égard d'une personne physique en raison de son handicap :
– le directeur d'un restaurant qui refuse l'accès de son établissement à un client handicapé (T. corr. Paris 4-9-1995 : RJDA 2/96 n° 286) ;
– l'exploitant d'une compagnie aérienne qui refuse d'embarquer une personne paraplégique (CA Paris 19-9-1994 : JCP éd. G 1995 II n° 22511 note Moine).

Se rend coupable du délit de discrimination religieuse celui qui refuse l'accès d'une personne à un établissement d'enseignement supérieur en raison du port, par cette dernière, d'un insigne révélant son appartenance à la religion musulmane (CA Paris 8-6-2010 n° 08-8286, inédit).

En revanche, ne se livrent **pas** à un refus de vente **illicite** :
– le restaurateur qui refuse de diffuser de la musique arabe au cours d'un repas de noces pour un mariage franco-arabe, alors que ce restaurateur n'a par ailleurs fait aucune difficulté pour organiser la soirée et recevoir les clients d'origine étrangère (CA Toulouse 8-1-1980, inédit) ;
– l'assureur qui refuse la souscription d'un contrat par un étranger sachant à peine lire et écrire, dès lors que cette personne ne serait pas en mesure de fournir des renseignements complets en rédigeant une déclaration de sinistre, ce qui serait préjudiciable aux intérêts de la société d'assurance (CA Rouen 4-11-1982 : BRDA 9/83 p. 6).

76155 Le délit de refus de vente discriminatoire est constitué même s'il est commis à l'encontre d'une ou plusieurs personnes ayant sollicité un bien ou service dans le but de **démontrer l'existence du comportement discriminatoire,** dès lors que la preuve de ce comportement est établie (C. pén. art. 225-3-1).

La preuve d'une discrimination est difficile à apporter car, d'une part, le juge pénal est souvent saisi de faits isolés alors que des éléments de comparaison sont nécessaires pour démontrer qu'un refus a été opposé de façon discriminatoire et, d'autre part, l'auteur du refus dispose parfois d'une grande liberté d'appréciation, si bien qu'il est délicat d'établir qu'il a fait un usage discriminatoire de cette liberté. C'est pourquoi certaines organisations ont recours, pour constituer cette preuve, au procédé du **testing** qui consiste à demander à diverses personnes de se présenter successivement dans un établissement ou de solliciter un logement, puis à faire constater les refus par un huissier ou par les policiers avant de provoquer l'engagement de poursuites.

EXCEPTION À L'INTERDICTION DU REFUS DE VENTE DISCRIMINATOIRE

76160 Un refus de vente ou de prestation de services tenant au **sexe** de la personne n'est pas sanctionné si le refus est justifié par la protection des victimes de violences à caractère sexuel, des considérations liées au respect de la vie privée et de la décence, la promotion de l'égalité des sexes ou des intérêts des hommes ou des femmes, la liberté d'association ou l'organisation d'activités sportives (C. pén. art. 225-3, 4°).

› Précisions Cette disposition constitue l'une des mesures de transposition de la directive 2004/113 du 13 décembre 2004 mettant en œuvre le **principe de l'égalité de traitement entre les femmes et les hommes** dans l'accès à des biens et services et la fourniture de biens et services. Aux termes de cette directive : « Les différences de traitement ne peuvent être acceptées que lorsqu'elles sont justifiées par un objectif légitime. Peuvent par exemple être considérées comme un objectif légitime la protection des victimes de violences à caractère sexuel (dans le cas de la création de foyers unisexes), des considérations liées au respect de la vie privée et à la décence (lorsqu'une personne met à disposition un hébergement dans une partie de son domicile), la promotion de l'égalité des sexes ou des intérêts des hommes ou des femmes (par des organismes bénévoles unisexes par exemple), la liberté d'association (dans le cadre de l'affiliation à des clubs privés unisexes) et l'organisation d'activités sportives (par exemple de manifestations sportives unisexes) » (Dir. 2004/113 considérant 16). Dans le cadre d'une activité professionnelle, cette mesure met à l'abri des poursuites un prestataire qui réserverait ses prestations aux personnes d'un même sexe (par exemple, un institut de soins corporels qui ne serait accessible qu'aux femmes).

SANCTIONS EN CAS DE REFUS DE VENTE DISCRIMINATOIRE

76170 Le refus de vente discriminatoire est puni de trois ans d'emprisonnement et de 45 000 € d'amende (C. pén. art. 225-2, al. 1). Lorsque le refus est commis dans un lieu accueillant du public ou aux fins d'en interdire l'accès, les peines sont portées à cinq ans d'emprisonnement et à 75 000 € d'amende (C. pén. art. 225-2, dernier al.).

76175 La personne morale peut être déclarée pénalement responsable de l'infraction commise pour son compte par son organe ou représentant. Les peines encourues sont (C. pén. art. 225-4) :
– une amende de 225 000 € (375 000 € en cas de refus commis dans un lieu public) ;

– les peines mentionnées aux 2° à 5°, 8° et 9° de l'article 131-39 du Code pénal (en particulier, interdiction d'exercer l'activité professionnelle à l'occasion de l'exercice de laquelle l'infraction a été commise, placement sous surveillance judiciaire ou fermeture de l'établissement ayant servi à commettre l'infraction).

POUVOIRS DU DÉFENSEUR DES DROITS EN CAS DE DISCRIMINATION

Toute personne qui s'estime victime d'une discrimination, directe ou indirecte, peut saisir le Défenseur des droits (Loi 2011-333 du 29-3-2011 art. 5, 3°). **76180**

La personne s'estimant victime d'une discrimination peut agir conjointement avec une association, régulièrement déclarée depuis au moins cinq ans à la date des faits, se proposant par ses statuts de combattre les discriminations ou d'assister les victimes de discriminations. Une telle association peut également agir seule, avec l'accord de la personne s'estimant victime de la discrimination (art. 5, 3°).

Le Défenseur des droits peut procéder à la résolution amiable du différend porté à sa connaissance, par voie de **médiation** (Loi 2011-333 art. 26, al. 1).

Il peut également, si le refus de vente ou de prestation de services n'a pas déjà donné lieu à la mise en mouvement de l'action publique, proposer à l'auteur du refus une **transaction.** Celle-ci consiste dans le versement d'une amende d'un montant maximal de 3 000 € s'il s'agit d'une personne physique et de 15 000 € s'il s'agit d'une personne morale. Le montant de l'amende est fixé en fonction de la gravité du refus, ainsi que des ressources et des charges de son auteur. Le Défenseur des droits peut également proposer, s'il y a lieu, d'indemniser la victime. La transaction acceptée par l'auteur du refus et, s'il y a lieu, par la victime, doit être homologuée par le procureur de la République (art. 28, II).
Les actes tendant à la mise en œuvre ou à l'exécution de la transaction sont interruptifs de la prescription de l'action publique (art. 28, IV-al. 1).
L'exécution de la transaction constitue une cause d'extinction de l'action publique. Elle ne fait cependant pas échec au droit de la partie civile de délivrer citation directe devant le tribunal correctionnel. Le tribunal ne statue alors que sur les seuls intérêts civils (art. 28, IV-al. 2).
En cas de refus de la proposition de transaction ou d'inexécution d'une transaction acceptée et homologuée par le procureur de la République, le Défenseur des droits peut mettre en mouvement l'action publique par voie de citation directe (art. 28, IV-al. 3).

B. Refus de vente entre professionnels

VALIDITÉ DE PRINCIPE

Contrairement au refus de vente à un consommateur (n° 76000), le refus de vente entre professionnels n'est pas interdit en tant que tel. **76220**

DISPOSITIONS PERMETTANT DE SANCTIONNER UN REFUS DE VENTE À UN PROFESSIONNEL

Le refus de vente entre professionnels peut être sanctionné par le biais de dispositions non spécifiques à cette pratique. **76230**

1° L'article 1240 du Code civil relatif à la **responsabilité civile extracontractuelle.**

L'application de ce texte suppose la réunion de trois éléments : le refus de vente doit être constitutif d'une faute, la victime doit avoir subi un préjudice du fait de ce refus et un lien de causalité entre la faute et le préjudice doit être établi.

Il revient à la victime de prouver que le **refus** de vente est **fautif.** Ainsi a-t-il été jugé qu'en cas de refus de vente d'une marchandise pour rupture de stock, il revient à l'acheteur qui agit en responsabilité contre le vendeur de prouver le caractère fallacieux de ce motif et non au vendeur de prouver la réalité de la rupture de stock (Cass. com. 18-12-2001 : RJDA 3/02 n° 270).

En revanche, la victime n'a pas à rapporter la preuve de l'existence d'un **préjudice** ; celui-ci résultant nécessairement de l'acte fautif (Cass. com. 5-12-2000 : RJDA 4/01 n° 512).

ILLUSTRATIONS

Est fautif le fait :
– pour le titulaire d'un réseau de distribution sélective de refuser la commande de produits effectuée par un détaillant non agréé car il ne désirait pas augmenter le nombre de ses distributeurs dans cette ville, dès lors que ce détaillant satisfaisait aux critères qualitatifs que le fabricant avait fixés (Cass. com. 26-1-1999 : RJDA 3/99 n° 345) ;

– pour une société de refuser de satisfaire les commandes d'un client à la suite d'une action en justice engagée avec succès par celui-ci à son encontre, dès lors que la mauvaise foi et l'intention de nuire de la société étaient manifestes (CA Versailles 26-4-2001 : RJDA 8-9/01 n° 916).

En revanche, ne constitue pas un refus de vente fautif le fait pour un fournisseur de refuser de livrer une nouvelle commande alors que les premières livraisons n'avaient pas été payées dans les conditions convenues par les parties, l'acheteur ayant voulu imposer à leur sujet des conditions de paiement différentes de celles-ci (CA Versailles 29-2-1996 : RJDA 2/97 n° 229 ; décision rendue sous l'empire de l'ancien délit de refus de vente entre professionnels mais transposable à l'article 1240 du Code civil).

L'auteur d'un refus de vente fautif peut être condamné à verser des dommages-intérêts au demandeur en réparation du préjudice subi. En revanche, il ne peut pas valablement être condamné à satisfaire la commande de celui-ci (Cass. com. 26-1-1999 précité).

76235 2° Les articles L 420-1 et L 420-2 du Code de commerce relatifs aux **ententes illicites** et **abus de position dominante** car ils permettent de sanctionner les refus de vente qui en sont la manifestation.

Pour des exemples, voir nos 44160 s. (quotas de vente), nos 44775 s. (exclusivité de vente ou de fourniture) et n° 45740 (abus de position dominante).

76240 3° L'article L 442-1 du Code de commerce relatif aux **pratiques commerciales abusives** et, en particulier, ses dispositions relatives à la **rupture brutale de relations commerciales établies** (nos 88000 s.).

CAS DES REFUS D'INSERTION D'ANNONCE DANS LA PRESSE

76250 La loi du 29 juillet 1881, qui pose le principe de la **liberté de la presse** et celui de la responsabilité pénale du directeur de la publication d'un journal, peut avoir pour effet de légitimer un refus d'insertion, même non motivé, sans qu'il y ait lieu de distinguer selon que la demande d'insertion porte ou non sur une annonce à caractère publicitaire (Cass. crim. 3-10-1983 : Bull. crim. p. 602 n° 236 ; Cass. com. 19-10-1993 : RJDA 12/93 n° 1058). Néanmoins, le pouvoir dont dispose ainsi le directeur de publication n'est pas discrétionnaire. Il est tempéré par la notion juridique d'« **abus de droit** ». Sanctionné sur le fondement de l'article 1240 du Code civil relatif à la responsabilité civile extracontractuelle, l'abus de droit suppose qu'il a été relevé à l'encontre du titulaire du droit une faute dans l'exercice de celui-ci (Cass. com. 21-2-1978 : Bull. civ. IV p. 60 n° 74). C'est à celui qui s'en prétend victime de démontrer l'existence de la faute. Cette preuve fait défaut lorsque, par exemple, la demande d'insertion, d'ordre publicitaire, va à l'encontre de la politique et de l'esprit de la publication (Cass. com. 19-10-1993 : RJDA 12/93 n° 1058).

Les entreprises de presse sont également soumises au **droit de la concurrence** et un refus d'insertion peut être sanctionné s'il résulte d'une entente illicite ou est constitutif d'un abus de position dominante (CA Paris 16-1-1991 : Gaz. Pal. 1991 p. 197 note Marchi ; Cons. conc. 89-D-29 du 5-9-1989 : BOCCRF du 19-9 p. 215). Un tel refus engage également la responsabilité civile de l'entreprise de presse lorsqu'il est constitutif d'une rupture brutale de relations commerciales établies (pour exemple, voir CA Paris 29-2-2008 n° 06-3934 : RJDA 7/08 n° 858).

RÉPRESSION DES PRATIQUES ÉCONOMIQUES ILLICITES

SOMMAIRE

SECTION I

RÉPRESSION DES PRATIQUES ÉCONOMIQUES CONTRAIRES AUX RÈGLES DU CODE DE COMMERCE

CONTENU DU DISPOSITIF

77000 Le non-respect des **règles de concurrence prévues au livre IV du Code de commerce** (« De la liberté des prix et de la concurrence ») peut être recherché et constaté par les agents de la concurrrence, de la consommation et de la répression des fraudes et, pour les pratiques anticoncurrentielles, par les agents d'instruction de l'Autorité de la concurrence, selon une procédure particulière exposée aux articles L 450-1 et suivants du Code de commerce.

La nature des **sanctions** applicables varie. En dehors des sanctions pécuniaires infligées en cas de pratiques anticoncurrentielles, les sanctions prévues au titre IV du livre IV du Code de commerce (« De la transparence, des pratiques restrictives de concurrence et d'autres pratiques prohibées ») sont, selon l'infraction, de nature administrative, pénale ou civile. Le montant des amendes administratives et les sanctions pénales encourues sont indiqués dans les rubriques concernées. Il en est de même des modalités de l'action en responsabilité civile en cas de pratique commerciale abusive prévue à l'article L 442-4 du Code de commerce.

Hormis les pouvoirs d'enquête des agents, les modalités de répression des pratiques anticoncurrentielles (C. com. art. L 420-1 à L 420-5) sont exposées sous la rubrique « Ententes et abus de domination ».

I. RECHERCHE ET CONSTATATION DES PRATIQUES CONTRAIRES AUX RÈGLES DU CODE DE COMMERCE

PRATIQUES ILLICITES CONCERNÉES

77100 Les dispositions des articles L 450-1 et suivants du Code de commerce sont applicables à la recherche et la constatation des infractions ou manquements aux dispositions prévues par le **livre IV du Code de commerce,** qu'ils relèvent du pouvoir de sanction de l'Autorité de la concurrence (ententes, abus de domination et prix abusivement bas, essentiellement), des juridictions civiles ou commerciales (par exemple, pratiques commerciales abusives entre fournisseurs et distributeurs), des juridictions pénales (par exemple, revente à perte) ou de l'administration (par exemple, non-respect des règles relatives à la convention unique, à la facturation ou aux délais de paiement).

Elle est également applicable, en tout ou partie, à la recherche et la constatation des infractions prévues par d'**autres dispositions du Code de commerce** (par exemple, infractions aux règles de l'urbanisme commercial ou à la réglementation des soldes, liquidations et ventes au déballage).

A. Agents chargés du contrôle des pratiques économiques

1. AGENTS COMPÉTENTS

AGENTS DE LA CONCURRENCE, DE LA CONSOMMATION ET DE LA RÉPRESSION DES FRAUDES

Les agents de la concurrence, de la consommation et de la répression des fraudes (CCRF) sont habilités par le ministre de l'économie à procéder aux enquêtes nécessaires à l'application du livre IV du Code de commerce (C. com. art. L 450-1, II et A 450-1). **77110**

AGENTS DES SERVICES D'INSTRUCTION DE L'AUTORITÉ DE LA CONCURRENCE

Compétence des agents Les agents des services d'instruction de l'Autorité de la concurrence habilités à cet effet par le rapporteur général de l'Autorité peuvent procéder à toute enquête nécessaire à l'application des dispositions des titres II (pratiques anticoncurrentielles) et III (concentrations économiques) du livre IV du Code de commerce (C. com. art. L 450-1, I-al. 1). Cette enquête peut être ordinaire ou lourde (« opérations de visite et saisie »). **77120**

> **Précisions** Les agents de la CCRF peuvent également mettre en œuvre les pouvoirs d'enquête ordinaires (nos 77240 s.) pour l'application du titre VI du livre IV du Code de commerce relatif à l'Autorité de la concurrence (C. com. art. L 450-1, I-al. 2), en particulier pour recueillir des informations en vue de l'élaboration des **avis** rendus par l'**Autorité de la concurrence** (Rapport AN no 1574 relatif à la loi 2014-344 du 17-3-2014).

Investigations pour le compte de la Commission européenne Les agents de l'Autorité de la concurrence peuvent intervenir à la demande de la Commission européenne. En effet, lorsque celle-ci procède à des inspections, elle peut demander l'**assistance des agents** de l'État membre intéressé (Règl. 1/2003 art. 20, 5). **77130**

Cette assistance est indispensable à la Commission lorsque l'entreprise concernée s'oppose à l'inspection ordonnée, les agents de la Commission ne disposant pas de la force contraignante (Règl. art. 20, 6).

Si cette assistance requiert l'**autorisation** d'une autorité judiciaire, telle qu'en France celle du **juge des libertés et de la détention** pour les opérations de visite et saisie (no 77330), cette autorisation doit être sollicitée. L'autorisation peut également être demandée à titre préventif (Règl. art. 20, 7).

> **Précisions** En l'absence d'opposition expressément formulée par l'entreprise visitée dès la notification de la décision d'inspection ordonnée par la Commission, l'**ordonnance** rendue par le **juge des libertés et de la détention** à titre préventif n'a pas à être notifiée par les enquêteurs de l'Autorité de la concurrence dont la simple présence, en application de l'article 20, 5 du règlement 1/2003 précité, est insuffisante pour justifier de la mise en œuvre des pouvoirs tirés de l'article L 450-4 du Code de commerce relatif aux opérations de visite et saisie (no 77330) et du recours qu'il prévoit (Cass. crim. 13-6-2019 no 18-80.678 F-PBI : RJDA 11/19 no 713).

Investigations pour le compte d'une autorité de concurrence d'un autre État membre Lorsque des agents de l'Autorité de la concurrence mènent des investigations au nom ou pour le compte d'une autorité de concurrence d'un autre État membre de l'Union européenne, en application de l'article 22, 1 du règlement CE 1/2003 relatif à la mise en œuvre des règles de concurrence prévues aux articles 101 et 102 du TFUE concernant les ententes et abus de position dominante, le rapporteur général de l'Autorité de la concurrence doit autoriser des **agents** de cette **autorité étrangère** à assister activement ces agents dans leurs investigations (C. com. art. L 450-1, I-al. 3). Les procès-verbaux doivent faire mention de cette assistance (no 77525). **77140**

> **Précisions** Lorsqu'elle agit à la suite d'une demande d'assistance d'une autorité de concurrence étrangère, sur le fondement de l'article 22 du règlement 1/2003 précité, l'Autorité de la concurrence conserve ses pouvoirs propres tirés des articles L 450-1 et suivants du Code de commerce, qui lui permettent d'ouvrir une enquête sur d'éventuelles irrégularités commises en France et de demander au juge des libertés et de la détention l'autorisation d'effectuer en France des **opérations de visite et saisie** non comprises dans la mesure d'instruction sollicitée auprès du juge à la suite de la demande d'assistance (Cass. crim. 17-2-2021 no 19-84.310 F-D : RJDA 5/21 no 345).

AGENTS AGISSANT SUR COMMISSION ROGATOIRE

77150 Les juges d'instruction peuvent procéder à des enquêtes pour la recherche d'**infractions pénales** selon les règles du droit commun. Des fonctionnaires spécialement habilités à cet effet par le ministre de la justice, sur la proposition, selon le cas, du ministre de l'économie ou du rapporteur général de l'Autorité de la concurrence, peuvent alors recevoir de leur part des commissions rogatoires (C. com. art. L 450-1, II bis).

> **Précisions** Seuls les **rapporteurs fonctionnaires de l'Autorité de la concurrence** peuvent donc être habilités à enquêter dans ce cadre, à l'exclusion des rapporteurs non fonctionnaires. Cette habilitation vise à leur permettre d'enquêter pour la recherche d'infractions à l'article L 420-6 du Code de commerce, qui punit de sanctions pénales la participation frauduleuse à une entente illicite ou à un abus de position dominante.

GENDARMES ET OFFICIERS DE POLICE JUDICIAIRE

77160 Sont également compétents, pour la recherche des **infractions pénales,** les gendarmes et les officiers de police judiciaire par application des pouvoirs généraux qu'ils détiennent du Code de procédure pénale.

La question se pose de savoir si les gendarmes et officiers de police doivent procéder aux enquêtes selon les règles générales de ce Code ou conformément à la procédure prévue par les articles L 450-1 et suivants du Code de commerce. À notre avis, s'agissant de la constatation d'infractions à un texte spécial, ces agents doivent se conformer aux règles de procédure prévues par le Code de commerce.

2. DISPOSITIONS DIVERSES RELATIVES AU CONTRÔLE DES PRATIQUES ÉCONOMIQUES

COMPÉTENCE TERRITORIALE DES AGENTS

77180 Les agents de la CCRF et ceux des services d'instruction de l'Autorité de la concurrence peuvent exercer leurs pouvoirs sur l'ensemble du territoire national (C. com. art. L 450-1, III).

OBLIGATION AU SECRET PROFESSIONNEL DES AGENTS

77190 Les agents habilités à constater les infractions ou manquements sont tenus au secret professionnel quant aux renseignements qu'ils peuvent recueillir dans l'exercice de leurs fonctions. La révélation d'une information à caractère secret est punie d'un an d'emprisonnement et de 15 000 € d'amende (C. pén. art. 226-13).

ACCÈS À TOUT DOCUMENT DÉTENU PAR UNE AUTORITÉ PUBLIQUE

77200 Les agents de la CCRF et ceux des services d'instruction de l'Autorité de la concurrence peuvent, sans se voir opposer le secret professionnel, accéder à tout document ou élément d'information détenu par les services et établissements de l'État, les autorités administratives indépendantes et autorités publiques indépendantes mentionnées à l'annexe de la loi 2017-55 du 20 janvier 2017 (C. com. art. L 450-7).

B. Pouvoirs d'enquête des agents de la CCRF et de l'Autorité de la concurrence

ENQUÊTES SIMPLES OU LOURDES

77230 Le Code de commerce confie aux agents de la CCRF ainsi qu'aux agents des services d'instruction de l'Autorité de la concurrence le soin de réaliser des enquêtes afin de réunir les preuves des pratiques économiques illicites ; à cet effet, ils peuvent mettre en œuvre deux types de pouvoirs d'enquête : soit ordinaires, dans le cadre d'enquêtes « simples » (C. com. art. L 450-3), soit coercitifs, justifiant des enquêtes lourdes dénommées « opérations de visite et saisie » (C. com. art. L 450-4). Dans ce second cas, l'opération nécessite une autorisation du juge des libertés et de la détention.

Quel que soit le type d'enquête, le fait de s'opposer à l'exercice des fonctions des agents est puni de lourdes sanctions pénales.

1. POUVOIRS D'ENQUÊTE ORDINAIRES

DROIT D'ACCÈS AUX LOCAUX PROFESSIONNELS ET À USAGE D'HABITATION

Les agents de la CCRF et des services d'instruction de l'Autorité de la concurrence peuvent procéder aux opérations suivantes (C. com. art. L 450-3, al. 1 à 3) : 77240
– ils peuvent opérer sur la **voie publique,** pénétrer entre 8 h et 20 h dans tous **lieux utilisés à des fins professionnelles** et dans les lieux d'exécution d'une prestation de services, ainsi qu'accéder à tous **moyens de transport** à usage professionnel ;
– en dehors de ces heures, ils peuvent pénétrer dans ces **mêmes lieux** lorsque ceux-ci sont ouverts au public ou lorsqu'à l'intérieur de ceux-ci sont en cours des activités de production, de fabrication, de transformation, de conditionnement, de transport ou de commercialisation ;
– lorsque ces lieux sont également à usage d'**habitation,** ils ne peuvent effectuer des contrôles qu'entre 8 h et 20 h et, si l'occupant s'y oppose, sur autorisation du juge des libertés et de la détention du tribunal judiciaire dans le ressort duquel sont situés ces lieux.

Les agents peuvent intervenir sur rendez-vous ou de manière inopinée (Cons. conc. 12-12-1995 n° 95-D-83).

DROIT D'EXIGER LA COMMUNICATION DE DOCUMENTS

Principe Les agents de la CCRF et des services d'instruction de l'Autorité de la concurrence peuvent exiger la **communication** et obtenir ou prendre **copie,** par tout moyen ou support, des livres, factures et autres **documents professionnels** de toute nature (commandes, instructions de vente, etc.) et, le cas échéant, de leurs **moyens de déchiffrement,** susceptibles d'être détenus ou d'être accessibles ou disponibles, entre quelques mains qu'ils se trouvent, propres à faciliter l'accomplissement de leur mission ; ils peuvent exiger la mise à leur disposition des moyens indispensables pour effectuer leurs vérifications. Ils peuvent également **recueillir, sur place ou sur convocation, tout renseignement,** document ou toute justification nécessaires au contrôle (C. com. art. L 450-3, al. 4). 77250

Le Code de commerce ne subordonne la communication des documents à aucune condition restrictive et ne prévoit aucun délai au profit des détenteurs. Ces derniers ne peuvent donc pas prétendre solliciter au préalable l'accord d'une tierce personne concernée par ces documents (Cass. crim. 9-7-1975 : Bull. crim. p. 508). De même, un prétendu droit de grève ne saurait être opposé aux demandes des agents de l'administration (Cass. crim. 10-7-1978 : Bull. crim. p. 598 ; Cass. crim. 3-11-1981 : D. 1982 IR p. 107). En revanche, les agents ne peuvent pas demander la communication de documents professionnels couverts par le droit au secret des correspondances (Cons. const. 8-7-2016 n° 2016-552 QPC : RJDA 10/16 n° 740), telles que celles entretenues avec un avocat.

Pour le contrôle des opérations faisant appel à l'**informatique,** les agents ont accès aux logiciels et aux données stockées ainsi qu'à la restitution en clair des informations propres à faciliter l'accomplissement de leurs missions. Ils peuvent en demander la transcription par tout traitement approprié (C. com. art. L 450-3, al. 5).

Le refus de communication des informations et documents demandés est pénalement sanctionné (n° 77460). Il peut également être à l'origine d'une injonction sous astreinte ou d'une sanction prononcée par l'Autorité de la concurrence (n° 77470).

> **Précisions a.** La possibilité qu'ont les agents de demander la communication des livres, factures et tous autres documents professionnels n'exclut pas qu'il puisse leur être remis, hors toute contrainte, des **documents** qu'ils n'auraient **pas demandés** (Cass. com. 9-5-2001 : RJDA 12/01 n° 1264).
> **b.** Les agents ont toute latitude pour **entendre les professionnels** des entreprises. Ainsi, ils n'ont pas l'obligation d'interroger plusieurs fois les personnes qu'ils ont entendues, ni de les confronter avec les auteurs des déclarations les mettant en cause ou encore de recueillir leurs observations sur les pièces appréhendées chez des tiers (CA Paris 26-1-1999 : BOCCRF du 16-2-1999).
> **c.** Les **commissaires aux comptes** ne sont pas déliés de leur secret professionnel envers les agents, et ce même en cas d'opérations de visite et saisie autorisées par le juge des libertés et de la détention (en ce sens, Chronique Commission des études juridiques de la CNCC, mai 2022).

Accès aux « fadettes » pour la recherche de pratiques anticoncurrentielles Par dérogation à l'article L 450-3, al. 4 et 5 du Code de commerce (n° 77250), pour la recherche et la constatation des pratiques anticoncurrentielles (notamment, ententes, abus de domination et prix abusivement bas), l'accès aux données techniques de téléphonie et de communications électroniques, dites « fadettes », à l'exclusion de celles relatives au 77260 contenu des communications, doit faire l'objet d'une demande d'autorisation préalable par le rapporteur général de l'Autorité de la concurrence ou l'autorité administrative chargée de la concurrence et de la consommation au **contrôleur des demandes de données de connexion** (C. com. art. L 450-3-3, I et II-al. 2).

La **demande d'autorisation** doit préciser pour chaque enquête (C. com. art. R 450-4) :

1° Le nom de la personne suspectée d'avoir pris part aux pratiques anticoncurrentielles ou le nom de toute autre personne pour laquelle l'accès aux données de connexion apparaît nécessaire à l'enquête ou, le cas échéant, le numéro de téléphone, l'adresse IP ou toute autre donnée de connexion en possession des enquêteurs et pour lesquels des éléments supplémentaires sont nécessaires à l'enquête ;

2° Les données de connexion ou les types de données de connexion demandés pour chaque personne ou dans chaque cas mentionnés au 1° ;

3° Les périodes au titre desquelles les données de connexion sont demandées ;

4° Les éléments de fait et de droit permettant de justifier cette demande.

L'autorisation doit faire partie du dossier d'enquête (art. L 450-3-3, II-al. 7).

Les **données de connexion** transmises par les opérateurs de télécommunication doivent être **recueillies et conservées,** jusqu'à leur destruction, selon des modalités propres à garantir leur confidentialité (art. R 450-5).

Les agents de la CCRF et des services d'instruction de l'Autorité de la concurrence doivent utiliser ces données exclusivement dans le cadre de l'enquête pour laquelle ils ont reçu l'autorisation d'y accéder (art. L 450-3-3, II-al. 6).

Les **données** doivent être **détruites** dans un délai de six mois à compter d'une décision définitive de l'Autorité de la concurrence, de l'autorité administrative chargée de la concurrence et de la consommation ou du juge judiciaire ou administratif. Celles relatives à des faits ne faisant pas l'objet de poursuites doivent être détruites à l'expiration d'un délai d'un mois à compter de la décision du rapporteur général de l'Autorité de la concurrence, de l'autorité administrative ou du juge judiciaire ou administratif, sans que cela empêche leur transmission au procureur de la République en application de l'article 40 du Code de procédure pénale (art. L 450-3-3, II-al. 8 et 9). Cette destruction des données donne lieu à un procès-verbal (art. R 450-6).

> **Précisions a.** Le **contrôleur des demandes de données de connexion** est alternativement un membre du Conseil d'État ou un magistrat de la Cour de cassation, chacun étant élu par son assemblée générale respective pour une durée de quatre ans non renouvelable ; dans l'exercice de sa mission, il ne peut recevoir ni solliciter aucune instruction de l'Autorité de la concurrence, de l'autorité administrative chargée de la concurrence et de la consommation, ou d'une quelconque autre autorité (C. com. art. L 450-3-3, II-al. 2 et 4). Il ne peut être mis fin à ses fonctions que sur sa demande ou en cas d'empêchement constaté (art. L 450-3-3, II-al. 3).
> **b.** Les **demandes d'autorisation** d'accès aux données de connexion adressées au contrôleur des demandes de données de connexion, ainsi que les **autorisations** délivrées par ce dernier sont détruites dans les mêmes conditions que les données de connexion elles-mêmes (art. R 450-6).

HABILITATION À RELEVER L'IDENTITÉ DE LA PERSONNE CONTRÔLÉE

77270 Lorsqu'ils recherchent ou constatent une infraction ou un manquement au livre IV du Code de commerce, les agents de la CCRF et des services d'instruction de l'Autorité de la concurrence sont habilités à relever l'identité de la personne qu'ils contrôlent (C. com. art. L 450-3-1, al. 1). Cette prérogative est particulièrement utile pour les contrôles opérés dans l'espace public.

Si la personne contrôlée refuse ou se trouve dans l'impossibilité de justifier de son identité, les agents en rendent compte immédiatement à tout officier de police judiciaire territorialement compétent, qui peut alors procéder à une vérification d'identité dans les conditions prévues à l'article 78-3 du Code de procédure pénale (notamment, possibilité de retenir l'intéressé pendant une durée maximale de 4 heures, sur place ou dans le local de police où il est conduit aux fins de vérification de son identité).

ASSISTANCE DES ENQUÊTEURS PAR UNE PERSONNE QUALIFIÉE

77280 Les agents de la CCRF et des services d'instruction de l'Autorité de la concurrence peuvent recourir à toute personne qualifiée, désignée par l'autorité administrative dont ils dépendent ; cette personne peut les accompagner lors de leurs contrôles et prendre connaissance de tout document ou élément nécessaire à la réalisation de sa mission ou de son expertise (C. com. art. L 450-3-1, al. 2).

En revanche, cette personne ne peut pas (même art.) :
– effectuer un acte de procédure pénale ou de police administrative ;
– utiliser les informations dont elle prend connaissance à cette occasion pour la mise en œuvre des pouvoirs de contrôle dont elle dispose, le cas échéant, en vertu d'autres dispositions législatives ou réglementaires ;
– divulguer les informations dont elle a eu connaissance dans ce cadre, sauf à encourir les peines prévues à l'article 226-13 du Code pénal relatif à la violation du secret professionnel.

OBLIGATIONS DES AGENTS DE LA CCRF ET DE L'AUTORITÉ DE LA CONCURRENCE

Identification de l'enquêteur Les agents doivent décliner leur qualité. Toutefois, lorsque l'établissement de la preuve de l'infraction ou du manquement en dépend et qu'elle ne peut pas être établie autrement, ils peuvent **différer le moment** où ils déclinent leur qualité au plus tard jusqu'à la notification à la personne contrôlée de la constatation de l'infraction ou du manquement (C. com. art. L 450-3-2, I). 77290

Les agents peuvent faire usage d'une **identité d'emprunt** pour le contrôle de la vente de biens et de la fourniture de services sur Internet et pour celui des accords ou pratiques concertées ayant pour objet ou pour effet d'accorder à une entreprise des droits exclusifs d'importation en outre-mer (n°s 41160 s.) (art. L 450-3-2, II). 77295

> **Précisions** En cas d'usage d'une identité d'emprunt pour des contrôles en ligne, le **procès-verbal** de constatation d'une infraction ou d'un manquement doit mentionner les modalités de consultation et d'utilisation du site internet (sur le contenu du procès-verbal, voir n° 77530).

Indication de l'objet de l'enquête Les agents sont tenus d'indiquer l'objet de leur enquête (CA Paris 8-4-1994 : BOCCRF du 18-5-1994). 77300

L'indication de l'objet de l'enquête doit être **préalable** aux **auditions** des personnes intéressées et la formulation employée suffisamment claire et précise (cf. Cass. com. 14-1-2003 n° 101 : RJDA 6/03 n° 651).

Les indications données sur l'objet de l'enquête doivent permettre à la personne entendue de ne pas témoigner contre elle-même. C'est pourquoi les **procès-verbaux** doivent établir que l'objet de l'enquête a été porté à la connaissance des personnes intéressées. À ce propos, il a été jugé que la mention préimprimée sur le procès-verbal dressé par les enquêteurs selon laquelle l'objet de l'enquête a été porté à la connaissance de la personne entendue suffit à justifier, jusqu'à preuve contraire, de l'indication de cet objet (Cass. com. 20-11-2001 n° 1915 : RJDA 3/02 n° 316).

> **Précisions** **a.** Lorsque l'enquête porte sur la recherche d'une **entente illicite**, les enquêteurs ne sont pas tenus de délimiter au préalable le marché concerné (Cass. com. 21-3-2000 : RJDA 7-8/00 n° 805).
> **b.** Le **défaut d'indication** de l'**objet de l'enquête** ne constitue pas une cause de nullité des procès-verbaux d'audition de témoins, ceux-ci n'étant pas accusés d'avoir commis une infraction (Cons. conc. n° 04-D-15 du 28-4-2004 : BOCCRF du 6-9-2004).

RECOURS CONTRE LES DEMANDES DES ENQUÊTEURS

Contrairement à ce qui est prévu en cas d'opération de visite et saisie (n° 77430), l'article L 450-3 du Code de commerce relatif aux enquêtes simples ne prévoit pas de mécanisme de recours direct contre les demandes des agents. En revanche, des **voies de recours « indirectes »** permettent de contester ces demandes. Ainsi, en cas d'enquête pour la recherche de pratiques anticoncurrentielles (Cons. const. 8-7-2016 n° 2016-552 QPC : RJDA 10/16 n° 740) : 77310
– si, à l'issue de l'enquête, une procédure est engagée, le recours formé contre la décision de l'Autorité de la concurrence peut être fondé sur l'irrégularité des actes de l'enquête ;
– si, à l'inverse, aucune procédure n'a été engagée mais l'entreprise se trouve sanctionnée pour refus de communication ou obstruction à l'enquête, il lui est également possible, à l'appui d'un recours contre les sanctions, d'opposer l'irrégularité des demandes de communication.

> **Précisions** Bien que l'article L 450-3 du Code de commerce ne prévoie pas de mécanisme de recours direct, ses dispositions ne sont contraires ni aux **droits fondamentaux** que la Constitution garantit (Cons. const. 8-7-2016 n° 2016-552 QPC précité), ni à la Déclaration des droits de l'Homme et du citoyen, à la convention européenne de sauvegarde des droits de l'Homme et à la Charte des droits fondamentaux de l'Union européenne (Cass. com. 26-4-2017 n° 15-25.699 F-D : RJDA 8-9/17 n° 590). En effet, ces mesures d'enquête n'ont pas un caractère coercitif, seuls les documents volontairement communiqués pouvant être saisis.

2. OPÉRATIONS DE VISITE ET SAISIE

DISTINCTION AVEC LES ENQUÊTES ORDINAIRES

77330 Contrairement aux enquêtes ordinaires sur les lieux professionnels (nos 77240 s.), les enquêtes « lourdes », dénommées « opérations de visite et saisie » (en pratique dites « OVS »), qui permettent les **visites en tous lieux** (locaux professionnels et locaux d'habitation), ainsi que la **saisie** de documents et de tout support d'information et, le cas échéant, de leurs moyens de déchiffrement, susceptibles d'être détenus ou d'être accessibles ou disponibles, ne peuvent être effectuées que dans le cadre d'enquêtes sous **contrôle judiciaire** (C. com. art. L 450-4, al. 1).

Une enquête simple n'est pas un préalable obligatoire à la demande d'une enquête sous contrôle judiciaire (Cass. crim. 10-9-2003 : RJF 2/04 nº 150 ; Cass. crim. 21-9-2011 nº 10-85.477) et le fait que des investigations aient été entreprises dans le cadre d'enquêtes simples n'interdit pas de solliciter une autorisation judiciaire pour poursuivre les investigations avec les pouvoirs conférés par l'article L 450-4 (Cass. crim. 6-10-2004 nº 03-85.707). En revanche, lorsque les opérations de visite et saisie ont été réalisées, l'enquête est poursuivie avec les pouvoirs d'enquête simple, notamment pour entendre les explications des entreprises sur les documents saisis.

> **Précisions** **a.** La procédure de l'article L 450-4 du Code de commerce présente des similitudes avec celle applicable aux **perquisitions fiscales** (LPF art. L 16 B). Certaines décisions citées ci-dessous, rendues à l'occasion de litiges relatifs à ces perquisitions, sont donc transposables aux enquêtes de concurrence.
> **b.** Jugé que les dispositions de l'article L 450-4 du Code de commerce, qui prévoient que les agents mentionnés à l'article L 450-1 du même Code peuvent procéder aux visites en tous lieux ainsi qu'à la saisie de documents et de tout support d'information, sans prévoir ni que ces opérations doivent avoir pour but de rechercher la preuve d'infractions déterminées ni que seuls les éléments utiles à cette recherche peuvent être appréhendés, ne sont sérieusement susceptibles de violer ni le droit au **respect de la vie privée** et à l'inviolabilité du domicile qui en découle ni le **principe d'égalité** garantis par les articles 1, 2 et 6 de la Déclaration des droits de l'Homme et du citoyen de 1789 et le préambule de la Constitution de 1958 (Cass. crim. 9-12-2020 nº 20-83.001 F-D : RJDA 3/21 nº 195).

AUTEUR DE LA DEMANDE D'OPÉRATIONS DE VISITE ET SAISIE

77340 Les opérations de visite et saisie ne peuvent être effectuées que dans le cadre d'enquêtes demandées par le **ministre de l'économie,** par le **rapporteur général de l'Autorité de la concurrence** sur proposition du rapporteur ou par la **Commission européenne** (C. com. art. L 450-4, al. 1).

> **Précisions** Le **ministre de l'économie** peut **déléguer** le pouvoir de demander une enquête au directeur général de la concurrence, de la consommation et de la répression des fraudes (Cass. com. 17-11-1998 : RJDA 3/99 nº 346) ou à un autre agent de l'administration qui n'a pas la qualité d'enquêteur mais a reçu les pouvoirs nécessaires de sa hiérarchie (Cass. com. 16-5-1995 : RJDA 12/95 nº 1392 ; Cass. com. 12-3-1996 : RJDA 2/97 nº 230).

NÉCESSITÉ D'UNE AUTORISATION JUDICIAIRE EN CAS D'OPÉRATIONS DE VISITE ET SAISIE

77350 Les opérations de visite et saisie sont soumises à autorisation judiciaire. Celle-ci est accordée par une **ordonnance du juge des libertés et de la détention** du tribunal judiciaire dans le ressort duquel sont situés les lieux à visiter (C. com. art. L 450-4, al. 1).

Lorsque ces lieux sont situés dans le ressort de plusieurs juridictions et qu'une action simultanée doit être menée dans chacun d'eux, une ordonnance unique peut être délivrée par l'un des juges des libertés et de la détention compétents (art. L 450-4, al. 1). Ce juge doit délivrer des **commissions rogatoires** aux autres juges territorialement compétents afin qu'ils contrôlent les opérations de visite et saisie qui se déroulent dans leur ressort et désignent à cette fin le ou les officiers de police judiciaire territorialement compétents chargés d'assister à ces opérations (sur cette désignation, voir nº 77370).

CONTENU DE LA DEMANDE D'AUTORISATION D'OPÉRATIONS DE VISITE ET SAISIE

77360 Le juge des libertés et de la détention doit vérifier que la demande d'autorisation qui lui est soumise est fondée (C. com. art. L 450-4, al. 2).

La demande doit comporter tous les **éléments d'information** en possession du demandeur **de nature à justifier la visite** (art. L 450-4, al. 2). L'administration n'est pas pour autant tenue de transmettre au juge l'ensemble des pièces en sa possession, et ce même si elles sont annexées à des procès-verbaux faisant l'objet d'une transmission (Cass. crim. 19-10-2021 nº 20-85.644 F-D : RJDA 1/22 nº 43). L'administration est en effet entièrement libre de choisir les éléments qu'elle estime devoir présenter au juge au soutien de sa demande d'autorisation. C'est en se référant à ces seuls éléments que le juge des libertés apprécie souverainement le caractère suffisant des présomptions d'agissements frauduleux. Il peut toutefois, s'il les estime insuffisants, demander des pièces complémentaires (Cass. crim. 21-3-2018 nº 16-87.189 F-D). En revanche, il ne peut pas se déterminer à partir de pièces qui n'auraient pas été jointes à la requête, ou ne peut pas se référer à de telles pièces (Cass. crim. 5-9-2007 nº 05-86.406 F-D).

Le juge apprécie souverainement l'existence de **présomptions d'agissements frauduleux,** en se référant aux éléments d'information fournis par l'administration (Cass. crim. 5-9-2007 nº 05-86.406 F-D). Il doit seulement s'assurer du caractère suffisant des présomptions qui résultent des éléments produits aux fins de justifier la visite. Il n'est pas nécessaire que les indices ou présomptions de pratiques illicites apportés au juge soient des « présomptions graves, précises et concordantes » au sens de l'article 1382 du Code civil (Cass. crim. 22-1-2014 nº 13-81.013 : RJDA 4/14 nº 386). En effet, l'article L 450-4 est autonome par rapport à la définition des présomptions admissibles à titre de preuve en matière civile. Le juge doit donc seulement apprécier si les indices relevés laissent présumer des pratiques prohibées justifiant d'autoriser par des opérations de visite et saisie la recherche d'autres éléments concrets qui ne sont pas librement accessibles à l'administration. Si les présomptions mises en évidence dans la requête devaient être appréciées comme constituant à ce stade des preuves suffisantes d'une pratique prohibée, l'autorisation de visite n'aurait d'ailleurs pas lieu d'être sollicitée.

Dans le cas où la visite vise à permettre la constatation d'**infractions** aux dispositions du livre IV du Code de commerce « **en train de se commettre** », la demande d'autorisation peut ne comporter que les indices permettant de présumer l'existence des pratiques dont la preuve est recherchée (art. L 450-4, al. 2). Ce cas de figure vise, par exemple, l'hypothèse dans laquelle l'administration apprend par un plaignant qu'une réunion secrète va se dérouler entre des concurrents dans un restaurant pour échanger des informations sur leurs stratégies commerciales afin de coordonner leurs comportements sur le marché.

Les **documents** produits par l'administration au soutien de sa requête doivent avoir une **origine** licite, sous peine d'annulation de l'autorisation obtenue sur la foi de ces documents (Cass. com. 31-1-2012 nº 11-13.097 : RJF 4/12 nº 381 et étude B. Hatoux, La preuve illicite est irrecevable, p. 304 ; décision rendue en matière de perquisitions fiscales mais transposable).

> Précisions **a.** Au stade où intervient le juge des libertés et de la détention, c'est-à-dire au tout début des investigations, il est trop tôt pour définir la nature exacte des opérations suspectes. Il ne peut donc pas être exigé de lui qu'il s'assure de la juste **qualification** à donner aux **faits** objets des investigations, ce qui reviendrait à vider de leur sens les mesures d'investigation autorisées par la loi. Par exemple, il ne relève pas de sa compétence de déterminer si les opérations alléguées par l'administration constituent une opération de concentration économique, ce qui exclurait qu'il puisse être saisi (Cass. crim. 4-1-2022 nº 20-83.817 F-D : RJDA 4/22 nº 227).

b. Une fois que le juge a vérifié que la demande qui lui est soumise est fondée, il peut autoriser des opérations de visite et saisie dans toute **entreprise,** quelle que soit son **activité** ; ainsi, il peut valablement autoriser de telles opérations dans les locaux d'une entreprise relevant du secteur de la presse sans que celle-ci puisse exiger qu'il se fonde sur des présomptions précises, graves et concordantes (Cass. crim. 11-1-2012 nº 10-85.446 : Bull. crim. nº 8).

c. Lorsque l'entreprise visitée soutient que l'**administration** a manqué de **loyauté** en s'abstenant de communiquer au juge toutes les pièces en sa possession, elle doit prouver que ces pièces auraient conduit le juge à rejeter la requête, faute d'indices suffisants de pratiques illicites (Cass. crim. 5-9-2007 nº 06-80.540 F-D ; Cass. crim. 11-7-2017 nº 16-81.039 FS-PB : RJDA 2/18 nº 190).

CONTENU DE L'ORDONNANCE D'AUTORISATION D'OPÉRATIONS DE VISITE ET SAISIE

Le juge des libertés et de la détention doit rédiger son ordonnance de telle sorte que le premier président de la cour d'appel compétente, puis éventuellement la Cour de cassation, soient en mesure de contrôler si cette vérification a été faite (Cass. ch. mixte 15-12-1988 : D. 1989 p. 189 concl. Jéol, décision antérieure à l'ord. 2008-1161 du 13-11-2008 ayant modifié les modalités du recours contre l'ordonnance du juge mais transposable). **77370**

Le juge doit se référer, en les analysant, fût-ce succinctement, aux éléments d'information fournis par l'administration dont il extrait les faits qui fondent son appréciation (Cass. com. 22-1-1991 nº 89-15.030 : Bull. civ. IV nº 50).

77370 (suite) Il peut s'appuyer sur des **déclarations anonymes** pour autoriser des opérations de visite et saisie, à condition toutefois qu'elles soient, d'une part, soumises au moyen de documents établis et signés par les agents de l'administration permettant d'en apprécier la teneur, d'autre part, corroborées par d'autres éléments d'information (Cass. crim. 19-10-2011 n° 10-85.269 ; Cass. crim. 27-2-2013 n° 12-80.338).

L'ordonnance d'autorisation doit préciser son **champ d'application** de droit et de fait (en ce sens, Cass. ch. mixte 15-12-1988 : RJF 3/89 n° 328, 1e et 2e espèces).

Les précisions exigées de l'ordonnance sont essentielles car elles définissent et limitent les pouvoirs des agents bénéficiaires de l'autorisation. En leur absence, d'où résulterait une autorisation générale prohibée, aucun contrôle de la conformité de l'exécution à l'autorisation ne pourrait être opéré. Par exemple, le juge ne met pas la cour d'appel en mesure d'exercer son contrôle lorsqu'il autorise des visites et saisies ayant un objet général, en ce qui concerne les appels d'offres sur lesquels pouvaient porter les recherches, et indéterminé au regard des divers agissements visés à l'article L 420-1 du Code de commerce relatif aux ententes, alors qu'il avait retenu des présomptions circonscrites à certains appels d'offres et à certains agissements déterminés (Cass. com. 26-10-1993 : RJDA 12/93 n° 1060 ; voir aussi Cass. com. 15-3-1994 : RJDA 10/94 n° 1045, décisions transposables aux modalités de recours actuelles issues de l'ord. du 13-11-2008).

Le juge est tenu d'identifier expressément le **lieu** où la visite est autorisée, sauf à renvoyer les agents à solliciter au cours des opérations les autorisations complémentaires qui leur semblent nécessaires (Cass. com. 4-2-1992 : RJDA 7/92 n° 720). Ne répond pas à cette exigence l'ordonnance qui autorise des visites dans certains lieux indiqués avec précision et « dans tout autre lieu de l'arrondissement judiciaire » (Cass. com. 4-2-1992 précité).

Il peut autoriser des visites et saisies sur tout un **secteur de l'économie** en se fondant sur des présomptions qui ne concernent que quelques agissements. Ainsi, il a pu autoriser des opérations de visite et saisie en vue de rechercher la preuve de pratiques anticoncurrentielles dans le secteur des dispositifs médicaux cardiologiques alors que les éléments transmis par l'Autorité de la concurrence étaient uniquement relatifs à plusieurs marchés publics organisés par des hôpitaux pour la fourniture de dispositifs médicaux cardiologiques implantables (Cass. crim. 27-2-2013 n° 12-80.338 F-D). Le secteur économique concerné peut être transfrontières. Le juge peut ainsi, à partir d'indices fournis par une autorité de concurrence étrangère, déduire que la pratique suspectée s'étend sur le territoire national et en tirer toutes les conséquences pour autoriser des opérations de visite dans d'autres lieux que ceux visés par la demande d'assistance de l'autorité étrangère (Cass. crim. 17-2-2021 n° 19-84.310 F-D : RJDA 5/21 n° 345).

Il n'a pas à désigner expressément les documents à saisir et peut valablement autoriser la **saisie de « tous documents utiles »** car cette expression ne vise pas les documents qui ne se rapportent pas aux agissements retenus pour accueillir la demande de visite (Cass. com. 14-1-1992 : RJDA 6/92 n° 610).

Il doit désigner nommément les **agents** de la CCRF habilités à effectuer des visites et saisies (Cass. com. 6-3-1990 : Bull. civ. IV p. 41 n° 61) ou, à défaut, laisser le soin de cette désignation au chef de service, lui aussi désigné, qui a sollicité l'autorisation de ces visites (Cass. com. 21-3-1989 : Bull. civ. IV p. 60 n° 93 ; Cass. com. 15-7-1992 : RJDA 12/92 n° 1156). Dans ce dernier cas, les agents doivent être dûment habilités en qualité d'enquêteurs et être placés sous l'autorité de ce chef de service (Cass. com. 26-1-1993 : RJDA 6/93 n° 529 ; Cass. com. 16-5-1995 : RJDA 12/95 n° 1392).

Il doit également désigner le ou les **chefs de service** territorialement compétents, lesquels nomment autant d'**officiers de police judiciaire** que de lieux visités. Ces officiers sont chargés, chacun en ce qui le concerne, d'assister à ces opérations, d'y apporter leur concours en procédant, le cas échéant, aux réquisitions nécessaires (par exemple, services d'un serrurier) et de tenir le juge informé du déroulement de ces opérations (C. com. art. L 450-4, al. 3).

L'ordonnance doit comporter la mention de la faculté pour l'occupant des lieux ou son représentant de faire appel à un conseil (**avocat,** par exemple) de son choix (art. L 450-4, al. 5).

Enfin, l'ordonnance doit indiquer les voies et délais de **recours** dont dispose l'occupant des lieux ou son représentant (art. R 450-2, al. 1) (sur ces recours, voir nos 77380 et 77430).

> **Précisions** La **prérédaction des ordonnances** par l'administration est une pratique valide qui n'entraîne pas l'annulation d'une autorisation. En effet, dans un tel cas, « les motifs et le dispositif de l'ordonnance sont réputés avoir été établis par le juge qui l'a rendue et signée » (Cass. com. 14-12-2010 n° 10-13.601 : RJF 4/11 n° 454, décision rendue en matière de perquisitions fiscales mais transposable ; Cass. crim. 27-2-2013 n° 11-88.471 : RJDA 6/13 n° 551 ; Cass. crim. 27-11-2013 n° 12-85.829).

RECOURS CONTRE L'ORDONNANCE D'AUTORISATION D'OPÉRATIONS DE VISITE ET SAISIE

Recours en appel L'ordonnance ayant autorisé les opérations de visite et saisie peut faire l'objet d'un appel devant le **premier président de la cour d'appel** dans le ressort de laquelle le juge des libertés et de la détention a autorisé ou refusé les opérations, suivant les règles prévues par le Code de procédure pénale (C. com. art. L 450-4, al. 6). 77380

Cet **appel** peut être **exercé par** l'entreprise à l'encontre de laquelle les opérations ont été ordonnées, ainsi que par le ministère public.

L'Autorité de la concurrence ou le ministre de l'économie peuvent interjeter appel contre une ordonnance de refus d'autorisation (art. L 450-4, al. 6).

L'appel doit être formé par déclaration au greffe du tribunal judiciaire dans un **délai** de dix jours à compter de la notification de l'ordonnance. Il n'est pas **suspensif** (art. L 450-4, al. 6).

En cas d'appel formé à l'encontre d'une ordonnance d'autorisation, le **ministre de l'économie** ou l'**Autorité de la concurrence,** selon le cas, est partie à cette procédure (art. L 450-4, al. 6).

Lorsqu'il annule une ordonnance du juge des libertés autorisant des opérations de visite et de saisie, le premier président doit ensuite **examiner** lui-même **le bien-fondé de la requête** de l'administration (Cass. crim. 27-2-2013 n° 11-88.471 FS-PB : RJDA 6/13 n° 551 ; Cass. crim. 8-11-2017 n° 16-84.525 F-D ; Cass. crim. 19-10-2021 n° 20-5.644 F-D : RJDA 1/22 n° 43). Il doit, après avoir écarté les documents illicites, examiner, au regard des seuls éléments régulièrement produits, s'il existe ou non des présomptions de pratiques illicites justifiant la mesure autorisée. Il lui faut, pour ce faire, procéder à l'analyse de toutes les pièces produites au soutien de la requête, et ce au regard de l'ensemble des présomptions de pratiques prohibées soupçonnées par l'administration ; c'est là une des conséquences de l'effet dévolutif de l'appel (Cass. crim. 19-12-2018 n° 17-87.347 F-D).

> **Précisions** **a.** Il n'est pas possible de faire appel de l'**ordonnance rendue sur commission rogatoire** par laquelle le juge de la liberté et de la détention procède à la désignation des officiers de police judiciaire (n° 77350) car une telle ordonnance n'est qu'un acte d'exécution de l'ordonnance principale autorisant les visites (Cass. crim. 23-2-2011 n° 09-87.848 : RJF 10/11 n° 1061).
> **b.** L'entreprise visitée ne peut pas contester la validité de l'ordonnance d'autorisation en soutenant que le nombre de documents produits n'avait pas permis au juge d'opérer son contrôle dans le laps de temps utilisé pour ce faire ; en effet, le **nombre des pièces produites à l'appui de la demande d'autorisation** ne peut pas à lui seul laisser présumer que le juge s'est trouvé dans l'impossibilité de les examiner (Cass. crim. 16-6-2011 n° 10-80.017 F-D).

Pourvoi en cassation Les parties à la procédure devant le premier président de la cour d'appel peuvent former un pourvoi en cassation à l'encontre de l'ordonnance rendue à son issue, selon les règles prévues par le Code de procédure pénale. Les pièces saisies sont conservées jusqu'à ce qu'une décision soit devenue définitive (C. com. art. L 450-4, al. 6). 77385

DÉROULEMENT DES OPÉRATIONS DE VISITE ET SAISIE

Horaires de visite La visite ne peut pas commencer avant 6 h ou après 21 h, mais elle peut se prolonger au-delà de 21 h (C. com. art. L 450-4, al. 7). 77390

Contrôle des opérations Elle s'effectue sous l'autorité et le contrôle du **juge** qui l'a autorisée (C. com. art. L 450-4, al. 3). Ce dernier peut se rendre dans les locaux pendant l'intervention. À tout moment, il peut décider la suspension ou l'arrêt de la visite (art. L 450-4, al. 4). Lorsque les lieux à visiter sont situés en dehors du ressort de son tribunal judiciaire, le juge ayant autorisé les opérations peut soit assurer le contrôle des opérations lui-même, soit délivrer une commission rogatoire au juge des libertés et de la détention dans le ressort duquel s'effectue la visite (art. L 450-4, al. 3). 77392

L'occupant des lieux n'est pas autorisé à saisir lui-même le juge en cas de difficultés rencontrées au cours des opérations ; ce pouvoir n'appartient qu'aux officiers de police judiciaire, lesquels sont tenus de tenir le juge informé de ces difficultés (Cass. crim. 9-3-2016 n° 14-84.566 FS-FB : RJDA 6/16 n° 485).

L'exercice de la faculté de faire appel à un **avocat** (n° 77370) n'entraîne pas la suspension des opérations de visite et saisie (art. L 450-4, al. 5).

Notification de l'ordonnance d'autorisation L'ordonnance autorisant la visite est notifiée verbalement et sur place **au moment de la visite** à l'occupant des lieux ou à son représentant qui en reçoit copie intégrale contre récépissé ou émargement au procès-verbal. En l'absence de l'occupant des lieux, l'ordonnance est notifiée après les opérations, par lettre recommandée avec AR. De même, lorsque l'un des lieux visés par l'ordonnance n'est 77395 pas visité, celle-ci doit tout de même être notifiée, après les opérations, à l'occupant de ce lieu, par lettre recommandée avec AR (C. com. art. L 450-4, al. 5).

Les **droits de la défense** peuvent être exercés par l'occupant des lieux dès la notification de l'ordonnance (Cass. crim. 4-5-2017 n° 16-81.071 FS-D : RJDA 1/18 n° 75).

77397 **Personnes devant être présentes** La visite doit être effectuée en présence de l'**occupant des lieux** ou de son **représentant** (C. com. art. L 450-4, al. 7). Des **officiers de police judiciaire** sont chargés, chacun en ce qui le concerne, d'assister aux opérations, d'y apporter leur concours en procédant, le cas échéant, aux réquisitions nécessaires et de tenir le juge des libertés et de la détention informé du déroulement des opérations (art. L 450-4, al. 3).

L'**occupant des lieux** n'est pas forcément le dirigeant de l'entreprise. Il peut s'agir, par exemple, d'un responsable d'exploitation par intérim (Cass. com. 18-5-1999 n° 97-30.169 : RJF 8-9/99 n° 1012) ou d'une assistante de direction par intérim (Cass. crim. 27-2-2013 n° 11-82.447 : RJDA 6/13 n° 552). Cette interprétation large de la notion d'« occupant des lieux » est conforme à l'esprit du texte qui prévoit que l'absence de l'occupant des lieux ne pourrait en aucun cas être une cause justifiant l'abandon de l'opération puisque, dans ce cas, les enquêteurs pourraient faire appel à deux témoins (voir ci-dessous).

L'occupant des lieux peut désigner un ou plusieurs représentants pour assister à la visite et signer le procès-verbal (art. L 450-4, al. 7). Les enquêteurs ne sont pas contraints d'aviser l'occupant des lieux qu'il a la faculté d'effectuer cette désignation (Cass. crim. 21-9-2011 n° 10-85.311 F-D) mais, en pratique, les enquêteurs l'en informent.

En cas d'**absence** de l'occupant des lieux et en l'absence de désignation de représentants, l'officier de police judiciaire désigné par le juge des libertés et de la détention (n° 77370) doit requérir deux **témoins** choisis en dehors des personnes relevant de son autorité, de celle de la DGCCRF ou de celle de l'Autorité de la concurrence (art. L 450-4, al. 7).

› Précisions **a.** Lorsqu'il est averti d'une difficulté, l'**officier de police judiciaire** est libre d'apprécier l'**opportunité** d'en **saisir** immédiatement le **juge** chargé du contrôle des opérations ; en outre, il n'est pas tenu de lui rendre compte à tout moment du déroulement de la visite, ni de lui transmettre d'éventuelles réserves après la fin des investigations car ces réserves relèvent du recours juridictionnel devant le premier président de la cour d'appel (Cass. crim. 21-2-2023 n° 21-85.572 F-B : RJDA 5/23 n° 281).

b. Une **absence temporaire** de l'officier de police judiciaire durant la visite est admise, dès lors que cette absence n'a pas empêché l'entreprise visitée de solliciter le contrôle du juge par l'intermédiaire de l'officier et qu'il n'a ainsi pas été porté atteinte à ses intérêts (Cass. crim. 20-1-2021 n° 19-84.292 F-D : RJDA 4/21 n° 269).

77400 **Auditions** Les agents peuvent procéder au cours de la visite à des auditions de l'occupant des lieux ou de son représentant en vue de recueillir les informations ou explications utiles aux besoins de l'enquête (C. com. art. L 450-4, al. 8).

77405 **Saisies** Seuls les agents, l'occupant des lieux ou son représentant, ainsi que l'officier de police judiciaire et, le cas échéant, les agents et autres personnes mandatés par la Commission européenne peuvent prendre **connaissance des pièces** et documents **avant** leur **saisie** (C. com. art. L 450-4, al. 8), à l'exclusion donc de l'avocat.

La **saisie** s'effectue sous le contrôle du juge qui l'a autorisée (art. L 450-4, al. 3).

Elle peut **porter sur** tous les documents et supports d'information qui sont en lien avec l'objet de l'enquête et se trouvent dans les lieux que le juge a désignés ou sont accessibles depuis ceux-ci, sans qu'il soit nécessaire que ces documents et supports appartiennent ou soient à la disposition de l'occupant des lieux (Cass. crim. 21-2-2023 n° 21-85.572 F-B : RJDA 5/23 n° 281).

ATTENTION

Les enquêteurs peuvent valablement saisir les **documents échangés entre l'entreprise visitée et le mandataire judiciaire** désigné par le tribunal de commerce en raison de ses difficultés financières ; en effet, l'obligation de confidentialité qui s'impose à toute personne appelée, en application des articles L 611-3 et suivants du Code de commerce, à une procédure de conciliation ou de mandat ad hoc, ou qui en a connaissance par ses fonctions, ou le secret professionnel applicable aux mandataires judiciaires, ne sont pas opposables aux enquêteurs, en l'absence de disposition expresse (Cass. crim. 20-4-2022 n° 20-87.248 FS-B : RJDA 7/22 n° 438, solution rendue à l'occasion d'une enquête par les agents de l'Autorité de la concurrence mais transposable aux enquêtes des agents de la DGCCRF).

Les pièces et documents saisis ne peuvent être **opposés aux intéressés** qu'après que ceux-ci ont été mis en mesure d'en prendre connaissance (art. R 450-2, dernier al.).

En cas d'enquête pour la recherche de pratiques anticoncurrentielles, ils sont **restitués** à l'occupant des lieux, dans un délai de six mois à compter de la date à laquelle la décision de l'Autorité de la concurrence est devenue définitive. L'occupant des lieux est mis en demeure, par lettre recommandée avec AR, de venir les rechercher, dans un délai de deux mois. À l'expiration de ce délai et à défaut de diligences de sa part, les pièces et documents lui sont restitués, à ses frais (art. L 450-4, al. 11).

Les **correspondances échangées entre un avocat et son client** et liées à l'exercice des droits de la défense sont confidentielles et ne peuvent donc pas être saisies (Cass. crim. 24-4-2013 nos 12-80.331 F-PB et 12-80.336 FS-PB : RJDA 8-9/13 n° 754, 1e et 2e espèces). Il revient à l'entreprise qui demande la protection de ces correspondances de prouver le lien entre les documents saisis et l'exercice des droits de la défense (Cass. crim. 25-11-2020 n° 19-84.304 FS-PBI : RJDA 4/21 n° 268). Toute la correspondance avocat-client liée à l'exercice des droits de la défense est insaisissable et non seulement celle qui relèverait de l'exercice des droits de la défense dans l'enquête ayant donné lieu à l'opération de visite et saisie (Cass. crim. 20-1-2021 n° 19-84.292 F-D : RJDA 4/21 n° 269 ; Cass. crim. 20-4-2022 n° 20-87.248 FS-B : RJDA 7/22 n° 438). **77408**

Le secret des correspondances entre un avocat et son client est applicable à des documents internes à l'entreprise visitée, tel des courriels internes, dès lors que les données confidentielles échangées avec l'avocat constituent l'essentiel de ces documents (Cass. crim. 26-1-2022 n° 17-87.359 F-D : RJDA 4/22 n° 228).

En cas de saisie d'une correspondance entre avocat et client, la restitution des documents ne suffit pas et la **nullité de la saisie** doit être prononcée (Cass. crim. 24-4-2013 n° 12-80.336 : RJDA 8-9/13 n° 754).

> **Précisions a.** L'occupant des lieux pouvant exercer ses **droits de défense** dès la notification de l'ordonnance autorisant les opérations de visite et saisie (n° 77395), les enquêteurs ne peuvent pas valablement lui interdire de communiquer avec l'extérieur, y compris avec des avocats, tant que l'ensemble des bureaux à visiter ne serait pas scellé (Cass. crim. 4-5-2017 n° 16-81.071 FS-D : RJDA 1/18 n° 75).
> **b.** Les **commissaires aux comptes** ne peuvent pas s'opposer aux saisies opérées (en ce sens, Chronique Commission des études juridiques de la CNCC, mai 2022).

Pose de scellés Les agents peuvent procéder à la pose de scellés sur tous locaux commerciaux, documents et supports d'information dans la limite de la durée de la visite de ces locaux (C. com. art. L 450-4, al. 1). La pose de scellés a pour objet d'éviter tout risque de déperdition de preuves. **77410**

Les **inventaires** et mises sous **scellés** doivent être réalisés conformément à l'article 56 du Code de procédure pénale (art. L 450-4, al. 9). L'article 56, al. 4 prévoit que « tous objets et documents saisis sont immédiatement inventoriés et placés sous scellés. Cependant, si leur inventaire sur place présente des difficultés, ils font l'objet de **scellés fermés provisoires** jusqu'au moment de leur inventaire et de leur mise sous scellés définitifs ». La constitution de scellés provisoires est donc une faculté laissée à l'appréciation des enquêteurs, agissant sous le contrôle du juge (Cass. crim. 14-12-2011 n° 10-85.293 : Bull. crim. n° 259 ; Cass. crim. 14-11-2013 n° 12-87.346 : RJDA 3/14 n° 273. Pour plus de détails sur la procédure de constitution des scellés fermés provisoires, voir A. Marie, La constitution de scellés fermés provisoires dans les enquêtes sur autorisation judiciaire : état de la jurisprudence : RJDA 8-9/20 p. 549).

> **Précisions a.** Il n'entre pas dans l'office du **juge des libertés et de la détention,** qui doit seulement contrôler le déroulement des opérations (n° 77390), de se prononcer sur le **caractère saisissable ou non des documents saisis,** seul le premier président de la cour d'appel étant compétent pour connaître d'une telle contestation (Cass. crim. 20-1-2021 n° 19-84.292 F-D : RJDA 4/21 n° 269).
> **b.** Les **agents mandatés par la Commission européenne** pour la recherche de pratiques d'ententes illicites ou d'abus de position dominante disposent également de la faculté de poser des scellés (Règl. 1/2003 art. 20, 2-d). Ces scellés ne doivent pas être apposés plus de 72 heures (Règl. 1/2003 considérant 25).

Cas des perquisitions informatiques La perquisition informatique s'appuie sur l'utilisation d'un logiciel spécifique connecté sur l'ordinateur visité qui permet d'accéder directement au disque dur et de rechercher, à partir de mots-clés, tous éléments susceptibles de se rattacher aux pratiques suspectées. Lorsque ces éléments sont identifiés, les documents sont gravés sur CD ou DVD et identifiés par une signature numérique destinée à garantir leur authenticité. **77420**

Les messageries peuvent valablement faire l'objet d'une **saisie globale** dès lors que celle-ci résulte du caractère indissociable du fichier de messagerie. La Cour de cassation a en effet jugé que dès lors que les enquêteurs peuvent saisir des pièces pour partie utiles à la preuve des agissements retenus par l'ordonnance d'autorisation (n° 77405), la saisie de l'**intégralité de**

disques durs ou de messageries informatiques est licite si les écrits, supports et données saisis ne sont ni divisibles ni étrangers au but de l'autorisation accordée (par exemple, Cass. crim. 14-12-2011 n° 10-85.293 : Bull. crim. n° 259 ; Cass. crim. 24-4-2013 n° 12-80.336 : RJDA 8-9/13 n° 754).

ILLUSTRATIONS

Dans un cas où le premier président de la cour d'appel, devant lequel un recours avait été exercé (n° 77430), avait ordonné une **mesure d'expertise** tendant à étudier la possibilité technique d'effectuer une saisie sélective de messages au sein d'une messagerie électronique ou de fichiers informatiques, sans en affecter l'authenticité et l'intégralité, la Cour de cassation a annulé cette décision au motif que la mesure d'expertise ordonnée était sans rapport avec le litige, lequel n'impliquait de la part du juge qu'une vérification concrète et formelle de la régularité des opérations en se référant au procès-verbal et à l'inventaire de celles-ci et, le cas échéant, le prononcé de la restitution des documents qu'il estimait appréhendés irrégulièrement ou en violation des droits de la défense (Cass. crim. 16-6-2011 n° 11-80.345 : Bull. crim. n° 135 ; Cass. crim. 11-1-2012 n° 10-88.197 : Bull. crim. n° 10).

Les enquêteurs ne sont pas tenus de révéler à la personne visitée les modalités techniques des saisies, les moteurs de recherche et les **mots-clés** utilisés (Cass. crim. 30-11-2011 n° 10-81.748 : Bull. crim. n° 242 ; Cass. crim. 24-4-2013 n° 12-80.331 : RJDA 8-9/13 n° 754).

L'avocat de la société perquisitionnée est en droit de prendre connaissance des pièces et documents avant leur saisie et il appartient à la société et à son avocat, qui a nécessairement connaissance des documents susceptibles d'être appréhendés, de soulever toute **contestation utile** sur les documents qui leur paraissent devoir être exclus de la saisie (Cass. crim. 27-11-2013 n° 12-85.830 : RJDA 3/14 n° 273). L'occupant des lieux et son avocat ne peuvent donc pas exiger que les enquêteurs leur soumettent un par un les documents qu'ils s'apprêtent à saisir. En revanche, ils sont censés savoir ce qui se trouve dans les locaux de l'entreprise – notamment dans le système informatique – et peuvent alors s'opposer, pendant les opérations, à la saisie de tel ou tel document ou fichier. Le fait qu'ils n'ont soulevé aucune objection pendant les opérations de saisie ne les empêche pas de former ensuite un recours. Mais ils doivent alors indiquer précisément les documents dont ils souhaitent faire annuler la saisie.

Les fichiers saisis doivent être identifiés et inventoriés et une **copie** du support contenant cet **inventaire** est remise à la personne concernée afin qu'elle puisse connaître la nature des données (Cass. crim. 14-12-2011 n° 10-85.288). La remise d'une copie des fichiers saisis permet à la société visitée de contester la saisie de certains d'entre eux soit pendant la visite, soit par un recours devant le premier président de la cour d'appel dans le ressort de laquelle le juge a autorisé la visite (Cass. crim. 14-11-2013 n° 12-87.346 : RJDA 3/14 n° 273).

Les documents saisis doivent être immédiatement placés sous **scellés** ; cependant, si leur inventaire sur place présente des difficultés, ils font l'objet de **scellés fermés provisoires** jusqu'au moment de leur inventaire et de leur mise sous scellés définitifs (sur la pose de scellés, voir n° 77410).

> **Précisions** Les **méthodes** de perquisition informatique mises en place par la DGCCRF ont été **validées** par la Cour européenne des droits de l'Homme : celle-ci a considéré que les agents de la CCRF peuvent valablement procéder à la saisie de messageries informatiques avec un logiciel adapté permettant de garantir l'authenticité des saisies réalisées, dès lors qu'un inventaire informatique est réalisé et que cette saisie pourra faire l'objet d'un contrôle effectif par le juge (CEDH 2-4-2015 n° 63629/10 et 60567/10 : RJDA 7/15 n° 532 et chron. A. Marie, « Preuves des pratiques anticoncurrentielles : les perquisitions informatiques validées par la CEDH », p. 495).

RECOURS EN CAS DE CONTESTATIONS LIÉES AU DÉROULEMENT DES OPÉRATIONS DE VISITE ET SAISIE

77430 **Recours en appel** Le déroulement des opérations de visite et saisie peut faire l'objet d'un recours devant le **premier président de la cour d'appel** dans le ressort de laquelle le juge les a autorisées, suivant les règles prévues par le Code de procédure pénale (C. com. art. L 450-4, al. 12). Compte tenu de cette voie de recours spécifique, l'appréciation de la régularité de saisies opérées sur autorisation judiciaire ne relève ni des attributions de l'Autorité de la concurrence ni de celles de la cour d'appel de Paris saisie d'un recours contre une décision de l'Autorité (Cass. com. 21-10-2014 n° 13-16.602 : RJDA 1/15 n° 51).

ATTENTION

Le recours est irrecevable dans le cas où l'ordonnance du juge des libertés et de la détention a autorisé, à titre préventif, les agents de la CCRF à effectuer des opérations de visite et saisie dans les locaux d'une société pour **assister** les **agents de la Commission européenne** (n° 77130) si l'intervention des agents de la CCRF n'a pas été effective ; dans un tel cas, la contestation doit être portée devant le Tribunal de l'Union européenne (Cass. crim. 2-6-2010 n° 08-87.326 : RJDA 2/11 n° 185).

Le **recours** peut être **formé par** la personne à l'encontre de laquelle l'ordonnance d'autorisation a été prise, les personnes mises en cause au moyen de pièces saisies au cours de ces opérations et le ministère public.

Le **ministre de l'économie** ou l'**Autorité de la concurrence,** selon le cas, est partie à cette procédure en qualité de partie défenderesse (C. com. art. L 450-4, al. 12).

Le recours doit être **formalisé** par déclaration au greffe du tribunal judiciaire dans un délai de dix jours à compter de la remise ou de la réception du procès-verbal et de l'inventaire, ou, pour les personnes n'ayant pas fait l'objet de visite et de saisie et qui sont mises en cause, à compter de la date à laquelle elles ont reçu notification du procès-verbal et de l'inventaire et, au plus tard, lorsque les opérations de visite et saisie sont destinées à la recherche de pratiques anticoncurrentielles, à compter de la notification de griefs adressée par le rapporteur général de l'Autorité de la concurrence (cf. C. com. art. L 463-2).

Il n'est pas **suspensif.**

L'administration doit mettre le premier président de la cour d'appel en mesure d'exercer son **contrôle sur les opérations de saisie.** Ce contrôle s'appuie en premier lieu sur le procès-verbal et l'inventaire établis par les enquêteurs, lesquels doivent permettre au premier président d'examiner la cohérence entre les documents saisis (par exemple, des données informatiques) et l'étendue de l'autorisation obtenue (Cass. crim. 30-11-2011 n° 10-81.749 : Bull. crim. n° 243). Les documents inventoriés doivent être suffisamment explicites pour convaincre qu'ils sont en rapport avec l'objet de l'autorisation accordée et il ne peut pas être déduit du seul nombre de documents saisis une absence de sélection de ceux-ci ou un caractère disproportionné des saisies (Cass. crim. 30-11-2011 n° 10-81.748 : Bull. crim. n° 242). C'est aux parties d'établir que les documents saisis entrent ou non dans les prévisions de l'autorisation (Cass. crim. 30-11-2011 n° 10-81.748 précité ; Cass. crim. 30-11-2011 n° 10-81.749 précité).

Pourvoi en cassation Les **parties à la procédure** devant le premier président de la cour d'appel peuvent former un pourvoi en cassation à l'encontre de l'ordonnance rendue à son issue, selon les règles prévues par le Code de procédure pénale. Les pièces saisies sont conservées jusqu'à ce qu'une décision soit devenue définitive (C. com. art. L 450-4, al. 12). 77435

> **Précisions** Le **rapporteur général** de l'Autorité de la concurrence qui a obtenu du juge des libertés et de la détention l'autorisation de procéder à des opérations de visite et saisie en vue de rechercher la preuve de pratiques anticoncurrentielles et dont le déroulement a fait l'objet d'un recours devant le premier président de la cour d'appel est recevable à se pourvoir en cassation contre l'ordonnance du premier président (Cass. crim. 16-6-2011 n° 11-80.345 : Bull. crim. n° 135).

3. ENTRAVE AUX CONTRÔLES

SANCTIONS PÉNALES EN CAS D'ENTRAVE AUX CONTRÔLES

Principe Est passible d'un emprisonnement de deux ans et d'une amende de 300 000 € : 77460

– le fait pour quiconque de s'opposer, « de quelque façon que ce soit », à l'exercice des fonctions des **agents de la CCRF** (C. com. art. L 450-8, I) ;

– le fait pour une personne physique de s'opposer aux fonctions des **agents de l'Autorité de la concurrence** (art. L 450-9).

Lorsque l'opposition aux fonctions des agents de la CCRF est le fait d'une personne morale et qu'elle a lieu à l'occasion d'actes accomplis par ces agents au titre de leur mise à disposition du rapporteur général de l'Autorité de la concurrence pour des opérations de visite et saisie (n° 77660), seule peut être infligée la sanction pécuniaire prévue à l'article L 464-2, V-al. 2 du Code de commerce (voir n° 77480) (art. L 450-8, II).

L'article 121-2 du Code pénal sur la responsabilité pénale des personnes morales du fait de leurs représentants n'est applicable ni aux infractions mentionnées à l'article L 450-9 précité ni à celles mentionnées à l'article L 450-8, I précité, lorsque l'opposition a lieu à l'occasion d'actes commis par les agents de la CCRF au titre de la même mise à disposition que celle indiquée ci-dessus (art. L 450-10).

> **Précisions** **a.** Le droit pour les agents de la CCRF de recueillir des renseignements d'ordre factuel auprès d'une personne soupçonnée de pratiques anticoncurrentielles n'est pas contraire aux articles 14, 3-g du Pacte international relatif aux droits civils et politiques et 6 de la convention européenne des droits de l'Homme, aux termes desquels, d'une part, l'accusé a le **droit de garder le silence** et de ne pas contribuer à sa propre incrimination et, d'autre part, l'accusation ne peut fonder son argumentation sur des éléments de preuve obtenus par la contrainte, au mépris de la volonté de l'accusé (Cass. crim. 14-11-2000 n° 00-81.084). De même, le refus de communiquer des documents demandés dans leur intégralité constitue le délit d'opposition à fonctions, sans qu'une telle

qualification porte atteinte au droit au silence garanti par le Pacte et la Convention (Cass. crim. 24-2-2009 n° 08-84.410 F-PF : RJDA 8-9/24 n° 782).

b. Les obstacles mis aux fonctions d'enquêteurs agissant en exécution d'une ordonnance autorisant des opérations de visite et saisie ne peuvent être légitimés par la prétendue **illégalité de l'ordonnance du juge** car les enquêteurs sont alors réputés agir dans les conditions prévues par la loi ; les prétendues irrégularités qui affecteraient l'ordonnance pourraient seulement permettre aux intéressés de contester la validité de la procédure suivie contre eux (Cass. crim. 25-2-1992 : RJDA 10/92 n° 932).

77465 **Illustrations** Le délit d'opposition à fonctions consiste en une obstruction, de quelque nature que ce soit, apportée aux demandes d'un fonctionnaire de contrôle tendant à l'empêcher de procéder aux enquêtes dont il est chargé (Cass. crim. 24-2-2009 n° 08-84.410 : RJDA 8-9/09).

Par exemple, constitue un tel délit le refus de se rendre dans les bureaux de la DGCCRF, sur convocation de ses agents, avec les factures qui n'avaient pu leur être présentées lors d'une intervention sur place (Cass. crim. 14-1-1991 : RJDA 3/91 n° 227) ou le fait de remettre aux enquêteurs une copie des documents demandés après en avoir occulté des mentions qui auraient permis de vérifier l'application de la réglementation (Cass. crim. 24-2-2009 n° 08-84.410 précité). En revanche, le gérant succursaliste d'un magasin d'alimentation devait être relaxé du délit d'entrave à l'action des agents lorsque, malgré sa demande, il n'avait pas pu obtenir les documents comptables conservés au siège social (CA Paris 5-7-1990 : Dr. pén. 1991 comm. n° 57 note Robert).

INJONCTION ET SANCTION PÉCUNIAIRE EN CAS D'ENTRAVE AUX CONTRÔLES

77470 **Injonction** Hors les cas où la force publique peut être requise, lorsqu'une entreprise ou une association d'entreprises (par exemple, ordre ou syndicat professionnel) refuse de se soumettre à une visite ou ne défère pas à une convocation ou encore ne répond pas dans le délai prescrit à une demande de renseignements ou de communication de pièces formulée par un des agents des services d'instruction de l'Autorité de la concurrence dans l'exercice de leurs pouvoirs d'enquête, l'Autorité peut, à la demande du rapporteur général, prononcer à son encontre une injonction assortie d'une **astreinte,** dans la limite de 5 % du chiffre d'affaires mondial total journalier moyen, par jour de retard à compter de la date qu'elle fixe. Le chiffre d'affaires pris en compte est calculé sur la base des comptes de l'entreprise relatifs au dernier exercice clos à la date de l'injonction (C. com. art. L 464-2, V-al. 1). Si les comptes de l'entreprise concernée ont été consolidés ou combinés en vertu des textes applicables à sa forme sociale, le chiffre d'affaires pris en compte est celui figurant dans les comptes consolidés ou combinés de l'entreprise consolidante ou combinante (art. L 464-2, V-al. 3).

77480 **Sanction pécuniaire** Lorsqu'une entreprise ou une association d'entreprises a fait obstruction à l'investigation ou à l'instruction d'une affaire, notamment en fournissant des renseignements incomplets ou inexacts, ou en communiquant des pièces incomplètes ou dénaturées, l'Autorité de la concurrence peut, à la demande du rapporteur général, et après avoir entendu l'entreprise en cause et le commissaire du Gouvernement, décider de lui infliger une sanction pécuniaire dont le **montant** maximal ne peut excéder 1 % du montant du chiffre d'affaires mondial hors taxe le plus élevé réalisé au cours d'un des exercices clos depuis l'exercice précédant celui au cours duquel les pratiques ont été mises en œuvre (art. L 464-2, V-al. 2). Si les comptes de l'entreprise concernée ont été consolidés ou combinés en vertu des textes applicables à sa forme sociale, le chiffre d'affaires pris en compte est celui figurant dans les comptes consolidés ou combinés de l'entreprise consolidante ou combinante (art. L 464-2, V-al. 3). Dans un tel cas, l'entreprise ou l'association d'entreprises concernée ne peut pas faire l'objet de **poursuites pénales** au titre des mêmes faits (art. L 464-2, V-al. 4).

L'« **obstruction** aux mesures d'investigation ou à l'instruction » s'entend de toute entrave au déroulement de ces mesures, imputable à l'entreprise, qu'elle soit **intentionnelle** ou résulte d'une **négligence** (Cons. const. 26-3-2021 n° 2021-892 QPC : RJDA 7/21 n° 527 ; Cass. com. 1-12-2021 n° 20-16.849 FS-B : RJDA 2/22 n° 115).

La **notion d'« entreprise »,** qui figure également à l'article L 464-2, I du Code de commerce permettant à l'Autorité de la concurrence d'infliger une sanction pécuniaire à l'entreprise qui se livre à des pratiques anticoncurrentielles, doit, pour des raisons de cohérence, être interprétée de la même manière pour ces deux textes ; en conséquence, la responsabilité de l'entreprise à raison d'actes d'obstruction commis par un ou plusieurs de ses **salariés** est engagée dans les mêmes conditions que sa responsabilité à raison de pratiques anticoncurrentielles commises par ses salariés (Cass. com. 1-12-2021 n° 20-16.849 FS-B précité).

> **Précisions** Par la décision du 1er décembre 2021 précitée, la Cour de cassation ne fait donc pas de **distinction entre un fait d'obstruction et une pratique anticoncurrentielle** pour ce qui concerne leur **imputabilité.** Comme elle l'a précisé, il aurait été source d'incohérence et de

complexité inutile que la notion d'« entreprise » visée par l'article L 464-5, V-al. 2 soit interprétée différemment de celle visée par l'article L 464-2, I selon qu'il s'agit d'une infraction procédurale ou de l'appréciation de la sanction pour pratique anticoncurrentielle. D'autant que ce sont finalement toujours les entreprises qui bénéficient de la mise en œuvre des pratiques, qu'elles soient d'empêchement du jeu de la concurrence ou d'obstruction aux actes d'enquête, et qu'il leur appartient de faire connaître et de convaincre leurs salariés qu'elles sont opposées à toute violation du respect du libre jeu du marché. Reste la question de savoir si cette imputabilité constitue une présomption réfragable permettant à l'entreprise de démontrer son absence d'implication. Quoi qu'il en soit, les précautions prises par l'entreprise devraient pouvoir être prises en compte dans l'appréciation du montant de la sanction.

C. Procès-verbaux et rapports d'enquête

PROCÈS-VERBAUX EN CAS D'ENQUÊTES SIMPLES

Les investigations donnent lieu à l'établissement de procès-verbaux et, le cas échéant, de rapports d'enquête (C. com. art. L 450-2, I-al. 1). Ces procès-verbaux attestent des investigations conduites dans l'entreprise, des déclarations recueillies et de la remise de documents. 77510

Contenu des procès-verbaux Les procès-verbaux doivent énoncer la nature, la date et le lieu des constatations ou des contrôles effectués (C. com. art. R 450-1, I-al. 1). 77520

Ils sont signés de l'enquêteur (même art.). Si plusieurs enquêteurs dressent un procès-verbal, le défaut de signature de l'un d'eux prive de force probante les constatations auxquelles il a seul procédé, mais n'entraîne pas la nullité du procès-verbal (Cass. crim. 26-9-1994 : RJDA 1/95 n° 43).

Lorsque la personne concernée par l'enquête a été entendue, elle doit signer le procès-verbal de l'audition ; en cas de refus de signer, mention en est faite au procès-verbal (C. com. art. R 450-1, I-al. 1).

Lorsque les agents des services d'instruction de l'Autorité de la concurrence sont assistés d'un agent d'une autorité de concurrence d'un autre État membre de l'Union européenne, les procès-verbaux doivent en faire mention ; ils doivent indiquer l'identité de cet agent et la date de la décision l'autorisant à assister les enquêteurs (art. R 450-1, I-al. 2). 77525

Lorsque les agents constatent des infractions ou manquements en faisant usage d'un nom d'emprunt (n° 77295), ils doivent également mentionner dans le procès-verbal les modalités de consultation et d'utilisation du site internet, notamment (art. R 450-1, II) : 77530

- les noms, qualité et résidence administrative de l'agent verbalisateur ;
- l'identité d'emprunt sous laquelle le contrôle a été conduit ;
- la date et l'heure du contrôle ;
- les modalités de connexion au site et de recueil des informations.

Transmission du procès-verbal Les procès-verbaux sont transmis à l'**autorité compétente** (C. com. art. L 450-2), c'est-à-dire le procureur de la République, le ministre de l'économie ou l'Autorité de la concurrence. 77540

Une **copie** en est transmise aux parties intéressées (art. L 450-2, al. 2).

Force probante du procès-verbal Les procès-verbaux font foi jusqu'à preuve du contraire (C. com. art. L 450-2, al. 2). Il n'est donc pas nécessaire de recourir à la procédure d'inscription de faux pour contester les mentions qui figurent sur les procès-verbaux. 77550

PROCÈS-VERBAUX EN CAS D'OPÉRATIONS DE VISITE ET SAISIE

En cas d'opérations de visite et saisie, un procès-verbal relatant le déroulement de la visite et consignant les constatations effectuées doit être dressé sur-le-champ ; il doit comporter l'**inventaire** des pièces et documents saisis (C. com. art. R 450-2, al. 2). 77560

ILLUSTRATIONS

Dans un cas où des fichiers informatiques avaient été saisis, il a été jugé que l'inventaire pouvait valablement contenir des termes en langue anglaise qui reproduisaient ceux contenus dans les fichiers appréhendés ou des termes relevant d'un usage universel en informatique et utilisés pour la présentation de tableaux (Cass. crim. 30-11-2011 n° 10-81.748 : Bull. crim. n° 242).

Le procès-verbal doit être **signé** par les agents, par l'officier de police judiciaire chargé d'assister aux opérations ainsi que, selon le cas, par l'occupant des lieux ou son représentant ou les deux témoins requis conformément à l'article L 450-4, al. 7 du Code de commerce (n° 77395) (art. R 450-2, al. 3).

Les **originaux** du **procès-verbal** et de l'**inventaire** sont transmis au juge des libertés et de la détention qui a ordonné la visite (art. L 450-4, al. 10).

Une **copie** du procès-verbal et de l'inventaire doit être remise à l'occupant des lieux ou à son représentant (art. L 450-4, al. 10). En l'absence de l'occupant des lieux ou de son représentant, la copie du procès-verbal est adressée après la visite au responsable de l'entreprise ou de l'organisme concerné par lettre recommandée AR (art. R 450-2, al. 4).

Une copie du procès-verbal et de l'inventaire est également adressée par lettre recommandée avec AR aux personnes mises en cause par les pièces saisies au cours de l'opération et qui disposent d'un recours sur le déroulement des opérations devant le premier président de la cour d'appel dans le ressort de laquelle le juge des libertés et de la détention les a autorisées (art. L 450-4, al. 10). Se trouve « mise en cause » notamment la personne visée par une demande d'autorisation de procéder dans ses locaux à des opérations de visite et saisie sur le fondement de pièces saisies au cours d'une précédente visite domiciliaire effectuée chez un tiers. Dans un tel cas, le procès-verbal et l'inventaire dressés à l'issue de ces opérations antérieures doivent être annexés tant à la requête qu'à l'ordonnance d'autorisation du juge qui doit être notifiée au moment de la visite, et ce afin d'assurer l'exercice du droit à un recours effectif de la personne mise en cause (Cass. crim. 13-6-2019 n° 17-87.364 F-PBI : RJDA 5/20 n° 291).

> **Précisions** **a.** Le procès-verbal dans lequel les enquêteurs dressent l'**inventaire** des pièces qui leur ont été communiquées ne fait foi que jusqu'à preuve contraire ; en conséquence, les juges du fond peuvent souverainement estimer qu'une pièce qui n'y est pas mentionnée a néanmoins été régulièrement communiquée aux enquêteurs (Cass. com. 20-11-2001 n° 1915 : RJDA 3/02 n° 316).
> **b.** N'est pas nul le procès-verbal qui ne porte pas la **signature** d'une personne présente au cours de la visite, dès lors que celle-ci n'a assisté à une partie des opérations qu'en qualité de représentante de l'occupante des lieux, laquelle était également présente sans interruption et a signé le procès-verbal (Cass. crim. 12-9-2018 n° 17-81.189 F-PB : RJDA 3/19 n° 224).
> **c.** En l'**absence de l'occupant des lieux** ou de son représentant lors des opérations de visite et saisie, l'article R 450-2, al. 4 du Code de commerce impose l'envoi de la copie du procès-verbal seul, à l'exclusion de la copie de l'inventaire. Toutefois, il serait logique, à notre avis, que celle-ci soit également adressée au responsable de l'entreprise ou de l'organisme concerné. La rédaction actuelle de l'article L 450-4, al. 10, issue de la loi 2009-526 du 12 mai 2009, est postérieure à la modification de l'article R 450-2 par le décret 2009-139 du 10 février 2009 ; or aucun décret modificatif n'est intervenu pour coordonner la rédaction de l'article R 450-2 avec celle de l'article L 450-4.

RÈGLES COMMUNES À TOUS LES PROCÈS-VERBAUX ET RAPPORTS D'ENQUÊTE

77565 **Dématérialisation des procès-verbaux et rapports d'enquête** Les procès-verbaux et rapports d'enquête établis par les agents des services d'instruction de l'Autorité de la concurrence ou les agents de la DGCCRF peuvent être établis ou convertis sous **format numérique** et être intégralement conservés sous cette forme, dans des conditions sécurisées, sans nécessité d'un support papier. Ils doivent alors faire l'objet, quel qu'en soit le nombre de pages et pour chaque signataire, d'une signature unique sous forme numérique, selon des modalités techniques qui garantissent que l'acte ne peut plus ensuite être modifié (C. com. art. L 450-2-1).

Deux formes de **signature numérique** sont admises : la signature électronique et la signature manuscrite recueillie sous format numérique (C. com. art. R 450-2-3).

> **Précisions** La **signature électronique** est apposée dans les conditions prévues par les articles 1366 et 1367 du Code civil ; cette signature est au moins d'un niveau avancé reposant sur un certificat qualifié, au sens du règlement (UE) 910/2014 du 23 juillet 2014 sur l'identification électronique et les services de confiance pour les transactions électroniques au sein du marché intérieur (C. com. art. R 450-2-4). La **signature manuscrite recueillie sous format numérique** est valablement apposée si le signataire a été préalablement mis à même de prendre connaissance de l'acte sous un format numérique et si, postérieurement à son recueil, l'enquêteur appose sa propre signature électronique (art. R 450-2-5).

77570 **Procès-verbal irrégulier** Le non-respect par les enquêteurs des règles d'établissement des procès-verbaux dressés à la suite d'enquêtes simples ou sous contrôle judiciaire ne peut pas conduire à l'annulation de la procédure (en ce sens, Cass. crim. 5-5-1997 : RJDA 4/98 n° 523, décision rendue sous l'empire de l'ancien décret du 29-12-1986 mais, à notre avis, transposable à la réglementation actuelle). En revanche, il entraîne la **nullité** du procès-verbal.

Procès-verbal en cas d'infraction pénale Les procès-verbaux dressés par les agents de la CCRF interrompent la **prescription** de l'action publique (six ans pour les délits : CPP art. 8 ; un an pour les contraventions : CPP art. 9) ; en effet, ils constituent non pas de simples actes d'enquête administrative mais des actes de police judiciaire qui ont notamment pour objet de constater les infractions à la réglementation des pratiques commerciales et d'en faire connaître les auteurs (Cass. crim. 19-3-1979 : Bull. crim. p. 314 ; Cass. crim. 9-3-2010 n° 09-84.800 : RJDA 8-9/10 n° 883). 77580

Sur la nature des procès-verbaux et sa conséquence sur le droit d'accès aux documents administratifs, voir n° 77590.

Sauf lorsque la loi en dispose autrement, les infractions peuvent être établies par tout mode de preuve (CPP art. 427). Dès lors, en l'**absence** d'établissement par le fonctionnaire habilité d'un **procès-verbal** constatant l'infraction, les juges peuvent fonder leur décision sur les éléments du dossier soumis au débat contradictoire, tels que les courriers échangés entre l'administration et l'auteur présumé de l'infraction et l'enquête diligentée par des officiers de police judiciaire sur instructions du procureur de la République (Cass. crim. 19-1-2000 : RJDA 11/00 n° 1052). 77585

Communication à des tiers Alors même qu'ils ont été élaborés par des services administratifs en vertu des pouvoirs d'investigation qui leur sont conférés, les procès-verbaux et rapports d'enquête établis en application de l'article L 450-2 du Code de commerce ne constituent pas des **documents administratifs,** au sens de l'article L 300-2 du Code des relations entre le public et l'administration (CRPA) prévoyant un **droit d'accès** à ces documents, s'ils constatent des pratiques susceptibles de n'être sanctionnées que par une décision juridictionnelle (CE 19-2-2014 n° 366707 : RJDA 8-9/14 n° 731, décision rendue sous l'empire de la loi 78-753 du 17-7-1978 mais transposable). 77590

En revanche, constituent des documents administratifs au sens du CRPA les procès-verbaux et rapports d'enquête qui sont établis par les agents de la CCRF ou des services d'instruction de l'Autorité de la concurrence habilités à mener des investigations dans le domaine des pratiques anticoncurrentielles et des concentrations.

Les documents recueillis et établis à l'occasion de la recherche et de la constatation d'un **manquement ayant donné lieu à une procédure de sanction administrative** ne sont communicables qu'à la personne qui en fait l'objet ou à son représentant (C. com. art. L 470-2, VIII). 77595

D. Pouvoirs du rapporteur général de l'Autorité de la concurrence

POUVOIRS DU RAPPORTEUR GÉNÉRAL AU REGARD DES ENQUÊTES ENVISAGÉES PAR LE MINISTRE DE L'ÉCONOMIE

Le rapporteur général de l'Autorité de la concurrence peut faire examiner des faits susceptibles de constituer des pratiques anticoncurrentielles (ententes illicites, abus de domination et prix abusivement bas) par l'Autorité de la concurrence à la place du ministre de l'économie à deux étapes de la procédure : soit avant les investigations projetées par le ministre, soit après ces investigations, au vu de leur résultat. 77640

Ce pouvoir s'exerce dans les conditions suivantes (cf. C. com. art. L 450-5 et D 450-3).

1° Le ministre de l'économie doit **informer** le rapporteur général de l'Autorité de la concurrence **des investigations** qu'il souhaite entreprendre en lui transmettant les documents en sa possession justifiant le déclenchement d'une enquête. Le rapporteur général peut alors prendre la **direction** de ces investigations dans le délai d'un mois à compter de la réception de ces documents, auquel cas il en informe le ministre. Si le rapporteur général renonce à prendre la direction des investigations ou n'a pas informé, dans un délai de 35 jours suivant la réception des documents, le ministre des suites données, ce dernier peut faire réaliser les investigations par ses services.

2° Le ministre de l'économie doit **informer** sans délai le rapporteur général **du résultat des investigations** auxquelles il aura fait procéder et lui transmettre l'ensemble des pièces de la procédure. Le rapporteur général peut proposer à l'Autorité de la concurrence de **se saisir d'office** des résultats de l'enquête ; l'Autorité dispose d'un délai de deux mois pour se prononcer à compter de la réception par le rapporteur général des pièces de la procédure. Si le rapporteur général renonce à proposer la saisine d'office ou si l'Autorité ne donne pas suite à sa proposition dans ce délai de deux mois, le rapporteur général doit en informer le ministre. À défaut de notification par le rapporteur général de la décision de l'Autorité dans un délai de 65 jours suivant la transmission des pièces de la procédure, le ministre de l'économie peut prendre les mesures prévues aux articles L 462-5 et L 464-9 du Code de commerce (saisine de l'Autorité de la concurrence ou traitement de l'affaire par le ministre de l'économie) ou classer l'affaire.

DÉSIGNATION DU RAPPORTEUR DE L'AFFAIRE

77650 Le rapporteur général de l'Autorité de la concurrence désigne, pour l'examen de chaque affaire, un ou plusieurs agents des services d'instruction aux fonctions de rapporteur (C. com. art. L 450-6).

DEMANDE DE MISE À DISPOSITION D'AGENTS DE LA CCRF EN CAS D'OPÉRATIONS DE VISITE ET SAISIE

77660 À la demande écrite du rapporteur général de l'Autorité de la concurrence, le ministre de l'économie doit mettre sans délai à sa disposition, en nombre et pour la durée qu'il a indiqués, les agents nécessaires à la réalisation d'opérations de visite et saisie (C. com. art. L 450-6). En revanche, de telles mesures de collaboration ne sont pas prévues en cas d'enquêtes simples.

II. POUVOIRS D'INJONCTION ET DE SANCTION DE L'ADMINISTRATION

A. Champ d'application des pouvoirs d'injonction et de sanction de l'administration

77800 Les pouvoirs d'injonction et de sanction de l'administration prévus par le Code de commerce sont applicables aux **infractions** ou **manquements** aux obligations prévues au titre IV du livre IV de ce Code intitulé « De la transparence, des pratiques restrictives de concurrence et d'autres pratiques prohibées » : notamment, non-respect des règles concernant les conditions générales de vente, la convention dite « unique », les délais de paiement, la facturation, la revente à perte, les pratiques commerciales abusives telles que la soumission à un déséquilibre significatif dans les droits et obligations des parties ou l'obtention d'un avantage sans contrepartie ou disproportionné.

Les agents de la CCRF disposent également d'un pouvoir d'injonction en cas de non-respect du règlement 2019/1150 du 20 juin 2019 promouvant l'équité et la transparence pour les entreprises utilisatrices de services d'intermédiation en ligne (n°s 90200 s.).

B. Pouvoir d'injonction des agents de la CCRF

INJONCTION EN CAS DE PRATIQUE ILLICITE

77810 Les agents de la CCRF habilités à rechercher et à constater les pratiques illicites indiquées ci-dessus (n° 77800) peuvent, après une procédure contradictoire, enjoindre à tout professionnel, en lui impartissant un délai raisonnable, de **se conformer à ses obligations,** de **cesser tout agissement illicite** ou de **supprimer toute clause illicite** (C. com. art. L 470-1, I).

Le **non-respect** de cette injonction dans le délai imparti est passible d'une amende administrative d'un montant de 3 000 € pour une personne physique et 15 000 € pour une personne morale, selon les modalités indiquées n°s 77850 s. (C. com. art. L 470-1, II).

INJONCTION ASSORTIE D'UNE ASTREINTE EN CAS DE PRATIQUE COMMERCIALE ABUSIVE

Lorsque l'injonction est notifiée à raison d'un manquement passible d'une amende civile, c'est-à-dire à raison d'une pratique commerciale abusive (cf. C. com. art. L 442-1 à L 442-3, L 442-7 et L 442-8 : par exemple, obtention d'un avantage disproportionné ou sans contrepartie ou encore soumission à un déséquilibre significatif dans les droits et obligations des parties), les agents de la CCRF peuvent assortir leur mesure d'une **astreinte journalière** d'un montant dissuasif (C. com. art. L 470-1, III). Cette mesure est destinée à pallier les longueurs de la procédure devant les tribunaux. **77815**

L'injonction doit préciser les **modalités d'application** de l'astreinte encourue, notamment sa date d'applicabilité, sa durée et son montant. Ce dernier doit être proportionné à la gravité des manquements constatés et tenir compte notamment de l'importance du trouble causé. Il peut s'élever à 0,1 % du chiffre d'affaires mondial hors taxe réalisé au cours du dernier exercice clos. Si les comptes de l'entreprise concernée ont été consolidés ou combinés en vertu des textes applicables à sa forme sociale, le chiffre d'affaires pris en compte est celui figurant dans les comptes consolidés ou combinés de l'entreprise consolidante ou combinante.

L'astreinte journalière court à compter du jour suivant l'expiration du délai imparti au professionnel pour se mettre en conformité avec la mesure d'injonction notifiée.

En cas d'**inexécution,** totale ou partielle, ou d'**exécution tardive,** l'autorité administrative chargée de la concurrence et de la consommation doit procéder à la liquidation de l'astreinte. Toutefois, le total des sommes demandées au titre de la liquidation de l'astreinte ne peut pas être supérieur à 1 % du chiffre d'affaires mondial, calculé dans les mêmes conditions qu'indiqué ci-dessus.

La décision prononçant la mesure d'injonction et celle prononçant la liquidation de l'astreinte journalière doivent être motivées. Elles sont susceptibles d'un **recours** de pleine juridiction, ainsi que d'un référé-suspension devant le juge administratif.

PUBLICITÉ DE L'INJONCTION

L'injonction évoquée n° 77810 peut faire l'objet d'une mesure de publicité (C. com. art. L 470-1, I-al. 2 issu de loi 2022-1158 du 16-8-2022). Il en est de même de l'injonction évoquée n° 77815, en cas d'inexécution, totale ou partielle, ou d'exécution tardive (art. L 470-1, III-2). La DGCCRF peut donc divulguer le nom des entreprises faisant l'objet d'injonctions (pratique du « name and shame »). **77820**

Le **professionnel** est **informé,** lors de la procédure contradictoire préalable au prononcé de l'injonction, de la nature et des modalités de la publicité envisagée ; celle-ci est effectuée à ses frais (même art.).

Les **modalités de cette publicité,** qui doivent être précisées dans la mesure d'injonction, sont les suivantes (C. com. art. R 470-1, al. 2 à 5 issus du décret 2022-1701 du 29-12-2022) :

– la publicité peut être effectuée par voie de presse, par voie électronique ou par voie d'affichage (par exemple, dans un magasin), ces différents supports pouvant être ordonnés cumulativement ;

– la diffusion ou l'affichage peut porter sur tout ou partie de la mesure d'injonction, ou prendre la forme d'un communiqué informant le public des motifs et du dispositif de cette mesure. La diffusion ou l'affichage peut être accompagné d'un message de sensibilisation du public sur les pratiques relevées ;

– la diffusion de la mesure d'injonction peut être faite au Journal officiel, par une ou plusieurs autres publications de presse, ou par un ou plusieurs services de communication au public par voie électronique. Les publications ou les services de communication au public par voie électronique chargés de cette diffusion sont désignés dans la mesure d'injonction ;

– l'affichage s'effectue dans les lieux et pour la durée indiqués par la mesure d'injonction, sans que cela puisse excéder deux mois. En cas de suppression, dissimulation ou lacération des affiches apposées, il est de nouveau procédé à l'affichage.

C. Pouvoir de sanction de l'autorité administrative

MANQUEMENT À L'ORIGINE DE L'AMENDE ADMINISTRATIVE

L'autorité administrative chargé de la concurrence et de la consommation peut infliger une sanction administrative dans les deux cas suivants (C. com. art. L 470-2, I). **77850**

1° Pour les **manquements mentionnés au titre IV du livre IV du Code de commerce** (par exemple, en cas de non-respect de la réglementation des délais de paiement ou de celle applicable à la convention unique). Nous précisons à chaque rubrique concernée le montant de l'amende administrative applicable.

2° Lorsque le professionnel concerné n'a **pas déféré** dans le délai imparti **à une injonction** qui lui a été notifiée (nº 77810).

> **Précisions** **L'autorité administrative** chargée d'infliger la sanction est le directeur général de la concurrence, de la consommation et de la répression des fraudes, le chef du service national des enquêtes de la DGCCRF, le directeur régional de l'économie, de l'emploi, du travail et des solidarités, le directeur de l'économie, de l'emploi, du travail ou des solidarités ou le directeur de la direction départementale chargée de la protection des populations, ou leurs représentants nommément désignés (art. R 470-2, I).

CONDITIONS ET MODALITÉS DE LA SANCTION ADMINISTRATIVE

77860 **Prescription** L'action de l'administration pour la sanction des manquements au titre IV du livre IV du Code de commerce se prescrit par trois années révolues à compter du jour où le manquement a été commis si, dans ce délai, il n'a été fait aucun acte tendant à la recherche, à la constatation ou à la sanction du manquement (C. com. art. L 470-2, II).

77870 **Établissement d'un procès-verbal** Les manquements passibles d'une amende administrative sont constatés par procès-verbal (C. com. art. L 470-2, III). Celui-ci est transmis au ministre de l'économie, avec copie aux personnes intéressées.

Le procès-verbal fait foi jusqu'à preuve contraire (C. com. art. L 450-2 sur renvoi de l'art. L 470-2, III).

77880 **Caractère contradictoire de la procédure** Avant toute décision, l'administration informe par écrit la personne mise en cause de la sanction envisagée à son encontre, en lui indiquant qu'elle peut prendre connaissance des pièces du dossier et se faire assister par le conseil de son choix (un avocat, par exemple), et en l'invitant à présenter, dans le délai de 60 jours, ses **observations** écrites et, le cas échéant, ses observations orales.

Passé ce délai, l'autorité administrative peut, par décision motivée, prononcer l'amende (C. com. art. L 470-2, IV).

77890 **Diffusion de la décision** La **décision** prononcée par l'autorité administrative peut être **publiée** sur le **site internet de la DGCCRF** et, aux frais de la personne sanctionnée, sur d'autres supports, par voie de presse, par voie électronique (par exemple, la page d'accueil de son site internet) ou par voie d'affichage (C. com. art. L 470-2, V-al. 1 et R 470-2, III-al. 1).

> **ATTENTION**
> En cas de sanction infligée pour **manquement à la réglementation des délais de paiement** interentreprises, la décision de sanction est obligatoirement publiée sur le site internet de la DGCCRF et, aux frais de la personne sanctionnée, sur un support habilité à recevoir des annonces légales que cette dernière aura choisi dans le département où elle est domiciliée (pratique du « name and shame »). La DGCCRF peut aussi décider que la décision sera publiée, aux frais de la personne sanctionnée, sur les supports énumérés ci-dessus (C. com. art. L 470-2, V-al. 2 et R 470-2, III-al. 1).

La nature et les **modalités de la publicité** envisagée doivent être portées à la connaissance de la personne concernée lors de la procédure contradictoire (C. com. art. L 470-2, V-al. 3). Ces modalités sont indiquées dans la décision prononçant l'amende (C. com. art. R 470-2, III-al. 5).

La publication peut porter sur tout ou partie de la décision, ou prendre la forme d'un communiqué informant le public des motifs et du dispositif de cette décision (C. com. art. R 470-2, III-al. 2). Aucun plafond quand à la durée de la publication n'est prévu, hormis en cas d'affichage, lequel ne peut pas excéder deux mois (art. R 470-2, III-al. 4).

En cas d'inexécution par la personne sanctionnée de la mesure de publicité, l'autorité administrative peut la mettre en demeure de publier la décision sous une **astreinte** journalière de 150 € à compter de la notification de la mise en demeure jusqu'à publication effective (C. com. art. L 470-2, V-al. 4).

77900 **Cumul de sanctions** Lorsqu'une amende administrative est susceptible de se cumuler avec une **amende pénale** infligée à raison des mêmes faits, le montant global des amendes prononcées ne doit pas dépasser le maximum légal le plus élevé (C. com. art. L 470-2, VI).

Lorsque, à l'occasion d'une même procédure ou de procédures séparées, **plusieurs sanctions administratives** ont été prononcées à l'encontre d'un même auteur pour des manquements en concours, ces sanctions s'exécutent cumulativement (art. L 470-2, VII). Par exemple, l'administration peut valablement infliger plusieurs amendes à un distributeur pour ne pas avoir justifié de la conclusion avec plusieurs fournisseurs, avant la date butoir imposée par la loi, d'une convention écrite formalisant le résultat de la négociation commerciale.

> **Précisions** L'article L 470-2, VII du Code de commerce ne méconnaît pas le principe de **proportionnalité des peines** garanti par l'article 8 de la Déclaration des droits de l'Homme de 1789 et qui s'applique à toute sanction ayant le caractère d'une punition : d'une part, aucune exigence constitutionnelle n'impose que des sanctions administratives prononcées pour des manquements distincts soient soumises à une règle de non-cumul ; d'autre part, les dispositions en cause ne font pas obstacle à la prise en compte par l'autorité administrative, sous le contrôle du juge, de la nature des manquements, de leur gravité et de leur répétition pour déterminer le montant des sanctions, en particulier lorsqu'elles s'appliquent de manière cumulative (Cons. const. 25-3-2022 n° 2021-984 QPC : RJDA 6/22 n° 370). La règle « non bis in idem » ne s'applique donc pas à des sanctions qui répriment des « manquements distincts », ce qui n'est pas surprenant, puisque, par définition, la règle interdit l'exercice de deux ou plusieurs actions répressives, ou encore le prononcé de deux ou plusieurs sanctions, à l'encontre d'une même personne et au titre des mêmes faits. Dans l'hypothèse d'un concours réel d'infractions successives, qui implique nécessairement que plusieurs faits aient été commis, seul le principe de proportionnalité contribue à limiter les conséquences du cumul. L'autorité administrative doit donc fonder son appréciation sur la « nature » des manquements, leur « gravité » et leur « répétition ».

D. Recours contre l'injonction ou la décision de sanction

L'injonction ou la décision de sanction peut être contestée par la personne qui en fait l'objet devant le **ministre de l'économie** ; ce recours est exclusif de tout autre recours hiérarchique (C. com. art. R 470-1 et R 470-2, II). 77940

En application du droit commun du contentieux administratif, un recours contre une décision d'injonction ou de sanction peut également être exercé devant le **tribunal administratif** dans le ressort duquel se trouve le siège de l'entreprise, dans un délai de deux mois à compter de la notification de la décision (C. just. adm. art. L 211-1, R 312-10 et R 421-1). Ce recours n'est pas suspensif, mais il peut être assorti d'une demande de suspension adressée au juge des référés du tribunal administratif (C. just. adm. art. L 521-1).

III. RÉPRESSION DES PRATIQUES CONTRAIRES AU CODE DE COMMERCE PÉNALEMENT SANCTIONNÉES

A. Solutions alternatives aux poursuites pénales

1. TRANSACTION PÉNALE EN CAS D'INFRACTION AU CODE DE COMMERCE

Tant que l'action publique n'a pas été mise en mouvement, l'administration peut proposer à l'auteur de l'infraction une transaction. Cette procédure permet de pallier la longueur des délais dans lesquels sont jugées les affaires. 78100

CHAMP D'APPLICATION DE LA TRANSACTION PÉNALE

La transaction peut être appliquée aux **délits non punis d'emprisonnement prévus au titre IV du livre IV du Code de commerce** (C. com. art. L 490-5, al. 1). Sont donc visés les délits suivants : 78110

– délit de revente à perte (C. com. art. L 442-5) ;
– délit de prix imposés (C. com. art. L 442-6) ;

– infraction aux règles de publicité des réductions de prix sur les produits alimentaires périssables hors des lieux de vente (C. com. art. L 443-1, I-al. 1 et 3) ;
– infraction à l'interdiction d'utiliser le terme « gratuit » comme outil marketing et promotionnel pour la vente d'un produit alimentaire (C. com. art. L 443-1, I-al. 2).

Elle peut également être proposée en cas d'**infraction de nature contraventionnelle prévue par le livre IV du Code de commerce** (C. com. art. L 490-5, al. 1). Sont donc visées les contraventions suivantes :
– non-respect des prix réglementés dans les zones où la concurrence par les prix est limitée (C. com. art. L 410-2, al. 2) ;
– paracommercialisme (C. com. art. L 442-10) ;
– vente sauvage sur la voie publique (C. com. art. L 442-11).

Enfin, elle est applicable aux infractions commises en matière de **liquidations, soldes, ventes au déballage et en magasins d'usine** (C. com. art. L 310-6-1).

MODALITÉS DE LA TRANSACTION PÉNALE

78120 L'**autorité administrative** qui propose la transaction (le chef du service national des enquêtes de la DGCCRF, le directeur régional de l'économie, de l'emploi, du travail et des solidarités, le directeur de la direction départementale chargée de la protection des populations, ou leur représentant nommément désigné) doit transmettre cette proposition au procureur de la République dans un délai de trois mois à compter de la clôture du procès-verbal de constatation de l'infraction. Cette proposition précise la somme que l'auteur de l'infraction sera invité à payer au Trésor public, le délai imparti pour son paiement et, s'il y a lieu, les autres obligations résultant pour lui de l'acceptation de la transaction (C. com. art. R 490-8 et R 490-9).

Lorsque le **procureur de la République** a donné son **accord** sur la proposition de transaction, l'autorité administrative mentionnée ci-dessus doit notifier celle-ci en double exemplaire à l'auteur de l'infraction. Cette notification doit comporter une mention précisant que si la personne ne paie pas, dans le délai imparti, la somme indiquée dans la proposition ou qu'elle ne satisfait pas aux autres obligations le cas échéant souscrites par elle, le procureur de la République décidera, sauf élément nouveau, d'engager les poursuites à son égard (C. com. art. R 490-10, al. 1). L'acte par lequel le procureur de la République donne son accord à la proposition de transaction est interruptif de la **prescription de l'action publique** (C. com. art. L 490-5, al. 2).

L'auteur de l'infraction dispose d'un mois, à compter de cette **notification,** pour y **répondre.** S'il l'accepte, il doit retourner à l'autorité administrative un exemplaire signé de la proposition. S'il la refuse ou n'y répond pas, l'autorité administrative doit en informer sans délai le procureur de la République. Celui-ci est également informé par l'autorité administrative du cas où l'auteur de l'infraction n'aurait pas acquitté la somme indiquée dans la proposition, au terme du délai imparti, ou n'aurait pas satisfait aux autres obligations le cas échéant souscrites par lui (art. R 490-10, al. 2 et 3).

> **Précisions** L'expression « lorsque le procureur de la République a donné son accord sur la proposition de transaction » laisse à penser que le **désaccord du procureur** devrait être une hypothèse d'école, alors que l'intention du législateur était de lui accorder un véritable pouvoir de contrôle de ce pouvoir de transaction.

EFFETS DE LA TRANSACTION PÉNALE

78130 L'exécution dans le délai imparti des obligations résultant de l'acceptation de la transaction éteint l'**action publique** (C. com. art. L 490-5, al. 3). Le simple envoi d'un chèque, à le supposer établi, ne caractérise pas l'exécution de la transaction (Cass. crim. 19-5-2015 n° 14-85.885 : RJDA 2/16 n° 155, décision rendue sur le fondement des dispositions du Code de la consommation relatives à la transaction mais transposable).

En revanche, la transaction valant reconnaissance de l'infraction, elle n'exclut pas l'**action de la partie civile.** Par ailleurs, elle met fin aux poursuites exercées contre le préposé lorsqu'elle intervient avec une personne morale.

2. COMPOSITION PÉNALE EN CAS D'INFRACTION AU CODE DE COMMERCE

78150 Tant que l'action publique n'a pas été mise en mouvement, le procureur de la République peut proposer à une **personne physique,** qui reconnaît avoir commis un ou plusieurs délits punis à titre de peine principale d'une peine d'amende ou d'une peine d'emprisonnement d'une durée inférieure ou égale à cinq ans, ainsi que, le cas échéant, une ou plusieurs contraventions connexes, des **mesures de substitution** aux peines encourues (versement d'une amende de composition, dessaisissement au profit de l'État de la chose instrument de l'infraction, accomplissement d'un travail d'intérêt général, etc.). En cas de désaccord de l'auteur des faits, le procureur de la République met en mouvement l'action publique. En cas d'accord, le juge est saisi aux fins de validation de la composition qu'il ne peut qu'accepter ou rejeter : s'il rejette la composition, celle-ci devient caduque ; s'il l'accepte, le contrevenant doit en exécuter les termes. L'exécution de la composition pénale éteint l'action publique, mais donne lieu à une inscription au bulletin n° 1 du casier judiciaire (CPP art. 41-2).

La procédure de composition pénale décrite ci-dessus est également applicable aux **personnes morales** qui reconnaissent avoir commis un ou plusieurs des **délits non punis d'emprisonnement prévus au titre IV du livre IV du Code de commerce** (voir n° 78110), ainsi que, le cas échéant, une ou plusieurs contraventions connexes. La composition pénale ne peut alors consister qu'en un versement d'une **amende de composition** au Trésor public (C. com. art. L 490-6, I). Le montant de cette amende est fixé, dans la limite du montant maximal de l'amende encourue, en fonction de la gravité des faits, ainsi que des ressources et charges de l'auteur de l'infraction ; son versement peut être échelonné sur une période au plus égale à un an (CPP art. 41-2, 1°).

Dans un souci d'efficacité, la composition pénale peut être proposée à l'auteur des faits par l'intermédiaire d'un agent de la CCRF (art. L 490-6, II).

> **Précisions** La composition pénale présente les distinctions suivantes avec la **transaction pénale** : elle est à l'initiative du seul parquet ; elle suppose une ordonnance de validation du juge ; elle donne lieu à une inscription au bulletin n° 1 du casier judiciaire.

B. Modalités de poursuite des infractions pénales prévues par le Code de commerce

1. MISE EN MOUVEMENT DE L'ACTION PUBLIQUE

ACTION PUBLIQUE ENGAGÉE PAR LE PROCUREUR DE LA RÉPUBLIQUE

Les **procès-verbaux** dressés par les agents verbalisateurs sont transmis au **procureur de la République,** qui peut décider le classement pur et simple s'il estime que l'infraction n'est pas établie ou conclure à des poursuites judiciaires. 78190

Cependant, en cas de **délit prévu par le titre IV du livre IV du Code de commerce non passible d'une peine d'emprisonnement** (voir n° 78110), les agents de la CCRF peuvent notifier directement au prévenu, sur instruction du procureur de la République, une **convocation en justice** valant citation à personne, conformément à l'article 390-1 du Code de procédure pénale (C. com. art. L 490-7).

ACTION PUBLIQUE ENGAGÉE PAR UNE PERSONNE PRIVÉE

Toute **personne** (particulier, entreprise concurrente, etc.) **lésée par l'infraction** peut exercer l'action civile en réparation du dommage subi, dans les conditions du droit commun. Cette action civile met l'action publique en mouvement. 78200

Citation directe La victime peut citer directement l'auteur d'un **délit** ou d'une **contravention** respectivement devant le tribunal correctionnel (par exemple, Cass. crim. 2-12-1980 : Gaz. Pal. 1981 p. 355 note Fourgoux) ou le tribunal de police. 78210

Constitution de partie civile En cas de **délit,** la victime peut aussi mettre en mouvement l'action publique devant le juge d'instruction en portant plainte et en se constituant partie civile : on parle alors de « constitution initiale de partie civile » ou de « constitution de partie civile par voie d'action ». Cependant, afin d'éviter les recours hâtifs ou inadaptés auprès du juge d'instruction, la loi impose à la personne qui porte **plainte avec constitution de partie civile** de justifier soit que le procureur de la République refuse, à la suite d'une plainte déposée devant lui ou un service de police judiciaire, d'engager lui-même des poursuites, soit qu'un délai de trois mois s'est écoulé depuis qu'elle a déposé plainte devant ce magistrat (CPP art. 85). 78220

78225 La constitution de partie civile n'est possible que si le plaignant justifie d'un préjudice actuel, **personnel et direct** (CPP art. 2 s.). Par exemple, une association de consommateurs, même non agréée, peut valablement se constituer partie civile en cas de préjudice direct à l'intérêt collectif des consommateurs dès lors que cet intérêt collectif entre dans son objet social (en ce sens, Cass. crim. 12-9-2006 n° 05-86.958 : Bull. crim. n° 217).

Par ailleurs, certains groupements peuvent se porter partie civile même en cas de préjudice indirect car la loi le leur permet. Tel est le cas :

– des **syndicats professionnels** qui peuvent exercer devant toutes les juridictions « tous les droits réservés à la partie civile relativement aux faits portant un préjudice direct ou indirect à l'intérêt collectif de la profession qu'ils représentent » (C. trav. art. L 2132-3) ;

– des **associations de consommateurs agréées,** celles-ci pouvant agir non seulement pour la défense de leurs intérêts personnels mais aussi pour obtenir réparation de tout acte ayant causé un « préjudice direct ou indirect à l'intérêt collectif des consommateurs » (C. consom. art. L 621-1) ou, dans le cadre d'une action de groupe, pour obtenir réparation des préjudices individuels subis par des consommateurs ayant pour cause commune un manquement d'un professionnel à ses obligations légales à l'occasion de la vente de biens ou de la fourniture de services (C. consom. art. L 623-1).

2. PROCÉDURE SIMPLIFIÉE DE L'ORDONNANCE PÉNALE EN CAS DE DÉLIT PRÉVU PAR LE CODE DE COMMERCE

78250 En cas de **délit non puni d'une peine d'emprisonnement prévu par le titre IV du livre IV** du Code de commerce (voir n° 78110), ou de délit de **vente à la sauvette** prévu aux articles 446-1 et 446-2 du Code pénal, il peut être recouru à la procédure simplifiée de l'ordonnance pénale prévue à l'article 495 du Code de procédure pénale (CPP art. 495, II).

Cette procédure écrite permet de faire l'**économie de la phase d'audience.** Le choix en revient au procureur de la République. Il peut décider d'y recourir lorsqu'il résulte de l'enquête de police judiciaire que les faits reprochés au prévenu sont simples et établis, que les renseignements concernant la personnalité, les charges et les ressources de celui-ci sont suffisants pour permettre la détermination de la peine, qu'il n'apparaît pas nécessaire, compte tenu de la faible gravité des faits, de prononcer une peine d'emprisonnement ou une peine d'amende d'un montant supérieur à celui correspondant à la moitié de l'amende encourue et que le recours à cette procédure n'est pas de nature à porter atteinte aux droits de la victime (CPP art. 495, I).

C. Modalités de sanction des infractions pénales prévues par le Code de commerce

1. ÉLÉMENT INTENTIONNEL DE L'INFRACTION

INFRACTIONS CONTRAVENTIONNELLES

78290 Conformément aux règles du droit commun, les auteurs d'infractions sanctionnées par des peines contraventionnelles peuvent être condamnés **sans** qu'il soit nécessaire de démontrer un **élément intentionnel.**

INFRACTIONS DÉLICTUELLES

78300 L'article 121-3, al. 1 du Code pénal dispose qu'« il n'y a point de délit sans intention de le commettre ». Le Code pénal ne définit pas l'intention. Celle-ci peut néanmoins être considérée comme la volonté de commettre un acte que l'on sait interdit ou, en d'autres termes, comme l'intention de violer la loi pénale (F. Desportes et F. Le Gunehec, Droit pénal général, éd. Economica, 2009 n° 470).

Avant l'entrée en vigueur le 1er mars 1994 de l'actuel Code pénal, les infractions de nature délictuelle prévues par l'ordonnance du 1er décembre 1986, reprise au Code de commerce, étaient des délits non intentionnels, dits « matériels ». Ils étaient constitués par la seule réalisation des faits incriminés sans qu'il fût nécessaire de démontrer l'intention coupable, ou même seulement l'imprudence ou la négligence, de leur auteur. Or, le caractère matériel des délits a été supprimé par l'article 339 de la loi 92-1336 du 16 décembre 1992, dite « loi d'adaptation du Code pénal », aux termes duquel tous les délits non intentionnels réprimés par des textes antérieurs à son entrée en vigueur demeurent constitués si l'auteur d'un de ces délits a commis une faute d'imprudence ou de négligence, même lorsqu'une loi ne le prévoit pas expressément.

En dépit de cette disposition, la Cour de cassation a requalifié l'ancien délit de vente sans facture ou avec facture irrégulière (Cass. crim. 25-5-1994 : Bull. crim. p. 474 nº 203, 2e espèce) et le délit de revente à perte (Cass. crim. 10-10-1996 : Bull. crim. nº 358 ; Cass. crim. 4-4-2001 : RJDA 12/01 nº 1269) non pas en délits d'imprudence ou de négligence mais en délits intentionnels.

La qualification de délit intentionnel n'est cependant pas plus favorable au prévenu que celle antérieure de délit matériel ou celle de délit d'imprudence. En effet, en considérant que « la constatation de la **violation en connaissance de cause d'une prescription légale** implique de la part de son auteur l'intention coupable », la Cour de cassation admet que l'élément intentionnel de l'infraction consiste en la simple conscience – et non la volonté – de commettre un agissement contraire à la loi pénale. Or, dans la mesure où la violation peut toujours être considérée comme faite en connaissance de cause, puisque « nul n'est censé ignorer la loi », la formulation de la Cour de cassation revient, de façon paradoxale, à rendre plus facile l'établissement de la faute intentionnelle que celle de la faute d'imprudence. Mais l'objet évident de cette jurisprudence est de contourner les difficultés résultant de la suppression des délits matériels (F. Desportes et F. Le Gunehec, Droit pénal général, précité, nos 469 et 473).

2. PERSONNES RESPONSABLES EN CAS D'INFRACTION PÉNALE

En cas d'infraction pénale, les poursuites peuvent être engagées soit contre la **personne physique** auteur de l'infraction (par exemple, le chef d'une entreprise individuelle), soit contre une **personne morale,** en cas d'infraction commise pour son compte par son organe ou représentant. **78320**

Les **personnes morales** peuvent être déclarées pénalement responsables de toute infraction commise pour leur compte par leurs organes ou représentants (C. pén. art. 121-2, al. 1). **78325**

Selon l'article 121-2, al. 3 du Code pénal, « la responsabilité pénale des personnes morales n'exclut pas celle des **personnes physiques auteurs ou complices des mêmes faits** ».

L'article 121-2, al. 3 n'établit donc pas à proprement parler un cumul de la responsabilité pénale de la société et de celle de la personne physique. Si telle avait été l'intention du législateur, il aurait précisé que la personne physique qui a agi pour le compte de la société est, de ce seul fait, pénalement responsable avec la société.

Pour plus de détails, voir Mémento Sociétés commerciales 2024 nos 4630 s.

> **Précisions** Il y a lieu de considérer comme les **organes d'une société** les personnes ou les instances collégiales qui ont le pouvoir de prendre des décisions au nom de celle-ci et sont désignées par la loi : conseil d'administration ou directoire, président du conseil d'administration, directeurs généraux, conseil de surveillance, président, assemblée générale, administrateur provisoire, etc. Quant au **représentant,** c'est toute personne qui a reçu une délégation de pouvoirs du représentant légal de la société – ou une subdélégation des pouvoirs – et qui est pourvue de la compétence et des moyens nécessaires à l'exécution de sa mission, qu'elle soit salariée de la société ou non. La délégation peut ne pas être formelle et résulter des circonstances de fait qui font apparaître que ceux qui ont commis les agissements incriminés étaient en fait investis d'une mission de représentation de la société. Les **juges** ne peuvent pas retenir la responsabilité pénale d'une personne morale sans rechercher par quel organe ou représentant de celle-ci l'infraction a été commise.

3. DISPOSITIONS PARTICULIÈRES AUX DÉLITS PRÉVUS AU TITRE IV DU LIVRE IV DU CODE DE COMMERCE

DÉLITS CONCERNÉS

Des dispositions particulières sont applicables aux délits suivants : **78350**

1° Infraction aux règles de publicité des réductions de prix sur les produits alimentaires périssables (C. com. art. L 443-1, I-al. 1 et 3) ;

2° Infraction à l'interdiction de l'usage du terme « gratuit » comme outil marketing et promotionnel pour la vente de produits alimentaires (C. com. art. L 443-1, I-al. 2) ;

3° Revente à perte (C. com. art. L 442-5) ;

4° Prix imposés (C. com. art. L 442-6) ;

5° Hausse ou baisse artificielle des prix (C. com. art. L 442-9).

PEINES ENCOURUES EN CAS DE RÉCIDIVE D'UN DÉLIT

78360 **Peines encourues par une personne physique** Pour les délits indiqués du 1° au 4° du n° 78350, le maximum de la peine d'amende encourue par une personne physique est porté au double si cette personne, moins de deux ans après avoir été condamnée, commet la même infraction (C. com. art. L 490-3). Le délai de deux ans court à partir du jour où la sanction pénale prononcée au titre de la première infraction est devenue définitive (Cass. crim. 29-1-1948 : Bull. crim. p. 54), c'est-à-dire après appel ou expiration des délais d'appel.

Pour le délit de hausse ou de baisse artificielle des prix, le maximum de la peine d'amende ou d'emprisonnement est doublé si la récidive a lieu dans les cinq ans à compter de l'expiration ou de la prescription de la précédente peine (C. pén. art. 132-10).

78370 **Amende encourue par une personne morale** En cas de délit de **revente à perte,** le taux maximal de la peine encourue par une personne morale est égal à dix fois celui applicable aux personnes physiques si cette personne morale commet la même infraction dans les deux ans (C. com. art. L 490-4).

Pour les **autres délits** prévus au titre IV du livre IV du Code de commerce (n° 78350), le taux maximal de l'amende applicable aux personnes morales est doublé en cas de récidive dans les cinq ans à compter de l'expiration ou de la prescription de la précédente peine (C. pén. art. 132-14).

PUBLICATION DE LA DÉCISION DE CONDAMNATION

78380 En cas de condamnation au titre d'un délit prévu au titre IV du livre IV du Code de commerce (n° 78350), le tribunal peut ordonner que sa **décision** soit **affichée** ou **diffusée** soit par la presse écrite, soit par tout moyen de communication audiovisuelle (C. com. art. L 490-2).

INSCRIPTION AU CASIER JUDICIAIRE D'UNE DÉCISION DE CONDAMNATION

78390 Sauf décision contraire du juge, spécialement motivée, les condamnations prononcées au titre des délits prévus au titre IV du livre IV du Code de commerce (n° 78350) ne sont pas inscrites au **bulletin n° 2 du casier judiciaire** (CPP art. 775, 15°). En effet, l'inscription au bulletin n° 2 du casier judiciaire, qui emporte de nombreuses conséquences pour les intéressés (les mentions figurant sur ce bulletin pouvant être communiquées à l'administration), semble excessive pour des délits à caractère économique.

IV. JURIDICTION COMPÉTENTE EN CAS DE NON-RESPECT DU TITRE IV DU LIVRE IV DU CODE DE COMMERCE

78400 Tout litige portant sur l'application des chapitres I, II, et III du titre IV du livre IV du Code de commerce (soit tout le titre IV sauf le chapitre préliminaire dédié à la Commission d'examen des pratiques commerciales) relatifs respectivement à la **transparence dans la relation commerciale** (dispositions relatives aux conditions générales de vente, à la négociation et à la formalisation de la relation commerciale, à la facturation, aux délais de paiement, aux pénalités logistiques), aux **pratiques restrictives de concurrence** et aux **produits agricoles et denrées alimentaires**, relève de la compétence exclusive des **tribunaux français**, « sous réserve du respect du droit de l'Union européenne et des traités internationaux ratifiés ou approuvés par la France et sans préjudice du recours à l'arbitrage » (C. com. art. L 444-1 A issu de loi 2023-221 du 30-3-2023).

Pour ce qui concerne les **actions engagées par les personnes privées**, la compétence exclusive des juges français ne s'applique donc pas quand le règlement UE 1215/2012 du 12 décembre 2012 sur la compétence judiciaire, la reconnaissance et l'exécution des décisions en matière civile et commerciale, appelé « règlement Bruxelles I bis », ou la convention de Lugano du 30 octobre 2007 qui a étendu ces règles en grande partie aux pays de l'AELE, s'appliquent.

Pour ce qui concerne les **actions engagées par le ministre de l'économie** pour faire reconnaître, sanctionner et cesser des pratiques commerciales abusives (C. com. art. L 442-4), la compétence des juges français s'applique, dès lors que la Cour de justice de l'Union européenne a jugé que les règles de compétence judiciaire du règlement Bruxelles I bis ne sont pas applicables à son action, qui repose sur l'exercice de prérogatives de puissance publique (CJUE 22-12-2022 aff. 98/22, aff. Eurelec : RJDA 4/23 n° 234).

V. INTERVENTION DE L'ADMINISTRATION DEVANT LES JURIDICTIONS

Pour l'application du livre IV du Code de commerce, le **ministre de l'économie** ou son représentant peut, devant les juridictions civiles ou pénales, **déposer des conclusions** et les développer oralement à l'audience ; il peut également produire les procès-verbaux et les rapports d'enquête (C. com. art. L 490-8). 78500

Le ministre de l'économie est dispensé de représentation par un **avocat** (C. com. art. R 490-1).

> **Précisions** Sont désignés comme **représentants du ministre de l'économie** devant les juridictions civiles et pénales de première instance et d'appel (C. com. art. R 490-2) :
> – le directeur général de la concurrence, de la consommation et de la répression des fraudes et, pour ce qui concerne les affaires dont ont été saisies les juridictions du ressort territorial dans lequel ils exercent leurs fonctions, les directeurs régionaux de l'économie, de l'emploi, du travail et des solidarité, les directeurs des directions départementales chargées de la protection des populations et les directeurs de l'économie, de l'emploi, du travail et des solidarités ;
> – par exception, lorsque l'action est fondée sur les dispositions des articles L 442-1 à L 442-4 ainsi que L 442-7 et L 442-8 du Code de commerce, relatifs aux pratiques commerciales abusives, et quelle que soit la juridiction devant laquelle elle est portée, le directeur général de la concurrence, de la consommation et de la répression des fraudes, les directeurs régionaux de l'économie, de l'emploi, du travail et des solidarités, ainsi que les directeurs de l'économie, de l'emploi, du travail et des solidarités, pour les affaires qu'ils ont instruites ;
> – pour les affaires instruites par le service national des enquêtes, le chef de ce service.
> Devant la Cour de cassation, le ministre de l'économie est représenté par le directeur général de la concurrence, de la consommation et de la répression des fraudes (art. R 490-3).

SECTION 2

RÉPRESSION DES PRATIQUES ÉCONOMIQUES CONTRAIRES AUX RÈGLES DU CODE DE LA CONSOMMATION

ORIGINE DE LA RÉGLEMENTATION

L'ordonnance 2016-301 du 14 mars 2016 portant refonte du Code de la consommation, entrée en vigueur le 1er juillet 2016, a regroupé, harmonisé et unifié les dispositions relatives aux pouvoirs des agents afin de créer un régime unique de pouvoirs propre à ce Code. Auparavant, les pouvoirs d'enquête des agents et les suites données aux contrôles faisaient l'objet de dispositions distinctes, réparties au sein du Code en fonction du domaine d'intervention des agents. En particulier, la recherche et la constatation des infractions ou manquements aux anciens livres Ier (Information des consommateurs et formation des contrats) et III du Code (Endettement) étaient soumises à des règles qui renvoyaient à celles fixées par le Code de commerce pour la recherche de pratiques contraires au droit de la concurrence, tandis que le dispositif était différent et directement fixé par le Code de la consommation pour les infractions en matière de conformité et sécurité des produits et services (ancien livre II). 78600

Nous présentons ci-dessous l'essentiel de la réglementation et la jurisprudence transposable aux dispositions issues du Code de la consommation refondu.

I. RECHERCHE ET CONSTATATION DES PRATIQUES CONTRAIRES AU CODE DE LA CONSOMMATION

A. Agents chargés du contrôle des pratiques économiques

1. AGENTS COMPÉTENTS

AGENTS DE LA CONCURRENCE, DE LA CONSOMMATION ET DE LA RÉPRESSION DES FRAUDES

78700 Les agents de la concurrence, de la consommation et de la répression des fraudes (CCRF) sont habilités à rechercher et constater les infractions ou les manquements aux livres I (Information des consommateurs et pratiques commerciales), II (Formation et exécution des contrats), III (Crédit), IV (Conformité et sécurité des produits et services) et IV (Règlement des litiges) du Code de la consommation, ainsi qu'à d'autres dispositions législatives énumérées aux articles L 511-7 à L 511-13 du même Code (C. consom. art. L 511-3).

Des fonctionnaires de catégorie A de la CCRF, spécialement habilités à cet effet par le ministre de la justice, sur la proposition du ministre de l'économie, peuvent recevoir des juges d'instruction des commissions rogatoires pour rechercher et constater les infractions prévues aux livres I, II et III du Code de la consommation, ainsi que les délits de tromperie, de falsification et certains délits assimilés (C. consom. art. L 511-4).

Selon la nature de la pratique, ces agents disposent soit de pouvoirs d'enquête ordinaires, soit de pouvoirs coercitifs dans le cadre d'enquêtes lourdes, dites « opérations de visite et saisie », effectuées sous contrôle judiciaire.

Le tableau ci-dessous, non exhaustif, présente l'étendue des pouvoirs d'enquête des agents suivant la nature des pratiques illicites concernées (cf. C. consom. art. L 511-5 à L 511-7, L 511-11 à L 511-13 et L 511-15).

Objet	Texte concerné	Pouvoirs d'enquête ordinaires		Opérations de visite et saisie
		Accès aux locaux et aux moyens de transports, recueil de renseignements et de documents (C. consom. art. L 512-5 à L 512-22)	Prélèvement, consignation et saisie, consignation soumise à autorisation, expertise (C. consom. art. L 512-23 à L 512-48)	
Obligation générale d'information précontractuelle	C. consom. art. L 111-1 à 111-8	X		
Information sur les prix et conditions de vente	C. consom. art. L 112-1 à L 112-9	X		
Remise des contrats types	C. consom. art. L 114-1	X		
Pratiques commerciales déloyales	C. consom. art. L 121-1 à L 121-7	X	Prélèvement d'échantillons (art. L 512-23 et L 512-24) pour la recherche de pratiques commerciales trompeuses (art. L 121-2 à L 121-4)	X

78700 (suite)

Objet	Texte concerné	Pouvoirs d'enquête ordinaires		Opérations de visite et saisie
		Accès aux locaux et aux moyens de transports, recueil de renseignements et de documents (C. consom. art. L 512-5 à L 512-22)	Prélèvement, consignation et saisie, consignation soumise à autorisation, expertise (C. consom. art. L 512-23 à L 512-48)	
Abus de faiblesse	C. consom. art. L 121-8 à L 121-10	X		X
Refus et subordination de vente ou de prestation de services	C. consom. art. L 121-11	X		
Ventes ou prestations de services sans commande préalable	C. consom. art. L 121-12 à L 121-14	X		
Ventes ou prestations de services à la boule de neige	C. consom. art. L 121-15	X		X
Numéro téléphonique surtaxé	C. consom. art. L 121-16	X		
Paiement supplémentaire sans consentement exprès	C. consom. art. L 121-17	X		
Ventes ou prestations de services avec primes	C. consom. art. L 121-19	X		
Loteries publicitaires	C. consom. art. L 121-20	X		
Frais de recouvrement	C. consom. art. L 121-21	X		X
Publicité portant sur des opérations commerciales réglementées	C. consom. art. L 121-22	X		X
Blocage géographique injustifié	C. consom. art. L 121-23	X		X
Publicité comparative	C. consom. art. L 122-1 à L 122-7	X		X
Offres et opérations promotionnelles proposées par voie électronique	C. consom. art. L 122-8 à L 122-10	X		X
Produits soumis à l'étiquetage énergétique (publicité)	C. consom. art. L 122-11	X		X
Publicité en faveur des préparations pour nourrissons (publicité et offre à titre gratuit)	C. consom. art. L 122-12 à L 122-16	X		X
Conditions générales des contrats (présentation des contrats, clauses abusives, conservation des contrats conclus par voie électronique, arrhes et acomptes, reconduction des contrats de prestations de services, livraison et transfert de risques, obligation de conformité au contrat)	C. consom. art. L 211-1 à L 218-2	X		

78700 (suite)

Objet	Texte concerné	Pouvoirs d'enquête ordinaires		Opérations de visite et saisie
		Accès aux locaux et aux moyens de transports, recueil de renseignements et de documents (C. consom. art. L 512-5 à L 512-22)	Prélèvement, consignation et saisie, consignation soumise à autorisation, expertise (C. consom. art. L 512-23 à L 512-48)	
Contrats conclus à distance ou hors établissement	C. consom. art. L 221-1 à L 222-18	X		X
Opposition au démarchage téléphonique	C. consom. art. L 223-1 à L 223-7	X		X
Contrats conclus dans les foires et salons	C. consom. art. L 224-59 à L 224-62-1	X		
Crédit à la consommation	C. consom. art. L 312-1 à L 312-94	X		X
Crédit immobilier	C. consom. art. L 313-1 à L 313-49	X		X
Dispositions communes au crédit à la consommation et au crédit immobilier (taux d'intérêt, regroupements de crédits, règles de conduite et rémunération du vendeur)	C. consom. art. L 314-1 à L 314-14 et L 314-22	X		X
Prêt viager hypothécaire	C. consom. art. L 315-1 à L 315-23			X
Intermédiaires de crédit – Protection des débiteurs et des emprunteurs	C. consom. art. L 322-1 à L 322-4			X
Médiation – Information et assistance du consommateur	C. consom. art. L 616-1 à L 616-3	X		
Conformité et sécurité des produits et services	C. consom. art. L 411-1 à L 463-1	X	X	X
Envois forcés	C. pén. art. R 635-2	X		X
Démarchage bancaire ou financier	C. mon. fin. art. L 353-1 et L 353-2	X		X
Démarchage pour la souscription de contrats d'assurances	C. ass. art. L 112-9	X		X
Injonctions de mise en conformité à la réglementation par les agents habilités	C. consom. art. L 521-1 à L 521-3	X		X

Objet	Texte concerné	Pouvoirs d'enquête ordinaires		Opérations de visite et saisie
		Accès aux locaux et aux moyens de transports, recueil de renseignements et de documents (C. consom. art. L 512-5 à L 512-22)	Prélèvement, consignation et saisie, consignation soumise à autorisation, expertise (C. consom. art. L 512-23 à L 512-48)	
Emploi obligatoire de la langue française	Loi 94-665 du 4-8-1994 art. 2	X	X	X
Promotion par les influenceurs de certains produits et services financiers	Loi 2023-451 du 9-6-2023 art. 4, V	X		X

AUTRES AGENTS CHARGÉS DE CONTRÔLER LES PRATIQUES ÉCONOMIQUES

Des infractions ou manquements peuvent être recherchés et constatés par des agents issus d'autres administrations. Il en est ainsi notamment pour : **78710**
– les pratiques commerciales trompeuses : par exemple, inspecteurs de la santé publique vétérinaire, ingénieurs ayant la qualité d'agent du ministère de l'agriculture (C. consom. art. L 511-20) ;
– les infractions et manquements énumérés aux articles L 511-5 à L 511-9 du Code de la consommation (essentiellement, les infractions et manquements prévus aux livres I à III du même Code relatifs respectivement à l'information des consommateurs et aux pratiques commerciales, à la formation et à l'exécution des contrats, ainsi qu'au crédit) : fonctionnaires chargés de missions de protection économique des consommateurs habilités par arrêté ministériel (art. L 511-21) ;
– les infractions aux dispositions du livre IV du Code de la consommation relatif à la conformité et à la sécurité des produits et services et le non-respect des injonctions de mise en conformité avec la réglementation : par exemple, agents des douanes, agents de la Direction générale des finances publiques ou agents chargés d'une mission de contrôle de la conformité et de la sécurité des produits et services désignés par arrêté du ministre chargé de la consommation (art. L 511-22).

2. DISPOSITIONS DIVERSES RELATIVES AUX AGENTS CHARGÉS DE CONTRÔLER LES PRATIQUES PRÉVUES PAR LE CODE DE LA CONSOMMATION

COMPÉTENCE TERRITORIALE DES AGENTS

Les agents habilités peuvent exercer leurs pouvoirs sur toute l'étendue du territoire national (C. consom. art. L 511-2). **78730**

COOPÉRATION AVEC LES AUTORITÉS NATIONALES DES AUTRES ÉTATS MEMBRES DE L'UNION EUROPÉENNE

En application du règlement (UE) 2017/2394 du 12 décembre 2017 sur la coopération entre les autorités nationales chargées de veiller à l'application de la législation en matière de protection des consommateurs, les agents habilités peuvent devoir procéder à la recherche, à la constatation et à la cessation des infractions ou des manquements lorsqu'une **demande d'assistance mutuelle** a été formulée par un État membre de l'Union européenne ou par la Commission européenne. Dans ce cas, ces pouvoirs sont exercés dans les conditions prévues par le livre V du Code de la consommation relatif aux pouvoirs d'enquête et suites données aux contrôles (C. consom. art. L 511-10). **78740**

POUVOIR DE SURVEILLANCE EN MATIÈRE DE CONFORMITÉ ET SÉCURITÉ DES PRODUITS ET SERVICES

78750 Les agents sont habilités à procéder à des **contrôles administratifs** pour déterminer les caractéristiques des produits ou des services ou en apprécier le caractère dangereux (C. consom. art. L 511-14).

Les **prélèvements** effectués dans le cadre de ces contrôles sont réglementés (art. R 512-24) : ils doivent comporter un échantillon constitué d'une ou plusieurs unités du produit en fonction des nécessités des analyses ou des essais ; ils donnent lieu à l'établissement d'un rapport dans les conditions exposées au nº 78970. Cet échantillon est muni d'une étiquette d'identification dont le contenu est réglementé (voir nº 78990). Les échantillons prélevés ne donnent lieu à aucun remboursement (art. R 512-24, dernier al.).

> **Précisions** Les documents produits ou reçus par les agents dans le cadre de ces contrôles constituent des **documents administratifs communicables** sur le fondement des dispositions des articles L 300-2 et L 311-1 du Code des relations entre le public et l'administration (CE 6-12-2023 nº 470726 : RJDA 4/24 nº 253).

B. Pouvoirs d'enquête des agents chargés de contrôler les pratiques prévues par le Code de la consommation

DEUX TYPES D'ENQUÊTES

78790 Les agents peuvent procéder à des enquêtes ordinaires ou, sur autorisation judiciaire, à des enquêtes lourdes, dites « opérations de visite et saisie ».

1. DISPOSITIONS COMMUNES AUX DEUX TYPES D'ENQUÊTES

SECRET PROFESSIONNEL DES ENTREPRISES VISITÉES

78800 Le secret professionnel ne peut pas être opposé aux agents agissant dans le cadre de leurs pouvoirs d'enquête (C. consom. art. L 512-3).

SECRET DE L'ENQUÊTE PÉNALE

78805 Dès lors qu'ils recherchent des infractions pénales, les agents exercent des pouvoirs de police judiciaire, ce qui entraîne soumission au secret de l'enquête (CPP art. 11). Il leur est dès lors interdit d'autoriser un tiers à capter, par le son ou l'image (par exemple, une caméra de télévision), le déroulement de leurs actes d'enquête, et ce même dans le but d'informer le public (Cass. crim. 9-3-2021 nº 20-83.304 FS-PBI : RJDA 6/21 nº 431).

ENTRAVE AUX CONTRÔLES DES ENQUÊTEURS

78810 Il est interdit de faire obstacle à l'exercice des fonctions des agents (C. consom. art. L 512-4).

Une telle entrave aux contrôles est passible, pour une personne physique, d'un emprisonnement de deux ans et d'une amende de 300 000 €, pour une personne morale, d'une amende de 1,5 million d'euros, ces montants pouvant s'élever, de manière proportionnée aux avantages du délit, à 10 % du chiffre d'affaires moyen annuel, calculé sur les trois derniers chiffres d'affaires annuels connus à la date des faits (art. L 531-1, al. 1 et L 531-2, al. 3). Des peines complémentaires, telles que l'interdiction d'exercer l'activité dans l'exercice ou à l'occasion de l'exercice de laquelle l'infraction a été commise, sont également encourues (art. L 531-2, al. 1 à 4).

OBLIGATION DE DRESSER DES PROCÈS-VERBAUX EN CAS D'INFRACTION OU DE MANQUEMENT

78820 Les infractions et manquements sont constatés par des procès-verbaux, qui **font foi** jusqu'à preuve contraire (C. consom. art. L 512-2).

Lorsqu'ils constatent une infraction pénale, ces procès-verbaux sont des actes interruptifs de la **prescription** de l'action publique (Cass. crim. 2-7-1997 nº 96-85.755 : RJDA 4/98 nº 526, décision rendue dans le cas d'un délit de tromperie mais transposable).

Les procès-verbaux peuvent être établis ou convertis sous **format numérique** et être intégralement conservés sous cette forme, dans des conditions sécurisées, sans nécessité d'un support papier (C. consom. art. L 511-2-1, al. 1). Lorsque les dispositions du Code de la consommation exigent qu'ils soient signés, ils doivent faire l'objet, quel qu'en soit le nombre de pages et pour chaque signataire, d'une signature unique sous forme numérique, selon des modalités techniques qui garantissent que l'acte ne peut plus ensuite être modifié (art. L 511-2-1, al. 2). La signature sous format numérique peut prendre soit la forme d'une signature électronique, soit celle d'une signature manuscrite recueillie sous format numérique (art. R 511-3).

> Précisions La **signature électronique** est apposée dans les conditions prévues par les articles 1366 et 1367 du Code civil ; cette signature est au moins d'un niveau avancé reposant sur un certificat qualifié, au sens du règlement (UE) 910/2014 du 23 juillet 2014 sur l'identification électronique et les services de confiance pour les transactions électroniques au sein du marché intérieur (C. com. art. R 511-4 nouveau). La **signature manuscrite recueillie sous format numérique** est valablement apposée si le signataire a été préalablement mis à même de prendre connaissance de l'acte sous un format numérique et si, postérieurement à son recueil, l'enquêteur appose sa propre signature électronique (art. R 511-5).

2. POUVOIRS D'ENQUÊTE ORDINAIRES

a. Dispositions communes à toutes les enquêtes ordinaires

ACCÈS DES ENQUÊTEURS AUX LOCAUX ET AUX MOYENS DE TRANSPORT

Les agents peuvent opérer sur la **voie publique** (C. consom. art. L 512-5, al. 1). **78840**

Entre 8 h et 20 h, ils peuvent pénétrer dans les **lieux à usage professionnel** ou dans les lieux d'exécution d'une prestation de services, ainsi qu'accéder à tous **moyens de transport** à usage professionnel (art. L 512-5, al. 2).

En dehors de ces heures, ils peuvent également pénétrer dans ces mêmes lieux ou accéder à ces mêmes moyens de transport, lorsque ceux-ci sont ouverts au public ou lorsque, à l'intérieur de ceux-ci, sont en cours des activités de production, de fabrication, de transformation, de conditionnement, de transport ou de commercialisation (art. L 512-5, al. 3).

Lorsque les **lieux** mentionnés ci-dessus (n° 78840) sont également **à usage d'habitation,** les **78845** contrôles ne peuvent être effectués qu'entre 8 h et 20 h, et, si l'occupant s'y oppose, avec l'autorisation du juge des libertés et de la détention du tribunal judiciaire dans le ressort duquel sont situés ces lieux (art. L 512-6).

Lorsque l'établissement de la preuve de l'infraction ou du manquement en dépend et qu'elle **78850** ne peut être établie autrement, les agents habilités peuvent ne **décliner leur qualité** qu'au moment où ils informent la personne contrôlée de la constatation d'une infraction ou d'un manquement (art. L 512-7).

RECUEIL PAR LES ENQUÊTEURS DE RENSEIGNEMENTS ET DE DOCUMENTS

Les agents peuvent exiger la **communication de documents** de toute nature propres à facili- **78860** ter l'accomplissement de leur mission. Ils peuvent les obtenir ou en prendre **copie,** par tout moyen et sur tout support, ou procéder à la **saisie** de ces documents en quelques mains qu'ils se trouvent (C. consom. art. L 512-8). Ils peuvent également exiger la mise à leur disposition des moyens indispensables (par exemple, en personnel ou en matériel) pour effectuer leurs vérifications et requérir l'**ouverture** de tout **emballage** (art. L 512-9).

ATTENTION

En dépit des termes « exiger » et « saisie », l'**accès aux documents** n'a pas un **caractère coercitif** : les agents peuvent seulement demander que leur soient présentés des documents identifiés mais ils ne procèdent pas eux-mêmes à une « fouille » ; ils ne se saisissent d'aucun document sans l'accord de la personne contrôlée (Rapport AN n° 1156 relatif à la loi 2014-344 du 17-3-2014, précision à propos des pouvoirs des agents en matière de conformité et sécurité des produits et services mais transposables). C'est lors d'opérations de visite et saisie que les agents peuvent rechercher les documents volontairement occultés (n° 79230).

Ils peuvent recueillir, sur convocation ou sur place, les observations et déclarations de toute personne susceptible d'apporter des éléments utiles à leurs constatations. Ils en dressent procès-verbal auquel ils peuvent joindre des spécimens d'emballage, d'étiquetage ou de marchandises (art. R 512-7).

78865 Les agents peuvent recueillir, sur place ou sur convocation, tout renseignement, toute justification ou tout **document nécessaire** aux contrôles (C. consom. art. L 512-10, al. 1). Ils peuvent procéder, sur convocation ou sur place, aux **auditions** de toute personne susceptible d'apporter des éléments utiles à leurs constatations. Ces auditions doivent donner lieu à un procès-verbal qui doit comporter les questions auxquelles il est répondu. Les personnes entendues procèdent elles-mêmes à sa lecture, peuvent y faire consigner leurs observations et y apposent leur signature. Si elles déclarent ne pas pouvoir lire, lecture leur en est faite par l'agent préalablement à la signature. En cas de refus de signer le procès-verbal, mention en est faite sur celui-ci (art. L 512-10, al. 2). Lorsqu'il est procédé à l'audition d'une personne à l'égard de laquelle il existe des raisons plausibles de soupçonner qu'elle a commis ou tenté de commettre une infraction, cette personne doit être préalablement informée de ses droits, conformément à l'article 61-1 du Code de procédure pénale (art. L 512-10, al. 3).

Lorsque les **documents** sont **sous forme informatisée,** les agents ont accès aux logiciels et aux données stockées ainsi qu'à la restitution en clair des informations propres à faciliter l'accomplissement de leurs missions. Ils peuvent en demander la transcription par tout traitement approprié dans des documents directement utilisables pour les besoins du contrôle (art. L 512-11).

Lorsqu'ils constatent une infraction, les agents peuvent procéder à la prise d'un **échantillon** de la marchandise ou d'un exemplaire de celle-ci destiné à servir de pièce à conviction. Cette prise d'échantillon donne lieu à un procès-verbal (art. L 512-12).

78870 Les agents peuvent accéder à tout document nécessaire à l'accomplissement de leur mission auprès des **administrations publiques,** des établissements et organismes placés sous le contrôle de l'État et des collectivités territoriales, ainsi que dans les entreprises ou services concédés par l'État, les régions, les départements et les communes (art. L 512-14).

RELEVÉ D'IDENTITÉ PAR LES ENQUÊTEURS

78880 Lorsqu'ils recherchent ou constatent une infraction ou un manquement, les agents peuvent relever l'identité de la personne qu'ils contrôlent.

Si celle-ci refuse ou se trouve dans l'impossibilité de justifier de son identité, ils en rendent compte immédiatement à tout officier de police judiciaire territorialement compétent, qui peut alors procéder à une vérification d'identité dans les conditions prévues à l'article 78-3 du Code de procédure pénale (notamment, possibilité de retenir l'intéressé pendant une durée maximale de 4 heures, sur place ou dans le local de police où il est conduit aux fins de vérification de son identité) (C. consom. art. L 512-13).

USAGE PAR LES ENQUÊTEURS D'UNE IDENTITÉ D'EMPRUNT

78890 Pour le contrôle de la vente de biens et de la fourniture de services sur Internet les agents habilités peuvent faire usage d'une identité d'emprunt (C. consom. art. L 512-16).

Lorsqu'ils constatent des infractions ou manquements dans ces conditions, ils doivent dresser un **procès-verbal** dans lequel sont mentionnées les modalités de consultation et d'utilisation du site internet, notamment (art. R 512-8) :

– les noms, qualité et résidence administrative de l'agent habilité ;
– l'identité d'emprunt sous laquelle l'agent habilité a conduit le contrôle ;
– la date et l'heure du contrôle ;
– les modalités de connexion au site et de recueil des informations.

> **› Précisions** Le recours par un enquêteur au **procédé du client mystère** n'est pas contraire à l'article 6 de la convention européenne de sauvegarde des droits de l'Homme, dès lors qu'il est employé sans provoquer l'infraction et sans contournement ni détournement de procédure ayant pour objet ou pour effet de vicier la recherche de la preuve (Cass. crim. 27-6-2023 n° 22-83.338 F-B : RJDA 11/23 n° 620).

CONTRÔLES ÉLÉMENTAIRES DE MARCHANDISES

78900 Les agents habilités procèdent à des contrôles élémentaires dans le but d'identifier les marchandises ou de déceler leur éventuelle non-conformité aux caractéristiques qu'elles doivent posséder (C. consom. art. R 512-2).

Lorsqu'un contrôle élémentaire n'a pas permis d'établir une non-conformité à la réglementation, la quantité du produit rendue inutilisable fait l'objet d'un remboursement à leur valeur le jour du prélèvement toutes taxes comprises (C. consom. art. R 512-3).

RECOURS PAR LES ENQUÊTEURS À LA FORCE PUBLIQUE

Les agents de la force publique sont tenus, en cas de nécessité, de prêter main-forte aux agents habilités pour les constatations, les prélèvements ou saisies (C. consom. art. R 512-5). **78910**

RECOURS PAR LES ENQUÊTEURS À UNE PERSONNE QUALIFIÉE

Les agents peuvent recourir à toute personne qualifiée, désignée par l'autorité administrative dont ils dépendent. Cette personne peut les accompagner lors de leurs contrôles et prendre connaissance de tout document ou élément nécessaire à la réalisation de sa mission ou de son expertise (C. consom. art. L 512-17, al. 1 et 2). En revanche, elle ne peut pas (al. 3 et 4) : **78920**
– effectuer un acte de procédure pénale ou de police administrative ;
– utiliser les informations dont elle prend connaissance à cette occasion pour la mise en œuvre des pouvoirs de contrôle dont elle dispose, le cas échéant, en vertu d'autres dispositions législatives ou réglementaires ;
– divulguer les informations dont elle a eu connaissance dans ce cadre, sous peine d'encourir les sanctions prévues à l'article 226-13 du Code pénal relatif à la violation du secret professionnel.

ÉCHANGE ET DIFFUSION D'INFORMATIONS PAR LES ENQUÊTEURS

Les agents de la CCRF peuvent valablement communiquer aux autorités compétentes des **États membres de l'Union européenne** et à la **Commission européenne** les informations et documents – y compris ceux couverts par le secret professionnel – obtenus au cours de leurs missions de recherche et de constatation des infractions et manquements aux dispositions entrant dans le champ d'application du règlement (UE) 2017/2394 du 12 décembre 2017 sur la coopération entre les autorités nationales chargées de veiller à l'application de la législation en matière de protection des consommateurs. Cette communication s'effectue selon les conditions et modalités prévues par ce règlement (C. consom. art. L 512-18). **78930**

Les agents habilités peuvent coopérer, dans l'exercice de leurs missions, avec les autorités compétentes des pays membres de l'Organisation de coopération et de développement économiques (**OCDE**), en vue de prévenir ou de faire cesser des pratiques commerciales transfrontières illicites. Cette coopération consiste en l'établissement de contacts, d'échanges d'informations non couvertes par les dispositions de l'article 11 du Code de procédure pénale ou celles relatives au secret professionnel, et en l'orientation des plaintes des consommateurs dans des pays tiers (art. L 512-19). **78935**

Les agents habilités à relever les **infractions en matière de conformité ou de sécurité des produits,** ainsi que les officiers et agents de police judiciaire, peuvent se communiquer spontanément les informations et documents détenus ou recueillis dans l'exercice de leurs missions respectives, sans que les dispositions de l'article 11 du Code de procédure pénale relatif au secret de l'enquête ou de l'instruction, ou celles relatives au secret professionnel, fassent obstacle à une telle communication. Ces informations et documents peuvent être communiqués, pour l'exécution de leurs missions respectives, à certaines autorités limitativement énumérées, telles que la Commission européenne ou les autorités nationales des États membres compétentes pour contrôler la conformité des produits à l'obligation générale de sécurité ou aux exigences de la législation d'harmonisation de l'Union mentionnée à l'annexe I du règlement (UE) 2019/1020 du 20 juin 2019 sur la surveillance du marché et la conformité des produits ou, encore, l'application de la réglementation dans le domaine des denrées alimentaires ou des aliments pour animaux, dans l'exercice de leurs missions de surveillance du marché (art. L 512-20, modifié par loi 2022-1158 du 16-8-2022). **78940**

La possibilité de communiquer des informations à la Commission européenne coexiste avec l'obligation, imposée par l'article 50 du règlement 178/2002 du 28 janvier 2002 relatif au système d'alerte rapide en matière de sécurité des denrées alimentaires, de transmettre à celle-ci toute information au sujet de l'existence d'un risque grave pour la santé humaine lié à une denrée alimentaire ou à un aliment pour animaux.

Le **secret de l'enquête ou de l'instruction** (CPP art. 11) ou le **secret professionnel** n'empêchent pas les agents habilités de pouvoir : **78945**
– divulguer des informations pour prévenir un danger grave ou immédiat pour la santé ou la sécurité des consommateurs (C. consom. art. L 512-22) ;
– notifier des informations relatives à un contenu illicite aux plateformes en ligne (art. L 512-22-1).

> **Précisions** Cette seconde disposition est destinée à faciliter le retrait de **produits** vendus sur une plateforme de vente en ligne lorsque les agents les soupçonnent d'être **non conformes,** sans pour autant qu'ils soient dangereux (une télévision qui serait vendue sans la documentation

technique, par exemple). Dans un tel cas, les agents peuvent communiquer à la plateforme le nom et la marque du produit, sans que leur responsabilité pénale ne soit engagée pour violation du secret de l'enquête ou du secret professionnel.

CONTENU DES PROCÈS-VERBAUX ÉTABLIS À L'ISSUE DE L'ENQUÊTE

78950 Les procès-verbaux constatant une infraction ou un manquement établis par les agents doivent énoncer la nature, la date et le lieu des constatations ou des contrôles effectués. Ils sont signés par les agents ayant procédé aux constatations ou au contrôle (C. consom. art. R 512-1).

b. Enquêtes ordinaires pour la recherche et la constatation d'infractions en matière de conformité et sécurité des produits et services

PRÉLÈVEMENTS D'ÉCHANTILLONS PAR LES ENQUÊTEURS

78960 Les agents habilités peuvent prélever des échantillons (C. consom. art. L 512-23).

La **procédure** suivie est différente selon que le prélèvement d'échantillons s'effectue sur le **lieu de détention des marchandises** (nos 78970 à 79010) ou sur des marchandises mises à disposition sur le marché au moyen d'une **technique de communication à distance** (no 79020).

En tout état de cause, la faculté de prélever des échantillons ne fait pas obstacle à ce que la **preuve des infractions** puisse être établie **par tous moyens** (art. R 512-9).

ILLUSTRATIONS

Il a été jugé que le prélèvement doit être réservé à la mise en évidence de germes non apparents et n'est donc pas obligatoire lorsque les agents de la CCRF peuvent constater directement des marques visibles de corruption (viande présentant une décoloration verdâtre, dégageant une odeur nauséabonde à la décongélation), leurs constatations faisant foi jusqu'à preuve contraire (T. corr. Angers 28-10-1987 : BID 1989/4 p. 49).

78970 **Procès-verbal** Tout prélèvement donne lieu, séance tenante, à la rédaction d'un procès-verbal comportant les mentions suivantes (C. consom. art. R 512-10) :

– les nom, prénoms, qualité et résidence de l'agent habilité ;
– la date, l'heure et le lieu où le prélèvement a été effectué ;
– les nom, prénoms et profession, domicile ou résidence de la personne chez laquelle le prélèvement a été opéré. Si le prélèvement a lieu au cours d'un transport, les nom et domicile des personnes figurant sur les lettres de voiture ou connaissements comme expéditeurs et destinataires ;
– le numéro d'ordre du prélèvement ;
– la signature de l'agent habilité.

Le procès-verbal comporte, outre un exposé succinct des modalités de prélèvement, une description des marques et étiquettes apposées sur les enveloppes ou récipients. Il indique également l'importance du lot de marchandises échantillonnées, ainsi que toutes les indications jugées utiles pour établir l'authenticité des échantillons prélevés, l'identité de la marchandise et la dénomination exacte sous laquelle cette dernière était détenue ou mise en vente.

Le propriétaire ou le détenteur de la marchandise ou, le cas échéant, le représentant de l'entreprise de transport peut en outre faire insérer au procès-verbal toutes les déclarations qu'il juge utiles. Il est invité à signer le procès-verbal ; en cas de refus, mention en est faite par l'agent habilité.

Si le propriétaire déclare renoncer au remboursement des échantillons (no 79030), il en est fait mention dans le procès-verbal de prélèvement.

Ce procès-verbal mentionne également l'identifiant attribué par le service administratif qui enregistre le prélèvement (art. R 512-11).

78980 **Modalités des prélèvements** Les prélèvements doivent effectués de telle sorte que les échantillons soient, autant que possible, identiques.

Le détenteur du produit doit communiquer à l'agent habilité toute information sur les risques éventuels liés aux prélèvements et les mesures qu'il convient de mettre en œuvre pour les réaliser en toute sécurité. Il met à disposition de l'agent le matériel nécessaire et les équipements de protection individuelle adéquats.

Lorsque la nature de la marchandise le justifie, l'échantillonnage peut être réalisé, à la demande de l'agent habilité, par le détenteur du produit (C. consom. art. R 512-12).

Mise sous scellés Tout échantillon prélevé est mis sous scellés. Ces scellés doivent porter une étiquette d'identification devant indiquer notamment la dénomination sous laquelle la marchandise est détenue en vue de la vente, mis en vente ou vendu, ainsi que la date, l'heure et le lieu où le prélèvement a été effectué (C. consom. art. R 512-13). 78990

Récépissé et détention d'un échantillon Lors du prélèvement, un récépissé est remis au propriétaire ou détenteur de la marchandise. Il fait mention de la nature et des quantités d'échantillons prélevés. En cas de prélèvement en cours de transport, le récépissé est remis au représentant de l'entreprise de transport (C. consom. R 512-14). 79000

L'un au moins des échantillons est laissé au propriétaire ou au détenteur du produit, lequel ne doit en aucun cas modifier l'état des échantillons qui lui sont confiés, sous peine d'une amende contraventionnelle de 1 500 € ou 3 000 € en cas de récidive (art. R 512-15, al. 1 et R 531-1). Si le propriétaire ou le détenteur ne dispose pas des moyens de conserver le ou les échantillons dans des conditions de nature à permettre l'expertise, ces échantillons sont conservés dans un endroit désigné par l'agent habilité. Mention en est faite au procès-verbal (art. R 512-15, al. 2).

Nombre d'échantillons prélevés En principe, tout prélèvement doit comporter au moins trois échantillons : l'un est destiné au laboratoire d'État pour analyses, les deux autres sont éventuellement destinés aux experts (sur l'expertise, voir n°s 79090 s.) (C. consom. art. R 512-17). 79010

Le prélèvement est réalisé en un ou deux échantillons, lorsqu'en raison de leur valeur, de leur nature, de la trop faible quantité disponible, du poids ou du volume de la marchandise ou des échantillons destinés à l'analyse ou à l'essai, la marchandise ne peut pas faire l'objet d'un prélèvement en trois échantillons (art. R 512-18, R 512-20 et R 512-21).

ILLUSTRATIONS

Jugé qu'est valable le prélèvement d'un échantillon unique opéré par les services vétérinaires aux abattoirs sur des carcasses de bovins importés dont ils avaient constaté qu'elles portaient des traces d'injections médicamenteuses de la grosseur d'une noisette, dès lors que cette trop faible quantité de matière homogène ne permettait pas de recueillir trois échantillons identiques et contenant la même quantité de résidus de substances anabolisantes (CA Riom 10-10-1989 : JCP éd. G 1990 IV n° 60).

Pour un autre exemple, voir Cass. crim. 6-11-1979 : Bull. crim. p. 829.

Le prélèvement comporte un seul échantillon dans les deux cas suivants :

- lorsque la marchandise est rapidement altérable (art. R 512-19) ;
- en cas de contrôle bactériologique (art. R 512-23) ;
- pour le contrôle des teneurs en mycotoxines contenues dans les denrées alimentaires (art. R 512-22).

Prélèvements d'échantillons de marchandises mises en vente par un procédé de vente à distance Les prélèvements d'échantillons de marchandises mises en vente par un procédé de vente à distance suivent une procédure particulière exposée aux articles R 512-16-1 à R 512-24-1 du Code de la consommation. 79020

En particulier, les agents peuvent commander anonymement des produits par la technique du client mystère, les scellés et le procès-verbal doivent comporter un certain nombre de mentions obligatoires, un récépissé doit être adressé à la personne à laquelle la marchandise a été commandée indiquant notamment qu'en cas de non-conformité les marchandises commandées devront être remboursées à l'administration.

ANALYSES ET ESSAIS PAR DES LABORATOIRES D'ÉTAT

Les essais et analyses sont réalisés par des laboratoires d'État, dans les conditions fixées aux articles R 512-30 et suivants du Code de la consommation. 79030

S'il ressort du rapport du laboratoire que l'**échantillon** est **conforme** aux caractéristiques auxquelles le produit doit répondre, et en l'absence de tout autre élément d'information susceptible de constituer une présomption de non-conformité à la réglementation, le service administratif qui a enregistré le prélèvement doit en aviser sans délai le propriétaire ou le détenteur du produit ; dans ce cas, il est procédé d'office au remboursement des échantillons à leur valeur le jour du prélèvement toutes taxes comprise, sauf si le propriétaire a renoncé au remboursement (C. consom. art. L 512-24 et R 512-37).

Dans le cas où il ressort du rapport du laboratoire que l'**échantillon** n'est **pas conforme** aux caractéristiques auxquelles le produit doit répondre, le service administratif dont relève l'agent habilité, après toutes enquêtes complémentaires utiles, constitue le dossier compte tenu des renseignements à sa disposition (art. R 512-38). En outre, le responsable de la mise sur le marché du produit ou, le cas échéant, toute autre personne responsable de la non-conformité supporte une sanction administrative, qui est égale, dans la limite de 10 000 €, au montant cumulé des frais de prélèvement et de transport (fixés forfaitairement à 220 € TTC par prélèvement) et des frais d'analyse ou d'essai exposés par le laboratoire d'État (art. L 531-6 et R 531-3).

Les **rapports** d'essais ou d'analyses des échantillons prélevés peuvent être **transmis** aux personnes concernées (art. L 512-23).

CONSIGNATION ET SAISIE DE PRODUITS PAR LES ENQUÊTEURS

79040 **Consignation** Dans l'attente des résultats des contrôles nécessaires, les agents habilités peuvent consigner les **produits** suivants (C. consom. art. L 512-26) :

1° Les produits susceptibles d'être falsifiés, corrompus ou toxiques ;

2° Les produits susceptibles d'être impropres à la consommation, à l'exception des produits d'origine animale, des denrées alimentaires en contenant ainsi que des aliments pour animaux d'origine animale ou contenant des produits d'origine animale dont l'impropriété à la consommation ne peut être reconnue qu'en fonction de caractères organoleptiques anormaux ou de signes de pathologie lésionnelle ;

3° Les produits, objets ou appareils susceptibles d'être non conformes aux lois et règlements en vigueur et de présenter un danger pour la santé ou la sécurité des consommateurs ;

4° Les produits susceptibles d'être présentés sous une marque, une marque collective ou une marque de garantie contrefaisantes.

Les produits, objets ou appareils consignés sont laissés à la **garde** de leur détenteur ou, à défaut, déposés dans un local désigné par les agents habilités (art. L 512-27).

Les agents habilités dressent un **procès-verbal** mentionnant les produits, objets ou appareils consignés. Ce procès-verbal est transmis dans les 24 heures au procureur de la République. Une copie de ce procès-verbal est remise au détenteur des produits, objets ou appareils (art. L 512-28, al. 1).

La **durée** de la consignation ne peut excéder un mois, sauf sur autorisation du procureur de la République ; sa **mainlevée** peut être ordonnée à tout moment par les agents habilités ou par le procureur de la République (art. L 512-28, al. 2 et 3).

79050 **Saisie** Les agents habilités peuvent effectuer des saisies sans autorisation judiciaire dans le cas d'un **flagrant délit de falsification** ou lorsqu'elles portent sur les **produits** suivants (C. consom. art. L 512-29) :

1° Les produits reconnus falsifiés, corrompus ou toxiques ;

2° Les produits reconnus impropres à la consommation, à l'exception des produits d'origine animale, des denrées alimentaires en contenant ainsi que des aliments pour animaux d'origine animale ou contenant des produits d'origine animale dont l'impropriété à la consommation ne peut être reconnue qu'en fonction de caractères organoleptiques anormaux ou de signes de pathologie lésionnelle ;

3° Les produits, objets ou appareils propres à effectuer des falsifications dans les cas prévus aux articles L 413-1 et L 413-2 du Code de la consommation ;

4° Les produits, objets ou appareils reconnus non conformes aux lois et règlements en vigueur et présentant un danger pour la santé ou la sécurité des consommateurs ;

5° Les produits présentés sous une marque, une marque collective ou une marque de garantie contrefaisantes.

Les saisies peuvent être effectuées à la suite de constatations opérées sur place ou de l'essai ou de l'analyse en laboratoire d'un échantillon prélevé (art. L 512-30).

Les agents habilités dressent un **procès-verbal** de saisie, transmis dans les 24 heures au procureur de la République (art. L 512-31).

Les produits, objets ou appareils saisis sont laissés à la **garde** de leur détenteur ou, à défaut, déposés dans un local désigné par les agents habilités (art. L 512-32).

S'il s'agit de produits reconnus falsifiés, corrompus ou toxiques, les agents habilités peuvent procéder à leur destruction, à leur stérilisation ou à leur dénaturation ; ces opérations sont relatées et justifiées dans le procès-verbal de saisie (art. L 512-33).

Sanctions Le **non-respect** de la **mesure de consignation** est passible d'un emprisonnement de deux ans et d'une amende de 300 000 € (C. consom. art. L 531-3). La personne morale déclarée pénalement responsable de l'infraction commise pour son compte par son organe ou représentant est passible d'une amende de 1,5 million d'euros (C. pén. art. 121-2 et 131-38). 79060

Le **non-respect** de la **mesure de saisie** est passible d'un emprisonnement de trois ans et d'une amende de 375 000 € (C. consom. art. L 531-4). La personne morale déclarée pénalement responsable de l'infraction commise pour son compte par son organe ou représentant est passible d'une amende de 1 875 000 € (C. pén. art. 121-2 et 131-38).

Dans les **deux cas,** le tribunal peut prononcer en outre (C. consom. art. L 531-5) :

1° L'affichage et la diffusion de la décision dans les conditions prévues à l'article 131-35 du Code pénal (frais à la charge du condamné, affichage ou diffusion de l'intégralité ou d'une partie de la décision, etc.) ;

2° La diffusion d'un ou plusieurs messages. Le jugement fixe les termes de ces messages et les modalités de leur diffusion et impartit à la personne condamnée un délai pour y faire procéder ; en cas de carence, il est procédé à cette diffusion à la diligence du ministère public aux frais de la personne condamnée ;

3° Le retrait des produits sur lesquels a porté l'infraction et, dans les mêmes conditions, l'interdiction de la prestation de services.

Lorsque l'affichage est ordonné à la porte des magasins de la personne condamnée, l'exécution du jugement ne peut être entravée par la vente du fonds de commerce réalisée postérieurement à la première décision qui a ordonné l'affichage.

CONSIGNATION DE PRODUITS NON CONFORMES SANS ÊTRE DANGEREUX

Lorsque la réglementation prévoit une procédure de **prélèvement d'une unité d'un modèle** puis, en cas de non-conformité, d'**unités supplémentaires** du même modèle, ces unités supplémentaires peuvent être **consignées** dans l'attente des résultats de l'essai réalisé sur la première unité. 79065

Les agents habilités établissent un procès-verbal de consignation dont copie est remise au détenteur des produits.

La mainlevée de la consignation est donnée à tout moment par les agents habilités (C. consom. art. L 512-33-1).

CONSIGNATION DE PRODUITS SOUMISE À AUTORISATION DU JUGE DES LIBERTÉS ET DE LA DÉTENTION

Conditions et modalités Les agents habilités peuvent demander au juge des libertés et de la détention l'autorisation de consigner, dans l'attente des contrôles nécessaires, les marchandises suspectées d'être non conformes aux dispositions du livre IV du Code de la consommation et aux textes pris pour son application, lorsque leur maintien sur le marché est de nature à porter une **atteinte grave et immédiate à la loyauté des transactions ou à l'intérêt des consommateurs** (C. consom. art. L 512-34). 79070

La consignation est effectuée sur autorisation du juge des libertés et de la détention du tribunal judiciaire dans le ressort duquel sont situés les lieux de détention des marchandises litigieuses. Ce magistrat est saisi sur **requête** par les agents habilités. Il statue dans les 24 heures. Le juge vérifie que la demande de consignation qui lui est soumise est fondée. Cette demande comporte tous les éléments d'information de nature à justifier la mesure (art. L 512-35, al. 1 à 3).

La mesure de consignation ne peut excéder 15 jours. En cas de difficultés particulières liées à l'examen des marchandises, le juge peut renouveler la mesure pour une même **durée** par une ordonnance motivée (art. L 512-35, al. 4).

Les marchandises consignées sont laissées à la **garde** de leur détenteur (art. L 512-36).

Le juge peut ordonner la **mainlevée** de la mesure de consignation à tout moment. Elle est de droit dans tous les cas où les agents habilités ont constaté la conformité des marchandises consignées ou leur mise en conformité à la suite de l'engagement du responsable de leur première mise sur le marché ou de leur détenteur (art. L 512-37).

Recours Les voies de recours et les conditions dans lesquelles elles sont exercées doivent être précisées dans l'ordonnance du juge (C. consom. art. L 512-38, al. 5). 79080

Un **appel** peut être formé contre celle-ci dans un délai de 15 jours à compter de la notification de l'ordonnance. Le recours est formé devant le premier président de la cour d'appel suivant les règles prévues par le Code de procédure pénale. Les parties ne sont pas tenues de constituer avocat (art. L 512-38, al. 1 et 2).

L'ordonnance du premier président de la cour d'appel est susceptible d'un **pourvoi en cassation,** selon les règles prévues par le Code de procédure pénale. Le délai du pourvoi en cassation est de 15 jours (art. L 512-38, al. 4).

CONDITIONS ET MODALITÉS D'UNE EXPERTISE

79090 Les essais et analyses réalisés sur les échantillons prélevés sont contradictoires (C. consom. art. L 512-39), selon une procédure particulière.

Lorsque la preuve d'une infraction résulte de l'aveu qui en est fait au cours de l'enquête, l'expertise contradictoire devient inutile (Cass. crim. 1-6-1992 : RJDA 11/92 n° 1071, décision rendue en matière de fraude mais transposable).

79100 **Conditions de mise en œuvre d'une expertise** La mise en œuvre des dispositions sur l'expertise contradictoire suppose que la présomption d'infraction résulte des **analyses d'un laboratoire.** Ces dispositions ne sont pas applicables si la présomption se fonde sur un ou plusieurs éléments, tels que des constatations matérielles, des déclarations des victimes ou des documents administratifs et comptables (Cass. crim. 2-2-2016 n° 14-88.541 : RJDA 6/16 n° 487). Ainsi, une demande d'expertise peut valablement être écartée lorsque l'établissement de l'infraction résulte non pas de l'analyse en laboratoire, mais de la constatation de la non-conformité des marchandises mises en vente avec les usages commerciaux en vigueur (Cass. crim. 17-1-1996 n° 93-83.887 : RJDA 6/96 n° 839).

Par ailleurs, l'expertise n'est **contradictoire** que si des échantillons ont été prélevés. N'est donc pas visée par cette procédure une expertise portant sur des documents commerciaux (Cass. crim. 17-10-1978 : Bull. crim. p. 711) ou sur des marchandises ne pouvant pas faire l'objet de prélèvements d'échantillons, telles que des meubles (Cass. crim. 9-5-1990 : BID 1990/11 p. 17) ou des véhicules (Cass. crim. 7-5-1991 : RJDA 7/91 n° 648).

L'impossibilité de mettre en œuvre l'expertise contradictoire n'est pas une **cause de nullité** de l'analyse faite au laboratoire ; elle a pour seule conséquence de la priver de valeur probante (Cass. crim. 16-11-2004 n° 6444 : RJDA 7/05 n° 900, 1e espèce : cas où l'altération des produits analysés avait rendu l'expertise impossible ; Cass. crim. 8-2-2005 n° 954 : RJDA 7/05 n° 900, 2e espèce ; Cass. crim. 23-3-2010 n° 09-84.291 : RJDA 10/10 n° 1009). La preuve de l'infraction doit alors être rapportée par tout autre moyen.

79105 Lorsque les agents constatent par procès-verbal une infraction sur le fondement d'essais ou d'analyses, ils transmettent le rapport du laboratoire d'État à l'auteur présumé de l'infraction et l'informent qu'il dispose d'un délai de trois jours francs à compter de la réception du rapport pour leur indiquer s'il demande la mise en œuvre d'une expertise. Si cette expertise est demandée, les agents en informent le procureur de la République lorsqu'ils lui transmettent le procès-verbal (art. L 512-40).

S'il estime, au vu des procès-verbaux dressés par les agents ou du rapport d'essais ou d'analyses et, au besoin, après enquête préalable, que des poursuites doivent être engagées ou une information ouverte, le procureur de la République saisit, suivant le cas, le tribunal ou le juge d'instruction. S'il y a lieu à expertise, celle-ci est ordonnée et exécutée selon les prescriptions et dans les formes prévues aux articles 156 à 169 du Code de procédure pénale relatifs à l'expertise judiciaire, sous les réserves mentionnées aux articles L 512-39 et suivants du Code de la consommation relatifs à l'expertise (art. L 512-41).

79110 **Désignation des experts** Lorsque l'expertise a été demandée ou lorsqu'elle a été décidée par le procureur de la République ou la juridiction d'instruction ou de jugement, deux experts sont désignés ; l'un est nommé par le **procureur de la République** ou la **juridiction,** l'autre est choisi par l'**intéressé** et nommé par le procureur de la République ou la juridiction dans les conditions prévues par l'article 157 du Code de procédure pénale (art. L 512-42, al. 1).

À titre exceptionnel, l'intéressé peut choisir un expert en dehors des listes prévues à l'article 157, al. 1 du Code de procédure pénale ; son choix est subordonné à l'agrément du procureur de la République ou de la juridiction (art. L 512-42, al. 2).

Un agent exerçant sa fonction au sein d'un laboratoire d'État peut être désigné dans les conditions évoquées ci-dessus, même lorsqu'il ne figure pas sur les listes prévues à l'article 157, al. 1 du Code de procédure pénale (art. L 512-42, al. 3).

Pour la désignation de l'expert, un délai est imparti par le procureur de la République ou la juridiction à l'intéressé, qui a toutefois le droit de renoncer explicitement à cette désignation et de s'en rapporter aux conclusions de l'expert désigné par le procureur de la République ou la juridiction (art. L 512-42, al. 4).

Si l'intéressé, sans avoir renoncé à ce droit, n'a pas désigné un expert dans le délai imparti, cet expert est nommé d'office par le procureur de la République ou la juridiction (art. L 512-42, al. 5). Le non-respect de cette obligation entraîne la nullité de l'expertise réalisée par l'expert unique (Cass. crim. 19-6-2007 n° 07-82.454 : RJDA 2/08 n° 199).

> **Précisions** Le caractère contradictoire de l'expertise entraîne la possibilité pour l'inculpé de désigner l'un des experts mais n'implique nullement que cet inculpé ait le droit d'**assister personnellement aux opérations** d'expertise (Cass. crim. 16-1-1976 : D. 1976 IR p. 59, décision rendue en matière de fraude mais transposable).

Modalités de l'expertise Les deux experts reçoivent la même mission. Ils ont les mêmes obligations, les mêmes droits et la même responsabilité (art. L 512-43, al. 1). **79120**

Ils doivent employer la ou les méthodes utilisées par le laboratoire d'État et procéder aux mêmes essais et analyses. Cependant, ils peuvent recourir à d'autres méthodes en complément (art. L 512-43, al. 2).

À la demande du procureur de la République ou de la juridiction, le ou les échantillon(s) prélevé(s) et détenu(s) par le service administratif sont remis aux experts (art. L 512-44). Lorsqu'un produit est rapidement altérable ou lorsqu'il s'agit d'un objet ou d'une marchandise qui, en raison de sa valeur, de sa nature ou de la trop faible quantité du produit, ne peut, sans inconvénient, faire l'objet d'un prélèvement en plusieurs échantillons et que l'expertise ne peut être réalisée sur l'échantillon soumis à essais ou analyses, le procureur de la République ou la juridiction commet immédiatement les experts, dont celui qui est indiqué par l'intéressé, et prend toutes mesures pour que les experts se réunissent d'urgence (art. L 512-47).

Par dérogation à l'article 167 du Code de procédure pénale, si les experts sont en désaccord, ou s'ils sont d'accord pour infirmer les conclusions du rapport du laboratoire d'État, le procureur de la République ou la juridiction, avant de statuer, donne à ce laboratoire connaissance du rapport d'expertise et lui fixe un délai pour faire parvenir éventuellement ses observations, sauf dans le cas où le directeur du laboratoire intéressé a participé lui-même à l'expertise en qualité d'expert (art. L 512-48).

SANCTIONS EN CAS DE VENTE DE MARCHANDISES NON CONFORMES AVANT LES RÉSULTATS D'UN CONTRÔLE

Le fait de mettre en vente ou de vendre, sans attendre les résultats d'un contrôle officiel en cours, des marchandises reconnues non conformes à la réglementation ou falsifiées à l'issue de l'enquête consécutive à ce contrôle est puni d'une amende contraventionnelle de 1 500 € pour une personne physique (C. consom. art. R 531-2, al. 1) et 7 500 € pour une personne morale (C. pén. art. 131-41). **79130**

En cas de récidive dans le délai d'un an, l'amende s'élève à 3 000 € pour une personne physique et à 15 000 € pour une personne morale (C. consom. art. R 531-2, al. 2).

c. Dispositions particulières aux enquêtes menées pour la recherche de pratiques commerciales trompeuses

RECUEIL PAR LES ENQUÊTEURS DE RENSEIGNEMENTS ET DE DOCUMENTS

Outre les pouvoirs exposés ci-dessus (nos 78860 à 78870), les agents peuvent exiger du responsable de la pratique la mise à leur disposition ou la communication de tous les éléments propres à justifier les allégations, indications ou présentations, y compris lorsque ces éléments sont détenus par un fabricant implanté hors du territoire national. Ils peuvent également exiger de l'annonceur, de l'agence de publicité ou du responsable du support, la mise à leur disposition des messages publicitaires diffusés (C. consom. art. L 512-15, al. 1). **79140**

Ces dispositions s'appliquent également à la recherche et à la constatation des infractions en matière de publicité comparative (art. L 512-15, al. 2).

PRÉLÈVEMENTS D'ÉCHANTILLONS PAR LES ENQUÊTEURS

Les agents peuvent procéder à des prélèvements d'échantillons, dans les mêmes conditions que celles prévues pour la recherche et la constatation d'infractions en matière de conformité et sécurité des produits et services (nos 78960 s.) (C. consom. art. L 511-5, dernier al.). **79150**

3. OPÉRATIONS DE VISITE ET SAISIE

CONTENU ET FONDEMENT DU DISPOSITIF

79170 Les enquêtes « lourdes », dites « opérations de visite et saisie », sont soumises à l'autorisation du juge des libertés et de la détention. Seuls **certains manquements et infractions** peuvent être recherchés et constatés par de telles enquêtes. S'agissant de l'exercice de pouvoirs coercitifs, les entreprises visitées disposent de voies de recours directes.

ATTENTION

Depuis le 1er juillet 2016, date d'entrée en vigueur de l'actuel Code de la consommation, ces enquêtes sont soumises à un dispositif unique, alors qu'auparavant ces enquêtes étaient soumises, pour la recherche des infractions en matière de conformité et de sécurité des produits et services, à des dispositions spécifiques prévues par l'ancien Code de la consommation et, pour la recherche des autres types d'infractions ou manquements, au dispositif – similaire – prévu par l'article L 450-4 du Code de commerce pour la recherche de **pratiques contraires au droit de la concurrence.** La **jurisprudence** rendue sur le fondement de cet article (nos 77330 s.) est **transposable** aux dispositions correspondantes prévues par le Code de la consommation.

a. Mise en œuvre des opérations de visite et saisie

OBJET DES OPÉRATIONS DE VISITE ET SAISIE

79180 Les agents de la concurrence, de la consommation et de la répression des fraudes peuvent, sur demande du ministre chargé de l'économie, procéder à des opérations de visite et saisie en tous lieux pour la recherche et la constatation des **infractions** et des **manquements** mentionnés aux articles L 511-5 et L 511-7 et des infractions au livre IV du Code de la consommation (C. consom. art. L 512-51). Voir le **tableau récapitulatif** de l'essentiel des pratiques concernées n° 78700.

› Précisions Lorsque la perquisition est effectuée dans le cabinet d'un **avocat** ou à son domicile, dans les locaux d'une entreprise de **presse** ou de **communication audiovisuelle,** dans le cabinet d'un **médecin,** d'un **notaire** ou d'un **huissier,** les articles 56-1, 56-2 ou 56-3 du Code de procédure pénale relatifs aux perquisitions dans ces lieux sont respectivement applicables à ces professions (C. consom. art. L 512-61). En particulier, la perquisition ne peut être effectuée que par un magistrat.

NÉCESSITÉ D'UNE AUTORISATION JUDICIAIRE EN CAS D'OPÉRATIONS DE VISITE ET SAISIE

79190 Chaque visite doit être autorisée par une **ordonnance du juge des libertés et de la détention** du tribunal judiciaire dans le ressort duquel sont situés les lieux à visiter (C. consom. art. L 512-52, al.1).

Lorsque ces lieux sont situés dans le ressort de plusieurs juridictions et qu'une action simultanée doit être menée dans chacun d'eux, une **ordonnance unique** peut être délivrée par l'un des juges des libertés et de la détention compétents (art. L 512-52, al. 2).

79195 Lorsque l'ordonnance concerne la recherche d'infractions aux dispositions du livre IV du Code de consommation relatives à la **conformité et sécurité des produits et services,** le procureur de la République territorialement compétent est informé par l'autorité chargée de la concurrence et de la consommation du projet d'opération de visite et saisie préalablement à la saisine du juge, et peut s'y opposer (C. consom. art. L 512-65).

CONTENU DE LA DEMANDE D'AUTORISATION D'OPÉRATIONS DE VISITE ET SAISIE

79200 Le juge doit vérifier que la demande d'autorisation qui lui est soumise est fondée. Cette demande doit comporter les **éléments** d'information en possession de l'administration **de nature à justifier la visite** (C. consom. art. L 512-52, al. 3).

Les **documents** produits par l'administration au soutien de sa requête doivent avoir une **origine** licite, sous peine d'annulation de l'autorisation obtenue sur la foi de ces documents (Cass. com. 31-1-2012 n° 11-13.097 : RJF 4/12 n° 381 et étude B. Hatoux, La preuve illicite est irrecevable, p. 304 ; décision rendue en matière de perquisitions fiscales mais transposable).

CONTENU DE L'ORDONNANCE D'AUTORISATION D'OPÉRATIONS DE VISITE ET SAISIE

79210 Le juge doit désigner le chef du service qui doit nommer les officiers de police judiciaire chargés d'assister à ces opérations et d'apporter leur concours en procédant, le cas échéant, aux réquisitions nécessaires (par exemple, services d'un serrurier) ; ces officiers de police judiciaire tiendront le juge informé du déroulement des opérations (C. consom. art. L 512-52, al. 4).

L'ordonnance mentionne que l'occupant des lieux ou son représentant a la faculté de faire appel au conseil de son choix, tel un avocat (art. L 512-58, al. 2). L'exercice de cette faculté n'entraîne pas la suspension des opérations de visite et de saisie.

Elle indique également les voies et délais de recours dont dispose l'occupant des lieux ou son représentant (art. R 512-39).

DÉROULEMENT DES OPÉRATIONS DE VISITE ET SAISIE

Les opérations de visite et saisie s'effectuent sous l'**autorité** et le **contrôle du juge** qui les a autorisées (C. consom. art. L 512-53, al. 1). **79220**

Lorsqu'elles ont lieu en dehors du ressort de sa juridiction, le juge qui a établi l'ordonnance délivre, pour exercer ce contrôle, une commission rogatoire au juge des libertés et de la détention du tribunal judiciaire dans le ressort duquel s'effectue la visite (art. L 512-53, al. 2).

Le juge peut se rendre dans les locaux visités pendant l'intervention (art. L 512-54). À tout moment, il peut décider la suspension ou l'arrêt de la visite (art. L 512-55).

Les opérations de visite et saisie ne peuvent pas **débuter** avant 6 h ou après 21 h. Toutefois, les agents peuvent, lorsque les nécessités de l'enquête l'exigent, procéder à ces opérations en dehors de ces heures dans les lieux utilisés à des fins professionnelles et dans les lieux d'exécution d'une prestation de services, sous réserve que l'ordonnance délivrée par le juge le prévoie expressément et que ces lieux ne soient pas également à usage d'habitation (art. L 512-56).

La visite est effectuée en **présence de l'occupant des lieux** ou de son **représentant.** L'occupant des lieux peut désigner un ou plusieurs représentants pour assister à la visite et signer le procès-verbal. En cas d'absence de l'occupant des lieux et en l'absence de désignation de représentants, l'officier de police judiciaire doit requérir deux **témoins** choisis en dehors des personnes relevant de son autorité ou de celle de l'autorité administrative chargée de la concurrence et de la consommation (art. L 512-57).

L'**ordonnance** autorisant la visite est **notifiée** verbalement et sur place au moment de la visite à l'occupant des lieux ou à son représentant, qui en reçoit copie intégrale contre récépissé ou émargement au procès-verbal (art. L 512-58, al. 1). **79225**

En l'absence de l'occupant des lieux, l'ordonnance est notifiée après les opérations par lettre recommandée avec AR. Il en va de même lorsqu'il n'est pas procédé à la visite de l'un des lieux visés par l'ordonnance. La notification est réputée faite à la date de réception figurant sur l'avis (art. L 512-58, al. 3).

Au cours de la visite, les agents peuvent procéder à la **saisie** de tous objets, documents et supports d'information utiles aux besoins de l'enquête. Ils peuvent prélever des échantillons de marchandises. Ils peuvent également procéder à la pose de scellés sur tous locaux commerciaux, objets, documents et supports d'information, dans la limite de la durée de la visite de ces locaux (art. L 512-59, al. 1). **79230**

Les agents, l'occupant des lieux ou son représentant, ainsi que l'officier de police judiciaire peuvent seuls prendre connaissance des documents et des données contenues dans tout support d'information avant leur saisie (art. L 512-59, al. 2).

Tous objets, documents et supports d'information saisis sont inventoriés et placés sous **scellés** (art. L 512-59, al. 3). En cas de difficultés pour dresser l'inventaire, les agents peuvent valablement procéder à des scellés fermés provisoires (Cass. crim. 4-3-2020 n° 18-84.071 F-D : RJDA 7/20 n° 398).

Les agents habilités peuvent procéder au cours de la visite à des **auditions** de l'occupant des lieux, de son représentant ou de toute autre personne, en vue d'obtenir les informations ou explications utiles aux besoins de l'enquête (art. L 512-60).

PROCÈS-VERBAL ET INVENTAIRE DES PIÈCES ET DOCUMENTS SAISIS

Les procès-verbaux relatent le déroulement de la visite et consignent les constatations effectuées. Ils sont dressés sur-le-champ. Ils comportent l'inventaire des pièces et documents saisis (C. consom. art. R 512-40, al. 1). **79240**

Ces procès-verbaux sont signés par les agents habilités, par l'officier de police judiciaire chargé d'assister aux opérations ainsi que, selon le cas, par l'occupant des lieux, son représentant ou les deux témoins requis (art. R 512-40, al. 2).

Les originaux du procès-verbal et de l'inventaire des objets, documents et supports d'information saisis sont transmis au juge qui a ordonné la visite (art. L 512-62, al. 1).

Une copie est en remise à l'occupant des lieux ou à son représentant (art. L 512-62, al. 2). En leur absence, la copie du procès-verbal est adressée, après la visite, au responsable de l'entreprise ou de l'organisme concerné, par lettre recommandée avec AR (art. R 512-41, al. 2). Le cas échéant, la copie de ces documents est également adressée, par lettre recommandée avec AR, aux personnes mises en cause par les pièces saisies au cours de l'opération (art. L 512-62, al. 3).

Les pièces et documents saisis ne peuvent être opposés aux intéressés qu'après qu'ils ont été mis en mesure d'en prendre connaissance (art. R 512-42).

b. Contentieux relatif aux opérations de visite et saisie

RECOURS CONTRE L'ORDONNANCE D'AUTORISATION

79250 La personne à l'encontre de laquelle l'ordonnance d'autorisation a été prise peut en interjeter appel devant le **premier président de la cour d'appel** dans le ressort de laquelle le juge a autorisé la mesure, suivant les règles prévues au Code de procédure pénale (C. consom. art. L 512-63, al. 1).

L'appel est formé par déclaration au greffe du tribunal judiciaire dans un délai de 10 jours à compter de la notification de l'ordonnance. Il n'est pas suspensif (art. L 512-63, al. 2 et 3).

L'ordonnance du premier président de la cour d'appel est susceptible d'un **pourvoi en cassation,** selon les règles prévues par le Code de procédure pénale (art. L 512-63, al. 4).

Les **pièces saisies** sont conservées jusqu'à ce qu'une décision soit devenue définitive (art. L 512-63, al. 5).

RECOURS CONTRE LE DÉROULEMENT DES OPÉRATIONS DE VISITE ET SAISIE

79260 Le déroulement des opérations de visite et de saisie peut faire l'objet d'un recours devant le **premier président de la cour d'appel** dans le ressort de laquelle le juge des libertés et de la détention a autorisé ces dernières, suivant les règles prévues par le Code de procédure pénale (C. consom. art. L 512-64, al. 1).

Ce recours peut être formé par la personne à l'encontre de laquelle l'ordonnance a été prise et les personnes mises en cause par les pièces saisies au cours de ces opérations (art. L 512-64, al. 2).

Il est formé par déclaration au greffe du tribunal judiciaire dans un **délai** de 10 jours à compter de la remise ou de la réception du procès-verbal et de l'inventaire ou, pour les personnes n'ayant pas fait l'objet de visite et de saisie et qui sont mises en cause, à compter de la date à laquelle elles ont reçu notification du procès-verbal et de l'inventaire (art. L 512-64, al. 3).

Le **recours** n'est pas **suspensif** (art. L 512-64, al. 4).

L'ordonnance du premier président de la cour d'appel est susceptible d'un **pourvoi en cassation,** selon les règles prévues par le Code de procédure pénale (art. L 512-64, al. 5).

Les **pièces saisies** sont conservées jusqu'à ce qu'une décision soit devenue définitive (art. L 512-64, al. 6).

II. MESURES CONSÉCUTIVES AUX CONTRÔLES DU RESPECT DU CODE DE LA CONSOMMATION

A. Mesures de police administrative

1. INJONCTIONS DE MISE EN CONFORMITÉ AVEC LA RÉGLEMENTATION

a. Nature des injonctions de l'administration

INJONCTIONS POUR TOUT TYPE DE MANQUEMENT OU D'INFRACTION

79400 **Contenu de l'injonction** Lorsque, dans le cadre de leurs pouvoirs d'enquête, les agents constatent un manquement ou une infraction aux dispositions du Code de la consommation, ils peuvent, après une procédure contradictoire, enjoindre à un professionnel, en lui impartissant un délai raisonnable qu'ils fixent, de **se conformer à ses obligations,** de **cesser tout agissement illicite** ou de **supprimer toute clause illicite ou interdite** (C. consom. art. L 521-1, al. 1).

Possibilité d'assortir l'injonction d'une astreinte journalière L'injonction peut être assortie d'une astreinte journalière, qui court à compter du jour suivant l'expiration du délai imparti au professionnel pour déférer à l'injonction (art. L 521-1, al. 2 et 7 issus de loi 2023-451 du 9-6-2023). Lorsque l'injonction est assortie d'une astreinte, elle doit préciser le **montant de l'astreinte journalière encourue** (art. L 521-1, al. 6 nouveau). Ce montant ne peut pas excéder 3 000 €, le total des sommes demandées au titre de la liquidation de l'astreinte ne pouvant pas excéder 300 000 € (art. L 521-1, al. 2 et 3 nouveaux). 79402

Lorsque l'infraction constatée est passible d'une amende d'au moins 75 000 €, l'astreinte peut être déterminée en fonction du chiffre d'affaires mondial hors taxe réalisé au cours du dernier exercice clos de la personne morale contrôlée, sans pouvoir excéder 0,1 % de celui-ci (art. L 521-1, al. 4 nouveau).

Le total des sommes demandées au titre de la **liquidation de l'astreinte** ne peut pas excéder 5 % du chiffre d'affaires mondial hors taxe réalisé au cours du dernier exercice clos. Si l'injonction est adressée à une personne morale dont les comptes ont été consolidés ou combinés en vertu des textes applicables à sa forme sociale, le chiffre d'affaires pris en compte est celui figurant dans les comptes consolidés ou combinés de la personne morale consolidante ou combinante (art. L 521-1, al. 5 nouveau).

En cas d'inexécution totale ou partielle ou d'exécution tardive, l'autorité administrative chargée de la concurrence et de la consommation (par exemple, le directeur général de la DGCCRF ou son représentant nommément désigné) peut procéder, dans le cadre d'une procédure contradictoire, à la liquidation de l'astreinte, en tenant compte, pour déterminer le montant total de l'astreinte liquidée, des circonstances de l'espèce (art. L 521-1, al. 8 et 9 nouveaux).

Lorsque l'injonction est assortie d'une astreinte, elle peut faire l'objet, en cas d'**inexécution** totale ou partielle ou d'**exécution tardive,** d'une mesure de **publicité.** Dans ce cas, le professionnel est informé, lors de la procédure contradictoire préalable au prononcé de l'injonction, de la nature et des modalités de la mesure de publicité encourue. La publicité est effectuée aux frais du professionnel qui fait l'objet de l'injonction (art. L 521-2, al. 6 et 7 nouveaux). Les modalités de cette publicité sont celles indiquées n° 79410.

Publicité de l'injonction L'injonction visée n° 79400 peut faire l'objet d'une mesure de publicité (art. L 521-2, al. 1). Dans ce cas, le professionnel doit être informé, lors de la procédure contradictoire préalable au prononcé de l'injonction, de la nature et des modalités de la publicité envisagée. La publicité est effectuée aux frais du professionnel qui fait l'objet de l'injonction (art. L 521-2, al. 2). 79405

En cas d'inexécution par le professionnel de la mesure de publicité dans le délai imparti, l'autorité administrative peut le mettre en demeure de publier la décision sous peine d'une astreinte journalière de 150 € à compter de la notification de la mise en demeure et jusqu'à publication effective. L'autorité administrative chargée de la concurrence peut procéder à la liquidation de l'astreinte dans les mêmes conditions et suivant les mêmes modalités que celles exposées n° 79402. Le montant total des sommes demandées au titre de la liquidation de l'astreinte ne peut pas excéder 50 000 € (art. L 521-2, al. 3 à 5 issus de loi 2023-451 du 9-6-2023).

Les **modalités de la publicité** sont les suivantes (art. R 521-2, al. 1 à 4 issus du décret 2022-1701 du 29-12-2023) : 79410

– la publicité peut être effectuée par voie de presse, par voie électronique ou par voie d'affichage (par exemple, dans un magasin), ces différents supports pouvant être ordonnés cumulativement ;
– la diffusion ou l'affichage peut porter sur tout ou partie de la mesure d'injonction, ou prendre la forme d'un communiqué informant le public des motifs et du dispositif de cette mesure. La diffusion ou l'affichage peut être accompagné d'un message de sensibilisation du public sur les pratiques relevées ;
– la diffusion de la mesure d'injonction peut être faite au Journal officiel, par une ou plusieurs autres publications de presse, ou par un ou plusieurs services de communication au public par voie électronique. Les publications ou les services de communication au public par voie électronique chargés de cette diffusion sont désignés dans la mesure d'injonction ;
– l'affichage s'effectue dans les lieux et pour la durée indiqués par la mesure d'injonction, sans que cela puisse excéder deux mois. En cas de suppression, dissimulation ou lacération des affiches apposées, il est de nouveau procédé à l'affichage.

Les modalités de la publicité sont précisées à l'auteur de l'infraction ou du manquement (art. R 521-2, al. 5 nouveau).

INJONCTIONS EN MATIÈRE DE CONTRATS CONCLUS À DISTANCE

79420 Lorsqu'un professionnel est dans l'incapacité manifeste d'assurer la bonne exécution des obligations résultant d'un contrat de vente ou de prestation de services conclu à distance prévues à l'article L 221-15 du Code de la consommation, l'autorité administrative chargée de la concurrence et de la consommation peut lui enjoindre, pour une durée initiale ne pouvant excéder deux mois et susceptible d'être renouvelée par période d'au plus un mois (C. consom. art. L 521-3) :

– de ne plus prendre aucun paiement avant la livraison intégrale du bien ou l'exécution effective du service ;

– d'informer le consommateur de l'injonction dont il fait l'objet et, s'il y a lieu, des biens ou services visés par cette mesure, selon des modalités fixées par l'injonction.

Lorsque le professionnel n'a pas déféré à cette injonction dans le délai prescrit, l'autorité administrative chargée de la concurrence et de la consommation peut demander à la juridiction civile d'ordonner, sous astreinte, la suspension de la prise des paiements.

INJONCTIONS EN CAS DE CONTENU ILLICITE EN LIGNE

79425 Lorsque les agents habilités constatent, à partir d'une interface en ligne, une infraction ou un manquement aux dispositions mentionnées aux articles L 511-5, L 511-6 et L 511-7 du Code de la consommation (pratiques illicites en matière d'informations précontractuelles, pratiques commerciales, contrats et crédit), ainsi qu'aux règles relatives à la conformité et à la sécurité des produits, si l'auteur de la pratique ne peut pas être identifié ou s'il n'a pas déféré à une injonction de mise en conformité prise en application de l'article L 521-1 (n° 79400), l'autorité administrative chargée de la concurrence et de la consommation peut, par voie de réquisition, prendre **deux types de mesures,** en fonction de la gravité de l'infraction constatée (C. consom. art. L 521-3-1 modifié par loi 2022-1158 du 16-8-2022) :

1° Quelle que soit l'ampleur de l'infraction, elle peut ordonner, aux opérateurs de plateformes en ligne, aux fournisseurs d'accès à Internet ou aux personnes exploitant des logiciels permettant d'accéder à une interface en ligne, l'affichage d'un message avertissant les consommateurs du risque de préjudice encouru lorsqu'ils accèdent au contenu manifestement illicite ;

2° Lorsque l'infraction constatée est passible d'une peine d'emprisonnement d'au moins deux ans et est de nature à porter une atteinte grave à la loyauté des transactions ou à l'intérêt des consommateurs, elle peut :

– ordonner aux opérateurs de plateformes en ligne, en leur notifiant les adresses électroniques des interfaces en ligne dont les contenus sont manifestement illicites, de prendre toute mesure utile destinée à faire cesser leur référencement ;

– ordonner aux opérateurs de plateformes en ligne, aux fournisseurs d'accès à Internet ou aux hébergeurs, en leur notifiant les adresses électroniques des interfaces en ligne dont les contenus sont manifestement illicites, de prendre toute mesure utile destinée à limiter l'accès au contenu manifestement illicite (blocage du site internet frauduleux) ;

– ordonner aux opérateurs de registre ou aux bureaux d'enregistrement de domaines de prendre une mesure de blocage d'un nom de domaine, d'une durée maximale de trois mois, renouvelable une fois, suivie, si l'infraction constatée persiste, d'une mesure de suppression ou de transfert du nom de domaine à l'autorité compétente.

Les mesures ordonnées doivent être mises en œuvre dans le **délai** fixé par l'autorité administrative, qui ne peut pas être inférieur à 48 heures. Elles peuvent faire l'objet d'une mesure de **publicité,** dans les conditions exposées n° 79410 et, en cas de demande de blocage de l'accès à un site internet frauduleux, l'autorité administrative peut ordonner que les opérateurs de plateforme en ligne ou les fournisseurs d'accès dirigent les consommateurs vers une page du ministère de l'économie indiquant le motif du blocage (art. L 521-3-1, al. 7 issu de loi 2022-1158 du 16-8-2022).

Une **interface en ligne** s'entend de tout logiciel, y compris un site internet, une partie de site internet ou une application, exploité par un professionnel ou pour son compte et permettant aux utilisateurs finals d'accéder aux biens ou aux services qu'il propose (art. L 521-3-1, dernier al.).

› Précisions a. L'article L 521-3-1, 2°-a du Code de la consommation, qui permet aux agents d'enjoindre à un opérateur de plateforme en ligne de **déréférencer l'adresse électronique d'une interface en ligne,** ne méconnaît ni la liberté d'expression et de communication, ni la liberté d'entreprendre (Cons. const. 21-10-2022 n° 2022-1016 QPC : RJDA 1/23 n° 58).

b. L'autorité administrative pouvant prononcer

une injonction est le chef du service national des enquêtes de la Direction générale de la concurrence, de la consommation et de la répression des fraudes, le directeur régional de l'économie, de l'emploi, du travail et des solidarités ou le directeur de la direction départementale chargée de la protection des populations, ou leur représentants (art. R 521-1 modifié par décret 2023-887 du 20-9-2023).

b. Sanction en cas de non-respect d'une injonction des agents

PRATIQUES ILLICITES EN MATIÈRE D'INFORMATIONS PRÉCONTRACTUELLES, PRATIQUES COMMERCIALES, CONTRATS ET CRÉDIT

Le fait de ne pas déférer dans le délai imparti à une injonction des agents relative aux infractions ou aux manquements constatés avec les pouvoirs mentionnés aux articles L 511-5, L 511-6 et L 511-7 du Code de la consommation (pratiques illicites en matière d'informations précontractuelles, pratiques commerciales, contrats et crédit), est passible d'une **amende administrative** dont le montant ne peut excéder (C. consom. art. L 532-1) : **79430**

– 1 500 € pour une personne physique et 7 500 € pour une personne morale, lorsque l'infraction ou le manquement ayant justifié la mesure d'injonction est sanctionné par une amende au plus égale à celle prévue pour une contravention de la cinquième classe, soit 1 500 €, ou par une amende administrative dont le montant est au plus égal à 3 000 € pour une personne physique et à 15 000 € pour une personne morale ;

– 3 000 € pour une personne physique et 15 000 € pour une personne morale, lorsque l'infraction ou le manquement ayant justifié la mesure d'injonction est sanctionné par une peine délictuelle ou une amende administrative dont le montant excède 3 000 € pour une personne physique et 15 000 € pour une personne morale.

L'amende est prononcée dans les **conditions** exposées nos 79630 s.

PRATIQUES ILLICITES EN MATIÈRE DE CONFORMITÉ ET SÉCURITÉ DES PRODUITS ET SERVICES

Le fait de ne pas déférer dans le délai imparti à une injonction des agents relative aux infractions ou aux manquements constatés avec les pouvoirs mentionnés à l'article L 511-15 du Code de la consommation (pratiques illicites en matière de conformité et sécurité des produits et services) est puni d'un **emprisonnement** de deux ans et d'une **amende** de 15 000 € (C. consom. art. L 532-2, al. 1). **79440**

Lorsque les produits ou les services concernés présentent ou sont susceptibles de présenter un danger pour la santé publique ou la sécurité des consommateurs, le montant maximal de l'amende est de 30 000 € (art. L 532-2, al. 2).

CONTENU ILLICITE EN LIGNE

En cas de contenu illicite en ligne, le non-respect des mesures ordonnées ou devant être appliquées aux adresses électroniques notifiées (no 79425) est passible d'un an d'emprisonnement et de 250 000 € d'amende (C. consom. art. L 532-5). **79445**

2. MESURES DE POLICE ADMINISTRATIVE SPÉCIFIQUES EN MATIÈRE DE CONFORMITÉ ET SÉCURITÉ DES PRODUITS ET SERVICES

AGENTS OU AUTORITÉ ADMINISTRATIVE COMPÉTENTS

Les mesures en matière de conformité et sécurité des produits et services sont mises en œuvre par les agents de la concurrence, de la consommation et de la répression des fraudes, les agents mentionnés à l'article L 511-22 du Code de la consommation (agents des douanes, agents de la Direction générale des finances publiques, inspecteurs du travail, etc.) ou le préfet (à Paris, le préfet de police) (C. consom. art. L 521-4 et R 521-3). **79460**

a. Mesures de police administrative applicables aux établissements et aux produits

MESURES DE POLICE ADMINISTRATIVE APPLICABLES AUX ÉTABLISSEMENTS

Lorsque du fait d'un manquement à la réglementation prise pour l'application des dispositions du livre IV du Code de la consommation relatif à la conformité et sécurité des produits et services, ou d'un règlement de l'Union européenne, les conditions de fonctionnement **79470** d'un établissement sont telles que les produits fabriqués, détenus ou mis sur le marché présentent ou sont susceptibles de présenter un **danger** pour la santé publique ou la sécurité des consommateurs, les agents habilités peuvent ordonner toutes mesures correctives, notamment le renforcement des **autocontrôles,** des actions de **formation du personnel,** la réalisation de **travaux** ou d'opérations de **nettoyage.** En cas de nécessité, l'autorité administrative – le préfet ou, à Paris, le préfet de police – peut prononcer par arrêté la **fermeture** de tout ou partie de l'établissement ou l'arrêt d'une ou de plusieurs de ses activités (C. consom. art. L 521-5 et R 521-3).

Toute mesure prise en application de ces dispositions peut prévoir l'obligation pour l'exploitant de l'établissement d'afficher, en un endroit visible de l'extérieur, l'intégralité ou un extrait de cette mesure (art. L 521-6).

MESURES DE POLICE ADMINISTRATIVE APPLICABLES AUX PRODUITS NON CONFORMES OU DANGEREUX

79480 **Mesures prises par arrêté préfectoral ou par les agents habilités** S'il est établi que des **produits** ne sont **pas conformes** à la réglementation en vigueur ou présentent ou sont susceptibles de présenter un **danger** pour la santé publique ou la sécurité des consommateurs, l'autorité administrative – le préfet ou, à Paris, le préfet de police – peut ordonner par arrêté une ou plusieurs des mesures suivantes : la **suspension de la mise sur le marché,** le **retrait,** le **rappel** et la **destruction** (C. consom. art. L 521-7 et R 521-3).

L'autorité administrative peut également, lorsque les produits présentent ou sont susceptibles de présenter un danger pour la santé publique ou la sécurité des consommateurs, ordonner la **diffusion de mise en garde** ainsi que le **rappel des produits** en vue d'un échange, d'une modification ou d'un remboursement total ou partiel.

Lorsque le fonctionnement d'un produit nécessite son raccordement ou sa fixation à un élément d'un bâtiment, l'autorité administrative peut ordonner par arrêté, afin d'assurer la sécurité des consommateurs, que des modifications du produit soient effectuées sur place.

Toutefois, lorsque l'opérateur apporte la preuve qu'une partie des produits est conforme à la réglementation en vigueur ou ne présente pas de danger pour la santé publique ou la sécurité des consommateurs, il peut remettre ces produits sur le marché.

Les frais résultant de la mise en œuvre de ces mesures sont à la charge des opérateurs désignés par l'arrêté préfectoral (art. L 521-8).

Tout opérateur ayant acquis ou cédé tout ou partie des produits et ayant connaissance de la décision de suspension de mise sur le marché, de retrait, de rappel ou de destruction doit en informer l'opérateur qui lui a fourni les produits et les opérateurs à qui il les a cédés (art. L 521-9).

79485 Lorsqu'il est constaté que tout ou partie des **produits** n'est **pas conforme** à la réglementation en vigueur, les agents peuvent en ordonner la **mise en conformité,** aux frais de l'opérateur, dans un délai qu'ils fixent. Si la mise en conformité n'est pas possible, l'autorité administrative – le préfet ou, à Paris, le préfet de police – peut ordonner par arrêté l'utilisation à d'autres fins, la réexportation ou la destruction des produits dans un délai qu'elle fixe. Ces mesures s'appliquent, le cas échéant, à l'ensemble des produits, y compris les éléments qui ne sont plus sous le contrôle direct de l'opérateur à qui elles incombent (art. L 521-10 et R 521-3).

Les frais résultant de la mise en œuvre de ces mesures sont à la charge des opérateurs désignés dans l'arrêté préfectoral (art. L 521-11).

79490 Lorsqu'il existe des **éléments de nature à mettre en doute la conformité du produit** aux prescriptions en vigueur relatives à la sécurité et à la santé des consommateurs ou à l'obligation générale de sécurité des produits et services définie à l'article L 421-3 du Code de la consommation (nº 82010) et que le responsable de la première mise sur le marché national n'est pas en mesure de justifier des contrôles et vérifications effectués, notamment ceux mentionnés à l'article L 411-1 du même Code (nºs 14100 s.), afin de vérifier le respect de ces obligations, l'autorité administrative – le préfet ou, à Paris, le préfet de police – peut lui enjoindre par arrêté de faire procéder, dans un délai qu'elle fixe, à des **contrôles** à ses frais par un organisme présentant des garanties d'indépendance, de compétence et d'impartialité. Elle peut suspendre par arrêté la mise sur le marché du produit dans l'attente de la réalisation des contrôles. Elle peut également ordonner par arrêté la consignation entre les mains d'un comptable public, avant une date qu'elle détermine, d'une somme correspondant au coût des contrôles à réaliser. La somme consignée est restituée lorsque l'opérateur a justifié des contrôles effectués (art. L 521-12 et R 521-3).

À défaut de réalisation des contrôles ordonnés avant l'échéance fixée, l'autorité administrative peut y faire procéder d'office aux frais de l'opérateur. La somme consignée est utilisée pour régler les dépenses ainsi engagées (art. L 521-13).

Lorsque les **informations** devant être fournies par le producteur **au consommateur** pour lui permettre d'évaluer les risques inhérents à un produit (n° 82120) sont **insuffisantes,** l'autorité administrative – le préfet ou, à Paris, le préfet de police – peut ordonner par arrêté, dans un délai qu'elle fixe, qu'elles figurent sur les produits, sur leurs emballages ou dans les documents les accompagnant (art. L 521-14 et R 521-3). **79495**

Les frais résultant de la mise en œuvre de ces mesures sont à la charge des opérateurs désignés dans l'arrêté préfectoral (art. L 521-15).

S'il est établi qu'un **produit** a été **mis sur le marché sans avoir été l'objet de l'autorisation, de l'enregistrement ou de la déclaration exigé** par la réglementation applicable à ce produit, l'autorité administrative peut ordonner par arrêté la suspension de sa mise sur le marché et son retrait jusqu'à la mise en conformité avec la réglementation en vigueur (art. L 521-16). **79500**

Mesures prises par arrêté ministériel en cas de danger grave ou immédiat En cas de danger grave ou immédiat, le ministre chargé de la consommation et le ou les ministres intéressés peuvent **suspendre** par arrêté conjoint, pour une durée n'excédant pas un an, la **fabrication,** l'**importation,** l'**exportation,** la mise sur le marché à titre gratuit ou onéreux d'un produit et faire procéder à son **retrait** en tous lieux où il se trouve ou à sa **destruction** lorsque celle-ci constitue le seul moyen de faire cesser le danger. Ils ont également la possibilité d'ordonner la diffusion de mises en garde ou de précautions d'emploi ainsi que le rappel en vue d'un échange ou d'une modification ou d'un remboursement total ou partiel (C. consom. art. L 521-17). **79510**

Ces produits peuvent être remis sur le marché lorsqu'ils ont été reconnus conformes à la réglementation en vigueur.

Le ministre chargé de la consommation et, selon le cas, le ou les ministres intéressés entendent sans délai les professionnels concernés et au plus tard 15 jours après qu'une décision de suspension a été prise. Ils entendent également les associations nationales agréées de défense des consommateurs.

Les frais afférents aux dispositions de sécurité à prendre seront mis à la charge des fabricants, importateurs, distributeurs, dans des conditions définies par l'arrêté ministériel. Ce dernier peut être reconduit, selon la même procédure, pour des périodes supplémentaires dont chacune ne dépasse pas un an.

Mise en garde individuelle par le ministre Le ministre chargé de la consommation ou les ministres intéressés peuvent adresser aux fabricants, importateurs ou distributeurs des mises en garde et leur demander de **mettre les produits** qu'ils offrent au public **en conformité** avec les règles de sécurité et de les **soumettre** ensuite **au contrôle,** dans un délai déterminé et à leurs frais, **d'un organisme** présentant des garanties d'indépendance, de compétence et d'impartialité figurant sur une liste fixée par arrêté ministériel ou, à défaut, désigné par le ou les ministres intéressés (C. consom. art. L 521-18, al. 1). **79520**

L'obligation de soumettre des produits au **contrôle d'un organisme** présentant des garanties d'indépendance, de compétence et d'impartialité désigné par le ou les ministres intéressés peut également être imposée aux professionnels dans les deux cas suivants (al. 2) :

– pour un produit déjà commercialisé, lorsqu'il existe des indices suffisants d'un danger ;
– pour un produit nouveau, quand ses caractéristiques justifient cette précaution.

Ces contrôles doivent être fixés dans le délai fixé par le ministre et aux frais des professionnels.

Lorsqu'un produit n'a pas été soumis au contrôle qui a été prescrit, il est réputé ne pas répondre aux exigences de l'article L 421-3 du Code la consommation relatif à l'obligation générale de sécurité (n° 82120) et le ministre peut faire procéder d'office, aux frais des professionnels concernés, à la réalisation de ce contrôle (al. 3).

SANCTIONS EN CAS DE NON-RESPECT DES MESURES DE POLICE ADMINISTRATIVE

79530 Le fait de ne **pas exécuter les mesures ordonnées par les agents ou l'autorité administrative compétente** (n°s 79470 à 79500) est puni d'un emprisonnement de deux ans et d'une amende de 15 000 €, ce montant pouvant être porté à 30 000 € lorsque les produits concernés par ces mesures présentent ou sont susceptibles de présenter un danger pour la santé publique ou la sécurité des consommateurs (C. consom. art. L 532-3). Les personnes morales reconnues pénalement responsables des infractions commises sont passibles d'une amende de 75 000 € ou de 150 000 € si les produits concernés sont dangereux ou susceptibles de l'être (C. pén. art. 131-38).

79535 Est puni d'une amende contraventionnelle de 1 500 € pour une personne physique et 7 500 € pour une personne morale le fait, en **méconnaissance des dispositions d'un arrêté pris en cas de danger grave ou immédiat** (n° 79510) de (C. consom. art. R 532-1) :
– fabriquer, importer, exporter, mettre sur le marché à titre gratuit ou onéreux, détenir en vue de la vente ou de la distribution à titre gratuit un produit ayant fait l'objet d'une mesure de suspension ;
– d'omettre de diffuser les mises en garde ou précautions d'emploi ordonnées ;
– de ne pas échanger, de ne pas modifier ou de ne pas rembourser totalement ou partiellement le produit ou le service, dans les conditions de lieu et de délai prescrites ;
– de ne pas procéder au retrait, au rappel ou à la destruction d'un produit.

Les personnes physiques encourent également la confiscation de la chose qui a servi ou était destinée à commettre l'infraction ou de la chose qui en est le produit (art. R 532-2).

En cas de récidive dans le délai d'un an, l'amende s'élève à 3 000 € pour une personne physique et à 15 000 € pour une personne morale (art. R 532-1, dernier al.).

b. Mesures de police administrative applicables aux prestations de services

CONTENU DES MESURES DE POLICE ADMINISTRATIVE

79550 **Mesures prises par arrêté préfectoral ou par les agents habilités** Lorsqu'il est constaté qu'une **prestation de services** n'est **pas conforme à la réglementation** en vigueur prise en application du livre IV du Code de la consommation relatif à la conformité et à la sécurité des produits et services, les agents peuvent en ordonner la mise en conformité, dans un délai qu'ils fixent. Cette mise en conformité peut concerner les produits et équipements mis à disposition des consommateurs dans le cadre de la prestation de services (C. consom. art. L 521-19).

En cas de **danger grave ou immédiat,** l'autorité administrative – le préfet et, à Paris, le préfet de police – peut suspendre par arrêté cette prestation de services jusqu'à sa mise en conformité avec la réglementation en vigueur (art. L 521-20 et R 521-3).

Les frais résultant de la mise en œuvre de ces mesures sont à la charge du prestataire de services (C. consom. art. L 521-21). Celui-ci peut être tenu d'afficher, en un endroit visible de l'extérieur du lieu de la prestation, l'intégralité ou un extrait de cette mesure (art. L 521-22).

79555 Lorsque la **prestation de services** n'est **pas réglementée** en application du livre IV du Code de la consommation et en cas de **danger grave ou immédiat,** l'autorité administrative – le préfet, ou à Paris, le préfet de police – prend par arrêté les mesures d'urgence qui s'imposent. Si nécessaire, elle peut suspendre la prestation de services pour une durée n'excédant pas trois mois, renouvelable dans les mêmes conditions. Elle peut subordonner la reprise de la prestation de services au contrôle d'un organisme présentant des garanties d'indépendance, de compétence et d'impartialité, qu'elle désigne. Le coût de ce contrôle est supporté par le prestataire (art. L 521-23 et R 521-3).

Toute mesure prise en application de ces dispositions peut prévoir l'obligation pour le prestataire de services d'afficher, en un endroit visible de l'extérieur du lieu de la prestation, l'intégralité ou un extrait de cette mesure (art. L 521-24).

79560 **Mesures ministérielles** En cas de danger grave ou immédiat, une prestation de services peut être suspendue par arrêté ministériel dans les conditions exposées n° 79510 (C. consom. art. L 521-25).

En cas de prestation de services non conforme aux règles de sécurité, le ministre chargé de la consommation ou les ministres intéressés peuvent également adresser une mise en garde individuelle dans les conditions exposées nº 79520 (art. L 521-26).

SANCTIONS EN CAS DE NON-RESPECT DES MESURES DE POLICE ADMINISTRATIVE

Le fait de ne **pas exécuter les mesures ordonnées par les agents ou l'autorité administrative compétente** en application des articles L 521-19 à L 521-22 du Code de la consommation (nº 79550) est puni d'un emprisonnement de deux ans et d'une amende de 15 000 €, ce montant pouvant être porté à 30 000 € lorsque les services concernés par ces mesures présentent ou sont susceptibles de présenter un danger pour la santé publique ou la sécurité des consommateurs (C. consom. art. L 532-3). La personne morale reconnue pénalement responsable de l'infraction est passible d'une amende de 75 000 € ou de 150 000 € si les produits concernés sont dangereux ou susceptibles de l'être (C. pén. art. 131-38). **79570**

Le fait de ne pas exécuter les mesures ordonnées en application des articles L 521-23 et L 521-24 du même Code (nº 79555) est puni d'un d'emprisonnement de deux ans et d'une amende de 30 000 € (C. consom. art. L 532-4). La personne morale reconnue pénalement responsable de l'infraction est passible d'une amende de 75 000 € ou de 150 000 € si les produits concernés sont dangereux ou susceptibles de l'être (C. pén. art. 131-38).

Est puni d'une amende contraventionnelle de 1 500 € pour une personne physique et 7 500 € pour une personne morale le fait, en **méconnaissance des dispositions d'un arrêté pris en cas de danger grave ou immédiat** (nº 79560) (C. consom. art. R 532-1) : **79575**
– de réaliser une prestation de services ayant fait l'objet d'une mesure de suspension ;
– de ne pas modifier ou de ne pas rembourser totalement ou partiellement le service, dans les conditions de lieu et de délai prescrites.

Les personnes physiques encourent également la confiscation de la chose qui a servi ou était destinée à commettre l'infraction ou de la chose qui en est le produit (art. R 532-2).

En cas de récidive dans le délai d'un an, l'amende s'élève à 3 000 € pour une personne physique et à 15 000 € pour une personne morale (art. R 532-1, dernier al.).

c. Dispositions communes aux mesures de police administrative en matière de conformité et sécurité des produits et services

COMMUNICATION DES RAPPORTS D'ESSAIS ET ANALYSES

Les rapports d'essais ou d'analyses, avis ou autres documents justifiant les mesures de police administrative, y compris ceux établis ou recueillis dans le cadre de la recherche d'infractions, peuvent être communiqués au professionnel destinataire des mesures (C. consom. art. L 521-27). **79590**

B. Amende administrative

FONDEMENT DE L'AMENDE ADMINISTRATIVE

L'autorité administrative chargée de la concurrence et de la consommation prononce les amendes administratives sanctionnant (C. consom. art. L 522-1) : **79630**
– les **manquements** aux dispositions mentionnées aux articles L 511-5, L 511-6 et L 511-7 du Code de la consommation (dans chaque rubrique concernée, nous précisons le montant de l'amende administrative applicable) ;
– l'**inexécution des mesures d'injonction** ordonnées en cas d'infraction ou de manquement mentionnés à ces articles (nº 79430).

> **› Précisions** **L'autorité administrative habilitée** à prononcer une amende est le directeur général de la concurrence, de la consommation et de la répression des fraudes, le chef du service national des enquêtes de la DGCCRF, le directeur régional de l'économie, de l'emploi, du travail et des solidarités ou le directeur de la direction départementale chargée de la protection des populations. Ces autorités administratives peuvent déléguer leurs signatures aux fonctionnaires de catégorie A placés sous leur autorité (art. R 522-1).

PRESCRIPTION DE L'ACTION DE L'ADMINISTRATION

79640 Le **délai** de prescription de l'action de l'administration varie suivant le montant de l'amende administrative sanctionnant le manquement (C. consom. art. L 522-2 et L 522-3) :

– un an révolu, si l'amende est inférieure ou égale à 3 000 € pour une personne physique ou 15 000 € pour une personne morale ;

– trois ans révolus, si l'amende est supérieure à 3 000 € pour une personne physique ou 15 000 € pour une personne morale.

Ce **délai court** à compter du jour où le manquement a été commis si, dans ce délai, il n'a été fait aucun acte tendant à la recherche, à la constatation ou à la sanction de ce manquement.

PROCÈS-VERBAL CONSTATANT LE MANQUEMENT

79650 Une copie du procès-verbal constatant les manquements passibles d'une amende administrative est transmise à la personne mise en cause (C. consom. art. L 522-4).

CARACTÈRE CONTRADICTOIRE DE LA PROCÉDURE ADMINISTRATIVE

79660 Avant toute décision, l'autorité administrative chargée de la concurrence et de la consommation informe par écrit la personne mise en cause de la sanction envisagée à son encontre, en lui indiquant qu'elle peut prendre connaissance des pièces du dossier et se faire assister par le conseil de son choix (un avocat, par exemple) et en l'invitant à présenter, dans le délai d'un mois, ses observations écrites et, le cas échéant, ses observations orales (C. consom. art. L 522-5, al. 1 et R 522-2).

Passé ce délai, elle peut, par décision motivée, prononcer l'amende (art. L 522-5, al. 2).

PUBLICITÉ DE LA DÉCISION DE SANCTION ADMINISTRATIVE

79670 La décision de sanction peut être publiée aux frais de la personne concernée. Lors de la procédure contradictoire, celle-ci doit avoir été informée de la nature et des modalités de la publicité envisagée (C. consom. art. L 522-6).

La publication s'effectue par voie de presse, par voie électronique ou par voie d'affichage. La diffusion et l'affichage peuvent être ordonnés cumulativement. Les modalités de la publication sont précisées dans la décision prononçant l'amende (art. R 522-3).

La publication peut porter sur l'intégralité ou sur une partie de la décision, ou prendre la forme d'un communiqué informant le public des motifs et du dispositif de cette décision.

La diffusion de la décision est faite au Journal officiel, par une ou plusieurs autres publications de presse, ou par un ou plusieurs services de communication au public par voie électronique. Les publications ou les services de communication au public par voie électronique chargés de cette diffusion sont désignés dans la décision. Ils ne peuvent pas s'opposer à cette diffusion (art. R 522-4).

L'affichage s'effectue dans les lieux et pour la durée indiqués par la décision ; il ne peut excéder deux mois. En cas de suppression, dissimulation ou lacération des affiches apposées, il est de nouveau procédé à l'affichage (art. R 522-5).

CUMUL D'AMENDES ADMINISTRATIVES

79680 Lorsque, à l'occasion d'une même procédure ou de procédures séparées, plusieurs sanctions administratives ont été prononcées à l'encontre du même auteur pour des manquements en concours, ces sanctions s'exécutent cumulativement (C. consom. art. L 522-7). Sur la validité de cette disposition au regard du principe de proportionnalité des peines garanti par l'article 8 de la Déclaration des droits de l'Homme de 1789, voir n° 77900.

COMMUNICATION DES DOCUMENTS RECUEILLIS AU COURS DE L'ENQUÊTE EN RECHERCHE D'UN MANQUEMENT

79690 Les documents recueillis et établis à l'occasion de la recherche et de la constatation d'un manquement ayant donné lieu à une procédure de sanction administrative sont communicables uniquement à la personne qui en fait l'objet ou à son représentant (C. consom. art. L 522-8).

RECOURS CONTRE LA DÉCISION DE SANCTION ADMINISTRATIVE

79700 En application du droit commun du contentieux administratif, un recours contre la décision de sanction administrative peut être exercé devant le **tribunal administratif** dans le ressort duquel se trouve le siège de l'entreprise, dans un délai de deux mois à compter de la notification de la décision (C. just. adm. art. L 211-1, R 312-10 et R 421-1).

Ce recours n'est pas suspensif, mais il peut être assorti d'une demande de **suspension** adressée au juge des référés du tribunal administratif (C. just. adm. art. L 521-1).

C. Transaction administrative

Lorsque l'autorité administrative chargée de la concurrence et de la consommation informe la personne par écrit de la **sanction administrative** envisagée à son encontre (nº 79660), elle peut lui adresser une **proposition de transaction** qui précise le montant de la somme à verser au Trésor (C. consom. art. L 522-9-1, al. 1 et 2). 79740

Ce montant, qui doit être inférieur au montant maximal de l'amende administrative encourue, doit être déterminé en tenant compte des éventuels **engagements** de la personne concernée à cesser le manquement, à éviter son renouvellement et à réparer le préjudice subi par des consommateurs (al. 2 et 3).

Lorsque de tels engagements ont été pris par la personne à l'origine du manquement, ils doivent figurer dans l'**accord transactionnel,** lequel peut faire l'objet d'une mesure de publicité (al. 3 et 4).

En l'**absence d'accord transactionnel** ou en cas de **non-versement au Trésor de la somme** indiquée dans l'accord transactionnel, la procédure de sanction administrative, qui a été suspendue par la proposition de transaction, reprend jusqu'à son terme (al. 5). En revanche, lorsque l'accord transactionnel contient des **engagements** de la part du professionnel, le litige né de son **inexécution** doit être tranché par le juge administratif (Rapport AN nº 3521 relatif à la loi 2020-1508 du 3-12-2020).

> **Précisions** L'**autorité administrative habilitée** à proposer une transaction est le directeur général de la concurrence, de la consommation et de la répression des fraudes, le chef du service national des enquêtes de la DGCCRF, le directeur régional de l'économie, de l'emploi, du travail et des solidarités ou le directeur de la direction départementale chargée de la protection des populations. Ces autorités administratives peuvent déléguer leurs signatures aux fonctionnaires de catégorie A placés sous leur autorité (C. consom. art. R 522-1).

D. Transaction pénale

CHAMP D'APPLICATION DE LA TRANSACTION PÉNALE

Tant que l'action publique n'a pas été mise en mouvement, l'autorité administrative chargée de la concurrence et de la consommation peut proposer une transaction pour (C. consom. art. L 523-1) : 79780

– les **délits** qui ne sont **pas punis d'une peine d'emprisonnement,** prévus aux **livres I à III du Code de la consommation** (délits en matière de crédit à un consommateur, notamment), ainsi que pour les infractions prévues aux articles L 121-2 à L 121-4 relatifs aux **pratiques commerciales trompeuses** ;

– les **contraventions prévues aux livres I à IV** ainsi que celles prévues par leurs textes d'application.

> **Précisions** L'**autorité administrative** habilitée à proposer une transaction est le chef du service national des enquêtes de la DGCCRF, le directeur régional de l'économie, de l'emploi, du travail et des solidarités ou le directeur de la direction départementale chargée de la protection des populations. Ces autorités administratives peuvent déléguer leurs signatures aux fonctionnaires de catégorie A placés sous leur autorité (C. consom. art. R 523-1).

MODALITÉS DE LA TRANSACTION PÉNALE

L'autorité administrative compétente transmet la **proposition de transaction** au procureur de la République dans un délai de trois mois à compter de la clôture du procès-verbal de constatation de l'infraction. Cette proposition précise la somme que l'auteur de l'infraction sera invité à payer au Trésor public, le délai imparti pour son paiement et, s'il y a lieu, les autres obligations résultant pour lui de l'acceptation de la transaction (C. consom. art. R 523-2). 79790

Le **montant de la somme** indiquée dans la proposition de transaction doit être déterminé en tenant compte des éventuels engagements de la personne concernée à cesser les infractions, à éviter leur renouvellement et à réparer le préjudice subi par les consommateurs (art. L 523-1, al. 4).

Lorsque le **procureur de la République** a donné son **accord** sur la proposition de transaction, l'autorité administrative notifie cette dernière en double exemplaire à l'auteur de l'infraction (art. R 523-3). Une copie du procès-verbal de constatation de l'infraction est jointe à la proposition de transaction adressée à l'auteur de l'infraction (art. L 523-2).

Cette notification comporte une mention précisant que si la personne ne paie pas dans le délai imparti la somme indiquée dans la proposition ou qu'elle ne satisfait pas aux autres obligations le cas échéant souscrites par elle, le procureur de la République décidera, sauf élément nouveau, d'engager les poursuites à son égard (art. R 523-3, al. 1 et 2).

L'auteur de l'infraction dispose d'un mois, à compter de cette notification, pour y répondre. S'il l'accepte, il doit retourner à l'autorité administrative un exemplaire signé de la proposition (art. R 523-3, al. 3).

L'**accord transactionnel** peut comporter, le cas échéant, des obligations tendant à faire cesser les infractions, à éviter leur renouvellement et à réparer le préjudice subi par les consommateurs (art. L 523-1, al. 5).

Si l'auteur de l'infraction **refuse** ou ne répond pas à la **proposition de transaction,** l'autorité administrative en informe sans délai le procureur de la République. Celui-ci est également informé par l'autorité administrative lorsque l'auteur de l'infraction n'a pas acquitté la somme indiquée dans la transaction au terme du délai imparti, ou n'a pas satisfait aux autres obligations le cas échéant souscrites par lui (art. R 523-4).

L'acte par lequel le procureur de la République donne son accord à la proposition de transaction est interruptif de la **prescription de l'action publique** (art. L 523-3).

> **Précisions** **a.** L'expression « lorsque le procureur de la République a donné son accord sur la proposition de transaction » laisse à penser que le **désaccord du procureur** devrait être une hypothèse d'école, alors que l'intention du législateur est de lui accorder un véritable pouvoir de contrôle de ce pouvoir de transaction.
> **b.** Sur l'éventuel engagement à **indemniser le préjudice subi par les consommateurs,** voir nº 79690.

EFFETS DE LA TRANSACTION PÉNALE

79800 L'exécution dans le délai imparti des obligations résultant de l'acceptation de la transaction éteint l'**action publique** (C. consom. art. L 523-4). Le simple envoi d'un chèque, à le supposer établi, ne caractérise pas l'exécution de la transaction (Cass. crim. 19-5-2015 nº 14-85.885 : RJDA 2/16 nº 155).

En revanche, la transaction valant reconnaissance de l'infraction, elle n'exclut pas l'**action de la partie civile.** Par ailleurs, elle met fin aux poursuites exercées contre le préposé lorsqu'elle intervient avec une personne morale.

E. Saisine par l'administration de la juridiction civile ou administrative

ACTION EN SUPPRESSION D'UNE CLAUSE ILLICITE, INTERDITE OU ABUSIVE

79840 Peuvent être concernées par une action de l'administration les pratiques visées aux articles L 511-5 à L 511-7 du Code de la consommation, c'est-à-dire celles prévues aux livres I (Information des consommateurs et pratiques commerciales), II (Formation et exécution des contrats) et III (Crédit) du Code de la consommation, ainsi celles issues de dispositions législatives particulières, telles que celles issues du Code pénal réprimant les envois forcés.

79845 À la suite de constatations de telles pratiques illicites, l'autorité administrative chargée de la concurrence et de la consommation peut demander à la juridiction civile ou, s'il y a lieu, à la juridiction administrative (C. consom. art. L 524-1) :

– d'ordonner, le cas échéant sous astreinte, la suppression d'une clause illicite, interdite ou abusive insérée par un professionnel dans tout contrat ou type de contrat proposé ou destiné aux consommateurs ou aux non-professionnels ou dans tout contrat en cours d'exécution ;

– de déclarer que cette clause est réputée non écrite dans tous les contrats identiques conclus par le même professionnel avec des consommateurs ou des non-professionnels ;

– et d'ordonner au professionnel d'en informer à ses frais les consommateurs ou les non-professionnels concernés par tous moyens appropriés.

> **Précisions** **L'autorité administrative habilitée** à agir est le chef du service national des enquêtes de la DGCCRF, le directeur régional de l'économie, de l'emploi, du travail et des solidarités ou le directeur de la direction départementale chargée de la protection des populations. Ces

autorités administratives peuvent désigner des fonctionnaires de catégorie A afin de les représenter devant les juridictions civiles et administratives de première instance et d'appel (art. R 524-1). Elle est dispensée de ministère d'**avocat** (art. R 525-3).

ACTION EN CESSATION D'UN MANQUEMENT À DES OBLIGATIONS CONTRACTUELLES OU D'AGISSEMENTS ILLICITES

Dans les cas de pratiques illicites énumérées ci-dessus (n° 79840), l'autorité administrative peut également, après en avoir avisé le procureur de la République, demander à la juridiction civile d'ordonner, le cas échéant sous astreinte, toute mesure de nature à mettre un terme aux manquements à des obligations contractuelles ou aux agissements illicites (C. consom. art. L 524-2). **79850**

ACTION EN CAS DE DOMMAGE CAUSÉ PAR LE CONTENU D'UN SERVICE DE COMMUNICATION AU PUBLIC EN LIGNE OU D'UN SERVICE TÉLÉPHONIQUE

Dans les cas de pratiques illicites énumérées ci-dessus (n° 79840) et d'infractions en matière de conformité et sécurité des produits et services (prévues au livre IV du Code la consommation), l'autorité administrative peut demander à l'autorité judiciaire de prescrire **en référé ou sur requête** (C. consom. art. L 524-3) : **79860**
– à tout hébergeur ou, à défaut, à tout fournisseur d'un service de communication en ligne, ainsi qu'aux fournisseurs d'un service de communications vocales, toutes mesures proportionnées propres à prévenir un dommage ou à faire cesser un dommage causé par le contenu d'un service de communication au public en ligne ou d'un service téléphonique ;
– aux fournisseurs d'un service de communications vocales et aux opérateurs de communications électroniques exploitant un numéro surtaxé toutes mesures proportionnées propres à prévenir ou faire cesser le dommage causé par un service à valeur ajoutée.
Dans ce second cas, l'autorité administrative peut notamment demander à l'autorité judiciaire de prescrire à ces opérateurs de suspendre l'attribution de nouveaux numéros aux exploitants de services à valeur ajoutée pendant une durée maximale d'un an.

F. Intervention de l'administration devant les juridictions

INTERVENTION DE L'ADMINISTRATION DEVANT LES JURIDICTIONS PÉNALES

Devant les juridictions pénales, l'autorité administrative chargée de la concurrence et de la consommation peut, à la demande du tribunal, présenter ses observations à l'audience (C. consom. art. L 525-1). Elle est dispensée de ministère d'avocat (art. R 525-3). **79900**

> **Précisions** L'**autorité administrative** est le directeur général de la concurrence, de la consommation et de la répression des fraudes, le chef du service national des enquêtes de la DGCCRF, le directeur régional de l'économie, de l'emploi, du travail et des solidarités ou le directeur de la direction départementale chargée de la protection des populations. Ces autorités administratives peuvent désigner des fonctionnaires de catégorie A afin de les représenter devant les juridictions civiles et pénales de première instance et d'appel (art. R 525-2).

INTERVENTION DE L'ADMINISTRATION DEVANT LES JURIDICTIONS CIVILES

L'autorité administrative chargée de la concurrence et de la consommation peut, devant les juridictions civiles, et selon les règles qui y sont applicables, intervenir, déposer des conclusions et les présenter à l'audience. Elle peut également produire des procès-verbaux et des rapports (C. consom. art. R 525-1). **79910**
L'autorité administrative est la même que celle désignée au n° 79900. Elle est également dispensée de ministère d'avocat (art. R 525-3).

SECTION 3

DROIT À L'ERREUR ET DROIT AU CONTRÔLE

ORIGINE DU DROIT À L'ERREUR ET DU DROIT AU CONTRÔLE

80100 La loi 2018-727 du 10 août 2018 pour un État au service d'une société de confiance (« loi Essoc ») vise notamment à instaurer une « relation de confiance » avec une « administration de conseil et de service ». Elle prévoit un droit à régularisation en cas d'erreur et un droit d'être contrôlé et de pouvoir en tirer les conséquences.

I. DROIT À L'ERREUR

RECONNAISSANCE D'UNE PRÉSOMPTION DE BONNE FOI

80200 Avant la loi Essoc (nº 80100), le régime des sanctions susceptibles d'être infligées par l'administration aux entreprises ayant commis une infraction se caractérisait généralement par une appréciation purement objective de l'infraction. L'intention de l'auteur du manquement n'était pas prise en compte. La loi du 10 août 2018 revient sur ce dispositif. Afin de reconnaître aux administrés une présomption de bonne foi, elle institue un « droit à régularisation en cas d'erreur ».

CHAMP D'APPLICATION DU DROIT À L'ERREUR

80210 Toute personne qui a méconnu, pour la première fois, une règle applicable à sa situation ou qui a commis une erreur matérielle lors du renseignement de sa situation ne peut pas faire l'objet, de la part de l'administration, d'une sanction pécuniaire si elle a régularisé sa situation de sa propre initiative ou après avoir été invitée à le faire par l'administration dans le délai que celle-ci lui a indiqué (CRPA art. L 123-1, al. 1). Cette faculté est ouverte aussi bien quand l'erreur a été révélée spontanément par son auteur que quand elle a été décelée à l'occasion d'un contrôle administratif.

Seules les **sanctions administratives** relèvent du dispositif, à l'exclusion des sanctions pénales. Peuvent, par exemple, se prévaloir du droit à l'erreur les auteurs de pratiques restrictives de **concurrence** passibles de sanctions administratives (par exemple, factures irrégulières ou infractions aux règles de la convention unique) ou ceux qui ont commis des manquements aux règles du droit de la **consommation** (par exemple, pour la réglementation sur la publicité des prix).

Sont néanmoins **exclues du dispositif** (art. L 123-1, 1º à 4º) :
– les sanctions requises pour la mise en œuvre du droit de l'Union européenne ;
– les sanctions réprimant la méconnaissance des règles portant sur la protection de la santé publique, de la sécurité des personnes et des biens, ainsi que de l'environnement ;
– les sanctions prononcées par les autorités de régulation à l'égard des professionnels soumis à leur contrôle, donc celles prononcées par l'Autorité de la concurrence.

EXCLUSION DU DROIT À L'ERREUR PAR UNE PERSONNE DE MAUVAISE FOI

80220 La possibilité de régularisation ne saurait être invoquée par une personne qui n'est pas de bonne foi ou en cas de fraude (CRPA art. L 123-1, al. 2).

La mauvaise foi suppose que l'intéressé ait délibérément méconnu une règle applicable à sa situation (art. L 123-2, al. 1). L'erreur doit donc être involontaire, tandis que la bonne foi sera très probablement écartée en présence du renouvellement du même type d'erreur. Mais il appartient à l'administration de prouver la mauvaise foi ou une manœuvre frauduleuse (art. L 123-2, al. 2).

> **Précisions** L'article L 441-16 du Code de commerce prévoit qu'une amende administrative peut être infligée à une personne physique ou morale qui ne respecte pas les différents **délais de paiement** interentreprises prévus par la réglementation. Selon l'étude d'impact relative au projet de loi Essoc, la méconnaissance des dispositions relatives au délai contractuel de 60 jours (C. com. art. L 441-10, I) constitue une « erreur grossière et donc exclusive de bonne foi ».

II. DROIT AU CONTRÔLE

OBJECTIF DU DROIT AU CONTRÔLE

La loi Essoc (n° 80100) cherche à limiter les incertitudes qui résultent pour les entreprises d'un phénomène contemporain bien connu : celui de la complexité et de l'instabilité croissantes des règles de droit. Ainsi, elle permet aux opérateurs d'obtenir de l'administration certaines assurances sur la régularité de leur situation. **80300**

Les entreprises peuvent désormais faire valider leurs pratiques ou leurs projets et, le cas échéant, les corriger. Le législateur entend donc compléter la fonction traditionnellement dissuasive et répressive du contrôle administratif par une nouvelle fonction de conseil aux acteurs de la vie économique.

CONTENU DU DROIT AU CONTRÔLE

Toute personne peut demander à l'administration l'organisation d'un contrôle prévu par les dispositions législatives et réglementaires en vigueur. La demande précise les points sur lesquels le contrôle est sollicité (CRPA art. L 124-1, al. 1). **80310**

L'administration doit procéder à ce contrôle dans un délai raisonnable. Cependant, elle n'est pas toujours tenue de faire droit à la demande dont elle est saisie. Elle a la faculté de l'écarter en cas de mauvaise foi du demandeur, de demande abusive ou si la demande a manifestement pour effet de compromettre le bon fonctionnement du service ou de mettre l'administration dans l'impossibilité matérielle de mener à bien son programme de contrôle (art. L 124-1, al. 2). En particulier, une entreprise ne pourra pas présenter une demande de contrôle dans le seul but de se soustraire à ses obligations.

OPPOSABILITÉ DU CONTRÔLE

Toute personne contrôlée peut opposer à l'administration les conclusions expresses du contrôle dont elle a fait l'objet (CRPA art. L 124-2, al. 1). Si le contrôle fait apparaître une méconnaissance des règles applicables à la situation de l'entreprise, celle-ci a la possibilité de régulariser sa situation dans les conditions prévues par les règles sur le droit à l'erreur (art. L 124-2, al. 6). **80320**

Toutefois, le droit d'opposabilité des conclusions du contrôle ne peut pas être invoqué de façon indéfinie ou absolue. Il devient caduc lorsque, postérieurement au contrôle (art. L 124-2, al. 2 à 4) :

– un changement de circonstances de droit ou de fait remet en cause la validité des conclusions formulées par l'administration ;

– l'administration procède à un nouveau contrôle donnant lieu à de nouvelles conclusions expresses.

L'opposabilité des conclusions ne doit pas non plus empêcher l'application des textes qui préservent directement la santé publique, la sécurité des personnes ou des biens, ainsi que l'environnement (art. L 124-2, al. 5).

EXEMPLE

Une entreprise demande à la DGCCRF un contrôle de ses pratiques commerciales. Sa demande est acceptée et le contrôle intervient. À l'issue de celui-ci, deux hypothèses sont à prévoir :
– certains manquements sont détectés ; si l'entreprise est de bonne foi, elle pourra se prévaloir de son droit à l'erreur (nos 80200 s.) pour ne pas être sanctionnée ;
– les conclusions du contrôle sont favorables ; l'entreprise pourra les opposer à la DGCCRF lors d'un nouveau contrôle et se prémunir ainsi de tout changement de position sur sa situation passée.

REVENTE À PERTE

SOMMAIRE

A. Principe d'interdiction de revendre à perte

CONTENU DE L'INTERDICTION

Incompatible avec l'établissement d'une concurrence saine et sans avantage réel pour les consommateurs, dès lors que la perte supportée sur certains articles est le plus souvent compensée par le bénéfice réalisé sur d'autres, la revente de tout « produit en l'état à un prix inférieur à son prix d'achat effectif » est, en principe, interdite (C. com. art. L 442-5, I-al. 1). 81000

> **Précisions** Le principe de l'interdiction de la revente à perte existe depuis 1963. En revanche, les modalités de détermination du seuil de la revente à perte ont depuis lors été modifiées à plusieurs reprises. Nous citons dans les développements qui suivent la **jurisprudence** ancienne et les dispositions de la **circulaire** du 8 décembre 2005 (JO du 30-12, réputée abrogée mais conservant selon nous une valeur indicative) dans la mesure où elles sont **transposables** au régime actuel.

VALIDITÉ DE L'INTERDICTION

Au regard du principe de liberté de circulation des marchandises ou de l'interdiction des pratiques anticoncurrentielles L'interdiction de la revente à perte n'est ni incompatible avec le principe de liberté de circulation des marchandises prévu à l'article 28 du traité CE, devenu l'article 34 du traité sur le fonctionnement de l'Union européenne (TFUE) (CJCE 24-11-1993 : RJDA 2/94 n° 243), ni contraire aux articles 81 et 82 du traité CE, devenus les articles 101 et 102 du TFUE relatifs aux ententes illicites et abus de position dominante (Cass. crim. 28-9-1992 : RJDA 11/92 n° 1098). 81110

Au regard du principe de la directive relative aux pratiques commerciales déloyales des entreprises vis-à-vis des consommateurs La Cour de justice de l'Union européenne a jugé que la directive 2005/29/CE du 11 mai 2005 relative aux pratiques commerciales déloyales des entreprises vis-à-vis des consommateurs s'oppose à ce qu'une réglementation nationale ayant pour finalité la protection des consommateurs (en l'espèce, la réglementation belge) interdise de manière générale la vente à perte de biens. Son raisonnement a été le suivant (CJUE ord. 7-3-2013 aff. 343/12 : RJDA 7/13 n° 666) : 81120
– la pratique de la vente à perte constitue une pratique commerciale au sens de la directive dès lors qu'elle a pour objectif d'attirer les consommateurs dans le magasin et de les inciter à procéder à des achats ;
– la directive, qui procède à une harmonisation complète des règles relatives aux pratiques commerciales déloyales, énonce les critères permettant de déterminer le caractère déloyal d'une pratique et comporte une liste exhaustive de celles réputées déloyales en toutes circonstances ; les États membres ne peuvent donc pas adopter des mesures plus restrictives

que celles définies par la directive, même afin de mieux protéger les consommateurs ; tel est le cas de la réglementation belge qui établit le principe de l'interdiction de la vente à perte, alors qu'une telle pratique ne figure pas dans la liste fixée par la directive ;
– en conséquence, la vente à perte ne peut pas être interdite « en toutes circonstances » mais seulement à l'issue d'une analyse spécifique permettant d'en établir le caractère déloyal au regard des critères énoncés aux articles 5 à 9 de la directive (pratique contraire aux exigences de la diligence professionnelle et altérant substantiellement le comportement économique du consommateur moyen, une telle pratique pouvant notamment être trompeuse ou agressive).

La question se pose de savoir si cette solution est transposable à la réglementation française, qui interdit la revente à perte tant à l'égard des consommateurs qu'entre professionnels (nº 81170). Elle a été partiellement tranchée par la Cour de cassation, celle-ci ayant jugé que la pratique de la **revente à perte entre professionnels** n'entre pas dans le champ d'application de la directive du 11 mai 2005 (Cass. com. 22-11-2017 nº 16-18.028 FS-D : RJDA 3/18 nº 285). En revanche, à notre avis, l'interdiction générale de la **revente à perte aux consommateurs** est contraire à la directive. Seule devrait subsister une interdiction subordonnée au caractère déloyal de la pratique.

B. Champ d'application de l'interdiction de revendre à perte

1. CHAMP D'APPLICATION TERRITORIAL DE L'INTERDICTION

81150 L'interdiction de revendre à perte s'applique à toute convention entre un fournisseur et un acheteur portant sur des produits commercialisés sur le territoire français ; elle est d'ordre public (C. com. art. 444-1 A issu de loi 2023-221 du 30-3-2023 ; voir nº 86010).

2. CHAMP D'APPLICATION MATÉRIEL DE L'INTERDICTION

REVENTE À PERTE DE PRODUITS « EN L'ÉTAT »

81160 Ne sont concernés que les **produits revendus « en l'état »** à l'exclusion, par conséquent, de ceux qui auraient subi une transformation.

Le délit de revente à perte suppose qu'il y ait eu préalablement une **opération d'achat pour revendre.** En revanche, il ne suppose pas que le revendeur détienne physiquement la marchandise au moment de la revente (Cass. crim. 6-12-2006 nº 7580 : RJDA 5/07 nº 564). En outre, il importe peu, pour la caractérisation du délit, que les opérations d'achat et de revente soient concomitantes (Cass. crim. 6-12-2006 nº 7580 précité).

ILLUSTRATIONS

Ne constitue pas une revente en l'état susceptible d'entrer dans le champ de l'interdiction la revente à perte d'essence par une compagnie pétrolière dans une station-service dès lors que cette essence est obtenue à partir de pétrole brut que la compagnie a elle-même raffiné (CA Caen 23-2-1989 : BID 1989/9 p. 38).

En revanche, entre dans le champ de l'interdiction la revente à perte par une société de distribution d'articles de sport de produits acquis auprès d'une filiale, et ce même si le distributeur avait prétendu que les produits avaient été conçus pour ses seuls besoins et sur ses spécifications dans le cadre d'un contrat d'entreprise. En effet, les deux sociétés étaient des personnes morales distinctes et les opérations avaient été enregistrées dans leur comptabilité comme des ventes. En outre, les produits étaient commercialisés sans avoir subi de transformation par la société de distribution (Cass. crim. 22-11-2006 nº 7139 : RJDA 5/07 nº 563).

REVENTE À PERTE À DES CONSOMMATEURS OU À DES PROFESSIONNELS

81170 Bien que l'article L 442-5 du Code de commerce ne vise que la « revente » des produits, son champ d'application ne doit pas être limité à la revente au consommateur. En effet, la loi « ne fait aucune distinction entre les opérateurs et incrimine tout commerçant qui revend un produit en l'état à un prix inférieur à son prix d'achat » (Cass. crim. 21-6-1993 : RJDA 8-9/93 nº 720).

Est donc punissable la revente à perte de produits par une centrale d'achats à ses filiales de distribution (Cass. crim. 21-6-1993 précité).

REVENTE À PERTE DE PRESTATIONS DE SERVICES

La loi ne s'applique qu'aux produits et pas aux prestations de services (Rép. Godfrain : AN 18-5-1987 p. 2932). **81180**

La Cour de cassation a néanmoins appliqué les dispositions de l'article L 442-5 à une prestation de services dans un cas où celle-ci était « économiquement liée » à un contrat de vente ; la Cour a apprécié l'existence du délit en prenant en considération le coût global de l'opération (Cass. crim. 7-5-2002 nº 2726 : RJDA 2/03 nº 197).

ANNONCE D'UNE REVENTE À PERTE

Est également interdit le fait d'annoncer la revente d'un produit en l'état à un prix inférieur à son prix d'achat effectif (C. com. art. L 442-5, I-al. 1). Sont donc notamment interdites les campagnes publicitaires annonçant des prix de revente à perte. **81190**

C. Définition de la revente à perte

PRINCIPES APPLICABLES À LA DÉTERMINATION DU SEUIL DE REVENTE À PERTE

Pour déterminer s'il y a revente à perte, il y a lieu de comparer le prix de revente avec le « prix d'achat effectif ». Ce **prix d'achat effectif** constitue donc le **seuil de revente à perte** (nºs 81240 s.). **81230**

En cas de revente par un grossiste, le prix d'achat effectif est affecté d'un coefficient destiné à diminuer le seuil de revente à perte (nºs 81280 s.).

À l'inverse, jusqu'au 15 avril 2025, le prix d'achat effectif des produits alimentaires revendus à des consommateurs est affecté d'un coefficient destiné à augmenter ce seuil (nºs 81300 s.).

1. PRIX D'ACHAT EFFECTIF DU PRODUIT REVENDU

a. Règle générale pour la détermination du prix d'achat effectif

DÉFINITION

Le prix d'achat effectif correspond au « **prix unitaire net** figurant sur la facture d'achat, minoré du montant de l'ensemble des **autres avantages financiers** consentis par le vendeur exprimé en pourcentage du prix unitaire net du produit et majoré des **taxes** sur le chiffre d'affaires, des taxes spécifiques afférentes à cette revente et du **prix du transport** » (C. com. art. L 442-5, I-al. 2). **81240**

PRIX UNITAIRE NET

Le prix unitaire net figurant sur la facture est le « prix tarif » minoré des réductions de prix devant obligatoirement figurer sur la facture, c'est-à-dire celles acquises à la date de la vente et directement liées à l'opération de vente (cf. C. com. art. L 441-9) : rabais, remises immédiates, ristournes inconditionnelles, ristournes soumises à une condition suspensive dès lors que la condition est réalisée au moment de la vente, ainsi que l'escompte convenu entre le vendeur et son client. **81250**

> **Précisions** En application des règles de la facturation, les **ristournes** inconditionnelles et les ristournes conditionnelles dont la condition est remplie au moment de la vente sont prises en compte pour la détermination du prix unitaire net même si leur **versement** est **différé.**

AVANTAGES FINANCIERS HORS FACTURE

Nature des avantages Les « autres avantages financiers consentis par le vendeur » sont constitués de l'ensemble des avantages consentis au client et qui ne sont pas portés sur la facture de vente du produit. Sont visés : **81260**

1° Les **ristournes assorties d'une condition.** Si la condition est réalisée au moment de la vente, la ristourne est prise en compte dans la détermination du prix unitaire net (nº 81250) et donc directement intégrée dans la détermination du prix d'achat effectif. Si ce n'est pas le cas, l'administration considère que la ristourne peut être prise en compte pour la détermination du seuil de revente à perte, quelle que soit sa date de liquidation, dès lors qu'elle a fait l'objet, lors de la négociation, d'un accord entre le vendeur et l'acheteur ; néanmoins, il appartiendra à celui qui prend la responsabilité d'imputer ces ristournes dans le prix d'achat effectif de justifier auprès de l'autorité de contrôle, le cas échéant a posteriori, de la licéité de cette prise en compte (Circ. du 8-12-2005 précitée, pt 4.1.2.). En d'autres termes, cet avantage conditionnel peut être pris en compte dès que l'accord sur le principe de la ristourne a été signé mais une telle imputation pourra être remise en cause par la suite si elle n'a pas pu être justifiée par l'acheteur, c'est-à-dire si la condition pour pouvoir bénéficier de la ristourne n'a pas été réalisée.

2° Les **rémunérations** perçues par le distributeur ou le grossiste au titre des services de **coopération commerciale** (cf. C. com. art. L 441-3, III-2°).

3° Les **rémunérations ou réductions de prix** obtenues en contrepartie des « **autres obligations** destinées à favoriser la relation commerciale entre le fournisseur et le distributeur » (cf. C. com. art. L 441-3, III-3°).

4° La **rémunération** de tout service ou obligation relevant d'un accord conclu avec une **entité juridique située en dehors du territoire français,** avec laquelle le distributeur est directement ou indirectement lié (cf. C. com. art. L 441-3, III-4°).

5° L'**escompte** résultant de l'application des conditions générales de vente, si l'acheteur a effectivement réglé sa facture de manière anticipée (cf. C. com. art. L 441-9, I-al. 5).

ATTENTION

N'entrent pas dans la catégorie des « autres avantages financiers » la rémunération perçue par le distributeur au titre des **nouveaux instruments promotionnels** (NIP : cf. C. com. art. L 441-4, VII, en ce sens, avis Autorité conc. du 23-11-2018 n° 18-A-14) ou les **pénalités** versées par le fournisseur en cas de manquement à ses obligations car il ne s'agit pas d'un avantage financier consenti au distributeur (Circ. du 8-12-2005 précitée, pt 4.1.4.).

81270 **Avantages versés à un mandataire du revendeur** Tous les avantages consentis par le fournisseur au mandataire de son client (par exemple, une centrale de référencement) peuvent être pris en compte.

Il en est ainsi même si ce mandataire ne rétrocède pas les sommes perçues à son mandant (Circ. du 8-12-2005 précitée, pt 4.1.2.). Le mandant (l'acheteur) et le mandataire (la centrale, par exemple) peuvent en effet convenir que la rémunération perçue par celui-ci sera conservée, pour partie ou en totalité, pour compenser ses frais et charges. L'administration admet que cette rémunération, bien que non perçue par l'acheteur, soit prise en compte par celui-ci dans les avantages financiers.

b. Abaissement du seuil de revente à perte pour les grossistes

81280 Le prix d'achat effectif, tel que défini ci-dessus (nos 81240 s.), est affecté d'un **coefficient de 0,9** pour le grossiste qui distribue des produits ou services exclusivement à des professionnels qui lui sont indépendants et qui exercent une activité de revendeur au détail, de transformateur ou de prestataire de services final (C. com. art. L 442-5, I-al. 3).

Cette disposition favorable aux grossistes est destinée à permettre aux petits commerçants indépendants de résister à la pression concurrentielle de la grande distribution puisque les grossistes qui les approvisionnent se voient appliquer un **seuil de revente à perte inférieur** à celui résultant de la réglementation générale applicable aux grandes surfaces (Rapport AN n° 2429 relatif à la loi 2005-882 du 2-8-2005).

Les grossistes qui ont une clientèle mixte (à la fois des professionnels et des consommateurs) ne peuvent donc pas bénéficier de cette dérogation.

81285 Est considérée comme une **entreprise indépendante** toute entreprise libre de déterminer sa politique commerciale et dépourvue de lien capitalistique ou d'affiliation avec le grossiste (art. L 442-5, I-al. 3). La condition de l'indépendance de la clientèle par rapport au grossiste s'apprécie donc au regard d'éléments de fait et de droit : un grossiste ou une centrale d'achats revendant à des professionnels ayant des liens capitalistiques ou d'affiliation avec lui, ou qui ne sont pas libres de leur politique commerciale, ne saurait prétendre au bénéfice de la dérogation. En revanche, rien ne s'oppose à ce qu'un grossiste appartenant à un groupe de sociétés, ou ayant des liens d'affiliation avec des commerçants au détail, mais dont l'activité s'exerce exclusivement à l'égard d'entreprises indépendantes de lui, extérieures à son groupe ou réseau d'affiliation, bénéficie de la dérogation (Circ. du 8-12-2005 précitée, point 4.2.4).

ILLUSTRATIONS

Ne relève pas du statut de grossiste une centrale d'achats regroupant des opticiens indépendants qui propose à ces derniers des offres plus ou moins larges en contrepartie d'obligations plus ou moins importantes, et qui noue à leur égard des liens dépassant le seul rapport achat/vente (Cass. com. 22-11-2017 n° 16-18.028 FS-D : RJDA 3/18 n° 285).

c. Relèvement du seuil de revente à perte pour les produits alimentaires revendus en l'état au consommateur

PRODUITS ALIMENTAIRES CONCERNÉS PAR LE RELÈVEMENT DU SEUIL DE REVENTE À PERTE

À titre expérimental, jusqu'au 15 avril 2025, le prix d'achat effectif tel que déterminé ci-dessus (nos 81240 à 81270) est affecté d'un **coefficient de 1,10** pour les **denrées alimentaires** et les **produits destinés à l'alimentation des animaux de compagnie revendus en l'état au consommateur,** à l'exception des produits mentionnés n° 81310 (Loi 2020-1525 du 7-12-2020 art. 125, I et VIII modifié par loi 2023-221 du 30-3-2023). En d'autres termes, le seuil de revente à perte de ces produits est relevé de 10 %. Ce dispositif expérimental, effectif depuis le 1er février 2019, a pour origine la loi 2018-938 du 30 octobre 2018 pour l'équilibre des relations commerciales dans le secteur agricole et alimentaire (loi Egalim). Il est destiné à revaloriser les produits alimentaires en évitant d'en faire des produits d'appel et les variables d'ajustement des prix de la grande distribution. L'objectif du législateur est que la marge dégagée soit reversée aux producteurs. **81300**

Sont concernés uniquement les produits alimentaires destinés à être revendus en l'état au **consommateur.** Ne sont donc pas concernées les opérations de revente en l'état entre professionnels (Avis CEPC n° 21-1 du 18-3-2021). S'agissant de produits revendus, sont exclus les **produits vendus sous marque de distributeur,** fabriqués à la demande de ce dernier.

Ce **dispositif** n'est **pas applicable** dans les collectivités de la Guadeloupe, de la Guyane, de la Martinique, de La Réunion et de Mayotte, ni dans les collectivités de Saint-Barthélemy, de Saint-Martin et de Saint-Pierre-et-Miquelon (Loi 2020-1525 art. 125, V).

Chaque distributeur de produits de grande consommation doit **transmettre aux ministres** de l'économie et de l'agriculture, avant le 1er septembre de chaque année, un **document** présentant la part du surplus de chiffre d'affaires enregistré à la suite du relèvement du seuil de revente à perte, qui s'est traduite par une revalorisation des prix d'achat des produits alimentaires et agricoles auprès de leurs fournisseurs ; ce document sera ensuite transmis au président de la commission chargée des affaires économiques de l'Assemblée nationale et du Sénat (Loi 2020-1525 art. 125, IV bis nouveau).

> **Précisions** Avant le 1er octobre 2024, le **Gouvernement** devra remettre au Parlement un **rapport annuel** évaluant les effets du relèvement du seuil de revente à perte sur la construction des prix de vente des produits alimentaires. Ce rapport devra analyser notamment l'usage qui a été fait par les distributeurs, depuis 2019, du surplus de chiffre d'affaires enregistré et détailler, d'une part, la part de ce chiffre d'affaires supplémentaire qui s'est traduite par une revalorisation des prix convenus entre les distributeurs et leurs fournisseurs et, d'autre part, celle qui s'est traduite par une baisse des prix de vente à la consommation ou par un reversement au consommateur sous la forme de promotions ou de crédits récompensant leur fidélité. Il devra aussi analyser la part de ce chiffre d'affaires supplémentaire qui s'est traduite, le cas échéant, par une diminution des prix de vente des produits alimentaires vendus sous marque de distributeur. Ce rapport devra enfin préciser, le cas échéant, la part de l'augmentation de chiffre d'affaires enregistrée par les fournisseurs qui a donné lieu à une revalorisation des prix d'achat des produits agricoles (Loi 2020-1525 art. 125, IV modifié).

PRODUITS ALIMENTAIRES NON CONCERNÉS PAR LE RELÈVEMENT DU SEUIL DE REVENTE À PERTE

En raison des conséquences négatives du relèvement du seuil de revente à perte sur ces produits depuis le 1er février 2019 (n° 81300), la loi 2023-2221 du 30 mars 2023, dite « Egalim 3 », exclut du dispositif les **fruits et légumes frais** (produits mentionnés aux parties IX et XI de l'annexe 1 au règlement UE 1308/2013 du 17 décembre 2013 portant organisation commune des marchés des produits agricoles). Par dérogation, le ministre de l'agriculture peut néanmoins fixer, par arrêté, une liste de produits pour lesquels le relèvement du seuil de revente à perte est applicable, sur demande motivée de l'interprofession représentative des produits concernés ou, lorsqu'il n'existe pas d'interprofession pour ce type de produits, d'une organisation professionnelle représentant des producteurs (Loi 2020-1525 du 7-12-2020 art. 125, I ter modifié par loi 2023-221 du 30-3-2023). **81310**

Pour les produits assujettis aux droits de consommation mentionnés à l'article 403, I du Code général des impôts, soit **certains alcools,** le prix d'achat effectif est majoré selon un mode de calcul particulier (cf. Loi 2020-1525 art. 125, I bis).

2. DÉTERMINATION DU PRIX DE REVENTE

81320 Ni la loi ni les commentaires de l'administration ne précisent les conditions dans lesquelles le prix de revente est déterminé.

À notre avis, le prix de revente minimal doit être déterminé comme le prix d'achat effectif (voir n°s 81240 s.).

En cas d'attribution gratuite d'unités supplémentaires (pratique du « treize à la douzaine »), le prix de revente unitaire à prendre en considération est celui obtenu en divisant le prix total par le nombre total des objets, y compris ceux offerts gratuitement.

En cas de couponnage, si la charge du remboursement du coupon est assumée par le distributeur soit en totalité, soit partiellement, ce dernier doit veiller à ce que la réduction consentie par lui ne l'amène pas à revendre à perte.

On notera que le « prix coûtant » correspond au prix d'achat effectif. Il constitue le seuil de la revente à perte en dessous duquel il est donc, en principe, interdit de revendre.

D. Exceptions à l'interdiction de revendre à perte

NATURE DES EXCEPTIONS

81360 L'interdiction de la revente à perte tendant essentiellement à protéger la liberté de la concurrence, il n'y a pas lieu de la maintenir lorsqu'elle est justifiée par des nécessités économiques. Aussi le législateur a-t-il prévu sept cas dans lesquels la revente à perte n'est pas sanctionnée (C. com. art. L 442-5, II).

ATTENTION

Ces **exceptions** sont strictement **limitées.** Ainsi, les difficultés de trésorerie d'une entreprise ne peuvent pas justifier une telle pratique (en ce sens, T. corr. Paris 23-1-2002 : RJDA 10/02 n° 1087).

81365 **Ventes en liquidation** Ne sont pas soumises à l'interdiction de la revente à perte les ventes volontaires ou forcées, motivées par la **cessation** ou le **changement d'une activité commerciale** (C. com. art. L 442-5, II-1°).

La cessation ou le changement d'une activité commerciale justifient une vente en liquidation soumise à déclaration préalable auprès du maire de la commune dont relève le lieu de liquidation (C. com. art. L 310-1, al. 2). Les ventes en liquidation étant définies comme « les ventes accompagnées ou précédées de publicité et annoncées comme tendant, par une réduction de prix, à l'écoulement accéléré de la totalité ou d'une partie des marchandises d'un établissement commercial à la suite d'une décision, quelle qu'en soit la cause, de cessation, de suspension saisonnière ou de changement d'activité, ou de modification substantielle des conditions d'exploitation » (C. com. art. L 310-1, al. 1), il est à notre avis également possible de revendre à perte en cas de suspension saisonnière d'activité ou la modification substantielles des conditions d'exploitation.

81370 **Ventes de produits saisonniers** Sont autorisées les reventes à perte de produits saisonniers, dans la mesure où elles interviennent soit pendant la **période terminale de la saison,** soit dans l'intervalle compris **entre deux saisons de vente** (C. com. art. L 442-5, II-2°).

L'exception à l'interdiction de la revente à perte n'est admissible que si la revente a lieu à un moment où les produits sont potentiellement dépréciés (Cass. crim. 13-3-1995 : RJDA 5/95 n° 599).

ILLUSTRATIONS

En ce qui concerne la revente à perte de jouets dans les jours précédant Noël, voir T. corr. Paris 9 juin 1998 : BID 1999/11 p. 34 ; CA Riom 25 février 1999 : BID 1999/11 p. 30 ; Cass. crim. 13 mars 1995 précité ; Cass. crim. 3 mai 2001 : RJDA 4/02 n° 441.

81375 **Ventes de produits démodés ou dépassés** Ne sont pas soumises à l'interdiction de la revente à perte les ventes de produits démodés ou dépassés, c'est-à-dire « qui ne répondent plus à la demande générale, en raison de l'**évolution de la mode** ou de l'apparition de **perfectionnements techniques** » (C. com. art. L 442-5, II-3°).

Jugé que l'exception légale en faveur des produits démodés ou dépassés « implique non que la solution qu'elle légitime intervienne à toute extrémité, mais au contraire en un temps où elle puisse précisément limiter la perte et la perturbation qu'elle apporte au marché considéré » (T. corr. Lille 15-3-1971 : JCP éd. G 1971 II n° 16747 note Godé).

En revanche, elle doit être interprétée strictement : ainsi, la mévente ayant pour cause des raisons politiques ou climatiques ne saurait justifier une revente à perte.

Ventes de produits dont le réapprovisionnement s'est effectué en baisse 81380
La revente à perte est autorisée pour les produits dont le réapprovisionnement s'est effectué en baisse, « le **prix effectif d'achat** étant alors remplacé par le prix résultant de la nouvelle facture d'achat » (C. com. art. L 442-5, II-4°). Les produits dont la revente à perte est ainsi autorisée doivent avoir des caractéristiques identiques à celles des produits initialement achetés.

Exception d'alignement sur la concurrence La revente à perte est autorisée 81385
lorsque le revendeur s'est contenté d'aligner son prix de revente « sur le **prix légalement pratiqué pour les mêmes produits par un autre commerçant** dans la même zone d'activité ». Mais cette possibilité est limitée aux reventes à perte de produits alimentaires commercialisés dans un magasin d'une surface de vente de moins de 300 m² et de produits non alimentaires commercialisés dans un magasin d'une surface de vente de moins de 1 000 m² (C. com. art. L 442-5, II-5°).

Si l'alignement doit se réaliser dans un temps voisin de la pratique constatée chez le concurrent, il n'est pas nécessaire qu'il lui soit concomitant (Cass. crim. 17-1-1994 : RJDA 3/94 n° 305 ; Cass. crim. 3-5-1995 : RJDA 7/95 n° 862). Ainsi, la revente à perte est licite lorsque les prix sont alignés sur ceux pratiqués par un concurrent dix jours (Cass. crim. 28-6-1993 : RJDA 8-9/93 n° 721) ou trois semaines auparavant (Cass. crim. 17-1-1994 précité).

En outre, il n'est pas nécessaire que le prix pratiqué par le revendeur soit égal au prix servant de référence (Cass. crim. 23-1-1995 : RJDA 4/95 n° 456 ; Cass. crim. 3-5-1995 : RJDA 7/95 n° 862).

Enfin, la dérogation n'autorise pas les pratiques collectives de revente à perte.

> **Précisions** En cas de contrôle, il appartient au revendeur d'apporter la **preuve du prix** sur lequel il prétend s'aligner (Cass. crim. 11-3-1991 : RJDA 5/91 n° 418, 1e espèce ; Cass. crim. 4-11-1991 : RJDA 12/91 n° 1048 ; Cass. crim. 10-4-1995 : RJDA 6/95 n° 735). L'alignement sur la concurrence est un moyen de défense au fond qui peut être soulevé à tout moment de la procédure, même après la clôture du procès-verbal (Cass. crim. 10-4-1995 précité). Par exemple, un distributeur peut valablement produire le relevé des prix pratiqués par ses concurrents six mois après le contrôle sur place effectué par les agents de la CCRF (Cass. crim. 3-4-1997 : RJDA 12/97 n° 1506).
> En revanche, c'est à la partie poursuivante qu'il incombe de démontrer, le cas échéant, le **caractère illégal du prix de référence** (Cass. crim. 11-3-1991 : RJDA 5/91 n° 418, 1e et 2e espèces ; Cass. crim. 4-11-1991 : RJDA 12/91 n° 1048 ; Cass. crim. 28-6-1993 : RJDA 8-9/93 n° 721 ; Cass. crim. 17-1-1994 : RJDA 3/94 n° 305 ; Cass. crim. 10-4-1995 : RJDA 6/95 n° 735).

Revente de produits périssables La revente à perte de **produits** périssables est 81390
licite à condition que ces produits soient « **menacés d'altération rapide** » et que l'offre de prix réduit ne fasse pas l'objet d'une quelconque publicité ou annonce à l'extérieur du point de vente (C. com. art. L 442-5, II-6°).

Cette exception ne permet de « brader » les produits que si la nécessité s'en fait sentir. Sont visés, en particulier, certains produits alimentaires tels que les viandes, les poissons, les fruits et légumes, etc. Ainsi, a été jugée licite la revente à perte de pommes de terre en Haute-Savoie lors d'une période où celles-ci risquaient de geler (T. corr. Annecy 17-6-1988 : BID 1989/9 p. 41). En revanche, un distributeur ne peut pas valablement justifier la revente à perte de camemberts par le risque d'altération rapide de ces produits compte tenu des délais très courts entre le moment de la réception de la marchandise et la revente au consommateur (TGI d'Avesnes-sur-Helpe 28-9-1988 : BID 1989/9 p. 44).

Ventes en soldes L'interdiction de la revente à perte ne s'applique pas aux produits 81395
soldés (C. com. art. L 442-5, II-7°). Les ventes en soldes sont réglementées (cf. C. com. art. L 310-3).

PORTÉE DES EXCEPTIONS EN MATIÈRE DE PROCÉDURE COLLECTIVE

La portée des exceptions examinées ci-dessus (nos 81365 s.) ne doit pas aller au-delà de la 81400
réglementation des reventes à perte. En particulier, elles ne font pas obstacle à l'application des articles L 653-5, 2° et L 654-2, 1° du Code de commerce prévoyant la possibilité de prononcer la faillite personnelle ou la condamnation pour banqueroute de toute personne qui a, dans l'intention d'éviter ou de retarder l'ouverture d'une procédure collective, fait des achats en vue d'une revente au-dessous du cours (C. com. art. L 442-5, II).

E. Répression des reventes à perte illicites

CONSTATATION DES INFRACTIONS, INJONCTIONS ET MODALITÉS DE POURSUITE

81440 Les infractions aux dispositions de l'article L 442-5 du Code de commerce sont recherchées et constatées par les agents de la CCRF dans les conditions fixées par les articles L 450-1 et suivants du même Code (voir nos 77100 s.).

Ces agents peuvent enjoindre au professionnel de cesser tout agissement illicite. Sur les modalités de l'injonction et l'amende administrative encourue si cette injonction n'est pas respectée, voir nos 77810 s.

Sur les solutions alternatives aux poursuites pénales (notamment, la possibilité d'une transaction) et les modalités de poursuite (nos 78100 s.).

SANCTIONS PÉNALES EN CAS DE REVENTE À PERTE

81450 Le délit de **revente à perte** est passible d'une amende de 75 000 € pour les personnes physiques et 375 000 € pour les personnes morales, chacun de ces montants pouvant être porté à 50 % des dépenses de publicité dans le cas où une annonce publicitaire, quel qu'en soit le support, fait état d'un prix de revente à perte (C. com. art. L 442-5, I-al. 1 ; C. pén. art. 131-38).

Sur l'élément intentionnel du délit, voir n° 78300.

Sur les conditions de la responsabilité des personnes morales, voir n° 78325.

Sur les dispositions particulières aux délits prévus au titre IV du livre IV du Code de commerce, voir nos 78350 s.

En cas de délit d'**annonce de revente à perte,** la cessation de l'annonce publicitaire peut être ordonnée dans les conditions prévues à l'article L 132-8 du Code de la consommation (cessation ordonnée soit sur réquisition du ministère public, soit d'office, etc.) (C. com. art. L 442-5, I-al. 1 et III).

SANCTIONS CIVILES EN CAS DE REVENTE À PERTE

81460 Un revendeur concurrent peut se constituer **partie civile** et obtenir des dommages-intérêts s'il est une victime directe de l'infraction (cf. CPP art. 2 s.).

La pratique illégale de la revente à perte constitue par ailleurs un acte de **concurrence déloyale.** Elle ouvre donc droit pour les victimes à une action en justice dans les conditions de droit commun à l'effet d'obtenir la cessation des agissements répréhensibles, des dommages-intérêts en réparation du préjudice qu'elles ont subi et, éventuellement, la publicité de la décision de condamnation.

En outre, un fournisseur peut obtenir en **référé** la cessation de la revente à perte pratiquée par l'un de ses distributeurs. En cas de contestation, l'intérêt à agir de ce fournisseur relève de l'appréciation souveraine des juges du fond.

ILLUSTRATIONS

A été admise l'action en référé d'un fournisseur dans un cas où les juges avaient relevé que cette pratique ne pouvait qu'exposer le fournisseur, d'une part, à une dépréciation de son image de marque, le produit pouvant apparaître comme bradé et, d'autre part, aux soupçons des autres distributeurs sur l'existence de conditions préférentielles consenties à des concurrents, mettant ainsi en péril sa politique commerciale (Cass. com. 20-6-1995 : RJDA 8-9/95 n° 1004).

Dans un cas où une société commercialisant des produits en ligne avait obtenu en référé la condamnation pour concurrence déloyale d'un commerçant auto-entrepreneur qui pratiquait régulièrement sur Internet, pour les mêmes produits, des prix inférieurs au seuil de revente à perte, le juge des référés a interdit à ce commerçant, « par provision », non seulement de poursuivre ces agissements, sous astreinte de 1 500 € par infraction constatée, mais aussi de commercialiser ces produits sur tout site comparateur de prix ou plateforme de mise en relation (T. com. Béziers ord. réf. 19-7-2010 : RJDA 12/10 n° 1189).

Enfin, dès lors que toute **association loi de 1901** peut agir en justice en défense d'un intérêt collectif quand cet intérêt entre dans son objet social (n° 5200), une association de consommateurs, même non agréée, ou une association de défense de commerçants peut valablement engager une action en réparation d'une revente à perte illicite ou en cessation de l'infraction.

SÉCURITÉ DES PRODUITS ET SERVICES

SOMMAIRE

SECTION 1

MESURES PRÉVENTIVES

I. SÉCURITÉ GÉNÉRALE DES PRODUITS ET SERVICES

MULTIPLICITÉ DES TEXTES VISANT À ASSURER LA SÉCURITÉ DES PRODUITS ET SERVICES

82000 Dès leur première mise sur le marché, les produits et les services doivent répondre aux prescriptions en vigueur relatives à la sécurité et à la santé des personnes, à la loyauté des transactions commerciales et à la protection des consommateurs. Le responsable de la première mise sur le marché d'un produit (producteur national, importateur, etc.) est donc tenu de **contrôler la conformité** de ce produit aux prescriptions qui lui sont applicables (C. consom. art. L 411-1, voir nos 14100 s.). À cette obligation générale de conformité s'ajoute le principe de **sécurité générale des produits et services** d'où il résulte notamment, pour les professionnels, des obligations d'information, de suivi des produits et de signalement des risques et, pour les pouvoirs publics, la possibilité de réglementer ou d'interdire tout produit ou service présentant un danger pour la santé et la sécurité des consommateurs (C. consom. art. L 421-1 s.) (nos 82010 s.). Ces mesures seront renforcées à compter du 13 décembre 2024 (nos 82280 s.).

Par ailleurs, des dispositifs sont prévus pour assurer une **circulation optimale des informations au sein de l'Union européenne** afin de prévenir la mise sur le marché de produits dangereux ou de permettre leur retrait du marché (nos 82390 s.).

A. Obligation générale de sécurité

1. RÉGLEMENTATION APPLICABLE JUSQU'AU 13 DÉCEMBRE 2024

82010 L'article L 421-3 du Code de la consommation impose aux professionnels une obligation générale de sécurité : « Les produits et les services doivent présenter, dans des conditions normales d'utilisation ou dans d'autres conditions raisonnablement prévisibles par le professionnel, la sécurité à laquelle on peut légitimement s'attendre et ne pas porter atteinte à la santé des personnes. »

a. Champ d'application

PERSONNES CONCERNÉES PAR L'OBLIGATION GÉNÉRALE DE SÉCURITÉ

82030 **Débiteurs de l'obligation de sécurité** L'obligation générale de sécurité des produits et services repose tant sur le producteur que sur le distributeur, mais ces professionnels sont soumis à des obligations différentes, plus importantes pour le producteur.

On doit entendre par « **producteur** » (C. consom. art. L 421-1, 1°) :

– le fabricant du produit, lorsqu'il est établi dans l'Union européenne et toute autre personne qui se présente comme fabricant en apposant sur le produit son nom, sa marque ou un autre signe distinctif, ou celui qui procède à la remise en état du produit ;

– le représentant du fabricant, lorsque celui-ci n'est pas établi dans l'Union européenne ou, en l'absence de représentant établi dans l'Union européenne, l'importateur du produit ;

– les autres professionnels de la chaîne de commercialisation, dans la mesure où leurs activités peuvent affecter les caractéristiques de sécurité d'un produit.

Le « **distributeur** » est tout professionnel de la chaîne de commercialisation dont l'activité n'a pas d'incidence sur les caractéristiques de sécurité du produit (C. consom. art. L 421-1, 2°).

82040 **Bénéficiaires de l'obligation de sécurité** La formulation de l'obligation générale de sécurité, qui a pour objet, d'une manière générale, les produits et services portant atteinte à la « santé des **personnes** », conduit à considérer que les bénéficiaires de la réglementation sont tous les utilisateurs de ces produits et services, qu'ils soient des consommateurs ou des professionnels.

Les articles L 423-1 et suivants, qui précisent les obligations des professionnels en ce qui concerne la sécurité des produits (nos 82120 s.), visent en revanche les « consommateurs », mais, bien entendu, ce terme doit être entendu au sens large, et non au sens de l'article liminaire du Code de la consommation. Tous les utilisateurs bénéficient donc de la réglementation.

PRODUITS ET SERVICES CONCERNÉS PAR L'OBLIGATION GÉNÉRALE DE SÉCURITÉ

Les articles L 421-1 et suivants du Code de la consommation visent indifféremment **tous « les produits et les services »,** que les produits soient fabriqués en France ou importés, neufs ou d'occasion (à moins que ces produits d'occasion nécessitent une réparation préalable : n° 82055). 82050

À notre avis, sont notamment concernés les produits et services soumis à des règles de sécurité spécifiques, sauf à ce que ces règles soient incompatibles avec la réglementation générale. Nous déduisons cela de l'abrogation, par l'ordonnance 2016-301 du 14 mars 2016 ayant réorganisé la partie législative du Code de la consommation, de l'ancien article L 221-8 du Code de la consommation prévoyant que les mesures prévues par la réglementation relative à la sécurité générale des produits et services ne pouvaient pas être prises pour les produits et services soumis à des dispositions législatives particulières ou à des règlements communautaires ayant pour objet la protection de la santé ou de la sécurité des consommateurs (sauf certaines d'entre elles et en cas d'urgence).

La réglementation ne s'applique pas aux **antiquités** et aux **produits d'occasion** nécessitant, avant leur utilisation, une réparation ou une remise en état lorsque le fournisseur en a informé l'acquéreur (C. consom. art. L 421-2). Le fournisseur agira donc prudemment en se ménageant la preuve de cette information. 82055

b. Critères d'évaluation de la conformité d'un produit à l'obligation générale de sécurité

Un **produit** est considéré comme **satisfaisant à l'obligation générale de sécurité** prévue à l'article L 421-3 du Code de la consommation lorsqu'il est conforme à la réglementation spécifique qui lui est applicable ayant pour objet la protection de la santé ou de la sécurité des consommateurs (C. consom. art. L 421-5). Cette réglementation peut être issue d'un texte national (loi, décret, arrêté), européen ou international. 82080

Un **produit** est **présumé satisfaire à l'obligation générale de sécurité,** en ce qui concerne les risques et les catégories de risques couverts par les normes qui lui sont applicables, lorsqu'il est conforme aux normes nationales non obligatoires transposant des normes européennes dont la Commission européenne a publié les références au JOUE en application de l'article 4 de la directive 2001/95/CE du 3 décembre 2001 relative à la sécurité générale des produits (C. consom. art. L 421-6). Cette liste de normes nationales non obligatoires est publiée au Journal officiel (Avis concernant l'application de la directive 2001/95/CE relative à la sécurité générale des produits : JO 14-12-2019 texte n° 103). Elle comporte environ 70 références de normes, qui concernent des produits aussi divers que le mobilier d'extérieur, le matériel de gymnastique, les lits rabattables ou des articles de puériculture. 82085

La présomption instituée par l'article L 421-6 du Code de la consommation est une présomption simple qui peut être renversée en établissant que cette réglementation ne prend pas en compte l'ensemble des exigences actuelles de sécurité ou lorsque la réglementation ne s'applique qu'à une partie du produit (en ce sens, J. Knetsch, in Droit de la consommation, Dalloz Action, éd. Dalloz, 1-6-2020, pt 151.122).

Dans les **autres cas** que ceux mentionnés aux n°s 82080 et 82085, la conformité d'un produit à l'obligation générale de sécurité est évaluée en prenant en compte notamment les éléments suivants quand ils existent (C. consom. art. L 421-7) : 82090

– les normes nationales non obligatoires transposant des normes européennes applicables au produit autres que celles dont la référence est publiée au JOUE en application de l'article 4 de la directive 2001/95/CE ;
– les autres normes françaises ;
– les recommandations de la Commission européenne établissant des orientations concernant l'évaluation de la sécurité des produits ;
– les guides de bonne pratique en matière de sécurité des produits en vigueur dans le secteur concerné ;
– l'état actuel des connaissances et de la technique ;
– la sécurité à laquelle les consommateurs peuvent légitimement s'attendre.

c. Obligations des professionnels relatives à la sécurité des produits

OBLIGATION GÉNÉRALE

82110 Les producteurs et les distributeurs doivent prendre **toutes mesures utiles** pour contribuer au respect de l'ensemble des obligations de sécurité prévues aux articles L 421-3 et suivants du Code de la consommation (C. consom. art. L 421-4).

OBLIGATION D'INFORMER LES CONSOMMATEURS

82120 Le producteur doit fournir au consommateur les informations utiles qui permettent à celui-ci d'évaluer les **risques** inhérents à un produit pendant sa durée d'utilisation normale ou raisonnablement prévisible et de s'en prémunir, lorsque ces risques ne sont pas immédiatement perceptibles par le consommateur sans un avertissement adéquat (C. consom. art. L 423-1, al. 1).

Cet **avertissement** ne dispense pas le producteur du respect de ses autres obligations (art. L 423-1, al. 2).

Lorsque ces **informations** sont **insuffisantes,** le préfet ou, à Paris, le préfet de police peut ordonner par arrêté qu'elles figurent sur les produits, sur leurs emballages ou dans les documents les accompagnant (voir n° 79495).

OBLIGATION DE SUIVI DES PRODUITS

82130 Le producteur doit adopter des mesures qui, compte tenu des caractéristiques des produits qu'il fournit, lui permettent (C. consom. art. L 423-2, al. 1 à 3) :
– de **se tenir informé** des risques que les produits qu'il commercialise peuvent présenter ;
– d'engager les actions nécessaires à la maîtrise de ces risques, notamment en procédant au **retrait** du produit du marché, à une **mise en garde** adéquate et efficace des consommateurs ou au **rappel** de ce produit auprès de ceux-ci.

Ces mesures peuvent, par exemple, consister à réaliser des essais par sondage ou à indiquer sur le produit ou son emballage un mode d'emploi, l'identité et l'adresse du producteur, la référence du produit ou du lot de produits auquel celui-ci appartient. Ces indications peuvent être rendues obligatoires par arrêté ministériel (art. L 423-2, al. 4).

82135 Lorsque des **mesures de retrait ou de rappel** de produits sont mises en œuvre, le professionnel doit établir et maintenir à jour un état chiffré des produits retirés ou rappelés qu'il tient à la disposition des agents habilités à constater les infractions à la réglementation (C. consom. art. L 423-3, al. 4 et 6).

Sans préjudice des mesures d'information des consommateurs et des autorités administratives compétentes prévues par la réglementation (n° 82140), le professionnel qui procède au rappel de produits doit en faire la déclaration de façon dématérialisée sur le site internet dédié dénommé « Rappel Conso », mis à la disposition du public par l'administration (C. consom. art. L 423-3, al. 5 et dernier al. ; Arrêté ECOC2030070A du 20-1-2021).

OBLIGATION DE SIGNALEMENT DES RISQUES

82140 **Principe** Lorsqu'un producteur ou un distributeur sait qu'un produit qu'il a mis sur le marché ne répond pas à l'obligation générale de sécurité (n° 82010), il doit en **informer** immédiatement les autorités administratives compétentes en indiquant les **actions qu'il engage** afin de prévenir les risques pour les consommateurs (C. consom. art. L 423-3, al. 1).

Le producteur ou le distributeur ne peut pas se décharger de cette obligation en soutenant qu'il n'avait pas eu connaissance des risques alors qu'il ne pouvait pas raisonnablement les ignorer (art. L 423-3, al. 3).

82150 **Modalités du signalement** L'**information** des autorités administratives compétentes doit comporter les **éléments** suivants : la date du signalement, le nom ou la raison sociale et l'adresse du professionnel auteur du signalement, du ou des professionnels lui ayant fourni le produit et du ou des professionnels auxquels il a fourni le produit, la description du produit (notamment dénomination, marque, numéro de lot, volumes concernés), la description du danger et des mesures prises par le professionnel et toute autre information que le professionnel estimera utile aux autorités administratives compétentes (Arrêté ECOC0400076A du 9-9-2004 art. 2).

Trois **autorités administratives** sont chargées de réceptionner les signalements (Arrêté précité art. 3) : 82160
– la Direction générale de l'alimentation (DGAL) pour l'information concernant les denrées alimentaires animales ou d'origine animale destinées à l'alimentation humaine, sauf lorsque le danger est lié à un additif, un arôme, un auxiliaire technologique ou un matériau destiné à entrer en contact avec ces denrées, et pour l'information concernant les aliments médicamenteux destinés aux animaux lorsque le danger est lié à l'aspect médicamenteux ;
– la Direction générale de l'énergie et du climat (DGEC) pour l'information émanant des constructeurs automobiles et de leurs réseaux de distribution concernant les véhicules et leurs équipements vendus sous marque de constructeur ;
– la Direction générale de la concurrence, de la consommation et de la répression des fraudes (DGCCRF) pour l'information concernant les produits non alimentaires (sous réserve des compétences de la DGEC) et les denrées alimentaires et les aliments pour animaux ne relevant pas de la compétence de la DGAL.

Pour plus de détails, voir l'avis aux opérateurs économiques sur la mise en place de l'obligation de signalement des risques et des mesures prises (JO du 11-2-2012 texte n° 103).

REFUS DE VENTE ET SUIVI DE LA SÉCURITÉ DES PRODUITS PAR LES DISTRIBUTEURS

Les distributeurs s'interdisent de fournir des produits dont ils savent, sur la base des informations en leur possession et en leur qualité de professionnels, qu'ils ne satisfont pas aux obligations de sécurité définies aux articles L 421-3 et suivants du Code de la consommation. 82180

En outre, dans les limites de leurs activités respectives, les distributeurs participent au suivi de la sécurité des produits mis sur le marché : ils doivent transmettre les informations concernant les risques liés à ces produits, tenir et fournir les documents nécessaires pour assurer leur traçabilité et collaborer aux actions engagées par les producteurs et les autorités administratives compétentes pour éviter les risques (C. consom. art. L 423-4).

SANCTIONS EN CAS DE NON-RESPECT DES OBLIGATIONS EN MATIÈRE DE SÉCURITÉ

Sanctions pénales Le fait de ne pas **informer les autorités administratives compétentes des actions engagées** pour prévenir les risques pour les consommateurs (n° 82140) est passible, pour une personne physique, d'une amende contraventionnelle de 1 500 € (C. consom. art. R 452-2, al. 2) ou de 3 000 € en cas de récidive dans le délai d'un an (C. pén. art. 132-11, sur renvoi de C. consom. art. R 452-2, al. 5), pour une personne morale, d'une amende contraventionnelle de 7 500 € (C. pén. art. 131-41) ou de 15 000 € en cas de récidive dans le délai d'un an (C. pén. art. 132-15, sur renvoi de C. consom. art. R 452-2, al. 5). 82190

Tant que l'action publique n'a pas été mise en mouvement, l'autorité administrative chargée de la concurrence et de la consommation peut proposer une transaction à l'auteur de l'infraction (voir n°s 79780 s.).

Le fait de ne pas satisfaire à l'obligation d'établir et de maintenir à jour un **état chiffré des produits retirés ou rappelés** (n° 82135) est passible d'une amende de 5 000 € pour les personnes physiques (C. consom. art. L 452-7) et 25 000 € pour les personnes morales (C. pén. art. 131-38). 82195

Le fait de ne **pas déclarer** un rappel de produits (n° 82135), ou de communiquer des **informations inexactes ou incomplètes,** est passible d'une amende contraventionnelle de 1 500 € pour les personnes physiques (C. consom. art. R 452-5, al. 1) et 7 500 € pour les personnes morales (C. pén. art. 131-41). L'amende est encourue autant de fois qu'il y a de produits concernés par le rappel.

En cas de récidive dans le délai d'un an, le montant maximal de l'amende est porté à 3 000 € pour les personnes physiques et 15 000 € pour les personnes morales (C. pén. art. 132-11 et 132-15, sur renvoi de C. consom. art. R 452-5, al. 3).

Sanctions civiles La responsabilité du fabricant ou du vendeur d'un produit susceptible d'être dangereux peut être engagée sur le fondement du droit commun de la responsabilité contractuelle en cas de manquement à leur obligation d'information et de conseil quant à l'utilisation en toute sécurité de ce produit (par exemple, Cass. 1e civ. 11-6-2009 n° 08-17.313 : BRDA 15-16/09 inf. 13, action engagée pour défaut d'information et de conseil à l'encontre du fabricant d'un produit qui avait causé des brûlures à son utilisateur). 82200

d. Réglementation ou interdiction de produits ou services

POSSIBILITÉ POUR LE POUVOIR RÉGLEMENTAIRE D'INTERDIRE OU DE RÉGLEMENTER CERTAINS PRODUITS OU SERVICES

82220 Les produits ou services qui ne satisfont pas à l'obligation générale de sécurité prévue à l'article L 421-3 du Code de la consommation (nº 82010) sont interdits ou réglementés par des décrets en Conseil d'État pris sur le fondement de l'article L 412-1 du Code de la consommation (C. consom. art. L 422-1). Ces décrets peuvent déterminer, par exemple, les conditions dans lesquelles l'exportation, l'offre, la vente, la distribution à titre gratuit, la détention, l'étiquetage, le conditionnement ou le mode d'utilisation des marchandises sont interdits ou réglementés (C. consom. art. L 412-1, I-1º) ou les modes de présentation ou les inscriptions sur les marchandises elles-mêmes, les emballages, les factures, les documents commerciaux ou documents de promotion (art. L 412-1, I-3º).

› Précisions Font l'objet d'une interdiction ou d'une réglementation par décret les **produits** suivants :
– les dissolutions de caoutchouc et les colles à boyaux contenant une proportion excessive de solvants dont les vapeurs sont hallucinogènes (Décret 87-729 du 28-8-1987) ;
– les mousses urée-formol utilisées pour l'isolation des locaux destinés à une occupation humaine (Décret 88-683 du 6-5-1988) ;
– les jouets (Décret 2010-166 du 22-2-2010 modifié par décret 2021-936 du 15-7-2021) ;
– les montres-bracelets comportant un briquet incorporé, les masques de plongée comportant un tube incorporé muni d'une balle de ping-pong, les sapins de Noël artificiels, les bougeoirs et compositions décoratives de bougies (Décret 91-1175 du 13-11-1991) ;
– les articles de puériculture (Décret 91-1292 du 20-12-1991) ;
– les machines à laver et essoreuses mises à la disposition du public (Décret 2012-412 du 23-3-2012) ;
– certains produits imitant des denrées alimentaires (Décret 92-985 du 9-9-1992) ;
– les poêles mobiles de chauffage à combustible liquide et leurs pièces de rechange (Décret 92-1280 du 10-12-1992) ;
– les équipements d'aires collectives de jeux (Décrets 94-699 du 10-8-1994 et 96-1136 du 18-12-1996) ;
– certains liquides à base de monoéthylèneglycol (Décret 95-326 du 20-3-1995) ;
– les lits superposés destinés à être utilisés dans les lieux domestiques ou en collectivités (Décret 95-949 du 25-8-1995) ;
– les échelles portables, escabeaux et marchepieds (Décret 96-333 du 10-4-1996) ;
– les jeux vidéo (Décret 96-360 du 23-4-1996) ;
– les cages de buts de football, de handball, de hockey sur gazon et en salle et les buts de basket-ball (Décret 2016-481 du 18-4-2016) ;
– toutes variétés de fibres d'amiante, que ces substances soient ou non incorporées dans des matériaux, produits ou dispositifs (Décrets 88-466 du 28-4-1988 et 2002-1528 du 24-12-2002 ; arrêté MEST0010896A du 12-7-2000 : JO du 20-7) ;
– les générateurs d'aérosols (Décret 2010-323 du 23-3-2010) ;
– les plantes dénommées Stephania tetrandra et Aristolochia fangchi (Décret 98-397 du 20-5-1998) ;
– certains objets ayant l'apparence d'une arme à feu (Décret 99-240 du 24-3-1999) ;
– les sièges pliants de types chilienne, transatlantique et flâneuse (Décret 99-777 du 9-9-1999) ;
– certains articles de literie (coussins, traversins, oreillers, couettes, édredons, couvertures matelassées) (Décret 2000-164 du 23-2-2000) ;
– certaines confiseries gélifiées (Décret 2004-572 du 17-6-2004) ;
– certaines espèces ou variétés de champignons (Décret 2005-1184 du 19-9-2005) ;
– les barbecues utilisant des combustibles solides (Décret 2006-18 du 4-1-2006) ;
– les produits composés d'une confiserie et d'éléments non comestibles solidaires de celle-ci lors de sa consommation (Décret 2006-286 du 13-3-2006) ;
– les briquets (Décret 2006-1129 du 8-9-2006) ;
– les appareils à laser sortant (Décret 2007-665 du 2-5-2007) ;
– les éthylotests chimiques destinés à un usage préalable à la conduite routière (Décret 2015-775 du 29-6-2015) ;
– les bicyclettes (Décret 2016-364 du 29-3-2016).

SANCTIONS EN CAS DE NON-RESPECT DES RÈGLES FIXÉES PAR DÉCRETS

82240 **Sanctions pénales** Les décrets qui interdisent ou réglementent certains produits ou services prévoient, en cas de non-respect de leurs dispositions, une **amende de nature contraventionnelle** dont ils fixent le montant. Compte tenu de sa nature, cette amende est multipliée par le nombre de produits en infraction avec la réglementation.

Par ailleurs, le fait de commercialiser une marchandise qui ne satisfait pas aux conditions essentielles de sécurité définies par une réglementation spécifique, à laquelle les consommateurs sont légitimement en droit de s'attendre, constitue le **délit de tromperie** (Cass. crim. 10-6-1998 : RJDA 12/98 nº 1428, condamnation d'un commerçant qui avait mis en vente un lot de jouets sans vérifier leur conformité aux exigences essentielles de sécurité prévues par le décret relatif à la prévention des risques résultant de l'usage des jouets).

Sanctions civiles Le non-respect des prescriptions prévues par un décret entraîne la **nullité du contrat de vente** conclu dans des conditions non conformes (en ce sens, Cass. 1e civ. 21-11-2006 no 1656 : RJDA 3/07 no 294). 82250

e. Contrôles et mesures administratives consécutives

Les **dispositions** relatives aux contrôles et aux mesures administratives consécutives sont **détaillées** aux nos 78600 s. 82260

En particulier, les agents de la CCRF peuvent procéder à des **contrôles administratifs** pour apprécier le caractère dangereux des produits ou des services. Dans le cadre de leurs pouvoirs d'enquête, ils peuvent demander au juge des libertés et de la détention l'autorisation de **consigner** les marchandises suspectes. Des **opérations de visite et saisie** peuvent, sur autorisation judiciaire, également être organisées.

Les agents disposent d'un pouvoir d'**injonction de mise en conformité** avec la réglementation.

En cas de **produit susceptible d'être dangereux,** diverses mesures peuvent être ordonnées par arrêté préfectoral, telles que la suspension de la mise sur le marché, le retrait, le rappel ou la destruction du produit. En cas de **danger grave ou immédiat,** la mise sur le marché d'un produit ou une prestation de services peut être suspendue pendant un an par arrêté ministériel. Des mises en garde individuelles peuvent être adressées par le ministre de l'économie, qui peut demander la mise en conformité d'un produit avec les règles de sécurité.

Des mesures similaires sont applicables aux prestations de services.

2. RÉGLEMENTATION APPLICABLE À COMPTER DU 13 DÉCEMBRE 2024

ORIGINE DE LA RÉGLEMENTATION

À compter du 13 décembre 2024, le **règlement (UE) 2023/988 du 10 mai 2023** abrogera et remplacera la directive 2001/95/CE du 3 décembre 2001 relative à la sécurité générale des produits, dont les mesures de transposition figurent aux articles L 421-1 et suivants du Code de la consommation (nos 82010 s.). Cette directive, qui vise à assurer que les produits mis sur le marché intérieur soient sûrs, est considérée comme obsolète au regard notamment du développement des ventes en ligne. Le règlement tient compte de cette évolution, de celle liée aux nouvelles technologies et, plus généralement, il renforce les obligations de chaque catégorie d'opérateurs économiques (fabricants, importateurs de produits dans l'Union européenne et distributeurs). Il améliore également le dispositif concernant les rappels de produits. 82280

Le **choix d'un règlement** plutôt que d'une directive permet, d'une part, une application cohérente des règles relatives à la sécurité des produits dans l'ensemble de l'Union européenne et, d'autre part, une articulation avec le règlement 2019/1020 du 20 juin 2019, qui impose une surveillance de la mise sur le marché européen de certains produits manufacturés (nos 82400 s.).

Après avoir précisé le champ d'application du règlement, nous présentons l'**essentiel des nouveautés** apportées par ce texte.

a. Champ d'application de la réglementation

PRODUITS CONCERNÉS

Le règlement s'applique aux produits qui sont mis sur le marché ou mis à disposition sur le marché dans la mesure où il n'existe pas, dans le droit de l'UE, de **dispositions spécifiques** régissant la sécurité des produits concernés et visant le même objectif (Règl. 2023/988 du 10-5-2023 art. 1, § 1), telles que celles prévues par le règlement 2019/1010 précité (no 82280). Il constitue donc un cadre juridique global transversal destiné à compléter des législations sectorielles. 82285

Les produits qui sont exclusivement pour un usage professionnel mais qui ont ensuite migré vers le marché de la consommation sont soumis à la réglementation (Règl. 2023/988 considérant 9).

Il en est de même des **produits d'occasion, réparés, reconditionnés ou recyclés** qui réintègrent la chaîne d'approvisionnement dans le cadre d'une activité commerciale, à l'exception des produits pour lesquels le consommateur ne peut pas raisonnablement s'attendre à ce qu'ils répondent aux normes de sécurité les plus récentes (par exemple, produits qui sont explicitement présentés comme devant être réparés ou reconditionnés, ou qui sont mis à disposition sur le marché en tant qu'objets de collection ayant une valeur historique) (Règl. 2023/988 considérant 16).

PRODUITS NON CONCERNÉS

82287 Plusieurs catégories de produits sont exclues de la réglementation, parmi lesquelles (Règl. 2023/988 art. 2 et considérants 10, 11 et 18) :

– les médicaments, car ils sont soumis à une évaluation préalable à leur mise sur le marché ;
– les denrées alimentaires et les aliments pour animaux, car ils disposent d'un cadre juridique spécifique établi par, d'une part, le règlement CE 178/2002 du 28 janvier 2002, qui institue l'Autorité européenne de sécurité des aliments et fixe des procédures relatives à la sécurité des denrées alimentaires et, d'autre part, le règlement UE 2017/625 du 15 mars 2017 relatif aux contrôles officiels visant à vérifier la conformité des produits alimentaires avec la législation sur les aliments pour animaux et les denrées alimentaires et avec les règles relatives à la santé animale et au bien-être des animaux ;
– les antiquités, telles que les œuvres d'art et les objets de collection.

b. Évaluation de la sécurité des produits

82290 Au regard de la directive 2001/95/CE du 3 décembre 2001, le règlement 2023/988 du 10 mai 2023 prévoit une meilleur évaluation de la sécurité des produits.

Il insiste sur la sécurité des **produits utilisés par les enfants.** Ainsi, il précise expressément qu'il convient de tenir compte de l'apparence du produit lorsqu'elle est susceptible d'amener un enfant à l'utiliser d'une manière différente de celle pour laquelle il a été conçu (produit ayant l'apparence d'une denrée alimentaire ou produit non conçu pour les enfants mais susceptible d'être utilisé par eux) (Règl. 2023/988 art. 6, § 1-f).

Il devra également être tenu compte des caractéristiques de **cybersécurité** nécessaires pour protéger le produit contre les influences extérieures (tiers malveillants, notamment), lorsqu'une telle influence peut avoir une incidence sur la sécurité du produit, telle que la perte potentielle d'interconnexion (Règl. 2023/988 art. 6, § 1-g).

c. Obligations des opérateurs économiques

82295 Les obligations des opérateurs économiques sont renforcées par rapport à celles prévues par la directive 2001/95/CE du 3 décembre 2001. Le règlement 2023/988 du 10 mai 2023 détaille et complète ces obligations, en distinguant clairement, contrairement à la directive de 2001, ce qui relève de chacune des catégories d'opérateurs. Parmi les nouvelles obligations figurent les suivantes.

MESURES CONCERNANT LES FABRICANTS

82297 Avant de mettre leurs produits sur le marché, les fabricants devront effectuer une analyse interne des risques et rédiger une **documentation technique** contenant au moins une description générale du produit et de ses caractéristiques essentielles pertinentes pour l'évaluation de sa sécurité. Si ces produits comportent des risques, la documentation technique devra également comporter soit une analyse de ces risques et des solutions adoptées pour les éliminer ou les atténuer, soit, si le produit est conforme à des éléments tels que des normes européennes ou nationales, ou encore des codes de bonne conduite, la liste de ces éléments (Règl. 2023/988 art. 9, § 2). Cette documentation devra être mise à la disposition des autorités de surveillance du marché (en France, la DGCCRF) pendant 10 ans (art. 9, § 3).

S'ils constatent un problème de sécurité, les fabricants devront, comme sous l'empire de la réglementation précédente, veiller à ce que les opérateurs économiques en soient informés, mais ils devront aussi en informer les **fournisseurs de marché en ligne** (art. 9, § 10).

Ils devront mettre à la disposition du **public** des **canaux de communication** tels qu'un numéro de téléphone, une adresse électronique ou une section spécifique de leur site internet pour permettre aux consommateurs, y compris handicapés, d'introduire des réclamations et d'informer les fabricants de tout accident ou problème de sécurité qu'ils ont eu avec un produit (art. 9, § 11). Les réclamations et toute mesure corrective prise devront être consignées dans un registre interne (art. 9, § 12).

MESURES CONCERNANT LES IMPORTATEURS

82299 Avant de mettre un produit sur le marché, les importateurs devront, par exemple, veiller non seulement à ce que le produit respecte l'obligation générale de sécurité, mais aussi à ce que le **fabricant** se soit conformé à certaines de ses obligations, telles que celle de rédiger une **documentation technique** (n° 82297) ; ils devront tenir une copie de cette documentation technique à la disposition des autorités de surveillance du marché pendant 10 ans (Règl. 2023/988 art. 11, § 1 et 6).

Tant qu'un produit sera sous leur responsabilité, ils devront veiller à ce que les **conditions d'entreposage ou de transport** n'en compromettent la conformité ni avec l'obligation générale de sécurité ni avec celle d'identifier le produit et son fabricant (art. 11, § 6).

d. Surveillance des produits vendus en ligne

OBLIGATIONS PARTICULIÈRES AUX FOURNISSEURS DE PLACES DE MARCHÉ EN LIGNE

Le règlement (UE) 2023/988 du 10 mai 2023 (art. 22) met en place un dispositif spécifique **82300** aux fournisseurs de places de marché en ligne, pris en tant qu'**intermédiaires pour la vente de produits** entre les professionnels et les consommateurs (et non en tant que vendeurs de produits de leur propre marque ou distributeurs de produits). Parmi les mesures prévues, on relèvera les suivantes.

Pour faciliter la communication, par voie électronique, avec les **autorités de surveillance** du **82302** marché des États membres de l'UE, ces fournisseurs devront désigner un **point de contact unique.** Ils devront s'enregistrer sur le portail Safety Gate de la Commission européenne (n° 82390) et y indiquer ce point de contact (Règl. 2023/988 art. 22, § 1).

Ils devront également désigner un **point de contact unique** pour permettre aux **consommateurs** de communiquer directement et rapidement avec eux sur les questions de sécurité des produits (art. 22, § 2).

Afin de pouvoir se conformer aux obligations qui leur incombent (par exemple, le respect **82304** des injonctions en temps utile), ils devront mettre en place des **processus internes** pour le traitement de ces questions (art. 22, § 3).

Par ailleurs, les fournisseurs de places de marché en ligne devront tenir compte des informations régulières sur les produits dangereux fournies par le portail Safety Gate pour **détecter** un contenu se rapportant à des **offres de produits dangereux** mis en vente sur leur place de marché, l'identifier, le retirer ou en rendre l'accès impossible, le cas échéant, y compris en utilisant l'interface interopérable vers le portail Safety Gate. Ils devront informer l'autorité de surveillance du marché qui a effectué la notification dans Safety Gate de toute mesure prise, en utilisant les coordonnées de l'autorité publiées sur le portail (art. 22, § 6).

De la même façon que le règlement 2019/1020 précité (n° 82280), le règlement 2023/988 **82306** impose aux États membres, pour les produits auxquels il est applicable, de conférer à leurs autorités de surveillance du marché la possibilité d'émettre une injonction imposant aux fournisseurs de places de marché en ligne soit de retirer de leur interface en ligne des contenus faisant référence à une offre de produits dangereux, soit d'en rendre l'accès impossible ou d'afficher un avertissement explicite. Il devra être satisfait à cette injonction dans les deux jours qui suivent (art. 22, § 4). En France, les agents de la DGCCRF disposent déjà d'un tel pouvoir d'injonction (C. consom. art. L 521-3-1).

Le règlement 2022/2065 du 19 octobre 2022 relatif à un marché unique des services numé- **82308** riques, dit « **DSA** » (pour « Digital Services Act »), impose des obligations aux fournisseurs de plateformes de vente en ligne. Par exemple, les plateformes doivent veiller à ce que leur interface en ligne soit conçue et organisée d'une manière permettant aux professionnels de respecter leurs obligations en matière d'informations précontractuelles, de conformité et d'informations sur la sécurité des produits (n° 31095). Le règlement 2023/988 précise notamment les **conditions d'application** de ces dispositions pour ce qui concerne les informations sur la sécurité des produits en énumérant celles à porter à la connaissance du consommateur (coordonnées du fabricant ; lorsque le fabricant n'est pas établi dans l'UE, coordonnées de la personne responsable, etc.) (art. 22, § 9).

Les fournisseurs de places de marché en ligne devront **coopérer avec les autorités de sur- 82310** **veillance du marché et les opérateurs économiques** pour faciliter toute mesure destinée à éliminer ou, le cas échéant, diminuer les risques posés par un produit proposé en ligne par l'intermédiaire de leurs services (art. 22, § 12). En particulier, ils devront notamment :
– veiller à fournir des informations utiles aux consommateurs, telles que le rappel d'un produit, soit directement, soit par l'interface en ligne ;

– informer l'opérateur économique concerné de la décision soit de retirer le contenu faisant référence à une offre de produits dangereux, soit d'en rendre l'accès impossible ;
– coopérer avec les autorités de surveillance du marché et les opérateurs économiques pour assurer l'efficacité des rappels de produits, notamment en s'abstenant d'y faire obstacle ;
– par l'intermédiaire du point d'accès Safety Business Gateway (portail de la Commission dédié aux opérateurs économiques et aux fournisseurs de places de marché en ligne), informer immédiatement les autorités de surveillance du marché des États membres de l'UE dans lesquels un produit dangereux a été mis à disposition, en indiquant notamment la quantité par État membre de produits encore en circulation sur le marché.

e. Information du consommateur en cas de rappel d'un produit ou d'avertissement de sécurité

OBLIGATION DE NOTIFICATION DIRECTE

82320 En cas de décision de rappeler un produit dangereux ou lorsque certaines informations devront être portées à l'attention des consommateurs pour garantir l'utilisation sûre d'un produit (« avertissement de sécurité »), les opérateurs économiques et les fournisseurs de places de marché en ligne devront veiller à ce que tous les consommateurs concernés qui peuvent être identifiés reçoivent sans retard une notification directe ; à cet effet, ils pourront utiliser les données personnelles des clients qui auront été volontairement communiquées (Règl. 2023/988 art. 35, § 1).

Lorsque tous les consommateurs concernés ne peuvent pas être contactés, les opérateurs économiques et les fournisseurs de places de marché en ligne devront diffuser un avis de rappel ou un avertissement de sécurité clair et visible par d'autres canaux appropriés, en veillant à ce que sa portée soit la plus large possible (le cas échéant, site internet, réseaux sociaux, bulletins d'information, points de vente au détail de l'entreprise et, s'il y a lieu, annonces dans les médias de masse) ; ces informations devront être accessibles aux personnes en situation de handicap (art. 35, § 44).

POSSIBILITÉ POUR LE CONSOMMATEUR D'ENREGISTRER DES PRODUITS

82322 Les consommateurs devront pouvoir enregistrer les produits afin de recevoir des informations sur les rappels et les avertissements de sécurité. La Commission devra définir les catégories de produits pouvant faire l'objet d'un tel enregistrement (Règl. 2023/988 art. 35, § 3).

f. Procédure de rappel

CONTENU DE L'AVIS DE RAPPEL

82325 Le règlement 2023/988 du 10 mai 2023 impose que l'avis de rappel soit rédigé dans la **langue** de l'État membre dans lequel le produit a été mis à disposition et précise son **contenu minimal** obligatoire, tel que l'apposition de la mention « Rappel de produit pour des raisons de sécurité » (art. 36).

RECOURS DE L'OPÉRATEUR ÉCONOMIQUE EN CAS DE RAPPEL

82327 En cas de rappel d'un produit, l'opérateur économique devra proposer au consommateur au moins deux des recours suivants (Règl. 2023/988 art. 37, § 2) :
– la réparation du produit ;
– son remplacement par un produit dont la valeur et la qualité sont au moins les mêmes ;
– un remboursement.

Un seul mode de compensation pourra néanmoins être proposé si les autres recours se révèlent impossibles ou imposeraient à l'opérateur des coûts disproportionnés.
Le consommateur ne devra pas assurer les frais de retour du produit et, si celui-ci n'est pas transportable, l'opérateur devra organiser sa collecte (art. 37, § 5).

g. Sanctions

82330 Les États membres de l'UE devront déterminer le régime des sanctions applicables en cas de non-respect du règlement 2023/988 du 10 mai 2023 par les opérateurs économiques et les fournisseurs de places de marché en ligne (art. 44, § 1). Ces sanctions devront être effectives, proportionnées et dissuasives (art. 44, § 2). Pour apprécier le montant de la sanction, il devra notamment être tenu compte de la nature, de la gravité et de la durée de l'infraction (Considérant 98).

B. Échanges d'informations au sein de l'Union européenne

1. SYSTÈMES RAPIDES D'ÉCHANGES D'INFORMATIONS

SYSTÈME D'ALERTE POUR LES PRODUITS NON ALIMENTAIRES

La directive 2001/95/CE du 3 décembre 2001 relative à la sécurité générale des produits a créé un système d'alerte rapide entre les États membres de l'UE et la Commission européenne pour les produits non alimentaires dangereux, dénommé « **Safety Gate** » (anciennement Rapex pour « RApid EXchange on information system for dangerous non-food products »). **82390**

Lorsqu'un **État membre** adopte ou décide d'adopter, de recommander ou de convenir avec les producteurs et les distributeurs, sur une base volontaire ou obligatoire, des mesures ou actions visant à empêcher, à limiter ou à soumettre à des conditions particulières la commercialisation ou l'utilisation éventuelle, sur son propre territoire, de produits en raison d'un risque grave, il doit immédiatement le **notifier à la Commission européenne** par l'intermédiaire de ce système (Dir. 2001/95/CE art. 12).

La gestion du système a été précisée par des lignes directrices de la Commission (Décision d'exécution (UE) 2019/417 du 8-11-2018, modifiée par décision d'exécution (UE) 2023/975 du 15-5-2023).

Le système ne s'applique pas aux produits pharmaceutiques, qui relèvent d'autres procédures d'alerte.

La **notification** doit **comporter** au moins (Dir. 2001/95/CE annexe II) :

– les informations permettant d'identifier le produit ;

– une description du risque encouru, comprenant une synthèse des résultats de tout essai ou de toute analyse et de ses conclusions permettant d'évaluer l'importance du risque ;

– la nature et la durée des mesures prises ou des actions engagées, ou des mesures ou des actions décidées, le cas échéant ;

– des informations sur les chaînes de commercialisation et sur la distribution du produit, en particulier sur les pays destinataires.

Ces informations doivent être transmises par le « point contact » de l'État membre – en France, la DGCCRF – au moyen du **formulaire type** de notification prévu à cet effet et selon les modalités précisées dans les lignes directrices de la Commission.

Après examen de la notification, la Commission la transmet aux autres États membres qui, à leur tour, communiquent à la Commission immédiatement les **mesures** prises (Dir. 2001/95/CE art. 12, § 2).

L'accès au Safety Gate est ouvert à des **pays tiers** ou à des organisations internationales, dans le cadre d'accords entre l'Union européenne et ces pays ou organisations internationales (Dir. 2001/95/CE art. 12, § 4).

SYSTÈME D'ALERTE POUR LES DENRÉES ALIMENTAIRES

Les denrées alimentaires et aliments pour animaux font l'objet d'un système d'alerte rapide dénommé **RASFF** (« Rapid Alert System for Food and Feed »), qui associe, au sein d'un réseau, les États membres de l'UE, la Commission européenne et l'Autorité européenne de sécurité des aliments (Règl. 178/2002 du 28-1-2002 art. 50). Lorsqu'un membre du réseau dispose d'une information au sujet de l'existence d'un risque grave, direct ou indirect, pour la santé humaine lié à une denrée alimentaire ou à un aliment pour animaux, cette information est immédiatement transmise à la Commission par ce système d'alerte rapide. Celle-ci doit transmettre rapidement cette information aux membres du réseau. **82395**

Les conditions de fonctionnement du RASFF sont précisées par le règlement (UE) 2019/1715 du 30 septembre 2019 modifié par le règlement 2021/547 du 29 mars 2021.

2. SURVEILLANCE DE LA MISE SUR LE MARCHÉ EUROPÉEN DE CERTAINS PRODUITS MANUFACTURÉS

LUTTE CONTRE LA COMMERCIALISATION DES PRODUITS NON CONFORMES

Le règlement (UE) 2019/1020 du 20 juin 2019 renforce la surveillance de la **conformité** des produits manufacturés non alimentaires mis à disposition sur le marché de l'Union **82400** européenne **avec** les exigences en matière notamment de santé, de sécurité, de protection des consommateurs et de l'environnement posées par un certain nombre de règlements ou directives, ici dénommés la « **législation d'harmonisation de l'Union** ». Le règlement vise à assurer que seuls les produits conformes à ces exigences soient commercialisés sur le marché de l'UE, à renforcer la protection des utilisateurs finaux des produits et à lutter contre la concurrence déloyale, en facilitant et en harmonisant le travail des autorités de surveillance face à l'évolution des chaînes d'approvisionnement et de distribution (par exemple, développement du commerce électronique et des places de marché en ligne).

À ces fins et outre les dispositions exposées ci-dessous, le règlement impose aux États membres d'établir une stratégie nationale de surveillance et d'informer la Commission européenne (via Safety Gate : n° 82390) des produits présentant un risque grave et exigeant des mesures dépassant les frontières d'un État membre, de procéder à des échanges d'informations, etc. Le règlement institue un réseau de l'Union pour la conformité des produits, autorise l'autorité de surveillance d'un État membre à demander des mesures exécutoires dans un autre État membre et précise les conditions dans lesquelles le régime douanier de la « mise en libre pratique » peut être refusé ou suspendu pour les produits non conformes entrant sur le marché de l'UE.

82440 Un **produit présente un risque** lorsqu'il est« susceptible de nuire à la santé et à la sécurité des personnes en général, à la santé et à la sécurité sur le lieu de travail, à la protection des consommateurs, à l'environnement et à la sécurité publique ainsi qu'à d'autres intérêts publics protégés par la législation d'harmonisation précitée, dans une mesure qui va au-delà de ce qui est considéré comme raisonnable et acceptable eu égard à l'objectif poursuivi ou dans les conditions d'utilisation normales ou raisonnablement prévisibles du produit concerné, lesquelles comprennent aussi sa durée d'utilisation et, le cas échéant, sa mise en service, les exigences d'installation et d'entretien » (Règl. UE 2019/1020 du 20-6-2019 art. 3, § 19).

Sur la notion de risque grave, voir n° 82456.

COOPÉRATION DES OPÉRATEURS ÉCONOMIQUES AVEC LES AUTORITÉS DE SURVEILLANCE

82442 Depuis le 16 juillet 2021, la mise sur le marché européen de certains produits manufacturés fabriqués au sein ou en dehors de l'UE entraîne, pour les « opérateurs économiques » de ces produits, des obligations de coopération avec les autorités nationales chargées de la surveillance de la conformité des produits aux exigences européennes en matière de santé, de sécurité, de protection des consommateurs et de l'environnement (Règl. UE 2019/1020 du 20-6-2019 art. 4).

La Commission européenne a publié des lignes directrices sur la mise en œuvre pratique de ce dispositif (Lignes directrices destinées aux opérateurs économiques et aux autorités de surveillance du marché concernant la mise en œuvre pratique de l'article 4 du règlement (UE) 2019/1020 sur la surveillance du marché et la conformité des produits : JOUE 2021 C 100 p. 1).

82444 **Produits concernés** Les obligations mises à la charge des opérateurs économiques par l'article 4 du règlement 2019/1020 du 20 juin 2019 ne concernent que les **produits manufacturés** non alimentaires **relevant des 18 règlements ou directives** énumérés à cet article (Règl. 2019/1020 du 20-6-2019 art. 4, § 5). Cette « législation sectorielle » porte notamment sur la sécurité des jouets, des équipements électriques et radioélectriques, des équipements sous pression, des récipients à pression simples, des articles pyrotechniques ou encore des drones. Sont aussi visés, a précisé la Commission européenne, les produits relevant de tout autre acte législatif européen faisant explicitement référence à l'article 4 du règlement 2019/1020 (Lignes directrices précitées, pt 2.1).

Sont visés les produits **mis à disposition** pour la première fois **sur le marché de l'Union** européenne à partir du 16 juillet 2021, c'est-à-dire destinés à être distribués, consommés ou utilisés sur ce marché dans le cadre d'une activité commerciale, à titre onéreux ou gratuit (Règl. UE 2019/1020 du 20-6-2019 art. 3, § 1 et 44). Les produits vendus en ligne ou par d'autres moyens de vente à distance sont réputés être mis à disposition sur le marché si l'offre cible des utilisateurs finals dans l'UE ; une offre de vente est considérée comme ciblant des utilisateurs finals de l'Union dès lors que l'opérateur économique concerné oriente ses activités, par quelque moyen que ce soit, vers un État membre (Règl. art. 6). Ce ciblage est apprécié au cas par cas, en tenant compte notamment des zones géographiques dans lesquelles l'expédition est possible, de la ou des langues utilisées pour l'offre ou la commande, des moyens de paiement.

Choix de l'opérateur économique du produit Pour les produits manufacturés mentionnés n° 82444, l'opérateur économique doit être l'une des **personnes** suivantes (Règl. UE 2019/1020 du 20-6-2019 art. 4, § 2) : 82446
– le fabricant, s'il est établi dans l'UE ;
– l'importateur, si le fabricant n'est pas établi dans l'UE ;
– un mandataire du fabricant, chargé de satisfaire aux obligations de ce dernier en matière de collaboration avec les autorités nationales de surveillance du marché (sur le mandat, voir aussi art. 5 du règlement) ;
– lorsqu'aucune des personnes précitées n'est établie dans l'UE, un prestataire de services d'exécution de commandes établi dans l'Union, c'est-à-dire un prestataire qui, sans être propriétaire des produits, propose, dans le cadre d'une activité commerciale, au moins deux des services suivants : entreposage, conditionnement, étiquetage et expédition, à l'exclusion de tout service postal ou de transport de colis ou de marchandises (Règl. art. 3, § 11).

Le **nom** ou la raison sociale ou la marque déposée et les **coordonnées,** y compris l'adresse postale, de l'opérateur économique doivent être **indiqués** sur au moins un des supports suivants : le produit ; son emballage ; le colis ; un document d'accompagnement, telle une déclaration de conformité ou de performance (Règl. 2019/1020 art. 4, § 4). Sauf exception, cette information est déjà requise par la législation sectorielle pour le fabricant et l'importateur mais selon des exigences qui peuvent être plus restrictives quant à son emplacement.

Pour des précisions pratiques apportées par la Commission européenne à propos de ces exigences, voir ses lignes directrices précitées n° 82442.

> **Précisions** Lorsqu'une **place de marché en ligne** est aussi un fabricant, un importateur, un mandataire ou un prestataire de services d'exécution des commandes, elle est susceptible d'être un **opérateur économique** au sens du règlement 2019/1020. En revanche, aucune obligation particulière ne lui est imposée par le règlement si elle se contente de fournir des services intermédiaires à des vendeurs tiers (Lignes directrices précitées, pt 2.4). Si une place de marché en ligne, simple intermédiaire pour vendre aux utilisateurs finals de l'UE un produit couvert par le règlement 2019/1020 pour lequel il n'y a pas d'opérateur économique au sens de l'article 4 de ce texte, a connaissance d'**informations illicites** (par exemple, au moyen d'une notification suffisamment précise et dûment motivée émanant d'une autorité de surveillance du marché), cette place de marché ne pourra se prévaloir de l'exonération de responsabilité prévue à l'article 14, § 1 de la directive 2000/31 du 8 juin 2000 en cas d'hébergement d'informations illicites que si, dès le moment où elle prend connaissance de la situation, elle agit promptement pour retirer les informations illicites en question ou rendre l'accès à celles-ci impossible (même point).

Tâches de l'opérateur économique en matière de sécurité des produits 82448

L'opérateur économique d'un produit manufacturé tel que défini n° 82444 doit s'acquitter des tâches suivantes (Règl. UE 2019/1020 du 20-6-2019 art. 4, § 3) :

a) vérifier que la déclaration de conformité et/ou de performance et la **documentation** technique **du produit** exigée par la réglementation européenne ont été établies, les conserver et les tenir à la disposition des autorités de surveillance du marché ;

b) sur demande motivée d'une telle autorité, fournir à celle-ci toutes les informations et tous les documents nécessaires pour démontrer la conformité du produit dans une langue qui peut être facilement comprise par cette autorité ;

c) s'il y a lieu de penser que le produit concerné présente un **risque,** en **informer les autorités de surveillance** du marché ;

d) **coopérer avec ces autorités,** y compris, à la suite d'une demande motivée, veiller à ce que la mesure corrective immédiate et nécessaire soit prise pour **remédier à tout cas de non-conformité** avec les exigences énoncées dans la législation d'harmonisation de l'Union applicable au produit en question ou, si ce n'est pas possible, atténuer les risques présentés par ce produit, à la demande des autorités de surveillance du marché ou de sa propre initiative, lorsque l'opérateur économique estime ou a des raisons de penser que le produit en question présente un risque.

La Commission européenne a apporté des précisions sur ces obligations, notamment sur leur articulation avec celles pesant sur l'opérateur économique en application de la législation sectorielle visée n° 82444, ainsi que sur la marche à suivre pour l'opérateur lorsque la résistance du fabricant ne lui permet pas d'exécuter ses obligations (Lignes directrices précitées).

Constatation et répression des infractions Les **agents de la CCRF** sont habilités à rechercher et à constater les infractions et les manquements aux dispositions des articles 4, 5 et 7 du règlement 2019/1020 du 20 juin 2019 (C. consom. art. L 511-12, 5°). Pour plus de détails, voir n°s 78600 s. 82450

Le fait pour un opérateur économique de ne pas informer les autorités de surveillance du marché s'il y a lieu de penser qu'un produit présente un risque (nº 82448) est passible, pour une personne physique, d'une **amende** contraventionnelle de 1 500 € (C. consom. art. R 452-2, al. 4) ou de 3 000 € en cas de récidive dans le délai d'un an (C. pén. art. 132-11, sur renvoi de C. consom. art. R 452-2, al. 5), pour une personne morale, d'une amende contraventionnelle de 7 500 € (C. pén. 131-41) ou de 15 000 € en cas de récidive dans le délai d'un an (C. pén. art. 132-15, sur renvoi de C. consom. art. R 452-2, al. 5).

MESURES DE SURVEILLANCE DU MARCHÉ DE L'UE

82452 Les autorités de surveillance du marché de l'UE peuvent imposer des mesures correctives, appropriées et proportionnées, aux opérateurs économiques des **produits manufacturés soumis à la « législation d'harmonisation de l'Union »,** c'est-à-dire des produits couverts par les 70 règlements et directives listés en annexe 1 du règlement (Règl. 2019/1020 du 20-6-2019 art. 16). Ces dispositions s'appliquent depuis le 16 juillet 2021, pour autant qu'il n'existe pas, dans cette législation, de dispositions spécifiques visant le même objectif et régissant plus spécifiquement des aspects particuliers de la surveillance du marché et de l'application effective de la législation (Règl. art. 2 et 44).

82454 **Conditions d'intervention des autorités de surveillance** Les autorités de surveillance du marché prennent ou enjoignent à l'opérateur économique de prendre des mesures appropriées lorsqu'un produit relevant de la législation d'harmonisation de l'Union, qui est utilisé conformément à sa destination ou dans des conditions raisonnablement prévisibles et qui est correctement installé et entretenu (Règl. 2019/1020 du 20-6-2019 art. 16, § 1 et 2) :
– est susceptible de compromettre la santé ou la sécurité des utilisateurs ;
– n'est pas conforme à la législation d'harmonisation de l'Union (par exemple, en raison de l'absence de déclaration de conformité et/ou de performance).

82456 **Mesures pouvant être imposées aux opérateurs économiques** Dans les cas exposés nº 82454, les autorités de surveillance du marché de l'UE peuvent enjoindre à l'opérateur économique d'un produit de prendre les mesures correctives suivantes, cette **liste** n'étant pas limitative (Règl. 2019/1020 du 20-6-2019 art. 16, § 3) :
– mettre le produit en conformité, notamment en corrigeant la non-conformité formelle, au sens de la législation d'harmonisation applicable de l'Union, ou en s'assurant que le produit ne présente plus de risque ;
– empêcher que le produit soit mis à disposition sur le marché ;
– retirer ou rappeler immédiatement le produit et mettre en garde le public contre le risque encouru ;
– détruire le produit ou le rendre inutilisable par d'autres moyens ;
– apposer sur le produit des avertissements adéquats, rédigés de façon claire et facilement compréhensible, concernant les risques qu'il peut présenter, dans la ou les langues désignées par l'État membre sur le marché duquel il est mis à disposition ;
– fixer des conditions préalables à la mise à disposition du produit concerné sur le marché ;
– mettre en garde immédiatement les utilisateurs finals exposés au risque, de façon appropriée, y compris en publiant des avertissements spécifiques dans la ou les langues désignées par l'État membre sur le marché duquel le produit est mis à disposition.

ATTENTION

Les autorités de surveillance veillent à ce que les **produits qui présentent un risque grave** soient retirés du marché ou rappelés, s'il n'y a aucun autre moyen efficace pour éliminer ce risque, ou interdisent la mise à disposition de ceux-ci sur le marché (Règl. 2019/1020 art. 19). L'évaluation de la gravité du risque tient compte de l'utilisation normale et prévisible du produit, de la nature du danger et de la probabilité de sa survenue ; il peut s'agir d'un risque dont les effet ne sont pas immédiats (Règl. 2019/1020 art. 3, § 20 et 19) mais la possibilité d'obtenir des niveaux de sécurité supérieurs et la disponibilité d'autres produits présentant un risque moindre ne constitue pas une raison suffisante pour considérer qu'un produit présente un risque grave (art. 19 précité).

82458 **Intervention en cas d'inertie de l'opérateur économique** Si l'opérateur économique ne prend pas la mesure corrective ou si la non-conformité ou le risque persiste, les autorités de surveillance du marché veillent à ce que le produit soit retiré du marché ou rappelé, ou interdisent ou restreignent la mise à disposition de celui-ci sur le marché, et informent en conséquence le public et, via le Safety Gate (nº 82390), la Commission européenne et les autres États membres (Règl. 2019/1020 du 20-6-2019 art. 16, § 5).

II. VEILLE SANITAIRE ET CONTRÔLE DE LA SÉCURITÉ SANITAIRE DES PRODUITS DESTINÉS À L'HOMME

Des **organismes publics** sont chargés de contrôler notamment la **sécurité sanitaire des produits alimentaires et de santé** et, d'autre part, d'assurer une **veille sanitaire** (recueil des informations concernant la santé de la population et procédures d'alerte en cas de menace pour la santé publique). **82460**

Ces organismes publics sont notamment l'Agence nationale de santé publique, l'Agence nationale de sécurité du médicament et des produits de santé (ANSM) et l'Agence nationale chargée de la sécurité sanitaire de l'alimentation, de l'environnement et du travail (Anses). Nous exposons ci-dessous leurs principales prérogatives.

A. Agence nationale de santé publique

MISSIONS DE L'AGENCE

L'Agence nationale de santé publique, dénommée aussi « Santé publique France », établissement public placé sous la tutelle du ministre de la santé, a pour mission notamment (CSP art. L 1413-1) : **82464**

- l'observation épidémiologique et la surveillance de l'état de santé de la population ;
- la veille sur les risques sanitaires menaçant la population ;
- la promotion de la santé et la réduction des risques pour la santé ;
- le développement de la prévention et de l'éducation pour la santé ;
- la préparation et la réponse aux menaces, alertes et crises sanitaires ;
- le lancement de l'alerte sanitaire.

MOYENS D'ACTION DE L'AGENCE NATIONALE DE SANTÉ PUBLIQUE

Pour accomplir ces missions, l'Agence doit notamment (CSP art. R 1413-1) : **82466**

- mettre en place des systèmes d'information lui permettant d'accéder, dans les meilleurs délais, aux données qui sont nécessaires à l'exercice de ses missions ;
- détecter les facteurs de risques ou les menaces susceptibles de modifier ou d'altérer la santé de la population ou de certaines de ses composantes ;
- alerter sans délai les autorités sanitaires en cas de menace pour les populations et proposer aux autorités compétentes toute mesure de nature à préserver la santé publique.

Les services de l'État ainsi que les organismes placés sous sa tutelle doivent apporter leur concours à l'Agence dans l'exercice de ses missions (CSP art. L 1413-7). Ainsi, l'Agence s'appuie sur un réseau national de santé publique qu'elle organise et anime. Ce réseau est constitué de toute personne, publique ou privée, française ou étrangère, qui apporte son concours aux missions de l'Agence et coopère avec elle, en particulier par voie de convention ou de participation à des groupements d'intérêt public ou scientifique dont l'Agence est membre (CSP art. L 1413-3, 1°). Par exemple, l'Agence est destinataire des expertises et des rapports d'évaluation, de contrôle et d'inspection relatifs à la veille sanitaire et à la sécurité sanitaire réalisés par l'Agence nationale de sécurité du médicament et des produits de santé, l'Agence nationale chargée de la sécurité sanitaire de l'alimentation, de l'environnement et du travail et par les services de l'État ou par les établissements publics qui lui sont rattachés (CSP art. L 1413-7, al. 8). **82468**

Par ailleurs, l'Agence peut demander aux ministres concernés de faire intervenir les agents habilités à contrôler l'application de la réglementation visant à préserver la santé humaine (CSP art. R 1413-1, al. 22).

Enfin, lorsqu'il s'avère nécessaire de prévenir ou de maîtriser des risques graves pour la santé humaine, toute personne physique et toute personne morale est tenue, à la demande de l'Agence, de lui communiquer toute information en sa possession relative à de tels risques (CSP art. L 1413-8, 1°).

B. Agence nationale de sécurité du médicament et des produits de santé

82470 L'Agence nationale de sécurité du médicament et des produits de santé (ANSM) est un établissement public placé sous la tutelle du ministre de la santé (CSP art. L 5311-1, I).

MISSIONS DE L'ANSM

82472 L'ANSM procède à l'**évaluation des bénéfices et des risques** liés à l'utilisation des produits à finalité sanitaire destinés à l'homme, des dispositifs médicaux listés à l'annexe XVI du règlement (UE) 2017/745 relevant de sa compétence et des produits à finalité cosmétique ; elle surveille le risque lié à ces produits et effectue des réévaluations des bénéfices et des risques (CSP art. L 5311-1, II-al. 1).

Elle participe à l'**application des lois et règlements** et prend, dans les cas prévus par des dispositions particulières, des décisions relatives à l'évaluation, aux essais, à la fabrication, à la préparation, à l'importation, à l'exportation, à la distribution en gros, au courtage, au conditionnement, à la conservation, à l'exploitation, à la mise sur le marché, à la publicité, à la mise en service ou à l'utilisation des produits précités (CSP art. L 5311-1, II-al. 3).

Elle est également chargée de **contrôler la publicité** en faveur de tous les produits, objets, appareils et méthodes revendiquant une finalité sanitaire, ainsi que celle en faveur des dispositifs médicaux précédemment cités (CSP art. L 5311-1, III-al. 4).

En outre, elle prend, ou demande aux autorités compétentes de prendre, les **mesures de police sanitaire** nécessaires lorsque la santé de la population est menacée (CSP art. L 5311-1, III-al. 5).

MOYENS D'ACTION DE L'ANSM

82474 **Expertises** L'ANSM doit notamment procéder ou faire procéder à toute expertise et tout contrôle technique sur les produits, sur les substances entrant dans leur composition ainsi que sur les méthodes et moyens de fabrication, de conditionnement, de conservation, de transport et de contrôle qui leur sont appliqués (CSP art. L 5311-2, 1°).

82476 **Suspension de la commercialisation et retrait des produits** L'ANSM peut soumettre à des conditions particulières, restreindre ou suspendre les essais, la fabrication, la préparation, l'importation, l'exploitation, l'exportation, la distribution en gros, le conditionnement, la conservation, la mise sur le marché à titre gratuit ou onéreux, la détention en vue de la vente ou de la distribution à titre gratuit, la publicité, la mise en service, l'utilisation, la prescription d'un produit non soumis à une autorisation ou à un enregistrement préalable à sa mise sur le marché, lorsque celui-ci (CSP art. L 5312-1, al. 1) :

– présente ou est soupçonné de présenter, dans les conditions normales d'emploi ou dans des conditions raisonnablement prévisibles, un **danger pour la santé humaine** ;
– est mis sur le marché, mis en service ou utilisé en **infraction avec la réglementation** qui lui est applicable.

La suspension est prononcée :
– pour une durée maximale d'un an, en cas de danger ou de suspicion de danger ;
– jusqu'à la mise en conformité du produit, en cas d'infraction à la réglementation.

En cas de **danger grave** ou de suspicion de danger grave pour la santé humaine, l'ANSM peut **interdire** ces activités (CSP art. L 5312-1, al. 2).

Sauf en cas d'urgence, la personne physique ou morale concernée doit être mise à même de présenter ses observations avant l'intervention de ces mesures (CSP art. L 5312-1, al. 3).

L'ANSM étant un établissement public administratif dont les décisions engagent la responsabilité de l'État, les **mesures de police** prises par elle peuvent, le cas échéant, être **contestées** devant le Conseil d'État.

82478 Sans préjudice des poursuites pénales qui peuvent être exercées lorsqu'un produit à finalité sanitaire est mis sur le marché, mis en service ou utilisé **sans** avoir obtenu l'**autorisation,** l'enregistrement ou la certification préalable exigés par la réglementation applicable à ce produit, l'ANSM peut **suspendre,** jusqu'à la mise en conformité du produit au regard de la réglementation applicable, les essais, la fabrication, la commercialisation et la publicité de ce produit (CSP art. L 5312-2, al. 1).

Sauf en cas d'urgence, la personne physique ou morale concernée doit être mise à même de présenter ses observations avant l'intervention de ces mesures de suspension (CSP art. L 5312-2, al. 2).

Dans les deux cas précédents (nos 82476 et 82478), ainsi que dans celui d'une suspension ou d'un retrait d'autorisation ou d'enregistrement d'un produit à finalité sanitaire, l'ANSM peut enjoindre à la personne physique ou morale responsable de la mise sur le marché, de la mise en service, de la mise à disposition sur le marché ou de l'utilisation de procéder au **retrait** du produit en tout lieu où il se trouve, et à sa **destruction** lorsque celle-ci constitue le seul moyen de faire cesser le danger, et ordonner la diffusion de mises en garde ou de précautions d'emploi. Ces mesures sont à la charge de cette personne (CSP art. L 5312-3, al. 1 modifié par ord. 2022-1086 du 29-7-2022). 82480

Le cas échéant, les mesures de suspension, d'interdiction, de retrait ou de destruction du produit peuvent être limitées à certains lots de fabrication (CSP art. L 5312-3, al. 2).

Chaque fabricant, importateur, transporteur, distributeur en gros ou au détail ayant acquis ou cédé des lots concernés et ayant connaissance de la décision est tenu d'en informer ceux qui lui ont fourni la marchandise et ceux à qui il l'a cédée (CSP art. L 5312-3, al. 3).

Diffusion de messages sanitaires ou d'avis de rappel Dans tous les cas énumérés ci-dessus (nos 82476, 82478 et 82480) ainsi que dans tous les cas où l'intérêt de la santé publique l'exige, les autorités sanitaires informent, si nécessaire, l'**opinion publique** et les professionnels de santé par tout moyen et, notamment, par la **diffusion** de **messages sanitaires** ou d'avis de rappel de produit sur tout support approprié. Ces mesures et leur coût sont, le cas échéant, à la charge de la personne physique ou morale responsable de la mise sur le marché, de la mise en service ou de l'utilisation du ou des produits concernés (CSP art. L 5312-4). 82482

Sanctions financières L'ANSM peut prononcer, à l'encontre des personnes physiques ou morales produisant ou commercialisant des produits de santé ou assurant les prestations associées à ces produits, des sanctions financières, qui peuvent être assorties d'astreintes journalières dans les cas prévus par la loi et, le cas échéant, par décret en Conseil d'État. Elle met préalablement la personne physique ou morale concernée à même de présenter ses observations en lui indiquant qu'elle peut se faire assister d'un conseil et peut, le cas échéant, mettre en demeure ces mêmes personnes de régulariser la situation (CSP art. L 5312-4-1, al. 1 à 3). 82484

Les **manquements** susceptibles d'être **punis** par une sanction financière sont, par exemple, l'absence de mise en œuvre du système de pharmacovigilance, l'absence de déclaration d'un effet indésirable, le défaut de communication d'un arrêt de commercialisation imposé par les autorités compétentes d'un pays dans lequel le produit est mis sur le marché (CSP art. L 5421-8), la diffusion d'une publicité pour un médicament non autorisé ou ayant fait l'objet d'une suspension ou d'un retrait (CSP art. L 5422-18, 1° à 3°), certaines obligations imposées aux entreprises pharmaceutiques, aux grossistes-répartiteurs et aux pharmaciens (CSP art. L 5423-8), aux fabricants, importateurs ou distributeurs de substances actives (CSP art. L 5438-1), de dispositifs médicaux (CSP art. L 5461-8 et L 5461-9) ou de dispositifs de diagnostics in vitro (CSP art. L 5462-8).

Le **montant** maximal de la sanction financière varie selon l'infraction commise, sans pouvoir dépasser 150 000 € pour une personne physique et un pourcentage du chiffre d'affaires (entre 10 et 30 %) dans la limite d'un million d'euros pour une personne morale, et l'astreinte journalière ne peut pas être supérieure à 2 500 €, sauf dans certains cas où elle peut atteindre 30 % du chiffre d'affaires journalier moyen réalisé en France par l'entreprise (CSP art. L 5471-1, II et III).

> **Précisions** Les montants de la sanction financière et de l'astreinte sont proportionnés à la **gravité des manquements** constatés. Ils tiennent compte, le cas échéant, de la réitération des manquements sanctionnés dans un délai de deux ans à compter de la date à laquelle la première décision de sanction est devenue définitive (CSP art. L 5312-4-1, al. 4).

Sanctions pénales Sont passibles d'une peine de deux ans d'emprisonnement et d'une amende de 150 000 € les personnes qui (CSP art. L 5451-1) : 82486

– poursuivent, à l'égard des produits concernés, les activités ayant fait l'objet d'une mesure de suspension ou d'interdiction ;

– ne respectent pas les conditions particulières ou les restrictions pour l'utilisation de produits dans l'intérêt de la santé publique ;

– n'exécutent pas les mesures de retrait, de destruction d'un produit ou de diffusion de mises en garde ou de précautions d'emploi ;
– ne respectent pas les restrictions qui peuvent être apportées dans l'intérêt de la santé publique à la prescription et à la délivrance de certains médicaments.
Les peines complémentaires suivantes peuvent être prononcées (CSP art. L 5451-2) :
– la diffusion de la décision de condamnation ;
– l'affichage de la décision prononcée ;
– la confiscation de la chose qui a servi ou était destinée à commettre l'infraction ;
– la fermeture définitive ou pour une durée de cinq ans au plus des établissements de l'entreprise ayant servi à commettre l'infraction.

Les personnes morales peuvent être déclarées responsables pénalement de l'infraction, dans les conditions prévues à l'article 121-2 du Code pénal. Les peines encourues sont (CSP art. L 5451-3) :
– une amende de 750 000 € ;
– la confiscation de la chose qui a servi ou était destinée à commettre l'infraction ou de la chose qui en est le produit ;
– l'affichage ou la diffusion de la décision prononcée ;
– la fermeture définitive ou pour une durée de cinq ans au plus des établissements de l'entreprise ayant servi à commettre les faits incriminés.

C. Agence nationale chargée de la sécurité sanitaire de l'alimentation, de l'environnement et du travail

MISSIONS DE L'ANSES

82488 L'Agence nationale chargée de la sécurité sanitaire de l'alimentation, de l'environnement et du travail (Anses) a pour principale mission de contribuer à assurer la sécurité sanitaire dans les domaines de l'alimentation, de l'environnement et du travail. Elle contribue également à assurer la protection de la santé et du bien-être des animaux, la protection de la santé des végétaux et l'évaluation des propriétés nutritionnelles et fonctionnelles des aliments.

Elle réalise l'évaluation des risques, fournit aux autorités compétentes toutes les informations sur ces risques, ainsi que l'expertise et l'appui scientifique et technique nécessaires à l'élaboration des dispositions législatives et réglementaires et à la mise en œuvre des mesures de gestion des risques.

Elle assure des missions de veille, de vigilance et de référence. Elle définit, met en œuvre et finance en tant que de besoin des programmes de recherche scientifique et technique.

Lorsque la santé publique est menacée par un danger grave, elle recommande à ces autorités les mesures de police sanitaire nécessaires (CSP art. L 1313-1).

Sous réserve du respect des secrets protégés par la loi, et notamment des informations couvertes par le secret des affaires, les avis et recommandations de l'Anses sont rendus publics (CSP art. L 1313-3, al. 3).

SAISINE DE L'ANSES

82490 L'Anses peut se saisir de toute question en vue de l'accomplissement de ses missions (CSP art. L 1313-3, al. 1).

Outre la possibilité de se saisir d'office, l'Anses peut être saisie par (CSP art. L 1313-3, al. 1 et 2) :
– l'autorité compétente de l'État, l'Office parlementaire d'évaluation des choix scientifiques et technologiques et les autres établissements publics de l'État ;
– les organismes représentés à son conseil d'administration (notamment, les organisations professionnelles) ;
– les associations de défense des consommateurs agréées ;
– les associations de protection de l'environnement agréées ;
– les associations agréées ayant une activité dans le domaine de la qualité de la santé et de la prise en charge des malades ;

– les associations d'aide aux victimes d'accidents du travail ou de maladies professionnelles représentées au conseil d'administration du Fonds d'indemnisation des victimes de l'amiante ;
– les réseaux sanitaires reconnus, après avis favorable du ministre chargé de l'agriculture.

> Précisions La faculté d'**autosaisine** reconnue à l'Anses est, selon le législateur, une des conditions de sa crédibilité dans ce rôle d'alerte, dans la mesure où elle montre que l'Anses n'est pas un simple organisme consultatif et que son champ d'action n'est pas déterminé par une saisine ministérielle. La **publicité des avis** de l'Anses est également destinée à garantir l'efficacité de son action. En effet, les ministres qui choisissent de ne pas suivre une recommandation publique et motivée de l'Anses doivent justifier leur décision devant l'opinion publique et cette nécessité a, selon le législateur, un caractère dissuasif (Rapport AN n° 591 p. 74 relatif à la loi du 1-7-1998 ayant créé l'ex-Affsa, précisions transposables à notre avis à l'Anses qui l'a remplacée).

III. ACTION DES ORGANISATIONS DE CONSOMMATEURS

ESSAIS COMPARATIFS PAR LES ORGANISATIONS DE CONSOMMATEURS

Les organisations de consommateurs soumettent fréquemment des produits concurrents à des essais comparatifs. L'élaboration des tests n'est soumise à aucune réglementation. Seule la **norme** NF X 50-005, non obligatoire, fixe les principes de base de ces essais (indépendance des organismes responsables des essais, choix des produits, communication des résultats au producteur, etc.). 82500

L'Institut national de la consommation (INC) peut également procéder à de tels essais comparatifs (C. consom. art. R 822-1).

La publication de résultats d'essais comparatifs peut ouvrir droit à réparation lorsque les **essais** sont **erronés** (n° 82710). En dehors de ce cas, il est probable que l'action des professionnels n'aboutisse pas au résultat escompté.

ILLUSTRATIONS

Jugé que les commentaires de l'INC sur les mauvaises performances d'un appareil photographique à développement instantané n'avaient pas causé de préjudice au fabricant de cet appareil car, d'une part, les résultats de l'essai lui avaient été communiqués sans qu'il émette de réserves et, d'autre part, l'INC était en droit d'apporter des appréciations sur les produits « sans être tenu de livrer au public des informations neutres et uniquement chiffrées » (CA Paris 4-12-1985 : Consom. Act. n° 491 p. 1).

Jugé que l'INC, ayant réalisé des essais comparatifs sur des tests de grossesse dans des conditions exemptes de reproches, n'est pas obligé, eu égard aux défaillances constatées sur l'un d'eux, d'atténuer ses critiques en tenant compte des explications fournies par le fabricant (CA Paris 31-1-1990 : D. 1990 IR p. 50).

DROIT DE CRITIQUE PAR LES ORGANISATIONS DE CONSOMMATEURS

Les organisations de consommateurs mènent également des campagnes d'information sur les dangers que peuvent présenter certains produits. La jurisprudence reconnaît à ces organisations le droit de critique comme à tout journaliste à condition que l'**information** donnée soit **sérieuse** et **objective** (Cass. civ. 3-2-1972 : D. 1972 p. 365 ; TGI Rennes 10-1-1977 : Gaz. Pal. 1977.2 p. 364 ; Cass. 2e civ. 21-1-1981 : Bull. civ. II p. 8 ; TA Paris 14-12-1983 : BRDA 4/84 p. 10 ; Cass. civ. 12-2-1986 : D. 1986 p. 158 ; CA Paris 9-5-1988 : D. 1988 IR p. 179). 82510

ILLUSTRATIONS

Une association de consommateurs qui avait publié dans sa revue un article dénonçant de manière virulente les dangers qu'une voiture faisait courir à ses utilisateurs en raison d'un vice de construction alors que le fabricant avait supprimé ce défaut quelques mois auparavant a été condamnée à verser 100 000 F de dommages-intérêts (environ 15 250 €) au constructeur et à faire publier sa décision dans six revues (CA Paris 28-2-1989 : D. 1989 som. p. 337 note Aubert).

Avait engagé sa responsabilité pour manque à sa mission d'information prudente et objective l'organisation de consommateurs qui avait publié dans une revue de consommation un essai comparatif sur les viandes hachées affirmant que l'un des produits analysés contenait de la rate alors qu'il n'en était rien (TGI Paris 10-6-1992 : RJDA 10/92 n° 962).

IV. MOYENS DE DÉFENSE DES ENTREPRISES MISES EN CAUSE

82550 Les entreprises peuvent s'estimer lésées par des **critiques injustifiées.** Elles ont alors divers moyens d'arrêter la diffusion d'informations erronées ou d'obtenir réparation du préjudice subi.

A. Droit de réponse par les entreprises mises en cause

1. DROIT DE RÉPONSE DANS LA PRESSE ÉCRITE

82560 Les entreprises peuvent exercer le droit de réponse institué par l'article 13 de la loi du 29 juillet 1881 sur la liberté de la presse. Ce droit n'est pas nécessairement la réplique à une critique. Il est ouvert à toute personne physique ou morale nommée dans un article et désireuse de s'expliquer sur les circonstances ou les conditions qui ont provoqué sa désignation.

2. DROIT DE RÉPONSE DANS L'AUDIOVISUEL

82570 Toute personne physique ou morale dispose d'un droit de réponse à la radio ou à la télévision et, d'une manière générale, sur tous les moyens de communication audiovisuelle lorsqu'il a été porté atteinte à son honneur ou à sa réputation (Loi 82-652 du 29-7-1982 art. 6).

Les modalités de mise en œuvre de ce droit sont précisées par le décret 87-246 du 6 avril 1987. Ce texte prévoit que la demande d'exercice du droit de réponse des personnes morales doit être faite par leur représentant légal, dans les huit jours suivant celui de la diffusion du message litigieux, par lettre recommandée avec AR. Il suffit que la lettre soit postée à l'intérieur du délai de huit jours pour que la demande soit recevable, quand bien même le destinataire ne la recevrait qu'après l'expiration de ce délai (TGI Paris 12-3-1985 : Gaz. Pal. 1985 som. p. 117).

La réponse doit être diffusée dans un délai maximal de trente jours à compter de la date de l'émission contestée. Le texte de la réponse ne peut pas dépasser trente lignes dactylographiées et la durée totale du message excéder deux minutes.

3. DROIT DE RÉPONSE SUR INTERNET

82580 Toute personne nommée ou désignée dans un service de communication au public en ligne dispose d'un droit de réponse, parallèlement aux demandes de correction ou de suppression du message qu'elle peut adresser au service ; cette réponse est toujours gratuite (Loi 2004-575 du 21-6-2004 art. 6, IV).

Les conditions d'exercice de ce droit de réponse sont précisées par le décret 2007-1527 du 24 octobre 2007.

Bien entendu, la procédure prévue par ce texte n'est pas applicable lorsque les utilisateurs sont en mesure, du fait de la nature du service de communication en ligne, de formuler directement des observations (Décret 2007-1527 art. 1, al. 2). Tel est le cas lorsque les propos litigieux ont été adressés par un internaute sur un forum de discussion.

DÉLAI ET FORME DE LA DEMANDE D'EXERCICE DU DROIT DE RÉPONSE

82590 La demande d'exercice du droit de réponse doit être présentée au plus tard dans un **délai** de trois mois à compter de la mise à disposition du public du message justifiant la demande (Loi 2004-575 art. 6, IV-al. 2).

S'il s'agit d'un **éditeur professionnel,** elle doit être adressée au directeur de la publication par lettre recommandée avec AR ou par tout autre moyen garantissant l'identité du demandeur et apportant la preuve de la réception de la demande (Loi 2004-575 art. 6, IV-al. 2 et décret 2007-1527 art. 1, al. 1).

S'il s'agit d'un **éditeur non professionnel** qui a conservé l'anonymat, la demande doit être adressée au fournisseur d'hébergement, qui doit la transmettre sans délai au directeur de la publication (Loi 2004-575 art. 6, IV-al. 2).

CONTENU DE LA DEMANDE DE RÉPONSE

La demande d'exercice du droit de réponse doit indiquer les références du message, ses conditions d'accès sur le service de communication au public en ligne et, s'il est mentionné, le nom de son auteur. Elle précise s'il s'agit d'un écrit, de sons ou d'images. Elle contient la mention des **passages contestés** et la **teneur de la réponse** sollicitée (Décret 2007-1527 art. 2). 82600

La personne qui adresse une demande d'exercice de droit de réponse peut préciser que sa demande deviendra sans objet si le directeur de publication accepte de **supprimer** ou de **rectifier tout ou partie du message** à l'origine de l'exercice de ce droit. La demande précise alors les passages du message dont la suppression est sollicitée ou la teneur de la rectification envisagée. Le directeur n'est pas tenu d'insérer la réponse s'il procède à la suppression ou à la rectification sollicitée dans un délai de trois jours à compter de la réception de la demande (art. 5).

> **Précisions** Le demandeur doit spécifier les **propos précis** qu'il conteste, extraits du texte litigieux, soit en les reproduisant entièrement, soit en les identifiant suffisamment précisément, de sorte que le directeur de la publication puisse apprécier notamment s'il existe une corrélation entre ces passages et la réponse elle-même. Tel n'est pas le cas lorsque le demandeur se contente de signaler les adresses internet des textes litigieux (TGI Paris 19-11-2007 nº 07-58831 : RJDA 3/08 nº 364).

FORME DE LA RÉPONSE

La réponse sollicitée prend la forme d'un **écrit** quelle que soit la nature du message auquel elle se rapporte. Elle est limitée à la **longueur** du message qui l'a provoquée ou, lorsque celui-ci ne se présente pas sous une forme alphanumérique, à celle de sa transcription sous forme d'un texte. La réponse ne peut pas être supérieure à 200 lignes (Décret 2007-1527 art. 3). 82610

À noter que ces spécifications sont exclusives des modalités du droit de réponse prévu par l'article 13 de la loi du 29 juillet 1881 sur la liberté de la presse (Cass. 1e civ. 18-10-2017 nº 16-19.282 FS-PB).

PUBLICATION DU DROIT DE RÉPONSE

Le directeur de la publication doit insérer la réponse dans les **trois jours** de sa réception (Loi 2004-575 art. 6, IV-al. 3). 82620

La réponse est **mise à la disposition du public** par le directeur de publication dans des conditions similaires à celles du message en cause et présentée comme résultant de l'exercice du droit de réponse. Elle est soit publiée à la suite du message en cause, soit accessible à partir de celui-ci. Lorsque le message n'est plus mis à la disposition du public, la réponse est accompagnée d'une référence à celui-ci et d'un rappel de la date et de la durée de sa mise à disposition du public.

La **réponse** demeure **accessible** durant la même période que celle pendant laquelle l'article ou le message qui la fonde est mis à disposition du public par l'éditeur de service de communication au public en ligne. La durée pendant laquelle la réponse est accessible ne peut pas être inférieure à un jour.

Lorsque le message est mis à la disposition du public par le biais d'un **courrier électronique périodique non quotidien,** le directeur de la publication est tenu d'insérer la réponse dans la parution qui suit la réception de la demande (Décret 2007-1527 art. 4).

SANCTIONS EN CAS DE PUBLICATION DE LA RÉPONSE

Le directeur de la publication qui n'insère pas la réponse dans les trois jours de sa réception encourt une amende de 3 750 €, sans préjudice des autres peines et dommages-intérêts auxquels le non-respect de l'article 6, IV de la loi du 21 juin 2004 instituant le droit de réponse pourrait donner lieu (Loi 2004-575 art. 6, IV-al. 3). La personne morale déclarée pénalement responsable de l'infraction commise pour son compte par son organe ou représentant est passible d'une amende de 18 750 € (C. pén. art. 121-2 et 131-38). 82630

Par ailleurs, lorsque la demande de droit de réponse est adressée au fournisseur d'hébergement (voir nº 82590), la non-transmission par celui-ci de cette demande au directeur de la publication dans un délai de vingt-quatre heures est punie d'une amende de 750 € (Décret 2007-1527 art. 6).

B. Action en diffamation

CHAMP D'APPLICATION DU DÉLIT DE DIFFAMATION

Une entreprise qui s'estime lésée par des critiques injustifiées peut porter plainte pour délit de diffamation. Est considérée comme une diffamation toute allégation ou imputation d'un 82650 fait qui porte **atteinte** à l'honneur ou à **la considération d'une personne** (Loi du 29-7-1881 sur la liberté de la presse art. 29). La personne diffamée peut être identifiée ou identifiable (même art.). L'action est possible lorsqu'il y a diffamation envers une personne physique ou une personne morale (Cass. crim. 12-10-1976 : Bull. crim. p. 738 n° 287).

ATTENTION

Il est impossible d'agir en diffamation lorsque ce sont uniquement des **produits** ou services qui sont en cause (Cass. crim. 8-2-1994 : RJDA 10/94 n° 1077 ; Cass. 2e civ. 5-7-2000 : RJDA 2/01 n° 239 ; Cass. crim. 10-9-2013 : RJDA 2/14 n° 195). Dans ce cas, il conviendra d'agir pour **dénigrement** sur le fondement de la responsabilité civile extracontractuelle (C. civ. art. 1240).

IMPUTATIONS DIFFAMATOIRES

82660 Le caractère licite des imputations diffamatoires s'apprécie non d'après le mobile qui les a dictées mais selon la nature du fait sur lequel elles portent (Cass. crim. 13-2-1990 : Bull. crim. p. 195 n° 75).

ILLUSTRATIONS

Ainsi, est diffamatoire le fait d'accuser une personne d'avoir publié un écrit contenant une publicité mensongère sans préciser autrement cette accusation (Cass. crim. 16-12-1975 : Bull. crim. p. 749) ou d'imputer à une société de sondage la publication d'un indice truqué (TGI Paris 25-6-1980, inédit).

En revanche, n'est pas diffamatoire la publication, dans une revue éditée par une organisation de consommateurs, d'un « avis de recherche » demandant à tout lecteur ayant un litige avec une entreprise déterminée de se faire connaître si l'avis de recherche ne contient l'imputation ou l'allégation d'aucun fait précis à l'encontre de l'entreprise (CA Colmar 20-9-1988 : INC Hebdo n° 686 p. 5).

ÉLÉMENT INTENTIONNEL DU DÉLIT DE DIFFAMATION

82670 Les imputations diffamatoires sont présumées faites de mauvaise foi, cette **présomption** n'étant écartée que si les juges du fond s'appuient sur des faits justificatifs suffisants pour faire admettre la bonne foi (Cass. crim. 3-6-1989 : Bull. crim. p. 385 ; Cass. civ. 15-11-1989 : Bull. civ. II p. 105 n° 205).

La bonne foi suppose une attitude prudente et circonspecte (CA Paris 10-7-1974 : D. 1975 som. p. 7). Pour des exemples d'absence de bonne foi : Cass. crim. 3-6-1975 : Bull. crim. p. 385 ; TGI Paris 19-11-1980 : D. 1981 p. 436 note B. Bouloc ; Cass. crim. 13-2-1990 : JCP G 1990 IV n° 177.

PRESCRIPTION DE L'ACTION EN DIFFAMATION

82680 Le délai de prescription de l'action en diffamation est de trois mois ; ce délai court à compter de la première publication du contenu litigieux (Loi du 29-7-1881 art. 65), y compris lorsque le délit a été commis sur un service de communication au public en ligne (Loi 2004-575 du 21-6-2004 art. 6, V).

SANCTIONS

82690 La diffamation envers un **particulier** est passible d'une amende de 12 000 € (Loi du 29-7-1881 art. 32).

Si la personne diffamée est une **personne morale,** celle-ci peut se constituer partie civile pour obtenir la réparation de son préjudice

ATTENTION

L'entreprise victime d'une diffamation par voie de presse ne peut pas agir en réparation de son préjudice sur le fondement de l'article 1240 du Code civil relatif à la **responsabilité civile extracontractuelle** (Cass. ass. plén. 12-7-2000 : RJDA 4/01 n° 526).

C. Action en responsabilité civile pour abus du droit de critique

PRINCIPE

82710 Les entreprises peuvent intenter une action en responsabilité fondée sur l'article 1240 du Code civil relatif à la responsabilité civile extracontractuelle pour obtenir des dommages-intérêts si l'auteur des critiques a commis une faute en abusant de son droit de critique. En revanche, des critiques reposant sur une étude préalable sérieuse ou faites sans esprit de dénigrement ne sont pas condamnables.

ILLUSTRATIONS

82720 Commet une **faute** donnant lieu à réparation :

– la présentatrice d'une émission de télévision qui dénigre un produit de bain moussant sans se rapporter à des références sérieuses (CA Paris 15-10-1980 : D. 1981 IR p. 56) ;

– l'association de consommateurs qui engage une campagne de presse très vive sans respecter l'objectivité de l'information (TGI Paris 19-11-1980 : D. 1981 p. 436 note B. Bouloc) ;
– le directeur d'une publication qui diffuse un article imputant à un exploitant agricole une infraction qu'il n'a pas commise et qui met en doute sa loyauté commerciale ou sa solvabilité (CA Rouen 3-2-1981 : Gaz. Pal. 1981 som. p. 250) ;
– l'organisation de consommateurs qui publie les résultats d'essais comparatifs comportant une erreur et ne fait paraître un rectificatif qu'avec retard (CA Paris 16-4-1976 : Gaz. Pal. 1976.1 p. 418) ou même celle qui, ayant commis une erreur, la rectifie dans le numéro suivant (Cass. civ. 21-1-1981 : JCP G 1981 IV n° 119) ;
– l'INC qui indique qu'une eau déminéralisée à usage domestique ne peut prétendre à cette appellation car elle ne satisfait pas aux dispositions du Codex définissant les eaux déminéralisées pharmaceutiques, alors qu'à la date de publication de l'article il n'existait pas de réglementation ou d'usages imposant aux fabricants d'appliquer les spécifications retenues par ce Codex (CA Paris 4-5-1987 : D. 1988 p. 283 note Debouy et Plaisant).

Ne commet **pas de faute** :
– l'auteur d'un guide touristique publiant un article sévère et mordant sur un restaurant car cet article n'excède nullement le droit d'un critique d'exprimer les impressions subjectives ressenties (Cass. civ. 3-2-1972 : D. 1972 p. 365 ; rapp. CA Paris 14-6-1982 : Gaz. Pal. 1982 som. p. 388) ;
– une chaîne de télévision, dès lors que les sources utilisées pour une émission étaient sérieuses, que cette émission s'inspirait du souci de défendre la santé publique et que cette chaîne était de bonne foi (CA Paris 10-7-1974 : D. 1975 som. p. 7) ;
– l'association de consommateurs qui cite un texte ayant l'apparence d'un communiqué officiel et dont elle n'avait aucun motif de suspecter le caractère fallacieux (TGI Rennes 10-1-1977 : Gaz. Pal. 1977.2 p. 364) ;
– la chaîne de télévision qui utilise, au cours d'une émission, un procédé tendant à simuler un dégagement de fumée lors du démarrage d'un véhicule automobile et à retirer de l'intérieur des organes mécaniques qui s'en seraient prétendument détachés, dès lors que ce procédé relève d'un parti pris caricatural et qu'explicitement dans le premier cas, implicitement dans le second, mais sans ambiguïté, l'exagération de mise en scène est révélée au téléspectateur (CA Paris 19-12-1988 : D. 1989 IR p. 55).

SECTION 2

RESPONSABILITÉ DES PROFESSIONNELS SELON LES RÈGLES DU DROIT COMMUN

RESPONSABILITÉ PÉNALE OU CIVILE

Les fabricants, distributeurs ou prestataires de services sont responsables, selon les règles du droit commun, des conséquences dommageables pouvant résulter de l'utilisation de leurs produits ou de leurs services. **82900**
Cette responsabilité peut être mise en cause tant sur le plan pénal que sur le plan civil.

I. RESPONSABILITÉ PÉNALE DES PROFESSIONNELS

QUALIFICATION DES INFRACTIONS EN CAS DE DOMMAGE CORPOREL

Lorsqu'un produit ou un service provoque un dommage corporel, le producteur, le distributeur ou le prestataire de services peuvent voir leur responsabilité pénale engagée soit pour homicide involontaire, soit pour atteinte involontaire à l'intégrité de la personne. **83000**
La faute de mise en danger délibérée d'autrui constitue une circonstance aggravante de ces infractions, mais aussi un délit autonome.

A. Délits d'homicide ou de blessures involontaires

83010 Lorsqu'un produit ou un service provoque un dommage corporel, le producteur, le distributeur ou le prestataire de services peuvent, en tant que personnes physiques, voir leur responsabilité pénale engagée :
– soit, en cas de décès de la victime, pour **homicide involontaire** (C. pén. art. 221-6, al. 1) ;
– soit, dans les autres cas, pour **atteinte involontaire à l'intégrité de la personne** (C. pén. art. 222-19 et 222-20).

L'article 222-19 du Code pénal n'est applicable que si les blessures causées à la victime ont entraîné pour elle une **incapacité totale de travail supérieure à trois mois.** Dans le cas contraire, il n'y a pas délit mais simple contravention réprimée par les articles R 622-1 et R 625-2 du même Code. Le fait de causer à autrui une incapacité totale de travail d'une durée **inférieure ou égale à trois mois** constitue néanmoins un délit lorsque l'atteinte involontaire à l'intégrité de la personne résulte de la violation manifestement délibérée d'une obligation particulière de prudence ou de sécurité imposée par la loi ou le règlement (C. pén. art. 222-20).

> **Précisions** Les infractions d'homicide et de blessures involontaires constituent des délits. La question s'était posée de savoir si la responsabilité pénale de décideurs pouvait être recherchée pour **crime d'empoisonnement** dans les cas où ceux-ci avaient exposé un nombre plus ou moins grand de personnes au risque de contracter des maladies mortelles (par exemple, le sida par la transfusion de sang contaminé, le cancer du poumon par l'emploi de l'amiante comme isolant, d'autres cancers par l'irradiation atomique ou encore la maladie de Creutzfeldt-Jakob par l'utilisation de viande ou de produits à base de viande provenant d'animaux contaminés par l'agent responsable de la maladie de la « vache folle »). La Cour de cassation a répondu par la négative. En effet, si le crime d'empoisonnement est le fait d'attenter à la vie d'autrui par l'emploi ou l'administration de substances de nature à entraîner la mort (C. pén. art. 221-5), la seule connaissance du pouvoir mortel de la substance administrée ne suffit pas à caractériser l'intention homicide (Cass. crim. 2-7-1998 : RJDA 10/98 n° 1163). Dès lors, les incriminations d'homicide et de blessures involontaires, éventuellement aggravées par la violation manifestement délibérée d'une obligation de prudence ou de sécurité imposée par la loi ou les règlements (C. pén. art. 221-6, 222-19 et 222-20), sont les seules qui, sauf preuve de la volonté de porter atteinte à l'intégrité physique, puissent être retenues contre les opérateurs économiques à qui il serait reproché d'avoir, par leur faute, exposé autrui à un risque de contamination, de maladie ou de mort.

1. ÉLÉMENTS CONSTITUTIFS DES DÉLITS D'HOMICIDE OU DE BLESSURES INVOLONTAIRES

83020 L'**imprudence** génératrice de décès ou de blessures implique trois **conditions** essentielles : une faute, un dommage et, de l'un à l'autre, un lien de causalité.

ATTENTION

Les **personnes morales** sont soumises, en matière de **délits non intentionnels,** à un dispositif plus répressif que leurs dirigeants si ces derniers étaient poursuivis des mêmes faits. Il en résulte que la faute d'imprudence d'une personne physique, organe ou représentant d'une personne morale, peut engager la responsabilité pénale de cette dernière sans que la personne physique soit elle-même pénalement responsable (Cass. crim. 24-10-2000 : RJDA 3/01 n° 316 ; Cass. crim. 4-12-2007 n° 07-81.072 : RJDA 4/08 n° 407 ; Cass. crim. 6-3-2018 n° 16-87.031 F-D : RJDA 7/18 n° 574).

DOMMAGE CORPOREL

83030 Pour que les délits d'homicide ou de blessures involontaires soient caractérisés, il faut d'abord que la victime ait subi un dommage corporel. Peu importe que ce dommage ne se révèle que longtemps après l'accident.

Sur les conséquences de l'aggravation du préjudice causé à la victime, voir n° 83110.

LIEN DE CAUSALITÉ ENTRE LA FAUTE ET LE DOMMAGE

83040 Pour que les délits d'homicide ou de blessures involontaires soient constitués, il faut qu'il existe un lien de causalité entre la faute commise par le professionnel et le dommage subi par la victime.

Il convient de distinguer l'auteur direct (C. pén. art. 121-3, al. 3) et l'auteur « qui n'a pas directement causé le dommage » (C. pén. art. 121-3, al. 4). Sont considérées comme auteurs indirects les personnes qui (art. 121-3, al. 4) :
– soit ont créé ou contribué à créer la situation qui a permis la réalisation du dommage ;
– soit n'ont pas pris les mesures permettant d'éviter le dommage.

FAUTE DU PROFESSIONNEL

Deux catégories de fautes sont susceptibles d'entraîner les délits d'homicide ou de blessures involontaires : celle de l'auteur direct du dommage (C. pén. art. 121-3, al. 3) et celle de l'auteur indirect (C. pén. art. 121-3, al. 4). **83050**

Faute de l'auteur indirect En cas de causalité indirecte, les personnes physiques (cette exigence ne concerne pas les personnes morales : n° 83020) ne sont responsables pénalement que s'il est établi qu'elles ont (C. pén. art. 121-3, al. 4) : **83060**
– soit **violé** de façon manifestement délibérée une **obligation particulière de prudence ou de sécurité** prévue par la loi ou le règlement ;
– soit commis une **faute caractérisée** et qui exposait autrui à un **risque d'une particulière gravité qu'elles ne pouvaient ignorer.**

Le **premier type de faute** répond à celle exigée par l'article 223-1 du Code pénal réprimant le délit de mise en danger délibérée d'autrui. Nous renvoyons donc aux remarques faites à propos de ce délit (n° 83170).

Le **second type de comportement répréhensible** s'explique par la nature de la première faute. En effet, le législateur, craignant que la première catégorie de faute ne soit trop réductrice en raison de l'exigence de la violation d'un texte précis, a retenu un second type de faute qui, à la différence de la première, peut être établie :
– en l'absence de violation « manifestement délibérée » d'une obligation particulière de prudence ou de sécurité prévue par la loi ou le règlement ;
– même s'il s'agit de la violation d'une obligation générale (et non particulière) de prudence ou de sécurité prévue par la loi ou le règlement ;
– même s'il s'agit de la violation d'une obligation qui n'a pas son origine dans la loi ou le règlement, voire s'il n'existe pas de réglementation écrite préexistante.

En revanche, cette faute suppose la réunion des trois éléments suivants :
– la faute est caractérisée (exigence d'une imprudence, d'une négligence ou d'un manquement à une obligation générale de prudence ou de sécurité présentant un certain degré de gravité) ;
– elle expose autrui à un risque d'une particulière gravité (par exemple, risque de mort, de blessures graves, d'atteintes importantes à l'environnement), la gravité du risque devant être distinguée de la gravité du dommage ;
– la personne ne pouvait pas ignorer le risque auquel elle exposait autrui (nécessité de preuve).

ILLUSTRATIONS

Violation manifestement délibérée d'une obligation particulière de prudence ou de sécurité. Le dirigeant d'une entreprise de production de viande hachée a été condamné pour avoir mis sur le marché des lots de viande contaminés par une bactérie susceptible d'engendrer une insuffisance rénale aiguë, au mépris des articles 14, 17 et 19 du règlement CE 178/2002 du 28 janvier 2002 fixant des procédures relatives à la sécurité des denrées alimentaires ; en effet, ces dispositions constituent des obligations particulières de prudence ou de sécurité au sens des articles 222-20 et 121-3 du Code pénal (Cass. crim. 31-3-2020 n° 19-82.171 FS-PBI : RJDA 7/20 n° 397).

Faute caractérisée exposant autrui à un risque d'une particulière gravité. Le dirigeant d'une société spécialisée dans la fabrication et la vente de médicaments à base de plantes et un pharmacien d'officine ont commis des fautes caractérisées exposant autrui à un risque d'une particulière gravité dont ils ne pouvaient ignorer les conséquences, le premier en commercialisant, après l'avoir conditionnée sous forme de poudre ou de gélules, une herbe importée de Chine, sans effectuer les contrôles prévus par la monographie de la pharmacopée chinoise qui lui auraient permis d'y détecter la présence d'un acide néphrotoxique et cancérigène, le second en omettant d'analyser le produit livré, conformément aux bonnes pratiques des préparations officinales et aux recommandations du Conseil de l'Ordre ; dès lors que ces fautes caractérisées entretenaient un lien de causalité certain avec le décès de deux patientes auxquelles ces produits avaient été administrés, le dirigeant et le pharmacien ont pu valablement être déclarés coupables d'homicides involontaires (Cass. crim. 1-4-2008 n° 06-88.948 : RJDA 10/08 n° 1058). De même, a commis une faute caractérisée le gérant d'une société qui avait vendu un volet roulant ayant entraîné la mort d'un enfant, dès lors que ce gérant avait exercé son activité commerciale sans se tenir informé des règles élémentaires de sécurité et des normes applicables aux produits qu'il vendait (Cass. crim. 29-6-2010 n° 09-84.439 : RJDA 12/10 n° 1191).

83070 **Faute de l'auteur direct** Alors que l'auteur indirect du dommage n'est susceptible de voir sa responsabilité pénale engagée que si certaines conditions légales strictement définies sont remplies (n° 83060), la faute de l'auteur direct consiste en une faute d'imprudence, telle que définie par la jurisprudence.

Le dommage doit donc avoir été causé soit par une maladresse, inattention ou négligence, soit par la violation d'une obligation de prudence ou de sécurité imposée par la loi ou le règlement.

Conformément au principe de la présomption d'innocence, le juge doit apprécier in concreto la faute d'imprudence et il appartient au ministère public de démontrer que le comportement de la personne est fautif compte tenu des circonstances de fait.

Une faute même légère suffit pour justifier les sanctions pénales à l'encontre de l'auteur direct du dommage (Cass. crim. 23-4-1953 : D. 1955 p. 524).

ILLUSTRATIONS

Sont coupables d'homicide ou de coups et blessures par **imprudence ou négligence** :

– le fabricant de machines à laver qui, avant d'avoir les résultats des essais de contrôle, vend un modèle dont l'interrupteur se révèle défectueux et provoque l'électrocution d'une utilisatrice (Cass. crim. 18-11-1959 : Bull. crim. p. 955) ;

– le fabricant qui, averti du caractère dangereux de jouets qu'il a déjà vendus, n'en informe pas sa clientèle (Cass. crim. 27-5-1972 : Gaz. Pal. 1972.2 p. 719) ;

– l'employé d'un téléski qui ne parvient pas à arrêter le fonctionnement d'un remonte-pente qui blesse gravement une skieuse (Cass. crim. 19-3-1975 : D. 1976 p. 79 note Rabinovitch) ;

– le guide de haute montagne qui provoque une avalanche entraînant le décès d'un skieur (Cass. crim. 13-11-1980 : JCP G 1981 IV n° 41) ;

– le producteur d'un talc qui en confie la préparation et le conditionnement à une autre entreprise, sans contrôler ensuite la qualité du produit fini, ainsi que les dirigeants de cette entreprise de conditionnement qui n'assurent pas une organisation suffisamment stricte de leur production (CA Versailles 5-12-1980 : Gaz. Pal. 1981 som. p. 15) ;

– le fabricant d'un produit dangereux qui ne met pas en garde ses clients sur les précautions d'utilisation à prendre (CA Versailles 5-12-1980 précité) ;

– le directeur d'un « aqualud » qui ne met pas en place un personnel suffisamment qualifié pour assurer la sécurité des enfants (T. corr. Boulogne-sur-Mer 8-7-1987 : Gaz. Pal. 1988 p. 117) ;

– l'exploitant de remontées mécaniques dont une tête de pylône s'était rompue, entraînant la projection au sol de deux cabines (Cass. crim. 3-6-1992 : RJDA 10/92 n° 973).

Pour un exemple illustrant la nécessité pour les juges du fond de distinguer la faute directe de la faute indirecte (n° 83060), voir Cass. crim. 11-1-2011 n° 09-87.842 : RJDA 7/11 n° 657 : Un entrepreneur transportait sur une remorque une nacelle télescopique automotrice louée à une société de location de matériel de chantier ; mal arrimé, le bras de la nacelle s'était déporté dans un virage, heurtant un véhicule venant en sens inverse et en blessant les deux occupants. Trois ans après l'accident, l'un des occupants de ce véhicule était mort des suites de ses blessures. Le chauffeur et le loueur avaient été poursuivis notamment du chef d'homicide involontaire. Les expertises avaient déterminé que le loueur n'avait pas remis en état l'axe de verrouillage de la nacelle, alors pourtant que cette déficience avait été constatée au retour de la location précédente ; que, de son côté, l'utilisateur de la nacelle l'avait chargée sur son plateau sans en rentrer complètement le bras télescopique, sans la sangler ni mettre en place le dispositif de verrouillage. Les fautes de l'un et de l'autre avaient ainsi concouru au dommage, mais de manière inégale : l'absence de remise en état de l'axe de verrouillage de la nacelle imputable à l'entreprise de location n'avait fait que créer une situation de danger, sans causer directement l'accident, de sorte que la faute du loueur ne pouvait être qu'indirecte et qu'il eût fallu rechercher si elle était caractérisée. En déclarant sans distinction les deux prévenus coupables d'homicide involontaire par négligence, résultat d'une faute nécessairement directe, la cour d'appel a été censurée par la Cour de cassation.

Doivent être condamnés pour **violation d'une loi ou d'un règlement imposant une obligation de sécurité** :

– le coiffeur qui, malgré l'obligation édictée par le décret du 16 février 1951 sur les teintures renfermant des substances vénéneuses, ne pratique pas de touche d'essai sur les cheveux de sa cliente (T. corr. Les Sables-d'Olonne 30-4-1953 : D. 1954 p. 150 note Vouin) ;

– le maire qui a laissé s'ouvrir un dancing sans respecter les dispositions du décret 54-856 du 13 août 1954 relatif à la sécurité dans les établissements ouverts au public (CA Lyon 13-7-1973 : Gaz. Pal. 1973.2 p. 830, confirmé par Cass. crim. 14-3-1974 : Gaz. Pal. 1974.1 p. 417) ;

– l'employeur d'un chauffeur d'autocar accidenté qui n'a pas respecté les conditions de repos prescrites par la réglementation du travail (Cass. crim. 4-12-1979 : D. 1980 IR p. 312) ;

– l'organisateur d'une course automobile qui n'a pas respecté les dispositions concernant la sécurité du public édictées par l'arrêté du 3 novembre 1976 relatif à la réglementation technique des compétitions (CA Chambéry 2-7-1987 : Gaz. Pal. 1987 som. p. 382).

2. RÉPRESSION DES DÉLITS D'HOMICIDE OU DE BLESSURES INVOLONTAIRES

SANCTIONS PÉNALES

Sanctions applicables aux personnes physiques L'**homicide involontaire** est passible : 83090
- d'un emprisonnement de trois ans et d'une amende de 45 000 € (C. pén. art. 221-6, al. 1), sans préjudice de peines complémentaires (cf. C. pén. art. 221-8) ;
- d'un emprisonnement de cinq ans et d'une amende de 75 000 € en cas de violation manifestement délibérée d'une obligation particulière de prudence ou de sécurité imposée par la loi ou le règlement (C. pén. art. 221-6, al. 2), sans préjudice de peines complémentaires (cf. C. pén. art. 221-8).

Les **atteintes involontaires à l'intégrité de la personne** sont passibles :
- d'un emprisonnement de deux ans et d'une amende de 30 000 €, si elles ont entraîné une incapacité totale de travail pendant plus de trois mois (C. pén. art. 222-19, al. 1) ;
- d'un emprisonnement de trois ans et d'une amende de 45 000 €, si elles ont entraîné une incapacité totale de travail pendant plus de trois mois et en cas de violation manifestement délibérée de prudence ou de sécurité imposée par la loi ou le règlement (C. pén. art. 222-19, al. 2) ;
- d'une amende de 1 500 €, si l'incapacité totale de travail est d'une durée inférieure ou égale à trois mois (C. pén. art. R 625-2) ;
- d'un emprisonnement d'un an et d'une amende de 15 000 €, si l'incapacité totale de travail est inférieure ou égale à trois mois et en cas de violation manifestement délibérée d'une obligation particulière de prudence ou de sécurité imposée par la loi ou le règlement (C. pén. art. 222-20) ;
- d'une amende de 150 €, si ces atteintes involontaires à l'intégrité de la personne n'ont pas entraîné d'incapacité totale de travail (C. pén. art. R 622-1).

Sanctions applicables aux personnes morales Les personnes morales peuvent être déclarées pénalement responsables de ces infractions, lorsque celles-ci ont été commises « pour leur compte, par leurs organes ou représentants » (C. pén. art. 121-2, al. 1). 83100

Les peines encourues par les personnes morales sont, dans les cas d'homicide involontaire réprimés par l'article 221-6, al. 1 et 2 du Code pénal comme dans ceux d'atteinte involontaire à l'intégrité de la personne prévus par les articles 222-19 et 222-20 du même Code (C. pén. art. 221-7 et 222-21) :
- une amende dont le montant est égal au quintuple de celui prévu pour les personnes physiques ;
- les peines mentionnées à l'article 131-39, 2°, 3°, 8° et 9° du Code pénal (interdiction d'exercer l'activité professionnelle à l'occasion de laquelle l'infraction a été commise, placement sous surveillance judiciaire, confiscation de la chose qui a servi à commettre l'infraction, affichage de la décision prononcée ou diffusion de celle-ci).

Lorsque l'homicide involontaire ou l'atteinte involontaire à l'intégrité de la personne résulte de la violation manifestement délibérée d'une obligation particulière de prudence ou de sécurité imposée par la loi ou le règlement, la personne morale encourt également la peine prévue par l'article 131-39, 4° du Code pénal, c'est-à-dire la fermeture définitive ou pour cinq ans au plus de l'établissement de l'entreprise ayant servi à commettre l'infraction (C. pén. art. 221-7 et 222-21).

PRESCRIPTION DE L'ACTION PUBLIQUE EN CAS D'HOMICIDE OU DE BLESSURES INVOLONTAIRES

Conformément au droit commun, l'action publique en cas d'homicide ou de blessures involontaires est prescrite à l'expiration d'un **délai** de : 83110
- six ans s'il s'agit d'un délit d'homicide par imprudence ou d'atteintes involontaires à l'intégrité de la personne ayant entraîné une incapacité totale de travail pendant plus de trois mois (CPP art. 8) ;
- un an si les blessures n'ont pas entraîné une incapacité totale de travail pendant plus de trois mois, car l'infraction constitue alors une contravention et non pas un délit (CPP art. 9).

Le délai de prescription court à compter du jour de l'apparition du dommage définitif (Cass. ch. mixte 26-2-1971 : D. 1971 p. 241 concl. Lindon).

Il s'ensuit notamment qu'en cas d'**aggravation du préjudice** causé à la victime entraînant changement de qualification de l'infraction, un nouveau délai de prescription se mettra à courir.

EXEMPLE

Si les blessures causées à la victime ont entraîné une incapacité évaluée à moins de trois mois et qu'ultérieurement apparaisse une aggravation de l'état de la victime directement liée à l'infraction qui entraîne en fait une incapacité supérieure à trois mois, un nouveau délai de prescription – non plus d'un an mais de trois ans – commencera à courir à partir de la date d'apparition de cette aggravation. En effet, l'infraction primitivement considérée comme une simple contravention (hors le cas de la violation manifestement délibérée d'une obligation particulière de prudence ou de sécurité imposée par la loi ou le règlement) est devenue un délit par suite de l'augmentation de la durée de l'incapacité.

Toutefois, l'aggravation de l'état de la victime ne peut être prise en considération, en ce qui concerne aussi bien le calcul du délai de prescription que la qualification de l'infraction (homicide involontaire, délit ou contravention d'atteinte involontaire à l'intégrité de la personne), que si elle intervient avant la condamnation définitive de l'auteur de l'infraction.

3. RÉPARATION DU PRÉJUDICE CAUSÉ À LA VICTIME EN CAS D'HOMICIDE OU DE BLESSURES INVOLONTAIRES

83130 En cas de poursuites pénales, la victime peut se constituer **partie civile** afin d'obtenir réparation du préjudice qu'elle a subi.

En principe, cette réparation doit lui être refusée si le prévenu a été relaxé. Ce dernier, n'ayant pas été condamné, ne peut pas être considéré comme ayant commis une faute.

Toutefois, même en cas de **relaxe,** la victime n'est pas pour autant privée de la possibilité d'obtenir réparation du préjudice qu'elle a subi. En effet :
– d'une part, l'absence de faute pénale non intentionnelle au sens de l'article 121-3 du Code pénal ne fait pas obstacle à l'exercice d'une action devant les juridictions civiles afin d'obtenir la réparation d'un dommage sur le fondement de l'article 1241 du Code civil, si la faute civile prévue par cet article est établie (CPP art. 4-1) ;
– d'autre part, le juge pénal saisi de poursuites exercées pour une infraction non intentionnelle et qui prononce une relaxe peut accorder à la victime des dommages et intérêts sur le fondement des règles du droit civil (CPP art. 470-1) ;
– enfin, la victime peut toujours obtenir réparation si son action en responsabilité civile est fondée soit sur la responsabilité du fait des choses (nos 83730 s.), soit sur la responsabilité du fait des produits défectueux (nos 83310 s.), soit sur la responsabilité contractuelle lorsqu'il s'agit d'un prestataire de services tenu d'une obligation de résultat (no 83510).

> **Précisions** Même si la condamnation pénale de l'auteur des blessures est devenue définitive, en cas d'**aggravation de l'état de la victime,** celle-ci ou ses héritiers peuvent obtenir une augmentation de leurs dommages-intérêts, mais ils ne peuvent alors agir que devant la juridiction civile et non plus devant le juge répressif (Cass. crim. 27-11-1962 : Gaz. Pal. 1963.1 p. 365 ; Cass. crim. 8-3-1963 : Gaz. Pal. 1963.1 p. 403).

B. Mise en danger délibérée d'autrui

83170 La faute de mise en danger délibérée d'autrui (C. pén. art. 121-3, al. 2) constitue non seulement une **circonstance aggravante** des infractions d'atteinte involontaire à la vie ou à l'intégrité de la personne (C. pén. art. 221-6, al. 2, art. 222-19, al. 2 et art. 222-20) mais aussi un **délit autonome.** En effet, l'article 223-1 du Code pénal punit d'un an d'emprisonnement et de 15 000 € d'amende le fait d'exposer directement autrui à un risque immédiat de mort ou de blessures de nature à entraîner une mutilation ou une infirmité permanente par la violation manifestement délibérée d'une obligation particulière de prudence ou de sécurité imposée par la loi ou le règlement.

Contrairement aux délits d'homicide involontaire ou d'atteintes involontaires à l'intégrité de la personne, l'imprudence est donc punissable même en l'absence de **dommage.** Il s'agit donc d'une infraction de prévention qui sanctionne non le risque réalisé mais la simple exposition à ce risque.

Comme toute infraction pénale, le délit prévu par l'article 223-1 est constitué par un élément matériel et un élément moral. L'**élément matériel** de cette infraction consiste en la violation d'une obligation particulière de sécurité ou de prudence imposée par la loi ou le règlement. Ce dernier devant être entendu dans son sens le plus strict, sont exclues du champ d'application de l'article 223-1 l'inobservation du devoir général de prudence ou de sécurité, de même que la violation des obligations particulières qui ne seraient pas prévues par un décret ou un arrêté. L'**élément moral** est constitué par le caractère manifestement délibéré de cette violation (Cass. crim. 9-3-1999 : RJDA 3/00 n° 348), ce qui implique de la part de l'auteur de l'infraction non seulement la connaissance de l'obligation mais aussi la conscience du danger qui résulte de sa violation. Le délit ne sera donc constitué que s'il est démontré que la personne qui connaissait cette obligation de prudence ou de sécurité a, de façon manifestement délibérée, choisi de ne pas la respecter.

Les **personnes morales** peuvent être déclarées pénalement responsables de l'infraction commise pour leur compte par leurs organes ou représentants. Les peines encourues sont (C. pén. art. 223-2) :

– une amende de 75 000 € ;

– les peines mentionnées à l'article 131-39, 2°, 3°, 8° et 9° du Code pénal (interdiction d'exercer l'activité professionnelle à l'occasion de laquelle l'infraction a été commise, placement sous surveillance judiciaire, confiscation de la chose qui a servi à commettre l'infraction, affichage de la décision prononcée ou diffusion de celle-ci).

II. RESPONSABILITÉ CIVILE DES PROFESSIONNELS

TYPOLOGIE DES RESPONSABILITÉS CIVILES DES PROFESSIONNELS

Le consommateur victime d'un accident peut obtenir réparation de son préjudice selon les distinctions suivantes : **83300**

– si le dommage a été causé par un produit défectueux, le consommateur doit en principe agir sur le terrain de la responsabilité du fait des produits défectueux ;

– si le dommage a été causé dans le cadre de l'exécution d'un contrat conclu avec un professionnel, il peut agir sur le fondement de la responsabilité contractuelle ;

– enfin, si le dommage est survenu en dehors de tout contrat, il doit agir sur le terrain de la responsabilité extracontractuelle.

Selon une jurisprudence constante, responsabilité contractuelle et responsabilité extracontractuelle ne se cumulent pas, et la victime ne peut pas faire appel à l'une ou à l'autre suivant son intérêt (notamment Cass. 1e civ. 9-3-1970 : Bull. civ. I n° 87 ; Cass. 2e civ. 9-5-1973 : Bull. civ. II n° 163). Ce principe de non-cumul n'empêche pas la victime, partie à un contrat, d'agir contre son cocontractant sur le fondement de la responsabilité extracontractuelle si elle établit des faits distincts du non-respect d'une obligation contractuelle (Cass. com. 1-12-2021 n° 19-26.181 F-D : RJDA 3/22 n° 179).

Les règles de mise en jeu des responsabilités contractuelle et extracontractuelle s'appliquent à tout dommage aussi bien matériel que physique subi par le consommateur, mais seule la réparation des dommages corporels sera examinée nos 83310 s.

A. Responsabilité du fait des produits défectueux

RÉGLEMENTATION DE LA RESPONSABILITÉ DU FAIT DES PRODUITS DÉFECTUEUX

Le **régime** de la responsabilité du fait des produits défectueux est régi par les articles 1245 à 1245-17 du Code civil. Ces règles sont **d'ordre public** et doivent être appliquées par le juge même si le demandeur ne les a pas invoquées (Cass. ch. mixte 7-7-2017 n° 15-25.651 PBRI : RJDA 11/17 n° 769). **83310**

> **Précisions** Les dispositions précitées concernent les **actions** des victimes atteintes sur le territoire français contre des producteurs établis en France ; celles **dirigées contre un producteur établi à l'étranger** sont régies par la loi désignée soit par la convention de La Haye du 2 octobre 1973 (nº 83790), soit par le jeu des règles de conflits de lois lorsque cette convention n'est pas applicable.

APPLICATION DE LA RESPONSABILITÉ DU FAIT DES PRODUITS DÉFECTUEUX

83320 Le régime de la responsabilité du fait des produits défectueux est une **responsabilité sans faute,** encore dite « objective » ou de « plein droit ». Ce régime s'applique au dommage résultant du défaut de sécurité d'un produit sans porter « atteinte aux droits dont la victime d'un dommage peut se prévaloir au titre de la responsabilité contractuelle ou extra-contractuelle ou au titre d'un régime spécial de responsabilité » (C. civ. art. 1245-17, al. 1). Le **producteur reste responsable** des conséquences de sa faute et de celle des personnes dont il répond (C. civ. art. 1245-17, al. 2).

83322 L'interprétation des dispositions de l'article 1245-17 du Code civil a été précisée par la jurisprudence.

Ainsi, sont **exclus** les régimes de responsabilité de droit commun fondés sur le défaut d'un produit qui n'offre pas la sécurité à laquelle on peut légitimement s'attendre, tel que le régime de responsabilité du fait des choses que l'on a sous sa garde qui, lorsqu'il est invoqué à l'encontre du producteur après la mise en circulation du produit, procède nécessairement d'un défaut de sécurité (Cass. 1e civ. 11-7-2018 nº 17-20.154 FS-PBI : RJDA 11/18 nº 872).

En revanche, le régime de la responsabilité du fait des produits défectueux **n'exclut pas** l'application d'**autres régimes de responsabilité contractuelle ou extracontractuelle** reposant sur des fondements différents, tels que la garantie des vices cachés ou la faute (CJCE 25-4-2002 aff. 183/00 : D. 2002 p. 2462 note C. Larroumet ; Cass. com. 26-5-2010 nº 08-18.545 : RJDA 8-9/10 nº 895 ; Cass. 1e civ. 15-11-2023 nos 22-21.174 FS-B, 22-21.178 FS-D, 22-21.179 FS-D et 22-21.180 FS-D : RJDA 2/24 nº 135).

Concernant la faute, la victime peut agir contre le producteur du produit défectueux sur le fondement de l'article 1231-1 ou 1240 du Code civil à condition que cette faute soit distincte d'un défaut de sécurité, à l'origine du dommage subi (excluant respectivement l'application des ex-art. 1147 et 1382 du Code civil, devenus les art. 1231-1 et 1240, en l'absence de preuve d'une faute distincte : Cass. com. 26-5-2010 nº 08-18.545 précité ; Cass. 1e civ. 17-3-2016 nº 13-18.876 F-PB : RJDA 6/16 nº 493). Une telle faute peut résulter du fait, pour le producteur, de maintenir en circulation un produit dont il connaît le défaut ou de manquer à son devoir de vigilance quant aux risques présentés par le produit (Cass. 1e civ. 15-11-2023 nos 22-21.174, 22-21.178, 22-21.179 et 22-21.180 précités, rendus à propos du Mediator).

ILLUSTRATIONS

Dans un cas où le **gestionnaire d'un réseau de distribution d'électricité,** Enedis, avait été poursuivi à la fois sur le fondement de la responsabilité du fait des produits défectueux et sur celui de la responsabilité contractuelle à la suite d'une **surtension du réseau** ayant endommagé certains appareils électriques, la Cour de cassation a considéré que le litige relevait du seul régime de la responsabilité pour produits défectueux, dès lors que l'action était dirigée contre le producteur du produit litigieux (l'électricité) et que le dommage subi était consécutif à un défaut de sécurité dû à une rupture du circuit neutre du réseau ; le manquement à l'obligation de résultat d'entretien des branchements du réseau qui était invoqué par la victime sur le fondement de l'ex-article 1147 (devenu art. 1231-1) du Code civil ne constituait donc pas un fondement distinct du défaut de sécurité (Cass. com. 13-4-2023 nº 20-17.368 FS-B : RJDA 8-9/23 nº 481).

Concernant l'action en garantie des vices cachés prévue par les articles 1641 s. du Code civil, elle permet à la victime de demander au producteur (ou, le cas échéant, au vendeur intermédiaire) la réparation d'un dommage résultant d'une atteinte au produit lui-même, ce qu'interdit le régime de la responsabilité des produits défectueux (Cass. 1e civ. 19-4-2023 nº 21-23.726 F-B : RJDA 7/23 nº 409).

Le régime de la responsabilité du fait des produits défectueux n'exclut pas non plus la **résolution de la vente pour non-conformité** du produit défectueux, dès lors qu'elle n'a pas pour objet de réparer le dommage résultant de l'atteinte causée par ce produit (Cass. 1e civ. 9-12-2020 nº 19-21.390 FS-PI : RJDA 6/21 nº 439).

Enfin, le régime de la responsabilité du fait des produits défectueux n'exclut pas l'application du régime français de **responsabilité de plein droit des hôpitaux publics** en cas de défaillance d'un appareil ou d'un produit utilisé dans le cadre des soins dispensés, dès lors que l'hôpital mis en cause n'est pas le producteur puisqu'il ne participe pas à la chaîne de fabrication et de commercialisation du produit (CJUE 21-12-2011 aff. 495/10 : RJDA 4/12 nº 448 ;

CE 27-5-2021 n° 433822 : RJDA 1/22 n° 46). L'hôpital condamné sur ce terrain peut ensuite engager une action récursoire contre le producteur du produit défectueux sur le fondement, d'une part, des articles 1245 s. du Code civil, et d'autre part, sur celui, distinct, de sa responsabilité pour faute (CE 25-5-2022 n° 446692 : RJDA 12/22 n° 724).

FAIT ENGAGEANT LA RESPONSABILITÉ DU FAIT DES PRODUITS DÉFECTUEUX

La responsabilité du fait des produits défectueux est engagée lorsqu'un produit est intervenu dans la réalisation d'un dommage dans les conditions exposées n°s 83340 s. 83330

Produit portant atteinte à la personne ou à un bien Le produit doit porter une atteinte à la personne (C. civ. art. 1245-1, al. 1) ou à un bien autre que le produit défectueux lui-même si le dommage est supérieur à 500 € (C. civ. art. 1245-1, al. 2 ; Décret 2005-113 du 11-2-2005 art. 1). 83340

ILLUSTRATIONS

Constituent une atteinte au bien lui-même les désordres affectant :
– des plans de pommes de terre qui ont endommagé les fruits des semences, c'est-à-dire les pommes de terre de consommation (CA Grenoble 28-6-2006 : JCP G 2006 IV n° 3328) ;
– un voilier à la suite de son dématage en cours de navigation (Cass. 1e civ. 14-10-2015 n° 14-13.847 F-PB : RJDA 12/15 n° 880) ;
– les réservoirs de gaz inerte utilisés dans des équipements de détection et d'extinction automatique d'incendie provoquant des déclenchements intempestifs (Cass. com. 8-4-2021 n° 19-21.716 F-D : RJDA 8-9/21 n° 619).

L'article 1245-1 du Code civil doit être entendu, en ce qui concerne l'atteinte à la personne, comme toute altération de l'**intégrité d'une personne physique** ; elle peut donc être la mort, une blessure, une maladie, une infection, une brûlure, une malformation, etc. 83345

En ce qui concerne l'atteinte à un bien, elle doit être entendue comme la destruction, la dégradation, la détérioration de tout **élément sur lequel porte un droit,** que cet élément soit corporel ou incorporel. Tel est le cas d'un vin rendu impropre à la consommation par les débris de verre qui affectent les bouteilles le contenant (Cass. 1e civ. 1-7-2015 n° 14-18.391 F-PB : RJDA 11/15 n° 793). Tel est également le cas d'un vin dont le goût est altéré après avoir été traité à l'aide d'un appareil qui était en contact avec des produits chimiques défectueux, même si la consommation de ce vin n'est pas nocive pour la santé (Cass. 1e civ. 9-12-2020 n° 19-17.724 FS-P : RJDA 4/21 n° 277).

> **Précisions** **a.** Entrent dans le champ d'application de la responsabilité du fait des produits défectueux les **dommages causés par des biens à usage professionnel** (Cass. 1e civ. 11-1-2017 n° 16-11.726 FS-PBI : RJDA 4/17 n° 300).
> **b.** Au sens de la directive 85/374 du 25 juillet 1985, ne peut être retenue l'**atteinte portée à un bien destiné à l'usage professionnel** et utilisé pour cet usage ; cela n'interdit pas néanmoins qu'une disposition nationale permette à la victime d'une telle atteinte de l'invoquer si elle ne prouve pas autre chose que le dommage, le défaut du produit et le lien de causalité entre ce défaut et le dommage (CJCE 4-6-2009 aff. 285/08 : RJDA 8-9/09 n° 794 som. ; Cass. com. 26-5-2010 n° 07-11.744 FS-PB : RJDA 8-9/10 n° 894). Il en résulte que, en l'absence de limitation du droit national, l'article 1245-1 du Code civil s'applique au dommage causé à un bien destiné à l'usage professionnel (Cass. 1e civ. 11-7-2018 n° 17-20.154 FS-PBI : RJDA 11/18 n° 872 ; Cass. 1e civ. 14-11-2018 n° 17-23.668 F-D : RJDA 2/19 n° 148).
> **c.** Les préjudices patrimoniaux et extrapatrimoniaux résultant d'une atteinte à la réputation causée par une atteinte à la personne ou à un bien autre que le produit défectueux lui-même, y compris par ricochet, sont couverts par le régime de la responsabilité du fait des produits défectueux (Cass. 1e civ. 25-5-2023 n° 21-23.174 FS-B : RJDA 10/23 n° 554).

Produit portant atteinte à la sécurité L'atteinte à prendre en compte est celle qui résulte d'une défectuosité qui a mis en cause la **sécurité « à laquelle on peut légitimement s'attendre »** de la part du produit en cause (C. civ. art. 1245-3, al. 1 ; CA Poitiers 8-3-2005 : JCP G 2005 IV n° 3268, à propos de l'incendie spontané du moteur d'un véhicule ; Cass. 1e civ. 7-11-2006 n° 05-11.604 F-PB : RJDA 3/07 n° 304, à propos d'un béton générateur de brûlures ; Cass. 1e civ. 22-11-2007 n° 06-14.174 : RJDA 3/08 n° 342, à propos d'un produit destiné à combler les rides du visage et ayant provoqué des inflammations ; CA Versailles 9-3-2007 n° 06-2128 : BRDA 11/07 inf. 19, à propos d'un poêle à pétrole générateur d'un incendie). 83350

Cette sécurité doit être appréciée en tenant compte de toutes les **circonstances** et notamment de la présentation du produit, de l'usage qui peut en être raisonnablement attendu et du moment de sa mise en circulation (C. civ. art. 1245-3, al. 2). Ainsi, il a été jugé que les produits chimiques servant à nettoyer l'appareil utilisé pour le traitement d'un vin n'offraient pas la sécurité à laquelle on pouvait légitimement s'attendre puisqu'ils en avaient altéré le goût, peu important que sa consommation n'ait pas été rendue dangereuse pour la santé (Cass. 1e civ. 9-12-2020 n° 19-17.724 FS-P : RJDA 4/21 n° 277).

Un produit ne peut pas être considéré comme portant atteinte à la sécurité attendue du seul fait qu'un autre, plus perfectionné, a été mis postérieurement en circulation (C. civ. art. 1245-3, al. 3).

> **Précisions** Le défaut de sécurité est souvent déduit du **défaut d'informations** suffisantes sur l'utilisation du produit. En matière de médicaments, la Cour de cassation a souligné l'importance du contenu de la notice d'information donnée par le fabricant. Si elle fait état des effets indésirables du médicament et du risque précis qui s'est réalisé, le produit ne peut pas être considéré comme défectueux puisqu'on pouvait légitimement s'attendre à la réalisation de ce risque (Cass. 1e civ. 24-1-2006 n° 02-16.648 FS-PB : RJDA 7/06 n° 845). En revanche, si la notice ne fait pas état du risque qui s'est réalisé, alors qu'il était connu, le produit peut être considéré comme défectueux car on ne pouvait pas légitimement s'attendre à la réalisation de ce risque (Cass. 1e civ. 27-11-2019 n° 18-16.537 FS-PBI : RJDA 4/20 n° 250). Cette solution a également été retenue au sujet de l'insuffisance des mentions présentes sur l'étiquetage et l'emballage de produits phytosanitaires quant aux risques d'utilisation sur la santé (à propos d'un herbicide, Cass. ch. mixte 7-7-2017 n° 15-25.651 PBRI : RJDA 11/17 n° 769 ; Cass. 1e civ. 21-10-2020 n° 19-18.689 FS-PBRI : RJDA 3/21 n° 204).

83360 **Produit mis en circulation** L'atteinte considérée doit résulter d'un produit mis en circulation, c'est-à-dire d'un produit dont le producteur s'est dessaisi volontairement ; un même produit ne peut faire l'objet que d'une seule mise en circulation (C. civ. art. 1245-4).

Le produit susceptible d'être incriminé est constitué par tout **bien meuble,** même s'il est incorporé dans un immeuble, y compris les produits du sol, de l'élevage, de la chasse et de la pêche ; l'électricité est aussi considérée comme un produit (C. civ. art. 1245-2 ; Cass. com. 13-4-2023 n° 20-17.368 FS-B : RJDA 8-9/23 n° 481 rendu en application de l'ex-art. 1386-3 du Code civil, devenu art. 1245-2). Ainsi, un logiciel infecté d'un virus peut être un produit défectueux dès lors qu'il a porté une atteinte à un système informatique. En revanche, les **services** ne sont pas susceptibles de relever du champ d'application de la responsabilité du fait des produits défectueux. Par exemple, il a été jugé qu'un conseil de santé, qui par sa nature constitue un service, n'est pas susceptible, lorsqu'il est incorporé à un bien mobilier corporel, en l'occurrence un journal imprimé, de conférer un caractère défectueux au journal même, si ce conseil s'est révélé inexact et a occasionné un dommage corporel au lecteur l'ayant suivi (CJUE 10-6-2021 aff. 65/20 : RJDA 10/21 n° 695).

> **Précisions** Le produit est mis en circulation le jour où il quitte le processus de fabrication pour entrer dans le processus de commercialisation, qu'il soit directement vendu au consommateur ou qu'il transite par des distributeurs appartenant ou non au même groupe que le fabricant. Toutefois, lorsque le distributeur est une filiale à 100 % du fabricant, la juridiction nationale doit vérifier que cette dernière n'est pas impliquée dans le processus de fabrication (CJCE 9-2-2006 aff. 127/04 : JCP G 2006 II n° 10083 note J.-Cl. Zarka). La **date de mise en circulation** ne peut pas résulter de la seule autorisation de mise sur le marché (Cass. ch. mixte 7-7-2017 n° 15-25.651 PBRI : RJDA 11/17 n° 769). Concernant les produits fabriqués en série, cette date s'entend de la date de commercialisation du lot (Cass. 1e civ. 20-9-2017 n° 16-19.643 FS-PBI : RJDA 1/18 n° 90 ; Cass. 1e civ. 21-10-2020 n° 19-18.689 FS-PBRI : RJDA 3/21 n° 204).

VICTIMES DE PRODUITS DÉFECTUEUX

83370 Tant le **consommateur** que le **professionnel** peuvent invoquer l'atteinte à leur personne ou à leurs biens, les dispositions régissant la réparation d'une telle atteinte ne faisant aucune distinction entre ces deux qualités.

La victime peut demander cette réparation qu'elle soit ou non liée par un contrat avec le producteur du produit mis en circulation (C. civ. art. 1245).

RESPONSABLES DU FAIT DE PRODUITS DÉFECTUEUX

83380 L'obligation de réparer l'atteinte à une personne ou à un bien incombe au **producteur** du produit cause de l'atteinte (C. civ. art. 1245), à savoir à celui qui, à titre professionnel, produit une matière première, ou fabrique un produit fini ou une partie composante (C. civ. art. 1245-5, al. 1).

En cas de dommage causé par le défaut d'un produit incorporé dans un autre, le producteur de la partie composante et celui qui a réalisé l'incorporation sont solidairement responsables (C. civ. art. 1245-7). Le recours en garantie du second contre le premier doit se faire pour moitié en l'absence de faute (Cass. 1e civ. 26-11-2014 n° 13-18.819 FS-PB : RJDA 3/15 n° 225).

ILLUSTRATIONS

Le **gestionnaire d'un réseau de distribution d'électricité** doit être considéré comme un producteur, dès lors qu'il modifie le niveau de tension de l'électricité en vue de sa distribution au consommateur final (CJUE 24-11-2022 aff. 691/21 : RJDA 3/23 n° 172 ; Cass. com. 13-4-2023 n° 20-17.368 FS-B : RJDA 8-9/23 n° 481).

Peut également engager sa responsabilité **toute personne** que la loi assimile au producteur, **83385**
c'est-à-dire celle qui, à titre professionnel (C. civ. art. 1245-5, al. 2) :
– se présente comme producteur en **apposant** sur le produit son nom, **sa marque** ou tout autre signe distinctif (par exemple, Cass. 1e civ. 21-10-2020 n° 19-18.689 FS-PBRI : RJDA 3/21 n° 204), même si l'apposition est exigée par la réglementation de l'État dans lequel le produit est distribué (Cass. 1e civ. 4-6-2014 n° 13-13.548 FS-PBI : RJDA 1/15 n° 57) ;
– **importe** un produit dans l'Union européenne en vue d'une vente, d'une location, avec ou sans promesse de vente, ou de toute autre forme de distribution.

Le **vendeur,** le **loueur** ou tout autre **fournisseur** professionnel n'est responsable du défaut de sécurité du produit dans les mêmes conditions que le producteur que si ce dernier demeure inconnu, tel n'étant pas le cas lorsque le fournisseur a désigné son propre fournisseur ou le producteur dans le délai de trois mois à compter de la date à laquelle la demande de la victime lui a été notifiée (C. civ. art. 1245-6, al. 1).

En revanche, sont exclus du régime de la responsabilité du fait des produits défectueux :
– le **crédit-bailleur** et le « loueur assimilable au crédit-bailleur » (C. civ. art. 1245-6, al. 1) ;
– les personnes dont la responsabilité peut être recherchée sur le fondement des articles 1792 à 1792-6 et 1646-1 du Code civil, c'est-à-dire au titre de la garantie décennale des **constructeurs d'ouvrages** (C. civ. art. 1245-5, al. 5) ;
– l'établissement public de santé ayant utilisé le produit défectueux dans le cadre d'une prestation de soins (CE 27-5-2021 n° 433822 : RJDA 1/22 n° 46, rendu sous l'empire de l'ex-art. 1386-7 du Code civil mais transposable).

CAUSES LÉGALES D'EXONÉRATION DU PRODUCTEUR DE PRODUITS DÉFECTUEUX

Le **producteur** de produits défectueux est exonéré de sa responsabilité s'il **prouve** que (C. civ. **83390**
art. 1245-10) :
– il n'avait pas mis le produit en circulation ;
– compte tenu des circonstances, il y a lieu d'estimer que le défaut ayant causé le dommage n'existait pas au moment où le produit a été mis en circulation par lui ou que ce défaut est né postérieurement ;
– le produit n'était pas destiné à la vente ou à toute autre forme de distribution ; cette exonération ne s'applique toutefois pas au produit défectueux qui a été fabriqué et utilisé dans le cadre d'une prestation médicale concrète qui est entièrement financée par des fonds publics et pour laquelle le patient ne doit verser aucune contrepartie (CJCE 10-5-2001 aff. 203/99 : JCP G 2002 II n° 10141) ;
– le défaut est dû à la conformité du produit avec des règles impératives d'ordre législatif ou réglementaire ; mais le producteur ne peut pas être exonéré par le fait que le produit a été fabriqué dans le respect des règles de l'art ou des normes existantes, ou qu'il a fait l'objet d'une autorisation administrative (C. civ. art. 1245-9) ;
– l'état des connaissances scientifiques et techniques, au moment où il a mis le produit en circulation, ne permettait pas de déceler l'existence du défaut (pour des exemples de défauts décelables : CA Toulouse 22-2-2000 : JCP G 2000 II n° 10429 note Ph. Le Tourneau ; Cass. 1e civ. 20-9-2017 n° 16-19.643 FS-PBI : RJDA 1/18 n° 90 ; Cass. 1e civ. 21-10-2020 n° 19-18.689 FS-PBRI : RJDA 3/21 n° 204 ; pour un exemple de défaut non décelable : Cass. 1e civ. 5-5-2021 n° 19-25.102 : RJDA 11/21 n° 749).

ATTENTION

La Cour de justice des Communautés européennes (devenue Cour de justice de l'Union européenne) a précisé que l'**état des connaissances scientifiques et techniques** doit être apprécié de manière objective, et non seulement au regard de la pratique et des normes de sécurité en usage dans le secteur industriel dans lequel opère le producteur, et doit prendre en considération le niveau le plus élevé de ces connaissances (CJCE 29-5-1997 aff. 300/95 : Rec. I-2663 ; pour une application, Cass. 1e civ. 21-10-2020 n° 19-18.689 précité).

La connaissance personnelle par le producteur du défaut de son produit fait nécessairement obstacle à l'application de cette cause d'exonération (Cass. 1e civ. 6-12-2023 n° 22-23.383 F-D : RJDA 4/24 n° 257).

83395 Le **producteur d'une partie composante** n'est pas responsable s'il établit que le défaut est imputable à la conception du produit dans lequel cette partie a été incorporée ou aux instructions données par le producteur de ce produit (C. civ. art. 1245-10, al. 7).

83400 La responsabilité du producteur peut être réduite ou supprimée, « compte tenu de toutes les circonstances », lorsque le dommage a été causé conjointement par un défaut du produit et par la **faute de la victime** ou d'une personne dont la victime est responsable (C. civ. art. 1245-12).

ILLUSTRATIONS

Absence de faute de la victime

N'a pas commis de faute le particulier qui a provoqué une explosion en raccordant une bouteille de gaz propane, dont il n'était pas l'acheteur, à une gazinière prévue pour fonctionner avec du gaz butane, dès lors que, en l'absence de connectique spécifique qui aurait rendu impossible l'alimentation de l'installation par un gaz incompatible, il pouvait ne pas se rendre compte de son erreur (Cass. 1e civ. 4-2-2015 nº 13-19.781 F-PB : RJDA 7/15 nº 538).

N'a pas non plus commis de faute l'agriculteur qui a inhalé les vapeurs d'un désherbant en nettoyant une cuve sans protéger son visage de tout contact avec le produit, contrairement aux préconisations de l'étiquetage, car cette protection n'aurait de toute façon pas été efficace en l'absence d'utilisation d'un appareil respiratoire (Cass. 1e civ. 21-10-2020 nº 19-18.689 FS-PBRI : RJDA 3/21 nº 204).

Toutefois, le producteur ne peut pas s'exonérer de sa responsabilité si le comportement de la victime n'a fait qu'aggraver le dommage et n'en est pas à l'origine (Cass. 1e civ. 2-6-2021 nº 19-19.349 FS-P : RJDA 8-9/21 nº 620).

Le producteur ne peut pas non plus s'exonérer de sa responsabilité ou limiter celle-ci en établissant qu'un **tiers** a concouru à la réalisation du dommage (C. civ. art. 1245-13 ; pour un exemple, Cass. 1e civ. 28-11-2018 nº 17-14.356 FS-PB : RJDA 3/19 nº 232) ou en invoquant un cas de force majeure (CA Toulouse 14-12-2004 nº 03-809 : RJDA 3/06 nº 340).

CLAUSES LIMITANT LA RESPONSABILITÉ DU FAIT DES PRODUITS DÉFECTUEUX

83410 Les clauses qui écartent ou limitent la responsabilité du fait des produits défectueux sont **interdites** et réputées non écrites (C. civ. art. 1245-14, al. 1).

Toutefois, elles sont **valables** entre personnes agissant à titre professionnel à condition qu'elles ne concernent que les dommages causés aux biens qui ne sont pas principalement utilisés par la victime pour son usage ou sa consommation privée (C. civ. art. 1245-14, al. 2).

Les **dommages exclus** doivent s'entendre, à notre avis, de tous les préjudices pouvant résulter de l'atteinte aux biens puisque la victime a droit à la réparation de tous les préjudices (nº 83420) ; l'exclusion ne saurait donc être limitée aux préjudices matériels au motif que la loi a ici visé non plus le « dommage résultant d'une atteinte » mais les « dommages causés aux biens ».

RÉPARATION DU DOMMAGE CAUSÉ PAR UN PRODUIT DÉFECTUEUX

83420 La victime d'une atteinte à sa personne ou à ses biens peut obtenir réparation si elle prouve le dommage, le défaut du produit et le lien de causalité entre le défaut et le dommage (C. civ. art. 1245-8 ; pour une application, Cass. 1e civ. 4-2-2015 nº 13-27.505 F-PB : RJDA 6/15 nº 468). La **preuve** peut résulter de présomptions, pourvu qu'elles soient graves, précises et concordantes (Cass. 1e civ. 22-5-2008 nº 05-20.317 : RJDA 10/08 nº 1069 ; Cass. 1e civ. 18-10-2017 nos 14-18.118 et 15-20.791 FS-PBI : RJDA 3/18 nº 290 ; Cass. 1e civ. 21-10-2020 nº 19-18.689 FS-PBRI : RJDA 3/21 nº 204). Lorsque cette preuve est établie, la victime a droit à la réparation de plein droit, sauf si le producteur prouve qu'il peut bénéficier d'une cause d'exonération (C. civ. art. 1245-10 ; nos 83390 s.).

La victime a droit à la réparation du **dommage** qui résulte de l'atteinte à sa personne ou, s'il est supérieur à 500 €, au dommage qui résulte d'une atteinte à un bien autre que le produit défectueux lui-même (C. civ. art. 1245-1 ; Décret 2005-113 du 11-2-2005). Le terme « dommage » n'étant l'objet d'aucune restriction, la victime peut solliciter l'indemnisation de tous les préjudices qu'elle subit, tant matériels qu'immatériels.

Puisque le dommage résultant de l'atteinte causée au produit défectueux n'entre pas dans le champ d'application de l'article 1245-1 du Code civil, la victime ne peut pas demander réparation du préjudice matériel correspondant au remplacement du produit lui-même ou des préjudices économiques qui en ont découlé, tels que les pertes et gains manqués (Cass. com. 8-4-2021 nº 19-21.716 F-D : RJDA 8-9/21 nº 619, rendu sous l'empire de l'ex-art. 1386-2 du Code civil mais transposable).

> Précisions La **simple implication du produit dans la réalisation du dommage** ne suffit à établir ni son défaut ni le lien de causalité entre ce défaut et le dommage (Cass. 1e civ. 22-10-2009 n° 08-15.171 F-D : RJDA 1/10 n° 98 ; Cass. 1e civ. 27-6-2018 n° 17-17.469 FS-PB : RJDA 11/18 n° 873).

ACTION EN RÉPARATION DU DOMMAGE CAUSÉ PAR UN PRODUIT DÉFECTUEUX

Tribunal compétent En cas de **litige intra-européen,** une personne domiciliée sur le territoire d'un État membre peut être poursuivie en justice devant le tribunal de cet État ou, dans un autre État membre, devant le tribunal du lieu où le fait dommageable s'est produit ou risque de se produire (Règl. Bruxelles I bis du 12-12-2012 art. 7, 2). L'expression « lieu où le fait dommageable s'est produit » vise à la fois le lieu où le dommage est survenu et le lieu de l'événement causal qui est à l'origine de ce dommage, le défendeur pouvant être poursuivi, au choix du demandeur, devant le tribunal de l'un ou de l'autre de ces deux lieux (notamment, CJCE 30-11-1976 aff. 21/76 : Rec. 1735, pts 24 et 25 ; CJCE 5-2-2004 aff. 18/02 : Rec. I-1417, pt 40). La Cour de justice de l'Union européenne a précisé qu'en matière de responsabilité du fait des produits défectueux, le lieu de l'événement causal à l'origine du dommage doit s'entendre comme le lieu de fabrication du produit incriminé (CJUE 16-1-2014 aff. 45/13 : RJDA 4/14 n° 401). 83430
Le droit commun de la procédure civile s'applique aux **litiges internes** (CPC art. 42 s.).

Prescription de l'action en réparation L'action en réparation du dommage dû au produit défectueux s'éteint **dix ans** après la mise en circulation dudit produit à moins que la victime n'ait engagé une action en réparation (C. civ. art. 1245-15). 83440

À l'intérieur du délai de dix ans, l'action se prescrit dans le délai de **trois ans** à compter de la date à laquelle le demandeur a eu ou aurait dû avoir connaissance du dommage, du défaut et de l'identité du producteur (C. civ. art. 1245-16). En cas de dommage corporel, la date de la connaissance du dommage doit s'entendre de celle de la consolidation, qui permet seule de mesurer l'étendue de celui-ci ; en cas de pathologie évolutive rendant impossible la fixation d'une date de consolidation, le délai de trois ans ne peut pas commencer à courir (Cass. 1e civ. 5-7-2023 n° 22-18.914 FS-B : RJDA 11/23 n° 623).

Le fournisseur (vendeur ou loueur) poursuivi en justice par la victime du dommage et qui appelle le producteur en garantie doit agir **dans l'année** suivant le moment où il est lui-même cité en justice (C. civ. art. 1245-6, al. 2).

> Précisions **a.** Si la **victime n'a pas pu agir** en responsabilité du fait des produits défectueux **dans le délai** de trois ans, elle conserve encore la possibilité d'agir sur le fondement de la responsabilité de droit commun en prouvant la faute du producteur (n° 83320) ; dans ce cas, elle bénéficie en effet d'un délai de prescription plus long, soit, en cas de dommage corporel, dix ans à compter de la date de la consolidation du dommage (C. civ. art. 2226, al. 1 ; cf. Cass. 1e civ. 15-11-2023 nos 22-21.174 FS-B, 22-21.178, 22-21.179 et 22-21.180 FS-D : RJDA 2/24 n° 135).

b. Lorsqu'un **établissement de santé,** après avoir indemnisé un patient des dommages ayant résulté de l'utilisation d'un produit de santé défectueux lors de soins pratiqués en son sein, engage une **action récursoire contre le producteur** du produit sur le fondement de la responsabilité du fait des produits défectueux, il ne peut le faire que dans un délai de dix ans à compter de la mise en circulation de celui-ci, sauf si la victime a elle-même engagé, dans ce délai, une action tendant à la réparation des dommages imputables à l'utilisation du produit ; en revanche, lorsque l'établissement de santé engage une action récursoire contre le producteur sur le fondement de la responsabilité pour faute, le délai triennal de l'article 1245-15 ne s'applique pas (CE 25-5-2022 n° 446692 : RJDA 12/22 n° 724).

B. Responsabilité contractuelle des professionnels

1. OBLIGATION D'INFORMATION DES PROFESSIONNELS

Deux obligations générales d'information précontractuelle pèsent sur le professionnel, vendeur de biens ou prestataire de services : 83480
– une obligation générale de droit commun qui résulte de l'article 1112-1 du **Code civil,** aux termes duquel la partie qui connaît une information dont l'importance est déterminante pour le consentement de l'autre doit l'en informer dès lors que, légitimement, cette dernière l'ignore ou fait confiance à son cocontractant ;
– une obligation générale d'information prévue par le **Code de la consommation** et uniquement applicable à l'égard du consommateur ; cette obligation est étudiée nos 16300 s.

2. OBLIGATION DE SÉCURITÉ DES PROFESSIONNELS

83490 Dans les développements exposés nos 83500 s., l'obligation de sécurité n'est traitée que sous l'angle des relations entre une entreprise (en tant que vendeur, fabricant ou prestataire de services) et ses clients (ou usagers). Mais cette obligation s'impose aussi dans le cadre d'autres relations, notamment dans les relations de travail. En effet, l'employeur est tenu vis-à-vis de ses salariés à une obligation de sécurité. Pour des développements à ce sujet, Mémento social nos 71250 s.

a. Obligation de sécurité du vendeur ou du fabricant

83500 Les dommages causés par un défaut de sécurité et qui entrent dans le champ d'application du régime de la responsabilité des produits défectueux prévu par les articles 1245 s. du Code civil n'ouvrent à la victime qu'un recours sur le fondement de ces textes. Les dommages n'entrant pas dans le champ d'application, tels ceux causés au produit défectueux lui-même, peuvent donner lieu à réparation, selon le cas, sur le terrain de la garantie des vices cachés (C. civ. art. 1641 s.) ou de la responsabilité extracontractuelle (C. civ. art. 1240). Sur le régime de la responsabilité du fait des produits défectueux, voir nos 83310 s.

b. Obligation de sécurité du prestataire de services

83510 Les tribunaux estiment qu'une obligation de sécurité s'attache à certains contrats de prestations de services, cette obligation étant une obligation « de moyens » ou une obligation « de résultat » selon que la participation des clients à l'activité proposée est ou non active.

En cas d'**obligation de résultat,** le seul fait pour le fournisseur de n'avoir pas exécuté correctement le contrat fait présumer qu'il a commis une faute. Le client est donc dispensé de prouver cette faute et le fournisseur ne peut s'exonérer de sa responsabilité que s'il prouve que le dommage provient d'une cause étrangère (force majeure, fait d'un tiers, faute de la victime) qui ne peut pas lui être imputée.

Au contraire, il y a **obligation de moyens** lorsque le fournisseur est seulement tenu de mettre en œuvre tous les moyens dont il dispose pour que son client obtienne satisfaction. La non-obtention du résultat recherché ne suffit pas à engager la responsabilité du fournisseur ; le client doit prouver qu'il a commis une faute. L'exemple classique de l'obligation de moyens est celui du médecin qui doit soigner ses malades du mieux possible mais qui ne peut pas garantir leur guérison.

OBLIGATION DE SÉCURITÉ DU PRESTATAIRE D'ACTIVITÉS SPORTIVES

83520 Les associations sportives sont tenues d'une **obligation de sécurité,** de prudence et de diligence envers les sportifs exerçant une activité dans leurs locaux et sur des installations mises à leur disposition quand bien même ils pratiquent librement (Cass. 1e civ. 15-12-2011 n° 10-23.528 F-PBI : RJDA 4/12 n° 439). Tel est le cas même lorsque le pratiquant refuse une initiation proposée sur place par un moniteur (même arrêt).

Les mesures de sécurité adéquates requises dépendent de chaque sport et, au-delà, de chaque cas d'espèce. Il a ainsi été jugé que :

– l'**organisateur d'une course à pied,** à laquelle participaient de nombreux handicapés en fauteuil roulant mêlés à des personnes valides, avait l'obligation de prendre les mesures de sécurité nécessaires au moment du départ (Cass. 1e civ. 12-5-2004 n° 718 F-D : RJDA 10/04 n° 1167) ;

– l'**organisateur d'une rencontre de hockey sur glace** doit non seulement installer des filets protecteurs conformément aux obligations de sécurité fixées par les instances sportives, mais aussi prendre, le cas échéant, des précautions supplémentaires en tenant compte notamment de l'existence d'autres solutions techniques récentes satisfaisantes (Cass. 1e civ. 16-5-2006 n° 817 FS-PB : RJDA 10/06 n° 1082) ;

– l'**organisateur d'une compétition d'aviron** doit faire preuve d'une vigilance accrue en cas d'alertes météorologiques indiquant la survenue possible d'un orage violent ; si, malgré ces alertes, il ne donne aucune consigne de sécurité sur la conduite à tenir en cas de dégradation des conditions météorologiques, sa responsabilité doit être retenue en cas de blessure d'une des participantes, lors d'une course à pied de récupération, provoquée par la chute d'un arbre pendant l'orage (Cass. 1e civ. 31-1-2024 n° 22-22.957 F-D : BRDA 5/23 inf. 19).

Un tableau, non exhaustif, présente ci-dessous les décisions de justice qualifiant d'**obligation de moyens ou de résultat** les obligations de sécurité des prestataires de services proposant une activité sportive. 83525

83530

Prestataire	Obligation de moyens	Obligation de résultat
Club sportif et moniteur	– Club de lutte (Cass. 1e civ. 19-7-1988 no 87-11.189 : Bull. civ. I no 251) ; – Club de gymnastique (Cass. 1e civ. 21-11-1995 no 1772 PF : RJDA 5/96 no 601) ; – Club hippique (Cass. 1e civ. 18-11-1986 no 84-15.373 : Bull. civ. I no 270 ; Cass. 1e civ. 29-6-1994 no 1056 P : RJDA 11/94 no 1107 ; Cass. 2e civ. 3-6-2010 no 09-13.526 FS-D : RJDA 10/10 no 1008) ; – Club de plongée sous-marine (CA Poitiers 18-6-1980 : Quot. jur. 1982/35 p. 7) ; – Club nautique (Cass. 1e civ. 9-5-2019 no 18-18.127 F-D : RJDA 7/19 no 531).	
Exploitant d'un domaine skiable	(Cass. 1e civ. 19-3-1996 no 605 P : RJDA 10/96 no 1154 ; Cass. 1e civ. 11-3-2010 no 09-13.197 F-D : RJDA 6/10 no 595 ; Cass. 1e civ. 3-7-2013 no 12-14.216 F-D : RJDA 12/13 no 1056 ; Cass. 1e civ. 5-7-2017 no 16-20.363 F-D : RJDA 11/17 no 696).	
Exploitant de téléskis	En raison de la participation active que les skieurs sont tenus d'apporter, spécialement au départ et à l'arrivée (Cass. 1e civ. 4-11-1992 no 1357 PF : RJDA 1/93 no 5).	
Exploitant de télésièges	Lors des opérations d'embarquement et de débarquement des skieurs (Cass. 1e civ. 11-6-2002 no 820 FS-PB : RJDA 12/02 no 1334).	Pendant le trajet, qui prend fin lorsque l'usager quitte le siège sur lequel il est installé et inclut le moment où il relève le garde-corps conformément aux indications disposées près de l'aire d'embarquement (Cass. 1e civ. 11-6-2002 no 820 précité).
Moniteur de ski	(Cass. 1e civ. 28-4-1980 no 79-11.898 : Bull. civ. I no 130 ; Cass. 1e civ. 9-2-1994 no 226 PF : RJDA 10/94 no 998).	
Organisateur et moniteur de vol en parapente		Sécurité des clients pendant le vol en biplace au cours duquel ceux-ci n'ont joué aucun rôle actif (Cass. 1e civ. 21-10-1997 no 1610 P : RJDA 1/98 no 13).
Organisateur de vol en ULM	(Cass. 1e civ. 29-11-1994 no 92-11.332 P : Bull. civ. I no 351).	
Exploitant d'une salle d'escalade	(Cass. 1e civ. 25-1-2017 no 16-11.953 F-PB : RJDA 8-9/17 no 591).	
Organisateur d'un stage d'escalade	(Cass. 1e civ. 10-3-1992 no 87-17.824 P : Bull. civ. I no 80).	

Prestataire	Obligation de moyens	Obligation de résultat
Exploitant d'une patinoire	(CA Paris 24-5-1983 : D. 1984 IR p. 486 obs. Baron).	
Exploitant d'une piscine	(Cass. 1e civ. 12-6-1985 no 83-12.270 : Bull. civ. I no 186).	
Organisateur de rallyes automobiles	(Cass. 2e civ. 13-1-1988 no 84-16.561 : Bull. civ. II no 11 ; CA Versailles 5-4-2002 no 98-4339 : RJDA 8-9/02 no 949).	
Organisateur de combats de sumo	(Cass. 1e civ. 22-6-1999 no 1186 P : RJDA 8-9/99 no 1022, 1e esp.).	
Organisateur de courses de pirogues en mer	(Cass. 1e civ. 5-6-2020 no 18-20.655 FS-D : RJDA 8-9/20 no 457).	

83535 L'obligation de moyens à laquelle est tenu le **moniteur** ou l'**organisateur** doit être appréciée avec plus de rigueur lorsqu'il s'agit **d'un sport dangereux** (Cass. 1e civ. 16-10-2001 no 1572 F-P : RJDA 12/02 no 1333, à propos d'un vol en planeur remorqué par un avion ; dans le même sens, Cass. 1e civ. 5-11-1996 : Bull. civ. I no 380, à propos d'un saut en parapente ; Cass. 1e civ. 22-6-2004 no 1037 FS-P : RJDA 1/05 no 81, à propos d'un saut en parachute). En effet, le caractère dangereux de ce type d'activité impose à l'organisateur une obligation particulière de surveillance, d'attention et de vigilance quant aux conditions dans lesquelles elle est pratiquée (Cass. 1e civ. 5-6-2020 no 18-20.655 FS-D : RJDA 8-9/20 no 457, à propos d'une course de pirogues en mer). Il a en outre été jugé que l'obligation comporte le devoir non seulement de faire assimiler aux élèves les consignes techniques, mais aussi de tester leurs capacités psychologiques (Cass. 1e civ. 5-11-1996 précité).

Si l'élève n'a **aucun rôle actif** dans la pratique du sport, l'organisateur est tenu d'une obligation de résultat (Cass. 1e civ. 21-10-1997 no 1610 P : RJDA 1/98 no 13, à propos d'un vol en parapente biplace piloté par un moniteur), de sorte qu'en cas d'accident il ne peut être exonéré de sa responsabilité que s'il prouve que celui-ci résulte d'un cas de force majeure, du fait d'un tiers ou d'une faute de la victime.

OBLIGATION DE SÉCURITÉ DU PRESTATAIRE D'ACTIVITÉS DE LOISIRS

83540

Prestataire	Obligation de moyens	Obligation de résultat
Exploitant d'un terrain de jeux pour enfants	(Cass. 1e civ. 19-1-1982 no 81-10.293 : Bull. civ. I no 32).	
Exploitant d'un parc zoologique	(Cass. 1e civ. 30-3-1994 no 583 P : RJDA 10/94 no 999).	
Exploitant d'un trampoline	(CA Versailles 13-2-2004 no 02-1379 : RJDA 6/04 no 761).	
Organisateur de saut à l'élastique		(Cass. 1e civ. 30-11-2016 no 15-25.249 F-PB : RJDA 3/17 no 210).
Exploitant de manèges(1)		– Manège d'autos-tamponneuses (Cass. 1e civ. 12-2-1975 : D. 1975 p. 512 note Ph. Le Tourneau) ; – Manège de minimotos (CA Paris 25-4-1989 : D. 1989 IR p. 62) ; – Manège de balançoires (Cass. 1e civ. 18-2-1986 no 84-12.347 : Bull. civ. I no 31).
Exploitant de toboggans		(Cass. 1e civ. 28-10-1991 P : RJDA 12/91 no 998 ; Cass. 1e civ. 9-1-2019 no 17-19.433 F-D : RJDA 8-9/19 no 592 ; CA Nîmes 3-3-1992 : JCP G 1993 IV no 576).
Exploitant d'une piste de « bob-luge »		(Cass. 1e civ. 17-3-1993 no 508 PF : RJDA 10/93 no 775).
Exploitant d'une piste de quad	(Cass. 1e civ. 30-6-2004 no 1140 F-D : RJDA 11/04 no 1273).	

Prestataire	Obligation de moyens	Obligation de résultat
Organisateur de karting	(Cass. 1e civ. 1-12-1999 nos 1893 et 1895 P, deux arrêts : RJDA 2/00 no 221 ; CA Paris 27-6-2011 no 09/24831 : RJDA 11/11 no 967).	
Organisateur de parties de pêche	(Cass. 1e civ. 22-6-1999 no 1178 P : RJDA 8-9/99 no 1022, 2e esp.).	
Organisateur de spectacles(2)	– Spectacle de danse (Cass. 1e civ. 9-10-1979 no 78-13.073 : Bull. civ. I no 238) ; – Pièce de théâtre (Cass. 1e civ. 11-3-1980 : Gaz. Pal. 1980 p. 362) ; – Projection cinématographique (Cass. civ. 29-11-1989 no 87-13.684 P : JCP G 1990 IV no 32).	
Association dispensant des cours de danse	Sécurité des participants concernant les risques en lien avec l'activité (Cass. 1e civ. 30-11-2016 no 15-20.984 FS-PB : RJDA 7/17 no 509).	
Exploitant d'une discothèque	Obligation d'observer les mesures de prudence et de diligence qu'exigent l'organisation et le fonctionnement de son établissement (Cass. 1e civ. 10-6-1986 no 85-10.345 : Bull. civ. I no 164, concernant l'état de la piste de danse).	

(1) Lorsque le manège est destiné à de très jeunes enfants, l'obligation de sécurité de résultat joue non seulement à l'égard de l'enfant usager, mais également à l'égard de son accompagnateur (CA Pau 22-10-1992 no 3580-92 : JCP G 1993 IV no 889).
(2) Les organisateurs de spectacles ne sont tenus que d'une obligation de moyens en ce qui concerne la sécurité des spectateurs, sauf circonstances particulières découlant de la nature du spectacle (Cass. 1e civ. 11-2-1975 no 73-13.538 P : D. 1975 p. 533 obs. Ph. Le Tourneau).

OBLIGATION DE SÉCURITÉ EN MATIÈRE DE SERVICES ÉDUCATIFS ET SOCIAUX

83550

Prestataire	Obligation de moyens	Obligation de résultat
Directeur d'un établissement scolaire	(Cass. 1e civ. 13-2-1979 : Bull. civ. I no 59 ; rapp. Cass. 1e civ. 1-2-1983 : JCP G 1984 II no 20129 obs. Fr. Chabas).	
Organisateur de colonies de vacances	Surveillance des activités des enfants pour éviter qu'ils ne s'exposent à des dangers dont ils pourraient sous-estimer la gravité (Cass. 1e civ. 10-2-1993 no 91-14.889 P : Bull. civ. I no 66 ; Cass. 1e civ. 11-3-1997 no 491 P : RJDA 8-9/97 no 1003 ; Cass. 1e civ. 10-2-1998 no 270 P : RJDA 5/98 no 555).	
Centre d'accueil pour personnes infirmes	(Cass. 1e civ. 16-4-1996 no 824 P : RJDA 10/96 no 1153).	
Association prenant en charge des enfants handicapés	(Cass. 1e civ. 5-7-2006 no 03-12.344 FS-PB : Bull. civ. I no 354).	
Assistante maternelle	Santé des enfants confiés à sa garde (Cass. 1e civ. 18-11-1997 PB : RJDA 3/98 no 258).	

OBLIGATION DE SÉCURITÉ DES ÉTABLISSEMENTS DE SOINS ET DE BIEN-ÊTRE

83560

Prestataire	Obligation de moyens	Obligation de résultat
Établissement de santé		En matière d'infection nosocomiale (Cass. 1e civ. 18-2-2009 nº 08-15.979 FS-PB : RJDA 10/09 nº 807).
Exploitant d'un salon d'esthétique	Sécurité de ses clients pendant l'utilisation des douches mises à leur disposition (Cass. 1e civ. 8-12-1998 nº 1878 PB : RJDA 2/99 nº 233).	
Coiffeur	Non-nocivité des produits capillaires qu'il utilise (Cass. 1e civ. 4-10-1967 : JCP G 1968 II nº 15698 note N. Dejean de la Batie).	
Établissement thermal		Mise à disposition de ses clients des locaux, du matériel et du personnel (Cass. 1e civ. 28-2-1995 nº 396 P : RJDA 5/95 nº 542).

OBLIGATION DE SÉCURITÉ DES TRANSPORTEURS

83570

Prestataire	Obligation de moyens	Obligation de résultat
Transporteur terrestre		Obligation de conduire le voyageur sain et sauf à destination pendant l'exécution du contrat de transport(1), quel que soit le moyen de locomotion utilisé : – train (Cass. 1e civ.. 3-7-2002 nº 1119 FP-PBRI : RJDA 1/03 nº 11) ; – taxi (Cass. req. 31-7-1922, 3e esp. : S. 1922. 1 p. 324) ; – autobus (Cass. civ. 20-4-1942 : D. 1942 p. 127) ; – tramway (Cass. civ. 21-12-1949 : D. 1950 p. 242).
Transporteur aérien	Dans l'exécution du contrat le liant à ses clients (Cass. 1e civ. 15-7-1999 nº 97-10.268 PBR : Bull. civ. I nº 242, s'agissant de l'exposition des passagers à un risque de guerre lors d'une escale).	Sécurité des passagers au cours du vol proprement dit et lors des opérations d'embarquement et de débarquement (Cass. 1e civ. 15-7-1999 nº 97-10.268 précité).

(1) L'exécution du contrat de transport débute à partir du moment où le voyageur commence à monter dans le véhicule et jusqu'au moment où il achève d'en descendre (Cass. 1e civ. 1-7-1969 : D. 1969 p. 640 ; Cass. 1e civ. 21-10-1997 nº 1605 PBR : RJDA 1/98 nº 48).

83575 Pendant longtemps, une jurisprudence constante, rendue au visa de l'ancien article 1147 du Code civil (devenu art. 1231-1), jugeait que le transporteur ferroviaire, tenu envers les voyageurs d'une obligation de sécurité de résultat, ne pouvait s'exonérer de sa responsabilité contractuelle en invoquant la faute d'imprudence de la victime que si cette faute, quelle qu'en soit la gravité, présentait les caractères de la force majeure (Cass. 1e civ. 13-3-2008 nº 05-12.551 FS-PBI : BRDA 6/08 inf. 17 ; Cass. ch. mixte 28-11-2008 nº 06-12.307 PBRI : RJDA 3/09 nº 216). Toutefois, la responsabilité contractuelle des **entreprises ferroviaires** relative aux voyageurs et à leurs bagages est désormais régie par le règlement UE 2021/782 du 29 avril 2021 (comme le rappelle l'article L 2151-1 du Code des transports), dont l'article 26 de l'annexe I prévoit que ces entreprises sont responsables du dommage résultant de la mort, des blessures ou de toute autre atteinte à l'intégrité physique ou psychique du voyageur causé par un accident en relation avec l'exploitation ferroviaire survenu pendant que le voyageur séjourne dans les véhicules ferroviaires, qu'il y entre ou qu'il en sorte, mais qu'elles sont déchargées de cette responsabilité dans la mesure où l'accident est dû à une faute du voyageur. C'est pourquoi la Cour de cassation a opéré un revirement de jurisprudence et retient dorénavant qu'en cas de dommage subi par un voyageur au cours de l'exécution du contrat de transport, la SNCF peut **s'exonérer** de sa responsabilité contractuelle en rapportant la preuve d'une faute simple de la victime, quand bien même cette faute ne présenterait pas les caractères de la force majeure (Cass. 1e civ. 11-12-2019 n° 18-13.840 FS-PBRI : RJDA 3/20 n° 146 rendu sous l'empire du Règl. CE 1371/2007 du 23-10-2007 mais transposable).

En dehors de l'exécution du contrat de transport, la responsabilité de la **SNCF** à l'égard du voyageur est soumise aux règles de la **responsabilité extracontractuelle** (Cass. 1e civ. 7-3-1989 n° 87-11.493 : Bull. civ. I n° 118). Les voyageurs blessés dans les gares peuvent ainsi demander la réparation de leur préjudice sur le fondement de l'article 1242, al. 1 du Code civil (pour des exemples, Cass. 1e civ. 7-3-1989 précité ; Cass. 1e civ. 19-2-1991 n° 89-19.999 P : Bull. civ. I n° 72 ; Cass. 2e civ. 25-6-1998 n° 1057 PB et Cass. 1e civ. 6-10-1998 n° 1480 PB : RJDA 2/99 n° 232 ; arrêts rendus sous l'empire de l'ex-art. 1384, al. 1 du Code civil mais transposables). Il en va de même d'un voyageur muni d'un billet qui se blesse en descendant d'un train dans lequel il était monté par erreur (Cass. 1e civ. 1-12-2011 n° 10-19.090 FS-PBI : RJDA 3/12 n° 289) ou d'un voyageur qui n'a pas composté son billet de la SNCF (Cass. 2e civ. 5-10-1988 : Quot. jur. 30-11-1989 p. 11). **83580**

Le **transporteur** ne peut **s'exonérer** totalement de cette responsabilité qu'en rapportant la preuve d'une faute de la victime présentant les caractéristiques de la force majeure (Cass. 2e civ. 11-1-2001 n° 99-10.417 FS-PB : Bull. civ. II n° 9), mais la faute de la victime ne présentant pas de telles caractéristiques exonère partiellement le transporteur s'il prouve qu'elle a contribué au dommage (Cass. 2e civ. 3-3-2016 n° 15-12.217 F-PB : Bull. civ. II n° 64).

ATTENTION

La Cour de cassation ayant opéré un revirement de jurisprudence quant au **régime d'exonération de la responsabilité contractuelle** du transporteur ferroviaire, autorisant ce dernier à s'exonérer en prouvant une faute simple de la victime ne présentant pas les caractères de la force majeure (n° 83575), la question se pose de savoir si la **distinction** avec le régime applicable à la responsabilité extracontractuelle du transporteur exposé ci-dessus sera maintenue.

OBLIGATION DE SÉCURITÉ DU PRESTATAIRE DE SERVICES TOURISTIQUES

83590

Prestataire	Obligation de moyens	Obligation de résultat
Vendeur de forfaits touristiques		Dans l'exécution des services prévus par le forfait, qu'ils soient exécutés par le vendeur ou par d'autres prestataires (C. tourisme art. L 211-16, I-al. 1 ; Cass. 1e civ. 9-12-2015 n° 14-20.533 FS-PBI : RJDA 3/16 n° 235, pour un organisateur de croisières).
Exploitant d'une grotte	(Cass. 1e civ. 17-6-1997 n° 1149 P : RJDA 1/98 n° 13).	

Le **vendeur de forfaits touristiques** peut s'exonérer de tout ou partie de sa responsabilité en apportant la preuve que le dommage est imputable soit au voyageur, soit à un tiers étranger à la fourniture des services de voyage compris dans le contrat, soit à des circonstances exceptionnelles et inévitables (C. tourisme art. L 211-16, I-al. 3). **83595**

> **Précisions** Avant la loi 2019-486 du 22 mai 2019, dite « loi Pacte », l'article L 211-16 prévoyait que l'organisateur de voyages pouvait s'exonérer s'il apportait la preuve que l'inexécution ou la mauvaise exécution du contrat était imputable soit à l'acheteur, soit au fait, imprévisible et insurmontable, d'un tiers étranger à la fourniture des prestations prévues, soit à un cas de force majeure. À s'en tenir à la lettre du texte, seul devait revêtir un caractère imprévisible et insurmontable le fait d'un tiers. La Cour de cassation a néanmoins jugé, au visa de ce texte, que les juges du fond ne pouvaient pas considérer qu'un **organisateur de croisières** était responsable lors de la **chute d'un voyageur** dans sa cabine au motif que le **comportement de la victime** n'était pas fautif et ne pouvait pas être qualifié d'imprévisible ou insurmontable, alors qu'ils n'avaient pas caractérisé en quoi cette chute était prévisible et aurait pu être évitée. Elle laisse donc entendre qu'il n'est pas exclu que le fait du voyageur soit également apprécié à travers ces critères de prévisibilité et d'inévitabilité (Cass. 1e civ. 17-2-2021 n° 19-18.819 FS-P : RJDA 5/21 n° 347). Reste à savoir comment la Haute Juridiction appliquera l'article L 211-16 dans sa rédaction actuelle.

OBLIGATION DE SÉCURITÉ DES HÔTELIERS ET RESTAURATEURS

83600

Prestataire	Obligation de moyens	Obligation de résultat
Hôtelier	Obligation d'observer, dans l'organisation et le fonctionnement de son établissement, les règles de prudence et de surveillance qu'exige la sécurité de ses clients (Cass. 1e civ. 22-5-1991 nº 820 P : JCP G 1991 IV nº 278).	
Restaurateur	Dans l'aménagement, l'organisation et le fonctionnement de son établissement (Cass. 1e civ. 14-3-1995 P : RJDA 8-9/95 nº 931 ; Cass. 1e civ. 10-7-2014 nº 12-29.637 F-D : RJDA 1/15 nº 52).	Non-toxicité des plats qu'il sert (CA Poitiers 16-12-1970 : JCP G 1972 II nº 17127 note G. Mémeteau ; TGI Saumur 2-3-1978 : JCP G 1979 IV nº 348) ou solidité des sièges mis à la disposition de ses clients (Cass. 1e civ. 2-6-1981 : JCP G 1982 II nº 19912 note N. Dejean de la Batie).

83605 A manqué à son **obligation de moyens** l'**hôtelier** qui :
– n'avait pas muni d'une signalisation suffisante une porte palière constituée de deux panneaux de verre entièrement transparents (CA Besançon 1-10-1971 : JCP G 1973 II nº 17458) ;
– avait mis à la disposition de ses clients des radiateurs à gaz dépourvus d'installation de sécurité (Cass. 1e civ. 19-7-1983 nº 82-12.451 : Bull. civ. I nº 211) ;
– n'avait pas doté d'un éclairage suffisant des toilettes dans lesquelles il y avait une marche intérieure (CA Paris 20-3-1987 : D. 1987 IR p. 101).

› Précisions L'hôtelier dépositaire des vêtements, bagages et objets divers apportés dans son établissement par le voyageur est responsable du vol de ces effets ou du dommage causé à ceux-ci, que cela soit le fait de l'un de ses préposés ou de tiers allant et venant dans l'hôtel (C. civ. art. 1952 et 1953, al. 1). Il est ainsi tenu d'une **obligation de sécurité de résultat** vis-à-vis des **biens** de ses clients (pour une application, Cass. 1e civ. 23-9-2020 nº 19-11.443 F-PB : RJDA 2/21 nº 89).

OBLIGATION DE SÉCURITÉ DU PRESTATAIRE DE SERVICES DE RÉPARATION

83610

Prestataire	Obligation de moyens	Obligation de résultat
Ascensoriste		Réparation, maintenance et entretien d'ascenseurs (Cass. 1e civ. 15-7-1999 nº 1413 P : RJDA 12/99 nº 1394 ; Cass. 3e civ. 1-4-2009 nº 08-10.070 FS-PB : RJDA 7/09 nº 600).
Garagiste		Réparation des véhicules (Cass. 1e civ. 2-2-1994 nº 190 PF : RJDA 3/94 nº 285 ; Cass. com. 26-4-2000 nº 904 D : RJDA 9-10/00 nº 858).
Centre de contrôle technique		Détection de défaillances en des points limitativement énumérés par la réglementation (Cass. com. 13-3-2012 nº 11-14.459 F-PB : RJDA 6/12 nº 579).
Société de maintenance		Maintenance d'une porte d'accès à un parking en ce qui concerne l'ouverture et la fermeture automatiques (Cass. 3e civ. 5-11-2020 nº 19-10.857 FS-PBRI : RJDA 3/21 nº 197).

Le garagiste est soumis à une obligation de résultat qui emporte à la fois présomption de faute et présomption de causalité entre la faute et le dommage si les dysfonctionnements allégués sont dus à une défectuosité déjà existante au jour de l'intervention du garagiste ou sont liés à cette intervention (Cass. com. 9-6-2022 n° 20-14.550 F-D : RJDA 10/22 n° 560). Cette responsabilité de plein droit ne s'étend qu'aux dommages trouvant leur origine dans l'élément sur lequel le garagiste est intervenu (Cass. 1e civ. 28-3-2008 n° 06-18.350 FS-PBI : RJDA 3/09 n° 209 ; Cass. 1e civ. 4-5-2012 n° 11-13.598 F-PBI : RJDA 11/12 n° 951). Toutefois, ce dernier peut s'exonérer de sa responsabilité en prouvant qu'il n'a pas commis de faute (Cass. 1e civ. 2-2-1994 n° 190 PF : RJDA 3/94 n° 285 ; Cass. com. 26-4-2000 n° 904 D : RJDA 9-10/00 n° 858). **83615**

> **Précisions** **a.** La **première chambre civile** de la Cour de cassation a récemment laissé de côté la référence aux notions de responsabilité de plein droit et d'obligation de résultat pour caractériser le régime de responsabilité du garagiste. Elle a considéré que ces notions n'étaient pas justifiées, dès lors qu'il est admis que cette responsabilité peut être écartée si le garagiste prouve qu'il n'a pas commis de faute. Ainsi, elle a préféré la formulation suivante : « si la responsabilité du garagiste au titre des prestations qui lui sont confiées n'est engagée qu'en cas de faute dès lors que des désordres surviennent ou persistent après son intervention, l'existence d'une faute et celle d'un lien causal entre la faute et ces désordres sont présumées » (Cass. 1e civ. 11-5-2022 n° 20-19.732 FS-B et n° 20-18.867 FS-B : JCP G 2022 n° 637).
> **b.** Lorsque de **nouvelles pannes** surviennent après l'intervention du garagiste, il appartient à celui qui recherche sa responsabilité de **prouver** que les dysfonctionnements allégués sont dus à une défectuosité déjà existante au jour de son intervention ou qu'ils sont reliés à celle-ci (Cass. 1e civ. 31-10-2012 n° 11-24.324 F-PBI : RJDA 3/13 n° 225 ; Cass. com. 9-9-2020 n° 19-12.728 F-D : RJDA 11/20 n° 567).

OBLIGATION DE SÉCURITÉ D'AUTRES PRESTATAIRES DE SERVICES

83620

Prestataire	Obligation de moyens	Obligation de résultat
Exploitant d'une laverie automatique	(Cass. 1e civ. 16-11-1976 n° 75 11.930 : D. 1977 IR p. 87, dans le cas d'un accident provoqué par l'état glissant du sol).	
Exploitant d'un parc de stationnement	Mise à disposition des usagers d'un sol en bon état d'entretien leur permettant de circuler sans risque anormal (Cass. 1e civ. 5-2-2020 n° 18-25.625 F-D : RJDA 6/20 n° 336).	Fonctionnement de la barrière d'entrée et de sortie des véhicules (Cass. civ. 29-1-1991 n° 183 P : RJDA 5/91 n° 382).
Bailleur	Sécurité de ses locataires (Cass. 3e civ. 21-11-1990 n° 89-15.922 : Bull. civ. III n° 236 ; Cass. 3e civ. 8-12-2004 n° 1292 FS-D : RJDA 3/05 n° 233).	

Les exploitants de **magasins de détail** ne sont pas tenus d'une obligation contractuelle de sécurité vis-à-vis de la clientèle circulant dans leur magasin, une telle obligation ne pouvant pas être attachée au contrat de vente ; les victimes doivent alors mettre en cause la responsabilité extracontractuelle du commerçant (nos 83680 s. ; Cass. 2e civ. 19-11-1964 : JCP G 1965 II n° 14022 obs. R .Rodière ; Cass. 2e civ. 11-5-1966 : D. 1966 p. 735 note Azard ; Cass. 1e civ. 18-1-1978 : D. 1978 IR p. 402 ; Cass. 1e civ. 29-5-1996 P : RJDA 11/96 n° 1408). **83625**

> **Précisions** La responsabilité de l'exploitant d'un magasin de détail ne peut pas être engagée pour manquement de ce dernier à son **obligation générale de sécurité de résultat,** sur le fondement du principe de sécurité générale des produits et services issu de l'article L 421-3 du Code de la consommation (n° 82010) (Cass. 1e civ. 9-9-2020 n° 19-11.882 FS-PB : D. 2021 p. 401 note L. Perdrix ; Cass. 1e civ. 24-11-2021 n° 20-11.098 F-D : Contrats, conc., consom. 2022 n° 2 note L. Leveneur responsabilité engagée en raison de la chute d'un client sur un tapis antidérapant placé devant un rayon de supermarché).

c. Clauses limitant la responsabilité contractuelle des professionnels

En principe, les clauses exclusives ou limitatives de responsabilité sont licites, même lorsqu'elles concernent les **dommages causés à la personne humaine** (en ce sens, Cass. com. 19-10-1965 : D. 1966 p. 238 ; Cass. 1e civ. 8-11-1983 : Bull. civ. I n° 261 ; en sens contraire : CA Paris 25-3-1954 : D. 1954 p. 581 ; CA Versailles 5-4-2002 n° 98-4339 : RJDA 8-9/02 n° 949). Cependant, leur application **83640** est écartée lorsque le professionnel a commis une **faute lourde** ou intentionnelle (par exemple, Cass. civ. 15-1-1976 : Bull. civ. I n° 19 ; Cass. com. 17-1-1984 : Bull. civ. IV n° 20 ; Cass. com. 28-6-2005 n° 1129 FS-PBIR : RJDA 11/05 n° 1214 ; Cass. com. 16-10-2012 n° 11-10.071 F-PB : RJDA 2/13 n° 116).

Par ailleurs, certaines clauses sont réglementées, notamment celles :
– figurant dans un contrat de vente conclu par un professionnel avec un consommateur (n° 17690) ;
– relatives à la responsabilité des aubergistes et hôteliers (C. civ. art. 1953) ;
– exclusives de responsabilité dans les contrats de transports terrestres (C. com. art. L 133-1, qui prohibe les clauses de non-responsabilité) ; en revanche, les clauses limitatives de responsabilité sont autorisées (Cass. com. 30-1-1967 : D. 1968 p. 160 note Durand).

Enfin, sont abusives et réputées non écrites les clauses exclusives ou limitatives de responsabilité figurant dans les contrats conclus entre professionnels et consommateurs lorsqu'elles ont pour objet ou pour effet de créer, au détriment du consommateur, un déséquilibre significatif entre les droits et obligations des parties au contrat (C. consom. art. L 212-1). Pour plus de détails sur l'interdiction des clauses abusives, voir n°s 16850 s.

C. Responsabilité extracontractuelle des professionnels

FONDEMENTS DE LA RESPONSABILITÉ DES PROFESSIONNELS

83680 La responsabilité extracontractuelle est dite « de droit commun ». Elle doit être écartée lorsqu'il existe un contrat entre l'auteur du dommage et la victime et si le dommage résulte de l'inexécution d'une obligation contractuelle ; dans ce cas, en effet, seule la responsabilité contractuelle du fournisseur peut être engagée (n°s 83480 s.).

La **responsabilité** extracontractuelle de l'auteur du dommage **peut être engagée,** soit parce qu'il a commis une faute (C. civ. art. 1240 et 1241), soit parce que le dommage résulte du fait de choses qu'il a sous sa garde (C. civ. art. 1242, al. 1). Sous l'influence des nécessités pratiques, la jurisprudence a, en effet, créé une présomption de responsabilité à l'encontre du gardien d'une chose inanimée, dispensant ainsi la victime de prouver la faute de l'auteur du dommage. La mise en jeu de la responsabilité du fait des choses est donc devenue très fréquente, reléguant en quelque sorte au rang d'exception la mise en jeu de la responsabilité du fait personnel, qui reste fondée sur la faute.

ATTENTION

Deux **personnes différentes** pouvant être reconnues **responsables d'un même dommage,** l'une pour une faute en relation avec le dommage, l'autre en qualité de gardien de la chose dommageable, la victime peut invoquer, dans la même action, les articles 1240 et 1242, al. 1 du Code civil (Cass. 2e civ. 6-7-1978 n° 77-10.052 : Bull. civ. II n° 185, rendu sous l'empire des ex-art. 1382 et 1384, al. 1 du Code civil mais transposable).

83685 Les **clauses exclusives** ou limitatives **de responsabilité** en matière extracontractuelle sont nulles car les dispositions des articles 1240 et suivants du Code civil sont d'ordre public et leur application ne peut pas être paralysée d'avance par une convention (Cass. civ. 28-11-1962 : D. 1963 p. 465 ; Cass. 1e civ. 5-7-2017 n° 16-13.407 FS-D : RJDA 11/17 n° 768 ; arrêts rendus sous l'empire des ex-art. 1382 s. du Code civil mais transposables).

1. RESPONSABILITÉ DES PROFESSIONNELS DE LEUR FAIT PERSONNEL

83710 La responsabilité des professionnels de leur fait personnel est fondée sur la **faute** de l'auteur du dommage, qu'elle soit **délibérée,** comme le prévoit l'article 1240 du Code civil, qui dispose que celui qui provoque par sa faute un dommage à autrui doit le réparer, ou **non intentionnelle** en application de l'article 1241 du Code civil, qui établit un « quasi-délit » en visant tout dommage causé par la négligence ou l'imprudence de son auteur.

Peu d'actions sont engagées sur le fondement de ces dispositions car la victime doit prouver la faute du responsable (pour des exemples, Cass. 2e civ. 20-6-1984 : Bull. civ. II n° 112, concernant un moniteur de tennis ; Cass. 2e civ. 9-7-2009 n° 08-16.453 F-PB : Bull. civ. II n° 196, concernant un garagiste ; Cass. 1e civ. 3-6-2010 n° 09-13.591 FS-PBRI : D. 2010 p. 1522 note P. Sargos, concernant un médecin ; arrêts rendus sous l'empire de l'ex-art. 1382 du Code civil mais transposables).

2. RESPONSABILITÉ DES PROFESSIONNELS DU FAIT DES CHOSES

Selon l'article 1242, al. 1 du Code civil, on est responsable du dommage causé par le fait des choses que l'on a sous sa garde. La jurisprudence ayant établi une présomption de faute à l'encontre du gardien de la chose, la victime n'a pas à prouver cette faute. **83730**

CHOSE INSTRUMENT DU DOMMAGE

La responsabilité du gardien est subordonnée à la condition que la victime ait rapporté la preuve que la chose a été, en quelque manière et ne fût-ce que pour partie, l'instrument du dommage (Cass. 2e civ. 19-7-1972 : Bull. civ. II no 226 ; Cass. 2e civ. 5-1-1994 : Bull. civ. II no 14). **83740**

Dans les cas où la **chose** est **en mouvement,** maniée ou en fonctionnement, le simple contact entraînant blessure est suffisant pour engager la responsabilité du gardien de la chose (Cass. 2e civ. 2-4-1997 PB : RJDA 10/97 no 1304, 1e esp., blessures causées à des enfants par un ascenseur et un escalier roulant ; Cass. 2e civ. 29-4-1998 PB : Bull. civ. II no 142, blessure entraînée par le bris d'une porte palière qu'un enfant avait poussée ; Cass. 2e civ. 18-12-2003 no 1789 FP-PBI : RJDA 4/04 no 497, blessures mortelles causées par la détente brutale de l'élingue de guidage d'une poutrelle déplacée par une grue).

Lorsqu'une **chose** est **inerte et immobile,** la victime doit non seulement prouver que cette chose est intervenue dans la réalisation du dommage, mais aussi qu'elle était défectueuse ou se trouvait dans une position anormale (Cass. 2e civ. 25-11-1992 no 1042 P : RJDA 1/93 no 84 ; Cass. 2e civ. 11-1-1995 no 23 P : RJDA 6/95 no 796 ; Cass. 2e civ. 24-2-2005 nos 301 et 302 FP-PBRI : RJDA 10/05 no 1169).

ILLUSTRATIONS

Sont **défectueux** ou se trouvent **dans une position anormale** :
– le sol d'un magasin rendu glissant du fait d'un détritus (Cass. 2e civ. 14-2-1979 : Bull. civ. II no 51 ; Cass. 2e civ. 24-1-1985 : Bull. civ. II no 21) ;
– l'escalier d'un magasin dont les marches étaient glissantes (Cass. 2e civ. 19-7-1972 : Bull. civ. II no 226), un escalier présentant une structure irrégulière et mal éclairé (CA Rouen 26-1-1984 : Gaz. Pal. 1984 p. 367 ; Cass. 1e civ. 9-7-2002 no 1110 F-PB : RJDA 1/03 no 90, 2e esp.) ou un escalier étroit et à forte déclivité dépourvu de rampe et non éclairé la nuit (Cass. 2e civ. 11-9-2014 no 13-22.046 F-D : RJDA 2/15 no 151) ;
– la porte d'entrée vitrée et à ouverture automatique d'une pharmacie qui est demeurée fermée à l'approche d'un client (Cass. 2e civ. 4-1-2006 no 04-17.653 F-D : Petites affiches 10 janvier 2007 p. 12 note Y. Le Magueresse).

Ne sont **pas défectueux** ou ne se trouvent **pas dans une position anormale** :
– le sol d'une boucherie dont le caractère anormalement glissant n'était pas démontré, la cour d'appel en ayant justement déduit que celui-ci n'avait pas eu un rôle actif dans la réalisation de l'accident (Cass. 2e civ. 29-5-1996 no 1024 P : RJDA 11/96 no 1408) ;
– la rampe inclinée d'un magasin spécialisé dans l'ameublement dès lors qu'il n'était pas démontré que cette rampe présentait un défaut d'entretien ou un vice interne, que la présence d'un tel dispositif dans un magasin de ce type n'était pas contraire aux conditions normales de sécurité et que cette rampe n'avait eu qu'un rôle passif dans la survenance de la chute (Cass. 2e civ. 11-7-2002 no 811 F-PB : RJDA 1/03 no 90) ;
– le rail de guidance d'un portail d'un supermarché dans lequel s'était coincée la roue d'un Caddie, dès lors que la seule hauteur du rail ne suffisait pas, en l'absence de tout autre élément, à affirmer qu'il avait pu être en totalité ou en partie l'instrument du dommage (Cass. 2e civ. 16-10-2008 no 07-17.485 F-D) ;
– le muret en béton, en bon état, haut de dix centimètres, peint en blanc, délimitant un chemin d'accès piétonnier à l'entrée d'un magasin, dès lors que cette couleur blanche tranchait avec la couleur gris foncé du bitume recouvrant le parking et que la configuration du muret le rendait parfaitement visible pour une personne normalement attentive (Cass. 2e civ. 29-3-2012 no 10-27.553 FS-PB : RJDA 7/12 no 729).

GARDE DE LA CHOSE PAR LE PROFESSIONNEL

Selon une jurisprudence bien établie, le gardien de la chose est celui qui en a l'usage, la direction et le contrôle. Une présomption de garde pèse sur le propriétaire de la chose (Cass. 1e civ. 5-2-1980 : Bull. civ. I no 45 ; Cass. 2e civ. 16-10-2008 no 07-16.967 FS-PB : RJDA 1/09 no 60). **83750**

Le **propriétaire** peut se dégager de sa responsabilité en prouvant qu'il avait **perdu les pouvoirs** d'usage, de direction et de contrôle (Cass. ch. mixte 4-12-1981 : D. 1982 p. 365 concl. J. Cabannes note Fr. Chabas). Le transfert de garde peut être volontaire ; il peut aussi être convenu dans un contrat (Cass. 2e civ. 21-5-1979 : Bull. civ. II no 149).

> **Précisions** La société **propriétaire d'un magasin** est présumée gardienne d'un objet proposé à la vente (Cass. 2e civ. 16-5-1984 : Bull. civ. II n° 86). Il lui appartient donc d'établir qu'il y a eu un transfert de garde. Dans un magasin où la clientèle peut se servir elle-même, il ne suffit pas qu'un client manipule un objet offert à la vente pour qu'il y ait un transfert de garde (Cass. 2e civ. 28-2-1996 : RJDA 7/96 n° 1001). En revanche, les chariots mis à la disposition des clients (prêt à usage) sont sous la garde de ceux-ci à partir du moment où ils les prennent en main (Cass. 2e civ. 6-4-1987 : BRDA 14/87 p. 10 ; Cass. 2e civ. 14-1-1999 : RJDA 7/99 n° 864 ; CA Versailles 5-12-2003 n° 02-454 : RJDA 2/05 n° 209) jusqu'à celui où ils les remettent dans un des emplacements spécialement prévus à cet effet (Cass. 2e civ. 13-1-2012 n° 11-11.047 : RJDA 7/12 n° 730).

EXONÉRATION DE LA RESPONSABILITÉ DU PROFESSIONNEL DU FAIT DES CHOSES

83760 Lorsqu'un **événement de force majeure,** c'est-à-dire extérieur, imprévisible et irrésistible, est seul à l'origine du dommage, le gardien de la chose ne peut pas en être tenu pour responsable, même si la chose a été l'instrument du dommage (Cass. 2e civ. 5-10-1983 : Bull. civ. II n° 162 ; Cass. 2e civ. 2-4-1997 : RJDA 10/97 n° 1304).

ATTENTION

Après plusieurs années de divergence entre les différentes chambres de la Haute Juridiction, la première chambre civile (Cass. 1e civ. 9-3-1994 n° 91-17.459 P : RJDA 8-9/94 n° 910), la chambre commerciale (Cass. com. 1-10-1997 n° 95-12.435 P : RJDA 11/97 n° 1317) et la chambre sociale (Cass. soc. 12-2-2003 n° 409 FP-PBI : RJDA 5/03 n° 469) ayant chacune fait de l'irrésistibilité le seul critère nécessaire pour caractériser la force majeure, par opposition avec les deuxième (Cass. 2e civ. 13-7-2000 n° 702 FS-PB : RJDA 12/00 n° 1198) et troisième chambres civiles (Cass. 3e civ. 28-1-1998 n° 98 D : RJDA 6/98 n° 684) qui continuaient d'exiger un cumul de conditions avec l'imprévisibilité, la Cour de cassation, réunie en assemblée plénière, a réaffirmé le principe classique de la force majeure selon lequel l'irrésistibilité de l'événement est à elle seule insuffisante (Cass. ass. plén. 14-4-2006 n° 02-11.168 et n° 04-18.902 : RJDA 7/06 n° 753, deux arrêts).

83765 Le gardien peut également s'exonérer de sa responsabilité lorsque la **victime** a commis une **faute,** à condition que cette faute soit constitutive, au regard du gardien, d'un cas de force majeure (pour des applications, Cass. 2e civ. 18-12-1995 : RJDA 4/96 n° 584 ; Cass. 2e civ. 18-3-2004 n° 461 FS-PB : RJDA 7/04 n° 916 ; Cass. 2e civ. 27-3-2014 n° 13-13.790 F-D : RJDA 6/14 n° 580).

Si le fait de la victime ne constitue pas un cas de force majeure, le gardien de la chose peut s'en prévaloir pour s'exonérer partiellement de sa responsabilité (Cass. 2e civ. 6-4-1987 : Bull. civ. II n° 86 ; Cass. 2e civ. 23-1-2003 n° 65 FS-PB : RJDA 4/03 n° 452 ; Cass. 2e civ. 19-2-2004 n° 292 F-PB : RJDA 7/04 n° 915).

Enfin, le **fait d'un tiers** exonère totalement le gardien de sa responsabilité s'il présente les caractères d'imprévisibilité et d'irrésistibilité de la force majeure (Cass. 2e civ. 15-3-2001 n° 299 FS-PB : RJDA 8-9/01 n° 923 ; Cass. 2e civ. 29-3-2001 n° 443 FS-PB : RJDA 8-9/01 n° 924).

ILLUSTRATIONS

Ne présente pas les caractères de la force majeure pour la SNCF la chute d'une personne dans l'escalator d'une gare causée par le heurt d'une valise lourde et rigide lâchée par une personne se trouvant derrière elle (Cass. 2e civ. 13-3-2003 n° 288 FS-PB : RJDA 6/03 n° 666).

Présente les caractères de la force majeure pour la SNCF la chute d'une personne sur les voies provoquée par un tiers atteint de troubles psychiatriques qui a cherché à se suicider en ceinturant soudainement et en entraînant avec lui la victime, qu'il ne connaissait pas (Cass. 2e civ. 8-2-2018 n° 17-10.516 FS-PBI : RJDA 5/18 n° 478).

83770 Le pratiquant d'une activité sportive ne peut pas être tenu pour responsable des dommages matériels causés à un autre pratiquant par le fait d'une chose qu'il a sous sa garde au cours d'une **manifestation sportive ou** d'un **entraînement** sur un lieu réservé de manière permanente ou temporaire à cette pratique (C. sport art. L 321-3-1).

3. CONFLIT DE LOIS APPLICABLES À LA RESPONSABILITÉ DU FAIT DES PRODUITS

83790 Lorsque la victime, le responsable et le lieu d'un dommage causé par un bien meuble ou immeuble ne relèvent pas de la même loi nationale, la loi interne applicable à la responsabilité du fait des produits est déterminée par la **convention de La Haye du 2 octobre 1973** pour les signataires de ce texte qui l'ont ratifiée ou qui, sans l'avoir ratifiée, se sont déclarés liés (la liste des États est consultable sur le site www.hcch.net). Cette convention ne fait pas de distinction selon la nature de la responsabilité encourue (Cass. 1e civ. 7-3-2000 P : Bull. civ. I n° 77).

La **loi applicable** est ainsi :
1° La loi interne de l'État sur le territoire duquel le fait dommageable s'est produit, si cet État est aussi (Convention de La Haye art. 4) :
– l'État de la résidence habituelle de la personne directement lésée,
– ou l'État de l'établissement principal de la personne dont la responsabilité est invoquée,
– ou l'État sur le territoire duquel le produit a été acquis par la personne directement lésée ;
2° La loi interne de l'État de la résidence habituelle de la personne directement lésée, si cet État est aussi (art. 5) :
– l'État de l'établissement principal de la personne dont la responsabilité est invoquée,
– ou l'État sur le territoire duquel le produit a été acquis par la personne directement lésée ;
3° La loi interne de l'État du principal établissement de la personne dont la responsabilité est invoquée, si aucune des lois ci-dessus ne s'applique. Toutefois, le demandeur peut se fonder sur la loi interne de l'État sur le territoire duquel le fait dommageable s'est produit (art. 6).

SECTION 3

ACTION DE GROUPE « SANTÉ »

CONTEXTE DE L'ACTION DE GROUPE « SANTÉ »

La loi 2016-41 du 26 janvier 2016 a ouvert aux **associations d'usagers** une action de groupe en cas de préjudices corporels causés par des produits de santé (CSP art. L 1143-1 s. et R 1143-1 s.). 83830
Le législateur a ensuite organisé un **tronc commun procédural** (Loi 2016-1547 du 18-11-2016 art. 60 à 84 ; CPC art. 848 à 849-21), applicable aux actions de groupe en matière d'environnement, de discriminations, de protection des données personnelles ainsi que de santé (Loi 2016-1547 art. 60 ; CPC art. 848 ; CSP art. L 1143-1).

› Précisions a. Avec l'action de groupe « santé », le **vœu du législateur** a été non seulement de faciliter aux victimes l'accès à la justice grâce à l'action collective, mais aussi d'éviter la mise en place de dispositifs d'indemnisation ad hoc, pris en charge en tout ou partie par la solidarité nationale, comme ce fut le cas à la suite de plusieurs drames sanitaires ayant causé des dommages « sériels » dans les dernières décennies : sang contaminé, hormone de croissance, Mediator, etc. (Rapport AN n° 2673 p. 735, 737 et 740 s.).
b. Une **proposition de loi réformant le régime juridique des actions de groupe** est en cours de discussion au Parlement. Cette réforme a pour objectif de créer un régime unifié des actions de groupe et de transposer la directive (UE) 2020/1828 du 25 novembre 2020, qui organise une action de groupe transfrontière (la transposition de cette dernière devait intervenir au plus tard le 25 décembre 2022). Au 1er avril 2024, date de mise à jour des présents développements, l'Assemblée nationale et le Sénat ne s'étant pas accordés sur le texte, celui-ci doit encore être soumis à une commission mixte paritaire. Parmi les points de désaccord, l'Assemblée nationale souhaite élargir le champ d'application des actions de groupe pour que celles-ci puissent être exercées en toutes matières et viser tout type de préjudice, un régime procédural unique devant alors s'appliquer. La qualité pour agir serait notamment ouverte aux associations déclarées depuis deux ans, aux associations agissant pour le compte d'au moins 50 personnes physiques ou au moins cinq personnes morales de droit privé ou cinq collectivités territoriales. L'Assemblée nationale prévoit en outre que la loi nouvelle serait applicable aux actions intentées après sa publication (Texte AN n° 87 adopté le 8-3-2023). Si le Sénat est favorable à un élargissement du champ d'application du nouveau régime unifié, il souhaite toutefois circonscrire celui-ci, en préservant la spécificité des actions de groupe en matière de santé et de droit du travail. Le Sénat prévoit d'instaurer également une obligation d'agrément des associations ayant qualité pour agir, dont les conditions seraient alignées sur celles de l'action de groupe transfrontière prévue par la directive précitée. Enfin, selon le texte adopté par le Sénat, la loi nouvelle ne s'appliquerait qu'aux actions dont le fait générateur ou le manquement est postérieur à son entrée en vigueur (Texte Sénat n° 64 adopté le 6-2-2024).

TEXTES APPLICABLES À L'ACTION DE GROUPE « SANTÉ »

Sous réserve des règles spécifiques du Code de la santé publique présentées nos 83860 s., 83840
l'action de groupe dirigée n'est pas soumise aux mêmes règles selon que la personne contre laquelle est dirigée l'action est une personne de droit privé ou une personne de droit public.

Ainsi, l'action de groupe dirigée par une **personne de droit privé** est introduite et jugée selon les règles du Code de procédure civile (CSP art. R 1143-1). Le tribunal judiciaire est dans ce cas compétent (C. org. jud. art. L 211-9-2). La demande doit être formée, instruite et jugée selon les règles applicables à la procédure écrite ordinaire devant ce tribunal (CPC art. 849-2). Le tribunal judiciaire territorialement compétent est celui du lieu où demeure le défendeur ; celui de Paris est compétent lorsque le défendeur demeure à l'étranger ou n'a ni domicile ni résidence connus (CPC art. 849).

En revanche, l'action de groupe dirigée contre une **personne de droit public** est introduite et jugée selon les règles du Code de justice administrative (C. just. adm. art. R 77-10-1). Lorsque les requêtes individuelles qu'auraient pu introduire les usagers du système de santé auraient relevé de la compétence d'une seule juridiction, cette juridiction est compétente pour connaître de cette action (C. just. adm. art. R 77-10-2, al. 1). Le tribunal administratif territorialement compétent est celui dans le ressort duquel la personne publique a légalement son siège (C. just. adm. art. R 312-1). Lorsque les requêtes individuelles auraient relevé de la compétence de plusieurs juridictions, l'action de groupe est adressée au Conseil d'État et le président de la section du contentieux désigne la juridiction compétente pour connaître de cette action (C. just. adm. art. R 77-10-2, al. 2).

A. Introduction de l'action de groupe « santé »

QUALITÉ POUR ENGAGER UNE ACTION DE GROUPE « SANTÉ »

83860 Seule une **association** d'usagers du système de santé **agréée** par les pouvoirs publics peut engager l'action (CSP art. L 1143-2, al. 1 et, sur renvoi, art. L 1114-1).

Malgré l'emploi du singulier dans le texte, il résulte des travaux préparatoires à l'adoption de la loi que **plusieurs associations** d'usagers du système de santé peuvent engager conjointement une même action de groupe (Rapport AN n° 3215 p. 352).

Il résulte en outre du renvoi à l'article L 1114-1 que peuvent indifféremment agir les associations de santé agréées au **niveau national ou régional,** ce qui représente environ 500 associations (plus de 50 pour la seule Île-de-France).

83865 L'action n'est pas ouverte aux **associations** ayant pour **activité annexe** la **commercialisation** de produits à finalité sanitaire destinés à l'Homme (CSP art. L 1143-2, al. 2 et, sur renvoi, art. L 5311-1, II).

83870 En cas de **défaillance d'une association** initiatrice d'une action de groupe, toute autre association d'usagers du système de santé agréée peut demander au juge à se substituer dans les droits de la première association (Loi 2016-1547 art. 81 ; C. just. adm. art. L 77-10-22).

Devant le juge civil, la demande de substitution doit être faite par voie de demande incidente (CPC art. 849-21, al. 1).

Lorsque le juge fait droit à une demande de substitution à une association défaillante, il doit statuer, saisi de conclusions en ce sens, sur le **transfert de tout ou partie de la provision** qui aura pu être allouée à la première association. La substitution emporte transfert du mandat donné par les usagers à l'association substituée. L'association défaillante est tenue de remettre les pièces ainsi que les fonds détenus, le cas échéant pour le compte des usagers, à l'association qui lui est substituée, qui doit en accuser réception. Tant que cette remise n'a pas lieu, l'association défaillante n'est pas déchargée de ses obligations (CPC art. 849-21, al. 2 à 4 ; C. just. adm. art. R 77-10-22).

> **Précisions a.** **L'ouverture large** aux associations d'usagers est l'une des différences de l'action de groupe « santé » avec l'action de groupe « consommation », qui est réservée aux quinze associations de consommateurs agréées au niveau national (n° 5200), étant toutefois précisé que toutes les associations de santé n'auront pas la **surface nécessaire** pour assurer le suivi d'un contentieux de masse.
> **b.** Seules les **associations agréées depuis cinq ans** au moins peuvent exercer l'action (Loi 2016-1547 art. 63 ; C. just. adm. art. L 77-10-4).

OBJET DE L'ACTION DE GROUPE « SANTÉ » ET INTRODUCTION DE LA DEMANDE

83880 L'action de groupe est ouverte pour la **réparation des préjudices individuels** subis par des usagers du système de santé placés dans une **situation similaire ou identique** et ayant pour cause commune un **manquement** d'un producteur ou d'un fournisseur de produits sanitaires ou encore d'un prestataire utilisant l'un de ces produits à leurs obligations légales ou contractuelles (CSP art. L 1143-2, al. 1).

La demande est présentée sous forme d'**assignation** devant le juge judiciaire et de **requête** devant la juridiction administrative ; sous peine de nullité (assignation) ou d'irrecevabilité (requête), elle doit notamment exposer expressément les **cas individuels** présentés par l'association au soutien de son action (CPC art. 849-1 ; C. just. adm. art. R 77-10-5).

Pour illustrer la **différence entre « situation identique ou similaire »,** le Gouvernement a indiqué que « sont, par exemple, placées dans une situation identique les victimes de surirradiations du centre hospitalier d'Epinal ; sont placées dans une situation similaire les personnes qui ont pris un médicament défectueux, les durées de prise et les posologies pouvant varier » (Rapport AN n° 2673 p. 744).

L'action peut aussi avoir pour objet de faire **cesser le manquement** ; la même action peut poursuivre les deux objectifs de réparation du préjudice et de cessation du manquement (Loi 2016-1547 art. 62, al. 2 ; C. just. adm. art. L 77-10-3, al. 2). **83885**

L'action tendant à la réparation des préjudices ne peut porter que sur ceux résultant de **dommages corporels** subis par des usagers du système de santé (CSP art. L 1143-2, al. 3). **83890**

Les dommages doivent avoir été causés par des **produits sanitaires.** La **liste** des produits concernés est longue (CSP art. L 5311-1, II). Elle englobe notamment les médicaments, préparations, huiles essentielles et plantes médicinales, les dispositifs médicaux, les produits sanguins labiles, les organes, tissus, cellules et aussi les logiciels utilisés par les laboratoires de biologie médicale.

L'action étant liée à l'**utilisation de produits** sanitaires, les prestations de services (actes médicaux, chirurgicaux, soins esthétiques) qui occasionneraient des dommages corporels sans lien avec l'utilisation d'un produit ne peuvent pas faire l'objet d'une action de groupe.

ATTENTION

Les **produits cosmétiques** et les **produits de tatouage,** initialement compris dans la liste visée à l'article L 5311-1 du Code de la santé publique, en sont exclus depuis le 1er janvier 2024 (Loi 2022-1726 du 30-12-2022 art. 205). À compter de cette date, une action de groupe « santé » ne peut donc plus être engagée en cas de préjudices corporels causés par de tels produits.

PERSONNES POUVANT ÊTRE VISÉES PAR UNE ACTION DE GROUPE « SANTÉ »

Les personnes qui sont susceptibles d'être mises en cause en raison d'un dommage causé par un produit sanitaire sont (CSP art. L 1143-2, al. 1) : **83900**

- les producteurs ;
- les fournisseurs ;
- les prestataires utilisant ces produits.

Ainsi, pour les médicaments, la personne susceptible d'être mise en cause peut aussi bien être le laboratoire pharmaceutique le produisant, le grossiste en assurant la commercialisation, ou encore l'établissement de santé ou le médecin l'administrant à l'usager. Il peut donc s'agir d'une **personne physique ou morale,** de droit privé ou de droit public (Rapport AN n° 2673 p. 745).

L'**action** peut être exercée directement **contre l'assureur** garantissant la responsabilité civile du responsable (Loi 2016-1547 art. 83 ; C. just. adm. art. L 77-10-24).

ASSISTANCE DE L'ASSOCIATION EN CAS D'ACTION DE GROUPE « SANTÉ »

L'association peut être assistée, avec l'autorisation du juge, par un avocat ou par un huissier de justice (ou commissaire de justice) (CSP art. L 1143-12 et R 1143-2). Ces assistants interviennent notamment pour gérer les demandes d'adhésion au groupe et d'indemnisation que l'association reçoit. **83910**

EFFET DE L'INTRODUCTION D'UNE ACTION DE GROUPE « SANTÉ »

L'introduction d'une action de groupe par une association agréée suspend la **prescription des actions individuelles** en réparation des préjudices résultant des mêmes manquements. Le délai de prescription recommence à courir, pour une durée qui ne peut pas être inférieure à six mois, à compter de la date à laquelle le jugement issu de l'action de groupe n'est plus susceptible de recours ordinaire ou de pourvoi en cassation ou à compter de la date de l'homologation de la convention en cas de médiation (Loi 2016-1547 art. 77 ; C. just. adm. art. L 77-10-18). **83920**

B. Jugement sur l'action de groupe « santé »

1. CONTENU DU JUGEMENT

CESSATION DU MANQUEMENT À L'ÉGARD DES USAGERS DU SYSTÈME DE SANTÉ

83940 Lorsque l'association demande la cessation du manquement (n° 83885), le **juge,** s'il constate l'existence de celui-ci, **enjoint** au professionnel de le cesser ou de le faire cesser et de prendre, dans un délai qu'il fixe, toutes les mesures utiles à cette fin ; il peut également prononcer une astreinte (Loi 2016-1547 art. 65 ; C. just. adm. art. L 77-10-6).

Lorsque l'affaire relève des tribunaux judiciaires, le juge peut désigner un **tiers** pour assister la mise en œuvre des mesures destinées à faire cesser le manquement (Loi 2016-1547 art. 65). Le juge doit alors statuer par décision spécialement motivée énonçant la mission et le délai dans lequel le tiers doit lui en faire **rapport** (CPC art. 849-3, al. 1). Le tiers doit être choisi parmi tout professionnel justifiant d'une compétence dans le domaine (CPC art. 849-3, al. 2). Le coût de la mission du tiers est à la charge de l'auteur du manquement. Le juge qui désigne le tiers fixe le montant d'une provision à valoir sur la rémunération de celui-ci aussi proche que possible de sa rémunération définitive prévisible et détermine le délai dans lequel l'auteur du manquement doit la consigner au secrétariat de la juridiction. Le juge doit aménager, s'il y a lieu, les échéances dont la consignation peut être assortie (CPC art. 849-5).

L'intervention d'un tiers n'est pas prévue pour les actions en cessation de manquement qui relèvent du juge administratif.

RÉPARATION DES PRÉJUDICES CAUSÉS AUX USAGERS DU SYSTÈME DE SANTÉ

83950 Dans la même décision, le juge doit constater que les **conditions de l'action** sont réunies et doit statuer sur la **responsabilité** du professionnel au vu des **cas individuels** qui doivent être présentés par l'association. Il doit définir le **groupe** des usagers du système de santé à l'égard desquels la responsabilité du professionnel est engagée et fixer les critères de rattachement à ce groupe (CSP art. L 1143-3, al. 1).

Le juge doit aussi déterminer les **dommages corporels** susceptibles d'être réparés pour les usagers constituant le groupe qu'il a défini ; il peut ordonner toute **mesure d'instruction,** y compris une expertise médicale (CSP art. L 1143-3, al. 2 et 3).

Déterminer les dommages corporels susceptibles d'être réparés est souvent une mission délicate pour le juge, s'agissant de préjudices subis par des individus dont l'âge, l'état de santé de départ, les symptômes et les pathologies différeront nécessairement. Or, le juge ne peut fonder sa décision que sur les quelques cas individuels qui lui ont été présentés puisque l'ensemble des personnes susceptibles d'appartenir au groupe ne sont pas nécessairement connues.

83955 Le juge peut condamner le professionnel au paiement d'une **provision** à valoir sur les frais non compris dans les dépens exposés par l'association, y compris ceux afférents aux personnes désignées pour assister l'association (n° 83910).

Il peut également ordonner, lorsqu'il la juge nécessaire et compatible avec la nature de l'affaire, la **consignation** à la Caisse des dépôts et consignations d'une partie des sommes qui sont dues par le professionnel (CSP art. L 1143-5, al. 2).

83960 Contrairement au jugement statuant sur l'action de groupe « consommation », le jugement n'a pas à déterminer le **montant des préjudices** ni même les éléments permettant leur évaluation. Cette différence s'explique par la nécessité de procéder à des **expertises médicales individuelles** pour évaluer les préjudices. Bien que la loi ne le dise pas expressément, tel est en effet le vœu du législateur : « alors que l'on peut estimer un préjudice financier de façon collective quand des personnes ont été victimes d'un même manquement, ce ne peut être le cas pour l'évaluation d'un préjudice corporel. Un tel préjudice doit être expertisé médicalement pour chaque victime, afin d'en apprécier l'étendue et l'imputabilité au manquement dénoncé » (Rapport AN n° 2676 p. 738). Les textes ne précisent toutefois pas les modalités de demande de ces expertises individuelles ni à qui il appartient de consigner les frais.

83965 Le juge doit encore ordonner, à la charge du professionnel, les mesures de **publicité** adaptées pour informer de la décision rendue sur la responsabilité de ce dernier les personnes susceptibles d'avoir subi un dommage. Il doit préciser le **délai** dans lequel les mesures doivent être mises en œuvre et, à défaut, à l'expiration duquel elles le seront par l'association aux frais du professionnel, cette mise en œuvre ne pouvant toutefois intervenir qu'une fois que la décision ne peut plus faire l'objet de recours ordinaires (appel, opposition) ni de pourvoi en cassation (Loi 2016-1547 art. 67 ; CPC art. 849-11 ; C. just. adm. art. L 77-10-8 et R 77-10-13).

L'information doit comporter, outre les **mentions** éventuellement prescrites par le jugement (CPC art. 849-13 ; C. just. adm. art. R 77-10-15) :
– la reproduction du dispositif de la décision ;
– les coordonnées des personnes auprès desquelles l'usager peut adresser sa demande de réparation ;
– la forme, le contenu de cette demande, ainsi que le délai dans lequel elle doit être adressée, au choix de l'usager, soit directement au professionnel déclaré responsable, soit à l'association ;
– l'indication que la demande de réparation adressée à l'association lui confère un mandat aux fins d'indemnisation et, le cas échéant, en cas de refus d'indemnisation opposé par la personne déclarée responsable, aux fins de représentation pour engager une action en réparation ou pour l'exécution forcée du jugement prononcé à l'issue de cette action, ainsi que l'indication que l'usager peut y mettre fin à tout moment et que ce mandat ne vaut ni n'implique adhésion à l'association qui a engagé l'action ;
– l'indication que, à défaut de demande de réparation reçue selon les modalités et dans le délai prévu (nº 83970), l'usager ne sera plus recevable à obtenir une indemnisation dans le cadre de l'action de groupe mais qu'il pourra toujours agir en indemnisation de ses préjudices à titre individuel ;
– l'indication qu'en cas d'adhésion l'usager ne pourra plus agir individuellement à l'encontre de la personne déclarée responsable en réparation du préjudice déjà indemnisé dans le cadre de l'action de groupe mais qu'il pourra toujours agir en indemnisation de ses autres préjudices ;
– l'indication que l'usager doit produire tout document utile au soutien de sa demande.

Le juge doit fixer le **délai** dont disposent les usagers du système de santé remplissant les critères de rattachement et souhaitant se prévaloir du jugement **pour adhérer au groupe** afin d'obtenir la réparation de leurs préjudices (CSP art. L 1143-4, al. 1 et C. just. adm. art. L 77-10-7, al. 3). **83970**
Ce délai, qui ne peut pas être inférieur à six mois ni supérieur à cinq ans, commence à courir à compter de l'achèvement des mesures de publicité ordonnées (CSP art. L 1143-4, al. 1).
Toute clause ayant pour objet ou pour effet d'interdire à une personne de participer à une action de groupe est réputée non écrite (Loi 2016-1547 art. 82 ; C. just. adm. art. L 77-10-23).

2. EFFET DU JUGEMENT RENDU SUR UNE ACTION DE GROUPE « SANTÉ »

Le jugement a autorité de la **chose jugée** à l'égard de chacun des membres du groupe dont le préjudice a été réparé au terme de la procédure (Loi 2016-1547 art. 78 ; C. just. adm. art. L 77-10-19). **83980**

Une action de groupe qui se fonderait sur les mêmes faits, les mêmes manquements et la réparation des mêmes préjudices que ceux qui ont déjà fait l'objet d'un jugement ou d'une convention homologuée (nº 84090) dans le cadre d'une action de groupe serait irrecevable (Loi 2016-1547 art. 80 ; C. just. adm. art. L 77-10-21).

C. Demande de réparation et mandat à l'association en cas d'action de groupe « santé »

FORME ET CONTENU DE LA DEMANDE DE L'USAGER DU SYSTÈME DE SANTÉ

La **demande** de réparation doit être adressée, au choix de l'**usager,** soit à la personne reconnue responsable, soit à l'**association,** qui reçoit alors **mandat** aux fins d'indemnisation (CSP art. L 1143-4, al. 2). **84000**

La demande peut être adressée par tout **moyen** permettant d'en accuser réception, selon les modalités et dans les délais fixés par le juge. Elle doit **contenir notamment** les nom, prénoms, domicile de l'usager ainsi que, le cas échéant, une adresse électronique à laquelle il accepte de recevoir les informations relatives à la procédure et l'usager doit aussi justifier qu'il remplit les critères de rattachement au groupe (CPC art. 849-14 ; C. just. adm. art. R 77-10-16).

Lorsque l'**usager** adresse directement la demande de réparation à la personne reconnue responsable, il doit en **informer l'association** ou l'association de son choix si plusieurs associations exercent l'action de groupe (CPC art. 849-15 ; C. just. adm. art. R 77-10-17).

Dans tous les actes relatifs à la réparation par le juge des préjudices et à l'exécution forcée du jugement, l'association doit préciser, outre les mentions prévues par la loi, l'identité des usagers pour le compte de qui elle agit, à peine de nullité de ces actes (CPC art. 849-19) ou d'irrecevabilité (C. just. adm. art. R 77-10-20).

EFFETS DU MANDAT DONNÉ PAR L'USAGER DU SYSTÈME DE SANTÉ

84010 Le mandat aux fins d'indemnisation donné à l'**association** ne peut pas impliquer **adhésion** à celle-ci (Loi 2016-1547 art. 69, al. 2 ; C. just. adm. art. L 77-10-10, al. 2).

L'usager qui donne mandat à l'association doit lui indiquer, le cas échéant, sa qualité d'assuré social ainsi que les **organismes de sécurité sociale** auxquels il est affilié pour les divers risques. Il doit lui indiquer également les prestations reçues ou à recevoir de ces organismes et des **autres tiers payeurs** en raison du dommage subi, afin que ceux-ci puissent faire valoir leurs créances contre le responsable. L'association doit informer du mandat reçu les organismes de sécurité sociale et les tiers payeurs concernés (CSP art. L 1143-4, al. 3).

84015 Le mandat aux fins d'indemnisation donné par l'usager à l'association vaut **pouvoir** d'accomplir au nom de celui-ci tous actes de procédure et diligences en vue d'obtenir la réparation de son préjudice individuel et entrant dans le champ de l'action de groupe, notamment pour l'exercice des voies de recours (CPC art. 849-17, al. 1 ; C. just. adm. art. R 77-10-19, al. 1).

Il emporte **avance par l'association de toutes les dépenses et frais** liés à la procédure et représentation des usagers lors du déroulement d'éventuelles mesures d'instruction, et lors de l'éventuelle action en justice pour obtenir la réparation (CPC art. 849-17, al. 2 ; C. just. adm. art. R 77-10-19, al. 2).

84020 L'usager peut **mettre un terme au mandat** à tout moment. Il doit en informer l'association par tout moyen permettant d'en accuser réception et celle-ci doit en aviser la personne déclarée responsable sans délai. La révocation du mandat emporte renonciation à l'adhésion au groupe (CPC art. 849-17, al. 3 ; C. just. adm. art. R 77-10-19, al. 3).

ABSENCE D'ADHÉSION AU GROUPE DANS LES DÉLAIS

84040 Les usagers susceptibles d'appartenir au groupe et qui n'y ont pas adhéré dans le délai fixé par le juge ne sont plus recevables à demander une indemnisation dans le cadre de l'action de groupe et ne sont pas représentés par l'association (CPC art. 849-16 ; C. just. adm. art. R 77-10-18).

D. Indemnisation des préjudices des usagers du système de santé

84060 Les personnes déclarées responsables par le jugement doivent **indemniser individuellement** les préjudices subis par les personnes qui remplissent les critères de rattachement au groupe et ont adhéré à celui-ci (CSP art. L 1143-11 ; Loi 2016-1547 art. 70 ; C. just. adm. art. L 77-10-11).

SECOND JUGEMENT RENDU EN CAS D'ACTION DE GROUPE « SANTÉ »

84070 Les usagers dont la **demande d'indemnisation** n'a **pas** été **satisfaite** peuvent demander au **juge** qui a statué sur la responsabilité la réparation de leur préjudice dans les conditions et limites fixées par le premier jugement (Loi 2016-1547 art. 71 ; C. just. adm. art. L 77-10-12).

Le **mandat** aux fins d'indemnisation donné par l'usager **à l'association** vaut également mandat aux fins de représentation pour l'exercice de cette nouvelle action en justice et, le cas échéant, pour l'exécution forcée du jugement prononcé à son issue (Loi 2016-1547 art. 69, al. 3 ; C. just. adm. art. L 77-10-10, al. 3).

E. Médiation dans le cadre d'une action de groupe « santé »

FACULTÉ DE RECOURS À LA MÉDIATION EN CAS D'ACTION DE GROUPE « SANTÉ »

Le juge saisi de l'action de groupe peut, avec l'accord de toutes les parties, donner mission à un médiateur, dans les **conditions générales** de la médiation fixées par la loi 95-125 du 8 février 1995, de proposer une convention qui réglera les conditions de l'indemnisation amiable des dommages. Il doit fixer la **durée de la mission du médiateur** dans la limite de trois mois. Il peut la prolonger une fois, dans la même limite, à la demande du médiateur (CSP art. L 1143-6). **84090**

MÉDIATEUR ET COMMISSION DE LA MÉDIATION EN MATIÈRE DE SANTÉ

Le **médiateur** doit être choisi par le juge sur une **liste** établie par arrêté du ministre chargé de la santé. Le juge peut décider que le médiateur sera assisté d'une commission de médiation (CSP art. L 1143-7, al. 1). **84100**

Il appartient au médiateur de définir les modalités de fonctionnement de la commission (art. R 1143-3, dernier al.).

La **commission de médiation** doit comprendre, outre le médiateur désigné par le juge, qui en assure la présidence, les membres suivants, nommés par ordonnance du juge (art. R 1143-3) :

- deux experts professionnels de santé, proposés par le médiateur et choisis sur la liste des experts judiciaires ou des médecins agréés, compétents dans la ou les pathologies susceptibles d'être imputables au produit de santé en cause ;
- une personnalité qualifiée dans le domaine de la réparation des préjudices corporels, proposée par le médiateur ;
- un professionnel de santé compétent dans la ou les pathologies susceptibles d'être imputables au produit de santé en cause, proposé par l'association exerçant l'action ;
- un professionnel de santé compétent dans la ou les pathologies susceptibles d'être imputables au produit de santé en cause, proposé par le producteur ou le fournisseur du produit concerné, ou le prestataire ayant utilisé ce produit ;
- un représentant des entreprises pratiquant l'assurance de responsabilité médicale des professionnels et établissements de santé (art. L 1142-2), proposé par le médiateur ;
- un représentant de l'Office national d'indemnisation des accidents médicaux, des affections iatrogènes et des infections nosocomiales (Oniam), désigné par le président de cet office ;
- un représentant des organismes de sécurité sociale, désigné par le directeur de l'Union nationale des caisses de sécurité sociale.

Les décisions du juge concernant le recours à la médiation et l'assistance par la commission de la médiation ne sont pas susceptibles de recours (art. L 1143-10, al. 2).

Le médiateur et les membres de la commission sont tenus au **secret professionnel** concernant les documents et informations qu'ils reçoivent et les discussions qui se tiennent dans le cadre des travaux de la commission, dans les conditions et sous les peines prévues aux articles 226-13 et 226-14 du Code pénal (art. L 1143-7, al. 2).

CONTENU DE LA CONVENTION D'INDEMNISATION AMIABLE

Qu'elle comporte ou non la détermination des responsabilités, la convention d'indemnisation amiable doit fixer les conditions dans lesquelles les professionnels mis en cause assurent aux personnes ayant subi un dommage corporel en raison d'un ou de plusieurs faits qu'elle doit identifier la réparation de leur préjudice. Elle doit **préciser notamment** (CSP art. L 1143-8) : **84110**

- si les éléments à la disposition des parties et la nature des préjudices le permettent, le type de dommages corporels susceptibles de résulter du ou des faits identifiés ;
- les modalités des expertises individuelles contradictoires ;
- les conditions dans lesquelles la charge des expertises est supportée par les professionnels mis en cause ;
- les conditions dans lesquelles les offres transactionnelles individuelles sont présentées aux victimes ainsi qu'aux tiers payeurs qui ont supporté des frais du fait des dommages subis par ces victimes ;
- le délai dans lequel doivent intervenir les demandes de réparation pour bénéficier des conditions de la convention ;

– les modalités de suivi du dispositif ;

– les mesures de publicité que les professionnels mis en cause doivent mettre en œuvre pour informer les usagers du système de santé concerné de l'existence de la convention, de la possibilité de demander réparation aux conditions qu'elle fixe ainsi que du délai et des modalités applicables.

ACCEPTATION ET HOMOLOGATION DE LA CONVENTION D'INDEMNISATION AMIABLE

84120 La convention d'indemnisation amiable doit être proposée aux parties par le médiateur. Elle doit être acceptée par l'association et l'une au moins des personnes mises en cause et être homologuée par le juge saisi de l'action de groupe (CSP art. L 1143-9).

L'homologation de la convention met fin à l'action entre les parties signataires de celle-ci (art. L 1143-10, al. 1).

SOLDES, LIQUIDATIONS, VENTES AU DÉBALLAGE ET EN MAGASINS D'USINE

SOMMAIRE

EN BREF

Les soldes, liquidations et ventes au déballage sont réglementés. Les soldes doivent être pratiqués durant les périodes fixées par arrêté ministériel, tandis que les ventes en liquidation et ventes au déballage sont soumises à une déclaration préalable, suivant une procédure spécifique à la nature de la vente. Enfin, l'utilisation de la dénomination « magasin d'usine » est soumise à certaines conditions. **85000**

A. Soldes

1. DÉFINITION

CRITÈRES DE QUALIFICATION DES SOLDES

Les soldes sont définis comme les ventes qui (C. com. art. L 310-3, I) : **85010**
– sont accompagnées ou précédées de publicité ;
– sont annoncées comme tendant, par une réduction de prix, à l'écoulement accéléré de marchandises en stock.

DISTINCTION ENTRE SOLDES ET OPÉRATIONS DE DÉSTOCKAGE

Risque de requalification d'une opération promotionnelle de déstockage en soldes illicites Jusqu'au 31 octobre 2019, les soldes étaient définis non seulement par les deux critères énoncés ci-dessus (nº 85010), mais aussi par un troisième critère tenant à la réalisation de ces ventes durant les périodes définies par la loi. Les périodes de soldes faisaient donc partie intégrante de la définition juridique des soldes. Il s'ensuivait que les opérations promotionnelles de déstockage, que l'on peut définir comme des ventes **85020**

« accompagnées ou précédées de publicité et annoncées comme tendant, par une réduction de prix, à l'écoulement accéléré de marchandises en stock » étaient possibles à tout moment en dehors des périodes de soldes. Depuis le 1er novembre 2019, la définition des soldes issue de la loi 2019-486 du 22 mai 2019 entraîne un **risque de requalification d'une opération promotionnelle de déstockage en soldes illicites,** c'est-à-dire réalisés en dehors des périodes définies par la loi (nos 85050 s.). On retrouve l'environnement juridique qui prévalait avant la loi 2008-776 du 4 août 2008, laquelle avait intégré la période des soldes dans leur définition pour mettre fin à un tel risque de requalification.

Antérieurement à la loi de 2008, la jurisprudence avait dégagé des critères pour la requalification de ces opérations en soldes illicites. Cette jurisprudence, exposée ci-dessous, est à notre avis transposable à la définition des soldes applicable depuis le 1er novembre 2019 :
– constitue une publicité, au sens de la définition des soldes, l'envoi d'invitations à plusieurs milliers de personnes (Cass. crim. 19-2-2003 nº 02-80.085 FS-PF : RJDA 11/03 nº 1053) ;
– bien que figurant dans la loi, l'annonce dans la publicité de l'écoulement accéléré d'un stock de marchandises n'est pas un élément constitutif de l'infraction de soldes illicites (Cass. crim. 19-2-2003 nº 02-80.085 FS-PF précité ; Cass. crim. 13-1-2004 nº 03-80.563 F-PF : RJDA 5/04 nº 545 ; Cass. com. 2-6-2004 nº 02-21.394 FS-PB : RJDA 8-9/04 nº 962, solution implicite) ;
– pour que l'infraction de ventes en soldes en dehors des périodes fixées par arrêté soit constituée, il faut et il suffit, pour la chambre criminelle de la Cour de cassation, que l'opération elle-même tende à l'écoulement accéléré d'un stock de marchandises, la volonté du vendeur pouvant se déduire de la date de l'opération annoncée – généralement quelques jours avant le début de la période de soldes – et du montant des réductions proposées (Cass. crim. 19-2-2003 nº 02-80.085 FS-PF précité ; Cass. crim. 13-1-2004 nº 03-80.563 F-PF ; Cass. crim. 5-12-2006 nº 05-87.386 FS-PF : RJDA 4/07 nº 338) ; en revanche, la chambre commerciale pose pour condition supplémentaire que le stock de marchandises soit prédéterminé et non renouvelable (Cass. com. 28-1-2004 nº 01-16.381 FS-PBI : RJDA 6/04 nº 694).

ILLUSTRATIONS

Dans un cas où une société de vente à distance avait organisé, avant l'ouverture des soldes, deux campagnes publicitaires, en juin puis en décembre, annoncées par des prospectus mentionnant des réductions de 15 à 70 % sur des milliers d'articles des catalogues printemps-été puis automne-hiver, la chambre criminelle de la Cour de cassation, rejetant l'argument de la société suivant lequel le stock de marchandises était renouvelable, a considéré que ces opérations publicitaires constituaient le délit de soldes illicites car, annoncées par des publicités comportant des slogans tels que « tout doit disparaître », « prix sacrifiés », « dépêchez-vous », elles étaient présentées comme ayant pour finalité l'écoulement accéléré du stock de marchandises (Cass. crim. 5-12-2006 nº 05-87.386 FS-PF précité).

85030 **Incidences de la distinction sur l'interdiction de revente à perte** À la différence des marchandises soldées qui peuvent toujours être revendues à perte (nº 85105), les produits commercialisés dans le cadre d'une opération promotionnelle de déstockage ne peuvent valablement être revendus à perte que s'il s'agit de produits (C. com. art. L 442-5, II-2º et 3º) :
– dont la vente présente un caractère saisonnier marqué, pendant la période terminale de la saison des ventes et dans l'intervalle compris entre deux saisons de vente (par exemple, produits vendus dans le cadre de promotions qui suivraient les périodes de soldes d'hiver ou d'été pour permettre un déstockage complet) ;
– ne répondant plus à la demande générale en raison de l'évolution de la mode ou de l'apparition de perfectionnements techniques (exception qui trouve à s'appliquer notamment dans le secteur du multimédia où les collections de produits toujours plus innovants se succèdent à un rythme soutenu).

2. FRÉQUENCE ET DURÉE DES SOLDES

PRINCIPE

85050 Les soldes ont lieu, pour l'année civile, durant deux périodes d'une durée comprise entre trois et six semaines chacune, dont les dates et les heures de début et de fin sont fixées par un arrêté du ministre chargé de l'économie. Cette règle concerne également les ventes à distance, indépendamment de la localisation géographique du siège social de l'entreprise de commerce en ligne, ainsi que les ventes hors établissement, au sens de l'article L 221-1 du Code de la consommation.

L'arrêté ministériel peut prévoir, pour ces deux périodes, et pour les ventes autres que les ventes à distance et hors établissement, des dates différentes dans certains départements pour tenir compte d'une forte saisonnalité des ventes ou d'opérations commerciales menées dans des régions frontalières (C. com. art. 310-3, I-al. 2).

RÉGIME DES SOLDES

Les modalités des soldes sont les suivantes (Arrêté ECOI1911930A du 27-5-2019). 85060

Chaque période de soldes est d'une **durée** de quatre semaines.

Les **soldes d'hiver** débutent le deuxième mercredi du mois de janvier à 8 heures du matin. Cette date est avancée au premier mercredi du mois de janvier si le deuxième mercredi intervient après le 12 du mois.

Les **soldes d'été** débutent le dernier mercredi du mois de juin à 8 heures du matin. Cette date est avancée à l'avant-dernier mercredi du mois de juin si le dernier mercredi intervient après le 28 du mois.

Pour ce qui concerne les dates de début des soldes dans les départements ou collectivités d'outre-mer marqués par une **forte saisonnalité des ventes** (Corse et DOM-COM) ou situés en **zone frontalière** (Meurthe-et-Moselle, Meuse, Moselle, Vosges), voir l'annexe de l'arrêté du 27 mai 2019 précité, modifiée par l'arrêté ECOI2309225A du 21 avril 2023.

3. MARCHANDISES VENDUES EN SOLDES

MARCHANDISES POUVANT ÊTRE SOLDÉES

Les **produits** annoncés comme soldés doivent avoir été **proposés à la vente et payés depuis au moins un mois** à la date de début de la période de soldes considérée (C. com. art. L 310-3, I-al. 3). Le fait de réaliser des soldes sur des marchandises détenues depuis moins d'un mois à la date de début de la période de soldes est pénalement punissable (n° 85140). 85080

Tout **réapprovisionnement** dans le mois précédant la période de soldes et durant celle-ci est-il donc illicite ? Oui, lorsqu'il s'agit d'un véritable réapprovisionnement auprès d'une entité juridiquement distincte, tel le réapprovisionnement d'un commissionnaire auprès de son commettant (Cass. crim. 22-2-2022 n° 21-83.226 F-B : RJDA 5/22 n° 257). En revanche, un réapprovisionnement est licite si les deux entités sont étroitement liées (Cass. com. 2-6-2004 n° 879 : RJDA 8-9/04 n° 962 et rapport G. de Monteynard p. 864). En effet, un opérateur revendant des marchandises achetées à une société à laquelle il est étroitement lié écoule les stocks de celle-ci, au sens de l'article L 310-3 du Code de commerce ; il ne peut donc pas être considéré qu'il y a réassortiment auprès d'un fournisseur extérieur. La Commission d'examen des pratiques commerciales considère comme des sociétés étroitement liées celles qui entretiennent des liens économiques suffisamment étroits pour considérer que le stock est localisé dans l'une ou l'autre société. Tel est le cas de sociétés présentant des liens mère-filles au sens de l'article L 233-1 du Code de commerce ; la condition liée à la durée de détention et au délai de paiement des marchandises s'apprécie alors à la date de l'achat de celles-ci auprès d'un fournisseur extérieur par l'une des sociétés du groupe (Avis CEPC n° 21-11 du 23-9-2021).

Les marchandises vendues en soldes peuvent être des **marchandises neuves ou d'occasion.**

> **Précisions** Toute personne se livrant à des ventes en soldes doit tenir à la disposition des agents habilités à opérer des **contrôles** (n° 85670) les **documents** justifiant que les marchandises vendues en solde ont été proposées à la vente, et, sauf si le vendeur en est le producteur ou son mandataire, que leur prix d'achat a été payé depuis au moins un mois à la date de début de la période de soldes considérée (C. com. art. R 310-16). Le paiement est réputé réalisé à la date à laquelle les fonds sont mis, par le client, à la disposition du bénéficiaire ou de son subrogé (C. com. art. L 441-9, I-al. 5).

SOLDES SUR CERTAINES PRESTATIONS DE SERVICES

Dans un communiqué publié en 2011 sur son site internet, la Direction générale de la concurrence, de la consommation et de la répression des fraudes (DGCCRF) avait admis que certaines prestations de services puissent être revendues en soldes. Selon elle, « l'esprit de la loi n'exclut pas systématiquement les prestations de services du bénéfice du régime juridique des soldes ». En effet, l'article L 310-3 du Code de commerce qui définit les soldes fait référence à la vente de « marchandises » et de « produits » ; or, ces termes ne font l'objet d'aucune définition jurisprudentielle au sens de cet article. En outre, le législateur, en n'employant pas le terme « biens », n'a pas semblé vouloir exclure l'ensemble des prestations de services du bénéfice de la réglementation. Toutefois, avait poursuivi l'administration, 85085 seules certaines prestations de services sont susceptibles d'être vendues en solde. En effet, les soldes sont par définition destinés à permettre aux commerçants d'écouler de manière accélérée les marchandises qu'ils ont en stock. Par conséquent, seules les **prestations de services « revendues par un commerçant qui en a acquis de manière ferme et définitive une quantité déterminée et non renouvelable auprès d'un autre opérateur »** peuvent être soldées, telles que les voyages et séjours à forfait. En revanche, les prestations immédiates vendues directement par les professionnels, telles que la coiffure ou la restauration, sont exclues de la réglementation. Bien entendu, les prestations de services revendues en solde doivent respecter l'ensemble des conditions fixées par la réglementation (règles de publicité des prix, etc.). D'après nos informations, cette position perdure. Cette extension surprenante du champ d'application de la loi entraîne cependant des incertitudes sur la nature des prestations pouvant être soldées, sans compter les distorsions de concurrence que cela peut entraîner. Ainsi, un revendeur de séjours à forfait peut organiser une opération de soldes, tandis qu'un professionnel qui réalise lui-même les prestations qu'il propose ne le peut pas. À cet égard, on notera que l'existence d'une « revente », condition posée par la DGCCRF, n'est pas prévue par la loi.

4. RÉDUCTIONS DE PRIX PRATIQUÉES PENDANT LES SOLDES

OBLIGATION D'UNE RÉDUCTION DE PRIX

85100 Les ventes en soldes doivent donner lieu à des réductions de prix (n° 85010). La condition relative à l'existence d'une réduction de prix relève de l'appréciation souveraine des juges du fond. Ainsi a-t-il été jugé que ne constituait pas une réduction de prix la remise de bons d'achat à valoir sur des achats ultérieurs (Cass. crim. 23-1-2001 n° 00-84.749 : RJDA 8-9/01 n° 855).

VALIDITÉ DE LA RÉDUCTION DE PRIX

85105 La réduction de prix doit satisfaire aux règles fixées par l'article L 112-1-1 du Code de la consommation (voir n°s 75505 s.). À défaut, elle est susceptible de constituer une pratique commerciale trompeuse (C. consom. art. L 121-2, al. 6).

Les marchandises peuvent valablement être revendues à perte (C. com. art. L 442-5, II-7°).

5. PUBLICITÉ POUR UNE OPÉRATION DE SOLDES ET USAGE DU MOT « SOLDE »

CONTENU DE LA PUBLICITÉ

85120 Toute publicité relative à une opération de soldes doit mentionner la date de début de l'opération et, si celle-ci ne concerne pas la totalité des produits de l'établissement, la nature des marchandises sur lesquelles porte l'opération (C. com. art. R 310-17).

USAGE DU MOT « SOLDE »

85130 L'**utilisation** du mot « solde » est **réglementée.** Les produits offerts ou disponibles à la vente au détail, de quelque façon que ce soit, sous forme de soldes tels que définis par l'article L 310-3 du Code de commerce (n° 85010) doivent être signalés par une mention indiquant qu'il s'agit de « soldes » (C. com. art. A 310-7).

Cette mention est effectuée dans des conditions de présentation identiques à celles prévues, pour la mention du prix, aux articles 4 à 6, 9 à 11 et 14 de l'arrêté du 3 décembre 1987 relatif à l'information du consommateur sur les prix (voir nos 75240 s.) (C. com. art. A 310-8).

Lorsque l'opération de soldes concerne l'ensemble des produits disponibles dans le point de vente, une seule indication parfaitement lisible peut en informer le consommateur (C. com. art. A 310-9).

85135 En outre, dans toute publicité, enseigne, dénomination sociale ou nom commercial, l'**emploi** du mot « soldes » ou de ses dérivés est **interdit** pour désigner toute activité, dénomination sociale ou nom commercial, enseigne ou qualité qui ne se rapporte pas à une opération de soldes telle que définie à l'article L 310-3, I du Code de commerce (n° 85010) (C. com. art. L 310-3, II).

Par exemple, sont illicites l'enseigne de magasin « Jacksold » (CA Grenoble 12-5-1999 : Contrats conc. consom. 2000 comm. n° 16 note G. Raymond) ou le nom commercial « Palettes de solderie » (Cass. crim. 17-1-2018 n° 16-87.753 F-D).

6. SANCTIONS

SANCTIONS PÉNALES

Amende délictuelle Sont passibles d'une amende délictuelle de 15 000 € (C. com. art. L 310-5) : 85140
- le fait de réaliser des soldes portant sur des marchandises détenues depuis moins d'un mois à la date de début de la période de soldes considérée ;
- le fait d'utiliser le mot « solde(s) » ou ses dérivés dans les cas où cette utilisation ne se rapporte pas à une opération de soldes telle que définie par la loi.

Le tribunal peut également prononcer l'affichage ou la diffusion de sa décision dans les conditions prévues par l'article 131-35 du Code pénal.

La personne morale déclarée pénalement responsable de l'infraction est passible des peines suivantes (C. com. art. L 310-6) :
- une amende de 75 000 € ;
- l'affichage de la décision prononcée ou la diffusion de celle-ci soit par la presse écrite, soit par tout moyen de communication audiovisuelle.

Amende contraventionnelle Le fait de ne pas avoir mentionné dans toute publicité relative à une opération de soldes les indications exigées à l'article R 310-17 du Code de commerce (n° 85120) est passible d'une amende contraventionnelle de 1 500 € (C. com. art. R 310-19). 85145

La personne morale déclarée pénalement responsable de l'infraction est passible d'une amende contraventionnelle de 7 500 € (C. com. art. R 310-19).

SANCTIONS CIVILES

Le professionnel qui procède à une vente en soldes illicite peut être condamné au versement de dommages-intérêts pour **concurrence déloyale** car une telle opération, réalisée en infraction à la réglementation, cause un préjudice à ceux qui, exerçant la même activité, respectent la loi (pour une application dans un cas où l'action en responsabilité avait été engagée par un syndicat professionnel à l'occasion d'une opération de vente en liquidation irrégulière, voir Cass. com. 8-7-1997 n° 94-20.701 : RJDA 12/97 n° 1569). 85150

B. Liquidations

Les ventes en liquidation sont soumises à une **déclaration préalable** auprès du maire de la commune (C. com. art. L 310-1 et R 310-2). 85180

ATTENTION

Nous citons ci-dessous la circulaire du 16 janvier 1997, prise en application de l'ancienne réglementation. Cette **circulaire** n'étant pas publiée sur un support prévu par le Code des relations entre le public et l'administration, elle est réputée abrogée (Décret 2018-1047 du 28-11-2018 art. 7). Néanmoins, nous mentionnons certaines de ses dispositions qui présentent encore un intérêt pratique.

1. CHAMP D'APPLICATION DE LA RÉGLEMENTATION

Sont **considérées comme liquidations** les ventes accompagnées ou précédées de publicité et annoncées comme tendant, par une réduction de prix, à l'écoulement accéléré de la totalité ou d'une partie des marchandises d'un établissement commercial à la suite d'une décision, quelle qu'en soit la cause, de cessation, de suspension saisonnière ou de changement d'activité, ou de modification substantielle des conditions d'exploitation (C. com. art. L 310-1, al. 1). 85190

Sont donc réputées faites sous forme de liquidation les ventes qui satisfont aux **conditions** exposées ci-dessous.

1° Elles sont accompagnées ou précédées de **publicité.** 85195

Par exemple, constitue une publicité l'expédition par une société de 3 000 invitations à une opération de liquidation (Cass. com. 12-11-1991 : RJDA 1/92 n° 26).

L'écoulement – même à prix réduit – de quelques marchandises dans un établissement commercial, par exemple pour libérer un rayon ou écouler des fins de série, ne relève donc pas du régime des ventes en liquidation lorsqu'il n'est ni précédé ni accompagné de publicité (Circ. du 16-1-1997 réputée abrogée mais conservant selon nous une valeur indicative).

85200 **2°** Elles tendent à l'**écoulement accéléré** de la totalité ou d'une partie des **marchandises** d'un établissement commercial.

Les marchandises concernées peuvent ne pas constituer la totalité du stock des marchandises d'un établissement commercial, mais elles ne doivent provenir que de l'établissement commercial de l'auteur de la déclaration de liquidation. Sont comprises dans ces stocks les marchandises détenues dans les réserves de l'établissement. Sont en revanche exclues du stock les marchandises détenues dans les entrepôts situés hors de l'établissement (Circ. du 16-1-1997 précitée).

85205 **3° Elles donnent lieu à des réductions de prix.**

En particulier, les marchandises peuvent valablement être revendues à perte (C. com. art. L 442-5, II-1°).

85210 **4°** Elles font suite à une décision de **cessation,** de **suspension saisonnière** ou de **changement d'activité,** ou de **modification substantielle des conditions d'exploitation.**

a) La **cessation d'activité** vise le cas de la cessation totale d'activité de l'entreprise exploitant l'établissement commercial concerné ou d'un changement de propriétaire de l'établissement exploité. Toutefois, ne constitue pas une cessation d'activité un changement de propriétaire qui résulte de la cession de l'établissement commercial à une personne morale gérée ou administrée par le précédent propriétaire (Circ. du 16-1-1997 précitée).

b) La **suspension saisonnière d'activité** doit être effective sur une période d'au moins cinq mois après l'opération de liquidation. Toutefois, en zone touristique de montagne, une période de suspension plus courte, correspondant à la suspension d'activité de la station de sports d'hiver, est suffisante (Circ. du 16-1-1997 précitée). Signalons que les commerçants exerçant dans les stations de sports d'hiver situées en zone touristique de montagne peuvent bénéficier d'un régime simplifié de déclaration collective (nº 85300).

c) Le cas du **changement d'activité** suppose la suppression d'une activité significative au sein de l'établissement. L'arrêt de la commercialisation d'une partie des marchandises précédemment proposées dans l'établissement ne saurait justifier une liquidation s'il n'a pas de répercussion majeure sur le fonctionnement de celui-ci. Par exemple, un magasin ayant pour activité l'équipement des enfants qui abandonne la mode enfantine pour se consacrer uniquement au jouet doit procéder à une déclaration de liquidation. Il en est de même si ce magasin substitue à la vente des jouets la vente d'articles de sports. Dans ce cas, l'inventaire des marchandises à liquider ne doit comporter que des marchandises relevant de l'activité supprimée (Circ. du 16-1-1997 précitée).

d) La **modification substantielle des conditions d'exploitation** suppose la modification du lieu ou de la forme juridique de l'exploitation (Circ. du 16-1-1997 précitée).

En ce qui concerne le **lieu de l'exploitation,** une modification substantielle des conditions d'exploitation doit rendre le local commercial impropre à sa destination, c'est-à-dire empêcher le public d'y accéder totalement ou partiellement. À titre d'exemple, l'interdiction d'accès à l'établissement pour une durée consécutive de huit jours ou la restriction d'accès à l'établissement pour une durée consécutive de quinze jours peuvent justifier une déclaration de liquidation.

Ces contraintes peuvent résulter de travaux à réaliser ou du transfert de l'activité dans un autre local. Lorsqu'il s'agit de travaux, la déclaration est accompagnée d'une copie du devis des travaux envisagés, le cas échéant établi par l'auteur de la déclaration lui-même. De simples travaux de rénovation ne sauraient justifier une opération de liquidation.

La modification de la **forme juridique de l'entreprise** exploitant l'établissement commercial peut constituer une modification substantielle des conditions d'exploitation. En revanche, un simple changement d'enseigne ne constitue pas une modification substantielle, sauf dans l'hypothèse où il est la conséquence de la souscription ou de la rupture d'un contrat de distribution comprenant une clause d'approvisionnement exclusif ou quasi exclusif. À titre d'exemple, un contrat de franchise ainsi souscrit satisferait à cette obligation.

2. DÉCLARATION PRÉALABLE DES LIQUIDATIONS

AUTORITÉ CHARGÉE DE RECUEILLIR LA DÉCLARATION

85230 Les liquidations sont soumises à déclaration préalable auprès du **maire** de la commune dont relève le lieu de la liquidation (C. com. art. L 310-1, al. 2 et R 310-8).

DÉPÔT DE LA DÉCLARATION DE VENTE EN LIQUIDATION

La déclaration préalable de la vente en liquidation doit être adressée par lettre recommandée avec AR, ou remise, au maire de la commune où les opérations de vente sont prévues, **deux mois** au moins avant la date prévue pour le début de la vente (C. com. art. R 310-2, al. 1). **85240**

Le délai de deux mois est toutefois réduit à **cinq jours** lorsque le motif invoqué à l'appui de la déclaration est consécutif à un fait imprévisible de nature à interrompre le fonctionnement de l'établissement (C. com. art. R 310-2, al. 2). Sont constitutifs du « fait imprévisible de nature à interrompre le fonctionnement de l'établissement » notamment le décès d'une personne indispensable au fonctionnement de l'établissement, un incendie, une inondation ou des actes de vandalisme.

CONTENU DE LA DÉCLARATION DE VENTE EN LIQUIDATION

Établie conformément au modèle qui figure à l'annexe 3-1 du livre III du Code de commerce, la **déclaration** de la vente en liquidation doit **mentionner** (C. com. art. A 310-1) : **85250**

– l'identité ou la dénomination sociale du vendeur ;
– le nom, l'adresse et le numéro unique d'identification de l'établissement commercial concerné ;
– le motif (n° 85210), la date de début et la durée de la liquidation.

Elle doit être **signée** par le vendeur ou par une personne ayant qualité pour le représenter.

En outre, elle doit être accompagnée des **documents** suivants (art. A 310-2) :
– toute pièce justifiant, selon le motif de la demande, de la perspective d'une cessation de commerce, d'une suspension saisonnière, d'un changement d'activité ou d'une modification substantielle des conditions d'exploitation et, notamment en cas de prévision de travaux, le ou les devis correspondants ;
– un inventaire détaillé des marchandises concernées par l'opération de liquidation comportant au minimum les renseignements suivants : nature et dénomination précise des articles, quantités, prix de vente, prix d'achat moyen hors taxe ; les produits dont le prix de vente unitaire est inférieur à 5 € peuvent être décrits par lots homogènes ;
– le cas échéant, si la déclaration est faite par un mandataire, une copie de sa procuration.

Le **contenu** de la déclaration est **simplifié** en cas de liquidation collective pour suspension saisonnière d'activité par les commerçants exerçant dans les stations de sports d'hiver situées en zone touristique de montagne (n°s 85300 s.).

> **› Précisions** La pièce justifiant du **motif de la demande** peut être une attestation sur l'honneur ; le devis doit permettre d'apprécier si le fonctionnement de l'établissement commercial sera durablement perturbé par les travaux à entreprendre (Circ. du 16-1-1997 précitée).

DÉLIVRANCE D'UN RÉCÉPISSÉ DE DÉCLARATION DE LA VENTE EN LIQUIDATION

Le maire doit délivrer un récépissé de déclaration de la vente en liquidation dans un **délai** maximal de quinze jours à compter de la réception du dossier complet de ladite déclaration (C. com. art. R 310-3, al. 1). **85260**

Si le **dossier** est **incomplet,** le maire notifie à l'intéressé la liste des pièces manquantes dans un délai de sept jours à compter de sa réception ; à défaut de production des pièces complémentaires dans un délai de sept jours à compter de la réception de la notification des pièces manquantes, la déclaration ne peut pas faire l'objet d'un récépissé (art. R 310-3, al. 1).

Dans le cas de survenance du fait imprévisible mentionné ci-dessus (n° 85240), le maire doit délivrer le récépissé de déclaration dès réception du dossier complet (art. R 310-3, al. 2).

Aucune vente en liquidation ne peut intervenir tant que le **récépissé** de déclaration n'a **pas** été **délivré** par le maire (art. R 310-3, al. 3).

CONTENU DU RÉCÉPISSÉ DE DÉCLARATION DE LA VENTE EN LIQUIDATION

Établi conformément au **modèle** qui figure à l'annexe 3-2 du livre III du Code de commerce, le récépissé de déclaration de la vente en liquidation, qui doit être daté, mentionne (C. com. art. A 310-3) : **85270**

– l'identité ou la dénomination sociale du déclarant ;
– le nom, l'adresse et le numéro unique d'identification de l'établissement commercial concerné par la liquidation ;
– le motif, la date de début et la durée de la liquidation.

INFORMATION DE LA CHAMBRE DE COMMERCE ET D'INDUSTRIE

La chambre de commerce et d'industrie est informée par le **maire** de la vente en liquidation déclarée (C. com. art. R 310-3, al. 4). **85280**

AFFICHAGE DU RÉCÉPISSÉ DE DÉCLARATION DE LA VENTE EN LIQUIDATION

85290 Une copie du récépissé de déclaration, délivrée par la mairie, doit être affichée sur les **lieux de la vente** en liquidation pendant toute la durée de l'opération. Ce document doit être lisible de la voie publique (C. com. art. R 310-4 et A 310-4).

Pour les établissements pratiquant la **vente à distance,** les éléments d'information figurant dans le récépissé (n° 85270) doivent être portés à la connaissance des consommateurs.

RÉGIME SIMPLIFIÉ DE LA LIQUIDATION SAISONNIÈRE COLLECTIVE

85300 **Origine** Les ventes en soldes ne peuvent avoir lieu, par année civile, que durant les périodes fixées par arrêté ministériel (n°s 85050 s.). Au sein d'un même département, les périodes de soldes sont donc identiques pour tous les commerces qui y sont exercés. Or, pour les **commerçants exerçant leur activité dans les stations de sports d'hiver** situées en zone touristique de montagne, la fin de la période des soldes fixée pour le département ne correspond pas obligatoirement avec la fin de la période de leur activité. C'est pourquoi l'administration autorise ces commerçants à procéder à des opérations de liquidation saisonnière collective selon une procédure simplifiée, notamment en ce qui concerne le contenu de la déclaration (Circ. du 20-12-2005).

> **Précisions** La **circulaire** du 20 décembre 2005 a été adoptée sous l'empire du régime antérieur des ventes en liquidation qui imposait de déclarer ces ventes non pas au maire mais au préfet. Ce dispositif est toujours en vigueur, sous réserve que la déclaration de liquidation soit désormais effectuée auprès du maire.

85310 **Modalités** L'opération de liquidation doit être limitée à quinze jours, comme pour toute liquidation due à une suspension saisonnière d'activité (n° 85330) et la date de son début doit être comprise entre le 15 mars et le 30 avril.

Les professionnels qui souhaitent bénéficier de la procédure de liquidation saisonnière collective doivent au préalable en fixer les dates communes et recenser les établissements intéressés de la station.

La déclaration peut être effectuée par un organisme professionnel représentatif, par une association de commerçants ou, à défaut, par l'un des professionnels concernés. À cette déclaration est annexée la liste des commerçants participants, ainsi qu'un inventaire simplifié des marchandises à liquider définies, compte tenu du caractère collectif et saisonnier de l'opération, seulement par leur dénomination. Ces inventaires sont établis par établissement.

Les établissements qui souhaitent procéder à l'écoulement accéléré de leur stock à des dates différentes de celles prévues pour l'opération collective doivent effectuer une déclaration individuelle.

Au cours de la même saison, les deux dispositifs ne sont pas cumulables.

3. DURÉE DE LA LIQUIDATION ET MARCHANDISES PROPOSÉES À LA VENTE

85330 La **durée maximale** d'une opération de liquidation est de deux mois (C. com. art. L 310-1, al. 2). Cette **durée** est **réduite** à quinze jours en cas de liquidation due à une suspension saisonnière d'activité (C. com. art. R 310-5).

Pendant la durée de la liquidation, il est interdit de proposer à la vente d'autres **marchandises** que celles figurant à l'inventaire sur le fondement duquel la déclaration préalable a été déposée (n° 85250) (C. com. art. L 310-1, al. 3).

4. MODIFICATION DES CONDITIONS DE LA LIQUIDATION

DATE DE LA VENTE EN LIQUIDATION

85350 Le report de la date de la vente en liquidation indiquée dans la déclaration (n° 85250) doit faire l'objet d'une information préalable du maire par lettre recommandée avec AR, comportant la justification de ce changement (C. com. art. R 310-6, al. 1). Une copie de cette lettre doit être affichée sur le lieu de vente, au côté de la copie du récépissé de déclaration du dossier initial. Elle doit, comme la copie du récépissé, être visible de la voie publique (C. com. art. A 310-5).

Pour les établissements de vente à distance, la date de la lettre au maire et les motifs du report sont portés à la connaissance des consommateurs.

Tout report de la date de la vente supérieur à deux mois donne lieu à une nouvelle déclaration (C. com. art. R 310-6, al. 2).

MOTIF DE LA LIQUIDATION

Lorsque l'événement motivant la liquidation (n° 85210) n'est pas intervenu au plus tard dans les six mois qui suivent la déclaration, le déclarant est tenu d'en informer le maire par lettre recommandée avec AR (C. com. art. L 310-1, al. 2 et R 310-6, al. 3). **85360**

5. PUBLICITÉ D'UNE VENTE EN LIQUIDATION

La publicité relative à une vente en liquidation ne peut porter que sur les produits inscrits à l'inventaire fourni en annexe à la déclaration préalable (C. com. art. R 310-7). **85380**

Cette publicité doit **mentionner** (C. com. art. A 310-6) :

– la date du récépissé de déclaration ;

– la nature des marchandises sur lesquelles porte l'opération si celle-ci ne concerne pas la totalité des produits de l'établissement.

Il est interdit d'effectuer une publicité en faveur d'une **vente** en liquidation **non déclarée** (C. consom. art. L 121-22, 1°). **85385**

> **Précisions** Une telle interdiction est, à notre avis, incompatible avec la directive 2005/29/CE du 11 mai 2005 relative aux **pratiques commerciales déloyales** des entreprises vis-à-vis des consommateurs. En effet, la Cour de justice de l'Union européenne a jugé qu'était incompatible avec ce texte la réglementation autrichienne interdisant l'annonce d'une vente en liquidation non autorisée par l'administration (CJUE 17-1-2013 aff. 206/11 : RJDA 4/13 n° 308).

6. SANCTIONS

SANCTIONS PÉNALES

Amende délictuelle Le fait de procéder à une liquidation sans déclaration préalable (n°s 85230 s.) ou en méconnaissance des conditions d'une vente en liquidation (n°s 85190 s.) est passible d'une amende délictuelle de 15 000 € (C. com. art. L 310-5). **85390**

Le tribunal peut également prononcer l'affichage ou la diffusion de sa décision dans les conditions prévues par l'article 131-35 du Code pénal.

La personne morale déclarée pénalement responsable de l'infraction est passible des peines suivantes (C. com. art. L 310-6) :

– une amende de 75 000 € ;

– l'affichage de la décision prononcée ou la diffusion de celle-ci soit par la presse écrite, soit par tout moyen de communication audiovisuelle.

Amende contraventionnelle Le fait de ne pas avoir affiché le récépissé de déclaration de la vente en liquidation (n° 85290) ou de ne pas avoir mentionné dans une publicité relative à une telle opération les indications exigées par la loi (n° 85380) est passible d'une amende contraventionnelle de 1 500 € (C. com. art. R 310-19). **85395**

La personne morale déclarée pénalement responsable de l'infraction est passible d'une amende contraventionnelle de 7 500 € (C. com. art. R 310-19).

SANCTIONS ADMINISTRATIVES

Tout annonceur qui diffuse ou fait diffuser une **publicité en faveur d'une vente en liquidation non déclarée** est passible d'une amende administrative d'un montant maximal de 15 000 € pour une personne physique et 75 000 € pour une personne morale. L'amende est prononcée dans les conditions prévues aux articles L 522-1 et suivants du Code de la consommation (n°s 79630 s.) (C. consom. art. L 132-24). **85400**

SANCTIONS CIVILES

Le professionnel qui procède à une vente en liquidation illicite peut être condamné au versement de dommages-intérêts pour **concurrence déloyale** car une telle opération, réalisée en infraction à la réglementation, cause un préjudice à ceux qui, exerçant la même activité, respectent les dispositions réglementaires (pour une application dans un cas où l'action en responsabilité avait été engagée par un syndicat professionnel, voir Cass. com. 8-7-1997 n° 94-20.701 : RJDA 12/97 n° 1569). **85410**

C. Ventes au déballage

85430 Les ventes au déballage sont soumises à un régime de **déclaration** (C. com. art. L 310-2, I).

1. CHAMP D'APPLICATION DE LA RÉGLEMENTATION

OPÉRATIONS CONCERNÉES

85440 Sont considérés comme ventes au déballage les ventes et rachats de marchandises effectués dans des **locaux** ou sur des **emplacements non destinés à la vente au public** ou au rachat de ces marchandises, ainsi qu'à partir de véhicules spécialement aménagés à cet effet (C. com. art. L 310-2, I-al. 1).

85450 **Lieux de vente concernés** 1° Doivent être considérées comme ventes au déballage les ventes réalisées dans des **espaces, publics ou privés, qui ne sont pas exploités, en vertu d'un titre d'occupation, pour l'exercice d'une activité commerciale** ou artisanale (Circ. du 16-1-1997 réputée abrogée mais conservant selon nous une valeur indicative).

Tel est le cas notamment :
- des ventes réalisées sur la voie publique ou sur le domaine public, dès lors qu'aucun titre d'occupation ne peut destiner durablement l'emplacement à l'exercice d'une activité commerciale ou artisanale ;
- d'une vente réalisée dans un local, propriété d'une collectivité territoriale, temporairement affecté à l'exercice d'une telle activité ;
- des ventes réalisées dans un local ou sur un emplacement privé alors que l'affectation de ces emplacements à l'exercice d'une activité commerciale ou artisanale de vente de marchandises au public n'est pas signalée au registre du commerce et des sociétés ;
- d'une vente réalisée sur un espace qui n'est pas inclus dans la surface destinée à la vente d'un établissement commercial tel que les espaces non affectés à la vente de marchandises dans les établissements commerciaux soumis à autorisation de la commission départementale d'aménagement commercial (parcs de stationnement, réserves, galeries marchandes des centres commerciaux) ;
- d'une vente réalisée dans une usine si le local utilisé ne constitue pas un établissement commercial de l'entreprise organisatrice de la vente.

ILLUSTRATIONS

Constituent une vente au déballage la vente d'articles de vaisselle dans les salons d'un hôtel (CA Paris 22-3-2000, 13e ch. B) ou la vente par un magasin à grande surface d'articles de literie sous un chapiteau installé sur le parking de ce magasin (Cass. crim. 22-2-1993 : RJDA 6/93 n° 489).

En revanche, les ventes réalisées par une association ou un comité d'entreprise dans un local privé accessible aux seuls adhérents ou salariés, et non au public, ne doivent pas être considérées comme des ventes au déballage. Il n'en est autrement que si le nombre d'adhérents, directs ou indirects, et les méthodes de publicité utilisées sont tels que les ventes sont des manifestations publiques (Circ. du 16-1-1997 précitée).

85455 2° Sont considérées comme ventes au déballage les ventes réalisées à partir de **véhicules spécialement aménagés** pour la présentation et la vente au public de marchandises diverses.

Ne constitue donc pas une vente au déballage la seule livraison, devant un camion, de matériel d'outillage commandé par catalogue (CA Riom 26-3-1997 : BID 1998/4 p. 26).

85460 **Nature des marchandises vendues** Les **marchandises** mises en vente peuvent être indifféremment **neuves** ou **d'occasion.**

Ainsi, les brocantes, « foires à tout » et opérations « vide-grenier » entrent dans le champ d'application de la réglementation.

> **Précisions** Les organisateurs de manifestations ayant lieu dans un lieu public ou ouvert au public au cours desquelles sont vendus des **objets mobiliers usagés** sont tenus de remplir, jour par jour, un **registre permettant l'identification des vendeurs** (C. pén. art. 321-7, al. 2). Ce registre doit être coté et paraphé par le commissaire de police ou, à défaut, par le maire de la commune du lieu de la manifestation. Il est tenu à la disposition des services de police et de gendarmerie, des services fiscaux, des douanes ainsi que des services de la concurrence, de la consommation et de la répression des fraudes pendant toute la durée de la manifestation. Au terme de celle-ci et au plus tard dans un délai de huit jours, il est déposé à la préfecture ou à la sous-préfecture du lieu de la manifestation (C. pén. art. R 321-10).

OPÉRATIONS EXCLUES DE LA RÉGLEMENTATION DES VENTES AU DÉBALLAGE

Les dispositions relatives à la vente au déballage ne sont pas applicables aux **professionnels** 85470
(C. com. art. L 310-2, II) :
– qui effectuent, dans une ou plusieurs communes, des **tournées de ventes à domicile** de produits de consommation courante ;
– qui réalisent des ventes définies par l'article L 320-2 du Code de commerce relatif aux **enchères publiques** (cas notamment des ventes prescrites par la loi ou effectuées par autorité de justice, des ventes après décès, liquidation judiciaire ou cessation de commerce, ainsi que des ventes à cri public des comestibles et objets de peu de valeur) ;
– qui justifient d'une **permission de voirie ou d'un permis de stationnement pour les ventes réalisées sur la voie publique** (par exemple, professionnel exploitant un véhicule spécialement aménagé pour la vente de marchandises qui justifie d'un permis de stationnement).

De même, les dispositions relatives aux ventes au déballage ne s'appliquent pas aux **organisateurs** de (art. L 310-2, III) :
– **manifestations commerciales** comportant des ventes de marchandises au public dans un **parc d'expositions,** dès lors que ces manifestations ont été déclarées ;
– manifestations commerciales qualifiées de « **salons professionnels** » ne se tenant pas dans un parc d'expositions, dès lors que ces salons professionnels ont fait l'objet d'une déclaration ;
– **fêtes foraines et manifestations agricoles** lorsque seuls des producteurs ou des éleveurs y sont exposants.

2. DURÉE DE LA VENTE AU DÉBALLAGE

Les ventes au déballage ne peuvent excéder **deux mois par année civile** dans un même 85490
local, sur un même emplacement ou dans un même arrondissement (C. com. art. L 310-2, I-al. 2).

La durée de la vente au déballage est donc calculée du 1er janvier au 31 décembre, interdisant tout **report d'une période** qui n'aurait pas été utilisée sur une année civile, mais permettant cependant de totaliser une période de quatre mois allant du 1er novembre d'une année au 28 février de l'année suivante (Rapport AN n° 2787 p. 101 relatif à la loi 96-603 du 5-7-1996).

D'après nos informations, la **période** de deux mois par année civile peut être **fractionnée,** mais l'organisateur doit alors déposer une déclaration pour chacune des ventes au déballage projetées.

La déclaration devant obligatoirement indiquer la date de début et la date de fin de la vente, le **décompte** du délai de deux mois s'effectue, à notre avis, en prenant en compte tous les jours compris dans cette période, même si le vendeur n'envisage pas d'utiliser certains jours, par exemple les dimanches.

Les **ventes au déballage de fruits et légumes frais** effectuées en période de crise conjoncturelle ne sont pas prises en compte pour le calcul de la limite de deux mois (C. com. art. L 310-2, I-al. 2). En effet, le caractère exceptionnel de ces ventes (quelques week-ends par an au maximum) justifie qu'elles ne soient pas décomptées, d'autant que leur déclenchement est étroitement encadré par le Code de commerce et par le Code rural et de la pêche maritime qui fixe les conditions de crise conjoncturelle.

3. DÉCLARATION PRÉALABLE DE LA VENTE AU DÉBALLAGE

AUTORITÉ CHARGÉE DE RECUEILLIR LA DÉCLARATION

Les ventes au déballage font l'objet d'une déclaration préalable auprès du **maire** de la 85510
commune dont dépend le lieu de la vente (C. com. art. L 310-2, I-al. 2).

DÉPÔT DE LA DÉCLARATION DE VENTE AU DÉBALLAGE

Principe La déclaration est adressée par l'organisateur par lettre recommandée avec AR 85520
ou remise contre récépissé au maire de la commune dans laquelle l'opération de vente est prévue, dans les **délais** suivants (C. com. art. R 310-8, I) :
– dans les mêmes délais que la demande d'autorisation d'occupation temporaire du domaine public et concomitamment à celle-ci, lorsque la vente est prévue sur le domaine public et que le maire est l'autorité compétente pour délivrer l'autorisation ; en pratique, cette hypothèse vise les déclarations déposées par les particuliers, puisque les professionnels qui effectuent des ventes au déballage sur le domaine public et qui justifient à ce titre d'une permission de voirie ou de stationnement sont dispensés d'en effectuer la déclaration préalable (n° 85470) ;

– dans les autres cas, quinze jours au moins avant la date prévue pour le début de la vente ; pour apprécier le respect du délai imparti pour adresser la déclaration, il faut tenir compte de la date d'envoi de la lettre recommandée et non de la date de sa réception par le maire.

Une **copie de la déclaration** doit être adressée concomitamment à l'autorité administrative chargée de la concurrence et de la consommation dans le département du lieu de vente (C. com. art. L 310-2, I-al. 2).

85530 **Exception pour les ventes au déballage de fruits et légumes frais** Les délais indiqués au n° 85520 ne sont pas applicables aux ventes au déballage de fruits et légumes frais effectuées en période de crise conjoncturelle constatée en application de l'article L 611-4 du Code rural et de la pêche maritime, ou en prévision de celle-ci, dans le but de favoriser, par un déstockage rapide, la régularisation des cours du marché ; ces ventes peuvent être réalisées sans délai, par décision conjointe des ministres du commerce et de l'agriculture et ce, après consultation par le ministre de l'agriculture de l'organisation interprofessionnelle compétente (C. com. art. R 310-8, II). D'après nos informations, la déclaration demeure néanmoins obligatoire.

CONTENU DE LA DÉCLARATION DE VENTE AU DÉBALLAGE

85540 La déclaration préalable de vente au déballage doit être établie conformément au modèle fixé par l'arrêté ECEA0829500A du 9 janvier 2009. En particulier, elle doit indiquer les caractéristiques de la vente, notamment l'adresse détaillée du lieu de la vente (terrain privé, galerie marchande, parking d'un magasin de commerce de détail, etc.), le caractère neuf ou d'occasion des marchandises vendues, la nature de ces marchandises, les dates de début et de fin de la vente, la durée en jours de celle-ci.

La déclaration doit être signée par le vendeur ou l'organisateur ou par une personne ayant qualité pour le représenter ; en outre, elle doit être accompagnée d'un justificatif de l'identité du déclarant (Arrêté du 9-1-2009 art. 1 et 2).

> **Précisions** Dans les huit jours au moins avant le début de la vente, le **déclarant** doit être **informé** par le maire du montant de la sanction encourue en cas de dépassement de la durée maximale de deux mois imposée à une vente au déballage (n° 85490), soit une amende contraventionnelle de 1 500 € (n° 85600) (C. com. art. R 310-8, I-al. 4).

4. PUBLICITÉ D'UNE VENTE AU DÉBALLAGE

85560 Il est interdit d'effectuer une publicité en faveur d'une **vente** au déballage **non déclarée** (C. consom. art. L 121-22, 1°).

Sur la validité de cette interdiction, voir n° 85385.

5. VENTES AU DÉBALLAGE PAR LES PARTICULIERS

85580 Afin de freiner le développement anarchique des opérations de « vide-grenier » – certaines personnes exerçant cette activité à titre « semi-professionnel », sans respecter les règles sociales et fiscales imposées aux commerçants –, la loi autorise les particuliers non inscrits au registre du commerce et des sociétés à participer à des ventes au déballage en vue de vendre exclusivement des objets personnels et usagés deux fois par an au plus (C. com. art. L 310-2, I-al. 3).

Ces ventes sont contrôlées au moyen du registre d'identification des vendeurs prévu à l'article 321-7, al. 2 du Code pénal (voir n° 85460), ce registre devant comprendre, pour les participants non professionnels, une attestation sur l'honneur de non-participation à deux autres manifestations de même nature au cours de l'année civile (C. com. art. R 310-9).

En dehors de cette contrainte liée au nombre de ventes autorisées, les particuliers sont soumis à la même obligation de déclaration préalable que les professionnels.

6. SANCTIONS

SANCTIONS PÉNALES

85590 **Amende délictuelle** Le fait de procéder à une vente au déballage sans déclaration (n°s 85510 s.) ou en méconnaissance de cette déclaration est passible d'une amende délictuelle de 15 000 € (C. com. art. L 310-5).

Le tribunal peut également prononcer l'affichage ou la diffusion de sa décision dans les conditions prévues par l'article 131-35 du Code pénal.

La personne morale déclarée pénalement responsable de l'infraction est passible des peines suivantes (C. com. art. L 310-6) :
– une amende de 75 000 € ;
– l'affichage de la décision prononcée ou la diffusion de celle-ci soit par la presse écrite, soit par tout moyen de communication audiovisuelle.

> **Précisions** **a.** Le délit de vente au déballage sans déclaration n'est imputable, à titre d'**auteur principal,** qu'à la personne qui procède à la vente. Ainsi, une association de commerçants qui donne en location le mail de la galerie marchande d'un centre commercial pour les besoins d'une vente au déballage qui se déroule sans déclaration ne peut pas être condamnée en tant qu'auteur de ce délit (en ce sens, Cass. crim. 29-4-2003 n° 2253 : RJDA 10/03 n° 937, décision rendue sous l'empire de l'ancienne réglementation mais transposable à la réglementation actuelle). L'association pourrait en revanche être condamnée pour complicité de l'infraction.
> **b.** Pour que le **délit** de vente au déballage sans déclaration soit **constitué,** il n'est pas nécessaire qu'une vente ait été effectivement constatée, il suffit que des marchandises aient été proposées à la vente dans de telles conditions (en ce sens, Cass. crim. 29-11-2000 n° 00-83.886 : RJDA 5/01 n° 576).

Possibilité d'une amende forfaitaire L'action publique peut être éteinte, y compris en cas de récidive, par le versement d'une amende forfaitaire de 200 € (1 000 € pour une personne morale, en application de l'article 131-38 du Code pénal), dans les conditions prévues aux articles 495-17 à 495-25 du Code de procédure pénale relatifs à l'amende forfaitaire délictuelle. Le montant de l'amende forfaitaire minorée est de 150 € (750 € pour une personne morale) et celui de l'amende forfaitaire majorée de 450 € (2 250 € pour une personne morale) (C. com. art. L 310-5, al. 10 issu de loi 2023-22 du 24-1-2023). **85595**

> **Précisions** **a.** Le recours à l'amende forfaitaire délictuelle, forme de transaction pénale qui éteint l'action publique, a été créé par la loi du 18 novembre 2016 de modernisation de la justice du XXIe siècle. Il permet d'apporter une réponse pénale simplifiée à travers la **sanction rapide** du contrevenant pour certains délits qui ont en commun d'être aisément « objectivables », c'est-à-dire simples d'analyse (par exemple, conduite sans permis ou sans assurance, ou encore abandon ou dépôt illicite de déchets). La vente à la sauvette étant déjà passible d'une telle amende (C. pén. art. 446-1), le législateur a souhaité qu'une vente au déballage irrégulière le soit aussi (Rapport AN n° 436 relatif à la loi 2023-22 précitée). L'amende forfaitaire n'est qu'une faculté : en fonction de la politique pénale locale et des circonstances de chaque espèce, le procureur de la République peut toujours engager des poursuites devant le tribunal.
> **b.** L'**amende** forfaitaire doit être **acquittée** dans les 45 jours qui suivent la constatation de l'infraction ou, si l'avis d'infraction est ultérieurement envoyé à l'intéressé, dans les 45 jours qui suivent cet envoi, à moins que l'intéressé ne formule dans le même délai une requête tendant à son exonération auprès du service indiqué dans l'avis d'infraction (CPP art. 495-18, al. 1). L'**amende** est **minorée** si l'auteur de l'infraction paie l'amende soit entre les mains de l'agent verbalisateur au moment de la constatation de l'infraction, soit dans un délai de 15 jours à compter de celle-ci ou, si l'avis d'infraction est ultérieurement envoyé à l'intéressé, dans un délai de 15 jours à compter de cet envoi (CPP art. 495-18, al. 2). En revanche, à défaut de paiement ou d'une requête présentée dans le délai de 15 jours, l'**amende** est **majorée** de plein droit (CPP art. 495-18, al. 3).

Amende contraventionnelle Le fait de réaliser une vente au déballage sans respecter la durée maximale de deux mois fixée par la réglementation (n° 85490) est passible d'une amende contraventionnelle de 1 500 € (C. com. art. R 310-19). **85600**

La personne morale déclarée pénalement responsable de l'infraction est passible d'une amende de 7 500 € (C. com. art. R 310-19).

SANCTIONS ADMINISTRATIVES

Tout annonceur qui diffuse ou fait diffuser une **publicité en faveur d'une vente au déballage non déclarée** (n° 85560) est passible d'une amende administrative d'un montant maximal de 15 000 € pour une personne physique et 75 000 € pour une personne morale. L'amende est prononcée dans les conditions prévues aux articles L 522-1 et suivants du Code de la consommation (n°s 79630 s.) (C. consom. art. L 132-24). **85605**

SANCTIONS CIVILES

Le professionnel qui procède à une vente au déballage irrégulière peut être condamné au versement de dommages-intérêts pour **concurrence déloyale** car une telle opération, réalisée en infraction à la réglementation, cause un préjudice à ceux qui, exerçant la même activité, respectent cette réglementation (pour une application dans un cas où l'action en responsabilité avait été engagée par un syndicat professionnel à l'occasion d'une vente en liquidation irrégulière, voir Cass. com. 8-7-1997 n° 94-20.701 : RJDA 12/97 n° 1569). **85610**

D. Ventes en magasins d'usine

ENCADREMENT DE LA DÉNOMINATION DE MAGASIN OU DE DÉPÔT D'USINE

85620 La dénomination de magasin ou de dépôt d'usine ne peut être utilisée que par les producteurs vendant directement au public la partie de leur production non écoulée dans le circuit de distribution ou faisant l'objet de retour. Ces ventes directes concernent exclusivement les productions de la saison antérieure de commercialisation, justifiant ainsi une vente à prix minoré (C. com. art. L 310-4).

CONTRÔLES

85630 Tout producteur vendant directement au public une partie de sa production sous l'une de ces dénominations doit tenir à la disposition des agents habilités à opérer des contrôles les pièces justifiant de l'origine et de la date de fabrication des produits faisant l'objet de ces ventes directes au public (C. com. art. R 310-18).

Les pièces justifiant de l'origine et de la date de fabrication des produits sont, notamment, les factures, les documents comptables, les bordereaux de commande ou de livraison, l'étiquetage des produits et les catalogues (Circ. du 16-1-1997 précitée).

SANCTIONS

85640 Le fait d'utiliser la dénomination « magasin d'usine » ou « dépôt d'usine » en méconnaissance de la loi (n° 85620) est passible d'une amende délictuelle de 15 000 € (C. com. art. L 310-5). Le tribunal peut prononcer l'affichage ou la diffusion de sa décision dans les conditions prévues par l'article 131-35 du Code pénal.

La personne morale déclarée pénalement responsable de l'infraction est passible des peines suivantes (C. com. art. L 310-6) :

– une amende de 75 000 € ;

– l'affichage de la décision prononcée ou la diffusion de celle-ci soit par la presse écrite, soit par tout moyen de communication audiovisuelle.

E. Répression des infractions

INFRACTIONS À LA RÉGLEMENTATION DES SOLDES, LIQUIDATIONS, VENTES AU DÉBALLAGE ET EN MAGASINS D'USINE

85670 Les infractions à la réglementation des soldes, liquidations, ventes au déballage ou en magasin d'usine peuvent être recherchées et constatées par les agents de la concurrence, de la consommation et de la répression des fraudes dans les conditions fixées par les articles L 450-1, L 450-2, L 450-3, L 450-7 et L 450-8 du Code de commerce (en particulier, pouvoir de visiter les locaux professionnels et d'obtenir la communication de documents) (C. com. art. L 310-6-1, al. 1). Pour plus de détails, voir nos 77000 s.

85675 Tant que l'action publique n'a pas été mise en mouvement, l'autorité administrative chargée de la concurrence et de la consommation peut proposer à l'auteur de l'infraction une transaction (C. com. art. L 310-6-1, al. 2). Sur les modalités de cette procédure, voir nos 78120 s.

PUBLICITÉ EN FAVEUR D'UNE VENTE EN LIQUIDATION OU AU DÉBALLAGE NON DÉCLARÉE

85680 La répression des publicités illicites s'effectue dans les conditions fixées aux articles L 511-1 et suivants du Code de la consommation (voir nos 78600 s.).

TRANSPARENCE DANS LA RELATION COMMERCIALE ET PRATIQUES ABUSIVES

SOMMAIRE

CONTENU DU DISPOSITIF

86000 Schématiquement, le dispositif législatif exposé dans les développements qui suivent, applicable **notamment** aux **négociations commerciales entre fournisseurs, grossistes et distributeurs,** repose en particulier sur :
– l'obligation pour le vendeur de communiquer ses conditions générales de vente (CGV) à l'acheteur qui en fait la demande, ces CGV constituant alors le socle de la négociation commerciale ;
– l'obligation pour les fournisseurs, grossistes et distributeurs de formaliser le résultat de la négociation commerciale, et donc le plan d'affaires, dans une convention dite « unique » dont le contenu est réglementé ;
– l'obligation de fixer les conditions des « nouveaux instruments promotionnels » (NIP) dans des contrats de mandat ;
– l'interdiction de certaines pratiques commerciales abusives (dites aussi « pratiques restrictives de concurrence »), telles que l'obtention d'un avantage sans contrepartie ou la soumission à un déséquilibre significatif dans les droits et obligations des parties, cette interdiction étant accompagnée de la possibilité pour le ministre de l'économie de faire cesser ces pratiques et demander le prononcé d'une lourde amende civile.

Les **produits agricoles et alimentaires** font l'objet de dispositions particulières. Les **relations en amont,** entre producteurs agricoles et premiers acheteurs, sont régies par le Code rural et de la pêche maritime, tandis que les **relations en aval,** entre acheteurs (industriels de l'agroalimentaire) et distributeurs, sont régies par le Code de commerce. En particulier, les contrats entre les producteurs agricoles et leurs premiers acheteurs sont encadrés, les conditions générales de vente doivent satisfaire à une obligation de transparence renforcée et le résultat de la négociation commerciale entre fournisseur et acheteur de ces produits doit être formalisé dans une convention unique spécifique dont le contenu est réglementé.

L'ensemble des règles en vigueur sont le résultat notamment de trois réformes successives en cinq ans (Loi Egalim 1 du 30-10-2018 ; Loi Egalim 2 du 18-10-2021 ; Loi Egalim 3 du 30-3-2023) destinées essentiellement, pour les deux premières, à préserver le revenu des agriculteurs et, pour la troisième, à rééquilibrer le rapport de force entre les fournisseurs de produits de grande consommation et les distributeurs.

Par ailleurs, un règlement européen encadre les relations commerciales entre les **plateformes de vente en ligne** ou les moteurs de recherche et les **vendeurs utilisateurs** de leurs services.

RÈGLES GÉNÉRALES APPLICABLES AU TITRE IV DU LIVRE IV DU CODE DE COMMERCE

86010 **Champ d'application territorial et caractère d'ordre public** Les dispositions des chapitres I, II et III du titre IV du livre IV du Code de commerce relatives, pour ce qui concerne les développements qui suivent, aux conditions générales de vente, à la négociation et à la formalisation de la relation commerciale, à l'encadrement des pénalités logistiques, aux pratiques commerciales abusives et aux produits agricoles et denrées alimentaires s'appliquent à toute convention entre un fournisseur et un acheteur portant sur des **produits ou** des **services commercialisés sur le territoire français.** Ces dispositions sont d'**ordre public** (C. com. art. L 444-1 A issu de loi 2023-221 du 30-3-2023).

L'intention du législateur « est de considérer ces dispositions comme des **lois de police,** tout en laissant le soin aux **juges** de les consacrer effectivement comme telles, conformément à la pratique juridique » (Rapport Sén. n° 326 relatif à la loi 2023-221). Rappelons que l'article 9 du règlement (CE) 593/2008 du 17 juin 2008 sur la loi applicable aux obligations contractuelles, dit « règlement Rome I », prévoit qu'une loi de police « est une disposition impérative dont le respect est jugé crucial par un pays pour la sauvegarde de ses intérêts publics, tels que son organisation politique, sociale ou économique, au point d'en exiger l'**application à toute situation** entrant dans son champ d'application, **quelle que soit par ailleurs la loi applicable au contrat** » en application du règlement Rome I. La notion de loi de police doit être interprétée strictement (CJUE 17-10-2013 aff. 184/12, Unamar, pt 49).

En matière de pratiques commerciales abusives, la Cour de cassation a jugé que l'article L 442-1, I-2° du Code de commerce relatif à l'interdiction de soumission à un déséquilibre significatif entre les parties (n°s 87770 s.) et l'article L 442-3, b du même Code stipulant la nullité des clauses ou contrats prévoyant la possibilité de bénéficier automatiquement des conditions plus favorables consenties par le cocontractant (n° 88800) constituent des lois de police dont l'application, conformément tant à l'article 9 du règlement Rome I précité qu'à l'article 16 du règlement (CE) 864/2007 du 11 juillet 2007 sur la loi applicable aux obligations non contractuelles (règlement Rome II), s'impose au juge saisi, sans qu'il soit besoin de rechercher la règle de conflits de lois conduisant à la détermination de la loi applicable. Les éléments qui justifient cette solution sont, d'une part, l'existence d'un régime spécifique commun aux délits civils prévus par les articles L 442-1 à L 442-3 du Code de commerce, d'autre part, l'intervention, prévue à l'article L 442-4 du Code de commerce, du ministre de l'économie pour la défense de l'ordre public (nos 88910 s.) et, enfin, l'importance que les pouvoirs publics accordent à ces dispositions, de sorte que leur respect est crucial pour la préservation d'une certaine égalité des armes et loyauté entre partenaires économiques et qu'elles s'avèrent indispensables pour l'organisation économique et sociale de la France (Cass. com. 8-7-2020 n° 17-31.536 FS-PB : RJDA 2/21 n° 127, solution rendue sur le fondement de l'ancien article L 442-6 du Code de commerce mais transposable). Rendue dans une affaire où l'action était introduite par le ministre de l'économie, cette décision, qui se fonde sur les pouvoirs spécifiques du ministre en cas de pratique commerciale abusive, conduit à s'interroger sur le point de savoir si le principe ainsi énoncé aura vocation à s'appliquer lorsque l'action sera introduite par l'une des parties, personne privée, ou lorsque d'autres dispositions des articles L 442-1 à L 442-3 du Code de commerce seront mises en œuvre, en particulier celle relative à la rupture brutale de relations commerciales établies (nos 88000 s.).

En-dehors d'un contexte international, dès lors que les dispositions du titre IV du livre IV du Code de commerce sont d'**ordre public,** les parties ne peuvent pas y déroger.

Compétence des tribunaux en cas de litige international Tout litige portant sur l'application des dispositions citées n° 86010 relève de la compétence exclusive des tribunaux français, sous réserve du respect du droit de l'Union européenne et des traités internationaux ratifiés ou approuvés par la France et sans préjudice du recours à l'arbitrage (C. com. art. L 444-1 A issu de loi 2023-221 du 30-3-2023). **86015**

Cette compétence s'applique notamment à l'action du ministre lorsqu'il agit pour faire reconnaître, sanctionner et cesser des pratiques commerciales abusives commises par une société située dans un État membre de l'Union européenne, dès lors que les règles de compétence judiciaire du règlement Bruxelles I bis ne sont pas applicables à son action (CJUE 22-12-2022 aff. 98/22, Eurelec : RJDA 4/23 n° 234).

SECTION 1

TRANSPARENCE DANS LA RELATION COMMERCIALE

I. DISPOSITIONS RELATIVES AUX CONDITIONS GÉNÉRALES DE VENTE (CGV)

A. Obligation de communication des CGV

PRINCIPE : COMMUNICATION À LA DEMANDE

L'établissement de conditions générales de vente n'est pas obligatoire. En revanche, toute **personne** exerçant des **activités de production, de distribution ou de services** qui établit des CGV est tenue de les communiquer à tout acheteur qui en fait la **demande pour une activité professionnelle** (C. com. art. L 441-1, II-al. 1), que l'acheteur soit grossiste ou détaillant, déjà client ou non du fournisseur. Cette communication s'effectue par tout moyen constituant un support durable (art. précité). **86100**

Cette règle est applicable aux **grossistes** ayant établi des CGV (C. com. art. L 441-1-2, III issu de loi 2023-221 du 30-3-2023). Le grossiste est **défini** comme « toute personne physique ou morale qui, à des fins professionnelles, achète des produits à un ou plusieurs fournisseurs et les revend, à titre principal, à d'autres commerçants, grossistes ou détaillants, à des transformateurs ou à tout autre professionnel qui s'approvisionne pour les besoins de son activité » (art. L 441-1-2, I-al. 1). Sont assimilées à des grossistes les centrales d'achat ou de référencement de grossistes. En revanche, sont exclus de cette notion les entreprises ou les groupes de personnes physiques ou morales exploitant, directement ou indirectement, un ou plusieurs magasins de commerce de détail ou intervenant dans le secteur de la distribution comme centrale d'achat ou de référencement pour des entreprises de commerce de détail (art. L 441-1-2, I-al. 2).

La communication des CGV à la demande d'un acheteur n'est imposée que si des CGV ont été établies (art. précités). L'**absence de CGV préétablies** peut donc légitimer un refus de communication lorsqu'elles ont été demandées. Cette règle est favorable aux entreprises dont l'activité est incompatible avec le préétablissement de CGV.

En ce qui concerne la communication des conditions générales de vente catégorielles et des conditions particulières de vente, voir respectivement n°s 86360 et 86370.

> **Précisions** Un fournisseur n'est pas tenu de communiquer ses CGV à un **concurrent** qui en fait la demande, à moins que ce concurrent ne démontre que celle-ci a pour objet de lui passer éventuellement des commandes de produits ou services (Cass. com. 1-6-1999 : RJDA 8-9/99 n° 1019). Il peut également refuser la communication de ses CGV à des revendeurs hors réseau, ceux-ci ne pouvant pas prétendre devenir acheteurs des produits contractuels (CA Paris 19-10-2016 n° 14/07956 : AJ Contrat 2016 p. 548 obs. L. Constantin).

DÉLAIS DE COMMUNICATION DES CGV EN CAS DE CONVENTION DITE « UNIQUE »

86105 **Convention unique entre un fournisseur et un distributeur** Dans le cas où une convention unique doit être établie pour formaliser le résultat de la négociation commerciale entre un fournisseur et un distributeur ou prestataire de services (nos 86600 s.), les CGV doivent spontanément être communiquées par le fournisseur dans un **délai** fixé par la loi.

1° En cas de conclusion d'une **convention du régime général** entre un fournisseur et un distributeur ou un prestataire de services (nos 86650 s.), les CGV doivent être communiquées dans un « délai raisonnable » avant le 1er mars ou, pour les produits soumis à un cycle de commercialisation particulier, avant le point de départ de la période de commercialisation (C. com. art. L 441-3, V). Le « délai raisonnable » n'est pas défini, mais il est nécessairement compris entre le 1er décembre et le 1er mars, compte tenu de la date prévue pour la communication des CGV concernant les produits de grande consommation (voir ci-dessous). Il est évident que plus la notification d'un refus sera proche de la date du 1er mars, moins elle sera considérée comme ayant été faite dans un délai raisonnable.

2° En cas de conclusion d'une « **convention produits de grande consommation** » entre un fournisseur et un distributeur ou un prestataire de services (nos 86940 s.), les CGV doivent être communiquées au distributeur ou prestataire de services au plus tard trois mois avant la date butoir du 1er mars, c'est-à-dire avant le 1er décembre de l'année N – 1, ou, pour les produits soumis à un cycle de commercialisation particulier, deux mois avant le point de départ de la période de commercialisation (C. com. art. L 441-4, VI). Le distributeur ou le prestataire de services dispose d'un délai raisonnable à compter de la réception des CGV pour motiver explicitement et de manière détaillée par écrit son refus de ces dernières ou son acceptation ou, le cas échéant, les dispositions des CGV qu'il souhaite soumettre à la négociation (art. précité). Cette obligation de notification par écrit renforce le principe de primauté des CGV en tant que socle unique de la négociation commerciale (sur ce principe, n° 86320).

Pour ce qui concerne la **communication des CGV de produits alimentaires,** voir n° 89560.

86110 **Convention unique entre un fournisseur et un grossiste ou entre un grossiste et un distributeur** Lorsqu'une convention unique doit être établie pour formaliser le résultat de la négociation commerciale soit entre un fournisseur et un grossiste, soit entre un grossiste et un distributeur ou prestataire de services (C. com. art. L 441-3-1, I-al. 1 issu de loi 2023-221 du 30-3-2023), les CGV doivent être communiquées dans un « délai raisonnable » avant le 1er mars ou, pour les produits soumis à un cycle de commercialisation particulier, avant le point de départ de la période de commercialisation (art. L 441-3-1, V issu de loi 2023-221).

B. Contenu obligatoire des CGV

CONTENU MINIMAL

Les CGV doivent comprendre notamment les **conditions de règlement,** ainsi que les **éléments de détermination du prix** tels que le barème des prix unitaires et les éventuelles réductions de prix (C. com. art. L 441-1, I : CGV générales ; art. L 441-1-2, II issu de loi 2023-221 du 30-3-2023 : CGV grossistes). **86210**

Le terme « notamment » conduit à penser que le contenu imposé par la loi est un contenu minimal et que rien n'empêche l'introduction d'autres éléments, tels que les **conditions de vente.** Celles-ci correspondent aux conditions « juridiques » de la vente (par opposition aux conditions tarifaires) et ont trait notamment aux conditions de :

- livraison (délais et coût) ;
- transfert de propriété et, en particulier, de transfert des risques ;
- garantie ;
- retour de la marchandise.

ATTENTION

Les **CGV des produits alimentaires** et des produits destinés à l'alimentation des animaux de compagnie doivent satisfaire à des dispositions spécifiques, l'objectif étant d'assurer une plus grande transparence du prix des matières premières agricoles et du prix des produits transformés composés de plus de 50 % de matières premières agricoles entrant dans la composition de ces produits (C. com. art. L 441-1-1). Voir n°s 89520 s.

INDICATION DU BARÈME DES PRIX UNITAIRES DANS LES CGV

Prix hors taxe La date d'application et la durée de **validité** des barèmes de prix sont fixées librement. **86220**

La loi ne précise pas si les **prix** unitaires s'entendent **hors taxe.** Par souci de cohérence avec les règles de facturation qui imposent l'indication d'un prix unitaire hors taxe (règles fiscales) ou hors TVA (règles économiques) (C. com. art. L 441-9), il est préférable d'adopter un barème comportant des prix de base hors taxe, tels qu'ils apparaîtront sur la facture (Avis CEPC n° 09-13 du 9-12-2009).

> Précisions Une **éco-contribution** constitue un élément du prix de revient au même titre que d'autres coûts de production. Elle est à ce titre incorporée dans le prix de vente hors TVA du produit. Si le fournisseur souhaite que l'assiette des réductions de prix n'intègre pas d'éco-contribution, il doit le préciser clairement dans les documents précontractuels et contractuels qu'il émet ou signe et être en capacité de déterminer préalablement les montants d'éco-contributions à déduire (Avis CEPC n° 09-13 précité).

Prix d'un service non déterminé « a priori » Lorsque le prix d'un service ou d'un type de service ne peut pas être déterminé « a priori » ou indiqué avec exactitude, le prestataire de services doit communiquer au destinataire qui en fait la demande la **méthode de calcul du prix** permettant de vérifier ce dernier, ou un **devis** suffisamment détaillé (C. com. art. L 441-1, III-al. 3 : CGV générales ; art. L 441-1-2, IV-al. 3 issu de loi 2023-221 du 30-3-2023 : CGV grossistes). Sont notamment visées les prestations offertes par certaines professions libérales, tels les avocats et les experts-comptables. **86230**

INDICATION DES RÉDUCTIONS DE PRIX DANS LES CGV

Les CGV doivent faire apparaître les éventuelles réductions de prix dont tout acheteur peut bénéficier (C. com. art. L 441-1, I : CGV générales ; art. L 441-1-2, II issu de loi 2023-221 du 30-3-2023 : CGV grossistes), qu'il s'agisse de rabais, de remises ou de ristournes. **86250**

Un **rabais** est toute réduction de prix à caractère commercial accordée en cas de défaut de qualité, de retard de livraison ou de non-conformité de la commande. Une **remise** est une réduction de prix immédiate sur le prix d'un bien ou d'un service. Une **ristourne** est un remboursement au client d'une partie de la somme qu'il a déjà payée ; elle est généralement accordée périodiquement en fonction de la réalisation des objectifs qui conditionnent son versement.

Les remises et ristournes peuvent être à **caractère quantitatif** (par exemple, réductions de prix liées à la progression du chiffre d'affaires ou remise d'assortiment) **ou qualitatif,** c'est-à-dire, dans ce dernier cas, liées à la prise en charge par le client d'une fonction distributive particulière (service après-vente, par exemple) ou de certaines prestations incombant normalement au fournisseur (marquage des produits notamment). À noter que les produits fournis gratuitement par le vendeur peuvent s'analyser comme des réductions de prix à caractère quantitatif.

ATTENTION

L'objet de la communication des CGV imposée par la loi est très large puisqu'un fournisseur qui accorde des **réductions de prix à titre occasionnel** à certains de ses distributeurs à l'occasion de campagnes de promotion de certains produits ne peut pas valablement refuser de communiquer le détail de ces réductions de prix à un autre distributeur ; un tel refus constitue un trouble manifestement illicite et le demandeur peut demander la communication de ces éléments auprès du juge des référés (Cass. com. 27-2-1990 n° 88-12.189 : Bull. civ. IV n° 59).

MENTION DES CONDITIONS DE RÈGLEMENT DANS LES CGV

86260 Les CGV doivent faire apparaître les conditions de règlement (C. com. art. L 441-1, I : CGV générales ; art. L 441-1-2, II issu de loi 2023-221 du 30-3-2023 : CGV grossistes).

La loi n'impose pas l'indication du **délai de paiement** mais cette mention est fortement conseillée. Le délai indiqué dans les CGV doit alors respecter les plafonds fixés par la loi pour les délais de paiement conventionnels (C. com. art. L 441-10, I-al. 2 à 4). Si aucun délai de paiement n'est indiqué dans les CGV, c'est le délai de règlement supplétif « de droit commun » qui s'appliquera (art. L 441-10, I-al. 1) ou les délais de paiement impératifs sectoriels (art. L 441-11).

Les conditions de règlement doivent préciser les conditions d'application et le taux d'intérêt des **pénalités de retard** exigibles le jour suivant la date de règlement figurant sur la facture, ainsi que le montant de l'**indemnité forfaitaire pour frais de recouvrement** due au créancier dans le cas où les sommes dues sont réglées après cette date (C. com. art. L 441-10, II).

ATTENTION

L'article D 441-5 du Code de commerce fixe le montant de l'**indemnité forfaitaire** pour frais de recouvrement à 40 €. C'est ce montant qui doit être indiqué dans les CGV ; il n'est pas conforme à la loi de mentionner le montant de l'indemnité par référence au Code de commerce pour éviter d'avoir à modifier la mention en cas d'évolution de ce montant pendant la durée d'exécution du contrat (Liste de questions/réponses DGCCRF de juillet 2013 : www.economie.gouv.fr/dgccrf/nouvelle-indemnite-forfaitaire-pour-frais-recouvrement).

Les **conditions d'escompte** ne doivent figurer dans les conditions de règlement que si elles sont proposées à tous les acheteurs. Si tel n'est pas le cas, leur indication n'est obligatoire que sur la facture (cf. C. com. art. L 441-9).

C. Primauté temporelle des CGV dans le cadre de la négociation

86320 Dès lors que les CGV sont établies, elles constituent le « **socle unique de la négociation commerciale** » (C. com. art. L 441-1, I : CGV générales ; C. com. art. L 441-1-2, IV issu de loi 2023-221 du 30-3-2023 : CGV grossistes), ce qui signifie qu'elles doivent être le point de départ de toute négociation entre le vendeur et l'acheteur.

Elles ne peuvent donc pas être imposées unilatéralement par le vendeur à son client (Note d'information DGCCRF n° 2014-185 du 22-10-2014 ann. IV, réputée abrogée mais conservant selon nous une valeur indicative).

Les **conditions générales d'achat** (CGA) ne peuvent pas davantage être imposées unilatéralement par l'acheteur. Le fait pour un distributeur d'exclure les CGV d'un fournisseur ou d'un grossiste au profit de ses CGA constitue un déséquilibre significatif dans les droits et obligations des parties au détriment de ces derniers (n° 87860). Toutefois, à condition de ne pas créer un tel déséquilibre, les cocontractants peuvent valablement décider, d'un commun accord, d'écarter pour partie les conditions du fournisseur ou grossiste (CEPC, Questions : les abus dans la relation commerciale, 1-1-2009).

Lorsque le fournisseur ou le grossiste ne dispose pas de CGV (sur cette question, voir n° 86100), la négociation peut valablement démarrer à partir des CGA du client (Avis CEPC n° 17-1 du 19-1-2017).

> **Précisions** Le principe de primauté des CGV n'empêche pas qu'un acheteur de produits ou demandeur de prestations de services puisse valablement organiser des **appels d'offres privés** basés sur le modèle des marchés publics dès lors qu'ils ont pour objet de lui permettre d'entrer en contact avec des fournisseurs et que les CGV restent le socle des négociations qui peuvent en résulter (Rapport d'activité de la CEPC pour 2009-2010, ann. 17, fiche pédagogique « La négociation commerciale »).

D. Conditions générales de vente catégorielles et conditions particulières de vente

CONDITIONS GÉNÉRALES DE VENTE CATÉGORIELLES

Les **CGV** peuvent être **différenciées** selon les catégories d'acheteurs de produits ou de prestations de services ; dans ce cas, l'**obligation de communication** des CGV (n° 86100) porte uniquement sur les conditions applicables à la catégorie d'acheteurs dont relève le demandeur (C. com. art. L 441-1, II-al. 2 : CGV générales ; C. com. art. L 441-1-2, III-al. 2 issu de loi 2023-221 du 30-3-2023 : CGV grossistes). **86360**

Un fournisseur (y compris celui ayant un statut de grossiste) peut donc définir par avance plusieurs socles de négociation selon le type de partenaires. Il est responsable de la **définition des catégories,** mais celles-ci doivent répondre à des **critères** objectifs qui permettent de viser tous les opérateurs répondant à ces critères (Cass. com. 29-3-2017 n° 15-27.811 FS-PBI : RJDA 6/17 n° 435, solution implicite ; Rapport d'activité de la CEPC pour 2009-2010 p. 143).

EXEMPLE

La segmentation des CGV d'un industriel pourrait être effectuée selon les catégories suivantes : grossistes ou négociants « B to B » ; grandes surfaces alimentaires ; grandes surfaces de bricolage ; autres grandes surfaces spécialisées (par exemple, dans les produits culturels et électroniques ou les jouets) ; hard discount / soft discount ; cash and carry ; entreprises de vente à distance ; autres types de réseaux de vente spécialisés.

Un fournisseur ne peut refuser à un acheteur la communication des CGV applicables à une catégorie de clientèle que s'il établit, selon ces critères objectifs, que l'acheteur n'appartient pas à la catégorie concernée (Cass. com. 29-3-2017 n° 15-27.811 FS-PBI précité). En cas de **litige sur l'application de CGV catégorielles** parmi d'autres, les juges du fond doivent déterminer de quelle catégorie l'acheteur ayant demandé la communication de ces CGV se rapporte le plus (Cass. com. 28-9-2022 n° 19-19.768 FS-B : RJDA 1/23 n° 54). Si le vendeur, tenu de communiquer ses CGV à tout professionnel qui en fait la demande, est toujours libre de ne pas lui vendre, sauf « abus de droit », il doit, lorsqu'il entre en négociation commerciale avec ce professionnel, le faire sur la base de ces conditions de vente (Cass. com. 28-9-2022 n° 19-19.768 FS-B précité).

> Précisions **a.** Une catégorie ne saurait être conçue pour **un opérateur en particulier** ; en revanche, il est légal d'avoir une catégorie de clientèle même si le fournisseur n'a qu'un seul client de cette catégorie (par exemple, un maxi-discompteur) (Rapport d'activité de la CEPC précité).
b. Il est possible de **discriminer au sein d'une même catégorie** par la négociation de conditions particulières de vente (n° 86370).

CONDITIONS PARTICULIÈRES DE VENTE

Dans le cadre de la négociation commerciale à partir des CGV, les parties peuvent convenir de conditions particulières de vente (C. com. art. L 441-1, III-al. 2 : CGV générales ; C. com. art. L 441-1-2, IV-al. 2 issu de loi 2023-221 du 30-3-2023 : CGV grossistes). Celles-ci constituent donc l'instrument permettant de passer des CGV aux conditions issues de la négociation. **86370**

Elles n'ont pas à être **communiquées** à tout acheteur qui en ferait la demande (mêmes art.).

E. Contrôles relatifs à l'obligation de communication des CGV et sanctions

RÉPRESSION DES MANQUEMENTS À LA RÉGLEMENTATION

Les agents de la CCRF peuvent, après une procédure contradictoire, **enjoindre** au professionnel, en lui impartissant un délai raisonnable, de se conformer à ses obligations, de cesser tout agissement illicite ou de supprimer toute clause illicite. Cette injonction peut faire l'objet d'une mesure de publicité (n° 77820). Lorsque le professionnel concerné n'a pas déféré dans le délai imparti à cette injonction, l'autorité administrative chargée de la concurrrence, de la consommation et de la répression des fraudes peut prononcer à son encontre une **amende administrative** d'un montant maximal de 3 000 € pour une personne physique et 15 000 € pour une personne morale, selon les modalités indiquées n°s 77860 s. (C. com. art. L 465-1). **86410**

AMENDE ADMINISTRATIVE

86420 Tout manquement par un fournisseur à l'**obligation de communication des CGV à la demande** sur un support durable (nº 86100) est passible d'une amende administrative d'un montant maximal de 15 000 € pour une personne physique et 75 000 € pour une personne morale (C. com. art. L 441-1, IV).

Est également passible d'une telle amende le non-respect par un grossiste du **contenu minimal** de ses **CGV** (nºs 86210 s.) (C. com. art. L 441-1-2, VI). Cette seconde disposition, issue de la loi 2023-221 du 30 mars 2023, relève, à notre avis, d'une inadvertance du législateur, qui a opéré à un renvoi erroné dans le texte et aurait dû sanctionner le non-respect par le grossiste de son obligation de communication des CGV, comme pour un fournisseur qui n'a pas le statut de grossiste.

L'amende est prononcée selon les modalités indiquées nºs 77860 s.

86425 Sont passibles d'une amende administrative d'un montant maximal de 75 000 € pour une personne physique et 375 000 € pour une personne morale :

– tout manquement à l'**obligation de communication spontanée des CGV** dans les délais fixés par la loi (nºs 86105 s.) (C. com. art. L 441-6) ;

– le fait de ne pas indiquer dans les conditions de règlement les conditions d'application et le taux d'intérêt des **pénalités de retard de paiement,** ainsi que le montant de l'indemnité forfaitaire pour frais de recouvrement (nº 86260) (C. com. art. L 441-16, b).

Ces montants sont doublés en cas de **réitération** du manquement dans un délai de deux ans à compter de la date à laquelle la première décision de sanction est devenue définitive.

L'amende est prononcée selon les modalités indiquées nºs 77860 s.

II. OBLIGATION D'INFORMATION COMPLÉMENTAIRE À LA CHARGE DES PRESTATAIRES DE SERVICES

CONTENU DE L'OBLIGATION D'INFORMATION ET CHAMP D'APPLICATION

86500 Tout prestataire de services est tenu à l'égard de ses clients professionnels des obligations d'information définies à l'article L 111-2 du Code de la consommation (voir nºs 16370 s.) (C. com. art. L 441-2, al. 1).

Ces obligations s'appliquent à tous les services, à l'exception des services financiers et des opérations pratiquées par les compagnies d'assurances, les fonds de retraite professionnelle supplémentaire, les mutuelles, les institutions de retraite professionnelle supplémentaire et les institutions de prévoyance (art. L 441-2, al. 2), lesquels font l'objet d'une réglementation particulière.

SANCTIONS

86510 Aucune sanction spécifique n'est prévue en cas de manquement à cette obligation d'information.

Cependant, les agents de la CCRF peuvent, après une procédure contradictoire, enjoindre au professionnel, en lui impartissant un délai raisonnable, de s'y conformer et le non-respect de cette injonction est passible d'une amende administrative (nºs 77810 s.).

III. OBLIGATION D'ÉTABLIR UNE CONVENTION ÉCRITE, DITE « UNIQUE »

OBJECTIF ET CONTENU DU DISPOSITIF

86600 Le **résultat de la négociation commerciale** entre un fournisseur et un distributeur ou prestataire de services doit être formalisé dans une convention écrite dénommée en pratique « convention unique » ou « convention récapitulative ». Il en est de même du résultat de la négociation commerciale entre un fournisseur et un grossiste (sur la définition du grossiste, voir n° 86100) ou entre un grossiste et un distributeur ou prestataire de services.

Cette convention permet à l'**administration** d'exercer un **contrôle « a posteriori »** sur la négociation commerciale et les engagements pris par les cocontractants afin de détecter d'éventuels abus (CA Paris 1-7-2015 n° 13/19251 et, sur pourvoi, Cass. com. 25-1-2017 n° 15-23.547 FS-PB : RJDA 4/17 n° 286).

La convention unique est soumise à **trois régimes** qui sont fonction des produits concernés et s'appliquent en « couches successives » : **86605**

1° Un régime général (C. com. art. L 441-3 : n°s 86650 s.), qui s'applique quels que soient les produits concernés ;

2° Un régime spécifique, plus contraignant, qui ne concerne que les produits de grande consommation (C. com. art. L 441-4 : n°s 86940 s.) ;

3° Un second régime spécifique qui concerne certains produits alimentaires et les produits destinés à l'alimentation des animaux de compagnie (C. com. art. L 443-8 : n°s 89575 s.).

Lorsque le régime spécifique aux produits de grande consommation s'applique, les obligations qu'il prévoit s'ajoutent à celles du régime général (C. com. art. L 441-4, I ; rapport au Président de la République relatif à l'ord. 2019-359 du 24-4-2019 : JO 25-4-2019 texte n° 15).

Lorsque le régime spécifique concernant certains produits alimentaires s'applique, les obligations qu'il prévoit s'ajoutent à celles prévues aux articles L 441-3 et L 441-4 précités pour autant que celles-ci soient compatibles avec ce régime spécifique (C. com. art. L 443-8, I-al. 3).

Les **grossistes** (sur la définition du grossiste, voir n° 86100) font l'objet de dispositions législatives différenciées (C. com. L 441-3-1, I à IV issu de loi 2023-221 du 30-3-2023), sans doute en raison du fait qu'ils sont à la fois acheteurs et fournisseurs. La convention écrite de l'article L 441-3-1 du Code de commerce, conclue soit entre le fournisseur et le grossiste, soit entre le grossiste et le distributeur ou prestataire de services, est cependant soumise aux règles du régime général prévu à l'article L 441-3. En revanche, les deux régimes spécifiques prévus aux articles L 441-4 (convention dédiée aux produits de grande consommation) et L 443-8 (convention dédiée à certains produits alimentaires) ne s'appliquent pas aux grossistes, tant dans leurs relations avec les fournisseurs que dans leurs relations avec les distributeurs ou les prestataires de services (C. com. art. L 441-3-1, VI issu de loi 2023-221). **86610**

A. Convention unique du régime général

1. CHAMP D'APPLICATION DU RÉGIME GÉNÉRAL

RELATIONS CONCERNÉES

Le régime général de la convention unique s'applique : **86650**

– aux conventions conclues entre un **fournisseur** (à l'exception des fournisseurs de produits agricoles mentionnés n° 89650) et un **distributeur** ou **prestataire de services** (C. com. art. L 441-3, I-al. 1) ;

– aux conventions conclues soit entre fournisseurs et **grossistes,** soit entre grossistes et distributeurs ou prestataires de services (C. com. art. L 441-3-1, I-al. 1).

S'agissant du « **prestataire de services** », la loi vise principalement des centrales d'achats qui fournissent, pour le compte de leurs adhérents, des services de nature à favoriser l'achat ou la revente des produits.

NÉCESSITÉ D'UNE PERMANENCE DE LA RELATION

Sous l'empire de l'ancien article L 441-7 relatif à la convention unique, la Commission d'examen des pratiques commerciales (CEPC) avait considéré, en accord avec la DGCCRF, qu'en dépit des termes très généraux utilisés pour définir le champ d'application de la réglementation, celle-ci ne s'appliquait pas à tout type de relation contractuelle entre un fournisseur et un distributeur. Ses termes mêmes impliquaient en effet une certaine permanence de la relation commerciale dont les flux pouvaient être canalisés dans des engagements annuels ou pluriannuels et qu'il était d'usage de négocier. La CEPC en avait déduit que si la relation commerciale se bornait à la conclusion de **contrats ponctuels** sur le fondement des conditions générales de vente (CGV) ou conditions catégorielles du vendeur, il n'était pas nécessaire d'établir une convention unique, au sens de l'ex-article L 441-7 précité. La convention conclue **86670** entre les parties était alors constituée par les CGV ou les conditions catégorielles écrites du fournisseur incluant, le cas échéant, un barème de réductions de prix. À l'inverse, lorsque la relation commerciale impliquait des contrats de longue durée, tels que certains **contrats de distribution** (contrats de concession exclusive, par exemple), une convention unique devait être établie chaque fois que des conditions dérogeant aux CGV étaient conclues, ce qui impliquait une négociation, ou chaque fois qu'il était convenu de services de coopération commerciale ou « d'autres obligations » destinées à favoriser la relation commerciale entre le fournisseur et le distributeur (Avis CEPC n° 10-07 du 1-4-2010 : Rapport d'activité de la CEPC pour 2009-2010, ann. 12). Cette solution est à notre avis transposable à la réglementation actuelle.

CONVENTION UNIQUE ET PRODUITS À MARQUE DE DISTRIBUTEUR

86675 Le produit à marque de distributeur (MDD) est celui « dont les caractéristiques ont été définies par l'entreprise ou le groupe d'entreprises qui en assure la vente au détail et qui est le titulaire de la marque sous laquelle il est vendu » (C. consom. art. R 412-47). Les caractéristiques du produit sont précisées par le distributeur dans le cadre d'un **cahier des charges** qui reflète l'expression de ses besoins particuliers. Ce cahier des charges MDD sert de base à la discussion entre le distributeur et le fabricant pour le projet de développement d'un produit ou d'une gamme de produits MDD. Une fois approuvé, il constitue le **contrat de fabrication de produits vendus sous marque de distributeur** (dit « contrat MDD »). Compte tenu de ces éléments et des pratiques des opérateurs, la Commission d'examen des pratiques commerciales considère que le dispositif relatif à la convention unique n'est pas adapté aux produits MDD (Recommandation CEPC n° 22-1 du 29-6-2022 relative à un guide de bonnes pratiques en matière de contrats portant sur des produits à marque de distributeur).

CONVENTION UNIQUE EN CAS DE RELATIONS INTERNATIONALES

86680 La réglementation s'applique à toute convention entre un fournisseur et un acheteur portant sur des **produits** ou des **services commercialisés sur le territoire français** ; elle est d'**ordre public** (C. com. art. L 444-1 A issu de loi 2023-221 du 30-3-2023 : sur cette nouvelle disposition, voir n° 86010).

Dans un ancien avis, la Commission d'examen des pratiques commerciales a considéré que les dispositions imposant l'établissement d'une convention unique constituent une **loi de police,** ce qui implique qu'elles s'imposent aux parties même lorsque ces dernières ont choisi de ne pas faire application de la loi française dans un contexte international. L'application de ces dispositions suppose néanmoins l'existence d'un lien de rattachement suffisant avec la France au regard de l'objectif poursuivi par ces dispositions. Celui-ci étant d'imposer une transparence contractuelle entre opérateurs économiques afin d'assurer la loyauté et l'équilibre dans les relations commerciales, il paraît légitime d'en déduire que l'administration française est susceptible d'appliquer la loi si le lieu d'exécution de la relation commerciale est situé sur le territoire français. Ce critère se vérifierait, selon la CEPC, dans les **hypothèses** suivantes (Avis CEPC n° 19-7 du 18-4-2019, rendu au regard de l'ex-art. L 441-7 du C. com. mais transposable à l'art. L 441-3) :

– un fournisseur français conclut une convention avec un distributeur étranger pour la distribution de produits sur le marché français ;

– un fournisseur étranger conclut une convention avec un distributeur français pour la distribution de produits sur le marché français ;

– le fournisseur et le distributeur sont tous deux étrangers et concluent une convention pour la distribution de produits sur le marché français.

2. OBJET DE LA CONVENTION UNIQUE

86700 La convention doit indiquer les **obligations réciproques** auxquelles se sont engagées les parties à l'issue de la négociation commerciale, et ce afin de concourir à la détermination du **prix convenu** (C. com. art. L 441-3, I et III et L 441-3-1, I et III issus de loi 2023-221 du 30-3-2023). Depuis l'entrée en vigueur de la loi Egalim 3 du 30 mars 2023, les obligations réciproques en matière de **logistique** entre un fournisseur et un distributeur ou prestataire de services font l'objet d'une convention écrite distincte (C. com. art. L 441-3, I bis nouveau : nos 87400 s.).

Il est expressément précisé que les parties doivent s'engager « dans le respect des articles L 442-1 à L 442-3 du Code de commerce » (C. com. art. L 441-3, I et L 441-3-1, I). La référence à ces articles vise à rappeler que les obligations auxquelles se sont engagées les parties dans la convention ne doivent pas être constitutives d'une pratique commerciale abusive, telle que l'obtention d'un avantage sans contrepartie ou disproportionné ou encore la soumission à un déséquilibre significatif dans les droits et obligations des parties (sur ces pratiques, voir nos 87500 s.).

3. FORME, DURÉE ET DATE LIMITE DE CONCLUSION DE LA CONVENTION UNIQUE DU RÉGIME GÉNÉRAL

FORME DE LA CONVENTION UNIQUE

La convention doit être écrite et prendre la forme (C. com. art. L 441-3, I et L 441-3-1, I issu de loi 2023-221 du 30-3-2023) : 86720
- soit d'un document unique ;
- soit d'un ensemble formé par un contrat-cadre assorti de contrats d'application.

La convention peut valablement être mixte : les parties peuvent établir, d'une part, un contrat unique pour fixer les tarifs et, d'autre part, un contrat-cadre et des contrats d'application pour les services.

ATTENTION

La pratique consistant à obtenir la signature d'un **contrat prérédigé** est susceptible de sanction civile si cela traduit la soumission à un déséquilibre significatif dans les droits et obligations des parties (n° 87770). Proposer des clauses prérédigées n'est toutefois pas interdit dès lors que celles-ci peuvent être modifiées à l'issue d'une réelle négociation entre les parties (n° 87820) (Rapport d'activité de la CEPC pour 2009-2010, ann. 17, fiche pédagogique « Les abus dans la relation commerciale »).

DURÉE DE LA CONVENTION UNIQUE

La convention unique « est conclue pour une durée d'**un an,** de **deux ans** ou de **trois ans** » (C. com. art. L 441-3, IV et L 441-3-1, IV issu de loi 2023-221 du 30-3-2023). L'emploi de l'indicatif exclut toute possibilité de prévoir une durée plus longue, et ce quelle que soit la forme de la convention. La convention constituée par un contrat-cadre et des contrats d'application constituant un ensemble, il est illicite, par exemple, de conclure un contrat-cadre à durée indéterminée et des contrats d'application dont la durée resterait comprise entre un et trois ans (Avis CEPC n° 21-2 du 18-3-2021). 86730

La possibilité de conclure des **conventions pluriannuelles** permet, selon le législateur, « de rompre avec la négociation commerciale annuelle qui, d'une part, ne permet pas aux entreprises de prévoir des plans d'affaires et de développement sur une période suffisamment longue pour développer une politique stable d'investissements et, d'autre part, engage les forces des entreprises productives dans des négociations trop fréquentes et épuisantes pour les directions de ces entreprises » (Avis AN n° 3756 relatif à la loi 2016-1691 du 9-12-2016).

DATE LIMITE DE CONCLUSION DE LA CONVENTION UNIQUE

La convention doit être conclue **au plus tard le 1er mars** de l'année pendant laquelle elle prend effet ou dans les deux mois suivant le point de départ de la période de commercialisation des produits ou des services soumis à un cycle de commercialisation particulier (C. com. art. L 441-3, IV et L 441-3-1, IV issu de loi 2023-221 du 30-3-2023). 86740

Dans le cas où la **relation commerciale** est **établie en cours d'année,** la convention doit être signée dans les deux mois suivant le début de la période de commercialisation des produits ou services (Avis DGCCRF du 1-11-2009). 86745

ABSENCE D'ACCORD À LA DATE BUTOIR PRÉVUE PAR LA LOI

À défaut de convention conclue au 1er mars ou dans les deux mois suivant le point de départ de la période de commercialisation des produits ou des services soumis à un cycle de commercialisation particulier, la loi Egalim 3 a prévu l'application, à titre expérimental, jusqu'au 1er avril 2026, du dispositif suivant (Loi 2023-221 du 30-3-2023 art. 9, II). 86750

Le **fournisseur** peut :
- soit mettre **fin à la relation** avec le distributeur, sans que ce dernier puisse invoquer la rupture brutale de la relation, au sens de l'article L 442-1, II du Code de commerce relatif à la rupture brutale de relations commerciales établies (nos 88000 s.) ;
- soit demander l'application d'un **préavis conforme** au texte précité, c'est-à-dire avec l'application d'un prix tenant compte des conditions économiques du marché (n° 88235).

Une troisième possibilité est prévue par la loi : les **parties** peuvent saisir le **médiateur** des relations commerciales agricoles (nos 90000 s.) ou le médiateur des entreprises afin de conclure, sous son égide et avant le 1er avril, un accord qui fixe les conditions d'un préavis (par exemple, durée et prix applicable) qui tient compte notamment des conditions économiques du marché sur lequel opèrent les parties. Dans ce cas :
- en cas d'accord des parties, le prix convenu pour la durée du préavis s'applique rétroactivement aux commandes passées depuis le 1er mars ;

– en cas de désaccord, le fournisseur retrouve la faculté soit de rompre la relation commerciale sans que le distributeur puisse invoquer sa rupture brutale, soit de demander l'application d'un préavis conforme à la loi.

Attention, la possibilité pour le fournisseur de rompre la relation commerciale sans préavis ne le dispense pas de son **obligation de négocier préalablement le contrat de bonne foi.** À défaut, il engagerait sa responsabilité civile sur le fondement de l'article 1104 du Code civil, aux termes duquel « les contrats doivent être négociés, formés et exécutés de bonne foi ». S'il s'agit d'une négociation devant aboutir à la conclusion d'une « convention produits de grande consommation », sa responsabilité civile pourrait être engagée pour pratique commerciale abusive, sur le fondement du nouvel article L 442-1, I-5° du Code de commerce (nº 88660). Pour éviter ces difficultés, le fournisseur a tout intérêt à se ménager les preuves de sa bonne foi, par exemple en gardant la trace de courriels.

› Précisions **Avant** l'entrée en vigueur de la **loi Egalim 3,** en l'absence d'accord à la date butoir du 1er mars (ou dans les deux mois suivant le point de départ de la période de commercialisation des produits ou des services soumis à un cycle de commercialisation particulier) sur le nouveau tarif applicable pour l'année à venir, les parties ne pouvaient pas valablement, pour l'une, arrêter de livrer, pour l'autre, arrêter de passer commande et déréférencer les produits du fournisseur car, dans les deux cas, il se serait agi d'une rupture brutale de relations commerciales établies (C. com. art. L 442-1, II). Cette situation était avantageuse pour le distributeur, qui pouvait continuer à commander des produits au fournisseur pendant plusieurs mois au prix convenu au 1er mars N – 1, alors que celui-ci ne correspondait plus à la structure de coût du fournisseur, surtout en période d'inflation des charges (énergie, transport, emballage, salaires, etc.). En cas de litige, la durée de préavis durant laquelle le fournisseur devait continuer à honorer les commandes du distributeur était laissée à l'appréciation du juge, en fonction notamment de l'ancienneté de la relation, du taux de dépendance économique ou d'une éventuelle exclusivité, de sorte que ce préavis pouvait atteindre 9, 12, voire 18 mois, le juge accordant en moyenne un mois de préavis par année de relation (Rapport Sén. nº 326 relatif à la loi 2023-221).

4. CONTENU DE LA CONVENTION UNIQUE DU RÉGIME GÉNÉRAL

a. Mentions obligatoires

86770 La convention unique doit fixer les obligations suivantes (C. com. art. L 441-3, III et L 441-3-1, III issu de loi 2023-221 du 30-3-2023) :

1° Les **conditions de l'opération de vente** des produits ou des prestations de services, y compris les réductions de prix, et, le cas échéant, les types de situation dans lesquelles et les modalités selon lesquelles des conditions dérogatoires de l'opération de vente sont susceptibles d'être appliquées (nos 86780 s.) ;

2° Les services de **coopération commerciale** (nos 86790 s.) ;

3° Les **autres obligations** destinées à favoriser la relation commerciale soit entre le fournisseur et le distributeur ou le prestataire de services, soit entre le fournisseur et le grossiste, soit entre le grossiste et le distributeur ou prestataire de services (nos 86820 s.) ;

4° L'objet, la date, les modalités d'exécution, la rémunération et les produits auxquels se rapporte tout service ou toute obligation relevant d'un **accord conclu avec une entité juridique située en dehors du territoire français,** avec laquelle le distributeur est directement ou indirectement lié (nos 86840 s.).

Ces quatre obligations concourent à la **détermination du prix convenu** (nº 86850).

ATTENTION

La convention unique constitue un « accord » ou une « convention » au sens des articles 101 du TFUE et L 420-1 du Code de commerce relatifs aux **ententes.** Ses rédacteurs doivent donc veiller à ce qu'aucun élément de la convention ne tende à lui conférer un caractère anticoncurrentiel.

INDICATION DES CONDITIONS DE L'OPÉRATION DE VENTE DANS LA CONVENTION UNIQUE

86780 La convention unique doit fixer les conditions de l'opération de vente des produits ou des prestations de services, y compris les **réductions de prix,** c'est-à-dire les rabais, remises ou ristournes (C. com. art. L 441-3, III-1° et L 441-3-1, III-1° issu de loi 2023-221 du 30-3-2023).

Dès lors que la loi impose d'indiquer les réductions de prix, la pratique des **prix nets** est illicite.

À notre avis, chaque remise ou ristourne doit être mentionnée, ce qui interdit la mention d'un montant globalisé desdites remises ou ristournes.

L'indication des réductions de prix dans la convention entraîne celle de leur intitulé précis sur les factures émises par le fournisseur, en application des règles de facturation (C. com. art. L 441-9).

La convention peut mentionner, « le cas échéant, les types de situation dans lesquelles et les modalités selon lesquelles des **conditions dérogatoires de l'opération de vente** sont susceptibles d'être appliquées » (C. com. art. L 441-3, III-1° et L 441-3-1, III-1° issu de loi 2023-221 du 30-3-2023). Cela signifie qu'il sera possible de faire évoluer le prix et les réductions de prix en cours de convention par des dérogations, à condition d'en avoir précisé les modalités dans la convention unique. **86785**

INDICATION DES SERVICES DE COOPÉRATION COMMERCIALE DANS LA CONVENTION UNIQUE

Définition La **convention** unique conclue **entre un fournisseur et un distributeur ou prestataire de services** doit indiquer les services de coopération commerciale, propres à favoriser la commercialisation des produits ou services du fournisseur, que le distributeur ou le prestataire de services lui rend, ne relevant pas des obligations d'achat et de vente (C. com. art. L 441-3, III-2°). Il s'agit de services rendus à l'occasion de la revente des produits ou services aux consommateurs (par exemple, mise en avant des produits sur le lieu de vente, publicité sur les lieux de vente, attribution de têtes de gondole ou d'emplacements privilégiés, édition de catalogues et diffusion de prospectus). **86790**

ATTENTION

Un distributeur ne peut pas valablement facturer des services de coopération commerciale à un fournisseur de **produits à marque de distributeur** (MDD) ; en effet, les services de coopération commerciale sont destinés à développer la notoriété d'un produit au profit de son fabricant, ils ne sont donc pas adaptés au cas des MDD, qui sont des produits de fidélisation des clients à l'enseigne et non au fabricant (Avis CEPC n° 09-13 du 9-12-2009).

La **convention** conclue soit **entre un fournisseur et un grossiste,** soit **entre ce dernier et un distributeur ou prestataire de services** doit indiquer respectivement les services propres à favoriser la commercialisation des produits ou des services du fournisseur, que le grossiste lui rend (par exemple, services de démonstration de procédés de décongélation rendus par un grossiste à des restaurateurs), ou des produits ou des services du grossiste, que le distributeur ou le prestataire de services lui rend, ne relevant pas des obligations d'achat et de vente (C. com. art. L 441-3-1, III-2° issu de loi 2023-221 du 30-3-2023).

Mentions obligatoires La convention doit préciser l'objet, la date prévue, les modalités d'exécution, la rémunération de ces services, ainsi que les produits ou services auxquels ils se rapportent et la rémunération globale afférente à l'ensemble de ces obligations (C. com. art. L 441-3, III-2° et L 441-3-1, III-2° issus de loi 2023-221 du 30-3-2023). **86800**

L'obligation d'indiquer la « rémunération globale » des services de coopération commerciale suppose que soit déterminée dès le 1er mars l'enveloppe globale de ces services (Rapport au Président de la République relatif à l'ord. 2019-359 du 24-4-2019 : JO 25-4-2019 texte n° 15).

L'indication de la rémunération de chaque service est indispensable à l'établissement des factures qui doivent être émises par le bénéficiaire de ces services.

ATTENTION

Il est interdit à un distributeur de facturer des services de coopération commerciale par l'intermédiaire d'une **filiale** domiciliée dans un État ou un territoire dans lequel elle bénéficie d'un **régime fiscal privilégié** au sens de l'article 238 A du Code général des impôts. Le non-respect de cette interdiction, applicable dans les DOM, à Saint-Barthélemy, Saint-Martin, Saint-Pierre-et-Miquelon et Wallis-et-Futuna, engage la responsabilité de son auteur pour pratique commerciale abusive ; il peut être condamné à la répétition de l'indu et à une amende civile dans les conditions prévues à l'article L 442-4 du Code de commerce (nos 88900 s.) (Loi 2012-1270 du 2-11-2012 art. 24 modifié par ord. 2019-698 du 3-7-2019).

Sur la mention de la rémunération globale afférente à l'ensemble des services de coopération commerciale, voir n° 86850.

86810 **Rémunération** Le **mode de rémunération** est libre. Celle-ci peut être exprimée, par exemple, en valeur absolue, en pourcentage du chiffre d'affaires annuel ou en pourcentage du chiffre d'affaires de l'opération.

En revanche, les services de coopération commerciale ne peuvent pas être rémunérés sous la forme d'une **réduction de prix** sur la facture de vente des marchandises émise par le fournisseur puisque ces services doivent faire l'objet d'une facture (Avis CEPC n° 21-14 du 18-11-2021).

> **Précisions** Jugé que constitue une pratique commerciale abusive le fait pour un distributeur d'exiger une **mensualisation du règlement** des services de coopération commerciale, qui commence par exemple en mars pour des services qui seront rendus en décembre, si cette exigence crée un déséquilibre significatif dans les droits et obligations des parties et que par ailleurs l'élément de soumission à ce déséquilibre existe (n° 87860). Une telle pratique est également susceptible d'entraîner la responsabilité civile du distributeur pour obtention d'un avantage ne correspondant à aucune contrepartie (n° 87680).

INDICATION DANS LA CONVENTION UNIQUE DES « AUTRES OBLIGATIONS » DESTINÉES À FAVORISER LA RELATION COMMERCIALE

86820 La convention unique doit indiquer les « autres obligations destinées à favoriser la relation commerciale entre le fournisseur et le distributeur ou le prestataire de services » (C. com. art. L 441-3, III-3°) ou, s'il s'agit d'une convention conclue par un grossiste, les « autres obligations destinées à favoriser la relation commerciale, soit entre le fournisseur et le grossiste, soit entre le grossiste et le distributeur ou le prestataire de services (art. L 441-3-1, III-3° issu de loi 2023-221 du 30-3-2023).

Entrent dans ces « autres obligations » tous les **services qui ne sont pas des services de coopération commerciale,** dénommés par la pratique « services distincts ». Tel est le cas de la fourniture par un distributeur de statistiques de caisse.

86825 **Formalisme** La convention doit préciser, pour chacune de ces « autres obligations », l'objet, la date prévue et les modalités d'exécution ; elle doit aussi indiquer la rémunération ou la réduction de prix globale afférente à l'ensemble de ces obligations (C. com. art. L 441-3, III-3° et L 441-3-1, III-3° issus de loi 2023-221 du 30-3-2023).

86830 **Rémunération ou réduction de prix** La loi laisse le choix aux opérateurs entre l'**émission d'une facture** par le distributeur ou l'octroi d'une **réduction de prix** par le fournisseur. À notre avis, il devrait être possible de rémunérer les « autres obligations » sous forme d'avoirs différés, en particulier lorsque l'obligation en cause ne se rattache pas directement aux produits faisant l'objet de la vente.

> **Précisions** Comme l'article L 441-9 du Code de commerce, l'article 289, I du Code général des impôts impose la délivrance d'une facture pour toute prestation de services, mais l'**administration fiscale** a admis la possibilité de rémunérer les « autres obligations » par une réduction de prix (BOI-TVA-DECLA-30-20-10 du 25-9-2019).

INDICATION DANS LA CONVENTION UNIQUE DES MONTANTS VERSÉS À UNE ENTITÉ INTERNATIONALE LIÉE AU DISTRIBUTEUR

86840 La convention unique doit préciser l'objet, la date, les modalités d'exécution, la rémunération et les produits auxquels il/elle se rapporte de tout service ou toute obligation relevant d'un accord conclu avec une **entité juridique située en dehors du territoire français,** avec laquelle le distributeur est directement ou indirectement lié (C. com. art. L 441-3, III-4° et L 441-3-1, III-4° issus de loi 2023-221 du 30-3-2023).

Cette disposition est destinée à éradiquer une pratique qui consiste pour les distributeurs à exiger de leurs fournisseurs le versement de **contributions financières** à leurs **centrales,** notamment celles dites « de services », volontairement **« délocalisées » à l'étranger** (principalement en Belgique et en Suisse), alors que ces sommes sont souvent assorties de contreparties disproportionnées, voire fictives. Cette pratique vise le plus souvent à contourner la loi française pour imposer des baisses de tarif très importantes aux fournisseurs. Elle contribue de plus en plus significativement à dégrader la situation économique des entreprises de produits de grande consommation et à empêcher une répartition équitable de la marge, en particulier au profit du secteur agricole (Amendement AN n° 125 relatif à la loi 2020-1525 du 7-12-2020).

La convention unique doit donc indiquer l'ensemble des montants versés à des entités internationales liées au distributeur concerné, dès lors que ces sommes sont rattachables à des produits qui sont mis sur le marché dans une surface de vente du distributeur implantée en France (Amendement AN n° 812). Comme les autres éléments de la convention unique (conditions de l'opération de vente, y compris les réductions de prix, et rémunération des services de coopération commerciale et des autres obligations destinées à favoriser la relation commerciale entre le fournisseur et le distributeur), ces sommes concourent à la détermination du prix convenu entre ces derniers (nº 86850). L'administration devrait ainsi pouvoir vérifier plus facilement si ces accords internationaux présentent un caractère illicite, en particulier, au regard des dispositions prévues à l'article L 442-1 du Code de commerce, qui interdit l'obtention d'un avantage sans contrepartie ou disproportionné et la soumission à un déséquilibre significatif dans les droits et obligations des parties (nºs 87770 s.).

INDICATION DU PRIX CONVENU DANS LA CONVENTION UNIQUE

Détermination du prix convenu Les obligations énumérées aux articles L 441-3, III-1° à 4° et L 441-3-1, III-1° à 4° du Code de commerce (nº 86770) concourent à la détermination du prix convenu (C. com. art. L 441-3, III-al. 1 et art. L 441-3-1, III-al. 1 issus de loi 2023-221 du 30-3-2023). **86850**

Révision du prix Si elle est conclue pour une **durée de deux ou trois ans** (nº 86730), la convention doit fixer les modalités selon lesquelles le prix convenu est révisé. Ces modalités peuvent prévoir la prise en compte d'un ou de plusieurs indicateurs disponibles reflétant l'évolution du prix des facteurs de production (C. com. art. L 441-3, IV et L 441-3-1, IV issus de loi 2023-221 du 30-3-2023). **86860**

La révision du prix convenu au cours de la période de validité de la **convention annuelle** ne peut s'effectuer que par la voie d'un avenant (sur les conditions, voir nº 86870).

b. Avenant à la convention unique du régime général

Tout avenant à la convention doit faire l'objet d'un **écrit** qui mentionne l'élément nouveau le justifiant (C. com. art. L 441-3, II et art. L 441-3-1, II issus de loi 2023-221 du 30-3-2023). **86870**

5. CONTRÔLES RELATIFS À LA CONVENTION UNIQUE ET SANCTIONS

RÉPRESSION DES PRATIQUES ILLICITES

La répression des manquements aux dispositions de l'article L 441-3 du Code de commerce s'effectue dans les conditions fixées aux articles L 450-1 et suivants du même Code (voir nºs 77100 s.). **86890**

En particulier, les agents de la CCRF peuvent enjoindre au professionnel de cesser tout agissement illicite ou de supprimer toute clause illicite. Sur les modalités de l'injonction, qui peut être publiée, et l'amende administrative encourue si cette injonction n'est pas respectée, voir nºs 77810 s.

AMENDE ADMINISTRATIVE

Tout manquement aux dispositions de l'article L 441-3 du Code de commerce est passible d'une amende administrative d'un montant maximal de 75 000 € pour une personne physique et 375 000 € pour une personne morale (C. com. art. L 441-6, al. 1). **86900**

Le maximum de l'amende encourue est doublé en cas de réitération du manquement dans un délai de deux ans à compter de la date à laquelle la première décision de sanction est devenue définitive (art. L 441-6, al. 2).

L'amende est prononcée dans les conditions prévues à l'article L 470-2 du Code de commerce (voir nºs 77860 s.).

> **Précisions** Bien que l'article L 441-3 relatif à la convention unique impose le respect des articles L 442-1 à L 442-3 du Code de commerce relatifs aux **pratiques commerciales abusives,** cette référence n'a pas pour objet de permettre la sanction d'éventuelles pratiques abusives par la voie de l'amende administrative (Note d'information DGCCRF nº 2014-185 du 22-10-2015 ann. 9 relative au droit antérieur à l'ord. 2019-359 et réputée abrogée mais conservant selon nous une valeur indicative). Il en est de même pour l'article L 441-3-1 relatif à la convention unique auquel un grossiste est partie, qui prévoit également le respect des articles L 442-1 à L 442-3 précités.

B. Convention unique « produits de grande consommation »

FORMALISME STRICT

86940 Les conventions uniques relatives aux produits de grande consommation (PGC) sont soumises à un formalisme plus strict que les conventions uniques du régime général. Elles doivent satisfaire à la fois à ce régime général (voir n°s 86650 s.), notamment pour ce qui concerne le respect de la date butoir (n°s 86740 s.), et aux dispositions spécifiques exposées dans les développements qui suivent (C. com. art. L 441-4, I).

Attention, le régime général de la convention unique doit être respecté à l'exclusion de ses dispositions relatives aux conditions dérogatoires de l'opération de vente (sur celles-ci, voir n° 86785) (C. com. art. L 441-4, V-al. 2).

1. CONTENU DE LA RÉGLEMENTATION RELATIVE À LA CONVENTION UNIQUE PGC

CHAMP D'APPLICATION

86950 **Produits concernés** Les PGC sont définis comme des « produits non durables à forte fréquence et récurrence de consommation » (C. com. art. L 441-4, I).

Leur **liste** est fixée à l'article D 441-1 du Code de commerce : sont visés tous les produits alimentaires (y compris pour animaux d'agrément) et plusieurs catégories de produits non alimentaires, tels les produits de lavage et d'entretien, les articles d'hygiène corporelle ou les produits de beauté et parfums.

> **› Précisions** Bien que le rapport au Président de la République relatif à l'ordonnance 2019-359 du 24 avril 2019 ayant institué le régime de la convention PGC vise les PGC vendus dans les grandes surfaces alimentaires (JO 25-4-2019 texte n° 15), tous les types de **distributeurs** sont concernés par l'obligation d'établir une telle convention, y compris les magasins spécialisés tels que les parfumeries, dès lors qu'ils revendent un produit PGC en l'état.

86960 **Inapplication aux grossistes** Les dispositions relatives à la convention PGC ne sont pas applicables aux grossistes (C. com. art. L 441-4, II-al. 1). Sur la notion de grossiste, voir n° 86100.

Les grossistes sont donc soumis à la convention du régime général (n°s 86650 s.), même s'ils revendent des produits PGC.

CONTENU DE LA CONVENTION UNIQUE PGC

86970 En plus des mentions prévues pour la convention unique du régime général (C. com. art. L 441-3 : n° 86770), la convention unique PGC doit indiquer (C. com. art. L 441-4, III et IV modifiés par loi 2023-221 du 30-3-2023) :

– le barème des prix unitaires ;
– le chiffre d'affaires prévisionnel ;
– chacune des obligations réciproques auxquelles se sont engagées les parties à l'issue de la négociation commerciale et leur prix unitaire.

86980 **Barème des prix unitaires** La convention unique doit mentionner le **barème des prix unitaires,** tel qu'il a été préalablement communiqué par le fournisseur avec ses conditions générales de vente. Le barème de prix ayant servi de base à la négociation doit en effet être rappelé dans la convention afin que le point de départ de la négociation ayant abouti au prix convenu entre les parties soit connu des services de contrôle.

Cependant, la convention peut se limiter à indiquer les **modalités de consultation de ce barème** dans la version ayant servi de base à la négociation (C. com. art. L 441-4, III). Il en est ainsi lorsqu'elle porte sur un nombre très élevé de références. La convention peut alors, par exemple, renvoyer à une plateforme électronique mise en place par le fabricant. Encore faut-il que les parties puissent démontrer qu'il s'agit bien du barème ayant servi de base à la négociation.

CONSEIL

L'obligation ne portant que sur le barème des prix, l'**ensemble des CGV** n'a pas à figurer dans la convention. À notre avis, il serait tout de même préférable d'y insérer l'ensemble des CGV car la convention est le plus souvent rédigée à l'initiative de l'acheteur. Or la présence des CGV en annexe pourrait mettre en évidence l'écart entre les clauses figurant dans la convention unique et celles qui sont présentes dans les CGV.

Chiffre d'affaires prévisionnel La convention unique doit fixer le chiffre d'affaires prévisionnel (C. com. art. L 441-4, IV). 86990

Le chiffre d'affaires prévisionnel peut servir de **base au calcul** des ristournes de fin d'année ou des prestations de coopération commerciale lorsqu'elles sont calculées en pourcentage du chiffre d'affaires. Il sert également d'assiette de calcul pour les promotions sur les produits de grande consommation, le volume de ces promotions ne devant pas dépasser 25 % du chiffre d'affaires prévisionnel (n° 90055).

Les **modalités d'indication** de ce chiffre d'affaires sont laissées à l'appréciation des parties (TTC ou hors taxe, brut, net facturé par le fournisseur ou quatre fois net, etc.).

Le chiffre d'affaires prévisionnel constitue, avec l'ensemble des obligations fixées par la convention générale (n° 86770), le **plan d'affaires de la relation commerciale** (C. com. art. L 441-4, IV). La convention unique constitue donc un document récapitulatif qui permet de constater rapidement le prix convenu et les éléments qui le justifient (conditions de l'opération de vente, coopération commerciale et autres prestations de services, montants versés à des entités internationales liées au distributeur), ainsi que le chiffre d'affaires prévisionnel, qui sert souvent de base au calcul de ces éléments. Ce plan d'affaires permet à l'administration d'établir facilement quel a été le résultat de la négociation, de constater quels éléments justifient la détermination du prix convenu qui constitue, in fine, le « prix d'achat effectif » (Rapport au Président de la République relatif à l'ordonnance 2019-359 du 24-4-2019). 86995

Lorsque la durée de la convention unique est de deux ou trois ans, les modalités selon lesquelles le **chiffre d'affaires prévisionnel** est **révisé** doivent être indiquées (C. com. art. L 441-4, IV). 86997

Prix unitaire de chacune des obligations réciproques des parties La convention unique dédiée aux PGC doit indiquer chacune des obligations réciproques auxquelles se sont engagées les parties à l'issue de la négociation commerciale et leur prix unitaire (C. com. art. L 441-4, III modifié par loi 2023-221 du 30-3-2023). Cette nouvelle obligation du ligne à ligne, introduite par la loi Egalim 3, contraint les parties à justifier les diminutions de tarif et permet à l'administration de contrôler qu'il ne s'agit pas d'avantages accordés sans contrepartie, ce qui constituerait une pratique commerciale abusive interdite par l'article L 442-1, I-1° du Code de commerce (Rapport Sén. n° 326 relatif à la loi 2023-221) 87000

OBLIGATION DE NÉGOCIER DE BONNE FOI

La négociation de la convention écrite doit être conduite de bonne foi, conformément à l'article 1104 du Code civil (C. com. art. L 441-4, IV modifié par loi 2023-221 du 30-3-2023). 87005

On peut s'interroger sur l'intérêt de cette disposition introduite par la loi Egalim 3 puisque l'article 1104 du Code civil est d'ordre public et s'applique donc à tous les contrats. Cependant, le non-respect de l'obligation de négocier de bonne foi constitue une pratique commerciale abusive lorsqu'il empêche la conclusion de la convention dans le délai légal (n° 87050).

ENTRÉE EN VIGUEUR DE LA CONVENTION UNIQUE PGC

La date d'entrée en vigueur de chacune des obligations concourant à la détermination du prix convenu (n° 86770) doit être concomitante de la date d'effet de ce prix, lequel s'applique au plus tard le 1er mars (C. com. art. L 441-4, V). 87010

Cette disposition a pour objet de lutter contre la pratique de certains distributeurs consistant, d'une part, à appliquer au 1er janvier certaines clauses du contrat relatives aux conditions commerciales négociées et, d'autre part, à ne prendre en compte le nouveau tarif du fournisseur servant de base à l'élaboration du nouveau prix convenu qu'à la date de signature de la convention (et même, dans certains cas, postérieurement à cette date).

2. CONTRÔLE DES RÈGLES RELATIVES À LA CONVENTION UNIQUE PGC ET SANCTIONS

RÉPRESSION DES PRATIQUES ILLICITES

La répression des manquements aux dispositions de l'article L 441-4 du Code de commerce s'effectue dans les conditions fixées aux articles L 450-1 et suivants du même Code (voir nos 77100 s.). 87030

En particulier, les agents de la CCRF peuvent enjoindre au professionnel de cesser tout agissement illicite ou de supprimer toute clause illicite. Sur les modalités de l'injonction, qui peut être publiée, et l'amende administrative encourue si cette injonction n'est pas respectée, voir n°s 77810 s.

SANCTIONS

87040 **Amende administrative** Tout manquement aux dispositions de l'article L 441-4, I à V relatives à la convention PGC est passible d'une amende administrative d'un **montant maximal** de 75 000 € pour une personne physique et 375 000 € pour une personne morale (C. com. art. L 441-6, al. 1), hormis le non-respect de la date butoir du 1er mars pour la conclusion de la convention PGC (n° 86940), qui est passible d'une amende administrative de 200 000 € pour une personne physique et 1 M€ pour une personne morale (art. L 441-6, al. 3 issu de loi 2023-221 du 30-3-2023).

Ces montants sont doublés en cas de **réitération du manquement dans un délai de deux ans** à compter de la date à laquelle la première décision de sanction est devenue définitive (même art.).

L'amende est prononcée dans les conditions prévues à l'article L 470-2 du Code de commerce (voir n°s 77860 s.).

87050 **Sanction civile** Constituent des pratiques commerciales abusives entraînant la **responsabilité civile extracontractuelle** de leur auteur :

– le fait de pratiquer, à l'égard de l'autre partie, ou d'obtenir d'elle des prix, des délais de paiement, des **conditions** de vente ou des modalités de vente ou d'achat **discriminatoires** et non justifiés par des contreparties réelles prévues par la convention unique PGC en créant, de ce fait, pour ce partenaire, un désavantage ou un avantage dans la concurrence (C. com. art. L 442-1, I-4° issu de loi 2023-221 du 30-3-2023). Cette interdiction contraint donc un fournisseur de produits PGC à accorder les mêmes conditions à des clients placés dans des situations identiques ou fortement similaires. L'obligation du ligne à ligne (n° 87000) permet de contrôler le respect de cette interdiction ;

– le fait de **ne pas avoir mené de bonne foi les négociations commerciales** (n° 87005), ayant eu pour conséquence de ne pas aboutir à la conclusion d'une convention unique à la date butoir prévue par la loi (n°s 86740 s.) (C. com. art. L 442-1, I-5° issu de loi 2023-221).

Dans les deux cas, le ministre de l'économie peut demander notamment le prononcé d'une lourde **amende civile** (n°s 88920 s.).

IV. ENCADREMENT DES NOUVEAUX INSTRUMENTS PROMOTIONNELS (NIP)

NATURE ET OBJECTIF

87200 Les NIP sont utilisés par les enseignes de la grande distribution pour fidéliser les consommateurs. Ils permettent d'accorder à ces derniers des **avantages financiers,** immédiats ou différés (bons de réduction, lots virtuels, points de fidélité transformables en réductions de prix ultérieures, etc.), déclenchés par le passage en caisse des produits. Quel que soit l'avantage octroyé, son **financement** est assuré par les **fournisseurs.**

ENCADREMENT DES NIP

87210 Les conditions dans lesquelles le fournisseur s'engage, le cas échéant, à accorder aux consommateurs, en cours d'année, des avantages promotionnels sur ses produits ou services sont fixées dans des **mandats** confiés au distributeur ou prestataire de services. Conclu et exécuté conformément aux articles 1984 et suivants du Code civil, chaque contrat de mandat doit préciser, notamment (C. com. art. L 441-4, VII-al. 1) :

– le montant et la nature des avantages promotionnels accordés ;
– la période d'octroi et les modalités de mise en œuvre de ces avantages ;
– la quantité prévisionnelle de produits concernés ;
– les modalités de reddition de comptes par le distributeur au fournisseur.

Pour les **produits agricoles** mentionnés à l'article L 443-2 du Code de commerce (voir nº 89650), le lait et les produits laitiers, les **avantages accordés** ne peuvent pas dépasser 30 % de la valeur du barème des prix unitaires, frais de gestion compris (C. com. art. L 441-4, VII-al. 2). Cette limitation vise à éviter une déstabilisation des marchés concernés. 87215

CONTRÔLES RELATIFS À L'ENCADREMENT DES NIP ET SANCTIONS

Répression des pratiques illicites La répression des manquements aux dispositions de l'article L 441-4, VII du Code de commerce s'effectue dans les conditions fixées aux articles L 450-1 et suivants du même Code (voir nºˢ 77100 s.). 87220

En particulier, les agents de la CCRF peuvent enjoindre au professionnel de cesser tout agissement illicite ou de supprimer toute clause illicite. Sur les modalités de l'injonction, qui peut être publiée, et l'amende administrative encourue si cette injonction n'est pas respectée, voir nºˢ 77810 s.

Amende administrative Tout manquement à la réglementation des NIP prévue par l'article L 441-4, VII du Code de commerce est passible d'une amende administrative d'un montant maximal de 75 000 € pour une personne physique et 375 000 € pour une personne morale (C. com. art. L 441-6). 87230

Le maximum de l'amende encourue est doublé en cas de réitération du manquement dans un délai de deux ans à compter de la date à laquelle la première décision de sanction est devenue définitive.

L'amende est prononcée dans les conditions prévues à l'article L 470-2 du Code de commerce (voir nºˢ 77860 s.).

V. FORMALISATION DES RELATIONS DE SOUS-TRAITANCE DE PRODUCTION

NÉCESSITÉ D'UNE CONVENTION RÉGLEMENTÉE

Le législateur a rendu obligatoire la formalisation de certains contrats de sous-traitance de production. Cet encadrement vise à renforcer la transparence des relations entre les donneurs d'ordre et leurs sous-traitants, tout en fixant un contenu minimal obligatoire aux conventions (C. com. art. L 441-5). Ces mentions obligatoires correspondent aux points donnant lieu à des pratiques potentiellement abusives. 87300

CHAMP D'APPLICATION DES RÈGLES RELATIVES À LA CONVENTION DE SOUS-TRAITANCE

Une convention écrite doit être établie pour tout **achat** de produits manufacturés, fabriqués à la demande de l'acheteur en vue d'être intégrés dans sa propre production, dont le **montant** est supérieur à 500 000 € (C. com. art. L 441-5 et D 441-2). 87310

Les achats ainsi visés s'inscrivent donc uniquement dans le cadre de relations de sous-traitance de production portant sur (Note d'information DGCCRF nº 2014-185 du 22-10-2014 ann. 11, note d'information réputée abrogée mais conservant selon nous une valeur indicative) :

– des achats de **produits** (à l'exclusion des contrats de prestations de services) ;
– des achats de produits **manufacturés,** ce qui exclut les contrats portant sur l'externalisation des tâches qui ne font pas partie du cœur de métier du donneur d'ordre (nettoyage, sécurité, informatique, etc.), mais aussi la sous-traitance de travaux ;
– des achats de produits manufacturés **fabriqués à la demande de l'acheteur,** c'est-à-dire selon ses spécifications, ce qui exclut les achats de produits standardisés, vendus sur catalogue ;
– des achats de produits manufacturés fabriqués à la demande de l'acheteur **en vue d'être intégrés dans sa propre production,** à l'exclusion des achats d'outils de production, ou d'autres produits n'entrant pas dans le processus de production de l'acheteur.

Les contrats portant sur les **produits vendus sous marque de distributeur** sont donc exclus du champ d'application de l'article L 441-5, dans la mesure où le distributeur n'a pas, en règle générale, de production propre dans laquelle il intégrerait les produits achetés ; toutefois, lorsque le distributeur a également une activité de production, les contrats conclus avec ses sous-traitants sont susceptibles, s'ils remplissent les critères ci-dessus, d'entrer dans le champ de ce texte (Note nº 2014-185 précitée).

CONTENU DE LA CONVENTION DE SOUS-TRAITANCE

87320 La convention doit indiquer les **conditions convenues entre les parties,** notamment (C. com. art. L 441-5) :
– l'objet de la convention et les obligations respectives des parties ;
– le prix ou les modalités de sa détermination ;
– les conditions de facturation et de règlement ;
– les responsabilités respectives des parties et les garanties, telles que, le cas échéant, les modalités d'application d'une réserve de propriété ;
– les règles régissant la propriété intellectuelle entre les parties, lorsque la nature de la convention le justifie ;
– la durée de la convention ainsi que les modalités de sa résiliation ;
– les modalités de règlement des différends quant à l'exécution de la convention et, si les parties décident d'y recourir, les modalités de mise en place d'une médiation.

87325 L'article L 441-5 précise expressément que la convention doit être établie « dans le respect des articles L 441-1 et L 442-1 à L 442-3 » du Code de commerce relatifs respectivement à l'obligation de communication des conditions générales de vente et à l'interdiction des pratiques commerciales abusives.

CONTRÔLES RELATIFS À LA CONVENTION DE SOUS-TRAITANCE ET SANCTIONS

87330 **Répression des pratiques illicites** La répression des manquements à la réglementation s'effectue dans les conditions fixées aux articles L 450-1 et suivants du même Code (voir n°s 77100 s.).

En particulier, les agents de la CCRF peuvent enjoindre au professionnel de cesser tout agissement illicite ou de supprimer toute clause illicite. Sur les modalités de l'injonction, qui peut être publiée, et l'amende administrative encourue si cette injonction n'est pas respectée, voir n°s 77810 s.

87340 **Amende administrative** L'absence de convention de sous-traitance ou la conclusion d'une convention non conforme aux prescriptions prévues par la loi est passible d'une amende administrative d'un montant maximal de 75 000 € pour une personne physique et 375 000 € pour une personne morale (C. com. art. L 441-6).

Le maximum de l'amende encourue est doublé en cas de réitération du manquement dans un délai de deux ans à compter de la date à laquelle la première décision de sanction est devenue définitive.

L'amende est prononcée dans les conditions prévues à l'article L 470-2 du Code de commerce (voir n°s 77860 s.).

SECTION 2

ENCADREMENT DES PÉNALITÉS LOGISTIQUES

A. Pénalités logistiques infligées par le distributeur

NÉCESSITÉ D'UNE CONVENTION ÉCRITE DÉDIÉE

87400 L'ampleur des pénalités logistiques injustifiées imposées par les distributeurs aux fournisseurs avait conduit le législateur à leur dédier un encadrement spécifique au sein de la loi Egalim 2 (Loi 2021-1357 du 18-10-2021 introduisant l'art. L 441-17). Les pratiques abusives des distributeurs persistant, la loi 2023-221 du 30 mars 2023, dite « Egalim 3 », a renforcé ce dispositif en imposant notamment que les obligations réciproques en matière de logistique donnent lieu à l'établissement d'une **convention écrite distincte de la convention unique formalisant le résultat de la négociation commerciale** (C. com. art. L 441-3, I bis nouveau : n° 86700). Le législateur a en effet constaté que les conventions « qualité et logistique » prenaient souvent la forme d'une simple annexe à la convention unique générale, discutée en toute fin des négociations, lorsque la pression entre les parties était maximale ; en outre, la simultanéité de ces différentes négociations (tarif, services de coopération commerciale, pénalités logistiques, etc.) favorisait certaines pratiques contestables, comme le fait de conditionner à la dernière minute la signature de la convention tarifaire à la signature, par le fournisseur, de l'annexe logistique, généralement aux conditions demandées par le distributeur.

La **date butoir du 1er mars** fixée pour la conclusion de la convention unique (n° 86740) ne s'applique pas à la convention dédiée au pénalités logistiques (C. com. art. L 441-3, I bis issu de loi 2023-221). Celle-ci peut donc être négociée à tout moment de l'année.

En outre, l'**arrivée à l'échéance de la convention unique** ne peut pas entraîner la résiliation automatique, le cas échéant, de la convention logistique (même art.).

La Direction générale de la concurrence, de la consommation et de la répression des fraudes (**DGCCRF**) publie sur son site internet (www.economie.gouv.fr/dgccrf/) des **lignes directrices** (LD), sous forme de foire aux questions, destinées à éclairer les opérateurs sur les conditions d'application de l'article L 441-17 du Code de commerce. Au 1er avril 2024, date de mise à jour des présents développements, ces lignes directrices avaient été actualisées en dernier lieu le 3 novembre 2023.

CHAMP D'APPLICATION DE LA CONVENTION LOGISTIQUE

Objet des pénalités Le contrat peut prévoir la fixation de pénalités infligées au fournisseur en cas d'**inexécution d'engagements contractuels en lien avec la logistique**, telle qu'un retard de livraison ou le fait que la marchandise livrée ne soit pas conforme (C. com. art. L 441-17, I-al. 1 ; LD précitées). **87402**

Aucune pénalité logistique ne peut être infligée pour l'inexécution d'engagements contractuels survenue **plus d'un an** auparavant (art. L 441-17, I-al. 3 issu de loi 2023-221). La date à laquelle la pénalité doit être considérée comme « infligée » est la date de la facture relative à cette pénalité, et non la date d'envoi de l'avis préalable de pénalité (LD précitées).

Relations commerciales concernées L'article L 447-1 du Code de commerce s'applique aux seules relations commerciales entre **fournisseurs** et **distributeurs.** Des clients non distributeurs, tels que des transformateurs, ne sont donc pas soumis à la réglementation (LD précitées). **87404**

Il s'applique quelle que soit la convention à laquelle les fournisseurs et distributeurs sont soumis : convention unique du régime général (nos 86650 s.), convention unique concernant les produits de grande consommation (nos 86940 s.), contrat de fabrication de produits alimentaires à marque de distributeur (nos 89830 s.) ou convention spécifique aux produits alimentaires (nos 89575 s.).

Le dispositif n'est pas applicable aux relations commerciales avec les **grossistes** (C. com. art. L 441-17, IV nouveau et L 441-18 modifié par loi 2023-221 du 30-3-2023). Sur la notion de grossiste, voir n° 86100.

> **Précisions** Avant l'entrée en vigueur de la loi Egalim 3 du 30 mars 2023, les **grossistes** étaient soumis à l'encadrement uniquement dans leurs relations avec leurs fournisseurs. Après avoir observé que cet encadrement était inutile en raison de l'absence de litiges particuliers, le législateur a préféré les en exclure, de sorte que, désormais, dans leurs relations tant en amont qu'en aval, ce sont les clauses pénales traditionnelles des contrats qui s'appliquent, dans le respect des règles prévues par le Code civil (Rapport Sén. n° 326).

Champ d'application territorial La réglementation s'applique à toute convention entre un fournisseur et un distributeur portant sur des produits commercialisés sur le territoire français (voir n° 86010). **87406**

NATURE DE LA RÉGLEMENTATION

Les **dispositions** de l'article L 441-17 sont **d'ordre public,** de sorte que les parties ne peuvent pas y déroger (C. com. art. L 444-1 A issu de loi 2023-221 du 30-3-2023 ; voir n° 86010). **87408**

OBLIGATIONS DU DISTRIBUTEUR AU REGARD DES PÉNALITÉS LOGISTIQUES

Indication d'une marge d'erreur suffisante Lorsque le contrat prévoit des pénalités logistiques, il doit prévoir une « **marge d'erreur suffisante** » au regard du volume de livraisons prévues par le contrat. Un délai suffisant doit être respecté pour informer l'autre partie en cas d'aléa (art. L 441-17, I-al. 1). La marge d'erreur doit être **déterminée** entre les parties au **87410**

contrat **au cas par cas,** au regard des caractéristiques des produits concernés, des modalités d'approvisionnement, des caractéristiques de l'entreprise qui fournit le distributeur et des volumes de livraison prévus au contrat ou, à défaut, des volumes effectivement livrés. Elle doit également s'apprécier à la lumière d'éventuels retards du distributeur dans le cadre des déchargements des livraisons. Elle doit être appréciée sur une **périodicité** supérieure à un mois, excepté pour les produits caractérisés par une saisonnalité marquée (LD précitées).

En tout état de cause, les **taux de service** (un taux de service étant le rapport entre ce qui est commandé et ce qui est livré) proches de 100 % sont en général considérés comme **abusifs** et non conformes à la loi, y compris pour les produits faisant l'objet d'une opération promotionnelle. Le taux de service fait l'objet d'une appréciation au cas par cas, notamment au regard des caractéristiques rappelées ci-dessus. La non-atteinte du taux de service ne dispense évidemment pas le distributeur de prouver, pour chaque manquement de nature à justifier l'application d'une pénalité, sa réalité, son imputabilité au fournisseur et le préjudice qui en est résulté (LD précitées).

87412 **Montant des pénalités** Le montant des pénalités infligées par le distributeur au fournisseur doit être **proportionné au préjudice subi** au regard de l'inexécution d'engagements contractuels et ne peut pas dépasser un « **plafond** équivalent à 2 % de la valeur des produits commandés relevant de la catégorie de produits au sein de laquelle l'inexécution d'engagements contractuels a été constatée » (C. com. art. L 441-17, I-al. 2 issu de loi 2023-221).

L'**assiette de la pénalité** est la valeur de l'ensemble des produits commandés qui relève de la catégorie au sein de laquelle l'inexécution d'engagements contractuels a été constatée, et non la valeur des seuls produits dont la livraison n'est pas conforme aux obligations logistiques du fournisseur (LD précitées). Par exemple, si un distributeur commande, dans le même temps, 1 000 boîtes de céréales et 1 000 paquets de pâtes, et qu'un manquement est constaté sur 20 boîtes de céréales, la pénalité logistique ne peut pas être supérieure à 2 % de la valeur de la commande de céréales, et non de la valeur de la commande totale (Rapport Sén. n° 326 relatif à la loi 2023-221).

La **notion de « catégorie de produits »** est imprécise. Dans ses lignes directrices, la DGCCRF se borne à indiquer qu'elle doit regrouper des produits « suffisamment homogènes » et que « ceci relève d'une appréciation au cas par cas et ne peut pas être décidé à l'avance pour tous les cas de figure dans les (…) lignes directrices ». À titre d'illustration, elle rappelle un autre exemple issu des travaux parlementaires de la loi Egalim 3 selon lequel les yaourts et le beurre sont deux catégories distinctes. Pour ce qui concerne l'assiette du plafond, si 200 yaourts sur 1 000 commandés ne sont pas livrés, l'assiette est la valeur des 1 000 yaourts.

Puisque les pénalités doivent être proportionnées au préjudice subi, le **plafond** doit être **calculé à la commande.** La DGCCRF n'admet pas que le plafond de 2 % soit calculé, pour chaque commande, en prenant pour assiette la valeur des commandes annuelles (ou mensuelles) de la catégorie des produits en manquement passées par le distributeur (LD précitées).

87414 **Refus ou retour de marchandises** Le **refus** ou le **retour de marchandises** est interdit, sauf en cas de non-conformité de celles-ci ou de non-respect de la date de livraison (art. L 441-17, I-al. 3).

Une date se définit comme l'indication du jour, du mois et de l'année. Le refus ou le retour de marchandises n'est donc possible que si le jour prévu pour la livraison n'a pas été respecté par le fournisseur. Un retard de livraison de quelques heures qui aboutirait à ce que la livraison ait bien lieu le jour convenu ne saurait ainsi justifier un refus ou un retour des marchandises de la part du distributeur. Cependant, une livraison intervenant le jour prévu mais au-delà de l'heure de fermeture de la plateforme logistique doit être considérée comme ne respectant pas la date de livraison. Par ailleurs, des pénalités peuvent être appliquées si le non-respect de la date de livraison entraîne soit une rupture de stock, soit un préjudice d'une autre nature que le distributeur doit alors prouver par écrit (LD précitées).

87416 **Avis de pénalité** Lorsque le distributeur transmet au fournisseur un avis de pénalité logistique en raison d'une inexécution d'engagement contractuel, il doit apporter en même temps, par tout moyen, la **preuve du manquement constaté et du préjudice subi.** Le fournisseur dispose d'un délai raisonnable pour vérifier et, le cas échéant, contester la réalité du grief correspondant (art. L 441-17, I-al. 5 modifié par loi 2023-221).

La preuve du manquement peut consister, par exemple, en un bon de livraison annoté par un responsable d'entrepôt et contresigné par le livreur, en une photographie ou en une capture d'écran du logiciel. Une simple déclaration du distributeur, fût-elle écrite, ne suffit pas, de même que l'avis de pénalité (LD précitées).

Le délai raisonnable dont le fournisseur doit disposer pour vérifier et, éventuellement, contester le grief est à négocier entre les parties. La DGCCRF considère que ce délai doit être d'au moins un mois à compter de l'envoi de l'avis de pénalités (LD précitées).

Déduction d'office des pénalités Le distributeur ne peut pas déduire d'office du montant de la facture établie par le fournisseur les pénalités ou rabais correspondant au non-respect d'un engagement contractuel (art. L 441-17, I-al. 5 nouveau). 87418

Une telle interdiction est caractérisée si le distributeur procède à cette déduction alors que le fournisseur a contesté ces pénalités dans le délai prévu par le contrat, ce délai ne pouvant pas, selon la DGCCRF, être inférieur à un mois à compter de la date de réception de l'avis de pénalité accompagné des justificatifs du manquement (LD précitées).

Pénalités pour rupture de stock ou autre préjudice Le distributeur ne peut infliger des pénalités logistiques qu'en cas de rupture de stock, sauf s'il démontre et documente par écrit l'existence d'un préjudice d'une autre nature (art. L 441-17, I-al. 6). 87420

Il n'y a **rupture de stock** que si les produits ne sont plus disponibles ni en linéaires ni dans les entrepôts ou réserves. Un produit en linéaire, comme un produit en entrepôt ou réserve, est considéré, comptablement, comme étant en stock jusqu'au moment de son passage en caisse (LD précitées).

Le distributeur doit prouver et documenter par écrit la situation de rupture de stock pour pouvoir appliquer des pénalités logistiques. Le fait qu'en cas de rupture de stock avérée le préjudice soit présumé ne dispense pas le distributeur d'apporter la preuve de la rupture de stock elle-même, cette preuve et celle du préjudice étant deux questions distinctes (LD précitées).

Dès lors que le préjudice en cas de rupture de stock est présumé et qu'il n'a donc pas à être déterminé, la question reste de savoir comment seront calculées les pénalités, puisque leur montant doit être proportionné au préjudice subi (n° 87412). Les lignes directrices ne contiennent aucune indication sur ce point.

La DGCCRF n'apporte aucune précision non plus sur la démonstration de l'existence du **préjudice dans les cas autres** que la rupture de stock.

Prise en compte de circonstances extérieures ou d'un cas de force majeure Dès lors que le distributeur envisage d'infliger des pénalités logistiques, il doit tenir compte des circonstances indépendantes de la volonté des parties ; en cas de force majeure, aucune pénalité logistique ne peut être infligée (art. L 441-17, I-al. 7). 87422

Il y a **force majeure** en matière contractuelle lorsqu'un événement échappant au contrôle du débiteur, qui ne pouvait pas être raisonnablement prévu lors de la conclusion du contrat et dont les effets ne peuvent être évités par des mesures appropriées, empêche l'exécution de son obligation par le débiteur (C. civ. art. 1218).

Les **circonstances indépendantes de la volonté des parties,** qui ne correspondraient pas à la définition juridique de la force majeure car elles n'en remplissent pas tous les critères, se définissent comme des circonstances externes au fournisseur et au distributeur et perturbant les livraisons, telles que des blocages de sites industriels, d'entrepôts de stockage ou d'axes de transport, une pénurie avérée de matière première avec délai de prévenance ou encore une crise sanitaire.

Même si la situation résulte de circonstances indépendantes de la volonté des parties, le distributeur doit prouver un manquement du fournisseur et démontrer par écrit le préjudice qui en a résulté pour lui. Cependant, la loi oblige dans ce cas les parties à négocier pour analyser contradictoirement la situation et définir le juste montant des pénalités, qui peut être minoré par rapport au montant qui résulterait de l'application du contrat en l'absence de telles circonstances, d'autant plus si le fournisseur a prévenu son distributeur d'un aléa susceptible de l'empêcher d'honorer ses engagements contractuels (LD précitées).

Le **délai de paiement** des pénalités ne peut pas être inférieur au délai de paiement applicable à compter de la réception des marchandises (art. L 441-17, II). On rappelle que les délais de paiement des marchandises sont réglementés (cf. C. com. art. L 441-10 à L 441-13). 87424

SUSPENSION DE L'APPLICATION DES PÉNALITÉS LOGISTIQUES EN CAS DE SITUATION EXCEPTIONNELLE

En cas de situation exceptionnelle, extérieure aux distributeurs et aux fournisseurs, affectant gravement les chaînes d'approvisionnement dans un ou plusieurs secteurs, l'application des 87430 pénalités logistiques prévues par les conventions logistiques entre les distributeurs et les fournisseurs intervenant dans ces secteurs et concernés par cette situation peut être suspendue par décret en Conseil d'État, pour une durée maximale de six mois renouvelable (C. com. art. L 441-17, III issu de loi 2023-221 du 30-3-2023).

OBLIGATION D'INFORMATION ANNUELLE DES DISTRIBUTEURS ET FOURNISSEURS

87435 Afin de faciliter les contrôles de la DGCCRF et de pallier le risque de représailles commerciales en cas de dénonciation, les distributeurs et fournisseurs sont tenus à une obligation d'information annuelle. Au plus tard le 31 décembre (C. com. art. L 441-19, al. 2 s. issus de loi 2023-221 du 30-3-2023) :
– chaque **distributeur** doit communiquer à la DGCCRF les montants des pénalités logistiques infligées à ses fournisseurs au cours des 12 derniers mois, ainsi que les montants réellement perçus, en détaillant ces montants pour chacun des mois ;
– chaque **fournisseur** doit communiquer à la DGCCRF les montants des pénalités logistiques qui lui ont été appliquées au cours des 12 derniers mois, ainsi que ceux qu'il a effectivement versés.

B. Pénalités logistiques infligées par le fournisseur

CONTENU DU DISPOSITIF

87440 En cas d'inexécution d'un engagement contractuel du distributeur, le fournisseur peut lui infliger des pénalités. Celles-ci doivent être proportionnées au préjudice subi au regard de l'inexécution d'engagements contractuels et ne peuvent pas dépasser un **montant** identique à celui prévu pour les pénalités infligées par un distributeur (voir n° 87412) (C. com. art. L 441-18 modifié par loi 2023-221 du 30-3-2023).

La **preuve du manquement** doit être apportée par le fournisseur par tout moyen (même art.). Le distributeur dispose d'un délai raisonnable pour vérifier et, le cas échéant, **contester la réalité du grief** correspondant (même art.).
Comme pour les pénalités infligées par le distributeur, ces mesures ne sont pas applicables aux relations avec les **grossistes.** Sur la notion de grossiste, voir n° 86100.

C. Contrôles et sanctions en cas de non-respect de la réglementation applicable aux pénalités logistiques

RÉPRESSION DES PRATIQUES ILLICITES

87445 La répression des manquements à la réglementation s'effectue dans les conditions fixées aux articles L 450-1 et suivants du même Code (voir n°s 77100 s.).
En particulier, les agents de la CCRF peuvent enjoindre au professionnel de cesser tout agissement illicite ou de supprimer toute clause illicite. Sur les modalités de l'injonction, qui peut être publiée, et l'amende administrative encourue si cette injonction n'est pas respectée, voir n°s 77810 s.

SANCTION CIVILE EN CAS DE NON-RESPECT DE L'ENCADREMENT DES PÉNALITÉS LOGISTIQUES

87450 Le fait pour un distributeur d'imposer des pénalités logistiques ne respectant pas l'article L 441-17 du Code de commerce (n°s 87400 s.) constitue une **pratique commerciale abusive** entraînant la responsabilité civile du distributeur, dans les conditions fixées par l'article L 442-4 du même Code (voir n°s 88900 s.) (C. com. art. L 442-1, I-3°). En particulier, l'action peut être introduite par le ministre de l'économie, qui peut demander le prononcé d'une **amende civile.**
Curieusement, le fait pour un fournisseur d'imposer des pénalités logistiques ne respectant pas l'article L 441-18 du Code de commerce (n° 87440) ne fait pas l'objet d'une disposition similaire.

SANCTION ADMINISTRATIVE EN CAS DE NON-RESPECT DE L'OBLIGATION D'INFORMATION ANNUELLE

Le non-respect de l'obligation d'information annuelle par les distributeurs et fournisseurs (nº 87435) est passible d'une amende administrative d'un montant de 75 000 € pour une personne physique et 150 000 € pour une personne morale, ces montants étant doublés en cas de réitération du manquement dans un délai de deux ans à compter de la date à laquelle la première décision de sanction est devenue définitive (C. com. art. L 441-19, dernier al. issu de loi 2023-221 du 30-3-2023). L'amende est prononcée dans les conditions prévues à l'article L 470-2 du Code de commerce (voir nºs 77860 s.). **87455**

SECTION 3

PRATIQUES COMMERCIALES ABUSIVES

CONTENU DU DISPOSITIF

Les articles L 442-1 et L 442-2 du Code de commerce établissent une liste de **pratiques commerciales abusives entraînant la responsabilité civile de leur auteur** (dites aussi « pratiques restrictives de concurrence »), soit d'ordre général (obtention d'un avantage sans contrepartie ou disproportionné, soumission à un déséquilibre significatif dans les droits et obligations des parties et rupture brutale de relations commerciales établies), soit plus circonscrites. **87500**

Par ailleurs, certains **clauses ou contrats** sont **nuls de plein droit** (C. com. art. L 442-3).

L'**action** en responsabilité civile à l'encontre d'une pratique commerciale abusive ou en nullité des clauses abusives suit une **procédure spécifique,** qui se caractérise notamment par la possibilité pour le ministre de l'économie d'engager cette action en lieu et place de la victime et de demander le prononcé d'une amende civile (C. com. art. L 442-4).

Sur la nature d'**ordre public** de la réglementation et ses modalités d'application dans un **contexte international,** voir nº 86010.

ATTENTION

Il résulte de l'article L 511-4 du Code monétaire et financier que les dispositions du Code de commerce relatives aux pratiques restrictives de concurrence ne sont pas applicables aux **établissements de crédit** et aux sociétés de financement pour leurs opérations de banque et leurs opérations connexes définies à l'article L 311-2 du même Code (Cass. com. 15-1-2020 nº 18-10.512 FS-PB : Bull. civ. nº 1 p. 78 ; Cass. com. 6-4-2022 nº 20-18.126 F-D : RJDA 6/22 nº 369). En revanche, l'activité d'intermédiation en opérations de banque, définie à l'article L 519-1 du Code monétaire et financier, qui n'est ni une opération de banque ni une opération connexe au sens de l'article L 311-2, est soumise à ces dispositions (Cass. com. 6-4-2022 nº 20-18.126 F-D précité).

I. OBTENTION D'UN AVANTAGE SANS CONTREPARTIE PROPORTIONNÉE

PRINCIPE D'INTERDICTION

Engage la responsabilité de son auteur et l'oblige à réparer le préjudice causé le fait, dans le cadre de la négociation commerciale, de la conclusion ou de l'exécution d'un contrat, par toute personne exerçant des activités de production, de distribution ou de services, d'obtenir ou de tenter d'obtenir de l'autre partie un **avantage** ne correspondant à **aucune contrepartie** ou manifestement **disproportionné** au regard de la **valeur de la contrepartie consentie** (C. com. art. L 442-1, I-1º). **87680**

› Précisions Saisi d'une question prioritaire de constitutionnalité (Cass. com. QPC 7-7-2022 nº 22-40.010 F-D : RJDA 10/22 nº 585), le Conseil constitutionnel considère que l'article L 442-1, I-1º du Code de commerce est **conforme à la Constitution** (Cons. const. 6-10-2022 nº 2022-1011 QPC : RJDA 3/23 nº 163).

CHAMP D'APPLICATION DE L'INTERDICTION

87685 **Relations concernées** L'auteur de la pratique est « toute personne exerçant des activités de production, de distribution ou de services ».

> **Précisions** Le texte de l'article L 442-1, I-1°, de portée générale, s'applique en l'absence d'incompatibilité avec des **dispositions législatives spéciales**. Par exemple, les relations de sous-traitance entre un constructeur de maisons individuelles et ses sous-traitants entrent bien dans son champ d'application car les dispositions du Code de la construction et de l'habitation relatives à ces relations ne comportent pas règles spéciales sur l'obtention d'un avantage sans contrepartie (Cass. com. 11-1-2023 n° 21-11.163 FS-B : RJDA 3/23 n° 164).

87670 **Nature de l'avantage** Le contrôle du juge s'exerce quelle que soit la nature de l'**avantage,** y compris **tarifaire,** tel qu'une réduction de prix (Cass. com. 11-1-2023 n° 21-11.163 FS-B : RJDA 3/23 n° 164).

EXEMPLES D'AVANTAGES OBTENUS SANS CONTREPARTIE PROPORTIONNÉE

87705 **Avertissement.** Nous citons ci-dessous des exemples fondés sur l'ancien article L 442-6, I-1° du Code de commerce interdisant l'obtention d'un avantage ne correspondant à aucun service commercial effectivement rendu ou manifestement disproportionné au regard de la valeur du service rendu. Ces exemples restent pertinents sous l'empire du texte actuel, issu de l'ordonnance 2019-359 du 24 avril 2019, dont le champ d'application est plus large.

A été retenue la responsabilité d'un distributeur qui avait obtenu une rémunération forfaitaire manifestement excessive au regard de la valeur effective des **services de coopération commerciale** rendus (Cass. com. 11-9-2012 n° 11-14.620 : RJDA 11/12 n° 1003). Dans cette affaire, les **services** n'avaient **pas** été **clairement définis.** Or, l'imprécision des stipulations contractuelles entretient le flou sur le contenu des prestations concernées et constitue un obstacle sérieux à l'appréciation de leur valeur économique. Elle peut constituer un indice de la mauvaise foi du distributeur. À noter que la faiblesse du chiffre d'affaires réalisé par le distributeur sur les produits concernés par une action de coopération commerciale ou l'absence de progression significative des ventes pendant cette opération ne suffisent pas à elles seules à prouver l'existence d'une disproportion manifeste entre la valeur du service rendu par le distributeur et l'avantage qui lui a été consenti, car le distributeur qui conclut un accord de coopération commerciale n'est pas tenu à une obligation de résultat ; cependant, ces éléments constituent des indices d'une éventuelle disproportion (Cass. com. 27-4-2011 n° 10-13.690 : RJDA 8-9/11 n° 737).

Est également fautive la pratique consistant pour un distributeur à demander à un fabricant de produits vendus sous sa marque de distributeur (MDD) l'octroi d'avantages tarifaires en fin d'année, sous la forme d'avoirs justifiés par des opérations promotionnelles de mise en avant des produits (présence des produits dans des brochures, offres tarifaires promotionnelles) ; s'agissant d'un **produit MDD,** une telle justification ne correspond à aucun service effectivement rendu car la commercialisation d'un tel produit ne peut donner lieu à une facturation par le distributeur de prestations de services de coopération commerciale (Avis CEPC n° 17-3 du 19-1-2017).

Lorsqu'un distributeur organise une **opération commerciale d'intérêt commun,** « il ne doit pas exister une **disproportion** manifeste entre la **participation financière** à l'opération du fournisseur et celle du distributeur rapportées à l'intérêt que doivent respectivement en tirer le fournisseur et le distributeur ». Dès lors, quand des fournisseurs ont contribué à hauteur de la quasi-totalité du coût d'un catalogue promotionnel, assurant au distributeur la quasi-gratuité de celui-ci, cet élément constitue une présomption forte de pratique commerciale abusive. Encore faut-il en apporter la preuve au regard de la proportion entre la marge bénéficiaire moyenne des fournisseurs, d'une part, et celle du distributeur, d'autre part, proportion qui permet seule d'évaluer l'intérêt que les premiers et le second pouvaient tirer de l'opération (CA Versailles 24-9-2009 n° 08-5366 : RJDA 2/10 n° 178).

87710 Est également abusif le fait pour un distributeur de se faire accorder une réduction de prix en contrepartie d'un **service relevant d'une opération d'achat-vente** ou d'un **service destiné à favoriser la relation commerciale entre le fournisseur et le distributeur** (service de coopération commerciale), alors qu'aucun service n'est effectivement rendu ou que les prestations fournies ne correspondent pas à celles qui avaient été convenues.

A ainsi été retenue la responsabilité civile d'un distributeur qui, moyennant une rémunération forfaitaire élevée, a fait souscrire au fournisseur un ensemble de prestations de **services dont il n'avait que partiellement l'utilité** (CA Nîmes 25-2-2010 n° 07-606 : RJDA 6/10 n° 682 et, sur pourvoi, Cass. com. 12-7-2011 n° 10-21.551). De même, a engagé sa responsabilité la centrale de référencement qui a conclu avec des fournisseurs des « contrats de partenariat » ayant pour objet la fourniture à ces derniers de statistiques de vente, dès lors notamment que les tableaux se bornaient à reprendre des données très générales ou étaient difficilement exploitables et que les prix pratiqués pour la rémunération de ces services étaient complètement disproportionnés par rapport au prix de revient de ces derniers. Cette centrale a également été condamnée pour avoir perçu des sommes en contrepartie de la transmission à un fournisseur du plan d'implantation de ses produits dans les rayons, ce qui ne correspondait à **aucun service** commercial puisqu'une simple visite du fournisseur dans les points de vente lui aurait permis d'en prendre connaissance (CA Paris 2-2-2012 n° 09/22350 : RJDA 5/12 n° 533).

ATTENTION

Les services de coopération commerciale fictifs peuvent être appréhendés sur le terrain pénal par le biais du **délit de fausse facture** (voir Cass. crim. 25-6-2008 n° 07-80.261 : RJDA 2/09 n° 135). Sur le montant des amendes pénales encourues, voir l'article 441-1, al. 2 du Code pénal.

Est illicite la pratique de certaines centrales qui, pour obtenir des réductions de prix plus importantes de la part de leurs fournisseurs, additionnent de manière artificielle les chiffres d'affaires de leurs adhérents pour accéder aux paliers de chiffres d'affaires à partir desquels ces réductions sont accordées (« **globalisation artificielle des chiffres d'affaires** »). En effet, la simple agrégation de chiffres d'affaires ne suffit pas à justifier l'attribution d'une remise ; encore faut-il que cette agrégation soit justifiée par l'existence d'une réelle politique commerciale commune (CA Paris 5-10-2004 n° 04-5646 : RJDA 2/05 n° 198, confirmé par Cass. com. 6-12-2005 n° 1584 : RJDA 6/06 n° 706, décision rendue sur le fondement du droit des ententes). **87715**

Est illicite la pratique des **demandes d'alignement rétroactives** : à l'occasion de la création d'une centrale de référencement, il est demandé à chaque fournisseur déjà référencé auprès d'un ou de plusieurs adhérents de la centrale de consentir rétroactivement à tous ces adhérents les meilleures conditions que ce fournisseur consent déjà à l'un d'entre eux. Une telle demande d'alignement a manifestement pour objet la recherche d'un avantage au profit de l'adhérent de la centrale qui en bénéficiera. L'examen de la réalité du service rendu et du caractère non manifestement disproportionné de l'avantage obtenu ou recherché au regard de ce service impose cependant une évaluation des services effectivement assurés à chaque fournisseur par la centrale ; une évaluation globale des services assurés à l'ensemble des fournisseurs visés ne serait donc pas suffisante (cf. Avis CEPC n° 04-02 du 25-2-2004). **87720**

Est également illicite la **pratique dite « de la garantie ou de la compensation de marge »** qui consiste, pour les distributeurs, à demander à leurs fournisseurs, en cours d'exécution de la convention annuelle ou pluriannuelle prévue, des avantages supplémentaires afin d'atteindre ou de maintenir leur objectif de rentabilité. **87725**

Les garanties de marge sont généralement « habillées » sous la forme de demandes diverses non prévues au contrat, telles que l'attribution de remises rétroactives, la signature de contrats de coopération commerciale sans contrepartie, la remise en cause du prix convenu ou la livraison de produits gratuits ; de telles pratiques, aboutissant à transférer indûment le risque commercial vers le fournisseur, sont en tant que telles abusives et donc illicites, dans la mesure où elles sont sans contrepartie et remettent en cause, en cours d'exécution, l'équilibre économique de la convention unique (Note d'information DGCCRF n° 2014-185 du 22-10-2014 ann. 12, note d'information réputée abrogée mais conservant selon nous une valeur indicative).

Engagent aussi leur responsabilité civile : **87730**

– le distributeur qui **utilise** les **salariés** de son **fournisseur** pour l'exécution de **tâches logistiques** ne relevant pas de leur contrat de travail (manutention de palettes dans les entrepôts, mise de produits dans des linéaires, retrait d'emballages inutiles, inventaire de stocks, nettoyage de certains locaux, etc.) (Avis CEPC n° 06-01 du 20-11-2006 ; cette pratique est également répréhensible sur le fondement du droit pénal social) ;

– le commerçant en articles textiles qui obtient d'un fabricant une **remise** de 5 % et un **allongement des délais de paiement** de 30 à 60 jours préalablement à la passation des commandes pour la saison suivante, tout en refusant d'assortir cet avantage d'un quelconque engagement de volume (CA Versailles 18-5-2006 n° 04-8829 : RJDA 11/06 n° 1174, décision rendue sur le fondement de l'ex-art. L 442-6, I-3° relatif à l'obtention d'un avantage préalable à toute passation de commande, mais transposable) ;

– la société commercialisant des moules d'empreintes pour la fabrication de boîtiers de protection antivol qui, dans le cadre d'un contrat de partenariat, obtient d'un fabricant qu'il **finance,** à hauteur de 50 %, la réalisation des moules qui restent la propriété de la société, sans que cet avantage soit assorti d'un engagement écrit sur un volume de commande proportionné (CA Paris 6-7-2011 n° 10/08832, décision rendue sur le fondement de l'ex-art. L 442-6, I-3° relatif à l'obtention d'un avantage préalable à toute passation de commande, mais transposable).

II. SOUMISSION À DES OBLIGATIONS CRÉANT UN DÉSÉQUILIBRE SIGNIFICATIF DANS LES DROITS ET OBLIGATIONS DES PARTIES

A. Principe d'interdiction

CONTENU DU PRINCIPE

87770 Engage la responsabilité de son auteur et l'oblige à réparer le préjudice causé le fait, dans le cadre de la négociation commerciale, de la conclusion ou de l'exécution d'un contrat, par toute personne exerçant des activités de production, de distribution ou de services, de **soumettre** ou de tenter de soumettre l'autre partie **à des obligations créant un déséquilibre significatif** dans les droits et obligations des parties (C. com. art. L 442-1, I-2°).

ARTICULATION AVEC LE DROIT COMMUN DES CONTRATS

87775 Aux termes de l'article 1171 du Code civil, dans un **contrat d'adhésion,** toute clause qui crée un **déséquilibre significatif entre les droits et obligations des parties** au contrat est réputée non écrite.

La Cour de cassation a jugé que cette disposition du Code civil s'applique aux contrats, même conclus entre producteurs, commerçants, industriels ou artisans, lorsqu'ils ne relèvent pas de l'article L 442-6, devenu L 442-1, du Code de commerce ; tel est le cas des contrats de location financière contractés auprès d'établissements de crédit et de sociétés de financement, lesquels ne sont pas soumis aux textes relatifs aux pratiques restrictives de concurrence (Cass. com. 26-1-2022 n° 20-16.782 FS-B : RJDA 4/22 n° 185). L'intention du législateur, a-t-elle précisé, est que l'article 1171 du Code civil, qui régit le droit commun des contrats, sanctionne les clauses abusives dans les contrats ne relevant pas des dispositions spéciales du Code de commerce. La Cour a donc fait application du principe classique selon lequel la règle spéciale déroge à la règle générale (C. civ. art. 1105, al. 3).

B. Champ d'application de l'interdiction de soumission à un déséquilibre significatif

AUTEUR DE LA PRATIQUE

87780 L'auteur de la pratique est « toute **personne exerçant des activités de production, de distribution ou de services** » (C. com. art. L 442-1, I-al. 1).

RELATIONS CONCERNÉES

87785 Le texte de l'article L 442-1, I-2° du Code de commerce, de portée générale, **s'applique** en l'absence d'incompatibilité avec des dispositions législatives spéciales. Ainsi, les relations de sous-traitance entre un constructeur de maisons individuelles et ses sous-traitants entrent bien dans son champ d'application car les dispositions du Code de la construction et de l'habitation relatives à ces relations ne comportent pas règles spéciales sur l'obtention d'un avantage sans contrepartie (Cass. com. 11-1-2023 n° 21-11.163 FS-B : RJDA 3/23 n° 164).

87790 En revanche, l'article L 442-1, I-2° du Code de commerce **ne s'applique pas** aux relations suivantes :

– les rapports entretenus par une société coopérative de commerçants détaillants avec ses adhérents (Cass. com. 18-10-2017 n° 16-18.864 F-PB : RJDA 1/18 n° 73, décision rendue sous l'empire de la réglementation antérieure mais transposable) ;

– les modalités de retrait du membre d'un groupement d'intérêt économique, prévues par le contrat constitutif ou par une clause du règlement intérieur de ce groupement (Cass. com. 11-5-2017 n° 14-29.717 FS-PBIR : RJDA 7/17 n° 505, décision rendue sous l'empire de la réglementation antérieure mais transposable) ;

– un contrat de bail commercial, dès lors qu'il ne s'agit pas d'une activité de production, de distribution ou de services (Cass. 3e civ. 15-2-2018 no 17-11.329 FS-PB : RJDA 5/18 no 463, décision rendue sous l'empire de la réglementation antérieure mais transposable).

CLAUSES CONCERNÉES

Tous les types de **clauses** peuvent être examinés, y compris celles **relatives au prix.** La Cour de cassation a en effet jugé que le déséquilibre significatif peut « résulter d'une inadéquation du prix au bien vendu » (Cass. com. 25-1-2017 no 15-23.547 FS-PB : RJDA 4/17 no 286, rendu sur le fondement de l'ancien article L 442-6, I-2o du Code de commerce mais transposable). Le déséquilibre peut donc être économique et non seulement juridique. Toutefois, la question de savoir quel type de contrôle du prix le juge pourrait opérer reste entière (dans l'affaire précitée, le déséquilibre résultait non pas du niveau des prix consentis mais du mécanisme de mise en œuvre d'une ristourne de fin d'année). Selon la cour d'appel de Paris, il importe d'examiner si les « conditions commerciales (sont) telles que (le partenaire) ne reçoit qu'une contrepartie dont la valeur est disproportionnée de manière importante à ce qu'il donne » (CA Paris 23-5-2013 no 12/01166 ; voir aussi avis CEPC no 19-9 du 19-9-2019). 87800

> **Précisions** Le Conseil constitutionnel a affirmé la **constitutionnalité** de l'ex-article L 442-6, I-2° tel qu'interprété par la Cour de cassation : il ne méconnaît pas le principe de légalité des délits prévu à l'article 8 de la Déclaration des droits de l'Homme de 1789, qui impose au législateur d'énoncer en des termes suffisamment clairs et précis la prescription dont il sanctionne le manquement ; il ne méconnaît pas non plus la liberté d'entreprendre ou la liberté contractuelle qui résultent de l'article 4 de la Déclaration de 1789 (Const. const. 30-11-2018 no 2018-749 QPC : RJDA 2/19 no 139).

C. Éléments constitutifs de l'interdiction de soumission à un déséquilibre significatif

L'application de l'article L 442-1, I-2° du Code de commerce suppose la réunion de deux éléments : 87810
– une soumission ou une tentative de soumission à un déséquilibre ;
– l'existence d'un déséquilibre significatif dans les droits et obligations des parties.

1. SOUMISSION OU TENTATIVE DE SOUMISSION À UN DÉSÉQUILIBRE

NÉCESSITÉ D'UNE ABSENCE DE NÉGOCIATION EFFECTIVE

L'article L 442-1, I-2° du Code de commerce n'est applicable qu'en cas de soumission ou tentative de soumission à un déséquilibre significatif. Il est donc nécessaire d'apprécier le **contexte** dans lequel le contrat a été conclu (soumission) ou proposé à la négociation (tentative de soumission). 87820

La soumission ou la tentative de soumission résulte de l'**absence de marge réelle de négociation** d'une des parties (Cass. com. 3-3-2015 no 13-27.525 FS-PB et no 14-10.907 FS-D : RJDA 5/15 no 393 ; Cass. com. 29-9-2015 no 13-25.043 F-D : RJDA 2/16 no 154 ; Cass. com. 26-4-2017 no 15-27.865 F-D : RJDA 7/17 no 506). Une telle absence de marge de négociation se déduit, par exemple, du fait que le contrat a été exécuté sans tenir compte des réserves ou des propositions d'avenants, systématiquement refusées (Cass. com. 3-3-2015 no 13-27.525 FS-PB et no 14-10.907 FS-D précités) ou, dans le cas de contrats conclus entre une grande enseigne de la distribution et un certain nombre de fournisseurs, d'un faisceau d'indices tels que la position de l'enseigne sur le marché en cause, son corollaire (puissance de négociation) et le caractère intangible des clauses dont l'application était systématique (Cass. com. 26-4-2017 no 15-27.865 F-D précité).

L'insertion de clauses déséquilibrées dans un contrat type ne peut donc pas suffire en soi à démontrer l'existence d'une soumission à un déséquilibre significatif. L'élément de soumission implique, pour le demandeur à l'action en responsabilité, de **démontrer l'absence de négociation effective** des clauses litigieuses (Cass. com. 20-11-2019 no 18-12.823 F-PB : RJDA 2/20 no 111). Ainsi, si la structure d'ensemble du marché de la grande distribution peut constituer un indice de l'existence d'un rapport de force déséquilibré, se prêtant difficilement à des négociations véritables entre distributeurs et fournisseurs, ce seul élément ne peut pas suffire et doit être complété par d'autres indices établissant l'absence de négociation effective (Cass. com. 20-11-2019 n° 18-12.823 F-PB précité). À l'inverse, le constat d'une absence de déséquilibre dans le rapport de force entre les parties ne permet pas d'établir l'absence de soumission ; il faut établir que la victime, même si elle n'était pas en situation de dépendance, avait la possibilité effective de négocier la clause litigieuse (pour un exemple, Cass. com. 18-10-2023 n° 21-25.324 F-D : RJDA 2/24 n° 132).

La preuve de l'absence de négociation effective peut également résulter d'une obligation de contracter, ne laissant aucune alternative à la personne soumise (CA Paris 28-2-2018 n° 16/16802). Tel est le cas lorsqu'un fournisseur menace son client de ne plus l'approvisionner si ce dernier n'accepte pas une augmentation du prix précédemment fixé d'un commun accord (Avis CEPC n° 19-9 du 19-9-2019).

EXEMPLES D'APPRÉCIATION DE L'ABSENCE DE NÉGOCIATION EFFECTIVE

87830 Dans le cas d'une action en responsabilité engagée par le ministre de l'économie contre une centrale d'achat en raison de la présence de deux clauses déséquilibrées dans les conventions annuelles conclues avec des fournisseurs, il a été considéré que la preuve de l'absence de négociation effective n'était pas rapportée pour les raisons suivantes : le ministre n'avait versé aux débats que cinq contrats comportant les clauses litigieuses, signés par des fournisseurs qui ne pouvaient pas être qualifiés de PME ou TPE, et pour lesquels le ministre ne rapportait aucun fait démontrant qu'ils n'avaient pas fait l'objet de négociations effectives ; en effet, le fournisseur signataire de l'une de ces cinq conventions avait pu négocier l'une des clauses de son contrat, tandis qu'un autre avait choisi de ne pas la dénoncer car elle n'était pas appliquée ; en outre, la centrale d'achat avait démontré que deux autres fournisseurs avaient également pu négocier cette clause et une autre de la convention d'affaires (Cass. com. 20-11-2019 n° 18-12.823 F-PB : RJDA 2/20 n° 111).

Dans un cas où l'exploitant d'une mine de sel avait conclu un contrat avec EDF dans le cadre d'un processus de reconversion énergétique, l'action en responsabilité engagée par cet exploitant contre cette dernière a été rejetée au motif que, contrairement à ce qu'il avait été soutenu, aucun élément du dossier ne démontrait que, dans le cadre des négociations entre les parties, EDF avait imposé les termes du contrat litigieux à l'exploitant, qui était libre de faire appel à EDF et de négocier le contenu du contrat avec celle-ci (CA Paris 28-2-2018 n° 16/16802).

Constituait une soumission à un déséquilibre significatif dans les droits et obligations des parties le mode d'attribution opaque des espaces publicitaires imposé par une régie à l'annonceur, ce mode d'attribution ne permettant pas à ce dernier de négocier effectivement les prix d'achat des espaces publicitaires, alors que le régisseur pouvait de son côté ajuster, grâce aux informations obtenues, ses propres propositions de vente d'espaces (Cass. com. 26-1-2022 n° 20-10.897 F-D : RJDA 4/22 n° 229).

> **Précisions** Pour apprécier l'existence de l'élément de soumission, le juge ne peut pas fonder sa décision, uniquement ou de manière déterminante, sur des **déclarations anonymes** car cela serait contraire aux exigences du procès équitable prévues par la convention européenne de sauvegarde des droits de l'Homme (Cass. com. 11-5-2022 n° 19-22.242 FS-B : RJDA 8-9/22 n° 515).

2. DÉSÉQUILIBRE SIGNIFICATIF DANS LES DROITS ET OBLIGATIONS DES PARTIES

MODALITÉS D'APPRÉCIATION D'UN DÉSÉQUILIBRE SIGNIFICATIF

87840 L'existence d'un déséquilibre significatif doit être appréciée selon les modalités suivantes (Cass. com. 3-3-2015 n° 13-27.525 FS-PB et n° 14-10.907 FS-D : RJDA 5/15 n° 393) :

– le déséquilibre doit être apprécié au regard du **contrat pris dans sa globalité** car le déséquilibre créé par une clause peut être compensé par d'autres clauses ;

– il revient à la **partie mise en cause** de démontrer, lorsqu'un déséquilibre significatif lui est opposé en raison d'une clause intrinsèquement déséquilibrée, qu'une autre clause ou un avenant en compense les effets.

Les **effets** du déséquilibre n'ont pas à être pris en compte ou recherchés (CA Paris 19-4-2017 n° 15/24221 : RJDA 12/17 n° 840 ; CA Paris 21-6-2017 n° 15/18784 : RJDA 10/17 n° 668).

PRINCIPES RELATIFS À L'EXISTENCE D'UN DÉSÉQUILIBRE SIGNIFICATIF

87850 Le déséquilibre peut provenir de l'insertion de **clauses tenues pour abusives par le Code de la consommation,** telles que la tentative de supprimer le droit à réparation du partenaire le plus faible (CA Paris 18-9-2013 n° 12/03177 : RJDA 4/14 n° 382).

Il résulte de la jurisprudence qu'il y a également déséquilibre lorsque les clauses créent des **obligations dissymétriques,** font peser sur une partie des obligations dont elle n'a **pas la maîtrise** ou accordent à une partie un **avantage excessif.** Par ailleurs, le déséquilibre peut provenir de l'**imprécision** d'une clause, qui prête à des applications discriminatoires ou discrétionnaires. Pour des exemples, voir nº 87860.
Les juges peuvent déduire l'existence d'un déséquilibre de la portée réelle des clauses, telles qu'elles ont été interprétées, sans se limiter à leur présentation formelle (Cass. com. 26-4-2017 nº 15-27.865 F-D : RJDA 7/17 nº 506).

EXEMPLES DE DÉSÉQUILIBRE SIGNIFICATIF OU D'ABSENCE DE DÉSÉQUILIBRE

Rappel : les **déséquilibres** indiqués ci-dessous peuvent être **compensés** par d'autres clauses (nº 87840). 87860

ILLUSTRATIONS ISSUES DU DOMAINE DE LA GRANDE DISTRIBUTION
Existence d'un déséquilibre
Absence de réciprocité dans les conditions de mise en œuvre d'une clause de **révision des tarifs** (délais, justificatifs, conséquences), selon que l'initiative en revenait au distributeur ou aux fournisseurs. Dans le premier cas, la baisse de tarif – à la suite de la baisse des prix des matières premières – rendait systématique et immédiate la dénonciation de l'accord et emportait obligation de renégocier ; dans le second, les fournisseurs devaient justifier des « éléments objectifs sur la base desquels ils entend(ai)ent procéder à une augmentation » et toute modification devait recueillir le consentement du distributeur, sans que la teneur de ces éléments objectifs soit connue (Cass. com. 3-3-2015 nº 13-27.525 FS-PB : RJDA 5/15 nº 393 ; voir aussi Cass. com. 29-9-2015 nº 13-25.043 F-D : RJDA 2/16 nº 154).
Clause relative au **taux de service** (écart de quantité entre les commandes et les livraisons), dans un cas où la définition du taux et ses modalités de calcul n'étaient pas clairement précisées et où le critère de déclenchement des pénalités était inconnu des fournisseurs (Cass. com. 3-3-2015 nº 13-27.525 FS-PB précité).
Clause stipulant que les services de **coopération commerciale** étaient facturés par le distributeur non pas au fil de leur réalisation mais suivant un calendrier d'acomptes déterminé, tandis que le paiement des marchandises aux fournisseurs suivait des délais plus longs (Cass. com. 3-3-2015 nº 13-27.525 FS-PB précité ; Cass. com. 27-5-2015 nº 14-11.387 F-PB : RJDA 8-9/15 nº 605 ; Cass. com. 4-10-2016 nº 14-28.013 FS-D : RJDA 1/17 nº 45).
Clause autorisant le distributeur à **résilier** unilatéralement la convention annuelle avec un fournisseur, sans préavis et sans indemnisation, **en cas de « sous-performance » d'un produit** par rapport aux objectifs fixés d'un commun accord entre les parties ou aux résultats annoncés par le fournisseur (Cass. com. 3-3-2015 nº 13-27.525 FS-PB précité).
Clause de **retour d'invendus** d'un contrat type de référencement proposé par un distributeur à ses fournisseurs qui avait pour effet d'imputer au fournisseur, sans aucune contrepartie ou compensation démontrée, la totalité de la charge de la mévente d'un produit, ainsi que le coût de la reprise (Cass. com. 29-9-2015 nº 13-25.043 F-D précité).
Clause qui avait pour effet d'**exclure les conditions générales de vente** du fournisseur au profit des conditions générales d'achat du distributeur (Cass. com. 27-5-2015 nº 14-11.387 F-PB précité).
Clause prévoyant que le distributeur n'accordait pas d'**escompte** pour le **paiement anticipé** par le fournisseur des ristournes et prestations de services, dès lors que certains contrats signés par le distributeur précisaient l'existence d'un escompte en faveur de celui-ci sans réciprocité et que les conditions de paiement des prestations de services et ristournes étaient elles-mêmes critiquables (paiement des prestations de services sous un court délai de 30 jours et application d'une clause pénale abusive en cas de non-respect du délai pour le paiement des ristournes et prestations de services) (Cass. com. 27-5-2015 nº 14-11.387 F-PB précité).
Clause mettant à la charge des fournisseurs les **coûts inhérents à la destruction par les consommateurs des produits porteurs de primes ou d'offres promotionnelles détachables,** alors que le choix de l'emplacement, la mise en rayon du produit et la surveillance de la clientèle échappent par principe au fournisseur (Cass. com. 27-5-2015 nº 14-11.387 F-PB précité).
Démarche d'un distributeur revenant à enjoindre à ses **fournisseurs** de **renoncer à leurs créances** résultant des sommes qui devaient leur être restituées au titre d'une décision de justice (CA Paris 18-9-2013 nº 12/03177 : RJDA 4/14 nº 382).

87860 (suite)

ILLUSTRATIONS ISSUES DU DOMAINE DE LA GRANDE DISTRIBUTION
Existence d'un déséquilibre
Clause qui permettait au distributeur d'**annuler une commande,** de **refuser la livraison** en totalité ou en partie, en laissant tous les frais à la charge du fournisseur, et de demander réparation du préjudice subi en cas de retard d'une heure, voire d'une demi-heure pour les produits frais et « en flux tendus », ce dispositif se cumulant avec des **pénalités financières,** tandis que le distributeur ne s'engageait qu'à tout mettre en œuvre pour respecter les horaires définis dans la prise de rendez-vous, dans une fourchette d'une heure maximum au-delà de l'heure fixée, le principe de **dédommagement** des surcoûts engendrés par le retard dû à son propre fait s'établissant sur la base d'une **négociation préalable** avec le fournisseur (Cass. com. 4-10-2016 n° 14-28.013 FS-D : RJDA 1/17 n° 45).
Clause permettant au distributeur de **refuser la livraison de produits** dont la date limite de consommation ou d'utilisation optimale était identique à celle de produits antérieurement livrés, alors qu'une telle livraison n'aurait occasionné aucune désorganisation des stocks du distributeur (Cass. com. 4-10-2016 n° 14-28.013 FS-D précité).
Clause imposant au fournisseur des **pénalités** en cas de retard dans le paiement des prestations de services, alors qu'il n'existait, **à l'inverse,** à la charge du distributeur, **aucune pénalité** pour ses manquements dans l'exécution de ses obligations (Cass. com. 27-5-2015 n° 14-11.387 F-PB précité).
Clause insérée dans le contrat de référencement d'une centrale d'achat prévoyant que « **chaque partie s'engage à intervenir dans toute procédure ou instance** qui viendrait à être engagée par un tiers au contrat, pour faire valoir sa position sur celui-ci tel qu'il a été négocié et conclu » ; en effet, la clause, parfaitement générale et ne prévoyant aucune exception ou prise en compte de circonstances particulières, pouvait conduire l'obligation d'intervention à être significativement déséquilibrée ; en outre, cet engagement restreignait la liberté fondamentale de chaque partie d'agir en justice, consacrée par l'article 6, 1 de la convention européenne de sauvegarde des droits de l'Homme, dont le corollaire est le droit de ne pas agir en justice (T. com. Paris 20-5-2014 n° 20130707930 : RJDA 4/15 n° 310).
Clause de **protection des stocks** incluse dans la convention annuelle entre un distributeur de produits électroniques et électroménagers et des fournisseurs, en vertu de laquelle, en cas de baisse du prix d'un produit, le fournisseur pouvait ou devait, selon les cas, accorder au distributeur un avoir correspondant à l'écart entre le précédent prix et le nouveau prix, multiplié par le nombre de produits en stock, dès lors que si, formellement, la clause comprenait une alternative prévoyant, en sa première branche, que le fournisseur établissait l'avoir et, en sa deuxième branche, que les parties pouvaient convenir que le fournisseur établissait un tel avoir selon des conditions fixées d'un commun accord sous la forme d'un échange de correspondance, en pratique, la clause était exécutée par les fournisseurs alors qu'aucun échange n'était intervenu entre les parties pour en définir les modalités d'application, ce dont on pouvait déduire que la clause faisait naître une véritable obligation à la charge des fournisseurs (Cass. com. 26-4-2017 n° 15-27.865 F-D : RJDA 7/17 n° 506).
Clause de **mévente des produits** ou **produits obsolètes** incluse dans la convention annuelle entre un distributeur de produits électroniques et électroménagers et des fournisseurs prévoyant que, en cas d'obsolescence, d'arrêt de fabrication ou de mévente d'un produit, le fournisseur pouvait établir un avoir au bénéfice du distributeur correspondant à l'écart entre le prix d'achat réglé par le distributeur et le prix conforme à la situation nouvelle du produit sur le marché, multiplié par le nombre de produits en stock, dès lors qu'elle créait une obligation pour les fournisseurs compte tenu du contexte : l'enquête de la DGCCRF avait démontré que les avoirs établis sur le fondement de la clause avaient été versés en réponse à une demande du distributeur et qu'un fournisseur s'était même acquitté d'une somme alors que son contrat ne comportait pas formellement cette clause, ce qui démontrait que le mécanisme d'établissement d'avoirs au titre des méventes n'avait pas été interprété par les partenaires commerciaux comme une simple faculté (Cass. com. 26-4-2017 n° 15-27.865 F-D précité).
Clause imposant des **ristournes de fin d'année** sans contrepartie ou sans contrepartie réelle (Cass. com. 25-1-2017 n° 15-23.547 FS-PB : RJDA 4/17 n° 286).
Clause imposant au fournisseur le **paiement** des remises sous forme d'acomptes **par virement,** et ce, alors que le distributeur ne s'interdisait pas le recours à d'autres moyens de paiement pour ses propres règlements (par exemple, la compensation pour le paiement des pénalités) (T. com. Lille 6-2-2010 n° 2009-5184 : RJDA 3/10 n° 298 ; voir aussi avis CEPC n° 17-6 du 2-3-2017).

87860 (suite)

ILLUSTRATIONS ISSUES DU DOMAINE DE LA GRANDE DISTRIBUTION
Existence d'un déséquilibre
Pratique consistant pour un distributeur à demander à un fabricant de **produits vendus sous sa marque de distributeur** (MDD) l'octroi d'**avantages tarifaires** en fin d'année, sous la forme d'avoirs **justifiés par des opérations promotionnelles** de mise en avant des produits (présence des produits dans des brochures, offres tarifaires promotionnelles) ; s'agissant d'un produit MDD, une telle justification ne correspond à aucun service effectivement rendu, car la commercialisation d'un tel produit ne peut donner lieu à une facturation par le distributeur de prestations de services de coopération commerciale (Avis CEPC n° 17-3 du 19-1-2017).
Pratique consistant pour un distributeur à demander à un fabricant de **produits vendus sous sa marque de distributeur** l'octroi d'**avantages tarifaires** en fin d'année, sous la forme d'avoirs **justifiés par des défaillances imputables au fabricant,** dès lors que le montant de l'avoir est disproportionné. Le déséquilibre à caractériser diffère cependant selon que le montant de l'avoir est déterminé a posteriori par le distributeur ou résulte de l'application d'une clause pénale : dans le premier cas, il suffit de mettre en évidence une disproportion importante de l'avoir à la défaillance, tandis que dans le second le déséquilibre attaché à la clause, dont le caractère comminatoire est intrinsèque, doit être particulièrement flagrant (Avis CEPC n° 17-3 précité).
Clause de **rotation des stocks** libellée dans les termes suivants : « Le fournisseur s'engage à avoir une couverture de stock inférieure à ses délais de paiement et à reprendre les produits à faible rotation ». Cette clause créait un déséquilibre significatif dans la mesure où elle permettait au distributeur de faire reprendre par le fournisseur, à sa discrétion, des produits qu'il ne souhaitait plus vendre, faisant ainsi peser sur le fournisseur tout le risque commercial, alors qu'elle octroyait au distributeur, compte tenu des spécificités du secteur du bricolage, un avantage commercial important en lui permettant de posséder une gamme étendue de produits, attractive pour les clients, sans en supporter les inconvénients. Par ailleurs, cette clause constituait un moyen de contourner la législation relative aux délais de paiement, dès lors qu'elle obligeait le fournisseur à avoir « une couverture de stock inférieure ou égale à ses délais de paiement », autrement dit des produits qui se revendent plus vite qu'ils ne sont payés, faute de quoi il s'engageait « à reprendre les produits de faible rotation » (CA Paris 19-4-2017 n° 15/24221 : RJDA 12/17 n° 840).
Clause prévoyant que « le **paiement des factures** et avoirs par le fournisseur **présumait de la réalisation effective des obligations et services et du caractère justifié et proportionné des rémunérations** versées au titre de l'année écoulée. Cette présomption était contraire à l'article L 442-6, III du Code de commerce (abrogé par l'ordonnance 2019-359 du 24-4-2019), imposant au distributeur de prouver l'exécution de son obligation. Elle contraignait le fournisseur à contrôler par ses propres moyens l'effectivité des services rendus par une multitude de magasins, alors que le distributeur pouvait, de façon beaucoup plus aisée, conserver des preuves de l'effectivité de ses prestations afin de pouvoir les justifier par la suite (CA Paris 20-12-2017 n° 13/04879 : RJDA 4/18 n° 364 ; la question se pose de la transposabilité de la solution à la réglementation actuelle malgré l'abrogation de l'article L 442-6, III précité qui renversait la charge de la preuve au regard du droit commun des contrats, cette réglementation visant toujours à protéger la partie la plus faible).
Absence de déséquilibre
Clause limitant les engagements d'achat du distributeur en fruits et légumes à 50 % du volume réalisé l'année précédente, alors que les parties calculaient les **montants de la coopération commerciale** figurant « en pied de facture » en début d'année sur la base du chiffre d'affaires de l'année précédente, car les avantages obtenus par le distributeur au titre de la coopération commerciale étaient automatiquement réajustés en fin d'année en fonction du chiffre d'affaires réalisé (CA Paris 1-10-2014 n° 13/16336 : RJDA 3/15 n° 223 et, sur pourvoi, Cass. com. 4-10-2016 n° 14-28.013 FS-D : RJDA 1/17 n° 45).
Clause libellée dans les termes suivants : « Les **clauses** [**des conditions générales de vente** du fournisseur annexées à la convention annuelle] ci-dessous énumérées de manière non exhaustive seront **exclues ou rediscutées** d'un commun accord au motif qu'elles peuvent être considérées comme déséquilibrées et/ou abusives ou ne relèvent pas de la négociation commerciale et/ou relèvent d'un autre document signé par les deux parties ». Une telle clause ne contraignait pas le fournisseur à renégocier ou à exclure ses conditions générales de vente ; elle prévoyait seulement la faculté pour les parties d'exclure ou de rediscuter d'un commun accord des clauses des CGV, ce qui est admis par la Commission d'examen des pratiques commerciales (CA Paris 20-12-2017 n° 13/04879 : RJDA 4/18 n° 364).

87865

AUTRES ILLUSTRATIONS	
Existence d'un déséquilibre	
Nature du contrat	Clauses
Contrat de licence d'exploitation d'un site internet conclu entre un commerçant et une société prestataire informatique	Obligation pour le commerçant qui souhaitait **résilier le contrat** de verser 30 à 100 % des loyers à échoir, selon le moment de la résiliation, montant éventuellement majoré de 10 % de ces loyers à titre de pénalité, tandis que la société prestataire pouvait résilier le contrat sans que cette faculté soit pénalisée ni justifiée par un motif grave (Avis CEPC n° 15-01 du 22-1-2015).
Contrat de concession	**Refus discriminatoire** et non justifié du concédant de mettre à disposition du concessionnaire une nouvelle gamme de produits, dès lors que celui-ci se trouvait exclu sans raison objective d'une gamme à laquelle les autres concessionnaires avaient accès et était ainsi privé des avantages attendus de son appartenance au réseau (CA Paris 18-3-2015 n° 12/21497 : BRDA 10/15 inf. 20).
Contrat entre un groupe de sociétés exploitant une plateforme de réservation hôtelière et les hôtels adhérents	**Clauses « de parité » et clause « de la dernière chambre disponible »** ayant ensemble pour effet de faire bénéficier les sociétés du groupe des tarifs les plus concurrentiels du marché et d'imposer des réductions significatives sur ces montants déjà compétitifs ; or, l'avantage tarifaire et concurrentiel dont bénéficiaient ces sociétés était entièrement pris en charge par les hôteliers, sans qu'elles ne prennent en retour aucun risque (CA Paris 21-6-2017 n° 15/18784 : RJDA 10/17 n° 668).
Contrat de commission	Clause imposant au commettant de verser au commissionnaire une **indemnité en fin de contrat,** dès lors que la clause n'a pas pu être négociée et qu'elle ne comporte aucune contrepartie ou génère, sans motif légitime, une disproportion importante entre les obligations respectives des parties (Avis CEPC n° 19-8 du 30-8-2019).
Contrat de fourniture	Fait d'imposer une augmentation du prix précédemment fixé en arguant d'un cas de force majeure, telle une panne électrique ayant entraîné l'arrêt de l'unité d'exploitation, dès lors que l'augmentation tarifaire n'est pas assortie d'une contrepartie ni ne répond à une justification ou à un motif légitime (Avis CEPC n° 19-9 du 19-9-2019).
Absence de déséquilibre	
Contrat de concession exclusive	Clause de **résiliation anticipée sans motif** d'un contrat de concession exclusive à durée déterminée au bénéfice d'un concédant, dès lors que le concessionnaire disposait du même droit de mettre fin au contrat et dans les mêmes conditions (Cass. com. 12-4-2016 n° 13-27.712 : RJDA 8-9/16 n° 648).

III. RUPTURE BRUTALE DE RELATIONS COMMERCIALES ÉTABLIES

PRINCIPE D'INTERDICTION

Engage la responsabilité de son auteur et l'oblige à réparer le préjudice causé le fait, par toute personne exerçant des activités de production, de distribution ou de services, de rompre brutalement, même partiellement, une relation commerciale établie, en l'absence d'un préavis écrit qui tienne compte notamment de la durée de la relation commerciale, en référence aux usages du commerce ou aux accords interprofessionnels (C. com. art. L 442-1, II-al. 1). 88000

PORTÉE DE L'INTERDICTION

L'article L 442-1, II du Code de commerce institue une responsabilité d'**ordre public** à laquelle les parties ne peuvent pas renoncer par anticipation (Cass. com. 16-12-2014 n° 13-21.363 : RJDA 2/15 n° 147 ; le caractère d'ordre public de l'interdiction résulte aussi désormais de l'article L 444-1 A du Code de commerce, issu de loi 2023-221 du 30-3-2023 : n° 86010). Cependant, ce principe n'empêche pas les parties de pouvoir **convenir des modalités de la rupture** de leur relation commerciale, ni de **transiger** sur l'indemnisation du préjudice subi en raison de la brutalité de cette rupture (Cass. com. 16-12-2014 n° 13-21.363 : RJDA 2/15 n° 147). 88010

ATTENTION

L'article 2046, al. 2 du Code civil précise que « la transaction n'empêche pas la poursuite du ministère public ». L'existence d'un accord entre les parties n'empêche donc pas, en principe, le ministère public ou le **ministre de l'économie,** voire le président de l'Autorité de la concurrence, de poursuivre l'auteur de la rupture (n° 88910). Par ailleurs, un tel accord ne met pas nécessairement l'auteur de la rupture à l'abri s'il est constaté un **abus de l'état de dépendance de la victime** ayant conduit à l'obtention d'un avantage manifestement excessif (C. civ. art. 1143) ou une **pratique abusive** relevant de l'article L 442-1, I du Code de commerce (n°s 87500 s.). On retiendra donc que ce type d'accord doit être conclu avec beaucoup de prudence, en particulier de la part de celui qui met fin à la relation.

Il ne peut pas être fait obstacle aux dispositions d'ordre public de l'article L 442-1, II par des **clauses permettant une rupture sans préavis** dès lors que l'inexécution du contrat n'a pas un degré de gravité suffisant (Cass. com. 25-9-2007 n° 06-15.517 : RJDA 12/07 n° 1286 ; Cass. com. 9-7-2013 n° 12-21.001 : RJDA 11/13 n° 951). En d'autres termes, même lorsque le contrat contient une clause prévoyant la résiliation sans préavis en cas de manquement déterminé du cocontractant, les juges doivent rechercher si ce manquement revêt une gravité telle qu'il justifie la résiliation sans préavis de la relation commerciale (pour un exemple, Cass. com. 7-9-2022 n° 21-13.691 F-D : RJDA 12/22 n° 717).

Par ailleurs, le repentir n'efface pas la faute : le **report des effets de la rupture** par son auteur n'exonère pas celui-ci de sa responsabilité si le préavis était trop bref (Cass. com. 3-12-2002 n° 1995 : RJDA 5/03 n° 548).

RUPTURE BRUTALE D'UNE RELATION COMMERCIALE INTERNATIONALE

L'interdiction de rompre brutalement une relation commerciale établie s'applique à toute convention entre un fournisseur et un acheteur portant sur des produits ou des services commercialisés sur le territoire français (C. com. art. L 444-1 A issu de loi 2023-221 du 30-3-2023). Sur cette question voir n° 86010. 88020

A. Relations non concernées par l'interdiction de rupture brutale de relations commerciales établies

RELATIONS COMMERCIALES EXCLUES DE L'INTERDICTION

L'article L 442-1, II ne s'applique pas lorsque la rupture de la relation commerciale est régie par un **texte spécial.** Tel est le cas : 88050

– de la rupture des relations commerciales de **transports publics routiers de marchandises exécutés par des sous-traitants,** lorsque le contrat type qui prévoit la durée des préavis de

rupture, institué par la loi 82-1153 du 30 décembre 1982 (dite « loi Loti ») régit, faute de dispositions contractuelles, les rapports du sous-traitant et de l'opérateur de transport (Cass. com. 22-1-2008 n° 06-19.440 : RJDA 6/08 n° 649 ; Cass. com. 4-10-2011 n° 10-20.240 : RJDA 1/12 n° 93) ou lorsque le contrat liant ces derniers renvoie expressément à ce contrat type (Cass. com. 22-9-2015 n° 13-27.726 : RJDA 12/15 n° 870). En revanche, si le contrat liant les parties ne renvoie pas au contrat type et prévoit un délai de préavis, l'article L 442-1, II s'applique et la durée du préavis doit s'apprécier au regard des usages commerciaux ; si le contrat prévoit un délai de préavis identique à celui du contrat type, il est nécessairement suffisant car conforme aux usages commerciaux dont le contrat type est la reprise (Cass. com. 19-11-2013 n° 12-26.404 : RJDA 2/14 n° 175) ;
– de la rupture d'un contrat d'**agent commercial** dit « statutaire » – c'est-à-dire soumis aux dispositions des articles L 134-1 s. du Code de commerce – car la durée de préavis à respecter est fixée par l'article L 134-11 du Code de commerce en fonction du nombre d'années d'exécution du contrat (Cass. com. 3-4-2012 n° 11-13.527 : RJDA 8-9/12 n° 804) ;
– du non-renouvellement de **crédits** consentis par un établissement de crédit à une entreprise, opérations exclusivement régies par les dispositions du Code monétaire et financier (Cass. com. 25-10-2017 n° 16-16.839 FS-PBI : RJDA 2/18 n° 166). Voir aussi n° 87500.

En revanche, la rupture brutale d'un contrat de **gérance-mandat** peut entraîner la responsabilité de son auteur sur le fondement de l'article L 442-1, II du Code de commerce ; en effet, si le régime institué par les articles L 146-1 et suivants du même Code relatif aux gérants-mandataires prévoit le paiement d'une indemnité minimale au profit des gérants-mandataires en cas de résiliation du contrat sans faute grave de leur part (art. L 146-4), il ne règle pas la durée du préavis à respecter, celle-ci étant laissée à la convenance des parties (Cass. com. 2-10-2019 n° 18-15.676 FS-PBR : RJDA 12/19 n° 789).

RELATIONS NON COMMERCIALES

88060 Un **avocat** (Cass. com. 24-11-2015 n° 14-22.578 : RJDA 3/16 n° 232) ou un **conseil en propriété industrielle,** même exerçant sous forme de société commerciale (Cass. com. 3-4-2013 n° 12-17.905 : RJDA 8-9/13 n° 753), ne peuvent pas engager une action en responsabilité civile pour rupture brutale de la relation nouée avec un client car leur profession est incompatible avec toutes les activités à caractère commercial (cf. respectivement, Décret 91-1197 du 27-11-1991 art. 111 et CPI art. L 422-12).

Un **expert-comptable** ne peut engager une action en responsabilité pour rupture brutale de relations commerciales établies à l'encontre d'un client que s'il établit que les services interrompus étaient accessoires à sa mission d'expert-comptable et de nature commerciale (Cass. com. 10-2-2021 n° 19-10.306 F-P : RJDA 6/21 n° 429, application Ord. 45-2138 du 19-9-1945 art. 22 modifié).

Un **notaire** a été déclaré mal fondé à demander réparation pour rupture brutale de crédits personnels et professionnels, l'article 13, 1° du décret du 19 décembre 1945 relatif au statut du notariat interdisant aux notaires de se livrer à des opérations de commerce (Cass. com. 20-1-2009 n° 07-17.556 : RJDA 5/09 n° 477).

Compte tenu de l'article 83 du Code de déontologie médicale et des stipulations corrélatives de leurs contrats, des **médecins** liés à une clinique par des contrats à durée indéterminée n'ont pas pu engager à son encontre une action en rupture brutale de relations commerciales établies au motif qu'ils n'entretenaient pas avec elle une telle relation commerciale (Cass. com. 23-10-2007 n° 06-16.774 : RJDA 4/08 n° 458).

De même, il n'existe pas de relation commerciale entre un **dentiste** et son fournisseur de matériel dentaire (Cass. com. 31-3-2021 n° 19-16-139 F-P : RJDA 6/21 n° 428).

88065 L'article L 442-1, II n'est pas non plus applicable à la rupture d'un **contrat administratif** (CAA Nancy 27-10-2015 n° 15NC00242 : RJDA 10/16 n° 685, cas d'un marché à bons de commande portant sur des prestations de formation en anglais et en informatique conclu entre une entreprise et une chambre de commerce et d'industrie).

88070 Il n'est également pas applicable à la décision d'exclusion d'un **associé** prise par une **société coopérative,** les conditions de cessation des liens unissant une telle société et un associé étant régies par les statuts de la coopérative (Cass. com. 8-2-2017 n° 15-23.050 PB : RJDA 4/17 n° 287).

B. Conditions de la responsabilité pour rupture brutale de relations commerciales établies

1. EXISTENCE D'UNE RELATION COMMERCIALE ÉTABLIE

PARTIES À LA RELATION COMMERCIALE ÉTABLIE

Auteur de la rupture brutale Aux termes de l'article L 442-1, II du Code de commerce, l'auteur de la rupture est « toute **personne exerçant des activités de production, de distribution ou de services** ». 88110

Une action en responsabilité pour rupture brutale de relations commerciales peut donc être engagée à l'encontre :
– de sociétés d'assurances mutuelles, dès lors qu'elles procèdent à une activité de services, leur régime juridique comme le caractère non lucratif de leur activité n'étant pas de nature à les exclure du champ d'application de l'article L 442-1, II (Cass. com. 14-9-2010 n° 09-14.322 : RJDA 1/11 n° 87) ;
– d'une association à but non lucratif, dès lors qu'elle exerce une activité de production, de distribution ou de services (Cass. com. 25-1-2017 n° 15-13.013 FS-PBI : RJDA 4/17 n° 288).

La détermination de l'auteur de la rupture brutale de relations commerciales peut poser des difficultés lorsqu'il s'agit de relations entre des filiales et un tiers. La responsabilité de la **société mère** est retenue lorsque les filiales n'avaient disposé d'aucune autonomie dans la décision de nouer ces relations puis de les rompre (Cass. com. 5-7-2016 n° 14-27.030 : RJDA 10/16 n° 739). À l'inverse, sa responsabilité est écartée s'il est constaté que les filiales n'avaient pas été privées de leur autonomie de décision pour rompre ces relations (Cass. com. 20-5-2014 n° 12-26.705 : Bull. civ. IV n° 90). 88115

De la même façon, la **société qui exploite un réseau de distribution** peut répondre de la rupture des relations commerciales qu'elle a imposée aux membres de son réseau, même s'ils ont une personnalité juridique distincte, dès lors qu'ils n'ont pas d'autonomie de décision (Cass. com. 22-6-2022 n° 21-14.230 F-D : RJDA 10/22 n° 586).

Victime de la rupture brutale L'article L 442-1, II du Code de commerce peut être mis en œuvre quel que soit le **statut juridique** de la victime (Cass. com. 6-2-2007 n° 03-20.463 : RJDA 7/07 n° 784, association exerçant une activité professionnelle). 88120

Seule la **partie qui entretient directement une relation commerciale établie avec l'autre partie** peut rechercher la responsabilité de cette dernière dans le cas où celle-ci aurait, brutalement et sans préavis écrit, rompu cette relation (Cass. com. 7-10-2014 n° 13-20.390 F-D ; Cass. com. 18-3-2020 n° 18-20.256 F-D : RJDA 6/20 n° 332). Il s'ensuit que le tiers à la relation commerciale ne peut agir en réparation du préjudice personnel que lui cause une telle rupture (victime « par ricochet ») que sur le fondement du droit commun de la responsabilité civile extracontractuelle (Cass. com. 18-3-2020 n° 18-20.256 F-D précité).

Un **sous-traitant** a pu valablement agir contre le donneur d'ordre, auteur de la rupture de relations commerciales établies avec le partenaire commercial principal, dès lors qu'il avait démontré les éléments suivants : les contrats signés par le donneur d'ordre et le partenaire principal reconnaissaient expressément à la société sous-traitante cette qualité ; ils précisaient que les prestations de cette dernière étaient directement rémunérées par le donneur d'ordre au moyen du versement d'une rémunération forfaitaire ; la société sous-traitante justifiait avoir réalisé un chiffre d'affaires propre relevant de son activité directement déployée auprès du donneur d'ordre (Cass. com. 18-5-2010 n° 08-21.681 : RJDA 10/10 n° 1006).

> **Précisions** **a.** La victime peut agir pour rupture brutale de relations commerciales établies sans avoir à établir qu'elle se trouve en **état de dépendance économique** (Cass. com. 17-3-2004 n° 530 : RJDA 5/05 n° 628 ; Cass. com. 23-1-2007 n° 04-16.779 : RJDA 5/07 n° 562).
> **b.** Le **tiers,** qui agit nécessairement en responsabilité extracontractuelle de droit commun, doit prouver une faute résultant de la brutalité de la rupture, justifier d'un préjudice distinct de celui de la victime directe et caractériser un lien de causalité direct entre ce préjudice et le fait générateur de responsabilité (Cass. com. 21-6-2017 n° 16-13.860 F-D).

NÉCESSITÉ D'UNE RELATION « COMMERCIALE »

88130 Toute relation commerciale établie, qu'elle porte sur la **fourniture d'un produit** ou d'une **prestation de services,** entre dans le champ de l'article L 442-1, II du Code de commerce (Cass. com. 23-4-2003 nº 01-11.664 : RJDA 10/03 nº 917 ; Cass. com. 16-12-2008 nº 07-18.050 : RJDA 5/09 nº 477).

Sont par exemple concernées les prestations de services rendues par les mutuelles d'assurances (Cass. com. 14-9-2010 nº 09-14.322 : RJDA 1/11 nº 87) ou celles rendues par un architecte moyennant le paiement d'honoraires (Cass. com. 16-12-2008 nº 07-18.050 précité). Constitue également une relation commerciale la relation entre un syndicat de copropriétaires commerçants et la société avec laquelle il a conclu un contrat ayant pour objet d'assurer une prestation de services pour les besoins de l'activité commerciale de ses membres (Cass. com. 28-6-2023 nº 21-16.940 FS-B : RJDA 10/23 nº 546).

NOTION DE « RELATION » ÉTABLIE

88140 L'article L 442-1, II du Code de commerce mentionne la rupture d'une « relation » et non d'une « relation contractuelle » établie. Il en résulte que, pour apprécier l'existence d'une telle relation, la Cour de cassation se réfère à la réalité de celle-ci et non à sa formalisation juridique. Cette solution est conforme à l'esprit du texte, instauré à l'origine pour protéger les opérateurs en situation d'être victimes d'abus de partenaires plus puissants qu'eux.

Ainsi, la rupture d'un simple **courant d'affaires,** non formalisé par un contrat particulier, peut entraîner la responsabilité civile de son auteur (Cass. com. 28-2-1995 nº 90-16.437 : Bull. civ. IV nº 63 ; Cass. com. 10-12-1996 nº 95-20.931 : RJDA 2/97 nº 298 ; CA Paris 1-12-2004 nº 02-12132 : RJDA 6/05 nº 762). L'article L 442-1, II est donc applicable même si aucun écrit ne formalise la relation commerciale (Cass. com. 17-3-2004 nº 02-14.751 F-D).

De même, lorsque, à l'échéance d'un contrat, la **relation** s'est poursuivie **hors** de ce **cadre juridique,** la durée du préavis de rupture est calculée en prenant en compte l'intégralité de la relation (Cass. com. 24-11-2009 nº 07-19.248 : RJDA 4/10 nº 432, relation fondée sur un contrat de franchise suivi de plusieurs passations de commande).

88145 Comme il s'agit d'apprécier la durée de la relation commerciale, et non celle du contrat, la durée globale de **contrats successifs intervenus entre les parties** doit être prise en compte pour apprécier l'existence d'une relation établie (Cass. com. 6-6-2001 nº 99-20.831 : RJDA 10/01 nº 936).

Il importe peu que la relation résulte d'un enchaînement de **contrats de nature juridique différente,** comportant des conditions différentes (Cass. com. 24-11-2009 nº 07-19.248 : RJDA 4/10 nº 432 ; au cas particulier, un contrat de franchise à durée déterminée était venu à expiration, mais les commandes du franchisé au franchiseur avaient perduré en dehors du cadre contractuel).

88150 La seule circonstance qu'un **tiers ayant repris l'activité ou partie de l'activité d'une personne** continue une relation commerciale que celle-ci entretenait précédemment ne suffit pas à établir que c'est la même relation commerciale qui s'est poursuivie avec le partenaire concerné ; encore faut-il que des éléments démontrent la commune intention des parties de poursuivre la relation antérieure (Cass. com. 10-2-2021 nº 19-15.369 F-P : RJDA 5/21 nº 342 ; Cass. com. 7-9-2022 nº 21-12.704 F-D : RJDA 12/22 nº 716).

CARACTÈRE ÉTABLI DE LA RELATION COMMERCIALE

88160 **Conditions du caractère établi de la relation** Une relation est considérée comme « établie » lorsqu'elle présente un **caractère régulier, significatif et stable** (Cass. com. 15-9-2009 nº 08-19.200 : RJDA 1/10 nº 81 ; Cass. com. 18-5-2010 nº 08-21.681 : RJDA 10/10 nº 1006). Il peut en être ainsi même lorsque la relation est fondée sur une succession de contrats ponctuels (arrêts précités).

Il est essentiel que la continuité des relations d'affaires précédemment entretenues ait pu raisonnablement autoriser la **victime** de la rupture à **considérer que ces relations allaient se poursuivre avec la même stabilité** (Cass. com. 16-12-2008 nº 07-15.589 : RJDA 3/09 nº 274 ; Cass. com. 18-5-2010 nº 08-21.681 : RJDA 10/10 nº 1006 et, sur renvoi, CA Paris 1-7-2011 nº 10/12993 : RJDA 3/12 nº 338 ; Cass. com. 13-11-2013 nº 12-25.361 : RJDA 2/14 nº 173). La légitimité de cette croyance ressort d'un faisceau d'indices appréciés par le juge in concreto, parmi lesquels la durée, la continuité et la stabilité de la relation commerciale. Par exemple, la victime de la rupture pouvait légitimement croire en la stabilité de la relation en présence d'un contrat de gérance-mandat qui était renouvelable par tacite reconduction, qui avait déjà été renouvelé deux fois pour une durée totale de trois ans, pendant lesquels l'entreprise avait travaillé de manière stable et régulière, et avait généré un chiffre d'affaires significatif (Cass. com. 11-5-2022 nº 21-11.337 F-D : RJDA 8-9/22 nº 516). Si la croyance de la victime en la pérennité du flux d'affaires partagé avec son partenaire commercial doit porter, par définition, vers l'avenir, les juges du fond doivent toutefois caractériser les conditions d'existence d'une relation commerciale établie au regard de la relation existante et non des seules perspectives d'avenir que celle-ci ferait naître pour les partenaires commerciaux (pour un exemple, Cass. com. 7-9-2022 nº 21-13.400 F-D : RJDA 1/23 nº 55).

La stabilité de la relation commerciale est souvent écartée en présence de **contrats à durée déterminée excluant expressément toute tacite reconduction** (par exemple, Cass. com. 20-11-2012 nº 11-22.660 F-D ; Cass. com. 12-2-2013 nº 12-13.819 F-D ; Cass. com. 2-10-2019 nº 18-14.849 F-D). Néanmoins, en l'absence de toute tacite reconduction, il est admis que le caractère établi de la relation est caractérisé en cas de poursuite de la relation à chaque échéance caractérisant la volonté des parties de poursuivre la relation (Cass. com. 5-4-2018 nº 16-26.568 F-D) ou lorsque l'importance de la relation pour les parties, mesurée notamment à partir du chiffre d'affaires et de l'exclusivité, pouvait laisser croire à la signature d'un nouveau contrat à l'échéance du précédent (Cass. com. 23-6-2015 nº 14-14.687 : RJDA 10/15 nº 709).

La **nature de l'activité** qui fait l'objet de la relation peut laisser préjuger de la stabilité ou non de celle-ci (Cass. com. 18-5-2010 nº 08-21.681 précité).

ILLUSTRATIONS

Ont été considérées comme **établies** :
– la relation entre un négociant en vin et l'organisateur d'une foire commerciale annuelle auprès de qui il réservait un stand depuis treize ans (Cass. com. 15-9-2009 nº 08-19.200 précité) ;
– la relation fondée sur un contrat, d'une durée d'un an non renouvelable, qui avait succédé à quatre contrats successifs de même durée qui avaient tous été conclus « sans difficulté » à l'arrivée du terme du contrat précédent, de sorte que les juges ont pu retenir la croyance légitime de la partie victime de la rupture dans la poursuite de la relation (Cass. com. 23-6-2015 nº 14-14.687 précité) ;
– la relation fondée sur une succession de contrats de production de documentaires et de fictions destinés à la télévision, en raison de la nature particulière de cette activité (Cass. com. 18-5-2010 nº 08-21.681 précité).

N'ont **pas** été considérées comme **établies** :
– les relations entre une société de construction immobilière et une entreprise de confection résultant de contrats indépendants conclus entre 1988 et 2004, intervenant en fonction de l'ouverture des chantiers obtenus par la société au Turkménistan, dès lors que celle-ci, qui n'avait pas passé d'accord-cadre avec l'entreprise, ne lui avait pas garanti de chiffre d'affaires ou d'exclusivité sur le marché turkmène et qu'elle avait confié en 2003, après consultations, la confection de voilages d'un hôtel à un concurrent plus compétitif (Cass. com. 16-12-2008 nº 07-15.589 : RJDA 3/09 nº 274) ;
– la relation nouée entre un fournisseur et un distributeur de lecteurs DVD car, compte tenu de la volatilité du marché en cause, le fournisseur ne pouvait pas être assuré d'être référencé d'une année sur l'autre (CA Paris 10-12 2010 nº 08/02598).

Cas du recours systématique à un appel d'offres La relation ne peut pas avoir un caractère stable lorsque chaque nouveau contrat est systématiquement précédé d'un appel d'offres. La notification d'un recours à un appel d'offres en cours de relation commerciale donne à la relation un caractère précaire et caractérise donc une rupture de la relation commerciale, faisant courir le délai de préavis (Cass. com. 6-6-2001 nº 99-20.831 FS-P : RJDA 10/01 nº 936 ; Cass. com. 18-12-2007 nº 05-15.970 F-D : RJDA 6/08 nº 719 ; Cass. com. 20-9-2011 nº 10-15.750 F-D ; Cass. com. 2-11-2011 nº 10-26.656 F-D ; Cass. com. 22-10-2013 nº 12-25.992 F-D ; Cass. com. 8-12-2015 nº 14-18.228 F-D ; Cass. com. 5-1-2016 nº 14-25.397 F-D ; Cass. com. 4-12-2019 nº 18-13.768 F-D ; Cass. com. 31-3-2021 nº 19-14.533 F-D). Le caractère établi d'une relation commerciale à la date de sa rupture ne peut donc pas résulter de ce que l'auteur de la rupture n'a pas avisé son cocontractant de son intention de recourir désormais systématiquement à des consultations, ni de la sélection de ce cocontractant à l'issue des premières consultations, dès lors que ces mises en concurrence établissaient le caractère précaire de cette relation commerciale (Cass. com. 7-12-2022 nº 21-15.649 F-D : RJDA 3/23 nº 165). **88163**

Cas de la convention unique annuelle S'agissant de la question de la renégociation d'une convention unique annuelle (nºs 86600 s.), la Commission d'examen des pratiques commerciales (CEPC) considère que « le fait que les négociations entre les parties s'établissent selon un rythme annuel ne fait pas obstacle à la démonstration » du caractère établi de la relation (Avis CEPC nº 10-04 du 18-2-2010 réponse nº 10021802). De la même façon que la CEPC, la cour d'appel de Versailles a jugé qu'un distributeur ne pouvait pas valablement considérer que la collaboration avec la grande distribution « expose nécessairement le partenaire à des ruptures à préavis brefs et que le non-renouvellement des accords annuels successifs [est] toujours sous-entendu dans l'acceptation de telles relations » (CA Versailles 2-12-2004 nº 03/04269). **88165**

2. RUPTURE TOTALE OU PARTIELLE DE LA RELATION COMMERCIALE ÉTABLIE

88190 En l'absence de courrier manifestant clairement une intention de mettre fin à la relation, il existe de nombreuses circonstances permettant à un partenaire commercial de se prévaloir d'une rupture brutale de la relation commerciale, au sens de l'article L 442-1, II du Code de commerce.

RUPTURE TOTALE DE LA RELATION COMMERCIALE ÉTABLIE

88200 La **modification désavantageuse** des conditions de la relation imposée unilatéralement par une partie à la relation commerciale constitue une rupture brutale de la relation si cette modification est **substantielle** (Cass. com. 31-3-2021 n° 19-14.547 F-D : RJDA 7/21 n° 523).

ILLUSTRATIONS

Ont été considérées comme une **rupture brutale** engageant la responsabilité de son auteur :
– la suppression, avec un préavis de quinze jours, de remises importantes de l'ordre de 20 % systématiquement consenties pendant cinq ans (T. com. Avignon 25-6-1999 : RJDA 11/99 n° 1176) ;
– la minoration substantielle, voire la suppression de la marge de 20 % antérieurement accordée aux grossistes, lesquels se trouvaient dès lors alignés sur les conditions de tous les clients, y compris les détaillants (CA Versailles 6-3-2003 n° 01-623 : RJDA 7/03 n° 685) ;
– la modification substantielle des conditions tarifaires accordées à un distributeur (CA Paris 12-9-2001 n° 99-15368 : Lettre distrib. novembre 2001 p. 2 ; CA Versailles 6-3-2003 n° 01-623 : RJDA 7/03 n° 685) ;
– la modification par un vendeur des conditions de fonctionnement d'un compte courant (montant maximal de l'encours autorisé) de telle sorte que l'acheteur se trouvait dans l'impossibilité soudaine de s'approvisionner chez le vendeur, notamment à la veille d'une importante période de commercialisation (CA Nîmes 15-9-2005 n° 03-560 : RJDA 5/06 n° 592) ;
– la modification unilatérale et dans un sens défavorable des conditions de retransmission de combats de boxe par une chaîne de télévision (Cass. com. 20-5-2014 n° 13-16.398 : RJDA 8-9/14 n° 728).

En revanche, n'ont **pas** été assimilés à une **rupture brutale** :
– la rupture d'une relation commerciale établie à la suite d'une simple modification des conditions d'exécution d'une prestation de services par son bénéficiaire (CA Paris 4-4-2013 n° 10/02735 : RJDA 6/13 n° 549) ;
– l'abaissement d'un taux de remise de 37 à 32 %, dès lors que les conditions générales de vente prévoyaient que le fabricant déterminait seul le montant des taux de remise consentis à ses partenaires et que cette réduction du taux ne concernait en définitive que 35 % du chiffre d'affaires de l'acheteur (Cass. com. 31-3-2015 n° 14-11.329 : RJDA 6/15 n° 462) ;
– le fait pour les acheteurs d'un fabricant de lui imposer le regroupement de leurs achats au sein d'une société dédiée (Cass. com. 31-3-2021 n° 19-14.547 F-D : RJDA 7/21 n° 523).

RUPTURE PARTIELLE DE LA RELATION COMMERCIALE ÉTABLIE

88210 Même si la relation perdure, il y a rupture partielle de la relation commerciale entraînant la responsabilité de son auteur dans les situations suivantes :
– en cas de déréférencement de quelques produits du fournisseur parmi tous les produits qu'il fournit au distributeur (CA Paris 24-6-2009 n° 09-2886 : RJDA 1/10 n° 82) ;
– en cas de baisse subite et considérable des commandes (Cass. com. 7-7-2004 n° 03-11.472 F-D ; Cass. com. 23-1-2007 n° 04-16.779 F-PB : RJDA 5/07 n° 562 ; CA Orléans 31-3-2011 n° 10/02363 ; CA Paris 16-6-2011 n° 09/28449) ; mais cette baisse doit être imputable à l'auteur de la rupture, qui a agi délibérément, et non « à l'état du marché » (Cass. com. 21-3-2018 n° 16-17.146 F-D : RJDA 6/18 n° 536 ; Cass. com. 12-2-2013 n° 12-11.709 F-D : RJDA 5/13 n° 456, qui cite « la crise économique et financière de 2008 ») ;
– lorsqu'un distributeur est contraint de s'approvisionner pour certains produits du fournisseur auprès d'un intermédiaire, lequel lui consent des conditions tarifaires moins avantageuses (Cass. com. 23-10-2012 n° 11-24.775 : RJDA 1/13 n° 68).

3. PRÉAVIS DE RUPTURE D'UNE RELATION COMMERCIALE ÉTABLIE

OBJET ET CONDITIONS D'EXÉCUTION DU PRÉAVIS EN CAS DE RUPTURE D'UNE RELATION COMMERCIALE ÉTABLIE

88230 **Maintien de la relation aux conditions antérieures** La rupture est considérée comme brutale lorsque son auteur n'a pas respecté un préavis suffisamment long pour **permettre au partenaire évincé de s'adapter,** par exemple en trouvant des solutions de substitution.

Sauf circonstances particulières, l'octroi d'un préavis suppose le **maintien de la relation aux conditions antérieures** (Cass. com. 10-2-2015 n° 13-26.414 : RJDA 5/15 n° 392 ; Cass. com. 1-3-2017 n° 15-20.848 F-D : RJDA 6/17 n° 436 ; Cass. com. 29-3-2017 n° 15-23.579 F-D ; Cass. com. 4-12-2019 n° 18-13.768 F-D). L'expression « sauf circonstances particulières » vise notamment, à notre avis, le cas où l'auteur de la rupture propose à son partenaire une solution de remplacement pendant le préavis, et ce peu important que cette solution « nécessite la définition d'une nouvelle relation contractuelle entre les parties » (en ce sens, Cass. com. 9-3-2010 n° 08-21.055).

Pendant la période de préavis, des **modifications** ne peuvent être apportées à la relation commerciale que si elles ne sont **pas substantielles** (Cass. com. 24-6-2020 n° 18-25.517 F-D : RJDA 10/20 n° 537 ; Cass. com. 7-9-2022 n° 21-12.704 FD : RJDA 12/22 n° 716).

ILLUSTRATIONS

Ne constituaient pas des modifications substantielles :
– la perte par un concessionnaire de son exclusivité territoriale, dès lors qu'elle avait pour contrepartie l'abandon réciproque et concomitant, par le fabricant, de l'obligation d'approvisionnement exclusif et de non-concurrence pesant sur le concessionnaire (Cass. com. 24-6-2020 n° 18-25.517 F-D précité) ;
– une réduction du crédit fournisseur justifiée par des retards récurrents de paiement du partenaire (Cass. com. 7-9-2022 n° 21-12.704 FD précité) ;
– le fait pour un fabricant d'imposer à un distributeur de passer ses commandes auprès des grossistes, dès lors que ce changement de mode d'approvisionnement s'effectuait aux mêmes conditions tarifaires (Cass. com. 7-12-2022 n° 19-22.538 F-B : RJDA 2/23 n° 112).

Pour autant, l'article L 442-1, II du Code de commerce, qui institue une responsabilité d'ordre public à laquelle les parties ne peuvent renoncer par anticipation, n'empêche pas celles-ci de **convenir des modalités de la rupture** de la relation commerciale (Cass. com. 16-12-2014 n° 13-21.363 FS-PB : RJDA 2/15 n° 147). Ainsi, l'existence d'une clause d'aménagement du préavis de rupture, prévoyant un abandon réciproque et concomitant, par les parties, de leurs obligations d'exclusivité territoriale et d'approvisionnement, n'a pas pour effet de déroger aux dispositions impératives de l'article L 442-2, II, dès lors que cette clause ne favorise pas une partie au détriment de l'autre (Cass. com. 11-5-2017 n° 16-13.464 F-D ; pour un autre exemple d'application, Cass. com. 24-6-2020 n° 18-25.517 F-D).

En revanche, le partenaire évincé ne peut pas profiter du préavis accordé pour se donner la possibilité de **prolonger artificiellement la relation.** Ainsi, un distributeur exclusif évincé ne peut pas exiger le maintien de son exclusivité durant le préavis et la possibilité de passer de nouvelles commandes dès lors qu'il peut exercer son activité aux conditions habituelles grâce à des commandes passées à une date antérieure à la notification de la rupture (Cass. com. 1-3-2017 n° 15-20.848 F-D : RJDA 6/17 n° 436).

> **Précisions a.** **Le caractère prévisible de la rupture** d'une relation commerciale établie, tenant par exemple aux désaccords qui progressivement s'installent entre les partenaires, ne prive pas celle-ci de son caractère brutal si elle ne résulte pas d'un acte du partenaire manifestant son intention de ne pas poursuivre la relation commerciale et faisant courir un délai de préavis (Cass. com. 6-9-2016 n° 14-25.891 FS-PBI : RJDA 12/16 n° 908).
> **b.** Le juge des référés peut ordonner le **maintien forcé de la relation commerciale jusqu'au terme du préavis** raisonnable (Cass. com. 10-11-2009 n° 08-18.337 : RJDA 4/10 n° 433). En effet, l'article L 442-4, II du Code de commerce prévoit que le juge des référés peut ordonner, au besoin sous astreinte, la cessation des pratiques commerciales abusives (n° 89000), tandis que l'article 873 du Code de procédure civile prévoit que, même en présence d'une contestation sérieuse, le président du tribunal de commerce peut prescrire en référé les mesures conservatoires ou de remise en état qui s'imposent, soit pour prévenir un dommage imminent, soit pour faire cesser un trouble manifestement illicite.

Prix applicable durant le préavis Le prix applicable durant la durée du préavis doit tenir compte des **conditions économiques du marché** sur lequel opèrent les parties (C. com. art. L 442-1, II-al. 1 modifié par loi 2023-221 du 30-3-2023). 88235

Pour ce qui concerne les rapports entre fournisseurs et distributeurs, ces conditions peuvent concerner, par exemple, le taux d'inflation des produits ou des intrants nécessaires à leur fabrication ou encore la hausse moyenne de tarif acceptée par les distributeurs concurrents ayant trouvé un accord avec le même fournisseur au 1er mars, date limite de conclusion de la convention unique (n° 86740) (Rapport Sén. n° 326 relatif à la loi 2023-221 précitée).

Si le prix applicable durant la durée du préavis ne tient pas compte de ces conditions économiques, la rupture de la relation sera considérée comme brutale et entraînera la responsabilité de son auteur même si la durée du préavis était suffisante.

APPRÉCIATION DE LA DURÉE DU PRÉAVIS EN CAS DE RUPTURE D'UNE RELATION COMMERCIALE ÉTABLIE

88240 **Critères d'appréciation** L'auteur de la rupture doit respecter un préavis écrit tenant compte « notamment de la durée de la relation commerciale, en référence aux usages du commerce ou aux accords interprofessionnels » (C. com. art. L 442-1, II-al. 1).

Si un préavis écrit d'une durée suffisante est respecté, les relations commerciales peuvent être rompues à tout moment, sans motif (CA Versailles 10-6-1999 : D. aff. 172/1999 p. 1248 ; CA Versailles 20-2-2003 n° 01-1170 : RJDA 7/03 n° 685).

› **Précisions** **a.** Sous l'empire du **droit antérieur** à l'**ordonnance 2019-359 du 24 avril 2019,** la durée du préavis devait tenir compte de la durée de la relation commerciale et respecter la durée minimale de préavis déterminée, en référence aux usages du commerce, par des accords interprofessionnels. À défaut de tels accords, des arrêtés ministériels pouvaient fixer des délais minimaux de préavis pour des catégories de produits. L'ordonnance a supprimé la référence à d'éventuels arrêtés, aucun n'ayant jamais été publié. Les délais fixés par les usages du commerce et consignés par des accords interprofessionnels ne constituent plus des délais planchers mais doivent servir de référence pour apprécier la durée du préavis, sans que cette référence soit unique. La présence de l'adverbe « notamment » atteste de la prise en compte de la jurisprudence ayant considéré que le préavis doit s'apprécier non seulement au regard de la durée de la relation mais aussi en tenant compte des autres circonstances au moment de la notification de la rupture (notamment Cass. com. 6-11-2012 n° 11-24.570 : RJDA 3/13 n° 263). La jurisprudence citée ci-dessous est transposable, à notre avis, à la réglementation issue de l'ordonnance du 24 avril 2019.

b. Lorsqu'ils fixent la durée du préavis devant être respecté pour mettre fin à une relation commerciale établie, les **juges du fond** n'ont pas à expliquer la raison pour laquelle ils considèrent que cette durée est suffisante au regard des critères légaux et jurisprudentiels (Cass. com. 18-10-2023 n° 22-20.438 F-B : RJDA 1/24 n° 51).

88260 **Référence aux usages du commerce** La durée du préavis peut être déterminée notamment au regard des usages du commerce (C. com. art. L 442-1, II-al. 1). Ceux-ci peuvent être appréciés notamment par référence aux **contrats types** suivants :

– contrat type applicable aux transports publics routiers de marchandises exécutés par des sous-traitants, pris en application de la loi du 30 décembre 1992 (Cass. com. 19-11-2013 n° 12-26.404 : RJDA 2/14 n° 175) ;

– contrat type en matière de contrat de publicité (CA Versailles 5-2-2009 n° 07-6076 : RJDA 10/09 n° 897).

88270 **Autres critères d'appréciation que la durée de la relation commerciale** Le préavis suffisant doit s'apprécier en tenant compte de la durée de la relation commerciale et des **autres circonstances au moment de la notification de la rupture,** à l'exclusion d'éléments postérieurs à celle-ci (Cass. com. 6-11-2012 n° 11-24.570 : RJDA 3/13 n° 263 ; Cass. com. 20-5-2014 n° 13-16.398 : RJDA 8-9/14 n° 728 ; Cass. com. 4-10-2016 n° 15-14.025 F-D : RJDA 2/17 n° 123 ; Cass. com. 17-5-2023 n° 21-24.809 F-D : RJDA 8-9/23 n° 464).

Ainsi, la durée de préavis doit tenir compte de l'éventuel **état de dépendance économique** de la victime (Cass. com. 15-6-2010 n° 09-66.761 ; Cass. com. 6-11-2012 n° 11-24.570 précité ; Cass. com. 20-5-2014 n° 13-16.398 précité ; Cass. com. 4-10-2016 n° 15-14.025 F-D précité ; CA Paris 19-4-2017 n° 15/24221 : RJDA 12/17 n° 840). Celui-ci se définit comme l'impossibilité, pour une entreprise, de disposer d'une solution techniquement et économiquement équivalente aux relations qu'elle a nouées avec une autre entreprise (Cass. com. 12-2-2013 n° 12-13.603 : RJDA 4/13 n° 365, solution rendue sur le fondement de l'ex-art. L 442-6, I-2° du Code de commerce sur l'abus de l'état de dépendance mais transposable). Il résulte notamment de la difficulté pour un distributeur d'obtenir d'autres fournisseurs des produits équivalents dans des conditions économiques comparables (Cass. com. 4-10-2016 n° 15-14.025 F-D précité). Cet état de dépendance économique existe, par exemple, lorsque la victime de la rupture était tenue par une clause d'exclusivité à l'égard de son partenaire (Cass. com. 12-2-2013 n° 12-13.603 précité ; Cass. com. 24-6-2014 n° 13-15.953 : RJDA 10/14 n° 799 ; CA Paris 23-2-2007 n° 04-16524 : RJDA 8-9/07 n° 833). Cependant, pour que la durée du préavis tienne compte de l'état de dépendance économique, encore faut-il que la victime de la rupture justifie son choix de ne pas avoir diversifié son activité ainsi que ses risques (Cass. com. 7-7-2015 n° 14-17.657 : RJDA 12/15 n° 871).

Pour apprécier la durée du préavis, il peut également être tenu compte :

– des **capacités de l'entreprise à retrouver des débouchés** (Cass. com. 21-3-2018 n° 16-17.146 F-D : RJDA 6/18 n° 536) ;

– de l'importance du **volume d'affaires** échangé (CA Versailles 27-4-2000 n° 99-210 : RJDA 9-10/00 n° 834 ; CA Paris 19-4-2017 n° 15/24221 : RJDA 12/17 n° 840 ; Cass. com. 10-11-2021 n° 20-13.385 F-D) ;

– de la **notoriété** du client (Cass. com. 10-11-2021 n° 20-13.385 F-D) ;
– des **investissements** effectués par la victime au profit de l'auteur de la rupture (CA Versailles 16-9-2004 n° 03-2914 : RJDA 4/05 n° 394 ; CA Paris 19-4-2017 n° 15/24221 précité) ;
– de fait que les **investissements** réalisés puissent être utilisés pour d'autres activités après la rupture (Cass. com. 11-5-2017 n° 16-13.464 F-D) ;
– de la **nature de l'activité** qui avait été confiée par l'auteur de la rupture, de la proportion qu'elle représentait dans son activité globale et des conditions dans lesquelles la victime la réalisait (par exemple, Cass. com. 21-3-2018 n° 16-17.146 F-D précité) ;
– de la **configuration du marché,** permettant au partenaire évincé de disposer ou non d'une solution techniquement et économiquement équivalente (Cass. com. 10-11-2021 n° 20-13.385 F-D).

En cas de relations commerciales avec **plusieurs sociétés d'un même groupe,** la durée du préavis jugée nécessaire pour rompre l'une de ces relations s'apprécie par référence à la durée de celle-ci, sans tenir compte de la durée des autres relations (Cass. com. 31-3-2015 n° 14-11.329 FS-D : RJDA 6/15 n° 462). Encore faut-il que ces sociétés n'aient pas agi de concert pour rompre ces relations (Cass. com. 6-10-2015 n° 14-19.499 FS-PB : RJDA 4/16 n° 326). À notre avis, la notion d'« action de concert » renvoie au sens commun d'« agir ensemble » avec une idée toutefois proche de la concertation : il ne doit pas s'agir d'un parallélisme de comportements fortuit, mais d'un choix commun. **88275**

ILLUSTRATIONS

Un distributeur avait noué une relation commerciale avec la société mère d'un groupe, son fournisseur, et, plus tardivement, avait assuré l'approvisionnement des filiales de celle-ci. Le groupe ayant décidé de modifier ses conditions d'approvisionnement, il a été mis un terme à la relation commerciale nouée avec le distributeur dans des conditions que celui-ci avait jugées brutales. Contrairement aux attentes de ce dernier, la durée du préavis jugé nécessaire a été appréciée en considération de la relation distributeur/filiale, sans tenir compte de l'ancienneté de la relation distributeur/société mère, laquelle se poursuivait indépendamment des modifications tarifaires appliquées à certains produits (Cass. com. 31-3-2015 n° 14-11.329 précité).

Dans un cas où deux sociétés d'un même groupe avaient noué concomitamment des relations commerciales avec un fournisseur pour des produits identiques et des quantités analogues puis, cinq ans après, les avaient rompues la même année pour des motifs similaires, il a été considéré que ces similitudes ne suffisaient pas à établir l'existence d'une action concertée des sociétés (Cass. com. 6-10-2015 n° 14-19.499 FS-PB précité).

L'appréciation de la durée du préavis nécessaire doit être menée au moment de la rupture et cette durée ne peut pas être réduite du seul fait que le partenaire a pu ultérieurement **se réorganiser dans un temps plus court** (Cass. com. 6-11-2012 n° 11-24.570 F-D : RJDA 3/13 n° 263 ; en ce sens, voir aussi Cass. com. 9-7-2013 n° 12-20.468 FS-PB). **88280**

› Précisions Pour apprécier la responsabilité encourue, les juges peuvent devoir retenir la durée du **préavis réellement effectué** et non celle de celui initialement notifié. Il en a été jugé ainsi dans un cas où les parties s'étaient entendues sur un report de la fin de la relation commerciale (Cass. com. 11-6-2013 n° 12-21.424 F-D : RJDA 11/13 n° 949). Cependant, la prise en compte du préavis effectif ne revêt pas un caractère automatique : dans une hypothèse où l'entreprise notifiante avait entretenu l'ambiguïté sur la durée du préavis puis sur la rupture même, privant son partenaire de la possibilité de mettre à profit le préavis finalement octroyé, la Cour de cassation a approuvé la cour d'appel qui, refusant de tenir compte du préavis effectif, avait jugé la rupture brutale (Cass. com. 15-1-2013 n° 12-17.553 : RJDA 4/13 n° 366).

Incidence d'un préavis contractuel Si le préavis contractuellement prévu ne répond pas à l'exigence de tenir compte de la durée de la relation établie et d'autres circonstances au moment de la notification de la rupture, son seul respect ne suffira pas à exonérer son auteur de sa responsabilité (Cass. com. 12-5-2004 n° 01-12.865 : RJDA 11/04 n° 1191 ; Cass. com. 6-3-2007 n° 05-18.121). Le juge peut donc accorder un **délai plus long que le délai contractuellement prévu** si celui-ci apparaît insuffisant au regard des critères légaux et jurisprudentiels. **88290**

En 2013, la Cour de cassation a admis que le juge puisse se fonder sur la brièveté de la relation pour fixer le préavis nécessaire à une **durée inférieure à celle du préavis contractuel** (Cass. com. 22-10-2013 n° 12-19.500 F-PB : RJDA 2/14 n° 174). Il semble que cette solution est abandonnée car, dans une décision rendue en 2023, la Cour de cassation a jugé que la durée du préavis doit être égale ou supérieure à celle prévue contractuellement (Cass. com. 28-6-2023 n° 22-17.933 F-D : RJDA 11/23 n° 618). Mais cette seconde décision n'ayant pas été publiée au Bulletin civil, il convient d'être prudent et de ne pas ériger la solution qu'elle contient comme étant un principe de portée générale.

EXEMPLES DE DURÉES DE PRÉAVIS JUGÉES SUFFISANTES OU INSUFFISANTES

88300 Il est ordinairement admis en jurisprudence qu'un préavis d'un mois par année d'ancienneté doit être accordé, cette durée de préavis devant être modulée en fonction des circonstances de l'espèce.

Ci-dessous, des exemples d'une **durée** de préavis jugée **nécessaire et suffisante** au regard de la durée de la relation commerciale et des autres circonstances de l'espèce (nº 88270) :
– trois mois pour une relation (fourniture de produits) ayant duré deux ans et demi, compte tenu de la part de chiffre d'affaires réalisé avec l'auteur de la rupture et d'une mise en garde préalable (CA Paris 13-12-2007 nº 04-7626) ;
– quatre mois dans le cas d'un contrat de distribution non exclusif de dix ans, compte tenu du temps nécessaire à la victime pour organiser sa reconversion et atténuer les désagréments causés par la rupture (CA Paris 12-6-2008 nº 06-4647) ;
– cinq mois pour une relation (fourniture de pièces détachées pour grues et ponts roulants) ayant duré quatre ans et demi, compte tenu de la part de chiffre d'affaires réalisé avec l'auteur de la rupture et de l'importance économique du fournisseur auteur de la rupture dans le domaine des grues (CA Lyon 30-4-2008 nº 07-791) ;
– six mois dans le cas d'une relation de 12 ans unissant un producteur de vin à son distributeur exclusif, compte tenu de la part infime (moins de 2 %) que représentait la commercialisation du vin dans le chiffre d'affaires du distributeur, victime de la rupture (CA Bordeaux 3-10-2011 nº 09/06884) ;
– six mois pour une relation ayant duré six ans (CA Versailles 19-2-2013 nº 11/04961 : RJDA 5/13 nº 457) ;
– six mois, dès lors que la relation commerciale avait duré six ans et demi et que dans le secteur d'activité économique concerné coexistaient de nombreux fournisseurs auprès desquels la victime pouvait réorienter son activité (Cass. com. 25-3-2014 nº 13-14.215 : RJDA 7/14 nº 675) ;
– neuf mois pour une relation (distribution de matériel publicitaire) ayant duré neuf ans, dont cinq ans à titre exclusif, compte tenu de la nécessité de permettre à la victime de réorganiser ses activités afin de compenser la perte d'un client important (CA Paris 28-10-2005 nº 03-19692 : RJDA 4/06 nº 464) ;
– 10 mois dans le cas d'un contrat de distribution ayant duré 10 ans, la victime étant distributeur exclusif de produits de marque (CA Lyon 8-1-2009 nº 07-8055) ;
– 12 mois pour une relation (production de magazines et fictions pour une chaîne de télévision) ayant duré sept ans, compte tenu de la saisonnalité des émissions et de l'état de grande dépendance économique de la société de production (CA Paris 1-7-2011 nº 10/12993 : RJDA 3/12 nº 338) ;
– un an dans le cas d'un contrat de concession exclusive ayant duré 13 ans, compte tenu de la part importante de l'activité de la victime consacrée à la distribution des produits sur une zone géographique exclusive et des investissements conséquents réalisés par elle pour mettre en valeur les produits dans son établissement (CA Montpellier 6-10-2009 nº 08-5816) ;
– un an dans le cas d'une relation ayant duré environ 20 ans, compte tenu de la difficulté de retrouver un partenaire dans ce secteur d'activité (expertise automobile) et de l'importance du chiffre d'affaires réalisé avec l'auteur de la rupture (CA Riom 23-2-2011 nº 10/01169) ;
– un an dans le cas d'une relation d'affaires ayant duré 23 ans, compte tenu de l'importance de l'activité de l'auteur de la rupture dans le chiffre d'affaires de la victime et de la saisonnalité de l'activité économique concernée (vente et entretien de matériels agricoles) (CA Paris 6-5-2009 nº 07-4848 : RJDA 1/10 nº 83) ;
– 15 mois, compte tenu des éléments suivants : la relation avait duré 17 ans, aucune obligation d'exclusivité n'était à la charge des parties et la victime n'était pas en situation de dépendance économique (Cass. com. 11-3-2014 nº 13-11.097 : RJDA 7/14 nº 674) ;
– 18 mois dans le cas d'une relation ayant duré 18 ans entre un constructeur automobile et un concessionnaire (CA Versailles 4-9-2012 nº 11/01018 : RJDA 12/12 nº 1109).

88305 Ci-dessous, des exemples de **durée** de préavis jugée **insuffisante** :
– deux mois et demi, dans un cas où la relation avait duré 13 ans et où la victime était en état de dépendance économique (CA Paris 23-2-2007 nº 04-16524 : RJDA 8-9/07 nº 833) ;
– sept mois, dès lors que la relation commerciale avait duré 15 ans et que la victime était en état de dépendance économique (Cass. com. 6-11-2012 nº 11-24.570 : RJDA 3/13 nº 263).

POINT DE DÉPART DU PRÉAVIS ACCORDÉ EN CAS DE RUPTURE DE LA RELATION COMMERCIALE ÉTABLIE

Le préavis doit être donné par **écrit.** Cette exigence constitue une « règle de fond » 88310
(Cass. com. 20-5-2014 n° 12-26.705 F-PB : Bull. civ. IV n° 90). Dès lors, ni une annonce de rupture faite verbalement, ni le ralentissement de commandes ne peuvent pallier l'absence d'un préavis écrit (Cass. com. 24-9-2013 n° 12-24.538 F-PB : RJDA 11/13 n° 951).

En matière commerciale la preuve étant libre, la jurisprudence admet que la notification du préavis puisse résulter d'autres éléments de preuve que d'un écrit spécifique. Il faut et il suffit un **acte** du partenaire **manifestant** son **intention de ne pas poursuivre la relation** commerciale et faisant courir un délai de préavis (Cass. com. 6-9-2016 n° 14-25.891 : RJDA 12/16 n° 908 ; Cass. com. 7-3-2018 n° 16-19.777 F-D). L'écrit formalisant le préavis doit exprimer sans équivoque la volonté définitive de mettre fin à la relation (Cass. com. 20-5-2014 n° 12-26.705 F-PB : Bull. civ. IV n° 90).

La **notification d'un recours à un appel d'offres** vaut notification de la rupture de la relation commerciale et constitue le point de départ du préavis, celui-ci résultant nécessairement de la durée de la procédure d'appel d'offres elle-même, qui suppose un certain délai pour être menée à son terme (Cass. com. 6-6-2001 n° 99-20.831 : RJDA 10/01 n° 936 ; Cass. com. 18-12-2007 n° 05-15.970 : RJDA 6/08 n° 719 ; Cass. com. 8-12-2015 n° 14-18.228 F-D). Encore faut-il que la notification du recours à un appel d'offres soit écrite (Cass. com. 18-10-2011 n° 10-20.733 F-D ; Cass. com. 14-2-2018 n° 16-24.667 F-D : RJDA 5/18 n° 462) et que la date de rupture soit précisée dans l'acte notifiant l'intention de rompre la relation (Cass. com. 27-5-2021 n° 19-18.301 F-D ; Cass. com. 20-3-2024 n° 23-11.505 F-D).

L'écrit ou le moyen substitué doit annoncer la fin de la relation commerciale **de manière non équivoque.** Ainsi, une télécopie adressée quelques mois avant la lettre de rupture pour signaler le refus des nouveaux tarifs d'un sous-traitant et demander la restitution des outillages lui appartenant ne fait pas courir le délai de préavis dès lors que les relations commerciales avaient perduré jusqu'à la lettre de la rupture, sans que la question des tarifs fût à nouveau évoquée ni qu'il fût fait état d'un quelconque préavis (CA Pau 21-2-2006 n° 04-3168 : RJDA 1/07 n° 103). De même, engage sa responsabilité l'entreprise qui s'abstient de notifier la durée du préavis qu'elle entend octroyer et qui, après la notification de la rupture, entretient l'incertitude sur son intention de rompre, mettant le sous-traitant dans l'impossibilité de mettre à profit le préavis finalement exécuté pour chercher de nouveaux partenaires (Cass. com. 15-1-2013 n° 12-17.553 : RJDA 4/13 n° 366).

4. CAUSES LÉGALES D'EXCLUSION DE RESPONSABILITÉ EN CAS DE RUPTURE BRUTALE DE RELATIONS COMMERCIALES ÉTABLIES

RESPECT D'UN PRÉAVIS DE 18 MOIS

En cas de litige entre les parties sur la durée du préavis, la responsabilité de l'auteur de la rup- 88330
ture ne peut pas être engagée s'il a respecté un préavis de 18 mois (C. com. art. L 442-1, II-al. 2).

L'octroi d'un tel préavis garantit le caractère non fautif de la rupture, mais les parties peuvent convenir d'un préavis plus long ou, en l'absence de convention, l'auteur de la rupture peut décider d'accorder un préavis plus long.

RUPTURE BRUTALE POUR INEXÉCUTION PAR L'AUTRE PARTIE DE SES OBLIGATIONS

Une relation commerciale établie peut valablement être rompue sans préavis en cas d'inexé- 88340
cution par l'autre partie de ses obligations (C. com. art. L 442-1, II-al. 3), à condition que cette inexécution présente un **degré de gravité** suffisant (Cass. com. 25-9-2007 n° 06-15.517 : RJDA 12/07 n° 1286 ; Cass. com. 9-7-2013 n° 12-21.001 : RJDA 11/13 n° 951).

ILLUSTRATIONS

Constituent une inexécution des obligations de l'acheteur justifiant la rupture du contrat sans préavis :
– des incidents de paiement répétés, tels que des retards dans le paiement de certaines factures ou des déductions d'office sur certaines factures (CA Paris 2-7-2014 n° 11/13823 : RJDA 12/14 n° 943) ;
– la fourniture à une centrale de référencement de produits non conformes aux dispositions contractuelles et réglementaires qui leur étaient applicables (Cass. com. 8-11-2017 n° 16-15.296 F-D : RJDA 3/18 n° 284).

Sur les **clauses** permettant une rupture sans préavis en cas d'inexécution du contrat, voir n° 88010.

RUPTURE BRUTALE EN CAS DE FORCE MAJEURE

88350 La rupture d'une relation commerciale établie n'entraîne pas la responsabilité de son auteur en cas de **force majeure** (C. com. art. L 442-1, II-al. 3). L'article 1218 du Code civil définit celle-ci comme un événement incontrôlable, imprévisible et irrésistible (pour un exemple où la force majeure n'a pas été retenue à la suite d'un mouvement de grève, voir CA Paris 9-2-2021 n° 20/05074 : RJDA 7/21 n° 524).

De même, la rupture brutale n'entraîne pas la responsabilité de son auteur lorsqu'elle résulte d'une contrainte extérieure, telle que la **crise économique** du secteur qui conditionne le niveau de production ou les **difficultés** économiques **du partenaire.**

ILLUSTRATIONS

N'étaient pas fautifs :

– la baisse significative des commandes d'un fabricant auprès d'un sous-traitant due à la diminution des propres commandes du fabricant en raison de la crise économique de 2008 (Cass. com. 12-2-2013 n° 12-11.709 : RJDA 5/13 n° 456) ;

– l'arrêt des commandes d'un joaillier auprès d'un fabricant de bijoux, dès lors que cet arrêt était dû aux difficultés économiques du fabricant qui avaient perturbé sa capacité à assurer les commandes (Cass. com. 22-11-2016 n° 15-19.947 F-D) ;

– la baisse des commandes d'une société commercialisant des chemises auprès d'un prestataire chargé de contrôler leur fabrication à l'étranger, dès que cette société avait souffert d'une baisse de chiffre d'affaires d'un peu plus de 15 % sur un an en raison de la situation conjoncturelle affectant le marché du textile (Cass. com. 8-11-2017 n° 16-15.285 F-PBI : RJDA 2/18 n° 189).

C. Mise en œuvre et conséquences de la responsabilité pour rupture brutale de relations commerciales établies

88400 L'action en responsabilité est soumise à des conditions particulières prévues à l'article L 442-4 du Code de commerce et applicables à l'ensemble des pratiques commerciales abusives (**voir nos 88900 s.**). Nous n'exposons ci-dessous que la **jurisprudence spécifique** à la rupture brutale de relations commerciales établies. Les solutions issues de décisions fondées sur l'ancien article L 442-6, III du Code de commerce sont transposables à l'article L 442-4, issu de l'ordonnance 2019-359 du 24 avril 2019.

1. PROCÉDURE EN CAS D'ACTION POUR RUPTURE BRUTALE DE RELATIONS COMMERCIALES ÉTABLIES

NATURE DE LA RESPONSABILITÉ DE L'AUTEUR DE LA RUPTURE

88410 **Responsabilité extracontractuelle** La responsabilité civile encourue par l'auteur d'une rupture brutale de relation commerciale établie est de nature extracontractuelle (Cass. com. 6-2-2007 n° 04-13.178 : RJDA 7/07 n° 785 ; Cass. com. 13-1-2009 n° 08-13.971 : RJDA 5/09 n° 478 ; Cass. com. 15-9-2009 n° 07-10.493 : RJDA 1/10 n° 84 ; Cass. com. 4-10-2011 n° 10-20.240 FS-PB : RJDA 1/12 n° 93 ; Cass. com. 20-5-2014 n° 12-26.705 F-PB : Bull. civ. IV n° 90).

> Précisions La nature extracontractuelle de la responsabilité n'empêche pas l'application d'une **clause de médiation préalable** si elle a été rédigée de façon large et compréhensible. Ainsi, dans un cas où la relation commerciale établie résultait de la conclusion de contrats successifs, l'auteur de la rupture ne pouvait pas valablement opposer la clause de médiation préalable qui figurait au dernier contrat car son application était limitée aux différends portant sur la fin de ce contrat précis (Cass. com. 12-6-2012 n° 11-18.852 : RJDA 8-9/12 n° 805). Il en aurait été différemment si les parties étaient convenues dans leur dernier contrat d'une conciliation préalable en cas de survenance d'un litige pour rupture brutale d'une relation commerciale établie.

88420 **Articulation avec le droit commun de la responsabilité civile** Le principe de non-cumul des actions en **responsabilité contractuelle** et extracontractuelle interdit au créancier d'une obligation contractuelle de se prévaloir, contre le débiteur de cette obligation, des règles de la responsabilité extracontractuelle (C. civ. art. 1240). Cependant, ce principe n'interdit pas la présentation d'une demande distincte, fondée sur l'article L 442-1, II du Code de commerce, qui tend à la réparation d'un préjudice résultant non pas d'un manquement contractuel, mais de la rupture brutale d'une relation commerciale établie (Cass. com. 24-10-2018 n° 17-25.672 F-PB : RJDA 4/19 n° 298).

En revanche, les dispositions de l'article L 442-1, II du Code de commerce relatives à la responsabilité civile pour rupture brutale de relations commerciales établies sont exclusives de celles de l'article 1240 du Code civil relatives à la **responsabilité civile extracontractuelle** de droit commun, sauf à démontrer l'existence d'une faute extracontractuelle distincte (Cass. com. 2-10-2019 n° 18-15.676 FS-PBR : RJDA 12/19 n° 789 ; Cass. com. 28-6-2023 n° 22-10.184 F-D : RJDA 3/24 n° 185).

ILLUSTRATIONS

Dans un cas où l'ex-salariée d'une société avait créé une société concurrente qui avait détourné certains clients de la première, celle-ci a pu valablement prétendre, d'une part, à une indemnisation au titre de la rupture brutale de la relation commerciale établie avec ces clients, et, d'autre part, à une indemnisation au titre des actes distincts de concurrence déloyale par détournement de clientèle (Cass. com. 28-6-2023 n° 22-10.184 F-D précité).

COMPÉTENCE DES TRIBUNAUX EN CAS D'ACTION POUR RUPTURE BRUTALE DE RELATIONS COMMERCIALES ÉTABLIES

Règles d'attribution En cas d'action en **responsabilité** civile **extracontractuelle,** le demandeur peut saisir à son choix la juridiction du lieu où demeure le défendeur, la juridiction du fait dommageable ou celle dans le ressort de laquelle le dommage a été subi (CPC art. 46, al. 3). En cas de rupture brutale de relations commerciales établies, lorsque le dommage subi consiste, comme le plus souvent, en la diminution du chiffre d'affaires de la victime, celle-ci peut donc valablement engager l'action devant la juridiction dans le ressort duquel se situe son activité (Cass. 2e civ. 6-10-2005 n° 1442 : RJDA 12/05 n° 1390). **88430**

En cas de pluralité de défendeurs, le demandeur saisit, à son choix, la juridiction du lieu où demeure l'un d'eux (CPC art. 42, al. 2) mais cette faculté n'est pas exclusive du choix que confère l'article 46, al. 3 du Code de procédure civile : le demandeur peut donc attraire les défendeurs auprès du tribunal compétent au regard du lieu de réalisation du dommage (Cass. com. 7-7-2009 n° 08-16.633 : RJDA 1/10 n° 105).

Ces règles d'attribution de juridiction doivent toutefois se combiner avec le **principe de spécialisation des juridictions** applicable en la matière (n° 88970).

ATTENTION

En cas de rupture brutale d'une **relation résultant d'un contrat administratif,** l'entreprise victime de la rupture doit demander la réparation de son préjudice auprès de la **juridiction administrative** et non devant le juge judiciaire (T. confl. 8-2-2021 n° 4201 : RJDA 5/21 n° 343 ; Cass. 1e civ. 19-5-2021 n° 19-21.955 FS-P).

Clause attributive de juridiction Bien que la rupture brutale d'une relation commerciale établie entraîne la responsabilité civile extracontractuelle de son auteur (n° 88410), les clauses attributives de compétence qui figurent dans les contrats, conditions générales de vente ou d'achat ou autres supports sont applicables si elles sont rédigées de façon suffisamment large et compréhensive pour viser les litiges résultant non seulement de la relation contractuelle mais aussi de la rupture brutale de la relation commerciale (Cass. com. 13-1-2009 n° 08-13.971 : RJDA 5/09 n° 478 ; Cass. com. 20-3-2012 n° 11-11.570 : Contrats conc. consom. 2012 comm. n° 208 note N. Mathey). La clause attributive de juridiction doit cependant être compatible avec les articles D 442-2 et D 442-3 du Code de commerce attribuant un **pouvoir juridictionnel exclusif à certains tribunaux** pour statuer dans le cas d'une telle action (n° 88970) (Cass. com. 1-3-2017 n° 15-22.675 F-PBI : RJDA 5/17 n° 372). **88440**

Litige international Tout litige portant sur l'application de l'article L 442-1, II du Code de commerce relève de la compétence exclusive des tribunaux français, sous réserve du respect du droit de l'Union européenne et des traités internationaux ratifiés ou approuvés par la France et sans préjudice du recours à l'arbitrage (C. com. art. L 444-1 A issu de loi 2023-221 du 30-3-2023 : voir n° 86015). **88450**

PRESCRIPTION DE L'ACTION POUR RUPTURE BRUTALE DE RELATIONS COMMERCIALES ÉTABLIES

En application du droit commun, la victime d'une rupture brutale de relations commerciales établies dispose d'un **délai** de cinq ans à compter de la rupture pour engager une action en responsabilité (C. com. art. L 110-4, I). **88460**

Même lorsque la relation commerciale établie puis rompue est un **contrat de transport** ou est constituée d'une succession de contrats de transports assujettis à la prescription annuelle de l'article L 133-6 du Code de commerce, l'action engagée pour rupture brutale de la relation est soumise à la prescription de l'article L 110-4, I du Code de commerce (Cass. com. 21-9-2010 n° 09-15.716 : RJDA 1/11 n° 86 ; Cass. com. 1-10-2013 n° 12-23.456 : RJDA 12/13 n° 1052 ; Cass. com. 18-10-2016 n° 15-13.725 F-D : RJDA 2/17 n° 139). En revanche, si la rupture, même brutale, est motivée par l'exécution défectueuse (avaries, pertes, retards) du contrat de transport, le délai allégé de l'article L 133-6 est applicable (Cass. com. 18-10-2016 n° 15-13.725 F-D précité).

La passivité devant l'exercice d'un droit n'emporte pas **renonciation** définitive à cet exercice et l'absence de formulation de la moindre protestation sur le délai de préavis invoqué par l'auteur de la rupture ne prive pas la victime de son droit d'engager une action en responsabilité si le délai de prescription n'est pas épuisé (Cass. com. 27-10-2009 n° 08-19.396 : RJDA 3/10 n° 299).

2. INDEMNITÉ RÉPARATRICE EN CAS DE RUPTURE BRUTALE DE RELATIONS COMMERCIALES ÉTABLIES

88480 En cas d'insuffisance du préavis, le préjudice en résultant est évalué en fonction de la **durée du préavis jugé nécessaire** (Cass. com. 22-10-2013 n° 12-28.704 : RJDA 2/14 n° 177 ; Cass. com. 8-4-2014 n° 13-15.410 : RJDA 8-9/14 n° 729 ; Cass. com. 20-5-2014 n° 13-16.398 : RJDA 8-9/14 n° 728).

Seul est indemnisable le préjudice résultant de la **brutalité de la rupture** et non de la rupture elle-même (Cass. com. 10-2-2015 n° 13-26.414 F-PB : RJDA 5/15 n° 392 ; Cass. com. 5-7-2016 n° 15-17.004 FS-PB : RJDA 1/17 n° 46). Il appartient à la victime d'établir en quoi le préjudice revendiqué est la conséquence directe de la brutalité de la rupture de la relation (Cass. com. 23-1-2007 n° 04-16.779 : Bull. civ. IV n° 8).

Seul le préjudice résultant de la brutalité de la rupture pouvant être réparé, l'indemnisation ne peut pas concerner, par exemple, un préjudice résultant du non-renouvellement d'un contrat (Cass. com. 5-7-2016 n° 15-17.004 FS-PB précité).

Le comportement de la victime au cours du préavis accordé (absence de démarche pour tenter de se réorganiser, trouver des solutions de remplacement ou des marchés de substitution ou réorienter son activité) n'influe pas sur l'évaluation du préjudice né d'une insuffisance de préavis, celui-ci étant évalué en fonction de la durée jugée nécessaire, sans qu'il y ait lieu de tenir compte de **circonstances postérieures à la rupture** (Cass. com. 4-10-2016 n° 15-14.025 F-D : RJDA 2/17 n° 123).

Lorsque la **relation** commerciale s'est **maintenue dans les conditions antérieures** pendant la durée d'exécution du préavis et que la marge réalisée pendant cette période s'est avérée supérieure aux dommages-intérêts demandés, la victime n'a subi aucun préjudice (Cass. com. 1-3-2017 n° 15-20.848 F-D : RJDA 6/17 n° 436).

88485 La Cour de cassation juge que le préjudice résultant du caractère brutal de la rupture correspond à la « **marge brute** escomptée durant la période de préavis qui n'a pas été exécutée » (Cass. com. 24-6-2014 n° 12-27.908 F-D ; Cass. com. 5-4-2018 n° 16-26.568 F-D). Il en résulte que le préjudice indemnisable doit être évalué sur la base de la marge perdue, et non sur celle de la seule diminution du chiffre d'affaires (Cass. com. 12-2-2013 n° 11-20.670 F-D ; Cass. com. 25-10-2017 n° 16-14.520 F-D).

Les contours de la notion de « marge brute » restent toutefois incertains, ne correspondant à aucune définition comptable précise. La cour d'appel de Paris préconise de retenir la **marge sur coûts variables perdue,** définie comme le chiffre d'affaires dont la victime a été privée sous déduction des charges qui n'ont pas été supportées du fait de la baisse d'activité résultant de la rupture (CA Paris 17-1-2018 n° 15/17101 et n° 15/17249). Ces charges sont le plus souvent de nature variable, d'où cette notion. Mais, dans certaines circonstances, la marge perdue peut aussi être déterminée en déduisant des économies de **frais fixes** réalisées durant le préavis non exécuté (Cass. com. 28-6-2023 n° 21-16.940 FS-B : RJDA 10/23 n° 549), tels que les frais de personnel ou les loyers (pour un exemple, voir Cass. com. 23-1-2019 n° 17-26.870 F-D : RJDA 4/19 n° 299) ou la cession de tout ou partie de l'activité suite à la rupture (par exemple, Cass. com. 7-12-2022 n° 21-17.850 FD : RJDA 3/23 n° 166).

Les **juges du fond** apprécient souverainement les coûts à prendre en compte pour définir la marge perdue pendant le préavis non exécuté (Cass. com. 11-5-2022 n° 21-11.337 F-D : RJDA 8-9/22 n° 516).

Sur l'évaluation de l'indemnité réparatrice en cas de rupture brutale de relations commerciales établies, voir aussi la fiche méthodologique 13 b de la cour d'appel de Paris (www.cours-appel.justice.fr/paris/la-reparation-du-prejudice-economique).

La victime peut également obtenir des dommages-intérêts pour un **préjudice particulier,** à condition que ce préjudice résulte de la brutalité de la rupture et non de la rupture elle-même. Par exemple, peuvent être indemnisés : **88490**
– la nécessité d'adapter dans l'urgence l'outil de production lorsque celui-ci avait fait l'objet d'investissements pour répondre aux demandes spécifiques de l'auteur de la rupture (Cass. com. 2-12-2008 n° 08-10.732) ;
– l'atteinte à l'image (T. com. Paris 2-4-1999 : RJDA 8-9/99 n° 883) ;
– le coût des licenciements (CA Versailles 13-11-2008 n° 07-5227).

En revanche, sauf situation particulière, le partenaire évincé ne peut pas prétendre à une indemnisation complémentaire au titre de son état de dépendance économique, cette circonstance ayant déjà été prise en compte pour la détermination de son préjudice (Cass. com. 20-5-2014 n° 13-16.398 : RJDA 8-9/14 n° 728).

IV. AUTRES PRATIQUES COMMERCIALES ABUSIVES ENTRAÎNANT LA RESPONSABILITÉ CIVILE DE LEUR AUTEUR

AUTRES PRATIQUES ABUSIVES EN MATIÈRE DE NÉGOCIATION COMMERCIALE

Engage la responsabilité civile de son auteur et l'oblige à réparer le préjudice causé le fait, dans le cadre de la négociation commerciale, de la conclusion ou de l'exécution d'un contrat, par toute personne exerçant des activités de production, de distribution ou de services : **88660**
– d'imposer des **pénalités logistiques** ne respectant pas les règles fixées par l'article L 441-17 du Code de commerce (C. com. art. L 442-1, I-3°) ; sur l'encadrement des pénalités logistiques, voir n°s 87400 s. ;
– s'agissant des **produits de grande consommation,** de pratiquer, à l'égard de l'autre partie, ou d'obtenir d'elle, des prix, des délais de paiement, des conditions de vente ou des **modalités de vente ou d'achat discriminatoires** et non justifiés par des contreparties réelles prévues par la convention unique dédiée à ces produits (sur cette convention, n°s 86940 s.) en créant, de ce fait, pour ce partenaire, un désavantage ou un avantage dans la concurrence (C. com. art. L 442-1, I-4° issu de loi 2023-221 du 30-3-2023) ;
– de ne pas avoir mené de **bonne foi** les **négociations commerciales** conformément à l'article L 441-4 du Code de commerce relatif à la convention unique dédiée aux produits de grande consommation (n° 87005), ayant eu pour conséquence de ne pas aboutir à la conclusion d'une telle convention dans le respect de la date butoir prévue à l'article L 441-3 du même Code (n° 86740) (C. com. art. L 442-1, I-5° issu de loi 2023-221 du 30-3-2023).

NON-RESPECT DU RÈGLEMENT EUROPÉEN SUR LES RELATIONS ENTRE LES PLATEFORMES EN LIGNE OU LES MOTEURS DE RECHERCHE ET LES VENDEURS

Engage la responsabilité civile de son auteur et l'oblige à réparer le préjudice causé le fait, par toute personne proposant un service d'intermédiation en ligne au sens du règlement (UE) 2019/1150 du 20 juin 2019 (plateformes de vente en ligne et moteurs de recherche), de ne pas respecter les obligations expressément prévues par ce règlement (voir n°s 90200 s.) (C. com. art. L 442-1, III-al. 1). **88680**

VIOLATION PAR UN TIERS DE L'INTERDICTION DE REVENTE HORS D'UN RÉSEAU DE DISTRIBUTION SÉLECTIVE OU EXCLUSIVE

Engage la responsabilité civile de son auteur et l'oblige à réparer le préjudice causé le fait, par toute personne exerçant des activités de production, de distribution ou de services, de participer directement ou indirectement à la violation de l'interdiction de revente hors réseau **88700** faite au distributeur lié par un accord de distribution sélective ou exclusive exempté au titre des règles applicables du droit de la concurrence (C. com. art. L 442-2).

L'action en responsabilité n'est possible que si le fournisseur démontre l'existence d'un accord de distribution sélective ou exclusive exempté au titre des articles 101, 3 du TFUE ou L 420-4 du Code de commerce.

> **› Précisions** Un **site d'enchères en ligne** sur lequel des **particuliers** avaient commercialisé des produits faisant l'objet d'un réseau de distribution sélective ne pouvait pas être tenu pour responsable d'avoir participé à la violation de l'interdiction de revente hors réseau faite au distributeur agréé car les ventes accomplies par de simples particuliers ne sont pas susceptibles de constituer une telle violation (Cass. com. 3-5-2012 n° 11-10.508 FS-PB : RJDA 8-9/12 n° 809).

V. ACCORDS NULS DE PLEIN DROIT

88800 Sont nuls de plein droit les clauses ou contrats prévoyant, pour toute personne exerçant des activités de production, de distribution ou de services, la possibilité (C. com. art. L 442-3) :

1° De **bénéficier rétroactivement** de remises, de ristournes ou d'accords de coopération commerciale.

2° De bénéficier automatiquement des conditions plus favorables consenties aux entreprises concurrentes par le cocontractant (**clause dite « du client le plus favorisé »**).

En d'autres termes, il est interdit à un commerçant d'exiger de son partenaire qu'il lui consente les mêmes avantages qu'à ses concurrents, que cet avantage soit tarifaire ou non.

3° D'interdire au cocontractant la **cession** à des tiers des **créances** qu'il détient sur elle.

La cession de créances facilite en effet les opérations de financement, notamment grâce à l'affacturage.

ILLUSTRATIONS

Est nulle la clause prévoyant que le distributeur doit obtenir du fournisseur 10 % de réduction de prix au seul motif que les produits sont référencés chez un concurrent (Rapport d'activité de la CEPC pour 2009-2010, ann. 17, fiche pédagogique « Les abus dans la relation commerciale »).

Dans un contrat conclu entre un groupe de sociétés exploitant une plateforme de réservation hôtelière et les hôtels adhérents, est également nulle la clause de parité aux termes de laquelle l'hôtelier devait faire bénéficier automatiquement les sociétés du groupe de conditions au moins aussi favorables que celles accordées par les autres plateformes concurrentes (CA Paris 21-6-2017 n° 15/18784 : RJDA 10/17 n° 668).

VI. PROCÉDURE ET SANCTIONS EN CAS D'ACTION EN RESPONSABILITÉ OU EN NULLITÉ POUR PRATIQUE COMMERCIALE ABUSIVE

88900 La procédure applicable à l'action en responsabilité ou en nullité pour pratique commerciale abusive se caractérise notamment par la possibilité pour le ministre de l'économie d'engager l'action en tant que défenseur de l'ordre public économique, ce qui permet à la victime d'éviter d'éventuelles mesures de rétorsion de la part de l'auteur de la pratique.

ATTENTION

Afin de pallier les longueurs de la procédure devant les tribunaux, la loi 2020-1508 du 3 décembre 2020 assortit la procédure d'injonction dont disposent les **agents de la CCRF** d'une **astreinte journalière** d'un montant dissuasif et prévoit que l'injonction peut faire l'objet d'une **publicité** sur le site internet de la DGCCRF. Pour plus de détails, voir n°s 77810 s.

A. Personnes habilitées à agir en cas de pratique commerciale abusive

LISTE DES PERSONNES HABILITÉES À AGIR

L'action en responsabilité ou en nullité peut être introduite devant la juridiction civile ou commerciale compétente par les personnes suivantes (C. com. art. L 442-4, I). **88910**

1° Toute personne justifiant d'un intérêt.

L'intérêt à agir est subordonné à la preuve d'une pratique abusive subie par celui qui est à l'origine de l'action. C'est pourquoi a été jugée irrecevable pour défaut d'intérêt à agir la demande d'un distributeur tendant à l'annulation des conditions générales de vente d'un fournisseur à compter d'une date déterminée dès lors que le demandeur n'avait pas démontré avoir passé des commandes au fabricant pendant la période litigieuse (Cass. com. 7-2-1995 : RJDA 6/95 n° 734).

2° Le ministère public.

3° Le ministre de l'économie.

4° Le président de l'Autorité de la concurrence, lorsque celui-ci constate une pratique abusive à l'occasion des affaires qui relèvent de sa compétence.

À noter que le ministre de l'économie et le président de l'Autorité de la concurrence sont dispensés de représentation par un **avocat** (C. com. art. R 442-1).

CAS DE L'ACTION ENGAGÉE PAR LE MINISTRE DE L'ÉCONOMIE

L'**action** du ministre de l'économie **se prescrit** par cinq ans à compter du jour où il a connu la pratique abusive, par exemple à l'occasion d'une enquête (Cass. com. 28-2-2024 n° 22-10.314 FS-B : RJDA 5/24 n° 312). **88915**

La conclusion d'une **transaction** entre des partenaires économiques n'a pas pour effet de le priver de ses pouvoirs d'agir et ne rend donc pas son action irrecevable (Cass. com. 28-2-2024 n° 22-10.314 FS-B précité). De même, une **convention d'arbitrage** insérée dans un contrat de distribution n'est pas opposable au ministre (Cass. 1e civ. 6-7-2016 n° 15-21.811 FS-PB : RJDA 11/16 n° 823).

Le ministre de l'économie peut agir soit en tant que partie à l'action, soit par voie d'**intervention** sur le fondement de l'article L 490-8 du Code de commerce lui permettant de déposer des conclusions et les développer oralement à l'audience. Cette intervention peut avoir lieu soit à titre principal pour formuler une demande distincte de celle de l'auteur de l'action (CPC art. 329), soit à titre accessoire si le ministre se borne à soutenir l'une des parties (CPC art. 330) (pour un exemple, Cass. com. 7-7-2004 n° 1159 : Bull. civ. IV n° 148). Dans les deux cas, l'intervention n'est recevable que si elle se rattache aux prétentions des parties par un lien suffisant (CPC art. 325) (pour un exemple de lien insuffisant, voir Cass. com. 26-11-1996 n° 1880 : RJDA 3/97 n° 378). Par ailleurs, elle peut avoir lieu pour la première fois devant la cour d'appel si elle est accessoire, mais pas lorsqu'elle est principale (Cass. com. 23-1-2007 n° 66 : RJDA 5/07 n° 562, irrecevabilité de l'action du ministre en cause d'appel pour demander le prononcé d'une amende civile à l'encontre de l'auteur d'une rupture brutale de relations commerciales établies).

Lorsqu'il engage une action à l'occasion d'un conflit opposant deux sociétés commerciales à propos de leurs rapports contractuels, le ministre ne peut pas choisir d'agir devant le tribunal judiciaire ; en effet, la **détermination de la juridiction compétente** s'opère en fonction de la qualité des opérateurs économiques concernés par les rapports ayant donné lieu à la pratique litigieuse, rapports auxquels le ministre de l'économie n'est pas lui-même partie (Cass. com. 27-6-1995 n° 94-15.257 : RJDA 12/95 n° 1391).

L'**action** du ministre de l'économie étant **de nature extracontractuelle,** il peut former sa demande, à son choix, devant la juridiction du domicile du défendeur, celle du lieu du fait dommageable ou celle du lieu dans le ressort de laquelle le dommage a été subi (Cass. com. 18-10-2011 n° 10-28.005 : RJDA 2/12 n° 211).

Sur la compétence exclusive des **tribunaux français** en cas d'action engagée à l'encontre d'une société située dans un État membre de l'Union européenne, voir n° 86015.

B. Nature des sanctions en cas de pratique commerciale abusive

SANCTIONS EN CAS D'ACTION ENGAGÉE PAR LE MINISTRE DE L'ÉCONOMIE OU LE MINISTÈRE PUBLIC

88920 Le ministre de l'économie ou le ministère public peuvent demander à la juridiction saisie (C. com. art. L 442-4, I) :

1° D'ordonner la **cessation** de la **pratique** litigieuse.

2° De constater la **nullité** des clauses ou contrats illicites.

Il ne s'agit pas seulement des cas de nullité de plein droit prévus à l'article L 442-3 du Code de commerce (n° 88800), mais aussi des clauses et contrats mettant en œuvre des pratiques prohibées par les articles L 442-1 et L 442-2 du Code de commerce (nos 87500 s.) et donc nuls en application du droit commun (art. 1162 et 1178 du Code civil, déclarant nul tout contrat dérogeant à l'ordre public ; art. 1169 du même Code, déclarant nul tout contrat à titre onéreux lorsque, au moment de sa formation, la contrepartie au profit de celui qui s'engage est illusoire ou dérisoire).

Le ministre de l'économie – ou le ministère public – peut également solliciter pour l'avenir la suppression d'une clause illicite proposée dans un contrat type (Cass. com. 29-9-2015 n° 13-25.043 : RJDA 2/16 n° 154).

3° D'ordonner la **restitution des avantages indûment obtenus.**

En cas d'obtention d'un avantage ne correspondant à aucune contrepartie ou manifestement disproportionné au regard de la valeur de la contrepartie consentie, l'action en répétition suppose seulement la constatation de cet avantage indu ; contrairement à ce que prévoit le Code civil en cas d'action en répétition de l'indu (C. civ. art. 1302-1 et 1302-2), il n'est donc pas nécessaire de constater que l'avantage s'est concrétisé par un mouvement de fonds ou que l'avantage a été accordé par erreur (Cass. com. 18-10-2011 n° 10-15.296 : RJDA 2/12 n° 212, en l'espèce, le distributeur avait obtenu du fournisseur la mise à disposition d'intérimaires chargés de faire l'inventaire physique des marchandises vendues par le fournisseur).

4° Le prononcé d'une **amende civile.**

88925 Le ministre de l'économie et le ministère public ne peuvent faire constater la **nullité des clauses** ou contrats illicites et demander la **restitution des avantages** indûment obtenus que si les **victimes** de ces pratiques sont **informées,** par tous moyens, de l'introduction de cette action en justice (C. com. art. L 442-4, I). En revanche, lorsqu'ils demandent la cessation des pratiques illicites et le prononcé d'une amende, ils peuvent agir sans en informer les parties aux contrats car ils exercent alors une action qui leur est propre, visant à maintenir ou à rétablir l'ordre public économique (Cons. const. 13-5-2011 n° 2011-126 QPC : RJDA 10/11 n° 844).

Le **défaut d'information** de la victime de la pratique ne saurait jouer en faveur de son auteur : celui-ci ne peut pas l'invoquer pour échapper à l'action engagée par le ministre (CEDH 17-1-2012 n° 51255/08 : RJDA 5/12 n° 534).

L'information n'a pas à être **préalable à la saisine du tribunal** ; il suffit que la victime de la pratique soit avisée dans un délai qui lui laisse le temps de décider d'intervenir à la procédure et de développer ses propres moyens et ses éventuelles demandes avant que le tribunal statue (CA Paris 3-10-2013 n° 12/01879 : RJDA 4/14 n° 384).

L'information préalable a pour but de permettre à la victime d'intervenir comme partie à la procédure ; lorsque l'**action** est **menée par plusieurs personnes,** il importe donc peu que l'information soit délivrée par une seule d'entre elles, dès lors que la victime est informée de l'identité des auteurs de l'action, de l'objet de leur demande et de ce qu'elle peut intervenir au litige. Il revient au juge d'apprécier la validité du contenu de cette information (CA Paris 3-10-2013 n° 12/01879 précité).

88930 Le **montant de l'amende civile** ne peut pas excéder le plus élevé des trois montants suivants (C. com. art. L 442-4, I) :

– cinq millions d'euros ;

– le triple du montant des avantages indûment perçus ou obtenus ;

– 5 % du chiffre d'affaires hors taxe réalisé en France par l'auteur des pratiques lors du dernier exercice clos depuis l'exercice précédant celui au cours duquel les pratiques ont été mises en œuvre.

Selon la cour d'appel de Paris, le montant de l'amende doit être déterminé en prenant en considération les **critères** suivants : l'amende doit viser à prévenir et dissuader les pratiques abusives, ainsi qu'à éviter leur réitération ; elle doit prendre en compte la gravité du comportement reproché, le dommage à l'économie en résultant, la situation individuelle de l'entreprise poursuivie, la persistance des pratiques, l'importance du chiffre d'affaires de son auteur et, compte tenu de sa taille et de sa notoriété, l'effet d'entraînement que peut avoir son comportement sur les autres opérateurs du secteur (CA Paris 3-12-2014 n° 13/06091 : RJDA 7/14 n° 513, confirmé par Cass. com. 18-10-2016 n° 15-13.834 F-D : RJDA 2/17 n° 124 ; CA Paris 21-6-2017 n° 15/18784 : RJDA 10/17 n° 668). Ces critères sont calqués sur ceux prévus pour évaluer le montant de la sanction pécuniaire infligée par l'Autorité de la concurrence en cas de pratique anticoncurrentielle (signalons néanmoins que l'ordonnance 2021-649 du 26 mai 2021 a supprimé le critère du dommage à l'économie : C. com. art. L 464-2, I-al. 3). Il est sans doute apparu nécessaire à la cour d'introduire des éléments d'appréciation afin de permettre d'éventuelles modulations de la sanction. Pour autant, contrairement à l'Autorité de la concurrence, les juges ne peuvent prendre en compte que les éléments dont ils disposent et qui leur sont transmis par les parties. C'est au ministre de l'économie (ou au ministère public) ou au défendeur d'apporter les éléments qui seraient de nature à majorer ou minorer la sanction ; la cour d'appel de Paris n'est pas tenue de les rechercher.

ATTENTION

a. L'amende civile peut valablement être infligée à la **société qui a absorbé celle qui était à l'origine de la pratique** (Cass. com. 21-1-2014 n° 12-29.166 : RJDA 4/14 n° 385 et chron. J. Riffault-Silk p. 283 ; Cons. const. 18-5-2016 n° 2016-542 QPC : RJDA 8-9/16 n° 649 ; CEDH 1-10-2019 n° 37858/14 : RJDA 3/20 n° 148).

b. Dès lors que l'article L 442-1, I-2° du Code de commerce relatif à la soumission à un déséquilibre significatif dans les droits et obligations des parties sanctionne également des comportements et non seulement des clauses, la **société d'un groupe** qui a fourni aide et assistance à la rédaction et à l'application de clauses déséquilibrées peut être **condamnée solidairement,** avec la société signataire de ces clauses, au paiement de l'amende (CA Paris 21-6-2017 n° 15/18784 : RJDA 10/17 n° 668).

SANCTIONS EN CAS D'ACTION ENGAGÉE PAR TOUTE PERSONNE JUSTIFIANT D'UN INTÉRÊT À AGIR

Toute **personne justifiant d'un intérêt** à agir, y compris la victime de la pratique, peut **88940**
demander à la juridiction saisie d'ordonner (C. com. art. L 442-4, I) :

– la cessation des pratiques ;
– la réparation du préjudice subi.

Mais seule la **victime** de la pratique peut demander de faire constater la nullité des clauses ou contrats illicites et demander la restitution des avantages indus (art. précité).

> **Précisions** La responsabilité civile prévue à l'article L 442-1 est une responsabilité d'ordre public à laquelle les parties ne peuvent pas renoncer par anticipation ; cependant, ce principe n'empêche pas les parties de déroger à ces dispositions par voie de **transaction** (Cass. com. 16-12-2014 n° 13-21.363 : RJDA 2/15 n° 147 ; CA Paris 19-4-2017 n° 15/24221 : RJDA 12/17 n° 840).

SANCTIONS EN CAS D'ACTION ENGAGÉE PAR LE PRÉSIDENT DE L'AUTORITÉ DE LA CONCURRENCE

L'article L 442-4 n'indique pas expressément quels sont les pouvoirs du président de l'Auto- **88950**
rité de la concurrence.

Son action est rare, voire inexistante, à notre connaissance.

PUBLICITÉ DE LA DÉCISION ET EXÉCUTION SOUS ASTREINTE

La juridiction doit ordonner systématiquement la **publication,** la diffusion ou l'affichage de **88960**
sa décision ou d'un extrait de celle-ci selon les modalités qu'elle précise (pratique du « **name and shame** »). Elle peut ordonner l'insertion de la décision ou de l'extrait de celle-ci dans le rapport établi sur les opérations de l'exercice par les gérants, le conseil d'administration ou le directoire de l'entreprise. Les frais sont supportés par la personne condamnée (C. com. art. L 442-4, II-al. 1).

La juridiction peut ordonner l'exécution de sa décision sous **astreinte** (art. L 442-4, II-al. 2).

C. Attribution des litiges relatifs aux pratiques commerciales abusives à des juridictions spécialement désignées

88965 Seuls certains tribunaux spécialement désignés et la cour d'appel de Paris sont compétents pour statuer sur les litiges relatifs aux pratiques commerciales abusives. L'objet de cette spécialisation est de confier à des magistrats formés et aguerris un contentieux complexe et évolutif.

TRIBUNAUX SPÉCIALEMENT DÉSIGNÉS

88970 Les litiges relatifs à l'application des articles L 442-1 à L 442-3 du Code de commerce relèvent uniquement des **tribunaux de commerce,** tribunaux **mixtes** de commerce et tribunaux **judiciaires** suivants (C. com. art. L 442-4, III) :

– les tribunaux de commerce et tribunaux mixtes de commerce de Marseille, Bordeaux, Tourcoing, Fort-de-France, Lyon, Nancy, Paris et Rennes (C. com. art. D 442-2 et ann. 4-2-1 du livre IV) ;

– les tribunaux judiciaires de Marseille, Bordeaux, Lille, Fort-de-France, Lyon, Nancy, Paris et Rennes (C. com. art. D 442-3 et ann. 4-2-2 du livre IV).

Il s'agit d'une règle de **compétence d'attribution exclusive** et non une fin de non-recevoir ; il en résulte que si un défendeur à une action fondée sur le droit commun présente une demande reconventionnelle en invoquant les dispositions des articles L 442-1 à L 442-3, la juridiction saisie, si elle n'est pas une juridiction désignée par les articles D 442-2 et D 442-3 précités, doit, si son incompétence est soulevée, selon les circonstances et l'interdépendance des demandes, soit se déclarer incompétente au profit de la juridiction désignée par ces textes et surseoir à statuer dans l'attente que cette juridiction ait statué sur la demande, soit renvoyer l'affaire pour le tout devant cette juridiction spécialisée (Cass. com. 18-10-2023 n° 21-15.378 FS-BR : RJDA 1/24 n° 52).

Ce pouvoir juridictionnel accordé à certains tribunaux ne peut pas être mis en échec par une **clause attributive de juridiction** (Cass. com. 1-3-2017 n° 15-22.675 F-PBI : RJDA 5/17 n° 372).

La détermination du tribunal compétent n'est pas subordonnée à l'examen du **bien-fondé de la demande** (Cass. com. 26-3-2013 n° 12-12.685 : RJDA 6/13 n° 550). Ainsi, un garagiste a pu valablement assigner devant la juridiction spécialisée compétente un constructeur automobile qui lui avait refusé son agrément en tant que réparateur dès lors que sa demande était fondée sur l'ex-article L 442-6 du Code de commerce, devenu article L 442-1 ; il en était ainsi même si la demande du garagiste ne portait pas sur une pratique commerciale abusive (Cass. com. 26-3-2013 précité).

Seuls les tribunaux spécialisés sont compétents pour ordonner des **mesures d'instruction** destinées à rechercher, avant tout procès, la preuve de faits dont pourrait dépendre la solution d'un litige relatif à une pratique abusive (mesures d'instruction « in futurum » : CPC art. 145) (Cass. com. 17-1-2018 n° 17-10.360 FS-PBI : RJDA 4/18 n° 365).

88975 Le fait que les litiges en matière de pratiques abusives relèvent exclusivement de certains tribunaux spécialement désignés n'interdit pas de présenter une demande en réparation du préjudice causé par une telle pratique devant un **tribunal arbitral** (Cass. 1e civ. 21-10-2015 n° 14-25.080 : RJDA 1/16 n° 61 ; Cass. com. 1-3-2017 n° 15-22.675 F-PBI : RJDA 5/17 n° 372). Encore faut-il que le demandeur et le défendeur à l'action soient liés par une **clause d'arbitrage.**

ATTENTION

Une telle clause d'arbitrage est en revanche inapplicable en cas d'action engagée par le **ministre de l'économie** car cette action, destinée à protéger le marché, relève du seul juge étatique (Cass. 1e civ. 6-7-2016 n° 15-21.811 : RJDA 11/16 n° 823). Cela n'empêche pas l'application de la clause aux relations entre les sociétés cocontractantes.

COMPÉTENCE EN APPEL EN CAS DE LITIGE RELATIF À UNE PRATIQUE COMMERCIALE ABUSIVE

88980 Seule la **cour d'appel de Paris** est compétente pour connaître des décisions rendues par les tribunaux spécialement désignés (C. com. art. D 442-2 et D 442-3).

ACTION EN RÉFÉRÉ EN CAS DE PRATIQUE COMMERCIALE ABUSIVE

Le juge des référés peut ordonner, au besoin sous astreinte, la cessation des pratiques abusives, ou toute autre mesure provisoire (C. com. art. L 442-4, II-al. 3). **89000**

Il ne peut ordonner ces mesures que si les conditions fixées pour le référé de droit commun (CPC art. 872 ou 873) sont réunies (notamment, urgence, dommage imminent ou trouble manifestement illicite) (Cass. com. 27-6-1989 : Bull. civ. IV p. 139 n° 208 ; CA Paris 10-1-1991 : RJDA 3/91 n° 223). En particulier, l'existence d'une contestation sérieuse ne fait pas obstacle à ce que le juge des référés prescrive les mesures conservatoires qui s'imposent pour prévenir un dommage imminent ou pour faire cesser un trouble illicite.

> **Précisions** La victime d'une pratique abusive peut également saisir le juge des référés directement sur le fondement des articles 808 ou 809, 872 ou 873 du Code de procédure civile. Compte tenu de cette possibilité et des conditions dans lesquelles le « **référé-concurrence** » doit être exercé, l'intérêt de celui-ci ne semble résider que dans la possibilité pour le ministre de l'économie, le ministère public ou le président de l'Autorité de la concurrence d'agir sur le seul fondement de l'article L 442-4, II du Code de commerce.

SECTION 4

DISPOSITIONS PARTICULIÈRES AUX PRODUITS AGRICOLES ET ALIMENTAIRES

ORIGINE ET OBJECTIF DE LA RÉGLEMENTATION

Le secteur agricole se caractérise par des mécanismes de fonctionnement qui lui sont propres dus aux facteurs suivants : il s'agit de produits éminemment périssables, dont la mise sur le marché et la demande dépendent largement des conditions atmosphériques ; le secteur est confronté à une très vive concurrence à l'intérieur et à l'extérieur de l'Union européenne ; il existe une multitude d'offreurs, atomisés et peu organisés (même si beaucoup d'agriculteurs se sont rassemblés en coopératives), face à des acheteurs très concentrés. Ces facteurs accentuent les déséquilibres épisodiques entre l'offre et la demande. **89200**

Au niveau européen, le secteur agricole fait l'objet de nombreuses mesures, dont le règlement 1308/2013 du 17 décembre 2013 portant organisation commune des marchés des produits agricoles (règlement OCM).

Au niveau national, les fragilités du secteur agricole ont été évoquées au cours des « États généraux de l'alimentation » qui se sont tenus au second semestre 2017, en présence notamment de représentants des agriculteurs, des industries agroalimentaires, du commerce et de la grande distribution. Ces États généraux ont conduit à l'adoption de la loi 2018-938 du 30 octobre 2018 pour l'équilibre des relations commerciales dans le secteur agricole et alimentaire et une alimentation saine, durable et accessible à tous (dite « **loi Egalim 1** »). Celle-ci a mis en place des mesures destinées à protéger le revenu des agriculteurs, mais une commission d'enquête parlementaire, dont le rapport a été remis le 25 septembre 2021, a conclu à de multiples contournements de cette loi et à une persistance de rapports de négociation déséquilibrés entre producteurs et acheteurs, favorisant une déflation préjudiciable aux premiers. Face à ce constat, le législateur a adopté de nouvelles mesures plus protectrices des matières premières agricoles et plus contraignantes pour les opérateurs économiques. La loi 2021-1357 du 18 octobre 2021 visant à protéger la rémunération des agriculteurs, dénommée « **loi Egalim 2** », modifie à cet effet, d'une part, le Code rural et de la pêche maritime (Code rural) pour ce qui concerne les relations en amont, entre producteurs agricoles et premiers acheteurs, et, d'autre part, le Code de commerce, pour ce qui concerne les relations en aval, entre acheteurs (industriels de l'agroalimentaire) et distributeurs. Enfin, la loi 2023-221 du 30 mars 2023, dite « **loi Descrozailles** » ou « **loi Egalim 3** », essentiellement destinée à rééquilibrer les rapports de force entre fournisseurs et produits de grande consommation, comporte quelques mesures visant exclusivement les produits alimentaires.

La Direction générale de la concurrence, de la consommation et de la répression des fraudes (**DGCCRF**) a publié sur son site internet une foire aux questions (FAQ) destinée à éclairer les opérateurs sur les conditions d'application des dispositions issues de la loi Egalim 2 (Foire aux questions : application de la loi 2021-1357 du 18 octobre 2021 visant à protéger la rémunération des agriculteurs).

I. ENCADREMENT DES CONTRATS DE VENTE DE PRODUITS AGRICOLES

A. Origine de la réglementation

GÉNÉRALISATION DES CONTRATS ÉCRITS DEPUIS LA LOI EGALIM 2

89300 Le dispositif issu de la **loi Egalim 1** du 30 octobre 2018 précitée reposait notamment sur les principes suivants :

– un contrat écrit pour la vente de produits agricoles à un premier acheteur (généralement un transformateur, mais cela pouvait être aussi un distributeur) n'était obligatoire que dans les secteurs où un accord interprofessionnel étendu l'avait prévu ou, à défaut, lorsqu'un décret rendait le contrat écrit obligatoire pour certains produits ou catégories de produits ; cette contractualisation obligatoire n'était pas applicable aux entreprises dont le chiffre d'affaires était inférieur à un seuil fixé par l'accord interprofessionnel ou le décret ;

– la conclusion d'un contrat écrit devait être précédée d'une proposition émanant non pas de l'acheteur mais du producteur agricole, la loi Egalim ayant renversé le pouvoir d'initiative du contrat ; cependant, dans l'hypothèse où le contrat écrit n'était pas obligatoire et où le producteur se contentait d'exiger de l'acheteur une offre de contrat écrit, comme le prévoit le règlement européen portant organisation commune des marchés des produits agricoles 1308/2013 du 17 décembre 2013 (« règlement OCM »), l'offre pouvait toujours émaner de l'acheteur ;

– la proposition de contrat et le contrat écrit, obligatoire ou non, devaient contenir un nombre minimal de clauses relatives notamment au prix ou aux critères et modalités de détermination et de révision du prix, à la quantité, à l'origine et à la qualité des produits, à la durée du contrat ;

– enfin, sur mandat d'un producteur, une organisation de producteurs (OP) ou une association d'organisations de producteurs (AOP) pouvait négocier la commercialisation des produits du producteur ; dans ce cas, la conclusion d'un contrat écrit entre ce dernier et un acheteur était subordonnée au respect des stipulations de l'accord-cadre écrit conclu entre cette OP ou AOP et l'acheteur ; la proposition d'accord-cadre émanait de l'OP ou de l'AOP et non de l'acheteur.

La loi 2021-1357 du 18 octobre 2021, dite **loi Egalim 2,** généralise l'obligation de conclure des contrats sous forme écrite, impose que ces contrats soient d'une durée minimale de trois ans et prévoient une révision automatique du prix fixe.

B. Obligation d'un contrat de vente écrit pour la vente de produits agricoles

PRINCIPE

89310 Tout **contrat de vente de produits agricoles livrés sur le territoire français** doit être conclu sous forme écrite et est régi par les dispositions de l'article L 631-24 du Code rural et de la pêche maritime (C. rur. art. L 631-24, I-al. 1).

La loi précise expressément que le contrat doit être écrit « dans le respect des articles 1365 et 1366 du Code civil », ce qui signifie qu'il peut s'agir d'un écrit papier ou d'un écrit électronique et que, dans ce dernier cas, l'écrit doit être établi et conservé dans des conditions de nature à en garantir l'intégrité.

ATTENTION

Seuls sont concernés les contrats de vente de produits agricoles lors de la « **cession à leur premier acheteur** » et dès lors que ces contrats sont conclus par un « producteur agricole » auteur de la proposition de contrat (nº 89360). La **notion de producteur agricole,** non définie en droit français ou européen, doit être appréhendée au regard de la notion d'« activité agricole », dont la définition figure à l'article L 311-1 du Code rural. Elle doit donc s'entendre du producteur d'un produit agricole qui exerce une activité agricole, par opposition aux producteurs de produits agricoles qui n'exercent pas une activité agricole et qui sont des **fournisseurs de produits alimentaires** au sens de l'article L 441-1-1 du Code de commerce relatif aux conditions générales de vente des produits alimentaires. Dès lors qu'un producteur de produits agricoles n'exerce pas une activité agricole au sens de l'article L 311-1 du Code rural, le contrat qu'il conclut pour la vente de ses produits est donc régi par le Code de commerce, notamment ses articles L 441-1-1 relatif aux conditions générales de vente (nºs 89520 s.) et L 443-8 relatif à la convention unique (nºs 89575 s.) (FAQ DGCCRF précitée).

PRODUITS AGRICOLES CONCERNÉS

Les produits concernés sont ceux qui figurent à l'annexe I du règlement européen 1308/2013 du 17 décembre 2013 portant organisation commune des marchés des produits agricoles (« règlement OCM ») (art. L 631-24, II-al. 1). **89315**

Cette annexe I du règlement OCM comporte une liste de produits agricoles tant bruts que transformés répartis en secteurs.

EXEMPLE

Concernant les produits de la mer, l'annexe I de l'OCM mentionnant uniquement certaines huiles et graisses de poissons ou mammifères marins, ainsi que certaines farines et poudres, tous les autres produits de la mer ne sont pas considérés comme des produits agricoles.

Les escargots ne figurent pas non plus dans l'annexe I de l'OCM et ne sont donc pas considérés comme des produits agricoles au sens de la loi.

VENTES DE PRODUITS AGRICOLES NON CONCERNÉES

Le principe de l'obligation de contractualisation écrite n'est pas applicable : **89320**

– aux ventes directes aux consommateurs, aux ventes au profit d'associations caritatives pour la préparation des repas destinés aux personnes défavorisées et aux ventes à prix ferme sur les carreaux affectés aux producteurs situés au sein des marchés d'intérêt national ou sur d'autres marchés physiques de gros de produits agricoles (C. rur. art. L 631-24, I-al. 2) ;

– aux contrats conclus avec les entreprises sucrières par les producteurs de betteraves ou de cannes à sucre (C. rur. art. L 631-24-3, III), car ils obéissent à une réglementation spécifique ;

– aux relations entre les coopératives agricoles et leurs associés coopérateurs et aux relations entre les producteurs et les organisations de producteurs (OP) ou les associations d'organisations de producteurs (AOP) bénéficiant d'un transfert de propriété des produits qu'elles commercialisent et les producteurs membres, dans le cas où les statuts, le règlement intérieur ou d'autres décisions en résultant contiennent des mesures ayant des effets similaires aux clauses obligatoires devant figurer dans les contrats de vente (sur ces clauses : nº 89380) (C. rur. art. L 631-24-3, II). En effet, ces relations n'entraînent pas la conclusion de contrats de vente mais de contrats d'apport. Un exemplaire des documents précités doit d'ailleurs être communiqué au coopérateur ou au producteur membre de l'OP ou de l'AOP (art. précité) ;

– aux producteurs et aux acheteurs de produits agricoles dont les chiffres d'affaires sont inférieurs à des seuils qui peuvent être définis par décret, éventuellement par produit ou catégorie de produits (C. rur. art. L 631-24, I-al. 3) ; par exemple, sont concernées par la fixation de tels seuils les filières bovine, porcine et laitière (C. rur. art. R 631-6) ;

– lorsqu'il existe une extension d'un accord interprofessionnel en application de l'article L 632-3 du Code rural ou, à défaut d'accord étendu, en vertu d'un décret précisant les produits ou catégories de produits concernés, pris après concertation avec les organisations professionnelles compétentes (voir nº 89430).

> **Précisions** Lorsqu'un **producteur est membre d'une OP avec transfert de propriété des produits ou d'une société coopérative, avec laquelle il a conclu un contrat d'apport,** la réglementation n'est pas applicable ; ce sont les statuts, le règlement intérieur ou les règles ou décisions prévues par ces statuts ou en découlant qui doivent prévoir des conditions de rémunération des apports produisant des effets similaires aux clauses minimales obligatoires prévues par l'article L 631-24, III du Code rural (nº 89380). Si ces documents ne constituent pas des contrats de vente au sens strict du terme, ils organisent les conditions de la première cession d'un produit agricole entre son producteur agricole et la personne qui en acquiert la propriété. La relation entre l'OP avec transfert de propriété ou la coopérative agricole, d'une part, et le producteur

agricole membre, d'autre part, constitue donc « la cession [des produits agricoles] à leur premier acheteur de produits agricoles », au sens de l'article L 631-24, II et III du Code rural. Pour cette raison, l'article L 631-24-3, II du même Code conditionne la non-applicabilité de ces dispositions à cette relation au fait que les documents statutaires de l'OP ou de la coopérative produisent des effets similaires à ceux des clauses mentionnées à l'article L 631-24, III précité. Par conséquent, lorsqu'une OP avec transfert de propriété ou une coopérative agricole revend en l'état le produit agricole cédé par un membre, elle ne procède pas à sa première cession en tant que producteur agricole. Le contenu de ce contrat de revente, qui doit être écrit, n'est donc pas régi par le Code rural, mais par l'article L 443-8 du Code de commerce (n°s 89575 s.) (FAQ DGCCRF précitée).

C. Contenu de la réglementation applicable aux contrats de vente de produits agricoles

1. PROPOSITION DE CONTRAT OU D'ACCORD-CADRE

PROPOSITION DE CONTRAT PAR LE PRODUCTEUR

89360 La conclusion d'un contrat de vente écrit entre un producteur agricole et un premier acheteur doit être précédée d'une proposition émanant du producteur (C. rur. art. L 631-24, II-al. 1) et non de l'acheteur. Cette obligation permet d'assurer une meilleure répartition de la valeur créée par les filières agricoles et agroalimentaires entre tous les acteurs de la chaîne de production, puisque la loi inverse le processus de construction du prix payé aux producteurs en l'appuyant sur les coûts de production effectifs. Le contrat et le prix associé sont donc, sauf exceptions, proposés par celui qui vend, c'est-à-dire le producteur.

PROPOSITION D'ACCORD-CADRE PAR UNE OP OU UNE AOP

89370 Lorsque le producteur a donné **mandat à une organisation de producteurs** (OP) reconnue dont il est membre, ou à une association d'organisations de producteurs (AOP) reconnue à laquelle appartient l'OP dont il est membre, pour négocier la commercialisation de ses produits **sans transfert de leur propriété,** la conclusion d'un contrat écrit entre lui et un acheteur est subordonnée à la conclusion et au respect des stipulations de l'**accord-cadre écrit** entre cet acheteur et l'OP ou l'AOP concernée. Dans ce cas, l'OP ou l'AOP propose à l'acheteur un accord-cadre écrit, lequel doit être conforme aux prescriptions de l'article L 631-24 du Code rural et de la pêche maritime (C. rur. art. L 631-24, II-al. 2).

Sur la situation d'un producteur membre d'une OP **avec transfert de propriété** des produits, voir n° 89320.

NÉGOCIATION DE LA PROPOSITION DE CONTRAT OU D'ACCORD-CADRE

89375 La proposition d'accord-cadre ou de contrat écrit constitue le « **socle unique de la négociation** » au sens de l'article L 441-1 du Code de commerce relatif aux conditions générales de vente (n° 86320) (C. rur. art. L 631-24, II-al. 2).

Tout **refus de la proposition** et toute réserve sur un ou plusieurs de ses éléments par l'acheteur doivent être motivés et transmis à l'auteur de la proposition dans un délai raisonnable au regard de la production concernée (même art.).

En « fin de parcours » de négociation, la **proposition** de contrat, ou celle de l'accord-cadre, présentée à l'acheteur par le producteur, l'OP ou l'AOP doit être **annexée** au contrat écrit ou à l'accord-cadre écrit (C. rur. art. L 631-24, VII).

2. CONTENU DES CONTRATS ET PROPOSITIONS DE CONTRAT DE VENTE DE PRODUITS AGRICOLES

CONTENU MINIMAL DANS TOUS LES DOCUMENTS

89380 **Clauses obligatoires** Tous les documents, c'est-à-dire la **proposition de contrat ou d'accord-cadre** et le **contrat** ou l'**accord-cadre,** doivent comporter au moins les **clauses** relatives (C. rur. art. L 631-24, III-al. 1 à 8) :

1° Au **prix** et aux modalités de sa **révision automatique,** à la hausse ou à la baisse, selon une formule librement déterminée par les parties, ou aux critères et modalités de détermination du prix, parmi lesquels la pondération des indicateurs de prix mentionnés nº 89385. Sur la clause de tunnel de prix, voir nº 89387 ;

2° À la **quantité** totale, à l'**origine** et à la **qualité** des produits concernés qui peuvent ou doivent être livrés.

L'indication de la quantité totale vise à s'assurer que les indicateurs de prix seront appliqués à l'ensemble des volumes faisant l'objet du contrat, et non seulement à certains produits ou marchés (Amendement AN nº CE6 relatif à la loi 2021-1357) ;

3° Aux modalités de collecte ou de **livraison** des produits ;

4° Aux modalités relatives aux procédures et **délais de paiement** ;

5° À la **durée du contrat ou de l'accord-cadre,** qui ne peut pas être inférieure à trois ans (pour plus de détails sur la durée du contrat, voir nº 89390) ;

6° Aux règles applicables en cas de **force majeure** ;

7° Au délai de **préavis** et à l'**indemnité** éventuellement applicables dans les différents cas de **résiliation** du contrat. Dans l'hypothèse où la résiliation sera motivée par une modification du mode de production, le délai de préavis et l'indemnité éventuellement applicables sont réduits. En cas d'aléa sanitaire ou climatique exceptionnel indépendant de la volonté des parties, aucune pénalité ne peut être imposée à un producteur ne respectant pas les volumes prévus au contrat. Cette dernière disposition a été considérée comme nécessaire pour couvrir les cas où les règles relatives à la force majeure mentionnées ci-dessus n'interdiraient pas explicitement ces pénalités (Amendement nº 364 relatif à la loi 2021-1357). La notion d'aléa sanitaire ou climatique exceptionnel n'est pas définie.

Le cas échéant, ces documents doivent également comporter la **clause de renégociation du prix** encadrée par l'article L 441-8 du Code de commerce (nᵒˢ 89720 s.) et la clause de répartition de la valeur prévue à l'article 172 bis du règlement OCM 1308/2013 du 17 décembre 2013 (art. L 631-24, III-al. 16).

En revanche, ils ne doivent pas **comporter** de clauses ayant pour effet une **renégociation** ou une modification automatique du prix **liée à l'environnement concurrentiel** (art. L 631-24, III-al. 17). Il est donc impossible de contourner la loi par un alignement des prix sur ceux pratiqués par un producteur concurrent.

Clause relative au prix Des indicateurs de prix doivent être pris en compte, au titre de la révision ou de la détermination du prix (nº 89380), selon les modalités suivantes (C. rur. art. L 631-24, III-al. 15). **89385**

La **proposition de contrat ou d'accord-cadre,** qui constitue le socle de la négociation commerciale (nº 89375), doit prendre en compte un ou plusieurs **indicateurs relatifs aux coûts pertinents de production en agriculture et à l'évolution de ces coûts.**

Les parties, qui doivent définir librement les critères et modalités de révision ou de détermination du prix, doivent reprendre les indicateurs issus de la négociation dans le **contrat** ou l'**accord-cadre** et intégrer un ou plusieurs **autres types d'indicateurs** : indicateurs relatifs aux prix des produits agricoles et alimentaires constatés sur le ou les marchés sur lesquels opère l'acheteur et à l'évolution de ces prix ; indicateurs relatifs aux quantités, à la composition, à la qualité, à l'origine et à la traçabilité des produits ou au respect d'un cahier des charges.

Des **indicateurs de référence** doivent être publiés par les **organisations interprofessionnelles** dans le cadre de leurs missions ; en cas de non-publication par une organisation avant le 19 février 2022, les instituts agricoles (par exemple, FranceAgriMer) doivent publier des indicateurs dans les deux mois suivant la réception d'une demande à cet effet formulée par un membre de l'organisation (C. rur. art. L 631-24, III-al. 15. Sur cette mission des organisations interprofessionnelles agricoles, voir aussi C. rur. art. L 632-2-1). L'Observatoire de la formation des prix et des marges doit publier chaque trimestre un support synthétique reprenant l'ensemble des indicateurs publiés par les organisations interprofessionnelles ou les instituts agricoles (Loi 2021-1357 du 18-10-2021 art. 3).

> **Précisions a.** L'Autorité de la concurrence a examiné les conditions de validité au regard du **droit de la concurrence** de la construction et de la publication d'**indicateurs par les organisations interprofessionnelles** regroupant producteurs, industriels ou distributeurs. Compte tenu de l'échange d'informations que cela implique, un certain nombre de précautions indispensables doivent être prises. Ainsi, les données doivent être passées, anonymes et suffisamment agrégées pour exclure l'identification d'un opérateur. Elles doivent également être accessibles à tous les membres de l'organisation sans discrimination. Et quand bien même les indicateurs émaneraient d'organismes publics ou seraient élaborés par une organisation interprofessionnelle, ils ne doivent en aucune manière s'apparenter à une recommandation de prix ou à une incitation :

seule une indication est possible, pas davantage (Avis n° 18-A-04 du 3-5-2018).

b. Toute association membre d'une interprofession est autorisée à solliciter le **médiateur des relations commerciales agricoles** (n°s 90000 s.) pour obtenir de sa part un avis ou une recommandation sur les indicateurs de prix (C. rur. art. L 631-27).

c. Les agriculteurs, y compris les associations d'agriculteurs, et leurs premiers acheteurs peuvent convenir de **clauses de répartition de la valeur,** portant notamment sur les gains et les pertes enregistrés sur le marché, afin de déterminer comment doit être répartie entre eux toute évolution des prix pertinents du marché des produits concernés ou d'autres marchés de matières premières (Règl. 1308/2013 art. 172 bis).

89387 La formule de détermination ou de révision du prix convenue entre les parties, qui doit prendre en compte plusieurs types d'indicateurs, dont notamment un indicateur de coûts de production (n° 89385), peut prévoir des bornes minimales et maximales à l'intérieur desquelles le prix peut varier (Loi 2021-1357 du 18-10-2021 art. 2, I). Cette **clause de « tunnel de prix »** permet d'assurer une stabilité minimale aux filières dont le cycle de production est long.

À titre expérimental et pour une durée maximale de cinq ans, un décret peut rendre obligatoire l'utilisation d'un **modèle de rédaction** de la clause de tunnel de prix pour certains produits agricoles (Loi précitée art. 2, II). Un premier décret rend cette utilisation obligatoire dans les contrats de vente de viande bovine du 1er janvier 2022 au 31 décembre 2026 (Décret 2021-1415 du 29-10-2021).

Le fait pour un producteur, une OP, une AOP ou un acheteur de conclure un contrat écrit ou un accord-cadre écrit ne comportant pas une clause de tunnel de prix rendue obligatoire est passible d'une amende administrative d'un montant maximal égal à 2 % du chiffre d'affaires hors taxe du dernier exercice clos ou, dans le cas des OP ou AOP assurant la commercialisation des produits sans transfert de propriété, à 2 % du chiffre d'affaires agrégé de l'ensemble des producteurs dont elles commercialisent les produits (C. rur. art. L 631-25, sur renvoi de loi précitée art. 2, III).

89390 **Clause relative à la durée** La durée du contrat écrit ou de l'accord-cadre écrit ne peut pas être inférieure à trois ans (n° 89380).

Cette durée peut être augmentée jusqu'à cinq ans par extension d'un accord interprofessionnel étendu (cf. C. rur. art. L 632-3) ou, à défaut, par un décret, le producteur pouvant néanmoins renoncer à une telle augmentation, expressément et par écrit (C. rur. art. L 631-24, III-al. 9).

Sauf stipulations contractuelles contraires, le contrat ou l'accord-cadre est renouvelable par tacite reconduction pour une même durée (C. rur. art. L 631-24, VI).

Le contrat ou l'accord-cadre doit indiquer la durée de préavis en cas de non-renouvellement ; celle-ci ne peut pas être inférieure à trois mois lorsque le non-renouvellement est le fait de l'acheteur (même art.).

Des dispositions spécifiques sont applicables aux producteurs ayant engagé une production depuis moins de cinq ans : augmentation de la durée du contrat dans la limite de deux ans, conditions de résiliation, etc. (C. rur. art. L 631-24, III-al. 9 à 12).

Ces dispositions sur la durée ne sont pas applicables aux produits soumis à accises et aux raisins, moûts et vins dont ils résultent (C. rur. art. L 631-24, III-al. 14).

CONTENU COMPLÉMENTAIRE DANS LA PROPOSITION D'ACCORD-CADRE ET L'ACCORD-CADRE POUR LA VENTE DE PRODUITS AGRICOLES

89395 Outre les mentions énoncées ci-dessus (n° 89380), la proposition d'accord-cadre et l'accord-cadre – et uniquement ceux-ci – doivent également préciser les **éléments suivants** (C. rur. art. L 631-24, IV) :

1° La quantité totale, l'origine et la qualité des produits agricoles à livrer par les producteurs membres de l'organisation (OP) ou les producteurs représentés par l'association (AOP) ;

2° La répartition des quantités à livrer entre les producteurs membres de l'OP ou les producteurs représentés par l'AOP et les modalités de cession des contrats ;

3° Les modalités de gestion des écarts entre le volume ou la quantité à livrer et le volume ou la quantité effectivement livrés par les producteurs membres de l'OP ou les producteurs représentés par l'AOP ;

4° Les règles organisant les relations entre l'acheteur et l'OP ou l'AOP, notamment les modalités de la négociation sur les quantités et le prix ou les modalités de détermination du prix entre l'acheteur et l'OP ou l'AOP ;

5° Les modalités de transparence instaurées par l'acheteur auprès de l'OP ou de l'AOP, précisant les modalités de prise en compte des indicateurs figurant dans le contrat conclu avec l'acheteur en application de l'article L 631-24-1 (sur ce contrat, voir n° 89420).

Cette liste est précise car elle permet d'organiser l'articulation entre les accords-cadres et les contrats individuels conclus entre le producteur et l'acheteur. Ainsi, l'indication des modalités de la gestion des écarts des volumes permet à l'OP de répartir les volumes entre ses membres, par exemple en cas de départ de l'un d'entre eux ou en cas de négociation d'un volume supplémentaire auprès de l'acheteur (Étude d'impact relative à la loi Egalim 1).

Il incombe à l'acheteur de transmettre tous les mois à l'OP ou à l'AOP avec laquelle un accord-cadre a été conclu les éléments figurant sur les **factures individuelles** des producteurs membres ayant donné un **mandat de facturation** à l'acheteur et l'ensemble des critères et modalités de détermination du prix d'achat aux producteurs ; les modalités de transmission de ces informations doivent être précisées dans un document écrit (art. L 631-24, IV-dernier al.). **89397**

3. DISPOSITIONS DIVERSES

ÉTABLISSEMENT DES FACTURES DE VENTE DES PRODUITS AGRICOLES

Lorsque l'établissement des factures est délégué à un tiers ou à l'acheteur, un contrat de mandat écrit et distinct du contrat de vente est requis (C. rur. art. L 631-24, V-al. 1). Lorsque la facturation est déléguée à l'acheteur, ce dernier doit communiquer chaque mois à l'OP ou à l'AOP avec laquelle un accord-cadre a été conclu un certain nombre d'informations figurant sur les factures des producteurs (n° 89395). **89410**

Le mandat de facturation est renouvelé chaque année par tacite reconduction et peut être dénoncé par le producteur à tout moment, sous réserve d'un préavis d'un mois (art. L 631-24, V-al. 2 et 3).

CONTRATS DE REVENTE DE PRODUITS AGRICOLES

Dans l'hypothèse fréquente où un acheteur revend des produits agricoles ou des produits alimentaires comportant un ou plusieurs produits agricoles, le contrat de revente doit nécessairement prendre en considération les indicateurs mentionnés dans le contrat d'achat conclu pour l'acquisition des produits agricoles en question (n° 89385). **89420**

Si le contrat d'acquisition de ces produits comporte un prix déterminé, le contrat de revente doit intégrer un ou plusieurs indicateurs relatifs au prix des produits agricoles concernés.

Par ailleurs, l'acheteur doit transmettre à son fournisseur, selon une régularité convenue et mentionnée dans le contrat écrit ou l'accord-cadre écrit, l'évolution des indicateurs relatifs aux prix des produits agricoles et alimentaires constatés sur les marchés sur lesquels il opère (C. rur. art. L 631-24-1).

D. Dérogations au principe de la contractualisation écrite pour la vente de produits agricoles

CAS OÙ LA CONTRACTUALISATION ÉCRITE EST FACULTATIVE

Par dérogation au principe énoncé n° 89310, le contrat de vente ou l'accord-cadre peut ne pas être conclu sous forme écrite en vertu d'un **accord interprofessionnel étendu** (sur ces accords : C. rur. art. L 632-3) ou, à défaut, d'un **décret** précisant les produits concernés, pris après concertation avec les organisations interprofessionnelles compétentes (C. rur. art. L 631-24-2, al. 1 ; pour la liste des produits et catégories de produits concernés, voir l'article R 631-6-1 du Code rural et de la pêche maritime issu du décret 2022-1668 du 26-12-2022, qui se réfère à l'annexe I du règlement 1308/2013 du 17-12-2013 portant organisation commune des marchés des produits agricoles). **89430**

Pour les produits ou catégories de produits agricoles pour lesquels il n'existe pas d'interprofession représentative, cette dérogation doit faire l'objet d'une **demande,** motivée et accompagnée de toutes données utiles à l'appréciation de sa pertinence, par une organisation professionnelle représentant des producteurs (art. L 631-24-2, al. 3).

Dans le cas où la conclusion d'un contrat écrit n'est pas obligatoire, le producteur peut exiger de l'acheteur une offre de contrat écrit, conformément aux articles 148, 1 bis et 168, 1 bis du règlement (UE) 1308/2013 du 17 décembre 2013 portant organisation commune de marchés des produits agricoles (art. L 631-24-2, al. 4).

CONTRAT CONCLU SOUS FORME ÉCRITE À TITRE VOLONTAIRE

89435 Si le contrat est conclu sous forme écrite alors que cet écrit est facultatif, le contrat est régi par les dispositions relatives à la contractualisation écrite obligatoire (C. rur. art. L 631-24 : n°s 89360 s.), sauf pour ce qui concerne la durée du contrat. Le contrat peut donc être conclu pour une durée inférieure à trois ans. Dans un tel cas, il peut ne pas comporter de clause relative aux modalités de révision automatique, à la hausse ou à la baisse, du prix fixe (n° 89380). La durée du contrat peut alors tenir compte de la durée des contrats par lesquels l'acheteur revend des produits comportant un ou plusieurs produits agricoles (C. rur. art. L 631-24-2, al. 1).

E. Contrôles du respect des règles applicables aux contrats de vente de produits agricoles et sanctions

CONTRÔLES ET POUVOIRS D'INJONCTION

89470 **Agents habilités** Sont habilités à rechercher et constater les manquements à la réglementation indiqués n° 89500 (C. rur. art. R 631-15) :
- les agents de la concurrence, de la consommation et de la répression des fraudes ;
- les agents des services de l'État chargés de l'agriculture et de la pêche ;
- les agents de l'établissement français de produits de l'agriculture et de la mer (FranceAgriMer) ;
- les administrateurs, officiers du corps technique et administratif des affaires maritimes ;
- les fonctionnaires affectés dans les services exerçant des missions de contrôle dans le domaine des affaires maritimes sous l'autorité ou à la disposition du ministre chargé de la mer ;
- les agents des douanes.

89480 **Procès-verbal** Les manquements sont constatés par procès-verbal dans les conditions fixées par les articles L 450-2 et L 450-3 du Code de commerce et les dispositions prises pour leur application (C. rur. art. L 631-26, al. 1). En particulier, les agents disposent de pouvoirs d'enquête simples et non de pouvoirs de perquisition et de saisie.

Le **double du procès-verbal,** accompagné de toutes les pièces utiles et mentionnant le montant de l'amende administrative encourue (n° 89500), est notifié à la personne physique ou morale concernée (même art.).

Le procès-verbal indique la possibilité pour l'intéressé de présenter, dans un délai d'un mois, ses **observations** écrites ou orales. À l'issue de ce délai, le procès-verbal, accompagné le cas échéant des observations de l'intéressé, est transmis à l'autorité administrative compétente qui peut, par décision motivée et après une procédure contradictoire, prononcer la sanction administrative (art. L 631-26, al. 2).

89490 **Pouvoir d'injonction** Les agents mentionnés peuvent, après une procédure contradictoire, enjoindre à l'auteur d'un manquement de se conformer à ses obligations, en lui impartissant un délai raisonnable ne pouvant pas excéder trois mois (C. rur. art. L 631-26, al. 4).

Si, à l'issue de ce délai, le manquement persiste, l'agent le constate par un procès-verbal qu'il transmet à l'autorité administrative compétente pour prononcer la sanction (art. précité).

SANCTIONS EN CAS DE NON-RESPECT DES RÈGLES APPLICABLES AUX CONTRATS DE VENTE DE PRODUITS AGRICOLES

89500 **Amende administrative** Est passible d'une amende administrative, dont le **montant maximal** peut atteindre 2 % du chiffre d'affaires hors taxes du dernier exercice clos ou, dans le cas des organisations de producteurs (OP) ou associations d'organisations de producteurs (AOP) assurant la commercialisation des produits sans transfert de propriété, 2 % du chiffre d'affaires cumulé des producteurs dont elles commercialisent les produits (C. rur. art. L 631-25, al. 1 à 10) :

1° Le fait, pour un producteur, une OP, une AOP ou un acheteur de produits agricoles, de conclure un contrat écrit ou un accord-cadre écrit ne comportant pas toutes les clauses mentionnées à l'article L 631-24 (nos 89380 s.) ou comprenant une délégation de facturation en méconnaissance de l'article L 631-24, V (n° 89410) ;

2° Le fait, pour un producteur ou un acheteur, de conclure un contrat ne respectant pas, en méconnaissance de l'article L 631-24, II (n° 89370), les stipulations d'un accord-cadre ;

3° Lorsque la conclusion de contrats de vente ou d'accords-cadres écrits a été rendue facultative (n° 89430), le fait, pour un acheteur, de ne pas proposer une offre écrite de contrat au producteur qui en a fait la demande, en méconnaissance des articles 148, 1 bis et 168, 1 bis du règlement OCM 1308/2013 (n° 89430), ou de proposer une offre écrite de contrat ne comportant pas toutes les clauses mentionnées à l'article L 631-24 (nos 89380 s.) ou comprenant une délégation de facturation, en méconnaissance de l'article L 631-24, V (n° 89410) ;

4° Le fait, pour un acheteur, de ne pas transmettre, par écrit, à l'auteur de la proposition de contrat ou d'accord-cadre, tout refus ou toute réserve sur un ou plusieurs éléments de cette proposition de manière motivée et dans un délai raisonnable au regard de la production concernée ;

5° Le fait, pour un acheteur, de ne pas transmettre les informations prévues aux articles L 631-24, IV-dernier alinéa (n° 89395) et L 631-24-1 (n° 89420) ;

6° Lorsque la conclusion de contrats de vente et d'accords-cadres écrits n'a pas été rendue facultative dans les conditions prévues à l'article L 631-24-2 (n° 89430) :

– le fait, pour une OP reconnue ou une AOP reconnue agissant comme mandataire de ses membres pour négocier la commercialisation des produits dont ces derniers sont propriétaires, de ne pas proposer au premier acheteur de ces produits un accord-cadre écrit ;

– le fait, pour un producteur, de faire délibérément échec à la conclusion d'un contrat écrit en ne proposant pas de contrat à l'acheteur de ses produits ;

– le fait, pour un acheteur, d'acheter des produits agricoles à un producteur sans avoir conclu de contrat écrit avec ce producteur, sans avoir conclu d'accord-cadre écrit avec l'OP ou l'AOP à laquelle il a donné mandat pour négocier la commercialisation de ses produits ou sans respecter les dispositions relatives à la durée minimale du contrat.

Le **montant** de l'amende est **proportionné** à la gravité des faits constatés, notamment au nombre et au volume des ventes réalisées en infraction.

Il peut être porté au double en cas de **réitération du manquement** dans un délai de cinq ans à compter de la première commission des faits (C. rur. art. L 631-25, al. 11).

Publication de la décision L'autorité administrative compétente peut, en outre, ordonner la publication de la décision ou d'un extrait de celle-ci dans les publications, journaux ou services de communication au public par voie électronique, dans un format et pour une durée proportionnés à la sanction infligée. Cette publication est systématiquement ordonnée en cas de réitération du manquement dans un délai de cinq ans à compter de la première commission des faits (C. rur. art. L 631-25, al. 11). **89505**

PRESCRIPTION DE L'ACTION DE L'ADMINISTRATION

L'action de l'administration pour la sanction des manquements aux règles applicables aux contrats de vente de produits agricoles se prescrit par trois années révolues à compter du jour où le manquement a été commis si, dans ce délai, il n'a été fait aucun acte tendant à la recherche, à la constatation ou à la sanction de ce manquement (C. rur. art. L 631-25, al. 12). **89510**

II. CONDITIONS GÉNÉRALES DE VENTE DES PRODUITS ALIMENTAIRES

OBJECTIF DE LA RÉGLEMENTATION

La loi 2021-1357 du 18 octobre 2021, dite « loi Egalim 2 », a mis en place un cadre spécifique aux négociations commerciales relatives aux produits agricoles et alimentaires, notamment en imposant aux opérateurs économiques des mesures plus contraignantes pour ce qui concerne les conditions générales de vente (CGV), la conclusion d'une convention **89520** unique spécifique (nos 89575 s.) et la clause de renégociation du prix (nos 89720 s.). Partant du constat que la variation du prix des matières premières agricoles, qui se répercute sur le revenu des agriculteurs, est insuffisamment prise en compte dans les négociations commerciales entre fournisseurs et acheteurs, de nouveaux dispositifs de transparence ont été adoptés, l'objectif général de la loi étant de **« sanctuariser » dans le tarif** du transformateur industriel **la part liée aux matières premières agricoles** afin de la rendre **non négociable.**

> **Précisions** Le dispositif prévu par la loi Egalim 2 a fait l'objet de **commentaires,** sur leurs sites internet respectifs, par la DGCCRF (Foire aux questions : application de la loi 2021-1357 du 18 octobre 2021 visant à protéger la rémunération des agriculteurs) et la Compagnie nationale des commissaires aux comptes (Avis technique CNCC de février 2022 : attestations d'un tiers indépendant prévues par l'article L 441-1-1 et l'article L 441-7 du Code de commerce), ces derniers étant habilités à attester l'exactitude des éléments figurant dans les CGV.

A. Champ d'application de la réglementation

OPÉRATEURS CONCERNÉS

89525 **Notion d'acheteur** Le dispositif vise les CGV communiquées par un fournisseur à un « acheteur », notion plus large que celle de « distributeur ». Elle vise donc aussi d'autres opérateurs que ces derniers, tels que ceux de la restauration hors foyer (RHF), ou les relations entre fournisseurs, sous réserve qu'il s'agisse de produits alimentaires non exclus du dispositif (sur ces produits, voir nos 89530 s.) (FAQ précitée).

89527 **Exclusion des grossistes** Le dispositif n'est pas applicable aux grossistes, au sens de l'article L 441-1-2, I du Code de commerce (no 86100) (C. com. art. L 441-1-2, V).

PRODUITS ALIMENTAIRES CONCERNÉS

89530 **Notion de produit alimentaire** Cette notion n'est pas définie par le Code de commerce. L'article 2 de la directive (UE) 2019/633 du 17 avril 2019 sur les pratiques commerciales déloyales dans les relations interentreprises au sein de la chaîne d'approvisionnement agricole et alimentaire définit les produits agricoles et alimentaires comme « les produits énumérés à l'annexe I du traité sur le fonctionnement de l'Union européenne (TFUE), ainsi que les produits ne figurant pas dans ladite annexe, mais qui sont transformés en vue d'être utilisés dans l'alimentation humaine en recourant à des produits énumérés dans ladite annexe ».

La DGCCRF en déduit que les produits alimentaires peuvent être définis comme l'ensemble formé par les produits agricoles au sens de l'annexe I au TFUE (incluant les aliments préparés pour animaux) et les autres produits destinés à l'alimentation humaine qui ne sont pas des produits agricoles au sens de cette annexe (FAQ précitée).

> **Précisions** La loi Egalim 2 prévoit qu'un décret pourra prévoir que l'obligation de transparence ne s'applique pas aux produits alimentaires et produits destinés à l'alimentation des animaux de compagnie dont la part agrégée des matières premières agricoles et des produits transformés ne dépasse pas 25 % (C. com. art. L 441-1-1, I-al. 7). Il s'agit d'une faculté que le Gouvernement n'avait pas encore utilisée au 1er avril 2024, date de mise à jour des présents développements.

89532 **Produits alimentaires exclus du dispositif** Le dispositif n'est pas applicable aux produits alimentaires dont la liste a été fixée par le décret 2021-1426 du 20 octobre 2021, modifié par le décret 2022-1325 du 13 octobre 2022. Les produits sont énumérés par référence à la **nomenclature combinée** (outil de classification des marchandises mis en place pour répondre aux exigences du tarif douanier commun), afin de définir précisément les produits exclus et ainsi garantir la sécurité juridique des opérateurs dans leurs relations commerciales.

De façon synthétique et non exhaustive, les produits exclus sont (FAQ précitée) :

– les fruits et légumes frais, y compris la pomme de terre de conservation ou primeur ; en revanche, les fruits et légumes transformés (séchés, congelés, cuits) comme la 4e gamme (fruits et légumes conservés sous vide) sont bien concernés par la loi ;

– les boissons alcoolisées (vins et spiritueux, cidre), à l'exception des bières, qui sont donc bien soumises à la loi ;

– les boissons non alcoolisées ou les eaux minérales aromatisées, dès lors qu'elles contiennent moins de 25 % de matières premières agricoles (en revanche, tous les jus de fruits entrent bien dans le champ de la loi) ;
– les céréales ou oléoprotéagineux bruts ou de première transformation, ainsi que leurs co-produits (en particulier, tous les produits issus de l'amidon). Il s'agit globalement de produits bruts ou industriels, et de quelques produits finis, tels que la farine, la semoule de blé dur ou le riz. En revanche, les pâtes sont bien concernées par la loi car ce sont des produits de deuxième transformation (le producteur de pâtes doit donc indiquer, en utilisant l'une des trois options de transparence, le prix de sa semoule de blé dur, qui est une matière première agricole) ;
– les denrées alimentaires destinées à des fins médicales spéciales et les compléments alimentaires.

ATTENTION

Les produits alimentaires exclus par le décret 2021-1426 précité sont uniquement ceux figurant en annexe de ce texte, et non les **produits** qui seraient **fabriqués ensuite à partir de ces produits exclus.** Par exemple, la farine de blé est exclue, mais tel n'est pas le cas de l'ensemble des produits intégrant de la farine comme ingrédient comme le pain de mie ou certains gâteaux (FAQ DGCCRF précitée). Par ailleurs, les produits exclus utilisés dans la fabrication d'un produit alimentaire sont considérés en tant que tels comme soumis à l'obligation de transparence ; dans l'exemple précédent, la farine de blé qui entre dans la composition du pain de mie est considérée comme une matière première agricole entrant dans le champ d'application de l'obligation de transparence (Avis technique CNCC précité).

Tous les **produits alimentaires non exclus** du champ d'application de l'article L 441-1-1 du Code de commerce par le décret précité sont soumis aux dispositions relatives à la trans parence (et à la non-négociabilité : n° 89565). Par exemple, une boisson à base de produits laitiers est soumise à la réglementation car elle relève du chapitre 04 de la nomenclature combinée, lequel ne figure pas dans le décret 2021-1426. La DGCCRF considère qu'il peut être retenu schématiquement qu'une part importante des produits de deuxième transformation et des produits vendus en grandes et moyennes surfaces sont concernés par le dispositif. Il en est ainsi des jus de fruits et des limonades qui contiendraient plus de 25 % de matière première agricole (fruit et sucre ; sur la notion de matière première agricole, voir n° 89536) (FAQ précitée). **89534**

Notion de matière première agricole La matière première agricole à laquelle s'appliquent les dispositions relatives à la transparence (et à la non-négociabilité : n° 89565) est définie par référence à l'annexe I du règlement (UE) 1308/2013 du 17 décembre 2013 portant organisation commune des marchés (**OCM**) des produits agricoles. **89536**

Il en résulte qu'un produit qui ne contient pas de matière première agricole ne se voit pas appliquer ces dispositions. Tel est le cas de la levure ou du sel. Il en est ainsi également des produits issus de la pêche et de l'aquaculture, lesquels ne sont pas des produits agricoles au sens de l'annexe I de l'OCM (par exemple, le poisson dans un plat préparé). En revanche, le sucre constitue bien une matière première agricole au sens de l'annexe I de l'OCM (FAQ précitée).

> Précisions Un produit contenant un **mélange d'ingrédients listés et non listés** à l'annexe I de l'OCM entre dans le champ de l'article L 441-1-1 et bénéficie de la non-négociabilité pour les matières premières agricoles (sur cette question : n° 89565). Ainsi un plat préparé comme les escargots au beurre bénéficie du principe de la non-négociabilité de la matière première agricole correspondant au beurre (FAQ DGCCRF précitée).

B. Contenu des CGV produits alimentaires

TRIPLE OPTION AU CHOIX DU FOURNISSEUR

Afin que la négociation entre le fournisseur et l'acheteur ne porte pas sur le prix des matières premières agricoles et le prix des produits transformés composés de plus de 50 % de matières premières agricoles (dénommés ci-dessous « produits transformés ») entrant dans la composition des produits alimentaires et des produits destinés à l'alimentation des animaux de compagnie (dénommés ci-après dans leur ensemble « produits alimentaires »), la loi Egalim 2 du 18 octobre 2021 a mis en place un dispositif pour assurer une plus grande transparence de ces prix à l'égard de l'acheteur. À cet effet, elle a mis à la disposition du **89540** fournisseur **trois options allant d'un grand degré de transparence à une transparence moindre,** le choix entre ces options relevant du fournisseur, sans que l'acheteur puisse interférer dans cette décision (C. com. art. L 441-1-1, I).

› Précisions Le **prix de la matière première agricole** est celui payé pour la livraison de produits agricoles, au sens des articles 148 et 168 du règlement OCM 1308/2013 du 17 décembre 2013, par un premier acheteur, par une organisation de producteurs avec transfert de propriété ou par une coopérative agricole (C. com. art. L 441-1-1, III nouveau).

89542 **Option 1** Les CGV présentent, **pour chacune des matières premières agricoles** et **pour chacun des produits transformés** qui entrent dans la composition du produit alimentaire, sa part dans la composition de ce produit sous la forme d'un pourcentage en volume et d'un pourcentage du tarif du fournisseur (C. com. art. L 441-1-1, I-1°). Par exemple, pour un yaourt à la fraise, les CGV doivent indiquer que le lait représente 60 % du volume du produit et 35 % du tarif proposé (Rapport Sén. n° 828 relatif à la loi 2021-1357 du 18-10-2021).

Les parties sont libres de choisir l'**unité de mesure du volume** de matière première agricole que contient le produit alimentaire. À noter que le volume du produit fini est déterminé sans tenir compte de l'emballage (FAQ DGCCRF précitée).

89544 L'acheteur peut, à ses frais, demander au fournisseur de mandater un **tiers indépendant** pour attester l'exactitude des éléments figurant dans les CGV ; dans ce cas, le fournisseur transmet à ce tiers, sous 10 jours, les pièces justifiant l'exactitude de ces éléments (C. com. art. L 441-1-1, II-A).

La loi ne précise pas à quel moment le tiers peut être mandaté. Il peut donc intervenir avant ou après la signature du contrat ; toutefois, en pratique, son intervention est pertinente essentiellement avant la signature du contrat (FAQ DGCCRF précitée).

La CNCC a établi une liste des pièces justificatives nécessaires à l'établissement de l'attestation (voir avis technique CNCC précité).

Pour plus de détails sur le tiers indépendant, voir n° 89552.

89546 **Option 2** Les CGV présentent la **part agrégée de l'ensemble des matières premières agricoles et des produits transformés** qui entrent dans la composition du produit alimentaire, sous la forme d'un pourcentage en volume et d'un pourcentage du tarif du fournisseur (C. com. art. L 441-1-1, I-2°).

89548 Comme pour l'option 1, l'acheteur peut, à ses frais, demander au fournisseur de mandater un **tiers indépendant** (n° 89552) pour attester l'exactitude des éléments figurant dans les CGV (C. com. art. L 441-1-1, II-B). En revanche, la loi ne prévoit pas de délai pour la transmission par le fournisseur des pièces justificatives au tiers indépendant.

En cas d'inexactitude ou de tromperie volontaire de la part du fournisseur quant à la part agrégée des matières premières agricoles dans le volume du produit ou dans son tarif, constatée par le tiers indépendant et entraînant l'impossibilité de délivrer l'attestation, les frais d'intervention du tiers indépendant sont à la charge du fournisseur (art. L 441-1-1, II-B).

La CNCC a établi une liste des pièces justificatives nécessaires à l'établissement de l'attestation (voir avis technique CNCC précité).

89550 **Option 3** L'option 3 peut être choisie si les CGV font état d'une **évolution du tarif du fournisseur du produit alimentaire par rapport à l'année précédente.** Dans ce cas, les CGV peuvent prévoir l'intervention d'un **tiers indépendant** (n° 89552), aux frais du fournisseur, chargé d'attester la part de cette évolution qui résulte de celle du prix des matières premières agricoles ou des produits transformés entrant dans la composition du produit. Le fournisseur transmet au tiers indépendant les pièces nécessaires à cette attestation, notamment la méthodologie employée pour déterminer l'impact sur son tarif de l'évolution du prix des matières premières agricoles ou des produits transformés. L'**attestation** doit être **fournie** par le fournisseur au plus tard **dans le mois qui suit l'envoi des CGV.** Dans le cadre de cette option, le tiers indépendant doit aussi attester au **terme de la négociation** que, conformément à l'article L 443-8, II du Code de commerce (n° 89565), celle-ci n'a pas porté sur la part de l'évolution du tarif du fournisseur qui résulte de celle du prix des matières premières agricoles ou des produits transformés. En l'absence d'attestation dans le mois qui suit la conclusion du contrat, si les parties souhaitent poursuivre leur relation contractuelle, elles doivent modifier leur contrat dans les deux mois suivant sa signature (C. com. art. L 441-1-1, I-3° modifié par loi 2023-221 du 30-3-2023).

Dès lors que l'option 3 ne peut être choisie que si les CGV du fournisseur font état d'une évolution du tarif, une évolution tarifaire nulle par rapport à l'année précédente exclut le recours à cette option ; de même, s'il s'agit d'une première négociation commerciale, le fournisseur ne peut pas non plus recourir à cette option 3 (FAQ DGCCRF précitée).

L'option 3 ne prévoit pas que le tiers atteste la part de la matière première agricole dans le tarif de base mais seulement dans l'évolution de ce tarif ; c'est cette part de l'évolution correspondant au coût des matières premières agricoles qui n'est pas négociable (FAQ DGCCRF précitée).

La CNCC a établi une liste des pièces nécessaires à l'attestation (voir avis technique CNCC précité).

Tiers indépendant Le tiers indépendant chargé de délivrer les attestations requises par l'article L 441-1-1 du Code de commerce peut être un **commissaire aux comptes.** La CNCC a précisé les conditions d'intervention d'un tel professionnel, les objectifs de son intervention et les modalités de ses contrôles. Elle présente également des modèles d'attestation (voir avis technique CNCC précité). 89552

Dans le cadre des options 1 et 2, la **mission du tiers indépendant** consiste exclusivement, sur la base d'un contrat conclu avec le fournisseur, à réceptionner les pièces transmises par le fournisseur et les pièces justificatives, à attester l'exactitude des informations transmises, notamment la détermination de la part unitaire ou agrégée des matières premières agricoles et produits transformés dans le tarif du fournisseur, et à transmettre cette attestation à l'acheteur dans un délai de 10 jours à compter de la réception des pièces justificatives (art. L 441-1-1, II-C).

Le tiers indépendant est astreint au **secret professionnel** pour les faits, actes et renseignements dont il a connaissance en raison de ses fonctions (art. L 441-1-1, II-D).

Le recours à ce tiers ne dispense pas le fournisseur de **conserver un exemplaire des pièces justificatives** afin de répondre, le cas échéant, aux demandes de l'administration (même art.).

> Précisions a. Le tiers indépendant étant tenu au secret professionnel, il ne peut pas **transmettre l'attestation à l'acheteur** ; il doit la remettre à son client, le fournisseur, avec lequel il a signé la lettre de mission relative à cette intervention, à charge pour le fournisseur de la transmettre à l'acheteur dans le délai de 10 jours fixé par la loi ; le tiers indépendant dispose donc d'un délai de 10 jours à compter de la réception des pièces justificatives pour établir et transmettre son attestation au fournisseur (Avis technique CNCC précité).

b. Le législateur a précisé qu'un décret peut fixer la liste des **professions présumées présenter les garanties pour assurer la mission du tiers indépendant** (C. com. art. L 441-1-1, VI). Le ministère de l'agriculture a cependant indiqué à la Commission nationale des commissaires aux comptes que ce décret n'est pas prévu ; il a également confirmé qu'un commissaire aux comptes peut être ce tiers indépendant (Avis technique CNCC précité).

RÉFÉRENCE À UN ÉVENTUEL CONTRAT DE VENTE

Les CGV doivent également indiquer s'il existe déjà un contrat de vente conclu en application de l'article L 631-24 du Code rural (nº 89310), portant sur les matières premières agricoles entrant dans la composition du produit alimentaire ou du produit destiné à l'alimentation des animaux de compagnie (C. com. art. L 441-1-1, IV). Cette mention constitue un outil de transparence supplémentaire : « Il faut que le distributeur sache qu'il lui sera aisé de vérifier les informations affichées par l'industriel dans ses CGV » (Déb. Sén. 21-9-2021 relatif à la loi Egalim 2). 89554

Curieusement, l'absence de cette mention n'est assortie d'aucune sanction.

C. Communication des CGV produits alimentaires

Le fournisseur doit **communiquer** ses CGV à l'acheteur au plus tard trois mois avant la date butoir du 1er mars de l'année durant laquelle une convention unique produits alimentaires est conclue (nº 89584), c'est-à-dire **avant le 1er décembre** de l'année N – 1 (C. com. art. 443-8, V). 89560

Le distributeur dispose d'un délai d'un mois à compter de la réception des CGV pour (art. précité) :

– soit motiver explicitement et de manière détaillée par écrit son **refus** de ces dernières ou, le cas échéant, les dispositions des CGV qu'il souhaite soumettre à la négociation ;

– soit notifier leur **acceptation.**

ATTENTION

Le terme « **distributeur** » a été utilisé au lieu du terme « **acheteur** ». Bien qu'il s'agisse sans doute d'une inadvertance du législateur, la lecture stricte du texte conduit à ce que ces dispositions ne soient donc pas applicables aux autres acheteurs qu'un distributeur.

D. Non-négociabilité de la matière première agricole

89565 La négociation commerciale ne doit pas porter sur la part, dans le tarif du fournisseur, du **prix des matières premières agricoles et des produits transformés entrant dans la composition des produits alimentaires** (C. com. art. L 443-8, II). Cette disposition, issue de la loi Egalim 2 du 18 octobre 2021, instaure ainsi une « sanctuarisation » de ces prix. Cependant, si l'option 3 a été choisie par le fournisseur pour l'élaboration de ses CGV (nº 89550), on peut se demander comment le principe de la non-négociabilité peut s'appliquer.

La DGCCRF rappelle que le tarif du fournisseur mentionné dans ses CGV constitue le socle unique de la négociation commerciale (nº 86320) et que la négociation annuelle doit s'effectuer à partir de ce tarif, et non à partir du prix convenu de l'année précédente. La loi Egalim 2 rend non négociable une partie de ce tarif, qui ne peut donc faire l'objet d'aucun rabais, remise ou ristourne. La base qui va faire l'objet de la négociation pour aboutir au prix convenu entre le fournisseur et le distributeur est donc le tarif mentionné dans les CGV diminué de cette part non négociable correspondant au coût des matières premières agricoles (FAQ DGCCRF précitée).

EXEMPLE

Un fournisseur propose un produit alimentaire à 100 € dans ses CGV. Il indique que le coût de la matière première agricole représente 40 % de ce tarif. La part du tarif non négociable s'élève donc à 40 € et la part négociable à 60 €. À cette base de 60 €, comme antérieurement à la loi Egalim 2, il convient d'appliquer les différentes réductions de prix convenues entre les parties, dans l'ordre choisi par celles-ci. Cet ordre peut être précisé dans les CGV du fournisseur, qui sont le point de départ de la négociation. Dans cet exemple, si les parties sont convenues d'une remise de 10 %, elle s'applique à la base de départ de la négociation de 60 €. Le prix convenu final sera donc de 94 €, soit 100 € de tarif moins 6 € de remise négociée (FAQ DGCCRF précitée).

E. Sanctions

89570 Tout manquement à l'obligation de transparence prévue à l'article L 441-1-1, I du Code de commerce (nºs 89520 s.) et au respect de la non-négociabilité prévue à l'article L 443-8, II du même Code (nº 89565) est passible d'une **amende administrative** d'un montant maximal de 75 000 € pour une personne physique et 375 000 € pour une personne morale, ces montants pouvant être doublés en cas de réitération du manquement dans les deux ans à compter de la date à laquelle la première décision de sanction sera devenue définitive (C. com. art. L 441-1-1, I-al. 6 et L 443-8, VII ; à noter que l'article L 441-1-1, al. 6 renvoie d'une manière erronée au VI de l'article L 443-8).

III. CONVENTION UNIQUE SPÉCIFIQUE AUX PRODUITS ALIMENTAIRES

PRINCIPE

89575 Pour les **produits alimentaires** et les **produits destinés à l'alimentation des animaux de compagnie** (ci-après dénommés « produits alimentaires ») pour lesquels les conditions générales de vente sont soumises à l'article L 441-1-1 du Code de commerce (nºs 89520 s.), le résultat de la négociation commerciale doit être formalisé dans une convention écrite conclue entre le fournisseur et son acheteur (C. com. art. 443-8).

Cette convention récapitulative, dite « unique », est dénommée ci-dessous « convention produits alimentaires ».

PARTIES CONCERNÉES PAR L'OBLIGATION D'ÉTABLIR UNE CONVENTION PRODUITS ALIMENTAIRES

89580 La convention produits alimentaires doit être conclue entre un **fournisseur** et un **acheteur** (C. com. art. L 443-8, I-al. 1). Sur la notion d'acheteur, voir nº 89525.

Elle ne peut pas être conclue avec un **grossiste,** que celui-ci soit fournisseur ou acheteur (C. com. art. L 441-3-1, VI issu de loi 2023-221 du 30-3-2023). Sur la notion de grossiste, voir nº 86100.

PRODUITS ALIMENTAIRES CONCERNÉS

Les produits alimentaires concernés (n° 89530) et ceux exclus (n° 89532) sont les mêmes que ceux faisant l'objet du dispositif prévu à l'article L 441-1-1 du Code de commerce relatif aux conditions générales de vente des produits alimentaires (nos 89520 s.). **89582**

Ceux qui n'entrent pas dans le champ d'application de la convention produits alimentaires entrent dans ceux de la convention unique générale (nos 86650 s.) et de la convention unique PGC (nos 86940 s.), dès lors que leurs conditions d'application sont réunies ; une convention conforme à ces dispositions doit donc être conclue pour la vente de ces produits (Foire aux questions DGCCRF : application de la loi 2021-1357 du 18 octobre 2021 visant à protéger la rémunération des agriculteurs).

DURÉE, FORME ET DATE DE CONCLUSION DE LA CONVENTION

Comme la convention unique du régime général (nos 86650 s.) et celle dédiée aux produits de grande consommation (nos 86940 s.), la convention unique produits alimentaires doit être (C. com. art. L 443-8, I-al. 1, V et VI) : **89584**

– établie soit dans un document unique, soit dans un ensemble formé par un contrat-cadre et des contrats d'application ;
– conclue pour un, deux ou trois ans, avant le 1er mars ;
– révisée par voie d'un avenant écrit qui mentionne l'élément nouveau le justifiant.

CONTENU DE LA CONVENTION UNIQUE PRODUITS ALIMENTAIRES

Contenu général La convention unique doit mentionner chacune des obligations réciproques auxquelles se sont engagées les parties à l'issue de la négociation commerciale, ainsi que leur prix unitaire (C. com. art. L 443-8, I-al. 2). **89586**

Lorsqu'elle est conclue avec un distributeur, la convention doit également respecter les règles applicables à la convention unique du régime général (nos 86650 s.) et à la convention unique dédiée aux produits de grande consommation (nos 86940 s.), qui s'applique aussi aux produits alimentaires, sous réserve des dispositions spécifiques à la convention produits alimentaires (art. L 443-8, I-al. 3).

Indication du prix des matières premières agricoles Lorsque le fournisseur a choisi de faire figurer dans ses conditions générales de vente (CGV) les éléments relatifs aux options 1 et 2 (voir respectivement n° 89542 et n° 89546), la convention doit indiquer, pour permettre de déterminer le prix convenu, la part du prix unitaire ou agrégé des matières premières agricoles et des produits transformés composés de plus de 50 % de matières premières agricoles qui entrent dans la composition du produit alimentaire, tel qu'il figure dans les CGV. La convention doit en outre préciser « les modalités de prise en compte de ce prix d'achat dans l'élaboration du prix convenu » (art. L 443-8, III). Cette expression signifie que les parties doivent expliquer et confirmer que la part correspondant à la matière première agricole n'a pas été négociée (sur le principe de non-négociabilité, voir n° 89565) (FAQ DGCCRF précitée). **89588**

Clause de révision automatique des prix La convention doit comporter une clause de révision automatique des prix du contrat en fonction de la **variation du coût des matières premières agricoles,** à la hausse ou à la baisse, entrant dans la composition du produit alimentaire (C. com. art. L 443-8, IV modifié par loi 2023-221 du 30-3-2023). Les parties déterminent librement, selon la durée du cycle de production, la formule de révision et, en application de l'article L 631-24, III du Code rural, les indicateurs de prix utilisés (n° 89385). Lorsque l'acquisition de la matière première agricole par le fournisseur fait l'objet d'un contrat écrit en application de l'article L 631-24, I (n° 89310), la clause de révision doit inclure les indicateurs relatifs aux coûts de production en agriculture. **89590**

Les **évolutions de prix** résultant de la clause de révision automatique des prix doivent être **mises en œuvre** au plus tard un mois après le déclenchement de la clause (art. L 443-8, IV modifié par loi 2023-221 du 30-3-2023). Cette dernière obligation, qui résulte de la loi Egalim 3, est destinée à contrecarrer les pratiques de distributeurs qui mettaient en œuvre la clause de révision des prix plusieurs mois plus tard, lorsque les négociations annuelles avaient débuté.

SANCTION EN CAS DE NON-RESPECT DES RÈGLES APPLICABLES À LA CONVENTION UNIQUE PRODUITS ALIMENTAIRES

89592 Tout manquement aux règles applicables à la convention unique produits alimentaires est passible d'une amende administrative d'un montant maximal de 75 000 € pour une personne physique et 375 000 € pour une personne morale, ces montants pouvant être doublés en cas de réitération du manquement dans un délai de deux ans à compter de la date à laquelle la première décision de sanction est devenue définitive (C. com. art. L 443-8, VII nouveau).

IV. AUTRES DISPOSITIONS CONCERNANT LA VENTE DE PRODUITS AGRICOLES OU ALIMENTAIRES

A. Mention des indicateurs de coûts de production et de prix dans les CGV, conventions uniques et certains contrats

CONTENU DE L'OBLIGATION DE MENTIONNER LES INDICATEURS DE COÛTS DE PRODUCTION ET DE PRIX

89600 Pour les produits agricoles ou les produits alimentaires comportant un ou plusieurs produits agricoles, lorsque les **indicateurs** indiqués n° 89385 ou, le cas échéant, tous autres indicateurs disponibles dont ceux établis par l'Observatoire de la formation des prix et des marges des produits alimentaires existent, les documents suivants doivent y faire référence et expliciter les conditions dans lesquelles il en est tenu compte pour la détermination des prix (C. com. art. L 443-4, I) :

– les conditions générales de vente mentionnées à l'article L 441-1 du Code de commerce (n° 86100) ;
– les conventions uniques du régime général (nos 86650 s.) ;
– les conventions uniques ayant pour objet les produits de grande consommation (nos 86940 s.) ;
– les conventions uniques ayant pour objet les produits alimentaires (nos 89575 s.) ;
– les contrats de fabrication de produits MDD (n° 89830) ;
– les contrats de vente de produits agricoles mentionnés à l'article L 443-2 du Code de commerce (n° 89650).

SANCTIONS EN CAS DE NON-RESPECT DE L'OBLIGATION

89610 Tout manquement à cette obligation est passible d'une **amende administrative** d'un montant maximal de 75 000 € pour une personne physique et 375 000 € pour une personne morale. Le maximum de l'amende encourue est porté au double en cas de réitération du manquement dans un délai de deux ans à compter de la date à laquelle la première décision de sanction est devenue définitive (C. com. art. L 443-4, II).

B. Avantages tarifaires accordés à l'occasion de la vente de certains produits agricoles

PRINCIPE : NÉCESSITÉ D'UN CONTRAT ÉCRIT EN CAS D'AVANTAGES TARIFAIRES

89650 Pour certains produits agricoles, un distributeur ou prestataire de services ne peut bénéficier de remises, rabais ou ristournes ou prévoir la rémunération de services rendus à l'occasion de leur revente, propres à favoriser leur commercialisation et ne relevant pas des obligations d'achat et de vente (services de coopération commerciale), ou de services ayant un objet distinct, que s'ils ont été prévus dans un **contrat écrit** portant sur la vente de ces produits par le fournisseur (C. com. art. L 443-2, I-al. 1).

Bien entendu, ce dispositif ne s'applique pas aux produits pour lesquels la conclusion de contrats écrits est obligatoire en application de l'article L 631-24 du Code rural et de la pêche maritime (nos 89310 s.) (art. L 443-2, I-al. 4).

Sont concernés par ce dispositif les **produits agricoles** suivants (C. com. art. D 443-2) :

– les fruits et légumes, à l'exception des pommes de terre de conservation, destinés à être vendus à l'état frais au consommateur ;
– les viandes fraîches, congelées ou surgelées de volailles et de lapins ;
– les œufs ;
– les miels.

Ce contrat comprend notamment des **clauses** relatives aux engagements sur les volumes, aux modalités de détermination du prix en fonction des volumes et des qualités des produits et des services concernés, et à la fixation d'un prix ; il indique les avantages tarifaires consentis par le fournisseur au distributeur au regard des engagements de ce dernier (C. com. art. L 443-2, I-al. 2). Il doit également mentionner les **indicateurs** servant à la détermination des prix (voir n° 89600).

Lorsqu'un **contrat type** relatif aux activités économiques mentionnées ci-dessus est inclus dans un accord interprofessionnel adopté par l'organisation interprofessionnelle reconnue pour le produit concerné et étendu en application des dispositions des articles L 632-3 et L 632-4 du Code rural, le contrat écrit doit être conforme à ce contrat type (art. L 443-2, I-al. 3).

DÉROGATION : INTERDICTION DES RÉDUCTIONS DE PRIX POUR L'ACHAT DE FRUITS ET LÉGUMES FRAIS

Par dérogation au principe énoncé ci-dessus (n° 89650), il est **interdit** à un acheteur, distributeur ou prestataire de services de bénéficier de remises, rabais ou ristournes pour l'achat de fruits et légumes frais (C. com. art. L 443-2, II-al. 1). **89660**

Compte tenu de la fragilité des fruits et légumes frais, des **réfactions tarifaires** peuvent néanmoins être demandées lorsqu'elles résultent d'une **non-conformité,** qualitative ou quantitative, **du produit livré à la commande** ; encore faut-il qu'un accord, conclu par une organisation interprofessionnelle reconnue dans les conditions prévues à l'article L 632-1 du Code rural et de la pêche maritime, en ait précisé les conditions ; cet accord peut être étendu, conformément aux articles L 632-3 et L 632-4 du même Code (art. L 443-2, II-al. 2 et 3).

> **Précisions** L'accord constitue la garantie que les modalités d'application de ces réductions de prix ont été acceptées par les différents niveaux de la filière concernée. Lorsqu'il est **étendu,** il s'applique également aux entreprises non membres de l'organisation signataire.

RÉPRESSION DES PRATIQUES ILLICITES

La répression des infractions ou manquements à la réglementation s'effectue dans les conditions fixées aux articles L 450-1 et suivants du Code de commerce (voir nos 77100 s.). **89670**

En particulier, les agents de la CCRF peuvent enjoindre au professionnel de cesser tout agissement illicite ou de supprimer toute clause illicite. Sur les modalités de l'injonction et l'amende administrative encourue si cette injonction n'est pas respectée, voir nos 77810 s.

SANCTIONS

Tout manquement à l'article L 443-2 du Code de commerce par l'acheteur, le distributeur ou le prestataire de services est passible d'une **amende administrative** d'un montant maximal de 15 000 € pour une personne physique et 75 000 € pour une personne morale. Le montant de l'amende encourue est doublé en cas de réitération du manquement dans un délai de deux ans à compter de la date à laquelle la première décision de sanction est devenue définitive (C. com. art. L 443-2, III). Sur les conditions dans lesquelles l'amende est infligée, voir nos 77860 s. **89680**

C. Clause de renégociation du prix

OBLIGATION DE PRÉVOIR UNE CLAUSE DE RENÉGOCIATION DU PRIX

Une clause de renégociation du prix doit être prévue dans les **contrats de plus de trois mois portant sur la vente des produits agricoles et alimentaires** dont les prix de production sont significativement affectés par des fluctuations des prix des matières premières agricoles et alimentaires et des produits agricoles et alimentaires, de l'énergie, du transport et des matériaux entrant dans la composition des emballages (C. com. art. L 441-8). Il s'agit d'une **invitation** **89720**

à négocier, sans contrainte de parvenir à un accord, et non d'une clause automatique de révision des prix.

Sont également visés les contrats d'une durée d'exécution supérieure à trois mois portant sur la conception et la production de produits alimentaires, selon des modalités répondant aux besoins particuliers de l'acheteur (C. com. art. L 441-8, dernier al.), c'est-à-dire les **contrats de fabrication de produits alimentaires à marque de distributeur** (sur ces contrats, voir n°s 89830 s.).

Il est expressément mentionné que ce dispositif ne fait pas « obstacle à toute autre renégociation, dans le respect du [titre IV du livre IV du Code de commerce] » relatif notamment aux pratiques commerciales abusives (C. com. art. L 441-8, al. 6). Par cette disposition, le législateur a souhaité préciser que ce dispositif n'empêche pas une renégociation du prix dans d'autres secteurs d'activités économiques également soumis à des variations importantes du prix des matières premières (JO Déb. AN du 17-12-2013 p. 13369).

> **Précisions** Le dispositif n'empêche pas l'application de l'article 172 bis du règlement 1308/2013 du 17 décembre 2013, dit « règlement OCM », relatif aux **clauses de répartition de la valeur,** qui permettent de déterminer comment doit être répartie entre les agriculteurs et leurs premiers acheteurs toute évolution des prix pertinents du marché des produits concernés ou d'autres marchés de matières premières.

PRODUITS AGRICOLES ET ALIMENTAIRES NON CONCERNÉS

89730 Sur demande motivée d'organisations professionnelles, certains produits agricoles et alimentaires sont exclus du dispositif (C. com. art. L 441-8, II issu de loi 2023-221 du 30-3-2023 ; pour la liste de ces produits, voir arrêté AGRT2320500A du 31-7-2023 modifié par arrêté AGRT2335365A du 15-2-2024). Tel est le cas, par exemple, des céréales, des olives et des vins.

> **Précisions** Les produits visés sont essentiellement ceux qui font l'objet de **contrats dits « à terme ».** Ceux-ci reposent sur la fixation d'un prix définitif à une date donnée, en vue d'une livraison postérieure, qui peut intervenir plusieurs mois après, afin de limiter le risque lié à la fluctuation du cours du produit. La vente à terme permet ainsi de protéger le vendeur des fluctuations du cours du marché entre la date de conclusion du contrat et la livraison du produit. L'objectif poursuivi dans un contrat de vente « à terme » exclut donc nécessairement toute renégociation du prix fixé (Rapport AN n° 684 relatif à la loi Egalim 3 du 30-3-2023).

CONTENU DE LA CLAUSE DE RENÉGOCIATION DU PRIX

89740 La clause doit indiquer les **modalités de renégociation** du prix permettant de prendre en compte les **fluctuations à la hausse comme à la baisse** (C. com. art. L 441-8, al. 1).

Elle doit préciser les **conditions** et les **seuils de déclenchement** de la renégociation (art. L 441-8, al. 2). Les parties sont libres de déterminer les indicateurs utilisés pour le déclenchement de la clause ; par exemple, elles peuvent ne prendre en compte que les fluctuations de l'énergie (DGCCRF, Foire aux questions : application de la loi 2021-1357 du 18 octobre 2021 visant à protéger la rémunération des agriculteurs).

CONDUITE DE LA RENÉGOCIATION DU PRIX

89750 La renégociation de prix doit être conduite (C. consom. art. L 441-8, al. 3) :
- de bonne foi ;
- dans le respect du secret des affaires ;
- dans un délai, précisé dans le contrat, qui ne peut pas être supérieur à un mois.

La renégociation doit viser à répartir équitablement entre les parties l'accroissement ou la réduction des coûts de production résultant de ces fluctuations, en tenant compte notamment de l'impact de ces fluctuations sur l'ensemble des acteurs de la chaîne d'approvisionnement (art. L 441-8, al. 3).

> **Précisions** La mention expresse du respect du **secret des affaires** vise à éviter que l'acheteur n'exige de son fournisseur des justificatifs tels que celui-ci préfère renoncer à sa demande de renégociation plutôt que de risquer de se trouver contraint de divulguer des informations sensibles. À noter que l'obtention illicite de secrets d'affaires par un acheteur de produits agricoles et alimentaires est passible d'une amende administrative (n° 89960).

FORMALISME DE LA RENÉGOCIATION DU PRIX

89760 Un **compte rendu** de cette négociation doit être établi (C. com. art. L 441-8, al. 3). Il doit être subdivisé en **trois parties** (C. com. art. D 441-4, I à IV).

1° La première partie, établie par le demandeur de la renégociation, doit justifier celle-ci et le chiffrage de la demande de variation du prix en résultant.

Elle contient :
– la démonstration que les conditions de déclenchement de la renégociation, telles que définies par les parties dans la clause de renégociation, sont réunies ;
– le chiffrage, circonstancié et argumenté, de la demande de variation du prix convenu entre les parties, en vigueur au moment du déclenchement de la renégociation ;
– la date d'envoi de la demande de mise en œuvre de la clause.

2° La deuxième partie, établie par le cocontractant, doit présenter la réponse à cette demande.

Sauf dans le cas où le cocontractant accepte sans réserve la demande de renégociation, et l'indique expressément, cette partie contient :
– soit la démonstration que les conditions de déclenchement de la renégociation, telles que définies par les parties dans la clause de renégociation, ne sont pas réunies ;
– soit, le cas échéant, le chiffrage, circonstancié et argumenté, de la variation du prix convenu entre les parties dans la convention, tel qu'il devrait, selon le cocontractant, être fixé, ou les raisons pour lesquelles il refuse toute variation ;
– la date de réception de la demande de mise en œuvre de la clause.

3° La troisième partie, établie par les deux parties, doit présenter le résultat de la négociation.

Lorsque la mise en œuvre de la clause aboutit à un accord des parties sur une variation du prix convenu entre elles, en vigueur au moment du déclenchement de la renégociation, cette partie indique :
– le chiffrage de la variation telle que décidée par les parties à l'issue de la renégociation ;
– la date d'entrée en vigueur du nouveau prix convenu.

Dans le cas contraire, cette troisième partie dresse le constat de désaccord.

Le compte rendu est daté et signé par chacune des parties au contrat à l'issue de la renégociation, et ce, même si la renégociation n'a pas abouti à une variation du prix. La signature du compte rendu atteste de l'effectivité de la renégociation et ne vaut pas accord du demandeur sur la deuxième partie ni accord de son cocontractant sur la première partie (C. com. art. D 441-4, V).

ÉCHEC DE LA RENÉGOCIATION DU PRIX

Si la renégociation de prix n'aboutit pas à un accord au terme du délai d'un mois (n° 89750), et sauf si les parties ont recours à l'**arbitrage,** les parties doivent recourir à une **médiation** exclusivement menée par le médiateur des relations commerciales agricoles (nos 90000 s.) (C. com. art. L 441-8, al. 5). **89770**

En cas d'**échec de la médiation,** toute partie au litige peut saisir directement le juge compétent, sans devoir saisir le comité de règlement des différends commerciaux agricoles (C. rur. art. L 631-28, al. 4). Sur ce comité, voir nos 90006 s.

RÉPRESSION DES PRATIQUES ILLICITES

La répression des manquements à la réglementation s'effectue dans les conditions fixées aux articles L 450-1 et suivants du Code de commerce (voir nos 77100 s.). **89780**

En particulier, les agents de la CCRF peuvent enjoindre au professionnel de cesser tout agissement illicite ou de supprimer toute clause illicite. Sur les modalités de l'injonction et l'amende administrative encourue si cette injonction n'est pas respectée, voir nos 77810 s.

SANCTIONS EN MATIÈRE DE CLAUSE DE RENÉGOCIATION DU PRIX

Est passible d'une **amende administrative** d'un montant maximal de 75 000 € pour une personne physique et 375 000 € pour une personne morale (C. com. art. L 441-8, al. 4) : **89790**
– l'absence de clause ou une clause de renégociation non conforme à la réglementation ;
– le non-respect du délai maximal d'un mois dans lequel la renégociation doit avoir lieu ;
– l'atteinte, au cours de la renégociation, au secret des affaires ;
– le défaut d'établissement du compte rendu.

Ces montants sont doublés en cas de réitération du manquement dans les deux ans à compter de la date à laquelle la première décision de sanction est devenue définitive (art. L 441-8, al. 4).

Sur les conditions dans lesquelles l'amende est infligée, voir nos 77860 s.

D. Encadrement des contrats de fabrication de produits alimentaires à marque de distributeur

ORIGINE ET ENTRÉE EN VIGUEUR DE LA RÉGLEMENTATION

89830 Les produits à marque de distributeur (dits « produits MDD ») occupent une place croissante dans les rayons, particulièrement depuis que la loi Egalim 1 du 30 octobre 2018 a augmenté de 10 % le seuil de revente à perte des produits alimentaires (nº 81300). Ils constituent donc un débouché significatif pour les productions agricoles. La loi 2021-1357 du 18 octobre 2021, dite Egalim 2, vise à ce qu'ils participent, comme les produits à marque nationale, à l'objectif d'une rémunération plus juste des agriculteurs. À cet effet, elle renforce la réglementation existante afin de rééquilibrer les rapports de force entre les fabricants de ces produits et les distributeurs. La loi Egalim 3 du 30 mars 2023 a également modifié le dispositif.

La Commission d'examen des pratiques commerciales a publié une recommandation qui vaut **guide de bonnes pratiques** en matière de contrats portant sur des produits MDD, notamment alimentaires (Recommandation CEPC nº 22-1 du 29-6-2022).

CONTRATS CONCERNÉS

89835 Est concerné tout contrat conclu entre un **fournisseur** et un **distributeur** portant sur la conception et la production de produits alimentaires selon des modalités répondant aux besoins particuliers de l'acheteur et vendus sous marque de distributeur (contrat de fabrication de produits alimentaires MDD), dès lors que la vente des produits agricoles entrant dans la composition de ces produits alimentaires a fait l'objet d'un contrat écrit (C. com. art. L 441-7, I et II).

Le dispositif s'applique également lorsque le vendeur est une **société coopérative agricole** (art. L 441-7, II).

CONTENU OBLIGATOIRE DU CONTRAT DE FABRICATION DE PRODUITS ALIMENTAIRES MDD

89840 Le contrat de fabrication de produits alimentaires MDD doit satisfaire à plusieurs conditions. Il doit :

1º Mentionner le **prix** ou les critères et modalités de détermination du prix **d'achat des produits agricoles entrant dans la composition de ces produits alimentaires,** lorsque la vente de ces produits agricoles fait l'objet d'un contrat écrit (C. com. art. L 441-7, I-al. 1).

La détermination du prix doit tenir compte des **efforts d'innovation** réalisés par le fabricant à la demande du distributeur (art. L 441-7, I-al. 2). À ce titre, les efforts d'innovation peuvent concerner le produit lui-même ou ses conditions de fabrication (par exemple, modernisation de la chaîne de production) à l'initiative du fabricant ou du distributeur. La CEPC recommande que soit précisée au contrat la manière dont ces efforts d'innovation sont pris en compte (nature de l'innovation, valeur ajoutée, montant, durée d'amortissement du surcoût de ces investissements, etc.) (Recommandation CEPC nº 22-1 du 29-6-2022, pt 75).

La négociation du prix ne doit pas porter sur la part, dans le prix proposé par le fabricant, du **prix des matières premières agricoles et des produits transformés composés de plus de 50 % de matières premières agricoles** qui entrent dans la composition du produit (art. L 441-7, I-al. 2 modifié par loi 2023-221 du 30-3-2023). Cette disposition est issue de la loi Egalim 3. Devant l'importance croissante des produits MDD dans les rayons, le législateur a souhaité étendre aux produits MDD le principe de non-négociabilité du prix des matières premières agricoles qui prévaut déjà pour les produits de marque nationale (nº 89565), et ce toujours dans l'objectif de protéger le revenu des agriculteurs. On peut néanmoins s'interroger sur les conséquences pratiques de cette disposition, car la négociation entre le fabricant et le distributeur ne porte pas sur des CGV soumises à une obligation de transparence sur la part que représentent les matières premières agricoles dans le prix, comme pour les produits de marque nationale (nºs 89520 s.), mais sur un prix net.

2º Comporter une **clause de révision automatique des prix** en fonction de la variation du coût de la matière première agricole ou des produits transformés entrant dans la composition des produits alimentaires précisés par l'article L 441-1-1 du Code de commerce relatif aux CGV des produits alimentaires (nºs 89520 s.). Cette obligation s'applique donc aux produits alimentaires et aux produits destinés à l'alimentation des animaux de compagnie vendus sous marque de distributeur, dès lors qu'ils comportent des matières premières agricoles et des produits transformés composés de plus de 50 % de matières premières agricoles. Elle ne s'applique pas aux produits figurant sur la liste établie par le décret 2021-1426 du 29 octobre 2021 (voir n° 89532). **89840** (suite)

Les parties déterminent librement la **formule de révision,** en tenant compte notamment des indicateurs relatifs aux coûts de production en agriculture, mentionnés à l'article L 631-24, III du Code rural (n° 89385) (art. L 441-7, I-al. 3). Cette négociation devrait se dérouler de bonne foi ; les modalités de la révision du prix ne sauraient être imposées par l'une ou l'autre des parties (Recommandation CEPC n° 22-1 précitée, pt 83).

Le distributeur peut demander au fabricant de mandater un **tiers indépendant** pour attester, sous 15 jours, l'exactitude de la variation du coût de la matière première agricole supportée par le fabricant. Dans ce cas, le fabricant remet au tiers indépendant, sous 10 jours, les pièces justifiant l'exactitude de ces éléments. Les frais d'intervention du tiers indépendant sont à la charge du distributeur. En cas d'inexactitude ou de tromperie volontaire de la part du fabricant quant à la variation du coût de la matière première agricole ou du produit transformé, constatée par le tiers indépendant et entraînant l'impossibilité de délivrer l'attestation, ces frais sont à la charge du fabricant. Le tiers indépendant est astreint au secret professionnel pour les faits, actes et renseignements dont il a pu avoir connaissance à raison de ses fonctions (art. L 441-7, I-al. 4). Ce tiers indépendant peut être un commissaire au compte.

3° Si le **contrat porte sur une période supérieure à un an,** fixer une date annuelle à laquelle le **prix** est **renégocié** pour tenir compte des fluctuations des prix des matières premières entrant dans la composition du produit. Cette renégociation annuelle – qui n'est qu'une obligation de moyens – ne doit pas porter sur la part, dans le prix proposé par le fabricant à l'occasion de cette renégociation, que représente le prix des matières premières agricoles et des produits transformés composés de plus de 50 % de matières premières agricoles qui entrent dans la composition du produit. Lors de la renégociation, le distributeur peut demander au fabricant de mandater un tiers indépendant dans le même objectif et selon les mêmes modalités que ceux précédemment décrits (art. L 441-7, I bis A issu de loi 2023-221 du 30-3-2023).

4° Comporter une clause relative au **volume prévisionnel** que le distributeur s'engage à faire produire sur une période donnée ainsi qu'un **délai** raisonnable de prévenance permettant au fabricant d'anticiper d'éventuelles variations de volume (art. L 441-7, I ter).

Ce volume prévisionnel constitue l'assiette de calcul de l'encadrement en volume des promotions fixé à 25 % au maximum des volumes prévisionnels annuels (voir n° 90055).

En cas de non-atteinte du prévisionnel par le distributeur ou de difficultés de livraison de la part du fabricant, ceux-ci devraient s'engager à justifier, d'une part, que le prévisionnel avait été correctement construit par rapport aux données disponibles, d'autre part, qu'au cours de l'exécution du contrat tout a été mis en œuvre pour que les commandes passées et les livraisons réalisées correspondent au prévisionnel figurant dans le contrat (Recommandation CEPC n° 22-1 précitée, pt 97). Par ailleurs, en cas de variation des volumes commandés au cours de l'exécution du contrat, les parties devraient s'engager à respecter un délai de prévenance qui tient compte de la spécificité des produits (produits secs, produits frais) et des spécificités des cycles de production (Recommandation précitée, pt 98).

5° Comporter une **clause de répartition** entre le distributeur et le fournisseur des différents **coûts additionnels** survenant au cours de l'exécution du contrat (art. L 441-7, III). Les efforts d'innovation en cours d'exécution du contrat à la demande de l'une ou l'autre des parties peuvent constituer des coûts additionnels mentionnés au fur et à mesure dans cette clause de répartition (Recommandation CEPC n° 22-1 précitée, pt 104).

6° Établir un système d'alerte et d'**échanges d'informations périodiques** entre le distributeur et le fabricant afin d'optimiser les conditions d'approvisionnement et de limiter les risques de ruptures (art. L 441-7, V).

7° Définir la **durée minimale du préavis** contractuel à respecter en cas de **rupture** de la relation contractuelle et prévoir le sort et les modalités d'écoulement des emballages et des produits finis en cas de cessation de contrat (art. L 441-7, I quater). En tout état de cause, le préavis appliqué devra être conforme aux dispositions de l'article L 442-1, II du Code de commerce relatif à la rupture brutale de relations commerciales établies (n°s 88000 s.).

ATTENTION

Les contrats de fabrication de produits alimentaires MDD d'une durée d'exécution supérieure à trois mois doivent comporter une **clause de renégociation du prix** en cas de fluctuation à la hausse ou à la baisse de certains indicateurs, tels que les coûts de l'énergie ou du transport (n° 89720).

AUTRES OBLIGATIONS DU DISTRIBUTEUR EN MATIÈRE DE CONTRAT DE FABRICATION DE PRODUITS ALIMENTAIRES MDD

89845 **Recours à un appel d'offres** Selon les situations, le distributeur sollicite le fabricant soit dans le cadre d'une négociation de gré à gré, soit dans le cadre d'un appel d'offres.

En cas de recours à un appel d'offres, celui-ci doit comporter un engagement du distributeur relatif au **volume prévisionnel** qu'il souhaite faire produire (C. com. art. L 441-7, I bis). Le distributeur devrait s'engager à fixer ce volume prévisionnel de bonne foi ; en cas de différence entre le volume prévisionnel figurant à l'appel d'offres et celui figurant au contrat consécutif à l'appel d'offres, la CEPC recommande que cette différence soit expliquée (Recommandation CEPC n° 22-1 du 29-6-2022, pt 47).

89847 **Dépense liée aux opérations promotionnelles** Aucune dépense liée aux opérations promotionnelles d'un produit MDD ne peut être mise à la charge du fabricant (C. com. art. L 441-7, IV).

SANCTIONS EN CAS DE NON-RESPECT DE L'ENCADREMENT DES CONTRATS DE FABRICATION DE PRODUITS MDD

89850 Tout manquement aux dispositions de l'article L 441-7 du Code de commerce est passible d'une **amende administrative** d'un montant maximal de 75 000 € pour une personne physique ou 375 000 € pour une personne morale, ces montants pouvant être doublés en cas de réitération du manquement dans un délai de deux ans à compter de la date à laquelle la première décision de sanction sera devenue définitive (C. com. art. L 441-7, VI).

E. Conditions préalables aux annonces de prix pour les fruits et légumes frais effectuées hors des lieux de vente

89870 Les fruits et légumes frais appartenant à des espèces produites en France métropolitaine font l'objet de dispositions spécifiques pour ce qui concerne l'annonce de leur prix, hors lieu de vente (C. com. art. L 443-1, II à IV).

En cas d'**accord entre le fournisseur et son client sur le prix de vente,** l'annonce de prix hors lieu de vente est autorisée dans un délai maximal de trois jours précédant le premier jour de l'application du prix annoncé, pour une durée qui ne peut pas excéder cinq jours à compter de cette date. L'accord sur le prix de cession doit être formalisé dans un contrat écrit signé par les parties, dont un exemplaire est détenu par chacune d'elles avant la diffusion de l'annonce, sauf s'il s'agit d'annonces de prix réalisées sur le lieu des ventes au déballage.

En l'**absence d'accord sur le prix de vente,** toute annonce de prix hors lieu de vente, quelle que soit l'origine du produit, doit faire l'objet d'un accord interprofessionnel d'une durée d'un an renouvelable, conclu conformément à l'article L 632-1 du Code rural et de la pêche maritime ; cet accord précise les périodes durant lesquelles une telle annonce est possible et ses modalités ; il peut être étendu conformément aux articles L 632-3 et L 632-4 du même Code.

> **Précisions** Sous l'empire du droit antérieur à l'ordonnance 2019-359 du 24 avril 2019, le **non-respect** par l'annonceur **de cette réglementation** entraînait sa responsabilité civile pour pratique commerciale abusive (C. com. ex-art. L 442-6, I-11°). Par une inadvertance du législateur, cette sanction a disparu et n'a été remplacée par aucune autre.

F. Encadrement de la pratique du « prix après-vente »

CONTENU DU DISPOSITIF

89910 La pratique commerciale du « prix après-vente » (PAV), très courante dans le secteur des fruits et légumes frais, consiste, principalement pour des expéditeurs de nombreux pays du sud de l'Europe, à faire arriver, notamment au sein des marchés d'intérêt national (MIN),

chez les grossistes, d'importantes quantités de marchandises non commandées ou dont le prix n'est pas encore fixé. Cette pratique déstabilise le marché des fruits et légumes frais et aggrave les éventuelles situations de crise conjoncturelle par l'arrivée massive de produits de qualité inférieure ou indéterminée sur des marchés qui connaissent déjà des difficultés d'écoulement.

Afin de limiter l'afflux de marchandises destinées à trouver preneur à bas prix, en dehors de tout cadre contractuel ou de toute commande ferme, le législateur impose que les fruits et légumes frais destinés à la vente ou à la revente à un professionnel établi en France soient, lors de leur transport sur le territoire national, y compris dans l'enceinte des marchés d'intérêt national, accompagnés d'un **bon de commande** établi par l'acheteur ; ce bon de commande doit mentionner le nom des parties, leur adresse, la date de la commande, la quantité, les modalités de détermination du prix et la dénomination précise des produits (C. com. art. L 443-3, al. 1). Le prix ne figure donc pas dans le bon de commande : dans le cas contraire, cela reviendrait à interdire la pratique du prix après-vente. Or, ce n'est pas le choix qui a été fait par le législateur qui a constaté que les producteurs peuvent, dans certaines circonstances, trouver un intérêt à écouler leurs produits dans un tel cadre, même s'ils ne connaissent pas à l'avance le prix qui leur sera payé (Rapport AN n° 2636 relatif à la loi 2010-874 du 27-7-2010).

Lorsque la vente de produits est confiée à un tiers, commissionnaire ou mandataire (par exemple, un agent commercial), les fruits et légumes doivent être accompagnés non pas d'un bon de commande, mais du **contrat de commission ou de mandat.** Celui-ci doit mentionner le nom des parties, leur adresse, sa date, son objet, ainsi que les conditions de fixation du prix payé au fournisseur et de rémunération du commissionnaire ou du mandataire (C. com. art. L 443-3, al. 1).

En cas d'impossibilité de présenter le bon de commande ou le contrat susvisé aux services de contrôle lors du transport de la marchandise, il appartient à l'acheteur de transmettre le document à ces services dans un délai de 48 h ou, à défaut, un message certifiant qu'il a bien commandé les produits concernés et précisant le ou les prix convenus avec son fournisseur pour l'achat de ces produits (art. L 443-3, al. 2).

Lorsque l'acheteur réalise lui-même le transport des produits qu'il a achetés directement dans les locaux de ses fournisseurs, il doit attester, lors du contrôle, qu'il est propriétaire des produits (art. L 443-3, al. 3).

CONTRÔLES ET SANCTIONS

Les **manquements** aux règles énoncées ci-dessus sont **recherchés et constatés** dans les conditions fixées aux articles L 450-1 et suivants du Code de commerce (notamment, compétence des agents de la CCRF, pouvoir de procéder à des opérations de visite et saisie) (voir n°s 77100 s.). **89920**

Les agents de la CCRF peuvent **enjoindre** au professionnel **de se conformer à ses obligations,** de cesser tout agissement illicite ou de supprimer toute clause illicite. Sur les conditions de l'injonction et l'amende infligée en cas de non-respect, voir n°s 77810 s.

Tout manquement par l'acheteur, le commissionnaire, le mandataire ou le fournisseur est passible d'une **amende administrative** d'un montant maximal de 15 000 € pour une personne physique et 75 000 € pour une personne morale (C. com. art. L 443-3, al. 4). **89925**

Les plafonds ci-dessus sont doublés en cas de réitération du manquement dans un délai de deux ans à compter de la date à laquelle la première décision de sanction est devenue définitive (art. L 443-3, al. 5).

Sur les conditions dans lesquelles l'amende est infligée, voir n°s 77850 s.

V. PRATIQUES COMMERCIALES ABUSIVES AU SEIN DE LA CHAÎNE D'APPROVISIONNEMENT AGRICOLE ET ALIMENTAIRE

ORIGINE DE LA RÉGLEMENTATION

89950 L'ordonnance 2021-859 du 30 juin 2021, qui transpose dans le droit français la directive (UE) 2019/633 du 17 avril 2019 sur les pratiques commerciales déloyales dans les relations interentreprises au sein de la chaîne d'approvisionnement agricole et alimentaire, interdit trois pratiques commerciales qui ne peuvent pas être appréhendées sous l'angle des interdictions générales de la soumission à un déséquilibre significatif entre les parties ou de l'obtention d'un avantage sans contrepartie ou disproportionné (nos 87500 s.) (Rapport au Président de la République relatif à l'ordonnance 2021-859 précitée).

NATURE DES PRATIQUES COMMERCIALES ABUSIVES INTERDITES

89955 **Annulation d'une commande de produits agricoles et alimentaires** L'acheteur de produits agricoles et alimentaires périssables mentionnés à l'article L 441-11, II-1° du Code de commerce (produits alimentaires périssables, viandes congelées ou surgelées, poissons surgelés, plats cuisinés et conserves fabriqués à partir de produits alimentaires périssables) ne peut pas annuler une commande dans un **délai** inférieur à **30 jours** (C. com. art. L 443-5, al. 1). Toutefois, ce **délai** peut être **réduit** pour un secteur d'activité, une catégorie d'acheteurs, un produit ou une catégorie de produits, lorsque, eu égard notamment au mode de commercialisation, ce délai réduit laisse suffisamment de temps aux fournisseurs pour vendre leurs produits par l'intermédiaire d'un autre acheteur ou pour les utiliser eux-mêmes (même art.). Ainsi, le délai est réduit à (C. com. art. D 443-3 et D 443-4) :

– 24 heures pour les **grossistes** et centrales d'achats ou de référencement de grossistes ;
– sauf pour les grossistes précités, 6 jours pour les **fruits et légumes frais** destinés à être vendus sous marque de distributeur et 3 jours pour les autres fruits et légumes frais.

89960 **Obtention ou divulgation de secrets d'affaires** Constitue une pratique abusive l'obtention, l'utilisation ou la divulgation illicites de secrets d'affaires, au sens des articles L 151-4, L 151-5 et L 151-6 du Code de commerce, par un acheteur de produits agricoles et alimentaires (C. com. art. L 443-6, al. 1).

89965 **Refus de confirmer les conditions d'un contrat non écrit** Constitue une pratique abusive le refus par toute personne exerçant des activités de production, de transformation, de distribution ou de services de faire droit à la demande formulée par l'une des parties de confirmer par écrit les conditions d'un contrat non conclu sous forme écrite et portant sur des produits agricoles et alimentaires (C. com. art. L 443-7, al. 1).

SANCTIONS EN CAS DE PRATIQUE COMMERCIALE ABUSIVE

89970 L'auteur de l'une de ces trois pratiques interdites est passible d'une **amende administrative** d'un montant maximal de 75 000 € pour une personne physique et 375 000 € pour une personne morale (C. com. art. L 443-5, al. 2, L 443-6, al. 1 et L 443-7, al. 1).

Le plafond de l'amende est relevé à 150 000 € pour une personne physique et 750 000 € pour une personne morale en cas de **réitération** du manquement dans un délai de deux ans à compter de la date à laquelle la première décision de sanction est devenue définitive (C. com. art. L 443-5, al. 3, L 443-6, al. 2 et L 443-7, al. 2).

VI. MÉDIATEUR DES RELATIONS COMMERCIALES AGRICOLES

CHAMP DE COMPÉTENCE ET SAISINE DU MÉDIATEUR

Le médiateur des relations commerciales agricoles, nommé par décret, doit être saisi de tout litige relatif à la conclusion ou à l'exécution d'un contrat ayant pour objet la vente ou la livraison de produits agricoles, ou la vente ou la livraison de produits alimentaires destinés à la revente ou à la transformation, y compris les litiges liés à la renégociation du prix prévue à l'article L 441-8 du Code de commerce (nos 89720 s.) ou à un accord-cadre prévu à l'article L 631-24 du Code rural et de la pêche maritime (nos 89370 s.) (C. rur. art. L 631-27, al. 2). **90000**

Il doit être saisi préalablement à toute saisine du juge (art. L 631-28, al. 1).

POUVOIRS DU MÉDIATEUR DES RELATIONS COMMERCIALES AGRICOLES

Le médiateur des relations commerciales agricoles peut demander aux parties **communication de tout élément nécessaire** à la médiation. Il doit prendre toute initiative de nature à favoriser la résolution amiable du litige entre les parties (C. rur. art. L 631-27, al. 2). **90002**

Il peut (art. L 631-27, al. 3 à 8) :

– recommander la **suppression** ou la **modification des contrats et accords-cadres** (ou de leurs projets) qu'il considère comme étant abusifs, manifestement déséquilibrés ou non conformes à l'article L 631-24, III du Code rural et de la pêche maritime relatif à la contractualisation (nos 89380 s.) ;

– faire toutes recommandations sur l'évolution de la réglementation relative aux relations commerciales agricoles, qu'il transmet aux ministres chargés de l'économie et de l'agriculture ;

– émettre un avis sur toute question transversale relative aux relations contractuelles, soit de sa propre initiative, soit à la demande d'une organisation interprofessionnelle ou d'une organisation professionnelle ou syndicale ;

– saisir le **ministre de l'économie** pour qu'il engage une **action judiciaire** en cas de clause d'un contrat ou d'un accord-cadre ou de pratique liée à un tel contrat ou accord-cadre qu'il estime présenter un caractère abusif ou manifestement déséquilibré ;

– émettre à la demande d'une organisation membre d'une interprofession tout avis ou recommandation sur les indicateurs (no 89385) ;

– émettre des recommandations sur les modalités de partage équitable de la valeur ajoutée entre les étapes de production, de transformation, de commercialisation et de distribution des produits agricoles et alimentaires, mais uniquement sur demande conjointe des ministres chargés de l'économie et de l'agriculture.

Il peut décider de **rendre publics** ses conclusions, avis ou recommandations, y compris dans le cas de litiges, sous la réserve d'en informer préalablement les parties (C. rur. art. L 631-27, al. 10), ainsi que les refus des parties de communiquer les éléments nécessaires à la médiation des litiges (al. 11).

Enfin, il peut saisir la **Commission d'examen des pratiques commerciales** (art. L 631-27, al. 12).

La **durée de la médiation** est fixée par le médiateur. Elle ne peut excéder un mois, renouvelable une fois avec l'accord préalable de chaque partie (art. L 631-28, al. 2).

ÉCHEC DE LA MÉDIATION

En cas d'échec de la médiation, le litige doit faire l'objet d'une **saisine du comité de règlement des différends commerciaux agricoles** (CRDCA : nos 90006 s.), sauf dans les cas suivants (C. rur. art. L 631-28, al. 1) : **90004**

– le contrat prévoit un autre dispositif de médiation ;

– les parties ont recours à l'arbitrage ;

– pour les filières dont la liste est fixée par décret (C. rur. art. D 631-4-1), pour lesquelles des modes alternatifs de règlement des différends ont été mis en place (par exemple, filière céréalière ou filière des fruits et légumes frais).

Par dérogation au principe de la saisine obligatoire du CRDCA, en cas d'échec d'une médiation portant sur un litige relatif au non-aboutissement d'une renégociation du prix (no 89770), tout partie au litige peut directement saisir le juge compétent (C. rur. art. L 631-28, al. 4).

90005 Le CRDCA peut être saisi par toute partie au litige, après en avoir informé les autres parties, dans un **délai** d'un mois à compter du constat d'échec de la médiation (art. L 631-28, al. 3).

Par ailleurs, dans un délai d'un mois à compter du constat d'échec de la médiation, toute partie à un **litige relatif à l'exécution d'un contrat** peut aussi, le cas échéant, saisir le **président du tribunal compétent** pour qu'il statue sur le litige, selon la procédure accélérée au fond, sur la base des recommandations du médiateur des relations commerciales agricoles (même al.).

VII. COMITÉ DE RÈGLEMENT DES DIFFÉRENDS COMMERCIAUX AGRICOLES

COMPÉTENCE DU CRDCA

90006 La loi 2021-1357 du 18 octobre 2021, dite « loi Egalim 2 », a créé un comité de règlement des différends commerciaux agricoles (CRDCA) compétent pour connaître des litiges pour lesquels la **médiation** devant le médiateur des relations commerciales agricoles s'est soldée par un **échec** (n° 90004). Sont concernés les litiges relatifs à la conclusion ou à l'exécution d'un contrat ou d'un accord-cadre ayant pour objet la vente de produits agricoles ou alimentaires, à l'exception des litiges relatifs au non-aboutissement d'une renégociation du prix (n° 89770), qui doivent être portés directement devant le juge compétent en cas d'échec de la médiation (C. rur. art. L 631-28-1, I-al. 1 et L 631-28, al. 1 et 4).

› Précisions Le CRDCA comprend cinq **membres,** nommés pour cinq ans par décret et dont le mandat est renouvelable une seule fois (C. rur. art. L 631-28-1, II) :
– un membre ou ancien membre du Conseil d'État, de la Cour de cassation, de la Cour des comptes ou des autres juridictions administratives ou judiciaires, président du comité ;
– deux personnalités choisies en fonction de leur expérience passée en matière de relation commerciale ;
– deux personnalités ayant exercé chacune une activité dans le secteur de la production de produits agricoles ou dans celui de la transformation, notamment de produits agricoles.
Le comité comprend également cinq membres suppléants, désignés dans les mêmes conditions que les membres titulaires.

INSTRUCTION ET PROCÉDURE DEVANT LE CRDCA

90008 L'instruction et la procédure devant le CRDCA sont **contradictoires.** Chaque partie peut être assistée ou représentée par toute personne de son choix (C. rur. art. L 631-28-2, al. 1).

Les débats devant le comité ont lieu en **séance publique** après lecture du rapport par le rapporteur. Toutefois, le **huis clos** est de droit si l'une des parties le demande. Le président du comité peut également décider que la séance a lieu ou se poursuit hors de la présence du public, si la préservation du secret des affaires l'exige (art. L 631-28-2, al. 3).

Le comité se prononce dans un **délai** d'un mois à compter de la date de la saisine. Le délai peut être porté à deux mois si la production de documents est demandée à l'une ou l'autre des parties. Ce délai de deux mois peut être prorogé sous réserve de l'accord de la partie qui a saisi le comité (art. L 631-28-2, al. 4).

DÉCISIONS DU CRDCA

90010 **Contenu** Pour les litiges relatifs à la conclusion, l'exécution ou la renégociation d'un contrat ou d'un accord-cadre de vente de produits agricoles, le CRDCA doit, par une décision motivée, préciser les **conditions à remplir ou** les **modifications à apporter à ce contrat ou à cet accord-cadre** pour qu'il soit conforme aux articles L 631-24 et L 631-24-2 du Code rural (C. rur. art. L 631-28-3, I).

Le comité doit statuer sur la base des **recommandations** non contraignantes du **médiateur** des relations commerciales agricoles (art. L 631-28-1, I-al. 1).

90012 **Injonctions** Le CRDCA peut enjoindre aux parties de se conformer à sa décision, le cas échéant, sous **astreinte** dans la limite de 5 % du chiffre d'affaires journalier moyen par jour de retard à compter de la date fixée par le comité. Le chiffre d'affaires pris en compte est calculé sur la base des comptes de l'entreprise relatifs au dernier exercice clos à la date de la décision (C. rur. art. L 631-28-3, II).

Mesures conservatoires En cas d'**atteinte grave et immédiate aux intérêts d'une partie** au litige, le CRDCA peut prendre les mesures conservatoires qui lui paraissent nécessaires pour faire face à l'urgence, après avoir entendu les parties en cause (C. rur. art. L 631-28-3, III). 90014

Pour les litiges relatifs à la conclusion d'un contrat ou d'un accord-cadre, les mesures conservatoires sont exécutées jusqu'à la conclusion du contrat en application de la décision mentionnée n° 90010 ou jusqu'à ce qu'une partie décide de mettre fin à la négociation du contrat. Dans ce cas, cette partie notifie sa décision au président du comité.

Pour les litiges relatifs à l'exécution ou à la renégociation d'un contrat ou d'un accord-cadre, les mesures conservatoires sont exécutées jusqu'à la modification du contrat en application de la décision mentionnée n° 90010 ou jusqu'à ce qu'il soit mis fin à la relation contractuelle, le cas échéant dans le respect du délai de préavis prévu au contrat.

SANCTIONS PAR LE CRDCA

Si les injonctions ou les mesures conservatoires ne sont pas respectées, le CRDCA peut prononcer une **amende administrative** d'un montant maximal égal à 2 % du chiffre d'affaires hors taxe du dernier exercice clos ou, dans le cas des organisations de producteurs ou associations d'organisations de producteurs assurant la commercialisation des produits sans transfert de propriété, à 2 % du chiffre d'affaires agrégé de l'ensemble des producteurs dont elles commercialisent les produits (C. rur. art. L 631-25, sur renvoi de l'art. L 631-28-3, V). 90016

RECOURS CONTRE LES DÉCISIONS DU CRDCA

Les décisions et les mesures conservatoires prises par le CRDCA peuvent faire l'objet d'un recours en annulation ou en réformation devant la **cour d'appel de Paris.** Le recours n'est pas suspensif. Toutefois, le sursis à exécution de la décision peut être ordonné par le premier président de la cour d'appel de Paris si elle est susceptible d'entraîner des conséquences manifestement excessives ou s'il est survenu, après sa notification, des faits nouveaux d'une exceptionnelle gravité (C. rur. art. L 631-28-4, al. 1 et 2). 90018

Le président du comité peut former un **pourvoi en cassation** contre l'arrêt d'appel (al. 3).

SECTION 5

ENCADREMENT PROVISOIRE DES PROMOTIONS SUR LES PRODUITS DE GRANDE CONSOMMATION

ORIGINE DE L'ENCADREMENT

À la suite des États généraux de l'alimentation qui se sont achevés en décembre 2017, les participants ont souhaité la mise en œuvre d'un encadrement des pratiques promotionnelles. Selon certaines études, les promotions en grandes et moyennes surfaces avaient pris une ampleur croissante dans les années précédentes sans pour autant contribuer de manière significative au développement des marchés. En outre, elles induisaient des comportements spéculatifs chez les consommateurs et contribuaient au gaspillage alimentaire. Sur habilitation de la loi 2018-938 du 30 octobre 2018 pour l'équilibre des relations commerciales dans le secteur agricole et alimentaire (loi Egalim 1), le Gouvernement a encadré, en valeur et volume, « les avantages promotionnels, immédiats ou différés, ayant pour effet de réduire le prix de vente au consommateur de denrées alimentaires ou de produits destinés à l'alimentation des animaux de compagnie », et ce pour une durée de deux ans (Ord. 2018-1128 du 12-12-2018). L'article 125 de la loi 2020-1525 du 7 décembre 2020 a abrogé l'ordonnance 90025 du 12 décembre 2018 et prolongé le dispositif jusqu'au 15 avril 2023 tout en l'assouplissant. La loi Egalim 3 du 30 mars 2023 a repoussé cette date au **15 avril 2026** et étendu le dispositif à tous les **produits de grande consommation** à partir du 1er mars 2024, le législateur ayant observé que l'encadrement des promotions sur les produits alimentaires avait conduit à accroître les promotions sur les produits non alimentaires, en particulier sur les produits du secteur droguerie, parfumerie et hygiène.

En 2019, la **DGCCRF** a publié sur son site internet des **lignes directrices** pour faciliter la mise en application de ces dispositions. Ces lignes directrices ont été modifiées en dernier lieu le 28 décembre 2021.

> **Précisions** Le Gouvernement peut, par décret en Conseil d'État, pris après avis de l'Autorité de la concurrence, **suspendre l'encadrement** des promotions, pour tout ou partie des produits concernés, si le comportement d'un nombre significatif d'acheteurs, lors de la négociation ou de l'exécution des conventions uniques et des contrats de fabrication de produits à marque de distributeur, est de nature à compromettre sensiblement l'atteinte des objectifs de la loi Egalim de rétablissement de conditions de négociation plus favorables pour les fournisseurs, de développement des produits dont la rentabilité est trop faible et de meilleur équilibre dans les filières alimentaires (Loi 2020-1525 art. 125, VI).

A. Champ d'application de l'encadrement des promotions

PROMOTIONS CONCERNÉES

90030 Sont encadrés les **avantages promotionnels, immédiats ou différés,** ayant pour effet de réduire le prix de vente au consommateur de **produits de grande consommation,** au sens de l'article L 441-4, I du Code de commerce relatif à la convention unique dédiée aux produits de grande consommation (Loi 2020-1525 art. 125, II-A modifié par loi 2023-221 du 30-3-2023), c'est-à-dire les produits non durables à forte fréquence et récurrence de consommation dont la liste est fixée à l'article D 441-1 du même Code (nº 86950).

ATTENTION

Cet encadrement est applicable par dérogation à celui prévu à l'article L 441-4, VII-al. 2 du Code de commerce, qui limite pour **certains produits agricoles** et pour les **produits laitiers** les **promotions à 30 %** de la valeur du barème des prix unitaires, frais de gestion compris (nº 87215). Par conséquent, pendant la durée d'application du dispositif, la limitation prévue par le Code de commerce est inapplicable (Rapport au Président de la République relatif à l'ordonnance 2018-1128, qui reste pertinent sous l'empire de la loi 2020-1525).

PRODUITS ALIMENTAIRES NON CONCERNÉS

90035 Ne sont pas visés les **produits périssables menacés d'altération rapide,** à condition que l'avantage promotionnel ne fasse l'objet d'aucune publicité ou annonce à l'extérieur du point de vente (Loi 2020-1525 art. 125, II-D). Cette exclusion est logique, compte tenu de la non-application de l'interdiction de revente à perte à ces produits (C. com. art. L 442-5, II-6º). En cas de contrôle, il appartiendra au distributeur de prouver, par tout moyen à sa disposition, que les produits étaient menacés d'une telle altération.

S'il s'agit de produits ne pouvant pas être juridiquement qualifiés de produits périssables menacés d'altération rapide mais qui portent une **date de durabilité minimale** dépassée ou dont l'**échéance** est **inférieure à un mois,** la DGCCRF précise qu'il sera tenu compte de l'objectif gouvernemental de lutte contre le gaspillage alimentaire, sous réserve, là aussi, que l'avantage promotionnel ne fasse l'objet d'aucune publicité ou annonce à l'extérieur du point de vente (Lignes directrices DGCCRF).

TERRITOIRES NON CONCERNÉS

90037 L'encadrement des promotions sur les denrées alimentaires ou les produits destinés à l'alimentation des animaux de compagnie n'est pas applicable dans les collectivités de la Guadeloupe, de la Guyane, de la Martinique, de la Réunion et de Mayotte, ni dans les collectivités de Saint-Barthélemy, de Saint-Martin et de Saint-Pierre-et-Miquelon (Loi 2020-1525 art. 125, V).

B. Règles d'encadrement des promotions

ENCADREMENT DES PROMOTIONS EN VALEUR

Principe Les avantages promotionnels, le cas échéant cumulés, accordés au consomma- 90040
teur pour un produit déterminé, ne doivent pas être supérieurs à **34 %** du prix de vente au consommateur ou à une augmentation de la quantité vendue équivalente (Loi 2020-1525 art. 125, II-B).

L'encadrement en valeur ne concerne que les offres portant sur un produit déterminé, dont le prix est annoncé en baisse par le distributeur par rapport au prix de vente au consommateur, ou dont la quantité est augmentée par rapport au conditionnement habituel sans augmentation de prix correspondante. Il ne s'applique donc qu'aux annonces de réduction chiffrées (Lignes directrices DGCCRF).

Exemples d'offres promotionnelles concernées Entrent notamment dans le 90045
champ d'application de l'encadrement (Lignes directrices DGCCRF) :

– les offres avec annonce d'une **réduction de prix chiffrée** (par exemple, « moins X % ») ;

– les offres assorties d'une **augmentation de quantité offerte** (du type « dont X % offert » ou « plus X % offert » ou « 2 + 1 ») ;

– les avantages de **fidélisation** ou de **cagnottage attachés à un produit** : l'achat d'un produit précis donne droit à l'obtention d'un montant déterminé et chiffré (cumulé sur une carte de fidélité ou faisant l'objet d'un bon de réduction), que le consommateur pourra utiliser ultérieurement soit pour un achat, du même produit ou d'un produit différent, soit en déduction du montant total de ses achats, dans un établissement de la même enseigne (par exemple, « X % du prix du produit cagnotté sur la carte de fidélité du magasin »). Exemple : l'achat d'un produit A donne droit au consommateur à un montant de X euros crédité sur sa carte de fidélité et à utiliser lors d'un prochain achat en magasin sur n'importe quel(s) produit(s). L'encadrement des promotions en valeur est respecté si la réduction accordée représente au maximum (seule ou cumulée avec d'autres avantages se rapportant au même produit) 34 % du prix du produit A ;

– les **bons de réduction** accordés par les fournisseurs sur un produit déterminé, tels que les bons à imprimer, les coupons ou les remboursements après envoi de la preuve d'achat au fournisseur ; dans le cas d'un produit porteur d'un bon de réduction différée affecté à un produit déterminé, la vérification du plafond en valeur des promotions est effectuée sur le prix du produit sur lequel la réduction porte. Exemple : l'achat d'un produit A donne droit au consommateur à un bon de réduction de X euros à valoir sur l'achat d'un produit B ; la loi est respectée si la réduction représente au maximum (seule ou cumulée avec d'autres avantages se rapportant au même produit) 34 % du prix du produit B.

Dans le cas où **un même produit bénéficie de manière cumulative de plusieurs offres** (par exemple, à la fois d'une offre avec réduction de prix chiffrée et d'un coupon de réduction mis en place par le fournisseur), la réduction de prix cumulée dont bénéficie le consommateur ne peut excéder 34 % du prix de vente. Dans cette hypothèse, il revient donc au distributeur de prendre en compte l'existence d'un éventuel avantage octroyé par le fournisseur avant de mettre en place une offre promotionnelle.

Exemples d'offres promotionnelles non concernées Ne sont pas concernés, 90050
notamment (Lignes directrices DGCCRF) :

– le **cagnottage non affecté à un produit** : l'obtention d'une cagnotte (sur la carte de fidélité ou par le biais d'un bon de réduction) que le consommateur pourra utiliser ultérieurement n'est pas liée à l'achat d'un produit déterminé mais, par exemple, à l'achat d'un montant donné sur une certaine période et sur l'ensemble ou une catégorie de produits proposés à la vente par le magasin (par exemple, obtention d'un montant de 10 € sur la carte de fidélité si le montant total des produits achetés à une date particulière dans le magasin ou sur un rayon donné est supérieur à 50 €) ;

– les **annonces littéraires** du type « prix choc », « prix bas » ;

– l'**offre d'un produit différent,** y compris alimentaire, pour un ou plusieurs produits identiques achetés (vente avec prime), sous réserve que les deux produits liés ne puissent pas être considérés comme « similaires ». Par exemple, sont considérés comme similaires deux bouteilles de champagne, brut pour l'une et doux pour l'autre (ou blanc et rosé), un foie gras entier et un bloc de foie gras, des blancs de poulet et des cuisses de poulet. Dans ce cas de figure, l'avantage procuré par la prime ne doit donc pas être supérieur à 34 % de la somme du prix du produit principal et du prix du produit offert en prime.

ENCADREMENT DES PROMOTIONS EN VOLUME

90055 **Principe** Sous réserve d'une dérogation (voir la liste des dérogations n° 90070), qu'ils soient accordés par le fournisseur ou par le distributeur, les avantages promotionnels ne peuvent porter que sur des produits ne représentant pas plus de **25 %** (Loi 2020-1525 art. 125, II-C modifié par loi 2023-221) :

1° Soit du **chiffre d'affaires prévisionnel** fixé par la convention unique « produits de grande consommation » (PGC) de l'article L 441-4 du Code de commerce (n° 86990) ;

2° Soit du **volume prévisionnel** prévu par un contrat « portant sur la conception et la production de produits de grande consommation selon des modalités répondant aux besoins particuliers de l'acheteur », c'est-à-dire un contrat de fabrication de produits sous marque de distributeur (produits MDD) (n° 89840) ;

3° Soit des **engagements de volume** portant sur des produits agricoles périssables ou issus de cycles courts de production, d'animaux vifs, de carcasses ou pour les produits de la pêche et de l'aquaculture (n° 89650).

ATTENTION

Le chiffre d'affaires prévisionnel est obligatoirement fixé par la convention unique PGC, tandis que l'indication du **volume prévisionnel** dans un contrat de fabrication de produits MDD est facultative (sur les mentions obligatoires, voir n° 89830). Cette indication devient cependant nécessaire pour le calcul des promotions en volume puisque ce montant sert d'assiette à celles-ci.

90060 Lorsque la relation contractuelle est régie par une **convention unique PGC,** le fournisseur et le distributeur doivent s'assurer que la valeur à l'achat des produits revendus en promotion ne dépasse pas 25 % du chiffre d'affaires prévisionnel entre eux (« sell in »), et non auprès du consommateur (« sell out ») (Lignes directrices DGCCRF précitées).

Il appartient aux opérateurs de mettre en place les outils de suivi leur permettant de justifier le volume de produits ayant été revendus en promotion auprès des services de contrôle. Le **chiffre d'affaires prévisionnel** constituera l'assiette de la vérification, et non le chiffre d'affaires effectivement réalisé. Il incombe aux opérateurs de le fixer à un niveau raisonnable eu égard au chiffre d'affaires réalisé l'année précédente et à l'évolution qui peut raisonnablement être attendue l'année suivante, à périmètre de produits constant. Les parties au contrat peuvent choisir la manière de le calculer et, par exemple, retenir le chiffre d'affaires net (chiffre d'affaires « ristournable »), dont la définition relève de la liberté contractuelle (en ce sens, avis CEPC n° 18-1 du 1-2-2018). Dans tous les cas, le calcul de la valeur des produits revendus en promotion doit se faire sur la même base (Lignes directrices DGCCRF précitées).

Chaque convention annuelle PGC doit mentionner un chiffre d'affaires prévisionnel, quand bien même le distributeur aurait conclu avec ses fournisseurs dits « multi-produits » un contrat « chapeau » liant l'ensemble des conventions annuelles dans le cadre d'une relation d'affaires globale (Lignes directrices DGCCRF précitées).

90065 **Champ d'application** Le plafond en volume a pour objectif d'empêcher la multiplication des promotions pour contourner le plafond lié à la réduction en valeur des promotions. Les **avantages promotionnels** pris en compte pour l'encadrement en volume sont donc **identiques** à ceux pris en compte pour l'encadrement des **promotions en valeur.** Ainsi, tous les produits alimentaires offrant un avantage promotionnel soumis à l'encadrement en valeur entrent également dans le calcul de l'encadrement en volume (Lignes directrices DGCCRF).

90070 **Dérogations à l'encadrement** Les **produits présentant un caractère saisonnier marqué,** définis comme « ceux pour lesquels plus de la moitié des ventes de l'année civile aux consommateurs est, de façon habituelle, concentrée sur une durée n'excédant pas douze semaines au total », peuvent bénéficier d'une dérogation à l'encadrement des promotions en volume (Loi 2020-1525 art. 125, III-1°).

Sont concernés (Arrêté ECOC2035148A du 29-1-2021 art. 1, modifié par arrêté ECOC2106495A du 5-8-2021) :
- les produits qui, du fait de leurs caractéristiques, y compris leur conditionnement ou leur emballage, peuvent se rattacher à la catégorie des confiseries de chocolat saisonnières et correspondent aux périodes de commercialisation de Noël et de Pâques ;
- les produits issus des palmipèdes à foie gras ;
- les champignons sylvestres, en conserve, surgelés ou déshydratés ;

– les escargots préparés en conserve, surgelés ou frais ;
– les dindes de Noël, oies, chapons, mini chapons, poulardes, chapons de pintade.

Les produits précités bénéficient de cette dérogation jusqu'au 1er mars 2026 (Arrêté ECOC2035148A du 29-1-2021 art. 2 issu de l'arrêté ECOC2312648A du 22-12-2023).

> **Précisions** La **dérogation** doit avoir fait l'objet d'une **demande,** motivée et accompagnée de toutes données utiles pour l'appréciation de la saisonnalité des ventes au regard du critère énoncé ci-dessus, par une organisation professionnelle représentant des producteurs ou des fournisseurs des produits ou des catégories de produits concernés ; pour les denrées ou les catégories de denrées alimentaires, lorsqu'une interprofession représentative des denrées ou des catégories de denrées concernées existe, la dérogation fait l'objet d'une demande présentée par cette interprofession (Loi 2020-1525 art. 125, III-2° modifié par loi 2023-221 du 30-3-2023). La DGCCRF précise qu'à l'appui de leur demande motivée ces organisations doivent impérativement transmettre des données chiffrées exhaustives permettant à l'administration d'apprécier que les produits concernés remplissent la condition de saisonnalité (Lignes directrices précitées).

C. Sanctions

Tout manquement à leurs obligations par le fournisseur ou le distributeur est passible d'une **amende administrative** d'un montant maximal de (Loi 2020-1525 art. 125, II-E) : **90075**
– 75 000 € pour une personne physique ;
– 375 000 € ou la moitié des dépenses de publicité effectuées au titre de l'avantage promotionnel pour une personne morale.

L'amende est prononcée dans les conditions prévues à l'article L 470-2 du Code de commerce (même art.).

SECTION 6

RELATIONS COMMERCIALES ENTRE LES PLATEFORMES DE VENTE EN LIGNE OU LES MOTEURS DE RECHERCHE ET LES VENDEURS

CONTEXTE ET OBJECTIF DE LA RÉGLEMENTATION

Les **services d'intermédiation** en ligne, tels que les plateformes de vente en ligne, peuvent être déterminants pour le succès commercial des entreprises qui y font appel. Cela entraîne l'instauration d'un lien de dépendance, en particulier pour les PME, et corrélativement un **pouvoir de négociation supérieur** pour les fournisseurs de ces services, qui leur permet d'agir unilatéralement d'une façon qui peut être inéquitable. **90200**

De la même façon, les **moteurs de recherche** peuvent être d'importantes sources de trafic internet pour les entreprises qui proposent des biens ou services aux consommateurs en ligne. Le classement de ces sites internet par les fournisseurs de moteurs de recherche influe considérablement sur le choix du consommateur et la réussite commerciale de ces entreprises. Même en l'absence d'une relation contractuelle avec elles, ces fournisseurs peuvent, dans la pratique, **agir unilatéralement d'une façon** qui peut être **inéquitable.**

Dans les deux cas, ces agissements nuisent non seulement aux intérêts légitimes des entreprises concernées mais aussi, indirectement, à ceux des consommateurs.

Le **règlement UE 2019/1150 du 20 juin 2019** (règlement « P2B » pour Platform-to-Business) vise à protéger les vendeurs ou prestataires de services (dénommés « vendeurs » ci-dessous) utilisateurs des services d'intermédiation en ligne, ou référencés par les moteurs de recherche, contre les pratiques commerciales abusives de ces fournisseurs de services ou de ces moteurs de recherche.

La Commission européenne a publié des **lignes directrices** concernant la transparence en matière de classement (JOUE 2020 C 424 p. 1).

Dans les développements qui suivent nous présentons l'essentiel du règlement.

DÉFINITIONS DES « SERVICES D'INTERMÉDIATION EN LIGNE » ET DES « VENDEURS »

90210 Par « **services d'intermédiation en ligne** », il faut entendre les services qui réunissent les conditions suivantes : ils doivent constituer des services de la société de l'information, au sens de la directive UE/2015/1535 du 9 septembre 2015, faciliter les transactions entre les entreprises utilisatrices qui offrent des biens ou services aux consommateurs et ces derniers, être fournis aux entreprises utilisatrices sur la base de relations contractuelles (Règl. 2019/1150 art. 2, 2).

Sont visés non seulement les **places de marché pour le commerce électronique,** y compris les places collaboratives où les entreprises utilisatrices sont présentes, mais aussi les **services d'applications logicielles en ligne,** telles que les boutiques d'applications, et les services de réseaux sociaux en ligne (considérant 11).

90215 Le règlement 2019/1150 est applicable aux services d'intermédiation en ligne et aux moteurs de recherche fournis, ou proposés à la fourniture, aux **vendeurs** dont le lieu d'établissement ou de résidence se situe dans l'Union européenne et qui, au travers de ces services ou de ces moteurs de recherche, proposent des biens ou services à des consommateurs situés dans l'Union, quel que soit le lieu d'établissement ou de résidence des fournisseurs de ces services et quel que soit par ailleurs le droit applicable (Règl. 2019/1150 art. 1, 2).

ARTICULATION DU DISPOSITIF AVEC LES RÈGLES NATIONALES

90220 Le règlement 2019/1150 n'empêche pas l'application des règles nationales qui interdisent ou sanctionnent les comportements unilatéraux ou les pratiques commerciales déloyales, « dans la mesure où les aspects pertinents ne sont pas régis par le règlement » (Règl. 2019/1150 art. 1, 4). Il en résulte que les dispositions du Code de commerce qui régissent potentiellement une situation – en particulier, l'article L 442-1 relatif aux pratiques commerciales abusives – ne sont pas applicables si ces situations sont appréhendées par le règlement.

A. Dispositions applicables aux seuls services d'intermédiation en ligne

1. PRÉSENTATION ET CONTENU DES CONDITIONS GÉNÉRALES D'UTILISATION

PRÉSENTATION DES CONDITIONS GÉNÉRALES D'UTILISATION DES SERVICES D'INTERMÉDIATION EN LIGNE

90260 Les conditions générales d'un fournisseur de services d'intermédiation en ligne doivent être rédigées de manière claire et compréhensible ; elles doivent être facilement accessibles aux vendeurs à toutes les étapes de la relation commerciale, y compris au cours de la phase précontractuelle (Règl. 2019/1150 art. 3, 1-a et b).

CONTENU DES CONDITIONS GÉNÉRALES D'UTILISATION DES SERVICES D'INTERMÉDIATION EN LIGNE

90270 Lorsque des **biens et services accessoires** (par exemple, services de réparation d'un bien ou produits financiers tels qu'une assurance de location de voiture) sont proposés aux consommateurs au moyen des services d'intermédiation en ligne, soit par le fournisseur des services d'intermédiation, soit par des tiers, le fournisseur des services d'intermédiation doit inclure, dans ses conditions générales, une description du type de biens et services accessoires proposés et préciser si, et dans quelles conditions, le vendeur est également autorisé à proposer ses propres biens et services accessoires au travers des services d'intermédiation en ligne (Règl. 2019/1150 art. 6).

Sous peine de nullité, les conditions générales d'utilisation des services d'intermédiation en ligne doivent définir les **motifs** des décisions de **suspension,** de **résiliation** ou d'imposition de toute autre restriction, en tout ou partie, de la fourniture de leurs services d'intermédiation en ligne (art. 3, 1-b et c et 3, 3). **90275**

Sous peine de nullité, toute **modification des conditions générales** d'utilisation des services d'intermédiation en ligne doit être notifiée aux vendeurs, sur un support durable, au moins 15 jours à l'avance ou dans un délai plus long si cela est nécessaire aux vendeurs pour s'adapter à cette modification (art. 3, 2-al. 1 et 2 et 3, 3). **90280**

Afin que le fournisseur de services d'intermédiation en ligne et les vendeurs entretiennent des relations contractuelles fondées sur la loyauté, le règlement prévoit que le fournisseur (art. 8) : **90285**
– ne peut pas imposer des modifications de ses conditions générales à effet rétroactif, à moins que ces modifications ne présentent un avantage pour les vendeurs ;
– doit veiller à ce que ses conditions générales contiennent des informations sur les conditions auxquelles les vendeurs peuvent mettre fin à la relation contractuelle ;
– doit inclure dans ses conditions générales une description de l'accès technique et contractuel, ou de l'absence d'un tel accès, aux informations transmises ou produites par le vendeur que le fournisseur conserve après l'expiration du contrat.

Dans le respect du règlement européen sur la protection des données personnelles (RGPD), les conditions générales d'utilisation des services d'intermédiation en ligne doivent décrire les conditions d'**accès des vendeurs aux données personnelles** communiquées par les consommateurs (art. 9). **90290**

Si le fournisseur de services d'intermédiation en ligne limite la capacité des vendeurs à proposer les mêmes biens et services aux consommateurs à des **conditions différentes** et par d'**autres moyens que par le biais de ces services,** il doit préciser dans ses conditions générales les principales considérations économiques, commerciales ou juridiques à l'origine de ces restrictions et assurer un accès facile et public à ces motifs (art. 10). **90295**

Les conditions générales d'utilisation des services d'intermédiation en ligne doivent également comporter les mentions indiquées n°s 90360 à 90430. **90300**

2. DÉCISIONS DE RESTRICTION, SUSPENSION ET RÉSILIATION DES SERVICES D'INTERMÉDIATION EN LIGNE

INFORMATION SUR LES MOTIFS DE LA DÉCISION DE RESTRICTION, SUSPENSION OU RÉSILIATION DES SERVICES D'INTERMÉDIATION

Le fournisseur de services d'intermédiation en ligne qui décide de restreindre, de suspendre ou de résilier la fourniture des services d'intermédiation doit transmettre au vendeur concerné les motifs de sa décision sur un support durable (Règl. 2019/1150 art. 4, 1 et 2) : **90320**
– avant que la restriction ou la suspension ne prenne effet ou au moment où elle prend effet ;
– au moins 30 jours avant que la résiliation ne prenne effet.

> **Précisions** En cas de **résiliation,** le règlement peut conduire à un régime moins protecteur pour le vendeur que celui prévu par le droit français. Celui-ci prévoit qu'en cas de rupture de relations commerciales établies, le délai de préavis doit être apprécié en tenant compte notamment de l'ancienneté de la relation (C. com. art. L 442-1, II-al. 1), ce qui pourrait conduire au respect d'un délai plus long que celui de 30 jours.

RÉSILIATION SANS PRÉAVIS DES SERVICES D'INTERMÉDIATION

Le délai de préavis de 30 jours (n° 90320) ne s'applique pas si le fournisseur de services d'intermédiation (art. 4, 4) : **90330**
– est soumis à une obligation légale ou réglementaire de résilier la fourniture de la totalité de ses services d'une manière qui ne lui permet pas de respecter ce délai de préavis ;
– exerce un droit de résiliation pour une raison impérative prévue par le droit national en conformité avec le droit de l'Union ;
– peut prouver que le vendeur a enfreint à plusieurs reprises les conditions générales applicables.

RÉVOCATION DE LA RESTRICTION, SUSPENSION OU RÉSILIATION DES SERVICES D'INTERMÉDIATION

90340 En cas de restriction, de suspension ou de résiliation, le fournisseur de services d'intermédiation doit permettre au vendeur de clarifier les faits et les circonstances dans le cadre du processus interne de traitement des plaintes qu'il doit mettre en place (n° 90360).

Si le fournisseur révoque la restriction, la suspension ou la résiliation, il doit réintégrer le vendeur sans retard indu, y compris en lui rendant l'accès aux données personnelles ou aux autres données qui découlait de l'utilisation des services d'intermédiation en question par ce vendeur (art. 4, 3).

3. RÈGLEMENT EXTRAJUDICIAIRE DES LITIGES ENTRE LE FOURNISSEUR D'INTERMÉDIATION EN LIGNE ET LES VENDEURS

90360 Sauf s'il est une petite entreprise, le fournisseur de services d'intermédiation en ligne doit mettre à disposition des vendeurs un **système interne de traitement des plaintes** garantissant un traitement dans un délai raisonnable (Règl. 2019/1150 art. 11). La petite entreprise est celle qui occupe moins de 50 personnes et dont le chiffre d'affaires annuel ou le total du bilan annuel n'excède pas 10 millions d'euros (Recommandation de la Commission européenne 2003/361/CE du 6-5-2003).

Les informations relatives à l'accès à ce système devront être indiquées dans les **conditions générales** (art. 11, 3).

La gestion d'un tel système pourra cependant être déléguée à un prestataire de services externe (Considérant 39).

4. MÉDIATION EN CAS DE LITIGE EN RELATION AVEC UN SERVICE D'INTERMÉDIATION EN LIGNE

90380 Les **conditions générales** doivent indiquer au moins deux médiateurs avec lesquels le fournisseur est prêt à entrer en contact pour parvenir à un accord avec un vendeur en cas de litige en relation avec la fourniture des services d'intermédiation en ligne, y compris pour traiter d'une plainte qui n'a pas pu être résolue dans le cadre du système interne de traitement des plaintes (n° 90360).

> **› Précisions** Un **médiateur** ne peut être **situé hors de l'Union européenne** que s'il est garanti que les vendeurs bénéficient de toute garantie juridique prévue dans le droit de l'Union ou le droit des États membres de l'UE (Règl. 2019/1150 art. 12).

B. Dispositions applicables aux services d'intermédiation en ligne et aux moteurs de recherche

1. CLASSEMENT DES BIENS ET SERVICES ET OBLIGATION DE TRANSPARENCE

90420 Le classement des biens et services par les fournisseurs de services d'intermédiation en ligne ou de moteurs de recherche a une incidence importante sur le choix des consommateurs et, par conséquent, sur la réussite commerciale des entreprises offrant ces biens et services aux consommateurs. Il rend compte de la priorité relative accordée aux offres de ces entreprises ou de la pertinence donnée aux résultats de recherche, tels qu'ils sont présentés, organisés ou communiqués par les fournisseurs de services d'intermédiation en ligne ou les fournisseurs de moteurs de recherche en ligne, résultant de l'utilisation du séquençage algorithmique, de mécanismes d'évaluation ou de notation, de la mise en surbrillance, d'autres outils de mise en évidence ou d'une combinaison de ces différents moyens (Règl. 2019/1150 considérant 24).

Les fournisseurs de services d'intermédiation et de moteurs de recherche doivent dès lors indiquer, respectivement dans leurs conditions générales ou sur les moteurs de recherche, les **principaux paramètres déterminant le classement** (art. 5, 2). La description des principaux paramètres devrait aider les vendeurs à améliorer la présentation de leurs biens et services ou certaines des caractéristiques intrinsèques de ces biens ou services (Considérant 24).

Lorsque les principaux paramètres incluent la possibilité d'influer sur le classement contre une **rémunération,** directe ou indirecte, versée par les vendeurs, le fournisseur de services d'intermédiation ou de moteur de recherche doit présenter également une description de ces possibilités et des effets de cette rémunération sur le classement (art. 5, 3).

2. TRAITEMENT DIFFÉRENCIÉ POUR LES VENTES EN PROPRE

Lorsqu'un fournisseur de services d'intermédiation en ligne propose des biens ou services aux consommateurs dans le cadre de ses propres services d'intermédiation, ou par l'intermédiaire d'un vendeur qu'il contrôle, ce fournisseur pourrait concurrencer les autres vendeurs en tirant parti du contrôle qu'il exerce sur les services d'intermédiation en ligne pour fournir des avantages techniques ou économiques à ses propres offres ou à celles qu'il propose par l'intermédiaire du vendeur qu'il contrôle, avantages qu'il pourrait refuser aux vendeurs concurrents. De même, lorsqu'un fournisseur de moteur de recherche propose lui-même des biens ou services aux consommateurs dans le cadre de son propre moteur de recherche en ligne, ou par l'intermédiaire d'un vendeur qu'il contrôle, ce fournisseur pourrait concurrencer directement les autres vendeurs utilisant son moteur de recherche. **90430**

De tels comportements sont susceptibles d'entraver la concurrence et de restreindre les droits des consommateurs. C'est pourquoi le règlement (Règl. 2019/1150 art. 7, 1 et 2) impose que les fournisseurs de services d'intermédiation en ligne ou de moteurs de recherche incluent, respectivement dans leurs conditions générales ou sur les moteurs de recherche, une **description de tout traitement différencié** qu'ils accordent, ou pourraient accorder, à l'égard des biens et services qu'ils proposent eux-mêmes.

C. Contrôles et sanctions en cas de non-respect du règlement relatif aux services d'intermédiation en ligne

CONTRÔLES ET POUVOIRS DES AGENTS DE LA CCRF

Les agents de la CCRF sont habilités à rechercher et à constater les manquements aux obligations prévues par le règlement 2019/1150 du 20 juin 2019. Ils peuvent, après une procédure contradictoire, enjoindre à tout professionnel de se conformer aux dispositions du règlement et lui enjoindre de cesser tout agissement ou de supprimer toute clause contraire à ses dispositions (C. com. art. 470-1, I). Les agents peuvent assortir leur mesure d'injonction d'une astreinte journalière (voir n° 77815). **90450**

RESPONSABILITÉ CIVILE EN CAS DE NON-RESPECT DU RÈGLEMENT RELATIF AUX SERVICES D'INTERMÉDIATION EN LIGNE

Engage la responsabilité civile de son auteur et l'oblige à réparer le préjudice causé le fait, par toute personne proposant un service d'intermédiation en ligne au sens du règlement 2019/1150 du 20 juin 2019, de ne pas respecter les obligations expressément prévues par ce règlement (C. com. art. L 442-1, III-al. 1). Il en résulte notamment que toute personne ayant un intérêt à agir ou le ministre de l'économie peuvent demander au juge d'ordonner la cessation de la pratique ; en outre, le ministre peut demander au juge de prononcer une amende civile d'un montant élevé (voir nos 88920 s.). **90460**

Toute clause ou pratique non expressément visée par le règlement 2019/1150 est régie par les autres dispositions du titre IV du livre IV du Code de commerce relatives à la transparence de la relation commerciale et aux pratiques restrictives de concurrence (art. L 442-1, III-al. 2).

URBANISME COMMERCIAL

SOMMAIRE

ÉVOLUTION DES RÈGLES RELATIVES À L'URBANISME COMMERCIAL

92000 En vue d'éviter que l'essor de la grande distribution et l'évolution des modes de consommation n'entraînent la disparition du petit commerce rural et urbain, la loi du 27 décembre 1973, plus connue sous le nom de « loi Royer », a prévu que la création ou l'extension de certains magasins de commerce de détail devrait faire l'objet d'une autorisation préalable à la délivrance du permis de construire.

La **dualité autorisation d'exploitation commerciale/permis de construire** a été remise en cause par la loi 2014-626 du 18 juin 2014 relative à l'artisanat, au commerce et aux très petites entreprises, dite « loi Pinel ». En effet, cette loi admet que, si le projet donne lieu à permis de construire, la délivrance de celui-ci suffit à réaliser l'ensemble de l'opération, sans que le pétitionnaire soit tenu d'obtenir également une autorisation d'exploitation commerciale.

La loi 2018-1021 du 23 novembre 2018 portant évolution du logement, de l'aménagement et du numérique, dite « loi Élan », a réalisé une nouvelle réforme qui a, notamment, pour objet de favoriser l'installation des grandes surfaces dans les **centres-villes.** La plupart de ses dispositions sont entrées en vigueur le 25 novembre 2018.

Plus récemment, la loi Climat 2021-1104 du 22 août 2021 et la loi « 3DS » 2022-217 du 21 février 2022 ont apporté diverses modifications au régime de l'urbanisme commercial.

> **Précisions** Dans la mesure où leurs **solutions** sont **transposables au régime actuel,** nous continuons à faire référence à la circulaire X160197-1 du 16 janvier 1997 relative à l'application de la loi du 27 décembre 1973, ainsi qu'à la jurisprudence portant sur d'anciennes dispositions qui ont cessé d'être en vigueur.

I. CHAMP D'APPLICATION DES RÈGLES RELATIVES À L'URBANISME COMMERCIAL

92100 Les dispositions analysées ci-dessous concernent certains types de projets relatifs à des magasins de commerce de détail et à des ensembles commerciaux d'une surface de vente supérieure à 1 000 m² (C. com. art. L 752-1 à L 752-3).

A. Définitions de notions propres à la réglementation de l'urbanisme commercial

DÉFINITION DU « MAGASIN DE COMMERCE DE DÉTAIL »

92110 Par « magasin de commerce de détail », il faut entendre tout magasin où s'effectue essentiellement la **vente de marchandises à des consommateurs** pour un usage domestique. Entrent également dans cette catégorie les commerces de gros qui pratiquent une activité significative de commerce de détail (Circ. du 16-1-1997).

Cette définition inclut la vente d'objets d'occasion (brocantes, dépôts-ventes, commerces de véhicules d'occasion, antiquaires, etc.).

Les restaurants, même s'ils réalisent une partie de leur activité dans la vente à emporter, sont exclus du champ d'application de la loi.

Les activités de production et de **service à caractère artisanal** (pressing, salon de coiffure et d'esthétique, cordonnerie, boulangerie, serrurerie, photographie, etc.) relèvent de l'autorisation d'exploitation commerciale (CE 30-9-1987 n° 76268 : Lebon p. 298 ; CE 4-11-1994 n° 132905 : RJDA 1/95 n° 62 ; CE 15-5-1996 n° 128217 : RJDA 4/97 n° 585). Sont donc exclus du champ d'application de la loi les prestataires de services à caractère non artisanal, tels que les laveries automatiques, les stations de lavage pour automobiles ou les vidéothèques, à condition qu'ils ne pratiquent aucune vente au détail.

Les prestataires de **services à caractère immatériel ou intellectuel** (banques, agences de voyages, assurances, activités financières et de courtage, etc.) sont également exclus de ce champ d'application (Circ. du 16-1-1997).

DÉFINITION DE L'« ENSEMBLE COMMERCIAL »

Pour être considérés comme faisant partie d'un même ensemble commercial, qu'ils soient ou non situés dans des bâtiments distincts et qu'une même personne en soit ou non le propriétaire ou l'exploitant, les **magasins** doivent être réunis sur un **même site** (C. com. art. L 752-3, I-al. 1). 92120

Il résulte de la jurisprudence que deux magasins ne peuvent pas être considérés comme étant réunis sur un même site lorsque la disposition des lieux fait obstacle à ce que la même clientèle se rende de l'un à l'autre des bâtiments.

ILLUSTRATIONS

Ne sont pas situés sur un même site deux magasins distants de 300 mètres environ, séparés par une voie de circulation impossible à traverser, la communication entre les deux points de vente ne pouvant s'effectuer que par des carrefours giratoires qui conduisaient à un rallongement des trajets (Cass. com. 19-6-2001 : RJDA 12/01 n° 1271).

En revanche, sont implantés sur le même site deux magasins situés à proximité l'un de l'autre et dont les accès se font face, des deux côtés d'une voie publique aisément franchissable (CE 3-10-2003 n° 248499 : RJDA 2/04 n° 236).

Il en va de même pour deux magasins également situés à proximité l'un de l'autre, des deux côtés d'une voie publique qui ne constitue pas un obstacle à la circulation des clients entre les établissements compte tenu des aménagements prévus à cet effet (CAA Lyon 10-6-2021 n° 19LY02686).

L'instruction du gouvernement du 3 mai 2017 sur la législation en matière d'aménagement commercial (NOR : ECFI1713905C) relève que, faute d'être dotés d'une surface de vente, les **espaces « drive »** (n° 92360) ne « peuvent jamais faire partie d'un ensemble commercial » (www.circulaire.legifrance.gouv.fr/). En réalité, cette position se justifie par le simple fait que les espaces en question ne sont pas assimilables à des magasins de commerce de détail.

Pour constituer un ensemble commercial, les magasins doivent aussi remplir l'**une des conditions** suivantes (C. com. art. L 752-3, I-1° à 4°). 92125

1° Avoir été conçus dans le cadre d'une **même opération d'aménagement foncier** (ZAC, restauration immobilière ou lotissement), que celle-ci soit réalisée en une ou plusieurs tranches.

2° Bénéficier d'aménagements conçus pour permettre à une **même clientèle l'accès des divers établissements.** À ce titre, les éléments susceptibles d'être retenus pour déterminer la constitution d'un ensemble commercial sont notamment (Circ. du 16-1-1997) :

– une voirie, préexistante ou non, publique ou privée, ayant principalement pour vocation d'assurer la circulation interne entre les divers magasins de l'ensemble commercial, ce qui exclut les magasins établis par simple juxtaposition le long des axes routiers affectés à la circulation générale, dans la mesure où ils ne relèvent pas d'une opération d'aménagement foncier (en particulier, les rues piétonnes, les rues de centre-ville, etc.) ;

– des parcs de stationnement communs aux différents magasins ou contigus mais n'interdisant pas la circulation piétonne entre eux ;

– des accès piétonniers conçus pour permettre essentiellement à la clientèle de circuler entre les divers magasins.

3° Faire l'objet d'une **gestion commune** de certains éléments de leur exploitation, par exemple par la création de services collectifs (notamment, le gardiennage et la sécurité, le nettoyage, l'entretien des espaces verts, le chauffage et la climatisation, les entrepôts communs, les services administratifs communs) ou l'utilisation habituelle de pratiques et de publicités commerciales communes. Au titre de ce dernier élément, la circulaire du 16 janvier 1997 cite les enseignes génériques ou logotypes identiques, les publicités ou campagnes commerciales concertées, la signalisation routière et les panneaux informatifs. Elle exclut toutefois les animations commerciales traditionnelles réalisées par des associations de commerçants.

4° Être réunis par une **structure juridique commune,** contrôlée directement ou indirectement par au moins un associé, exerçant sur elle une influence « au sens de l'article L 233-16 du Code de commerce » ou ayant un dirigeant de droit ou de fait commun.

Cette disposition permet de contrôler les modifications de structures juridiques, au même titre que les transformations matérielles, survenant au cours de l'exploitation, telles que rachat, constitution de filiales, prises de contrôle, et ayant pour conséquence la gestion commune de magasins antérieurement indépendants. L'influence notable sur la gestion et la politique financière d'une entreprise est présumée « lorsqu'une société dispose, directement ou indirectement, d'une fraction au moins égale au cinquième des droits de vote de cette entreprise ». Ainsi, toute prise de contrôle, directe ou indirecte, dans plusieurs sociétés propriétaires de magasins distincts réunis sur un même site donnera lieu à une demande d'autorisation d'exploitation commerciale.

À noter que le paragraphe IV de l'article L 233-16, qui définissait la notion d'influence notable et auquel renvoie l'article L 752-3, I-4°, a été abrogé par l'ordonnance 2015-900 du 23 juillet 2015. Mais celle-ci a repris littéralement la même définition sous l'article L 233-17-2. Le renvoi doit donc être considéré comme visant aujourd'hui ce dernier texte.

ILLUSTRATIONS

Doivent être considérés comme réunis sur un même site et conçus dans le cadre d'une **même opération d'aménagement** trois magasins de commerce de détail édifiés sur des parcelles voisines, desservis par la même voie publique et compris dans un lotissement communal d'activité commerciale et d'habitat (CAA Nancy 15-5-1997 n° 94NC01208 : RJDA 3/98 n° 350).

Bien qu'appartenant à des sociétés distinctes, dirigées par des personnes différentes, deux magasins situés sur un même site ont été considérés comme faisant l'objet d'une **gestion commune** de certains éléments de leur exploitation car ils étaient liés par des contrats de franchise avec un groupe de distribution qui leur permettaient d'utiliser à des fins de signalétique ou de promotions commerciales auprès de la clientèle l'enseigne portant le nom de ce groupe de distribution et le logotype correspondant ; en particulier, ces deux magasins effectuaient des publicités commerciales communes qui soulignaient leur proximité immédiate et la similitude de leurs enseignes (CE 3-10-2003 n° 248499 : RJDA 2/04 n° 236).

Inversement, plusieurs supermarchés et un espace commercial regroupant six boutiques ne forment pas un ensemble commercial dès lors que, si l'accès aux deux structures s'effectue en empruntant la même voie publique qui les sépare et si un passage piéton permet de traverser cette voie pour se rendre à l'une ou l'autre des structures, il n'en résulte pas que celles-ci, qui sont chacune dotées de leur propre parc de stationnement, partageraient des aménagements conçus afin de permettre à une même clientèle l'**accès aux divers établissements** (CAA Marseille 30-11-2020 n° 18MA02312).

92130 Par **exception,** la notion d'ensemble commercial ne s'applique pas dans les **ZAC de centres urbains** (C. com. art. L 752-3, II). Dans ce dernier cas, les surfaces de vente sont à considérer magasin par magasin. Ainsi, plusieurs magasins de 1 000 m² chacun peuvent être créés dans une ZAC de centre urbain sans autorisation préalable. Selon la circulaire du 16 janvier 1997, une ZAC de centre urbain ne peut être envisagée que dans une commune urbaine (c'est-à-dire une commune de plus de 2 000 habitants ou une commune appartenant à une agglomération multicommunale de plus de 2 000 habitants). Peut être considérée comme une ZAC de centre urbain toute ZAC destinée à renforcer ou compléter l'attraction des rues commerçantes de centre-ville d'une commune urbaine ou à restructurer l'appareil commercial d'un centre-ville.

ILLUSTRATIONS

Une ZAC, qui est située dans une partie excentrée et non encore urbanisée du territoire communal et qui n'a pas vocation à renforcer l'attractivité des centres urbains, ne saurait être considérée comme une ZAC de centre urbain. En conséquence, un ensemble commercial comportant 15490 m² de surface de vente, dont la création est envisagée à cet emplacement, est soumis aux règles normalement applicables à un tel projet (CAA Versailles 29-11-2011 n° 10VE00763).

DÉFINITION DE LA « SURFACE DE VENTE »

92140 Le seuil de superficie au-delà duquel l'application du régime de l'urbanisme commercial est obligatoire (n° 92100) est exprimé en termes de surface de vente.

La surface de vente s'entend de la **superficie des espaces affectés** (Loi 72-657 du 13-7-1972 art. 3, al. 3 ; Circ. ECOI2316200C du 15-11-2023) :

– à la circulation de la clientèle pour effectuer ses achats (par exemple, allées de circulation entre les rayons, escalators et ascenseurs reliant directement un parc de stationnement au magasin) ;

– à l'exposition des marchandises proposées à la vente (par exemple, emprise occupée par les rayonnages, les gondoles, les stands, que ceux-ci soient temporaires ou permanents) ;

– au paiement des marchandises (par exemple, emprise occupée par les caisses physiques ou automatiques, les bornes de paiement ou les appareils permettant de scanner les achats en rayon) ;

– à la circulation du personnel pour présenter les marchandises à la vente.

Ces espaces sont couverts ou non couverts.

Doit, notamment, être intégré dans la surface de vente le sas d'entrée dans un magasin, qui est affecté à la circulation de la clientèle et qui, même s'il n'accueille aucune marchandise, permet aux clients de bénéficier des prestations commerciales de l'établissement (CE 16-11-2022 n° 462720 : RJDA 3/23 n° 167). Cette solution revient sur la position qu'avait retenue la circulaire du 16 janvier 1997.

ATTENTION

L'article 3 de la loi du 13 juillet 1972, relatif à la taxe sur les surfaces commerciales (Tascom), renvoie à l'ex-article L 720-5 du Code de commerce dont les dispositions ont été reprises aux articles L 752-1 et L 752-2 en vertu de l'ordonnance 2006-673 du 8 juin 2006 modifiant la numérotation de certains articles du Code de commerce. Le renvoi doit être considéré comme visant aujourd'hui le nouvel article L 752-1.

Sont notamment **exclus de la surface de vente** (Circ. du 15-11-2023) : 92145
- les locaux sociaux ;
- les réserves ;
- les chambres froides, les laboratoires et les locaux techniques ;
- les espaces de circulation affectés aux issues de secours s'ils ne sont pas accessibles au public durant les heures d'ouverture du magasin ;
- tous les espaces relevant d'un parc de stationnement (aérien ou en infrastructure) ;
- les aires de livraison non accessibles au public.

ILLUSTRATIONS

Ne doit pas être prise en compte dans la surface de vente un espace de circulation situé à l'entrée d'un centre commercial, alors que cet espace ouvre l'accès à plusieurs magasins (CE 3-7-2019 n° 414009). Il en va de même pour une partie du bâtiment commercial qui est destinée à l'usage de laboratoires, réserves et locaux sanitaires et sociaux, qui se trouve séparée par un mur des espaces de vente et dont l'accès est interdit à la clientèle (CE 3-3-2003 n° 227542 : RJDA 2/04 n° 240). La solution est analogue dans le cas d'une réserve de 426 m² séparée de l'espace de vente par un mur coupe-feu (CAA Nancy 29-3-2018 n° 17NC00744).

Il n'est également pas tenu compte de la surface des **pharmacies,** des commerces de véhicules automobiles et de motocycles et des **installations de distribution de carburants** (C. com. art. R 752-1, al. 1). 92150

Pour déterminer la surface de vente des établissements exploités par des **pépiniéristes** ou des **horticulteurs,** seules sont prises en compte les surfaces destinées à la vente de produits ne provenant pas de l'exploitation (par exemple, terreau, pots, articles décoratifs ou d'entretien) (C. com. art. R 752-1, al. 2). 92155

B. Projets concernés par la réglementation de l'urbanisme commercial

CRÉATION DE MAGASINS DE COMMERCE DE DÉTAIL

Sont soumis à une autorisation d'exploitation commerciale les projets de création d'un magasin d'une surface de vente supérieure à 1 000 m² résultant soit d'une **construction nouvelle,** soit de la **transformation d'un immeuble existant** qui n'était pas auparavant affecté à un commerce de détail (C. com. art. L 752-1, 1°). 92200

La **reconstruction** d'un magasin de commerce de détail doit s'analyser comme une création soumise à autorisation (Circ. du 16-1-1997), sauf s'il s'agit de la reconstruction, au même emplacement, c'est-à-dire sur les mêmes parcelles de terrain, après démolition du bâtiment abritant un commerce n'ayant pas cessé d'être exploité pendant trois ans ou plus (n° 92240), d'un bâtiment destiné à recevoir un magasin de commerce de détail de même nature et de même surface de vente (CE 3-6-2002 n° 241313 : RJDA 12/02 n° 1328, décision faisant application de la réglementation antérieure à la loi du 4-8-2008 qui prévoyait une durée d'inexploitation de deux et non de trois ans ; CAA Bordeaux 28-12-2017 n° 15BX03116 : RJDA 5/18 n° 464).

L'instruction du gouvernement du 3 mai 2017 sur la législation en matière d'aménagement commercial (NOR : ECFI1713905C) dénonce la pratique qui consiste à **scinder artificiellement** en deux un projet de création de magasin de commerce de détail afin d'échapper aux règles propres à la création de tels magasins. Elle donne pour exemple une opération comportant un projet de création d'une surface de vente de 999 m², suivi d'une demande d'extension à concurrence de 501 m². Dans cette hypothèse, la création de la surface de vente de 999 m² n'est pas soumise à une autorisation d'exploitation commerciale, alors que la demande d'extension, qui entraîne un dépassement du seuil de 1 000 m², doit faire l'objet d'une autorisation (n° 92210). Selon l'instruction, l'intérêt de cette pratique vient de ce que 92205 l'appréciation, par les commissions d'aménagement commercial, des effets d'un projet est sensiblement plus restrictive s'il s'agit d'une création que s'il s'agit d'une extension.

Appelées à se prononcer sur cette pratique, les juridictions l'ont condamnée en jugeant que la demande de création d'un centre commercial d'une surface de vente de 999 m², suivie d'une demande d'extension portant sur une surface de vente de 951 m², devait être considérée comme relative à un projet de création d'un nouvel établissement (CAA Marseille 9-4-2018 nº 16MA01170).

Pour un autre exemple, voir CAA Nantes 14-6-2017 nº 16NT03217.

EXTENSION DE LA SURFACE DE VENTE D'UN MAGASIN

92210 L'extension de la surface de vente d'un magasin de commerce de détail ayant déjà atteint le seuil de 1 000 m² ou devant le dépasser par la réalisation du projet est soumise à une autorisation commerciale (C. com. art. L 752-1, 2º).

Est considérée comme une extension l'**utilisation supplémentaire de tout espace** couvert ou non, fixe ou mobile, qui n'entre pas dans le champ d'application de la réglementation des **ventes au déballage** prévue par l'article L 310-2 du Code de commerce. Ainsi, l'utilisation d'un parking pour vendre des marchandises plus de deux mois par année civile sera considérée comme une extension de la surface de vente du magasin.

Les **regroupements de magasins** constituent des extensions soumises à autorisation préalable.

Cependant, sont dispensés de l'autorisation les regroupements de surfaces de vente de **magasins voisins,** sans création de surfaces supplémentaires, lorsqu'il en résulte un magasin de commerce de détail n'excédant pas 2 500 m² de vente ou 1 000 m² s'il est à prédominance alimentaire (art. L 752-2, I).

Sont également dispensés de l'autorisation les regroupements de surfaces de vente de **magasins situés dans le périmètre d'une grande opération d'urbanisme (GOU)** prévue par l'article L 312-3 du Code de l'urbanisme. Mais il est nécessaire que ces regroupements (C. com. art. L 752-2, V issu de loi 2023-973 du 23-10-2023) :

– résultent du transfert de surfaces préalablement autorisées, sans création de surfaces supplémentaires ;

– favorisent la mixité fonctionnelle d'une zone d'activité économique en permettant qu'elle ne soit pas exclusivement affectée au commerce, mais qu'elle soit aussi le siège d'industries ;

– n'entraînent aucune artificialisation des sols.

Cette seconde catégorie de dispense s'applique à compter de la publication de l'acte décidant de la mise en place de la GOU et pendant sa durée.

> **Précisions** À titre expérimental et pour une durée de trois ans à compter du 23 octobre 2023, sont exonérés d'autorisation les regroupements de surfaces de vente effectués soit à l'intérieur d'une même **zone d'activité économique,** soit entre différentes **zones comprises dans le périmètre d'un même établissement public de coopération intercommunale.** L'octroi de cette exonération est subordonné aux trois conditions énoncées ci-dessus. Mais il n'est pas nécessaire que les surfaces de vente concernées se trouvent dans le périmètre d'une GOU (Loi 2023-973 du 23-10-2023 art. 22, II).

CRÉATION D'UN ENSEMBLE COMMERCIAL

92220 La création d'un ensemble commercial tel que défini à l'article L 752-3 du Code de commerce (voir nº 92120) est soumise à **autorisation** dès que la surface de vente totale est supérieure à 1 000 m² (C. com. art. L 752-1, 4º).

La création d'un ensemble commercial peut intervenir soit en une seule fois (demande de création d'un centre commercial), soit par adjonction de magasins.

Elle peut résulter aussi d'une modification des aménagements existants sans construction ni création de nouveaux magasins (par exemple, suppression d'un grillage entre deux parkings de magasins qui ne constituaient pas jusqu'alors un ensemble commercial).

92225 La création d'un ensemble commercial doit, en principe, faire l'objet d'une **demande d'autorisation** unique. Lorsque les commissions d'aménagement commercial sont saisies de demandes distinctes relatives à chacun des magasins composant l'ensemble commercial, elles ont néanmoins la possibilité de prendre des décisions séparées dès lors qu'elles ont été en mesure de porter une appréciation globale sur l'ensemble formé par les demandes fractionnées (CE 16-4-2010 nº 319714 : RJDA 11/10 nº 1113 ; CE 25-2-2015 nº 374181 ; CAA Nantes 14-11-2017 nº 15NT02421 ; CAA Marseille 15-10-2018 nº 17MA00290).

EXTENSION D'UN ENSEMBLE COMMERCIAL

L'extension de la surface de vente d'un ensemble commercial ayant déjà atteint le seuil des 1 000 m² ou devant le dépasser par la réalisation du projet est soumise à autorisation (C. com. art. L 752-1, 5°). 92230

L'extension d'un ensemble commercial peut résulter de la création d'un ou de plusieurs magasins de commerce de détail ou de prestataires de services à caractère artisanal, ou de l'extension de la surface de vente d'un établissement déjà implanté dans un ensemble commercial. Elle peut résulter aussi d'une modification des aménagements existants sans construction ni création de nouveaux magasins (par exemple, suppression d'un grillage entre deux parkings de magasins qui ne constituaient pas jusqu'alors un ensemble commercial) (Circ. du 16-1-1997).

La jurisprudence a confirmé que l'extension d'un ensemble commercial nécessite une autorisation même si elle ne concerne qu'un seul des magasins de l'ensemble commercial (CE 29-12-2023 n° 471159 : RJDA 3/24 n° 186).

RÉOUVERTURE AU PUBLIC D'UN MAGASIN

La réouverture au public, sur le même emplacement, d'un magasin de commerce de détail d'une surface de vente supérieure à 2500 m² dont les **locaux** ont **cessé d'être exploités pendant trois ans** est soumise à une autorisation d'exploitation commerciale (C. com. art. L 752-1, 6°). 92240

En cas de procédure de redressement judiciaire de l'exploitant, le délai court à compter du jour où le propriétaire a recouvré la pleine et entière disposition des locaux (art. L 752-1, 6°). Il en est également ainsi en cas de liquidation judiciaire (Cass. com. 12-7-2004 n° 1194 : RJDA 11/04 n° 1272).

L'appréciation du délai de trois ans ne soulève pas de difficultés lorsque le magasin est resté continuellement fermé. Lorsqu'une activité intermittente s'y est exercée, l'administration estime que celle-ci n'interrompt pas le décompte du délai, faute d'avoir un effet sur la concurrence (Circ. du 16-1-1997).

> **Précisions** Dans la circulaire du 16 janvier 1997, l'administration fait état d'un jugement du tribunal de grande instance de Thionville du 21 février 1990 ayant relevé que la réalisation d'**actes de commerce isolés** dans un fonds de commerce inexploité n'est pas de nature à interrompre l'inexploitation. En l'espèce, le magasin avait été rouvert 48 heures avant la date du deuxième anniversaire de sa fermeture, le chiffre d'affaires réalisé pendant ces 48 heures avait été négligeable, les produits vendus provenaient d'un autre magasin exploité à proximité sous la même enseigne, cette réouverture provisoire n'avait été précédée d'aucune publicité, ni du passage de la commission de sécurité. Le tribunal a estimé que, dans ces conditions, il ne s'agissait que d'un artifice destiné à contourner la réglementation (décision rendue sous l'empire de la réglementation antérieure à la loi du 4 août 2008 qui prévoyait une durée d'inexploitation de deux ans et non de trois).

CHANGEMENT DE SECTEUR D'ACTIVITÉ

Tout changement de secteur d'activité d'un commerce d'une surface de vente supérieure à 2 000 m², ou 1 000 m² lorsque l'activité nouvelle est à prédominance alimentaire, est soumis à une autorisation d'exploitation commerciale (C. com. art. L 752-1, 3°). 92250

Les seuils de 2 000 m² et de 1 000 m² s'appliquent aux surfaces de vente créées dans la nouvelle activité (Circ. du 16-1-1997).

Les secteurs d'activité visés sont les suivants (C. com. art. R 752-2) :

1° le commerce de détail à prédominance alimentaire ;

2° les autres commerces de détail et les activités de prestations de services à caractère artisanal.

Le changement d'activité d'un magasin de commerce de détail ou de prestations de services à caractère artisanal, sans extension de surface, s'opère librement si la nouvelle activité relève du même secteur que l'ancienne. Il est en revanche soumis à autorisation préalable si la nouvelle activité est classée dans un secteur différent de l'ancienne (Circ. du 16-1-1997).

> **Précisions** **a.** Le secteur « commerce de détail à **prédominance alimentaire** » comprend les activités correspondant aux classe et groupe suivants de la nomenclature d'activités française (NAF rév. 2) annexée au décret 2007-1888 du 26 décembre 2007 portant approbation des nomenclatures d'activités et de produits françaises :
> – classe 47.11 : commerce de détail en magasins non spécialisés à prédominance alimentaire ;
> – groupe 47.2 : commerce de détail alimentaire en magasin spécialisé.
> **b.** Le secteur « **autres commerces de détail** et activités de prestations de services à caractère artisanal » doit être considéré comme comprenant les activités pour l'exercice desquelles une autorisation d'exploitation commerciale est requise et qui ne sont pas mentionnées au a.

C. Projets exclus de la réglementation de l'urbanisme commercial

PROJETS EXCLUS EN RAISON DE LEUR NATURE

92300 Certaines opérations et activités de commerce de détail, essentiellement caractérisées par leur nature particulière, ne sont pas soumises à une autorisation d'exploitation commerciale. Il convient de distinguer suivant que cette exclusion est soumise à une condition de seuil ou non.

1° Ne sont pas soumis à autorisation (C. com. art. L 752-2, I et III) :

– les **regroupements** de surfaces de vente de magasins voisins, sans création de surfaces supplémentaires, n'excédant pas 2 500 m², ou 1 000 m² lorsque l'activité nouvelle est à prédominance alimentaire ;

– les **magasins** situés dans les parties du domaine public affecté aux **gares ferroviaires et routières** situées en centre-ville d'une surface inférieure ou égale à 2 500 m².

2° Ne sont pas soumis à autorisation, quelle que soit leur superficie (art. L 752-2, II, III et V issu de loi 2023-973 du 23-10-2023) :

– les **pharmacies** ;

– les **commerces de véhicules** ou de motocycles ;

– les **halles et marchés** d'approvisionnement au détail, couverts ou non, établis sur les dépendances du domaine public et dont la création est décidée par le conseil municipal ;

– les **magasins situés dans l'enceinte des aéroports** et accessibles aux seuls voyageurs munis de billets ;

– sous certaines conditions, les **regroupements** de surfaces de vente de magasins situés dans le périmètre d'une **grande opération d'urbanisme (GOU).**

Enfin, les projets de création ou d'extension d'une **installation de distribution au détail de combustibles et de carburants,** annexée à un magasin de commerce de détail, ne sont pas non plus soumis à autorisation.

PROJETS EXCLUS DE LA RÉGLEMENTATION DE L'URBANISME COMMERCIAL EN RAISON DE LEUR IMPLANTATION DANS LES CENTRES-VILLES

92310 **Règles générales** Les projets dont l'implantation est prévue dans les communes faisant l'objet d'une **« opération de revitalisation du territoire » (ORT)** ne sont pas soumis à autorisation d'exploitation commerciale (C. com. art. L 752-1-1, al. 1 et, sur renvoi, CCH art. L 303-2). L'ORT doit permettre de remédier à la situation des villes moyennes dont les quartiers-centres sont touchés par la disparition des commerces.

La dérogation à l'obligation d'obtenir une autorisation d'exploitation commerciale implique que le projet soit situé dans le périmètre d'un secteur d'intervention de l'ORT. Celui-ci doit comprendre un **centre-ville** identifié par la convention à laquelle donne lieu l'opération. Cette dérogation suppose aussi que les projets concernés ne soient pas considérés comme engendrant une artificialisation des sols, au sens de l'article L 752-6, V.

Sous ces conditions, presque tous les projets, et en particulier la création d'un magasin de commerce de détail atteignant une surface de vente supérieure à 1 000 m², sont **dispensés d'autorisation,** sans que s'impose une quelconque formalité préalable. Seules échappent à la dispense la création ou l'extension des espaces « drive » dont sont dotés certains magasins (art. L 752-1, 7° ; n° 92360).

ATTENTION

La convention de l'ORT peut rétablir l'exigence d'une autorisation pour les mêmes catégories de projets si leur surface de vente dépasse le seuil qu'elle a fixé, mais qui ne saurait être inférieur à 5 000 m² ou, pour les magasins à prédominance alimentaire, à 2500 m² (art. L 752-1-1, al. 2).

92315 Le porteur d'un projet dispensé d'autorisation d'exploitation commerciale doit faire **publier,** dans deux journaux régionaux ou locaux à diffusion départementale, un avis d'ouverture au public au plus tard un mois avant la date d'ouverture prévue.

L'avis décrit l'équipement commercial concerné, avec mention de son adresse exacte d'implantation. Il mentionne également l'article L 752-1-1 du Code de commerce, ainsi que la convention de l'ORT.

Le porteur de projet communique, préalablement à l'ouverture au public, une copie de ces deux publications au préfet (C. com. art. R 752-44-14).

Ces dispositions s'appliquent aux équipements commerciaux dont l'ouverture au public est prévue à compter du 1er janvier 2020 (Décret 2019-563 art. 7, II).

> Précisions **a.** Par « **porteur du projet** », il faut entendre le propriétaire du terrain ou de l'immeuble ou, le cas échéant, toute personne habilitée par le propriétaire à construire ou exploiter commercialement l'équipement.

b. Si l'équipement comporte **plusieurs commerces,** les délais de publication et de communication du ou des avis d'ouverture au public s'apprécient commerce par commerce.

Projets mixtes Sont également dispensées d'autorisation « les **opérations** immobilières **combinant** un projet d'**implantation commerciale et** des **logements** » si elles sont situées dans un centre-ville appartenant au secteur d'intervention d'une ORT (C. com. art. L 752-2, IV). Cette dérogation poursuit l'objectif de revitalisation des territoires en difficulté. Mais, pour que le projet ne soit pas soumis à autorisation, il est nécessaire que la surface de vente du commerce soit inférieure au quart de la surface de plancher à destination d'habitation. **92320**

D. Cas des espaces « drive » des magasins à grande surface

Les projets destinés à la création ou l'extension d'un point permanent de retrait par la clientèle d'achats au détail commandés par voie télématique, organisé pour l'accès en automobile (espace « drive » des magasins à grande surface), sont soumis à une autorisation d'exploitation commerciale, sauf si le point de retrait a une surface de 20 m² maximum et se trouve intégré à un magasin ouvert au public avant le 27 mars 2014 (C. com. art. L 752-1, 7° et al. 10). Constituent de tels points non seulement les installations conçues pour le retrait, mais aussi les pistes de ravitaillement attenantes (art. L 752-3, III). **92360**

ILLUSTRATIONS

Alors que l'exploitant d'un hypermarché avait, en 2010, établi un drive et que celui-ci présentait, dès l'origine, les caractéristiques d'une installation conçue pour le retrait par la clientèle de marchandises commandées par voie télématique, la réalisation, en 2016, d'un projet de transfert de ce drive, sans extension, n'était pas soumise à une autorisation d'exploitation commerciale (CAA Nancy 16-12-2021 n° 19NC00401).

II. PROCÉDURE DE CONTRÔLE DES PROJETS SOUMIS À AUTORISATION D'EXPLOITATION COMMERCIALE

PRINCIPES RELATIFS À LA PROCÉDURE DE CONTRÔLE

Lorsque la réalisation du projet soumis à autorisation d'exploitation commerciale implique la délivrance d'un **permis de construire,** l'obtention de celui-ci tient lieu d'autorisation d'exploitation commerciale, à condition que la **CDAC** ait exprimé un **avis** favorable à la demande de permis (C. urb. art. L 425-4, al. 1). **92500**

Un permis de construire ne peut donc jamais valoir autorisation d'exploitation commerciale si le projet n'a pas été, au préalable, soumis pour avis à la CDAC (CE 14-11-2018 n° 413246 : RJDA 1/19 n° 141 ; CE 1-2-2019 n° 415050).

Le pétitionnaire n'est pas tenu de demander la délivrance d'une autorisation d'exploitation commerciale en tant que telle. Il lui suffit de déposer à la mairie de la commune du lieu d'implantation une demande de permis de construire. Mais cette demande s'accompagne de deux séries d'éléments : les uns permettent de vérifier que le bâtiment a été édifié ou aménagé dans le respect des règles d'urbanisme, les autres d'assurer le contrôle, par la CDAC, de la pertinence du projet d'activité commerciale.

Il résulte de l'article L 425-4 du Code de l'urbanisme qu'un avis favorable ou défavorable de la CDAC lie l'autorité compétente pour délivrer le permis de construire en ce qui concerne tous les éléments relevant de l'appréciation de la commission. L'autorité compétente pour délivrer le permis conserve bien entendu son propre pouvoir d'appréciation pour contrôler la régularité du projet de construction proprement dit au regard des règles d'urbanisme.

Lorsque la réalisation du projet n'implique **pas** la délivrance d'un **permis de construire,** le pétitionnaire doit déposer une **demande d'autorisation d'exploitation commerciale** auprès de la **CDAC** (C. com. art. L 751-1).

Par ailleurs, une procédure spécifique est applicable dans les **communes de moins de 20 000 habitants** ou lorsque le **projet est susceptible d'engendrer une artificialisation des sols** (C. com. art. L 752-4).

> **Précisions** La loi 3DS 2022-217 du 21 février 2022 et le décret 2023-977 du 23 octobre 2023 organisent une **expérimentation** applicable depuis le 1er janvier 2024 jusqu'au 22 février 2028 sur les territoires ayant conclu une convention d'opération de revitalisation du territoire (ORT), ainsi que dans les communautés urbaines et les métropoles. Dans ce cadre, l'autorité compétente pour délivrer une autorisation d'urbanisme peut instruire la demande d'autorisation d'exploitation commerciale et faire droit à cette demande. La saisine de la CDAC n'est pas nécessaire et la validité de l'autorisation ne s'apprécie pas au regard des critères définis par le Code de commerce. Ces critères seront repris dans les documents d'urbanisme couvrant les territoires concernés.

COMPOSITION DE LA CDAC

92510 La CDAC est **présidée** par le préfet (C. com. art. L 751-2, I), qui fixe sa composition pour chaque demande d'autorisation (C. com. art. R 751-2, al. 1).

Dans les **départements autres que Paris et** en dehors de la **Corse,** elle comprend sept personnalités qualifiées et sept élus locaux, à savoir : le maire de la commune d'implantation ; le président de l'établissement public de coopération intercommunale (EPCI) à fiscalité propre auquel appartient cette commune ; le président du syndicat mixte ou de l'EPCI chargés du schéma de cohérence territoriale (Scot) couvrant le territoire de la commune d'implantation ; le président du conseil départemental ou son représentant ; le président du conseil régional ou son représentant ; un représentant des maires au niveau départemental ; un représentant des « intercommunalités » au niveau départemental.

Lorsque la **zone de chalandise du projet dépasse les limites du département,** le préfet complète la composition de la commission en désignant au moins un élu et une personnalité qualifiée de chaque autre département concerné. Le cas échéant, il invite un représentant de chacune des collectivités territoriales frontalières, ou de leurs groupements compétents en matière d'aménagement commercial, à participer aux travaux de la commission sans voix délibérative (art. L 751-2, II).

À **Paris,** la CDAC comprend cinq personnalités qualifiées et cinq élus locaux, à savoir le maire de Paris ou son représentant, le maire de l'arrondissement du lieu d'implantation, un adjoint au maire de Paris, un conseiller d'arrondissement et un conseiller régional (art. L 751-2, III).

Chacune des deux CDAC de la **Corse**-du-Sud et de la Haute-Corse est dotée d'une composition particulière destinée à assurer la représentation de l'Assemblée de Corse (art. L 751-2, IV).

Pour plus de précisions sur la composition de la CDAC, voir aussi les articles R 751-1 s.

> **Précisions** Au nombre des personnalités qualifiées figurent trois **représentants du « tissu économique »** respectivement désignés par les chambres de commerce, de métiers et d'agriculture. Les deux premiers ne peuvent pas participer au vote sur une demande d'autorisation (art. L 751-2, II). Il en va de même en Corse (art. L 751-2, IV) et à Paris où la CDAC ne comprend, au titre de la même représentation, que deux personnalités désignées par les chambres de commerce et de métiers (art. L 751-2, III).
> Saisie par le Conseil d'État d'une question préjudicielle (CE 15-7-2020 n° 431703 : RJDA 4/21 n° 270), la Cour de justice de l'Union européenne a exprimé des doutes sur le point de savoir si la directive 2006/123/CE relative aux services dans le marché intérieur autorisait la présence, au sein de la commission, de ces trois représentants du « tissu économique » (CJUE 15-7-2021 aff. 325/20 : RJDA 10/21 n° 691). Après avoir réexaminé l'affaire, la juridiction nationale a estimé que la présence des deux **personnalités qualifiées désignées par les chambres de métiers et de l'artisanat** était incompatible avec les exigences de la directive (CE 22-11-2021 n° 431724 : RJDA 2/22 n° 116). Elle a, en conséquence, censuré les dispositions correspondantes de la partie réglementaire du Code de commerce (art. R 751-1, 5°).

PROJET NÉCESSITANT OU NON UN PERMIS DE CONSTRUIRE

92520 La majorité des projets soumis à contrôle nécessite un **permis de construire.** Ainsi en est-il notamment de (C. urb. art. R 421-1, R 421-13 et R 421-14 ; C. com. art. L 752-1, 1° et 4°) :

– la création d'un magasin de commerce de détail d'une surface de vente supérieure à 1 000 m² résultant d'une construction nouvelle ;

– la création d'un ensemble commercial dont la surface de vente excède 1 000 m².

Il peut en aller de même pour l'extension de la surface de vente d'un magasin (C. com. art. L 752-1, 2°) ou l'extension d'un ensemble commercial (art. L 752-1, 4°) si la surface de plancher ou l'emprise au sol supplémentaire de la construction excède 20 m² (ou 40 m² dans les zones urbaines couvertes par un plan local d'urbanisme) (C. urb. art. R 421-14, a ou b).

L'application de la procédure de contrôle des projets ne nécessitant **pas de permis de construire** n'est toutefois pas exceptionnelle. En effet, sont dispensés de permis de construire :

– la création d'un magasin de commerce de détail d'une surface de vente supérieure à 1 000 m² résultant de la transformation d'un immeuble existant, avec changement de destination, à condition qu'une éventuelle surface de plancher ou une emprise au sol supplémentaire n'excède pas 20 m² (ou 40 m²) (C. urb. art. R 421-13 et R 421-14, a ou b ; C. com. art. L 752-1, 1°) ;
– un changement de secteur d'activité, sous la même condition (C. com. art. L 752-1, 3°) ;
– la réouverture au public d'un magasin ayant cessé d'être exploité pendant trois ans, sous la même condition (C. com. art. L 752-1, 6°).

En outre, selon les circonstances, les **installations** ou équipements **constitutifs d'un « drive »** (C. com. art. L 752-1, 7° et L 752-3, III) relèvent ou non de l'obligation de permis.

> **Précisions** Certains projets ne nécessitent pas la délivrance d'un permis de construire, mais relèvent seulement de l'obligation de déposer une déclaration préalable auprès de l'autorité compétente en matière d'urbanisme (C. urb. art. L 421-4 et R 421-9 s.). S'ils sont donc soumis à un contrôle de cette autorité, ils n'en doivent pas moins être assimilés aux projets dispensés de permis (CAA Paris 25-5-2020 n° 19PA00102).

CONSÉQUENCES DE LA DOUBLE PROCÉDURE DE CONTRÔLE

La double procédure de contrôle des projets établie par la loi Pinel conduit à distinguer : **92530**
– les règles spécifiques aux projets nécessitant la délivrance d'un permis de construire ;
– les règles spécifiques aux projets soumis à autorisation d'exploitation commerciale sans nécessiter un permis de construire ;
– les règles communes aux projets relevant ou non du permis de construire.

A. Projets nécessitant un permis de construire

CONTENU DE LA DEMANDE DE PERMIS DE CONSTRUIRE

Dans le cas d'un projet soumis à permis de construire valant autorisation d'exploitation **92570** commerciale, le demandeur est tenu de déposer **deux dossiers** distincts : le dossier de permis proprement dit, dont la composition est fixée par le Code de l'urbanisme (art. R 431-4 s.), et le dossier dénommé « dossier de demande d'autorisation d'exploitation commerciale », dont la composition est fixée par le Code de commerce (voir n°s 92740 s.). En dépit de cette formulation ambiguë, il ne s'agit pas de solliciter la délivrance d'une autorisation commerciale, mais seulement celle d'un permis de construire valant autorisation.

QUALITÉ DU DEMANDEUR DE PERMIS DE CONSTRUIRE

Ont qualité pour demander un permis de construire (C. urb. art. R 423-1) : **92580**
– le ou les propriétaires du ou des terrains ;
– leurs mandataires ;
– une ou plusieurs personnes attestant être autorisées par eux à exécuter les travaux ;
– en cas d'indivision, un ou plusieurs coïndivisaires ou leurs mandataires ;
– une personne ayant qualité pour bénéficier de l'expropriation pour cause d'utilité publique.

Toutefois, ces règles propres au droit d'urbanisme doivent être combinées avec celles relatives à l'auteur du projet d'aménagement commercial (n° 92710).

DÉPÔT ET INSTRUCTION DE LA DEMANDE DE PERMIS DE CONSTRUIRE

La **demande** de permis de construire, accompagnée des deux dossiers constitués, l'un, en **92590** application du Code de l'urbanisme et, l'autre, du Code de commerce, est **déposée** à la **mairie** conformément aux dispositions des articles R 423-2 et suivants du Code de l'urbanisme. Deux exemplaires supplémentaires du dossier de permis, dont un sur support dématérialisé, doivent être fournis en plus des quatre exemplaires exigés en règle générale pour une demande de permis de construire (C. com. art. R 752-9 et, sur renvoi, C. urb. art. R 423-2, al. 8).

Le maire transmet au **secrétariat de la CDAC,** dans le délai de sept jours francs suivant le dépôt, deux exemplaires du dossier de demande d'autorisation commerciale, dont un sur support dématérialisé (C. com. art. R 752-9 et, sur renvoi, C. urb. R 423-13-2, al. 1). Il s'agit du dossier destiné à contrôler la validité du projet d'activité commerciale.

92595 Si le **dossier** de demande d'autorisation d'exploitation commerciale est **complet,** le secrétariat de la CDAC en informe le maire. Le dossier est réputé complet à défaut d'information contraire communiquée au maire par le secrétariat de la CDAC dans le délai de quinze jours francs suivant le jour de la réception de la demande d'autorisation par ce même secrétariat.

Si le **dossier** de demande d'autorisation est **incomplet,** le secrétariat de la CDAC doit informer le maire des pièces manquantes qui doivent figurer dans ce dossier. Dans les trois jours suivant leur réception, le maire transmet ces pièces au secrétariat de la CDAC. Le délai d'instruction de la demande d'autorisation d'exploitation commerciale court à compter de la réception par le secrétariat de la CDAC d'un dossier complet. Dès cette réception, le préfet informe, par tout moyen, les maires des communes limitrophes de la commune d'implantation du projet, dès lors que ces communes sont incluses dans la zone de chalandise du projet (C. com. art. R 752-10).

Pour tout **projet portant sur une surface de vente comprise entre 3 000 m² et 10 000 m²** et dès lors que le dossier de la demande est enregistré, le secrétariat de la CDAC le transmet au préfet pour avis conforme (C. com. art. R 752-10-1 issu du décret 2022-1312 du 13-10-2022).

92600 Bien que le Code de commerce ne l'indique pas clairement, le dossier de la demande de permis de construire doit être instruit conformément aux règles du Code de l'urbanisme (art. R 423-14 s.). En atteste la disposition du Code de l'urbanisme précisant que, si le projet est « soumis à l'autorisation d'exploitation commerciale au sens de l'article L 752-1 du Code de commerce », le délai d'instruction est majoré de deux mois (C. urb. art. R 423-25, e).

Lorsque la CDAC ou la CNAC a émis un avis défavorable au projet, le défaut de notification au pétitionnaire, dans le délai d'instruction de sa demande de permis, d'une décision expresse ne vaut pas délivrance d'un permis tacite, mais décision implicite de rejet (C. urb. art. R 424-2, h). Pour des applications de cette règle, voir CE 1-2-2019 n° 411061 ; CAA Marseille 5-3-2018 n° 16MA03054.

92605 **Règles d'urbanisme et de construction propres aux bâtiments d'exploitation commerciale**

La réalisation d'un bâtiment à usage commercial relève pour l'essentiel des règles d'urbanisme et de construction applicables aux autres bâtiments. Néanmoins, certaines dispositions spécifiques concernent plus particulièrement les projets soumis à un permis valant autorisation d'exploitation commerciale. Elles ont été modifiées par la loi 2019-1147 du 8 novembre 2019 relative à l'énergie et au climat, puis par la loi Climat 2021-1104 du 22 août 2021 et, enfin, par la loi 2023-175 du 10 mars 2023 relative à l'accélération de la production d'énergies renouvelables.

Dans le cas de la création d'un magasin de commerce de détail ou d'un ensemble commercial (C. com. art. L 752-1, 1° et 4°), l'emprise au sol des surfaces, bâties ou non, affectées aux **aires de stationnement** annexes à la construction principale, ne doit pas excéder un plafond correspondant aux trois quarts de la surface de plancher des bâtiments affectés au commerce. Afin de limiter la pratique de l'imperméabilisation des sols, il est prévu que la surface des places de stationnement non imperméabilisées comptera seulement pour la moitié (C. urb. art. L 111-19).

Par ailleurs, pour la plupart des projets donnant lieu à autorisation d'exploitation commerciale (création d'un magasin de détail ou d'un ensemble commercial, extension de la surface de vente, création ou extension d'un drive), la **construction de nouveaux bâtiments** créant plus de 500 m² d'emprise au sol n'est autorisée que si ces derniers intègrent (CCH art. L 171-4, I et II) :

– soit un procédé de production d'énergies renouvelables ;

– soit un système de végétalisation basé sur un mode cultural garantissant un haut degré d'efficacité thermique et d'isolation ;

– soit tout autre dispositif aboutissant au même résultat.

Les aires de stationnement associées aux mêmes bâtiments et prévues par le projet doivent également intégrer des revêtements de surface, des aménagements hydrauliques ou des dispositifs végétalisés favorisant la perméabilité et l'infiltration des eaux pluviales ou leur évaporation et préservant les fonctions écologiques des sols.

De telles obligations s'appliquent, par ailleurs, aux **extensions et rénovations lourdes** portant soit sur les bâtiments concernés si ces opérations ont une emprise au sol de plus de 500 m², soit sur les aires de stationnement associées à l'occasion de la conclusion d'un bail commercial ou de son renouvellement (CCH art. L 171-4, I et II).

Les obligations en cause doivent être réalisées en toiture du bâtiment ou sur les ombrières surplombant les aires de stationnement, sur une surface minimale définie par arrêté (CCH art. L 171-4, III).

Toutefois, l'autorité compétente en matière d'autorisation d'urbanisme peut prévoir que tout ou partie des mêmes obligations **ne s'appliquent pas** aux constructions et extensions ou rénovations lourdes de bâtiments (CCH art. L 171-4, IV) :
– qui, en raison de contraintes techniques, de sécurité, architecturales ou patrimoniales, ne permettent pas l'installation des procédés et dispositifs exigés, notamment si l'installation est de nature à aggraver un risque ou présente une difficulté technique insurmontable ;
– pour lesquels les travaux nécessaires à cette installation ne peuvent pas être réalisés dans des conditions économiquement acceptables.

B. Projets ne nécessitant pas un permis de construire

CONTENU DE LA DEMANDE D'AUTORISATION D'EXPLOITATION COMMERCIALE

Toute demande d'autorisation d'exploitation commerciale déposée depuis le 15 octobre 2022 pour la réalisation d'un projet non soumis à permis de construire doit comporter les mêmes éléments qu'une demande « d'autorisation » relative à un projet impliquant un tel permis (C. com. art. R 752-7 modifié par décret 2022-1312 du 13-10-2022). Sur les éléments à fournir, voir nos 92720 s. 92650

DÉPÔT ET INSTRUCTION DE LA DEMANDE D'AUTORISATION D'EXPLOITATION COMMERCIALE

La demande d'autorisation d'exploitation commerciale accompagnée du dossier est adressée au secrétariat de la **CDAC** en deux exemplaires, dont un sur support dématérialisé. Elle est soit adressée par lettre recommandée avec AR, soit déposée contre décharge, soit envoyée par voie électronique. Dans ce dernier cas, l'accusé de réception électronique est adressé sans délai (C. com. art. R 752-11). 92660

Si le **dossier** est **complet,** le secrétariat de la CDAC fait connaître au demandeur la date et le numéro d'enregistrement de sa demande et la date avant laquelle la décision doit lui être notifiée. Le demandeur est en outre informé que, si aucune décision ne lui a été notifiée avant cette date, l'autorisation sera réputée accordée. 92665

Si le **dossier** est **incomplet,** le secrétariat de la CDAC doit inviter le demandeur, par lettre recommandée avec AR ou, si le demandeur l'a préalablement accepté, par courrier électronique, à fournir les pièces manquantes. Le dossier est réputé complet à défaut de réception par le demandeur, dans le délai de quinze jours francs suivant la réception du dossier, d'une demande de production d'une pièce manquante. Le délai d'instruction de la demande court à compter de la réception d'un dossier complet par le secrétariat de la CDAC. Dès cette réception, le préfet informe, par tout moyen, les maires des communes limitrophes de la commune d'implantation du projet dès lors que ces communes sont incluses dans la zone de chalandise du projet (C. com. art. R 752-12).

C. Règles communes aux projets nécessitant ou non un permis de construire

1. QUALITÉ DU DEMANDEUR DE L'AUTORISATION D'EXPLOITATION COMMERCIALE

Qu'un permis de construire soit ou non nécessaire, la demande d'autorisation d'exploitation commerciale doit être présentée par (C. com. art. R 752-4) : 92710
– le ou les propriétaires du ou des terrains ou immeubles, toute personne justifiant d'un titre du ou des propriétaires l'habilitant à exécuter les travaux ou le mandataire d'une de ces personnes ;
– une personne ayant qualité pour bénéficier de l'expropriation pour cause d'utilité publique.

On rappellera cependant que, si un permis de construire est exigé, la demande d'autorisation d'exploitation commerciale mentionnée par l'article R 752-4 ne constitue en réalité qu'un élément du dossier de la demande de permis.

Quand un permis de construire n'est pas nécessaire, la demande peut aussi être déposée par toute personne justifiant d'un titre du ou des propriétaires l'habilitant à exploiter commercialement les immeubles ou par le mandataire de cette personne.

La notion de « titre » est interprétée de manière large.

ILLUSTRATIONS

A été admise la demande présentée :

– par une société en vertu d'un protocole d'accord conclu entre une commune et un particulier, la première s'engageant à céder au second les terrains nécessaires à l'édification d'un centre commercial et ce particulier pouvant, sous certaines conditions, « se substituer toute société de son choix », faculté qui, précisément, avait été exercée (CE 28-6-1996 n° 160667 : RJDA 3/97 n° 398) ;

– par une société qui produisait un document du maire l'autorisant à réaliser un projet sur des parcelles appartenant à la commune et qui justifiait également que le conseil municipal avait accepté la cession des parcelles (CAA Nantes 23-3-2018 n° 16NT02112) ;

– par une société qui avait été autorisée par une communauté de communes à implanter un projet sur des parcelles appartenant à cette communauté et faisant partie de son domaine privé, de sorte qu'aucune mesure de déclassement n'était nécessaire (CAA Bordeaux 11-7-2019 n° 17BX03415) ;

– par une société qui détenait une promesse de vente du terrain destiné à accueillir l'établissement projeté (CE 16-11-1998 n° 164768 : RJDA 7/99 n° 852 ; CE 8-10-2004 n° 250875 : RJDA 2/05 n° 199 ; CE 26-1-2007 n° 278642 : RJDA 12/07 n° 1287 ; CE 2-3-2015 n° 358179 ; CAA Lyon 6-5-2019 n° 17LY02474 ; CAA Nantes 24-11-2020 n° 19NT05043 ; CAA Bordeaux 17-12-2021 n° 19BX00435) ;

– par une société qui justifiait d'une autorisation du propriétaire du terrain à réaliser le projet (CAA Lyon 10-7-2018 n° 17LY00231 ; CAA Bordeaux 29-11-2018 n° 16BX03239 ; CAA Douai 19-11-2019 n° 18DA00291) ;

– par le titulaire d'un bail à construction sur le terrain (CE 22-11-1999 n° 194435 : RJDA 5/00 n° 606 ; CAA Marseille 30-11-2020 n° 18MA02312 ; CAA Lyon 10-11-2021 n° 20LY02838) ;

– par le titulaire d'une promesse de bail (CE 17-10-2007 n° 296474) ou d'un bail commercial reconduit tacitement (CE 23-12-2010 n° 332353).

Les intéressés sont admis à présenter la demande soit séparément (CE 28-6-1996 : RJDA 3/97 n° 398), soit conjointement (CE 17-12-1997 : RJDA 5/98 n° 650 ; CE 9-4-1999 : RJDA 12/99 n° 1389). Par exemple, il a été jugé qu'une demande pouvait valablement être présentée conjointement par la société civile immobilière détentrice d'une promesse de vente du terrain sur lequel devait être édifié le futur établissement et la société promotrice (CE 19-3-2001 n° 196369 : RJDA 10/01 n° 1039) ou par la société propriétaire des terrains d'assiette du projet et la société promotrice (CE 9-3-2009 n° 314562).

Rien ne s'oppose non plus à ce qu'un même demandeur agisse en invoquant plusieurs qualités.

2. CONTENU DE LA DEMANDE D'AUTORISATION D'EXPLOITATION COMMERCIALE

92720 La demande d'autorisation d'exploitation commerciale précise la **qualité** en laquelle le **demandeur** agit et la nature du projet (C. com. art. R 752-5, al. 1). Sur ce point, voir n° 92710.

Elle précise également (C. com. art. R 752-7 modifié par décret 2022-1312 du 13-10-2022) :

– pour le ou les demandeurs **personnes physiques** : nom, prénom, adresse, numéro de téléphone et adresse électronique ;

– pour le ou les demandeurs **personnes morales** : raison sociale, forme juridique, adresse, numéro de téléphone et adresse électronique, ainsi que les nom, prénom, numéro de téléphone et adresse électronique de leur représentant ;

– localisation, adresse et superficie du ou des **terrains.**

La demande est accompagnée d'un **dossier** comportant les éléments prévus à l'article R 752-6 du Code de commerce (voir n°s 92740 à 92790), ainsi que :

– pour le ou les demandeurs : le numéro unique d'identification délivré par l'Insee ou, si la société est en cours de constitution, une copie des statuts enregistrés auprès des services fiscaux ;

– l'indication des terrains concernés, leur superficie totale et un extrait de plan cadastral ;

– une description du projet précisant son inscription dans le paysage ou un projet urbain ;

– une carte au 1/25 000 indiquant la localisation du projet ;

– une vue aérienne ou satellite dûment légendée inscrivant le projet dans son quartier ;
– une photographie axonométrique du site actuel et une présentation visuelle du projet permettant d'apprécier sa future insertion par rapport aux constructions avoisinantes et aux paysages, son impact visuel ainsi que le traitement des accès et du terrain ;
– un document graphique représentant l'ensemble des façades du projet.

Par ailleurs, pour les demandes déposées depuis le 1er janvier 2020, une **analyse d'impact** doit être annexée au dossier (art. L 752-6, III et IV ; art. R 752-6, II ; art. R 752-6-1 à R 752-6-3).

INFORMATIONS ET DOCUMENTS AUTRES QUE L'ANALYSE D'IMPACT

Les informations exigées sont relatives au projet lui-même (surfaces de vente et secteur d'activité, par exemple), à ses effets en matière d'aménagement du territoire, de développement durable et de protection des consommateurs. S'y ajoutent des cartes et des plans concernant le projet. **92730**

Lorsque la demande ne nécessite pas de permis de construire, le dossier doit comporter des informations complémentaires.

Un arrêté doit fixer le modèle de la demande d'autorisation d'exploitation commerciale ou du dossier joint à la demande de permis de construire valant autorisation d'exploitation commerciale (C. com. art. R 752-5, al. 2). Au 1er avril 2024, date de mise à jour des présents développements, cet arrêté n'était toujours pas publié.

Informations relatives au projet Les informations relatives au projet varient suivant la nature de celui-ci (C. com. art. R 752-6, I-1°). **92740**

En cas de **création d'un magasin** de commerce de détail, le dossier doit indiquer la surface de vente et le secteur d'activité.

En cas de **création d'un ensemble commercial,** le dossier doit indiquer :
– la surface de vente globale ;
– la surface de vente et le secteur d'activité de chacun des magasins de plus de 300 m² de surface de vente ;
– l'estimation du nombre de magasins de moins de 300 m² de surface de vente et de la surface de vente totale de ces magasins.

En cas de **création ou extension d'un « drive »,** le dossier doit comporter :
– une description du point de retrait ;
– le nombre de pistes de ravitaillement, y compris les places de stationnement dédiées ;
– les mètres carrés d'emprise au sol, bâtis ou non, affectés au retrait des marchandises.

Pour les projets d'**extension** d'un ou plusieurs **magasins** de commerce de détail, le dossier doit indiquer :
– le secteur d'activité et la classe, au sens de la nomenclature d'activités française (NAF), du ou des magasins dont l'extension est envisagée ;
– la surface de vente existante ;
– l'extension de surface de vente demandée ;
– la surface de vente envisagée après extension.

Pour les projets de **changement de secteur d'activité,** le dossier doit indiquer la surface de vente du magasin et le secteur d'activité abandonné, ainsi que la surface de vente et le secteur d'activité envisagé.

Pour les projets de **modification substantielle,** il doit indiquer une description du projet autorisé, des modifications envisagées et du projet après modifications.

Par ailleurs, le dossier doit comporter les autres renseignements suivants :
– si le projet s'intègre dans un **ensemble commercial existant** : une liste des magasins de cet ensemble commercial exploités sur plus de 300 m² de surface de vente, ainsi qu'à titre facultatif la mention des enseignes de ces magasins ;
– si le projet comporte un **parc de stationnement** : le nombre total de places, le nombre de places réservées aux personnes à mobilité réduite et, le cas échéant, le nombre de places dédiées à l'alimentation des véhicules électriques ou hybrides rechargeables, le nombre de places non imperméabilisées et le nombre de places dédiées à l'auto-partage et au covoiturage ;
– les **aménagements paysagers** en pleine terre ;
– les **activités annexes** éventuelles n'entrant pas dans le champ d'application de la loi.

À noter que le dossier n'a pas à comporter des indications sur les **effets cumulés du projet** avec d'autres projets connus (CAA Nantes 19-7-2019 n° 18NT01044).

92750 **Cartes ou plans relatifs au projet** Le dossier doit comporter (C. com. art. R 752-6, I-2°) :
– un plan de masse faisant apparaître la surface de vente des magasins de commerce de détail, ensembles commerciaux ou points permanents de retrait ;
– un plan faisant apparaître l'organisation du projet sur la ou les parcelles de terrain concernées, à savoir les emplacements et superficies d'éléments tels que les bâtiments, les espaces destinés au stationnement et à la manœuvre des véhicules (de livraison et de la clientèle), ainsi qu'au stockage des produits et les espaces verts ;
– une carte ou un plan de la desserte du lieu d'implantation du projet par les transports collectifs, voies piétonnes et pistes cyclables ;
– une carte ou un plan des principales voies et aménagements routiers desservant le projet ainsi que les aménagements projetés dans le cadre du projet ;
– un plan ou une carte de la zone commerciale dans laquelle, ou à proximité de laquelle, se trouve éventuellement situé le projet.

92760 **Effets du projet en matière d'aménagement du territoire** Le dossier comprend une présentation des effets du projet sur l'aménagement du territoire, incluant les éléments suivants (C. com. art. R 752-6, I-3°) :
– prise en compte de l'objectif de compacité des bâtiments et aires de stationnement ;
– évaluation des flux journaliers de circulation des véhicules générés par le projet sur les principaux axes de desserte du site, ainsi que des capacités résiduelles d'accueil des infrastructures de transport existantes ;
– évaluation des flux journaliers de circulation des véhicules de livraison générés par le projet et description des accès au projet pour ces véhicules ;
– indication de la distance du projet par rapport aux arrêts des moyens de transports collectifs, de la fréquence et de l'amplitude horaire de la desserte de ces arrêts ;
– analyse prévisionnelle des flux de déplacement dans la zone de chalandise, tous modes de transport confondus, selon les catégories de clients ;
– en cas d'aménagements envisagés de la desserte du projet : tous documents garantissant leur financement et leur réalisation effective à la date d'ouverture de l'équipement commercial.

> **Précisions** Si ces **aménagements** sont pris en charge au moins pour partie **par les collectivités territoriales,** le dossier doit comporter la mention des principales caractéristiques de ces aménagements, une estimation des coûts indirects liés aux transports supportés par les collectivités (y compris la desserte par les transports en commun), ainsi qu'une présentation des avantages économiques et autres que les mêmes aménagements procureront aux collectivités territoriales.

92770 **Effets du projet en matière de développement durable** Le dossier doit inclure les éléments suivants (C. com. art. R 752-6, I-4°) :
– présentation des mesures, autres que celles résultant d'obligations réglementaires, destinées à réduire la consommation énergétique des bâtiments ;
– le cas échéant, description des énergies renouvelables intégrées au projet et de leur contribution à la performance énergétique des bâtiments ;
– le cas échéant, fourniture d'une liste descriptive des produits, équipements et matériaux de construction utilisés dans le cadre du projet et dont l'impact environnemental et sanitaire a été évalué sur l'ensemble de leur cycle de vie ;
– description des émissions directes ou indirectes de gaz à effet de serre susceptibles d'être générées par le projet, ainsi que des mesures envisagées pour les limiter ;
– description des mesures propres à limiter l'imperméabilisation des sols ;
– description des mesures propres à limiter les pollutions associées à l'activité, notamment en matière de gestion des eaux pluviales et de traitement des déchets ;
– description des nuisances visuelles, lumineuses, olfactives et sonores générées par le projet et des mesures propres à en limiter l'ampleur ;
– le cas échéant, si le projet n'est pas soumis à étude d'impact, description des zones de protection de la faune et de la flore sur le site du projet et des mesures de compensation envisagées.

92780 **Effets du projet en matière de protection des consommateurs** Le dossier doit inclure les éléments suivants (C. com. art. R 752-6, I-5°) :
– distance du projet par rapport aux principales zones d'habitation de la zone de chalandise ;

– le cas échéant, contribution du projet à l'amélioration du confort d'achat, notamment par un gain de temps et de praticité et une adaptation à l'évolution des modes de consommation ;
– le cas échéant, description des mesures propres à valoriser les filières de production locales ;
– évaluation des risques naturels, technologiques ou miniers et, le cas échéant, description des mesures propres à assurer la sécurité des consommateurs.

Effets du projet en matière sociale Le dossier peut comprendre tout élément relatif à la contribution du projet en matière sociale, notamment les partenariats avec les commerces de centre-ville et les associations locales ou les accords avec les services locaux de l'État chargés de l'emploi (C. com. art. R 752-6, I-6°). 92790

ANALYSE D'IMPACT DU PROJET

Le demandeur a l'obligation d'établir une analyse d'impact du projet (C. com. art. L 752-6, III et IV). Cette obligation s'applique aux demandes d'autorisation d'exploitation commerciale déposées depuis le 1er janvier 2020 (Décret 2019-331 du 17-4-2019 art. 12, al. 2). 92800

L'analyse d'impact évalue les **effets du projet sur l'animation et le développement économique** du centre-ville de la commune d'implantation, des communes limitrophes et de l'EPCI dont la commune d'implantation est membre, ainsi que sur l'emploi. Elle doit s'appuyer notamment sur l'évolution démographique, le taux de vacance commerciale et l'offre de mètres carrés commerciaux déjà existants dans la zone de chalandise pertinente. Il y a lieu également de tenir compte des échanges pendulaires journaliers et, le cas échéant, saisonniers entre les territoires (C. com. art. L 752-6, III).

> **Précisions** Une décision du Conseil constitutionnel a admis la **validité de ces dispositions** au regard du principe de la liberté d'entreprendre (Cons. const. 12-3-2020 n° 2019-830 QPC : RJDA 7/20 n° 394). De son côté, le Conseil d'État a jugé que les dispositions relatives à l'analyse d'impact ne méconnaissaient ni l'article 49 du TFUE relatif à la liberté d'établissement ni la directive 2006/123/CE relative aux services dans le marché intérieur (CE 15-7-2020 n° 431703 : RJDA 4/21 n° 270).

Contenu de l'analyse d'impact du projet L'analyse d'impact doit, tout d'abord, comporter des informations et documents relatifs à la **zone de chalandise et à l'environnement** proche du projet. 92810

Constitue la **zone de chalandise** d'un équipement faisant l'objet d'une demande d'autorisation d'exploitation commerciale l'aire géographique au sein de laquelle cet équipement exerce une attraction sur la clientèle. Elle est délimitée en tenant compte notamment de la nature et de la taille de l'équipement envisagé, des temps de déplacement nécessaires pour y accéder, de la présence d'éventuelles barrières géographiques ou psychologiques et de la localisation et du pouvoir d'attraction des équipements commerciaux existants (C. com. art. R 752-3).

Dans le cadre du régime antérieur à la loi 2014-626 du 18 juin 2014, il a souvent été jugé que la **procédure d'autorisation** était **irrégulière** lorsque les documents joints à la demande d'autorisation plaçaient en dehors des limites de la zone de chalandise un secteur important susceptible de subir l'attraction commerciale du futur établissement (CE 19-2-2002 n° 222213 : RJDA 12/02 n° 1331 ; CE 11-2-2004 n° 242160 : RJDA 10/04 n° 1166 ; CE 10-11-2004 n° 263206 : RJDA 2/05 n° 200 ; CE 25-1-2006 n° 278070 : RJDA 4/06 n° 465). Cette solution conserve toute sa valeur pour l'application des dispositions actuelles (CAA Douai 29-11-2018 n° 16DA01711).

Les **informations et documents** mentionnés n° 92810 se répartissent en trois ensembles (C. com. art. R 752-6, II-1°) : 92815

a) Une **carte** ou un **plan** qui indique, en les superposant, les limites de la commune d'implantation, de l'EPCI auquel appartient cette commune, ainsi que de la **zone de chalandise.** Le document doit s'accompagner des informations suivantes :
– les éléments justifiant la délimitation de la zone de chalandise ;
– la population de chaque commune ou partie de commune comprise dans cette zone, la population totale de cette zone et son évolution entre le dernier recensement authentifié par décret et le recensement authentifié par décret dix ans auparavant ;
– une description de la desserte actuelle et future (routière, en transports collectifs, cycliste, piétonne) et des lieux exerçant une attraction significative sur la population de la zone de chalandise, notamment les principaux pôles d'activités commerciales, ainsi que du temps de trajet véhiculé moyen entre ces lieux et le projet ;

– lorsqu'il est fait état d'une fréquentation touristique dans la zone de chalandise, les éléments justifiant les chiffres avancés.

Les éventuelles opérations de revitalisation du territoire (CCH art. L 303-2) doivent également être signalées.

b) Une **carte** ou un **plan** de l'**environnement du projet,** accompagné d'une description faisant apparaître, dans le périmètre des communes limitrophes qu'inclut la zone de chalandise, les informations suivantes :

– la localisation des activités commerciales (pôles commerciaux et rues commerçantes, halles et marchés) ;

– la localisation des autres activités (agricoles, industrielles, tertiaires) et des équipements publics ;

– la localisation, en centre-ville et en périphérie, des éventuelles friches, notamment commerciales ou industrielles, susceptibles d'accueillir le projet ;

– la localisation des zones d'habitat (en précisant leur nature : collectif, individuel, social) ;

– la desserte actuelle et future (routière, en transports collectifs, cycliste, piétonne).

Doivent être éventuellement signalés les opérations d'urbanisme, les programmes de logement, les quartiers prioritaires de la politique de la ville et les zones franches urbaines, ainsi que les disponibilités foncières connues.

c) La **description succincte** et la **localisation,** à partir d'un document cartographique, des principaux **pôles commerciaux** situés à proximité de la zone de chalandise, ainsi que des temps de trajet véhiculé moyen entre ces pôles et le projet.

92820 L'analyse d'impact doit, en deuxième lieu, présenter la **contribution du projet à l'animation des principaux secteurs existants** (C. com. art. R 752-6, II-2°). Cette présentation met l'accent sur la complémentarité des fonctions urbaines et l'équilibre territorial.

Doit spécialement être mentionnée la contribution du projet, y compris en termes d'emploi, à l'animation, la préservation ou la revitalisation du tissu commercial des centres-villes de la commune d'implantation et des communes limitrophes incluses dans la zone de chalandise. Doivent aussi être indiqués, le cas échéant, les subventions, mesures et dispositifs de toutes natures mis en place sur les territoires de ces communes en faveur du développement économique.

92830 En troisième lieu, l'analyse d'impact doit présenter les **effets du projet en matière de protection des consommateurs** afin de permettre d'identifier la variété, la diversification et la complémentarité de l'offre proposée par le projet avec l'offre existante (C. com. art. R 752-6, II-3°).

92835 Enfin, l'analyse d'impact doit présenter les **effets du projet en matière d'artificialisation des sols.** Elle doit donc aussi, pour **tout projet** engendrant une artificialisation des sols (C. com. art. R 752-6, II-4° issu du décret 2022-1312 du 13-10-2022) :

– justifier, d'une part, de l'insertion du projet dans l'urbanisation environnante et de sa conformité avec les règles d'urbanisme en vigueur et, d'autre part, de l'absence d'alternative à la consommation d'espace naturel, agricole ou forestier ;

– décrire la contribution du projet aux besoins du territoire ;

– justifier soit de l'insertion du projet dans un secteur d'intervention d'une opération de revitalisation du territoire (ORT) ou dans un quartier prioritaire de la politique de la ville, soit de l'insertion du projet dans une opération d'aménagement, au sein d'un espace déjà urbanisé, soit, enfin, de l'insertion du projet au sein d'un secteur d'implantation périphérique ou d'une centralité urbaine identifiés dans le Scot ou encore au sein d'une zone d'activité commerciale délimitée dans le PLU ;

– justifier que les mesures présentées permettent de compenser les atteintes occasionnées par la réalisation du projet en transformant, ainsi, un sol artificialisé en sol non artificialisé afin de restaurer de manière équivalente, ou d'améliorer, les fonctions écologiques et agronomiques altérées par le projet.

ATTENTION

Pour les différentes catégories d'informations énumérées ci-dessus (n°s 92815 à 92835), il est nécessaire que l'analyse d'impact précise, sauf carence justifiée, les **sources de chaque information** et, pour chaque calcul, sa méthode (art. R 752-6, II-dernier al.).

92840 Une autre obligation particulière s'ajoute aux précédentes. Il appartient au demandeur de démontrer, dans l'analyse d'impact, qu'il n'existe en centre-ville aucune **friche** existante permettant d'accueillir le projet. En l'absence d'une telle friche, le demandeur doit démontrer qu'aucune friche existante en périphérie ne permet de réaliser le projet (C. com. art. L 752-6, IV). Une friche est définie comme étant « toute parcelle inexploitée et en partie imperméabilisée » (C. com. art. R 752-6, II-1°).

Réalisation de l'analyse d'impact L'analyse d'impact doit être réalisée par les soins d'un **« organisme indépendant »,** bénéficiant d'une **habilitation** du préfet (C. com. art. L 752-6, III). 92850

En outre, un organisme habilité ne peut pas établir l'analyse d'impact d'un projet dans lequel lui-même, ou l'un de ses membres, est déjà intervenu. La même interdiction est opposable à l'organisme ayant des liens de dépendance juridique avec le pétitionnaire (art. R 752-6-1, II).

Si l'auteur du projet se trouve dans l'**impossibilité** de mandater un **organisme habilité dans le département** d'implantation, il peut être exceptionnellement autorisé par le préfet à choisir un organisme dans la liste dont est doté un département limitrophe appartenant à la même région administrative (art. R 752-6-3, III).

Pour pouvoir être habilitée, une **personne morale** doit réunir différentes **conditions** (art. R 752-6-1, I) : 92855
– ne pas avoir subi certaines condamnations pénales ;
– justifier des moyens et outils permettant la collecte et l'analyse des informations relatives aux effets du projet sur l'animation et le développement économique des centres-villes situés dans la zone de chalandise, ainsi que sur l'emploi ;
– justifier que les personnes physiques, par lesquelles, ou sous la responsabilité desquelles, est réalisée l'analyse d'impact sont titulaires d'un titre ou diplôme de l'enseignement supérieur de niveau 3, sanctionnant une formation juridique, économique, comptable ou commerciale.

La **demande d'habilitation** est établie sur un formulaire. Elle est accompagnée des pièces justifiant que les conditions rappelées ci-dessus sont réunies. Elle est adressée par voie électronique au préfet. Celui-ci dispose, à compter de la réception de la demande, d'un délai d'un mois pour vérifier qu'elle est complète et réclamer éventuellement des éléments complémentaires. Une fois ce délai écoulé, la demande est réputée complète. Le délai d'instruction, qui court à compter de la réception d'une demande d'habilitation complète, est fixé à trois mois (art. R 752-6-2, I et II).

Toute modification apportée par le demandeur aux éléments initialement fournis doit le conduire à mettre à jour, dans le délai d'un mois, le dossier d'habilitation (art. R 752-6-1, I-al. 5).

L'**habilitation** est accordée par arrêté préfectoral, pour une durée de cinq ans, sans renouvellement tacite possible (art. R 752-6-3, I).

Elle peut être retirée si l'organisme ne remplit plus les conditions d'obtention, de mise à jour ou d'exercice qui lui sont imposées. La mesure de retrait doit faire l'objet des garanties de la défense. L'organisme concerné peut également être mis en demeure de régulariser dans un délai de deux mois maximum (art. R 752-6-3, II).

> **Précisions** Le **formulaire** comporte, notamment, la mention des rubriques devant être complétées par le demandeur d'habilitation, ainsi qu'un rappel des pièces à produire (C. com. art. A 752-1). Le modèle du formulaire est annexé à l'arrêté TMEI2139249A du 4 janvier 2022 qui a modifié l'article A 752-1.

LACUNES OU ERREURS AFFECTANT LES RENSEIGNEMENTS FOURNIS

Les lacunes ou les erreurs affectant les renseignements fournis par le demandeur sont susceptibles d'entraîner l'**annulation de la décision prise par la CDAC ou du permis de construire** valant autorisation d'exploitation commerciale (voir, par exemple, n° 92810 en ce qui concerne la délimitation de la zone de chalandise). Toutefois, le juge administratif ne se montre pas formaliste. Une annulation suppose que d'éventuelles lacunes ou erreurs soient de nature à fausser l'appréciation portée par la commission sur la conformité du projet à la réglementation applicable. Cette condition est le plus souvent considérée comme satisfaite (pour des exemples récents, voir CAA Lyon 2-4-2020 n° 19LY00208 ; CAA Nancy 16-4-2021 n° 19NC02024 ; CAA Nantes 21-5-2021 n° 20NT02578 ; CAA Marseille 20-12-2021 n° 20MA03986). 92860

Par ailleurs, l'annulation de la décision n'est pas encourue si les renseignements communiqués par l'administration à la commission permettent de **compléter ou** de **corriger les éléments fournis** par le demandeur (pour des exemples, voir CE 16-11-1998 et 1-2-1999 : RJDA 7/99 n° 850 ; CE 3-3-2003 n° 233350 et 17-10-2003 n° 238750 : RJDA 2/04 n° 240 ; CE 4-2-2004 n° 230313 et 11-2-2004 n° 238592 : RJDA 10/04 n° 1166).

Selon une cour administrative d'appel, lorsque la CNAC estime qu'une demande d'autorisation d'exploitation commerciale est incomplète, il lui appartient, non de refuser d'emblée l'autorisation pour ce motif, mais d'inviter le demandeur à compléter le dossier, puis, le cas échéant, de rejeter la demande si des lacunes persistent (CAA Nantes 6-7-2021 n° 20NT02832 ; CAA Nantes 9-7-2021 n° 20NT01342).

ATTENTION

L'instruction du Gouvernement du 3 mai 2017 sur la législation en matière d'aménagement commercial (NOR : EFCI1713905C) recommande à l'administration de veiller à ce que le dossier soumis à la CDAC comporte, dès l'origine, toutes les pièces requises. Elle dénonce la pratique qui consiste à déposer un **dossier « a minima »,** puis à le compléter à l'occasion d'une éventuelle saisine de la CNAC.

3. INSTRUCTION DE LA DEMANDE D'AUTORISATION D'EXPLOITATION COMMERCIALE

RÈGLES APPLICABLES À TOUTES LES DEMANDES D'AUTORISATION

92870 **Information des membres de la CDAC** Dix jours au moins avant la réunion de la CDAC, chacun de ses membres reçoit, par tout moyen, communication du dossier de la demande d'autorisation d'exploitation commerciale accompagnée (C. com. art. R 752-13, I modifié par décret 2022-1312 du 13-10-2022) :

– de l'arrêté préfectoral fixant la composition de la CDAC ;
– de l'ordre du jour de la réunion ;
– du récépissé de la demande de permis de construire ou, lorsque le projet ne nécessite pas de permis de construire, de la lettre d'enregistrement de la demande d'autorisation d'exploitation commerciale ;
– du formulaire destiné à la déclaration des fonctions et mandats que le membre de la CDAC exerce ou a exercés dans les trois années ayant précédé sa désignation, ainsi que de ses intérêts au cours de cette même période (formulaire permettant d'établir qu'aucun membre de la CDAC délibérant dans l'affaire n'y a un intérêt personnel ou ne représente ou a représenté une ou des parties : cf. C. com. art. L 751-3, al. 2).

Dans le même délai, la date et l'ordre du jour de la réunion sont publiés au recueil des actes administratifs de la préfecture.

Cinq jours au moins avant la réunion, chaque membre de la CDAC reçoit, par tout moyen, les rapports d'instruction, ainsi que, lorsque le projet engendre une artificialisation des sols et porte sur une surface de vente comprise entre 3 000 m² et 10 000 m², l'avis conforme du préfet prévu à l'article L 752-6, V du Code de commerce. S'il n'est pas parvenu dans ce délai, l'avis est réputé défavorable (C. com. art. R 752-13, I modifié par décret 2022-1312 du 13-10-2022). La communication de ces documents aux élus appelés à siéger vaut transmission à leurs représentants.

Les membres de la CDAC gardent le secret tant sur les délibérations que sur les documents dont ils ont eu connaissance à l'occasion de leurs fonctions (art. R 752-17).

92880 **Auditions par la CDAC** La CDAC entend le demandeur. Elle peut également entendre, à son initiative ou sur demande écrite au secrétariat de la CNAC, toute personne dont l'avis présente un intérêt pour l'examen de la demande dont elle est saisie (C. com. art. R 752-14, al. 1).

En outre, elle auditionne, pour l'examen de tout projet nouveau, « la personne chargée d'animer le commerce de centre-ville » au nom de la commune ou de l'EPCI compétent, ainsi que l'agence du commerce et les associations locales de commerçants si elles existent (art. L 751-2, I).

> **Précisions** **a.** L'audition de l'« animateur » et des associations doit **intervenir lors** de l'examen de la première demande d'autorisation pour un projet déterminé (C. com. art. R 752-14, al. 2).
> **b.** Elle est **exclue** dans les communes de moins de 20 000 habitants, lorsque la CDAC est saisie pour avis d'un projet portant sur la construction d'un équipement commercial qui n'est pas soumis à la délivrance d'une autorisation d'exploitation commerciale (nos 93010 s.) (art. R 752-14, al. 2).
> **c.** En vue de l'audition, le **maire** de la commune d'implantation établit, à l'intention de la CDAC, une **liste** comportant les coordonnées de la personne chargée d'animer le commerce en centre-ville, de l'agence du commerce et des associations de commerçants. Les maires des communes limitrophes établissent une liste comportant les coordonnées des associations de commerçants (art. R 752-14, al. 3).
> **d.** Les **associations** doivent avoir été déclarées en préfecture depuis un an à la date du dépôt de la demande d'autorisation. Seules peuvent être auditionnées deux associations par commune (art. R 752-14, al. 2 et 4).

Autres obligations incombant à la CDAC Dès l'enregistrement d'une demande d'autorisation d'exploitation commerciale, la CDAC est tenue d'en informer les maires de communes limitrophes à la commune d'implantation. Elle en informe également, le cas échéant, l'organe exécutif des collectivités territoriales frontalières ou de leurs groupements compétents en matière d'aménagement commercial (C. com. art. L 751-2, I). 92885

Études spécifiques Le préfet, qui préside la CDAC, peut demander aux chambres de commerce, de métiers et d'agriculture la réalisation d'« études spécifiques d'organisation du tissu économique, commercial et artisanal ou de consommation des terres agricoles ». Ces études doivent être réalisées avant l'analyse du dossier de la demande d'autorisation. Le préfet doit les solliciter au plus tard un mois avant l'examen du dossier par la CDAC (C. com. art. L 751-2, V). 92890

Les études spécifiques ont notamment pour objet de décrire l'activité économique, dans la zone de chalandise du projet.

Ces dispositions ne s'appliquent pas aux projets soumis pour avis aux commissions dans les communes de moins de 20 000 habitants (art. R 752-13, II).

RÈGLES PROPRES AUX PROJETS IMPLANTÉS À LA PÉRIPHÉRIE DES CENTRES-VILLES

Champ d'application Des dispositions particulières sont destinées à favoriser la revitalisation des centres-villes en permettant un gel des surfaces commerciales à leur périphérie (C. com. art. L 752-1-2 ; n° 92310). 92900

Ainsi, le préfet a-t-il le pouvoir de **suspendre temporairement l'enregistrement et l'examen par la CDAC** des demandes d'autorisation relatives aux projets dont l'implantation est prévue (C. com. art. L 752-1-2, al. 1 et 2) :

– sur le territoire d'une ou de plusieurs des communes signataires d'une convention d'opération de revitalisation du territoire (ORT), mais en dehors des secteurs d'intervention de l'opération comprenant un centre-ville ;

– dans une commune n'ayant pas signé la convention, tout en étant membre soit d'un EPCI signataire, soit d'un EPCI limitrophe de celui-ci.

La plupart des projets nécessitant une autorisation d'exploitation commerciale sont susceptibles de donner lieu à une décision de suspension. Seuls sont exceptés les projets de réouverture au public, sur le même emplacement, d'un magasin d'une surface de vente supérieure à 2 500 m², dont les locaux ont cessé d'être exploités pendant trois ans (C. com. art. L 752-1, 6° ; n° 92240).

Procédure de suspension La procédure de suspension peut être mise en œuvre soit à l'initiative du préfet, soit à la demande de l'EPCI concerné (C. com. art. R 752-29-2 et R 752-29-3). Elle comporte, dans l'un et l'autre cas, une phase de consultations préalables. 92910

> **Précisions** **a.** Lorsque le **préfet** entend recourir au mécanisme de suspension, il doit, dans un délai de 15 jours francs à compter de l'enregistrement de la demande d'autorisation d'exploitation commerciale, solliciter l'avis de la commune ou de l'EPCI. L'envoi de la demande d'avis fait courir un délai de réponse de 15 jours, au terme duquel le préfet dispose d'un délai de 7 jours pour prendre, éventuellement, une décision de suspension.
> **b.** Lorsque la **commune** ou l'**EPCI** prennent l'initiative du mécanisme de suspension, ils doivent saisir le préfet, au plus tard, 21 jours après l'enregistrement de la demande d'autorisation. Une éventuelle décision de suspension doit intervenir dans un délai de 15 jours à partir de la réception par le préfet d'une saisine comportant tous les éléments exigés.

Motifs de la suspension Lorsque la décision de suspension concerne un projet prévu dans une ou plusieurs communes signataires d'une convention d'ORT, le préfet doit prendre en compte les caractéristiques des projets, ainsi que l'analyse des données existantes sur la zone de chalandise, au regard, notamment, du niveau et de l'évolution des taux de logements vacants, de vacance commerciale et de chômage dans les centres-villes et les territoires concernés (art. L 752-1-2, al. 1). 92920

Lorsqu'il s'agit d'un projet prévu dans une commune n'ayant pas signé une convention d'ORT, la suspension ne peut être prononcée que si le projet est de nature à compromettre gravement les objectifs de l'ORT au regard des mêmes indicateurs (art. L 752-1-2, al. 2).

La décision du préfet est prise au cas par cas, selon les caractéristiques du projet (C. com. art. R 752-29-1).

Elle expose les motifs qui justifient la mesure en mentionnant, notamment, les objectifs de la convention d'ORT que le projet est susceptible de compromettre. Le préfet spécifie également la durée de la suspension. Cette durée doit être cohérente avec les motifs retenus (C. com. art. R 752-29-5).

> Précisions Une **circulaire** du 31 octobre 2019 (NOR : ECOI1929035C) recommande aux préfets de se fonder sur des données objectives liées aux particularités de chaque territoire et aux « réalités locales ». Elle souligne le caractère « exceptionnel » de la suspension et la nécessité que cette mesure réponde à une « raison impérieuse d'intérêt général ». En outre, la circulaire ajoute aux dispositions applicables une condition supplémentaire qui n'y figure pas. La suspension doit être justifiée par une « certaine urgence ». De sorte que le préfet a l'obligation d'expliquer en quoi « il est impératif de neutraliser immédiatement le projet ».

92930 **Effets de la suspension** La durée de la suspension ne saurait excéder trois ans. Mais le préfet, qui fixe cette durée (n° 92920), peut la proroger d'un an au maximum (C. com. art. L 752-1-2, al. 3). Il prend cette décision au plus tard six mois avant le terme initial de la suspension. Il est tenu de motiver son arrêté au regard des données actualisées relatives à la zone de chalandise du projet (art. R 752-29-6).

Trois mois avant le terme de la suspension, le secrétariat de la CDAC doit inviter le pétitionnaire à lui transmettre, dans un délai de deux mois, une version actualisée du dossier de sa demande d'autorisation (art. R 752-29-8). La procédure devant la commission reprend son cours au lendemain du dernier jour de suspension (art. R 752-29-9).

> Précisions La **circulaire** précitée (n° 92920) rappelle qu'il faut combiner le système des délais propres au mécanisme de suspension avec celui du délai d'instruction de la demande d'autorisation (n° 92950). En effet, le délai qui s'écoule entre la date d'enregistrement de la demande d'autorisation et la date de notification au pétitionnaire de la décision de suspension doit être inclus dans le délai d'instruction dont la durée est de deux mois (8 ou 9 semaines). Or, ce délai, antérieur au début de la suspension, peut atteindre une durée de 5 semaines. Ainsi, le lendemain du dernier jour de la suspension, il ne reste plus au secrétariat de la CDAC qu'environ 3 semaines pour organiser la réunion de la commission.

4. AVIS OU DÉCISION DE LA CDAC

DÉLAI IMPARTI À LA CDAC POUR STATUER

92950 La CDAC doit statuer sur les demandes d'autorisation dans un délai de deux mois à compter de sa saisine (C. com. art. L 752-14, II-al. 1). Ce délai court à compter de la réception par le secrétariat de la CDAC d'un dossier complet.

Passé le délai de deux mois, la décision est réputée favorable (art. L 752-14, II-al. 2).

Il en va de même dans le cas d'un permis de construire valant autorisation d'exploitation commerciale, alors que la CDAC est appelée à émettre un avis sur le projet. Si la loi Pinel du 18 juin 2014 n'a pas modifié la rédaction de l'article L 752-14, II-al. 2 du Code de commerce aux termes duquel, une fois écoulé le délai de deux mois, la « décision » de la CDAC est réputée favorable, cette disposition doit être considérée comme visant également l'avis émis par la commission.

CONTENU DE L'AVIS OU DE LA DÉCISION DE LA CDAC

92960 La CDAC ne peut qu'autoriser ou refuser le projet dans sa totalité (C. com. art. L 752-22, al. 1). L'avis ou la décision doit être motivé et indiquer le sens du vote émis par chacun des membres présents (art. R 752-16, al. 2).

L'autorisation est accordée par mètre carré de surface de vente (art. L 752-15, al. 2).

92965 Une demande d'autorisation de création ou d'extension d'un magasin à grande surface ne peut pas être refusée au seul motif que la demande tend à **régulariser une situation illicite,** l'exploitation de la surface commerciale ayant déjà commencé (CE 9-7-2003 n° 232372 : RJDA 2/04 n° 243). Une autorisation d'exploitation commerciale peut donc valablement être accordée postérieurement à la réalisation du projet.

Cette solution est logique. Elle est conforme à la jurisprudence applicable en matière de droit de l'urbanisme, selon laquelle un permis de construire de « régularisation » peut être délivré pour régulariser des travaux déjà entrepris, voire terminés, et réalisés sans permis de construire ou en violation des prescriptions d'un permis. À notre avis, comme en matière de permis de construire, l'autorisation « de régularisation » n'a pas pour effet d'effacer rétroactivement l'infraction constituée par l'exploitation de la surface commerciale sans autorisation préalable.

PUBLICITÉ DE L'AVIS OU DE LA DÉCISION DE LA CDAC

Dans les dix jours suivant la réunion de la CDAC ou la date de l'autorisation tacite, l'avis ou la décision de la CDAC doit être (C. com. art. L 752-14, II-al. 4 et R 752-19) : **92970**

– publié au recueil des actes administratifs de la préfecture ;

– notifié par le préfet au demandeur et, si le projet nécessite un permis de construire, à l'autorité compétente pour délivrer le permis de construire, soit par la voie administrative contre décharge, soit par lettre recommandée avec AR, soit par courrier électronique.

Les notifications ne peuvent être adressées par courrier électronique que si, au moment de la demande, le demandeur a accepté un tel mode de transmission du courrier (art. R 752-8, al. 1).

Lorsque le projet porte sur une surface de vente égale ou supérieure à 20 000 m^2, l'avis ou la décision de la CDAC est notifié, dans le même délai de dix jours, par le préfet à la Commission nationale d'aménagement commercial (CNAC) soit par la voie administrative, soit par lettre recommandée avec AR, soit par courrier électronique.

En cas d'avis ou de décision favorable, le préfet fait publier, dans le même délai de dix jours, aux frais du demandeur, un extrait de cet avis ou de cette décision dans deux journaux régionaux ou locaux diffusés dans le département.

ATTENTION

L'instruction du Gouvernement du 3 mai 2017 sur la législation en matière d'aménagement commercial (NOR : ECFI1713905C) souligne l'**importance** de cette dernière **formalité de publication.** Elle rappelle que, faute de publication dans deux journaux régionaux ou locaux, le délai d'un mois ouvert pour contester, auprès de la CNAC, l'avis ou la décision de la CDAC ne peut pas commencer à courir, de sorte que cette possibilité de contestation ne rencontre plus de limite dans le temps (n° 93580).

D. Projets donnant lieu à une consultation de la CDAC

PROJETS SOUMIS À L'AVIS DE LA CDAC

Dans les **communes de moins de 20 000 habitants,** certains **projets** de création ou d'extension d'un magasin ou d'un ensemble commercial peuvent être soumis à la CDAC pour avis. **93010**

Il s'agit des projets qui font l'objet d'une demande de permis de construire et dont la surface de vente globale, comprise entre 300 et 1 000 m^2, n'implique pas la délivrance d'une autorisation d'exploitation commerciale (C. com. art. L 752-4, I-al.1 et 2 et R 752-21 modifié par décret 2022-1312 du 13-10-2022).

Ces dispositions ne s'appliquent pas aux demandes de permis de construire relatives à un équipement commercial situé dans le secteur d'intervention d'une opération de revitalisation du territoire (ORT) qui comprend elle-même un centre-ville identifié par la convention de l'opération (art. L 752-4, II ; voir n° 92310).

La procédure de consultation susceptible d'être mise en œuvre dans les communes de moins de 20 000 habitants s'étend à **toutes les communes** lorsque le projet concerné engendre une **artificialisation des sols** par rapport à l'état des parcelles concernées au 23 août 2021 (C. com. art. L 752-4, I-al.1 et, sur renvoi, art. L 752-6, V ; art. R 752-21 modifié par décret 2022-1312 du 13-10-2022).

SAISINE DE LA CDAC POUR AVIS

L'**initiative de la saisine** appartient (C. com. art. L 752-4, I-al. 1 et 2) : **93020**

– au maire, lorsqu'il est saisi de la demande de permis de construire ;

– au président de l'établissement public de coopération intercommunale (EPCI) lorsqu'il est saisi de la demande de permis de construire ;

– au président de l'Epscot sur le territoire duquel est projetée l'implantation ou du syndicat mixte chargés du Scot.

> **Précisions** Le maire ou le président de l'Epscot doit, dans les huit jours, notifier au président de l'EPCI la demande de permis dont il est saisi (C. com. art. L 752-4, I-al. 2). Est sans incidence sur la régularité de la procédure un léger dépassement du délai de huit jours qui n'empêche pas l'organe délibérant de l'EPCI de se prononcer valablement sur une éventuelle saisine de la CDAC (CAA Versailles 3-11-2020 n° 19VE00438).

93025 La saisine de la CDAC nécessite une **délibération** motivée du **conseil municipal** ou de l'**organe délibérant de l'EPCI** (C. com. art. L 752-4, I-al. 3).

Cette délibération doit intervenir dans le délai d'un mois suivant la réception de la demande de permis de construire (art. R 752-22). Elle est transmise au demandeur du permis de construire sous un délai de trois jours et affichée pendant un mois à la porte de la mairie de la commune d'implantation (art. L 752-4, I-al. 3).

La demande d'avis est motivée et accompagnée de la délibération mentionnée ci-dessus (art. R 752-23).

93030 Dès réception de la demande d'avis, le secrétariat de la CDAC fait connaître au demandeur du permis de construire la date et le numéro d'enregistrement de son dossier ainsi que le **délai imparti à la CDAC pour statuer,** qui est d'un mois (C. com. art. L 752-4, I-al. 5 et R 752-24, al. 1). Le demandeur est en outre informé que, si aucun avis ne lui a été notifié avant le délai d'un mois, l'avis est réputé favorable (art. R 752-24, al. 1).

Le secrétariat de la CDAC invite le pétitionnaire à transmettre sans délai à la commission toutes pièces susceptibles de permettre à celle-ci d'apprécier les effets du projet au regard des critères fixés à l'article L 752-6 du Code de commerce (nº 93280) (art. R 752-24, al. 2).

Le délai d'instruction court à compter de la réception par le secrétariat de la commission de la demande d'avis (art. R 752-24, al. 3).

INSTRUCTION DE LA DEMANDE D'AVIS

93040 Dix jours au moins avant la réunion, chacun des membres de la CDAC reçoit, par tout moyen, communication de la demande d'avis, accompagnée (C. com. art. R 752-25) :

– de l'arrêté préfectoral fixant la composition de la CDAC ;
– de l'ordre du jour de la réunion ;
– de la lettre d'enregistrement de la demande ;
– du formulaire destiné à la déclaration des fonctions et mandats que le membre de la CDAC exerce ou a exercés dans les trois années ayant précédé sa désignation, ainsi que de ses intérêts au cours de cette même période (formulaire permettant d'établir qu'aucun membre de la CDAC délibérant dans l'affaire n'y a un intérêt personnel ou ne représente ou a représenté une ou des parties : cf. C. com. art. L 751-3, al. 2) ;
– des pièces transmises, le cas échéant, par le demandeur.

Dans le même délai, la date et l'ordre du jour de la réunion sont publiés au recueil des actes administratifs de la préfecture.

Cinq jours au moins avant la réunion, chacun des membres de la CDAC reçoit, par tout moyen, les rapports d'instruction. La communication de ces documents aux élus appelés à siéger dans la commission vaut transmission à leurs représentants.

93045 La CDAC entend le demandeur si celui-ci le sollicite. Elle peut également entendre, à son initiative ou sur demande écrite au secrétariat de la CDAC, toute personne dont l'avis présente un intérêt pour l'examen de la demande dont elle est saisie (C. com. art. R 752-26).

AVIS DE LA CDAC

93050 L'avis de la CDAC doit être motivé et indiquer le sens du vote émis par chacun des membres présents (C. com. art. R 752-16, sur renvoi de l'art. R 752-28).

Dans les dix jours suivant la réunion de la CDAC ou la date de l'avis tacite, l'avis de la commission est notifié par le préfet au demandeur, à l'autorité compétente pour délivrer le permis de construire et, s'il s'agit d'une personne distincte, à l'auteur de la demande d'avis soit par lettre recommandée avec AR, soit par la voie administrative contre décharge, soit par courrier électronique (art. R 752-29). À défaut d'avis rendu par la CDAC avant l'expiration du délai d'un mois, cet avis est réputé favorable (cf. C. com. art. R 752-24 s.).

En cas d'**avis défavorable** de la CDAC, le permis de construire ne peut pas être délivré (art. L 752-4, I-al. 4). Le promoteur peut former un recours contre cet avis défavorable en saisissant la CNAC (voir nºs 93740 s.) (art. L 752-4, I-al. 6).

> **Précisions** Un **avis favorable** de la CDAC ne lie pas l'autorité compétente en matière d'urbanisme, qui statue sur la demande de permis de construire dont elle est saisie au regard des règles d'urbanisme. Dès lors, la faculté de consulter la CDAC est sans **incidence** sur les conditions dans lesquelles doit être apprécié l'intérêt pour agir d'une entreprise contre le permis de construire délivré à une entreprise concurrente (CE 11-6-2014 nº 360135 : RJDA 10/14 nº 803).

III. MODALITÉS DE CONTRÔLE DES PROJETS SOUMIS À AUTORISATION D'EXPLOITATION COMMERCIALE

Diverses règles sont destinées à guider l'appréciation de la CDAC lorsqu'elle émet un avis ou qu'elle prend une décision sur le projet dont elle est saisie. **93200**

La commission départementale doit s'assurer de la compatibilité de l'autorisation commerciale avec certains documents d'urbanisme. Elle doit prendre en considération de nombreux critères relatifs à l'aménagement du territoire, au développement durable et à la protection des consommateurs. Elle doit aussi veiller au respect du droit de la concurrence.

Lorsqu'elle se prononce sur un avis ou une décision de la CDAC, la Commission nationale d'aménagement commercial (CNAC) exerce le même type de contrôle (n°s 93500 s.).

La CDAC doit examiner le projet dont elle est saisie au vu de l'**analyse d'impact** produite par le demandeur (C. com. art. L 752-6, III ; voir n°s 92800 s.). **93205**

Elle doit aussi, le cas échéant, s'assurer que le demandeur démontre, à l'appui de l'analyse d'impact, que son projet réunit les différentes conditions permettant de déroger à l'interdiction de délivrer une autorisation d'exploitation commerciale pour une implantation ou une extension qui engendrerait une **artificialisation des sols** (C. com. art. L 752-6, V , voir n° 92835).

Il appartient enfin à la CDAC de vérifier éventuellement que le demandeur démontre, dans l'analyse d'impact, qu'il n'existe aucune **friche** permettant d'accueillir son projet (C. com. art. L 752-6, IV ; voir n° 92840).

A. Compatibilité du projet avec certains documents d'urbanisme

Il est admis depuis longtemps que la législation de l'urbanisme et celle de l'aménagement commercial sont en principe **indépendantes** l'une de l'autre (CE 13-4-1983 n° 23578 : Lebon p. 44 ; CE 22-11-1999 n° 194435 : RJDA 5/00 n° 606 ; CE 5-11-2003 n° 237383 : RJDA 2/04 n° 234 ; CE 7-1-2015 n° 359319). La jurisprudence en déduisait autrefois que les commissions chargées d'autoriser les équipements commerciaux n'avaient jamais à vérifier si le projet était conforme au droit de l'urbanisme. **93210**

Toutefois, l'évolution récente des textes a partiellement remis en cause cette solution.

IMPLANTATION DU PROJET DANS UNE COMMUNE DOTÉE D'UN SCOT

L'autorisation d'exploitation commerciale doit être compatible avec le schéma de cohérence territoriale (Scot) et, plus précisément, avec le document d'orientation et d'objectifs (**DOO**), qui est l'un des éléments essentiels du Scot et le seul à énoncer de véritables règles juridiques (C. com. art. L 752-6, I-al. 1 ; C. urb. art. L 142-1, 5°). Le DOO fixe les orientations et les objectifs en matière de localisations préférentielles des commerces (C. urb. art. L 141-5). **93220**

La même obligation de compatibilité s'impose pour la délivrance d'un permis de construire valant autorisation d'exploitation commerciale (C. urb. art. L 142-1, 7°).

Le DOO doit comprendre un **document d'aménagement artisanal, commercial et logistique (DAACL).** Autrefois facultatif, ce document a été rendu obligatoire par la loi Élan. Son contenu a été modifié par la loi Climat du 2 août 2021.

Le DAACL détermine les conditions d'implantation des équipements commerciaux qui, du fait de leur importance, sont susceptibles d'avoir un impact significatif sur l'aménagement du territoire, le commerce de centre-ville et le développement durable. Il doit aussi déterminer les conditions d'implantation des constructions commerciales et logistiques en fonction de leur surface, ainsi que de leur impact sur l'artificialisation des sols et les équilibres territoriaux (C. urb. art. L 141-6 modifié par loi 2023-973 du 23-10-2023).

› Précisions a. Les **conditions d'implantation** doivent privilégier la consommation économe d'espace. Elles portent également sur la desserte des équipements commerciaux par les transports collectifs, ainsi que sur leur accessibilité aux piétons et aux cyclistes. Elles prennent en considération la qualité environnementale, architecturale et paysagère des équipements concernés.
b. Le DAACL localise, en outre, les **secteurs** d'implantation périphérique et les centralités

urbaines qui présentent des difficultés particulières au regard des exigences de la localisation préférentielle des commerces. Il prévoit les conditions d'implantation, le type d'activité et la surface de vente maximale des équipements commerciaux spécifiques à ces secteurs.

IMPLANTATION DU PROJET DANS UNE COMMUNE NON DOTÉE D'UN SCOT

93230 Lorsque le territoire de la commune d'implantation du projet n'est pas couvert par un Scot, l'autorisation doit, le cas échéant, être compatible avec les orientations d'aménagement et de programmation (**OAP**) du plan local d'urbanisme (PLU) intercommunal (C. com. art. L 752-6, I-al. 1). L'OAP reprend une partie des dispositions relatives à l'équipement commercial que comporte le document d'aménagement artisanal, commercial et logistique (DAACL) du Scot (C. urb. L 151-6, al. 2).

ÉTENDUE DE L'OBLIGATION DE COMPATIBILITÉ DU PROJET AVEC UN SCOT

93240 L'obligation de compatibilité n'est pas aussi rigoureuse qu'une obligation de conformité. Elle suppose que le projet ne soit pas radicalement contraire aux orientations du Scot (ou du PLU intercommunal) en matière d'aménagement commercial (CE 28-9-2005 n° 274706 : RJDA 4/06 n° 467 ; CE 12-12-2012 n° 353496 : RJDA 2/13 n° 168 ; CE 26-1-2015 n° 370329, solutions retenues sous le régime antérieur à la loi 2014-626 du 18-6-2014 mais transposables).

Lorsque le Scot fixe des règles qui trouveraient normalement leur place dans un document d'urbanisme, tel qu'un PLU (par exemple, des règles relatives à l'implantation des ensembles commerciaux, à la réalisation d'aires de stationnement ou à la hauteur des constructions), les commissions d'aménagement commercial n'en sont pas moins tenues d'apprécier la compatibilité du projet avec ces règles, au même titre qu'avec toutes les orientations définies par le Scot (CE 11-10-2017 n° 401807 : RJDA 4/18 n° 367).

Pour des exemples de projets considérés comme non compatibles avec le Scot, voir CAA Lyon 15-11-2018 n° 17LY00839 ; CAA Lyon 11-4-2019 n° 17LY03387 ; CAA Bordeaux 6-6-2019 n° 17BX02466 ; CAA Nantes 18-6-2019 n° 18NT02210.

Pour des exemples de projets considérés, par la CNAC, comme incompatibles avec le Scot, mais jugés compatibles par les juridictions, voir CAA Nantes 17-1-2020 n° 18NT04359 ; CAA Nantes 28-2-2020 n° 19NT02099 ; CAA Lyon 18-6-2020 n° 19LY01131, confirmé par CE 22-12-2021 n° 442095.

B. Conformité du projet à différents critères d'appréciation

CRITÈRES D'APPRÉCIATION DU PROJET

93280 Lorsqu'elle statue sur la demande d'autorisation d'exploitation commerciale, la CDAC doit apprécier la conformité du projet aux objectifs énoncés par le législateur et au regard de trois séries de critères principaux d'appréciation qui se rattachent respectivement à l'aménagement du territoire, au développement durable et à la protection des consommateurs. À titre accessoire, elle peut prendre en compte la **contribution du projet en matière sociale** (C. com. art. L 752-6).

Ces dispositions s'inscrivent dans le cadre d'« orientations » générales telles que, notamment, les exigences de l'aménagement du territoire, la protection de l'environnement, la qualité de l'urbanisme, le développement des activités en centre-ville, le « confort d'achat du consommateur » (C. com. art. L 750-1 et L 750-1-1).

> **Précisions** **a.** Les trois séries de critères principaux d'appréciation, qui ont été introduits par la loi 2008-776 du 4 août 2008 de modernisation de l'économie, ont remplacé les **anciens critères** qui étaient principalement de nature économique (offre et demande globale dans la zone de chalandise, densité d'équipement en moyennes et grandes surfaces, etc.). La loi « Pinel » du 18 juin 2014 a davantage précisé le contenu des nouveaux critères tout en ajoutant le critère accessoire de la contribution du projet en matière sociale.
> La CDAC ne doit donc plus désormais prendre en compte la **densité d'équipement commercial** de la zone de chalandise (CE 4-10-2010 nos 333413 et 333492 : RJDA 12/10 n° 1190 ; CE 20-12-2022 n° 455817).
> **b.** Une circulaire adoptée le 24 août 2020 par le Premier ministre (NOR : PRMX2022573C) a adressé aux préfets, en leur qualité de présidents des CDAC, diverses recommandations afin que la mise en œuvre des dispositions relatives à la délivrance des autorisations d'exploitation commerciale contribue à enrayer l'augmentation des **surfaces artificialisées** (BRDA 19/20 inf. 15).

Aménagement du territoire En matière d'aménagement du territoire, la CDAC doit prendre en compte **six critères.** Ceux-ci portent sur (C. com. art. L 752-6, I-1°) : 93290

a) La localisation du projet et son intégration urbaine ;

b) La consommation économe de l'espace, notamment en termes de stationnement ;

c) L'effet sur l'animation de la vie urbaine, rurale et dans les zones de montagne et du littoral ;

d) L'effet du projet sur les flux de transports et son accessibilité par les transports collectifs et les modes de déplacement les plus économes en émission de dioxyde de carbone ;

e) La contribution du projet à la préservation ou à la revitalisation du tissu commercial du centre-ville de la commune d'implantation, des communes limitrophes et de l'EPCI auquel appartient la commune d'implantation ;

f) Les coûts indirects supportés par la collectivité, notamment en matière d'infrastructures et de transports.

ILLUSTRATIONS

Il est assez rare que les juridictions considèrent qu'un projet méconnaît les exigences de l'aménagement du territoire. Cette tendance se confirme, notamment, dans les affaires où la CNAC avait relevé une telle méconnaissance et où son appréciation est jugée erronée : voir, par exemple, CAA Lyon 18-6-2020 n° 19LY01131 ; CAA Bordeaux 2-7-2020 n° 18BX03070 ; CAA Marseille 23-12-2020 n° 19MA04726 ; CAA Marseille 7-4-2021 n° 19MA02248.

On remarque d'ailleurs que, suivant la même tendance, les cours administratives d'appel ont, au cours de la période récente, fréquemment eu l'occasion de censurer l'appréciation de la CNAC qui avait estimé que le projet ne respectait pas ces exigences : voir, par exemple, CAA Nancy 8-7-2021 n° 19NC01188 ; CAA Versailles 5-8-2021 n° 19VE03316 ; CAA Nantes 1-2-2022 n° 20NT02899 ; CAA Nantes 18-3-2022 n° 20NT02867.

Toutefois, et à l'inverse, les juridictions n'hésitent pas, le cas échéant, à censurer des autorisations qui ne prennent pas suffisamment en compte les critères applicables en matière d'aménagement du territoire. Pour des exemples de projets excessivement « consommateurs » d'espace, voir CAA Nantes 20-10-2017 n° 15NT03164 ; CAA Bordeaux 29-3-2018 n° 15BX03138. S'agissant de projets susceptibles de nuire à l'animation urbaine, voir CAA Nantes 11-4-2017 n° 15NT01757 ; CAA Bordeaux 13-7-2017 n° 15BX03938 ; CAA Nantes 20-10-2017 n° 15NT03164, confirmé par CE 25-3-2020 n° 416731 ; CAA Douai 26-1-2021 n° 19DA02176. Pour un exemple de projet ayant des effets négatifs sur les flux de transport, voir CAA Marseille 30-11-2020 n° 18MA04310.

Pour un exemple de projet ayant des effets négatifs sur l'équilibre du tissu commercial, voir CAA Lyon 15-4-2021 n° 19LY03849.

Une décision du Conseil constitutionnel admet la **validité des dispositions** relatives au cinquième critère ci-dessus (C. com. art. L 752-6, I-1°-e). Elle relève que ces dispositions ne subordonnent pas la délivrance de l'autorisation d'exploitation commerciale à l'absence de toute incidence négative du projet sur le tissu commercial des centres-villes concernés (Cons. const. 12-3-2020 n° 2019-380 QPC : RJDA 7/20 n° 394). Le Conseil d'État a également jugé que les mêmes dispositions ne méconnaissaient ni l'article 49 du TFUE relatif à la liberté d'établissement ni la directive 2006/123/CE relative aux services dans le marché intérieur (CE 15-7-2020 n° 431703 : RJDA 4/21 n° 270). 93295

À noter que la décision précitée du Conseil constitutionnel donne du IV de l'article L 752-6 du Code de commerce une interprétation qui ne va pas de soi. Alors que ce texte impose au demandeur de démontrer, dans l'analyse d'impact du projet (n° 92840), qu'aucune **friche** existante, en centre-ville ou, à défaut, en périphérie, ne permet l'accueil du projet envisagé, le juge constitutionnel en déduit qu'il s'agit d'un « **critère supplémentaire** ». Néanmoins, sa mise en œuvre ne saurait avoir pour effet d'interdire la délivrance d'une autorisation au seul motif de l'existence d'une telle friche.

À l'inverse, le III de l'article L 752-6, selon lequel l'analyse d'impact doit s'appuyer sur différents indices (évolution démographique, taux de vacance commerciale, offre de mètres carrés commerciaux déjà existants dans la zone de chalandise pertinente), n'est pas considéré par le juge constitutionnel comme instituant un « critère d'évaluation supplémentaire ».

> **Précisions** Des **cours administratives d'appel** ont repris à leur compte les motifs de la décision du Conseil constitutionnel dont il vient d'être question : voir, par exemple, CAA Lyon 17-6-2021 n° 20LY02574 ; CAA Lyon 10-11-2021 n° 20LY02782 ; CAA Nantes 18-3-2022 n° 20NT02867.

Développement durable En matière de développement durable, la CDAC est tenue de prendre en considération **trois critères d'appréciation** (C. com. art. L 752-6, I-2°) : 93300

a) La qualité environnementale du projet, notamment du point de vue de la performance énergétique et des émissions de gaz à effet de serre, du recours le plus large qui soit aux énergies renouvelables et à l'emploi de matériaux ou procédés écoresponsables, de la gestion des eaux pluviales, de l'imperméabilisation des sols et de la préservation de l'environnement.

b) L'insertion paysagère et architecturale du projet, notamment par l'utilisation de matériaux caractéristiques des filières de production locales.

Les critères relatifs à la qualité environnementale et à l'insertion paysagère et architecturale du projet s'appliquent également aux bâtiments existants en cas de projet d'extension de la surface de vente d'un magasin ayant déjà atteint le seuil des 1 000 m² ou devant le dépasser par la réalisation du projet (art. L 752-6, I-2°-dernier al.).

c) Les nuisances de toute nature que le projet est susceptible de générer au détriment de son environnement proche.

ILLUSTRATIONS

Pour des exemples récents de projets considérés comme conformes à l'objectif de développement durable, alors que l'appréciation de la CNAC était en sens contraire, voir CAA Bordeaux 15-3-2018 n° 15BX02124 ; CAA Douai 11-10-2018 n° 17DA01924, 17DA01925 ; CAA Nantes 2-7-2019 n° 17NT03298 ; CAA Versailles 31-10-2019 n° 17VE01704 ; CAA Nantes 24-1-2020 n° 19NT01114 ; CAA Nantes 2-4-2020 n° 19NT01657 ; CAA Lyon 18-6-2020 n° 19LY01131 ; CAA Marseille 21-6-2021 n° 20MA0186, confirmé par CE 20-12-2022 n° 455817.

Pour des exemples de projet méconnaissant, au contraire, le même objectif, voir CAA Bordeaux 1-3-2018 n° 17BX01358 ; CAA Nantes 4-5-2018 n° 16NT03262 ; CAA Douai 30-6-2020 n° 18DA01334, confirmé par CE 14-6-2022 n° 443560 ; CAA Marseille 5-7-2021 n° 20MA03354.

93310 **Protection des consommateurs** En matière de protection des consommateurs, la CDAC doit examiner (C. com. art. L 752-6, I-3°) :

a) L'accessibilité, en termes, notamment, de proximité de l'offre par rapport aux lieux de vie ;

b) La contribution du projet à la revitalisation du tissu commercial, notamment par la modernisation des équipements commerciaux existants et la préservation des centres urbains ;

c) La variété de l'offre proposée par le projet, notamment par le développement de concepts novateurs et la valorisation de filières de production locales ;

d) Les risques naturels, miniers et autres auxquels peut être exposé le site d'implantation du projet, ainsi que les mesures propres à assurer la sécurité des consommateurs (pour un exemple de projet présentant un risque technologique en raison de sa proximité avec des installations classées, voir CAA Bordeaux 2-11-2017 n° 16BX03230, 16BX03365).

AMÉNAGEMENTS NÉCESSAIRES À LA RÉALISATION DU PROJET

93320 Lorsqu'il apparaît que des aménagements sont nécessaires pour que la conformité aux critères d'aménagement du territoire ou de développement durable soit respectée, l'autorisation d'ouverture ou d'extension ne peut être accordée que si la réalisation de tels aménagements à la date de l'ouverture de l'équipement commercial est suffisamment certaine (CE 23-9-2013 n° 359270 : RJDA 12/13 n° 1054 ; CE 4-12-2013 n° 353249, 353265, 356138, 356416 : RJDA 3/14 n° 274 ; CE 19-12-2018 n° 416958 : RJDA 1/19 n° 45 ; CAA Nantes 11-4-2017 n° 15NT01757 ; CAA Paris 29-6-2020 n° 19PA01292 ; CAA Marseille 30-11-2020 n° 18MA02312 ; CAA Nantes 20-7-2021 n° 20NT00085).

ILLUSTRATIONS

A été valablement autorisé un projet d'extension d'un ensemble commercial susceptible de provoquer une augmentation sensible des flux de circulation au fur et à mesure de l'ouverture des différents magasins, dès lors que les travaux routiers nécessaires étaient déjà programmés (CE 4-12-2013 précité). En revanche, n'a pas été valablement autorisé un projet provoquant une augmentation sensible des flux de circulation alors que la réalisation des travaux d'aménagement routier nécessaires pour éviter une saturation des voies s'avérait trop incertaine (CE 23-9-2013 précité ; CE 19-12-2018 précité ; CAA Nantes 11-4-2017 précité).

PROJET ENGENDRANT UNE ARTIFICIALISATION DES SOLS

93340 La loi Climat 2021-1104 du 22 août 2021 a prévu qu'**aucune autorisation** d'exploitation commerciale ne doit être délivrée pour une implantation ou une extension qui engendrerait une artificialisation des sols (C. com. art. L 752-6, V-al. 1 et, sur renvoi, C. urb. art. L 101-2-1, al. 9). Relève de cette disposition un projet d'équipement commercial dont la réalisation entraîne, sur la ou les parcelles cadastrales qu'il occupe, une augmentation des superficies des terrains artificialisés par rapport à l'état de ces mêmes parcelles à la date du 23 août 2021 (C. com. art. R 752 issu du décret 2022-1212 du 13-10-2022).

Toutefois, il peut être **dérogé** à cette règle si le pétitionnaire démontre, à l'appui de l'étude d'impact, que son projet s'insère en continuité avec les espaces urbanisés dans un secteur au type d'urbanisation adéquat, qu'il répond aux besoins du territoire et qu'il obéit à l'un des **critères** suivants (C. com. art. L 752-6, V-al. 2 à 6 ; voir n° 92835) :
– l'insertion du projet dans le secteur d'intervention d'une ORT ou dans un quartier prioritaire de la politique de la ville ;
– l'insertion du projet dans une opération d'aménagement au sein d'un espace déjà urbanisé ;
– une compensation consistant à transformer un sol artificialisé en sol non artificialisé ;
– l'insertion du projet au sein d'un secteur d'implantation périphérique ou d'une centralité urbaine identifiés dans le document d'orientation et d'objectifs (DOO) d'un schéma de cohérence territoriale (Scot) entré en vigueur avant le 24 août 2021, ou au sein d'une zone d'activité commerciale délimitée dans le règlement d'un PLU intercommunal entré en vigueur avant la même date.

Toutefois, ces possibilités de dérogation ne sont applicables qu'à **certains projets.** Il s'agit (C. com. art. L 752-6, V-al. 7 s.) :
– de la création d'un magasin de commerce de détail ou d'un ensemble commercial ayant une surface de vente inférieure à 10 000 m^2 ;
– de l'extension de la surface de vente d'un magasin de commerce de détail ou d'un ensemble commercial, dès lors que la surface totale de vente de l'un ou l'autre équipement reste inférieure à 10 000 m^2 ;
– de l'extension de la surface de vente d'un magasin de commerce de détail ou d'un ensemble commercial ayant déjà atteint le seuil de 10 000 m^2 ou devant le dépasser par la réalisation du projet, dans la limite d'une seule extension par équipement et sous réserve que l'extension de la surface de vente soit inférieure à 1 000 m^2.

Pour tout projet d'une surface de vente supérieure à 3 000 m^2 et inférieure à 10 000 m^2, la dérogation n'est accordée que sur avis conforme du préfet.

Le décret 2022-763 du 29 avril 2022, pris pour l'application de l'article L 101-1-2 du Code de l'urbanisme, fixe les dispositions permettant de mesurer l'artificialisation nette des sols que la loi Climat a pour objectif de réduire. Mais il a été partiellement annulé par le Conseil d'État en raison d'une imprécision (CE 4-10-2023 n° 465341).

C. Respect par le projet des règles de concurrence

Lorsqu'elle examine un projet de création ou d'extension de magasin à grande surface, la CDAC doit veiller au respect par ce projet des règles qui ont pour objet de préserver le **libre jeu de la concurrence.** En particulier, le projet ne doit pas être de nature à présenter un **risque d'abus de position dominante** (CE 30-7-2003 n° 227838 : RJDA 1/04 n° 105 et concl. R. Schwartz p. 7 ; CE 2-3-2015 n° 358179 ; CAA Lyon 2-4-2020 n° 19LY00208). **93360**

CONSEIL

Un projet peut être déclaré valable au regard des règles d'aménagement commercial, mais écarté en raison d'un risque d'entrave à la concurrence. Il est vivement conseillé aux entreprises qui soumettent un projet à la CDAC d'ajouter à leur **dossier** de demande d'autorisation toutes les pièces nécessaires à une **analyse de l'état de la concurrence** sur le marché concerné par le projet. On notera à cet égard que la notion de marché dit « pertinent » au sens du droit de la concurrence, dont la détermination est un préalable indispensable pour rechercher une situation de position dominante (n° 42790), recoupe, lorsqu'elle est appliquée au secteur de la grande distribution, celle de zone de chalandise (n° 92810).

Par ailleurs, dans les DOM, Saint-Barthélemy, Saint-Martin, Saint-Pierre-et-Miquelon, la CDAC doit tenir compte lorsqu'elle se prononce de la **puissance économique** déjà détenue dans la zone par l'entreprise qui sollicite l'autorisation. Si sa part de marché, calculée en surface de vente, est susceptible de dépasser les 50 % de la zone de chalandise après l'opération, la CDAC peut demander l'avis de l'Autorité de la concurrence (C. com. art. L 752-6-1, al. 1). **93365**

L'Autorité de la concurrence dispose d'un délai maximal de 25 jours ouvrés à compter de la réception de l'intégralité des pièces du dossier pour rendre son avis. De son côté, la CDAC doit attendre la remise de cet avis avant se prononcer. Néanmoins, si l'Autorité ne rend pas son avis dans le délai de 25 jours, la CDAC peut valablement statuer (art. L 752-6-1, al. 2).

93370 À noter qu'avant d'accorder un permis de construire valant autorisation commerciale la commune d'implantation du projet n'est pas tenue d'organiser une **mise en concurrence des opérateurs** susceptibles d'être intéressés par la création d'un ensemble commercial. En effet, les dispositions de l'article 12 de la directive 2006/123/CE du 12 décembre 2006 relative aux services dans le marché intérieur, qui prévoient une procédure de sélection entre les candidats potentiels à l'octroi de certaines autorisations, n'ont ni pour objet ni pour effet de régir la délivrance d'une telle autorisation (CAA Marseille 26-3-2018 n° 16MA04170 : RJDA 6/18 n° 537).

IV. SAISINE DE LA CNAC CONTRE LES AVIS OU LES DÉCISIONS DE LA CDAC

DIFFÉRENTES HYPOTHÈSES DE SAISINE DE LA CNAC

93500 La Commission nationale d'aménagement commercial (CNAC) peut être amenée à connaître des avis et décisions de la CDAC. C'est le plus souvent sur un **recours** contre l'avis ou la décision. Mais il arrive, plus exceptionnellement, que la CNAC se **saisisse d'office** d'un projet précédemment examiné par la commission départementale.

Les recours sont, en principe, obligatoires. Mais ils deviennent facultatifs lorsque le professionnel concerné entend saisir la juridiction administrative en vue de contester l'avis ou la décision qui lui est défavorable.

> **Précisions** La **CNAC** ne constitue ni une **juridiction** ni un **tribunal** au sens de l'article 6, 1 de la convention européenne de sauvegarde des droits de l'Homme et des libertés fondamentales (CE 26-3-2003 n° 235129 : RJDA 2/04 n° 245 ; CAA Lyon 19-12-2017 n° 16LY01065).

COMPOSITION DE LA CNAC

93510 La composition de la CNAC est la suivante (C. com. art. L 751-6 modifié par décret 2022-1025 du 20-7-2022) :

– un membre du Conseil d'État désigné par le vice-président du Conseil d'État ;
– un membre de la Cour des comptes désigné par le premier président de la Cour des comptes ;
– un membre de l'inspection générale des finances désigné par le chef de ce service ;
– un agent exerçant des fonctions d'inspection générale au sein de l'inspection générale de l'environnement et du développement durable désigné par le chef de l'inspection ;
– quatre personnalités désignées pour leur compétence en matière de distribution, de consommation, d'urbanisme, de développement durable, d'aménagement du territoire ou d'emploi à raison d'une par le président de l'Assemblée nationale, une par le président du Sénat, une par le ministre chargé du commerce et une par le ministre chargé de l'urbanisme ;
– quatre représentants des élus locaux : un représentant les communes, un représentant les établissements publics de coopération intercommunale à fiscalité propre, un représentant les départements et un représentant les régions.

Les membres de la CNAC doivent garder le **secret** pour les faits, les actes et les renseignements dont ils ont pu avoir connaissance en raison de leurs fonctions (C. com. art. L 751-7).

Un **site internet** fournit diverses informations sur l'activité de la CNAC et, en particulier, sur ses décisions et avis : www.entreprises.gouv.fr/cnac.

A. Recours contre l'avis ou la décision de la CDAC

PERSONNES ADMISES À INTRODUIRE UN RECOURS DEVANT LA CNAC

93550 Ont la possibilité de former un recours contre l'avis ou la décision de la CDAC (C. com. art. L 752-17, I-al. 1 et II-al. 1) :

– le demandeur ;
– le préfet ;
– tout membre de la CDAC ;

– tout professionnel dont l'activité, exercée dans les limites de la zone de chalandise définie pour chaque projet, est susceptible d'être affectée par le projet ou toute association représentant ces professionnels.

› Précisions Alors même que le **professionnel** concerné n'est pas implanté dans la zone de chalandise du futur établissement, il n'en a pas moins qualité pour saisir la CNAC si le projet contesté est susceptible, en raison du chevauchement de sa zone de chalandise avec celle de l'activité commerciale de l'intéressé, d'avoir une incidence significative sur cette activité (CE 26-9-2018 nº 402275 : RJDA 1/19 nº 46 ; CAA Lyon 10-11-2021 nº 20LY02688 ; CAA Douai 23-3-2022 nº 20DA00806 ; CAA Douai 29-3-2022 nº 20DA01504).

PRÉALABLE OBLIGATOIRE À UN RECOURS CONTENTIEUX DEVANT LA JURIDICTION ADMINISTRATIVE

Recours contre un avis La saisine de la CNAC constitue un recours préalable obligatoire au recours contentieux dirigé contre la décision de l'autorité compétente pour délivrer le permis de construire, à peine d'irrecevabilité (C. urb. L 425-4, al. 2 ; C. com. art. L 752-17, I-al. 3). 93560

Par exception, le maire de la commune d'implantation du projet et le préfet ne sont pas tenus d'exercer ce recours préalable (C. com. art. L 752-17, I-al. 3).

› Précisions **a.** En application de ces règles, le demandeur doit, à l'appui de son recours, contester devant la CNAC l'**avis défavorable** de la CDAC qui fait obstacle à la délivrance du permis (CAA Nantes 23-3-2018 nº 16NT03471).

b. De son côté, le professionnel exposé à un risque de concurrence doit contester l'**avis favorable** de la CDAC qui est nécessaire à la délivrance du permis (CAA Nantes 12-3-2018 nº 16NT3065 ; CAA Marseille 1-10-2018 nº 16MA03806).

Recours contre une décision La saisine de la CNAC constitue un préalable obligatoire à un recours contentieux contre la décision de la CDAC, à peine d'irrecevabilité (C. com. art. L 752-17, II-al. 3). 93570

Ce **recours** ne peut avoir pour **objet** que de contester le sens de la décision prise par la CDAC, c'est-à-dire d'en obtenir l'annulation. L'auteur du recours ne peut donc pas demander la confirmation d'une autorisation de la commission départementale (CE 7-10-2009 nº 314763, 314777 : RJDA 6/10 nº 683).

DÉLAI DE RECOURS CONTRE L'AVIS OU LA DÉCISION DE LA CDAC

Le délai de recours contre l'avis ou la décision de la CDAC est fixé à un mois (C. com. art. L 752-17, I-al. 1 et II-al. 1). Il court (art. R 752-30) : 93580

– pour le demandeur, à compter de la notification de l'avis ou de la décision ;

– pour le préfet et les membres de la CDAC, à compter de la réunion de la commission ou, en cas d'avis ou de décision tacite, à compter de la date à laquelle l'autorisation est réputée accordée ;

– pour toute autre personne habilitée, à compter de la plus tardive des mesures de publicité que sont la publication de l'avis ou de la décision au recueil des actes administratifs de la préfecture et la publication de l'extrait dans les journaux régionaux ou locaux (nº 92970).

Ces mesures de publicité ne font courir le délai d'un mois que si elles comportent tous les éléments d'information nécessaires sur la nature et la consistance du projet. En outre, à défaut de certaines informations ayant un caractère substantiel, les mesures de publicité requises ne peuvent pas déclencher le délai raisonnable de recours, d'une durée d'un an, au-delà duquel le principe de sécurité juridique s'oppose à ce qu'une décision administrative puisse être remise en cause (CAA Douai 13-4-2021 nº 19DA00896 : RJDA 12/21 nº 797).

En revanche, le délai est susceptible de courir même si l'extrait de l'avis de la CDAC ne précise pas les modalités d'exercice du recours devant la CNAC (CAA Marseille 1-10-2018 nº 16MA03806).

FORME DU RECOURS CONTRE L'AVIS OU LA DÉCISION DE LA CDAC

Le recours contre l'avis ou la décision de la CDAC est présenté au président de la CNAC par tout moyen sécurisé ou, lorsqu'il est présenté par le préfet, par la voie administrative ordinaire. 93590

À peine d'irrecevabilité, le recours est motivé et accompagné de la justification de la qualité et de l'intérêt donnant pour agir de chaque requérant.

Lorsque le recours est présenté par plusieurs personnes, ses auteurs élisent domicile en un seul lieu. À défaut, les notifications, convocations ou autres actes sont valablement adressés au domicile du premier signataire (C. com. art. R 752-31, al. 1 à 3).

93595 À peine d'irrecevabilité de son recours, dans les cinq jours suivant sa présentation à la CNAC, le requérant, s'il est distinct du demandeur de l'autorisation d'exploitation commerciale, communique son recours à ce dernier soit par lettre recommandée avec AR, soit par tout moyen sécurisé (C. com. art. R 752-32, al. 1). Pour un exemple d'application, voir CAA Douai 7-12-2017 n° 16DA00859 : RJDA 5/18 n° 465.

S'il n'en est pas l'auteur, le préfet du département de la commune d'implantation est informé du dépôt du recours par le secrétariat de la CNAC. Le préfet informe, par tout moyen, les membres de la CDAC (art. R 752-32, al. 2).

Pour les projets nécessitant un permis de construire, dans les sept jours francs suivant la réception du recours, le secrétariat de la CNAC informe, par tout moyen, l'autorité compétente en matière de permis de construire du dépôt du recours (art. R 752-32, al. 3).

RETRAIT DU RECOURS CONTRE L'AVIS OU LA DÉCISION DE LA CDAC

93600 Lorsqu'après l'expiration d'un délai de deux mois suivant sa réception par le président de la CNAC, un requérant retire son recours contre la décision ou l'avis de la CDAC, la CNAC peut néanmoins décider de se prononcer sur le projet qui lui est soumis. Elle informe les parties de sa décision dix jours au moins avant la réunion au cours de laquelle le projet sera examiné (C. com. art. R 752-33). Le Conseil d'État a jugé que ces dispositions sont légales (CE 28-4-2023 n° 459710 : RJDA 8-9/23 n° 465).

EXAMEN DU RECOURS CONTRE L'AVIS OU LA DÉCISION DE LA CDAC

93610 La CNAC se réunit sur **convocation** de son président.

Cinq jours au moins avant la réunion, chacun des membres reçoit, par tout moyen, l'ordre du jour ainsi que, pour chaque dossier (C. com. art. R 752-35) :
- l'avis ou la décision de la CDAC ;
- le procès-verbal de la réunion de la CDAC ;
- le rapport des services instructeurs départementaux ;
- le ou les recours à l'encontre de l'avis ou de la décision ;
- le rapport du service instructeur de la CNAC.

ILLUSTRATIONS

Est régulière la convocation qui, envoyée par mail aux membres de la CNAC, indique que les documents énumérés ci-dessus seront disponibles, cinq jours avant cette réunion, sur une plateforme de téléchargement (CAA Nancy 8-7-2021 n° 19NC02785 ; CAA Bordeaux 17-12-2021 n° 19BX00435 ; CAA Douai 1-3-2022 n° 20DA00176).

Quinze jours au moins avant la réunion, les parties sont convoquées à la réunion et informées que la CNAC ne tiendra pas compte des pièces qui seraient produites moins de dix jours avant la réunion, à l'exception des pièces émanant des autorités publiques (art. R 752-34, al. 2).

93615 La CNAC peut recevoir des **contributions écrites.** Elle doit **entendre** toute personne qui en fait la demande écrite au secrétariat, au moins cinq jours avant la réunion. L'intéressé est tenu de justifier les motifs de son audition. Sont dispensés d'une telle justification : l'auteur du recours devant la CNAC, le demandeur, le maire de la commune d'implantation, le président de l'EPCI à fiscalité propre dont est membre la commune d'implantation et le président de l'établissement public compétent en matière de Scot dont est membre la commune d'implantation. La Commission nationale peut entendre toute autre personne qu'elle juge utile de consulter. Elle peut entendre en deux groupes distincts les personnes défavorables et favorables au projet (C. com. art. R 752-36, al. 1 à 4).

Lorsque la CNAC, saisie d'un recours contre la décision de la CDAC accordant l'autorisation d'exploitation commerciale, envisage au contraire de refuser celle-ci, le bénéficiaire de l'autorisation doit être mis à même de présenter ses observations (CRPA art. L 121-1 ; pour des applications de cette disposition, voir CE 17-4-2015 n° 374325 ; CAA Bordeaux 27-6-2019 n° 17BX03232).

Toutefois, la CNAC, qui ne constitue pas une juridiction, n'est pas tenue de communiquer aux auteurs d'un recours contre un avis de la CDAC favorable au projet, ou une décision autorisant celui-ci, les observations et documents produits par le pétitionnaire (CAA Lyon 18-6-2020 n° 18LY00672 ; CAA Versailles 2-7-2020 n° 19VE01238).

93620 Le secrétariat de la CNAC instruit et rapporte les dossiers. Le commissaire du Gouvernement présente et communique à la CNAC les avis des ministres chargés de l'urbanisme et du commerce. Après audition des parties, il donne son avis sur les demandes (C. com. art. R 752-36, dernier al.). La procédure d'autorisation est irrégulière lorsque les avis des deux ministres concernés n'ont pas été présentés à la Commission (CE 16-5-2011 nº 336104 : RJDA 10/11 nº 846 ; CE 11-2-2015 nº 367149 ; CAA Bordeaux 11-7-2019 nº 17BX03415 ; CAA Douai 1-10-2019 nº 17DA02031).

L'**avis** ou la décision de la Commission est adopté à la **majorité** des membres présents (art. R 752-38, al. 1).

Sur le mode de calcul de cette majorité, voir CAA Douai 15-6-2017 nº 17DA00200 et 17DA00227 : AJDA 2017 p. 1550 obs. J.-M. Riou.

L'avis ou la décision de la CNAC doit être **motivé.** Il est signé par le président et indique le nombre de votes favorables et défavorables ainsi que le nombre d'abstentions (C. com. art. R 752-38). **93625**

L'obligation de motivation n'implique pas que la Commission doive prendre explicitement parti sur la conformité du projet à chacun des critères d'appréciation : voir, par exemple, CE 3-3-2003 nº 227542, CE 26-3-2003 nº 235129 et CE 28-11-2003 nº 235026 : RJDA 2/04 nº 246 ; CE 13-12-2021 nº 437794 ; CAA Marseille 22-11-2021 nº 20MA03904 ; CAA Nancy 30-3-2022 nº 21NC003391. Pour des exemples, rares, d'avis de la CNAC considérés comme insuffisamment motivés, voir CAA Lyon 13-6-2018 nº 18LY00297 ; CAA Nantes 19-7-2019 nº 17NT03201, confirmé par CE 25-10-2021 nº 434695 ; CAA Marseille 18-11-2019 nº 18MA01159.

En l'**absence d'avis exprès ou de décision expresse** de la CNAC dans le délai de quatre mois à compter de la saisine, l'avis ou la décision est réputé confirmé (C. com. art. L 752-17, I-al. 2 et II-al. 2, art. R 752-43-5, al. 1). Le recours est donc implicitement rejeté. L'auteur du recours est en droit de demander à la Commission qu'elle lui communique, dans le délai d'un mois suivant sa demande, les motifs de sa décision implicite de rejet (CRPA art. L 232-4). Dans le cas où la Commission ne donne pas suite à cette demande, sa décision est illégale (CE 29-10-2012 nº 354689 : RJDA 1/13 nº 69 ; CAA Douai 1-10-2019 nº 17DA02031).

ISSUE DU RECOURS CONTRE L'AVIS OU LA DÉCISION DE LA CDAC

Recours contre un avis Lorsque la CNAC statue, elle rend elle-même un avis sur la conformité du projet aux critères énoncés à l'article L 752-6 (nº 93280). Cet avis se substitue à celui de la CDAC (C. com. art. L 752-17, I-al. 2). **93630**

Toutefois, si la CNAC, saisie d'un recours contre un avis favorable de la CDAC, au lieu d'émettre elle-même un avis, prend une décision expresse ou tacite, cette décision ne présente le caractère d'un avis qui se substitue à celui de la CDAC qu'à condition que le recours ait été régulièrement introduit. Cette condition n'est satisfaite que dans la mesure où le recours a été déposé par une personne y ayant intérêt, dans le délai d'un mois et conformément aux règles de forme applicables en la matière (Avis CE 15-4-2019 nº 425854 : RJDA 7/19 nº 529).

La CNAC doit se prononcer sur le projet qui lui est soumis en fonction des circonstances de droit et de fait prévalant à la date de son avis (CE 30-5-2022 nº 450230).

> **Précisions** Lorsque le silence gardé par la CNAC au terme du délai de quatre mois qui lui est imparti pour statuer (nº 93625) fait naître un **avis tacite** confirmant l'avis de la CDAC, cette circonstance ne fait pas obstacle à ce que la CNAC émette ultérieurement un avis favorable. Cette solution résulte d'un raisonnement par analogie avec ce qui a été jugé dans le cas où la CNAC est saisie d'un recours contre un avis par lequel la CDAC se déclare défavorable à un projet dans une commune de moins de 20 000 habitants (CE 21-9-2015 nº 376359 : RJDA 11/15 nº 786).

Recours contre une décision Lorsque la CNAC statue sur le recours, elle prend une décision qui se substitue à celle de la CDAC (C. com. art. L 752-17, II-al. 2). Il en va ainsi, non seulement lorsque la Commission fait droit au recours dont elle est saisie et annule une décision de la CDAC, mais aussi lorsqu'elle rejette le recours et confirme la décision contestée. Même dans cette dernière hypothèse, la décision de la CNAC a le caractère d'une nouvelle décision (CE 4-7-2012 nº 352933 : RJDA 10/12 nº 901). **93640**

Comme dans le cas d'un recours contre l'avis de la CDAC (nº 93630), la Commission nationale doit statuer en se plaçant à la date de sa propre décision.

Retrait de sa décision par la CNAC La Commission peut éventuellement revenir sur sa décision initiale. À cet égard, deux hypothèses doivent être distinguées. **93650**

Si la CDAC a refusé l'autorisation demandée, ce refus n'est pas créateur de droits, même au profit des tiers. La CNAC peut donc toujours, par la suite, et même après l'expiration du délai de quatre mois dont elle dispose pour statuer, revenir sur sa décision expresse ou implicite rejetant le recours formé contre ce refus et, ainsi, accorder l'autorisation (CE 4-4-1997 nº 156143 : RJDA 10/97 nº 1251, solution encore valable pour l'application des textes actuels).

Si, en revanche, la CDAC a autorisé le projet, la décision expresse ou implicite de la CNAC ayant rejeté le recours crée des droits au profit du bénéficiaire (CE 4-7-2012 nº 352933 précité).

La CNAC a néanmoins la possibilité de rapporter la nouvelle autorisation résultant de ce rejet et d'opposer un refus au demandeur. Dans ce cas, s'appliquent les dispositions générales relatives au retrait d'une décision créatrice de droits (CRPA art. L 242-1). Le retrait est, en principe, possible dans un délai de quatre mois à compter de l'intervention de la décision (CAA Marseille 3-4-2017 nº 15MA04768).

Ces solutions doivent être considérées comme valant seulement lorsque la CNAC prend une décision. Elles ne sont pas nécessairement transposables si la Commission émet un simple avis.

PUBLICITÉ DE L'AVIS OU DE LA DÉCISION DE LA CNAC

93660 Dans le délai d'un mois suivant la réunion de la CNAC ou la date de la confirmation tacite, la décision ou l'avis est notifié au requérant, au demandeur, s'il est distinct du requérant, au préfet et, si le projet nécessite un permis de construire, à l'autorité compétente en matière de permis de construire (C. com. art. R 752-39, al. 1).

Dans les dix jours suivant la notification, la décision ou l'avis est publié au recueil des actes administratifs de la préfecture du département de la commune d'implantation. En cas d'avis ou de décision favorable, le préfet du département de la commune d'implantation fait publier dans le même délai, aux frais du demandeur, un extrait de cette décision ou de cet avis dans deux journaux régionaux ou locaux diffusés dans le département (al. 2).

Les décisions et avis de la CNAC sont rendus publics par voie électronique (al. 3).

EFFETS DU RECOURS AUPRÈS DE LA CNAC

93670 **Nouvelle demande auprès de la CDAC** Un pétitionnaire dont le projet a été refusé par la CNAC pour un motif de fond ne peut pas déposer une nouvelle demande d'autorisation sur un même terrain, à moins d'avoir pris en compte les motivations de la décision ou de l'avis de la CNAC (C. com. art. L 752-21, al. 1).

Une nouvelle demande peut donc être présentée à la CDAC si elle a effectivement pour objet de régulariser la précédente en fonction des considérations ayant déterminé le rejet opposé par la CNAC (voir, par exemple, CAA Marseille 5-7-2021 nº 20MA03406 ; CAA Lyon 10-11-2021 nº 20LY02771 ; CAA Marseille 27-12-2021 nº 20MA01963 ; CAA Nancy 30-3-2022 nº 21NC00391). Mais la solution est inverse si les deux projets successifs présentent des similarités telles qu'il en résulte que le pétitionnaire n'a pas suffisamment pris en compte les motifs ayant conduit la Commission à refuser le projet (CAA Nantes 15-9-2017 nº 16NT00526 ; CAA Douai 15-9-2020 nº 18DA01548).

Il appartient à la CDAC, saisie d'une nouvelle demande, de vérifier préalablement que la condition précitée est satisfaite. Ce n'est que dans l'hypothèse où cette condition est réalisée que la commission peut réexaminer la validité du projet (CE 7-10-2022 nº 450615 : RJDA 1/23 nº 56 ; CE 21-7-2023 nº 461753 : RJDA 12/23 nº 679).

93680 **Nouvelle demande directe auprès de la CNAC** Selon une procédure particulière, dite de « revoyure », une nouvelle demande d'autorisation qui n'apporte pas une modification substantielle au projet peut être déposée directement auprès de la CNAC (C. com. art. L 752-21, al. 2).

L'avis ou la décision de la CNAC refusant un projet doit éventuellement mentionner la faculté pour le pétitionnaire de la saisir directement d'une nouvelle demande (C. com. art. R 752-43-1).

93685 Lorsque la réalisation du projet ne nécessite **pas de permis de construire,** la nouvelle demande est adressée au président de la CNAC dans les mêmes conditions que celles qui s'appliquent à une demande d'autorisation initiale déposée auprès de la CDAC. En cas de pluralité de demandeurs, la demande précise en quel lieu ils élisent domicile. À défaut, les notifications, convocations et autres actes sont valablement communiqués au domicile du premier cité (art. R 752-43-2 ; nº 92660).

Lorsque la réalisation du projet nécessite un **permis de construire,** la nouvelle demande est déposée dans les mêmes conditions que celles qui s'appliquent à une demande de permis de construire initiale (art. R 752-43-3 ; nº 92590). Le maire de la commune concernée transmet deux exemplaires du nouveau dossier de demande au secrétariat de la CNAC (C. urb. art. R 423-13-2, al. 2 modifié par décret 2022-1312 du 13-10-2022).

93690 La nouvelle **demande** doit **comprendre** (C. com. art. R 752-43-4, al. 1 et 2) :
- l'avis ou la décision de la CNAC rendu sur le projet ;
- le dossier actualisé de la demande d'autorisation d'exploitation commerciale ;
- « à peine d'irrecevabilité », un exposé synthétique des « ajustements » apportés au projet.

Le pétitionnaire dispose de cinq jours, à compter de la saisine de la CNAC, pour notifier la nouvelle demande au préfet et, s'il y a lieu, à chaque requérant auteur d'une précédente saisine de la CNAC sur le même projet. Cette **notification** comporte le nouveau dossier de demande, ainsi qu'une copie synthétique des « ajustements » apportés au projet. Elle doit être effectuée « à peine d'irrecevabilité ». Si un permis de construire est nécessaire, le délai de cinq jours court, sous la même sanction d'irrecevabilité, à compter de la date d'enregistrement de la nouvelle demande en mairie (art. R 752-43-4, al. 3 modifié par décret 2022-1312 du 13-10-2022, et al. 4).

Le demandeur est convoqué à la **réunion de la CNAC** dans les mêmes conditions que celles prescrites pour l'examen de son recours antérieur (nº 93610) (art. R 752-43-5, al. 3). **93695**

La CNAC peut recevoir des contributions écrites (nº 93615). Si elle a été précédemment saisie par des tiers, ceux-ci disposent de deux mois, à compter de la notification de la nouvelle demande, pour adresser leurs productions à la Commission. Celle-ci ne tient pas compte de productions fournies après l'expiration du délai (art. R 752-43-7).

Les documents que chacun des membres de la CNAC doit recevoir avant la réunion (nº 93610) sont, en cas de nouvelle demande adressée directement à la Commission, remplacés par les documents suivants (art. R 752-43-6) :

– l'avis défavorable ou la décision de refus rendu sur le projet lors de la précédente réunion de la CNAC ;
– la nouvelle demande ;
– la note éventuellement établie par les services instructeurs locaux sur le projet issu de la nouvelle demande ;
– le rapport du service instructeur de la CNAC sur la nouvelle demande.

Le **délai** de quatre mois imparti à la CNAC **pour statuer** (nº 93625) court à compter de la réception de la nouvelle demande à son secrétariat (art. R 752-43-5, al. 1). **93700**

Le nouvel **avis** ou la nouvelle **décision** de la CNAC fait l'objet des mesures de **publicité** exposées au nº 93670. Mais il doit aussi être notifié dans le délai d'un mois aux tiers qui auraient précédemment saisi la Commission à condition que ceux-ci lui aient déposé des contributions écrites ou qu'ils aient demandé à être entendus dans le cadre de l'examen de la nouvelle demande (art. R 752-43-9).

B. Recours contre l'avis de la CDAC pour les projets concernant des communes de moins de 20 000 habitants

En cas d'avis défavorable de la CDAC, le promoteur – et seulement lui – peut **saisir la** CNAC, qui doit se prononcer dans un **délai** d'un mois (C. com. art. L 752-4, I-al. 6 et R 752-31, al. 4). **93740**

Le **silence** de la **CNAC** vaut confirmation de l'avis de la CDAC (C. com. art. L 752-4, I-al. 6). La circonstance que la CNAC ait émis tacitement un avis confirmatif ne l'empêche pas de rendre ultérieurement un avis favorable (CE 21-9-2015 nº 376359 : RJDA 11/15 nº 786 ; CAA Marseille 14-10-2021 nº 19MA03307). **93745**

En cas d'**avis défavorable** de la CNAC, le permis de construire ne peut pas être délivré (art. L 752-4, I-al. 4).

L'avis émis par la CNAC se substitue à celui de la CDAC. En conséquence, l'irrégularité de la procédure suivie devant la commission départementale ne peut pas être utilement invoquée à l'appui d'un recours auprès de la Commission nationale (CAA Marseille 14-10-2021 précité).

C. Saisine d'office de la CNAC

OBJET DE LA SAISINE

La CNAC peut examiner d'office, dans le délai d'un mois suivant l'avis ou la décision de la CDAC, tout projet dont la **surface de vente atteint au moins 20 000 m²** (C. com. art. L 752-17, V-al. 1). **93790**

Le président de la CNAC notifie, par lettre recommandée avec AR ou par courrier électronique sécurisé, la décision de se saisir d'un projet au préfet du département de la commune d'implantation, au demandeur et, si le projet nécessite un permis de construire, à l'autorité compétente en matière de permis de construire (art. R 752-42, al. 2).

Cette saisine d'office ne fait pas obstacle aux recours exercés contre la décision ou l'avis de la CDAC. Si de tels recours sont exercés, la CNAC doit se prononcer sur l'ensemble des saisines et recours par une seule décision ou un seul avis (art. R 752-43, al. 3).

> **Précisions** **a.** La **saisine d'office** est **rendue possible** par l'obligation faite à la CDAC d'informer la CNAC de :
> – tout projet dont la surface de vente atteint au moins 20 000 m² dès son dépôt (art. L 752-17, III) ;
> – tout projet dont la surface de vente est supérieure à 20 000 m² ou ayant atteint le seuil de 20 000 m² ou encore devant le dépasser par la réalisation de l'opération (art. L 752-17, IV).
> **b.** Dès lors qu'elle est systématiquement informée des projets dont la surface de vente est supérieure ou égale à 20 000 m², ainsi que de ceux ayant déjà atteint ce seuil ou devant le dépasser par la réalisation de l'opération, la CNAC **peut s'autosaisir** de l'ensemble de ces projets, et non pas seulement de ceux dont la surface de vente est supérieure ou égale à 20 000 m². En conséquence, un projet consistant en une extension d'un ensemble commercial de 40 630 m² relève de la procédure d'examen d'office bien que cette extension ait été seulement de 1 450 m², inférieure au seuil de 20 000 m² (CE 20-6-2022 nº 44707 : RJDA 10/22 nº 587).

EXAMEN DU PROJET PAR LA CNAC

93800 La CNAC examine le projet suivant des modalités identiques à celles prévues en cas de recours « classique » : mêmes conditions de convocation, possibilité de recevoir des contributions écrites et de procéder à des auditions (nº 93615) (C. com. art. R 752-35 et R 752-36, sur renvoi de art. R 752-43, al. 2).

ISSUE DE LA SAISINE DE LA CNAC

93810 À l'issue de l'examen du projet, la CNAC émet un avis ou rend une décision sur la conformité du projet aux critères énoncés à l'article L 752-6 (nº 93280) (C. com. art. L 752-17, V-al. 2).

L'avis ou la décision doit être motivé et il doit être notifié et publié dans les mêmes conditions qu'en cas de recours « classique » (nº 93660) (art. R 752-38 et R 752-39, sur renvoi de C. com. art. R 752-43, al. 2).

Cet avis ou cette décision se substitue à celui de la CDAC. En l'absence d'avis ou de décision exprès de la CNAC dans le délai de quatre mois à compter de sa saisine, l'avis ou la décision de la CNAC est réputé confirmé (art. L 752-17, V-al. 2).

D. Incidences d'un recours contre un avis de la CDAC ou d'une saisine d'office de la CNAC sur la délivrance du permis de construire

93850 Un avis favorable de la CDAC est une condition nécessaire à la délivrance du permis de construire auquel le projet est éventuellement soumis (nº 92500) ; en cas de recours auprès de la CNAC contre cet avis ou d'autosaisine de cette Commission, le permis de construire valant autorisation commerciale peut être délivré (Avis CE 23-12-2016 nº 398077 : RJDA 5/17 nº 373) :
– lorsque la CNAC rend un avis favorable en se prononçant expressément dans le délai de quatre mois qui lui est imparti à compter de saisine ou de son autosaisine (nºs 93625) ;
– lorsque la CNAC confirme tacitement l'avis de la CDAC, faute d'avoir statué dans ce délai de quatre mois (nº 93810).

Sur l'hypothèse où la CNAC, saisie d'un recours contre un avis favorable de la CDAC, prend une décision au lieu d'émettre un avis, voir nº 93630.

93855 En pratique, si l'avis favorable de la CDAC est déféré à la CNAC, il est nécessaire que l'autorité compétente en matière d'urbanisme attende l'avis, exprès ou tacite, de la CNAC avant de délivrer le permis de construire (Avis CE 23-12-2016 nº 398077 précité ; CE 2-3-2022 nº 440079 : RJDA 6/22 nº 371).

Toutefois, même dans cette hypothèse, l'octroi du permis reste, en principe, possible dès lors :
– qu'il intervient durant le délai de recours contre l'avis de la CDAC ou le délai d'autosaisine de la CNAC ;
– et que la CNAC n'a pas encore été saisie d'un recours ou n'a pas encore décidé de se saisir.

Mais le Conseil d'État « recommande » finalement à l'administration de ne pas faire usage de cette possibilité, car rien ne s'oppose à ce qu'après l'examen de l'affaire, la CNAC exprime un avis défavorable qui remettrait en cause la validité du permis. De façon moins nuancée, l'instruction du gouvernement du 3 mai 2017 sur la législation en matière d'aménagement commercial (NOR : ECFI1713905C) considère, sans autre précision, que « sont illégaux » les permis de construire délivrés avant l'expiration du délai de recours ou l'issue du recours.

V. RECOURS AUPRÈS DE LA JURIDICTION ADMINISTRATIVE

DUALITÉ DES PROCÉDURES DE RECOURS

La procédure de recours contentieux est différente selon que le **projet** est **soumis ou non à permis de construire.** En cas d'**urgence,** le juge des référés peut être saisi d'une demande de suspension. 94000

ATTENTION

Dans les **communes de moins de 20 000 habitants,** l'avis rendu par la CNAC a le caractère d'un « acte préparatoire » et ne constitue pas, par lui-même, une décision susceptible de faire l'objet d'un recours pour excès de pouvoir (CE 15-12-2010 n° 334627 : RJDA 2/11 n° 189). Il appartient donc au promoteur, qui s'est heurté à un ou deux avis négatifs, d'attendre que le permis demandé lui ait été refusé par le maire pour saisir le tribunal administratif d'un recours contre ce refus. L'intéressé a alors la faculté de s'appuyer sur les irrégularités affectant l'avis ou les avis défavorables qui lui ont été opposés.

A. Recours contre le permis de construire valant autorisation d'exploitation commerciale

JURIDICTION COMPÉTENTE POUR STATUER SUR LE RECOURS

Le permis de construire valant autorisation d'exploitation commerciale peut faire l'objet d'un recours, non pas devant le tribunal administratif selon les règles de droit commun, mais devant la **cour administrative d'appel,** qui statue alors en premier et dernier ressort (C. urb. art. L 600-10). 94010

La cour n'est cependant compétente qu'à condition que le projet ait donné lieu à un avis de la CDAC et de la CNAC (CE 14-11-2018 n° 413246 : RJDA 2/19 n° 141).

La compétence des cours administratives d'appel ne se limite pas aux recours tendant à l'annulation d'un permis de construire valant autorisation d'exploitation commerciale ; elle porte aussi sur les actions en réparation d'un préjudice causé par l'illégalité du permis (CE 2-3-2022 n° 440079 : RJDA 6/22 n° 371).

L'autorité réglementaire n'a pas fixé une règle de **compétence territoriale** propre à cette hypothèse. Il convient, par analogie avec les dispositions du Code de justice administrative relatives aux recours contre la décision de la CNAC (n° 94110), de désigner la cour dans le ressort de laquelle se trouve le siège de la CDAC qui a été saisie du projet. C'est d'ailleurs la solution qui avait été expressément retenue à titre transitoire pour les recours formés contre les permis délivrés sous le régime antérieur à la loi 2014-626 du 18 juin 2014 (Décret 2015-165 du 12-2-2015 art. 4, V-al. 1).

› Précisions Lorsque l'extension d'un équipement commercial nécessite la délivrance d'un permis de construire apportant des **modifications** à un précédent **permis,** la compétence de la cour administrative d'appel suppose également que le projet ait fait l'objet d'un avis de la commission d'aménagement commercial (CE 18-11-2020 nº 420857 : RJDA 5/21 nº 346). Mais, dans cette hypothèse, la cour n'est pas tenue de rechercher si ces modifications présentent un caractère « substantiel » au sens de l'article L 752-15, al. 3 (nºs 94300 s.).

RECOURS CONTRE LE PERMIS OU LE REFUS DE PERMIS DE CONSTRUIRE

94020 L'**avis de la CDAC ou celui de la CNAC** ne peuvent pas être déférés au juge de l'excès de pouvoir. Seul le permis ou le refus de permis est susceptible de recours (CE 25-3-2020 nº 409675 : RJDA 7/20 nº 395 ; CE 7-10-2022 nº 452959 : RJDA 2/23 nº 113 ; voir également avis CE 15-4-2019 nº 425854 : RJDA 7/19 nº 529). Il en va ainsi même lorsque la CNAC rejette comme irrecevable le recours dont elle est saisie contre un avis de la CDAC favorable au projet. Peu importe que ce rejet soit ou non fondé (Avis CE 15-4-2019 nº 425854 : RJDA 7/19 nº 529).

Une cour administrative d'appel a admis à deux reprises que, par exception à cette règle, le maire de la commune, compétent pour délivrer le permis, est recevable à demander l'annulation de l'avis qui lie son appréciation (CAA Nantes 15-9-2017 nº 16NT00526 : RJDA 1/18 nº 77 ; CAA Nantes 28-2-2020 nº 19NT02099 : AJDA 2020 p. 980 chron. E. Sacher). Mais cette solution a été expressément écartée par le Conseil d'État (CE 24-1-2022 nº 440164 : RJDA 4/22 nº 230 ; CE 14-6-2022 nº 446920).

› Précisions Les dispositions issues de la loi Pinel du 18 juin 2014 sont entrées en vigueur le 15 février 2015 (nº 92000). Selon les **règles transitoires** dégagées par la jurisprudence, deux séries d'hypothèses doivent être distinguées (CE 24-11-2018 nº 409833, CE 5-12-2018 nº 412438 et CE 19-12-2018 nº 417294 : RJDA 2/19 nº 142) :

– Si un projet d'aménagement commercial, qui nécessitait la délivrance d'un permis de construire, a fait l'objet de ce permis **avant le 15 février 2015,** le permis en cause ne peut valoir autorisation d'exploitation commerciale. En conséquence, la CDAC prend nécessairement une décision, laquelle peut être contestée devant la CNAC. Seule cette décision est susceptible de faire l'objet d'un recours auprès de la cour administrative d'appel. Il en va ainsi même lorsque la décision est intervenue après le 14 février 2015.

– Si le permis de construire a été délivré **après le 15 février 2015,** il tient lieu d'autorisation commerciale, à condition que la CDAC ait exprimé un avis favorable. Dans ce cas, à condition qu'elle ait statué après le 14 février 2015, la CNAC est réputée avoir émis un avis qui est insusceptible de recours. Toutefois, lorsque la CNAC a statué avant le 15 février 2015, elle doit être considérée comme ayant pris une décision (accordant ou refusant l'autorisation). Seule cette décision peut être déférée à la cour administrative d'appel.

De façon comparable à la première hypothèse, lorsqu'un permis de construire modificatif porte sur un projet qui a été autorisé par un permis initial délivré avant le 15 février 2015, il ne peut pas tenir lieu d'autorisation d'exploitation commerciale, même s'il a été accordé après cette date. Il n'a donc pas à être soumis pour avis à la CNAC, laquelle ne saurait prendre, dans ce cas, qu'une décision susceptible de recours contentieux (CE 27-1-2020 nº 422287 : RJDA 6/20 nº 333).

AUTEURS DU RECOURS CONTRE LE PERMIS DE CONSTRUIRE VALANT AUTORISATION D'EXPLOITATION COMMERCIALE

94030 Seules les **personnes recevables** à saisir la CNAC (nº 93550) peuvent former un recours contre le permis en tant qu'il tient lieu d'autorisation d'exploitation commerciale. Il s'agit essentiellement des professionnels exposés au risque de concurrence qui résulte de la réalisation du projet.

Les **propriétaires** ou **locataires,** dont les conditions d'occupation, d'utilisation ou de jouissance du bien qu'ils détiennent ou occupent sont susceptibles d'être affectées directement par la construction projetée, sont également recevables à former un recours contre le permis auprès de la juridiction administrative (C. urb. art. L 600-1-2), en l'occurrence la cour administrative d'appel. À la différence des professionnels, ces propriétaires ou locataires ont la possibilité de saisir directement la cour.

› Précisions a. Un **professionnel** a nécessairement qualité pour contester le permis s'il exerce son activité dans la **zone de chalandise** du futur établissement (CAA Douai 28-9-2017 nº 16DA01374 ; CAA Lyon 13-3-2018 nº 16LY02307, confirmé par CE 7-10-2020 nº 420493 ; CAA Lyon 13-3-2018 nº 16LY03515 ; CAA Marseille 26-5-2021 nº 19MA04404 ; CAA Lyon 10-11-2021 nº 20LY02771).

b. L'exploitant d'une grande surface, qui conteste le permis autorisant, à proximité de son établissement, la réalisation d'un ensemble commercial, **sans invoquer** sa **qualité de professionnel** exposé à un risque de concurrence, n'est recevable à agir qu'à condition de démontrer que le projet risque de porter atteinte aux conditions d'occupation, d'utilisation ou de jouissance de son bien (CE 27-1-2020 n° 423529). De même, un professionnel n'est pas recevable à agir en qualité de **riverain** (CAA Nantes 25-1-2018 n° 17NT01192 : RJDA 5/18 n° 466).

c. Une **association** ayant pour objet statutaire « la défense et la préservation du cadre de vie contre toute atteinte qui y serait portée par la planification ou l'autorisation de surfaces destinées au commerce » a été considérée comme recevable à contester un permis valant autorisation commerciale (CE 26-12-2022 n° 442811). Cette solution, retenue par le Conseil d'État dans une formation de jugement simplifiée, gagnerait à être confirmée.

DÉLAI DU RECOURS CONTRE LE PERMIS DE CONSTRUIRE VALANT AUTORISATION D'EXPLOITATION COMMERCIALE

Conformément au droit commun, le délai du recours pour excès de pouvoir contre le permis est d'une durée de deux mois. Il court à compter de l'accomplissement de la mesure de publication définie par l'article R 600-2 du Code de l'urbanisme : l'affichage d'une mention du permis sur le terrain à compter du premier jour d'une période continue de deux mois. La mention du permis doit être affichée de manière visible de l'extérieur et pendant toute la durée du chantier (C. urb. art. R 424-15). La matérialité de la publication est assurée par l'installation d'un panneau d'affichage comportant certaines mentions obligatoires. Ce dispositif est destiné à assurer la meilleure information possible des voisins de la future construction qui sont directement concernés par la réalisation du projet. 94040

Mais, bien que les professionnels dont l'activité est susceptible d'être affectée par le projet (n° 93550) n'aient généralement pas la qualité de voisin, le délai de deux mois court à leur égard dans les mêmes conditions (Avis CE 23-12-2016 n° 398077 : RJDA 5/17 n° 373).

Dans l'hypothèse où le délai de recours serait expiré avant qu'un professionnel ait saisi la CNAC, cette saisine n'aurait pas pour effet de rouvrir un nouveau délai.

En revanche, si la CNAC est amenée à rendre un avis après la délivrance du permis, la publication de celui-ci ouvre aux requérants un délai particulier de deux mois pour attaquer la décision (Avis CE 23-12-2016 n° 398077 précité).

NOTIFICATION DU RECOURS CONTRE LE PERMIS DE CONSTRUIRE VALANT AUTORISATION D'EXPLOITATION COMMERCIALE

Les professionnels sont tenus, comme tous les auteurs de recours contre un permis de construire, de respecter les dispositions de l'article R 600-1 du Code de l'urbanisme (Avis CE 23-12-2016 n° 398077 : RJDA 5/17 n° 373 ; CAA Marseille 17-12-2018 n° 16MA04093 ; CAA Nancy 8-7-2021 n° 19NC02785 ; CAA Douai 29-3-2022 n° 20DA01504). 94050

Ce texte impose au demandeur de notifier son recours à l'auteur de la décision et au titulaire de l'autorisation. Conçue à des fins de sécurité juridique, cette obligation doit être exécutée dans un délai de 15 jours à compter du dépôt du recours auprès de la juridiction administrative. Elle est prescrite à peine d'irrecevabilité.

MOYENS INVOCABLES À L'APPUI DU RECOURS CONTRE LE PERMIS DE CONSTRUIRE VALANT AUTORISATION D'EXPLOITATION COMMERCIALE

Un **professionnel** n'est pas recevable à soulever des moyens tirés de l'illégalité du permis en tant qu'il vaut autorisation de construire (C. urb. art. L 600-1-4, al. 1). Seuls peuvent donc être valablement invoqués des moyens portant sur la méconnaissance des règles relatives à l'ouverture ou à l'extension des magasins de détail, à l'exclusion de ceux qui se rattachent à la violation des règles d'urbanisme. Un professionnel ne saurait ainsi utilement faire valoir que le dossier de la demande de permis est incomplet au regard des dispositions du Code de l'urbanisme (CAA Nancy 8-2-2018 n° 17NC00237 : RJDA 5/18 n° 467 ; CAA Douai 29-12-2020 n° 19DA02581 ; CAA Nantes 20-7-2021 n° 20NT00085) ou que le permis méconnaît les règles fixées par le document d'urbanisme applicable (CAA Versailles 31-10-2019 n° 18VE03019 ; CAA Marseille 4-10-2021 n° 20MA03887 ; CAA Douai 1-3-2022 n° 20DA00176). 94060

Cette solution s'impose même si les règles d'urbanisme invoquées sont propres aux bâtiments d'exploitation commerciale, telles que les règles énoncées par l'article L 111-19, al. 1 du Code de l'urbanisme relatif aux aires de stationnement annexes d'un établissement commercial (n° 92605) (CE 24-10-2018 n° 414267 : RJDA 1/19 n° 47 ; CAA Versailles 30-1-2020 n° 17VE00947 ; CAA Douai 29-12-2020 n° 19DA02718 ; CAA Lyon 27-5-2021 n° 19LY04623).

À l'inverse, les **propriétaires** ou **locataires** exposés aux inconvénients du voisinage de la future construction ne peuvent contester le permis que dans la mesure où celui-ci tient lieu d'autorisation de construire. Dès lors, les moyens tirés de l'illégalité du permis en tant qu'il vaut autorisation d'exploitation commerciale sont irrecevables à l'appui de telles conclusions (C. urb. art. L 600-1-4, al. 2 ; pour une application, voir CE 7-3-2018 n° 404079 : RJDA 5/18 n° 468).

› Précisions Un avis du Conseil d'État apporte des précisions importantes sur l'**étendue du contrôle** que doit exercer la **cour administrative d'appel** lorsqu'elle est saisie par un professionnel d'un recours contre un permis de construire valant autorisation d'exploitation commerciale (Avis CE 15-4-2019 n° 425854 : RJDA 7/19 n° 529) :
– il appartient à la cour de s'assurer que le requérant justifie d'un intérêt pour agir et, si le projet a donné lieu à un avis favorable de la CDAC, de vérifier que ce requérant a, avant d'introduire son recours, contesté cet avis auprès de la CNAC en respectant les conditions de recevabilité qui s'imposent dans une telle hypothèse ;
– si la CNAC a rejeté comme irrecevable le recours du professionnel, aux motifs que celui-ci est dépourvu d'intérêt pour agir ou encore que le recours n'a pas été régulièrement formé contre un avis favorable de la CDAC, tandis que la cour se livre à une appréciation différente, le rejet pour irrecevabilité prononcé par la CNAC doit être considéré comme une irrégularité entachant la procédure de délivrance du permis de construire ;
– la cour ne peut, toutefois, déclarer illégal le permis attaqué qu'à condition que l'irrégularité en cause ait pu avoir une incidence sur cette décision.

EFFETS DE L'ANNULATION DU PERMIS DE CONSTRUIRE VALANT AUTORISATION D'EXPLOITATION COMMERCIALE

94070 Lorsque la **cour** administrative d'appel (ou le Conseil d'État statuant en cassation) **annule** pour excès de pouvoir, à la demande d'un professionnel, un **permis de construire,** cette annulation ne vaut que dans les limites assignées aux prétentions du demandeur, c'est-à-dire dans la mesure où le permis tient lieu d'autorisation commerciale (n° 94030). Néanmoins, même dans ces limites, l'annulation fait obstacle à la réalisation du projet (Avis CE 23-12-2016 n° 398077 précité).

Toute **régularisation** n'est cependant pas exclue. En particulier, si les modifications nécessaires pour tirer les conséquences de la décision d'annulation n'ont pas d'effet sur la conformité du projet aux règles d'urbanisme, un nouveau permis valant autorisation commerciale peut être délivré sur la seule base d'un avis favorable de la CDAC ou de la CNAC (Avis CE 23-12-2016 n° 398077 précité).

De façon comparable, une annulation du permis, prononcée à la demande d'un voisin de la construction, n'a d'incidence que sur le volet urbanistique de l'autorisation. Une régularisation suppose, en principe, le dépôt d'une nouvelle demande de permis. Mais un simple permis modificatif peut éventuellement être suffisant (C. urb. art. L 600-5-1).

Si le juge estime que l'illégalité entachant le permis est susceptible d'être régularisée, il sursoit à statuer, après avoir invité les parties à présenter leurs observations avant l'expiration d'un délai dont il fixe la durée. Lorsqu'une mesure de régularisation lui est notifiée dans ce délai, le juge statue après avoir de nouveau invité les parties à présenter leurs observations (C. urb. art. L 600-5-1). Pour des exemples d'application, voir CAA Bordeaux 11-7-2019 n° 16BX03291 et CAA Douai 1-10-2019 n° 17DA02031.

Le juge administratif qui annule un permis de construire valant autorisation d'exploitation commerciale peut, en vertu de l'article L 911-1 du Code de justice administrative, prononcer à l'encontre de l'autorité compétente pour délivrer le permis, ainsi que de la CNAC, une injonction portant sur la mesure d'exécution qu'implique cette annulation (CE 22-11-2021 n° 441118 ; CE 22-12-2021 n° 442095).

B. Recours contre la décision de la CNAC

JURIDICTION COMPÉTENTE

94110 La décision de la CNAC peut faire l'objet d'un recours pour excès de pouvoir devant une **cour administrative d'appel,** qui statue alors en premier et dernier ressort (C. just. adm. art. R 311-3, al. 1). La cour administrative d'appel territorialement compétente pour connaître de ces recours est celle dans le ressort de laquelle se trouve le siège de la CDAC qui a pris la décision (C. just. adm. art. R 311-3, al. 2).

› Précisions Un litige relatif à l'appréciation de la CNAC sur la **caducité de l'autorisation** d'exploitation commerciale relève de la compétence des cours administratives d'appel. Il appartient donc à une telle juridiction de connaître d'un recours dirigé contre la décision par laquelle un préfet refuse de constater la caducité d'une autorisation accordée par la CNAC en faisant valoir qu'il ne détient pas un tel pouvoir (CE 8-12-2021 n° 438150).

NATURE DE LA DÉCISION DE LA CNAC ET EFFETS SUR LE RECOURS

94120 La décision prise par la CNAC se substituant à celle de la CDAC qui était contestée devant elle, les **vices** dont serait entachée la **décision de la commission départementale** n'affectent pas la légalité de la décision prise par la Commission nationale (CE 12-11-1997 : RJDA 3/98 n° 352 ; CE 10-5-1999 : RJDA 12/99 n° 1389 ; CE 20-3-2000 : RJDA 12/00 n° 1180, 2e espèce ; CE 30-1-2002 n° 210685 : RJDA 12/02 n° 1330 ; CE 2-3-2015 n° 358179). Un tiers formant un recours pour excès de pouvoir contre une décision de la CNAC ne peut donc pas valablement invoquer, par exemple, l'irrégularité entachant, selon lui, la convocation des membres de la CDAC (CE 12-11-1997 précité).

QUALITÉ POUR AGIR CONTRE UNE DÉCISION DE LA CNAC

94130 Le Code de commerce ne précise pas quelles sont les personnes ayant qualité pour former un recours contentieux contre une décision de la CNAC. Le Conseil d'État a déduit de l'article L 752-17, lequel prévoit que la saisine de la CNAC est un préalable à un recours contentieux à peine d'irrecevabilité de ce dernier, que le recours contentieux contre une décision de la CNAC prise dans le même sens que celle de la CDAC n'est ouvert qu'aux personnes ayant elles-mêmes présenté le recours préalable devant la Commission nationale (CE 28-6-2013 n° 355812 : RJDA 10/13 n° 845). En revanche, dans l'hypothèse où la CNAC aurait, au contraire, à la demande d'un concurrent, annulé une telle autorisation et substitué à celle-ci une décision de refus, le bénéficiaire de l'autorisation initiale est recevable à agir directement devant le Conseil d'État.

Le président de la CNAC a qualité pour représenter l'État devant les juridictions administratives, sans être tenu d'être assisté par un avocat (CE 22-11-2021 n° 441118 ; CE 22-12-2021 n° 442095).

> **Précisions** La liste des personnes qui peuvent saisir la CNAC d'un **recours préalable** étant limitativement énumérée (C. com. art. L 752-17, II-al. 1), on peut se demander si une personne non désignée par ce texte, mais qui justifierait d'un **intérêt à agir**, a la possibilité de saisir directement la juridiction administrative. Le Conseil d'État avait admis cette possibilité sous l'empire des dispositions de la loi Royer, telles que modifiées par la loi Sapin du 29 janvier 1993 (CE 10-3-2006 n° 278220 : RJDA 6/06 n° 712).

DÉLAI DE RECOURS CONTRE UNE DÉCISION DE LA CNAC

94140 Conformément au droit commun, le délai de recours contre une **décision explicite** de la CNAC devant la cour administrative d'appel est de deux mois à compter de la notification ou de la publication de la décision attaquée (C. just. adm. art. R 421-1).

En revanche, aucune règle de délai ne s'applique dans le cas d'une **décision implicite** née du silence gardé pendant plus de quatre mois par la CNAC pour statuer sur un recours contre une décision de la CDAC (CE 4-7-2012 n° 353314 : RJDA 10/12 n° 901 ; CE 11-2-2015 n° 373673 : RJDA 5/15 n° 395). La solution s'explique par une disposition particulière du Code de justice administrative (art. R 421-3) relative aux décisions implicites des organismes collégiaux.

> ATTENTION
> Un recours contre une décision implicite de la CNAC pouvant être formé devant une cour administrative d'appel à n'importe quel moment, la **sécurité juridique** de l'opérateur qui bénéficie d'une autorisation implicite de la CNAC n'est jamais pleinement garantie.

RECEVABILITÉ DU RECOURS CONTRE UNE DÉCISION DE LA CNAC AU REGARD DU CONTENTIEUX DE L'URBANISME

94150 Même si le droit de l'urbanisme et celui de l'aménagement commercial présentent des « interférences » (nos 93210 s.), il n'en demeure pas moins que ces deux législations, qui poursuivent des objectifs distincts, sont indépendantes l'une de l'autre. Il en résulte notamment qu'une autorisation d'aménagement commercial – qui ne constitue pas une **décision relative à l'occupation ou l'utilisation du sol** régie par le Code de l'urbanisme – n'est pas soumise aux dispositions de l'article R 600-1 de ce Code (n° 94050), lesquelles exigent de l'auteur d'un recours contentieux contre une telle décision qu'il notifie son recours à l'auteur de la décision et au titulaire de l'autorisation (CE 13-10-2003 n° 257879 : RJDA 2/04 n° 247).

EFFETS D'UNE ANNULATION DE LA DÉCISION DE LA CNAC

94160 L'annulation d'une décision de la CNAC accordant l'autorisation de créer un hypermarché a pour effet de saisir à nouveau la CNAC de la demande d'autorisation initialement présentée, en lieu et place de la CDAC (CE 12-1-2005 n° 260198 : RJDA 10/05 n° 1158 ; CE 7-3-2008 n° 299510 :

RJDA 10/08 nº 1056). Elle a également pour effet de ressaisir la CNAC du recours formé devant elle contre la décision de la CDAC (CE 26-9-2018 nº 402275 : RJDA 1/19 nº 46).

Dans le cas où l'annulation porte sur une décision refusant l'autorisation, la CNAC méconnaît l'autorité de la chose jugée si elle oppose ensuite au demandeur un nouveau refus, alors que ni le projet ni les circonstances n'ont subi de modifications (CAA Nancy 5-10-2017 nº 16NC02868).

C. Référé-suspension d'une autorisation d'exploitation commerciale

94200 La possibilité, pour le juge des référés de la cour administrative d'appel, de suspendre les effets d'une décision administrative est subordonnée à la double condition que l'**urgence** justifie le prononcé d'une telle mesure et que le demandeur invoque un moyen propre à créer un doute sérieux quant à la légalité de la décision (C. just. adm. art. L 521-1).

Selon une jurisprudence constante, la condition d'urgence est satisfaite lorsque l'exécution de la décision dont la suspension est sollicitée porte atteinte, « de manière suffisamment grave et immédiate », à un intérêt public, à la situation du demandeur ou aux intérêts qu'il entend défendre.

94205 Dans le cas où la demande de suspension porte sur une autorisation délivrée au titre de la législation de l'urbanisme commercial, ni l'**imminence de l'ouverture au public** du magasin ou du centre commercial autorisée ni la **perspective d'une concurrence accrue** entre grandes surfaces ne peuvent à elles seules caractériser une situation d'urgence (CE réf. 19-9-2003 nº 260199 et CE réf. 23-9-2003 nº 260289 : RJDA 2/04 nº 247). Pour que cette situation soit établie, il faut que le demandeur démontre notamment la **gravité de l'atteinte** portée à sa situation économique – qui peut être différente selon qu'il s'agit de l'exploitant d'une petite entreprise de commerce particulièrement exposée à cette concurrence nouvelle ou au contraire d'une société de grande distribution déjà fortement implantée – ou aux intérêts publics en cause (par exemple, projet conduisant à créer une situation quasi monopolistique au profit de l'auteur du projet) (CE réf. 19-9-2003 nº 260199 précité ; CE 19-10-2007 nº 305309 : RJDA 3/08 nº 332).

94210 Cette conception de l'urgence a été transposée dans le cas où la demande de suspension, présentée par un professionnel, était dirigée contre un permis de construire valant autorisation d'exploitation commerciale (CAA Bordeaux 1-3-2017 nº 17BX00145 : RJDA 10/17 nº 669 ; CAA Nancy 22-2-2018 nº 18NC00142). Alors que, s'agissant d'un permis de construire classique, l'urgence doit être présumée lorsque les travaux autorisés vont bientôt débuter ou ont commencé à être entrepris, le juge des référés n'a pas, dans les deux espèces précitées, attaché une importance décisive au fait que le futur magasin aurait pu s'ouvrir à bref délai.

VI. MISE EN ŒUVRE DU PERMIS DE CONSTRUIRE OU DE L'AUTORISATION D'EXPLOITATION COMMERCIALE

A. Modifications du projet en cours d'instruction ou lors de sa réalisation

94300 Lorsque le projet soumis à autorisation préalable subit, pendant la phase d'instruction ou à l'occasion de sa réalisation, des **modifications substantielles** du fait du pétitionnaire au regard de l'un des critères énoncés à l'article L 752-6 du Code de commerce (nº 93280) ou dans la nature des surfaces de vente, une nouvelle demande d'autorisation doit être présentée (C. com. art. L 752-15, al. 3). Cette nouvelle demande doit comporter une description du projet autorisé, des modifications envisagées et du projet après modifications (C. com. art. R 752-6, I-1º-f).

En revanche, une nouvelle demande de permis de construire n'est nécessaire que si la modification substantielle a un effet sur la conformité des travaux projetés aux règles de l'urbanisme. Dans le cas contraire, une nouvelle demande d'autorisation d'exploitation commerciale suffit (C. urb. art. L 425-4, al. 1).

DATE DE LA MODIFICATION DU PROJET

La modification doit être intervenue en cours d'instruction du projet ou au stade de sa réalisation, c'est-à-dire avant l'ouverture au public de la surface nouvelle autorisée, y compris lorsque cette surface nouvelle constitue seulement une extension d'une surface initiale précédemment autorisée (CE 3-9-2009 n° 318980 : RJDA 2/10 n° 181). 94310

Après l'ouverture au public de l'équipement, l'activité commerciale peut être librement modifiée ou transformée, sauf s'il s'agit d'un changement de secteur d'activité au sens de l'article L 752-1, 3° du Code de commerce (n° 92250).

NATURE DE LA MODIFICATION DU PROJET

Selon l'administration, par « modification substantielle », il faut entendre celle qui touche l'économie du projet initial et qui est donc susceptible d'avoir des incidences sur le sens de la décision qui a été prise par la CDAC (Circ. 16-1-1997). 94320

Par exemple, constitue une modification substantielle la modification de la nature d'un commerce (CA Orléans 9-3-2000 : RJDA 12/00 n° 1182), une nouvelle répartition des surfaces entre les commerces (en ce sens, CE 13-3-1996 : RJDA 7/96 n° 965) ou encore des changements quantitativement et qualitativement importants qui affectent l'aménagement et l'organisation d'un ensemble commercial (CAA Douai 12-7-2018 n° 17DA01691).

ILLUSTRATIONS

Dans le cas d'un centre commercial comprenant un magasin à grande surface de 3 400 m², un magasin de moyenne surface de 500 m² de vente et une galerie marchande de 2 000 m² constituée de petits commerces, constitue une modification substantielle le fait d'augmenter de 85 % la superficie du magasin de moyenne surface et de diminuer de près du quart la superficie réservée aux petits commerces, et ce, même si la superficie totale du centre commercial n'était pas modifiée (CE 13-3-1996 précité).

En revanche, la création d'une activité de parapharmacie au sein de la surface d'extension d'un hypermarché autorisée par la CDAC ne constituait pas une modification substantielle, ni en ce qui concerne la nature du commerce autorisé ni par sa surface, compte tenu des éléments suivants : même si le projet de création d'une activité de parapharmacie ne figurait pas dans le dossier de demande d'extension adressé à la CDAC, la décision par laquelle celle-ci avait autorisé cette extension ne limitait pas l'offre commerciale aux seuls produits d'alimentation, dès lors que la dominante alimentaire du commerce autorisé n'était pas modifiée ; même si elle était dotée de caisses distinctes et d'un personnel spécialisé, la parapharmacie ne constituait pas un commerce distinct au sein de l'hypermarché ; la surface affectée aux produits de parapharmacie ne représentait que 6 % de l'extension autorisée et 0,8 % de la surface totale du magasin (CE 3-9-2009 n° 318980 : RJDA 2/10 n° 181).

Ne présentent pas non plus un caractère substantiel :
– l'adjonction de 38 places de stationnement à celles qui avaient été initialement prévues (CE 6-6-2018 n° 405608 : RJDA 10/18 n° 778) ;
– le simple remplacement d'une cellule alimentaire par un « drive » (CAA Douai 28-9-2017 n° 15DA01462 : RJDA 1/18 n° 76) ;
– des modifications concernant la nature du revêtement du parc de stationnement dont l'établissement commercial est équipé, l'installation de panneaux photovoltaïques sur la toiture du magasin, ainsi que le nombre et la disposition de certains espaces verts (CAA Marseille 26-3-2018 n° 16MA03994) ;
– la suppression d'une centrale photovoltaïque destinée à être posée sur la toiture d'un ensemble commercial (CAA Marseille 20-5-2019 n° 18MA02483) ;
– des modifications consistant dans une augmentation de 15 % de la superficie végétalisée du site, la diminution des places de stationnement de 250 à 219, la pose de 900 m² de panneaux photovoltaïques et une augmentation du nombre d'arbres à haute tige de 130 à 160 mètres (CAA Douai 29-12-2020 n° 19DA02581).

L'appréciation du caractère substantiel d'une modification relève de la seule compétence du juge administratif car elle nécessite l'interprétation de la décision d'autorisation, qui est un acte administratif individuel. En cas d'action en référé devant une juridiction civile, le juge doit donc poser cette question préjudicielle au juge administratif et surseoir à statuer jusqu'à ce qu'elle soit tranchée (Cass. com. 17-12-2002 n° 2048 : RJDA 6/03 n° 655).

EFFETS DE LA MODIFICATION DU PROJET

94330 Lorsqu'une autorisation de modifier substantiellement un projet devient définitive, elle se substitue à l'autorisation initialement accordée (C. com. art. L 752-15, al. 3).

L'autorisation de modifier le projet devient définitive une fois que les délais de recours dans lesquels elle peut être contestée sont expirés, sans qu'un recours ait été introduit.

B. Durée de validité de l'autorisation d'exploitation commerciale

DURÉE DE VALIDITÉ DE L'AUTORISATION POUR UN PROJET NÉCESSITANT UN PERMIS DE CONSTRUIRE

94370 L'autorisation d'exploitation commerciale est périmée dans un **délai** de trois ans à compter de la date à laquelle le permis de construire est devenu définitif (C. com. art. R 752-20, al. 1 à 3) :
– pour les surfaces de vente qui n'ont pas été ouvertes au public ;
– pour les points permanents de retrait qui n'ont pas été ouverts à la clientèle.

Ce **délai** est **prolongé** de deux ans pour les projets qui portent sur la réalisation d'une surface de vente de plus de 2 500 m² jusqu'à 6 000 m². Il est prolongé de quatre ans pour les projets portant sur la réalisation d'une surface de vente de plus de 6 000 m² (art. R 752-20, al. 4).

DURÉE DE VALIDITÉ DE L'AUTORISATION POUR UN PROJET NE NÉCESSITANT PAS UN PERMIS DE CONSTRUIRE

94380 Pour les projets ne nécessitant pas un permis de construire, l'autorisation d'exploitation commerciale est périmée dans un délai de trois ans à compter de la notification de la décision de la CDAC ou, le cas échéant, de la notification de la décision de la CNAC (C. com. art. R 752-20, al. 5 à 8) :
– pour les surfaces de vente qui n'ont pas été ouvertes au public ;
– pour les points permanents de retrait qui n'ont pas été ouverts à la clientèle.

En cas de recours devant la juridiction administrative contre l'autorisation d'exploitation commerciale, le délai de trois ans est suspendu jusqu'au prononcé d'une décision juridictionnelle définitive.

ILLUSTRATIONS

Alors qu'un magasin dont l'exploitation avait été autorisée par une décision de la CNAC prise le 1er avril 2014 n'a jamais été ouvert, cette décision a fait l'objet, le 9 juillet suivant, d'un recours auprès de la cour administrative d'appel. Le délai de péremption, qui a, en conséquence, été suspendu jusqu'à l'intervention, le 8 mars 2016, de l'arrêt de la cour, n'était pas expiré lorsque la CNAC a eu à connaître, le 24 janvier 2019, d'une modification du projet (CAA Lyon 18-6-2020 n° 19LY01108).

VII. CONTRÔLE DU RESPECT DE LA RÉGLEMENTATION DE L'URBANISME COMMERCIAL

A. Obligation de certification du projet d'équipement commercial

94500 **Présentation générale** Des dispositions issues de la loi Élan du 23 novembre 2018 sont destinées à prévenir ou à faire corriger les irrégularités susceptibles d'être commises lors de la mise en œuvre de l'autorisation d'exploitation commerciale ou du permis de construire. Ces dispositions s'appliquent également aux projets dispensés d'autorisation (nos 92300 s.).

Un mois avant l'ouverture au public de l'établissement, le bénéficiaire de l'autorisation ou du permis doit communiquer au préfet, au maire et à l'EPCI compétent un **certificat de conformité** établi à ses frais par un organisme habilité à cet effet (C. com. art. L 752-23, I-al. 1).

À l'exception des dispositions relatives à l'habilitation de l'organisme chargé d'établir le certificat de conformité, qui sont entrées en vigueur le 8 juin 2019, les dispositions portant sur le contenu et l'envoi de ce certificat s'appliquent aux équipements commerciaux dont l'autorisation d'exploitation est intervenue après le **1er janvier 2020** ou, pour les projets implantés en centre-ville et dispensés d'autorisation (nº 92300), lorsque leur ouverture au public a lieu depuis cette même date (Décret 2019-563 du 7-6-2019 art. 7, II).

> Précisions L'obligation faite au bénéficiaire de l'autorisation ou du permis de faire établir à ses frais un certificat de conformité par un organisme habilité est jugée compatible avec la directive 2006/123/CE du 12 décembre 2006 relative aux services dans le marché intérieur (CE 29-12-2020 nº 433922 : RJDA 4/21 nº 271).

HABILITATION DE L'ORGANISME DE CERTIFICATION

Les conditions d'habilitation de l'organisme susceptible d'établir le certificat de conformité, ainsi que les règles applicables à la demande d'habilitation et à l'habilitation, elle-même, font l'objet de dispositions détaillées (C. com. art. R 752-44-2 à R 752-44-7). Ces dispositions présentent de nombreuses analogies avec celles qui concernent l'habilitation de l'organisme auquel incombe la réalisation de l'analyse d'impact (nº 92840). 94510

> Précisions **a.** Pour pouvoir être habilitée, une **personne morale** doit réunir différentes **conditions** (art. R 752-44-2) :
– ne pas avoir subi certaines condamnations pénales ;
– justifier des moyens et outils permettant de contrôler la conformité d'un équipement commercial à l'autorisation d'exploitation commerciale ou à l'avis favorable rendu par la CDAC ;
– justifier que les personnes physiques, par lesquelles, ou sous la responsabilité desquelles, est établi le certificat de conformité, sont titulaires d'un titre ou diplôme de l'enseignement supérieur de niveau 3, sanctionnant une formation juridique, économique, commerciale ou d'ingénierie.

b. La demande d'habilitation est établie sur un **formulaire** (art. R 752-44-3) qui comporte, notamment, la mention des rubriques devant être complétées par le demandeur d'habilitation, ainsi qu'un rappel des pièces à produire (C. com. art. A 752-2). Le modèle du formulaire est annexé à l'arrêté ECOI1918534A du 28 juin 2019.

c. La demande est adressée par voie électronique au **préfet.** Celui-ci dispose, à compter de la réception de la demande, d'un délai d'un mois pour vérifier qu'elle est complète et réclamer éventuellement des éléments complémentaires. Une fois ce délai écoulé, la demande est réputée complète. Le délai d'instruction, qui court à compter de la réception d'une demande d'habilitation complète, est fixé à trois mois (art. R 752-44-4). Toute modification apportée par le demandeur aux éléments initialement fournis doit le conduire à mettre à jour, dans le délai d'un mois, le dossier d'habilitation (art. R 752-44-2, al. 5).

d. L'**habilitation** est accordée par arrêté préfectoral, pour une durée de cinq ans, sans renouvellement tacite possible (art. R 752-44-5).
Elle peut être retirée si l'organisme ne remplit plus les conditions d'obtention, de mise à jour ou d'exercice qui lui sont imposées. La mesure de retrait doit faire l'objet des garanties de la défense. L'organisme concerné peut également être mis en demeure de régulariser dans un délai de deux mois maximum (art. R 752-44-6).

e. Si le bénéficiaire de l'autorisation ou du permis de construire se trouve dans l'**impossibilité** de mandater un **organisme habilité dans le département** d'implantation, il peut être exceptionnellement autorisé par le préfet à choisir un organisme dans la liste dont est doté un département limitrophe appartenant à la même région administrative (art. R 752-44-7).

CONTENU DU CERTIFICAT DE CONFORMITÉ

Le certificat de conformité atteste que le projet, tel qu'il a été effectivement réalisé, est conforme à l'autorisation d'exploitation commerciale dont il a fait l'objet (C. com. art. L 752-23, I-al. 1). En revanche, il n'a pas à prendre parti sur la conformité du projet au permis de construire éventuellement exigé. 94520

Pour les projets dispensés d'autorisation (nºs 92300 s.), le certificat doit attester que le projet est conforme aux dispositions qui définissent ces catégories de projets (art. L 752-1-1, en ce qui concerne les projets réalisés dans les centres-villes et art. L 752-2, pour les autres projets dispensés d'autorisation).

Le certificat ne peut pas être assorti de réserves. Le cas échéant, il mentionne les différences constatées avec l'autorisation. Ces différences ne doivent pas présenter un caractère substantiel au sens de l'article L 752-15 (nº 94320) (C. com. art. R 752-44-12).

Le certificat de conformité comporte les références de l'arrêté préfectoral d'habilitation (art. R 752-44-1, al. 8). Il est daté et signé par l'organisme habilité qui l'a établi (art. R 752-44-9).

En l'absence de certificat dans le délai prescrit, l'exploitation des surfaces concernées est « réputée illicite » (art. L 752-23, I-al. 2).

> Précisions Le certificat de conformité est établi sur un **formulaire** (C. com. art. R 752-44-8) dont un modèle figure à l'annexe 7-8 de la partie « arrêtés » du Code de commerce. Ce formulaire comporte, notamment, la mention des rubriques devant être complétées par le bénéficiaire de l'autorisation. Trois rubriques sont destinées à identifier l'autorisation d'exploitation commerciale, le bénéficiaire de l'autorisation et l'organisme certificateur. Une quatrième rubrique porte sur la réalisation, totale ou partielle, de l'équipement commercial autorisé (C. com. art. A 752-3, II). Le formulaire comporte aussi un rappel des pièces à produire (C. com. art. A 752-3, III-1°). On notera qu'à la suite de deux arrêts du Conseil d'État (CE 29-12-2020 nº 433922 : RJDA 4/21 nº 271 et CE 2-8-2021 nº 436437 ; voir nº 94530) il n'y a plus lieu de produire une déclaration attestant l'achèvement des travaux.

94525 Pour tout projet réalisé en exécution d'une autorisation d'exploitation commerciale, la **conformité** à cette autorisation s'apprécie **au regard des éléments caractéristiques du projet,** tels qu'ils doivent être mentionnés dans la demande d'autorisation (nº 92740). Ces éléments varient en fonction de la nature du projet (C. com. art. R 752-44 et, sur renvoi, art. R 752-6, I).

1° Dans le cas des **magasins et ensembles commerciaux,** il y a lieu de prendre en considération :
– la surface de vente mentionnée dans la demande d'autorisation, avant et après réalisation du projet ;
– éventuellement, le détail de la surface de vente de chaque commerce qui atteint ou dépasse 300 m², avant et après réalisation du projet ;
– le secteur d'activité, avant et après la réalisation du projet, de chaque commerce dont la surface de vente atteint ou dépasse 300 m² ;
– le nombre de places de stationnement, avant et après réalisation du projet, avec mention des places dédiées aux véhicules électriques ou hybrides, au covoiturage, à l'auto-partage, ainsi que des places non imperméabilisées.

2° Pour les points permanents de retraits (espaces « **drive** »), doivent être retenus le nombre de pistes de ravitaillement, ainsi que les meètres carrés d'emprise au sol affectés au retrait des marchandises, avant et après réalisation du projet.

3° Pour l'ensemble des **équipements commerciaux,** doivent également être pris en compte :
– la superficie totale du lieu d'implantation du projet, avec les références cadastrales ;
– le nombre et les sens de circulation des points d'accès et de sortie du site, avant et après réalisation du projet ;
– la superficie du site consacrée aux espaces verts, ainsi que, le cas échéant, la superficie et la nature des autres surfaces végétalisées, notamment en toiture, et des autres surfaces non imperméabilisées, avec mention des mesures propres à limiter l'imperméabilisation des sols ;
– éventuellement, la superficie et la localisation des panneaux photovoltaïques, ainsi que le nombre et la localisation des éoliennes ou de tout autre dispositif d'énergie renouvelable intégré au projet ;
– tous les autres éléments, intrinsèques ou connexes au projet, éventuellement mentionnés par la commission d'aménagement commercial pour motiver son avis favorable ou son autorisation.

> Précisions Les différents éléments énumérés ci-dessus doivent figurer dans un **tableau récapitulatif des caractéristiques** du projet (C. com. art. R 752-44, dernier al.). Ce tableau est joint à l'avis ou à l'autorisation délivré par la CDAC (C. com. art. R 752-16, al. 3), ainsi qu'à l'avis ou à l'autorisation de la CNAC (art. R 752-38). Il est renseigné par la commission d'aménagement commercial qui a rendu l'avis favorable au projet ou qui a accordé l'autorisation d'exploitation commerciale (C. com. art. A 752-4).

Un modèle de tableau figure à l'annexe 7-8 de la partie « arrêtés » du Code de commerce.

ENVOI DU CERTIFICAT DE CONFORMITÉ

94530 Le bénéficiaire de l'autorisation d'exploitation commerciale ou du permis de construire adresse au préfet, par voie électronique, le certificat de conformité, daté et signé par l'organisme habilité qui l'a établi (C. com. art. R 752-44-9).

Le préfet transmet sans délai, par voie électronique, le certificat de conformité au maire de la commune d'implantation et au président de l'EPCI dont cette commune est membre (art. R 752-44-13).

Au certificat de conformité, doivent être jointes des **pièces** dont la liste varie selon que le projet nécessite, ou non, la délivrance d'un permis de construire (art. R 752-44-1, al. 1 à 8).

Dans le premier cas, le bénéficiaire produit l'avis favorable de la commission d'aménagement commercial et l'arrêté accordant le permis de construire valant autorisation commerciale.

À noter que l'ancien article R 752-44-1, al. 8 du Code de commerce exigeait également la production de la déclaration attestant l'achèvement et la conformité des travaux, mais que cette disposition a été annulée par le juge administratif ; elle avait en effet pour conséquence de subordonner le début de l'exploitation à l'achèvement des travaux, lequel n'est pas une condition prévue par la loi (CE 29-12-2020 n° 433922 : RJDA 4/21 n° 271).

Dans le second cas, c'est-à-dire en l'absence de permis de construire, le bénéficiaire produit l'autorisation d'exploitation commerciale et les justificatifs de la date de sa notification (n°s 92970, 93670 et 93700).

Le certificat de conformité doit également être accompagné du **tableau récapitulatif** des caractéristiques du projet (n° 94525) (art. R 752-44-13, al. 3).

> **Précisions a.** Lorsque le **projet** autorisé est réalisé ou commercialisé **par étapes,** il est établi un certificat de conformité pour chaque étape, au prorata de chaque réalisation ou commercialisation, dans la limite de la durée de validité de l'autorisation d'exploitation commerciale telle que fixée par l'article R 752-10 du Code de commerce (n°s 94370 et 94380). Chaque certificat rappelle les dispositions de cet article. Il vise l'autorisation, ainsi que les certificats précédemment établis. Il est soumis à l'ensemble des règles exposées ci-dessus (art. R 752-44-10).
>
> **b.** Si la **surface** de vente ou l'emprise au sol de l'équipement commercial réalisé est **inférieure** à celle qui a été autorisée, il est établi un certificat pour la part du projet qui a été exécutée. Il en va de même si le nombre de pistes de ravitaillement réalisées dans un espace « drive » est inférieur à celui qui a été autorisé. Le certificat vise l'autorisation d'exploitation commerciale, ainsi que les certificats précédemment établis. Il est soumis à l'ensemble des règles exposées ci-dessus (art. R 752-44-11).

B. Non-conformité de l'équipement à l'autorisation d'exploitation commerciale

Lorsque le projet relève d'une autorisation d'exploitation commerciale, le **préfet** dispose d'un délai de deux mois à compter de la réception du certificat pour contester la conformité à cette autorisation de l'équipement commercial réalisé (C. com. art. R 752-44-15). **94570**

S'il s'agit d'un projet implanté en centre-ville et dispensé d'autorisation, le préfet peut contester le bénéfice de cette dispense dans un délai de deux mois à compter de la date à laquelle il reçoit la copie des publications de l'avis d'ouverture au public (n° 92315) (art. R 752-44-16).

Dans l'un ou l'autre cas, le préfet peut, à condition de respecter le même délai, demander au porteur du projet toute **explication relative à la conformité** de l'équipement commercial réalisé. Cette demande n'interrompt pas le délai.

S'il estime que l'exigence de conformité n'est pas satisfaite, le préfet enjoint au porteur du projet, dans un délai de deux mois, de mettre son équipement en conformité. Cette **mise en demeure** interrompt le délai. Elle vaut interdiction d'ouverture au public, sauf mention expresse du préfet.

L'ouverture au public malgré cette interdiction constitue une exploitation illicite (n° 94510).

Les mesures et sanctions prévues en cas d'exploitation illicite sont applicables même lorsque celle-ci a été révélée postérieurement au délai de deux mois ou que le délai n'a pas couru (C. com. art. R 752-44-17).

Ces dispositions doivent se combiner avec les règles générales qui ouvrent également au préfet la possibilité de mettre l'exploitant en demeure de fermer des surfaces de vente exploitées illégalement (n° 94660).

C. Constatation, poursuite et répression des infractions aux règles de l'urbanisme commercial

Peuvent donner lieu à poursuites les infractions aux dispositions législatives et réglementaires obligeant à solliciter une autorisation d'exploitation commerciale et à exploiter régulièrement **94610** une surface de vente (C. com. art. L 752-5-1). Il en va de même pour l'exploitation, dans un espace « drive », d'une surface d'emprise au sol ou d'un nombre de pistes de ravitaillement qui n'a pas été autorisé.

Ces **infractions** sont **recherchées et constatées** par les agents de la concurrence, de la consommation et de la répression des fraudes (CCRF) dans les conditions fixées par les articles L 450-1, L 450-2, L 450-3, L 450-7 et L 450-8 du Code de commerce (C. com. art. L 752-5-1). En particulier, les agents peuvent visiter les locaux professionnels et obtenir la communication de documents. Pour plus de détails, voir n°s 77100 s. Des pouvoirs analogues sont confiés aux agents habilités par la commune d'implantation ou l'EPCI, s'il est compétent (art. L 752-23, II-al. 1).

94615 En vue de la mise en œuvre des **contrôles** portant sur la conformité de l'équipement commercial réalisé (n° 94570), le préfet peut mandater des fonctionnaires habilités à cet effet par le ministre chargé de l'économie (C. com. art. R 752-44-18, al. 1).

Aux mêmes fins, le maire de la commune d'implantation ou le président de l'EPCI compétent peut également mandater des agents habilités à cet effet (art. R 752-44-19, al. 1).

Lorsque l'exploitation illicite d'une surface de vente est constatée, l'exploitant concerné en est informé, à charge pour lui d'informer, éventuellement, le titulaire de l'autorisation d'exploitation commerciale. Il est invité à s'expliquer sous 15 jours francs, son silence valant acquiescement au constat d'infraction. Si, à l'expiration de ce délai, les fonctionnaires ou agents compétents maintiennent leur constat, un rapport relevant les infractions est transmis au préfet (art. R 752-44-18, al. 2 et 3 ; art. R 752-44-19, al. 2 et 3).

D. Conséquences du non-respect de la réglementation de l'urbanisme commercial

MISE EN DEMEURE PAR LE PRÉFET ET SANCTIONS PÉNALES

94660 Le préfet peut mettre en demeure l'exploitant concerné soit de fermer au public les surfaces de vente exploitées illégalement en cas de création, soit de ramener sa surface commerciale à l'autorisation d'exploitation commerciale accordée par la commission d'aménagement commercial. S'agissant des « drive », la surface commerciale à laquelle il est, ainsi, fait référence est égale à la somme des surfaces énoncées à l'article L 752-16 du Code de commerce (C. com. art. L 752-23, II-al. 3).

L'intéressé dispose d'un délai de trois mois pour se conformer à cette mise en demeure. À défaut, le préfet prend un arrêté ordonnant, dans le délai de 15 jours, la **fermeture au public** des surfaces de vente exploitées illicitement, jusqu'à régularisation effective. Ces mesures sont assorties d'une **astreinte journalière** de 150 € par mètre carré exploité irrégulièrement (C. com. art. L 752-23, II-al. 2).

Le fait de ne pas exécuter les mesures prises par le préfet est passible d'une **amende** de 15 000 € pour une personne physique et 75 000 € pour une personne morale (C. com. art. L 752-23, II-al. 4 ; C. pén. art. 131-38).

> **Précisions** Dès lors que l'**astreinte journalière** ne présente pas le caractère d'une sanction, il ne saurait utilement être soutenu que les dispositions qui l'ont instituée méconnaîtraient le principe de nécessité et de proportionnalité des peines (CE 24-7-2019 n° 430770).

SANCTIONS CIVILES

94670 L'exploitation d'une surface commerciale en infraction avec les règles de l'urbanisme commercial constitue un acte de **concurrence déloyale** engageant la responsabilité civile extracontractuelle de l'exploitant (Cass. com. 28-11-1995 : RJDA 2/96 n° 298).

AMENDE ADMINISTRATIVE EN CAS DE PUBLICITÉ INTERDITE

94680 Tout annonceur qui diffuse, ou fait diffuser, une publicité portant sur l'ouverture ou l'extension d'un magasin à grande surface ou d'un espace « drive » n'ayant pas fait l'objet d'une autorisation au titre de la réglementation de l'urbanisme commercial est passible d'une amende administrative d'un montant maximal de 15 000 € pour une personne physique et 75 000 € pour une personne morale (C. consom. art. L 132-24). Sur les conditions dans lesquelles l'amende est prononcée, voir nos 79630 s.

VIII. CONTRÔLE DE L'AUTORITÉ DE LA CONCURRENCE EN CAS DE POSITION DOMINANTE

SAISINE DE L'AUTORITÉ DE LA CONCURRENCE PAR LE MAIRE

En cas d'abus de position dominante (C. com. art. L 420-2, al. 1) ou d'exploitation abusive d'un état de dépendance économique (art. L 420-2, al. 2) de la part d'une entreprise ou d'un groupe d'entreprises exploitant un ou plusieurs magasins de commerce de détail ou points « drive », le maire, le président de l'EPCI à fiscalité propre ou le président de l'établissement public chargé de l'élaboration du Scot (syndicat mixte ou EPCI) peut saisir l'Autorité de la concurrence afin que celle-ci prononce les **injonctions** et **sanctions pécuniaires** prévues à l'article L 464-2 du Code de commerce (injonction de mettre fin aux pratiques anticoncurrentielles ou d'adopter toute mesure corrective de nature comportementale ou structurelle nécessaire pour faire cesser l'infraction, sanction pécuniaire pouvant s'élever jusqu'à 10 % du montant du chiffre d'affaires mondial hors taxe le plus élevé réalisé au cours d'un des exercices clos depuis l'exercice précédant celui au cours duquel les pratiques ont été mises en œuvre) (C. com. art. L 752-5). **94800**

POUVOIRS DE L'AUTORITÉ DE LA CONCURRENCE EN CAS DE PRIX OU MARGES ÉLEVÉS DANS LES COLLECTIVITÉS D'OUTRE-MER

Dans les collectivités relevant de l'article 73 de la Constitution (Guadeloupe, Guyane, Martinique, la Réunion, Mayotte), ainsi qu'à Saint-Barthélemy, Saint-Martin, Wallis-et-Futuna et Saint-Pierre-et-Miquelon, lorsqu'une entreprise ou un groupe d'entreprises exerçant une activité de commerce de détail (ou de gros) se trouve en position dominante, l'Autorité de la concurrence peut, compte tenu des contraintes particulières de ces territoires résultant notamment de leurs caractéristiques géographiques et économiques, adresser un **rapport** motivé à l'entreprise si elle constate que cette position dominante soulève des préoccupations de concurrence du fait de prix ou de marges élevés pratiqués par l'entreprise ou le groupe d'entreprises en comparaison des moyennes habituellement constatées dans le secteur concerné. **94820**

L'entreprise ou le groupe d'entreprises peut, dans un délai de deux mois, proposer à l'Autorité de la concurrence des **engagements,** dans les conditions prévues à l'article L 464-2 du Code de commerce.

Si l'entreprise ou le groupe d'entreprises conteste le constat établi par l'Autorité, ou ne propose pas d'engagements, ou encore si les engagements proposés par l'entreprise ne lui paraissent pas de nature à mettre un terme à ses préoccupations de concurrence, l'Autorité notifie un rapport à l'entreprise ou au groupe d'entreprises, qui peut présenter ses observations dans un délai de deux mois.

Après réception des observations et à l'issue d'une séance devant le collège de l'Autorité, celle-ci peut, par une décision motivée, prononcer des **injonctions comportementales ou structurelles** : elle peut enjoindre l'entreprise de modifier, de compléter ou de résilier, dans un délai déterminé qui ne peut excéder six mois, tous accords et tous actes par lesquels s'est constituée la puissance économique qui permet les prix ou les marges élevés constatés ; l'Autorité peut, dans les mêmes conditions, enjoindre à l'entreprise ou au groupe d'entreprises de procéder, dans un délai qui ne peut pas être inférieur à six mois, à la cession d'actifs, y compris de terrains, bâtis ou non, si cette cession constitue le seul moyen permettant de garantir une concurrence effective. L'Autorité de la concurrence peut sanctionner l'inexécution de ces injonctions dans les conditions prévues à l'article L 464-2 du Code de commerce (C. com. art. L 752-27).

IX. LUTTE CONTRE LES FRICHES COMMERCIALES

OBLIGATION DE DÉMANTÈLEMENT DES ÉQUIPEMENTS COMMERCIAUX EN CAS DE NON-EXPLOITATION

94900 Le propriétaire du site d'implantation bénéficiant de l'autorisation d'exploitation commerciale est responsable de l'organisation de son **démantèlement** et de la **remise en état** de ses terrains d'assiette s'il est mis fin à l'exploitation et si aucune réouverture au public n'intervient sur le même emplacement pendant un délai de trois ans (C. com. art. L 752-1, al. 11). Cette mesure est destinée à lutter contre les friches commerciales.

En conséquence, lorsqu'un équipement commercial soumis à autorisation cesse d'être exploité à des fins commerciales, le propriétaire du site d'implantation notifie la date de cette cessation au préfet du département de la commune d'implantation. Un équipement commercial non ouvert au public ne peut pas être considéré comme exploité à des fins commerciales.

Le **délai** de trois ans mentionné ci-dessus, court à compter de la date de cessation d'exploitation (C. com. art. R 752-45).

En cas de procédure de redressement judiciaire de l'exploitant, ce délai ne court que du jour où le propriétaire a recouvré la pleine et entière disposition des locaux (art. L 752-1, al. 11).

ÉQUIPEMENTS COMMERCIAUX NON CONCERNÉS PAR L'OBLIGATION DE DÉMANTÈLEMENT

94910 L'obligation de démantèlement et de remise en état ne s'applique pas aux équipements commerciaux (C. com. art. R 752-47, al. 1 à 4) :

- situés dans des immeubles qui ne sont pas destinés exclusivement au commerce ;
- situés dans des immeubles dont certains locaux font l'objet d'une exploitation commerciale ;
- faisant l'objet d'un programme de réhabilitation ou d'un changement effectif de destination.

L'obligation cesse de s'appliquer en cas de reprise de l'exploitation commerciale ou de survenue d'une des situations précédemment énumérées (art. R 752-47, al. 5).

OPÉRATIONS DE DÉMANTÈLEMENT ET DE REMISE EN ÉTAT DU SITE

94920 **Mise en œuvre des opérations** À l'expiration du délai de trois ans à compter de la cessation d'exploitation, le propriétaire du site d'implantation doit notifier au préfet les mesures prévues pour procéder au démantèlement et à la remise en état du site, ainsi que le calendrier des opérations.

Les opérations de démantèlement et de remise en état du site comprennent :

- le démantèlement des installations, y compris les fondations, équipements et aménagements réalisés pour les besoins et à l'occasion de l'exploitation commerciale ;
- la remise du site en un état compatible avec la réalisation du projet d'aménagement inscrit dans le document d'urbanisme opposable dans la zone ;
- la valorisation ou l'élimination des déchets de démolition ou de démantèlement dans les filières dûment autorisées à cet effet.

Ces opérations doivent être achevées dans les 18 mois suivant leur notification au préfet, sauf dans le cas où, six mois au moins avant le terme du calendrier initialement fixé, le propriétaire du site justifie de difficultés techniques ou administratives indépendantes de sa volonté. Le préfet peut alors proroger le délai des opérations. Il dispose de trois mois pour répondre à la demande de prorogation par un arrêté motivé qui, s'il est favorable au propriétaire, fixe la durée de la prorogation. Le silence gardé par le préfet au-delà des trois mois vaut accord de prorogation pour la durée demandée, sans que la prorogation puisse cependant excéder 18 mois (C. com. art. R 752-46).

94930 **Contrôle des opérations** Lorsque le délai de trois ans est expiré, le préfet s'assure des dispositions prises par le propriétaire pour exécuter les opérations de démantèlement et de remise en état du site, ou encore, suivant une nouvelle possibilité ouverte par la loi, les opérations de transformation en vue d'une autre activité (C. com. art. L 752-1, al. 12).

Si le propriétaire du site n'a pas respecté les différentes obligations rappelées ci-dessus, le préfet lui demande de fournir, dans un délai de deux mois, des explications au sujet des mesures prévues et du calendrier des opérations. Passé ce délai et faute de justifications suffisantes, il met en demeure le propriétaire de procéder aux opérations en cause dans un délai qu'il fixe. Il en informe l'autorité compétente pour délivrer le permis de construire (art. L 752-1, al. 12 et R 752-48).

Carence du propriétaire Lorsqu'à l'expiration du délai imparti par la mise en demeure, le propriétaire n'a pas réalisé les mesures nécessaires au démantèlement et à la remise en état du site, le préfet peut (C. com. art. L 752-1, al. 12 et R 752-49) : **94940**

– obliger l'intéressé à consigner entre les mains d'un comptable public, dans un délai qu'il détermine, une somme correspondant au montant prévisionnel des travaux ou opérations à réaliser ;
– faire procéder d'office, aux frais du propriétaire, aux mesures prescrites.

> **Précisions** En cas de **consignation,** la somme est recouvrée comme en matière de créance de l'État étrangère à l'impôt et au domaine.
> Elle est, le cas échéant, restituée au fur et à mesure de l'exécution des travaux et opérations et à échéance au moins trimestrielle.
> La somme consignée est utilisée pour régler les dépenses engagées. Le reliquat éventuel est restitué dans un délai de trois mois suivant la fin des opérations de démantèlement et de remise en état.

USURE

SOMMAIRE

ENCADREMENT DU TAUX D'INTÉRÊT CONVENTIONNEL

Dans le cadre d'un prêt, les parties peuvent prévoir de fixer un taux d'intérêt conventionnel qui peut excéder l'intérêt légal toutes les fois que la loi ne le prohibe pas (C. civ. art. 1907, al. 1). Sont réputés usuraires certains prêts conventionnels dont le taux effectif global (TEG) excède, au moment où il est consenti, certains taux de référence pratiqués sur le marché financier (C. consom. art. L 314-6, al. 1 ; C. mon. fin. art. L 313-5). L'usure est sanctionnée tant sur le plan civil que sur le plan pénal. **96000**

I. CHAMP D'APPLICATION DE LA RÉGLEMENTATION DE L'USURE

COCONTRACTANTS DE PRÊTS SOUMIS À LA RÉGLEMENTATION DE L'USURE

La réglementation sur l'usure s'applique aux **prêts** conventionnels et aux ventes à tempérament définis n°s 96110 s. et 96190 qui ont été **consentis à** des particuliers ou à des personnes morales n'ayant pas d'activité industrielle, commerciale, artisanale, agricole ou professionnelle non commerciale (cf. C. consom. art. L 314-9 a contrario). **96100**

En revanche, les prêts accordés aux personnes physiques agissant pour leurs besoins professionnels ou aux personnes morales se livrant à des activités précitées échappent à cette réglementation (C. consom. art. L 314-9). Toutefois, les crédits accordés sous forme de découvert en compte à ces personnes demeurent soumis au seuil de l'usure (C. mon. fin. art. L 313-5-1) :

ILLUSTRATIONS

Exerce une **activité professionnelle** non commerciale un groupement foncier agricole ayant pour objet la propriété et l'administration de tous les immeubles et droits immobiliers à destination agricole composant son patrimoine (Cass. 1e civ. 25-11-2015 n° 14-23.224 F-PB : RJDA 3/16 n° 219) ou une société civile immobilière ayant pour objet la propriété, l'administration et l'exploitation par location ou autrement des immeubles lui appartenant et généralement toutes opérations civiles s'y rattachant (Cass. 1e civ. 8-9-2021 n° 20-18.642 FS-D : RJDA 1/22 n° 36).

Quant au **prêteur,** il peut s'agir notamment d'un établissement de crédit ou de paiement, mais aussi de tout autre professionnel ou d'un particulier (cf. C. consom. art. L 341-50 qui sanctionne « le fait de consentir à autrui un prêt usuraire »).

A. Prêts conventionnels soumis à la réglementation de l'usure

SOUMISSION DE PRINCIPE À LA RÉGLEMENTATION DE L'USURE

96110 La réglementation de l'usure s'applique aux **prêts conventionnels** (C. consom. art. L 314-6), c'est-à-dire tous les prêts de sommes d'argent assortis d'une stipulation d'intérêts, quelles que soient leur durée ou leur affectation.

Peu importe la **forme** de l'acte de **prêt** : notamment, la réglementation s'applique même si le prêt est constaté par acte notarié (Cass. 1e civ. 22-1-2002 n° 89 FS-PB : RJDA 4/02 n° 421).

Elle s'applique également lorsque le prêt d'argent est **dissimulé** sous la forme d'un autre contrat, le juge devant alors restituer à la convention sa véritable qualification.

ILLUSTRATIONS

Une société en participation constitue en réalité un prêt à intérêt dès lors que, d'une part, les parties sont convenues de la remise d'une somme d'argent avec obligation pour l'emprunteur de rendre celle-ci à une date déterminée assortie d'un certain montant et que, d'autre part, le prêteur ne participe pas aux pertes éventuelles des opérations engagées par l'emprunteur, qui en assume seul les risques, et n'exerce aucun contrôle sur les spéculations de ce dernier (Cass. crim. 3-5-1966 : Bull. crim. p. 299).

Constitue un prêt rémunéré la convention par laquelle une personne acquiert des actions émises par une société, l'achat s'accompagnant d'un rachat immédiat des actions par la société émettrice ou par les cédants à un prix supérieur payable à terme. En effet, cette opération consiste en la mise à la disposition immédiate de la société d'une somme à restituer à une échéance et moyennant une rémunération conventionnellement fixées (Cass. com. 23-1-2007 n° 05-15.652 F-PB : RJDA 5/07 n° 492).

En revanche, la réglementation ne s'applique pas aux clauses prévoyant une **pénalité** en cas de non-paiement d'échéances d'un prêt car elles ne constituent pas la rémunération du capital, mais l'évaluation forfaitaire du préjudice subi par le créancier du fait de l'inexécution de l'obligation du débiteur (Cass. 1e civ. 1-12-1987 : Bull. civ. I n° 318). Il en est ainsi même lorsque la clause est évaluée par référence au taux des intérêts qu'aurait produits le capital si le contrat avait été respecté (CA Paris 17-11-1983 : BRDA 1/84 p. 15).

PRÊTS ALÉATOIRES

96120 Les prêts aléatoires ne semblent pas soumis à l'interdiction de l'usure. En effet, lorsque le remboursement du capital est aléatoire, il est très difficile de déterminer, dans le montant de l'intérêt, ce qui est l'intérêt proprement dit et ce qui représente le coût du risque.

Lorsque le paiement de l'intérêt lui-même dépend d'un événement aléatoire, par exemple s'il consiste en une fraction des bénéfices à provenir de l'exploitation d'un fonds de commerce, il n'y a pas alors réellement stipulation d'intérêt et il ne peut donc pas y avoir usure.

ILLUSTRATIONS

Est hors du champ d'application de la répression de l'usure la rémunération d'un prêt constituée par la moitié de la plus-value qui serait réalisée lors de la vente d'un fonds de commerce (CA Paris 11-3-1967 : JCP G 1968 II n° 15334 note H. B.).

La rémunération d'une avance consentie à une société productrice d'un film consistant en un pourcentage sur les recettes futures de ce film présente un caractère aléatoire et, de ce fait, l'opération ne peut pas être considérée comme un prêt usuraire (Cass. com. 4-10-1977 : Bull. civ. IV n° 218).

EMPRUNT OBLIGATAIRE

96130 La réglementation sur l'usure est inapplicable aux emprunts obligataires, les opérations de crédit consenties aux personnes morales étant exclues du champ d'application de cette réglementation (C. consom. art. L 314-9).

> **Précisions** **Avant la loi du 1er août 2003** pour l'initiative économique, dont est issu l'article L 314-9, le ministre chargé de l'économie avait déjà exclu l'application de la réglementation sur l'usure, en faisant notamment valoir que les obligations sont des valeurs mobilières, que les émissions de titres de créance ne figurent pas dans la nomenclature des prêts pour lesquels le seuil de l'usure est déterminé, si bien qu'un taux ne peut pas être connu a priori pour ces émissions et que les règles sur l'usure qui visent à protéger l'emprunteur sont, en la matière, inadaptées

car les appliquer aux émissions d'obligations reviendrait à protéger la société émettrice, qui a le rôle de l'emprunteur, contre elle-même (Rép. Marini : Sén. 2-1-2003 p. 41 n° 1827). L'Association nationale des sociétés par actions considérait, elle aussi, que la réglementation sur l'usure ne s'appliquait pas au motif qu'une émission obligataire ne peut pas être assimilée à un prêt « conventionnel » et qu'elle présente un caractère « institutionnel » (Avis Ansa, Comité juridique du 5-6-2002 n° 3158).

CONVENTIONS FINANCIÈRES DIVERSES

À notre avis, ne sont pas soumis à la réglementation de l'usure : 96140
– les crédits par signature : **aval,** cautionnement, **crédit documentaire** qui ne comportent pas de versement de fonds, sauf lorsque le banquier est obligé d'effectuer un paiement à découvert à l'occasion d'une telle convention ;
– les **ouvertures de crédit** en tant que telles (promesses faites à un tiers de lui accorder un prêt soit à une date fixée, soit à sa demande et en fonction de ses besoins) car il n'y a pas non plus dans ce cas de versement effectif en raison de l'habitude des banques françaises de ne délivrer les fonds qu'au fur et à mesure de leur utilisation et non dès l'ouverture de crédit. L'ouverture de crédit ne donne naissance à un prêt qu'en cas d'utilisation des fonds par le client (Cass. com. 21-1-2004 n° 171 FS-PBI : RJDA 6/04 n° 744). Le crédit utilisé est alors soumis à la réglementation de l'usure (Cass. com. 17-5-1982 n° 80-12.843 : Bull. civ. IV n° 181).

En revanche, la réglementation sur l'usure s'applique aux opérations impliquant une avance réelle de fonds. 96145

Tel est le cas du **découvert en compte courant,** de l'**escompte** (opération par laquelle un banquier reçoit un effet de commerce endossé, dont il paie à l'endosseur le montant, diminué des intérêts courant sur ce montant jusqu'à l'échéance de l'effet) et de l'**affacturage** (opération par laquelle un établissement financier règle à une entreprise les factures qu'elle détient sur ses clients moyennant le transfert de ses créances et le versement d'une commission). Cette analyse est consacrée par le législateur qui considère ces avances comme des prêts en précisant pour chacune d'entre elles les modalités de calcul du TEG (C. consom. art. R 314-6 à R 314-8).

Tel est également le cas des **conventions d'atermoiement** par lesquelles le créancier accorde un délai de grâce en acceptant de reculer une échéance moyennant le paiement d'intérêts : dans ce cas, en effet, l'avance est bien réelle même si elle n'est pas matérialisée par une remise de fonds.

> **Précisions** Le législateur soumet expressément à la réglementation sur l'usure les **découverts en compte** accordés aux personnes physiques agissant pour leurs besoins professionnels ou aux personnes morales se livrant à une activité industrielle, commerciale, artisanale, agricole ou professionnelle non commerciale (C. mon. fin. art. L 313-5-1).

B. Ventes à tempérament soumises à la réglementation de l'usure

L'article L 314-6, al. 2 du Code de la consommation assimile aux prêts conventionnels « les crédits accordés à l'occasion de ventes à tempérament » et les soumet à la réglementation sur l'usure. Sont notamment visées les opérations dans lesquelles le crédit est consenti par le vendeur lui-même. 96190

À notre avis, l'expression « vente à tempérament » doit être prise dans son sens courant et englober **toutes les ventes à crédit,** c'est-à-dire non seulement celles dont le prix est payable par fractions dues périodiquement (vente à tempérament au sens juridique), mais aussi celles dont la partie du prix non acquittée au comptant doit être versée en une seule fois à une date déterminée.

Par ailleurs, les termes généraux de la loi conduisent à considérer que celle-ci concerne aussi bien les ventes **mobilières** que les ventes **immobilières.**

Cependant, s'agissant d'un texte pénal dont l'interprétation doit être faite restrictivement, on ne saurait, nous semble-t-il, étendre l'application de la loi à des contrats qui ne sont pas des ventes et notamment aux **prestations de services** (en sens contraire, Ch. Gavalda et J. Stoufflet : JCP G 1968 I n° 2171 § 23) ou aux contrats de **crédit-bail** (en ce sens, CA Rouen 3-7-1970 : D. 1971 p. 465 note Dessens ; CA Paris 10-10-1979, cité par Ch. Gavalda et J. Stoufflet in « Chronique de droit bancaire » : JCP CI 1983 n° 14001).

C. Application territoriale de la réglementation de l'usure

96230 Sont soumises à la réglementation les **opérations formées en France** (Cass. crim. 14-2-1962 : Bull. crim. n° 97 ; Cass. crim. 28-11-1996 : Bull. crim. n° 437).

ILLUSTRATIONS

Est soumise aux dispositions sur l'usure l'offre de prêt émise par un établissement étranger dès lors qu'elle a été proposée par un intermédiaire et acceptée en France, le prêt ayant donc bien été formé sur le territoire national (Cass. crim. 28-11-1996 précité).

96235 En application de l'ancienne convention de Rome du 19 juin 1980 sur la loi applicable aux obligations contractuelles, une cour d'appel avait jugé que la réglementation sur l'usure constituait une loi de police au sens de l'article 7 de la Convention (aux termes duquel les lois de police s'imposent impérativement au juge du for), si bien que le juge français devait l'appliquer au **prêt** qui avait été conclu à l'étranger par un consommateur résidant en France alors même qu'il était **régi par une loi étrangère** (CA Pau 1-3-2001 : RJDA 10/01 n° 939). À notre avis, cette solution est transposable sous l'empire du règlement européen dit « Rome I » qui a remplacé la convention de Rome et qui prévoit des dispositions similaires sur les lois de police (Règl. 593/2008 du 17-6-2008 art. 9 : JOUE 2008 L 177).

> **Précisions** À propos de contrats de prêt internationaux, la cour d'appel de Paris avait au contraire refusé d'annuler une sentence arbitrale ayant admis un **léger dépassement du taux usuraire français** dès lors qu'il n'était pas démontré que ce dépassement rendrait ce taux conventionnel supérieur à ceux pratiqués dans les pays étrangers concernés et ce, dans des conditions de nature à enfreindre l'ordre public international privé français (CA Paris 9-6-1983 : Rev. arb. 1983 p. 497).

II. DÉFINITION DE L'USURE

ÉLÉMENTS CONSTITUTIFS DE L'USURE

96300 Un prêt est usuraire lorsque, au moment où il est consenti, son « **taux effectif global** » (TEG) excède de plus du tiers le taux effectif moyen pratiqué au cours du trimestre précédent par les établissements de crédit et les sociétés de financement (C. consom. art. L 314-6).

Pour les contrats de crédit relevant des réglementations sur le crédit à la consommation et le crédit immobilier, le taux effectif global est dénommé « **taux annuel effectif global** » ou TAEG (C. consom. art. L 314-3). La seule différence entre le TEG et le TAEG réside dans le fait que ce dernier ne comprend pas les frais d'acte notarié.

A. Taux effectif global

96310 Le TEG est un **taux annuel** à terme échu et exprimé pour cent unités monétaires (C. consom. art. R 314-3, al. 1).

Ce taux doit être comparé aux taux de référence à la date de la remise des fonds (cf. AN 24-11-1966 p. 4831).

Lorsque des prêts successifs sont consentis à un même client, chaque prêt étant accordé avant l'échéance du précédent et dans le but de permettre un remboursement anticipé de celui-ci, le taux effectif global pratiqué doit être apprécié au moment où chaque prêt est consenti et non pas pour la totalité des prêts successifs (CA Paris 11-1-1982 : Gaz. Pal. 1982 p. 131 note J.-P. Marchi).

96315 Le TEG d'un prêt consenti à un consommateur doit, comme le taux de l'intérêt conventionnel, être **déterminé par référence à l'année civile** qui comporte 365 ou 366 jours (Cass. com. 10-1-1995 P : RJDA 5/95 n° 603 ; Cass. 1e civ. 19-6-2013 n° 12-16.651 FS-PBI : RJDA 12/13 n° 1045 ; Cass. com. 29-11-2017 n° 16-17.802 F-D : RJDA 4/18 n° 349). L'annexe à l'article R 314-3 du Code de la consommation précise qu'une année compte 365 jours – ou, pour les années bissextiles, 366 jours –, 52 semaines ou 12 mois normalisés (un tel mois comptant 30,41666 jours), que l'année soit ou non bissextile.

La clause qui prévoit un calcul des intérêts conventionnels sur la base de 360 jours (méthode lombarde), et non pas de l'année civile, n'est toutefois pas sanctionnée dès lors que ce **calcul** est **favorable** au consommateur (Cass. 1e civ. 4-7-2019 no 17-27.621 FS-PB : RJDA 12/19 no 780). C'est au consommateur de prouver que le calcul sur la base de 360 jours lui cause un **préjudice** (Cass. 1e civ. 20-5-2020 no 19-13.719 F-D : RJDA 1/21 no 46), ce qui implique qu'il subisse un surcoût d'un montant supérieur à la décimale prévue par l'annexe à l'article R 314-3 (Cass. 1e civ. 27-11-2019 no 18-19.097 F-PBI : RJDA 2/20 no 101). En effet, le calcul du TEG doit être exprimé avec une exactitude d'au moins une décimale (C. consom. ann. art. R 314-3, d). Dans ce cas, la **sanction** applicable est la déchéance, totale ou partielle, du droit du prêteur aux intérêts, dans la proportion fixée par le juge, que la mention litigieuse figure dans l'offre de prêt acceptée ou dans le contrat de prêt (Cass. 1e civ. 11-3-2020 no 19-10.875 F-PB : RJDA 10/20 no 526 ; Cass. 1e civ. 12-11-2020 no 19-15.248 F-D : RJDA 2/21 no 111 ; Cass. 1e civ. 6-1-2021 no 18-25.865 F-P : RJDA 8-9/21 no 595).

> **Précisions** **a.** Lorsqu'un **prêt est remboursable mensuellement,** le calcul du taux d'intérêt conventionnel sur la base d'une année civile, et en fonction d'un mois normalisé, est valable (Cass. 1e civ. 24-10-2019 no 18-12.255 F-PBI : RJDA 3/20 no 168).
> **b.** Sur l'application de la réglementation aux **clauses abusives** à la stipulation d'intérêts calculée sur 360 jours, voir no 18055.
> **c.** S'agissant d'un **prêt consenti à un professionnel,** les parties peuvent convenir d'un taux d'intérêt conventionnel calculé sur une autre base que l'année civile, en l'espèce 360 jours (Cass. com. 24-3-2009 no 08-12.530 FS-PB : Bull. civ. IV no 44 ; Cass. 1e civ. 6-9-2017 no 16-19.063 F-D : RJDA 1/18 no 54) ; le calcul du TEG, en revanche, ne déroge pas à cette règle (Cass. com. 4-7-2018 no 17-10.349 F-PB : RJDA 12/18 no 934).

1. MENTION ÉCRITE DU TEG

CRÉDITS SOUMIS À LA MENTION DU TEG

Si le TEG sert de base de calcul pour déterminer le caractère usuraire d'un prêt, il a, en dehors de cette fonction, un rôle informatif à l'égard de l'emprunteur et doit être porté à la connaissance de celui-ci dans certaines conditions. Les crédits soumis à cette obligation d'information ne coïncident pas nécessairement avec ceux soumis à la réglementation sur l'usure. **96340**

Le **contrat de prêt** d'argent ne peut produire d'intérêts qu'en vertu d'une stipulation écrite (C. civ. art. 1907, al. 2). Le TEG de l'intérêt doit être mentionné dans l'écrit (C. consom. art. L 314-5 ; C. mon. fin. art. L 313-4), même si l'acte de prêt est notarié et a une finalité professionnelle (Cass. 1e civ. 22-1-2002 no 99-13.456 FS-PB : RJDA 4/02 no 421). Il doit être précisé à nouveau si le taux d'intérêt initialement prévu est augmenté par un acte postérieur accordant une prorogation du délai de remboursement (Cass. com. 15-10-1996 P : Bull. civ. IV no 232) mais pas si la prorogation est accordée sans modification du TEG initial (Cass. com. 9-7-2002 no 00-22.512 FS-P : RJDA 1/03 no 54 ; Cass. com. 31-5-2011 no 10-15.854 F-D : RJDA 8-9/11 no 731).

Pour les **découverts en compte courant** ou les **ouvertures de crédit en compte,** la chambre commerciale de la Cour de cassation impose une double information du bénéficiaire du crédit : la mention d'un TEG correspondant à un ou plusieurs exemples chiffrés doit figurer, à titre indicatif, dans la convention d'ouverture de crédit ou dans tout autre document reçu par lui préalablement à la perception des agios et l'indication du TEG appliqué doit être portée sur les relevés périodiques du compte (Cass. com. 5-5-1998 no 1006 P : RJDA 10/98 no 1146 ; Cass. com. 8-11-2005 no 1365 F-PB : RJDA 3/06 no 317 ; Cass. com. 20-2-2007 no 04-11.989 F-PBR et Cass. com. 22-5-2007 no 06-12.180 FS-PBRI : RJDA 10/07 no 1005 ; Cass. com. 18-3-2014 no 13-13.618 F-D : RJDA 7/14 no 661). À défaut de la première exigence, les agios ne sont dus qu'à compter de l'information régulièrement reçue, valant seulement pour l'avenir et, à défaut de la seconde exigence, la seule mention indicative de ce taux ne vaut pas, s'agissant d'un compte courant, reconnaissance d'une stipulation d'agios conventionnels (Cass. com. 22-5-2007 no 06-12.180 précité ; Cass. com. 27-9-2011 no 10-22.858 F-D : RJDA 12/11 no 1068 ; Cass. com. 18-3-2014 no 13-13.618 précité). La première chambre civile de la Cour de cassation applique également cette double exigence (Cass. 1e civ. 5-2-2009 no 06-16.349 F-D : RJDA 5/09 no 470 ; Cass. 1e civ. 30-10-2008 no 05-10.193 F-D : RJDA 5/09 no 468). **96345**

ATTENTION

La production en justice par une banque de la copie de l'ensemble des relevés relatifs au compte en cause **fait présumer l'envoi et la réception** de ces relevés par leur titulaire dès lors que celui-ci n'apporte aucun élément contraire (Cass. com. 14-12-2004 no 1834 FS-PB : RJDA 5/05 no 608 ; Cass. com. 3-7-2012 no 11-19.565 F-PB : RJDA 1/13 no 62).

Le relevé de compte adressé par les établissements de crédit aux personnes physiques n'agissant pas pour des besoins professionnels et ayant ouvert un **compte de dépôt** dans leurs livres doit, s'il indique à titre informatif qu'un montant de **découvert** est **autorisé,** mentionner immédiatement après, dans les mêmes caractères, le taux annuel effectif global au sens des articles L 314-1 à L 314-4 du Code de la consommation, quelle que soit la durée du découvert autorisé considéré (C. mon. fin. art. L 312-1-1, III-al. 2). La convention de compte de dépôt doit quant à elle comporter les conditions générales et tarifaires de fonctionnement du compte (art. précité, II-al. 2).

96350 Pour les **prêts à taux variable,** la première chambre civile de la Cour de cassation exige une double information de l'emprunteur : mention du TEG applicable dans le contrat et, en cours d'exécution, indication du TEG appliqué sur les relevés de compte (Cass. 1e civ. 19-10-2004 nº 1411 FS-PBRI : RJDA 2/05 nº 187 ; Cass. 1e civ. 1-7-2015 nº 14-23.483 FS-PB : RJDA 11/15 nº 775), à condition toutefois que la banque ait la faculté de modifier le taux d'intérêt et que la révision ne soit pas automatique selon un indice objectif (Cass. 1e civ. 20-12-2007 nº 06-14.690 FS-PBRI : RJDA 5/08 nº 566), tandis que la chambre commerciale réserve un sort particulier à ce type de prêt. Elle a en effet jugé qu'une clause de variabilité du taux d'intérêt n'est pas incompatible avec le respect des obligations légales exigeant la mention d'un TEG dans les contrats de prêt, lesquelles peuvent être satisfaites par l'indication d'un ou plusieurs exemples significatifs (Cass. com. 9-5-2001 nº 909 FS-P : RJDA 10/01 nº 1021 ; dans le même sens, CA Paris 22-12-2000 : RJDA 4/01 nº 494). En l'espèce, elle en a déduit que la mention du TEG dans l'acte constatant le prêt, dont la réalité n'était pas contestée, suffisait à assurer l'information de l'emprunteur. Mais la question de la mention, sur les relevés de compte, du TEG réellement appliqué n'était pas dans le débat.

96355 En cas d'**ouverture de crédit conclue pour une durée déterminée,** le TEG ne doit pas être indiqué lors de chaque prorogation de la convention, c'est-à-dire en cas de poursuite de la convention initiale aux mêmes conditions, sans que les parties modifient le taux (Cass. com. 9-7-2002 nº 1418 FS-P : RJDA 1/03 nº 54). À l'inverse, lorsque la convention est tacitement reconduite, se forme alors un nouveau contrat et le TEG doit à notre avis être indiqué.

DÉFAUT DE MENTION DU TEG OU MENTION D'UN TEG ERRONÉ

96360 **Sanction pénale** L'inobservation de l'obligation de mentionner le TEG par écrit est sanctionnée d'une **amende** de 150 000 € (C. consom. art. L 341-49, al. 1).

La mention d'un TEG inexact est assimilée à un défaut de mention (Circ. 18-12-2003 : BRDA 1/04 inf. 24 nº 5).

Les juges saisis du délit de non-mention (ou mention inexacte) du TEG peuvent solliciter l'avis de la commission consultative sur les taux des prêts d'argent (Circ. 18-12-2003 précitée).

96365 Les personnes physiques déclarées coupables encourent également à titre de **peines complémentaires** l'interdiction, suivant les modalités prévues à l'article 131-27 du Code pénal, soit d'exercer une fonction publique ou d'exercer l'activité professionnelle ou sociale dans l'exercice ou à l'occasion de l'exercice de laquelle l'infraction a été commise, soit d'exercer une profession commerciale ou industrielle, de diriger, d'administrer, de gérer ou de contrôler à un titre quelconque, directement ou indirectement, pour leur propre compte ou pour le compte d'autrui, une entreprise commerciale ou industrielle ou une société commerciale. Ces interdictions d'exercice ne peuvent pas excéder une durée de cinq ans. Elles peuvent être prononcées cumulativement (C. consom. art. L 341-49, al. 2 et 3).

96370 **Sanction civile** Depuis l'ordonnance 2019-740 du 17 juillet 2019, quel que soit le type de crédit (crédits à la consommation ou immobilier régis par le Code de la consommation, crédits aux particuliers relevant du Code monétaire et financier, crédits aux entreprises), le **prêteur** qui n'indique pas de TEG ou qui indique un TEG inexact **encourt** la déchéance de son droit aux intérêts dans la proportion fixée par le juge, au regard notamment du préjudice pour l'emprunteur, que l'anomalie affectant le TEG soit contenue dans les **documents précontractuels,** notamment l'offre de prêt (C. consom. art. L 341-1, al. 2 et L 341-4, al. 2, pour le crédit à la consommation ; art. L 341-25, al. 2 et L 341-34, al. 2, pour le crédit immobilier ; art. L 341-54, al. 2, pour le prêt viager hypothécaire), ou qu'elle figure dans l'**écrit constatant le prêt** (art. L 341-48-1, al. 1, pour le crédit à la consommation et le crédit immobilier ; C. mon. fin. art. L 313-4, pour tous les autres crédits). L'ordonnance, entrée en vigueur le 19 juillet 2019, ne s'applique qu'aux prêts conclus après cette date (Cass. 1e civ. avis 10-6-2020 nº 20-70.001 : RJDA 10/20 nº 523).

En cas de TEG absent ou erroné dans l'écrit constatant un **prêt antérieur au 19 juillet 2019,** la Cour de cassation, qui retenait auparavant la nullité de la convention d'intérêts, avec substitution du taux d'intérêt légal au taux conventionnel (notamment, Cass. 1e civ. 13-3-2007 no 05-20.111 F-PB : RJDA 2/08 no 181 ; Cass. 1e civ. 19-12-2018 no 17-14.450 F-D et Cass. 1e civ. 23-1-2019 no 17-20.818 F-D : RJDA 5/19 no 368), a opéré un revirement de jurisprudence afin d'harmoniser la sanction avec celle applicable à un prêt consenti après le 19 juillet 2019. Désormais, dans les deux cas, le prêteur encourt la déchéance de son droit aux intérêts conventionnels, dans la proportion fixée par le juge (Cass. 1e civ. 10-6-2020 no 18-24.287 FS-PBRI : RJDA 10/20 no 524 ; Cass. com. 24-3-2021 no 19-14.307 FS-P : RJDA 7/21 no 506). Cette sanction s'applique aussi lorsque l'anomalie est constatée dans une offre de prêt souscrite avant cette date (pour des applications en matière de crédit immobilier, Cass. 1e civ. 12-6-2020 no 19-12.984 FS-PBI ; Cass. 1e civ. 12-6-2020 no 19-16.401 FS-PBI : RJDA 10/20 no 527), ou dans un avenant au contrat de crédit immobilier (Cass. 1e civ. avis 10-6-2020 no 20-70.001 précité).

ATTENTION

Alors qu'elle retenait encore la sanction de la nullité de la stipulation d'intérêt conventionnel, la Cour de cassation a précisé que la **régularisation** d'un défaut de mention du TEG était possible, les parties pouvant, après la souscription du prêt par l'emprunteur, conclure un nouveau contrat de même nature indiquant le TEG (Cass. 1e civ. 20-5-2020 no 18-21.567 F-D : RJDA 10/20 no 525). Reste à savoir si la Haute Juridiction confirmera cette solution à l'égard de la sanction de déchéance du droit aux intérêts.

Le **prononcé de la déchéance** du prêteur de son droit aux intérêts conventionnels n'est qu'une faculté pour le **juge.** La Cour de cassation juge qu'aucune sanction n'est encourue lorsque l'indication d'un TEG erroné n'a pas causé de préjudice à l'emprunteur, par exemple parce que le TEG réel est inférieur à celui stipulé (Cass. 1e civ. 12-10-2016 no 15-25.034 F-PB : RJDA 2/17 no 109 ; Cass. com. 15-2-2023 no 21-10.950 : RJDA 6/23 no 334) ou parce que l'écart entre le TEG réel et celui mentionné est inférieur à la décimale prescrite par l'annexe à l'article R 314-3 du Code de la consommation (Cass. 1e civ. 10-6-2020 no 18-24.287 FS-PBRI : RJDA 10/20 no 524). En effet, le calcul du TEG doit être exprimé avec une exactitude d'au moins une décimale (C. consom. ann. art. R 314-3, d). En outre, le juge peut moduler l'étendue de la déchéance, non seulement au regard du préjudice que l'erreur a causé à l'emprunteur, mais aussi en prenant en compte tout autre élément (par exemple, le comportement du prêteur). 96372

En cas de prononcé de la déchéance (C. consom. art. L 341-48-1, al. 2 et C. mon. fin. art. L 313-4) :
– l'**emprunteur** n'est tenu qu'au seul remboursement du capital suivant l'échéancier prévu et, le cas échéant, au paiement des intérêts dont le prêteur n'a pas été déchu ;
– les sommes perçues au titre des intérêts conventionnels sont productives d'intérêts au taux de l'intérêt légal à compter du jour de leur versement et doivent être restituées par le **prêteur** à l'emprunteur ou imputées sur le capital restant dû.

L'action en déchéance du droit aux intérêts qui repose sur une irrégularité du TEG est soumise à la **prescription** quinquennale de l'article L 110-4 du Code de commerce (Cass. 1e civ. 30-9-1997 : RJDA 4/98 no 495 ; Cass. 1e civ. 15-2-2005 : RJDA 6/05 no 753 ; Cass. 1e civ. 6-1-2021 no 19-18.169 F-D : RJDA 5/21 no 334). Ce délai court à compter du jour où l'emprunteur a connu ou aurait dû **connaître l'irrégularité** qu'il invoque. À l'égard d'un emprunteur consommateur ou non professionnel, le point de départ est la date de la convention de prêt si l'examen de sa teneur permet de constater l'erreur invoquée ; à défaut, il est constitué au jour où l'irrégularité du TEG lui a été révélée (Cass. 1e civ. 11-6-2009 no 08-11.755 FS-PBRI : RJDA 10/09 no 883). 96374

ILLUSTRATIONS

Dans un cas où l'erreur affectant le TEG résultait d'un calcul réalisé sur la base d'une année de 360 jours et non de 365 jours, jugé que le point de départ de la prescription de l'action en déchéance du droit aux intérêts court du jour de l'acceptation de l'offre de prêt ; en effet, l'emprunteur disposait de tous les éléments pour déceler cette erreur dès la souscription de l'offre de prêt, dès lors qu'elle ressortait d'une simple vérification du calcul de la première mensualité (Cass. com. 9-9-2020 no 19-10.651 F-PB : RJDA 12/20 no 661).

Dès lors que les emprunteurs ont pu se convaincre à la seule lecture de l'offre de prêt du défaut de mention du taux de période (sur le défaut de mention du taux de période, voir no 96495), le point de départ du délai de prescription de leur action en déchéance du droit aux intérêts court à compter de l'acception de cette offre (Cass. 1e civ. 7-10-2020 no 18-23.576 F-D : RJDA 3/21 no 186).

Une cour d'appel a pu souverainement apprécier que des coemprunteurs étaient en mesure, à l'examen de la teneur du contrat de prêt, de constater l'irrégularité du TEG liée à la capitalisation des intérêts de la période de préfinancement sur une période autre qu'annuelle et l'intégration de ces intérêts capitalisés dans la somme à rembourser, augmentant dès lors le capital restant dû et affectant le coût de leur crédit ; par suite, le point de départ du délai de prescription de leur action en déchéance du droit aux intérêts court à compter de la conclusion du contrat de prêt (Cass. 1e civ. 6-1-2021 no 19-18.169 F-D : RJDA 5/21 no 334).

Dès lors que la principale irrégularité (utilisation de la méthode lombarde) a pu être décelée à la simple lecture de l'offre de prêt, le point de départ de la prescription de l'action en déchéance du droit aux intérêts doit être fixé au jour de l'acceptation de l'offre, sans report possible tiré de la révélation postérieure d'autres irrégularités (Cass. 1e civ. 5-1-2022 nº 20-16.350 F-B : RJDA 4/22 nº 216).

96380 **Exonération de sanction civile** Ne sauraient **pallier l'absence de mention du TEG** ni le fait que l'emprunteur s'est reconnu débiteur de la somme, intérêts compris (Cass. com. 13-2-1996 : RJDA 5/96 nº 653), ni le fait que l'emprunteur, employé de l'établissement de crédit prêteur, a eu la possibilité de connaître par d'autres modes le taux appliqué par la banque dans des situations semblables à la sienne (Cass. com. 13-6-1995 D : RJDA 12/95 nº 1397), ni, en l'absence de fixation préalable du taux, la réception sans protestation ni réserve, par le titulaire du compte, des relevés adressés par la banque et sur lesquels figurait ce taux (Cass. com. 10-5-1994 P : RJDA 10/94 nº 1049 ; Cass. com. 22-5-2007 nº 06-12.180 FS-PBRI : RJDA 10/07 nº 1005).

Toutefois, la chambre commerciale de la Cour de cassation admet que, en cas de réception sans réserve des relevés de compte comportant le TEG appliqué (et non pas seulement la mention indicative du taux), celui-ci peut être retenu pour les intérêts échus postérieurement à la réception des relevés (Cass. com. 6-4-1999 nº 786 PF : RJDA 5/99 nº 590 ; Cass. com. 27-9-2011 nº 10-22.858 F-D : RJDA 12/11 nº 1068). La première chambre civile de la Cour de cassation considère en revanche que l'absence de protestation lors de la réception des relevés portant mention du TEG ne saurait suppléer l'absence de cette mention dans la convention d'origine (Cass. 1e civ. 1-7-1997 nº 1234 P : RJDA 11/97 nº 1368 ; Cass. 1e civ. 5-2-2009 nº 06-16.349 F-D : RJDA 5/09 nº 470).

2. ÉLÉMENTS DE CALCUL DU TEG

INCLUSION DE PRINCIPE DE CERTAINS FRAIS DANS LE CALCUL DU TEG

96400 Pour la détermination du TEG sont ajoutés aux intérêts conventionnels les frais, taxes, commissions ou rémunérations de toute nature, **directs ou indirects,** supportés par l'emprunteur et connus du prêteur à la date d'émission de l'offre de crédit ou de l'avenant au contrat de crédit, ou dont le montant peut être déterminé à ces mêmes dates, et qui constituent une condition pour obtenir le crédit ou pour l'obtenir aux conditions annoncées (C. consom. art. L 314-1).

Pour réintégrer ou exclure des frais ou commissions de l'assiette du TEG, le juge doit vérifier le **lien de dépendance** de ces frais **avec l'opération de crédit** (Cass. crim. 10-9-2003 nº 3460 F-D : RJDA 5/04 nº 607).

Les frais peuvent résulter d'un acte différent du contrat de prêt (Cass. crim. 12-11-1998 PF : RJDA 3/99 nº 319) ou même d'un simple accord verbal (Cass. crim. 30-1-1975 : Rép. Defrénois 1975 p. 696). Peu importe qu'ils soient payés intégralement au moment du prêt ou ultérieurement par versements échelonnés (Cass. crim. 5-6-1989 nº 88-84.170 : BRDA 17/89 p. 6).

> **Précisions** Lorsqu'une **vente** est **assortie d'un prêt** permettant à l'acquéreur de régler le prix convenu, il convient de retenir dans le calcul du TEG tous les frais supportés par l'acheteur autres que ceux qu'il aurait dû exposer s'il avait payé au comptant la totalité du prix avec ses deniers personnels (Rép. Kaspereit : AN 28-6-1967 p. 2315).

FRAIS D'ACTE NOTARIÉ INCLUS DANS LE CALCUL DU TEG

96410 Les frais liés à l'intervention d'un notaire dans l'opération de crédit doivent en principe être **pris en compte** dans le calcul du TEG, la Cour de cassation considérant que les frais constituant un accroissement des charges de l'emprunt doivent être compris dans l'évaluation du TEG (Cass. 1e civ. 21-1-1992 nºs 123 P et 126 P : RJDA 4/92 nº 371, 2e et 3e esp.). Pour cela, il suffit que les frais d'acte notarié soient déterminables à la date de l'acte de prêt (Cass. 1e civ. 30-3-2005 nº 619 FS-PB : RJDA 2/06 nº 176 ; dans le même sens, Cass. 1e civ. 28-6-2007 nº 05-19.853 F-PB : Bull. civ. I nº 248).

Toutefois, le législateur **exclut** expressément ces frais du calcul du TEG lorsqu'il est dénommé TAEG, c'est-à-dire lorsque le crédit relève de la réglementation sur le crédit à la consommation ou de celle sur le crédit immobilier (C. consom. art. L 314-3 et R 314-5, 1º).

FRAIS DE GARANTIE DU CRÉDIT INCLUS DANS LE CALCUL DU TEG

96420 Le coût des garanties obligatoires, si elles sont nécessaires pour obtenir le crédit ou pour l'obtenir aux conditions annoncées, est inclus dans le calcul du TEG (C. consom. art. R 314-4, 3º). De même, le coût des sûretés réelles ou personnelles est inclus dans le calcul du TEG si celles-ci sont exigées par le prêteur et conditionnent la conclusion du prêt (Cass. 1e civ. 23-11-2004 nº 1689 F-PB : RJDA 6/05 nº 746) et si ce coût est déterminable à la date de l'acte de prêt (Cass. 1e civ. 30-3-2005 no 02-11.171 FS-PB : RJDA 2/06 no 176 ; Cass. 1e civ. 14-10-2015 no 14-24.582 F-D : RJDA 3/16 no 220 ; Cass. com. 15-5-2019 no 17-19.350 F-D : JCP N 2019 chron. no 1398 obs. M. Correia et J. Lasserre Capdeville). En pratique, les banques évaluent le montant de ces frais grâce à des barèmes officiels et l'indiquent dans leurs offres de prêt.

ILLUSTRATIONS

Doivent être comptabilisés dans le TEG les frais d'inscription d'une hypothèque garantissant le remboursement du prêt (Cass. 1e civ. 30-3-2005 no 619 précité), la souscription de parts sociales auprès de l'organisme qui subventionne le prêt (telle une banque mutualiste ou coopérative) ou qui garantit celui-ci (telle une société de caution mutuelle) et les frais afférents à cette adhésion (Cass. 1e civ. 23-11-2004 no 1689 précité ; Cass. 1e civ. 9-12-2010 nos 09-67.089 FS-PBI et 09-14.977 FS-PBI : RJDA 2/11 no 174 ; Cass. 1e civ. 16-10-2013 no 12-18.190 F-D : RJDA 2/14 no 153 ; Cass. com. 12-1-2016 no 14-15.203 FS-PB : RJDA 4/16 no 314). Le seul fait que les parts soient remboursables à l'issue du prêt ne suffit pas à exclure leur coût d'acquisition du calcul du TEG (Cass. 1e civ. 24-4-2013 no 12-14.377 : RJDA 10/13 no 834).

Lorsque l'octroi du prêt est conditionné à la souscription par l'emprunteur d'un contrat d'assurance-vie pour le donner en nantissement, les primes d'assurance doivent être prises en compte pour la détermination du TEG, peu important que l'emprunteur puisse disposer de celles-ci à l'issue du remboursement du prêt garanti (Cass. 1e civ. 20-1-2021 no 19-15.849 FS-P : BRDA 7/21 inf. 14).

En revanche, ne sont **pas compris** dans l'évaluation du TEG les frais de mainlevée des sûretés grevant le bien affecté à la garantie du prêt (Lettre du ministre de la justice : Rép. Defrénois 1968 p. 434).

Ne sont pas non plus pris en compte les frais de l'information annuelle par la banque de la caution garantissant le prêt, peu important qu'ils soient déterminables au jour de l'acte de prêt et pris en charge par l'emprunteur, car ils ne constituent pas une condition de l'octroi du prêt (Cass. 1e civ. 15-10-2014 no 13-19.241 F-D : RJDA 3/15 no 213 ; CA Paris 3-10-2013 no 12/19103 : BRDA 21/13 inf. 15 p. 8).

PRIMES D'ASSURANCE INCLUSES DANS LE CALCUL DU TEG

Le coût des assurances obligatoires, si elles sont nécessaires pour obtenir le crédit ou pour **96430**
l'obtenir aux conditions annoncées, est inclus dans le calcul du TEG (C. consom. art. R 314-4, 3o). Ainsi, les primes d'assurance (décès, invalidité, incendie, etc.) doivent être comprises dans le calcul du TEG lorsque l'octroi du **prêt** a été **subordonné à la souscription de l'assurance** concernée par l'emprunteur (Cass. 1e civ. 23-11-2004 no 1689 F-PB : RJDA 6/05 no 746 ; Cass. 1e civ. 12-7-2012 nos 11-21.687 F-D et 11-13.779 F-D : RJDA 12/12 no 1099, 1er et 2e esp. ; Cass. 1e civ. 15-10-2014 no 13-19.241 F-D : RJDA 3/15 no 213), mais pas si l'assurance est facultative (Cass. 1e civ. 8-11-2007 no 04-18.668 F-PB : RJDA 2/08 no 186 ; Cass. 1e civ. 12-7-2012 no 10-25.737 F-D : RJDA 12/12 no 1099, 3e esp.) ou si l'obligation de souscrire l'assurance est sanctionnée par la déchéance du terme (Cass. 1e civ. 6-2-2013 no 12-15.722 FS-PBI : RJDA 5/13 no 446 ; Cass. com. 16-12-2014 no 13-13.272 F-D : RJDA 3/15 no 212 ; Cass. 1e civ. 6-4-2016 no 15-12.774 F-D : RJDA 1/17 no 41).

Il faut que l'octroi du prêt ait été **effectivement** conditionné à la souscription de l'assurance.

ILLUSTRATIONS

Ne peut pas être incluse dans le calcul du TEG l'assurance incendie réclamée par le prêteur dès lors qu'elle ne peut pas être considérée comme une condition de l'octroi du prêt : elle a pour but de protéger l'immeuble après la réalisation de la vente et donc nécessairement après l'octroi du prêt, et l'emprunteur ne justifie pas avoir souscrit une telle assurance ni avant ni après la conclusion du contrat de prêt (Cass. 1e civ. 12-7-2012 no 11-13.779 précité).

Seuls les frais **supportés par l'emprunteur** doivent être pris en considération pour le calcul du TEG.

C'est au **prêteur** qui subordonne l'octroi du crédit à la souscription d'une assurance qu'il incombe de **s'informer** auprès du souscripteur du coût de celle-ci avant de procéder à la détermination du TEG (Cass. 1e civ. 13-11-2008 no 07-17.737 F-PB : Bull. civ. I no 262).

FRAIS BANCAIRES INCLUS DANS LE CALCUL DU TEG

Les frais d'ouverture et de tenue d'un **compte bancaire,** d'utilisation d'un moyen de paie- **96440**
ment permettant d'effectuer des opérations et des prélèvements à partir de ce compte ainsi que les autres frais liés aux opérations de paiement sont inclus dans le calcul du TEG s'ils sont nécessaires pour obtenir le crédit ou pour l'obtenir aux conditions annoncées (C. consom. art. R 314-4, 4o).

Sont, en outre, comprises dans le calcul du TEG certaines **commissions bancaires** dès lors qu'elles sont supportées en fait par l'emprunteur et constituent la contrepartie du crédit. Il en est ainsi, par exemple, des commissions d'encaissement d'effets remis à l'escompte, des commissions sur le plus fort découvert qui frappent les pointes d'utilisation mensuelles ou trimestrielles des crédits ouverts en compte courant, des « frais de forçage » prélevés par la banque à chaque opération effectuée au-delà du découvert autorisé (Cass. com. 5-2-2008 n° 06-20.783 F-PB : RJDA 5/08 n° 568), des commissions de confirmation ou d'engagement dues lors de toute ouverture de crédit, mais seulement si le client utilise ce crédit et au prorata de son utilisation effective. C'est également le cas des intérêts et frais liés à la période de préfinancement prévus par le contrat (Cass. 1e civ. 16-4-2015 n° 14-17.738 F-D : AJDI 2015 p. 443 ; Cass. 1e civ. 20-10-2021 n° 20-13.742 F-D : RJDA 1/22 n° 35), sauf s'ils ne sont pas déterminables lors de la conclusion du contrat (Cass. 1e civ. 15-6-2022 n° 20-16.070 FS-B : RJDA 10/22 n° 679).

› Précisions L'article R 314-4, 4°, entré en vigueur le 1er octobre 2016, remet en cause, à notre avis, la jurisprudence selon laquelle sont exclues du calcul du TEG les commissions de compte et de mouvement de compte qui constituaient le prix de **services distincts du crédit,** dans la mesure où elles consistaient soit à tenir les comptes du client, soit à rémunérer le service de caisse assuré par le banquier et n'étaient pas la contrepartie du crédit (Cass. com. 14-12-2004 n° 1834 FS-PB : RJDA 5/05 n° 608). La question reste aussi ouverte de savoir si la Cour de cassation reviendra sur sa jurisprudence selon laquelle la commission d'intervention appliquée à un découvert en compte ne doit pas être intégrée dans le calcul du TEG, dès lors qu'elle correspond à la rémunération de l'examen particulier de la situation du compte par la banque en cas de présentation d'une opération insuffisamment provisionnée (Cass. com. 8-7-2014 n° 13-20.147 F-D : RJDA 1/15 n° 41 ; Cass. com. 20-4-2017 n° 15-24.278 F-D : RJDA 8-9/17 n° 581).

COMMISSIONS DES INTERMÉDIAIRES INCLUSES DANS LE CALCUL DU TEG

96450 Les frais, commissions ou rémunérations payés ou dus à des intermédiaires intervenus de quelque manière que ce soit dans l'octroi du prêt doivent être pris en compte dans le calcul du TEG, même s'ils correspondent à des débours réels (C. consom. art. R 314-4, 2°). Il peut s'agir des honoraires de l'intermédiaire chargé de trouver les meilleurs taux du marché ou encore de la commission versée à une société chargée de gérer le prêt dès lors que ce contrat de gestion forme un tout avec le prêt (Cass. 1e civ. 12-6-1990 n° 89-10.811 P : Bull. civ. I n° 161).

Pour les opérations relevant de la réglementation sur le **crédit à la consommation** (y compris les locations-ventes, la location avec option d'achat et les prêts sur gage consentis par les caisses de crédit municipal), l'intermédiaire de crédit et l'emprunteur doivent, avant la conclusion de l'opération, convenir par écrit ou sur un autre support durable de la rémunération due à l'intermédiaire pour ses services ; l'intermédiaire communique ce montant au prêteur aux fins du calcul du taux annuel effectif global (C. consom. art. L 322-4).

FRAIS IMMOBILIERS INCLUS DANS LE CALCUL DU TEG

96460 Le coût de l'**évaluation** d'un bien immobilier, hors frais d'enregistrement liés au transfert de propriété dudit bien, est inclus dans le calcul du TEG lorsque cette évaluation est nécessaire pour obtenir le crédit ou l'obtenir aux conditions annoncées (C. consom. art. R 314-4, 5°). En revanche, sont exclus du calcul les frais liés à l'**acquisition** des immeubles à usage d'habitation ou à usage professionnel et d'habitation tels que les taxes y afférentes et, sous certaines réserves, les frais d'actes notariés (C. consom. art. R 314-5, 1°).

AUTRES FRAIS INCLUS DANS LE CALCUL DU TEG

96470 Sont inclus dans l'évaluation du TEG les **frais de dossier** nécessaires pour obtenir le crédit ou pour l'obtenir aux conditions annoncées (C. consom. art. R 314-4, 1°). En outre, doivent être pris en compte :

– la **franchise** prévue dans le contrat de prêt dans la mesure où elle est liée à la prise d'un risque par la banque du fait de la **prorogation de l'échéance du prêt** consenti et où elle constitue une rémunération du banquier devant être incluse dans le coût du crédit (CA Versailles 8-2-2005 n° 03-3168 : RJDA 6/06 n° 691) ;

– la prime présentée comme étant la contrepartie de l'octroi par le prêteur à l'emprunteur d'une réduction du taux d'intérêt dans le cadre d'une convention de « **restructuration de dette** » conclue par une commune (Cass. 1e civ. 27-2-2007 n° 04-20.779 FS-PB : RJDA 6/07 n° 651) ;

– les **frais fiscaux** répercutés sur l'emprunteur (Cass. 1e civ. 21-1-1992 : RJDA 4/92 n° 371, 2e et 3e esp.), sauf la TVA sur agios payée par le prêteur car il ne s'agit alors pas d'une charge réelle pour l'emprunteur (CA Bordeaux 22-1-1980 : JCP G 1980 IV p. 392).

En revanche, ne doivent pas entrer dans le calcul du TEG :

– les frais à la charge de l'emprunteur en cas de **non-respect** de l'une de ses **obligations** prévues dans le contrat de crédit (C. consom. art. R 314-5, 2°) ;

– les dommages-intérêts prévus par une clause comprenant une **pénalité** car ils représentent la sanction de l'inexécution par l'une des parties de ses obligations, sanction à

laquelle elle peut se soustraire en respectant ses engagements (Cass. com. 22-2-1977 : Bull. civ. IV n° 58 ; Cass. 1e civ. 1-2-1978 : Bull. civ. I n° 44 ; Cass. 1e civ. 1-12-1987 : Bull. civ. I n° 317) ;
– la **clause d'anatocisme** (c'est-à-dire de capitalisation des intérêts) qui, stipulée en annexe à un acte de prêt, correspond à un accord de volontés distinct de celui relatif à la fixation du taux d'intérêt (CA Limoges 19-9-1994 : Bull. inf. C. cass. 1995/410 n° 597) ;
– l'indemnité de **remboursement anticipé du prêt** dès lors que sa mise en œuvre est éventuelle et donc étrangère aux frais intervenus dans l'octroi du prêt (Cass. 1e civ. 27-9-2005 n° 1268 FS-PB : RJDA 2/06 n° 178).

3. MÉTHODE DE CALCUL DU TEG

Le calcul du taux effectif global d'un prêt doit être effectué en respectant un certain nombre de règles fixées par le Code de la consommation et la Cour de cassation. 96490

Ce **calcul repose sur l'hypothèse** que le contrat de crédit reste valable pendant la durée convenue et que le prêteur et l'emprunteur remplissent leurs obligations selon les conditions et dans les délais précisés dans le contrat de crédit (C. consom. art. R 314-1).

Pour les contrats de crédit comportant des clauses qui permettent des adaptations du taux d'intérêt et, le cas échéant, des frais entrant dans le TEG mais ne pouvant pas faire l'objet d'une quantification au moment du calcul, le TEG est calculé en partant de l'hypothèse que le taux d'intérêt et les autres frais resteront fixes par rapport au niveau initial et s'appliqueront jusqu'au terme du contrat de crédit (art. précité).

C'est la **somme** effectivement versée à l'emprunteur qui doit être **prise en considération** et non pas le montant nominal du prêt (Cass. crim. 30-1-1975 : Rép. Defrénois 1975 p. 696). Cette règle s'applique notamment dans le cas où la première annuité d'intérêts est déduite de la somme prêtée (Cass. crim. 30-1-1975 précité).

Lorsque des prêts successifs sont consentis à un même client, chaque prêt étant accordé avant l'échéance du précédent et dans le but de permettre un remboursement anticipé de celui-ci, les taux pourraient devenir usuraires à partir du second emprunt s'il était déduit du montant du crédit accordé les sommes retenues pour le remboursement des dettes antérieures. Toutefois, aucune disposition légale n'interdit à un emprunteur de charger le prêteur d'utiliser une partie des sommes prêtées pour éteindre une précédente dette, même si les emprunts successifs sont souscrits auprès de la même société de crédit. Dès lors, la pratique des remboursements anticipés n'a pas pour conséquence de rendre usuraires des taux d'intérêts qui ne le sont pas (CA Paris 11-1-1982 : Gaz. Pal. 1982 p. 131 note J.-P. Marchi).

Lorsque le prêt fait l'objet d'un **amortissement échelonné,** le TEG doit être calculé en tenant compte des modalités de l'amortissement de la créance (C. consom. art. L 314-2) : lors de chaque échéance de remboursement, l'emprunteur ne bénéficie plus que d'une avance diminuée d'autant ; l'intérêt doit donc être calculé sur ce montant et non sur celui du capital initial.

En cas de **paiement anticipé des intérêts** (mensuels, trimestriels, etc.), la **durée de la période** doit expressément être communiquée à l'emprunteur (C. consom. art. R 314-3, al. 1). Depuis le décret 2011-884 du 1er février 2011, pour les crédits à la consommation, et le décret 2016-884 du 29 juin 2016, pour les crédits immobiliers, le prêteur n'est plus tenu de communiquer le **taux de période.** Néanmoins, cette obligation demeure applicable aux crédits destinés à financer les besoins d'une activité professionnelle ou consentis à des personnes morales de droit public (C. consom. art. R 314-2, al. 1). 96495

ATTENTION

Statuant sous l'empire du droit antérieur au décret du 29 juin 2016, la Cour de cassation a jugé que, en cas de **renégociation** d'un prêt immobilier, l'avenant au contrat de crédit n'est pas soumis à l'obligation de mentionner le taux de période (Cass. 1e civ. 5-2-2020 n° 18-26.769 : BRDA 6/20 inf. 18 ; Cass. 1e civ. 12-11-2020 n° 19-17.061 F-D : RJDA 2/21 n° 112).

Le **défaut de communication** du taux de période, le cas échéant, et de la **durée de la période** dans l'offre de prêt comme dans le contrat de prêt est sanctionné par la déchéance, totale ou partielle, du droit aux intérêts conventionnels, sauf lorsque l'écart entre le TEG mentionné et le taux réel est inférieur à la décimale prescrite par l'annexe à l'article R 314-3 du Code de la consommation (Cass. 1e civ. 5-2-2020 n° 19-11.939 FS-PBI : RJDA 6/20 n° 327 ; Cass. 1e civ. 20-5-2020 n° 19-11.618 F-D : RJDA 8-9/20 n° 447 ; Cass. 1e civ. 22-9-2021 n° 19-25.316 FS-PB : RJDA 2/22 n° 106 ; arrêts rendus à propos de crédits immobiliers sous l'empire du droit antérieur au décret du 29-6-2016). En effet, le calcul du TEG doit être exprimé avec une exactitude d'au moins une décimale

(C. consom. ann. art. R 314-3, d). En revanche, s'agissant de l'**inexactitude du taux de période,** la déchéance du droit aux intérêts n'est pas encourue (Cass. 1e civ. 6-1-2021 nº 18-25.865 F-P : RJDA 8-9/21 nº 595), contrairement à la solution retenue en cas de TEG erroné (nº 96370).

TAUX DE PÉRIODE ET CONVERSION EN TAUX ANNUEL

96497 Le calcul du **taux de période** est assez complexe. Il convient d'établir le compte des recettes et des dépenses de l'emprunteur et d'inscrire à la date de chaque opération :
– au débit, les sommes prêtées ;
– au crédit, tous les versements dus par l'emprunteur au titre de ce prêt (intérêts, capital, frais, etc.).

Le taux de période est celui qui assure l'égalité entre, d'une part, le total des valeurs (escomptées à intérêts composés) des sommes inscrites au débit et, d'autre part, celui des valeurs (escomptées à intérêts composés) des sommes inscrites au crédit du même compte.

Ce taux de période est converti en taux annuel, mais la **méthode de conversion** diffère selon la nature du prêt.

96499 **Méthode proportionnelle** Le taux annuel des prêts destinés à financer les besoins d'une activité professionnelle ou des prêts consentis aux personnes morales de droit public est obtenu en multipliant le taux de période par le nombre d'échéances (C. consom. art. R 314-2, al. 1). Par exemple, pour un taux trimestriel de 3 %, le taux effectif global est de 12 %.

96501 **Méthode d'équivalence** Pour tout crédit autre que ceux mentionnés au nº 96499, le taux annuel (dénommé TAEG) est calculé selon la méthode d'équivalence (C. consom. art. R 314-3). Cette méthode s'applique également aux autorisations et aux facilités de découvert lorsque le calcul du TAEG est effectué avant leur utilisation (C. consom. art. R 314-7, al. 1).

La formule mathématique de calcul qui doit être appliquée figure en annexe à l'article R 314-3 du Code de la consommation. Cette annexe donne des consignes de calcul pour les **hypothèses particulières.**

La liste de ces hypothèses est la suivante :
– si un contrat de crédit laisse au consommateur le libre choix quant au **mode d'utilisation du crédit,** le montant total du crédit est réputé entièrement et immédiatement utilisé ;
– si un contrat de crédit offre au consommateur différentes possibilités quant au mode d'utilisation du crédit, assorties de frais ou de taux débiteurs différents, le montant total du crédit est réputé utilisé au taux débiteur le plus élevé et avec les frais les plus élevés dans la catégorie d'opérations la plus fréquemment utilisée dans ce type de contrat de crédit ;
– si un contrat de crédit laisse en général au consommateur le libre choix quant au mode d'utilisation du crédit, mais prévoit parmi les divers modes d'utilisation une limite quant au montant et à la durée, le montant du crédit est réputé utilisé à la date la plus proche prévue dans le contrat et conformément à ces limites de mode d'utilisation ;
– en cas de **facilité de découvert,** le montant total du crédit est réputé utilisé en totalité et pour la durée totale du contrat de crédit ; si la durée de la facilité de découvert n'est pas connue, le TAEG est calculé en partant de l'hypothèse que la durée du crédit est de trois mois ;
– en cas de **contrat de crédit sans durée fixe,** y compris les crédits devant être remboursés en totalité dans ou après un délai donné mais qui, une fois remboursés, sont disponibles pour une nouvelle utilisation, et autre qu'une facilité de découvert : le crédit est réputé octroyé pour une durée d'un an à partir de la date d'utilisation initiale, le capital est supposé être remboursé par le consommateur en mensualités égales, le **remboursement** débutant un mois après la date de l'utilisation initiale, et le paiement final liquide le solde du capital, les intérêts et les autres frais éventuels ; toutefois, si le capital doit être remboursé en totalité uniquement, en un seul versement, à l'intérieur de chaque période de paiement, les utilisations et les remboursements successifs de la totalité du capital par le consommateur sont supposés être effectués sur la durée d'un an ; les intérêts et autres frais sont appliqués conformément à ces utilisations et remboursements du capital, d'une part, et aux dispositions du contrat de crédit, d'autre part ;
– pour les **contrats de crédit autres** que ceux sans durée fixe et les facilités de découvert : si la date ou le montant d'un **remboursement** de capital ne peut pas être établi, le remboursement est réputé effectué à la date la plus proche prévue dans le contrat de crédit et pour le montant le plus bas prévu dans le contrat ; si la date de conclusion du contrat de crédit n'est pas connue, la date d'utilisation initiale est réputée être la date qui correspond à l'intervalle le plus court entre cette date et la date du premier paiement que le consommateur doit effectuer ;

– si la date ou le montant d'un paiement devant être effectué par le consommateur ne peut pas être établi sur la base du contrat de crédit ou des hypothèses exposées ci-dessus, le paiement est réputé effectué aux dates et conditions requises par le prêteur ; lorsque celles-ci ne sont pas connues, les frais d'intérêts sont payés en même temps que les remboursements du capital, les autres frais sont payés soit à la date de conclusion du contrat de crédit, soit à intervalles réguliers à partir de la date du premier remboursement du capital, selon que ces frais sont exprimés sous la forme d'une somme unique ou de paiements multiples, et le paiement final liquide le solde du capital, les intérêts et les autres frais éventuels ;
– si le plafond du crédit n'a pas encore été arrêté, le plafond est supposé être de 1 500 € ;
– si des **taux débiteurs** et des frais différents sont proposés pendant une période limitée ou pour un montant limité, le taux débiteur et les frais sont réputés être le taux et les frais les plus élevés pendant la durée totale du contrat de crédit ;
– pour les contrats de crédit aux consommateurs pour lesquels un taux débiteur fixe a été convenu dans le cadre de la période initiale, à la fin de laquelle un nouveau taux débiteur est établi et est ensuite périodiquement ajusté en fonction d'un indicateur convenu, le calcul du TAEG part de l'hypothèse que, à compter de la fin de la période à taux débiteur fixe, le taux débiteur est le même qu'au moment du calcul du TAEG, en fonction de la valeur de l'indicateur convenu à ce moment-là.

Méthode des nombres Cette méthode de calcul, définie et illustrée au B de l'annexe du décret 2002-928 du 10 juin 2002, s'applique : **96503**
– aux autorisations et aux facilités de découvert ainsi qu'aux dépassements lorsque le calcul du TAEG est effectué après leur utilisation (C. consom. art. R 314-7, al. 2) ;
– aux découverts destinés à financer les besoins d'une activité professionnelle (C. consom. art. R 314-7, al. 3) ;
– aux avances consenties par une société d'affacturage à ses adhérents (C. consom. art. R 314-6).
Pour la méthode applicable à une opération d'escompte, voir l'article R 314-8 du Code de la consommation.

B. Taux de référence de l'usure

TAUX DE RÉFÉRENCE DE L'USURE PAR TYPE DE PRÊT

Le TEG ne doit pas dépasser de plus du tiers la moyenne des **taux pratiqués** au cours du trimestre précédent **par les établissements de crédit** et les sociétés de financement pour des opérations analogues (C. consom. art. L 314-6 et C. mon. fin. art. L 313-5-1). **96540**

Les catégories d'opérations devant être prises en compte pour chaque type de prêt sont les suivantes (Arrêté ECOT0614571A du 24-8-2006, modifié par arrêté ECOT2216180A du 29-6-2022).

1° Pour les **prêts accordés aux consommateurs** et relevant de l'article L 313-1, 1° du Code de la consommation (prêts destinés à l'acquisition ou à la construction d'un immeuble à usage d'habitation ou à usage professionnel et d'habitation) ; pour les prêts accordés aux consommateurs supérieurs à 75 000 € destinés à des travaux sur les mêmes immeubles et, enfin, pour les opérations de regroupement de crédits antérieurs comprenant un crédit immobilier dont la part relative dépasse 60 % du montant total de l'opération de crédit (Arrêté ECOT0614571A du 24-8-2006 art. 1, 1°) :
– prêts à taux fixe (les catégories d'opérations doivent, en outre, distinguer selon la durée du prêt : inférieure à 10 ans ; comprise entre 10 ans et moins de 20 ans ou 20 ans et plus) ;
– prêts à taux variable ;
– prêts-relais.

2° Pour les prêts aux consommateurs ne relevant pas des catégories visées au 1° ci-dessus (et donc notamment ceux relevant de la réglementation du crédit à la consommation) :
– prêts d'un montant inférieur ou égal à 3 000 € ;
– prêts d'un montant supérieur à 3 000 € et inférieur ou égal à 6 000 € ;
– prêts d'un montant supérieur à 6 000 €.

Les contrats de crédit accordés à des syndicats de copropriétaires sont assimilés à des contrats de crédit consentis à des consommateurs au sens des 1° et 2° ci-dessus (Arrêté ECOT2029437A du 24-11-2020).

3° Pour les **prêts aux personnes physiques** agissant pour leurs besoins **professionnels** et les **prêts aux personnes morales** ayant une activité industrielle, commerciale, artisanale, agricole ou professionnelle non commerciale : découverts en compte.

4° Pour les prêts aux personnes morales n'ayant pas d'activité industrielle, commerciale, artisanale, agricole ou professionnelle non commerciale :

– prêts d'une durée initiale supérieure à deux ans, à taux variable ;
– prêts d'une durée initiale supérieure à deux ans et inférieure à dix ans, à taux fixe ;
– prêts d'une durée initiale comprise entre dix ans et moins de vingt ans, à taux fixe ;
– prêts d'une durée initiale de vingt ans et plus, à taux fixe ;
– découverts en compte ;
– autres prêts d'une durée initiale inférieure ou égale à deux ans.

Le **taux** effectif moyen **pratiqué** par les établissements de crédit et le **seuil de l'usure** pour chacune des catégories de prêt ci-dessus sont librement accessibles sur notre site www.efl.fr, rubrique Indices et taux.

INFORMATION DE L'EMPRUNTEUR SUR LES SEUILS DE L'USURE

96550 Les prêteurs doivent porter à la connaissance des emprunteurs les seuils de l'usure correspondant aux prêts qu'ils leur proposent. Les établissements de crédit doivent tenir cette information à la disposition de leur clientèle comme pour les conditions générales de banque (C. consom. art. D 314-17).

III. SANCTIONS CIVILES DE L'USURE

96700 Lorsqu'un prêt conventionnel est usuraire, les **perceptions excessives** sont **imputées** de plein droit **sur les intérêts** normaux alors échus et subsidiairement sur le capital de la créance (C. consom. art. L 341-48, al. 1). L'intérêt « normal » n'est pas l'intérêt au taux légal, mais le taux au-delà duquel le prêt devient usuraire (CA Paris 21-12-1989 : BRDA 6/90 p. 9).

Si la créance est éteinte en capital et intérêts, les sommes indûment perçues doivent être **restituées** avec intérêts légaux à compter du jour où elles ont été payées (art. L 341-48, al. 2).

Cette restitution des intérêts excessifs est la seule sanction civile applicable au prêt usuraire. Ne sont donc nuls ni le prêt lui-même (Cass. civ. 19-7-1978 : Gaz. Pal. 1978 II som. p. 417), ni la clause d'intérêts (Cass. com. 11-10-2011 n° 10-14.359 FS-PB : RJDA 2/12 n° 196).

IV. SANCTIONS PÉNALES DE L'USURE

RÉPRESSION DES INFRACTIONS À L'USURE

96800 La répression des infractions s'effectue dans les **conditions** fixées aux articles L 511-1 et suivants du Code de la consommation. Pour plus de détails, voir nos 78600 s.

SANCTIONS PÉNALES DE L'USURE

96810 Le fait de consentir à autrui un prêt usuraire ou d'apporter sciemment à quelque titre et de quelque manière que ce soit, directement ou indirectement, son concours à l'obtention ou à l'octroi d'un prêt usuraire ou d'un prêt qui deviendrait usuraire du fait de son concours est puni d'un **emprisonnement** de deux ans **et** d'une **amende** de 300 000 € (C. consom. art. L 341-50, al. 1).

La loi vise ainsi non seulement les **prêteurs** mais aussi les **intermédiaires** (notaire, agent d'affaires, conseil financier, courtier, etc.). Toutefois, leur traitement n'est pas absolument identique. En effet, alors que le prêteur est coupable dès que le dépassement du taux de référence est mathématiquement constaté, l'intermédiaire ne peut être condamné que s'il est prouvé qu'il connaissait le caractère usuraire du prêt ou qu'il savait que son concours rendrait le prêt usuraire (par exemple, CA Paris 29-5-1976 : Gaz. Pal. 1977 I p. 308 note J.-M. Guth, concernant un conseil financier ; Cass. crim. 12-11-1998 PF : RJDA 3/99 n° 319, concernant un mandataire).

Ces sanctions pénales ne sont pas applicables en cas de **découvert en compte usuraire** accordé à une personne physique agissant pour ses besoins professionnels ou à une personne morale se livrant à une activité industrielle, commerciale, artisanale, agricole ou professionnelle non commerciale, l'article L 313-5-2 du Code monétaire et financier ne faisant référence qu'aux sanctions civiles exposées n° 96700 (en ce sens, Cass. crim. 3-11-2005 n° 6013 F-PF : RJDA 4/06 n° 454).

Outre les sanctions indiquées ci-dessus, le tribunal peut ordonner (C. consom. art. L 341-50, al. 2 à 6) : **96815**
– la **publication,** intégrale ou par extraits, de sa décision dans certains journaux ainsi que l'affichage de cette décision ;
– la **fermeture,** pour une durée de cinq ans au plus ou définitive, **de l'entreprise** dont l'une des personnes chargées de l'administration ou de la direction est condamnée pour usure, assortie de la nomination d'un administrateur ou d'un liquidateur ; en cas de fermeture, le tribunal doit fixer la durée pendant laquelle le délinquant ou l'entreprise doit continuer à payer à son personnel les salaires, indemnités et rémunérations de toute nature auxquels celui-ci avait droit jusqu'alors, cette durée ne pouvant excéder trois mois ;
– l'**interdiction,** suivant les modalités prévues par l'article 131-27 du Code pénal, soit d'exercer une fonction publique ou d'**exercer l'activité professionnelle** ou sociale dans l'exercice ou à l'occasion de l'exercice de laquelle l'infraction a été commise, soit d'exercer une profession commerciale ou industrielle, de diriger, d'administrer, de gérer ou de contrôler à un titre quelconque, directement ou indirectement, pour son propre compte ou pour le compte d'autrui, une entreprise commerciale ou industrielle ou une société commerciale. Ces interdictions d'exercice ne peuvent pas excéder une durée de cinq ans. Elles peuvent être prononcées cumulativement.

PRESCRIPTION DE L'ACTION

Comme pour tout délit, le **délai** de prescription de l'action publique en cas d'usure est de six ans (CPP art. 8, al. 1). Mais le **point de départ** de ce délai est le jour de la dernière perception d'une somme représentative soit d'intérêts, soit de capital (C. consom. art. L 341-51). Le recouvrement de sommes en exécution d'une décision judiciaire ne peut pas être considéré comme la **perception d'intérêts** ou de capital (Cass. crim. 2-10-2002 n° 5620 F-PF : RJDA 3/03 n° 297). **96820**

ILLUSTRATIONS

En cas d'opérations d'escompte réalisées dans le cadre d'un **compte courant** à un taux éventuellement usuraire, la prescription commence à courir à compter de la perception des derniers intérêts relatifs à ces opérations et non à compter de la date de la clôture du compte ou de son apurement (Cass. crim. 26-9-1996 PF : RJDA 12/96 n° 1502).

Lorsque l'opération incriminée est la perception d'intérêts en contrepartie du découvert, la clôture du compte marque le point de départ du délai de prescription (Cass. crim. 2-10-2002 n° 5620 précité).

Toute nouvelle perception au-delà du délai de prescription est génératrice d'un délit d'usure distinct (Cass. crim. 15-3-1994 P : Bull. crim. n° 98).

professionnelle non commerciale. L'article L 313-5-2 du Code monétaire et financier, ne faisant référence qu'aux sanctions civiles, excessives (n° 96700) (... Cass. com. 3-11-2005 n° 601 : RJF 1/06 n° 45...).

96815 Outre les sanctions indiquées ci-dessus, le tribunal peut ordonner (C. consom. art. L 341-50 et L 341-52) :
– la **publication**, intégrale ou par extraits, de sa décision dans certains journaux ainsi que l'affichage de cette décision ;
– la **fermeture**, pour une durée de cinq ans au plus ou définitive, **de l'entreprise** dont l'une des personnes chargées de l'administration ou de la direction est condamnée pour usure, assortie de la nomination d'un administrateur ou d'un liquidateur ; en cas de fermeture, le tribunal doit fixer la durée pendant laquelle le délinquant ou l'entreprise doit continuer à payer à son personnel les salaires, indemnités et rémunérations de toute nature auxquels celui-ci avait droit jusqu'alors, cette durée ne pouvant excéder trois mois ;
– l'**interdiction**, suivant les modalités prévues par l'article 131-27 du Code pénal, soit d'exercer une fonction publique ou d'**exercer l'activité professionnelle** ou sociale dans l'exercice ou à l'occasion de l'exercice de laquelle l'infraction a été commise, soit d'exercer une profession commerciale ou industrielle, de diriger, d'administrer, de gérer ou de contrôler à un titre quelconque, directement ou indirectement, pour son propre compte ou pour le compte d'autrui, une entreprise commerciale ou industrielle ou une société commerciale. Ces interdictions d'exercice ne peuvent pas excéder une durée de cinq ans. Elles peuvent être prononcées cumulativement.

PRESCRIPTION DE L'ACTION

96820 Comme pour tout délit, le **délai** de **prescription** de l'action publique en cas d'usure est de six ans ([illegible]). Mais le **point de départ** de ce délai est le jour de la dernière perception d'une somme représentative soit d'intérêts, soit de capital (C. consom. art. L 341-51). Le recouvrement de sommes en exécution d'une décision judiciaire ne peut pas être considéré comme la **perception d'intérêts** ou de capital (Cass. crim. 2-10-2002 n° 5820 [illegible] : RJDA 3/03 n° 297).

Précisions

1° En cas d'opérations d'escompte réalisées dans le cadre d'un **compte courant** à un taux éventuellement usuraire, la prescription commence à courir à compter de la perception des derniers intérêts relatifs à ces opérations et non à compter de la date de la clôture du compte ou de son apurement (Cass. crim. 26-4-1996 [illegible] : RJDA 12/96 n° 1502).

2° Lorsque l'opération incriminée est la perception d'intérêts en contrepartie du découvert, la clôture du compte marque le point de départ du délai de prescription (Cass. crim. 2-10-2002 n° 5820 précité).

Toute nouvelle perception au-delà du délai de prescription est génératrice d'un délit d'usure distinct (Cass. crim. [illegible] 1994 : Bull. crim. n° 58).

VENTES À LA BOULE DE NEIGE ET PRATIQUES ASSIMILÉES

SOMMAIRE

PRINCIPE D'INTERDICTION

La vente à la boule de neige et les pratiques assimilées, telles que les chaînes d'argent, sont interdites. En effet, elles tendent à faire naître l'espoir de profits faciles par la simple multiplication de nouveaux clients ou adhérents alors que le mécanisme repose sur un calcul de progression géométrique constante qui devient rapidement impossible à satisfaire. **97000**

A. Pratiques interdites

1. VENTE À LA BOULE DE NEIGE

La vente pratiquée par le procédé dit « de la boule de neige » (dénommée aussi « vente pyramidale ») consiste en particulier à offrir des marchandises au public en lui faisant espérer l'obtention de ces marchandises à titre gratuit ou contre remise d'une somme inférieure à leur valeur réelle et en subordonnant les ventes au placement de bons ou de tickets à des tiers ou à la collecte d'adhésions ou inscriptions (C. consom. art. L 121-15, 1°). **97010**

L'article L 121-15, 1° ne donne pas de définition générale de la vente à la boule de neige mais se contente d'en présenter un exemple, comme l'indiquent les mots « en particulier ». Cet exemple se décompose en **trois éléments** :

– une offre de marchandises au public ;

– l'espoir pour les destinataires de cette offre d'obtenir la marchandise gratuitement ou à prix réduit ;

– la collecte d'adhésions ou d'inscriptions, condition de la réalisation de la vente.

S'agissant du deuxième élément, il a été jugé qu'il importe peu que l'acheteur ait le choix entre deux prix, un prix réduit s'il procure d'autres clients et un prix normal s'il ne désire pas trouver de nouveaux acheteurs (Cass. crim. 27-1-1966 : Bull. crim. p. 50).

Le législateur ayant souhaité viser d'autres pratiques analogues, l'administration a considéré qu'il était nécessaire de retenir des **critères plus généraux.** Selon l'administration, le délit de vente à la boule de neige peut être constaté lorsque les éléments suivants sont réunis (Note d'information DGCCRF n° 548 du 7-1-1992, non publiée selon les modalités prévues par le CRPA, donc non opposable à l'administration) :

– une vente ou une offre de vente de biens, produits ou marchandises au public ;

– l'espoir pour le destinataire d'une telle offre d'obtenir ces biens, produits ou marchandises gratuitement ou à prix réduit, ou de bénéficier d'un avantage quelconque lié à leur acquisition ;

– l'obligation d'acquérir ces biens, produits ou marchandises pour bénéficier de l'avantage proposé ;
– la subordination de la réalisation de la vente (à titre gratuit, à prix réduit ou affectée d'un avantage quelconque) à l'obligation pour le bénéficiaire de recueillir auprès de nouveaux clients des commandes portant sur ces mêmes biens, produits ou marchandises.

ILLUSTRATIONS

Constituent une vente à la boule de neige interdite :
– la vente de neuf paires de bas à un prix très réduit par rapport à leur valeur commerciale à toute cliente capable de fournir trois commandes d'autres consommatrices acceptant de lui remettre chacune la même somme dans l'espoir d'obtenir à leur tour, comme la première cliente de la chaîne et aux mêmes conditions, neuf paires de bas de même valeur commerciale (Cass. crim. 4-5-1966 : Bull. crim. p. 308 n° 138) ;
– le fait pour un commerçant de proposer aux clients la remise gratuite de deux vêtements tandis que le troisième, réglé au moyen de plusieurs chèques, leur était remboursé par restitution d'une mensualité en contrepartie de chaque nouveau client qui se serait présenté de la part du client initial (T. corr. Versailles 16-10-2000 : RJDA 7/01 n° 819).

2. OFFRE D'ADHÉSION À UNE CHAÎNE

97020 Il est interdit de proposer à une personne de collecter des adhésions ou de s'inscrire sur une liste en exigeant d'elle le versement d'une contrepartie quelconque et en lui faisant espérer des gains financiers résultant d'une progression géométrique du nombre des personnes recrutées ou inscrites (C. consom. art. L 121-15, 2°-al. 1).

La pratique est interdite même si la contribution financière exigée est minime, à condition qu'il existe un lien entre la contribution versée par les nouveaux adhérents et les contreparties perçues par ceux en place (CJUE 3-4-2014 aff. 515/12 : RJDA 7/14 n° 677).

L'infraction est établie même si le prévenu n'a pas conscience du caractère préjudiciable du système pyramidal (Cass. crim. 6-4-2016 n° 15-91.206 : RJDA 10/16 n° 741).

3. PRATIQUES INTERDITES AU SEIN D'UN RÉSEAU DE DISTRIBUTION MULTINIVEAU

97040 Il est interdit, dans les réseaux de vente constitués par recrutement en chaîne d'adhérents ou d'affiliés, d'obtenir d'un adhérent ou affilié du réseau le versement d'une somme correspondant à un **droit d'entrée** ou à l'**acquisition de matériels** ou de services à vocation pédagogique, de formation, de démonstration ou de vente ou tout autre matériel ou service analogue, lorsque ce versement conduit à un paiement ou à l'attribution d'un avantage au bénéfice d'un ou de plusieurs adhérents ou affiliés du réseau (C. consom. art. L 121-15, 2°-al. 2).

› Précisions Cette disposition est destinée à lutter contre les réseaux qui tirent **profit des activités de recrutement plutôt que de la revente des produits** et des services au public (Rapport AN n° 1775 relatif à la loi 95-96 du 1-2-1995 p. 44). En effet, certaines organisations commerciales sont composées d'adhérents dont la mission est de vendre une gamme de produits auprès des particuliers et qui, pour entrer au sein de l'organisation ou exercer leur activité de promotion et de vente, doivent acquitter un droit d'entrée et effectuer des dépenses de formation ou d'équipement. Ces adhérents se rémunèrent par une commission perçue sur les ventes de produits qu'ils réalisent. Ils sont par ailleurs chargés de recruter de nouveaux adhérents sur les ventes desquels ils perçoivent également une commission. En fait, l'essentiel des gains de l'organisation est tiré de la multiplication des adhérents qui génère des recettes tirées des droits d'entrée, de l'achat des outils de travail, des matériels et séminaires de perfectionnement, des voyages de motivation, etc. Ainsi, les rémunérations des adhérents peuvent provenir d'un pourcentage perçu sur le montant soit des ventes des produits et services qu'ils placent auprès du public, soit des ventes réalisées par les adhérents situés sous eux dans la chaîne des adhésions, soit des droits d'entrée et des matériels et services à vocation pédagogique acquittés par ces mêmes adhérents (Rapport AN précité p. 42).

97045 Il est également interdit, dans ces mêmes réseaux, d'obtenir d'un adhérent ou affilié l'**acquisition** d'un **stock de marchandises** destinées à la revente, **sans garantie de reprise** du stock aux conditions de l'achat, déduction faite éventuellement d'une somme n'excédant pas 10 % du prix correspondant ; cette garantie de reprise peut toutefois être limitée à une période d'un an après l'achat (C. consom. art. L 121-15, 2°-al. 3). Cette disposition interdit donc d'inciter les nouveaux adhérents à acheter un stock de marchandises sans rapport avec les possibilités réelles de revente.

B. Répression des ventes à la boule de neige et pratiques assimilées

1. RECHERCHE ET CONSTATATION DES INFRACTIONS

La recherche et la constatation des infractions s'effectuent dans les conditions prévues aux articles L 511-1 et suivants du Code de la consommation (voir n°s 78600 s.). **97090**

2. SANCTIONS

Personnes physiques Sans préjudice de l'application, le cas échéant, des peines prévues en cas d'escroquerie (C. pén. art. 313-1, 313-7 et 313-8), toute vente à la boule de neige ou toute pratique assimilée interdite est punie d'un **emprisonnement** de deux ans et d'une **amende** de 300 000 €, ce montant pouvant être porté, de manière proportionnée aux avantages tirés du délit, à 10 % du chiffre d'affaires moyen annuel, calculé sur les trois derniers chiffres d'affaires annuels connus à la date des faits (C. consom. art. L 132-19). **97100**

En outre, l'auteur de l'infraction encourt, à titre de **peine complémentaire,** l'interdiction, suivant les modalités prévues par l'article 131-27 du Code pénal, soit d'exercer une fonction publique ou d'exercer l'activité professionnelle ou sociale dans l'exercice ou à l'occasion de l'exercice de laquelle l'infraction a été commise, soit d'exercer une profession commerciale ou industrielle, de diriger, d'administrer, de gérer ou de contrôler à un titre quelconque, directement ou indirectement, pour son propre compte ou pour le compte d'autrui, une entreprise commerciale ou industrielle ou une société commerciale. Ces interdictions d'exercice ne peuvent pas excéder une durée de cinq ans. Elles peuvent être prononcées cumulativement (art. L 132-20, al. 1 et 2).

Personnes morales La personne morale déclarée pénalement responsable de l'infraction commise pour son compte par son organe ou représentant est passible d'une amende de 1 500 000 €, ce montant pouvant être porté à 10 % du chiffre d'affaires moyen annuel calculé sur les trois derniers chiffres d'affaires annuels connus à la date des faits. Elle encourt également les peines mentionnées à l'article 131-39, 2° à 9° du Code pénal (notamment, interdiction pour une durée maximale de cinq ans d'exercer l'activité à l'occasion de laquelle l'infraction a été commise, publication de la décision par affichage ou diffusion) (C. consom. art. L 132-20, al. 3 et 4). **97110**

B. Répression des ventes à la boule de neige et pratiques assimilées

1. RECHERCHE ET CONSTATATION DES INFRACTIONS

97090 La recherche et la constatation des infractions s'effectuent dans les conditions prévues aux articles L 511-1 et suivants du Code de la consommation (voir n° 73500 s.).

2. SANCTIONS

97100 **Personnes physiques** Sans préjudice de l'application, le cas échéant, des peines prévues en cas d'escroquerie (C. pén. art. 132-1, 313-7 et 313-8), toute vente à la boule de neige ou toute pratique assimilée interdite est punie d'un **emprisonnement** de deux ans et d'une **amende** de 300 000 €, ce montant pouvant être porté, de manière proportionnée aux avantages tirés du délit, à 10 % du chiffre d'affaires moyen annuel, calculé sur les trois derniers chiffres d'affaires annuels connus à la date des faits (C. consom. art. L 132-19).

En outre, l'auteur de l'infraction encourt, à titre de **peine complémentaire**, l'interdiction, suivant les modalités prévues par l'article 131-27 du Code pénal, soit d'exercer une fonction publique ou d'exercer l'activité professionnelle ou sociale dans l'exercice ou à l'occasion de l'exercice de laquelle l'infraction a été commise, soit d'exercer une profession commerciale ou industrielle, de diriger, d'administrer, de gérer ou de contrôler à un titre quelconque, directement ou indirectement, pour son propre compte ou pour le compte d'autrui, une entreprise commerciale ou industrielle ou une société commerciale. Ces interdictions d'exercice ne peuvent pas excéder une durée de cinq ans. Elles peuvent être prononcées cumulativement (art. L 132-20, al. 1 et 2).

97110 **Personnes morales** La personne morale déclarée pénalement responsable de l'infraction commise pour son compte par son organe ou représentant est passible d'une amende de 1 500 000 €, ce montant pouvant être porté à 10 % du chiffre d'affaires moyen annuel calculé sur les trois derniers chiffres d'affaires annuels connus à la date des faits. Elle encourt également les peines mentionnées à l'article 131-39, 2° à 9° du Code pénal (notamment, interdiction pour une durée maximale de cinq ans d'exercer l'activité à l'occasion de laquelle l'infraction a été commise, publication de la décision par affichage ou diffusion) (art. L 132-20, al. 3 et 4).

VENTES JUMELÉES AUX CONSOMMATEURS

SOMMAIRE

A. Réglementation générale

1. PRINCIPE DE VALIDITÉ

Sauf exception (nº 98080), le fait de subordonner, à l'égard d'un consommateur, la vente d'un produit à l'achat d'une quantité imposée ou à l'achat concomitant d'un autre produit ou d'un autre service, ainsi que de subordonner la prestation d'un service à celle d'un autre service ou à l'achat d'un produit, est licite, à moins que cette subordination constitue une pratique commerciale déloyale au sens de l'article L 121-1 du Code de la consommation (C. consom. art. L 121-11, al. 2). **98000**

Sont visées trois pratiques différentes : la vente conditionnelle, la vente par lot et la vente par quantité imposée.

2. CHAMP D'APPLICATION DE LA RÉGLEMENTATION

La réglementation s'applique à toutes les **activités** de production, de distribution et de services, y compris celles qui sont le fait de personnes publiques, notamment dans le cadre de conventions de délégation de service public (C. consom. art. L 121-11, al. 4), à l'exception des activités bancaires pour lesquelles des dispositions spécifiques sont applicables (nºs 98180 s.). **98010**

Seules sont visées les ventes jumelées au **consommateur.** Sur la notion de consommateur, voir nºs 16120 s. **98015**

3. APPRÉCIATION DU CARACTÈRE DÉLOYAL D'UNE VENTE JUMELÉE

DÉFINITION D'UNE PRATIQUE COMMERCIALE DÉLOYALE

Une vente jumelée constitue une pratique commerciale déloyale si, d'une part, elle est contraire à la diligence professionnelle et, d'autre part, elle altère, ou est susceptible d'altérer de manière substantielle, le comportement économique du consommateur normalement informé et raisonnablement attentif et avisé à l'égard d'un bien ou d'un service (cf. C. consom. art. L 121-1). Tel est le cas lorsqu'elle constitue une pratique commerciale trompeuse (cf. C. consom. art. L 121-2 s.) ou agressive (cf. C. consom. art. L 121-6 s.). **98040**

Le caractère déloyal d'une vente jumelée relève donc d'une **appréciation au cas par cas** qui s'avère pour le moins délicate.

ILLUSTRATIONS

98050 **Ventes jumelées licites au regard de l'interdiction des pratiques commerciales déloyales** Ne constitue pas une pratique commerciale déloyale le fait, par France Telecom (devenue Orange), de **subordonner l'abonnement à la chaîne** Orange Sports à la souscription d'un **abonnement à l'Internet haut débit** Orange, dès lors que le consommateur est libre de comparer les différentes offres faites par les fournisseurs d'accès concurrents (Cass. com. 13-7-2010 n° 09-15.304 : RJDA 1/11 n° 90, décision rendue sur le fondement de l'ex-article L 122-1 du Code de la consommation au regard des critères fixés par la directive 2005/29 du 11-5-2005 relative aux pratiques commerciales déloyales).

Interrogée par voie de question préjudicielle, la Cour de justice de l'Union européenne a jugé qu'une pratique commerciale consistant en la vente d'un **ordinateur équipé de logiciels préinstallés** sans possibilité pour le consommateur de se procurer le même modèle d'ordinateur « nu » ne constitue pas, en soi, une pratique commerciale déloyale au sens de l'article 5, 2 de la directive 2005/29/CE relative aux pratiques commerciales déloyales vis-à-vis des consommateurs ; elle ne devient déloyale que si elle est contraire aux exigences de la diligence professionnelle et altère ou est susceptible d'altérer de manière substantielle le comportement économique du consommateur moyen, ce qu'il appartient à la juridiction nationale d'apprécier (CJUE 7-92016 aff. 310/15 : RJDA 1/17 n° 49). La Cour de cassation considère que cette pratique n'est pas déloyale dès lors qu'une étude de marché a démontré l'adéquation d'une telle vente aux attentes de la majorité des consommateurs, que l'acheteur est informé de l'existence et des caractéristiques précises de chacun des logiciels et qu'il peut être remboursé de son achat si l'appareil ne correspond pas à ses attentes (Cass. 1e civ. 14-12-2016 n° 14-11.437 FS-PBI : RJDA 4/17 n° 290). L'absence d'indication du prix de chacun des logiciels préinstallés ne confère pas un caractère trompeur à la pratique commerciale (CJUE 7-92016 aff. 310/15 précité ; Cass. 1e civ. 14-12-2016 n° 14-11.437 FS-PBI précité ; Cass. 1e civ. 29-3-2017 n° 15-13.248 FS-PBI : RJDA 7/17 n° 508), de même que l'omission d'informer le consommateur de la possibilité qui lui est offerte d'acquérir un ordinateur non équipé car une telle information n'est pas substantielle au sens de l'article L 121-3 du Code de la consommation relatif aux omissions trompeuses (Cass. 1e civ. 29-3-2017 n° 15-13.248 FS-PBI précité).

98060 **Ventes jumelées illicites au regard de l'interdiction des pratiques commerciales déloyales** Constitue une pratique commerciale agressive, et donc déloyale, le fait pour une société de presse de commercialiser la **publication d'une annonce nécrologique à la fois par voie de presse et sur Internet,** sans que le choix pour l'un ou l'autre support ne soit possible (CA Paris 26-11-2015 n° 14/05555 : RJDA 3/16 n° 236, cette pratique commerciale a été qualifiée d'agressive car le décès constitue un malheur d'une gravité propre à altérer le jugement de la famille endeuillée).

4. VENTE JUMELÉE INTERDITE

98080 Il est interdit de subordonner la vente d'un bien ou la fourniture d'un service à la conclusion d'un **contrat d'assurance accessoire** au bien ou au service vendu, sans permettre au consommateur d'acheter le bien ou d'obtenir la fourniture du service séparément (C. consom. art. L 121-11, al. 3).

5. RÉPRESSION DES INFRACTIONS ET SANCTIONS

RECHERCHE ET CONSTATATION DES INFRACTIONS

98100 La recherche et la constatation des infractions s'effectuent dans les conditions fixées aux articles L 511-1 et suivants du Code de la consommation (voir nos 78600 s.).

SANCTIONS EN CAS DE VENTE JUMELÉE ILLICITE

98110 **Sanctions pénales** L'auteur d'une vente jumelée illicite encourt une amende contraventionnelle de 1 500 € (3 000 € en cas de récidive) (C. consom. art. R 132-2).

La personne morale déclarée pénalement responsable de l'infraction commise pour son compte par son organe ou représentant est passible d'une amende contraventionnelle de 7 500 € (15 000 € en cas de récidive) (C. pén. art. 121-2 et 131-41).

S'agissant d'une amende contraventionnelle, celle-ci est multipliée par le nombre d'infractions constatées.

L'auteur d'une vente jumelée illicite s'expose également aux sanctions pénales de nature délictuelle prévues en cas de pratique commerciale trompeuse (nos 67990 s.) ou agressive (nos 68710 s.), lorsque les conditions d'application de ces textes sont réunies.

Sanctions civiles En cas de vente jumelée illicite, des dommages-intérêts peuvent être alloués par les tribunaux répressifs aux personnes qui se constituent partie civile, que l'action pénale ait été engagée sur le fondement de l'article L 121-11 du Code de la consommation relatif à la subordination de vente ou des articles L 121-2 ou L 121-6 du même Code relatifs respectivement aux pratiques commerciales trompeuses et agressives. 98120

Si la pratique n'est ni trompeuse ni agressive, mais « simplement » déloyale, rien n'interdit à la victime d'agir pour obtenir réparation de son dommage directement devant une juridiction civile, sur le fondement de l'article L 121-1 du même Code interdisant les pratiques commerciales déloyales.

6. RÈGLES APPLICABLES AU PRIX EN CAS DE VENTE PAR LOT

Indication du prix de vente à l'unité de mesure L'arrêté du 16 novembre 1999 impose l'indication du prix de vente à l'unité de mesure pour certains produits préemballés (essentiellement des denrées alimentaires et certains produits d'hygiène, de beauté et d'entretien). Les lots de produits différents ne sont pas soumis à cet arrêté, mais en revanche les lots de produits identiques doivent comporter l'indication du prix à l'unité de mesure évalué par rapport à la quantité nette totale contenue dans le lot (no 75620). 98140

Vente à prix réduit L'éventuelle réduction de prix résultant d'une vente par lot par rapport à la somme des prix des produits vendus à l'unité doit être réelle ; à défaut, l'annonce est susceptible d'être sanctionnée pour **pratique commerciale trompeuse** (cf. C. consom. art. L 121-2). En outre, dans le cas d'une vente par lot à prix réduit, il ne doit pas y avoir **revente à perte** (cf. C. com. art. L 442-5). 98150

L'**encadrement des annonces de réduction de prix** (C. consom. art. L 112-1-1) ne s'applique pas aux ventes par lot ; ainsi, un professionnel peut faire valoir que le prix unitaire de l'article est plus bas quand il est vendu par lot, sans nécessairement que le prix du produit proposé à la vente à l'unité soit le prix le plus bas dans les 30 derniers jours (no 75520).

B. Réglementation des ventes jumelées dans le secteur bancaire

Le domaine bancaire fait l'objet de dispositions particulières (C. mon. fin. art. L 312-1-2, I-1, sur renvoi de C. consom. art. L 121-11, al. 4). 98180

Sont **concernés** par cette réglementation les établissements de crédit, les sociétés de financement, les établissements de monnaie électronique, les établissements de paiement et les organismes mentionnés à l'article L 518-1 du Code monétaire et financier (Banque de France, La Poste, Caisse des dépôts et consignations, instituts d'émission d'outre-mer) (C. consom. art. L 121-11, al. 3). 98185

Par ailleurs, l'interdiction concerne les banques tant dans leurs relations avec les consommateurs qu'avec leurs clients professionnels.

La **vente groupée** ou l'offre de vente groupée de produits bancaires ou de prestations de services financiers est **interdite, sauf** lorsque les produits ou les prestations de services inclus dans l'offre groupée peuvent être achetés individuellement ou lorsqu'ils sont indissociables (C. mon. fin. art. L 312-1-2, al. 3). 98190

La première exception permet de procéder à des ventes groupées reposant uniquement sur l'octroi d'un tarif plus avantageux.

En ce qui concerne la seconde exception, le caractère indissociable n'a pas été défini par la loi car le législateur a souhaité réserver aux tribunaux le soin de déterminer au cas par cas si les produits et services sont indissociables ou non. Par exemple, est licite la délivrance d'une carte bancaire entraînant obligatoirement la souscription à des services d'assurance (Déb. Sén. 8-6-2001 p. 2784).

98195 Les infractions à l'interdiction des ventes groupées sont punies d'une **amende** contraventionnelle de 1 500 € (C. mon. fin. art. L 351-1, al. 2).

Les personnes morales déclarées pénalement responsables de l'infraction encourent une amende contraventionnelle de 7 500 € (C. pén. art. 131-41).

VENTES SUR LA VOIE PUBLIQUE

SOMMAIRE

DÉFINITION DES VOIES PUBLIQUES

Les voies dites « publiques » sont des biens immobiliers qui se caractérisent par deux éléments essentiels : leur appartenance à une personne publique telle que l'État, un département ou une commune ; leur affectation à l'usage direct du public et, plus spécialement, à la circulation des automobilistes et des piétons. Elles comprennent les routes nationales et départementales, ainsi que les voies communales, y compris leurs accotements. Dans les agglomérations, les voies publiques peuvent appartenir non seulement à la commune, mais également à l'État ou au département. Il s'agit des rues, des places et des quais, ainsi que des trottoirs qui en sont les accessoires indispensables. 99000

Les voies publiques ainsi définies font partie du domaine public de l'État, des départements et des communes. Elles constituent le domaine public routier (CGPPP art. L 2111-14 ; C. voirie routière art. L 111-1).

ENCADREMENT D'UNE ACTIVITÉ COMMERCIALE SUR LA VOIE PUBLIQUE

L'exercice d'une activité commerciale sur la voie publique, et notamment d'une activité de vente de produits ou de prestations de services, se trouve strictement encadré. 99010

Ainsi, le Code de commerce « interdit à toute personne d'offrir à la vente des produits ou de proposer des services en utilisant, dans des conditions irrégulières, le domaine public de l'État, des collectivités locales et de leurs établissements publics » (art. L 442-11, al. 1). La présente étude a pour objet d'exposer quelles sont les conditions d'une utilisation « régulière ». Ces conditions sont principalement fixées par les règles relatives à l'occupation du domaine public. L'exigence d'une autorisation d'occupation délivrée par l'administration en représente l'élément essentiel.

S'y ajoutent des conditions générales, liées à la qualité de commerçant, ainsi que des conditions particulières, propres aux activités commerciales ambulantes.

I. AUTORISATION D'OCCUPATION DE LA VOIE PUBLIQUE

A. Exigence d'une autorisation

NÉCESSITÉ D'UNE AUTORISATION POUR TOUTE OCCUPATION À DES FINS COMMERCIALES

99100 Les biens du domaine public doivent en principe être utilisés conformément à leur affectation à « l'utilité publique » (CGPPP art. L 2121-1, al. 1). C'est pourquoi toute occupation « privative » à des fins commerciales est subordonnée à une **autorisation préalable** (art. L 2122-1, al. 1).

Une autorisation est encore requise lorsque le vendeur est établi sur un terrain privé dont il est propriétaire ou locataire (c'est souvent le cas pour les producteurs agricoles) et que le domaine public est utilisé pour permettre au client d'accéder au lieu de vente et d'y stationner (Circ. du 10-3-1979).

L'autorisation ne peut être que **temporaire** (art. L 2122-2, al. 1), précaire et révocable (art. L 2122-3).

Lorsqu'elle permet à son titulaire d'occuper ou d'utiliser le domaine public en vue d'une exploitation économique, sa durée doit être fixée de manière à ne pas restreindre ou limiter la libre concurrence au-delà de ce qui est nécessaire pour assurer l'amortissement des investissements projetés, ainsi qu'une rémunération équitable et suffisante des capitaux investis (art. L 2122-2, al. 2).

Cette règle de limitation de durée s'applique aux autorisations délivrées depuis le 1er juillet 2017 (Ord. 2017-562 du 19-4-2017 art. 15).

> **Précisions** **a.** Les **autorisations** d'occupation du domaine public sont délivrées à titre personnel, sans être **transmissibles à des tiers.** En conséquence, l'autorisation accordée à un restaurateur en vue de l'installation d'une terrasse sur le trottoir situé en face de son établissement n'a pas pu être transmise au nouvel exploitant qui a fait l'acquisition du fonds de commerce (CAA Paris 10-7-2018 n° 17PA02667).
> **b.** En raison de son **caractère précaire,** une **autorisation** domaniale ne crée au profit de son titulaire aucun droit à son maintien ou à son renouvellement. Ainsi, lorsqu'un restaurateur a été autorisé à installer une « contre-terrasse » à proximité de son établissement, mais que l'implantation de celle-ci s'avère irrégulière, le maire de la commune est tenu d'abroger cette autorisation (CAA Paris 27-3-2018 n° 17PA00242).
> **c.** Une **autorisation** domaniale peut, pour des motifs d'intérêt général, être, non seulement retirée ou abrogée, mais aussi **modifiée.** Dès lors, le maire de Paris était fondé à suspendre temporairement les activités exercées par le titulaire d'une telle autorisation sur le Champ-de-Mars, celui-ci étant devenu une « zone officielle des supporters » pendant la durée du championnat d'Europe de football 2016 (CAA Paris 25-5-2020 n° 18PA02836).

EXCEPTIONS À L'OBLIGATION D'OBTENIR UNE AUTORISATION

99110 Échappe à l'exigence d'une autorisation l'activité de **vente ambulante** dans le cadre de laquelle le vendeur se borne à circuler sur un trottoir en proposant ses produits et en s'arrêtant momentanément chaque fois qu'un passant entend réaliser un achat. En effet, ainsi définie, cette activité n'implique aucune occupation privative du domaine public.

99115 Il en va de même pour les **ventes au déballage** qui sont définies comme des ventes et rachats de marchandises effectués « dans des locaux ou sur des emplacements non destinés à la vente au public ou au rachat de marchandises » ou « à partir de véhicules spécialement aménagés à cet effet » (C. com. art. L 310-2, I-al. 1). De telles ventes ne peuvent pas excéder deux mois par année civile, dans un même local, sur un même emplacement ou dans un même arrondissement ; elles font l'objet d'une déclaration préalable auprès du maire de la commune (art. L 310-2, I-al. 2). Pour un exemple d'application de ces dispositions, voir CAA Marseille 31-5-2021 n° 19MA04723.

NATURE DE L'AUTORISATION D'OCCUPATION DE LA VOIE PUBLIQUE

99120 Selon les cas, cette autorisation prend la forme d'une permission de voirie ou d'un permis de stationnement (C. voirie routière art. L 113-2).

Une **permission de voirie** est nécessaire si l'occupation donne lieu à une emprise, c'est-à-dire une installation fixe : certaines terrasses de café, kiosques à journaux, étalages permanents des magasins, etc. Un **permis de stationnement** est suffisant en l'absence d'emprise, c'est-à-dire lorsque l'installation est mobile : stands, éventaires sur les trottoirs, camions-restauration (« food trucks ») dans les centres urbains, camions-magasins sur le bord des routes, etc.

ILLUSTRATIONS

Nécessite un permis de stationnement, et non une permission de voirie, l'exercice d'une activité ambulante au moyen d'un « camion-pizza » installé sur la voie publique les jours de marché. En effet, cette installation, qui n'emporte aucune modification de l'assiette du domaine public, n'implique aucune emprise au sol (CAA Marseille 23-10-2017 n° 15MA04709).

B. Délivrance de l'autorisation d'occupation de la voie publique

AUTORITÉ COMPÉTENTE POUR DÉLIVRER L'AUTORISATION

La **permission de voirie** (nécessaire pour une installation fixe) est accordée par l'autorité chargée de la gestion du domaine (maire, président du conseil départemental ou préfet) (CGCT art. L 2215-4, L 3221-4, R 2241-1 et R 3213-1). **99150**

Le **permis de stationnement** (requis en cas d'installation mobile) est délivré par l'autorité chargée de la police de la circulation sur la dépendance domaniale considérée, c'est-à-dire par : **99155**

– le maire pour les voies communales (CGCT art. L 2213-6 et R 2241-1), ainsi que les routes nationales et départementales situées à l'intérieur de l'agglomération (CGCT art. L 2213-1 et L 2213-6) ;
– le président du conseil départemental pour les voies départementales (CGCT art. L 3221-4 et R 3213-1) ;
– le préfet pour les routes nationales hors agglomération (CGPPP art. R 2122-4, al. 2).

Le maire reste compétent pour délivrer un permis de stationnement sur une voie située à l'intérieur d'une agglomération, même si cette voie appartient au domaine public de l'État (CE 14-6-1972 n° 83682 : Lebon p. 436 ; CE 9-4-2014 n° 366483 : Lebon p. 86).

L'occupation du **domaine privé d'une personne publique** doit faire l'objet d'un accord de la personne publique concernée. **99160**

PROCÉDURE DE DÉLIVRANCE DE L'AUTORISATION D'OCCUPATION DE LA VOIE PUBLIQUE

Dans le cas des autorisations délivrées depuis le 1er juillet 2017, et dès lors que celles-ci permettent à leur titulaire d'occuper ou d'utiliser le domaine public en vue d'une **exploitation économique**, l'autorité compétente est tenue d'organiser une **procédure de sélection préalable** qui offre toutes les garanties d'impartialité et de transparence et comporte des mesures de publicité permettant aux candidats potentiels de se manifester (CGPPP art. L 2122-1-1, al. 1). **99170**

Cette exigence peut paraître mal adaptée aux autorisations nécessaires à l'exercice d'une activité commerciale sur la voie publique. Mais elle subit plusieurs **exceptions** qui devraient éviter qu'elle ne fasse l'objet d'une application trop rigoureuse. **99175**

Ainsi, lorsque l'occupation est de « courte durée », seule une publicité préalable est requise, à l'exclusion d'une procédure de sélection proprement dite (art. L 2122-1-1, al. 2).

Par ailleurs, aucune publicité ni sélection n'est exigée lorsque l'organisation de ces mesures s'avère impossible ou non justifiée. Il en va ainsi notamment quand une seule personne est en droit d'occuper la dépendance domaniale en cause (art. L 2122-1-3, al. 1 et 1°), tel l'exploitant d'une terrasse de café ou d'un magasin comportant un étalage sur la voie publique.

Enfin, même si, à l'inverse, l'organisation d'une publicité ou d'une sélection n'est pas impossible ou injustifiée, l'autorité compétente peut encore s'en dispenser lorsqu'il s'agit seulement de « prolonger » une autorisation préexistante (art. L 2122-1-2, 4°). Encore faut-il soit que la durée totale de l'autorisation ne dépasse pas la limite assignée aux titres d'occupation destinés à une exploitation économique (n° 99100), soit que la prolongation n'excède pas la durée nécessaire au dénouement des relations entre l'occupant et l'autorité compétente.

REDEVANCE D'OCCUPATION DU DOMAINE PUBLIC

Toute occupation du domaine public donne lieu, en principe, au paiement d'une redevance (CGPPP art. L 2125-1). Il en va notamment ainsi lorsque cette occupation permet l'exercice **99180** d'une activité commerciale. La redevance est **calculée** de façon à tenir compte des « avantages de toute nature procurés au titulaire de l'autorisation » (CGPPP art. L 2125-3).

Dans le cas des voies publiques et autres lieux publics situés à l'intérieur des agglomérations, le maire peut délivrer des **permis de stationnement** « moyennant le paiement de droits fixés par un tarif dûment établi » (CGCT art. L 2213-6).

> Précisions **a.** Le paiement d'une redevance ne peut pas être exigé des **vendeurs ambulants** qui ne sont pas titulaires d'une autorisation d'occupation du domaine public (CE 15-3-1996 n° 133080 : RJDA 12/96 n° 1455 ; CAA Marseille 9-4-2013 n° 11MA02622 ; CAA Marseille 26-6-2015 n° 14MA00177 ; voir aussi, dans le même sens, CE 31-3-2014 n° 362140 : Lebon T. p. 652).

b. L'autorité gestionnaire du domaine public est fondée à réclamer à la **personne qui utilise irrégulièrement une dépendance domaniale** une **indemnité** compensant la perte des recettes qu'elle aurait pu percevoir d'un occupant régulier (CE 15-3-2017 n° 388127 : Lebon T. p. 599 ; CE 1-7-2019 n° 421403 ; CAA Paris 10-4-2018 n° 16PA02843 ; CAA Paris 3-12-2019 n° 18PA03501). Pour fixer le montant de l'indemnité, elle doit rechercher quel aurait été le montant de la redevance exigible de l'occupant si celui-ci s'était trouvé en situation régulière. À cette fin, elle peut se référer à un tarif existant, ou à défaut de tarif applicable, aux recettes qu'aurait produites l'occupation régulière de la partie concernée du domaine public (CE 1-7-2019 précité ; CAA Paris 3-12-2019 précité).

POUVOIRS DE L'AUTORITÉ CHARGÉE D'ACCORDER OU DE REFUSER UNE AUTORISATION D'OCCUPATION DU DOMAINE PUBLIC

99190 L'autorité qui assure la gestion du domaine public peut autoriser une personne privée à occuper une dépendance de ce domaine en vue d'y exercer une activité économique. Mais c'est à condition que l'occupation soit compatible avec l'affectation ou la conservation du domaine public. L'autorité concernée n'est jamais tenue de faire droit à une demande d'autorisation d'occupation ou à une demande de renouvellement de cette autorisation.

La décision d'accorder ou non une telle autorisation ou un tel renouvellement n'est pas susceptible, par elle-même, de porter atteinte à la liberté du commerce et de l'industrie (CE 23-5-2012 n° 348909 : RJDA 8-9/12 n° 803 ; CAA Paris 29-3-2018 n° 17PA01380 ; CAA Paris 29-10-2019 n° 18PA02622 ; CAA Versailles 19-12-2019 n° 18VE02574). Toutefois, le respect de cette liberté implique que les personnes publiques n'apportent pas aux activités de production, de distribution ou de services exercées par des tiers des restrictions qui ne seraient pas justifiées par l'intérêt général et proportionnées à l'objectif poursuivi (CAA Versailles 14-1-2021 n° 19VE00725 ; CAA Paris 14-4-2021 n° 20PA02710 ; CAA Bordeaux 17-12-2021 n° 19BX01932 ; CAA Marseille 13-6-2022 n° 20MA02267).

Par ailleurs, même si la commune n'est pas dotée d'une réglementation générale relative aux activités commerciales sur la voie publique, le maire dispose d'un pouvoir d'appréciation qui lui permet de refuser un permis de stationnement pour des motifs liés à la protection de l'ordre public ou à la « meilleure utilisation du domaine public » (CE 21-7-1995 n° 118131).

> Précisions **a.** Si le titulaire d'une autorisation d'occupation du domaine public n'a pas de droit acquis au **renouvellement de son titre,** il appartient cependant au gestionnaire du domaine d'examiner chaque demande de renouvellement en appréciant les garanties qu'elle présente pour la meilleure utilisation possible de ce domaine (CAA Paris 24-10-2019 n° 19PA01005, en l'espèce, annulation du refus de renouvellement).

b. Alors qu'en l'espèce, le titre d'occupation du domaine public prenait la forme d'une convention, son non-renouvellement n'ouvrait droit, en principe, à aucune indemnité. Toutefois, la convention pouvait déterminer l'étendue et les modalités d'une **indemnisation** au profit du titulaire de la convention, sous réserve qu'il n'en résulte pas, au détriment de la personne publique, une disproportion manifeste entre cette indemnisation et le montant du préjudice résultant pour l'intéressé des dépenses qu'il avait exposées et du gain dont il avait été privé (CAA Douai 23-3-2022 n° 20DA01102).

c. Est illégal un **refus d'autorisation** qui se fonde sur la présence dans la commune de nombreux commerçants sédentaires exerçant la même activité que le demandeur (CAA Marseille 23-10-2017 n° 15MA04709). Il en va de même dans le cas où un commerçant ambulant a demandé au maire d'exercer son activité sur l'un des huit emplacements qu'il a mentionnés dans sa demande et où il s'est vu opposer un refus, sans que l'autorité municipale ait examiné les inconvénients que présentait chacun de ces emplacements. Cette décision, qui a pour effet d'interdire à l'intéressé tout stationnement sur l'ensemble du territoire de la commune, est illégale (CE 21-7-1995 n° 118131). L'exploitant d'un restaurant ne peut pas non plus se voir refuser l'autorisation d'installer une terrasse sur le domaine public au motif que l'exploitation d'un précédent établissement dans le même local avait causé des troubles à l'ordre public (CAA Paris 10-12-2020 n° 19PA03915).

C. Réglementation des ventes sur la voie publique

FONDEMENTS DE LA RÉGLEMENTATION

Le maire de la commune peut établir une réglementation des ventes sur la voie publique sur le seul fondement de ses **pouvoirs de police** (CGCT art. L 2212-2) et, en particulier, pour assurer la sécurité de la circulation, le maintien de la tranquillité publique, ainsi que la protection de la salubrité publique (CE 11-12-1985 n° 67115 : Lebon p. 369). 99230

Cependant, la réglementation des activités commerciales sur le domaine public peut aussi être justifiée par des considérations tenant à l'**affectation** et à la **gestion** des **dépendances domaniales** (CE 18-11-1966 n° 59809 : Lebon p. 607 ; CE 6-5-1996 n° 98237 : Lebon p. 156).

CONTENU DE LA RÉGLEMENTATION DES VENTES SUR LA VOIE PUBLIQUE

Sur les fondements mentionnés n° 99230, le maire peut, par exemple : 99240

– déterminer les voies sur lesquelles l'activité des commerçants non sédentaires est interdite, éventuellement certains jours et à certaines heures (CE 11-12-1985 précité ; CE 22-11-1989 n° 79857 ; CE 23-9-1991 n° 87629 : Lebon p. 314, ayant admis que le maire de Saint-Jean-de-Luz était fondé à interdire l'activité des marchands ambulants dans l'ensemble du secteur de la vieille ville, particulièrement fréquenté par les touristes) ;

– déterminer les voies sur lesquelles l'activité des commerçants non sédentaires est soumise à une autorisation préalable (CE 20-3-1985 n° 44146 ; CE 17-1-1986 n° 55713) ou encore les emplacements de plages sur lesquels l'exercice de la vente ambulante relève également d'une autorisation (CAA Marseille 13-6-2022 n° 20MA02267 ; CAA Marseille 10-11-2023 n° 22MA01056) ;

– fixer les conditions d'attribution des emplacements susceptibles d'être occupés par des marchands forains (CE 18-11-1966 précité ; CE 17-3-1989 n° 68394) et, à cette occasion, déterminer un ordre de priorité dans cette attribution (CE 17-3-1976 n° 96590 ; CAA Nantes 27-5-2008 n° 07NT02700, 07NT02705) ;

– imposer aux commerçants sédentaires spécialisés dans l'équipement de la personne et de la maison des conditions d'installation de leurs étalages sur la voie publique qui soient plus restrictives que celles prescrites aux autres commerçants sédentaires (CAA Versailles 15-10-2009 n° 08VE01365).

Interdictions entachées d'illégalité La réglementation des ventes sur les voies publiques ne saurait comporter des dispositions portant atteinte à la liberté du commerce et de l'industrie ou au principe de l'égalité entre les commerçants. 99250

Dès lors, toute mesure d'**interdiction « générale et absolue »** ayant pour objet, ou pour effet, d'empêcher de façon permanente les commerçants non sédentaires d'exercer leur activité sur la totalité, ou la quasi-totalité, du territoire communal est illégale (CE 26-4-1993 n° 101146 : RJDA 3/94 n° 277 ; CE 22-11-1989 précité ; CAA Marseille 19-11-2009 n° 07MA04099). Il en va différemment lorsque la mesure s'applique à un périmètre limité tout en étant adaptée aux « circonstances de temps et de lieu » (CE 25-1-1980 n° 14260, 14265 : Lebon p. 44 ; voir aussi CE 24-7-1987 n° 62680 ; CAA Bordeaux 12-3-2001 n° 99BX00461).

> **Précisions** **a.** Des solutions comparables ont été retenues dans le cas d'interdictions concernant les **ventes ambulantes sur les plages**, lesquelles appartiennent au domaine public maritime de l'État sans constituer à proprement parler des voies publiques (CE 14-3-1979 n° 4631 : Lebon p. 112 ; CE 26-7-1985 n° 51083 : Lebon p. 236 ; CE 16-1-1987 n° 61525 : Lebon T. p. 847 ; CAA Marseille 9-5-2017 n° 16MA03891). Néanmoins les impératifs de la tranquillité et de la salubrité publiques peuvent exceptionnellement justifier ici une interdiction générale (CE 21-2-1986 n° 54228 et n° 58124, deux arrêts : Lebon T. p. 425 ; CAA Marseille 9-5-2017 n° 16MA03890).
> **b.** Selon la Cour de cassation, n'édictent pas une interdiction générale des arrêtés municipaux prohibant la **vente ambulante de glaces** dans un périmètre déterminé et à certaines heures, alors même que les lieux et les heures concernés sont les plus favorables à la vente (Cass. crim. 9-3-1988 n° 87-90.044 : Bull. crim. n° 120).

Autres mesures entachées d'illégalité Sont encore illégales les réglementations fixant, pour l'attribution des emplacements réservés aux commerçants non sédentaires, des **critères de priorité** sans rapport avec les nécessités de l'ordre public ou de la domanialité publique (CE 18-11-1966 précité ; CE 18-12-1985 n° 48293 : Lebon p. 380 ; CE 21-6-1996 n° 128984) ou des critères destinés à favoriser les commerçants résidant dans la commune (CE 15-3-1996 n° 133080 : RJDA 12/96 n° 1455). 99260

Il en va de même pour toute disposition qui favorise les commerçants sédentaires au détriment des commerçants non sédentaires. Il en est ainsi lorsque la réglementation :

– prévoit que l'attribution d'emplacements aux commerçants forains sera soumise à des règles différentes de celles qui s'appliquent aux commerçants sédentaires, rien ne venant justifier cette discrimination (CE 23-6-1965 n° 58337, 58338 : Lebon p. 377) ;

– limite la pratique du commerce ambulant dans la commune à un emplacement déterminé et à une seule demi-journée, une telle mesure étant, en réalité, motivée par le souci de protéger les intérêts de certains commerçants de la localité (CE 22-1-1975 n° 91135 : Lebon p. 43 ; CE 25-1-1991 n° 80969) ;
– interdit aux commerçants ambulants d'occuper des emplacements situés « à moins de 150 mètres de distance des halles, marchés et magasins vendant des produits similaires », cette disposition revenant à priver les intéressés de la plupart des emplacements favorables à leurs activités (CE 15-3-1996 précité).

99270 **Application de la réglementation** Lorsqu'il existe une réglementation, ce qui est presque toujours le cas, l'autorité compétente est tenue de la respecter au moment où elle délivre une autorisation d'occupation du domaine public (adage « Legem patere quam ipse fecisti » : « Souffre la loi que tu as faite toi-même »). Ainsi est illégal un permis de stationnement accordé pour une durée de six mois, alors que l'arrêté municipal relatif aux étalages, aux terrasses et à la vente ambulante sur la voie publique fixait à un an la durée de l'autorisation (CAA Marseille 11-1-2016 n° 14MA01989).

Mais il peut aussi arriver que la réglementation soit illégale, de sorte qu'un éventuel refus d'autorisation risque de se trouver entaché d'illégalité.

D. Halles et marchés communaux

EXISTENCE DE RÈGLES PROPRES AUX HALLES ET MARCHÉS

99310 Des règles particulières s'appliquent aux halles et marchés des communes (CGCT art. L 2224-18 s.).

L'organisation et le fonctionnement des **halles,** qui ne font pas partie du domaine public routier, ne relèvent pas de la présente étude.

En revanche, les **marchés** se tiennent le plus souvent sur la voie publique (par exemple une place de la commune). Ils sont ouverts de manière périodique (souvent hebdomadaire). Ils accueillent principalement des commerçants sédentaires, dits « abonnés », qui disposent d'un emplacement déterminé. Les marchands ambulants, dits « passagers », peuvent aussi y exercer leur activité, mais dans certaines limites.

DROIT DE PLACE POUR LES EMPLACEMENTS DANS LES MARCHÉS

99320 Le commerçant autorisé à occuper un emplacement dans un marché doit acquitter, au profit de la commune, une **redevance,** dite « droit de place ».

Le produit de cette redevance présente le caractère d'une recette fiscale de la commune (CGCT art. L 2331-3, b-6°).

ATTRIBUTION DES EMPLACEMENTS DANS LES MARCHÉS

99330 L'interdiction faite à la commune d'introduire des **discriminations** entre commerçants sédentaires et non sédentaires s'étend évidemment à l'attribution des emplacements situés dans les marchés (CAA Bordeaux 17-12-2021 n° 19BX01932). Certaines des solutions jurisprudentielles précédemment rappelées (n° 99260) concernent d'ailleurs cette hypothèse.

Il a également été jugé qu'un règlement des marchés de la commune avait pu légalement réduire la surface maximale des emplacements susceptibles d'être attribués aux commerçants « abonnés », alors que, par ailleurs, cette mesure ne privait pas de leurs droits les commerçants « passagers » (CAA Bordeaux 3-2-2014 n° 12BX03024 ; CAA Bordeaux 30-10-2017 n° 15BX03040).

À un autre point de vue, a été considéré comme illégal l'arrêté municipal transférant un marché hebdomadaire sur un nouvel emplacement, cette mesure ayant eu pour seul motif de protéger les intérêts des commerçants sédentaires de la localité (CE 23-4-1997 n° 115523 : RJDA 10/97 n° 1184, 1re espèce).

En revanche, un maire peut valablement modifier les **horaires** d'ouverture d'un marché qui cause de nombreuses nuisances aux riverains et gêne la circulation des véhicules. Tandis que l'activité des commerçants non sédentaires peut continuer à s'exercer sur ce marché, le maire ne porte ainsi atteinte ni à la liberté du commerce et de l'industrie, ni au principe de la concurrence (CE 23-4-1997 n° 159519 : RJDA 10/97 n° 1184, 2e espèce).

› Précisions **a.** Le règlement général d'un marché peut subordonner l'attribution des emplacements à des **critères de sélection des candidatures** (CAA Marseille 8-11-2021 n° 20MA00555).
b. À condition d'exercer son activité dans une halle ou un marché depuis une durée fixée par délibération du conseil municipal dans la limite de trois ans, le titulaire d'un emplacement peut, en cas de cession de son fonds, présenter au maire un **successeur** ; s'il est accepté, ce dernier se trouve subrogé dans les droits et obligations du titulaire (CGCT art. L 2224-18-1). Pour un exemple d'application de ces dispositions, voir CAA Marseille 8-11-2021 n° 20MA00029.

RETRAIT DES AUTORISATIONS D'EMPLACEMENTS DANS LES MARCHÉS

Alors que la police municipale permet d'assurer le maintien de l'ordre public dans les marchés (CGCT art. L 2212-2, 3°), le maire peut, en application de cette disposition, retirer l'autorisation accordée à un commerçant pour l'occupation d'un emplacement (CE 9-11-1994 n° 140726 : Lebon T. p. 1078 ; voir de même CAA Paris 16-1-2024 n° 22PA04437, s'agissant d'une mesure prise sur le fondement des dispositions relatives à la police municipale dans la capitale). Le maire peut aussi, en raison de la gravité de l'atteinte à l'ordre public, exclure définitivement l'intéressé des marchés de la commune (CE 16-10-1981 n° 121146 : Lebon T. p. 639 ; CAA Versailles 21-11-2019 n° 18VE00577 ; CAA Nancy 26-1-2021 n° 19NC01413). **99340**

E. Répression en matière d'activité commerciale illicite

1. SANCTIONS PÉNALES

L'exercice d'une activité commerciale sur la voie publique peut éventuellement être à l'origine de divers types d'infractions, réprimées par des dispositions différentes. Il s'agit essentiellement : **99370**
– de la vente de produits ou de services effectuée dans des conditions irrégulières d'utilisation du domaine public ;
– de la vente à la sauvette.

UTILISATION IRRÉGULIÈRE DU DOMAINE PUBLIC

L'**offre de vente ou** la proposition **de services** effectuée en utilisant **dans des conditions irrégulières** le domaine public de l'État, des collectivités locales et de leurs établissements publics est punie d'une amende contraventionnelle de 1 500 € (3 000 € en cas de récidive) (C. com. art. L 442-11, al. 1 et R 442-4). La personne morale déclarée pénalement responsable de l'infraction commise pour son compte par son organe ou représentant est passible d'une amende contraventionnelle de 7 500 € (15 000 € en cas de récidive) (C. pén. art. 121-2 et 131-41). **99380**

Tant que l'action publique n'a pas été mise en mouvement, l'administration peut proposer à l'auteur de l'infraction une transaction (C. com. art. L 490-5). Sur les modalités de cette procédure, voir n°s 78100 s.

› Précisions Les faits définis par l'ex-article L 442-8, devenu l'article L 442-11, du Code de commerce, ne sont réprimés que s'ils sont commis en **violation des dispositions réglementaires relatives à la police des lieux.** Un vendeur de pizzas et de frites qui avait proposé ses produits dans une camionnette stationnée sur la place d'une commune sans autorisation et hors des lieux et des périodes réservés au marché de détail alimentaire par un arrêté municipal ne pouvait donc pas être poursuivi en application de cet arrêté, lequel avait pour seul objet de réglementer la police des foires et marchés et non d'interdire l'exercice du commerce ambulant sur le domaine public communal (Cass. crim. 4-4-2006 n° 05-86.290 : RJDA 8-9/06 n° 891). En revanche, une société qui laisse stationner sur la voie publique des véhicules de location dans l'attente d'une affectation à un client méconnaît les dispositions précitées du Code de commerce dès lors que la réglementation de police interdit une telle pratique (Cass. com. 18-11-2020 n° 19-14.831 F-D : BRDA 24/20 inf. 17).

Les agents de la concurrence, de la consommation et de la répression des fraudes et les officiers de police judiciaire (en application des pouvoirs généraux qu'ils détiennent du Code de procédure pénale) sont chargés de constater et poursuivre les infractions à l'article L 442-11, al. 1 du Code de commerce dans les conditions définies par les articles L 450-1 à L 450-3 et L 450-8 de ce Code (C. com. art. L 442-11, al. 2). Pour plus de détails, voir n°s 77000 s. **99385**

Ces agents peuvent **consigner,** dans des locaux qu'ils déterminent et pendant une durée maximale d'un mois, les produits offerts à la vente et les biens ayant permis la vente des produits ou l'offre de services (C. com. art. L 442-11, al. 3), tels qu'une camionnette, des tréteaux ou une tente.

La consignation donne lieu à l'établissement immédiat d'un procès-verbal. Celui-ci comporte un inventaire des biens et des marchandises consignés, ainsi que la mention de leur valeur. Il est communiqué dans les cinq jours de sa clôture au procureur de la République et à l'intéressé (C. com. art. L 442-11, al. 4).

99390 La juridiction peut ordonner la **confiscation** des produits offerts à la vente et des biens qui ont permis la vente des produits ou l'offre de services. Dans le cas où il n'a pas été procédé à une saisie, la juridiction peut condamner l'auteur de l'infraction à verser au Trésor public une somme correspondant à la valeur des produits consignés (C. com. art. L 442-11, al. 5).

VENTE À LA SAUVETTE

99400 Le fait, sans autorisation ou déclaration régulière, d'offrir, de mettre en vente ou d'exposer en vue de la vente des biens ou d'exercer toute autre profession dans les lieux publics en violation des dispositions réglementaires sur la police de ces lieux est puni de six mois d'emprisonnement et de 3 750 € d'amende (C. pén. art. 446-1, al. 1 et 2). L'auteur de l'infraction encourt également les peines complémentaires définies à l'article 446-3 du Code pénal (art. 446-1, al. 4).

Pour ce délit, y compris en cas de récidive, l'action publique peut être éteinte, dans les conditions prévues aux articles 495-17 à 495-25 du Code de procédure pénale, par le versement d'une amende forfaitaire d'un montant de 300 €. Le montant de l'amende forfaitaire minorée est de 250 € et le montant de l'amende forfaitaire majorée, de 600 € (art. 446-1, al. 3).

Lorsque la vente à la sauvette est accompagnée de voies de fait ou de menaces ou lorsqu'elle est commise en réunion, la peine est portée à un an d'emprisonnement et à 15 000 € d'amende (C. pén. art. 446-2).

La procédure simplifiée d'ordonnance pénale est applicable à ce délit (CPP art. 495, II : n° 78250).

AUTRES AGISSEMENTS ILLICITES SUR LA VOIE PUBLIQUE

99410 1° Le fait de **déposer sur la voie publique,** ou d'y laisser sans nécessité, des **matériaux ou objets** quelconques qui entravent ou diminuent la liberté ou la sûreté de passage, y compris les ordures et les déchets, est puni d'une amende contraventionnelle de 750 € (C. pén. art. R 644-2). La personne morale déclarée pénalement responsable de l'infraction commise pour son compte, par son organe ou représentant, est passible d'une amende de 3 750 € (C. pén. art. 121-2 et 131-41).

99415 2° L'**occupation du domaine public routier** ou les **dépôts d'objets** quelconques sur celui-ci, effectués sans autorisation préalable et d'une façon non conforme à la destination du domaine, sont punis d'une amende contraventionnelle de 1 500 € (C. voirie routière art. R 116-2, 3°). La personne morale déclarée pénalement responsable de l'infraction commise pour son compte, par son organe ou représentant, est passible d'une amende de 7 500 € (C. pén. art. 121-2 et 131-4).

ILLUSTRATIONS

A été condamné un marchand ambulant qui, sans autorisation, avait installé son camion et son éventaire sur un parking public aménagé au centre d'une agglomération en bordure d'un chemin départemental (Cass. crim. 4-3-1980 n° 79-92.576 : Bull. crim. p. 186).

99420 3° La **réalisation de travaux sur le domaine public routier,** sans autorisation, expose son auteur aux mêmes sanctions pénales que celles indiquées ci-dessus n° 99415. En outre, le contrevenant peut être condamné à réparer l'atteinte portée au domaine et notamment à l'enlèvement d'un ouvrage irrégulier (C. voirie routière art. R 116-2, 1° et 6° et L 116-6).

2. MESURES ADMINISTRATIVES

99440 Lorsqu'un commerçant exerce son activité sur la voie publique sans être titulaire de l'autorisation d'occupation requise à cet effet (nos 99100 s.), l'autorité chargée de la gestion du domaine peut le mettre en demeure de supprimer son installation (CE 9-2-1966 n° 64857 : Lebon p. 94, pour une terrasse de café sur un trottoir). Elle peut aussi demander au juge des référés du tribunal administratif d'enjoindre à l'occupant sans titre de libérer les lieux (CE 10-5-2004 n° 258935, pour un kiosque de vente de crêpes installé sur un trottoir).

II. QUALITÉ DE COMMERÇANT

Toute personne qui envisage de faire du commerce sur la voie publique – même temporairement – doit avoir la capacité requise pour être commerçant et avoir satisfait aux obligations générales auxquelles sont assujettis tous ceux qui font professionnellement des actes de commerce. 99600

ATTENTION

Le **producteur agricole** qui ne vend que les produits de sa propre exploitation échappe à ces obligations car il ne fait pas d'acte de commerce. Cependant, celles-ci s'imposeraient à lui s'il revendait des produits qu'il aurait achetés au préalable pour les revendre.

Ces **obligations** sont les suivantes :

1° Être immatriculé au **registre du commerce** et des sociétés (C. com. art. L 123-1 s. et R 123-31 s.). De plus, si la vente sur la voie publique est effectuée dans un établissement fixe (supposé implanté en vertu d'une autorisation régulière), mention de celui-ci doit être faite dans l'inscription, que cet établissement soit principal ou secondaire.

La personne assujettie à immatriculation qui n'a pas requis cette dernière à l'expiration d'un délai de 15 jours à **compter** du commencement de son activité ne peut se prévaloir de la qualité de commerçant tant à l'égard des tiers que de l'administration. Toutefois, elle ne peut invoquer son défaut d'inscription pour se soustraire aux responsabilités et obligations inhérentes à cette qualité.

Toute personne justifiant y avoir intérêt peut saisir le juge commis à la surveillance du registre du défaut d'immatriculation dans le délai prescrit pour un commerçant personne physique. Le juge peut enjoindre au commerçant, sous astreinte, de demander son immatriculation (C. com. art. L 123-3).

2° Être affilié aux **régimes sociaux obligatoires** :

– Caisse nationale d'assurance maladie et maternité des travailleurs non salariés des professions non agricoles (Canam) ;

– Caisse d'allocations familiales.

3° Avoir effectué une **déclaration d'existence** aux services fiscaux et à l'inspection du travail en cas d'emploi de personnel salarié.

Pour exercer en France une activité non salariée, notamment commerciale, les **ressortissants étrangers** doivent être titulaires d'une carte de séjour temporaire, d'une durée maximale d'un an, portant la mention « entrepreneur/profession libérale » (C. étrangers art. L 414-10 et L 421-5).

Lorsque les intéressés ne résident pas en France, ils doivent solliciter la délivrance de cette carte auprès des autorités administratives ou consulaires françaises territorialement compétentes dans leur pays de résidence (C. étrangers art. R 421-8, al. 1). Les étrangers qui résident déjà en France en vertu d'une carte de séjour ne les autorisant pas à exercer une activité commerciale doivent présenter leur demande à la préfecture de leur lieu de résidence (C. étrangers art. R 421-8, al. 2).

III. OBLIGATIONS PROPRES AUX ACTIVITÉS COMMERCIALES AMBULANTES

DISPOSITIONS APPLICABLES AUX ACTIVITÉS COMMERCIALES AMBULANTES

Les personnes physiques ou morales qui entendent exercer une activité commerciale ambulante sont exclusivement soumises à une obligation de **déclaration préalable.** Il en va ainsi que les intéressés aient ou non un domicile ou une résidence fixe, en France ou dans un autre État membre de l'Union européenne (C. com. art. L 123-29, al. 1 et 2). 99700

Par ailleurs, les vendeurs opérant sur la voie publique sont soumis aux mêmes **obligations générales** que les autres **commerçants,** notamment aux règles de publicité des prix (affichage et étiquetage des prix, annonces de réduction de prix, facturation, etc.), à l'interdiction des fraudes et des falsifications, à la réglementation de la publicité aux abords des voies publiques, à la réglementation de la vente au détail des boissons à emporter ou à consommer sur place, etc. 99705

NÉCESSITÉ D'UNE DÉCLARATION PRÉALABLE

99710 Tout professionnel, qui souhaite exercer, ou faire exercer par son conjoint ou ses préposés, une activité ambulante en dehors de la commune où est située son habitation ou son principal établissement doit déposer une déclaration préalable. Celle-ci est effectuée soit auprès de la **chambre de commerce et d'industrie (CCI)** territoriale compétente, soit auprès de la **chambre des métiers et de l'artisanat (CMA)** de région, selon le registre auquel l'intéressé est assujetti : registre du commerce et des sociétés (RCS) ou registre national des entreprises (RNE) (C. com. art. L 123-29 et R 123-208-2, al. 1 et 2). À défaut d'assujettissement, la déclaration doit être faite à la chambre professionnelle compétente au titre de l'activité principale de la personne (C. com. art. R 123-208-2, al. 3).

Cette obligation s'impose indifféremment à tous les professionnels concernés, disposant ou non d'un domicile stable.

99712 La déclaration exigée doit être directement adressée à la CCI ou à la CMA de région **dont dépend la commune où est situé** (C. com. art. R 123-208-2, al. 4) :
– soit l'organisme auprès duquel le déclarant a fait élection de domicile dans les conditions prévues à l'article L 264-1 du Code de l'action sociale et des familles ;
– soit le domicile ou la résidence du déclarant dans le cas d'une personne physique, ou son siège social dans le cas d'une personne morale.

Lorsque le domicile, la résidence ou le siège social est situé dans un autre État membre de l'Union européenne que la France, la chambre professionnelle compétente pour recevoir la déclaration est celle dont dépend la commune où la personne entend exercer à titre principal son activité ou sa profession ambulante (al. 4).

La **déclaration** doit être **adressée** par lettre recommandée AR ou remise contre récépissé (art. R 123-208-3, al. 1). La liste des pièces à produire à l'appui de la déclaration préalable est fixée par l'article A 123-80-1 du Code de commerce. Si le dossier est incomplet, la CCI ou la CMA de région notifie à l'intéressé, dans un délai de 15 jours à compter de sa réception, la liste des pièces manquantes (C. com. art. R 123-208-3, al. 2).

99715 À l'issue d'un délai maximal d'un mois à compter de la réception d'un dossier complet de déclaration, la CCI ou la CMA de région doit **délivrer** une **carte** intitulée « carte permettant l'exercice d'une activité commerciale ou artisanale ambulante » (art. R 123-208-3, al. 3). Les mentions portées sur cette carte sont énumérées par l'article A 123-80-3 du Code de commerce.

La carte est délivrée contre le paiement d'une redevance d'un montant de 30 € (art. R 123-208-3, al. 3 et A 123-80-5).

Cette carte est valable pour une période de quatre ans (art. R 123-208-4, al. 1). Tous les quatre ans, elle doit être **renouvelée** selon la même procédure, le délai de délivrance de la nouvelle carte étant alors de quinze jours à compter de la réception de la déclaration complète (même art.).

> **Précisions** **a.** Durant la période d'un mois prévue à l'article R 123-208-3, al. 3 et jusqu'à la réception de sa carte par le déclarant, celui-ci peut présenter aux contrôles (n° 99720) un **certificat provisoire.** Celui-ci est délivré, à la demande de l'intéressé, par la CCI ou la CMA de région (C. com. art. R 123-208-3, al. 4).
> **b.** Alors qu'il n'est pas prévu que la carte doive comporter des **mentions** distinctes selon que la déclaration a été déposée au nom d'une personne morale ou d'une personne physique, une société justifie avoir accompli la formalité de déclaration en produisant une carte qui a été établie au nom de son gérant et qui mentionne, outre des informations relatives à celui-ci, la dénomination de la société, l'adresse de son siège social, ainsi que l'indication de son activité (CE 10-11-2021 n° 440132).

SANCTIONS POUR DÉFAUT DE DÉCLARATION PRÉALABLE

99720 Le fait d'exercer une activité commerciale ou artisanale sans déclaration préalable est puni d'une **amende** de 750 € (C. com. art. R 123-208-8, al. 1).

Le défaut de présentation de la carte lors d'un contrôle (art. R 123-208-5) ou de mise à jour de la carte, qui est nécessaire en cas de changement de situation (art. R 123-208-4, al. 2), est puni d'une amende de 450 € (art. R 123-208-8, al. 2).

PERSONNES NON CONCERNÉES PAR LA DÉCLARATION PRÉALABLE

99730 Ne sont pas soumis à l'obligation de déclaration préalable (C. com. art. R 123-208-1) :
– les agents commerciaux ;
– les vendeurs-colporteurs de presse ;

– les exploitants de taxis et les transporteurs de marchandises ou de personnes ; **99730** (suite)
– les personnes effectuant des opérations de démarchage réglementées par des textes particuliers, tels que ceux relatifs aux VRP, au démarchage bancaire ou financier, aux vendeurs à domicile indépendants ;
– les professionnels effectuant à titre accessoire dans une ou plusieurs communes limitrophes des tournées de vente de leurs produits ou de prestations de services à partir d'établissements fixes.

Table alphabétique

A

B

C

E

F

G

H

I

M

N

O

P

Q

R

T

U

V

Z

Composition réalisée par NORD COMPO

36893-694 (I) - PRL 39 g - J (LC)
Achevé d´imprimer en mai 2024 sur les presses de C.H.BECK
Dépôt légal : mai 2024
Imprimé en Allemagne